KINDLERS
NEUES
LITERATUR
LEXIKON

Herausgegeben von
Walter Jens

Verlegt bei Kindler

Studienausgabe

Ea-Fz

Band 5

Kindlers
Neues
Literatur
Lexikon

CHEFREDAKTION: RUDOLF RADLER

Redaktion:
Susanne Bacher, Eva Bachmann, Brigitte Hellmann, Marta Kijowska, Maria Koettnitz,
Ulrich Neininger, Dr. Meinhard Prill, Wolfgang Rössig, Dr. Henning Thies, Lydia Weber
Redaktionelle Mitarbeit:
Elisabeth Graf-Riemann, Dr. Kristine Hecker, Kirsten Hölterhoff, Dr. Sabine Laußmann,
Dr. Ulrich Prill, Dr. Helga Quadflieg, Dr. Kathrin Sitzler, Tamara Trautner,
Dr. Brunhilde Wehinger, Dr. Gerhard Wild
Bearbeitung der Bibliographien:
Dr. Leopold Auburger, Prof. Dr. Peter Bartl, Walter Bohnacker, Evamaria Brockhoff,
Dr. Uwe Englert, Dr. Susanne Ettl, Gisela Fichtl, Isaac Goldberg, Theo M. Gorissen,
Elisabeth Graf-Riemann, Dr. Günter Grönbold, Karl Groß, Dr. Sven Hanuschek,
Ingeborg Hauenschild, Sonja Hauser, Prof. Dr. Dieter Herms, Armin M. Huttenlocher,
Dr. Jan Jiroušek, Barbara Kauper, Gregor Klant, Nina Kozlowski, Bernd Kuhne,
Bruno Landthaler-Liss, Susanne Mattis, Carla Meyer, Dr. Holt Meyer,
Wilhelm Miklenitsch, Christine M. Morawa, Paul Neubauer, Kathrin Neumann,
Dr. Klaus Detlef Olof, Gabriele Otto, Uwe Petry, Claudia Rapp, Dr. Winfried Riesterer,
Christa Schmuderer, Otto M. Schneider, Andreas Schubert, Dörte Schultze,
Dr. Gerhard Seewann, Dr. Hubert Stadler, Werner Steinbeiß, Dr. Ulrike Strerath-Bolz,
Charlotte Svendstrup-Lund, Martina Urban, Anne Vogt, Dr. Christine Walde,
Dr. Eberhard Winkler, Birgit Woelfert, Markus Wolf, Dr. Ulrich Wolfart,
Drs. Rein A. Zondergeld

Die Studienausgabe wurde auf Druck- und Satzfehler durchgesehen; im Text- und
Datenbestand ist sie mit der Originalausgabe (1988–1992) identisch. Ein Nekrolog
der seit 1988, dem Erscheinungsjahr von Band 1 der Originalausgabe, verstorbenen
Autoren ist in Band 21 enthalten. Dort finden sich auch die Hinweise für die
Benutzung des Werks und die Gesamtregister.

© Copyright 1988 by Kindler Verlag GmbH München
Das Werk einschließlich aller seiner Teile ist urheberrechtlich geschützt. Jede
Verwertung außerhalb der engen Grenzen des Urheberrechtsgesetzes ist ohne
Zustimmung des Verlags unzulässig und strafbar. Das gilt insbesondere für
Vervielfältigungen, Übersetzungen, Mikroverfilmungen und die Einspeicherung
und Verarbeitung in elektronischen Systemen.
Satz: Satz-Rechen-Zentrum, Berlin
Umschlaggestaltung: Heuser, Mayer + Partner, München
Druck und Verarbeitung: C.H. Beck'sche Verlagsdruckerei, Nördlingen
Printed in Germany
ISBN 3-463-43200-5

JOHN EARLE

* 1601 (?) York
† 17.11.1665 Oxford

MICRO-COSMOGRAPHIE, or, A Peace of the World Discovered; in Essayes and Characters

(engl.; *Mikrokosmographie oder Ein Stück Welt offen dargestellt in Essays und Charakterstudien*). Typenporträts von John EARLE, anonym erschienen 1628; in erweiterter Form 1629 und 1633. – Die Sammlung gilt als das beste und wohl auch einflußreichste Beispiel der im 17. Jh. sehr beliebten literarischen Gattung des Charakterporträts und darf als ein Wegbereiter des englischen Essays und in mancher Hinsicht auch des Romans betrachtet werden. Formal und thematisch folgt der Verfasser, ein Theologe, dem Vorbild der *Charaktēres* des THEOPHRASTOS, die gegen Ende des 16. Jh.s in englischer Übersetzung erschienen waren und zahlreiche Schriftsteller beeinflußt hatten. Während von Theophrast nur negative Charakterschilderungen überliefert sind, hatten sich jene Autoren, die zu Sir Thomas OVERBURYS Sammlung *Characters* (1614) beitrugen, auch um die Beschreibung positiver Typen bemüht. Doch begnügten sie sich meist mit oberflächlicher, krasser Schwarzweißmalerei und bewitzelten ihre Opfer, ohne zugleich auch zeit- und sozialkritische Überlegungen anzustellen. Earle dagegen erfüllte die bereits abgegriffene Form mit neuem Gehalt, indem er, unter Anwendung eines inneren Ordnungsprinzips, in einem geistreich-satirischen Stil stärker differenzierte Charaktere vorführte. Das eigentlich Fruchtbare an diesem Versuch ist der Schritt über das bloß Beschreibende, von außen Beobachtete hinaus zu einer Darstellung auch der inneren Antriebe. So erscheint – um nur einige Beispiele zu nennen – der »Gauner« als ein Mensch, dessen Versuche zur Verbesserung seiner gesellschaftlichen Position samt und sonders fehlgeschlagen sind, der dabei sein Schamgefühl verloren hat, sich aber gerade dadurch am Leben zu erhalten vermag; der »jüngere Bruder« ist stets unzufrieden und gerät in verzweifelte Situationen, weil die traditionelle Erbfolge ihn aller Mittel beraubt; der »gute alte Mann« ist nur deshalb zum Vorbild und Freund aller Menschen geworden, weil er den Schatz seiner Erfahrungen richtig verwaltet hat. – Die Charaktere des John Earle sind nicht nur in gute und schlechte Eigenschaften differenziert, es wird ihnen auch die Möglichkeit einer Entwicklung zum Besseren oder zum Schlechteren eingeräumt – womit der Autor wertvolle Vorarbeit für die Romanschriftsteller geleistet hat. Aber auch da, wo er beim Typenhaften, Zuständlichen verharrt, erhalten seine Gestalten ein gewisses Eigenleben durch die ihnen zugemessene Verantwortlichkeit für ihr Sosein. Der »Skeptiker«, der sich vor lauter Sehnsucht nach der vollkommenen Religion für gar keine Religion entscheiden kann; der »Formalitätenmensch«, der eifrig nach der äußerlich richtigen Verhaltensweise und vollkommenen Form strebt, dabei aber innerlich leer bleibt und eigentlich nur ein Zerrbild des Menschen ist – solche Gestalten macht Earle nicht schadenfroh zum Gegenstand seiner Spottlust, sondern er betrachtet sie anteilnehmend als die Opfer menschlichen Irrens, die er dem Leser als abschreckende Beispiele vor Augen hält. – In dieser Porträtsammlung sind auch typische Vertreter einzelner Berufsgruppen und Stände charakterisiert (z. B. ein Koch, ein Trompeter, ein emporgekommener Ritter). Dazwischen finden sich vier reine Milieuschilderungen (Gefängnis, Kegelbahn u. a.). Der Aufbau der einzelnen Beiträge entspricht ganz dem theophrastischen Schema einer kurzen, markanten Definition mit nachfolgender Beschreibung der Person und ihrer Handlungsweise, die hin und wieder durch szenische Einlagen illustriert wird. Der Stil ist geistreich, voller Pointen und satirischer Seitenhiebe. Um seine Absicht zu unterstreichen, stützt Earle sich gern auf rhetorische Kunstgriffe wie antithetischen Satzbau, Alliteration und phantasievolle Metaphern. A.L.

AUSGABEN: Ldn. 1628 [anon.; enth. 54 Characters]. – Ldn. 1629 [enth. 77 Characters]. – Ldn. 1633 [enth. 78 Characters]. – Ldn. 1868, Hg. u. Einl. E. Arber (English Reprints, 12). – Ldn. 1928, Hg. G. Murphy. – Ldn. 1933, Hg. H. Osborne. – Chicago 1960, Hg. u. Untersuchung D. Nieder [Diss. Univ. of Chicago].

LITERATUR: K. Lichtenberg, *Der Einfluß des Theophrast auf die englischen ›Character-writers‹ des 17. Jh.s*, Diss. Bln. 1921. – E. N. S. Thomson, *Character Books* (in *Literary Bypaths of the Renaissance*, New Haven 1924, S. 1–27). – W. Clausen, *The Beginnings of English Character-Writing in the Early 17th Century* (in PQ, 25, 1946, S. 32–45). – B. Boyce u. C. N. Greenough, *The Theophrastan Character in England to 1642*, Cambridge (Mass.)/Ldn. 1947. – *English Character-Writing*, Hg. H. Bergner, Tübingen 1971.

CHARLES ALEXANDER EASTMAN

d.i. Ohijesa

* Febr. 1858 Redwood Falls / Minn.
† 8.1.1939 Detroit

LITERATUR ZUM AUTOR:
R. Wilson, *The Writings of Ohiyesa. – Ch. A. E., M. D., Santee Sioux* (In South Dakota History, 6, Winter 1975, S. 55–73). – *Studies in American*

Indian Literature, Hg. P. G. Allen, NY 1983. – R. Wilson, *Ohiyesa. Ch. E., Santee Sioux*, Urbana/Ill. 1983.

FROM THE DEEP WOODS TO CIVILIZATION

(amer.; *Von den tiefen Wäldern zur Zivilisation*). Autobiographischer Bericht von Charles Alexander EASTMAN, erschienen 1916. – Hier beschreibt ein Sioux-Indianer seinen Bildungsgang. Im Stammesleben der noch freien Prärie-Indianer aufgewachsen, wurde er als Fünfzehnjähriger von seinem Vater der Zivilisation des weißen Mannes zugeführt. Nachdem er die Missionsschule in Santee und das Beloit College in Wisconsin besucht hatte, gab ihm ein staatliches Stipendium die Möglichkeit, am Dartmouth College bei Boston zu studieren, das im 18. Jh. für Indianer gegründet worden war, mangels indianischer Studenten aber von Weißen besucht wurde. An diesem Wendepunkt, als Ohijesa bereits reif genug war, die Aufgaben einer »christlichen Zivilisation« zu begreifen, und sich entschloß, wie ein weißer Mann zu denken und zu handeln (er war damals achtzehn Jahre alt), setzt der Lebensbericht ein. Der Autor ist, als er in Dartmouth eintritt, der einzige indianische Schüler dieser ehrwürdigen Anstalt, ein Sioux, der sich *»wie ein wilder Fuchs«* dorthin verirrt hat. Aber die Zivilisation empfängt ihn freundlich, ja mit großer Herzlichkeit. Er wird der Fußballchampion seiner Klasse, die Lehrer wetteifern in ihrem Wohlwollen ihm gegenüber und lassen ihn im Unterricht immer wieder seinen eigenen Standpunkt darlegen, während ihm die Mitschüler andächtig zuhören. Eine Tageszeitung kann sogar berichten. *»Der Held der Mädchen unserer Bostoner Gesellschaft ist jetzt ein Siouxkrieger.«* In den Ferien verdient er sich eigenes Geld. Er will Arzt werden, um seinem Stamm in der Reservation helfen zu können. Und er will eine angesehene Stellung in der Welt des weißen Mannes einnehmen. Als Knabe, bevor er auf den Namen Charles Alexander Eastman getauft worden war, hieß er Ohijesa (Der Sieger). Er hat diesen Namen nie verleugnet und er will auch diesmal siegen. Im Jahre 1890 besteht er an der Universität Boston sein medizinisches Doktorexamen mit Auszeichnung. Aber erst als er nach einem Jahr die Lehrerin und Schriftstellerin Elaine GOODALE heiratet, wird er in der amerikanischen Zivilisation wirklich heimisch.

Dieser Lebensbericht verdient Beachtung, weil in ihm – im Gegensatz zu den meisten Autobiographien nordamerikanischer Indianer – nicht die unwiederbringliche Vergangenheit verherrlicht wird. Zur Würdigung dieses Indianers sei noch gesagt, daß er seine Aufgabe sowohl als Arzt wie als Beamter in Washington voll erfüllen konnte und daß er sich als Verfasser von flüssig und spannend geschriebenen autobiographischen und sittenschildernden Werken über das Indianererleben einen Namen gemacht hat. G. Haf.

AUSGABEN: Boston 1916. – Boston 1936; Nachdr. Lincoln/Nebr. 1977 [Einl. R. Wilson].

ÜBERSETZUNG: in *Ruf des Donnervogels*, E. Goodale Eastman, Hg. Ch. Hamilton, Zürich 1960 [Ausz.].

THE SOUL OF THE INDIAN

(amer.; *Die Seele des Indianers*). Abhandlung von Charles Alexander EASTMAN, erschienen 1911. – In dem schmalen Buch werden die Grundlagen von Glaube, Sitte und Brauchtum der Prärie-Indianer Nordamerikas erläutert, zu denen der Verfasser seiner Abstammung nach gehörte. Er hatte nach seinem Eintritt in die zivilisierte Gesellschaft Amerikas erlebt, wie verständislos diese der indianischen Kultur gegenüberstand, und wollte sie mit dem Geist, in dem diese barbarisch anmutenden Bräuche und Riten geübt wurden, vertraut machen. Es war, wie er ausführt, ein Geist von hoher Sittlichkeit, ein Geist, dem ein Sittengesetz entsprang, von dem das öffentliche wie das Familienleben der Präriestämme durchdrungen war. Unter diesem Gesetz lebte der Indianer als naturnaher und religiöser Mensch, der sich in allem, was er tat, der Allgegenwart des »Großen Geheimnisses« bewußt war, das sich für ihn auch in Gestalt von »Geistern« manifestierte. Das »Große Geheimnis« durfte nicht angesprochen werden, ihm näherte man sich schweigend und in der Stille. Es war dem Vater und Schöpfergott übergeordnet, der sich in der Sonne verkörperte und dessen Partnerin die Erde als Mutter aller Dinge war. Diesen beiden Gottheiten vor allem trugen die Indianer ihre Wünsche vor, wobei sie sich ihres ganzen umfangreichen Zeremoniells mit seinen hohen Symbolgehalten bedienten. Ihr vornehmstes Sakrament war der Pfeifenritus, bei dem die mit Tabak und heiligen Rinden gefüllte Pfeife zur Sonne erhoben und zur Erde gesenkt wurde, ehe man sie feierlich rauchte. *»Für unsere heilige Kommunion bedienen wir uns des beruhigenden Weihrauchs vom Tabak an Stelle von Brot und Wein«*, schreibt Ohijesa. In den Gebräuchen im Zusammenhang mit Geburt, Eheschließung, Jugendweihe usw. habe der Indianer seiner Naturverbundenheit und -verehrung Ausdruck verliehen. *»Schon lange bevor ich von Christus gehört hatte oder einem weißen Mann begegnet war, hatte mich eine ›ungebildete‹ Frau das Wesen der Sittlichkeit gelehrt. Durch die Natur selbst ließ sie mich ganz einfache Dinge erfahren, die doch von gewaltigem Gewicht waren. Ich wußte von Gott und begriff, was Gutsein heißt. Ich sah und liebte das wahrhaft Schöne. Von der Zivilisation habe ich nichts Besseres lernen können!«* Das Sittengesetz verlangte vom Indianer: Selbstbeherrschung, Würde, Freigebigkeit (die er schon als Kind durch Verschenken seiner liebsten Besitztümer erlernte) und selbstlosen, mutigen Einsatz im Dienst des Stammes. Entartungserscheinungen wie Eigennutz oder Ehrgeiz griffen, wie der Autor durch Daten belegt, erst nach der Berührung mit den Weißen um sich. Zwar blieb nach außen hin ein Teil des alten Brauchtums erhalten, sein Sinngehalt jedoch änderte sich und verdarb mehr und mehr. Gleichzeitig entstanden neue Einrichtungen (wie etwa die »Medizin-Gesellschaft«), die als heidnisch galten, in Wirklichkeit aber christliche Vorbilder hatten. Ohijesa-Eastmans zuweilen in fast hymnischem Ton vorgetragene Ausführungen erheben keinen wissenschaftlichen Anspruch, beweisen aber, daß wohl niemand berufener ist, in die Geisteshaltung eines Volkes einzuführen, als einer, der in ihr erzogen wurde. G.Haf.

AUSGABEN: Boston/NY 1911; Nachdr. NY 1970. – Ldn./Cambridge 1911. – Rapid City/S.D. 1970. – Lincoln/Nebr. 1980.

ÜBERSETZUNG: *Die Seele des Indianers*, A. Dohm, Lpzg. 1938 (IB).

LITERATUR: P. Radin, *Religion of the North American Indians* (in Journal of American Folk-Lore, 27, 1914, S. 335–373).

JOHANN EBERLIN VON GÜNZBURG

* um 1470 Kleinklötz bei Günzburg
† 13.10.1533 Leutershausen bei Ansbach

DIE XV BUNDTSGNOSSEN

Sammlung von fünfzehn Flugschriften von Johann EBERLIN VON GÜNZBURG, zuerst gedruckt 1521. – Die *15 Bundesgenossen* sind das erste und bedeutendste Werk Eberlins, der neben LUTHER als der »*sprachgewandteste und sprachgewaltigste Pamphletist der beginnenden Reformationszeit*« gilt (L. Enders). Er begann seine Flugschriften als Franziskaner in Ulm, wurde Ende Juni 1521 aus dem Kloster ausgestoßen und vollendete sein Werk auf der Wanderschaft, die er etwa 1522 in Wittenberg beendete. Die Frage, in welcher Form die Flugschriften zuerst veröffentlicht wurden, ist nicht eindeutig geklärt. Der Meinung, daß sie einzeln, in kurzen Zeitabständen aufeinanderfolgend, erschienen seien (so z. B. L. Enders, A. E. Berger), steht die Ansicht gegenüber, daß es sich um ein einheitliches Werk handele, dessen fünfzehn Teile nicht erst nachträglich gesammelt, sondern gleich als Ganzes gedruckt worden seien (B. Riggenbach, W. Lucke u. a.). Für diese These spricht, daß die einzelnen *bundtsgnoßen* wahrscheinlich nicht in der Reihenfolge des Druckes entstanden sind (W. Lucke). – eine Vermutung, die auch einen Teil der Wiederholungen und Widersprüche des Werkes erklärt. Eberlin läßt seine fünfzehn *bundtsgnoßen* als Eidgenossen auftreten, die sich geschworen haben, dem deutschen Volk die Mißstände der Kirche vor Augen zu führen, ihm die Erkenntnisse und Forderungen der großen Reformatoren, vor allem Luthers und HUTTENS, eindringlich vorzutragen und so zum Sieg der Reformation beizusteuern. Der *Erst bundtsgnoß*, entstanden unter dem Eindruck des Wormser Reichstags, wendet sich an den jungen Kaiser Karl V., in den man zu Beginn der Reformation große Hoffnungen setzte. Eberlin beklagt die Macht des Barfüßerordens, dessen Mitglieder über ihre geistlichen Ämter hinaus als Ratgeber bei Hofe herangezogen würden und so ihren Einfluß zugunsten der Kirche und zu ihrem eigenen Nutzen geltend machen könnten. Sie saugten durch Erhebung immer neuer Abgaben das Reich aus, vergifteten den aufrechten Sinn des Kaisers und säten Zwietracht zwischen ihn und die Fürsten. Ihr Ziel sei die uneingeschränkte Herrschaft der Kirche: »*Erbarm es got das ein ungelerter, eergytiger* [ehrgeiziger], *lusiger münch das gantz römisch reich regieren sol*« – gemeint ist der Beichtvater des Kaisers, Johann Glapion. Der »*Aristotelisch haidnisch lere*« der Kirche stehe das große Werk Luthers und Huttens gegenüber, die »*ain luthere raine dargebung ewangelischer lere in schülen und uff den predig stülen*« anstrebten. – Dieser *Erst bundtsgnoß* enthält schon die meisten Grundgedanken des gesamten Werks, die dann in den restlichen vierzehn Abteilungen im einzelnen dargelegt und erweitert werden.
In den folgenden *bundtsgnoßen* geißelt Eberlin das vierzehntägige Fasten vor Ostern (II), das unwürdige Leben in den Klöstern (III, IX, XII) und die *horae canonicae* (IV). Er verlangt die Reformierung des »*predig stüls*« (V), verurteilt die Predigten der Bettelmönche (VI), die Abgaben für Messen, Begräbnisse und andere Dienste der Kirche (VII), die Heiligenverehrung (XIV) und ermahnt alle Schweizer, »*das sy trewlich helffen handthaben Ewangelische leer*« (XIII). Der *VIII. bundtsgnoß* gibt Antwort auf die Frage, »*warumb man herrn Erasmus von Roterodam in Teütsche sprach transferiert; warumb doctor Luther und herr Ulrich von Hutten teütsch schriben*«. Die Einfalt und Gutgläubigkeit der Deutschen mache sie zu wehrlosen Opfern der Geistlichkeit, die durch den ausschließlichen Gebrauch der lateinischen Sprache dem Volk alle für die Kirche unbequemen Heilswahrheiten fernhalte und es statt dessen mit Irrlehren abspeise, »*biß es do hin kummen ist, das wir woneten in der finsternüß und im schatten des todts*«. So habe auch das Ablaßunwesen Eingang ins deutsche Volk finden können, das, wie alle anderen Lehren der Kirche, ein »*new ding*« und in der *Heiligen Schrift* nirgends begründet sei. Luther und Hutten aber predigten und schrieben in deutscher Sprache, damit jeder sich ein eigenes Urteil bilden könne und in der Hoffnung, »*got werd seim armen teütschen volck die ougen auffthün, das sie erkennen und annemen die warheit*«.
Unter den fünfzehn Teilen des Werks nehmen formal und inhaltlich der zehnte und der elfte *bundtsgnoß* eine Sonderstellung ein. Sie enthalten die Statuten einer Reformation des geistlichen und

weltlichen Standes, die in dem fiktiven Land »Wolfaria« verkündet worden sind. In kurzen, mit Zwischentiteln versehenen Abschnitten gibt Eberlin bis ins einzelne gehende Anordnungen, z. B. über die Zahl der Feiertage und wie sie zu begehen sind, über die Einteilung der Geistlichen, ihre Rechte und ihre Pflichten, über die Abschaffung des Zölibats und des Klostergelübdes, über die Verwendung aller Klöster als Schulen und über das Verbot des Barfüßerordens. Der weltliche Stand findet im *XI. bundtsgnoß* Anleitung für jeden Lebensbereich, sei es, daß jemand heiraten oder dem Kaufmannsstand beitreten will, daß er zu Tisch sitzt oder vor Gericht steht. Die Statuten Wolfarias nehmen sich strafbarer Handlungen, wie des Ehebruchs, der Trunksucht, der Gotteslästerung und des Glücksspiels, ebenso an wie der äußeren Erscheinung des Menschen: »*Alle mann söllen by grosser pein lang bärt tragen, kainer soll sein angesicht glat haben wie ein wyb.*« – Diese beiden *bundtsgnoßen*, deren zweiter als Titelbild einen Narren mit der Schellenkappe und das Datum »*im Monat genant Gutwyl, im jar do man den bättel münchen die kutten staubt*« trägt, verfolgen trotz ihrer scherzhaften Form einen ernsten Zweck, und sei es nur den, zum Nachdenken anzuregen. – Im *XV. bundtsgnoß* warnt Eberlin abschließend alle »*christgelöübigen menschen ... vor nüwen schedlichen leren*«, die nicht auf wahrem Christentum beruhen gleich den Lehren der Papisten.

In den *15 Bundesgenossen* ist der Einfluß von Luthers *An den christlichen Adel deutscher Nation* wie der von Huttens Schriften unverkennbar. Manche Unebenheit des Stils und des Gedankengangs ist wohl darauf zurückzuführen, daß Eberlin, ähnlich wie sein großes Vorbild Luther, ein Meister der Improvisation war; doch verdankt die Schrift gerade dieser Gabe ihre volkstümliche, oft derbe Treffsicherheit und ihre Eindringlichkeit.   H.Mon.

AUSGABEN: Basel 1521 [in 15 Einzeldrucken]. – Basel 1521 [Zusammendruck]. – Halle 1896 (in *AS*, Hg. L. Enders, 3 Bde., 1896–1902, 1; NdL, S. 139–141). – Lpzg. 1931, Hg. A. E. Berger (Ausw.; DL, R. Reformation, 2).

LITERATUR: B. Riggenbach, *J. E. v. G. u. sein Reformprogramm; ein Beitrag z. Geschichte d. XVI. Jh.s*, Tübingen 1874. – J. H. Schmidt, »*Die 15 Bundesgenossen des J. E. v. G.*«, Diss. Lpzg. 1900. – W. Lucke, *Die Entstehung der »15 Bundesgenossen« des J. E. v. G.*, Diss. Halle 1902. – K. Wulkan, *Das kirchliche Ideal des J. E. v. G.*, Diss. Halle 1921. – L. v. Muralt, *Glaube u. Lehre d. schweiz. Wiedertäufer i. d. Reformationszeit*, Zürich 1938. – K. Stöckl, *Untersuchungen zu J. E. v. G.*, Diss. Mchn. 1952. – E. Demerlein, *J. E. v. G.* (in *Lebensbilder aus d. bayer. Schwaben*, Hg. G. Frh. v. Pölnitz, Bd. 5, Mchn. 1956, S. 70–92). – H. Weidhase, *Kunst u. Sprache im Spiegel der reformatorischen u. humanistischen Schriften J. E.s v. G.*, Diss. Tübingen 1967. – G. Heger, *J. E. v. G. und seine Vorstellungen über eine Reform in Reich u. Kirche*, Bln. 1985.

GEORG MORITZ EBERS

* 1.3.1837 Berlin
† 7.8.1898 Tutzing

EINE ÄGYPTISCHE KÖNIGSTOCHTER

Historischer Roman von Georg EBERS, erschienen 1864. – Der das Ende der 26. Dynastie (525 v. Chr.) behandelnde Roman gruppiert eine Kette von Liebes- und Intrigengeschichten um die Gestalt der Nitetis, Tochter des Pharao Apries. Der Perserkönig Kambyses, ihr Bräutigam, treibt sie schließlich durch seine grundlose Eifersucht dazu, sich zu vergiften. – Über seinen beachtlichen Erfolg hinaus – es galt noch lange nach seinem Erscheinen als ausgesprochene Modelektüre – besitzt das Werk Bedeutung als Prototyp des »Professorenromans«: indem es ein der Gefühlskultur und Denkart des zeitgenössischen Bürgerlebens angepaßtes Geschehen zwischen altägyptischen Kulissen ablaufen läßt, repräsentiert es einen bestimmten Typ historischer Rekonstruktion. Die wissenschaftliche Korrektheit soll durch einen Apparat von über 500 weitschweifigen gelehrten Anmerkungen glaubhaft gemacht werden.

Der Kritik gegenüber, die sich bald nach Erscheinen des Buchs erhob, gab der Autor aber dann unumwunden als außerliterarische Absicht zu, die Resultate seiner Forschungen »*einer möglichst großen Anzahl von Gebildeten in der das allgemeine Interesse am meisten ansprechenden Form zugänglich zu machen*«; ferner bekannte er sich zu den zahlreichen offensichtlichen Anachronismen: »*Dagegen mochte und durfte ich mich nicht ganz frei machen von den Grundanschauungen der Zeit und des Landes, in denen meine Leser und ich geboren wurden; denn hätte ich rein antike Menschen und Zustände schildern wollen, so würde ich für den modernen Leser teils schwer verständlich, teils ungenießbar geworden sein.*« Solchem Programm entspricht der zwischen umständlich-deskriptiven Kulturbildern und steifbeinigen Dialogen pendelnde Stil, der bei den recht gewaltsam poetischen Liebesszenen sogar gelegentlich in Jamben einherholpert: »*Doch träumend hat noch niemand Sieg erkämpft. Der Labetau der Tugendblume nennt sich Schweiß!*«

Neben DAHNS *Kampf um Rom* dürfte Ebers' Roman für die Ablehnung des historischen Genres in der Folgezeit mitverantwortlich sein. Eine ähnlich negative Bedeutung hat er als Symptom eines zum Antiquitätenkult verflachten Historismus.   W.Cl.

AUSGABEN: Stg. 1864, 3 Bde. – Stg. 1893 (in *GW*, 32 Bde., 1 u. 2). – Bln./Stg. 1916 (in *AW*, 10 Bde.). – Köln 1955.

LITERATUR: O. Kraus, *Der Professoren-Roman*, Heilbronn 1884 (Zeitfragen des christlichen Volksleb., H. 60). – J. Hofmiller, *Geschichten u. Geschichte* (in J. H., *Über d. Umgang m. Büchern*,

Mchn. ²1948). – E. Müller, *G. E. Ein Beitrag zum Problem des literar. Historismus in der 2. Hälfte des 19. Jh.s*, Diss. Mchn. 1951.

HOMO SUM

Historischer Roman von Georg EBERS, erschienen 1878. – Schauplatz der Handlung ist die Sinai-Halbinsel im 4. Jh. n. Chr.; die Hauptfiguren des Buchs sind die drei Anachoreten Paulus, Stephanus und dessen Sohn Hermas. Wie die anderen christlichen Eremiten, die in den Höhlen des Berges wohnen, haben sie nur noch über die römische Ansiedlung an der Oase Pharan Kontakt zur Welt. Paulus genießt höchstes Ansehen unter den Eremiten; nach einem glanzvollen Leben in Alexandria hat er konvertiert und sich als Einsiedler in ein Leben äußerster Demut und häufiger Selbstkasteiungen zurückgezogen. Stephanus will durch sein Eremitenleben den Treuebruch seiner Frau sühnen, die von einem gallischen Offizier verführt wurde. Die Freundschaft zwischen Paulus und Stephanus wird noch enger, als Paulus eines Tages, aus seinem Leben erzählend, von einer Frau berichtet, die, nachdem sie verführt worden war und ebenfalls konvertiert hatte, als christliche Märtyrerin, mit der Tröstung des Paulus versehen, starb: Es war Stephanus' Frau. Hermas liebt die Einsamkeit nicht; er möchte als Soldat ein tüchtiges Leben in der Welt führen. Er verliebt sich in Sirona, eine schöne, von ihrem gallischen Gatten Phöbicius vernachlässigte Frau, die in der Familie des christlichen Senators Petrus bei der Oase Pharan lebt. Ein unschuldiges Treffen zwischen Sirona und Hermas führt zu Verdächtigungen gegen beide; der flüchtende Hermas läßt sein Fellkleid bei Sirona zurück, das gegen ihn zeugen würde, wenn nicht der alte Paulus Schuld und Schmach auf sich nähme. Als Paulus die herumirrende Sirona findet, gerät der Büßer, der glaubte, alles Weltliche von sich geworfen zu haben, allerdings selbst in Versuchung; doch überwindet er sich, bringt Sirona mit dem sie liebenden Senatorensohn Polykarp zusammen und pflegt weiter den kranken Stephanus. Eine Klärung der Situation und ein Sieg des Guten über das Böse ergibt sich endlich, als Berg und Oase von einem Nomadenstamm angegriffen werden. Von Hermas gewarnt, flüchten die Anachoreten in ein römisches Kastell und helfen bei der Organisation der Verteidigung. Da erkennt Stephanus in dem Offizier Phöbicius den einstigen Verführer seiner Frau wieder; im Handgemenge stürzt er zusammen mit ihm von der Kastellmauer in die Tiefe. Nun kann Polykarp die verwitwete und Christin gewordene Sirona heiraten, und Hermas wird Soldat werden. Polykarp aber meißelt, als der Einsiedler Paulus kurz darauf stirbt, diesem den Spruch des Terenz auf den Grabstein, den Paulus sich gewünscht hat: »*Homo sum: humani nil a me alienum puto*«, was der Erzähler mit den den Sinn ins Christliche wendenden Worten übersetzt: »*Betet für mich Armen; ich war ein Mensch.*«

Der Autor, neben Felix DAHN einer der erfolgreichsten Verfasser historischer Romane im 19. Jh. (*Die Nilbraut*, 1887; *Josua*, 1890; *Kleopatra*, 1894) und seinerzeit ein bekannter Archäologe und Ägyptologe, läßt unter Auswertung seiner Fachkenntnisse ein Bild des frühchristlichen Anachoretenlebens erstehen, das jedoch bei aller kulturhistorischen Anschaulichkeit und Fülle nirgends erzählerische Originalität erreicht. Wie *Eine ägyptische Königstochter* gehört auch dieses Werk zum Genre des »Professorenromans«. Es war Ebers' Ehrgeiz, neben dem historischen Sitten- und Lebensbild mit dem Roman auch »*eine Erkenntnis ... zum künstlerischen Ausdruck zu bringen*«, daß nämlich »*der Christ die höchsten Ziele seiner Religion sicherer, leichter und in einer Gott und den Menschen wohlgefälligeren Weise in der Welt, im Kreise der Familie und in ernster Arbeit erreicht, als durch Weltflucht und in der Einsamkeit, wohin ihm doch ... immer das eigene Ich folgen wird, in dem die ganze Welt enthalten ist, mit allen Lockungen und Fallstricken, denen der Einsiedler entronnen zu sein hoffte*« (Vorwort zur 13. Auflage, 1888).   J.Dr.

AUSGABEN: Stg./Lpzg. 1878. – Stg./Lpzg. 1893 (in *GW*, 34 Bde., 1893–1897, 6). – Lpzg. 1929 (RUB).

LITERATUR: O. Kraus, *Der Professorenroman*, Heilbronn 1884, S. 17–26 (Zeitfragen des christlichen Volkslebens, Bd. 9, H. 4). – E. Meyer, *G. E.* (in BJb, 3, 1900, S. 86–99). – E. Müller, *G. E. Ein Beitrag zum Problem des literarischen Historismus in der 2. Hälfte des 19. Jh.s*, Diss. Mchn. 1951 [m. Bibliogr.].

MARIE VON EBNER-ESCHENBACH

* 13.9.1830 Zdislawitz / Mähren
† 12.3.1916 Wien

LITERATUR ZUR AUTORIN:
E. Riemann, *Zur Psychologie u. Ethik der E.*, Hbg. 1913. – K. Offergeld, *M. v. E., Untersuchungen über ihre Erzähltechnik*, Diss. Münster 1917. – M. F. Radke, *Das Tragische in den Erzählungen von M. v. E.-E.*, Diss. Marburg 1918. – A. Bettelheim, *M. v. E.-E.s Wirken u. Vermächtnis*, Lpzg. 1920. – H. A. Koller, *Studien zu M. v. E.-E.*, Diss. Zürich 1920. – M. Alkemade, *Die Lebens- u. Weltanschauung der Freifrau M. v. E.-E.*, Würzburg 1935. – E. Fischer, *Die Soziologie Mährens in der zweiten Hälfte des 19. Jh.s als Hintergrund der Werke M. v. E.-E.s*, Lpzg. 1939. – I. Geserick, *Gesellschaftskritik u. -erziehung im Werk der M. v. E.-E.*, Diss. Potsdam 1956. – H. Fink, *Studien zur Ethik M. v. E.-E.s Entsagung, Resignation u. Opfer in den Erzählungen der*

Dichterin, Diss. Graz 1965. – K. Benesch, *Die Frau mit den hundert Schicksalen. Das Leben der M. v. E.-E.*, Wien/Mchn. 1966. – G. Fussenegger, *M. v. E.-E. oder Der gute Mensch von Zdißlawitz*, Mchn. 1967. – M. Grundner, *M. v. E.-E. Wechselbeziehungen zwischen Leben, Werk u. Umwelt der Dichterin*, Diss. Graz 1971. – I. Aichinger, *Harmonisierung oder Skepsis? Zum Prosawerk der M. v. E.-E.* (in Österreich in Geschichte u. Lit., 16, 1972, S. 483–495). – B. Kayser, *Möglichkeiten u. Grenzen individueller Freiheit. Eine Untersuchung zum Werk M. v. E.-E.s*, Diss. Ffm. 1974. – A. Unterholzner, *M. v. E.-E. Eine Analyse der Form u. der Rezeption ihres Werkes*, Diss. Innsbruck 1978. – G. Hummel Snapper, *Entfremdung u. Isolation in den Prosawerken von M. v. E.-E.*, Diss. Univ. of California/Berkeley 1979. – A. C. Bramkamp, *M. v. E.-E. and Her Critics*, Diss. Cornell Univ. 1984.

BOŽENA

Roman von Marie von EBNER-ESCHENBACH, erschienen 1876. – Der erste größere Prosatext der Autorin, die neben Ferdinand v. SAAR und Ludwig ANZENGRUBER zu den bedeutendsten Vertretern des österreichischen Spätrealismus gehört, schildert den Leidensweg einer böhmischen Magd in der Mitte des 19. Jh.s. Die schöne Božena, bei dem reichen Weinkaufmann Heißenstein in Diensten, nimmt sich mit mütterlicher Fürsorge Rosas, der Tochter aus der ersten Ehe ihres Herrn, an, die vom Vater und von der Stiefmutter vernachlässigt wird. In der gleichen Nacht, in der Božena dem Jäger Bernhard verfällt, einem »Gecken«, flieht Rosa mit einem jungen Offizier aus dem Haus. Božena mißt allein sich selbst die Schuld an dieser Flucht zu und folgt ihrem Schützling demütig in die Fremde, um dem vermögenslosen Paar beizustehen. Als Rosa und ihr Mann umkommen, kehrt sie mit dem Kind beider, Röschen, wieder in das Haus von Rosas Vater zurück. Um des Kindes willen, dem sie das ihm zustehende Erbteil sichern will, erträgt sie die Ungerechtigkeiten und Bosheiten der Hausherrin, die von dem Stiefenkelkind nichts wissen will. Als Boženas früherer Geliebter auf einem Fest öffentlich ihre damalige Schuld aufdeckt, bekennt sie sich zu ihr und gewinnt durch diese Wahrhaftigkeit ihre innere Freiheit wieder. Ungehindert von Gewissenslast kann sie nun ihrer Aufgabe nachgehen, für eine gesicherte Zukunft Röschens zu sorgen. Die Unterlassungssünde an ihrem ersten Schützling hat sie an ihrem zweiten gutgemacht.

Der Text wurde gerne als Parabel auf menschliches Duldertum, auf Schuld und Sühne gelesen, obgleich die Verfehlung der Magd in keiner Relation zum eigennützigen Verhalten von Rosas Vater und Stiefmutter steht; teilweise sah man in der selbstbewußten Haltung der Magd, der von der Autorin der »*ungebändigte Hochmut der echten Plebejerin*« zugeschrieben wird, früh auch schon ein Sichbehaupten gegen die doppelbödige Moral des etablierten Bürgertums (M. F. Radke). Auffallend ist, worauf H. BEUTIN vor allem hingewiesen hat, daß die Autorin zu einer Zeit, in der das Bürgertum Motor und Nutznießer der um sich greifenden Kapitalisierung aller Verhältnisse ist, eine Vertreterin der Unterschicht in den Mittelpunkt ihres Romans stellt, ausgestattet mit den Attributen des mythologisch vorgeformten Typus der »Heldenjungfrau«, zugleich als Tschechin Angehörige einer nichtdeutschsprachigen Nationalität: Die Erzählung kann daher als »*Beispiel für literarischen Avantgardismus innerhalb des Bürgerlichen Realismus*« (H. Beutin) gedeutet werden.   B.B.-KLL

AUSGABEN: Stg. 1876. – Lpzg. 1928 (in *SW*, 12 Bde., 3). – Mchn. 1957, Hg. E. Gross. – Mchn. 1957 (in *Kleine Romane*, Hg. J. Klein). – Mchn. 1961 (in *GW*, Hg. E. Gross, 9 Bde., 4). – Wien 1964 (in *AW*, 3 Bde., 1; Vorw. K. Eigl). – Bonn 1980 (*Krit. Texte u. Deutungen*, Hg. K. K. Polheim, Bd. 2; Hg. K. Binneberg). – Bln. u. a. 1984 (Nachw. I. Cella; Ullst. Tb).

LITERATUR: H. Beutin, *M. v. E.-E.: »Božena« (1876). Die wiedergekehrte »Fürstin Libussa«* (in *Romane u. Erzählungen des bürgerlichen Realismus*, Hg. H. Denkler, Stg. 1980, S. 246–257).

ER LASST DIE HAND KÜSSEN

Novelle von Marie von EBNER-ESCHENBACH, erschienen 1886. – Die in den »*Neuen Dorf- und Schloßgeschichten*« (1886) enthaltene Erzählung bekundet durch ihre sozialkritische Tendenz neben dem Mitleid der Autorin mit den vom Adel Unterdrückten auch ihre Empörung über die Haltung ihrer Standesgenossen. Den Rahmen bildet eine leicht ironische Unterhaltung zwischen einer konservativen Gräfin und ihrem Verehrer, einem liberal gesinnten Grafen. Er erzählt ihr, warum er seinen Waldheger Mischka nicht entlasse, obwohl er seinen Dienst unzulänglich versehe.

Mischka ist nämlich ein Urenkel jenes gleichnamigen Mannes, der einst der Großmutter des Grafen »*Anlaß zu einer kleinen Übereilung gab, die ihr später leid getan haben soll*«. Dieser war Feldarbeiter auf dem Gut und gefiel der alten Gräfin wegen seines freien Betragens und seiner Anmut; sie ernannte ihn deshalb zum Gartenarbeiter. Der servile Kammerdiener Fritz, der die Ernennung den Eltern Mischkas mitzuteilen hatte, antwortete auf die Frage der Gräfin, wie der junge Mann reagiert habe: »*O der – der laßt die Hand küssen*«, obwohl Mischka erst durch Prügel seines Vaters zur Annahme der neuen Stelle hatte gezwungen werden müssen. Bald darauf beobachtete die Gräfin ihn beim Spiel mit einem hübschen Mädchen und einem kleinen Jungen. Als sie erfuhr, daß es sich um seine Geliebte und beider Sohn handle, sandte sie, in ihrer strengen Moralauffassung verletzt, den Kammerdiener zu Mischkas Eltern und verlangte das Ende der Liebschaft. Der devote Fritz meldete nach seiner

Rückkehr: *»Er laßt die Hand küssen, er wird ein Ende machen.«* Aber der Dienst führte Mischka und seine Geliebte wieder zusammen, so daß die Gräfin beschloß, das Mädchen auf eins ihrer entfernteren Güter zu verbannen. Der Geliebte begleitete sie, seinen Sohn tragend; unterwegs wurde das unglückliche Paar von Mischkas Vater verprügelt, der junge Mann in den Dienst zurückgezwungen. Eines Tages mußte Mischka seine Mutter vor den Schlägen des Vaters schützen, der im Kampf unterlag. Seitdem war der Sohn flüchtig, die Häscher fanden ihn aber schließlich bei seiner Geliebten, und der Kammerdiener meldete der Gräfin glücklich: *»Der Mischka laßt die Hand küssen. Er ist wieder da.«* Die Gräfin verhängte über den Inhaftierten als Strafe fünfzig Stockhiebe, die sie erst auf die flehentlichen Bitten ihres Arztes und der Mutter Mischkas auszusetzen befahl. Doch zu spät erreichte der Kammerdiener Fritz mit dem Gebot der Herrin den Exekutionsort; bei seiner Rückkehr konnte er, kläglich grinsend, nur noch melden: *»Er laßt die Hand küssen, er ist schon tot.«*

Die Novelle ist mit äußerster Strenge gebaut. Viermal kehrt der Titelsatz an entscheidenden Handlungseinschnitten als Leitmotiv wieder; kaum abgewandelt, kennzeichnet er die Starre eines Sozialgefüges, in dem es beinahe allmächtige, aber in bezug auf das Leben ihrer Untertanen bis zur Gleichgültigkeit ahnungslose Aristokraten, kriecherische Bedienstete und einige wenige menschlich Empfindende gibt, die bezeichnenderweise von der Gesellschaft ausgestoßen werden, wie Mischka und seine Geliebte. Die retardierenden Unterbrechungen der Handlung durch die Rahmenkonversation stellen den Bezug zur Gegenwart des Erzählers her, der soziales Mitgefühl bei seiner Zuhörerin wecken möchte. E.N.

AUSGABEN: Bln./Altenburg 1886 (in *Neue Dorfund Schloßgeschichten*). – Lpzg. 1928 (in *SW*, 12 Bde., 4). – Mchn. 1956 (in *Das Gemeindekind. Novellen. Aphorismen*, Hg. J. Klein). – Mchn. 1961 (in *GW*, Hg. E. Gross, 9 Bde., 1). – Zürich o. J. (in *Meistererzählungen*, Hg. A. Bettex).

LITERATUR: L. Muerdel Dormer, *Tribunal der Ironie. M. v. E.-E.s Erz. »Er lasst die Hand küssen«* (in Modern Austrian Lit., 9, 1976, Nr. 2, S. 86–97).

DAS GEMEINDEKIND

Roman von Marie von EBNER-ESCHENBACH, erschienen 1887. – In diesem sozialkritischen Roman, dem man die Worte der Autorin voranstellen könnte: *»Es gäbe keine soziale Frage, wenn die Reichen von jeher Menschenfreunde gewesen wären«*, wird das Schicksal zweier Kinder erzählt, deren Vater wegen Mordes gehenkt worden ist und deren Mutter eine zehnjährige Haft im Zuchthaus verbüßen muß. Während das hübsche Mädchen Milada das Mitleid einer Gutsbesitzerin erregt und auf deren Kosten in einer städtischen Klosterschule erzogen wird, fällt ihr Bruder Pavel der Gemeinde des mährischen Dorfes zur Last, die nur widerwillig ihrer Pflicht nachkommt. Den schlechten Ruf seiner Eltern läßt man ihn so spürbar fühlen, daß er immer mehr verstockt und schließlich das Musterbeispiel eines schwer erziehbaren Jungen wird, der die Schule schwänzt, sich herumprügelt und sogar stiehlt. So ist es nicht verwunderlich, daß auf ihn Verdacht fällt, als er dem Bürgermeister eine Medizin bringt, an der dieser wenig später stirbt, und er bald als *»Giftmischer«* verschrien ist. Dieser Schimpfname bleibt ihm, obwohl sich später seine Unschuld erweist. Als sich die Geschwister nach Jahren wiedersehen, ist Milada erschüttert über die Verwahrlosung ihres Bruders. Ihrem Einfluß ist es zu danken, daß sich nun in Pavel langsam ein Wandel vollzieht: Er beginnt fleißig zu lernen, sucht sich in der Gemeinde nützlich zu machen, weicht allen Prügeleien aus und bezwingt seinen Menschenhaß, obwohl er auch weiterhin beschimpft und verspottet wird. Unbeirrbare Rechtschaffenheit, die einmal auch die Achtung seiner Mitmenschen finden wird, ist der Sinn seines Lebens geworden. Sein Charakter hat sich gefestigt, und er hat seinen Platz im Dorfe und im Leben gefunden, an der Seite seiner Mutter, die er nach der Verbüßung ihrer Zuchthausstrafe trotz aller bösen Nachrede bei sich aufnimmt.

Der Roman zählt zu den gelungensten Arbeiten der Autorin, die wohl als bedeutendste deutschsprachige Erzählerin ihrer Zeit gelten darf, und die mit ihrem Menschenbild wie mit ihrer realistischen Gestaltungsweise in der Tradition des bürgerlichen Realismus steht, dem es nicht um eine naturalistische Abbildung des Wirklichen zu tun ist. Gegen die deterministischen Milieu- und Vererbungstheorien des späten 19. Jh.s behauptet Ebner-Eschenbach ihren liberal-individualistischen Glauben an das Gute im Menschen, an die Möglichkeit, daß jeder ungeachtet seiner Herkunft und sozialen Stellung seinen Platz in der Gesellschaft zu finden imstande ist, sofern ihm die Chance dazu eingeräumt wird. Bei aller sozialkritischen Parteinahme für die gesellschaftlichen Außenseiter verstand sich die Autorin nie als politische oder emanzipatorische Schriftstellerin: *»Was ich mit jeder meiner Arbeiten will: möglichst einfach die Lebensgeschichte eines Menschen erzählen, dessen Geschichte mir besonderes Interesse eingeflößt hat.«* B.B.

AUSGABEN: Bln. 1887, 2 Bde. – Bln. 1920 (in *SW*, 6 Bde., 2). – Lpzg. 1928 (in *SW*, 12 Bde., 1). – Mchn. 1956, Hg. J. Klein. – Mchn. 1961 (in *GW*, Hg. E. Gross, 9 Bde., 6). – Wien 1964 (in *AW*, 3 Bde., 1; Vorw. K. Eigl). – Bonn 1983 (*Krit. Text. u. Deutungen*, Hg. K. K. Polheim, Bd. 3: Hg. R. Baasner). – Stg. 1985 (RUB).

LITERATUR: K. Heydemann, *Jugend auf dem Lande. Zur Tradition des Heimatromans in Österreich* (in Sprachkunst, 9, 1978, S. 141–157). – T. Salumets, *Geschichte als Motto. E.-E.s Erz. »Das Gemeindekind«* (in Sprachkunst, 15, 1984, S. 14–23). –

E. K. Edrich, *Women in the Novels of G. Sand, E. Brontë, G. Eliot and M. v. E.-E.: To Mitigate the Harshness of all Fatalities*, Diss. Univ. Denver 1984. – R. Baasner, »*Armes Gemeindekind, wirst Du noch?« Die Entstehungsgeschichte der Erz. »Das Gemeindekind« im Lichte der Tagebücher M. v. E.-E.*s (in ZfdPh, 104, 1985, S. 554–565).

KRAMBAMBULI

Erzählung von Marie von EBNER-ESCHENBACH aus dem Zyklus *Dorf- und Schloßgeschichten* (1883). – Im Wirtshaus erhandelt sich Revierjäger Hopp für zwölf Flaschen Danziger Kirschbranntwein einen reinrassigen Jagdhund eines vagabundierenden Säufers. Erst nach zwei Monaten brutaler Züchtigung akzeptiert Krambambuli seinen neuen Herrn. Für Hopp beginnt nun ein Leben, dessen Mittelpunkt der Hund ist. Dem Tier zuliebe vernachlässigt er seine Frau. Einziges noch mögliches Gesprächsthema ist Krambambuli. Wichtigere Probleme »bespricht« Hopp mit dem Hund allein. Dessen Treue ist beispielhaft: Halb totgeprügelt, aber winselnd vor Glück, entläuft er dem Grafen, dem er auf autoritäre Anweisung hin als Geburtstagsgeschenk zugeschlagen wurde, und kehrt zu Hopp zurück. Um dieselbe Zeit macht ein berüchtigter Wilddieb, »der Gelbe«, die Wälder unsicher. Hopp erhält vom gräflichen Oberförster den Auftrag, gnadenlos Jagd auf den Übeltäter zu machen. Zur Abschreckung werden auch harmlose, aus Not begangene Waldfrevel streng geahndet. So wird Hopp Zeuge, wie der Oberförster zwei Frauen, die Brennholz einsammelten, mitleidlos verprügelt. Hopp ist zwar empört, bleibt aber weiterhin gefügiger Untertan seines Vorgesetzten. Eine der Frauen steht im Ruf, die Geliebte des »Gelben« zu sein. Und tatsächlich wird eine Woche nach dem Vorfall der Oberförster ermordet aufgefunden, den Schießprügel des Wilddiebs im Arm. Hopp schließt aus dem eigenartigen Verhalten des Hundes an der Leiche des Oberförsters, daß Krambambulis früherer Besitzer der Mörder sein müsse. Geführt von Krambambuli ertappt Hopp den Wilderer auf frischer Tat: »*Nun wär's eine Passion, den Racker niederzubrennen aus sicherem Hinterhalt.*« Doch Hopps Gewehr versagt, und auch der Schuß des Wilddiebs geht fehl. Ausgiebig verweilt die Erzählung bei der Darstellung des moralischen Konflikts, in den der Hund nun gerät: »*Bellend, heulend, den Bauch am Boden, den Körper gespannt wie eine Sehne, den Kopf erhoben, als riefe er den Himmel zum Zeugen seines Seelenschmerzes an, kriecht er seinem ersten Herrn zu. Bei dem Anblick wird Hopp von Blutdurst gepackt.*« Nach einem zweiten Schußwechsel stürzt der »Gelbe« getroffen zu Boden: »*Warum? weil er – vom Hunde mit stürmischer Liebkosung angesprungen – gezuckt hat im Augenblick des Losdrückens.*« Krambambuli begleitet den Leichnam des Wilddiebs bis ans Grab. Hopp will von einem Hund, der bereit ist, mit Mördern zu paktieren, nichts mehr wissen. Krambambuli entläuft und führt ein Vagabundenleben. Schließlich umschleicht er aber doch wieder Hopps Haus. Dieser verschließt Tür und Fenster. Zu spät besinnt er sich eines Besseren: Der Hund liegt tot, verhungert und erfroren, den Kopf an die Schwelle des Hoftors gepreßt, vor seinem Haus.

Charakteristisch für Ebner-Eschenbachs Erzählstil ist der »*szenische Aufbau*« (F. Martini): *Krambambuli* stellt sich dar als Folge dramatisch zugespitzter Situationen, deren Höhepunkte durch raffinierte Tempuswechsel vom berichtenden Präteritum ins historische Präsens effektvoll herausgearbeitet werden. Die Autorin verzichtet auf eine Entfaltung der sozialen Problematik, die in der Figurenkonstellation angelegt ist; ihr Interesse gilt einzig der Darstellung von Krambambulis pseudomenschlicher Tragik und der sentimentalen Beziehung Hopps zu seinem Hund. Die Erzählung distanziert sich an keiner Stelle vom Verhalten des Revierjägers, dessen Obrigkeitshörigkeit der hilflosen Kreatur gegenüber in Herrschaftsanspruch umschlägt. Hopp verklärt den Hund zum Fetisch seines Geltungsbedürfnisses und erniedrigt ihn gleichzeitig zum Sklaven, der ihm bedingungslose Treue schuldet. Letztlich ist seine Tierliebe nur ein anderer Ausdruck von Unmenschlichkeit: Ein Hund – oder ein Mensch –, der nicht pariert, ist für Hopp »*nichts mehr wert*«. D.Bar.

AUSGABEN: Bln. 1883 (in *Dorf- u. Schloßgeschichten*). – Bln. o. J. [1920] (in *SW*, 6 Bde., 2). – Lpzg. o. J. [1928] (in *SW*, 12 Bde., 4). – Stg. 1955 (ern. 1972; RUB). – Mchn. 1956 (in *Das Gemeindekind. Novellen. Aphorismen*, Hg. u. Nachw. J. Klein; *GW in Einzelausg.*). – Mchn. 1961 (in *GW*, Hg. E. Groß, 9 Bde., 1; Nachw. J. Hofmiller). – Wien 1964 (in *AW*, 3 Bde., 1; Vorw. K. Eigl).

VERFILMUNGEN: Deutschland 1940 (Regie: K. Köstlin). – *Heimatland*, Österreich 1955 (Regie: F. Antel).

LITERATUR: F. Martini, *Deutsche Literatur im bürgerlichen Realismus, 1848–1898*, Stg. [2]1964, S. 480–498. – K. Rossbacher, *M. v. E.-E. Zum Verhältnis von Lit. u. Sozialgeschichte am Beispiel von »Krambambuli«* (in Österreich in Geschichte u. Lit., 24, 1980, S. 87–106).

MAŠLANS FRAU

Erzählung von Marie von EBNER-ESCHENBACH, erschienen 1901 in der Erzählsammlung *Aus Spätherbsttagen*. – Zwei Menschen von starker Unbedingtheit und Unbeugsamkeit des Charakters werden miteinander konfrontiert: der Müller Matěj Mašlan und seine Frau Evi, die selbstbewußte Tochter eines reichen Bauern. Obwohl ihre Ehe glücklich ist, treibt es Mašlan jedesmal, wenn er seinen Herrn, den Grafen, nach Wien begleitet, in sinnenhungriger »*Tierunschuld*« zur Untreue. Vergeblich warnt ihn Evi von einem zum anderen Mal:

Eines Tages findet der Zurückkehrende die heimische Tür wirklich verschlossen. In ohnmächtiger Wut schwört Mašlan vor den zusammengelaufenen Dorfbewohnern, niemals von sich aus zu seiner Frau zurückzukommen und sie nie mehr zu sich zu rufen. Evi entgegnet ihm trotzig mit einem anderen Eid: Nie will sie ungerufen zu Mašlan gehen, nie ihn bitten, zu ihr zu kommen. Beide bleiben ihrem Schwur treu; auch die Vorhaltungen des jungen Kaplans können sie nicht von ihren starrsinnigen Entschlüssen abbringen. Mašlan stirbt, ohne daß sie sich im Verlauf von zehn Jahren je wiedergesehen hätten. Erst als er tot ist, holt Evi den – trotz allem geliebten – Gatten ins Haus: »*Jetzt bin ich dein und du bist mein für die Ewigkeit.*«

Läßt die mährische Dichterin in anderen Novellen eine Ehe an menschlichem Versagen (*Der gute Mond*) oder an Gleichgültigkeit (*Uneröffnet zu verbrennen*) zerbrechen, so in dieser Erzählung am unbeugsamen, durch die Willkür der eigenen Entscheidung provozierten Trotz der beiden Eheleute. Der naturwüchsigen »*Tierunschuld*« des Ehemannes steht der Stolz der auf ihre Stellung bedachten Frau gegenüber, für die die Autorin Verständnis zeigt. Die straff erzählte Novelle – sie verrät den Lehrmeister TURGENEV – zeigt in der Komposition eine deutliche Zweiteilung. Der dem Dorfarzt Vanka in den Mund gelegten Exposition, die zum Höhepunkt der Erzählung, der Schwurszene führt, folgt ein ebenso langer zweiter Teil, der den Konflikt in vier immer kürzeren Einzelszenen zum düsteren Ende bringt. Das Formgesetz der Tragödie klingt an, nicht zuletzt auch in der versöhnlichen Transzendierung der Katastrophe am Schluß. Allerdings leidet die Erzählung, wie viele der späten Dichtungen der Autorin, an dem Bruch, der zwischen der prallen Realität der Charaktere und der Abstraktheit des sittlichen Leitbildes klafft.   R.M.

AUSGABEN: Bln. 1901 (in *Aus Spätherbsttagen*, 2 Bde., 1). – Bln. o. J. [1920] (in *SW*, 6 Bde., 5). – Lpzg. o. J. [1928] (in *SW*, 12 Bde., 5). – Mchn. 1956 (in *Das Gemeindekind. Novellen. Aphorismen*, Hg. J. Klein). – Mchn. 1960 (in *Die schönsten Erzählungen*, Hg. u. Nachw. E. Gross). – Mchn. 1961 (in *GW*, Hg. ders., 9 Bde., 2).

LITERATUR: F. Egger, *M. v. E.-E. u. J. S. Turgenjew*, Diss. Innsbruck 1948.

JOSÉ ECHEGARAY Y EIZAGUIRRE

* 19.4.1832 Madrid
† 16.9.1916 Madrid

LITERATUR ZUM AUTOR:
F. Herranz, *E.: Su tiempo y su teatro*, Madrid 1880. – H. de Curzon, *Le théâtre de J. E.*, Paris 1912. – L. A. del Olmet u. A. García Carraffa, *E.*, Madrid 1912. – A. Gallego y Burin, *E. Su obra dramática*, Granada 1917. – Y. R. Young, *J. E. A Study of His Dramatic Technique*, Urbana 1936. – A. Martínez Olmedilla, *J. E. Su vida, su obra, su ambiente*, Madrid 1949. – C. Baker, *E. and His Critics*, Diss. Univ. Indiana 1969 (vgl. Diss. Abstracts 30, 1969, S. 1162A). – J. Mathias, *E.*, Madrid 1970. – G. Sobejano, *E., Galdós y el melodrama* (in Anales Galdosianos, Suppl. 1978, S. 91–117).

EL GRAN GALEOTO

(span.; *Der große Kuppler*). Versdrama in drei Akten mit einem Vorspiel in Prosa von José ECHEGARAY Y EIZAGUIRRE, Uraufführung: Madrid, 19. 3. 1881. – Der Titel des Dramas bedarf einer Erklärung: Galeotto (span. Galeoto, engl. Galahault) ist in den mittelalterlichen Lancelot-Romanen des *Cycle breton* der Artusritter, der den Helden der Königin Ginevra vorstellt. DANTE verwendet den Namen in einer Passage des *Inferno* in der Bedeutung von »Kuppler«, und in diesem Sinne wird er im Italienischen und Spanischen auch heute noch gebraucht. Der Kuppler in Echegarays Drama ist nicht eine Einzelperson, sondern die ganze Gesellschaft – der geschickteste und erfolgreichste Kuppler, den man sich denken kann. Die ironischen Kommentare des einen, die vielsagenden Blicke eines anderen, das verständnisinnige Lächeln eines dritten und das Getuschel der Menge können die Opfer der anonymen Verleumdung ins Unglück stürzen.

Der angesehene Bankier Don Julián hat den jungen Ernesto, den Sohn seines verstorbenen Freundes und Wohltäters, in sein Haus aufgenommen. Ernesto ist seinen Pflegeeltern in aufrichtiger Sohnesliebe zugetan. Doch die Gesellschaft legt diese Hausgemeinschaft anders aus, denn Teodora, die junge Gattin Don Juliáns, ist fast gleichaltrig mit Ernesto. Man vermutet, daß Don Julián von den beiden betrogen wird. Als dieser von seinem Bruder Severo auf das Gerede der Leute hingewiesen wird und auch Severos Frau und Sohn sich einmischen, ist das Unheil nicht mehr aufzuhalten. Ernesto verläßt das Haus, und durch eine tragische Verkettung von Umständen wird Don Julián im Duell mit einem Verleumder seiner Frau tödlich verwundet. Er stirbt in der Überzeugung, daß Teodora ihn mit Ernesto betrogen habe. Vor der Bosheit und den Schmähungen der Leute kann Teodora jetzt nur noch bei Ernesto Schutz finden, und er nimmt sie auf. Der große Kuppler, die Gesellschaft mit ihrem Klatsch, hat in ihr Leben eingegriffen, aber Gott kennt die Reinheit ihrer Herzen: »*Wenn es an der Zeit ist, mag der Himmel euch und mich richten!*« (3. Akt, letzte Szene)

Besonders hervorzuheben ist die feine psychologische Studie Don Juliáns im ersten Akt, als er zwar nach außen hin jede Verdächtigung der beiden zurückweist, insgeheim aber Gefahr wittert. Als er zuläßt, daß Ernesto sein Haus verläßt, tut er es nicht nur, weil »man« diese Haltung von ihm erwartet, sondern auch, weil er weiß, daß die Klatschereien die Unbefangenheit Ernestos und Teodoras bereits zerstört haben. Weniger subtil ist dagegen die Schilderung seiner Wandlung vom bedingungslos vertrauenden zum fest von der Untreue seiner Frau überzeugten Ehemann. Die psychologische Analyse ist nicht die Stärke Echegarays und auch nicht sein Anliegen. Bereits die Kritik seiner Zeitgenossen hat wiederholt auf das Fehlen von Realismus, auf die pathetische Ausdrucksweise, das Ungewöhnliche der Situationen und die Falschheit der Figuren in seinen Stücken hingewiesen. Die Vorliebe des Autors für starke Effekte und dramatische Gesten führt auch häufig zu sprachlichen und dramaturgischen Forciertheiten. Was Ernesto im Vorspiel von seinen Schwierigkeiten bei der Abfassung eines Dramas berichtet, das eben den Titel »El gran Galeoto« tragen soll, zeigt, wie sehr Echegaray sich bewußt war, daß bei dem Versuch, in wenigen Figuren die gesamte Gesellschaft als Urheber der Katastrophe darzustellen, diese Figuren überzeichnet erscheinen mußten. Beispielsweise wirkt der würdig-ernste Don Severo mit seinem übertriebenen Ehrgefühl eher wie ein Calderónscher Typ als wie ein Vertreter des spanischen Bürgertums des ausgehenden 19. Jh.s.

Der Erfolg von *El gran Galeoto* und anderer seiner Werke in ganz Europa war einer der Gründe, weswegen der Autor 1904 den Nobelpreis für Literatur erhielt: »*... wenn einmal der Vorhang gefallen ist, hört der Zuschauer weiterhin diese heftigen Verwünschungen, diesen Schrei voll Zorn und Rache eines isolierten Menschen, der sich gegen die Gesellschaft auflehnt ... und der mit erhabener Geste der Herausforderung an die Gesellschaft Ausdruck verleiht. Dieses Stück erinnert in der Tat daran, was in den griechischen Tragödien und bei Shakespeare am ergreifendsten ist*« (A. Marvaud). A.A.A.

Ausgaben: Madrid 1881. – Madrid 1957 (in *Teatro escogido*). – Barcelona 1983.

Übersetzungen: *Galeotto*, A. Grawein, Halle 1901. – *Der große Kuppler* (in *Meisterdramen*, D. Deinhard u. P. Lindau, Zürich 1974).

Literatur: C. Oyuela, *Estudios y artículos literarios*, Buenos Aires 1889, S. 199–208. – C. Eguía Ruiz, *E., dramaturgo* (in Razón y Fe, 47, 1917, S. 26–37; 199–210; 48, 1917, S. 22–33; 156–167; 300–312). – P. P. Rogers, *Why »El gran Galeoto«?* (in Hispania, 6, 1923). – S. u. J. Álvarez Quintero, *E., dramaturgo* (in Boletín de la Real Academia Española, 19, 1932, S. 444–453). – F. Ibarra, *La aventura parisiense de »El gran galeoto«* (in RLC, 46, 1972, S. 428–437). – A. Castilla, *Una parodia de »El gran galeoto«* (in Hispano, 26, 1983, S. 33–40). – M. Link-Heer, *J. E. »El gran Galeoto«* (in *Das spanische Theater*, Hg. V. Roloff u. H. Wentzlaff-Eggebert, Düsseldorf 1988, S. 264 bis 273).

O LOCURA O SANTIDAD

(span.; *Wahnsinn oder Heiligkeit*). Drama in drei Akten von José Echegaray y Eizaguirre, Uraufführung: Madrid, 22. 1. 1877, Teatro del Príncipe. – In ähnlicher Weise wie später in *El gran Galeoto* greift der Autor schon hier sein Lieblingsthema auf: Er zeigt das Individuum im Konflikt mit der Gesellschaft und als Opfer einer unseligen Verkettung von unbeeinflußbaren Gegebenheiten.

Don Lorenzo de Avendaño, ein integrer, untadeliger Mann, steht plötzlich vor einem schweren Gewissenskonflikt: Die alte Dienerin Juana eröffnet ihm kurz vor ihrem Tod, daß nicht die Señora de Avendaño, sondern sie selbst in Wahrheit seine Mutter sei. Zum Beweis liest sie ihm einen Brief vor, worin die Señora de Avendaño den Betrug gesteht, durch den sie, die kinderlos geblieben war, sich das Erbe ihres früh verstorbenen Mannes sichern wollte. Vierzig Jahre lang hat Don Lorenzo also in dem Glauben gelebt, einer begüterten, angesehenen Madrider Familie zu entstammen, hat er einen Namen usurpiert und von Reichtümern gezehrt, die ihm nicht zustanden. Das Fortbestehen dieser Täuschung kann Avendaño mit seinen hohen moralischen Grundsätzen nicht vereinbaren, und er ist sofort bereit, auf Namen und Geld zu verzichten. Vergeblich versucht seine Frau Angela, ihn umzustimmen: Da niemand von der Sache wisse, könne ihm kein Vorwurf daraus gemacht werden. Darüber hinaus werde der unvermeidliche Skandal die labile Gesundheit und das Glück seiner Tochter Inés zerstören, die kurz vor ihrer Heirat mit dem Herzog von Almonte steht. Immer tiefer verstrickt sich Don Lorenzo in diesen Gewissenskonflikt, der unlösbar scheint, wenn er zugleich seinem Gewissen folgen und das Glück der Seinen nicht aufs Spiel setzen will. Ist es Heiligkeit oder Wahnsinn, als er schließlich die Verlobung löst und vor aller Welt die Gründe darlegt, die ihn zu diesem Schritt führten? Seine Angehörigen verlangen einen Beweis für die unbegreifliche Behauptung. Aber das Blatt Papier, das Lorenzo aus dem Umschlag zieht, den Juana ihm anvertraut hatte, ist leer. Er weiß nicht, daß sie – in Vorausahnung dessen, was geschehen würde – das Blatt ausgetauscht hat. Kein Zweifel: alles war eine Phantasie seines kranken Hirns. Das Stück endet mit der Überführung Don Lorenzos in ein Irrenhaus.

Im ungewöhnlichen Schicksal seines Helden, eines eifrigen *Don-Quijote*-Lesers, demonstriert Echegaray die stumpfsinnige Teilnahmslosigkeit, mit der ein gut und gerecht Denkender von einer Gesellschaft verurteilt wird, deren Lebensform von Eigennutz und äußerem Schein bestimmt wird. Das gilt für den aus Routine gedankenlosen Arzt Don Lorenzos ebenso wie für die oberflächliche Indiziengläubigkeit aller übrigen Beteiligten. Keiner erkennt die achtunggebietende Charakterstärke, die aus D. Lorenzos Verzicht spricht. Deshalb endet sein Konflikt in einer persönlichen Katastrophe, wenngleich scheinbar niemandem eine böse Absicht bescheinigt werden kann. In dieser konsequenten Entfaltung einer unerbittlich zerstörerisch wirkenden Konvention liegt der – trotz aller für Echegaray typischen stilistischen und situationsbedingten Überspitztheiten – unbezweifelbare Wahrheitsgehalt des Stücks. Nach der Uraufführung von »*En el puño de la espada*« schrieb ein Kritiker: »*Für derartige Werke gibt es nur zwei mögliche Arten von Urteil: Triumph oder Todesstrafe*« (F. Balart). Jahrelang war es der Triumph, den das Publikum und ein Großteil der Kritiker rühmte. Heute ist das Gegenteil eingetreten. Es hat jedoch immer noch Gültigkeit, was 1918 über ihn geschrieben wurde: »*Wirklich dramatische und mitfühlende Situationen weiß Echegaray darzustellen wie nur wenige, auch wenn er manchmal keinen Abstand zu den Mitteln (dem Wahrscheinlichen, dem Übertriebenen, dem Extravaganten) nimmt*« (J. Cejador). A.A.A.

AUSGABEN: Madrid 1877. – Madrid 1882.

ÜBERSETZUNG: *Wahnsinn oder Heiligkeit*, C. Wiene u. G. Kirem, Neuwied 1889.

LITERATUR: F. Vezinet, *Les maîtres du roman espagnol contemporain*, Paris 1907. – E. Mérimée, *E. et son œuvre dramatique* (in BHi, 18, 1916).

ESTEBAN ECHEVERRÍA

* 2.9.1805 Buenos Aires
† 19.1.1851 Montevideo

LITERATUR ZUM AUTOR:
E. Morales, *E. E.*, Buenos Aires 1950. – A. Abadie-Aicardie, *Interpretación de la obra literaria de E. E.* (in RJb, 10, 1959, S. 335–362). – C. Dumas, *Montalvo y E.: problemas de estética literaria en la América Latina del siglo XIX* (in *Juan Montalvo en Francia. Actas del Coloquio de Besançon*, Paris 1976, S. 77–86). – A. A. Roggiano, *E. E. y el romanticismo europeo* (in *Actas del sexto congreso internacional de hispanistas*, Hg. A. M. Gordon u. E. Rugg, Toronto 1980, S. 629–631). – S. Sosnowski, *E. E.: el intelectual ante la formación del estado* (in RI, 47, 1981, Nr. 114/15, S. 293–300). – W. H. Katra, *E. según Sarmiento: la personificación de una nación ultrajada por la barbarie* (in CA, 43, 1984, S. 164–185).

LA CAUTIVA

(span.; *Die Gefangene*). Lyrisch-epische Dichtung von Esteban ECHEVERRÍA (Argentinien), erschienen 1837 in dem Gedichtband *Rimas*, in dem sie drei Viertel des Gesamtumfanges ausmacht. – Die stoffliche von CHATEAUBRIANDS *Atala* beeinflußte Dichtung besteht aus neun Gesängen und einem Epilog und erzählt die Geschichte von Liebe, Flucht, Verfolgung und Tod des Hauptmanns einer argentinischen Grenzgarnison. Brian und seine Frau María werden von Indianern gefangengenommen (1. Gesang, *Die Wüste*). Er soll getötet werden, während sie zur Lust und Freude des Häuptlings Lancoi am Leben bleiben soll (2. Gesang, *Das Bankett*). Es gelingt María jedoch, den Häuptling zu töten und ihren verwundeten Mann zu befreien (3. Gesang, *Der Dolch*). Von den Indianern verfolgt, fliehen beide durch die weite Pampa (4.–7. Gesang). Der schwerverwundete Hauptmann wird vom Fieber befallen und stirbt trotz der aufopfernden Pflege seiner Frau (8. Gesang, *Brian*). Sie flieht allein weiter und erreicht erschöpft das Lager der Argentinier, wo sie leblos zusammenbricht, nachdem sie erfahren hat, daß auch ihr Sohn gestorben ist (9. Gesang, *María*).

Literarhistorisch gesehen bezeichnet dieses Werk den Durchbruch der Romantik in Argentinien. Echeverría war der Erste, der den vor allem aus Frankreich übernommenen romantischen Stil auf die Behandlung nationaler Themen und Motive anwendete, und bestimmte damit auf Jahrzehnte hinaus die Richtung der argentinischen Literatur. *La cautiva* wurde zum Vorbild für eine Reihe von wichtigen romantischen Werken in der zweiten Hälfte des 19. Jh.s, wie José MARMOLS *Amalia* (1851), Jorge ISAACS *María* (1867) oder Ignacio ALTAMIRANOS *Clemencia* (1869). Zwar war die einheimische Landschaft schon von den sogenannten »Virgilianern« (A. BELLO u. a.) beschrieben worden, aber ihr formelhafter sprachlicher Klassizismus ließ kein echtes Naturempfinden aufkommen. Demgegenüber besingt Echeverría »*das einfache Gras, das Insekt und die aromatische reine Brise*«. Die herbe Monotonie der Gras-Savanne, die melancholische Majestät der bleichen Sonnenuntergänge und das bedrückende Schweigen der Wüste, das nur von dem Ruf der Nomaden, dem schrillen Schrei der Raubvögel und vom Brausen des *pampero* (Pampawind) unterbrochen wird, war von der Dichtung unentdeckt geblieben, bis Echeverría »*die geheimnisvolle und unermeßliche Wüste*« in den Mittelpunkt seiner Werke stellte. Mit der Entdeckung der Pampa nimmt Echeverría auch Motive der späteren Gaucho-Literatur vorweg. – Als Dichtung ist *La cautiva* kein ausgesprochenes Meisterwerk. Mit der fast durchgängigen Verwendung des einfachen Achtsilbers wirken die Verse manchmal wie hausbackene volkstümliche Reimkunst. Einen ähnlich unbeholfenen Eindruck machen die erzählenden Teile, in denen eine melodramatische Sentimentalität vorherrscht. So liegt die eigentliche Bedeutung von *La cautiva* in den inhaltlichen Neuerungen und in der Wirkung auf die nachfolgende Nationalliteratur Argentiniens. A.F.R.

AUSGABEN: Buenos Aires 1837 (in *Rimas*). – Buenos Aires 1951 (in *Obras completas*, Hg. J. M. Gutiérrez; m. Einl.). – Buenos Aires 1959. – Buenos Aires 1963, Hg. M. H. Lacau. – Buenos Aires 1965 (*La cautiva. El matadero*, Hg. J. C. Pellegrini). –

Buenos Aires 1967 (*La cautiva, el matadero y otros escritos*, Hg. N. Jitrik). – Buenos Aires 1975 (*La cautiva. La guitarra y otros poemas*, Hg. N. Salvador). – Buenos Aires 1979 (*La cautiva. El matadero*).

ÜBERSETZUNG: *In der Pampa* (in W. Walther, d. i. C. W. Diehl, *Cisatlantisch*, St. Gallen 1861).

LITERATUR: R. A. Borello, *Notas a »La cautiva«* (in Logos, 13/14, Buenos Aires 1977/78, S. 69–84). – C. Dumas, *Contribución al estudio del romanticismo hispanoamericano: el caso de »La cautiva« del argentino E.* (in *Hommage des hispanistes français à Noël Salomon*, Hg. H. Bonneville, Barcelona 1979, S. 237–249). – B. E. Curia, *Los epígrafes en »La cautiva«* (in Revista de Literaturas Modernas, 15, 1982, S. 67–86). – E. de Agüero, *El paisaje como adversario en »La cautiva«* (in Cuadernos de Aldeen, 1, 1983, H. 2/3, S. 157–174). – F. Antonucci, *L'esotizzazione della realtà nazionale ne »La cautiva«, »El matadero« e nel »Facundo«* (in Letterature d'America, 4, 1983, Nr. 16, S. 49–70).

EL MATADERO

(span.; *Das Schlachthaus*). Kurzroman von Esteban ECHEVERRÍA (Argentinien), erschienen 1871. – Mit diesem Buch leistete *»der Begründer der Romantik in Hispanoamerika«* (Jorge Campos) seinen Beitrag zum Kampf der argentinischen Intellektuellen gegen den Diktator Juan Manuel Rosas, der von 1835 bis 1852 in Argentinien eine blutige Schreckensherrschaft ausübte. In der Leidenschaft des Protests und der Anklage vergißt der Dichter seine ästhetischen und literarischen Theorien und verzichtet auf jene *»Idealisierung der Wirklichkeit«*, die er in dem Aufsatz *Fondo y forma de las obras de imaginación (Inhalt und Form schöngeistiger Werke)* als Aufgabe der Dichtkunst bezeichnet hatte; er schreibt vielmehr – ein frühes Beispiel »engagierter Literatur« – ein Dokument des Grauens mit einem den Naturalismus vorwegnehmenden Realismus der Darstellung und der Sprache.

Im ersten Teil des Romans schildert er ein Schlachthaus in den Slums von Buenos Aires und das ekelerregende Handwerk der Schlächter, die zwischen Haufen von Eingeweiden und Abfall, im Blut watend, das tote Vieh häuten, ausweiden und zerlegen. Aus diesen rohen Gesellen rekrutieren sich die Mitglieder der »Mazorca«, einer Terroristenbande, mit deren Hilfe Rosas seine Herrschaft errichtet und gefestigt hat. Wie der Terror der Mazorca die Stadt Buenos Aires gleichsam in ein Schlachthaus verwandelt, schildert der zweite Teil des Romans. Von vergossenem Blut erscheint der Himmel über der Stadt gerötet, rot angemalt sind Türschwellen, Wände und Fenster, rot die Halsbinden der Männer und die Schleifen in den Haaren der Frauen; selbst die Bürgersteige triefen vom Blut der wahllos hingeschlachteten Opfer. Während der erste Teil damit endet, daß ein zum Schlachten gefesselter Stier ausbricht, auf die Straße rast und ein Kind tödlich verletzt, das, während die Mazorca-Schergen Witze reißen, in der Gosse verblutet, befreit sich in der Schlußszene des zweiten Teils ein junger Mann, den die Mazorca festgenommen hat und foltert, aus den Händen der Henker. Aber er stürzt und verblutet zum Leidwesen seiner Peiniger, denen der erlösende Tod den Spaß verdirbt – eine jener Szenen, die an die spukhaft dämonischen Visionen aus der »schwarzen Periode« Goyas gemahnen. – Aus heutiger Sicht gilt dieser kurze Roman, der erst zwanzig Jahre nach dem Tod des Autors veröffentlicht wurde, als Hauptwerk Echeverrías. In kostumbristisch-realistischer Manier behandelt er ein sehr romantisches und zugleich aktuelles Thema: die Stellung des Individuums gegenüber der Masse, das Ausgeliefertsein eines einzelnen an eine barbarische Meute von Gewalttätern. A.F.R.

AUSGABEN: Rio de La Plata 1871 (in Revista del Río de La Plata). – Buenos Aires 1874 (in *Obras completas*, Hg. J. M. Gutiérrez, 5 Bde., 1870–1874, 5). – Buenos Aires 1958, Hg. A. J. Battistessa [m. Einl. u. Anm.]. – Buenos Aires 1963. – Buenos Aires 1965 (*La cautiva. El matadero*, Hg. J. C. Pellegrini). – Buenos Aires 1967 (*La cautiva, el matadero y otros escritos*, Hg. N. Jitrik). – Buenos Aires 1968 [Ill. A. Bellocq]. – Buenos Aires 1975 (*El matadero y otras prosas*, Hg. N. Salvador). – Buenos Aires 1979 (*La cautiva. El matadero*).

LITERATUR: M. de J. Queiroz, *»El Matadero«, pieza en tres actos* (in RI, 33, 1967, S. 105–113). – J. C. Ghiano, *»El Matadero« de E. y el costumbrismo*, Buenos Aires 1968. – E. Pupo-Walker, *Originalidad y composición de un texto romántico: »El matadero«, de E. E.* (in *El cuento hispanoamericano ante la crítica*, Hg. ders., Madrid 1973, S. 37–49). – P. L. Crovetto, *Strutture narrative e segni in »El matadero« di E. E.* (in Stc, 11, 1977, Nr. 32/33, S. 284–304). – R. M. Scari, *Las ideas estéticas de E. y el romanticismo en »El matadero«* (in IR, 16, 1982, S. 38–53).

JOHANNES ECK

eig. Johannes Maier oder Mayer
* 13.11.1486 Egg/Günz (Schwaben)
† 10.2.1543 Ingolstadt

ENCHIRIDION LOCORUM COMMUNIUM ADVERSUS LUTHERANOS

(nlat.; *Handbüchlein der Gemeinplätze gegen die Lutheraner*). Dogmatisch-apologetische Darstellung der Hauptsätze der Theologie von Johannes ECK, zum erstenmal im Druck erschienen 1525; während des Augsburger Reichstages (1530) vom Autor erstmals in deutscher Fassung vorgelegt. – Johannes Eck war wohl auf deutschem Boden einer der gebildetsten und sicherlich der bedeutendste theologische Gegner Martin LUTHERS (1483 bis 1546) und der anderen Reformatoren. Er hatte sich durch Studien in Heidelberg, Tübingen, Köln und Freiburg eine gründliche humanistische und theologische Bildung erarbeitet, die das Studium des Griechischen und Hebräischen mit einschloß. Die öffentliche Anerkennung seiner Leistungen wird 1510 durch seine Berufung an die Universität in Ingolstadt als Professor der Theologie noch unterstrichen, vor allem weil diese Berufung auf Betreiben des Humanisten Konrad PEUTINGER (1465 bis 1547) zustande kam. Von 1519 bis 1540 bekleidete Eck zugleich das Amt des Stadtpfarrers von Ingolstadt und entfaltete eine umfassende Predigttätigkeit, in der er zu den Themen der Zeit Stellung bezog.

Mit seinem *Enchiridion* wollte er dem zunehmenden Einfluß der *Loci communes* von Philipp MELANCHTHON (1497–1560) entgegenwirken, deren erste Auflage 1521 fertiggestellt worden war. Eck hatte nach der Leipziger Disputation von 1519 zunehmend die Ansicht vertreten, insbesondere auch gegenüber Papst und Kurie in Rom, daß akademische Streitgespräche mit Luther wenig Erfolg versprächen. Aus dieser Erkenntnis entwickelte er das Konzept, daß die kirchliche Glaubenslehre zunächst nach den zeitgemäßen wissenschaftlichen Grundsätzen dargestellt werden und auf dieser Basis dann erst die reformatorischen Einwände zurückgewiesen werden sollten. Das Widmungsexemplar seiner Erstausgabe des *Enchiridion* überbrachte Eck im August 1525 persönlich dem englischen König Heinrich VIII.

In *Enchiridion* hat Eck den scholastisch-akademischen Ansatz eines direkten Angriffs auf heterodoxe »Irrtümer« hinter sich gelassen. Er entwickelt sein Verständnis der kirchlichen Lehre in drei Schritten aus der biblischen Quelle, den Konzilsentscheidungen und Texten der Kirchenväter (oder aus dem Text der Heiligen Schrift, Vätertexten und Vernunftargumenten in den Fällen, in denen keine Konzilsentscheidungen vorlagen). Erst jeweils am Ende der einzelnen Themenkomplexe werden die häretischen (reformatorischen) Ansichten vorgestellt und als unhaltbar ausgewiesen. Die zweite, möglicherweise noch bedeutsamere Änderung gegenüber der traditionellen Behandlung der Glaubenslehre besteht darin, daß Eck die Lehre von der Kirche (Ekklesiologie) zum Ausgangs- und Angelpunkt seiner Darstellung macht. Dies war ja auch – im historischen Rückblick – der zentrale Streitgegenstand zwischen der römischen Kirche und den Reformatoren. Eck entwickelt seine Ekklesiologie in den folgenden Schritten: die Lehre von den Konzilien, vom päpstlichen Primat, von der Heiligen Schrift und von den Glaubensinhalten. Danach behandelt er die Werke (die Beziehung zwischen menschlichen Handlungen und dem göttlichen Erlösungsplan) sowie die Sakramente (den kirchlich-kultischen Beitrag zum göttlichen Heilshandeln). Abschließend greift er noch einzelne Streitfragen zum kirchlichen Brauchtum sowie theologische Gegensätze auf.

In seiner Darstellung zielt der Autor nicht nur auf die Fachtheologen, sondern er möchte auch die Laien mit seiner Information ansprechen und zu einer fundierten Entscheidung befähigen. Er betont dies schon in seinem Nachwort an den Leser der lateinischen Ausgabe; und mit seiner deutschen Übersetzung von 1530 macht er diese Absicht offenkundig. Der publizistische Erfolg seiner Schrift (sie erlebte 121 Auflagen im 16. Jh., wenn man die lateinischen und deutschen Fassungen zusammennimmt) hat Ecks Erwartung bestätigt. H. Sta.

AUSGABEN: Landshut 1525. – Ingolstadt 1527. – Ingolstadt 1565 (*Enchiridion locorum communium*). – Münster 1979 (*Enchiridion locorum communium adversus Lutherum et alios hostes ecclesiae (1525–1543). Mit Zusätzen v. T. Smeling, O. P. (1529, 1532)*, Hg. P. Fraenkel; m. Bibliogr. d. Ausg. des 16. Jh.s).

ÜBERSETZUNGEN: *Enchiridion: Handbüchlinn gemayner stell und Artickel der Jetz schwebenden neuen leren*, Augsburg 1530. – *Enchiridion. Handbüchlin gemainer stell und Artickel der jetzt schwebenden Neuwen leeren*, Augsburg 1533 [verm.]; Faks. Münster 1980, Hg. E. Iserloh.

LITERATUR: E. Iserloh, *Die Eucharistie in der Darstellung des J. E.*, Münster 1950. – K. Rischar, *J. E. auf dem Reichstag zu Augsburg 1530*, Münster 1968. – A. Seifert, *Logik zwischen Scholastik u. Humanismus: das Kommentarwerk J. E.s*, Mchn. 1978. – E. Iserloh, *J. E. (1486–1543)*, Münster 1981 [m. Bibliogr.].

JOHANN PETER ECKERMANN

* 21.9.1792 Winsen an der Luhe
† 3.12.1854 Weimar

GESPRÄCHE MIT GOETHE IN DEN LETZTEN JAHREN SEINES LEBENS

Aufzeichnungen von Johann Peter ECKERMANN, erster und zweiter Band erschienen 1836, dritter Band 1848. – Während Eckermann in den ersten beiden Bänden ausschließlich seine eigenen Unterhaltungen mit Goethe niederschrieb, finden sich im dritten Band – freilich von Eckermann redigiert – auch Gespräche, die Frédéric Jakob SORET, der Naturwissenschaftler und Erzieher des Weimarer Erbprinzen, mit Goethe geführt und in seinen Tagebüchern festgehalten hat. Die erste, 1850 erschienene englische Übersetzung von John OXENFORD integrierte den dritten Teil chronologisch in die beiden ersten Bände, ein Verfahren, das Eckermann nachträglich billigte und das auch in modernen Ausgaben angewandt wird; Sorets Gespräche erscheinen dabei im Anhang. Von einem geplanten vierten Band, der vor allem Goethes Äußerungen über *Faust II* enthalten sollte, lagen bei Eckermanns Tod nur unbedeutende Bruchstücke vor.

Im Leben Eckermanns wurde die Begegnung mit Goethe zur entscheidenden Wende; seine Bindung an den Dichter machte zwar die Hoffnungen auf eine eigene ehrenvolle Poetenlaufbahn zunichte, sicherte aber seinem Namen einen beständigeren Nachruhm, als es seine poetischen Produktionen – nach vorhandenen Proben zu urteilen – je gekonnt hätten. Dem damals vierundsiebzigjährigen Goethe führte diese Begegnung mit dem ehemaligen Hütebuben aus Winsen a. d. Luhe einen Gesprächspartner zu, der wie kein anderer prädestiniert war, die geistige Gestalt Goethes, wie sie sich in der Unterhaltung lebendig darstellte, unverzerrt zu spiegeln und in reinen Umrissen nachzuzeichnen. Aus Eckermanns *Einleitung* zu den *Gesprächen*, die seinen Weg vom Hausierersohn über Kanzleiangestellten, Jurastudenten und Schriftsteller ausführlich schildert, geht hervor, in welchem Maße seine Anlagen, Neigungen und Fähigkeiten mit denen Goethes harmonisierten. Die Natur hatte ihn schon in der Kindheit gelehrt, unvoreingenommen, geduldig und genau zu beobachten, Sinnzusammenhänge aus konkreten Phänomenen zu erschließen und voreiligen Abstraktionen zu mißtrauen. Sein Lerneifer war unstillbar, doch nicht unwählerisch: alles, was ihm schön, edel, groß erschien, zog ihn an und erweckte den Drang, es nachzugestalten. Es ist bezeichnend, daß er KLOPSTOCK und SCHILLER wohl bewunderte, aber erst in Goethes Werken *»ein Glück, das keine Worte schildern«* fand: *»Es war mir, als fange ich erst an aufzuwachen und zum eigentlichen Bewußtsein zu gelangen.«*

Die erste konkrete Verbindung mit Goethe stellten Eckermanns *Beiträge zur Poesie mit besonderer Hinweisung auf Goethe* her, die der junge Autor diesem im Mai 1823 sandte. Die Klarheit und Flüssigkeit des Stils und die bedingungslose Verehrung für Goethe, die aus der Widmung sprach, empfahlen Eckermann aufs beste. Goethe erkannte sogleich die eigentliche Bedeutung des jungen Mannes für seine Absichten und fesselte ihn mit überlegener Zielstrebigkeit an sich, indem er ihm vorerst die Zusammenstellung seiner früheren Schriften aus den ›Frankfurter gelehrten Anzeigen‹, später die Redaktion von *Dichtung und Wahrheit* und, neben anderen Auflagen, zusammen mit Riemer die Vorbereitung einer Gesamtausgabe auftrug. Schon zu Beginn des Jahres 1824 faßte Eckermann den Plan, seine Unterhaltungen mit Goethe zu veröffentlichen. Goethe billigte das Vorhaben, das vielleicht durch das Erscheinen von MEDWINS *Journal of the Conversations of Lord Byron* angeregt worden war, und nahm gelegentlich Einblick in Eckermanns Aufzeichnungen, wünschte jedoch schließlich, daß sie erst nach seinem Tod im Druck erscheinen sollten, womit er Eckermann, der Goethe ohne Entgelt diente und der sich 1830 vergeblich aus der Abhängigkeit zu lösen versucht, bis an sein Lebensende an sich fesselt.

Eckermann besaß die seltene Gabe, ohne Vorbehalte zuhören zu können, dazu ein ungewöhnliches Gedächtnis, das ihn befähigte, selbst lange Ausführungen Goethes nachträglich wörtlich niederzuschreiben oder Jahre später nach Stichworten zu ergänzen. Die gelegentlich angezweifelte Wirklichkeitstreue der Aufzeichnungen wurde nicht zuletzt dadurch gewährleistet, daß Eckermann ein müheloses, reines, im Duktus »goethesches« Deutsch schrieb; oft sind in den *Gesprächen* die Anteile der beiden Partner stilistisch kaum zu unterscheiden. Es ging Eckermann nicht darum, wahllos alle Äußerungen Goethes zu einem Sammelsurium von Weisheiten, Scherzen, aphoristischen Einfällen und Anekdoten anzuhäufen. Er wollte ein Kunstwerk schaffen. Das bedeutete: auswählen, was er als wesentlich erkannte, verwerfen, was überflüssig, störend, unzulänglich erschien; »denn – so heißt es in der *Vorrede* zum dritten Band – *ich hatte es mit einem Helden zu tun, den ich nicht durfte sinken lassen«*. So ordnete er zuweilen, ohne jedoch Inhalt und Form zu verändern, einzelne Unterhaltungen chronologisch nach eigenem Ermessen an, um sie in einen großen thematischen Zusammenhang zu stellen, und faßte jede in einen szenischen Rahmen; mit wenigen Worten wird ein Milieu, werden Situationen und Stimmungen beschworen, in denen die Unterhaltungen Lebensfrische gewinnen.

Die einzelnen Gespräche setzen meist bei konkreten Gegenständen und Fakten an und werden von Goethe sogleich ins allgemeingültige entfaltet. Eckermann spielt dabei nicht nur die Rolle des passiv Empfangenden. Seine Fragen, Schlußfolgerungen, Ansichten, kluge oder naive, regen Goethe zu neuen Gedankengängen an, wie überhaupt Eckermanns echte Anteilnahme die Schaffenslust des Dichters beflügelt; Eckermanns respektvollem, aber beharrlichem Drängen ist es zum Beispiel zu danken, daß der zweite Teil des Faust vollendet wurde. Die Themen der Gespräche reichen von Poesie, Theater, bildender Kunst, Religion, Politik, Philosophie und Natur bis zu technischen Problemen, etwa der Herstellung von Pfeil und Bogen, in deren Gebrauch Eckermann Meister war. Lieblingsgedanken Goethes kommen immer wieder zur Sprache: die Entsprechung von Innen und Außen, das organische Wachstum als Grundprinzip allen Geschehens, das Verhältnis von Antizipation und Erfahrung, das Urphänomen als äußerstes Ziel der anschauenden Erkenntnis. Die Aufzeichnungen umfassen den Zeitraum von knapp neun Jahren, vom 10. 6. 1823, dem Tag der ersten persönlichen Begegnung im Haus am Frauenplan, bis in den März des Jahres 1832. Eckermanns abschließender Bericht über seinen letzten Besuch, mit dem er von dem Toten Abschied nimmt, gehört zu den Meisterwerken deutscher Prosa.

Eckermann versucht nicht, Widersprüche in Goethes Aussagen zu vertuschen. Sie sind ihm vielmehr ein Beleg für die Weite und Wandlungsfähigkeit des schöpferischen Geistes, den in seiner Komplexheit zu erfassen oder psychologisch zu analysieren er sich nicht anmaßt. Die Gestalt Goethes, wie sie in den *Gesprächen* erscheint, ist zum Erhabenen, würdevoll Besonnenen hin stilisiert. Spott und Ironie, kalte Verschlossenheit und Schroffheit, unter denen Eckermann, wie andere auch, zu leiden hatte, werfen kaum Schatten; auch Anekdotisches fehlt fast ganz. Zweifellos hat Goethe selbst an dieser Stilisierung bewußt und unbewußt mitgewirkt; schon allein das Meister-Schüler-Verhältnis, in dem beide zueinander standen, brachte es mit sich, daß der Ältere dem Jüngeren »*das Edelste, was in seiner Natur lag*« (Eckermann) zuwandte. Es entstand so ein großartiges, aber nur scheinbar eindeutiges Bild Goethes, an dem die gelassene Geisteskraft und Klarheit, Hoheit und Milde der Gestalt als erstes ins Auge fallen. Doch manchmal geben die Gespräche plötzlich den Blick auf die Dunkelheiten eines Lebens frei, zu dessen Grundtönen das Wort »Entsagung« gehörte: immer wieder kehrt die Klage Goethes über seine innere Einsamkeit in einer »*subjektiven*« Zeit, der es an »*Charakter*« fehle; Bitterkeit über die Enge des eigenen äußeren Wirkungskreises klingt in der Bewunderung für Napoleon und Byron mit; jähes Schweigen zerschneidet manchmal den Gang der Rede und verrät, daß seine Gedanken Wege gehen, auf denen ihm zu folgen er Eckermann nicht zutraut oder nicht zumutet; mitten im Gespräch über italienische Treppen führt plötzlich ein Wort an Abgründe: »*Wollte ich mich ungehindert gehen lassen, so läge es wohl in mir, mich selbst und meine Umgebung zugrunde zu richten*«. (21.3.1830) Die Dynamik der Goetheschen Natur sprengt hier den Rahmen des Bildes, das Eckermann zu zeichnen sich bemüht und von dem er in der *Vorrede* mit bescheiden-stolzer Doppeldeutigkeit sagt: »*Dies ist mein Goethe.*« Dennoch liegt über dem Ganzen ein Glanz von Heiterkeit. Nietzsche nannte das Werk »*das beste deutsche Buch, das es gibt*« (*Menschliches, Allzumenschliches*). – Die Beziehung Goethes zu Eckermann wurde von Martin Walser in seinem Stück *In Goethes Hand. Szenen aus dem 19. Jh.* (1982) aufgegriffen und zum Inhalt einer ironischen Komödie. G.He.

Ausgaben: Lpzg. 1836–1848, 3 Bde. – Lpzg. 1909, Hg. H. H. Houben; Wiesbaden 25 1959. – Bln. 1916, Hg. E. Castle, 3 Bde. – A A, 24. – Ffm. 1963, Hg. F. Bergemann. – MA, 19 (Komm. v. H. Schlaffer).

Literatur: H. H. Houben, *J. P. E. Sein Leben mit Goethe*, 2 Bde., Lpzg. 1925–1928. – J. Petersen, *Die Entstehung der Eckermannschen Gespräche mit Goethe und ihre Glaubwürdigkeit*, Ffm. ²1925. – A. Stockmann, *E.s Gespräche mit Goethe und die neueste Forschung* (in Stimmen der Zeit, 1927, S 446–454). – M. Nußberger, *E.s Gespräche und ihr dokumentarischer Wert* (in ZfdPh, 52, 1928, S. 207–215). – G. Sprengel, *E.s Goethebild* (in Zs. für deutsche Bildung, 4, 1928, S. 487–492). – W. Schultz, *Die Charakterologie des großen Menschen in den Gesprächen Goethes mit E.* (in JbGG, 17, 1931, S. 154–189). – A. R. Hohlfeld, *E.s Gespräche mit Goethe* (in A. R. H., *Fifty Years with Goethe*, Madison 1953, S. 129–140). – D. van Abbé, *On Correcting E.'s Perspectives* (in Publications of the English Goethe Society, 23, 1954, S. 1–26). – K. R. Mandelkow, *Das Goethebild J. P. E.s* (in Gratulatio. Fs. für Ch. Wegner, Hbg. 1963, S. 83 bis 109). – P. Stöcklein, *Die freie Porträtkunst E.s u. anderer Gesprächspartner* (in P.S., *Literatur als Vergnügen u. Erkenntnis*, Heidelberg 1974, S. 96 bis 106). – L. Kreutzer, *Inszenierung einer Abhängigkeit. J. P. E.s Leben für Goethe* (in L. K., *Mein Gott Goethe*, Reinbek 1980, S. 125–142).

MEISTER ECKHART

* um 1260 Hochheim bei Gotha
† vor dem 30.4.1328 Avignon/Frankreich

Literatur zum Autor:
H. S. Denifle, *Meister E.s lateinische Schriften u. die Grundanschauung seiner Lehre* (in Archiv f. Literatur u. Kirchengesch. des MAs, 2, 1886, S. 417–615). – K. Oltmans, *Meister E.*, Ffm. 1935; ²1957. – H. Piesch, *Meister E. Eine Einführung*, Wien 1946. – H. Nolz, *Die Erkenntnislehre Meister E.s u. ihre psychologischen u. metaphysischen Grundlagen*, Diss. Wien 1949. – H. S. Denifle, *Die deutschen Mystiker des 14. Jh.s Beitrag zur Deutung ihrer Lehre*, Hg. O. Spiess, Fribourg 1951 (vgl. dazu K. Ruh, in WW, 7, 1956/57). – Th. Steinbüchel, *Mensch u. Gott in Frömmigkeit u. Ethos der deutschen Mystik*, Düsseldorf 1952. – J. Koch, *Krit. Studien zum Leben Meister E.s* (in Archivum Fratrum Praedicatorum, 29, 1959, S. 5–51; 30, 1960, S. 5–52). – *Meister E. Fs. zum E.-Gedenkjahr*, Hg. U. M. Nix u. R. Öchslin, Freiburg i. B. u. a. 1960. – J. Politella, *Meister E. and Eastern Wisdom* (in Philosophy East and West, 15, 1965, S. 117–133). – Sh. Ueda, *Die Gottesgeburt in der Seele u. der Durchbruch zur Gottheit. Die mystische Anthropologie Meister E.s u. ihre Konfrontation mit der Mystik des Zen-Buddhismus*, Gütersloh 1965. – I. Degenhardt, *Studien zum Wandel des Eckhartbildes*, Leiden 1967. – T. Schaller, *Die Meister-E.-Forschung von der Jh.wende bis zur Gegenwart* (in Freiburger Zs. f. Philosophie u. Theologie, 15, 1968, S. 262–314; 403–426). – D. Mieth, *Christus, das Soziale im Menschen. Texterschließungen zu Meister E.*, Düsseldorf 1972. – *Meister E. u. seine Jünger. Ungedr. Texte zur Geschichte der dt. Mystik*, Hg. F. Jostes, Bln./NY 1972. – E. von Bracken, *Meister*

E., *Legende u. Wirklichkeit. Beitr. zu einem neuen E.bild*, Meisenheim a. Gl. 1972. – J. Quint, *Textverständnis u. Textkritik in der Meister-E.-Forschung* (in *Zeiten und Formen in Sprache und Dichtung, Fs. f. F. Tschirch zum 70. Geb.*, Hg. K.-H. Schirmer u. B. Sowinski, Köln/Wien 1972, S. 170–186). – E. Soudek, *Meister E.*, Stg. 1973 (Slg. Metzler). – H. Fischer, *Meister E.*, Freiburg i. B. 1974. – R. Schürmann, *Meister E., Mystic and Philosopher*, Ldn. 1978. – B. Welte, *Meister E., Gedanken zu seinen Gedanken*, Freiburg i. B. 1979. – A. M. Haas, *Meister E. als normative Gestalt geistlichen Lebens*, Einsiedeln 1979. – *Freiheit u. Gelassenheit. Meister E. heute*, Hg. U. Kern, Mchn./Mainz 1980. – W. M. Fues, *Mystik als Erkenntnis? Krit. Studien zur Meister-E.-Forschung*, Bonn 1981 [m. Bibliogr.]. – *Von Meister Dietrich zu Meister E.*, Hg. K. Flasch, Hbg. 1983. – K. Ruh, *Meister E. Theologe, Prediger, Mystiker*, Mchn. 1985. – L. Seppänen, *Meister E.s Konzeption der Sprachbedeutung*, Tübingen 1985. – F. J. Tobin, *Meister E., Thought and Language*, Philadelphia 1986.

DAS BUCH DER GÖTTLICHEN TRÖSTUNG

(*Liber benedictus*). Kleine Abhandlung von Meister ECKHART. – Der (lat.) Titel stammt aus dem Beginn des 5. *Korintherbriefes:* »*Benedictus Deus ... pater misericordiarum et Deus totius consolationis.*« Nach einem einleitenden ersten Teil, in dem Eckhart allgemein über dreierlei Arten von Betrübnis spricht, versucht er im zweiten Teil durch dreißig Trostbeispiele, Vergleiche und Lehren seine Thesen zu erläutern und zu erhärten. Dabei hält er sich zumeist an Bibelzitate, die er dann im Hinblick auf ihre Bedeutung im täglichen Leben auslegt, an Worte der Kirchenväter, aber auch an die Lehren der alten Stoiker, Kyniker und Epikureer. Eckhart will zeigen, daß es für den wahren Christen überhaupt nichts noch so Trostloses geben kann, das nicht durch die Besinnung auf ein noch schlimmeres Mögliches einen Trost finden könnte, denn sowohl die Heiligen als auch die heidnischen Meister sagten, »*daß Gott und die Natur es nicht zulassen, daß es pures Böses oder Leid geben könne*«, es sei vielmehr weit eher zu erwarten, daß aus vorübergehendem Leid Gutes erwachsen werde. Letzter und größter Trost für alles Irdische jedoch ist die Einsicht in die Leidensbestimmung des Menschen, die dieser nur in der freudigen Annahme alles Leidens erfüllen kann. Da alles Leid aus Liebe zu dem kommt, was der Verlust genommen, erscheint als Wurzel allen Übels die übermäßige Liebe zu den irdischen Dingen, und nur wer sich abkehrt von der äußeren Welt und ihrer Vergänglichkeit, wer seinen eigenen Willen aufzugeben vermag, kann der Gnade des göttlichen Geistes teilhaftig werden und findet zu jener untrennbaren Einheit, in der der Mystiker sich mit dem Göttlichen verbunden weiß. – Im dritten Teil des Buches gibt Eckhart »*Vorbilder in Werken und Worten, die weise Leute getan und gesprochen haben, als sie im Leiden waren*«. Die einzelnen Hinweise und Beispiele der Abhandlung besitzen nicht alle die gleiche Überzeugungskraft, auch Wiederholungen sind nicht selten, aber alle verbindet der gleiche Grundgedanke, daß sich der innere Mensch aus den Verstrickungen der äußeren Welt lösen müsse, ehe er den wahren Trost, der nur in der Vereinigung mit dem Göttlichen liegen kann, zu finden imstande sei. H.Hon.

AUSGABEN UND ÜBERSETZUNGEN: Göttingen/Lpzg. 1857 (in *Meister E.*, Hg. F. Pfeiffer). – Lpzg. 1918, Übers. J. Quint (IB). – *Das Buch vom Troste*, Übers. H. Büttner (in *Schriften und Predigten*, Jena 1919). – Bln. ³1952, Hg. J. Quint. – Stg. 1954 (in *Die deutschen Werke*, Hg. J. Quint, Bd. 5; m. nhd. Übers.). – Mchn. 1955 (in *Deutsche Predigten und Traktate*, Übers. J. Quint; ³1978). – *Das Buch der göttlichen Tröstung*, Übers. J. Quint, Ffm. 1987 (Insel Tb).

LITERATUR: K. Brethauer, *Die Sprache M. E.s im »Buch d. göttl. Tröstung«*, Göttingen 1931. – E. Albrecht, *Der Trostgehalt in M. E.s »Buch d. göttl. Tröstung« u. seine mutmaßl. Wirkkraft*, Diss. Bln. 1953. – H. Roos, *Zur` Abfassungszeit v. M. E.s Trostbuch* (in Orbis litt., 9, 1954, S. 45–59). – L. Stiehl, *M. E.s »Buch d. göttl. Tröstung«. Studien zur Leidensphilosophie u. spekulat. dt. Mystik*, Diss. Wien 1955. – *Dictionnaire d'histoire et de géographie ecclésiastiques*, Bd. 14, Paris 1960, Sp. 1385–1403 [m. Bibliogr.]. – M. Bindschedler, *Die Trostgründe M. E.s f. Agnes v. Ungarn* (in *Fs. f. F. v. d. Leyen*, Mchn. 1963). – M. J. Gonzalez-Haba, *Valoracion del tiempo y lo temporal en el Maestro E.* (in La Ciudad de Dios, 178, 1965, S. 33–61).

PREDIGTEN

(mhd.) von Meister ECKHART, gehalten in Straßburg und Köln etwa seit 1314. – Schwierig bleibt die Beurteilung der Authentizität der Texte, die nur als Nachschriften der Hörer vorliegen. Doch kommt aufgrund sekundär überlieferter Nachrichten sowie nach äußeren und inhaltlichen Kriterien für eine ganze Reihe dieser Abhandlungen nur Eckhart als Autor in Frage. Im Gegensatz zum *Opus tripartitum*, von dem nur wenige fragmentarische Manuskripte vorliegen, sind die *Predigten* in weit mehr als 200 Handschriften erhalten.

In den deutschsprachigen *Predigten* findet das mystische Denken Eckharts seinen stärksten und in der Folgezeit wirksamsten Ausdruck. Zentrales Thema, das bis zu »*großartiger Eintönigkeit*« (J. Quint) diese Texte beherrscht, ist die Vorstellung von der Gottesgeburt in der menschlichen Seele. Die Geburt des Sohnes aus dem Vater vollzieht sich in der erkennenden Seele, die damit zur himmlischen Wohnung des trinitarischen Gottes wird. »*Daß Gott eben Gott ist, des bin ich eine Ursa-*

che; wäre ich nicht, so wäre Gott nicht Gott.« In dem Augenblick, in dem Gott *»das Wort in die Seele spricht und die Seele wieder spricht in dem lebenden Worte, da wird der Sohn lebendig in der Seele«.* Das geheimnisvolle Wie dieser Verbindung wenigstens annäherungsweise zu fassen, wird Antrieb zu unermüdlichen und kühnen Spekulationen. Den menschlichen Pol der *unio mystica* bildet das *»Seelenfünklein«, »oberste Vernunft«* und unaussprechbarer Kern der Seele, ebenso ungeschaffen wie das Wesen Gottes und von Eckhart mit den gleichen Namen umschrieben. Das Seelenfünklein, die alle Dinge bewegende *»Unbeweglichkeit«,* vermag Gott unmittelbar, *»unbedeckt«* zu schauen, wenn der Mensch es erreicht, sich in einem mystischen *»Entwerden«* von der Welt zu lösen. Jedes Streben, Hoffen, jedes eigennützige Gebet, alles genießende Schauen des Göttlichen, alles Handeln aus Selbstzweck vereitelt die *unio.* Hier wird die subtile Spekulation zur Ethik: *»Und wäre der Mensch in Verzückung wie St. Paulus und wüßte einen Kranken, der eines Süppleins bedürfe, ich hielte es für viel besser, du ließest aus Liebe die Verzückung fahren und dientest dem Bedürftigen in um so größerer Liebe.«*

In dem Bestreben, dem neuen Gedanken adäquaten Ausdruck zu geben, bediente sich Eckhart neuer Wortschöpfungen, tiefgründiger Gleichnisse, Antithesen und Paradoxien. Schon zu seinen Lebzeiten begann der Streit um das Verständnis seines Werks, der 1326 zum *»ersten und einzigen Inquisitionsprozeß gegen einen angesehenen Theologen und Ordensmann im Mittelalter«* (J. Koch in der *Eckhart-Festschrift*) überhaupt führte. Die erhaltenen Prozeßdokumente sind in der sog. *Rechtfertigungsschrift* gesammelt. Sie besteht aus zwei von insgesamt fünf Anklagelisten, die vermeintlich glaubenswidrige Sätze aus den lateinischen und vor allem aus den deutschen Werken Eckharts zitieren (weshalb diesen Dokumenten bei der Identifizierung umstrittener Predigten besondere Bedeutung zukommt). Die Stellungnahmen Eckharts zu diesen Sätzen bilden den Hauptteil der *Rechtfertigungsschrift.* Eckhart hält hier an seinen früheren Lehren unbeirrt fest und bemüht sich um den Nachweis seiner Rechtgläubigkeit. Obgleich er sich auch noch in Avignon vor einer päpstlichen Kommission verteidigte, verurteilte Papst Johannes XXII. durch die Bulle *In agro dominico* (27. 3. 1329), nachdem Eckhart bereits gestorben war, eine Reihe der beanstandeten Sätze als häretisch oder zumindest mißverständlich. Unabhängig davon, daß dieses Urteil das Eckhart-Bild immer wieder verdunkelte, gaben die Eckhart-Schüler Heinrich SEUSE und Johannes TAULER die Lehren des Meisters in einfacherer und populärerer Form weiter. Deshalb waren auch deren Werke lange Zeit bekannter als die des Lehrers, dessen Wirkungsgeschichte sich bis zu Beginn des 19. Jh.s nur sporadisch erfassen läßt.

Die Wiederentdeckung des Mystikers Eckhart fällt in die Romantik, in der vor allem Franz von BAADER die Bedeutung des Dominikaners unterstrich. Als HEGEL und seine Schüler bei ihrem Versuch, Glaube und Wissen zu überbrücken, sich auch auf Eckhart beriefen, gerieten sie in Streit mit den Theologen, und als Folge davon trat neben die erbaulich-spekulative Beschäftigung allmählich die wissenschaftliche Erforschung des Lebens und der Werke Eckharts: Carl SCHMIDT veröffentlichte 1838 die erste Eckhart-Monographie, 1857 erschien die von Franz PFEIFFER besorgte Sammlung der *Predigten*. Charakteristisch für das Eckhart-Bild dieser Jahre war, daß man glaubte, in der deutschen Mystik absolute Originalität des Denkens, den Bruch mit der Scholastik, ein Vorspiel der Reformation und – in nationaler Emphase – die Morgenröte der deutschen Philosophie entdeckt zu haben. Dieses Eckhart-Bild zerstörte im Zuge der Neuscholastik der scharfzüngige Dominikaner Heinrich DENIFLE gründlich. Als glänzender Kenner der Scholastik und Mystik stellte er Eckhart, indem er auch dessen vergessene lateinische Schriften auswertete, in die scholastische Tradition, korrigierte die These vom Begründer der deutschen Philosophie und schrieb das, was die Forscher der ersten Hälfte des 19. Jh.s als Originalität des Denkens Eckharts enthüllt zu haben meinten, dessen unklarem Kopf und dessen schwer verständlicher Ausdrucksweise zu. Hatte dieses Urteil Denifles innerhalb der Eckhart-Forschung zunächst nur betretenes Schweigen zur Folge, so erschienen die deutschen Schriften des Meisters in den ersten Jahrzehnten des 20. Jh.s in auflagenstarken Volksausgaben. In neuromantischen Gefühlen suchte ein breites Lesepublikum in Eckhart den Wegbereiter religiöser Erneuerung außerhalb der institutionalisierten Kirchen. Eckhart erschien als Held einer Reihe von Romanen (P. GURK, H. MUCH, L. FAHRENKROG, D. FABECK) und lyrischer Gedichte (E. BERTRAM, W. SCHWARZ) und wurde bald auch eine Domäne der deutschen Jugendbewegung. In seinen Werken entdeckte man plötzlich »arische Metaphysik« und »germanische Innerlichkeit«, Tendenzen, die A. ROSENBERG im *Mythus des 20. Jahrhunderts* (1930) *»mit tödlicher Konsequenz zu Ende dachte«* (I. Degenhardt).

Unabhängig von diesen Richtungen, die mit einem angemessenen Eckhart-Verständnis nichts mehr gemein hatten, wurde in den dreißiger Jahren eine kritische, auf weit mehr als zweihundert Handschriften basierende Gesamtausgabe in Angriff genommen. Sie erst bot die Möglichkeit einer zuverlässigen Interpretation der mit besonders schwierigen textkritischen Problemen und Echtheitsfragen verbundenen Predigttexte. Die philologische Aufgabe der modernen Eckhart-Forschung formulierte 1932 J. Quint: *»Die sprachlich-stilistische Untersuchung der deutschen Predigten setzt nicht nur die textkritische Bereitung eines für sie tragfähigen textlichen Bodens, sondern auch bereits die philosophisch-theologisch-geisteswissenschaftliche Interpretation des gedanklichen Gehaltes voraus, auf daß die Stil- und Spracheigentümlichkeiten nicht nur als solche äußerlich feststellt, sondern auch in ihrer funktionellen Bedingtheit im geistigen Gehalt erkannt und gedeutet werden können.«* Auch die theologisch-philosophisch orientierte Forschung der Gegenwart konzentriert sich vorwiegend auf eine differenzierende Bestandsaufnahme dessen, was Eckhart aus der Tradition verwendet, wie er es adaptiert und worin er darüber hinausgegangen ist. J.T.-KLL

AUSGABEN: Lpzg. 1857 (in *Meister Eckhart*, Hg. J. Pfeiffer; Deutsche Mystiker des 14. Jh.s, 2; krit.). – Lpzg./Jena 1909 (in *Schriften u. Predigten*, Hg. u. nhd. Übers. H. Büttner, 2 Bde., 1903–1909, 2; ern. Düsseldorf 1959). – Stg./Bln. 1936–1958 (in *Die deutschen u. lateinischen Werke*, Hg. u. nhd. Übers. J. Quint, 1936 ff., Abt. 2, Bd. 1). – Mchn. 1955 (*Deutsche Predigten u. Traktate*, Hg. u. nhd. Übers. ders.; ²1963).

ÜBERSETZUNGEN: *Ausgewählte Predigten u. Verwandtes*, Hg. u. Übers. W. Schöpff, Lpzg. 1896. – *Meister Eckharts mystische Schriften*, G. Landauer, Bln. 1903; ern. Bln. 1920, Hg. M. Buber. – *Deutsche Predigten u. Traktate*, F. Schulze-Maizier, Lpzg. 1927. – Dass., J. Quint, Mchn. 1955; ⁶1985. – Dass., ders., Zürich 1979 (detebe). – *M. E. Stille und Ewigkeit. Worte aus seinen deutschen Predigten u. Traktaten*, Baden-Baden ²1986.

LITERATUR: M. Palmcke, *Untersuchungen zu den deutschen Predigten Meister E.s*, Halle 1905. – J. Quint, *Die Überlieferung der deutschen Predigten Meister E.s*, Bonn 1932. – W. Klein, *Meister E. Ein Gang durch die Predigten des deutschen Meisters*, Stg. 1940. – J. Schneider, *Der Stil der deutschen Predigten bei Berthold von Regensburg u. Meister E.*, Diss. Mchn. 1942. – L. Völker, *Die Terminologie der mystischen Bereitschaft in Meister E.s deutschen Predigten u. Traktaten*, Diss. Tübingen 1965. – D. Mieth, *Die Einheit von vita activa u. vita contemplativa in den deutschen Predigten u. Traktaten Meister E.s u. bei Johannes Tauler*, Regensburg 1969. – T. Beckmann, *Studien zur Bestimmung des Lebens in Meister E.s deutschen Predigten*, Ffm. 1982. – F. M. Egerding, *Got bekennen. Strukturen der Gotteserkenntnis bei Meister E. Interpretationen ausgewählter Predigten*, Ffm. 1984. – Th. Noack, *Eckehartkonkordanz. Zum dt. Predigtwerk nach der Volksausgabe von Josef Quint*, Bln. 1986. – Sh. Ueda, *Meister E.s Predigten* (in *Abendländische Mystik im Ma*, Hg. K. Ruh, Stg. 1986).

UMBERTO ECO

* 5.1.1932 Alessandria

IL NOME DELLA ROSA

(ital.; *Ü: Der Name der Rose*). Roman von Umberto ECO, erschienen 1980. – Ende des 14. Jh.s schreibt der alternde Benediktinermönch Adson im Kloster zu Melk nieder, was er als junger Novize während einer Fahrt nach Italien erlebt hat. Als zeitliches Gerüst dienen ihm die sieben Tage, denen sich die beschriebenen Geschehnisse ereigneten. – *1. Tag:* Ende November des Jahres 1327 begleitet Adson den englischen Franziskaner William von Baskerville in politischer Mission. Ludwig der Bayer ist gerade im Begriff, sich sein kaiserliches Erbe in Italien zu sichern, wobei er die emanzipatorischen Interessen der italienischen Fürsten gegen den in Avignon im Exil residierenden Papst Johannes XXII. auszuspielen versucht. William soll als Botschafter des Kaisers in einer prächtigen Benediktinerabtei eine Konferenz zwischen den Gesandten des Papstes und Mitgliedern des Franziskanerordens vorbereiten, die das Verhältnis des Ordens zur Kirche regeln soll. Die Franziskaner vertreten das Postulat von der christlichen Armut und werden so zu Schachfiguren im Spiel Ludwigs, der durch ihre Argumente das Ansehen und die weltliche Macht des Papsttums untergraben will. Doch noch bevor die Gesandten eintreffen, findet man am Fuße der Abtei die Leiche eines der Klosterbrüder, des Miniaturenmalers Adelmo von Otranto. Da William sich bereits zuvor durch eine besondere detektivische Begabung hervorgetan hat, beauftragt der Abt des Klosters, Abbone die Fossanova, seinen in Kriminalistik bewanderten Gast mit der Aufklärung des Vorfalls. Adson und William machen sich mit der Abtei vertraut. Lediglich ein Ort bleibt den beiden Detektiven verschlossen: Das »Ädificium«, eine riesige Bibliothek, darf nur vom Klosterbibliothekar und dessen Gehilfen betreten werden.

2. Tag: Am frühen Morgen wird in einem Bottich mit Schweineblut der Körper des Aristotelesforschers Venanzio von Salvemec entdeckt. Die Detektive erfahren von den internen Spannungen, die innerhalb der Ordensgemeinschaft herrschen, zumal zwischen den italienischen Mönchen und den Ausländern, die mit Malachia von Hildesheim und seinem Gehilfen Berengario von Arundel die alleinige Kontrolle über das unermeßliche Wissen der größten Bibliothek der Christenheit, des Ädificiums, ausüben. Darüber hinaus lassen einige vage Anspielungen der Klosterbrüder vermuten, daß Berengario offenbar homosexuelle Kontakte zu anderen Mönchen unterhält. Besonders verdächtig macht sich auch Salvatore, ein verwachsener häßlicher Zwerg, der ein Kauderwelsch aus mindestens zehn verschiedenen Sprachen spricht und den William alsbald als ehemaliges Mitglied der Häretikersekte des Fra Dolcino überführt. Obgleich man William in die Irre zu leiten versucht, konzentriert sich seine Neugier von Anfang an auf die verbotene Bibliothek. Durch einen unterirdischen Gang gelangen er und Adson nachts in das Ädificium. Das Innere der Bibliothek ist durch zahlreiche Fallen gegen Unbefugte gesichert. – *3. Tag:* Scheinbar kehrt zunächst Ruhe im Kloster ein. Adson führt mehrere Gespräche, unter anderem mit Salvatore, der ihm seine Lebensgeschichte erzählt, und mit Ubertino von Casale, einem franziskanischen Mystiker und Freund Williams. Adson begibt sich allein in die Bibliothek. Auf dem Rückweg begegnet ihm ein Bauernmädchen aus der Umgebung, das bereit war, gegen Naturalien aus den Klostervorräten mit dem dicken und alten Kellermeister Remigio von Varagine zu schlafen. Angenehm von dem attraktiven Jüngling Adson überrascht, gibt sie sich im gratis hin, was Adson in tiefe Verwirrung und Gewissensnot bringt. Nachts entdeckt man im Badehaus die Leiche des ertrunkenen Berengario, der bereits seit dem Morgen vermißt wird.

4. Tag: Der greise Alinardo von Grottaferrata führt die drei bisher geschehenen Bluttaten auf Gesetzmäßigkeiten zurück, die auf eine kaltblütige Umsetzung des Planes der *Johannes-Apokalypse* hinweisen: Wie in der Geheimen Offenbarung des Heiligen Johannes an aufeinanderfolgenden Tagen die Öffnung jeweils eines der sieben Siegel des kosmischen Buches eine Katastrophe auslöst, so bringe jeder neue Tag in der Abtei ein weiteres grausames Verbrechen: Vor allem die Umstände, unter denen die bisherigen Opfer gefunden wurden, weisen Parallelen zu den in der *Apokalypse* beschriebenen Katastrophen auf. Zugleich trifft die Delegation des Avignonpapstes unter der Leitung des Kardinals Bertrand del Poggetto und des Inquisitors Bernardo Gui ein. Unterdessen ertappt Adson Salvatore, der einen Zauber vorbereitet, durch den er das unbekannte Bauernmädchen behexen und sich so gefügig machen will, welches sich in der Nacht zuvor aus freien Stücken dem Novizen hingab. Nachts dringen William und Adson erneut heimlich in die Bibliothek des Ädificiums ein und erkennen weitere Gesetzmäßigkeiten ihres Bauplans. Als sie wieder nach draußen gelangen, werden sie Zeuge, wie der Inquisitor Bernardo Gui gerade zwei Verdächtige abführen läßt: Seine päpstliche Garde hat Salvatore und das unbekannte Bauernmädchen bei vermeintlichen Hexereien ertappt. Der Inquisitor erhält durch die beiden mutmaßlichen Häretiker eine willkommene Gelegenheit, am Abend vor dem entscheidenden Disput mit den Franziskanern seine Macht zu demonstrieren. –

5. Tag: Serverino, der Apotheker, findet unter seinen pharmakologischen Traktaten ein merkwürdiges Buch. Als er und Adson schließlich Severinos Labor erreichen, finden sie dieses durchwühlt, den Pharmazeuten von einem Himmelsglobus erschlagen. Bernardo Guis Garde nimmt gerade den Kellermeister Remigio von Varagine als Mörder fest, da man ihn entdeckte, als er das Labor nach belastenden Dokumenten durchwühlte. Für Bernardo, dem es gelingt, ihm nachzuweisen, daß er mit Salvatore einst Mitglied in der Mördersekte von Fra Dolcino war, liegt der Fall klar. Sowohl Remigio, als auch Salvatore und das Bauernmädchen werden der Inquisition überstellt, um – zu Adsons Entsetzen – in einem grandiosen Hinrichtungsspektakel verbrannt zu werden. Da sich auch das Blatt der Franziskaner im theologischen Disput wendet, ist Michele di Cesena, der Ordensgeneral, gezwungen, den päpstlichen Legaten alle möglichen Zugeständnisse zu machen. Ubertino di Casale muß sich zu den nahe stationierten kaiserlichen Truppen retten, um nicht noch als Ketzer verurteilt zu werden. Durch eine Unachtsamkeit Williams gelingt es Bencio von Uppsala, einem sehr studieneifrigen und karrieretüchtigen Gast der Abtei, das geheimnisvolle Buch, dessentwegen Severino sterben mußte, dem Bibliothekar zurückzubringen, der ihn dafür zu seinem neuen Gehilfen macht.

6. Tag: Bei der Frühmette stürzt der Bibliothekar Malachia tot zu Boden. Im Laufe des Tages verschwindet schließlich auch Abbone. William selbst entdeckt durch eine zufällige Bemerkung Adsons den Schlüssel, durch den er in »Finis Africae«, das geheime Zentrum der Bibliothek gelangen kann: Dort erwartet sie bereits Jorge von Burgos, der geheime Drahtzieher der Verbrechen. Einzig am Tode Adelmos ist er unschuldig, da dieser Selbstmord beging. Alle weiteren Tode erweisen sich nach der Aufklärung durch Jorge, den »heimlichen« Bibliothekar des Klosters, als Folge von Williams Nachforschungen und dienten dazu, jenes geheimnisvolle Werk, das einzige Exemplar der Aristoteles-Poetik »Über das Komische« zu verbergen, da Jorge, der jenes Werk einst selbst aus Spanien mitbrachte, fürchtete, es könne durch seine Verbreitung die Anarchie des Lachens und das Ende christlichen Glaubens gefördert werden, der durch jedes Werk des Aristoteles erschüttert wurde. Die Anordnung der Morde nach dem apokalyptischen Schema sei ihm erst durch Alinardos Bemerkung gekommen. Als William dem flüchtenden Jorge das Buch abzujagen versucht, gerät die unersetzliche Bibliothek in Brand. Jorge, der begonnen hat, das so eifersüchtig behütete Buch aufzuessen, kommt in der Feuersbrunst um. – *7. Tag:* Auch die Bibliothek wird ein Raub der Flammen. William, der bisher an die Macht der menschlichen Vernunft geglaubt hatte, muß erkennen: *»Es gab keine Intrige, und ich habe sie aus Versehen aufgedeckt.«*

Nach Ecos Aussagen, die er in der *Postille a ›Il Nome della Rosa‹* (1983) zusammengefaßt hat, handelt es sich bei diesem Kriminalroman um den sehr persönlichen Versuch, eine Reihe wissenschaftstheoretischer Probleme zu bewältigen, die ihn seit seiner Dissertation über »Probleme der Ästhetik bei Thomas von Aquin« (1954) beschäftigten: *»Wovon man nicht theoretisch sprechen kann, muß man erzählen.«* Eco deutet aber auch an, daß sein Werk als politischer Schlüsselroman gelesen werden kann, der als Allegorie auf die Situation im Italien der Brigate Rosse (»Rote Brigaden«) und der »Affäre Aldo Moro« zu deuten sei; vor allem der Schluß des Romans – Williams Resignation ob der Vehemenz der religiösen und politischen Fanatiker (Jorge und Bernardo Gui) – und die Leidenschaftlichkeit, mit der Eco in den Kapiteln des »Fünften Tages« Ketzerprozesse und politische Debatten vorführt, legen eine solche Interpretation nahe. Doch weist der Roman auch deutlich ironische Züge auf. Als Fundus der Haupthandlung dient dem Autor aus das umfangreiche Korpus der Detektivromane. So finden sich im Handlungsschema denn auch zahlreiche beabsichtigte Parallelen zu den Hauptwerken

A. CHRISTIES. Darüber hinaus erweist sich Ecos Roman als ein Konglomerat aus absichtsvoll ineinander verschränkten fremden Texten und Zitaten, die von der Bibel über die Vorsokratiker zu dem für das Werk so wichtigen Aristoteles reichen. Das Bildungswissen des Mittelalters, über das der Mediävist Eco wie selbstverständlich verfügt, kombiniert er mit den wissenschaftlichen Theorien des 20. Jh.s. Einige der wesentlichen Diskussionen Williams, Jorges und Adsons sind denn auch dem Problem des Nominalismus gewidmet, der Frage nach dem ontologischen Status der abstrakten Allgemeinbegriffe. In diesem Gelehrtenstreit nimmt William – als »Schüler« WILHELMS VON OCCAM, des Hauptvertreters des Nominalismus – die Position eines radikalen Empirikers ein, der nach Adsons Worten *»nur mit den Händen denken konnte«*. Williams Entscheidung gegen die Macht der Universalien zugunsten der sinnlich faßbaren Wirklichkeit geht zugleich in seine von Indizienbeweisen und meßbaren Ergebnissen geführten kriminalistischen und naturwissenschaftlichen Untersuchungen ein. Dennoch erweist sich William letztlich ebenfalls als Opfer desselben spekulativen Denkens, das die nominalistische Schule kritisiert. Denn alle seine wissenschaftlich-immanenten Versuche, ein Verbrechen aufzuklären, basieren auf dem letztlich irrationalen Konstrukt, daß Adelmo ermordet wurde: *»Die Ordnung, die unser Geist sich vorstellt, ist wie ein Netz oder eine Leiter, die er sich zusammenbastelt, um irgendwo hinzugelangen. Aber wenn er dann hinaufgelangt ist, muß er sie wegwerfen«*. Dieses Theorem aus L. WITTGENSTEINS *Tractatus logico-philosophicus*, das Eco seinem Detektiv in den Mund legt, problematisiert die in der Wissenschaft übliche Form der Begriffs- und Hypothesenbildung. Gleichzeitig umreißt Eco jedoch damit die Handlung von *Il nome della rosa*, einem Kriminalroman, der somit logische Folgerungen und falsche Prämissen gegeneinander ausspielt.

Die Idee der letztlich irrationalen Grundlegung der Logik verdankt Eco dem »Bibliothekar« von Buenos Aires, Jorge Luis BORGES, dem er in der Gestalt des Jorge von Burgos ein literarisches Denkmal gesetzt hat. Von Borges stammt denn u. a. auch die teils fast wörtlich übernommene Konzeption der labyrinthartigen Klosterbibliothek, die ein Abbild des Universums ist. Entlegenste Texte, etwa Exzerpte aus arabischen, spätantiken und scholastischen Autoren, werden ebenso verarbeitet wie die theoretischen Errungenschaften der Moderne (S. FREUD, A. EINSTEIN, F. SAUSSURE, Ch. S. PIERCE, B. RUSSELL). Eco kann es sich leisten, oft seitenweise fremde Stimmen zu Wort kommen zu lassen, etwa, wenn er die spätantike Evangelienpersiflage *Coena Cypriani* zum Traum Adsons verfremdet oder wörtlich Bernard GUIS *Manuel de l'inquisiteur* kopiert. Gelegentlich zitiert Eco auch aus zweiter Hand, dann zumeist aus so renommierten Autoren wie J. HUIZINGA, E. R. CURTIUS, G. R. HOCKE, H. GRUNDMANN, É. GILSON und besonders M. BACHTIN, dessen Theorie der mittelalterlichen Lachkultur bei Ecos Nachschöpfung

der zweiten Aristoteles-Poetik als Modell diente. Hinzu kommen die Publikationen der französischen Historiker um die Zeitschrift ›Annales‹, vor allem E. LE ROY LADURIES *Montaillou* (1975) und die Arbeiten der Semiotiker und Wissenschaftshistoriker: So weist eine Spur von den in Ecos Werk ausgebreiteten kriminalistischen Theorien zu den Arbeiten des Soziologen und Historikers C. GINZBURG, eine weitere zu dem Linguisten T. A. SEBEOK, die beide mit dem Semiotikprofessor Eco befreundet sind. Selbst die Idee, eine Kriminalgeschichte im Mittelalter anzusiedeln, scheint Eco dem 1978 erschienenen, ungleich weniger erfolgreichen Roman *L'Ordalia* von I. A. CHIUSANO zu verdanken. *Il nome della rosa* ist also zugleich historischer, Schauer-, Kriminal- und philosophischer Roman, ein Traktat über die Lehre von den Zeichen und die Darlegung erkenntnistheoretischer Überlegungen des Autors. Um all diese Schichten zu kombinieren, bedient sich Eco einer literarischen Collagetechnik, die an den mehrfach codierten Personennamen deutlich wird. Diese Überstrukturierung mit mehrfachem Sinn verdankt Eco dem Roman *Ulysses* von J. JOYCE, mit dem er sich in einem seiner literaturwissenschaftlichen Hauptwerke (*Opera aperta*, 1962) auseinandersetzt. Ein überaus komplizierter Erzählrahmen – eine Manuskriptfiktion, die an Borges' *El Inmortal* angelehnt ist – umschließt das Werk. Die in einem »Vorwort« des fiktiven Übersetzers Eco vorausgeschickten Umstände der Auffindung von Adsons Manuskript erheben dessen imaginäre Textgeschichte in den Status eines eigenen Romans, dessen Thema – die abenteuerliche Jagd nach einer Handschrift – wiederum aus J. POTOCKIS *Manuscrit trouvé a Saragosse* (1847), einem der Kanonwerke der strukturalen Erzähltheorie, übernommen ist.

Nicht zuletzt durch geschicktes Marketing und einen Reklameaufwand, der mittlerweile Gegenstand einer eigenen Studie wurde, ist das Werk schnell zum Inbegriff des »postmodernen« Romans geworden. Mit über acht Millionen Exemplaren Weltauflage hat das Buch eine im Zeitalter elektronischer Medien nicht geahnte Breitenwirkung erlangt. Schon in den ersten Jahren seit dem Erscheinen entstand eine umfangreiche Sekundärliteratur: Doktorarbeiten und kommunikationswissenschaftliche Untersuchungen der Ursachen des »Eco-Effekts« ebenso wie populärwissenschaftliche Werke. Auch hierdurch wird jener Vielschichtigkeit Rechnung getragen, welcher der Roman seine konstante Aktualität als Kultroman der achtziger Jahre verdankt. G.Wil.

AUSGABEN: Mailand 1980. – Mailand 1984 (Tb.). – *Postille a Il nome della rosa* (in Alfabeta, Juni 1983, Nr. 49, S. 19–22); – ern., Mailand 1984 [ab 1985 im Anhang v. *Il nome della rosa*].

ÜBERSETZUNG: *Der Name der Rose*, B. Kroeber, Mchn. 1982. – Dass., ders., Mchn. 1986 (dtv). – *Nachschrift zum Namen der Rose*, ders., Mchn. 1984. – Dass., ders., Mchn. 1986 (dtv)

VERFILMUNG: BRD/Frankreich/Italien 1986 (Regie: J. Annaud).

BEARBEITUNG: BRD 1986 (Hörspiel; Regie: O. Düben; Erstsendung im BR, 26. 12. 1986 bis 1. 1. 1987).

LITERATUR: T. de Lauretis, *U. E.*, Florenz 1981. – M. Jeuland-Meynaud, *Une rose pour talisman* (in Revue des Études Italiennes, 27, 1981, Nr. 2/3, S. 251–265). – G. Wild, *Die Sphinx aus Alessandria. Zu U. E.s Roman »Il nome della rosa«* (in Revolte als Tradition, Hg. H. Asenbaum u. U. Beil, Mchn. 1983, S. 57–63). – U. Wyss, *Die Urgeschichte der Intellektualität und das Gelächter. Ein Vortrag über »Il nome della rosa«*, Erlangen 1983. – U. Schick, *Erzählte Semiotik oder intertextuelles Verwirrspiel?* (in Poetica, 16, 1984, S. 138–161). – J. v. Stackelberg, *Die deutsche Edelrose* (in Colloquium Helveticum, 1, 1985, S. 85–95). – *Lektüren. Aufsätze zu U. E.s »Der Name der Rose«*, Hg. H.-J. Bachorski, Göppingen 1985. – *Saggi su »Il nome della rosa«*, Hg. R. Giovannoli, Mailand 1985 (dt. *Zeichen in U. E.s Roman »Der Name der Rose«*, Hg. B. Kroeber, Mchn. 1987; erw.). – H. D. Baumann u. A. Sahihi, *Der Film: »Der Name der Rose«. Eine Dokumentation*, Weinheim/Basel 1986. – H.-G. Vestner, *U. E.* (in KLFG). – *Das Geheimnis der Rose entschlüsselt*, Hg. K. Ickert u. U. Schick, Mchn. 1986 (Heyne Tb). – H.-M. Schuh, *U. E.* (in KLRG, 4. Lfg., März 1987). – H. Heinze, *U. E.s Kriminalroman* (in WB, 33, 1987, S. 256–276). – *Ecos Rosenroman. Ein Kolloquium*, Hg. A. Haverkamp u. A. Heit, Mchn. 1987 (dtv). – *... eine finstere und fast unglaubliche Geschichte?*, Hg. M. Kerner, Darmstadt 1987. – T. Stauder, *U. E.s »Der Name der Rose«. Forschungsbericht und Interpretation*, Erlangen 1988.

IL PENDOLO DI FOUCAULT

(ital.; *Ü: Das Foucaultsche Pendel*). Roman von Umberto Eco, erschienen 1988. – Der nach dem Millionenerfolg von *Il nome della rosa* mit Spannung erwartete Roman des italienischen Semiotikprofessors war in Italien bereits mehrere Monate vor dem Erscheinungstermin in Tageszeitungen und Wochenmagazinen angekündigt, der Inhalt zusammengefaßt und nacherzählt worden. *Il pendolo di Foucault* ist streng symbolisch aufgebaut: 120 jeweils mit einem Zitat aus vorwiegend okkultistischen Quellen eingeleitete Kapitel ordnen sich zu zehn Romanteilen unterschiedlicher Länge, die mit je einer der zehn *sefirot* (die zehn Manifestationen Gottes, in denen er aus seiner Verborgenheit hervortritt) des kabbalistischen Schöpfungsbaums aus dem *Sefer Jesira (Buch der Schöpfung)* überschrieben sind. In *Il pendolo di Foucault* überlagern sich eine Vielzahl ineinander verschränkter Zeit- und Handlungsebenen, wird die Geschichte in einer Serie von immer weiter zurückgreifenden Rückblenden präsentiert.

Noch unter dem Schock der schrecklichen Ereignisse stehend, deren heimlicher Zeuge er in der Nacht zum 24. Juni 1984 im Pariser Technologiemuseum Conservatoire des Arts et des Métiers wurde, läßt der Ich-Erzähler Casaubon, Lektor im Verlag Garamond, das Geschehen Revue passieren. Einige Tage zuvor hatte ihn ein dramatischer Anruf seines Verlagskollegen Belbo aus Paris erreicht: Der »Plan« sei echt, »sie« seien ihm auf der Spur; auf Belbos Computerdisketten in Mailand werde Casaubon alle Erklärungen finden. Darauf wurde das Telefonat, offensichtlich gewaltsam, unterbrochen. Versteckt in einem Fernrohr des Conservatoires (wo sich auch das Pendel befindet, mit dem der Physiker Jean-Bernard-Léon Foucault 1851 die Erdrotation nachwies), suchte Casaubon das Puzzle von Belbos Computeraufzeichnungen zusammenzusetzen und zu klären, wie er und seine zwei Freunde in ein ausweglose Labyrinth irrationaler Verstrickungen geraten konnten. Doch erst in der Nacht zum 27. Juni, in dem nur mit *** bezeichneten piemontesischen Heimatort Belbos, vermag Casaubon die wahren Zusammenhänge zu begreifen.

In der Bar Pilade, zu Beginn der siebziger Jahre Treffpunkt der Mailänder Intellektuellenszene, lernt der Student Casaubon Belbo kennen, der, wie sein Kollege Diotallevi, als Lektor im Verlag Garamond arbeitet. Als ein Reserveoberst namens Ardenti Belbo ein Manuskript über die Templer anbietet, zieht der Lektor Casaubon als Experten hinzu, da dieser gerade an einer Doktorarbeit über diesen mittelalterlichen Ritterorden arbeitet, der 1307 von dem am Templerschatz interessierten französischen König Philipp dem Schönen liquidiert worden war. Ardenti glaubt nun in den Besitz eines Planes gelangt zu sein, der ein weltumspannendes Rachekomplott der Templer beweisen soll. Tags darauf verschwindet der Oberst spurlos, alles deutet auf Mord hin. Nach einem längeren Brasilienaufenthalt wird Casaubon Mitarbeiter bei Garamond und baut zusammen mit Belbo und Diotallevi eine neue Buchserie mit esoterischen Themen auf. Die drei Lektoren vertiefen sich immer mehr in die Lektüre der ihnen angebotenen okkultistischen Manuskripte und entwerfen schließlich zum Spaß mit Hilfe von Ardentis Templerhandschrift, Diotallevis Kabbalakenntnissen und der unbegrenzten Kombinationsgabe von Belbos Computer Abulafia (benannt nach dem spanischen Kabbalisten Abraham ABULAFIA, in dessen Werk die Methode niedergelegt ist, durch die wissenschaftliche Kombination der Buchstaben zur Ekstase zu gelangen) ein aberwitziges Riesenkomplott. Demzufolge haben die Templer schon im 14. Jh. den *Ombilicus telluri* bestimmt, jenen alchimistischen Punkt, von dem aus sich alle inneren Erdströme kontrollieren lassen und dessen Aktivierung – mit der sich beispielsweise gezielte Erdbeben auslösen lassen – ihnen, nach einem noch abzuwartenden technologischen Fortschritt von 600 Jahren, die Weltherrschaft sichern wird. So erfinden sie einen raffinierten Plan, um nach Ablauf dieser Zeit ihre Nachfolger in die Lage zu versetzen, diesen magischen Punkt wiederaufzufinden. Im Jahr 1344 verfügen sich sechs Gruppen mit je einem Fragment des Plans in verschiedene Länder. Alle 120 Jahre sollen sich zwei Gruppen treffen, wobei die Staffette von Portugal, über England, Frankreich, Deutschland und Bulgarien nach Jerusalem geht, wo im Jahr 1944 der Plan sich wieder vervollständigen wird. Die Botschaft dieses Planes selbst gibt Auskunft darüber, welche der damaligen zahlreichen Weltkarten zu benutzen ist, um mit Hilfe des Foucaultschen Pendels – Pendelversuche hat es schon in mittelalterlichen Kathedralen gegeben – jenen ominösen *Ombilicus telluri* zu bestimmen. Dieser müsse sich unweigerlich an dem Punkt der von dem Plan bestimmten Weltkarte befinden, auf den am Morgen des 24. Juni im Refugium der Templer, dem heutigem Conservatoire, das Pendel zeige, während es vom ersten Sonnenstrahl getroffen wird. Doch das geplante Treffen zwischen Engländern und Franzosen im Jahre 1584 wird durch die Einführung des gregorianischen Kalenders in Frankreich vereitelt, von der die Engländer erst zu spät erfahren. Die Publikation einer Fülle esoterischer Schriften sowie die Gründung zahlreicher Geheimbünde sollen den unwiderruflichen Verlust des Geheimnisses verhindern. Die ganze Ideengeschichte der »Weltverschwörung«, alle bedeutenden Ereignisse der Weltgeschichte bis hin zu Hitlers Holocaust: Alles hat sich nach dem Willen der Lektoren in diesen monströsen Plan zu fügen.

Allmählich wird jedoch der ursprünglich nur als Parodie der abstrusen esoterischen Logistik konzipierte Plan für die drei Lektoren zur fixen Idee – und ihnen damit zum Verhängnis. Casaubons schwangere Lebensgefährtin Lia, die als einzige von Ecos Romanfiguren mit gesundem Menschenverstand begabt ist und Ardentis Templermanuskript als banalen mittelalterlichen Waschzettel entlarvt, vermag nichts mehr auszurichten. Die Macht der kabbalistischen Buchstaben, die Diotallevi in demiurgischer Absicht mutwillig durcheinanderwirbelt (der kabbalistischen Tradition zufolge schuf Gott die Welt durch unendliche Permutation der 22 hebräischen Buchstaben), ruft die Mutation seiner Körperzellen hervor: Der hebräophile Asket wird an Krebs sterben. Das Unheil nimmt seinen Lauf, als Belbo den dubiosen Okkultisten Agliè, der als Berater der Esoterikreihe fungiert, aus Eifersucht in den fiktiven Plan miteinbeziehen, um den Rivalen, unter dessen dämonischen Einfluß Belbos Freundin Lorenza geraten war, zu vernichten. Doch Agliè, dem Belbo weismacht, er kenne das Geheimnis des Plans, ist Mitglied einer realen Sekte, die Belbo nun zum Sprechen bringen will. Agliè stellt Belbo eine Falle und zwingt ihn dazu, nach Paris zu kommen, um sein Geheimnis preiszugeben. Als Belbo sich im Conservatoire vor dem versammelten Satansorden, unter dessen Mitgliedern sich auch der Verleger Garamond befindet, weigert, sein - inexistentes - Geheimnis preiszugeben, wird er vor den Augen des entsetzten Casaubon am Foucaultschen Pendel erhängt.

In den Erzählfluß eingestreut sind Aufzeichnungen, die Casaubon den Computerdateien seines Freundes entnimmt, und die sich vom normalen Text auch optisch durch Computerschrift absetzen. Diese Reflexionen und Jugenderinnerungen Belbos liefern Casaubon am Ende den Schlüssel für all die unfaßbaren Ereignisse, deren Zeuge er wurde. Seitdem er als jugendliches Bandenmitglied zur Zeit des italienischen Partisanenkriegs einmal die Möglichkeit verpaßte, Mut zu zeigen, hatte Belbo sich als Feigling gefühlt, war sein ganzes Leben davon bestimmt gewesen, eine zweite Gelegenheit des Selbstbeweises zu erhalten. Daß er zur Beerdigung zweier gefallener Partisanen das Totenlied auf einer Trompete blasen durfte, wird für Belbo zum Schlüsselerlebnis, dessen Bedeutung er jedoch lange nicht erfaßt: »*Niemand hatte ihm bis dahin gesagt, daß der Gral ein Pokal war, aber auch eine Lanze, und seine wie ein Kelch erhobene Trompete war zur gleichen Zeit eine Waffe, ein Instrument süßester Herrschaft, das in den Himmel schoß und die Erde mit dem mystischen Pol verband. Mit dem einzigen Fixpunkt des Universums, den er, nur für diesen Augenblick, mit seinem Atem schuf.*« Nunmehr versteht Casaubon die Obsession seines Freundes für das Foucaultsche Pendel *(»eine Metapher für Gott«)*, dessen gedachte Achsenverlängerung – in esoterischer Deutung – hinaus ins Weltall führt, wo es an einem imaginären Punkt aufgehängt ist, um den sich alles dreht. »*Das ist alles schon erzählt worden, Casaubon. Wenn ich damals 20 Jahre alt gewesen wäre, hätte ich in den fünfziger Jahren Erinnerungspoesie schreiben können*«, kommentiert Belbo resigniert die vergeblichen Bemühungen, seine Jugenderinnerungen zu einem Buch zu verarbeiten. Statt dessen wird er alles daran setzen, mit Hilfe des Planes die Geschichte neu zu schreiben, nur um sich in seinen Golem zu verlieben und schließlich sein leeres Geheimnis, das ihm unglaubliche Macht verleiht, weil niemand es ihm entreißen kann, in einem einzigartigen Triumph über die düpierte Sekte mit ins Grab zu nehmen. – Casaubon gelingt es, aus Paris zu entkommen, und er erwartet gefaßt in Belbos Heimatort seine Ermordung durch die Abgesandten der Sekte. Seine Schlußbemerkung darf als augenzwinkernde Parodie der komplizierten Manuskriptfiktion von *Il nome della rosa* sowie als ironische Warnung des geplagten Erfolgsautors an die Literaturkritiker gelesen werden: »*Ich hätte gern das alles niedergeschrieben, was mir von jenem Nachmittag bis jetzt durch den Kopf gegangen ist. Aber wenn sie es lesen würden, würden sie nur eine weitere finstere Theorie daraus entnehmen und eine Ewigkeit damit verbringen, die geheime Botschaft zu entziffern, die sich in meiner Geschichte verbirgt. Unmöglich, werden sie sagen, daß der uns nur erzählt hat, daß er uns zum Narren gehalten hat.*«

Hatte der Autor in *Il nome della rosa* seiner eigenen Meinung nach »*eine Enzyklopädie des besseren Mittelalters*« versucht, so darf *Il pendolo di Foucault* als »*Enzyklopädie des schlimmsten 20. Jh.s*« verstanden werden. An Ecos Rosenroman erinnert beispielsweise das auch hier souverän beherrschte, intertextuelle Verwirrspiel mit dem Leser, diesmal mit einer nicht weniger »postmodernen« Collage geheimwissenschaftlicher Literatur, von den Prozeßakten der Templerverfolgung bis zu den Protokollen der Weisen von Zion, von kabbalistischem Schrifttum und der manieristischen Buchstabenkombinatorik eines Ramon LLULL, PICO DELLA MIRANDOLA, Athanasius KIRCHER oder AGRIPPA VON NETTESHEIM (Ecos Lektüre des auch in italienischer Sprache vorliegenden Standardwerks *Manierismus in der Literatur*, 1959, von G. R. HOCKE wird hier besonders manifest) bis zu den esoterischen Texten der Rosenkreuzer (deren bedeutendster Urheber J. V. ANDREAE 1619 in *Turris Babel* die chaotisch gewordene Rosenkreuzerei als *»Posse voll abenteuerlicher Auftritte«* abtat) und einer Blütenlese der erstaunlichsten *New-Age*-Lesefrüchte. Auffällig sind auch intertextuelle Bezüge auf klassische Detektiv- und Agentenromane, wie M. LEBLANCS *L'aiguille creuse* (1909), D. HAMMETTS *The Maltese Falcon* (1930) oder Th. PYNCHONS *The Crying of Lot 49* (1966), wie U. SCHULZ-BUSCHHAUS angemerkt hat. Darüber hinaus scheint sich Eco wieder wesentliche Inspirationen bei J. L. BORGES geholt zu haben, den in *Tlön, Uqbar, Orbis Tertius*, der Einleitungsgeschichte des Sammelbandes *Ficciones* (1941), die Entstehung eines imaginären Reiches namens Uqbar als Erfindung einer Geheimgesellschaft des 17. Jh.s und dessen allmähliches Eindringen in die reale Welt beschreibt. Eco selbst verweist auf die von K. R. POPPER in *Conjectures and Refutations* (1969) formulierte Kritik der Verschwörungstheorie: *»Die Verbindung von geistigem Krebs, Geheimnis und Verschwörung – das ist die Botschaft meines Buches.«* War schon *Il nome della rosa* in gewissem Sinne auch als Allegorie der politischen Ereignisse im Italien der siebziger Jahre lesbar gewesen (die in *Il pendolo di Foucault* erneut angesprochen werden), so erinnert die Figur Agliès nicht zufällig an Licio Gelli, den Chef der berüchtigten Geheimloge P2, auf deren geheimer Mitgliederliste übrigens auch der Verleger Rizzoli (Garamond?) und der in London ermordete Bankier und »Verräter« Roberto Calvi (Ardenti?) stand. Agliès Umtriebe stehen damit stellvertretend für die gerade in Italien vieldiskutierten Verschwörungstheorien um Politik, Mafia und Geheimlogen und entlarven die besonders in der Umgebung von Turin zu beobachtenden Exzesse von Okkultismus und Satanskult.

Schon eine Woche nach Erscheinen wurde *Il pendolo di Foucault*, das in Italien umgehend eine neue »Ecomanie« auslöste, vom vatikanischen Publikationsorgan ›Osservatore Romano‹ bezeichnenderweise als *»fabulierende Geißel, die entstellt, beleidigt und entsakralisiert«* verrissen. Uneingeschränkt positiv urteilte dagegen Alberto MORAVIA, der die eigentliche Qualität des Romans in der bravourösen Verknüpfung einer universitären Lektion über esoterische Gesellschaften und eines kleinen Abenteuerromans als *»Antriebsmotor der enormen, unbeweglichen Masse der Gelehrsamkeit«* erkannte. In der literarischen Qualität geht *Il pendolo di Foucault* denn auch zweifellos noch über *Il nome della rosa* hinaus. Mit Belbos Jugenderinnerungen, die dem Autor zufolge autobiographisches Material verarbeiten und in der Erzählweise entfernt an die Partisanenromane von Cesare PAVESE und Beppe FENOGLIO erinnern, sowie mit Casaubons melancholischen Reflexionen von seltener lyrischer Intensität im letzten Romanteil ist Eco, dessen Spezialität bisher zu Unrecht ausschließlich in der Kunst gesehen wurde, fremde Texte virtuos ineinander zu verschränken, eine überzeugende Demonstration seines eigenständigen, brillanten Erzähltalents gelungen, mit dem er sich nun in die erste Reihe der italienischen Gegenwartsautoren geschrieben hat.

W.R.

AUSGABE: Mailand 1988.

ÜBERSETZUNG: *Das Foucaultsche Pendel*, B. Kroeber, Mchn. 1989.

LITERATUR: *Ecofenomeno* (in L'Espresso, 9.10. 1988, S. 93–111). – U. Schulz-Buschhaus, Rez. (in Die Presse, 28./29. 1. 1989). – Ders., *Sam Spade im Reich des Okkulten – E.s »Il pendolo di Foucault« und der Kriminalroman* (in Poetik und Geschichte, Hg. D. Borchmeyer, Tübingen 1989).

TRATTATO DI SEMIOTICA GENERALE

(ital.; Ü: *Semiotik. Entwurf einer Theorie der Zeichen*). Kommunikationstheoretische Untersuchung von Umberto ECO, erschienen 1975. – Eco versteht sein Werk als kritische Summe seiner Theorie der Semiotik (Bedeutungslehre), in der Ergebnisse früherer semiotischer Studien zur Analyse von Bedingungen, Formen und Wirkungen verbaler und nichtverbaler (z. B. visueller) Zeichenverwendung in allen Bereichen der Kultur (u. a. der Kunst, Literatur, Sprache, Massenkommunikation, Phänomene der Alltagskultur) zur Synthese gebracht werden. Nach der programmatischen ästhetisch-poetologischen Theorie des »Offenen Kunstwerks«, die Eco in *Opera aperta*, 1962 *(Das offene Kunstwerk)*, quasi als Grundstein seines semiotischen Systems entwarf, führt die *Semiotik* die Ergebnisse früherer Studien zusammen, nimmt jedoch teilweise auch kritisch zu einzelnen Ergebnissen Stellung (*Appunti per una semiologia delle comunicazioni visive*, 1967 – *Bemerkungen zu einer Semiotik der visuellen Kommunikation; La struttura assente*, 1968 – *Einführung in die Semiotik*, 1972; *Le forme del contenuto*, 1971 – *Die Formen des Inhalts; Il segno*, 1973 – *Zeichen*, 1977). Eco betrachtet die *Semiotik* in der Entwicklung seiner Arbeit als das wichtigste Werk nach *Das offene Kunstwerk*. Er erläutert den damit verbundenen Anspruch selbst wie folgt: *»Das vorliegende Buch ... versucht alle meine früheren semiotischen Untersuchungen auf einheitliche und ... strengere Kategorien zurückzuführen und dabei die Grenzen und Möglichkeiten einer Disziplin zu umreißen, die als theoretische Erkenntnis nur zum*

Zweck einer Praxis der Zeichen erarbeitet wird.« Spätere Studien entwickeln dann ihrerseits inhaltliche, methodologische und terminologische Vorgaben der *Semiotik* spezifizierend, z. T. revidierend, weiter: *Lector in fabula*, 1984 (dt. 1987), *Semiotica e filosofia del linguaggio*, 1984 (*Semiotik und Philosophie der Sprache*, 1985). Daneben glaubt die Kritik eine spezifisch literarische Umsetzung der semiotischen Theorien Ecos auch in seinen Romanen nachweisen zu können (vgl. *Il nome della rosa; Il pendolo di Foucault*).

Ecos Plan einer »*allgemeinen semiotischen Theorie*« ist »*in Richtung einer Theorie der Kultur*« konzipiert und setzt als Basis »*zwei (dialektisch korrelierte) Bereiche einer semiotischen Disziplin*« voraus: eine *Theorie des Codes* und eine *Theorie der Zeichenerzeugung*, deren Unterscheidung eine als komplementär angenommene Relation der Kategorien *Signifikation* und *Kommunikation* einschließt. Ziel der Untersuchung ist es, diese beiden grundlegenden semiotischen Kategoriensysteme hinsichtlich ihrer Bedingungen, Manifestationen und Wirkungen als korrelierte Funktive im Prozeß der Zeichenerzeugung zu beschreiben. Diese mit dem Anspruch der Korrektur traditioneller Dichotomievorstellungen semiotischer Modelle (z. B. F. de SAUSSURE: *langue* versus *parole*) verbundene Konzeption einer »zweifachen Semiotik« *(Semiotik der Signifikation; Semiotik der Kommunikation)* beruht auf Neuformulierungen semiotischer Prämissen:

1. der Ersetzung des »*naiven*« Begriffs des *Zeichens* durch den der *Zeichen-Funktion* und des Begriffs der *Typologie der Zeichen* durch den einer *Typologie der Modi der Zeichenerzeugung*;

2. der Hypothese, daß der Signifikationsprozeß (als sozial konventionalisiertes Codesystem zur Erzeugung von Zeichen-Funktionen) die Möglichkeiten (»*Regeln*«) bereitstellt, die im Kommunikationsprozeß zur Erzeugung praktischer Zwecke der Zeichenverwendung benutzt werden: jeder Kommunikationsprozeß (als semiotischer Akt *Semiose* genannt) setzt ein System von Signifikationen *(Codes)* als »*seine notwendige Bedingung*« voraus;

3. einer umfassenden »*Basisdefinition des Zeichens ..., die besagt, daß ein Zeichen etwas ist, was für etwas anderes steht*«; so können z. B. Gegenstände, Verhaltensweisen, sprachliche und nichtsprachliche Hinweisakte prinzipiell als Zeichen betrachtet werden, wodurch gleichzeitig weitabgesteckte »Felder« der Semiotik als umfassender Zeichen-Wissenschaft bedingt sind (ihr Gegenstandsbereich reicht von der Zoosemiotik über z. B. olfaktorische Zeichen, visuelle oder musikalische Codes, natürliche Sprachen bis hin zu nonverbalen kulturellen Codesystemen und ästhetischen Texten): »*Die Semiotik befaßt sich mit allem, was man als Zeichen betrachten kann.*«

Allerdings unterliegt die Verwendung des Begriffs *Zeichen* bei Eco auch Restriktionsbedingungen, die die spezifisch semiotische Natur (die Zeichen-*Funktion*) von etwas, das als Zeichen benutzt wird, an die Voraussetzung der »*semiotischen Konvention*« binden, d. h. daß ein Zeichen aufgrund sozialer Übereinkunft innerhalb eines (semantischen) Systems kulturell bestimmter Einheiten als ein ebensolches Element kultureller Einheiten seitens des Menschen verwandt bzw. akzeptiert wird. Von daher bezieht die Semiotik den Status einer umfassenden Kultursemiotik: »*Der Gesamtkomplex der Kultur* sollte *als auf Signifikationssystemen beruhendes Kommunikationsphänomen untersucht werden.*«

Die einleitende Darstellung elementarer Funktionsweisen und Strukturen von Kommunikations- und Codesystemen mündet im ersten Hauptteil des Werks *(Theorie der Codes)* in eine systematische Detailanalyse der den Signifikationsprozeß als Basis des Kommunikationsprozesses bedingenden semiotischen Kategorien. Der Code als Zeichenerzeugungssystem bringt regelhaft Zeichen hervor, die als *Zeichen-Funktionen* existieren, nicht als »*physische Entität*«: »*Eine Zeichen-Funktion entsteht, wenn ein Ausdruck einem Inhalt korreliert wird, wobei die beiden korrelierenden Elemente die Funktoren einer solchen Korrelation sind.*« Das Signifikat (die Inhaltsseite) eines Ausdrucks stellt eine semantische (bedeutungstragende) Einheit dar, deren Funktionsweise unter spezifischen »*Signifikationsbedingungen*« (Denotation, Konnotation, Referent, Interpret usw.) als »*kulturelle Einheit*« innerhalb des sog. »*Umfassenden Semantischen Systems*« (dessen komplexe semiotische Struktur und Organisation Eco als Modell entwirft) beschreibbar wird. Die Zuordnung von Ausdruck und Inhalt als semiotische Übermittlung einer Botschaft (»Bedeutung«, »Sinn«, »Inhalt«) vollzieht sich nicht als Signifikation eines realen (oder fiktiven) Gegenstandes, auf den sich ein Zeichen bezieht, sondern als Übermittlung des semantischen Potentials einer kulturellen Einheit im Sinne einer sozial-konventionalisierten »Vorstellung von etwas«. Dieser Prozeß der Zeicheninterpretation ist ein sowohl von codierten Determinanten als auch von uncodierten Kontexten (Situationen, Subcodes) und deren vielfältiger Interpretationsmöglichkeit bestimmter Schlußfolgerungsakt und »*ähnelt jenem Typ von Schlußfolgerung, den Peirce als* Abduktion *... bezeichnete*«: »*So läßt das Sichüberkreuzen von Situationen und abduktiven Voraussetzungen, zusammen mit dem Wechselspiel verschiedener Codes und Subcodes, die Botschaft (oder den Text) als* leere Form *erscheinen, der man verschiedene mögliche Signifikate zuschreiben kann.*«

Diese Konzeption, die eine prinzipielle »*Unvorhersehbarkeit der Zeichenerzeugung*« bzw. »*Freiheit bei der Dekodierung*« postuliert, wird im zweiten Hauptteil *(Theorie der Zeichenerzeugung)* näher begründet, der den Zeichenerzeugungsprozeß (»*semiotische Arbeit*«) als komplexes Interrelationsgefüge unterschiedlicher Determinanten, Operationen und praktischer Wirkungen analysiert. Zentrale These ist die »*Anerkennung der Tatsache, daß es unterschiedliche Modi von Zeichenerzeugung gibt und daß diese Modi auf einen dreifachen Prozeß zurückführbar sind: (1) den Prozeß der Formung des Ausdruckskontinuums; (2) den Prozeß der Korrelierung eines geformten Kontinuums mit seinem mögli-*

chen Inhalt; (3) den Prozeß der Zuordnung dieser Zeichen zu tatsächlichen Dingen und Sachverhalten.« Sprachliche Zeichen werden dabei nur als Sonderfall betrachtet, wobei Eco Theorie gleichzeitig (mittels ausführlicher Kritik bisheriger »verbozentrischer« Modelle der Semiotik und Sprachphilosophie; bes. der Ikonizitäts-Theorie von Ch. S. PEIRCE) Ansprüche innovatorischer Deskriptions- und Erklärungsmöglichkeiten geltend macht: hinsichtlich der Definition verbaler wie nichtverbaler Zeichenmodi über einen »einheitlichen Kategorienapparat« und des Beweises, daß neben dem semiotischen Medium der Verbalsprache »dennoch auch andere Medien existieren, die große Bereiche eines allgemeinen semantischen Raums abdecken, die die Verbalsprache nicht erreicht«.

Der Prozeß der Zeichenerzeugung ist als funktionaler Akt der »Bezugnahme« bzw. des »Hinweisens« auf Gegenstände oder Sachverhalte definiert im Sinne codegesteuerter und durch kulturelle Vorgaben konditionierter mental-semiotischer Transformationsprozesse im Übergang von einem Wahrnehmungsmodell über ein semantisches Modell in ein Ausdrucksmodell. Traditionell (nach ihrer Korrelationsbeziehung zwischen Ausdruck und Inhalt) differenzierbare Zeichentypen erweisen sich so als unterschiedliche »Erzeugungsmodi von Zeichen-Funktionen«, die aufgrund ihres jeweils spezifischen »Typus/Exemplar-Verhältnis« klassifizierbar werden, d. h. der »Beziehung [ratio] zwischen dem konrekten Exemplar eines Ausdrucks und seinem Modell« (z. B. im Falle von Reproduktionen und Duplikaten); dabei postuliert Eco zwei grundsätzlich unterscheidbare, Zeichenerzeugungsprozesse »beherrschende« Basisrelationen (ratio facilis; ratio difficilis) und systematisiert in einem Modell der »Typologie der Zeichenerzeugungs-Modi« (dem »Kernpunkt« der Semiotik) die Kategorien und Parameter der modi faciendi signa als »Typen der Erzeugungsarbeit..., die über reziproke und komplexe Interrelation zu unterschiedlichen Zeichen-Funktionen (codierten Einheiten oder codierten Texten) führen können.«

»Eine Art Summe und Laboratoriumsmodell aller Aspekte der Zeichen-Funktion« stellt für Eco das ästhetische Text-Zeichen dar, dem er sich abschließend in einer »semiotischen Theorie des ästhetischen Textes« zuwendet. Definitions- und Erkenntnisprobleme der Ästhetik künstlerischer Texte (Malerei, Musik usw.) und speziell die Frage nach der »Wirkung poetischer Botschaften« werden (unter Einbeziehung klassischer Modelle der Rhetorik und Poetik sowie einer Theorie ideologischer Codes) auf der Basis des entworfenen Kategorienapparates semiotisiert. Ergebnis ist die These, daß die im semiotischen Akt der »Interpretationsbemühung« (als »Zeichenerzeugungsarbeit«) seitens eines Empfängers nachempfundene ästhetische Signifikation/Kommunikation aus dem Modus des Kunstwerks als »Super-Zeichen-Funktion« resultiert: insofern diesem die Regeln eines sog. »ästhetischen Ideolekts« zugrunde liegen, d. h. »ein Code, der die verschiedenen Botschaften beherrscht, aus denen sich das komplexe Geflecht von Botschaften zusammensetzt, das man als ›ästhetischen Text‹ bezeichnet«.

Ecos Zeichen-Theorie präsentiert sich als umfassende kultur-semiotische Phänomenologie, die sich als eine Art »Kritik der reinen Semiotik und der praktischen Semiotik« versteht, die einerseits in der Überwindung bzw. Erweiterung traditioneller (semiotisch-sprachphilosophischer) Modelle ein Semantik-Modell zu entwickeln trachtet, das gleichzeitig »viele Probleme der sogenannten Pragmatik löst« und andererseits »eine Form der Sozialkritik« impliziert, da Zeichenerzeugung (Akt der Semiose) »soziale Kräfte freisetzt« bzw. »selber eine soziale Kraft« ist. Für Eco ist dabei das »semiotische Subjekt der Semiose« nicht als das individuelle physische Ich der Humanwissenschaften zu begreifen, sondern als eine Kategorie der Zeichen-Funktion, dessen semiotische Existenz als Interpretant sich in der Leistung der Zeichenerzeugungsarbeit manifestiert: »Im vorliegenden Buch hatte die Semiotik einen Hauptgegenstand, die Semiose. Semiose ist der Prozeß, durch den empirische Subjekte kommunizieren, und die Kommunikationsprozesse werden ermöglicht durch Signifikationssysteme. Empirische Subjekte lassen sich vom semiotischen Standpunkt aus nur als Manifestationen dieses zweifachen... Aspektes der Semiose definieren und identifizieren.« H.M.Sch.

AUSGABE: O. O. [Mailand] 1975; Mailand 9 1985.

ÜBERSETZUNGEN: *A Theory of Semiotics*, U. Eco u. D. Osmond-Smith, Bloomington/Ind. 1976 [engl.]. – *Semiotik. Entwurf einer Theorie der Zeichen*, G. Memmert, Mchn. 1987 [Übers. aus dem Engl.].

LITERATUR: J. N. Deely, Rez. (in Semiotica, 18, 1976, S. 171–193). – J. Trabant, *Elemente der Semiotik*, Mchn. 1976. – G.-P. Biasin, Rez. (in Forum Italicum, 11, 1977, S. 409–416). – F. Loriggio, *Italian Literary Semiotics. Preliminary Data* (in Canadian Journal of Research in Semiotics, 7, 1980, S. 45–67). – C. Segre, *Literarische Semiotik*, Hg. H. Stammerjohann, Stg. 1980.

SIR ARTHUR STANLEY EDDINGTON

* 28.12.1882 Kendal
† 22.11.1944 Cambridge

THE EXPANDING UNIVERSE

(engl.; Ü: *Dehnt sich das Weltall aus?*). Astrophysikalisches Werk von Arthur Stanley EDDINGTON, erschienen 1933. – Wie das vier Jahre zuvor erschiene Werk *The Nature of the Physical World (Die Natur der physikalischen Welt)*, richtet sich das eher populärwissenschaftliche Werk auch an den interessierten Laien ohne spezielle Fachkenntnisse, erfordert jedoch eine gewisse Vertrautheit mit der mathematischen Begrifflichkeit der Zeit. Der Astronom und Physiker Eddington war mit Arbeiten über die Materie und den Aufbau der Sterne bekannt geworden (u. a. *The Internal Constitution of the Stars*, 1926 – *Der innere Aufbau der Sterne*), hatte sich als einer der ersten Physiker für die allgemeine Relativitätstheorie Einsteins eingesetzt und war durch die experimentelle Bestätigung (1919) der von Einstein im Rahmen der allgemeinen Relativitätstheorie vorausgesagten Lichtstrahlkrümmung durch Gravitationsfelder, berühmt geworden. *The Expanding Universe* entwickelte Eddington aus einer 1932 in Amerika gehaltenen Vorlesung vor der »International Astronomical Union«. Er vermeidet darin längere mathematische Darstellungen und Deduktionen. Der Laie erhält Informationen über zeitgenössische Kontroversen hinsichtlich bestimmter kosmologischer Modellvorstellungen. So diskutiert Eddington, ob die (damals schon fast unbestrittene) Tatsache, daß sich die Milchstraßensysteme von uns wegbewegen, und zwar um so schneller, je ferner sie sind, einleuchtender nach dem Modell von Albert Einstein, dem von Willem de Sitter oder dem von Georges Henri Lemaître zu erklären sei. Im letzten Kapitel werden die schwierig darzustellenden Beziehungen zwischen kosmologischer Astronomie und Wellenmechanik angedeutet. – Bei alldem betont der Autor, daß sein eigentliches Ziel die Erforschung der »*kosmologischen Konstante*« sei – jener geheimnisvollen Zahl, die durch einen seltsamen »*Willkürakt der Natur*« ausgerechnet den Wert 137 zu haben scheine.

Auf die Problematik alles notwendig zeitgebunden wissenschaftlichen Schrifttums weist Eddington selbst mit den Worten hin: »*Ich könnte alle diese Einfälle ausführlich erörtern, wenn es so aussähe, als wären sie die letzten; aber wenn dies gedruckt ist, mag schon wieder eine neue Hypothese en vogue sein.*«

H.L.

AUSGABEN: NY/Cambridge 1933. – NY/Harmondsworth 1940 (Pelican Books, 70).

ÜBERSETZUNG: *Dehnt sich das Weltall aus?*, H. Weyl, Stg. 1933.

LITERATUR: H. C. Macpherson, *Explorers of the Universe* (in H. C. M., *Makers of Astronomy*, Oxford 1933, S. 212–240). – L. S. Stebbing, *Philosophy and the Physicists*, Cambridge 1937. – R. C. Tute, *After Materialism – What?*, NY 1945, S. 115–129. – A. D. Richie, *Reflections on the Philosophy of Sir A. E.*, Cambridge 1948. – T. Whittaker, *From Euclid to E. A Study of Concepts of the External World*, Cambridge 1951. – Ders., *E.'s Principle in the Philosophy of Science*, Cambridge 1951. – H. Dingle, *The Sources of E.'s Philosophy*, Cambridge 1954. – A. V. Douglas, *The Life of A. S. E.*, Ldn./NY 1956 [m. Bibliogr.]. – J. W. Yolton, *The Philosophy of Science of A. S. E.*, Den Haag 1960. – C. W. Kilmeister, *Men of Physics: Sir A. E.*, Oxford/NY 1966. – *Proceedings of the Sir A. E. Centenary Symposium*, 2 Bde., Singapur 1984–1986.

MARY BAKER EDDY

* 16.7.1821 Bow / N.H.
† 3.12.1910 Boston

SCIENCE AND HEALTH WITH KEY TO THE SCRIPTURES

(amer.; Ü: *Wissenschaft und Gesundheit mit Schlüssel zur Heiligen Schrift*). Religiöse Verkündigungsschrift von Mary Baker EDDY, erschienen 1875. – Von der Autorin mehrmals neu bearbeitet und dreimal von Grund auf revidiert, erscheint das Werk seit ihrem Tod unverändert und wurde inzwischen in elf Sprachen übertragen, wobei jeweils der englische Originaltext der Übersetzung gegenübergestellt ist. – Durch dieses Buch begründete die damalige Mrs. M. Baker Glover die Glaubensbewegung »Christian Science« (Christliche Wissenschaft). Dies gilt in doppelter Hinsicht: Zum einen klärten sich im Verlauf der Arbeit an *Science and Health* ihre Vorstellungen, sie löste sich damit von ihrem »Meister«, dem Heilpraktiker Phineas P. Quimby (1802–1866), der sie 1862 von einem langen, vorwiegend nervlich bedingten Leiden geheilt hatte. Seine Auffassung von Krankheit und Heilung hatte den Grund zu ihrem neuen Denken gelegt. Zum anderen konnten ihre Anhänger nun aufgrund des verbindlichen Lehrtextes die neue »*Wissenschaft vom geistigen Heilen*« (spiritual healing) selbständig praktizieren.

Das Buch gewann in der neuen Religionsgemeinschaft bald »kanonische« Geltung: Es wird der *Bibel* gleichgeordnet und gilt als Darstellung der biblischen Wahrheit für unsere Zeit. Es ist das allein maßgebliche *textbook*, nach dem die »Christliche Wissenschaft« studiert wird. In vierzehn Kapiteln werden vorwiegend religiöse Themen (z. B. Gebet; Versöhnung und Abendmahl; die Schöpfung) und philosophisch-weltanschauliche Probleme (etwa die Wissenschaft des Seins; Wissenschaft–Theologie–Medizin; Physiologie) behandelt; ferner werden Richtlinien für das Heilen gegeben. Die letzten drei Kapitel enthalten Bibelinterpretationen im engeren Sinne; diese sind jedoch bruchstückhaft und unsystematisch und zeigen, daß in der »Kirche Christi, (des) Wissenschaftler(s)« die biblische Exegese als zweitrangig gilt. An erster Stelle steht die Heilung oder besser: Die Bewältigung alles Negativen im menschlichen Leben durch richtiges Denken. Mary Baker Eddy hatte ihre Heilung als empirischen Beweis ewiger Wahrheiten erlebt; in *Science and Health* versuchte sie, das dieser Heilung zugrundeliegende »*geistige Prinzip*« mit Hilfe metaphysischer Begriffe zu erfassen und eine *»Wissenschaft vom wahren Sein«* (Science of Being) zu entwerfen. Danach ist nur das Gute göttlich und nur das Göttliche (Geistige) wirklich. Alles Ungöttliche, Böse und Materielle ist *»menschlicher Irrtum«* (error). Wenn die *»geistige Wahrheit«* allein Raum gewinnt in unserem Bewußtsein, verschwindet das negative Bild vor unseren Sinnen und der Mensch ist gesund. Somit ist *science* und *health* dasselbe: die Wissenschaft heilt. Christian Science ist also nicht eine logisch folgernde und systematisch aufgebaute Wissenschaft, sondern ein Wissen der Wahrheit, ihre gläubige Affirmation, der die Negation des »Irrtums« entspricht. Dies wird deutlich in der *Wissenschaftlichen Erklärung des Seins*, dem zentralsten Stück des Werks: *»Es ist kein Leben, keine Wahrheit, keine Intelligenz und keine Substanz in der Materie. Alles ist unendliches Gemüt [Mind] und seine unendliche Offenbarwerdung, denn Gott ist Alles-in-Allem. Geist ist unsterbliche Wahrheit; Materie ist sterblicher Irrtum... Geist ist Gott, und der Mensch ist Sein Bild und Gleichnis. Folglich ist der Mensch nicht materiell, er ist geistig.«* – Mrs. Eddy organisierte ihre Anhänger 1879 in »The First Church of Christian Scientist«, die sich nahezu über die ganze Welt verbreitet hat. H.D.R.

AUSGABEN: Boston 1875. – Weitere revidierte Ausg.: ³1881; ¹⁶1885; ⁵⁰1891; ²²⁶1902. – Boston 1910 [seither unverändert].

ÜBERSETZUNG: *Wissenschaft und Gesundheit mit Schlüssel zur Heiligen Schrift*, anon., Boston 1912; zul. 1962.

LITERATUR: W. D. McCrackan, *M. B. E. and Her Book »Science and Health...«*, Tamworth/New Hampshire 1925. – E. F. Dakin, *Mrs. E.*, NY 1929; ern. Gloucester/Mass. 1968. – H. A. Studdert-Kennedy, *Mrs. E.*, San Francisco 1947. – W. D. Orcutt, *M. B. E. and Her Books*, Boston 1950. – Ch. S. Braden, *Christian Science Today*, Dallas/Texas 1958. – R. Peel, *M. B. E., the Years of Discovery*, NY 1966; ⁴1968. – *A Century of Christian Science Healing*, Hg. Christian Science Publ. Soc., Boston 1966. – H.-D. Reimer, *Metaphysisches Heilen – eine kritische Darstellung der Christlichen Wissenschaft*, Stg. 1966. – M. Kappeler, *Die sieben Synonyme für Gott*, Zürich 1983.

JOHANNES EDFELT

* 21.12.1904 Kyrkefalla

DAS LYRISCHE WERK (schwed.) von Johannes EDFELT.
Zusammen mit anderen literarisch verwandten Lyrikern wie Hjalmar GULLBERG (1898–1961) und Nils FERLIN (1898–1961) gehört Edfelt zu den bedeutenden Mitgestaltern der pessimistischen Strömung in der schwedischen Literatur der Zwischenkriegszeit und steht damit in klarem Kontrast zur vitalistischen Lyrik jener Jahre, die sich aus dem damals dominierenden Lebens- und Fortschrittsoptimismus nährte.

Nachdem er in Skara, Lund und Uppsala studiert hatte, widmete er sich einige Zeit der Lehrtätigkeit, um später ausschließlich schriftstellerisch zu arbeiten. Als Rezensent und Essayist schrieb er für verschiedene Tageszeitungen und literarische Zeitschriften und stellte u. a. zeitgenössische deutsche Dichter in Schweden vor; daneben gab er einige Bände mit Übersetzungen englischer und deutscher Lyrik heraus. Seit 1969 ist er Mitglied der Schwedischen Akademie.

In den Sammlungen seiner Jugendgedichte, *Gryningsröster*, 1923 *(Stimmen im Morgengrauen)*, und *Unga dagar*, 1925 *(Junge Tage)*, schildert Edfelt das Lebensgefühl eines jungen Mannes, der unter innerer Unruhe, Disharmonie und einer gewissen Daseinsproblematik leidet. Das Streben nach epigrammatischer Ausdrucksweise kündigt sich hier bereits an. Im Band *Ansikten*, 1929 *(Die Gesichter)*, überwindet der Dichter dann allmählich seine starke Ich-Bezogenheit und erweitert sein Motivrepertoire um Anspielungen auf das Zeitgeschehen. Reminiszenzen an den Ersten Weltkrieg, zurückzuführen auf Lektüre und Erfahrungen während der Wehrdienstzeit, bringt er mit unterdrückten Schuldgefühlen und dem Bewußtsein öffentlicher Verantwortung in Verbindung. Diese Gedichtsammlung darf allerdings lediglich als frühe Ankündigung seiner reifen Dichtung gesehen werden. Immer stärker werdendes Engagement und Wachsamkeit gegenüber der sozialpolitischen Entwicklung in Europa wird seit dem Band *Aftonunderhållning*, 1932 *(Abendunterhaltung)*, deutlich. Bringt Edfelt die damals generationsbedingt vorherrschende Stimmung von Zweifel, Enttäuschung und Desillusionierung zum Ausdruck, so erscheint dies jedoch lediglich als Stimmungshintergrund seiner Gedichte und dient als Folie, vor der die individuelle und existentielle Vereinsamung der menschlichen Seele angesichts der bedrohlichen Realität in den Mittelpunkt der Betrachtungen gerückt wird. Skeptisch gegenüber allen damals verkündeten Heilslehren, schockiert durch die menschenunwürdigen sozialen Bedingungen auf dem Kontinent (der Dichter reiste nach Berlin und Paris), findet er überall Bestätigung für sein in dem Band wiederkehrendes Bild: der Mensch verloren im Dasein. Die »fanatisch strenge Form«, die ein Charakteristikum von Edfelts Lyrik ist, wird hier mit Wörtern und Begriffen aus der modernen Realität angereichert. Für Edfelt ist das Leben eine rastlose Reise, die Menschen sind in ihrer Existenz lediglich Außenseiter.

Der 1934 erschienene Band *Högmässa (Hochamt)* gilt als ein Meisterwerk; bereits in dem einleitenden Gedicht formuliert der Dichter seine Absicht: »*att pressa den aningslöse ur hans tillförsikt*« (»den Ah-

nungslosen aus seiner Zuversicht zu reißen«). Angesichts der zunehmenden Bedrohung des kulturellen und humanistischen Erbes, auf die Edfelt besonders empfindlich reagiert, will er sich als *»liturg i vargatider«* (*»Liturg in Wolfszeiten«*) verstanden wissen, der seiner Dichtung didaktische Ziele setzt. Zu einer platten Moralverkündung kommt es jedoch nicht. Edfelt lehnt sich zwar gegen die Oberflächlichkeit des modernen Menschen und gegen seine ständige Erniedrigung auf, dies geschieht aber als Ergebnis eines Balanceaktes zwischen Gegenwartsschilderung und zeitlosen Betrachtungen. Kein Gott, keine Religion, keine Gnade kann dem Menschen Halt bieten. Hinter den Kulissen des Alltags hört man *»das Weinen des Universums«*. Außer den zeitkritischen Texten enthält der Band eine Reihe von Liebesgedichten, die den poetischen Höhepunkt der Sammlung markieren und zu den schönsten der schwedischen Lyrik gehören. Getrieben von einem brennenden Bedürfnis nach Wandlung, sehnt sich das lyrische Ich nach einer innigen Gemeinschaft, wie sie zwei Menschen nur im Liebesakt erfahren können: Liebe, empfunden als Mysterium und Sakrament, bringt eine Befreiung von hemmender Erstarrung. Durch die Liebe erst wird *»Bestimmungsort und Rettungshafen«* des Daseins erreicht. Die Haltung des »kämpferischen Humanismus« nimmt Edfelt eindeutig im Band *I denna natt*, 1936 *(In jener Nacht)*, ein. Entsetzt über die immer stärker werdende Gewaltmentalität und die Bedrohung der Kultur in diesen Jahren macht er seine Gedichte zu Trägern seiner warnenden Botschaften. In den Liebesgedichten, gehalten im weichen, nachdenklichen Stil, setzt sich der in *Högmässa* gefundene Ton fort.

Seit 1936 gehörte Edfelt zu den aktiven Dichtern der *»beredskap«* (»Bereitschaft«), die durch Literatur und öffentliches Auftreten die politische Lage in Schweden und in Europa anprangerten und zum geistigen Widerstand gegen die faschistische Barbarei aufriefen. Edfelt wirkte u. a. in der Schrift *Till Madrid. Från svenska författare (An Madrid. Von den schwedischen Schriftstellern)* mit, in der die Solidarität mit dem spanischen Volk im Kampf gegen Franco proklamiert wird. Die Titel der folgenden Gedichtbände *Järnålder*, 1937 *(Eisenzeitalter)*, und *Vintern är lång*, 1939 *(Der Winter ist lang)*, deuten die emotionalen und intellektuellen Ausgangspunkte dieser Dichtung an. Der Mord Kains als Symbol der menschlichen Grausamkeit und eine Eislandschaft in Europa sind nur einige der gewählten Bilder. Verhöhnt wird der Mangel an Gegenwehr in den europäischen Ländern, die die *»sich nähernde Blutwolke«* zu ignorieren scheinen. Auch bittere Sozialkritik wird laut, wenn sich Edfelt gegen die Erniedrigung des Menschen durch Armut empört.

Nach dem Beginn des Zweiten Weltkriegs stellte sich Edfelt die Aufgabe, das Bewußtsein von den zu verteidigenden Werten wachzuhalten. In *Sång för reskamrater*, 1941 *(Ein Lied für Reisekameraden)*, vertiefen die Kriegsgeschehnisse den Gedanken vom Ausgeliefertsein des Menschen im Dasein, der sich mit geschichtspessimistischen Reflexionen (in Analogie zu O. Spenglers Theorie vom »Untergang des Abendlandes«) verbindet. Jeglicher Stellungnahme zu tagespolitischen Themen fern, signalisieren die Gedichte eine entschiedene humanistisch-demokratische Haltung und weisen auf Rettungsmöglichkeiten aus der Verzweiflung hin: Es ist *»etwas, was man Gott, oder Heimat oder Wurzel und Quelle nennen mag«*. Hauptsächlich durch Motive aus der Kindheit und Jugend, durch die Todessymbolik und den meditativen Grundtenor zeichnet sich *Elden och klyftan*, 1943 *(Das Feuer und die Kluft)*, aus. Als stilistische Neuerung erscheint nun die freie Versform, in der Edfelt quasi »dokumentarisch« seine aktuelle Lebenssituation schildert. Das Motto einer weiteren wichtigen Gedichtsammlung, *Bråddjupt eko*, 1947 *(Abgründiges Echo)*, kündet von der Notwendigkeit, zu den Brunnen aufzubrechen, die er mit der Nähe zur Natur und mit der Geborgenheit in der Schöpfung assoziiert. Die fünfziger Jahre, politisch geprägt vom Kalten Krieg, sind jener Zeitraum, in dem Edfelt erneut Verzweiflung und erstarrte Gefühle thematisiert. *Hemliga slagfält*, 1952 *(Heimliche Kampffelder)*, und *Unter Saturnus*, 1956 *(Unter dem Zeichen des Saturns)*, beinhalten neben der traditionellen Gedichtform auch stilistisch beeindruckende Prosagedichte. Die tragische Realität des modernen Menschen, der an Verwirrung und Ziellosigkeit leidet, bedrückt den Autor zutiefst. Die Themen seines vorerst letzten Lyrikbandes *Dagar och nätter*, 1983 *(Tage und Nächte)*, kreisen um die Begriffe der Vergänglichkeit und des Todes.

Der außerhalb von Kirchen und Glaubenssystemen stehende Autor zeigt thematische und formale Affinitäten zu B. Sjöberg und Hj. Gullberg. Aus den modernen europäischen Literaturen ließ sich Edfelt von R. M. Rilke, H. Hesse, B. Brecht, E. Kästner und T. S. Eliot inspirieren. Die charakteristische Formstrenge Edfelts, die als Schutz gegen Untergangsstimmungen verstanden werden könnte, ist mit einem ausgeprägten Kulturbewußtsein verbunden. Unzählige Symbole und Begriffe aus dem religiösen Bereich, aus der *Bibel* und der Antike, reichern die strenge metrisch-rhythmische Form der Gedichte an. Durch moderne Fremdwörter, oft im Endreim, prosaische Sachwörter und Alltagsbegriffe werden die eher traditionellen Elemente poetischen Sprechens verfremdet und modernisiert. Die ständig präsente Musikmetaphorik in Edfelts Lyrik macht deutlich, daß Musik eine außerordentliche Rolle für sein Ausdrucksvermögen und seine Assoziationsprozesse spielt und als befreiender Impuls empfunden wird. Die immer wiederkehrenden Themen in seinem Werk erzeugen andererseits die Gefahr einer gewissen Monotonie.

A.C.S.

Ausgaben: *Gryningsröster*, Malmö 1923. – *Unga dagar*, Stockholm 1925. – *Ansikten*, Stockholm 1929. – *Aftonunderhållning*, Stockholm 1932. – *Högmässa*, Stockholm 1934. – *I denna natt*, Stockholm 1936. – *Järnålder*, Stockholm 1937. – *Vin-*

tern är lång, Stockholm 1939. – *Sång för reskamrater*, Stockholm 1941. – *Elden och klyftan*, Stockholm 1943. – *Bråddjupt eko*, Stockholm 1947. – *Hemliga slagfält*, Stockholm 1952. – *Under Saturnus*, Stockholm 1956. – *Dagar och nätter*, Stockholm 1983. – *Ekolodning – dikter från sex decennier*, Stockholm 1986.

ÜBERSETZUNGEN [Ausw.]: *Der Schattenfischer*, N. Sachs, Düsseldorf/Darmstadt 1958. – *Gedichte*, E. Furreg, Wien 1964. – *Fieberbrief. Prosagedichte*, A.-L. Kornitzky, Mchn. 1984.

LITERATUR: E. Ek, *J. E.s lyrik* (in Studiekamraten, 1953, S. 103–112). – F. Isaksson, *Hemliga slagfält. En studie i J. E.s diktning* (in BLM, 29, 1960, S. 382–397). – *En bok om J. E.*, Hg. S. Carlson u. A. Liffner, Stockholm 1960. – U.-L. Karahka, *Studier i J. E.s stilutveckling från »Gryningsröster« til »Högmässa«* (in Samlaren, 86, 1965, S. 115–139). – *Perspektiv på J. E.*, Hg. U.-B. Lagerroth u. G. Löwendahl, Stockholm 1969. – E. Eriksson, *J. E. En bibliografi*, Stockholm 1975. – B. Landgren, *De fyra elementen. Studier i J. E.s diktning från »Högmässa« till »Bråddjupt eko«*, Uppsala 1979. – R. B. Vowles, *J. E.: A Man Confined* (in World Literature Today, 55, 1981, S. 201–204). – K. G. Wall, *Återblickar och slutperspektiv: J. E.s diktsamling »Dagar och nätter«* (in Artes, 1984, H. 2, S. 93–102). – B. Landgren, *J. E.s dikt »Återskenet« i »Bråddjupt eko« – tre tolkningsstrategier* (in Tidskrift för litteraturvetenskap, 1985, H. 1/2).

DAVID EDGAR

* 26.2.1948 Birmingham

LITERATUR ZUM AUTOR:
D. Edgar, *Ten Years of Political Theatre, 1968–1978* (in Theatre Quarterly, 1979, Nr. 32, S. 25–33). – Ders., *Towards a Theatre of Dynamic Ambiguities* (ebd., Nr. 33, S. 3–23; Interview). – C. Itzin, *Stages in the Revolution*, Ldn. 1980. – J. Bull, *New British Political Dramatists*, Ldn. 1984. – E. Swain, *D. E. Playwrigth and Politician*, NY 1986 [m. Bibliogr.].

DESTINY

(engl.; *Schicksal*). Stück in drei Akten von David EDGAR, Uraufführung: Stratford upon Avon, September 1976, The Other Place (Royal Shakespeare Company). – Edgar gehört zu jenen zeitgenössischen englischen Dramatikern, für die gutes Theater identisch ist mit einem politisch bewußten Theater. Nach mehrjähriger journalistischer Tätigkeit arbeitete er zunächst mit alternativen Theaterkollektiven (wie »The General Will«), ehe er mit dem von der Royal Shakespeare Company uraufgeführten *Destiny* zu den etablierten Theatern wechselte. Durch die Kooperation mit den vorher abgelehnten *middle-class*-Theatern erhoffte er sich die Überwindung der Aporien des Agitproptheaters, das zwar direkt politische und soziale Mißstände anprangern, nicht aber das damit verbundene politische Bewußtsein analysieren kann, was für Edgar eigentliche Aufgabe des Theaters sein sollte.

In *Destiny* führt Edgar den Aufstieg neofaschistischer Gruppierungen im Großbritannien der siebziger Jahre vor dem Hintergrund der wirtschaftlichen Situation vor. In einem von 1857 bzw. 1947 bis etwa zum Jahre 1976 reichenden zeitlichen Rahmen entfaltet sich ein breites Spektrum politischer Positionen von der Gewerkschaftsbewegung bis hin zur extremen politischen Rechten. Im Mittelpunkt der durch zahlreiche Rückblenden (die mit filmähnlichen Techniken immer wieder in Sequenzen ein- und ausblenden) äußerst komplex strukturierten Handlung steht Taddley, eine fiktive Kleinstadt im Industriegebiet der Midlands. Hier treffen anläßlich eines Wahlkampfes und eines Arbeitskampfes die Labour Party, die Konservativen und die Vertreter der neu entstandenen (fiktiven) Nation Forward Party – die mit ihrer Abkürzung »NF« deutlich an die (nicht-fiktive) neo-faschistische »National Front« erinnert – aufeinander. In einer Reihe von Rückblenden wird dabei das Verhalten der verschiedenen Figuren aus deren politischen und wirtschaftlichen Erfahrungen begründet. Wahlkandidat der Konservativen ist der dynamische Unternehmer Crosby, der die »neuen« Konservativen verkörpert. Crosby ist der Neffe jenes alten Colonel, den der Zuschauer schon in der ersten Szene beim Abzug der britischen Kolonialtruppen aus dem unabhängig gewordenen Indien als einen konservativen Patriarchen kennengelernt hatte. Im Gegensatz zu seinen Untergebenen Rolfe und Turner war der Colonel den Indern mit wohlwollender Freundlichkeit begegnet, während Rolfe noch am Tage des Abschieds von Indien im Stile eines sich seiner vermeintlichen Überlegenheit bewußten Kolonialherren aufgetreten war. Bezeichnenderweise hatte der Colonel als »positiver« Konservativer seine Rückkehr ins inzwischen fremd gewordene Mutterland nicht überlebt. Doch auch für die Konservativen der militaristischen Herrschaftsmentalität, für die Rolfe steht, findet sich kein Platz mehr und Rolfe wird als Wahlkandidat von Crosby verdrängt, der ebenso die neuen dynamischen Konservativen vertritt wie der Facharbeiter Platt, der bei einem anstehenden Streik eher die Interessen seiner Arbeitgeber als die der zumeist aus Indien stammenden streikenden Arbeiter durchzusetzen versucht. Am äußersten rechten Ende des konservativen Spektrums steht der Unternehmer Kershaw, der zur Niederschlagung des Streiks auch mit der NF kooperiert und sich mit Rolfe in seinen Feindbildern (»students, Irish, Black, miners«) trifft.

Aktivstes Mitglied der NF ist der Rassist Maxwell, der die von ihm mit begründete »Taddley Patriotic League« an die NF anschließt. In dieser Patriotic League hatten sich die Opfer des von den Konservativen angekündigten Wirtschaftsaufschwungs getroffen, u. a. der ehemalige Indiensoldat Turner, der nach der Rückkehr sein Glück zunächst als Selbständiger gesucht hatte, aber an der für ihn undurchschaubaren Spekulation anonymer Großfirmen gescheitert war. Wie Turner reagiert auch dessen ehemaliger Angestellter Tony seine Frustrationen angesichts von Arbeitslosigkeit und wirtschaftlicher Aussichtslosigkeit in rechtsradikalen Aktivitäten ab. Diese Unzufriedenheit wissen sich der Antisemit und Rassist Cleaver und der Demagoge Maxwell zunutze zu machen.

Tonys früherer Kollege Paul verkörpert die entgegengesetzte Reaktion auf die bestehende wirtschaftliche Situation: statt des »Rassenkampfes« sucht Paul den »Klassenkampf«; er unterstützt den Labour-Kandidaten Clifton und engagiert sich aktiv für die streikenden Arbeiter, unter denen sich auch der Inder Khera findet, der nach dem Ende des Empire voller Optimismus »home« nach England gekommen war, in seinen Hoffnungen aber enttäuscht wurde. Khera gehört zu den Wortführern des Streiks und wie Paul hofft auch er auf die Unterstützung der Labour Party, die ihrerseits dafür von den Arbeitern im Wahlkampf unterstützt werden soll. Doch nach der mehrmaligen gewalttätigen Bedrohungen durch die NF, die sich vom Unternehmer Kershaw auch als Streikbrecher einsetzen läßt, resigniert der Labour Kandidat Clifton und zieht seine Unterstützung zurück. Nutznießer dieses Rückzugs sind die Konservativen und die NF, während Clifton die Wahl verliert. Am Ende schließlich kommt es zur Allianz zwischen der rechten Konservativen, verkörpert von Rolfe, dem Unternehmer Kershaw und der NF, während die Stimme Hitlers siegessicher aus dem *off* schallt und das vereinte Vorgehen aller demokratischen Kräfte als einzige Möglichkeit aufzeigt, die es gegeben hätte, um seinen Aufstieg zu verhindern. Damit gerät *Destiny* zur Warnung vor einem möglichen »Schicksal« für Großbritannien, das nur durch eine Veränderung des bestehenden politischen Verhaltens zu verhindern ist.

Entsprechend seiner Programmatik nimmt Edgar in dieser Parabel Elemente traditioneller Gattungen auf und füllt sie mit neuen Inhalten. So lassen sich sowohl Ansätze des *morality play* mit dem Kampf der »bösen« Mächte um die Seele der Protagonisten als auch des *history play* erkennen, das sich wie *Destiny* auf öffentlich-politische Handlung beschränkt, während private Ereignisse weitgehend ausgespart bleiben. Dies steht nicht zuletzt in Zusammenhang mit Edgars Wendung gegen das Drama des »social realism«, das sich zu sehr auf die persönlichen Konflikte der handelnden Figuren konzentriert und damit die Sozialkritik aus dem Auge verloren habe. Im Gegensatz dazu nimmt Edgar hier jedes identifikatorische Moment zurück, Protagonist seiner Handlung ist die politische Entität »Großbritannien«, die zu Beginn oder am Ende verschiedener Szenen von den Vertretern der unterschiedlichen Standpunkte in prolog- bzw. epiloghaften Szenen charakterisiert wird. Ebenso episierend wirken die aus dem *off* kommenden Stimmen von Nehru und Hitler; während Nehru ganz zu Beginn optimistisch die neu gewonnene Freiheit Indiens als Erfüllung des indischen Schicksals begrüßt, wirkt Hitlers Stimme am Ende als Warnung vor der Zerstörung der Freiheit durch einen Mangel an Entschlossenheit bei ihrer Verteidigung. Mit diesem moralisch-didaktischen Appell stellt Edgar einen Zusammenhang zwischen der Psychomachie der Moralitäten und dem modernen Agitproptheater her und versucht so, einen neuen Weg zu einem »*theatre of dynamic ambiguities*« zu beschreiten, das die Zuschauer nicht nur unterhalten, sondern auch politisch aufklären soll.   H.Qu.

AUSGABEN: Ldn. 1976. – Ldn. 1978.

MAYDAYS

(engl.; *Ü: Maifeiertage*). Stück in drei Akten von David EDGAR, Uraufführung: London, Oktober 1983, Barbican Theatre. – Edgar gehört zu den prominentesten Vertretern des engagiert politischen Theaters im zeitgenössischen England. In einer dezidierten Wendung gegen das sozialkritische Drama der fünfziger und sechziger Jahre, das – wie er meinte – zu sehr den Blick auf die psychologische Motivation von Figuren gerichtet und dadurch von den politischen Hintergründen abgelenkt hatte, betonte Edgar zunächst verstärkt die Elemente des Agitprop, des epischen Theaters und des *history play* und präsentierte seine Texte als »faction«, d. h. als Mischung fiktiver und tatsächlicher Ereignisse, um das hinter der Realität wirkende Bewußtsein deutlich zu machen.

In *Maydays* verwebt Edgar stärker als in seinen früheren Stücken, aus denen er den Bereich des Privaten bewußt ausgespart hatte, die private und die politische Sphäre; dennoch dominiert auch hier die Darstellung von Figuren in ihrem politischen Kontext. Wie die früheren Stücke ist auch *Maydays* deutlich episodisch strukturiert, stärker als früher aber bemüht sich der Autor, den Eindruck der chronologischen Abfolge der einzelnen Episoden und Handlungssequenzen zu unterstreichen, indem er die einzelnen Szenen immer wieder übereinanderblendet und auf diese Weise die zum Teil recht großen zeitlichen Abstände zwischen ihnen überspielt. Damit wird der thematische Zusammenhang dem zeitlichen übergeordnet. Hauptthema ist die Kontrastierung der Entwicklung der westlichen Linken von 1956 bis in die achtziger Jahre mit der Entstehung des politischen Dissidententums im Osten.

Im Mittelpunkt der Handlung steht zunächst der junge Martin Glass, der aus einem gutbürgerlichen Haus mit einem gewissen Wohlstand kommt und dessen politisches Bewußtsein relativ hoch entwik-

kelt ist. Schon in der Schule hatte Martin sich für nukleare Abrüstung engagiert, war dann an den studentischen Protesten der 67er und 68er Generation beteiligt, bis er sich 1970 der trotzkistischen »Socialist Vanguard« (SV) anschließt, aus der er nach einigen Jahren wegen mangelnder Linientreue wieder ausgeschlossen wird. Nach einer Phase des betont individuellen Liberalismus landet Martin schließlich als Journalist bei der etablierten ›Sunday Times‹ und bei einer Gruppe betont Konservativer, die mit einem »Committee for the Defence of Liberty« den Kampf nach außen gegen den angeblichen Expansionsdrang der diktatorischen Sowjetunion und nach innen gegen die »Verweichlichung« der britischen Jugend durch den Wohlfahrtsstaat predigen. Martin folgt mit dieser Entwicklung seinem ehemaligen Lehrer Jeremy, der ihm auf dem Weg von der extremen politischen Linken zu den kalten Kriegern der Rechten immer nur eine Station voraus ist. Jeremy verkörpert die Generation der letzten Ausläufer der »Red Thirties«, für die er, wie er immer wieder bedauert, leider etwas zu spät geboren wurde. In der ersten Szene erscheint Jeremy als Siebzehnjähriger, der bei den Maifeiern des Jahres 1945 als begeisterter Sprecher der »Young Communist League« seine Hoffnungen auf ein »new Jerusalem« ausdrückt. Nach der brutalen Niederschlagung des Ungarnaufstands verläßt Jeremy die Kommunistische Partei, durchläuft zunächst eine Phase liberaler Toleranz gegenüber der aufständischen 68er Jugend (die er als inzwischen etablierter Universitätsdozent erlebt) und des humanitären Engagements für sowjetische Dissidenten und wird schließlich zum kulturpessimistischen Kritiker des Wohlfahrtsstaates, der durch »Vermassung« nur zur Senkung des allgemeine Niveaus geführt habe. Einige Jahre früher als Martin findet sich Jeremy in den konservativen Kreisen wieder, in denen schließlich auch Martin landet und die von dem ehemaligen Minister Trelawney dominiert werden, dessen geplante Ermordung einst zur Verhaftung von Martins Freund Phil geführt hatte.
Die Entwicklung von Jeremy und Martin findet ihr Pendant in der Entwicklung des ungarischen Freiheitskämpfers Paloczi, der 1956 als überzeugter Sozialist für die kostenlose Verteilung von Lebensmitteln eingetreten und deswegen von den sowjetischen Okkupatoren verhaftet worden war. Nachdem ihm der sowjetische Besatzungsoffizier Lermontov zur Flucht verholfen hat, findet man Paloczi im Westen wieder als Fürsprecher für inhaftierte Dissidenten, der sich schließlich von Trelawney für den kalten Krieg vereinnahmen läßt. Als positiver Widerpart zu Paloczi erscheint der Offizier Lermontov, der nach seinen Erfahrungen während des Ungarnaufstands in kritische Distanz zum sowjetischen Regime gerückt war und schließlich in den Westen abgeschoben wird. Anders als Paloczi entzieht sich aber Lermontov der Vereinnahmung durch den westlichen Konservativismus; er bewahrt seine Kritikfähigkeit und verweigert die Annahme des vom »Committee« ausgesetzten Preises, als er die Parallelen zwischen den autoritären Machthabern im Osten und der reaktionären Rechten im Westen erkennt. Damit wird Lermontovs kritische Aufrichtigkeit zum Angelpunkt einer trotz der pessimistischen Darstellung der verschiedenen sozialistischen Gruppierungen eher optimistischen Perspektive, die auch durch Martins ehemalige Freundin Amanda verkörpert wird. Amanda, die zunächst ein sehr engagiertes Mitglied der SV gewesen war, hatte diese schließlich wegen der dogmatischen Gängelung verlassen, ohne ihr soziales und politisches Engagement aufzugeben. So bleibt sie auch verschont von der beißenden Ironie, mit der die übrigen »68er« und ihre diversen politischen Aktivitäten karikiert werden (etwa die komisch wirkende Zersplitterung der Linken in diverse, sich gegenseitig heftig bekämpfende Untergruppierungen; der politische Party-*small-talk*, die Trivialisierung der ehemals hohen Ideale in der Reduktion der »International Brigade« auf den Namen einer Popgruppe usw.) Damit ist Amanda, die schließlich mit einer Fraueninitiative ein Stück Land neben einem US-Stützpunkt besetzt und ihre politische Arbeit in Nachbarschaftshilfen fortsetzt, ebenso Träger der politischen Hoffnungen, wie es die russischen Dissidenten sind, die trotz aller Bedrohungen ihren Kampf um Menschenrechte fortsetzen.

Mit seiner perspektivenreichen Darstellung eines sehr breiten politischen Spektrums »linker« Einstellungen und ihrer Schattierungen hat sich Edgar deutlich vom Agitproptheater entfernt, aus dem er ursprünglich gekommen war, ohne damit seine Ansprüche an politisches Theater aufzugeben und den Versuchungen eines psychologisierenden *social realism* anheimzufallen. Auch wenn seine Figuren individueller greifbar werden als in früheren Stükken, so bleibt *Maydays* doch – unterstützt auch durch die episierenden Zitate aus z. B. Marcus, Spender, Steiner, Solženicyn vor jedem Akt – in erster Linie ein Dokument des politischen Theaters.

H.Qu.

Ausgabe: Ldn. 1984.

Übersetzung: *Maifeiertage*, G. Petzoldt, Bln. 1984 [Bühnenms.].

MARIA EDGEWORTH

* 1.1.1767/68 Black Bourton
† 22.5.1849 Edgeworthtown / Irland

Literatur zur Autorin:
Biographien:
H. Zimmern, *M. E.*, Ldn. 1883. – E. Lawless, *M. E.*, Ldn. 1904. – M. Butler, *M. E.*, Oxford 1972.

Gesamtdarstellungen und Studien:
E. F. Michael, *Die irischen Romane von M. E.*, Dresden 1918. – E. A. Baker, *The History of the English Novel*, Bd. 6, Ldn. 1929. – B. C. Slade, *M. E., 1767–1849: A Bibliographical Tribute*, Ldn. 1937. – P. H. Newby, *M. E.*, Denver 1950. – T. Flanagan, *The Irish Novelists, 1800–1850*, NY 1958. – E. Inglis-Jones, *The Great Maria*, Ldn. 1959. – M. D. Hawthorne, *Doubt and Dogma in M. E.*, Gainesville/Fla. 1967. – J. Newcomer, *M. E. the Novelist*, Fort Worth/Tex. 1967. – M. Hurst, *M. E. and the Public Scene*, Coral Gables/Fla. 1969. – O. E. M. Harden, *M. E.'s Art of Prose Fiction*, Den Haag 1971. – P. Murray, *M. E.*, Cork 1971. – J. Newcomer, *M. E.*, Lewisburg/Pa. 1973. – M. Butler, *Jane Austen and the War of Ideas*, Oxford 1975. – E. Harden, *M. E.*, Boston 1984 (TEAS).

THE ABSENTEE

(engl.; *Der abwesende Landbesitzer*). Roman von Maria EDGEWORTH, erschienen 1812. – Der dritte der vier irischen Romane von Maria Edgeworth spielt zum Teil in Irland (wie *Castle Rackrent*), zum Teil in der Londoner Gesellschaft (wie *Belinda*, 1801). Wie in *Castle Rackrent* geht es einerseits um Leid und Ausbeutung der irischen Landbevölkerung, andererseits um das verschwenderische Leben der Grundbesitzer. Während jedoch durch die Wahl der Erzählperspektive in *Castle Rackrent* direktes Moralisieren vermieden wird, ist *The Absentee* didaktisch geprägt und insofern typischer für Edgeworths Gesamtwerk. Aus einem Dramenentwurf entstanden, worauf noch die dreiaktige Struktur des Romans verweist, stellt *The Absentee* eine Mischung aus Erziehungs-, Liebes- und Regionalroman dar.

Eine Familie irischer Grundbesitzer führt im späten 18. und beginnenden 19. Jh. ein extravagantes Leben und verschwendet das Geld, das ihre skrupellosen Kommissionäre bei den irischen Gutspächtern rücksichtslos eintreiben. Lady Clonbrony, eine Frau mit gesellschaftlichen Ambitionen, versucht, in den Kreis der »oberen Zehntausend« Londons aufgenommen zu werden. Die Gesellschaft ist zwar bereit, an ihren Gala-Abenden und Bällen teilzunehmen, betrachtet die Gastgeberin jedoch verächtlich als Emporkömmling. Als die irischen Besitztümer ihres Mannes nicht mehr genug zur Aufrechterhaltung ihres Lebensstils abwerfen, versucht sie, ihren Sohn, Lord Colambre, einen Cambridge-Absolventen, mit Miss Broadhurst, einer reichen Erbin, zu verheiraten. Ihr Plan mißlingt, da der Sohn ein weniger begütertes Mädchen liebt. Er ist es schließlich auch, der während einer Besuchsreise auf die väterlichen Güter in Irland entdeckt, wie viel menschliches Leid und Elend die Ambitionen seiner Mutter dort verursacht haben. Gleichzeitig beginnt er zu begreifen, daß die Welt, die die Mutter zu ihrer eigenen machen möchte, leer und korrupt ist. Es gelingt ihm schließlich, eine Wendung zum guten herbeizuführen: Er heiratet das Mädchen seiner Wahl (das sich nach konventioneller Manier am Schluß als reiche Erbin entpuppt) und erreicht, daß seine Eltern nach Irland zurückkehren und die Verantwortung für ihren Grund und Boden sowie für die Menschen, die für sie arbeiten, auf sich nehmen.

In der Charakterzeichnung ihrer Romanfiguren beweist die Autorin Intelligenz und Lebensklugheit. Die Gestalt der Lady Clonbrony erweckt Anteilnahme, da ihr gesellschaftlicher Ehrgeiz als eine Verzerrung ihres wahren Wesens erscheint, das im Grunde warmherzig, offen und anständig ist. Ihr Verhältnis zu dem Sohn, der ihre Gespaltenheit zwischen irischer und englischer Identität erkennt, wird besonders überzeugend geschildert. Die Szene, in der Lord Colambre auf dem väterlichen Gut sein Incognito lüftet, um einer armen Pächtersfamilie gegen den gnadenlosen Gutsverwalter zur Hilfe zu kommen, wurde vom Thomas MACAULAY mit der berühmten Szene aus HOMERS *Odyssee* verglichen, in der sich Odysseus zu erkennen gibt.

Maria Edgeworths Gesellschaftsromane wurden – im Hinblick auf Stoffwahl und Charakterisierung – wiederholt mit denen ihrer berühmten Zeitgenossin Jane AUSTEN verglichen, erreichen freilich nicht deren literarischen Rang, da der Verfasserin sowohl Miss Austens Subtilität als auch deren brillante satirische Begabung fehlten.   J.v.Ge.-KLL

AUSGABEN: Ldn. 1812 (in *Tales of Fashionable Life*, 6 Bde.). – Ldn. 1893 (in *Tales and Novels*, 12 Bde., 6; ern. Hildesheim 1969). – Ldn. 1910 [Einl. B. Matthews].

LITERATUR: M. Millhauser, *M. E. as a Social Novelist* (in NQ, 175, 1938, S. 204–205). – D. Davie, *Miss E. and Miss Austen: »The Absentee«* (in Irish Writing, 29, 1954, S. 50–56). – J. Altieri, *Style and Purpose in M. E.'s Fiction* (in NCF, 23, 1968, S. 265–278).

CASTLE RACKRENT. An Hibernian Tale. Taken from Facts, and from the Manners of the Irish Squires, Before the Year 1782

(engl.; *Schloß Rackrent. Eine irische Geschichte, ausgehend von historischen Tatsachen und von der Lebensweise irischer Grundbesitzer vor dem Jahr 1782*). Roman von Maria EDGEWORTH, anonym erschienen 1800. – Das wichtigste und erfolgreichste Werk der Autorin, die zuvor schon Kinderbücher und, zusammen mit ihrem Vater, pädagogische Schriften veröffentlicht hatte, berichtet vom Schicksal mehrerer Generationen einer Familie anglo-irischer Grundbesitzer aus der zweiten Hälfte des 18. Jh.s. Der langjährige Majordomus der Rackrents, der alte Thady Quirk, ein ehrlicher, gutmütiger und treuer, doch grenzenlos naiver Mensch, fungiert als Erzähler dieses kurzen Romans, der sich besonders an das englische Publikum richtete. Die ungewollt ironische Wirkung seines Berichts erklärt sich daraus, daß er versucht, die Familie im günstigsten Licht erscheinen zu lassen, sie aber de facto als lebensuntüchtig, extravagant und völlig verantwortungslos erkennen läßt. Den ersten der vier Rackrents, in deren Namen bereits Sozialkritik anklingt (rackrent = ruinöse Pacht), Sir Patrick, haben seine endlosen Sauf- und Freßgelage in Schulden gestürzt; der zweite, Sir Murtagh, verschwendet ein Vermögen an sinnlose und lächerliche Prozesse. Der dritte, Sir Kit, sperrt seine reiche jüdische Frau jahrelang ein, weil er nicht über ihr Geld verfügen kann; und der vierte, Sir Condy, ein gutmütiger, doch ungeschliffener Landjunker und Geistesverwandter Sir Patricks, heiratet aus finanziellen Gründen eine elegante, reiche Londoner Jüdin, deren Reaktionen auf die primitiven Verhältnisse in dem irischen Schloß in den gelungensten Passagen des Romans geschildet werden. Der Besitz fällt schließlich an Thadys Sohn Jason Quirk, einen gerissenen Anwalt ohne die Loyalitäten seines Vaters, der seinerseits bis zum Schluß zu Sir Condy hält.

Die Bedeutung des Romans liegt nicht allein in seinen glänzenden Charakterporträts – aus denen das des Erzählers und das Sir Condy Rackrents hervorragen – und auch nicht nur in der geschickten Wahl der Erzählperspektive: Maria Edgeworth schuf mit diesem Buch, nach den Worten des englischen Kritikers Walter Allen, den ersten »Regionalroman«, indem sie ihre Charaktere nicht nur in einen realistisch geschilderten landschaftlichen Raum stellte, sondern zugleich den inneren Bezug zwischen dieser Landschaft und ihren Bewohnern deutlich macht. Dazu trug vor allem die Wahl eines umgangssprachlichen Ich-Erzählers bei (komplementär dazu die historische Authentizität suggerierende Herausgeber-Fiktion). Mit dieser neuen Tendenz übte sie auf viele Schriftsteller starken Einfluß aus, u. a. auf bedeutende Erzähler wie TURGENEV und SCOTT, die beide *expressis verbis* der Klassikerin des Heimatromans Dank zollten. Thematische Parallelen ergeben sich auch zu William FAULKNERS Roman *The Hamlet*, 1940 *(Das Dorf)*.

J.v.Ge.-KLL

AUSGABEN: Ldn. 1800 [anon.]. – Dublin 1800 [anon.]. – Ldn. 1893 (in *Tales and Novels*, 12 Bde., 4; ern. Hildesheim 1969). – Ldn. 1953 [m. *Emilie de Coulanges* u. *The Birthday President*]. – Ldn. 1964, Hg. G. Watson (OUP). – Dublin 1971. – Ldn. 1982 (OUP).

ÜBERSETZUNG: *Meine hochgeborene Herrschaft*, L. Krüger, Bln./DDR 1957.

LITERATUR: W. B. Coley, *An Early ›Irish‹ Novelist* (in *Minor British Novelists*, Hg. Ch. Hoyt, Carbondale/Ill. 1967). – J. Altieri, *Style and Purpose in M. E.'s Fiction* (in NCF, 23, 1968, S. 265–278). – D. Edwards, *The Narrator of »Castle Rackrent«* (in South Atlantic Quarterly, 71, 1972, S. 125–129). – S. J. Solomon, *Ironic Perspective in M. E.'s »Castle Rackrent«* (in Journal of Narrative Technique, 2, 1972, S. 68–73). – G. H. Brookes, *The Didacticism of E.'s »Castle Rackrent«* (in Studies in English Literature, 1500–1900, 17, 1977, S. 593–605). – J. F. Connelly, *Transparent Poses: »Castle Rackrent« and »The Memoirs of Barry Lyndon«* (in Eire-Ireland, 14, 1979, S. 37–43). – A. Mortimer, *»Castle Rackrent« and Its Historical Contexts* (in Études Irlandaises, 9, 1984, S. 107–123).

FERİT EDGÜ

* 24.2.1936 Istanbul

O

(ntürk.; Ü: *Ein Winter in Hakkari*). Roman von Ferit EDGÜ, erschienen 1977. – Der Dichter und Erzähler Ferit Edgü hat in diesem Roman – an das Buch *Kimse*, 1976 *(Jemand)*, anschließend – einen Winter, den ein Lehrer im ärmsten Südosten der Türkei in einem abgelegenen Dorf der Provinz Hakkâri verbringt, zum Thema gemacht. Das Buch gehört damit zum Genre des »Dorfromans« und erschien kurz bevor diese Gattung in der literarischen Diskussion der Türkei in Frage gestellt wurde. Seine Behandlung des Themas jedoch, in der neben den sozialen Verhältnissen in einem unterentwickelten Bergdorf auch die Erlebniswelt des dorthin verschlagenen Intellektuellen zentrale Bedeutung gewinnt, führt gleichzeitig zu einem der ersten Großwerke der Dorfliteratur, Yakup Kadri KARAOSMANOĞLUS *Yaban* (1932), zurück; und über seine Gattungszugehörigkeit hinaus ist das Buch doch fast antirealistisch artifiziell. Der hohe Grad der Künstlichkeit drückt sich schon im Titel aus, der formal einen Kreis darstellt und zugleich das türkische Wort für »er«, eine arabische Fünf, eine Null, ein Auge oder die vereinfachte Form eines dem Ich-Erzähler von einem syrischen (jakobitischen) Buchhändler geschenkten Labyrinths sein kann. Diese Vieldeutigkeit charakterisiert die gesamte Exposition des Werks: Weder wird klar, warum der Lehrer und Ich-Erzähler in dieses Dorf versetzt wurde, noch wird etwas von seiner persönlichen Vorgeschichte bekannt. Er bezeichnet sich als gestrandeten Kapitän, der nun in den Bergen zu leben hat, die ihm zum Symbol für eine harte und feindliche Umwelt werden. Dabei interessieren den Autor weniger die harten, unmenschlichen äußeren Realitäten des Dorfes, das monatelange Eingeschneitsein, die Seuche, die alle Babys tötet, die feindliche Atmosphäre in der kleinen kurdischsprachigen Provinzstadt Hakkâri – obwohl sie mit aller Offenheit beschrieben werden; wichtiger sind ihm die Beobachtungen, die der Ich-Erzähler an einigen rätselhaften Dörflern macht, und die Veränderungen, die er in der Einsamkeit an sich selbst erlebt. Werte, Regeln, Kenntnisse und Vorlieben, die ihm

wichtig waren, verlieren jede Bedeutung, an ihre Stelle treten Schweigen und eine Hinwendung zu sich selbst.
Diesen Wandel seines Protagonisten dem Leser nachvollziehbar zu machen, gelingt Edgü durch seine extrem knappe Sprache, die sich teils dem Stil kurzer Tagebuchnotizen oder dem der Dialogszene, dann wieder dem Gedicht nähert. Gerade diese letztgenannte, die Form des Romans sprengende Eigenart des Buches macht es aber dem Leser möglich, sich in das verlangsamte, fast unwirkliche Dasein des Ich-Erzählers hineinzudenken: So darf Edgüs Buch als Sprachkunstwerk ersten Ranges gelten, das zugleich Selbsterfahrungsbericht und Sozialroman ist. Durch diese komplexe, aber an ihren Rändern offene Struktur beendet *O* schon allein deshalb das Genre des Dorfromans, weil in der Suche des Intellektuellen nach sich selbst die Dörfler nicht mehr Objekt der Erziehung und des Mitleids sind, sondern zu gleichberechtigten Parteien im Kampf ums Überleben werden. C.K.N.

AUSGABE: Istanbul 1977; 41985.

ÜBERSETZUNG: *Ein Winter in Hakkari*, S. Duru, Zürich 1987.

VERFILMUNG: *Hakkâri'de bir mevsim*, Türkei 1983 (Regie: E. Kıral).

LITERATUR: F. Altıok, Rez. (in Türk dili, 36, 1977, H. 312). – F. Naci, *100 soruda Türkiye'de roman ve toplumsal değişme*, Istanbul 1981, S. 310–314. – G. Aytaç, Rez. (in Yazko edebiyat, 3, 1982, H. 21, S. 79–96). – F. E., *Roman ve dil* (in *Tan edebiyat yıllığı 1982*, Istanbul 1982, S. 115–124). – B. Necatigil, *Edebiyatımızda isimler sözlüğü*, Istanbul 1985, S. 117–118. – F. E., *Ders Notları* (in Ist., 4, 1988, S. 131–150).

KASIMIR EDSCHMID

eig. Eduard Schmid
* 5.10.1890 Darmstadt
† 31.10.1966 Vulpera

LITERATUR ZUM AUTOR:
G. Engels, *Der Stil expressionistischer Prosa im Frühwerk K. E.s*, Diss. Köln 1952. – H. Liede, *Stiltendenzen expressionistischer Prosa. Untersuchungen zu Novellen von A. Döblin, C. Sternheim, K. E., G. Heym u. G. Benn*, Diss. Freiburg i. B. 1960. – U. Brammer, *K. E.-Bibliogr.*, Heidelberg 1970 [Einf. F. Usinger]. – *K. E. zum Gedenken*, Darmstadt 1971 [m. Beitr. v. E. Zimmermann, H. W. Sabais u. P. Raabe]. – A. Arnold, *Prosa des Expressionismus. Herkunft,*

Analysen, Inventar, Stg. u. a. 1972. – C. H. Werba, *Einflüsse von Nietzsches »Zarathustra« auf das Bild des »Neuen Menschen« in E.s frühen Prosawerken*, Diss. Univ. of Connecticut 1972. – J. L. Brockington, *4 Pole expressionistischer Werke von K. E., C. Einstein, A. Döblin u. A. Stramm*, Diss. Michigan State Univ. 1981. – R. W. Williams, *Primitivism in the Works of C. E., Carl Sternheim and G. Benn* (in Journal of European Studies, 13, 1983, S. 247–267). – R. Rumold, *C. E.s Sprachkrise und gescheitertes Experiment »absoluter« Dichtung. Zur Evolution des halluzinator.-konstrukt. Stils* (in Erkennen und Deutsch, 1983).

DIE ACHATNEN KUGELN

Roman von Kasimir EDSCHMID, erschienen 1920. – Dieses erste größere epische Werk Edschmids gehört zusammen mit dem Roman *Der Engel mit dem Spleen* (1923) zur expressionistischen Phase des Autors. Noch immer läßt der Mensch nur durch »das große Gefühl allein« sich leiten und gelangt so »bis an Gott als die große nur mit unerhörter Ekstase des Geistes zu erreichende Spitze des Gefühls«, wie Edschmid in einer 1917 in Berlin gehaltenen Rede *Über den dichterischen Expressionismus* formulierte. Entsprechend sind die Stilmittel – pathetischer, hektischer Prosarhythmus und vom Verb bestimmte Kurzsätze – noch dieselben, wie sie seit der ersten Novellensammlung ausgebildet wurden, obwohl der größere Umfang des Romans eine der breiten epischen Intention angemessenere beruhigtere Darstellung verlangt hätte.
Der Roman behandelt das Schicksal der jungen Millionärin Daisy aus der alteingesessenen Familie des Franzosen Vaudreuil, der einst wegen eines Duells nach Amerika fliehen mußte, dort riesige Reichtümer anhäufen konnte und eine Indianerin ehelichte. Die folgenden Vaudreuils widmeten sich in großer Zurückgezogenheit dem einmal Erworbenen. In Daisy aber drängt nun das zurückgestaute seelische Erbe zur Entfaltung: Sie wird vom Verlangen nach dem Meer und nach Europa beherrscht. Der Versuch, in Europa Schauspielerin zu werden, ist nur eine Etappe auf dem Weg zur Erfüllung eines inneren Zwanges, der sie treibt, die »Spitze des Gefühls« zu erreichen. Äußere Wirkungen vermögen ihr dazu so wenig zu verhelfen wie vielfältig erfahrene Liebe und Wollust. Erst in Frankreich, in der Nähe, ja in der selbstgewählten Gemeinschaft mit den niedrigsten Repräsentanten sozialen Scheiterns, deren sich die Literatur des Expressionismus so häufig annimmt – Dirnen, Kranken, Bettlern –, erlebt sie »die ganze Rundheit des Daseins«, und mehr als je zuvor »klafft ihr von dieser Tiefe ihrer Existenz nur die eine Losung: ›Hilfe dem Menschen‹ entgegen«. »Aus Dreck und Kot und Unzucht« kommen »die Übersicht und die Entscheidung in ihr Leben«.
Edschmid gelang es nicht, mit den in seinen Novellen erprobten Stilmitteln des Expressionismus einen eigentlich »expressionistischen« Roman zu

schreiben, den Expressionismus in einer größeren epischen Form zu verwirklichen. Nach 1923 verfaßte er Unterhaltungsromane, Biographien und Reiseberichte.　　　　　　　　　　　　L.D.

AUSGABE: Bln. 1920.

DAS RASENDE LEBEN

Zwei Novellen von Kasimir EDSCHMID, erschienen 1916. – Edschmids erster Novellenband *Die sechs Mündungen* (1915) gilt als ein Musterbeispiel expressionistischer Prosakunst. Die zwei Novellen des *Rasenden Lebens* (*Das beschämende Zimmer* und *Der tödliche Mai*) vertiefen und erweitern die suggestive Bildsprache und die explosive Thematik der ersten Erzählungen: Sie »*reden im hauptsächlichen Sinn nicht – wie das vorausgegangene Buch – vom Tod als einer letzten Station, nicht von Trauer und vom Verzicht. Sie sagen auch nicht: leben. Sie sagen: rasend leben*« (Vorwort). In der ersten Novelle führt ein Freund den Dichter durch ein verstecktes Gemach, an dessen Wänden Bilder ohne Auswahl und Ordnung hängen; jedes Bild ruft ein aufwühlendes Erlebnis hervor, das der Freund erzählt: »*Abenteuerlichkeit fraß sich in die Wände. Schicksal brannte in den Rahmen und wollte heraus. Sehnsüchte ohne Maß, gelebte, nur gestreifte, schwellten den Raum, daß er fast barst, und Jahre rasten auf dem Sekundenblatt der Pendüle herunter.*« Am Ende bricht der Freund unter der Wucht innerer Gesichte zusammen. Der Dichter verläßt angewidert die Galerie der Erinnerungen: »*Denn der Genuß des Abenteuers ist das ungewiß Beschwebende: Wissen, vieles Bunte getan zu haben, aber eine Luft hinter sich zu fühlen ohne Halt und ohne Farbe. Tosendes . . . rasendes Leben . . .*«

Die zweite Novelle erzählt vom siegreichen Todeskampf eines Offiziers und Malers, der lethargischen Leere der Genesungszeit und der rauschhaften Rückkehr ins Leben. Aus der Kälte des Todes ersteht eine neue Verzücktheit des Daseins: »*Wo ich vor dem Tode am zerschmettertsten empfunden habe, an dieser Stelle, meine ich, muß die ungeheuerliche Kraft des Lebens sitzen.*« In somnambuler Entrückung beschwört er das Bild blühender Bäume als eine kosmische Metapher unendlichen Daseins aus der Erinnerung herauf.

Die Georg BÜCHNER gewidmeten Novellen, erste Prosaversuche des literarischen Expressionismus, erfüllen geradezu exemplarisch das expressionistische Programm der frühen Manifeste, die Edschmids literarisches Schaffen begleiten. Diese Prosa verzichtet bewußt auf Analyse und Psychologie; der Dichter erlebt direkt, aus dem unmittelbaren Gefühl heraus: »*So wird der ganze Raum des expressionistischen Dichters Vision. Er sieht nicht, er schaut. Er schildert nicht, er erlebt. Er gibt nicht wieder, er gestaltet. Er nimmt nicht, er sucht*« (Über den dichterischen Expressionismus, 1917). Expressionistische Dichtung, ihrer Tendenz nach kosmisch und visionär, bringt unter den Zwängen eines dämonisch gesteigerten Lebensgefühls ein transreales, die herkömmlichen Übereinkünfte und Rationalisierungen sprengendes Weltbild hervor. Die worpswedischen Maler treten als »*hypertrophierte Empfindungsdestillatoren des Seins*« auf. Das Leben bricht in vulkanischen Ausbrüchen hervor, ergießt sich in einem orgiastischen Wortrausch, als rasendes Staccato, verbales Stammeln oder als pathetischer Aufschrei: »*O Rausch, o Sonne, o Ruhm, o Süßigkeit.*« Ein ekstatisches Parlando, knapp, forciert und sprunghaft, weitet gewaltsam die sprachliche Ausdrucksmöglichkeit und soll vom revolutionären Dichter zeugen, der die Welt zertrümmert, um sie in kühner Metaphorik neu zu schaffen.

Edschmids Novellen gelten gemeinhin als erste Beispiele expressionistischer Prosa, wobei anscheinend der Autor selbst lebhaftes Interesse hatte, sich hier zum Vordenker der Bewegung erhoben zu sehen: »*Die Sage vom unschuldigen Edschmid, dem Provinzler, dessen Geschichten plötzlich und unabsichtlich den Expressionismus eingeleitet hätten, ist eine von Edschmid später erfundene Fabel*« (A. Arnold).　　　　　　　　　　　　　　M.Ke.

AUSGABEN: Lpzg. 1916 (Der jüngste Tag, 20; Nachdr. Ffm. 1969). – Neuwied/Bln. 1965 (in *Die frühen Erzählungen*; zus. m. *Die sechs Mündungen* u. *Timur*).

LITERATUR: A. P. Dierick, *Culture, Colportage and Kitsch in K. E.s »Die sechs Mündungen«* (in Seminar, 19, 1983, S. 177–193).

TIMUR

Drei »Novellen« von Kasimir EDSCHMID, erschienen 1916. – Neben den Novellenbänden *Die sechs Mündungen* (1915) und *Das rasende Leben* (1916) zählen die in *Timur* vereinigten Erzählungen Edschmids *(Der Gott; Die Herzogin; Der Bezwinger)* zu den eindrucksvollsten Versuchen frühexpressionistischer Prosa. Edschmid übersetzt darin die von ihm selbst in den »Frühen Manifesten« zwischen 1917 und 1921 entwickelten Programme in exemplarische Erzählungen von berauschender Metaphorik und kühnen Bildchiffren. Seine Prosa ist ohne Rücksicht auf realistische Plausibilität und psychologische Glaubwürdigkeit komponiert. Nicht Fakten interessieren den Dichter, sondern die sich hinter ihnen öffnende Vision, das von ihnen ausstrahlende Weltgefühl. Denn der Akt expressionistischen Dichtens ist ein künstlicher Schöpfungsakt, der neue Weltbilder schafft.

In allen drei Erzählungen tritt der gleichermaßen erotische wie exotische Charakter expressionistischer Kunst in den Vordergrund. Schauplatz der Erzählung *Der Gott* ist die Südsee, in der Jean François unter Eingeborenen aufwächst und in die er – nach einem peripheren Abstecher in die europäische Zivilisation – wieder zurückkehrt, von den Natives als Gott verehrt. Die Liebe zu Kalekua steigert sein Dasein ins Unbegreifliche, in eine Höhe,

»wo er ihr irdisches Dasein nicht mehr erkannte, sondern sie, dies alles zurücklassend, nur noch erkannte und empfand verbunden und anheimgegeben über das Erkennbare hinausgehenden Räuschen und Gefühlen«. Als Kalekua sich von ihm abwendet, folgt er der Stimme des Abgrunds. Die grelle Intensität exotischer und erotischer Motive verdichtet sich zu einem fessellosen Gefühlsrausch. – Maßlose Unrast und dunkles Drängen charakterisieren auch Villon in *Die Herzogin*, deren reine Gestalt der lasterhafte Dichter sein Leben lang in Demut anbetet, in Kerkern und Kaschemmen, in Rausch und Hurerei, zwischen Qual und Sehnsucht. Seine Inbrunst aber ist auf Höheres gerichtet: »*Er lehrte die schöne Entzückung, den Schrei der Brunst und Stille der Ergebung.*« – Timur, die zentrale Figur in *Der Bezwinger*, ist der große Eroberer; grausam, blutdürstig und machthungrig unterwirft der Tataren-Khan kraft eines übermenschlichen Willens die halbe Welt: »*Kein Maß hielt mehr, keine Prüfung den schleudernden Ausbruch seiner Pläne.*« Am Ende erwürgt er die einzig Geliebte unter all seinen Weibern und trinkt von ihrem Blut.

Unrast und Lebenshunger treiben die Gestalten, die Realität aus eigenem Willen heraus neu zu gestalten: der eine, Jean François, aus der Kraft seines Gefühls; der andere, Villon, aus genialer Inbrunst; der letzte, Timur, aus grenzenloser Machtbesessenheit. Das Leben wird zu einer Kette von Explosionen, von Rausch zu Rausch, von Ekstase zu Ekstase fortschreitend. Auch die Sprache entfernt sich aus ihren konkreten Bezügen. Nicht realistische Reproduktion der Wirklichkeit, sondern expressives Erleben der Überwirklichkeit kennzeichnet diese Prosa. M.Ke.

AUSGABEN: Lpzg. 1916. – Neuwied/Bln. 1965 (in *Die frühen Erzählungen*).

LITERATUR: W. Schumann, Rez. (in Der Kunstwart, 30, 1917, S. 30).

JONATHAN EDWARDS

* 5.10.1703 East Windsor / Conn.
† 22.3.1758 Princeton

A CAREFUL AND STRICT ENQUIRY INTO THE MODERN PREVAILING NOTION, OF THAT FREEDOM OF WILL WHICH IS SUPPOSED TO BE ESSENTIAL TO MORAL AGENCY, VERTUE AND VICE, REWARD AND PUNISHMENT, PRAISE AND BLAME

(amer.; *Eine genaue und gewissenhafte Untersuchung der gegenwärtig vorherrschenden Auffassung von der Willensfreiheit, die als wesentliche Voraussetzung für moralisches Verhalten, Tugend und Laster, Belohnung und Strafe, Lob und Tadel gilt*). Religionsphilosophische Abhandlung von Jonathan EDWARDS, erschienen 1754. – Die klar aufgebaute und geschickt argumentierende Abhandlung enthält Edwards' Stellungnahme zu der von den Arminianern (so genannt nach dem holländischen Philosophen Jakobus ARMINIUS, 1560–1609) vertretenen anticalvinistischen Lehre, daß der Mensch einen freien Willen habe und es somit keine Prädestination geben könne.

An den Anfang seiner Ausführungen stellt Edwards die Begriffsbestimmung des Willens. Er prüft die der Willensentscheidung zugrundeliegenden Motive und kommt zu dem Schluß, der Wille sei ohne Zutun des Individuums auf das ihm als höchstes Gut erscheinende Objekt gerichtet: ein Impuls, der durch nichts gehemmt werden könne. (An diesem Punkt entfernt sich Edwards von dem sonst von ihm hochgeschätzten John LOCKE, indem er behauptet, es gäbe keinen Unterschied zwischen Willen und Verlangen.) Im weiteren begründet Edwards seine Widerlegung der Arminianischen Theorie der Willensfreiheit: da die Motive entweder von außen (Naturnotwendigkeit) oder von innen (moralische Notwendigkeit) bestimmt werden, kann der Mensch niemals selbst *agens* sein, d. h. ein sich selbst bestimmendes, aktives Subjekt, wie die Arminianer behaupten. Denn da der Wille nicht sich selbst bestimmt, im Sinn des Freiheitsbegriffs also keine freie Aktion darstellt, kann auch keine der aus ihm folgenden Handlungen frei sein. – Neben solchen Argumenten zieht Edwards auch umfangreiches biblisches Beweismaterial heran, besonders in den Abschnitten über Tugend und Laster, Belohnung und Strafe, Lob und Tadel, in denen er die These aufstellt, daß ein System der Ethik sich nicht auf die Voraussetzung der Willensfreiheit gründen könne. Wenn nämlich der Wille von Naturnotwendigkeit (Gott) beherrscht wird, kann der Mensch für seine Handlungen nicht verurteilt werden. Wenn er dagegen von moralischer Notwendigkeit beeinflußt wird, das heißt von der sündigen Natur des Menschen, kann dieser für seine Handlungen zur Rechenschaft gezogen werden. In jedem Fall aber ist der Mensch unfähig, seinen Willen selbst zu bestimmen, und kann daher nur durch die Gnade Gottes erlöst werden.

Edwards selbst glaubte, mit seiner Untersuchung den Begriff der Willensfreiheit endgültig definiert zu haben. Fest steht jedenfalls, daß er mit seinem Werk dem Glauben an die Wahrheit der calvinistischen Lehren neue Impulse gegeben hat. Seine Abhandlung gilt heute als ein Markstein in der Geschichte der amerikanischen Philosophie. J.D.Z.

AUSGABEN: Boston 1754. – New Haven 1957 (*Freedom of the Will*, Hg. P. Ramsey).

LITERATUR: M. G. Brady, *Basic Principles of the Philosophy of J. E.*, Diss. Fordham 1951. – *The Philosophy of J. E. from His Private Notebooks*, Hg. H. G. Townsend, Eugene 1955 [m. Bibliogr.]. – D. J. Elwood, *The Philosophical Theology of J. E.*, NY 1960. – J. Wheatcroft, *Emily Dickinson's Poetry and J. E. on the Will* (in Bucknell Review, 10, 1961, S. 102–127). – C. Cherry, *The Theology of J. E.*, Garden City/NY 1966. – E. H. Davidson, *J. E. The Narrative of a Puritan Mind*, Cambridge/Mass. 1968. – D. Levin, *J. E. A Profile*, NY 1969. – E. Hankamer, *Das politische Denken von J. E.*, Mchn. 1972. – C. A. Holbrook, *The Ethics of J. E.*, Ann Arbor 1973. – *J. E. His Life and Influence. Papers and Discussions by C. Cherry*, Hg. C. Angoff, Rutherford u. a. 1975. – K. D. Pfisterer, *The Prism of Scripture. Studies on History and Historicity in the Work of J. E.*, Bern/Ffm. 1975. – *Critical Essays on J. E.*, Hg. W. J. Scheick, Boston/Mass. 1980. – P. J. Tracy, *J. E., Pastor. Religion and Society in 18.-Century Northampton*, NY 1980. – M. Lesser, *J. E. A Reference Guide*, Boston/Mass. 1981. – R. W. Jenson, *American's Theologian. A Recommendation of J. E.*, NY u. a. 1988.

JORGE EDWARDS

* 29.7.1931 Santiago de Chile

PERSONA NON GRATA

(span.; *Persona non grata*). Autobiographischer Roman von Jorge EDWARDS (Chile), erschienen 1973. – Die Handlung des Werks basiert auf authentischen Erlebnissen des Autors auf Kuba in seiner damaligen Funktion als Diplomat der chilenischen Volksfront-Regierung. Am 7. 12. 1970 trifft der Diplomat und Schriftsteller Edwards als erster Gesandter der sozialistischen Regierung Chiles unter Salvador Allende auf Kuba ein, um die langjährig unterbrochenen diplomatischen Beziehungen zwischen den beiden Ländern zu erneuern. Euphorie über die Wiederbegegnung mit Freunden und Bekannten, Bezauberung durch die Schönheit der Insel weichen schnell zwiespältigen Gefühlen. Gleich bei der Ankunft verstoßen die Gastgeber gegen internationale diplomatische Gepflogenheiten – niemand empfängt Edwards am Flughafen. Seine Ankunft sei niemandem mitgeteilt worden, äußert lapidar der kubanische Protokollchef Meléndez, denn sonst hätte man ihn empfangen, wie es einem Vertreter des sozialistischen Chile gebühre. Zufall oder politisches Kalkül? Bilder aus der Vergangenheit läßt der Erzähler vor seinem inneren Auge Revue passieren: die Begegnung 1959 mit Fidel Castro und anderen jungen Revolutionären in der Universität Princeton anläßlich der kurz zuvor erfolgreich verlaufenen Revolution in Kuba; die Einladung zum Schriftstellerkongreß 1968 nach Havanna durch das kubanische Kulturinstitut Casa de las Americas. Die Gedanken des Diplomaten kehren immer wieder zum Anlaß dieses ersten Besuchs und der damaligen Ereignisse zurück. War er möglicherweise doch kein so unbeschriebenes Blatt mehr, wie er in seiner Ahnungslosigkeit angenommen hatte? Am Tage seiner Ankunft arrangiert man eine Zusammenkunft mit Fidel Castro. Kuba befindet sich im elften Jahr seiner Revolution in einer kritischen Phase – das internationale Embargo und eine katastrophale Ökonomie, eine fehlgeschlagene Zuckerrohrernte und der allseits wahrnehmbare äußerliche Verfall sind die Probleme, mit denen sich die Regierung auseinanderzusetzen hat.

Neben seinen diplomatischen Verpflichtungen widmet sich Edwards dem literarischen Leben der Insel. Unter dem Druck der innen- und außenpolitischen Verhältnisse sind namhafte kubanische Intellektuelle zu Kritikern des Regimes geworden, darunter der Autor Heberto PADILLA (* 1932). Einem allgegenwärtigen, kaum sichtbaren Gespinst gleich werden die Fäden der Bespitzelung und Überwachung ausgelegt, werden Mikrophone installiert, taucht beim Weihnachtsessen im Schriftstellerfreundeskreis unverfroren eine junge Frau auf, über deren Aufgaben niemand im Zweifel gelassen wird, werden ausländische Wissenschaftler und Experten, die jahrelang ihre Kenntnisse in den Dienst der Revolution gestellt haben, bei der Äußerung sachlicher Kritik als »Agenten des CIA« diffamiert. Edwards flicht Tagebuchaufzeichnungen fragmentarisch dort in den Erzählstrom ein, wo es ihm um die Authentizität der Begegnung mit bestimmten Personen oder um die Eindringlichkeit der Ereignisse geht, so etwa bei der Begegnung mit Ché Guevara im März 1964 bei einer UN-Konferenz oder bei einem Ausflug in die Sierra del Escambray, Schauplatz jener blutigen Auseinandersetzungen zwischen Castros Revolutionsstreitkräften und konterrevolutionären Guerrillagruppen, die der junge José Norberto FUENTES in seinem 1968 auf dem Schriftstellerkongreß unter Edwards' Beteiligung ausgezeichneten Erzählband beschrieben hatte. Die Prämierung dieses Buches, so erfährt Edwards viel später, hatte ihn bereits zum damaligen Zeitpunkt zur *persona non grata* beim kubanischen Kulturinstitut werden lassen. – Der Besuch des Schulschiffes »Esmeralda« der chilenischen Marine stellt von der Subtilität und dem Humor der Erzählung her zweifellos einen der Höhepunkte des Buches dar. Symbolisch erscheint dem Autor die Begegnung des zwar traditionellen, aber im Selbstverständnis seiner demokratischen Traditionen stehenden Chile (der Besuch fand vor dem Militärputsch 1973 statt) mit der von autoritären Diktaturen geprägten karibischen Insel.

Im chilenischen Außenministerium hat man inzwischen von den Schwierigkeiten Edwards' Kenntnis erhalten. Sein Aufenthalt auf der Insel war ohnehin befristet, und er ist froh, in Kürze zu Pablo NERUDA nach Paris reisen zu können. In der Nacht vor seiner Abreise erfährt er, daß man Padilla und seine Frau verhaftet hat. In derselben Nacht, wenige Stunden vor seinem Abflug, wird er überraschend zu einer Unterredung mit Fidel Castro gefahren. Im Verlauf des mehr als dreistündigen Gesprächs erfährt er, daß die kubanische Regierung ihn nur deshalb nicht offiziell zur *persona non grata* erklärt habe, weil er der Vertreter eines befreundeten Landes sei. Im *Pariser Epilog* genannten Schlußteil, der erst in der erweiterten Ausgabe von 1982 veröffentlicht wurde, befindet sich Edwards als zweiter Sekretär Nerudas an der Pariser Botschaft. Neruda rät ihm, das Erlebte aufzuschreiben. Aus der inzwischen zwingend gewordenen Notwendigkeit heraus, dem psychischen Labyrinth der Verdächtigungen und Bespitzelungen zu entrinnen, begibt sich Edwards in einem Selbstfindungs- und Reflexionsprozeß ans Schreiben. Im Epilog scheint sich der Kreis zu schließen. Noch in der Niederschrift seines Manuskriptes begriffen, erfährt der Autor, daß in Chile die Militärs geputscht haben: Edwards wird zur *persona non grata* im eigenen Land.

Persona non grata wurde nach seinem Erscheinen 1973 zu einem der umstrittensten Bücher in der romanischsprachigen Welt der siebziger Jahre. In Chile fiel es bis 1978 unter die Zensur, in Kuba wurde es sofort auf den Index der verbotenen Bücher gesetzt, die als nicht existent zu gelten haben. Edwards Werk ist Zeitdokument und literarischer Text zugleich. Die »Selbstkritik«, zu der die inhaftierten Schriftsteller verpflichtet wurden, erinnert auf makabre Weise an die Kulturpolitik der Stalin-Ära in den dreißiger Jahren. Auch PLATOS Ausspruch über die Dichter, man möge ihren schönen Worten lauschen, sie bekränzen, mit duftendem Balsam einreiben und sie am nächsten Tag vor die Tore der Republik bringen lassen, gibt einen sinnfälligen Eindruck von der den Intellektuellen zugedachten Rolle auf der karibischen Insel. C.A.

AUSGABEN: Barcelona 1973. – Barcelona 1982.

LITERATUR: E. Rodriguez Monegal, Rez. (in Plural, 12, Mexiko 1974, S. 77–82). – M. Vargas Llosa, Rez. (ebd., S. 74–77). – M. Seelhofer, Rez. (in Tagesanzeiger Magazin, 20.9.1975). – C. Semprun-Maura, Rez. (in NL, 26.3.1976). – M. Gallo, Rez. (in L'Express, Paris 1.–7.3.1976). – F. Schopf, *J. E.* (in Eitel, S. 236–250).

RICHARD EDWARDS

* um 1523 Somerset
† 31.10.1566 London

THE EXCELLENT COMEDIE OF TWO THE MOSTE FAITHFULLEST FREENDES, DAMON AND PITHIAS

(engl.; *Die ausgezeichnete Komödie über zwei der treuesten Freunde, Damon und Pythias*). Tragikomödie von Richard EDWARDS, erschienen 1571. – Für sein Weihnachten 1564 vor Elisabeth I. aufgeführtes Stück griff Edwards auf eine antike Fabel zurück, die sich bei CICERO, VALERIUS MAXIMUS u. a. findet und die Sir Thomas ELYOT 1531 in sein *Boke Named the Gouvernour (Das Buch vom Herrscher)* aufgenommen hatte. Mit der Wahl dieses Vorwurfs kam Edwards sowohl den durch den englischen Humanismus geweckten gelehrten Zeitinteressen als auch den ethisch-moralischen Tendenzen der Reformation entgegen. Die in Deutschland vor allem durch SCHILLERS etwas abweichende Darstellung in der Ballade *Die Bürgschaft* bekannte Haupthandlung des Stückes ist folgende: Die beiden Freunde Damon und Pythias besuchen Syrakus. Damon wird wegen eines angeblichen hochverräterischen Anschlags auf Dionys, den Tyrannen der Stadt, zum Tode verurteilt. Es wird ihm jedoch eine zweimonatige Frist zur Regelung seiner Angelegenheiten zugestanden, nachdem sich Pythias als Bürge für den Freund angeboten hat. Damon kehrt erst in letzter Minute zurück; er und Pythias streiten sich auf dem Richtplatz um das Vorrecht, für den anderen sterben zu dürfen. Dionys ist bewegt, begnadigt Damon und bittet um Aufnahme in den Freundschaftsbund. Edwards entschloß sich, eine Tragödie mit glücklichem Ausgang und komischen Elementen zu schreiben, nachdem sein voriges – uns nach Titel und Inhalt unbekanntes – Stück nicht so recht, *Gorboduc* (1562) von NORTON und SACKVILLE aber um so mehr bei Hofe gefallen hatte. Mit dramaturgischem Geschick machte er aus der dürren antiken Fabel ein farbiges Gemälde des Tyrannenhofes. Indem er neben die Haupthandlung eine straffe Nebenhandlung stellte (die selbstsüchtigen Bemühungen des Carisophus um Aristippus), schuf er Kontrast und Rahmen zugleich. Zur Einheit der Handlung tritt die des Ortes – Syrakus – und die der Zeit. Wenn sich das Geschehen auch auf drei Tage verteilt, wobei zwischen dem ersten und dem zweiten eine Spanne von zwei Monaten liegt, so ist diese Zäsur doch so geschickt überspielt, daß sie dem Zuschauer nicht bewußt wird. Edwards ging noch einen Schritt weiter: Er eliminierte die traditionelle komische Figur des *Vice* (Bösewichts). Die dadurch erzielte Geschlossenheit der Handlung ist auffallend im Vergleich mit zeitgenössischen Stücken, die – wie die *Interludes* – nur aus zusammenhanglosen Szenen bestehen oder in denen – wie in *Appius and Virginia* (anonym) – die Fabel durch beziehungslose Auftritte des *Vice* zerstückelt wird. Bei Edwards sind selbst die komischen Szenen funktionell mit der Haupthandlung verbunden, und der Verzicht auf die Figur des *Vice* ist ein Ansatz dazu, die Entwicklung des Geschehens aus dem Charakter des Tyrannen selbst zu erklären.

Die Sprache des Stückes ist ungewöhnlich frei von gelehrten und gesuchten Latinismen, wie das zeitgenössische »akademische« Theater sie liebte; sie lehnt sich in Diktion und idiomatischer Prägung deutlich an die Volkssprache an. Unterstützt wird die Natürlichkeit, Kraft und Würde der Sprachbehandlung durch die Wahl des Versmaßes. Während die Zeitgenossen in alternierenden Zwölf- oder Vierzehnsilbern bzw. in Anapästen schrieben, entging Edwards dem metrischen Korsett, indem er eine Art von paarweise gereimten Prosazeilen (mit gelegentlichen Waisen) verwandte, die aus acht bis zwanzig Silben bestehen. Daß hier Absicht, nicht Unfähigkeit vorlag, zeigt die Leichtigkeit, mit der er in seiner Lyrik über Versmaße verfügt.

Der große Erfolg des Stückes beim zeitgenössischen Publikum hängt sicher auch damit zusammen, daß der Autor es verstanden hat, einerseits aus dem – erstarrten – lateinischen Theater der englischen Universitäten formale Qualitäten, andererseits aus dem – formlos gewordenen – Theater der öffentlichen Truppen und des höfischem Amüsements lebendige Farbigkeit zu übernehmen. Was dem Stück gegenüber dem zwei Jahrzehnte später durch LYLY, PEELE, KYD, MARLOWE und schließlich SHAKESPEARE zur Blüte gelangten elisabethanischen Schauspiel noch fehlt, ist vor allem eine über den Ansatz hinausgehende Charakterzeichnung. M.W.

AUSGABEN: Ldn. 1571. – Edinburgh 1908 (Faks. der Ausg. 1571; Tudor Facsimile Texts). – Ann Arbor/Mich. 1949 [recte 1950], Hg. J. L. Jackson. – Oxford 1957, Hg. A. Brown u. F. P. Wilson (The Malone Society Reprints). – NY 1980 (*Damon and Phitias: A Critcal Old-Spelling Ed.*, Hg. D. J. White).

LITERATUR: B. Leicester, *R. E. and Early Court Drama*, Diss. Yale Univ. 1926. – L. Bradner, *The Life and Poems of R. E.*, New Haven 1927. – L. J. Mills, *Some Aspects of R. E.' »Damon and Pithias«* (in Indiana University Studies, 14, 1927, Nr. 75). – W. A. Armstrong, *The Sources of »Damon and Pithias«* (in NQ, N. S., 3, 1956, S. 146–147). – Ders., *»Damon and Pithias« and Renaissance Theories of Tragedy* (in ES, 39, 1958, S. 200–207). – A. Holaday, *Shakespeare, R. E., and the Virtues Reconciled* (in JEGPh, 66, 1967, S. 200–206). – J. E. Kramer, *»Damon and Pithias«: An Apology for Art* (in ELH, 35, 1968, S. 475–490). – F. Guinle, *Concerning a Source of R. E.'s »Damon and Pithias«* (in Cahiers Elisabéthains, 30, 1986, S. 71 f.).

JOAQUÍN EDWARDS BELLO

* 10.5.1887 Valparaíso / Chile
† 19.2.1968 Santiago de Chile

LITERATUR ZUM AUTOR:
E. Coll, *Chile y los chilenos en las novelas de J. E. B.*, Havanna 1947. – A. Torres Rioseco, *Grandes novelistas de la América Hispana*, Los Angeles/Berkeley 1949. – G. Bellini, *La protesta nel romanzo ispanoamericano del novecento*, Mailand 1957. – J. Orlandi Araya u. A. Ramírez Cid, *J. E. B.*, Santiago de Chile 1958 [m. Bibliogr.]. – R. Silva Castro, *J. E. B. y Daniel de la Vega, prosistas chilenos* (in Revista Hispánica Moderna, 34, 1968).

EL CHILENO EN MADRID

(span.; *Der Chilene in Madrid*). Sittenroman von Joaquín EDWARDS BELLO (Chile), erschienen 1928. – Neuerworbener Reichtum hat die beiden Chilenen Pedro Wallace Plaza und Julio Assensi zu einer Vergnügungsreise nach Europa veranlaßt. Pedro hofft, in Madrid seinen Sohn und dessen Mutter wiederzufinden, die er vor fünfzehn Jahren, bald nach der Geburt des Kindes, heimlich verlassen hatte, weil er die Lebensbedingungen in seiner chilenischen Heimat für besser hielt. Nachdem sie anfangs noch Briefe gewechselt hatten, verlor er später jede Verbindung zu ihnen. Pedro mietet sich in Madrid in der billigen Familienpension von Julios kleinbürgerlichen Verwandten ein, während der reichgewordene Julio sich seiner Verwandtschaft schämt und in ein luxuriöses Hotel zieht. Pedro fühlt sich von der Atmosphäre der Pension und dem Leben in der spanischen Hauptstadt sofort angezogen, und schon bald ist er in die Familie des Hauses aufgenommen. Er faßt eine Zuneigung zu Carmencita, der Tochter der Wirtin, doch auch die Erinnerung an Dolores, die Mutter seines Sohnes, die für ihn die Frau aus dem Volke verkörpert, bleibt in ihm lebendig, und unermüdlich sucht er nach den beiden Verlorenen. Kurz bevor es zur Heirat mit Carmencita kommt, findet Pedro Dolores und seinen Sohn wieder. Er beginnt mit ihnen ein neues Leben, Carmencita verläßt ihn.

Der Aufbau des Romans wird bestimmt durch die lockere Folge von Erlebnissen und Eindrücken der Hauptgestalt Pedro. Edwards Bello gibt in den Beschreibungen Lissabons und Madrids eigene Reiseerlebnisse wieder. Wiederholte Exkurse über die spanische Frau und eingeschobene pseudophilosophische Unterhaltungen mindern eher den eigentlichen Reiz des Romans, der in der Zeichnung des Milieus liegt. Der Autor schildert es aus der Sicht des Touristen, humorvoll, gelegentlich nicht ohne satirische Schärfe. Gesellschaftskritik übt er nur dort, wo er die Darstellung chilenischer Verhältnisse einflicht. (Die sozialkritische Absicht kennzeichnet ja auch seine in Chile spielenden Romane.) Die Stärke des Verfassers liegt in der Beschreibung des Lebens der »kleinen Leute« und des niederen Volkes bis zu den Verbrechern, und in der klaren Zeichnung der Nebenfiguren: der Wirtin Doña Paca, des Dienstmädchens Angustias, des Priesters, des Spielers Mandujano, des Taschendiebes Curriquiqui – Gestalten, wie sie ähnlich und in ähnlicher Funktion schon in Madrider Romanen der spanischen Autoren PÉREZ GALDÓS und BAROJA auftauchten, deren Vorbild in diesem Roman spürbar wird. H.Mo.

AUSGABE: Santiago de Chile 1928.

EL ROTO. Novela chilena, época 1906–1915

(span.; *Der Strolch. Chilenischer Roman, Zeitraum 1906–1915*). Roman von Joaquín EDWARDS BELLO (Chile), erschienen 1920. – Das Substantiv *el roto* (der Zerlumpte) bezeichnet in Chile den Angehörigen der Unterschicht, jener fluktuierenden, asozialen Elemente der Großstädte, für die MARX den Begriff »Lumpenproletariat« prägte. Edwards sucht in seinem Werk nach dem Beispiel ZOLAS die positivistischen Theorien über die rein physischen Ursachen der Gefühle und den Einfluß von Milieu und Vererbung auf Charakter und Gesinnung des Menschen an den Handlungen und Schicksalen der Romangestalten zu veranschaulichen.

Held dieses Buchs ist Esmeraldo, der Sohn Clorindas, der Besitzerin des Bordells »La Gloria« (Zur Seligkeit). Aufgewachsen am Rande jeder Moral und Gesittung, erblich belastet und kränklich, lebt er zwischen Verbrechen und Laster ohne andere Gedanken und Wünsche zu kennen als Alkohol, Glücksspiel und Weiber. Er bringt es bis zum Besitzer einer Spielhölle und Chef einer Bande von Raufbolden, Dieben und anderen Verbrechern in »Estación Central«, dem verrufensten Viertel Santiagos, wo es von Freudenhäusern und Spielhöllen, übel beleumdeten Tanzlokalen und Kneipen wimmelt und das im übrigen aus Elendsquartieren und häßlichen Mietskasernen besteht. »Conventillos« (Klösterchen) nennt man zynisch die einen, »Cités« (»Cities«) die anderen. In der Schilderung dieser Welt des Elends und des Lasters setzt sich Edwards mit einer in der chilenischen Literatur bis dahin unbekannten Aufrichtigkeit über alle gesellschaftlichen und literarischen Tabus hinweg. Dabei schildert er nicht nur den physischen und moralischen Schmutz, die Verkommenheit, die Kinder- und Jugendkriminalität der Unterschicht, sondern er klagt die bestehende Gesellschaftsordnung an: die Großbourgeoisie, der er selbst entstammt und die er als faul, dekadent und unproduktiv schildert, das mittlere Bürgertum, das in Heuchelei erstarrt ist, Kirche und Geistlichkeit, die er als Steigbügelhalter der Reichen und Mächtigen entlarvt, die bestechlichen und dummen Politiker.

Als literarisches Werk hat *El roto* unterschiedliche Beurteilung erfahren. Obgleich das zwei Jahre früher erschienene Werk *La cuna de Esmeraldo*, 1918 (*Die Wiege Esmeraldos*), als Vorarbeit zu *El roto* gelten kann und dieser Roman erst in der vierten Auflage (1927) seine endgültige Gestalt erhielt, zeigt er doch alle Mängel des naturalistischen *roman expérimental*, ohne die erzählerische Gewalt eines Zola je zu erreichen. Wenn trotzdem *El roto* Edwards' bester Roman und einer der besten der hispanoamerikanischen Literatur genannt worden ist (Zum Felde), so vor allem deshalb, weil er Epoche gemacht und andere Schriftsteller, z. B. Manuel ROJAS SEPÚLVEDA (1896–1973) oder Carlos SEPÚLVEDA LEYTON (1894–1944), zu Meisterwerken des chilenischen Romans ermutigt hat, die ebenfalls den *roto*, das Großstadtproletariat und das Leben in den Slums zum Gegenstand haben.   A.F.R.

AUSGABEN: Paris 1918 (Teilausg. u. d. T. *La cuna de Esmeraldo. Observaciones y orientaciones americanas, preludio de una novela chilena*). – Santiago de Chile 1920 [Vorw. V. Blasco Ibáñez]; ⁴1927. – Santiago de Chile 1968. – Santiago de Chile 1971 (in *Obras escogidas*, Hg. F. Coloane).

LITERATUR: A. Zum Felde, *La narrativa en Hispanoamérica*, Madrid 1964. – *La novela hispanoamericana: descubrimiento e invención de América*, Hg. R. Vergara, Valparaíso ⁴1973. – C. Goic, *La novela chilena*, Santiago de Chile 1976.

VALPARAÍSO, CIUDAD DEL VIENTO

(span.; *Valparaíso, Stadt des Windes*). Roman von Joaquín EDWARDS BELLO (Chile), erschienen 1931. – In diesem 1943 in umgearbeiteter Fassung unter dem Titel *En el viejo Almendral* (*Im alten Stadtviertel Almendral*) erschienenen Werk vermischt Edwards Bello mehr noch als in seinem zuvor veröffentlichten Roman *El chileno en Madrid* (1928) Eigenes und Fremdes, Autobiographisches, Familienchronik und die Geschichte einer Stadt.

Der Titel der Erstausgabe, *Valparaíso, ciudad del viento*, weist auf eine klimatische Eigentümlichkeit der bedeutendsten chilenischen Hafenstadt hin, in der häufig der Nordsturm heulend durch die Straßen fegt, an Fenstern, Türen und Wellblechdächern rüttelt, Wolken von Staub aufwirbelt, die wie Nebelwolken aussehen. Aber der Wind ist nicht nur das Sinnbild Valparaísos, sondern auch das des eigenen unsteten Lebens dieses Autors. Sein Roman spielt um die Jahrhundertwende, zu einer Zeit, als Valparaíso, vor der Eröffnung des Panamakanals, seine höchste wirtschaftliche Blüte erlebte, die in erster Linie ein Werk der Familie Edwards war. Mitglieder dieses mächtigen Familienclans – Bankiers, Versicherungsleute, Handelsherren, Industriebarone, Abgeordnete, Bürgermeister und Großgrundbesitzer, deren Ländereien große Teile der Provinzen Valparaíso und Aconcagua einnehmen – erscheinen in Bellos Roman unter verändertem Namen, aber mit kaum veränderter Biographie. Doch liegt nicht in der Schilderung dieser typischen Vertreter der chilenischen Gründerzeit die eigentliche Stärke dieses Autors, der in der Gesellschaftsschicht, die sie repräsentieren, echte menschliche Substanz und Lebensfülle vermißte. Seine Vorliebe gilt Charakteren und Typen der mittleren und unteren Schichten, die er im Hafenviertel der Stadt mit seiner von Abenteuer, Verderbtheit und salzigem Meergeruch erfüllten Luft oder in dem Armenviertel El Barón, wo wimmelndes Leben, Armut, Laster und Schmutz zu Hause sind, findet. In der locker gefügten Folge von Ereignissen, Eindrücken, Charakter- und Sittenbildern, in die pseudophilosophische Exkurse über Themen der verschiedensten Art eingeflochten sind, zeigt sich Edwards Bello zwar nicht als tiefer, aber als scharfer Beobachter, der das Typische und

Bezeichnende sicher aufzuspüren weiß. Seine ungekünstelte, in der Auswahl der Worte ebensowenig zimperliche wie in der Handhabung der syntaktischen Mittel sichere, geniale Sprache fließt rasch und leicht dahin, belebt die unscheinbarsten Begebenheiten und Dinge und gestaltet sie zum Erlebnis. Kindheits- und Jugenderinnerungen, Charaktere und Typen, Ereignisse, Szenen, Bilder von Straßen, Gebäuden und Plätzen folgen, scheinbar kunterbunt vermischt, aufeinander, verbinden sich aber zu guter Letzt zur Einheit eines impressionistischen Gemäldes. A.F.R.

AUSGABEN: Santiago de Chile 1931. – Santiago de Chile 1943 *(En el viejo Almendral)*. – Santiago de Chile 1963. – Santiago de Chile 1971 (in *Obras escogidas*, Hg. F. Coloane). – Valparaíso 1974 *(Valparaíso y otros lugares: crónicas*, Hg. L. A. Lagos).

FREDERIK VAN EEDEN

* 3.4.1860 Haarlem
† 16.6.1932 Bussum

DE BROEDERS

(ndl.; *Die Brüder*). Symbolistisches Trauerspiel in sechzehn Aufzügen von Frederik van EEDEN, erschienen 1894. – Das kolossale Lesedrama, das im Untertitel als »*Tragödie des Rechts*« bezeichnet wird, stellt eines der merkwürdigsten Stücke des europäischen Symbolismus dar. Elemente aus den mythologischen Allegorien des *Faust II* von GOETHE, historische Szenenbilder, mystische Erlösungsprobleme, kosmische Satire und Vaudeville-Dialoge ballen sich zum Konglomerat eines ethischen Gesamtaspektes der Welt. Es soll gezeigt werden, daß jeder Berufung eines Handelnden auf sein Recht unweigerlich die göttliche Verdammnis folgt, weil Gott ein Recht der »Gnade« spricht, das nur er selbst versteht. Sein »Bruder« Satan weist dies – ohne etwa wie bei Hiob und Faust einzugreifen – an einem »*besonders schönen Exemplar*« menschlichen Geschicks auf einer der zahllosen Erden im unendlichen All nach (»*Endlos die Möglichkeiten der Variation, endlos auch die Möglichkeiten der Wiederholung, doch keine Variation absolut gleich*«): »*Ich richte nur den Blick der Himmlischen/ Auf eine Serie irdischen Geschehens,/Damit sie sehen, wie's unverdorbne Herz/Vor lauter Lieb' und Demut zu dem höchsten/Mit offnem Aug' und freiem Willen stracks/Zu mir strebt, der es liebevoll empfängt.*«
Für diese Demonstration wählt Satan den Zwist zwischen Peter dem Großen und seinem Bruder Iwan um Eudoxia und die Zarenkrone, und zwar nicht die historische Begebenheit, sondern eine bestimmte Variante aus den unendlichen Permutationen, die sich auf einer 200 Lichtjahre von der göttlichen Residenz entfernten Schwester-Erde abspielt. Diese wird zum Zeitpunkt der Haupthandlung (Gegenwart) wie ein Panoptikum betrachtet und wird von Akt zu Akt von den Betrachtern interpretiert (mit diesen naiv-naturalistischen Karikaturen der transzendenten Sphäre verspottete der Autor die allgemeinen Vorstellungen der Epoche). In der symbolischen Konstellation sind drei mögliche Formen des Rechts vertreten: in Peter das Recht des Stärkeren, in Iwan das Recht des Idealisten und in Eudoxia das Recht der liebenden Selbstaufopferung. Gleichzeitig sind diese drei vermenschlichte Transformationen von Gottvater, Satan und Gottsohn. In dem Augenblick, als die Seele Eudoxias trotz ihres denkbar lauteren Selbstmordes (sie gibt sich den Tod, um Iwan vor seinem Bruder zu retten) auf der göttlichen Waagschale als zu leicht befunden wird, führt Gottvater selbst den Opfertod seines Sohnes ad absurdum. Gottvaters Liebe entpuppt sich in der Katastrophe als begrenzt, und sein monomanes Kreisen um den nur ihm verständlichen Rechtsbegriff *(»Außerhalb von mir ist Hölle«)* treibt seinen Sohn, gefolgt von den himmlischen Heerscharen, in Satans Reich hinab zu jenen, »*die doch auch selig werden wollten, wenn ihnen Kraft und Kenntnis vergönnt war*«. Jesus dringt zu den von Dämonenspuk umtanzten Katafalken der toten Brüder Peter und Iwan vor, und mit ihm greift – durch ihr Medium Eudoxia – die von Gottvater unabhängige wissende Liebe ein, um die toten Brüder samt allen anderen in ihr Reich zu führen:
»*Vox Filii: Diese brach für so Schwache doch den Weg durch des Todes Wände.*
Vos Matris: Quia respexit humilitatem ancillae suae.«
Die etwas glatte Lösung der Konflikte – wobei die Rolle Gottvaters unmotiviert, die des Sohnes wenig motiviert erscheint – läßt die anfänglich scharf durchdachte Erlösungsproblematik in einem sehr esoterischen, mystischen Gefühlsengagement enden, das selbst aus den Komplikationen in van Eedens persönlichem Religionserlebnis (er konvertierte später zum Katholizismus) vergeblich zu deuten versucht wurde. Aber trotz dieses Mangels an ideeller Substanz verleihen die funkelnde Diktion der kosmischen Lyrik und die groteske Gegenüberstellung von Hymnischem und kaltschnäuzig Sarkastischem in den Repliken Satans dem Werk einen bleibenden Wert. W.Sch.

AUSGABEN: Amsterdam 1894. – Amsterdam 1912 *(Broederveste)*. – Amsterdam 1939.

LITERATUR: L. J. M. Feber, *F. v. E.s outwikkelingsgang*, Herzogenbusch 1922. – M. J. Leendertse, *F. v. E.* (in Christelijke Letterkundige Studien, 4, 1927). – G. Kalff Jr., »*De broeders*« (in G. K., *Psychologie van den tachtiger*, Groningen 1927, S. 107–126). – *Liber amicorum. F. v. E. ter gelegenheid van zijn 70. verjaardag*, Amsterdam 1930. – *Mededelingen van het F. v. E.-genootschap*, Amsterdam 1935–1941. – A. Verwey, *F. v. E.*, Santpoort 1939, S. 117–127 u. ö. – W. J. Simons, *F. v. E.*,

Amsterdam 1960. – J.M. Welcken, *Walden 1898–1907. De geschiedenis van een alternatieve gemeenschap* (in J. M. W., *Heren en arbeiders*, Amsterdam 1978). – H. W. van Tricht, *F. van E., denker en strijder*, Utrecht 1978 [zugl. Diss. 1934]. – M. Baeck, *Omtrent de sociale ideéndrama's van E. v. F.*, Gent 1982.

GEORGES EEKHOUD

* 27.5.1854 Antwerpen
† 28.5.1927 Brüssel

LITERATUR ZUM AUTOR:
H. van Puymbrouck, *G. E. en zijn werk*, Antwerpen/Amsterdam 1914. – M. Bladel, *L'œuvre de G. E.*, Paris 1922. – G. Rency, *G. E., l'homme et l'œuvre*, Brüssel 1942. – J. Deladoès, *E. romancier*, Brüssel 1956. – G. Vanwelkenhuysen, *Vocations littéraires*, Genf 1959. – P. Pelckmans, *Les faneuses d'amour. Notes sur quelques aspects de la mythologie romanesque de E.* (in Revue belge de philologie et d'histoire, 57, 1979, S. 637–656).

ESCAL-VIGOR

(frz.; *Ü: Escal Vigor*). Roman in drei Teilen *(Les anomalies de Kehlmark, Les sacrifices de Blandine, La kermesse de la Saint-Olfgar)* von Georges EEKHOUD (Belgien), erschienen 1899. – Die Handlung spielt im imaginären Königreich Kerlingalande. Dieses Land ist »*halb germanisch und halb keltisch*« und liegt im Bereich der »*traumhaften und heroischen Nordmeere*«. Auf der Insel Smaragdis lebt der junge Deichgraf Henry de Kehlmark auf seinem Schloß Escal-Vigor. Seit Jahren bekämpft er seine homoerotischen Neigungen. Nun glaubt er, in der aus einfachsten Verhältnissen stammenden Blandine eine ideale Geliebte gefunden zu haben. Auf einem großen Fest verliebt sich Claudie Govaertz, eine ehrgeizige Bauerntochter von großer Schönheit, in den melancholischen Grafen und verfolgt ihn mit ihrer Leidenschaft. Sie ist fest entschlossen, Deichgräfin zu werden, und versteht nicht, warum der Graf ihr so beharrlich ausweicht. Dieser fühlt sich von Claudies halbverwildertem, scheuem Bruder Guido, einem Hirtenjungen, unwiderstehlich angezogen. Claudie hegt die trügerische Hoffnung, daß die häufigen Besuche Kehlmarks ihr selbst gelten. Guido folgt dem Deichgrafen schließlich auf sein Schloß, wo er Unterricht, vor allem in den schönen Künsten, erhält und sich immer enger an den geliebten Wohltäter anschließt. Henry de Kehlmark ist glücklich. Sein Vorbild ist der *berger du feu* (Feuerhirte), der ebenfalls die Liebe unter Männern verteidigte und nach der Legende vom Blitz erschlagen wurde. »*Dieser Sünder wies jede Entscheidung zwischen seinem Gewissen und der Masse zurück.*« Die Anwesenheit Blandines, die trotz allem den Grafen liebt, rettet die Männer vor einem Skandal. Als aber Claudie die Wahrheit erfährt und sich von ihrem Bruder verdrängt fühlt, schlägt ihre Leidenschaft für Kehlmark in Haß um. Sie hetzt ihre Freundinnen auf, und diese fallen bei der nächsten Kirchweih über Guido her, wie einst die Mänaden über Orpheus. Als ihm der Graf zu Hilfe eilen will, verfolgen und morden sie auch ihn. Sterbend werden die Freunde nach Escal-Vigor gebracht, wo Blandine, allein mit ihrem Schmerz, die Totenwache hält.
Bemerkenswert an diesem oft ins Melancholische, Sentimentale, ja Triviale abgleitenden Roman ist die eindrucksvolle Darstellung von Kehlmarks Kampf gegen seine Veranlagung. (»*Ich schwankte zwischen Mutlosigkeit und Revolte, und du wirst meine sonderbaren Launen, meine Verschwendungssucht, meine Exzesse, meinen halsbrecherischen Wagemut verstehen. Ja, ich suchte immer Vergessen und mehr als einmal den Tod.*«) Eekhouds Prosa ist wohlklingend, stellenweise mystisch verbrämt; sein Phantasieland trägt die Kennzeichen des Scheldelandes, seiner Heimat. R.B.

AUSGABEN: Paris 1899. – Paris 1900. – Paris 1982.

ÜBERSETZUNG: *Escal Vigor*, R. Meienreis, Lpzg. 1903.

LITERATUR: Rachilde, »*Escal-Vigor*« (in MdF, Febr. 1899, S. 466–468). – E. Demolder, »*Escal-Vigor*« (in Art Moderne, 1899, S. 83). – B. Woodbridge, *Une protestation (au sujet des poursuites contre* »*Escal-Vigor*«*)* (in MdF, April 1900, S. 848 bis 849; Okt. 1900, S. 287/288). – J. Detemmerman, *Le procès d'*»*Escal-Vigor*« (in Revue de l'Université de Bruxelles, 4/5, 1984, S. 141–169).

LA NOUVELLE CARTHAGE

(frz.; *Ü: Das neue Karthago*). Roman in drei Teilen *(Régina; Freddy Béjard; Laurent Paridael)* von Georges EEKHOUD (Belgien), erschienen 1888, ausgezeichnet mit dem Preis der Académie de Belgique. – Laurent Paridael, der früh seine Eltern verloren hat, verliebt sich in Régina Doubouziez, die schöne, stolze Tochter seines Vormunds. Doch als mittelloser Bewerber wird er von dem reichen Antwerpener Kerzenfabrikanten mitleidlos aus dem Haus gewiesen. Gina heiratet den vermögenden Reeder Freddy Béjard, einen skrupellosen Ausbeuter, obwohl ihre Neigung Theodor Bergmans gilt, einem Getreidehändler und mutigen Führer einer demokratischen Partei. Sein Ziel ist der Kampf gegen eine Schicht emporgekommener Geschäftsleute, die während des Deutsch-Französischen Kriegs hohe Gewinne machen konnten. Als typischer Vertreter dieser amoralischen Geldaristokratie erscheint Ginas Mann, der einer Versicherungssumme wegen ein überholungsbedürftiges Schiff vom

Stapel läßt und den Tod aller Fahrgäste verschuldet. Als Béjard nach einer Explosion in einer Munitionsfabrik, in der er Kinder beschäftigt, vor seinen aufgebrachten Arbeitern fliehen will, zerrt ihn der haßerfüllte Laurent zurück in die Flammen, und beide finden den Tod.
Hinter den tragenden Gestalten des Romans tritt als eigentliche Hauptfigur die Stadt Antwerpen hervor, deren Brennpunkte – Hafen, Börse, Prostituiertenviertel – die gleichen »*faszinierenden und vernichtenden Formen des modernen Moloch*« (R. Minder) annehmen wie die Markthallen in ZOLAS *Ventre de Paris* (1873). Der Vergleich mit der antiken Handelsstadt Karthago impliziert ein moralisches Werturteil. Reichtum und Korruption, wirtschaftlicher Aufschwung und Blindheit für menschliches Elend erzeugen in Paridael – mit ihm identifiziert sich der Autor weitgehend – einen prophetischen, den Untergang einer sündhaften Welt beschwörenden Haß, der seine Wurzel in sozialem Mitleid und entschiedenem Engagement für die Entrechteten hat. KLL

AUSGABEN: Brüssel 1888. – Brüssel 1893 [endg. Fassg.]. – Paris 1914. Nachdr. Genf 1982.

ÜBERSETZUNG: *Das neue Karthago*, T. Kellen, Lpzg. 1917.

LITERATUR: E. Verhaeren, *G. E.* (in Romanische Bibl., 11, 1896, S. 107–109). – M. Wilmotte, *G. E.* (in Revue Belge, 1912, S. 714–717). – H. Pulaille, *G. E.* (in Revue Européenne, 5, 1927, S. 529–532). – N. van Cant-Jansen, *E., transschrijvend Vlaming* (in De Vlaamse gids, 44, 1960, S. 779–791; m. Bibliogr.). – R. Minder, *Paris in der französischen Literatur* (in R. M., *Dichter in der Gesellschaft*, Ffm. 1966, S. 313 ff.). – K. Wauters, *De stad als maatschappelijk brandpunt. »La nouvelle Carthage« van E.* (in Dietsche warande en belfort, 127, 1982, S. 430–439).

RUSTAM EFFENDI

* 13.3.1903 Padang
† 24.5.1979 Djakarta

BEBASARI

(indon.; *Bebasari*). Das erste nach westlichem Vorbild verfaßte Versdrama von Rustam EFFENDI, erschienen 1926. – Dieses Werk aus der Frühzeit der modernen indonesischen Literatur lehnt sich thematisch eng an das indische Epos *Rāmāyana (Raub Sītās durch den Dämonenkönig Rāvana und die Befreiung durch ihren Gatten, den göttlichen Helden Rāma)* an. Gleichnishaft in das Gewand einer sagenhaften Liebesromanze gehüllt, propagiert *Bebasari* die Idee des Freiheitskampfes und der nationalen indonesischen Revolution.
Bebasari, die Tochter des Edlen Sabari, verkörpert die Freiheit Indonesiens, ihr Vater das mutlose, an sich selbst verzweifelnde Volk. Nachdem der Despot Rawana, der sinnbildhaft die holländische Kolonialherrschaft vertritt, durch seine Sterndeuter erfahren hat, daß das Schicksal den Prinzen Budjangga (Symbol des Freiheitskampfes), den Sohn des von ihm unterjochten Fürsten Takutar, zum künftigen Gemahl Bebasaris auserkoren hat, läßt er diese ins Verlies werfen. Zum Mann herangereift, erblickt Budjangga seine künftige Gemahlin im Traum und wird von sehnsüchtiger Liebe zu ihr ergriffen. Nach mannigfachen Fährnissen gelangt der Prinz zum Schloß Rawanas, besiegt den Despoten, befreit Bebasari und wird mit ihr für immer vereint.
Abgesehen von seinem Charakter als »Freiheitsdichtung« hat das Drama der späteren indonesischen Literatur nachhaltige Anregungen gegeben. In *Bebasari* durchbricht Rustam Effendi kühn die Schranken der bisher ausschließlich gepflegten, konventionell erstarrten und blutlosen klassischmalaiischen Dichtung. Er ersetzt *sjair* und *pantun* durch neue – selbstgewählten, festen metrischen Gesetzen folgende – literarische Formen. Den Schritt zur freien und ungebundenen Poesie, die so kennzeichnend für die Dichtergeneration nach dem Zweiten Weltkrieg (»Angkatan 45«) ist, wagt er jedoch nicht. Indem alle Möglichkeiten der neuen Nationalsprache – Bahasa Indonesia – ausgeschöpft werden, erstehen in *Bebasari* Verse von mitreißender klangmagischer Wirkung des kraftvollen, funktionsgeladenen Wortes, das die inhaltslosen Füllwörter der altmalaiischen Dichtung verdrängt. O.K.

AUSGABE: Balai Pustaka 1926.

LITERATUR: A. Teeuw, *Roestam Effendi* (in *Pokok dan Tokoh, Jajasan Pembangunan*, Djakarta 1952).

PERTJIKAN PERMENUNGAN

(indon.; *Gedankensplitter*). Einzige Gedichtsammlung (63 Gedichte) von Rustam EFFENDI, erschienen 1925. – Rustam Effendi, ein Vorkämpfer der modernen indonesischen Literatur, rechtfertigt in einem eigens beigefügten Vorwort den unveränderten Neudruck der *Gedankensplitter* im Jahre 1953, das interessante Aufschlüsse über die damaligen, mehr als 25 Jahre zurückliegenden Intentionen des Dichters vermittelt. Obwohl zur gleichen Zeit und unter den gleichen Umständen wie das Versdrama *Bebasari* geschrieben, weisen beide Werke erhebliche Unterschiede hinsichtlich der Form und des Inhalts auf. Beide stehen im Dienste des Freiheitskampfes Indonesiens gegen die holländische Kolonialherrschaft. Aber während im *Bebasari*, wie es im Vorwort zum *Pertjikan Permenungan* wörtlich heißt, »*die Stimme der geknechteten* und unterdrückten Freiheit laut und stark zu vernehmen ist«, so daß das Drama bei den Kolonialbehörden erhebliches Mißfallen erregte, sah sich Rustam Effendi um seiner persönlichen Sicherheit willen dazu gezwungen, nunmehr in den »geistigen Untergrund« zu gehen. Er verhüllt durch Anwendung von stilistischen Mitteln, wie z. B. Metaphern, die Aussage, die nur dem einheimischen Leser verständlich ist. Oder mit den Worten des Dichters: *»Die Stimme der Freiheit wird in das Gewand der Liebe gekleidet. Das ›Heldentum‹ des ›Bebasari‹ erscheint nun als ›Erotik‹ und ›Romantik‹.«* So wird Dewi Asmara, die Göttin der Liebe, beschworen. Nachdem sie dem Dichter im Traum flüchtig erschienen ist, sucht er sie mit drängender Seele überall vergebens, doch *»tief im Herzen verborgen bleibst Du mein heimlicher Gedanke«*. In immer neue Bilder (der Stern in der Dunkelheit, die Strahlen der Sonne) kleidet der Dichter den Ruf an das Gewissen seiner Landsleute, die Fahne der Freiheit hochzuhalten. Als einer der ersten modernen indonesischen Dichter, im Bunde mit Mohammed YAMIN (1903 bis 1962) und Sanusi PANÉ (* 1905), hat der Autor der indonesischen Literatur in der »Bahasa Indonesia« den Weg eröffnet. *»Obgleich ich«*, so führt er in seinem Vorwort weiter aus, *»die althergebrachten Formen der traditionellen Versdichtung verwarf und gegen die Gesetze und Regeln des ›Pantun‹ und ›Sjair‹ verstieß, so sind doch die Gedichte, die ich verfaßt habe, niemals ›ohne Gesetz‹ und ›unkorrekt‹. Jedes folgt festgesetzten Normen. Das ›Pertjikan Permenungan‹ mag hierfür in höherem Maße als das ›Bebasari‹ zum Beweis dienen.«* Rustam Effendi ist sich seines Ringens um neuen dichterischen Ausdruck bewußt, er weiß um die Unzulänglichkeit seines Experimentierens, indem er versucht, durch Ausschöpfung aller sprachlichen Möglichkeiten das »Pantun« und das »Sjair« auf eine höhere Ebene zu heben. Dies macht uns das Tastende und Unvollkommene einiger seiner Gedichte begreiflich. Eingedenk der Zeitbedingtheit jeglichen dichterischen Schaffens, aber auch im stolzen Bewußtsein, am Bau der indonesischen Dichtung der Neuzeit mitgewirkt zu haben, sagt Rustam Effendi: *»Weil die heutigen Dichter mehr Wert auf den Inhalt als auf die Form und darüber hinaus mehr Wert auf die Form als auf bestimmte Normen legen, wird man die Gedichte des ›Pertjikan Permenungan‹ möglicherweise als ›veraltet‹ und ›manieriert‹ ansehen … Aber für das Studium und die vergleichende Betrachtung der indonesischen Literatur halte ich sie durchaus für geeignet.«* Bereits ein Stück Geschichte der modernen Literatur Indonesiens, hat dieses Werk des Dichters nicht immer die Würdigung erfahren, die es zweifellos verdient.

O.K.

AUSGABE: Djakarta 1925; ²1953.

LITERATUR: B. Raffel, *The Development of Modern Indonesian Literature*, NY 1967, S. 47–55. – A. Teeuw, *Modern Indonesian Literature*, Den Haag 1967, S. 18–20.

EFODI

d.i. Profiat bzw. Profet Duran
* um 1350 wahrscheinlich in Perpignan
† um 1414

AL TEHI KA-AVOTECHA

(hebr.; *Sei nicht wie deine Väter*). Ironische Mahnepistel des spanischen Philosophen, Sprachforschers und Astronomen EFODI. – Anlaß zu der Epistel waren die ab 1391 in Spanien einsetzenden Judenmorde und Zwangstaufen. Trotz ihres satirischen Charakters wurde die Schrift – unter dem verballhornten Titel *Alteca Boteca* – eine Zeitlang zur kirchlichen Propaganda gegen den jüdischen Glauben benutzt, da man die Ironie des Verfassers verkannte und seine Worte für bare Münze nahm. Später allerdings wurde die Schrift in Spanien und andernorts öffentlich verbrannt. Dennoch haben sich Abschriften erhalten. – Die Epistel ist an einen Jugendfreund des Verfassers gerichtet, der ein begeisterter Anhänger des Kirchenfürsten Pablo de Santa Maria (Paulus von Burgos), das heißt der vor seiner Taufe als gelehrter Rabbiner berühmten Salomon HALEVI, geworden war. Der Freund wird nun ironisch gefragt, welchem Papst sich »der Levite« – um den Kardinalshut zu erlangen – wohl anschließen werde: dem römischen oder dem zu Avignon? (Der Erwähnte war Günstling des Gegenpapstes Benedikt XIII.) Der im *Neuen Testament* bewanderte Verfasser weist den Freund darauf hin, daß Jesus und seine Jünger gesetzestreue Juden waren und daß erst *»jener, der wie dein Meister hieß«* die Abkehr von der alten Lehre bewirkte. In sieben Abschnitten wiederholt er die Mahnworte des Titels, die assoziativ zur Buße rufen (im Hinweis auf *Sacharja*, 1, 2–6), und zählt die wichtigsten Grundsätze des Judentums auf. Als Aristoteliker der Maimonidischen Schule betont er die menschliche Erkenntnis der Natur und der Ethik ebenso wie den Gehorsam gegenüber den Religionsgesetzen. In jedem Abschnitt schildert er danach als Gegenstück – jeweils mit den Worten: »Nicht so aber du« beginnend – die dem gläubigen Juden fremden und unverständlichen Dogmen, Sakramente und Bräuche der Kirche. Auch versichert er, daß er selbst seinem Glauben immer treu geblieben sei, und bittet abschließend den Freund, ihm nicht mehr zu schreiben – es sei denn als bußfertiger Jude.

In einem größeren geistesgeschichtlichen Werk, dem im Auftrag seines Freunds und Gönners, des gelehrten aragonischen Kronrabbiners Chisdai Crescas, um 1396/97 verfaßten *Klimat Hagojim (Beschämung der Nichtjuden)*, das ihn zu einem der letzten großen Wortführer des spanischen Judentums machte, nahm er die in der Epistel angeschnittenen Themen nochmals auf und erörterte sie ausführlich.

P.N.

AUSGABEN: Konstantinopel ca. 1577. – 1839 (in Wiss. Zs. für jüdische Theologie, 4, Hg. A. Geiger; m. dt. Übers.). – Bln. 1920 [Neubearb. B. Badt-Strauss].

LITERATUR: F. Baer, *Die Juden im christlichen Spanien*, Bd. 1: *Urkunden und Regesten*, Bln. 1929, S. 799. – R. W. Emery, *Duran* (in JQR, 58, 1967/68, S. 328–337). – C. Sirat, Art. *Duran* (in EJ², 6, Sp. 299–301).

IVAN ANTONOVIČ EFREMOV

* 22.4.1907 Vyrica / Gouvernement St. Petersburg
† 5.10.1972 Moskau

LITERATUR ZUM AUTOR:
Bibliographie:
Russkie sovetskie pisateli. Prozaiki, Bd. 7, Tl. 1, Moskau 1971, S. 256–271.
Biographie:
P. K. Čudinov, *I. A. E.*, Moskau 1987.
Gesamtdarstellungen und Studien:
A. Palej, *Rasskazy i povesti E.* (in Novyj mir, 1956, 11, S. 262–263). – Ju. Rjurikov, *Čerez 100 i 1000 let. Čelovek buduščego i sovetskaja chudožestvennaja fantastika*, Moskau 1961. – E. Brandis u. V. Dmitrevskij, *Čerez gody vremeni. Očerk tvorčestva I. E.*, Moskau-Leningrad 1963. – A. F. Britikov, *Russkij sovetskij naučno-fantastičeskij roman*, Leningrad 1970, S. 220–267. – E. Brandis u. V. Dmitrevskij, *Real'nost' fantastiki* (in Neva, 1972, 4, S. 167–174). – H. Földeak, *Neuere Tendenzen der sowjetischen Science Fiction*, Mchn. 1975, S. 42–61 u. 69–90. – G. B. Grebenschikov, *I. E's Theory of Science Fiction*, NY 1978 [m. Bibliogr.].

TUMANNOST' ANDROMEDY

(russ.; Ü: *Das Mädchen aus dem All*). Wissenschaftlich-phantastischer Roman von Ivan A. EFREMOV, erschienen 1957. – Um das Jahr 3000 befindet sich die kommunistische Weltgesellschaft in der Ära des »Großen Rings«, einer Vereinigung aller intelligenten Wesen der Milchstraße, denen es gelungen ist, Kontakt zueinander aufzunehmen. Die 37. Sternexpedition unter der Leitung von Erg Noor kehrt vom Planeten Sirda im Sternbild des Schlangenträgers, dessen Zivilisation durch atomare Verseuchung vernichtet worden ist, zur Erde zurück. Mit Hilfe des Treibstoffes Anameson erreichen die Raumschiffe fünf Sechstel der Lichtgeschwindigkeit. Den Jahrzehnte dauernden Flug zu benachbarten Fixsternen verbringen die Mitglieder der Mannschaft abwechselnd im Tiefschlaf. Auf dem Rückflug gerät Erg Noors Raumschiff in den Anziehungsbereich eines sogenannten Eisensterns, einer erloschenen, aber noch nicht erkalteten Sonne, und muß auf einem ihrer Planeten notlanden. Die Astronauten entdecken ein verschollenes Raumschiff, dessen Besatzung im Kampf gegen medusenartige Flugtiere, die ihre Opfer durch elektrische Schläge lähmen, umgekommen ist. Bordaufzeichnungen und Treibstoff des verwaisten Schiffes werden von der Expedition geborgen. Bei der Untersuchung eines unbekannten Flugobjekts in der Nähe macht auch sie Bekanntschaft mit den »Medusen«. Es gelingt ihr jedoch, zu entkommen und den Flug zur Erde fortzusetzen.
Dort hat der Ingenieur Mven Mas über das Nachrichtensystem des Großen Rings eine Fernsehbotschaft von dem 280 Lichtjahre entfernten Sternsystem Epsilon Tucanae aufgefangen: Auf dem Bildschirm erscheint ein bildhübsches rothäutiges Mädchen, in das sich Mas sofort verliebt. Zusammen mit dem Physiker Ren Bos sucht er nach einer Möglichkeit, um zu dem schönen Wesen zu gelangen, das längst tot sein muß. Ein heimlich vorbereitetes Experiment scheint zu gelingen: Einen Augenblick lang steht Mas dem Mädchen gegenüber, dann aber reißt der Kontakt ab. Eine furchtbare Explosion zerstört das Observatorium und tötet fast alle Mitarbeiter. Der Rat für Astronautik und Weltbevölkerung diskutiert leidenschaftlich die moralische Seite des Experiments. Mven Mas verzichtet auf seinen Posten und zieht sich zur psychischen Regeneration auf die »*Insel des Vergessens*« zurück. Unterdessen starten neue Raumexpeditionen zu weit entfernten Zielen. Ihre Besatzungen werden die Erde nicht wiedersehen.
Efremovs Roman zeichnet ein detailliertes Bild der kommunistischen Zukunftsgesellschaft, das nicht nur erzähltechnisch dankbare Sujets (Sternexpeditionen und Abenteuer im All), sondern ebenso Gesellschaftsstruktur, Bildungssystem, Forschungsvorhaben und die geschichtliche Entwicklung von der »*Ära der geteilten Welt*« – dem 20. Jh. – bis zur Ära des intergalaktischen Freundschafts-Rings einbezieht. Grundlage der Zukunftsgesellschaft ist die Ökonomie. Der Staat und seine Organe sind abgestorben. Sie werden durch einen »*Wirtschaftsrat*« für Inneres und einen »*Astronautikrat*« für Äußeres ersetzt. Trotz des allgemeinen Wohlstandes und der Überwindung von Ausbeutung und Klassenantagonismus ist die Gesellschaft des »*Großen Rings*« nicht konfliktfrei. Das mißlungene Raum/Zeit-Experiment steht nicht zufällig im Mittelpunkt. Ausführlich werden die sich dabei ergebenden wissenschaftlichen, gesellschaftlichen und moralischen Aspekte erörtert. Die Grenzen zwischen Belletristik, futurologischem Essay und historischer Abhandlung verwischen sich. Die ausführliche und differenzierte Schilderung der gesellschaftlichen Zukunft verleiht dem Roman die Sonderstellung nicht allein in der utopischen Sowjetliteratur. Nach einer ersten Blüte des wissenschaftlich-phantastischen Genres in den zwanziger Jahren (TOLSTOJ, BELJAEV, CIOLKOVSKIJ u. a.) markiert

das Erscheinen des Romans im Jahr des ersten Sputnik den Beginn eines neuen Aufschwungs der Gattung in der Sowjetunion, der bis in die Gegenwart unvermindert anhält. Efremov selbst führte die Konzeption des »Großen Rings« in seinen Romanen *Serdce Zmei*, 1959 *(Das Herz der Schlange)*, und *Čas Byka*, 1970 *(Die Stunde des Stieres)*, fort.

H.Lü.

AUSGABEN: Moskau 1957 (in Technika – molodeži, Nr. 1–10). – Moskau 1958. – Moskau 1965. – Moskau 1975 (in *Sočinenija*, 3 Bde., 1975 ff., 1). – Moskau 1987 (in *Sobr. soč.*, 5 Bde., 3).

ÜBERSETZUNGEN: *Das Mädchen aus dem All*, H. Lorentz u. D. Pommerenke, Bln. 1967. – Dass., dies., Mchn. 1971. – *Andromedanebel*, A. Kienpointer, Mchn. 1983.

LITERATUR: V. Dmitrevskij, Rez. (in Neva, 1958, Nr. 7, S. 205–208). – I. A. Efremov, *Na puti k romanu »Tumannost' Andromedy«* (in Voprosy literatury, 1961, Nr. 4, S. 142–153). – L. Neizvestnych, *»Tumannost' Andromedy«. I. E. i problemy sovetskogo naučno-fantastičeskogo romana* (in Učenye zapiski, Kišinevskij gosud. univ., Bd. 47, 1962, Nr. 1, S. 147–157). – E. Parnov, *Sovr. naučnaja fantastika*, Moskau 1968, S. 77–82.

ARGIRIS EFTALIOTIS

d.i. Kleanthis Michailidis

* 1.7.1849 Molyvos / Insel Lesbos
† 25.7.1923 Antibes / Frankreich

LITERATUR ZUM AUTOR:
K. M. Michailidis, *A. E. I zoï ke to ergo tu*, Athen 1930. – A. Thrilos, *Ellines diïgimatografi, A. E.* (in Nea Estia, 12, 1932, S. 735–741; 813–816). – K. M. Michailidis, *I zoï ke to ergo tu E.* (in Neoellenikà Grammata, 2, 1938, S. 57 ff.). – F. Politis, *A. E.* (in *Eklogì apò to ergo tu*, Bd. 1, Athen 1938, S. 214–220). – L. Politis, *Vivliografia A. E.* (in Nea Estia, 46, 1949, S. 1455–1459). – Th. Stavru, *Psicharis, Pallis, E., Vlastòs*, Athen 1955 (Vasikì Vivliothiki, 26). – *E. ke Pallis, Eklogì apò to ergo tus*, Thessaloniki 1966 [Einf. u. Komm. Th. Stavru].

I MAZOCHTRA

(ngriech.; *Ü: Die Olivensammlerin*). Erzählung von Argiris EFTALIOTIS, erschienen in Fortsetzungen in der Zeitung ›Akropolis‹ 1899, in Buchform 1900. – Die Titelheldin Asimo, eine arme Waise, arbeitet als Olivenpflückerin in einem von Griechen und Türken bewohnten kretischen Dorf. Die Insel hat sich nach dem großen Aufstand von 1866 äußerlich beruhigt; die beiden Volksgruppen leben friedlich nebeneinander, aber stets bereit, beim geringfügigsten Anlaß übereinander herzufallen. Der schönen und herausfordernden Asimo gelingt es, eines Mittags im Ölhain dem reichen Bauernsohn Panagos ein Eheversprechen zu entlocken; aber auf Betreiben seiner Familie, besonders seines älteren Vetters Michalis und dessen Frau, nimmt er es wieder zurück. In ihrer Ehre gekränkt, sinnt Asimo auf die schlimmste Rache: Sie verbreitet das Gerücht, Panagos habe ein Verhältnis mit der Frau seines Vetters. Weder gesunder Menschenverstand noch Panagos' Schwüre und seine öffentliche Beichte vor dem Dorfpriester können nun den Lauf der Dinge aufhalten. Dimitris, der Bruder des Michalis, findet wegen der vermeintlichen Schande für die Sippe keine Ruhe mehr; er zwingt Michalis, seinem Vetter aufzulauern und ihn zu töten. Den Mord schiebt er den Türken zu, und zum Beweis bringt er aus »Rache« einen von ihnen um. Aber Asimo verrät ihn, und noch am selben Tag findet man Dimitris erschossen auf. Jetzt folgt ein Totschlag dem anderen – *»endlos Leichen auf beiden Seiten. Es gab an die fünf Gefallene aus der Familie des Panagos, weitere fünf aus der des Michalis, und neun bei den Türken. Man sah so viele Leute in Schwarz, daß man meinen konnte, die Pest hätte gewütet.«* Die Sache kommt dem Pascha und dem Bischof zu Ohren, und der Beamte, der zur Untersuchung kommt, entdeckt die Ursache des Übels; er verhaftet Asimo und will sie abführen lassen. Doch in dem Augenblick, als sie ohnmächtig im Hof zusammengebrochen ist, trifft sie von fern die Kugel eines Bauern, und sie stirbt.

So sehr Eftaliotis Wert auf eine chronologische Abschilderung der Ereignisse legt, so sprengt das Werk doch den Rahmen der Erzählung und der einfachen »Sittenschilderung« *(ithografia)*. Die zur Rache entschlossene Asimo etwa erscheint von einer dämonischen Kraft besessen: *»eine Schlange, schöngefiedert und tausendfach beweglich ihr Leib, das Auge der Tigerin, das listige Lächeln der Hexe, das Ganze eine Nymphe der Nacht«*, gleichsam die Verkörperung des Bösen, das alle diese friedlichen Menschen in Tod und Verderben treibt. Es ist, als schwebe unsichtbar über Ereignissen und Personen der Erzählung der Zwang eines Schicksals, dem die Menschen gehorchen wie Michalis dem eisigen Blick und der unmenschlichen Stimme seines Bruders, der ihm den Mord befiehlt.

Die besondere Psychologie des kretischen Dorflebens und sein eigentümlicher – im weiteren Sinn jedoch typisch neugriechischer – Charakter werden überaus glaubwürdig erhellt. Die Erzähltechnik ist besser ausgebildet als in Eftaliotis' früheren *Nisiotikes istories (Inselgeschichten)*; die Beschreibungen sind ausgewogener, das Tempo wird mit Absicht verlangsamt (etwa in der Szene der mittäglichen Verzauberung im ersten Kapitel) oder beschleunigt, das Relief der Gestalten und psychischen Zustände genauer herausgearbeitet. Die Sprache, aus dem Stadium der einfachen Gebrauchs-*Dimotikí* herausgewachsen, verwendet neuartige Wortverbindungen und Epitheta. L.P.

AUSGABEN: Athen 1899 (in Akropolis, 21. April bis 1. Mai). – Athen 1900. – Athen 1952 (in *Apanta*, Hg. G. Valetas, Bd. 1).

ÜBERSETZUNG: *Die Olivensammlerin*, A. Steinmetz, Eisenach 1955.

NISIOTIKES ISTORIES

(ngriech.; *Inselgeschichten*). Erzählungssammlung von Argiris EFTALIOTIS, erschienen 1894. In die zweite Ausgabe 1911 hat der Autor weitere, in der Zwischenzeit entstandene Erzählungen aufgenommen. – Das Werk, dessen einzelne Stücke schon seit 1889 in Zeitschriften veröffentlicht worden waren, gehört dem damals in Blüte stehenden »ethnographischen« (sittenschildernden) Genre an. Der Autor, der in der Fremde lebt, bezieht seinen Stoff aus der Erinnerung an die ersten siebzehn Jahre der Kindheit und Jugend, die er im Dorf auf seiner Heimatinsel Mytilene (Lesbos) verbracht hat. Thema seiner Geschichten ist jeweils die Vergegenwärtigung eines Charakters oder eines einfachen Vorgangs, wie etwa in den kurzen *Märchen mit wenigen Worten*. Was der Autor besonders hervorheben möchte, ist die Schönheit des Lebens auf der Insel, sind die ruhigen und einfachen Sitten jener Menschen, vergoldet von der Nostalgie des in die Fremde Verschlagenen. Alle Figuren zeichnen sich aus durch Güte, Großzügigkeit, moralisches Niveau und eine gewisse »Douceur« – um diese Dinge geht es dem Autor mehr als um die Darstellung isolierter Individualcharaktere. Eftaliotis ist kein Anatom der individuellen Psyche, doch gelingt es ihm in seinen Erzählungen, etwas Allgemeineres einzufangen, die Lebenshaltung der einfachen Menschen, ja etwas vom neugriechischen Nationalcharakter. Wenn auch die psychologische Beschreibung bei ihm wenig ausgebildet ist, so hat er doch zweifellos erzählerisches Talent und versteht es, mit den Mitteln der schlichten Erzählung das Interesse zu fesseln. Dazu kommt die durchaus literarische Behandlung der Sprache; seine *dimotikí* (Volkssprache) ist, literarisch bearbeitet, ebenso weit entfernt von der Gespreiztheit, die man oft bei PSICHARIS findet, wie von der rauhen Diktion eines PALLIS (um nur zwei der ihm am nächsten verwandten Schriftsteller zu nennen).
Einige der rund dreißig Prosastücke, die der Band enthält, sind sehr kurz; man könnte sie als Lieder in Prosa oder auch als Märchen bezeichnen. Unter den vier längeren Erzählungen sind besonders *Marinos Kontaras* und *I Stravokostena (Die [Frau] des blinden Kostas)* hervorzuheben. In der ersten ist der Held ein wilder Schmuggler, dessen *»Dolch immer blutig war, manchmal auch von seinem eigenen Blut,*

und der sich, wenn er betrunken war, die Muskeln aufschnitt, um seinen Mut zu zeigen«; er raubt das Mädchen, das er liebt, ihr gelingt es durch Liebe und Vertrauen, sein wildes Herz zu besänftigen. Die Heldin der zweiten Geschichte ist eine wahrhafte Herrin, eine imponierende Persönlichkeit, die, achtzehn Jahre alt, keinen Augenblick in ihrem Entschluß wankt, den Mann ihrer Wahl zu heiraten, auch wenn dieser inzwischen durch einen Unfall erblindet ist; mit ihrer tiefen Liebe und Besonnenheit bringt sie ihrem Haus Glück und Segen und verbreitet Güte im ganze Dorf. Erwähnenswert unter den neuen Erzählungen der zweiten Ausgabe ist *O thanatos tu Tramuntana (Der Tod des Tramuntanas)*, die Geschichte eines nach England verschlagenen griechischen Seemanns, der auf dem Sterbebett, während seine (stets betrunkene) irische Frau darauf wartet, daß er sein Testament macht, im Delirium von seinen Kindheitserinnerungen und der Zeit auf dem Dorf vor seiner Heirat phantasiert. L.P.

AUSGABEN: Athen 1894. – Athen ²1911 (in *Logotechnikí Vivliothiki Fexi*). – Athen 1952 (in *Apanta*, Hg. G. Valetas, Bd. 2).

VICTOR EFTIMIU

* 24.1.1889 Bobošica / Makedonien
† 27.11.1972 Bukarest

OMUL CARE A VĂZUT MOARTEA

(rum.; *Der Mensch, der den Tod gesehen hat*). Lustspiel in drei Akten von Victor EFTIMIU, erschienen 1928. – Obwohl Eftimiu auch als Lyriker und Prosaschriftsteller (Novellen, Romane, Märchen) hervorgetreten ist, gründet sich seine literarische Bedeutung vor allem auf die Dramen – neben diesem Werk z. B. das symbolistische Märchenspiel *Înșir-te mărgărite*, 1911 *(Reih' dich auf, Perle)*, das allegorische Schauspiel *Cocoșul negru*, 1913 *(Der schwarze Hahn)*, die klassisch-mythologischen Tragödien *Prometeu*, 1919 *(Prometheus)*, und *Atrizii (Die Atriden)*.
Omul care a văzut moartea, eine als Satire des Provinzlebens konzipierte, mit zahlreichen farcenhaften Elementen durchsetzte Sittenkomödie, war nicht nur auf rumänischen, sondern auch auf mehreren ausländischen Bühnen (z. B. in Italien, Finnland, Jugoslavien, Ungarn, Polen und der Tschechoslovakei) erfolgreich. Die Handlung spielt in einer rumänischen Provinzstadt am Vorabend der Wahlen für das Amt des Bürgermeisters. Einer der Kandidaten, der reiche Weinbauer Alexandru Filimon, rettet einen jungen Landstreicher, der seiner Armut wegen Selbstmord begehen wollte, vor dem Ertrinken. Diese »heldenhafte Tat« benutzt Fili-

mon erfolgreich als propagandistisches Argument: Es gelingt ihm, seinem Kontrahenten, dem Apotheker Leon, zahlreiche Stimmen wegzunehmen. Ähnlich wie Ion Luca CARAGIALE in seinem Lustspiel *O scrisoare pierdută*, 1884 *(Der verlorene Brief)*, wenn auch mit geringerem dramatischem Geschick, verknüpft Eftimiu den politischen Konflikt mit einer Liebesintrige. Leons Sohn George liebt Alice, die Tochter Filimons. Die Heiratspläne der jungen Leute, die auch von Filimon gebilligt werden, scheitern am Widerstand des Apothekers, der versucht, seinen Gegner zu erpressen: Er macht seine Einwilligung von Filimons Verzicht auf die Kandidatur abhängig. Die Lösung des Konflikts wird durch den Landstreicher, den Räsoneur der Komödie, herbeigeführt. Nachdem Filimon den Selbstmord des jungen Mannes verhindert hatte, nahm er ihn bei sich auf, ja er glaubte sogar, in dem Landstreicher seinen Neffen Ion Filimon zu erkennen. Bevor dieser Schwindel von Leon aufgedeckt wird, gelingt es dem Landstreicher, die streitenden Familien einander näherzubringen, indem er ihnen die Sinnlosigkeit und den Eigennutz ihrer Beweggründe vor Augen hält. Die beiden Familien schließen sich daraufhin gegen den unliebsamen Kritiker zusammen. Ehe dieser die Stadt endgültig verläßt, bringt er seine Enttäuschung darüber zum Ausdruck, daß seine »Botschaft« nicht verstanden worden sei, und preist die wahren Werte des Lebens.

G.Sc.

AUSGABEN: Bukarest 1928. – Bukarest 1956. – Bukarest 1962 (in *Teatru*, Hg. u. Nachw. R. Popescu, 2 Bde.). – Bukarest 1973 (in *Opere*, Bd. 5).

LITERATUR: C. Ciuchindel, *Elemente de folclor românesc în opera lui V. E.*, Bukarest 1957. – A. Piru, *V. E.* (in A. P., *Panorama deceniului literar românesc 1940–1950*, Bukarest 1968). – D. Micu, *V. E.* (in D. M., *Început de secol. 1900–1916*, Bukarest 1970). – V. Bradățeanu, *Comedia în dramaturgia românească*, Bukarest 1970, S. 340–353). – E. Lovinescu, *Scrieri*, Bd. 2, Bukarest 1970, S. 104–115. – Ders., *Scrieri*, Bd. 6: *Istoria literaturii române contemporane 1900–1937*, Bukarest 1975, S. 314–319. – V. Rebreanu u. I. Scorobete, *Cu microfonul dincoace și dincolo de Styx*, Bd. 1, Cluj/Napoca 1979, S. 143–171).

EGENOLF VON STAUFENBERG

* um 1273
† um 1324

PETER VON STAUFENBERG

(mhd.). Versnovelle von EGENOLF VON STAUFENBERG, entstanden um 1310. – Der Name des Helden ist wahrscheinlich der des um 1274 urkundlich bezeugten Peter von Staufenberg, auf den der Dichter die Hochzeit eines anderen Staufenbergers, Bertholds II. von Zähringen, mit der Erbin von Kärnten überträgt. – Der weitgereiste Ritter Peter Diemring von Staufenberg sieht eines Morgens, als er von seiner Burg zur Kirche reitet, eine schöne Frau auf einem Stein am Wege sitzen. Sie gibt sich ihm als Fee zu erkennen, die ihn unsichtbar auf allen Fahrten geschützt hat. Der Ritter, der in heißer Liebe entbrennt, verbindet sich mit ihr, muß aber vorher geloben, jeder Ehe mit einer irdischen Frau zu entsagen, sonst müsse er am dritten Tag nach der Hochzeit sterben. Lange Zeit dient der Ritter seiner Geliebten, die erscheint, sobald er nach ihr ruft. Da bietet ihm eines Tages der König die Hand einer Verwandten an, der Erbin des Herzogtums Kärnten. Der Ritter bleibt zunächst standhaft, wird aber von Geistlichen, denen er seine Verbindung mit der Fee gesteht, zu der Ansicht überredet, die heimliche Gefährtin sei der Teufel und es gelte, durch eine irdische Hochzeit die Seele zu bewahren. Beim Hochzeitsmahl jedoch wird der Bräutigam durch die Erscheinung eines menschlichen Fußes, der die Decke durchstößt, erschreckt und an die Prophezeiung der Fee erinnert. Drei Tage bleiben ihm noch zu frommer Vorbereitung, dann stirbt er. Mit der Aufforderung an alle Ritter, *êre* zu erwerben und doch die Seele zu bewahren, und mit einer Anrufung Marias schließt das Gedicht: »*die tuo uns ir helfe schîn / und sî uns armen sündern holt: / daz wünschet uns her Egenolf.*«

Die Novelle, eine Geschlechtersage der Staufenbergs, gehört in den Stoffkreis der Sagen und Märchen von der »*gestörten Martenehe*« (C. Wesle) und ist der Melusinensage nahe verwandt. Der Dichter ist stofflich wie formal stark von KONRAD VON WÜRZBURG beeinflußt, besonders von dessen Versroman *Partonopier und Meliur*. Hier wie dort lebt und redet die Fee aus christlichem Geist und gibt der Held geistlichen Einflüsterungen nach. Aber dem glücklichen Ende in Konrads Dichtung steht hier ein unerbittlich tragischer Ausgang gegenüber: Die Feenwelt fordert ihr Recht auf das Leben des Ritters und enthüllt damit ihren dämonischen Charakter. – Die sprachlich gewandte Erzählung, die allerdings stärker als die höfische Dichtung der klassischen Zeit mundartlich gefärbt ist, trägt alle Zeichen der Übergangszeit: Zwar ist sie in Inhalt und Form noch ganz den Dichtungen der Blütezeit verpflichtet, kann jedoch diese Welt nicht mehr gültig repräsentieren. In der Gegend von Straßburg hat sie lange nachgewirkt; auf Betreiben des letzten Staufenbergers verfaßte Johann FISCHART noch 1588 eine Neubearbeitung. H.B.

AUSGABEN: Straßburg o. J. [ca. 1483]. – Straßburg 1588 (J. Fischart u. B. Schmidt, *Ernewerte Beschreibung der ... Geschicht vom Herren Petern von Stauffenberg genant Diemringer*). – Straßburg 1823 (*Der Ritter von Stauffenberg*, Hg. Ch. M. Engelhardt). – Baden-Baden 1863 (in *Peter Temringer oder: Die Sage vom Schloß Staufenberg im Durbach-*

thale, Hg. Eckert). – Bln. 1871 (in *Altdeutsche Studien*, Hg. O. Jänicke u. a.). – Bln. 1894; ⁴1929 (in *Zwei altdeutsche Rittermären*, Hg. E. Schröder). – Bln. 1934 (*Die Geschichte vom Ritter Peter Diemringer von Staufenberg*, Hg. E. v. Rath; Faks. der Ausg. 1483). – Stg. 1975 (*Die Geschichte vom Ritter Peter*; Faks. der Inkunabel 317 der Fürstl. Fürstenberg. Hofbibliothek Donaueschingen). – Tübingen 1979 (*Der Ritter v. Staufenberg*; Hg. E. Grunewald).

LITERATUR: P. Jäckel, *E. v. S., ein Nachahmer Konrads von Würzburg*, Diss. Marburg 1898. – A. Knauer, *Fischarts und B. Schmidts Anteil an der Dichtung »Peter von Staufenberg« 1588*, Reichenberg 1925 (Prager deutsche Studien, 31). – G. Kürmayr, *Reimwörterbuch zu Konrads von Würzburg »Alexius«, »Der Welt Lohn«, »Herzmaere« und zum »Peter von Staufenberg«*, Diss. Wien 1947. – O. Dinges, *»Peter von Stauffenberg«*, Diss. Münster 1948. – L. Röhrich, *Die gestörte Mahrtenehe* (in L. R., *Erzählungen d. späten MA.s*, o. O. 1962, S. 27–61 u. 243–253). – R. E. Walker, *P. v. S. Its Origin, Development and Later Adaption*, Göppingen 1980.

PETER EGGE

* 1.4.1869 Trondheim
† 15.7.1959 Oslo

HANSINE SOLSTAD

(norw.; *Ü: Hansine*). Roman von Peter EGGE, erschienen 1925. – Der Autor variiert in diesem Roman das uralte Thema vom leidenden Gerechten, der unschuldig immer wieder von Gott und den Menschen verfolgt wird. Hier ist es eine schlichte und grundanständige Bauerntochter, die, nachdem ihre Eltern den stattlichen Hof, auf dem sie aufgewachsen ist, verloren haben, vergeblich versucht, friedlich und unangefochten ein bescheidenes und angesehenes Leben zu führen. Die Bauersleute, bei denen sie sich zunächst verdingt, sind grob und geizig; sie schlagen und verletzen sie, und als ein wohlhabender Onkel Hansine schließlich aus diesem elenden Dasein heraushohlt, verbreiten sie das Gerücht, daß das Mädchen nicht ehrlich sei. Sie soll einen Goldschilling entwendet haben, der dem Pastor des Orts abhanden gekommen ist. Das Verhängnis, unschuldig verdächtigt zu werden, verkehrt jede freundliche Wende ihres Lebens in neue Qual. Als ihr Jahre später einmal ein Gast der Familie, in der sie jetzt Dienst tut, eine goldene Münze schenkt, erhält das Gerücht von ihrer Unehrlichkeit neue Nahrung. Ein reicher Bauer, der sie zu seiner Frau machen wollte, zieht sich daraufhin zurück. Ihr Brief an den Spender des Goldstücks kommt mit dem Vermerk, dieser sei verzogen, zurück, und auch eine Anfrage an die neue Adresse bleibt unbeantwortet. Schließlich heiratet sie einen tüchtigen Hafenarbeiter, und mit Fleiß und Zähigkeit arbeiten sich die beiden empor, bis sie ein eigenes Haus, ein Kontor und eine Bootslände besitzen. Doch wieder schlägt das Schicksal zu: Hansines Mann macht nach unbedachten finanziellen Spekulationen Konkurs, verwindet diesen Niedergang nicht und stirbt. Als Hansine, fast so mittellos wie zu Beginn der Geschichte, in einem Heim Aufnahme gefunden hat, erreicht sie dort ein vergilbter Brief, in dem ihr von dem Ingenieur, der ihr einst die Münze schenkte, vor vielen Jahren ihre Ehrlichkeit bestätigt worden war. Aber inzwischen hat sie ihr Leben gelebt und aus vielen bitteren Erfahrungen gelernt, daß keineswegs immer das Recht früher oder später über das Unrecht siegt. Sie hat ihr Los angenommen und hadert nicht mehr mit Gott. Aber ihr größter Wunsch bleibt, eines Tages vielleicht doch noch zu erfahren, warum sie schuldlos soviel Leid und Demütigung ertragen mußte.

Das seinerzeit vielgelesene Buch, das teils im Hinterland von Tröndelag und teils in Trondheim spielt, zählt zu Egges bester Prosa. Es geht diesem nicht so sehr darum, eine Gesellschaft anzuklagen, die einem Menschen auf unbegründeten Verdacht hin das Lebensglück zerstört. Er will zeigen, wie ein schlichtes Gemüt ein offensichtlich ungerechtes Los schließlich annimmt und bewältigt.

F.W.V.-KLL

AUSGABEN: Oslo 1925. – Oslo 1935.

ÜBERSETZUNG: *Hansine*, H. Goebel, Lpzg. 1929.

LITERATUR: C. M. Woel, *P. E.*, Oslo 1929. – L. Aas, *Trønderne i moderne norsk diktning*, Oslo 1943. – B. S. Jystad, *P. E. og hans trønderromaner*, Oslo 1949. – Ders., *P. E.* (in L. Bliksrud, *Søkelys på fem nyrealister*, Oslo 1978, S. 192–199). – S. Vogt Moum, *»Hansine Solstadt« i nytt lys* (ebd., S. 200–223). – S. Undset, *P. E.s nye bok* (ebd., S. 189–191). – J. Haugan, *Er trønderdikteren P. E. død?* (in Mot-skrift, 1984, Nr. 1, S. 12–32).

EDWARD EGGLESTON

* 10.12.1837 Vevay / Ind.
† 2.9.1902 Joshua's Rock / N.Y.

LITERATUR ZUM AUTOR:
J. T. Flanagan, *The Novels of E. E.* (in CE, 5, 1944, S. 347–370). – E. E. Eggleston, *Spoon River Homestead*, NY 1960. – A. Beard, *Games and Recreations in the Novels of E. E.* (in Midwest Folklore, 11, 1961, S. 85–104). – S. C. Paine, *A Critical Study of the Writings of E. E.*, Diss. Duke

Univ. 1961 (vgl. Diss. Abstracts, 22, 1962, S. 4352). – W. Randel, *E. E.*, NY 1963 (TUSAS). – E. Stone, *Voices of Despair: Four Motifs in American Literature*, Athens/Oh. 1966, S. 137–178. – J. D. Roth, *Down East and Southwestern Humor in the Western Novels of E. E.*, Diss. Univ. of Alabama 1971 (vgl. Diss. Abstracts, 32, 1971, S. 2652A). – W. Randel, *E. E.* (in DLB, 12, 1982, S. 165–173).

AUSGABEN: Ldn. 1874. – NY 1929. – Gloucester/Mass. 1959. – New Haven 1966, Hg. W. P. Randel. – Lexington 1970 [Einl. H. Hamilton]. – Harmondsworth 1986 [Einl. S. Donaldson].

LITERATUR: C. A. Brown, *E. E. as a Social Historian* (in Illinois State Historical Society Journal, 54, 1962, S. 405–408). – R. Bray, *Camp-Meeting Revivalism and the Idea of Western Community: Three Generations of Ohio Valley Writers* (in The Old Northwest, 10, 1984, S. 257–284).

THE CIRCUIT RIDER. A Tale of the Heroic Age

(amer.; *Der Wanderprediger. Eine Geschichte aus heroischer Zeit*). Roman von Edward EGGLESTON, erschienen 1874. – Martin Goodwin hätte es in der Hand gehabt, als engster Mitarbeiter des diktatorischen Captain Lumsden und durch eine Ehe mit dessen Tochter Patty einer der reichsten Männer von Hissawachee Bottom, Ohio, zu werden. Aber er hat den Mut, den mächtigen, habgierigen Lumsden öffentlich anzugreifen und außerdem als Angehöriger einer überwiegend presbyterianischen Gemeinde Methodist zu werden. Er betätigt sich voller Enthusiasmus als einer der vielen Wanderprediger, die im frühen 19. Jh. Ohio durchstreiften. Obwohl seine Mitbürger und auch Patty ihn wie einen Ausgestoßenen verachten, läßt Goodwin sich in seiner frommen Mission nicht beirren und reitet in die ihm zugeteilten Gebiete des Mittelwestens, deren Bevölkerung als besonders methodistenfeindlich bekannt ist. Seine überzeugende Rednergabe, aber auch seine harten Fäuste retten ihm mehrmals das Leben und gewinnen ihm zahlreiche Anhänger. Als er während einer Predigttour in Ohio in eine gefährliche Lage gerät, kommen ihm sein Bruder Luke, das schwarze Schaf der Familie Goodwin, und Patty, die inzwischen zum Methodismus übergetreten und Lehrerin geworden ist, zu Hilfe. Patty warnt ihn vor einem Banditenüberfall, und Luke schafft ihm eine schlechtbeleumdete junge Frau vom Halse, die sich als Martins Verlobte ausgibt. Schließlich kann der Prediger nach Hissawachee zurückkehren, Patty heiraten und versuchen, auch seinen alten Feind Lumsden zu bekehren.

Den Hauptteil des Romans bilden melodramatische Schilderungen der Schwierigkeiten, denen sich die umherziehenden Methodistenprediger zu einer Zeit, als Ohio noch Grenzland war, gegenübersahen. Eggleston, der selbst Wanderprediger in Indiana war, berichtet vor allem über Ereignisse, die er miterlebte. Die Handlung verliert allerdings durch romantisches Beiwerk und allzu viele geheimnisvolle Intrigen an Glaubwürdigkeit. Egglestons disziplinierter Stil leidet zwar stellenweise unter einer gewissen Schwerfälligkeit des Ausdrucks, gibt jedoch die Mundart der Bevölkerung und die Atmosphäre der Pionierzeit lebendig wieder. *The Circuit Rider* ist einer der beachtlicheren sogenannten *Localcolor*-Romane, die nach dem amerikanischen Bürgerkrieg entstanden. J.D.Z.

THE HOOSIER SCHOOLMASTER

(amer.; *Der Schulmeister von Flat Creek*). Roman von Edward EGGLESTON, erschienen 1871. – Die Geschichte des jungen Lehrers Ralph Hartsook, der in der Zeit vor dem Bürgerkrieg an einer Winterschule im Hinterland Indianas unterrichtet, der sich bei den robusten Grenzerjungen aus den verstreuten, primitiven Siedlungen im Flußgebiet des Ohio kaum durchsetzen kann, der schließlich vor der Bosheit und Verschlagenheit der Siedler kapituliert und an seine alte Schule in der Kleinstadt Lewisburg zurückkehrt – diese Geschichte nimmt trotz vieler künstlerischer Schwächen in der Geschichte der amerikanischen Literatur nach dem Sezessionskrieg einen bedeutenden Platz ein. Ihr Autor, Methodistenprediger, Lehrer, Mitarbeiter und Herausgeber religiöser Jugend- und Familienzeitschriften, begründete mit diesem Roman die »Hoosier-Schriftstellerschule« (so genannt nach dem Spitznamen der Bewohner Indianas), die die Entwicklung der amerikanischen Regionalliteratur entscheidend beeinflußte. Eggleston, der seine Erzählwerke als »*Beitrag zu einer Geschichte der Zivilisation in Amerika*« auffaßte, hatte sich nach der Lektüre von Hippolyte TAINES *Geschichte der Kunst in den Niederlanden* die vom Verfasser vertretene Meinung zu eigen gemacht, daß ein echter Künstler den Mut haben müsse, das zu gestalten, was er in seiner eigenen Umgebung vorfinde. So griff er für seinen Roman-Erstling auf Erfahrungen zurück, die er und noch mehr sein Bruder George in ihrem Heimatstaat gemacht hatten. Daß er auch als Erzähler belehren und predigen wollte, beweisen die oft penetrant sentimentale Handlung (vor allem die Liebesgeschichte zwischen dem Lehrer und der jungen, unterdrückten Dienstmagd Hannah Thompson) und die Schwarz-in-Schwarz-Zeichnung der Bösewichte (vor allem des Arztes Small, für dessen Verbrechen der Lehrer beinahe unschuldig verurteilt wird). In der Wiedergabe des Grenzeridioms und in den minuziösen Schilderungen des Siedleralltags, der lokalen Sitten und Religionsstreitigkeiten zeigt Eggleston dagegen jenen Mut zum Realismus, der soviel dazu beitrug, daß in der Literatur des gesamten amerikanischen Westens regionale Themen nicht mehr nur romantisch verbrämt dargestellt wurden. Denn Egglestons Bemühung um Wirklichkeitstreue in Romanen wie diesem oder dem drei Jahre später veröffentlichten

Circuit Rider (Der Wanderprediger) haben nicht nur auf Heimatschriftsteller des Mittelwestens (unter ihnen der bereits erwähnte Bruder des Autors, Booth TARKINGTON, Hamlin GARLAND und der Lyriker James Whitcomb RILEY) gewirkt, ihr sind auch manche ernstzunehmende Cowboy-Erzählungen aus dem »Far West«, etwa die eines Andy ADAMS oder Owen WISTER, verpflichtet.   KLL

AUSGABEN: NY 1871 (in Hearth and Home, 4). – NY 1871. – NY 1928 [Vorw. E. Holloway]. – NY 1957 [Vorw. A. Loggins]. – NY 1974, Hg. R. J. Dixon. – Bloomington 1984 [Einl. E. B. McClellan; Ill. F. Beard].

ÜBERSETZUNG: *Der Schulmeister von Flat Creek*, W. Lange, Stg. o. J. [1878].

LITERATUR: J. T. Flanagan, *The Hoosier Schoolmaster in Minnesota* (in Minnesota History, 18, 1937, S. 347–370). – W. P. Randel, *E. E.: Author of »The Hoosier Schoolmaster«*, NY 1946; ern. 1963. – H. Yoshida, *A Study of Hoosierisms in »The Hoosier Schoolmaster«* (in Hiroshima University Studies, Literature Department, 22, 1963, S. 126–175). – B. T. Cochran, *A Definitive Edition of E. E.'s »The Hoosier Schoolmaster«*, 2 Bde., Diss. Ohio State Univ. 1968 (vgl. Diss. Abstracts, 28, 1968, S. 5011/12A). – J. A. Quintus, *»The Hoosier Schoolmaster«: A Correction* (in NQ, 15, 1968, S. 423). – D. Kay, *Infant Realism in E.'s »The Hoosier Schoolmaster«* (in Markham Review, 2, 1971, Nr. 5, S. 81–83). – B. T. Cochran, *The Indianas of E. E.'s »The Hoosier Schoolmaster«* (in The Old Northwest, 4, 1978, S. 385–390).

EGILL SKALLAGRÍMSSON

* um 900 Borg
† um 982 Mosfell

LITERATUR ZUM AUTOR:
S. Krijn, *Nogle Bemærkninger om Egils stil* (in Edda, 27, 1927, S. 462–485). – G. Misch, *E. S.: Die Selbstdarstellung des Skalden* (in DVLG, 6, 1928, S. 199–241). – H. Koht, *Menn i historia*, Oslo 1963, S. 1–13. – *Kvæðakver Egils Skallagrímssonar*, Hg. J. Kristjánsson, Reykjavik 1964.

ARINBJARNARKVIÐA

(anord.; *Preislied auf Arinbjörn*) von EGILL Skallagrímsson, entstanden um 962. – Das Skaldengedicht ist nur in einer einzigen Handschrift der *Egils saga* überliefert und auch dort nur sehr fragmentarisch bewahrt. Der verstümmelte Zustand des Gedichts erlaubt nur unzureichende Aussagen über seine ursprüngliche Gestalt und seinen kompositorischen Aufbau. – Der norwegische Herse Arinbjörn hat seinem Freund Egil – wie die *Egils saga* ausführlich berichtet – in vielen gefährlichen Situationen beigestanden und ihn immer wieder unterstützt. Egil dankte ihm mit diesem Preislied, von dem er annahm, daß es *»lange bestehen«* werde. Wahrscheinlich war es ursprünglich gegliedert in einen Preis auf Arinbjörns Freundestreue, seine Freigebigkeit und seine Tapferkeit. Einigermaßen bewahrt ist allerdings nur das Lob der Freundestreue; der Dichter zeigt das an einer für sein Schaffen hochbedeutsamen Situation. Egil war am Hof seines Feindes, des Königs Erich Blutaxt (Eiríkr blóðøx) in York, in Gefahr, getötet zu werden. Arinbjörn jedoch ermöglichte es, daß sich Egil durch ein Preislied auf Erich loskaufen konnte; diese *Hauptlösung (Hǫfuðlausn)* ist eines der großen erhaltenen Gedichte des Skalden. Die Strophen der *Arinbjarnarkviða*, die von jenem Ereignis in York als Lobpreis Arinbjörns berichten, geben – was für jene Zeit außerordentlich selten ist – zugleich die Entstehungsgeschichte eines großen Dichtwerks. – Das Gedicht ist eines der wenigen frühen Zeugnisse der Skaldendichtung, das sehr persönliche Gefühle ausspricht, wenn es auch in der Unmittelbarkeit des Ausdrucks wie des Erlebens von Egils *Sonatorrek (Der Söhne Verlust)* übertroffen wird. Es ist beachtenswert, daß Egil für das Lied nicht das Metrum des *dróttkvætt* (Gefolgschaftston) benützte, das sonst für die skaldischen Preislieder beinahe ausschließlich verwendet wurde, sondern die einfachere Form des *kviðuháttr*, die eddischen Strophenformen nahesteht. Dagegen glänzt das Gedicht durch eine sehr sorgfältige sprachliche Durcharbeitung, und Egil selbst betont, daß er es *»mit dem Hobel der Stimme«* geglättet hat. Freilich verwehrt auch hier die lückenhafte Überlieferung eine eingehende Beurteilung.   K.S.

AUSGABEN: Hrappsey 1782 (in *Egils Saga Skallagrímssonar*). – Kopenhagen 1886–1888 (in *Egils saga Skallagrímssonar*, Hg. F. Jónsson). – Kopenhagen 1912 (in *Den norsk-islandske skjaldedigtning*, Hg. F. Jónsson, Bd. A1/B1). – Halle 1894, ²1924 (in *Egils saga Skallagrímssonar*, Hg. F. Jónsson). – Reykjavik 1933 (in *Egils saga Skalla-Grímssonar*, Hg. S. Nordal; Ísl. Fornrit, 2). – Lund 1946 (in *Den norsk-isländska skaldediktningen*, Hg. E. A. Kock, Bd. 1).

ÜBERSETZUNGEN: *Preislied auf Arinbjörn*, F. Niedner (in *Die Geschichte vom Skalden Egil*, Düsseldorf/Köln 1963, S. 233 ff.; Slg. Thule). – *Das Preislied auf Arinbjörn*, K. Schier (in *Die Saga von Egil*, Düsseldorf/Köln 1978, S. 272 ff.).

LITERATUR: K. S. Björlin, *Forsök till tolkning och förklaring af »Arinbjarnardrápa«*, Uppsala 1864. – P. Wieselgren, *Författarskapet till Eigla*, Lund 1927. – L. M. Hollander, *The Lay of Arinbiorn* (in Scandinavian Studies, 15, 1938/39, S. 110–121). – M. Olsen, *Hvor bodde Arinbjørn herse?*, Oslo 1960.

HǫFUÐLAUSN

(anord.; *Hauptauslösung*). Preislied des Isländers EGILL Skallagrímsson, aus der Mitte des 10. Jh.s. – Die *Egils saga* erzählt von einem Schiffbruch des Skalden an der englischen Ostküste, der ihn in die Gewalt seines Feindes Erich Blutaxt bringt. Nur mit Hilfe seines Freundes Arinbjǫrn, des wichtigsten Vasallen Erichs, rettet er in York seinen Kopf, indem er als »Hauptlösung« in einer Nacht ein zwanzig Strophen langes Preislied auf Erich dichtet. – In Wirklichkeit ist Egill jedoch wahrscheinlich absichtlich, um sich mit Erich zu versöhnen, nach York gefahren und hat die fertige *Hǫfuðlausen* mitgebracht.

Das Preislied ist in einem neuen Versschema gedichtet, dem *rúnhent* (Laufreim), dessen vier- bis fünfsilbige Verse außer dem allen Skaldenversmaßen eigenen Stabreim noch Endreim tragen, der bisher nur im *dúnhent* (Schallreim, vgl. *Glymdrápa*) gelegentlich aus dem skaldischen Binnenreim entstand und sogar als Kreuzreim (*hræva/fundu/læva/lundu*) im 9. Jh. bei ÞJÓÐÓLFR ór Hvíni auftauchte (*Haustlǫng*, Str. 11a), aber nie Reimprinzip wurde. Die schlagende Ähnlichkeit von *Hǫfuðlausn* und dem altenglischen *Rhyming Poem* deutet darauf hin, daß Egill den Endreim in England kennengelernt hat, als er 937 bei König Æðelstán weilte. Der neue Reim wird hier ebenso wie in CYNEWULFS *Elene* (8. Jh.) und OTFRIDS althochdeutschem *Evangelienbuch* (863–871) auf die lateinische Endreimdichtung (Hymnus) der Iren zurückgehen. – Typisch skaldisch ist indessen in *Hǫfuðlausn* die fast mühelos erzielte Reimvollkommenheit: sowohl einsilbiger wie zweisilbiger Reim erscheinen.

Oft reimen alle vier Verse einer Halbstrophe gleich, meist bilden jedoch zwei Verse ein Verspaar, das jeweils einen Satz enthält (Zeilenstil, Reimbindung), während z. B. im *dróttkvætt* ein Satz meist vier Verse einnimmt. Zweimal bilden sogar vier Sätze je vier Verse, eine Form (*áttmælt*), die man eher in metrischen Beispielgedichten erwartet (vgl. *Háttalykill*), die aber auch das *Rhyming Poem* aufweist. – Zwei Refrain-Verspaare – am Ende der Halbstrophen 6 und 9 bzw. 12 und 15 – gliedern den Hauptteil kunstvoll in viermal zwei Strophen (Str. 4–5, 6/7–8, 9/10–11, 12/13–14, 15), die Erichs Wikingtaten in der typischen, der Schlachtfeldszenerie entlehnten Metaphorik (Kenningstil) preisen. Drei weitere Strophen (16–18) feiern Erich als freigebigen Goldverschwender, wobei das letzte Verspaar wie ein dritter Refrain den Hauptteil abschließt. Am Anfang (Str. 1–3) und zum Schluß (Str. 19/20) hebt Egill stolz sein dichterisches Können hervor (Str. 19: »*Der Fürst bedenke, wie ich Verse fügte*«).

In *Hǫfuðlausn* zeigt sich die außerordentliche Betonung der Form in der skaldischen Dichtung – hier tritt der Inhalt ganz zurück; noch in der *Arinbjarnarkviða* erinnert sich Egill stolz seiner Kunst, die ihm dieses Mal als Dichterlohn sein »*wolfsgrau Haupt*« eingebracht hat. G.W.W.

AUSGABEN: Vgl. *Egils saga*. – Weitere Ausgaben: Kopenhagen 1912 (in *Den norsk-islandske skjaldedigtning*, Hg. F. Jónsson, Bd. A1/B1). – Lund 1946 (in *Den norsk-isländska skaldediktningen*, Hg. E. A. Kock, Bd. 1).

ÜBERSETZUNGEN: *Die Hauptlösung*, F. Niedner (in *Die Geschichte vom Skalden Egil*, Düsseldorf/Köln 1963, S. 180 ff.; Slg. Thule). – Dass. K. Schier (in *Die Saga von Egil*, Düsseldorf/Köln 1978, S. 266 ff.).

LITERATUR: Vgl. *Egils saga*. – Weitere Literatur: F. Jónsson, *E. S. og Eric Blodøkse*. »*Hofuðlausn*« (in Oversigt over Det kgl. Danske Videnskabernes-Selskabs Forhandlinger, 1903, 3, S. 295–312). – W. H. Vogt, *E. »Hauptlösung*« (in ZfdA, 51, 1909, S. 379–415). – F. Niedner, *E.s »Hauptlösung*« (ebd., 57, 1920, S. 97–122). – L. M. Hollander, *E. S.'s »Head Ransom*« (in Scandinavian Studies, 15, 1938/39, S. 42–57). – H. Lie, *Jorvikferden* (in Edda, 46, 1946, S. 144–248). – St. Einarsson, *The Origin of E. S.'s Rúnhenda* (in *Scandinavica et Fenno-Ugrica. Studier tillägnade B. Collinder*, Hg. D. Strömbäck, Stockholm 1954, S. 54–60). – O. Nordland, »*Hǫfuðlausn« i »Egils saga«: Ein tradisjonskritisk studie*, Oslo 1956.– A. Holtsmark [Rez. v. O. Nordland, *Hǫfuðlausn*] (in Maal og Minne, 1956, S. 130–142). – J. Helgason, *Hǫfuðlausnarhjal* (in *Einarsbók*, Reykjavik 1969, S. 156 ff.). – B. Fidjestøl, *Det Norrøne Fyrstediktet*, Bergen 1982, S. 213 ff.

SONATORREK

(anord.; *Der Söhne Verlust*). – Dieses in der Zeit zwischen 960 und 970 entstandene Gedicht des isländischen Skalden EGILL Skallagrímsson ist – nicht vollständig – in einer Papierhandschrift aus dem 17. Jh. überliefert (AM 453, 4° [462]), die ihrerseits auf eine Vorlage vom Beginn des 15. Jh.s zurückgeht. Außerdem steht die Strophe 1 in der Haupthandschrift der *Egils saga Skallagrímsonar*, der *Mǫðruvallabók* aus der Mitte des 14. Jh.s (AM 132, fol.), und die Strophen 23–24,4 in fünf Handschriften der nach 1220 entstandenen *Edda* des SNORRI Sturluson (R, W, T, U, 757).

Im 78. Kapitel der *Egils saga* wird erzählt, wie der alte Egill, nachdem erst kürzlich sein zweitältester Sohn Gunarr an einem Fieber gestorben war, seinen ältesten Sohn Bǫðvarr, den er sehr liebte, in einem Unwetter auf See verlor. Als Ausdruck des Schmerzes über diesen plötzlichen Verlust seiner beiden Söhne dichtete Egill daraufhin jene bisweilen nur schwer verständlichen 25 Strophen im knappen Versmaß des *kviðuháttr*. – Zwar betont die erste Strophe, wie der Dichter – noch starr in seinem Kummer – nicht fähig ist, seine Empfindungen recht in Worte zu fassen, doch ordnen sich dann die Gedanken allmählich und fügen sich zur erschütternden Klage des Vaters: »*... wenn ich des Sturms Gefährten [das Meer] schlagen könnte, würde*

ich gegen Ægirs Macht [das Meer] *in den Kampf ziehen*« (Str. 8, 5–8). Aber Egill besitzt seinen hervorragendsten Streitgefährten nicht mehr; und als er sich daran erinnert, daß auch die eigenen Brüder im Kampf gefallen sind, wird ihm die Situation seiner Verlassenheit vollends bewußt, denn auf seine Brüder und vor allem auf Þórolfr hätte er noch rechnen können. »*Sehr schwierig ist es, einen Mann zu finden, dem ich vertrauen kann*« (Str. 15, 1–2), zumal nun auch sein zweiter Sohn, den er wie zum eigenen Trost bei Odin in Walhall vermutet, bereits tot ist.
Indem Egill den Namen dieses Gottes erwähnt, leitet er den Schlußteil seines Gedichts ein. »*Ich kam gut aus mit dem Herrn der Speere* [Odin] *und faßte festes Vertrauen zu ihm, bevor der Freund der Schurken, der Sieg schenkende, die Freundschaft mit mir brach*« (Str. 22). – Bisher hat die Forschung – angeführt von S. NORDAL – Vers 3–4 dieser Strophe als den wahren Schlüssel zur Interpretation des *Sonatorrek* betrachtet. Sie übersetzte »*ich wurde darin treu, ihm* [Odin] *zu vertrauen*« und las hieraus, Egill habe sich einst von einem Thor- zu einem Odinverehrer gewandelt, der jetzt, nachdem ihm dieser Gott solchen Schmerz zugefügt hat, daran zweifelt, ob sein Schritt richtig gewesen sei, sich aber schließlich doch dazu durchringt, Odin die Treue zu halten. – Demgegenüber hat jetzt K. von SEE darauf hinweisen können, daß jener Vers des *Sonatorrek* sich (wie eine Reihe weiterer) in enger Anlehnung an einen Vers der *Hávamál*, jener großen altnordischen Sammlung von Spruchweisheiten, befindet, wo es heißt: »*es möge niemand so vertrauensselig werden, diesem allein zu vertrauen*« (Str. 89, 7–8). Vor solchem Hintergrund sagte der als Kernsatz geltende Vers Egils nun nichts anderes mehr, als daß Egill erkennt, in welch »*sorgloser Vertrauensseligkeit*« (von See) er sich dem Gott gegenüber befunden hat. Aus ihr aber hat ihn Odin, bei dem die *Hávamál* fragen, *wie soll man seiner Treue trauen?*« (Str. 110, 4), herb gerissen. – Die entscheidende Wendung in der Haltung Egils tritt ein, als er sich am Ende darauf besinnt, daß derselbe Gott, der ihm jetzt seine Söhne genommen hat, ihm einst jenes Kampfmittel geschenkt hatte, mit dem er sich stets verteidigen konnte: die Dichtkunst. »*Mir verlieh des Wolfes Feind* [Odin], *der den Kampf gewohnte, eine makellose Kunstfertigkeit*« (Str. 24, 1–4). Mit dieser Besinnung auf die eigene Fähigkeit wird schließlich auch Egill, fest verwurzelt in heidnischem Denken, einmal ruhigen Mutes die Todesgöttin Hel erwarten können.
Egils Gedicht bildet eine konsequent komponierte Einheit, an deren Anfang der Skalde seinem Zuhörer die eigene seelische Zerrissenheit durch schwer ihren Tritt fassende Verse überzeugend darzustellen vermag. Mit jeder folgenden Strophe aber gewinnt Egill durch das Dichten selbst größere Distanz zum eigentlichen Anlaß seines Schmerzes – und er wird sich des Vorgangs bewußt, so daß er am Schluß dem Gott aus Überzeugung dafür danken kann, daß er ihn mit solcher Kunst ausgestattet hat. Diese gegenläufige Bewegung, die dem Gedicht innere Spannung gibt, und jene auch heute noch lebendig aus ihm sprechende Menschlichkeit sind es, die Egils *Sonatorrek* einen weit über die meisten zeitgenössischen Dichtungen hinausragenden Rang verschafft haben und, bearbeitet, auch in IBSENS *Hærmændene paa Helgeland (Die Helden auf Helgeland,* auch: *Nordische Heerfahrt)* eingehen ließ (in der bildenden Kunst siehe z. B. Anne Marie Carl-Nielsens Relief »Egil Skallagrímsson« von 1889).   D.Br.

AUSGABEN: Kopenhagen 1912 (in *Den norsk-islandske skjaldedigtning,* Hg. F. Jónsson, Bd. A1/B1). – Lund 1946 (in *Den norsk-isländska skaldediktningen,* Hg. E. A. Kock, Bd. 1). – Melbourne 1975 (in *Iceland and the Mediaeval World,* Hg. G. Turville-Petre).

LITERATUR: G. Neckel, *Beiträge zur Eddaforschung,* Dortmund 1908, S. 373 ff. – W. v. Unwerth, *Untersuchungen über Totenkult und Óðinverehrung,* Breslau 1911, S. 173 ff. – F. Niedner, *E.s »Sonatorrek«* (in ZfdA, 59, 1922, S. 217 ff.). – S. Nordal, *Átrúnaður E. S.* (in Skírnir, 98, 1924, S. 145 ff.). – L. M. Hollander, *The Poet E. S. and His Poem »On the Irreparable Loss of His Sons«* [»Sonatorrek«] (in Scandinavian Studies and Notes, 14, 1936, S. 1 ff.). – M. Olsen, *Commentarii Scaldici. I. l. »Sonatorrek«.* (in AFNF, 52, 1936, S. 209 ff.). – W. Krause, *E. S.s Gedicht »Der Söhne Verlust«* (in Die Sammlung, 3, 1948, S. 719 ff.). – G. Misch, *Geschichte der Autobiographie,* Bd. II, 1/1, Ffm. 1955, S. 163 ff. – M. C. van den Toorn, *E.s »Sonatorrek« als dichterische Leistung* (in ZfdPh, 77, 1958, S. 46 ff.). – L. M. Hollander, *A Bibliography of Skaldic Studies,* Kopenhagen 1958, S. 70 f. – A. C. Bouman, *E. S.'s »Sonatorrek«* (in *Patterns in Old English and Old Icelandic Literature,* Leiden 1962, S. 17 ff.). – J. de Vries, *Altnordische Literaturgeschichte I,* Bln. ²1964, S. 165 ff. – Ó. M. Ólafsson, *»Sonatorek«* (in Andvari, 1968, S. 133 ff.). – K. v. See, *»Sonatorrek« und »Hávamál«* (in ZfdA, 99, 1970, S. 26 ff.). – B. Ralph, *Om tillkomsten av »Sonatorrek«* (in AFNF, 91, 1976, S. 153 ff.).

ANŠLAVS EGLĪTIS

* 14.10.1906 Riga

LITERATUR ZUM AUTOR:
A. Eglītis, *Mana dzīve* (in P. Ērmanis, *Trimdas rakstnieki,* Bd. 3, Kempten 1947). – J. Kadilis, *A. E.* (in J. K., *Rakstnieki un grāmatas. Esejas un apceres,* Eßlingen 1949). – A. Eglītis, *A. E. Pašportreti* (in T. Zeltiņš, *Pašportreti. Autori stāsta par sevi,* Brooklyn 1965). – J. Grīns, *Anšlava Eglīša talanta kontūra* (in J. G., *Redaktora atmiņas,* Stockholm 1968).

ADŽURŽONGA

(lett.; *Adžuržonga*). Roman von Anšlavs Eglītis, erschienen 1949. – Dieser erste Abenteuerroman der lettischen Literatur spielt in Innerasien zur Zeit der chinesischen Revolution. Kommunistische Verbände haben einem Forscher und seiner Expedition den Rückweg durch China abgeschnitten. Um ihn und das von ihm gesammelte Material in Sicherheit zu bringen, fliegen ein Wissenschaftler und ein Fabrikant nach Innerasien. Den kranken Forscher schicken sie in ihrem Flugzeug sofort zur Küste, während sie zu Fuß ins Innere des Landes aufbrechen, um das an einem zehn Tagereisen entfernten Ort gelagerte Forschungsmaterial zu bergen. Tungusische Räuberbanden, kommunistische Patrouillen und Horden des kriegerischen Bergvolks der Ngolok bedrohen auf diesem Weg ständig ihr Leben. Mitten in einer Wüste treffen sie einen aus einem sowjetischen Konzentrationslager entflohenen baltischen Offizier, der sich ihnen anschließt und später mit dem Wissenschaftler allein den Weg fortsetzt, da dem Fabrikanten die Lage zu gefährlich geworden ist. Während einer Unwetterkatastrophe verirren sich die beiden ins Stammesgebiet der Ngolok. Hier werden sie gefangengenommen und sollen, eingenäht in rohe Yak-Häute, langsam zu Tode getrocknet werden. In dem Oberschamanen der Ngolok erkennt jetzt der Wissenschaftler den vermeintlichen »Forscher«, den er auf dem Weg zur Küste wähnt; der Offizier dagegen erkennt in ihm einen sowjetischen Funktionär wieder. Trotzdem geben sie ihr Leben noch nicht verloren. Ihr mutiges Verhalten gewinnt ihnen die Gunst der Herrscherin der Ngolok, der jungen Adžuržonga, und jetzt gelingt es ihnen, sich den Oberschamanen gefügig zu machen und ihn zu zwingen, das Flugzeug, den wirklichen Forscher und den ebenfalls gefangenen Fabrikanten auszuliefern. Endlich können die vier Männer das Land der gefährlichen Abenteuer verlassen. – Die verwickelte, immer auf höchste Spannung berechnete Handlung mit den vielen kaleidoskopartig wechselnden Effekten zeigt Eglītis als einen Meister des exotischen Abenteuerromans. Auch hier bedient sich der Autor des schon in *Teoduls Supersakso* angewandten Stilmittels, durch eine minuziöse Schilderung des äußeren Geschehens auch die psychischen Vorgänge in seinen Helden sichtbar zu machen. Im Gegensatz zu seinen frühen Romanen, wie *Homo novus*, vermeidet er die künstliche Mythisierung einzelner Details und erhöht die Wirkung seines Romans dadurch, daß er in einem sehr sachlichen Ton höchst merkwürdige Ereignisse zu schildern weiß.

A.Schm.

Ausgaben: Riga 1949. – Brooklyn 1951.

Übersetzung: *Ajurjonga*, L. Parks, Stockholm 1955 [engl.].

Literatur: J. Rudzītis, *Dēku romāns ar ideju* (in J. R., *Raksti*, Västerås 1977, S. 386/387).

KAZANOVAS MĒTELIS

(lett.; *Casanovas Mantel*.) Erzählung von Anšlavs Eglītis, erschienen 1946. – Vier leitmotivisch miteinander verbundene Episoden werden einer Rahmenhandlung eingegliedert: In einem Rigaer Lokal treffen sich mehrere Freunde und berichten von der größten Enttäuschung, die sie selbst oder andere ihnen bekannte Menschen erlebt haben.
Auf einem festlichen Empfang, von dem sich einige Damen der Gesellschaft die persönliche Bekanntschaft mit dem Ballettänzer Alvikis erhoffen, erscheint der Gefeierte inkognito. Seine Tischdame Ranta behandelt den ihr Fremden betont herablassend und lädt ihn, der sich nach kurzer Bekanntschaft in sie verliebt, einzig deshalb häufig in ihr Haus ein, um ihm gutes Benehmen und die Anfangsgründe des Tanzens beizubringen. Nach einem Ballettabend, den auch Ranta besucht, will Alvikis schließlich der Geliebten seine Identität mit dem von ihr angebeteten Künstler beweisen und tritt im Kostüm, doch ohne Schminke vor den Vorhang. Von diesem Augenblick an sieht er Ranta nie wieder; später hört er, sie sei aufs Land geflohen und habe dort geheiratet.
Der Schauspieler Pūjalgs erzählt, wie er »*um der Kunst, der Abenteuer und der Frauen willen*« nach Paris reiste und dort in einem teuren Lokal der Dame seiner Träume, der rothaarigen Gay Hew, Tochter eines amerikanischen Millionärs, begegnete. Um sich die extravagante Schönheit geneigter zu machen, gibt er sich als spanischer Edelmann aus; binnen kurzem verlebt er all sein Geld und ist gezwungen, nach Riga zurückzukehren. Als er dort eines Tages durch die düstere Pernauer Straße geht, tritt ihm aus einer Wäscherei im Kellergeschoß eines schäbigen Hauses Gay Hew entgegen – ein Wiedersehen, das all seine romantischen Erinnerungen zerstört.
Der Komponist Klotiņš hatte sich unsterblich in die zarte Angela verliebt, die er für ein reines und edles Geschöpf hielt, bis er sie eines Tages in einem billigen Lokal in Gesellschaft verdächtig aussehender Burschen beim Bier antraf.
Der letzten Geschichte verdankt die Erzählung ihren Titel: Ein häßlicher und ungewandter junger Mann gelangt in den Besitz eines Mantels, der Casanova gehört haben soll. Dieser Glaube stärkt sein Selbstbewußtsein ebenso wie seine Macht über die Frauen; als er aber erfährt, daß der Mantel nur der abgetragene Arbeitskittel seines Vorgesetzten war, bricht er zusammen.
Diese vier thematisch verklammerten Episoden – ein Gestaltungsprinzip, das der Autor auch in anderen Werken, so in *Teoduls Supersakso*, anwandte – bewirken einen geschlossenen Gesamteindruck. Eglītis, der über subtile Ausdrucksmöglichkeiten verfügt, schildert die Ereignisse aus ironischer Distanz. Gleichwohl aber wirken seine Gestalten vollkommen natürlich und lebensnah.
In einer gleichnamigen, Komödie stellt Eglītis Casanova selbst in den Mittelpunkt. Einer allerdings nur spärlich belegten Überlieferung zufolge soll

sich der Kavalier während einer Reise durch Südlettland vorübergehend in Jelgava aufgehalten haben. Nachdem ihn einige adlige Damen aus dem dortigen Gefängnis befreit haben, stiftet er begreiflicherweise unter den Ehemännern seiner Gönnerinnen allerlei Verwirrung. – Die fesselnde Komödie zeichnet sich durch geschickte Dialogführung aus und bezaubert durch den leicht beschwingten Charme, mit dem die Verwicklungen geknüpft und wieder gelöst werden. A.G.

AUSGABEN: Riga 1946. – Stg. 1946. – Boston 1963.

DRAMATISIERUNG: A. Eglītis, *Kazanovas mētelis*, o. O. 1947.

LITERATUR: J. Rudzītis, *Latviešu jaunākā drāma* (in J. R., *Raksti*, Västerås 1977, S. 274–282).

LĪGAVU MEDNIEKI

(lett.; *Die Brautjäger*). Roman von Anšlavs EGLĪTIS, erschienen 1940. – Schauplatz der Handlung ist das in üppigem Jugendstil erbaute Haus des Rigaer Bankiers Surg'enieks – ein Tummelplatz für drei junge Männer, die um die Gunst seiner Töchter werben. Dušelis, Student der Nationalökonomie, bemüht sich mit erstaunlicher Zähigkeit und Geduld um Grizelda, die älteste. Von Natur aus träge, nimmt er unterwürfig jede ihrer Launen hin, ohne in seinen Bemühungen nachzulassen, bis sie ihn heiratet. Sein Schulfreund Epalts, der sich ebenfalls um das Mädchen bemüht hatte, wird Trauzeuge. Epalts' Verlangen nach Reichtum ist jedoch nicht stark genug, um ihn zu einem erfolgreichen Mitgiftjäger zu machen. Er verliebt sich in Nikoline, die Sekretärin des Bankiers, und macht ihr schwärmerisch, doch vergeblich den Hof. Kurzēns, der dritte Freier, aus ärmlichen Verhältnissen stammend, war schon im Gymnasium daran gewöhnt, seinen Lebensunterhalt selbst zu verdienen. Er ist verbittert, vom Leben enttäuscht und kennt nur ein Ziel: viel Geld und damit Macht über andere zu erringen. Als er im Hause Surg'enieks' von Grizelda aufs tiefste gedemütigt wird, reist er mit seinem letzten Geld in eine Kleinstadt ab, wo es ihm gelingt, die Erbin eines Handwerkerbetriebs zu heiraten. Er verkauft die Werkstatt und läßt sich in Riga als Grundstücksmakler nieder. Von seiner ebenfalls geldgierigen Frau unterstützt und durch rücksichtslose Geschäftspraktiken profitierend, bringt er es binnen kurzer Zeit zu einem ansehnlichen Vermögen. Als der Bankier Surg'enieks unerwartet stirbt, stellt sich heraus, daß sein Unternehmen restlos ruiniert war und er nur Schulden hinterläßt. Grizelda läßt sich von Dušelis scheiden, weil sie sich nach der Trauung kaum mehr um sie gekümmert, sondern sich als zahlungskräftiger Dauergast und geschätzter Feinschmecker meist in Restaurants aufgehalten hat. Sie nimmt in Kurzēns Büro eine gutbezahlte Stellung an und verdient sich auf diese Weise ihren Lebensunterhalt, was Kurzēns, ihrem ehemaligen Freier, eine gewisse Genugtuung bereitet. Der große Gourmet Dušelis aber muß im bescheidenen Krämerladen seines Vaters Heringe auswiegen. Epalts schließlich verzweifelt an seiner hoffnungslosen Liebe zu Nikoline und läßt sich von Kurzēns eine Freikarte für die Überfahrt nach England beschaffen.

Die Haupthandlung ist durch zahlreiche, manchmal nur angedeutete Nebenhandlungen bereichert. Die ohnehin schon farbige und spannende Schilderung gewinnt noch durch die geschickte und einfallsreiche Anwendung der Rigaer Umgangssprache. Eglītis hat diesen Argot so weit kultiviert, daß ihm mit Hilfe bezeichnender Modeausdrücke die Charakterisierung von Angehörigen der verschiedenen Generationen gelingt. Darüber hinaus erreicht Eglītis die Eindringlichkeit seiner Personenzeichnung nicht zuletzt durch seine ausgefeilte Dialogtechnik. – Das Werk übt Kritik an der Rigaer Gesellschaft, die in den dreißiger Jahren im Begriff war, sich nach den Wirren des Weltkriegs zu konsolidieren und von skrupellosem Wohlstandsdenken beherrscht zu werden. A.Schm.

AUSGABEN: Riga 1940. – Stg. 1947. – Stockholm 1954.

ALBERT EHRENSTEIN

* 23.12.1886 Wien
† 8.4.1950 New York

LITERATUR ZUM AUTOR:
F. Martini, *A. E.* (in *Expressionismus als Lit.*, Hg. W. Rothe, Bern/Mchn. 1969, S. 690–706). – G. Beck, *Die erzählende Prosa A. E.s. Interpretation u. Versuch einer lit.hist. Einordnung*, Freiburg/Schweiz 1969. – J. Drews, *Die Lyrik A. E.s. Wandlungen in Thematik u. Sprachstil von 1910–1931*, Mchn. 1969. – A. Beigel, *Erlebnis u. Flucht im Werk A. E.s*, Ffm. 1972. – T. Sapper, *Anklage wider hereinbrechende Entmenschung* (in T. S., *Alle Glocken der Erde*, Wien 1974, S. 31–44). – A. D. White, *The Grotesque and Its Applications. The Example of A. E.* (in New German Studies, 1, 1973, S. 150–162). – H. Mittelmann, *K. Kraus u. A. E.* (in K.-Hefte, 1984, H. 30). – U. Laugwitz, *A. E. Studie zu Leben, Werk u. Wirkung eines deutsch-jüdischen Schriftstellers*, Ffm. u. a. 1987.

DAS LYRISCHE WERK von Albert EHRENSTEIN.
Die Publikation seines Gedichts *Wanderers Lied* im Februar 1910 in der ›Fackel‹ durch Ehrensteins Förderer Karl KRAUS machte den 23jährigen Dichter mit einem Schlag berühmt und stellt eines der

wichtigsten Daten für den Beginn des Wiener Expressionismus dar. In *Wanderers Lied* bekundet sich eine verzweifelte, geradezu selbstzerstörerische Gefühlsintensität; es endet mit einer Aufforderung des lyrischen Ich an sich selbst zum Selbstmord: »›Töte dich!‹ spricht mein Messer zu mir. / Im Kote liege ich; / hoch über mir, in Karossen befahren / meine Feinde den Mondregenbogen.« Damit war schon der wilde, sarkastische Ton angeschlagen, der einen Großteil von Ehrensteins Lyrik kennzeichnet. Von einigen wenigen Gedichten abgesehen – insbesondere jenen, in denen sich Ehrenstein der literarischen Proklamation des politischen Aktivismus anschloß – herrscht in seiner Lyrik eine depressive Stimmung voller ahasverischer Unruhe und in masochistisch rückhaltlos zur Schau gestelltes geringes Selbstwertgefühl, das sich bisweilen zum Selbsthaß steigert. Auch wenn kein Ich spricht, das mit der empirischen Person Albert Ehrensteins (wie allerdings oft möglich) gleichgesetzt werden kann, wählt sich Ehrenstein doch meist Masken und Rollen lyrischen Sprechens, die seiner eigenen Disposition stimmungs- und seelenverwandt sind, Außenseiter und Gescheiterte aller Art: Julian Apostata, Rimbaud, ein altersschwacher Oberkellner, usw. Aus solcher Perspektive – von unten, aus dem Abseits – werden Monologe gesprochen, in denen sich Einsamkeit, Melancholie und Todesnähe, nach Stimmung und Gestus der Wiener Fin-de siècle-Müdigkeit entstammend, zu einer solchen Bitterkeit verdichten, daß schon den Zeitgenossen – von Berthold VIERTEL bis Wilhelm SCHMIDTBONN – die abgründig rettungslose Trauer dieser Gedichte auffiel. In den Jahren bis 1914, wo dann – nach zahlreichen einzelnen Gedichtveröffentlichungen in expressionistischen Zeitschriften – Ehrensteins erster Gedichtband *Die weiße Zeit* erscheint, verwandelt er sich die verschiedensten lyrischen Traditionen und Sprechweisen an; es finden sich in seinen meist freirhythmischen Texten Balladeskes und Volksliedtöne, Hölderlinsche Zeilen und Wortspiele, die auf die satirische Sprechweise des von ihm viele Jahre hochverehrten Karl Kraus zurückdeuten. Ehrenstein findet eigentlich nie zu einem einheitlich durchgebildeten, konsistenten Sprachstil. Von Kurt PINTHUS wurde er als ein »*Zerrissener*« bezeichnet, der die »*bittersten Gedichte deutscher Sprache*« geschrieben habe, und solche Zerrissenheit behält seine Lyrik auch stilistisch; der Duktus ist sprunghaft, wechselnd kurz und dann wieder von schweifend-ausgreifendem Gestus. Ab etwa 1914 häufen sich Thema und Gefühl des Mit-Leidens mit den Verachteten der Gesellschaft, insbesondere mit den Juden und mit den Frontsoldaten, bis sich dies vielfältige Mitfühlen mit Verachteten und Entrechteten (als Hintergrund ist da auch der Wiener Antisemitismus in der Ära des Bürgermeisters Karl Lueger mitzudenken, den der Jude Ehrenstein entsetzt beobachtete) verdichtete zu einer Sozialkritik, welche Ehrenstein gegen Ende des Krieges nicht nur in Gedichten, sondern auch in politischen Aufrufen Partei ergreifen ließ für den gesellschaftlichen Umsturz.

Ehrensteins lyrische Sprache bricht nirgends so radikal mit der Tradition, wie es etwa bei Georg TRAKL, August STRAMM oder Jacob van HODDIS geschieht, und er stellt auch der Frage einer dem Sujet adäquaten Sprache sowohl des Kriegsgedichts wie auch des politischen Gedichts nicht mit der Strenge und dem Scharfsinn, mit denen expressionistische Autoren wie Franz Richard BEHRENS oder Otto NEBEL in den Bänden *Blutblüte* (1917) bzw. *Zuginsfeld* (1919) verfuhren, aber er setzt doch in einem Maße, das ihn bei den Zeitgenossen berühmt machte, alles daran, die lyrische Sprache zu verdichten, zu verschärfen, ja zu verhäßlichen, um ihr statt Wohllaut schneidende Wahrheit zu geben. Selbstgenießerisch melancholische Zeilen wie »Ich bin des Lebens und des Todes müde« aus der Zeit um 1914 machen später hyperbolischen Formulierungen des Überdrusses und eines geradezu kosmischen Ekels Platz: »*Den Mond möchte ich schlucken / und ausspeien ins All*«, heißt es ein paar Jahre später; die Sterne, traditionell milde angesungene lyrische Gegenstände, werden als »*Aussatz des Himmels*« denunziert, dem Kosmos wird seine angebliche Geordnetheit abgesprochen: »*Lyrisch piepst die Sternenbrut*«, höhnt Ehrenstein im Kontext einer Argumentation, die sich unablässig um das Wesen jenes Gottes dreht, der trotz seiner angeblichen Güte menschliches Leid zuläßt, das dann in den Schlächtereien des Ersten Weltkriegs kulminiert. Deshalb konstatiert Ehrenstein wegwerfend in dem Prosagedicht *Der rote Krieger spricht* (1918): »*Kurz nach der Bergpredigt entschlief Christus für immer.*«

Von 1917 bis etwa 1920 schreibt Ehrenstein keine Liebes- und Naturgedichte; sowohl private Glücks-(oder Unglücks-)Erfahrungen wie auch Naturerlebnisse werden als nicht mehr zu verantwortende Sujets aus seiner Lyrik ausgeschlossen, in der jetzt die verzweifelte, sich schrill überschlagende, bisweilen in die unfreiwillige Komik peinlich martialischer Bilder abrutschende Anklage gegen den Krieg und die dafür Verantwortlichen dominiert. Bezeichnenderweise heißt der Gedichtband von 1916 *Der Mensch schreit* und der von 1917 *Die rote Zeit*; es folgt schließlich 1919 der Band *Den ermordeten Brüdern*, der auch eine bewegte Totenklage um Ehrensteins Bruder Otto enthält, der im Militärspital qualvoll zugrunde ging, weil die Ärzte ihn für einen Simulanten hielten. Ehrensteins Lyrik ist in diesen Jahren beherrscht von der Anstrengung, immer neue, bis zum Unästhetischen grelle Bilder und pejorative Metaphern zu finden für Heerführer, kriegsbegeisterte Journalisten, Potentaten und am Krieg verdienende Industriemagnaten; eine Zeitenwende sei möglich, und die Leser werden beschworen, diese »*Menschendämmerung*« handelnd heraufzuführen. Alles ist in apokalyptisches Licht getaucht; viele Gedichte enden mit dem Appell zur Aktion: »*Schwinget endlich den fressenden Hammer / Wider Hirnschädel der Großen!*« heißt es in dem Gedicht *Auf!* (1918/19). Ehrenstein spricht wie eine Mischung aus Psalmist und Agitator und verwirft schließlich verzweifelt die Literatur ob ihrer Hilflosigkeit (allerdings unter Verwendung eines literarischen Zitats): »*Verflucht sei das Wort! Im Anfang war die Tat!*« endet das Prosagedicht *Der rote Krieger spricht*; der Fluchtpunkt von Ehrensteins Lyrik der Kriegsjahre ist ein nichtliterarischer, politischer Aufruf in der Zeitschrift ›Die Aktion‹ vom November 1918, den er zusammen mit dem Publizisten Franz PFEMFERT, dem Dichter Karl OTTEN und dem späteren Dramatiker Carl ZUCKMAYER unterzeichnet. Kurz darauf wendet sich Ehrenstein von der Hoffnung auf die »*Menschwerdung des Menschen*« ab und bezichtigt sowohl »*das Volk*« wie auch speziell die Sozialdemokraten, die Chance einer Revolution vertan zu haben; die Scheidemannsche Regierung weine über die Ermordung von Rosa LUXEMBURG und Karl LIEBKNECHT nur noch »*Krokodilstränen*«. 1920 veröffentlicht Ehrenstein die Sammlung *Die Gedichte* mit seiner gesamten seit 1900 entstandenen Lyrik; er spürt, daß eine Epoche abgeschlossen ist.

Die folgenden Gedichtbände, *Wien* (1921), *Briefe an Gott* (1922) und *Herbst* (1923) zeigen ihn auf dem Rückzug zu ganz subjektivistischen Stimmungsgedichten mit Titeln wie *Taedium Vitae* oder *Flucht* oder *Schnee schweigen die Sterne*; allerdings gelingen ihm in diesen Jahren auch eine Anzahl von in die sonstigen lyrischen Strömungen der Zeit gar nicht einordenbaren umfangreichen Porträts in Gedichtform von quasimythologischen Gestalten (*Ahasver; Kimpink* – dies eine Art Personifikation der Donau, ein Flußgott) und von historischen Figuren *(Alexander; Bernal Diaz del Castillo)* sowie der wunderbar schrille Prosamonolog *Geschrei der Tonfilmdiva Oliva von Zaehlendorff*, das Selbstporträt eines frühen Ufa-Stars. Mit diesem Text hat Ehrenstein übrigens auch teil an der Neuen Sachlichkeit in der Lyrik, welcher aber vor allem jenes Dutzend Gedichte zuzurechnen ist, die er während einer zusammen mit Oskar KOKOSCHKA unternommenen Reise in den Nahen Osten (1928/29) schrieb. Hier verschärft sich auch nochmals sein sozialkritischer, rebellischer Ton, als er in den Kolonialländern von Ägypten bis Syrien die weißen Kolonisatoren, Soldaten und Touristen hassen lernte; die meist eine bestimmte Lokalität porträtierenden langen Gedichte bestehen aus einer durch den sarkastischen Ton zusammengehaltenen Reihung von Zitaten aus dem Jargon der Weißen, aus Beobachtungen der Landschaft und des Alltags der unterdrückten Völker, untermischt mit Spott über die lächerlichen Westler und ätzenden Seitenhieben auf ihre zivilisatorische Verschandelung der nahöstlichen Kulturen. Nach der Rückkehr überarbeitet Ehrenstein abermals seine gesamte lyrische Produktion und veröffentlicht sie – zum Teil in Fassungen, welche die Ausdrucksschärfe der früheren Fassungen stören oder mildern – 1931 in dem Band *Mein Lied*.

In den folgenden neunzehn Jahren, die Ehrenstein zunächst überwiegend in Brissago im Tessin und dann, ab 1941, im New Yorker Exil verbrachte, schreibt er zwar noch ca. 70 Gedichte (aufbewahrt in dem Nachlaß Ehrensteins im Manuscript Department der Jewish National and University Library in Jerusalem), darunter das scharf sozialkritische Gedicht *Wanzen*, dessen Anfang die Oberschicht der Weimarer Republik mit George-Groszscher Schärfe zeichnet: »*Droben trieft geile Musik. / Champagner. Soiree. / Der Wänste gellendes Fest. /Blutpralle Wanzen tanzen.*« Aber insgesamt schwindet seine Ausdruckskraft immer mehr. Neben der Arbeit an einer Unzahl nie verwirklichter Projekte beschäftigt ihn im Exil vor allem die sorgfältige Überarbeitung seiner Nachdichtungen chinesischer Lyrik, die 1933 in Deutschland nur noch in wenigen Exemplaren hatte gedruckt werden können; diese Sammlung *Das gelbe Lied* wurde dann von den Nazis sofort verboten. 1950 starb Ehrenstein in New York. In der Sammlung *Menschheitsdämmerung*, Kurt PINTHUS' legendärer Anthologie expressionistischer Lyrik von 1920, war Ehrenstein noch mit der zweitgrößten Anzahl von Gedichten vertreten; erst 1961 erschien in Deutschland mit der Ausgabe von Karl OTTEN eine umfangreiche, in der Zuverlässigkeit der Texte einigermaßen akzeptable Ausgabe eines jahrzehntelang fast vergessenen Lyrikers, dessen vorbildliche »*schneidende Schärfe des Ausdrucks*« Arno SCHMIDT mehrfach rühmte. Eine Gesamtausgabe ist für die neunziger Jahre zu erwarten. J.Dr.

AUSGABEN: *Die weiße Zeit*, Mchn. 1914. – *Der Mensch schreit*, Lpzg. 1916. – *Die rote Zeit*, Bln. 1917. – *Den ermordeten Brüdern*, Zürich 1919. – *Die Gedichte (1900–1920)*, Lpzg./Prag/Wien 1920. – *Wien*, Bln. 1921. – *Briefe an Gott*, Lpzg./Wien 1922 (Die Gefährten, Bd. 13); ern. Ffm. 1979. – *Herbst*, Bln. 1923. – *Mein Lied. Gedichte 1900–1931*, Bln. 1931. – *Gedichte u. Prosa*, Hg. K. Otten, Bln./Neuwied 1961. – *Stimme über Barbaropa*, Hg. J. Jahn, Bln./Weimar 1967. – *Wie bin ich vorgespannt den Kohlenwagen meiner Trauer*, Hg. J. Drews, Mchn. 1977; ern. 1986.

LITERATUR: O. Basil, *Ritter Johann des Todes oder Das österreichische Apokalyperl* (in Wort in der Zeit, Feb. 1962, Nr. VIII, S. 4–11). – J. Drews, *Wie bin ich vorgespannt den Kohlenwagen meiner Trauer* (in SZ, 25./26. 4. 1970). – K. Völker, *Mein Wort hat keinen Preis gekrönt* (in FRs, 2. 5. 1981).

TUBUTSCH

Prosa von Albert EHRENSTEIN, erschienen 1911. – Der Text, der Ehrensteins erster Buchpublikation den Titel gab und dort zusammen mit der Erzählung *Ritter Johann des Todes* und *Wanderers Lied* (beide bereits 1910 in der ›Fackel‹ veröffentlicht) erschien, bereitet der Expressionismus-Forschung große Schwierigkeit, da er sich nicht in die mühsam erarbeiteten Schemata einordnen läßt. Denn *Tubutsch* ist österreichische, genauer noch Wiener Prosa und weist kaum das Stilmerkmal der explodierenden Satz- und Wortfetzen auf. Und trotzdem gehört er in denselben Kontext wie die Berliner Prosa des frühen Gottfried BENN. Dieser schrieb 1913: »... es geht nirgends etwas vor: es geschieht alles in meinem Gehirn« (Heinrich Mann. Ein Untergang). Ehrenstein sagt in einem anderen Ton dasselbe: »Mein Name ist Tubutsch, Karl Tubutsch. Ich erwähn ihn bloß, weil ich außer meinem Namen nichts besitze.« Dem depossedierten Kleinbürger bleibt nichts als seine Individualität, die auch den Namen »Zerrissenheit« hat. Wer um den Besitz der starken Individualität gebracht worden ist, produziert im tiefsten Innern seiner Zerrissenheit einen kostbaren Schatz, der ihm schwerlich zu nehmen ist: die Phantasie.

Karl Tubutsch flaniert durch die Gassen Wiens, um im Reich der Phantasie nach Anhaltspunkten für ein etwaiges Leben zu suchen. Er entdeckt einen Polizisten, der nach Rosenparfüm duftet, muß sich jedoch schnell eingestehen, daß er nicht weiß, warum das so ist. Tubutsch hat schon aufgegeben, bevor er sich müde in die phantastischen Abenteuer wegschleicht: »... ich versteh überhaupt nicht, wie ich in diesen Zustand versunken bin. Um mich, in mir herrscht die Leere, die Öde, ich bin ausgehöhlt und weiß nicht wovon.« Tubutsch glaubt, seine Schüchternheit hindere ihn daran, der Misere auf den Grund zu kommen. Aber ihn treibt bereits der geringste Anlaß in zähe Melancholie. Der Tod zweier Fliegen im Tintenfaß macht den Kranken kranker. Die Melancholie wird schnell zur unerträglichen Last, da er die phantastischen Erlebnisse weder greifen noch begreifen kann. Aber gerade das treibt ihn dazu, die Sisyphus-Arbeit wieder aufzunehmen, nach neuen Wiener Exotismen Ausschau zu halten. Immer wieder rafft sich Tubutsch auf, ein Erlebnis zu haben, und immer wieder verfällt er in träge Resignation. Es zeigt sich bald, daß alle Exotismen ein hilfloses Produkt seiner Sehnsucht sind, eine Zwangsneurose. Es spielt sich alles nur in seinem Gehirn ab. Die Hirngespinste ist er gezwungen zu produzieren, weil er keine Art von Leben hat und nicht einmal etwas erleben kann: »Wenn mir wer gestorben wär, den rechtschaffen zu betrauern ich Ursach hätt, ich hätt mir zumindest einen Fiaker spendiert. Aber so ist es: den Menschen, die nicht trauern wollen, sterben die Verwandten... mir jedoch... ich darf nichts erleben, bin sozusagen ein Mensch, der in der Luft steht.« Da ist es schon ein großes Glück, wenn ihm ein Schnürsenkel reißt. »Denn nun darf ich mit einiger Berechtigung in ein Geschäft treten, Schuhschnürln verlangen, die Frage, was ich noch wolle, mit: ›Nichts‹ beantworten, an der Kasse zahlen und mich entfernen.« Das sind denn Höhepunkte des »Lebens«. Aber sie sind von kostbarer Seltenheit, kein Heilmittel gegen die nie stattfindenden Erlebnisse, die ohnehin nur ein phantastischer Ersatz für wirkliches Leben sind. So wird beiläufig die Konsequenz ausgesprochen: »Ich sehn mich nach einem Mörder!« Das exotische Schweifen kann nie etwas einbringen. Und der Name Tubutsch ist ja auch nur eine hilflose exotische Erfindung.

Die 1908 entstandene Erzählung ist wohl das berühmteste Werk Ehrensteins. Der Text erregte Aufsehen in der Wiener wie in der Berliner Literaturszene: DÖBLIN und Ernst BLASS rezensierten das Werk, selbst Karl KRAUS, in dessen ›Fackel‹ 1910 Beiträge von Ehrenstein erschienen waren, kam in seiner späteren Polemik gegen den Autor (›Die Fackel‹, H. 552/53) nicht umhin, indirekt die Qualität dieser Erzählung anzuerkennen: »Dazu verdammt, ein Genie zu bleiben, ohne es zu sein, hatte er seine Berufung mit einer kleinen Prosaarbeit verausgabt...« Breitere Resonanz aber fand Tubutsch sowenig wie Ehrensteins zweiter Erzählband Der Selbstmord des Katers (1914); in der Folgezeit veröffentlichte der Autor vorwiegend Lyrik.

P.F.-KLL

AUSGABEN: Wien 1911 [Ill. O. Kokoschka]. – Mchn. 1914. – Neuwied/Bln. 1961, Hg. u. Einl. K. Otten. – Ffm. 1964 (IB, 797).

LITERATUR: A. Döblin, Rez. (in Der Sturm, 2, H. 94, S. 751). – E. Blass, Rez. (in Pan, 2, H. 15, S. 456–459). – M. Versari, A. E. Prä-Existentialist ohne Existenz. »Tubutsch« (1911), Erzählfigur des Nihilismus (in Wege der Lit.wiss., Hg. J. Kolkenbrock-Netz u. a., Bonn 1985, S. 269–283).

HANS EHRKE

* 10.4.1898 Demnin/Pommern
† 29.10.1975 Kiel

LITERATUR ZUM AUTOR:
H. Jessen, Das niederdt. Drama. Abriß über Entwicklung u. Probleme, Tl. 2 (in Nordelbingen, 14, 1938, S. 424–470). – D. G. Puls, Dichter u. Dichtungen in Kiel, Kiel 1962. – H. Frank, Gestalten u. Symbole im dichter. Werk H. E.s, Flensburg 1963.

FÜER!

(nd.; Feuer!). Drama in vier Akten von Hans EHRKE, Uraufführung: Kiel, 22. 2. 1927, Schauspielhaus (Niederdeutsche Bühne). – Schauplatz ist eine Dorfschenke an einem Sommerabend, bald nach Beendigung des Ersten Weltkriegs. Aus einem zunächst harmlosen Wortgeplänkel entwickelt sich ein heftiger Streit zwischen dem aufrechten, von soldatischer Erziehung geprägten Klaus Wessel und dem unsteten, leicht aufbrausenden »Stankmaker« Jeppe Otzen. Es geht um die junge Frau des Polizisten Höwel, die beide vor dem Krieg vergebens umworben haben. Die alte Rivalität flammt wieder auf und wird schließlich zur tödlichen Feindschaft. In der gleichen Nacht noch brennt Otzens Scheune nieder, und man findet an der Brandstelle das Feuerzeug Wessels, das dieser, nur von

Otzen bemerkt, im Wirtshaus vergessen hatte. Wessel kann kein Alibi nachweisen und wird vom Gendarmen Höwel in Haft genommen. Da gesteht dessen Frau, daß Wessel zur Stunde des Brandes bei ihr war. Otzen selbst wird der Tat überführt. Höwel aber kann den Treuebruch seiner Frau nicht verwinden und nimmt sich das Leben.

Die recht durchsichtige Brandstiftergeschichte ist zunächst also nichts weiter als ein solide gebautes, publikumswirksames Kriminalstück. Auch die Charaktere der beiden Rivalen vermögen nur geringes Interesses zu wecken: Wessel ist allzusehr idealisiert, Otzen zu eindeutig als ausgemachter Bösewicht gezeichnet. Von erschütternder Realität dagegen ist die Gestalt des alternden Polizisten Höwel; in gutmütiger Ahnungslosigkeit hat er pflichtbewußt seinen Dienst versehen und muß nun erkennen, daß dies offenbar nicht genug ist. Von einer Verpflichtung den Mitmenschen, vor allem seiner Frau gegenüber, hat er nichts gewußt. So bricht, als die Scheune des Bauern Otzen niederbrennt, auch die Welt des Reinhard Höwel zusammen. Mit dem verlöschenden Feuer ist auch seine Seele gestorben. Der fassungslose Jammer der Frau nach seinem Tod beweist, daß sie nicht aufgehört hat, ihn zu lieben, daß sie nur glauben mußte, von seinen dienstlichen Pflichten aus seinem Herzen verdrängt worden zu sein. Hier liegt die tragische Schuld Höwels, die von Ehrke psychologisch überzeugend und sprachlich klar und eindrucksvoll dargestellt wird. H.J.B.

AUSGABE: Hbg. 1927.

HANS BRÜGGEMANN

(nd.). Tragödie in fünf Akten von Hans EHRKE, Uraufführung: Kiel 10. 4. 1930, Schauspielhaus. – In den Jahren 1514–1521 schuf Hans Brüggemann seinen berühmten, 1666 in den Schleswiger Dom überführten Bordesholmer Altar. Die Handlung des Dramas setzt kurz vor der Beendigung des Kunstwerks ein. Zur gleichen Zeit verteidigt Luther seine Lehre vor dem Reichstag zu Worms. Um die Überzeugungskraft des katholischen Glaubens zu stärken, wird Brüggemann beauftragt, das Wunderbild einer blutige Tränen weinenden Christusfigur zu liefern, ein Blendwerk also, »*en Düwelswark, en Satansstück*«. Der Meister lehnt ab; er zeigt damit offen seine Sympathie für den Mann aus Wittenberg und beschließt, für seine bereits lutherische Heimatstadt Husum ein neues, noch schöneres Werk zu beginnen. Doch da trifft ihn der ganze Haß einer von inquisitorischem Eifer, von Mißgunst und Neid verblendeten Geistlichkeit. Der naiv-gläubigen Geliebten des Künstlers wird ein Fläschchen mit Gift in die Hände gespielt, man spricht von geweihtem Wasser, das den Zweifelnden zur Erkenntnis des wahren (römisch-katholischen) Lichts zurückführen soll. Das Mädchen benetzt in der Nacht die Augen des Meisters; Brüggemann erblindet. (Von der Blendung Brüggemanns berichtet schon Karl MÜLLENHOFF in seiner Sammlung schleswig-holsteinischer Sagen.) In dem Glauben, Gott allein habe sein Augenlicht zerstört und so seinem rastlosen Schaffensdrang ein Ende gesetzt, lästert er Gott. Doch als er erkennen muß, daß Menschenhand ihn wie ein Spielzeug zerbrochen hat und Gott dieses teuflisch-hinterhältige Verbrechen geschehen ließ, bricht er zusammen. Wohl zum ersten Mal in der Geschichte des neuniederdeutschen Dramas hat Ehrke den Versuch unternommen, die Problematik des an seiner Mitwelt tragisch scheiternden Künstlers darzustellen, eines Menschen, dem das Geleistete nie genug sein kann, der keinen Stillstand kennt, der über sich selbst hinauswachsen will im bitteren, qualvollen Streben nach künstlerischer wie religiöser Wahrhaftigkeit. Das Stück überzeugt durch seine klare Konzeption, durch die Geschlossenheit der Handlungsführung, die Eindringlichkeit der Dialoge und die herbe Kraft der Sprache. H.J.B.

AUSGABE: Hbg. 1930.

GÜNTER EICH

* 1.2.1907 Lebus an der Oder
† 20.12.1972 Groß-Gmain bei Salzburg

LITERATUR ZUM AUTOR:
Über G. E., Hg. S. Müller-Hanpft, Ffm. 1970 (m. Bibliogr.; es). – E. Krispyn, *G. E.*, NY 1971 (TWAS). – S. Müller-Hanpft, *Lyrik u. Rezeption. Das Beispiel G. E.*, Mchn. 1972. – *G. E. zum Gedächtnis. Nachrufe bekannter Autoren*, Hg. S. Unseld, Ffm. 1973. – L. Z. Wittmann, *Ein Überblick über E.s literatur- u. sprachtheoretische Äußerungen 1930–1971* (in DVLG, 48, 1974, S. 567–578). – P. Märki, *G. E.s Hörspielkunst*, Ffm. 1974. – H. F. Schafroth, *G. E.*, Mchn. 1976. – R. Lieberherr-Kübler, *Von der Wortmystik zur Sprachtechnik. Zu G. E.s Hörspielen*, Bonn 1977. – K. D. Post, *G. E. Zwischen Angst u. Einverständnis*, Bonn 1977. – H. G. Briner, *Naturmystik. Biologischer Pessimismus. Ketzertum. G. E.s Werk im Spannungsfeld der Theodizee*, Bonn 1978. – *G. E.*, Hg. H. L. Arnold, Mchn. [3]1979 (Text + Kritik). – P. H. Neumann, *Die Rettung der Poesie im Unsinn. Der Anarchist G. E.*, Stg. 1981. – R. Foot, *The Phenomen of Speechlessness in the Poetry of M. L. Kaschnitz, G. E., N. Sachs and P. Celan*, Bonn 1982. – L. Richardson, *Committed Aestheticism. The Poetic Theory and Practice of G. E.*, Bern u. a. 1983. – A. Goodbody, *Natursprache. Ein dichtungstheoretisches Konzept der Romantik u. seine Wiederaufnahme in der modernen Naturlyrik (Novalis, Eichendorff, Lehmann, E.)*, Neumünster 1984. – *G. E.* (in Marbacher Magazin 45, 1988; Bearb. J. W. Storck).

DAS LYRISCHE WERK von Günter EICH. Der Lyriker und Hörspielautor Günter Eich gilt als einer der bedeutendsten Vertreter der deutschsprachigen Literatur nach 1945. Sein eigenwilliges Werk wurde allerdings immer wieder unterschiedlich gewichtet. Die einen kennen ihn bis heute als einen Begründer der *»Kahlschlagliteratur«* (W. Weyrauch), andere erblicken in ihm einen der letzten deutschen Naturdichter oder bezeichnen ihn als einen poetischen »Anarchisten« (P. H. Neumann) und betonen die politischen Implikationen seines Schreibens. Neben seinen zahlreichen Hörspielen, durch die Günter Eich in den fünfziger Jahren bekannt wurde, veröffentlichte er eine Reihe von Gedichtbänden; seine späte Kurzprosa *(Die Maulwürfe)* bezeichnete der Autor selbst als »Prosagedichte«.

Seine ersten Gedichte veröffentlichte Eich 1927 unter dem Pseudonym Erich Günter in der von W. FEHSE und K. MANN herausgegebenen *Anthologie jüngster Lyrik (Verse an vielen Abenden)*; es folgten 1930 eine erste Ausgabe von Gedichten unter eigenem Namen sowie von 1930 bis 1933 Publikationen in den Zeitschriften ›Die Kolonne‹ und ›Neue Rundschau‹. Während der Zeit des Nationalsozialismus verstummte Eich als Lyriker und wandte sich erst wieder 1948 an die Öffentlichkeit mit dem Band *Abgelegene Gehöfte*, der wie der 1949 in geringer Auflage erschienene Band *Untergrundbahn* wenig Beachtung fand. Dagegen wurde die Gedichtsammlung *Botschaften des Regens* (1955) von einem breiten Publikum aufgenommen. Es folgten die Bände *Zu den Akten* (1964) und *Anlässe und Steingärten* (1966); nach dem Tode Eichs 1972 wurde noch im selben Jahr der Zyklus *Nach Seumes Papieren* postum veröffentlicht. Zahlreiche Einzelpublikationen und Gedichte aus dem Nachlaß finden sich darüber hinaus in den 1973 herausgegebenen *Gesammelten Werken*.

Insgesamt läßt sich das lyrische Werk Günter Eichs in drei Phasen unterteilen: das Frühwerk bis 1945, die mittlere Phase der fünfziger Jahre und das Spätwerk ab 1964. – Für seine frühen Gedichte bezeichnete sich Eich selbst als einen *»verspäteten Expressionisten und Naturlyriker«*. Eine auffällige Affinität besteht zu Dichtern des ›Kolonne‹-Kreises (LEHMANN, LOERKE, HUCHEL); ferner lassen sich Einflüsse TRAKLS, BENNS und auch der deutschen Romantik nachweisen (SCHLEGEL, EICHENDORFF). Außerdem beschäftigte sich der Sinologiestudent Eich eingehend mit der chinesischen Literatur.

Naturbilder bestimmen das Schreiben Eichs bis hin zum Spätwerk. An ihrer spezifischen Verwendung lassen sich die Ausprägungen und Wandlungen seiner Dichtungsauffassung ablesen. Dem frühen Eich gilt die Natur als magischer Erfahrungsraum, dem der Dichter das Geheimnis einer ursprünglichen Sprache ablauscht. Vögel, Wind und Wolken übermitteln eine Erkenntnis- und Daseinsform, die aufgrund einer beschädigten Realitätserfahrung als Gegenwelt begriffen wird. Nach dem Krieg erscheint die Natur jedoch selbst als zerstörte Welt. In den Gedichten dominiert ein Bild der Verwüstung, das den zerrütteten Zustand der Seele spiegelt. Eine solche Funktionalisierung der Natur als Gegenwelt oder als Spiegel weist Eich in den fünfziger Jahren zurück. Die Texte dieser Zeit insistieren auf einer Trennung von Mensch und Natur und verzichten auf jegliche Projektion; der Natur wird eine unantastbare Eigengesetzlichkeit zugeschrieben. Das Ehrfürchtige einer solchen Haltung hat der Autor später verworfen: »*In meinem Gedichtband ›Botschaften des Regens‹ war ich noch ein Naturdichter, der die Schöpfung akzeptiert hat. Heute akzeptiere ich die Natur nicht mehr: wenn sie auch unabänderlich ist. Ich bin gegen das Einverständnis der Dinge in der Schöpfung. Es ist immer der gleiche Gedankengang: das Nichtmehreinverstandensein*« (Gespräch mit Peter Coreth, 1971).

Die zunehmende Distanzierung Günter Eichs von der Naturlyrik geht mit der für sein Schreiben zentralen Sprachreflexion und Sprachkritik einher, die ihn mit Dichtern seiner Zeit verbindet: Ilse AICHINGER, Ingeborg BACHMANN, Paul CELAN. Eichs »*Entscheidung, die Welt als Sprache zu sehen*« (*Der Schriftsteller vor der Realität*, 1956), unterliegt wie die Naturauffassung deutlichen Modifikationen, die in seinen drei poetologischen Reden zum Ausdruck kommen. Erscheint noch in der *Rede vor den Kriegsblinden* (1953) der Dichter als Übersetzer einer magischen Ursprache, so verlagert sich die Perspektive 1956 in *Der Schriftsteller vor der Realität* ins Utopische: Das Übersetzen bezieht sich nun nicht mehr auf das vermeintliche Original einer Natursprache, sondern auf eine neue (Sprach-)Wirklichkeit, die im Schreiben erst herzustellen ist. Die nicht zuletzt zeitkritischen Implikationen solcher Überlegungen radikalisiert Eich in seiner brisanten *Büchner-Preis-Rede* von 1959. Dort verknüpft er Sprachkritik mit einer umfassenden Machtkritik: Da jede Form der Sprache, auch die künstlerische, gelenkt wird, erscheint selbst die engagierte Wirklichkeitssuche des Dichters gesellschaftlich instrumentalisiert; Eich fordert daher einen Rückzug auf die Position der Verweigerung und eine verstärkte Suche nach subversiven Ausrucksmitteln.

Die Schreibweise des Dichters unterliegt dementsprechend tiefgreifenden Wandlungen. Seine frühen Gedichte bewegen sich noch weitgehend in einem traditionellen Rahmen: Eich verwendet Reimformen, dichtet in Jamben, zeigt eine Vorliebe für die romantische Volksliedstrophe; er gebraucht herkömmliche poetische Bilder und eine zuweilen überladene Metaphorik (Genitivmetaphern). Allerdings finden sich bereits hier vereinzelt reimlose und gebrochene Verse, in denen der knappe prosaische Stil des Spätwerks schon angelegt ist. Auf der Bildebene folgen die Gedichte seit der Nachkriegszeit der zunehmenden Tendenz einer Anti-Poetik; an die Stelle einer hermetisierenden und melancholischen Naturdarstellung treten alltagssprachliche Relikte, provokante Vulgarismen, dissonante Kompositionen und surrealistische Visionen. Der Hang zu fragmentarischem Sprechen verdichtet sich in den späten Texten bis hin zu einzeiligen *Formeln*; die prosaische Kürze und Widerspenstigkeit der Gedichte weist den Weg zu den *Maulwürfen*, die »logische Konsequenz seiner späten Lyrik« (Eich).

Die frühen Gedichte Günter Eichs sind getragen von sehnsüchtiger Melancholie, von der Trauer über eine gebrochene Wirklichkeitserfahrung, die oft mit der Vergänglichkeitsthematik verknüpft wird. Das Gedicht *Deine Tage gehen falsch*, mit dem Eich 1927 debütierte (vgl. die Trilogie *Verse an vielen Abenden*) entwirft die Utopie einer nichtsprachlichen Einheit mit der Natur: »Du mußt wieder stumm werden, unbeschwert, / eine Mücke, ein Windstoß, eine Lilie sein.«

Die meisten Texte des Frühwerks wurden später von Eich selbst als dilettantisch und epigonal verworfen. Das gilt auch noch für den Band *Abgelegene Gehöfte* (1948), der ja seinerseits eine Reihe von Gedichten aus den dreißiger Jahren enthält und dessen Neuauflage 1968 der Autor nur widerwillig zustimmte. Entgegen der Legende von der »Stunde Null« dominiert hier die herkömmliche, auf Zeitbezug verzichtende, stark poetisierende Schreibweise; auch im Titelgedicht wird die unmittelbare Erfahrung des Krieges naturalisiert und universalisiert. In der Sammlung finden sich zugleich die berühmt gewordenen »Kahlschlag«-Gedichte: Das Gedicht *Inventur*, für das Eich 1950 den Preis der Gruppe 47 erhielt, reduziert in lakonischer Benennung den dichterischen Inhalt auf das Notwendigste und Alltägliche; in *Latrine*, wo sich *Hölderlin* provozierend auf *Urin* reimt, weist Eich das »Andenken« an das dichterische Erbe zurück (vgl. *An die Lerche*, eine Abrechnung mit der Romantik); das Gedicht *Lazarett* entfaltet das Programm einer Ästhetik des Häßlichen.

Gegenüber der in der Kahlschlag-Lyrik relativ unpolitischen Aufarbeitung des Gefangenschaftserlebnisses rücken in den 18 Gedichten von *Untergrundbahn* (1949) bereits zeitkritische Perspektiven in den Vordergrund. Schon der Titel des Bandes läßt erkennen, daß nun das Schwergewicht auf Zivilisations- und Alltagserfahrungen liegt. Soziale Themen werden aufgegriffen (*Die Zigarettenfrau*); die Natur gilt lediglich als Zerrspiegel (*Schuttablage*; *Angst*). In auffällig dialogischer Eindringlichkeit geben sich die Texte als Warngedichte zu erkennen: Ähnlich dem berühmt gewordenen Hörspiel-Gedicht »*Wacht auf, denn Eure Träume sind schlecht*« (1950) mißtrauen sie der Selbstzufriedenheit der Nachkriegsgesellschaft (*Betrachtet die Fingerspitzen; Wenn du die Klapper des Aussätzigen hörst; Im Sonnenlicht*). Nicht zuletzt verweist das im Titel angesprochene Untergründige bereits auf ein subversives Moment, das schließlich im programmatischen letzten Gedicht des Bandes – im dort erstmals auftretenden Bild des Maulwurfs – unterstrichen wird: »*Schrecklich gepreßt, wie in Erstickens Angst, / mit Augen hervorquellend, so lallt es, / Sprache des Maulwurfs, der Elster Gekrächz*« (*Fragment*).

Eine Reihe von Gedichten aus *Untergrundbahn* wurde 1955 in die Sammlung *Botschaften des Regens* übernommen. Dieser Band zeichnet sich insgesamt durch ein konzentriertes Bemühen um eine poetologische Standortbestimmung aus. Er enthält vor allem eine Absage an die traditionelle Naturlyrik: *Tage mit Hähern*, das direkt auf ein Gedicht aus *Abgelegene Gehöfte* Bezug nimmt (*Die Häherfeder*), verwirft die Möglichkeit einer poetischen Ursprache: »*Der Häher wirft mir / die blaue Feder nicht zu.*« Im Titelgedicht dagegen verweist die Natur auf eine schlechte Wirklichkeit: »*Bestürzt vernehme ich / die Botschaften der Verzweiflung, / die Botschaften der Armut und die Botschaften des Vorwurfs*« (*Botschaften des Regens*). Das Gedicht *Tauben* negiert die Projektionsfunktion der Naturdichtung und thematisiert bereits das Problem der Sprache als Machtinstrument. Die Determiniertheit weiter Erfahrungsbereiche tritt zunehmend in den Vordergrund: Liebesgedichte (*Gegenwart; Westwind*) und Landschaftsdarstellungen (*Veränderte Landschaft*) zeugen von der Verdinglichung der Sprache und Wahrnehmung. Mit seinem zeitkritischen Engagement (*Augenblick im Juni; Wo ich wohne*) plädiert der Autor für Wachsamkeit und mißbilligt jede Tröstungs- und Erbauungsfunktion der Kunst. Dennoch finden sich vereinzelt noch sprachutopische Visionen »*Während mein Hauch sich noch müht, / das Ungeschiedne zu nennen, / hat mich das Wiesengrün übersetzt / und die Dämmerung denkt mich*« (*Andere Sprachen*); sie werden allerdings vom sprachskeptischen Schlußgedicht des Bandes (*Himbeerranken*) zurückgenommen.

»*Zu den Akten*« legt Eich mit seiner gleichnamigen Gedichtsammlung von 1964 nicht nur endgültig die Vorstellung von einer naturmagischen Poetik, sondern auch den Anspruch einer engagiert zeitbezogenen Autorschaft: »*In meinem Mund / halt ich den Speichel bereit / für Eure Hoffnung*« (*Munch, Konsul Sandberg*); statt dessen konzentriert sich die Kunst auf ein Versteckspiel vor der Macht: »*Aus Briefen kannst du mich nicht lesen / und in Gedichten verstecke ich mich*« (*Huhu*). Aufgabe des Dichters ist es, lediglich zu benennen; sein Schreiben folgt, in Umkehrung des Postulats von 1956, der »*Entscheidung, die Sprache als Welt zu sehen*« (P. H. Neumann). Lyrik ist Sprachexperiment: Ein Spiel mit Lexikon-Begriffen (*Zum Beispiel*), eine Übung im Kurzfassen. Eine Zuspitzung findet letzteres in den Zyklen *Alte Postkarten* und *Neue Postkarten* sowie in den *Formeln* – beide setzt Eich in seinem späteren Gedichtband fort. Daß sich hinter solchen »*Girlandenvariationen*« ein tiefer Kulturpessimismus verbirgt, unterstreicht eines der letzten Gedichte, das bereits auf den Titel des folgenden Bandes verweist: »*Zuviel Abendland, / verdächtig. // Zuviel Welt ausgespart. / Keine Möglichkeit / für Steingärten*« (*Fußnote zu Rom*).

Japanische Steingärten, Orte der Meditation, hatte Eich 1962 in Kyoto kennengelernt. In seiner Gedichtsammlung *Anlässe und Steingärten* (1966), in der zahlreiche Texte der Form des japanischen Kurzgedichts (*haiku*) nahekommen, sucht Eich das Konzept einer funktionslosen Kunst zu verwirklichen (vgl. *Weniger*). Mit seinem Grenzgang zwischen Sinn und Unsinn – »*der Mett heiligt die Zwickel*« *(und Wirklichkeit)* – in anarchischem Umgang mit dem blanken Wortmaterial (»*Die Flaschenpost abgeheftet // Vergessen und vertrunken // Baumwollust*« *– Formeln 19–21*) sucht der Autor sein »*Nichtmehreinverstandensein*« zu artikulieren, ohne dabei auf zeitkritische Seitenhiebe zu verzichten *(Seminar für Hinterbliebene; Geometrischer Ort)*. Es ist gerade die Spannung zwischen politischem Bezug und Absichtslosigkeit, in der Eich seine subversive und produktive Außenseiterposition ansetzt. Das poetologische Gedicht *Ryoanji* veranschaulicht dies auf paradigmatische Weise. Es bringt auch zum Ausdruck, daß der Autor in seiner widerborstigen Betrachtungsweise (»*Stachelfell meiner Einsichten*«) keineswegs den Rückzug antritt, sondern ein Programm verkündet: »*Wir siedeln uns nicht mehr an, / wir lehren unsere Töchter und Söhne die Igelwörter / und halten auf Unordnung, / unseren Freunden mißlingt die Welt.*« Die 1972 veröffentlichten Gedichte *Nach Seumes Papieren* bilden gleichsam das Resümee dieser Entwicklung hin zu einem poetischen Anarchismus. In seiner Auseinandersetzung mit J. G. SEUME, dem durch seine Reisen bekanntgewordenen Dichter des späten 18. Jh.s, verabschiedet Eich in ironischer Pointierung endgültig Leitvorstellungen des Abendlandes; zugleich bilden der wohl verborgene Anarchismus Seumes und seine »*Apokryphe*«, wie H. D. SCHÄFER hervorhebt, den Anknüpfungspunkt für die Aufzeichnungen Eichs.

In der Forschung standen sich lange Zeit ontologische und sozialkritische Deutungen gegenüber, aus denen sich auch jeweils unterschiedliche Gewichtungen der einzelnen Phasen ergaben. Während E. KRYSPIN die frühe und mittlere Lyrik Eichs als Ausdruck einer metaphysischen Wahrheitssuche begriff und die Gedichte ab *Zu den Akten* als »*schöpferische Krise*« abtat, betonte S. MÜLLER-HANPFT in ihrer rezeptionsästhetischen Studie den zunehmend politischen Charakter der Eichschen Dichtung und unterstrich eine in diesem Sinne konsequente Entwicklung hin zum Spätwerk. Gegenüber der These vom ästhetischen Bruch nach *Botschaften des Regens* setzt sich heute eher die Überzeugung durch, daß Eichs Werk schon von Anfang an eine »*Kontinuität und Verschärfung seines anarchischen Denkens*« aufweist (P. H. Neumann). E. C. LUTZ spricht von einem »*Fortschritt zum Nullpunkt*«. Neuere Untersuchungen beschäftigen sich vor allem mit der poetologischen Entwicklung (OELMANN, RICHARDSON) und Eichs Verhältnis zur Tradition. Während K. YAMANE erstmals die Verbindungen zur asiatischen Literatur aufzeigt (die auch H. SCHAFROTH hervorhebt), weisen A. GOODBODY und auch P. H. NEUMANN eine kritische Romantik-Rezeption im Werke Eichs nach. Einzelinterpretationen, vor allem zu den späten Gedichten, finden sich bisher selten. C. Lu.

AUSGABEN: *Gedichte*, Dresden 1930. – *Abgelegene Gehöfte*, Ffm. 1948 [m. Ill. v. Karl Rössing]; ern. Ffm. 1968 (es). – *Untergrundbahn*, Hbg. 1949. – *Botschaften des Regens*, Ffm. 1955 (1963). – *Ausgew. Gedichte*, Ffm. 1960 [Ausw., Nachw. W. Höllerer]. – *Zu den Akten*, Ffm. 1964. – *Anlässe und Steingärten*, Ffm. 1966. – *Nach Seumes Papieren*, Darmstadt 1972. – *Gedichte*, Ffm. 1973 [Ausw. I. Aichinger]. – *Die Gedichte* (in *GW*, Hg. S. Müller-Hanpft u. a. in Verbindung m. I. Aichinger, Bd. 1, Ffm. 1973).

LITERATUR: A. Zimmermann, *Das lyrische Werk G. E.s*, Diss. Erlangen/Nürnberg 1966. – E. Horst, *G. E., »Anlässe und Steingärten«* (in NRs 78, 1967, S. 127–131). – E. Krispyn, *G. E.s Lyrik bis 1964* (in *Über G. E.*, Hg. S. Müller-Hanpft, Ffm. 1970, S. 69–89). – H. Ohde, *G. E.s Gedicht »Gärtnerei«* (ebd., S. 90–97). – H. D. Schäfer, *Die Interpretation »Nach Seumes Papieren«. Über ein spätes Gedicht von G. E.* (in NDH 20, 1973, S. 45–55). – S. Kaneko, *Naturlyrik als Entscheidung. G. E.s Lyrik bis 1955* (in DVLG, 51, 1977, S. 247–271). – C. L. Haart-Nibbrig, *Sprengkitt zwischen den Zeilen: Versuch über G. E.s poetischen Anarchismus* (in Basis 7, 1977, S. 118–136). – U. M. Oelmann, *Deutsche poetologische Lyrik nach 1945: Ingeborg Bachmann, G. E., Paul Celan*, Stg. 1980. – P. H. Neumann, *G. E.* (in *Die deutsche Lyrik 1945–1975. Zwischen Botschaft u. Spiel*, Hg. K. Weissenberger, Düsseldorf 1981, S. 230–243). – A. Gallmetzer, *Das Problem der Sprachlenkung. Untersuchung zur Entwicklung der lyrischen Sprache G. E.s*, Innsbruck 1982. – P. M. Graf, *Wandel und Konstanz in G. E.s Selbstverständnis als Lyriker*, Bern 1984.

DIE MÄDCHEN AUS VITERBO

Hörspiel von Günter EICH, Ursendung: 10. 3. 1953, Südwestfunk Baden-Baden, Radio Bremen, Bayerischer Rundfunk; in zweiter Fassung: 8. 6. 1959, Hessischer und Süddeutscher Rundfunk. – Seit drei Jahren halten sich im Oktober 1943 der siebzigjährige Goldschmidt und seine siebzehnjährige Enkelin Gabriele, zwei jüdische Flüchtlinge, in einer Berliner Wohnung versteckt. Angst und Hoffnung erfüllen sie in ihrem Katakombendasein. In der Eintönigkeit des selbstgewählten Gefängnisses gewinnt jedes neue Realitätspartikel ausgreifende Bedeutung, wird zum Vehikel von Traum und Phantasie. Eine Zeitungsnotiz, nach der sich eine Mädchengruppe aus Viterbo in den römischen Katakomben verirrt hat, verspinnt sich dem Großvater zum Traum, seinem letzten Traum, wie er sagt. Das tastende Gespräch darüber, die behutsame Rekonstruktion des (möglichen) Geschehens erweitert und öffnet sich zur Geschichte der verirrten, wie die beiden Dialogpartner auf Rettung wartenden Mädchen. Was in Rede und Gegenrede zunächst nur angedeutet war, verdichtet sich zu eigener Welt, zu eigenen Szenen, die kontrastierend die Geschichte Goldschmidts und seiner Enkelin widerspiegeln und erhellen. Die Zeitungsmeldung ist gleichsam das Schiff, auf dem sie hinübergleiten in den Traum, in das Gehäuse der

Katakomben mit den Nöten der Verlorenen. Gabriele wird zu Antonia (eine der Schülerinnen), Goldschmidt zu Battori (dem Lehrer), und doch sind beide, hellsichtiger, in einer neuen Einheit von Subjekt und Objekt, sie selbst. Zwei Welten werden schließlich szenenweise aufeinander projiziert, ihre Handlungsstränge überlagern sich, verknoten sich. Kunstvoll antithetisch ergänzen die Situationen und Stationen einander: Die Mädchen können nur gerettet werden, wenn man sie findet; die beiden Flüchtlinge sind verloren, falls man sie aufspürt. Die sehnsüchtig erhoffte Rettung der Mädchen steht gegen die befürchtete Entdeckung. Wunschtraum und Angsttraum sind kontrapunktisch miteinander verschränkt. Zwei Grenzsituationen der Todesnähe beleuchten sich wechselseitig, so daß die Realität sich entwirklicht und die Transparenz des Gleichnisses erreicht. Die Durchdringung der eigenen Existenz mit der Geschichte der Mädchen aus Viterbo wird zu einem Prozeß der Bewußtwerdung, der in die Bereitschaft zur wissenden Annahme des Schicksals mündet: Goldschmidt und seine Enkelin finden zu einer höheren »Gleichgültigkeit«, sie werden zu »Einverstandenen«. Sie sind »da«, als die Gestapo erscheint. Dem »Wach auf«, mit dem Gabriele den Großvater aus seinem Traum herausriß, entspricht dessen in der letzten Szene gesprochenes, das ganze Werk fassendes »Mach dich bereit«. – Solche Bereitschaft, sein Schicksal auf sich zu nehmen, ist ein Grundmotiv Eichs, das auch in seinen Gedichten wiederkehrt. Sie ist die Antwort eines Einsamen, der grübelnd zu der Erkenntnis gelangt ist: *» Wer mit dem Entsetzen gut Freund ist, kann seinen Besuch in Ruhe erwarten.«* O.F.B.

AUSGABEN: Ffm. 1958 (in *Stimmen. Sieben Hörspiele*). – Ffm. 1960 (Nachw. W. Jens; es). – Ffm. 1966 (in *Fünfzehn Hörspiele*). – Stg. 1972. – Ffm. 1973 (in *GW*, Hg. S. Müller-Hanpft u. a., in Verbindung m. I. Aichinger, 4 Bde., 2).

MAULWÜRFE

Texte von Günter EICH, erschienen 1968–1972. – Mit seiner späten Kurzprosa, einer Sammlung von nahezu 140 *Maulwürfen*, begründete Günter Eich eine eigene Gattung von Erzähltexten: knappe, assoziative Sprachskizzen, in denen Sinnstrukturen gesprengt und disparates Material zu Bruchstücken montiert wird. Man hat von einem »dichterischen Anarchismus« Eichs gesprochen. – Die ersten drei »*Maulwürfe*« erschienen 1966 unter dem Titel *Kulka, Hilpert, Elefanten* in der ›Neuen Rundschau‹. 1968 folgte die Textsammung *Die Maulwürfe*; diese wurde 1972 – zusammen mit dem Zyklus *Ein Tibeter in meinem Büro* (1970) – im Band *Gesammelte Maulwürfe* erneut veröffentlicht. Die 1973 herausgegebenen *Gesammelten Werke* enthalten zudem einige einzeln publizierte Texte sowie eine Reihe von *Maulwürfen* aus dem Nachlaß.

Das Bild des Maulwurfs findet sich bereits mehrfach in Gedichten Günter Eichs (vgl. *Das lyrische Werk*): im Band *Botschaften des Regens* von 1955 (*Veränderte Landschaft; März; Mittags um zwei*) und zuerst in *Abgelegene Gehöfte* (1948): »*Schrecklich gepreßt, wie in Erstickens Angst, / mit Augen hervorquellend, so lallt es, / Sprache des Maulwurfs, der Elster Gekrächz«* (Fragment). In der *Präambel* zu den *Maulwürfen* beschreibt Eich bildhaft die Konzeption dieser Gattung: Seine Texte wollen aufwühlen (»*Mulm aufwerfen«*), angriffslustig sein (»*weiße Krallen, nach außen gekehrt«*), mit ihren untergründigen »Gedanken-Gängen« »schädlich« und buchstäblich subversiv wirken. Den Grundton bildet eine tiefe Schwermut (*Beethoven, Wolf und Schubert*), von der aus sie immer wieder eine für die »Maulwürfe« charakteristische Wendung zum sarkastischen Witz vollzieht: *»Vor lauter Melancholie lache ich«* (*Unsere Eidechse*).

Thematisch finden sich in der »maulenden« Prosa Günter Eichs vielfältigste Bezüge: etwa politische Anspielungen auf die Ideologie der Nachkriegsgesellschaft (*Feste*), auf den Vietnamkrieg (*Zwischenakt; Mein Schuster*), auf die Notstandsgesetze (*Sammlerglück*) und immer wieder auf den Anarchismus (*Huldigung an Bakunin*); Vertreter der kulturellen Tradition fungieren als fiktive Gesprächspartner (*Versuch mit Leibniz; Hölderlin*); Alltagsmomente (*Verspätetes Frühstück*) und phantastische Konstruktionen (*Winterstudentin mit Tochtersohn; Maison des fous*) bilden die Ausgangspunkte für sinnsprengende Assoziationsketten.

Die Auflösung von Bedeutungsstrukturen gestaltet der »*negative Schriftsteller*« (*Späne*) experimentell durch Sprachspiele. Buchstabenvertauschungen (»*Nomaden*« statt »*Monaden*« in *Versuch mit Leibniz*) und Klangverschiebungen (»*Ich zittere wie Espenlaub*« in *Zwischenakt*) begründen einen buchstäblich »ver-rückten« Diskurs; Redewisten werden wörtlich genommen: *»Odysseus verzehrt sich vor Sehnsucht, guten Appetit«* (*Preisgünstig*); Alphabetische Ordnungen treten an die Stelle von Sinnzusammenhängen (*Pe*), syntaktische Strukturen werden gekappt (*Bevor Störtebeker stolpert*). Schließlich erfindet Eich in seinen Texten immer wieder Wortneuschöpfungen, mit denen eine emanzipatorische »Poetik des Un-Sinns« propagiert wird: *»Nein, ich erwarte Träume, in denen endlich etwas Neues auftaucht. Ich bin neugierig auf das Gerinke und die Aaben, auf Jusch, Stapp und Zarall, auf die Radine und das Raux.«* (*Fortgeschritten*)

In der Forschung werden vor allem die Stellung der *Maulwürfe* innerhalb des Gesamtwerks und die provokative Dichtungskonzeption des späten Eich diskutiert. Einzelinterpretationen untersuchen die intertextuellen Bezüge sowie die Umbesetzung literarischer Topoi. C.Lu.

AUSGABEN: *Die Maulwürfe*, Ffm. 1968. – *Gesammelte Maulwürfe*, Ffm. 1972. – *Die Maulwürfe* (in *GW*, Hg. S. Müller-Hanpft u. a. in Verbindung mit I. Aichinger, Bd. 1, Ffm. 1973). – *Fabula rasa. Gedichte und Maulwürfe aus den Jahren 1927–1972*, Stg. 1986 [Ausw., Nachw. S. Moser].

LITERATUR: C. L. Haart-Nibbrig, *Sprengkitt zwischen den Zeilen: Versuch über G. E.s poetischen Anarchismus* (in Basis, 7, 1977, S. 118–136). – G. Sander, *Anfänge des »neuen« G. E. (mit Blick auf Kulka)* (in *Geist und Zeichen, Fs. A. Henkel zum 60. Geburtstag*, Hg. H. Anton u. a., Heidelberg 1977, S. 333–350). – M. Kohlenbach, *G. E.s späte Prosa*, Bonn 1982. – E. C. Lutz, *Vom Dümmling, der Eidechse, der Kunst u. der Anarchie. Über G. E.s Umgang mit der Wirklichkeit* (in Poetica, 15, 1983, S. 108–143). – A. Haverkamp, *Lauras Metamorphosen. Dekonstruktion einer lyrischen Figur in der Prosa der »Maulwürfe«* (in DVLG, 58, 1984, S. 317–346). – S. Alber, *»Man bittet zu läuten« u. »Maulwürfe«* (in Sprache im techn. Zeitalter, 1987, S. 81–90).

TRÄUME

Hörspiel von Günter EICH, Erstsendung: Hamburg 19. 4. 1951, Nordwestdt. Rundfunk; erschienen 1953. – Günter Eich, der als der große Erneuerer des Hörspiels im deutschsprachigen Raum gilt, schuf mit *Träume* eines der Hauptwerke der Gattung; die Ursendung wurde sogar als *»Geburtsstunde des Hörspiels«* (G. Prager) in der deutschen Literatur bezeichnet. Das Hörspiel gehört der vorexperimentellen Funkdichtung zu: Auf akustischen oder sprachlichen Avantgardismus wird noch verzichtet, jedoch hebt sich der Aufbau deutlich vom Herkömmlichen (linearer Handlungsverlauf) ab. Fünf Träume werden durch kurze Einschübe vom Autor lose miteinander verknüpft und jeweils von einem Anfangs- und Schlußteil eingeleitet und rückblickend kommentiert. Vorausdeutend und programmatisch ist der erste Sätze: *»Alles, was geschieht, geht dich an.«* Das eintönige Geratter der Eisenbahnschienen gibt dem ersten Traum seine akustisch-formale Einheit und ist gleichzeitig Signal der Bedrohung. Drei Generationen einer Familie befinden sich in einem engen, lichtlosen Waggon. Die Großeltern wurden vor vierzig Jahren aus den Betten geholt, sie sind die einzigen, die die Welt der Blumen, Berge und Sonntagsanzüge noch bewußt gesehen haben. Plötzlich beschleunigt sich das Fahrtgeräusch, der Zug rast offensichtlich einer Katastrophe entgegen. – Der zweite Traum widerfährt der Tochter eines chinesischen Reishändlers. Sie träumt die entsetzliche Geschichte von einem Elternpaar, das sein Söhnchen einem kranken, reichen Chinesen verkauft. Dieser sucht per Zeitungsannoncen Kinder, die er schlachtet und verzehrt, um gesund zu werden. – Ein australischer Automechaniker erlebt im folgenden Traum, wie seine Familie durch das Heranrücken eines einzelnen, übermächtigen »Feindes« aus ihrem Haus vertrieben wird. Einem ungeschriebenen Gesetz zufolge muß bei einer Flucht alles zurückgelassen werden: Weil die jüngste Tochter ihre Puppe mitnimmt, jagen die Mitbürger aus Furcht vor dem »Feind« die Familie aus der Stadt. – Ein Moskauer Kartenzeichner sieht sich im Traum auf einer afrikanischen Urwaldexpedition. Die akustische Atmosphäre ist gekennzeichnet vom unaufhörlichen Wirbel der Nachrichtentrommeln, die schließlich seinen Untergang signalisieren: Die Träger machen sich davon, er verliert sein Gedächtnis. – Der fünfte Traum, der einer New Yorker Hausfrau, schildert die konkrete Bedrohung des Menschen und seiner Umwelt von innen her; dauerndes Hintergrundgeräusch ist das Nagen von Termiten, denen zunächst Mutter und Ehemann zum Opfer fallen. Der nächste Gewittersturm wird das Haus, die Stadt, vielleicht die ganze Erde zusammenstürzen lassen. Ein kurzer Schlußteil gipfelt in direkten Aufforderungen an den Hörer: *»Tut das Unnütze!«*, und: *»Seid Sand, nicht das Öl im Getriebe der Welt!«*

In zweifacher Hinsicht ist der Zustand des Schlafens zentrales Motiv des gesamten Hörspiels. Einerseits wird der Traum immer wieder als diejenige Realität ausgewiesen, die erst das Erkennen einer untergründig vorhandenen Bedrohung möglich macht. (Hierher gehören auch die Motive des Schlafes im Schlaf und des gestörten Schlafes.) Auf der anderen Seite ist aber diese Bedrohung nur abzuwenden durch das »Aufwachen« aus gefährlicher Lethargie und Interesselosigkeit: *»Denke daran, daß du schuld bist an allem Entsetzlichen, das sich fern von dir abspielt!«* Vorgeführt werden Alpträume einer endgültigen Zerstörung des Menschen durch eine wechselnd personifizierte oder symbolisierte Gewalteinwirkung. Der Totalitätsanspruch, der aus dieser Thematik spricht, ist verstärkt durch geographische Vollständigkeit: Schauplatz der Handlung ist jeweils einer der fünf Erdteile. Neben einer feindlichen Umwelt – Urwald oder Kleinstadt – ist es vor allem die Anonymität der staatlichen Gewalt, die zur Katastrophe führt. Durch die dauerde Präsenz des akustischen Raums mit seinen feinabgestuften Spannungsbögen wird diese Katastrophe von Anfang an signalisiert und in zunehmendem Maß hörbar gemacht – hier zeigt sich Eichs perfekte Beherrschung des Mediums. Die verschiedenen Sprachebenen werden virtuos aufeinander bezogen: Die vor den Anfang eines jeden Traums gestellte Kurznotiz im Nachrichtenstil verleiht dem Folgenden nicht nur den Schein journalistischer Tatsächlichkeit – die Irrealität des Traums erhält auch durch die deutenden Kommentare symbolischen Wirklichkeitscharakter. *»Wacht auf«*, heißt es am Ende, *»denn eure Träume sind schlecht«*, und: *»Schon läuft der Strom in den Umzäunungen, und die Posten sind aufgestellt.«* M.Fru.

AUSGABE: Bln./Ffm. 1953; ern. 1969 (BS). – Ffm. 1973 (in *GW*, Hg. S. Müller-Hanpt u. a. in Verbindung m. I. Aichinger, 4 Bde., 2).

LITERATUR: H. Klempt, *G. E.: »Träume«. Versuche einer Interpretation* (in Der Deutschunterricht, 12, 1960, S. 62–72). – J. P. Wallmann, *Wacht auf, denn eure Träume sind schlecht* (in *Argumente. Informationen u. Meinungen zur dt. Lit. der Gegenwart*, Mühlacker 1968, S. 32–39). – A. Heiner,

Unterrichtsprojekt G. E. Versuch einer hist.-materialistischen Analyse des Hörspiels »Träume« (in projekt deutschunterricht, 6, 1974, S. 164–198). – B. Lermen, *G. E.: Träume* (in B. L., *Das traditionelle u. neue Hörspiel im Deutschunterricht*, Paderborn 1975, S. 106–123). – S. D. Martinson, *The Metaphysical-Religious Dimension of G. E.s »Träume«* (in HOL, 1978, H. 2, S. 330–348).

SAMUEL EICHELBAUM

* 14.11.1894 Dominguez
† 4.5.1967 Buenos Aires

UN GUAPO DEL 900

(span.; *Ein Messerheld von 1900*). Schauspiel in drei Akten von Samuel EICHELBAUM (Argentinien), Uraufführung: Buenos Aires 1940, Teatro Marconi. – Das Stück spielt in einem Vorort von Buenos Aires um die Jahrhundertwende, als die Ermordung politischer Gegner an der Tagesordnung war und die Führer der Parteien auf kräftige und raufustige Gefolgsleute angewiesen waren. Ecuménico, der dem Caudillo Alejo Garay von klein auf bei politischen Auseinandersetzungen treue Dienste erwiesen hat, ersticht am Vorabend einer Wahl den Gegenkandidaten Dr. Clemente Ordóñez, weil er entdeckt hat, daß dieser ein ehebrecherisches Verhältnis mit Edelmira Garay unterhält. Alejo Garay, der nie etwas von der Untreue seiner Frau erfährt, ahnt, daß Ecuménico der Mörder ist. Voller Zorn darüber, daß man ihn selbst als Anstifter bezeichnet, versucht er ohne Erfolg, aus dem hartnäckig schweigenden Ecuménico das Motiv des Mordes herauszubringen. Bald darauf wird Ecuménico festgenommen. Erst nach einigen Monaten, und nachdem seine alte Mutter Natividad dem Politiker inständige und heftige Vorhaltungen über die Verpflichtungen einem treuen Gefolgsmann gegenüber gemacht hat, wird er aus Mangel an Beweisen freigelassen. In einer bewegenden Szene zwischen Mutter und Sohn erfährt Natividad, die bisher von der Unschuld ihres Sohnes überzeugt war, daß er Ordóñez ermordet habe, um die Ehre seines Herrn zu rächen. Sie billigt sein Verhalten, aber wichtiger ist ihr die Freude, ihre letzten Jahre in seiner Nähe verbringen zu können. Um so tiefer ist ihre Enttäuschung, als er ihr seine Absicht mitteilt, nun doch vor dem Richter ein Geständnis abzulegen.
Eichelbaum wendet sich mit diesem Werk von seinen früheren Theaterstücken ab, in denen die Psychoanalyse oder das psychologische Experiment für die oft spärliche Handlung bestimmend waren. Hier verlegt er die Problematik in die Sphäre des Moralischen und entwickelt sie innerhalb eines sorgsam ausgearbeiteten realistischen Milieus, das durch einen ungezwungen lebendigen Dialog vermittelt wird. Ecuménicos Mutter Natividad ist eine der großen Frauengestalten Eichelbaums und offenbart – wie die Felipa in *Pájaro de barro*, 1940 *(Vogel aus Ton)* – sein tiefes Verständnis für die weibliche Seele. D.R.

AUSGABEN: Buenos Aires 1940. – Buenos Aires 1952. – Mexiko 1959 (in *Antologia del teatro hispanoamericano*, Hg. W. Knapp Jones; gek.). – Buenos Aires 1961. – Buenos Aires 1968.

LITERATUR: T. Apstein, *The Contemporary Argentine Theater*, Austin/Tex. 1945. – R. H. Castagnino, *Esquema de la literatura drámatica argentina (1917-1949)*, Buenos Aires 1950. – W. Knapp Jones, *Breve historia del teatro latinoamericano*, Mexiko 1956. – C. Solórzano, *Teatro latinoamericano del siglo 20*, Buenos Aires 1961. – J. Cruz, *S. E.*, Buenos Aires 1962. – P. D. Karvellas, *El teatro intelectual de S. E.*, Diss. Michigan State Univ. 1972 (vgl. Diss. Abstracts, 33, 1973, S. 2380A).

JOSEPH FREIHERR VON EICHENDORFF

* 10.3.1788 Schloß Lubowitz / Oberschlesien
† 26.11.1857 Neiße

LITERATUR ZUM AUTOR:
Bibliographien und Forschungsberichte:
K. Frh. v. Eichendorff, *Ein Jahrhundert E.-Literatur*, Regensburg 1924 [*SW*, Hg. W. Kosch u. A. Sauer, Bd. 22]. – *E. heute. Stimmen der Forschung mit einer Bibliographie*, Hg. P. Stöcklein, Mchn. 1960; Darmstadt ²1966 [erg.]. – K.-D. Krabiel, *J. v. E. Kommentierte Studienbibliographie*, Ffm. 1971. – *Ansichten zu E. Beiträge zur Forschung 1958–1988*, Hg. A. Riemen, Sigmaringen 1988 [m. Bibliogr. 1958–1986].
Jahrbuch:
Aurora, Jahrbuch der Eichendorff-Gesellschaft, 1929 ff. [m. jährl. Bibliogr. zur E.-Forschg.].
Biographien:
H. Brandenburg, *J. v. E. Sein Leben u. Werk*, Mchn. 1922. – H. Pörnbacher, *J. v. E. als Beamter*, Dortmund 1963. – P. Stöcklein, *J. v. E. in Selbstzeugnissen u. Bilddokumenten*, Reinbek 1963; ³1987 (rm). H. Koopmann, *J. v. E.* (in *Deutsche Dichter der Romantik. Ihr Leben u. Werk*, Hg. B. v. Wiese, Bln. 1971, S. 416–441; ²1983, S. 505–531). – E. Schwarz, *J. v. E.*, NY 1972. – W. Frühwald, *E.-Chronik. Daten zu Leben u. Werk*, Mchn. 1977. – H. Ohff, *J. v. E.*, Bln. 1983. – M. L. Kaschnitz, *Florens. E.s Jugend*, Düsseldorf 1984. – W. Frühwald u. F. Heiduk, *J. v. E. Leben u. Werk in Texten u. Bildern*, Ffm. 1988.

Gesamtdarstellungen und Studien:
J. Kunz, *E. Höhepunkt u. Krise der Spätromantik*, Darmstadt 1951; Nachdr. 1980. – Th. W. Adorno, *Zum Gedächtnis E.s* (in Th. W. A., *Noten zur Literatur I*, Ffm. 1958, S. 105–143). – O. Seidlin, *Versuche über E.*, Göttingen 1965; ³1985. – A. v. Bormann, *Natura loquitur. Naturpoesie und emblematische Formel bei J. v. E.*, Tübingen 1968. – P. P. Schwarz, *Aurora. Zur romantischen Zeitstruktur bei E.*, Bad Homburg u. a. 1970. – *J. v. E. im Urteil seiner Zeit*, Hg. G. u. I. Niggl, 3 Bde., Stg. 1979–1986. – A. Hillach u. K.-D. Krabiel, *E.-Kommentar*, 2 Bde., Mchn. 1971. – C. Wetzel, *J. v. E.*, Salzburg 1982. – *J. Frh. v. E. 1788–1857; Leben, Werk, Wirkung*, Köln u. a. 1983 [Ausst.Kat.]. – *E. und die Spätromantik*, Hg. H. G. Pott, Paderborn 1985. – K. Köhncke, *Hieroglyphenschrift: Untersuchungen zu E.s Erzählungen*, Sigmaringen 1986. – H. Korte, *Das Ende der Morgenröte. E.s bürgerliche Welt*, Ffm. u. a. 1987. – C. Nolte, *Symbol u. historische Wahrheit. E.s satirische u. dramatische Schriften im Zusammenhang mit dem sozialen u. kulturellen Leben seiner Zeit*, Paderborn 1987. – *Ich bin mit der Revolution geboren... J. v. E. 1788–1857*, Hg. S. v. Steinsdorff u. E. Grunewald, Ratingen 1988 [Ausst.Kat.]. – *E.s Modernität*, Hg. M. Kessler u. H. Koopmann, Tübingen 1989.

DAS LYRISCHE WERK von Joseph Freiherrn von Eichendorff.
Einen schmalen Vorrat an Bildern und Motiven nur enthält das lyrische Werk Eichendorffs. »*Immer wieder rauschen die Wälder, schlagen die Nachtigallen, plätschern die Brunnen, blitzen die Ströme. Immer wieder kommen Lichter oder Klänge aus der Ferne, von den Bergen, aus der Tiefe, zwischen den Wipfeln herüber oder durch das Fenster herein. Das geht bis zur scheinbaren formelhaften Erstarrung.*« (R. Alewyn) Denn aus lyrischen Formeln, aus Versatzstücken von magischer Kraft und symbolistischer Bedeutung hat Eichendorff ein poetisches Werk komponiert, in dem sich Stereotypen und Requisiten der Volksliteratur mit dem Idiom der Halleschen Studenten, mit Bibelanklängen, Archaismen und Literaturzitaten zu jenem Eichendorff-Ton verbinden, der über das Konzertlied, über das Chorlied der Männergesangvereine, das Kommersbuch und die Liederbücher der Jugendbewegung als ein spezifisch deutscher Ton in die Geschichte der Lyrik und des Liedes eingegangen ist.

Lyrische Formeln

Aus »Heimweh« und »Erinnerung« ist der Grundakkord von Eichendorffs Formelsprache gemischt, der die Melodie von »Trennung« und »Wiederfinden« begleitet. Die Wurzeln von Eichendorffs poetischer Leistung nämlich sind in der übermächtigen, individuell verstärkten Trennungs-Erfahrung des Menschen von der Natur zu suchen und in dem Versuch, ästhetisch wiederzugewinnen, was in der Realität verloren schien; Formeln des Abschieds, der Reise, der Wanderung und des Gedenkens also beherrschen Eichendorffs lyrische Sprache schon früh; in ihr erklingt das Zauberlied »von der alten schönen Zeit« mit der oft wiederholten Frage: »Gedenkst Du noch?« Eichendorffs Lyrik, chronologisch bereits diesseits der Schwelle revolutionärer Umbrüche angesiedelt, beschwört das in der Zeitflucht verlorene Gefühl der Geborgenheit in Heimat, Liebe und vertrauter Natur. Die Schlösser und die Gärten der Kindheit, Lubowitz und Tost (*O schöner Grund, o Höhen*, 1810), die Klage um den fernen Bruder (*Denkst du des Schlosses noch*, 1830; *Du weißt's dort in den Bäumen*, 1830) und die toten Kinder (*Von fern die Uhren schlagen*, 1834), die Beschreibung der vom industriellen Raubbau längst gelichteten schlesischen Wälder (*Wer hat dich du schöner Wald*, 1810) werden so zu Chiffren einer inneren Landschaft, in der alles Getrennte sich wiederfindet, in der auch Mensch und Natur sich im mythischen Brautfest vereinen (*Es war als hätt' der Himmel*, 1835). In Eichendorffs inneren Landschaften, gefügt aus optischen und akustischen Signalen, aus Versen, die klingen »*wie Zitate beim ersten Mal, memoriert nach dem Lesebuch Gottes*« (Th. W. Adorno), antwortet (im Lied der zahllosen diese Gedichte durchziehenden Wanderer) die Sehnsuchtsbewegung des erweckten Herzens dem Ruf, der das lyrische Ich aus der erlösungsbedürftigen Natur erreicht, und der hundertfach geschilderte Fensterblick von Eichendorffs lyrischen Gestalten (z. B. *Es schienen so golden die Sterne*, 1834) eröffnet eine an Novalis und Friedrich Schlegel erinnernde Perspektive in das bergende und zugleich ängstigende Innere von Raum und Zeit. Daß all diese Formeln und Chiffren, auch wenn sie nur literarische Erfahrungen (barocker geistlicher Poesie und der Werke Goethes, Jean Pauls, Hardenbergs, Tiecks, Schlegels, Görres', Arnims und Brentanos) übersetzen, fern der Bildungs-Attitude stehen, wird dadurch belegt, daß keine dieser Formeln als Bildungszitat dauerhaft in den »Zitatenschatz des deutschen Volkes« eingegangen ist. Frage, Bitte, Dank und Anruf Gottes sind bevorzugte Gesten dieser Gedichte, weil Eichendorff die das 18. Jh. kennzeichnende Konkurrenz von Poesie und Gebet evoziert, den Verlust an religiöser und meditativer Substanz, den seine Zeit wie keine andere vor ihr erlitten hat, durch Lyrik zu kompensieren suchte. Von der realen Erfahrung des Verlustes in einer Schwellenzeit ausgehend, dringt der lyrische Kosmos Eichendorffs ein in die mythischen Ursprünge der Einheit von Welt und Bewußtsein und erkennt Trennung als eine die Neuzeit konstituierende Grunderfahrung der Menschheit.

Entwicklung der Lyrik

An der anakreontischen Eleganz der Gedichte Ludwig Höltys und Friedrich von Hagdedorns, am gefühlvollen Balladenton Gottfried August Bürgers orientiert sich die Jugendlyrik Eichendorffs, in der naturgemäß die Casual-Gedichte, das Trinklied, der Feiergesang, das Totengedicht und der Stammbuchvers dominieren; auch in späteren Jahren aber war Eichendorff ein gesuchter Gelegenheitsdichter, der für Liedertafeln (z. B. *Damen-Liedertafel in Danzig*, 1823), für literarisch-gesellige Vereine (z. B. *Der alte Held*, 1831 für die Berliner Mittwochsgesellschaft) schrieb und das panegyrische Genre so meisterlich beherrschte, daß der preußische Oberpräsident Heinrich Theodor von Schön nicht müde wurde, den Ruhm seines Oberpräsidialrates durch die Verbreitung von dessen Lied *Viel Essen macht viel breiter* (1825) zu fördern. Als der neunzehnjährige Eichendorff beim Studium in Heidelberg 1807 dem novalisierenden Romantiker Otto Heinrich Grafen von Loeben begegnete und von diesem in eine »mystische liebereiche Loge« aufgenommen wurde, entwickelte sich seine Lyrik, zunächst im Sonetten-Dialog mit den Freunden, reicher und vielfältiger. In dem von Loeben (als Isidorus Orientalis) präsidierten »eleusischen Bund« trug Eichendorff (seit dem 19. 3. 1808) den Dichternamen Florens, nach dem verkannten Kaisersohn aus Tiecks Bearbeitung des Volksbuches vom *Kaiser Octavianus*, so daß sich nicht nur die enge Bindung der von Eichendorff unter diesem Pseudonym veröffentlichten Gedichte an die Bildsprache des Novalis, sondern auch an die von Ludwig Tieck erneuerte Minnelyrik des Mittelalters erklärt. In den schwärmerisch-naturmystischen Ton des Loeben-Kreises, gebändigt durch strenge Vers- und Strophenformen (Sonett, Kanzone, Glosse, Madrigal, Stanzen, Terzinen etc.), mischt sich mit der Thematisierung »schwarzer Bangigkeit« (d. h. der in ihren Ursachen unbestimmten Schwermut) ein persönliches Element, welches belegt, daß der von Loeben nur scheinbar gestillte Kampf Eichendorffs »*zwischen Poesie und Jurisprudenz*« andauerte. Er endete um 1809 mit der Entscheidung gegen das Dichtertum als Beruf, also mit der Lösung von Loebens Einfluß und der entschiedenen Zuwendung zum Ton der Lieder aus *Des Knaben Wunderhorn*, welche durch die persönliche Begegnung mit Arnim und Brentano (in Berlin 1810) gefestigt wurde.

Seit der Entstehung seines bekanntesten Liedes, der 1813 erstmals gedruckten Romanze *Das zerbrochene Ringlein* (»*In einem kühlen Grunde*«), dominiert in Eichendorffs Lyrik die drei- oder vierhebige, jambische Volksliedstrophe, wobei häufig je zwei vierzeilige Strophen zu einer achtzeiligen zusammengezogen werden. Die Aneignung des von Arnim und Brentano geschaffenen artistischen Volkstones und seiner trochäischen Komplemente ist um 1815 abgeschlossen; seither wurden die Bild- und die Verssprache Eichendorffs nur noch entfaltet und differenziert, nicht mehr entwickelt. Mit dem Zyklus *Auf den Tod meines Kindes* (1834) aber haben – nach Hartwig SCHULTZ – schon die Zeitgenossen eine ernstere Stimmung in Eichendorffs Lyrik wahrgenommen, wie auch der Vorliebe »*für Spruchartiges, pointiert Didaktisches*« zunahm. Seit dem erneuten Revolutions-Schock nämlich, der Europa 1830 getroffen hat (im Werk Eichendorffs kenntlich an den Satiren und den politischen Schriften um 1832), griff die historisch-politische Dimension auch in den symbolistisch-zeitenthobenen Texten Eichendorfs Raum, so daß die letzte thematisch-stilistische Wende seiner Gedichte die zu den politischen Gedichten der Revolutionsjahre 1848/1849 darstellt. Zu diesen Texten gehört die *Familienähnlichkeit* überschriebene Scheltrede auf die Deutschen (»*Zwei Arten von Getieren*«), die an satirischer Schärfe auch von PLATEN, NIETZSCHE und anderen Kritikern des Deutschtums nicht mehr übertroffen werden konnte.

Heinrich Theodor von Schön hatte Eichendorff mit der Gedankenwelt des Reform-Beamtentums vertraut gemacht, wonach eine künstlerisch-literarische Tätigkeit dem Beruf nicht widerstrebt, sondern den Beamten, als Ideenträger des Staates, für diesen Beruf erst befähigt. So begleitet Eichendorffs Lyrik – seit etwa 1819 – auch den Aufstieg und den Verfall dieser aus der Provinz Preußen gegen den Berliner Zentralismus gerichteten, reformkonservativen Gedankenwelt, mit einem deutlichen Höhepunkt in den Jahren vor dem Regierungswechsel in Preußen, zwischen 1837 und 1840 (*Kaiserkron' und Päonien rot*, 1837; *Möcht' wissen, was sie schlagen*, 1838; *Mein Gott, dir sag' ich Dank*, 1839). Nach der Pensionierung (1844), die von der vorrevolutionären Verhärtung in der preußischen Ministerialbürokratie erzwungen wurde, ist Eichendorff als Lyriker folgerichtig verstummt. Nur wenige, in der Mehrzahl postum bekannt gewordene Gedichte (*Prinz Roccocco, hast dir Gassen*, Erstdruck 1854; *Noch singt der Wind*, 1854) zeugen noch von der Kraft der Erinnerung, die vom erreichten Lebensgipfel aus über die Grenzen der eigenen Lebenszeit hinauszublicken wagt (*Wo werd' ich sein im künft'gen Lenze?*, 1854).

Lyriksammlungen

Eine große Zahl von Gedichten Eichendorffs ist in Romane, Erzählungen, Schauspiele und Versepen verflochten, doch anders als im Werke Clemens Brentanos entwickeln sich diese Lieder nicht aus dem umgebenden Prosatext; Eichendorffs Lieder werden den handelnden Personen als Lieder in den Mund gelegt, von ihnen zum Spiel der Geige oder der Guitarre fröhlich gesungen (*Wem Gott will rechte Gunst erweisen*, 1817), aus der Ferne oder einem geschlossenen Raum vernommen (*Ich kann wohl manchmal singen*, 1810), rezitiert und erinnert; sie sind häufig unabhängig von ihrem späteren Kontext entstanden und gedruckt worden. In einer sich programmatisch der Prosa zuwendenden Zeit, in der Schönheit und Wahrheit in Gegensatz zueinander traten, hat Eichendorff an der Wahrheit des Schönen festgehalten und die Selbständigkeit seines lyrischen Werkes manifestiert. Die erste Sammelausgabe seiner poetischen Texte (*Aus dem Leben eines Taugenichts und das Marmorbild. Zwei Novellen nebst einem Anhange von Liedern und Romanzen*, Bln. 1826) sollte seiner Vorstellung nach so angeordnet werden, daß die Gedichte einen

Rahmen um die Prosatexte bilden. In der von den Berliner Freunden des Dichters getroffenen Textanordnung aber wird durch die Spitzenstellung der Erzählung *Aus dem Leben eines Taugenichts* deren weltweite Rezeption eingeleitet, Lieder und Romanzen erscheinen, dem Zeitgeschmack entsprechend, nur noch als »Anhang«. 1837 hat Eichendorff dann, vermutlich mit Hilfe von Adolf Schöll, seine Gedichte gesammelt, zu Zyklen und Serien geordnet und in thematische Gruppen gegliedert (*Gedichte*, Bln. 1837). Vom 1841 publizierten ersten Band der *Werke* unterscheidet diesen Band, in dem Adolf Schöll für eine Reihe von Gedichten auch Überschriften erfunden hat, vor allem die in den *Werken* angefügte Abteilung der 1839 entstandenen Übersetzungen *Aus dem Spanischen*.

Wirkung

Die Gedichte Eichendorffs wurden hauptsächlich durch ihre Melodien verbreitet. E. Busse zählt, unter Einbeziehung aller Vokalgattungen, allein aus den beiden letzten Dritteln des 19. Jh.s »weit über 5000 E.-Vertonungen«, unter denen Robert Schumanns *Liederkreis* (op. 39), Felix Mendelssohn-Bartholdys fünf Lieder Eichendorffs für Männerchor –»*im Freien zu singen*« – und Hugo Wolfs Sätze für gemischten Chor (*Sechs geistliche Lieder nach Gedichten von J. v. E.*, 1881) sowie seine Sololieder hervorragen. Die bürgerliche Vereinsbewegung des 19. Jh.s, für die Eichendorff selbst gearbeitet hat und von der er 1847 im vorrevolutionären Wien mit Chor- und Solovortrag seiner Lieder begeistert gefeiert wurde, hat das Interesse an Eichendorff so stark auf die Kompositionen umgelenkt, daß der Name des Textdichters den Sängern oftmals verlorengegangen ist. Die Wiederentdeckung Eichendorffs als eines Dichters, dessen »*Bilder und ihre Bedeutungen sich ordnen ließen zu einem sinnvollen System, in dem nichts Geringeres dargestellt wäre als die elementaren Kategorien unserer Welterfahrung*« (R. Alewyn), die Entdeckung von Eichendorffs Bildwelt als einer »*sichtbaren Theologie*« (O. Seidlin), seine Entdeckung als ein Dichter, dessen »*entfesselte Romantik ... bewußtlos zur Schwelle der Moderne*« führt (Th. W. Adorno), datiert daher erst vom Gedächtnis seines hundertsten Todestages (1957) und ist bis heute nicht abgeschlossen.

W.Fr.

Ausgaben: *Gedichte des Freiherrn J. v. E.* (in *SW*, Bd. 1/1 u. 1/2 Hg. H. Schulhof u. A. Sauer, Regensburg 1921; hist.-krit.). – *Gedichte* (in *Neue GA d. Werke u. Schriften*, Hg. G. Baumann u. S. Grosse, Stg. 1957, Bd. 1; ³1978). – *Gedichte* (in *Werke*, Bd. 1, Mchn. 1970; ²1981). – *Gedichte, Versepen* (in *Werke*, 5 Bde., 1, Hg. H. Schultz, Ffm. 1987).

Literatur: J. Nadler, *E.s Lyrik. Ihre Technik u. ihre Geschichte*, Prag 1908. – R. Haller, *E.s Balladenwerk*, Bern/Mchn. 1962. – P. G. Klussmann, *Über E.s lyrische Hieroglyphen* (in *Literatur u. Gesellschaft vom 19. ins 20. Jh. Fs. für Benno v. Wiese*, Bonn 1963, S. 113–141). – H.-H. Krummacher, *Das »als-ob« in der Lyrik. Erscheinungen u. Wandlungen einer Sprachfigur der Metaphorik von der Romantik bis zu Rilke*, Köln/Graz 1965. – A. v. Bormann, *Natura loquitur. Naturpoesie u. emblematische Formel bei J. v. E.*, Tübingen 1968. – R. Alewyn, *E.s Symbolismus* (in R. A., *Probleme u. Gestalten*, Ffm. 1974, S. 232–244). – E. Busse, *Die E.-Rezeption im Kunstlied. Versuch einer Typologie anhand von Kompositionen Schumanns, Wolfs u. Pfitzners*, Würzburg 1975. – W. Frühwald, *Der Regierungsrat J. v. E. Zum Verhältnis von Beruf u. Schriftstellerexistenz im Preußen der Restaurationszeit, mit Thesen zur sozialhistorischen u. wissenssoziologischen Perspektive einer Untersuchung von Leben u. Werk J. v. E.s* (in Internationales Archiv für Sozialgeschichte der deutschen Literatur, 4, 1979, S. 37–67). – H. Schultz, *Form als Inhalt. Vers- u. Sinnstrukturen bei J. v. E. und Annette v. Droste-Hülshoff*, Bonn 1981. – I. Scheitler, »*... aber den lieben E. hatten wir gesungen.*« *Beobachtungen zur musikalischen Rezeption von E.s Lyrik* (in Aurora, 44, 1984, S. 100–123).

AHNUNG UND GEGENWART

Roman von Joseph Freiherrn von Eichendorff, entstanden 1810–1812 in Wien, erschienen in Nürnberg, mit einem von Eichendorff verfaßten, von Friedrich de La Motte Fouqué als Herausgeber unterschriebenen Vorwort 1815. Die Anregung zu dem Titel gab Dorothea Schlegel. – Der junge Graf Friedrich, der eben seine Studienzeit abgeschlossen hat, beginnt eine große Wanderung, die ihm nach und nach die verschiedensten Aspekte des Lebens enthüllt. Bei einer Schiffsreise auf der Donau begegnet ihm Rosa, in die er sich verliebt. In ihrem Bruder, dem phantasievollen, poetischen Grafen Leontin, findet er einen echten Freund. Ein Mädchen, das ihm zu Hilfe eilt, als er in einer Waldmühle von Räubern überfallen wird, verkleidet sich als Knabe – Erwin –, um ihm folgen zu können, und beweist ihm aufopferungsvolle Treue. In der klugen, phantasiereichen, aber unbeständigen Gräfin Romana, die er in einem literarischen Zirkel in der Stadt kennenlernt, tritt ihm die Verkörperung der Leidenschaft entgegen. Immer wieder aber wird er enttäuscht: Rosa verliert sich im oberflächlichen Treiben der Gesellschaft und wird schließlich die Geliebte des Erbprinzen; Romana dagegen stößt ihn durch ihre offen zur Schau getragene Sinnlichkeit ab. Erwin verschwindet eines Tages, und Friedrich findet ihn erst nach Monaten in jener Waldmühle des Romananfangs wieder, aber nur, um ihn bald darauf für immer zu verlieren: er stirbt, und erst jetzt erfährt Friedrich, daß Erwin in Wirklichkeit ein Mädchen war. Seine vaterländische Gesinnung treibt ihn nun, am Krieg teilzunehmen, der jedoch zur Niederlage führt. Friedrich wird enteignet; bevor er sich zum Verzicht durchringt und ins Kloster eintritt, enthüllen sich ihm die verborgenen Fäden, die schicksalhaft in sein Leben verwoben sind: Erwinn nannte ihm, sterbend, ein altes Schloß im Gebirge, wo er jetzt seinen seit Jahren verschollenen Bruder Rudolf wiederfindet, der als Jüngling der Italienerin Angelina gefolgt war. Sie hatte ihm eine Tochter geschenkt, die angeblich schon im Kindesalter gestorben war. Diese Tochter Rudolfs ist aber niemand anders als Erwin. So kehrt nun Friedrich am Ende seiner Reise zum Ausgangspunkt, zu seiner Familie, zurück. Während Leontin, um seinem Leben einen neuen Sinn zu verleihen, heiratet und nach Amerika auswandert, und Rudolf zu den Magiern nach Ägypten reist, um hier zum Wesen der Dinge vorzudringen, zieht sich Friedrich aus der Welt zurück. Er hat eine neue Bewußtseinsstufe erreicht, Ahnung und Gegenwart haben sich ihm zusammengeschlossen zu einem nahtlosen Ring. Und so schließt auch der Roman mit demselben Bild, mit dem er begonnen hatte: »*Die Sonne ging eben prächtig auf.*«

Die Handlung fügt sich aus locker aneinandergereihten Episoden zusammen, die zumeist in eine stimmungsvolle Wald- und Gebirgslandschaft ohne scharfe Konturen verlegt sind; ihr Urbild ist wohl an der österreichischen Donau zu suchen. Eichendorff wollte einen Entwicklungsroman nach dem Vorbild von GOETHES *Wilhelm Meister* schreiben. Die Grundstimmung seines Werkes ist jedoch schmerzlich-resignierende Melancholie. Der poetische Plan des Buches erinnert an ARNIMS »Zeitroman« *Armut, Reichtum, Schuld und Buße der Gräfin Dolores* und verrät eine ebenso reiche Phantasie der Erfindung, ist darüber hinaus aber übersichtlicher gebaut und klarer formuliert. Der Roman, der beim Publikum und bei der Kritik wenig Anerkennung fand (für Ricarda HUCH war der Text *»ein ungarer Brei und schwer genießbar«*), versammelt bereits die wesentlichen Topoi Eichendorffscher Weltschau, die um Bilder von Kindheit und Natur, Mittelalter und Erinnerung sich zentriert, konservative Kritik an der Aufklärung und Unbehagen am feudal-ständischen Lebensstil der Zeit zugleich ist. Der Roman ist eine »*Allegorie des Lebens in der Napoleonischen Epoche*«, die Figuren, allen voran Friedrich und Leontin, erscheinen als Typen, weniger psychologisch denn wiederum allegorisch motiviert: »*Friedrich verkörpert das Ideal der Vita contemplativa, Leontin dasjenige der Vita activa. Insofern sind sie Gegensätze. Da aber beide Ideale dem einen Ziel der christlichen Erlösung zustreben, stellen sie dennoch eine übergreifende Identität dar*« (E. Schwarz). C.Gu.-P.W.W.

AUSGABEN: Nürnberg 1815 [Vorw. de la Motte-Fouqué]. – Regensburg 1913 (in *SW*, Bd. 3, Hg. W. Kosch u. M. Speyer; hist.-krit.; ern. 1984, Hg. Chr. Brieglieb u. C. Rauschenberg). – Stg. 1957 (in *Neue GA d. Werke u. Schriften*, Hg. G. Baumann u. S. Grosse, Bd. 2; ³1978). – Mchn. 1970 (in *Werke*, 5 Bde., 2; ²1978). – Mchn. 1982 (Nachw. C. Rauschenberg; dtv). – Stg. 1984, Hg. G. Hoffmeister (RUB). – Ffm. 1985 (in *Werke*, 5 Bde., 2, Hg. W. Frühwald u. B. Schillbach).

LITERATUR: I. M. Porsch, *Die Macht des vergangenen Lebens in E.s Roman »Ahnung und Gegenwart«*, Diss. Ffm. 1951. – Th. Riley, *An Allegorical Interpretation of E.s »Ahnung und Gegenwart«* (in MLR, 54, 1959, S. 204–213). – Th. Riley, *Joseph Görres und die Allegorie in »Ahnung und Gegenwart«* (in Aurora, 21, 1961, S. 57–63). – W. Killy, *Der Roman als romantisches Buch. Über E.s »Ahnung und Gegenwart«* (in NRs, 73, 1962, S. 533–552; ern. in *Dt. Romane von Grimmelshausen bis Musil*, Hg. J. Schillemeit, Ffm./Hbg. 1966, S. 136–154). – D. Kafitz, *Wirklichkeit u. Dichtertum in E.s »Ahnung und Gegenwart«. Zur Gestalt Fabers* (in DVLG, 45, 1971, S. 350–374). – H.-L. Schaefer, *J. v. E.: »Ahnung und Gegenwart«. Untersuchungen zum christlich-romantischen Gesinnungsroman*, Diss. Freiburg i. B. 1972. – Th. Riley, *Der Erbprinz in E.s »Ahnung und Gegenwart«* (in Aurora, 33, 1973, S. 34–42). – H. J. Meyer-Wendt, *E.s »Ahnung und Gegenwart«* (in *Der deutsche Roman und seine historischen und politischen Bedingungen*, Hg. W. Paulsen, Bern/Mchn. 1977, S. 158–174). – D. W. Schumann, *Rätsel um E.s »Ahnung und Gegenwart«. Spekulationen* (in LJb, N. F. 18, 1977, S. 173–202). – E. Schwarz, *J. v. E: »Ahnung und Gegenwart« (1815)* (in *Romane u. Erzählungen der dt. Romantik. Neue Interpretationen*, Hg. P. M. Lützeler, Stg. 1981, S. 302–324). – M. Schwering, *Künstlerische Form u. Epochenwandel. Ein Versuch über E.s Roman »Ahnung und Gegenwart«* (in Aurora, 43, 1983, S. 7–31). – Th. Riley, *Die Allegorie in »Ahnung und Gegenwart«* (in ebd., 44, 1984, S. 23–31). – R. S. Zons, *»Schweifen«. E.s »Ahnung und Gegenwart«* (in *E. und die Spätromantik*, Hg. H.-G. Pott, Paderborn u. a. 1985, S. 39–68). – M. Schwering, *Epochenwandel im spätromantischen Roman: Untersuchungen zu E., Tieck u. Immermann*, Köln u. a. 1985.

AUCH ICH WAR IN ARKADIEN. Eine Phantasie

Politische Satire in Form eines Reiseberichts von Joseph Freiherrn von EICHENDORFF, 1832 entstanden und 1866 postum erschienen; Titel und Untertitel stammen von Eichendorffs Sohn Hermann von Eichendorff. – Der Erzähler, ein *»Einsiedler«*, der *»von der Welt und ihrer Julirevolution«* keine Notiz genommen hat, lernt im Gasthaus *»Zum goldenen Zeitgeist«* einen trinkfesten Professor kennen, reist mit ihm auf einem Pferd, das Schlangenfüße und ungeheure Fledermausflügel hat – eine Karikatur des modernen Pegasus –, durch die Luft zum Blocksberg und feiert eine zeitgenössische Walpurgisnacht mit. Redakteure liberaler Zeitschriften, die auf Schreibfedern reiten, weißgekleidete, liberale Mädchen, die ein Banner schleppen, Doktoren und Kinder mit roten Mützen arbeiten sich unter großem Lärm zum Gipfel hinauf und verneigen sich anbetend vor der »*Öffentlichen Meinung*«, einem »*ziemlich leichtfertig*« angezogenen Frauenzimmer, das auf dem Hexenstein steht. Der Professor lügt der Menge *»wie gedruckt«* vor von ihren Volkstugenden, dann springt die *»Öffentliche Meinung«* vom Altar, während ihre Anbeter sie umdrängen, den Saum ihres Kleides küssen und junge Autoren sich durch elegante Konversation und politische Witze bei ihr einzuschmeicheln suchen. Ungeniert verschwindet sie mit einem jungen Studenten im Getümmel der Nacht. Eine Theateraufführung, die einen Blick in die Zukunft gewähren und sie gleichzeitig auch *»einexerzieren«* soll, schließt sich an: Der Professor im Gewand eines ägyptischen Oberpriesters sucht den Tyrannen zu »*Urrecht und Menschheitswohl«* zu bekehren, was aber daran scheitert, daß die anderen Oberpriester ihre Intrigen vor dem Volk ausplaudern. Dann werden ein Marktplatz und prächtige Paläste sichtbar, in denen Fabrikarbeiter wohnen: Der Pöbel lagert auf den Marmorstufen, Frauen hängen zerrissene Wäsche über die Fensterbrüstungen, während ein zerlumpter Handwerker in einer Staatskarosse über den Platz fährt und zwei Kavaliere voll *»aufgeklärten Edelmuts«* als Lakaien auf dem Wagen stehen. Die Oberpriester machen sich an die Konstruktion einer Regierungsmaschine, wobei sie jedoch der wütende Tyrann unterbricht – das Volk hat ihm seinen Tabaksbeutel gestohlen. Der Wirt der auf halbem Weg zum Gipfel gelegenen *»Restauration«* vermag in der ausbrechenden Konfusion das auseinanderströmende Volk jedoch aufzuhalten. Er tauscht die Reichsinsignien ein und führt die Menge zum Hexenstein zurück. Nun soll der Autor mit der *»Öffentlichen Meinung«* vermählt werden, um nicht bei seiner Rückkehr vom Blocksberg zuviel auszuplaudern, aber ein plötzlich ausbrechender Streit um den Thron löst alles in einem wilden Tumult auf, und der Erzähler erwacht aus seinem Traum von den *»duftigen Küsten jenes volksersehnten Eldorados«* mit der Feststellung: *»auch ich war in Arkadien.«*

Der Text mit seiner knappen, nicht durch lyrische Einschübe gemilderten Prosa spielt auf das Hambacher Fest vom 27. 5. 1832 an, auf dem Handwerker, Bauern und Intellektuelle die Verwirklichung der bürgerlichen Rechte, Volkssouveränität und eine republikanische Verfassung für Deutschland gefordert hatten, und worauf der Bundestag in Frankfurt am 28. 6. 1832 mit der Aufhebung der Presse-, Vereins- und Versammlungsfreiheit reagierte. Eichendorff verhehlt nicht seine Abneigung gegen die liberalen Strömungen, gegen Versuche, den Obrigkeitsstaat zu reformieren; die Parallelen zur Walpurgisnacht in GOETHES *Faust* mit der Anbetung des Satans sind unübersehbar. Unter der Maske der *»Bürgertugenden«* wird der Pöbel freigesetzt, und der aufgeklärte Professor erweist sich als eben jener trink- und genußfreudige Philister, den bereits BRENTANO (*Der Philister vor, in und nach der Geschichte*, 1811) verspottet hatte. Die Auflösung der alten Ordnung, jener Harmonie von Mensch und Natur, wie sie für den Autor letztlich bereits mit dem Protestantismus beginnt und in der Aufklärung wie in der Französischen Revolution ihren vorläufigen Höhepunkt erreichte, stellt sich für Eichendorff als einziges Zerstörungswerk dar, dessen Auswirkungen durch Habgier und Anmaßung er im *Schloß Dürande* exemplarisch gestaltet hatte. Erschien in diesem Text die Natur in ihrer romantischen Poetisierung noch als Chiffre für einen verlorenen Idealzustand, so kennt *Auch ich war in Arkadien* keine lyrisch-romantischen Klänge mehr; der Text ist *»stilistisch nicht mehr allein der Spätromantik verhaftet..., hier sprüht die politische Angriffslust des deutschen Vormärz.«* (Wesemeier).   P.W.W.-KLL

AUSGABEN: Paderborn 1866 (in *Vermischte Schriften*, Bd. 5: *Aus d. literar. Nachlasse J. Frh. v. E.s*). – Stg. 1957 (in *Neue GA d. Werke u. Schriften*, Hg. G. Baumann u. S. Grosse, Bd. 2; ³1978).

LITERATUR: O. Walzel, *Parodie bei E.* (in Aurora, 3, 1933). – W. Kicherer, *E. u. d. Presse*, Diss. Heidelberg 1934. – E. Hertrich, *Über E.s satirische Novelle »Auch ich war in Arkadien«* (in JB, N. F. 2, 1961, S. 103–116). – R. Wesemeier, *Zur Gestaltung von E.s satirischer Novelle »Auch ich war in Arkadien«* (ebd., N. F. 6, 1965, S. 179–191). – A. D. Günther, *Zur Parodie bei E.*, Diss. Köln 1968. – G. Kohlfürst, *Romantische Ironie u. Selbstironie bei J. v. E.*, Diss. Graz 1970. – M. Wettstein, *Die Prosasprache J. v. E.s Form u. Sinn*, Zürich/Mchn. 1975. – W. Frühwald, *Der Philister als Dilettant. Zu den satirischen Texten J. v. E.s* (in Aurora, 36, 1976, S. 7–26). – C. Nolte, *Symbol u. historische Wahrheit. E.s satirische u. dramatische Schriften im Zusammenhang mit dem sozialen u. kulturellen Leben seiner Zeit*, Paderborn 1987.

AUS DEM LEBEN EINES TAUGENICHTS.
Novelle

Erzählung von Joseph Freiherrn von EICHENDORFF, erschienen 1826. – Die Arbeit an den ersten beiden Kapiteln, in der Handschrift noch mit *Der neue Troubadour. Ein Kapitel aus dem Leben eines armen Taugenichts* überschrieben, geht vermutlich auf das Jahr 1817 zurück, abgeschlossen wurde die Novelle, zu Lebzeiten des Autors sein bekanntestes Werk, wohl erst 1822/23. Der Text gilt als beispielhaftes literarisches Dokument für das Lebensgefühl der Spätromantik, früh bereits erschien er auch als *»Verkörperung des deutschen Gemüts«* (Theodor Fontane) und erfuhr eine entsprechende Stilisierung in nationalistischen Kreisen.

Sehnsucht nach der Ferne, aber auch väterlicher Unmut (*»Du Taugenichts! da sonnst du dich schon wieder und dehnst und reckst dir die Knochen müde und läßt mich alle Arbeit allein tun. Ich kann dich nicht länger füttern.«*) führt den jungen Sohn eines Müllers in die Welt hinaus, in der er sein Glück machen will. Mit seiner Geige streift er ziellos umher und läßt sich von Zufällen und Abenteuern bestimmen, deren erstes ihn auf ein Schloß in der Nähe Wiens führt. Hier wird er Gärtnerbursche und Zolleinnehmer und verliebt sich – *»ewiger Sommer des Gemüts«* – in Aurelie, eine der *»schönen Damen«* des Schlosses. Ihre Unerreichbarkeit treibt ihn jedoch, seine Wanderung fortsetzen. Sein Weg führt nach Italien, wo er sich in eine bunte und geheimnisvolle Kette Liebeleien unter verkleideten Gräfinnen, Bauern, Malern und Musikanten verwikkelt, bis ihn endlich die Sehnsucht nach der Heimat und nach Aurelie aus Rom fortlocken. Mit einer Schar musizierender Studenten aus Prag kehrt er auf einem Donauschiff zum Schloß zurück und erfährt, daß die unnahbare Dame keine Gräfin, sondern eine Nichte des Schloßportiers ist und ihn liebt. Die undurchsichtige »*Konfusion mit dem Herzen*« entwirrt sich, man heiratet – »*und es war alles, alles gut!*«

Der bewußt naive Ton der Novelle, in die Eichendorff einige seiner schönsten Gedichte eingestreut hat (»*Wem Gott will rechte Gunst erweisen*«, »*Wer in die Fremde will wandern*«, »*Wenn ich ein Vöglein wär*« oder »*Schweigt des Menschen laute Lust*«), sucht sich dem des Märchens anzunähern. Vom Geburtsort, auch vom Namen des Taugenichts erfährt der Leser nichts, märchenhaft sind die glücklichen Fügungen, die das Schicksal des Taugenichts bestimmen, der schließlich nicht nur seine »*schöne gnädige Frau*«, sondern auch ein »*weißes Schlößchen*« mit Garten erhält, und märchenhaft sind auch die Landschaften mit ihren Schlössern, Gärten und Wäldern; die Stadt Rom erscheint im »*hellen Mondenschein, als ständen wirklich die Engel in goldenen Gewändern auf den Zinnen und sängen durch die stille Nacht herüber*«, wiewohl, wie Oskar Seidlin und Margret Walter-Schneider zeigen konnten, Rom nicht nur als Ziel der romantischen Sehnsüchte und ein Bild des himmlischen Jerusalem gezeichnet wird, sondern auch als Stadt, in der ein vorchristlich-heidnisches Erbe noch lebendig ist. Der Taugenichts aber widersteht der Gefahr, die wie häufig bei Eichendorff in der Figur der sexuellen Verführung erscheint, durch seinen kindlichen Glauben, und die vorherrschend naive, heitere Metaphorik und Grundstimmung der Novelle war wohl für ihren Erfolg beim bürgerlichen Publikum verantwortlich, obgleich der Taugenichts gerade der bürgerlichen Lebensweise völlig abhold ist; nichts ist ihm so verhaßt wie ein Leben, das sich ausschließlich an Sicherheit und am eigenen Vorteil orientiert. Als er von der »*edlen Jägerei*« schwärmt und die Entgegnung erhält, man könne damit »*kaum die Sohlen*« verdienen, ergreift ihn ein solcher »*närrischer Zorn*«, daß er »*am ganzen Leibe zitterte*«. Georg Lukács begriff daher die Novelle als »*Revolte*« gegen die »*zwecklose und inhumane Geschäftigkeit des modernen Lebens, gegen die ›Tüchtigkeit‹, gegen den ›Fleiß‹ des alten und neuen Philisters*«.

Der Gefahr, selbst zum Philister zu werden oder einem antriebslos-faulen Leben zu erliegen, entgeht der Taugenichts letztlich durch die Liebe, die in romantisch-überhöhter Form gezeichnet wird. Aurelia, mit der sich der Taugenichts schließlich verheiratet, erscheint ihm als »*Gegenwart Gottes in der Welt*«, als Offenbarung: »*Die schöne Frau, welche eine Lilie in der Hand hielt ... sah still lächelnd in die klaren Wellen hinunter, als sie mit der Lilie berührte, so daß ihr ganzes Bild zwischen den widerscheinenden Wolken und Bäumen im Wasser noch einmal zu sehen war, wie ein Engel, der leise durch den tiefen blauen Himmelsgrund zieht.*« Vor diesem Hintergrund erscheint der namenlos bleibende Taugenichts als romantische Allegorie auf ein menschliches Leben, das sich »*Gottes Führung*« empfiehlt, als die Personifikation jenes poetischen Lebens, das Eichendorff, der Schüler von Görres und Brentano, noch über die produzierende Dichtkunst gestellt hat; vor diesem Hintergrund auch relativiert sich die von Georg Lukács begründete, in der Forschung der siebziger Jahre immer wieder aufgeworfene Frage nach dem sozialkritischen Gehalt dieses Textes.

M.Pr.-KLL

AUSGABEN: Bln. 1826. – Stg. 1957 (in *Neue GA d. Werke u. Schriften*, Hg. G. Baumann u. S. Grosse, Bd. 2; ³1978). – Mchn. 1970 (in *Werke*, 5 Bde., 2; ²1978). – Ffm. 1976 (Nachw. A. Hillach; Insel Tb). – Stg. 1981 (RUB). – Ffm. 1985 (in *Werke*, 5 Bde., 2, Hg. W. Frühwald u. B. Schillbach).

LITERATUR: E. E. Pope, *The Taugenichts-Motive in Modern German Literature*, Diss. Ithaca 1933. – G. Lukács, *E.* (in G. L., *Deutsche Realisten des 19. Jh.s*, Bln./DDR 1951, S. 49–65). – B. v. Wiese, *J. v. E.: »Aus dem Leben eines Taugenichts*« (in B. v. W., *Die deutsche Novelle von Goethe bis Kafka I*, Düsseldorf 1956, S. 79–96). – Th. Mann, *Der Taugenichts; ein Essay*, Mchn. 1957. – G. T. Hughes, *E.: »Aus dem Leben eines Taugenichts«*, Ldn. 1961. – M. Gump, *Zum Problem des Taugenichts* (in DVLG, 37, 1963, S. 529–557). – A. v. Bormann, *Philister und Taugenichts. Zur Tragweite des romantischen Antikapitalismus* (in Aurora, 30, 1970, S. 94–112). – W. Paulsen, *E. und sein Taugenichts. Die innere Problematik des Dichters in seinem Werk*, Bern/Mchn. 1976. – C. ter Haar, *J. v. E.: »Aus dem Leben eines Taugenichts«. Text, Materialien, Komm.*, Mchn. 1977. – K. Holz, *J. v. E.: »Aus dem Leben eines Taugenichts«*. (in *Klassiker heute. Zwischen Klassik und Romantik*, Hg. H.-C. Kirsch, Ffm. 1980, S. 217–263; FiTb). – H. Poser, *J. v. E.: »Aus dem Leben eines Taugenichts«* (in *Deutsche Novellen von Goethe bis Walser. Interpretationen für den Deutschunterricht 1*, Hg. J. Lehmann, Königstein/Ts. 1980, S. 105–124). – G. v. Wilpert, *Der ornithologische Taugenichts. Zum Vogelmotiv in E.s Novelle* (in *Elemente der Literatur. Beiträge zur Stoff-, Motiv- und Themenforschung. Fs. für E. Frenzel*, Hg. A. Bysanz u. R. Trousson, Stg. 1980, S. 114–128). – W. Herzig, *J. v. E., »Aus dem Leben eines Taugenichts«* (in W. H., *Weltentwurf und Sprachverwandlung. Untersuchungen zu Dominanzverschiebungen in der Erzählkunst zwischen 1825 und 1950*, Bern/Ffm. 1982, S. 49–116). – K. Köhnke, *Homo Viator. Zu E.s Erzählung »Aus dem Leben eines Taugenichts«* (in Aurora, 42, 1982, S. 24–56). – A. v. Bormann, *J. v. E.: »Aus dem Leben eines Taugenichts«* (in *Romane und Erzählungen zwischen Romantik und Realismus. Neue Interpretationen*, Hg. P. M. Lützeler, Stg. 1983, S. 94–116). – K. K. Polheim, *Neues vom »Taugenichts«* (in Aurora, 43, 1983, S. 32–54). – M. Walter-Schneider unter Mitarbeit von M. Hasler, *Die Kunst in Rom. Zum 7. u. 8. Kapitel von E.s Erzählung »Aus dem Leben eines Taugenichts«* (in Aurora, 45, S. 49–62). – M. Thunich, *J. v. E., »Aus dem Leben eines Taugenichts«*, Hollfeld/Oberfranken, 1986.

DICHTER UND IHRE GESELLEN. Novelle

Roman von Joseph Freiherrn von EICHENDORFF, erschienen 1834. – Das Werk ist ein Musterbeispiel des romantischen Romans, in dem sich um eine leitende Idee, hier die Frage nach wahrem und unechtem Dichtertum, eine Fülle von Nebenereignissen, Episoden und philosophischen Bertrachtungen rankt. – Im Mittelpunkt des Geschehens steht Graf Victor von Hohenstein, ein anerkannter und von allen verehrter Dichter, der auf der Höhe seines Ruhms die Fragwürdigkeit seines Bemühens erkennt und unter dem Namen Vitalis erst Eremit, dann Mönch wird. Als »Lothario« hatte er sich zuvor einer wandernden Schauspielertruppe angeschlossen und war Juanna, einer spanischen Gräfin, wiederbegegnet, die er einst im französisch-spanischen Krieg kennengelernt hatte; unschuldig-schuldig verursacht er ihren Selbstmord, und dieses tragische Ende seiner Liebe wird mit zum Anlaß für seine Abkehr von der Welt. Fortunat, Victors Freund und Dichter wie er, lebt neben und mit ihm ein unbekümmerteres Leben; sein Dasein ist fast immer heiter, der Welt und seinen Freunden offen und bejahend zugewandt. In Rom lernt er Fiametta, die Tochter eines ehemals reichen Marchese, kennen, die er später in Deutschland heiratet, wohin sie ihm, als Knabe verkleidet, gefolgt ist. Die problematische, unheilvolle Seite des Dichtertums verkörpert Otto, ein ehemaliger Jurastudent, der sich zum Dichter berufen fühlt, aber die Kraft nicht aufbringt, sich den Forderungen dieser Berufung zu stellen. Auch er schließt sich, wie seine Freunde, vorübergehend den Schauspielern an, lebt mit ihnen in Italien, heiratet, wie später Fortunat, eine Italienerin, Annidi – doch ihm schlägt alles zum Unglück aus. Er kann sich nicht sammeln, auch sein Versuch, wie Victor Einsiedler zu werden, scheitert, und ein letztes, gespenstisches Liebeserlebnis treibt ihn, den Zerrissenen, Zwiespältigen, in Verzweiflung und Tod.

Der Roman fand bei seinem Erscheinen kaum Beachtung. Nicht nur die romantischen Stilmittel wirkten auf die Kritik überlebt, auch die klassisch-romantischen Ideale individueller Harmonie und Autonomie schienen anachronistisch angesichts einer Zeit, die sich eben anschickte, den freien Arbeiter und die Maschinen zu entdecken. Eichendorff dagegen beschwört am Schluß seines Romans *»Aurora«*, die Morgenröte, als Zeichen für eine in die Zukunft vertagte, poetische Erneuerung der Welt. Nochmals entfaltet er, der sich in den vierziger Jahren der Übersetzung von CALDERONS *El gran teatro del mundo,* um 1645 *(Das große Welttheater)* widmete, den Topos des »theatrum mundi«, und damit die Vorstellung individuellen Schicksals als Teil eines göttlichen Gesamtwerks, die Protagonisten seines Romans erscheinen als Repräsentanten verschiedener Lebensentwürfe. Sie sind dementsprechend nicht psychologisch motiviert, sondern verhalten sich typologisch und stellen zusammen jenes Ganze menschlicher Äußerungs- und Handlungsformen dar, das der einzelne nicht mehr allein auszubilden imstande ist, wie auch der glückliche Schluß des Romans nicht allein Ergebnis menschlichen Strebens, sondern glücklicher, letztlich göttlicher Fügung ist. *»Die groteske Anhäufung von Irrtümern, Fehlschlüssen, Fiktionen, Intrigen, Verwechslungen, Verkleidungen und die daraus entstehende heillose Verwirrung ... droht mehrfach im völligen Chaos und im Leid zu enden. Der gute Schluß im Wiederfinden, nach mehrfacher Trennung, erscheint schließlich als Gleichnis urzeitlich-utopischer Heilsgewißheit in einer von Widerspruch, Spaltung und Verunklärung geprägten historischen Wirklichkeit.«* (E. L. Offermanns).

M.Be.-KLL

AUSGABEN: Bln. 1834. – Regensburg 1939 (in *SW*, Bd. 4, Hg. E. Reinhard; hist.-krit.). – Stg. 1957 (in *Neue GA d. Werke u. Schriften*, Hg. G. Baumann u. S. Grosse, Bd. 2; ³1978). – Mchn. 1970 (in *Werke*, 5 Bde., 2; ²1978). – Ffm. 1976 (Nachw. A. Hillach; Insel Tb). – Stg. 1987, Hg. W. Nehring (RUB).

LITERATUR: H. Eichholtz, *E.s »Dichter und ihre Gesellen«* (in Der Wächter, 5, 1922, S. 555–570). – F. Damhorst, *J. v. E., »Dichter und ihre Gesellen«*, Diss. Wien 1940. – V. Stein, *Morgenrot u. falscher Glanz. Studien zur Entwicklung des Dichterbildes bei E.*, Winterthur 1964. – Ch. Strauch, *Satirische Elemente im Aufbau von E.s »Dichter und ihre Gesellen«* (in Jb. des Wiener Goethe-Vereins, 72, 1968, S. 87–112). – K. Kindermann, *Lustspielhandlung und Romanstruktur. Untersuchungen zu E.s »Dichter und ihre Gesellen«*, Diss. Bln. 1973. – E. Hudgins, *J. v. E.s »Dichter und ihre Gesellen«* (in E. H., *Nicht-epische Strukturen des romantischen Romans*, Den Haag 1975, S. 134–169). – E. L. Offermanns, *E.s Roman »Dichter und ihre Gesellen«* (in *Literaturwissenschaft und Geschichtsphilosophie. Fs. für W. Emrich*, Hg. H. Arntzen u. a., Bln./NY 1975, S. 373–387). – A. E. M. Meder, *Essay on J. v. E.s »Dichter und ihre Gesellen«*, Ilfracombe 1979. – K.-D. Post, *Der spätromantische Roman* (in *Handbuch des deutschen Romans*, Hg. H. Koopmann, Düsseldorf 1983, S. 302–332).

DIE FREIER

Lustspiel in drei Aufzügen von Joseph Freiherrn von EICHENDORFF, erschienen 1833. – Das Stück ging aus zwei in den Jahren zwischen 1816 und 1820 entstandenen Vorstufen hervor: einem Entwurf *Liebe versteht keinen Spaß* von insgesamt fünf Auftritten und dem sich daran anschließenden Fragment *Wider willen*, das in Stoff und Motiv auf

MARIVAUX' Lustspiel *Le jeu de l'amour et du hasard*, 1730 *(Das Spiel von Liebe und Zufall)*, zurückgreift. Im fertigen Stück von 1833, dem einzigen Lustspiel, das der Autor vollendete, wird diese Anlage beibehalten, aber erst hier sind die verschiedenen Konzepte sinnvoll verknüpft, der Welt Eichendorffs »akkomodiert«.

Graf Leonard ist – als reisender Schauspieler verkleidet – auf dem Weg zum Schloß der schönen, aber männerhassenden Gräfin Adele, die von seinem Onkel für ihn bestimmt ist; währenddessen erhält der pedantische Hofrat Fleder vom Präsidenten, dem Onkel Leonards, den Auftrag, als Flötenspieler verkleidet und unter dem Namen Arthur, dem Neffen nachzureisen, »*daß ein dritter auf dem Schlosse ein wenig zum Rechten sähe*«. Unterwegs trifft Fleder zwei vagabundierende Künstler, den Musikanten Schlender und den Schauspieler Flitt, die ebenfalls zum Schloß wollen, um dort ihre Künste zum besten zu geben. In der Verwirrung um Fleders scheuendes Pferd verlieren sich die beiden aus den Augen, Flitt hält sich an den verkleideten Fleder, Schlender begegnet Leonard, der sich sofort, da die Rolle des reisenden Schauspielers offensichtlich schon besetzt ist, als »Sänger Florestin« ausgibt. Inzwischen hat jedoch Gräfin Adele von der geplanten Verkleidungskomödie erfahren und beschlossen, ihren Teil zum Verwechslungsspiel beizutragen, indem sie und ihre Kammerzofe Flora die Rollen tauschen. Der zweite Akt zeigt nun die Folgen dieser Verwechslungen: »*Verliebte Kammerjungfern und Musikanten, kuriose Gräfinnen, heimliche Winke; Flüstern und Geheimnisse überall*«, dazu den Jäger Victor, der »*alle diese mausigen Stoßvögel von Freiern an Einem Narrenspieß*« sehen will. Er gaukelt Flitt vor, die Gräfin sei in ihn verliebt, worauf dieser mit dem Gastwirt Knoll Entführungspläne schmiedet. Gleichzeitig überredet Victor auch Schlender zu einem Rendevous mit der Gräfin – allerdings, »*um alles Aufsehen zu vermeiden*«, werde die Gräfin in den Kleidern des Flötenspielers Arthur, also in Fleders Maske, erscheinen, und er, Schlender, müsse die Rolle der Gräfin spielen. Zu allem Überfluß erscheint noch Flora in Offiziersuniform als weiterer Nebenbuhler unter den Freiern. Nun erreicht die Verwirrung ihren Höhepunkt. Als erster sieht sich Schlender genarrt, der schließlich die Maskerade durchschaut und den Hofrat Fleder erkennt. Er »*salviert sich*« und läuft – immer noch als »Gräfin« – geradewegs Flitt und Knoll, ihren Entführern, in die Hände; in Knolls Wagen verlassen so die beiden Abenteurer als erste den Schauplatz. Inzwischen entbrennt zwischen Flora, dem »Offizier«, und Leonard ein Zweikampf um die Gunst der Gräfin, die – durch Victor von dem zu erwartenden »Duell« in Kenntnis gesetzt und vom Waffenklang angelockt – herbeieilt; sie stürzt sich zwischen die beiden, an Leonards Brust, und der »Offizier« gibt sich als Flora zu erkennen. Doch erst der hinzukommende Fleder klärt das letzte Mißverständnis: Leonard und die Gräfin erkennen einander, Leonard führt sie unter dem Jubel der Umstehenden als seine Braut fort.

Unter dem Eindruck dieses Erlebnisses gibt auch Victor sein Junggesellendasein auf und erhält Floras Hand.

Die Auseinandersetzung des Dichters mit den Lustspieltheorien Friedrich von SCHLEGELS und französischen und englischen Vorbildern, vor allem dem SHAKESPEARES, dehnte die Entstehung des Werkes auf fast zwei Jahrzehnte aus. Hierin dürfte der Grund dafür liegen, daß die Komödie bei ihrem Erscheinen kaum mehr Beifall bei dem die Schicksalstragödie goutierenden Publikum fand und in ihrer ursprünglichen Fassung ohne Resonanz blieb; das Stück wurde nämlich zu Lebzeiten des Dichters nur ein einziges Mal aufgeführt, und zwar am 2. Dezember 1849 im Liebhabertheater der »Ressource zur Einigkeit« in Graudenz. Der Erfolg stellte sich erst ein, als 1923 eine Bearbeitung des Stückes von Otto ZOFF, mit einer Begleitmusik von Christian Lahusen, erschien; im Frankfurter Schauspielhaus wurde es begeistert aufgenommen und von da an oft gespielt, wenngleich diese Bearbeitung wie auch die späteren von Alfons HAYDUK (1936) und von Leopold STAHL (1939) die Stimmung des romantischen Lustspiels nicht vollkommen treffen konnten. E.Ke.

AUSGABEN: Stg. 1833. – Mchn. 1922. – Lpzg. o. J. [1923] (Bühnenbarb. O. Zoff; RUB). – Lpzg. 1938 (DL). – Lpzg. o. J. [1939] (*Die Freier oder Wer ist wer?*; Bühnenbearb. E. L. Stahl; ern. Stg. 1955; RUB). – Mchn. o. J. [1950; Bearb. G. Rittner]. – Regensburg 1950 (in *SW*, Bd. 6, Hg. E. Reinhard; hist.-krit.). – Stg. 1957 (in *Neue GA d. Werke u. Schriften*, Hg. G. Baumann u. S. Grosse, Bd. 1; ³1979). – Mchn. 1970 (in *Werke*, 5 Bde., 1; ²1981). – Ffm. 1988 (in *Werke*, 5 Bde., 4, Hg. H. Schultz).

LITERATUR: O. Demuth, *Das romantische Lustspiel in seinen Beziehungen zur dichterischen Entwicklung E.s*, Prag 1912; ern. Hildesheim 1973. – Ders., *E.s »Freier«. Ein Rückblick auf Bedeutung u. Entstehen nach hundert Jahren* (in Aurora, 4, 1934, S. 47–56). – Ders., *Der Angleichungsvorgang in E.s Lustspiel* (ebd., 6, 1936, S. 76–85). – W. Hildebrandt, *Das Eichendorffsche Lustspiel* (ebd., 8, 1938, S. 43–57). – W. Mauser, *»Die Freier« von J. v. E.* (in Der Deutschunterricht, 15, 1963, H. 6, S. 45–58). – G. Kluge, *Das Lustspiel der deuschen Romantik* (in *Das deutsche Lustspiel I*, Hg. H. Steffen, Göttingen 1968). – E. Catholy, *Das deutsche Lustspiel. Von der Aufklärung bis zur Romantik*, Stg. u. a. 1982, S. 269–285; 302–304. – C. Nolte, *Symbol u. historische Wahrheit. E.s satirische u. dramatische Schriften im Zusammenhang mit dem sozialen u. kulturellen Leben seiner Zeit*, Paderborn 1987.

DIE GLÜCKSRITTER. Novelle

Erzählung von Joseph Freiherrn von EICHENDORFF, erschienen 1841. – In Eichendorffs Traumwelt streut der Zufall seine Glücksgaben großzügig aus – »*Fortunas Haarzopf flattert*«: In der Zeit nach dem Ende des Dreißigjährigen Krieges kommt der Musikant Siglhupfer, »Klarinett« genannt, bei seinem romantisch-planlosen Herumstreifen nach Halle und lernt dort den verkommenen älteren Studenten Suppius kennen. Da er nichts Besseres zu tun hat, schließt Klarinett sich diesem an, und sie machen sich auf die Suche nach einem Mädchen, das Suppius nur einmal gesehen hat. Nach einer nächtlichen Kahnfahrt auf der Saale und einigen lustigen Streichen geraten sie als einzige Insassen einer Kutsche, deren Pferde durchgehen, zu einem Schloß im Walde. Dort hat sich die mit der Kasse eines Regiments Holkischer Jäger durchgebrannte Marketenderin Sinka mit einem ihr ergebenen Diener eingenistet und tritt unter dem Namen Euphrosine die große Dame. Sie knüpft eine Liebesbeziehung zu Klarinett an, der sich nun »*Rittmeister von Klarinett*« nennt und sich's mit Suppius auf dem Schloß wohl sein läßt: »*Nun aber lebten sie alle vergnügt von einem Tag zum andern, da war nichts als Schmausen und Musizieren und Umherliegen über Rasenbänken und Kanapees.*« Plötzlich überfällt eine Bande vagabundierender Soldaten, die das Ende des Krieges »*vom Pferd auf den Friedens- und Bettelfuß*« gesetzt hat, das Schloß, um sich bei der angeblichen Gräfin und ihren beiden Kavalieren reiche Beute zu holen. In derselben Nacht kehrt jedoch auch Graf Gerold, der Herr des Schlosses, zurück und greift, von Suppius nach Kräften unterstützt, mit seinen Jägern in den Kampf ein. In des Grafen Tochter erkennt der erstaunte Suppius das Mädchen wieder, zu dessen Suche er eigentlich aufgebrochen war, und wird im Triumph mit ihr zur Hochzeit geführt. Der Musikant Siglhupfer-Klarinett aber findet in Denkeli, der Tochter eines Puppenspielers, der den Überfall der Soldatenbande anführte, die verlassene Geliebte wieder, trennt sich von seinem Freund und bleibt mit Denkeli »*fortan in den Wäldern selig verschollen*«.

Während in den gleichzeitig mit den *Glücksrittern* erschienen Werken, wie GOTTHELFS *Uli der Knecht* (1841) oder STIFTERS *Hochwald* (1842), sich ein grundlegender Wandel des Lebensgefühls und der Wirklichkeitsgestaltung zeigt, verharrt Eichendorff – neben TIECK letzter Repräsentant der Romantik – angesichts der sich durchsetzenden Industrialisierung Deutschlands in einer schwebend leichten Traumwelt der verzauberten Waldschlösser, der Mondnächte und Feste, der improvisierten Gedichte und Serenaden, die »*wie ein goldener Traum über die schlafende Stadt*« ziehen, in einer Welt, in der seine Helden als »*Fortunas Schildknappen*« den sprunghaften Launen des Glücks bedenkenlos folgen und mit traumhafter Sicherheit der nie ausbleibenden Erfüllung ihrer Sehnsucht entgegengehen. Die in sechs Kapitel gegliederte Erzählung ist so locker aufgebaut, daß hier der Gattungsbegriff »Novelle« kaum mehr anwendbar ist. Herausgearbeitet sind reizvolle, bei Eichendorff seit seinem ersten Werk *Ahnung und Gegenwart* wie die feststehenden Formeln des Märchens immer wiederkehrende Motive – das verwunschene Schloß, der stille Garten, die Bootsfahrt auf dem Fluß –, die dennoch nie zu Klischees herabsinken. Auffallend ist das Bestreben, die Sprache teilweise dem dargestellten Milieu anzupassen (einige »Schnapphähne«, vagabundierende Einbrecher, sprechen Rotwelsch); aber das ist auch der einzige Tribut dieser spätromantischen Erzählung an eine realistische Darstellungsweise. KLL

AUSGABEN: 1841 (in Rheinisches Jb., 2). – Stg. 1957 (in *Neue GA d. Werke u. Schriften*, Hg. G. Baumann u. S. Grosse, Bd. 2; ³1978). – Mchn. 1970 (in *Werke*, 5 Bde., 2; ²1978). – Mchn. 1982 (in *Sämtl. Erzählungen*; Nachw. L. Grenzmann).

VERTONUNGEN: E. v. Volbarth, *Die Glücksritter* (Text: K. Müller-Rastatt; Oper; Urauff.: Weimar, 24. 5. 1899). – M. Lothar, dass., Bln. 1933 (Text: G. Eich; Musikal. Lustspiel).

LITERATUR: P. K. Richter, *Die Gaunersprache in E.s Novelle »Die Glücksritter«* (in ZfdPh, 64, 1939, S. 254–257). – R. Treml, *Zu E.s Novellentechnik*, Diss. Wien 1948. – R. Mühlher, *Dichterglück. Die poetische Sprache und Motivik in E.s Erzählung »Die Glücksritter«* (in Aurora, 19, 1959, S. 27–51). – A. Arnoldner, *Die Motivgruppe des heimatlosen Helden bei E.*, Diss. Wien 1961. – F. Stockmann, *Die Landschaft in E.s Romanen und Erzählungen*, Diss. Wien 1964. – P. P. Schwarz, *Aurora. Zur romantischen Zeitstruktur bei E.*, Bad Homburg u. a. 1970. – S. Schild, *Die Poesie der inneren Landschaft. Verwirklichung u. Auflösung. Eine Studie zu E.*, Bern 1972. – F. Mair, *Die Gestaltung des Raumes in den Erzählungen E.s*, Diss. Innsbruck 1975. – E. Greaves Crawford, *Dualism in the Shorter Prose Works of E.*, Diss. NY 1975. – C. Wetzel, *J. v. E.*, Salzburg 1982.

KRIEG DEN PHILISTERN. Dramatisches Märchen in fünf Abenteuern

Dramatische Satire von Joseph Freiherrn von EICHENDORFF, erschienen 1824 (in einer Teilausgabe 1823). – Die erste Anregung zu diesem Stück erhielt Eichendorff wohl durch Clemens BRENTANOS Abhandlung *Der Philister vor, in und nach der Geschichte* (1811); Brentanos Philistersatire läßt sich streckenweise wie ein Kommentar zu Eichendorffs Stück lesen. Dalilas Ruf »*Simson! Philister über dir!*« wird zum Schlachtruf einer an Brentano anknüpfenden Literatur gegen den Zeitgeist, ehe sie selbst dem Philiströsen verfällt (mit RELLSTAB, KOPISCH, KOSSACK).

Das Grundgerüst von Eichendorffs mehr für Leser als für ein Theaterpublikum geschriebenen Satire bildet der Krieg der Poeten gegen die Philister. Die fortschrittsgläubige, philanthropische, antikisierende, germanisierende, die epigonal schäferliche und romantisierende Literatur der Zeit, die der Rationalismus regiert und ein »*Journalissimus*« kommandiert, belagert die »*respektable Macht*« der Philister, d. h. des Spießbürgertums, dem alle Abenteuer des Geistes, dem selbst Kriege und Revolutionen zur Unterhaltung eines gesicherten, nur durch Zeitungslektüre angeregten Lebens dienen. »*Ruhe und Sicherheit*«, die Losung der Metternichschen Restauration, ist die Parole dieses Bürgertums, das »*Ruhe und Ordnung*« auch über die Gerechtigkeit stellt.

Für die Sprache der Poeten dieses Stückes gilt Erdmann Uhses von Brentano zitierte Definition der Poesie: »*Die deutsche Poesie ist eine Geschicklichkeit, seine Gedanken über eine gewisse Sache zierlich, doch dabei klug und deutlich in abgemessenen Worten und Reimen vorzubringen.*« So werden auch die Poeten, die im ersten Abenteuer die Philister hinter die Mauern der Stadt treiben und wegen dieser Tat »*bewundernd selber [sich] verehren*«, als Philister gekennzeichnet, denn nach Eichendorffs – von der Halleschen Studentensprache beeinflußten – Definition ist ein Philister, »*wer im vornehm gewordenen sublimierten Egoismus sich selbst als Goldenes Kalb in die Mitte der Welt setzt und es ehrfurchtsvoll anbetend umtanzt*«.

Das zweite Abenteuer berichtet von der Verschwörung in der Philisterstadt, die den »*alten Plunder*« durch neuen ersetzen will; doch die vom Narren, dem »*Doppelgänger aller menschlichen Torheiten*«, in das Stück eingeführten Intrigen, wie etwa Pastinak, der das »*prosaische Prinzip*« verkörpernde Philister, wenden sich im dritten Abenteuer gegen das Stück selbst, d. h., die von der Torheit ersonnenen Revolutionsideen entgleiten den Händen des Regisseurs.

Der vierte Akt setzt ein mit den vertrauten Tönen Eichendorffscher Lyrik; Angela, das von Jäger und Hirt umworbene Mädchen, hat Eichendorff in seinen *Memoirenfragmenten* mit dem »*schönen Nachbarskind*« aus Lubowitz identifiziert. Die Welt Angelas, das von der Torheit des Zeitgeistes noch unberührte »*ländliche, von Bergen eingeschlossene Tal*«, ist die positive Gegenwelt zum Reich der Philister, das auf dieser Folie als eine Welt von Narren und Verrückten erscheint. In das Tal Angelas dringen nun mit dem Narren die aus dem Spiel der Torheit entlaufenen Philister und Poeten und werden im Sagenwald mit der (märchenhaften) Wirklichkeit der von ihnen nachgeahmten Zeitalter konfrontiert. So dringen sie über Rokoko und Mittelalter zurück in die deutsche Vorzeit und erwecken schließlich den im Sagenwald schlafenden Riesen Grobianus, den »*Riesengeist altdeutscher Kraft*«, der im fünften Abenteuer – als ein neuer Simson – Philister, Poeten und sich selbst unter den Trümmern des Pulverturmes begräbt.

Die wenig beachtete, geistvolle Satire ist Eichendorffs erster dramatischer Versuch, ein später Nachkömmling von Tiecks Literaturkomödien, deren Mittel (Illusionsstörung, Aus-der-Rolle-Fallen, künstliche Verwirrung, Konfusion etc.) hier aber zu einem neuen Zweck, zur Satire der Satire, verwendet werden. Das Theater, von Brentano unter die gesellten Künste eingereiht, weshalb es der Krankheit der Zeit (dem Philistertum) mehr als alle anderen Künste ausgeliefert sei, soll in der Satire auf sich selbst die Verzerrungen des Zeitgeistes spiegeln, damit auf die Zeit zurückwirken und wieder »*das Herz alles herrlichen guten Blutumlaufs*« werden.

Der Riese Grobianus aber ist als Präfiguration des Rüpels in Eichendorffs satirischer Erzählung *Libertas und ihre Freier* (1849) auch ein erster Hinweis auf die Rolle des ländlichen Proletariats – zahlenmäßig ein Riese gegenüber dem Bürgertum – in den kommenden revolutionären Bewegungen der Zeit. So weist schon Eichendorffs erste Satire über den Zirkel der romantischen Selbstrepräsentation der Kunst hinaus in einen politisch-sozialen, von Vormärz und März-Revolution geprägten Bereich der Literatur des 19. Jh.s. W.Fr.

Ausgaben: Breslau 1823 (in Dt. Blätter für Poesie, Literatur, Kunst und Theater, Nr. 18–24; Teilausg.). – Bln. 1824. – Regensburg 1950 (in *SW*, Bd. 6, Hg. E. Reinhard, hist.-krit.). – Stg. 1957 (in *Neue GA d. Werke u. Schriften*, Hg. G. Baumann u. S. Grosse, Bd. 1; ³1978). – Mchn. 1970 (in *Werke*, 5 Bde., 2; ²1978). – Ffm. 1988 (in *Werke*, 5 Bde., 4, Hg. H. Schultz).

Literatur: K. Hille, *Die deutsche Komödie unter der Einwirkung des Aristophanes. Ein Beitrag zur vergleichenden Literaturgeschichte*, Lpzg. 1907. – O. Demuth, *Das romantische Lustspiel in seinen Beziehungen zur dichterischen Entwicklung E.s*, Prag 1912; ern. Hildesheim 1973. – I. Heyer, *E.s dramatische Satiren im Zusammenhang mit dem geistigen u. kulturellen Leben ihrer Zeit*, Halle 1931; ern. Wiesbaden 1973. – S. H. Straßer, *E. als Dramatiker*, Diss. Wien 1933. – H. J. Lüthi, *Dichtung u. Dichter bei J. v. E.*, Bern/Mchn. 1966 (zugl. Diss. Bern). – A. Schau, *Märchenformen bei E. Beiträge zu ihrem Verständnis*, Freiburg i. B. 1970. – D. Stutzer, *Die Güter der Herren v. E.*, Würzburg 1974. – G. Strenzke, *Die Problematik der Langeweile bei J. v. E.*, Hbg. 1973. – C. Wetzel, *J. v. E.*, Salzburg 1982. – C. Nolte, *Symbol u. historische Wahrheit. E.s satirische u. dramatische Schriften . . .*, Paderborn 1987.

DAS MARMORBILD. Eine Novelle

Erzählung von Joseph Freiherrn von Eichendorff, erschienen 1818. – Am 15. März 1817 meldet Eichendorff seinem Gönner Friedrich de La Motte Fouqué den Abschluß einer Novelle, die er ihm am 2. Dezember 1817 zusendet. *Das Marmorbild* ist nach Eichendorffs Brief an Fouqué »*eine Novelle oder Märchen, zu dem irgendeine Anekdote aus einem alten Buche, ich glaube, es waren Happelii ›Curiositates‹, die entfernte Veranlassung, aber weiter auch nichts, gegeben hat.*« Die vom Dichter hier erwähnte Quelle ist *Die seltzahme Lucenser-Gespenst* aus Eberhard Werner Happels Anekdotensammlung *Größeste Denkwürdigkeiten oder so genandte*

Relationes curiosae (Hamburg 1687), doch haben Tiecks Erzählung *Der getreue Eckart und der Tannenhäuser* (1799) und Novalis' Roman *Heinrich von Ofterdingen* (1802) stärker auf Motivik und Szenerie des *Marmorbildes* gewirkt als die barocke Vorlage. Die Erzählung, in der Eichendorff eine Skizze aus den Jahren 1808/1809 mit dem Titel *Die Zauberei im Herbste* wieder aufgreift, wurde von Fouqué und seiner Gattin an *»zwei Stellen, wo die Farben allzu dreist erglühten, um ... vor Jungfrauenaugen treten zu können«*, überarbeitet und erschien erstmals im *Frauentaschenbuch für das Jahr 1819*; in Buchform erschien sie, zusammen mit dem *Taugenichts* und einem Anhang ausgewählter Gedichte, zuerst 1826. Trotz zahlreicher erhaltener Vorarbeiten sind durch den Verlust des Neißer Eichendorff-Nachlasses Fouqués Texteingriffe nicht mehr festzustellen.

Im *Marmorbild* wandelt Eichendorff das romantische Grundthema vom verlorenen und wiederzufindenden Paradies charakteristisch ab. Florio, ein junger Dichter, begegnet auf der Reise nach Lucca dem Sänger Fortunato, dem auf einem Fest der mephistophelische Ritter Donati gegenübertritt. Schwankend zwischen den beiden Freunden, welche die erlösende und die dämonische Kraft der Poesie symbolisieren, verläßt Florio nachts die Herberge; sein Diener, der als Allegorie des Gewissens gedeutet wurde (Schwarz), liegt eingeschlafen auf der Schwelle des Hauses. So verfällt Florio dem Zauber des marmornen Venusbildes, dessen Anblick im nächtlichen Garten eine unbestimmte Sehnsucht in ihm zurückläßt. Auf der Suche nach der Erfüllung dieser Sehnsucht gerät der junge Poet in den Zauberkreis dämonischer Liebe, in den Garten der Venus – das *»Emblem der sinnlichen Gefährdung des Menschen«* (Rehm). Auf einem Maskenfest erreicht Florios verwirrend-schwankende Sehnsucht den Höhepunkt, als ihm Venus in der Maske der ihm von Fortunato zugeführten Bianka gegenübertritt. Von Donati verführt, kommt er in den Palast der Göttin, und nur das in der Ferne erklingende Lied Fortunatos bewirkt, daß er sich durch ein Gebet vor dem Schicksal Tannhäusers bewahrt, daß der dämonische Zauber versinkt. Auf einer Reise in den hellen Morgen deutet ihm Fortunato im Lied das Geschehen der Nacht und löst seine Verblendung. In dem Knaben, der ihn auf der Reise begleitet, erkennt Florio Bianka, in ihrer reinen Schönheit die Bestimmung seines Lebens.

Die im Menschen angelegte Sehnsucht nach dem verlorenen Paradies, das Eichendorff unter der Formel der »schönen alten Zeit« faßt, hat im Werk des Dichters eine heidnische und eine christliche Komponente; das Bild der Venus *»dämmert und blüht wohl in allen Jugendträumen mit herauf«*, doch auch das erlösende Lied Fortunatos ist wie Erinnerung und Nachklang *»aus einer andern heimatlichen Welt«*; Florios Gebet: *»Herrgott, laß mich nicht verlorengehen in der Welt!«*, die dadurch ausgelöste Befreiung, d. h. der Rückzug des heidnischen Zaubers in die Tiefen der Seele, ist *»nicht ein Gnadengeschenk, sondern eine Leistung«* des Menschen (Seid-lin). Erst im Bestehen der Versuchung ist Erlösung möglich. – Die Szenerie der Erzählung, die Landschaft, in der sich das symbolische Geschehen vollzieht, wird eine *»wunderbar verschränkte Hieroglyphe«* genannt, die emblematischen Landschaften des *Marmorbildes* geben als »sichtbare Theologie« (Seidlin) den Schlüssel zur Enträtselung der Symbole. Doch sollte bei der Entdeckung allgemein menschlicher Strukturen in der Novelle nicht übersehen werden, daß die Erzählung – nach Ausweis der Entwürfe – autobiographische Elemente enthält. Eichendorff geht es nicht so sehr um die Darstellung menschlicher Grundverhaltensweisen, sondern mehr um die Gestaltung der Gefährdung des Künstlers, dem es, trotz der erschreckenden Erfahrung eines zeit- und geschichtslosen Lebens im Venusberg des inneren Lebens, nicht gelingt, sich dem Zauber des *paradis noir*, das Ingredienz des Dichterischen ist, völlig zu entziehen. W.Fr.

Ausgaben: Nürnberg 1819 (in Frauentaschenbuch für das Jahr 1819). – Bln. 1826 (zus. m. *Aus dem Leben eines Taugenichts*). – Lpzg. o. J. [1941] (zus. m. *Das Schloß Dürande*; RUB). – Stg. 1957 (in *Neue GA d. Werke u. Schriften*, Hg. G. Baumann u. S. Grosse, Bd. 2; ³1978). – Mchn. 1970 (in *Werke*, 5 Bde., 2; ²1978). – Stg. 1984, Hg. H. M. Marks (RUB). – Ffm. 1985 (in *Werke*, 5 Bde., 2, Hg. W. Frühwald u. B. Schillbach).

Literatur: F. Weschta, *E.s Novellenmärchen »Das Marmorbild«*, Prag 1916; ern. Hildesheim 1973. – P. F. Baum, *The Young Man Betrothed to a Statue* (in PMLA, 34, 1919, S. 523–579; 35, 1920, S. 60–62). – T. Sauter-Bailliet, *Die dichterischen Gestaltungen der heidnischen u. christlichen Frau im Werk E.s*, Diss. Washington 1969; ern. Bonn 1972. – K.-D. Krabiel, *Tradition u. Bewegung. Zum sprachlichen Verfahren E.s*, Stg. u. a. 1973. – L. Pikulik, *Die Mythisierung des Geschlechtstriebes in E.s »Das Marmorbild«* (in Euph, 71, 1977, S. 128–140). – E. Greaves Crawford, *Dualism in the Shorter Prose Works of E.*, Diss. NY 1975. – *J. v. E., »Das Marmorbild«. Erläuterungen u. Dokumente*, Hg. H. H. Marks, Stg. 1984 (RUB). – S. v. Steinsdorff, *J. v. E., »Das Marmorbild«* (in Meistererzählungen der deutschen Romantik, Hg. A. Meier u. a., Mchn. 1985, S. 420–435). – K. K. Polheim, *»Marmorbild«-Trümmer. Entstehungsprozeß und Überlieferung der Erzählung E.s* (in Aurora, 45, 1985, S. 5–32). – Ders., *Das »Marmorbild«-Fragment E.s im Freien Deutschen Hochstift* (in FDH, 1986, S. 257–292). – *J. v. E. Das Marmorbild. Eine Novelle 1819. Die Zauberei im Herbste. Ein Märchen (1808/1809). Mit einem Kommentar u. Materialien*, Hg. G. Behütuns, Mchn. u. a. 1988.

DAS SCHLOSS DÜRANDE. Eine Novelle

Erzählung von Joseph Freiherrn von Eichendorff, erschienen 1837. – Nichts in Eichendorffs epischem Werk darf als zeitlose Romantik bezeichnet werden: Das Romantische wird sowohl in den Romanen wie in den Novellen mit sozialen Kategorien und Politischem verschränkt. So gerät im *Schloß Dürande* eine freie unbedingte Liebe in Widerspruch zu den Normen eines feudalen Gesellschaftssystems, und im Wirbel der Französischen Revolution wird diesem Widerspruch ein tödliches Ende bereitet. Den sozialen und politischen Gehalt seiner Geschichte benennt Eichendorff nie ausdrücklich und begrifflich; er läßt sich aber aus dem Verhalten der Figuren, ihrem Maskenspiel und ihren Irrtümern entziffern.

Renald, ein Jäger, lauert an einem Sommerabend einem Unbekannten auf, der dem Gerede der Leute zufolge seit geraumer Zeit seine Schwester aufsucht – seine junge verwaiste Schwester Gabriele, die seinem besonderen Schutz anheimgegeben ist. In dem Unbekannten entdeckt Renald seinen Dienstherrn, den jungen Grafen Hippolyt von Dürande. Renald hütet sich nicht nur, der Schwester den Namen des Geliebten preiszugeben, er veranlaßt sie auch, unverzüglich für einige Zeit in ein nahegelegenes Kloster zu gehen. Denn in der feudalen Gesellschaftsordnung hat das Mädchen von niederem Stande nur einen Besitz: ihre unverführte Reinheit, und die Herrschenden haben gewöhnlich nur eine Absicht: auch diesen Besitz anzutasten. Sind sie darin erfolgreich, so gereicht das, dem herrschenden Moralkodex zufolge, sowohl der Verführten wie ihrer Familie zur unauslöschlichen Schande. Vor dieser Schande möchte Renald sich und Gabriele bewahren. Nur allzu fixiert auf die Gefahr, die einem Mädchen aus dem Volk jederzeit droht, vermag er die Möglichkeit einer gewaltfreien und auf Treue gegründeten Liebe zwischen Menschen verschiedenen Standes nicht zu denken. Gerade so aber ist die Liebe zwischen Gabriele und dem jungen Grafen beschaffen, und das trennende Kloster setzt der unerfüllten Sehnsucht kein Ende, sondern facht sie an. Gabriele entfaltet jene romantische Selbstentäußerung, die das Gegenbild zu bürgerlicher Verfestigung und zu taktischem Selbstschutz ist: »*... ich möcht mich gern einmal bei Nacht verirren recht im tiefsten Wald, die Nacht ist wie im Traum so weit und still, als könnt man über die Berge reden mit allen, die man liebt in der Ferne*«. Wie den »Taugenichts« beseelt Gabriele ein freier Mut, der Verirrungen und die Gefahr der Ferne als die Bedingung eines schöneren Lebens in Kauf nimmt: Unerkannt folgt das Mädchen dem Grafen nach Paris, nur um als Gärtnerbursche verkleidet in seiner Nähe weilen zu können.

Doch muß unter den herrschenden sozialen und politischen Verhältnissen dieses Unterfangen unheilvoll ausschlagen. Denn einmal scheut sich Gabriele, vor dem Grafen die Maske des Gärtnerburschen fallen zu lassen und ihm, der doch zugleich ein Herr ist, ihre Liebe »aufzudrängen«: Der Sehnsucht ist eine freie Selbstdarstellung versagt. Zum anderen hat der alte Graf Dürande auf die erotische Libertinage seines Sohnes mokant angespielt und in Renald den Verdacht geschürt, der junge Graf halte sich Gabriele als feile Dirne, wie der feudale Brauch es will. Weil der ahnungslose Graf, den Renald in Paris zur Rede stellt, in Gabrieles Schicksal nicht eingeweiht ist, nicht eingeweiht sein darf, kann er Renalds peinigenden Verdacht nicht entkräften. Er wirft den Jäger ungesäumt hinaus, als der ihm obendrein mit einem Brief droht, der von einem Feind des Adels und einem Freund der Revolution stammt. Renalds sozial motivierter Verdacht hinsichtlich des Schicksals seiner Schwester empfängt durch die politischen Zustände destruktive Kraft. Eichendorff läßt es sich angelegen sein, das Motiv von der unzeitgemäßen Ordnung kritisch zu variieren. Das Ancien régime, sei es in Gestalt des eingeschlafenen Schlosses Dürande mit dem alten zeitvergessenen Grafen oder in Gestalt einer korrupten Rechtspflege und eines kranken Königs, spricht dem ratsuchenden Individuum nur Hohn. Nicht aufgeklärt wird Renald über seinen Irrtum, sondern darin bekräftigt – und es »*spielten feurige Figuren auf dem dunklen Grund seiner Seele: schlängelnde Zornesblicke und halbgeborene Gedanken blutiger Rache*«. Die Revolution aber speist nur den Zerstörungstrieb, den das untergehende Herrschaftssystem wachgerufen hat. In seiner verblendeten Rechtssuche ist Renald dem Michael Kohlhaas nicht unähnlich. An der Spitze eines verwahrlosten Haufens stellt er dem auf Schloß Dürande zurückgekehrten Grafen eine ultimative Forderung: Falls er nicht binnen kurzem Gabriele zur Frau nehme, habe er die Zerstörung seines Schlosses zu gewärtigen. Der Graf, der von Gabriele nichts weiß, antwortet auf die blinde Gewalttat mit »*niegefühlter Mordlust*«. In diesem Teufelskreis einer sozial und politisch bedingten Verblendung geht auch Gabriele unter. Als Doppelgänger des Grafen mitten im Kampf auftauchend, will sie die tödlichen Kugeln auf sich lenken, um dem Grafen das Leben zu retten. Ihr todesverachtender Mut spiegelt die Ambivalenz einer unbedingten und zugleich der historischen Realität verhafteten Liebe: unbedingt, weil die historische Standesgrenze dieser Liebe kein Ende zu setzen vermochte; realitätsverhaftet, weil sie sich unter dem Zwang der noch geltenden Standesgrenze zu spät, erst in der Stunde der tödlichen Gefahr hervorwagt. Der Graf, der erst jetzt Gabrieles hingebungsvolles Maskenspiel durchschaut, bekennt seine tiefe unzerstörte Neigung. Verwundet, selig vor Liebe, suchen beide in der Einsamkeit den Tod. Renald, Eroberer des Schlosses, sprengt das Schloß in die Luft und wählt den Freitod, nachdem er von der Reinheit jener Liebe und von der Unermeßlichkeit seines Irrtums Kenntnis erlangt hat.

Von der allgemeinen Zerstörung ausgenommen ist die Natur. Die Revolution streift sie in Gestalt von Feuerzeichen, das »*Gewitter*« wird zum leitmotivischen Bild der Novelle, ansonsten hebt sie sich von den geschichtlichen Prozessen und menschlichen Schicksalen in schöner Indifferenz ab. Die frühromantische Identität zwischen Subjekt und Natur ist längst hinfällig, und selbst für Gabriele ist die Sprache der Natur nicht mehr zu entziffern: »*Hör nur, wie der Fluß unten rauscht und die Wälder, als woll-*

ten sie auch mit uns sprechen und könnten nur nicht recht!« Wie in kaum einer anderen Dichtung formuliert Eichendorff hier ein politisches »*Bekenntnis*« (H. Koopmann). Mit der dämonologischen Revolutionstheorie von J. Görres sah Eichendorff in der Französischen Revolution einen einzigartigen Zerstörungsakt, der jedoch, und hier kommt der Autor überein mit der Geschichtsphilosophie der späten Klassik und der Romantik, bereits im ausgehenden Mittelalter seinen Anfang nimmt, als die rationalen Kräfte des Menschen zunehmend über Phantasie und Gefühl zu dominieren beginnen: »*Nicht darin liegt das Übel, daß der Verstand, im Mittelalter von gewaltigern Kräften der menschlichen Natur überboten, sein natürliches Recht wieder eingenommen, sondern darin, daß er nun als Alleinherrscher sich keck auf den Thron der Welt gesetzt, von dort herab alles, was er nicht begreift und was dennoch zu existieren sich herausnimmt, vornehm ignorierend.*« (*Preußen und die Konstitutionen*, entst. 1831/1832). Die Geschichte der Neuzeit besitzt für Eichendorff aus diesem Grund eine geradezu »*abnorme Richtung*«, die Restauration des frühen 19. Jh.s wird als notwendiger Versuch einer Korrektur hin zu jener »*alten schönen Zeit*« gesehen. Sie ist den Helden seiner Novellen und Erzählungen meist in der Erinnerung an die eigene Kindheit zu eigen, vergegenwärtigt jedoch zugleich jenen historischen, vorrevolutionären Zustand »*einer Harmonie der Kräfte, deren Verlust erst jetzt, in der Revolution, eigentlich recht bewußt wird*« (H. Koopmann). G.Sa.-KLL

AUSGABEN: Lpzg. 1837 (in Urania. Taschenbuch auf das Jahr 1837). – Lpzg. 1916 (zus. m. *Die Glücksritter*; IB). – Stg. 1957 (in *Neue GA d. Werke u. Schriften*, Hg. G. Baumann u. S. Grosse, Bd. 2; ³1978). – Mchn. 1970 (in *Werke*, 5 Bde., 2 1978). – Mchn. 1982 (in *Sämtl. Erzählungen*; Nachw. L. Grenzmann). – Stg. 1984, Hg. H. M. Marks (RUB). – Ffm. 1985, Hg. R. u. U. Schreyer.

VERTONUNG: O. Schoeck, *Das Schloß Dürande* (Oper; Text: H. Burte; Urauff.: Bln. 1943).

LITERATUR: G. Seeker, *J. v. E.s »Schloß Dürande«* Charlottenburg 1927 (Diss. Marburg 1928). – R. Treml, *Zu E.s Novellentechnik*, Diss. Wien 1948. – J. Kunz, *E. Höhepunkt u. Krise der Spätromantik. Ein Beitrag zum Verständnis seiner Novellendichtung*, Oberursel 1951 [zugl. Hab.-Schr. Ffm.]. – H. J. Lüthi, *Dichtung u. Dichter bei J. v. E.*, Bern/ Mchn. 1966 (Hab.-Schr. Bern 1963). – G. Jahn, *Studien zu E.s Prosastil*, NY/Ldn. 1967. – H. Koopmann, *E., das Schloß Dürande und die Revolution* (in ZfdPh, 89, 1970, S. 180–207). – K. Lindemann, *E.s »Schloß Dürande«. Konservative Rezeption der Französischen Revolution. Entstehung – Struktur – Rezeption – Didaktik*, Paderborn u. a. 1980. – S. v. Steinsdorff, *J. v. E. »Das Schloß Dürande«* (in *Deutsche Erzählungen des 19. Jh.s Von Kleist bis Hauptmann*, Hg. J. Horn u. a., Mchn. 1986, S. 542–552; dtv). – K.-D. Post, *Hermetik der Häuser und der Herzen. Zum Raumbild in E.s Novelle »Das Schloß Dürande«* (in Aurora, 44, 1984, S. 32–50). – R. Hartmann, *E.s Novelle »Das Schloß Dürande«. Eine gescheiterte Kommunkation* (in WB, 32, 1986, S. 1850–1867). – K. Köhncke, *Liebesgeschichte oder politisches Bekenntnis? »Das Schloß Dürande«* (in K. K., *»Hieroglyphenschrift«. Untersuchungen zu E.s Erzählungen*, Sigmaringen 1986).

KARL FRIEDRICH EICHHORN

* 20.11.1781 Jena
† 4.7.1854 Köln

DEUTSCHE STAATS- UND RECHTSGESCHICHTE

Rechtshistorisches Werk in vier Bänden von Karl Friedrich EICHHORN, erschienen 1808–1823. – Dieses umfassende und grundlegende Hauptwerk Eichhorns behandelt die deutsche Staats- und Rechtsgeschichte von der germanischen Frühzeit (ab 114 v. Chr.) bis zur Entstehung des Deutschen Bundes (1815) in vier großen Abschnitten unter breiter Einbeziehung der Ereignisgeschichte. Nebeneinander werden die politische Geschichte, die staats- und kirchenrechtlichen Entwicklungen, die typischen Rechtsquellen sowie die verschiedenen Institute des Straf-, Prozeß- und Bürgerlichen Rechts aufgezeigt, »*so daß für jede Epoche je ein lebendiges, alle diese Punkte umfassendes Bild des gesamten Staats- und Rechtszustandes entsteht*« (E. Landsberg). Eichhorn hat damit als erster, angeregt durch G. Hugo, »*eine synchronische, d. h. eine vom Entwicklungsgedanken bestimmte und zusammenhängende Geschichte des Rechts geschrieben*« (Sellert). Daraus ergibt sich als das gänzlich Neue die Geschlossenheit (allenfalls hat J. Möser ein Vorbild auf territorialem Sondergebiet abgegeben), der umfassende Zeitraum (noch Eichhorns Vorgänger C. G. BIENER war über mittelalterliches Recht nicht hinausgekommen) und die Genese der einzelnen Privatrechtsinstitute, was bis dato »*eine im wesentlichen ungelöste ... Aufgabe*« (Landsberg) geblieben war.
Das Werk will »*eine sichere geschichtliche Grundlage für das jetzt bestehende practische Recht gewinnen*« (*Vorrede*, Bd. 1), weshalb Eichhorn es aus damals zugänglichen, gedruckten Quellen unter äußerst spärlicher Verwendung historischer wie rechtshistorischer Literatur entwickelte und »*die deutsche Rechtsgeschichte erstmals auf sichere, wenn auch noch schmale Quellengrundlage*« (Bader) stellte. Für den Autor beruht das Verständnis der Jurisprudenz auf geschichtlicher Anschauung, wobei er sich mehr von historischem Gefühl und Kontinuitätsbedürfnis denn von einer theoretischen Rechtsentstehungslehre leiten läßt. Diese Auffassung entsprang

seiner Abneigung gegen die aufklärerischen und naturrechtlichen Ideen der unmittelbar vorhergehenden Juristengeneration, welche angenommen hatte, jedes Zeitalter bringe sein Recht selbständig und willkürlich hervor und die Geschichte sei insofern lediglich eine »*Beispielsammlung*«. Gegen diese ahistorische Haltung bezog Eichhorn Position und wurde so neben F. K. v. Savigny zum Mitbegründer der Historischen Rechtsschule. Die Rechtsgeschichte ist ihm Interpretationshilfe für das geltende, und, weitergehend, Quelle für neu zu schaffendes Recht, das sich aus dem »Volksgeist« entwickelt wie die Gegenwart aus den Elementen der Vergangenheit. Deshalb griff Eichhorn mit der Schilderung der Aufklärungs- und Revolutionszeit (Bd. 4) in seinerzeit aktuelle Auseinandersetzungen ein.

Nationaler Aufschwung durch die Freiheitskriege und die Romantik verhalfen der Historischen Rechtsschule zu rascher Blüte. Für mehr als ein halbes Jahrhundert blieb Eichhorns Auffassung bestimmend und erfuhr in der Weimarer Zeit sowie während des Nationalsozialismus eine gewisse Renaissance. In der Nachfolge Eichhorns prägte sich die Vorstellung aus, jedes geltende Rechtsinstitut lasse sich historisch auf seine Grundidee zurückführen, und darauf könne ein System des Privatrechts gründen, was »*in der zweiten Hälfte des 19. Jh.s zu einem übersteigerten und lebensfremden Begriffsformalismus*« (Sellert) führte. Daneben wurden durch Eichhorn unzählige Einzelforschungen angeregt, welche er jedoch in die späteren Auflagen seines Werks nicht angemessen integrieren konnte, obwohl er vor allem den ersten Band von Auflage zu Auflage intensiv überarbeitete. Hier zeigen sich die Schwächen dieses großangelegten Werks, das auf Einzelheiten nicht eingehen konnte und bereits im Zeitpunkt des Erscheinens manche Ungenauigkeit aufwies. In vielen Punkten ist das Werk heute überholt; so ordnet Eichhorn z. B. das Lehnsrecht dem Bürgerlichen Recht (dort dem Sachenrecht) zu, während es seit H. Mitteis unstreitig als in der Hauptsache zum öffentlichen Recht gehörig betrachtet wird. Entsprechend fehlt der »Baustein Lehnswesen« in Eichhorns staatsgeschichtlichen Betrachtungen des Feudalsystems; auch die einseitige Ausrichtung der Rechtsgeschichte auf das geltende Recht ist nicht mehr zeitgemäß.

Das entscheidende Verdienst für die rechtshistorische Forschung liegt in der zusammenhängenden quellenbezogenen Geschichtsbetrachtung, in der sich eine Entwicklung der Rechtsinstitute aufzeigt; »*der germanistische Rechtsstil als eigentlicher Kunststil ist hier durch Eichhorn erst geschaffen worden*« (Landsberg). Er erkannte die Bedeutung der Rechtsgeschichte, und »*unbestritten ist auch, daß seit dem Erscheinen*« des Werkes »*der Gegenstand auf allen deutschen Universitäten vorgetragen wurde und bis heute ›als nothwendiges Element gründlicher juristischer Vorbereitung angesehen‹ wird*« (Sellert). Das Werk gilt als erste umfassende wissenschaftliche Darstellung der deutschen Rechtsgeschichte und als Wegbereiter der modernen germanistischen rechtshistorischen Forschung. G.Br.

Ausgaben: Göttingen 1808 [Bd. 1]. – Göttingen 1812 [Bd. 2]. – Göttingen ²1818 [überarb.; Bde. 1 u. 2]. – Göttingen 1819 [Bd. 3]. – Göttingen 1821 [überarb.; Bd. 1–3]. – Göttingen 1823 [Bd. 4]. – Göttingen 1834–1836, 4 Bde. [überarb.]. – Göttingen 1842–1844, 4 Bde. [überarb.].

Literatur: E. Landsberg u. R. Stintzing, *Geschichte der Deutschen Rechtswissenschaft*, E. Landsberg: 3. Abt., Bd. 2/2, München/Bln. 1910, S. 253–277. – K. Jelusic, *Die historische Methode K. F. E.s*, Baden/Brünn 1936; Neudr. Aalen 1978. – K. S. Bader, Art. *K. F. E.* (in NDB, Bd. 4, Bln. 1959, S. 378 ff.). – W. Sellert, *K. F. E. – »Vater der deutschen Rechtsgeschichte«* (in Juristische Schulung, 1981, S. 799 ff.). – R. Conradi, *K. F. E. als Staatsrechtslehrer*, Diss. Ffm. 1987.

**Manfred Eigen
Ruthild Winkler**

Manfred Eigen
* 9.5.1927 Bochum
Ruthild Winkler
* 14.5.1941 Göttingen

DAS SPIEL. Naturgesetze steuern den Zufall

Evolutionstheoretisches Werk von Manfred Eigen und Ruthild Winkler, erschienen 1975. – Mit der Begründung der Molekularbiologie in den fünfziger Jahren und der Entdeckung des genetischen Codes in den sechziger Jahren des 20. Jh.s hat die moderne Biologie den entscheidenden Schritt zu einem chemischen Verständnis des Lebens vollzogen. Die Lebewesen werden seither unter biochemischem Gesichtspunkt als hochkomplexe Gebilde betrachtet, die durch das komplizierte Zusammenspiel zweier Stoffklassen in Funktion gehalten werden. Zum einen handelt es sich um die Struktur- und Funktionsmoleküle (die aus Aminosäuren aufgebauten Proteine), die in unterschiedlichster Form für die Gestalt und den Stoffwechsel aller Organismen verantwortlich sind, zum anderen um die Informationsmoleküle DNA und RNA (Desoxyribonukleinsäure und Ribonukleinsäure), die alle Lebensvorgänge auf der Zellebene steuern. Mit diesen beiden Stoffgruppen waren zugleich die molekularen Grundlagen für die zwei Hauptprinzipien des Neodarwinismus, Mutation und Selektion, gefunden: Die Veränderungen der Merkmale von Lebewesen sind in der Regel das Resultat von Variationen des genetischen Codes der DNA (Mutationen). Diejenigen Lebewesen, die aufgrund ihrer spezifischen Merkmale ihrer Umgebung besser angepaßt sind als ihre Konkurrenten, können sich in der biologischen Entwicklungsgeschichte durchsetzen, während die hauptsächlich aus Proteinen aufgebauten Organismen im Kampf ums Dasein (Selektion) unterliegen. Im Laufe der Evolution muß es einen Zeitraum gegeben haben, in dem sich aus den genannten Stoffklassen ein Zusammenspiel herausgebildet hat, damit die Entwicklung der Lebewesen zu ihrer heutigen Form stattfinden konnte. Für diesen Zeitraum der »Selbstorganisation« der Materie hatte Eigen bereits 1971 eine Theorie vorgelegt. Mit ihr versuchte er einen über verschiedene Rückkopplungskreise von Proteinen und Nukleinsäuren aufgebauten »Hyperzyklus« als Modell für die ersten Lebensstufen in der »Ursuppe« darzustellen. Diese Überlegungen sind Ausgangspunkt des Werks.

Das Zustandekommen eines solchen Hyperzyklus kann seinerseits als ein komplexes Zusammenspiel von chemisch-physikalischen Gesetzmäßigkeiten (Spielregeln) und verschiedenen zufälligen äußeren Bedingungen (Beginn des Spiels, Zufallswürfe) begriffen werden. Der gesamte Spielverlauf ist verstehbar als das Zusammenwirken dieser teils notwendigen, teils zufälligen Bedingungen. Die einzelnen Ergebnisse in diesem chemischen Spiel des Lebens können nun ihrerseits neue, stabile Ausgangspunkte für weitere Spielstrategien sein. Anhand dieser Überlegungen entfalten Eigen und Winkler die immanenten Gesetzmäßigkeiten von Spielen überhaupt. Durch die Anwendung der Spiel-Metapher auf die Evolution gelingt es ihnen, die von Jacques Monod (1910–1976) aufgestellte strenge Gegenüberstellung von Zufall und Notwendigkeit mit ihrem Postulat der absoluten Einmaligkeit der irdischen Evolution bis zum Menschen zu überwinden und die Evolution als einen vielgestaltigen Prozeß wechselseitiger Rückkopplungen verstehbar zu machen, der unter ähnlichen Bedingungen immer wieder beginnen könnte.

Spielbegriff, kybernetische Regelkreise und einfache mathematische Modelle bilden für die Autoren den Rahmen, um Probleme der Sprachforschung, der Soziologie, der Ökonomie, der Kunsttheorie und der Philosophie neu zu überdenken. Zukunftsrelevante Fragen wie das Bevölkerungswachstum und der Ressourcenverbrauch kommen dabei ebenso zur Sprache wie die Begründung einer ökologischen Kreislaufwirtschaft. Im Gegenzug zu Monod, der den Menschen als Zufallsprodukt der Evolution betrachtet, meinen Eigen und Winkler, daß im Spielbegriff ein quasi-metaphysischer Sinn verborgen liege: »Der Mensch ist weder ein Irrtum der Natur, noch sorgt diese automatisch und selbstverständlich für seine Erhaltung. Der Mensch ist Teilnehmer an einem großen Spiel, dessen Ausgang für ihn offen ist. Er muß seine Fähigkeit voll entfalten, um sich als Spieler zu behaupten und nicht Spielball des Zufalls zu werden.«

Der Erfolg des Werks ist nicht im Thema allein, sondern wesentlich in seiner Darstellungsform begründet, insofern die Autoren das didaktisch überzeugende Muster einer populärwissenschaftlichen Arbeit vorgelegt haben. Die Leitidee des »Spiels« ermöglicht die Umsetzung komplizierter Sachverhalte in eine gut verständliche bildhafte Sprache. Die Darstellung wird von instruktiven Abbildungen, »Spielanleitungen«, Darstellungen biologischer Sachzusammenhänge und von kürzeren Essays unterbrochen. Dadurch wird der Leser in die Lage versetzt, sich selbst, anhand der unterschiedlichsten Zugangsarten, das Thema zu erarbeiten.

H. Schl.

Ausgaben: Mchn./Zürich 1975. – Mchn./Zürich 1985; ²1987.

Literatur: M. Eigen, *Selforganization of Matter and the Evolution of Biological Macromolecules* (in Die Naturwissenschaften, 58, 1971, S. 465–528). – W. Stegmüller, *Die Evolutionstheorie der Materie von M. Eigen* (in W. S., Hauptströmungen der Gegenwartsphilosophie, Bd. 3, Stg. ⁷1986). – B. Vollmert, *Das Molekül und das Leben*, Reinbek 1985.

Eike von Repgow

* um 1180/90
† nach 1233

Literatur zum Autor:
Ehrismann, 2, 2/2, S. 437/438. – K. A. Eckhardt, *Die Entstehungszeit des »Sachsenspiegels« und der »Sächsischen Weltchronik«*, Bln. 1931 (AGG, phil.-hist. Kl., 23, Nr. 2). – De Boor, 3/1, S. 190. – H. Thieme, *E. v. R.* (in *Die großen Deutschen*, Bd. 1, Bln. 1956, S. 187–200). – E. Wolf, *E. v. R.* (in E. W., Große Rechtsdenker der deutschen Rechtsgeschichte, Tübingen ⁴1963). – R. Schmidt-Wiegand, *E. v. R.* (in VL², 2, Sp. 400–409). – A. Ignor, *Über das allgemeine Rechtsdenken E.s v. R.*, Paderborn/Mchn. 1984.

SACHSENSPIEGEL

(nd.). Rechtsbuch von Eike von Repgow, entstanden um 1224. – Die erste Zusammenfassung des sächsischen Rechts wurde um 1220 von dem anhaltischen Schöffen Eike von Repgow in lateinischer Sprache konzipiert, dann aber noch vor 1224 auf Wunsch seines Lehnsherrn in die gültige niederdeutsche Sprachform übertragen, noch zu Eikes Lebzeiten von ihm überarbeitet und bald von anderen abgeschrieben und ergänzt, so daß uns das Werk in mehr als 200 Handschriften mit den Varianten vorliegt.

Der *Sachsenspiegel* umfaßt zwei Teile, das *Landrecht* und das *Lehnsrecht*. Das erstere ist eine Zu-

sammenfassung des um 1220 geltenden sächsischen Gewohnheitsrechtes der freien Sachsen aller Stände, das zweite verzeichnet vor allem die besonderen Rechtsfragen des Adels. Eike von Repgow war kein Jurist, doch besaß er umfassende Kenntnisse des territorial und ständisch differenzierten deutschen Rechts, die auf der geltenden Rechtspraxis beruhten. Da es sich beim *Sachsenspiegel* um die erste Niederschrift von Rechtssätzen in deutscher Sprache handelt, fehlt eine systematische Gliederung nach dem Vorbild heutiger Rechtskodices. Das *Landrecht* ist in drei Bücher unterteilt und beginnt mit der in späteren Ausgaben als *Praefatio rhythmica* bezeichneten, in mittelhochdeutscher Dichtersprache verfaßten Vorrede in 280 Versen. Sie gibt eine allgemeine Einleitung und Auskünfte über das Entstehen des Werkes. Ihr folgt ein Prologus mit den üblichen Demuts- und Dankesformeln und mit dem Hinweis, das »*Got selve recht is*«. Eike leitet das Recht von Gott her und läßt alle Menschen vor dem Recht gleich sein. Das starke Rechtsethos und die Frömmigkeit des Verfassers spiegeln sich auch in den ersten drei Absätzen des eigentlichen Textes, denen sich dann in 71 Abschnitten die Grundlagen des Erbrechts, Fragen des Eherechts und solche verschiedener Rechtsverfahren anschließen. Das zweite Buch dieses ersten Teils umfaßt 72 Abschnitte, das dritte 91. In ihnen sind alle Fragen des Strafrechts und des privatrechtlichen Bereichs behandelt. Dabei ist aber immer berücksichtigt, daß das Werk zunächst die sächsischen Rechtszustände spiegeln sollte und nicht die Niederschrift eines Reichsrechts darstellt. – Abgesondert ist der Bereich des Lehnsrechts, das in 80 Abschnitten aufgezeichnet ist. Andere Sonderrechte oder Rechtsnormen anderer Landschaften hat der Verfasser mehr oder weniger bewußt ausgeschieden, doch hat er sie gekannt. Vereinzelt gibt er Hinweise auf gültige Rechtsnormen der Schwaben und der Wenden.
Eike hatte als Gültigkeitsbereich etwa den im *Landrecht*, Buch 3, Art. 62, genannten Raum im Auge, der ganz Norddeutschland von der Oder bis zu den Grenzen Friesischer Rechtsbereiche umfaßte und im Süden bis an das fränkische Gebiet reichte. Darauf ist es zurückzuführen, daß einige Abschnitte seines Rechtsbuches durchaus den Charakter eines Reichsstaatsrechtes zeigen. Hierin liegt auch die schnelle und weitgreifende Ausbreitung des *Sachsenspiegels* begründet, der zum Vorbild des um 1275 aufgeschriebenen *Deutschenspiegels* (vgl. dort) und des *Schwabenspiegels* wurde. Auch in zahlreiche Stadtbücher und Rechtsbücher anderer Art haben einzelne Abschnitte Eingang gefunden. Nicht nur weite Teile des deutschen Reichs- und Sprachgebietes richteten sich nach den Rechtssatzungen des *Sachsenspiegels*, sondern auch Teile Polens, Ungarns und Rußlands. In einigen deutschen Landschaften hatte das Recht in dieser Form noch bis 1900 Gültigkeit.
Der *Sachsenspiegel* steht am Anfang einer bedeutenden Reihe juristischer Werke in niederdeutscher und in deutscher Sprache überhaupt. Er ist nicht im reinen, sich erst im Laufe des 14. Jh.s herausbildenden Mittelniederdeutsch abgefaßt, doch vermeidet der Verfasser im Hinblick auf eine weitere Verbreitung seines Buches bewußt eine zu enge Anlehnung an seinen Heimatdialekt. In den mittelhochdeutschen Vorreden dokumentiert er, daß er auch die gültige Dichtersprache seiner Zeit kannte. Doch da sein Werk der allgemeinen Rechtsbelehrung im norddeutschen Raum dienen sollte, bediente er sich allgemein der niederdeutschen Sprache, was der Breitenwirkung dieses ersten deutschen Rechtsbuches keinen Abbruch tat. Es wirkte sogar als Anregung, auch in anderen Landschaften Rechtssätze in volkssprachlicher Form aufzuzeichnen. Der Hang zu einer poetischen Sprachform zeigt das souveräne Sprachvermögen des Verfassers, dessen Werke form- und sprachgeschichtlich für die Entwicklung der deutschen Sprache und Literatur von großer Bedeutung wurden.   W.L.

AUSGABEN: Bln. ³1861 (*Des Sachsenspiegels erster Teil oder das Sächsische Landrecht nach der Berlinischen Hs. von 1369*, Hg. C. G. Homeyer). – Bln. 1842 (*Des Sachsenspiegels zweiter Theil nebst den verwandten Rechtsbüchern. Bd. 1: Das Sächsische Lehnrecht und der Richtsteig Lehnrechts*). – Lpzg. 1902–1906 (*Die Dresdner Bilderhandschrift des Sachsenspiegels*, Hg. K. v. Amira, 2 Bde.). – Göttingen ²1955/56 (*Sachsenspiegel. Landrecht. Lehnrecht*, Hg. K. A. Eckhardt, 2 Bde.; MGH, Fontes iuris Germ. antiqui, N. S. 1/1, 2). – Göttingen 1967 (*Landrecht in hochdeutscher Übertragung*, Hg. ders.). – Ffm. 1970 (*Die Heidelberger Bilderhandschrift des Sachsenspiegels*; Faks.-Ausg. von Cod. Pal. Germ. 164 der Universitätsbibl. Heidelberg; Kommentarband: W. Koschorreck). – Aalen 1973 (*Land- und Lehnrechtsbücher*, Hg. K. A. Eckhardt; dt./mhd.). – Stg. 1974 (*Landrecht*, Hg. C. Fhr. v. Schwerin; dt./mhd.).

LITERATUR: C. G. Homeyer, *Die deutschen Rechtsbücher des MAs u. ihre Handschriften*, 2 Bde., Weimar 1931–1934. – W. Mahmens, *Die Handschriften des »Sachsenspiegels«*, Diss. Kiel 1933. – VL, 1, 1933, Sp. 516 ff. u. 5, 1955, Sp. 175 ff. – H. v. Voltelini, *Ein Beitrag zur Quellenkunde des »Sachsenspiegels« Landrecht* (in Zs. f. Rechtsgeschichte, 58, 1938). – G. Kirsch, *»Sachsenspiegel« and Bible* (in Publications in Medieval Studies, 5, 1941). – R. Kötzschke, *Die Heimat der mittelalterlichen Bilderhandschriften des »Sachsenspiegels«*, Lpzg. 1943. – K. Bischoff, *Zur Sprache des »Sachsenspiegels« von E. v. R.* (in Zs. f. Mundartforschung, 19, 1943/44). – S. Gagner, *»Sachsenspiegel« u. »Speculum ecclesiae«* (in Niederdeutsche Mitt., Lund, 3, 1947). – G. Kirsch, *Über Reimvorreden deutscher Rechtsbücher* (ebd., 6, 1950). – K. Bischoff, *Land u. Leute, Haus u. Hof im »Sachsenspiegel«* (in NdJb, 91, 1968). – Th. Schieder, *Beiträge zur Geschichte des ma. dt. Königtums*, Mchn. 1973. – K. Kroeschell, *Rechtsaufzeichnung u. Rechtswirklichkeit. Das Beispiel des »Sachsenspiegel«* (in *Recht u. Schrift im MA*, Hg. P. Classen, Sigmaringen 1977, S. 349–380). –

F.-W. Fricke, *Das Eherecht des Sachsenspiegels. Systematische Darstellung*, Ffm. 1978. – R. Lieberwirth, *E. v. R. und der Sachsenspiegel*, Bln. 1982. – *Text-Bild-Interpretation. Unters. zu den Bilderhss. des Sachsenspiegels*, 2 Bde., Mchn. 1986. – M. Rummel, *Die rechtliche Stellung der Frau im Sachsenspiegel Landrecht*, Ffm. 1987.

Eilhart von Oberge

2. Hälfte 12. Jh.

TRISTRANT

(mhd.). Versroman von Eilhart von Oberge. Der Verfasser nennt sich im Epilog seines Werks selbst mit Namen; die Datierung des Romans ist unsicher, da ein Eilhart von Oberg erst zwischen 1182 und 1209 (1227) im Umkreis des Braunschweiger Hofes Heinrichs des Löwen und seiner Söhne urkundlich bezeugt ist, der stilkritische Befund jedoch für eine Abfassungszeit um 1170 spricht. – Eilhart von Oberge wäre damit ein älterer gleichnamiger Verwandter jenes urkundlich bezeugten welfischen Ministerialen, sein *Tristrant*, was die Behandlung des Minnethemas betrifft, ein Vorläufer der *Eneide* Heinrichs von Veldeke, des Begründers der klassischen höfischen Epik in Deutschland.

Da Eilharts französische Vorlage, die sogenannte *estoire*, verloren ist und die übrigen Tristanromane entweder unvollendet blieben oder fragmentarisch überliefert sind, erhält der *Tristrant* eine Schlüsselstellung innerhalb nicht nur der deutschen, sondern der europäischen Literaturgeschichte: Er repräsentiert den ältesten und vollständig überlieferten Tristanroman. Der deutsche Nachdichter scheint dem »Buch«, wie er seine Vorlage nennt, treu gefolgt zu sein – ein am modernen Geniebegriff orientiertes Originalitätsstreben war ihm wie jedem mittelalterlichen Autor fremd. Was er hinzugefügt hat, sind rhetorischer Zierat und Erweiterungen der Handlung wie ausgedehnte Schlachtbeschreibungen, welche die Substanz des Romans nicht antasten. Sie liegt im epischen Vorgang, der, real gegenständlich und symbolisch zugleich, in meisterhaft verfugten Szenen von intensiver Farbigkeit abrollt. Diesen Qualitäten verdankt der erste deutschsprachige Tristanroman, nachdem Gottfrieds von Strassburg artistisches Werk einem breiten Publikum unzugänglich geworden war, seine ungebrochene Beliebtheit bis zum vielgelesenen Prosabuch des 15. Jh.s und bis zur Theaterbearbeitung des Hans Sachs.

Tristrants Geburt steht wie sein Ende unter dem Zeichen von Minne und Tod. Rivalin, König von Lohnois, hat die Schwester des Königs Marke entführt. Auf dem Meer stirbt die Schwangere während der Wehen, das Kind wird – Indiz heroischen Ursprungs – aus dem Leib der toten Mutter geschnitten. Tristrant, herangewachsen, verläßt den Vater und landet in Kornwall beim Mutterbruder Marke, der gemäß matriarchalischer Gesellschaftsordnung vor dem Vater der nächste Verwandte ist. Tristrant bleibt unerkannt bis zum Zweikampf mit dem riesenhaften Morolt aus Irland, der jährlich Kinder als Tribut fordert. Tristrant tötet Morolt, dessen Name auf ein Meerungeheuer – älteste Stoffschicht? – deutet. Ysalde, zauberische Ärztin und Tochter des Königs von Irland, kann Morolt, den Bruder ihrer Mutter, nicht mehr heilen. Sie findet im Schädel des Toten einen Splitter von Tristrants Schwert. Dieser, vom vergifteten Speer Morolts verwundet, läßt sich, nachdem alle Heilungsversuche gescheitert sind, im steuerlosen Schifflein mit Schwert und Harfe aufs Meer hinaustreiben, bis ihn ein Sturm nach Irland zur fernbestimmten Feindin-Heilerin verschlägt. Ysalde heilt den Fremden aus der Ferne, der unerkannt nach Kornwall zurückkehrt.

Die zweite Fahrt wiederholt und erweitert Motive der ersten. Marke findet ein langes schönes Haar, ein Frauenhaar. Die Frau, der dieses Haar gehört, soll seine Gemahlin werden. Tristrant fährt als Werber aus, ein Sturm verschlägt das Schiff wieder nach Irland. Dort verwüstet ein Drache das Land. Wer ihn tötet, wird die Hand der Königstochter gewinnen. Tristrant, der sich als Kaufmann mit Namen Tantris ausgibt, besiegt den Drachen. Betäubt und geschwärzt vom Feueratem des Drachen fällt er zu Boden. Die Zunge des Untiers hat er als Siegespfand in seine Hose gesteckt. Ysalde findet den Drachentöter, badet und salbt ihn, gibt ihm Farbe, Bewußtsein und Potenz (die giftige Zunge) zurück. Als sie das Drachenblut vom Schwert abwischt, entdeckt sie die Scharte aus dem Moroltkampf. Der fatale Splitter paßt: Tantris ist Tristrant. Sie zückt das Schwert gegen den nackten Mann im Bad.

Der Initiationsweg des Helden von der Namenlosigkeit der Ursprungssituation durch die Krise des Selbstverlustes hindurch bis zur Begegnung mit der gesuchten Frau und zum gegenseitigen Erkennen in der ambivalenten Zentralszene ist beendet. Motivkomplexe aus der Heldensage (Morolt-, Drachenkampf) und aus den Werbungssagen (zweite Irlandfahrt) sind eingespannt in den doppelten Kursus einer Weg-Zielstruktur, in der bereits die Symbolik der Identitätssuche, wie sie der Artusroman des Chrétien de Troyes ausgestaltet, präformiert ist.

Nach Versöhnung und offizieller Werbung fährt Ysalde als künftige Frau Markes mit Tristrant nach Kornwall. In der schwülen Windstille des Mittags vor der Transparenz vom Himmel und Meer trinken die beiden aus Versehen den Liebestrank, den Ysaldes Mutter für Marke und die Tochter in der Hochzeitsnacht bestimmt hat: ein psychologisch unmotivierter Einbruch der Minne, doch untergründig vorbereitet durch Gift und Salbe, die dem gleichen Bereich materieller Magie wie der heilende und verzehrende Zaubertrank zugehören. Diese durch die Norm der Gesellschaft nicht domestizierbare Magie der Minne treibt, entgegengesetzt der gleich äußerlichen und fraglosen Gegenmacht der Ehe, jene Dialektik von »*liep und leit – tot und leben*« hervor, unter deren Gesetz das Paar bis zum Liebestod steht.

Die Motivik des zweiten Romandrittels, das markiert wird durch die Landung in Kornwall und das Ende des Waldlebens, streift bisweilen den Schwank (vgl. BÉROUL, *Roman de Tristan*), ist wohl auch diesem Genre zuzurechnen, doch gebunden in die unerbittlich abrollende Fabel, eingefärbt vom todbedrohten Minnegeschick des Paars, entlädt sie nicht die ihr eigene grelle Lustigkeit und grimassierende Satirik. Das Waldleben ruht demgegenüber wie Tristrants ziellose erste Meerfahrt, die auf eine altirische *imram* (Seefahrt) zurückgeht, auf ältestem Motivfundus. Die Flucht der beiden in den wilden Wald findet ihre verblüffende Parallele in der altirischen *aithed* (Entweichung) von Diarmaid und Grainne. Wie das Liebespaar der keltischen Dichtung dürften auch Tristrant und Ysalde hier in der Wildnis den Tod von der Hand des betrogenen Gatten gefunden haben. Die Wirkung des Minnetranks erlischt denn auch mit dem Ende des Waldlebens, dennoch wird – unverdeckte Bruchstelle – der Roman fortgesetzt.

Das letzte Drittel, zweifellos das jüngste des Romans, enthält die Kette der Rückkehrabenteuer: Als Spielmann, Aussätziger und als Narr erschleicht sich der verbannte Tristrant Zutritt zur Königin. Diese Episoden sind nicht mehr kausal miteinander verknüpft, sondern thesenhaft nebeneinandergestellt, wobei Ansätze zu einem theoretisch und rituell fixierten Minnedienst sichtbar werden. Dazwischen steht rätselhaft Tristrants Begegnung mit der zweiten Ysalde. »*Ysalde verloren, Ysalde wiedergefunden*«, sagt Tristrant, als er der fremden Ysalde am fernen Hof gegenübertritt. Er heiratet Ysalde, berührt die Gattin aber nicht. Die Ferne der Geliebten ist anwesend im Namen der Gattin, die Minne des einzigen Paars ist schmerzhaft gegenwärtig in der sexuellen Abstinenz der Ehegatten. Denn Ehe und Minne, so die Maxime der Troubadours und Minnesänger, schließen aus. Erst als die andere Ysalde eines Tages übers Feld reitet und, da das Pferd in eine Pfütze tritt, Wasser unter den Rock spritzt und sie murmelt: »*Wasser, du bist seltsam, du wagst, was noch keines Mannes Hand gewagt hat!*« – wird das Geheimnis der unvollzogenen Ehe vor der eigenen Sippe gelüftet.

Als Tristrant im Kampf abermals eine giftige Wunde zugefügt wird, sendet er nach der fernen Ysalde. Die Königin verläßt Marke und kommt übers Meer, um den exilierten Geliebten zu heilen. Als das Schiff am Horizont auftaucht, meldet Tristrants Gattin fälschlich dem Todkranken, daß ein Schiff mit schwarzem Segel sich nähere, denn so wurde verabredet, ein weißes Segel signalisiert Ysaldes Ankunft, ein schwarzes Tod und Trennung. Verzweifelt stirbt Tristrant. Ysalde ist gelandet. Unterm Geläut der Glocken eilt sie in die Kathedrale, wo Tristrant aufgebahrt liegt, legt sich zu dem Geliebten, umarmt ihn und stirbt.

Endlich im Tod dürfen sich Tristrant und Ysalde der versammelten Gesellschaft öffentlich als Paar zeigen. Warum ist es gerade der Tod, auf dessen Grund die innere Figur, die Idee dieser Minne am reinsten, zwingendsten erscheint? Weil nur der Tod alle von der Gesellschaft aufgerichteten Schranken, welche die Einheit als Dauerzustand verwehrten, hinfällig macht, weil nur er das Bild der Minnenden, das der Zwang zum doppelten Spiel hintergründig verschattete, in integrer Unbedingtheit restituiert. Daß der Tod es ist, der ungefährdete Einheit stiftet und die Idee unversehrten Lebens bewahrt, spricht gegen das Leben, genauer die soziale Ordnung, die solcher Transzendierung bedarf. Wie im Tristanroman die patriarchalisch feudale Ehe, fungiert in *Romeo und Julia*, der anderen exemplarischen Verkörperung tragischer und damit – im abendländischen Sinn – »wahrer« Liebe, die Fehde der patrizischen Sippen als eine spezifisch gesellschaftliche Gegeninstanz. Mag auch die leere Transzendenz des Todes der Strahlenkranz der Apotheose verklären, das unabweisbare Faktum des tödlichen Endes beharrt auf der Unversöhnlichkeit zwischen unbedingtem Trieb und gesellschaftlicher Norm, die auf Triebverzicht basiert. Diese subversiv sprengende Gewalt des Stoffs machte es unmöglich, daß der Tristanroman im Gegensatz zum Artusroman, wo eine Harmonisierung zwischen Minne, Ehe und Königtum (vgl. die Anti-Tristanpolemik Chrétiens im *Cligès*) versucht wurde, in den Dienst einer wie immer sublimierten Reichsideologie gestellt werden konnte. G.Schi.

AUSGABEN: Straßburg 1878 (*Eilhart von Oberge*, Hg. F. Lichtenstein). – Bonn/Lpzg. 1924 (*Tristrant I. Die alten Bruchstücke*, Hg. K. Wagner). – Tübingen 1969, Hg. H. Bußmann [synoptischer Druck der ergänzten Fragmente mit der gesamten Parallelüberlieferung]. – Göppingen 1976 [Übers., Einl., Anm., Index D. Buschinger]. – Lincoln/Ldn. 1978 [Übers., Einl. J. W. Thomas].

LITERATUR: J. Gombert, *E. v. O. u. Gottfried von Straßburg*, Amsterdam 1927. – R. Bromwich, *Some Remarks on the Celtic Sources of Tristan* (in Transactions of the Hon. Soc. of Cymmrodorion, 1953, S. 32–60). – D. de Rougemont, *L'amour et l'occident*, Paris 1956 (dt.: *Die Liebe u. das Abendland*, Bln. 1966). – G. Schoepperle, *Tristan and Isolt. A Study of the Sources of the Romance*, Hg. R. S. Loomis, 2 Bde., NY ²1960. – H. Bußmann, *E.s »Tristrant«. Studien zur Überlieferung, Textkritik u. Datierung*, Diss. Mchn. 1967. – G. Schindele, *Tristan, Metamorphose u. Tradition*, Stg. 1971. – L. Wolff, *Heinrich v. Veldeke u. E. v. O.* (in *Krit. Bewahrung*, Hg. E.-J. Schmidt, Bln. 1974, S. 214–249). – B. Plate, *Textvergleich u. Satzkonkordanz am Beispiel einer vergleichenden Studie zur Vers- u. Prosafassung von »Tristant u. Isalde« E.s v. O.* (in *Maschinelle Verarbeitung altdt. Texte,*

Bd. 2, Hg. W. Lenders u. H. Moser, Bln. 1978, S. 113–126). – H. Kolb, *Ars venandi im »Tristan«* (in *MA*, Hg. D. Huschenbett u. a., Tübingen 1979, S. 175–197). – W. A. Trindade, *The Romance of Tristan: A Structural Analysis of the Thomas Fragments and the Final Part of the Poem of E. v. O.*, Diss. Oxford 1980. – D. Rocher, *Les trois mariages ru roman de Tristan* (in Cahiers d'études germaniques, 7, 1983, S. 93–119). – A. Betten, *Veränderung in Bestand und Funktion strukturverknüpfender Elemente vom Mhd. zum Frühnhd. am Beispiel der »Tristrant«-Fragmente E.s v. O. (12./13. Jh.) und der Prosaauflösung (15. Jh.)* (in *Studia linguistica et philologica*, Hg. H.-W. Eroms, Heidelberg 1984, S. 305–316). – D. Buschinger, *Die Tristan-Sage im dt. Mittelalter* (in *Zur ges. Funktionalität ma. dt. Lit.*, Greifswald 1984).

Eilífr Goðrúnarson

10./11. Jh.

THÓRSDRÁPA

[Þórsdrápa] (anord.; *Preislied auf Thor*). Skaldengedicht von Eilífr Goðrúnarson, entstanden gegen Ende des 10. Jh.s – Das Lied, von dessen Autor nicht viel mehr bekannt ist, als daß er auch eine Halbstrophe auf Christus gedichtet hat, wurde in drei Handschriften der *Edda* des Snorri Sturluson (1179–1241) überliefert: in dem um 1300 entstandenen *Codex Regius* (R; Gml. kgl. Sml. 2367, 4°), im *Codex Wormianus* (W, um 1350; AM 242, fol.) und im *Codex Trajectinus* (T, um 1595; Nr. 1374), einer Papierhandschrift, die wiederum auf eine Vorlage aus dem 13. Jh. zurückgeht. Die Strophen 16 und 21 sind außerdem noch im *Codex Upsaliensis* (U, um 1300; DG nr. 11, 4°) erhalten.

Dieses Preislied im kunstvollen skaldischen Versmaß des *dróttkvætt* behandelt den Mythos von Þórs Reise zum Riesen Geirrøðr, eine Episode aus dem ewigen Streit der Götter mit den Riesen. – In 21 zuweilen nur mangelhaft bewahrten Strophen wird erzählt, wie der stets listenreiche Loki unter der Vorspiegelung, es führten *»grüne Wege zum Haus des Geirrøðr«* (Str. 1, 5–8), Þórr dazu verleiten kann, sich zusammen mit seinem Diener Þjalfi zur Behausung des Riesen aufzumachen, der in den Bergen im Norden wohnt. Nachdem sie das Götterheim verlassen haben, geraten sie jedoch bald an einen reißenden Strom, den sie überqueren müssen. *»Mächtig durchschritt der Bezwinger des Geröllrüpels* [Þórr als Sieger über den Riesen] *dort den breiten Weg durch den Fluß, wo die Fluten des Stroms giftig schäumten«* (Str. 5, 5–8). Obwohl aber das Wasser, je weiter sie voranwaten, desto höher steigt – *»die Witwen des verschlagenen Mimir* [wohl Gjǫlp und Greip, die Töchter des mit ihnen in Blutschande lebenden, später von Þórr erschlagenen Riesen] *ließen ... den Strom anschwellen«* (Str. 9, 5–6) –, gelingt es Þórr und seinem Gefährten, den Fluß zu durchqueren und die Widersacher am Ufer in die Flucht zu schlagen. So ereichen sie das Haus des Riesen, wo der Gott sich auf einem Schemel niederläßt, unter dem die beiden Riesinnen hocken. Diese versuchen nun, Þórr zu töten, indem sie sich unter dem Schemel aufrichten und ihn so gegen das Dach pressen; doch Þórr stemmt sich dagegen und bricht *»jedem der beiden Höhlenweiber den uralten Kiel des Lachsschiffs* [das Rückgrat]*«* (Str. 14, 5–8).

Nachdem somit auch der zweite Versuch, den Eindringling zu töten, fehlgeschlagen ist, geht Geirrøðr endlich selbst gegen Þórr an und schleudert ein glühendes Eisenstück nach ihm; Þórr kann es jedoch geschickt auffangen und leitet daraufhin den offenen Kampf ein: *»Es bebte die Halle des Riesen, als das gewaltige Haupt des Bergfürsten* [des Riesen] *neben das alte Bein des Fußbodenbären* [wohl der Fuß einer Sitzbank] *fiel«* (Str. 18, 1–4). Schließlich erschlägt Þórr auch die übrigen Riesen und erweist sich so trotz Lokis Unaufrichtigkeit – und obwohl er ohne seinen wundermächtigen Hammer Mjǫllnir streitet – abermals als Sieger über das Riesengeschlecht. – Gegenüber anderen Darstellungen dieser Episode (so z. B. im 18. Kapitel der *Skáldskaparmál* – *Die Dichtersprache* – in Snorris *Edda* und im 8. Buch der *Gesta Danorum* des Saxo Grammaticus) hebt sich Eilífs Dichtung in einem wesentlichen Punkt deutlich ab: durch die für unser Empfinden aufs äußerste kompliziertverschlungene und metaphorisch-verhüllte Sprache ihrer Verse, die (nimmt man die oft unsichere Überlieferung hinzu) vieles schlechthin unauflösbar bleiben läßt, so daß die *Þórsdrápa* zwar als eines der dunkelsten Skaldengedichte überhaupt, zugleich aber auch als ein Höhepunkt skaldischer Kunst angesehen wird.

Wie bedeutend Eilífs Fähigkeiten waren, zeigt die Gestaltung jener Szene, in der Þórr von Geirrøðr bedrängt wird. Witzig-ironisch formuliert der Dichter hier Þórs Erscheinen bei den Riesen als den Besuch eines Gastfreundes und richtet die eigene Sprache in konsequenter Doppeldeutigkeit nach diesem Gedanken aus: *». .. des Moorlands Männer* [die Riesen] *unterbrachen nicht ihr Gelage. Der Feind der Bogensehne: der Verwandte des Suðri* [Geirrøðr] *schleuderte dem Dieb der Sorgen Odins* [Þórr] *mit einer Zange ein in der Schmiede gesottenes Stück Fleisch* [also ein glühendes Stück Eisen] *in den Mund. Da sperrte der Feind der Verwandten der Trollweiber* [Þórr] *den Mund seines Unterarms* [die inneren Handflächen] *vor dem roten Bissen des Zangentangs* [dem herabtropfenden glühenden Eisen] *auf und ... schluckte mit dem raschen Schnappmund seiner Hände* [den Handflächen] *den heranfliegenden Bissen in der Luft* [d. h. er fing das Eisen auf]*«* (Str. 15, 1–17, 4). D.Br.

AUSGABEN: Kopenhagen 1852 (*Edda Snorra Sturlusonar II*, Nachdr. Osnabrück 1969). – Kopenhagen Kristiania 1912 (in *Den norsk-islandske skalde-*

digtning, Hg. F. Jónsson, Bd. A1/B1). – Leiden 1913 (T; *De Codex Trajectinus van de Snorra Edda*, Hg. W. van Eeden). – Kopenhagen 1931 (W; *Corpus Codicum Islandicorum medii aevi II. The Codex Wormianus; The Younger Edda*). – Kopenhagen 1940 (R; *Corpus Codicum Islandicorum medii aevi*, Hg. E. Munksgaard, Bd. 14). – Lund 1946 (in *Den norsk-isländska skaldediktningen*, Hg. E. A. Kock, Bd. 1). – Uppsala 1964 (U; *Edda. Uppsalahandskriften DG II*).

ÜBERSETZUNGEN: G. Neckel u. F. Niedner (in *Die jüngere Edda*; Jena 1925; ern. Darmstadt 1966; Slg. Thule). – *Übersetzung der Þórsdrápa des Eilífr Guðrúnarson*, F. Niedner (in Mitteilungen der Islandfreunde, 17, 1930, S. 59 ff.).

LITERATUR: S. Thorlacius, *Antiquitatum borealium observationes miscellaneæ VII*, Kopenhagen 1801. – S. Egilsson, *Tvö brot af »Haustlaung« og »Þórsdrápa«, ferð til rétts máls, og útskýrð með glósum í stafrófsröð*, Reykjavik 1851. – F. Jónsson, *»Þórsdrápa« Eilífs Goðrúnarsonar* (in Oversigt over Det Kgl. Danske Videnskabernes-Selskabs Forhandlinger, 5, Kopenhagen 1900). – F. Jónsson, *Den oldnorske og oldislandske litteraturs historie* Bd. 1, Kopenhagen ²1920, S. 537 f. – E. Mogk, *Die Überlieferung von Thors Kampf mit dem Riesen Geirröð* (in *Fs. f. H. Pipping*, Helsinki 1924, S. 380 f.). – G. Finnbogason, *Um »Þórsdrápu«* (in Skírnir, 98, 1924, S. 172 ff.). – I. Lindquist, *Norröna lovkväden från 800-och 900-talen*, Bd. 1, Lund 1929. – F. Genzmer, *Die ersten Gesätze der »Thorsdrapa«* (in Studia Germanica tillägnade E. A. Kock den 6 december 1934, Lund 1934, S. 59 ff.). – K. Reichardt, *Die »Thórsdrápa« des Eilífr Goðrúnarson: Textinterpretation* (in PMLA, 63, 1948, S. 329 ff.). – V. Kiil, *Eilífr Goðrúnarson's »Þórsdrápa«* (in AFNF, 71, 1956, S. 89 ff.). – L. M. Hollander, *A Bibliography of Skaldic Studies*, Kopenhagen 1958, S. 72. – J. de Vries, *Altnordische Literaturgeschichte*, Bd. 1, Bln. ²1964, S. 205 f. – P. B. Taylor, *Icelandic Analogues to the Northern English Gawain Cycle* (in Journal of Popular Culture, 4, 1970, S. 93 ff.). – H. Lie, *Thórsdrápa* (in *Kulturhistorisk leksikon for nordisk middelalder*, Bd. 20, Kopenhagen 1976, S. 397 ff.).

EINARR HELGASON SKÁLAGLAMM

* um 940
† um 990 Breiðafjord

VELLEKLA

(anord.; *Goldmangel*). Gedicht von EINARR Helgason skálaglamm, vollendet wahrscheinlich 986. – Dieses Werk eines der bedeutendsten isländischen Skalden ist nicht als Ganzes, sondern in versprengten Strophengruppen oder Einzelstrophen sowohl in der um 1220 anonym entstandenen *Fagrskinna* als auch in SNORRI Sturlusons um 1220 konzipiertem und in seine *Edda* aufgenommenem Skaldenlehrbuch, den *Skáldskaparmál (Die Dichtersprache)*, sowie in seiner zwischen 1220 und 1230 geschriebenen *Heimskringla* überliefert. – Durch diese verstreute Überlieferung bietet Einarrs Gedicht ein typisches Beispiel für die Überlieferung skaldischer Dichtung schlechthin, die in den seltensten Fällen vollständige Gedichte, meist indessen nur vereinzelte Strophen oder Halbstrophen bewahrt hat, die als Belegstrophen in historische oder literarhistorische Sagas oder Abhandlungen aufgenommen wurden. In Kapitel 78 der *Egils saga Skallagrímssonar* wird berichtet, daß Einarr dem norwegischen Jarl Hákon Sigurðarson, in dessen Diensten er stand, 986 vor der Schlacht gegen die dänischen Jómsvikinger im Hjǫrungavágr damit drohte, ihn zu verlassen und zum Führer des Gegeners, Sigvaldi, überzulaufen, wenn er sich nicht sein Preislied, die *Vellekla*, anhören würde. – Diese anekdotenhafte Episode, die auch – freilich mit anderem Schluß – in der *Jómsvíkinga saga* erzählt wird, gibt einen Hinweis auf das mögliche Entstehungsdatum der letzten Strophen jenes Gedichts im höfischen Versmaß des *dróttkvætt*.

In der einleitenden Strophengruppe (Str. 1–6) bittet der Skald den Fürsten und sein Gefolge selbstbewußt um Aufmerksamkeit für seinen Vortrag: »*Nun, da das Schiff der Bergsachsen [das Gedicht] zu wachsen beginnt, haltet Ruhe in der Halle des Fürsten, Männer, und gebt acht*« (Str. 6, 1–4). Zuerst behandelt der Dichter daraufhin (Str. 7–14 und 15–16) Hákons Rache für seinen Vater an den Söhnen der Gunnhild, die jeder für sich Norwegen zu unterwerfen trachteten, aber Hákon erlagen, der durch seinen Sieg das Land wiedervereinigen konnte. »*Sieben Völker unterwarf sich der Fürst des Seidenbands auf der Brauen Grund [Hákon]; dies war dem Land zum Vorteil*« (Str. 14, 1–4). Noch einmal kann das alte Heidentum jetzt aufleben: »*Alle geplünderten Tempelbezirke und Heiligtümer der [heidnischen] Götter machte der kluge und den Leuten wohlbekannte Hlórriði des Hofs der Speere [Hákon] den Menschen wieder zugänglich*« (Str. 15, 1–4). Deutlich zeigt Einarr durch seine Begeisterung, wie eng er selbst noch dem heidnischen Glauben verbunden ist. Nachdem er den Fürsten in zwei Strophen abermals gepriesen hat – »*Kein Mann von edler Herkunft war je auf Erden außer Fróði, der solchen Frieden stiftete wie der das Speerbrett bewachende Njǫrð [Hákon]*« (Str. 18, 1–4) –, wendet er sich Hákons Feldzug gegen Ragnfrøðr, den Sohn von Eiríkr blóðøx, zu, der Norwegen zurückzuerobern versuchte, aber ebenso geschlagen wurde wie zuvor sein Vater (Str. 19–21). Darauf folgt nun die Beschreibung von Hákons Kampf gegen Otto II. am Danavirki im Jahr 974 (Str. 22–25) und sein sich hier anschließender siegreicher Zug durch Gautland (Str. 26–32): »*Noch kein Mann hatte dort geheert, wo der Jarl [Hákon] unter dem Haus des Sǫrli [dem Schild] die Thingversammlung des Feuers des Schwertlandes abhielt [d. h. kämpfte]«* (Str. 31,1–4). Mit einigen Strophen (Str. 34–36), die sich auf die Jómsvikingerschlacht beziehen und ursprünglich wohl nicht zu dem Gedicht gehört haben, so daß die davorliegenden durchaus bereits um 975 entstanden sein können, klingt das Preislied aus. In der letzten Strophe kann der Skald schließlich feststellen, daß noch nie in der Geschichte ein Jarl sich sechzehn Jarltümer zu unterwerfen vermochte (Str. 37).

Einarr, von dem wir wissen, daß er der Enkel eines der frühesten Landnehmer Islands und Sohn einer schottischen Adligen war, hatte schon in früher Jugend zu dichten begonnen und sich bald die Freundschaft eines der hervorragendsten Skalden, EGILL Skallagrímssons, erworben, von dem er gelernt haben dürfte. Seine *Vellekla* gehört zu den kunstvollsten bekannten Skaldengedichten – ein Attribut, das sich nicht allein auf ihre außerordentliche üppige mythologisch- und sagengeschichtlich-metaphorische Sprache bezieht, sondern in erster Linie auf die ausgewogene Anwendung komplizierter Verstechniken: Nicht nur, daß Einarr das dreihebig-sechssilbige, von Stab- und Binnenreim geschmückte *dróttkvætt* mit Eleganz meistert, er fügt zu diesen Schwierigkeiten noch eine Anzahl weiterer hinzu, die zwischen den »obligatorischen« Reimverbindungen des ungeradzahligen und geradzahligen Halbverses liegen. – Das Wissen um die eigenen besonderen Fähigkeiten wird sein auffallendes, immer wieder aus dem Gedicht klingendes Selbstbewußtsein erklären und sicherlich auch die Unverfrorenheit, mit der er Hákon in Str. 33 zu verstehen gibt, er möge ihm ein Geschenk machen (was wiederum einen Fingerzeig zum Verständnis des Titels der *Vellekla* gibt). D.Br.

AUSGABEN: Kopenhagen/Kristiania 1908–1915 (in *Den norsk-islandske skjaldedigtning*, Hg. F. Jónsson, Bd. A1/B1). – Lund 1946 (in *Den norsk-isländska skaldediktningen*, Hg. E. A. Kock, Bd. 1).

ÜBERSETZUNGEN: vgl. *Edda (Snorra Edda), Fagrskinna* und *Heimskringla*.

LITERATUR: *Edda Snorra Sturlusonar*, III, 2, S. 691 ff.; Nachdr. Osnabrück 1966. – K. Gíslason, »Vellekla« Einars Skálaglams (in K. G., *Forelæsninger over oldnordiske skjaldekvad, Efterladte Skrifter I*, Kopenhagen 1895, S. 105 ff.). – E. Mogk, *Nordische Literaturen* (in PaulG II, 1, Straßburg 2 1901–1909, § 127, S. 677). – F. Jónsson, *Den oldnorske og oldislandske literaturs historie*, I, Kopenhagen 2 1920, S. 533 ff. – I. Lindquist, *Norröna lovkväden från 800- och 900-talen*, I, Lund 1929. – H. Patzig, *Die Abfassung von Einars »Vellekla«* (in ZfdA, 67, 1930, S. 55 ff.). – L. M. Hollander, *A Bibliography of Skaldic Studies*, Kopenhagen 1958, S. 73. – J. de Vries, *Altnordische Literaturgeschichte*, I, Berlin 2 1964, § 77, S. 174–177. – L. M. Hollander, *The Skalds*, Ann Arbor/Mich. 1968, S. 101 ff. – D. Brennecke, *Zur Metrik der »Vellekla«* (in Beitr., 93, 1971, S. 89–106). – H. Lie, *Vellekla* (in *Kulturhistorisk leksikon for nordisk middelalder*, Bd. 19, Kopenhagen 1975, S. 640 ff.).

EINARR SKÚLASON

* 11./12. Jh. bei Borg á Mýrum

GEISLI

(anord.; *Der Strahl*). Preisgedicht des isländischen Geistlichen EINARR Skúlason auf den 1031 kanonisierten norwegischen König Olaf den Heiligen (um 995–1030), verfaßt 1153. – Das 71 Strophen lange Gedicht wurde von Einarr in der Christuskirche zu Trondheim in Gegenwart der königlichen Brüder Eysteinn (in dessen Auftrag es gedichtet war), Sigurðr und Ingi sowie des Erzbischofs Jón als ein Höhepunkt der St.-Olafs-Verehrung vorgetragen. Mit dem Hinweis auf den Olafskult rechtfertigt Einarr die Errichtung des Erzbistums Trondheim im Jahr zuvor (*»Des Erzstuhls Ansehen wächst da, wo der heilige König ruht«*); er zählt diese ebenso wie die Wunder, die Gegenstand des Gedichts sind, zu den Gnadengaben, die Olaf von Gott erwirkt.

Wie schon ÞÓRARINN Loftunga in der *Glælognskviða* (1031) preist Einarr die helfende Kraft des Heiligen, besonders mit der zehnmal wiederholten Refrain-Halbstrophe (*stef*). Olaf wird als »*geisli miskunnar sólar«* (»*Strahl der Gnadensonne [Christi]«*) bezeichnet, wonach das Gedicht den Namen hat. Die Angleichung Olafs an Christus – eine deutliche Tendenz in der Olafsverehrung – wird in Strophe 19 offenbar, wenn Einarr Olafs Tod in der Schlacht bei Stiklastaðir am 29. 7. 1030 mit der Sonnenfinsternis vom 31. 8. im Verbindung bringt (wie schon SIGVATR Þórðarson in Str. 15 der *Erfidrápa*, um 1040): *»Die strahlende Sonne hörte auf zu scheinen, als der Held sein Leben ließ – Der Herr des Himmels gab seine Zeichen.«* Diesem – von Olafs Traumgesicht der Himmelsleiter abgesehen – ersten Wunder folgen die bekannteren Olafswunder: das über dem Leichnam brennende Licht, die Heilungen von Blinden und Stummen, die Hilfe im Kampf. Einarr fügt drei neue hinzu: das Wunder von Olafs Schwert Hneitir, das in Byzanz als Reliquie aufbewahrt wurde, Olafs Hilfe für eine Wäringerschar im Kampf gegen die Heiden in der Walachei und die Heilung eines mißhandelten Priesters. Der Skalde betont oft, daß *»verbürgt, wahr«* sei, was er sagt, und abschließend, daß er *»aufrichtig gesprochen«* habe (Str. 69); in Strophe 45 nennt er sogar den 1149 aus Byzanz zurückgekehrten Eindriði ungi, der dort Anführer der kaiserlichen Leibwache gewesen war, als Gewährsmann für das Schwertwunder. – Daß *Geisli* weitergewirkt hat, beweisen einmal die Aufnahme dieser Wunder in die Olafslegende der *Homiliubók* und das Zitat von SNORRI Sturluson, der sich bei ihrer Darstellung in seiner *Heimskringla* (1220 bis 1230) ausdrücklich auf Einarr beruft, zum anderen auch die Legende, bei seinem Vortrag habe sich die Kirche mit einem überirdischen Duft gefüllt.

Geisli besitzt alle Merkmale des großen skaldischen Fürstenpreislieds, der *drápa*: Dreigliederung in Anfangsteil (*upphaf*, Str. 1–17), Refrainstück (*stefjabálkr*, Str. 18–45) und Schluß (*slœmr*; Str. 46–71), Strophenbau im »Hofton« (*dróttkvætt*), der acht stab- und binnengereimte Zeilen von je sechs Silben aufweist, ferner die Aufforderung zum Zuhören, hier auf alle Skandinavier ausgedehnt. Sogar die unverhohlene Bitte um Belohnung durch König Eysteinn fehlt nicht neben dem Hinweis, daß der Dichter, wenn das Preislied dem Heiligen gefalle, als Lohn Gottes Segen erwarte. – Nur bei den dichterischen Umschreibungen löst sich Einarr von der skaldischen Tradition, wenn er aus Rücksichtnahme auf die christliche Thematik Kenningar, die der heidnischen Mythologie entstammen, seltener gebraucht, immerhin aber doch achtmal, z. B. für Olafs Schwert: »*gylðis kindar gómsparri*« (»*Wolfsabkömmlings Gaumensperre*«; die Götter sperrten das Maul des Fenriswolfs mit einem Schwert auf). Diese Beschränkung gleicht Einarr durch Variation neutraler Kenningar aus, wie »*Lärm der Speere*« (für »Kampf«). Außerdem ist er gut mit der Metaphorik der Geistlichendichtung vertraut, denn er verwendet neben vielen eigenen Kenningar (»*Herr der Wetterhalle* [des Himmels]«) auch Umschreibungen wie »*Herr der Herrlichkeit*« (*rex gloriae*), »*Stern des Meeres*« (*stella maris – Maria*) oder »*Sonne der Gerechtigkeit*« (*sol justitiae – Christus*). Darüber hinaus folgt *Geisli* bereits der Tendenz der Geistlichendichtung, das alte Reimschema zwar streng zu wahren, die Zahl der Kenningar pro Strophe jedoch zugunsten des normalen Satzbaus und fließenderen Stils prosaischer Rede, wie ihn Predigt und Belehrung verlangen, zu vermindern. Einarr erweist sich so auch in *Geisli* als der bedeutendste Skalde seiner Zeit, der zwar dem Neuen verpflichtet war, aber die alten Formen skaldischer Kunst ebenfalls noch virtuos beherrschte.

G.W.W.

AUSGABEN: Lund 1873 (*Geisli eða Oláfsdrápa ens helga*, Hg. C. Cederschiöld, in Lund Univ. Årsbok, 10, 1873, 3; m. Einl.). – Kopenhagen 1908–1915 (in *Den norsk-islandske skjaldedigtning*, Hg. F. Jónsson, Bd. A1/B1). – Lund 1946 (in *Den norsk-isländska skaldediktningen*, Hg. E. A. Kock, Bd. 1). – Toronto 1981, Hg. M. Chase [krit.].

ÜBERSETZUNG: *Preislied auf den heiligen Olaf*, W. Lange (in W. L., *Christliche Skaldendichtung*, Göttingen 1958, S. 20–29).

LITERATUR: F. Jónsson, *Den oldnorske og oldislandske litteraturs historie*, 3 Bde., Kopenhagen 1894 bis 1902. – F. Paasche, *Kristendom og kvad*, Kristiania 1914 (ern. in F. P., *Heldenskap og kristendom*, Oslo 1948, S. 104–117). – E. A. Kock, *Notationes Norrænæ* (in Lund Univ. Årsbok, 19, 1923–1931; 1935; s. Register). – J. de Vries, *Altnordische Literaturgeschichte*, Bd. 2, Bln. 1942, S. 81 ff. – J. Helgason, *Norges og Islands Digtning* (in *Litteraturhistorie*, B.: *Norge og Island*, Hg. S. Nordal, Kopenhagen 1953; Nordisk Kultur). – W. Lange, *Studien zur christlichen Dichtung der Nordgermanen 1000–1200*, Göttingen 1958, S. 120–143 (Palaestra, 222; vgl. K. v. See, Rez. in GGA, 213, 1959).

EINHARD

Eginhardus
* um 770 im Maingau
† 14.3.840 Seligenstadt / Main

VITA CAROLI MAGNI

(mlat.; *Das Leben Karls des Großen*). Die grundlegende Biographie Karls des Großen von EINHARD, entstanden um 830 (die frühere Datierung in die Zeit nach dem Tod Karls ist wissenschaftlich überholt). – Bewunderung, Liebe und Dankbarkeit dem Kaiser gegenüber veranlaßten den fränkischen Gelehrten Einhard, wie er selbst in der Einleitung schreibt, für die Nachwelt »*das ruhmvolle Leben und die herrlichen, von Menschen der neueren Zeit unerreichbaren Taten des ausgezeichnetsten und größten Königs seiner Zeit*« aufzuzeichnen, und zwar im vollen Bewußtsein, daß es keiner zu dieser Zeit wahrheitsgetreuer darstellen könne als er, der Berater und Freund des Königs.

WALAHFRID STRABO hat das Werk in Kapitel eingeteilt und mit einem kurzen Vorwort versehen. Einhard schildert zunächst in knappen Umrissen den Niedergang der Merowinger und den Aufstieg der Hausmeier, skizziert sodann die Regierungszeit Pipins und berichtet – nach einigen Bemerkungen über Karls Kindheit – von den Feldzügen, die der König gegen die Aquitanier, die Langobarden, die Sachsen, die Spanier, die Bayern, die Awaren, die Beneventer und andere unternommen hat. Er erwähnt, daß der Ruhm Karls schon bald bis zu den Griechen (Byzantinern) und den Persern gedrungen sei. Anschließend beschäftigt sich der Autor mit der Bautätigkeit, die unter Karls Herrschaft entfaltet wurde, und erzählt von der Flotte, die am Kanal gegen die Normannen operierte. Er spricht von den Ehen des Königs, seinen Kindern und deren Erziehung; er rühmt seine Freigebigkeit gegen Fremde und Arme, schildert seine Kraft, seine Nüchternheit, seine Redegabe, seine Kleidung, seinen Kunstsinn, seine Religiosität und seine Großzügigkeit gegenüber Kirche und Priestern. Ein besonderes Kapitel (29) widmet Einhard den Bemühungen Karls und seiner Hofakademie, die *lingua theodisca* zur Kultursprache zu machen, indem er lateinische Texte ins Althochdeutsche übersetzen, germanische Lieder und Sagen sammeln ließ und althochdeutsche Bezeichnungen für Winde und Monate einführte. Die Kaiserkrönung (800) stellt Einhard allerdings anders dar als ANASTASIUS BIBLIOTHECARIUS in seiner *Vita Leonis III (Das Leben Leos III.)*: Er erklärt, Karl habe von der Absicht des Papstes, ihn zum Kaiser zu krönen, nichts gewußt. Die Biographie schließt mit einem Bericht über die letzten Lebenstage des Herrschers, seinen Tod, sein Begräbnis und sein Testament.

Die Biographie ist zwar kurz, aber sowohl historisch als auch literarisch überaus wertvoll. Einhard hatte die Kaiserbiographien SUETONS *(De vita Caesarum – Über das Leben der Caesaren)* wiederentdeckt und verfaßte sein Werk nach deren Muster; dabei übernahm er von Sueton nicht nur die Form des äußeren Aufbaus, sondern auch das Sprachgewand, bis hinein in einzelne Formulierungen. Diese enge Anlehnung an das antike Vorbild hat ihn aber keineswegs gehindert, der Gestalt und dem Wesen seines Helden gerecht zu werden, im Gegenteil: Gerade Sueton hat ihm erst eigentlich den Blick geschärft für die richtige Charakterisierung; durch ihn wurde er veranlaßt, auch kleine, weniger auffallende Züge des Herrschers zu notieren, ohne dabei allerdings je – wie Sueton – in anekdotisches Fabulieren zu verfallen. Auf diese Weise ist ihm ein geradezu einmalig anschauliches und reizvolles literarisches Porträt des Kaisers gelungen, das in jeder Einzelheit verläßlich ist. Karls Größe und Überlegenheit, die er immer wieder hervorhebt, umfaßt er mit dem stoisch-ciceronischen Ausdruck *magnanimitas* (»hoher Sinn«).

Das Werk fällt völlig aus dem Rahmen der zeitgenössischen Historiographie und Biographie: Einhard machte sich von der hagiographischen Tradition der Vita frei und schuf zum ersten Mal im Mittelalter eine Biographie ohne geistliche Absicht. Trotz mancher Mängel, die man ihm gelegentlich stark angelastet hat – einzelne Ungenauigkeiten, Verschweigen mancher wichtiger historischer Daten –, kann man das Werk als eine literarische Großtat bezeichnen: Es ist eines der eindrucksvollsten Denkmäler seiner Epoche und gilt zu Recht als eine der besten, wenn nicht überhaupt die beste Biographie des Mittelalters. M.Ze.-KLL

AUSGABEN: Köln 1521, Hg. Hermannus a Nuenare. – Lpzg. 1616. – Hannover 1839 (MGH, Script. rer. Germ., 1; ern. 1911, Hg. O. Holder-Egger; Nachdr. 1940). – Freiburg i. B. 1882, Hg. A. Holder. – Oxford 1915 (*E.'s Life of Charlemagne*, Hg. H. W. Garrod u. R. B. Mowat; m. Einl. u. Anm.). – Stg. 1968 (Nachw. u. Anm. E. S. Coleman; lat.-dt.; RUB). – Stg. 1973, Hg. E. Scherabon-Firchow (RUB). – Münster ²1984, Hg. F. X. Herrmann [eig. Komm.-Bd. ²1986]. – Bamberg ²1984, Hg. P. Klopsch u. E. Walter [m. Einl. u. Anm.]. – Dudweiler 1985, Hg. E. Scherabon-Firchow u. E. H. Seydel (Biblioteca Germanica, 3).

ÜBERSETZUNGEN: *Leben und Thaten Karls des Großen*, J. A. Egenolf, Lpzg. 1728. – *Leben Karls des Großen*, J. B. Mayer, Kempten 1837. – *Kaiser Karls Leben*, O. Abel u. W. Wattenbach, Lpzg. ⁴1920 (GdV, 16; bearb. u. erw. M. Tangl; ern. Mchn. 1965). – *Vita Karoli Magni*, R. Rau (in *Quellen zur karolingischen Rechtsgeschichte*, Bd. 1, Darmstadt 1955; ern. in *Frh.-vom-Stein-Gedächtnisausg.*, Bd. 5, 1980, S. 157–211).

LITERATUR: L. v. Ranke, *Abhandlungen u. Versuche*, Lpzg. 1888, S. 95–124. – M. Buchner, *E.s Künstler- und Gelehrtenleben*, Bonn 1922. – P. Clemen, *Die Porträtdarstellungen Karls d. Gr.* (in Zs. des Aachener Geschichtsvereins, 11, 1889, S. 185–271; 12, 1890, S. 1–147). – F. L. Ganshof, *Notes critiques sur Eginhard, biographe de Charlemagne*, Brüssel 1924. – J. Cahour, *Petit lexique pour l'étude de la »Vita Caroli« d'E.*, Paris 1928. – M. Wevers, *Eginhards »Vita Karoli« in der mittelalterlichen Geschichtsschreibung u. Heldensage*, Diss. Marburg 1929. – S. Hellmann, *Einharts literarische Stellung* (in HVj, 27, 1932, S. 40–110; Nachdr. in *Ausgew. Abhandlungen zur Historiographie u. Geistesgeschichte des MA.s*, Darmstadt 1961, S. 159–229). – H. Pyritz, *Das Karlslied Einharts* (in DVLG, 15, 1937, S. 167–188). – P. Lehmann, *Erforschungen des MA.s*, Bd. 1, Stg. 1941, S. 154–207. – F. L. Ganshof, *Eginhard, biographe de Charlemagne* (in BdHumR, 13, 1951, S. 217–230). – H. Beumann, *Ideengeschichtliche Studien zu E. u. anderen Geschichtsschreibern des frühen MA.s*, Darmstadt 1962. – O. Müller, *Die E.-Abtei Seligenstadt am Main*, Königstein/Ts. 1973. – J. Fleckenstein, *E. Seine Gründung und sein Vermächtnis in Seligenstadt* (in *Das E.kreuz. Vorträge und Studien der Münsteraner Diskussion zum ›arcus Einhardi‹*, Hg. K. Hauck, Göttingen 1974, S. 96–121). – H. Löwe, *»religio christiana«. Rom und das Kaisertum in E.s ›Vita Karoli Magni‹* (in *Storiografia e Storia. Studi in onore di E. Duprè Theseider*, Rom 1974, S. 1–20). – F. Brunhölzl, *Geschichte der lat. Literatur des MA*, Bd. 1, Mchn. 1975, S. 318–323; 553 f. – H. J. Reischmann, *Die Trivialisierung des Karlsbildes der E.-Vita in Notkers »Gesta Karoli Magni«*, Diss. Konstanz 1984.

ALBERT EINSTEIN

* 14.3.1879 Ulm
† 18.4.1955 Princeton

ÜBER DIE SPEZIELLE UND ALLGEMEINE RELATIVITÄTSTHEORIE

Gemeinverständliche, physikalische Monographie von Albert EINSTEIN, erschienen 1917. – Das Büchlein wendet sich an im Denken geschulte Leser, die fachlich nicht vorgebildet sein müssen, die sich aber für beide Relativitätstheorien (von Einstein zuerst formuliert 1905 u. 1915) allgemein wissenschaftlich oder philosophisch interessieren. Der Autor sucht den Leser durch Fragen zu der Einsicht zu führen, daß viele selbstverständlich erscheinende Aussagen der Geometrie, wörtlich verstanden, fragwürdig werden, wenn man sie mit der Wirklichkeit zu konfrontieren sucht. Am Beispiel des Koordinatensystems, das er vom Konkreten her kommend allmählich mehr und mehr abstrakt formuliert, wird, noch ohne den Namen zu nennen, gesagt, daß wir, wenn immer wir von Orten reden, dies nur relativ zu einem Bezugskörper tun können, den wir uns zunächst als starren vorzustellen pflegen. In der gleichen kritischen Weise werden die Begriffe Raum und Zeit der klassischen Mechanik und die Galileiischen Koordinatensysteme eingeführt. So ist der Weg zum Relativitätsprinzip im engeren Sinne frei, wie wir ihm in der klassischen Mechanik begegnen. Dem scheint sich die Erfahrung, daß die Lichtgeschwindigkeit in beliebig gleichförmig geradlinig gegeneinander bewegten Koordinatensystemen stets den gleichen Wert hat, zu widersetzen. Doch führt die Analyse des Begriffs der Gleichzeitigkeit entfernter Ereignisse dazu, daß die so gut begründete Relativität der Bewegung zu retten ist, wenn man annimmt, daß die Beurteilung der Gleichzeitigkeit entfernter Ereignisse vom Bewegungszustand des Beobachters relativ zu dem der Ereignisse abhängt, wodurch nicht nur der Begriff der Gleichzeitigkeit, sondern auch der des Abstands relativiert wird. Man gelangt so zu den Lorentz-Transformationen und zum neuen Geschwindigkeitsadditionstheorem, dessen Brauchbarkeit mit dem Fizeauschen Versuch zur Bestimmung der Lichtgeschwindigkeit in strömenden Flüssigkeiten geprüft wird. Es schließt sich die Prüfung weiterer Konsequenzen an, so die der Geschwindigkeitsabhängigkeit der trägen Masse, die des Michelson-Experiments, von dessen Erklärung die spezielle Relativitätstheorie ausgegangen ist, und natürlich auch die der berühmten Energie-Masse-Relation $E = mc^2$ (E = Energie, m = träge Masse, c = Lichtgeschwindigkeit), die mit dem Beginn der technischen Verwendung der Kernenergie in den vierziger Jahren in Fachkreisen allgemein bekannt wurde und dann auch in der Kernphysik experimentell bestätigt werden konnte (Massendefekt, Umwandlung und Spaltung von Atomkernen). Der erste Teil schließt mit dem Hinweis, daß durch die Lorentz-Transformation Raum und Zeit zu einer Einheit verschmelzen, derart, daß man, sobald Bewegungen im Spiele sind, nicht mehr von der Euklidischen Geometrie des Raumes, sondern von der Minkowski-Geometrie in der Raum-Zeit zu sprechen hat, die, da nun vier Koordinaten im Spiele sind, nicht eine dreidimensionale, sondern eine vierdimensionale Mannigfaltigkeit ist. Zwar spielt sich im Sinne von DESCARTES schon die Newtonsche Mechanik in der Raum-Zeit ab, doch hat man erst aus der Relativitätstheorie gelernt, daß die Zeit, trotz einer klaren Sonderstellung, an der Isotropie des Raumes teilhat, also daran, daß alle Richtungen im Raum und nun in der Raum-Zeit gleichberechtigt sind.

Im zweiten Teil wird die allgemeine Relativitätstheorie behandelt. Hier geht der Verfasser davon aus, daß die Relativität, kommen wir von der Frage her, wie Bewegungen beobachtet werden, nicht auf gleichförmig geradlinige Bewegungen beschränkt sein sollte. Zunächst wird auf jene elementaren Erfahrungen hingewiesen, mit denen wir gleichförmig geradlinige Bewegungen von beschleunigten zu unterscheiden pflegen, z. B. auf die Zentrifugalkraft oder auf die Kraft, die wir etwa beim starken Bremsen eines Wagens spüren. Erst nachdem Einstein die Bedeutung des altbekannten, aber lange Zeit nicht durchschauten Satzes von der Gleichheit der schweren und trägen Masse erläutert hat, zeigt sich, daß die oben erwähnten Trägheitskräfte und die Schwere die gleiche Natur haben, daß man lokale Schwerefelder durch Übergang zu beschleunigten Koordinatensystemen wegtransformieren kann. In einem nichtrotierenden Raumschiff gibt es keine Schwere, auch wenn sich dieses der Erde nähert, solange es noch keine Bremsung durch Luftreibung gibt. Hinter dieser Möglichkeit, das Gravitationsfeld wegzutransformieren, steckt die Relativität auch beschleunigter Bewegungen. Doch führt diese Idee zu der Konsequenz, daß die Geometrie im Raum keine Euklidische und in der Raum-Zeit keine Minkowskische mehr ist. Einstein zeigt zugleich in anschaulicher und überzeugender Weise, daß es Situationen geben kann, in denen es zweckmäßig ist, von einer nichteuklidischen Geometrie auszugehen, und welche Voraussetzungen nötig sind, um zu verhindern, daß wir durch Umdeutungen zur Euklidischen bzw. Minkowskischen Geometrie zurückkehren können. Diese Voraussetzungen sind alle erfüllt, wenn das allgemeine Relativitätsprinzip gilt, nach dem alle Bewegungen, auch beschleunigte, nur relativ zu anderen Körpern faßbar sind. Von hier aus gelangt Einstein zur endgültigen Formulierung des allgemeinen Relativitätsprinzips. Von der Geometrie bleibt, daß der Abstand zwischen zwei Punkten in der Raum-Zeit wohl definiert sein muß. Dieses Abstandsgesetz ist durch die Verteilung der Materie bzw. der Energie bestimmt. Es bleibt also übrig, dieses Gesetz aufzufinden, von dem wir zunächst nur einen Grenzfall, das Newtonsche Gravitationsgesetz, kennen. Einstein formuliert dieses Problem und die Voraussetzungen, die zu seiner Lösung führen, und er berichtet über die Konsequenzen, die man in der Erfahrung prüfen kann, über die schon erwähnte Ablenkung des Sternlichts im Schwerefeld der Sonne und über Feinheiten der Bewegung des Planeten Merkur. Einsteins Voraussagen in diesen letzten Punkten wurden durch Beobachtung bestätigt, allerdings sind die Widersprüche, die sich bei dem Versuch des experimentellen Nachweises von Gravitationswellen ergaben, noch ungeklärt. – Zum Schluß wendet sich der Autor kosmologischen Problemen zu. Ausgehend von den kosmologischen Schwierigkeiten der Newtonschen Theorie berichtet er, wie man diesen in der allgemeinen Relativitätstheorie entkommen kann. Insbesondere wird auf die Möglichkeit einer Welt hingewiesen, die wie eine Kugelfläche endlich, aber unbegrenzt ist. Während Einstein selbst noch von einem sog. stationären Universum ausging, konnte Aleksandr A. FRIEDMANN (1888–1925) 1922 nachweisen, daß mit der allgemeinen Relativitätstheorie auch dynamische kosmologische Modelle konstruiert werden können. Seit der Entdeckung der kosmischen Hintergrundstrahlung gelten die Modelle eines stationären Universums als widerlegt.

In der Darstellung der beiden Relativitätstheorien zeigt sich Einsteins intellektuelle Kraft der geistigen Durchdringung eines Problems, die der mathematischen Bewältigung vorangehen muß.

F.Bo.-KLL

AUSGABEN: Braunschweig 1917 (Slg. Vieweg, 38). – Braunschweig [8]1920, Hg. K. Scheel. – Braunschweig [22]1972 [m. Abb.].

LITERATUR: M. Born, *Die Relativitätstheorie E.s u. ihre physikalischen Grundlagen*, Bln. 1920; ern. NY 1962 [engl.]. – *A. E., Philosopher, Scientist*, Hg. P. A. Schilpp, Evanston/Ill. 1949; Nachdr., 2 Bde. NY 1959 (dt. *A. E. als Philosoph u. Naturforscher*, Stg. 1951; Nachdr. Braunschweig 1979; m. Bibliogr.) – E. Weil, *A. E. 14. 3. 1879–18. 4. 1955, A Bibliogr. of His Scientific Papers, 1951–1954*, Ldn. 1960. – A. E. Herneck, *A. E.*, Bln. 1963; Lpzg. [2]1975. – P. Jordan, *A. E. Sein Lebenswerk u. die Zukunft der Physik*, Frauenfeld/Stg. 1969. – R. W. Clark, *E., The Life and Times*, NY/Cleveland 1971 (dt. *A. E. Leben und Werk*, Mchn. [7]1986). – B. Hoffmann u. H. Dukas, *A. E. Creator and Rebel*, NY 1972 (dt. *A. E. Schöpfer u. Rebell*, Ffm. 1978). – J. Bernstein, *A. E.*, Mchn. 1975 (dtv; m. Bibliogr.). – *A. E. Sein Einfluß auf Physik, Philosophie u. Politik*, Hg. P. C. Aichelberg u. R. Sexe, Braunschweig 1979. – N. Calder, *E.s Universum*, Stg. u. a. 1981. – H. Melcher, *A. E. wider Vorurteile u. Denkgewohnheiten*, Bln. 1984. – *A. E. Wirkung u. Nachwirkung*, Hg. A. P. French, Braunschweig u. a. 1985. – B. Kanitscheider, *Das Weltbild A. E.s*, Mchn. 1988.

ALFRED EINSTEIN

* 30.12.1880 München
† 13.2.1952 El Cerrito / Calif.

GRÖSSE IN DER MUSIK

Essay von Alfred EINSTEIN, deutsch geschrieben 1941, erschienen in englischer Übersetzung 1941, in deutscher Originalfassung 1951. – Der Musikgelehrte Einstein, der gleichzeitig ein bemerkenswerter Schriftsteller war (am bekanntesten sind seine Mozart- und Schubert-Monographien), erörtert in diesem Essay ein ebenso schwieriges wie ergiebiges Thema: Allen Spekulationen abgeneigt, hält sich Einstein streng an die empirischen Erkenntnisse. Den Titel seiner Schrift erklärt er selbst am treffendsten mit den Worten, die Größe eines Künstlers bestehe im »*Aufbau einer inneren Welt und dem Vermögen, diese innere Welt an die äußere zu vermitteln*«. Ähnliches hatte schon Jacob BURCKHARDT formuliert, dem sich Einstein dankbar verpflichtet fühlte. Auch für Einstein, Vetter des Physikers Albert EINSTEIN, ist künstlerische Größe letztlich etwas Geheimnisvolles und nur dann möglich, wenn »*eine abnorme Kraft mit dem richtigen Augenblick der Entwicklung der Kunst zusammentrifft*«. Sie ist, weil stets subjektiv, etwas »Fragwürdiges« und, weil stets auch objektiv, etwas »Fragloses«; und sie ist abhängig von inneren Bedingungen sowohl wie von äußeren, nämlich historischen, ist etwas Zeitgebundenes wie etwas Dauerndes (auch wenn es »*in der Kunst keine ›Ewigkeit‹ gibt*«). Sie ist also etwas sehr Individuelles und gleichzeitig Überpersönliches. Sie unterscheidet sich von dem Bedeutenden oder Nur-beinahe-Großen, wie sich das Talent vom Genie unterscheidet. Sie ist sogar insofern etwas Variables, als sie auf der nie ganz gleichbleibenden Beziehung zwischen künstlerischer Zeugungskraft und musischer Empfänglichkeit beruht.

Was dann ist ein »großer« Komponist? Einstein beschränkt sich im wesentlichen auf das Gebiet der europäischen Musik und auf die Zeitspanne zwischen dem 17. und 19. Jh., weil für die Musik fremder Völker und die vorausgehende Epoche andere Maßstäbe gültig seien. Persönlichkeiten wie Berlioz, Liszt und Schumann sind für ihn zwar groß, aber nicht »*groß genug*«. Sie sind Opfer ihrer eigenen Zeit. Die Größe so heterogener Erscheinungen wie Purcell, Schütz, Bach, Händel, Haydn, Mozart, Beethoven, Verdi, Wagner, Brahms ist jeweils völlig verschiedener Art – die drei letzteren werden ohnehin nur mit Vorbehalten genannt. Denn das 19. Jh. gilt Einstein als das »*Jahrhundert der Bewußtheit*«, während die Größe eines Künstlers sich gerade danach bemißt, bis zu welchem Grade es ihm gelingt, die Bewußtheit zu überwinden oder Bewußtheit und Unbewußtheit ins Gleichgewicht zu bringen. (Hier berühren sich Einsteins Gedankengänge von ferne mit denen, die von Thomas MANN in *Doktor Faustus* entwickelt wurden.) Allerdings vermag sich Einstein nicht ganz über die merkwürdige Paradoxie hinwegzusetzen, daß künstlerische Größe eine Qualität per se ist, nämlich mehr und anderes als die Summe der sie konstituierenden Eigenschaften, und also eigentlich auch keine Abstufungen kennt; daß sie aber nur eben an und in diesen Eigenschaften überhaupt faßbar wird. Zu den spezifischen Eigenschaften des großen Komponisten gehören, nach Einsteins Meinung, eine umfassende und vielfältige Produktivität, Universalität (sofern er entweder alle oder wenigstens viele Gebiete der Musik beherrscht oder aber ein neues Weltbild aufstellt, das eine fortwirkende Bereicherung unseres inneren Daseins verbürgt), die Fähigkeit zur Abrundung eines Gesamtwerks, eine gewisse geistige Einseitigkeit und dementsprechend ein Mangel an Konzilianz sowie das Vermögen, hinter der Vollendung des Stils einen großen menschlichen Gehalt spürbar werden zu lassen. Nicht dazu gehöre aber »Originalität« im eigentlichen Sinne des Wortes, die für Einstein mit Meisterschaft nahezu unvereinbar ist. Nur im Bereich der Dichtung gebe es »Originalgenies«. Umgekehrt scheint ihm die Poesie die kurzlebigste der Künste zu sein, weil ihre Weltwirkung durch ihre Gebundenheit an eine bestimmte Sprache am engsten begrenzt sei. Auf der anderen Seite sei sie der Musik gegenüber insofern im Vorteil, als sie wenigstens einer Übersetzung zugänglich ist.

Die eigentliche Bedeutung dieses Buches besteht darin, daß Einstein hier gerade als Historiker den – notwendig subjektiv gefärbten und bereits heute nicht mehr in allen Punkten überzeugenden – Versuch einer künstlerischen Rangordnung unternimmt, den sich jede enzyklopädische Betrachtung auch anderer Künste als Korrektiv gegenwärtig halten sollte. W.v.E.

AUSGABEN: Oxford 1941 (*Greatness in Music*; engl. Übers. C. Searchinger). – Zürich 1951.

LITERATUR: G. Göhler, *»Größe in der Musik«. A. E. 70 Jahre* (in Rheinischer Merkur, 6, 1951, 1, S. 10). – M. Bukofzer, *A. E. in Memoriam* (in Acta Musicologica, 24, 1952, S. 1–3). – I. Cazeaux, *A. E.* (in Revue de Musicologie, 34, 1952, S. 11–20). – E. Doflein, *A. E. zum Gedächtnis* (in Musica, 6, 1952, S. 237–240). – H. Redlich, *A. E. zum Gedächtnis* (in Musikforschung, 5, 1952, S. 350 bis 352). – C. Sartori, *Omaggio a E.* (in Rivista Musicale Italiana, 54, 1952, S. 121–127). – MGG, 3, Sp. 1205–1208. – R. Schaal, *A. E.*, Kassel/Basel o. J. [1954].

CARL EINSTEIN

* 26.4.1885 Neuwied
† 5.7.1940 Lestelle-Bétharram bei Pau

LITERATUR ZUM AUTOR:
S. Penkert, *C. E. Beiträge zu einer Monographie*, Göttingen 1969. – *C. E.* (in alternative, 1970, Nr. 75). – E. Krispyn, *C. E.*, NY 1971 (TWAS). – H. Heißenbüttel, *C.-E.-Portrait* (in H. H., *Zur Tradition der Moderne*, Neuwied/Bln. 1972. – H. Kraft, *Kunst u. Wirklichkeit im Expressionismus*, Bebenhausen 1972. – H. Oehm, *Die Kunsttheorie C. E.s*, Mchn. 1976. – K. Riha, *Enthemmung der Bilder u. Enthemmung der Sprache. Zu P. Scheerbart u. C. E.* (in *Phantastik in Literatur u. Kunst*, Hg. C. W. Thomsen u. J. M. Fischer, Darmstadt 1980, S. 268–280). – J. Müller, *C. E. Hinweise auf neuere Forschungsliteratur* (in Studi Germanici, 19/20, 1981/82, S. 285–314). – K. W. Kiefer, *Avantgarde, Weltkrieg, Exil. Materialien zu C. E. u. S. Friedlaender/Mynona*, Ffm. 1986. – *C. E.*, Hg. H. L. Arnold, Mchn. 1987 (Text + Kritik). – Ch. Braun, *C. E. Zwischen Ästhetik u. Anarchismus: Zu Leben und Werk eines expressionistischen Schriftstellers*, Mchn. 1987. – W. Ihrig, *Literarische Avantgarde u. Dandyismus. Von C. E. bis Oswald Wiener*, Ffm. 1988.

DAS LYRISCHE WERK von Carl EINSTEIN. Dem Lyriker Carl Einstein wird bis heute wenig Aufmerksamkeit geschenkt. Einer der wenigen, die nach dem Zweiten Weltkrieg an ihn zu erinnern suchten, war Gottfried BENN, der schon früh die Bedeutung Einsteins erkannt und ihm 1925 das Gedicht *Meer- und Wandersagen* gewidmet hatte. Er nahm Einsteins Gedicht *Tödlicher Baum* in die von ihm 1955 herausgegebene Anthologie *Lyrik des expressionistischen Jahrzehnts* auf und stellte den Lyriker damit in eine Reihe mit den bedeutenden Autoren dieser Epoche, während ihn Kurt PINTHUS in seiner Anthologie *Menschheitsdämmerung* (1919) nicht berücksichtigt hatte. Benn wählte gerade jenes Gedicht aus, das Karl KRAUS 1917 in der ›Fackel‹ zum Anlaß genommen hatte, um gegen den »Dilettantismus« der von ihm wenig geliebten Berliner Avantgarde zu polemisieren.

Einsteins lyrisches Werk ist, soweit es veröffentlicht wurde, nicht sehr umfangreich. Die im Nachlaß aufgefundenen Texte sind noch nicht vollständig ediert, zu Lebzeiten des Autors wurden, die »*Nachdichtungen*« afrikanischer *Negerlieder* inbegriffen, nur knapp vierzig Gedichte publiziert, zumeist während des Ersten Weltkriegs in der von Franz PFEMFERT herausgegebenen expressionistischen Zeitschrift ›Die Aktion‹. Sie blieben, im Gegensatz zum Roman *Bebuquin*, ohne größere Resonanz. Mit Pfemfert fühlte Einstein sich auch politisch eng verbunden und einer engagiert-kritischen Avantgarde zugehörig. Nach dem Krieg schloß sich Einstein dem Kreis des Malik-Verlags um Wieland HERZFELDE, John HEARTFIELD, George GROSZ, Walter MEHRING und John HÖXTER an, zwischen 1921 und 1930 entstanden allerdings kaum literarische Arbeiten.

Im Gegensatz zu vielen seiner expressionistischen und dadaistischen Zeitgenossen war Einsteins Verständnis der literarischen Moderne weit gefaßt. Sein literarisches Programm versuchte den Gegensatz zwischen einer »hermetischen« und »engagierten« Literatur zu überbrücken. Großen Einfluß übte auf ihn die französische Kunsttradition aus. Das betrifft nicht nur seine Anverwandlung des Kubismus, den er in Deutschland mit bekannt gemacht hatte. Einstein versuchte die bereits klassisch gewordene literarische Moderne Frankreichs zu ak-

tualisieren. Insbesondere war es MALLARMÉ, den er zu seinen »Ahnen« zählte und über dessen Lyrik er 1913 schrieb: »*Aber Mallarmé war im Grunde nicht nur Fanatiker des Absoluten, er war Dandy und originell und ging von der Lehre des Spleens aus, dieser Quelle jeder reinlichen unromantischen Phantastik. Er gewinnt sein Imaginäres, die Umsetzung merkwürdigerweise aus dem impressionistischen Moment der sensibilité; trotz aller Parnassiens war er durchaus Impressionist und originell, identifizierte das Absolute mit dem Seltenen. Also eine Individualitätsstrebung.*«
Die Empfindung als Gegenstand des Dichterischen, die tatsächlichen Erlebnisse und die mehrstufigen Komplexe der Erinnerungen – damit ist ein Hinweis auf die frühen Gedichte Einsteins gegeben.

1914 erschien der Zyklus *Fünf Gedichte* in ›Die Aktion‹. Die Nähe zu der von Einstein bei Mallarmé hervorgehobenen »*Lehre des Spleen*« ist unverkennbar: des »*Lebens starker Tod*«, »*das Nichts*«, die »*Leere*« und der *deus absconditus* – der sich verbergende Gott – sind die zentralen Motive (»*Noch lange, nie erwarte deinen Gott;/Denn schmutzig liegst Du, unerheblich,/Und deine Leere ist sein Spott.*«). Doch diese traditionellen Topoi der Melancholie sind nicht ungebrochen. Die Depersonalisierung des Ichs und das Verlieren der Sprache – Einstein spricht von »*autistischen Monologen*« – sind gebunden an die Erfahrung einer sinnentleerten modernen Lebenswelt – eine Thematik, die ihn mit seinen expressionistischen Zeitgenossen verbindet (»*Der Städte abgedrehte Lichte,/ Der Trunknen Fallen in den frühen Straßen, ...*«).

In Opposition zu der industrialisierten Lebenswelt stehen auch Einsteins als »Nachdichtungen« ausgegebene *Negerlieder*, die er ebenfalls in der ›Aktion‹ publizierte. Sie sind im Kontext seiner Studien über die afrikanische Kunst und Kultur entstanden. Wie aus dem Vorwort zu seiner Arbeit über *Negerplastik* (1915) hervorgeht, sah Einstein in der afrikanischen Kunst ein Gegenmodell zum modernen europäischen Kunstverständnis. Das Kunstwerk, so fordert er, soll nicht »*als willkürliche und künstliche Schöpfung angesehen werden*«, sondern als eine »*mythische Realität, die an Kraft die natürliche übertrifft*« – was die avantgardistische Lesart der afrikanischen Kunst deutlich vernehmen läßt. Die am Beispiel der *Negerplastik* erörterte »*kubische Raumanschauung*«, um die es Einstein primär ging, haben seine Forderung nach einer »*kubistischen*« Erneuerung der lyrischen Sprache maßgeblich beeinflußt. In einem Brief an den Kunstmäzen Daniel Henry Kahnweiler schreibt Einstein 1923, daß die »*Wirklichkeit der Dichtung*« allein durch die »*Wortfolge*« konstituiert werde: Daher müssen sich die »*seelischen Dimensionen tatsächlich durch Wortverbindungen*« darstellen. Die Auflösung der konventionellen Sprache und die »*Befreiung der Worte*« aus den Fesseln der traditionellen Syntax sind einige der Konsequenzen, die Einstein in seinen Ansätzen zu einer kubistischen Wortkunst formulierte. Von dieser Position aus kritisierte er einen großen Teil der modernen Lyrik: »*Die Litteraten hinken ja so jammerhaft mit ihrer Lyrik und den kleinen Kinosuggestionen hinter Malerei und Wissenschaft hinter her. Ich weiß ..., dass nicht nur eine Umbildung des Sehens und somit des Effekts von Bewegungen möglich ist, sondern auch eine Umbildung des sprachlichen Aequivalents und der Empfindungen. Die Litteraten glauben sehr modern zu sein, wenn sie statt Veilchen Automobile oder Aeroplane nehmen.*«

Walter MUSCHG qualifizierte Einsteins Gedichte als eine Nachahmung der expressionistischen »Wortkünstler«, insbesondere der Gedichte August STRAMMS, ab; schon Karl KRAUS hatte in seiner Polemik gegen Einstein darauf verwiesen. Zutreffend daran ist, daß die von Einstein eingesetzten Stilmittel, darunter die radikale Verknappung der lyrischen Sprache, sich nicht wesentlich von den Gedichten des Sturm-Kreises um Herwarth WALDEN unterscheiden. Einstein selbst verweist auf die Futuristen. Doch in der Nachahmung der »Wortkünstler« erschöpfen sich insbesondere die beiden 1917 in der ›Aktion‹ veröffentlichten Gedichtzyklen *Der Leib des Armen* und *Gedenken des André Derain* nicht (der kubistische Maler André Derain (1880–1954), galt irrtümlich als im Krieg gefallen). Dies gilt auch für den ebenfalls 1917 publizierten Zyklus *Kranke* (»*Höhle knäuelt/Augapfel brandet in barometrigem Kanal./Verrostet schwimmt ein hohler Hammer in den Adern.*«) Einsteins Gedichte sind ein eigenständiger Versuch, die von den Futuristen und den expressionistischen »Wortkünstlern« begonnene Erneuerung der lyrischen Sprache fortzusetzen (»*Ist denn die Art des Erlebens, wobei ich keine psychologische Analyse verstehe, sondern das* Erlebnis, *dessen Symptom eben eine Gruppe von Dingen oder Zuständen ist, nicht wichtiger als die Beschreibung aneinander gereihter Zustände und müßte man versuchen diese Sprache der Form der Erlebnisse anzupassen, wie man im Kubismus ein bestimmtes, entscheidendes Raumgefühl übersetzte?*«).

Als einen letzten Versuch dieses neue kubische »*Raumgefühl*« lyrisch zu übersetzen, kann man das Gedicht *Entwurf einer Landschaft* interpretieren. Diese letzte Einzelveröffentlichung eines literarischen Textes zu Lebzeiten Einsteins erschien 1930 als bibliophiler Druck mit Illustrationen von Gaston-Louis Roux in hundert Exemplaren in Paris – gleichzeitig mit einer englischen Übersetzung in der literarischen Zeitschrift ›Transition‹. Mit diesem Gedicht, das noch einmal die Depersonalisierung und den Verlust der Sprache thematisierte, verstummte der Lyriker Carl Einstein in der Öffentlichkeit (»*Zerfiele das Wort/Wir atmeten enteist/ Entsegelten/Geschienten erstickten Docks.*«)

Gottfried Benns Rehabilitation des Lyrikers Carl Einstein erfolgte zu Recht. Wenn Einstein auch nur mit wenigen Gedichten zu überzeugen vermochte, so gehört er doch zu den repräsentativen Dichtern des expressionistischen Jahrzehnts – und wie viele von ihnen, kam auch Einstein als Jude und politischer Schriftsteller 1933 auf die Fahndungslisten der Nationalsozialisten, seine Bücher wurden verbrannt und aus den Bibliotheken entfernt.

H.S.B.

AUSGABEN: Bln. 1980 (in *Werke*, Hg. R.-P. Baacke unter Mitarb. v. J. Kwasny, Bd. 1: 1908-1918). – Bln. 1981 (in *Werke*, Hg. M. Schmid, Bd. 2: 1919-1928). – Wien/Bln. 1985 (in *Werke*, Hg. M. Schmid u. L. Meffre, Bd. 3: 1929-1940). – Ffm. u. a. 1986 (in K. H. Kiefer, *Avantgarde – Weltkrieg – Exil. Materialien zu C. E. u. Salomo Friedlaender/Mynona*; m. Texten aus dem Nachlaß).

LITERATUR: W. Muschg, *Von Trakl zu Brecht. Dichter des Expressionismus*, Mchn. 1961. – H. Oehm, *Die Kunsttheorie C. E.s*, Mchn. 1976. – H. J. Dethlefs, *C. E. Konstruktion und Zerschlagung einer ästhetischen Theorie*, Ffm. 1985. – L. Cejpek, *Metamorphosen des Göttlichen. C. E.: »Entwurf einer Landschaft«* (in Sprache im techn. Zeitalter, 1986, Nr. 99, S. 198-205). – B. Worbs, *Raumfolgen. Essays*, Darmstadt 1986.

BEBUQUIN ODER DIE DILETTANTEN DES WUNDERS

Prosawerk von Carl EINSTEIN, erschienen 1912. – *»Hier wird, auf einem Kap, Extremes geformt. Unsere Bücher werden Euch unfaßlich sein, Bürger«* – mit diesen Sätzen Ferdinand HARDEKOPFS aus der ersten Proklamation des »Aeternismus« (1916), dessen Programm Carl Einstein entworfen hatte, lassen sich Formenwelt und Wirkung des *Bebuquin* sinnfälliger charakterisieren als mit einer analysierenden Beschreibung seiner Themen, deren sprunghaft wechselnde und widersprüchliche Aspekte ebenso wie die bewußt alogisch und akausal gefügte Komposition sich der rationalen Erfassung und der Perspektive von Handlung und Zeitablauf vollständig entziehen.
In einer Deutung des *Vathek* von William BECKFORD weist Carl Einstein den *Bebuquin* in jene literarische Klasse ein, der MALLARMÉS *Herodiade*, FLAUBERTS *Herodias* und BAUDELAIRES *Harmonies* angehören. Seine Kennzeichnung des *Vathek* zielt auf das eigene Werk: *»Ein Buch der artistischen Imagination, der Willkür; die Laune des Spleens wird ... zur Technik gerundet.«* Zum Darstellungsinhalt wird die Phantastik, *»die Kraft des Imaginären, dieser wahrhaften Essenz«* erklärt: *»Ein Wille, übermüde der Wirklichkeit ... erfindet im Sinne des ornamentalen bildhaften Zusammenhangs.«* Schroff wendet sich Einstein gegen Psychologie und Begründung; seine künstlerische Absicht ist, *»mit der Willkür die Kausalität zu beschämen«*. Entsprechend bildet er Dinge und Menschen zu den abstrakten Konstruktion eines ästhetischen Subjektivismus, der sich an der aperspektivischen Kunst des Kubismus orientiert und den Dingen seinen *»geometrischen Willen«* aufprägen will. Dieses artistische Verhältnis zur Realität entspricht dem erkenntnistheoretischen Bemühen Bebuquins, die Projektionen des ästhetischen Bewußtseins absolut zu setzen. Er verlangt nach Formen, *»wie sie ihm keine Wirklichkeit bisher zu geben vermochte«*. Diesem Willen liegen Motive zugrunde, die aus den Anfängen der Moderne, von Mallarmé, den Symbolisten und der Neuromantik herstammen; *ennui, dégoût* vor den Dingen und der empirischen Vernunft, denen Bebuquins proteushaftes Bewußtsein entkommen will. *»Aber in mir ist so viel und gerade das Wertvollste, was über die Tatsache hinausgeht. Die materielle Welt und unsere Vorstellungen decken sich nie.«* Weltverlust und Abkehr von der Wirklichkeit, Ablehnung der klassischen Ontologie und des Kunstgesetzes der Mimesis sowie die Bedrohung subjektiver Formgebung durch die Absurdität des Todes sind die Leitthemen des Buchs. Es sucht nach einem Wunder, das die Sinnlosigkeit, die Zerstörung der *adaequatio rei et intellectus*, der Übereinstimmung von Sache und Denken aufhöbe und dem Denken ermöglichte, sich in der Idealität der künstlerischen Form zu erlösen: *»Tod, du Vater des Humors, wenn dich ein Wunder, das ich mit meinen Augen sehe, vernichtete; dein Feind ist das Phantastische, das außer den Regeln steht; aber die Kunst zwingt es zum Stehen, und erschöpft gewinnt es Form.«* Doch die Hoffnung auf eine Verwandlung der Welt durch einen neuen Menschen, durch die Logik des Phantastischen, war eitel. Vergeblich bat Bebuquin im hohen Ton Zarathustras: *»Herr, laß mich einmal sagen, ich schuf aus mir. Sieh mich an, ich bin ein Ende, laß mich eine unabhängige Tat, ein Wunder tun.«* Die Vielfalt phantastischer Deutungsmöglichkeiten überwältigt sein Denken. Er endet in deutlicher Analogie zu NIETZSCHE im Wahnsinn.
Die Gestalten des Buchs, ohne individuellen Umriß wie extreme Typen des expressionistischen Theaters, erscheinen szenisch, als Schallkörper eines geistigen Prozesses, der die Realitätsebene aufhebt und aus der objektiven epischen Haltung ständig in geballte lyrisch-dramatische Mischformen, in Monologe, in Dialoge, in liturgische und parodistische Formen, in surreale Bildzeilen und freie Montage ausbricht. Ekastatische Aufschwünge wechseln mit Deklamationen des Ekels, Hohn auf den klassischen Kunstkanon mit todesbewußter Melancholie und aphoristischer Groteske. – Gegenüber diesem Buch, *»das nichts als Gedanke ist«* (Kurt Hiller), erweisen die herkömmlichen Gattungsbegriffe sich als unzulänglich. Die versuchte Einstufung des Werkes als Roman kommt einer Irreführung gleich. Am treffendsten wurde es von Ewald WASMUTH als *»surreale Burleske«* bezeichnet. Der erkenntnistheoretischen Leidenschaft des Werkes und seiner todesbewußten Melancholie wird dieses Etikett indessen nicht gerecht. Vorbehalte sind auch gegen Gottfried BENNS Wertschätzung des *Bebuquin* anzumelden; er pries GIDES *Paludes* und den *Bebuquin* (der die Widmung trägt: *»Für André Gide geschrieben 1906-1909«*) als die zwei Bücher absoluter Kunst, die er kenne. Besonderes Augenmerk verdient die richtungsweisende Bedeutung, die das Werk – von Hugo BALL propagiert – für den Dadaismus hatte. H.H.H.

AUSGABEN: Kap. 1-4, Lpzg. 1907 (in Die Opale). – Bln. 1912 (in Die Aktion, 2). – Bln. 1912

[Nachw. F. Blei]. – Bln. 1917; Nachdr. Nendeln 1973. – Wiesbaden 1962 (in *GW*, Hg. E. Nef). – Ffm. 1963 (Nachw. E. Wasmuth; IB). – Ffm. 1974 (Nachw. ders.; BS). – Bln. 1980 (in *Werke*, Hg. R.-P. Baacke unter Mitarb. v. J. Kwasny; 3 Bde., 1980–1985, 1). – Stg. 1985, Hg. E. Kleinschmidt (RUB).

LITERATUR: K. Hiller, *D. Weisheit d. Langeweile*, Bd. 1, Bln. 1913, S. 171–177. – E. Wasmuth, *D. Dilettanten d. Wunders. Versuch ü. C. E.s »Bebuquin«* (in Der Monat, 14, 1962, H. 163, S. 49–58). – G. Quenzer, *Absolute Prosa. C. E.s »Bebuquin...«* (in Deutschunterricht, 17, 1965, H. 5, S. 53–65). – E. Ihekweazu, *»Immer ist der Wahnsinn das einzig vermutbare Resultat«. Ein Thema des Expressionismus in C. E.s »Bebuquin«* (in Euph, 76, 1982).

DIE FABRIKATION DER FIKTIONEN

Kunsttheoretisches Pamphlet von Carl EINSTEIN, entstanden in Paris zwischen 1932 und 1936. – Dieser für die Diskussion der Rolle des Künstlers in der heutigen Gesellschaft nach wie vor zentrale Text wurde erst 1973 aus dem Nachlaß des Autors veröffentlicht und damit weitgehend um seine Wirkung gebracht. Das ist um so mehr zu bedauern, als Carl Einstein bei aller scharfen Kritik am modernen Künstlertum weder ein Reaktionär noch ein dogmatischer Marxist und obendrein auch kein Banause in künstlerischen Dingen war, sondern selbst mit seinem Roman *Bebuquin oder die Dilettanten des Wunders* (entst. 1906–1909; ersch. 1912), seinen Veröffentlichungen in der expressionistischen und radikaldemokratischen Zeitschrift ›Die Aktion‹ in die literarische Avantgarde der Kunstrevolution der Jahre um 1910 und in den Expressionismus gehörte und ein intimer Kenner der Kunstszene der zwanziger Jahre, besonders des Kubismus, sowie Weggenosse und Apologet der Surrealisten war. *Die Fabrikation der Fiktionen* ist also nicht das Derivat einer politischen Wendung des Autors gegen die Kunst, sondern basiert umgekehrt auf den persönlichen Erfahrungen Einsteins im Kunstbetrieb der späten zwanziger Jahre; der Verfasser von *Die Kunst des 20. Jahrhunderts* (1927) bringt seine Kenntnisse nun in polemisch-systematischer Absicht und in pamphletistischem Ton in einen politischen Zusammenhang ein, in eine – sei es auch unvollständige und in sich nicht ganz konsequente – Theorie der Epoche. Bis 1931 war Einstein selbst, obwohl schon 1918 Mitglied des Brüsseler Soldatenrates und politisch linksstehend, noch davon überzeugt, daß auch in der avantgardistischen, speziell in der kubistischen und surrealistischen Kunst der Zeit revolutionäres Potential stecke, daß auch die Zerstörung bürgerlicher Kunst und bürgerlicher Weltwahrnehmung in den Produkten der Avantgarde fortschrittliche Funktionen habe und eine Änderung der Verhältnisse ästhetisch-politisch zumindest antizipiere. 1928 übersiedelte Einstein von Berlin, das ihm provinziell geworden schien, nach Paris, kam in engen Kontakt mit den Surrealisten um BRETON und ARAGON, vor allem aber mit dem Kunsttheoretiker und Ethnologen Michel LEIRIS; er konnte nun das intellektuelle Leben und den Kunsthandel in der französischen Hauptstadt aus nächster Nähe studieren und mußte erkennen, daß die bürgerschreckenden Revolten der Surrealisten politisch irrelevant, wenn nicht gar reaktionär, auf jeden Fall aber gänzlich abgehoben von der gesellschaftlich-ökonomischen Realität ihrer Zeit waren.

Mit den »Intellektuellen«, die er in seinem Pamphlet vehement attackiert, sind vor allem die Surrealisten gemeint, die Einstein als Hersteller von Kunstwerken denunziert, denen *»keine soziale Struktur mehr entspricht«* und die deshalb nur *»Fiktionen«*, d. h. Scheinwerte und Irreführungen seien: *»Die Chronik der geistigen Wunder schimmerte fahl und zweideutig.«* Naturwissenschaftler, Philosophen und Psychoanalytiker sind zwar bisweilen mitgemeint, wenn die *»Lieferanten privater Phantasmen«* angegriffen werden, doch der zentrale Gegner sind die Surrealisten, die in immer neuen *»paradoxen Kombinationen«* und *»abrupten Metaphern«*, durch Mobilisierung archaischer Schichten des Bewußtseins und durch Darbietung immer neuer Nuancen und Sensationen aus dem Arsenal ihres verstiegen-idiosynkratischen Künstlertums einen Markt beliefern, dessen Kunden sich allein aus der Oberschicht und aus den Reihen der gesellschaftlichen Parvenüs rekrutieren. Der Anarchie der Warenproduktion entspricht ein Kunstmarkt individualistischer Eitelkeiten, die täglich in neuen Schattierungen angeboten werden müssen; in orientierungsloser Vielfalt müssen die von jedem Milieu abgetrennten Künstler, quasi als moderne Magier, unablässig neue ästhetische Trucs und Tricks feilbieten, sowohl um ihre eigene Unersetzlichkeit unter Beweis zu stellen wie auch um ihren Kunden durch die Begegnung mit extremen künstlerischen Fiktionen das sublime Erlebnis ihrer Besonderheit zu verschaffen: *»Die Leute von 1930 revoltierten scheinbar gegen die Überlieferung. Dieser Aufruhr ging gegen das Formale und war social negativ und unproduktiv. Diese Artisten verfertigten ästhetische Surrogate. Tatsächlich arbeiteten die meisten Literaten idealistisch und reaktionär und forderten das Wirklichkeitsprimat für ihre von jedem Milieu losgelöste Imagination.«*

Die Kunden aus der herrschenden Schicht aber haben ein noch viel konkreteres Interesse daran, daß die Intellektuellen sich in theoretischem und ästhetischem Radikalismus austoben: Elitäre Philosopheme und »Artisten-Dichtung« nützen, Einstein zufolge, der Minorität auch dadurch, daß sie von praktischen Zielsetzungen ablenken, daß Energien in Resignation gebunden bleiben, die statt der kleinen ästhetischen *Revolten* sonst die politische *Revolution* betreiben könnten. Die *»heillose Masse kontemplativer Ästhetizismen und Illusionen«* stützt, da sie sich auf keine übergeordneten Werte mehr bezieht, die Herrschaft einer Minorität, deren Stunde eigentlich längst gekommen ist. Was die *»intellek-*

tuellen Wolkenschieber«, die *»entfesselten Farbdichter«*, die *»theoretischen Feiglinge«* schreiben, malen und denken, trifft gar nicht mehr die Wirklichkeit, die Wirklichkeit der *»Masse, die das konkret Wirkliche durch ihre Arbeit bildet und schafft«*, der Proletarier, deren Leben es auch gar nicht zuläßt, daß sie an den ästhetischen Spielen der Oberschicht teilnehmen. Das ganze individualistische Sich-Spreizen der Künstler weist nur auf eines hin: daß sie verantwortungslos, schwächlich und unfähig sind, sich in ein Kollektiv einzuordnen, dessen Kräfte und historische Perspektive es ihnen wieder gestatten würden, einen verbindlichen Stil zu erlangen, der einer *»bedeutenden allgemeinen Ordnung«* dient. Das ist der Kern einer Intellektuellen-Schelte, die Einstein auf über 300 Seiten in immer neuen Ansätzen und Varianten vorträgt, furios und weitschweifig zugleich, mit der hartnäckigen Wut dessen, der einer riesigen Illusion, einem gigantischen Betrug auf die Spur gekommen ist und dessen zentrale Überzeugung lautet: *»Die einzig bedeutsame historische Tatsache, nämlich die Heraufkunft der arbeitenden Klasse, verkannte man oder suchte, sie nach Kräften zu verhindern.«* Angelagert an diesen Kern einer – wie es in dem im Manuskript wieder gestrichenen Untertitel heißt – *» Verteidigung des Wirklichen«* gegen die *»Vernichtung des Realen«* durch die Intellektuellen, gegen die elitären Phantasmen der »Geistigen«, ist eine nur umrißhaft ausgeführte Sprachtheorie, die sich strikt antinominalistisch gegen den Glauben an den Begriff als die wesentliche Wirklichkeit wendet; hinzu kommen Ansätze zu einer Erkenntnistheorie, Skizzen zu einer Ästhetik, Denunziationen *allen* metaphorischen Sprechens und apodiktische Feststellungen zur Klassengebundenheit allen Denkens.

Wäre es Einstein nur um eine Abrechnung mit den Surrealisten gegangen, so hätte er wohl Namen genannt; doch in das Pamphlet gingen auch Passagen ein, die aus anderen Zusammenhängen stammten; die *Fabrikation der Fiktionen* hat keine endgültige Gestalt mehr bekommen, schwankt in der Gattung zwischen dem Pamphlet und einer Theorie der modernen Kunst. Einsteins Kritik der Intellektuellen ist keineswegs genuin marxistisch fundiert, liefert keine zusammenhängende Theorie von Kunst als einem Überbauphänomen der spätkapitalistischen Gesellschaft, auch wenn der immer wieder benutzte Begriff der »Wirklichkeit«, die den »Fiktionen« einer Clique liberalistischer Intellektueller gegenübergestellt wird, eine Nähe zum marxistischen Begriff der Basis aufweist. Die Vorwürfe gegen die Intellektuellen und speziell gegen die Dichter – sie gipfeln in Sätzen wie: *»Die Dichter quellen die bescheidenen Erlebnisse kosmisch auf und versetzen sie in eine unkontrollierbare, mythisch ergreiste Ambiance, die den Leser betäubt«* – gehen tendenziell zurück auf eine weniger politische als moralische Abqualifizierung von Dichtung, die in Platos *Staat* beginnt und entscheidende Verstärkung dann im 19. Jh. erhält, als nicht nur den philosophischen, sondern implizit auch der poetischen Interpretation der Welt der Imperativ ihrer Veränderung gegenübergestellt wird. Konsequent sind bei Einstein auch alle Erwägungen zur zukünftigen Rolle der Kunst ausgespart, sieht man von der an einigen wenigen Stellen geäußerten Überzeugung ab, daß einer Solidarisierung der Dichter mit dem Proletariat wieder ein *»verbindlicher Stil«* entspringen werde: *»Stil heißt Bindung und verpflichtende Wertsetzung.«*

Die Fabrikation der Fiktionen ist als Versuch der Bestimmung der Rolle der Intellektuellen in einer Krisensituation in engster Nachbarschaft zu sehen zu Karl Mannheims Untersuchungen zur Rolle der »freischwebenden Intelligenz« (*Ideologie und Utopie*, 1930), zu Bertolt Brechts *Tui*-Komplex, der ab 1931 entstehenden Gruppe von Schriften und Dichtungen über die *»Vermieter des Intellekts«*, zu Walter Benjamins theoretischen Schriften aus den dreißiger Jahren (insbesondere *Der Autor als Produzent* von 1934); die Schrift ist zugleich das gewichtigste Gegenstück zu Theodor W. Adornos Theorie einer Rettung des Kunstwerks als Negation. Einstein blieb keine Zeit mehr zu spezifizieren, wie ein neuer »verbindlicher Stil« aussehen könnte; er zog 1936 aus seinen Einsichten Konsequenzen: Er kämpfte im Spanischen Bürgerkrieg in der Brigade des Anarchistenführers Buenaventura Durruti, nach dessen Tod er über den Sender Madrid eine Rede hielt, die in ihrer Wendung gegen die zur Solidariät unfähigen Intellektuellen in gewissem Sinn die Fortsetzung der *Fabrikation der Fiktionen* darstellt: *»Durruti, dieser außergewöhnlich sachliche Mann, sprach nie von sich, von seiner Person. Er hatte das vorgeschichtliche Wort ›ich‹ aus der Grammatik verbannt. In der Kolonne Durruti kennt man nur die kollektive Syntax. Die Kameraden werden die Literaten lehren, die Grammatik im kollektiven Sinn zu erneuern.«*

Wie Benjamin und Brecht sowie auch Walter Serner, zu dessen antiintellektualistisch-nihilistischem Manifest *Letzte Lockerung* (1918) verblüffende gedankliche und motivische Ähnlichkeiten bestehen (totaler Ideologieverdacht gegenüber allen geistigen Produkten; Konstatierung der Funktionslosigkeit des Intellektuellen und des Wertevakuums nach dem Ende der Metaphysik), ist Einstein eine fortwirkend wichtige Figur, da er mit extremer und unüberholter Schärfe den Intellektuellen *»im Stadium der Erkenntnis seiner historischen Überflüssigkeit«* (Wieland Herzfelde) gesehen hat; bei Einstein wird der Konflikt zwischen avancierter ästhetischer Theorie und notwendiger politischer Orientierung bzw. Verpflichtung bis zur äußersten Spannung ausgetragen. Die angedeutete Lösung des Konflikts ist allerdings inzwischen historisch, auch wenn die postmoderne gesellschaftliche Situation der Kunst von der damaligen grundsätzlich nicht verschieden ist; die Hoffnung auf eine Politisierung der Intelligenz, auf eine effektive Mitarbeit der Intellektuellen bei der »Umschichtung der gesellschaftlichen Tatsachen« erscheint chimärischer als je. J.Dr.

Ausgabe: Reinbek 1973 (in *GW in Einzelausg.*, Hg. S. Penkert, Bd. 4; Einl. H. Heissenbüttel).

LITERATUR: H. Heissenbüttel, *Attacke gegen die Intellektuellen* (in Die Zeit, 29. 12. 1972). – P. Buchka, Rez. (in SZ, 10. 3. 1973). – J. P. Wallmann, Rez. (in Tagesspiegel, 15. 4. 1973). – U. Widmer, Rez. (in FAZ, 7. 7. 1973).

EIRENAIOS AUS LYON

* 140/145
† um 202

ELENCHOS KAI ANATROPĒ TĒS PSEUDŌNYMU GNŌSEŌS

(griech. Patr.; *Entlarvung und Widerlegung der falschen Gnosis*). Apologetisch-dogmatische Schrift in fünf Büchern von EIRENAIOS aus Lyon, entstanden zwischen 172 und 192. – Als Bischof von Lyon (seit 177/178) fühlte sich Eirenaios verpflichtet, der Verbreitung der aus Kleinasien in die Rhonegegend eingedrungenen gnostischen Sekten entgegenzuwirken. Doch wendet sich die Schrift nicht nur gegen die Gnostiker im engeren Sinn, sondern überhaupt gegen alle, die auf irgendeine Weise von der Lehre und Gemeinschaft der Kirche abweichen, indem sie ihre eigene, subjektive Weisheit über die objektive, geoffenbarte und von der Kirche gehütete Wahrheit setzen. Viele Irrlehren sind dabei erst von Eirenaios aufgedeckt und »entlarvt« worden. Von der in der Kirche gepflegten echten Gnosis, die sich über die gläubige Annahme *(pistis)* der geoffenbarten Wahrheit hinaus um die tiefere Erkenntis *(gnōsis)* der metaphysischen Gründe bemüht und die auf ein christlich-sittliches Leben abzielt, ist die häretische Gnosis grundverschieden. Sie unterschlägt die Positivität und Geschichtlichkeit des Christentums oder sieht sie doch als nebensächlich an; ihr gilt die – vom Boden des Historischen losgelöste – Gnosis selbst als Religion. So wird für sie die Spekulation zum Selbstzweck und setzt sich dann oft genug auch über die Vernunftsgesetze hinweg, sinkt also zu bloßer Fiktion oder gar zu religiösem Schwindel ab.
Buch 1 enthält die vollständige Darstellung der von Eirenaios bekämpften Irrlehren und gibt eine Genealogie des Gnostizismus von SIMON MAGUS bis zu MARKION. Zentrale Bedeutung kommt nach Eirenaios dem Valentinianismus zu, in dem sich alle anderen Sekten gewissermaßen treffen. Buch 2 sucht den Gnostizismus aus der Vernunft, durch den Nachweis der in ihm enthaltenen prinzipiellen Widersprüche, zu widerlegen. Die gnostische Schriftauslegung zur Bekräftigung der Äonen-Emanation wird kritisiert, die Unterscheidung der dreierlei Arten von Menschen (physischer, psychischer und pneumatischer) zurückgewiesen. In Buch 3 bekämpft der Autor die Gnostiker vom Standpunkt der Tradition und der *Schrift* aus.

Buch 4 führt das Zeugnis Christi und der Propheten für die Identität des Gottes des Alten und des Neuen Bundes an. Christus sei nicht gekommen, um einen neuen Äon heraufzuführen, also nicht eines Zeitalters, sondern aller Zeiten wegen. Im fünften Buch wird, im Anschluß an die Menschwerdung und Auferstehung Christi, die Lehre von der Auferstehung und von den letzten Dingen behandelt.
Das Werk ist einem ungenannten Freund gewidmet, der wahrscheinlich ebenfalls Bischof war und den Eirenaios mit der Gnosis näher bekannt machen wollte. Die ursprünglich griechisch geschriebene Schrift wurde sehr früh – in engster Anlehnung an das Original – ins Lateinische übersetzt und wird seit HIERONYMUS unter dem Titel *Adversus haereses (Gegen die Häretiker)* überliefert. Sie stellt das umfassendste und gründlichste Quellenwerk für die Kenntnis der damaligen Irrlehren dar. Außerdem bietet sie eine knappe Zusammenfassung und Rechtfertigung der ganzen kirchlichen Dogmatik. H.L.H.

AUSGABEN: Basel 1526, Hg. D. Erasmus [lat.]. – Oxford 1702, Hg. E. Grabe [lat.-griech.]. – Paris 1710, Hg. R. Massuet [lat.-griech.]. – MG, 7 [Abdruck der Ausg. 1710]. – Cambridge 1857, Hg. W. Harvey [griech.-lat.; Nachdr. Cambridge 1949]. – Rom 1907, Hg. U. Manucci. – Fragmente des griech. Textes: Petersburg 1891 (in *Analecta Ierosolymitikēs Stachyologias*, Hg. A. Papadopulos-Kerameus, Bd. 1). – Vgl. auch B. Reynders, *Lexique comparé du texte grec et des versions latine, arménienne et syriaque de l'»Adversus haereses« de s. Irénée*, Löwen 1954 (CSCO, 5/6). – Paris 1965–1982, Hg. A. Rousseau, L. Doutreleau u. a., 10 Bde. (Buch I: SCh 263/264; Buch II: SCh 293/294; Buch III: SCh 210/211; Buch IV: SCh 100,1/2; Buch V: SCh 152/153; m. Komm. u. frz. Übers.).

ÜBERSETZUNGEN: *Fünf Bücher gegen alle Häresien oder Entlarvung u. Widerlegung der falschen Gnosis*, H. Hayd (in *AW*, Bd. 1, Kempten 1872; BKV, 11). – Dass., E. Klebba, Kempten/Mchn. 1912 (BKV[2], 3/4). – *Geduld des Reifens*, H. U. v. Balthasar, Einsiedeln 1956.

LITERATUR: F. R. M. Hitchcock, *Irenaeus of Lugdunum*, Cambridge 1914. – F. Loofs, *Theophilus von Antiochien, »Adversus Marcionem« u. die anderen theologischen Quellen bei I.*, Lpzg./Bln. 1930 (TU, 46/2). – W. Bauer, *Rechtgläubigkeit und Ketzerei im ältesten Christentum*, Tübingen 1934. – F. M. M. Sagnard, *La gnose valentinienne et le témoignage de saint Irénée*, Paris 1947. – A. Bengsch, *Heilsgeschichte u. Heilswissen. Eine Untersuchung zur Struktur u. Entfaltg. d. theolog. Denkens im Werk »Adversus haereses« des hl. I. v. L.*, Lpzg. 1957. – A. Bénoit, *S. Irénée, Introduction à l'étude de sa théologie*, Paris 1960. – J. Ochagavia, *Visibile Patris Filius. A Study of Irenaeus' Teaching on Revelation and Tradition*, Rom 1964. – L. Doutreleau u.

L. Regnault, Art. *Irenée de Lyon* (in *Dictionnaire de spiritualité ascétique et mystique*, Bd. 7/2, Paris 1971, Sp. 1923–1983). – K. Koschorke, *Die Polemik der Gnostiker gegen das kirchliche Christentum*, Leiden 1978. – R. Tremblay, *La manifestation et la vision de Dieu selon Saint Irenée de Lyon*, Münster 1978. – G. Vallée, *A Study in Anti-Gnostic Polemics*, Waterloo/Ontario 1981. – Y. de Audia, *Homo vivens. Incorruptibilité et divinisation de l'homme selon Saint Irenée de Lyon*, Paris 1986. – H.-J. Jaschke, Art. *E. v. L.* (in *Theologische Realenzyklopädie*, Bd. 16, 1987, S. 258–268).

HELMUT EISENDLE

* 12.1.1939 Graz

LITERATUR ZUM AUTOR:
P. Laemmle, *Aus dem Suicidkästlein eines Grazer Menschenfreunds. Zu den Texten und Stücken von H. E.* (in *Wie die Grazer auszogen, die Literatur zu erobern. Texte, Porträts, Analysen und Dokumente junger österreichischer Autoren*, Hg. P. Laemmle u. J. Drews, Mchn. 1975, S. 92–102). – F. Lennartz, *H. E.* (in *Deutsche Schriftsteller der Gegenwart*, Stg. [11]1978, S. 174–175). – H. Schödel, *Jenseits der Sprache. Leben im Konjunktiv: Die Romane von H. E. Handbücher zum vernünftigen Denken* (in Die Zeit, 20. 10. 1978). – P. Gnani, *L'opera narrativa di H. E. Dal 1976 ad oggi*, Diss. Bologna 1980. – W. Kaempfer, *Im Sprachraum. Über H. E.* (in *Sehnsuchtsangst. Zur österreichischen Literatur der Gegenwart*, Hg. A. v. Bormann, Amsterdam 1987, S. 109–117).

DER NARR AUF DEM HÜGEL

Erzählung von Helmut EISENDLE, erschienen 1981. – Der promovierte Psychologe Eisendle war zu Beginn der siebziger Jahre im Umkreis der Grazer Autorengruppe um die Zeitschrift ›manuskripte‹ mit experimentellen erzählerischen und szenischen Texten hervorgetreten, die unter Verwendung behavioristischer Lernmodelle und Versuchsanordnungen das wissenschafts- und ideologiekritische Potential von Literatur erprobten (*Walder oder Die stilisierte Entwicklung einer Neurose. Ein programmiertes Lehrbuch des Josef W.*, Mchn. 1972). In zunehmendem Maße verschob sich später der Akzent von der Kritik am szientifischen Denken auf Aspekte einer umfassenden, an F. MAUTHNER und L. WITTGENSTEIN orientierten Sprachkritik – ein zentrales Thema der österreichischen Gegenwartsliteratur.
Der Narr auf dem Hügel – der Titel spielt auf den gleichnamigen Beatles-Song an – läßt sich in dieser Linie als ein in Erzählform gekleideter poetologischer Essay über die Unmöglichkeit realistischer Schreibweise auffassen: Als ein nach Triest und in das Friaul führender Reisebericht setzt er in seinen vier Kapiteln – *Landstriche, Flüsse, Städte, Dinge* – immer wieder bei der einfachen Beschreibung an, aber allein schon die Art, in der das Erzähler-Ich stets in die Reflexion zurückgleitet, erweist die faktische Unmöglichkeit eines solchen Versuches: »*Nicht einmal das, was ich sehe, kann ich durchschauen. Die Mauern, Fronten, Grenzen, Zweifel beginnen, wenn ich meine Augen öffne. Ich sehe stets etwas in Sprache Gedeutetes; Literatur.*« Wie die Wahrnehmungsformen des erzählenden Ich nicht allein von sprachlichen, sondern tatsächlich von einem engeren Sinn literarischen Mustern determiniert sind, ergibt sich aus dem Darstellungskonzept Eisendles selbst, nämlich aus den in seinen Text bruchlos einmontierten (gelegentlich frei adaptierten, aber in einem angehängten Quellennachweis dokumentierten) Zitaten, v. a. aus L. ARAGONS *Le Paysan de Paris*, 1926 (*Der Bauer von Paris*), daneben auch von W. FAULKNER, P. P. PASOLINI, G. STEIN, R. BARTHES u. a. Es ist die in der Kulturtradition gewachsene »Hypertrophie des Intellekts«, die es bei aller scheinbar konkreten Anschauung des Gegenständlichen doch unmöglich macht, die Beschränkung durch Sprache oder auch durch Mythen und Symbole zu durchbrechen: »*Gleichgültig, durch welchen Landstrich ich fahre, stets flimmert durch meinen Kopf eine Deutung, eine Bedeutung, ein Vorurteil, ein kulturelles Stigma, eine Etikette.*« Besonders in der Begegnung mit der an sich alogisch-anarchischen Natur offenbart sich der Deutungszwang und zugleich die prinzipielle Unfähigkeit des Menschen, »*über etwas zu reden, etwas zu beschreiben, was nicht von uns stammt.*« Die Sprache ist ein Ordnungsinstrument, sie läßt Normen und damit »Normalität« entstehen; die Abweichung davon wird medizinisch und juristisch sanktioniert, stellt der Erzähler im Blick auf das ehemals von Franco Basaglia geleitete psychiatrische Krankenhaus fest. Aber auch die Künstler und Schriftsteller sind Abweichler, »Narren«, die in ihren Träumen und Phantasmagorien leben und an der Realität, wie sie die anderen sehen, kein Interesse haben. Aus dieser Situation des Abnormen ergibt sich zuletzt die besondere, positive Erkenntnisfunktion von Literatur; das »*freiflottierende Denken, die Phantasie*« werden – wie Eisendle zuvor bereits in einigen theoretisch-programmatischen Essays dargelegt hat (in der Sammlung *Das Verbot ist der Motor der Lust*, 1980) – zur Grundlage einer Poetik, welche die Selbstreferenz der Sprache nicht als Beschränkung, sondern als produktives Prinzip eines Schreibens begreift, das sich von uneinlösbaren Realismus-Postulaten emanzipiert.   E.Fi.

AUSGABE: Salzburg/Wien 1981.

LITERATUR: J. Quack, Rez. (in FAZ, 2. 10. 1981). – W. M. Lüdke, Rez. (in Die Zeit, 20. 11. 1981). – B. Scheffer, Rez. (in FRs, 8. 12. 1981).

JUDAH DAVID EISENSTEIN

* 12.11.1854 Międzyrzec / Polen
† 17.5.1956 New York

OZAR JISRAEL

(hebr.; *Israels Schatz*). Enzyklopädie des Judentums von Judah David EISENSTEIN, in zehn Bänden erschienen 1906–1913. – Dieses Werk stellt insofern ein Novum dar, als hier zum ersten Mal der Versuch unternommen wurde, sämtliche Wissensgebiete des Judentums (Religion, Geschichte, Literatur u. a.) in hebräischer Sprache unter alphabetisch geordneten Stichwörtern, also in Form einer Enzyklopädie, darzustellen. Das Werk ist freilich nicht die erste Enzyklopädie des Judentums: In englischer Sprache existierte bereits die zwölfbändige umfassende *Jewish Encyclopedia* (erschienen 1901–1906). In hebräischer Sprache jedoch war bisher nichts Vergleichbares erarbeitet worden, außer speziellen Nachschlagewerken wie z. B. das talmudische Lexikon *Pachad Jizchak (Die Ehrfurcht Isaaks)* von Isaak LAMPRONTI (Italien, 1679–1756). – Eisenstein sicherte sich die Mitarbeit namhafter Forscher, so daß sein Werk heute noch mit Gewinn benutzt werden kann. Die Abfassung in hebräischer Sprache hatte u. a den Vorteil, daß die hebräischen Quellen im Originaltext zitiert werden konnten. Die seit dem *Ozar Jisrael* entstandenen Enzyklopädien des Judentums erschienen wieder in europäischen Sprachen – in deutscher Sprache: *Jüdisches Lexikon* und die unvollständige *Enzyklopädia Judaica*; zuletzt das einbändige *Lexikon des Judentums* (1967). In hebräischer Sprache ist bis heute kein neues Werk dieser Art veröffentlicht worden. Die gegenwärtig in Israel herausgegebene großangelegte Enzyklopädie in hebräischer Sprache *Ha-encyclopedia ha-ivrith (Die hebräische Enzyklopädie)* ist eine Art israelischer »Brockhaus«, der in erster Linie allgemeines Wissen vermittelt.

L.Pr.

AUSGABE: NY 1906–1913, 10 Bde.; Nachdr. Bln./Wien 1924.

EITEMAL

d.i. Willem Jacobus du Plooy Erlank
* 22.6.1901 Wolmaransstad

JAFFIE

(afrs.; *Jaffie*). »Kleiner Eselsroman« von EITEMAL, erschienen 1953. – Die Anregung zu dieser Novelle erhielt der Autor, wie er im Vorwort erklärt, von mittelalterlichen Bildern, die bei der Darstellung der Geburt Christi häufig in einer Ecke des Stalls zu Bethlehem gegenüber einem Ochsenkopf einen Eselskopf abbilden, während weit im Hintergrund die Silhouette einer europäischen Stadt zu sehen ist. Diese teilweise Vernachlässigung der Realität zugunsten einer auf naive Weise erlebten Ideenwelt hat sich auch der Verfasser von *Jaffie* zu eigen gemacht, um Jugenderinnerungen wiederzugeben und religiöse Erlebnisse »vom Standpunkt des Esels aus« zu gestalten. Einerseits gibt er eine realistische Schilderung der Erfahrungen zweier Esel in einer typisch südafrikanischen Umgebung, andererseits überträgt er zahlreiche menschliche Eigenschaften, wie Familienstolz, Wettbewerbsdenken, Nachsinnen über das Jenseits auf die Tierwelt. Die beiden Esel sind der junge verwaiste Jaffie und sein beträchtlich älterer Onkel Vaaltyn, der gegenüber dem unerfahrenen Jugendlichen die Rolle des Pflegevaters spielt und es sich zum Ziel gesetzt hat, den in der Pubertätskrise steckenden Jaffie zu einem würdigen Glied der Gesellschaft zu erziehen. Ungewöhnlich ist die Perspektive, wenn etwa die Weihnachtsgeschichte vom Standpunkt des Esels aus interpretiert wird, der nicht ohne Selbstverherrlichung seine Funktion bei dem Geschehen zu würdigen weiß. Auch durch andere biblische, historische und legendarische Geschichten mit Eseln als Hauptpersonen ruft Onkel Vaaltyn in seinem Schützling das Gefühl der Traditionsverbundenheit wach. – Neben einer unauffällig moralisierenden Tendenz hat die Erzählung auch Witz, der, zu echtem Humor vertieft, zusammen mit engagierter Kritik an Vorurteilen und schlechten Gewohnheiten ihren besonderen Reiz erhöht. Hinzu kommen der unterhaltsame und lebendige Stil sowie die manchmal überraschende Bildersprache. Ihren großen Erfolg verdankt die Novelle mit ihrer doppelten Perspektive auch der Tatsache, daß sie als Erneuerung der südafrikanischen Kurzprosa angesehen wurde, die zuvor überwiegend gedankenschwere Werke aufgewiesen hatte.

C.J.M.N.

AUSGABE: Kapstadt 1953.

LITERATUR: D. J. Opperman, *E.* (in D. J. O., *Verspreide opstellen*, Kapstadt 1977). – J. C. Kannemeyer, *E.* (in *Geskiedenis van die afrikaanse literatuur I*, Kapstadt/Pretoria 1978, S. 246–249).

FRANCESC EIXIMENIS

* zwischen 1327 und 1332 Girona
† April 1409 Perpignan

LITERATUR ZUM AUTOR:
J. Massó y Torrents, *Les obres de Fra Francesch Eiximeniç* (in Anuari de l'Institut d'Estudis

Catalans, 3, 1909/10, S. 588–692; Bibliogr.). – P. Martí de Barcelona, *Fra F. E.*, Barcelona 1929. – J. H. Probst, *Die ethischen u. sozialen Ideen des katalanischen Franziskaners Eiximeniç* (in Wissenschaft u. Weisheit, 15, 1938, S. 73–94; vgl. auch ders., in RH, 39, 1917, S. 1–82). – J. Carreras y Artau, *Fray Francisco E., su significación religiosa, filosófico-moral, política y social* (in Anales del Instituto de Estudios Gerundenses, 1, 1946, S. 270–293). – M. de Montoliu, *Les grans personalitats de la literatura catalana*, Bd. 4, Barcelona 1960, S. 9–59. – P. Nolasc del Molar, *F. E.*, Olot 1962. – M. de Riquer, *Història de la literatura catalana*, Bd. 2, Barcelona ²1980, S. 133–196. – D. J. Vieira, *Bibliografia anotada de la vida i obra de F. E. (1340?–1409)*, Barcelona 1980. – C. J. Wittlin, *Qual maxime damnant ... [das] »Pastorale« des F. E.* (in Zeitschrift für Katalanistik, 2, 1989).

LO CRESTIÀ

(kat.; *Der Christ*). Theologisch-didaktisches Werk von Francesc EIXIMENIS, entstanden um 1379/85. – Diese Sammlung von zusammenhängenden Traktaten (ein »*gigantisches Opus*« nannte sie König Pere III, ein Förderer des Verfassers) ist, hierin den *Etymologiae* des ISIDORUS aus Sevilla (um 570–636) vergleichbar, eine Art christliche Enzyklopädie. »*Dieses Werk*«, schreibt der Autor selbst, »*heißt ›Cristià‹, weil hier in summarischer Form die Grundlagen des Christentums dargelegt werden, und weil alles darin Enthaltene jeden angeht, der ein christliches Leben zu führen wünscht, und dieses Leben vervollkommnen und seine Erdentage christlich beenden will.*« Aber nicht nur Theologisches ist in diesem Werk enthalten, sondern auch viel weltliches Wissen: Politisches, Soziologisches, Wirtschaftliches und sogar Verwaltungstechnisches, denn Eiximenis war ein vielbegehrter Ratgeber der Stadträte von Valencia. Ursprünglich war das Werk in dreizehn Bänden geplant, von denen jedoch nur die ersten drei und der zwölfte geschrieben wurden. Gelegentlich sind die vorhandenen Bücher getrennt herausgegeben worden, und sie werden auch als selbständige Werke (was sie im Grunde auch sind) zitiert.

Das erste Buch, *Primer del Crestià* (entstanden 1379–1381), behandelt in 381 Kapiteln die Grundlage der christlichen Religion, das Naturgesetz, das Gnadengesetz und die Offenbarung. Das zweite Buch, *Segon del Crestià* (entstanden 1382/83), handelt in 239 Kapiteln davon, »*wie der Mensch durch vielfache Arten der Versuchung die Würde des Christseins verlieren kann*«. Das dritte Buch, *Terç del Crestià*, das umfangreichste der vier veröffentlichten Bücher, wurde in der kurzen Zeitspanne von einem Jahr (1384) geschrieben. Es behandelt in 1050 Kapiteln die sieben Todsünden und steht in der didaktischen Tradition der mittelalterlichen Lasterkataloge *(Summae de vitiis)*, deren scholastischer Charakter jedoch hinter realistisch-farbigen, oft humorvollen Aperçus über das sündige Leben der Zeitgenossen zurücktritt. Das als zwölfte Buch des Gesamtwerks vorgesehene *Dotzè del Crestià*, auch *Regiment de príneps e de comunitats (Über die Regierung von Fürsten und Gemeinschaften)* betitelt, wurde 1385/86 verfaßt. Es besteht aus 907 Kapiteln, die in acht Teile untergliedert sind, und ist eine breitangelegte gesellschafts- und staatskundliche Abhandlung über Ursprung, Wesen und Zweck der Gemeinschaft, der Politik, des Rechts, der Wirtschaft, des Staates und der Stadt. Gerade über das städtische Gemeinwesen hat Eiximenis in einer bis dahin nie erreichten Tiefe geschrieben. Der dritte Teil dieses Buches, *Regiment de la cosa pública (Vom Gemeinwesen)*, der schon 1383 fertiggestellt worden war, umfaßt die Kapitel 357–395 und ist seiner fortschrittlichen Anschauungen wegen bedeutsam.

Die mittelalterlichen *Summae*, die Fürstenspiegel, das *Speculum historiale* des VINCENZ VON BEAUVAIS und *Il tesoro* von Brunetto LATINI sind Eiximenis' wichtigste Quellen. Viele der zitierten Autoren und Werke sind jedoch nicht identifizierbar und womöglich im Zuge einer Beglaubigungsstrategie des Autors erfunden worden. Eiximenis »*erklärt ... Prinzipien, Thesen und Wahrheiten mittels einer äußerst detaillierten und breitangelegten Argumentation, wobei er in langsamem Tempo und weitschweifender Art seine Lehren, unzählige Seiten und Kapitel anhäufend, mitteilt*« (M. de Riquer). Die wissenschaftliche Prosa des Autors nimmt einen herausragenden Platz in der Geschichte der katalanischen Sprache und Literatur ein, da Eiximenis eine individuell geprägte, erzählende Mitteilungsform benutzt, die oft den Leser direkt anspricht und sich in Anekdoten, Fabeln, kurzweiligen Erzählungen, Apologien und drolligen Geschichten, einschließlich Witzen und Sprüchen, konkretisiert. Dieses mit großer künstlerischer Gewandtheit und behäbigem Humor exemplifizierende Erzählmaterial hat M. OLIVAR als *Contes i faules (Erzählungen und Fabeln)* herausgegeben. Durch diese Art der kommunikativen Darstellung, die auch Vicent FERRER in seinen *Sermons* verwendet, und durch den ständigen Hinweis auf Sitten, Gebräuche und Begebenheiten der Zeit entsteht bei Eiximenis ein buntes Bild seiner Umwelt, insbesondere von Valencia. In seiner Einstellung zu den Problemen der Epoche, seien sie politischer, soziologischer oder religiöser Natur, zeigt Eiximenis eine aufgeschlossene, oft durchwegs klug ausgewogene Haltung zwischen Fortschritt und Beharren. So fordert Eiximenis eine Auflockerung der festgefügten mittelalterlichen Drei-Stände-Ordnung (Adel, Kleriker und Bauern) durch Erhebung der Kaufleute in einen Stand, »*der unter allen Menschen besonders geschützt und gefördert sein soll*«, und verlangt die Gleichstellung von Handel, Handwerkertum und industrieller Tätigkeit mit dem im Mittelalter ausschließlich anerkannten Erwerb aus Grundbesitz. Eiximenis stellt das bürgerlich-städtische Leistungsethos über die Ideale der klerikal und aristokratisch gestalteten Welt. Für ihn ist die Stadt die Wiege der Zivilisation, eine Erkenntnis, die er darauf gründet, daß gerade im Mittelmeerraum (ähnlich wie in Flandern, in Norditalien und im Hansegebiet) die städtische Kultur schon früh auf die Ablösung des ländlich-feudalen Gesellschaftssystems hingewirkt hat. Das Bürgertum, das sich dabei entwickelte, versteht Eiximenis bereits als eine vornehmlich auf Freiheit und Gleichheit gegründete Gesellschaftsform. A.F.R.

AUSGABEN: Valencia 1483 (Buch 1). – Valencia 1484 (Buch 12). – Valencia 1499 (*Regiment de la cosa pública*; Teil von Buch 12). – Barcelona 1925; ²1980 (*Contes i faules*, Hg. M. Olivar; m. Einl.). – Barcelona 1927; ²1980 (*Regiment de la cosa pública*, Hg. D. de Molins de Rei; m. Einl.; krit.). – Barcelona 1929–1932 (*Terç del Crestià*, Hg. Martí de Barcelona u. N. d'Ordal; m. Einl.). – Barcelona 1983 (*Lo Crestià*, Hg. u. Einl. A. Hauf; Ausw.). – Girona 1986 (*Dotzè llibre del Crestià* II/1).

LITERATUR: D. J. Vieira, *L'humor en les obres de F. E.* (in Boletín de la Acad. de Buenas Letras de Barcelona, 1983/84, S. 157–175).

LIBRE DE LES DONES

(kat.; *Buch der Frauen*). Didaktische Abhandlung von Francesc EIXIMENIS, geschrieben um 1396. – Das Werk ist in einer Zeit entstanden, in der die Literatur über die Frau unter dem Einfluß BOCCACCIOS (vgl. *Il Corbaccio*) einen ausgesprochen antifeministischen Charakter angenommen hatte. Doch wollte Eiximenis mit dieser Schrift nicht zu pro- oder antifeministischen Diskussionen beitragen, sondern folgte in dem Bemühen, Ratschläge zur Überwindung der weiblichen Untugenden zu erteilen, in erster Linie dem kirchlichen Schrifttum; in diesem wurde zum Thema Frau allerdings schon immer kritisch Stellung genommen. So erscheint im *Libre de les dones* die Frau als schwaches und launisches Geschöpf; »*der Erfinder der englischen Sprache nannte die Frau ›uman‹, was ›Leid des Ehegatten‹ bedeutet*«, etymologisiert Eiximenis, *woman* aus *woe* und *man* herleitend. Angesichts dieser entscheidenden Mängel des anderen Geschlechts diskutiert er beispielsweise in einem langen, von scholastischer Gelehrsamkeit erfüllten Kapitel das in psychologischer und physiologischer Hinsicht außerordentlich komplizierte Problem, »*ob die Frauen im Himmel in Männer verwandelt werden*«. Bei allen Vorbehalten gibt Eiximenis jedoch zu, daß »*schlechtes Reden über die Frau kein gottgefälliges Werk ist*«. Im zweiten Teil legt der Verfasser dar, »*daß Gott der Frau Schamhaftigkeit als Fundament und wichtigste Wurzel ihres Wesens gegeben hat*«. Hier verteidigt er begeistert die Tugenden der Frau, um sich dann bald auf fromme Belehrungen und praktische Ratschläge über die tugendhafte Lebensführung der Jungfrau, der Gattin, der Witwe und der Ordensfrau zu konzentrieren. Doch läßt er sich auch hier wieder verlocken, mit scharfem Witz die weiblichen Schwächen anzuprangern. Diese Passagen kontrastieren in ihrer Farbigkeit auffallend mit der blaß und monoton wirkenden Schilderung der Frauentugenden. Unter ständigem Hinweis auf Zeitgebräuche zieht er mit Beispielen und Anekdoten gegen die Launen der Frau, ihre Eitelkeit, Verlogenheit, Herrschsucht und Unbeständigkeit zu Felde und charakterisiert in halb humoristischen, halb spöttischen Bildern jene, »*die sich Frauen der Zeit, der Mode, der Abenteuer und der Kunst nennen*«. – Mittelbar ergibt sich aus dieser Darstellung des Eiximenis ein weit naturgetreueres kulturhistorisches Bild der Zeit als etwa aus vergleichbaren Schriften seiner engagierten pro- oder antifeministischen Zeitgenossen und deren Nachfolger. A.F.R.

AUSGABEN: Barcelona 1495. – Barcelona 1981, 2 Bde.

LITERATUR: C. Wittlin, *La primera traducció castellana de »Lo libro de les dones« de F. E.* (in *Miscel·lània Pere Bohigas III*, Hg. R. Eberenz u. a., Montserrat 1983, S. 39–60). – D. J. Vieira, *The Structure and Division of the »Llibre de les dones« by F. E.* (in *Josep Maria Solà-Solé: Hommage, Homenaje, Homenatge*, Hg. V. Aguera u. N. B. Smith, Barcelona 1984, S. 159–164).

LIBRE DELS ÀNGELS

(kat.; *Buch über die Engel*). Theologisch-didaktische Abhandlung von Francesc EIXIMENIS, geschrieben 1392. – Das Engelbuch ist das erfolgreichste, in mehr als 60 Handschriften vorliegende Werk des Autors und hat viel zur Verbreitung der Engelverehrung in ganz Europa beigetragen. Es wurde schon bald nach Erscheinen mehrmals ins Spanische, Französische, einmal ins Lateinische und schließlich in andere Sprachen übertragen. Da zuvor zwar häufig, aber nur für Gelehrte und in lateinischer Sprache über diesen Gegenstand geschrieben worden war, füllte das Buch eine Lücke in der zeitgenössischen Literatur. Denn schon im Vorwort weist Eiximenis darauf hin, daß er nicht »*gewählt, subtil und kunstvoll*« schreiben und sich auch nicht »*an den großen Kleriker, sondern an das einfache, fromme Volk*« wenden wolle. Das Werk ist in fünf Traktate gegliedert, die von der Erhabenheit, Natur, Gruppierung, Hierarchie und Funktion der Engel handeln. Dabei übernimmt der Verfasser die hierarchische Ordnung von PSEUDO-DIONYSIOS; die Natur und das Wesen der Engel stellt er nach der scholastischen, durch THOMAS VON AQUIN und DUNS SCOTUS systematisierten Lehre dar. So werden die Engel als unkörperliche und unsterbliche Geister betrachtet, die unter Umständen einen materiellen Leib annehmen können. Während für die Scholastiker die Engel vorwiegend zu Objekten der Spekulation geworden waren, an denen sich komplizierte Probleme der Erkenntnistheorie, der Ontologie und der Christologie erörtern ließen, ist für Eiximenis diese Engelwelt eine lebendige Wirklichkeit. Besonders ausführlich beschreibt er die Tätigkeit der Engel, die den Thron Gottes umstehen, als dessen Boten das Weltall erfüllen und Königreichen, Städten und jedem einzelnen Menschen hilfreich zur Seite stehen. Eine andere Gruppe ist der Unterwelt zugeordnet, die im Anschluß an die Schriften des HERMES TRISMEGISTOS farbenreich beschrieben wird.

Die Angelologie als Anschauungs- und Andachtsgebiet, in der Elemente der Theologie und der phantastischen Literatur, Überbleibsel eines alten Götter-, Dämonen- und Geisterglaubens vereinigt sind, entsprach ganz der Mentalität von Eiximenis, dessen enorme Gelehrsamkeit ihn nicht hinderte, für alles Übernatürliche die harmloseste Leichtgläubigkeit zu zeigen, mochte es sich nun als Theologie oder okkulte Wissenschaft darbieten. Wundererzählungen, folkloristisches Brauchtum und apokryphes Schrifttum verarbeitet er ebenso wie die Berichte der *Bibel* und die Lehren der Kirchenväter und Theologen. Für manche seiner Zitate kann man die Quellen heute nicht mehr nachweisen, so daß es nicht sicher ist, ob darin Reste eines untergegangenen Schrifttums bewahrt sind oder ob es sich dabei um Erfindungen des phantasievollen Mönchs handelt. A.F.R.

AUSGABEN: Barcelona 1494. – Barcelona 1983 (*De sant Miquel arcàngel*; 5. Traktat).

BORIS MICHAILOVIČ ÈJCHENBAUM

* 16.10.1886 Krasnoe bei Smolensk
† 24.11.1959 Leningrad

LITERATUR ZUM AUTOR:
Bibliographie:
B. M. È. *Materialy dlja bibliografii* (in International Journal of Slavic Linguistics and Poetics, 1963, 7, S. 151–187).
Gesamtdarstellungen und Studien:
R. Jakobson, *B. M. È.* (in International Journal of Slavic Linguistics and Poetics, 1963, 6, S. 160–167). – G. Bjalyj, *B. M. È. – istorik literatury* (in B. È, *O proze*, Leningrad 1969, S. 5–21; auch in B. È, *O proze. O poèzii*, Leningrad 1986, S. 3–16). – V. Orlov, *B. M. È* (in B. È., *O poèzii*, Leningrad 1969, S. 5–20). – H. K. Schefski, *B. M. È. The Evaluation of His Critical Method and His Contribution to Russian Literary Criticism*, Diss. Stanford 1976. – Ders., *The Changing Focus of È.'s Tolstoi Criticism* (in Russian Review, 1978, 37, S. 298–307). – RES, 57, 1985, Nr. 1 [Sondernr. *B. E.*]. – F. W. Galan *Film and Form:*

Notes on B. È.'s Stylistics of Cinema (in Russian Literature, 19, 1986, S. 105–142). – M. Čudakova u. E. Toddes, *Nasledie i put' B. È.* (in B. È., *O literature Raboty raznych let*, Moskau 1987, S. 3–32).

POÈTIKA KINO

(russ.; Ü: *Poetik des Films*). Sammelband filmtheoretischer Aufsätze, herausgegeben von Boris M. ÈJCHENBAUM, erschienen 1927. – Der Band enthält: Boris Èjchenbaums *Problemy kino-stilistiki (Probleme der Filmstilistik)*, Jurij TYNJANOVS *Ob osnovach kino (Über die Grundlagen des Films)*, Boris KAZANSKIJS *Priroda kino (Die Natur des Films)*, Viktor ŠKLOVSKIJS *Poèzija i proza v kinematografii (Poesie und Prosa in der Kinematografie)*, Adrian PIOTROVSKIJS *K teorii kino-žanrov (Zur Theorie der Filmgattungen)* und den Aufsatz der Kameramänner Èvgenij MICHAJLOV und Andrej MOSKVIN, *Rol' kino-operatora v sozdanii fil'my (Die Rolle des Kameramanns bei der Gestaltung des Film)*. Das Vorwort schrieb Kirill ŠUTKO, ein führender Parteifunktionär, der gegen Widerstände die Produktion von Sergej ÈJZENŠTEJNS *Bronenosec ›Potëmkin‹*, 1925 (*Panzerkreuzer ›Potemkin‹*), durchgesetzt hatte. Wie sämtliche Arbeiten der russischen Formalen Schule geriet auch dieser Aufsatzband kurz nach Erscheinen ins Kreuzfeuer immer heftiger werdender vulgärsoziologischer Attacken, die in den frühen dreißiger Jahren zur kulturpolitischen Verdammung des sogenannten »Formalismus« führten. In dieser Zeit nahmen die Aufsätze theoriegeschichtlichen Einfluß auf den sich gerade herausbildenden Prager Strukturalismus, weshalb Wolfgang BEILENHOFF der deutschen Erstausgabe von *Poètika kino* sinnvollerweise zwei Aufsätze von Jan MUKAŘOVSKÝ, *K estetice filmu*, 1933 (*Zur Ästhetik des Films*), und *Čas ve filmu* (*Die Zeit im Film*; 2. Hälfte der dreißiger Jahre, erstveröffentlicht 1966) hinzufügte. Wiederentdeckt wurde der Band im Kontext filmsemiotischer Arbeiten in der UdSSR (vor allem der Tartuer Schule um Jurij LOTMAN) und in Polen, aber auch in Westeuropa und den USA, wo die Rezeption in den siebziger Jahren einsetzte.

Die Vertreter der zunächst vor allem literaturwissenschaftlich arbeitenden Formalen Schule entwikkelten bereits früh ein intensives Interesse für die neue, technische Kunst des Films, was mit ihrer prinzipiellen Gegnerschaft gegenüber jedwedem »geisteswissenschaftlichem« Irrationalismus und mit ihrem Interesse für Struktur- und Evolutionsgesetze ästhetischer Texte zusammenhängt. Signifikant und folgenreich ist der enge dialektische Zusammenhang linksavantgardistischer Kunsttheorie und -praxis im Rußland der zwanziger Jahre: Die Texte des Sammelbandes verweisen auf analoge Positionen von Revolutionsfilm-Regisseuren, vor allem immer wieder auf Sergej Èjzenštejns Montagetheorie und seine präsemiotische Unterscheidung einer »ersten« und »zweiten literarischen Perio-

de des Films«. Programmatisch enthält der Band einen Beitrag der praxiserfahrenen Kameramänner E. Michajlov und A. Moskvin. Und drei der theoretisch renommierten Autoren – V. Šklovskij, B. Tynjanov und A. Piotrovskij – machten bereits als Drehbuchautoren, Filmkritiker und Dramaturgen konkrete Filmerfahrungen.

In einer Zeit, wo die Grundfragen der neuen Filmkunst *»nicht nur methodisch nicht genau untersucht, sondern noch nicht einmal in einigermaßen wissenschaftlicher Form aufgeworfen«* wurden, stellt *Poétika kino* einen international ersten Versuch dar, *»wenigstens die grundlegenden Prinzipien einer allgemeinen Filmtheorie, die man ›Kinematologie‹ nennen könnte«* (B. Kazanskij) zu formulieren. Man greift auf eigene, bereits publizierte Aufsätze zurück (V. Šklovskijs Beitrag erschien bereits 1923) und läßt sich auf eine Auseinandersetzung mit anderenorts gegangenen Theorieschritten ein – auf eine Polemik etwa gegen die *»reproduktiv-materiale Objekt«*-Fixierung von Béla BALÁZS, der gegenüber die Frage nach *»spezifisch filmsprachlichen Funktionsstrukturen«* (J. Tynjanov) betont wird. Allen Beitragsverfassern geht es vor allem um eine Herausarbeitung filmischer Eigengesetzlichkeit. Das ist sicher auf die in dieser Zeit besonders deutlichen Versuche der Filmemacher zurückzuführen, ihrer anfänglichen Abhängigkeit von anderen Künsten (Theater, Literatur, Malerei) ein Ende zu setzen. Das hängt aber vor allem mit den zunächst linguistisch und literaturwissenschaftlich erarbeiteten Positionen der Formalen Schule zusammen, deren Vertreter bereits *avant la lettre* semiotisch dachten und nach den Funktionsstrukturen des »sekundären« Modells ästhetisch organisierter Sprachformen fragten.

Auch wenn in den einzelnen Aufsätzen immer wieder ein literarisches Beispiel angeführt, den Fragen von Fabel und Sujet großer Raum gewidmet und mit manchem literaturwissenschaftlichen Terminus operiert wird, so ist das Interesse für die filmspezifischen Verfahrensweisen in einer bisher noch nicht geleisteten Weise relevant. Eindeutig ist die Polemik gegen eine noch gängige *»Literarisierung«* des Films und seiner Kategorien, die Betonung *»morphologischer«* Unterschiede, Definitionsversuche für die Eigengesetzlichkeit der *»Fotogenität«* (Ejchenbaum), bzw. *»Filmogenität«* (Tynjanov). Als zentrales Gesetz der Filmsprache stellt J. Tynjanov die *»syntaktisch organisierende Montage«* heraus und definiert sie als einen *»differenzierten Wechsel von Einstellungen«*, als ein *»wahrnehmbares Strukturelement«*, das rhythmusbestimmend sei und somit semantisch relevante Akzente setze. In *Poétika kino* wird der Film als ein spezifisches Zeichensystem begriffen, wobei natürlich von den zeitgenössischen Bedingungen des schwarzweißen Stummfilms ausgegangen wird. H.J.S.

AUSGABEN: Bln. 1923 (V. Šklovskij, *Poèzija i proza v kinematografii*; in *Literatura i kinematograf*; Nachdr. in zahlr. Sammelbänden). – Moskau/Leningrad 1927 (*Poètika kino*).

ÜBERSETZUNGEN: V. Šklovskij, *Poesie und Prosa in der Kinematografie*, A. Kaempfe (in *Schriften zum Film*, Ffm. 1966, S. 38–42; unvollst.). – J. Tynjanov, *Über die Grundlagen des Films*, W. Beilenhoff u. K. Maurer (in Poetica, 3, 1970, H. 3/4; m. russ. Text). – *Poetik des Films*, Hg. W. Beilenhoff, Ü. ders. u. a., Mchn. 1974 [ohne den Aufsatz von E. Michajlov u. A. Moskvin; erg. durch J. Mukařovskýs *Zur Ästhetik des Films* u. *Die Zeit des Films*]. – A. Piotrovskij, *Zur Theorie der Filmgattungen*, K. Hielscher (in *Texte zur Poetik des Films*, Hg. R. Denk, Stg. 1978, S. 50–74; unvollst.). – In *Texte zur Theorie des Films*, Hg. H.-J. Albersmeier, Stg. 1979, S. 100–178 [Texte von Ejchenbaum, Tynjanov u. Šklovskij].

LITERATUR: N. Sorkaja, *Tynjanow und der Film* (in Filmwissenschaftliche Beiträge, 9, 1968, H. 1, S. 168–193). – K. Maurer, *Eine unvollendete Poetik des Films. J. Tynjanovs Aufsatz »Ob osnovach kino«* (in Poetica, 3, 1970, H. 3/4, S. 564–569). – J. Narboni, *Introduction à »Poetica kino«* (in Cahiers du Cinéma, 1970, S. 220–221; Sondernr.). – G. Kraiski, *I formalisti russi nel cinema. Introduzione*, Milano 1971. – T. Selezneva, *Kinomysl' 1920-ch godov*, Moskau 1972. – W. Beilenhoff, *Filmtheorie und -praxis der russischen Formalisten* (Nachw. zu *Poetik des Films*, Mchn. 1974, S. 139–147). – S. M. Eisenstein, *Die zweite literarische Periode des Films* (in S. M. E., *Schriften*, Hg. u. Ü. H.-J. Schlegel, Bd. 3, Mchn. 1975, S. 244–248). – J. Lotman, *Probleme der Kinoästhetik. Einführung in die Semiotik des Films*, Ü. a. d. Russ. C. Böhler-Auras, Ffm. 1977.

SKVOZ' LITERATURU

(russ.; *Durch die Literatur*). Sammelband literaturgeschichtlicher Aufsätze von Boris M. EJCHENBAUM, erschienen 1924. – Ejchenbaum, einer der führenden Vertreter der russischen Formalen Schule und Mitbegründer des Petersburger »Opojaz« (Gesellschaft zur Erforschung der dichterischen Sprache), hat in diesem Band fünfzehn seiner Arbeiten aus den Jahren 1916–1922 zusammengefaßt. Liegt den früheren Aufsätzen eine gnoseologisch begründete Ästhetik zugrunde – etwa dem Artikel *Deržavin* (1916), wo aus dem die Weltsicht des Dichters bestimmenden *»künstlerischen Wissen«* sein Stil abgeleitet wird –, so läßt sich seit 1918 ein Umbruch feststellen, der Übergang zur formalen oder, wie Ejchenbaum sie auch nannte, morphologischen Methode, die sich nur auf die konkreten Probleme der Politik konzentriert.

Am Anfang der neuen Etappe steht der berühmt gewordene Aufsatz *Kak sdelana »Šinel'« Gogolja*, 1918 (*Wie Gogol's »Mantel« gemacht ist*). Ejchenbaum analysiert hier GOGOL'S Novelle unter dem Gesichtspunkt der Verknüpfung ihrer stilistischen und vor allem erzählerischen *priëmy* (künstlerischen Verfahren). Er geht davon aus, daß nicht das Sujet, die Verflechtung der einzelnen Motive, sondern die Erzählmanier des Erzählers das dominierende Organisationsprinzip des *Mantel* ist, und zwar die Erzählweise des *skaz* – diesem Problem ist der in dem Band enthaltene Artikel *Illjuzija skaza*, 1918 *(Die Illusion des skaz)*, gewidmet –, die den Eindruck der lebendigen mündlichen Rede hervorrufen soll. Die kompositionelle Grundschicht der Novelle, bestehend aus dem komischen *skaz* mit seinen zahlreichen Wort- und Klangspielen, Anekdoten und Kalauern, ist durch pathetisch-deklamatorische Einschübe kompliziert, so daß das Ganze eine Groteske bildet, *»in der die Mimik des Lachens und die Mimik der Trauer abwechseln«*.

Alle formalistischen Arbeiten des Bandes unterscheiden zwischen der künstlerischen Form und dem außerkünstlerischen Material oder, wie es in *O zvukach v stiche*, 1920 *(Über die Laute im Vers)*, heißt, zwischen der *»organisierenden und über alles dominierenden spezifischen Abstraktion«* und den *»ihr unterworfenen Elementen der Realisierung und Motivation«*. In dem genannten Aufsatz wendet Ėjchenbaum gegenüber der Ansicht, daß die lautliche Seite eines Gedichts die Bedeutung nur untermale, ein, daß in der Poesie die Laute selbst ihren Wert und ihre Bedeutung in sich tragen, nicht bloß einen »Inhalt« begleiten. – In der Abhandlung *O tragedii i tragičeskom*, 1919 *(Über die Tragödie und das Tragische)*, zu der *O tragedii Sillera v svete ego teorii tragičeskogo*, 1917 *(Über die Tragödie Schillers im Licht seiner Theorie des Tragischen)*, eine Vorarbeit darstellt, wird, entsprechend der formalistischen Scheidung von Form und Material, das Wesen des Tragischen nicht darin gesehen, daß der Zuschauer echtes Mitleid empfindet, sondern in dem Umstand, daß das Mitleid als eine Form der ästhetischen Wahrnehmung benutzt wird. Das Mitleid *»ist aus der Seele herausgenommen und vor den Zuschauer hingestellt – durch es hindurch verfolgt er das sich entwickelnde Labyrinth der künstlerischen Verkettungen.«*

Die Evolution der Literatur faßt Ėjchenbaum als immanenten dialektischen Prozeß der Selbsterzeugung neuer Formen auf: *»Die Kunst«*, so liest man in der Studie *Nekrasov* (1922), *»lebt auf der Grundlage der Verknüpfung und der Gegenüberstellung ihrer Traditionen, indem sie sich entwickelt und verändert nach den Prinzipien des Kontrasts, des Parodierens, der Ablösung und Verschiebung. Sie kennt keinerlei kausale Verbindung mit dem ›Leben‹, noch mit dem ›Temperament‹ oder der ›Psychologie‹. Studieren kann man die Geschichte der Literatur, nie die Geschichte von ›Temperamenten‹ und ›Naturen‹.«* Entgegen der Meinung, der Dichter NEKRASOV sei künstlerisch nicht beachtenswert, sieht Ėjchenbaum in ihm eine *»historisch unausweichliche und notwendige Erscheinung«*, deren Aufgabe es war, die zur Schablone abgesunkene »hohe« Lyrik PUŠKINscher und LERMONTOVscher Prägung zu prosaieren und dadurch die Poesie zu erneuern. Demgemäß erscheint die schöpferische Individualität des Dichters nicht als Absonderung von den durch die literarische Evolution gestellten Aufgaben, sondern als *»Akt des Sich-selbst-Erkennens im Strom der Geschichte«*. – Ganz ähnlich haben für Ėjchenbaum TOLSTOJS Krisen nicht ihren Grund in der individuellen Psychologie des Autors, sondern, wie es in *O krizisach Tolstogo*, 1920 *(Über die Krisen Tolstojs)*, heißt, im *»Suchen neuer künstlerischer Formen und deren neuer Rechtfertigung«*. – Auch in *Sud'ba Bloka*, 1921 *(Das Schicksal Bloks)*, erklärt Ėjchenbaum das Scheitern des großen Symbolisten als *»Vergeltung der Geschichte«*. Es hat seinen Grund darin, daß Blok nicht zum Dichter der Oktoberrevolution werden konnte, ohne sich, seiner dichterischen Konzeption getreu, zugrunde zu richten.

Ėjchenbaums Arbeiten aus den zwanziger Jahren – unter ihnen seien noch das Buch *Melodika russkogo liričeskogo sticha*, 1922 *(Die Melodie des russischen lyrischen Verses)*, seine Studien über Anna ACHMATOVA, Lermontov und Tolstoj sowie sein polemischer Artikel *Teorija formal'nogo metoda*, 1925 *(Die Theorie der formalen Methode)*, erwähnt – zählen nach wie vor zu den anerkannten Leistungen formalen Literaturbetrachtung. H.Gü.

AUSGABE: Leningrad 1924; Nachdr. Den Haag 1962.

ÜBERSETZUNGEN: *Aufsätze zur Theorie u. Geschichte der Literatur*, A. Kaempfe, Ffm. 1965 (es). – *Texte der russischen Formalisten*, Hg. J. Striedter, Bd. 1, Mchn. 1969.

LITERATUR: V. Erlich, *Russischer Formalismus*, Mchn. 1964; ern. Ffm. 1987 (FiTb). – J. Striedter, *Zur formalistischen Theorie der Prosa u. der literarischen Evolution* (in *Texte der russischen Formalisten*, Hg. ders., Bd. 1, Mchn. 1969, S. 9–83). – A. Hansen-Löve, *Der russische Formalismus. Methodologische Rekonstruktion seiner Entwicklung aus dem Prinzip der Entfremdung*, Wien 1978.

ZARIN EKATERINA II (KATHARINA II.)

d.i. Prinzessin Sophie Auguste Friederike von Anhalt-Zerbst

* 2.5.1729 Stettin
† 17.11.1796 Carskoe Selo

LITERATUR ZUR AUTORIN:
Bibliographie:
Istorija russkoj literatury XVIII. veka. Bibliografičeskij ukazatel', Hg. VP. Stepanov u. Ju. V. Stennik, Leningrad 1968, S. 258–269.
Biographien:
E. M. v. Almedingen, *Catherine. Empress of Russia*, NY 1961. – I. Grey, *Catherine the Great. Autocrat and Empress of All Russia*, Ldn. 1961 (dt.:

Katharina die Große, Tübingen 1963). – E. II, *Memoiren*, Hg. A. Graßhoff, 2 Bde., Mchn. 1987. – R. Neumann-Hoditz, *Katharina II. die Große in Selbstzeugnissen u. Bilddokumenten*, Reinbek 1988. *Gesamtdarstellungen und Studien:* P. Pekarskij, *Materialy dlja istorii žurnal'noj i literarnoj dejatel'nosti E. II* (in Zapiski akademii nauk, 3, 1863, 6. Beil., S. 5). – B. v. Bilbasov, *E. II im Urteile der Weltliteratur*, 2 Bde., Bln. 1897. – A. N. Pypin, Vorwort zu *Sočinenija Imperatricy E. II*, Hg. ders., Bd. 1, Petersburg 1901. – V. V. Sopovskij, *Imperatrica E II i russkaja bytovaja komedija eë ėpochi* (in Istorija russkogo teatra, Hg. V. V. Kallaš i N. E. Ėfros, Moskau 1914). – *Istorija russkoj literatury*, Bd. 4, Moskau/Leningrad 1947, S. 51–87. – G. A. Gukovskij, *The Empress as Writer* (in *Catherine the Great: A Profile*, Hg. M. Raeff, Ldn. 1972). – A. Lentin, *Vorwort* (in *Voltaire and Catherine the Great: Selected Correspondence*, Cambridge 1974, S. 4–32). – M. v. Herzen, *Catherine II – Editor of »Vsiakaia Vsiachina?« A Reappraisal* (Russian Review, 1979, 38). – *Istorija russkoj literatury*, Hg. D. Lichačev u. G. P. Makagonenko, Bd. 1, Leningrad 1980, S. 571 ff.

IMJANINY GOSPOŽI VORČALKINOJ

(russ.; *Der Namenstag der Frau Griesgram*). Satirische Charakterkomödie in fünf Akten der Zarin EKATERINA II, Uraufführung: Petersburg 1772, Hoftheater. – Im Hause der geizigen, leichtgläubigen und klatschsüchtigen Frau Griesgram – *»Alles, was irgendwo passiert, ist ihr bekannt, hat sie im Gedächtnis«* – geben die Gäste einander die Tür in die Hand. Drei einander begreiflicherweise nicht wohlgesonnene Besucher werben um die Hand Christinas, der jüngsten Tochter; alle drei aber werden zunächst abgewiesen, da Frau Griesgram zuvor ihre ältere Tochter Olimpija versorgt sehen möchte. Erst als diese auf ihr Erstgeborenenrecht verzichtet, lösen sich die tragikomischen Verwicklungen, und Christina, die bereits vor Liebeskummer erkrankt ist, darf den Erwählten ihres Herzens heiraten.
Der Reiz der Komödie beruht weniger auf der konventionellen Handlung als auf der treffsicheren Charakterisierungskunst der Zarin, die als begeisterte Verfechterin aufklärerischer Ideen in einigen meisterlich gezeichneten Typen – einem bankrotten Kaufmann, einem hochnäsigen Richter, einem heruntergekommenen Lebemann – der selbstzufriedenen »unaufgeklärten« russischen Gesellschaft ein wenig schmeichelhaftes Spiegelbild vorhielt. Durch einen dramatischen Kunstgriff – einige der Figuren wohnen einer Aufführung ihrer ersten Komödie *O vremja* (*O tempora, o mores!*) bei – stellt Ekaterina die Akteure und ihre Vorbilder im Parkett in ihrer überheblichen Beschränktheit bloß: *»Wir haben sehr gelacht, weil darin richtig lächerliche Charaktere dargestellt sind«*, meinen die Premierenbesucher auf der Bühne, denen die echten Zuschauer an eitler Selbstüberschätzung wohl kaum nachstanden. Trotz aller satirischer Schärfe vermied die Kaiserin eine allzu pointierte soziale Motivierung, wie sie FONVIZIN in seinem *Brigadir* versucht hatte. Sie ließ Antip, den Diener, und Praskov'ja, die Zofe, nach Art der *Comedia dell'arte* die Fäden der Handlung knüpfen und handelte damit den dramatischen Anweisungen LUKINS zuwider, der das so wenig in die russische Wirklichkeit passende naseweise Kammerkätzchen von der Bühne verbannen wollte. Der große Publikumserfolg der Komödie beruhte vor allem auf der frischen Lebhaftigkeit der Dialoge. Provinzialismen und kuriose Wortneubildungen (z. B. *encanaillirovat'cja*: zur Kanaille werden) sowie die von Lukin eingeführte beschreibende Namengebung (z. B. Nekopejkov: der keine Kopeke mehr hat) bezeugen, wie gut sich die aus Deutschland stammende Zarin mit den Möglichkeiten der russischen Sprache vertraut gemacht hat.

W. Sch.

AUSGABEN: Petersburg o. J. – Petersburg 1786 (in Rossijskij teatr, 11). – Petersburg 1901 (in *Sobr. soč.*, Hg. A. N. Pypin, 12 Bde., 1901–1907, 1; krit.).

O VREMJA!

(russ.; *O diese Zeiten!*). Komödie in drei Akten der Zarin EKATERINA II, erschienen 1772. – Die von der russischen Zarin anonym veröffentlichte Charakterkomödie geißelt als Lehrstück ihres Aufklärungsprogramms drei Frauentypen der alten, noch in »finsteren Vorurteilen« verhafteten Generation: Frau Čudichina (von russ. *čudo*: Wunder, also etwa »die Abergläubische«), die *»fünfzig Jahre lang keine Feder in die Hand genommen«* hat (nach dem Grundsatz: *»Je weniger Wissen, desto weniger Schaden«*), und Frau Vestnikova (von russ. *vestnik*: Zeitung, also etwa »Klatschbase«) besuchen ihre Schwester, Frau Chanžachina (von russ. *chanžit'*: frömmeln, also »die Scheinheilige«), die ihre Enkelin *(»in grenzenloser Angst [vor ihrer Großmutter] eingeschüchtert und wie dumm«)* verheiraten will: *»Sie rühmt und preist das Alte und jene Zeiten, als sie fünfzehn Jahre alt war; doch darüber sind heute, Gott sei Dank, mehr als fünfzig Jährchen vergangen.«* – Die vorgefaßte Abneigung der Chanžachina dem Freier gegenüber hilft die Zofe Mavra – eine Schlüsselfigur nach Art der *Commedia dell'arte* – überwinden, indem sie dem Verliebten rät, die Vestnikova mit Schmeicheleien und Geschenken für sich zu gewinnen; und diese soll schließlich ihren Einfluß auf die Schwester zu seinen Gunsten geltend machen.
Thema und Aufbau des Werks, dessen Figuren nur durch die Schilderung ihrer Lebensgewohnheiten oder durch »aufdeckende Selbstäußerungen« charakterisiert werden, lehnen sich eng an GELLERTS *Betschwester* an, deren larmoyantes Sprachmilieu hier allerdings durch eine treffsichere – wenn auch bisweilen etwas grobe – Satire ersetzt ist. Mit der

Klage des Verliebten, seine Auserwählte spreche *»entweder gar nicht russisch, oder aber im Bücherstil«*, führte die Zarin einen Hieb gegen die zeitgenössische Manie, die russische Sprache mit Kirchenslavismen zu durchsetzen. Obgleich die Zarin das Russische nicht ganz fehlerfrei beherrschte, ist die Sprache der Komödie nicht unelegant und – dank der Verwendung verschiedener Provinzialismen – recht lebendig. Gerade dieser Umstand trug wohl viel zu der begeisterten Aufnahme des Stückes bei, das als *»erste echt russische Komödie«* gefeiert wurde und an Hand dessen VOLTAIRE, mit dem die Zarin in Briefwechsel stand, feststellen konnte, daß *»die Russen viel Esprit und gelungenen Esprit«* aufzuweisen hätten.

N. I. NOVIKOV, der sich gegen die von Ekaterina geforderte *»lächelnde Satire«* wehrte und statt dessen in seinen (immer wieder verbotenen) Zeitschriften gesellschaftskritische und politisch explosive Stoffe behandelte, rief 1772 anläßlich des Erscheinens von *O vremja!* seine dritte satirische Wochenschrift (›Živopisec‹ – Der Maler) ins Leben, in der er zunächst die Verfasserin der Komödie hypokritisch lobt und betont, er wolle nun ebenfalls sittenverbessernd wirken, worauf seine Zeitschrift – bis zu ihrem Verbot im folgenden Jahr – regelmäßig erscheinen durfte. W.Sch.

AUSGABEN: Petersburg 1772. – Petersburg 1901 (in *Sobr. soč.*, Hg. A. N. Pypin, 12 Bde., 1901 bis 1907, 1; krit.).

BENGT GUNNAR EKELÖF

* 15.9.1907 Stockholm
† 16.3.1968 Sigtuna

DAS LYRISCHE WERK (schwed.) von Gunnar EKELÖF.
Innerhalb der schwedischen Poesie der Moderne nimmt Gunnar Ekelöfs umfangreiches Gesamtwerk einen zentralen Platz ein. In der Spanne von frühen neuromantischen bzw. surrealistischen Prosagedichten Ende der zwanziger und Anfang der dreißiger Jahre bis zu den großen Zyklen des von orientalischer bzw. islamischer Mystik geprägten Spätwerks der sechziger Jahre erweist sich Ekelöfs Lyrik in formaler Hinsicht als weitgefächert und außerordentlich vielschichtig. Ihre Thematik kreist um das Problem einer möglichen Transzendenz der ungesicherten eigenen Identität und Nichtigkeit der Existenz, ihrer Sinnlosigkeit, denn: *»Die Sinnlosigkeit ist es, was dem Leben seinen Sinn gibt.«* (Ekelöf in dem Prosatext *En outsiders väg – Der Weg eines Außenseiters*).
Ekelöf war ein konsequenter Außenseiter, der sich mit den Opfern der Geschichte, mit dem Juden, dem Neger, dem Lappen identifizierte. Aus gutbürgerlichem Hause stammend (der Vater war Bankier, wegen einer Syphilis litt er ab 1908 an geistiger Umnachtung), lebte er bis zum Börsenkrach von 1932 von seinem Erbe, später in einer nomadischen Existenz (bis zu seiner zweiten Ehe 1943) von Übersetzungen, Artikeln und Kunstkritiken. Ekelöfs lyrische Anfänge speisen sich aus sozialer Verweigerung und Wirklichkeitsflucht; gleichzeitig mit Studien der Orientalistik in London und Uppsala entwirft er in den Jahren 1927/28 erste Prosagedichte, die als *Skärvor av en diktsamling (Scherben einer Gedichtsammlung)* in den Gedichtband *Sorgen och stjärnan*, 1936 *(Trauer und Stern)*, eingingen. In diesen lyrischen Stimmungsbildern sucht Ekelöf in wehmütig getönter Neuromantik Natur und Bewußtsein, »Seele« und »Herz« zu verschmelzen. Das einsame Ich spiegelt sich im Licht des Sonnenuntergangs, des Meeres oder Sternenhimmels – imaginären Räumen für eine regressive, auf die Kindheit und eine ursprüngliche pantheistische Einheit gerichtete dichterische Phantasie.
Nach ersten Übertragungen von Gedichten des Franzosen Robert DESNOS (1900–1945) ins Schwedische veröffentlichte Ekelöf 1932 seine (von ihm selbst als »Selbstmordbuch« bezeichnete) Debütsammlung *sent på jorden (spät auf erden)* in einer Auflage von 600 Exemplaren in dem von ihm mitbegründeten avantgardistischen Stockholmer Verlag Spektrum. Die apokalyptisch gefärbten Texte gehen auf Pariser Erfahrungen aus dem Winter 1929/30 zurück. Den Ausgangspunkt bildet eine Poetik des Traums mit stark expansiven surrealistischen, von Stravinskijs *Sacre du Printemps* inspirierten Bilder- und Assoziationsfluten, wobei Langzeilen und Refrains an Desnos' *Corps et biens*, 1930 *(Mit Leib und Seele)*, die rhetorische Stilisierung hingegen an die Oden des mittelalterlichen Sufimystikers IBN AL-'ARABĪ (1165–1240) anknüpfen. Gegenüber den Visionen einer kosmischen Einheit mit der Allnatur, in der das Ich aufgeht, wird die Wirklichkeit zur erstarrten Dingwelt. Die Erlösungssuche kann das Gefühl von Einsamkeit und Verzweiflung zwar nicht aufheben, aber andererseits ist ihm Leben nur möglich in der Form des elegisch-archetypischen Traums *(»gib mir gift zum sterben oder träume zum leben«*, heißt es in *apoteos – apotheose)*.
Im Anschluß an *sent på jorden* entsteht zu Beginn der dreißiger Jahre eine Folge abstrakter Prosagedichte unter dem Titel *En natt vid horisonten (Eine Nacht am Horizont,* veröffentlicht erst 1962 als *Ruine)*. Der Untertitel *Fragmente abstrakten Theaters. Regieheft* charakterisiert die Texte als Szenario, als »inneres Theater« (Ekelöf), auf dessen Bühne meditativ prozeßhaft die spiegelnde Projektion des dichterischen Ichs in einer auf konstante Elementarbegriffe (wie Blumen, Sterne, Schatten, Schweigen, Augen, Steine, Kristalle, Schneeflocken, regnen, verstummen) reduzierten Sprache vollzogen wird. Die von MALLARMÉ und REVERDY beeinflußte radikale formale Askese zielt auf eine kosmische Metamorphose und damit auf eine Aufhebung der

Subjektivität, das Ich wird zu einem »Namenlosen«.

In dem Gedichtband *Dedikation*, 1934 *(Widmung)*, macht sich Ekelöf RIMBAUDS Forderung zu eigen, zum Seher zu werden: in suggestiver Wort- und Klangmagie beschwören prophetische Traumgesichte kommenden Weltbrand und Jüngstes Gericht in einer Spannung aus Bedrohung und Hoffnung (vgl. bes. *Höstsejd – Herbstbann*). An die Stelle von surrealistischen Experimenten treten nun, wie auch in der zwei Jahre später folgenden Sammlung *Sorgen och stjärnan* symbolistischer Schönklang und eher traditionelle liedhafte Verskunst voll elegisch-pastoraler Stimmungen, die die Romantik eines STAGNELIUS oder ALMQVIST wiederzubeleben suchen. Im Märchenton einiger Prosagedichte ist auch der Einfluß der frühen Edith Södergran spürbar.

Mit ihrer Naturlyrik und ihren Seelenlandschaften wirken Ekelöfs Gedichtsammlungen der dreißiger Jahre wie ein Rückfall in die Zeit der Jahrhundertwende, erst mit *Köp den blindes sång*, 1938 *(Kauf des Blinden Lied)*, und vor allem mit *Färjesång*, 1941 *(Fährgesang)*, gelingt ihm der Durchbruch zu einem gereiften, abgeklärten Stil, der stark an T. S. ELIOTS Poesie erinnert. Mit größerer Konkretion gehen analytische Schärfe und Prägnanz einher. Mehr und mehr schält sich eine formstrengere anti-idealistische, zivilisationskritische Gedankenlyrik heraus, die auf eine Überwindung des abendländischen Dualismus von Geist und Materie, auf eine Aufhebung der Widersprüche mit den Mitteln des Paradoxons zielt. Einbezogen werden antike Mythen ebenso wie religiöse Systemgebäude, die Ekelöf gemäß seiner synkretistischen Lebensanschauung umdeutet. Programmatisch lautet jetzt sein Bekenntnis: *»Ich glaube an den einsamen Menschen, / ihn der einsam dahinzieht, / der nicht wie ein Hund seiner Witterung nachläuft, / der nicht wie ein Wolf die Menschenwitterung flieht: / der zugleich Mensch ist und Anti-Mensch.«* Ekelöf plädiert für den »inneren Weg«, der bei gleichzeitig verstärkter Wirklichkeitsverankerung eine tiefe meditative Versenkung in die Natur bezeichnet (bes. in *Eufori – Euphorie*). Im Zyklus *Tag och skriv (Nimm und schreib)* wird auch erstmals die für das Spätwerk tragende Figur der unberührten Jungfrau apostrophiert, die dem erscheint, *»der den Kampf durchschaut«.*

Non serviam (1945) formuliert eine dezidierte Absage an die Realität des schwedischen Wohlfahrtsstaats, des »Volksheims«: *»Ich bin ein Fremdling in diesem Land«.* Demgegenüber wird in *En julinatt (Eine Julinacht)* die Geborgenheit der pränatalen Welt beschworen. Nun erreicht Ekelöfs Variations- und Wiederholungstechnik ihren Höhepunkt, vor allem in den großen mystisch verhüllten Zeitgedichten, auf die sich sein Nachruhm vor allem gründet: *Havstema (Meerthema)*, *Samothrake*, *Jarrama* und *Absentia animi* mit seinen magisch aufgeladenen homonymen und assonantischen Wortspielen um die gnostische Formel »Abraxas«, einer fugenhaften Herbstlitanei über die Sinnlosigkeit der Existenz und die Versöhnung der schroffen Gegensätze *»in Synthesen von schwindelnder Kühnheit«* (B. Holmqvist), der Seligkeit eines »Weder-Noch«.

Die Gedichte von *Om hösten*, 1951 *(Im Herbst)*, sind im Ton gedämpfter in ihrem desillusionierten Bekenntnis zum Leben, das *»alle möglichen Leben«* einschließt, nicht zuletzt die der Unsichtbaren und Toten. Mit dem Gefühl des inneren Emigranten und in der Stimmungslage einer gelassenen Verzweiflung, in der Mystik und Alltagsrealismus eine natürliche Verbindung eingehen, werden in einer geträumten Wirklichkeit vor allem Formen der Bukolik, liedhafte Rondels, antike Mythen und Elegien (die ihrerseits anknüpfen an Ekelöfs Berliner Elegien aus dem Jahr 1933) neu belebt und durchgespielt.

Die Sammlung *Strountes*, 1955 (französisiert geschrieben, zu deutsch etwa: *Unfoug*), führt, inspiriert vor allem von SCHWITTERS' Lautpoesie, das Mittel der Groteske – als Parodie, Travestie oder provokatives Wortspiel – in Ekelöfs Lyrik ein (vgl. bes. die nonsenshaften Wiederholungen in *Perpetuum mobile*). Mit *»taoistisch gefärbtem Gelächter«* (Ekelöf) wird eine anarchische Umwertung von Hierarchien und christlichen Werten begleitet: *»Der Himmel ist weit weg / Ich habe ihm nicht gesehn / Aber die Hölle hab ich gesehn / sie ist beständig nah«* (*Ex Ponto*).

In *Opus incertum* (1959) formuliert Ekelöf seine *Poetik* im gleichnamigen Gedicht mit den abschließenden Zeilen: *»Was ich schrieb / steht zwischen den Zeilen geschrieben.«* Seine Lyrik wird karger, der groteske Humor ist abgeschwächt (vgl. aber den Anagrammtext *Fagerölunken* mit seiner Verballhornung des eigenen Namens) und einer stoisch abgeklärten Melancholie im Bewußtsein des Alterns gewichen.

En Mölna-elegi, 1960 (*Eine Mölna-Elegie*; erste Ansätze bereits in den dreißiger Jahren, Auszüge Ende der vierziger veröffentlicht), ist ein vielstimmiger Wechsel- und Rollengesang, der in einer stark rhythmisierten Sprache, musikalischen Kompositionsprinzipien folgend, Erinnerungen, Zitate, burleske Wortspiele, Visionen und obszöne lateinische Inschriften in einer an POUND und ELIOT geschulten Anspielungstechnik als »Metamorphosen« in das Bild eines Sonnenuntergangs in Stockholm verwebt.

Den Abschluß von Ekelöfs »anti-poetischer« Periode bildet der Band *En natt i Otočac*, 1961 *(Eine Nacht in Otočac)*. Darin kontrastiert Ekelöf in drastischer Materialisierung des Vergänglichkeitsgedankens *Yorricks skalle (Yorricks Schädel)* aus *Hamlet* mit dem christlichen Auferstehungsglauben. Hier auch bekennt sich Ekelöf, *»unbekümmert / um das was möglich und unmöglich ist«*, »zur Kunst des Unmöglichen / aus Lebensmut und aus Selbstvernichtung / zugleich.«

Ekelöfs Spätwerk umfaßt die sog. Akrit-Trilogie mit den Gedichtbänden *Dīwān över Fursten av Emgión*, 1965 *(Dīwān über den Fürsten von Emgión)*, *Sagan om Fatumeh*, 1966 *(Das Märchen von Fatu-*

meh), und *Vägvisare till underjorden*, 1967 *(Führer in die Unterwelt)*, wobei der letzte Band als Mittelstück der Trilogie gedacht war. Der Name »Akrit« (Grenzfürst) bezieht sich auf den legendären kurdischen Fürsten von Emgión, der wegen seines Manichäismus im Byzanz des 11. Jh.s gefangengenommen und geblendet wird; in den Augen der Macht ist er ein illoyaler Ketzer. Im *Dīwān* bilden die Gesänge des Fürsten ein großangelegtes Rollengedicht, in dem das Motiv der visionären Blindheit eine gewaltsame Intensivierung erfährt: im Moment der Blendung sieht der Fürst, mit seinem inneren Blick, die unsichtbare Jungfrau, die den Geblendeten führt wie Antigone König Ödipus, als wäre es des Fürsten eigene Tochter. Die erotisch und ekstatisch aufgeladene Anrufung der Jungfrau mündet in eine *Unio mystica*. Der Zyklus *Vägvisare till underjorden* besitzt einen stark hermetischen, auf Zahlenmystik und spätantiken Mythen fußenden Charakter. Die 43 Gesänge sind als streng geordnete Ganzheit spiegelbildlich und in konzentrischen Kreisen um einen Mittelpunkt, das siebte Gedicht der Mittelpartie *Novisen i Spálato (Die Novizin in Spálato)*, angelegt. Zentrales Thema ist die *»dialektische Spannung von Sehen, Blindheit und Unsichtbarkeit«* (B. Landgren), wobei der Blick dem Feuer, dem Satan, der Negation zugeschrieben wird, der sich im Zentrum mit dem Blick der unberührten Novizin trifft, in einer Vereinigung der Gegensätze, einer komplementären *»Intimität jenseits von Worten und Körpern«* (A. Olsson). In *Sagan om Fatumeh* ist die Liebeslyrik von einer noch gesteigerten, durchglühten Sinnlichkeit. Zugleich wird alles Sichtbare radikal reduziert, bis nur das Nichts übrigbleibt, in einer ständigen Überschreitung des Sichtbaren, Wirklichen (etwa in dem Ikonengedicht *Xoanon*).
Ein Jahr nach dem Tod des Dichters erschien – von seiner Frau herausgegeben – der Band *Partitur* (1969). Darin ist die Macht der »hohen Götter« endgültig überwunden, das Ich hat eine neue Freiheit des Sehens gewonnen: »Eine Schale voller Augen / übergebe ich dem Herbst / Ja, eine Schale voll / von Ungesehnem / Weil mir vergönnt war / zu sehen.« In einem nachgelassenen Gedicht des Bandes *En röst*, 1973 *(Eine Stimme)*, heißt es schließlich: »das Nichts ist Alles«; mit dieser Quintessenz seiner *via negativa* gibt Ekelöfs Dichtung der tief empfundenen und überzeugend gestalteten Sinnlosigkeit Sinn.
Trotz der Exklusivität von Thematik und Auflagen in den dreißiger Jahren und einer anfänglichen Anfeindung durch die Kritik ist Ekelöfs Lyrik in Skandinavien seit den vierziger Jahren anerkannt und entfaltete eine große Breitenwirkung, vor allem aufgrund ihrer starken, bewußt eingesetzten Musikalität und ihrer visionären Kraft. Trotz seiner Außenseiterrolle wurde der Dichter 1958 in die Schwedische Akademie berufen. Sein Werk übte eine starke Wirkung auf die Lyrik eines Tobias BERGGREN (* 1940), Göran SONNEVI (* 1939) oder Tomas TRANSTRÖMER (* 1931) aus. In Frankreich, Spanien, den USA, Großbritannien, den Niederlanden, Polen und der ČSSR erschienen Auswahlbände. Im deutschen Sprachraum waren es vor allem die Übersetzungen von Nelly SACHS, die Ekelöf einem größeren Publikum bekannt gemacht haben. K.J.L.

AUSGABEN: *sent på jorden*, Stockholm 1932. – *Dedikation*, Stockholm 1934. – *Sorgen och stjärnan*, Stockholm 1936. – *Köp den blindes sång*, Stockholm 1938. – *Färjesång*, Stockholm 1941. – *Non serviam*, Stockholm 1945. – *Om hösten*, Stockholm 1951. – *Strountes*, Stockholm 1955. – *Dikter 1932–1951*, Stockholm 1956. – *Opus incertum*, Stockholm 1959. – *En Mölna-elegi*, Stockholm 1960. – *En natt i Otočac*, Stockholm 1961. – *sent på jorden med Appendix 1962 och En natt vid horisonten 1930–32*, Stockholm 1962. – *Dikter*, Stockholm 1965. – *Dīwān över Fursten av Emgión*, Stockholm 1965. – *Sagan om Fatumeh*, Stockholm 1966. – *Vägvisare till underjorden*, Stockholm 1967. – *Partitur. Ett urval efterlämnade dikter 1965–68*, Stockholm 1969. – *En röst. Efterlämnade dikter och anteckningar*, Stockholm 1973. – *Dikter 1965–1968*, Stockholm 1976. – *Grotesker. Opublicerade och publicerade dikter*, Stockholm 1981.

ÜBERSETZUNGEN: *Poesie*, N. Sachs, Ffm. 1962 [Nachw. B. Holmqvist; schwed.-dt.]. – *Eine Nacht am Horizont* (in C. Perner, *G. E.s Nacht am Horizont*, Basel/Stg. 1974). – *Es ist spät auf Erden*, Nachdichtung v. R. Erb, Hg. S. Mierau, Bln./DDR 1984.

LITERATUR: R. Enckell, *G. E.s lyrik* (in *En bok om G. E.*, Stockholm 1956). – R. Ekner, *I den havandes liv*, Stockholm 1967. – Ders., *G. E. En bibliografi*, Stockholm 1970. – B. Landgren, *Ensamheten, döden och drömmarna*, Diss. Uppsala/Stockholm 1971. – R. Shideler, *Voices under the Ground: Themes and Images in the Poetry of G. E.*, Diss. Berkeley 1973. – P. Hellström, *Livskänsla och självutplåning*, Diss. Uppsala 1976. – B. Landgren, *Den poetiska världen*, Uppsala 1982. – U. T. Moberg, *G. E.s nonfiguration och situationspoesi*, Stockholm 1982. – A. Olsson, *E.s nej*, Stockholm 1983.

VILHELM EKELUND

* 14.10.1880 Stehag
† 3.9.1949 Saltsjöbaden bei Stockholm

DAS LYRISCHE WERK (schwed.) von Vilhelm EKELUND.
Der Lyriker V. Ekelund gilt als die Hauptgestalt der symbolistischen Lyrik der Jahrhundertwende in Schweden. Eine emotionale Beziehung zur Na-

tur von Skåne, der südschwedischen Provinz seiner Kindheit, prägte ihn stark. Seit den Jugendjahren lebte er in heftigen inneren Spannungen, die sich entweder in Aggressivität entluden oder zu ekstatischen Steigerungen führten. Eine nicht abgeschlossene akademische Ausbildung erhielt er in Lund. Seine ersten Gedichtbände wurden von der Kritik mit Anerkennung aufgenommen, dennoch blieben die Auflagen niedrig, die finanziellen Erträge gering. Im Jahre 1908 ging Ekelund für vier Jahre nach Berlin, ab 1912 lebte er in Dänemark. Erst nach 13 Jahren kehrte er nach Schweden zurück. Als Zwanzigjähriger begann er, Gedichte zu schreiben (*Vårbris*, 1900 – *Frühlingsbrise*), in denen er die Schönheit von Skåne besingt. Schon in den Gedichtbänden *Syner*, 1901 (*Visionen*), und *Melodier i skymning*, 1902 (*Melodien in der Dämmerung*), tritt die persönliche Prägung seiner Poesie deutlich hervor. Die Natur mit ihrer Formenvielfalt wird in einer impressionistischen Farbenpalette gepriesen, auch Andeutungen einer ästhetisch verstandenen Mystik werden deutlich. Hinter den wehmütig-melancholischen Naturbildern verbergen sich Gefühle tiefer Einsamkeit und Lebensmüdigkeit; die Topographie in der Lyrik entspricht der Seelenlandschaft des Autors, dessen sensible und verletzbare Psyche in der Poesie dramatisiert wird. Analogien einer derartigen Verknüpfung sind bei Autoren zu finden, die Ekelund nachhaltig beeinflußten: VERLAINE, MALLARMÉ, HÖLDERLIN und GEORGE. Dank der Loslösung von bindenden Reim- und Rhythmusschemata der traditionellen Poesie konnte Ekelund die Musikalität der Sprache in seinen Versen virtuos einsetzen.

In *Elegier*, 1903 (*Elegien*), und *In candidum* (1905) erweitert sich das Gefühlspektrum der Ich-Lyrik Ekelunds von ekstatischer Euphorie bis hin zu abgrundtiefer Verzweiflung. Die Rettung scheint nur im klassischen Schönheitskult möglich zu sein; auch die nun stärker hervortretende Verklärung des Willens deutet auf das Vorbild der Antike. Die tiefe Inspiration durch die Literatur der griechischen Antike läßt sich eindeutig in den Gedichtbänden *Hafvets stjärna* 1906 (*Der Stern des Meeres*), und in *Dithyramber i aftonglans*, 1906 (*Dithyramben im Abendglanz*), einer der bedeutendsten Schöpfungen Ekelunds, nachvollziehen. Im erstgenannten Band bekennt er in einem selbstanalytischen Gedicht, die Saiten seines Herzens seien »*immer gespannt, immer zu stark gespannt*«. Die Form des Dithyrambus mit seinem freien Rhythmus läßt archaisierende, hochstilisierte Gedichte entstehen, doch wird dieser Eindruck durch eine moderne verdichtete Bildsprache häufig gebrochen. Ekelund, stets der Kulturtradition bewußt und ihr innerlich verpflichtet, nimmt verstärkt Motive aus der griechischen Mythologie auf und transponiert sie in hymnusartige Verse. Er übersetzt griechische Epigramme und schreibt Prosagedichte über die Natur und das Stadtleben, die zu den besten in der schwedischen Literatur zählen. Als Lyriker verstummt er nunmehr, er schreibt fortan nur noch essayistische Prosa. Auf dem Weg von wehmütiger Poesie mit Elementen der Vorromantik und des Symbolismus hin zur Verehrung NIETZSCHES und seiner Philosophie entwickelte sich Ekelund zum bedeutendsten Aphoristiker der schwedischen Literatur. In der Essaysammlung *Antikt ideal*, 1909 (*Antikes Ideal*), geschrieben während seines Aufenthalts in Berlin und zum Teil durch den aufkommenden Expressionismus inspiriert, formuliert er sein künstlerisches Programm. Die schwermütigen Klangstimmungen in der Poesie lehnt er als Zeichen der Schwäche ab und läßt sich – als treuester schwedischer Nietzsche-Verehrer – statt dessen von Begriffen wie Wille, Größe und Stärke leiten. In der subjektiv gedeuteten Antike meint er, die Verwirklichung der angestrebten Werte zu finden. Der Ästhetizismus Ekelunds und die vollendete Beherrschung klassischer Prägnanz des Ausdrucks führten zu größter sprachlicher Straffheit. 1912 erschien der Aphorismenband *Båge och lyra* (*Bogen und Leier*), die erste von nahzu 30 Sammlungen. Eine strenge Lebensmoral, Verachtung des Durchschnittlichen, tiefe Verbitterung, die durch Arroganz kompensiert wird, bildeten für Ekelund das thematische Gerüst seiner präzis formulierten Gedanken. Nicht ganz so rigide präsentiert sich diese Kompromißlosigkeit in *Nordiskt och klassiskt*, 1914 (*Nordisches und Klassisches*), wo Ekelund eine Synthese beider Kulturkreise anstrebt. Die Höhepunkte dieser neuen Schaffensperiode erreicht der Autor mit den Bänden *Veri similia* (1915/16) und *Metron* (1918). Längere Essays über andere Schriftsteller, u. a. über DOSTOEVSKIJ, EMERSON und G. KELLER, deuten darauf hin, daß die maßlose Verachtung der Mitmenschen nun von einer versöhnlicheren Lebenshaltung abgelöst worden ist. Romantik und Christentum werden jetzt zu positiven Begriffen. In *Attiskt i fågelperspektiv*, 1919 (*Attisches in Vogelperspektive*), legt Ekelund u. a. seine geistige Entwicklung dar: weg von Alpengipfeln und Sternen, hin zum sonnenwarmen Wegrand und zu Lerchengesang. Die weichen und lebensnahen Töne erklingen auch in *På hafsstranden*, 1922 (*Am Meeresstrand*), wo Ekelund über Religion und Glauben reflektiert. Er strebt nach einer dauerhaften Synthese zwischen antiken und christlichen Glaubensformen. Aber auch jetzt ist die erhabene aristokratische Lebenshaltung Ekelunds Ideal. Der Dialog mit den großen Denkern der Vergangenheit geht in *Lefnadsstämning*, 1925 (*Lebensstimmung*), weiter. Häufiger setzt er sich nun mit den Begriffen Freundschaft, Einsamkeit und Gemeinschaft auseinander. »*Keiner versteht den anderen, der Mensch ist einsam*« – so lautet das Fazit Ekelunds aus dieser Zeit.

Der Trend zur Exklusivität in der Ausdrucksweise führt in *Väst-östligt*, 1925 (*West-östliches*), dazu, daß Ekelund in seinen Büchern Formulierungen auf Griechisch und Latein einführt; immer weniger legt er Wert darauf, von den Lesern verstanden zu werden. In den Bänden der dreißiger Jahre – *Lyra och Hades*, 1930 (*Leier und Hades*), *Spår och tecken*, 1930 (*Spuren und Zeichen*), *Båge och lyra*, 1932 (*Bogen und Leier*), und *Det andra ljuset*, 1935 (*Das andere Licht*) – scheut Ekelund nicht vor äußersten Verknappungen, auch auf Kosten der grammatikalischen Regeln, zurück. Der kryptische Charakter seiner Gedanken wird dadurch verstärkt, daß er bestimmten Wörtern eine individuelle, ausschließlich im breiten Kontext rezipierbare Bedeutung verleiht. Durch mystische Erfahrungen bereichert, berührt er als Verkünder der »seelischen Gesundheit« transzendentale Phänomene, ohne sich jedoch dafür einer religiösen Sprache zu bedienen.

Die Dichtkunst Ekelunds, entstanden aus der Suche nach einem persönlich ertragbaren Lebensweg, kraftvoll durch die egozentrische Psyche des Autors, zeigt eine sprachliche Virtuosität von seltener Vielschichtigkeit, die es ihm ermöglichte, Stimmungen und komplizierte Gedanken zu essentiellen Lebensproblemen in Formulierungen voller Originalität und Musikalität zum Ausdruck zu bringen. Aufgrund seines esoterischen Werks der späteren Lebensphase fand er in der Öffentlichkeit wenig Verständnis, dafür wirkte er inspirierend auf die Generation jüngerer modernistischer Dichter. Sein Anliegen, die sprachliche Ausdrucksform zu komprimieren, machte ihn zu einem Vorreiter des schwedischen Modernismus. A.C.S.

AUSGABEN: *Vårbris*, Stockhholm 1900. – *Syner*, Stockholm 1901. – *Melodier i skymning*, Stockholm 1902. – *Elegier*, Stockholm 1903. – *In candidum*, Stockholm 1905. – *Hafvets stjärna*, Stockholm 1906. – *Dithyramber i aftonglans*, Stockholm 1906. – *Antikt ideal*, Malmö 1909. – *Böcker och vandringar*, Stockholm 1910. – *Båge och lyra*, Malmö 1912. – *Valda dikter*, Stockholm 1913. – *Tyska utsikter*, Stockholm 1913. – *Nordiskt och klassikt*, Stockholm 1914. – *Veri similia*, Stockholm 1915/16, 2 Bde. – *Metron*, Stockholm 1918. – *Attiskt i fågelperspektiv*, Stockholm 1919. – *Sak och sken*, Stockholm 1922. – *På hı fsstranden*, Stockholm 1922. – *Lefnadsstämning*, Stockholm 1925. – *Väst-östligt*, Stockholm 1925. – *Passioner emellan*, Stockholm 1927. – *Lyra och Hades*, Stockholm 1930. – *Spår och tecken*, Hälsingborg 1930. – *Båge och lyra 1932*, Stockholm 1932. – *Valda sidor och essays 1908–1930*, Stockholm 1933. – *Det andra ljuset*, Stockholm 1935. – *Elpidi*, Stockholm 1939. – *Concordia animi*, Stockholm 1942. – *Atticism-Humanism*, Stockholm 1946. – *Plus Salis*, Stockholm 1945. – *Dikter*, Stockholm 1951. – *Nya vakten*, Stockholm 1953. – *Ars magna*, Stockholm 1954. – *Saltet och Helichrysus*, Stockholm 1956. – *In silvis cum libro*, Stockholm 1957. – *Campus et dies*, Stockholm 1963.

LITERATUR: M. Feuk, *Landskapet i V. E.s lyrik* (in Edda, 16, 1921, S. 203–227). – S. Ahlström, *V. E.*, Stockholm 1940. – P. Naert, *Stilen i V. E.s essayer och aforismer*, Stockholm 1949. – R. Ekman, *E. och Nietzsche*, Lund 1951. – Ders., *V. E.s estetik*, Lund 1953. – K. A. Svensson, *V. E. i samtal och brev 1922–1949*, Lund 1958. – A. G. Werin, *V. E.*, 2 Bde., Lund 1960/61. – S. Delblanc, *Esse-videri*. *Idéhistoriska anteckningar till ett motiv hos V. E.* (in Samlaren, 81, 1960, S. 102–112). – C. E. af Geijerstam, *Det personliga experimentet. Studier i V. E.s aforismer*, Stockholm 1963. – O. Holmberg, *Tre uppsatser om V. E.* (in O. H., *Skratt och allvar i svensk litteratur*, Stockholm 1963, S. 127–145). – N. G. Valdén, *Inledning till V. E.*, Lund 1965. – P. E. Ljung, *V. E. och den problematiska författarrollen*, Lund 1980 [m. dt. Zusammenfassg.]. – E. Lilja Norrlind, *Studier i svensk fri vers. Den fria versen hos V. E. och Edith Södergran*, Göteborg 1981. – F. Hallman, *V. E.s väg mot harmoni* (in Horisont, 30, 1983, S. 28–42). – E. O. Johanneson, *V. E.: Modernism and the Aesthetics of the Aphorism* (in Scandinavian Studies, 56, 1984, S. 213–234). – E.-B. Ståhl, *V. E.s estetiska mysticism. En studie i hans lyrik 1900–1906*, Uppsala 1984 [m. dt. Zusammenfassg.]. – C. E. af Geijerstam, *Gunnar Björling och V. E.* (in Historiska och litteraturhistoriska studier, 64, 1989, S. 131–150).

EKKEHARD I.

Ekkehardus Decanus

* um 910 Toggenburg (?)
† 14.1.973 St. Gallen

WALTHARII POESIS

(mlat.; *Waltherepos*). – Im 80. Kapitel der Klosterchronik von St. Gallen, *Casus Sancti Galli*, berichtet der mittellateinische Dichter EKKEHARD IV. (um 980 – um 1060) von dem Gedicht *Waltharius manu fortis (Walther mit der starken Hand)*, als dessen Verfasser er einen jungen Mönch und Namensvetter, EKKEHARD I., angibt, der eine Generation vor ihm gelebt hatte. Bereits Jacob GRIMM hatte daraus den Schluß gezogen, daß jener Ekkehard I. als Verfasser des *Waltharii-Liedes* anzusehen ist, von dem seit dem Ende des 10. Jh.s ein Dutzend Handschriften überliefert sind, Viktor von SCHEFFEL hatte diese These in seinem Roman *Ekkehard* (1855) popularisiert und die Forschung stimmt damit zum Teil bis heute überein (Langosch 1983). Gegen die sog. Ekkehard-These spricht allerdings, daß sich Ekkehard IV. ausgesprochen kritisch über das Werk seines Namensvetters äußert, den er zudem als *»puer«*, als Jugendlichen bezeichnet, so daß ein Zusammenhang zwischen dem in der St. Gallener-Chronik angesprochenen Gedicht von Ekkehard I. mit dem literarisch hochstehenden und innovativen *Waltharii-Lied* immer wieder in Zweifel gezogen wird (A. Wolf, A. Ønnerfors). Auch die Datierungsversuche für das wahrscheinlich im oberrheinischen Raum entstandene und 1456 vielfach leoninische Hexameter umfassende Epos schwanken zwischen etwa 800 und 930. Sprachliche Spuren und Anklänge in den *Gesta Be-*

rengarii aus dem frühen 10. Jh. verweisen es jedoch eher in die späte Karolingerzeit. Neben OTFRIEDS *Evangelienbuch* und dem *Heiland* gehört es nicht nur zu den großen Denkmälern epischer Literatur aus der althochdeutschen Zeit, sondern stellt auch einen der bedeutendsten deutschen Beiträge zur mittellateinischen Epik überhaupt dar. Als gelehrtes Buchgedicht steht es jedoch nicht am Anfang der Gestaltung des germanischen Sagenstoffes, vielmehr läßt sich sowohl aus den beiden altenglischen *Waldere*-Fragmenten im Umkreis des *Beowulf* als auch aus Anspielungen im mittelhochdeutschen höfischen Heldenroman bzw. literarischen Werken wie dem *Waltherepos* (Fragment aus dem 13. Jh.) die alte Überlieferung von kurzen Heldenliedern durch Spielleute erschließen, die vielleicht ein ursprünglich westgotisches Heldengedicht mit den Hauptgestalten Attila, Gunther und Hagen abwandeln. Über diese Namen ergeben sich weitere Verflechtungen mit der Nibelungensage.

Nach dem von einem gewissen GERALD geschriebenen Prolog stellt der Dichter im ersten Teil Walther von Aquitanien und Hiltgund von Burgund im Dienst Attilas vor. Als Geiseln waren sie zusammen mit Hagen an den Hunnenhof gebracht worden. Hagen gelingt es zu fliehen. Die beiden seit Kindheit Verlobten folgen ihm alsbald und gelangen bei Worms an den Rhein. Am Hof des Frankenherrschers Gunther begegnen sie dem treuen Gefährten wieder. Gunther hat es auf die von Walther mitgeführte Beute aus Etzels ehedem von Hiltgund bewachtem Schatz abgesehen. Vergebens versucht Hagen ihn zu mäßigen. In elf Einzelkämpfen besiegt Walther die vom König aufgestachelten Mannen in den Vogesen (V. 428–1061). Den dritten Teil des Epos füllt Walthers Kampf mit dem waffengewaltigen Hagen, der zwischen Freundesliebe zu seinem Jugendgefährten und Vasallenpflicht gegenüber Gunther schwankt und seinem wenig kampftüchtigen Herrn das Leben rettet.

Der germanische Held *(heros)* Walther, in dem sich hochgemute Manneskraft *(virtus)* und gottesfürchtige Weisheit *(sapientia)* vereinigen, wird als *vir illustris (praecipuus)* zum »Wunschbild des neuen christlichen Recken« stilisiert, neben dem der hochfahrende, verblendete, habgierige Gunther und auch der trotz der Mahnrede wider die Avaritia (V. 857–874) weniger geistdurchdrungene Hagen *(bonus athleta)* zurücktreten. – Das *Walthariusepos*, die einzige lateinische Bearbeitung eines germanischen Stoffes, gehörte zwar nicht zur mittelalterlichen Schullektüre, erfreute sich aber seiner epischen Technik wegen und dank der schwungvollen lateinischen Sprache verbreiteter Beliebtheit. Die Szenenkomposition, die Schilderung der Waffengänge, Topik, Versgestaltung und Personendarstellung zeigen eine für jene Zeit ungewöhnliche Aneignung römischer Ependichtung (VERGIL, STATIUS, PRUDENTIUS).   D.B.

AUSGABEN: Lpzg. 1780, Hg. F. Ch. J. Fischer. – Göttingen 1838 (in *Lateinische Gedichte des X. u. XI. Jh.s*, Hg. J. Grimm u. A. Schmeller). – Lpzg. 1905, Hg. H. Althof. – Weimar 1951, Hg. K. Strecker (MGH, Poetac Latini, 6). – Weimar 1956, Hg. K. Langosch [m. Übers.].

LITERATUR: G. Baesecke, *Vorgeschichte des deutschen Schrifttums*, Bd. 1, Halle 1940, S. 407–455. – W. Panzer, *Der Kampf am Wasichenstein*, Speyer 1948. – K. Schickedanz, *Studien zur Walthersage*, Diss. Würzburg 1949. – K. Stackmann, *Antike Elemente im »Waltharius«* (in Euph, 45, 1950, S. 231–248). – W. v. d. Steinen, *Der »Waltharius« u. sein Dichter* (in ZfdA, 84, 1952/53, S. 1–47). – F. Genzmer, *Wie der »Waltharius« entstanden ist* (in GRM, 4, 1954, S. 161–178). – K. Hauck, *Das »Walthariusepos« des Bruders Gerald von Eichstätt* (ebd. S. 1–27). – R. Katscher, *Waltharius. Dichtung u. Dichter*, Diss. Lpzg. 1958. – N. Fickermann, *Zum Verfasserproblem des »Waltharius«* (in Beitr., 81, 1959). – M. Wehrli, *»Waltharius«. Gattungsgeschichtliche Betrachtungen* (in Mittellat. Jb., 2, 1965, S. 63–73). – H. Geurts, *Der lat. »Waltharius« u. die dt. Walthersage. Untersuchungen zur Verfasserfrage u. zum Einfluß der Antike, des Christentums u. der germanisch-dt. Heldensage auf »Waltharius«*, Diss. Bonn 1969. – K. Langosch, *»Waltharius«, Die Dichtung und die Forschung*, Darmstadt 1973. – H. Krammer, *Die Verfasserfrage des »Waltharius«*, Wien 1973. – A. Wolf, *Ma. Heldensagen zwischen Vergil, Prudentius u. raffinierter Klosterlit. Beobachtungen zum »Waltharius«* (in Sprachkunst, 7, 1976, S. 180–212). – P. Dronke, *The Date and Provenance of »Waltharius«*, (in U. u. P. D., *Barbra et antiquissima carmina*) Barcelona 1977. – A. Ønnerfors, *Die Verfasserschaft des »Waltharius« – Epos aus sprachlicher Sicht*, Opladen 1979. – D. M. Kratz, *Mocking Epic: »Waltharius«, Alexandreis and the Problem of Christian Heroism*, Madrid 1980. – *Konkordanz zum »Waltharius« – Epos*, Hg. H. E. Stiene mit Mitarb. v. W. Kirsch, Ffm./Bern 1982. – K. Langosch, *Zum »Waltharius« E.s I. von St. Gallen* (in Mittellat. Jb., 18, 1983).

KERSTIN EKMAN

* 27.8.1933 Risinge / Östergötland

HÄXRINGARNA

(schwed.; *Die Hexenringe*). Roman von Kerstin EKMAN und erster Band einer Tetralogie, erschienen 1974. Die weiteren Bände sind *Springkällan (Die Springquelle)*, erschienen 1976, *Änglahuset (Das Engelhaus)*, erschienen 1979 und *En stad av ljus (Eine Stadt aus Licht)*, erschienen 1983. – Schauplatz von *Häxringarna* ist eine kleine schwedische Stadt in Sörmland gegen Ende des 19. Jh.s. Der Roman schildert, wie sich der bäuerlich geprägte Ort, vor allem durch den Anschluß an das

Eisenbahnnetz, in eine Industrieniederlassung verwandelt. Die Geschichte wird aus weiblicher Sicht erzählt, das öffentliche und politische Leben in der Zeit des beginnenden Sozialismus und damit die sozialen und wirtschaftlichen Bedingungen des »männlichen« Alltags werden deswegen nur indirekt beschrieben. Hauptpersonen des Romans sind die drei Frauen Sara Sabina, Edla und Tora, sie sind Mutter, Tochter und Enkelin. Der Lebensweg dieser Frauen, die drei verschiedenen Generationen angehören, ist von Anfang an vorgezeichnet, sie haben keinerlei Chance, der Not und Unterdrückung zu entrinnen. Alle drei gehören der untersten sozialen Schicht an, und keiner gelingt es, ihr Leben selbst zu bestimmen, weder in sozialer noch in menschlicher oder sexueller Hinsicht. – Der Soldat Johannes hatte seine Frau Sara Sabina mißbraucht, unterdrückt und verhöhnt, bis er durch einen Eisenbahnunfall zum hilfsbedürftigen und friedfertigen Invaliden geworden war. Energisch und unaufhörlich kämpft Sara Sabina um den Erhalt ihrer armseligen Häuslerkate, sie ist ständigen Demütigungen ausgesetzt und übernimmt all die Arbeiten, die anderen zu schmutzig sind: Sie schrubbt Viehställe und wäscht Leichen. Als sie alt, müde und verbraucht stirbt, bekommt sie nicht einmal einen Grabstein – ihr Tod ist genauso armselig, unmenschlich und anonym wie ihr Leben. Auch ihre Tochter Edla, die als dreizehnjähriges Dienstmädchen in einem Gasthof angestellt ist, muß all die Arbeiten verrichten, die niemand sonst übernehmen will. Ihr Schlafplatz, ein großer Tisch auf dem Dachboden, ist von der Gaststube aus direkt zugänglich. Nach einer Vergewaltigung durch einen Unbekannten bringt sie mit vierzehn Jahren ihre Tochter Tora zur Welt, kurz darauf stirbt sie an dem großen Blutverlust, den sie bei der Geburt erlitten hat. Die kleine Tora wächst zunächst bei ihren Großeltern auf. Auch sie verdingt sich als Dienstmädchen, wird geschwängert und bekommt einen Sohn, den sie in Pflege gibt. Danach wagt sie den Sprung vom Land in die Stadt, wo sie zuerst in einem Hotel arbeitet. Später nimmt sie eine Stelle als Kassiererin an, es wird ihr allerdings wegen einer weiteren Schwangerschaft gekündigt. Tora heiratet den Vater dieses Kindes, den gebildeten Büroangestellten F. A. Otter. Der kränkliche Mann stirbt, als sie 27 Jahre alt und Mutter zweier Kinder ist; dies bedeutet zugleich das abrupte Ende ihres sozialen Aufstiegs. Sie muß erkennen, daß Frauen kaum eine Möglichkeit haben, sich aus dem genormten Sozial- und Sexualverhalten zu befreien. Darauf weist auch der Titel des Romans hin, denn »Hexenringe« werden jene Figuren genannt, die beim Paarungsspiel der Rehe entstehen, wenn der Rehbock das Reh verfolgt... Das Reh kann nicht ausbrechen aus diesem Ring, auch wenn es gern möchte, Sara Sabina, Edla und Tora gelingt ein solcher Ausbruch ebenfalls nicht.

Die Fortsetzung, *Springkällan*, beschreibt Leben und Arbeit der sörmländischen Frauen ebenfalls mit fotografischer Genauigkeit, nun in den Jahren 1909 bis 1925. Die beiden Hauptpersonen Tora Otter und Frida Eriksson versuchen, trotz ihrer Armut Selbstachtung zu bewahren und gegen den drohenden Hunger anzukämpfen. Die harte Arbeit und die physische Belastungen, denen Frida als Waschfrau ausgesetzt ist, werden ohne Beschönigung beschrieben. Allein muß sie für ihre drei Kinder sorgen, für den Träumer Konrad, die bucklige Dagmar und die kleine Ingrid, die sie nach einer fehlgeschlagenen Abtreibung noch im Alter von 45 Jahren geboren hatte. Das Verhältnis zwischen den Geschwistern Ingrid und Konrad entwickelt sich zu einer Beziehung voller Phantasie und Liebe in einer Welt, die vor allem von Not und Unfreiheit beherrscht wird. Diese Beziehung findet ein jähes Ende, als Ingrid zu einem kinderlosen Ehepaar in Pflege gegeben wird. – Frida wohnt im selben Haus wie ihre Freundin Tora Otter, die sich selbst und ihre beiden Söhne Frederik und Adam ebenfalls alleine ernähren muß. Tagsüber auf dem Markt verkauft sie die Süßigkeiten und Backwaren, die sie in der Nacht hergestellt hat, mit dem mühsam zusammengesparten Geld will sie sich ihren Traum von einer eigenen Konditorei erfüllen. Aber als sie es endlich geschafft hat, kommen die erwarteten feinen Damen nicht – Arbeitslose und Schulkinder ohne Geld sind ihre Kunden, der kleinbürgerliche Traum vom sozialen Aufstieg wird damit zum Alptraum. Kurz vor dem wirtschaftlichen Ruin gibt Tora den ungleichen Kampf auf und verkauft die Konditorei.

Änglahuset beschreibt die Zeit des Zweiten Weltkriegs. Nach dem Tod der beiden alten und abgearbeiteten Frauen – Tora stirbt an Krebs in einem Krankenhaus, Frida senil in einem Pflegeheim – wird die Geschichte ihrer Kinder erzählt. Toras Sohn Frederik, der es bis zum Werkmeister gebracht hat, lebt in kinderloser Ehe mit seiner Frau Jenny. Die beiden träumen vom Aufstieg in die Mittelklasse, der ihnen schließlich auch gelingt. Jenny kümmert sich liebevoll um das kleine Haus, das sie sich erarbeitet haben, ihr Leben mit der Pflegetochter Anne-Marie verläuft in geregelten Bahnen, gleichförmig und ereignislos. Bei ihnen wohnt ein ungarischer Mieter namens Ferenc, mit dem Jenny für kurze Zeit ein Verhältnis hat: »*Die Geborgenheit und der Respekt, für die sie so hart gearbeitet hatten, das war den Menschen nicht genug. Eingelegte Gurken und Radiosymphonien, das konnten doch nicht die größten Ereignisse ihres Lebens sein.*« Plötzlich erkennt Jenny, daß ihr Leben ohne Inhalt ist, daß sie und Frederik Freiheit mit Isolation verwechselt haben. – Zwei weitere zentrale Figuren des Romans, der Kommunist Konrad und seine Schwester Ingrid, kämpfen aus dieser Einsicht für ein besseres und sinnvolleres Leben. Ingrid hat sich während ihrer Jugend immer gegen ihr Umfeld gewehrt, aber sie muß sich genauso beugen wie die anderen Frauen des Romans – sie heiratet, weil sie schwanger ist. Sie versucht, sich dagegen aufzulehnen: Als ihr Mann Arne tröstend meint, sie werde sich schon noch an das Leben als Hausfrau gewöhnen, hält sie ihm ein trotziges »*Ich will mich nicht daran gewöhnen!*« entgegen.

En stad af ljus, der vierte und letzte Teil des Werks, unterscheidet sich von den drei vorausgegangenen in mehrfacher Hinsicht. Den ersten drei Romanen ist der immer wieder wechselnde Blickwinkel gemeinsam, die Geschichte wird aus der Sicht der Armen und Unterdrückten (zumeist Frauen) erzählt, wodurch eine unverhüllte Gesellschaftskritik deutlich zum Ausdruck kommt. Es sind Kollektivromane, in denen ein allwissender Erzähler, der selbst kaum in Erscheinung tritt, in epischer Breite berichtet. Als außenstehender Beobachter beschreibt er die »stillen Existenzen« in einer Kleinstadt. – In *En stad af ljus* tritt dagegen eine Ich-Erzählerin auf, die lineare Chronologie wird hier durch lange rückblickende Passagen unterbrochen. Dies wiederum schafft eine direkte Verbindung zu den ersten drei Romanen. Auf der Gegenwartsebene spielt der Roman in den achtziger Jahren. Die Ich-Erzählerin Anne-Marie, die zusammen mit ihrem Mann Hasse in Portugal lebt, ist nach Schweden gekommen, um den Verkauf ihres Elternhauses zu regeln. In dem baufälligen Haus wohnt Anne-Maries Adoptivtochter Elisabeth mit ein paar Freunden, aber als Anne-Marie in Schweden ankommt, ist sie verschwunden. Dies löst bei ihr eine Krise aus, und als sie die Hinterlassenschaft ihres Vaters ordnet, erinnert sie sich an ihre eigene Kindheit. Der mittlere Teil des Romans beschreibt, wie sie im Rückblick auf Kindheit und Jugend ihr bisheriges Leben und die Ursachen für ihre jetzige Existenz zu ergründen versucht. Der Leser erfährt von ihrer tuberkulosekranken Mutter Lisa, die sehr früh gestorben war, und von ihrer starken Bindung an den Vater Henning, einen trunksüchtigen Erfinder, der sich nirgendwo einfügen konnte und deshalb unterliegen mußte. Anne-Marie erinnert sich an das geregelte, kleinbürgerliche Familienleben mit Jenny und Frederik, an ihre Studienzeit in Uppsala und ihre Arbeit als Journalistin beim Lokalblatt. All diese Erinnerungen führen dazu, daß sich Anne-Marie verstärkt mit ihrer eigenen Person und und mit ihrer Umwelt auseinandersetzt und ihr Leben nun selbst in die Hand nimmt. – In *En stad av ljus* wird der realistische Erzählstil der ersten Romane zugunsten einer bildhaften Erzählweise aufgegeben. Kerstin Ekman benutzt hier eine umfassende Namenssymbolik mit vielen biblischen Namen, auf der Handlungsebene kommt dies u. a. durch mystische Visionen Anne-Maries zum Ausdruck.

Das Motiv ist allen vier Büchern gemeinsam, das Thema ändert sich jedoch von Roman zu Roman. *Häxringarna* behandelt die Abhängigkeit der Frauen von ihrem Geschlecht und ihrer Sexualität; unerwünschte Schwangerschaften und Geburten waren im 19. Jh. ein unabänderliches Schicksal. In *Springkällan* werden durch eine realistische Beschreibung von Leben und Arbeit der Frauen und durch die damit verbundene Gesellschaftskritik die politischen Absichten der Autorin deutlicher erkennbar. In *Änglahuset* und vor allem in *En stad af ljus* geht es um das Innenleben der Menschen: Der Blick hinter die Fassaden der Provinzstadt macht dabei auch die Träume und die Auflehnung deutlich, die in den abgearbeiteten Körpern und scheinbar so ruhigen Existenzen lebendig sind. Die hier geschilderten Personen lehnen sich auf gegen das kleinbürgerliche Leben in einer Zeit, in der der Wohlfahrtsstaat zur Wirklichkeit geworden ist. – Durch umfangreiche Vorstudien auf dem Gebiet der Kultur-, Arbeits- und Frauengeschichte ist es Kerstin Ekman dank ihrer Phantasie gelungen, ein Werk zu schaffen, das die Entwicklung der Gesellschaft aufzeigt, von den Anfängen der Industrialisierung bis zum heutigen Nebeneinander in einer Konsumgesellschaft, in der »man ist, was man hat«. Dies ist eigentlich eine dunkle Geschichte – aber in der verborgenen Wirklichkeit von Freundschaft, Gemeinsamkeit und Solidarität liegt die Hoffnung auf *»eine Stadt aus Licht«*, die vielleicht eines Tages die »dunkle Stadt« der Oberflächlichkeit ersetzen kann.

C.S.L.

AUSGABEN: *Häxringarna*: Stockholm 1974. – *Springkällan*: Stockholm 1976. – *Änglahuset*: Stockholm 1979. – *En stad av ljus*: Stockholm 1983.

LITERATUR: A.-M. Bjerg, *K. E.s »Häxringarna«* (in BLM, 44, 1975, S. 319–324). – R. Ekner, *»Modernismens träd* (in Lyrikvännen, 1, 1978, S. 31–34). – H. G. Ekman, *Älgar och kaffepannar. Kring K. E.s romaner »Häxringarna«, »Springkällan« och »Änglahuset«* (in Vår lösen, 70, 1979, S. 368–325). – L. Grahn, *K. E.s komedi. Anteckningar om »Häxringarna«, »Springkällan« och »Änglahuset«* (in BLM, 48, 1979, S. 200–203). – M. Schottenius, *Tvånget att bejaka. Om K. E.s »Häxringarna«* (ebd., 52, 1983, S. 235–247). – M. Wirmark, *Av Edla finns en bild. Mörker och tystnad i K. E.s roman »Häxvingarna«* (in B. Paget, *Kvinnor och skapande. En antologi om litteratur och konst*, Stockholm 1983, S. 262–271). – K. Thorwall, *Kerstin om Kerstin* (in *Kvinnornes litteraturhistoria*, Bd. 2, Hg. J. Holmquist u. E. Witt-Brattström, Malmö 1983, S. 424–441). – M. Schottenius, *Mellan nattens ögon. Om »En stad av ljus«* (in BLM, 53, 1984, S. 202–208). – E. Wright, *Theme, Imagery, and Narrative Perspective in K. E.'s »En stad av ljus«* (in Scandinavian Studies, 59, 1987, S. 1–27).

CYPRIAN EKWENSI

* 26.9.1921 Minna

JAGUA NANA

(engl.; Ü: *Jagua Nana*). Roman von Cyprian EKWENSI (Nigeria), erschienen 1961. – Cyprian Ekwensi, von Beruf Förster und Apotheker, gehört zur ersten Generation nigerianischer Schriftsteller, die noch in den vierziger Jahren erste Arbeiten in

Englisch veröffentlichten. 1947 publizierte er eine während seiner Försterzeit in seiner Heimatregion des Igbolandes (Ostnigeria) gesammelte Reihe von Igbomärchen. In der ersten Anthologie afrikanischer Literatur *African New Writing* (1947), die in England erschien, waren fünf seiner Kurzgeschichten enthalten. Seit 1947 produziert Ekwensi eine wöchentliche Radiosendung »Your Favourite Story Teller«, in der er traditionelle Folkloreliteratur ebenso nacherzählte wie auch eigene Erzählungen präsentierte. Eine Sammlung dieser Kurzgeschichten erschien 1948 unter dem Titel *When Love Whispers* in Onitsha, dem wichtigsten Handelszentrum Ostnigerias mit seiner spezifischen Form der Populärliteratur, der »Onitsha Market Literature«. Auch Ekwensis erster Roman, *People of the City* (1954), weist in seiner Struktur die Herkunft von der Radioserie auf, in seinen Genreszenen die von der Onitsha Literatur.

Jagua Nana läßt mit seinen Schauplätzen, der Figurenkonstellation und der Handlungsstruktur noch das Muster des Onitsha-Genres erkennen. Ekwensi hat aber die schlichte Eindeutigkeit der Trivialliteratur weit hinter sich gelassen und in der Titelheldin Jagua eine mehrschichtige Figur geschaffen. Jagua als Zentrum der Handlung ist zugleich Reflektor eines sozialen Panoramas, das durch die Ambivalenz dieses Charakters ebenfalls seine schlichte Plattheit verliert. Jagua lebt als Prostituierte (im bereits fortgeschrittenen Alter) in der rasch expandierenden nigerianischen Hauptstadt Lagos. Für sie ist der Nachtclub Tropicana der Inbegriff von Freiheit und moderner städtischer Lebensart. Dort trifft sie ihre Freier; an jede Affäre knüpft sie die Hoffnung, endlich einen verläßlichen Partner zu finden, der ihr zu Geborgenheit, Sicherheit und Respektabilität verhilft. Freddie, der junge Lehrer, dem sie ein Jurastudium in England ermöglicht, verkörpert die neue Elite des zur Unabhängigkeit strebenden Nigeria: der »*been-to (England)*«, der über seine europäische Universitätsausbildung automatisch in die politische Führungsschicht Eingang findet. Ihm gegenüber steht Onkel Taiwo, der Prototyp des nigerianischen Politikers alten Schlages: halbgebildet, verschlagen, korrupt, brutal aber auch generös. Eine kurze Affäre hat sie mit Dennis, einem Gangster aus den Slums, der sie durch sein Draufgängertum fasziniert, sie aber auch in Hehlergeschäfte verwickelt. Mit dem Chief von Krinameh aus dem Nigerdelta feiert sie ein erotisches Versöhnungsritual, das einen alten Streit zwischen zwei verfeindeten Kommunen beilegt. Der Chief verkörpert den energischen aufgeschlossenen traditionellen Herrscher, der sich der Würde und Machtvollkommenheit seines Amtes voll bewußt ist und seine Kraft und Autorität für die Modernisierung, für den Bau von Schulen in seinem Herrschaftsbereich einsetzt. Obwohl Jagua sich sexuell leicht verfügbar hält, wahrt sie eine moralische Unabhängigkeit von ihren Freiern. An Freddies Intellektuellenkreis, der sich im British Council trifft, durchschaut sie rasch das Prätentiöse der intellektuellen Pose. Für Onkel Taiwo läßt sie sich zwar als Wahlkampfrednerin einspannen, distanziert sich aber von seinem Zynismus gegenüber seinem politischen Rivalen Freddie und gegenüber den Wählern. Sie bewundert das herrscherliche Selbstbewußtsein des Chiefs von Krinameh, aber sie tritt ihm doch als gleichgewichtige Gesprächspartnerin gegenüber, eine Erfahrung, die der Chief bisher mit Frauen noch nie gemacht hat. So schwankt Jagua Nana zwischen weiblicher Unterwürfigkeit, sexueller Anpassung und einer selbstbewußten Affirmation ihres Selbstwertes als Frau; zwischen ihrer Rolle als Prostituierte – da ist sie kalt, geldgierig und berechnend – und ihrer Rolle als Frau oder gar Mutter, wobei sich beide Rollen in ihrem Verhältnis zu dem zwanzig Jahre jüngeren Freddie überlagern. Sie hatte ihre ganze Hoffnung auf Freddie gesetzt und erwartet, daß er nach seiner Rückkehr aus England sie heiraten und ihr Sicherheit gewähren würde. Aber Freddie heiratet die Tochter einer Rivalin Jaguas. Als er sich als Gegenkandidat zu Onkel Taiwo für die Parlamentswahlen aufstellen läßt, wird er von Taiwos Schlägertrupp ermordet.

Im Gegensatz zu ihrer hoffnungslosen Liebe zu Freddie ist Jaguas Verhältnis zu Taiwo immer pragmatisch berechnend. Und doch verdankt sie ihm indirekt, daß sie nach all den Katastrophen ihrer persönlichen Beziehungen in Lagos sich doch noch als respektable Händlerin nach Onitsha zurückziehen kann. Taiwo konnte trotz Wahlbetrug und Bestechung keinen Sitz im Parlament gewinnen; da er auch noch die Parteikasse geplündert hatte, mußte er flüchten und wurde schließlich auf offener Straße ermordet. Aber er hatte Jagua vor seiner Flucht die Parteikasse anvertraut, mit der sie als Startkapital ihre neue Karriere als »Market Queen« – als Händlerin beginnt. Erst gegen Ende des Romans, als Jagua sich bereits wieder in ihrem Heimatdorf niedergelassen hat, liefert Ekwensi eine psycho-biographische Erklärung nach, die die lockere Episodenstruktur von Jaguas »sündigem« Leben in Lagos in einen größeren Handlungszusammenhang stellt. Sie hatte in jungen Jahren einen Tankstellenbesitzer geheiratet, aber die Ehe war kinderlos geblieben – d. h., Jagua hat nach nigerianischer Vorstellung als Frau versagt. Ihre Flucht nach Lagos wird so vom Romanende her als eine Flucht zur Bestätigung ihrer Vollwertigkeit als Frau interpretiert. Mit einer melodramatischen Wendung läßt Ekwensi Jagua durch eine flüchtige Affäre mit einem Urlauber doch noch schwanger werden, aber das Kind überlebt nicht. Ihr Leben in Lagos hatte sich für Jagua als ein Fehlschlag, aber auch eine Flucht vor sich selbst erwiesen: »*Sie ließ sich in Lagos von dem Glitzerlicht des Tropicana Clubs blenden, sie war dem verführerischen Lachen und dem Geldgeklimper der Männer verfallen. Sie hatte vergessen, daß sie Vater und Mutter hatte, die ihrer Liebe bedurften. Ohne Mann, ohne Kinder, ohne Eltern war sie durch den Dschungel der Glitzerstadt Lagos gestreift, als Frau unter all den Eitlen und Arrivierten, hinter deren großspurigem Getue sich genau wie bei ihr selbst eine gähnende Leere auftat.*«

Bestätigung und Erfüllung findet Jagua schließlich in der Einfachheit der ländlichen Umgebung, nachdem sie ihre »Jaguaness« – die Unbezähmbarkeit des Jaguars, das Glitzernde des Jaguar-Sportwagens abgelegt hat. Im Grunde ist *Jagua Nana* eine Bekehrungsgeschichte in der Tradition von DEFOES *Moll Flanders* und BALZAC, auf die auch der soziale Realismus und der Titel verweisen.

Ekwensi's Roman ist aber nicht nur deshalb bedeutsam, weil er anders als Chinua ACHEBE und Amos TUTUOLA eine individuelle – nicht eine kollektive Frauengestalt in den Mittelpunkt des Geschehens stellt, sondern auch wegen seiner sprachlichen Gestaltung. Weite Passagen sind in Pidgin gehalten, das damit den Status einer literaturfähigen Sprache erhalten hat. Auch hier ist wieder der Vergleich zu Achebes und Tutuolas Sprachgebrauch aufschlußreich, die ihr Englisch an die regionalen Sprachen des Igbo oder Yoruba anpassen. Ekwensi dagegen benutzt das typische Medium der multiethnischen nigerianischen Stadtgesellschaft. Von Freddie und Jagua sagt Ekwensi gleich zu Beginn, daß sie zwar beide Igbos seien, aber lieber Pidgin sprechen, »*denn als Bewohner des modernen Lagos wollten sie sich in nichts an die Welt des Buschs und der veralteten Sitten ihrer Heimat erinnern lassen.*«

Ekwensi hat den Typus des realistischen sozialen Romans nach Nigeria übertragen, ihn im sprachlichen Ausdrucksmittel, im Lokalkolorit und Personal afrikanisiert und damit ein erstes Porträt dessen geschaffen, was der südafrikanische Kritiker und Romancier Eskia MPHALELE das Paradox des modernen Afrikaners nannte: enttribalisiert, verwestlicht, aber dennoch ganz ein Afrikaner. E.Bre.

AUSGABEN: Ldn. 1961. – NY 1969. – Ldn. 1975.

ÜBERSETZUNG: *Jagua Nana*, U. Heilmann, Mchn./Esslingen 1965.

LITERATUR: U. Beier, Rez. (in Black Orpheus, 10, 1961). – Rez. (in TLS, 31. 3. 1961). – L. Adebayo, Rez. (in Radio Times, 25. 6. 1961). – B. Lindfors, *C. E. An African Popular Novelist* (in African Literature Today, 3, 1970). – E. Emenyonu, *C. E.* (in Modern African Writers, Ldn. 1974). – Ders., *The Rise of the Igbo Novel*, Ldn. 1978. – L. Hawkins, *The Free Spririt of E.'s »Jagua Nana«* (in African Literature Today, 10, 1979). – P. O. Iheakaram, *The City as Metaphor in the Fiction of C. E.* (in International Fiction Review, 6, 1979). – F. Balogun, *Entre la tradition et un monde nouveau: Aspects de la société nigériane* (in Peuples noirs – peuples africains, 1980, S. 68–75). – E. Breitinger, *Girls at War – Girls at Peace: Heroines of Nigerian Prose* (in Komparatistische Hefte, 1980, H. 1, S. 67–76). – C. Abrahams, *No longer at Ease* (in Canadian Journal of African Studies, 14, 1981, S. 529–531). – F. Osofisan, *Domestication of an Opiate: Western Paraaesthetics and the Growth of the E. Tradition* (in Positive Review, Ile-Ife 1981, H. Jan./Feb.). – U. Abdurrahman, *Social and Political Reality in C. E.'s Major Novels*, Diss. Madison/Wis. 1987.

ELEASAR BEN JEHUDA

* um 1165 Mainz
† zwischen 1223 und 1232 Worms

ROKEACH

(hebr.; *Der Gewürzmischer*). Ritualkodex von Rabbi ELEASAR BEN JEHUDA. – Der Verfasser ist, wie sein Lehrer, Rabbi JEHUDA HA-CHASSID aus Regensburg (vgl. *Sefer ha-chassidim*), in Lehre und Leben ein typischer Repräsentant der mittelalterlichen deutschen Juden, deren Reaktion auf ständige grausame Verfolgung durch die Umwelt (Eleasar selbst verlor 1196 Frau, Kinder und Vermögen bei einem Überfall durch Kreuzfahrer) in einer um so tieferen Versenkung in die eigene Glaubenswelt bestand. Diese tiefe Verbundenheit mit der Religion führte bisweilen – so besonders bei Eleasar ben Jehuda – zu einer mystischen Überhöhung sowohl der großen religiösen Prinzipien (Gottes- und Menschenliebe) im allgemeinen als auch der einzelnen religiösen Gebote. Charakteristisch für diese Art der Frömmigkeit ist der *Rokeach*, der zugleich das bekannteste unter den zahlreichen, meist noch unedierten Werken des Verfassers auf den Gebieten der Mystik, der Religionsphilosophie, der *Bibel-* und *Talmud-*Exegese sowie der liturgischen Dichtung darstellt.

Dieser Ritualkodex ist allerdings nicht so systematisch aufgebaut wie z. B. der des MAIMONIDES (vgl. *Mischne Thora*) oder der des JOSEF KARO (vgl. *Schulchan aruch*), auch enthalten seine 497 Paragraphen nur einen Teil des jüdischen Religionsgesetzes (hauptsächlich Feiertags-, Speise- und Gebetsvorschriften), der Rest ist wahrscheinlich verlorengegangen. Was jedoch dem Werk den persönlichen Stempel des Verfassers aufdrückt – und ihm daher einen besonderen Platz unter den Ritualwerken verschafft –, ist die aus der erwähnten mystischen Glaubenshaltung heraus geborene mitreißende Art der Darstellung, die sich in den – auch separat gedruckten – zwölf Einleitungsparagraphen *(Über die Frömmigkeit* und *Über die Buße)* zuweilen zu ekstatischer Höhe aufschwingt. L.Pr.

AUSGABEN: Fano 1505. – Venedig 1549. – Warschau 1880.

ÜBERSETZUNGEN (Ausz.): in J. Winter u. A. Wünsche, *Die jüdische Literatur*, Bd. 3, Trier 1896, S. 634/635. – M. Brann, *Geschichte der Juden*, Bd. 2, Breslau [3]1911, S. 160. – G. Scholem, *Die jüdische Mystik in ihren Hauptströmungen*, Ffm. 1957, S. 103 (ern. Ffm. 1980; stw).

LITERATUR: L. Münz, *Rabbi Eleasar, genannt Schemen Rokeach*, Trier 1895. – J. Lerner (in Universal Jewish Encyclopedia, Bd. 4, NY 1948). – G. Scholem, *Ursprung u. Anfänge der Kabbala*, Bln. 1962. – J. Dash, Art. *Eleazar ben Judah* (in EJ[2], 6).

TILEMANN ELHEN VON WOLFHAGEN

* 1347/48 Wolfhagen bei Kassel (?)
† 1420(?)

LIMBURGER CHRONIK

(mhd.). Prosachronik von Tilemann ELHEN VON WOLFHAGEN, entstanden 1378–1398. – Der Verfasser, der am Schluß seiner Chronik seinen Vornamen, Tilemann, nennt, war Geistlicher und Stadtschreiber in Limburg. Er sagt von seinem Werk, das er mit dem Jahr 1335 beginnen läßt und bis 1398 fortführt: »*Unde waz ich jung vernam unde gesehen han, daz notabile ist, daz han ich von der zit daz ich drißig jar alt was biz her allez geschrieben.*« Er berichtet also vornehmlich von ihm selbst Gehörtes und Beobachtetes; schriftliche Quellen scheint er kaum benutzt zu haben. So befaßt sich die *Limburger Chronik* mit dem täglichen Leben der Stadt und ihrer näheren Umgebung, und eben darin liegt ihre anziehende Frische. Ein objektiver Berichterstatter ist Tilemann Elhen freilich nicht; seine Absicht ist, Limburg und seine Bürger zu verherrlichen, und so wird man z. B. die mit darstellerischem Können geschriebenen Charakteristiken von Männern aus der Umgebung des Verfassers nur mit diesem Vorbehalt lesen dürfen. Seinem lokalen Interesse ist auch zuzuschreiben, daß der Chronist wenig Anteilnahme an den Ereignissen der großen Politik zeigt und das »Reich« seinem Blick fernliegt. Dagegen berichtet er mit Sorgfalt von den Sitten und Gebräuchen der damaligen Zeit und überliefert mit den von ihm aufgezeichneten volkstümlichen Liedern und ihren Singweisen »*wahre kulturhistorische Perlen*« (Uhlhorn). Obgleich Tilemann Elhen 1398 sein Stadtschreiberamt niederlegte und also Muße gehabt hätte, seine Chronik weiterzuführen, brach er sie in diesem Jahr ab. Wahrscheinlich nahm ihm der Verlust der Selbständigkeit Limburgs die Freude an der Weiterarbeit (G. Zelder). Das von ihm offengelassene Schlußjahr der Chronik wurde später von anderer Hand, datiert 1420, nachgetragen.
KLL

AUSGABEN: Aschaffenburg 1617. – Hannover 1883, Hg. A. Wyß (MGH, Deutsche Chroniken, Bd. 4/1). – Limburg 1930, Hg., Einl., Übers. u. Anm. G. Zedler. – Limburg 1961, Hg., Einf. u. Übers. K. Reuss.

LITERATUR: A. Wyß, *Die »Limburger Chronik« untersucht*, Marburg 1875. – E. Schaus, *Zur »Limburger Chronik«* (in Mitt. des Vereins für nassauische Altertumskunde u. Geschichtsforschung, 16, 1913, Nr. 4, S. 132 ff.). – H. Otto, *Zur Frage nach der Entstehung der »Limburger Chronik«* (in NA, 43, 1922, S. 397 ff.). – G. Zelder, *Die Hessenchronik. Ihr Umfang u. Inhalt sowie ihr Verfasser* (in Zs. für hessische Geschichte, 55, 1926, S. 176 ff.). – Ders., *Die Quellen der »Limburger Chronik« u. ihre Verwertung durch Tilemann* (in HVj, 23, 1926, S. 289 ff.). – Ders., *Zur Erklärung u. Textkritik der »Limburger Chronik«* (in Münchner Museum für Philologie des Mittelalters u. der Renaissance, 5, 1929, S. 210 ff.). – Uhlhorn (in VL, 1, Sp. 547–551). – G. Groh, *Die »Limburger Chronik« des T. E. v. W.*, Diss. Mchn. 1951. – H. Gensikke, *Zur »Limburger Chronik«* (in Nassauische Annalen, 73, 1962, S. 263–267). – G. Steer, *Dat dagelyt von der heiligen passien. Die sog. Große Tageweise Graf Peters von Arberg* (in Beitr. z. weltl. u. geistl. Lyrik d. 13. Jh.s, Hg. K. Ruh u. W. Schröder, Bln. 1973, S. 112–204). – P. Johanek (in VL², 2, Sp. 474–478).

ELIA BEN MOSES DE VIDAS

16. Jh.

RESCHIT CHOCHMA

(hebr.; *Beginn der Weisheit*). Sittenbuch von ELIA ben Moses DE VIDAS, von dem nur bekannt ist, daß er im 16. Jh. in der Stadt Safed (Palästina) lebte, nach Polen ging, nach Palästina zurückkehrte und in Hebron starb. – Wie die meisten jüdischen Sittenbücher, die vorher und nachher erschienen sind (vgl. z. B. *Menorat ha-ma'or* von ISAAK ABOAB und *Messilat jescharim* von Moses Chajim LUZZATTO), ist auch das vorliegende in Kapitel eingeteilt, deren Titel die guten oder schlechten menschlichen Eigenschaften bezeichnen, die in dem betreffenden Kapitel behandelt werden. Das ziemlich umfangreiche Werk enthält nur fünf, dafür aber entsprechend lange Kapitel (*sche'arim* – »Pforten« – genannt): 1. Gottesfurcht; 2. Gottesliebe; 3. Buße; 4. Heiligkeit; 5. Demut. Auch inhaltlich gleicht *Reschit chochma* den anderen jüdischen Sittenbüchern insofern, als es weniger ein moraltheologisches System, sondern vielmehr eine praktische Anleitung zum rechten Lebenswandel bietet. Ganz nach der Art der erwähnten anderen Bücher dieser Gattung werden auch hier *Bibel-* und *Talmud-*Stellen, die sich auf das jeweils behandelte Thema beziehen, ausführlich zitiert.
Das Besondere des vorliegenden Werkes liegt jedoch darin, daß der Autor, ein Schüler des Safeder Kabbalisten Moses ben Jakob CORDOVERO (vgl. *Pardes rimmonim*), sehr häufig – fast auf jeder Seite einige Male – nach den *Sohar*, die »Bibel der Kabbala«, zu Wort kommen läßt, und zwar im aramäischen Original. Die Ausführungen des Verfassers erhalten dadurch – allerdings auf Kosten der Allgemeinverständlichkeit – eine gewisse mystische Vertiefung. Aber vielleicht gerade deshalb ist das Werk – trotz vieler Auflagen – nicht zu einem eigentlichen Volksbuch geworden. Auf jeden Fall ist Elia

ben Moses de Vidas' Versuch einer Synthese von *Talmud* und *Sohar* bemerkenswert, da sonst ein Versuch dieser Art, dazu in so weitgehender Weise, selbst von den Kabbalisten unter den Moralbuch-Verfassern nicht unternommen wurde.   L.Pr.

AUSGABEN: Venedig 1578. – Krakau 1593. – Bln. 1703. – Warschau 1930.

LITERATUR: M. Waxman, *A History of Jewish Literature*, Bd. 2, NY/Ldn. 1933, S. 288/289; [2]1960.

MIRCEA ELIADE

* 9.3.1907 Bukarest
† 23.4.1986 Chicago

LITERATUR ZUM AUTOR:
Myths and Symbols. Studies in Honor of M. E., Hg. J. M. Kitagawa, Chicago/Ldn. 1968; Nachdr. 1982. – G. Dudley, *Religion on Trial: M. E. and His Critics*, Philadelphia 1977. – D. Allen u. D. Doeing, *M. E., an Annotated Bibliography*, NY/Ldn. 1980. – M. Handoca, *M. E. Contribuţii biobibliografice*, Bukarest 1980. – I. Lotreanu, *Introducere în opera lui M. E.*, Bukarest 1980. – A. Marino, *Hermeneutică lui M. E.*, Cluj 1980 (frz. *L'herméneutique de M. E.*, Paris 1981). – D. Allen, *M. E. et le phenomène religieux*, Paris 1982. – A. Barbosa da Silva, *The Phenomenology of Religion as a Philosophical Problem. An Analysis of the Theoretical Background of the Phenomenology of Religion, in General, and of M. E.'s Phenomenological Approach, in Particular*, Uppsala/Lund 1982. – *Imagination and Meaning, the Scholary and Literary Worlds of M. E.*, Hg. N. J. Girardot, NY 1982. – *Sehnsucht nach dem Ursprung, Zu M. E.*, Hg. H. P. Duerr, Ffm. 1983. – *Die Mitte der Welt. Aufsätze zu M. E.*, Hg. ders., Ffm. 1984 (st). – *Waiting for the Dawn. M. E. in Perspective*, Hg. D. Carrasco, Boulder 1985. – W. Geiger, *Kulturdialog u. Ästhetik. Roger Garaudy, Victor Segalen, M. E.*, Ffm. 1986 [zugl. Diss.]. – M. Spiridon, *M. E.: la vocation de la synthèse* (in Cahiers roumains d'études littéraires, 1987, Nr. 1, S. 79–90).

LE CHAMANISME ET LES TECHNIQUES ARCHAIQUES DE L'EXTASE

(frz.; Ü: *Schamanismus und archaische Ekstasetechnik*). Religionsgeschichtliche Schrift von Mircea ELIADE (Rumänien), erschienen 1951. – Einen Teil der Ergebnisse hatte der Autor bereits in einigen Artikeln (vgl. die Bibliographie am Ende dieses Beitrags) und in Vorträgen veröffentlicht, welche er im März 1950 an der Universität Rom und am »Istituto Italiano per il Medio ed Estremo Oriente« gehalten hat. Die Literatur über den Schamanismus war bereits vor Eliades Werk sehr umfangreich. Die Bibliographie von A. A. POPOV, die 1932 erschienen ist und sich auf den sibirischen Schamanismus beschränkt, verzeichnet 650 Arbeiten von russischen Ethnologen. Nicht zu Unrecht bezeichnet Eliade sein Werk allerdings als »*das erste, welches den Schamanismus in seinem ganzen Umfang behandelt und ihm zugleich in eine allgemein religionsgeschichtliche Perspektive stellt*«.

Eliade will, die zahlreichen Einzeluntersuchungen der Psychologie, Soziologie und Ethnologie synthetisierend, das Phänomen Schamanismus aus der spezifisch religionsgeschichtlichen Fragestellung und Methodik heraus darstellen, denn nur der Religionswissenschaft »*obliegt es in letzter Instanz..., eine Sicht des Ganzen zu geben, die zugleich Morphologie und Geschichte dieses komplexen religiösen Phänomens ist*«. Der Hauptakzent des Werks liegt auf der Darstellung des Phänomens Schamanismus, der Analyse seiner Ideologie und der Erörterung seiner Techniken, Symbolik, Kosmologie und Mythologie – behandelt in gesonderten Analysen der Kulturkreise Zentral- und Nordasien, Nord- und Südamerika, Südostasien und Ozeanien, Tibet und China sowie des indogermanischen Einflußbereiches. Die historische Entwicklung des Schamanismus sowie sein gesellschaftliches Fundament sind dagegen untergeordnete Themenbereiche. Afrika ist nicht behandelt. Eliade interpretiert den Schamanismus – obwohl er ihn zunächst »strictu sensu« als »*ein par excellence sibirisches und zentralasiatisches Phänomen*« definiert – letztlich als weltweite Gegebenheit, deren Grundzüge sich in den genannten Gebieten aufzeigen lassen. Die schamanische Ekstasetechnik, von Eliade als das entscheidende Element des Schamanismus angesehen, wird von ihm als »*Urphänomen*«, als »*Wiedervergegenwärtigung des mythischen illud tempus*« interpretiert, jenem – von Eliade behaupteten – prähistorischen Zeitabschnitt, »*wo die Menschen in concreto mit dem Himmel verkehren konnten*«. In der Ekstase, welche ihn entweder die Besessenheit durch einen Geist oder den Austritt der eigenen Seele aus dem Körper erleben läßt, begegnet der Schamane Schamanenahnen bzw. Schutzgeistern oder Naturgeistern bzw. Hilfsgeistern. Die Anwesenheit dieser (meist in Tiergestalt auftretenden) Naturgeister ahmt der Schamane – wie Eliade ausführlich schildert – in der Ekstase darstellerisch und akustisch sowie auch in der Schamanentracht nach.

Ähnlich wie Pater Wilhelm SCHMIDT, Uno HARVA u. a. versucht der Autor eine – heute umstrittene – Unterscheidung in einen »weißen« und einen »schwarzen« Schamanismus (d. h. Beziehung zum Himmelsgott und anderen im Himmel residierenden »guten« Göttern oder Verkehr mit »bösen« Geistern und Dämonen). Da Eliade die ekstatische Jenseitsreise zu den Himmelsgöttern als ein Hauptmerkmal des Schamanismus beschreibt, folgert er, daß der weiße Schamanismus die originäre und eigentliche Form des Schamanismus in Zentralasien sei. Der schwarze Schamanismus stellt eine synkretistische Verfälschung, d. h. Vermischung mit Elementen des Ahnenkults und der Magie dar. Das schamanische Universum unterteilt sich in drei »*kosmische Zonen*«: Himmel, Erde, Unterwelt. Der Himmel ist der Sitz des »*Großen Himmelsgottes*«, der Schöpfer und allmächtig ist, und von Eliade religionsgeschichtlich als »*deus otiosus*« interpretiert wird. Die kosmischen Zonen sind durch eine Mittelachse miteinander verbunden, auf der der Schamane zu den verschiedenen Sphären emporsteigt bzw. absteigt. Eliade sieht in dieser Weltachse einen integralen Bestandteil des schamanischen Weltbildes und beschreibt ausführlich die diversen Darstellungen dieser Weltachse als Weltenbaum, kosmischer Berg, Treppe, Regenbogen u. a., wobei seine spezifische symbolische Methode diese fixen Symbole oder Archetypen in einem an die Theorie des Archetyps von C. G. Jung erinnernden Sinn zu interpretieren versucht.

Die Berufung zum Schamanen kann erblich, d. h. auf einen Clan beschränkt sein oder individuell-spontan erfolgen. Nach Eliade kommt die »*doppelte Unterweisung*«, die durch Ekstase *und* die Überlieferung bzw. Unterweisung durch alte Schamanenmeister erfolgt, einer Initiation gleich. »*Nicht auf den Ausgangspunkt dieser Kräfte kommt es an ..., sondern auf die Technik und die dieser zugrundeliegenden Theorie, was beides durch die Initiation vermittelt wird.*« Nur durch die Initiation – ein rituelles Erleben von mystischem Tod und Auferstehung – wird der Schamane von der Gesellschaft als Mittler zwischen den Menschen und der Geisteswelt anerkannt und seine – je nach Kulturkreis variierende – Funktion und gesellschaftliche Rolle (als Heiler, Dämonenaustreiber, Wahrsager, Hellseher und v. a. Psychopomp) definiert. Dabei wendet sich Eliade gegen Forscher wie G. A. Wilken, L. Layard, A. Ohlmarks u. a., die den Schamanismus aus nervös-psychotischen Erkrankungen wie Epilepsie und Hysterie erklären wollen. Wohl können Krankheiten (wie auch Depressionen, intensive Träume, allgemein: eine hohe Sensibilität für die »*fundamentalen Gegebenheiten der menschlichen Existenz*«) das Berufungserlebnis auslösen, im allgemeinen stellt der Autor bei den Schamanen aber eine überdurchschnittliche Nervenkonstitution fest, so daß die Gleichsetzung des Schamanismus mit irgendeiner Geisteskrankheit als psychologistische Engführung erscheint, welche dem Phänomen als Ganzem nicht gerecht wird.

Eliades Werk muß als eine der bedeutendsten Arbeiten der internationalen Schamanenforschung betrachtet werden. Es wurde ins Italienische, Spanische, Englische und Deutsche übersetzt. Nahezu alle Abhandlungen der heute kaum mehr zu überblickenden Fachliteratur nehmen darauf Bezug. Das besondere Verdienst Eliades liegt vor allem in der erstmaligen Erforschung der schamanischen Symbolik. Kritisch betrachtet werden heute allerdings Eliades Theorie vom Schamanismus als weltweitem Phänomen, sowie seine Reduzierung desselben auf eine bloße archaische Ekstasetechnik.

A.F.L.

Ausgaben: Paris 1951. – Paris 1968. – Paris 1978.

Übersetzung: *Schamanismus und archaische Ekstasetechnik*, I. Köck, Zürich/Stg. 1956; ern. Ffm. 1975 (stw).

Literatur: M. Eliade, *Le problème du chamanisme* (in Revue de l'histoire des religions, 131, 1946, S. 5–52). – Ders., *Schamanism* (in *Forgotten Religions*, Hg. V. Ferm, NY 1949, S. 299–308). – Ders., *Schamanismus* (in Paideuma, 5, 1950, S. 87–97). – D. Schröder, *Zur Struktur des Schamanismus* (in *Religions-Ethnologie*, Hg. C. A. Schmitz, Ffm. 1964, S. 298 ff.). – M. L. Ricketts, *In Defence of E.* (in Journal of Religion and Religions, 3, 1973, S. 13–34). – A. Hultkrantz, *M. E.: Schamane oder Zauberlehrling* (in *Sehnsucht nach dem Ursprung. Zu M. E.*, Hg. H. P. Duerr, Ffm. 1983, S. 161–173). – B. A. Te Paske, *Schamanismus u. archaische Ekstasetechnik: M. E.s Beitrag zur analytischen Psychologie* (ebd., S. 226–238).

IMAGES ET SYMBOLES. Essais sur le symbolisme magico-religieux

(frz.; Ü: *Ewige Bilder und Sinnbilder: Über die magisch-religiöse Symbolik*). Religionsphilosophische Schrift von Mirea Eliade (Rumänien); die einzelnen Aufsätze entstanden von 1938 bis 1951 und wurden 1952 gesammelt veröffentlicht. – Gegen die Mythenforscher Tylor und James Frazer sich wendend, die in positivistischer Kurzsichtigkeit das magisch-religiöse Leben der urzeitlichen Menschheit als »*eine Anhäufung unreifer, abergläubischer Vorstellungen: als ein Produkt der von halbtierischen Ahnen ererbten Furchtgefühle*« betrachteten, möchte Eliade das bildhaft-symbolische Denken »*als eine eigengesetzliche Form der Erkenntnis*« erweisen und zeigen, daß »*das Symbol ... ganz bestimmte Ansichten der Wirklichkeit*« enthüllt, »*die die größte Tiefe ausloten – und zugleich jene, die sich allen anderen Hilfsmitteln des Erkennens widersetzen*«. Er beabsichtigt »*die Wiederaufdeckung des tiefen Sinngehaltes aller dieser geschändeten Bilder, aller dieser entwerteten Mythen*«, von denen der moderne, durch eine diskursive Rationalität einseitig geschulte Mensch nichts mehr wisse, was zur Folge habe, daß er »*abgeschnitten ist von der in die Tiefe reichenden Realität des Lebens und der seiner eigenen Seele*«.

Daß es, entgegen den »*konfusionistischen*« Behauptungen Tylors und Frazers, eine »*Logik des Symbols*«, eine gewisse sinnvolle Strukturierung weitverbreiteter symbolisch-magischer Bilder gibt, zeigt der Autor an einigen archetypischen, bei vielen Völkern und in vielen Religionen verbreiteten Symbolen: an der Vorstellung vom »*Weltzentrum*«, dem »*Weltbaum*«, »*Weltgebirge*«, »*Weltpfeiler*« oder »*kosmischen Baum*« und dem »*im Weltzentrum befindlich gedachten Tempel*«; er demonstriert das Gemeinsame an diesen Bildern einer Verbindung von Hölle, Erde und Himmel, zu deren Umkreis das auch in der alttestamentarischen, mystischen und alchimistischen Vorstellungswelt anzutreffende Bild von der »Himmelsleiter« gehört. Wie bei der Aufdeckung dieses Symbolfeldes führt Eliade auch bei der Erörterung der Zeit- und Ewigkeitssymbolik vor allem Beispiele aus der altindischen Literatur, den *Veden*, an. Nach der Darstellung der Symbolwelt von Zeit, Weltschöpfung, Weltuntergang und ewiger Wiederkehr werden noch zwei weitere Symbolkreise vorgeführt: die magisch-religiöse Bedeutung der Götterfiguren des *»schrecklichen«*, des *»bindenden Gebieters«* (Varuna, Jupiter, Odin) und des *»Bindens«* und *»Gebundenseins«* durch Zauberkraft sowie das Symbolfeld der Muschel, der Auster, Schnecke und Perle, die mit den Begriffen und Bildern der Fruchtbarkeit, des weiblichen Genitales, der Entbindung, des Kindersegens assoziiert sind. Die Erörterung der Symbolik von *»Taufe, Sintflut, Gewässer«* im abschließenden Kapitel über *Symbolik und Geschichte* bringt die grundsätzlichen Passagen des Buchs über das Problem der Wahrheit und der Geschichtlichkeit des symbolischen Denkens. Eliade leugnet nicht die Tatsache, daß Symbole geschichtlich entstanden sind, sich historisch ausgebreitet haben und voneinander abhängig sein mögen, doch besteht er auf ihrem »Eigenwert«; sie seien nicht geschichtlich oder psychologisch völlig zu relativieren, sondern in ihnen artikulierten sich – entgegen der Ansicht des »positivistischen«, allem magisch-sakralen Denken abholden Freud, aber erkannt von C. G. Jung – übersubjektive, archetypische seelische Strukturen und quasi existentialistische *»Enthüllungen der Grenzsituationen des Menschseins«*.

Eliade zufolge hat auch noch das Christentum Anteil an dieser archaischen Bilderwelt, denn sowohl Kreuz wie Taufe stehen für ihn in engem Zusammenhang mit der alten »Weltenbaum«- und »Gewässer«-Symbolik; einzig die mythische Bedeutung der Zeit sei durch die historische Menschwerdung Gottes grundlegend verändert worden. Doch damit sei die fortdauernde Bedeutung symbolischen Denkens nicht außer Kraft gesetzt, das vielmehr noch immer den *»Zugang zur wahrhaftigen Wirklichkeit der Welt«* bietet: »Es gelingt der Geschichte nicht, die Urnatur einer dem Menschen ›ewig gegebenen‹ Symbolik von Grund auf zu ändern. Unaufhörlich neue Sinngebungen schließt zwar die Geschichte an eine solche an; doch die Urnatur des Symbols heben diese nie auf.« J.Dr.

Ausgaben: Paris 1952. – Paris 1979.

Übersetzung: *Ewige Bilder u. Sinnbilder. Vom unvergänglichen menschlichen Seelenraum*, Th. Sapper, Olten/Freiburg i. B. 1958. – *Ewige Bilder u. Sinnbilder: über die magisch-religiöse Symbolik*, ders., Rev. E. Moldenhauer, Ffm. 1986.

Literatur: Th. J. J. Altizer, *M. E. and the Dialectic of the Sacred*, Philadelphia 1963. – vgl. Literatur zum Autor.

MAITREYI

(rum.; *Ü: Das Mädchen Maitreyi*). Roman von Mircea Eliade, erschienen 1933. – Mircea Eliade, der Religionsphilosoph und Mythenforscher, ist auch als Romancier hervorgetreten. Das Prosawerk des seit 1940 in Westeuropa und Nordamerika lebenden Autors wurde nach 1945 in Rumänien totgeschwiegen; erst während der vorübergehenden Liberalisierung in den sechziger Jahren wurden seine Romane wieder erwähnt, zum Teil neu aufgelegt und entsprechend gewürdigt.

Nicht nur für den Forscher, sondern auch für den Schriftsteller Eliade war der Aufenthalt in Indien in der Zeitspanne von 1928 bis 1932 von nachhaltiger Bedeutung. *Maitreyi*, eine Liebesgeschichte *sui generis*, ist der Roman der geistigen und emotionalen Auseinandersetzung eines Europäers mit Indien, seinen Menschen, seiner Landschaft und mit seiner Gedankenwelt. Der Roman ist zweifellos stark autobiographisch gefärbt: Unter der Maske des Protagonisten und Erzählers verbirgt sich, oft kaum verhüllt, die Gestalt des Autors. Allan, ein junger britischer Techniker, der in Kalkutta lebt und arbeitet, wird von seinem Vorgesetzten, dem Ingenieur Narendra Sen, eingeladen, in seinem Haus zu wohnen. Wie Allan erst später erfahren soll, hat das Ehepaar Sen die Absicht, ihn zu adoptieren. Der junge Brite begeistert sich für die neue und geheimnisvolle Welt, die sich ihm im Zusammenleben mit der Familie des traditionsbewußten Bengalen erschließt, und er vertieft sich in das Studium der indischen Philosophie und Religion.

Sein Interesse für die indische Lebensart und Geisteswelt verschmilzt mehr und mehr mit der Faszination, die Sens älteste Tochter Maitreyi auf ihn ausübt. Zu Beginn hatte Allan auf das ihm widersprüchlich erscheinende Wesen der außergewöhnlich begabten sechzehnjährigen Maitreyi mit Erstaunen, ja sogar Befremden reagiert. Eine bekannte Dichterin und Schülerin Rabindranath Tagores, wirkt sie doch oft kindlich und verspielt; in ihrer Mischung aus Naivität und Sinnlichkeit, Vergeistigung und »primitiver« Erdhaftigkeit erscheint sie Allan als Inbegriff des unauslotbaren indischen Mysteriums. Die Liebe zu Maitreyi entspricht der geistigen Identifikation mit Indien. Als er sich mit Maitreyi heimlich nach indischem Ritus verlobt, entschließt sich Allan gleichzeitig, zum Hinduismus zu konvertieren. Durch einen unglücklichen Zufall erfährt Sen von der Romanze zwischen seiner Tochter und dem von ihm zum Adoptivsohn erwählten Allan: Dieser muß auf der Stelle das Haus der Familie verlassen und jeglichen Kontakt mit Maitreyi abbrechen. Während Maitreyi von ihrem Vater im Hause gefangengehalten und sogar mißhandelt wird, irrt Allan tagelang planlos umher. Schließlich versucht er, seine Liebe zu Maitreyi in der selbstgewählten Verbannung im Himalaja zu vergessen, und kehrt Indien den Rücken. Jahre danach erfährt er, daß Maitreyi alles versucht hat, um von ihrem Vater verstoßen zu werden und so die Freiheit zu gewinnen.

Ähnlich wie André GIDE ging auch Eliade von der Absicht aus, das epische Geschehen möglichst unmittelbar und authentisch, sozusagen ungefiltert, wiederzugeben. Der in der Ichform abgefaßte Roman stellt eine Art *confession* des Protagonisten dar, der das Geschehen aus einem gewissen zeitlichen Abstand wiedererlebt. In die Erzählung integrierte der Autor Fragmente seines Tagebuchs sowie Glossen, Erläuterungen und Kommentare zu diesen Tagebucheintragungen. Das Ergebnis ist eine originelle, modern anmutende »Antiprosa«, eine Form, die Eliade später in dem 1935 erschienenen Roman *Şantier (Die Baustelle)* noch weiterentwikkelt hat. A.Ga.

AUSGABEN: Bukarest 1933. – Bukarest 1969, Hg. D. Micu.

ÜBERSETZUNGEN: *Das Mädchen Maitreyi*, G. Spaltmann, Mchn. 1948. – Dass., E. Silbermann, Ffm. 1975 (BS).

LITERATUR: P. Constantinescu, *Scrieri*, Bd. 2, Bukarest 1967, S. 491–533. – Ov. S. Crohmălniceanu, *Literatura română între cele două războaie mondiale*, Bukarest 1967, S. 521–531. – F. Manolescu, Rez. (in România Literară, 5. 3. 1970). – M. Sebastian, *Notă la un roman fantastic: M. E. »Maitreyi«* (in M. E., *Eseuri. Cronici. Memorial*, Bukarest 1972, S. 403–413). – S. P. Dan, *Proza fantastică românească*, Bukarest 1975, S. 235–247. – D. Micu, *M. E. as a Romanian Writer* (in Limba şi literatura, 26, 1977, S. 63–71).

NORBERT ELIAS

* 22.6.1897 Breslau

ÜBER DEN PROZESS DER ZIVILISATION

Soziogenetische und psychogenetische Untersuchungen in zwei Bänden von Norbert ELIAS, erschienen 1939. – Der Autor, 1930–1933 Assistent des Soziologen Karl MANNHEIM in Frankfurt/M., mußte Deutschland 1933 verlassen und lebte seit 1937 in London. Aufgrund der Exilsituation blieb Elias ein Außenseiter in der Soziologie; seine bereits 1933 fertiggestellte Studie *Die höfische Gesellschaft* wurde erst 1969 veröffentlicht und auch die erste Ausgabe seines Hauptwerks *Über den Prozeß der Zivilisation* fand 1939 kaum Resonanz. Erst in den siebziger Jahren erkannten vor allem Sozialhistoriker die Bedeutung des Ansatzes von Elias zur Analyse langfristiger Entwicklungsprozesse innerhalb der europäischen Gesellschaften, deren Genese vom Mittelalter bis zur Neuzeit sich nicht allein in den gewaltigen politischen und wirtschaftlichen Umbrüchen erschöpft, sondern begleitet wird von grundlegenden Veränderungen menschlichen Verhaltens. Indem Elias danach fragt, wie aus »*jener reichlich dezentralisierten Gesellschaft des frühen Mittelalters, in der viele größere und kleinere Krieger die wahren Herren der abendländischen Gebiete sind, eine jener im Innern mehr oder weniger befriedeten, nach außen gerüsteten Gesellschaften (wird), die wir ›Staat‹ nennen*«, stellt er immer auch die Frage, wie es zur Ausbildung jener Verhaltens- und Affektformen kam, die man heute »*als typisch für die abendländisch zivilisierten Menschen ansieht*«.

Um eine Anschauung vom Alltagsverhalten vergangener Epochen zu gewinnen, sichtet Elias im ersten Band *(Wandlungen des Verhaltens in den weltlichen Oberschichten des Abendlandes)* Erziehungsbücher, Courtoisieschriften und »Tischzuchten«, wie sie seit dem 13. Jh. vorliegen, darunter auch die dem Dichter TANNHÄUSER zugeschriebene *Hofzucht* (13. Jh.) sowie die Erziehungsanleitung *De civilitate morum puerilium* (1530) von ERASMUS VON ROTTERDAM. Anhand dieses Materials zeigt Elias die »*Konditionierung oder Fassonierung*« menschlicher Verhaltensweisen an einzelnen Reihen von Beispielen, so im »*Verhalten beim Essen*«, in der »*höfischen Modellierung des Sprechens*« oder in der »*Einstellung zu natürlichen Bedürfnissen*« wie Spucken oder Schneuzen. Im Lauf der Jahrhunderte erfahren diese Aspekte des Verhaltens eine gesellschaftliche Standardisierung, es setzt sich eine Tendenz zur Kontrolle der Affekte durch, zur Ausbildung von Tabugrenzen und Intimbereichen, Sexualität und alles, was mit den Ausscheidungen des Körpers zu tun hat, wird allmählich dem Blick der Öffentlichkeit entzogen, Scham- und Peinlichkeitsgefühle werden modelliert, Tischmanieren entstehen, die das gemeinsame Essen aus einer Schüssel durch das Essen von getrennten Tellern mit getrenntem Besteck ersetzen: »*Nichts an den Verhaltensweisen bei Tisch ist schlechthin selbstverständlich, gleichsam als Produkt eines ›natürlichen‹ Peinlichkeitsgefühls. Weder Löffel noch Gabel, oder Serviette werden einfach, wie ein technisches Gerät, mit klar erkennbarem Zweck und deutlicher Gebrauchsanweisung von einem Einzelnen erfunden; sondern durch Jahrhunderte wird allmählich ihre Funktion umgrenzt, ihre Form gesucht und gefestigt.*« Geprägt werden diese Standards gesellschaftlichen Verhaltens überwiegend in der Oberschicht, von dort aus verbreiten sie sich dann mit erneuten Umwandlungen in der gesamten Gesellschaft.

Diese Entwicklung setzt einen bestimmten Entwicklungsstand der Gesellschaft, vor allem das Bestehen arbeitsteiliger Produktionsformen voraus, wodurch Abhängigkeiten, Verflechtungszusammenhänge zwischen den Gesellschaftsmitgliedern konstituiert werden, die eine Normierung des Verhaltens des einzelnen notwendig macht. In der europäischen Geschichte wird dieser Prozeß gesellschaftlicher Differenzierung begleitet von Konkurrenzkämpfen der Herrschaftsinhaber innerhalb der jeweiligen Territorien um die Erlangung der Zentralgewalt. Aus diesen Ständekämpfen entwickeln sich Gewaltmonopole, somit Staaten im modernen Sinn; Elias bezeichnet diesen Vorgang als Durchsetzung eines »*Monopolmechanismus*«, der sich analog den Monopolbildungen in der kapitalistischen Wirtschaft vollzieht. Ihren Abschluß findet diese Entwicklung in der Zeit nach dem Dreißigjährigen Krieg; sie korrespondiert weitgehend mit der Herausbildung jener Verhaltensnormen, die heute unter den Begriff »*Zivilisation*« subsumiert werden. Im zweiten Band seiner Untersuchung *(Wandlungen der Gesellschaft. Entwurf zu einer Theorie der Zivilisation)* stellt Elias den Zusammenhang zwischen beiden Phänomenen her. Mit der Konkurrenz um Machtzentren und mit der Entwicklung hin zu arbeitsteilig organisierten Gesellschaften entsteht ein Verflechtungszusammenhang zwischen den Menschen, dessen Funktionieren weitgehend von der Kalkulierbarkeit des Verhaltens des einzelnen abhängt: »*Von den frühesten Zeiten der abendländischen Geschichte bis zur Gegenwart differenzieren sich die gesellschaftlichen Funktionen unter dem starken Konkurrenzdruck mehr und mehr. Je mehr sie sich differenzieren, desto größer wird die Zahl der Funktionen und damit der Menschen, von denen der Einzelne bei allen seinen Verrichtungen, bei den simpelsten und alltäglichsten ebenso wie bei den komplizierteren und selteneren beständig abhängt. Das Verhalten von immer mehr Menschen muß aufeinander abgestimmt, das Gewebe der Aktionen immer genauer und straffer durchorganisiert sein, damit die einzelne Handlung darin ihre gesellschaftliche Funktion erfüllt.*« Einbrüche unkontrollierter Gewalt würden diesen Verflechtungszusammenhang empfindlich stören, weshalb mit seiner Entstehung eine durchgreifende Normierung menschlicher Verhaltensweisen verbunden ist, die den Status ganzer gesellschaftlicher Gruppen verändern kann, wie das Beispiel der feudalen Ritterschaft zeigt, die schließlich zum Hofadel domestiziert wurde: »*Wenn sich ein Gewaltmonopol bildet, entstehen befriedete Räume, gesellschaftliche Felder, die von den Gewalttaten normalerweise frei sind. Die Zwänge, die innerhalb ihrer auf den einzelnen Menschen wirken, sind von anderer Art als zuvor ... Hier ist der Einzelne vor dem körperlichen Überfall, vor dem schockartigen Einbruch der körperlichen Gewalt in sein Leben weitgehend geschützt; aber er ist zugleich selbst gezwungen, den eigenen Leidenschaftsausbruch ... zurückzudrängen. Und die anderen Formen des Zwanges, die nun in den befriedeten Räumen vorherrschen, modellieren Verhalten und Affektäußerungen des Einzelnen in der gleichen Richtung.*«

Elias zeichnet in seiner Untersuchung den langfristigen Verlauf eines kollektiven Sozialisationsprozesses, der die Spannbreite menschlichen Verhaltens den Erfordernissen und Zwängen komplexer Gesellschaften angleicht; störende Faktoren des Gefühlslebens werden in jenen Bereich abgedrängt, der seit dem 18. Jh. als »Privatleben« bezeichnet wird. Das Ergebnis des Prozesses der Zivilisation ist somit ein durchaus labiler Zustand, auch wenn Elias im letzten Kapitel seiner Arbeit von der Hoffnung spricht, daß ein Spannungsausgleich zwischen den Bedürfnissen des einzelnen und den Anforderungen der Gesellschaft möglich sein sollte: »*erst dann werden die Menschen mit größerem Recht von sich sagen können, daß sie zivilisiert sind. Bis dahin sind sie bestenfalls im Prozeß der Zivilisation.*«

Die Bedeutung der Untersuchung von Elias liegt vor allem darin, daß er die Wandlungen von Verhaltensnormen und Affektregulierungen mit historisch-sozialen Veränderungen in Beziehung setzt. Anders als beispielsweise die französischen Historiker aus dem Umkreis der Zeitschrift ›Annales‹ und dezidierter als Philippe ARIÈS (*Studien zur Geschichte des Todes*, 1975) oder der Strukturalist Michel FOUCAULT betont Elias die Bedeutung, den der Prozeß der Staatenbildung für die Ausformung »zivilisierter« Verhaltensmuster besitzt. Sein methodisches Vorgehen, das sich einerseits am empirischen Material orientiert, andererseits dies immer als Resultat eines historischen Vorgangs faßt, führt ihn zugleich in Opposition zu statischen Gesellschaftstheorien, insbesondere der amerikanischen Systemtheorie und deren wichtigstem Vertreter, Talcott PARSONS. In seiner Verbindung von Psychologie, historischer Wissenschaft und Soziologie ist das Werk von Norbert Elias keiner traditionellen Wissenschaftsschule zuzuordnen, auch wenn der Verfasser selbst seine Beeinflussung durch Sigmund FREUD erwähnt und natürlich der Zusammenhang mit der deutschen Soziologie der zwanziger Jahre, mit Karl MANNHEIM und Alfred WEBER, oder mit kulturhistorischen Untersuchungen wie Johan HUIZINGAS *Herbst des Mittelalters* (1919) gegeben ist. Tatsächlich hat Elias ein »*eigenständiges soziologisches Forschungsprogramm*« (J. Goudsblom) entwickelt, das sich gängigen Etikettierungen entzieht, wie die Versuche zeigen, diesen Ansatz als »*Figurationssoziologie*« (J. Goudsblom) oder als Theorie »*blinder Verflechtungszusammenhänge*« zu charakterisieren. In jüngster Zeit hat sich Hans Peter DUERR (*Der Mythos vom Zivilisationsprozeß. Bd. 1: Nacktheit und Scham*, 1988) kritisch mit der Studie von Elias beschäftigt und kommt am Beispiel des Phänomens der Scham zum Ergebnis, daß »*die Scham vor der Entblößung des Genitalbereichs keine historische Zufälligkeit ist, sondern zum Wesen des Menschen gehört*«. Ein Entwicklungsprozeß hin zur Zivilisation könne daher nicht angenommen werden, so daß es »*aller Wahrscheinlichkeit nach zumindest innerhalb der letzten vierzigtausend Jahre weder Wilde noch Primitive, weder Unzivilisierte noch Naturvölker gegeben hat.*« (H. P. Duerr). Auch wenn es Duerr gelingt, Elias in Einzelfällen eine falsche Deutung empirischer Quellen nachzuweisen – wie auch die eurozentrische Konzeption seiner Studie unübersehbar ist – so treffen die Einwände von Duerr wohl doch nicht den Kern der Argumentation von Elias, dessen Hervorhebung der unterschiedlichen Modellierung menschlicher Verhaltensweisen eine gewisse Konstanz immer schon impliziert und letztlich auf den Zusammenhang von Verhaltensformung und politisch-sozialer Entwicklung hinweisen will.　M.Pr.

AUSGABEN: Basel 1939. – Bern 1969. – Ffm. 1976 (stw).

LITERATUR: F. Borkenau, Rez. (in The Sociological Review, 30, S. 308–311; ebd., 31, S. 450 bis 452). – *Human Figurations. Essays for N. E.*, Hg. P. Gleichmann u. a., Amsterdam 1977. – *Materialien zu N. E.' Zivilisationstheorie*, Hg. P. Gleichmann u. a., Ffm. 1977. – *Macht und Zivilisation: Materialien zu N. E.' Zivilisationstheorie II*, Hg. dies., Ffm. 1984. – H. Korte, *Über N. E. Das Werden eines Menschenwissenschaftlers*, Ffm. 1988 (st). – D. Schöttker, *N. E. und Walter Benjamin. Ein unbekannter Briefwechsel und sein Zusammenhang* (in Merkur, 42, 1988, H. 7, S. 582–595).

ELI'ESER BEN JEHUDA

* 1858
† 1922

MILON HA-LASCHON HA-IWRIT

(hebr.; *Wörterbuch der hebräischen Sprache*). Thesaurus des Hebräischen von ELI'ESER BEN JEHUDA, erschienen in sechzehn Bänden von 1911–1959. – Dieses bedeutendste aller hebräischen Wörterbücher, das auch unter dem lateinischen Titel *Thesaurus totius Hebraitatis* bekannt ist, umfaßt auf insgesamt 7944 Seiten erstmals die verschiedenen Sprachschichten des Hebräischen: biblisches, talmudisches, mittelalterliches und modernes Hebräisch. Der in Litauen geborene und von 1881 bis zu seinem Tod in Jerusalem ansässige Verfasser hat nicht nur zu jedem Stichwort Beispiele aus der gesamten hebräischen Literatur gesammelt (so z. B. umfaßt das Stichwort *olam* – Welt, Ewigkeit – allein zehn Seiten), sondern er hat auch die Grundbedeutung der Wörter nach den Methoden der modernen Semitistik untersucht. Zu dieser Leistung wurde Ben Jehuda angespornt durch seine Liebe zur hebräischen Sprache, deren Wiederbelebung als gesprochene Sprache nicht zuletzt seiner Initiative und seinem persönlichen Beispiel zu danken ist.
Außer den sechzehn Bänden des eigentlichen Werks erschien 1940 ein Prolegomena-Band mit wichtigen Materialien zur Entwicklung der hebräischen Sprache.　L.Pr.

AUSGABE: Schöneberg/Jerusalem 1911–1959, 16 Bde. – Jerusalem 1940 *(Prolegomena)*.

LITERATUR: *Eliezer Ben-Yehuda: A Symposium in Oxford*, Hg. E. Silberschlag, Oxford 1981.

ELIMELECH AUS LISENSK

* 1717
† Febr./März 1787 Lisensk / Galizien

NOAM ELIMELECH

(hebr.; *Wohllaut des Elimelech*). System des Chassidismus, verfaßt von dem chassidischen Führer ELIMELECH aus Lisensk. – Da der sagenumwobene Begründer des Chassidismus (religiöse Erneuerungsbewegung im osteuropäischen Judentum), der Baal-Schem-Tow (1700–1770), keine Werke hinterlassen hatte, haben seine Schüler und Nachfolger es unternommen, seine mündlich geäußerten Lehren, zu einem System ausgebaut, schriftlich niederzulegen. Neben *Toldot Jaakow Josef (Die Geschichte des Jakob Josef)* von JAKOB JOSEF aus Polonje ist *Noam Elimelech* die wichtigste theoretische Fundamentierung des Chassidismus. Der Form nach ist das Werk ein Kommentar zum *Pentateuch*, doch bildet die Thematik der Bibelverse oft nur den Ausgangspunkt für Theorien über Gott und die Menschen nach chassidischem Selbstverständnis. Eine überragende Rolle spielt dabei der Zaddik, »der Gerechte« (Bezeichnung der Chassidim für ihren Rabbi), der durch die besondere Inbrunst seines Gebets und die Gottgefälligkeit seines Lebenswandels den Bitten der Irdischen vor dem Thron der göttlichen Majestät Gehör verschafft und die göttliche Gnade vom Himmel auf die Erde herabfleht. Während dem Zaddik ein asketisches Leben wohl anstehe (Elimelech nahm tatsächlich Erschwerungen über das Gesetz hinaus freiwillig auf sich), sollen die Chassidim eine Gemeinschaft in fröhlicher Geselligkeit bilden. »*Gottesdienst in Freude*« ist ein zentrales Anliegen der chassidischen Lehre. Mit dieser Losung hatte der Baal-Schem-Tow den nach den Chmelnicki-Verfolgungen dezimierten und demoralisierten ostjüdischen Gemeinden neuen Lebensmut eingeflößt. Das Buch *Noam Elimelech* wurde von der offiziellen Orthodoxie zwar gänzlich abgelehnt, jedoch nur deshalb, weil man dem Chassidismus an sich noch nicht traute und befürchtete, er könne zu einer Sekte ausarten. Es sind aber im *Noam Elimelech* keine Ansichten vertreten, die nicht im Rahmen der sehr undogmatischen jüdischen Glaubenslehre vertretbar wären. Auch betreffen die Änderungen innerhalb des althergebrachten Gesetzes nur das Brauchtum, nicht die eigentlichen Vorschriften.
Stellvertretend für viele Ansichten im *Noam Elimelech*, die allgemeiner religiöser Empfindung entsprechen und daher auch außerhalb des Chassidismus und, *mutatis mutandis*, auch außerhalb der jüdischen Religion Gültigkeit besitzen, seien hier folgende Formulierungen zitiert: »*Der Schöpfer – gelobt sei er, gelobt sei sein erhabener Name –, der uns durch seine Gebote geheiligt hat, uns auszuführen – für ihn ist die Einhaltung der Gebote keine Notwendigkeit; es ist für ihn nur gleichsam wie angenehmer*

Wohlgeruch, daß der von ihm kundgetane Wille geschehen ist. Denn der Wille des Schöpfers – gelobt sei er – ist vor allem, daß der Mensch die volle und unbedingte Absicht hat, Gottes Willen zu vollziehen. Auf die Intention [kawwana] des Herzens kommt es also an. Wenn der Mensch in seinem Herzen die vollkommene und unbedingte Absicht hat, ein bestimmtes Gebot in Gottes Namen zu erfüllen, wird ihm dies bei Gott – gelobt sei er – sofort so angerechnet, als wenn er es ausgeführt hätte, da ja die Intention eine vollkommene war ... Wahr sind die Worte unserer Weisen: ›Wer im Sinn gehabt hat, ein Gebot auszuführen, und ist durch höhere Gewalt daran gehindert worden, dem wird die Intention so angerechnet, wie wenn er das Gebot ausgeführt hätte.‹ Es stimmt aber auch die umgekehrte Formulierung: Wenn der Mensch ein Gebot ausführt, aber er richtet sein Herz nicht in inbrünstiger Liebe und Ehrfurcht auf dieses Gebot aus, dann dringt die religiöse Handlung, die er vollzieht, nicht bis in die himmlischen Regionen.« L.Pr.

AUSGABEN: Lemberg 1788, Hg. R. Eleasar. – Sklow 1790. – Slawita 1794. – Polonje 1904. – NY 1942.

LITERATUR: E. Müller (in *Jüdisches Lexikon*, Bd. 2, Bln. 1928, S. 363/364). – S. Dubnow, *Geschichte des Chassidismus*, Bd. 2, Bln. 1931, S. 22 ff. – M. Buber, *Die chassidische Botschaft*, Heidelberg 1952. – E. Zweig Liebes, Art. *Elimelech of Lyzhansk* (in EJ², 6, Sp. 661–663).

ELIN-PELIN

d.i. Dimităr Ivanov Stojanov
* 18.7.1877 Bajlovo (Sofia)
† 3.12.1949 Sofia

LITERATUR ZUM AUTOR:
P. Rusev, *Tvorčestvo na E.-P. do balkaskata voina*, Sofia 1954. – K. Genov, *E.-P. Život i tvorčestvo*, Sofia 1956. – P. Pondev, *E.-P. Lit. očerk*, Sofia 1959. – K. Genov, *E.-P. Lit.-krit. očerk*, Sofia 1960. – M. Dragostinova, *Za realizma v tvorčestvoto na E.-P.*, Sofia 1964. – S. Janev, *Iz charakterioligijata na Elinpelinovija seljanin* (in Septemvri, 24, 1971, 1, S. 164–174). – Ders., *Rannite razkazi na E.-P.* (in Rodna Reč, 1973, 2). – P. Pondev, *E.-P.*, Sofia 1973. – Ch. Džambazki, *Sravnenijata v tvorčestvoto na E.-P.* (in Ezik i literatura, 29, 1974, 3, S. 50–60). – I. Panova, *Vazov, E.-P., Jovkov – majstori na razkaza*, Sofia 1975. – I. Cvetkov, *Poetičnijat realizăm na E.-P.* (in Septemvri, 30, 1977, 7, S. 39–50). – *E.-P. v bălgarskata kritika*, Hg. P. Pondev, Sofia 1977. – R. Rusev, *Poetičnite opiti na E.-P.* (in Ezik i literatura, 32, 1977, 2, S. 57–63). – P. Rusev, *Žanrovata sistema u E.-P.*

(ebd., 3, S. 1–13). – *E.-P. 100 g. ot roždenieto mu*, Hg. P. Rusev u. a., Sofia 1978. – I. Sestrimski, *E.-P.*, Sofia 1978. – M. Petrov, *Zamisăl i izkaz. Za konteksta i podteksta u E.-P.* (in Ezik i literatura, 34, 1979, 5). – P. Rusev, *E.-P. – chudožestveno vizdane i tvorčesko svoeobrazie*, Sofia 1980. – K. Genov, *E.-P.: Život i tvorčestvo*, Sofia 1983.

GERACITE

(bulg.; *Ü: Die Geraks*). Novelle von ELIN-PELIN, teilweise vorabgedruckt zwischen 1904 und 1907 in den Zeitschriften ›Prosveta‹, ›Novo obščestvo‹ und ›Chudožnik‹, erschienen 1911. – Das Werk ist eines der frühen, richtungweisenden Beispiele aus dem Stoffkreis der *»verwirrt in den Nebel des allgemeinen Lebens gestoßenen«* bulgarischen Landbevölkerung und ihres sozialen Strukturwandels. Nach dem Tod von Jordan Geraks Frau ist der Zusammenbruch der patriarchalischen Ordnung in der Sippe des alten Gerak, des *»vermögendsten Bauern im Dorf«*, nicht mehr aufzuhalten. Jeder steht gegen jeden: *»Das Leben im Hause wurde unerträglich ... Nach der Ernte teilte der alte Gerak die Garben in vier Teile: einen für Božan, den anderen für Petăr, den dritten für Pavel und den vierten für sich. Dann teilte er auch den Hof.«* – Aus den Trümmern von Jordans *»verkommenem und verdrecktem«* Anwesen arbeitet sich nur der geizige Božan empor. Petăr wird zum Trinker, Pavel, der einstige Soldat, verkommt in der Stadt. Der alte Gerak *»vergreist vollkommen«*, da er es nicht verwinden kann, daß ihn einer seiner Söhne auch noch um die Ersparnisse seines Lebens bestohlen hat: *»Er wußte, daß Gutes und Böses dem Menschen entschlüpfen wie Küken den Eiern, doch er verstand nicht, warum es gerade bei seinen Kindern nur das Böse sein mußte.«*
Die spannungsvolle Handlung gliedert sich – anders als bei den zeitgenössischen Bauernromanen STRAŠIMIROVS – kapitelweise in detaillierte Einzelbilder, die zuweilen größere Zeitabschnitte ausgespart lassen, im übrigen aber relativ chronologisch aufeinanderfolgen, indem jeweils die Veränderungen mitgeteilt werden, die mit den einzelnen Personen vor sich gegangen sind. W.Sch.

AUSGABEN: Sofia 1911 (in *Razkazi*, Bd. 2). – Sofia 1948 [m. Studie v. P. Dinekov]. – Sofia 1958 (in *Săbrani săčinenija*, Hg. T. Borov u. K. Genov, 10 Bde., 1958/59, 5). – Sofia 1972 (in *Săčinenija*, 6 Bde., 2); ern. Sofia 1977. – Sofia 1983 (in *Izbrani tvorbi*, Hg. P. Totev).

ÜBERSETZUNG: *Die Geraks*, M. Matliev, Basel 1955.

POD MANASTIRSKATA LOZA

(bulg.; *Ü: Die Liebe aber ist das Größte*). Erzählungen von ELIN-PELIN, erschienen 1936. – *»Unter dem Klosterrebstock«* (so die wörtliche Übersetzung des Titels) erzählt der Abt Sisoj mit »*milde lächelndem Antlitz und jugendlich klaren Augen*« ein Dutzend kurzer Geschichten, Parabeln und Legenden, deren humanistischer Gehalt in der Bejahung des Lebens, der Liebe, der Arbeit, der natürlichen Beziehungen zwischen den Menschen und der Verurteilung jedes weltabgewandten Asketentums und religiösen Dogmatismus liegt. Dem Leben der Klostergemeinschaft ist die skurrile Erzählung über den Mitbruder entnommen, der den Gedanken an seine weltliche Vergangenheit und seine Zweifel an einem gottgefälligen Leben für eine Sünde hält, für die er schwarze und weiße Bohnen opfert *(Čorba ot grechovete na otec Nikodim – Die Sündensuppe des Vater Nikodim)*. Jede der Bohnen wickelt der reuige Mönch in ein Papier, auf dem er in kurzen Worten sein Vergehen notiert: Den Gedanken an seine große Liebe, um deretwillen er ins Kloster ging, bezahlt er mit einer schwarzen, läßlichen Sünden mit einer weißen Bohne. In der Parabel *Svetite zastăpnici (Die heiligen Fürsprecher)* stehen die Versuchungen des Fleisches zur Diskussion: Die Heiligen beraten, wie die menschliche Fortpflanzung fortan ohne Fleischeslust in aller Unschuld erfolgen kann. Währenddessen serviert Johannes Chrysostomos den Disputanten eine ungesalzene Suppe. Unwillig verlangen die Heiligen nach Salz. Zweimal streut ihnen Johannes nur scheinbar Salz in das Gericht, doch die Tischgemeinschaft gibt keine Ruhe. Erst beim dritten Mal salzt er die Suppe wirklich und spricht dazu: »*Wie diese Suppe nicht durch den bloßen Anblick des Salzes ihren Geschmack bekam, so kann durch den bloßen Anblick von Mann und Frau die Fortpflanzung nicht geschehen.*« Aus der Christophorus-Legende bekannte Motive verarbeitet die Erzählung *Ogledaloto na sveti Christofor (Der Spiegel des Heiligen Christophorus)*. Übermäßiges Gerechtigkeitsstreben und übertriebener Ärger über vermeintliche Sünder verleihen dem Christophorus ein hundeartiges Aussehen, das erst verschwindet, nachdem er den Teufel über den Fluß gesetzt hat. Aus Angst vor der sündigen Versuchung sticht sich der Schuhmacher Spiridon beim Anblick eines zauberhaften Mädchens die Augen aus, um bald darauf zu erfahren, daß seine Wünsche nun sündiger sind als je zuvor *(Očite na sveti Spiridon – Die Augen des Heiligen Spiridon)*. Die bekannteste Erzählung der Sammlung sind die *Zanemjalite kambani (Verstummte Glocken)*. Das gläubige Volk wartet auf das feierliche Glockengeläut, das den Festtag Mariä Himmelfahrt einläuten soll. Bei einem letzten Rundgang durch die peinlich hergerichtete Kirche sieht der Abt eine schmutzige Frau mit einem Kind vor dem Marienbild knien und eine blaue Stecknadel an den Vorhang heften. Erzürnt entfernt er die Nadel und weist die Frau hinaus. Als das Glockengeläut erklingen soll, bewegen sich zwar die Glocken, doch die Gläubigen hören keinen Ton. Erstarrt blicken sie auf den Abt, der in einer plötzlichen Eingebung die Stecknadel an den Vorhang zurücksteckt: Sogleich beginnen die Glocken zu klingen.

Zur Niederschrift der Geschichten haben den Autor nach seinen eigenen Worten die Erzählungen seines Onkels, eines Weltgeistlichen, angeregt. Auf seinen Spaziergängen sprach dieser von den Heiligen »*in einer besonderen Weise, nicht mit großer Ehrerbietung vor diesen Leuten*«, so handele es sich um Gestalten der alltäglichen menschlichen Wirklichkeit. Die nach Art eines Paterikon zusammengestellten Geschichten und Legenden sollen Zuhörer und Leser in eine ursprüngliche, paradiesische Welt einführen, die durch ihre Problemlosigkeit sorglose Lebensfreude ermöglicht. Man hat versucht, hierin ein heidnisches Weltverständnis des Autors zu erkennen, das an die lebensfrohe Philosophie der Antike erinnere (P. Zarev). Die Lehre des Autors läßt sich jedoch ebensogut pantheistisch deuten (vgl. *Edna obikolka na sveti Georgi – Ein Spaziergang des Heiligen Georg*). Die Erzählungen bekämpfen jeden Fanatismus und jede unnatürliche Selbstkasteiung. Ihr Postulat lautet, nach einer menschlichen Auslegung der Urüberlieferung zu leben, ohne sich einem geschriebenen Kodex zu unterwerfen, der durch die Scheidung von Erlaubt und Verboten auf das Verbotene überhaupt erst aufmerksam macht. Die Befolgung der Naturgesetze erlaubt Weltfreude und durch keine Angst vor Strafe getrübte Sinneslust. Die Argumentation des Dichters gipfelt gedanklich in der Erzählung *Ispoved (Die Beichte)*: Ein Hirte kommt aus den Bergen in die Kirche, um zu beichten, wie man ihn gelehrt hat. Der Beichtvater kann keinen Fehl an ihm finden. Als er dem Hirten jedoch vorhält, er dürfe keinen Umgang mit Frauen haben, fehlt diesem jedes Verständnis: »*Ist es denn eine Sünde, daß ich ein Mann bin?*« Bei aller Anerkennung eines religiösen Gefühls, das zwischen Gut und Böse, Tugend und Laster zu scheiden vermag, sind die Erzählungen antireligiös in ihrer strikten Ablehnung einer jeden aufgezwungenen, der Natur Gewalt antuenden Heilslehre. D.Ku.

AUSGABEN: Sofia 1936. – Sofia 1958/59 (in *Săbrani săčinenija*, Hg. T. Borov, 10 Bde.). – Sofia 1972 (in *Săčinenija*, 6 Bde., 3); ern. Sofia 1977. – Plovdiv 1984 (in *Az, ti, toj: Razkazi*).

ÜBERSETZUNG: *Die Liebe aber ist das Größte*, M. M. Schischmanow, Wien 1959.

ZEMJA

(bulg.; *Land*). Erzählung von ELIN-PELIN, erschienen 1922. – Im Geiste und unter dem Einfluß von TOLSTOJS Volkserzählungen gestaltet die entwicklungspsychologische Bauernnovelle das Kain-Abel-Motiv anhand der Geschichte des jungen Bauern En'o Kănčev, dessen egozentrischer Besitzerstolz mit zunehmenden Reichtum in pathologische Habgier ausartet: »*Sein gieriges Auge sah jeden schöneren Besitz mit Neid, und die Felder seines Bruders, die an die seinen grenzten, schienen ihm schöner und größer; ein übler Wurm nagte gleichsam an sei-*

nem Herzen und ließ ihn die Lippen zusammenpressen.« En'o verrät seine Liebe, um das reiche Erbe einer ungeliebten Frau zu gewinnen, und beginnt zu trinken. Durch einen Mordanschlag sucht er sich die Felder seines Bruders anzueignen. Wohl schlägt ihm das Gewissen, doch er verkommt »vom Alkohol zerfressen«. Die Strafe für die ungesühnte Tat vollzieht sich symbolhaft-schaurig erst nach seinem Tod: »In den Händen ließ man ihm eine Kerze wie jedem Verstorbenen, doch vergaß man, sie beim Verlassen der Kirche zu löschen. In der Nacht hatte sie die Leiche in Brand gesetzt, und drei, vier Tage später, als man ihn begraben wollte, fand man ihn versengt wie Kohle.«
Zwei Merkmale charakterisieren vor allem die Komposition der letzten Dorfnovelle Elin-Pelins: Zum einen verläuft das Geschehen geradlinig und ohne jegliche Nebenhandlung; es besteht nahezu ausschließlich aus Taten, Gesprächen und Gedanken des Helden. Zum anderen fehlt der Erzählung jede Form sprachlicher Nuancierung, die eine Beziehung des Autors zu seinen Gestalten erkennen ließe. Dieser Verzicht verleiht dem Werk den Charakter leidenschaftsloser Berichterstattung. Keine seiner anderen Erzählungen weist Elin-Pelin so deutlich als Vorläufer KARASLAVOVS aus.   W.Sch.

AUSGABEN: Sofia 1922. – Sofia 1928. – Sofia 1958/59 (in *Săbrani săčinenija*, Hg. T. Borov, 10 Bde.). – Sofia 1972 (in *Săčinenija*, 6 Bde., 2); ern. Sofia 1977. – Plovdiv 1976 (in *Zemja. Povesti i razkazi*).

GEORGE ELIOT

d.i. Mary Ann Evans, seit 1854 Marian Evans Lewes

* 22.11.1819 South Farm, Arbury / Warwickshire
† 22.12.1880 London

LITERATUR ZUR AUTORIN:
Bibliographien:
C. M. Fulmer, *G. E.: A Reference Guide, 1858–1971*, Boston 1977. – D. L. Higdon, *A Bibliogr. of G. E. Criticism, 1971–1977* (in Bull. of Bibliogr., 37, April–Juni 1980, S. 90–103).
Zeitschrift:
NCF, 35, 1980 [Sondernr. *G. E.*, Hg. U. C. Knoepflmacher u. G. Levine].
Forschungsberichte:
W. J. Harvey, *G. E.* (in *Victorian Fiction: A Guide to Research*, Hg. L. Stevenson, NY 1974, S. 294–323). – U. C. Knoepflmacher, *G. E.* (ebd., Hg. ders., NY 1978, S. 234–273).
Biographien:
O. Browning, *Life of G. E.*, Folcroft/Pa. 1890; zul. 1977. – B. C. Williams, *G. E.*, Norwood/Pa. 1936; zul. 1982. – G. S. Haight, *G. E.*, Oxford 1968; zul. 1976. – R. Sprague, *G. E.*, Philadelphia 1968.
Gesamtdarstellungen und Studien:
E. S. Haldane, *G. E. and Her Times*, NY 1927; zul. 1974. – L. Simon-Baumann, *Die Darstellung der Charaktere in G. E.s Romanen*, Lpzg. 1929. – G. W. Bullett, *G. E.: Her Life and Books*, New Haven/Conn. 1947; zul. 1978. – J. Bennett, *G. E.: Her Mind and Her Art*, Cambridge 1948. – C. T. Bissell, *Social Analysis in the Novels of G. E.* (in ELH, 18, 1951, S. 221–239). – L. u. E. Hanson, *Marian Evans and G. E.*, Ldn./NY 1952. – G. Speaight, *G. E.*, Ldn. 1954; zul. 1982. – M. J. Svaglic, *Religion in the Novels of G. E.* (in JEGPh, 53, 1954, S. 145–159). – B. Hardy, *The Novels of G. E.: A Study in Form*, Ldn. 1959 [m. Bibliogr.]. – R. J. Stump, *Movement and Vision in G. E.'s Novels*, Seattle 1959; zul. 1973. – J. Thale, *The Novels of G. E.*, NY 1959. – M. Crompton, *G. E., The Woman*, Ldn. 1960. – W. J. Harvey, *The Art of G. E.*, Ldn. 1961; zul. 1978. – W. Allen, *G. E.*, Ldn./NY 1964. – *A Century of G. E. Criticism*, Hg. G. S. Haight, Boston 1965. – U. C. Knoepflmacher, *Religious Humanism and the Victorian Novel: G. E., Walter Pater, and Samuel Butler*, Princeton 1965. – B. J. Paris, *Experiments in Life: G. E.'s Quest for Values*, Detroit 1965. – S. L. Jarmuth, *G. E.: Nineteenth-Century Novelist*, NY 1968 [m. Bibliogr.]. – U. C. Knoepflmacher, *G. E.'s Early Novels*, Berkeley 1968. – I. Adam, *Profiles in Literature: G. E.*, NY 1969. – D. Supp, *Tragik bei G. E.*, Heidelberg 1969. – F. W. Kenyon, *The Consuming Flame: The Story of G. E.*, Ldn. 1970. – R. T. Jones, *G. E.*, Ldn. 1971. – *G. E.: The Critical Heritage*, Hg. D. R. Carroll, Ldn./NY 1971. – A. E. S. Viner, *G. E.*, Edinburgh 1971. – M. Laski, *G. E. and Her World*, Ldn. 1973; zul. 1987. – *Critics on G. E.*, Hg. W. Baker, Ldn. 1973. – C. Fulmer, *Contrasting Pairs of Heroines in G. E.'s Fiction* (in Studies in the Novel, 6, 1974, S. 288–294). – R. V. Redinger, *G. E.: The Emergent Self*, NY 1975. – N. Roberts, *G. E. Her Beliefs and Her Art*, Pittsburgh 1975. – L. C. Emery, *G. E.'s Creative Conflict: The Other Side of Silence*, Ldn./Berkeley 1976. – R. Liddell, *The Novels of G. E.*, Ldn./NY 1977. – J. Wiesenfarth, *G. E.'s Mythmaking*, Heidelberg 1977. – A. Mintz, *G. E. and the Novel of Vocation*, Ldn. 1978. – F. Bonaparte, *The Triptych and the Cross: A Key to G. E.'s Poetic Imagination*, Brighton/NY 1979. – H. Witemeyer, *G. E. and the Visual Arts*, Ldn. 1979. – *G. E. Centenary Essays*, Hg. A. Smith, Ldn. 1980. – P. Fisher, *Making Up Society: The Novels of G. E.*, Pittsburgh 1981. – K. M. Newton, *G. E.: Romantic Humanist*, Totowa/N.J. 1981. – F. B. Pinion, *A G. E. Companion*, Ldn. 1981. – *G. E.: A Centenary Tribute*, Hg. G. S. Haight u. R. T. van Arsdel, Totowa/N.J. 1982. – *A G. E. Miscellany: A Supplement to Her Novels*, Hg. F. B. Pinion, Totowa/N.J. 1982. – B. Hardy, *Particularities: Readings in G. E.*, Ldn. 1982. – U. C. Knoepflmacher, *Unveiling Men: Power and*

Masculinity in G. E.'s Fiction (in Women and Literature, N. F. 2, 1982, S. 130–146). – R. Ashton, *G. E.*, Oxford 1983. – H. Foltinek, *G. E. u. der unwissende Erzähler* (in GRM, 64, 1983, S. 167–178). – K. B. Mann, *The Language That Makes G. E.'s Fiction*, Baltimore 1983. – J. Wiesenfarth, *G. E.* (in DLB, 21, 1983, S. 145–170). – S. Graver, *G. E. and Community: A Study in Social Theory and Fictional Form*, Ldn./Berkeley 1984. – W. Myers, *The Teaching of G. E.*, Leicester 1984. – S. Shuttleworth, *G. E. and Nineteenth-Century Science: The Make-Believe of a Beginning*, Cambridge 1984. – E. D. Ermarth, *G. E.*, Boston 1985 (TEAS). – W. Schäfer, *Komik in den Romane G. E.s*, Amsterdam 1985. – M. W. Carpenter, *G. E. and the Landscape of Time: Narrative Form and Protestant Apocalyptic History*, Chapel Hill/N.C. 1986. – S. Dentith, *G. E.*, Atlantic Highlands/N.J. 1986. – D. Cottom, *Social Figures: G. E.*, Minneapolis 1987. – J. Uglow, *G. E.*, NY 1987.

ADAM BEDE

(engl.; *Adam Bede*). Roman von George ELIOT, erschienen 1859. – Mit realistischen Schilderungen des englischen Landlebens, individueller Handlungsmotivation und genauen Nachzeichnungen seelischer Prozesse steht der erste Roman George Eliots (hinter diesem Pseudonym verbarg sich die nach viktorianischen Maßstäben höchst unkonventionelle Autorin Mary Ann Evans) am Beginn des modernen englischen Romans. Komische oder tragische Handlungsverwicklungen, komische Typenzeichnung und extensive Sittenschilderungen, die in den Romanen ihres Zeitgenossen Charles DICKENS eine große Rolle spielen, waren Eliot unwichtig; im moralischen und sozialkritischen Engagement waren sich beide Autoren allerdings einig. Eliots Romanhandlungen, die in Synopsen oft melodramatisch und trivial wirken, entwickeln sich konsequent aus psychologischen Prozessen und moralischen Problemstellungen. Zustandsschilderungen nehmen breiten Raum ein. Hierin zeigt sich Eliot, die evangelikal (d. i. streng protestantisch) erzogen wurde und dann als Freidenkerin und liberale Journalistin im intellektuellen Leben Londons um die Mitte des 19. Jh.s eine wichtige Rolle spielte, als Erbin des Puritanismus: Intensive Introspektion, genaue Beobachtung der Mitmenschen und ständige Reflexion über die moralischen Konsequenzen eigenen Tuns stehen als puritanische Kerntugenden auch am Anfang des modernen psychologischen Romans.

Adam Bede, direkt nach den *Scenes of Clerical Life* entstanden, wurde auf Anhieb ein Bestseller, der seiner Autorin zu finanzieller Unabhängigkeit verhalf, von den Kritikern überwiegend positiv beurteilt und sofort in alle wichtigen Sprachen übersetzt wurde.

Die Handlung spielt um die Wende des 18. Jh.s zum 19. Jh., also zu einem sozialhistorisch und symbolisch bedeutsamen Zeitpunkt, in einem Dorf in Warwickshire, der Heimat der Autorin. Der beruflich tüchtige, charakterstarke und moralischernsthafte Schreiner Adam Bede hat sich in die junge Hetty Sorrel verliebt, die hübsche, sinnliche, aber oberflächliche Nichte des reichen Farmers Martin Poyser, während Adams Bruder Seth die andere Nichte Mrs. Poysers, die junge Methodistenpredigerin Dinah Morris, heiraten möchte. Wie oft bei Eliot sind die beiden Frauengestalten kontrastiv angelegt. Auch zu Adam gibt es mit dem schneidigen Leutnant Arthur Donnithorne, dem Sohn des örtlichen Squire (Gutsbesitzers), eine Gegenfigur. Trotz des Standesunterschiedes – Arthur ist der Repräsentant des an Privilegien orientierten Landadels, Adam der Vertreter des leistungsorientierten, aufstrebenden Bürgertums – sind die beiden befreundet: Bei der großen Feier zu Arthurs 21. Geburtstag sitzt Adam mit an Arthurs Tisch. Allerdings werden sie zu Rivalen um Hettys Gunst. Während Adam, der den Poysers als Schwiegersohn hochwillkommen wäre, eine auf gegenseitiger Liebe und Tüchtigkeit fundierte Ehe anstrebt, läßt sich Hetty vom Wunsch nach Reichtum, Abenteuer und Luxus leiten; je tiefer Adam Hetty liebt, desto stärker fühlt sie sich zu Arthur hingezogen. Arthur, der keine ernsten Absichten hat, verführt Hetty, und es kommt darüber zu einem handgreiflichen Streit zwischen Adam und Arthur. Auf Adams Drängen schreibt Arthur Hetty einen Abschiedsbrief. Bald darauf wird sein Regiment verlegt, und die enttäuschte Hetty verlobt sich nun mit Adam. Kurz vor der geplanten Hochzeit begibt sie sich jedoch auf die Suche nach Donnithorne, dessen Regiment inzwischen in Irland stationiert ist. Verlassen bringt sie in der Fremde Arthurs Kind zur Welt und setzt es im Wald aus. Das Kind stirbt, die verzweifelte Hetty wird des Mordes angeklagt und für schuldig befunden. Zwar kann Arthur, dessen Gewissen inzwischen erwacht ist, in letzter Minute eine Umwandlung des Todesurteils in eine Deportationsstrafe erreichen, aber das Glück aller Beteiligten läßt sich nicht wiederherstellen. Dinah Morris steht Hetty aufopferungsvoll im Gefängnis bei und bekehrt sie, so daß Hetty wenigstens mit Gott ins reine kommt. Der tief enttäuschte Adam überwindet seine Selbstgerechtigkeit und schließt am Ende mit Zustimmung seines Bruders und nach langem Warten auf eine positive Antwort Dinahs den Bund fürs Leben mit der Predigerin.

Während die Verbindung der beiden Tugendhaften dem heutigen Leser weniger imponiert als die detaillierte psychologische Analyse der Handlungen und Motive Arthurs und Hettys (im Unterschied zum psychologischen Roman des 20. Jh.s hält sich Eliot dabei mit auktorialen Kommentaren nicht zurück), bewunderten die viktorianischen Leser neben Adams moralischer Standfestigkeit vor allem die leicht komische, lebenskluge, scharfzüngige Milieu- und Kommentarfigur der Mrs. Poyser und die genauen Schilderungen des Landlebens im Rhythmus der Jahreszeiten. Henry JAMES zählte Hetty zu den gelungensten Frauengestalten des viktorianischen Romans; Thomas HARDY, in mancher Hinsicht der genuine Nachfolger Eliots als Romancier, empfing von *Adam Bede* wichtige Anregungen für seine eigene Darstellung des Landlebens und der Psychologie der Verführung in *Tess of the D'Urbervilles* (1891). H.Thi.

AUSGABEN: Edinburgh 1859, 3 Bde. - Ldn. 1908 (in *Works*). - Ldn./Glasgow 1952, Hg. G. Bullett. - Ldn. 1978. - Harmondsworth 1980 (Penguin).

ÜBERSETZUNGEN: *Adam Bede*, J. Frese, 2 Bde., Bln. 1860. - Dass., E.-M. König, Stg. 1987 (m. Einl. u. Anm.; RUB).

LITERATUR: G. S. Haight, *Introduction to »Adam Bede«*, NY 1948. - D. P. Deneau, *Inconsistencies and Inaccuracies in »Adam Bede«* (in NCF, 14, 1959, S. 71-75). - R. A. Foakes, *»Adam Bede« Reconsidered* (in English, 12, 1959, S. 173-176). - M. Harris, *Infanticide and Respectability: Hetty Sorrel as Abandoned Child in »Adam Bede«* (in ESC, 9, 1983, S. 177-196).

DANIEL DERONDA

(engl.; *Daniel Deronda*). Roman von George ELIOT, erschienen 1876. - In George Eliots letztem Roman steht die Titelfigur im Schatten von Gwendolen Harleth, die als Tochter einer plötzlich verarmten, aber nach wie vor standesbewußten Familie den Aristokraten Henleigh Grandcourt heiratet - teils weil seine gesellschaftliche Stellung sie beeindruckt, teils um ihrer Familie finanziell zu helfen. Dieses Pflichtgefühl sowie die ablehnende Haltung ihrer Kreise gegenüber weiblicher Berufsarbeit lassen sie darüber hinwegsehen, daß Grandcourt bereits Kinder von seiner Geliebten hat. Die Verbindung zwischen dem arroganten, egozentrischen Prahler und der eigenwilligen, nüchtern rechnenden Gwendolen ist also von vornherein eine Vernunftehe. Für die Frau wird sie sehr bald unerträglich, weil sie gegenüber der Geliebten Grandcourts, Mrs. Glasher, eine tiefe moralische Schuld empfindet. Dieses Schuldgefühl veranlaßt sie schließlich dazu, die Verantwortung für Grandcourts Tod auf sich zu nehmen, der einem Segelunfall zum Opfer fällt. Bereits vor diesem Ereignis hatte sich Gwendolen in Daniel Deronda verliebt, der in ihrem Leben die Rolle eines Beichtvaters und Beraters spielt. Derondas Geschichte wird parallel zu der Gwendolens erzählt. Es wird berichtet, wie er seine jüdische Herkunft entdeckt, wie er Mirah, ein jüdisches Mädchen, die Schwester seines Freundes Ezra Cohen (»Mordecai«), rettet und später heiratet, wie er mehr und mehr in den Bann des Zionismus gerät und wie er sich schließlich einer halbreligiösen Idee verschreibt, deren Ziel die Gründung eines neuen jüdischen Staates ist.
Der Roman zerfällt also in zwei, jeweils um eine der beiden Hauptfiguren kreisende Teile. So wie Mordecai für Daniels Entwicklung und Selbstfindung eine entscheidende Rolle spielt, übernimmt Daniel diese Funktion in Gwendolens Leben. Die Literaturkritik ist sich freilich einig darin, daß der Deronda-Teil der schwächere ist. Hier steht ein Held von kaum erträglicher Tugendhaftigkeit und unglaubhafter Großherzigkeit im Mittelpunkt einer von intellektuellem Wunschdenken und sentimentaler Seelenanalyse belasteten Schilderung. Im Vergleich damit wirkt der Gwendolen-Teil um so stärker. Seine Hauptfigur gilt heute als eines der großen weiblichen Charakterporträts der englischen Romanliteratur. (Henry JAMES ließ sich davon zu seinem Roman *Portrait of a Lady - Bildnis einer Dame* - anregen.) Gwendolens provinzielle Herkunft und Erziehung, ihr differenzierter Charakter und ihre schwierige soziale Stellung werden mit einer geistreichen Überlegenheit und Einsicht beschrieben, die an Jane AUSTEN erinnern (deren Heldinnen auch unverkennbar das Vorbild für Gwendolen sind). Obgleich ebenso intelligent wie berechnend, scheitert die Heldin letzten Endes an ihrer eigenen Charakterschwäche und an ihrer Umgebung; sie geht so weit, ihr angeborenes Gefühl für das moralisch Richtige um falscher Werte willen zu opfern, wobei sie sich freilich stets sowohl ihrer Selbsterniedrigung als auch der Fragwürdigkeit des Erstrebten bewußt bleibt. - Unter den Nebenfiguren verdient der Musiker Klesmer besondere Erwähnung, einer jener in der Romanliteratur so seltenen völlig überzeugenden Künstlertypen.

J.v.Ge.-KLL

AUSGABEN: Ldn. 1876, 4 Bde. - Edinburgh 1901-1903 (in *Works*, 12 Bde.). - Harmondsworth 1967, Hg. B. Hardy (Penguin). - Oxford 1984, Hg. G. Handley. - Oxford 1988, Hg. ders.

ÜBERSETZUNG: *Daniel Deronda*, A. Strodtmann, 4 Bde., Bln. 1876.

LITERATUR: J. Thale, *»Daniel Deronda«, the Darkened World* (in MFS, 3, 1957, S. 119-126). - D. R. Caroll, *The Unity of »Daniel Deronda«* (in EIC, 9, 1959, S. 369-380). - F. R. Leavis, *G. E.'s Zionist Novel* (in Commentary, 30, 1960, S. 317-325). - R. Preyer, *Beyond the Liberal Imagination: Vision and Unreality in »Daniel Deronda«* (in Victorian Studies, 4, 1960, S. 33-54). - C. Robinson, *The Severe Angel. A Study of »Daniel Deronda«* (in ELH, 31, 1964, S. 278-300). - H. Fisch, *»Daniel Deronda« or Gwendolen Harleth?* (in Nineteenth Century Fiction, 19, 1965, S. 345-356). - N. Pell, *The Fathers' Daughters in »Daniel Deronda«* (in NCF, 36, 1982, S. 424-451).

FELIX HOLT, THE RADICAL

(engl.; *Felix Holt, der Radikale*). Roman von George ELIOT, erschienen 1866. - Zusammen mit *Romola* (1863), einem für Eliots Gesamtwerk untypischen historischen Roman über das Leben im Florenz des späten 15. Jh.s, und *Middlemarch*

(1871/72), ihrem Hauptwerk, gehört *Felix Holt* zur mittleren Schaffensperiode der Autorin. Die mit verwickelten juristischen Details befrachtete Haupthandlung befaßt sich mit der möglichen Enterbung der Transomes, einer angesehenen Familie des Landadels, und mit den damit in Zusammenhang stehenden Intrigen. Der Familienanwalt Matthew Jermyn steht vor dem finanziellen Ruin, als der unerwartet aus der Türkei zurückgekehrte Harold Transome droht, seine unlauteren Machenschaften bei der Verwaltung des Familienbesitzes aufzudecken. Harold kandidiert bei den Parlamentswahlen des Jahres 1833 für die Radikalen. Der Wahlkampf und die Wahl selbst, die Krawalle zur Folge hat, bilden den zweiten Handlungsstrang. In die politischen Unruhen um die Sozialreform-Gesetzgebung von 1832 ist der Titelheld verstrickt, dessen Schicksal mit dem der Transomes dadurch verknüpft ist, daß Esther Lyon, das Mädchen, das er liebt, sich als die rechtmäßige Eigentümerin der Güter erweist. Harold Transome wird zum Rivalen Felix Holts, allerdings weniger aus Liebe zu Esther als um der Erhaltung seines Besitzes willen.

In den Rahmen der mit Requisiten aus dem Arsenal des Sensationsromans angereicherten, typisch viktorianischen Handlung stellt George Eliot die Themen, um die es ihr eigentlich geht: als wichtigstes den Kontrast zwischen den durch Harold Transome repräsentierten korrupten Politikern, die die Ideale der anderen für die Befriedigung ihres persönlichen Ehrgeizes, ihrer Geld- und Machtgier ausnützen, und selbstlosen Kämpfern wie Felix Holt, dessen Reformbestrebungen der Glaube an die Bildungsmöglichkeit der Arbeiterklasse zugrunde liegt und der Wahlprogramme für weniger wichtig hält als persönliche Reform. Weitere Themen sind die Entwicklung Esther Lyons (unter Holts Einfluß) von einer oberflächlichen jungen Schönheit zur gütigen, opferbereiten Frau mit sicherem Wertempfinden; die Tragödie der Mrs. Transome, deren Sohn Harold ihr alles bedeutet, während dieser seine Mutter zurückweist, als er von ihrem Ehebruch und seiner Herkunft erfährt; und das Verhältnis Harolds zu Jermyn, den er vernichten will, bis er schießlich die schockierende Gewißheit erhält, daß der Anwalt sein Vater ist.

Die Schilderung dieser Beziehung bildet den wohl eindrucksvollsten Teil eines Romans, dessen Hauptschwäche darin liegt, daß die Titelfigur kein eigenes Leben gewinnt. Felix Holt, der Autodidakt aus der Arbeiterschicht, der Radikale mit den edlen Zielen und dem lauteren Herzen, ist so idealistisch gezeichnet, so leicht als Sprachrohr der Autorin zu erkennen, daß er der ihm innerhalb des Romans eigentlich zufallenden Funktion nicht voll gerecht werden kann. So steht eher Esthers Entwicklung im Zentrum als die Felix'. Aus der Fülle der kompliziert verzahnten Handlungsepisoden bleibt die Schilderung der Wahl als ein kleines Meisterstück in der Erinnerung. Vor allem aber beweist die Gestalt der Mrs. Transome, daß George Eliot mit Recht zu den bedeutendsten englischen Romanschriftstellern der viktorianischen Ära gezählt wird. Dieses Porträt einer von unerwiderter Liebe und wachsendem Schuldbewußtsein gequälten Frau verrät soviel Einfühlung und Einsicht, daß es verdient, neben das der Gwendolen Harleth aus *Daniel Deronda* gestellt zu werden. J.v.Ge.-KLL

AUSGABEN: Edinburgh 1866. – Ldn. 1906. – Ldn. 1908–1911 (in *Works*, 21 Bde.). – Harmondworth 1973, Hg. P. Coveney (Penguin). – Oxford 1980. – Oxford 1988, Hg. F. C. Thompson.

ÜBERSETZUNG: *Felix Holt, der Radikale*, E. Lehmann, Bln. 1867.

LITERATUR: J. Milner, »*Felix Holt, the Radical*« and *Realism in G. E.* (in Časopis pro moderní filologii, 37, 1955, S. 96–104). – F. C. Thomson, *The Genesis of* »*Felix Holt*« (in PMLA, 74, 1959, S. 576–584). – Ders., »*Felix Holt*« *as Classic Tragedy* (in NCF, 16, 1961, S. 47–58). – D. R. Carroll, »*Felix Holt*«: *Society as Protagonist* (in NCF, 17, 1962, S. 237–252). – B. Zimmermann, »*Felix Holt*« *and the True Power of Womanhood* (in ELH, 46, 1979, S. 432–451). – H. Bergman, *Politics Through Love:* »*Felix Holt*« *and the Industrial Novel* (in Moderna Språk, 74, 1980, S. 219–226). – R. Sheets, »*Felix Holt*«: *Language, the Bible, and the Problematic of Meaning* (in NCF, 37, 1982, S. 146–169). – L. R. Leavis, *G. E.'s Creative Mind:* »*Felix Holt*« *as the Turning Point of Her Art* (in ES, 67, 1986, S. 311–326).

MIDDLEMARCH. A Study of Provincial Life

(engl.; *Middlemarch. Aus dem Leben der Provinz*). Roman von George ELIOT, erschienen 1871/72. – Middlemarch, die eigentliche Protagonistin von Eliots längstem und bedeutendstem Roman, ist eine fiktive Stadt in Mittelengland, als deren Vorbild wahrscheinlich Coventry diente. Anhand von vier locker ineinander verwobenen Einzelhandlungen wird das gesellschaftliche Panorama der Stadt in den Zeiten sozialen Umbruchs um 1830 gezeichnet. Die auftretenden Personen sind Vertreter aller damaligen Gesellschaftskreise, mit Ausnahme der Unterschicht. Sie kehren in den einzelnen Handlungssträngen mehrfach wieder, doch liegt der erzählerische Schwerpunkt jeweils auf einer anderen Figur. In zwei der Geschichten geht es um eine Ehe zwischen Partnern unvereinbaren Charakters. Im Mittelpunkt der ersten steht als empfindsame, geistvolle und kultivierte Vertreterin des niederen Landadels die Hauptheldin des Buches, Dorothea Brooke, eine typische Eliot-Gestalt. Ihre weitgespannten geistigen Ambitionen haben sie zur Heirat mit dem wesentlich älteren Gelehrten Casaubon veranlaßt, der ihr zunächst als intellektuelles Vorbild erschienen war, sich aber als trockener, seelloser Pedant entpuppt. – Im zweiten Handlungsstrang tritt die Familie Vincy in den Vordergrund. Sie vertritt den aufstrebenden Mittelstand von Geschäftsleuten und Freiberuflichen. Rosamond Vincy, eine junge Schönheit ohne echte geistige Interessen (auch sie eine typische Eliot-Figur), heiratet den Arzt Tertius Lydgate, der in der Stadt eine Praxis eröffnet. Bald gerät ihr gesellschaftlicher Ehrgeiz in Gegensatz zu den wissenschaftlichen Zielen ihres Mannes, der sich durch revolutionäre medizinische Ideen die Feindschaft der in provinzieller Engstirnigkeit verharrenden Ärzteschaft von Middlemarch zuzieht. – Die dritte Geschichte führt in das Milieu der wohlhabenden Bauern, vertreten durch die Familie Garth. Die junge Mary Garth wird von dem Geistlichen Farebrother und von Fred Vincy, Rosamonds Bruder, umworben. Im Verlauf der Handlung wandelt sich Fred von einem verwöhnten Schwächling, der sich ganz auf das Vermögen seines Onkels Peter Featherstone verläßt (eines eigenwilligen Sonderlings, der seine Verwandten durch ständige Testamentsänderungen zur Verzweiflung bringt), zu einem unabhängigen, selbstbewußten Mann. – Der vierte Abschnitt enthält die hervorragende Charakterstudie des Bankiers Bulstrode, des Schwagers von Fred und Rosamonds Vater (seinerseits ein erfolgreicher Kaufmann, der das Bürgermeisteramt anstrebt). Bulstrode, Verkörperung einer heuchlerischen Religiosität puritanischer Prägung, versteht es ausgezeichnet, seine zweifelhaften finanziellen Transaktionen vor sich selbst zu rechtfertigen und sein Gewissen zu beschwichtigen. Doch seine früheren Sünden verfolgen ihn unablässig und treiben ihn schließlich, als er befürchten muß, entdeckt zu werden, zum Mord.

Neben diesen Hauptfiguren stehen Charaktere, die das Leben des Gemeinwesens mehr von außen beobachten und dabei schärfer analysieren. Schon Lydgate hatte bis zu einem gewissen Grade den öden Provinzialismus von Middlemarch indirekt bloßgelegt; doch er unterliegt schließlich dem stärkeren Willen seiner Frau und endet als konformistischer Karrieremacher. Die eigentliche Kontrastfigur, der junge Maler Will Ladislaw, ist durch seine ausländische Abstammung und seinen weiten geistigen Horizont von vornherein zum Außenseiter prädestiniert. Er, der Neffe Casaubons, verkörpert das Ideal, das Dorothea in Casaubon zu finden glaubte; ihn heiratet sie nach dem Tod ihres Mannes. Ladislaw durchschaut gleichermaßen Rosamonds eitle gesellschaftliche Ambitionen und die Unfruchtbarkeit der wissenschaftlichen Bemühungen Casaubons; er ist der einzige, dessen Gesichtskreis in Fragen der Politik und Kunst über Middlemarch hinausreicht. Indirekte Kritik an den herrschenden Zuständen übt schließlich auch Caleb Garth, Marys Vater, dessen schlichte Ehrlichkeit und Arbeitsgesinnung sich wohltuend von dem zweifelhaften Geschäftsgebaren der sogenannten höheren Kreise abheben.

Zwar erscheint Dorothea gelegentlich etwas zu idealistisch (dies gilt auch für ihre Verbindung mit Will Ladislaw), doch bleibt unbestritten, daß *Middlemarch* den Höhepunkt im Schaffen der Autorin bildet. Alle früheren Werke führen künstlerisch zu diesem Roman hin, dessen Hauptvorzüge auch die ihres Gesamtwerkes sind: verständnisvolle, individuelle Charakteranalyse und überzeugende Durchformung des gesellschaftlichen Hintergrundes. Eine Fülle an DICKENS erinnernder Nebenfiguren, jede charakteristisch für ein bestimmtes Milieu der Stadt, erfüllt die lokalen und gesellschaftlichen Bereiche mit buntem Leben. Auch die zunächst werkgenetisch erklärbare Erzählstruktur des Romans ist bemerkenswert. (Zwei verschiedene Romanprojekte wuchsen erst in einem relativ späten Stadium zusammen.) Die verschiedenen, aufeinander bezogenen Einzelperspektiven verbinden sich allmählich zu einer umfassenden Gesamtschau, welche die vielschichtige Realität ungleich besser erfaßt als der übliche einsträngige Erzählmodus. Man kann hierin, etwa im Blick auf Joyce CARYS *triple vision* oder auf Lawrence DURRELLS Raum-Zeit-Kontinuum, die frühe Variante eines modernen Konstruktions- und Strukturprinzips sehen.

Aus allen diesen Gründen gilt *Middlemarch* als eines der klassischen englischen Werke des 19. Jh.s, als ein Meisterwerk realistischer Romankunst, das zugleich historischer Roman ist in dem Sinne, daß alle Charaktere in den politischen, wirtschaftlichen und sozialen Hintergrund der Zeit integriert sind und damit trotz ihrer Fiktivität idealtypisch eine Epoche verkörpern. J.v.Ge.-KLL

AUSGABEN: Edinburgh 1871/72, 4 Bde. [in 8 Halbbdn.]. – Ldn. 1874. – Edinburgh 1901–1903 (in *Collected Works*, 12 Bde.). – Boston/NY 1908 (in *Works*, Hg. J. W. Cross, 25 Bde.; *Warwickshire Ed.*). – Ldn. 1947. – Boston 1956, Hg. G. S. Haight. – Harmondsworth 1965, Hg. W. J. Harvey (Penguin). – NY 1977 [krit.]. – Ldn. 1985 (Bantam). – Oxford 1987, Hg. D. Carroll. – Oxford 1988 [Einl. D. Carroll].

ÜBERSETZUNGEN: *Middlemarch. Aus dem Leben der Provinz*, E. Lehmann, Bln. 1872/73, 4 Bde. – *Middlemarch*, I. Leisi, Nachw. M. Wildi, Zürich 1962 (Manesse Bibl. der Weltliteratur). – Dass., R. Zerbst Stg. 1985 (m. Anm. u. Nachw.; RUB).

LITERATUR: *G. E.'s Quarry for »Middlemarch«*, Hg. A. Th. Kitchel, Berkeley/Los Angeles 1950. – G. F. Steiner, *A Preface to »Middlemarch«*, (in NCF, 9, 1955, S. 262–279). – S. J. Ferris, *»Middlemarch«: in G. E.'s Masterpiece* (in *From Jane Austen to Joseph Conrad*, Hg. R. C. Rathburn u. M. Steinmann, Minneapolis 1958, S. 194–207). – D. R. Carroll, *Unity Through Analogy: An Interpretation of »Middlemarch«* (in Victorian Studies, 3, 1959, S. 305–316). – J. Beaty, *»Middlemarch« from Notebook to Novel: A Study of G. E.'s Creative Method*, Urbana/Ill. 1960; zul. 1981. – N. P. Stallknecht, *Resolution and Independence: A Reading of »Middlemarch«* (in *Twelve Original Essays on Great English Novels*, Hg. C. Shapiro, Detroit 1960, S. 125 bis 152). – D. Daiches, *G. E.'s »Middlemarch«*, Ldn. 1963. – R. S. Lyons, *The Method of »Middlemarch«*

(in NCF, 21, 1966, S. 35–47). – *»Middlemarch«: Critical Approaches to the Novel*, Hg. B. Hardy, Ldn. 1967. – *This Particular Web: Essays on »Middlemarch«*, Hg. I. Adam, Toronto 1975. – B. Hardy, *»Middlemarch«: Public and Private Worlds* (in English, 25, 1976, S. 5–26). – H. S. Kakar, *The Persistent Self: An Approach to »Middlemarch«*, Neu Delhi 1977. – P. Stoneman, *G. E.: »Middlemarch«* (in *The Monster in the Mirror: Studies in Nineteenth-Century Realism*, Hg. D. A. Williams, Oxford 1978, S. 102–130). – J. Meckier, *That Arduous Invention: »Middlemarch« Versus the Modern Social Novel* (in Ariel, 9, 1978, S. 31–63). – A. W. Bellringer, *The Study of Provincial Life in »Middlemarch«* (in English, 28, 1979, S. 219 bis 247). – *G. E.'s »Middlemarch« Notebooks*, Hg. J. C. Pratt u. V. Neufeldt, Ldn./Berkeley 1979. – J. Wiesenfarth, *»Middlemarch«: The Language of Art* (in PMLA, 97, 1982, S. 363–377). – E. Ringler, *»Middlemarch«: A Feminist Perspective* (in Studies in the Novel, 15, 1983, S. 55–61). – H. F. Adams, *Dorothea and Miss Brooke in »Middlemarch«* (in NCF, 39, 1984, S. 69–94). – H. Bloom, *Introduction* (in *G. E.'s »Middlemarch«*, Ldn. 1987). – J. G. Thomas, *Reading »Middlemarch«: Reclaiming the Middle Distance*, Ann Arbor/Mich. 1987.

THE MILL ON THE FLOSS

(engl.; *Die Mühle am Floss*). Roman von George ELIOT, erschienen 1860. – Besitzer der Mühle am Floss, einem fiktiven Fluß in Mittelengland, ist der ehrbare, wenn auch eigensinnige und leicht aufbrausende Mr. Tulliver. Das Schicksal seiner beiden Kinder Maggie und Tom bildet den Hauptinhalt von Eliots zweitem Roman. Der nicht sonderlich intelligente, aber selbstherrliche Tom übt auf seine Schwester Maggie, die ihn von früher Jugend an innig liebt, einen beherrschenden Einfluß aus. Maggie ihrerseits, sensibel und von hellwachem Verstand, stößt bei ihrem Bestreben, die eigene Persönlichkeit zu entfalten, auf zunehmende Verständnislosigkeit bei der Umwelt und bei ihrem Bruder. Deshalb fühlt sie sich stark zu dem ihr seelenverwandten Philip Wakem hingezogen, dem buckligen Sohn eines Rechtsanwalts aus der Nachbarschaft. Als Philips Vater zum geschäftlichen Ruin des prozeßfreudigen Müllers beiträgt und ihn dieser in einem Wutanfall verprügelt und kurz darauf an den Folgen seiner Erregung stirbt, versucht Tom, seine Schwester mit allen Mitteln von Philip zu trennen (Romeo und Julia-Motiv). Während eines Besuchs bei ihrer Kusine Lucy Deane verliebt sich Maggie in deren Verlobten Stephen Guest. Obwohl sie eigentlich nicht zueinander passen, verwickeln sie sich in etwas, das die viktorianische Zeit eine »Affäre« nannte: Durch eine an sich harmlose Bootsfahrt mit Guest kompromittiert sich Maggie in den Augen der Gesellschaft. Nachdem sie das ganze Städtchen St. Ogg gegen sich aufgebracht hat, wird sie von ihrem Bruder des Hauses verwiesen. Das tragische Ende der Geschichte ist zwar oft kritisiert worden, entspricht jedoch nicht nur den moralischen Erwartungen des viktorianischen Publikums, sondern ist auch durch legendenhafte Handlungsmotive vorbereitet: Bei einer Hochwasserkatastrophe wird Tom von seiner Schwester auf heldenhafte Weise aus der Mühle gerettet; es bleibt gerade noch Zeit für Reue und Versöhnung, dann kentert das Boot, und die beiden Geschwister ertrinken.

The Mill on the Floss, lange Zeit der beliebteste Roman George Eliots, wenn auch keineswegs ihr reifstes Werk, gilt noch heute als eines der frühesten Beispiele des großen englischen Gesellschaftsromans; seinem literarischen Rang nach steht es nicht weit hinter *Middlemarch*. Die Schilderung von Maggies Jugendjahren, in der autobiographische Elemente erkennbar sind, zeichnet sich durch ein für die Zeit ungewöhnliches Einfühlungsvermögen in die kindliche Psyche aus. Später ist ein gewisser Charakterbruch nicht zu übersehen: Maggies ursprüngliche Großmut und ihr Bildungsstreben geraten manchmal in Widerspruch zu selbstsüchtigen Neigungen. Die Hoffnungen, die Maggie in Philip erweckt hat, nicht zuletzt auch aus einem gewissen Mitleid heraus, kann und will sie nicht erfüllen. Auch ihre plötzliche Liebe zu Guest erscheint recht unmotiviert, und ihr blindes Hereinfallen auf den selbstsüchtigen, gefühllosen jungen Mann steht im Widerspruch zu ihrem früheren scharfen Blick für Situationen und Charaktere. Guest und Maggie werden gleichermaßen schuldig an Lucy und Philip, doch wird durch Maggies tragisches Ende der moralische Konflikt umgangen – eine etwas gewaltsame Lösung, wie sie die spätere, mit subtileren Mitteln arbeitende George Eliot wohl kaum gewählt hätte. Dennoch ist die Lebenskraft des Romans durch das verständnisvolle Einfühlungsvermögen in die Personen und das Handeln gesichert (George Eliot, die lange Jahre in wilder Ehe mit dem Freidenker G. H. Lewes lebte, wußte genau, was es hieß, sich außerhalb der Moralprinzipien der viktorianischen Gesellschaft zu stellen) sowie durch den scharfen Blick für das gesellschaftliche Milieu, das einen lebendigen und realistisch gestalteten Hintergrund für das Geschehen bildet.

Maggies moralisches Dilemma diente Jean Paul SARTRE als illustrierendes Beispiel in *L'Existentialisme est un Humanisme* (1946). J.v.Ge.-KLL

AUSGABEN: Edinburgh/Ldn. 1860, 3 Bde. – Edinburgh 1901–1903 (in *Collected Works*, 12 Bde.). – Boston/NY 1908 (in *Works*, Hg. J. W. Cross, 25 Bde.; *Warwickshire Ed.*). – NY 1956, Hg. M. Goldberg. – Ldn. 1960 [Hg. u. Einl. A. Bell; Heritage of Literature Ser., B. 50]. – Boston 1961, Hg. G. S. Haight. – Oxford 1982, Hg. ders. – NY 1987 (Bantam). – Ldn. 1988, Hg. R. Adams.

ÜBERSETZUNGEN: *Die Mühle am Floss*, J. Frese, Bln. 1861, 2 Bde. – Dass., O. u. E. Fetter, Nachw. K. U. Szudra, Bln./Weimar 1967. – Dass., E.-M. König, Stg. 1983 (m. Anm. u. Nachw.; RUB).

VERFILMUNGEN: USA 1915. – England 1939 (Regie: T. Whelen). – *La gran tentation*, Argentinien 1948 (Regie: E. Arancibia).

LITERATUR: M. Isebarth, *Die Psychologie der Charaktere in G. E.s »The Mill on the Floss«*, Diss. Marburg 1913. – F. R. Leavis, *The Great Tradition*, Ldn. 1948, S. 28–47. – B. J. Paris, *Toward a Revaluation of G. E.'s »The Mill on the Floss«* (in NCF, 11, 1956, S. 18–31). – L. Rubin, *River Imagery as a Means of Foreshadowing in »The Mill on the Floss«* (in MLN, 71, 1956, S. 18–22). – A. Casson, *The Mill on the Floss« and Keller's »Romeo u. Julia auf dem Dorfe«* (in MLN, 75, 1960, S. 20–22). – R. H. Lee, *The Unity of »The Mill on the Floss«* (in English Studies in Africa, 7, 1964, S. 34–53). – F. Bolton, *Le manuscrit du »Mill on the Floss«* (in Études Anglaises, 18, 1965, S. 53–58). – G. Levine, *Intelligence as Deception. »The Mill on the Floss«* (in PMLA, 80, 1965, S. 402–409). – A. W. Bellringer, *Education in »The Mill on the Floss«* (in A Review of English Literature, 7, 1966, S. 52–61). – T. L. Jeffers, *Myth and Morals in »The Mill of the Floss«* (in Midwest Quarterly, 20, 1979, S. 332–346). – S. L. Goldberg, ›*Poetry‹ as Moral Thinking: »The Mill on the Floss«* (in Critical Review, 24, 1982, S. 55–79). – C. A. Martin, *Pastoral and Romance in G. E.'s »The Mill on the Floss«* (in CLA, 28, 1984).

SCENES OF CLERICAL LIFE

(engl.; *Szenen aus dem Leben der Geistlichkeit*). Zyklus von drei Erzählungen von George ELIOT, in Fortsetzungen erschienen 1857, Buchausgabe 1858. – Das Erstlingswerk der Autorin Mary Ann Evans, die das Pseudonym George Eliot wählte, um ihre Erzählungen und Romane vom böswilligen Klatsch der viktorianischen Zeitgenossen über ihre wilde Ehe mit dem Freidenker George Henry Lewes fernzuhalten, obwohl sie sich unter ihrem eigentlichen Namen bereits als gebildete und intelligente Journalistin in London hervorgetan hatte, spielt in der ländlichen Abgeschiedenheit Warwickshires, wo sie aufgewachsen war. Jede der relativ umfangreichen Erzählungen schildert wirklichkeitsgetreu das Schicksal eines anglikanischen Geistlichen, das bei aller Durchschnittlichkeit nicht der tragischen Züge entbehrt.

Der Protagonist von *The Sad Fortunes of the Rev. Amos Barton*, der schlecht bezahlte, kaum gebildete, takt- und phantasielose Hilfspfarrer von Shepperton, bringt seiner Gemeinde wenig Verständnis entgegen. Weil er so unvorstellbar durchschnittlich ist, dichtet ihm der Dorfklatsch eine Liebschaft mit der schönen Gräfin Czerlaski an. Als seine Frau Milly, kontaktarm wie er, an Überarbeitung stirbt, wenden ihm die ebenso dumpf dahinlebenden Dorfbewohner plötzlich ihre Sympathie zu. Dieses paradoxe Verhalten bildet das eigentliche Thema der Erzählung. Klatsch und Mitgefühl sind allemal interessanter als der (schonungslos ungeschönt erzählte) graue Alltag. – *Mr. Gilfil's Love-Story* spielt ebenfalls in Shepperton und berichtet von einem Vorgänger Bartons, Maynard Gilfil. Im Haus seines einstigen Vormunds, des Gutsbesitzers Sir Christopher Cheverel hat er dessen italienische Adoptivtocher Tina kennen- und lieben gelernt. Das heißblütige Mädchen jedoch verliebt sich in Captain Anthony Wybrow, Cheverels Neffen und Erben, dem Tina nur als Flirt willkommen ist. Als er sich auf Anraten seines Onkels standesgemäß verlobt, will Tina sich blutig an ihm rächen, doch er erliegt plötzlich einem Herzschlag. Einem Zusammenbruch nahe, heiratet die von Schuldgefühlen Gepeinigte Gilfil aus Dankbarkeit dafür, daß er versucht hat, ihr im Unglück beizustehen. Aber schon im ersten Ehejahr stirbt sie im Kindbett. Gilfil wird zum Alkoholiker. – In *Janet's Repentance* treibt der verschlagene, trunksüchtige Rechtsanwalt Dempster seine Frau Janet in den Alkoholismus und jagt sie schließlich brutal aus dem Haus. Ihre Rückkehr in ein menschenwürdiges Leben wird gefördert von dem jungen, dem Evangelikalismus anhängenden Geistlichen Edgar Tryan. Den religiös kaum engagierten Bewohnern des Provinzstädtchens Milby sagt dieser ernste Eiferer weit weniger zu als der ältliche, mittelmäßige Hilfspfarrer Crewe. Unter Führung Dempsters formiert sich die Opposition gegen Tryan, die vor keiner Intrige zurückschreckt. Eine Wendung tritt erst ein, als Dempster im Delirium tremens stirbt: Die Wandlung Janes, die Tryan verstehen gelernt und mit seiner Hilfe zu sich selbst gefunden hat, läßt die Gemeinde nicht unbeeindruckt. Von nun an respektiert sie den Geistlichen, wenn sie auch seinen strengen Protestantismus noch immer ablehnt. Als Janets moralische Wiedergeburt vollendet ist, stirbt Tryan an Schwindsucht.

Die Erzählungen, deren unaufdringlicher, aber konsequenter Realismus bereits die Begabung der Autorin für die Charakteranalyse beweisen, fanden großen Anklang und wurden u. a. von DICKENS (der als einer der ersten hinter dem Pseudonym »George Eliot« eine Frau vermutete) und THACKERAY gelobt. Der moralische Rigorismus, der alle Werke der Autorin prägt, manifestiert sich hier allerdings noch in einer allzu deutlichen und weitschweifigen Didaktik. Die tragischen Schlüsse der Erzählungen wirken unorganisch. Doch Einzelzüge vor allem der ersten und dritten »Szene« (die zweite ist noch weitgehend von literarischen Vorbildern der vergangenen Epoche, besonders Jane AUSTEN, beeinflußt) weisen bereits auf die Bedeutung der Autorin von *Middlemarch* und *The Mill on the Floss* als Wegbereiterin einer neuen psychologisch-realistischen Romankunst voraus.

J.v.Ge.-KLL

AUSGABEN: Edinburgh 1857 (in Blackwood's Magazine, Jan.–Nov.). – Edinburgh 1858, 2 Bde. – Edinburgh 1901–1903 (in *Collected Works*, 12 Bde.). – Boston/NY 1908 (in *Works*, Hg. J. W. Cross, 25 Bde.; *Warwickshire Ed.*). – Ldn. 1924. – Harmondsworth 1973, Hg. D. Lodge (Penguin). – Oxford 1985, Hg. Th. A. Noble. – Oxford 1989.

ÜBERSETZUNG: *Bilder aus dem kirchlichen Leben Englands*, G. Kuhr, 2 Bde., Lpzg. 1885.

LITERATUR: Th. A. Noble, *G. E.'s »Scenes of Clerical Life«*, Ldn./New Haven 1965.

SILAS MARNER, THE WEAVER OF RAVELOE

(engl.; *Silas Marner, der Weber von Raveloe*). Roman von George ELIOT, erschienen 1861. – Zur Zeit der Napoleonischen Kriege lebt in einem nordenglischen Industriestädtchen der fleißige Leineweber Silas Marner, Mitglied einer religiösen Sekte, der auch Sarah, das Mädchen, das er zu heiraten gedenkt, und sein Freund William Dane angehören. Sein bescheidenes Glück wird jäh zerstört, als ihn Dane des Diebstahls bezichtigt, um Sarah für sich zu gewinnen. Von seinen Mitbürgern ausgestoßen, verläßt Silas die Stadt und lebt von nun an in dem abgelegenen mittelenglischen Dorf Raveloe, wo er durch sein verbittertes, ungeselliges Wesen und seine gelegentlichen epileptischen Anfälle den Argwohn der abergläubischen Bevölkerung erregt. Da er trotzdem als geschickter Handwerker anerkannt wird, gelingt es ihm, sich im Lauf von fünfzehn Jahren ein kleines Vermögen zu ersparen. Eines Tages jedoch entwendet Dunstan Cass, der verschuldete Sohn des Gutsherrn, das Geld aus Silas' Hütte und verschwindet spurlos. Gleichsam als Entschädigung führt das Schicksal dem Weber ein Pflegekind zu, dem von nun an seine ganze Liebe gilt. Die zweijährige Eppie entstammt der heimlichen Ehe von Dunstans Bruder Godfrey mit einer verkommenen Frau aus dem Nachbarort, die nach Godfreys Weigerung, das Kind anzuerkennen, auf dem Weg zu seiner Familie im Opiumrausch erfroren war. Die Sorge für seine Adoptivtochter gibt Silas' Leben einen neuen Sinn. Als zehn Jahre später der Teich vor seiner Hütte trockengelegt wird, entdeckt man darin die Leiche Dunstans mit dem gestohlenen Geld. Von Reue ergriffen, will nun der in kinderloser zweiter Ehe lebende Godfrey Eppie anerkennen, sie jedoch weigert sich, ihren Pflegevater zu verlassen. Bis zu ihrer Heirat mit einem schlichten Dörfler bleibt sie bei ihm und gibt dem geläuterten alten Mann das Vertrauen zu seinen Mitmenschen zurück, das er nach seiner unverdienten Verbannung für immer verloren glaubte.

Daß George Eliots kürzester Roman zu einem ihrer erfolgreichsten Werke wurde, erklärt sich zum einen aus dem eindrucksvollen poetischen Symbolismus, mit dem das Hauptthema, die Selbsterlösung Silas Marners, gestaltet wird. In Eliots einfühlsamer Darstellung dieses Mannes aus dem Volk findet eine Entwicklungslinie der englischen Literatur ihren Höhepunkt und Abschluß, die mit William WORDSWORTHS Dorfgedichten begonnen hatte: einfache Landleute als Inbegriff sittlicher Tugend. Hinzu kommt die Anschaulichkeit, mit der die Autorin das Bild eines vom Industrialismus noch verschonten ländlichen Englands zeichnet, das zu ihren Lebzeiten bereits Züge der »guten alten Zeit« anzunehmen begannen. Die feinste soziale Nuancen erfassenden Dialoge und die treffsicheren Porträts der von Einfalt und Bauernschlauheit, Religiosität und Aberglauben, Gemeinsinn und Intoleranz geprägten dörflichen Charaktere schaffen den realistischen Hintergrund für George Eliots moralisches Märchen, das auch als Schullektüre weite Verbreitung fand.   J.v.Ge.-KLL

AUSGABEN: Edinburgh/Ldn. 1861. – Boston/NY 1908 (in *The Writings*, 25 Bde., 7). – NY 1948 [Vorw. B. Davenport; m. Ill.]. – Ldn. 1957, Hg. u. Komm. K. M. Lobb. – Ldn. 1958 (Einl. A. Matheson; Everyman's Library). – NY 1965, Hg. J. E. Greene. – Ldn./NY 1967, Hg. u. Einl. J. Bennett. – Harmondsworth 1968 (Penguin). – Ldn. 1981 (Bantam). – NY 1987.

ÜBERSETZUNGEN: *Silas Marner, der Weber von Raveloe*, J. Frese, Bln. 1861. – Dass., G. Fink, Stg. 1861. – *Silas Marner. Die Geschichte des Webers von Raveloe*, K. Weber, Zürich 1957. – *Silas Marner*, J. Freese, Ffm./Hbg. 1963 (EC, 51; neu überarb.; Nachw. H. E. Killy).

LITERATUR: L. J. Dessner, *The Autobiographical Matrix of »Silas Marner«* (in Studies in the Novel, 11, 1979, S. 251–282).

JOHN ELIOT

* 1604 Nasing / England
† 21.5.1690 Roxbury / Mass.

THE CHRISTIAN COMMONWEALTH, OR: THE CIVIL POLICY OF THE RISING KINGDOM OF JESUS CHRIST

(amer.; *Der christliche Staat oder Staatskunst des kommenden Königreichs Jesu Christi*). Abhandlung von John ELIOT, erschienen 1659. – John Eliot schrieb seine Abhandlung zu einer Zeit, als in Großbritannien innenpolitische Zwietracht herrschte. Er wollte einen Weg zeigen, wie die gegnerischen Parteien in England zu versöhnen seien und wie eine Regierung nach dem in der Heiligen Schrift überlieferten Wort Gottes zu begründen sei. Obwohl Eliot zu jener Zeit schon als Geistlicher der Church of Christ in Roxbury, Massachusetts, wirkte nahm er doch an den Ereignissen im Mutterland regen Anteil. Im Vorwort weist er darauf hin, daß sich die Ankunft Christi in den dunklen Wolken, die über Britannien hingen, anzeige, daß diese Wolken aber notwendig seien, um der Verheißung gemäß *»Sein helles Licht zu verdunkeln«*. Die Menschen haben – nach Eliots Auslegung – vergessen, daß Christus der einzig rechtmäßige Erbe Englands und aller anderen Nationen ist. Der Verfasser ruft alle Bewohner Britanniens auf, Jesus als ihren »*Richter, Gesetzgeber und König*« anzuerkennen und den Antichrist zu entthronen. Im folgenden erläutert er, wie seiner Meinung nach ein christlicher Staat errichtet werden könne. Er erinnert daran, daß alle Menschen dem Bunde verpflichtet seien, den die Kinder Israels einst mit Gott geschlossen haben, und daß das Volk aus seiner Mitte heraus seine Führer wählen müsse. In diesem Sinn entwickelt er ein kompliziertes Wahlsystem, wonach jeweils zehn Männer einen unter sich zum Führer bestimmen und dann diese Führer wiederum aus ihrem Kreis den besten Mann auswählen sollten – und so weiter, bis der Herrscher gefunden sei. Außerdem schlägt er vor, nach dem gleichen System die Gerichte zu bestimmen. Es solle dann die Pflicht der Herrscher und Richter sein, dem Gesetz Gottes so rasch wie möglich und unter Berücksichtigung der besonderen Umstände jedes Einzelfalles Geltung zu verschaffen. Das überlieferte Wort Gottes, so versichert Eliot, ist die beste Grundlage für die Gesetzgebung eines christlichen Staates; nur in der Nachfolge der Heiligen Schrift könnten die Bürger in einem »*Christlichen Commonwealth*« glücklich leben.

Eliots Vorschläge sind alles andere als tiefgründig oder originell. Aber obwohl er weder ein brillanter Denker noch ein besonders hervorragender Theologe war, wurde er zu einem der geistigen Führer im alten Massachusetts. In seiner Abhandlung haben die Ideale und Glaubenssätze der Puritaner ihren reinsten Ausdruck gefunden: die Anerkennung des biblischen Bundes zwischen Gott und den Menschen, die Vorstellung von der Sünde allen Fleisches, von der Gnade Gottes und der Erlösung durch Christus.   J.D.Z.

AUSGABEN: Ldn. 1659. – Boston 1937.

LITERATUR: W. Walker, *Ten New England Leaders*, NY 1901. – S. E. Morison, *Builders of the Bay Colony*, Boston 1930. – P. Miller, *The New England Mind; the 17th Century*, NY 1939. – K. B. Murdock, *Literatur and Theology in Colonial New England*, Harvard 1949. – S. E. Morison, *The Intellectual Life of Colonial New England*, NY 1956. – O. E. Winslow, *J. E., Apostle to the Indians*, Boston 1968.

THOMAS STEARNS ELIOT

* 26.9.1888 Saint Louis / Missouri
† 4.1.1965 London

LITERATUR ZUM AUTOR:
Bibliographien:
D. Gallup, *T. S. E.: A Bibliography*, Ldn. 1937; ern. 1969. – M. Martin, *A Half-Century of E. Criticism: Annotated Bibliography of Books and Articles in English, 1916–1965*, Lewisburg/Pa. 1972. – B. Ricks, *T. S. E.: A Bibliography of Secondary Works*, Metuchen/N.J. 1980.
Zeitschrift:
T. S. E. Review, Hg. D. E. S. Maxwell u. S. Bagchee, Edmonton/Alberta 1975 ff. [ab 1977/1978 u. d. T. Yeats E. Review].
Forschungsberichte:
W. Riehle, *T. S. E.*, Darmstadt 1979 (EdF). – A. P. Frank, *T. S. E.: Criticism and Scholarship in German. A Descriptive Survey, 1923–1980*, Göttingen 1986.
Biographien:
J. Kleinstück, *T. S. E. in Selbstzeugnissen u. Bilddokumenten*, Reinbek 1967 (rm). – B. Bergonzi, *T. S. E.*, NY 1972. – T. S. Matthews, *Great Tom: Notes Toward the Definition of T. S. E.*, NY 1974. – L. Gordon, *E.'s Early Years*, NY 1977. – J. Chiari, *T. S. E.: A Memoir*, Ldn. 1982. – C. Behr, *T. S. E.: A Chronology of His Life and Works*, Ldn. 1983. – P. Ackroyd, *T. S. E.: A Life*, NY 1984 (dt. Ffm. 1988).
Gesamtdarstellungen und Studien:
F. O. Matthiesen, *The Achievement of T. S. E.*, Ldn. 1935; ern. 1959 [erw.]; zul. 1980. – *T. S. E. A Study of His Writings*, Hg. B. Rajan, Ldn. 1947. – H. L. Gardner, *The Art of T. S. E.*, Ldn. 1949; ern. 1968. – E. Drew, *T. S. E.: The Design of His Poetry*, Ldn. ^{2}1954. – G. C. Smith Jr., *T. S. E.'s Poetry and Plays: A Study in Sources and Meaning*, Chicago 1956. – *T. S. E.: A Collection of Critical Essays*, Hg. H. Kenner, Englewood Cliffs/N.J. 1962. – *T. S. E.: Selected Criticism*, Hg. L. Unger, Englewood Cliffs/N.J. 1962. – N. Frye, *T. S. E.*, Ldn. 1963. – C. H. Smith, *T. S. E.'s Dramatic Theory and Practice*, Princeton/N.J. 1963. – E. Thompson, *T. S. E.: The Metaphysical Perspective*, Carbondale/Ill. 1963. – G. Jones, *Approach to the Purpose: A Study of the Poetry of T. S. E.*, Ldn. 1964; ern. 1981. – H. Kenner, *The Invisible Poet: T. S. E.*, NY ^{2}1965. – SR, 74, 1966 [Sondernr. T. S. E., Hg. A. Tate]. – H. L. Gardner, *T. S. E. and the English Poetic Tradition*, Nottingham 1966. – R. Germer, *T. S. E.s Anfänge als Lyriker (1905–1915)*, Heidelberg 1966. – D. E. S. Maxwell, *The Poetry of T. S. E.*, Ldn. ^{5}1966. – L. Unger, *T. S. E.: Moment and Patterns*, Minneapolis 1966. – *T. S. E.: The Man and His Work*, Hg. A. Tate, NY 1966. – K. Schlüter, *Der Mensch als Schauspieler: Studien zur Deutung von T. S. E.s Gesellschaftsdramen*, Bonn ^{2}1966. – G. Williamson, *A Reader's Guide to T. S. E.: A Poem-by-Poem Analysis*, NY ^{2}1967. – E. M. Browne, *The Making of T. S. E.'s Plays*, Ldn. 1969. – R. Kirk, *E. and His Age: T. S. E.'s Moral Imagination in the Twentieth Century*, NY 1971; zul. 1984. – J. Chiari, *T. S. E.: Poet and Dramatist*, NY 1972; ern. 1979. – J. D. Margolis, *T. S. E.'s Intellectual Development, 1922–1939*, Chicago 1972. – A. P. Frank, *Die Sehnsucht nach dem unteilbaren Sein: Motive u. Motivation in der Literaturkritik T. S. E.s*, Mchn. 1973. – T. R. Rees,

The Technique of T. S. E., Den Haag 1974. – T. S. E.: *A Collection of Criticism*, Hg. L. Wagner, NY 1974. – A. Mowbray, *T. S. E.'s Impersonal Theory of Poetry*, Lewisburg/Pa. 1974. – E. Schneider, *T. S. E.: The Pattern in the Carpet*, Berkeley/Los Angeles 1975. – S. Spender, *T. S. E.*, Hg. F. Kermode, NY 1975. – *Zur Aktualität T. S. E.s*, Hg. H. Viebrock u. A. P. Frank, Ffm. 1975. – B. Rajan, *The Overwhelming Question: A Study of the Poetry of T. S. E.*, Toronto 1976. – D. Traversi, *T. S. E.: The Longer Poems*, Ldn. 1976. – A. P. Brady, *Lyricism in the Poetry of T. S. E.*, Ldn. 1978. – P. Reinau, *Recurring Patterns in T. S. E.'s Prose and Poetry*, Bern 1978. – A. D. Moody, *T. S. E.: Poet*, Ldn. 1979. – *T. S. E.: The Critical Heritage*, Hg. M. Grant, 2 Bde., Ldn. 1982. – P. Gray, *T. S. E.'s Intellectual and Poetic Development 1909–1922*, Atlantic Highlands/N.J. 1982. – R. Bush, *T. S. E.: A Study in Character and Style*, NY 1984. – T. Pinkney, *Women in the Poetry of T. S. E.: A Psychoanalytic Approach*, Ldn. 1984. – D. Spurr, *Conflicts in Consciousness: T. S. E.'s Poetry and Criticism*, Chicago 1984, Southern Review, 21, 1985, Nr. 4 [Sondernr. *T. S. E.*, Hg. J. Olney]. – F. B. Pinion, *A T. S. E. Companion: Life and Works*, Ldn. 1986. – L. Menand, *Discovering Modernism: T. S. E. and His Context*, NY 1987. – A. Calder, *T. S. E.*, Brighton 1987. – S. Sultan, *E., Joyce, and Company*, Oxford 1987. – M. Scofield, *T. S. E.: The Poems*, Cambridge 1988.

DAS LYRISCHE WERK (engl.) von Thomas Stearns ELIOT.
Der gebürtige Amerikaner T. S. Eliot, der vor dem Ersten Weltkrieg in die Heimat seiner puritanischen Vorfahren zurückkehrte und 1927 englischer Staatsbürger wurde, gehört zu den Klassikern des anglo-amerikanischen Modernismus. Wie seine Dicherkollegen Ezra POUND und W. B. YEATS schuf er auf der Grundlage der Errungenschaften des französischen Symbolismus ein innovatives lyrisches Werk, mit dem er auf die Situation des Wertverfalls und der geistig-moralischen Heterogenität und Disharmonie der großstädtisch geprägten modernen Welt antwortete. Eliot, neben Pound der bedeutendste *poeta doctus* des 20. Jh.s, machte als Dichter und Kritiker Epoche. Seit den dreißiger Jahren sind Berge von Literatur über ihn geschrieben worden, bis es in den siebziger Jahren etwas ruhiger um ihn wurde. Der Weg zum Verständnis seiner Lyrik kann über seine kritischen Schriften gesucht werden. Eliot hat sein Dichtungsverständnis in einflußreichen Essays theoretisch dargelegt. In der Nachfolge von Rémy de GOURMONT und unter dem maßgeblichen Einfluß Pounds lehnte er die spätromantische Ästhetik ab und verlangte »Unpersönlichkeit« von der Kunst, wie er sie in seinem lebenslangen Leitbild DANTE verkörpert sah (*Tradition and the Individual Talent*, 1919). Die beiden wichtigsten Bestandteile seiner Dichtungstheorie sind die von der symbolistischen Ästhetik und der Erkenntnisphilosophie F. W. BRADLEYS beeinflußte Auffassung von der gegenständlichen Entsprechung (*objective correlative*), die der Dichter für seine Emotion jeweils finden müsse (*Hamlet*, 1919), und die Forderung der Einheit von Denken und Fühlen, die vorbildlich bei den »Metaphysical Poets« des 17. Jh.s, besonders bei John DONNE, verwirklicht sei. Danach sei es zu einem Traditionsbruch, einem Auseinanderfallen von Fühlen und Denken (»*dissociation of sensibility*«) gekommen, an dem die englische Literatur seit MILTON kranke (*The Metaphysical Poets*, 1921). Poetisch drückt Eliot seine Bewunderung für die Dichter des frühen 17. Jh.s in dem Gedicht »Whispers of Immortality« aus. Eliot hat seine Theorie der »Dissoziation der Sensibilität« weiterentwickelt, später teilweise revidiert und Milton wie andere zuvor abgewertete Dichter rehabilitiert.

Eliots erster Gedichtband, *Prufrock and Other Observations* (1917), ist durch den ironisch-sardonischen Ton und die vielfach ins Zynische reichende Selbstbeobachtung und Selbstkritik seiner Rollensprecher dem französischen Symbolisten Jules LAFORGUE verpflichtet. Das Titelgedicht, *The Lovesong of J. Alfred Prufrock*, gehört der Gattung des dramatischen Monologs an. Der Sprecher ist ein alternder, desillusionierter Junggeselle, der, angewidert von der Schalheit und Sinnlosigkeit des großstädtischen Lebens und seiner kulturellen Prätentionen, sich selbst bohrende Fragen stellt, aber immer wieder der Mut- und Antriebslosigkeit anheimfällt und nicht aus dem Ritual gesellschaftlicher Nichtigkeiten – »*I have measured out my life with coffee spoons*« – ausbrechen und in eine echte Liebesbeziehung eintreten kann. Die Rettung durch die romantische Liebe ist dem Protagonisten versagt. Die Seejungfrauen (»*mermaids*«) singen nicht für ihn. Verwandt mit *Prufrock* ist der früher geschriebene, ebenfalls kultur- und gesellschaftskritisch pointierte Monolog *Portrait of a Lady*, in dem sich ein unsicherer, gehemmter junger Mann über seine unbefriedigende Beziehung zu einer hypergebildeten, vitalitätsschwachen Frau äußert, der er sich am Schluß durch die Flucht entzieht. Ironische Kulturkritik drückt sich auch in dem gelangweilt-geistreichen Aneinandervorbeireden des Dialoggedichts *Conversation galante* aus, das von allen Gedichten Eliots am stärksten von Laforgue beeinflußt ist. Intensiver auf die Wiedergabe einer widerständigen, chaotischen urbanen Umwelt und einer entsprechenden vereinzelten, entfremdeten und sinnentleerten menschlichen Existenz zielen *Preludes, Rhapsody on a Windy Night* und *Morning at the Window*, eindrucksvolle Großstadtgedichte, in denen Eliot nicht wie andernorts die sterile, überkultivierte vornehme Welt, sondern Häßlichkeit und Elend des Straßenmilieus darstellt. Ein positiver Charakter in Eliots erstem Versband ist Mr. Apollinax in dem gleichnamigen Gedicht, der Gefühl und Geist, Dionysisches und Apollinisches verbindet, vermutlich ein Portrait Bertrand Russells, bei dem Eliot 1914 ein Philosophie-Seminar in Harvard besuchte. – Das einzige Gedicht in Eliots erstem Band, in dem nicht die gefilterte Umgangssprache dominiert, sondern lyrischer Wohllaut und poetische Diktion, ist *La Figlia che Piange*, das freilich auch wie viele andere frühe Stücke des Dichters das Scheitern einer Liebesbeziehung darstellt.

In *Poems* (1920) stellt Eliot in einer Reihe von in vierzeiligen Strophen geschriebenen Gedichten den triebschwachen Ästheten wie Prufrock aus dem ersten Versband den Typus des geistlos-sinnlichen Erdmenschen Apeneck Sweeney gegenüber, dessen vulgäre Sinnlichkeit in *Mr. Eliot's Sunday Morning Service* nicht unvorteilhaft von dem kraftlosen Origenes (»enervate Origen«) absticht und in *Sweeney Among the Nightingales* unangefochten bleibt von der unheilkündenden Atmosphäre des Gedichts, die auf Verrat und Mord hindeutet und durch den Bezug auf die griechische Agamemnon-Geschichte und den Mythos von Philomela am Schluß ins Tragische weist. In *Poems* zeigt sich Eliots Lösung von dem im ersten Band dominierenden amerikanischen Milieu in drei französischen Gedichten und in der kosmopolitischen Orientierung von Stücken wie *Burbank with a Baedeker: Bleistein with a Cigar*, das eine flüchtige Liebesaffäre in Venedig in Versen von stupendem Allusionsreichtum darstellt. Wie schon in seiner ersten steht auch in dieser Sammlung das bedeutendste Gedicht an der Spitze, *Gerontion*, der Samuel BECKETT vorwegnehmende Monolog eines zusammengeschrumpften, seiner Sinneswerkzeuge beraubten Greises, der in einem verfallenen Haus, dem Symbol des geistigen, religiösen und kulturellen Ruins des Abendlandes, dahinvegetiert, vergeblich auf Regen wartend. Gerontion beschreibt seine Situation – seine Worte sind »*thoughts of a dry brain in a dry season*« – fest an konkreten Details haftend (wie dem des jüdischen Besitzers des Hauses, der in einem Estaminet in Antwerpen »ausgebrütet« wurde), aber auch in den weitesten Zusammenhängen der Geschichte der Menschheit: »*Think now / History has many cunning passages...*«

Höhepunkt und Abschluß von Eliots frühem lyrischem Werk ist *The Waste Land* (1922), ein Markstein in der Geschichte der modernen Literatur. Themen, Motive und Techniken, die im früheren Werk auf einzelne Gedichte verteilt auftreten, werden hier in einer großen innovativen Komposition zusammengeführt. Genannt seien u. a. die Montagetechnik, der Gebrauch frei wechselnder Rhythmen, die durchgängige Allusionstechnik, das Verfahren der Zitatcollage und die Leitmotiv- und Symbolisierungstechnik, die Darstellung der sinnentleerten, orientierungslosen, dehumanisierten, dem Tod anheimgefallenen Welt. Die Zusammensetzung des Gedichts aus einzelnen fragmentarischen Teilen entspricht der Disharmonie und Heterogenität der Nachkriegswelt. Kohärenzbildende Elemente stellen Mythen wie der des blinden griechischen Sehers Tiresias dar, der alle anderen Charaktere in sich vereinigt, und Vegetationsmythen, zu denen der Mythos der Gralssuche als Fruchtbarkeitsritus gehört. In Eliots lyrischer Diagnose einer chaotischen, moribunden Welt in *The Waste Land* drückt sich – wie vorher schon in *Gerontion* – unverkennbar auch das Verlangen nach Sinngebung und Erlösung aus, die Eliot in seiner späteren Dichtung im Zusammenhang des christlichen Glaubens zu erreichen sucht, wofür sein Übertritt zum Anglokatholizismus im Jahre 1927 ein biographisches Zeugnis ist.

Eliots Werk nach *The Waste Land* steht unter dem Zeichen der geistigen Suche nach einer neuen Ordnung, für die Philosophie und Theologie maßgeblich wurden. *The Hollow Men* (1925) präsentiert zwar zunächst noch eine total paralysierte, sinnentleerte, unter dem Zeichen des Todes stehende Existenzform. Die Ansätze zu liturgischem Sprechen scheitern, wie die Aposiopesen (Satzabbrüche) zeigen – »*For thine is ! Life is ! For thine is the –*«; das Gedicht schließt mit dem Wimmern (»whimper«) als Signum des trostlosen Endes einer trostlosen Welt. Im Gegensatz dazu kreisen aber die unter dem Titel *Ariel Poems* zusammengefaßten Weihnachtsgedichte »*Journey of the Magi*« (1927), »*A Song for Simeon*«, »*Animula*« (1929) und »*Marina*« (1930) um die Geheimnisse von Geburt, Tod und Wiedergeburt, wobei das letzte dieser Gedichte, das an die Wiedererkennungsszene im letzten Akt von Shakespeares *Pericles* anschließt, eindringlich neuer Hoffnung Ausdruck gibt.

Eliots erstes größeres lyrisches Werk nach *The Waste Land* ist *Ash-Wednesday* (1930), eine Folge religiöser Meditationen, die einen mühsamen Läuterungsprozeß darstellen, der von der Selbsterforschung über den Rückzug von der Welt und die Hinwendung zu Maria bis zu dem eindringlichen Gebet um geistige und moralische Integrität reicht. In *Ash-Wednesday* rückt Eliot von dem unpersönlichen Dichtungsideal seiner Frühphase, von dem Verfahren der Zitatcollage und von der Montagetechnik ab. Von Anfang bis Ende spricht weitgehend eine lyrische Stimme. Statt des mythopoetischen Verfahrens dienen Wiederholungen, Parallelismen und liturgische Sprachelemente der Vereinheitlichung der Komposition. Neu ist in *Ash-Wednesday* die zuvor, etwa in *The Hollow Men*, nur ansatzweise zu beobachtende Tendenz zur abstrakten Diktion und Verwendung des Paradoxons, zwei Eigenschaften, die in *Four Quartets* (1943), Eliots letztem großen lyrischen Werk, der bedeutendsten religiösen Dichtung des 20. Jh.s, dominant werden. In *Four Quartets* handelt es sich um eine in Analogie zu musikalischen Strukturierungsmethoden komponierte Meditationsfolge, die zwischen mehr begrifflich und gedanklich und mehr erlebnishaft und symbolisch konzipierten Passagen wechselnd, von verschiedenen Standpunkten her das Problem behandelt, wie der Mensch in der Zeit der Zeitlosigkeit teilhaftig werden kann. Eliots *Four Quartets* gehören zusammen mit Wallace STEVENS' lyrischem Werk zu den herausragenden Beispielen der Begriffslyrik der Moderne, kein anderer Lyriker des 20. Jh.s hat das Paradoxon so intensiv mit poetischer Wirkung gebraucht wie Eliot.

Eliots Lyrik ist mit ihren dramatischen Monologen und dialogischen Passagen bis Ende der zwanziger

Jahre latent dramatisch, und die Entwicklung zum »poetischen Drama« – das in *Murder in the Cathedral* (1935) am eindrucksvollsten verwirklicht ist – zeichnet sich auch in den *Collected Poems* (1936) ab, etwa in dem dramatischen Fragment *Sweeney Agonistes* (1932) mit seinen prägnant kolloquialisierten Dialogen und den Jazz-Rhythmen, oder in den Chören aus dem geistlichen Spiel *The Rock* (1934). Daß sich Eliot auch auf die Kunst des komischen Gedichts *(»light verse«)* verstand, belegt *The Old Possum's Book of Practical Cats* (1939), eine spielerisch-humorvolle Huldigung an sein Lieblingstier, die 1981 zu dem Musical *Cats* adaptiert wurde.

W.G.M.

AUSGABEN: *Prufrock and Other Observations*, Ldn. 1917. – *Poems*, Richmond 1919. – *Ara Vos Prec*, Ldn. 1920 (u. d. T. *Poems*, NY 1920). – *The Waste Land*, NY 1922. – *Collected Poems 1909–1935*, Ldn. 1936. – *The Old Possum's Book of Practical Cats*, Ldn. 1939. – *Four Quartets*, NY 1943. – *Collected Poems 1909–1962*, Ldn. 1963. – *The Complete Poems and Plays*, Ldn. 1969.

ÜBERSETZUNGEN: *Ausgewählte Gedichte*, K. G. Just u. a., Ffm. 1951 [engl.-dt.]. – *Gedichte*, K. G. Just u. a., Ffm. 1964 [engl.-dt.]. – *Gesammelte Gedichte 1909–1962*, Hg. u. Nachw. E. Hesse (in *Werke*, Bd. 4, Ffm. 1988; engl.-dt.; st).

LITERATUR: vgl. Literatur zum Autor, *Gesamtdarstellungen und Studien*.

ASH-WEDNESDAY

(engl.; *Ü: Aschermittwoch*). Gedicht in sechs Teilen von Thomas Stearns ELIOT, erschienen 1927 bis 1930. – In T. S. Eliots erstem größerem Werk nach seiner Konversion zum Anglo-Katholizismus (1927) tritt die Welt der modernen Großstadtwüste mit ihren Attributen des Häßlichen und Ekelerregenden in den Hintergrund. Der Dichter wendet nun den Blick nach innen, um die während seines Ausfluges in die Zonen des *Waste Land (Das wüste Land)* gemachten Erfahrungen zu überprüfen, die Probleme auszuloten und die Konsequenzen für die eigene Existenz daraus zu ziehen.

Er vergleicht den Zustand seiner Seele mit dem eines altersschwachen Adlers. *Weil* die Wiederkehr seiner einmaligen, flüchtigen Existenz nicht gewährleistet ist, *weil das*, »*was wirklich ist, nur wirklich ist für eine Spanne Zeit und einen Ort*«, und *weil* ihm, als Nachkommen Adams, die ewige Wirklichkeit pardiesischer Erneuerung versagt bleiben muß, überschatten Hoffnungslosigkeit und Verzweiflung sein Bewußtsein. Die schale Vergänglichkeit der Welt will er überwinden, die helle Sphäre eines höheren Seins ist ihm jedoch verwehrt. Mit diesem Wissen dem Tod zu begegnen – das wird für ihn zum qualvollen Problem (Teil 1).

Das Bewußtsein taucht in das »*traumdurchquerte Zwielicht*« einer an Symbolen reichen Bilderwelt ein. »*Drei weiße Leoparden*«, gleichzeitig Gutes und Böses neutral verkörpernd, haben das Fleischliche seiner irdischen Existenz, haben sein Herz und seine Leber verschlungen. Nur weißes, lebloses Gebein bleibt nach diesem ersten Schritt auf dem Weg zur Reinigung übrig. Die Farbe Weiß wird zum Verbindungsglied mit dem Bild der »*Dame im weißen Kleid*«. Sie ist das Ideal reinen, schuldlosen Lebens und damit Gegensymbol zur Totenbleiche der Gebeine, die der Welt der *Wüste* zugehören. Die Symbolik der *Dame* verdichtet sich in der Litanei der Gebeine, wo Gegensätze ihre Unvereinbarkeit verlieren und schließlich in ein neues Symbol zusammenfließen, in den »*Garten, wo alle Liebe endet*«. Am Ende dieses Teils dominiert jedoch erneut das Reich der Wüste und der Gebeine; noch ist das Ringen des Dichters nicht zu Ende (Teil 2).

So sprunghaft wie das stimulierte Bewußtsein assoziiert, wechselt die Szenerie zu den Stufen einer aus der Dunkelheit emporgezogenen, windungsreichen Treppe. Zurückblickend erkennt der Dichter seinen eigenen Schatten im Kampf mit einer Teufelsfratze aus Hoffnung und Verzweiflung. Danach sieht er sich der Versuchung der Sinne ausgesetzt: Eine liebliche Schäferszene öffnet sich seinem Auge, betörende Flötenmusik klingt an sein Ohr. Nur unter Aufbietung seiner ganzen Willenskraft gelingt es ihm, auch den Garten Pans als trügerische Illusion zurückzulassen (Teil 3).

Die Vision eines Gartens von tieferer Schönheit belohnt seine Entscheidung. Als Herrin dieses Gartens tritt nun wieder die Dame auf, schweigend und verschleiert, gekleidet in der symbolischen weißblauen Farbe, der »*Farbe Marias*«. Der Reigen der Jahre ertönt nun mit dem alten, ewigen Vers: »*Erlöset die Zeit*«. Doch die Dame verharrt in Schweigen und macht das Zeichen des Kreuzes. Mit einem Symbol neuer Hoffnung schließt dieser Teil: Die Quelle des Gartens sprudelt empor und kündet von Erneuerung und Reinigung des Lebens (Teil 4).

Auf der vorletzten Stufe seines visionären Weges durch den Kosmos der Symbole und Assoziationen sieht sich der Dichter der reinen Wahrheit gegenüber: dem Wort. Offenbart sich Gott überhaupt einer Welt, der es an Stille mangelt? Werden die, »*die in Finsternis wandeln*«, seine Botschaft überhaupt vernehmen können? Vor allem aber: wird sich ihrer die »*verhüllte Schwester*«, die Herrin des Gartens, annehmen, um für die zu bitten, die »*in der letzten Wüste zwischen den letzten blauen Felsen*« in eitler Selbstsicherheit verharren? (Teil 5).

Der letzte Teil knüpft, die neuen Erfahrungen einbeziehend, an die Ausgangssituation des Werkes an. Nun aber wird das kausale »*weil*« des einleitenden Teils von einem konzessiven »*obgleich*« abgelöst. Geburt und Tod sind die beiden Pole des »*traumdurchquerten Zwielichtes*«, das sich Leben nennt. *Obgleich* der Dichter um die Vergänglichkeit dieses »*kurzen Durchgangs*« weiß, sind es jetzt gerade vergängliche Eindrücke – der Salzgeruch des Meeres, der Ruf der Wachtel –, die seine innere Erstarrung lösen. Sein Verhältnis zur Welt zwischen den »*blauen Felsen*« hat sich gewandelt, sein Glauben an den Willen Gottes bewirkt seine Bejahung der Welt, wird zur Hoffnung seines veränderten Lebens.

Ebenso wie die Thematik unterscheiden sich auch Sprache und Rhythmus dieses Werks von denen der früheren Gedichte Eliots. Sprachliche Klarheit und rhythmische Ausgewogenheit erinnern an die geglättete Einfachheit liturgischer Liedsequenzen. Gebetsformen aus der katholischen Meßordnung sind allenthalben zu finden. Vereinzelt angewandter Reim wirkt wie zufällig eingestreut. In den Visionen seiner Aschermittwoch-Dichtung gestaltet Eliot aus der eigenen Bewußtseinskrise heraus das Dilemma des zwischen »*Wüste*« und »*Garten*«, zwischen Welt und Gott hin- und hergerissenen Menschen, das später immer wieder zum Zentralthema seiner Dramen werden sollte. W.F.S.

AUSGABEN: 1927 (T. 2: *Salutation*, in Saturday Review of Literature, 10. 12. 1927). – 1928 (T. 1: *Perch' io non spero*, in Commerce, 15, 1928; engl. Text u. frz. Übers.). – 1929 (T. 3: *Som de l'escalina*, in Commerce, 21, 1929). – Ldn. 1930. – Ldn. 1941 (in *Later Poems, 1925–1935*). – Ldn. 1962.

ÜBERSETZUNGEN: *Aschermittwoch*, (Teil 1, in H. Feist, *Ewiges England*, Zürich 1945; Ausz.). – Dass., R. A. Schröder (in T. S. E., *Ausgew. Gedichte*, Ffm. 1951).

LITERATUR: M. D. Zabel (in Poetry, 34, Sept. 1930, S. 330–337; Rez.) – L. Unger, *Notes on »Ash-Wednesday«* (in Southern Review, 4, 1939, S. 745–770). – M. Cleophas, *»Ash-Wednesday«: The Purgatorio in a Modern Mode* (in CL, 11, 1959, S. 329–339). – F. Vergmann, *»Ash-Wednesday«: A Poem of Earthly and Heavenly Love* (in OL, 14, 1959, S. 54–61). – C. Wooton, *The Mass: »Ash-Wednesday's« Objective Correlative* (in Arizona Quarterly, 17, 1961, S. 31–42). – G. R. Boardman, *»Ash-Wednesday«: E.'s Lenten Mass Sequence* (in Renascence, 15, 1962, S. 28–36). – E. K. Hewitt, *Structure and Meaning in T. S. E.'s »Ash-Wednesday«* (in Anglia, 83, 1965, S. 426–450). – A. T. Rodgers *T. S. E.'s ›Purgatorio‹: The Structure of »Ash-Wednesday«* (in Comparative Literature Studies, 7, 1970, S. 97 bis 112). – E. Webb, *The Way Up and the Way Down: The Redemption of Time in T. S. E.'s »Ash-Wednesday« and ›Four Quartets«* (in E. W., *The Dark Dove: The Sacred and Secular in Modern Literature*, Seattle 1975, S. 194–236). – L. A. Cuddy, *Sounding the Secular Depths of »Ash-Wednesday«: A Study of E.'s Allusional Design and Purpose* (in Studia Neophilologica, 55, 1983, S. 167–179).

THE COCKTAIL PARTY

(engl.; Ü: *Die Cocktail-Party*). Komödie in drei Akten von Thomas Stearns ELIOT, Uraufführung: 22. 8. 1949 bei den Edinburgher Festspielen; deutsche Erstaufführung: Düsseldorf, 9. 12. 1950, Schauspielhaus. – In diesem Salon-Versdrama in freien Rhythmen, einem von der *Alkestis* des EURIPIDES angeregten Stück, stellt Eliot die Entfremdung eines Ehepaares und die Rückkehr der Partner zueinander dar. Bei einer Cocktailparty im Haus der Chamberlaynes fehlt die Hausfrau Lavinia: Sie hat ihren Gatten Edward verlassen. Dieser hat sich Celia Coplestone zugewandt, während Lavinia sich in den jungen Peter Quilpe verliebt hat. Ein unbekannter Gast der Cocktailparty sagt voraus, daß Lavinia zurückkehren, das Zusammenleben des Ehepaares sich jedoch nicht bessern werde. Als Edward danach den Psychotherapeuten Sir Henry Harcourt-Reilly aufsucht, den seine Frau schon vorher heimlich konsultiert hat, erkennt er zu seinem Erstaunen in ihm den mysteriösen Gast wieder. Eine von Sir Henry arrangierte Gegenüberstellung der Ehepartner führt zur schonungslosen Enthüllung des Zerwürfnisses, der Durchschnittlichkeit und Einsamkeit der beiden. Sie erkennen, daß ihnen nur die Möglichkeit bleibt, »*aus einer schlimmen Lage das Beste zu machen*« und ihr Leben gemeinsam weiterzuführen. Auch Celia sucht in dem Gefühl, daß ihr Dasein seinen Sinn verloren hat, und in der Absicht zu sühnen den geheimnisvollen Seelenarzt auf. Als eine Art Sachwalter einer höheren Instanz weist er dem Mädchen den Weg zu einem Glauben, »*der aus der Verzweiflung entspringt*«. Als die wiedervereinten Chamberlaynes erneut zu einer Cocktailparty einladen, trifft die Nachricht ein, daß Celia in Afrika den Märtyrertod gestorben ist.

Im Gegensatz zu dem folgenden Stück Eliots, *The Confidential Clerk (Der Privatsekretär)*, vollzieht sich der Durchbruch zum Glauben in *The Cocktail Party* nicht aus der Gesellschaft selbst, sondern er wird erst durch einen *deus ex machina* ermöglicht, eben jene zentrale Figur des Seelenarztes, in dem sich Züge des euripideischen Herakles (der Alkestis dem Hades entreißt) und der Figur des Doktors im mittelalterlichen englischen Volksschauspiel verquicken. Das Schauspiel führt in eine »*Gesellschaft im Zustand der Verwirrung*« (Klatt), die des Eingreifens einer höheren, übermenschlichen Macht bedarf, um zur Klarheit zu gelangen. Mit einem Satz wie »*Ehrlichkeit geht vor Ehren*« grenzt Eliot Sittlichkeit und hohle Form gegeneinander ab, versucht er auszudrücken, daß Erkennen und Verstehen alle Konventionen außer Kraft setzen. Allerdings wird in dem Stück das Glaubensproblem streckenweise zum reinen Konversationsthema. Der als Überhöhung des dramatischen Geschehens beabsichtigte Bericht über den Tod Celias erscheint allzu epilogartig aufgesetzt, und die Einführung des alle Fäden in der Hand haltenden »Wunderdoktors« wirkt sich nach und nach als Regiezwang aus.

Trotz dieser Schwächen ist *The Cocktail Party* Eliots bestes, erfolgreichstes und meistgespieltes Stück. Es brachte dem Nobelpreisträger von 1948 den New York Drama Critics Circle Award für 1950 ein. Große Schauspieler wie Alec Guiness (in

Edinburgh) und Gustav Gründgens (der bei der Düsseldorfer Aufführung zugleich Regie führte) empfanden die zentrale Rolle des Sir Henry als kongeniale Herausforderung. W.F.S.-KLL

AUSGABEN: Ldn. 1950. – Ldn. 1962 (in *Collected Plays*).

ÜBERSETZUNG: *Die Cocktail-Party*, N. Wydenbruck u. P. Suhrkamp, Ffm. 1950; ern. 1963.

LITERATUR: H. G. Klatt, *Sanatorium einer Ehe: Versuch einer Deutung von T. S. E.s »Cocktail Party«*, Hannover 1952. – E. Schwartz, *E.'s »Cocktail Party« and the New Humanism* (in PQ, 32, 1953, S. 58–68). – R. A. Colby, *The Three Worlds of »The Cocktail Party«: The Wit of T. S. E.* (in Univ. of Toronto Quarterly, 24, 1954, S. 56–69). – J. E. Hochwald, *E.'s »Cocktail Party« and Goethe's »Wahlverwandtschaften«* (in GR, 29, 1954, S. 254–259). – E. Staiger, *Gehalt u. Gestalt d. Dramas »The Cocktail Party« von T. S. E.* (in NSp, 7/8, 1954, S. 311–318). – T. Hanzo, *E. and Kierkegaard: ›The Meaning of Happening‹ in »The Cocktail Party«* (in MD, 3, 1960, S. 52–59). – J. Winter, *›Prufrockism‹ in »The Cocktail Party«* (in MLQ, 22, 1961, S. 135–148). – T. E. Porter, *The Old Woman, the Doctor, and the Cook: »The Cocktail Party«* (in T. E. P., *Myth and Modern American Drama*, Detroit 1969, S. 53–76). – *T. S. E.'s »The Cocktail Part«*, Hg. N. Coghill, Ldn. 1974.

THE CONFIDENTIAL CLERK

(engl.; *Ü: Der Privatsekretär*). Verskomödie in drei Akten von Thomas Stearns ELIOT, Uraufführung: 25. 8. 1953 bei den Edinburgher Festspielen; deutsche Erstaufführung: Recklinghausen, 24. 6. 1954, Ruhrfestspiele (Regie: G. Gründgens). – Für das dritte der vier Gesellschaftsstücke (nach *The Family Reunion* und *The Cocktail Party* und vor *The Elder Statesman*) diente Eliot der *Ion* des EURIPIDES als Vorbild. Verschleierung und Enthüllung von Identitäten und Beziehungen zwischen den Hauptpersonen bildeten die Handlung dieser viktorianisch anmutenden Komödie. Der reiche Sir Claude Mulhammer, der sich einen Erben und Nachfolger verschaffen will, führt seinen vermeintlichen unehelichen Sohn, den jungen Musiker Colby Simpkins, als Privatsekretär in sein Haus ein. Er hofft, daß seine Frau den Fremden liebgewinnen und einer Adoption zustimmen wird. Der ahnungslose Colby lernt die Freunde der Familie kennen, zu denen der Börsenspekulant Barnaby Kaghan und dessen Verlobte Lucasta Angel gehören. In einem Gespräch mit Colby enthüllt Lucasta das Geheimnis ihrer Herkunft: Sie ist die uneheliche Tochter Mulhammers. Lady Elizabeth, die den jungen Mann tatsächlich ins Herz schließt, glaubt in ihm ihren eigenen verschollenen unehelichen Sohn zu erkennen. Als ihr Mann darauf besteht, daß er der Vater Colbys ist, verwirren sich die Fäden immer mehr, und der Versuch, die Herkunft des Sekretärs zu klären, wird zum Puzzlespiel. Während die Mulhammers glauben, den Streitpunkt durch eine Adoption aus der Welt schaffen zu können, macht Colby sich auf die Suche nach der Wahrheit. Schließlich erklärt seine Pflegemutter, Mrs. Guzzard, daß er ihr eigener Sohn sei. Dank dieser Enthüllung finden die Hauptpersonen zu sich selbst und zueinander zurück: Sir Claude, der Nachfolger, Sohn und Ebenbild verloren hat, und Lady Elizabeth, die in Kaghan den eigenen unehelichen Sohn wiedergefunden hat, sehen sich gegenseitig in einem neuen, klareren Licht. Kaghan und Lucasta finden endgültig zueinander, und Colby folgt seiner künstlerischen Berufung.

Das Thema von der inneren Scheinwelt, vom Rollenspiel (Mulhammer als der scheiternde Regisseur) und von der Selbstentfremdung im Rollenspiel erscheint hier in der Form der Sittenkomödie *(comedy of manners)*. Die Entwirrung der persönlichen Beziehungen, die Suche nach der wahren Vaterschaft und die Entdeckung der Wahrheit bezeichnen Vorstufen der Selbsterkenntnis und des Verständnisses für andere. So wird aus der Gesellschaftskomödie ein Spiel von den Bezugspunkten des Menschen zu sich selbst und (da der Mensch in der Selbstverwirklichung zu Gott findet) zum Göttlichen. Als Metapher für das religiöse Thema verwendet Eliot den Garten, der gleich dem mittelalterlichen *hortus conclusus* eine Welt der »Ursprünglichkeit und Eigentlichkeit« (Schlüter) in sich schließt und die Aura des Göttlichen erstehen lassen soll.

Wie schon in den vorhergehenden Stücken erscheint auch im *Privatsekretär* Eliots Absicht, durch Einbeziehung von Elementen der antiken Tragödie und des Mysterienspiels eine moderne Parabel zu gestalten, häufig von den Banalitäten unverbindlicher Konversation überdeckt. Eliot gelang hier zwar sein bühnengerechtestes Drama, doch ging dabei die poetische Intensität seines Fragens verloren. W.F.S.-KLL

AUSGABEN: Ldn. 1954. – Ldn. 1962 (in *Collected Plays*).

ÜBERSETZUNG: *Der Privatsekretär*, N. Wydenbruck u. P. Suhrkamp, Ffm. 1954; ern. 1962.

LITERATUR: B. Dobrée, *»The Confidential Clerk«* (in SR, 62, 1954, S. 117–131). – R. A. Colby, *Orpheus in the Counting House: »The Confidential Clerk«* (in PMLA, 72, 1957, S. 791–802).

THE ELDER STATESMAN

(engl.; *Ü: Ein verdienter Staatsmann*). Versdrama in drei Akten von Thomas Stearns ELIOT, Uraufführung: 25. 8. 1958 bei den Edinburgher Festspielen; deutsche Erstaufführung: Köln, 29. 1. 1960, Schauspielhaus (Regie: Oscar Fritz Schuh). – Das dem sophokleischen *Ödipus auf Kolonos* verpflichtete Alterswerk Eliots, das letzte seiner vier Konversationsstücke stellt die Gesellschaft nicht mehr am Beispiel verschiedener Repräsentanten dar, sondern läßt eine einzige Figur für sie sprechen. Obwohl autobiographische Parallelen nicht direkt erkennbar werden, kann man dieses Drama als kritische Summe des erfolgreichen Eliotschen Lebens verstehen.

Der angesehene Staatsmann und mächtige Unternehmer Lord Claverton (der vor seiner Verehelichung und Nobilitierung Dick Ferry hieß) ist von seinen Ämtern zurückgetreten. Er hat nicht die »leiseste Sehnsucht nach dem Leben«, das hinter ihm liegt, und auch nicht die Kraft zu neuer Tätigkeit; er wartet »auf nichts«, hat »Angst vor der Leere«, zählt sich zu den »erfolgreichen Versagern«. Seine Tochter Monica und ihr Freund Charles Hemington versuchen vergeblich, den Alternden, dessen Gesundheitszustand besorgniserregend ist, seiner Lethargie zu entreißen. Lord Claverton blickt auf sein Leben zurück; er fürchtet sich vor dem Alleinsein ebensosehr wie vor Fremden. Und als Fremder, unter falschem Namen, besucht ihn sein ehemaliger Freund Fred Culverwell, der wegen eines Vergehens in seiner Jugend mit Gefängnis bestraft worden war, danach England verlassen und in einem lateinamerikanischen Land ein erfolgreiches Leben geführt hat. Als sich der Fremde zu erkennen gibt, durchbricht Clavertons Vergangenheit die schützende Fassade der repräsentativen Stellung, des Erfolgs und der öffentlichen Anerkennung. Geheime, uneingestandene Schuld steht vor ihm auf: Als Student hat er einen alten Mann überfahren und danach Fahrerflucht begangen.

Auch im Sanatorium kann der plötzlich mit seiner Schuld Konfrontierte der Vergangenheit nicht entkommen: Er begegnet seiner früheren Geliebten, einer ehemals berühmten Revuesängerin, die er seiner Karriere zuliebe verlassen hat. Und sein mißratener Sohn Michael, ein völliger Versager, erscheint Claverton als eine Art »Verlängerung« seines schlechten Gewissens. »Meine erste Erinnerung ist«, sagt Michael, »daß ich Schuld bekam für etwas, das ich nicht getan hatte.« In dem Wunsch des Jungen, mit Culverwell in dessen neue Heimat auszuwandern und so sich selbst zu entfliehen, erkennt Claverton seine eigene Situation wieder: »Ich verbrachte mein Leben mit Versuchen, mich selbst zu vergessen, Versuchen, mich mit der Rolle zu identifizieren, die ich mir gewählt hatte.« Als ein »zusammengebrochener Schauspieler« findet er zur befreienden Wahrheit; die öffentliche Person gewinnt eine private und moralische Existenz. Vor den Menschen, die ihm nahestehen, legt Claverton eine demütige Beichte ab, bevor er einsam – im wörtlichen Sinn hinter der Bühne – stirbt.

In diesem Schauspiel wider den bewußten oder unbewußten theatralischen Euphemismus der im öffentlichen Leben stehenden Person steht das Motiv des Rollenspiels stärker im Vordergrund als in den vorausgegangenen Stücken. Eliot greift damit auf Gedanken zurück, die er bereits 1925 im Bild vom inhaltslosen Menschen in dem Gedicht The Hollow Man ausgedrückt hatte. Das Motiv der im Privatleben zum Zweck der moralischen Selbstaufwertung gespielten Rolle verbindet sich im Protagonisten Claverton eng mit dem des Rollenspiels im öffentlichen Bereich, so daß sich die Thematik von Schein und Sein sowohl nach der religiös-existentiellen wie nach der gesellschaftlichen Seite hin entfaltet. Der Glaube zeigt sich hier weniger als gesicherter Besitz, sondern in der dialektischen Spannung zwischen Erlösung durch Liebe und Verdammung durch das eigene Gewissen. Der die innere Handlung bewegende »Regisseur« sprengt nicht mehr (wie in The Cocktail Party der Arzt Harcourt-Reilly) den dramatischen Raum, tritt nicht mehr als überpersonaler deus ex machina auf, sondern wird in seiner menschlichen Dimension psychologisch faßbar. So wirkt dieses Schauspiel zwar sehr geschlossen, ist aber in den die äußere Handlung fast ganz ersetzenden, von Hintergründigkeit zu Banalität wechselnden Dialogen erstarrter als die früheren Gegenwartsstücke Eliots. W.F.S.

AUSGABEN: Ldn. 1959. – Ldn. 1962 (in Collected Plays).

ÜBERSETZUNG: Ein verdienter Staatsmann, E. Fried, Ffm. 1959. – Dass., ders., Ffm. 1964 (es).

LITERATUR: R. Fleming, »The Elder Statesman« and E.'s ›Programme for the Métier of Poetry‹ (in Wisconsin Studies in Contemporary Literature, 2, 1961, S. 54–64). – M. Moffa, Ibsen e »The Elder Statesman« (in Studi Americani, 8, 1962, S. 201–212). – H. Papajewski, T. S. E.: »The Elder Statesman« (in Das moderne englische Drama. Interpretationen, Hg. H. Oppel, Bln. 1963). – C. van Boheemen, Old Possum at Colonus: T. S. E.'s »The Elder Statesman« (in Dutch Quarterly Review of Anglo-American Letters, 11, 1981).

THE FAMILY REUNION

(engl.; Ü: Der Familientag). Versdrama in zwei Teilen von Thomas Stearns ELIOT, erschienen 1939; Uraufführung London 21. 3. 1939, Westminster Theatre; deutschsprachige Erstaufführung: Zürich, 21. 6. 1945, Schauspielhaus. – Nachdem Eliot 1935 mit Murder in the Cathedral (Mord im Dom) den Versuch unternommen hatte, in einem christlichen Mysterienspiel das Thema von Schuld und Glauben zu behandeln, war er in The Family Reunion, anknüpfend an die Sweeney-Agonistes-Fragmente (1932), bestrebt, die englische Alltagswelt mit der in Ash-Wednesday (1927–1930) und Four Quartets (1943) tief erlebten und intellektuell erfahrenen religiösen Wirklichkeit zu überschichten. Er greift hier wie O'NEILL in seinem Drama des psychologischen Determinismus, Mourning Becomes Electra, 1931 (Trauer muß Elektra tragen), und SARTRE in seinem Stück von der existentiellen Auflehnung gegen Moral und Religion, Les mouches, 1943 (Die Fliegen), das Orest-

Thema auf. Die archaische Thematik des antiken Vorbilds AISCHYLOS deutet er um in die christliche Motivik von Schuld und Sühne, die mythische Figur in einen psychologisch faßbaren Ekstatiker, in dessen Neurose sich ein sündiges Bewußtsein ausdrückt. In seinem Stück durchdringen sich antike, christliche und gegenwartsbezogene Elemente. Der fünfunddreißigjährige Harry, Lord Monchensey wird nach achtjähriger Abwesenheit zur Geburtstagsfeier auf dem Gut seiner verwitweten Mutter, Lady Amy, erwartet. Der Landsitz trägt den sprechenden Namen Wishwood. Auf Harry richten sich die Hoffnungen der alten Dame, er soll inmitten allgemeiner Fragwürdigkeit und Unsicherheit Erbe, Tradition und Ordnung weiterführen. Aber es gibt, wie bei allen auftretenden Personen, auch in Harrys Vergangenheit einen dunklen Punkt: Ein Jahr zuvor verschwand seine Frau auf geheimnisvolle Weise von einem Ozeandampfer. Harry kehrt als verstörter Fremdling zurück, dem sein Leben »*als Teil eines gewaltigen Mißgeschicks, eines ungeheuerlichen Mißgriffs und Irrtums aller Menschen, der Welt*« erscheint. Die »*wispernden Tanten*« (die spießige Ivy und die maliziöse Violet) ebenso wie seine beiden teils dümmlichen, teils selbstgefällig-vulgären Onkel Gerald und Charles sind unfähig, seine Konflikte zu begreifen, nur Tante Agatha scheint Verständnis für den Neffen zu haben. In quälerischen Selbstanklagen bezichtigt sich Harry des Mordes an seiner Frau. Für die Familie, die es vorzieht, diese Anklagen als krankhafte Zwangsvorstellungen abzutun, wie auch für Harry selbst ist es im Grund unerheblich, ob er diese Tat wirklich begangen hat. Sein wahnhaftes Schuldgefühl vertieft sich in der unheilsschwangeren Atmosphäre des Vaterhauses: Nur ihm sichtbar, erscheinen die Erinnyen. Im Lauf des Familientreffens wird eine weitere Schuld aufgedeckt: Vor Harrys Geburt hatte Agatha ihre Schwester Amy mit deren Gatten betrogen und ihn davon zurückgehalten, seine schwangere Frau zu ermorden. Diese Enthüllung läßt Harry seinen Schuldkomplex als Fluch des Geschlechts (im christlichen Sinn als Erbsünde) erkennen und befreit ihn zu verantwortungsvoller, sühnender Tat: Er überläßt das Gut einem jüngeren Bruder, beschließt Missionar zu werden und reist ab, »*irgendwohin, jenseits der Verzweiflung*«. Seine Mutter, durch den offenbar gewordenen Ehebruch und die Mordabsichten ihres Mannes symbolisch um ihre Mutterschaft betrogen und ihrer Hoffnungen beraubt, überlebt seinen Abschied nicht.

Die beiden die Struktur bestimmenden gegenläufigen Entwicklungen Harrys und der Verwandten (letztere in der Rolle des Chores) führen ständig zu paradoxen Wendungen: Zwar kommentiert der Chor das innere Geschehen, deckt wähnend, erinnernd und andeutend vergangene Ereignisse und geheime Schuld auf, will aber zugleich müde und ängstlich das Überkommene, Ordnung und Lebensstil, bewahren. Mit Ausnahme der Hauptfigur gelingt es keinem, seine dunkle Vergangenheit, die brüchige Gegenwart und die angsterfüllte Zukunft zu durchstoßen und sich einem überzeitlichen Willen zu überantworten. Anders als der Chor der griechischen Tragödie ist Eliots Verwandten-Chor somit nicht in der Lage, die überpersönliche Bedeutung des Geschehens zu erfassen und den Zuschauern zu vermitteln.

The Family Reunion, Eliots erstes Gesellschaftsstück, zeigt manche Mängel: Die Exposition ist zu langatmig, der Schluß zu unvermittelt, der Held wirkt häufig wie ein *Salonmissionar*. Da außerdem die an sich wenig konturierte äußere Handlung vor dem Krankheitsbild des Helden noch mehr verblaßt und die poetischen Akzente die dramatischen in den Hintergrund drängen, trifft die Kritik von Ernst Robert CURTIUS, die Figuren Eliots seien »*stilvolle Puppen*« weitgehend zu. Für die Entwicklung des Dramatikers Eliot ist dieses Versdrama von zentraler Bedeutung: In dem Bestreben, den alten Blankvers zu überwinden, schuf der Autor einen sehr elastischen drei- bis vierhebigen Vers mit deutlicher Zäsur. Mit diesem metrischen Gebilde, das sowohl das monotone Geleier banaler Konversation wie auch die poetische Vision zu tragen vermag, hat Eliot dem modernen Versdrama neue Wege aufgetan.

In seinem Vortrag *Poetry and Drama* (1951) distanzierte sich Eliot später von diesem Werk, indem er Handlung und Charaktere bemängelte, den esoterischen Aristokratismus des Helden und das Auftreten der Erinnyen verwarf. Im Hinblick auf die dichterische Verssprache jedoch hielt er *The Family Reunion* nach wie vor für sein bestes Stück.

W.F.S.-KLL

AUSGABEN: Ldn. 1939. – Ldn. 1962 (in *Collected Plays*). – NY 1988.

ÜBERSETZUNG: *Der Familientag*, R. A. Schröder u. P. Suhrkamp, Bln. 1949; ern. Ffm. 1962. – Dass., dies., Ffm. 1965 (es).

LITERATUR: R. Stamm, *The Orestes Theme in Three Plays by E. O'Neill, T. S. E. and J.-P. Sartre* (in English Studies, 30, 1949, S. 244–255). – D. Carne-Ross, *The Position of »Family Reunion« in the Work of T. S. E.* (in RLM, 1, 1950, S. 125–139). – K. Plewka, »*The Family Reunion*« (in NSp, 6, 1955, S. 264–276). – R. Gaskell, »*The Family Reunion*« (in EIC, 12, 1962, S. 292–301). – R. E. Palmer, *Existentialism in T. S. E.'s »The Family Reunion«* (in MD, 5, 1962, S. 174–186). – R. Germer, *T. S. E.: »The Family Reunion«* (in *Das moderne englische Drama. Interpretationen*, Hg. H. Oppel, Bln. 1963, S. 220–241). – M. J. Lightfoot, »*Purgatory*« and »*The Family Reunion*«: *In Pursuit of Prosodic Description* (in MD, 7, 1964, S. 256–266).

FOUR QUARTETS

(engl.; Ü: *Vier Quartette*). Gedichtzyklus von Thomas Stearns ELIOT, entstanden zwischen 1935 und 1942, erstmals im Zusammenhang erschienen

1943. – Nach seiner Konversion zum Anglo-Katholizismus, dessen unmittelbare geistige Erlebniswelt er in dem Gedicht *Ash-Wednesday* (1930) auslotete, ließ Eliot in den *Four Quartets* alle wesentlichen Motive seines früheren dichterischen Schaffens einmünden in das religiös geprägte Hauptthema von Sein und Zeit, in seine Meditationen über die Sinngebung der Zeit durch das zeitlose Sein, über jenen »*point of intersection of the timeless with time*«, an dem der Mensch gleichzeitig »*in and out of time*« ist.

Die Bezeichnung »Quartette« weist auf die der Kammermusik verwandten Kompositionsprinzipien der einzelnen Gedichte. (Das Werk wurde von Kritikern oft im Zusammenhang mit Beethovens späten Quartetten gedeutet.) Jedes Gedicht ist in fünf »Sätze« gegliedert: Im ersten werden zwei komplementäre Themen angeschlagen, im zweiten ist einem hochlyrischen Abschnitt ein in der Umgangssprache geschriebener nachgestellt, im dritten werden Haupt- und Gegenthema voll entwickelt, im vierten erscheint eine kurze lyrische Passage, und im fünften werden – der Koda entsprechend – die Themen wieder aufgenommen und zum gemeinsamen Abschluß gebracht. Die Titel der vier Quartette bezeichnen geographische Orte, die im Leben Eliots eine Rolle spielten: *Burnt Norton* ein Landhaus in Gloucestershire, *East Coker* das in Somersetshire gelegene Dorf, von wo aus die Vorfahren des Dichters nach Amerika auswanderten, *The Dry Salvages* eine Felsgruppe an der Küste von Neuengland, wo Eliot seine Knabenjahre verbrachte, und *Little Gidding* eine anglikanische Gemeinde, die im 17. Jh. zerstört wurde.

Die rund neunhundert Verse des Werkes entziehen sich einer fortlaufenden stofflichen Interpretation: Inhalte und Motive ordnen sich erst im Muster der musikalischen Komposition, unter den Leitsymbolen der vier Elemente, im Zusammenhang mit dem Wechsel der Jahreszeiten und kirchlichen Feste, in Paradoxien, Aporien und ihrer Umkehrung; und da Eliot nach seinen eigenen Worten versucht hat, in »*Grenzbereiche des Bewußtseins*« vorzudringen, in denen »*Worte versagen, obwohl die Bedeutungen noch existieren*«, sind die Bedeutungen nicht selbstverständlich, sondern von einem vorsprachlichen Bewußtseinsraum her aufzufassen. Das Hauptthema, mit einem vorangestellten Fragment des HERAKLIT angedeutet, wird in den Eingangsversen umrissen: »*Time present and time past / Are both perhaps present in time future, / And time future contained in time past. / If all time is eternally present / All time is unredeemable.*« (»*Gegenwart und Vergangenheit / sind vielleicht in der Zukunft enthalten / und im Gewesenen das Künftige. / Ist aber jegliche Zeit stets Gegenwart, / wird alle Zeit unwiderrufbar.*«) Eliot bündelt die differenziertesten Ausläufer seiner weitverzweigten Geistigkeit, kombiniert topographische Begriffe, mystische Meditationen, kosmische Metaphern, begriffliche Antinomien, Zitate (unter anderem von Maria Stuart, seinem Vorfahr Sir Thomas Eliot, Johannes vom Kreuz und Juliana von Norwich), barocke Allegorien und fremdartige Emblematik, Vanitasbilder, indische Weisheit und christliche Dogmatik. »*Kostbare Fremdkörper*« hält, wie Ernst Robert CURTIUS es formulierte, »*das Pathos einer persönlichen geistigen Situation ... der emotionale Gehalt einer gespannten individuellen Geistigkeit*« zusammen. Philosophische und theologische Reduktionen, wie sie oft versucht wurden, scheitern an den additiven und synthetischen Fügungen und zerreißen das feine Gewebe der Assoziationen.

Mag auf den ersten Blick die artistische Brillanz des Werkes größer erscheinen als sein theologischer Gehalt, so wird die Besinnung auf den dichterischen Vorgang bei Eliot diesen Eindruck korrigieren: Für ihn gehen das Kunstschöne und die religiöse Wahrheit im Zeitlosen ineinander über, seine Dichtung will, indem sie den steten Fluß des Zeitlosen und Zeitbedingten transzendiert, das Ewige abbilden. Der Gedanke von der Transzendierung der Zeit im schöpferischen Augenblick wurzelt in Anschauungen der Mystik, hat aber die Interpreten Eliots mehrfach veranlaßt, den Dichter auch mit KIERKEGAARD und HEIDEGGER in Beziehung zu setzen.

Mit den *Four Quartets* schuf Eliot »*für England das bedeutendste Gedichtwerk der zweiten Nachkriegszeit, wie › The Waste Land‹ das der ersten war*« (Curtius). Auch Eliot selbst hielt sein letztes großes Gedicht, ehe er sich endgültig der Essayistik und dem Drama zuwandte, für sein Meisterwerk. W.F.S.

AUSGABEN: *Burnt Norton*: Ldn. 1936. – *East Coker*: Ldn. 1940. – *The Dry Salvages*: Ldn. 1941. – *Little Gidding*: Ldn. 1942. – *Four Quartets*: NY 1943. – Ldn. 1944. – Ldn. 1960. – Ldn. o. J. [1963] (in *Collected Poems*). – NY 1988.

ÜBERSETZUNGEN: *East Coker*, D. Sternberger (in Die Wandlung, 1, 1945/46, H. 1). – *Vier Quartette*, N. Wydenbruck, Wien 1948.

LITERATUR: R. Preston, »*Four Quartets« Rehearsed: A Commentary of T. S. E.'s Cycle of Poems*, NY 1947. – C. de Masirevich, *On the »Four Quartets« of T. S. E.*, Ldn. 1953; ern. NY 1965. – W. Iser, *T. S. E.s »Four Quartets«* (in Jb. für Amerikastudien, 3, 1958, S. 192–204). – S. Bergsten, *Time and Eternity: A Study of the Structure and Symbolism of T. S. E.'s »Four Quartets«*, Stockholm 1960. – R. L. Brett, *Reason and Imagination: A Study of Form and Meaning in Four Poems*, Ldn./NY 1960. – M. D. Clubb Jr., *The Heraclitean Element in E.'s »Four Quartets«* (in PQ, 40, 1961, S. 19–33). – Th. Metscher, *T. S. E.s »Burnt Norton«: Eine Interpretation* (in Kleine Beiträge zur amer. Literaturgeschichte, Hg. H. Galinsky u. H. J. Lang, Heidelberg 1961). – J. Kligerman, *An Interpretation of T. S. E.'s »East Coker«* (in Arizona Quarterly, 18, 1962, S. 101–112). – A. K. Weatherhead, »*Four Quartets«: Setting Love in Order* (in Wisconsin Studies in Contemporary Literature, 3, 1962, S. 32–49). – P. Milward, *A Commentary on T. S. E.'s »Four Quartets«*, Tokio 1968. – T. S. E.:

»*Four Quartets*«: *A Casebook*, Hg. B. Bergonzi, Ldn. 1969. – H. Blamires, *Word Unheard: A Guide Through E.'s* »*Four Quartets*«, Ldn. 1969. – H. F. Brooks, »*Four Quartets*«: *The Structure in Relation to the Themes* (in *E. in Perspective: A Symposium*, Hg. G. Martin, Ldn. 1970). – J. Olney, »*Four Quartets*« (in J. O., *Metaphors of Self: The Meaning of Autobiography*, Princeton 1972, S. 260–316). – F. R. Leavis, »*Four Quartets*« (in F. R. L., *The Living Principle:* ›*English*‹ *as a Discipline of Thought*, NY 1975, S. 155–264). – E. Webb, *The Way Up and the Way Down: The Redemption of Time in T. S. E.'s* »*Ash Wednesday*« *and* »*Four Quartets*« (in E. W., *The Dark Dove: The Sacred and Secular in Modern Literature*, Seattle 1975, S. 194–236). – K. Alldritt, *E.'s* »*Four Quartets*«: *Poetry As Chamber Music*, Ldn. 1978. – H. L. Gardner, *The Composition of* »*Four Quartets*«, Ldn. 1978. – W. V. Spanos, *Hermeneutics and Memory: Destroying T. S. E.'s* »*Four Quartets*« (in Genre, 11, 1978, S. 523–573). – J. S. Brooker, *F. H. Bradley's Doctrine of Experience in T. S. E.'s* »*Waste Land*« *and* »*Four Quartets*« (in MPh, 77, 1979, S. 146–157). – V. Rajendra, *Time and Poetry in E.'s* »*Four Quartets*«, New Delhi, 1979. – C. Delank, *Die Struktur des Zyklus* »*Four Quartets*« *von T. S. E.*, Diss. Bern 1982. – F. B. Brown, ›*The Progress of the Intellectual Soul*‹: *E., Pascal, and* »*Four Quartets*« (in Journal of Modern Literature, 10, 1983, S. 26–39).

THE LOVE SONG OF J. ALFRED PRUFROCK

(engl.; Ü: *J. Alfred Prufrocks Liebesgesang*). Gedicht von Thomas Stearns ELIOT, erschienen 1915. – »*Ein bedeutendes Ereignis in der Geschichte der englischen Lyrik*« nannte der Literaturkritiker F. R. LEAVIS dieses 1911 entstandene Gedicht, in dem zum ersten Mal der Kanon des Poetischen aufgegeben und bewiesen wurde, daß Trivial-Alltägliches zum Material eines großen Gedichts werden kann. Eliots Neuansatz bedeutet einen bewußten Bruch mit den Traditionen der viktorianischen und georgianischen Lyrik, ein Zurückgreifen auf die sprachliche Dichte und die komplexen *conceits* (geistreiche Metaphern) der spätelisabethanischen Dramatiker und der *metaphysical poets* des 17. Jh.s. In der präzisen Diktion, dem Konversationston und der eleganten Ironie der Verse ist der Einfluß des symbolistischen Lyrikers Jules LAFORGUE (1860 bis 1887) zu spüren.

Nicht um Liebeslyrik, wie der Titel erwarten läßt, handelt es sich hier, sondern um die Beschwörung eines »*stillen Fin-de-siècle-Infernos*« (H. Kenner). Der Liebhaber entpuppt sich als ängstlicher, unsicherer Mann mittleren Alters, der seinen mageren Körper unter gewählter Kleidung verbirgt, sich scheut, einen Pfirsich zu essen (hat er Magenbeschwerden oder trägt er eine Zahnprothese?), und mitleidigen Spott über sein sich lichtendes Haar fürchtet. Sein Name läßt sich verschieden deuten: u. a. als *proof rock* (Fels, an dem sich etwas erweisen muß), als Anspielung auf das Pendeln (schaukeln: *to rock*) zwischen Wunsch und Handeln oder als Zusammenziehung von *prude* (der Prüde) und *frock* (Kittel, Kutte). Dieser Prufrock ist gebildet, kultiviert, leicht dandyhaft, sensibel und sich im übrigen seiner Unerheblichkeit und der kläglichen Unangemessenheit seiner Rolle bewußt. Die Geliebte bleibt im Hintergrund, wird nur im sanften Halbdunkel einer Teeparty, bei der die Damen über Michelangelo plaudern, nur als Duft eines Parfüms, als Kurve eines Arms, als zerstreute oder abwehrende Geste gegenwärtig. – Ebensowenig, wie die dem Gedicht vorangestellten Worte Guido da Montefeltros (aus DANTES *Inferno*) an jemanden gerichtet sind, der aus der Hölle zu den Irdischen zurückkehren könnte, wird Prufrocks Liebeslied außerhalb des Gefängnisses seines Bewußtseins laut. Jede Kommunikation ist unmöglich geworden, da jede Einzelseele (wie Eliot, den Philosophen F. H. BRADLEY zitierend, im Anhang zu *Waste Land* schreibt) »*einen nach außen hin abgeschlossenen Kreis*« darstellt. Daher ist auch das »Du« des Gedichts – entsprechen Dantes Dialog mit Vergil – nicht als wirklicher, sondern als fiktiver Gesprächspartner aufzufassen, und es steht dem Leser frei, sich mit ihm zu identifizieren. So wird Prufrocks Monolog zur Darstellung der Unmöglichkeit jedes Dialogs, der Heiratsantrag zur »*überwältigenden Frage*«. Sie zu stellen wäre gleichbedeutend mit dem Wagnis, die Ordnung des Universums zu stören (Vers 45 f. – ein Zitat aus einem Brief Laforgues).

Zwar zeichnen sich in Prufrocks Monolog konkrete Situationen und Handlungselemente ab – der Abend zu Hause, der Weg zur Geliebten durch eine neblige Oktobernacht, eine Teegesellschaft, das Hinausschieben des Entschlusses, das entscheidende Wort zu sagen –, aber einen »Handlungsverlauf« besitzt er nicht. In ihm herrscht die Gleichzeitigkeit des Bewußtseins, in der Erinnerung, Vorstellung und wirkliches Geschehen nicht zu scheiden sind. Auch die Umwelt, die Prufrock wahrnimmt, darf nicht aus ihrem Bezug auf sein Bewußtsein gelöst werden: Der Abend, der mit einem narkotisierten Patienten verglichen wird, die katzenhaft sich windenden Nebelschwaden, der vornehme *ennui* der Teegesellschaft, das schäbige Idyll des Mannes, der pfeifenrauchend im Fenster liegt, sind, wie Eliot, der Kritiker, formuliert, »*objective correlatives*« (»*objektivierende Entsprechungen*«) zu Prufrocks Bewußtseinslage. Durch sie definiert er sich selbst als jemanden, der sich ein Gesicht »zurechtlegen« muß, »*um den Gesichtern begegnen zu können, denen man eben begegnet*«, der sein Leben »*mit Kaffeelöffeln ausgemessen*« hat und der sich vor den Blicken und Worten der Gäste wie ein an die Wand gespießtes Insekt fühlt.

Das Maß seiner Unerheblichkeit, der Unzulänglichkeit seiner Existenz, ist ihm bei seinen (mehr oder weniger verschleierten) Anspielungen auf imposante Gestalten der abendländischen Kultur deutlich bewußt: Er ist kein Tatmensch wie der Feldherr Montefeltro, er ist kein Prophet wie Johannes der Täufer, kein von den Toten auferstandener Lazarus, und er kann sich, obwohl er mit Hamlet die Unentschlossenheit gemeinsam hat, doch nur mit Rosenkranz und Güldenstern, vielleicht noch mit Polonius oder Yorick vergleichen. (Diese Technik der Kontrastierung von mythischer Größe und bürgerlich begrenzter Existenz weist auf JOYCES Verwendung des Mythos im *Ulysses* voraus). Die Flucht in die Vergangenheit, in den elfenbeinernen Turm des Ästheten, ist also für Prufrock kein Ausweg aus der Trivialität seines Daseins. So bleibt nur die Flucht in die Welt des Traums und der Phantasie, eine Welt, die er sich mit Bildern des Meeres ausmalt.

The Lovesong of J. Alfred Prufrock bildet den Höhepunkt von Eliots Frühphase als Lyriker und zählt zu den am häufigsten anthologisierten Werken des Autors. M.Pf.-KLL

AUSGABEN: Chicago 1915 (in ›*Poetry*‹). – Ldn. 1917 (in *Prufrock and Other Observations*). – Ldn. 1925 (in *Poems 1909–1925*). – Ldn. 1936 (in *Collected Poems 1909–1935*). – Ldn. 1963 (in *Collected Poems 1909–1962*).

ÜBERSETZUNGEN: *J. Alfred Prufrocks Liebesgesang*, K. G. Just (in *Ausgewählte Gedichte*, Ffm. 1951; engl.-dt.). – Dass., ders. (in *Gedichte*, Ffm. 1964; BS; engl.-dt.).

LITERATUR: A. Wormhoudt, *A Psychoanalytic Interpretation of »The Love Song of J. Alfred Prufrock«* (in Perspective, 2, 1949, S. 109–117). – S. Stepanchev, *The Origin of »J. Alfred Prufrock«* (in MLN, 66, 1951, S. 400 f.). – J. Margolis, *T. S. E.: »The Love Song of J. Alfred Prufrock«* (in *Interpretations: Essays on Twelve English Poems*, Hg. J. Wain, Ldn. 1955, S. 179–193). – W. A. Turner, *The Not So Coy Mistress of »J. Alfred Prufrock«* (in South Atlantic Quarterly, 54, 1955, S. 516–522). – T. C. Rumble, *Some Grail Motifs in E.'s »Prufrock«* (in *Studies in American Literature*, Hg. W. McNeir u. L. B. Levy, Baton Rouge/La. 1960, S. 95–103). – F. W. Locke, *Dante and T. S. E.'s »Prufrock«* (in MLN 78, 1963, S. 51–59). – J. F. Knapp, *E.'s »Prufrock« and the Form of Modern Poetry* (in Arizona Quarterly, 30, 1974, S. 5–14). – M. Nänny, *Michelangelo and T. S. E.'s »The Love Song of J. Alfred Prufrock«* (in *Modes of Interpretation*, Hg. R. J. Watts u. U. Weidmann, Tübingen 1984, S. 169–175). – E. Wolff, *T. S. E., »Prufrock«, »Hamlet« u. die Tradition* (in *Tradition u. Innovation in der engl. u. amer. Lyrik des 20. Jh.s*, Hg. E. Kreutzer u. a., Tübingen 1986, S. 18–31). – D. J. Childs, *Knowledge and Experience in »The Love Song of J. Alfred Prufrock«* (in ELH, 55, 1988, H. 3, S. 685–699).

MURDER IN THE CATHEDRAL

(engl.; *Ü: Mord im Dom*). Religiöses Drama in zwei Teilen und einem Zwischenspiel, in Vers und Prosa von Thomas Stearns ELIOT, Uraufführung: Canterbury Cathedral, 10. 5. 1935; deutschsprachige Erstaufführung: Zürich, Juni 1947, Schauspielhaus. – Nach *The Rock*, 1934 *(Der Fels)*, einem Festspiel zur Unterstützung Londoner Kirchen, ist dies der zweite Versuch des Anglokatholiken Eliot, die metaphysischen Implikationen seines Frühwerks christlich auszudeuten und dabei diese neuen Inhalte nicht mehr, wie in *Ash-Wednesday* (1927 bis 1930), in lyrisch-enigmatischer Verschlossenheit zu verwahren, sondern einem breiten Publikum in dramatischer Form anschaulich zu machen. Als Auftragswerk zum Canterbury Festival von 1935 entstanden, wurde *Murder in the Cathedral* eins von Eliots meistgespielten Stücken. Es gibt mehrere Bühnenfassungen und eine Filmversion, die 1951 unter Eliots Mitwirkung entstand und wesentliche Abweichungen von Text und Struktur des auf einen kirchlichen Aufführungsort zugeschnittenen Festspiels erforderte.

Als Gegenstand wählte der Autor das Blutzeugnis des berühmtesten aller englischen Heiligen, des Thomas à Becket, der Kanzler und Vertrauter Heinrichs II. und von 1162 bis 1170 Erzbischof von Canterbury war. Nach dem Bruch mit dem König, dessen juristische Reformen er im Interesse der Kirche bekämpfte, in die Verbannung geschickt, wurde er nach trügerischer Aussöhnung mit dem Herrscher am 29. 12. 1170 in seiner eigenen Kathedrale von vier normannischen Baronen, die im Sinne des Königs zu handeln glaubten, ermordet. Eliot geht es bei der Gestaltung dieses Stoffes nicht – wie z. B. TENNYSON in dem Blankversdrama *Becket* (1884) oder ANOUILH in *Becket ou L'honneur de Dieu* (1959) – um den aufs Menschliche übergreifenden historischen Konflikt von Staatsräson und kirchlichem Auftrag, sondern um den übergeschichtlichen Sinngehalt des Martyriums und seine Bedeutung für die Gemeinschaft der Gläubigen. Um diese Idee dramatisch zu gestalten, wendet sich Eliot vom nachshakespeareschen Blankversdrama ab und bedient sich ritualistischer Darstellungsformen des klassischen griechischen Dramas und didaktisch-allegorischer Techniken der mittelalterlichen Mysterienspiele und Moralitäten. Von diesen ist auch die Versgestaltung – Alliteration, gelegentlich End- und Binnenreim, freie Rhythmen – beeinflußt. Eine besondere Bedeutung kommt dem Chor der armen Frauen von Canterbury zu, der nicht nur kommentierende Funktion hat, sondern in das Heilsgeschehen einbezogen wird und als Mittler zwischen dem auf der Bühne dargestellten historischen Glaubensakt und dem modernen Publikum agiert.

Der erste Teil spielt am Tag der Rückkehr Beckets nach siebenjährigem Exil auf dem Kontinent. Die Frauen von Canterbury haben sich, von kollektiver Furcht vor den politischen Auswirkungen dieser Rückkehr ergriffen, vor der Kathedrale versammelt. »*Lebend und nur halb lebend*«, haben sie nur den Wunsch, unbehelligt zu bleiben. Auch die drei Priester, die ihre Hirten sein sollten, sind kleingläubig und verzagt. Die Begrüßungsworte Beckets, der, seinen Tod vorausahnend, das Leiden zum

wahren Handeln erklärt, durch das der Plan Gottes erfüllt würde, bleiben den Priestern und Frauen unverständlich. Freilich ist sich auch Becket über den Unbedingtheitsanspruch seiner Worte noch nicht im klaren, denn noch immer will er aus eigener Macht leiden. So kann ihm – nachdem er drei allegorischen Versuchern widerstanden hat, die ihn zum Genuß diesseitiger Freuden, zu politischer Macht und zum Mißbrauch seines geistlichen Auftrags für weltliche Ziele verleiten wollten – der vierte Versucher seine eigenen Worte als Verlockung vorhalten. Jetzt erst begreift Becket, daß diese Versuchung zum Martyrium um der Glorie des Märtyrertums willen seinen geheimen Erwägungen und Wünschen entspricht und daß diese hochmütig sind. Die Erkenntnis, daß »*der größte Verrat*« darin besteht, »*das Rechte aus einem falschen Grund zu tun*«, verhilft ihm zur Überwindung seines Hochmuts. Schon in seiner Weihnachtspredigt (die das Zwischenspiel bildet und in Prosa verfaßt ist) verkündet er, der rechte Märtyrer sei jener, »*der zum Werkzeug Gottes geworden ist, dessen Wille in Gottes Willen aufgeht, der nichts mehr für sich selbst begehrt, nicht einmal den Ruhm des Märtyrers*«. – Der Chor zu Beginn des zweiten Teils zeigt, daß auch die Frauen aus Beckets Predigt gelernt haben: Die Möglichkeit einer geistigen Erneuerung zeichnet sich ab und wird in Bildern vegetativer Fruchtbarkeit beschworen, die im Gegensatz zur *Waste Land*-Metaphorik des Eingangschors stehen. Nach einer liturgischen Prozession der drei Priester, die das Verstreichen von drei Tagen symbolisiert, treten die Mörder, vier Ritter, auf und beschuldigen Becket in zynischen Worten des Hochverrats. Ihre Brutalität wird in Bildern aus der Raubtierwelt verdeutlicht: Das Böse soll als Abfall des Menschen von seiner geistigen Bestimmung in den Bereich des rein Animalischen, als Riß in der Stufenordnung alles Seins verstanden werden. Becket läßt den Mördern das Domportal öffnen und bietet seinen Leib ihren Schwertern dar, die auf ihn zielen wie die Speichen eines Rads auf die Achse. Diese ritualistische Gestaltung des Mordes betont die zentrale Metapher des Dramas, das Rad mit seiner Dialektik von Ruhe und Bewegung (vgl. ARISTOTELES: *Über die Seele*). Nur wer sich ganz dem Willen Gottes überantwortet hat, ist im ruhenden Mittelpunkt des Rads, bewegt andere, ohne selbst bewegt zu werden, handelt, indem er erleidet.
In einem abrupten Wechsel der Stilebene, der, wie Eliot in *Poetry and Drama* (1951) schreibt, »*die Zuhörer aus ihrer Selbstgefälligkeit aufschrecken*« soll, wenden sich die vier Mörder direkt ans Publikum und argumentieren im Jargon moderner politischer Redner, daß sie uneigennützig für die Aufrechterhaltung der Ordnung gesorgt und im Dienst sozialer Gerechtigkeit, demnach auch im Interesse des Publikums, gehandelt hätten. Becket habe in pathologischem Starrsinn seine Ermordung herausgefordert, also eigentlich Selbstmord begangen. Der Versuchung des historischen Helden im ersten Teil folgt also in dieser Rechtfertigungsszene die Versuchung des modernen Publikums mit seiner Indifferenz in Glaubensfragen. Der Schlußhymnus des Chors feiert den neuen Heiligen und preist seinen Tod als eine Quelle der Freude und Gnade, die, wie die Passion Christi, »*ewig die Erde belebt*«.

Eliots Mysterienspiel dient – wie die Moralität *Jedermann* und wie Samuel BECKETTS *Warten auf Godot* – weniger der Darstellung einer Folge von Ereignissen als der Erhellung einer Grenzsituation. Ihm liegen die scheinbar paradoxen Einsichten vom Leben aus dem Tod, vom Guten durch das Böse, von der Freiheit, die sich erst in der freiwilligen Aufgabe des Eigenwillens erfüllt, zugrunde. Deshalb gibt es darin auch kein zeitliches Nacheinander von Schuld und Katharsis, wie es die Tragödie kennt, sondern nur das überzeitliche Nebeneinander von Sünde und Gnade. M.Pf.

AUSGABEN: Ldn. 1935. – Ldn. 1962 (in *Collected Plays*).

ÜBERSETZUNGEN: *Mord im Dom*, R. A. Schröder, Bln. 1946. – Dass., ders., Ffm. 1949. – Dass., E. Fried (in *Werke*, Bd. 1, Ffm. 1966).

VERTONUNG: A. Pizetti, *L'assassino nella cattedrale* (Oper; Urauff.: Mailand, März 1958, Scala).

VERFILMUNG: England 1951 (Regie: G. Hoellering).

LITERATUR: J. Peter, »*Murder in the Cathedral*« (in SR, 61, 1953, S. 362–383). – H. Galinsky, *T. S. E.s* »*Murder in the Cathedral*«*: Versuch einer Interpretation* (in NSp, N. F. 7, 1958, S. 305–323). – H. Kosok, *Gestaltung u. Funktion der Rechtfertigungsszene in T. S. E.s* »*Murder in the Cathedral*« (ebd., N.F. 12, 1963, S. 49–61). – L. Hönnighausen, *Die Verwendung der ›Dies-Irae‹-Sequenz in E.'s* »*Murder in the Cathedral*« (ebd., N. F. 14, 1965, S. 497–508). – B. Püschel, *T. S. E.: *»*Murder in the Cathedral*« (in Neusprachl. Mitt., 21, 1968, S. 23–32). – *Twentieth Century Interpretations of* »*Murder in the Cathedral*«, Hg. D. R. Clark, Englewood Cliffs/N.J. 1971. – M. Krieger, *The Classic Vision: The Retreat from Extremity in Modern Literature*, Baltimore 1971, S. 337–362. – L. Wyman, »*Murder in the Cathedral*«*: The Plot of Diction* (in MD, 19, 1976, S. 135–145). – R. W. Ayers, »*Murder in the Cathedral*«*: ›A Liturgy Less Divine‹* (in Texas Studies in Literature and Language, 20, 1978, S. 579–598). – K. Tetzeli von Rosador, *Christian Historical Drama: The Exemplariness of *»*Murder in the Cathedral*« (in MD, 29, 1986, S. 516–531).

NOTES TOWARDS THE DEFINITION OF CULTURE

(engl.; Ü: *Beiträge zum Begriff der Kultur*). Essay von Thomas Stearns ELIOT, erschienen 1948; der Anhang enthält drei Rundfunkvorträge über *The*

Unity of European Culture (Die Einheit der europäischen Kultur), die an ein deutsches Publikum gerichtet, bereits 1946 in deutscher Sprache erschienen waren. – Der Lyriker und Dramatiker Eliot hat auch zahlreiche literaturkritische Schriften sowie eine Reihe bedeutender gesellschafts- und kulturkritischer Essays hinterlassen. Schon *Tradition and the Individual Talent* (1919, nachgedruckt in *The Sacred Wood*, 1920) zeigte seine verantwortungsbewußte und bei aller Aufgeschlossenheit für Neuerungen konservative Einstellung zur abendländischen Tradition, eine Haltung, die ihn in seinem Vorwort zur Festschrift *For Lancelot Andrewes* (1928) zu dem polemischen Bekenntnis bewog, er sei »*ein Anglokatholik in der Religion, ein Klassizist in der Literatur, ein Royalist in der Politik*«. In den kulturkritischen Arbeiten der dreißiger Jahre *(After Strange Gods*, 1934, und *The Idea of a Christian Society*, 1939) zog er die geistigen und praktischen Konsequenzen aus diesem Bekenntnis und definierte seine christlich-konservative Position gegenüber dem optimistischen Fortschrittsglauben, den modernen Tendenzen zur Vermassung und den Ansprüchen totalitärer Ideologien.

»Kultur« ist für Eliot ein sehr umfassender Begriff, der von gesellschaftlichen Umgangsformen über Fertigkeiten und Kenntnisse bis zur Philosophie und den schönen Künsten reicht. Er umschließt »*die ganze Lebensweise eines Volkes*«, alles, »*was das Leben lebenswert macht*«, und wird als »Inkarnation« der religiösen Vorstellungen eines Volkes gesehen. Kultur ist demnach nicht, wie Matthew ARNOLD in *Culture and Anarchy* (1867/68) darlegte, das Privileg künstlerischer oder intellektueller Eliten, sondern wird von *einer* Elite getragen, die sich aus allen Schichten der Gesellschaft zusammensetzt. Erst durch das Zusammenwirken und die Spannungen zwischen Individuum, Gruppe (oder Klasse) und Gesamtgesellschaft kann sich Kultur überhaupt entwickeln. Die Voraussetzung für jede lebendige Kultur sieht Eliot daher in der hierarchischen Gesellschaftsstruktur. Nur sie könne die fruchtbare Dialektik von Einheit und Vielfalt gewährleisten. Daß auch die regionale Gliederung eines Kulturraums dieser Wechselbeziehung förderlich ist, zeigt Eliot am Beispiel des Zusammenwirkens englischer, schottischer, walisischer und irischer Kultur auf den Britischen Inseln. Ebenso könne die europäische Kultur nur dann einen natürlichen Organismus bilden, wenn die einzelnen Länder weder voneinander isoliert noch »*zur Gleichheit reduziert*« seien. Dieses Prinzip müsse auch einer künftigen Weltkultur zugrunde liegen, und es müsse bei allen christlich-ökumenischen Bestrebungen beachtet werden.

Der konservative Denker Eliot sieht das Wachsen und Vergehen von Kulturen als organischen Vorgang, der weder durch politische noch durch erzieherische Maßnahmen unmittelbar beeinflußt werden könne. Grundlage der abendländischen Kultur sei das gemeinsame Erbe des Christentums und der Antike; der zunehmende Verlust dieses Erbes in den letzten fünfzig Jahren bedeute daher einen kulturellen Niedergang. Wie Oswald SPENGLER – mit dem er im übrigen wenig gemeinsam hat – nach dem Ersten Weltkrieg den »Untergang des Abendlands« prophezeite, malt Eliot nach dem Zweiten Weltkrieg das Menetekel von den »*barbarischen Nomaden der Zukunft... in ihren vollmechanischen Wohnwagen*« an die Wand. – So anfechtbar dieser Kulturpessimismus sein mag (der Essay löste in Amerika und England scharfe Kontroversen aus) und so bedauerlich die Tatsache, daß Eliot Neuansätze zu einem zwar nicht mehr christlichen, aber doch humanen Menschenbild aus seiner religiösen Sicht nicht genügend würdigen kann, so verdienen doch das Engagement und die abwägende Skepsis, mit denen er seine Analyse vornimmt, Beachtung. Sein Prosatil spiegelt diese geistige Distanz wider und ist »*mit seinem Verzicht auf poetische Bilder und anderen rhetorischen Schmuck Ausdruck eines suchenden, leidenschaftslosen und scharfsichtigen Geistes*« (John Hayward). M.Pf.

AUSGABEN: Ldn. 1948. – NY 1949. – Ldn. 1954. – Ldn. 1962.

ÜBERSETZUNGEN: *Die Einheit der europäischen Kultur*, L. Hiller, Bln. 1946 [dt.-engl.; Nachw. H. Hennecke]. – *Beiträge zum Begriff der Kultur*, G. Hensel, Ffm. 1949. – *Zum Begriff der Kultur*, ders., Reinbek 1961 (rde). – Dass., ders., Ffm. 1967 (in *Werke* Bd. 2).

LITERATUR: R. Williams, *Second Thoughts: T. S. E. on Culture* (in EIC, 6, 1956, S. 302–318). – C. Amery, *Der gelehrte Revolutionär* (in FH, 15, 1960, S. 345–352). – C. A. Emge, *Die Frage nach einem neuen Kulturbegriff* (in Akad. d. Wiss. u. d. Lit. Mainz, Abh. d. geistes- u. sozialwiss. Kl., 1, 1962, 7, S. 368–433). – C. Greenberg, *The Plight of Our Culture* (in Commentary: The Commentary Reader, 1966, S. 425–437). – A. Austin, *T. S. E.: The Literary and Social Criticism*, Bloomington 1971. – E. A. Hanson, *Towards a Conception of Culture in T. S. E.* (in Dolphin, 4, 1980, S. 5–38). – W. Wicht, *The Ideological Background of T. S. E.* (in ZAA, 30, 1982, S. 101–118).

SWEENEY AGONISTES. Fragments of an Aristophanic Melodrama

(engl.; Ü: *Sweeney Agonistes. Fragmente eines aristophanischen Melodramas*). Zwei dramatische Fragmente von Thomas Stearns ELIOT, erschienen in der Zeitschrift ›The Criterion‹ (Okt. 1926 und Jan. 1927); Buchveröffentlichung 1932. – Als Eliots erster Versuch, gewisse Grundideen in der Form eines Versdramas zum Ausdruck zu bringen, stellen die Fragmente einen technischen Neuansatz in seinem Gesamtwerk dar. Die Hauptfigur Sweeney, die allerdings mit der gleichnamigen Figur in früheren Gedichten wenig gemeinsam hat, wird als »kämpfend« charakterisiert – in bewußt ironischer

Anlehnung an MILTONS *Samson Agonistes*, denn Sweeneys Kampf ist wirkungslos. »Aristophanic« weist auf die komisch-satirische Einkleidung ernster Probleme bei ARISTOPHANES. Eliot greift aber auch auf die englische Tradition der *music-hall* zurück, eine Form populärer Bühnenkunst, die er zur Wiederbelebung des englischen Dramas damals für geeignet hielt (vgl. die Aufsätze *The Possibility of a Poetic Drama*, 1920, und *Marie Lloyd*, 1923).

Das kleine Werk bildet ein wichtiges Bindeglied zwischen Eliots früherer und späterer Dichtung. Einerseits deutet die Neuartigkeit der rhythmischen Gestaltung, verbunden mit einer trivial-alltäglichen Sprache, auf kommende Entwicklungen in seinem Versdrama hin. In Thema und Ideengehalt greift das Stück andererseits Grundzüge der Frühdichtung Eliots wieder auf. Die Beschäftigung des Autors mit den Problemen der scheinbaren Sinnlosigkeit des Lebens der Menschen in der modernen Welt und der Unzulänglichkeit ihrer Sprache ist aus den Gedichtbändchen *Prufrock and Other Observations* (1917) und *Poems* (1920) wie auch aus dem großen Gedicht *The Waste Land* (1922) hinlänglich bekannt. Dagegen deuten die beiden Epigraphe aus AISCHYLOS und ST. JOHANNES VOM KREUZ auf eine neue Dimension in Eliots Werk hin. Das erste, den *Choëphoroi* entnommene Zitat besteht aus den letzten Worten des von Furien geplagten Muttermörders Orestes: »*Ihr seht sie nicht, Ihr nicht – aber ich sehe sie; sie hetzen mich zu Tode.*« Das verweist auf einen zentralen Gedanken Eliots, der später immer dominanter wird: Jeder Mensch bedarf einer seelischen Läuterung, um erlöst zu werden. Das zweite Zitat weist in dieselbe Richtung: Nur die Seele, die sich vom Irdisch-Sinnlichen getrennt und gereinigt hat, kann Vereinigung mit dem Göttlichen erreichen. Zwar war Eliot zu dieser Zeit noch nicht zum anglikanischen Glauben konvertiert (diesen Akt vollzog er am 30. 6. 1927), aber die Vorstellung vom Leben als einer »Reise« ist schon seit *Prufrock* zu spüren und kommt dann in *Ash-Wednesday* (1930) voll zum Durchbruch.

Das erste Fragment beginnt mit einer Unterhaltung zwischen den Londoner Prostituierten Dusty und Doris. Sie sprechen über Bekannte, vor allem über einen geheimnisvollen, offenbar unsympathischen Mr. Pereira, der ihre Miete zahlt, aber nie erscheint. Als er plötzlich bei Doris anruft, wird er von Dusty mit einer Ausrede abgefertigt. Nach kurzer Zeit erscheinen Freunde, deren belang- und erfolglose Unterhaltung zum zweiten Fragment *(Agon)* überleitet. Weitere Gäste kommen, unter ihnen Sweeney, der im Gegensatz zu dem sinnenfrohen Protagonisten früherer Gedichte nun vergeistigt ist und zur Schlüsselfigur des ganzen Stücks wird, das durch ihn eine neue, tiefere Dimension erhält. Zuerst droht er scherzhaft, Doris, zu der er eine besondere Neigung zeigt, auf eine Kannibaleninsel zu entführen. Auf der Insel wird es keinerlei Errungenschaften der modernen Zivilisation geben, sondern nur »*Geburt und Zeugung und Tod*«. Zwei vom Chor der Gäste gesungene Lieder führen zum Kern und Höhepunkt des ganzen Stücks hin. Doris' entsetzter Ausruf bei der Beschreibung des Lebens auf der Insel: »*Das ist kein Leben / Dann könnte ich genau so gut tot sein*«, und Sweeneys Antwort: »*Das ist gerade das Leben ... Leben ist Tod*«, zusammen mit seiner makabren Schilderung eines Mädchenmords und des todähnlichen Weiterlebens des Mörders nach seiner unentdeckt und ungesühnt gebliebenen Tat, lassen hinter der bewußt frivol-verjazzten äußeren Form des Stücks das eigentliche und ernste Thema aufscheinen: Wir haben es hier mit einem fragmentarischen Ritualdrama seelischer Läuterung zu tun.

Dialog, Reden und chorische Stellen sind in beiden Fragmenten bewußt stilisiert, zeigen eine harte, karge Alltagssprache und sind von einem markanten, jazzartigen Rhythmus durchpulst. In diesen Zusammenhang gehört auch der ursprünglich geplante Titel »*Wanna Go Home, Baby?*« *(Willste nach Haus, Kleine?)* Mit Ausnahme Sweeneys wirken alle Charaktere absichtsvoll flach und marionettenhaft. Sie sind Typen aus dem ›Jazz Age‹, und im Prolog wirkt Eliots intensive FITZGERALD-Lektüre (besonders *The Great Gatsby*, 1925) deutlich nach. In Eliots Gegenwart wurde das Stück 1933 im Theaterlaboratorium des renommierten Vassar College unter der Leitung von Hallie Flanagan aufgeführt, die später zur Leiterin des Federal Theatre Project ernannt wurde. Als das Londoner Group Theatre unter Rupert Doone 1934 das Stück aufführte, zählte W. H. AUDEN zu den Zuschauern und erhielt nach eigenem Bekunden wesentliche Anregungen. J.Bou.-KLL

AUSGABEN: Ldn. 1932. – NY 1952 (in *Complete Poems and Plays*; ern. Ldn. 1969).

ÜBERSETZUNGEN: *Sweeney Agonistes*, K. H. Hansen (in NRs, 13, 1948/49). – Dass., E. Fried (in *Werke*, Bd. 1, Ffm. 1966).

LITERATUR: B. Knieger, *The Dramatic Achievement of T. S. E.* (in MD, 3, 1961, S. 387–392). – J. Davidson, *The End of Sweeney* (in CE, 27, 1966, S. 400–402). – C. Holt, *On Structure in »Sweeney Agonistes«* (ebd., 10, 1967, S. 43–47). – H. Knust, *Sweeney among the Birds and Brutes* (in Arcadia, 2, 1967, S. 204–217). – W. V. Spanos, ›*Wanna Go Home, Baby?*; »*Sweeney Agonistes*« *as Drama of the Absurd* (in PMLA, 85, 1970, S. 8–20). – B. Everett, *The New Style of »Sweeney Agonistes«* (in Yearbook of English Studies, 14, 1984, S. 243–263). – *Critical Essays on T. S. E.: The Sweeney Motif*, Hg. K. E. Roby, Boston 1985.

THE USE OF POETRY AND THE USE OF CRITICISM. Studies in the Relation of Criticism to Poetry in England

(engl.; *Die Rolle der Dichtung und die Rolle der Kritik. Studien über die Beziehung der Kritik zur Dichtung in England*). – Vortragsreihe von Thomas

Stearns ELIOT, gehalten im Winter 1932/33 an der Harvard Universität, erschienen 1933. – Die Titel der acht Studien lauten: 1. *Introduction*, 2. *Apology for the Countess of Pembroke*, 3. *The Age of Dryden*, 4. *Wordsworth and Coleridge*, 5. *Shelley and Keats*, 6. *Matthew Arnold*, 7. *The Modern Mind*, 8. *Conclusion*. Die in den umrahmenden Kapiteln 1 und 8 dargelegte Problemstellung wird in den Kapiteln 2 bis 7 durch einzelne Stellungnahmen zu der englischen Literatur der letzten fünf Jahrhunderte beleuchtet. Das Thema formuliert Eliot im Untertitel des Bändchens, wobei er sich allerdings nach eigener Aussage mit der Kritik der Dichtung eingehender befassen will als mit der Dichtung selbst, da es doch weitgehend Sache der Kritik sei, Wesen und Zweck der Dichtung festzustellen. Grundsätzlich hat für Eliot der Kritiker eine zweifache Aufgabe: erstens, nach Wesen, Anlaß und Zweck der Dichtung zu fragen, und zweitens, die Gedichte selbst zu studieren und zu bewerten. Nach seiner Auffassung kann auf den ersten Fragenkomplex keine endgültige Antwort gegeben werden, denn eine solche würde bereits das voraussetzen, was erst der Definition bedarf. Die zweite Aufgabe dagegen lasse sich nicht rein theoretisch lösen, denn dies setze bereits den geschmacksbildenden Umgang mit guter Dichtung voraus. Es sei aber wünschenswert, daß in gewissen Zeitabständen ein Kritiker (oder besser, ein Dichter-Kritiker) den Versuch unternehme, einen Überblick über die Literatur seines Volks zu bieten, und zwar so, daß die Dichter und ihre Werke in einer neuen Ordnung erscheinen und unter neuen Aspekten gesehen und beurteilt werden können. Während der letzten Jahrhunderte englischer Literatur sei eine solche Aufgabe etwa von DRYDEN, JOHNSON und ARNOLD zufriedenstellend erfüllt worden.
Hauptziel dieser Aufsätze ist es also, die Entwicklung eines kritischen Bewußtseins und die Entstehung kritischer Theorien im Verhältnis zu der Dichtung der jeweiligen Epoche zu studieren, ohne dabei über die in Betracht gezogenen Theorien feste Urteile zu fällen oder eine eigene, ausgearbeitete Theorie aufstellen zu wollen.
Auch in diesem Werk kommen zwei für Eliot zentrale kritische Grundsätze zum Ausdruck: Es gibt, erstens, keinen Gegensatz zwischen der »schöpferischen« und der »kritischen« Funktion in dem Sinn, daß eine »schöpferische« Begabung höher zu bewerten wäre, als eine »kritische« (vgl. die Einleitung zu *The Sacred Wood*, 1920). Kein Dichter oder Kritiker kann, zweitens, für sich allein und völlig unabhängig betrachtet und bewertet werden, sondern nur in der zusammenhängenden, sich wechselseitig ergänzenden und beleuchtenden »idealen« Ordnung der gesamten dichterischen und kritischen Tradition (vgl. den Aufsatz *Tradition and the Individual Talent*, 1919, nachgedruckt in *The Sacred Wood*). – Entwicklungen in Dichtung und Kritik entstehen nach Eliot immer durch Einflüsse, die von außen kommen. In der Kritik Drydens und Johnsons z. B. spiegelten sich Epochen der *stasis*, des konservativen Bewahrens überkom- mener Traditionen, während die kritischen Leistungen von WORDSWORTH und COLERIDGE als Ausdruck einer Periode der Veränderung zu verstehen seien. Arnold wird von Eliot als Kritiker einer Epoche trügerischer Stabilität betrachtet. Die Richtlinien, die der zeitgenössische, mit Eliot befreundete Kritiker I. A. RICHARDS (*Principles of Literary Criticism*, 1924, dt. *Prinzipien der Literaturkritik*, 1972) für die Echtheit einer kritischen Einstellung zu einem Gedicht aufstellte, waren für Eliot zu stark psychologisch begründet und so Ausdruck einer »*modernen gefühlsmäßigen Einstellung, die ich nicht teilen kann*«. J.Bou.

AUSGABEN: Ldn. 1933. – Cambridge/Mass. 1933. – Ldn. 1948. – Ldn. 1959. – Ldn. 1985. – Cambridge/Mass. 1986.

ÜBERSETZUNGEN: *Die Rolle der Dichtung u. die Rolle der Kritik*, H. Hennecke u. a. (in *Ausgewählte Essays 1917–1947*, Hg. H. Hennecke, Bln./Ffm. 1950). – *Über Dichtung u. Dichter: Essays*, H. v. Ritzerfeld, H. H. Schraeder u. a., Ffm. 1988 (Ausw. u. Nachw. W. Held; BS).

LITERATUR: H. Hennecke, *T. S. E. als Kritiker u. Essayist* (in T. S. Eliot, *Ausgewählte Essays, 1917–1947*, Bln./Ffm. 1950, S. 7–46). – A. Esch, *T. S. E. als Kritiker* (in *Sprache u. Literatur Englands u. Amerikas*, Hg. C. August, Tübingen [2]1956, S. 103–120). – H. E. Holthusen, *Zur Theorie des Dichterischen bei E. u. Benn* (in H. E. H., *Das Schöne und das Wahre*, Mchn. 1958, S. 5–37). – F. R. Leavis, *T. S. E.'s Stature as a Critic* (in Commentary, 25, 1958). – M. Allan, *T. S. E.'s Impersonal Theory of Poetry*, Cranbury/N.J. 1974. – *The Literary Criticism of T. S. E.: New Essays*, Hg. D. Newton-DeMolina, Ldn. 1977. – L. Freed, *T. S. E.: The Critic as Philosopher*, West Lafayette/Ind. 1979. – B. Lee, *Theory and Personality: The Significance of T. S. E.'s Criticism*, Ldn. 1979. – S.W. Lieberman, *The Turning Point: E.'s »The Use of Poetry and the Use of Criticism«* (in Boundary, 1981, S. 197–218). – E. Lobb, *T. S. E. and the Romantic Critical Tradition*, Ldn./Boston 1981. – D. Spurr, *T. S. E.'s Divided Critical Sensibility* (in Criticism, 23, 1981, S. 58–76). – H. F. Brooks, *T. S. E. as Literary Critic*, Ldn. 1987. – R. Shusterman, *T. S. E. and the Philosophy of Criticism*, NY 1988.

THE WASTE LAND

(engl.; *Ü: Das Wüste Land*). Gedichtzyklus von Thomas Stearns ELIOT; Erstveröffentlichungen (ohne Anmerkungen) in den Zeitschriften ›Criterion‹ (Okt. 1922) und ›The Dial‹ (Nov. 1922); Buchveröffentlichung (mit Anmerkungen) 1922. – *The Waste Land* gilt als wichtigstes und einflußreichstes Langgedicht in der englischen Literatur der ersten Hälfte des 20. Jh.s. Es erschloß Neuland, und zwar in mehrfacher Hinsicht und auf mehreren Ebenen: Es war der erste bedeutsame Ausdruck einer einschneidenden Wende in der geistigen Entwicklung des modernen Menschen; Ausdruck einer brüchig gewordenen Welt, in der nach der Erschütterung des Ersten Weltkriegs die Menschheit in die Wüste der völligen Illusionslosigkeit, des scheinbaren Zerfalls aller Ideale und Werte geriet.

Das Werk besteht aus fünf Teilen von ungleicher Länge und Aussage, die jedoch durch Themen und Symbole miteinander verbunden sind. Man könnte sie Variationen über ein Doppelthema nennen, das im grund religiösen Charakter hat: einerseits die angsterregende Sinnlosigkeit und Sterilität der modernen, säkularisierten Welt in ihrer verwirrenden Vielfalt, andrerseits die Notwendigkeit, diese Welt zu deuten, in ihr einen Sinn, womöglich eine Einheit zu finden. Die methodische Ausarbeitung des Themas geschieht, wie so oft bei Eliot, durch Gegenüberstellung scheinbar kontrastierender Ideen, hier vor allem des Todes und des Lebens, die ihrerseits Ideengegensätze in sich bergen. Denn für den Menschen ist ein Leben ohne Sinn wie ein Tod; dagegen bedeutet ein »Tod«, durch den Altes, Unfruchtbares, Lähmendes in ihm abstirbt, Läuterung zum Leben. In diesem Sinn ist wohl auch das Epigraph, der Todeswunsch der Cumäischen Sibylle (»*apothanein thelō*« – »*sterben will ich*«) aus PETRONIUS' *Satyricon* zu verstehen. Grundgedanken des *Waste Land* sind im gesamten Werk Eliots zu spüren, freilich zunehmend intensiviert durch einen positiven Glauben in und nach der Zeit seiner Konversion zum Anglo-Katholizismus (1927).

Das Gedicht hat keinen Erzählzusammenhang, zeigt aber eine kontinuierliche, durch gedankliche Vertiefung bewirkte Entwicklung. Die Teile kreisen gewissermaßen um ein »außerhalb« des eigentlichen Gedichts liegendes Grundthema. Es sprechen verschiedene Stimmen, auch die des Dichters selbst, aber es gibt weder eine zentrale Figur noch Charaktere im üblichen Sinn. Zu dem (teils realen, teils symbolischen) Hintergrund des Gedichts wie auch zu seiner spezifischen Atmosphäre tragen verschiedene Orte und Landschaften, Jahreszeiten und Epochen, Lebens-, Kultur- und Sprachbereiche bei: z. B. die Stadt und die Berge; München und London; BAUDELAIRES Paris und DANTES Inferno; Sommer, Regen, Nebel; Reichtum und Armut; die moderne Welt und die Antike. – Im ersten Teil, *Burial of the Dead (Das Begräbnis der Toten)*, wird der Gedanke entwickelt, wie schwierig und schmerzhaft es ist, sich aus dem todähnlichen Leben, das der moderne Mensch im wüsten Land führt, zu sinnvollem neuem Leben aufzuraffen. Der Mensch ist wie gelähmt von Angst – Angst vor allem Neuen, Erneuernden (Frühlingssymbolik, wobei jedoch der Frühling keine Freude bringt), vor der Unsicherheit der eigenen Existenz und der Unbeständigkeit der Liebe (2. Abschnitt), vor der unbekannten Zukunft (Besuch bei Madame Sosostris, der Kartenlegerin) und schließlich vor der Unwirklichkeit des Lebens im wüsten Land überhaupt, hier symbolisiert durch die Riesenstadt mit ihren Menschenmassen, die vergeblich versuchen, das Bewußtsein des eigenen Versagens zu begraben (Leichensymbol; vgl. auch die an ein Totenamt erinnernde Überschrift). Der hier angesprochene »Stetson« vertritt wohl alle Menschen, einschließlich des Autors und des Lesers.

Der zweite Teil, *A Game of Chess (Eine Schachpartie)*, schildert das Leben im wüsten Land auf zwei kontrastierenden sozialen Ebenen. Die vornehmneurotische Dame, die in ihrem luxuriösen Boudoir Besuch empfängt, stellt die elegante Welt dar; die beiden Cockney-Frauen, die sich im Wirtshaus unterhalten, verkörpern das Volk. Ihr gemeinsames Problem ist die vereitelte oder unfruchtbare Liebe. Der Titel deutet auf eine Episode in Thomas MIDDLETONS Tragödie *Women Beware Women* (1657), wo Schach gespielt wird, um die Aufmerksamkeit von einer Verführungsszene abzulenken. Zwar wird der dritte Teil vom Thema der sterilen sexuellen Liebe beherrscht (Sweeney und Mrs. Porter; der Matrose und die Stenotypistin; Elisabeth I. und Leicester; die vergewaltigten Töchter der Themse), doch trägt er den an Buddha erinnernden Titel *The Fire Sermon (Die Feuerpredigt)* – ein Hinweis darauf, daß das Gedicht nun von der Schilderung zur Mahnung übergeht. Dies geschieht in den letzten vier Zeilen, in denen Buddha- und Augustinus-Zitate zum Gebet und zur Reue aufrufen. Nach dem kurzen vierten Teil, *Death by Water (Tod durch Wasser)*, dessen Thema der läuternde Tod ist, wird im fünften Teil *What the Thunder Said (Was der Donner sprach)*, dieser Gedanke weiter entwickelt: Das wüste Land scheint nun eine zweifache Bedeutung zu gewinnen: einmal als die öde, gottlose, zusammenbrechende Welt, in der wir leben; zum anderen als die Wüste, die wir geduldig durchwandern müssen, um zum Heil zu gelangen. Die symbolische Landschaft nimmt alptraumhaften Charakter an: Steine und Felsen, Sand und Schweiß, aber kein Wasser; selbst in den Bergen findet man weder Ruhe noch Einsamkeit, statt dessen erblickt man böse Gesichter und hört Donner ohne Regen; die Grabkapelle ist leer, der heilige Ganges ausgetrocknet; der Emmausweg wird beschritten, aber die Christusgestalt ist von Mantel und Kapuze verhüllt und wird ebensowenig erkannt wie *The Hanged Man* im ersten Teil. Das Gedicht schließt mit Worten aus den *Upanischaden*: Der Mahnung zur Reue, Mitgefühl und Selbstbeherrschung folgt als Ausklang ein Friedenssegen.

In diesem Werk greift Eliot erneut das Motiv der »unwirklichen«, im Nebel verfremdeten Großstadt auf, das bereits in *Prufrock* zum Symbol des modernen Lebens wurde und später in *Four Quartets* wieder erscheint. Die wichtigste Figur des Gedichts ist der blinde Seher Tiresias, der in doppelter Gestalt, als Mann und als Frau, erscheint und so Wesen, Leiden und Schicksal des Menschen schlechthin verkörpert (vgl. Eliots Anmerkung zu Zeile 218). Nach Eliots Aussage (vgl. Vorwort zu den Anmerkungen) waren für den mythologischen Rahmen und die symbolische Gestaltung des Gedichts James FRAZERS *The Golden Bough* und Jessie WESTONS *From Ritual to Romance* (ein Buch über die

Entstehung der Gralssage) von grundsätzlicher Bedeutung.

The Waste Land erschien zunächst ohne Anmerkungen. Als dann bei der Buchveröffentlichung einige unbedruckte Seiten übrigblieben, und wohl auch um die vielen Entlehnungen und Anspielungen zu »rechtfertigen«, wurde ein Anhang mit Erläuterungen beigefügt. Die ursprüngliche Fassung (um etwa die Hälfte länger als der gedruckte Text) entstand 1921, größtenteils in Lausanne, als Eliot in einer tiefen Lebenskrise räumlichen und seelischen Abstand von seiner Londoner Umgebung suchte und in der Konzentration auf sein erstes großes Gedicht auch fand. In Paris übergab er Anfang 1922 das Manuskript seinem Freund Ezra POUND, der zu erheblichen Änderungen und Kürzungen riet, mit denen Eliot weitestgehend einverstanden war – daher die erst im Januar 1923 hinzugefügte Widmung »*Für Ezra Pound*, den besseren *Künstler*«. Durch die Wiederentdeckung des angeblich in den zwanziger Jahren verlorengegangenen Manuskripts (siehe ›Times Literary Supplement‹ vom 7.11.1968, S. 1238–1240 und 1251) ist es möglich geworden, Art und Umfang dieser Änderungen zu studieren. Die Faksimile-Ausgabe mit Pounds Anmerkungen erschien, von Eliots zweiter Frau Valerie herausgegeben, im Jahre 1971.

J.Bou.-KLL

AUSGABEN: Ldn. 1922 (in Criterion, Okt.). – NY 1922 (in The Dial, Nov.). – NY 1922. – Richmond 1923. – Ldn. 1940. – NY 1956 (in *Collected Poems and Plays*). – Ldn. 1963 (in *Collected Poems 1909 to 1962*). – Ldn. 1969 (in *The Complete Poems and Plays*). – Ldn./NY 1971 (*The Waste Land: A Facsimile and Transcript of the Original Draft, Including the Annotations of Ezra Pound*, Hg. V. Eliot).

ÜBERSETZUNGEN: *Das Wüste Land*, E. R. Curtius (in NSRs, 20, 1927, S. 362–377). – Dass., ders., Wiesbaden 1957; ern. 1962 (IB; engl.-dt.). – Dass., ders., Ffm. 1975 (Vorw. H. E. Holthusen; BS).

LITERATUR: C. Brooks, »*The Waste Land*«: *An Analysis* (in Southern Review, 3, 1937, S. 106 bis 136). – Ders., »*The Waste Land*«: *Critique of the Myth* (in C. B., *Modern Poetry and the Tradition*, Chapel Hill/N.C. 1939, S. 136–172). – C. M. Bowra, *T. S. E.: »The Waste Land«* (in C. M. B., *The Creative Experiment*, Ldn. 1949, S. 159–188). – J. Peter, *A New Interpretation of »The Waste Land«* (in EIC, 2, 1952, S. 242–266). – J. Korg, *Modern Art Technique in »The Waste Land«* (in Journal of Aesthetics and Art Criticism, 18, 1960, S. 453–463). – *Storm Over »The Waste Land«*, Hg. R. E. Knoll, Chicago 1964. – D. M. Green, »*The Waste Land«: A Critical Commentary*, NY 1965. – »*The Waste Land«: A Casebook*, Hg. C. B. Cox u. A. P. Hinchcliffe, Ldn. 1968. – K. H. Göller, »*The Waste Land*« (in *Die englische Lyrik*, Hg. ders., Bd. 1, S. 344–364, Düsseldorf 1968). – *A Collection of Critical Essays on »The Waste Land«*, Hg.

J. Martin, Englewood Cliffs/N.J. 1968. – W. Sutton, »*Mauberley*«, »*The Waste Land« and the Problem of Unified Form* (in CL, 9, 1968, S. 15–35). – H. Williams, *T. S. E.: »The Waste Land«*, Ldn. 1968. – *The Merrill Studies in »The Waste Land«*, Hg. B. Gunter, Columbus/Oh. 1971. – M. C. Bradbrook, *T. S. E.: The Making of »The Waste Land«*, Harlow 1972. – H. L. Gardner, »*The Waste Land« 1972*, Manchester 1972. – A. C. Bolgan, *What the Thunder Really Said: A Retrospective Essay on the Making of »The Waste Land«*, Montreal 1973. – E. Hesse, *T. S. E. und »Das Wüste Land«*, Ffm. 1973. – *Eliot in His Time: Essays on the Occasion of the Fiftieth Anniversary of »The Waste Land«*, Hg. A. W. Litz, Princeton 1973. – »*The Waste Land« in Different Voices*, Hg. A. D. Moody, Ldn./NY 1974. – H. Wetzel, *Banale Vitalität u. lähmendes Erkennen: Drei vergleichende Studien zu T. S. E.s »The Waste Land«*, Bern/Ffm. 1974. – S. Sultan, »*Ulysses«, »The Waste Land« and Modernism*, Ldn. 1977. – N. D. Hargrove, *Landscape as Symbol in the Poetry of T. S. E.*, Jackson/Miss. 1978. – M. Thormählen, »*The Waste Land«: A Fragmentary Wholeness*, Lund 1978. – M. McLuhan, *Pound, E. and the Rhetoric of »The Waste Land«* (in New Literary History, 10, 1979, S. 557–580). – *G. C. Smith, »The Waste Land«*, Ldn. 1983. – H. F. Plett, ›*A Heap of Broken Images‹: Bilder des Kulturverfalls in T. S. E.s »The Waste Land«* (in *Engl. u. amer. Naturdichtung im 20. Jh.*, Hg. G. Ahrends u. H. U. Seeber, Tübingen 1985, S. 235–259). – H. Bloom, *T. S. E.'s »The Waste Land«*, Ldn. 1986. – C. Bedient, *He Do the Police in Different Voices: »The Waste Land« and Its Protagonist*, Chicago 1987.

ELISABETH VON NASSAU-SAARBRÜCKEN

* 1397 Vézelise / Lothringen
† 17.1.1456 Saarbrücken

LITERATUR ZUR AUTORIN:
W. Liepe, *E. v. N.-S. Entstehung u. Anfänge des Prosaromans in Deutschland*, Halle 1920. – H. Enninghorst, *Die Zeitgestaltung in den Prosaromanen der E. v. N.-S.*, Diss. Bonn 1957. – G. Sauder, *E. v. N.-S. u. ihre Prosaromane* (in *Saarländische Lebensbilder*, Bd. 1, Hg. P. Neumann, Saarbrücken 1982, S. 31–56).

HUGE SCHEPPEL

Prosaroman von ELISABETH VON NASSAU-SAARBRÜCKEN, entstanden vor 1437. – Die lothringische Prinzessin, die ihre literarische Aufgabe darin sah, französische Heldenlieder in deutsche Prosa zu übertragen, erzählt in ihrem vierten und letzten

Roman die wenig bekannte, nur in einer Handschrift überlieferte Chanson *Hugues Capet* nach. Im ersten Viertel des 14. Jh.s entstanden, gehört das Gedicht zu den Nachzüglern der *Karolinger-Geste* (vgl. *Cycle carolingien*); es stammt möglicherweise vom Verfasser der zum *Kreuzzugszyklus* gehörenden Heldenlieder *Baudouin de Sebourc* und *Le bastard de Bouillon*. Titelheld ist Hugo Capet, Begründer des Kapetinger-Hauses, der 987 nach dem Tod Ludwigs V., des letzten Karolingers, zum König von Frankreich gewählt wurde. Das Epos hält sich allerdings nicht an die historische Wahrheit, sondern greift die schon im 13. Jh. volkstümliche Sage auf, daß Hugo der Sohn eines Ritters und einer Metzgerstochter gewesen sei, und gibt ihn, um seine Geschichte enger mit der Karls des Großen zu verknüpfen, als Nachfolger von dessen Sohn Ludwig dem Frommen (reg. 814–840) aus.

Der erste Teil schildert zunächst die Abenteuer des nach Ruhm dürstenden Jünglings in Brabant und Friesland, dann seine Waffentaten als Beschützer der Königinwitwe Blancheflur und ihrer Tochter, der Thronerbin Marie. Mit Hilfe der Bürger von Paris und seiner zehn unehelichen Söhne bezwingt Hugo in wahren Völkerschlachten die zahlreichen nach der Krone Frankreichs strebenden Fürsten und ihre Heere. Zum Lohn für seine Tapferkeit und Treue wird er mit der Kronprinzessin vermählt und zum König erhoben. – Der zweite Teil der *chanson de geste* ist nur noch in Elisabeths deutscher Version erhalten: Der zu höchsten Ehren gelangte »Metzgerssohn« muß sich vieler Neider erwehren. Graf Friedrich von der Champagne und Herzog Asselin machen ihm Krone und Gattin streitig, Hugo gerät in große Bedrängnis, doch vermag er seine Feinde schließlich zu besiegen und regiert danach neun Jahre in Frieden – ebenso lange wie der historische Hugo Capet.

Obwohl sich Elisabeth auch diesmal eng an die französische Vorlage hält, ist *Hugo Scheppel* ihr eigenständigstes Werk. Ungereimtheiten und allzu frivole oder blutrünstige Szenen hat sie eliminiert, Beschreibungen der politischen Situation dagegen breiter ausgeführt. Die in den vorangegangenen Übersetzungen *Herpin* und *Loher und Maller* noch deutlich erkennbaren Laissen-Absätze sind durch geschickte Überleitungen geglättet. – Mehr noch als die spannende Handlung und die nachahmenswerte Lauterkeit des Helden hat Hugos bürgerliche, ja niedrige Abkunft dem Roman zu großer Beliebtheit verholfen und zur weiteren Ausgestaltung des Stoffes angeregt. Er erschien als erste von Elisabeths Arbeiten im Jahr 1500, von dem Straßburger Konrad HEINDÖRFER nach dem Zeitgeschmack bearbeitet, im Druck und lebte in vielen Neuausgaben als anonymes Volksbuch, meist unter dem Titel *Hug Schapler*, fort. KLL

AUSGABEN: Straßburg 1500 (*Hug Schapler*). – Nürnberg 1794 [Bearb. G. Stiebner]. – Ffm. 1856 (in *Deutsche Volksbücher*, Hg. K. Simrock, Bd. 9). – Hbg. 1905, Hg. H. Urtel [krit.]. – Wien/Weimar 1928 (in *Volksbücher vom sterbenden Rittertum*; DL, R. Volks- u. Schwankbücher, 1). – Bln. 1958 (in *Eine schone und lustige Historie von den vier Heymonskindern*, Hg. G. Schneider u. E. Arndt).

LITERATUR: R. Bossuat, *La chanson de »Hugues Capet«* (in Rom, 71, 1950, S. 450–481). – A. Ferrière, *»Hugues Capet«, chanson de geste du XIVe siècle*, Paris 1950. – J.-D. Müller, *Held u. Gemeinschaftserfahrung. Aspekte der Gattungstransformation im frühen dt. Prosaroman am Beispiel d. »Hug Schapler«* (in Daphnis, 9, 1980, S. 393–426).

LOHER UND MALLER

Prosaroman von ELISABETH VON NASSAU-SAARBRÜCKEN, entstanden um 1437. – Dieser dritte Roman der lothringischen Prinzessin überliefert den Inhalt einer verlorengegangenen *chanson de geste (Lohier et Mallart?)*, die vermutlich gegen Ende des 14. Jh.s in Nordfrankreich (Amiens?) gedichtet wurde. Da es sich bei der deutschen Fassung um eine verwirrende Kompilation der verschiedensten Sagenelemente des *Karolinger-Zyklus* handelt, hat man angenommen, daß der Autorin eine mit vielen Abenteuergeschichten angereicherte französische Prosaversion vorgelegen habe, und zwar aus der Feder ihrer Mutter, MARGUERITE DE JOINVILLE. Es ist aber auch möglich, daß die Prinzessin die Original-Chanson übersetzt hat und diese bereits alle Kennzeichen eines modischen Elaborats der Dekadenzzeit trug. (W. LIEPE hat u. a. die Übereinstimmung der Absätze in dem deutschen Roman mit denjenigen von Laissen – altfranzösische Strophenform – nachgewiesen.)

Wegen seines ausschweifenden Lebenswandels ist der junge Loher von seinem Vater, Karl dem Großen, in die Verbannung geschickt worden. Begleitet von seinem treuen und verschmitzten Diener Maller, zieht er auf *âventiure* aus und kämpft gegen Räuber und Heiden; er gerät mehrmals in größte Bedrängnis und in Gefangenschaft, doch kann er sich dank seiner Tapferkeit und der List Mallers immer wieder befreien. Schließlich heiratet er die Tochter des Kaisers von Byzanz, dessen Nachfolge er antritt. Nachdem ihn der Papst noch zum römischen Kaiser gekrönt hat, bezwingt er seinen Bruder Ludwig, der ihm einst das väterliche Erbe vorenthielt und ihn entmannen ließ, damit die Krone nach Lohers Tod an ihn falle. Indessen hatte dieser schon einen Sohn, Marfuné; er muß allerdings ebenfalls auf das Erbe verzichten, denn inzwischen ist das Wahlkönigtum eingeführt worden. – Es ist bezeichnend für die willkürliche Aneinanderreihung und Verschmelzung von mehreren Chansonstoffen, daß die Verfasserin am Schluß die Kämpfe zwischen Lohers Bruder Ludwig und seinem Neffen Isembart schildert, der eine heidnische Prinzessin zur Frau genommen hat und nun gegen die Christen Krieg führt. Dieser Anhang ist eine aufschlußreiche Ergänzung zu dem nur fragmentarisch erhaltenen *Gormond-et-Isembart*-Epos aus dem 11./12. Jh.

Als Vorbilder der Loher-Gestalt, die zunächst an einen der Lothars aus dem Kapetinger-Haus denken läßt, gelten die Merowinger-Könige Chlothar I. (reg. 511–561) und dessen Großvater Childerich I. (reg. um 460–481), deren erotische Missetaten und Lebensschicksale vom 11. Jh. an auf eine ganze Reihe von Heldenfiguren der französischen Epenliteratur übertragen wurden. Es ist zu vermuten, daß die Urform der *Loher*-Chanson schon vor 1100 entstand und identisch ist mit der der *Floovant*-Chanson.

Elisabeth hat sich auch bei dieser Übertragung offenbar eng an ihre Vorlage gehalten und nur Ungereimtheiten, allzu blutrünstige oder frivole Szenen gemildert bzw. eliminiert. Gewiß haben die weitverzweigte Handlung und die dadurch bedingte umständliche Erzählweise den Publikumserfolg des Romans beeinträchtigt. So ist er als einziges Zeugnis (vom Bruchstück einer mittelniederländischen Übersetzung abgesehen) der verschollenen originalen *Lohier*-Geste vor allem für die französische Literaturwissenschaft von Interesse. G.Wo.

AUSGABEN: Straßburg 1513 *(Ein schöne warhafftige Hystory von Keiser Karolus sun genant Loher...).* – Straßburg 1514. – Ffm. 1567. – Ffm. 1805 [Bearb. F. u. D. v. Schlegel]. – Stg. 1868, Hg. K. Simrock.

LITERATUR: R. Zenker, *Das Epos von »Isembard u. Gormund«, sein Inhalt u. seine historischen Grundlagen*, Halle 1896. – C. Voretzsch, *Epische Studien*, Bd. 1, Halle 1900, S. 189 ff. – E. Stricker, *Entstehung u. Entwicklung der »Floovant«-Sage*, Diss. Tübingen 1909. – J. Bédier, *Les légendes épiques*, Bd. 4, Paris 1913, S. 26–91.

FILINTO ELÍSIO

d.i. Francisco Manuel do Nascimento

* 23.12.1734 Lissabon
† 25.2.1819 Paris

DA ARTE POÉTICA PORTUGUESA.
Epístola

(portug.; *Über die portugiesische Dichtkunst. Epistel*). Poetik in Versen von Filinto ELÍSIO, erschienen 1826. – Das Werk folgt dem Vorbild der Poetiken von HORAZ und BOILEAU; es hat die Form eines von 1790 datierten Briefes an den befreundeten Diplomaten José Maria de Brito in Paris. Elísio singt das Lob der portugiesischen Sprache, deren Reinheit durch die modische Überfremdung mit Gallizismen bedroht sei, übt scharfe Kritik an den Sprachverderbern und erstrebt eine Erneuerung der Sprache durch Wiederbelebung der klassischen heimischen Werke und durch Neuschöpfung aus lateinischen und griechischen Quellen. Gleichzeitig entwickelt er literarästhetische Grundsätze, die sich an Horaz orientieren und von der neoklassizistischen Dichtung Correia GARÇÃOS (1724–1772) verwirklicht wurden. Als Vorbilder für die Pflege und Bewahrung der Reinheit der Sprache und für einen verfeinerten literarischen Geschmack gelten die französischen Autoren. Beispielhaft sind sie besonders auch darin, daß sie den geckenhaften Aufputz mit fremsprachigen Wörtern oder deren Nachahmung als lächerlich vermeiden und als verderblich bekämpfen.

Die *Epistel* ist ein Ausdruck der Sorgen, die Elísio im Exil in Paris bewegten. In ihrer bemühten Lehrhaftigkeit, mit ihren häufigen Wiederholungen und den pedantischen Anmerkungen zeigt sie jedoch die typischen Schwächen eines Alterswerks.

A.E.B.

AUSGABEN: Lissabon 1826. – Lissabon 1941.

LITERATUR: J. M. Pereira da Silva, *F. E. e a sua época*, Rio 1891. – T. Braga, *F. E. e os dissidentes da Arcádia*, Porto 1901. – H. Cidade, *O conceito de poesia como expressão da cultura*, Coimbra 1957. – Saraiva/Lopes, S. 682–684.

EBENEZER ELLIOTT

* 17.3.1781 Masborough / Yorkshire
† 1.12.1849 Great Houghton bei Barnsley

CORN LAW RHYMES

(engl.; *Korngesetzverse*). Gedichtsammlung von Ebenezer ELLIOTT, erschienen 1830. – Das bekannteste Werk des bereits mit *The Vernal Walk* (1801) und *The Soldier, and Other Poems* (1810) an die Öffentlichkeit getretenen und von R. SOUTHEY protegierten Arbeiterdichters Elliott, der sich G. CRABBE und W. WORDSWORTH verpflichtet fühlte, in R. BURNS ein Vorbild sah, ohne den Schotten nachzuahmen, und dessen Versgedicht *The Giaour* (1823) eine Satire auf Lord BYRON darstellt, sind die *Corn Law Rhymes*, eine nach ihrem vielbeachteten Erscheinen 1830 mehrfach erweiterte Sammlung von politischen Gedichten, die sich gegen die seit 1815 verschärften Gesetze zum Schutz der englischen Landwirtschaft wandten. Einfuhrzölle auf Getreide sollten den Grundbesitzern höhere Preise für eigene Produkte garantieren; für die Verbraucher, insbesondere die Arbeiter, bedeutete das hohe Preise für Grundnahrungsmittel, demzufolge verlängerte Arbeitszeit oder die Notwendigkeit zu emigrieren. Nicht nur Arbeiter kämpften gegen diese »Brotsteuern«, sondern auch liberale Industrielle, die 1839 die Anti-Corn Law League gründeten, da sie aus Konkurrenzgründen an niedrigen

Löhnen und Freihandel interessiert waren. Nachdem die für eine Parlaments- und Wahlrechtsänderung kämpfenden Arbeiter (Chartisten, so genannt nach ihren Forderungen in der *People's Charta* von 1838) Anfang der vierziger Jahre, öffentlich unterstützt vom »*Barden des Freihandels,* ... *des allgemeinen Friedens*« (so Elliott über sich selbst), die Korngesetze mit Streiks bekämpft hatten, führte der Widerstand der Anti-Corn Law League 1846 schließlich zur Abschaffung der Gesetze und zur Beendigung des englischen Protektionismus.

Elliott, der als Besitzer einer kleinen Eisengießerei Bankrott gegangen war, dann aber in Sheffield einen einträglichen Eisen- und Stahlwarenhandel betrieb, von dem er sich später zurückziehen konnte, ist – obwohl der unteren Mittelklasse zuzurechnen – der erste bedeutende »Dichter der Armut« und wegen seines Ansehens als Lyriker und Lokalpolitiker in Sheffield damit Wegbereiter für die nachfolgenden Arbeiterdichter wie E. JONES, W. J. LINTON, G. MASSEY oder Th. COOPER.

Seine *Corn Law Rhymes* erschienen zu einem Zeitpunkt, als Verleger aus ökonomischen Gründen nicht mehr sonderlich an Gedichtsammlungen interessiert waren. Elliotts Verse, die zunächst als Flugschrift der vom Autor gegründeten Anti-Bread Tax Society Sheffielder Arbeiter publiziert, dann auch in London veröffentlicht und im radikaleren, an der Dichtung des einfachen Mannes interessierten ›Monthly Repository‹ des Unitariers W. J. Fox nachgedruckt wurden, hatten jedoch eine deutlich (utilitaristische) Zweckbestimmtheit (sie waren dem Philosophen des Utilitarismus, J. BENTHAM, »*unserem zweiten* LOCKE«, gewidmet) und wurden, nach der zufälligen Entdeckung durch W. und M. HOWITT und WORDSWORTH, von kritischen und progressiven Rezensenten (E. BULWER-LYTTON und Th. CARLYLE) wegen ihrer Authentizität und Ehrlichkeit gelobt.

Die »*Korngesetzgedichte*«, von großer metrisch-rhythmischer Variabilität und teilweise für den Gesang nach bekannten Melodien gedacht, sind offensichtlich aus einer tiefen Religiosität erwachsen, derzufolge das Jenseits ein Bereich ist, wo die Armen nicht mehr »*zahlen*« müssen, wo es keine »*Tyrannen, Sklaven, Brotsteuern*« mehr gibt. Elliott vertröstet jedoch nicht auf die »*schönen Inseln, / wo jene, denen Unrecht getan, frei sind*«. Er will vielmehr die Perspektive dessen, der im Diesseits leiden muß. So hört man zwar im Lied *Child, is thy father dead?* zunächst die Stimme des Außenstehenden; dann spricht jedoch das Kind selbst, dessen Vater gestorben ist. Ebenso schildert ein Kind in *The Death Feast* den Kampf der Brüder um das Leben der siechen Schwester und um die eigene Existenz; Elliott veranschaulicht mit konkreten Details und teilweise ironisch die ausweglos scheinende Lage von Menschen, die – dies entgegen der konservativen Theorie vom Eigenverschulden – ihre Armut nicht selbst herbeigeführt haben.

Wenn Elliott einerseits mit Gedichten aus der Perspektive der Leidenden – wie spätere Viktorianer (etwa DICKENS) wählt er bezeichnenderweise das Kind – Sympathie und Mitleid erwecken will, gibt es daneben andere Texte, die mit ihrem fragenden oder anklagenden Ton manchen politischen Versen des in der Arbeiterklasse verehrten P. B. SHELLEY ähneln, wie etwa *The Recording Angel*: Der Engel, der der Nachwelt die Taten der Toten übermittelt, fragt den König, ob er das »*goldene Gesetz*« kenne: »*Regiere nicht für einige, sondern alle!*« Der zweite Teil des Gedichts fällt dann – nach dem Tod des Herrschers – mit harten, teilweise sarkastischen Worten das Urteil über den »*König des teuren Korns*«, um zum Schluß das Menetekel eines möglicherweise im Chaos versinkenden Staates an die Wand zu malen. Auch in der für die Working Man's Association in Sheffield geschriebenen *Coronation Ode* mahnt Elliott Königin Viktoria an das blutige Ende der Marie-Antoinette.

Elliott, der sich 1839 von den radikaleren Chartisten – ebenso wie von kommunistischen Tendenzen – distanzierte, fordert jedoch an keiner Stelle zum bewaffneten Widerstand auf, sondern hofft – wie aus dem Loblied auf Henry BROUGHAM in *Reform* deutlich wird – auf den Veränderungswillen einsichtiger Vertreter der Mittelklasse. Insofern sind Southeys konservative Vorbehalte gegenüber der politischen Radikalität kaum berechtigt. Wenn Elliott in poetischer Manier vom Engel der Revolution spricht, schwächt er sogleich ab: Der Engel braucht das Schwert nicht zu ziehen; das Wort allein bewirkt gesellschaftliche Veränderung (*The Revolution of 1832*). Für Elliott ist der »*Geist allein Licht, und Hoffnung und Leben und Kraft*« (*The Press*) und »*mächtiger als die Starken*«, und aus dieser politischen Position heraus prophezeit er sogar in dem nach J. THOMSONS *Rule Britannia* zu singenden Lied *The Triumph of Reform* die Rettung ganz Europas. Elliotts anklagende Gedichte sind deshalb deutlich vom optimistischen Geist des auf die moralische Überzeugungskraft des Wortes setzenden Frühviktorianismus geprägt, mit dem Unterschied allerdings, daß sich hier ein der Unterschicht zugehöriger Autor als »*Barde der ganzen Menschheit*« und als politisch progressive Kraft versteht.

U.Bö.

AUSGABEN: Sheffield 1830. – Ldn. 1831. – Ldn. 1833 (in *The Splendid Village: Corn Law Rhymes and other Poems*). – Edinburgh 1840 (in *Poetical Works*). – Ldn. 1876 (in *Poetical Works*, Hg. E. Elliott, 2 Bde.; Nachdr. Hildesheim 1975). – Ldn. 1905 (in *The Poets and the Poetry of the Nineteenth Century*, Hg. A. H. Miles, Bd. 2; Ausw.).

LITERATUR: Th. Carlyle, *E. E.* (in Edinburgh Review, 55, 1832, S. 338–361). – W. J. Fox, *E. E.* (in London Review, 1, 1835, S. 187–201). – J. Watkins, *Life, Poetry, and Letters of E. E., the Corn-law Rhymer*, Ldn. 1850. – L. Etienne, *E. E.* (in RDM, 23, 1856, S. 387–400). – G. Phillips, *E.'s »The Giaour«* (in RESt, 15, 1939, S. 422–431). – A. A. Eaglestone, *E. E. 1871–1849*, Sheffield 1949. – A. Briggs, *E. E., the Corn-Law Rhymer* (in Cambridge Journal, 3, 1950, S. 686–695). – S. Brown,

E. E.: *The Corn Law Rhymer. A Bibliography and List of His Letters*, Leicester 1971. – L. James, *Fiction for the Working Man 1830–50*, Harmondsworth 1974, S. 208–211. – Ph. M. Ashraf, *Englische Arbeiterliteratur vom 18. Jh. bis zum Ersten Weltkrieg*, Bln./Weimar 1980.

HENRY HAVELOCK ELLIS

* 2.2.1859 Croydon / Surrey
† 8.7.1939 Hintlesham

STUDIES IN THE PSYCHOLOGY OF SEX

(engl.; *Ü: Sexualpsychologische Studien*). Hauptwerk von Henry Havelock ELLIS, erschienen 1897–1928. – Unter diesem Titel faßte Ellis sechs in sich geschlossene, jedoch nach einem einheitlichen Grundplan ausgearbeitete sexual-psychologische Untersuchungen zusammen. Als Vorstudie veröffentlichte er bereits 1894 *Man and Woman*, eine umfangreiche Materialsammlung über sekundäre Geschlechtsmerkmale. Als 1897 zuerst der zweite Band *(Sexual Inversion)* der *Studies* erschien, wurde das Buch wegen seines vermeintlich anstößigen Inhalts von den englischen Behörden unterdrückt. Deshalb veröffentliche Ellis die weiteren Teile des Werks in den USA. Durch eine fast gleichzeitig erscheinende Übersetzung ins Deutsche fand es vor allem in Deutschland, wo ungefähr zur selben Zeit Sigmund FREUDS psychoanalytische Untersuchungen erschienen, starkes Echo.

Im Mittelpunkt der ersten fünf Studien steht die Analyse des Geschlechtstriebs. Ellis gründet sie auf eine breite dokumentarische Basis und untersucht die Beziehungen zwischen Sexualität und Liebe, die Phänomene der Masturbation, des Schamgefühls, des Transvestismus sowie der biologischen und psychologischen Bedingtheiten des Geschlechtstriebs. Während der abschließende siebte Teil die vorausgehenden Studien ergänzt, wird in der sechsten Abhandlung (*Sex in Relation to Society*, 1919) das Verhältnis von Sexualität und Gesellschaft, insbesondere die Rolle der Prostitution, in den Mittelpunkt gerückt. Ellis zeigt an diesem Phänomen das historische Ritornell der Institutionen, das im wesentlichen nur zwei einander ständig abwechselnde staatliche Maßnahmen kennt: Die Kasernierung und die abolitionistische Bewegung, die in der Neuzeit etwa durch E. ABDERHALDEN vertreten worden ist. Dieser Teil enthält außerdem eine Geschichte der Ehescheidung, wobei Ellis ähnlich nachdrücklich wie die schwedische Pädagogin Ellen KEY für die Gleichberechtigung der Frau eintritt, sowie einen Überblick über die Methoden zur Bekämpfung der Geschlechtskrankheiten und die Verhütungsmaßnahmen. Ein geschichtlicher Querschnitt durch die *ars amatoria* hat heuristischen Wert für die Gestaltung einer glücklichen Ehe. Die Aktualität des Textes besteht nicht zuletzt darin, daß Erotik als natürlicher und wichtiger Bestandteil der Ehe gesehen und der bei Prostituierten gesuchten Befriedigung übergeordnet wird. Der Verfasser wurde durch diese Studien zu einem der bedeutendsten Pioniere der Sexualwissenschaft als neuer Disziplin, wie sie in Deutschland durch Iwan BLOCH (1872–1922) geschaffen worden ist. Bei der Einstufung des Werks in die Geistes- und Sozialwissenschaft ist zu unterscheiden zwischen dem Gelehrten Ellis, der auf den oft noch unzureichenden wissenschaftlichen Apparat seiner Zeit angewiesen war, und dem aufklärerisch-humanitär denkenden Arzt Ellis, der in der Viktorianischen Ära die Natürlichkeit menschlichen Sexualverhaltens so vorurteilslos akzeptierte, wie es dem heutigen Denken entspricht. Obgleich Ellis in seiner Interpretation zu sehr dem Evolutionismus verhaftet ist (von daher auch sein Bekenntnis zur Eugenik und zum Galtonismus), ist seine Gesamtkonzeption noch keineswegs veraltet. Für den Sexualwissenschaftler, den Ethnologen und Anthropologen sind seine Studien noch heute ein Grundlagenwerk. W.Le.

AUSGABEN: Ldn. 1894 (*Man and Woman*, Contemporary Science Series, 24). – Ldn. 1897 *(Studies in the Psychology of Sex*, Bd. 2: *Sexual Inversion).* – Philadelphia 1905–1928 (*Studies in the Psychology of Sex*; Bd. 1: *The Evolution of Modesty*, Bd. 2: *Sexual Inversion*; Bd. 3: *Analysis of the Sexual Impulse*; Bd. 4: *Sexual Selection in Man*; Bd. 5: *Erotic Symbolism*; Bd. 6: *Sex in Relation to Society*; Bd. 7: *Eonism, and Other Supplementary Studies).* – NY 1936, 4 Bde. – NY 1940, 2 Bde.

ÜBERSETZUNGEN: *Mann und Weib*, H. Kurella, Lpzg. 1894; [2]1909. – *Geschlechtstrieb und Schamgefühl*, J. E. Kötscher, Lpzg. 1900; Würzburg [3]1907. – *Das Geschlechtsgefühl*, H. Kurella, Würzburg 1903; [2]1909. – *Die Gattenwahl beim Menschen*, ders., Würzburg 1906, [3]1919. – *Die krankhaften Geschlechts-Empfindungen*, E. Jentsch, Würzburg 1907; [3]1920. – *Geschlecht und Gesellschaft*, H. Kurella, 2 Tle., Würzburg 1910/11. – *Sexualpsychologische Studien*, M. u. J. E. Kötscher, E. Jentsch, H. Kurella u. H. Müller, 7 Bde., Lpzg. 1922–1924.

LITERATUR: H. L. Mencken, *H. E.* (in H. L. M., *Bathtub Hoax, and Other Blasts and Bravos*, Hg. R. McHugh, Glasgow 1958, S. 145–150). – A. Calder-Marshall, *H. E. A Biography*, Ldn. 1959. – J. S. Collis, *An Artist of Life. A Study of the Life and Work of H. E.*, Ldn. 1959. – H. H. Ellis, *My Life*, Vorw. F. Delisle u. Einl. A. H. Walton, Ldn. 1967 [m. Bibliogr.]. – P. A. Robinson, *The Modernization of Sex. H. E., A. Kinsey, W. Masters, and V. Johnson*, NY 1976 [m. Bibliogr.]. – S. Rowbotham, *Socialism and the New Life. The Personal and Sexual Politics of E. Carpenter and H. Ellis*, Ldn. 1977. – Ph. Grosskurth, *H. E.*, NY 1980.

RALPH WALDO ELLISON

* 1.3.1914 Oklahoma City

INVISIBLE MAN

(amer.; *Ü: Unsichtbar*). Roman von Ralph Waldo ELLISON, erschienen 1952. – »*Ich bin ein Unsichtbarer. Nein, keine jener Spukgestalten, wie sie Edgar Allan Poe heimsuchten, auch keins jener Kino-Ektoplasmen, wie sie in Hollywood hergestellt werden. Ich bin ein Mensch aus Fleisch und Knochen, aus Nerven und Flüssigkeit – und man könnte vielleicht sogar sagen, daß ich Verstand habe. Aber trotzdem bin ich unsichtbar – weil man mich einfach nicht sehen will.*« Mit diesem Prolog des in einem Kellerloch hausenden Protagonisten beginnt der bislang einzige Roman von Ralph Ellison, dem in den fünfziger Jahren, nach dem allmählichen Verstummen Richard WRIGHTS und vor den großen Erfolgen des noch jungen James BALDWIN, zeitweise bekanntesten schwarzen Autor in den USA.

Der namenlose Ich-Erzähler, ein junger Schwarzer aus dem Südstaaten, wird eines Tages für seinen bei der Schulabschlußfeier gehaltenen und den Weißen nach dem Mund geredeten Vortrag über soziales Verantwortungsbewußtsein ausgezeichnet: Er erhält eine Ledermappe, in der sich ein Stipendium für das staatliche schwarze College befindet. In der folgenden Nacht träumt er von seinem Großvater, jenem sanftmütigen alten Mann, der erst auf dem Totenbett seinem Sohn gestand, daß er gerade in der vermeintlichen Fügsamkeit der Schwarzen, ihrem ständigen Jasagen und Lächeln die wirksamste Waffe im Kampf gegen die Unterdrückung gesehen habe. (*»Sie* [die Weißen] *sollen dich fressen, bis sie das Speien kriegen oder platzen.*«) In jenem Traum öffnet der Enkel auf Geheiß des Alten den in der Mappe steckenden Briefumschlag, findet darin wieder nur Umschläge, bis er im letzten Blatt mit der Aufschrift *»Keep This Nigger-Boy Running«* entdeckt. Wie die Weißen ihn und seinesgleichen »*auf Trab halten*«, konnte der junge Protagonist bereits kurz zuvor auf besonders drastische Weise erleben, als man ihn, gemeinsam mit anderen Schwarzen, zur Belustigung einer Herrengesellschaft mit verbundenen Augen gegeneinander boxen und dann Münzen von einem elektrisch geladenen Teppich aufklauben ließ (eine der ersten Szenen des Buchs, die deutlich an einen ähnlichen Vorfall aus Richard Wrights *Black Boy*, 1945, erinnert, in der Ellison aber bereits über den Realismus seines Freundes und Mentors hinausgelangt und jene surrealistisch-alptraumhafte Wirkung erzielt, die für den ganzen Roman kennzeichnend ist).

Noch zu Beginn seines Studiums hatte er geglaubt, Bildung sei der Schlüssel zu Fortschritt und Gleichberechtigung. Erfolgsbegierig und in der Hoffnung, sich mit der ihm feindlich gesinnten Umwelt arrangieren zu können, bedeuten ihm die Worte des Großvaters, die ihm gleichwohl wie ein Fluch verfolgen, nur wenig. Da chauffiert er eines Tages Mr. Norton, einen der weißen Geldgeber des College. Gegen sein besseres Wissen, wie unter einem Zwang handelnd, fährt er den Philanthropen aus dem Norden in ein berüchtigtes Lokal im schwarzen Elendsviertel. Er läßt zu, daß der verarmte Farmer Trueblood seinem Fahrgast vom Inzest mit der heranwachsenden Tochter erzählt – ein Vorfall, der ihn unter den Schwarzen zum Geächteten gemacht hat. Diese Begegnung enthüllt, was sich hinter Nortons »Negerfreundlichkeit« verbirgt: Er ist auf perverse Weise vom Schwarzen fasziniert, in dem er die Verkörperung ungebrochener Virilität und urtümlicher Instinkte sieht und dem er daher – neiderfüllt – zugesteht, die Tabus des weißen Mannes verletzen zu dürfen. Empört über das Verhalten des Studenten, entzieht Dr. Bledsoe, Collegepräsident und selbst ein Schwarzer, ihm das Stipendium. Bevor er ihn fortschickt, erzählt er ihm, wie er selbst sich hochgearbeitet hat *(»Ich mußte warten und planen und schmeicheln ... Ja, ich mußte den Nigger spielen«)*, und gibt ihm Briefe an einflußreiche Weiße in New York mit. Sie würden ihm behilflich sein, Arbeit zu finden, um die Gebühren für das nächste Studienjahr zu verdienen.

Aber wo immer der junge Mann vorspricht – er wird abgewiesen. Als er schließlich einen der ›Empfehlungsbriefe‹ zu sehen bekommt, liest er, daß man ihn nie wieder im College aufnehmen wird und daß Bledsoe – wenngleich er es mit blumigen Redewendungen verbrämt hat – den Adressaten nichts anderes empfiehlt, als den Nigger auf Trab zu halten. Von Rachegedanken erfüllt, versucht er, Geld für die Rückreise zu verdienen. Er arbeitet in einer Farbenfabrik (Werbeslogan: *»Haltet Amerika sauber mit Liberty-Farben!«*), in der man durch Zugabe einiger Tropfen Schwarz ein noch strahlenderes Weiß herstellt. Von einem älteren schwarzen Kollegen, der ihn der Zugehörigkeit zur verhaßten Gewerkschaft verdächtigt, wird er in einen Betriebsunfall verwickelt. Im Krankenhaus unterzieht man ihn einer Elektroschockbehandlung, bei der er das Gedächtnis verliert. Als er, arbeitslos geworden, das Leben auf den Straßen Harlems beobachtet und verzweifelt nach seiner Identität sucht, kommt er in Kontakt mit der »Bruderschaft«, einer von Weißen geleiteten politischen Organisation, die sein natürliches Redetalent erkennt, ihn als Agitator ausbilden und in den schwarzen Slums einsetzen will. Man erlaubt ihm, in die höheren Gremien aufzusteigen, in der Öffentlichkeit bekannt zu werden – aber man manipuliert ihn. Seine persönliche Überzeugung kollidiert ständig mit der (kommunistischen) Parteidisziplin und -ideologie. Daß er erneut in eine Sackgasse geraten ist, wird ihm während der Vorfälle klar, die schließlich zu den Harlemer Rassenkrawallen (1936) führen: Die »Bruderschaft« läßt ihre Anhänger in Harlem im Stich und gibt das Feld frei für den schwarzen Fanatiker Ras. Der Ich-Erzähler, Gegner der gewalttätigen Methoden dieses Massenaufwieglers und aus der »Bruderschaft« ausgestoßen, steht plötzlich im Niemandsland. Als er während des Aufstands von Ras und seiner Meute verfolgt wird, ist er schon fast bereit, sich töten zu lassen, doch da packt ihn mit einemmal ein leidenschaftlicher Lebenswille. Er weiß wieder, wer er ist und wo er ist, weiß, daß er sich hüten muß vor der Verwirrung der anderen, ihrer Ungeduld und *»ihrer Weigerung, die herrliche Absurdität ihrer amerikanischen Identität und meiner zu erkennen... ich war unsichtbar, und Gehängtwerden würde mich nicht sichtbarer machen«.* Auf der Flucht fällt er durch einen offenen Schacht in einen Kohlenkeller, und dort richtet er sich eine Bleibe ein, verbrennt die Ledermappe und alle Dokumente, zapft die Leitungen des Elektrizitätswerks an und lebt im Schein von über hundert Lampen unter der Erde, seine Geschichte schreibend, den Worten des Großvaters nachsinnend, sich fragend, wie *»die nächste Phase«* aussehen wird, seine Welt als eine *»Welt unendlicher Möglichkeiten«* erkennend und die Schuld der andern nicht höher bewertend als seine eigene.

Mit diesem Buch, das viele Kritiker nicht nur als das bisher beste Erzählwerk aus der Feder eines schwarzamerikanischen Autors, sondern auch als einen der bedeutendsten amerikanischen Romane des 20. Jh.s bezeichnet haben, setzte Ellison die ins 19. Jh. zurückreichende Tradition jener Erzähler seines Landes fort, deren großes Thema die Identitätssuche war (man denke etwa an MELVILLE und seinen *Confidence Man*). Ellison bestätigte an anderer Stelle, daß er sich von dieser Literatur am stärksten angezogen fühle. *»Durch sie wollte ich meine eigene Stimme finden ... und gleichzeitig fühlte ich mich verpflichtet, an dem Wirklichkeitsbild, das sie uns zeigt, einige notwendige Änderungen vorzunehmen.«* Hinzu kam die Begegnung des jungen Autors mit der europäischen Literatur, vor allem mit dem Werk DOSTOEVSKIJS (daß dessen *Aufzeichnungen aus einem Kellerloch* ihn beeindruckt hatten, liegt auf der Hand) und KAFKAS, dessen Einfluß in diesem Buch ständig zu spüren ist, wenn auch Ellisons Symbolik und Alptraumphantasien in einer höchst realistisch gezeichneten Tatsachenwelt verankert sind. Die Wandlungsfähigkeit seines Stils führt der ehemalige Kompositionsstudent und Jazztrompeter Ellison darauf zurück, daß er, dem synkopischen Modulationsprinzip des Jazz folgend, ständig *»vom Naturalismus zum Expressionismus und Surrealismus«* wechsle. – Die Geschichte des »Unsichtbaren« ist – so zwingend sie das besondere Dilemma des Afroamerikaners beschwört – nicht als Protest gegen die Unterdrückung einer Rasse, nicht als eine vom Opfer gegen die Peiniger gerichtete Anklage zu verstehen, sondern als die Geschichte von der Odyssee des modernen Menschen in einer konformistischen Gesellschaft. *»Wer weiß«,* fragt der Namenlose am Schluß den Leser, *»ob ich nicht, auf niedrigerer Wellenlänge, auch für Euch spreche?«* J.v.Ge.-KLL

AUSGABEN: NY 1952; 30 1982. – Ldn. 1953. – NY 1960. – Harmondsworth 1968; ern. 1974 (Penguin). – NY 1972.

ÜBERSETZUNG: *Unsichtbar*, G. Goyert, Bln./Ffm. 1954; ern. 1959. – Dass., ders., Herbstein 1984. – Dass., ders., Reinbek 1987 (rororo).

LITERATUR: R. Ellison, *Light on »Invisible Man«* (in Crisis, 60, 1953, S. 157/158). – A. Chester u. V. Howard, *The Art of Fiction: R. E.* (in Paris Review, 8, 1955, H. 1, S. 54–71). – E. H. Rovit, *R. E. and the American Comic Tradition* (in Wisconsin Studies in Contemporary Literature, 1, 1960, H. 3). – A. Gérard, *R. E. et le dilemme noir* (in Revue Générale Belge, 97, Okt. 1961, S. 89–104). – J. Baumbach, *Nightmare of a Native Son: R. E.'s »Invisible Man«* (in Crit, 6, 1963, Nr. 1, S. 48–65). – F. R. Horowitz, *R. E.'s Modern Version of Brer Bear and Brer Rabbit in »Invisible Man«* (in Midcontinent American Studies Journal, 4, 1963, 2, S. 21–27). – J. H. Randall, *R. E.: »Invisible Man«* (in Revue des Langues Vivantes, 31, 1965, S. 24–45). – R. Bone, *R. E. and the Uses of Imagination* (in *Anger and Beyond. The Negro Writer in the United States*, Hg. A. Hill, NY 1966, S. 86–111). – *R. E. A Collection of Critical Essays*, Hg. J. Hersey, Englewood Cliffs/N.J. ²1974. – J. Covo, *The Blinking Eye. R. W. E. and His American, German, and Italian Critics, 1952–1971*, Metuchen/N.J. 1974. – F. Gysin, *The Grotesque in American Negro Fiction. J. Toomer, R. Wright and R. E.*, Bern 1975. – P. A. Th. Griffith, *The Technoscape in the Modern Novel. A. Solzenitsyn's »The First Circle« and R. E.'s »Invisible Man«*, Los Angeles 1976. – V. B. Gray, *»Invisible Man«'s Literary Heritage, Benito Cereno and Moby Dick*, Amsterdam 1978. – K. W. Dietz, *R. E.s Roman »Invisible Man«*, Ffm. u. a. 1979. – R. Franzbecker, *Der moderne Roman des amerikanischen Negers: R. Wright, R. E., J. Baldwin*, Darmstadt 1979. – R. G. O'Meally, *The Craft of R. E.*, Cambridge/Mass. 1980; ²1982. – R. F. Dietze, *R. E. The Genesis of an Artist*, Nürnberg 1982. – M. W. Martin, *»Invisible Man« and the Indictment of Innocence* (in CLA; 25, 1982, S. 288–302). – P. Winther, *The Ending of R. E.'s »Invisible Man«* (ebd., S. 267–287). – R. G. O'Meally, *The Rules of Magic: Hemingway as R. E.'s ›Ancestor‹* (in Southern Review, 21, 1985).

GISELA ELSNER

* 2.5.1937 Nürnberg

LITERATUR ZUR AUTORIN: M. Gerhardt, *G. E.* (in *Neue Literatur der Frauen*, Hg. H. Puknus, Mchn. 1980, S. 88–94). – W. Preuß, *Von den »Riesenzwergen« bis zur »Zähmung«. Mit einer Marginalie von K. Konjetzky* (in kürbiskern, 1985, H. 1, S. 119–131). – W. Kässens u. M. Töteberg, *G. E.* (in KLG, 29. Nlg., 1988).

DAS BERÜHRUNGSVERBOT

Roman von Gisela ELSNER, erschienen 1970. – Der Roman, teilweise auf authentisches Material zurückgreifend, zeichnet eine bissige Satire auf das gutsituierte Bürgertum der Bundesrepublik, das von der sexuellen Revolution der sechziger Jahre zwar zu modischen Befreiungsübungen verführt wird, aber nicht in der Lage ist, sich aus den Zwängen und Tabus der bürgerlichen Moral tatsächlich zu lösen.

Im Mittelpunkt des Romans stehen fünf Herren, die nur mit ihren Nachnamen Stößel, Keitel, Hinrich, Dittchen und Stief bezeichnet werden und nicht als individuelle Charaktere erscheinen, sondern durch ihre Rollenattribute auf ihren Status als Angehörige des bürgerlichen Mittelstandes reduziert sind; ihre Gehälter sind nicht nur Entgelt für Arbeit, sondern »*zugleich Entgelt für einen Lebenswandel, der beispielhaft und dennoch nachahmbar bleiben mußte*«. Die überlieferte Struktur repressiver Sexualität wird am Beispiel der Verlobung Keitels mit seiner Frau beschrieben, die – Teil des sozialen Aufstiegs – für ihn Pfand und Beute zugleich ist, deren Haut, in Absprache mit der alles kontrollierenden Mutter, zentimeterweise ihm den Heiratsversprechen freigegeben wird. Die Ehen und das Zusammenleben der Paare im Reihenhaus mit Vorgärten sind eine Kopie der Ehen der Eltern, einschließlich der geltenden Tabus wie der Formen der Kindererziehung.

Eine Änderung im Freundeskreis der Männer tritt ein, als Stief, der jüngste der Freunde und bislang unverheiratet, eine Konditorentochter ehelicht, die zwar beträchtlichen Reichtum, aber nur wenig Sozialprestige besitzt und der die Verachtung gegenüber der eigenen Herkunft anerzogen wurde. Durch seinen Lebensstil, den ihm die Mitgift der Frau ermöglicht, hebt Stief sich nun von seinen Freunden ab, die ihrerseits wiederum von der gutaussehenden jungen Frau fasziniert sind. Als er seine Freunde samt ihren Frauen erstmals einlädt, wächst sich die Party unversehens zu einer Orgie aus. Bald treffen sich die Freunde nicht mehr zum Bier, sondern, nachdem man die Kinder zu Bett gebracht hat, zu Gruppensex und Partnertausch, bei dem allerdings keine Lampe brennen darf. Als das ungehemmte neue Sexualleben – nach dem Motto »*Licht aus, Hüllen fallen lassen, los*« mit zwanghafter Regsamkeit betrieben – an seine Grenzen stößt und langweilig wird, laden die Freunde zwei Professionisten in Liebesdingen ein, deren Vorbereitungen bei den Paaren (»*wir schämen uns nämlich bei Licht*«) solches Entsetzen hervorrufen, daß man sie hinauswirft und die zurückgelassenen Utensilien in einer Art Kulthandlung verbrennt.

Frau Stief, die Begehrte, wird nun von den Freunden mit dem Attribut »*pervers*« gebrandmarkt und zur Schuldigen für die zur lustlosen Ferkelei ausgearteten Treffen erkoren. Auch der Ehemann geht auf Distanz, als das von allen bedauerte Opfer einer »*haltlosen*« Frau, und als »*Entschädigung*« schenkt ihm Stößel den gehaßten Hund seines Schwiegervaters, der schließlich von der überzogenen Liebe Stiefs, der mittlerweile ins Dachzimmer seines Hauses gezogen ist, ebenso malträtiert wird wie vorher von den Tritten Stößels.

Nach einem Bierabend wie in alten Zeiten allerdings beschließen Stößel, Keitel, Hinrich und Dittchen, noch einmal Frau Stief aufzusuchen, die inzwischen unter dem Liebesentzug ihres Mannes leidet; alles, was ihr geblieben ist, ist die Sorge um den Hund. Aus Unsicherheit gegenüber den »*besseren Herren*« kann sich Frau Stief auch diesmal nicht wehren und wird von den Männern fast vergewaltigt, als Stief überraschend erscheint und die Ehefrauen der Freunde verständigt. Jeder muß nun auf seine Art Abbitte leisten: Dittchen durch Rührgerät, Entsafter und Trockenhaube, Hinrich durch Bargeld, Stößel, indem er vom Schwiegervater nun endgültig zum kitteltragenden Angestellten degradiert wird, und Keitel, indem seine Frau eine Allianz mit seinen Eltern eingeht und ihm im Namen des gemeinsamen Kindes verzeiht, das nun kultisches Objekt der Ehe wird. Die alte Ordnung ist damit wiederhergestellt, der Konvention Genüge getan, der herrschende Moralkodex wieder installiert.

Ein Spiel von Masken inszeniert Gisela Elsner in diesem Roman, in dem die Frauen keinen Namen tragen und die Männer im Privatleben die verdeckten, leerlaufenden Rituale des Konkurrenzkampfes mechanisch wiederholen. In ihrer spröden, jeder Illusionswirkung zuwiderlaufenden bilderlosen Sprache entwirft der Roman das Tableau eines Menschen, dem, aufgerieben zwischen Beruf und Familienleben, zwischen Fremd- und Selbstbeobachtung jedes Empfinden für die eigenen Bedürfnisse selbst im Intimbereich vollkommen abhanden gekommen ist. Statt dessen herrscht das Prinzip des bürgerlichen Tausches; die Frauen opfern ihre besten Jahre für die Kindererziehung, um mit dem sozialen Aufstieg des Gatten belohnt zu werden, die Männer behandeln die Frau als nützliches Statussymbol. Die sexuelle Revolution fungiert letzlich nur als Ventil für die Frustrationen des Alltags. Nach den grotesken Romanen *Die Riesenzwerge* (1964) und *Der Nachwuchs* (1968) findet Gisela Elsner mit diesem Werk zu einer satirisch-realistischen Schreibweise, die sich zunehmend mit den aktuellen Problemen der bundesdeutschen Zeitgeschichte beschäftigen (*Der Punktsieg*, 1977; *Die Zerreißprobe*, 1980; *Abseits*, 1982; *Die Zähmung, Chronik einer Ehe*, 1984; *Das Windei*, 1987).

D.De.-KLL

AUSGABEN: Reinbek 1970. – Reinbek 1975. – Reinbek 1982 (rororo).

LITERATUR: P. W. Jansen, Rez. (in FRs, 22. 5. 1970). – D. Segebrecht, Rez. (in FAZ, 22. 9. 1970). – K. H. Kramberg, Rez. (in SZ, 21. 11. 1970). – W. Ross, Rez. (in Die Zeit, 12. 3. 1971). – J. P. Wallmann, *Bericht von guten Bürgern* (in Zeitwende, 1971, H. 2, S. 138–140).

DIE RIESENZWERGE

Roman von Gisela ELSNER, erschienen 1964. – Das von der Kritik hochgelobte Erzähldebüt der Autorin – Auszüge aus dem Manuskript hatte Hans Magnus ENZENSBERGER bereits 1962 in der Anthologie *Vorzeichen I* veröffentlicht – beschreibt in zehn locker zusammengefügten Kapiteln grotesk überzeichnete Szenen aus dem Leben des jungen Lothar Leinlein. Eröffnet wird der Text mit der Erzählung *Die Mahlzeit*, die das tägliche Ritual des Mittagessens im Hause Leinlein schildert. Mit dem einleitenden Satz »*Mein Vater ist ein guter Esser. Er läßt sich nicht nötigen.*« beginnt die Beschreibung von Lothars Stiefvater, des Oberlehrers Leinlein, der jeden Tag große Mengen halbrohen Fleisches verschlingt, während Frau und Sohn letztlich nur als Beobachter bei diesem Schauspiel zugelassen sind. Vom Ritual der täglichen Nahrungsaufnahme ausgehend, enthüllt der Roman die Familiengeschichte der Leinleins. Lothars eigentlicher Vater, selbst Lehrer am Ort, war bei einem Sonntagsausflug der Familie in einem Hotel, in dem es plötzlich nichts mehr zu essen gab, von hungrigen Hotelgästen aufgefressen worden. Herr Leinlein, Anführer der kannibalischen Rotte, hatte in der Folgezeit, als eine Art Wiedergutmachung, so lange um die Mutter Lothars geworben, bis diese schließlich in die Ehe einwilligte. An die Tat erinnert der Gang der Familie zum Grab des Vaters an dessen Todestag, dem einzigen Tag im Jahr, an dem Oberlehrer Leinlein hungernd beobachten muß, wie sich Frau und Sohn endlich einmal sattessen können.

Die weiteren Erzählungen, überschrieben mit *Der Wirt*, *Der Knopf*, *Die Prozession*, *Die Schafe*, *Die Ruderer*, *Der Herr*, *Die Insassen*, *Der Achte* und *Die Hochzeit*, beleuchten in einem Panorama groteskmakabrer Bilder weitere Personen aus dem Lebensumkreis des jungen Lothar. In der zweiten Erzählung *(Der Wirt)* besucht Lothar wegen eines Bandwurmleidens den Arzt Dr. Trautbert. Dieser lebt davon, daß seine vier bissigen Hunde nahe der Praxis Menschen anfallen, er sich somit seine Patienten selbst schafft. Auch in dieser Erzählung stehen Mahlzeiten im Mittelpunkt, die Fütterung der Hunde und die Mahlzeit des Bandwurms im Darm von Lothar, dessen »Wirt« er geworden ist: »Ich bin nicht mehr allein mit mir«, beschreibt Lothar seinen Zustand, der durch den Verzehr halbrohen Fleisches hervorgerufen wurde.

Die Erzählung *Der Knopf* beschreibt eine Schulstunde, in der Oberlehrer Leinlein seinen Schülern das Annähen eines Knopfes beibringt, ein Vorgang, an dem er selbst jeden Morgen scheitert, was zum alltäglichen Familiendrama und der Demütigung seiner Frau ausartet.

Das wiederkehrende Moment aller Erzählungen ist die Überzeichnung kleinbürgerlicher Rituale, Konventionen und Ängste ins Grotesk-Monströse; in der Erzählung *Die Prozession* fordert der einbeinige Herr Kecker das Mitleid seiner Umwelt, bis ihm durch einen beinlosen Krüppel ein unbesiegbarer Konkurrent erwächst. In ihrer formalen Struktur ist jede Erzählung zweigeteilt, wobei sich die Autorin in einer kreisenden Bewegung dem eigentlichen Thema nähert. So beginnt das Kapitel *Die Schafe* mit einer detaillierten Schilderung von Lothars häßlichen, ungleichen und mit Blutblasen übersäten Füßen, um dann zur Beschreibung des sonntäglichen Familienausfluges überzugehen. Wiederholungen, akribischer Realismus und Spiegelungen sind die sprachlichen Mittel, die den alltäglichen Verhaltensweisen immanente Grausamkeit hervorzuarbeiten, wobei sich die Autorin in ihrer schwer lesbaren, durch häufige Einschübe verschachtelten Prosa jedes Kommentars und jeder Erklärung enthält; sie beschreibt Figuren, denen sie keine Entwicklung erlaubt. Der folgende Roman *Der Nachwuchs* (1968) leitet die Wandlung der Autorin zu einer realistischeren Erzählweise ein.
D.De.-KLL

AUSGABEN: Reinbek 1964. – Reinbek 1968. – Reinbek 1985 (rororo).

LITERATUR: G. Blöcker, Rez. (in FAZ, 4. 4. 1964). – M. Reich-Ranicki, Rez. (in Die Zeit, 26. 6. 1964). – H. Jaesrich, *Der große Haufen oder die ganz klitzekleinen Super-Riesen* (in Der Monat, 1964, H. 189, S. 74–77). – L. H. Barnes, *The Dialectics of Black Humor*, Ffm. u. a., 1978.

WILLEM ELSSCHOT

d.i. Alfons Josez de Ridder
* 7.5.1882 Antwerpen
† 31.5.1960 Antwerpen

LITERATUR ZUM AUTOR:
F. Buyens, *W. E.*, Borgerhout 1951; ²1978. –
F. Smits, *W. E.*, Brüssel 1952; ²1976. –
G. Stuiveling, *W. E.*, Brüssel 1960. –
S. Carmiggelt, *Notities over W. E.*, Amsterdam 1975. – Bzzlletin, 5, 1977, Nr. 45 [Sondernr. *W. E.*]. – H. Lampo, *W. E.* (in H. L., *Dialogen met mijn Olivetti*, Brüssel 1980, S. 22–40). – *Over W. E.: beschouwingen en interviews*, Hg. A. Kets-Vree, Den Haag 1982. – B. Rousseeuw, *Van hier tot Peking: over W. E.*, Borgerhout 1983. – A. Keets-Vree, *Word voor woord: theorie en praktijk van de historisch-kritische uitgave van een prozatekst, gedemonstreerd aan »Een ontgoocheling« van W. E.*, Utrecht 1983.

HET DWAALLICHT

(fläm.; *Das Irrlicht*). Erzählung von Willem ELSSCHOT, erschienen 1946. – Der noch längst nicht gebührend geschätzte Antwerpener Erzähler bleibt

auch in diesem knapp vierzig Seiten umfassenden Werk dem seit *Tsjip* (1934) eingeschlagenen Weg treu: nach der erbarmungslosen Analyse bürgerlicher Katastrophen (*Lijmen*, 1927; *Kaas*, 1937) schlägt er versöhnliche Töne der Lebensbejahung und Güte an. Das »Irrlicht« ist ein zweifelhaftes flämisches Mädchen, das einer Gruppe afghanischer Matrosen auf einem in Antwerpen liegenden Frachter ein paar Habseligkeiten abbettelt und sich, nachdem es gebührende Entlohnung versprochen und eine falsche Adresse angegeben hat, aus dem Staub macht. In einer kalten Regennacht brechen die allesamt in das Mädchen verliebten Seeleute auf zu einer deprimierenden Odyssee durch die Großstadt, begleitet von einem gutmütigen Einheimischen, der die ihnen zustoßenden unerquicklichen und bedrohlichen Abenteuer in der Ichform beschreibt: die Abwehr eines brutalen Bordellschleppers, Begegnungen mit mißtrauischen und tückischen Laden- und Hotelbesitzern, Streit mit Unterwelttypen und Polizisten. Allmählich aber entspinnt sich zwischen dem hilfsbereiten Bürger und den Besuchern aus einer fremden Welt ein Gespräch, das alle Fundamente menschlichen Daseins berührt: Religion, Staatsordnung, soziale Gerechtigkeit, Geschlechtsmoral. Am Leben und Fühlen der Fremden gemessen, enthüllt sich unmerklich die Absurdität nie in Zweifel gezogener abendländischer Glaubensvorstellungen, die Brutalität versteckten westlichen Rassenhochmuts, die Würdelosigkeit des Lebens kleiner Leute in den großen Städten Europas. Die Suche nach dem »Irrlicht« Maria bleibt vergebens, dafür aber geht den Männern eine Ahnung auf von der alle Verschiedenheit überbrückenden menschlichen Gemeinsamkeit, die der Wortführer der Fremden in einer feierlichen Abschiedsrede beschwört.
Der Spätstil Elsschots läßt sich kaum besser würdigen als mit den Worten eines anderen bedeutenden Flamen, Marnix GIJSEN: *»Die Essentialia des Lebens, den bittersüßen Kern der kleinen, täglichen Ereignisse hat Elsschot in vollkommener Wahrhaftigkeit und klassischer Einfachheit eingefangen. Es ist nicht anzunehmen, daß diese allen Beiwerks entkleidete Prosa, die niemals durch Wohlklang zu bestechen sucht und sich keinen Augenblick zu Rhetorik oder Lyrismen verleiten läßt, jemals altern wird.«* H.Ho.

AUSGABEN: Amsterdam 1946. – Amsterdam 1957 (in *Verzameld werk*; ⁶1963).

VERFILMUNG: Belgien 1972 (Regie: F. Buyens).

LITERATUR: K. Fens, *Het verhaal van de publieke man* (in K. F., *De gevestigde chaos*, Amsterdam 1972, S. 59–67). – J. Weisgerber, *Aspecten van de Vlaamse roman 1927–1960*, Amsterdam ³1973, S. 92–105. – R. Vervliet, *»Het dwaallicht« achterna. Een poging tot synthetisch interpreteren* (in Studia Germanica Gandensia, 15, 1974). – R. de Ruiter u. H. Bekkering, *Laarmans en de religie. Enkele opmerkingen n. a. v. E.s »Dwaallicht«* (in Nieuwe taalgids, 72, 1979, S. 222–230).

KAAS

(fläm.; *Ü: Kaas*). Roman von Willem ELSSCHOT, erschienen 1933. – »Kaas« ist nichts anderes als Käse, und der tragische Held und Erzähler dieser Episode im Zeichen des Käses ist der Mann mit dem Durchschnittsnamen Frans Laarmans. Er ist ein unbedeutender Angestellter in einer Antwerpener Werft. Beim Begräbnis seiner Mutter lernt er einen Freund seines Bruders, des Arztes, kennen, den reichen, einflußreichen und stets liebenswürdigen Mijnheer van Schoonbeke, und kommt durch ihn bald mit der »großen Welt« der Kaufleute, Bankiers und Anwälte in Berührung. Zunächst wird Laarmans in diesem Kreis eigentlich nur geduldet, aber sein sozialer Aufstieg scheint gesichert, als er sich die Generalvertretung von Holländer Käse für Belgien und Luxemburg aufschwatzen läßt. Tatenfroh geht er, der ein völliger Neuling in der Handelsbranche ist, an die Einrichtung seines Büros, von dem aus er seine Aktion starten will. Als erstes erfindet er einen klangvollen Namen für seine Firma – »*General Antwerp Feeding Products Association*«, abgekürzt »*Gafpa*« – und schafft sich Telefon, Briefpapier und Auftragsformulare an. Gafpa wird einschlagen und den belgischen Markt erobern. Es rollen bereits die ersten Tonnen Edamer heran, und noch ehe Laarmans die Vorbereitungen zu seinem Einsatz abgeschlossen hat, glaubt sein Auftraggeber in Amsterdam die riesige Ladung schon verkauft. Neue Waggons werden angekündigt, der Käse wird zum Alpdruck, zu einer Lawine, die Laarmans niederzuwalzen droht und erst zum Stillstand kommt, als der frischgebackene Kaufmann seinen Auftrag wieder zurückgibt und reumütig in das Kontor der Werft zurückkehrt. Sorgsam achtet seine Frau darauf, daß fortan kein Edamer mehr auf den Tisch kommt.
Laarmans ist der ewige Prügelknabe und eine immer wiederkehrende Gestalt im Werk Elsschots – so in *Lijmen*, 1924 *(Leimen)*, *Tsjip*, 1934 *(Tsjip)*, *Pensioen*, 1937 *(Pension)*, *Het been*, 1938 *(Das Bein)*, *De leeuwentemmer*, 1940 *(Der Löwenbändiger)*, und *Het dwaallicht*, 1946 *(Das Irrlicht)*. Die literarische Bedeutung des Buchs beruht nicht allein auf der Sparsamkeit der angewandten Mittel, der unterkühlt schlichten Sprache, der straffen Komposition und dem sich steigernden Erzähltempo, sondern auch auf der formalen Geschlossenheit und dem äußerst dramatischen Aufbau – der Autor hat sogar eine Personenliste vorangestellt. Von besonderem Interesse ist die Einleitung, in der Elsschot seine Lebens- und Kunstanschauungen darlegt, die in der anschließenden Erzählung mit souveräner Kunst exemplifiziert werden. Vor allem geht es ihm um die Bestimmung des Tragischen: Während in der Natur das Tragische im Geschehen selbst liege, liege es in der Kunst eher im Stil als in dem, was geschieht. J. de K.

AUSGABEN: Amsterdam 1933. – Amsterdam 1957 (in *Verzameld werk*; ⁶1963). – Amsterdam 1959. – Antwerpen ⁷1964 [Anm. F. J.-B. Janssens].

ÜBERSETZUNG: *Kaas*, A. Kalmann-Matter, Düsseldorf/Köln 1952.

LITERATUR: K. Fens, *Kaas contra fromage* (in K. F., *De eigenzinnigheid van de literatuur*, Amsterdam ³1972, S. 72–76). – F. de Schryver, *»Kaas« van W. E. Structurele ontleding* (in Nova et vetera, 54, 1977, S. 180–190). – J. van Delden, *W. E., »Kaas«*, Vaassen 1983.

LIJMEN

(fläm.; *Leimen*). Roman von Willem ELSSCHOT, erschienen 1924. – Der Titel bedeutet hier, jemand »auf den Leim führen«; das nämlich ist die Geschäftspraxis eines Schwindelunternehmens, über das Frans Laarmans, der kleinbürgerliche Pechvogel vieler Erzählungen Elsschots, einer Rahmenfigur berichtet: Boorman, der als negativer Held gleichfalls in mehreren Werken des flämischen Dichters wiederkehrt, ist ein Betrugsgenie und hat mit einer »Weltzeitschrift für Finanz, Handel, Industrie, Kunst und Wissenschaft« die Idee der Industriewerbung gleichsam zur zweckfreien Kunst erhoben. Dieses Werbeblatt ohne Abonnenten wird mit teils erpresserischen, teils bauernfängerischen Tricks in Tausenden von Einzelnummern Geschäftsleuten aller Branchen angedreht; es enthält immer wieder die gleichen Artikel, nur Illustrationen, Produktbezeichnungen und Firmennamen werden ausgewechselt. Laarmans, den Boorman Hals über Kopf zum Geschäftsführer, Redakteur und Vertreter in einer Person ernannt hat, wächst nach anfänglichen Skrupeln in seine fragwürdige Rolle hinein und bringt es bis zur Selbständigkeit. Groteske Charaktere und Situationen – ein betrügerischer Leichenbestatter, die monströse Geschäftsleiterin eines Zwergunternehmens mit alptraumhaften Betriebsverhältnissen – gewinnen durch nüchtern-präzise Beschreibung eine bedrohliche Über-Realität. In ironischer Reprise des Beginns versucht Laarmans seinem Zuhörer – dem Ich der Rahmenerzählung – den Direktorposten unter denselben Voraussetzungen aufzuschwatzen, die Mephisto-Boorman seinerzeit so erfolgreich an ihm selbst erprobte; aber das Vorhaben mißglückt. Als moderner Peter Schlemihl bleibt er dazu verdammt, substanzlos-schmarotzerhaft weiterzuvegetieren.

In *Het been*, 1938 *(Das Bein)* – in Elsschots *Verzameld werk* als zweiter Teil von *Lijmen* bezeichnet – geht es um ein Holzbein, über das Boorman im buchstäblichen wie im übertragenen Sinn stolpert. Es gehört jener von ihm so übel begaunerten Madame Lauwereyssen, die es in *Lijmen* stolz verschmähte, einen Ratenerlaß von Boorman anzunehmen. Der Schwindler, seit dem Tod seiner Frau nicht mehr so skrupellos, fürchtet, das Schicksal dieser Madame Lauwereyssen könne mit der Finanzmisere zusammenhängen, in die er sie damals durch seine Bauernfängerei gebracht hatte. Das Bein wird ihm und Laarmans zum gespenstischen Symbol gemeinsam verübter Niedertracht, und zwischen beiden beginnt ein zäher, hintergründiger Kampf um den Schuldanteil. Nach einer Art Doppelbeichte bei einem geistlichen Vetter Laarmans' versuchen sie mit einer Rückgabe des unredlich erworbenen Gewinns zu büßen, doch die Reuigen werden hinausgeworfen. Boorman begreift die Welt nicht mehr. Als Madame Lauwereyssen schließlich Bankrott macht, versucht er, aus der Konkursmasse für eine unsinnige Summe den Rest der gelieferten Schwindelzeitschriften zu ersteigern, landet prompt im Irrenhaus, dem er nur mit knapper Not wieder entrinnt, und erreicht endlich durch Vermittlung des Priester-Vetters von der bedauernswerten Madame Lauwereyssen doch noch die Vergebung. Laarmans aber desertiert, läßt sich vom Pfarrer eine Frau nebst Angestelltenposten aufdrängen und wird wieder, was er immer gewesen ist: ein Mensch ohne Gesicht, ohne Prägung – ein Niemand. Boorman jedoch, glücklich vom »Bein«-Alp befreit, schließt schon am ersten Tag seiner Rückkehr ins Unternehmen ein Millionengeschäft ab und ist wieder der alte – ein Mann, den nur der Tod daran hindern wird, *»alles zu nehmen, was er nur kriegen kann«*. – In den beiden Romanen hat Elsschot, selbst zeitweilig Direktor eines Antwerpener Werbebüros, teilweise Selbsterlebtes gestaltet. Die autobiographischen Elemente lassen jedoch keinesfalls eine Identifizierung des Autors mit Laarmans zu. H.Ho.

AUSGABEN: Amsterdam 1924 *(Lijmen)*. – Amsterdam 1938 *(Het been)*. – Amsterdam 1957 (in *Verzameld werk*; ⁶1963).

LITERATUR: B. Samson, *Boormans ware aard* (in Tirade, 20, 1976, S. 517–524). – G. Marks-van Lakerveld, *Over »Lijmen« / »Het been«*, Amsterdam 1977.

TSJIP

(fläm.; *Ü: Tschip*). Roman von Willem ELSSCHOT, erschienen 1934. – Dieses Hohelied der Großvaterliebe, dem Enkel des Dichters gewidmet und, wie die meisten Arbeiten Elsschots, voller autobiographischer Anklänge, kann neben *Kaas* (1933) wohl als das bedeutendste und geschlossenste Werk dieses Autors gelten. »Tschip« ist der dem Sperlingsruf nachgebildete Kosename eines Säuglings, der erst im letzten Kapitel seinen Einzug hält und die lange, rührende Geschichte einer flämisch-polnischen Liebschaft und Heirat beschließt, die der frischgebackene Großvater Frans Laarmans, Standardfigur vieler Bücher von Elsschot (vgl. z. B. *Kaas*), in der Ichform erzählt. Die äußerst knappe und exakte Chronik der Begegnung zweier Welten – der mittelständischen Antwerpener Freidenkerfamilie mit dem Sproß einer bigotten polnischen Großbürgersippe – enthält zwei Szenen von wahrhaft abgründigem Humor: der Besuch des zukünftigen Schwiegervaters aus Polen und die Katechis-

muslektion, die der Freidenkervater seiner Tocher Adèle erteilt, damit sie getauft und mit Benek in letzter Sekunde noch katholisch getraut werden kann.
Nach G. KNUVELDER kommt die »*warme, tiefe Lebensliebe und Menschlichkeit*«, die mehr oder weniger latent das gesamte Schaffen des Autors durchzieht, gerade in diesem Roman, der als »*Wendepunkt in Elsschots Entwicklungsgang betrachtet werden kann*«, besonders deutlich zum Ausdruck. In ihm spürt man, wie M. GIJSEN es formuliert, »*auch eine ungewöhnliche Gefühlskeuschheit, eine scheue Rührung, die ... nur ungern die seltenen Dinge entblößt, die im Dasein von wirklicher Bedeutung sind*«.
Die ganze Handlung strebt konsequent auf die Schlußszene zu, wo der Erzähler sein Enkelkind kennenlernt, und das Buch scheint einzig wegen dieses »*Jubelschreis der letzten Seite geschrieben*« (M. Gijsen); »*Denn ich bin bereit, Verzicht zu leisten auf alles, im Tausch gegen den Atemzug des jungen Lebens, für den Duft der aufblühenden Rose.*« – Der Epilog *Hinter den Kulissen. Analyse der Einleitung zu Tsjip* gewährt einen Blick in die literarische Werkstatt des großen Flamen. Zugleich mag er ein Akt der Selbstreinigung für einen Dichter gewesen sein, der wie kaum ein anderer die Entblößung privater Gefühlssphären als künstlerische Todsünde betrachtet hat.
Die unmittelbare Fortsetzung von *Tsjip* bildet der Roman *De leeuwentemmer*, 1940 *(Der Löwenbändiger)*, die Geschichte eines Kindes und einer Kindesentführung. In Briefform werden die weiteren westöstlichen Lebensabenteuer des inzwischen dreijährigen Tschip, nunmehr gut flämisch Jantje genannt, berichtet: seine Menschen- und Welterkundungszüge, die zunehmenden Eheschwierigkeiten seiner flämisch-polnischen Eltern, die schließlich notwendige Trennung beider und endlich die geglückte Entführung aus Polen zurück ins Haus des Chronisten und Großvaters Frans Laarmans, jener zentralen Leidensfigur im Werk des Dichters. – Dieses Buch darf als eine der ersten kinderpsychologisch-literarischen Studien im modernen, h. h. unsentimental analysierenden Geist betrachtet werden und übertrifft darin etwa die *Jeremy*-Bücher des Zeitgenossen Sir Hugh WALPOLE (1884–1941) bei weitem. Das Besondere und Seltene daran ist die widerspruchslose Verknüpfung zweier fast unvereinbarer Darstellungsweisen: der nüchtern-unbestechlichen Zergliederung von Seelenregungen einerseits und der persönlicher Gefühlsbeziehung entspringenden, psychischen Einfühlung andererseits. So erstaunlich scharf und tief Elsschots Blick nämlich den kreatürlich-außermoralischen Wesenskern des Kindes – das ganz und gar nicht Liebenswerte also – erfaßt hat, so überwältigend bei aller Gefühlsverhaltenheit ist doch sein Vermögen, an solch ein Stück Natur im Kunstwerk alle Liebe zu wenden, deren er fähig ist – einfach, weil es ist, wie es ist. – Der versöhnliche Altershumor, der das ganze, stark autobiographisch geprägte Werk durchwärmt, wird nicht einmal von der Schilderung meuchlerisch-bigotter Verlogenheit, gegen die der berühmte Flame zeitlebens so erbittert wie erfolglos angekämpft hat, beeinträchtigt. H.Ho.

AUSGABEN: Antwerpen 1934.

ÜBERSETZUNG: *Tschip*, E. v. Hollander-Lossow, Bln. 1936.

LITERATUR: E. Steenberg, »*Tsjip*« (in Taal- en letterkunde, 20, 1982, S. 131–137).

KRISTIAN ELSTER D. Ä.

* 4.3.1841 Overhalla (Namdalen)
† 11.4.1881 Trondheim

LITERATUR ZUM AUTOR:
I. Berget u. a., *K. E.: en bibliografi*, Oslo 1980. – H. Christensen, *K. E.* (in H. C., *Nordiske kunstnere*, Kristiania 1895, S. 152–288). – G. Brandes, *K. E.* (in G. B., *Samlede skrifter*, Bd. 3, Kopenhagen 1900, S. 416–425). – K. Elster d. J., *Illustrert norsk litteraturhistorie*, 6 Bde., 4, Oslo ²1934, S. 220–231. – J. Nilsson, *K. E. 1841–1881*, Lund 1942. – G. Kjetsaa, *E. som Turgenjevs oversetter* (in Edda, 69, 1969, S. 162–173). – E. Beyer, *K. E.* (in E. B., *Norges litteraturhistorie*, 6 Bde., 3, Oslo 1975, S. 441–451). – W. Dahl, *K. E. – veien fra Grundtvig til Marx*, Oslo 1977. – K. Nygaard, *K. E. som teatermann* (in Edda, 79, 1979, S. 109–125). – A. Næss, *Innsikt og resignasjon: K. E. d. e.* (in K. Heggelund u. a., *Forfatternes litteraturhistorie*, 4 Bde., 1, Oslo 1980).

FARLIGE FOLK

(norw.; *Gefährliche Leute*). Roman von Kristian ELSTER D. Ä., erschienen 1881. – Vor allem diesem kurz nach seinem Tod veröffentlichten Roman hat es der Förster und Literaturkritiker Kristian Elster zu verdanken, daß er heute einen Rang neben anerkannten Literaturgrößen wie H. IBSEN, A. L. KIELLAND, B. BJØRNSON und J. LIE beanspruchen darf. Jahrzehntelang fristete er allerdings, von der norwegischen Literaturwissenschaft fast völlig vernachlässigt, ein Schattendasein; sein schmales Werk war bestenfalls Experten bekannt, seine Novellen, Romane und frühen Dramen im Buchhandel lange nicht erhältlich. Erst ab etwa 1966, als in Norwegen allmählich eine stärkere Auseinandersetzung mit dem progressiven kulturellen Erbe begann, erkannte man die Verdienste Elsters. Er gilt seitdem zu Recht als einer der interessantesten Apologeten der von Georg BRANDES initiierten Poetik des »modernen Durchbruchs«; sein Buch »*Farlige Folk*«, ein »*Hauptwerk der norwegischen Li-*

teratur« (W. Dahl), gehört inzwischen zum Kanon der Schulklassiker. Trotz der mitunter altbacken anmutenden Erzähl- und Kompositionstechnik ist die Modernität des Romans augenfällig. Mit bemerkenswertem Mut zur Aktualität und ungewohnter historischer Weitsicht erfaßt er die von der hektischen Industrialisierung ausgelösten Konflikte der Zeit. Die sich erstmals in aggressiven Protesten artikulierenden Arbeiter werden vom Autor als neue soziale Gruppe ernst genommen, wegen ihrer Unberechenbarkeit aber auch gefürchtet.

Eine namenlose Hafenstadt an der westnorwegischen Fjordküste wird seit jeher von wenigen reichen Familien – Kaufleute, Schiffsreeder, Fabrikbesitzer, hohe Beamte und Lehrer – beherrscht. Gemeinsam mit der unter pietistischem Einfluß geratenen Amtskirche bilden sie ein schier unüberwindliches Machtkartell, das alle öffentlichen Bereiche kontrolliert. Gegen diese oligarchischen Verhältnisse formiert sich zögernd eine Opposition aus kleinen Händlern, Handwerkern, Bauern und Arbeitern, die in dem Emporkömmling Arne Holt und seinem Sohn Knut zwei intelligente Repräsentanten erhält. Besonders auf dem jungen Mann, der nach seinem Medizinstudium Reisen nach Rußland und Nordamerika unternahm und als *»glühender Demokrat«* in die kleine Stadt zurückkehrte, ruhen die Hoffnungen der Unzufriedenen. Zu Beginn des Romans, er spielt um 1870, erreicht Knut nach einer weiteren, langjährigen Seereise, von der zunächst kaum Einzelheiten bekannt werden, den heimatlichen Hafen. Schnell wird seinem Vater und seinem besten Freund, dem Bankangestellten Peter Strøm, bewußt, daß Knut sich im Ausland stark verändert hat; von seiner Energie und seiner einstmals gefürchteten Streitlust ist nur noch wenig zu spüren. Der enttäuschte Vater, der seinen Sohn bei den bevorstehenden Parlamentswahlen als Kandidaten gegen den mächtigsten Mann des Ortes, Klaus Hamre, aufbieten wollte, erfährt nur, daß er seine argentinische Verlobte bei einem Schiffsunglück verloren hat. – Erst ein mehrmonatiger Landaufenthalt leitet die Wende ein. Zunächst auf dem besten Wege, einem dekadenten Zynismus und einer politisch völlig indifferenten Haltung anheimzufallen, ist es schließlich die junge Kornelia Vik, die ihn aus seinem *»kraftlosen Zuschauerdasein«* aufrüttelt. Ihr allein hatte Knut zuvor von seinen erschütternden Erlebnissen im Ausland erzählt: voller Idealismus war er ausgezogen, um für die Ärmsten der Gesellschaft zu kämpfen, doch angesichts der Verelendung der Arbeitermassen in den europäischen Großstädten wich er entsetzt zurück und floh nach Südamerika. Dort, auf einem Hof in der Pampa, fühlte er sich kurzfristig zu einem halbindianischen Mädchen hingezogen, das nach einer gemeinsam verbrachten Nacht seine Verlobte wurde, obgleich er keinerlei Liebe zu ihr empfand.

Kornelia, die sich allmählich von der ihr zugedachten Rolle der demütigen Christin emanzipiert, ohne ihren Glauben aufzugeben, entfacht durch ihre Zuneigung zu Knut neuen Eifer in ihm. Nach einer Bedenkzeit läßt er sich von der oppositionellen Partei für die Wahl nominieren. Auf einer stürmischen Kundgebung klagt er das despotische, auf Aberglauben gründende Regime der kirchlichen Würdenträger an und beschuldigt seinen Widersacher Klaus Hamre, der kurz zuvor seinen Arbeitern drastisch den Lohn gekürzt hat, der Ausbeuterei. Als die Stimmung immer mehr zu seinen Gunsten ausschlägt, ersinnen der Laienprediger Vildhagen und Bjørnholt, Oberlehrer der Lateinschule und Redakteur des offiziösen »Amtsblattes«, eine böse Intrige: sie behaupten, die Firma von Knuts Vater stehe kurz vor dem Bankrott, das Personal müsse entlassen werden. Die nach dieser Meldung in einen spontanen Streik tretenden Arbeiter beruhigen sich bald wieder; Arne Holt erhält von wohlhabenden Bürgern einen stattlichen Betrag zur Sanierung seiner Geschäfte. Knut tritt in die Firma ein und verlobt sich mit Kornelia. Das Glück scheint vollkommen zu sein. Doch in diesem Augenblick taucht völlig unerwartet das argentinische Mädchen, das jeder für tot hielt, in der kleinen Stadt auf. Es stellt sich heraus, daß sie sich zusammen mit einem Matrosen aus dem sinkenden Schiff retten konnte – nun macht sie vehement ihre Ansprüche auf Knut geltend. Unglücklich scheiden Kornelia und Knut voneinander und ergeben sich ihrem Schicksal.

Das überraschende Finale, das Elster großzügig mit Melodramatik angereichert hat, ist von zeitgenössischen Schriftstellerkollegen und zum Teil auch in der Forschung heftig kritisiert worden. Daß Arne und Knut Holt in ihren privaten Ambitionen und letztlich auch gesellschaftlich auf so spektakuläre Weise scheitern, hängt indessen ursächlich mit dem zunehmenden Pessimismus Elsters zusammen, dessen Glaube an eine Aussöhnung der sich rapide voneinander entfernenden sozialen Schichten wenige Monate vor seinem Lebensende schwer erschüttert war. Idealisierte er noch in dem Roman *Tora Trondal* die geistige Synthese aus Bauerntum und Beamtenstand, so unterstreicht er in *Farlige Folk* die Unmöglichkeit eines klassenübergreifenden Konsensus. Auf metaphorischer Ebene wird ein Bezug zwischen dem exotischen Pampamädchen und den gesellschaftlich desintegrierten, fremden Arbeitern hergestellt: Während die Argentinierin *»mit ihren funkelnden Augen einem aufgeschreckten, wilden Tier ähnelt«*, schildert Knut die Proletarier in den europäischen Ghettos als *»Gewimmel von raubgierigen Hungerleidenden«* und als *»menschliche Raubtiere«*. Ein harmonisches, glückserfülltes Verhältnis zwischen Knut und dem Mädchen ist, so indiziert diese den ganzen Roman durchwaltende sinnbildliche Korrespondenz, ebenso wenig möglich wie ein friedlicher Ausgleich zwischen den verschiedenen gesellschaftlichen Gruppierungen.

Die Verschärfung des sozialen Antagonismus lastet Elster jedoch nicht den Arbeitern an. Deren legitime lautstarke Proteste und mitunter chaotische Aktionen sieht er von der gängelnden Kirche und dem großbürgerlichen Herrschaftsapparat hervorgerufen. Indem er die Religion als Unterdrückungsinstrument durchschaut, die Verlogenheit der bourgeoisen Presse anklagt und generell in teilweise naturalistisch schonungsloser Weise Unrechtsverhältnisse beschreibt, folgt er konsequent den Forderungen Brandes', dessen berühmte Vorlesungen an der Kopenhagener Universität er 1873 interessiert verfolgte. Doch auch in einem anderen Punkt scheint sich Elster seinem literarischen Mentor anzuschließen: genau wie Brandes erkannte er in der Arbeiterklasse keine gesellschaftliche Alternative, die in der Lage wäre, die machtvolle bürgerliche Kultur zu überwinden. U.En.

AUSGABEN: Kopenhagen 1881. – Kopenhagen 1898 (in *Samlede skrifter*, 2 Bde.). – Kopenhagen 1903/04 (in *Samlede skrifter*, 2 Bde.). – Oslo 1967. – Bergen 1970.

ÜBERSETZUNG: *Gefährliche Leute. Ein socialer Roman*, J. C. Poestion, Bln. 1882 [Einl. G. Brandes].

LITERATUR: I. Holm, *En studie over K. E.s roman »Farlige folk«* (in Edda, 41, 1941, S. 225–263). – K. Johansen, *K. E.s Farlige folk* (in Vinduet, 27, 1973, H. 3, S. 19–29). – W. Dahl, *Farlige folk* (in Ders., *Norges litteratur*, 3 Bde., 1, Oslo 1981).

TORA TRONDAL

(norw.; *Tora Trondal*). Roman von Kristian ELSTER D. Ä., erschienen 1879. – In diesem einzigen zu seinen Lebzeiten publizierten Roman gestaltete Elster einen Konflikt, den er Jahre zuvor schon in seinem Essay *Über den Gegensatz zwischen dem westlichen und östlichen Norwegen* behandelt hatte: die tiefgreifende Auseinandersetzung zwischen dem sich politisch emanzipierenden heimischen Bauernstand und der häufig danophil ausgerichteten großbürgerlichen Beamtenschicht. Insofern spiegelt *Tora Trondal*, in einer bis dahin in der norwegischen Literatur kaum bekannten Komplexität, den in der zweiten Hälfte des 19. Jh.s sich stetig zuspitzenden Kulturkampf, der schließlich zu einem Sieg der national gesinnten Opposition gegen die von den Dänen installierten feudalistischen Bastionen führte. Obwohl der Roman im gleichen Jahr – und bei demselben Verleger – wie IBSENS *Et dukkehjem (Ein Puppenheim)* erschien und sich in ähnlicher Weise aktuellen sozialen Zuständen in Norwegen zuwendet, weist er jedoch eine vergleichsweise geringe Affinität zu den radikalliberalen Literaturthesen des »modernen Durchbruchs« auf – was vor allem damit zu erklären ist, daß Elster wesentliche Teile seines Manuskripts bereits zu Beginn der siebziger Jahre fertiggestellt hatte.

Der aus engen Verhältnissen Westnorwegens stammende Hans Ejd tritt in einer Gemeinde im Ostland eine Stelle als Kaplan an. Anfangs findet sich der junge Mann, der zuvor hautnah die rauhen Lebensbedingungen der Fischer und Bauern in seiner Heimat kennengelernt hatte, in der ihm fremden Umgebung nur schlecht zurecht. Er erweist sich als wenig umgänglich, steif in der Konversation und desinteressiert an der Kunst; damit steht er in schroffem Gegensatz zu dem leutseligen Pfarrer Trondal und seiner Tochter Tora. Zwischen der feinsinnigen jungen Frau, die einst von einer Theaterkarriere in der Hauptstadt träumte, und Hans entspinnt sich aber bald eine zärtliche Zuneigung, die die charakterlichen Diskrepanzen zwischen ihnen mildert und am Ende überbrückt. Zu einem entscheidenden Erlebnis wird eine Szene während des allsommerlichen Schützenfestes: als der trunksüchtige Kapitän Struve die aufkommenden patriotischen Gefühle der Bauern verhöhnt und die Großgrundbesitzer hochleben läßt, ist allein Hans bereit, ihm in aller Öffentlichkeit entgegenzutreten. Diese Prinzipientreue bewundert Tora an ihm, während sie gleichzeitig gewahr wird, daß ihr Verehrer, der Jurist Erik Gran, ungleich oberflächlicher und opportunistischer die demokratische Entwicklung im Land unterstützt. Vorerst können sich Tora und Hans ihre gegenseitige Sympathie jedoch nicht gestehen, denn von verschiedenen Seiten wird die sich anbahnende Verbindung hintertrieben. Hans' Studienfreund Roti, ein fanatischer Anhänger der westnorwegischen Bauernkultur und ihres neu aufflammenden Sprachbewußtseins, intrigiert heftig gegen Tora, in der er eine Repräsentantin der *»privilegierten Klasse«* und eines affektierten Ästhetentums zu erkennen meint. Auch die sich als edle Philanthropin aufspielende Thea-Petrine, Tochter des mächtigen Amtmanns, beteiligt sich aus Mißgunst an dem Ränkespiel, das die beiden Liebenden fast entzweit. Erst als Hans die Unklarheit der Situation nicht mehr erträgt und es ihn zu einer reinigenden Aussprache mit Tora drängt, werden alle Hindernisse aus dem Weg geräumt. Sie geben ihre Verlobung bekannt und ziehen in den Westen, wo Hans sich seinen Jugendtraum erfüllt und Leiter einer neuen Volksschule wird. – Roti reagiert ungehalten und schickt seinem ehemaligen Freund ein bitterböses Glückwunschtelegramm: *»Verräter unserer Ideale, du hast dich mit der fremden Kultur verlobt! Zwischen uns ist alles vorbei!«*

Diese letzten Sätze markieren in krasser apodiktischer Form einen Kontrapunkt zur eigentlichen Botschaft des Romans. Elster stand zu Beginn der siebziger Jahre, als er an dem Buch arbeitete, noch ganz im Bann eines allmählich obsolet werdenden poetischen Realismus, der sich in Skandinavien nur zögernd von seinen idealistisch-romantischen Wurzeln befreite. Bei der Überwindung der Klassengegensätze zwischen Bauern und Beamten schien ihm, der zu diesem Zeitpunkt ein entschiedener Gegner der Pariser Commune war, jede Schärfe oder Militanz unangebracht; statt dessen vertraute er auf eine *»Reform der Herzen«*, die Toleranz gegenüber dem jeweils Fremden voraussetzte und eine positive historische Entwicklung von der kontinuierlichen Evolution des Charakters abhängig machte. Tora und Hans reifen zu idealen Verkörperungen dieses von äußeren sozialen Faktoren kaum tangierten Menschenbildes. Ohne ihre lokale und gesellschaftliche Herkunft zu verleugnen, lernen sie vorurteilsfrei voneinander und geben ein Beispiel für geistige Beweglichkeit. Dem aus einem Bauernmilieu stammenden Hans erschließen sich die Schätze einer ästhetischen Bildung, für die er anfangs nur Verachtung übrig hat; und Tora fühlt sich immer mehr von Hans' handlungsorientierten ethischen Grundsätzen angezogen. Ihre Verlobung verklärt sich zur Apotheose der Aussöhnung: West und Ost, bäuerliche Eigenständigkeit und die verfeinerte Lebenskultur des städtischen Establishments begegnen sich. In deutlichem Kontrast hierzu sind Thea-Petrine, der Amtmann, Roti und auch Hans' Rivale Erik Gran, trotz gegenteiliger Beteuerungen, nicht in der Lage, ihrem eigenen Milieu zu entwachsen und verharren auf alten Standpunkten.

Dennoch finden sich bereits in diesem frühen Roman Ansätze zu einer aggressiven Gesellschaftskritik: sie macht sich vor allem dort geltend, wo das Schicksal der Ehefrauen und Kammerjungfern, die häufig unter der Tyrannei der Hausherren und der bedrückenden wirtschaftlichen Not zu leiden hatten, geschildert wird. Elsters noch deutlich von GRUNDTVIG beeinflußtes Programm der Verständigung wird in diesen Passagen von einem kaum verhohlenen Haß gegen jahrhundertelanges Unrecht abgelöst. U.En.

AUSGABEN: Kopenhagen 1879. – Kopenhagen 1898 (in *Samlede skrifter*, 2 Bde.). – Kopenhagen 1903/04 (in *Samlede skrifter*, 2 Bde.). – Bergen 1971.

LITERATUR: R. Thesen, *Dei to kulturane: »Tora Trondal« av K. E.* (in Syn og Segn, 66, 1960, S. 289–295). – B. Hemmer, *K. E. d. e.: Tora Trondal, en analyse og en litteraturhistorisk plassering* (in Edda, 72, 1972, S. 65–78).

PAUL ÉLUARD

d.i. Eugène Grindel

* 14.12.1895 Saint-Denis
† 18.11.1952 Charenton-le-Pont

LITERATUR ZUM AUTOR:
Zeitschrift:
Cahiers É., Paris 1972 ff.
Biographien:
L. Décaunes, *P. É. Biographie pour une approche*, Rodez 1965. – R. J. Ségalat, *Album É.*, Paris 1968 (Pléiade). – R. Jean, *É. par lui-même*, Paris 1968. – L. Décaunes, *É., l'amour, la révolte, le rêve*, Paris 1982.

Gesamtdarstellungen und Studien:
L. Parrot, *P. É.*, Paris 1944; ern. 1953 (dt. *P. É.*, Neuwied/Bln. 1966). – M. Carrouges, *É. et Claudel*, Paris 1945. – A. Ingrassia, *É. et Baudelaire*, Aix-en-Provence 1962. – R. Pantanella, *L'amour et l'engagement d'après l'œuvre poétique de P. É.*, Aix-en-Provence 1962. – L. Perche, *P. É.*, Paris 1964. – H. Eglin, *Liebe und Inspiration im Werke von P. É.*, Bern/Mchn. 1965. – M. Meuraud, *L'image végétale dans la poésie d'É.*, Paris 1966. – A. Kittang, *D'amour de poésie*, Paris 1969. – R. Vernier, *›Poésie ininterrompue‹ et la poétique d'É.*, Paris/Den Haag 1971. – J.-D. Juillard, *Le regard dans la poésie d'É.*, Paris 1972. – Europe, 1973, Nr. 525 [Sondernr. *P. É.*]. – R. Nugent, *P. É.*, NY 1974 (TWAS). – R. Jean, *La poétique du désir*, Paris 1974. – J.-Y. Debreuille, *É. ou le pouvoir du mot*, Paris 1977. – A. Mingelgrün, *Essai sur l'évolution esthétique de P. É.*, Lausanne 1977. – M. Hozzel, *Bild und Einheitswirklichkeit im Surrealismus, P. É. u. A. Breton*, Ffm. u. a. 1980. – D. Bergez, *É. ou le rayonnement de l'être*, Paris 1982. – R. Warning, *Surrealistische Totalität und die Partialität der Moderne. Zur Lyrik É.s* (in *Lyrik und Malerei der Avantgarde*, Hg. ders., Mchn. 1982, S. 481–519). – J.-C. Gateau, *É. et la peinture surréaliste*, Genf 1982. – N. Boulestreau, *La poésie d'É.*, Paris 1985.

LETTRES À GALA 1924–1948

(frz.; Ü: *Liebesbriefe an Gala (1924–1948)*). Briefe von Paul ÉLUARD, erschienen 1984. – Diese Folge von Briefen Éluards an seine lebenslange Vertraute Gala (d. i. Helena Dmitrievna Diakovna) beginnt im Jahr 1924, elf Jahre nach der ersten Begegnung im Lungensanatorium Clavadel und endet 1948, vier Jahre vor dem Tod des Dichters. Erst 1982 wurden die Briefe von der Tochter Éluards und Galas im Nachlaß der Adressatin gefunden und erschienen 1984, 32 Jahre nach Éluards Tod, erstmals in Buchform. Vermutlich schrieb Éluard noch weitere Briefe an Gala, die jedoch verloren sind. Von Gala sind nur wenige Briefe aus den Jahren vor der Heirat erhalten. Sie sind im Anhang abgedruckt. Bei den Briefen handelt es sich primär um sehr persönliche Zeugnisse der Bindung zwischen Éluard und seiner russischen Freundin. Als Gala 1929 Salvador Dalí kennenlernt und sich nach zwölfjähriger Ehe von Éluard scheiden läßt, fühlt sich dieser zwar »*wie zum Tode verurteilt*« (Brief 69), er hält jedoch an seiner Überzeugung fest, daß Liebe nur von Freiheit getragen werden kann und schreibt: »*Ich will nur dein Glück, ich will nur deine Freiheit*« (Brief 89). Die Innigkeit, mit der sich Éluard in seinen oft sehr erotischen Briefen an Gala wendet, setzt sich auch fort, als er 1934 die deutsche Schauspielerin Nusch geheiratet hat, die als bevorzugtes Modell für den surrealistischen Photographen Man Ray und durch Picassos Porträts bekannt ist.

Éluards Briefe sind oft nur wenige Zeilen lang und in einem knappen, alltäglichen Stil verfaßt. Er schreibt über Geld und gesundheitliche Probleme und nimmt als Kunstsammler wiederholt auf neu erworbene Bilder Bezug, die hauptsächlich aus dem Kreis der Surrealisten stammen. Trotz ihrer Knappheit erlauben die Briefe des Dichters einen Einblick in den Alltag der surrealistischen Bewegung, der Éluard bis zur großen Pariser Surrealismus-Ausstellung im Jahr 1938 angehörte. Er berichtet über Treffen mit André BRETON, René CHAR und anderen und äußert sich z. B. in Zusammenhang mit der ARAGON-Krise (1931) über das immer wieder kontrovers diskutierte Problem der Vereinbarkeit der Doktrin des Kommunismus mit der Ästhetik des Surrealismus.

Ausführliche poetologische Überlegungen stellt Éluard in seinen Briefen an Gala nicht an. Diese geben jedoch Aufschluß über die Stationen der Genese einiger für den Surrealismus zentraler Texte, die Éluard, der in den zwanziger Jahren auch seine eigene surrealistische Zeitschrift ›Proverbe‹ herausgab, zusammen mit André Breton verfaßte: so z. B. *Ralentir travaux* (1930, unter zusätzlicher Mitarbeit von René Char), *L'immaculé conception* (1930), *Notes sur la poésie* (1936), und *Dictionnaire abrégé du surréalisme* (1938). T.T.

AUSGABE: Paris 1984, Hg. u. Komm. P. Dreyfus.

ÜBERSETZUNG: *Liebesbriefe an Gala (1924–1948)*, Th. Dobberkau, Hg. P. Dreyfus, Hbg. 1987.

LITERATUR: J.-Ch. Gateau, Rez. (in NRF, 1985, Nr. 385, S. 78–82). – C. de Radzitzky, Rez. (in Marginales, 40, 1985, Nr. 211/212, S. 48–51). – A. Hüfner Rez. (in SZ, 2./3. 5. 1987).

POÉSIE ET VÉRITÉ 1942

(frz.; Ü: *Dichtung und Wahrheit 1942*). Gedichtsammlung von Paul ÉLUARD, erschienen 1942. – Eine Broschüre von 28 Seiten, kaum handtellergroß, aufreizend der Titel, der als ein Schrei der Empörung vernommen und zugleich als ironische Anspielung auf ein bekanntes Werk in der Literatur jenes Landes verstanden werden wollte, dessen Wehrmacht Frankreich seit dem Juni 1940 zur Hälfte besetzt hielt. Die Broschüre enthält insgesamt sechzehn Gedichte, von denen sieben bereits ein Jahr zuvor unter dem Titel *Sur les pentes inférieures (Auf den unteren Hängen)* mit einem einleitenden Text von Jean PAULHAN erschienen waren. Sie wurde 1943 in Algier nachgedruckt, in Nordafrika und den alliierten Ländern verbreitet und über der besetzten Zone von englischen Flugzeugen abgeworfen. Diese Gedichte wurden dann, um andere vermehrt, während des Krieges und nachher wiederholt neu aufgelegt.
Über das Ziel, das Éluard mit dieser Sammlung und mit einigen weiteren verfolgte, hat er sich später in einem Nachwort zu der fünften und siebten Auflage in *Au rendez-vous allemand (Zum deutschen Stelldichein)* folgendermaßen ausgesprochen: Es galt, »um der Besatzung zu schaden, die freie Äußerung wiederzufinden. Und überall in Frankreich antworten sich die Stimmen, die singen, um die dumpfen Einflüsterungen des Tieres zu übertönen, auf daß die Lebendigen siegen, auf daß die Schmach getilgt werde. Singen, kämpfen, schreien, sich schlagen und sich retten ... Ja, auch die Dichtung mußte in den Maquis gehen. Sie kann nicht allzu lange ungefährdet mit Worten spielen. Es gelang ihr, alles aufzugeben, um nicht mehr zu spielen und einszuwerden mit ihrem ewigen Abglanz: mit der sehr nackten, sehr armen, sehr glühenden und immer schönen Wahrheit. Und ›immer schön‹ nenne ich sie, weil sie die einzige Kraft, das einzige Gut wird. Und dieses Gut ist unschätzbar.«

Éluard und seine Freunde, die Dichter und Maler des Surrealismus, gehörten seit langem größtenteils der kommunistischen Partei an. 1937 schrieb Éluard, während Picasso sein großes Bild für den spanischen Pavillon der Pariser Weltausstellung malte, ein berühmt gewordenes Gedicht auf die im Spanischen Bürgerkrieg von der deutschen Luftwaffe zerstörte Stadt Guernica (in *Cours naturel*, 1938 – *Natürlicher Lauf*); es folgten die düsteren Verse der »*fahlen Vorkriegszeit*«, der Zeit des »*grauen Krieges gegen die ewigen Wunder*« (*Le livre ouvert* I/II, 1940/1942 – *Das offene Buch* I/II); dann die aufrüttelnden Gedichte, mit denen Éluard, neben ARAGON, Pierre Jean JOUVE, Pierre EMMANUEL und anderen, eine Widerstandspoesie schuf, in der politisches Engagement und künstlerische Verantwortung sich gegenseitig stärken und steigern. Die nach dem Krieg, mehr oder minder aus offiziellen Anlässen, verfaßten Gedichte (etwa das Huldigungsgedicht zu Stalins 70. Geburtstag, in *Hommages*, 1950) gleiten dagegen häufig ins Rhetorische ab. Sie stehen nicht unter dem Druck der Not, und es fehlt auch meist das erotische Moment, aus dem heraus Éluard allein glaubwürdig ins Soziale ausgreift und fortschreitet. Das im Sommer 1941 niedergeschriebene Einleitungsgedicht zu *Poésie et vérité 1942*, *Liberté*, das zuerst die Überschrift *Une seule pensée (Ein einziger Gedanke)* trug, ist, seinem eigenen Bericht nach, als ein Gedicht auf Nusch, Éluards zweite Frau, entstanden, deren Name die Kette der Vierzeiler beschließen sollte. »*Doch ich bemerkte rasch, daß das einzige Wort, das ich im Sinn hatte, das Wort ›Freiheit‹ war: ›Und durch die Macht eines Wortes / Beginne ich mein Leben neu / Ich ward geboren dich zu erkennen / Dich zu nennen ›Freiheit.‹* « F.Ke.

AUSGABEN: Paris 1942. – Paris 1948 (in *Poèmes politiques*; Vorw. L. Aragon). – Paris 1968; zul. 1984 (in *Œuvres complètes*, Hg. M. Dumas u. L. Scheler, 2. Bde., 1; Pléiade).

ÜBERSETZUNG: *Dichtung und Wahrheit 1942*, L. Klünner (in *Ausgew. Gedichte*, Neuwied 1963).

LITERATUR: M.-R. Guyard, *Le vocabulaire politique de P. É.*, Paris 1974. – J.-C. Gateau, *É., Picasso et la peinture*, Genf 1983.

LA ROSE PUBLIQUE

(frz.; *Ü: Die öffentliche Rose*). Gedichtsammlung von Paul Éluard, erschienen 1934. – »*Die Erde ist blau wie eine Orange / Niemals ein Irrtum die Worte lügen nicht.*« Hat je ein Dichter größeres Vertrauen, größere Hoffnung in die Worte, die Bilder die Träume gesetzt als Éluard, aus dessen Gedichtband *L'amour la poésie* (1929) diese beiden vielkommentierten Verse stammen? Der Band ist Gala gewidmet, einer jungen Russin, die er 1912 in einem Schweizer Sanatorium kennengelernt hatte und die 1917 seine erste Frau wurde. (Als er sich 1930 von ihr trennte, heiratete sie seinen Freund, den Maler Salvador Dalí).

Fast alle Gedichte Éluards sind Liebeslyrik; als solche sind sie zugleich, vom Ansatz her und in ihrer Entfaltung, Gesellschaftskritik, politische Dichtung. Ein Thema der deutschen Romantik, wie es bei Novalis, bei Hölderlin aufklingt, wird wiederaufgenommen und neu akzentuiert: Die dichterisch Liebenden verwandeln einander in menschlichere Menschen; sie liefern sich bessere Gründe, das Leben lebenswert zu finden; sie stiften eine neue, hellere, reinere Welt. Voraussetzung ist für Éluard, daß die Liebe alles sei: nicht die transzendierende der Sehnsucht, nicht die »galante« der Eroberung, sondern die der schrankenlosen Gewährung und Gabe; diesseitig ganz und gar sinnlich und hieraus eine freudige Vernunft gewinnend. Beatrice, Laura, Sophie, Diotima sind keine Vorbilder mehr; die Geliebte ist diese sterbliche Gegenwart, die »öffentliche Rose«, nackt, offen, und ewig nur in der Entzückung des Augenblicks. So schenkt sie Freiheit; auch die schmerzliche, sie um einer anderen willen zu verlassen.

1930 trifft Éluard Nusch, alias Maria Benz aus Mühlhausen, die Tochter eines Akrobaten und in Deutschland beliebtes Photomodell für Postkarten, die 1934 seine zweite Frau wird. Ihr gelten die Liebesgedichte aus den dreißiger Jahren und darüber hinaus; vor allem in *La vie immédiate*, 1932 *(Das unmittelbare Leben), La rose publique, Facile*, 1935 *(Leicht), Les yeux fertiles*, 1936 *(Die fruchtbaren Augen)*, und *Le livre ouvert*, 1940/41 *(Das offene Buch)*. Hier erweist sich Éluard als der reichste, überzeugendste und zugänglichste Dichter des Surrealismus, von den großen Phantasmagorien der *Rose publique* bis zu den locker girlandenartigen Lobgedichten *(blasons)* auf Bäume, Blumen und Früchte des *Livre ouvert*. Manche Überschriften in der *Rose publique* lassen erkennen, daß hier so etwas wie ein Programm vorgetragen wird. So etwa: »*Eine immer neue, immer andere Persönlichkeit, erhebt die Liebe, Geschlecht mit Geschlecht verschmolzen in ihrem Widerspruch, sich unaufhörlich aus der Vollkommenheit meiner Begierden. Jede Vorstellung des Besitzes ist ihr notwendig fremd.*« Oder: »*Die dichterische Objektivität besteht nur in der Aufeinanderfolge, in der Verkettung aller subjektiven Elemente, die den Dichter bis auf weiteres nicht als ihren Herrn anerkennen, sondern als Knecht ihnen zu folgen zwingen.*«

Éluards Gedichte bestehen aus Wortgruppen, Sätzen, Versen, Bildern, die einzeln, zu wenigen, zu vielen, in langen Reihen erscheinen können, auch zu strophischen Gebilden, größeren Suiten oder Zyklen, ganzen Büchern zusammentreten. Die Syntax bevorzugt einfache, gebräuchliche Figuren der gesprochenen Rede, mit einer starken Neigung zu Ellipse und Anakoluth. Der Reim ist selten, Satzzeichen fehlen meist; die sehr subtile Gliederung erfolgt durch rhythmische, euphonische Mittel, durch thematische Korrespondenzen, Variationen. Alles in diesen Gedichten ist Vorgang, Vorübergang, unaufhörliche Bewegung, Verwandlung; das Tragende ist der Atem, das von Wort zu Wort, von Bild zu Bild wie auf Flügeln Fortstrebende und Überschießende. Sinn erobert sich nur aus der Verschwendung, aus der Zerstörung von Sinn in eine immer größere Offenheit hinein. Diese ist der Raum der Freiheit, den die Dichtung hervorbringt und den sie mit Nachdruck über sich hinaus behauptet: als Lebensraum und -grund für alle Menschen. Alle Menschen sollen Liebende sein, wechselseitig schenkende und sich erschaffende Herzen, Augen, Hände; beseitigen sollen sie alle Schwere, Starre, Enge: Grenzen, Satzungen; Gesetze, Vorschriften und Konventionen – zu begründen ein neues Reich: der Zärtlichkeit, der Liebkosung, des Lachens. F.Ke.

Ausgaben: Paris 1934. – Paris 1967 [zus. m. *La vie immédiate* u. *Les yeux fertiles*]. – Paris 1968; zul. 1984 (in *Œuvres complètes*, Hg. M. Dumas u. L. Scheler, 2 Bde., 1; Pléade).

Übersetzung: *Die öffentliche Rose*, M. Hölzer (in *Ausgewählte Gedichte*, Neuwied 1963).

Literatur: D. Baudouin, »*La vie immédiate*«, »*La rose publique*« *d'É.*, Paris 1973.

LE TEMPS DÉBORDE

(frz.; *Die Zeit tritt aus den Ufern*). Gedichte von Paul Éluard, erschienen 1947 unter dem Pseudonym Didier Desroches. – Als Éluard im Sommer 1940 *Liberté* (vgl. *Poésie et vérité, 1942*), das früheste und berühmteste Gedicht seiner Widerstandslyrik, niederschrieb, das zuerst seiner zweiten Frau zugedacht war und in ihrem Namen, Nusch, ausklingen sollte, stellte sich statt dieses Namens das Wort »Freiheit« ein, und so wurde aus einem Liebesgedicht ein politisches Manifest. Immer wieder in jenen Jahren beschwört Éluard die Frau, die Gefährtin als den Zeugen der Freiheit, als den Garanten eines lebenswürdigeren Lebens der Menschen miteinander. Am 28. November 1946 – Éluard ist auf Reisen – stirbt Nusch in Paris an einem Gehirnschlag. Der Dichter bricht zusammen; er ist dem Wahnsinn und dem Selbstmord nahe, vor dem ihn seine Freunde bewahren können. Im Juni 1947 erscheinen in einem kleinen Band, mit Photos von Nusch, unter dem Pseudonym Didier Desroches, die vor und nach dem Tod der Geliebten entstandenen Gedichte. *Le temps déborde* bildet ein Diptychon in chronologischer Folge, dessen Flügel um die Achse eines einzigen Alexandriners angeordnet sind, der nichts als das Datum von Nuschs Tod enthält: »*Vingt-huit novembre mil neuf cent quarante-six.*« Dann heißt es: »*Wir werden nicht zusammen altern. Dieser Tag ist zuviel: die Zeit tritt aus den Ufern. – Meine Liebe so leicht wird schwer wie eine Marter.*«

Unterdessen war als Gegenstück ein Zyklus sehr sinnlicher Gedichte, *Corps mémorable (Denkwürdiger Leib)*, entstanden, der ebenfalls 1947 unter dem Pseudonym Brun erschien und 1948 von Éluard erweitert und signiert wurde. Das Einleitungsgedicht »*Sandkorn meiner Rettung*« endet mit den Versen: »*Du hast mir einen Tag mehr aufgetan: ist es Heute? Ist es Morgen? Immer ist nichtig, Niemals ist nicht, Du läufst Gefahr, auf deine Kosten zu leben. – Minder als ich, der von einer anderen herkommt und dem Nichts.*« Diese Gedichte sind an eine junge Frau gerichtet, die damals mit ihm lebte, an »*Jacqueline, die mir das Leben wiedergeschenkt hat*«, wie es in dem folgenden Buche *Une leçon de morale*, 1949 *(Eine moralische Lektion)*, heißt. Die Lektion oder Lehre dieser Geschichte liegt in der kontrapunktisch entfalteten Dialektik von Böse und Gut, Tod und Leben, Vernichtung und Neubeginn, düsterem Gestern und dem »*Morgen das heute herrscht auf Erden*«. Um zu bekunden, daß er diese Erfahrung nicht nur als ein privates Erlebnis verstanden wissen wollte, hat Éluard den Liebesgedichten noch eine weitere Lektion angehängt: zwei Gedichtzyklen auf die griechischen Freiheitskämpfer unter dem Kommando des Generals Markos, bei denen er im Juni 1949 einige Tage verbracht hatte. Éluard ist der Dichter der Frau und der Liebe; alle seine Liebesgedichte von dem seiner ersten Frau Gala gewidmeten Bande *L'amour la poésie*, 1929 *(Die Liebe die Dichtung)* an, sind eine einzige große Lektion, eine Demonstration der Liebe in unserer Zeit. 1951, ein Jahr vor seinem Tode, heiratete er in dritter Ehe Dominique Lemor, die er 1949 in Mexiko kennengelernt hatte. Ihr ist sein letzter Gedichtband – *Le phénix*, 1951 *(Der Phönix)* – gewidmet, dessen Titel die ewige Wiedergeburt der Liebe aus der Geduld, der Zuversicht, der Hoffnung bekennt.   F.Ke.

AUSGABEN: Paris 1947 (zus. m. *Le dur désir de durer*; ²1960). – Paris 1962 *(Derniers poèmes de l'amour* enth.: *Le dur désir de durer, Le temps déborde, Corps mémorable, Le phénix*; ²1963). – Paris 1968; zul. 1979 (in *Œuvres complètes*, Hg. M. Dumas u. L. Scheler, 2 Bde., 2; Pléiade).

LITERATUR: Ph. Jacottet, »*Le dur désir de durer*«, »*Le temps déborde*« (in NRF, 16, 1960, S. 1110/1112). – C. Guedj, *La puissance de l'espoir* (in Annales de l'Université de Nice, 29, 1977). – M. Launay, *La mort l'amour la vie* (in Littérature, 1, 1971). – P. Glaudes, É., »*Le temps déborde*« (in Inf. litt, 39, 1987, S. 146–154).

SIR THOMAS ELYOT

* um 1490 Wiltshire
† 20.3.1546 Carleton

THE BOKE NAMED THE GOUVERNOUR

(engl.; *Das Buch vom Herrscher*). Lehrbuch von Sir Thomas ELYOT, erschienen 1531. – Als Günstling des Lordkanzlers Wolsey und enger Freund von Thomas MORUS war Elyot neben diesem der führende Vertreter der rasch Bedeutung erlangenden humanistischen Bestrebungen im England des frühen 16 Jh.s. Sein Buch ist dem englischen König Heinrich VIII. gewidmet und brachte dem Verfasser noch im gleichen Jahr die Stellung eines Gesandten am Hof Karls V. zu Regensburg ein.

Er verfolgt (in der platonischen Tradition) das Ziel, Form und Zustand eines gerechten Gemeinwesens zu beschreiben und sich eingehend mit der richtigen Erziehung für die Führungsschicht eines solchen Staates auseinanderzusetzen. Als ideale Staatsform wird die absolute Königsherrschaft über ein streng hierarchisch und ständisch gegliedertes Staatswesen dargestellt, in dem jedem die seinen Begabungen und seiner Erziehung gemäße Funktion zugewiesen ist. Für die führenden Persönlichkeiten fordert Elyot eine Erziehung, die grundlegend am Studium der alten Sprachen, der antiken Geschichte und Philosophie orientiert ist, daneben jedoch auch großen Wert auf körperliche Betätigung, Beschäftigung mit den schönen Künsten und beste Umgangsformen legt. Ein Jahr vor MACHIAVELLIS *Il Principe* erschienen und von völlig anderer moralischer Haltung, steht Elyots Werk in der Tradition der mittelalterlichen »Fürstenspiegel« – vgl. etwa THOMAS VON AQUINS *De regimine principum (Fürstenregiment)* – und schließt sich unmittelbar an Giovanni PONTANOS *De principe*, 1490 *(Vom Fürsten)*, ERASMUS' *Institutio principis christiani*, 1516 *(Über die Grundsätze des christlichen Herrschers)*, und Francesco PATRIZIS *De regno et regis institutione*, 1518 *(Über Herrschaft und Grundsätze des Königtums)*, an.

Nach eigener Aussage schöpft Elyot für seine Darlegungen aus zwei Quellen: seiner großen Kenntnis klassischer, lateinischer und griechischer Autoren und seiner eigenen praktischen Erfahrung, die er, zunächst in richterlicher Hilfstätigkeit unter seinem Vater (seit 1511), später als Sekretär des Staatsrates unter Wolsey (seit 1523), sammeln konnte. Er ist bemüht, seine Darstellung durch »*delectable histories*« (amüsante Geschichten) aus der antiken und englischen Überlieferung aufzulockern, um deretwillen sich später SHAKESPEARE mit Elyots Werk befaßte – z. B. fand die Geschichte vom Prinzen Heinz und dem Oberhofrichter (Buch II, 6) Verwendung in *Henry IV*.

Elyot schrieb als einziger Humanist seiner Zeit in der Muttersprache und wurde damit zum eigentli-

chen Schöpfer eines englischen Prosastils, dessen Ziel es war, »*kurz, bündig, lehrreich und ergötzlich*« zugleich zu sein. Zu diesem Zweck mußte er das englische Vokabular seiner Zeit stark durch lateinisches Wortmaterial ergänzen: »*... to ornate our language with using words in their proper signification.*« (Der gleichen Absicht diente sein 1538 herausgegebenes lateinisch-englisches Wörterbuch, das erste von Rang in England.) Das Ergebnis war eine elegante Prosa, deren klare syntaktische Führung sich nur selten in die Umständlichkeiten offensichtlicher Latinismen verliert.
Die Erziehungsprinzipien, die Sir Thomas bei aller Anlehnung an humanistische Vorbilder doch zu einem eigenständigen, typisch englischen Kodex zusammenstellte, sind sofort (allein bis 1580 erlebte das Werk acht Auflagen) und bis in die Gegenwart verbindlich für das englische Erziehungs- und Bildungswesen geworden. Mit seinem *Gouvernour* schuf er die Grundlagen für die Erziehung zum englischen Gentleman. M.W.

AUSGABEN: Ldn. 1531. – Ldn. 1880, Hg. H. H. S. Croft, 2 Bde. [krit.]. – Ldn. 1907, Hg. F. Watson; ern. 1962. – Ldn./NY 1970, Hg. S. E. Lehmberg.

ÜBERSETZUNG: *Das Buch vom Führer*, H. Studniczka, Lpzg. 1931 (Phil. Bibl., 106; Ausw.).

LITERATUR: E. Grether, *D. Verh. v. Shakespeares »Heinrich V.« zu T. E.s »Gouvernour«*, Diss. Marburg 1938. – J. Schlotter, *E.s »Gouvernour« im Verh. zu Francesco Patrizi*, Freiburg i. B. 1938. – L. Warren, *Humanistic Doctrines of the »Prince« from Petrarch to E.*, Chicago 1939. – Ders., *Patrizis »De regno et regis institutione« and the Plan of »The Gouvernour«* (in JEGPh, 49, 1950). – S. E. Lehmberg, *Sir T. E., Tudor Humanist*, Austin 1960; ²1969. – E. Holmes, *The Significance of E.'s Revision of the »Gouvernour«* (in RESt, 12, 1961, S. 352–363). – J. M. Major, *E. and Renaissance Humanism*, Lincoln/Nebr. 1964. – P. Hogrefe, *Life and Times of E.*, Ames/Iowa 1967. – J. S. Dees, *Sir T. E. and Roger Ascham: A Reference Guide*, Boston 1981.

ODYSSEAS ELYTIS

eig. Odysseas Alepudelis

* 2.11.1911 Iraklion / Kreta

LITERATUR ZUM AUTOR:
Bibliographien:
M. Vitti, *O. E., Vivliografia 1935–1971*, Athen 1977. – D. Antoniou, *Ellines logotechnes. Ergografia – Vivliografia. 1: O. E.*, Athen 1978. –
A. Paliodimou, *I vravefsi tu piiti' O. E. ston imerisio athinaikò tipo* (in Filologikà, 1979/80, Nr. 2, S. 51–66).
Gesamtdarstellungen und Studien:
K. Friar, *Between the Baltic and the Mediterranean: Five Modern Poets: O. E.* (in Books Abroad, 45, 1971, S. 225–231). – Ders., *Axion esti to timima. Isagogì stin piisi tu O. E.*, Athen 1978. –
I. Rosenthal-Kamarinea, *Der griechische Lyriker O. E. Poetische Geographie als Lebensform*, Bochum 1979. – D. M. Maronitis, *'Ori tu lirismù ston O. E.*, Athen 1980. – M. G. Meraklis, *Dekapende ermineftikès dokimès ston O. E.*, Athen 1984. – M. Vitti, *O. E.*, Athen 1984.

TO AXION ESTI

(ngriech.; Ü: *To Axion Esti – Gepriesen Sei*, auch: *Es ist würdig und recht*). Poetische »Komposition« von Odysseas ELYTIS, erschienen 1959. – Dieses Werk des 1979 mit dem Literatur-Nobelpreis ausgezeichneten Autors als »Komposition« zu bezeichnen, ist durch seine bis in die kleinsten Einzelheiten durchdachte Struktur gerechtfertigt. Der erste der drei Teile trägt den Titel *Die Genesis* und hat die Funktion eines Prologs; der zweite, *Die Passion*, bildet den Hauptteil des Werkes und der dritte, *Gepriesen sei*, stellt eine Art Epilog dar. Der komplex aufgebaute Hauptteil setzt sich aus drei »Kapiteln« gleicher Struktur zusammen. Jedes davon umfaßt zwölf Einzelteile (sechs »Psalmen«, vier Oden und zwei »Lesungen« – das sind Erzählungen in lyrischer Prosa) in bestimmter Reihenfolge. Das ganze Werk gleicht in formaler Hinsicht einer Liturgie. Seine Psalmen und Oden entsprechen den Psalmen und Oden der orthodoxen Liturgie (so ahmen z. B. die Oden 8 und 12 das Versmaß eines bestimmten Troparions des *Akathistos Hymnos* nach). Ähnliches gilt für die sechs Lesungen, die, obwohl sie ein durchaus weltliches Thema behandeln, formal auf bestimmten, in der orthodoxen Kirche rezitierend vorgetragenen »Lesungen« aus der *Bibel* basieren. Außerdem spielen der Prolog auf das erste Buch des *Alten Testaments* und der Epilog auf eine populäre Hymne an die Muttergottes an. (Der Komponist Mikis Theodorakis, der den größten Teil des Werkes vertonte, versuchte mit teilweise modernen, aus der zeitgenössischen Volksmusik übernommenen Mitteln den Forderungen des Autors gerecht zu werden).
Aus dem »barocken«, mit zahlreichen Symbolen und gewagten Metaphern beladenen Werk läßt sich folgende Grundidee herausschälen: Der Dichter will das Schicksal seiner Heimat, das er als sein eigenes empfindet, in drei Stadien erfassen: in der Genesis, der Passion und einer Zukunft, deren Vision den Übergang aus dem Reich des Leidens ins Reich der Freiheit, Reinheit und Gerechtigkeit vorwegnimmt.
Im einzelnen könnte man folgende Grundelemente des dichterischen Mythos auseinanderhalten: Im Prolog wird die Erschaffung der Welt besungen,

die mit der Geburt des Dichters gleichgesetzt wird. Die drei Schicksalsgöttinnen bestimmen sein Leben. Der Dichter beginnt, die »Welt« kennenzulernen: die Sonne, die Berge, die Inseln, die Pflanzen, die Vögel, die Liebe – wobei all dies einen ganz konkreten Bezug auf die Heimat des Autors hat. Die Genesis des Dichters vollendet sich, als er zur Erkenntnis (»Gnosis«), zum Zeit- und Ortserlebnis findet.

Der Hauptteil stellt im Kern die dichterische Umsetzung der neuesten griechischen Geschichte (italienisch-griechischer Krieg, faschistische Okkupation, Kollaboration, Widerstand und Bürgerkrieg) dar. Im Mittelpunkt stehen die sechs »Lesungen«: *Der Marsch zur Front*: Albanien, Winter 1940/41; *Der Nachschub*; *Der große Auszug*: die Demonstration gegen die Besatzungsmächte am 25. 4. 1942; *Das Grundstück mit den Brennesseln*: die große faschistische Razzia in Athen und die Kollaborateure; *Der Schafstall*: die Wiederherstellung der alten ungerechten »Ordnung« und der Bürgerkrieg; *Prophetie*: die Vision der Zukunft; Freiheit und Gerechtigkeit. – Die Psalmen und Oden können als lyrische Varianten der »Lesungen« und gefühlvolle Kommentare verstanden werden: Verbundenheit des Dichters mit dem »Schicksal der Unschuldigen« (1. Psalm); das Organ der Dichtung: die griechische Sprache (2. Psalm); Beschwörung der griechischen Freiheit (1. Ode); Erleiden der Ungerechtigkeit (2. Ode); das Los der Heimat: materielle und geistige Armut (3. u. 4. Psalm), doch reizvolle Natur (4. Ode) und ruhmreiche Geschichte (5. und 6. Psalm), aber auch Fremdherrschaft und Angriffe der »Barbaren« (7. u. 8. Psalm); Beschwörung der Gerechtigkeit (6. Ode); Verfluchung der Verräter und Opportunisten (9. u. 10. Psalm); Klage über das Elend der Welt und die Vergeblichkeit menschlichen Strebens (7. Ode). Klage über die Denunzianten, über die »rechtlos Gemordeten« und die »Mädchen und Mütter im Gewand der Trauer« (8. Ode); Suche nach Trost bei den geistigen Quellen der Heimat (11. Psalm); Sehnsucht nach der Reinheit der Jugend, der Jugendliebe und der ägäischen Natur (12.-14. Psalm); Angst vor der nach dem Krieg drohenden neuerlichen Zerstörung (9. Ode); Klage über das neue Unglück und Blutvergießen im Bürgerkrieg (10. u. 11. Ode, 15. u. 16. Psalm); lyrische Umformung der *Prophetie* (12. Ode, 17. u. 18. Psalm).

Der Epilog ist eine enthusiastische Lobpreisung der heimatlichen Natur, des Meeres, der griechischen Berge und Bäume, also der »Welt« des Dichters. – Der poetische Reiz dieser Dichtung beruht vor allem darauf, daß Elytis, ein Anhänger des Surrealismus, über eine nuancenreiche Sprache verfügt. So bedient er sich, um seiner »Inselsucht« Ausdruck zu verleihen, einer verblüffenden Wortschöpfung: *»Ich habe meine Ideen verinselt.«* Seine Ausdrucksmittel entstammen den verschiedensten Quellen: der *Bibel*, dem französischen Surrealismus, dem griechischen Volkslied und Werken unterschiedlichster neugriechischer Autoren (MAKRIJANNIS, SOLOMÒS, PAPADIAMANTIS, KAVAFIS, PALAMÀS). Allerdings bringt er diese heterogenen Elemente nicht zur Synthese: Die surrealistischen Sprachschöpfungen stehen mit den liturgischen Formelementen in unversöhnlichen Gegensatz. Die Suche nach dem ungewöhnlichen Wort führt oft zu einem »schönen« Feuerwerk und zur rhetorischen Floskel, worin sich Elytis' Verwandtschaft mit Palamàs zeigt. Darüber hinaus erweist sich, daß durch die »automatische Schreibweise« zwar esoterisch-psychische Erlebnisse, nicht aber historische Erfahrungen wiedergegeben werden können. Und vor allem: Elytis entgeht nicht der Gefahr, der auch andere griechische »Nationaldichter« zum Opfer gefallen sind: Die Mystifizierung der nationalen Geschichte und der Geschichte überhaupt (auch in diesem Punkt erinnert die »Prophetie« Elytis' an die Prophetie in *Die zwölf Gesänge des Zigeuners* von Palamàs), die Vorstellung, die eigene Heimat sei der Nabel der Welt, die Mystifizierung der griechischen Natur machen auch aus seinem Werk ein Zeugnis für noch nicht überwundene nationale Komplexe.

G.V.

AUSGABE: Athen 1959; [3]1964.

ÜBERSETZUNGEN: *To Axion Esti – Gepriesen Sei*, G. Dietz, Hbg./Düsseldorf 1969 [m. Nachw.]. – Dass., ders., Zürich 1979. – Dass., ders., Ffm. 1981 (FiTb). – *Es ist würdig und recht*, L. Gyömörey, Athen 1982.

VERTONUNG: M. Theodorakis, *Axion Esti, Oratorio populaire*, Athen o. J. [Partitur m. Text u. frz., engl. u. dt. Übers.; Ausz.].

LITERATUR: P. Thasitis, *Jiro stin piisi*, Saloniki 1966, S. 61–85. – D. M. Maronitis, *Prota filolojikà prolegomena sto »Axion Esti« tu E.* (in Epoches, 29, 1965, S. 3–9). – T. Gritsi-Milliex, *Kritiki*, Nikosia 1970, S. 141-167. – T. Lignadis, *To »Axion esti« tu E.*, Psichikon 1971; [2]1976 [erw.]. – G. P. Savidis, *»Axion Esti« to piima tu E.* (in *Pano nerà*, Athen 1973). – D. K. Mavromatis, *Pinakas lexeon tu »Axion Esti« tu O. E.*, Ioannina 1981. – X. A. Kokolis, *Jia to »Axion Esti« tu E.: mia oristikà misoteliomeni anagnosi*, Thessaloniki 1984.

MARIA NEPHELI

(ngriech.; *Ü: Maria Nepheli*). »Szenisches Gedicht« von Odysseas ELYTIS, erschienen 1979. – Schon kurz nach der Veröffentlichung der lyrischen Komposition *To Axion Esti*, 1959 *(Gepriesen Sei)* begann Elytis, sich mit dem Stoff dieses zweiten umfangreichen Gedichtwerks zu beschäftigen. Wiederum läßt sich eine strenge Komposition erkennen, die in markantem Gegensatz zum vieldeutigen, teils anarchischen, teils satirisch überzeichneten Inhalt des Werks steht und ihre Entsprechung in der sprachlichen Spannung findet, die in der Mischung aus gehobenem Ton und modernem Jugendjargon offenbar wird.

Der Aufbau des Gedichts ist streng symmetrisch: Es besteht aus drei Teilen, die jeweils in zwei mal sieben lyrische Texte gegliedert sind. Sie stehen paarweise nebeneinander und sind von jeweils gleicher Länge, wobei einmal Maria Nepheli, einmal die »Gegenstimme« spricht – eine Art dialogische Struktur, die das gesamte Werk charakterisiert. Die Titel der einzelnen Reden und Gegenreden beziehen sich in der Regel aufeinander (z. B. *Patmos – Die Apokalypse; Der Trojanische Krieg – Helena; Stalin – Der Ungarische Aufstand*); am Ende eines jeden Textes steht am Fuß der Seite jeweils ein Epigramm. Zusätzliche, in die Gesamtkomposition integrierte Elemente sind ein einleitender Text *(Die Gegenwart)* sowie *Das Lied der Maria Nepheli* am Ende des ersten Teils, *Das Lied des Dichters* am Ende des zweiten Teils (diese beiden »Lieder« sind gereimt) und schließlich das Gedicht *Die ewige Wette*, das den Schlußstein des Werks am Ende des dritten Teils bildet. Die der Stimme »Maria Nephelis« zugeordneten Texte sind in gereimter Sprache gestaltet, ebenso zwei satirische Texte der »Gegenstimme«; in den übrigen Textteilen benutzt der Dichter eine freie Versform mit ausgeprägter Rhythmik, gelegentlichem Binnenreim und Alliteration.

In der vieldeutigen und zahlreiche mythologische und magisch-religiöse Assoziationen verbindenden Gestalt der Maria Nepheli (»Nepheli« bedeutet »Wolke« und ist zugleich der Name einer antiken Göttin) artikuliert sich (vordergründig) die Stimme einer jungen Frau von heute; selbstsicher, desillusioniert und von unbestimmter Trauer erfüllt, die alle gesellschaftlichen Konventionen hinter sich gelassen hat, sucht sie doch, ihrer Kraft zur Ekstase bewußt, den Dichter (die »Gegenstimme«) zum Leben, zur Wahrheit zu verführen, mit ihm in die Urgründe der Biosphäre, in die unendlichen Räume der Geschichte des Lebens hinabzutauchen: »*Ich werde dich führen zum Menschenwald / nackt zum tamtam und maskiert für dich tanzen / mich dir hingeben unter röhrendem Schrei. Werde dir den Menschen Baobab zeigen / und den Menschen Phagus Carnamenti / die greise Cimmulius und ihre ganze / von Parasiten zerfressene Sippe ... die Wahrheit – heißt es nicht so? – ist schmerzlich / und sie verlangt dein Blut / und sie verlangt deine Wunden.*« Maria Nepheli erscheint als die Wandelbare und doch Immergleiche, aus ihr spricht die mythische Muttermörderin Elektra ebenso wie die christliche Gestalt der Maria, die Gattenmörderin ebenso wie die Prostituierte. In den ihr vom Dichter zugemessenen Texten finden sich Bilder des Horrors, des Verlusts der Daseinsorientierung und des Lebenssinns, einer aggressiven Verzweiflung angesichts der herrschenden Verheerungen unserer Gegenwart. Vor allem aber ist Maria Nepheli die klarsichtige Kassandra, die den »*Count-down für die endgültige / die totale Vernichtung*« dem Dichter, der »Gegenstimme« bewußt macht: »*Unangetastet wird allein / die Rache bleiben. / Eisen und Stein sind von eigener Art / sie werden uns zwingen / und wir eine neue Steinzeit erleben / das Grauen inmitten tobender Drachenechsen*« *(Planet Erde)*.

In der »Gegenstimme« artikuliert sich demgegenüber das Bewußtsein prophetischer Verkündigung – in ihr verkörpert sich die Haltung des Dichters, der – die desolate Wirklichkeit sehr wohl erkennend – sich doch zum Heroismus des Standhaltens berufen weiß: »*Ich habe die Hand erhoben gegen die gefeiten / gegen die unausrottbaren Dämonen der Welt / meine kranke Hälfte der Sonne zugewandt / und mich selber ins Licht verbannt!*« *(Die Gegenwart)*. Und die Verhöhnung des Eros, die Mißhandlung der Natur und die drohende Selbstvernichtung der Menschheit beantwortet er mit der Gebärde der Revolte: »*Füllen wird sich die Kruste / mit schwarzen Kratern und Strahlenblitz / und langsam der Mensch sich wenden und winden / bis nichts mehr von ihm übrig ist. / Mut. Jetzt. / Mein Gott laß zumindest die Lust mich retten. / Reich mir den Dolch*« *(Der Dolch)*.

Am Ende dieser mit vielfältigen Bezügen zu Naturwissenschaft, Religion, Philosophie, Politik angereicherten und die mythologische wie historische Dimension der Menschheitsgeschichte souverän einbeziehenden Daseinsinterpretation der heutigen Welt, eines Ringens um die Ideale wiederhergestellter Menschlichkeit und um die Begründung eines neuen Ethos steht doch die an Maria Nepheli gerichtete Huldigung im Bild der »ewigen Wette« des Dichters gegen Vergänglichkeit, Schmerz und Tränen: »*Daß die ganze Unbarmherzigkeit der Welt / Stein wird auf dem du fürstlich thronst / einen zahmen Vogel in der hohlen Hand. // Daß ganz allein du schließlich leis / dich fügen wirst der Herrlichkeit / von Sonnenauf- und untergang*« *(Die ewige Wette* – alle Übers.: B. Vierneisel-Schlörb u. A. Kasolea).

L.Ma.-KLL

AUSGABE: Athen 1979.

ÜBERSETZUNG: *Maria Nepheli. Ein szenisches Gedicht*, B. Vierneisel-Schlörb, Ffm. 1981 (Nachw. D. Coulmas; BS).

LITERATUR: Ds. Politi, Rez. (in Kathimerini, 1. 3. 1979). – N. Dimou, Rez. (in Epoptia, 1979, Nr. 31). – M. Lambadaridu-Pothu, *O. E. ena orama tu kosmu*, Athen 1981, S. 83–106. – A. Karandonis, *Ja ton O. E.*, Athen 1983, S. 243–271. – D. Gavalas, *I esoteriki dialektiki sti »Maria Nepheli« tu O. E.*, Thessaloniki 1987.

MARCELLUS EMANTS

* 12.8.1848 Voorburg
† 14.10.1923 Baden / Schweiz

LITERATUR ZUM AUTOR:
E. d'Oliveira, *De mannen van '80 aan het woord*, Amsterdam 1909, S. 117–150. – F. Boerwinkel,

De levensbeschouwingen van M. E., Amsterdam 1943; ²1981. – P. H. Dubois, *M. E. Een schrijversleven*, Den Haag/Rotterdam 1964; ²1980 [m. Bibliogr.]. – T. Anbeek, *Over de romanschrijver E.*, Amsterdam 1981. – *M. E.: Aantekeningen*, Hg. N. Maas, Den Haag 1985.

EN NAGELATEN BEKENTENIS

(ndl.; *Ü: Bekenntnisse eines Dekadenten*). Roman von Marcellus EMANTS, erschienen 1894. – Der fünfunddreißigjährige Ich-Erzähler Willem Termeer beginnt seine Lebensbeichte mit der lapidaren Feststellung, seine Frau ermordet zu haben. Reflektierend schildert er nun seine Entwicklung und versucht – nicht ohne dabei mit dem so beliebten naturalistischen Schlagwort von den »Sünden der Väter« zu operieren – aufzuzeigen, was ihn zu der Untat getrieben hat. Seine unscheinbare Gestalt, so glaubt er, sei dem ausschweifenden Lebenswandel seines Vaters zu verdanken, der ihm indes neben der körperlichen Unzulänglichkeit auch ein materielles Erbe hinterlassen hat, das es dem schon in den Jünglingsjahren Verwaisten ermöglicht, ein völlig taten- und sorgenloses Leben zu führen. Er entwickelt sich zu einem äußerst sensiblen, im Grunde künstlerischen und doch unschöpferischen Menschen, dem es nie gelingt, Kontakt zur Umwelt und zum Leben zu finden. So zieht er sich zwangsläufig in sich selbst zurück, wird zum Lügner, der eine gewisse Rolle spielen muß, da er sie nicht leben kann: »*Sind Menschen wie ich nicht gezwungen, eine Rolle zu spielen, da wir unmöglich den Mut haben können, unser wahres Ich zu zeigen, sobald wir dahintergekommen sind, wie weit dieses Ich von der normalen menschlichen Seele abweicht?*« Seit seiner Kindheit beneidet er die anderen, die »normalen«, von der Gesellschaft als gute, nützliche Bürger anerkannten Menschen; er versucht vergeblich, auch ein solcher zu werden: Seine Leidenschaft ist zwar »*groß genug, tausend Begierden*« in ihm zu wecken, aber doch »*zu schwach, um nur eine dieser Begierden zu befriedigen*«.
Die Welt entgleitet ihm; auch seine idealistischen Liebesträume – »*Meine Seele sehnte sich nach Liebe, nach Zärtlichkeit*« – gehen nicht in Erfüllung. Im Elternhaus findet er keine Zuneigung, und auch spätere Enttäuschungen tragen nur dazu bei, daß er sich immer mehr von der »Maschinerie« Gesellschaft zurückzieht. Die Freiheit, die er nach dem Tod seiner Eltern genießen könnte, ist illusorisch: Er weiß sie nicht zu nutzen; andere amüsieren sich, er findet höchstens käufliche Liebe, die ihn anekelt. Dieses Gefühl des »Ausgeschlossenseins« und der gleichzeitige Wunsch nach Konformität isolieren ihn immer mehr. Als er nach verzweifelten Irrfahrten in Anna, der Tochter seines Vormunds, endlich eine Frau für sein Leben gefunden zu haben glaubt und sie heiratet, muß er bald erkennen, daß für sie Liebe nicht mehr bedeutet hat als »an den Mann zu kommen«. So führt Willem nun das Leben an der Seite einer Frau, die zwar stets ihre Pflichten erfüllt, aber seit ihrer Schwangerschaft – das Kind stirbt schon früh – dem Gatten auch das Mindestmaß jener Zärtlichkeit verweigert, nach der er sich so sehnt. In den Armen der kostspieligen Mätresse Carolien findet Willem endlich Geborgenheit. Da Anna die Scheidung ablehnt, andererseits sich in ihrer Pflichttreue auch nicht von einem selbstgerechten Pastor, der erfolglos versucht, ihren Mann zu »bekehren«, zum tatsächlichen Ehebruch verleiten läßt – wiewohl sie innerlich ganz von ihm abhängig wird und darin eine ungekannte Glücksempfindung erlebt –, kommt es zur Katastrophe. Willem ermordet Anna eines Nachts, indem er ihr eine Überdosis eines Schlafmittels gibt. Aber auch dieser »perfekte Mord« kann Willem nicht befreien; er muß einsehen, daß Anna sein einziges Band zur Menschheit gewesen ist. Wird er, der vom Leben nichts weiter wollte, als daß ihm auch ein wenig stilles Glück vergönnt sei, dieses Glück endlich in den Armen Caroliens finden? Darf er ihr alles bekennen – daß er um ihretwillen zum Mörder geworden ist –, würde sie ihn dann nicht liebhaben müssen? – Mit dieser Ungewißheit endet der Roman, dessen Faszination aus seiner psychologischen Intensität resultiert. Die Sensibilität des Ich-Erzählers zeigt deutlich den Einfluß TURGENEVS, während sich auch der Pessimismus SCHOPENHAUERS kenntlich macht. Als Wegbereiter des niederländischen Naturalismus in der Nachfolge ZOLAS ist Emants jedoch nicht sozial engagiert, sondern sein Naturalismus mündet in diesem Roman bereits in die Melancholie der sog. Dekadenzliteratur. Mit äußerster sprachlicher Eindringlichkeit schildert er einen »negativen Helden«, unentschlossen, passiv, labil – einen Menschen, der immer wartet »*auf etwas, das von selbst doch nicht kam*«. J. de K.

AUSGABEN: Amsterdam 1894. – Amsterdam 1967. – Amsterdam 1985.

ÜBERSETZUNG: *Bekenntnis eines Dekadenten*, R. Sternberg, Bln. 1906.

LITERATUR: L. van Deyssel, *M. E. »Een nagelaten bekentenis«* (in *Verzamelde opstellen 2*, Amsterdam 1897). – E. C. Britz, *Naturalisme, eksistensialisme en »Een nagelaten bekentenis« as »eksistensiele« roman* (in Standpunte, 26, 1973, Nr. 4, S. 41–53; Nr. 5, S. 30–39). – A. L. Sötemann, *M. E.' Roman »Een nagelaten bekentenis«: Abrechnung mit Ernst von Feuchtersleben, Erneuerung des naturalistischen Romans* (in *Comparative poetics*, Hg. D. W. Fokkema u. a., Amsterdam 1976, S. 272–291). – J. T. Harskamp, *Termeer's dossier heropend: vrouw en kunstenaar bij E.* (in New Found Land, 1983, Nr. 7).

WAAN

(ndl.; *Ü: Wahn*). Roman von Marcellus EMANTS, erschienen 1904 als Fortsetzungsroman in der Zeitschrift ›Die Gids‹, in Buchform 1905. – Nach-

dem der jetzt politisch tätige ehemalige Pfarrer Hendrik Verheulen aus Indonesien nach Europa zurückgekehrt ist, verliebt er sich in Luzern in Maggie, die Gesellschafterin seiner Tante. Er, der sich bisher nur für das allgemeine Wohl eingesetzt hat, sucht nun in der Liebe die Erfüllung seiner Träume. Obwohl die um zwanzig Jahre jüngere Frau ihn liebt, gibt es zwischen den beiden dauernd Streitereien: Maggie liebt Eleganz, ist launisch und leicht masochistisch veranlagt und ärgert sich über das Unverständnis des biederen, allzu ernsthaften Idealisten Hendrik. Nach einer Trennung spüren sie aber, daß sie sich dennoch lieben, und heiraten. Die Schlußperiode zeigt die beiden in Holland, enttäuscht in ihren Erwartungen, obwohl noch immer einander zugetan. Das erwartete Kind wird ihrem Leben vielleicht einen neuen Inhalt geben.
Emants, bedeutendster Vertreter des Naturalismus in den Niederlanden, schuf mit diesem Kurzroman, der zu seinen weniger bekannten Werken gehört, eine eindringliche Studie über die Unmöglichkeit, den anderen Menschen wahrhaft kennenzulernen. Der Titel nennt das Hauptmotiv: Wahn beherrscht das Leben der Menschen; jeder macht sich eine Vorstellung vom anderen, und dieses Bild tritt an die Stelle des wirklichen Menschen. Enttäuschung ist die Folge der Diskrepanz zwischen Bild und Wirklichkeit. Aber nicht nur die Beziehungen zwischen den Menschen, sondern auch jeder andere Bereich wird vom »Wahn« beherrscht. Hendrik ist enttäuscht über das politische Ränkespiel, bei dem einer dem anderen etwas vorgaukelt, an das er selbst nicht glaubt. Dennoch beteiligt auch er sich schließlich daran, als er eine Kandidatur fürs Parlament annimmt, obwohl er weiß, daß er seinen Wählern gegenüber genauso heucheln wird wie die anderen. Der Idealist resigniert: Der Roman ist die Darstellung einer Anpassung; die hohen Ideale, die Hoffnungen auf eine perfekte Ehe – alles ist »Wahn« gewesen.
Pierre H. Dubois hat darauf hingewiesen, daß autobiographische Elemente in diesem Roman eine wichtige Rolle spielen: Das Modell für Maggie war die Schauspielerin Jenny Kühn, die der Dichter damals (als seine dritte Frau) geheiratet hat. Die Struktur der Erzählung ist einfach: Sie gliedert sich in drei Teile, von denen die ersten zwei in der Schweiz spielen, der letzte in Holland. Diese letzte Episode mutet wie ein ironischer Epilog an; gegenüber Hendriks und Maggies Traumwelt steht hier die »ordinäre« Wirklichkeit. In dieser Hinsicht ist auch die symbolische Funktion der Landschaft wichtig. Die grandiose Alpenwelt, die Emants in einer äußerst metaphernreichen, barocken Sprache nach dem Vorbild der niederländischen Symbolisten, der »Tachtigers«, beschreibt, gleicht einem die Wirklichkeit verhüllenden Operndekor; ihr gegenüber steht der mit konsequentem Realismus gezeichnete typisch niederländische Garten, in dem sich die Schlußepisode abspielt: Nach den Höhen der Illusionswelt der flache Boden der Alltagsrealität. – In den Dialogen, den eigentlichen Kernszenen des Romans, zeigt sich Emants als hervorragender Beobachter der Umgangssprache, was ihn auch zu einem bedeutenden Dramatiker gemacht hat. Die pessimistische Lebensanschauung des Dichters wird hier zwar weniger deutlich als in seinen anderen Romanen (vgl. *En nagelaten bekentenis*), bildet aber auch hier den gedanklichen Hintergrund: *»Ach, was für eine jämmerliche Heuchelei ist doch diese menschliche Gesellschaft; Heuchelei aller gegenüber allen und vor allem Heuchelei eines jeden gegenüber sich selber!«*   R.A.Z.

Ausgaben: Amsterdam 1904 (in De Gids). – Amsterdam 1905. – Amsterdam ²1969.

Übersetzung: *Wahn*, F. Böninger, Bln. 1908.

Literatur: I. Querido, *M. E.'s »Waan«* (in: Land en Volk, 18. 6. 1905).

ANDREAS EMBIRIKOS

* 1901 Brăila / Rumänien
† 11.8.1975 Athen

IPSIKAMINOS

(ngriech.; *Der Hochofen*). Sammlung von Kurzprosa von Andreas Embirikos, erschienen 1935. – Fünf Jahre nach dem *Second manifeste du surréalisme* von André Breton erschien mit *Ipsikaminos* das erste surrealistische Werk mit breiter Wirkung in Griechenland. Die Reaktionen reichten von Überraschung bis Empörung. Laut Embirikos war es »*schnell vergriffen nicht aus Interesse, sondern weil es als ein skandalöses Buch angesehen wurde, geschrieben von einem Wahnsinnigen*«.
Verglichen mit den Werken, die folgten, ist *Ipsikaminos* ein radikales Experiment. Embirikos war Psychoanalytiker und stand lange in engem Kontakt mit vielen Surrealisten der ersten Stunde aus der Gruppe um A. Breton. – Keiner der 63 Texte füllt eine ganze Seite. Sie Syntax ist konsequent reduziert – außer Punkten gibt es keine weitere Zeichensetzung –, in den seltensten Fällen aber sind Sätze semantisch zu entschlüsseln oder einer Interpretation zugänglich. Das Werk ist offensichtlich ohne jede durchschaubare ästhetische Absicht, streng nach der Methode des »Automatischen Schreibens« verfaßt worden. Logische Strukturen oder emotionale Stimmungen werden strikt vermieden; die Sprache ist widerspenstig und ohne Rhythmus. Dagegen nimmt Embirikos zahlreiche Anleihen bei der künstlichen Sprache *Katharevussa*; sie suggerieren Assoziationen mit Texten aus dem technologischen oder wissenschaftlichen Bereich oder sprachliche Klischees aus einem Beamtengriechisch. Der Leser wird sich nicht schlüssig, ob mit der Verwendung der Katharevussa eine iro-

nische Absicht verbunden ist; jedenfalls bietet sie dem Autor zusätzliche Möglichkeiten für unerwartete, überraschende, bis zum Absurden führende Wortkombinationen. Die gewählten Wörter »*suggerieren das Gleiten, die Lust, das Funkeln, das Entflammen, das Leuchtstrahlen, den Ausruf, das Aufschnellen*« (O. Elytis). Dominierend ist das in freizügigster Weise zum Ausdruck kommende erotische Element. Diese erotische Sehnsucht ist verbunden mit der Vision einer herrschaftsfreien Gesellschaft, in der hohe Gefühle und Gedanken möglich sind. So ergibt sich eine Polarisation zwischen einem »Wir« von jungen, erotischen, wahren, stürmischen, emanzipatorisch engagierten Menschen und den »Anderen«, die sich heimtückisch und repressiv verhalten. Dieser Gegensatz wird in vielen Texten der Sammlung in dramatischer Zuspitzung verarbeitet. L.Ma.

AUSGABEN: Athen 1935. – Athen 1962. – Athen 1974. – Athen 1980.

LITERATUR: I. Rosenthal-Kamarinea, *A. E. der Begründer des griechischen Surrealismus* (in Hellenica, Jb. 1975, S. 21–25). – N. Valaoritis, *André E.* (in Bulletin de liaison surréaliste, April 1976, Nr. 10, S. 36/37). – M. Vitti, *I. jenia tu trianda* (in Ideolojia ke morfi, 1977, S. 135–140). – O. Elytis, *Anafora ston Andrea Embiriko*, Athen 1980. – J. Jatromanolakis, *A. E. o piitis tu erota ke tu nostu*, Athen 1983. – *Vivliografia Andrea Embiriku*, Athen 1984.

RALPH WALDO EMERSON

* 25.5.1803 Boston
† 27.4.1882 Concord / Mass.

LITERATUR ZUM AUTOR:
Bibliographien und Forschungsberichte:
G. W. Cooke, *A Bibliography of R. W. E.*, Boston 1908; ern. NY 1968. – J. Boswell, *R. W. E. and the Critics: A Checklist of Criticism 1900–1977*, Metuchen (N.J.)/Ldn. 1979. – J. Myerson, *R. W. E.: A Descriptive Bibliography*, Pittsburgh 1982. – R. E. Burkholder u. J. Myerson, *E.: An Annotated Secondary Bibliography*, Pittsburgh 1985. – M. Pütz, *R. W. E.: A Bibliography of Twentieth-Century Criticism*, Ffm. u. a. 1986.
Konkordanzen:
G. S. Hubbell, *A Concordance to the Poems of R. W. E.*, NY 1932; ern. 1967. – M. A. Ihrig, *E.'s Transcendental Vocabulary*, NY/Ldn. 1982.
Zeitschrift:
Emerson Society Quarterly, Hartfort/Conn. 1955 ff.
Biographien:
R. Garnett, *Life of R. W. E.*, Ldn. u. a. 1888. –
E. W. Emerson, *E. in Concord*, Boston/NY 1898. –

R. B. Sanborn, *The Personality of R. W. E.*, Boston 1903; ern. 1969. – R. L. Rush, *The Life of R. W. E.*, NY/Ldn. 1949; ern. 1964. – C. E. Keyes, *The Experimenter: A Biography of R. W. E.*, New Haven/Conn. 1962. – J. E. Cabot, *A Memoir of R. W. E.*, 2 Bde., NY 1969. – W. J. Scheick, *The Slender Human Word*, Knoxville 1978. – G. W. Allen, *R. W. E.: A Biography*, NY 1981. – J. McAleer, *R. W. E.*, Boston/Toronto 1984.
Gesamtdarstellungen und Studien:
D. W. Holmes, *R. W. E.*, Boston/NY 1885; Nachdr. Detroit 1967. – M. Dugart, *R. W. E.*, NY 1907; ern. 1969. – F. B. Wahr, *E. and Goethe*, Folcroft/Pa. 1915; ern. 1969. – E. Baumgarten, *Der Pragmatismus*, Ffm. 1938 [Bd. 2 von E. B., *Die geistigen Grundlagen des amerikanischen Gemeinwesens*]. – *E.: A Collection of Critical Essays*, Hg. M. R. Konvitz u. S. E. Whicher, Englewood Cliffs/N.J. 1962; Nachdr. Westpost/Conn. 1978. – E. Mettke, *Der Dichter R. W. E.*, Heidelberg 1963 [m. Bibliogr.]. – J. Miles, *R. W. E.*, Minneapolis 1964 [m. Bibliogr.]. – H. D. Gray, *E.*, NY 1965. – G. W. Cooke, *R. W. E.*, Folcroft/Pa. 1971. – *The Recognition of R. W. E.*, Hg. M. R. Konvitz, Ann Arbor/Mich. 1972. – J. L. Duncan, *The Power and Form of E.'s Thought*, Charlottesville 1973. – *Critics on E.*, Hg. T. J. Rountree, Coral Gables 1973. – W. Staebler, *R. W. E.*, NY 1973. – H. H. Waggoner, *E. as Poet*, Princeton 1974. – E. Wagenknecht, *R. W. E.*, NY 1974. – *Characteristics of E.*, Hg. C. F. Strauch, Hartford/Conn. 1975. – *E.: Prophecy, Metamorphosis, and Influence*, Hg. D. Levin, NY/Ldn. 1975. – *E.'s »Indian Superstition«*, Hg. K. W. Cameron, Hartford/Conn. 1977 [m. Bibliogr.]. – D. Porter, *E. and Literary Change*, Cambridge (Mass.)/Ldn. 1978. – R. A. Yoder, *E. and the Orphic Poet in America*, Berkeley u. a. 1978. – J. Porte, *Representative Man*, NY 1979. – *Rare Early Essays on R. W. E.*, Hg. C. J. D. Buono, Norwood/Pa. 1979. – L. Laeary, *R. W. E.*, Boston 1980. – E. I. Thurin, *E. as Priest of Pan*, Lawrence 1981. – *E.: Centenary Essays*, Hg. J. Myerson, Carbondale/Ill. 1982. – J. Loving, *E., Whitman and the American Muse*, Chapel Hill/Ldn. 1982. – *E.: Prospect and Retrospect*, Hg. J. Porte, Cambridge (Mass.)/Ldn. 1982. – D. Robinson, *Apostle of Culture*, Philadelphia 1982. – M. Thiel, *E. oder die große Musik der Idee*, Heidelberg 1982. – D. Yanella, *R. W. E.*, Boston 1982 (TUSAS). – *Critical Essays on R. W. E.*, Hg. R. E. Burkholder u. J. Myerson, Boston 1983. – J. Ellison, *E.'s Romantic Style*, Princeton 1984. – G. R. Hughes, *E.'s Demanding Optimism*, Baton Rouge/Ldn. 1984. – R. J. Loewenberg, *An American Idol*, Lanham u. a. 1984. – *Modern Critical Views: R. W. E.*, Hg. H. Bloom, NY 1985. – J. Howe, *The American Newness*, Cambridge/Mass. 1986. – D. Van Leer, *E.'s Epistomology*, Cambridge u. a. 1986. – E. Krusche, *E.'s Naturauffassung und ihre philosophischen Ursprünge*, Tübingen 1987. – R. Poirier, *The Renewal of Literature: Emersonian Reflections*, NY 1987.

DAS LYRISCHE WERK (amer.) von Ralph Waldo EMERSON.

Emersons dichterisches Opus – es umfaßt etwas weniger als 200, darunter einige lange bis sehr lange, Gedichttexte – steht dem Umfang nach eindeutig im Schatten seines übrigen in (dichterischer) Prosa verfaßten Werks. Die Bedeutung dieses Opus ist bis auf den heutigen Tag umstritten. Gleichwohl können auch jene, die es nicht sehr hoch einschätzen, nicht leugnen, daß etwa ein halbes Dutzend von Emersons Texten mit zu den großen Gedichten der amerikanischen Literatur zu zählen sind und daß die Kenntnis von Emersons Dichtung wesentliche Vorbedingung eines tieferen Verständnisses der amerikanischen Dichtung des 19. und 20. Jh.s ist.

Erst seine durch die zahlreichen Vorträge ständig wachsende Bekanntheit führte dazu, daß Emerson – der sich als »*geborener, wenn auch kein großer Dichter*« verstand (»*I am born a poet, of a low class without doubt yet a poet*«) – 1839 dazu eingeladen wurde, in ›The Western Messenger‹ (Kentucky) eigene Gedichte zu veröffentlichen. Zu diesen ersten erschienenen Texten gehört das in der Werkausgabe von 1903/04 den Band der Gedichte eröffnende »Good-Bye«: Ein 1823 entstandner, thematisch und formal noch ganz der englischen Frühromantik und Wordsworth verpflichteter Gedichttext, in dessen letztem Vers jedoch bereits ein Zentralthema Emersons anklingt: »*When man in the bush with God may meet?*« (»*Wenn der Mensch im Busch Gott begegnen kann?*«). Wo für die Mehrzahl seiner Zeitgenossen der einzige Text möglicher Offenbarung immer noch und nur die Bibel war, »liest« Emerson die Natur als »Buch« Gottes, wird ihm – was viele seiner zeitgenössischen Leser als provozierendes Paradoxon verstehen mußten – Offenbarung durch die Natur. In den nächsten vier Jahren veröffentlichte Emerson in lockerer Folge weitere Gedichte in ›The Dial‹ (1840–1844), einem der wichtigsten Publikationsorgane der Transzendentalisten, dessen Mitherausgeber er war. Im Dezember 1846 erschien dann Emersons erster Gedichtband *Poems (Gedichte)*, der den Ertrag seiner schöpferischsten Jahre zusammenfaßte und der sein Ansehen als Dichter begründete. Neben dem allgemein positiven Echo gab es auch gewichtige kritische bis ablehnende Stimmen: E. A. POE lobte einige Gedichte, lehnte aber gleichzeitig die Haltung, der der gesamte Band Ausdruck verlieh, als »*the mystic for mysticism's sake*« (»*der Mystiker um des Mystizismus willen*«) ab; M. ARNOLD, der Emersons Essays für die bedeutendste Prosa seiner Zeit hielt, erschienen dessen Gedichte als die eines nicht »echten« Dichters.

Die Gedichttexte in *Poems* sind nicht chronologisch, sondern eher thematisch geordnet. Damit, daß er *The Sphinx (Die Sphinx)* an den Anfang des Bandes stellte, hob Emerson dessen Thema (daran schließen an: *Each and All – Jedes und Alles; The Problem – Das Problem; The World-Soul – Die Welt-Seele; Xenophanes*) besonders hervor. Seiner Aussage nach ist dies die Fähigkeit zur »*Wahrnehmung der Einheit*« in der Verschiedenheit (»*the perception of identity*«), »*die Kraft, das Ganze*«, d. h. den Sinn, »*zu sehen*« (»*the power to see the whole – all in each*«), derer der Mensch in einer Zeit fortschreitender Auflösung gemeinschaftlich-lebendiger Bindungen und progressiver »Entzauberung der Welt«, in einer Zeit beginnender Arbeitsteilung (*The Problem*) bedürfe. *Each and All* – im Titel klingt das neuplatonische »Ein und Alles« an – versucht die Ganzheit, d. h. die Schönheit, zu evozieren, die sich im wechselseitigen In- und Miteinander der Dinge zeigt: »*All are needed by each one;/Nothing is fair or good alone*« (»*Ein jedes bedarf aller/Nichts ist schön oder gut allein*«). Gegen das Vergessen der »Ganzheit«, das mit dem positivistischen, utilitaristisch-materialistischen Ansatz des dem Fortschritt verschriebenen Zeitgeistes einhergeht, setzt Emerson den sinnermöglichenden transzendentalistischen Gedanken der übergreifend-spirituellen Einheit allen Seins. Dieser Gedanke ergibt sich für Emerson aus der eigenen radikalen Abkehr vom Glauben an eine im kirchlichen Dogma fundierte Einheit allen Seins. Der Gedichttext *Uriel* stellt in Form einer autobiographisch gefärbten Parabel die Infragestellung jeglichen Dogmas durch den Zweifler dar und bedeutet auch den Preis, den dieser dafür zahlen muß. Dem in sich selbst vertrauenden Zweifler »Uriel« nahe stehen die teils historischen, teils imaginierten Figuren der Gedichttexte *Alphonse of Castile; Mithridates; Guy; Etiënne de la Boéce*. Emerson begreift diese als »Repräsentanten« (»*representative men*«) einer genial-heroischen Selbstentfaltung des Menschen, die aus dem Bewußtsein der spirituellen Einheit allen Seins zu leben vermögen und deren Leben daher den Sinn der eigentlichen Geschichte des Menschen symbolhaft verkörpert. Der Dichter gilt Emerson ebenso als »repräsentativer« weil »vollkommener Mensch« (»*complete man*«), der diese Selbstentfaltung des Menschen zu erinnern bzw. zu prophezeien vermag. Die Gedichttexte *Merlin I, II; Bacchus; Saadi*, ebenso wie *Merops; The House (Das Haus)* und *The Apology (Die Entschuldigung)* umkreisen die Gestalt des Dichters und die Problematik seines Schaffens. Die ersten beiden – sie gehören mit zum Bekanntesten von Emerson – gelten als *die* dichterische Formulierung des romantischen Dichterideals der amerikanischen Literatur: Es ist das Ideal einer orphisch-ekstatischen Wesensschau »*Wine of wine*« – »*der Wein des Weins*«; »*Form of forms*« – »*Die Form der Formen*«) und des ekstatisch-machtvollen Sprachgebrauchs (*Artful thunder – Kunstvoller Donner*) als Mittel der Offenbarung: »*mount to paradise/By the stairway of surprise*« (»*steig empor zum Paradies/Auf den Stufen der Überwältigung*«).

Die Phänomene der Natur erschienen Emerson als »*the proper objects of attention in these desastrous times*« (»*die angemessenen Gegenstände der Zuwendung in diesen unheilvollen Zeiten*«), weil sie, wenn richtig »gelesen« – aufgrund der »Korrespondenz« von Naturerscheinung und »universalem Geist« – sich als Symbole dieses »Geistes« (»*Nature is a symbol of spirit*« – »*Die Natur ist ein Symbol des Geistes*«), als auf diesen »Geist« bzw. »das Ganze« hin transparent erweisen und so *»heil machen« (»makest sane«; Monadnoc)*. Die Gruppe der Gedichttexte, die Begegnungen mit der Natur bzw. das »Zurück zur Natur« inszenieren *(The Rhodora – Die Alpenrose; The Humble Bee – Die Hummel; Berrying – Beerenlese; The Snow-Storm – Der Schneesturm; Woodnotes I, II – Waldmelodien I, II; Monadnoc; Musketaquid)*, ist die umfangreichste des Bandes. Für Emerson ist die Begegnung mit Natur das seelische Erlebnis bzw. die Intuition der »Korrespondenz«, was sich auch in der binären Struktur dieser Gedichttexte zeigt: Der Darstellung bzw. Wahrnehmung der Naturerscheinung entspricht das auslegende »Lesen« des »Buches« der Natur. Dieses Auslegen ist kein subjektiv-willkürlicher Akt, denn mit den äußeren Erscheinungen »korrespondiert« der innere Zustand des Erlebenden. Das heißt: was die Natur »sagt« bzw. offenbart, ist das, was die Seele des Erlebenden durch Intuition aufnimmt. Die Figur der sprechenden Natur ist für Emerson im Faktum »Korrespondenz« begründet: *»[Nature] is the great organ through which the universal spirit speaks to the individual and strives to lead back the individual to it.«* (»Die Natur ist das große Organ, durch welches der universale Geist zum einzelnen spricht und wodurch er den einzelnen zu sich zurückzuführen sucht«). In *Woodnotes I, II*, in *Monadnoc* ist es die binäre Frage-Antwort-Struktur, wie sie Emerson in *The Sphinx* entwickelt, die als Klammer die jeweils über 400 Verse zusammenhält. In der Antwort der sprechenden Natur bzw. in der Intuition löst sich *natura naturata*, das Bewirkte, zum Fluxus auf und gibt den Blick frei auf das wirkende und bewirkende, auf das ganzheitlich einende Prinzip: *»The hidden-working Builder spy«* (*»Den verborgen-wirkenden Schöpfer erspähe«; Monadnoc)*. Natur als Symbol erkennend findet der Dichter intuitiven Zugang zum umfassend geistigen Prinzip, zur höheren Einheit. Weitere thematisch eingrenzbare Gruppen bilden die Liebesgedichte und die Gedichte über die Liebe *(To Ellen – An Ellen; To Eva – An Eva; Give all to Love – Gib alles der Liebe; Initial, Daemonic and Celestial Love – Anfängliche, dämonische und himmlische Liebe u. a.)* und die Gedichttexte, in denen Emerson auf seine Weise zum politisch öffentlichen Zeitgeschehen Stellung nimmt *(Ode; Concord Hymn)*. *Hamatreya*, eines seiner bekanntesten Gedichte, weist auf das wahre Besitzverhältnis von Mensch und Erde. Der Band schließt mit *Threnody*, einer »Elegie« (auf den Tod seines Sohnes Waldo) von stellenweise großer lyrischer Intensität.

In den folgenden Jahren erschienen eine Reihe von Emersons Gedichten in der Zeitschrift ›Atlantic Monthly‹. Diese und zahlreiche weitere veröffentlichte Emerson 1867 in seinem zweiten Gedichtband *May-Day and Other Pieces (Maientag und andere Stücke)*, der, wie R. BROWNING etwa feststellte, gegenüber dem ersten Band thematisch nichts Neues brachte. Während jedoch die meisten Gedichttexte des ersten Bandes in Emersons romantischer bzw. »orphischer« (H. Bloom) Schaffensphase entstanden waren, in der die Gewißheit der »Korrespondenz« Angelpunkt seines Denkens war, spricht aus nahezu allen Gedichten des zweiten Bandes ein wachsender Skeptizismus. Wenn auch durch den befreienden Fluxus die Dinge immer noch aus den erstarrten Grenzen alltäglicher Betrachtungsweise herausgelöst erscheinen, so kann doch das, was sich dem Blick als ihr Wesen zeigt, Illusion sein *(Illusions)*. Deutlich nachvollziehbar ist dieser Wandel etwa an den Gedichttexten *May-Day* und *The Adirondacs (Die Adirondacs)*, denen vom Thema und ihrer Länge her (jeweils mehr als 340 Verse) ungefähr der Stellenwert zukommt, den im ersten Band *Woodnotes I, II* bzw. *Monadnoc* haben. Für letztere war intuitive Wesensschau das bestimmende Prinzip, in den ersten beiden hingegen nimmt der lyrische Sprecher eine beschreibende Haltung ein, von der aus die Phänomene mehr von ihrer Außenseite erfaßt werden. Begrenzung ist das Thema von zwei weiteren Gedichten, die mit zu Emersons besten gehören: *Days* und *Terminus (Grenze)*. Auch die anderen Gedichttexte, die das Erleben der Natur *(My Garden – Mein Garten; Seashore – Meeresufer; The Titmouse – Die Meise* u. a.), die philosophisch-poetische Betrachtungen *(Brahma; Nemesis; Fate – Schicksal* u. a.), die den Dichter und sein Schaffen *(Merlin's Song; Letters; The Test)*, die Angelegenheiten der politisch-gesellschaftlichen Öffentlichkeit *(Boston Hymn; Voluntaries – Freiwillige; Boston* u. a.) zum Thema haben, sind mehr oder weniger von einem skeptischen Ton durchstimmt. Die Gedichttexte, die Emerson unter dem Titel *Elements* (»Elemente«) dem Band hinzufügt – es sind die Motti von dreizehn seiner Essays – verdeutlichen die gedankliche Verwobenheit von Vers und Essay.

Einen letzten Band *Selected Poems (Ausgewählte Gedichte)*, der wenige neue Gedichttexte enthielt und viele der in den beiden ersten Bänden erschienenen ausließ, veröffentlichte Emerson 1876. Eine von J. E. CABOT 1883/93 postum herausgegebene Gesamtausgabe von Emersons Werken fügt den zu Emersons Lebzeiten erschienenen Gedichttexten einen Anhang bei, der das große Gedichtfragment *The Poet (Der Dichter)*, an dem Emerson lange Jahre hindurch gearbeitet hatte, ohne es je abzuschließen, sowie weitere unveröffentlichte Gedichttexte, Fragmente und Jugendgedichte enthält. Die von E. W. EMERSON 1903/04 herausgegebene »Centenary Edition« ergänzt diesen Anhang mit weiteren Fragmenten und Jugendgedichten. Eine neue Gesamtausgabe (Harvard University Press), mit deren Herausgabe auch eine sicher notwendige, erneute Sichtung von Emersons dichterischem Opus erfolgen wird, ist im Erscheinen begriffen.

Daß das Symbol in Emersons Sprach- und Naturauffassung sowie in seiner Dichtungstheorie eine so zentrale Stellung einnimmt, erklärt sich aus dem puritanisch-transzendentalistischen Kontext seines Denkens, steht in keiner Beziehung zum (europäischen) Symbolismus des ausgehenden 19. Jh.s. Emersons »Symbolismus« läßt sich, von seiner Abstammung her, als säkularisierte Variante der Ty-

pologie der Puritaner verstehen, oder auch, andererseits, zu den ästhetischen Theorien der englischen Romantik in Beziehung setzen, für die das allgegenwärtige Symbol in der intuitiven Vision, der *imaginatio* des Dichters wurzelte. Wenn, von der Universalität der symbolischen Bezüge her, Emerson die Welt als »Tempel« erscheint, »*whose walls are covered with emblems, pictures, and commandments of the Deity*« (»*dessen Wände mit Emblemen, Bildern und Geboten der Gottheit bedeckt sind*«), so gründen diese Bezüge in einer ›vertikalen‹ Korrespondenz von Natur und »universalem Geist«. In BAUDELAIRES »Tempel« der Natur sind es dagegen synästhetische, ›horizontale‹ »Korrespondenzen«, durch die die Welt als Einheit erfahren wird.
Wenn Emersons poetische Praxis auch nur selten seiner Maxime: »*. . . it is not metres, but a metre-making argument that makes a poem*« (»*. . . es sind nicht Metren, sondern ein rhythmengenerierender Gedanke, der ein Gedicht macht*«) zu genügen vermochte, so gelangte er durch progressives Aufbrechen der konventionellen Formen doch zu einer flexiblen, ihm eigenen Form, die sich dem improvisatorischen Gestus seines Denkens zu fügen vermag. In seinen Jugendgedichten herrscht – im Sinne der Tradition – paarig gereimter Pentameter *(heroic couplet)* und Tetrameter sowie Blankvers vor. Später verwendet er in zunehmendem Maße das im Kirchen- und Kinderlied ausgeprägte »*common metre*« (Vierheber). Seinen reifen Stil kennzeichnen unregelmäßige, paarig oder in Viererstrophe reimende, steigende oder fallende Vierheber in unerwarteter Alternation mit fünfhebigen *(long metre)* und zwei- oder dreihebigen Versen *(short metre)* dazu, seltener, stark betonte rhythmische Brüche, sowie Blankvers. Diese formalen Eigenheiten bestärkten seine mit dem Maß konventioneller Kunst messenden viktorianischen und nachviktorianischen Kritiker in ihrem Urteil, Emerson sei unfähig dazu, ›korrekte‹ Verse zu schreiben. Nach 1912, mit dem Beginn der »Poetic Renaissance«, wurde Emersons formale Entwicklung als die Eröffnung neuer Möglichkeiten begriffen, gleichzeitig aber nahmen maßgebende Dichter-Kritiker, so T. S. ELIOT und Y. A. WINTERS, Anstoß am romantischidealistischen Tenor seiner Dichtung, was die negative Reaktion des »New Criticism« zur Folge hatte, die ihrerseits dessen Rezeption bis in die sechziger Jahre hinein bestimmte. In neuerer Sicht gilt Emerson – im Sinne eines Verstehens der amerikanischen Dichtung – als »*der Dichter des 19. Jh.s . . ., der heute mehr denn je einer Wiederentdeckung bedarf*« (H. H. Waggoner). In unterschiedlicher Weise wird Emerson als der Dichter des Paradoxes oder der Begründer der »orphischen« als einer »bodenständigen Bewegung« (H. BLOOM, R. A. YODER u. a) gesehen. In unterschiedlicher Weise werden auch die Einflußlinien begründet, die Emerson mit H. D. THOREAU, W. WHITMAN, E. DICKINSON, E. A. ROBINSON, R. FROST, H. CRANE, W. STEVENS, W. C. WILLIAMS, D. LEVERTOV, T. ROETHKE, W. S. MERWIN, A. R. AMMONS, J. ASHBERY u. a. verbinden. H.Mes.

AUSGABEN: *Poems*, Boston 1846. – *May-Day and Other Pieces*, Boston 1867. – *Selected Poems*, Boston 1876. – *Complete Works*, Vorw. J. E. Cabot, 12 Bde., 1883–1893, 9 *(Riverside Ed.)*. – *Complete Works*; Einl. u. Anm. E. W. Emerson, 12 Bde., 1903/04, 9 *(Centenary Ed.*, ern. NY 1968).

LITERATUR: F. B. Sanborn, *Emerson Among the Poets* (in *The Genius and Character of E.: Lectures at the Concord School of Philosophy*, Hg. ders., Boston, 1898). – E. L. Cary, *Emerson, Poet and Thinker*, NY 1904. – Y. A. Winters, *Jones Very and R. W. E.: Aspects of New England Mysticism* (in Ders., *Maule's Curse: Seven Studies in the History of American Obscurantism*, Norfolk/Conn. 1938). – N. F. Adkin, *E. and the Bardic Tradition* (in PMLA, 63, 1948). – C. F. Strauch, ›*The Mind's Voice*‹*: E.'s Poetic Styles* (in *Emerson Society Quarterly*, 60, 1970). – H. Bloom, *The Native Strain: American Orphism* (in Ders., *Figures of Capable Imagination*, NY 1976). – M. K. Blasing, *Essaying the Poet: E.'s Poetic Theory and Practice* (in MLS, 15, Nr. 2, 1984). – B. Harding, ›*Frolic Architecture*‹*: Music and Metamorphosis in E.'s Poetry* (in Ders., *Nineteenth-Century American Poetry*, 1984).

ENGLISH TRAITS

(amer.; *Englische Charakterzüge*). Essaysammlung von Ralph Waldo EMERSON, erschienen 1856. – Das Buch basiert auf Vorträgen, die Emerson 1848 in Amerika hielt. Nachdem er schon 1832/33 England besucht hatte und auch auf seiner Europareise 1847/48 dort erfolgreich Vorträge gehalten hatte, wollte er in *English Traits* seinen Landsleuten erklären, warum er England für den »*Extrakt unseres Zeitalters*« und »*das Rom von heute*« hielt.
Seine Untersuchung des Wesens und der Leistungen der britischen Gesellschaft, unterbrochen durch persönliche Anekdoten, beginnt Emerson im ersten der ingesamt neunzehn Kapitel mit einem Rückblick auf seinen ersten Englandaufenthalt. Dieser war aufgrund der Begegnung mit Thomas CARLYLE, S. T. COLERIDGE und W. WORDSWORTH für seine eigene geistige Entwicklung entscheidend geworden, verdankte er diesen Romantikern doch u. a. die ersten Hinweise auf die deutsche Transzendentalphilosophie (KANT, SCHELLING). In den Kapiteln zwei bis achtzehn sind die Eindrücke des zweiten Besuchs niedergelegt. Bereits in *Land* zeigt sich dabei die urbane Ironie des Betrachters. Das Kapitel *Race* umfaßt eine kurze Betrachtung der Eigenheiten und des Charakters der Briten sowie eine Rekapitulation ihrer Geschichte, die in die Prophezeiung mündet, dem Land stehe eine große Zukunft bevor. England sei wegen seiner hervorragenden Traditionen »*die beste der bestehenden Nationen*«, seine kulturelle Entwicklung sei, vom materialistischen Standpunkt aus gesehen, am weitesten fortgeschritten. Das englische Bewußtsein jedoch befinde sich »*in einem Zustand aufgehaltener Entwicklung*«; ihm fehle

Weitsicht, Flexibilität, spirituelle Aufgeschlossenheit. Diese Eigenschaften finde man in der Neuen Welt.
In seiner Betrachtung des Nationalcharakters weist Emerson auf die Wahrheitsliebe der Engländer hin, auf ihren *common sense*, der sie eher zu guten Politikern als zu guten Militärs prädestiniere, auf ihre Vorliebe für den Sport, ihre Tierliebe, ihren Utilitarismus, ihre Zivilcourage und ihre Energie. Der Autor versucht den Vorwurf zu widerlegen, die Briten seien melancholisch, den besonders französische Schriftsteller des 18. Jh.s erhoben hatten, konzediert aber doch einen englischen Hang zur Schweigsamkeit. Auch seien sie zuweilen bis zur Sturheit und Impertinenz von ihren eigenen Ansichten überzeugt. Ihre Liebe für das eigene Heim nach dem Motto *»My home is my castle«* erklärt Emerson mit der Liebe zur Freiheit, die der einzelne gegenüber der Gesellschaft, besonders aber gegenüber der Regierung beanspruche. Tatsächlich schrecke er sogar vor der »Scharlatanerie« im öffentlichen Leben zurück und konzentriere sich, stets konservativ und realistisch, auf die Produktion realer Werte.
Der Autor leitet sein Kapitel über Humor, *Cockayne*, mit der Feststellung ein, die Briten seien eine Nation von *humorists*. Es folgt allerdings keine Untermauerung dieser Ansicht, sondern eine Betrachtung der Haltung des Engländers gegenüber Ausländern, die von Selbstgerechtigkeit bis zu Arroganz reicht, gestützt auf die Überzeugung, im besten aller Länder der Erde zu leben; eine Haltung, die auch E. Swedenborg bestätigt. *»Es gibt kein anderes Land, in dem Reichtum so verehrt wird.«* Dies ist die These des Kapitels *Wealth*. Während man sich in den USA für seine Prosperität entschuldige, sei der Brite stolz darauf und betrachte sie als Selbstrechtfertigung; darin werde er von der öffentlichen Meinung noch bestärkt. Die Schattenseite dieses Materialismus sieht Emerson in einer wachsenden Ablehnung christlicher Ideale, die es sogar zum Trost werden lasse, wenn ein Kind sterbe, weil damit ein Kostenfaktor wegfalle. Die Aristokratie betrachtet er mit dem Blick des Historikers. Viele der Adligen seien keine Höflinge, sondern mit ihrem Landbesitz verwurzelt, von dem sie oft seit Jahrhunderten ihren Namen herleiteten. Doch während sie früher die Kriegerkaste bildeten, seien sie im 18. und 19. Jh. der aufstrebenden Mittelschicht unterlegen, vor allem in wirtschaftlicher und (seit der Reform 1832) auch politischer Hinsicht.
Über die Universitäten Englands schrieb Emerson eines der Kapitel, die in England heftigen Widerspruch hervorriefen. Er besuchte sowohl Cambridge als auch Oxford, wo, wie er erwähnt, Bücher von Milton und Hobbes öffentlich verbrannt worden seien; er sei sich nicht sicher, ob man hier schon von der amerikanischen Unabhängigkeitserklärung gehört habe. In seinen Betrachtungen zur Religion in England (Kap. 13) bemerkt Emerson die tiefe Krise, in die die früher politisch und gesellschaftlich so mächtige Kirche durch die deutsche Religionskritik (Strauss, Feuerbach) gestürzt worden sei, auf die sie aber nur mit Regression, ja mit Heuchelei reagiert habe. Auf seine Frage, wo Religion heute zu finden sei, verweist er auf den Glauben, der in jedem Individuum wohne – ganz Emersons eigener Lehre gemäß. – In seiner Einschätzung der englischen Literatur nimmt der Autor einen tiefen Sturz wahr: von den lichten Höhen der Genies Bacon, Shakespeare und Milton hinab zu den Materialisten des sog. Realismus, Dickens, Thackeray, Macaulay (denen er selbst begegnete); von letzterem sprechend, merkt er an: *»Es ist ein merkwürdiges Endergebnis, daß die tausendjährige Kultur und Religion Englands darin endet, daß man moralische Werte leugnet und den Intellekt auf eine Bratpfanne reduziert.«* Während er einzig Wordsworth als Genie anerkennt, bedauert er Coleridge und Carlyle, weil auch sie unter dem geistigen *»Verfall«* zu leiden hätten: Sie seien retrospektiv geworden wie das geistige Klima Englands. – Indem er von Betrachtungen über die ›Times‹, über ihre meinungsbildende und politikformende Macht ausgeht, richtet Emerson sein Augenmerk auf die politische und soziale Funktion der Presse in England. Auf die Beschreibung eines Besuchs in Stonehenge, Salisbury und Winchester folgt ein abschließendes Resümee seiner Reiseeindrücke.
Diese klassische, sehr lesbare Studie des englischen Nationalcharakters wurde in den USA sofort nach Erscheinen mit großem und anhaltendem Erfolg aufgenommen. Doch *English Traits* rief auch Kritik auf beiden Seiten des Atlantiks hervor, die ironischerweise gerade aus der Haupttugend des Buches resultierte: Emerson versuchte eine möglichst ausgewogene Einschätzung Englands zu einem Zeitpunkt, als sowohl britische als auch amerikanische Leser noch das Parteigängertum bevorzugten. Aus heutiger Sicht erscheinen Emersons Theorien über den Einfluß des rassischen Charakters (z. B. den der Sachsen oder der Normannen) umstritten, doch antizipierten sie entsprechende Gedanken Nietzsches sowie bestimmte Ansätze bei Oswald Spengler und Arnold Toynbee. M.Ma.

Ausgaben: Boston 1856. – Boston 1884 (in *Complete Works*, 12 Bde., 1883–1898, 5; *Riverside Ed.*; rev.). – Boston 1903 (in *Complete Works*, Hg. E. W. Emerson, 12 Bde., 1903/04, 5; *Centenary Ed.*; Nachdr. NY 1968). – NY 1940 (in *The Complete Essays and Other Writings*, Hg. u. Einl. B. Atkinson; zul. 1964). – Cambridge/Mass. 1966, Hg. u. Einl. H. M. Jones.

Übersetzung: *Englische Charakterzüge*, F. Spielhagen, Hannover 1857.

Literatur: F. Th. Thompson, *E.'s Indebtedness to Coleridge* (in StPh, 23, 1926, S. 55–76). – Ders., *E. and Carlyle* (ebd., 24, 1927, S. 438–453). – T. Scudder, *Lonely Wayfaring Man: E. and Some Englishmen*, Ldn./NY 1936. – R. Rapin, *E.'s »English Traits«, Chapter IX* (in Explicator, 11, 1952, Nr. 9). – R. E. Amacher, *E.'s »English Traits«, Chapter X* (ebd., 11, 1953, Nr. 33). – J. W. Smith,

E.'s »*English Traits*«: *A Critical and Annotated Study*, Diss. Univ. of Texas, Austin 1957 (vgl. Diss. Abstracts, 17, 1958, S. 584). – P. L. Nicoloff, *E. on Race and History. An Examination of* »*English Traits*«, NY 1961. – J. S. Hoar, *A Study of E.'s* »*English Traits*« (in Northern New England Review, 1, 1974, S. 48–75). – R. E. Burkholder, *The Contemporary Reception of* »*English Traits*« (in *E.: Centenary Essays*, Hg. J. Myerson, Carbondale/Ill. 1982, S. 156–172). – R. Bridgman, *From Greenough to Nowhere. E.'s* »*English Traits*« (in New England Quarterly, 59, 1986, S. 469–485).

ESSAYS

(amer.; *Essays*). Aufsatzsammlung von Ralph Waldo EMERSON, in zwei Teilen unter den Titeln *Essays: First Series* und *Essays: Second Series* erschienen 1841 und 1844. – Zusammen mit dem grundlegenden Werk des amerikanischen Transzendentalismus, dem Essay *Nature* (1836), sowie den Reden *The American Scholar* (1837) und *Divinity School Address* (1838) bilden diese zwei Essaysammlungen eine nahezu komplette Darstellung der wichtigsten philosophischen Gedanken Emersons. In ihnen gelang ihm eine Weiterentwicklung der Essayform zu einer neuen Höhe der stilistischen Aussagekraft.

Die erste Folge seiner *Essays* (1841) umfaßt zwölf Texte über moralische, religiöse und geistige Begriffe, angeordnet in Zweiergruppen, wobei in jedem Paar zusammengehörige oder analoge Themen aus gegensätzlichen oder ergänzenden Blickwinkeln betrachtet werden (z. B. *Love* und *Friendship*, *Prudence* und *Heroism*). Neben anderen bedeutenden Stücken enthalten die *Essays* Emersons ausführlichste Äußerungen zu seinen Konzepten *Selbstvertrauen (Self-Reliance)* und *All-Seele (The Over-Soul)*, dem göttlichen Prinzip. In *Self-Reliance* verteidigt er die Autonomie des Individuums: Aufgrund seiner intuitiven Verstehenskraft sei es dem Menschen gegeben, im Buch der Natur, in dem sich Gott manifestiere, ohne jegliche Mittler zu lesen, sich so eigenständig und autonom zu definieren und entsprechend zu handeln. Sollten Menschen es jemals wagen, sich jenseits von Konformität und Beständigkeit ganz von ihrem ursprünglichen Selbst leiten zu lassen, wäre das Resultat eine Umwandlung der Gesellschaft. In *The Over-Soul* setzt Emerson der Partikularisierung und Differenzierung alles Seienden mit der *All-Seele* das von ihm immer wieder reflektierte Prinzip einer übergreifend-spirituellen Einheit allen Seins, im Menschen wie in der Natur, entgegen; dabei greift er auf den hinduistischen Begriff *adhi atma* sowie, mit Einschränkungen, auf PLOTIN zurück. Auch in *Compensation* steht das Prinzip einer übergreifenden Einheit aller Gegensätze im Vordergrund: Optimistisch geht Emerson davon aus, daß in einer Gesamtbilanz alles Negative in der Welt durch Positives aufgewogen werde. Diese übergreifende Einheit der Gegensätze zeigt sich in der Geschichte. Im ersten Stück des Bandes, *History*, findet sich der Satz: »*There is one mind common to all mankind ... Of this mind, History is the record.*«

In diesem Essay wird besonders auch die dem Autor eigentümliche Kompositionsweise deutlich: Die kleinste Einheit seiner Texte ist der einzelne Satz, der, bis zur Qualität eines Aphorismus oder einer Metapher geschliffen, eine Einsicht darstellen kann, die schon die ganze Wahrheit umfaßt – quasi ein Mikrokosmos des Ganzen, das sich wiederum in jedem seiner Teile widerspiegelt. In ihrer Kombination bilden die Sätze größere Einheiten, welche schließlich ein Buch bilden; das gleiche gilt für die damit repräsentierten Gedanken: Der erste Satz gleicht einem Kerngedanken, der, weiter entwickelt oder »gerollt«, gleich einem Schneeball immer größere Dimensionen annimmt, wobei neue Gedanken zugleich der Interpretation und der kontrastiven Beleuchtung der vorhergehenden dienen. Dasselbe Prinzip gilt für die Essays in einem Buch. »*Es ist schon viel, Sätze zu schreiben*«, schrieb Emerson in sein Journal, Keimzelle und Ausgangspunkt aller seiner Vorträge und Essays, »*es ist jedoch mehr, ... viele allgemeine Reflexionen in ihrer natürlichen Ordnung anzuordnen, [so daß] ... ein homogenes Stück entsteht.*« Die »natürliche Ordnung« aber wird von zwei Prinzipien bestimmt: dem der evolutionären Progression und dem der bipolaren Einheit von Gegensätzen.

Die zweite Folge von Emersons *Essays* (1844), insgesamt neun Texte, macht eine langsame, aber deutliche Veränderung in seinem Denken sichtbar. In diesem Buch, das deutlich weniger »transzendental« und stärker erfahrungsbezogen angelegt ist, wird die wichtigste Komponente der Entwicklung Emersons in den vierziger Jahren greifbar: seine zunehmende Hinwendung zur politischen und sozialen Wirklichkeit. Er spezifiziert seine früheren optimistischen Aussagen zur Selbstveränderungsfähigkeit des Menschen. In *Experience* betont er die menschliche Neigung zur Selbsttäuschung, in einem zweiten *Nature*-Aufsatz die Nicht-Erfaßbarkeit der Natur, weniger die Kraft des Menschen, sie zu ergründen. In mehreren Texten sieht er Individualität als Bedrohung für wahres Selbstvertrauen, weil sie die Fort- und Weiterentwicklung vom Vereinzelten zum Universalen behindere. Andererseits stellt der Leitaufsatz des Bandes, *The Poet*, Emersons größten Tribut an die Schöpferkraft der Imagination dar; für ihn ist der Dichter Seher und Künder, dessen Einsichten direkt zur Wahrheit vordringen und der sie in Worten einfängt, welche »*das Paradies erklimmen über die Treppe des Erstaunens.*«

Die meisten von Emersons Gedanken konnte man um 1840 auch bei seinen Freunden im Geiste finden, doch ragte er unter ihnen durch die handwerklich vollendete Behandlung seiner Themen heraus. Vorträge hatten sein Publikum schon mit seinen Gedanken vertraut gemacht, so daß sein erster Essayband auf ein großes Echo stieß und auch kommerziell ein Erfolg wurde. Der zweite Essayband wurde schon sechs Jahre nach Erscheinen neu aufgelegt und erschien wie der erste auch in England. Da der Autor nun die etablierte Kirche nicht mehr offen angriff und man sich schon an seinen »orakelhaften« Stil gewöhnt hatte, wurde der Band sogar positiver aufgenommen als der erste und der Ruf Emersons als bedeutender Dichterphilosoph Amerikas gefestigt. – Der Einfluß von Emersons Grundgedanken auf die amerikanische Literatur ist kaum abzuschätzen. Er zeigt sich auch an Stellen, wo er nicht unbedingt zu erwarten wäre, z. B. im naturalistischen und sozialkritischen Roman. Frank NORRIS' *The Octopus*, 1901 *(Der Oktopus)*, und John STEINBECKS *The Grapes of Wrath*, 1939 *(Früchte des Zorns)*, sind Emersons Kompensationskonzept der All-Seele deutlich verpflichtet.

M.Ma.-KLL

AUSGABEN: Boston/Ln. 1841; ²1847 [rev.; *Essays: First Series*]. – Boston/Ldn. 1844; ²1850 [*Essays: Second Series*]. – Boston 1883 (in *Complete Works*, 12 Bde., 1883–1898, 2/3; *Riverside Ed.*; rev.). – Boston 1903 (in *Complete Works*, Hg. E. W. Emerson, 12 Bde., 1903/04, 2/3; *Centenary Ed.*; Nachdr. NY 1968). – NY 1940 (in *The Complete Essays and Other Writings*, Hg. u. Einl. B. Atkinson; zul. 1964). – Columbus/Oh. 1969 [Faks. d. Ausg. 1841 u. 1844; Einl. M. Perkham]. – Cambridge/Mass. 1979–1983 (in *Collected Works*, Hg. R. E. Spiller, 1971 ff., Bd. 2 u. 3; *Harvard Ed.*).

ÜBERSETZUNGEN: *Versuche*, G. Fabricius, Hannover 1858. – *Essays*, K. Federn u. Th. Weigand, 3 Bde., Halle 1894–1897; ern. Essen 1987 [1 Bd.]. – Dass., O. Dähnert, Lpzg. 1897 (RUB). – Dass., W. Schölermann u. W. Mießner, 2 Bde., Jena 1902–1904. – *Die Natur*, M. Pütz u. G. Krieger, Stg. 1982 (RUB).

LITERATUR: W. Blair u. C. Faust, *E.'s Literary Method* (in Mph, 42, 1944, S. 79–95). – K. W. Cameron, *E. the Essayist*, 2 Bde., Raleigh/N.C. 1945. – P. Sherman, *E.'s Angle of Vision. Man and Nature in American Experience*, Cambridge/Mass. 1952. – P. Lauter, *Truth and Nature: E.'s Use of Two Complex Words* (in ELH, 27, 1960, S. 66–85). – J. Porte, *Nature as Symbol: E.'s Noble Doubt* (in New England Quarterly, 37, 1964, S. 453–476). – C. F. Strauch, *E.'s Use of the Organic Method* (in Emerson Society Quarterly, 55, 1969, S. 18–24). – L. Buell, *Literary Transcendentalism: Style and Vision in the American Renaissance*, Ithaca/Ldn. 1973. – B. L. Packer, *E.'s Fall. A New Interpretation of the Major Essays*, NY 1982. – D. VanLeer, *E.'s Epistemology: The Arguments of the Essays*, Cambridge 1986.

NATURE

(amer.; *Die Natur*). Essay von Ralph Waldo EMERSON, erschienen 1836. – Emersons erster, zunächst anonym veröffentlichter Essay ist ein grundlegendes Dokument der spezifisch amerikanischen Philosophie des Transzendentalismus. In späteren Ausgaben (nach dem Erfolg der Essaysammlungen von 1841 und 1844) ersetzte der Autor das dem Essay ursprünglich vorangestellte PLOTIN-Zitat über die Beziehung zwischen Natur und Seele durch eine Strophe aus einem eigenen Gedicht *Nature*, in der er für die Evolution in der Natur das Bild der aus »zahllosen Ringen« gebildeten Kette gebraucht. Die Natur als ewige Kette von Seinsformen ist Ausgangs- und Zentralgedanke von Emersons Denksystem, der Begriff »Natur« wird in allen späteren Essays (deren Thematik im Kern bereits in seinem ersten Werk enthalten ist) immer wieder interpretiert. Der Mensch als Zentrum allen Lebens und Erfahrens, als Ausgangspunkt also für alles Verstehen und philosophische Spekulieren (eine These, die die Eigengesetzlichkeit des Menschen, seine Unabhängigkeit von allen anderen sekundären Kräften beinhaltet), bildet in Emersons Naturphilosophie den Schwerpunkt des Dreiecks der wechselseitigen Beziehungen zwischen Mensch, Natur und Gott.

Emersons Gedankengang beginnt mit der Unterscheidung zwischen dem »Ich«, der Seele als Bewußtsein des Menschen, und dem »Nicht-Ich«, der Natur als der außerhalb des Bewußtseinsbereichs liegenden Materie. Das seelische Bewußtsein verbindet den Menschen mit dem göttlichen Geist seines Schöpfers, während die unbewußte Materie der Natur ihm die Gegenstände zu seiner Bewußtwerdung liefert. Auf diese Weise steht der Mensch zwischen dem reinen Geist Gottes und der reinen Materie der Natur und verbindet beide in sich. Aber auch zwischen Natur und Gott besteht eine dynamische Wechselbeziehung, da die Natur als Summe einer Vielzahl sichtbarer Seinsformen ein »Traum und Schatten« des göttlichen Geistes ist, ein Abbild seines Wesens. Mit dieser Beziehung zwischen Gott und Natur, die Emerson in seinem späteren Essay über das gleiche Thema (*Nature*, in *Essays: Second Series*, 1844) in die traditionellen Begriffe der *natura naturans* als dem Wirken des Schöpfergeistes und der *natura naturata* als der vom göttlichen Geist geformten Schöpfung faßt, schließt sich das Dreieck.

Aus diesen philosophischen Grundgedanken (Primat der Seele im menschlichen Leben und Denken vollendete Geformtheit und Eigengesetzlichkeit der Natur durch die Aufprägung des reinen göttlichen Bewußtseins auf die unbewußte Materie, unmittelbare Gegenwart des Schöpfers in seiner Schöpfung) ergibt sich eine Reihe von Folgerungen für den Menschen, die Emerson an mehreren Aspekten der Natur darstellt: Ihr praktischer Nutzen *(commodity)* und ihre Wirkung auf das ästhetische Empfinden werden ebenso untersucht wie das Phänomen der Sprache als Ausdruck der wachsenden Bewußtwerdung des Menschen. »Disziplin« erscheint als Folge des Erkennens der Naturgesetze und ihrer Anwendung auf den Bereich menschlicher moralischer Verantwortung. »Idealismus« bedeutet für Emerson die Möglichkeit der Vereinigung des die Natur intuitiv erfahrenden Menschen, speziell des Dichters, mit dem göttlichen Geist. Aus all dem geht deutlich hervor, daß Emersons Naturbegriff die ganze Schöpfung im physikalischen, philosophischen und theologischen Sinn einschließt. Während Unterscheidungen wie die zwischen *imagination* und *fancy, genius* und *talent* und – am wichtigsten von allen – *reason* und *understanding* (wobei Emerson überraschenderweise *reason* mit dem empirisch arbeitenden Verstand gleichsetzt) stark an die europäische Philosophie des Idealismus erinnern, die der Autor hauptsächlich aus den Schriften von COLDERIDGE (*Aids to Reflection*, 1825), SCHLEIERMACHER und SCHELLING, in geringerem Maße aus denen KANTS und HEGELS (vermittelt über CARLYLE) kannte, liegt der wesentlichste eigenständige Beitrag seines Essays zum amerikanischen Transzendentalismus (und damit zur amerikanischen Romantik) in der Betonung der exakten Entsprechung zwischen den physikalischen Gesetzen der Natur und den moralischen Gesetzen des Menschen. Aus dem intuitiven Erkennen und Verstehen dieser gleichermaßen vom göttlichen Geist geschaffenen Gesetze erhält der Mensch seine Würde und seine – in Emersons folgenden Essays, z. B. *The Over-Soul, Self-Reliance, The American Scholar, The Poet*, immer wieder proklamierte – Unabhängigkeit von Konventionen, sein Recht und seine Pflicht zur freien, ganz und gar individuellen Entscheidung. G.Bj.-KLL

AUSGABEN: Boston 1836; Faks. 1985 [Einl. J. Pelikan]. – Ldn. 1844 (in *Nature; An Essay and Lectures on the Times*). – Boston 1849 (in *Nature. Addresses and Lectures*). – Boston 1883 (in *Complete Works*, 12 Bde., 1883–1898, 1; *Riverside Ed.*, rev.). – Boston 1903 (in *Complete Works*, Hg. E. W. Emerson, 12 Bde., 1903/04, 1; *Centenary Ed.*; Nachdr. NY 1968). – Lpzg. 1912 *(With Goethe's »Natur«)*. – NY 1940, Hg. K. W. Cameron [m. Vorw. u. Bibliogr.]. – NY 1965 (in *Selected Essays, Lectures, and Poems*, Hg. R. E. Spiller; ern. 1970). – Cambridge/Mass. 1971 (in *Collected Works*, Hg. ders., 1971 ff., Bd. 1; *Harvard Ed.*).

ÜBERSETZUNGEN: *Die Natur. Ein Essay*, A. Holtermann, Hannover 1868. – Dass., W. Mießner (in *GW*, Bd. 6, Jena 1907). – Dass., W. u. Th. Weigand, Lpzg. 1913 (IB). – *Natur*, H. Kiczka, Schaffhausen 1981. – Dass., ders., Zürich 1982; ern. 1986. – Dass., ders., Zürich 1988 (detebe).

LITERATUR: C. C. Hansen, *R. W. E.'s »Nature«: Gospel of Transcendentalism* (in *The American Renaissance. The History and Literature of an Era*, Hg. G. Hendrick, Ffm. 1961). – K. W. Cameron, *E.'s »Nature« and British Swedenborgianism 1840–1841* (in Emerson Society Quarterly, 30, 1963, S. 11–89). – J. Porte, *Nature as Symbol: E.'s Noble Doubt* (in New England Quarterly, 37, 1964, S. 453–476). – K. Burke, *I, Eye, Ay – Concerning E.'s Essay on »Nature« and the Machinery of Transcendence* (in SR, 74, 1966, S. 875–895). – *E.'s »Nature«: Origin, Growth, Meaning*, Hg. M. M. Sealts Jr. u. A. R. Ferguson, Carbondale/Ill. 1969; ern. 1979. – K. W. Cameron, *Young E.'s Transcendental Vision: Exposition of His World View with an Analysis of the Structure, Backgrounds, and Meaning of »Nature« (1836)*, Hartford/Conn. 1971. – E. Regan, *A Literary Introduction to E.'s »Nature«*, Hartford/Conn. 1976. – R. Els, *R. W. E. und »Die Natur« in Goethes Werken: Parallelen von »Nature« (1936) und »Nature« (1844) mit dem Prosahymnus »Die Natur« und sein möglicher Einfluß*, Ffm. 1977. – O. Salinas, *E.'s »Nature«: Oral Merger of Fantasy* (in American Imago, 35, 1978, S. 378–406). – C. Porter, *Method and Metaphysics in E.'s »Nature«* (in Virginia Quarterly Review, 55, 1979, S. 17–30). – E. Cheyfitz, *The Trans-Parent*, Baltimore/Ldn. 1981. – E. F. Irey, *A Concordance to Five Essays of R. W. E.*, NY 1981. – B. L. Packer, *The Riddle of the Sphinx: »Nature«* (in B. L. P., *E.'s Fall: A New Interpretation of the Major Essays*, NY 1982, S. 22–84). – H. M. Steele, *Romantic Epistomology and Romantic Style: E.'s Development from »Nature« to the »Essays«* (in Studies in the American Renaissance, 1983, S. 187–202). – K. W. Cameron, *E.'s Transcendentalism and British Swedenborgism*, Hartford/Conn. 1984. – I. F. A. Bell, *The Hard Currency of Words: E.'s Fiscal Metaphor in »Nature«* (in ELH, 52, 1985, S. 733–753). – J. Michael, *E.'s Chagrin, Benediction and Exhortation in »Nature« and »Tintern Abbey«* (in MLN, 101, 1986).

SOCIETY AND SOLITUDE

(amer.; *Gesellschaft und Einsamkeit*). Essaysammlung von Ralph Waldo EMERSON, erschienen 1870. – Im Titelaufsatz der letzten vom Autor selbst zusammengestellten, recht heterogenen Sammlung von zwölf Essays, die auf Vorträgen aus dem Jahr 1858 basieren, gibt Emerson den Leitbegriffen »Gesellschaft« und »Einsamkeit« in ihrer Interdependenz gleichgewichtige Bedeutung. Einerseits erkennt er dem schöpferisch begabten Menschen das Recht zu, sich von der Gemeinschaft abzusondern, andererseits sieht er in der Teilnahme an ihr die reichste Quelle der Erfahrung, besonders für den Dichter. Unter dem Aspekt der Geselligkeit wird das Thema vom sinnvollen menschlichen Zusammenleben später noch einmal in dem Essay *Clubs* behandelt. Im zweiten Aufsatz, *Civilization*, dem der vielzitierte Satz »Hitch your wagon to a star« (»Mach deinen Wagen an einem Stern fest«) entstammt, plädiert der Autor für eine bessere Erziehung auf allen Gebieten. Grundlegend für den »Fortschritt«, d. h. bei Emerson für die Weiterentwicklung der Kultur- und Staatsgemeinschaft, sei das moralische Bewußtsein des einzelnen, dem Emerson KANTS kategorischen Imperativ als Richtschnur empfiehlt. Im folgenden Essay, *Art*, wird der Begriff »Kunst« auf jede Form schöpferischen Ausdrucks angewandt. Emerson sieht in jeder schöpferischen Tätigkeit des Menschen eine Manifestation der Weltseele, der *»universal soul«*, die er früher als *»Over-Soul«* bezeichnet hatte, und versteht in diesem Sinn sowohl die Technik als auch die schönen Künste als Versuche, dem Schöpfer nahezukommen. Ihrem Wesen nach seien sie daher religiös. Während sich der vierte Essay, *Eloquence*, weitschweifig und allzu verallgemeinernd mit der Beredsamkeit beschäftigt, zeichnet sich der nächste, *Domestic Life*, durch die lebendige Schilderung konkreter häuslicher Probleme aus. Das Heim sollte nicht den Besitzstand der Bewohner widerspiegeln, sondern, als wahres Zuhause, den Charakter und das Zusammengehörigkeitsgefühl einer Gemeinschaft von Menschen. Intakte Familiengemeinschaften seien die Voraussetzung für eine gesunde Staatsgemeinschaft. Auch in den Essays *Farming* und *Works and Days* geht es um konkrete Probleme des amerikanischen Lebens. Bei allem Stolz auf die Leistungen und das noch unerschlossene Potential seines Landes erkennt Emerson die Gefahr einer zunehmend materialistischen Lebenseinstellung und warnt vor ihren Folgen (wachsende Kriminalität, politische Korruption). Das gleiche Thema schneidet er im elften Essay, *Success*, an, in dem er den Slogan »*Nichts ist erfolgreicher als der Erfolg*« als »*seichten Amerikanismus*« brandmarkt. Als »Erfolge« sollten seine Landsleute vielmehr die innere Zufriedenheit und das erfüllte Leben des einzelnen werten. Dazu bedürfe es vor allem des physischen und moralischen Mutes, den der Autor im Essay *Courage* als »*Bewältigung täglicher Probleme*« charakterisiert. »*Wer nicht Tag für Tag die Angst besiegt, hat die Lektion des Lebens nicht gelernt.*« Der Aufsatz *Books* bringt eine Abkehr von der berühmten idealistischen, von Oliver Wendell HOLMES als »*intellektuelle Unabhängigkeitserklärung*« der USA bezeichneten Rede *The American Scholar* (1837), in der Emerson die Amerikaner zu geistiger Mündigkeit und Selbständigkeit vor allem auf literarischem Gebiet aufgerufen hatte. Jetzt warnt er vor der Überbewertung der »neuen« Literatur und empfiehlt, man solle sich im Sinn der traditionellen humanistischen Erziehung an den großen Werken der Antike orientieren. Im letzten Essay, *Old Age*, weist Emerson, angeregt von CICEROS Traktat *De senectute*, auf die Vorteile des Alters hin und betont, daß auch alte Menschen zum Nutzen der Gesellschaft wirken könnten. Gerade Amerika als das Land der Jugend bedürfe des Rates seiner lebenserfahrenen Bürger. G.Bj.

AUSGABEN: Boston 1870. – Boston 1898 (in *Complete Works*, 12 Bde., 1883–1898, 7; *Riverside Ed.*; rev.). – Boston 1904 (in *Complete Works*, Hg. E. W. Emerson, 12 Bde., 1903/04, 7; *Centenary Ed.*; Nachdr. NY 1968). – Ldn. u. a. 1922 (in *Society and Solitude and Other Essays*). – NY 1940 (in *The Complete Essays and Other Writings*, Hg. u. Einl. B. Atkinson; zul. 1964).

ÜBERSETZUNGEN: *Gesellschaft und Einsamkeit*, S. Mohnicke, Bremen 1875; Norden ²1885. – Dass., H. Conrad, Lpzg./Jena 1903; ²1907. – Dass., ders. (in *GW*, Bd. 3, Jena 1903). – Dass., H. Hartmann, Hbg. 1954 [Ausz.].

LITERATUR: P. H. Boynton, *E.'s »Solitude«* (in New Republic, 22. 5. 1915, S. 68–70). – R. P. Cobb, *Society versus Solitude. Studies in E., Thoreau, Hawthorne, and Whitman*, Diss. Univ. of Michigan 1955 (vgl. Diss. Abstracts, 15, 1954/55, S. 1396). – R. Kless, »*Solitude and Society«. Ein Grundproblem der Lebensphilosphie R. W. E.s*, Diss. Hbg. 1955. – J. Q. Anderson, *E. and the Ballad of George Nidever ›Staring Down‹ a Grizzly Bear* (in Western Folklore, 15, 1956, S. 40–45). – H. Bogart, *R. W. E.: Self and Society*, Diss. Univ. of NY 1963 (vgl. Diss. Abstracts, 28, 1967, S. 1428A). – M. Gonneaud, *Individu et société dans l'œuvre de R. W. E. Essai de biographie spirituelle*, Paris 1965.

MIHAIL EMINESCU

* 15.1.1850 Botoşani
† 15.6.1889 Bukarest

LITERATUR ZUM AUTOR:
Bibliographien:
G. Jucan, *Bibliografie eminesciană 1944–1964* (in Limba şi literatura, 5, 1961, S. 371–399; 9, 1965, S. 269–336). – I. Iliescu, *E. în Banat. Bibliografia*, Timişoara 1964. – *Bibliografia M. E. 1866–1976*, Bd. 1, Bukarest 1976.
Zeitschriften:
Buletinul M. E., Cernauţi 1930–1943. – Caietele E., Bukarest 1972 ff.
Biographien:
G. Călinescu, *Viaţa lui M. E.*, Bukarest 1932; ⁵1983; dt. *Das Leben M. E.s*, Bukarest ⁴1967. – A. Pop, *Contribuţii documentare la biografia lui M. E.*, Bukarest 1962; Bd. 2: *Noi contribuţii*, Bukarest 1969; Bd. 3: *Intregiri documentare la biografia lui E.*, Bukarest 1983. – I. Cretu, *M. E.*, Bukarest 1968. – E. Todoran, *E.*, Bukarest 1972. – G. Munteanu, *Hyperion I: Viaţa lui E.*, Bukarest 1973. – K. F. Popovici, *E. Viaţa şi opera*, Chişinău 1974. – B. Taladoire, *M. E.*, Paris 1974. – Gh. Bulgăr, *E.*, Iaşi 1980. – K. F. Popovič, *M. E. Žizn'i tvorčestvo*, Kišinev 1982. – D. Murăşu, *M. E.*, Bukarest 1983. – P. Rezuş, *M. E.*, Bukarest 1983. – E. Lovinescu, *M. E.*, Iaşi 1984.
Gesamtdarstellungen und Studien:
G. Călinescu, *Opera lui M. E.*, 5 Bde., Bukarest 1934–1936; ern. 1976–1985. – T. Vianu, *Poezia lui E.*, Bukarest 1930. – D. Caracostea, *Arta cuvîntului lui E.*, Bukarest 1938; ern. Iaşi 1980. – E. Kakassy, *E. élete és költészete*, Bukarest 1962. – R. Del Conte, *M. E. o dell'assoluto*, Modena 1962. – A. Guillermou, *La genèse intérieure des poésies d'E.*, Paris 1963. – L. Gáldi, *Stilul poetic al lui M. E.*, Bukarest 1964. – E. Simion, *Proza lui E.*, Bukarest 1964. – G. Uscatescu, *El universo poético de M. E.*, Madrid 1965. – L. Rusu, *E. şi Schopenhauer*, Bukarest 1966. – *Dicţionarul limbii poetice a lui E.*,

Hg. T. Vianu, Bukarest 1968. – I. Negoiţescu, *Poezia lui E.*, Bukarest 1968. – E. Papu, *Poezia lui E.*, Bukarest 1971; ²1979. – *Wechselwirkungen in der deutschen und rumänischen Geisteswelt am Beispiel M. E.s*, Hg. E. J. Tetsch u. P. Miron, Stg. 1977. – E. Tacciu, *E. Poezia elementelor*, Bukarest 1979. – I. Cheie-Pantea, *E. şi Leopardi*, Bukarest 1980. – Şt. Avădenei, *E. şi literatura engleză*, Iaşi 1982. – V. Dogaru, *E., muzician al poeziei, Eminescu poet al muzicii*, Bukarest 1982. – E. Sorohan, *Ipostaze ale revoltei la Heliade Rădulescu şi E.*, Bukarest 1982. – A. Petrescu, *E.: originele romantismului*, Bukarest 1983. – G. Balan, *Nebănuitul E.*, Mchn. 1984. – N. Ciobanu, *E.: structurile fantasticului narativ*, Iaşi 1984. – T. Codreanu, *E. – dialectica stilului*, Bukarest 1984. – St. Tokarski, *E. i orient*, Breslau 1984. – A. Petrescu, *E.: metamorfozele creaţiei*, Bukarest 1985. – Ş. Gioculescu, *Eminesciana*, Bukarest 1985. – *E. în critica germană*, Hg. S. Chiţaru, Iaşi 1985. – D. Vatamaniuc, *Publicistică lui E.: 1870–1877*, Iaşi 1985. – M. Drăgan, *M. E. Interpretări*, Iaşi 1986. – Z. Dumitrescu-Busulenga, *E. şi romantismul german*, Bukarest 1986. – A. Melian, *E. – univers deschis*, Bukarest 1987. – *E. im europäischen Kontext*, Hg. I. Constantinescu, Augsburg/Mchn. 1988.

CĂLIN, FILE DIN POVESTE

(rum.; *Călin, Blätter einer Geschichte*). Volksdichtung von Mihail EMINESCU, erschienen 1876. – Călin ist der jüngste von drei Brüdern, die ausgezogen sind, drei von einem Drachen geraubte Kaisertöchter zu befreien. Zu Beginn seiner abenteuerlichen Fahrten begegnet Călin einem anderen Mädchen aus kaiserlichem Geblüt, in das er sich verliebt. Doch erst sieben Jahre später, als er den Drachen besiegt, die Kaisertöchter gerettet und seine hinterhältigen Brüder, die ihm seinen Erfolg streitig machen wollten, bestraft hat, kehrt er zu ihr und seinem inzwischen sechsjährigen Sohn zurück. An dem prunkvollen Hochzeitsfest im Walde nimmt die ganze Natur teil.

Gegenüber dem an Ereignissen reichen Volksmärchen hat Eminescu die Zahl der Abenteuer und der Personen erheblich verringert. Aus dem tölpelhaften Călin der Märchenfassung hat er einen strahlenden Helden gemacht und sich auf wenige, breit durchgeführte Motive beschränkt. Zweifellos zu den Höhepunkten der Dichtung gehört die zauberhafte Szene der ersten Begegnung Călins mit der Kaisertochter sowie die ganz in die Natur und Landschaft Rumäniens gestellte Schilderung der Hochzeitsfeier.

Mit *Călin, file din poveste*, das er, beginnend mit der Aufzeichnung des Inhalts, auf dem Weg über die wörtliche Übernahme des Volksmärchens zu einer Kunstdichtung entwickelte, schuf der große rumänische Dichter ein Werk, das er nur noch mit dem 1883 erschienenen Poem *Luceafărul* übertreffen sollte. E.T.-KLL

AUSGABEN: 1876 (in Convorbiri literare, 1. 11. 1876). – Bukarest 1902 (in *Opere complete*, Bd. 1, Hg. I. Chendi). – Bukarest 1963 (in *Opere*, Hg. Perspessicius). – Bukarest 1963 (in *Poezii*, Hg. ders.). – Bukarest 1970 (in *Basme*). – Bukarest 1970 (in *Opere*, Bd. 13). – Bukarest 1973 (in *Opere alese*, Bd. 3). – Bukarest 1980 (in *Poezii*). – Bukarest 1982 (in *Poezia de inspiraţie folclorică*).

LITERATUR: D. Murăraşu, *M. E., Călin Nebunul*, Bukarest 1934 [Sonderdr. aus Lanuri, Dez. 1934]. – Ders., *Orientarea lui E. despre folclor* (in Gând Românesc, 3, 1935). – Ders., *E. şi literatura populară*, Craiova 1939. – M. Pop, *E. şi lit. pop.* (in Gazeta Lit., 11, 1964, Nr. 25). – Ders., *Originea orală a basmulin »Călin nebunul«* (in Viaţa rom., 17, 1964, S. 207–214). – I. Rotaru, *E. şi poezia populară*, Bukarest 1965. – E. Close, *E.'s Călin: From Folktale to Poem of Love* (in Southeastern Europe, 7, 1980, S. 32–49). – P. Caraman, *Pămînt şi apă: Contribuţie etnologică la studiul simbolicei eminesciene*, Iaşi 1984.

CEZARA

(rum.; *Cezara*). Novelle von Mihail EMINESCU, erschienen 1876 in der Zeitschrift ›Curierul de la Iasi‹. – Die auch andernorts erkennbare gedankliche Anlehnung Eminescus an die Philosophie SCHOPENHAUERS tritt in dieser Novelle besonders deutlich zutage. In der Wahl der Themen und Topoi sowie in der sprachlichen Gestaltung ist der Einfluß der deutschen Romantiker unverkennbar. Der lyrische Überschwang und die Neigung zum Melodrama werden durch ironische Illusionsdurchbrechung gedämpft.

Die drei zentralen Figuren – die junge, schöne Italienerin Cezara, der Mönch Ieronim und sein Onkel Euthanasius – verkörpern die sinnliche Leidenschaft, die platonische Liebe und das Streben nach dem Nirwana. Als sie ihn zum ersten Mal erblickt, verliebt sich Cezara in den weltabgewandten, schwermütigen Mönch Ieronim. In einem leidenschaftlichen Brief enthüllt sie ihm ihre Gefühle, doch Ieronim weist sie zurück: Er empfindet tiefen Abscheu vor der körperlichen Liebe, in der er die größte Gefahr für den nach Vergeistigung strebenden Menschen sieht. Aber beim Anblick Cezaras beginnt Ieronim an seinen Grundsätzen zu zweifeln. Nachdem er sich mit Castelmare, Cezaras ungeliebtem Verlobten, duelliert hat, muß er die Stadt verlassen und gelangt mit einem Boot zur Insel seines Onkels Euthanasius. Dieser sucht und findet in der Einsamkeit der paradiesisch schönen Landschaft den Tod, der für ihn gleichbedeutend mit dem völligen Eingehen in die Natur ist. Inzwischen hat sich Cezara, deren Vater gestorben ist und die glaubt, Ieronim sei inzwischen nicht mehr am Leben, in ein an der Meeresküste gelegenes Kloster zurückgezogen, um den Nachstellungen Castelmares zu entgehen. Eines Tages gerät sie beim Baden in eine Strömung, die sie zur Insel des

Euthanasius trägt. Dort sieht sie Ieronim wieder, der jetzt bereit ist, ihre Liebe zu erwidern. Das Paar lebt fortan in dem Inselparadies.
Die Typologie der Geschlechter, wie Eminescu sie in *Cezara* entwirft, ist auch für die Mehrzahl seiner Liebesgedichte kennzeichnend: Das sinnlich-erdhafte Weib steht als aktives Lebensprinzip dem vergeistigten Mann als der Verkörperung der *vita contemplativa* gegenüber. Besonders ausgeprägt ist dieser Gegensatz in dem philosophischen Poem *Luceafărul (Der Abendstern)*. Eminescus Prosa wurde von der Literaturkritik lange Zeit im Vergleich mit seiner Lyrik unterbewertet und erst von der modernen Forschung als eigenständige künstlerische Leistung gewürdigt, die der rumänischen Literatur neue Impulse gab. G.Sc.

AUSGABEN: Jassy 1876. – Jassy 1893. – Bukarest 1905. – Jassy 1914. – Bukarest 1939. – Bukarest 1964. – Bukarest 1970 (in *Geniu pustiu*). – Bukarest 1977 (in *Opere*, Bd. 7). – Bukarest 1981 (in *Proză literară*).

ÜBERSETZUNG: A. Klug, in *Märchen und Novellen*, Czernowitz 1927.

FĂT-FRUMOS DIN LACRIMĂ

(rum.; *Der Tränenprinz*). Märchen von Mihail EMINESCU, erschienen 1870. – Făt-Frumos (wörtlich »schöner Knabe«) ist in den rumänischen Märchen der Märchenprinz schlechthin, ein ewig junger Held ohne Furcht und Tadel, der das Böse bekämpft und immer siegt. In Eminescus Märchen empfängt die jahrzehntelang kinderlos gebliebene Kaiserin einen Sohn aus einer Träne, die sie aus Wehmut über das ihr versagte Mutterglück vergossen hat; daher wird der Knabe »Tränenprinz« genannt. Nahezu sämtliche Motive rumänischer Volksdichtung und Folklore sind in die Erzählung verwoben: kluge, sprechende, stets hilfsbereite Geschöpfe aus der Tier- und Pflanzenwelt; furchterregende Ungeheuer mit übermenschlichen Kräften; heidnischer Aberglaube und Zaubermittel aller Art. Aber auch Christus und Petrus treten auf, die unerkannt noch immer auf Erden wandeln, um Wunder zu wirken.
Das kleine, höchst poetische Werk wird mit Recht zu den schönsten Märchen der Weltliteratur gezählt. J.M.

AUSGABEN: 1870 (in Conv. lit., 1. u. 15. 11. 1870). – Bukarest 1902 (in *Opere*). – Bukarest 1904 (in *Opere*). – Bukarest 1953. – Bukarest 1963 (in *Opere*, Bd. 6). – Bukarest 1970 (in *Basme*). – Bukarest 1981. – Bukarest 1984 (in *Lumea basmelor*).

ÜBERSETZUNGEN: *Der Tränenprinz*, A. Klug (in *Märchen und Novellen*, Czernowitz [1927]). – *Der Prinz aus der Träne*, O. Pastior, Bukarest 1963. – *Das Märchen vom Prinzen Tränenreich*, W. Aichelburg, Bukarest 1975.

GENIU PUSTIU

(rum.; *Öder Genius*). Romanfragment von Mihail EMINESCU, postum erschienen 1904. – Erst fünfzehn Jahre nach dem Tod des Dichters erschien aus dem schlecht verwalteten Nachlaß das Fragment eines Romans, der den Titel »Charaktere eines Catilina würdig« tragen sollte. Man nimmt an, daß das Fragment zwischen den Jahren 1868 und 1870 entstanden ist, als der noch nicht zwanzigjährige Eminescu mit einer Schauspielertruppe in Siebenbürgen umherzog. Um die geschilderten Ereignisse eindringlicher zu gestalten, verwendet der Autor eine Rahmenerzählung in Ichform und läßt schließlich den Helden der Handlung, Toma Nour, zum Sprachrohr seiner eigenen politisch-sozialen Ansichten werden. – Toma Nour ist ein Rumäne aus dem damals noch von Ungarn beherrschten Siebenbürgen. Unzufrieden mit sich und seiner Umwelt, ist er der Typ des zornigen Weltverbesserers. Einzig in der Liebe zu dem Mädchen Poesis glaubt er Ruhe und Trost finden zu können. Poesis aber schenkt ihre Gunst einem ungarischen Grafen, weil sie hofft, dadurch ihre und ihres Vaters Zukunft sichern zu können. Verzweifelt schließt sich Toma Nour 1848 den aufständischen Rumänen an, die für die Befreiung des Landes vom ungarischen Joch kämpfen.
Zum ersten Male in der rumänischen Literatur werden hier Menschen und Zustände jenseits der Karpaten geschildert. Die Kapitel, die die Revolution von 1848 mit allen ihren Schrecknissen wiedergeben, besonders die Schilderung der Rache, die die verratenen Aufständischen an einem volksdeutschen Müller üben, gehören zu den eindrucksvollsten Szenen dieses unvollendeten Jugendwerks.
J.M.

AUSGABEN: Bukarest 1904 [Einl. I. Scurtu]. – Bukarest 1964 (in *Proză literară*). – Bukarest 1966. – Bukarest 1970. – Bukarest 1977 (in *Opere*, Bd. 7). – Bukarest 1981 (in *Proză literară*).

LUCEAFĂRUL

(rum.; *Der Abendstern*). Lyrisch-philosophisches Poem von Mihail EMINESCU, erschienen 1883. – Eine Analyse der Motive, der philosophischen Problemstellung und der Bildsymbolik läßt *Luceafărul* als Synthese des gesamten lyrischen Schaffens Eminescus erkennen. Das Motiv der Liebe eines überirdischen, dämonischen Wesens zu einem sterblichen Mädchen – ein Motiv, das beispielsweise auch BYRONS Versdrama *Heaven and Earth* zugrunde liegt – entnahm Eminescu dem in der Reisebeschreibung von R. KUNISCH, *Bukarest und Stambul. Skizzen aus Ungarn, Rumänien und der Türkei* (1861), aufgezeichneten Märchen *Das Mädchen in dem goldenen Garten*. Zum erstenmal bearbeitete Eminescu den Stoff, in den er Elemente der rumänischen Folklore und der deutschen, französischen, englischen und russischen Romantik einfließen ließ, in der Form der *ottava rima* in den Jahren

1874/75 unter dem Titel *Fata ín grădina de aur (Das Mädchen in dem goldenen Garten)*. Die endgültige Fassung, die nach zahlreichen Varianten entstand, unterscheidet sich wesentlich von der ersten Version. Die großen Linien der Handlung wurden zwar beibehalten, aber das Geschehen und die Personen zu Symbolträgern der philosophischen Reflexionen über die *conditio* des genialen Menschen umgedeutet.

Hyperion – die Namensgleichheit mit den Protagonisten der Dichtungen Keats' und Hölderlins ist keineswegs zufällig – ist ein romantischer Held, der im Schnittpunkt zweier einander entgegengesetzter Anziehungskräfte steht; der dämonische Drang nach dem Absoluten, der Unsterblichkeit, ist der eine Pol, die menschliche Glückssehnsucht der andere. Als Abendstern am nächtlichen Himmel stehend, verliebt sich Hyperion in eine »märchenhaft« schöne Königstochter. In drei aufeinanderfolgenden Nächten betritt er in Gestalt eines Jünglings das Gemach der Prinzessin und bittet sie, ihm in seine Welt der Unsterblichkeit zu folgen. Obwohl es Hyperion gelingt, in der Geliebten eine unbestimmte Sehnsucht nach dieser höheren Wirklichkeit zu wecken, kann er ihren Schauder vor seiner Übermenschlichkeit nicht mildern. So entschließt er sich, den Demiurgen – die Verkörperung der universellen Notwendigkeit – aufzusuchen und zu bitten, ihn von seinen göttlichen Attributen zu befreien. Der Demiurg aber bietet ihm statt dessen Allwissenheit und Allmacht an. Hyperion lehnt zunächst ab, doch dann läßt ihn ein Blick zurück zur Erde die Flüchtigkeit der Gefühle des Mädchens erkennen, um dessentwillen er das Menschendasein wählen wollte. Denn in seiner Abwesenheit hat sich die Königstochter, die der Dichter nun bei ihrem Namen Cătălina nennt, in den Pagen Cătălin verliebt. Mit feiner Ironie evoziert Eminescu die rührend-naive Banalität ihrer Idylle. Noch einmal fleht Cătălina den Abendstern im Tone der lyrischen Inkantation an, zu ihr herabzusteigen, um ihr »Glück« zu erhellen; Hyperion jedoch begreift, daß es dem Genie nicht gegeben ist, auf rein kreatürliche Weise in der Welt der Menschen glücklich zu werden.

Romantische, folkloristische und griechisch-mythologische Elemente sind in dem Poem durch einen klassisch zu nennenden Formwillen gebändigt. Eminescu erhebt den schlichten Märchenstoff zum Symbol seines anspruchsvollen gedanklichen und künstlerischen Vorwurfs und verbindet die in der rumänischen Volkslyrik sehr häufig verwendete Chevy-Chase-Strophe mit gewagten rhythmischen Experimenten, reichem Reim, Enjambements und oft sehr preziösen Epitheta. Bei aller gedanklichen Tiefe ist der Dichter vor allem ein Meister der Form und des Klangs. A.Ga.

Ausgaben: Wien 1883. – Freiburg i. B. 1949 (in *Poesii*; Vorw. M. Eliade). – Bukarest 1952 (in *Poesii*). – Bukarest 1963 (in *Opere*, 6 Bde., 1952–1963, 6). – Bukarest 1980. – Bukarest 1984. – Iași 1984 (in *Romanul lui E.*).

Übersetzungen: *Der Abendstern*, K. Richter (in M. E., *Gedichte*, Jena/Lpzg. 1937, S. 99–110). – Dass., G. Deicke (in M. E., *Der Abendstern. Gedichte*, Bln. 1964, S. 73–87). – *Der Abendstern. Az Esticsillag*, Z. Franyó, Temesvar 1972.

Literatur: A. V. Ciocanu u. M. Papuc, *Inchinare la Luceafăr*, Chișinău 1975. – Z. Rusu, *Noi contribuții cu privire la geneza »Luceafărului« lui E.* (in Revista istorie și teorie literară, 27, 1978, S. 509–523). – V. Cuțitaru, *Metamorfozele lui Hyperion*, Iași 1983. – P. Gorcea, *Steua din oglinda visului, eseu despre »Luceafărul« lui E.*, Bukarest 1983.

PANORAMA DEȘERTĂCIUNILOR

auch: *Memento Mori* (rum.; *Das Panorama der Eitelkeiten*, auch: *Memento Mori*). Episch-philosophisches Poem von Mihail Eminescu, entstanden 1870–1872. – Das Poem, welches in einigen Varianten Titel wie *Tempora mutantur, Vanitas vanitatum vanitas* und *Skepsis* trägt, wurde vollständig erst nach dem Tode des Dichters veröffentlicht (zuerst 1903 von Ilarie Chendi). Nur das Fragment *Egipetul (Ägypten)* war von Eminescu im Oktober 1872 in der Zeitschrift ›Convorbiri Literare‹ publiziert worden. Die Dichtung umfaßt 1302 Verse, die in sechszeiligen Alexandrinerstrophen angeordnet sind.

Panorama deșertăciunilor ist ein typisch romantisches Menschheitsepos, das Affinitäten zu Victor Hugos *La légende des siècles* (1859) und zu der *Tragödie des Menschen (Az ember tragédiája*, 1861) des ungarischen Dichters Imre Madách aufweist. Auch von den Kosmogonien und Menschheitsepen anderer antiker und moderner Dichter (Hesiod, Platon, Demokrit, Lukrez, Vergil, Dante, Milton, Leconte de Lisle und Heliade-Rădulescu) lassen sich einige thematische und motivische Einflüsse herleiten. Den thematischen Mittelpunkt des Poems bildet die Geschichte des Menschengeschlechts, die unter dem Aspekt des Aufstiegs und Falls einzelner Völker und bestimmter berühmter Persönlichkeiten gesehen wird. Die philosophische Grundkonzeption des Poems – die Eitelkeit alles Seienden – ist biblischer Herkunft. Der Tod wird als die einzige Gewißheit angesehen, seine ständige Vergegenwärtigung als die einzig relevante menschliche Haltung. Diese zutiefst pessimistische Grundhaltung tritt bereits in den einleitenden Passagen zutage. Der Dichter spricht den Wunsch aus, von einer schönen und guten Welt zu träumen, ist sich jedoch der Tatsache bewußt, daß seine Vision das Böse nicht aus der Welt schaffen kann. Seine ersten Traumreisen führen ihn in die Fabelwelt des Orients und nach Griechenland. Das erste Bild evoziert die Größe und den Fall Babylons. Das zweite, Ägypten gewidmete Bild von besonderer poetischer Schönheit; es enthält die romantische Vision der vom Wüstenstaub bedeckten Städte Memphis und Theben. Die Geschichte des Libanon findet ihre Verkörperung in der Gestalt zweier judäischer Könige: David, seine Sünden beklagend, und Salomon, der nicht nur Gott, sondern auch die weibliche Schönheit besingt. Der Anblick der Ruinen Palästinas gibt dem Dichter Anlaß zu einer romantischen Meditation über vergangene Pracht und Größe. Das antike Griechenland wird ausschließlich unter dem Blickwinkel seiner Mythologie, Philosophie und Kunst gesehen. Das Reich der Hellenen fällt der aufstrebenden römischen Weltmacht zum Opfer, die ihrerseits dem Niedergang verfallen ist. An dieser Stelle schaltet Eminescu eine Beschreibung Dakiens, seiner Landschaft und seiner Götterwelt ein. Er schildert den Kampf zwischen Römern und Dakern, der mit der Niederlage des dakischen Heeres endet. Um nicht gefangengenommen zu werden, wählt der Dakerkönig Dezebal den Freitod, nicht ohne jedoch den Untergang der römischen Tyrannis vorausgesagt zu haben. Die auf den Untergang folgende Epoche der Völkerwanderung leitet einen neuen Abschnitt der Menschheitsgeschichte ein. Das wichtigste Ereignis dieser neuen Epoche ist die Französische Revolution von 1789. Der Dichter konzentriert sich in diesem Zusammenhang vor allem auf drei historische Momente: die Erstürmung der Bastille, das Schicksal des »Tigers« Robespierre und den Aufstieg und Fall Napoleons.

Das Poem endet mit allgemein gefaßten, pessimistischen Betrachtungen über die *conditio humana*. Alle Bemühungen, die darauf gerichtet sind, den Sinn der menschlichen Existenz zu ergründen, sind zum Scheitern verurteilt, denn »*Gedanken sind Phantome, solange das Leben ein Traum ist*«. Diese pessimistische Weltsicht ebenso wie der Glaube an einen blinden, das menschliche Schicksal bestimmenden Universalwillen sind auf die Philosophie SCHOPENHAUERS zurückzuführen, die Eminescu während seiner Wiener und Berliner Studienjahre nachhaltig beeinflußt hat. G.Sc.

AUSGABEN: Bukarest 1872 (*Egipetul*, in Convorbiri Literare, Okt.). – Bukarest 1903 (in *Preludii*, Hg. I. Chendi). – Bukarest 1932, Hg. G. Călinescu (in România Literară, Mai–Juli). – Bukarest 1952 (in *Opere*, Bd. 4; krit.). – Bukarest 1958 (in *Opere*, Bd. 5; krit.). – Bukarest 1964 (in *Opere alese*, Bd. 2; Einl. u. Hg. Perpessicius). – Bukarest 1970 (in *Poezii*, Bd. 1). – Bukarest 1980 (in *Poezii*).

LITERATUR: L. Gáldi, *Stilul poetical lui M. E.*, Bukarest 1964, S. 109–135. – A. Melian, *E.-nostalgia nemarginilor* (in Limba şi literara română, 30, 1981, S. 35–45).

SĂRMANUL DIONIS

(rum.; *Der arme Dionysius*). Phantastische Erzählung von Mihail EMINESCU, erschienen in der Zeitschrift ›Convorbiri Literare‹ vom 1. 12. 1872–1. 1. 1873. – Das philosophische Substrat der Arbeit läßt erkennen, welch tiefgreifenden Einfluß das Studium westlicher und orientalischer philosophischer Systeme nicht nur auf das Denken Eminescus, sondern auch auf seine dichterische Phantasie ausgeübt hat. Die Erzählung enthält Anklänge an die Theorie des Apriorismus und der Seelenwanderung, an pantheistische Gedankengänge sowie an das Ideengut KANTS und SCHOPENHAUERS. Die wesentlichen Grundgedanken lassen sich folgendermaßen zusammenfassen: Das Universum ist eine unendliche geistige Sphäre, deren Existenz und Bewegung durch die Vernunft gewährleistet ist; das Individuum ist die Projektion eines idealen Prototyps; das Individuum hat teil an der universellen Vernunft; Zeit und Raum sind relative und letztlich subjektive Kategorien; Traum und Wirklichkeit unterscheiden sich nicht wesentlich voneinander, sondern bilden nur verschiedene Erscheinungsformen ein und desselben Phänomens.

Die Handlung der Erzählung schildert den Versuch des romantischen Träumers Dionysius, die Grenzen von Raum und Zeit zu überwinden. Es gelingt ihm unter Inanspruchnahme der astrologischen und nekrologischen Künste des Gelehrten Ruben, sich in das Mittelalter, an den Hof des moldauischen Fürsten Alexander des Guten, zurückzuversetzen. Mit Hilfe einer magischen Zahl verwandelt sich Dionysius in Dan. In dieser Gestalt – und in Begleitung seiner Geliebten Maria – unternimmt er daraufhin eine Reise zum Mond, wo die beiden auf ewig paradiesische Zustände genießen könnten. Doch Dans Hybris wird ihnen zum Verhängnis: Seine Teilhabe an der göttlichen Vernunft verführt ihn dazu, sich mit Gott zu identifizieren. Auf diesen neuen »Sündenfall« folgt der Verlust des Mondparadieses und der Rücksturz zur Erde, wo Dionysius seine frühere Gestalt wiedererlangt.

In dieser Erzählung hat Eminescu nicht nur philosophische, sondern auch dichterische Einflüsse verarbeitet. Das Motiv der Seelenwanderung, welches auch in einer weiteren Erzählung Eminescus *(Avatarurile faraonului Tlà – Die Metamorphosen des Pharaonen Tlà)* wiederkehrt, erinnert an Théophile GAUTIER, das romantische Motiv des Schattens an CHAMISSO, die phantastische Reise an NOVALIS. Der Romantik verpflichtet ist auch der Schluß der Erzählung, der die Grenzen zwischen Traum und Realität verschwimmen läßt; romantisch ist schließlich auch die Ironie, mit der Dionysius als *alter ego* des Dichters über sich und seine Lage reflektiert. Diese in die Novelle eingefügte Selbstbespiegelung in Versform hat Eminescu später getrennt veröffentlicht: *Cugetările sărmanului Dionis (Die Betrachtungen des armen Dionysius*, 1872). – Die phantastischen Erzählungen und Novellen Eminescus wurden zum Ausgangspunkt für die Entwicklung dieser Gattung durch Ion Luca CARAGIALE (1852–1912) und Mihail SADOVEANU (1880–1961). G.Sc.

AUSGABEN: Bukarest 1872 (in Convorbiri Literare, 1. 12. 1872–1. 1. 1873). – Jassy 1890 (in *Proză şi versuri*, Hg. V. G. Morţun). – Jassy 1914 (in *Opere complete*). – Bukarest 1938/39, Hg. I. Creţu. – Bukarest 1943, Hg. A. Colarian. – Bukarest 1964,

Hg. E. Simion u. F. Șuteu. – Bukarest 1966 (in *Geniu pustiu*). – Bukarest 1972. – Bukarest 1977 (in *Opere*, Bd. 7). – Bukarest 1981 (in *Proză literară*).

ÜBERSETZUNGEN: *Der arme Dionis*, H. Sanielevici u. W. Majerczik, Bukarest 1904. – *Gedichte, Novellen*, M. W. Schroff, Craiova 1913.

LITERATUR: H. Sanielevici, »*Sărmanul Dionis*« (in *Cercetări critice și filologice*, Bukarest o. J.)

SCRISORILE

(rum.; *Die Episteln*). Zyklus von fünf Briefgedichten von Mihail EMINESCU, erschienen 1881 (Epistel 1–4) und 1890 (Epistel 5) in der Zeitschrift ›Convorbiri Literare‹. – Die *Episteln* stellen einen wichtigen und originellen Teil von Eminescus dichterischem Schaffen dar. Bereits vor der Abfassung der *Scrisori* verfaßte der Dichter mehrere satirische Gedichte, deren Thematik und geistige Grundhaltung auf die Briefgedichte hinweisen, wie z. B. *Junii corupti (Die korrupten Jünglinge), Criticilor mei (An meine Kritiker), Cugetările sărmanului Dionis (Die Betrachtungen des armen Dionysius)* u. a. Die Wahl des klassischen Briefgedichts als Form für seine satirischen Dichtungen muß im Zusammenhang mit Eminescus Interesse für klassische Gedicht- und Strophenformen gesehen werden. Während seiner Berliner Studienzeit (1873/74) beschäftigte er sich besonders intensiv mit den Episteln des HORAZ. – Die Struktur der in fünfzehn- und sechzehnsilbigen Trochäen abgefaßten *Scrisori* weist eine charakteristische Zweiteilung auf, die dem Antagonismus von Idealität und Wirklichkeit im gedanklichen Aufbau entspricht. Trotz zahlreicher thematischer und formaler Gemeinsamkeiten zeichnen sich die einzelnen Episteln des Zyklus durch ihren Einfallsreichtum und durch die Vielfalt der rhetorischen Mittel aus. *Scrisoarea I* ist ein dramatischer Monolog, der den klassischen Topos der *fortuna labilis* zum Thema hat. Verbittert reflektiert der Dichter über die Stellung des außergewöhnlich begabten Individuums in der Gesellschaft. Eminescu unterstreicht den Gegensatz zwischen der großartigen Erkenntnisfähigkeit des Genies und der Verachtung, die ihm seitens seiner Zeitgenossen und Nachkommen zuteil wird. Den dichterischen Höhepunkt des Gedichts bildet eine großangelegte kosmische Vision, die sich auf griechische, altindische und biblische Vorstellungen stützt. – *Scrisoarea II*, die in den einleitenden Versen auf den Anfang von HORAZ' erster Epistel an Maecenas anspielt, ist die wohl vollendetste der fünf Episteln. Auf die Frage eines Freundes, weshalb er der Literatur den Rücken gekehrt habe, antwortet der Dichter verbittert, daß es nichts mehr gebe, was der dichterischen Gestaltung wert sei. Begriffe wie Ruhm und Liebe, ja sogar die Wissenschaft selbst seien von der korrupten Gesellschaft pervertiert worden. – *Scrisoarea III* ist das bekannteste und künstlerisch reizvollste Gedicht des Zyklus. Die Epistel besteht aus zwei Hauptteilen, denen ein Prolog – der Traum eines Sultans von der zukünftigen Größe seines Geschlechts – vorangestellt ist. Während im ersten Teil die heldenhafte Vergangenheit des rumänischen Volkes am Beispiel des Fürsten Mircea dargestellt wird, dem es gelang, ein ihm zahlenmäßig weit überlegenes Türkenheer zu besiegen, schildert der zweite Teil im Gegensatz dazu die wenig ruhmreiche Gegenwart. Eminescus satirische Verve entzündet sich hauptsächlich an der vorgeblichen Vaterlandsliebe der Politiker und an dem geistigen Niedergang der Jugend. Die Epistel schließt mit einer pathetischen Beschwörung des legendären Fürsten Vlad Țepeș. – *Scrisoarea IV* und *V* sind thematisch sehr eng miteinander verbunden. In beiden Gedichten schildert der Dichter die Unmöglichkeit, eine ideale Liebesbeziehung inmitten einer heuchlerischen und verdorbenen Gesellschaft zu verwirklichen. In der fünften Epistel demonstriert der enttäuschte Dichter die weibliche Falschheit an der biblischen Geschichte von Samson und Dalila. Obwohl sich Eminescu einer klassischen Form bedient, gelingt es ihm, den in der Klassik postulierten Gegensatz von poetischen und unpoetischen Ausdrücken sprachlich zu überwinden. Die – zunächst umstrittenen – lexikalischen und syntaktischen Freiheiten dieser Gedichte, die künstlerische De-Poetisierung der dichterischen Sprache aber waren es, die Eminescu zum Wegbereiter und Vorläufer der modernen rumänischen Lyrik werden ließen. A.Ga.

AUSGABEN: Bukarest 1881 (Epistel 1–4 in Convorbiri Literare). – Bukarest 1890 (Epistel 5, ebd.). – Bukarest 1940, Hg. D. Mazilu [krit.]. – Bukarest 1939–1963, Hg. Perpessicius [krit.]. – Bukarest 1970 (in *Poezii*, Bd. 3). – Bukarest 1972. – Bukarest 1980 (in *Poezii*).

PIERRE EMMANUEL

d.i. Noël Mathieu
* 3.5.1916 Gan
† 22.9.1984 Pau

TOMBEAU D'ORPHÉE, FRAGMENT

(frz.; *Grab des Orpheus, Fragment*). Lyrische Dichtung von Pierre EMMANUEL, erschienen 1941 in der damals unbesetzten Zone Frankreichs, bei Pierre Seghers. – Pierre Emmanuel wurde, seinen eigenen Worten nach, durch Pierre Jean JOUVE »zur Poesie bekehrt«, und zwar durch dessen 1933 erschienenen Gedichtband *Sueur de sang*. Die Lektüre dieses Buches eröffnete dem Zweiundzwanzigjährigen den Zugang zu der Dichtung als einem Reich des Gei-

stes, in dem der Mensch mythenschaffend sein künftiges Bild entwirft. Er erfährt dabei seine Schwere, die kreatürliche und geschichtliche Last, und sucht sie zugleich ins »Offene« zu überwinden: Inkarnation, Tod, Höllenfahrt und Auferstehung sind die Stadien eines Weges, der sich auch als ein Kreislauf beschreiben läßt, in welchem das Oben und das Unten, Geist und Natur, Bewußtsein und Instinkt im Streit einander kräftigen. Der Mythos von Orpheus und seinem Abstieg zur Unterwelt, um die verlorene Geliebte aus dem Hades ans Licht zurückzuholen, wird von Emmanuel als ein Psychodram zu drei Personen abgewandelt: Orpheus, Eurydike und Gott. »Fragment« heißt die in fünf Teilen (*Hölle, Gedächtnis, Schlaf, Landschaft, Tod*) sich entfaltende Dichtung, weil sie dem Wesen nach als unvollendet und unvollendbar verstanden werden soll. Das Leitthema ist die Suche nach der ungespaltenen Identität des jugendlichen Dichters in Auflehnung gegen das göttliche Interdikt. Eurydike ist nicht nur die unerreichbar entrückte Geliebte, sie ist auch ein Symbol des Selbst: das »*innere Mädchen*« (Rilke), die seit dem Paradies verlorene Hälfte des in sich selber seligen Androgyns. Dessen Selbst-Liebe aber wird als verboten empfunden, und da das Verbot nicht aufzuheben ist, sucht sie in der Vernichtung, die durch Geschlecht, Wunde, Biß und Mord aktualisiert wird, ihre Erfüllung zu finden. Und um sich in ihrem Recht, als ein Denkmal *(»tout résolu en claire identité«)*, zu verewigen, braucht diese Selbst-Liebe den eifersüchtigen Gott, durch den ihre Seligkeit sich als Verdammnis erkennt und bejaht. Das ist auch der Grund dafür, daß Emmanuel seine frühe Dichtung nicht eigentlich als christlich, sondern als manichäisch bezeichnet hat. Sie beschreibt einen Kampf, in dem der Mensch oder Gott unterliegen soll. Und der Mensch »tötet« Gott am sichersten dadurch, daß er sich in die Hölle des Selbst vermauert.
Dieser Kampf des Menschen mit Gott verlagerte sich auf eine andere Ebene, als Emmanuel sich durch die Greuel des Zweiten Weltkriegs zur öffentlichen Verantwortung herausgefordert fühlte. Er wurde zu einem führenden Dichter der Résistance, der in der Unmenschlichkeit des Tötens, Henkens und Ausrottens nicht nur ein fremdes, feindliches Tun erblickt, sondern schaudernd die Verstrickung, die Mitschuld bekennt. Ich bin nicht nur ich selbst, ich bin auch der Andere. Ihn als Anderen – und Gott in ihm – wie mein Selbst zu lieben, durch das gemeinsame Böse hindurch die Hölle als »*Hohlform des Himmels*« (Léon Bloy) zu erleiden, das ist der neue Kampf. Auf die orphischen Traumstücke folgten nun, neben anderen, die Gedichtsammlungen *Jour de colère* (1942), *Combats avec tes défenseurs* (1942), *La liberté guide nos pas* (1945) und *Tristesse ô ma patrie* (1946). – Emmanuels Vers in diesen frühen Werken ist ein meist reimloser Alexandriner, der bisweilen von kürzeren Zeilen unterbrochen wird; der Rhythmus ist frei und nähert sich, bei häufigem Enjambement, einer heftig und vielfältig bewegten Prosa. Die meisten der oft langen Gedichte folgen einem epischen Zug, sie steigern sich zu apokalpytischen Visionen voll bilderreicher Rhetorik, die an Agrippa d'Aubigné und Victor Hugo denken läßt.

F.Ke.

AUSGABE: Les Angles/Gard 1941. – Paris 1967.

LITERATUR: A. Béguin, *P. E. ou Le ciel en creux* (in A. B., *Poésie de la présence*, Neuchâtel/Paris 1957). – J. Rousselot, *P. E.* (in *Présences contemporaines*, Paris 1958, S. 301–309). – A. Bosquet, *P. E.*, Paris 1959; ³1971. – A. Marissel, »*Tombeau d'Orphée*« (in Esprit, 35, Sept. 1967, S. 319–320). – S. E. Siegrist, *Pour ou contre Dieu. E. ou la poésie de l'approche*, Neuchâtel 1971. – A. Marissel, *P. E.*, Noisy-le-Sec 1974. – C. Jordens, *P. E., poète cosmogonique*, Kortrijk 1981. – Ders., *P. E. Introduction générale à l'œuvre*, Kortrijk 1981. – L. Bourgeois, *E. ou la quête de l'essentiel* (in L. B., *Poètes de l'au delà d'Éluard à René Char*, Lyon 1984, S. 155–177).

EMPEDOKLES AUS AKRAGAS

* 483/482 v.Chr. Akragas (heute Agrigent/Sizilien)
† zwischen 430 und 420 v.Chr.

LITERATUR ZUM AUTOR:
J. Bidez, *La biographie d'Empédocle*, Gent 1894; ern. 1968. – E. Bignone, *Empedocle*, Turin u. a. 1916; ern. 1963. – Schmidt-Stählin, 1/1, S. 315–323. – W. Jaeger, *Die Theologie der frühen griechischen Denker*, Stg. 1953, S. 1953, S. 147–176; Nachdr. Darmstadt 1964. – J. Zafiropulo, *Empédocle d'Agrigente*, Paris 1953 [m. griech. Text]. – M. S. Buhl, *Untersuchungen zu Sprache und Stil des E.*, Diss. Heidelberg 1956. – G. S. Kirk und J. E. Raven, *The Presocratic Philosophers. A Critical History With a Selection of Texts*, Cambridge 1957, S. 320–361. – G. Nélod, *Empédocle d'Agrigente*, Brüssel 1959. – Ch. H. Kahn, *Religion and Natural Philosophy in Empedocles' Doctrine of the Soul* (in AGPh, 42, 1960, S. 3–35). – K. Reinhardt, *E. Orphiker u. Physiker* (in K. R., *Vermächtnis der Antike*, Göttingen 1960, S. 101–113). – J. Bollack, *Empédocle*, 4 Bde., Paris 1965–1969 [m. Bibliogr.]. – W. K. C. Guthrie, *A History of Greek Philosophy*, Bd. 2, Cambridge 1965, S. 122–243. – U. Hölscher, *E. u. Hölderlin*, Ffm. 1965. – D. O'Brien, *Empedocles' Cosmic Cycle*, Ldn. u. a. 1969 [m. Bibliogr.]. – J. Biès, *Empédocle D'Agrigente*, Paris 1969. – H. Lambridis, *Empedocles. A Philosophical Introduction*, Univ. of Alabama Press 1976. – C. E. M. Smertenko, *On the Interpretation of Empedocles*, NY 1980. – D. O'Brien, *Pour l'interpréter Empédocle*, Paris/Leiden 1981.

KATHARMOI

(griech.; *Reinigungen*). Hexametrisches Poem des EMPEDOKLES aus Akragas. – Das tiefgründige, in Anlehnung an orphische und pythagoreische Lehren von mystisch-dunkler, doch selbstbewußter Religiosität erfüllte Gedicht des griechischen Philosophen, Arztes, Propheten und Dichters ist eines der merkwürdigsten erhaltenen Stücke alter Poesie, entstanden in den späten fünfziger oder den vierziger Jahren des 5. vorchristlichen Jh.s (so U. v. WILAMOWITZ; andere, wie etwa W. KRANZ, halten die *Katharmoi* für ein Frühwerk des Autors), als Empedokles fern seiner sizilischen Heimat mit einer Schar von Jüngern bußpredigend und heilend durch die Peloponnes zog: »*Freunde, am hellen Akragas ihr in der mächtigen Stätte /... seid mir gegrüßt! Ich wandele hier als unsterblicher Gott euch, / nicht mehr als Mensch unter allen geehrt: so dünke ich ihnen. / Tänien flechten sie mir ums Haupt und grünende Kränze. / Ziehe ich ein in die prangenden Städte, verehren mich alle, / Männer und Frauen, sie ziehen mit mir, unzählige, fragend, / wo doch ein Pfad zum Heil und Gewinn den Menschen geleite. / Sehersprüche bedürfen die einen, die anderen begehren, / heilungbringendes Wort in mancherlei Krankheit zu hören, / lange bereits von schlimmen Schmerzen durchbohrt in der Seele*« (Frgm. 112). Als Empedokles dies schrieb (es ist der Anfang des Werks), war AISCHYLOS bereits tot, feierte SOPHOKLES seine ersten Triumphe, begann im Athen des Perikles die Aufklärung, war zur vernünftigen Geistigkeit des ANAXAGORAS und zum Rationalismus des PROTAGORAS nur noch ein kleiner Schritt – in einer erwachenden Welt erscheint Empedokles wie der letzte archaisch-mythische Mensch.

Im ersten Teil des Gedichts kündet der Dichter von seinem unseligen Geschick, in dem er das Los aller großen Menschen exemplarisch angelegt sieht: Ein göttliches Wesen wohnte ursprünglich in ihm (man schloß daraus fälschlich, er habe sich selbst für einen Erlöser und Gott gehalten), aber durch »*irrende Schuld*« hat er sich befleckt und muß nun »*dreimal zehntausend Horen ... fern ... den Seligen schweifen, / soll in allerlei Form von sterblichen Wesen entstehen, / hin durch die Zeit, im Wechsel der mühvollen Pfade des Lebens*«. Von dieser Befleckung, von der Wanderung seines eigentlich göttlichen Wesens durch die Stadien verschiedenen Lebens – er wird »*Jüngling*«, »*Jungfrau*«, »*Pflanze und Vogel und Fisch*«, und die höchsten Formen in Pflanzen- und Tierwelt, die er erreichen kann, sind Lorbeer und Löwe – erwählt er: »*Ach, wie ich weinte und klagte im Anblick des fremden Gebietes!*« (Frgm. 118), »*aus welcher Ehre, aus welcher Fülle der Seligkeit stürzt' ich hinab ins irdische Gebiet, in dem ich nun schweife!*« (Frgm. 119). Doch es gibt eine Möglichkeit, sich wieder in den göttlichen Zustand zu erheben: »*Schließlich werden sie Seher und Hymnensänger und Ärzte, / oder als Fürsten walten sie hier bei den irdischen Menschen. / Und dann blühen sie wieder empor als Götter, voll Ehren, / Herdgenossen den andern Unsterblichen, Tischgefährten, / unteilhaftig der menschlichen Leiden, unwandelbar ewig*« (Frgm. 146/147). Hierzu bedarf es freilich gewaltiger Anstrengung und wissender Askese; davon sprach der zweite Teil, der – nach einer Theogonie, in deren Zusammenhang auch eine reinere, nicht anthropomorphe Theologie propagiert wurde – von früheren, besseren und frömmeren Menschengeschlechtern sang, die erst in späterer Zeit allmählich auf ihre heutige Stufe herabgesunken seien, da sie »*anderen Leben ... rauben und edle Glieder ... essen*« (Frgm. 128): Das jetzige Geschlecht wisse nicht einmal, welchen Frevel es begeht, wenn es Tiere schlachtet zu Opfer und Speise, ja schon, wenn es sich an den Pflanzen vergreift – in denen doch das göttliche Wesen eines anderen Menschen verborgen sein kann.

Von diesem zweiten Teil, den fast kultisch strengen praktischen Vorschriften einer reinen Lebensführung, hat das ganze Werk später seinen Namen erhalten. Daß von diesen äußerst speziellen Anweisungen (die bekannteste: »*Ach, ihr doppelt Unselgen, zurück von den Bohnen die Hände!*«, Frgm. 141; alle Ü: W. Kranz), in denen Pythagoreisches, Orphisches, Volkstümliches in besonderem Maße vertreten war, sich wenig überliefert hat, ist nur zu verständlich: Des Empedokles »Lehre« fand kaum Anklang, keinen weitertragenden Nachhall (wenn auch das Gedicht als solches, zumal der erste Teil, sich als außerordentlich fruchtbar erwies, nicht zuletzt im Falle PLATONS). Der Grund dafür mag wohl – wie U. v. Wilamowitz vermutet – darin zu suchen sein, daß diesem aristokratisch-feierlichen Evangelium jede moralische Tendenz fehlte. Obgleich das Gedicht nicht vollständig überliefert ist (die Ansätze des orginalen Umfangs schwanken zwischen etwa 450 und 3000 Versen), wird doch »*der Charakter des Ganzen ... deutlich genug, um den Gegensatz zu den Physika [Peri physeōs – über die Natur] zu fassen. Dort wird eine Lehre vorgetragen, Behauptungen und Beweise, und auch wo so Wunderbares als Faktum hingestellt wird wie die Urzeugung der Lebewesen, sind das Folgerungen aus den Prinzipien ... In den Katharmen ist alles Offenbarung oder Gebot. Dort belehrte der Arzt und Physiker seinen Schüler ... hier verkündet der Prophet, was der Mensch glauben und wie er leben soll, um einst wieder Gott zu werden*« (U. v. Wilamowitz).   E.Sch.

AUSGABEN: Genf 1573 (*Epē*, in *Poiēsis philosophos*, Hg. H. Stephanus). – Dublin/Zürich [12]1985 (in *Fragmente der Vorsokratiker*, Hg. H. Diels u. W. Kranz, Bd. 1; m. Prosa-Übers.).

ÜBERSETZUNG: *Das Gedicht von der Reinigung*, W. Kranz (in W. K., *E. Antike Gestalt und romantische Neuschöpfung*, Zürich 1949; m. Studie).

LITERATUR: U. v. Wilamowitz-Moellendorff, *Die »Katharmoi« des E.* (in SPAW, phil.-hist. Kl., 1929, Nr. 27; ern. in U. v. W.-M., *Kleine Schriften*, Bd. 1, Bln. 1935, S. 473–521). – H. Schwabl, *E. fr. B 110* (in WSt, 69, 1956, S. 49–56). – M. Detienne, *La ›démonologie‹ d'Empédocle* (in REG, 72, 1959,

S. 1–17). – D. Babut, *Sur l'unité de la pensée d'Empédocle* (in Phil, 120, 1976, S. 139–164). – W. Roesler, *Der Anfang der »Katharmoi« des E.* (in Herm, 111, 1983, S. 170–179).

PERI PHYSEŌS

(griech.; *Über die Natur*). Nicht authentischer Titel des kosmologisch-physikalischen Lehrgedichts des EMPEDOKLES aus Akragas, entstanden vermutlich zwischen 460 und 450 v. Chr. und vom Verfasser seinem Schüler Pausanias gewidmet. – Die Philosophiehistoriker pflegen dieses Werk des Empedokles – es umfaßte ursprünglich etwa 2000 Hexameter, von denen nur wenig mehr als 330 erhalten sind – gemeinhin an die Spitze einer neuen Phase in der Entwicklung des griechischen Denkens zu stellen. Überblickt man die früheren griechischen Philosophen in ihrer sukzessiven Folge, betrachtet man also ihre Anschauungen als eine fortlaufende Reihe, so fällt tatsächlich auf, wie ihre Gedanken, zusammengenommen, fast das Bild einer linearen Entfaltung – im Sinne der Weiterentwicklung eines einzigen gegebenen Kerns – darstellen: Jeder dieser Denker kennt das Werk seines Vorgängers, nimmt Bezug auf dessen Ergebnisse, richtet seine Gedanken, sei es im Widerspruch, sei es in interpretierender Erweiterung, danach aus. Aus der Eigenart ihres Fragens heraus setzen ANAXIMANDER und ANAXIMENES die Einheit eines einzelnen Stoffes als Urgrund und Ursache alles greifbaren vorhandenen Seienden. Der Mangel an innerer Konsequenz, der bei ihnen darin liegt, daß sekundär immer ein in dem stofflichen Urgrund nicht vorhandenes Antriebsmoment hinzuzudenken ist, wird von HERAKLIT klar erkannt: Ganz bewußt stellt er das, was bei seinen Vorläufern als sekundäres Element hinzutreten mußte, seinerseits als die eigentliche und wesentliche Erkenntnis in den Mittelpunkt, gerade jene mächtigen Kräfte, welche die Entstehung von Seiendem erst ermöglichen können: das Gesetz der alles durchdringenden Gegensätzlichkeit und des unaufhörlichen, aus ständigem Kampf geborenen Wechsels; die Entstehung der Dinge aus den Grundelementen ist nur eines von vielem, was diesem kardinalen Gesetz von Werden und Vergehen unterworfen ist. Bei PARMENIDES taucht Herakliteisches Gut in kontinuierlich fortgeführter Form wieder auf: Den Kerngedanken vom alles beherrschenden Gesetz des unablässigen Wechsels der Gegensätze erwidert der Eleate mit der Lehre von der Konstanz des einen Seins und verbannt so das »Werden« und »Vergehen« ins Reich der menschlich-irrenden Scheinmeinung. Empedokles nun setzt diese Linie – wie es scheint: mit natürlicher Konsequenz – fort, indem er seinem Vorgänger Parmenides interpretierende antwortet: *»Daß Nichtseiendem etwas entwachse, ist nimmer vollführbar, und daß Seiendes gänzlich vergehe, unmöglich und unwahr. Immer wird es dort sein, wo ihm die Stelle gewiesen«* (Frgm. B. 12; vgl. B 11). Aber bald zeigt sich, daß die Art und Weise seines Philosophierens etwas unerhört Neues bringt, denn plötzlich vernimmt man auch Herakliteische Töne (Frgm. 8): *»Weiter will ich Dir sagen. Geburt ist nirgend, bei keinem aller irdischen Dinge, noch Ende im schrecklichen Tode, sondern nur Mischung ist und wechselnder Tausch des Gemischten ...«* Es werden also Grundformeln der Herakliteischen und der Parmenideischen Gedankenwelt ausgleichend zusammengefügt, in einem neuen Horizont vereinigt und aufgehoben: ein einheitlich festgelegter, unverrückbarer Bestand des Seins im ganzen, keine »Geburt« im Sinne der Entstehung eines vorher schlechthin Nichtvorhandenen und ebenso kein »Sterben« als Schwinden ins Nichts, und dabei doch eine stetige Bewegung und Veränderung innerhalb des Seienden durch Mischung und Austausch. Zum erstenmal in der jungen Geschichte des griechischen Denkens bekundet sich hier ein Geist, der völlig frei über die Vergangenheit verfügt, der sichtet, ordnet, Brauchbares von Überholtem scheidet und mit einem einzigen kühnen Griff die gesamte Tradition aufnimmt. Daß Empedokles damit nicht nur sich selbst eine persönlichfreie Sphäre errungen, sondern tatsächlich der griechischen Philosophie eine neue Dimension erschlossen hat, beweist ANAXAGORAS, der denselben Weg weiterverfolgt.

Die Möglichkeit einer erklärenden Ableitung der mannigfachen, dem menschlichen Wahrnehmen sich aufdrängenden Seinserscheinungen aus jenem grundlegend-unveränderlichen Seinsbestand wird nun durch eine doppelte Annahme gewährleistet (auch hierin tritt die geistige Selbständigkeit gegenüber Vergangenem hervor): zum einen in der Ordnung der materialen Seinsbasis nach den vier Urelementen (Erde, Wasser, Luft, Feuer), zum andern in der Ordnung des »kinetischen« Moments durch die in einem sich ergänzenden Widerspiel fungierenden Kräfte Liebe und Haß, Philia und Neikos (Frgm. B 6; B 22; B 38; B 71; B 109; – B 20; B 35; B 36; B 109). In dem nach Rang und Ausdehnung bedeutendsten Fragment (B 17) wird das Zusammenwirken dieser fundamentalen Seinskonstituentien mit physikalischer Prägnanz im Detail dargestellt: Vereinigung der Elemente zu Einem durch die *»Liebe«*, Trennung zu Vielem unter dem Einfluß des *»Hasses«*, stetige Umwandlung von Mehrerem in Eines und von Einem in Mehreres, unter fortlaufender Veränderung des Erscheinungs- (nicht aber des Seins) Charakters.

Von ARISTOTELES stammt das kritische Wort, Empedokles dürfe nicht eigentlich, wie HOMER, als Dichter gelten, sondern sei nur *»Physiolog«* und die beiden hätten *»außer dem Metrum nichts gemein«* (Frgm. A 22). Daß aber Empedokles als einer der sprachgewaltigsten und sprachgewandtesten griechischen Philosophen gelten kann, der auch über die Fähigkeit zu ausdrucksstarker und dichterischer Komposition verfügt, demonstriert das berühmte Fragment 17. Hier greift die einprägsame Kraft der Darstellung weit über die bloße expressive Bildlichkeit hinaus und zurück in die mythisch-seinsverkörpernde Nenn- und Denkform eines HESIOD: Die Elemente sind für Empedokles mehr als nur Stoffe, sie sind selbst Götter, und ebenso sind »Haß« und »Liebe« mehr als nur abstrakte Kräfte: Sie sind reale, wirkende Urgestalten des Seins. Das eine Sein selbst enthüllt sich dem Dichter als der »*göttliche Ball*«, als die unveränderliche Gestalt des Sphairos. Das All sei voll von Göttern, soll Thales gesagt haben, und auf niemandes Gedankenwelt könnte dieser Satz besser passen als auf die des Empedokles. In dieser mythischen Repräsentanz alles Dinglichen treffen sich die naturkundlichen Vorstellungen des Dichterphilosophen auch mit dem sonst so andersgearteten Werk der *Katharmoi (Reinigungen)*. E.Sch.

Ausgaben: Genf 1573 (*Epē*, in *Poiēsis philosophos*, Hg. H. Stephanus). – Bln./Ffm. ⁴1974 (in *Vorsokratische Denker. Auswahl aus dem Überlieferten*, Hg. W. Kranz; griech.-dt.). – Dublin/Zürich ¹²1985 (in *Die Fragmente der Vorsokratiker*, Hg. H. Diels u. W. Kranz, Bd. 1; m. Übers.).

Übersetzungen: In *Die Vorsokratiker*, W. Nestle, Jena 1908; ern. Köln 1956 (Diederichs Taschenausg.). – *Das Gedicht von der Natur*, W. Kranz (in W. K., *E. Antike Gestalt und romantische Neuschöpfung*, Zürich 1949; m. Studie). – In *Die Vorsokratiker*, W. Capelle, Stg. ⁸1973 (KTA).

Literatur: J. Bollack, *Die Metaphysik des E. als Entfaltung des Seins* (in Phil, 101, 1957, S. 30–54). – G. Calogero, *L'eleatismo di Empedocle* (in *Studi in onore di Luigi Castiglioni*, Bd. 1, Florenz 1960, S. 127–177). – U. Hölscher, *Weltzeiten und Lebenszyklus* (in Herm, 93, 1965, S. 7–33). – F. Solmsen, *Love and Strife in Empedocles' Cosmology* (in Phronesis, 10, 1965, S. 109–148). – J. Ch. Lüth, *Die Struktur des Wirklichen im empedokleischen System »Über die Natur«*, Meisenheim a. Gl. 1970. – S. Sambursky, *Natur u. Geist. Stufen der Entfremdung* (in Eranos-Jb., 46, 1977, S. 249–285).

SIR WILLIAM EMPSON

* 27.9.1906 Yorkefleet Hall / Yorkshire
† 15.4.1984 London

SEVEN TYPES OF AMBIGUITY

(engl.; *Sieben Arten von Mehrdeutigkeit*). Literaturkritisches Werk von William Empson, erschienen 1930. – Mit diesen textanalytischen Untersuchungen hat der Schüler I. A. Richards' (vgl. *The Meaning of Meaning*) nicht nur ein kaum zu überbietendes Beispiel von *close reading* gegeben, sondern auch methodisch einen neuen Ansatz zur Interpretation von sprachlichen, zumal lyrischen Kunstwerken erprobt. Auf das qualitativ Neue der Empsonschen Textanalysen und auf ihre Wirkung berief sich 1941 der amerikanische Lyriker und Kritiker J. C. Ransom, als er – damit zugleich den programmatischen Titel seines Buches *The New Criticism* rechtfertigend – hervorhob, es gebe »*eine starke intellektuelle Bewegung, die die Bezeichnung ›new criticism‹ verdient*«.

Diese Neuorientierung der Literaturkritik wurde wesentlich mitbestimmt durch die kommunikationstheoretische Fragestellung, die Richards' in *Principles of Literary Criticism* (1924) in die Ästhetik eingeführt hatte und in deren Konsequenz es lag, das Verstehen von Texten als eine Entschlüsselung zu sehen und sich der semantischen Vielschichtigkeit des Mediums Sprache als einer Voraussetzung für ästhetische Strukturierung bewußt zu werden. Empson erhebt für seine Methode keinen Prioritätsanspruch; wie er im Vorwort erwähnt, hat die Interpretation von Shakespeares 129. Sonett (»*The expense of spirit in a waste of shame...*«) in R. Graves' und L. Ridings *A Survey of Modernist Poetry* (1927) den unmittelbaren Anstoß für seine Untersuchungen gegeben. Die Autoren zeigen dort an der Gegenüberstellung zweier Versionen des Sonetts, wie durch die »Modernisierung« der Interpunktion das »*Phänomen der oszillierenden Textbedeutung*« (H. Meller) zum Verschwinden gebracht und damit zugleich der Gehalt des Gedichts reduziert, ja geradezu entstellt wird; sie fassen das Ergebnis ihrer Analyse in einem Satz zusammen, den man als das auf den Bereich der Textauslegung übertragene Prinzip der *lectio difficilior* bezeichnen kann: »*It is always the most difficult meaning that is the most final.*« (Zu einer ähnlichen Erkenntnis war 1922 schon F. C. Prescott in *The Poetic Mind* gekommen, als er eine mehrdeutige Shakespeare-Stelle erörterte.)

Empson verwendet das »Schlüsselwort« *ambiguity* in einem erweiterten Sinn und versteht darunter »*jede noch so geringfügige sprachliche Nuance, die Raum läßt für verschiedene Auffassungen derselben Textstelle*« (nach dem Wortlaut der 1. Auflage sollte der Begriff sogar alles umfassen, »*was der direkten Prosaversion irgendeine Nuance hinzufügt*«). Das typologische Schema will der Autor nicht überbewertet wissen: Soweit es nicht lediglich ein »*bequemer Rahmen*« für seine Analysen sei, habe es die Funktion, »*Stufen zunehmender logischer Unordnung*« zu bezeichnen. Die mit der Definition des Oberbegriffs fast gleichlautende Definition der ersten Spielart von Mehrdeutigkeit *(»a detail is effective in several ways at once«)* legt es nahe, diese gleichsam als »Archetyp« der restlichen sechs Arten zu charakterisieren. Empson behandelt hier u. a. die Frage der semantischen Valenz von Klang und Rhythmus und zeigt in einer meisterhaften Analyse von Sidneys Sestine, wie der Dichter, indem er das Formgesetz übererfüllt, alle latenten Implikationen der Themawörter zum Vorschein bringt. Die Hauptbelege für die nächste Spielart (»*zwei oder mehr als zwei Bedeutungen verschmelzen in einer einzigen*«) sind dem Werk Shakespeares entnommen. Im Hinblick auf die kommentierte Arden-Ausgabe meint Empson: »*Die konservative Einstellung zum Phänomen der Mehrdeutigkeit ist merkwürdig und ohne Zweifel weise; sie läßt es zu, daß auf einen Bedeutungskomplex in einer Anmerkung hingewiesen, nicht aber, daß er als solcher akzeptiert wird; der Leser wird ermuntert, das Ganze mit gebotener Zurückhaltung zu schlucken; man hält es für das beste, ihm darüber im unklaren zu lassen, daß sich sein Denken in einem so komplizierten Medium vollzieht.*« Wie wenig eine solche Auffassung Shakespeare gerecht wird, läßt sich an jenen asymmetrischen metaphorischen Fügungen vom Typ »*The A and B of C*« zeigen, bei denen keine »*unmittelbare Bedeutung*« angebbar ist; der Leser ist daher gezwungen, auf der Suche nach dem »*größten gemeinsamen Nenner*« für alle Assoziationen der ersten beiden Substantive offen zu sein und so eine »*poetische Haltung gegenüber Worten*« einzunehmen.

Die dritte Art von Mehrdeutigkeit, deren Definition auf die des Wortspiels *(pun)* hinausläuft, stellt in ästhetischer Hinsicht einen Grenzfall dar: Künstlerisch relevant sind nur solche Beispiele, die diesen Typus nicht rein erfüllen. Damit wird seine Abgrenzung von der vierten Spielart schwierig, bei der divergierende Bedeutungen »*kombiniert sind, um einen komplizierten Geisteszustand des Autors zu verdeutlichen*«. Als fünfte Art von Mehrdeutigkeit klassifiziert Empson jene Fälle, in denen »*ein Vergleich... sich nicht auf etwas Bestimmtes bezieht, sondern, wenn der Autor von einem Gegenstand zum andern übergeht, auf halbem Weg zwischen beiden liegt*«. Dieses Verfahren der »unscharfen Einstellung«, durch das die späten »Metaphysical Poets« (Marvell, Vaughan) den Dichtern des 19. Jh.s nahekamen, verleite besonders zum Mißbrauch und sei zu verwerfen, wenn es – wie nicht selten bei den Romantikern, aber auch in der modernen Lyrik – lediglich von gedanklicher Verschwommenheit herrührt. Die sechste Spielart liegt vor, wenn eine Äußerung »*tautologisch, widersprüchlich oder irrelevant ist und der Leser sich genötigt sieht, Interpretationen zu erfinden*«. Mit der siebten Art ist schließlich die größte logische Diskrepanz erreicht, denn hier entsprechen »*die beiden Bedeutungen des Wortes ... den vom Kontext definierten Gegensätzen; im ganzen genommen wird also die zutiefst ambivalente Einstellung des Autors gezeigt*«. Empson bringt hier bei der Analyse bekannter Gedichte von Keats, Crashaw und G. Herbert Kategorien aus Freuds Traumdeutung (»Verdichtung« usw.) ins Spiel.

Mit dem Vorwurf, in seinen Analysen allzu erfinderisch zu sein und persönliche Assoziationen in ein Gedicht hineinzulesen, mußte sich der Autor dieses berühmten, aber nach wie vor umstrittenen Buches wohl am häufigsten auseinandersetzen. (Geradezu notorisch wurde Empsons erstes Beispiel, die Interpretation der Zeile »*Bare ruined choirs, where late the sweet birds sang*« aus Shakespeares 73. Sonett; noch im Jahr 1953 kam es hierüber in der Zeitschrift ›Essays in Criticism‹ zu einer Kontroverse zwischen F. W. Bateson und dem Autor.) Sieht man von gewissen Schwächen des in einigen Passagen zu aperçuhaft geratenen Buches ab, so erweist sich Empsons Position im ganzen als überraschend stark. Er bestreitet die Gültigkeit des positivistisch-wissenschaftlichen Wahrheitsbegriffs für den Bereich der Dichtkunst, deren Charakter als *actus* er wesentlich durch Suggestivität bestimmt sieht. Für den Literaturkritiker hat das zur Folge, daß er sich in der Ausübung seines Handwerks vor eine durchgängige *crux interpretum* gestellt sieht: »*Zum Verständnis eines Dichters gelangt man, indem man seine Gedichte in Gedanken rekonstruiert.*« Dennoch hält Empson an der grundsätzlich analytischen Aufgabe der Literaturkritik fest. Es wäre freilich verfehlt, darin eine Inkonsequenz zu sehen; Empson ist durchaus nicht der Meinung, die Bedeutungsnuancen und Konnotationen eines Gedichttextes müßten säuberlich herauspräpariert werden, um zur Wirkung zu gelangen. Ausgehend von der Feststellung, daß die ästhetische Wahrnehmung komplexer ist als gemeinhin angenommen wird, visiert er bei der semantischen Analyse des Wort- und Lautmaterials eine sinnkonstituierende Schicht an, die er bald als »*Gedankenhintergrund*« umschreibt, bald »*das Vorbewußtsein*« oder »*das Unbewußte*« nennt. Diese Verbindung der semantischen und psychoanalytischen Sehweise ist auch für die folgenden Bücher Empsons kennzeichnend: *Some Versions of Pastoral* (1935) – hier mit marxistisch-soziologischer Akzentuierung – und *The Structure of Complex Words* (1951), wo er an Schlüsselwörtern wie *honest, delicate, sense* usw. ganz im Sinne der späteren Formulierung P. Ricœurs zu zeigen versucht, daß »*Revolutionen des Gefühls ... von semantischen Revolutionen abgesteckt sein*« können.

H.En.

Ausgaben: Ldn. 1930. – Ldn. ²1947 [bearb.]. – Ldn. ³1953. – NY 1955. – NY 1957. – Harmondsworth 1961. – Cleveland 1964.

Literatur: L. Riding u. R. Graves, *A Survey of Modernist Poetry*, Ldn. 1927, S. 62–82. – Ph. Wheelwright, *On the Semantics of Poetry* (in KR, 2, 1940, Nr. 3, S. 263–283). – J. C. Ransom, *The New Criticism*, Norfolk/Conn. 1941, S. 101–131. – C. Brooks, *E.'s Criticism* (in Accent, 4, 1943/44, S. 208–216). – E. Olson, *W. E., Contemporary Criticism and Poetic Diction* (in MPh, 47, 1950, S. 222–252; auch in *Critics and Criticism. Ancient and Modern*, Hg. R. S. Crane, Chicago/Ldn. 1952, S. 45–82). – F. W. Bateson, *The Function of Criticism at the Present Time* (in Essays in Criticism, 3, 1953, S. 1–27; vgl. auch ebd., S. 358–363). – W. K. Wimsatt u. C. Brooks, *Literary Criticism. A Short History*, NY/Ldn. 1957, S. 635–653. – R. Weimann, *New Criticism u. die Entwicklung bürgerlicher Literaturwissenschaft*, Halle 1962, S. 111–118. – J. Jensen, *The Construction of »Seven Types of Ambiguity«* (in MLQ, 27, 1966, S. 243–259). – R. Sale, *The Achievement of W. E.* (in Hudson Review, 19, 1966, S. 369–390). – J. H. Willis Jr., *W. E.*, NY 1969. – Ders., *Modern Heroism: Essays on D. H. Lawrence, W. E., and J. R. R. Tolkien*, Berkeley 1973. – H. Meller, *Das*

Gedicht als Einübung: Zum Dichtungsverständnis W. E.s, Heidelberg 1974. – *W. E.: The Man and His Work*, Hg. R. Gill, Ldn. 1974. – P. u. A. Gardner, *The God Approached: A Commentary on the Poems of W. E.*, Ldn. 1978. – C. C. Norris, *W. E. and the Philosophy of Literary Criticism*, Ldn. 1978. – J. D. McCoy, *The Middle Way: »Seven Types of Ambiguity« and the Critics*, Diss. Univ. of Kansas 1981 (vgl. Diss. Abstracts, 42, 1982, S. 3156A). – B. Hardy, *W. E. and »Seven Types of Ambiguity«* (in SR, 90, 1982, S. 430–439). – F. Day, *Sir W. E.: An Annotated Bibliography*, NY 1984. – C. C. Norris, *The Importance of E. (II): The Criticism* (in EIC, 35, 1985, S. 25–44). – Ders., *Reason, Rhetoric, Theory: E. and the Man* (in Raritan, 5, 1985, S. 89–106).

ENCHI FUMIKO

eig. Ueda Fumi
* 2.10.1905 Tokio
† 14.11.1986 Tokio

LITERATUR ZUR AUTORIN:
N. Itagaki, *E. F.* (in Kokubungaku – kaishaku to kanshō, 1962, Nr. 9, S. 68–73). – Y. Mishima, *E. F.* (in Y. M., *Sakkaron*, Tokio 1970, S. 234–236). – K. Morota, *E. F.* (in Kokubungaku – kaishaku to kanshō, 1972, Nr. 3, S. 117–119). – T. Okuno, *E. F.* (in T. O., *Joryū sakkaron*, Tokio 1974, S. 103–145). – F. Enchi u. A. Kumasaka, *E. F.-shi ni kiku* (in Kokubungaku – kaishaku to kyōzai no kenkyū, 1976, Nr. 7, S. 26–38). – H. Kamei u. Y. Ogasawara, *E. F. no sekai*, Tokio 1981. – I. Sakamoto, *E. F.* (in Kokubungaku – kaishaku to kanshō, 1985, Nr. 9, S. 65–68). – F. Enchi u. I. Hijiya-Kirschnereit, *Die Dichterin u. die Masken. Ein Gespräch* (in L'80, 38, 1986, Nr. 6, S. 77–84). – A. Rieger Naoko, *E. F.'s Literature. The Portrait of Women in E. F.'s Selected Works*, Hbg. 1986. – I. Hijiya-Kirschnereit, *»Die Zauberin« – Zum Tode von E. F. (1905–1986)* (in Bochumer Jb. zur Ostasienforschung, 1987, S. 325–331). – E. B. Mikals-Adachi, *»Spiritual Aspects« of E. F.'s Literature* (in *Proceedings of the 11th International Conference on Japanese Literature in Japan (1987)*, Hg. National Institute of Japanese Literature, Tokio 1988, S. 103–114).

ONNAMEN

(jap.; *Ü: Die Dichterin und die Masken*). Roman von ENCHI Fumiko, erschienen 1958. – Obwohl die Autorin bereits in den zwanziger Jahren mit Theaterstücken auf sich aufmerksam gemacht hatte, gelang es ihr nach ihrer Eheschließung im Jahre 1930 über viele Jahre hinweg nicht, mit der Prosa, die sie von nun an verfaßte, Anerkennung zu finden. Ein später, aber um so nachhaltigerer Durchbruch zeichnete sich dagegen mit der 1953 erschienenen Erzählung *Himojii tsukihi (Die Zeit des Hungers)* ab, die 1954 den »Preis für Frauenliteratur« zugesprochen bekam. Der Erfolg ihres ebenfalls preisgekrönten Romans *Onnazaka* ermutigte sie dann, ihrem künstlerischen Temperament erstmals freien Lauf zu lassen, und das Werk, das ihrer eigenen Aussage zufolge daraus hervorging, war *Onnamen*, das als einer der Höhepunkte ihres bis in die achtziger Jahre reichenden Schaffens gelten kann. In diesem Werk verbindet sie auf höchst kunstvolle Weise japanische und europäische Erzähltraditionen.

Der Roman besteht aus drei Kapiteln, die als Titel jeweils den Namen einer Nō-Maske tragen. Das Geschehen spielt im Japan der fünfziger Jahre. Eine zentrale Gestalt, die dennoch stets im Hintergrund bleibt, ist die schöne Dichterin Toganō Mieko, die zumeist in Begleitung ihrer Schwiegertochter Yasuko auftritt. Ein gemeinsames Interesse an Literatur und Spiritismus verbindet sie mit einem Freundespaar, dem Literaturprofessor Ibuki und dem etwas jüngeren, noch unverheirateten Psychologen und Mediziner Mikame. Wir begegnen den beiden erstmals in Kioto, wo sie sich aus beruflichen Gründen aufhalten und dabei erfahren, daß Mieko und Yasuko sich ebenfalls am Ort befinden, um sich von einem berühmten Nō-Meister dessen kostbare, jahrhundertealte Nō-Masken zeigen zu lassen. So werden wir mit den vieren in die geheimnisvolle Welt der Masken und der durch sie verkörperten Rollen eingeführt und erfahren, daß *Ryō no onna* (wörtlich »Geisterfrau«, zugleich der Titel des ersten Kapitels) den rachsüchtigen Geist einer älteren Frau darstellt, die auch nach ihrem Tod noch von unglücklicher Liebe umhergetrieben wird. Als am nächsten Tag Yasuko und Ibuki gemeinsam die Heimreise nach Tokio antreten, eröffnet sie ihm, daß sie mit dem Gedanken spielt, zu heiraten, nur um sich vom Einfluß der Schwiegermutter zu lösen, in deren Haus sie seit ihrer Heirat und der nur knapp einjährigen, durch den Tod ihres Mannes Akio beendeten Ehe lebt. Als Grund gibt sie an, daß sie sich wie ein Werkzeug in den Händen Miekos fühle: »*... sie hat die Kraft, die Dinge so zu steuern, wie sie sie haben möchte, während sie selbst dabei regungslos verharrt. Sie ist wie ein stiller Bergsee, bei dem das Wasser unter der Oberfläche kraftvoll einem Wasserfall zuströmt. Sie ist wie die Nō-Masken von vielen Geheimnissen umgeben.*«

Während die Männer das Geschehen auf logisch-rationaler Ebene zu deuten wissen und sich zunächst von Anzeichen einer mysteriösen Kraft, die ihr Verhalten steuern soll, wenig beeindruckt zeigen, verdichtet sich doch im Laufe der Zeit ein Netz an literarischen Anspielungen und Verweisen, das sich wiederum in den realen Vorgängen zu spiegeln und zu brechen scheint. Besondere Bedeutung kommt dabei einem berühmten klassischen Werk, der *Geschichte vom Prinzen Genji (Genji mo-*

nogatari) der Hofdame MURASAKI Shikibu aus dem frühen 11. Jahrhundert zu. Gegen Ende des ersten Kapitels findet im Garten des Toganōschen Anwesens eine literarische Abendgesellschaft statt, die dem »Leuchtkäferchen«-Kapitel gewidmet ist, und bei dieser Gesellschaft begegnen Mikame und Ibuki einer außerordentlich schönen Frau, Harume, von der sich später herausstellt, daß sie die leicht schwachsinnige Zwillingsschwester des verstorbenen Akio ist. Außerdem entdeckt Mikame einen Essay Miekos aus der Vorkriegszeit, der eine faszinierende Deutung einer Frauengestalt aus dem *Genji monogatari* enthält. Die Dame Rokujō, eine starke und eigenwillige Persönlichkeit, die Genji liebt und die später von ihm verlassen wird, bildet den Gegenstand des brillanten Essays, der ausführt, wie der Rachegeist der verlassenen Rokujō, ohne daß diese sich dessen bewußt wäre, Genjis spätere Geliebten peinigt. Rokujō ist ihrer Deutung zufolge eine »*Ryō no onna – eine Frau, die sich verzehrt ob ihres Unvermögens, ihr starkes Ego einem Manne zu unterwerfen, die jedoch ihren Willen dergestalt durchsetzt, daß sie ihm vermöge ihrer übersinnlichen Kräfte anderen aufzwingt, ohne selbst als Handelnde in Erscheinung zu treten.*«

Das zweite Kapitel, überschrieben mit *Masugami* – eine Maske, die eine junge Frau im Stadium des Wahnsinns verkörpert –, spielt knapp einen Monat später im Hause Toganō. Yasuko erfährt von ihrer Schwiegermutter, daß Akio und Harume die Kinder ihres heimlichen Geliebten sind. Die beiden Freunde vermuten nicht zu Unrecht eine Art lesbischer Bindung zwischen Mieko und Yasuko, und Mikame, durch viele Hinweise neugierig geworden, hat Miekos nach außen hin makellose, aber von weiblichen Intrigen tragisch überschattete Vergangenheit recherchiert: »*Aber warum, so fragte er sich, hatte die unglückliche Erfahrung in ihrer eigenen Ehe und, mehr noch, der Verlust ihres einzigen Sohnes in Miekos Gesicht keinerlei Spuren des Grams eingegraben?*« Ibuki trifft sich seit einer gemeinsam auf dem Weg von Kioto nach Tokio verbrachten Nacht in unregelmäßigen Abständen mit Yasuko, und Mikame beschließt, sie zu heiraten, wofür er sogar Miekos Zustimmung erwirkt. Doch die beiden Männer werden aus ihr nicht so recht schlau: Sie fühlen sich von ihrer Intellektualität angezogen, doch irritiert sie etwas Vages, Weichtierartiges-Verschwommenes in ihrem Wesen, das wiederum an Mieko erinnert. Um sich Klarheit in einem offenen Gespräch zu verschaffen, vereinbart Ibuki ein nächtliches Stelldichein in einem Nebengebäude des Hauses Toganō. Doch wird er dort von Yasuko mit einem Getränk betäubt und mit Harume verkuppelt.

Im letzten Kapitel erfahren wir von Harumes Schwangerschaft. Mieko läßt das Kind nicht abtreiben, wie inständig sie auch Yū, die alte Hausmagd, darum bittet, die Miekos geradezu hexenhaftes Ränkespiel seit langem durchschaut hat. Durch einen Detektiv, den Ibukis Frau zur Überwachung ihres Mannes beauftragt hat, erfahren die beiden Freunde von Harumes Schwangerschaft, und Ibuki dämmert es, daß er der Vater des Kindes sein muß. In einer meisterhaft geschilderten Szene erblickt er die hochschwangere Harume im Garten jenes Nonomiya-Schreins, der in Miekos Essay eine wichtige Rolle spielt. Die Schlußszene, mit der sich der Jahreszyklus vollendet, bündelt noch einmal alle Leitmotive und Handlungsfäden. Es ist Herbst. Toe, die Tochter des kürzlich verstorbenen Nō-Meisters, überbringt Mieko als Geschenk eine Frauenmaske mit dem »*kummervollen, resignierten Ausdruck einer älteren Frau jenseits der Pracht der Sinnlichkeit*«. Ihr Name *Fukai*, der auch den Titel dieses Kapitels bildet, wird von dem Verstorbenen der Schreibung der Zeichen entsprechend als »*Brunnen von so bodenloser Tiefe*« gedeutet, »*daß man, wenn man hinunterschaue, nichts mehr erkennen könne... (eine) Metapher für die Seele einer Frau mittleren Alters.*« Im Hinausgehen erblickt Toe einen Säugling – Harumes Kind, das nun von Yasuko großgezogen werden soll, die in ihm eine unabweisbare Ähnlichkeit mit ihrem früheren Mann Akio sieht. Harume selbst hat die Geburt nur kurz überlebt. Währenddessen zieht sich Mieko in ihr dämmriges Zimmer zurück und betrachtet die Maske: »*Die Maske schien all ihren Schmerz über den Verlust von Akio und Harume zu kennen – und zugleich auch die Rache einer verbitterten Frau, die sie so lange tief in ihrem Innern verborgen hatte...*«

Der Roman ist ein sorgfältig durchkomponiertes und effektvoll gestaltetes Werk, in dem die Autorin ihre Vertrautheit mit europäischen Erzählprinzipien unter Beweis stellt, was seitens der japanischen Kritik auch zu der Bemerkung führte, er sei »zu konstruiert«. Andererseits schöpft sie aus einem reichen Fundus einheimischer literarischer Quellen, die sie auf vielfältige Weise mit der in der Gegenwart spielenden Handlung verflicht. Hervorzuheben ist auch ihre stilistische Meisterschaft, welche bei Schriftstellerkollegen wie TANIZAKI Jun'ichirō (1886–1965) und MISHIMA Yukio (1925–1970) Bewunderung hervorrief. Das Werk weist die für Enchis Schaffen typische Verklammerung einer in der Gegenwart spielenden Handlung mit der klassischen Literatur auf. Ihre weitreichenden und philologisch genauen Kenntnisse stellte Enchi nicht nur mit dem dicht und elegant zugleich formulierten Essay *Über den Nonomiya-Schrein* und der darin vertretenen Schamaninnen-These unter Beweis, sondern auch durch die zehnbändige Übersetzung des vollständigen Texts der *Geschichte vom Prinzen Genji* ins moderne Japanisch in den siebziger Jahren.

In der Figur der intriganten, über magische Kräfte verfügenden Mieko treffen wir auf jenen von Enchi oft gestalteten Frauentypus, der, noch in quasi-feudaler Abhängigkeit von Mann und Familie lebend, sich nur indirekt verwirklichen kann – durch Kunstausübung und durch verborgenes Intrigieren, das, wie hier, sehr destruktive Züge zeigt. Yasuko, die moderne junge Frau, besitzt bereits viel größeren Handlungsspielraum, doch kann sie sich dem Sog von Mieko letztlich nicht entziehen. Die Autorin verleiht beiden Frauen (wie auch den übrigen Gestalten) sehr unverwechselbare Züge, doch bei beiden verbindet sich das Undurchdringlich-Maskenhafte, das als weiblicher Selbstschutz zu interpretieren ist, mit dem Titel und den leitmotivisch eingesetzten Nō-Masken. Obgleich der Roman Miekos Wesen aus den Zwängen ihres patriarchalisch bestimmten Lebensmusters heraus verständlich macht, übt er doch deutlich Kritik an ihrem Rachedurst. *Onnamen* ist ein vielschichtiges, spannungsreiches und mit ästhetischer Raffinesse gestaltetes Werk, das in der Tradition der großen »dämonischen« Erzähler der japanischen Moderne wie Izumi Kyōka (1873–1939) und Tanizaki Jun'ichirō steht. I.H.K.

Ausgabe: Tokio 1958 u. ö.

Übersetzung: *Die Dichterin und die Masken*, I. Hijiya-Kirschnereit, Reinbek 1984 (rororo).

Literatur: I. Hijiya-Kirschnereit, *Weibliche Konflikte – weibliche Lösungen – Zu einigen thematischen Aspekten in der zeitgenössischen japanischen Literatur* (in *Japans Frauen heute*, Hg. R. Linhart-Fischer u. F. Wöss, Wien 1988, S. 145–155).

ONNAZAKA

(jap.; *Ü: Die Wartejahre*). Roman von Enchi Fumiko, in acht Teilen zwischen 1949 und 1957 in den Zeitschriften ›Shōsetsu sanmyaku‹, ›Shōsetsu Shinchō‹ und ›Bessatsu shōsetsu Shinchō‹ veröffentlicht, in Buchform erschienen 1957. – Das Werk behandelt das exemplarische Schicksal einer japanischen Frau, deren Leben von den für sie demütigenden, feudalistisch geprägten Gesellschaftsstrukturen der frühen Meiji-Zeit (1868–1912) bestimmt wird.
Um die Mitte des 19. Jh.s, noch vor der Öffnung des Landes, das sich mehr als zweieinhalb Jahrhunderte lang politisch, wirtschaftlich und kulturell abgekapselt hatte, wurde Tomo, die Hauptfigur, geboren und im konfuzianischen Geist totaler Unterwerfung unter den Mann erzogen. Als Tochter eines niederen Samurai wird sie schon früh mit Shirakawa Yukitomo, dem Rat der Präfektur von Fukushima, nördlich von Tokio, verheiratet. Der Roman schildert in drei Kapiteln mit je drei bzw. zwei Unterabschnitten (im Fall des letzten Kapitels) die drei letzten Jahrzehnte dieser Ehe aus der Perspektive von Tomo, deren Name eine symbolische Doppeldeutigkeit enthält. Das chinesische Zeichen, mit dem ihr Name geschrieben wird, bedeutet zum einen »Gefährte« bzw. »Gefährtin« und kann als ironischer Hinweis auf ihre Rolle in einer grausam patriarchalischen Welt verstanden werden, die eine Partnerschaft von vornherein ausschließt. Die zweite Bedeutung des Zeichens meint den »Weg, den es zu befolgen gilt«, das »Gebot« oder auch die »Richtschnur« des Handelns und spielt auf das strenge konfuzianische Reglement, die verinnerlichte Frauenrolle an, die Tomo zunächst auch als junge Ehefrau mit vollem Ernst und Eifer auszufüllen sich bemüht, obwohl sie schon früh bittere Erfahrungen macht: »*Auch in der ersten Zeit ihrer Ehe, in der Tomos Leben von einer überwältigenden Freude erfüllt gewesen war, hatte sie mit einer hilflosen Qual, die ihr das Gefühl gab, ihr Fleisch und Blut würde sich in Maden verwandeln, wieder und wieder Yukitomos Blick sehen müssen, der voller Begehren auf anderen Frauen ruhte.*« Eine tiefe Kluft – Gleichgültigkeit und konventionelle Pose seitens des Mannes, welche emotionale Bindung allenfalls zur eigenen Mutter gestattet, hilflose Abhängigkeit seitens der Frau – trennt die Ehepartner voneinander, doch obgleich sie beide unter dieser Situation leiden, kommt es zu keiner Annäherung. Im Gegenteil, der Roman beginnt mit einer Begebenheit, die für Tomo eine tiefe Demütigung bedeutet: Yukitomo hat seine Frau beauftragt, ihm eine junge Mätresse auszusuchen, und Tomo, die den Gedanken an eine Trennung von ihrem Mann um ihrer beiden Kinder Etsuko und Michimasa willen verwirft, muß sich fügen und reist nach Tokio, wo sie die fünfzehnjährige Suga anwirbt, deren Eltern sie aus finanziellen Gründen ihrer Obhut anvertrauen. Der Hausherr, der seinen rücksichtslosegoistischen Auftrag als einen Vertrauensbeweis gegenüber seiner Ehefrau versteht, findet Gefallen an dem jungen Mädchen, und so muß Tomo schweigend mitansehen, wie Suga immer mehr ihre eigene Stelle einnimmt. Tomo wappnet sich gegen die Verletzungen durch strenges Unterdrücken ihres leidenschaftlichen Temperaments. Nach außen hin ein Muster an Pflichterfüllung, verschließt sie sich völlig. Eine auch symbolisch zu deutende Szene, in der Tomo des Nachts eine Schlange entfernt, die sich unter das Moskitonetz des Paares geschlichen hat, macht ihm deutlich, daß sie innerlich stärker ist als er, ein Grund dafür, daß seine Gefühllosigkeit ihr gegenüber später in einen unterschwelligen, vagen Haß verwandeln wird. Doch während er als erfolgreicher Karrierebeamter im aufstrebenden Japan der Meiji-Zeit nach dem unter seinesgleichen verbreiteten Motto lebt: »*In der Nacht eine schöne Frau, am Tag die Macht dieser Welt*«, ringt Tomo um ihre Selbstachtung angesichts der erzwungenen Verlogenheit ihres Daseins: »*Tag für Tag mußte sie das Gesicht dieser Frau ertragen und mit ihr sprechen, als wäre nichts geschehen. Wie konnte sie da glauben, daß ihr Leben rein und anständig war? Wie konnte sie ihren eingebildeten und ausschweifenden Mann respektieren? Wie konnte sie ihn lieben? Ihn, der während ihrer zehnjährigen Ehe in ihrer Selbstlosigkeit und brennenden Leidenschaft nichts gesehen hatte als die Loyalität eines bequemen Dieners. Nein, sie konnte ihren Mann nicht lieben; ihr Leben war nur eine häßliche Lüge.*« Tomo, die als Alternative nur ihren sozialen Tod vor Augen sieht, arrangiert sich mit ihrem Leben im Hause Shirakawa dergestalt, daß sie ihre Aufgabe nur noch in der kompetenten Regelung aller den großen Haushalt betreffenden Angelegenheiten sieht, obgleich es ihr erneut einen Stich versetzt, als sie erfahren muß, daß Suga als Adoptivtochter ins Fami-

lienregister eingetragen wurde, und miterlebt, wie sich Yukitomo eine zweite Mätresse, Yumi, ins Haus holt. Die daraus entstehenden Konflikte mit Sugas Familie meistert Tomo ebenso souverän wie die Probleme mit ihrem mittlerweile erwachsenen Sohn Michimasa, der von grobschlächtigem Wesen und geistig zurückgeblieben ist.

Das zweite Kapitel beginnt mit der Hochzeitsszene: Tomo hat für Michimasa eine zweite Braut ausgesucht, nachdem seine erste Frau im Kindbett verstorben ist. Doch während sich zwischen Tomo und Suga sowie Yumi ein entspanntes und vertrautes Verhältnis entwickelt hat, verschließt sich die kapriziöse junge Miya ihr gegenüber. Tomo verliert ihren letzten Rest an Respekt für Yukitomo, als sie erfährt, daß er auch mit seiner Schwiegertochter Miya ein Verhältnis hat. Sie verheiratet Yumi, um ihr ein normales bürgerliches Leben zu ermöglichen, während die glücklosere, kränkliche Suga, für die Yukitomo kaum noch Interesse zeigt, eine Zeitlang von einem oberflächlichen jungen Mann umworben wird.

Das dritte Kapitel setzt nach einem weiteren Zeitsprung ein. Takao, Michimasas Sohn aus erster Ehe, ist zu einem verwöhnten jungen Mann herangewachsen und verliebt sich in seine Halbschwester Ruriko. Die Regelung dieser heiklen Angelegenheit gehört zu Tomos letzten Aufgaben. Noch immer ist sie von eiserner Disziplin und Konstitution, doch im letzten Abschnitt dieses Kapitels, dessen Überschrift mit dem Titel des Werks identisch ist, erleben wir mit dem symbolischen Höhepunkt auch den jähen Tod von Tomo. »Frauenhügel« lautet die wörtliche Übersetzung des Titels *(onnazaka)*, und damit ist nicht nur ein realer Ort in seiner volkstümlichen Bezeichnung gemeint, sondern auch der mühselige Lebensweg dieser Frau. Tomo hat über die Jahrzehnte hinweg den buddhistischen Gedanken des Karma anzunehmen gelernt, doch immer noch glüht sie in ihrer *»eisigen Einsamkeit«* innerlich vor Zorn: *»Alles, wofür sie in dem eingegrenzten Bereich ihres Lebens, dessen Schlüssel sie schon vor Jahrzehnten ihrem übermächtigen Ehemann anvertraut hatte, gelitten und gekämpft hatte, alles, was sie errungen hatte... lag innerhalb der gnadenlosen, harten Welt, lag innerhalb der unübersteigbaren Mauer, die sich mit dem Begriff »Familie« auf den Nenner bringen läßt. Ihr Leben war ohne Zweifel ein einziges Bemühen geworden, in dieser Welt auszuharren.«* Nach einem beschwerlichen Hügelanstieg, während dessen sie über die *»Leere ihres letztlich artifiziellen Lebens«* nachdenkt, verfällt ihre Gesundheit rasch, und sie muß sich mit dem Gedanken abfinden, daß Yukitomo sie überleben wird. Auf dem Totenbett läßt sie ihm ausrichten, daß sie keine Beerdigung wünscht. Sie verfügt, daß ihre Leiche aufs Meer hinausgebracht und dort ins Wasser geworfen werde. Mit dieser Botschaft trifft Yukitomo die ganze Wucht des von Tomo vierzig Jahre lang unterdrückten Schmerzes.

Da die Gestalt der Tomo im Zentrum des Geschehens steht, spielt die Handlung fast ausschließlich innerhalb des Anwesens der Familie. Historische Ereignisse, die vor allem im Zusammenhang mit der politischen Karriere Yukitomos Erwähnung finden, sowie der allgemeine Wandel der Zeit schlagen sich auf der privaten Ebene kaum nieder. Eine dem westlichen Leser auffällige Eigentümlichkeit der Darstellung, die häufige Wiederholung bekannter Textfakten in späteren Kapiteln, erklärt sich aus der ursprünglichen Publikationsweise: Den Lesern der verstreut publizierten Teile mußte der Hintergrund jeweils neu erläutert werden.

Die japanische Kritik, die das Werk mit hohem Lob bedachte, sah in ihm vor allem eine sehr überzeugende Darstellung eines exemplarischen Frauenschicksals. Enchis Schriftstellerkollege Mishima Yukio (1925–1970) etwa pries den Roman als meisterhaftes Portrait der weiblichen Psyche der Vorkriegszeit, das dem berühmten Roman *Anya kōro, 1921–1937 (Der Weg durch dunkle Nacht)*, von Shiga Naoya als exemplarischer Schilderung der männlichen Psyche zur Seite gestellt werden müsse. Da nicht nur die Hauptfigur Tomo, sondern auch die anderen Figuren im Werk aus der Innenperspektive geschildert sind, werden auch die zur Passivität verdammten Frauen vom Leser als Individuen wahrgenommen, und obgleich die auktoriale Erzählerposition Tomos Sicht der Dinge am nächsten steht, differenziert die Darstellung auch der männlichen Figuren so weit, daß ihre Destruktivität und Frauenverachtung von ihrer traditionellen Sozialisation her begriffen werden kann. Der Roman, dessen an der klassischen Tradition geschulte Personengestaltung hervorgehoben wird, brachte seiner Autorin Anerkennung als einer der wichtigsten Schriftstellerinnen der Nachkriegszeit und wurde mit dem renommierten Noma-Preis ausgezeichnet. I.H.K.

Ausgabe: Tokio 1957 u. ö.

Übersetzung: *Die Wartejahre*, O. Putz, Reinbek 1985 (rororo).

Literatur: Imagawa Hideko, »Onnazaka« no Tomo (in Kokubungaku – kaishaku to kyōzai no kenkyō 1980, Nr. 3, S. 164 f.; erw. Sondernr.).

JUAN DEL ENCINA

eig. Juan de Fermoselle
* 12.7.1468 Salamanca (?)
† 1529/30 León

ÉGLOGAS

(span.; *Eklogen*). Bukolisch-dramatische Stücke aus dem *Cancionero* von Juan del Encina, erschienen Anfang 16. Jh. – Der *Cancionero de Juan del*

Encina enthält eine Reihe von kleinen Stücken in Dialogform, die der Autor *églogas, autos* und *representaciones* nennt. Es handelt sich um insgesamt vierzehn Szenen, meist einfache Wechselgespräche, in denen nur zwei Personen auftreten. In der Mehrzahl entstammen die Themen dem Umkreis des Kirchenjahres (Weihnachten, Epiphanias, Fastenzeit, Ostern). Drei Eklogen aus der zweiten Schaffensperiode des Autors sprengen jedoch, ihrer profanen Thematik wegen, diesen Rahmen. Sie waren es auch, die literarhistorisch besondere Bedeutung erlangen sollten.

In der *Ekloge von Fileno, Zambardo und Cardonio* (aufgeführt 1496) klagt der Hirte Fileno vor seinen Freunden über seine unerwiderte Liebe zu der Hirtin Céfira. Aus Verzweiflung begeht er Selbstmord, und die Freunde sprechen von ihm wie von einem Heiligen. – In der *Ekloge von Plácida und Victoriano* – 1513 in Rom uraufgeführt – treten sogar fünf Personen auf. Plácida, die ihre Liebe zu Victoriano unerwidert glaubt, tötet sich; Victoriano beklagt bitterlich das Schicksal seiner unglücklichen Freundin und will ebenfalls in den Tod gehen; da erscheint Venus und erweckt das Mädchen mit Hilfe Merkurs zu neuem Leben. Das Stück endet mit einem Gesang der beiden Liebenden auf das Leben. – Das dritte dieser weltlichen Stücke, die *Ekloge von Cristino und Febea*, wurde 1497 aufgeführt; sein Thema ist der Gegensatz zwischen mittelalterlicher Askese und der Lebens- und Weltbejahung der Renaissance. Cristino, ein junger Hirt, hat beschlossen, der Welt zu entsagen, um Gott als Einsiedler zu dienen. Der Liebesgott Cupido, erzürnt über diesen Entschluß, schickt die Nymphe Febea, die den Hirten ohne große Mühe umzustimmen versteht.

Die dramatische Handlung ist in allen drei Stücken noch wenig entwickelt; die Szenen sind kaum mehr als ein Neben- und Nacheinander von starren Bildern. Trotzdem hatten diese *Eklogen* Encinas großen Einfluß auf die spanische Literatur: Sie stellen die ersten Ansätze zur Entwicklung eines weltlichen Theaters in Spanien dar. Man findet in ihnen zum erstenmal – im Gegensatz zu den statisch aufgefaßten Mysterienspielen des Mittelalters – dramatische Spannung, dramatische Konflikte, ein Suchen nach Lösungen, ja manchmal sogar einen gewissen Sinn für das Tragische, wenngleich die Handlung immer in einem utopischen Arkadien mit Schäfern und Schäferinnen, Göttern und Nymphen spielt und die Gespräche eher Monologe in verteilten Rollen als wirkliche Auseinandersetzungen sind. Das eigentlich Neue ist die Hinwendung zur irdischen Leidenschaft: Die Liebe, halb platonisch idealisiert, halb sinnlich-triebhaft, erscheint plötzlich als Schicksalsmacht, die das menschliche Glück und Leid bestimmt. Es ist die in der Renaissance wiedergefundene Vorstellung von der Schönheit des Lebens und der Welt, die hier durchbricht und der weltflüchtigen Gesinnung des Mittelalters den Kampf ansagt.

Das von Encina neu geschaffene Genre des bukolischen Theaterstücks hat sich nicht durchsetzen können: Die arkadische Hirtenidyllik erlebte ihre Blüte im Roman und in der Lyrik. Auf der Bühne konnte sie vor dem Wirklichkeitssinn der Spanier, der sich in den späteren Schöpfungen ihres Theaters so großartig ausspricht, nicht bestehen. Das schmälert jedoch nicht das Verdienst Encinas, der mit seinen dramatischen Versuchen in der Tat einen Anfang gesetzt hat. A.F.R.

AUSGABEN: *Egloga de Fileno, Zambardo y Cardonio*: Burgos 1509 (in *Cancionero*). – *Egloga de Plácida y Victoriano*: Rom 1514. – *Egloga de Cristino y Febea*: Anfang 16. Jh. – Madrid 1893 (in *Teatro completo*, Hg. F. Asenjo Barbieri; m. Einl.; Nachdr. Westport/Conn. 1969). – Madrid 1962 (*Egloga trobada de Fileno, Zambardo, Cardonio*; *Egloga de Plácida y Victoriano*, in *Autos, comedias y farsas de la Biblioteca Nacional*; Faks.). – NY 1968, Hg. u. Einl. H. López-Morales *(Églogas completas)*. – Madrid 1978 bis 1983 (in *Obras completas*, Hg. A. M. Rambaldo, 4 Bde., Clás. Cast.).

LITERATUR: J. P. W. Crawford, *The Source of J. del E.'s »Egloga de Fileno y Zambardo«* (in RH, 38, 1916, S. 218–231). – R. E. House, *A Study of E. and the Egloga Interlocutoria* (in RomR, 7, 1916, S. 458–469). – G. Cirot, *Le théâtre religieux d'E.* (in BHi, 43, 1941, S. 5–35). – J. R. Andrews, *J. del E., Prometheus in Search of Prestige*, Berkeley/Los Angeles 1959. – D. Lessig, *Ursprung und Entwicklung der spanischen Ekloge bis 1650 mit Anhang eines Eklogenkatalogs*, Genf/Paris 1962. – B. W. Wardropper, *Metamorphosis in the Theatre of J. del E.* (in StPh, 59, 1962, S. 41–51). – Ch. Stern, *J. del E.'s Carnival Eclogues and the Spanish Drama of the Renaissance* (in Renaissance Drama, 8, 1965, S. 181–195). – A. Van Beysterveldt, *La poesía amatoria del siglo XV y el teatro profano de J. del E.*, Madrid 1972. – A. M. Rambaldo, *El cancionero de J. del E. dentro de su ámbito histórico y literario*, Santa Fe/Argentinien 1972. – R. O. Jones, *J. del E. and Renaissance Lyric Poetry* (in Studia Ibérica. Fs. f. H. Flasche, Hg. K.-H. Körner u. K. Rühle, Bern 1973, S. 307–318). – J. A. Anderson, *E. y Vergil*, Univ. of Missouri 1974. – J. C. Temprano, *Cronología de las ocho primeras églogas de J. del E.* (in HR, 43, 1975, S. 141–151). – Ders., *Móviles y metas en la poesía pastoril de J. del E.*, Oviedo 1975. – H. D. Sullivan, *J. del E.*, Boston 1976 (TWAS). – Ders., *Towards a New Chronology for the Dramatic Eclogues of J. del E.* (in Studies in Bibliography, 30, 1977, S. 257–275). – Ch. Stern, *Yet another Look at E. and the Égloga interlocutoria* (in Bull. of the Comediants, 33, 1981, S. 47–61). – Y. Yarbró-Bejerano, *J. del E.'s »Égloga de las grandes lluvias«: The Historical Appropriation of Dramatic Ritual* (in *Creation and Recreation: Experiments in Literary Form in Early Modern Spain: Studies in Honor of S. Gilman*, Hg. R. Surtz u. N. Weinerth, Newark 1983, S. 7–27). – F. Gonzáles Ollé, *Die Anfänge des spanischen Theaters*, in *Das spanische Theater*, Hg. K. Pörtl, Darmstadt 1985, S. 32–90; zu J. del E. S. 34–49). – Y. Yarbró-Bejerano, *The New Man* and the Shepherd: J. del E.'s First Dramatic Eclogue (in RCEH, 11, 1986, S. 145–160). – K. Schoell, J. del E. »Écloga en recuesta de unos amores« (in Das spanische Theater, Hg. V. Roloff u. H. Wentzlaff-Eggebert, Düsseldorf 1988, S. 10–22).

RABBE ENCKELL

* 3.3.1903 Tammela
† 17.6.1974 Helsinki

DAS LYRISCHE WERK (schwed.) von Rabbe ENCKELL (Finnland).
Rabbe Enckell war der jüngste der finnlandschwedischen Modernisten der ersten Stunde. Gleichwohl gilt er der Nachwelt als nahezu klassischer Vollender dieser aus dem europäischen Expressionismus hervorgegangenen revolutionären Erneuerung der lyrischen Sprache. Der daraus resultierende Eindruck von Frühvollendetheit drängt sich auch auf, wenn man Enckells Erstlingsgedichte mit denen seiner Mentoren in der ersten modernistischen Lyrikanthologie Finnlands in der Zeitschrift ›Ultra‹ (1922) vergleicht. Enckell war erst 19 Jahre alt, doch gemessen an den lyrischen Eruptionen DIKTONIUS', BJÖRLINGS und der anderen wirkt seine poetische Diktion bereits nüchtern und abgeklärt. Dieser Eindruck mag mit der in Enckells Gedichten angesprochenen Fremdheit unter den Menschen zusammenhängen, die schon früh in poetische Aufrufe zur Weltentsagung umschlug. Thematisch stand er mit seinen »normallyrischen Jugendstimmungen« (B. Holmqvist) noch einem von den Modernisten bekämpften idealistisch-restaurativen Dichter der Innerlichkeit wie Jarl HEMMER nahe; auch der für die Modernisten so typische emphatische Lebenskult in der Nachfolge NIETZSCHES wirkt bei Enckell steril und aufgesetzt.
Seine Stärke war die fast mikroskopische Betrachtung kleinster Naturphänomene. Das Anliegen dieser Miniatyrpoesi war es, die immer weiter verfeinerte synästhetische Wahrnehmung tiefer und tiefer dringen zu lassen und noch den« Gesang der Mücken (»flygsandsfint« – »fein wie Flugsand«) sichtbar zu machen. Überhaupt ist bei Enckell, der sich auch als Maler einen Namen machte, ein deutliches Übergewicht visueller Metaphern zu beobachten (»solens vita kalkstensmur klängrosbehängd« – »der Sonne weiße Kalksteinmauer kletterrosenbehängt«). Selbstironisch (»Ich bin eine überkultivierte Maus«) wußte sich Enckell der Angriffe auf seine »Streichholzgedichte« zu erwehren: »De ha nöjt sig med/att vid tändningen häftigt belysa mitt ansikte/– och slockna. Kommer någon hand mig för när/spyr jag myrornas piss.« – »Sie haben sich damit begnügt/beim Entzünden lebhaft mein Gesicht zu beleuchten/– und zu verlöschen.//Kommt eine Hand mir zu nah/sprühe ich Ameisenpisse.« (Vårens cistern, 1931 – Frühlingszisterne). Zu solch ironisch distanzierter Selbstreflexion gelangte er jedoch nur selten; meist suchte er aus der oft evozierten Einsamkeit Zuflucht in tiefer Versenkung in die Natur oder eingehender Analyse des eigenen (künstlerischen) Ichs: Was ich schrieb/war ein romantischer Zwang./Ich wollte gefangen werden in/dem sterbenden Schein/eines Wortes,/erwecken den Klang eines vergangenen Gefühls./Ich wollte fort zur Welt des Waldes, / ihrer dunklen Betrachtung, / finden / meine Befriedigung in einem tiergleichen Traum. (Vårens cistern) Gemäß seiner Auffassung von Modernismus als nicht realitätsgebundener Kunst, die keine äußere Wirklichkeit, sondern eine »Seelenbewegung« reproduzieren wollte, und gemäß dem Grundsatz, »sich am ehesten mit dem zu beschäftigen, was man am besten kennt«, entwickelte Enckell nach eingehendem Studium von FREUD und VALÉRY eine fast PROUST gleichkommende selbstanalytische Erinnerungstechnik.
Die enge Verbindung von literarischem Werk und eigenem, psychischen Erleben hat Enckell selbst immer wieder betont. Reflexe der äußeren Zeitumstände treten dagegen in seiner Dichtung fast gänzlich zurück. So scheint der wesentliche Bruch in Enckells Lyrik bezeichnenderweise nicht etwa durch die Erfahrungen des Zweiten Weltkriegs, sondern durch die Scheidung von seiner ersten Frau ausgelöst worden zu sein. Mitten durch die Sammlung Tonbrädet, 1935 (Das Tonbrett), geht der Riß. Ist zunächst noch in wohlproportionierten Verszeilen die Rede vom ruhigen, gesetzten Leben, so signalisieren Metaphorik und dramatische Enjambements plötzlich eine veränderte Gemütslage: »Så långt som solen är från vinterbranden i en röd sky,/så långt som –! Dagen har växlat till kväll och rosenskimret / blir magiskt mörker. Tyst gästvandrar minnet ännu/på vägar vars stoft/ständigt påminner om ting som gå förlorade.« (»So fern wie die Sonne vom Winterbrand an einem roten Himmel,/so fern wie –! Der Tag ist zum Abend geworden und der Rosenschimmer/wird magisches Dunkel. Still wandelt die Erinnerung noch immer/auf Wegen, deren Staub/ständig an Dinge erinnert, die verlorengegangen sind.«)
Wege zur (künstlerischen) Bewältigung dieser Krise suchte Enckell in der antiken Mythologie. Die zweite Hälfte von Tonbrädet und auch die folgende Gedichtsammlung Valvet, 1937 (Das Gewölbe), enthalten fast ausschließlich Variationen über antike Mythen, darunter wurden besonders die schmerzvoll-vergebliche Suche der Demeter nach Persephone und das Schicksal des blinden Ödipus nach der Katastrophe zentral. Ohne detaillierte Kenntnis der klassischen Überlieferung sind viele Gedichte Enckells aus dieser Phase nicht zu entschlüsseln. Wie Demeter »gebeugt über den Brunnen« der wehmutsvollen Erinnerung, so Titel und Thema der nächsten Lyriksammlung (Lutad över brunnen, 1942), gelangte Enckell allmählich zur Überwindung seiner Trauer durch Entsagung: »O hoppets stjärna ... vars överskrift var att låta hoppet fara!« (»Oh Stern der Hoffnung ... dessen Über-

schrift war, die Hoffnung fahren zu lassen!«) – Ein desillusionierter leiser Pessimismus war die Haltung, an der Enckell fortan unerschütterlich festhielt. Doch nicht nur eine neue Lebenseinstellung hatte ihm die Beschäftigung mit der Antike eingetragen, sondern auch – über den Weg antikisierender Versdramen – eine neue poetische Ausdrucksform, das elegische Langgedicht, das mit POUNDS *Cantos* und RILKES *Elegien* verwandt ist.

Das erste und berühmteste dieser Langgedichte, *O spång av mellanord*, 1946 (*Oh Steg aus Zwischenworten*), mit dem Enckell sich in Finnland endgültig als bekannter Lyriker etablierte, ist zugleich ein Schlüssel zu seiner gesamten späteren Lyrik. In 400 Verszeilen, verteilt auf 30 unregelmäßige Strophen, kreisen die Reflexionen des lyrischen Ichs ungehindert und frei assoziierend (*»som en cykel blir en cyklon och cyklon ett sekel«* – *»wie ein Fahrrad ein Zyklon wird und ein Zyklon ein Säkulum«*), inhaltlich nur lose zu Strophen gebündelt, um Themenkomplexe wie Dichtung und Wirklichkeit, Freiheit und Notwendigkeit, Leben und Lebensangst. Besonders das letztgenannte Stichwort zeigt eine im Skandinavien der vierziger Jahre durchaus zeittypische existentialistische Grundstimmung an, und auch das Schlagwort von der *trolöshet* (»Glaubenslosigkeit«), das sich ebenfalls in Enckells Gedicht findet und Skepsis gegenüber jeglicher Ideologie meint, wurde in der Folge des Zweiten Weltkriegs zum Programm einer ganzen Schriftstellergeneration. Eigentümlich für Enckell ist nun, wie absolut er die Summe des Lebens als Verlust und diesen Verlust als eigentlichen Inhalt (und Gewinn) des Lebens sieht: »*Das Gefühl von Verlust gibt dem Leben seinen tiefsten Inhalt*«. »*Unser Leben ist am intensivsten, wenn wir aufgehört haben, an Ziele zu denken*«. »*Es ist so einfach – in diesem Grau/wohnen Harmonien, Wohlgerüche, die/unsern Geist erbeben lassen, unser Herz hämmert/starrsinnig – in schmerzhaftem Gegensatz/zu allem, was wir wissen.*« Angesichts der Hoffnungslosigkeit des Daseins glaubt Enckell in den »Zwischenwörtern«, obwohl zum Zerreißen dünn, das Netz gefunden zu haben, das ihn hält, das die fast unsichtbaren »Harmonien« und »Wohlgerüche« des Lebens sichtbar macht, wie die Wasserjungfer, die, selbst farblos, von allem widerscheint, was um sie herum ist. In diesen Worten liegt das ganze ästhetische Programm Enckells beschlossen, die kleinen Unscheinbarkeiten des Lebens in seinen Gedichten kommentarlos durch sich selbst und durch die an sich farblosen Worte der Zwischenlage zum Leuchten zu bringen. Das Bauelement dieses poetischen Verfahrens besteht nicht in der Strophe oder Verszeile, sondern im Vorstellungs- und Assoziationsraum des Einzelworts. Die Wörter setzen sich im Gedicht zum »*Steg aus Zwischenwörtern*« (*Spång av mellanord*) zusammen, der über den Abgrund der Welt trägt.

Die späte Lyrik bringt, außer weiteren, immer pessimistischeren Langgedichten wie etwa *Homo insapiens*, eine Wiederaufnahme der frühen Miniaturen, diesmal allerdings gänzlich philosophisch reflektiert auf jede weitergehende Intention verzichtend: »*fortsätt inte med denna middagsstund i penseln!/den har sej själv i tankarna behöver ingen kommentator.*« – »*Fahre nicht fort mit dieser Mittagsstunde im Pinsel!/Sie denkt an sich selbst braucht keinen Kommentator*« (*Det är dags*, 1965 – *Es ist Zeit*). Jegliche Anthropomorphisierung der Natur wird zurückgewiesen; sie soll weder Spiegelung eines Seelenzustandes sein, noch soll der Mensch in ihrer poetischen Darstellung eine Rolle spielen (was ihr nach Enckells Meinung einen höheren Ausdruck von in sich selbst ruhendem Sein verleiht).

Die bereits aufgezeigten Berührungspunkte mit Themen des schwedischen *Fyrtiotals* (den Modernisten der Vierziger Jahre) verhalfen Enckell zu endgültiger Anerkennung, die zu Beginn der sechziger Jahre darin gipfelte, daß ihm auf Lebenszeit die »Ehrenwohnung« des finnlandschwedischen Schriftstellerverbandes in Borgå zur Verfügung gestellt wurde. Ingesamt läßt sich Enckells lyrisches Werk als spiralförmiger Dreischritt charakterisieren: Formal geht die Entwicklung von der »Miniaturpoesie« über die elegischen Langgedichte zum schließlich meist nur noch einstrophigen Kurzgedicht; auch inhaltlich führt der Weg, der vom mikroskopisch genauen Naturbild seinen Ausgang nimmt, über die Sublimierung der persönlichen Krise durch Einkleidung in antike Mythologeme scheinbar zurück zu Naturlyrik. Die Weiterentwicklung liegt in der jeweils zugrundeliegenden Weltanschauung. Während Enckell sich in seinen Jugendgedichten die Welt aneignen wollte (»*Doch aus Schatten will ich schaffen/das Wesen alles Lebendigen/und es zu meinem machen/und mich selbst zum Herrn alles Lebenden.*« – *Dikter*, 1923) und gemäß seinem modernistischen Programm auch durch die Natur in der Poesie eine »Seelenbewegung« ausdrücken wollte, lehnte er später genau diese Anthropomorphisierung als »romantisch« ab und leugnete das Vorhandensein eines individuellen Ichs: »*Aus Angst vor der Wirklichkeit, die uns nicht mit einem Ich ausgestattet hat, bauen wir uns zur Selbstverteidigung eines auf*« (*Ekelöf-Essay*, 1950). Beibehalten und immer weiter perfektioniert wurde jedoch Enckells poetisches Konstruktionsprinzip, die assoziative und rhythmische Verknüpfung der fein nuancierten »Zwischenworte«. K.L.W.

AUSGABEN: *Dikter*, Helsinki 1923. – *Flöjtblåsarlycka*, Helsinki 1925. – *Vårens cistern*, Helsinki 1931. – *Landskapet med den dubbla skuggan*, Helsinki 1933. – *Tonbrädet*, Helsinki 1935. – *Valvet*, Helsini 1937. – *Lutad över brunnen*, Helsinki 1942. – *Andedräkt av koppar*, Stockholm 1946. – *Nike flyr i vindens klädnad. Lyrik 1923–1946*, Stockholm 1947. – *Sett och återbördat*, Stockholm 1950. – *Skuggors lysen*, Stockholm 1953. – *Strån över bakken*, Helsinki 1957. – *Dikter i urval*, Stockholm 1957. – *Kärnor av ögonblick*, Stockholm 1959. – *Kalender i fragment*, Stockholm 1962. – *Det är dags*, Stockholm 1965. – *Dikt*, Helsinki 1966. – *Resonören med fågelfoten*, Stockholm 1971. – *Dikter 1923–1937*, Stockholm 1971. – *Dikter. En antologi*, Stockholm 1974. – *Flyende spegel*, Helsinki 1974.

ÜBERSETZUNGEN [jeweils einzelne Gedichte in]: *Aber auch diese Sonne ist heimatlos*, N. Sachs, Darmstadt 1957. – *Junge Lyrik Finnlands*, Stierstadt 1958. – *Panorama moderner Lyrik des 20. Jh.s in Übersetzungen*, Gütersloh ²1962. – *Europa heute. Prosa und Poesie seit 1945*, Mchn. 1963. – *Neuere schwedische Lyrik*, Wien 1965. – *Finnische Lyrik aus hundert Jahren*, Hbg. 1973. – *Gedichte auf Bilder*, Mchn. 1975.

LITERATUR: B. Holmqvist, *Den absoluta verkligheten. En studie i R. E.s diktning* (in OoB, 1951, S. 25–37). – L. Ekelund, *R. E. Modernism och klassicism under tjugotal och trettiotal*, Stockholm 1974. – O. Enckell, *R. E. i Borås. En kommentar till hans sena diktning*, Hangö 1978. – I. Hedenius, *R. E.s diktning* (in *Om stora män och små*, Stockholm 1980, S. 177–192). – L. Ekelund, *R. E. lyriker av den svåra skolan. Studier i diktningen 1935–1946*, Helsinki 1982. – M. Enckell, *Under beständighetens stjärna. En biografisk studie över R. E. 1903–1937*, Borgå 1986.

MICHAEL ENDE

* 12.11.1929 Garmisch-Partenkirchen

DIE UNENDLICHE GESCHICHTE.
Von A bis Z

Jugendroman von Michael ENDE, erschienen 1979. – Michael Ende, der Sohn des surrealistischen Malers Edgar Ende, wurde bereits für seine beiden Bücher *Jim Knopf und Lukas, der Lokomotivführer* (1960) und *Momo* (1973) mit dem Deutschen Jugendbuchpreis ausgezeichnet. Doch erst sein dritter Jugendroman, *Die Unendliche Geschichte*, machte den Autor über die jugendliche Lesergemeinde hinaus einem breiten Publikum bekannt. Der Held des Buches, der elfjährige Halbwaise Bastian Balthasar Bux, ein dickes Kind, das in Schule und Sport versagt, aber mit einer lebhaften Einbildungskraft begabt ist, stiehlt in einem Antiquariat ein Buch und flieht damit auf den Speicher der Schule. Das Land Phantásien – so liest er – ist in Gefahr: ein unsichtbares »*Nichts*« greift um sich, die »*Kindliche Kaiserin*« des Landes ist tödlich erkrankt. Von ihr mit der Suche nach einem Ausweg beauftragt, findet der zehnjährige Atréju auf einer abenteuerlichen Reise die Erklärung für die drohende Gefahr: Phantásien ist eine fiktive Welt, erzeugt durch die schöpferische Phantasie der Menschen. Deren zunehmende Phantasielosigkeit jedoch bedeutet für das Land den Untergang. Rettung ist nur durch ein Menschenkind möglich, das der »*Kindlichen Kaiserin*« einen neuen Namen gibt. Im Verlauf der Lektüre wird Bastian klar, daß er zu diesem Retter bestimmt ist. Er greift ein, als Phantásien nur noch ein Sandkorn ist. Mit seinen Wünschen und mit Hilfe von »*Auryn*«, dem Zeichen der Kaiserin, das die Inschrift trägt »*Tu was Du willst*«, erschafft er Phantásien neu. Für jeden erfüllten Wunsch aber verliert er ein Stück seiner Erinnerung an die Menschenwelt. Als er schließlich Kaiser von Phantásien werden will, kommt es zum Bruch mit Atréju. Nach einer letzten großen Schlacht gerät Bastian in eine Stadt voll Wahnsinniger, die alle einmal Kaiser von Phantásien werden wollten. Bastian erkennt, auf welchem Weg er sich befindet, und nutzt jetzt seine letzten Wünsche, um zu sich selbst und in seine Welt zurückzufinden. Nachdem er seinen »*Wahren Willen*«, die Liebe zu seinem Vater, gefunden hat, gelingt ihm die Rückkehr in die Menschenwelt.

Das Buch weist einige formale Besonderheiten auf: es ist in roter und grüner Schrift gedruckt; die (grüne) Binnenerzählung besteht aus 26 Kapiteln, die je mit ganzseitigen Initialen beginnen – durchlaufend von A bis Z. Die Geschichte entsteht buchstäblich aus dem Alphabet heraus. Die Bedeutung von Sprache zeigt sich auch in der wirklichkeitsschaffenden Funktion des »*Benennens*«: Bastian erschafft die phantásische Welt neu durch Namengebung. Sprache kann »Realität« erzeugen, so lautet eine wichtige Behauptung des Autors (*»Namengeben heißt, sich in Beziehung zu setzen. Wofür wir keine Namen und Worte haben, das kommt in unserem Bewußtsein nicht vor«*; Ende in einem Interview 1981). Welchen Status aber hat diese »Realität«? Wie wirklich sind fiktive Welten? Diese Frage wird nochmals durch die Verschachtelung von Rahmen- und Binnenerzählung gestellt. Der Rahmen bricht gleichsam in die Binnengeschichte ein: Der Leser eines Buches (Bastian) tritt handelnd in die dort dargestellte Welt ein; dieses Ereignis manifestiert sich wieder in einem Buch, der *Unendlichen Geschichte*; ihr Leser könnte seinerseits »phantasiehandelnd« die Geschichte weiterspinnen; es könnte ein Buch daraus entstehen usw. *ad infinitum*. Wie aber kann Bastian (oder ein Leser) in eine fiktive Welt eintreten? Nur indem er diese Welt mit seinen eigenen Vorstellungen und Wünschen, mit inneren Vorgängen also, erweitert. Die rote Schrift steht für Bastians äußere, die grüne für seine innere Realität, für das lesend und »phantasiehandelnd« Erlebte. Die Frage nach dem Realitätsstatus fiktiver Welten wird dadurch auf den Kopf gestellt, daß Bastian am Ende das gestohlene Buch nicht wiederfinden kann und im Antiquariat kein solches Buch vermißt wird. Für dieses Ereignis bietet der Text keine Erklärung an. Wie wirklich ist die wirkliche Welt? Hat Bastian sich auch das Stehlen des Buches nur vorgestellt?

Zentrales Thema ist die Rolle der Phantasie für die fiktive und die reale Welt. Fiktive Welten werden durch die Phantasie erst erzeugt; ohne sie existieren sie nicht. Ohne sie fehlt jedoch auch ein Teilbereich der realen Welt; sie ist »*krank*«. Phantasie »*macht beide Welten gesund*«. Sie bereichert die reale Welt, wenn den Phantasiewelten *als solchen* Existenzberechtigung zugestanden wird. Phantasie kann aber auch zur Gefahr werden, wenn Vorstellungswelten auf dieselbe Realitätsebene gehoben werden wie die reale Welt, wenn Phantasie und Wirklichkeit verwechselt werden. Dies wird exemplarisch vorgeführt an Bastian: er verliert sich in seiner Wunschwelt, will nicht mehr in die Realität zurück. Wohin das führt, zeigt die Bevölkerung der Alten-Kaiser-Stadt: Sinnlosigkeit, Isolation, Kommunikationslosigkeit. Jeder lebt in seiner eigenen Welt. Bastians Rettung vor dieser Gefahr geschieht über einen Selbstfindungsprozeß, der deutlich von psychoanalytischen Verfahren inspiriert ist: Bastian findet Gemeinschaft bei den Yskálnari, die zwischen Ich und Nicht-Ich nicht unterscheiden. Er regrediert in die Kindheit und findet mütterliche Liebe bei Dame Aiuóla. Er schürft in Yors Bergwerk nach seinen Träumen und findet die Sehnsucht nach seinem Vater, die ihn in die Realität zurückbringt. Bastian kann das Eis durchbrechen, das seinen um die Mutter trauernden Vater umgibt. Durch die Erlebnisse in Phantásien hat Bastian eine neue Auseinandersetzungs- und Kommunikationsfähigkeit mit seiner Welt erlangt.

Die Unendliche Geschichte hat für ein Jugendbuch ungewöhnliche Verbreitung gefunden: Lizenzausgaben und Raubdrucke ausgenommen, hat die deutsche Ausgabe eine Auflagenhöhe von 1,5 Millionen Exemplaren (1987) erreicht. Sie wurde in fast alle europäischen und in einige außereuropäische Sprachen übersetzt. *Die Unendliche Geschichte* wird, wie viele andere Werke Endes, die sich in erster Linie an ein jüngeres Publikum wenden, auch von Erwachsenen gern gelesen. Die Ursache dafür dürfte zum einen im Zusammenfallen des Erscheinungstermins mit einer einsetzenden Fantasy-Welle liegen, zum anderen in der Lesbarkeit des Textes auf mehreren Ebenen, vom Abenteuerbuch bis zur Kulturkritik und zur Reflexion über Literatur und Kunst. »*Phantásien ist ja nicht nur das Reich der Phantasie und der Träume, sondern auch das Reich der Kunst, das heißt, das Reich der Fiktion.*« (Ende im Interview 1981). Für den erwachsenen Leser wird der Text nicht zuletzt auch durch seine vielen Zitate aus Malerei, Literatur und Mythologie und aus psychologischen, (politisch-) philosophischen, religiösen und mystischen Denkmodellen reizvoll. Zur Popularität des Buches hat auch eine umstrittene Verfilmung des ersten Teils beigetragen, der es allerdings nicht gelingt, die zentralen Aussagen des Textes zu transponieren, und von der sich Ende schließlich distanziert hat. K.Hol.

Ausgaben: Stg. 1979. – Mchn. 1987 (dtv).

Verfilmung: BRD 1984 (Regie: W. Petersen).

Literatur: A. C. Baumgärtner, *Phantásien, Atlantis und die Wirklichkeit der Bilder* (in *M. E. zum 50. Geburtstag*, Stg. 1981, S. 36–43). – B. Bondy, B. v. Wulffen u. H. Heigert, *Gespräch mit M. Ende* (in SZ, 14. 3. 1981). – W. Kuckartz, *M. E.: »Die Unendliche Geschichte«. Ein Bildungsmärchen*, Essen 1984 – A. v. Prondczynsky, *Die unendliche Sehnsucht nach sich selbst: auf den Spuren eines neuen Mythos*, Ffm. 1983. – H.-E. Renk, »*Phantasiehandeln*« (in *Literatur, Sprache, Unterricht*, Bamberg 1984, S. 109–115). – J. Lodemann, Rez. (in Die Zeit, 16. 11. 1979). – W. Donner, Rez. (in Der Spiegel, 23. 6. 1980). – D. E. Zimmer, Rez. (in Zeitmagazin, 24, 1981). – A. Muschg, Rez. (in Stern, 43, 1982). – E. Kuby, Rez. (in Konkret, 9, 1981). – Ch. v. Wernsdorff, *Bilder gegen das Nichts*, Neuss 1983.

Endō shūsaku

* 27.3.1923 Tokio

CHIMMOKU

(jap.; *Ü: Schweigen*). Roman von Endō Shūsaku, erschienen 1966. – Endōs historischer Roman spielt – wie schon zahlreiche seiner Kurzgeschichten – in der Zeit der Christenverfolgung in Japan. Die Leiden der Gepeinigten werden hier jedoch erstmals in den größeren Zusammenhang der Problematik einer kulturellen Assimilation von Religion gestellt. Endō, selbst katholisch, führt die Selbstgerechtigkeit des westlichen Dogmas gegenüber der fremden Kultur und die Unbarmherzigkeit vor, mit der es auch von den Schwächsten und Ärmsten den Opfertod fordert. Das Schweigen Gottes angesichts der Martern einfacher Bauern wird erst gebrochen, als der Protagonist eine andere Bedeutung des Leidens Christi für sich erkennt, in deren Mittelpunkt das Verständnis für die Schwachen und ihre Not steht.

Die Handlung von *Chimmoku* ist im wesentlichen einfach konstruiert. Der portugiesische Jesuitenpater Sebastian Rodrigo reist 1633, d. h. in einer Zeit, in der Ausländern das Betreten japanischen Bodens strengstens untersagt war, heimlich nach Japan. Er bedient sich dabei der Hilfe eines abgefallenen japanischen Christen namens Kichijirō. Rodrigo trifft auch tatsächlich auf eine christliche Gemeinde, die aber von Kichijirō an die Behörden verraten wird. Einige der frommen Bauern erleiden den Märtyrertod. Rodrigo flieht, wird erneut von Kichijirō angezeigt. Die Shōgunatsbeamten nehmen ihn gefangen und foltern ihn, bis er schließlich seinen Glauben verleugnet. Man zwingt ihn, einen japanischen Namen anzunehmen und in Japan zu bleiben.

Durch mehrere Wechsel in der Erzählperspektive – insgesamt fünf – versucht Endō, seinem Roman sowohl die Qualität eines objektiven historischen Berichts zu verleihen als auch eine Identifikation mit dem Helden zu ermöglichen und somit einen literarischen Leseanspruch zu erfüllen. Der Romananfang besteht aus einer auktorial vorgetragenen Einführung in das Geschehen. Darauf folgen vier Briefe Rodrigos an seine Oberen in Rom. Die nächsten Kapitel wechseln in die dritte Person über; im Zentrum des Erzählvorgangs bleibt Rodrigo. Der Roman endet mit Auszügen aus den Tagebüchern eines holländischen Kaufmanns und eines japanischen Beamten (die deutsche Ausgabe verzichtet auf die letzteren), die mit dem Fall des Apostaten Rodrigo bekannt sind.

Da die Erlebnisse und Gedanken des Pater Rodrigo im Roman den weitaus größten Raum beanspruchen, ist er als die Hauptfigur zu bezeichnen. Seine innere Entwicklung und Darstellung vollzieht sich zum großen Teil in der stetigen Wiederbegegnung mit dem feigen und erbärmlichen Kichijirō. Zu Beginn ihrer Geschichte stehen sich die beiden Männer als gleichsam antipodische Charaktere gegenüber – hier der starke, für seinen Glauben zu sterben bereite Portugiese, dort der umgetriebene, zu jedem Verrat an seinen Mitmenschen fähige Japaner. Rodrigos anfängliche Vorstellung vom Glanz des Märtyrertums erfährt im Verlauf des Romans, z. B. als er Zeuge des grausamen Todes der christlichen Bauern wird, eine qualvolle Desillusionierung, durch die er und Kichijirō an einem Punkt der Geschichte als Menschen zusammengeführt werden.

Ein zentrales Motiv in Endōs Roman sind die sogenannten Tretbilder, Bilder Jesu oder der Jungfrau Maria, auf die die Christen treten müssen, um ihren Widerruf glaubwürdig zu bekunden. Als Rodrigo einem solchen Bild gegenübersteht, fordert ihn das Antlitz Christi auf, es zu treten. Diese Stelle ist die Schlüsselszene des Romans, in der Rodrigo endlich erkennt, daß Gott zu den Schwachen spricht.

In *Chimmoku* findet Endō eine Antwort auf die Frage nach einem spezifisch japanischen Christentum, die auch viele seiner übrigen Werke kennzeichnet. Kaum ein japanischer Roman hat derart stürmische Kontroversen hervorgerufen. Besonders von katholischer Seite wurde das Buch stark kritisiert und sogar indiziert; in Studenten- und Intellektuellenkreisen dagegen entwickelte es sich fast sofort zum Bestseller. Später erhielt es den renommierten Tanizaki-Preis. Endō, der berühmteste christliche Schriftsteller Japans, setzt sich in seinem Werk mit den Konflikten west-östlichen Kulturkontakts auseinander und beleuchtet dessen psychologische und religiöse Implikationen von verschiedenen Seiten. *Chimmoku* ist die romanhafte Analyse der Kollision zweier weit auseinanderliegender kultureller Pole und ihrer Bedeutung für das Schicksal einzelner Menschen. U.Gr.

AUSGABEN: Tokio 1966. – Tokio 1975 (*Endō Shūsaku bungaku zenshū*, Bd. 6).

ÜBERSETZUNG: *Schweigen*, R. Linhart, Graz u. a. 1977.

LITERATUR: M. Gallagher, *Endō Shūsaku's »Chimmoku«* (in *Japan Missionary Bulletin*, 20. Nov. 1966, S. 660–663). – H. Renji, *Endō Shūsaku no subete* [»Alles über Endō Shūsaku«], Tokio 1976.

JOHANN JAKOB ENGEL

* 11.9.1741 Parchim / Mecklenburg
† 28.6.1802 Parchim

HERR LORENZ STARK. Ein Charaktergemälde

Roman von Johann Jakob ENGEL, erschienen 1801. – Dieser einzige Roman des vor allem mit kunsttheoretischen und philosophischen Schriften hervorgetretenen Autors der Goethezeit hat einen, wie SCHILLER am 18. 9. 1795 an GOETHE schreibt, »*für das Publikum sehr passenden Inhalt, teils Dialog, teils Erzählung, kein Wunderwerk des Genies freilich, aber gerade so, wie unsre werten Leser es lieben*«. Engel behandelt in dem straff gebauten und dem konventionellen Geschmack entsprechenden Werk ein Vater-Sohn-Problem »*auf dem Hintergrund eines kulturellen Generationenwechsels*« (F.J. Schneider). Die einzelnen Gestalten sind edel, gut und im wesentlichen von einer aufklärerischen, optimistischen, frommen Lebensauffassung geprägt.

Herr Lorenz Stark, Inhaber eines stattlichen Handelshauses, ist ein ehrenwerter, gutmütiger, aber zugleich ironischer, eigensinniger und sittenstrenger Mann, dessen »*altdeutsche Einheit seines Charakters*« den Mitbürgern Respekt einflößt. Es kommt zum Konflikt mit seinem erwachsenen Sohn, den er für einen schwachen, egoistischen und moralisch haltlosen Menchen hält und, aus seiner Kritik keinen Hehl machend, so sehr kränkt, daß dieser beschließt, sich von dem Vater zu trennen. Mutter, Schwester und Schwager versuchen vergeblich, die Trennung zu verhindern. Plötzlich aber ändert sich die Situation, da sich der Sohn durch seine Liebe zu Madame Lyk grundlegend wandelt. Die Auserwählte, eine Kaufmannswitwe, wird jedoch zum Anlaß eines erneuten Konflikts zwischen Vater und Sohn, da Lorenz Stark behauptet, die Witwe habe durch ihre Verschwendungssucht ihren Mann ruiniert, was sich dann aber als eine von Stark früher selbst beiläufig ausgesprochene Vermutung herausstellt. Am Ende, als der Vater seinen Sohn mit Madame Lyk in »*Liebe und Tugend*« einen Bund schließen sieht, offenbart er – zur Rührung des Lesers – seine unter einer zuweilen rauhen Schale verborgenen liebenswürdigen Eigenschaften.

DIDEROTS *Père de famille* (1761) und Otto Heinrich Frh. von GEMMINGEN-HORNBERGS *Der teutsche Hausvater* (1780) sind Engels literarische Vorbilder für diesen aus einem ursprünglich geplanten Drama hervorgegangenen und von Friedrich Ludwig SCHMIDT auch erfolgreich dramatisierten Roman. In ihm wird die vom Autor vor allem in seiner Abhandlung *Über Handlung, Gespräch und Erzählung* (1774) allgemein aufgezeigte Tendenz zur Vermischung des Epischen mit dem Dramatischen deutlich, was auch JEAN PAUL veranlaßt hat, das Werk in seiner *Vorschule der Ästhetik* (1804) unter die »dramatischen Romane« einzureihen. Das Buch, von dem Goethe nicht »*sehr auferbauet*« wurde (Brief an Schiller, 17.12.1795), war jedoch schon als unvollständige Veröffentlichung 1795/96 in Schillers »Horen« ein großer Erfolg (»*Noch von keinem ist so viel Redens gewesen*«; Schiller an Goethe, 23.11.1795). Es erfuhr dramatisiert – mit Iffland als Lorenz Stark – unter Goethes Theaterleitung in Weimar von 1805 bis 1815 dreizehn Aufführungen. KLL

AUSGABEN: Tübingen 1795/96 (in Die Horen; Teildr.). – Bln. 1801. – Stg. o. J. [1882; Einl. J. Kürschner]. – Lpzg. o. J. (ca. 1920; RUB). – Bln. 1845 (in *Schriften*, 12 Bde., 1844/45, 12).

DRAMATISIERUNG: F. L. Schmidt, *Herr Lorenz Stark* (Urauff.: 1801).

LITERATUR: E. Hammer, *Die Welt- u. Lebensanschauung des Aufklärungsbürgers. Dargestellt an J. J. E.s Charaktergemälde »Herr Lorenz Stark« unter Berücksichtigung des E.schen Gesamtwerks*, Diss. Münster 1943. – H.-G. Winter, *Dialog u. Dialogroman in der Aufklärung*, Darmstadt 1974.

FRIEDRICH ENGELS

* 28.11.1820 Barmen
† 5.8.1895 London

LITERATUR ZUM AUTOR:
Bibliographien:
L. Stöhr, *F. E.*, Bln. 1970. – C. L. Eubanks, *Karl Marx und F. E. An Analytical Bibliogr.*, NY/Ldn. 1977. – F. Neubauer, *Marx-E.-Bibliogr.*, Boppard 1979.
Biographien:
G. Mayer, *F. E. Eine Biographie*, 2 Bde., Bln. 1920; Neudr. Köln 1973. – G. Carlton, *F. E. The Shadow Prophet*, Ldn. 1965. – H. Ullrich, *Der junge E. Eine histor.-biogr. Studie seiner weltanschaulichen Entwicklung in den Jahren 1834–1845*, Bd. 2, Bln./DDR 1966. – H. Hirsch, *F. E. in Selbstzeugnissen und Bilddokumenten*, Reinbek 1968 (rm). – W. O. Henderson, *The Life of F. E.*, 2 Bde., Ldn. 1976. – H. P. Bleuel, *F. E. Bürger und Revolutionär. Die zeitgerechte Biographie eines großen Deutschen*, Bern/Mchn. 1981.
Forschungsberichte:
Marx-E.-Forschungsberichte, Lpzg. 1981 ff. – *Internationale Marx-E.-Forschung*, Hg. H. Jung, Ffm. 1987.
Gesamtdarstellungen und Studien:
M. Adler, *E. als Denker*, Bln. ²1925. – J. P. Mayer, *F. E.*, Trier 1931. – G. Lukács, *Karl Marx und F. E. als Literaturhistoriker*, Bln. 1948. – E. A. Stepanowa, *F. E. Sein Leben und Werk*, Bln. 1958. –
H. Ullrich, *Der junge E.*, Bln. 1961. – *F. E. und die internationale Arbeiterbewegung*, Hg. K. Obermann u. U. Herrmann, Bln. 1962. – J. L. Wallach, *Die Kriegslehre von F. E.*, Ffm. 1968. – W. Brandt, *F. E. und die soziale Demokratie*, Bonn 1970. – H. Fleischer, *Marx und E. Die philosophischen Grundlinien ihres Denkens*, Freiburg i. B./Mchn. 1970. – E. Fiorani, *F. E. e il materialismo dialettico*, Mailand 1971. – W. R. Beyer, *Das Reinheitspostulat in der Rechtsphilosophie. Gedankenreinheit bei Hegel und E.*, Köln 1973. – G. Prestipino, *Natura e società. Per una nuova lettura di E.*, Rom 1973. – A. F. Repellini, *E.*, Florenz 1974. – R. N. Hunt, *The Political Ideas of Marx and E.*, Ldn. 1975. – M. Molnar, *Marx, E. et la politique internationale*, Paris 1975. – L. Ilitchev u. a., *F. E., sa vie, son œuvre*, Paris 1976. – E. Schmitt u. M. Meyn, *Ursprung und Charakter der Französischen Revolution bei Marx und E.*, Bochum 1976. – M. E. Berger, *E., Armies and Revolution*, Hamden/Conn. 1977. – G. PreStipino, *El Pensamiento filosofico de E.*, Madrid 1977. – D. S. McLellan, *F. E.*, Rutherford 1978. – H.-H. Paul, *E. und die Imperialismustheorie der II. Internationale*, Hbg. 1978. – I. Bellotta, *E. e la religione*, Turin 1980. – G. Kluchert, *Geschichtsschreibung und Revolution. Die historischen Schriften von Karl Marx und F. E. 1846–1852*, Stg. 1985. – *Die Staats- und Rechtsauffassungen von F. E.…*, Hg. I. Hieblinger, Halle 1986.

DIE ENTWICKLUNG DES SOCIALISMUS VON DER UTOPIE ZUR WISSENSCHAFT

Früheste und verbreitetste Darstellung des historischen Materialismus von Friedrich ENGELS, erschienen 1883. – Da der mit wissenschaftlichen Erörterungen überlastete sogenannte *Anti-Dühring* (*Herrn Eugen Dührings Umwälzung der Wissenschaft*, 1878) nicht die gewünschte Resonanz fand, entschloß sich Engels, den wichtigsten Teil des Buches, die Einleitung und die vom Sozialismus handelnden drei Schlußkapitel, in einer revidierten Fassung und um eine agrarhistorische Abhandlung über die Markgenossenschaft vermehrt, als selbständige Schrift herauszugeben. Die polemischen Partien, die auf Dühring Bezug nehmen, wurden weggelassen zugunsten einer klaren, zusammenhängenden Darstellung der Entwicklung der sozialistischen Ideen und der realen Klassenverhältnisse seit dem Ende des 18. Jh.s.

Die große geistige Leistung der französischen utopischen Sozialisten Claude-Henri de SAINT-SIMON und Charles FOURIER und des Engländers Robert OWEN wird angemessen gewürdigt; ihre Begrenztheit erklärt Engels damit, daß das eigentliche Problem des Kapitalismus – aufgrund der damals noch »unreifen Klassenlage« – noch nicht klar erkennbar war. Ein wichtiger Zug jener utopisch-sozialistischen Bestrebungen war das Fehlen einer historisch-genetischen Einstellung. Die Übel der bürgerlichen Gesellschaftsordnung werden von den Utopisten zwar erkannt und schonungslos beschrieben, ihre Versuche zu deren Überwindung beschränken sich aber auf Appelle an zeitlose Wahrheiten der Vernunft und der Moral und bleiben deshalb real-historisch erfolglos. Die deutsche Philosophie, gipfelnd in der Dialektik HEGELS, sei notwendig gewesen, um die »materialistische Geschichtsauffassung« zu begründen, die es ermöglicht, den Klassenkampf nicht nur zu kommentieren, sondern zu beeinflussen. Die materialistische Geschichtsauffassung und die Enthüllung des »*Geheimnisses der kapitalistischen Produktion*« – des Mehrwerts – würdigt Engels als die großen Entdeckungen, die MARX zu verdanken sind. Die Aufdekkung des dialektisch erfaßbaren, gleichsam gesetzmäßigen Ablaufs der im Klassenkampf fortschreitenden Geschichte ermögliche es, die Entstehung der konkret gegebenen Situation aus ihren Voraussetzungen zu verstehen und so auch »*der unterdrückten Klasse die Bedingungen und die Natur ihrer eigenen Aktion zum Bewußtsein zu bringen*«. Im entwickelten Kapitalismus ist die Produktion ein gesellschaftlicher, aber anarchischer Vorgang geworden; der Warenaustausch und mit ihm die Aneignung bleiben individuelle Akte. Aus diesem Grundwiderspruch entspringen alle Widersprüche, in denen sich die kapitalistische Gesellschaft bewegt. Schließlich wird der Punkt erreicht, an dem die »Bourgeoisie« nicht mehr fähig ist, die Produktivkräfte zu leiten. Geschichtliche Aufgabe des modernen »Proletariats« sei es, die ökonomische und politische Gewalt zu übernehmen. H.L.

AUSGABEN: Hottingen-Zürich 1882; ³1883. – Bln. ⁴1891 [vervollst.]. – Moskau 1935. – Bln. 1945; zul. 1988. – Stg. 1946. – Ffm. 1946. – Bln./DDR 1962 (in K. Marx und F. E., *Werke*, Bd. 19). – Bln. 1980 [Faks. der Erstausg.].

LITERATUR: M. Mauke, *Die Klassentheorie von Marx und E.*, Ffm. 1970. – H. Fleischer, *Marx und E. Die philosophischen Grundlinien ihres Denkens*, Freiburg i. B./Mchn. 1970. – R. Dlubek u. R. Merkel, *Marx und E. über die sozialistische u. kommunistische Gesellschaft. Die Entwicklung der marxistischen Lehre von der kommunistischen Umgestaltung*, Bln. 1981. – A. DeLaurentiis, *Marx u. E.s Rezeption der Hegelschen Kantkritik*, Ffm. 1983. – N. Mader, *Philosophie als politischer Prozeß. Karl Marx u. F. E. – ein Werk im Werden*, Köln 1986.

HERRN EUGEN DÜHRINGS UMWÄLZUNG DER WISSENSCHAFT

Philosophisches Werk von Friedrich ENGELS, erschienen 1877/78 als Artikelserie im ›Vorwärts‹, als Buch 1878. Das Kapitel *Aus der ›Kritischen Geschichte‹* im zweiten Teil der Schrift hat Karl MARX verfaßt. – Engels setzt sich in dieser Abhandlung kritisch auseinander mit den Werken *Cursus der Philosophie, Cursus der National- und Socialökonomie* und *Kritische Geschichte der Nationalökonomie und des Socialismus* von Eugen DÜHRING. Dieser übte mit dem Anspruch, die Lehren von der Gesellschaft und der Revolution zu erneuern, auf weite Kreise der Sozialistischen Arbeiterpartei Deutschlands einen beträchtlichen Einfluß aus. Die Widerlegung der einzelnen Thesen – die dafür aufgewandte Zeit betrachtete Engels stets als verloren – besteht meist in dem schonungslos polemisch, witzig und elegant geführten Nachweis, daß Dühring die Hegelsche Philosophie trivialisiert und mit Gedanken anderer Philosophen zu einer unklaren, ebenso banalen wie anspruchsvollen Mischung kontaminiert habe. Der Angriff richtet sich hauptsächlich gegen den dogmatisch-metaphysischen Charakter dieser »Wirklichkeitsphilosophie« mit ihren »*ewigen Wahrheiten*« des Denkens und der Moral auf der einen und ihrer Unfähigkeit, den »*dialektischen*« Entwicklungsprozeß der Welt zu verstehen, auf der andern Seite. Doch verbindet der Autor mit dieser Attacke zugleich eine enzyklopädische Zusammenfassung sowohl der Geschichte des Sozialismus als auch der Lehrmeinungen des Marxschen Kommunismus. In allen drei Teilen des sogenannten *Antidühring* (Philosophie, politische Ökonomie, wissenschaftlicher Kommunismus) entwickelt Engels, von der Philosophie HEGELS ausgehend, ausführlich die materialistische Dialektik als »*die Wissenschaft von den allgemeinen Bewegungs- und Entwicklungsgesetzen der Natur, der Menschengesellschaft und des Denkens*«. Er betrachtet es einerseits als Hegels größtes Verdienst, mit Hilfe der Dialektik die Welt als einen stetig fortschreitenden Prozeß begriffen zu haben; andererseits stelle Hegel jedoch dadurch alles auf den Kopf, daß er die Dinge zu Abbildern von Ideen erklärt. Der Vollender der Philosophie sei Marx, weil er, im Gegensatz zu den französischen Philosophen des 18. Jh.s, die die Bedeutung der Materie zwar erkannt, jedoch das geschichtliche Moment nicht berücksichtigt hätten, nun das Prinzip des Materialismus mit dem Hegelschen Entwicklungsprinzip vereinigt habe: »*Die Bewegung ist die Daseinsweise der Materie.*« In der Anthropologie sei diese Lehre auf den Menschen, in dem man eine besondere Erscheinungsform der Materie zu sehen habe, anzuwenden; alles Leben beruhe auf der dem Stofflichen innewohnenden Bewegungsenergie, alle metaphysischen Spekulationen über das Wesen der Dinge seien als Produkte des Gehirns in den Bereich der Phantasie zu verweisen. Engels läßt deshalb die allgemeinen Sätze der Philosophie nur insoweit gelten, als sie mit der Natur und der Geschichte übereinstimmen.

Im zweiten Teil des Werks definiert er die politische Ökonomie »*im weitesten Sinne*« als »*die Wissenschaft von den Gesetzen, welche die Produktion und den Austausch des materiellen Lebensunterhaltes in der menschlichen Gesellschaft beherrschen*«. Der durchaus historische Grundzug dieser Wissenschaft sei durch die fortwährende Veränderung der wirtschaftlichen Verhältnisse bedingt. Berühmt wurde vor allem Engels' Widerlegung der Gewalttheorie Dührings. Er zeigt, daß, im Gegensatz zu dessen Behauptung, die Klassenunterschiede nicht primär durch Anwendung von Gewalt hervorgerufen seien; die gewaltsame Unterjochung von Menschen sei vielmehr die Folge der wirtschaftlichen Verhältnisse und die Ökonomie deshalb die Grundlage der gesellschaftlichen Formen. – Der dritte Teil des Buchs enthält neben der Kritik am Dühringschen Begriff des Sozialismus die Theorie des wissenschaftlichen Kommunismus. Diese Abschnitte wurden als revidierte Separatveröffentlichung unter dem Titel *Die Entwicklung des Socialismus von der Utopie zur Wissenschaft* zu einem der bekanntesten und einflußreichsten Werke des Marxismus. – LENIN hat später in seinem Werk *Materializm i empiriokriticizm*, 1909 *(Materialismus und Empiriokritizismus)*, immer wieder auf den *Antidühring* zurückgegriffen und manche Lehren weiterentwickelt. KLL

AUSGABEN: Lpzg. 1877/78 (in Vorwärts, 3. 1. bis 7. 7.). – Lpzg. 1878. – Zürich 1886. – Stg. ³1894 [durchges. u. verm.]; ⁴1901. – Bln. ¹¹1928. – Zürich 1945. – Moskau 1935. – Moskau 1946. – Bln. 1948; ²⁵1987. – Bln./DDR 1962 (in K. Marx u. F. E., *Werke*, Bd. 20). – Hannover 1966.

LITERATUR: K. Reiprich, *Die philosophisch-naturwissenschaftlichen Arbeiten von Marx und E.*, Bln. 1969. – *100 Jahre »Antidühring«*, Hg. R. Kirchhoff u. T. I. Oiserman, Bln. 1978. – *Jenaer »Antidühring«-Konferenz*, Hg. I. Bloch, Jena 1979. – *L'»Antidühring«, affirmazione o deformazione del marxismo?*, Hg. F. Zannino, Mailand 1983. – S.-E. Liedman, *Das Spiel der Gegensätze. F. E.s Philosophie und die Wissenschaften des 19. Jhs.*, Ffm. 1986.

DIE LAGE DER ARBEITENDEN KLASSE IN ENGLAND. Nach eigner Anschauung und authentischen Quellen

Sozialpolitische Darstellung von Friedrich ENGELS, erschienen 1845. – Nach Engels eigenem Bekunden dokumentiert diese erste größere eigenständige Veröffentlichung seinen persönlichen Beitrag zur Ausbildung des historischen Materialismus. Für das kurz zuvor erschienene Werk *Die heilige Familie*, das in Zusammenarbeit mit Karl MARX und unter dessen konzeptionellem Einfluß entstanden war, hatte Engels nur wenige Seiten geschrieben. Die Abfassung der *Lage der arbeitenden Klasse in England* fällt in die Zeit von November 1844 bis März 1845, kurz nach Engels' Rückkehr von einem fast zweijährigen Aufenthalt in England (Manchester) und einem zehntägigen Aufenthalt in Paris, wo er Marx näher kennengelernt hatte, in eine Zeit besonderer sozialer Spannungen in Deutschland (Weberaufstand). Zur ökonomisch-politischen Lage Englands lagen zu diesem Zeitpunkt von Engels bereits mehrere Beiträge in der ›Rheinischen Zeitung‹ und in den ›Deutsch-Französischen Jahrbüchern‹ vor.

Man kann die Abhandlung, unabhängig von ihrer wirkungsgeschichtlichen Bedeutung für die Ausbildung des historischen Materialismus, in die Reihe der Schriften einordnen, die sich seit den dreißiger Jahren des vorigen Jahrhunderts in konkreten Einzeluntersuchungen der sozialen Frage, und hier insbesondere den englischen Verhältnissen zuwenden (E. C. GASKELL, L. R. VILLERME, H. F. K. VON STEIN, L. FAUCHER, G. HÖFKEN, G. WEERTH u. a.). In England hatte Engels intensiven Kontakt mit der Bewegung der Chartisten und mit sozialistischen Agitationszentren. In diese Zeit fällt auch seine Beschäftigung mit der Nationalökonomie und mit dem utopischen Sozialismus. Das Material für die eindringlichen Schilderungen der Lebensverhältnisse in den großen englischen Industriestädten geht ersichtlich auf die Betroffenheit aus eigener Anschauung zurück.

Die Abhandlung ist in einer prognostischen Zielrichtung im Blick auf die industriell unterentwickelten Verhältnisse in Deutschland geschrieben, wo es zwar theorievermittelt sozialistische Ideen und Bewegungen und bourgeoise Vereine »zur Hebung der arbeitenden Klasse« gab, aber keine Kenntnisse über die wirklichen Verhältnisse in einer industrialisierten Wirtschaft. Die Entwicklung der großen Industrie (Nutzung der Elementarkräfte, Maschinerie, Arbeitsteilung) zeichnet Engels am Beispiel der Baumwollindustrie in England nach, die sich in andere Bereiche (Schwerindustrie, Verkehrswesen usw.) ausdehnte und einerseits zu einer Verhundertfachung der Verarbeitungsmenge innerhalb von drei Generationen führte, andererseits aber die gesellschaftliche Ausdifferenzierung in ein verelendetes Industrie- und Ackerbauproletariat, in die Bourgeoisie (Mittelstand) und in die traditionelle Aristokratie zur Folge hatte. Der Kampf der Bourgeoisie um eine wirtschaftliche Liberalisierung (Abschaffung der Korngesetze) und um die politische Gleichberechtigung (Reformbill 1832) wird nun von der großen, die Zukunft der Nation bestimmenden Frage abgelöst: »*Was soll aus diesen besitzlosen Millionen werden..., die täglich ihrer Macht sich mehr und mehr bewußt werden und täglich dringender ihren Anteil an den Vorteilen der gesellschaftlichen Einrichtungen verlangen.*« Engels sagt eine Revolution voraus, gegenüber der die Französische Revolution ein »Kinderspiel« gewesen sei.

In den großen Städten – Engels beschreibt vor allem Manchester – herrsche ein brutaler sozialer Krieg »*Aller gegen Alle*«. Engels untersucht in genauen soziologischen Erhebungen die Wohn-, Gesundheits-, Ernährungs- und Bildungssituation in den gettoisierten Elendsvierteln, die Demoralisierung mit allen ihren Folgen. Seine den materialen Teil des Buches einleitenden Ausführungen gehören zu den genauesten Stadtschilderungen im Zeitalter der Ausbildung des Fabriksystems, das auf die anderen Industriezweige zurückwirkte und sich tendenziell ausweitete. Den besitzlosen und damit hilflos ausgelieferten Arbeiter beschreibt Engels als Ware wie andere Waren; er konkurriere auf dem

Arbeitsmarkt mit anderen Arbeitern so, wie die Waren der Bourgeoisie mit anderen Waren konkurrieren: »*Der Arbeiter ist rechtlich und faktisch Sklave der besitzenden Klasse der Bourgeoisie*«; Engels bezeichnet ihn als »*Sklave der Sache*«. Die Maschine ersetze die Handarbeit; die mit ihr verbundene Disqualifikation und körperliche Erleichterung der Arbeit bewirke den Einsatz von geringer entlohnten Kindern und Frauen. So wirke sich eine an sich segensreiche Erfindung kontraproduktiv auf die Arbeitssituation aus. Die Integration der Frauenarbeit wiederum habe verheerende Folgen für die familiären Lebensbedingungen.

Der Widerstand gegen die Ausbeutung richtet sich zunächst gegen die Maschinen, ist unorganisiert und vereinzelt, bis es schließlich vor allem im Anschluß an das 1824 verabschiedete Assoziationsgesetz zur Bildung von Vereinen *(Trade-Unions)* kommt. Engels zeichnet die Geschichte der Arbeiterbewegung in den ersten Jahrzehnten des 19. Jh.s nach, die ihren Höhepunkt im *Chartismus* (seit 1838) findet, einer proletarischen Bewegung, die vor allem die politische Gleichberechtigung durch eine Verallgemeinerung des Wahlrechts fordert. Zugleich gibt es in England den auf den Einfluß von Robert OWEN zurückzuführenden Sozialismus, der allerdings in der Arbeiterschaft keine Basis hat. Eine Machtübernahme des Proletariats verspricht sich Engels von der Vereinigung der sozialistischen Ideen mit der politischen Bewegung des Chartismus, eine Besserung lediglich durch soziale Maßnahmen hält er für aussichtslos: »*Die zur Verzweiflung getriebenen Proletarier werden die Brandfackel ergreifen.*« Eine Milderung der anstehenden Revolution könne lediglich dadurch erfolgen – so gibt Engels geradezu in einer Übernahme HEGELscher dialektischer Sprache zu bedenken –, daß das Proletariat kommunistische Ideen aufnähme, denn: der »*Kommunismus steht seinem Prinzipe nach über dem Zwiespalt zwischen Bourgeoisie und Proletariat ... er will gerade diesen Zwiespalt aufheben*«. Welche bourgeoisen Elemente er aber in einer zukünftigen Gesellschaft aufgehoben wissen will, bleibt hier unbestimmt.

Engels spricht in seiner Schrift noch nicht die unterkühlte Sprache des späteren wissenschaftlichen Sozialismus. Seine Darstellung ist noch von einem moralischen Menschheitspathos Feuerbachscher Herkunft getragen, wenn er z. B. die englische Bourgeoisie offen des »*sozialen Mordes*« bezichtigt. Das Werk fand gute Aufnahme und wurde häufig besprochen (z. B. in drei Ausgaben der ›Allgemeinen Preußischen Zeitung‹), und zwar sowohl auf bürgerlicher als auch auf sozialistischer Seite. Ihm fehlen noch die theoretischen Verallgemeinerungen, die den historischen Materialismus dann definieren. Im Zusammenhang mit dem Abschnitt über die Entstehung der großen Industrie wies Marx später in seinem Hauptwerk *Das Kapital* im Hinblick auf die englische Entwicklung auf die nach wie vor gültigen Aussagen in dem frühen Werk von Engels hin. Eine amerikanische Ausgabe erschien erst im Jahre 1887, eine englische 1892.   S.Bl.

AUSGABEN: Lpzg. 1845. – Lpzg. ²1848. – Stg. ²1892. – Stg. 1909. – Stg. 1913. – Bln. 1932 (in K. Marx u. F. E., *Histor.-krit. Gesamtausgabe: Werke, Schriften, Briefe*, Abt. 1, Bd. 4). – Bln. 1947; ³1964 [verb. u. erw.]. – Bln./DDR 1959 (in K. Marx u. F. E., *Werke*, Bd. 2). – Mchn. 1973; ³1980.

LITERATUR: W. Mönke, *Das literarische Echo in Deutschland auf F. E.' Werk »Die Lage der arbeitenden Klasse in England«*, Bln./DDR 1965. – A. Cornu, *Die Herausbildung des Historischen Materialismus in Marx' »Thesen über Feuerbach«, E.' »Die Lage der arbeitenden Klasse in England« und in »Die deutsche Ideologie« von Marx und E.*, Bln./DDR 1967. – St. Marcus, *E., Manchester and the Working Class*, NY 1974. – H. Schmidtgall, *F. E.' Manchester-Aufenthalt 1842–1844. Soziale Bewegungen und politische Diskussionen*, Trier 1981. – M. E. Blanchard, *In Search of the City. E., Baudelaire, Rimbaud*, Saratoga 1985.

DER URSPRUNG DER FAMILIE, DES PRIVATEIGENTUMS UND DES STAATS.
Im Anschluß an Lewis H. Morgan's Forschungen

Gesellschaftstheoretisches Werk von Friedrich ENGELS, erschienen 1884. – Karl MARX hatte noch kurz vor seinem Tod über die Hauptphasen der Entstehungsgeschichte der Gesellschaft gearbeitet, ein Thema, das er und Engels bereits 1845/46 in der *Deutschen Ideologie* unter anderem Gesichtspunkt gestreift hatten. Die äußeren Anregungen zur Wiederaufnahme dieser Thematik gab vor allem L. H. MORGANS *Ancient Society, or Researches in the Lines of Human Progress from Savagery, through Barbarism to Civilization* (1877). Der wesentliche Unterschied des Marxschen Planes zu Morgans Werk liegt darin, daß »*Marx beabsichtigte, die Resultate der Morganschen Forschungen im Zusammenhang mit den Ergebnissen seiner ... materialistischen Geschichtsuntersuchung darzustellen und dadurch erst ihre ganze Bedeutung klarzumachen*«. Engels, der damals auch an der Edition des *Kapitals* arbeitete, wertete das von Marx hinterlassene Material aus, ergänzte es durch umfangreiche eigene Forschungen und verband Morgans Ergebnisse dem Marxschen Konzept entsprechend mit den Leitideen des historischen Materialismus. Dadurch wird das Buch ein Grundlagenwerk zur Entwicklung der Gesellschaft aus der Sicht des historischen Materialismus.

Engels geht mit den bürgerlichen Theorien hart ins Gericht, nach denen die monogame Familie, das Privateigentum und der Staat als schon immer vorhandene Elemente der Gesellschaft und die monogame Familie als ursprünglicher Kristallisationspunkt für den Staat betrachtet werden. Die für Engels unentbehrliche Berücksichtigung der wirtschaftlichen Verhältnisse, in erster Linie des Privateigentums, der Warenproduktion und der Arbeitsteilung, zeigt vielmehr, daß nicht nur der Mensch die Produktion schafft, sondern daß auch die ökonomischen Bedingungen einen entscheidenden Einfluß auf das Individuum, die Familie und die Gesellschaft ausüben. Engels geht im Anschluß an Morgan von drei Hauptstadien der Gesellschaft aus: dem Stadium der »*Wildheit*«, in dem kleine Verbände bei gemeinsamem Besitz von Gütern und Geschlechtspartnern (»*Gruppenehe*«) zusammenleben; dem Stadium der »*Barbarei*«, in dem die Gesellschaft sich in die kommunistisch strukturierte Gentilverfassung einer »*naturwüchsigen Demokratie*« organisiert und die Gruppenehe sich in eine freigehandhabte »*Paarungsehe*« entwickelt hat, und schließlich dem Stadium der »*Zivilisation*«, an dessen Schwelle als Gesellschaftsform der Staat und die Monogamie stehen.

Mit dem Aufkommen von Viehzucht und Ackerbau, »*der ersten Arbeitsteilung*«, bahnte sich innerhalb der Gens eine dreifache Entwicklung an: 1. Die Produktion von Verbrauchsgütern stieg sprunghaft an und erforderte neue Arbeitskräfte. Dieser Bedarf wurde dadurch gedeckt, daß die Kriegsgefangenen versklavt wurden und damit die Gesellschaft bereits in die Klassen der Ausbeuter und Ausgebeuteten zerfiel. 2. Der von einzelnen bearbeitete Grundbesitz der Gens ging allmählich in private Hand über, wodurch sich die Gesellschaft in weitere Klassen, in die der Reichen und die der Armen, spaltete. 3. Während die Frau wie früher das Hauswesen führte, entwickelte sich die früher vom Mann übernommene Aufgabe der Unterhaltsbeschaffung zur Verwaltung der Produktionsgüter. Diese soziale Vorrangstellung des Mannes wird schließlich sanktioniert in der Ablösung des Mutterrechts (Engels übernimmt diese Lehre weitgehend von BACHOFEN) durch das Patriarchat. Die alte Paarungsehe entwickelt sich so rasch zu der für die Frau strikt gültigen Monogamie, die auf die Herrschaft des Mannes gegründet ist »*mit dem ausdrücklichen Zweck der Erzeugung von Kindern mit unbestrittener Vaterschaft, und diese Vaterschaft wird erfordert, weil diese Kinder dereinst als Leibeserben in das väterliche Vermögen eintreten sollen*«. Die Unterordnung der Frau als »*oberste Hausmagd*« wird nach Engels erst dann ein Ende haben, wenn die Familie als wirtschaftliche Einheit aufgelöst wird, die Produktionsmittel wieder in Gemeineigentum überführt werden und die Frau am Produktionsprozeß teilnimmt.

In der Zersetzung des Gens liegt schließlich auch der Ursprung des Staats, den Engels an der griechischen, römischen und deutschen Geschichte illustriert. Mit der Trennung zwischen Landwirtschaft und Handwerk, der »*zweiten großen Arbeitsteilung*«, wird infolge des erhöhten Bedarfs an Arbeitskräften die Klasse der Sklaven zu einem wesentlichen Bestandteil der Gesellschaft. Die gesteigerte Produktion macht den Austausch erforderlich. Dadurch verwandeln sich die Produkte und der Grundbesitz in Handelswaren, die Klasse der Kaufleute und das Geld als allgemeine, gegen jede andere austauschbare Ware, der Zins, die Hypothek, der Wucher entsteht. Die Warenproduktion, im Tauschgeschäft der Kontrolle des Produzenten entglitten, beginnt an der Schwelle der Zivilisation mit dem brutalen Einbruch des Geldes über den einzelnen zu triumphieren. Hatte sich durch den Privatbesitz schon in der Endphase der Gentilverfassung im Blutadel eine bevorrechtete Klasse gebildet, so wird dieser nun durch die Geldaristokratie die Macht entrissen. Die längst unterhöhlte gentilistische Ordnung wird durch die neue Zusammenfassung der zivilisierten Gesellschaft, den Staat, ersetzt. Hier bestimmt nicht mehr die Abstammung, sondern der Wohnsitz innerhalb eines bestimmten Territoriums die Zugehörigkeit zum Staat. Die vorher nicht gekannte, über den einzelnen verfügende öffentliche Staatsgewalt, der Beamtenapparat und Steuererhebung charakterisieren ihn.

Als historisch bedingte Institutionen werden nach Engels das Privateigentum, die Familie als wirtschaftliche Einheit und der Klassenstaat verschwinden, sobald die Ursachen für deren Entstehung beseitigt sind. Die Ordnung der Zukunft wird die klassenlose Gesellschaft sein, in der die Familie auf der Basis einer neuen individuellen Liebe beruht und jeder gleichberechtigt am Produktionsprozeß beteiligt ist. KLL

AUSGABEN: Hottingen-Zürich 1884. – Stg. ²1886. – Bln. ²⁴1931. – Moskau 1940. – Bln. 1946; ⁷1964 [erw. u. verb.]; ¹⁶1987. – Bln./DDR 1962 (in K. Marx u. F. E., *Werke*, Bd. 21; Bd. 22 enth. Vorw. zur 4. Aufl.). – Ffm. 1969.

LITERATUR: K. Marx, *F. Engels et Lénine: Sur la famille*, Paris 1938. – A. Cornu, *K. Marx et F. E. Leur vie et leur œuvre*, 2 Bde., Paris 1955–1958. – J. M. Pero-Sanz, *F. E. el origen de la familia, la propriedad privada y el estado*, Madrid 1981. – Ch. Woolfson, *The Labour Theory of Culture. A Re-examination of E.'s Theory of Human Origins*, Ldn. 1982. – J. Herrmann, *Einführung in E.s Schrift »Der Ursprung der Familie, des Privateigentums und des Staats«*, Bln. 1983. – G. Guhr, *Über die Entstehung und Bedeutung der Schrift von F. E. »Der Ursprung der Familie, des Privateigentums und des Staats*, Dresden 1984. – *E. revisited. New Feminist Essays*, Hg. J. Sayers, Ldn. 1987.

NIKOS ENGONOPOULOS

* 1910 Athen
† 30.10.1985 Athen

BOLIVAR ena elliniko piima

(ngriech.; *Bolivar, ein griechisches Gedicht*). Poem des surrealistischen Malers und Dichters Nikos EN-

GONOPOULOS erschienen 1944. – Der Autor verfaßte das Gedicht während der Besatzung Griechenlands durch die Achsenmächte Deutschland, Italien und Bulgarien im Winter 1942/43. Es bezieht sich äußerlich auf den Befreier von der spanischen Kolonisation Südamerikas, Simon Bolivar, verweist aber eigentlich auf historische Figuren der Befreiungskämpfe in der jüngeren Geschichte Griechenlands und wird somit zur Hymne auf die Freiheit und gegen jegliche Art von Unterdrückung und Unterwerfung. *Bolivar* zirkulierte ursprünglich nur in Form von Manuskripten, »*die viele geschrieben haben und die bei (illegalen) Versammlungen mit Widerstandscharakter vorgelesen worden sind*« (N. Engonopoulos). Die Besatzungsbehörden wurden Mitte 1944 hellhörig, und der Dichter mußte sich bei Freunden verbergen. Seinem Verfasser brachte das Werk erst jetzt allgemeine Anerkennung. Denn das Publikum und die Kritiker reagierten auf seine früheren Gedichtsammlungen (*Sprechen Sie nicht mit dem Wagenführer*, 1938; *Die Klaviere des Schweigens*, 1939) mit Spott und Ablehnung. Für die breitere Öffentlichkeit Griechenlands war der Surrealismus ein Ausdruck der Torheit einiger untalentierter junger Menschen, die fremde Vorbilder imitierten. Dennoch versuchte Engonopoulos – wie auch die anderen Surrealisten Griechenlands – »... *Elemente der europäischen Moderne sowie der altgriechischen bzw. byzantinischen und neugriechischen Kultur zu verschmelzen*« (N. Engonopoulos). Im Bestreben, die europäische Avantgarde (BAUDELAIRE, LAUTRÉAMONT, APOLLINAIRE) mit der griechischen Tradition zu verbinden, schufen sie ein neues literarisches, ideologisches Modell, welches die griechische Geographie, Geschichte und Kunst als Mittel einsetzte, um ihre »*diachronale Moral*« herauszustreichen (D. Maronitis). Dabei brachen sie mit der früheren romantischen und pessimistischen Poesie der dreißiger Jahre, um das »*Geheimnis des Brunnens zu entdecken*« (N. Engonopoulos) und ein Gefühl der Lebenslust und der Liebe zu vermitteln; in einer neuen Sprache, welche die Worte wie »*der jauchzende Cymbal der Liebe*« spricht *(Die Klaviere des Schweigens)*.

Bolivar läßt sich weder mit den früheren noch mit den späteren »streng« surrealistischen Gedichten von Engonopoulos vergleichen. Hier nämlich leiten den Dichter folgende Motive: sein innerer Drang, das poetische Subjekt in ein Poem von allgemeiner Bedeutung zu projizieren und seine Sehnsucht, ein Gedicht für die Freiheit unter den Bedingungen der Okkupation zu artikulieren. Er imaginiert den Lebenslauf von Simon Bolivar und umschreibt die Entwicklung seines Kampfes, der abwechselnd in Südamerika und/oder bei griechischen Ortschaften geführt wird; Helden aus der griechischen Mythologie und Geschichte, bekannte Gelehrte aus Byzanz finden Erwähnung und werden neben symbolträchtigen Namen der Befreiungskämpfer Griechenlands (1821) und der Französischen Revolution genannt. Das Fiktive und das Wirkliche fließen ineinander; die Anachronismen fungieren surrealistisch im absurden und visionären Hintergrund.

Der Ton steigert sich zu einer rhetorischen, epischen Invokation, um das Gefühl der Freiheit zu erwecken: »*Für die Großen, für die Freien, für die Mutigen, die Starken/ eignen sich die Worte, die großen, die freien, die mutigen, die starken.*« Mit einer direkten Sprache, die sich sowohl der Mittel der Wiederholung als auch der Dissimulation und der Variation bedient, formuliert der Dichter die Freiheitsanstrengungen des Helden und redet über »*Begriffe*«, die allesamt »*prachtvoll und unvergänglich*« sind.

Sein episch-lyrischer Stil wurde von der Kritik als »*poetische Rhetorik*« bezeichnet (D. Maronitis). Ungeachtet dessen stieß *Bolivar* damals wie heute auf großes Interesse beim Publikum aufgrund seines Inhalts und seiner unkonventionellen Form. Das Werk wurde als eines der vollständigsten und repräsentativsten Gedichte der jüngeren griechischen Poesie gefeiert (A. Karandonis). *Bolivar* trug nicht unwesentlich zu der Verleihung der höchsten staatlichen literarischen Auszeichnung Griechenlands und insbesondere des ersten Preises in der Sparte Lyrik an Nikos Engonopoulos bei (1958). P.P.

AUSGABEN: Athen 1944; ⁴1985. – Athen ²1985 (in *Poeme B*).

ÜBERSETZUNGEN: *Bolivar, a Greek Poem*, NY 1960 [engl.]. – *Bolivar, un poème grec*, Paris/Genf 1947 [frz.]. – *Bolivar, un poème grec*, Paris 1976 [frz.].

LITERATUR: R. Levesque, *Domaine grec*, Paris 1947. – A. Karandonis, *Isagogi stin neoteri piisi*, Athen 1958. – K. Friar, *Greek Modern Poetry*, NY 1973. – M. Vitti, *I jenia tu 1930*, Athen 1977. – A. Argyriou, *Elliniki Piisi*, Athen 1979 [Ausw.]. – F. Ambatzopoulou, *Anthologia tu Surrealismu*, Athen 1980. – L. Politis, *Die Geschichte der neueren griechischen Literatur*, Köln 1984. – N. Vagenas, *Simiosis ja mia Proistoria tu Elliniku Surrealismu* (in Lexi, 37, 1984, S. 618–625). – D. N. Maronitis, *Brois Piso / Protasis ke ipothesis ja tin neoelliniki Piisi ke logotehina*, Athen 1986. – N. Engonopoulos, *Pesa kimena*, Athen 1987.

OTTOMAR ENKING

* 28.9.1867 Kiel
† 13.2.1945 Dresden

FAMILIE P. C. BEHM

Roman von Ottomar ENKING, erschienen 1903 als erster Teil des Romanzyklus *Die Leute von Koggenstedt*. – In der an der schleswig-holsteinischen Ostseeküste gelegenen Kleinstadt Koggenstedt wartet die hübsche, wohlerzogene und fleißige Anna Behm, einzige Tochter des biederen Wollwarenhändlers Peter Cajus Behm, auf einen Freier. Um die Weihnachtszeit läuft sie mit dem aus Hamburg stammenden jungen Arzt Paul Körting Schlittschuh, und sofort klatscht man in der Stadt darüber. Die Familie beginnt allzu früh mit den Vorbereitungen für die Verlobung – und zerbricht durch ihren Übereifer das zarte Liebesverhältnis. Körting fühlt sich von der Spießigkeit der Leute abgestoßen. Auch Anna betrachtet jetzt ihre enge Welt mit anderen Augen, doch hat sie nicht die Kraft, mit ihr zu brechen. In den christlichen Kreisen, denen sie sich anschließt, lernt sie den Bürovorsteher Gottlieb Schelius kennen, den sie bald darauf heiratet. Schelius, der zunächst ein makellos rechtschaffener Mann zu sein scheint, verschwindet, kaum daß er Mitinhaber des von Annas Mutter betriebenen Kurzwarenladens geworden ist, mit der Ladenkasse und hinterläßt obendrein noch einen Haufen Schulden auf P. C. Behms Namen. Als Retter in der Not erweist sich die »Koggenstedtia«, ein vom alten Behm gegründeter Bürgerverein, der darauf hinarbeitet, daß der Kaiser die Stadt zu einem Kriegshafen ausbauen läßt. Der Verein bringt das Geld auf, um die Familie vor Konkurs und Zwangsversteigerung zu bewahren. Bald nach dem Tod ihres Vaters geht Anna eine neue Ehe ein. Sie heiratet den zehn Jahre jüngeren Harald Juhl, der nach unstetem Studentenleben, den Keim einer tödlichen Krankheit in sich, auf den Durchbruch seines vermeintlichen Künstlertums wartet. Ihre Hoffnung, Harald würde sein unruhiges Leben aufgeben, erfüllt sich nicht, und in einem Augenblick der Geistesgestörtheit erleidet sie einen Unfall, bei dem sie ein Bein verliert. Auch innerlich zerbrochen, hadert sie mit Gott und den Menschen. Ihr Mann siecht unaufhaltsam dahin, die Mutter stirbt, und nach dem Auszug ihres Bruders, dem ein besseres Los bestimmt zu sein scheint, bleibt Anna im Hause Behm allein zurück, ein verstörtes, beinahe gespenstisches Wesen. – »*War das ihre Schuld, wie sich alles gestaltete? War ihre Familie daran schuld?*« fragt der Autor und erklärt schicksalsgläubig: »*Es mußte so kommen. Es gab keinen anderen Weg für sie – alles war ihr vorbestimmt und vorgezeichnet.*«

Ein sanfter Humor in den liebevollen Detailschilderungen und das Plattdeutsche, das gelegentlich in der direkten Rede verwandt wird, schaffen eine scheinbar gesunde und anheimelnde Kleinstadtatmosphäre. Aber hinter der Spitzweg-Kulisse, dem literarischen Lieblingsdekor breiter Leserkreise der Wilhelminischen Ära, spielen sich menschliche Tragödien von einer Düsterkeit ab, die an Bilder von Edvard Munch erinnern. Die »*mehr surrealistische als realistische Gestaltungskraft, welche das Buch zu einem wirklichen Höhepunkt der Heimatkunst macht, hat Enking nie wieder erreicht...*« (E. Alker).

KLL

AUSGABEN: Dresden 1903. – Bremen 1927.

LITERATUR: O. Hachtmann, *O. E. Zu seinem 50. Geburtstage*, Dresden 1917. – *Du bist mir wert, mein Tag. O. E. zum 70. Geburtstag*, Hg. W. Sichler, Wismar 1937. – D. G. Puls, *Dichter u. Dichtg. in Kiel*, Kiel 1962, S. 45–47.

QUINTUS ENNIUS

* 239 v.Chr. Rudiae / Kalabrien
† 169 v.Chr. Rom

ANNALES

(lat.; *Jahrbücher*). Hauptwerk des Quintus ENNIUS. – Der Titel ist in bewußter Parallele zu der eben damals aufblühenden Prosagattung der Historiographie (Quintus FABIUS PICTOR) gewählt. Mit diesem Epos von der Geschichte Roms wurde Ennius als der »römische Homer« zum Vorbild und Klassiker der Jahrhunderte, bis ihm VERGILS Nationalgedicht, die *Aeneis*, den Rang abzulaufen begann. Zum Teil mag dies der Grund sein, daß nur rund 150 Fragmente mit zusammen etwa 600 Versen aus den *Annales* überliefert sind.

Das Werk war ursprünglich auf zwölf Bücher angelegt und offensichtlich nach Triaden strukturiert (die auch sukzessive veröffentlicht wurden): In den ersten drei Büchern wurde die mythische und frühgeschichtliche Zeit dargestellt, beginnend mit Troia und der Aeneasfahrt und bis zum Ende der Königszeit führend; die Bücher 4–6 schilderten die Kämpfe bei der Eroberung Italiens, gegen Gallier, Italiker und den Griechen Pyrrhos; Buch 7, 8 und 9 erforderten ein erneutes Prooemium, mußte sich der Dichter doch hier, bei den Punischen Kriegen mit dem *Bellum Poenicum* seines großen Vorgängers NAEVIUS messen; die Bücher 10–12 behandelten die Kämpfe mit Philipp V. von Makedonien und besaßen am Ende, wie es scheint, einen Epilog, in welchem sich Ennius in eigener Sache zu Wort meldete. Aus diesem ersten Abschluß des Epos stammt die autobiographische Nachricht, der Dichter habe das zwölfte Buch im 67. Lebensjahr niedergeschrieben. Doch ließ er sich später unter dem nachhaltig mächtigen Eindruck der Ereignisse dazu bestimmen, zwei weitere Triaden anzufügen: 13–15 über den Krieg mit Antiochos III., an dessen Hof sich Hannibal geflüchtet hatte, und über die Einnahme von Ambrakia durch Marcus Fulvius Nobilior, der, als Vertrauter und Gönner des Dichters, diesen im Jahr 189 zur Teilnahme an dem Feldzug eingeladen hatte; die Bücher 16–18 setzten mit dem Istrischen Krieg (178/77) ein und feierten u. a. Titus Caecilius Teucer und seinen Bruder (Buch 16; der weitere Gang des Geschehens ist nicht mehr faßbar).

Ennius war nicht der erste, der in Rom Epik schrieb; aber er war der erste, der ein Epos schuf, das bewußt der griechischen Tradition sich verpflichtete. Überwältigendes Signum dieser selbstgewählten Einordnung war das Prooemium: Der Dichter schildert (in deutlicher *Aitien*-Reminiszenz) einen Traum, worin ihm auf dem Parnaß der Hadesbewohner HOMER erscheint und ihm, pythagoreisierend, verkündet, seine Seele sei, nach mancherlei Zwischenverkörperungen, jetzt in Ennius eingegangen. Dieser Traum ist mehr als ein dichterstolzer Hinweis auf das erkorene Vorbild, er ist der Schlüssel zur gesamten Dichtung des Römers. Denn Homer war es, mit dessen Hilfe Ennius überhaupt erst darangehen konnte, die lateinische Sprache einer differenzierten poetischen Darstellung gefügig zu machen: Die schöpferische Behandlung des Wortmaterials und der Syntax, die Technik der Beschreibung, Schilderung, Erzählung, eine für das Römische bisher beispiellose Bildlichkeit und eine blühende Metaphernwelt – das alles schuf sich Ennius sozusagen aus dem Nichts. Hinzu kommt die Erarbeitung einer völlig neuen formalen Technik. Das allerbeste Dichtwerk, das in Rom lateinisch geschrieben wurde, die *Odusia* des LIVIUS ANDRONICUS (3. Jh. v. Chr.) – gleichfalls ein Homeridenopus –, war ebenso wie das Epos des NAEVIUS in dem urtümlichen altrömischen Maß des Saturniers geschrieben gewesen. Um das Homerische Versmaß ins Lateinisch übertragen zu können, mußte Ennius nicht nur eine neue, dem neuen Sprachinhalt angemessene Metrik des Hexameters erarbeiten; vielmehr war es zunächst einmal notwendig, die zu formende Sprache für die neue Metrik aufzubereiten, sie phonetisch zu analysieren und zu standardisieren, ihr eine feste Orthographie zu geben, ihre Prosodie zu durchleuchten und zu regulieren, kurz: er mußte, ehe er sein Gebäude errichten konnte, sich erst selbst die Bausteine samt dem Mörtel zubereiten.

Ennius ist undenkbar ohne die für seine Zeit typische ungeheure Ausbreitung der griechisch-hellenistischen Kultur, ja, er kann ohne weiteres als Modellfall für die faszinative Gewalt angesehen werden, mit der das Griechentum die übrigen Mittelmeerkulturen zu durchdringen begann (das zeigen auch andere seiner Werke wie der *Epicharmus*, der *Euhemerus*, die *Hedyphagetica* oder der *Sota*). Zugleich aber markiert Ennius auch bereits eine entschiedene Reaktion auf den Hellenismus: Die durch jahrhundertelange Tradition überkultivierte, ins Sublimste differenzierte Literatur des Hellenismus ist für den Römer als Exemplum ungeeignet und wird kühn übergangen. Der Neuansatz in seinem Feld im archaischen Versuch, und sein adäquates Vorbild ist die griechische Archaik: Ob die filigranartige Feinheit eines KALLIMACHOS dem Römer überhaupt aufgehen konnte, muß fraglich bleiben, jedenfalls läßt sich kaum ein größerer Gegensatz dazu denken als sein unbekümmertes Zupacken, seine kraftvolle Zeichnung der Konturen des Geschehens. Freilich steckt hinter dieser wesentlichen Diskrepanz mehr als nur ein Symptom der entwicklungsbedingten chronologischen Phasenverschiebung einer literarischen Gattung. Alles, was Ennius von Kallimachos scheidet, trennt zugleich den Römer vom Griechen: das naiv-direkte Verhältnis des Dichters zur Realität, in die er sich eingefügt weiß (man nehme nur die autobiographisch angehauchte Schilderung der warmherzigen Beziehung eines Feldherrn zu seinem Vertrauten, 234 ff.); die frische, weit weniger reflektierte Beziehung zur Sprache, das bedenkenlos aus den vollen Möglichkeiten schöpfen läßt, wo der Hellenist nach der gesuchten Auswahl des Besonderen und Erlesen-Einmaligen streben würde (plastisches Beispiel die Vorliebe für pralle Alliterationen, so in der berühmten Ausmalung der Schlachttrompete, V. 140: »*at tuba terribili sonitu taratantara dixit*«); vor allem aber die entschlossene Hinwendung zur Gegenwart, zur Geschichte, zum National-Römischen. Diese thematische Prägnanz ist nicht ein zufälliger Zug der Motivik, sondern der durchgängige Tenor des ganzen Werkes: »*Moribus antiquis res stat Romana virisque*« (500) – »*Männer und alte Sitten begründen die Römische Sache*«. Hierin hat Ennius, weit über das Individuelle seiner von römischem Bürgerstolz geprägten Persönlichkeit hinaus (vgl. 377), seiner Literatur – aus genuiner Anlage Tradition schaffend – den Weg gewiesen: Das erste, große, aus der verpflichtenden Auseinandersetzung mit dem Griechentum entsprungene Kunstwerk der lateinischen Sprache, das die kommenden Generationen als verbindliches Muster erkannten, war ein römisches Nationalepos. E.Sch.

AUSGABEN: Paris 1564 (in *Fragmenta poetarum Latinorum veterum*, Hg. Robertus Stephanus). – Lpzg. ²1903 (*Ennianae poesis reliquiae*, Hg. J. Vahlen; zuletzt Amsterdam 1963). – Turin 1956 (*I frammenti degli Annali*, Hg. L. Valmaggi). – Ldn./Cambridge (Mass.) ²1956 (in *Remains of Old Latin*, Hg. u. Übers. E. H. Warmington, Bd. 1; Loeb). – Bln. ⁴1957 (in *Poetarum Romanorum veterum reliquiae*, Hg. E. Diehl). – Paris 1958, Hg. J. Heurgon [m. Komm.]. – Florenz 1978 (*I frammenti del I libro degli Annales di Q. Ennio*, Hg. M. Bandiera). – o. O. 1979, Hg. P. Magno, (*Q. Ennio I–III*). – Oxford 1985, Hg. O. Skutsch (*The Annals of Q. E.*).

LITERATUR: F. Skutsch, Art. *E.(3)* (in RE, 5, 1905). – E. Norden, *E. u. Vergilius*, Lpzg./Bln. 1915. – Schanz-Hosius, 1, S. 90 ff. – O. Skutsch, *The Annals of Q. E.*, Ldn. 1952. – H. Oppermann, *Q. E. u. d. Entwicklung d. röm. Epos* (in Gymn, 61, 1954, S. 531–542). – H. Fuchs, *Zu d. Annalen d. E.* (in MH, 12, 1955, S. 201–205). – E. Burck, *D. Menschenbild im röm. Epos* (in Gymn, 65, 1958, S. 121–146). – K. Ziegler, *Das hellenistische Epos. Ein vergessenes Kapitel griechischer Dichtung. Mit einem Anhang zu Ennius*, Lpzg. 1966. – W. Suerbaum, *Untersuchungen zur Selbstdarstellung älterer römischer Dichter. Livius Andronicus, Naevius, E.*, Hildesheim 1968. – R. Reggiani, *I proemi degli »Annales« di Ennio: Programma letterario e polemico*, Rom 1979. – P. Magno, *I modelli greci negli »Annales« di Ennio* (in Latomus, 41, 1982, S. 477–491).

MAGNUS FELIX ENNODIUS

* 473/474 im Gebiet um Arles
† 521 Pavia

LITERATUR ZUM AUTOR:
Bardenhewer, 5, S. 240. – Schanz-Hosius, 4/2, S. 137–139. – Wattenbach-Levison, S. 73/74. – J. Fontaine (in RAC, 5, 1960, Sp. 398–421; m. Bibliogr.; vgl. ebd., Sp. 337/338). – Altaner, S. 478/479. – L. Alfonsi, *Ennodio letterato. Nel XV centenario della nascità* (in Studi Romani, 23, 1975, S. 303–310).

CARMINA

(lat. Patr.; *Gedichte*). Dichtungen von Magnus Felix ENNODIUS. – Der Autor, der aus nicht geklärten Gründen um das Jahr 494 seine Verlobte verließ und sich zum Diakon weihen ließ, wurde um 515 Bischof von Pavia. In seinen Schriften verleugnet er keineswegs seine antik-heidnische Bildung, die ihm wahrscheinlich in einer der damals noch zahlreichen Rhetorenschulen Italiens vermittelt worden ist. Dort hat er TERENZ, HORAZ und VERGIL, OVID, LUKAN, SEDULIUS, SIDONIUS APOLLINARIS gelesen, denen er für seine eigenen Werke so vieles verdankt.

SIRMOND teilte die *Carmina* in seiner Ausgabe von 1611 in zwei Bücher ein. Buch 1 enthält zum Teil Gelegenheitsgedichte: ein Epithalamium (Hochzeitsgedicht), mehrere panegyrische Gedichte und 12 Hymnen (in iambischen Dimetern) auf Märtyrer und Heilige: auf Cyprian, Stephanus, Ambrosius, Nazarius, Martinus, Dionysius, die hl. Euphemia und die Jungfrau Maria. Doch wurde keine dieser Hymnen in die kirchliche Liturgie aufgenommen. – Buch 2 enthält neben 151 Epigrammen für Gräber, Kirchen und Baptisterien eine Fülle von Lob- und Spottversen sowie Satiren auf weniger sittsame Zeitgenossen. Hier schwelgt Ennodius in für einen Bischof erstaunlich üppigen Phantasien; mit seinen »Obszönitäten« (Altaner) brachte er jahrhundertelang seine frommen Leser zum Erröten. Aber auch in seinen weniger anstößigen Gedichten zeigt er sich recht frei. In antiker Unbefangenheit treten die Götter des Olymp auf: So erscheint in dem Hochzeitsgedicht die schöne Venus splitternackt, und Amor darf seine gerechte Klage gegen die immer weiter um sich greifende Herrschaft der Jungfräulichkeit erheben. Die polemische Spitze dürfte dabei wohl gegen das Mönchtum, das sich in jener Zeit auch im Abendland immer mehr ausbreitete, sowie gegen Augustinische Moralvorstellungen gerichtet sein. – Als literarische Meisterwerke dürfen die *Gedichte* des lebensfrohen Bischofs nicht gelten. Dennoch sind sie aufschlußreich als Dokumente der spätantiken Kultur, in der Heidnisches und Christliches noch eng beieinander wohnten.
A.Ku.

AUSGABEN: Basel 1565. – Paris 1611, Hg. J. Sirmond (abgedruckt bei Gallandi, Bibl. Vet. Patrum, 11, Venedig 1776 und daraus in ML, 63). – Wien 1882, Hg. W. Hartel (CSEL, 6). – Bln. 1885, Hg. F. Vogel (MGH, auct. ant., 7).

LITERATUR: F. Vogel, *Chronologische Untersuchungen zu E.*. (in NA, 23, 1898, S. 51–74). – A. Dubois, *La latinité d'E.*, Diss. Paris 1903. – P. Rasi, *Dell'arte metrica di Magno Felice Ennodio, vescovo di Pavia* (in Bollet. della Società Pavese di Storia Patrica, 2, 1902, S. 87–140; 4, 1904, S. 153–197). – R. A. Rallo Freni, *Atteggiamenti topici nel programma poetico di Magno Felice Ennodio* (in Scritti in onore di Salvatore Pugliatti, Mailand 1978, S. 833–858). – Ders., *La metafora scribere agros in Magno Felice Ennodio* (in Studi in onore di Anthos Ardizzoni, Rom 1978, S. 749–758). – L. Trilli, *Brevi note sull'epitalamio di Papinio Stazio ad Arrunzio Stella e su quello di Ennodio di Pavia a Massimo* (in Studi di poesia latina in onore di Antonio Traglia, Rom 1979, S. 871–877).

PANEGYRICUS DICTUS CLEMENTISSIMO REGI THEODERICO

(lat. Patr.; *Lobrede auf den mildreichsten König Theoderich*). Rede des Magnus Felix ENNODIUS, entstanden 506/07. – Als der Ostgotenkönig Theoderich der Große 506/07 das 498 ausgebrochene Schisma, das durch den Streit zwischen dem orthodox gesinnten Symmachus und dem byzanzfreundlichen Laurentius um den päpstlichen Stuhl entstanden war, endgültig beigelegt hatte, feierte der katholische Kleriker Ennodius den arianisch gesinnten König in diesem *Panegyricus*. Nach einer recht pompösen Einleitung schildert Ennodius in chronologischer Reihenfolge die Taten des Gefeierten, angefangen mit der Zeit, in der der junge Theoderich als Geisel in Konstantinopel festgehalten wurde. Er beschreibt das Konsulat Theoderichs und seinen Kampf mit den Bulgaren, schildert ausführlich und voll Begeisterung den Italienzug, besonders den Sieg über die Gepiden und die denkwürdigen Ereignisse bei der Schlacht von Verona gegen Odoaker (489). Mit der Aufnahme der Alamannen in das ostgotische Reich beendet er die Darstellung der kriegerischen Taten des Königs. Es folgt eine Würdigung von Theoderichs Tätigkeit im Inneren des Reiches, seiner Aufbauarbeit in Italien. Besonders hervorgehoben werden die Förderung der wissenschaftlichen Betätigung (durch die Theoderich in der Tat den drohenden Verfall der antiken Kultur für einige Zeit aufgeschoben hat) und der blühende Wohlstand und Friede. Mit einer Schilderung der äußeren Erscheinung des Helden endet das Werk.

Die Lobrede gibt sich den Anschein, als sei sie gehalten worden. Doch enthält sie keinerlei Hinweis auf ihren Anlaß oder den Ort des Vortrags. Daher läßt sich nicht mehr entscheiden, ob sie tatsächlich bei einer politischen Feier vom Autor dem Kaiser persönlich vorgetragen wurde – etwa bei einer Triumphfeier in Mailand oder Ravenna aus Anlaß der Eingliederung der Alamannen in das ostgotische Reich – oder ob sie dem Herrscher schriftlich überreicht wurde. – Dem Zweck und der literarischen Tradition entsprechend ist der *Panegyricus* voll von Übertreibungen und Schmeicheleien. Der schwülstige und gesuchte Stil verrät allenthalben die Ausbildung des Autors in der Rhetorenschule; besonders störend wirkt, daß die meisten Angaben absichtlich sehr dunkel gehalten sind. Indessen stellt das Werk für die Geschichte der Zeit Theoderichs eine überaus wichtige historische Quelle dar, vor allem durch die Nachrichten über den Zug der Goten nach Italien und über die Ereignisse an der Donau im Jahr 594/95. M.Ze.

AUSGABEN: Basel 1569 (in *Monumenta sanctorum patrum orthodoxographa*, Hg. J. J. Grynaeus). – ML, 63. – Wien 1882, Hg. W. Hartel (CSEL, 6). – Bln. 1885, Hg. F. Vogel (MGH, auct. ant., 7; m. Einl.).

ÜBERSETZUNG: *Lobrede auf Theoderich den Großen, König der Ostgothen*, M. Fertig, Progr. Landshut 1858.

LITERATUR: H. Laufenberg, *Der historische Wert des »Panegyricus« des Bischofs E.*, Diss. Rostock 1902. – M. Dumoulin, *Le gouvernement de Théoderic et la domination des Ostrogoths en Italie, d'après les œuvres d'E.* (in Revue Historique, 78, 1902, S. 1–7: 241–265; 79, 1903, S. 1–22). – F. Chatillon, *Les mérites de Théoderic* (in Revue du moyen-âge latin, 23, 1967, S. 34–38). – L. Navarra, *Ennodio e la facies storico-culturale del suo tempo*, Cassino 1974. – Th. A. Burns, *E. and the Ostrogothic Settlement* (in Classical Folia, 32, 1978, S. 153–168). – R. Ficarra, *Fonti letterarie e motivi topici nel panegirico a Theodorico di Magno Felice Ennodio* (in *Scritti in onore di Salvatore Pugliatti*, Mailand 1978).

PER OLOV ENQUIST

* 23.9.1934 Hjoggböle

LITERATUR ZUM AUTOR:
E. Adolfsson u. a., *Det liberala medvetandes gränser. Text om P. O. E.s författarskap* (in BLM, 40, 1971, S. 273–287). – T. Brostrøm, *Tvetydigheten i kunst og virkelighed* (in T. B., *Moderne svensk litteratur*, Kopenhagen 1973, S. 222–228). – E. H. Henningsen, *P. O. E. – en undersøgelse af en venstreintellektuel forfatters forsøg på at omfunktionere den litterære institution*, Kopenhagen 1975. – K. E. Lagerlöf, *Strömkantringens år och andra essäer om den nya litteraturen*, Stockholm 1975, S. 100–105. – Å. Lundkvist, *Från sextital till åttital – färdvägar i svensk prosa*, Stockholm 1981. – R. Shideler, *P. O. E. A Critical Study*, Westport/Conn., 1984. – H. Jansson, *P. O. E. och det inställda upproret. Ett författarskap i relation till svensk debatt 1961–1986*, Åbo 1987.

LEGIONÄRERNA. En roman om baltutlämningen

(schwed.; Ü: *Die Ausgelieferten. Ein Roman über die Auslieferung der Balten*). Dokumentarroman von Per Olov ENQUIST, erschienen 1968. – Das Werk beschäftigt sich mit einem historischen Ereignis, das kurz nach Kriegsende eine leidenschaftliche Debatte in Schweden auslöste: 167 baltische Soldaten, allesamt in deutschen Kriegsuniformen, flüchteten vor der Roten Armee zunächst nach Dänemark und retteten sich schließlich in den südschwedischen Hafen Ystad. Nachdem sie zunächst in Lagern untergebracht worden waren, entschloß sich die schwedische Regierung, die Balten an die Sowjetunion auszuliefern. Die dadurch provozierte innenpolitische Kontroverse, in deren Verlauf diese Entscheidung sowohl verteidigt als auch heftig kritisiert wurde, flammte nach dem Erscheinen von Enquists Roman – und nach dessen Verfilmung 1970 – erneut auf. Das Buch war für ihn ein künstlerischer und finanzieller Erfolg; es wurde in sechs Sprachen übersetzt und erhielt 1969 den »Literaturpreis des Nordischen Rates«. Nicht zuletzt infolge dieser Anerkennung gilt Enquists Roman bis heute als die allgemein akzeptierte Darstellung dieser Ereignisse, obwohl andere und in ihrer Haltung kritischere Werke dasselbe Thema behandeln. Die Tatsache, daß das Buch zur Zeit der Jugendrevolte 1968 herauskam, spielte sicher eine wichtige Rolle bei seiner fast einheitlich positiven Aufnahme.

Das Werk besteht aus vier Kapiteln, wobei der Ausgabe von 1970 noch ein Epilog beigefügt ist. Der Handlungsverlauf wird fast chronologisch, in der dritten Person, geschildert, was den Eindruck der Objektivität verstärkt. Im ersten Kapitel *(Der Sommer)* wird der Weg der 167 baltischen Soldaten, zum größten Teil Letten, in die schwedische Gefangenschaft beschrieben. Sie alle sind in den letzten Tagen des Krieges aus Kurland und Danzig herübergekommen. Zu den letzten, die am 15. Mai 1945 in einem Schlauchboot an Land gehen, gehört auch Elmar Eichfuss-Atvars, ein fünfunddreißigjähriger Arzt, der später zu einer Zentralfigur des Geschehens wird. Auch die Vorgeschichte der einzelnen Legionäre der 15. lettischen Division wird bis zum Zeitpunkt der Einkesselung der Verbände durch die Rote Armee dargestellt. Die Geschehnisse werden aus der Perspektive eines politisch engagierten Schweden erzählt, der sich – nach dem Erlebnis eines Protestmarsches für die Gleichstellung der Schwarzen in den USA – verpflichtet fühlt, auch in seinem Land mögliches Unrecht anzuprangern. Nach diesem Exkurs kehrt der Verfasser zum Schicksal der Balten zurück. Er schildert, wie sie von Lager zu Lager verlegt wurden und beschreibt die ersten Konflikte unter den Kriegsgefangenen. Immer wieder ist von Eichfuss die Rede, der bald zum selbstverständlichen Sprecher der Balten wird. Ihre seelische Spannung angesichts einer ungewissen Zukunft wird künstlerisch um so spürbarer, als sie im Zusammenhang mit der ausschnittweise dargestellten Flüchtlingspolitik Schwedens während des Krieges gesehen wird.

Vom Lagerleben erzählt dann das zweite, nach dem Lager *Ränneslätt* benannte Kapitel. Alle Balten sind nun an einem Ort versammelt. In mehreren Einzelporträts zeigt der Autor die Verwirrung der Internierten: sollen sie sich für Heimkehr oder Emigration entscheiden? Zu dieser Zeit ahnen sie nicht, daß sie von der Qual der Wahl befreit werden, alle hoffen inständig, daß Schweden sie nicht an die Sowjetunion ausliefert. Die Situation im Lager wird kaleidoskopartig in Form von kurzen Interviews, Briefausschnitten, Verhören und anderem Material geschildert, die Gefangenen kommen ebenso wie das Wachpersonal zu Wort. Schließlich verbreitet sich wie ein Lauffeuer die Nachricht von der Entscheidung zur Auslieferung im Lager. Spontan beschließen die Balten, in einen Hungerstreik zu treten; auch erste Selbstmordversuche werden gemeldet. Teile der Öffentlichkeit, vor allem die Kirche, versuchten, die Entscheidung zu Fall zu bringen. Die Angelegenheit wird zu einem brisanten politischen Problem; überall im Land wird demonstriert, doch es bleibt bei dem Regierungsbeschluß. Das dritte Kapitel *(Der Auszug der Legionäre)* schildert die Schlußphase. Die auf mehrere Krankenhäuser verstreuten Balten werden nochmals in den Lagern Gälltofta und Rinkaby zusammengeführt und am 25. Januar 1946 an Bord des russischen Frachters »Beloostrov« in die UdSSR abtransportiert.

Das letzte Kapitel *(Die Heimkehr)* beschreibt das Schicksal der Betroffenen nach deren Rückkehr. Enquist reiste persönlich im Juli 1967 nach Lettland, um zu erfahren, was damals mit den ehemaligen Soldaten geschah. Die Zahlenangaben (der Autor erfährt Näheres nur über etwa 110 Menschen) wie auch die Informationen über die Dauer der verhängten Strafen (etwa 27 wurden verurteilt) bleiben allerdings recht vage. Am Ende berichtet der Autor in fast nostalgischer Stimmung von einer Begegnung mit dem gealterten Eichfuss-Atvars. Im Epilog aus dem Jahr 1970 kommentierte Enquist die inzwischen laut gewordene Kritik an seinem Werk, kommt allerdings zu dem Urteil, nichts Wesentliches ändern zu müssen.

Das Buch wurde von der schwedischen Kritik als beispielhaftes *opus magnum* der Dokumentarliteratur aufgenommen und hat die öffentliche Meinung, daß nämlich die verantwortlichen Amtsträger rechtens gehandelt hätten, positiv beeinflußt. Erst später meldeten sich Stimmen, die die Objektivität des Werks anzweifelten und es vor allem als einen Roman, mit allem berechtigten wie unvermeidbaren Subjektivismus, einstuften. Da das Arrangement, der Aufbau und die Auswahl der »Dokumente« vom Verfasser stammen, wird die vorgetäuschte objektive Distanz durch politisches Engagement ersetzt. Das Mißverständnis der Zeitkritik lag darin, daß man damals, vom Zeitgeist geprägt, nicht die romanhaften Elemente sondern nur den dokumentarischen Gehalt des Buches ins Auge faßte, obwohl Enquist selbst an mehreren Stellen vor einer derartigen Rezeptionshaltung warnte und auch den Leser mehrmals aufforderte, nachzudenken und den Ausführungen des Erzählers gegenüber mißtrauisch zu sein. R.Ke.

Ausgaben: Stockholm 1968. – Stockholm 1970.

Übersetzung: *Die Ausgelieferten*, H.-J. Maass, Hbg. 1969.

Verfilmung: Schweden 1970 (Regie: J. Bergensträhle).

Literatur: G. Bringmark, Rez. (in Arbetet, 2. 9. 1968). – G. Unger, Rez. (in Svenska Dagbladet, 2. 9. 1968). – O. Lagercrantz, Rez. (in Dagens Nyheter, 2. 9. 1968). – L. Gustafsson, *Det finns inga hemligheter* (in BLM, 37, 1968, S. 547–549). – B. Lindblom, Rez. (in Aftonbladet, 10. 1. 1969). – M. Zetterström, *Det finns ingen helgonlik objektivitet* (in BLM, 39, 1970, S. 524–532). – A. Landsmanis, *De misstolkade legionärerna*, Stockholm 1970. – S. Linnér, *P. O. E.s »Legionärerna«* (in *Den moderne roman og romanforskning i Norden*, Bergen 1971, S. 68–89). – G. Bisztray, *Documentarism and the Modern Scandinavian Novel* (in Scandinavian Studies, 48, 1976, S. 71–83). – A. Aarseth, *Episke strukturer*, Bergen 1976, S. 70–74. – H. Schottmann, *Autor und Authentizität. Zu P. O. E.s »Legionärerna«* (in *Akten der vierten Arbeitstagung der Skandinavisten des deutschen Sprachgebiets*, Hg. F. Paul, Hattingen 1981, S. 125–150). – R. Kejzlar, *»Legionärerna«* (in R. K., *Literatur u. Neutralität*, Basel/Ffm. 1984). – C. Ekholm, *Balt- och tyskutlämningen 1945–1946*, Uppsala 1984.

MUSIKANTERNAS UTTÅG

(schwed.; *Ü: Auszug der Musikanten*). Roman von Per Olov Enquist, erschienen 1978. – Mit *Musikanternas uttåg* publizierte Enquist nach siebenjähriger Pause einen von der schwedischen Kritik enthusiastisch aufgenommenen Roman, der erneut Dokumentarmaterial unterschiedlicher Provenienz verarbeitet. Wieder dient das kunstreiche Wechselspiel von *fiction* und *faction* dazu, die tradierte Deutung des Realitätsbegriffes – und letztlich das vorherrschende, eingewurzelte Geschichtsverständnis – kritisch zu hinterfragen. Wie in früheren Prosaarbeiten nutzt Enquist eine effektvoll eingesetzte Diskontinuität in der chronologischen Abfolge, alternierende Erzählinstanzen und metaliterarische Kommentare zu einer Darlegung des Stoffes, die überraschende Einsichten und Perspektiven ermöglicht und den subjektiven, manipulierbaren

Charakter von Wirklichkeit erhellt. Neben dieses erzähltechnisch-formale Kontinuum tritt ein inhaltlich-motivgeschichtliches, denn nach *Sekonden* (1971) wendet sich Enquist auch in diesem Roman der Geschichte der schwedischen Arbeiterbewegung zu. Im allegorischen Bezugsrahmen des Märchens von den »Bremer Stadtmusikanten«, auf das der Titel des Buches anspielt, schildert er die ersten zaghaften Versuche nordschwedischer Sägewerksarbeiter, in solidarischer Gemeinschaft bessere Lebensbedingungen zu erkämpfen.

Der in den Sommer 1903 verlegte Prolog berichtet von dem aus Stockholm entsandten Agitator Elmblad, der in dem abgeschiedenen Ort Bureå in der Provinz Västerbotten einen Vortrag über *»die Stimmrechtsfrage, die Sozialdemokratie und die Zukunft der Arbeiterbewegung«* halten möchte. Noch ehe es dazu kommt, wird er verhaftet und von gottesfürchtigen Beschäftigten der Sägewerksgesellschaft in den nächsten Ort verbracht. Als er dennoch zur festgesetzten Zeit zurückkehrt, um vor ihnen zu reden, fesseln ihn die Sägewerksarbeiter an einen Baum, und er wird einem peinigenden Verhör unterzogen. Die mittelalterlich anmutende Rückständigkeit des Landstrichs, zu der sich pietistische Lebensfeindlichkeit und feudale Ausbeutung fatal ergänzen, bekommt er am eigenen Leib zu spüren, als er auf dem Höhepunkt der Demütigung gezwungen wird, einen Regenwurm zu verzehren. – Zeuge dieser Begebenheiten wird der zu diesem Zeitpunkt neunjährige Junge Nicamor Markström, dessen Werden und Wachsen im Kreis seiner Familie analog zu den ersten Emanzipationsbemühungen der schwedischen Landarbeiter nachvollzogen wird. Sein Vater arbeitet sommers im Sägewerk und verdingt sich im Winter, wenn der Betrieb stillsteht, als Waldarbeiter in entlegenen Landschaften. Als zum wiederholten Male *»wegen der schlechten Zeiten«* Lohnkürzungen angedroht werden, bildet sich eine Arbeitervereinigung, die sich zu regelmäßigen Sitzungen zusammenfindet, aber im Namen der Frömmigkeit auf Distanz zur Gewerkschaft geht. Dennoch scheint es dem Betriebsverwalter geboten, sich an Nicamors Onkel, dem geschätzten Arbeiter Aron, zu wenden, um von ihm Auskünfte über den Inhalt der Besprechungen zu erhalten. Für seine naive Redebereitschaft erhält er drei Klumpen Butter, jeweils im Wert eines vierwöchigen Arbeitslohns. Seine Kollegen kommen ihm auf die Schliche und treiben den »Butter-Judas« fortan in die Isolation.

Erst als die Sägewerksgesellschaft einige Arbeiter offen mit dem Vorwurf der Faulheit konfrontiert, fühlen sich diese in ihrer Ehre angegriffen und legen die Arbeit nieder. Die spontane Aktion – sie fällt zeitlich mit dem legendären schwedischen »Großstreik« von 1909 zusammen, ohne mit ihm in Berührung zu stehen – muß aber auf Druck der Arbeitgeber kurz darauf abgebrochen werden. Aron erweist sich als einer der hartnäckigsten Befürworter des Streiks. Sein widerspenstiges Verhalten führt nach einiger Zeit zu seiner Entlassung, und auch aus seinem Quartier, einer schäbigen Arbeiterbaracke, wird er hinausgeworfen. Verzweifelt sucht er Herberge bei seiner Schwester, wo ihn Markströms aus Karelien eingewanderte Adoptivtochter Eva-Liisa empfängt. Das ihm jahrzehntelang zugefügte Leid und Unrecht entlädt sich in einem eruptiven Anfall von Gewalttätigkeit: als das Mädchen ihn trösten will und sich zu ihm ins Bett legt, vergewaltigt er es. – Parallel hierzu unternehmen Nicamor und der von ihm benachrichtigte Elmblad eine Agitationsreise ins innere Västerbotten, wo der religiös motivierte Sozialistenhaß noch stärker ausgeprägt ist als in den Küstenregionen. Sie werden brutal zusammengeschlagen, dem Jungen schneidet man gar die Zunge ab. – Im nächsten Frühjahr gesteht Eva-Liisa der Mutter von Nicamor, daß sie ein Kind erwartet, gezeugt von Aron in jener Nacht. Als Aron es erfährt, füllt er seinen Rucksack mit Steinen und Kartoffeln und wirft sich in das Eiswasser eines nahegelegenen Sees.

Unter dem Eindruck dieser Ereignisse und nach einer weiteren Zuspitzung der ökonomischen Lage beschließen die Markströms, nach Brasilien zu emigrieren. Doch nicht, wie so oft behauptet, Eskapismus spricht aus dieser Tat, sondern Empörung und Anflug zähen Widerstandes. Mutter Josefina, eine rigide Pietistin, nimmt zum ersten Mal in ihrem Leben die Herausforderungen der diesseitigen Existenz an: »... *irgendwann genau da muß es gewesen sein, daß sie versuchte, sich einzureden, daß auch das Schlimmste und Entsetzlichste einen Sinn hat. Die Summe ihres Lebens war nicht einfach gleich Null...*« Am Ende macht sie sich die Weisheit des Esels aus dem Märchen von den Stadtmusikanten zu eigen: *»Es gibt immer noch etwas besseres als den Tod.«*

Mittels der intensiven Durchdringung der historischen Vorgänge mit den individuellen Lebensläufen seiner Protagonisten gelingt es Enquist auf eindrucksvolle Weise, ein realistisches und dadurch zutiefst loyales Bild von der Arbeiterklasse seiner eigenen Heimat am Beginn dieses Jahrhunderts zu zeichnen. Ohne den Menschen Vorhaltungen zu machen, zeigt er mit großer epischer Kraft und Sinnlichkeit, wie sehr die unkritisch hingenommene religiöse Ordnung den Arbeitern hilflose Unterwürfigkeit aufoktroyiert. Deutlich treten die verheerenden Resultate dieser pietistischen wie feudalwirtschaftlichen Repression, insbesondere am Schicksal Arons, zutage. Gleichzeitig belegt gerade der tragische Selbstmord dieses unverstandenen Arbeiters, daß Enquist nicht auf monokausale Deutungsmuster zielte: Die unbändige, von allen fremdbestimmenden Normen entbundene Energie, mit der Aron das Eis des zugefrorenen Sees aufschlägt, um seinem Leben ein Ende zu bereiten, unterstreicht auch, daß er fest entschlossen ist, seinen eigenen Weg zu gehen und auf diese Weise Gehorsam zu verweigern. Indem er Ambiguitäten dieser Art, auch offene Widersprüche unbemäntelt zuläßt, befindet sich Enquist in impliziter Opposition zu der offiziellen sozialdemokratischen Geschichtsschreibung, zu der er auch sonst erkennbar Abstand hält, etwa wenn er ein Dokument wiedergibt, das die erste Arbeitervereinigung von Bureå, die dem gewerkschaftlichen Dachverband LO fernbleibt, verständnislos als »*Nähkränzchen*« verspottet. Das von Enquist zusammengetragene Material – es reicht von ethnographisch gefärbten Informationen aus Lesefrüchten des vergangenen Jahrhunderts bis hin zu Psalmen aus der *Bibel* und Akten aus sozialdemokratischen Archiven – beweist vor allem die Polymorphie und Interpretationsbedürftigkeit von Geschichte, die durchaus nicht immer theoretischen Modellen folgt oder mit abstraktverallgemeinernden Darstellungen übereinstimmt. Auch durch seine eigenen Zweifel, die Enquist durch eingestreute Autorenkommentare eingesteht, schafft er hierfür ein Bewußtsein.

Im Kontext der politisierten siebziger Jahre, in denen sich die schwedische Sozialdemokratie wiederholt militanter Angriffe von linksintellektueller Seite ausgesetzt sah, schlägt *Musikanternas uttåg* keinen dezidiert antirevisionistischen Kurs ein. Doch angesichts der nach den Ereignissen von Västerbotten aufspürbaren Kraft der Menschen schält sich zweierlei heraus: Enquists unaufdringliche Frage danach, wie sich Schweden wohl entwickelt hätte, wenn die Sozialdemokraten *nicht* den von vielen mißbilligten Weg der Zusammenarbeit zwischen Proletariat und Kapital eingeschlagen hätten, und seine Enttäuschung darüber, wie die Geschichte tatsächlich verlaufen ist: »*... wenn diese unglaubliche, zielbewußte Entschlossenheit gebraucht worden wäre zu etwas, das. Etwas, das. Aber so waren die Verhältnisse ja nicht.*« U.En.

Ausgabe: Stockholm 1978.

Übersetzung: *Auszug der Musikanten*, W. Butt, Mchn. 1982. – Dass., ders., Ffm. 1984 (FiTb).

Literatur: L. A. Augustsson, *Den starka tveksamheten* (in BLM, 47, 1978, S. 391–393). – H. Bache-Wiig, Rez. (in Vinduet, 33, 1979, H. 3/4, S. 127). – T. Nyström, *»Musikanternas uttåg«. Bureå i världen och den dokumentära romanen* (in Vår lösen, 1980, H. 8, S. 479–494). – D. Solstad, *E.s siste roman: et høydepunkt i 70-åras arbeiderlitteratur* (in D. S., *Artikler om litteratur 1966–1981*, Oslo 1981, S. 274–277). – H. Heissenbüttel, Rez. (in SZ, 6. 10. 1982). – S. Lenz, *Ein Agitator auf Berufsreise* (in S. L., *Elfenbeinturm u. Barrikade*, Hbg. 1983, S. 184–187).

SEKONDEN

(schwed.; *Ü: Der Sekundant*). Roman von Per Olov Enquist, erschienen 1971. – Im Zentrum dieses Romans aus dem Milieu des Leichtathletik-Spitzensports steht die Geschichte eines Hammerwerfers, dessen Karriere schlagartig beendet ist, als ein von ihm wiederholt begangener Leistungsbetrug aufgedeckt wird. Der Handlung liegt ein konkreter Fall zugrunde: Im Jahre 1947 wurde der damals berühmte schwedische Hammerwerfer Erik Myrskog dabei ertappt, wie er beim Wettkampf ein Gerät benutzte, dessen Gewicht niedriger als vorgeschrieben war. Für Enquist wurde dieses Ereignis zum Anlaß, in einer assoziativ strukturierten und weiträumig angelegten Romanhandlung das Leben eines schwedischen Sportlers zu erzählen, in dessen Dasein eine individuelle Lebensgeschichte, politische und gesellschaftliche Entwicklungen des gegenwärtigen Zeitalters und Fragwürdigkeiten des Sports im Zusammenhang mit der Leistungsmoral moderner Industrienationen westlicher wie östlicher Provenienz zusammengeführt werden. Der Autor entwickelte, um für diese Vielschichtigkeit und die Vermischung dokumentarischer und fiktionaler Elemente ein formales Äquivalent zu finden, eine Erzählform, in der die chronologische Linearität durch ein kaleidoskopartiges Nebeneinander von Gegenwart und distanzierter Erinnerung, von reportageartigem Bericht und historisch-soziologischer Analyse ersetzt ist.

Das Buch ist in 17 Kapitel gegliedert, der Zeitraum der Handlung erstreckt sich vom Jahr 1917 bis zum Tod des Protagonisten im Jahr 1965 und darüber hinaus bis in die unmittelbare Gegenwart der Entstehung dieses Romans 1970/71. Mattias Jonsson-Engnestam-Lindner, der Vater des Erzählers, ist ein in den vierziger Jahren prominenter Hammerwerfer, Mitglied der schwedischen Nationalmannschaft und Rekordhalter, der 1947 wegen Betrugs disqualifiziert und von jeder weiteren Beteiligung an Wettkämpfen ausgeschlossen wird; er hatte seinen Wurfhammer, dessen Gewicht um 400 Gramm leichter war als vorgeschrieben, einem befreundeten Sportler geliehen, der damit neuen schwedischen Rekord warf; »*in seiner wahnwitzigen, vollkommen absurden Liebe zum schwedischen Hammerwerfen hatte er sich ein für allemal entschlossen, daß hier, der Teufel soll mich holen, ein Weltklasseergebnis erzielt wird, und zwar von einem schwedischen Hammerwerfer, wer es auch sein mag.*« In den Augen des »Sekundanten«, seines liebenden Sohnes Christian Lindner (der Ich-Erzähler des Romans), ist er jedoch bis zum bitteren Ende in seiner monumentalen Naivität und Arglosigkeit ein beispielhafter Sportsmann geblieben: »*schwedischer Arbeiter und Sozialdemokrat, loyaler Lohnsklave und Anti-Alkoholiker*«. Er sieht den Vater eher als Opfer der herrschenden Ideologie des Leistungsprinzips denn als einen Betrüger. Schon in seiner Jugend charakterisierten ihn große und ein wenig ungeschlachte Beharrlichkeit und Willenskraft, er trotzte seiner ursprünglich eher schwächlichen Konstitution, wurde ein guter Boxer und später ein erfolgreicher Leichtathlet.

Die Komplexität des Romans – er wird aus der Perspektive des Jahres 1968 erzählt – resultiert u. a. daraus, daß der Erzähler (der teils der »Sekundant«, teils aber auch der Autor selbst ist) über zahllose private Anspielungen und symbolhafte Assoziationen in den Gang der Ereignisse eingreift und daß so neben den Identifikationsproblemen des »Sekundanten« auch die metafiktionalen Probleme, die mit dem Schreiben eben dieses Buches zusammenhängen, in den Text einfließen. Die Grenzen zwischen Fakten und Fiktion verlaufen fließend; die Gesellschaft in ihrer Gesamtheit und die »Sportwelt« werden als analog strukturierte soziale Systeme beschrieben, und insofern steht die private Tragödie des Hammerwerfers stellvertretend für die Geschichte der Arbeitersportbewegung im Schweden der zwanziger und dreißiger Jahre, die am Beispiel des Arbeitersportverbandes AIF *(Arbetarnas Idrottsförbund)* verdeutlicht wird, der in den dreißiger Jahren dem »unpolitischen«, d. h. bürgerlichen »Reichssportverband« eingegliedert wurde. Die Höhepunkte in der sportlichen Laufbahn des Werfers Mattias Jonsson lagen in den vierziger Jahren; sein Schwindel mit dem Gerät wird zum Symbol für den schleichenden ideologischen Niedergang der Arbeiterbewegung, wobei die Verhältnisse in Schweden in Beziehung zu den entscheidenden internationalen Entwicklungen der Epoche gesetzt werden: die innere Abwehrhaltung gegen die prokommunistische Arbeitersportbewegung mit ihren Verbindungen zur Sowjetunion, die wachsende Drohung des nationalsozialistischen Deutschen Reichs (und ein als politischer Triumph empfundener und gefeierter Sieg Schwedens in einem Länderkampf gegen Deutschland 1934). »*Gab es etwas in diesen Jahren, was bedeutungsvoll war?*« – fragt der Ich-Erzähler. »*Einen Wendepunkt in seinem Leben, zu dem man zurückgehen konnte, ... an dem man sagen konnte: Hier ist es. Hier. Hier hat es angefangen schiefzugehen, hier ist die erste Zelle, die von der Krankheit angegriffen worden ist, der erste kleine Scheideweg, an dem Papa gezwungen wurde, die existentielle Wahl zu treffen, die vor allen anderen Entscheidungen liegt, die er später zu fällen hatte: Hier ist es.*« In der Entfaltung des ganzen Geflechts der Zusammenhänge, aus denen das Leben des Mattias Jonsson und seiner Familie sich Schritt für Schritt enthüllt, ist es immer wieder diese Frage, die den Erzähler weitertreibt.

Eingelagert in die Forschungen nach den Ursachen für die Verfehlung des Sportlers Jonsson sind die Beobachtungen des Erzähler-»Sekundanten« in der DDR, die er anläßlich eigener sportlicher Betätigung bei einigen Besuchen kennenlernt. Er findet die ideologische Indienstnahme des Sports hier ebenso skrupellos realisiert wie es im Westen für die Kommerzialisierung gilt und wie es in der nationalsozialistischen Gleichschaltungspolitik gegenüber den Arbeitersportverbänden nach der Machtergreifung Hitlers durchgesetzt worden war. Im Lichte dieser Erkenntnis, daß »*Sport und Politik untrennbar sind*«, sieht der Erzähler die Missetat des Vaters als Resultat eines von diesem allerdings nie realisierten tragischen Selbstbetrugs, da er nach der einfachen Maxime »*große Wettkämpfe fordern auch große Leistungen*« handeln zu müssen geglaubt hatte. Gerade um dieser »schwedischen« Blauäugigkeit willen, liebt ihn sein Sohn, der zugleich die Widersprüche und Ambivalenzen seiner Haltung erkennt und sich am Ende, da er den Vater, der seine letzten Jahre als Pferdepfleger fristet, noch einmal besucht, ohne moralisches Urteil verabschiedet.   R.Ke.-KLL

AUSGABEN: Stockholm 1971. – Stockholm 1972.

ÜBERSETZUNG: *Der Sekundant*, H.-J. Maass, Mchn. 1979. – Dass., ders., Ffm. 1981.

LITERATUR: K. E. Lagerlöf, Rez. (in Göteborgs Handels och Sjöfartstidning, 13. 9. 1971). – A. Lundkvist, Rez. (in Dagens Nyheter, 17. 2. 1972). – P. O. Enquist, *Ett brev om »Sekonden«* (in Expressen, 5. 12. 1971). – J. O. Ullén, *En sentimental historia* (in BLM, 40, 1971, S. 215–217). – J. Stenkvist, *Om övervintringens villkor* (in J. St., *Flykt och motstand*, Stockholm 1975, S. 93–165). – Ders., *Svensk litteratur 1870–1970*, Bd. 3, Stockholm 1975, S. 141–148. – R. Shideler, *Putting together the Puzzle in P. O. E.'s »Sekonden«* (in Scandinavian Studies, 49, 1977, S. 311–329).

TRIBADERNAS NATT

(schwed.; *Ü: Die Nacht der Tribaden*). Schauspiel in zwei Akten von Per Olov ENQUIST, Uraufführung: Stockholm, 27. 9. 1975, Dramaten; deutsche Erstaufführung: München, 6. 2. 1977, Kammerspiele. – Nicht ein einziges Theaterstück von August STRINDBERG, der in *Tribadernas natt* selbst zu einer Kunstfigur geworden ist, erlebte in Schweden einen derart überwältigenden Kritiker- und Publikumserfolg wie Enquists erste dramatische Arbeit. Das *Schauspiel aus dem Jahre 1889*, so sein Untertitel, entfachte eine langanhaltende akademische wie populärwissenschaftliche Diskussion über den »authentischen« Strindberg, es wurde in der ganzen Welt, vom Broadway bis Australien, auf die Bühne gebracht und lag bereits zwei Jahre nach der Premiere in mehr als zwanzig Sprachen vor. Ähnlich wie in seinen Novellen und Romanen fügt Enquist zwei Realitätsebenen – eine fiktive und eine dokumentarische – ineinander: Er montiert eine Vielzahl von heterogenen Strindberg-Zitaten zusammen, die er verstreuten Briefen und Werken des Dichters, etwa seinem *Le plaidoyer d'un fou (Plädoyer eines Irren)*, entnahm, und transponiert sie in den fremden, frei erfundenen Kontext einer Bühnenprobe am Kopenhagener Dagmartheater. Strindberg arbeitet gemeinsam mit seiner Frau Siri von Essen, deren Freundin Marie David und dem dänischen Schauspieler Viggo Schiwe an einer Inszenierung seines eigenen Einakters *Den starkare (Die Stärkere)*, doch von Beginn an geben Figurenkonstellation und Geschehnisse dieses Monodramas Anlaß zu einer heftigen Auseinandersetzung zwischen Strindberg, Siri und Marie.

Die häufig bei Enquist anzutreffende analytische Vergangenheitsbewältigung konzentriert sich vor allem auf den ersten Akt, in dem ein drei Jahre zurückliegender Konflikt gegenwärtig wird: Als Siri und Strindberg im französischen Grez eine nicht mehr ganz glückliche Ehe führen, stößt eines Tages die konsequent für einen unbürgerlichen Lebenswandel eintretende dänische Aktrice Marie David zu ihnen. Zwischen den beiden Frauen entwickelt sich eine leidenschaftliche Beziehung, die Strindberg in seinem Mannesstolz verletzt und ihn in rasende Eifersucht treibt. Er sublimiert die schmerzhaften Erfahrungen durch die rauschhafte Arbeit an seinem Stück *Die Stärkere*, in dem zwei Freundinnen denselben Mann lieben und lange um ihn kämpfen. Die narzißtische Störung, die sich in dieser offensichtlichen Umdeutung der Ereignisse von Grez manifestiert, entlädt sich während der Kopenhagener Theaterprobe vollends: Als überraschend Marie auf der Bühne auftaucht – Siri hat sie für den Part der stummen Rolle vorgesehen – denunziert Strindberg sie als »lesbische Alkoholikerin«. Erneut fürchtet er, daß sie ihm seine Frau entführen will. Die hinter diesen schrill artikulierten Ängsten sichtbar werdende Männerrolle wird, ebenso wie andererseits das gesellschaftlich zementierte Frauenbild, von Enquist problematisiert. Auf die Zwänge des Rollenklischees, verstärkt durch das in seinen Augen provozierende Verhalten von Siri und Marie, reagiert Strindberg mit militantem Frauenhaß und gigantischer Größenphantasie *(»Hier liege ich und mache Literaturgeschichte!«).* Im zweiten, synthetisch fortschreitenden Akt verhärten sich die Fronten des Geschlechterkampfes. Gegenüber dem naiven Viggo Schiwe prahlt Strindberg mit dem Durchmesser seines Phallus, während die Ausfälle gegen die beiden Frauen an Obszönität ständig zunehmen (*»Wischen Sie sich Ihre Möse ab, Fräulein David!!! Falls Sie eine haben!!!«).* Eine stark stilisierte, choreographisch unterstützte Szene sorgt jedoch für eine späte Peripetie. Die Erinnerung an das Abschiedsfest in Grez, an jene »*Nacht der Tribaden«*, mündet trotz der weiterhin bestehenden unüberbrückbaren Kluft zwischen ihnen in einer gegenseitigen leisen Liebesbekundung. Die brutale, selbstzerstörerische Offenheit und ein allen gemeinsamer Lebenshunger abseits bürgerlicher Normen läßt die drei Akteure für einen kurzen Augenblick zusammenfinden.

Einen besonderen Reiz entfaltet Enquists Schauspiel dadurch, daß es mit dem Protagonisten August Strindberg einen der bekanntesten und profiliertesten Repräsentanten der Moderne in einen Abwehrkampf mit Erscheinungsformen eben dieser neu entstehenden Welt verwickelt. Angesichts der sich ankündigenden Emanzipation der Frau, die letztlich an einer Aufweichung nicht nur der weiblichen, sondern auch der männlichen Rollenmuster interessiert ist, zieht er sich auf Positionen der Maskulinität zurück und führt von dort aus sein unerbittliches, atavistisches Gefecht. Die Inszenierung dieser Ambivalenz hat Enquist nicht nur Lob eingebracht: Die Kritik warf ihm vor, seine Strindberg-Figur aus lauter Versatzstücken bürgerlicher Vulgärvorstellungen über diesen Dichter des 19. Jh.s zusammengesetzt zu haben. Nach Enquists eigener Aussage ging es ihm darum, in seinem Schauspiel »*Bedingungen der Liebe«* zu hinterfragen – ebenso wie in seinen späteren Stücken *Till Fedra,* 1980 *(Verdunklung),* und *Från regnormanas liv,* 1981 *(Aus dem Leben der Regenwürmer),* die er gemeinsam mit *Tribadernas natt* 1981 zu der Trilogie *En triptyk (Ein Triptychon)* vereinte. U.En.

AUSGABEN: Stockholm 1975. – Stockholm 1981 (in *En triptyk*).

ÜBERSETZUNG: *Die Nacht der Tribaden,* H. Gimmler, Ffm. 1976. – Dass., ders., Ffm. 1977 (in *Spectaculum,* Bd. 26).

LITERATUR: O. Lagercrantz, *Scenens Strindberg och verklighetens* (in Dagens Nyheter, 19. 10. 1975). – L. Zern, *Sanningen om oss själva* (ebd., 28. 10. 1975). – E. Haavardsholm, *E. – kritisk realisme i forfall?* (in Vinduet, 30, 1976, H. 3, S. 42–45). – E. Törnqvist, *Scenens Strindberg och verklighetens. P. O. E.s »Tribadernas natt« som dokumentärt drama* (in A. Bolckmans, *Literature and Reality. Creatio versus Mimesis. Problems of Realism in Modern Nordic Literature,* Gent 1977, S. 195–211). – H. Karasek, Rez. (in Der Spiegel, 14. 2. 1977). – R. Shideler, *Images of Strindberg in the Writing of P. O. E.* (in M. Blackwell, *Structures of Influence. A Comparative Approach to August Strindberg,* Chapel Hill 1981, S. 65–78).

ALONSO ENRÍQUEZ DE GUZMÁN

* Juli/Aug. 1499 Sevilla
† 1549

LIBRO DE LA VIDA Y COSTUMBRES DE DON ALONSO ENRÍQUEZ DE GUZMÁN, CABALLERO NOBLE DESBARATADO

(span.; *Leben und Taten des Don Alonso Enríquez de Guzmán, des edlen und leichtfertigen Ritters*). Autobiographie von Alonso ENRÍQUEZ DE GUZMÁN. – Die Schilderung des Lebens, das ein Spanier aus gutem Hause hinter der glänzenden Fassade des Weltreichs Karls V. führte, ist ein aufschlußreiches Zeitdokument. Als Abkömmling einer verarmten Familie verließ der Verfasser, wie so viele junge Adlige seiner Zeit, die Heimat und reiste »*in die Länder der Welt, um sie kennenzulernen, um Ruhm und Ehre zu gewinnen und ein ewiges Andenken zu hinterlassen«.* Dieser idealistischen Motivation, wie sie später ganz ähnlich im ersten Kapitel von CERVANTES' *Don Quijote* wiederkehrt, folgt freilich alsbald das Eingeständnis: »*... getrieben von der Armut und beseelt von dem Wunsch, reich zu werden, verließ ich Sevilla«,* das die wirklichen Antriebe jener Abenteuerlust aufdeckt, die den beschäftigungslosen, bürgerliche Arbeit verachtenden Adel jener Zeit »im Dienst Gottes und des Königs« in die Welt hinaustrieb. Wie zahllose seiner Standesgenossen kämpft Guzmán auf den Schlachtfeldern der Spanier in Afrika, Italien, Flandern und Frankreich. Von 1534 bis 1538 ist er in Peru, wo er in den Auseinandersetzungen zwischen Pizarro und Almagro eine Rolle spielt. 1539 weilt er in Mexiko. Nach Spanien zurückgekehrt reibt er sich, wie so viele Heimkehrer seiner Art, in endlosen Prozeßstreitigkeiten um »sein Recht« auf, macht dabei auch Bekanntschaft mit dem Gefängnis und reist schließlich, zwei Jahre vor seinem Tod, auf der Suche nach neuen Abenteuern nach Deutschland. Von den Ländern und Schicksalen, die er kennengelernt, den religiösen, geistigen und künstlerischen Strömungen seiner Zeit, von denen er gewußt haben muß, erfährt man in seiner Selbstbiographie allerdings kaum etwas. Es ist, als habe der brennende Wunsch, rasch und auf leichte Art reich zu werden, um dem Nichtstun frönen zu können, Guzmán blind für alles andere gemacht.

Nicht zu Unrecht hat man dieses Buch als einen Vorläufer des Schelmenromans bezeichnet. Tatsächlich herrschte in Guzmáns Gesellschaftsschicht, obgleich sie nicht die des eigentlichen Schelmenromans ist, eine der pikarischen Mentalität verwandte Gesinnung. »Der Adel«, so beschreibt sie Guzmán, »hat nur Sinn für Spiel, Kleidung, Völlerei und all die lasterhaften Dinge, die seit der Ankunft Seiner Kaiserlichen Majestät in Spanien großen Aufschwung genommen haben.« A.F.R.

AUSGABEN: Santiago de Chile 1873 [unvollst.]. – Madrid 1886 (Colección de documentos inéditos para la historia de España, 85). – Madrid 1960 (BAE).

LITERATUR: F. A. Kirkpatrick, *The First Picaresque Novel* (in Bulletin of Spanish Studies, 5, 1928, S. 376–378). – V. E. Saylor, *The Veracity of »El libro de la vida y costumbres« of Don A. E. de G.*, Diss. Univ. of Chicago 1931. – L. B. Simpson, *A Precursor of the Picaresque Novel in Spain* (in Hispania, Januar 1934, Sondernr.). – J. Caillet-Bois, *A Henríquez de G.* (in Cuadernos de Historia de España, 1944, 1/2, S. 239–247). – L. A. Sánchez, *La literatura peruana*, Bd. 1, Lima 1951. – A. Tamayo Vargas, *Literatura peruana*, Bd. 1, Lima 1953; ²1965.

ENVERĪ

15. Jh.

DÜSTŪRNĀME

(osm.-türk.; *Buch des Wesirs*). Geschichtswerk in Versen von ENVERĪ. Es wurde im Jahre 869 der Hedschra (um 1464) abgeschlossen und dem Großwesir Maḥmūd Paša gewidmet. – Über die Identität des Autors geben osmanische Quellen keine Auskunft; aus dem *Düstūrnāme* geht jedoch hervor, daß er an einigen Feldzügen unter Sultan Meḥmed dem Eroberer (reg. 1451–1481) und dessen Großwesir Maḥmūd Paša teilgenommen hat, also wohl Soldat gewesen ist. Soldaten, die sich als Schriftsteller betätigen, sind eine häufige Erscheinung in der Geschichte des Osmanischen Reiches. Das Werk gliedert sich in eine Einleitung und 22 Kapitel; es ist in der Form des *mesnevī* (Dichtung in Doppelversen) und in quantitierendem Metrum geschrieben. Die Kapitel 1–17 handeln von den alten Propheten, von Mohammed und den vier rechtgeleiteten Kalifen und von den frühen persischen, arabischen und türkischen Dynastien (Pischdadiden, Kayaniden, Eschganiden, Sasaniden, Omaiyaden, Abbasiden, Saffariden, Samaniden, Gasnawiden, Seldschuken, Chwaresm-Schahs, Dschingisiden), Kapitel 18 beschäftigt sich mit der türkischen Dynastie der Aydınoğulları, die Kapitel 19–22 sind den Osmanen vorbehalten. Am eigenständigsten und zugleich ausführlichsten ist der Abschnitt, der die Taten des Aydînoğlu Umūr Beg verherrlicht.

Auch die Kapitel über die Osmanen enthalten Details, die anderen osmanischen Chroniken fehlen. Enverī beruft sich hier für seine Kenntnisse, insbesondere vom Ursprung der Dynastie, auf das Werk eines gewissen SEMERQANDĪ. Da dessen Schriften verschollen sind, gewinnen Enverīs Angaben über die Osmanen erhöhten Wert. Doch vor allem seine Nachrichten über die Aydınoğulları besitzen die Bedeutung einer Originalquelle und stehen an der Spitze der spärlichen türkischen Zeugnisse über die anatolischen Kleinfürstentümer. Dagegen sind die übrigen Teile des Werkes, die auf bekannten Vorgängern fußen und deren Irrtümern folgen, für die historische Forschung ohne weiteren Quellenwert. – Interessant ist das ganze *Düstūrnāme* als türkisches Sprachdenkmal, obgleich sein Wortschatz zu einem großen Teil arabisch-persisch beeinflußt ist.
B.At.

AUSGABEN: Istanbul 1928–1930, Hg. Mükrimin Halil Yınanç (Bd. 1: Text; Bd. 2: Einführung; Türk Tarih Encümeni Külliyatı, 15/1 u. 2). – Paris 1954 (*Le Destán d'Umúr Pacha*₃, Hg. I. Mélikoff-Sayar; enth. nur Kap. 18; m. frz. Übers. u. Komm.; Bibl. Byzantine, Documents, 2).

LITERATUR: F. Babinger, *Enverī* (in F. B., *Die Geschichtsschreiber der Osmanen u. ihre Werke*, Lpzg. 1927, S. 410/411). – N. S. Banarlı, *Enverī ve Düstūrnāme'si* (in N. S. B., *Türk edebiyatı tārihi*, Bd. 1, Istanbul 1971, S. 501/502). – Art. »*Düstūrnāme*« (in *Türk dili ve edebiyatı ansiklopedisi*, Bd. 2, Istanbul 1977, S. 402). – Art. *Enverī* (ebd., Bd. 3, Istanbul 1979, S. 52/53). – A. Özkırımlı, Art. »*Düstūrnāme*« (in A. Ö., *Türk edebiyatı ansiklopedisi*, Bd. 2, Istanbul 1987, S. 406). – Ders., Art. *Enverī* (ebd., S. 445).

HANS MAGNUS ENZENSBERGER

* 11.11.1929 Kaufbeuren

LITERATUR ZUM AUTOR:
Über H. M. E., Hg. H. J. Schickel, Ffm. 1970 (m. Beitr. v. J. Habermas, J. Gross, R. Schmidt u. a.; es). – R. Grimm, *Bildnis H. M. E. Struktur, Ideologie u. Vorgeschichte e. Gesellschaftskritikers* (in Basis, 1973, Nr. 4, S. 131–174). – C. Linder, *Der lange Sommer der Romantik. Über H. M. E.* (in *Die Lit. nach dem Tod der Lit.*, Hg. H. C. Buch, Reinbek 1975, S. 85–107). – *H. M. E.*, Hg. H. L. Arnold, Mchn. 1976; 2 1985 (erw; Text + Kritik). – H. Falkenstein, *H. M. E.*, Bln. 1977. – I. Eggers, *Veränderungen des Lit.begriffs im Werk von H. M. E.*, Diss. Washington Univ. 1978; ern. Ffm./Bern 1981. – D. Dornhof, *Baukasten für krit. Eingriffe: Zum Funktionswandel des Dokumentarischen im lit. u. theoret. Schaffen H. M. E.s*, 2 Bde., Diss. Bln./DDR 1983. – *H. M. E*, Hg. R. Grimm, Ffm. 1984 (st; m. Bibliogr.). – Ders., *Texturen. Essays u. anderes zu H. M. E.*, Bern u. a. 1984 (st). – F. Dietschreit u. B. Heinze-Dietschreit, *H. M. E.*, Stg. 1986.

DER KURZE SOMMER DER ANARCHIE. Buenaventura Durrutis Leben und Tod

Dokumentarischer Roman von Hans Magnus ENZENSBERGER, erschienen 1972. – Aus seinen umfangreichen Recherchen für einen Fernsehfilm (1971/72) über den spanischen Anarchisten Buenaventura Durruti stammt das Material für diese romanartige »Zitatenmontage«, mit der Enzensberger seine 1970 in *Das Verhör von Habana* begonnenen Collage-Experimente fortführt. Enzensberger montiert Erinnerungen von Freunden, Verwandten und Genossen (darunter Simone Weil, Franz Borkenau und Michail Kolzow), Reportagen, Reden, Proklamationen, Interviews, Briefe, Reisebeschreibungen, Flugblätter, Zeitungsnotizen, Anekdoten, Propagandabroschüren und Plakate zu einem als »kollektiver Roman« bezeichneten biographischen Mosaik, das »nicht als faktensammelnde Biographie, geschweige denn als wissenschaftlicher Diskurs« verstanden werden will. Er bemüht sich in diesem dynamisch-offenen, den Leser zu eigener Stellungnahme herausfordernden dokumentarischen Puzzlespiel um eine bereits von einigen Avantgardebewegungen des frühen 20. Jh.s propagierte »Schreibweise, die zugibt, daß sie überpersönlich ist«. Zwischen den zwölf Kapiteln, die das Material in wörtlichen Zitaten und Paraphrasen aufbereiten, sowie einem Prolog und einem ebenfalls mit Zitaten versehenen Epilog plaziert Enzensberger acht Glossen über den spanischen Anarchismus und damit über den historisch-politischen Kontext der Biographie Durrutis. In seiner ersten Glosse *(Über die Geschichte als kollektive Fiktion)* reflektiert der Autor seine Rolle als Dokumentar und erläutert die Voraussetzungen seines literarischen Verfahrens. Der Roman beginnt mit der Schilderung der Totenfeier für den Anarchistenführer im Barcelona des Jahres 1936. Ein Zeitsprung führt dann zurück zu dessen Geburt in León (1896), von wo aus chronologisch der Lebenslauf Buenaventura Durrutis erzählt wird. Der proletarische Mechaniker, der viel liest und studiert und dem Kunst und Kultur zeitlebens sehr viel bedeuten, nähert sich unter dem Einfluß der Schriften BAKUNINS dem Anarchismus, der in Spanien vor allem im mächtigen Gewerkschaftsbund CNT virulent wird. Durruti entwickelt sich zum anarchistischen Rebellen und Arbeiterführer, der Streiks organisiert, Banken überfällt, Richter entführt, Bomben legt und Barrikaden baut, der ins Gefängnis kommt und ins Exil flüchten muß. Als militärischer Kommandeur der legendären Kolonne Durruti fand er in der ersten Phase des Spanischen Bürgerkriegs in den Kämpfen um Madrid den Tod. Der Roman, der mit den Sätzen *»Aber was vorbei ist, ist vorbei. Man macht nicht zweimal dieselbe Revolution«* endet, stellt fünf verschiedene Versionen dieses bis heute nicht exakt rekonstruierten Todes ohne Kommentierung nebeneinander. Die aus authentischen Dokumenten gefilterte persönliche Geschichte seines Helden interessiert Enzensberger grundsätzlich nur, insofern sie *»Teil der Geschichte des spanischen Proletariats, seiner Kämpfe und Niederlagen ist ... Nicht nostalgische Erinnerung ist das Ziel, sondern die Begründung, warum der Anarchismus in seiner historischen Form überlebt ist, keine Zukunft hat«* (F. u. B. Dietschreit).

Einen »nostalgischen Zug« (I. Eggers) zumindest wird man dem Roman dennoch zuschreiben dürfen. Durrutis stets ehrliches und spartanisch-bescheidenes Leben, in dem sich *»nie und nirgends... auch nur eine Spur von Bürgerlichkeit«* findet (P. P. Pasolini), trug zur Bildung von Legenden um seine Person bei, und auch Enzensbergers Roman stärkt den Mythos Durruti, indem er das zumindest von 1970 aus erreichbare Wissen um Fehler und auch Greueltaten Durrutis und seiner Anhänger so gut wie nicht berücksichtigt. *»Die Gestalt Durrutis wird demnach stets positiv gesehen, sogar sehr positiv«* (P. P. Pasolini), so daß die Hauptfigur, wenn man die These von der im Werk Enzensbergers erkennbaren *»Mischung aus Romantik und Marxismus«* akzeptiert, sogar als *»romantischer Held«* (Chr. Linder) gesehen werden kann. Die in diesem Buch deutlich werdende neue Wertschätzung des subjektiven Faktors in der Geschichte korrespondiert mit einer gewissen Betonung der Fiktionalität von Geschichtsschreibung (*»Die Geschichte ist eine Erfindung, zu der die Wirklichkeit ihre Materialien liefert«*). Erkennbar wird eine starke Sympathie für die romantischen und idealistischen Momente des spanischen Anarchismus, die Enzensberger der obsolet gewordenen politischen Konzeption des Anarchismus zum Trotz auch in heutigen revolutionären Bewegungen erhalten wissen möchte. »Enzensbergers Interesse besteht also darin, die utopischen Momente des Sozialismus ins Gedächtnis zu rufen: Die Postulierung der rückwärts gewandten, reinen Utopie liegt ihm fern« (F. u. B. Dietschreit). K.Hü.

AUSGABE: Den Haag 1971 [Raubdr.]. – Ffm. 1972. – Ffm. 1975. – Ffm. 1977 (st).

VERFILMUNG: *Durruti: Die Biographie einer Legende*, BRD 1972 (TV).

LITERATUR: W. Haubrich, Rez. (in FAZ, 26. 9. 1972). – J. Kaiser, Rez. (in SZ, 27. 9. 1972). – W. Schütte, Rez. (in FRs, 29. 9. 1972). – Y. Karsunke, Rez. (in FRs, 30. 9. 1972). – R. Baumgart, Rez. (in Der Spiegel, 2. 10. 1972). – W. Grasshoff, Rez. (in FH, 1973, H. 2, S. 144–145). – H. Lange, *Die Revolution als Geisterschiff*, Reinbek 1973, S. 76 bis 80. – Ch. Linder, *Der lange Sommer der Romantik* (in Literaturmagazin 4, Hg. H. C. Buch, Reinbek 1975, S. 85–107). – I. Eggers, *Veränderungen des Literaturbegriffs im Werk H. M. E.s*, Ffm./Bern 1981. – P. P. Pasolini, *H. M. E. »Der kurze Sommer der Anarchie«* (in *H. M. E.*, Hg. R. Grimm, Ffm. 1984, S. 73–78).

MAUSOLEUM. Siebenunddreißig Balladen aus der Geschichte des Fortschritts

Lyrischer Zyklus von Hans Magnus ENZENSBERGER, erschienen 1975. – Nachdem Enzensberger in seine 1971 erschienenen *Gedichte 1955–1970* einige neue Texte mit historischen Motiven aufgenommen hatte *(Himmelsmaschine, An Niccolo Macchiavelli)*, sich ansonsten jedoch in anderen künstlerischen und politischen Metiers versucht und vor allem mit dokumentarischen Formen der Literatur experimentiert hatte, führt er mit *Mausoleum* sein lyrisches Schaffen auf einer neuen poetischen Stufe weiter. Das bereits in früheren Gedichtbänden *(blindenschrift)* anklingende Motiv der Dialektik des technischen Fortschritts wird hier, im Kontext seiner Arbeit am *Untergang der Titanic*, zum zentralen Thema.
Enzensbergers »*große Weltanschauungsdichtung*« ist daraufhin angelegt, »*die Entwicklung der Produktivkräfte oder enger: der Produktionsinstrumente seit Beginn der Neuzeit anhand bestimmter Modellfälle auf lyrische Weise zu erzählen*« (M. Franz). Dies geschieht in lyrischer Vergegenwärtigung von 37, in chronologischer Reihenfolge (von *G. de D. 1318–1389* bis *E. G. de la S. 1928–1967*) angeordneten Biographien. Das Buch beginnt mit der Erfindung der Uhr; dann läuft die Neuzeit vor den Augen des Lesers ab. Die Texte dieses »*einem faulenden Mythos errichteten*« (R. Grimm) Mausoleums handeln von Mathematikern (Babbage, Condorcet, G. W. Leibnitz, Turing), Anthropologen (Bernardino de Sahagún), Astronomen (Tycho Brahe, Charles Messier), Ingenieuren (Brunel, Taylor), Biologen (Spallanzani, Ch. Darwin), Ärzten (J. Semmelweis, Guillotin, Reich, Cerletti), Er-findern (Evans, Vaucanson, Gutenberg), Naturforschern (Linné, A. von Humboldt, Stanley), Philosophen (Raimondo di Sangro, Campanella, Malthus, Fourier), Politikern (Blanqui, N. Machiavelli, Bakunin, Molotow, Ché Guevara), Architekten (Haussmann), Künstlern (Piranesi, Chopin, Méliès) und Zauberern (R. Houdin). »*Von vorsichtiger Identifikation über ironische Distanz bis zu grotesker Verzerrung finden sich sämtliche Einlassungen auf die literarischen Biographien*« (F. u. B. Dietschreit). Die Geschichte des Fortschritts und die Ambivalenz dieses Leitbegriffs der neuzeitlichen Welt werden auf dialektische Art und Weise diskutiert. Enzensberger stellt die Entwicklung der modernen Welt, der Technik und Wissenschaft distanziert-kritisch dar, ohne allerdings in einen kulturkritischen Pessimismus zu verfallen. Stets geht es um den »*widersprüchlichen Charakter des Fortschritts, um das Verhältnis von Produktivkraftentwicklung und Menschheitsfortschritt*« (U. Reinhold). Weil *Mausoleum* im Kontext von Enzensbergers bisherigem Gesamtwerk als lyrischer Ausdruck des Endes der vormals gehegten Hoffnung auf revolutionäre Veränderung der Gesellschaft begriffen werden kann (»*Der Text bricht ab, und ruhig rotten die Antworten fort*«, heißt es am Ende des letzten, Ché Guevara gewidmeten Gedichts), wurde von einer Rückkehr des Dichters »*in den Umkreis der Kritischen Theorie*« gesprochen (I. Eggers). Die Geschichte des Fortschritts, an der Enzensberger vor allem die Entwicklung zur Automation und Elektronisierung des Alltags herausstellt, wird von ihren Perversionen und Auswüchsen im 20. Jh. her kritisch und skeptisch interpretiert.
Der Vermittlung dieser Skepsis dient die Wahl der lyrischen Großform »Ballade«, die eine Verknüpfung unterschiedlichster Aussageschichten (Mitteilung, Reflexion, Kommentar, Zitat) zuläßt. »*Es sind epische Balladen, im Rhythmus expressiv, in ihrer kommunikativen Absicht auf Dialog angelegt*« (F. u. B. Dietschreit). Ihres hervorstehenden epischen Gestus wegen können die Texte als »*rhythmisch gegliederte biographische Prosaminiaturen*« (H. Falkenstein) bezeichnet werden. Unter Einbeziehung authentischer Aussagen der lyrischen Helden und weiterer dokumentarischer Materialien hat Enzensberger eine offene Gedichtform gewählt – »*die lyrische Montage in großen freirhythmischen Spannungsbögen und im wesentlichen parataktisch konstruierten strophischen Komplexen, die aber auch die Aufnahme ausholender hypotaktischer Prosa-Perioden erlauben*« (M. Franz).
In den 37 Balladen aus der Geschichte des Fortschritts tritt eine neue, in *Der Untergang der Titanic* und *Die Furie des Verschwindens* weiterentwickelte künstlerische Qualität hervor, deren herausragendes Kennzeichen die Integration von subjektiv-lyrischen Auffassungs- und Mitteilungsweisen und dokumentarisch erarbeitetem Realitätsgehalt ist. – Die 35 Gedichte des 1980 erschienenen Bandes *Die Furie des Verschwindens* sind in drei Gruppen eingeteilt. Zwischen Texten, die der Autor selbst als im Ton »*ratlos, heiter und zuweilen sarkastisch*« be-

schreibt *(Tränen der Dankbarkeit)*, und Gedichten, die sich einer thematischen Festlegung eher entziehen *(Die Furie des Verschwindens)*, steht ein »Zentralgedicht« (J. Kaiser). In diesem *Die Frösche von Bikini* überschriebenen langen Psalm geht es um das Hervortreten neuen Lebens auf dem Südsee-Atoll dreißig Jahre nach den dortigen Atomwaffen-Tests und um damit einhergehende geschichtsphilosophische Reflexionen. Die Gedichtsammlung, die zuweilen in einem an Enzensbergers gleichzeitige Molière-Nachdichtung *Der Menschenfeind* erinnernden »spielerisch-lässigen Ton« (F. u. B. Dietschreit) gehalten ist, bietet in raschem Wechsel liebevolle Porträts, lyrische Momentaufnahmen alltäglicher Geschehnisse, kritische Selbstreflexionen sowie Kalauer und politische Sinnsprüche (»*Falsches Bewußtsein, sagen die Philosophen. / Wenn es nur das wäre«)*. Enzensbergers Kritik am Revolutions-Optimismus früherer Jahre *(»Ich denke gern an die Zukunft zurück«)* und seine Anspielungen auf die fundamentale Rat- und Orientierungslosigkeit der linken Intellektuellen *(»Also was die siebziger Jahre betrifft / kann ich mich kurz fassen. / Die Auskunft war immer besetzt.«)*, die zu den zentralen Themen und Motiven vor allem seiner Arbeiten seit Mitte der siebziger Jahre gehören *(Mausoleum, Der Untergang der Titanic, Politische Brosamen, Ach, Europa!)*, werden in dieser im Titel auf HEGEL und ADORNO anspielenden Sammlung vielfältig variiert. Zorn über die Verhältnisse und Sehnsucht nach ihrer Veränderung finden keine Entsprechung mehr in irgendeiner Form von Hoffnung oder gar Utopie *(»Utopien? Gewiß, aber wo? / Wir sehen sie nicht. Wir fühlen sie nur / wie das Messer im Rücken.« – »Eskapismus, ruft ihr mir zu, / vorwurfsvoll. / Was denn sonst, antworte ich, / bei diesem Sauwetter!«)*. Kennzeichnend für viele Gedichte des Bandes ist folgende sprachliche Form: »*Assoziative Montagetechnik, Verzicht auf Metaphorik, Protokollstil, Mischung aus schmerzhaften Beobachtungen und kurzen Reflexionen und ein Rhythmus, dessen schneller Wechsel von Stau und Fluß durch den unablässigen und übergangslosen Perspektiven- und Themenwechsel geprägt ist«* (H. Uerlings). Der Gedichtband macht erneut deutlich, daß Enzensbergers lyrisches Gesamtwerk »*sowohl in der Thematik – dem Nebeneinander von politisch engagierten und gesellschaftsabgewandten Gesten –, der künstlerischen Haltung – die sich nie auf ein Schema festlegen läßt, sondern alle Schattierungen von tiefster Resignation bis zu vorwärtsdrängender Sozialkritik einnimmt – als auch im lyrischen Handwerk – vom Gebrauch der Anaphern, Oxymora und Alliterationen bis zur assoziativen Montage konträrer Sprach- und Gedankenspiele sowie einem Wechsel verkürzten Stakkatos und ausufernden Parlandos«* eine Kontinuität aufweist, *»die kaum jemals hinlänglich gewürdigt worden ist«* (F. u. B. Dietschreit). K.Hü.

AUSGABEN: *Mausoleum*, Ffm. 1975. – Ffm. 1978 (BS). – *Die Furie des Verschwindens*, Ffm. 1980 (es). – *Die Gedichte*, Ffm. 1983. – *Gedichte 1950–1985*, Ffm. 1986 (st).

LITERATUR: J. Kaiser, Rez. (in SZ, 27. 9. 1975). – V. Hage, Rez. (in FAZ, 7. 10. 1975). – R. Michaelis, Rez. (in Die Zeit, 10. 10. 1975). – M. Franz, *H. M. E. »Mausoleum«* (in WB, 12, 1976, S. 125–140; auch in *H. M. E.*, Hg. R. Grimm, 1984, S. 294–311). – H. P. Neumann, *Restauration der Zukunft?* (in Aurora, 39, 1979, S. 16–27). – F. J. Raddatz, Rez. (in Die Zeit, 14. 11. 1980). – P. Demetz, Rez. (in FAZ, 18. 11. 1980). – J. Kaiser, Rez. (in SZ, 17. 11. 1980). – M. Buselmeier, *»Spart auf den schlüsselfertigen Schrecken«* (in FH, 1982, H. 2, S. 77–79). – U. Reinhold, *Geschichtliche Konfrontation u. poetische Produktivität* (in WB, 1, 1981, S. 104–127; auch in U. R., *Tendenzen und Autoren*, Bln./Weimar 1982). – M. Zeller, *Literarische Karriere im Rhythmus der Mäander* (in M. Z., *Gedichte haben Zeit*, Stg. 1982, S. 94–152). – H. Uerlings, *Ideologiekritik als auratische Erfahrung?* (in *Akten des VII. Internationalen Germanisten-Kongresses*, Göttingen 1985, Hg. A. Schöne, Bd. 10, S. 241–248).

POLITIK UND VERBRECHEN.
Neun Beiträge

Essayband von Hans Magnus ENZENSBERGER, erschienen 1964. – »*Dies hier sind neun Versuche, einen Zusammenhang aufzuklären, an dem alle sterben können, für den aber niemand zuständig ist: den Zusammenhang zwischen Politik und Verbrechen«*, schreibt der zuvor zwar auch als gesellschaftskritischer Essayist, in erster Linie aber als kongenialer Lyriker bekannt gewordene Autor in seiner *Nachbemerkung*. Die kulturkritischen Sujets seiner zwei Jahre zuvor unter dem Titel *Einzelheiten (I. Bewußtseins-Industrie, II: Poesie und Politik)* veröffentlichten Essays (darunter *Sprache und Ideologie der Medien; Kultur und Konsum; Tourismus; Politik / Poetik / Poesie im 20. Jahrhundert*) treten hier erstmals deutlich zugunsten der kritischen Darstellung politischer Einzelfälle zurück, die vor Augen führen sollen, *»daß Rechtssysteme Gewaltverhältnisse sanktionieren«* (F. u. B. Dietschreit). Enzensberger legt sieben konkrete Fallbeispiele aus verschiedenen Ländern und Zeiten dar, die der Kenntlichmachung der *»Symmetrie legaler und illegaler Handlungen«* (J. Habermas) dienen. Mit den sie umrahmenden, hier erstveröffentlichten theoretischen Texten – *Reflexionen vor einem Glaskasten* sowie *Zur Theorie des Verrats* – verknüpfen sie sich zu einem Argumentationszusammenhang, den der spätere ›Kursbuch‹-Herausgeber (ab 1965) in seinen folgenden zunehmend marxistisch orientierten Essaybänden *(Deutschland, Deutschland unter andern*, 1967; *Staatsgefährdende Umtriebe*, 1968; *Palaver*, 1974) weiterentwickelt. Enzensbergers Arbeiten, bis auf die genannten zwei Ausnahmen als Abendstudiosendungen für verschiedene Rundfunkanstalten konzipiert, stellen Versuche dar, *»die Auffassungen von Recht und Rechtsverletzung, von Staat, Herrschaft, Gehorsam und Verrat zu revidieren«*, Versuche, *»das Verbrecherische an der*

Politik selber zu entlarven« (J. Habermas). Geschichte erscheint hier als *»Schauplatz menschlichen Verbrechens und Elends, der jedoch von keinerlei Transzendenz mehr überwölbt ist«* (R. Grimm) – aber eben deswegen auch als veränderbarer Prozeß, als Vorgeschichte eines kommenden Besseren.
Der Titel des ersten Aufsatzes *Reflexionen vor einem Glaskasten* (1964) bezieht sich auf den Jerusalemer Eichmann-Prozeß, dem der Angeklagte in einem Glaskasten beiwohnte, um vor Attentaten geschützt zu sein. Am Beispiel Eichmann soll nicht nur der anhaltende, enge Zusammenhang von Politik und Mord deutlich werden, sondern auch die organisierte Vernichtung von Juden und anderen im Nationalsozialismus als logische Folge aller bisherigen Politik erkannt werden. In die Zukunft projiziert bedeutet dieser Gedankengang, daß die forcierte Entwicklung von atomaren Waffen die Vernichtung allen Lebens auf der Erde notwendigerweise nach sich ziehen muß – weshalb es *»eine Inkonsequenz«* sei, die Verantwortlichen für Hitlers »Endlösung« zu richten und zugleich die eigene möglich zu machen. *»Wie will den Genozid von gestern verurteilen oder gar »bewältigen«, wer den Genozid von morgen plant und ihm sorgfältig, mit wissenschaftlichen und industriellen Mitteln, die uns zu Gebote stehen, vorbereitet?«* Der Essay *Rafael Trujillo. Bildnis eines Landesvaters* (1963) präsentiert den ehemaligen Diktator der Dominikanischen Republik als gewöhnlichen Menschen und gigantischen Verbrecher zugleich. *Chicago-Ballade. Modell einer terroristischen Gesellschaft* (1962) beschäftigt sich mit dem Modellcharakter, den das Verbrechersyndikat des legendären Al Capone für die moderne Gesellschaft hat, ein Thema, das in *Pupetta oder das Ende der neuen Camorra* (1960) am Beispiel neapolitanischer Kriminellenvereinigungen weiterverfolgt wird. *Wilma Montesi. Ein Leben nach dem Tode* (1959) enthüllt *»eine Skandalgeschichte ungeheuren Ausmaßes, in deren mörderisches Ränkespiel die Spitzen aus Politik und Wirtschaft involviert sind«* (F. u. B. Dietschreit). Im Essay *Der arglose Deserteur. Rekonstruktion einer Hinrichtung* (1958) geht es um den Fall des amerikanischen Soldaten E. D. Slovik, der, ein Opfer der »großen Politik«, während des Zweiten Weltkriegs als Deserteur hingerichtet wurde. *Die Träumer des Absoluten* (1962/63) ist eine zweiteilige Reflexion über die Gewalt bejahenden Sozialrevolutionäre im zaristischen Rußland; sie sucht die innere Logik des Verbrechens im Zusammenspiel von Terroristen und Geheimpolizei zu entlarven. In der den Band abschließenden Studie *Zur Theorie des Verrats* (1964) wird der durch die Geschichte hindurch magisch überfrachtete Begriff des Verrats vor allem sprachlich diskutiert. Der vermutlich von der ›Spiegel‹-Affäre 1962 beeinflußte Essay kommt zu dem Schluß, daß die Tabuisierung des Verrats stets als Herrschaftsinstrument fungiere, weil sie *»jedermann zum potentiellen Verräter und jede Handlung zum potentiellen Verrat macht«*.
Der Gestus des Gesprächsangebots und des Appells an den mündigen Leser, der dem gesamten Band und darüber hinaus Enzensbergers Publizistik generell eigen ist – Enzensbergers *»eigentümliche Rhetorik oder kritische Wirkungspoetik«* (R. Grimm) –, wird in den letzten Sätzen der *Nachbemerkung* noch einmal deutlich: *»Dieses Buch will nicht recht behalten. Seine Antworten sind vorläufig, sie sind verkappte Fragen. Mögen andere kommen, die es besser machen.«* K.Hü.

AUSGABEN: Ffm. 1964. – Ffm. 1978 (st).

LITERATUR: J. Habermas, Rez. (in FAZ, 17. 10. 1964; auch in *Über H. M. E.*, Hg. H. J. Schickel, Ffm. 1970, S. 154–159). – H. Abosch, *Gedanken über Verbrechen* (in Blätter für deutsche und internationale Politik, 8, 1965, S. 710–712). – H. M. Kepplinger, *Das politische Denken H. M. E.s*, Mainz 1970.

POLITISCHE BROSAMEN

Essayband von Hans Magnus ENZENSBERGER, erschienen 1982. – Nach einer bis etwa 1974 dauernden, marxistisch geprägten Schaffensphase, in der seine ›Kursbuch‹-Aufsätze und seine Experimente mit dokumentarischen Formen (*Das Verhör von Habana*, 1970; *Der kurze Sommer der Anarchie*, 1972) im Vordergrund standen, hat sich Enzensberger in der zweiten Hälfte der siebziger Jahre neben Übersetzungen zunehmend wieder dem Versepos (*Der Untergang der Titanic*, 1978), der Lyrik (*Die Furie des Verschwindens*, 1980) und der Komödie (*Der Menschenfeind*, 1979; *Der Menschenfreund*, 1984) zugewandt, seine essayistische Arbeit dabei jedoch weitergeführt. 1982 legte er eine Sammlung von dreizehn Aufsätzen vor, die zwischen 1976 und 1982 in den von ihm mitbegründeten Zeitschriften ›Kursbuch‹ und ›TransAtlantik‹ erschienen waren. Die anekdotisch oder szenisch, oft *»wie Einakter«* (W. Lepenies) aufgebauten, scharfzüngig und prägnant formulierenden, stilistisch brillant, unterhaltend, witzig, spöttisch und mit distanzierter (Selbst-)Ironie geschriebenen Texte, an denen stets eine gewisse *»Literarisierung des Materials«* (F. u. B. Dietschreit) zu beobachten ist, beschäftigen sich – bei einer erstaunlichen *»Resistenz gegen Modethemen«* (W. Pohrt) – vornehmlich mit dem *»Kuddelmuddel«* im gesellschaftlichen, politischen und kulturellen Leben der Bundesrepublik Deutschland seit Mitte der siebziger Jahre. In ebenso amüsierender wie informierender Weise wird hier *»einfallsreich und präzise der Wirrwarr gelobt, die Unruhe begrüßt und die Unregierbarkeit herbeigewünscht«* (W. Lepenies). Der Einleitungs-Aufsatz mit dem programmatischen Titel *Das Ende der Konsequenz* (1981) lobt mit leiser Ironie die *»Freuden der Inkonsequenz«*. In der Inkonsequenz sieht Enzensberger *»eine Lücke, in der die Freiheit nisten kann«* (H. Abosch). Zur produktiven Quelle vorwärtsweisender Kreativität wird der allen allgemeinen oder gar abstrakten Prinzipien zuwiderlaufende Eigensinn des einzelnen erklärt (*»Wer von*

Prinzipien spricht, der hat bereits vergessen, daß man nur Menschen verraten kann, Ideen nicht«). Der Eigensinn sei, wie der Autor am Beispiel des Hitler-Attentäters Georg Elser deutlich macht, keinesfalls ein Privileg der Intellektuellen. *»Ich vermute, daß er so leicht und so schwer auszurotten ist wie das Menschengeschlecht.«* Querliegend vor allem zu marxistischen Analysen sind Enzensbergers Thesen aus den Essays *Von der Unaufhaltsamkeit des Kleinbürgertums* (1976) und *Zur Verteidigung der Normalität* (1982) »eine Hommage an die innovative Kraft und kulturelle Hegemonie des sonst so verteufelten Kleinbürgertums« (F. u. B. Dietschreit). Im normalen Leben der gewöhnlichen Leute, so heißt es hier im Unterschied zu früheren Äußerungen, *»stecken enorme Reserven an Arbeitskraft, Schlauheit, Hilfsbereitschaft, Rachsucht, Widerspenstigkeit, Energie, Umsicht, Mut und Wildheit. Die Angst vor der Zukunft ist nicht ihre Stärke. Sofern die Gattung fähig ist zu überleben, wird sie ihre Fortdauer vermutlich nicht irgendwelchen Außenseitern verdanken, sondern ganz gewöhnlichen Leuten«.* Mit dem sog. real existierenden Sozialismus rechnet Enzensberger in *Das höchste Stadium der Unterentwicklung* (1982) entschieden ab. Seinen Bruch mit orthodox-marxistischen Dogmen und sein Plädoyer für eine Revision des Marxismus, der vor allem die in den Subjekten selbst vorhandenen Kreativkräfte der Phantasie und des anarchischen Einfallsreichtums aufzunehmen hätte, formuliert Enzensberger in den im Kontext der *Titanic*-Arbeit entstandenen *Zwei Randbemerkungen zum Weltuntergang* (1978). Den politischen Illusionen und dem verdeckten Rassismus der westeuropäischen Linken geht das »politische Vexierbild« *Eurozentrismus wider Willen* (1980) nach. Die Form einer imaginären, kritisch-liebevollen Rede hat Enzensbergers *Unentwegter Versuch, einem New Yorker Publikum die Geheimnisse der deutschen Demokratie zu erklären* (1979). Mit Begebenheiten und Skurrilitäten aus der Epoche der sozialliberalen Bonner Koalition beschäftigen sich die Essays *Unregierbarkeit. Notizen aus dem Kanzleramt* (1982) und *Blindekuh-Ökonomie* (1982), während die Betrachtungen *Armes reiches Deutschland* (1982), *Plädoyer für den Hauslehrer* (1982), *Wohnkampf. Eine Talkshow* (1982) und *Die Installateure der Macht* (1982) unterschiedlichen Aspekten des öffentlichen und alltäglichen Lebens in der Bundesrepublik auf meist spöttisch-distanzierte Art und Weise nachspüren.

Die *Politischen Brosamen* können als *»Schlußpunkt und damit fast . . . (als) Fazit«* (F. u. B. Dietschreit) von Enzensbergers etwa zwei Jahre währender konzeptioneller Mitarbeit an der Zeitschrift ›TransAtlantik‹ gesehen werden. Die seine hier versammelten Arbeiten kennzeichnende *»Apologie der Normalität«* (F. u. B. Dietschreit) wird auch in späteren Essays fortgesetzt (u. a. in *Der Triumph der Bild-Zeitung*, 1983). Neben seiner Funk- und Theaterarbeit widmete sich der Autor in den letzten Jahren vor allem der vielbeachteten Buchreihe *Die andere Bibliothek*, die er zusammen mit Franz Greno herausgibt. Die in *Politische Brosamen* doku-

mentierte Form des unterhaltsam-feuilletonistischen, gleichwohl kritisch-ironischen Essays hat Enzensberger u. a. in seinen Reiseskizzen *Ach Europa! Wahrnehmungen aus sieben Ländern* (1987) und in der Aufsatzsammlung *Mittelmaß und Wahn* (1988) weitergeführt. K.Hü.

AUSGABE: Ffm. 1982.

LITERATUR: W. Lepenies, Rez. (in FAZ, 7. 12. 1982). – H. Abosch, Rez. (in NZZ, 6. 12. 1982). – W. Pohrt, Rez. (in Der Spiegel, 27. 12. 1982). – W. Hädecke, Rez. (in Stuttgarter Ztg., 19. 2. 1983). – U. Greiner, Rez. (in Die Zeit, 25. 2. 1983). – W. Podak, Rez. (in SZ, 23. 4. 1983).

DER UNTERGANG DER TITANIC

Komödie in Versen von Hans Magnus ENZENSBERGER, erschienen 1978. – In Anknüpfung an seine zuvor bereits in Essays und Gedichten sichtbar gewordene *»Fortschritts-Infragestellung«* (F. u. B. Dietschreit) und in engem Zusammenhang mit dem Aufsatz *Zwei Randbemerkungen zum Weltuntergang* (1978) legt Enzensberger hier ein durchkomponiertes Versepos vor, dessen Genre-Bezeichnung *Komödie* viele Kritiker irritiert hat. In 33 Gesängen und 16 lyrischen Zwischentexten wird nicht nur der Untergang des seinerzeit für unsinkbar gehaltenen Riesendampfers Titanic nach der Kollision mit einem Eisberg (1912) auf verschiedenen gedanklichen Ebenen und von verschiedenen Blickwinkeln her sprachlich kunstvoll inszeniert, sondern zudem mit Hilfe der traditionsreichen Metapher vom Schiff als Gesellschaftsmodell die Ambivalenz von Fortschritt und Apokalypse in der Geschichte reflektiert. In diesem mehrdimensionalen, literarische Traditionen und Bildungszitate (u. a. von DANTE, POE, BAKUNIN, ENGELS) souverän in den Gang der poetischen Reflexion integrierenden Text erscheint der Untergang des Schiffes zugleich *»als reale Katastrophe und intellektuelle Verwirrung«* (F. u. B. Dietschreit). Die ausgeklügelte poetische Montage von Versatzstücken diverser Versionen des Titanic-Mythos, die ihre poetologischen Grundlagen ebenso thematisiert wie mögliche politische Konsequenzen aus der Katastrophe, macht die Titanic als Symbol gescheiterten Fortschrittsglaubens zum Ausgangspunkt und Zentrum einer letztlich politisch-philosophischen Denk- und Schreibbewegung, die die modernen Gesellschaften des 20. Jh.s kritisch zu beschreiben versucht; deutlich wird der politische Desillusionierungsprozeß des Autors, von einer gewissen Sozialismus-Euphorie bis hin zu einer tiefen und umfassenden Ratlosigkeit. Das in *»Enzensbergers utopisch-dystopischer Chiffrenschrift«* (R. Grimm) komponierte, gleichwohl artistisch-locker und mit einer die Ironie des Empirischen hervorkehrenden Distanz (Lieder, Schlagerzitate, indirekte Rede) verfertigte Epos entstand zwischen 1969 (Kuba) und 1977 (Berlin/West). *»Der Anfang vom Ende /*

ist immer diskret... Der Eisberg kommt auf uns zu / unwiderruflich... Der Eisberg hat keine Zukunft / Er läßt sich treiben... Gebenedeit sei das Vorläufige!« as Leben auf dem Luxusschiff *»in den Stunden, bevor die Katastrophe offenkundig wird und es ans Sterben und Rette-sich-wer-Kann geht«* (H.-Th. Lehmann), ist das Thema einer ersten Gruppe von Gesängen aus diesem Versepos. Ahnungslosigkeit, blindes Vertrauen in die Technik und die dafür Zuständigen, Nicht-Wahrhaben-Wollen und Schicksalsergebenheit der Passagiere werden in eindringlichen Bildern geschildert *(»Nur ganz unten, wo man, wie immer, zuerst kapiert / werden Bündel, Babies, weinrote Inletts / hastig zusammengerafft«).* Ein zweites Hauptthema ist der Untergang selbst, die Panik und Verzweiflung, der erbitterte Kampf um die Rettungsboote, das allmähliche Versinken, das Ertrinken und das Sterben *(»Es ist nicht wie ein Gemetzel, wie eine Bombe: / es blutet ja niemand, es wird ja niemand zerfleischt; / es ist nur so, daß es mehr und mehr wird, / daß es überall hin will, daß alles sich wellt«).* Ein weiteres wichtiges Thema kann in den mitunter selbstkritischen, das politische und künstlerische Bewußtsein der siebziger Jahre zur Sprache bringenden Überlegungen des Autors Enzensberger *(»Wir wußten nicht, daß das Fest längst zu Ende, / und alles Übrige eine Sache war / für die Abteilungsleiter der Weltbank / und die Genossen von der Staatssicherheit, genau wie bei uns und überall sonst auch«)* gesehen werden. Analysen und lyrische Reflexionen zu diesen drei Themen, gegenwartskritische Sentenzen und ironisch-distanzierte Anmerkungen zur ästhetischen Lust an Untergang und Apokalypse schaffen Übergänge zwischen den drei Hauptthemen und zwischen den einzelnen Gesängen, die in sich abgeschlossen sind. *»Die Einheit seines Text-Schiffes ist lyrisch und gedanklich, nicht narrativ«* (H.-Th. Lehmann). Die Schlußverse des 33. und letzten Gesangs des an die Tradition der Ideenlyrik anschließenden Werks darf man als eine Art Fazit der am Untergang der Titanic artistisch versinnbildlichten Gegenwartsbeschreibung lesen: *»Ich schwimme und heule. / Alles, heule ich, wie gehabt, alles schlingert, alles / unter Kontrolle, alles läuft, die Personen vermutlich ertrunken / im schrägen Regen, schade, macht nichts, zum Heulen, auch gut, / undeutlich, schwer zu sagen, warum, heule und schwimme ich weiter.«*

In einer ersten, vorwiegend politisch geprägten Rezeptionsphase der *Komödie* wurde Enzensberger von den einen als windschnittiger Opportunist kritisiert und von den anderen als postmoderner Avantgardist jenseits politischer Naivitäten gefeiert. Die motivlichen und thematischen Gemeinsamkeiten zwischen *Der Untergang der Titanic* und Enzensbergers Frühwerk (vor 1965) fanden erst in den achtziger Jahren stärkere Beachtung.   K.Hü.

AUSGABEN: Ffm. 1978. – Ffm. 1982 (st).

HÖRSPIEL: BRD 1979 (Regie: H. H. Vollmer)

THEATERFASSUNG: BRD 1979 (Regie: G. Tabori).

LITERATUR: K. H. Bohrer, Rez. (in Merkur, 32, 1978, S. 1275–1279). – J. Kaiser, Rez. (in SZ, 18. 10. 1978). – U. Greiner, Rez. (in FAZ, 19. 10. 1978). – N. Born, Rez. (in Der Spiegel, 1978, Nr. 43). – A. Wirth, *Die Lust an der schwachen Lesung* (in Theater heute, 1980, H. 6, S. 10–13). – G. Müller, *»Der Untergang der Titanic«* (in ZfdPh, 100, 1981, S. 254–274). – H. C. Seeba, *Der Untergang der Utopie* (in German Studies Review, 4, 1981, Nr. 2, S. 281–298). – J. Kiermeier-Debre, *»Diese Gesichte vom untergehenden Schiff, das ein Schiff und kein Schiff ist«* (in Apokalypse, Hg. R. Grimm u. a., Ffm. 1986, S. 222–245).

DAS VERHÖR VON HABANA

Dokumentarisches Stück in zehn Szenen von Hans Magnus ENZENSBERGER, Uraufführung: Recklinghausen, 8. 6. 1970, Ruhrfestspiele. – *»Das Verhör von Habana ist weder ein Drehbuch noch ein Theaterstück. Dennoch kann es auf der Bühne oder vor der Fernsehkamera dargestellt werden«*, schreibt der Autor in der Einleitung zu diesem politisch engagierten Stück, deren Titel *Ein Selbstbildnis der Konterrevolution* das Thema eines Werks markiert, mit dem sich Enzensberger in die Tradition des dokumentarischen Theaters stellt (R. HOCHHUTH, P. WEISS, H. KIPPHARDT) und dieses zugleich politisch-agitatorisch weiterentwickelt. Die Wahl des Schauplatzes steht im Zusammenhang mit Enzensbergers Aufenthalt in Kuba (1968/69). *»Die Dominanz der auf die Geschichte kolonialistischer Ausbeutung sowie auf die gegenwärtigen revolutionären Bewegungen in Mittelamerika bezogenen Thematik ist im Werk Enzensbergers zwischen 1965 und 1975 evident«* (F. u. B. Dietschreit). Aus authentischen Tonband-Protokollen hat Enzensberger zehn Verhöre ausgewählt *(»Jedes Wort und jeder Satz des Dialogs ist in Habana gefallen«)* und in dramatischer Wechselrede szenisch so dargestellt, daß auch dem Theaterpublikum eine aktiv mitarbeitende Rolle zugedacht ist. Enzensbergers kunstvoll montierte Auswahl versteht sich als *»politische Interpretation«*, die das Material zu einem *»Stück über falsches Bewußtsein«* werden läßt. *Das Verhör von Habana* will grundsätzlich mehr als »nur« dokumentieren, *»denn die Verhältnisse, die das Verhör erörtert, bestehen in vielen Teilen der Welt nach wie vor fort«*, und *»auf diese Verhältnisse zielt die Bearbeitung«*. Das Stück ist dem kubanischen Lyriker Heberto PADILLA gewidmet, der Anfang der siebziger Jahre von Castros Staatssicherheitsdienst ins Gefängnis gesteckt werden sollte. Die im April 1961 im Theatersaal des Gewerkschaftsbundes zu Habana verhörten Personen sind Teilnehmer des blutig gescheiterten, von den USA unterstützten Versuchs einer Invasion Kubas: Guts- und Fabrikbesitzer, Politiker, Intellektuelle, ein Arbeiter sowie ein Kapuzinerpater. Die Verhörenden sind kubanische Anwälte und Journalisten. Die »parteiliche« Montage läßt eine ästhetische Kontraststruktur entstehen, die, in der Gegenüberstellung unterschiedlichster Ansichten und Reinterpretationen ein repräsentatives Gesamtbild der Ereignisse ergibt und den Zuschauer zu eigener Stellungnahme auffordert. Eine äußerlich oder innerlich fortschreitende Handlung entwickelt sich nicht. Die gefangenen und zweifelsfrei schuldigen Konterrevolutionäre, Verantwortliche und zugleich Opfer der Propaganda des US-Geheimdienstes CIA, erläutern die Motive für ihre Beteiligung an dem Invasionsunternehmen. Meist bedenkenlose Abenteurer, erklären sie auf verschrobene oder dummdreiste Weise, rein private Absichten verfolgt zu haben oder zum Mitmachen gezwungen worden zu sein: Einer wollte freie Wahlen durchsetzen, ein anderer wurde gewaltsam in die Fallschirmjäger-Uniform gepreßt, ein dritter wollte seinen inzwischen verstaatlichten Besitz mit Waffengewalt zurückerobern. Die Rechtfertigungsfloskeln der Gefangenen (»*Ich bin ein völlig unpolitischer Mensch*«, »*Ich kann nur für mich allein sprechen*«) zeigen sie als subjektiv meist ehrliche, wenig selbstkritische und politisch naive Menschen, die ihr ideologisches Manipuliertsein nicht mehr zureichend wahrnehmen können und die sie steuernden Mythen und Wirklichkeits-Bilder mit der Realität selbst verwechseln. »*Die da verhört werden, sind Hidalgos mit höchsten Prinzipien, echte Charaktermasken im Marxschen Verständnis, d. h. edle Personifikationen des Kapitals. Sie sehen sich selbst als Idealisten, die bei ihrer Invasion für Prinzipien kämpften und keinerlei materielle Interessen kannten*« (K. L. Berghahn). Enzensbergers bis in den Sprachgestus hineingehende szenische Entlarvung der Konterrevolution legt den individual- und sozialpsychologischen, in seinen Auswirkungen eminent politischen Mechanismus von Verschleierung und Selbstverschleierung bloß. In einer Schlußdiskussion *(Appendix I)* stellt sich Kubas Revolutionsführer Fidel Castro selbst den Gefangenen und wertet das Verhör von Habana politisch aus. Der Großteil der Verhörten wird am Ende gegen Geldbußen in die USA ausgewiesen, die Mörder unter ihnen werden hingerichtet. Die Recklinghausener Uraufführung des Stückes und die kurz darauf erfolgten Inszenierungen in Leipzig und Ost-Berlin markieren für die deutsche Theatergeschichte einen der Höhepunkte der zur Zeit der Studentenrebellion auch für die Bühnen virulenten Debatte über das Verhältnis von Literatur und Politik. K.Hü.

AUSGABEN: Ffm. 1970. – Bln./DDR 1971. – Ffm. 1972 (es). – Ffm. 1974 (es).

HÖRSPIEL: BRD 1970 (Regie: H.-G. Krogmann).

VERFILMUNGEN: BRD 1970 (TV, Regie: H. Müller-Stahl). – DDR 1970 (Regie: M. Wekwerth).

LITERATUR: K. L. Berghahn, *Es genügt nicht die einfache Wahrheit* (in *H. M. E.*, Hg. R. Grimm, Ffm. 1984, S. 279–293). – W. Dolph, Rez. (in Die Zeit, 12. 6. 1970). – H. Loetscher, Rez. (in Die Zeit, 12. 6. 1970). – J. Beckelmann, Rez. (in FRs, 9. 7. 1970). – H. Rischbieter, Rez. (in Theater heute, 1970, H. 7, S. 29 f.). – A. Blumer, *Das dokumentarische Theater der sechziger Jahre in der Bundesrepublik Deutschland*, Meisenheim a. Gl. 1977, S. 332–365. – V. U. Müller, *Cuba, Machiavelli und Bakunin* (in *Literatur und Studentenbewegung*, Opladen 1977, S. 90–123).

VERTEIDIGUNG DER WÖLFE

Gedichtsammlung von Hans Magnus ENZENSBERGER, erschienen 1957. – Mit der Veröffentlichung des in *freundliche, traurige* und *böse gedichte* gegliederten Bandes datiert der Beginn einer Lyrik, die – mit avancierten künstlerischen Mitteln – gegen die Verhältnisse in der neu entstandenen Bundesrepublik Deutschland opponiert und sich nicht mehr auf den allgemeinen humanen oder emotionalen Fundus der bundesdeutschen Nachkriegslyrik verläßt. Von Anfang an ist Enzensberger ein engagierter Beobachter gesellschaftlicher Entwicklungen, mit denen er sich ideologie- und sprachkritisch auseinandersetzt. Zu Recht werden deshalb seine Gedichte als Wiederaufnahme der unterbrochenen lyrischen Tradition des politischen Gedichts von HEINE und BRECHT betrachtet.

Die *freundlichen gedichte* nehmen Formen der Vagantenlyrik auf. Als Song, Lied oder Ballade, in melancholischem oder frechem Ton schreibt Enzensberger unter anderem ein *scherzo*, über die *zikade* oder *für lot, einem makedonischen hirten*. Es sind Locklieder *(lock lied)*, die es mit der Sprache genau nehmen und in denen Zeilenfall, Klangfarbe und Sprechrhythmus ihre Funktion haben: »*meine weisheit ist eine binse / schneide dich in den finger damit / ... meine stimme ist ein sanftes verlies / laß dich nicht fangen / meine binse ist ein seidener dolch / hör nicht zu / ki wit ki wit ki wit.*« Leicht und elegant, aber mit strengem Formbewußtsein entstehen lyrische Miniaturen, in denen aus der Mischung von Fremdsprachen und Fachsprachen ein eigentümliches Liebesgedicht *(telegrammschalter null uhr zwölf)*, Utopien oder eine *letztwillige verfügung* entstehen. – In den *traurigen gedichten* überwiegt die schmerzliche Wehmut einer sensiblen Erfahrung: Es sind Klagelieder, *erinnerung an die schrecken der jugend, befragung zur mitternacht, aschermittwoch, erinnerung an den tod*.

Erst im dritten Teil, in den *bösen gedichten* wird die subjektive Klage zur gesellschaftlichen Anklage; diese Gedichte sollen gelesen werden »*wie das Inserat in der Zeitung, das Plakat auf der Litfaßsäule, die Schrift am Himmel*« (nach Auskunft des Klappentextes der ersten Ausgabe). Unordnung und Erstarrung der Verhältnisse in Politik, Wirtschaft und Massenmedien werden thematisiert, die Parolen sprachkritisch (nicht sprachexperimentell) überprüft. Kritisch gesehen werden unter anderem: der feststehende soziale Kontext, in den man hineingeboren wird, die Geschichte (»*immer dieselbe vettel, history*«), die politischen Mörder und Mitläufer, die

Rüstungsindustrie, die ›BILD‹-Zeitung. Der Protest tritt auf in Reizwörtern, marktschreierisch und mit moralischem Pathos. Ausgehend von der Alltagssprache steigert Enzensberger das sprachliche Grauen zu einem allgemeinen Zorn. Er verwendet bewußt artifizielle Mittel, um das Gedicht als herstellbares auszuweisen: die Kleinschreibung und die sparsame Interpunktion, den Doppelpunkt und den vieldeutigen syntaktischen Bezug (»*alt: du bist alt bist du: alt*«), das Zitat und die Variation, das Spiegelbild und die Umstellung von Silben (»*manitypistin stenoküre*«).

Sein Engagement richtet sich gegen die abstrakte Begrifflichkeit und Funktionalität gesellschaftlicher, politischer und ökonomischer Verhältnisse (»*abschußrampe*«, »*security risk*«, »*sozialpartner*«, »*amortisation*«). Gegen das entfremdete Leben in einer verplanten Welt setzt er die zeitlose Existenz einfacher Dinge (»*fisch*«, »*wind*«, »*flöte*«, »*vögel*«). So entsteht das politische Gedicht in der kalkulierten Montage von individueller Erfahrung und allgemeinem Sprechen. Aus dem artistischen Spiel mit Sprichwörtern und weltliterarischen Zitaten, mit Redensarten und Modeslogans ergeben sich gesellschaftskritische Satiren und Warnungen, wobei Enzensberger Zustimmung oder schroffe Ablehnung gerade in der Maske dessen artikuliert, der sich scheinbar auf die Seite der anderen stellt, der für die *verteidigung der wölfe gegen die lämmer* eintritt.

In dem Vortrag *Die Entstehung eines Gedichts* beschreibt Enzensberger seine poetische Technik, betont er den mehrdeutigen Verweisungscharakter der Textstruktur, die das politische Interesse nur indirekt ausspricht. Und in dem Essay *Poesie und Politik* (1962) sieht er den »*politischen Auftrag*« des Gedichts darin, »*sich jedem politischen Auftrag zu verweigern und für alle zu sprechen noch dort, wo es von keinem spricht, von einem Baum, von einem Stein, von dem was nicht ist*«. Dadurch werde die Poesie zur »*Antizipation, und sei's im Modus des Zweifels, der Absage, der Verneinung*«.

In dem Band *verteidigung der wölfe* sind bereits die beiden Grundmotive enthalten, von denen Enzensbergers Lyrik bestimmt ist: Trauer über fehlende Freiräume und sozialkritische Aggressivität. In seinem zweiten Gedichtband, *landessprache* (1960), verstärkt Enzensberger den Protest, der in der Benennung einzelner Fakten auf allgemeine Zustände zielt (etwa in dem Titelgedicht des Bandes oder in den großen Metaphern *schaum* und *gewimmer und firmament*). Diese Gedichte sollen, wie der Autor schreibt, »*gebrauchsgegenstände, nicht geschenkartikel im engeren sinne*« sein.

Im dritten Gedichtband, *blindenschrift* (1964), überwiegt die Sehnsucht nach der Beständigkeit der Dinge (»*flechte*«, »*stein*«), jenseits von Politik und Geschichte. Es sind zumeist sinnfällige und geduldige Elegien über eine zurückgezogene, erkennbare autobiographische Existenz, auf die nur noch der Schatten von Gesellschaftlichem fällt (»*zeitung*«, »*abendnachrichten*«, »*freizeit*«). Es scheint, als träten in diesen »*Ding-Gedichten*« das poetische Bild und der gesellschaftliche Aspekt der Sache, das lyrische Ich und die soziale Gemeinschaft auseinander, um der Gefahr des Manierismus, der falschen Ästhetisierung politisch-ökonomischer Tatsachen zu entgehen. Um so deutlicher, detaillierter und begrifflicher werden Enzensbergers politische Interpretationen und sein soziales Engagement in den Essaybänden *Einzelheiten* (1962), *Politik und Verbrechen* (1964) und *Deutschland, Deutschland unter anderm* (1967).

Mehrmals hat Enzensberger die Gedichte seiner Lyrikbände neu zusammengestellt. In *Gedichte* (1962) nahm er aus der *verteidigung der wölfe* zwölf Gedichte auf, von denen vier aus der Abteilung *böse gedichte* stammen. 1971 erschien der Band *Gedichte 1955–1970*, der, nun in üblicher Groß- und Kleinschreibung, elf Gedichte aus dem ersten Lyrikbuch enthält, davon sieben *böse*. In diesem Band finden sich auch neue, meist vorher nicht publizierte Gedichte. Neben fast prosaischen Alltagsbeschreibungen und Selbstreflexionen (*Sommerkunde*), historischen Verweisen (*Himmelmaschine* und *An Niccolo Macchiavelli geboren am 3. Mai 1469*) sowie reinen Zitatmontagen (*Vorschlag zur Strafrechtsreform, Berliner Modell 1967*) steht die poetische Kritik an falschen Formen revolutionärer Praxis (*Über die Schwierigkeiten der Umerziehung, Ausgleich, Beschluß gegen das Abenteuertum, Ein letzter Beitrag zu der Frage ob Literatur?*): »*Ich gebe zu, seinerzeit / habe ich mit Spatzen auf Kanonen geschossen. / … Kanonen auf Spatzen, das hieße doch / in den umgekehrten Fehler verfallen*« (*Zwei Fehler*). In den achtziger Jahren folgten drei weitere Ausgaben. T. Be.

AUSGABEN: Ffm. 1957; ⁴1963. – Ffm. 1962 (in *Gedichte*; es; Ausw.). – Ffm. 1971 (in *Gedichte 1955–1970*; st; Ausw.). – Ffm. 1981 (Nachw. R. Grimm). – Ffm. 1983 (in *Die Gedichte*). – Ffm. 1986 (in *Gedichte 1950–1985*; st).

LITERATUR: B. Gutzat, *Bewußtseinsinhalte krit. Lyrik. Eine Analyse der ersten drei Gedichtbände von H. M. E.*, Wiesbaden 1977. – A. Zimmermann, *H. M. E. Die Gedichte u. ihre lit. krit. Rezeption*, Bonn 1977.

JÓZSEF EÖTVÖS

* 3.9.1813 Buda
† 2.2.1871 Pest

A FALU JEGYZŐJE

(ung.; *Der Dorfnotar*). Roman von József Eötvös, erschienen 1845. – Der Roman, der die unhaltbaren Zustände im Verwaltungswesen der ungari-

schen Komitate anprangern will, stellt einen mutigen Angriff auf das überlebte feudalistische System in Ungarn dar. Die Handlung spielt in den dreißiger Jahren des 19. Jh.s im Dorf Tiszarét des fiktiven Komitats Taksony. Den Notar (etwa dem deutschen Amtmann entsprechend) Jónás Tengelyi haben seine liberalen und demokratischen Auffassungen in Gegensatz zur Komitatsleitung, besonders zum Untergespan Réty und dem Oberrichter Pál Nyúzó gebracht, die in sich alle Ungerechtigkeit und Verderbtheit der damaligen ungarischen Komitate vereinigen und ihr Verwaltungsgebiet nach Laune und Willkür regieren. Der leibeigene Bauer Viola, von Nyúzó zu einem Mord getrieben, muß flüchten und seine Familie im Elend zurücklassen. Nur die Hilfe Vilmas, der Tochter des Notars, bewahrt die junge Bäuerin mit ihren beiden kleinen Kindern vor dem Schlimmsten. Vor der Neuwahl der Beamten läßt die Frau des Untergespans Réty dem alten Notar Tengelyi wichtige Papiere, darunter dessen Adelsbrief, stehlen, um die Karriere ihres Mannes voranzutreiben. Die gestohlenen Papiere fallen zunächst dem zum Räuber gewordenen Viola in die Hände, der den Dieb, den Anwalt Macskaházy, tötet. Die letzten Worte des sterbenden Anwalts lenken den Mordverdacht auf den alten Tengelyi, der, als er seinen Adel nicht mehr belegen kann und den Vertretern der Staatsgewalt deshalb schutzlos ausgeliefert ist, eingekerkert und zum Tode verurteilt wird. Der Räuber Viola will ihm zu Hilfe kommen und ihm den Adelsbrief aushändigen, doch wird er in der Nähe des Dorfs von den Panduren (Komitatspolizei) entdeckt und schwer verwundet. Er legt vor seinem Tode ein Geständnis ab und übergibt die gestohlenen Dokumente der Behörde, so daß der Fall Tengelyi geklärt werden kann. Frau Réty, deren Schuld jetzt offenbar ist, vergiftet sich. Tengelyi wird rehabilitiert.
Der Roman, eine der schärfsten Anklagen der Reformzeit gegen den Feudalismus, wendet sich nicht allein gegen die offenkundigen Fehler des Systems, sondern darüber hinaus vor allem gegen seine gesellschaftlichen Grundlagen. Als Zeitdokument ist das Werk ebenso bedeutsam wie als das erste Zeugnis einer bewußt realistischen Prosa in der ungarischen Literatur. T.P.I.

Ausgaben: Pest 1845, 3 Bde. – Budapest 1891 (in *Összes munkái*, 19 Bde., 12–14). – Budapest o. J. [1905] (in *Összes munkái*, 20 Bde., 3, Hg. G. Voinovich; krit.). – Budapest 1911/12 (in *Magyar Regényírók*, 15/16). – Budapest 1937 (in *Összes regényei*, Hg. G. Voinovich, 4 Bde., 2). – Budapest 1950, Hg. A. Tamás, (Magyar Klasszikusok). – Kolozsvár 1973. – Budapest 1974.

Übersetzungen: *Der Dorfnotär*, J. Mailáth, Pest 1846. – *Der Dorfnotar*, A. Weilheim, Lpzg. o. J. [ca. 1877] (RUB); ern. Wien/Lpzg. 1893, 4 Bde.

Dramatisierung: J. Szigeti, *Viola vagy az alföldi haramia*, Volksstück in 3 Akten, Budapest 1851 (Urauff.: Budapest, 2. 2. 1872, Nemzeti Színház).

Literatur: D. Szabó, »*Al falu jegyzője*« (in Nyugat, 1912, S. 316–324; ern. in D. Sz., *Egyenes úton*, Budapest 1934, S. 22–41). – G. Juhász, *Br. E. J. regényírói munkássága* (in Híd, 1952, S. 448–462). – E. Sőtér, *E. J.* Budapest 1953; ²1967.– J. Péterfy, *Báró E. J. mint regényíró* (in J. P., *Válogatott művei*, Budapest 1962, S. 209–240). J. Weber, *Baron J. E. und die ungarische Nationalitätenfrage*, Mchn. 1966. – A. Gyergyai, *A falu jegyzőjéről* (A. Gy., *A Nyugat árnyékában*, Budapest 1968). – L. Czigány, *A Hungarian Classic and Its Victorian Critics* (in New Hungarian Quarterly, 1971, Nr. 4, S. 191 bis 204). – P. Bödy, *J. E. and the Modernization of Hungary 1840–1870*, Philadelphia 1972; ²1985. – L. Felkai, *E. J. közoktatásügyi tevékenysége*, Budapest 1979. – E. Fabian, *Az ember szabad lehet. E. J. eszmevilága*, Kolozsvár 1980. – E. Balogh, *A regényíró epilógja* (in Studia Litteraria Debrecen, 21, 1983, S. 71–91). – I. Schlett, *E. J.*, Budapest 1987. – S. B. Vardy, *Baron J. E., a Literary Biography*, NY 1987.

KÁROLY EÖTVÖS

* 11.3.1842 Mezöszentgyörgy
† 13.4.1916 Budapest

A NAGY PER ami ezer éve folyik és még nincs vége

(ung.; *Der große Prozeß, der seit tausend Jahren läuft und noch kein Ende hat*). Bericht über den sog. Prozeß von Tiszaeszlár (1882–1884) von Károly Eötvös, erschienen 1904. – Im Jahre 1882 wurde eine Gruppe aus Galizien eingewanderter Juden im ungarischen Dorf Tiszaeszlár des Ritualmordes angeklagt. Am 1. April jenes Jahres war das vierzehnjährige Bauernmädchen Esther Solymosi spurlos aus dem Dorf verschwunden. Sie hatte Selbstmord begangen, die Leiche konnte aber erst nach drei Monaten aus der Theiß geborgen werden. Der Verdacht der Dorfbewohner richtete sich sogleich gegen die Mitglieder der jüdischen Kultusgemeinde, die eben an diesem Tag, kurz vor dem jüdischen Osterfest, ihren Schlachter gewählt hatten. Als die Leiche des vermißten Mädchens zunächst nicht aufgefunden werden konnte, verdichtete sich der Verdacht gegen die jüdischen Gemeindemitglieder zu einer Anklage wegen Ritualmordes. Die antisemitische Stimmung nahm während des fünfzehn Monate dauernden Prozesses, der in ganz Europa Aufsehen erregte, ein solches Ausmaß an, daß die Behörden eine eindeutige Identifizierung der aufgefundenen Leiche hintertrieben, Indizien gegen die Anklage verschwinden und sogar falsche Zeugen aufmarschieren ließen. Nur der unbeirrbaren Haltung des Verteidigers, des berühmten Rechtsgelehrten Károly Eötvös war es zu verdanken, daß der Prozeß schließlich am 4. April 1884 vor der obersten Instanz der königlich ungarischen Kurie mit einem sensationellen Freispruch der Angeklagten mangels Beweise beendet wurde. – Der Bericht Eötvös' deckte die erschreckende Voreingenommenheit und Korruption der damaligen ungarischen Polizei- und Gerichtsbehörden auf. Literarische Bedeutung erlangte das Werk durch seine meisterhafte Charakterzeichnung. T.P.I.-KLL

AUSGABEN: Budapest 1904 (in *Munkái*, Bd. 10 bis 12). – Budapest 1908. – Budapest 1968.

LITERATUR: M. Herczeg, *E. K.*, Budapest 1928. – J. Bary, *A tiszaeszlári bünper*, Budapest 1932. – B. Németh, *Emlékbeszéd E. K.ról*, Budapest 1943. – S. Lukácsy, *E. K. helye irodalmunkban* (in E. K., *Megakad a vármegye*, Budapest 1952, S. 5–34; Vorw.). – L. Mesterházi, »*A nagy per*« (Népszabadsag, 17. 11. 1968, S. 9). – D. Kosztolány, *E. K.* (in D. K., *Látjátok, feleim*, Budapest 1976, S. 223 bis 225). – Gy. Krúdy, *A Tiszaeszlári Solymosi Eszter*, Budapest 1975. – G. G. Kemény, *A második nagy E.-per* (in Korunk, 1976, Nr. 11, S. 858–863). – I. Sándor, *A vizsgálat iratai. Tudósítás a tiszaeszlári per körülményeiről*, Budapest 1976; ²1983. – A. Handler, *Blood Libel at Tiszaeszlar*, NY 1980.

EPHRAEM DER SYRER

* um 306 Nisibis (heute Nusaibin)
† 9.6.373/378 Edessa (heute Urfa)

MADRĀŠĒ DA-NṢĪBĪN

(syr.; *Carmina Nisibena*). Sammlung sangbarer Dichtungen von EPHRAEM DEM SYRER. – Die *Carmina Nisibena* – diese inzwischen eingebürgerte Bezeichnung geht auf den ersten Herausgeber G. BICKELL (1866) zurück – sind eine Sammlung von 77 *madrāšē* (sangbare Dichtungen), die sich in zwei deutlich voneinander verschiedene Gruppen teilen lassen: die vornehmlich historischen Gesänge 1–34 und die eschatologisch orientierten Gesänge 35–77. Die Gesänge der ersten Gruppe sind offensichtlich nach der chronologischen Reihenfolge der in ihnen berichteten Ereignisse angeordnet. Gesang *(madrāšā)* 1 berichtet von der dritten Belagerung der römischen Grenzfestung Nisibis (heute Nusaibin an der türkisch-syrischen Grenze) durch die Perser im Jahr 350 n. Chr., Gesang 2 und 3 feiern die Befreiung der Stadt; die vier folgenden Lieder vermelden weitere Heimsuchungen der vielgeprüften Stadt (wohl die Ereignisse des Jahres 359, als der Perserkönig Šāpur an Nisibis vorbeizog und römische Soldaten die Umgebung verwüsteten). Das achte Gedicht ist leider verloren. Die Lieder 9–12 setzen die gleichen Verhältnisse voraus, sprechen vom Erstarken des Heidentums in Nisibis, von der Besetzung der Stadt und dem Untergang mehrerer kleinerer Festungen in der Umgebung. Diese zwölf Dichtungen bilden inhaltlich eine zusammengehörige Gruppe. – Die Gesänge 13–16 dürften um 358/59 entstanden sein; sie handeln von drei aufeinanderfolgenden Bischöfen von Nisibis: Jakob, Babu und Vologeses. Die folgenden fünf *madrāšē* befassen sich mit Abraham, der um 361 in junen Jahren Bischof von Nisibis wurde, loben seinen Eifer und geben ihm Ratschläge für seine Amtsführung. Die verlorenen Gedichte 22–24 haben vermutlich von der Abtretung der Stadt Nisibis an die Perser und der Umsiedlung vieler ihrer Einwohner – unter ihnen auch Ephraem selbst – nach Edessa (heute Urfa in der Türkei) berichtet. Arianische Streitigkeiten in der Kirche von Edessa bilden den Gegenstand der Gesänge 26–30, die wohl in den letzten Lebensjahren Ephraems verfaßt wurden. Den Abschluß der ersten Gruppe bilden die Gesänge 31–34, die von der Stadt Harran und ihrem Bischof Vitus handeln und zum Frieden zwischen den Kirchen von Edessa und Harran auffordern.

Der zweite Teil der *Carmina Nisibena* unterscheidet sich nach seinem Inhalt grundsätzlich von den historischen Hymnen des ersten Teils: die *madrāšē* 35–77 behandeln eschatologische Themen, Tod und Auferstehung. Eine der Gesänge 35–42 umfassende Gruppe trägt den Titel *Auf unseren Herrn und auf den Tod und Satan* und schildert mit dramatischer Kraft die Vorbereitungen der Hölle auf den Entscheidungskampf gegen den Gottessohn. Die Irrlehren, die alles Körperliche ablehnen und die Auferstehung des Körpers leugnen, werden in den sieben folgenden Gesängen bekämpft, die die Vortrefflichkeit des menschlichen Leibes von seiner Erschaffung bis zu seiner Auferweckung am Jüngsten Tag darlegen. Die *madrāšē* 50 und 51 behandeln ähnliche Themen: Christus und der menschliche Leib bzw. Widerlegung der Gegner des Leibs. Die Gesänge 52–68 werden durch die Überschrift *Auf den Satan und den Tod* zu einer Gruppe zusammengefaßt. Es handelt sich um recht lebendige und leidenschaftliche Streitgespräche zwischen Satan und Tod, aus denen die Zuhörer Lehren für ein gottgefälliges Leben und einen frommen Tod ziehen sollen. Die letzten neun *madrāšē* befassen sich mit dem Tod, mit Klagen über den Tag des Todes und mit der Hoffnung auf schließliche Auferstehung, z. T. in polemischer Auseinandersetzung mit BARDAISAN, MANI und MARKION.

Die *Carmina Nisibena* sind am besten erhalten in einer im Britischen Museum (Add. 14572) befindlichen Handschrift des 6. Jh.s, teilweise auch in anderen Handschriften. Die literarische Form dieser Gesänge ist der von Ephraem dem Syrer besonders gepflegte *madrāšā*, eine sangbare Dichtung, deren Langstrophen aus Versen bald gleicher, bald verschiedener Silbenzahl aufgebaut sind. Die *madrāšē* wurden von einem Vorsänger vorgetragen, wobei der Chor nach jeder Strophe mit einem unveränderlichen Responsorium (ʾonīṭā) einfiel. Die Melodie ist jeweils zu Beginn der einzelnen madrāšē angegeben. Die *Carmina Nisibena* sind nicht nur für die profane und kirchliche Geschichte von Nisibis, Edessa und Harran als Berichte eines Augenzeugen von großem Interesse, sondern auch für die Anschauungen der damaligen Theologie über Tod, Jenseits und Auferstehung. Außerdem sind sie stilistische Musterbeispiele für die *Madrāšā*-Dichtung, die Ephraem der Syrer zu großer Vollkommenheit entwickelt hat.

J.As.

AUSGABEN: Lpzg. 1866 (*Sancti Ephraemi Syri Carmina Nisibena*, Hg. G. Bickell; m. lat. Übers.). – Löwen 1961–1963 (E. Beck, *Des hl. Ephraem des Syrers Carmina Nisibena*, 2 Bde.; CSCO, 218; 240).

ÜBERSETZUNGEN: in C. Macke, *Hymnen aus dem Zweiströmeland*, Mainz 1882. – *Des hl. Ephräm des Syrers Nisibenische Hymnen*, A. Rücker, Kempten/Mchn. 1919, S. 239–305 (BKV, 37). – In E. Beck, *Des hl. Ephraem des Syrers Carmina Nisibena*, 2 Bde., Löwen 1961–1963 (CSCO, 219; 241).

LITERATUR: Bardenhewer, 4, S. 368–370. – Baumstark, 42. – A. Colonna, *L'assedio di Nisibis del 350 D. C. e la cronologia di Eliodoro Emiseno* (in Athenaeum, N. S. 28, 1950, S. 79–87). – L. Jansen, *Et Carmen Nisibenum av Afrem Syrus* (in Norsk theologisk tidskrift, 57, 1956, S. 129–136). – J. Martikainen, *Das Böse u. der Teufel in der Theologie E. des Syrers*, Åbo 1978. – Ders., *Gerechtigkeit u. Güte Gottes: Studien zur Theologie von E. dem Syrer u. Philoxenos von Mabbug*, Wiesbaden 1981.

EPIFANIJ »PREMUDRYJ«

d.h. »der Weise«
† um 1420

LITERATUR ZUM AUTOR:
V. Ključevskij, *Drevnerusskie žitija sviatych kak istoriceskij istočnik*, Moskau 1871, S. 88 ff. – *Istorija russkoj literatury*, Bd. 2, Tl. 1, Moskau 1948, S. 235–238. – D. S. Lichačëv, *Čelovek v literature drevnej Rusi*, Moskau/Leningrad 1958; Moskau ²1970. – D. Čiževskij, *E.* (in E. P., *Žitie sviatago Stefana episkopa Permskogo* [Nachdr. d. Ausg. v. 1897], Hg. V. Družinin, Den Haag 1959, S. 5–18). – D. S. Lichačëv, *Kul'tura Rusi vremeni Andreja Rublëva i Epifanija Premudrogo*, Moskau/Leningrad 1962. – D. Čiževskij, *History of Russian Literature from the 11th Century to the End of the Baroque*, Den Haag 1962, S. 167–180. – N. K. Gudzij, *Istorija drevnej russkoj literatury*, Moskau ⁷1966 (dt.: *Geschichte der russischen Literatur 11.–17. Jh.*, Halle 1959). – J. Holthusen, *E. P. u. Gregor von Nyssa* (in *Fs. für Margarete Woltner zum 70. Geburtstag*, Hg. P. Brang u. a., Heidelberg 1967, S. 64–82). – *Istoki russkoj belletristiki*, Hg. Ja. S. Lur'e, Leningrad 1970, S. 219–222. – F. Vigcel, *Citaty iz knig sviasčennogo pisanija v sočinenijach E. P.* (in Trudy otdela drevnorusskoj literatury, Bd. 26, 1970, S. 232–243). – F. Kitch, *The Literary Style of E. P., Pletenie sloves*, Mchn. 1976 (Slavistische Beiträge, 96). – *Istorija russkoj literatury*, Hg. D. Lichačëv u. G. P. Mekagonenko, Bd. 1, Leningrad 1980, S. 159–163.

ŽITIE SERGIJA RADONEŽSKAGO

(aruss.; *Vita des Sergij von Radonež*). Heiligenvita von EPIFANIJ »PREMUDRYJ«, entstanden um 1417. – Sergij von Radonež, gestorben 1392, bis heute einer der am meisten verehrten russischen Heiligen, gründete um das Jahr 1340 in der Waldwildnis bei der heutigen Stadt Zagorsk (nordöstlich von Moskau) eine Einsiedelei, aus der sich eines der größten und schönsten russischen Klöster, die Troice-Sergieva Lavra (Dreifaltigkeitskloster des Sergij), entwickelte. Das Leben dieses Sergij beschrieb sein Schüler Epifanij etwa 25 Jahre nach dem Tode des Heiligen. Leider ist dieses Werk – der genaue Titel lautet: *Žitie i žizn' prepodobnago otca našego igumena Sergija, spisano učenikom ego svjaščennoinokom Epifaniem* (Vita und Leben unseres heiligen Vaters, des Abtes Sergij, geschrieben von seinem Schüler, dem Priestermönch Epifanij) – nicht in der ursprünglichen Form erhalten, sondern nur in der um die Erzählung von postumen Wundern erweiterten, aber im biographischen Teil gekürzten und auch sonst überarbeiteten Fassung des Serben PACHOMIJ LOGOFET, der etwa von 1430–1480 in Rußland gewirkt hat. Diese Vita des Pachomij wurde dann wieder um neue Geschichten erweitert und erhielt in der zweiten Hälfte des 16. Jh.s in der sogenannten Redaktion E eine Gestalt, die von nun an lange Zeit (zu Unrecht) für das Werk des Epifanij gehalten wurde. Einige Kapitel dieser Redaktion E zeichnen sich durch jene stilistischen Eigentümlichkeiten aus, die das andere, besser überlieferte Werk des Epifanij, das *Žitie Stefana Permskago* (vgl. dort), kennzeichnen; andere beschränken sich auf trockene Wiedergabe des Faktischen. Sehr unterschiedlich ist auch der historische Wert der einzelnen Kapitel: Neben Glaubwürdigem und historisch Interessantem stehen rein legendäre Erzählungen, die zum Teil fast wörtlich aus anderen hagiographischen Werken übernommen sind. Die Aufgabe, aus der Masse des in der Redaktion E Enthaltenen das herauszufinden, was von Epifanij stammt, ist noch nicht endgültig gelöst. Aber auch in der kontaminierten Form, die uns in der Redaktion E vorliegt, hat das Werk mit seiner typisierten und doch lebenswarmen Schilderung eines heiligen Asketen und Klostergründers tiefe Wirkung auf das religiöse Leben des russischen Volkes ausgeübt und ist neben der Feodosij-Vita des NESTOR das bedeutendste Werk dieser Gattung aus dem russischen Mittelalter. L.Mü.

AUSGABEN: Petersburg 1883 (in Velikie Mineičet'i, Sept., Bd. 3; Red. E). – Petersburg 1885, Hg. Archimandrit Leonid (Pamjatniki drevnej pis'mennosti i iskusstva, 58; Red. E). – Moskau 1892–1916, Hg. N. S. Tichonravov, 2 Bde. (Neudr. in *Die Legenden des heiligen Sergij von Radonež*, Hg., Einl. u. Inhaltsübersicht L. Müller, Mchn. 1967).

ÜBERSETZUNGEN: [gek.]: G. Apel (in E. Benz, *Russische Heiligenlegenden*, Zürich 1953). – *Epiphanij der Weise*, A. Hackel, Münster 1956.

LITERATUR: B. P. Zubov, *E. P. i Pachomij Serb: K voprosu o redakcijach »Žitija Sergeja Radonožskogo«* (in Trudy Otdela drevnorusskoj literatury, Bd. 9, Moskau 1953, S. 145–158). – L. Müller, *Einleitung* (in *Die Legenden des Heiligen Sergej von Radonež*, Hg. L. M., Mchn. 1967, S. 10 ff.). – O. Appel, *Untersuchungen zur Textgeschichte der Vita des hl. Sergij von Radonez*, Diss. Tübingen 1970. – L. Müller, *Osobaja redakcija »Žitija Sergija Radonežskogo«. Spisok iz sobranija V. M. Undol'-skogo (F. 310) No. 370* (in Zapiski otdela rukopisej). – O. Appel, *»Die Vita des heiligen Sergej von Radonež«. Untersuchungen zur Textgestaltung*, Mchn. 1972. – Vgl. Lit. zu *Žitie Stefana Permskago*.

ŽITIE STEFANA PERMSKAGO

(aruss.; *Vita des Stefan von Perm*). Heiligenvita von EPIFANIJ »PREMUDRYJ«, geschrieben bald nach dem Tod des Heiligen im Jahre 1396. – Epifanij schildert kurz Herkunft und Jugend des Heiligen in Ustjug, dann sein Mönchsleben in Rostow, wo er den Plan faßt, die heidnische Bevölkerung des Gebiets von Perm, den Stamm der Zyrjanen, deren (finnische) Sprache er kennt, zu missionieren; es folgt eine ausführliche Beschreibung des Landes und seiner Bewohner, dann der Bericht über die mühe- und gefahrvolle missionarische Tätigkeit Stefans bei den Zyrjanen, besonders ausführlich die Auseinandersetzung mit dem Schamanen Pam; dann erzählt Epifanij von der Einsetzung Stefans zum Bischof des von ihm missionierten Gebietes und von der Bedeutung der von Stefan erfundenen zyrjanischen Schrift, schließlich von seinem Tod. Besonders originell ist der von der literarischen Tradition am Ende der Vita geforderte Lobpreis des Heiligen gestaltet; er besteht aus drei Totenklagen: der Klage der Leute von Perm, die nach dem Tod ihres geistlichen Vaters gleichsam verwaist sind und nun um ihn klagen wie Kinder um ihren Vater; dann die Klage der Kirche von Perm, die um ihn klagt wie eine Witwe um ihren Mann; und schließlich die Klage des »schreibenden Mönches«, d. h. des Verfassers dieses Werks, des Epifanij, der hier auch an seine persönlichen Beziehungen zu Stefan erinnert und der Klage dadurch einen besonders herzlichen Ton gibt.

Von der hohen Wertschätzung der schriftstellerischen Kunst des Epifanij durch seine Zeitgenossen und die nachfolgenden Generationen zeugt der ihm gegebene Beiname: »der Weise«. Die Stefansvita, deren vollständiger Titel *Slovo o žitii i učenii svjatago otca našego Stefana, byvšago v Perm episkopa (Erzählung vom Leben und von der Lehre unseres heiligen Vaters Stefan, der Bischof in Perm war)* lautet, blieb das nicht wieder erreichte Muster des *pletenie sloves*, des »Flechtens der Worte«, das dem sprachlichen Kunstwerk die Schönheit eines kunstvoll gewobenen Teppichs geben sollte. Der Stil ist prunkvoll, kompliziert, wortreich und gleichzeitig doch geistreich, warmherzig und eindringlich. Im Zeitalter des Realismus tadelte man oft diesen ausschweifenden Wortprunk und rechnete Epifanij vor, daß er die in der Vita enthaltenen Fakten auf wesentlich kleinerem Raum hätte mitteilen können. In der jüngsten Zeit aber hat man (in der Sowjetunion wie im Westen) erkannt, daß es dem Epifanij um anderes und um mehr ging als um die Mitteilung biographischer Fakten – um Belehrung, Erbauung, Begeisterung des Lesers –, und man hat neues Verständnis für diese wahrhaft artistische Stilkunst gewonnen und sie mit der Kunst des Zeitgenossen und Klosterbruders Epifanijs, des Ikonenmalers Andrej Rublëv, verglichen. Eine deutsche Übersetzung dieses Meisterwerks altrussischer Wortkunst ist eine schwierige, aber lohnende Aufgabe. L.Mü.

AUSGABE: Petersburg 1897, Hg. Družinin (Nachdr. Den Haag 1959, Hg. D. Čiževskij.)

LITERATUR: F. C. M. Wigzell (F. Vigcel), *Convention and Originality in »The Life of Stephan of Perm«. A Stylistic Analysis* (in SEER, 1971, 49, S. 338–345). – O. V. Karpova, *Synonyms. Paraphrases and Parallelisms in »The Life of Stephan of Perm«*, Ann Arbor 1977. – Vgl. Lit. zu *Žitie Sergija Radonežskago*.

EPIKTET

Epiktetos
* um 55 Hierapolis / Phrygien
† um 135 Nikopolis / Epirus

LITERATUR ZUM AUTOR:
A. Bonhöffer, *E. und die Stoa*, Stg. 1890; Faks. 1968. – Ders., *Die Ethik des Stoikers E.*, Stg. 1894; Faks. 1968. – Ders., *E. und das Neue Testament*, Gießen 1911; ern. 1964. – O. Halbaner, *De diatribis Epicteti*, Diss. Lpzg. 1911. –

Th. Colardeau, *Études sur Épictète*, Paris 1903. – W. A. Oldfather, *Contribution Towards a Bibliography of Epictet*, Urbana/Ill. 1927. – F. Schweinsberger, *Sokrates und E.* (in Herm, 78, 1943, S. 52–79). – A. Jagu, *Épictète et Platon*, Paris 1946. – J. Bonforte, *The Philosophy of Epictet*, NY 1955. – B. L. Hijmans, *Askesis*, Assen 1959. – M. Pohlenz, *Die Stoa. Geschichte einer geistigen Bewegung*, 2 Bde., Göttingen ³1964. – D. Tsekouratkis, *L'élément du dialogue dans la diatribe cynico-stoïcienne* (in Hellenica, 32, 1980, S. 61–78; griech.). – J. C. Gretenkord, *Der Freiheitsbegriff E.s*, Bochum 1981. – R. Radice, *La concezione di Dio e del divino in Epitteto*, Mailand 1982.

DIATRIBAI

(griech.; *Unterhaltungen*). Eine literarische Form, die nach kaum zu widerlegendem Urteil antiker Zeugnisse von BION aus Borysthenes († um 235 v. Chr.) erfunden wurde und, im Geiste ihres Schöpfers, des eingänglichen, nicht selten derben und platten populären Sprachstils wegen, zum genuinen Instrument der kynischen und stoischen Belehrung wurde: Denn diese beiden philosophischen Richtungen, die, wenn auch systematisch fundiert, letztlich in kardinaler Weise auf das praktische, das auffindbare, spürbare und verwertbare Alltagsglück hinzielten, mußten und wollten – selbstverständlich – die Massen des Volkes nicht weniger ansprechen als die Gebildeten, ja sie im Grunde in erster Linie. Hätten sie dazu ein besseres Medium finden können, als die vom Lehrer vorgetragene »Unterhaltung«, die in leicht verständlicher Form – sei es durch Mahnrede, sei es durch dialektisch-fiktiven Dialog zwischen Für und Wider, in Witz oder feierlichem Ernst, antithetisch luziden Argumenten oder mitreißenden Beispielen – den Kern und das Wesen der Lehre, die ihre Künder vorzuleben suchten, als treffendes, haftendes, überzeugendes Wort wiederzugeben suchte?

Nur weniges ist aus der ehemals kräftigen literarischen Produktion in die heutige Zeit herübergerettet; dazu gehören die Diatriben des späten Stoikers EPIKTET, der in Nikopolis im Epirus seine Schule hatte. Freilich zeigen diese Werke auch ganz evident den literarischen Grenzcharakter ihrer Art: sind sie doch nicht von ihrem eigentlichen Autor, der sie vortrug, niedergeschrieben, sondern nur als Vorlesungsnachschrift erhalten, wie sie Epiktets Schüler, der nachmalige römische Konsul und spätere Geschichtsschreiber FLAVIUS ARRIANUS verfertigte, als er 112–116 (oder 117–120) dem engeren Kreis um den Philosophen angehörte. Die Texte stellen also in Wirklichkeit ein Stenogramm »mündlicher Literatur« dar. Das macht zugleich ihren Wert und ihren Mangel aus: Sie sind originäre Aufnahmen von der strengen Persönlichkeit ihres Urhebers, sie spiegeln seine Sprache, seinen lebhaften, mit Vergleichen und Zitaten, mit messerscharfen Argumenten und bildkräftigen Paränesen gespickten Vortrag, ja, sie lassen gelegentlich – was der Gattung ebenso wie den Einzelstücken eigentümlich ist – sogar noch den Charakter des Extemporalen spürbar werden. Gleicherweise der spezifischen philosophisch-theoretischen Form wie der Individualität Epiktets, dem gewöhnlichen Schulbetrieb wie der Art und Weise der Aufzeichnung ist auch die breite thematische Streuung zuzuschreiben, die das Prinzipielle und Dogmatische unversehrt neben dem Augenblicksproblem bewahrt: das Stück *Über den Kynismus* (3, 22) steht neben der Predigt *Daß man sich nicht durch irgendwelche Nachrichten verstören lassen soll* (3, 18); *An jene, die wegen Krankheit abreisen wollten* (3, 5) ist gleichberechtigt mit dem Programm *Von der wahren Freiheit* (4, 1); *Gegen die Akademiker* (1, 5) und *Von der Übung (Askese)* (3, 12) sind genuines Pendant der Worte *An die, die sich um ihre Beförderung in Rom bemühen* (1, 10) oder *An einen aus denen, die von ihm* [Epiktet] *nicht für würdig erachtet wurden* (2, 24); und der Traktat *An die, die in Ruhe gelassen zu werden wünschen* (4, 4) ist eine konsequente Ergänzung zu den fundamentalen Erörterungen *Über den Gleichmut* (2, 2; 2, 6). Was diese authentisch aus dem aktuellen Moment heraus fixierten dialektisch-ethischen Bilder besonders reizvoll macht (leider besitzen wir von den acht Büchern nur noch vier), ist ihre lebensechte Ursprünglichkeit: der warme religiöse Ernst des Philosophen, sein Weltbürgertum und seine persönliche Bescheidenheit, seine Liebe zum Menschen als Menschen ohne Ansehen und Würde und Herkunft, die Konsequenz seiner logischen und moralischen Postulate sind mit derselben Treue eingefangen wie der in einem schlagfertig-witzigen, unkomplizierten Gemüt reflektierte Lebens- und Umgangsstil jener Tage. Für diese Nähe, dieses Ineinander von Philosophem und Alltagsimpression ein beliebiges, doch eben dadurch signifikantes Beispiel: »*Wie ja Sokrates zu sagen pflegte:* ›*Ein ungeprüftes Leben sei nicht lebenswert*‹, *so soll man eine sinnliche Vorstellung nicht ungeprüft in die Seele hereinlassen, sondern zu ihr sagen:* ›*Warte mal! Laß sehen, wer du bist und woher du kommst!*‹ *(Wie die nächtlichen Polizeistreifen zu einem sagen:* ›*Zeig mir deinen Ausweis!*‹) – ›*Hast du den Ausweis von der Natur, den die Einlaß begehrende Vorstellung haben muß?*‹« (Ü: W. Capelle). Welche Verwandtschaft zu den Dialogen PLATONS – von denen die Diatriben ja letztlich herkommen –, und doch zugleich auch: welcher Abstand zu ihrer ironischen Grandezza!

E.Sch.

AUSGABEN: Venedig 1535 (*Arriani Epictetus*, Hg. F. Trincavelus). – Lpzg. ²1916 (*Epicteti dissertationes ab Arriano digestae*, Hg. H. Schlenkl; Nachdr. 1965). – Ldn./Cambridge (Mass.) 1925–1928 (*Epictetus. The Discourses as Reported by Arrian, the Manual, and Fragments*, 2 Bde., Hg. W. A. Oldfather; m. engl. Übers.; Loeb; mehrere Nachdr.). – Utrecht u. a. 1933 (*Epictetus. Het eerste boek van der Diatriben*, Hg. H. W. F. Stellwag; m. Komm. u. ndl. Übers.). – Paris 1963–1975 (*Épictète. Entretiens*, 4 Bde., Hg. J. Souilhe; m. frz. Übers.).

ÜBERSETZUNGEN: *Arrians Epiktet*, I. Schulthess, Zürich 1766. – in *Wege zu glückseligem Leben. Epiktet, Teles und Musonius*, W. Capelle, Zürich 1948 [Ausw. m. Einl.]. – in *Wege zum Glück: E., Teles und Musonius*, R. Nickel, Mchn. 1987 [m. Einl. u. Anm.].

ENCHEIRIDION

(griech.; *Handbüchlein*). Die Quintessenz der Lebenslehren des Stoikers EPIKTET, von seinem Schüler FLAVIUS ARRIANUS notiert und in einprägsamer Kürze aus den *Diatribai* zusammengestellt. – Das kleine Buch war nicht nur für das spätere heidnische Altertum und das junge Christentum von höchster Bedeutung, sondern übte seinen tiefen Einfluß auch auf das Denken und Fühlen der Menschen in byzantinischer Zeit aus; selbst noch in die Neuzeit – PASCAL und der Schweizer Evangelisator Carl HILTY waren Verehrer Epiktets – und bis in unsere Tage reicht seine Wirkung. Kaum ein anderer antiker Philosoph hat mit seinen Worten die Nachwelt so unmittelbar und nachhaltig angesprochen wie der phrygische Sklave Epiktet, der selbst kein schriftliches Zeugnis hinterlassen hat.
Das *Handbüchlein* stellt eine prägnant gefaßte Anleitung zum glücklichen Leben im stoischen Sinn dar. Affektlosigkeit und Unabhängigkeit von der Umwelt sind die Ideale: »*Von den Dingen stehen die einen in unserer Gewalt, die anderen nicht. In unserer Gewalt steht: unsere Meinung, unser Handeln, unser Begehren und Meiden – kurz: all unser Tun, das von uns ausgeht. Nicht in unserer Gewalt stehen: unser Leib, unser Besitz, Ansehen, äußere Stellung – mit einem Worte: alles, was nicht unser Tun ist. Was in unserer Gewalt steht, ist von Natur frei, kann nicht gehindert oder gehemmt werden; was aber nicht in unserer Gewalt steht, ist hinfällig, unfrei, kann gehindert werden, steht unter dem Einfluß anderer. Sei dir also darüber klar: wenn du das von Natur Unfreie für frei, das Fremde dagegen für dein Eigentum hältst, dann wirst du nur Unannehmlichkeiten haben . . . : hältst du aber nur das für dein Eigentum, was wirklich dein ist, das Fremde dagegen für fremd, dann kann kein Mensch einen Zwang auf dich ausüben, du . . . wirst nichts gegen deinen Willen tun, niemand kann dir schaden.*« (Kap. 1) Hierauf gründen all die folgenden Mahnungen über Begierde und Frömmigkeit, Freundschaft und Tod, Verbannung und Armut, Besitztum und Liebe, Unrecht und Gewalt, Bildung und Weisheit; dazwischen immer wieder, ganz verblüffend, die speziellsten Details – nicht ihrer prinzipiellen Bedeutung, sondern ihres paradigmatischen Wertes wegen –, über den olympischen Wettkampf, über das öffentliche Bad, über lockere Witze und die Putzsucht der Frauen, über Eid und Orakel, über Gespräch und Fröhlichkeit: »*Lache nicht oft*«, »*Schweige gewöhnlich*« (33).
Überall scheint durch, was der Kernsatz Epiktets genannt werden kann, orientiert am Leben großer Idealgestalten unter den Weisen, allen voran SOKRATES: »*Anechu kai apechu*« (»*Sei standhaft und maßvoll*«, »*ertragen und sich zurückhalten*«). Indes: all diese bestechend einprägsamen Sentenzen sind im ganzen nur ein Vorspiel zu der dramatisch-plastischen Fülle der *Diatriben*, der von Arrian aufgezeichneten Vorlesungsnachschriften (von denen vier Bücher erhalten sind). Sie können den Charakter des Extrakts nicht verleugnen, und manches geht in der Kürze unter, was unverlierbar zum Bild des Philosophen gehört: viel von der Arm und Reich, Kaiser und Sklaven umspannenden großen Liebe zu den Menschenbrüdern, viel von dem humanen Kosmopolitismus, viel auch von dem warmen, persönlichen Verhältnis zur alles schaffenden, alles bergenden Gottheit. E.Sch.

AUSGABEN: Bologna 1497 (*Epicteti Stoici Enchiridion*; lat. Übers. des Angelus Politianus). – Basel 1529, Hg. G. Haloander. – Lpzg. ²1916 (*Epicteti dissertationes ab Arriano digestae*, Hg. H. Schenkl; Nachdr. 1965). – Ldn./Cambridge (Mass.) 1928 (in *E.*, Hg. W. A. Oldfather, Bd. 2; m. engl. Übers.; Loeb; mehrere Nachdr.).

ÜBERSETZUNGEN: *Handbüchlein*, anon. (in *Griechischer Sprach-Übung*, Bd. 2, Köthen 1620, S. 108–148). – *Handbüchlein der Moral*, W. Capelle, Jena 1906. – Dass., ders. (in *Wege zu glückseligem Leben*, Zürich 1948; m. Einl.). – *Handbüchlein der Moral und Unterredungen*, H. Schmidt, Stg. 1954; ¹¹1984 (KTA). – *Handbüchlein der Ethik*, E. Neitzke, Stg. 1958; zul. 1980 (RUB). – *Handbüchlein der Moral und Unterredungen*, Hg. W. Kraus, Zürich 1987 (detebe).

LOUISE-FLORENCE-PÉTRONILLE DE LA LIVE, MARQUISE D'ÉPINAY

* 11.3.1726 Valenciennes
† 15.4.1783 Paris

HISTOIRE DE MADAME DE MONTBRILLANT

(frz.; *Die Geschichte der Madame de Montbrillant*). Autobiographischer Briefroman von Louise-Florence-Pétronille de la Live, Marquise d'ÉPINAY, erschienen 1951. – Louise Tardieu d'Eslaves, Tochter eines königlichen Offiziers, im Kloster erzogen, heiratete zwanzigjährig ihren reichen und verschwenderischen Vetter, Herrn von Épinay, der sie bald betrog und vernachlässigte. In ihrer Liebe enttäuscht, in ihrem Selbstbewußtsein verletzt, gerät die junge Frau in mehrere Liebeshändel, bis sie mit dreißig den aus Regensburg stammenden Baron Friedrich Melchior GRIMM (1723–1807) kennenlernt und dessen Lebensgefährtin wird. Im Umgang mit ihm und seinen Freunden, den Enzyklopädisten, entwickelt Madame d'Épinay sich zu der geistvollen Frau, als die wir sie vor allem aus ihren Briefen an den Abbé GALIANI (1728–1787) und aus einer pädagogischen Schrift, *Les conversations d'Émilie*, 1774 (*Aemiliens Unterredungen*, Leipzig 1775), kennen. Mehr als einmal verfaßte sie auch Beiträge für Grimms *Correspondance littéraire*, welche im Abonnement die europäischen Höfe über die wichtigsten Ereignisse in Paris unterrichtete. Lange Jahre war sie die Freundin und Gönnerin J.-J. ROUSSEAUS, bis es zwischen beiden zu einem irreparablen Zerwürfnis kam.

Die Niederschrift der *Histoire de Madame de Montbrillant* dürfte zwischen 1757 und 1770 erfolgt sein. Als Vorbild diente Rousseaus Briefroman *La Nouvelle Héloïse* (1761), den Madame d'Épinay schon in seiner Entstehung kennenlernte und der sie, die eingestandenermaßen nur wenig erfinderische Phantasie besaß, auf den Gedanken brachte, ihre eigene Lebensgeschichte, unter Verwendung authentischen Materials, in einem aus Briefen, Tagebuchaufzeichnungen und Gesprächen bestehenden Schlüsselroman zu erzählen; wobei die biographischen Ereignisse und die Niederschrift zuletzt fast nebeneinander herliefen und die Auseinandersetzungen zwischen Madame d'Épinay, Grimm und DIDEROT einerseits, Rousseau und Madame d'Épinays zweitem Liebhaber DUCLOS andererseits einen immer breiteren Raum einnahmen.

Nachdem Rousseau 1770 wiederholt in Paris aus seinen autobiographischen *Confessions* vorgelesen hatte, die nach seinem Willen erst postum erscheinen sollten, wurde die ursprüngliche Fassung des Romans der Madame d'Épinay, wie die überlieferten Handschriften erkennen lassen, auf Betreiben und unter der Beihilfe von Grimm und Diderot derart überarbeitet, daß die für Rousseau und Duclos stehenden Gestalten der Nachwelt als undankbare Egoisten, verschlagene Heuchler, ja abgefeimte Verbrecher und Unholde erscheinen mußten. Von dieser Bearbeitung ließ Grimm eine Abschrift herstellen, die er, als er Frankreich während der Revolution verließ, einem Sekretär übergab. Nach dieser Abschrift entstand 1818 eine verstümmelte und gewaltsam zurechtgestutzte Fassung, die ein rühriger Verleger für die echten Memoiren der Madame d'Épinay ausgab. Sehr spät erst wurde diese Fälschung aufgedeckt, und erst nach dem Zweiten Weltkrieg erschien eine kritische Ausgabe anhand des Autographs. Obwohl es sich demnach bei diesem etwas langatmigen, stellenweise jedoch lebhaft und anschaulich erzählten Werk um ein romanhaftes Unternehmen mit polemisch-pamphletistischem Einschlag handelt, dessen Verfasserin von den Freiheiten des Romanschreibers auch Gebrauch macht, bleibt es dennoch eine wichtige Quelle, weniger vielleicht dafür, wie die Hauptpersonen in ihrer historischen Wirklichkeit waren, als dafür, wie sie gesehen werden wollten.   F.Ke.

AUSGABEN: Paris 1818 (*Mémoires et Correspondance de Madame d'Épinay*, 3 Bde., Hg. J.-C. Brunet u. J.-P. Parison; verfälschende Bearb.). – Paris 1863 (*Mémoires de Madame d'Épinay*, 2 Bde., Hg. B. Boiteau). – Paris 1898 ff. (*Mémoires de Madame d'Épinay*, 4 Bde., Hg. P. Bonnefon; Teildruck des Original-Ms.). – Paris 1951, Hg. G. Roth, 3 Bde. [m. *Geschichte des Ms. u. des Textes*].

LITERATUR: H. Valentino, *Madame d'É.*, Paris 1952. – G. Prouveur, *Une Valenciennoise, Madame d'É., femme de lettres, 1726–1783*, Boussu 1980. – A. Parker, *E.s Account of Female Epistemology and Sexual Politics* (in FR, 55, 1981/1982, S. 43–51). – E. Badinter, *Émilie, Émilie*, Paris 1983 (dt. Mchn. 1984).

EPIPHANIOS VON SALAMIS

* 310/320 Eleutheropolis / Palästina
† 402 Salamis / Zypern

LITERATUR ZUM AUTOR:
K. Holl, *Die handschriftliche Überlieferung des Epiphanius*, Lpzg. 1910. – P. Nautin, Art. *Epiphane de Salamine* (in *Dictionnaire d'histoire et de géographie ecclésiastiques*, Bd. 15, 1963, Sp. 617–631). – J. F. Dechow, *Dogma and Mysticism in Early Christianity: Epiphanius of Cyprus and the Legacy of Origen*, Diss. Univ. of Pennsylvania 1975.

HO ANKYRŌTOS

(griech. Patr.; *Der Verankerte*). Dogmatische Streitschrift von EPIPHANIOS von Salamis. – Anlaß für die Entstehung dieses Traktats waren zwei von der Christengemeinde in Syedra (Pamphylien) an den für seine Rechtgläubigkeit bekannten Bischof von Salamis (Zypern), Epiphanios, gerichtete Briefe aus dem Jahre 374. Darin wird der Theologe angesichts der jüngst sich erhebenden Stürme der Häresien um Unterweisung in den Grundlagen des christlichen Glaubens gebeten. Epiphanios kommt dieser Bitte durch die Abfassung des vorliegenden Werks nach, das als feste Verankerung im Glauben dienen soll. Dementsprechend werden sämtliche Grundzüge der orthodoxen Lehre angeführt und auf polemische Weise gegen Irrlehren, insbesondere der Apollinaristen und Origenisten, verteidigt. In den Kapiteln 12 und 13 findet ich ein Katalog von achtzig Häresien, die Epiphanios später in seinem *Panarion (Der Arzneikasten)* ausführlich beschreiben und widerlegen wird. Den Abschluß des Werks bilden zwei Glaubensbekenntnisse: das in Zypern gebräuchliche Taufbekenntnis, das dann für die gesamte Kirche verbindlich werden sollte, sowie ein von Epiphanios selbst verfaßtes Credo. Aufgrund seines kompakten und instruktiven Charakters erfreute sich der *Ancoratus* schon bald großer Beliebtheit, die auch durch die Kritik von Zeitgenossen wie HIERONYMUS und Späteren wie dem Patriarchen PHOTIUS an Epiphanios' schwerfälliger Ausdrucksweise und wenig elegantem Stil nicht gemindert wurde. C.Ra.

AUSGABEN: Basel 1543. – Paris 1622 (in *Opera*, Hg. D. Petavius; m. lat. Übers.). – Lpzg. 1859 (in *Opera*, Hg. W. Dindorf, 5 Bde., 1859–1862, 1). – MG, 43 [Abdruck der Ausg. 1622]. – Lpzg. 1915, Hg. K. Holl [Neuaufl. in Vorb.].

ÜBERSETZUNGEN: *Der Anker*, C. Wolfsgruber (in *AS*, Kempten ²1919; BKV², 38). – *Epiphanius von Salamis ›Ancoratus‹ in saïdischer Übersetzung*, J. Leipoldt (in ASGW, Phil.-hist. Kl., 1903; griech.-dt.).

LITERATUR: C. Riggi, *Catechesi escatologica dell' »Ancoratus« di Epifanio* (in Augustinianum, 18, 1978, S. 163–171). – R. M. Hübner, *Epiphanius, »Ancoratus« and Ps. Athanasius, Contra Sabellianos* (in ZKG, 92, 1981, S. 325–333). – M. Mees, *Die antihäretische Polemik des Epiphanius von Salamis und ihr Gebrauch von Jn. 4* (in Augustinianum, 22, 1982, S. 405–425).

TO PANARION

(griech. Patr.; *Der Arzneikasten*). Ketzergeschichte in drei Büchern von EPIPHANIOS von Salamis, entstanden zwischen 374 und 377. – Der streitbare Bischof von Salamis war ein erbitterter Feind des Origenismus, den er in der Hauptsache in der Person des IOANNES aus Jerusalem zu treffen suchte. Auf seiner eigenen Seite kämpfte HIERONYMUS, der mit dieser Entscheidung die Freundschaft des RUFINUS aus Aquileia verlor, der mit Ioannes für die Rechtgläubigkeit der Schriften des ORIGENES eintrat.
Der *Arzneikasten*, den Epiphanios seinen Lesern herumreicht, will Heilmittel anbieten gegen das Gift aller Ketzereien, von denen sich achtzig (vielleich in bezug auf *Hoheslied* 6, 7) ausführlich behandelt finden. Der Autor hat alles zusammengetragen, was er aus schriftlichen Quellen und mündlichen Mitteilungen über die Häretiker vom Anfang der Welt bis auf seine Zeit erfahren konnte. Dabei versteht er unter Häresie nicht nur eine einseitige Entstellung der christlichen Wahrheit, sondern erweitert, HIPPOLYTOS folgend, den Begriff unter dem Aspekt der gesamten Religion und führt daher als häretisch auch die griechischen Philosophenschulen und die jüdischen Sekten auf. Häretisch ist für ihn alles, was von der göttlichen Offenbarung abweicht. Von den achtzig recht umständlich widerlegten Häresien gehören zwanzig der Zeit vor Christus an: so der Barbarismus, der Hellenismus, der Samaritismus und der Judaismus, die jeweils dann noch unterteilt sind. Die christlichen Häresien werden mit SIMON MAGUS, dem römischen Erzketzer, eröffnet und bis zu den häretischen Zeitgenossen des Autors, wie den Messalianern, fortgeführt. Unter anderem werden Origenisten, Arianer, Photinianer, Marcellianer, Semiarianer, Pneumatomachen, Antidikomarianiten der Verdammnis anempfohlen, wobei Epiphanios für die frühen Häresien besonders aus den Werken des IUSTINUS, EIRENAIOS und Hippolytos schöpft. Ist der *Ankyrōtos (Der Anker)* des Epiphanios wertvoll in dogmatischer Hinsicht, so stellt das *Panarion* das bedeutendste häresiologische Werk des Altertums dar. AUGUSTINUS schöpfte, als er seine Ketzerschrift *De haeresibus (Über die Häresien)* verfaßte, freilich nicht aus dem Original, sondern aus der wahrscheinlich nicht von Epiphanios selbst angefertigten *Zusammenfassung* des Werkes – der *Anakephalaiōsis*. Ein gewandter Polemiker ist Epiphanios allerdings nicht gewesen; er hat mit unermüdlichem Fleiß viel wertvolles Material zusammengetragen, ohne es befriedigend verarbeiten zu können: Dazu hätte es eines freieren Geistes und größerer Wissenschaftlichkeit bedurft, die diesem fanatischen Kämpfer für eine fest umgrenzte Orthodoxie nicht gegeben waren. A.Ku.

AUSGABEN: Basel 1543. – Paris 1622 (in *Opera*, Hg. D. Petavius; m. lat. Übers.). – Lpzg. 1859 bis 1862 (in *Opera*, Hg. W. Dindorf, 5 Bde., 1859 bis 1862, 1–3). – MG, 41/42. – Lpzg. 1922–1933, Hg. K. Holl, 3 Bde., [bearb. Neuaufl., Hg. J. Dummer; Bd. 1 in Vorb.; Bd. 2, Bln. 1980; Bd. 3, Bln. 1985].

ÜBERSETZUNG: in *AS*, C. Wolfsgruber, Kempten ²1919 (BKV², 38).

LITERATUR: R. A. Lipsius, *Zur Quellenkritik des E.*, Wien 1865. – Ders., *Die Quellen der ältesten Ketzergeschichte neu untersucht*, Lpzg. 1875. – C. Riggi, *Lavoro e ricchezza nel ›Panarion‹ di Epifanio* (in Augustinianum, 17, 1977, S. 161–177).

OLAUDAH EQUIANO

* 1745 Essaka / Igboland
† 1801(?) London

THE INTERESTING NARRATIVE OF THE LIFE OF OLAUDAH EQUIANO; OR GUSTAVUS VASSA; THE AFRICAN; WRITTEN BY HIMSELF

(engl.; *Die interessante Lebensgeschichte des Olaudah Equiano oder Gustavus Vassa, des Afrikaners; von ihm selbst geschrieben*). Autobiographie von Olaudah EQUIANO (Nigeria), erschienen 1789. – Equianos Autobiographie gehört zu den frühen Zeugnissen afrikanischer Literatur in europäischen Sprachen. Wie seine Schriftstellerkollegen Ignatius SANCHO

(*Collected Letters*, 1782), die afroamerikanische Lyrikerin Phyllis WEAHTLY (*Poems*, 1773) und der in Dresden promovierte Philosoph Amo oder Ottobah CUGOANO (*Thoughts and Sentiments on the Wicked and Evil Traffic of Slavery*, 1787), schreibt Equiano ohne literarisches Vorbild aus seiner eigenen Kultur; sein Buch markiert einen Neubeginn. Um so verständlicher ist, daß Equiano, wie auch die anderen afrikanischen Autoren des 18. Jh.s, sich an den literarischen Mustern Europas orientiert. Equianos Autobiographie war ein Verkaufserfolg (bereits in den ersten fünf Jahren acht Auflagen), weil sie die zentralen Gedanken der Naturrechtsdiskussion und der Antisklavereibewegung von WILBERFORCE aufgriff. Dementsprechend galt die Aufmerksamkeit der frühen Kritik hauptsächlich jenen Passagen, in denen sich der Autor mit den Praktiken der Sklaverei auseinandersetzt. In den letzten Jahren hat sich das Interesse ganz auf die ersten Kapitel konzentriert, in denen Equiano seine Heimat im Igboland/Nigeria beschreibt. Sein Werk wird als erstes authentisches Zeugnis über die vorkoloniale Kultur Nigerias gewertet.

Equianos Lebensbericht beginnt mit einer beinahe idyllischen Beschreibung seiner Jugend in Essaka im Igboland (Ostnigeria), wo er im Alter von elf Jahren Sklavenjägern in die Hände fiel, zur Küste gebracht wurde und in einem Sklavenschiff die berüchtigte »Middle Passage« über den Atlantik erdulden mußte. Bereits in diesen Anfangskapiteln wird die Erzähl- und Argumentationsstrategie der *Slave Narrative*, der im Interesse der Anti-Sklaverei-Bewegung konzipierten Kampfschrift deutlich. Equianos Erinnerung an seine Kindheit war nach 40 Jahren verständlicherweise verblaßt. So wird das Bild der Igbogesellschaft, aus der er seine Persönlichkeit selbstbewußt herleitet, mehr aus der Außensicht des beobachtenden Kommentators geschrieben. Geographische Beschreibung, historisch politischer Bericht über die Zugehörigkeit seiner Heimat zum Königreich Benin sprengen eindeutig die Perspektive kindlicher Erinnerung und sind auf die Tradition des europäischen Reiseberichts zurückzuführen. Dagegen steht das persönliche Erleben im Vordergrund des Schockereignisses jedes Sklavenberichts, der Gefangennahme und der Verschiffung nach Amerika. Die Überzeugungsstrategie des Genres bedingt den persönlichen, aber exemplarischen Schicksalsschlag als Ausgangspunkt für die eigentliche Erzählung. Für die Schilderung seines eigenen Lebensweges als Sklave in der Karibik, in Nordamerika (Georgia und Virginia), in England, als Matrose bei der britischen Mittelmeerflotte und auf Handels- und Sklavenschiffen in der Karibik, bis er sich endlich durch Fleiß, Unternehmergeist und Sparsamkeit freikaufen kann, verwendet Equiano erfolgreich eine wechselnde Perspektive von erlebendem Ich-Erzähler und wertendem Kommentator. Dieser Wechsel der Erzählperspektive wird ergänzt durch den Wechsel von Rousseauistischer Imagologie des Edlen Wilden zur Naturrechtstheorie. In den ersten Kapiteln bis zur Ankunft in der Karibik nimmt Equiano die Position des naiven kindlichen Beobachters ein, der aus der harmonischen Igbogesellschaft in ein System von unfaßbarer Brutalität und Unmenschlichkeit gestürzt wird. Die weißen Sklavenhändler erscheinen ihm wie böse Geister, wie Kannibalen. Aber er kann sich selbst den Zwängen der Sklavengesellschaft nicht entziehen: »*Bald war mir keine Schreckenstat mehr fremd und ich wurde – zumindest in dieser Hinsicht – beinahe wie ein Engländer.*« Die Erfahrungen mit dem Sklavensystem in der Karibik führten ihn zu dem Schluß, daß die Sklaverei im Widerspruch zu all dem steht, was die Weißen als die Errungenschaften ihrer Kultur preisen: Die Grausamkeit der Sklaverei beschäme jene, die man als Barbaren bezeichnet, ihre Ungerechtigkeit und ihr Aberwitz verletze das moralische Empfinden eines Hottentotten, sie negiere jegliches Moralprinzip und zerstöre das menschliche Empfinden aller Beteiligten, das der Herren noch mehr als das der Sklaven.

Nachdem Equiano in der britischen Kriegsflotte gekämpft hat, wird er von seinem Herrn um seinen Lohn und um das Prisengeld betrogen. Als er bei Fahrten in der Karibik einen eigenen Handel beginnt, um sich freikaufen zu können, wird er von weißen Geschäftspartnern immer wieder betrogen, da sie das Unrechtssystem des Sklavenrechts auf ihrer Seite wissen: Klagen von Schwarzen gegen Weiße werden vor Gericht nicht zugelassen, und so treten ehrbare Kaufmänner ihr hochgepriesenes Ideal des »christlichen Kaufmanns« mit Füßen. Trotz all dieser Widerstände gelingt es Equiano, sich ein bescheidenes Vermögen zu erarbeiten und sich freizukaufen, sehr zum Mißfallen seines Herrn. Auf zahlreichen Fahrten erweist sich, daß er auch als Seemann die Weißen übertrifft, und mehr als einmal rettet er die gesamte Besatzung vor dem Ertrinken, weil der Kapitän durch mangelnde Umsicht sein Schiff auf die Klippen steuert. Wenn so die Anfangskapitel des Buches ihre Verwandtschaft zu den Reiseberichten des 18. Jh.s nicht verleugnen können, so verdanken die Schlußkapitel viel dem Genre des bürgerlichen Romans und dem Motiv der imaginären Reise. DEFOES *Robinson* und SWIFTS *Gulliver* werden als Paten genannt; von Swift stammt die Reisemetapher, die der Entlarvung der britischen Gesellschaft dient. Defoes Robinson ist für Equiano vorbildlich als der erfolgreiche Selfmade-Man.

Equianos Lebensgeschichte ist die Geschichte eines persönlichen Erfolges, den ein Afrikaner gegen alle institutionellen und schlicht rassistischen Widerstände erzielt. Equiano schließt seinen Bericht mit einem Ausblick in die Zukunft und erörtert die Möglichkeit, wie das irrationale unmenschliche System der Sklavenwirtschaft durch ein aufgeklärtes Freihandelssystem des freien Warenaustausches zwischen Nord und Süd, zwischen Afrika und Europa abgelöst werden kann. Er ist zugleich ein überzeugter Vertreter der europäischen Aufklärung, wie auch ein selbstbewußter Repräsentant rassischer Gleichheit oder gar der »African Personality«.

E.Bre.

AUSGABEN: Ldn. 1789, 2 Bde.; Faks. 1969, Hg. P. Edwards. – NY 1971. – Ldn. ⁷1793 [erw.]. – Leeds/Ldn. 1814 [korr.]. – Ldn. 1967, Hg. P. Edwards *(Equianos Travels. His Autobiography The Interesting Narrative ...).*

LITERATUR: Rez. (in Monthly Review, Juni 1789). – Rez. (in Gentleman's Magazine, Juli 1789). – Rez. (in General Magazine and Impartial Review, Juli 1789). – G. I. Jones, *O. E. of the Niger Igbo* (in *Africa Remembered*, Hg. P. D. Curtis, Ldn. 1967, S. 60–69). – P. Edwards, »*The Interesting Narrative of the Life of O. E., or Gustavus Vassa, the African; Written by Himself*«: *A Manuscript Letter of O. E.* (in NQ, Juni 1968, S. 222–225). – Ders., *E.'s Round Unvarnished Tale* (in African Literature Today, 5, 1971, S. 12–20). – Ch. Achebe, *Work and Play in Tutuola's »Palm Wine Drinkard«* (in Okike, Sept. 1978, Nr. 14). – S. E. Ogude, *Facts into Fiction: E.'s Narrative Revisited* (ebd., Sept. 1982, Nr. 22, S. 57–66). – P. Edwards, *18th Century Writing in English* (in *European Language Writing in Sub-Saharan Africa*, Hg. A. Gérard, Bd. 1, Budapest 1986, S. 57–72). – W. D. Samuels, *Disguised Voice in »The Interesting Narrative of O. E., or Gustavus Vassa, the African«* (in Black American Literature Forum, 19, 1986). – C. O. Acholonu, *The Home of O. E. – a Linguistic and Anthropological Search* (in Journal of Commonwealth Literatur, 22, 1987). – K. A. Sandiford, *Measuring the Moment: Strategies of Protest in Eighteenth Century Afro-English Writing*, London 1988.

MARIO EQUICOLA

* 1470 Alvito bei Frosinone
† 1525 Mantua

LIBRO DE NATURA DE AMORE

(ital.; *Buch über die Natur der Liebe*). Liebestraktat in sechs Büchern von Mario EQUICOLA, entstanden um 1500, in der endgültigen Fassung 1525 erschienen. – In sprachlicher wie in inhaltlicher Hinsicht von den etwa zur gleichen Zeit entstandenen Werken Pietro BEMBOS, *Prose della volgar lingua*, 1525 (*Über die Volkssprache*), und *Gli Asolani*, 1505 (*Asolaner Gespräche*), deutlich beeinflußt, schlägt sich in Equicolas Traktat gleichermaßen das Ringen um eine dem Lateinischen ebenbürtige Volkssprache wie auch die Diskussion verschiedener Liebeskonzeptionen der *Asolani* nieder. Darüber hinaus ist das *Libro de natura de amore* eine Summe der zeitgenössisch relevanten Konzeptionen von Liebe, und was Format und Handhabbarkeit anbelangt, bewußt auf die Verwendung als Repertorium angelegt. Dies alles macht es zu einem der verbreitetsten Bücher des 16. Jh.s.

An zentrale Gedanken der Philosophie Marsilio FICINOS anknüpfend, stellt Equicola seinen Traktat in einen deutlich markierten neuplatonischen Rahmen (1.–3. und 6. Buch). Ausgefüllt wird dieser Rahmen allerdings dadurch, daß Equicola die gesamte »Varietät der Formen« des Phänomens der Liebe unter konzeptionellen wie stilistischen Gesichtspunkten behandelt. Diese Trennung der Untersuchungsaspekte führt im Falle PETRARCAS dazu, daß die eng an Bembos *Prose della volgar lingua* orientierte Hervorhebung der sprachlichen Vorbildfunktion des *Canzoniere* einhergeht mit einer Kritik am konzeptionellen Kern der in ihm vertretenen Liebesauffassung. Neben Petrarca geht Equicola auf eine ganze Palette von Autoren ein, deren Darstellung der Liebesproblematik für das frühe 16. Jh. von Interesse war. Seine Ausführungen erfassen die provenzalischen Troubadours ebenso wie die Dichter des *Dolce stil nuovo* und zeitgenössische Autoren wie Leon Battista ALBERTI, BOCCACCIO und Bembo, dessen neuplatonische Schönheitskonzeption der *Asolani* von Equicola übernommen wird.

Ganz im Zeichen des wenig später von CASTIGLIONE umfassend behandelten Gedankens des Hofmanns stehen die Bücher 4 und 5, in denen Equicola, der lange Jahre in Diensten Isabelle d'Estes und Federigo Gonzagas stand, seine Konzeption der höfischen Liebe darlegt. Insbesondere auf OVIDS *Ars Amatoria*, 1. Jh. (*Liebeskunst*), zurückgreifend, erörtert Equicola liebespsychologische und liebeskasuistische Fragen, wie etwa die Deutung von Träumen Verliebter, bestimmte Zeichen der Verliebtheit und anhand einer Liste von Normen und Beispielen Probleme des Verhaltens Verliebter in einem höfischen Kontext generell. Abgeschlossen wird Equicolas Traktat durch eine nochmalige kurze Zusammenfassung der neuplatonischen Liebeskonzeption im 6. Buch.

Equicolas Bedeutung für die höfische Kultur der italienischen und französischen Renaissance ist schwerlich zu überschätzen. In seinen Novellen (I, 30) schreibt Matteo BANDELLO über ihn: »*Equicola ist einer von den Männern, von denen alle Höfe voll sein sollten; denn abgesehen davon, daß er ein wahres Archiv der Wissenschaften und von Kind ab an vielen Höfen herangereift ist, ist er auch ein scharfsinniger, witziger, schlagfertiger, trefflicher Redner und einer von denen, die durch ihre scherzhaften Bemerkungen in keiner Gesellschaft, Trübsinn aufkommen lassen*«.

Das *Libro de natura de amore* erzielte im 16. Jh. insgesamt 13 Auflagen und fand auch im höfischen Frankreich des ausgehenden 16. Jh.s rasche Verbreitung. In dem Maße allerdings, in dem die höfische Konzeption der Liebe von einer Liebesauffassung abgelöst wurde, die das Gefühl zur zentralen Idee erhob, schwand auch der Einfluß von Equicolas säkularem Werk.   H.Kil.

AUSGABEN: Venedig 1525, Hg. L. da Portes. – Venedig 1554, Hg. L. Dolce. – Venedig 1561, Hg. Th. Porcacchi *(Di natura de amore).*

ÜBERSETZUNG: *Les six livres de Mario Equicola... De la Nature d'amour*, G. Chappuys, Paris 1584; ern. Lyon 1598 [frz.].

LITERATUR: V. Cian, *Una baruffa letteraria alle corte di Mantova* (in GLI, 8, 1886, S. 387–398). – R. Renier, *Per la cronologia e la composizione del »Libro de natura de amore«* (ebd., 15, 1890, S. 402–413). – D. Santoro, *Della vita e delle opere di M. E.*, Chieti 1906. – P. Rajna, *Per chi studia l'E.* (in GLI, 67, 1916, S. 360–375). – C. P. Merlino, *E.'s Knowledge of Dante* (in PMLA, 48, 1933, S. 642–647). – L. Tonelli, *L'amore nella poesia e nel pensiero del Rinascimento*, Florenz 1933. – D. De Robertis, *La composizione del »De natura de amore« e i canzonieri antichi maneggiati dall' E.* (in Studi filologici italiani, 17, 1959, S. 182–220). – M. Pozzi, *M. E. e la cultura cortegiana: appunti sulla redazione manoscritta del »Libro de natura de amore«* (in LI, 32, 1980, S. 149–171). – S. D. Kolsky, *Did M. E. Write »Il novo Cortegiano«?* (in Aevum, 57, 1983, S. 416–427).

ŠAIḤ FAḪR O'D-DIN EBRĀHIM ʿERĀQĪ

* 1213 Kamaǧān bei Hamadan
† 23.11.1289 Damaskus

LITERATUR ZUM AUTOR:
E. G. Browne, *A Literary History of Persia*, Bd. 3, Cambridge 1951, S. 124–138. – H. Massé, Art. *'Irāḳī* (in EI², 3, S. 1269/1270).

LAMAʿĀT

(iran.-npers.; *Blitze*). Erörterungen über die mystische Liebe von Šaiḫ Faḫr o'd-Din Ebrāhim ʿERĀQĪ aus Hamadan, geschrieben um 1274. – Das in Prosa abgefaßte und mit persischen und arabischen Versen sowie Zitaten aus dem *Koran* und anderen Überlieferungen durchsetzte Werk entstand während des Aufenthalts des Autors in Konya, wo er Vorlesungen des Scheichs Ṣadr o'd-Din QONYAWI über das von dem arabischen Mystiker Muḥyī ad-Dīn IBN ʿARABĪ (1165–1240) verfaßte Werk *Fuṣūṣ al-ḥikam (Ringsteine der Weisheit)* hörte. Ebrāhim ʿErāqi selbst betont jedoch im Vorwort seines *Lamaʿāt*, daß ihm *A's-Sawāneh fi maʿāni o'l-ʿesq (Gedanken über die Bedeutung der Liebe)* von Aḥmad GAZĀLI († 1126) als Vorbild diente. Die in 28 »Blitze« aufgegliederte, kurzgefaßte Schrift behandelt ein beliebtes Thema sufischer Spekulation: die Stufengrade der mystischen Liebe, die sicherlich nicht frei von Erotik ist, besonders bei dem auf ein stürmisches Leben zurückblickenden Autor.

Die Liebe – so legt ʿErāqi dar – habe sich den Zustand des Liebenden und der Geliebten zum Spiegel gemacht, um ihre eigene Schönheit, ihre Bezeichnung und ihre Attribute zu betrachten. Sie kann mannigfache Gestalten annehmen, aber sie bleibt stets identisch. Das Wasser des Meeres kann verdampfen, sich zu Wolken verdichten, als Regen herabfallen, es kehrt letzten Endes zum Meer zurück und bleibt das Wasser, das es am Anfang war. Die Liebe ist allgegenwärtig; alles, was man betrachtet, ist ein Abbild ihrer Schönheit; daher muß man alles lieben. Der Liebende darf sich also nicht von der Welt zurückziehen, erkennt er doch in allem, was ihn umgibt, seine Geliebte. Der Unterschied zwischen »Ich« und »Du« aber schwindet, wenn der Liebende dasselbe liebt wie die Geliebte, und sei es gar die Trennung. Wenn jene Stufe erreicht ist, wo die Liebe alles im Herzen verbrennt, selbst die Erinnerung an die Geliebte, dann ist die Einheit vollkommen.

ʿErāqis *Lamaʿāt* ist mehrfach von späteren Sufis kommentiert worden. Am bekanntesten wurde der von ǦĀMI (1414–1492) verfaßte Kommentar *Asʿeʿa-ye Lamaʿāt (Strahlen der Blitze)*. B.A.

AUSGABEN: Teheran 1956 (in *Kolliyāt-e ʿErāqi*, Hg. S. Nafisi; ern. 1959; m. Vorw.). – Teheran 1974, Hg. G. Nurbaḫš *(Resāle-ye Lamaʿāt wa resāle-ye Estelāḥāt)*. – Teheran 1982 (in *Kolliyāt-e diwān*).

ÜBERSETZUNG: *Divine Flashes*, W. C. Chittick u. P. L. Wilson, Ramsey (N.J.)/Ldn. 1982 [m. Einl. u. biogr. Studie; engl.].

ʿOŠŠĀQ-NĀME

auch: *Dak faṣl* (iran.-npers.; *Buch der Liebenden*, auch: *Zehn Kapitel*). Mystische Dichtung von Šaiḫ Faḫr o'd-Din Ebrāhim ʿERĀQĪ, verfaßt 1281. – Das als Matnawi (Dichtung in Doppelversen aus paarweise reimenden Halbversen) abgefaßte Werk besteht aus einer Einleitung und zehn Abschnitten und ist Šams o'd-Din Ṣāḥeb-Diwān, dem Minister der Il-Ḫāne (Nachkommen des Činggis-Khan) Abāqā (reg. 1265–1282), und Aḥmad Takudar (reg. 1282–1284) gewidmet. Die 1060 Verse umfassende Dichtung, die sich inhaltlich an das vom selben Autor verfaßte Werk *Lamaʿāt (Blitze)* anlehnt, ist ein Loblied auf die göttliche Liebe und den Werdegang eines Gottsuchenden. Ausführlich werden die Leiden und Freuden, die Opferbereitschaft und das Zielbewußtsein des Mystikers beschrieben, der den steinigen Weg bis zum Höhepunkt der Entwerdung und des Auftauchens der Liebe zu Gott durchwandert. Wenngleich das Werk mehr den Charakter eines Lehrbuchs aufweist, so hat es der Autor doch verstanden, die Liebestheorie in enge Verbindung mit der Liebesdichtung zu bringen. Äußerlich drückt sich diese Tendenz dadurch aus, daß die theoretischen Darlegungen über das Thema immer wieder durch Gaselen (Liebesgesänge) unterbrochen werden.

Nach einer Einleitung, in der er u. a. den Gemeinen und den Königen Ratschläge erteilt, beschreibt 'Erāqi seine Theorie von der göttlichen Liebe, ähnlich wie kurz vor ihm der spanische Maure Muḥyi-'d-dīn Ibn al-'Arabī (1165–1240) in dem arabisch geschriebenen Werk *Fuṣūṣ al-ḥikam (Ringsteine der Weisheit)* die mystische Theosophie dargelegt hat. Die Merkmale der Liebenden, Darlegung der Liebe, des Menschen Vollkommenheit in der Liebe, der Wunsch, den Freund anzuschauen, Liebesstürme, die Auslegung der Realität der Liebe sind einige der Probleme, mit denen 'Erāqi sich auseinandersetzt. Der Inhalt jedes Abschnitts wird durch eine illustrierende Erzählung aus dem Leben der Heiligen und anderer erläutert. Typisch für die mystische Denkweise des Autors ist die Geschichte von Golḥani, dem Heizer im Bad, der aus seiner verschmutzten Umgebung ins freie Feld (der Seele) tritt, das Reine von der Sudelei unterscheidet und sich in einen Prinzen, »*einen engelgesichtigen Herzensräuber*«, verliebt, der aber den armen Liebenden kaum beachtet. Alle Bemühungen des Heizers, sein geliebtes Wesen zu Gesicht zu bekommen, schlagen fehl. Verlassen und verzweifelt gesellt er sich zu den Tieren, bis eines Tages der Prinz auf die Jagd begibt. Der Heizer zieht das Fell eines erlegten Rehs über seinen Leib und gibt sich dem Pfeil preis, der, von der Hand des Geliebten abgeschossen, sein Herz trifft. – 'Erāqis Matnawi mit eingestreuten Gaselen hat später Schule gemacht, und viele Sufi-Dichter sind seinem Vorbild gefolgt. Er ist möglicherweise der erste, der die mystische Theosophie dichterisch gestaltet hat. B.A.

Ausgaben: Teheran 1959 [Vorw. S. Nafisi]. – Teheran 1982 (in *Kolliyāt-e diwān*).

Übersetzung: *The Songs of Lovers*, A. J. Arberry, 2 Bde., Ldn./Kalkutta 1939 [m. biogr. Studie; engl.].

Literatur: 'A. Nawā'i (in Yādgār, 4, Nr. 6, S. 56–68; Nr. 7, S. 35–44). – J. Baldick, *The Authenticity of 'Irāqi's »'Ushshāq-nāma«* (in Studia Iranica, 2, 1973, S. 67–78).

DESIDERIUS ERASMUS VON ROTTERDAM

d.i. Geert Geerts

* 28.10.1466 oder 1469 Rotterdam
† 11./12.7.1526 Basel

Literatur zum Autor:
Bibliographien:
T. van der Haeghen, *Bibliotheca Erasmiana*, Gent 1893; [2]1961. – J.-C. Margolin, *Douze années de bibliographie érasmienne (1950–1961)*, Paris 1963. – Ders., *Quatorze années de bibliographie érasmienne (1936–1949)*, Paris 1969. – Ders., *Neuf années de bibliographie érasmienne (1962–1970)*, Paris u. a. 1977. – H. Holeczek, *Bibliographie der dt. Übersetzungen von Schriften des E. v. R. (1518–1550)*, Stg. 1981. – J.-C. Margolin, *Quinze années de bibliographie érasmienne (1971–1985)*, Paris u. a. [in Vorb.].
Zeitschriften:
E. in English, Toronto 1970 ff. – E. of R. Society Yearbook, Ann Arbor/Mich. 1981 ff.
Biographien:
A. Hyma, *The Youth of E.*, Ann Arbor/Mich. 1930; [2]1968. – St. Zweig, *Triumph u. Tragik des E. v. R.*, Wien 1935; ern. Ffm. 1981 (FiTb). – K. A. Meissinger, *E. v. R.*, Zürich 1942; Bln. [2]1948. – R. Newald, *E. Roterodamus*, Freiburg i. B. 1947; ern. Darmstadt 1970. – R. H. Bainton, *E. of Christendom*, NY 1969 (dt. *E. Reformer zwischen den Fronten*, Göttingen 1972). – G. Faludy, *E. v. R.*, Ldn. 1970 (dt. Ffm. [2]1981). – A. J. Gail, *E. in Selbstzeugnissen u. Bilddokumenten*, Reinbek 1974; zul. 1986 (rm).
Gesamtdarstellungen und Studien:
P. S. Allen, *The Age of E.*, Oxford 1914. – P. Smith, *E. A Study of His Life, Ideals and Place in History*, NY 1923; Nachdr. 1962. – J. Huizinga, *E.*, Haarlem 1924 u. ö. (dt. *Europäischer Humanismus: E.*, Hbg. 1958 u. ö.; rde). – A. Flitner, *E. im Urteil seiner Nachwelt*, Tübingen 1952. – P. G. Bietenholz, *History and Biography in the Work of E. of R.*, Genf 1966. – G. Canella, *Erasmo di R. (1466–1536)*, Verona 1966. – E.-W. Kohls, *Die Theologie des E.*, 2 Bde., Basel 1966. – Ders., *Das Geburtsjahr des E.* (in Theologische Zs., 22, 1966, S. 96–121; zur Kontroverse mit R. R. Post vgl. ebd., S. 319–333 u. 347–359). – W. P. Eckert, *E. v. R. Werk u. Wirkung*, 2 Bde., Köln 1967. – F. Bierlaire, *La ›familia‹ d'Érasme*, Paris 1968. – J. Rattner, *Große Pädagogen*, Mchn./Basel [2]1968 [erw.]. – Ch. Béné, *Érasme et saint Augustin ou Influence de saint Augustin sur l'humanisme d'Érasme*, Genf 1969. – J. Beumer, *E. der Europäer*, Werl 1969. – E.-W. Kohls, *Die theologische Lebensaufgabe des E. und die oberrheinischen Reformatoren*, Stg. 1969. – J.-C. Margolin, *Recherches érasmiennes*, Genf 1969. – P. Mesnard, *Érasme ou le christianisme critique*, Paris 1969. – G. Santinello, *Studi sull'umanesimo europeo*, Padua 1969. – A. Van Battum, *E., rebel tegen wil en dank*, Amsterdam 1969. – D. Harth, *Philologie u. praktische Philosophie. Untersuchungen zum Sprach- u. Traditionsverständnis des E. v. R.*, Mchn. 1970. – F. Krüger, *Bucer und E.*, Stg. 1970. – P. O. Kristeller, *E. from an Italian Perspective* (in Renaissance Quarterly, 23, 1970, S. 1–14). – M. Hoffmann, *Erkenntnis u. Verwirklichung der wahren Theologie nach E. v. R.*, Tübingen 1972. – J. D. Tracy, *E. The Growth of a Mind*, Genf 1972. – W. P. Eckert, *E. v. R.* (in *Die Großen der Weltgeschichte*, Hg. K. Fassmann, Bd. 4, Mchn. 1974, S. 588–613). – R. Stupperich, *E. v. R. und*

seine Welt, Bln. 1977. – *Essays on the Works of E.*, Hg. R. L. De Molen, New Haven 1978. – A. H. T. Levi, *E. and the Humanist Ideal* (in Heythrop Journal, 19, 1978, S. 243–255). – B. E. Mansfield, *Phoenix of His Age. Interpretations of E. c. 1550–1750*, Toronto 1979. – J. C. Olin, *Six Essays on E.*, NY 1979. – R. H. Popkin, *The History of Scepticism from E. to Spinoza*, Berkeley/Calif. 1979 [bearb. u. erw.]. – J. Chomarat, *Grammaire et rhétorique chez Érasme*, 2 Bde., Paris 1981. – M. Todd, *E. and the Elizabethan Arts Course* (in Proceedings of the PMR Conference, 8, 1983, S. 53–69). – J. Barrea, *L'utopie ou la guerre. D'Érasme à la crise des euromissiles*, Louvain-la-Neuve 1984. – M. O'R. Boyle, *Fools and Schools: Scholastic Dialectic, Humanist Rhetoric, from Anselm to E.* (in Medievalia et humanistica, 13, 1985, S. 173–195). – V. Castellano, *L'antropologia erasmiana tra Medio-Evo e Rinascimento* (in Journal philosophique, S. 185–200). – J. Sperna Weiland, *E.* (in Wijsgerig perspectief op maatschappij en wetenschap, 26, 1985/86, S. 177–179). – H. Holeczek, *Die volkssprachliche Rezeption des E. in der Zeit der reformatorischen Öffentlichkeit seiner Zeit 1518–1540*, Basel 1986 [Ausst. Kat.]. – C. Augustijn, *E. v. R. Leben, Werk, Wirkung*, Mchn. 1986 [m. Bibliogr.].

BRIEFE

(nlat.) von Desiderius ERASMUS VON ROTTERDAM, in mehreren Sammlungen erschienen zwischen 1515 und 1538, definitive kritische Ausgabe durch P. S. ALLEN u. a. 1906–1958. – Erasmus, der sich wie vor ihm schon PETRARCA und andere italienische Humanisten des 15. Jh.s den bedeutendsten Briefschreiber der Antike, CICERO, zum Vorbild genommen hatte, hinterließ mit mehr als 3100 Stücken, davon über 1600 eigenen und ungefähr 1500 an ihn gerichteten Briefen, die wichtigste Briefsammlung des an bedeutenden Briefschreibern gewiß nicht armen Zeitalters der Renaissance und des Humanismus. Anders als sein Zeitgenosse Martin LUTHER, dessen epochales Briefwerk der deutschen Literatur zuzurechnen ist, schrieb Erasmus nie einen Brief in einer der Volkssprachen. Rastlos umherreisend, war der Niederländer in ganz Europa und doch nirgends wirklich zu Hause. Er war Kosmopolit, seine Sprache das an der Antike orientierte Humanistenlatein, das er zu höchster Vollendung führte. Die Tragik seines Lebens bestand darin, daß er (wiederum im Gegensatz zu Luther) den religiösen und sozialen Kontroversen seiner Zeit allein mit Gelehrsamkeit und Appellen, mit Feder und Papier beikommen wollte. Obwohl allseits als Gelehrter, ja als zentrale Institution des christlichen Humanismus verehrt, konnte er, dessen Diagnose der kirchlichen Mißstände von der Luthers nicht weit entfernt war, letztlich nicht verhindern, daß er in die Wirren der Reformation hineingezogen wurde und zwischen die Fronten geriet. Mit Luther zerstritt er sich endgültig über die Willensfreiheit (vgl. *De libero arbitrio*); orthodoxen Theologen war seine philosophische, vom Urtext ausgehende Bibelexegese Anlaß erbitterter Gegnerschaft; tatkräftigen Reformern erschien er als Zauderer, Feigling und Verräter. Diese Frontstellungen prägten jahrhundertelang die Rezeption seines Werkes; ausgenommen von unsachlichen Kontroversen blieben im wesentlichen seine außerordentlich einflußreichen Schriften zur Schul- und Unterrichtsreform und Teile seines Briefwerks (aus stilistischen Gründen). Nicht zufällig erhielt die neuere Erasmus-Forschung ab 1906 starke Impulse durch die Ausgabe der Briefe durch P. S. Allen.

Angesichts seiner komplexen Situation, deren Widersprüche sich nach 1520 zunehmend verschärften, war Erasmus der Öffentlichkeitscharakter seiner Briefe nicht nur willkommen. Zwar war er sich der eigenen Bedeutung (und dementsprechend der Wichtigkeit seiner Briefe für sich und andere) schon seit etwa 1500 bewußt, zwar genoß er den Ruhm, der sich in den wegen großer Nachfrage zahlreichen, ab 1515 zunächst nur heimlich und dann offen autorisierten Ausgaben niederschlug (das *Opus epistolarum* von 1529 enthielt bereits 1025 Briefe), doch wurden andererseits durch die ständig drohende Gefahr nichtautorisierter Veröffentlichung seine Möglichkeiten, private Gedanken, Erlebnisse und Schwächen vertrauten Freunden offen mitzuteilen, immer stärker eingeengt. Gegner fanden in seinen Briefen mehr als genug Munition für ihre Zwecke, und Erasmus offenbarte sein Innerstes immer seltener. Eine Ausnahme bildet die vertrauliche Alterskorrespondenz mit dem Basler Freund Bonifatius AMERBACH (erst 1779 gedruckt).

Bekenntnishafte Selbstoffenbarung freilich war Erasmus ohnehin nicht kongenial. Zum *genus familiare* des Briefes gehörte ein gewisses Maß an Selbstdistanz; erst dieses Dekorum gab Briefen den Status von Literatur, erst dieses Dekorum gab Briefen den Status von Literatur, erst Selbstdistanz ermöglichte stilistische Eleganz, Witz und Ironie. Unter den Gebildeten der Renaissance (und danach bis in das 18. Jh.) galten Privatbriefe fraglos als Literatur, nicht als biographisch-historische Dokumente. Freundschaftlicher Gedankenaustausch, Mitteilungen aus dem Alltag, gegenseitige Unterhaltung – diese allgemeinen Ziele des kultivierten Briefschreibens schlossen allerdings ernsthafte Diskussionen über Bücher sowie über wissenschaftliche und theologische Themen nicht aus. Viele Traktate in Briefform stellen das Äquivalent wissenschaftlicher Zeitschriftenaufsätze in späteren Jahrhunderten dar, doch sind selbst hier Privates und Wissenschaftliches nicht immer sauber getrennt. Allein offizielle Briefe mit ihren seit dem Mittelalter genau geregelten Gruß- und Stilvorschriften waren nicht Teil der Humanistenkorrespondenzen und blieben den Kanzleien, Mönchen und Sekretären vorbehalten. Alle anderen Spielarten der in inhaltlicher wie in formaler Hinsicht chamäleonartigen Literaturgattung »Brief« finden sich im Briefwerk des Erasmus.

Die Briefe der Frühphase (bis zu seiner Rückkehr aus England im Sommer 1514) haben überwiegend privaten Charakter. Sie machen etwa ein Achtel des erhaltenen Briefcorpus aus und weisen chronologisch empfindliche Lücken auf (so sind z. B. aus Erasmus' Italienjahren 1506–1509 kaum Briefe erhalten, zwischen Dezember 1508 und April 1511 kein einziger). Dennoch wurden bereits 1509 in italienischen Buchläden nichtautorisierte Abschriften von Erasmus-Briefen verkauft (vgl. Brief Nr. 1206 Allen), und Erasmus selbst sammelte für geplante Ausgaben schon 1505 ihm interessant erscheinende Briefe wieder ein (vgl. Brief Nr. 186 Allen). Die ersten von ihm selbst zur Publikation bestimmten Briefe sind Widmungsepisteln (z. B. Nr. 45 Allen aus dem Jahr 1495) und nachträglich zu Schmuckstücken herausgeputzte Briefe an hochgestellte Persönlichkeiten wie Kardinäle und Papst Leo X. (Nr. 333–335 u. 337 Allen, zuerst 1515 in *Iani Damiani Senensis... Elegeia* erschienen). Hier zeigt sich bereits der Erasmus der mittleren Periode, der sich seiner öffentlichen Bedeutung zunehmend bewußt wurde. Am anderen Ende des Spektrums stehen die sentimentalen Liebesbriefe, die er 1487 vor allem mit Servatius Roger im Kloster Steyn bei Gouda austauschte und die wohl rhetorische Stilübungen darstellen (Nr. 4 ff. Allen). Zu Lebzeiten hielt Erasmus allerdings nur zwei dieser Jugendbriefe für publikationswürdig (Nr. 26 u. 29 Allen, beide 1489 an Cornelis Gerard); stilistisch ragen sie in der Tat heraus. In den Pariser Jahren (1495–1499) zeigt sich bereits der flexible, geschliffene Briefstil, der Erasmus bei den Zeitgenossen berühmt machte und der ihn jahrhundertelang zum unerreichbaren (und neben Cicero einzigartigen) Vorbild im Briefschreibunterricht an humanistischen Gymnasien werden ließ. Lebendigeres Unterrichtsmaterial als die Briefe, die Erasmus seinen Schülern in jenen Jahren schrieb, hat es selten gegeben; und es ist kein Zufall, daß sein später epochale Bedeutung erlangender Briefsteller *De conscribendis epistolis*, der in mehreren Etappen zwischen 1497 und 1522 entstand, seinen Ursprung in diesem lebendigen Unterrichtskontext hat.

Daß Erasmus ein meisterhafter Geschichtenerzähler war, wird in einem Brief an seinen Schüler Christian NORTHOFF (Paris 1497; Nr. 55 Allen; Bericht über seine Schlägerei) ebenso deutlich wie im Reisebericht an seinen Freund Jacob BATT (Paris 1500; Nr. 119 Allen; Erasmus meinte, unter die Räuber gefallen zu sein) oder in dem späten Brief an Nicholas VARIUS über ein Explosionsunglück in Basel im Jahre 1526 (Nr. 1756 Allen). In berühmten Trostbriefen (besonders Nr. 1347 und 1900 Allen, letzterer zum Tod seines Verlegers Froben) tritt Erasmus Cicero und SENECA zur Seite und zieht alle Register stoischer und christlicher Lebensphilosophie. Sarkastische oder scherzhafte Invektiven sowie Spott über scholastisches Denken kommen in den Briefen ebenso häufig vor wie stringente Argumentationsketten. Lebhaftes persönliches Interesse am Adressaten verbindet sich im Oxforder Briefwechsel mit dem großen Humanisten John COLET vom Oktober 1499 (Nr. 108 bis 111 Allen) mit lebhaften Debatten über die Interpretation des Christuswortes *Markus 14, 36* (Jesus in Gethsemane); in weniger persönlicher, sachlich ausgearbeiteter Form erschien dieser Briefwechsel dann als »kleine Disputation« zusammen mit dem *Enchiridion militis Christiani* in den *Lucubratiunculae* (Antwerpen 1503). Einer der kontroversen Höhepunkte in Erasmus' Briefen ist natürlich die Auseinandersetzung mit Luther, aber auch die Briefe an Ulrich von HUTTEN sind hervorzuheben. Unter den zahlreichen bedeutenden Humanisten, mit denen Erasmus seit etwa 1514 in lebhaftem Briefkontakt stand, sind vor allem Willibald PIRCKHEIMER, Beatus RHENANUS, Johannes REUCHLIN (alias Capnio) und Philipp MELANCHTHON zu nennen. Aus dem englischen Humanistenkreis ragt neben John Colet Thomas MORUS heraus, mit dem Erasmus seit 1499 bis zu dessen Tod 1535 eine enge Freundschaft verband. Insgesamt weitete sich die Zahl der Korrespondenten nach 1515 auf über 1200 aus.

Der ganze Reichtum dieses Briefwerks läßt sich in Kurzform nicht darstellen. Paradigmatisch zeigen sich in ihm Möglichkeiten und Grenzen einer Literaturform, die einige Jahrhunderte lang als die informelle Prosagattung schlechthin galt, ehe ihr im Essay und im Roman Konkurrenten erwuchsen (MONTAIGNE äußert sich z. B. mehrfach über die offenen Grenzen zwischen Brief und Essay), die im Rhetorikunterricht wichtige Wurzeln und Funktionen hatte und zu deren bedeutendsten Theoretikern Erasmus ebenfalls gehörte.   H.Thi.

AUSGABEN: *Iani Damiani Senensis... Elegeia*, Basel 1515 [enth. 4 Briefe von E.]. – *Epistole aliquot illustrium virorum ad Erasmum Roterodamum et huius ad illos*, Louvain 1516. – *Aliquot epistole sanequam elegantes Erasmi Roterodami...*, Louvain 1517. – Dass., Basel 1518 [erw.]. – *Auctarium selectarum aliquot Epistolarum Erasmi Roterodami..*, Basel 1518. – *Farrago nova epistolarum Des. Erasmi Roterodami ad alios et aliorum ad hunc...*, Basel 1519 [enth. 333 Briefe]. – *Epistolae D. Erasmi Roterodami...*, Basel 1521 [m. Vorwort von E.; enth. 617 Briefe]. – *Opus epistolarum Des. Erasmi Roterodami per autorem diligenter recognitum...*, Basel 1529 [m. Vorwort von E.; enth. 1025 Briefe, in 24 Bücher gegliedert]. – *Des. Erasmi Roterodami epistolarum floridarum liber...*, Basel 1531 [enth. 112 neue Briefe]. – *Desiderii Erasmi Roterodami epistolae palaeonaeoi*, Freiburg i. B. 1532 [erw. u. korr. Fassung d. Ausg. Basel 1531]. – *Des. Erasmi Rot. Operum Tertius Tomus epistolas complectens universa...*, Basel 1538 [enth. 1231 Briefe]. – *Vita Des. Erasmi Roterodami ex ipsius manu fideliter repraesentata...*, Hg. P. Merula, Leiden 1607 [enth. 83 neue Briefe]. – *Epistolarum D. Erasmi Roterodami libri XXXI*, Ldn. 1642. – *Opera Omnia*, Hg. J. Clericus, Leiden 1703–1706, Bd. 3; Nachdr. Hildesheim 1962. – *Epistolae familiares Des. Erasmi Roterodami ad Bonif. Amerbachium*, Basel 1779. – *Opus epistolarum Des. Erasmi Roterodami denuo recognitum et auctum*, Hg. P. S. Allen u. a., Oxford 1906–1958, 12 Bde.; Nachdr. Hildesheim 1961/62. – *Die Amerbachkorrespondenz*, Hg. A. Hartmann, Basel 1943–1948, 5 Bde.

ÜBERSETZUNGEN: *The Epistles of E. from His Earliest Letters to His Fifty-First Year Arranged in the Order of Time*, Hg. u. Übers. F. M. Nichols, 3 Bde., Ldn. 1901–1918 [enth. Briefe bis 1518]. – *Briefe*, Hg. u. Übers. W. Köhler, Lpzg. 1938; ern. Bremen ³1956, Hg. A. Flitner [erw.; Nachdr. Darmstadt 1986]. – *Collected Works of E.*, Hg. u. Übers. R. A. B. Mynors, D. F. S. Thomson u. a., Toronto/Ldn. 1974 ff., Abt. I: Letters; bisher 8 Bde. – *La Correspondance d'Érasme. Traduction intégrale*, Brüssel 1967 ff.; bisher 11 Bde.

LITERATUR: P. S. Allen, *The Principal Editions of E.'s Epistolae* (in *Opus epistolarum*, Hg. ders. u. a., Bd. 1, Oxford 1906, S. 593–602). – A. Renaudet, *É.: sa pensée religieuse et son action d'après sa correspondance (1518–1521)*, Paris 1926. – W. H. Irving, *The Providence of Wit in the English Letter Writers*, Durham/N.C. 1955; ern. NY 1975, S. 31–56. – J. W. Binns, *The Letters of E.* (in *E.*, Hg. T. A. Dorey, Ldn. 1970, S. 55–79). – Y. Charlier, *Érasme et l'amitié d'après sa correspondance*, Paris 1977. – M. Fumaroli, *Genèse de l'épistolographie classique: rhétorique humaniste de la lettre, de Pétrarque à Juste Lipse* (in RHLF, 78, 1978, S. 886–900). – P. Bietenholz, *Érasme et le public allemand 1518–1520: Examen de sa correspondance selon les critères de la publicité intentionelle ou involontaire* (in *L'Humanisme allemand (1480–1540): XVIIIᵉ Colloque international de Tours*, Mchn./Paris 1979, S. 81–98). – L.-E. Halkin, *E. ex Erasmo: Érasme éditeur de sa correspondance*, Aubel 1983. – H. Schulte-Herbrüggen, *Briefe der Freundschaft: E. v. R. und Thomas Morus* (in LJb, 24, 1983, S. 27–50).

DE CONSCRIBENDIS EPISTOLIS

(nlat.; *Vom Briefschreiben*). Briefsteller von Desiderius ERASMUS VON ROTTERDAM, erschienen 1522. – Zusammen mit den Humanistenkorrespondenzen entstanden zahlreiche Anleitungen zum Briefschreiben, von denen der Briefsteller des Erasmus die mit Abstand umfang- und einflußreichste war. Wie seine anderen didaktischen Schriften (z. B. die *Adagia*, *De ratione studii*, *De copia*) ist *De conscribendis epistolis* aus der Unterrichtspraxis seiner Pariser und England-Jahre hervorgegangen. 1497 gab Erasmus seinem Schüler Robert FISHER eine handschriftliche Kurzfassung mit nach Italien, nach 1500 erwähnte er in Briefen mehrfach Pläne, das Werk auszuarbeiten und herauszugeben. Erst das Erscheinen des Raubdrucks einer Vorfassung in Cambridge im Jahre 1521 brachte ihn aber schließlich dazu, das Werk in erweiterter Form abzuschließen und 1522 in Basel zu publizieren. Das ganze 16. Jh. hindurch erschienen in ganz Europa unzählige Nachdrucke. Die indirekte Nachwirkung über Kurzfassungen und Schulbücher ist überhaupt nicht abzuschätzen und bisher nur für den englischen Sprachraum ausführlich erforscht (vgl. besonders T. W. Baldwin, 1944).

Briefschreibübungen waren seit der Spätantike Bestandteil des Rhetorikunterrichts. Sie dienten vor allem zur Einübung adressatenbezogenen Sprechens und Schreibens. Im Mittelalter fand die Rhetorisierung des Briefes im Kanzleistil *(ars dictaminis)* ihren Höhepunkt; an die Stelle lebendigen Ausdrucks traten Formeln, Vorschriften und ein rigides ständisches Sozialdekorum, das sich in genauesten Anrede-, Gruß- und Stilvorschriften äußerte. Allerdings handelte es sich jetzt fast ausschließlich um hochoffizielle Briefe und Urkunden. Genaue Klassifizierungen der Brief-(Urkunden-)Arten wurden Teil der Regelbücher. Nach der Wiederentdeckung der Briefe CICEROS durch PETRARCA, einem der Schlüsselereignisse der Renaissance, kam den Humanisten zunehmend zum Bewußtsein, daß zwischen Privatbriefen und den offiziellen Formelsammlungen ein kategorischer Unterschied bestand. In Theorie und Praxis versuchten sie, dem flexiblen Privatbrief und dem informellen Prosastil als individualisierten Ausdrucksformen erneut Geltung zu verschaffen. Mittel- und Höhepunkt dieser Bestrebungen war Erasmus' Briefsteller.

Mit seiner Fülle von Einteilungen der Briefarten steht das Werk noch in der mittelalterlichen Tradition. Allerdings verschafft Erasmus bereits durch die übergeordneten Einteilungsprinzipien der klassisch-antiken Rhetorik Ciceros und QUINTILIANS wieder Geltung. Den drei nach Argumentations- und Funktionszusammenhängen unterschiedenen rhetorischen Gattungen *(genus deliberativum, g. demonstrativum* und *g. iudiciale;* d. h. Erwägungen, Beschreibungen, juristische Argumentation) fügt er als vierte das *genus familiare* hinzu (»freundschaftlicher Umgang«). Freilich kann er damit den inneren Widerspruch nicht aufheben, der darin liegt, daß sich spontane, offene, freundschaftliche Kommunikation kaum in rhetorische Regeln fassen läßt und daß die vier *genera* logisch nicht auf der gleichen Ebene liegen. Den entscheidenden Schritt hin zum fast völligen Verzicht auf ein gattungsorientiertes Regelsystem (und damit auf das mittelalterliche Erbe der Briefsteller) taten erst einige Humanisten des späten 16. und frühen 17. Jh.s, vor allem Justus LIPSIUS in seiner *Institutio epistolica* (1591). Damit ist der Übergang des Briefes aus dem Bereich der *oratio* (offizielle Rede) in den des *sermo* (Konversation) – zumindest in der Theorie – endgültig vollzogen.

Das Beste an Erasmus' Briefsteller ist denn auch nicht so sehr die Systematisierung der vielfältigen Typen und Untertypen, sondern es sind die vielen lebendigen Briefbeispiele und praktischen Tips. Hier ist dem *sermo*-Ideal gepflegter und witziger Brief-Konversation bereits zu seinem Recht verholfen, obwohl gerade dieser Aspekt des Briefschreibens in einem an Regeln orientierten Schulunterricht nicht gelehrt werden kann. Die Pädagogen perpetuierten das Regel- und Kategorienwerk, die außerschulischen Briefschreiber orientierten sich am flexiblen Stil der Beispiele. Auch die Schriftsteller des 16. und 17. Jh.s kamen (zumindest im englischen Sprachbereich) bei Erasmus auf ihre Kosten: Unterhaltsame Briefsammlungen, die die Beispiele aus *De conscribendis epistolis* weiterentwickelten, wurden als eine Vorform des Briefromans zu Verkaufserfolgen.

Pädagogisch hatte Erasmus besonders in England über John COLET und Thomas MORUS direkten Einfluß auf die Reform der Unterrichtspraxis an den Lateinschulen; seine didaktischen Schriften wurden direkt oder in Bearbeitungen zu Unterrichtsgrundlagen. Darüber hinaus war es jahrhundertelang in ganz Europa unmöglich, im obligatorischen Briefschreibunterricht an Gymnasien und Universitäten, sei es in Latein oder in den Muttersprachen, dem direkten oder indirekten Einfluß von Erasmus' Briefsteller zu entgehen.   H.Thi.

AUSGABEN: Cambridge 1521 (*Libellus de conscribendis epistolis*; Raubdruck einer früheren, kürzeren Fassg.). – Basel 1522 (*Opus de conscribendis epistolis, quod quidam et mendosum et mutilum aediderant, recognitum ab autore et locupletatum*; autorisierte Ausg.). – Lyon 1531 (*Consribendarum epistolarum ratio*). – Basel 1540 (in *Opera Omnia*). – Leiden 1703–1706 (in *Opera Omnia*, Hg. J. Clericus; 10 Bde., 3; Nachdr. Hildesheim 1962). – Amsterdam 1971 (in *Opera Omnia*, 1969 ff., Bd. 1/2, Hg. J.-C. Margolin; krit.). – Darmstadt 1980 (in *AS*, Hg. W. Welzig, 8 Bde., 1967–1980, 8; lat.-dt.; gek.; Hg. u. Übers. K. Smolak).

ÜBERSETZUNGEN: *On the Writing of Letters/De conscribendis epistolis*, Hg. u. Übers. Ch. Fantazzi (in *Collected Works of E.*, Bd. 25, Toronto/Ldn. 1985).

LITERATUR: T. W. Baldwin, *William Shakespeare's Small Latine and Lesse Greeke*, 2 Bde., Urbana/Ill. 1944. – E. C. Dunn, *Lipsius and the Art of Letter-Writing* (in Studies in the Renaissance, 3, 1956, S. 145–156). – M. L. Clarke, *Classical Education in Britain, 1500–1900*, Cambridge 1959, S. 1–20. – J. W. Binns, *The Letters of E.* (in *E.*, Hg. T. S. Dorey, Ldn. 1970, S. 55–79). – A. Gerlo, *The »Opus de conscribendis epistolis« of E. and the Tradition of the Ars Epistolica* (in *Classical Influences on European Culture, A. D. 500–1500*, Hg. R. R. Bolgar, Cambridge 1971, S. 103–114). – G. R. Grund, *From Formulary to Fiction: The Epistle and the English Anti-Ciceronian Movement* (in Texas Studies in Literature and Language, 17, 1975, S. 379–395). – A. Jolidou, *L'évolution psychologique et littéraire d'Érasme d'après les variantes du »De conscribendis epistolis«* (in *Acta conventus neo-latini Amstelodamensis*, Mchn. 1979, S. 566–587). – H. Thies, *How to Write Letters: Benjamin Franklin and the European Tradition of School Rhetoric* (in *The Transit of Civilization from Europe to America*, Hg. W. Herget u. K. Ortseifen, Tübingen 1986, S. 99–117).

DE LIBERO ARBITRIO DIATRIBE SIVE COLLATIO

(nlat.; *Gespräch oder Unterredung über den freien Willen*). Schrift von Desiderius ERASMUS VON ROTTERDAM, erschienen im September 1524. – Erasmus galt in den ersten Jahren der Reformation als Verbündeter LUTHERs im Kampf gegen kirchliche Mißstände. Seine Kritik an der Machtgier des Klerus, der Sittenlosigkeit des Mönchtums und den Auswüchsen der Volksfrömmigkeit hatte geholfen, dem Protestantismus den Boden zu bereiten. Da aber Erasmus die Kirche von innen heraus reformieren und ein Schisma unbedingt vermeiden wollte, geriet er bald in Gegensatz zu Luther und seinen Anhängern, die ihn bezichtigten, er schließe aus Feigheit mit dem Papsttum Kompromisse. Gleichzeitig beschuldigte ihn der konservative Klerus, und hier vor allem die einflußreiche theologische Fakultät der Universität Löwen, der lutherischen Ketzerei. In dieser Situation »zwischen den Stühlen« entschloß er sich gegen Luther offen Partei zu ergreifen. Dazu verfaßte er im Mai 1524 die Schrift *Gespräch oder Unterredung über den freien Willen*, in der Absicht, ohne von den eigenen Anschauungen über die kirchlichen Mißstände abzurücken, die Lehre Luthers zu bekämpfen.

Die Willensfreiheit war seit der Zeit der Kirchenväter eines der großen Themen der christlichen Theologie. Dabei ging es vor allem um die Frage, welchen Anteil die göttliche Gnade und der freie Wille am Heilsgeschehen haben. Luther vertrat eine extreme Position. Er lehrte, daß der Mensch in seinen Entscheidungen nicht im geringsten frei, sondern allein auf die Gnade Gottes angewiesen sei. Luther, so bemerkte Erasmus, befinde sich damit in Widerspruch zu fast allen Schriftstellern, die sich in der christlichen Epoche zur Willensfreiheit geäußert haben. Nur MANI (216–273 n. Chr.), dessen Lehre *»schon in alter Zeit mit großer Zustimmung des gesamten Erdkreises verworfen und ausgepfiffen wurde«*, und John WICLIF († 1384) hätten eine ähnlich radikale Haltung eingenommen. Nachdem er Luther derart unter solche, der römischen Kirche besonders verhaßten Ketzer, eingereiht hatte, vollzog Erasmus eine elegante rhetorische Wende und räumte ein, daß eine Auffassung nicht unbedingt richtig sein müsse, nur weil eine überwältigende Zahl von Heiligen, Märtyrern, Theologen und Kirchenfürsten ihr anhinge. Entscheidend sei die Autorität der Heiligen Schrift, die *»allein alle Urteile aller Sterblichen aufwiegt«*. Mit diesen Worten trat er Luther auf dessen ureigenstem Feld, der Bibelexegese, entgegen.

Wie sein Gegner bekannte er sich zu dem Grundsatz, daß die Heilige Schrift, die aus einem einzigen Geist hervorgegangen sei, sich nicht selbst widersprechen könne. Er verwies aber auch darauf, daß die Schrift zahlreiche schwer verständliche Stellen enthalte, die zu erklären, wenn überhaupt, den vom Heiligen Geist erleuchteten Menschen vorbehalten sein müsse. In einer Epoche freilich, in der so viele Propheten auftreten, die allesamt behaupten, vom

Heiligen Geist druchdrungen zu sein und dabei die gegensätzlichsten Auffassungen predigten, sei es besser, sich auf die überkommenen Autoritäten zu verlassen. Nur denen, die sich durch Wunder oder durch ein heiligmäßiges Leben auszeichnen, sei zu trauen, solche wahrhaft erleuchteten Menschen könne er jedoch nirgends entdecken, nicht einmal einen, »*der auch nur ein lahmes Pferd hätte heilen können*«.

Mit einer Vielzahl von Zitaten belegte Erasmus seine Auffassung, daß die Bibel den Menschen einen freien Willen zuerkennt. Alle Versprechen und Vorhaltungen, Vorwürfe, Drohungen und Beschwörungen, mit denen die Schrift die Sünder zur Umkehr auffordert und die Guten mahnt, nicht vom Wege abzuweichen, seien sinnlos, wenn man den menschlichen Willen als einen Klumpen Lehm verstehe, der von Gott nach Belieben geformt werde. Natürlich könne Gott ins Schicksal eines jeden Menschen eingreifen und ihn zum willenlosen Werkzeug seiner Pläne machen, doch solche Eingriffe hätten als Wunder zu gelten. Wenn die Menschen, von Luther verführt, allein auf die Gnade Gottes und nicht auf die eigene Anstrengung vertrauten, so werde das zur Folge haben, daß die Schwachen ihren Kampf gegen die Versuchungen des Fleisches aufgeben und die Boshaften ihre Verbrechen als Notwendigkeit entschuldigen. Die Menschen aber müßten wie Seeleute sein, die ihr Schiff durch einen schweren Sturm unversehrt in den Hafen steuern, und dann sagen: »*Gott hat mein Schiff gerettet.*« Zwar hat Gott das Schiff gerettet, aber die menschliche Kunst und Anstrengung haben ihren Teil zur Rettung beigetragen.

Obwohl Erasmus es verderblich fand, »*diese Art Theaterstücke vor einer gemeinen Menge aufzuführen*«, fand seine Abhandlung gleich nach ihrem Erscheinen großen öffentlichen Widerhall. Einer ersten Auflage, die im September 1524 in Basel erschien, folgten im Abstand von wenigen Wochen Ausgaben in Antwerpen, Köln und Straßburg. 1526 kam eine deutsche Übersetzung auf den Markt. Luther, der den Text, nicht zu Unrecht, als eine Attacke ins Herz seiner Theologie begriff, ließ sich gleichwohl Zeit mit der Antwort, auf die alle Welt gespannt wartete. Seine Entgegnung veröffentlichte er im Dezember 1525 unter dem Titel *De servo arbitrio (Vom unfreien Willen)*. – »Diatribe« nannte Erasmus sein Werk und verwies damit auf die antike Tradition, philosophische und moralische Fragen in Dialogform abzuhandeln. Obwohl er nur einen ersten Entwurf in Dialogform verfaßt hatte, hat die Technik von Rede und Gegenrede den lebhaften Stil des Werkes nachhaltig beeinflußt. Die Bezeichnung »Collatio« verweist auf die Sammlung von Bibelzitaten, die Erasmus im zweiten Teil des Buches zusammengetragen hat. KLL

AUSGABEN: Basel 1524. – Leiden 1703–1706 (in *Opera omnia*, 10 Bde., 10; Nachdr. Hildesheim 1962). – Lpzg. 1935, Hg. J. v. Walter. – Darmstadt 1969 (in *AS*, Hg. W. Welzig, 8 Bde., 1967–1980, 4; lat.-dt.).

ÜBERSETZUNGEN: *Eyne Vergleychung odder zusammen Haltung der Sprüche vom Freyen Willen*, N. Herman, Altdorf (?) 1526. – *Vom freien Willen*, O. Schumacher, Göttingen 1940; ⁶1988.

LITERATUR: M. Richter, *Die Stellung des Erasmus zu Luther und zur Reformation in den Jahren 1516 bis 1524*, Diss. Lpzg. 1900. – K. Zickendraht, *Der Streit zwischen E. und Luther über die Willensfreiheit*, Lpzg. 1909. – E. König, *E. und Luther* (in HJbG, 41, 1921, S. 52–75). – H. Bornkamm, *E. und Luther* (in Luther-Jb., 25, 1958, S. 1–20). – O. J. Mehl, *Erasmus' Streitschrift gegen Luther Hyperaspistes* (in Zs. für Reformationsgeschichte, 12, 1960, S. 137–146). – J. Boisset, *Érasme et Luther*, Paris 1962. – A. Capizzi, *La difesa del libero arbitrio da Erasmo a Kant*, Florenz 1963. – R. D. Jones, *E. and Luther*, Ldn. 1968. – Ch. Boyer, *Luther et Érasme* (in Doctor communis, 22, 1969, S. 5–24). – F. Cordero, *Il sistema negato. Lutero contro Erasmo*, Bari ²1970. – F. Graiff, *Echi italiani della polemica tra Erasmo e Lutero sul libero arbitrio* (in Quellen u. Forschungen aus ital. Archiven u. Bibliotheken, 58, 1978, S. 441–465). – E.-W. Kohls, *Luther oder E.*, Basel 1978. – A. Clair, *Servitude et liberté de la volonté. Le débat entre Érasme et Luther* (in RSPhTh, 64, 1980, S. 83–100). – H.-K. Rhee, *A Study of Man in E. and Luther*, Diss. Drew Univ. 1980 (vgl. Diss. Abstracts, 41, 1980/81, S. 4132A). – G. Chantraine, *Érasme et Luther, libre et serf arbitre*, Paris/Namur 1981.

ENCHIRIDION MILITIS CHRISTIANI SALUBERRIMIS PRAECEPTIS REFERTUM CONTRA OMNIA VICIORUM IRRITAMENTA EFFICACISSIMIS ET RATIO QUAEDAM VERI CHRISTIANISMI

(nlat.; *Handbüchlein des christlichen Soldaten, mit den heilsamsten und gegen alle Verführungen der Sünden wirksamsten Anweisungen angefüllt, und systematische Erörterung des wahren Christentums*). Religiöse Abhandlung von Desiderius ERASMUS VON ROTTERDAM, erschienen 1503. – Diese besonders in der Frühphase der Reformation populäre Schrift entstand 1501 auf die Bitte der Frau eines burgundischen Hofmannes hin, Erasmus möge ihren Gatten doch zu einem tugendsameren Lebenswandel anhalten. Diesen Zweck erreichte sie nicht; wohl aber wurde sie in überarbeiteter Form (1503 in dem Sammelband *Lucubratiunculae*, dann 1518 in Neuauflage erschienen) zu einem wichtigen Handbüchlein der Frömmigkeit, zu einer Unterweisung in dem, was Erasmus im Vorwort *philosophia Christi* nannte. Durch zahlreiche Übersetzungen (deutsch 1520) fand es weite Verbreitung.

In seiner nicht streng systematischen Abhandlung geht Erasmus vom stoischen Topos aus, daß das ganze Leben Kriegsdienst sei, der durch die Verwendung bei Paulus (im Epheserbrief) auch im christlichen Denken und in den Schriften der Kirchenväter eine große Rolle spielte. Bei Erasmus sind die Waffen in diesem Kampf nicht weltlicher Natur (hier lag nicht nur für ihn das Mißverständnis der mittelalterlichen Kreuzritter); die richtigen Waffen sind vielmehr Gebet und Bibelkenntnis. Um aber nach der Heiligen Schrift leben zu können, muß der Mensch zunächst sich selbst erkennen. Seine Seele gehört in das Reich des Geistes; sie ist das göttliche Element in ihm, der Leib hingegen das animalische. Allein Vernunft und Selbsterkenntnis vermögen die durch den Sündenfall getrennten Elemente wiederzuvereinigen. In diesem Punkte berühren sich antike und christliche Philosophie. Damit die so verstandene Vernunft wieder zur Herrschaft gelangen kann, stellt Erasmus in seinem Handbüchlein zweiundzwanzig Regeln auf. In ihnen geht es ganz allgemein darum, die Äußerlichkeiten zu überwinden, in der Kirche genauso wie in der Welt. (Die stellenweise recht deutliche Kritik am Mönchtum seiner Zeit machte das *Enchiridion* in kirchlichen Kreisen zum Gegenstand heftiger Kontroversen.) Der Kriegsdienst des Christen besteht somit vor allem im Kampf gegen Leidenschaften und Äußerlichkeiten.

Von philosophisch zentraler Bedeutung sind die vierte bis sechste Regel, besonders die fünfte: Überall, beim Verständnis der Bibel wie in der christlichen Lebensgestaltung geht der Weg vom Konkreten zu Unsichtbaren. Die detaillierten Vorschriften gegen Wollust, Geiz, Ehrgeiz, Überheblichkeit, Zorn und andere Untugenden fügen sich in den theologischen Rahmen der Regeln vier bis sechs ein. – In den Kontroversen der Zeit spielte besonders Erasmus' präzedenzlose Gleichsetzung von Mönchen und Laien im Kampf des Christen in der Welt eine große Rolle; aus heutiger Sicht ragt hingegen das moralphilosophisch-pastorale Anliegen heraus. Dem Pädagogen Erasmus ging es wie dem Theologen vor allem um die praktische Lebensgestaltung. KLL

AUSGABEN: Antwerpen 1503 (in *Lucubratiunculae aliquot*). – Löwen 1515. – Basel 1518 [m. neuem Vorw. d. Autors]. – Leiden 1703–1706 (in *Opera Omnia*, Hg. J. Clericus, 10 Bde., 5; Nachdr. Hildesheim 1962). – Mchn. 1933 (in *AW*, Hg. H. u. A. Holborn; Nachdr. 1964). – Darmstadt 1967 (in *AS*, Hg. W. Welzig, 8 Bde., 1967–1980, 1; lat.-dt.).

ÜBERSETZUNGEN: *Enchiridion oder Handbüchlein eines christlichen und ritterlichen Streiters*, J. Adelphus, Basel 1520. – *Enchiridion oder Handtbüchlin eins waren christlichen und strytbarlichen Lebens*, L. Jud, Basel 1521. – *Handbüchlein von dem christlichen Ritter*, G. B. Spalatinus, Mainz 1521. – *Handbüchlein des christlichen Streiters*, H. Schiel, Freiburg i. B. 1952. – *Enchiridion. Handbüchlein eines christlichen Streiters*, W. Welzig, Köln/Graz 1961.

LITERATUR: A. Auer, *Die vollkommene Frömmigkeit des Christen nach dem »Enchiridion militis christiani« des E. v. R.*, Düsseldorf 1954. – O. Schottenloher, *E., Johann Poppenruyter u. die Entstehung des »Enchiridion militis christiani«* (in Archiv f. Reformationsgeschichte, 45, 1954, S. 109–116). – O. Schäfer, *Ein Exemplar von E.' »Enchiridion militis christiani« mit Glossen von der Hand des Humanisten Jakob Micyllus von 1519* (in Archiv f. Reformationsgeschichte, 26, 1959, S. 81–120). – J. L. Orella, *La antropologia teologica del »Enquiridion« de Desiderio Erasmo* (in Analecta sacra Tarraconiensia, 41, 1968, S. 347–371). – R. Stupperich, *Das »Enchiridion militis christiani« des E. v. R. nach seiner Entstehung, seinem Sinn u. Charakter* (in Archiv f. Reformationsgeschichte, 69, 1978, S. 5–23). – G. A. Benrath, *Die Lehre des Humanismus u. des Antitrinitarismus* (in *Handbuch der Dogmen- u. Theologiegeschichte*, Hg. C. Andresen, Bd. 3, Göttingen 1984, S. 1–70).

FAMILIARUM COLLOQUIORUM FORMULAE

auch *Colloquia familiaria* (nlat.; *Gespräche im vertrauten Kreis*). Dialoge von Desiderius ERASMUS VON ROTTERDAM, erschienen 1518 bei Froben, von BEATUS RHENANUS zunächst ohne Wissen des Verfassers herausgegeben. Erasmus blieb nichts weiter übrig, als wenigstens die zahlreichen Flüchtigkeitsfehler auszumerzen, und besorgte bereits im darauffolgenden Jahr selbst eine verbesserte Ausgabe. Von 1522 bis 1526 kamen mehrere, jeweils veränderte und erweiterte Editionen heraus, wobei 1524 der Titel in *Familiarum Colloquiorum Opus* geändert wurde. Erst 1533 hat Erasmus die Arbeit an dem Werk endgültig abgeschlossen. In dieser Form wurden die *Colloquia*, zusammen mit dem *Lob der Torheit*, zur umstrittensten Publikation des Autors. Als 1533 die Einführung der *Colloquia* an der Schule von Wittenberg bevorstand, sagte LUTHER in einem Tischgespräch: »*Wenn ich sterbe, will ich verbieten meinen Kindern, daß sie seine Colloquia nicht sollen lesen, den er redet und lehret in denselbigen viel gottlos Ding unter fremden erdichten Namen und Personen, fürsetziglich die Kirch und den christlichen Glauben anzufechten.*«

Dabei waren die *Colloquia* ursprünglich nur dazu gedacht, Lateinschülern gute Formulierungen für den Gebrauch des täglichen Lebens bereitzustellen, lateinische Wendungen für das Grüßen, Bitten, Fragen, Danken und Befehlen, wobei die Sprachformeln häufig unmerklich zu kleinen Dialogen und Szenen gerieten. »*Die Colloquia verdanken ihre Farbigkeit nicht zuletzt der bunten Zusammensetzung der in ihnen sprechenden und agierenden Personen, durch die dem Leser zahlreiche Typen des 16. Jahrhunderts vor Augen gestellt werden*« (W. Welzig). So läßt Erasmus eine Hure die Mönche als ihre besten Kunden preisen, so beschwert sich der Autor über die Tatsache, daß junge Mädchen mit alten, kränklichen Männern verheiratet werden. Eine rechte Xantippe wird von einer tugendsamen Ehefrau an ihre ehelichen Pflichten erinnert; ein Jüngling, ehedem ein Windbeutel, führt ein längeres Gespräch mit einer Dirne und vermag sie wunderbarerweise auf den rechten Weg zurückzuführen; ein Soldat berichtet über seine schändlichen Kriegstaten, ist aber guter Dinge, da ein charakterloser Priester ihn sicherlich von seinen Sünden lossprechen wird. Ein adelsüchtiger Jüngling wird instruiert, wie sich als hochstapelnder Ritter ein bequemes Leben führen läßt. Ein denkfauler Abt wiederum, der sich über den Bildungshunger einer gelehrten Frau erregt, muß sich von dieser folgende Prophezeiung gefallen lassen: »*Wenn ihr nicht auf der Hut seid, wird es noch so weit kommen, daß wir in den theologischen Schulen den Vorsitz führen, in den Kirchen predigen und Eure Mitren in Beschlag nehmen... Ihr seht, daß die Bühne sich wandelt. Entweder muß man abtreten oder seine Rolle spielen.*« Erasmus betont zwar stets die Rolle der Frau in der Familie als Gattin und Mutter, macht sich hier jedoch eindeutig zum Anwalt einer umfassenden weiblichen Bildung.

Im Jahre 1526 fügte Erasmus einer neuen Ausgabe der *Colloquia* eine Verteidigung hinzu. Darin charakterisiert er sein Werk folgendermaßen: »*Sokrates hat die Philosophie vom Himmel auf die Erde gebracht, ich habe die Philosophie auch zum Spiel, zum Gespräch und zum Trinkgelage gebracht. Auch der Scherz von Christen sollte nach Philosophie schmecken.*« KLL

AUSGABEN: Basel 1518. – Löwen 1519 [rev.]. – Basel 1527. – Basel 1533. – Leiden 1703–1706 (in *Opera omnia*, Hg. J. Clericus, 10 Bde., 1; Nachdr. Hildesheim 1961). – Lpzg. 1828, Hg. G. Stallbaum. – Darmstadt 1967 (in *AS*, Hg. W. Welzig, 8 Bde., 1967–1980, 6; lat.-dt.). – Amsterdam 1972 (in *Opera omnia*, 1969 ff., Bd. 3/3, Hg. L.-E. Halkin u. a.; krit.).

ÜBERSETZUNGEN: *Gespräche*, anon., Augsburg 1545. – *Vertraute Gespräche*, H. Schiel, Köln 1947; ern. Essen 1985. – *Colloquia familiaria / Vertraute Gespräche*, H. Rädle, Stg. 1976; zul. 1984 (Ausw.; lat.-dt.; RUB). – *Familiarium colloquiorum formulae / Schülergespräche*, L. Wirth-Poelchau, Stg. 1982 (Ausw.; lat.-dt.; RUB).

LITERATUR: A. Bömer, *Aus dem Kampf gegen die »Colloquia familiaria« des E., die Dialoge des Johannes Morisotus* (in AfKg, 9, 1911, S. 1–73). – M. Heep, *Die »Colloquia familiaria« des E. und Lucianus*, Halle 1927. – P. Smith, *A Key to the »Colloquies« of E.*, Cambridge 1927. – D. Schmidt, *Die Frau in den »Gesprächen« des E.* (in Basler Zs. f. Geschichte u. Altertumskunde, 44, 1945, S. 11–36). – E. Gutmann, *Die »Colloquia Familiaria« des E. v. R.*, Basel/Stg. 1968. – H. Hegel, *Die Medizin in den »Colloquien« des E.*, Diss. Mchn. 1950. – *Tudor Translations of the »Colloquies« of E. (1536–1584)*, Hg. D. A. Spurgeon, Gainesville/Fla. 1972 [Nachdr.]. – L. V. Ryan, *Erasmi convivia. The Banquet Colloquies of E.* (in Medievalia et humanistica, 1977, Nr. 8, S. 201–215).

MŌRIAS ENKŌMION SEU LAUS STULTICIAE

(nlat.; *Lob der Torheit*). Ironisch-satirische Schrift von Desiderius ERASMUS VON ROTTERDAM, erschienen 1511 in Straßburg, wenige Monate nach einer nicht autorisierten und fehlerhaften Pariser Ausgabe. – Das berühmteste Buch des niederländischen Humanisten, ein »*Spiel der Phantasie*«, wie der Autor betont, wurde im ersten Jahr seines dritten Englandaufenthaltes (1509) im Hause von Thomas MORUS innerhalb einer Woche ohne Bücher und Hilfsmittel ausgearbeitet. Noch zu Lebzeiten Erasmus' erlebte das Werk 36 Auflagen bei 21 verschiedenen Druckern; es folgten zahllose Übersetzungen; RABELAIS verschlang es, und MILTON fand es noch 1632 in Cambridge »*in jedermanns Hand*«.

Im 15. Jh. war der Wahnsinn zu einem beliebten Thema geworden, das Moralisten, Dichter und Maler, wie beispielsweise Hieronymus Bosch oder Breughel inspirierte. Nach M. FOUCAULT beunruhigte die Torheit die Menschen zusehends, da sie nicht nur den Menschen seinen Leidenschaften auslieferte, sondern generell den dunklen Mächten und der Faszination eines verbotenen esoterischen Wissens verbunden schien: Der Wahnsinn wird so zur höchsten Sünde und Versuchung. Nur wenige Jahre vor dem *Lob der Torheit* hatte Sebastian BRANT in seiner Moralsatire *Das Narren Schyff* (1494) die allegorische Figur der Narrheit auftreten lassen und eindringlich vor ihrer Sündhaftigkeit gewarnt. Erasmus dagegen gewinnt der Torheit ein heiteres Antlitz ab, bei ihm ist der Wahnsinn »*an den Menschen, an seine Schwächen, seine Träume und seine Illusionen gebunden. Alles, was es an kosmischen Manifestationen im Wahnsinn gab, wie ihn Bosch sah, ist bei Erasmus ausgelöscht*« (M. Foucault). Im 38. Kapitel seiner witzigen Lobrede unterscheidet Erasmus zwei Formen des Wahns: auf der einen Seite »*Kriegslust, unersättliche Goldgier, entehrende und sündige Liebe, Vatermord, Blutschande, Tempelraub und derlei Scheußlichkeiten*«, auf der anderen Seite jedoch einen zweiten, anders gearteten Wahn: »*Er stellt sich ein, wenn holde Täuschung das Herz vom Druck der Sorgen erlöst und mit reichem Glück überschüttet.*« Der geniale Einfall des Autors, der ihm – seinem Widmungsschreiben an Thomas Morus zufolge – auf der zweimonatigen Rückreise von Italien nach England kam (wobei der griechische Titel auf den Namen seines Freundes und Gastgebers anspielt, da das griechische *mōros* Tor und *mōria* Torheit bedeutet), besteht darin, daß er die personifizierte Torheit eine *declamatio*, eine Redeübung im Sinne antiker Rhetorenschulen halten und unverfroren ihr Eigenlob verkünden läßt.

Die gesamte Menschheit, so behauptet die gewitzte Rednerin, verdanke ihr Dasein überhaupt nur der Torheit, denn welcher Mann würde für das allzu kurze Vergnügen der Kopulation – wohlgemerkt, »*ein dermaßen törichtes, dermaßen lächerliches Etwas am Menschen ist der Stammhalter seines Geschlechts*«

– mit der lebenslangen Fessel der Monogamie, welche denkende Frau mit den Beschwerden und Schmerzen der Mutterschaft bezahlen? Auch Heldentaten im Krieg entsprängen allesamt dem Wirken der Torheit, denn was könnte törichter sein, »*als aus den nichtigsten Gründen einen Streit anzuheben, aus dem der eine wie der andere stets größeren Schaden als Vorteil heimträgt? – ganz zu schweigen von den Gefallenen, denn nach denen kräht kein Hahn*«. Was anderes als die Weisheit war daran schuld, daß Sokrates den Schierlingsbecher trinken mußte? »*Während er nämlich über Wolken und Ideen spintisierte, die Länge des Flohfußes berechnete, sich über die Stimmkraft der Schnake nicht genug verwundern konnte, vergaß er zu lernen, was man zum täglichen Leben braucht.*« Alle Berufe und Stände müssen nun das zweifelhafte Lob der Rednerin einstekken, besonders die Geistlichkeit. In diesem Zusammenhang drängt sich der zweite Aspekt, der die angemaßte und eingebildete Weisheit aufs Korn nimmt, mehr in den Vordergrund. Hier bietet sich Erasmus Gelegenheit zu direktem Angriff. Von den Theologen heißt es: »*Die heiligen Geheimnisse erklären sie frei aus dem Kopfe: sie wissen genau, wie die Welt erschaffen und eingerichtet, durch welche Kanäle das Gift der Erbsünde Adams geflossen, wie, in welcher Größe und wie schnell Christus im Leibe der Jungfrau gereift ist, und wie in der Hostie die Gestalten von Brot und Wein auch ohne Substanz bestehen.*« Weiter geht die Satire auf Kosten der Mönche, Inquisitoren, Kardinäle und Päpste. Die Mönche gingen ihrer Umgebung auf die Nerven, »*wenn sie ihre abgezählten, aber unverstandenen Psalmverse mit ihren Eselsstimmen in den Kirchen herunterplärren ... Noch andere rühren an Geld sowenig wie an Gift – nur an den Becher und an ein Weib zu rühren versagen sie sich mitnichten*«. Wieviel Schönes hätte sein Ende, wenn einmal die Weisheit über einen Papst käme, »*es wäre geschehen um Geld, Ehre, Macht und Herrlichkeit, um Rechte, Dispense, Steuern, Ablässe...*«. Die Päpste führten Kriege zu ihrem Ruhm: »*Da werden abgelebte Greise so frisch und stark wie Jünglinge: Sie scheuen keine Kosten, keine Strapazen sind ihnen zu schwer, keine Bedenken zu gewichtig, ob auch Recht, Religion und Friede und die ganze Welt darob zuschanden werden.*« Wie könnte eine solche Kirche existieren, wenn es die Torheit nicht gäbe, und die Menschheit weniger simpel und leichtgläubig wäre? Gegen Ende hebt sich die Rede der Stultitia wieder auf das anfängliche Niveau. Sie erinnert – zwischen Wahnsinn und Torheit macht Erasmus keinen Unterschied – an die Raserei der Apostel, an die Raserei der Liebenden bei PLATON und fragt, ob nicht erst sie es sei, durch die der Menschengeist sich zu reiner Freiheit erhebt.

Da gerade die Torheit es selbst ist, die dies alles ausspricht, geraten auch die tiefsinnigsten Gedanken des Werks auf eine eigentümliche dialektische Weise ins Zwielicht. Wenn die Torheit die Torheit preist, ist bald nicht mehr klar, wo Ja Ja Nein wird: »*Ihr applaudiert. Ich wußte wohl, daß keiner von euch so klug sei, oder besser: so töricht, nein doch: so klug, daß er diese Meinung teilt.*« Erasmus erinnert an die Worte des HORAZ, »*ridendo dicere verum*« (»*unter Lachen die Wahrheit sagen*«). Zu Recht hat die Forschung deshalb auf den legitimierten Freiraum des Narren innerhalb des Karnevals hingewiesen, der freizügig über die Fehler anderer herziehen durfte. Als Vorbilder sind denn auch die im Sinne des russischen Literaturwissenschaftlers M. BACHTIN »karnevalesken« Werke zu sehen: der HOMER zugeschriebene *Froschmäusekrieg*, LUKIANS *Lob der Fliege* und *Der Parasit* oder SENECAS *Verkürbissung des Claudius*. – 1515 erschien *Das Lob der Torheit* bei Froben in Basel, der der eigentliche Drucker von Erasmus werden sollte. Diese Ausgabe enthielt zum erstenmal einen unter dem Namen des niederländischen Humanisten Gerard LISTRIUS publizierten Kommentar, der die Schrift für den mit der Klassik wenig vertrauten Leser erläuterte. Am Rande eines Exemplars dieser Ausgabe brachte Hans Holbein der Jüngere seine berühmten Zeichnungen an. KLL

AUSGABEN: Straßburg 1511. – Basel 1515; Faks. Basel 1931, Hg. u. Einl. H. A. Schmidt. – Leiden 1703–1706 (in *Opera omnia*, Hg. J. Clericus, 10 Bde., 4; Nachdr. Hildesheim/Ldn. 1962). – Den Haag, Hg. I. B. Kan. – Darmstadt 1975 (in *AS*, Hg. W. Welzig, 8 Bde., 1967–1980, 2; lat.-dt.). – Amsterdam 1979 (in *Opera omnia*, 1969 ff., Bd. 4/3, Hg. C. H. Miller; krit.).

ÜBERSETZUNGEN: *Das theür und künstlich Büchlein Morie Encomion das ist ein Lob der Thorheyt*. S. Franck, Ulm 1534. – *Das Lob der Narrheit*, W. G. Becker, Bln./Lpzg. 1780; ern. 1781. – *Das Lob der Torheit*, A. Hartmann, Basel 1929; Basel/Stg. [6]1966. – Dass., H. Hersch, Bearb. C. Woyte, Hg. C. Träger, Lpzg. 1958; [7]1987 (RUB). – Dass., A. J. Gail, Stg. 1958; zul. 1987 (lat.-dt.; RUB). – Dass., U. Schultz, Ffm. 1979; [5]1987 (Insel Tb). – Dass., H. Hersch, Bearb. C. Woyte, Hg. C. Träger, Köln 1986. – *Das Lob der Narrheit*, nach der Übers. Bln/Lpzg. 1781, Zürich 1987 (Nachw. St. Zweig; detebe).

LITERATUR: A. Rüegg, *D. E.' »Lob der Torheit« und Th. Morus' »Utopie«* (in *Gedenkschrift zum 400. Todestag des E. v. R.*, Basel 1936, S. 69–88). – R. Montano, *Follia e saggezza nel »Furioso« e nell'Elogio« di Erasmo*, Neapel 1942. – F. Saxl, *Holbein's Illustrations to the »Praise of Folly« by E.* (in *Burlington Magazine*, 83, 1944, S. 275–279). – W. Nigg, *Der christliche Narr*, Zürich 1956, S. 113–160. – E. F. Rice, *The Renaissance Idea of Wisdom*, Cambridge/Mass. 1958. – M. Foucault, *Histoire de la folie à l'âge classique*, Paris 1961. – W. Kayser, *Praisers of Folly. E., Rabelais, Shakespeare*, Cambridge/Mass. 1963, S. 19–100 [m. Bibliogr.]. – B. Könneker, *Wesen u. Wandlung der Narrenidee im Zeitalter des Humanismus. Brant, Murner, E.*, Wiesbaden 1966. – *Twentieth Century Interpretations of »The Prais of Folly«. A Collection of Critical Essays*, Hg. K.Williams, Englewood Cliffs/N.J. 1969. – L. G. Christian, *The Metamor-*

phoses of E.' »Folly« (in Journal of the History of Ideas, 32, 1971, S. 289–294). – G. Stenger, *»The Praise of Folly« and Its »Parerga«* (in Medievalia et humanistica, 1971, Nr. 2, S. 97–119). – J. Chomarat, *L'»Éloge de la folie« et ses traducteurs français au XXᵉ siècle* (in Bull. de l'association G. Budé, 31, 1972, S. 169–188). – A. Gendre, *Humanisme et folie chez Sébastien Brant, Érasme et Rabelais*, Basel 1978. – C. H. Miller, *Three Sixteenth-Century Manuscripts of E.' »Moriae Encomium«* (in Manuscripta, 22, 1978, S. 173–176). – Chr. Christ-von Wedel, *Das Nichtwissen bei E. v. R.*, Basel/Ffm. 1981.

ERATOSTHENES AUS KYRENE

* um 284 v.Chr. Kyrene (heute Schahhat / Libyen)
† um 202 v.Chr. Alexandreia

GEŌGRAPHIKA

(griech.; *Geographiebücher*). Verlorenes Werk in drei Büchern des ERATOSTHENES aus Kyrene. – Die *Geographie* des alexandrinischen Gelehrtendichters markiert einen der absoluten Höhepunkte in der Entwicklung des antiken Geistes: In systematischer Übersicht stellt sie die Ereignisse der gesamten praktisch-experimentellen und theoretischen geographischen Untersuchungen des Autors dar, wobei im einzelnen vor allem die Resultate seiner Schrift *Über die Erdvermessung (Peri tēs anametrēseōs tēs gēs)* als Grundlage dienten.

Der Inhalt ist, hauptsächlich durch STRABONS *Geōgraphika*, in groben Umrissen noch einigermaßen kenntlich. Buch 1 bot eine Problemgeschichte, einen historisch-propädeutischen Abriß der allmählichen Entfaltung erdkundlicher Erkenntnis und Methode. Den Anfang machte HOMER, der als Geograph sehr schlecht wegkam: Er habe, so hieß es da zum Beispiel, als Psychagoge, nicht als Wissensvermittler gedichtet, und die Irrfahrten des Odysseus könne man erst lokalisieren, wenn man den Schuster gefunden habe, der den Windschlauch des Aiolos nähte. Das Buch schloß mit einer Besprechung der peripatetischen Gelehrsamkeit und der Geographen von Alexanders Indienfahrt. – Buch 2 enthielt das methodische Fundament der eigenen Anschauungen des Autors, die mathematisch-astronomisch begründeten Messungen und Berechnungen samt den Schlußfolgerungen daraus. Hier dürften die Forschungen über Gestalt und Größe der Erde endgültig formuliert gewesen sein: Aufgrund der Kugelhypothese hatte Eratosthenes in Alexandria und dem südägyptischen Syene mit Hilfe von Schattenmessungen im Schalen-Gnomon den Erdumfang auf 252 000 Stadien zu je etwa 157 m bestimmt (da er den Wendekreis auf 23°50'57" festgelegt hatte, lag Syene für ihn auf 24°, war also ein fast idealer Standort). Im gleichen Buch behandelte Eratosthenes auch die Lehre von den klimatischen Zonen und von dem einen Ozean, der die ganze bewohnte Erde umspült: Die *oikumenē* war für ihn ein Festland, in der Breite, von der Zimtküste bis Thule, 38 000 Stadien, in der Länge, von Gibraltar bis zu den Grenzen Indiens, 78 000 Stadien groß. – Buch 3 endlich war der angewandten Geographie gewidmet, brachte eine Erdkarte (seit ANAXIMANDER durfte sie in keiner erdkundlichen Monographie fehlen), und zwar mit geometrischer Flächengliederung: Die west-östliche Trennungslinie, das von DIKAIARCH erfundene sogenannte *diaphragma*, schied die *oikumenē* in eine Nord- und eine Südhälfte; jede der beiden war ihrerseits wiederum in kleinere Areale, die »Sphragides« oder »Plinthia« aufgeteilt: Beides zusammen ergab eine Vorform unseres Meridiannetzes. Im Mittelpunkt des dritten Buches stand die detaillierte Schilderung der einzelnen Länder und »Erdteile«, jene Disziplin, die die spätere Zeit als das ausschließliche Metier des Geographen verstand.

Noch der hier gegebene knappe Überblick macht deutlich, in welchem Maße sich Eratosthenes mit den *Geōgraphika* und mit *Peri tēs anametrēseōs tēs gēs* über alle seine Vorgänger erhebt. Zwar hatte der größte unter ihnen, der Aristoteles-Schüler Dikaiarch, auch schon die exakte Mathematik als für die Geographie unerläßlich erkannt, doch dienten seine trigonometrischen Messungen eben in erster Linie noch der Erdbeschreibung – mit dem Schwergewicht auf der praktisch verwertbaren Kartographie. Erst bei Eratosthenes werden Astronomie und Mathematik zum methodischen Fundament, das von einigen wenigen arbeitshypothetischen Grundtheoremen aus (etwa der Kugelgestalt usw.) die Möglichkeit einer präzisen und umfassenden Beschreibung aller Erderscheinungen schafft und das jederzeit eine Kontrolle des gewonnenen Forschungsresultats an festen Maßstäben, nämlich den durch die mathematischen Operationen verbürgten Messungen, erlaubt. Diese innere Konsequenz des Aufbaus hat die Geographie, wenn nicht die Naturwissenschaft überhaupt, im Altertum und ebenso im Mittelalter nicht wieder erreicht. E.Sch.

AUSGABEN: Göttingen 1770, Hg. L. Ancher (in L. A., *Diatribe in fragmenta Geographicorum Eratosthenis*, Bd. 1; Ausw. aus Buch 1). – Göttingen 1789 (*Geographicorum fragmenta*, Hg. G. C. F. Seidel). – Lpzg. 1880 (*Die geographischen Fragmente des E.*, Hg. H. Berger; Nachdr. Amsterdam 1964). – Bln. 1929 (in *Die Fragmente der griech. Historiker*, Hg. F. Jacoby, Bd. 2B, Nr. 241; m. Komm.; unvollst.; Nachdr. 1957).

LITERATUR: H. Berger, *Geschichte der wissenschaftlichen Erdkunde der Griechen*, Lpzg. ²1903, S. 384–441. – G. Knaak, Art. *E.* (in RE, 6/1, 1907, Sp. 366–377). – Schmid-Stählin, 2/1, S. 250–252. – W. Kubitschek, Art. *Erdmessung* (in RE, Suppl. 5, Sp. 31–54). – J. E. H. Bunbury u. W. H. Stahl, *A*

History of Ancient Geography, Bd. 1, NY ²1959, S. 615–666. – A. H. Tozer, *A History of Ancient Geography*, NY ²1964, S. 165–183 [m. Erg. v. M. Caryl]. – P. M. Fraser, *E. of Cyrene* (in Proceedings of the British Academy, 66, 1970, S. 175–207). – G. Dragoni, *Introduzione allo studio della vita e delle opere di Eratostene* (in Physis, 17,1975, S. 41–70). – Ders., *Eratostene e l'apogeo della scienza greca*, Bologna 1979.

KAREL JAROMÍR ERBEN

* 7.11.1811 Miletín bei Jičín
† 21.11.1870 Prag

LITERATUR ZUM AUTOR:
Bibliographien:
J. Kuncová, *Kytice K. J. E. Soupis knižních vydání a literatury o K. J. E. a jeho díle z let 1837–1961*, Prag 1962. – M. Kadečková, *K. J. E. dětem. Bibliografický soupis knižně vydaných pohádek, pověstí, bájí, dětských písní, říkadel a her*, Hradec Králové 1970.
Biographien:
J. Rank, *K. J. E.* (in Osvěta, 1863). – V. Brandl, *K. J. E. Životopisná a literární studie* (in Světozor, 1883). – J. Karásek, *K. J. E. Obrázek životopisný a literární*, Prag 1911. – A. Grund, *K. J. E.*, Prag 1935. – J. Ošmera, *K. J. E.*, Prag 1939.
Gesamtdarstellungen und Studien:
A. Toušek, *K. J. E. a česká balada*, Prag 1911. – R. Jakobson, *K »romantickému« jambu E. a Máchovu* (in Plán, 1930). – Ders., *Poznámky k dílu E.* (in Slovo a slovesnost, 1935). – J. Mukařovský, *Protichůdci. Několik poznámek o vztahu E. díla básnického k Máchovu* (ebd., 1936; ern. in J. M., *Cestami poetiky a estetiky*, Prag 1971). – J. B. Čapek, *K. J. E.* (in J. B. Č., *Duch české literatury předbřeznové a předmájové*, Prag 1938). – F. Pujman, *Dva příspěvky erbenovské* (in Slovo a slovesnost, 1939). – F. Trávníček, *E. vypravěč* (in Lidové noviny, 4. 2. 1940; ern. in F. T., *Nástroj myšlení a dorozumění*, Prag 1940). – O. Skalníková, *K. J. E. národopisec a folklorista* (in Česká literatura, 1951). – J. Dolanský, *K. J. E.*, Prag 1970. – V. Bechyňová, *Vyprávěčské postupy E. balad* (in Česká literatura, 1971).

KYTICE Z POVĚSTÍ NÁRODNÍCH

(tschech.; *Blumenstrauß aus Volkssagen*). Balladensammlung von Karel Jaromír ERBEN, erschienen 1853. – Der Sammelband enthält außer dem einleitenden Gedicht *Kytice (Blumenstrauß)* zwölf Balladen (die zehnte mit dem Titel *Lilie* wurde erst in die erweiterte Auflage von 1861 aufgenommen). Den Balladen liegen Sagen und Motive der Volksdichtung zugrunde. In *Kytice, Vrba (Die Weide)* und *Lilie* ist das Motiv der Verwandlung der Seele eines Verstorbenen in eine Pflanze gestaltet; in *Svatební košile (Das Brauthemd)* wird ein Mädchen von seinem toten Bräutigam besucht und in das Totenreich geführt (Lenore-Motiv); in *Zlatý kolovrat (Das goldene Spinnrad)* findet sich das Märchensujet vom schönen Mädchen, das von seiner Stiefmutter getötet wird. In der Ballade *Poklad (Der Schatz)* greift der Autor auf den Volksglauben zurück, daß sich in der Karwoche den Menschen verborgene Schätze öffnen. Eine arme Witwe, die auf einen Schatz stößt, vergißt darüber ihr Söhnchen und läßt es in der Höhle zurück. Sie wird doppelt dafür bestraft: Der Schatz verwandelt sich in Staub, und ihr Kind bleibt in der Höhle eingeschlossen. Erst nach einem Jahr heftiger Reue findet sie ihr Kind an derselben Stelle wieder.

Auch in den anderen Balladen hält sich der Autor an die in der Volksdichtung vorherrschende ethische Grundvorstellung, derzufolge die Schuld meist daraus erwächst, daß elementare Normen im Bereich familiärer Bindungen verletzt werden. Dieses Vergehen haben die Schuldigen gewöhnlich durch schwere Sühne zu büßen. – Den volkstümlichen Anschauungen entsprechend spielt das Schicksal und die schicksalhafte Vorherbestimmung in den Balladen eine große Rolle. Die oft in phantastischer Gestalt auftretenden dunklen, drohenden Mächte werden den einfachen Menschen aus dem Volk gegenübergestellt, wobei es diesen häufig durch Demut, Liebe oder Reue gelingt, die Ereignisse zum Guten zu wenden. Der versöhnliche Ausgang nimmt auf diese Weise dem Tragischen oder Dämonischen seinen beklemmenden Charakter. In diesem Punkt entfernt sich der Autor am weitesten von seinen romantischen Vorbildern, zu denen HERDERS *Stimmen der Völker in Liedern* sowie die Balladen von BÜRGER, GOETHE und MICKIEWICZ zählen. Das Vertrauen Erbens in die Kräfte des Volkes, der Glaube an die Zukunft der Tschechen kommen am deutlichsten in der letzten Ballade *Věštkyně (Die Seherin)* zum Ausdruck. Angesichts der reaktionären »Bachschen Ära«, in die die Entstehungszeit des Werks fällt, gewinnt diese Tendenz eine unmittelbare politische Bedeutung. Die den Zyklus abschließende Ballade enthält indirekt einen Aufruf an alle Patrioten, zur Verwirklichung der ersehnten Freiheit beizutragen.

Die Sprache Erbens zeichnet sich durch äußerste Knappheit und besondere Musikalität aus. Landschafts- und Naturschilderungen bilden – ausgenommen die Ballade *Záhořovo lože (Záhoŕs Lager)* – nur den Hintergrund. In Anlehnung an die Volksdichtung verwendet der Autor gern äußerliche Details zur Beschreibung innerer Vorgänge, außerdem eine Fülle von Metaphern und Epitheta; die ausgeprägte Dialogisierung der Balladen erhöht ihre innere Dramatik. Bei allen Anleihen, die Erben bei der Volksdichtung machte, schuf er etwas durchaus Originelles und wendete die folkloristischen Motive ins Gesellschaftlich-Aktuelle und zugleich Allgemeingültige. H.Gü.

AUSGABEN: Prag 1853. – Prag 1861. – Prag 1948 (in *Básně a překlady*). – Prag 1958 [Nachw. R. Lužík]. – Prag 1969 [Nachw. M. Otruba]. – Prag 1978.

ÜBERSETZUNG: *Der Blumenstrauß*, E. Albert u. M. Kwayser, Wien 1900.

DRAMATISIERUNG: J. Suchý u. F. Havlík, *Kytice* (Urauff. Prag 14. 3. 1972, Semafor).

LITERATUR: J. Vrchlický, *Několik slov o E. »Kytici«* (in K. J. E., *Kytice*, Prag 1890; auch in J. V., *Studie a podobizny*, Prag 1893). – F. Šujan, *»Kytice« po stránce estetické s rozborem Pokladu* (in 29. program českého vyššího gymnázia v Brně, 1895/96). – E. Krásnohorská, *K jubileu E. »Kytice«* (in Osvěta, 1903). – J. Sutnar, *K padesátému výročí prvého vydání E. »Kytice«* (in Časopis Českého muzea, 1903). – A. Novák, *K. J. E. a jeho »Kytice«* (in Národní listy, 8. 11. 1911; auch in A. N., *Mužové a osudy*, Prag 1914). – J. Polák, *Ke kompozici E. »Kytice«* (in Český časopis filologický, 1944/45). – P. Eisner, *Slovo prvorozené. Čeština E. Kytice* (in K. J. E., *Kytice*, Prag 1945/46). – K. Horálek, *Verš E. »Kytice«* (in Slovo a slovesnost, 1964). – J. Levý, *Ještě k verši E. »Kytice«* (ebd., 1966). – M. Červenka, *Veršové systémy v E. »Kytici«* (in Česká literatura, 1967). – J. Janáčková, *E. »Kytice«*, Prag 1967.

ALONSO DE ERCILLA Y ZÚÑIGA

* 7.8.1533 Madrid
† 29.11.1594 Madrid

LA ARAUCANA

(span.; *Die Unterwerfung der Araukaner*). Epos in drei Teilen und 37 Gesängen von Alonso de ERCILLA Y ZÚÑIGA, erschienen 1569 und 1578–1589. – Die von dem Systematiker der spanischen Grammatik A. de NEBRIJA geforderte Verbindung von *armas* und *letras* (Kriegs- und Dichtkunst) wird bei Ercilla in geradezu idealer Weise verwirklicht. Denn er war bei der Unterwerfung der verbissen um ihre Freiheit kämpfenden Araukaner in Chile selbst dabei und hatte als Berichterstatter während des Kriegszugs manchmal unter primitivsten Umständen (die Verse wurden mangels Papier auf Leder und Fetzen notiert) den ersten Teil des Epos niedergeschrieben. Er will nicht, wie ARIOST, *»Liebe, Damen und Galanterie«* besingen, sondern vielmehr die großartige Kordillerenlandschaft, die Sitten und Gebräuche ihrer Urbewohner, vor allem aber den Freiheitskampf der noch unbezwungenen Araukaner in seinem Epos schildern. Daß Ercilla es wagte, die Ruhmsucht der Spanier heftig zu tadeln, vor allem aber, daß er die tapferen Araukaner zu den Helden seines Epos macht, könnte einer der Gründe dafür gewesen sein, daß er trotz seiner Rechtfertigung im Prolog nach dem Erscheinen des ganzen Werkes der königlichen Gunst verlustig ging; denn die heftig umstrittene Frage, ob der Indio der Menschenwürde teilhaftig oder aber ein Tier sei, war zwar 1537 von Papst Paul III. endgültig im Sinne der Menschenwürde entschieden worden, aber in Wirklichkeit wurde diese Entscheidung nicht immer geachtet.

Das Epos besteht aus drei Teilen: Nach den großen anfänglichen Siegen der Araukaner (Teil 1) wechselt das Glück auf die Seite der Spanier, die mit verstärkten Truppen die Indios schlagen (Teil 2). Darauf entstehen Uneinigkeiten im Lager der Indios, und nach der Versöhnung durch ihren Anführer Caupolicán werden sie bei einem unüberlegten erneuten Angriff (Teil 3) von den Spaniern auseinandergetrieben, der Anführer wird gefangengenommen und am Pfahl gemartert. Über dem Geschehen waltet Fortuna, die *»treulos unbeständig mit einem Mal alles zerschlägt«*. Der Autor selbst erscheint in dem Epos meist als distanzierter, nicht betroffener Zuschauer, der manchmal aber auch teilnehmend, ja handelnd in das Geschehen eingreift.

Die Haupthandlung verläuft nicht geradlinig; ohne Schauplatzwechsel schiebt sich mehrmals ein Simultangeschehen ein. Mit einer magischen Glaskugel macht der Zauberer Fiton entscheidende europäische Ereignisse (wie die Schlacht bei Lepanto) in seiner Höhle sichtbar: ein Kunstgriff des Autors, um den universalhistorischen Zusammenhang des Kriegszugs gegen die Araukaner mit dem Ausbau der spanischen Weltmacht zu unterstreichen. Die außerdem noch eingeschobenen Liebesgeschichten der Indianerinnen Tegualda, Fresia und Glaura – ein gewisses Zugeständnis an das italienische Epos – mildern mit ihren zarten, melancholischen Tönen die in brutal realistischen Szenen geschilderte Kriegswirklichkeit. Daß der Autor über unmittelbares Zeitgeschehen berichtet, dürfte einer der Gründe für die große Beliebtheit gewesen sein, deren dieses bei seinem Erscheinen hochaktuelle Chronik-Epos sich rasch erfreute. Es zog eine Flut von ähnlichen Heldenliedern nach sich, von denen das bedeutendste, *El arauco domado (Der gezähmte Araukaner)*, von Pedro de OÑA stammt. W.H.

AUSGABEN: Madrid 1569. – Madrid 1589. – Santiago de Chile 1910–1918, 5 Bde., Hg. J. T. Medina. – Madrid 1960. – Madrid 1983, Hg. A. M. Morínigo u. I. Lerner, 2 Bde. (Castalia).

LITERATUR: S. A. Lillo (in Anales de la Univ. de Chile, 1928, S. 59–116; 529–598). – Ebd. 1933, Nr. 11; Sondernr. – W. Strohmeyer, *Studie über die »Araucana« des Don A. de E. y Z.*, Bonn 1929. – *The History of Araucana*, Hg. F. Pierce, Manchester 1964. – H. Montes, *Estudios sobre »La Araucana«*, Valparaíso 1966. – A. Iglesias, *E. y »La Araucana«*, Santiago de Chile 1969. – A. J. Aquila, *»La Araucana«: A Sixteenth-Century View of War and Its Effects of Man*, Diss. Univ. of Indiana 1973 (vgl. Diss.

Abstracts, 34, 1973, S. 303A). – A. J. Aquila, *A. de E. y Z.: A Basic Bibliography*, Ldn. 1975. – J. M. Corominas, *Castiglione y »La Araucana«. Estudio de una influencia*, Madrid 1980. – B. Held, *Studien zur »Araucana« des Don A. de E.: Vorstellung zu Recht, Staat und Gesellschaft in epischer Form*, Ffm. 1983. – F. Pierce, *A. de E. y Z.*, Amsterdam 1984. – C. Wentzlaff-Eggebert, *»La Araucana« como poema épico* (in *Fs. f. H. Baader*, Hg. F. Gewecke u. G. Sobejano, Barcelona 1984, S. 219–236). – A. Alvarez Vilela, *Histoire et fiction dans »La Araucana«* (in Études des Lettres, 2, 1986, S. 39–67).

ERCKMANN-CHATRIAN

Émile Erckmann
* 20.5.1822 Phalsbourg
† 14.3.1899 Lunéville

Alexandre Chatrian
* 18.12.1826 Alberschweiler
† 3.9.1890 Villemomble bei Paris

HISTOIRE D'UN CONSCRIT DE 1813

(frz.; *Geschichte eines Rekruten von 1813*). Roman von ERCKMANN-CHATRIAN, erschienen 1864. – In diesem später in die von den beiden, unter einem Doppelnamen auftretenden Autoren so genannten *Romans nationaux* (1867) eingereihten Werk werden die Kämpfe im verlorenen Rußlandfeldzug Napoleons dargestellt, und zwar aus der Perspektive des Uhrmacherlehrlings Joseph Bertha, der aus seiner – und Erckmanns – lothringischen Vaterstadt Phalsbourg nach Frankfurt eingezogen wird. In der Schlacht von Leipzig wird er verwundet, schließlich gelangt er mit den Resten der Napoleonischen Armee in seine Heimat zurück, wo ihn seine Braut und sein Meister erwarten. Der in Ich-Form geschriebene Roman schließt mit der Ankündigung einer Fortsetzung, einem Bericht Berthas über seine Abenteuer auf dem Schlachtfeld von Waterloo.
Phalsbourg erscheint als idyllische Kleinstadt, deren ehrsame Bürger nur den Wunsch haben, unbehelligt von der großen Politik und den militärischen Aushebungen sich ihren gewohnten Angelegenheiten widmen zu können. Das sentimentale Gemälde dieser heilen Welt steht in scharfem Gegensatz zu den realistisch und in nüchterner Sprache dargestellten Kriegserlebnissen des Helden. Obgleich er sich der kämpferischen Begeisterung seiner Kameraden und der Faszination Napoleons nicht ganz entziehen kann, bleibt sein Blick offen für das Leid und die Zerstörung, die jeder Krieg besonders für die einfachen Bürger und Soldaten mit sich bringt. Nicht Napoleons militärische Zielsetzung oder die politischen Hintergründe und Konsequenzen seiner Feldzüge, sondern die beschwerlichen Fußmärsche, die Nähe des Todes, das Leid und die Todesangst der Verwundeten sowie eindringliche Bilder von Kampf und Zerstörung bilden die Substanz nicht nur dieses Buches, sondern auch seiner Fortsetzung *Waterloo* (1865), die nicht nur das Kampfgeschehen jener Schlacht, sondern auch den politischen Opportunismus der dem Niedergang des Kaisers folgenden Restaurationszeit darstellt.
Auch die übrigen *Romans nationaux*, Erzählungen aus den Kriegen der Revolutionszeit und der Napoleonischen Ära, wie *Madame Thérése ou Les volontaires de 1792* (1863) oder *Le fou Yégouf* (1862), worin eine Episode des heldenhaften Widerstandes vogesischer Patrioten gegen die österreichischen Invasionstruppen geschildert wird, sind eng mit den spezifischen Problemen des elsaß-lothringischen Grenzgebiets verbunden. Ihre Beliebtheit verdanken sie nicht nur ihrer volkstümlichen Perspektive und der Sympathie des Autors für die republikanische Opposition gegen das Regime Napoleons III., sondern auch der nationalen Empörung über den Verlust der rheinischen Provinzen nach der Niederlage Frankreichs im Deutsch-Französischen Krieg von 1870/71. K.En.

AUSGABEN: Paris 1864. – Paris 1962 (in *Contes et romans nationaux et populaires*, 14 Bde., 1962–1964; Nachdr. 1987). – Paris 1964. – Paris 1986 (Poche). – Paris 1987 [Anm. J. de Miribel].

ÜBERSETZUNGEN: *Erlebnisse eines Conscribirten des Jahres 1813*, C. v. C., Bln. 1865. – *Geschichte eines Anno 1813 Conscribirten*, R. Habs, Lpzg. o. J. [1882]; ern. Lpzg. 1920 (RUB, 1459/60). – *Ein Rekrut von Anno 13*, L. Pfau (in *AW*, Bde. 7/8, Stg. 1882). – *Erlebnisse eines Rekruten von 1813*, K. Schade, Lpzg./Wien o. J. [1891]. – *Geschichte eines Rekruten*, bearb. v. K. Brandt, Stg. o. J. [1914]. – *Der Rekrut*, J. v. Harten, Zürich 1971 [Vorw. V. S. Pritchett].

LITERATUR: *E.-Ch., études biographiques et littéraires*, Paris 1922. – L. Schoumacker, *É.-Ch., étude biographique et critique d'après des documents inédits*, Paris 1933. – G. Benoit-Guyot, *Les débuts d'E.-Ch.* (in RDM, 1949, fasc. 12, S. 709–721). – Ders., *L'histoire dans les »Romans nationaux« d'E.-Ch.* (in Annuaire-bulletin de la Société de l'Histoire de France 1948/1949, 1950). – Ders., *La vie et l'œuvre d'E.-Ch.*, Paris 1963. – H. Hatzfeld, *E.-Ch. et la culture populaire* (in Esprit, Sept. 1963, S. 320–331). – W. Schneider *E.-Ch., Geschichte u. Geschichtsdarstellungen in den »Romans nationaux«*, Diss. Mainz 1970. – Europe, 1975, Nr. 549/550 [Sondernr. *E.-Ch.*]. – B. Clavel, *La littérature des hommes* (in NL, 27. 7. 1978). – Ch. Grandhomme, *Sociologie et littérature au XIXe siècle. E.-Ch. devant l'histoire*, 2 Bde., Diss. Straßburg 1987.

NIKOLAJ ROBERTOVIČ ĖRDMAN

* 16.9.1902 Moskau
† 10.8.1970 Moskau

LITERATUR ZUM AUTOR:
K. Rudnickij, *Režisser Mejerchol'd*, Moskau 1969, S. 332–342. – M. Hoover, *N. Ė.: A Soviet Dramatist Rediscovered* (in Russian Literature Triquarterly, 1972, 2, S. 413–434). – N. Moranjak-Banburać, *N. R. Ė. – komediograf (Voprosy sovetskoj avangardnoj dramy)*. (in Russian Literature, 1987, 21, S. 77–88).

MANDAT

(russ.; *Ü: Das Mandat*). Satirische Komödie in fünf Akten von Nikolaj R. ĖRDMAN, Uraufführung: Moskau, 20. 4. 1925, Teatr im. Mejerchol'da; dt. Erstaufführung: Berlin 1927, Renaissance-Theater. – Gegenstand der Satire ist der am Besitz hängende, opportunistische Kleinbürger, der durch die phrasenhafte, scheinrevolutionäre Maskierung seiner reaktionären Gesinnung in der Zeit der Neuen Ökonomischen Politik (NĖP) zu einer Gefahr für die gesellschaftsverändernden Ziele der jungen Sowjetrepublik und daher zur Zielscheibe vieler literarischer Attacken (CHLEBNIKOV, GLADKOV, MAJAKOVSKIJ u. a.) wurde.
Der ehemalige Großindustrielle und Grundbesitzer Olimp Valerianovič Smetanič, der »*am ersten Tag der Revolution anfing ... Pleite zu machen ... und immer noch nicht mit der Pleite fertig ist*«, sucht für seinen Sohn Valerian Olimpovič eine Frau, die als »Mitgift« ein Parteimitglied in die Ehe mitbringt, das als Alibi für seine Machenschaften dienen soll. Nadežda P. Gulačkina, die ehemalige Besitzerin eines Feinkostgeschäfts, wittert eine Chance für ihre dumme und häßliche Tochter Varvara und überredet ihren Sohn Pavel, sich um die Aufnahme in die Partei zu bemühen, um so die Voraussetzung für die gute Partie zu schaffen. Es kommt zu burlesken Verwicklungen und entlarvenden Verwechslungen, in deren Verlauf schließlich Nastja, die Köchin der Gulačkins, in einer Truhe versteckt, im Zimmer des ehemaligen zaristischen Generals Avtonom Sigismundovič landet. Sie trägt ein Kleid der Zarin, das die Salondame Tamara L. Lišnevskaja als »*das Letzte, was von Rußland verblieb*« vor einer angeblich drohenden Haussuchung bei den Gulačkins retten wollte. Die Köchin wird von dem senilen General für die zurückgekehrte Großfürstin Anastasja Nikolaevna gehalten, da sie zufällig dieselben Vornamen trägt. Als Olimp V. Smetanič von diesem unverhofften »Ereignis« erfährt, disponiert er augenblicklich um: Er läßt altes Zarengeld aufkaufen und schmiedet neue Heiratspläne für seinen Sohn, den er gerade noch einer Frau mit »*kommunistischer Verwandtschaft*« zuführen wollte. Da nämlich Nastja, die an eine Entführung im Stile ihrer sentimentalen Groschenhefte glaubt, auf unverzügliche Heirat mit Valerian Olimpovič drängt, sieht sich der ehemalige Großindustrielle und Gutsbesitzer schon als Schwiegervater der zukünftigen Zarin. Es wird eine groteske Heiratszeremonie arrangiert, bei der der genarrte Pavel sein »*anderes Gesicht*« – das am Hosenboden befestigte Zarenporträt – zeigen muß. Die Nutznießer des alten Rußlands glauben an eine »*Renaissance*« und träumen von der Rückgewinnung ihrer früheren Vorrechte. Schon hört Smetanič vom zurückkehrenden alten Staatsschiff »*den freudigen Ausruf:* »*Land in Sicht!*« *Jawohl, Land in Sicht, dreihunderteinundvierzig Hektar. Heiliges, heimatliches Land*«, und meint damit seinen enteigneten Großgrundbesitz. Pavel, der das Spiel mit der Köchin durchschaut, sieht eine unverhoffte Chance zu »*revolutionärem Heldentum*« und damit verbundenen »*Parteiehren*«. Bislang konnte er sich lediglich auf ein »*Mandat*« als Hausmeister berufen, dessen Kopie angeblich »*an den Genossen Stalin persönlich*« abgegangen ist, das er sich aber – wie sich am Ende erweist – selbst ausgestellt hat. In der Wohnung des entmachteten zaristischen Offiziers findet eine groteske »*Wiedereinführung*« der alten Zarenmacht statt, die selbst die von dem skandalsüchtigen Untermieter Šironkin alarmierte Miliz nicht ernstzunehmen vermag.
Nicht nur mit der Gattungsbezeichnung »*satirische Komödie*« knüpft Ėrdman an GOGOL'S *Revizor*, 1836 *(Der Revisor)*, an. Auch in der schöpferischen Adaption einer Reihe von thematischen und formalen Elementen zeigt sich der Einfluß dieses Autors. Bezeichnenderweise wurde Ėrdman von GOR'KIJ als »*unser neuer Gogol'*« begrüßt, und der erste Regisseur von *Mandat*, V. Ė. MEJERCHOL'D sah darin »*eine glänzende Fortsetzung der Grundlinie der russischen Dramatik von Gogol' und Suchovo-Kobylin*«. Gleichzeitig fällt jedoch die für die russische Dramatik und Dramaturgie der ersten beiden Jahrzehnte des 20. Jh.s typische Aufnahme von Elementen des Jahrmarkt- und Schmierentheaters auf. Ėrdman nutzt die »*groben szenischen Effekte*«, um die entlarvende Satire und die spielerische Dynamik des Stücks zu verdeutlichen, wobei letztere vor allem durch die sich in Handlung umsetzenden Wortwitze und -spiele unterstützt wird. Auf diese Weise kommt er ohne jede Bühnenanweisung aus. Dies wiederum ließ die Regiekunst Mejerchol'ds deutlich hervortreten: Seine Inszenierung der Komödie wurde zu einem besonderen Ereignis, da das Stück für die Entfaltung von Mejerchol'ds Prinzipien der »*Biomechanik*« außerordentlich günstige Voraussetzungen bot. Mejerchol'd gliederte die Drehbühne in drei Ringebenen, die sich in beliebigen Geschwindigkeiten und Richtungen bewegen ließen. Damit war ein Gegengewicht zu den marionettenhaften Bewegungen der Personen des Stükkes geschaffen. Einen besonderen Stellenwert verlieh der Regisseur den Gegenständen, die als Konsumfetische Denken und Handeln der karikierten kleinbürgerlichen Opportunisten bestimmen

(Nähmaschine, Piano, Fächer, Papierblumen u. a.). Mit der Figur des Drehorgelmannes wurde ein Element des Schaubudendramas in neuer Verwendung wieder eingeführt. H.J.S.

AUSGABEN: o. O. u. J. [1924]. – Mchn. 1976. – Moskau 1987 (in Teatr, Nr. 10).

ÜBERSETZUNGEN: *Das Mandat*, E. Boehme, Bln. 1926. – Dass., E. Kottmeier u. E. G. Kostetzky, Neuwied 1969 [Bühnenms.].

LITERATUR: *O »Mandate« N. È. v teatre Mejerchol'da* (in Pravda, 15. 5. 1925). – *K. postanovke »Mandata«. Beseda s V. È. Mejerchol'dom* (in Večernjaja Moskva, 6. 4. 1925). – N. Volkov, *Moskovskaja dramaturgija – k itogam sezona* (in Prizyv, 1925/26, S. 84–90). – I. Solov'jeva, *Radi čego?* (in Teatr, 3, 1957, S. 70–81). – K. Martínek, *Pokus o satirický výpad proti měšťáctví – È. »Mandat«* (in K. M., *Mejerchol'd*, Prag 1963, S. 253/254). – *Istorija sovetskogo dramatičeskogo teatra*, Bd. 2, Moskau 1966, S. 128–133. – V. È. Mejerchol'd, *Stat'i, pis'ma, reči, besedy*, Bd. 2, Moskau 1968, S. 95–97. – E. G. Kostetzky, *È. – »Das Mandat«* (in Das Schauspielhaus, 1971, H. 19). – W. Kasack, *N. È i ego »Mandat«* (in N. È., *Mandat*, Mchn. 1976).

SAMOUBIJCA

(russ.; *Ü: Der Selbstmörder*). Satirische Komödie von Nikolaj R. ÈRDMAN; als Bühnenmanuskript herausgegeben 1928, Uraufführung: Göteborg 1969; deutschsprachige Erstaufführung: Zürich 1970, Schauspielhaus. – *Der Selbstmörder* ist, neben szenischen Miniaturen, das zweite große Stück Èrdmans, das aber, im Gegensatz zu seinem überaus populären und vielgespielten – durch die Inszenierung von MEJERCHOL'D in die Theatergeschichte eingegangenen – Erstlingswerk *Das Mandat* (1925), nach Vorbereitungen zur Aufführung abgesetzt und in der Sowjetunion erst unter den Bedingungen von Gorbačevs *Perestrojka* 1987 auf die Bühne kam. Das fünfaktige, ungemein spritzige und theaterwirksame Stück voller Situationskomik ist nicht nur eine böse Satire auf das muffige Spießertum, das auch durch die Revolution nicht hinweggefegt wurde und sich in den Jahren der NÈP wieder breitmachte, sondern auch eine ironische Auseinandersetzung mit der sowjetischen Wirklichkeit dieser Jahre. Held des Stücks ist der arbeitslose Kleinbürger Semën Semënovič Podsekal'nikov, ein Familientyrann voll weinerlichen Selbstmitleids und Geltungsdrangs. Nach einer nächtlichen Auseinandersetzung mit seiner Frau und seiner Schwiegermutter befürchten diese den Selbstmord ihres »Familienoberhaupts«. Sie holen Nachbarn zu Hilfe, die sich geschäftig um den »Lebensmüden« bemühen. Die großangelegte Hilfsaktion, die Podsekal'nikov so plötzlich in den Mittelpunkt stellt, bringt ihn erst auf die Idee des Selbstmords, und mit Hilfe des Nachbars Kalabuškin hat es sich schnellstens herumgesprochen, daß Podsekal'nikov sich erschießen will. Sofort erscheinen viele Leute, die diesen Selbstmord für ihre Zwecke ausnützen und Podsekal'nikov zu einem »ideologischen Toten« machen wollen. Aristarch, der Vertreter der alten russischen Intelligencija, will ihn *»für die Wahrheit«*, der Literat Viktor Viktorovič *»für die heilige Kunst«* und der Pope für die Religion sterben lassen.

Podsekal'nikov findet immer mehr Gefallen an seinem »Heldentod« und wird zunehmend selbstbewußter und aufgeblasener. Im Anschluß an ein großes Abschiedsbankett soll er sich erschießen, und jetzt erlebt Podsekal'nikov im Gefühl der Freiheit und Macht, das ihm sein naher Tod gibt, seinen größten Augenblick: *»Mein Gott! Ich kann alles machen? Mein Gott! Ich fürcht mich vor niemand! Zum erstenmal in meinem Leben fürcht ich mich vor niemand. Wenn ich jetzt will, geh ich in jede Versammlung, in jede, kapiert? – und strecke dem Vorsitzenden . . . die Zunge heraus. Das geht nicht? Das geht! Liebe Genossen! Das ist es ja, daß ich machen kann, was ich will. Ich fürcht mich vor niemand. Wir sind in der Sowjetunion 200 Millionen, Genossen, und jede Million fürchtet sich vor jemand, und ich hier fürcht mich vor niemand . . . Ich muß sowieso sterben. Oj, haltet mich fest, sonst fang ich gleich an zu tanzen. Heute herrsche ich über alle Menschen. Ich bin ein Diktator. Ich bin der Zar, liebe Genossen. . .«* Und er ruft den Kreml an, »das rote Herz der Sowjetrepublik«, um zu sagen, daß er Marx nicht mag. Sich aber das Leben zu nehmen, das bringt er nicht fertig. Er ringt verzweifelt komisch um seinen Selbstmord und hüpft schließlich lebendig in den Sarg. Auf dem Friedhof erhebt sich der vermeintlich Tote und stürzt sich heißhungrig auf die rituelle Totenspeise: *»Bloß leben, Genossen, bloß nicht sterben, nicht für Euch, nicht für die übrige Menschheit . . .«* Die Trauergemeinde ist empört über soviel Feigheit und Materialismus und fühlt sich betrogen. Da wird gemeldet, daß das Beispiel Schule gemacht hat. Ein junger Mann hat sich nach seinem Vorbild erschossen.

Podsekal'nikov ist der nicht ohne Sympathie gesehene ironisch-übersteigerte Antiheld par excellence, der kleine gedemütigte Spießer, der nichts will, als ein »ruhiges Leben« und sein Essen und die »Flüsterfreiheit« zu sagen, *»daß das Leben schwer ist«*. Er entlarvt nicht nur die heuchlerischen und verlogenen Ideale der konterrevolutionären Anhänger der alten Welt, die seinen Tod für ihre Zwecke ausschlachten wollen, sondern kritisiert auch die hohle Phraseologie seiner Umwelt, den Zweckoptimismus, die ständige Forderung nach Heroismus durch die Sowjetmacht. Das Stück stammt aus der GOGOL'schen Tradition, zu der sich Èrdman in mehreren direkten Anspielungen und Zitaten ausdrücklich bekennt. Die Ähnlichkeiten in der dramaturgischen Konstruktion besonders mit dem *Revizor* sind auffällig. – Groteske Überspitzung der Charaktere und die geschickte Kombination von komödiantischer Situationskomik und geschliffenem Wortwitz sind die häufigsten Stilmittel von Èrdmans Satire. K.H.

AUSGABEN: o. O. 1928 [Bühnenms.]. – Bln. 1975. – Ann Arbor 1980. – Moskau 1987 (in Sovremennaja dramaturgija, Nr. 2).

ÜBERSETZUNG: *Der Selbstmörder*, I. Gampert, Kassel 1970 [Bühnenms.].

LITERATUR: F. Bondy, Rez. (in SZ, 2. 3. 1970). – G. Rohde, Rez. (in FAZ, 4. 3. 1970). – M. Jovanović, *»Samoubica« – nepoznata drama N. Ė.* (in Pozorište, 1971, 4). – *N. Ė.s »The Suicide«: An Unpublished Letter from Stalin to Stanivlavsky*, Hg. C. Proffer (in Russian Literature Triquarterly, 1973, 7).

LOUISE ERDRICH

* 7.6.1954 Little Falls / Minn.

LOVE MEDICINE

(amer.; *Ü: Liebeszauber*). Roman von Louise ERDRICH, erschienen 1984. – In vierzehn kunstvoll miteinander verbundenen Erzählungen, die z. T. vorab in Zeitschriften erschienen, entwirft die Autorin in ihrem ersten Roman ein breites Netz indianischer Familienbeziehungen über drei Generationen, in deren Leben Liebe und Entfremdung eine zentrale Rolle spielen. Handlungsort ist das Chippewa-Reservat in North Dakota und seine unmittelbare Umgebung. Der Zeitraum umfaßt die Jahre 1934–1984. Die Familiengeschichte beginnt mit der denkwürdigen Liebesaffäre zwischen der 14jährigen Marie Lazarre, die sich gerade von ihrer katholischen Erziehung durch Schwester Leopolda freigemacht hat, und dem 19jährigen Indianer Nector Kashpaw, der eigentlich mit zwei toten Gänsen auf dem Wege zu seiner heißgeliebten Lulu Nanapush war. Nach 23 Jahren, in denen Marie und Nector zusammen sieben Kinder haben, kehrt Marie zu der sterbenden Klosterschwester Leopolda zurück, um endgültig von ihr Abschied zu nehmen, während Nector, immer noch in qualvollem Konflikt, zu Lulu zurückkehren will. Lulu hat sich gerade ihren vierten Mann genommen. Eins ihrer neun Kinder, Henry Lamartine Jr., kehrt 1973 verstört aus dem Vietnamkrieg zurück und kann weder durch die Liebe von Albertine Johnson, einer Enkelin von Marie, noch durch die Fürsorge seines jüngeren Bruders Lyman vor dem Alkohol und dem Ertrinken im Red River bewahrt werden. Als 1981 June Kashpaw, eine Schwiegertochter von Marie, betrunken im Schnee erfriert (dies ist die Eröffnungsszene des Romans), löst dies eine Reihe von Veränderungen bei den Kashpaw- und Nanapush-Familien aus: Junes Ehemann Gordon verfällt schuldbewußt dem Alkohol; Junes Sohn Lipsha will durch einen Liebeszauber mit Gänseherzen Marie und Nector (der immer noch Lulu nachstellt) zusammenbringen, doch Nector erstickt an dem verabreichten Herz; Lulu und Marie versöhnen sich im Altersheim; Lipsha schließlich entdeckt in Lulus Sohn Gerry Nanapush, einem ständig vor der Polizei flüchtigen indianischen Aktivisten, seinen wahren Vater und verhilft ihm mit einem Auto erneut zur Flucht. Dieses Auto, das sich Lipshas Halbbruder King Kashpaw von der Versicherungssumme für den Tod von June gekauft hatte, war durch ein Kartenspiel an Lipsha und Gerry gefallen.

Die komplexen Verästelungen in den Genealogien der beiden Familien (die Hauptlinie Lulu-Gerry-Lipsha und die Kontrastlinie Marie-Gordon-King werden durch June verknüpft) führen letztlich zurück zu den beiden starken Frauen des Romanes, zwischen denen Nector nicht zu wählen weiß und um die letztlich alle Figuren im Roman kreisen: Marie, militante Kämpferin, und Lulu, ganz liebevolle Beharrlichkeit, halten ihre Familien zusammen, das Land in ihren Händen und die indianischen Kulturen – bei aller Mischbildung – intakt. Der zentrale Liebeszauber mit den vorgetäuschten »Gänseherzen«, die nicht (wie in altem indianischen Brauch) der Jagd, sondern dem Supermarkt und zwei Truthähnen entstammen, tötet zwar den alten Nector, bringt aber die liebevollen Beziehungen in und zwischen den Familien zu neuem Leben. Ohne die Bedrohung dieser Familien von außen durch Ölfunde, Alkohol, Grundstücksspekulation, Vietnamkrieg, Konsumkultur usw. zu verharmlosen, bildet der Roman von Lulu über Gerry bis hin zu Lipsha ein Stück indianischer Widerstands- und Stammeskultur ab, das durch Lulus ersten Mann Old Man Pillager auf Chippewa-Ursprünge zurückgeht. Entfremdete Kontrastfiguren wie King oder Gordon Kashpaw und Henry Lamartine Jr. verdeutlichen, wie ernst die Bedrohung durch die näher rückende US-Gesellschaft für diese Lebensweise ist.

Eine reiche, vielschichtig angelegte Symbolik vernetzt die einzelnen Episoden und verleiht ihnen oft hintergründig-ironische Bedeutung. Die toten Gänse in der dritten Episode (1934) verweisen auf den Liebeszauber in der zwölften (1982), Kings Auto in der ersten auf die Flucht in der letzten, Schwester Leopoldas Schürhaken auf den Löffel bei ihrem Tod usw. Als Schnee, Tränen oder Fluß bildet Wasser das weitreichende Hauptsymbol des Romans: Der Sage nach entstammen die Dakotas einem Meer in Herzen Nordamerikas. Die verdeckt geführte und ironisch gewendete Leitsymbolik erschließt sich den Lesern erst im nachhinein, wie auch der Tod von June in der Eingangsszene des Romans: Der erste Satz, der erste Abschnitt und der letzte Satz des Romans enden auf »*home*«, doch jedesmal bedeutet dieses Wort etwas anderes.

Erdrich nutzt die seit William FAULKNERS *Go Down, Moses*, 1942 *(Das verworfene Erbe)*, erprobte Technik, Kurzgeschichten, die für sich alleine stehen können, zu kunstvollen genealogischen Erzählungen zusammenzuschließen, die ethnisches Erbe,

Konflikt um das Land und das mühevolle Erinnern an die eigene Geschichte thematisieren. Der mehrfach preisgekrönte Roman war kommerziell erfolgreich und zählt zu den wichtigsten indianischen Werken der achtziger Jahre. W.Kar.

AUSGABEN: NY 1984. – NY 1985.

ÜBERSETZUNG: *Liebeszauber*, H. Pfetsch, Reinbek, 1986.

LITERATUR: M. Portales, *People with Holes in their Lives* (in New York Times Book Review, 23. 12. 1984, S. 6). – R. Towers, *Uprooted* (in New York Review of Books, 11. 4. 1985, S. 36–37). – E. Jahner, *»Love Medicine«* (in Parabola, 10. 5. 1985).

IL'JA GRIGOR'EVIČ ĖRENBURG

* 27.1.1891 Kiew
† 31.8.1967 Moskau

LITERATUR ZUM AUTOR:
Bibliographie:
Russkie sovetskie pisateli, Prozaiki, Bd. 6, Tl. 2, Moskau 1969, S. 217–337.
Biographien:
F. Nieuważny, *I. Ė.*, Warschau 1966. – *Vospominanija ob I. Ė. Sbornik*, Hg. G. A. Belaja u. L. I. Lazerev, Moskau 1975. – A. Goldberg, *I. Ė.: Revolutionary, Novelist, Poet, War Correspondent, Propangandist: the Extraordinary Epic of a Russian Survivor*, NY 1984.
Gesamtdarstellungen und Studien:
A. I. Tereščenko, *Sovremennyj nigilist*, Leningrad 1925. – V. Kirpotin, *Tema kul'tury i vojny y tvorčestve Ė.*, Taschkent 1943. – B. Amondru, *Dostoevsky et E. Des saintes icones à l'étoile rouge*, Lille 1945. – T. Trifonova *I. Ė. Krit.-biogr. očerk*, Moskau 1952. – J. Hothusen, *Russische Gegenwartsliteratur*, Bd. 1, Mchn. 1963, S. 135–138. – V. Erlich, *The Metamorphoses of I. Ė.* (in Problems of Communism, 1963, 12, S. 15–24). – A. Rubaškin, *Publicistika I. Ė.*, Moskau 1965. – H. Oulanoff, *Motives of Pessimism in Ė.'s Early Works* (in SEER, 1967, S. 266–277). – J. Lajčuk, *The Evolution of I. G. Ė.'s Weltanschauung During the Period 1928–1934* (in Canadian Slavonic Papers, 1970, 12, S. 395–416). – T. K. Trifonova, *I. G. Ė.* (in *Istorija russkoj sovetskoj literatury*, Bd. 4 (1954–1965). Moskau 1971, S. 273–294). – R. Lauer, *I. Ė. und die russische Tauwetter-Literatur*, Göttingen 1975. – R.-R. Hammermann, *Die satirischen Werke von I. Ė.*, Diss. Wien 1978. – H. Siegel, *Ästhetische Theorie und künstlerische Praxis bei I. Ė. Studien zum Verhältnis von Kunst und Revolution*, Tübingen 1979.

BURNAJA ŽIZN' LAZIKA ROJTŠVANCA

(russ.; Ü: *Das bewegte Leben des Lasik Roitschwantz*). Roman von Il'ja G. ĖRENBURG, erschienen 1928. – Der Titelheld des Romans ist ein jüdischer Herrenschneider aus der russischen Kleinstadt Gomel, der mit allen Kräften danach strebt, sich dem Leben in der neuen Gesellschaft anzupassen. Die Handlung setzt ein in den Jahren der Neuen Ökonomischen Politik (NĖP, 1921–1928). Ein allzu lauter Seufzer Lasiks beim Lesen der Todesanzeige einer Parteigröße wird als triumphierendes Lachen ausgelegt. Nachdem er die fällige Gefängnisstrafe verbüßt hat, verliert Lasik auch noch seine Schneiderwerkstatt. Die spöttische Zurückweisung durch die angebetete Fenička Heršanovič bestärkt ihn in dem Entschluß, seine Heimat zu verlassen. In einer äußerlich bunten, in ihrer Vergeblichkeit jedoch einförmigen Folge verzweifelter Bemühungen versucht er, seinen Platz in der Welt zu finden, ein Ziel, das sich mehr und mehr auf die Rettung seiner nackten Existenz reduziert: als Kandidat der Partei in Kiew, als Kaninchenzüchter in Tula, als Schriftsteller in Moskau, als lebende Lebertranreklame in Königsberg, als Affe in einem Wanderzirkus, als Filmschauspieler in Berlin, als gelehrter Rabbiner in Frankfurt, als Kunstmaler in Paris, als Sektenprediger in London... Jede dieser Karrieren endet mit Hinauswurf, Prügeln oder im Gefängnis. Die letzte Station dieses Lebens ist das Gelobte Land. Am legendären Grab der Rahel stirbt Lasik an Erschöpfung und kommt damit einer abermaligen Vertreibung zuvor.

Der Roman ist eine weitausgesponnene Parabel, in der das spezifisch jüdische Moment nur stilistisch-formaler Vorwand und glänzend kopiertes Kostüm ist. Nach der Oktoberrevolution wurde zahlreichen Gesellschaftsschichten des alten Rußland nach und nach der Boden entzogen. Ėrenburg verkürzt diesen Prozeß auf wenige Jahre und exemplifiziert ihn am Lebenslauf des kleinen jüdischen Handwerkers Lasik Roitschwantz, der trotz seiner Gewitztheit, seiner Anpassungsfähigkeit und eines Scharfsinns zum Scheitern verurteilt ist, weil er eigenständig denkt und sich selbst nicht aufgeben kann, solange ein Funke Leben in ihm ist. *Das bewegte Leben des Lasik Roitschwantz* weist alle Stärken und Schwächen des Autors auf: Immer wieder fasziniert seine Fähigkeit, in unmittelbarer Darstellung wie durch Ironie und Satire die Zeitatmosphäre zu erfassen; doch bleibt die Satire häufig augenblicksbezogen und vergröbernd und verdeckt dadurch vielfach die hintergründige Ironie. Ėrenburgs journalistische Begabung erweist sich in diesem Roman als seiner künstlerischen Begabung überlegen. H.P.W.

AUSGABEN: Paris 1928. – Bln. 1929. – Mchn. 1974 [Nachdr. der Ausg. Bln. 1929].

ÜBERSETZUNG: *Das bewegte Leben des Lasik Roitschwantz*, W. Jollos, Mchn. 1969. – Dass., ders., Ffm. 1976.

LITERATUR: A. Vulis, *Sovetskij satiričeskij roman. Évoljucija žanra v 20-30-e gody*; Taschkent 1965, S. 116–118. – E. Uvary-Maier, *Studien zum Frühwerk I. Ė.s*, Diss. Zürich 1970. – G. Wytrzens, Rez. (in Osthefte, 16, 1974, S. 475–467). – A. Goldberg, *I. Ė* (in Jews in Soviet Culture, Ldn. 1984, S. 183–213).

LJUBOV' ŽANNY NEJ

(russ.; *Ü: Die Liebe der Jeanne Ney*). Roman von Il'ja G. ĖRENBURG, erschienen 1924. – *Ljubov' Žanny Nej* ist der seinerzeit meistgelesene von Ėrenburgs frühen Romanen, die in rascher Folge in den zwanziger Jahren erschienen. Seine Popularität ist weniger ein Zeugnis für den literarischen Wert des Romans als vielmehr für die dem Geschmack eines sehr breiten Lesepublikums angepaßte Mischung von sentimental-pathetischer Liebesgeschichte und spannendem Kriminalroman mit verwickelter Intrige. Daß sich der experimentierfreudige und an der Avantgarde-Kunst geschulte Autor in diesen Jahren einem derartigen Kolportage-Sujet zuwandte, ist in Zusammenhang zu sehen mit der zwischen 1919 und 1922 in der Sowjetunion geführten Debatte um das Melodrama. Damals wurde – insbesondere von GOR'KIJ und LUNAČARSKIJ – die Wiederbelebung dieser romantischen Gattung gefordert, da sie mit ihren grellen Effekten, Kontrasten und großen Posen geeignet sei für eine emotional ansprechende agitatorische Massenliteratur.

Jeanne Ney, als Tochter eines französischen Botschaftsbeamten nach Rußland gekommen, erlebt dort Revolution und Bürgerkrieg und lernt den russischen Revolutionär Andrej Lobov kennen, für den sie vom ersten Augenblick an das tiefe Gefühl einer untrennbaren Zusammengehörigkeit empfindet, das auch nicht mehr erschüttert werden kann, als Andrej in Erfüllung seiner revolutionären Aufgaben ihren Vater erschießt. Jeanne geht zurück nach Paris, wo sie sich in dem schmierigen Detektivbüro ihres Onkels, bedrängt von einer verbrecherischen Umwelt, kümmerlich ihren Lebensunterhalt verdient. Sie trifft Andrej wieder, als dieser von der Partei zu revolutionärer Untergrundtätigkeit nach Frankreich geschickt wird, und erlebt mit ihm wenige Stunden erfüllten Glücks, ehe sie mit seiner Hilfe nach Rußland zurückreist. Ihr Gegenspieler ist der russische Emigrant und perfekte Schurke Chabyl'ëv, der mehrmals unheilvoll in ihr Leben einbricht. Er wird schließlich zum Raubmörder an Jeannes Onkel und lenkt den Verdacht geschickt auf Andrej. Dieser wird verhaftet, aufgrund von Indizienbeweisen verurteilt und, da er Jeanne, die ihn entlasten könnte, nicht in die Affäre hineinziehen will, schließlich hingerichtet. Jeanne kommt zu seiner Rettung zu spät. Aber ihre Liebe ist stärker als der Tod. Jeanne wird die Nachfolgerin Andrejs in seiner revolutionären Arbeit.

In der kolportagehaften Handlung des Romans sind zwei ganz gegensätzliche Schichten ziemlich grob miteinander verknüpft: einmal die Welt der Liebe der lichten, naiven Jeanne und des kämpferischen Helden Andrej, gezeichnet mit unglaubhafter Melodramatik und überreichlicher Sentimentalität; dagegen steht die faulende Welt der spätkapitalistischen Bourgeoisie, die mit den Stilmitteln der Karikatur und Groteske gestaltet ist. Die Figuren sind ebenso konstruiert wie die durch Effekte aufgeladenen Handlungssituationen. Die positiven Figuren bleiben blasse Schemen oder Klischeegestalten wie z. B. die schöne blinde Kusine Gabriele. Überzeugend dagegen wirkt die satirische Zeichnung der konterrevolutionären Verbrechertypen wie Chabyl'ëv und Nejchenson. Die Verwendung der verschiedensten Stilmittel und reißerischen Effekte, zusammen mit einem eingängig glatten Stil, wirkt oft fast parodistisch. – Ėrenburg selbst wertet in seinen Memoiren *Ljudi, gody, žizn'*, 1960–1965 *(Menschen, Jahre, Leben)*, den Roman als »*Tribut an die Romantik der Revolutionsjahre, an Dickens, an den Primat der Fabel*«. K.H.

AUSGABEN: Moskau 1924. – Leningrad 1928/29 (in *Polm. sobr. soč.*, 8 Bde., 3). – Moskau 1952–1954 (in *Sočinenija*, 5 Bde.). – Jerusalem 1984.

ÜBERSETZUNG: *Die Liebe der Jeanne Ney*, W. Jollos, Basel 1926. – Dass., ders., Bln. 1931.

LJUDI, GODY, ŽIZN'

(russ.; *Ü: Menschen, Jahre, Leben*). Autobiographie in sechs Teilen von Il'ja G. ĖRENBURG, Teile 1–6 erschienen in der Zeitschrift ›Novyj mir‹ von 1960 bis 1965, als Buch veröffentlicht 1966 (Teile 1–3) und 1967 (Teile 4–6). – Die Memoiren, an denen Ėrenburg fünf Jahre lang intensiv arbeitete, sind das letzte große Werk dieses Schriftstellers und Publizisten und wahrscheinlich das bedeutendste aus der langen Reihe seiner Bücher. Ėrenburg, der sich auch in allen seinen Romanen mit aktuellen Problemen auseinandersetzt, ist wie kaum ein anderer für die Gattung der zeitgeschichtlichen Memoirenliteratur prädestiniert, da das Zeitgeschehen nicht nur den Hintergrund für seine eigene Entwicklung abgibt, sondern sein persönliches Leben ganz in den geistigen und politischen Bewegungen dieses Jahrhunderts aufgegangen ist. Nie war Ėrenburg nur distanzierter Beobachter; er hat die geschichtlichen Ereignisse, die unser Jahrhundert geprägt haben, bewußt und aktiv teilnehmend erlebt: die russische Revolution von 1905, an der er als Gymnasiast beteiligt war, den Ersten Weltkrieg in der Emigration in Paris, die schweren und begeisternden Jahre nach der Oktoberrevolution in Rußland, die bewegten zwanziger Jahre in Frankreich, Belgien, Deutschland. Er hat das Aufkommen des Faschismus erlebt, den Bürgerkrieg in Spanien, den Zweiten Weltkrieg als Kriegsberichterstatter in seiner Heimat, die Jahre des Kalten Kriegs und die erregenden Ereignisse der Entmachtung des Stalinismus. – Ėrenburg hat viele der bedeutendsten Gestalten unseres Jahrhunderts persönlich gekannt. Er sprach mit Lenin, Einstein, Picasso, kannte Pasternak, Esenin, Majakovskij, Babel', Mejerchol'd, Gor'kij, Hemingway, Gide, Neruda, Modigliani, Matisse, Leger, Rivera und viele andere. Ėrenburg hat die Entwicklung der modernen Malerei und Literatur aus nächster Nähe beobachtet. Er traf sich mit den damals noch unbekannten Pariser Malern, deren Namen heute aus der Kunstgeschichte nicht mehr wegzudenken sind, erlebte den Aufschwung revolutionärer Kunst nach 1917 und ihren Verfall in der Stalinzeit. Für ihn war die Entwicklung der Kultur untrennbar verbunden mit den politischen Veränderungen der Epoche. Der Bericht über sein Leben ist zugleich ein Bericht über die geistigen, politischen, kulturellen Bewegungen unseres Jahrhunderts. In seinen Erinnerungen versucht er, seinen Platz in diesen Bewegungen zu überdenken, zu rechtfertigen, die gewonnenen Erfahrungen weiterzugeben.

Aus dem Inhalt ergeben sich drei ineinander übergehende Darstellungsformen, die die Struktur des Werks bestimmen: Zeitbilder der großen historischen Ereignisse dieses Jahrhunderts; Porträts von bedeutenden Persönlichkeiten, Politikern, Wissenschaftlern, vor allem aber von Künstlern; schließlich Gedanken und Meditationen, die die geistige Entwicklung des Autors zum Gegenstand haben. Von den Zeitbildern, die mit großer Beobachtungsgabe und Sinn für symptomatische Details gezeichnet sind, ragen etwa die leidenschaftlichen Kapitel über den Spanischen Bürgerkrieg heraus oder die Schilderung der Atmosphäre kurz vor der Machtergreifung des Faschismus. Sein Versuch, die Frage nach den schlimmsten Jahren des Stalinismus zu beantworten, bleibt trotz ehrlichen Ringens unbefriedigend, wenn auch aus vielen Details ein eindrucksvolles Bild der psychischen Situation dieser Zeit entsteht. – Für die Literatur- und Kunstgeschichte unseres Jahrhunderts sind die großen Künstlerporträts von bleibendem Wert. Genannt seien nur die Charakteristiken seiner großen Vorbilder Isaak Babel' und Hemingway, von Picasso und Modigliani, von Esenin und Majakovskij, von Bal'mont und Brjusov, von Einstein und Joliot-Curie. – Bedeutung als kulturhistorisches Dokument erreichen die Memoiren auch durch die Schilderung von literarischen Strömungen und Künstlergruppen und ihren Diskussionen, wie etwa dem legendären Café »Rotonde«, dem Treffpunkt der Pariser Künstler um die Zeit des Ersten Weltkriegs, des literarischen Lebens in Berlin zu Anfang der zwanziger Jahre oder von bedeutenden Schriftstellerkongressen, wie dem des Jahres 1934 in der Sowjetunion.

Die Verbindungslinie zwischen all diesen Berichten stellt die Person des Autors dar, sein Weg als politisch engagierter Künstler und Publizist. Die private Sphäre seines Lebens ist dabei fast vollständig ausgeklammert. »*Dieses Buch ist ja weniger eine Lebensgeschichte als eine Folge aus der Erinnerung erwachsender Meditationen.*« Dabei betont aber Ėrenburg immer wieder den subjektiven Charakter seines Berichts und macht darauf aufmerksam, daß er nicht Anspruch auf Vollständigkeit und Objektivität erhebt, sondern alles aus seiner Sicht betrachtet. Bei der Aufzeichnung seiner Erinnerungen versucht er jedoch, möglichst genau zu sein, nichts aus der Phantasie hinzuzufügen und alles dokumentarisch zu belegen. Er stützt sich auf eine Menge konkreten Materials, auf Notizbücher und Briefe, alte Manuskripte – besonders sein 1935 erschienenes *Buch für Erwachsene (Kniga dlja vzroslych)* –, Zeitungen, Kongreßprotokolle und Zuschriften von Lesern. Niemals projiziert er seine im Lauf der Jahre erworbenen Erfahrungen zurück, sondern belegt seine damaligen Ansichten mit Aufzeichnungen, um sie dann mit seinem inzwischen gewonnenen Einsichten zu konfrontieren. Dadurch gewinnt die Darstellung an Spannung und Lebendigkeit; sie ist gleichzeitig höchst subjektiv und doch losgelöst von seiner Person. – Der lockere Aufbau des Buchs birgt die Gefahr, daß der Autor sich häufig einfach seinen Gedanken und Einfällen hingibt. Der zweite Band wirkt auch zunehmend unkonzentriert. Hervorzuheben ist Ėrenburgs Ringen um unbedingte Ehrlichkeit der Darstellung, auch in bezug auf seine eigene Person. Er verschweigt keine seiner Schwierigkeiten und Krisen, so daß das Buch oft einen bekenntnishaften Charakter annimmt. Ėrenburgs Urteile über Menschen und historische Ereignisse, denen stets sein Engagement für die Idee des Sozialismus und für sein Vaterland zugrunde liegt, sind in diesem seinem letzten Werk geprägt von einer toleranten und verständnisvollen Güte und Altersmilde, die nicht selten naiv wirkt und gelegentlich in klischeehaften pathetischen Wendungen ihren Niederschlag findet, gerade dort, wo tiefe Gefühle ausgedrückt werden sollen. – Das Buch, das nach Ėrenburgs eigenen Worten »*der Bericht über ein Leben ist, über das Suchen, die Verirrungen und die Funde eines Menschen*«, stellt gleichzeitig ein Zeitdokument von Rang dar, dessen Wert ebenso in der ungeheuren Fülle von aufschlußreichen Fakten wie auch in seinem humanistischen Engagement liegt.
K.H.

AUSGABEN: Moskau 1960–1965 (in *Novyj mir*; 6 Tle.). – Moskau 1966 (in *Sobr. soč.* 9 Bde., 1964–1967, 8).

ÜBERSETZUNGEN: *Menschen, Jahre, Leben*, A. Kaempfe, 2 Bde., Mchn. 1962–1965. – Dass., H. Burck u. F. Mierau, 3 Bde., Bln./DDR 1978; ²1982.

LITERATUR: J. Günther, Rez. (in Der Tagesspiegel, 6. 9. 1962). – C. Hohoff, Rez. (in Rheinische Post, 30. 8. 1962). – J. Kaiser, Rez. (in SZ, 24. 8. 1962). – C. G. Ströhm, Rez. (in Christ u. Welt, 17. 8. 1962). – H. Pörzgen, Rez. (in FAZ, 23. 3. 1965). – V. Erlich, *I. È. Takes a Bow* (in Problems of Communism, 1965, 14, S. 72–74). – P. Stupples, *E.'s Memoires* (in Melbourne Slavonic Studies, 1977, 12, S. 63–86).

NEOBYČAJNYE POCHOŽDENIJA CHULIO CHURENITO i ego učenikov Monsieur Děle, Karla Šmidta, Mistera Kulja, Alekseja Tišina, Ėrkole Bambuči, Il'i Ėrenburga i Negra Ajši, v dni mira, vojny i revoljucii, v Pariže, v Meksike, v Rime, v Senegale, v Kinešme, v Moskve i v drugich mestach, a takže različnye suždenija učitelja o trubkach, o smerti, o ljubvi, o svobode, ob igre v šachmaty, ob iudejskom plemeni, o konstrukcii i o mnogom inom

(russ.; Ü: *Die ungewöhnlichen Abenteuer des Julio Jurentio und seiner Jünger Monsieur Delhaie, Mister Cool, Karl Schmidt, Ercole Bambucci, Alexej Tischin, Ilja Ehrenburg und des Negers Ayscha in den Tagen des Friedens, des Krieges und der Revolution in Paris, Mexiko, Rom, am Senegal, in Moskau, Kineschma und anderen Orten, ebenso verschiedene Urteile des Meisters über Pfeifen, über Leben und Tod, über Freiheit, über Schachspiel, das Volk der Juden und einige andere Dinge*). Roman von Il'ja G. Ėrenburg; erschienen 1922. – Der im Laufe eines Monats niedergeschriebene Roman ist der erste und wohl eigenwilligste aus Ėrenburgs langer Reihe von Werken, der ihn mit einem Schlag berühmt machte und ihm den Ruf eines Zynikers und Nihilisten einbrachte. Aber noch am Ende seines Lebens in seinen Memoiren steht Ėrenburg zu diesem Buch. *Julio Jurenito* ist ein satirisch-grotesker Zeitroman, der alle Seiten des politischen und geistigen Lebens der zivilisierten Welt zur Zeit des Ersten Weltkriegs und der Jahre danach vom Standpunkt der »*großen Provokation*« ironisch kommentiert.

Der Mexikaner Julio Jurenito, ein Revolutionär und Anarchist besonderer Art, hat die »*Mission des großen Provokateurs*« auf sich genommen und sieht nun sein Lebensaufgabe im Kampf gegen die Gesellschaft und Kultur, gegen die Anschauungen seiner Zeit. Kein ideologisches Konzept, kein ethisches Gebot steht hinter seinem Tun. Dieser »*Mensch ohne Überzeugungen*« handelt gleichsam aus Einsicht in den zwangsläufigen Prozeß der Geschichte, diesem nachhelfend. Sachlich und ruhig, fast naiv betreibt er das Geschäft der Zerstörung alles Bestehenden. Seine Methode ist die hier fast zum Mythos erhobene Provokation. »*Der Provokateur ist der große Geburtshelfer der Weltgeschichte.*« Er bekämpft Kultur »*mit den ihr selbst gelieferten Waffen*«, indem er »*ihre Eiterbeulen... auf jede Weise pflegt*«. Was in der Gesellschaft der europäischen 20. Jh.s – sei es auch verborgen oder unerkannt – angelegt ist, bringt er durch seine Provokationen zur Erscheinung, führt er ad absurdum, um die Konsequenzen einer inhumanen Lebensform, geprägt von Krieg und Kriegsgeschäft, Rassismus, aggressivem Nationalismus, Brutalität, heuchlerischen und verlogenen Ideologien, zu zeigen. Er wirbt Jünger an, die, zum Teil ohne ihre Funktion zu begreifen, helfen sollen, sein Werk der Zersetzung voranzutreiben. Es sind verschiedene Nationalcharaktere, typische Vertreter gängiger Weltanschauungen und Ideologien, die einfach dadurch, daß sie besonders intensiv sich selbst leben, zur Destruktion der westlichen Zivilisation beitragen. Mister Cool, die groteske Verkörperung der amerikanischen Ideologie, die mit Dollars und der Bibel die Welt retten will; der Neger Ayscha, der naiv und rührend an immer neue, gerade geschaffene Götzen glaubt; Aleksej Tischin, der typische russische Intellektuelle mit seinen ewigen Gewissensbissen und der Unfähigkeit zu handeln; Ercole Bambucci, der Italiener, geborener Anarchist und Nichtstuer; Monsieur Delhaie, der französische Genießer, der ein Bestattungsinstitut betreibt, in dem die Toten nach ihrer sozialen Stellung in sechzehn Beerdigungsklassen eingeteilt werden; der Deutsche Karl Schmidt mit seiner Leidenschaft für Ordnung und System, der nach seinen Plänen »*die ganze Welt organisieren will*«, und schließlich der Ich-Erzähler namens Il'ja Ėrenburg.

Der Meister reist mit seinen Jüngern durch die Hauptstädte der Welt, inszeniert kleine und große Provokationen und Happenings, arbeitet unermüdlich und kühl an seinem Vernichtungswerk. Geheimnisvolle Verbindungen in ganz Europa und undurchsichtige Machenschaften lassen einen großen Teil der Ereignisse des Ersten Weltkriegs als sein Werk erscheinen. Aber der von Jurenito als das erstrebte Ende der Zivilisation angesehene Krieg hat diesen Effekt noch nicht endgültig erreicht. Als in Rußland die Revolution ausbricht, eilt der Meister mit seinen Jüngern voll Tatendrang sogleich dorthin; »*Die Krankheit tritt eben in die von mir vorausgesehene zweite Phase.*« Aber auch hier wird er enttäuscht: »*Das Schlimmste ist, daß man, statt alles abzubrechen und neu aufzubauen, sich darauf beschränkt, das Alte zu reparieren.*« Schließlich ist der Meister seines Werks müde geworden und begeht Selbstmord, indem er sich mit nagelneuen Stiefeln nachts in einer russischen Provinzstadt in einen Park begibt und auch prompt ermordet wird. Der Chronist der Taten des Meisters Jurenito muß feststellen, daß seine Zeit noch nicht gekommen ist. Aber: »*Das Unvermeidliche wird kommen, ich glaube daran, und allen, die es erwarten, allen meinen Brüdern ohne Gott, ohne Programm und ohne Ideen, den Nackten und Verachteten, die nur den Wind und den Skandal lieben, gilt mein letzter Kuß.*«

Der Roman hat die Form einer Lebensbeschreibung des Meisters, niedergeschrieben von seinem treuesten Jünger, Il'ja Ėrenburg. Die Romanhandlung, wie auch die umrißhaft karikierten Typen der Jünger haben nur demonstrative Funktionen, sind im Grunde nur Konstruktionen, die dem Autor eine allseitige Kommentierung des Zeitgeschehens ermöglichen: der kaptialistischen Profitwelt und der Welt der Revolution, bürgerlicher Beschränktheit und des Weltverbesserertums, des Klerus und der Pseudosozialisten, der Reklamewelt und des Kunstbetriebs usf. Das Buch ist einfallsreich, frech und brillant geschrieben, wenn auch voller überflüssiger Passagen und im einzelnen oft nicht genau durchdacht. Seine Darstellungsmittel sind Satire, Ironie, Parodie und Groteske, häufig kabarettistische Gags. Bei aller grotesken Verzerrung sind die autobiographischen Züge sehr deutlich. Ėrenburg reagiert so sensibel, so ahnungsvoll auf die Tendenzen seiner Zeit, daß viele Aussagen des Romans – so die Voraussage des nächsten Krieges, die Vorahnung des Faschismus, der Vernichtung der Juden, des Verrats der Revolution – ihre bittere Verwirklichung in der Geschichte erfahren haben. K.H.

AUSGABEN: Moskau 1922. – Bln. 1922. – Moskau/ Leningrad ²1927. – Moskau 1962 (in *Sobr. soč.*, 9 Bde., 1962 ff., 1).

ÜBERSETZUNG: *Die ungewöhnlichen Abenteuer des Julio Jurenito und seiner Jünger Monsieur Delhaie, Mister Cool, Karl Schmidt, Ercole Bambucci, Alexej Tischin, Ilja Ehrenburg und des Negers Ayscha in den Tagen des Friedens, des Krieges und der Revolution in Paris, Mexiko, Rom, am Senegal, in Moskau, Kineschma und anderen Orten, ebenso verschiedene Urteile des Meisters über Pfeifen, über Leben und Tod, über Freiheit, über Schachspiel, das Volk der Juden und einige andere Dinge*, A. Eliasberg, Bln. 1923. – Dass., ders., Mchn. 1967. – Dass., ders., Ffm. 1976.

LITERATUR: W. Werth, Rez. (in Die Zeit, 8. 3. 1968). – E. Uvary-Maier, *Studien zum Frühwerk I. Ė.s*, Diss. Zürich 1970. – I. Pizem, *Three Early Novels of I. Ė*, Diss. NY Univ. 1973.

OTTEPEL'

(russ.; *Ü: Tauwetter*). Kurzroman von Il'ja G. ĖRENBURG, erschienen in zwei Teilen 1954 bis 1956. – Der Roman, erste literarische Reaktion auf das denkwürdige Umbruchjahr 1953, ist eines der exemplarischsten und programmatischsten Werke der Literatur nach Stalins Tod. Sein Titel wurde zum Schlagwort für die gesamte nachstalinsche Epoche. »*Ich wollte zeigen, wie sich gewaltige historische Ereignisse im Leben einer kleinen Stadt spiegeln, wollte mein Gefühl des Auftauens, meine Hoffnungen ausdrücken*«, schreibt Ėrenburg dazu in seinen Memoiren. Nicht die politischen Veränderungen, sondern das »*Seelenklima*« jener Jahre, die Veränderungen im Bewußtsein der Menschen, ihre Gefühle und Denkweisen, ihre privaten Beziehungen zueinander will der Autor zeigen. Der symbolhafte Titel meint vor allem das »Auftauen« in den Jahren der Erstarrung verarmten Innenlebens, das Bewußtwerden der Problematik des persönlichen Lebens. Ėrenburg, der sich gegen eine falsch verstandene verinnerlichte Kollektivideologie wendet, geht es um die Möglichkeit des Zweifelns an den geltenden Normen des Privatlebens, um eine »*Erziehung der Gefühle*« in einem sozialistisch humanistischen Sinn.

Das Buch spielt im Kreis der Intelligenz einer Provinzstadt, die geprägt ist von einem großen Schwerindustrieunternehmen. Lena, die Frau des Fabrikdirektors Žuravlëv, die ihre Ehe nie in Frage gestellt hat, wird allmählich bewußt, daß ihr Mann ein harter, gefühlloser Bürokrat ist. Nach schwerem innerem Kampf ringt sie sich zu einer Trennung von ihm durch. Sie gewinnt Mut, ihr eigenes Leben zu leben, und findet schließlich in ihrer Liebe zu dem Ingenieur Koroteev Erfüllung. Ein Auftauen ihrer »*eingefrorenen Herzen*« erleben in ihrem langsamen Zueinanderfinden auch zwei vom Schicksal schwergeprüfte Menschen, die jüdische Ärztin Vera Šerer und der ältere verschlossene Ingenieur Sokolovskij, und die Maschinenbauingenieurin Sonja Puchov, die in einer trotzig dogmatischen, gefühlsfeindlichen Komsomolideologie befangen ist, leidet unter ihrer Liebe zu dem romantischen Schwärmer Savčenko. Alles ist in dieser Zeit in Bewegung gekommen. Eine Verleumdungskampagne, die der Fabrikdirektor gegen Sokolovskij in Gang setzte, hat keine Chance, denn »*die Zeiten sind nicht mehr so*«. Žuravlëv selbst, der nur die Übererfüllung der Norm im Kopf hat und nicht das Wohlergehen der Arbeiter seines Betriebes, ein »*menschliches Halbfabrikat*«, ein typisches Geschöpf der Stalinära, wird von seinem Posten abgesetzt.

Ein zweites zentrales Thema des Romans ist das Problem der Kunst. In Saburov zeichnet Ėrenburg einen leidenschaftlichen, ehrlichen Künstler, der als Formalist verschrien ist, weil seine Bilder in Stil und Thematik nicht der gewünschten Norm entsprechen. Nur von seiner Frau bewundert und unterstützt, arbeitet er unter drückenden Verhältnissen verbissen weiter. (Die Gestalt trägt Züge des mit Ėrenburg befreundeten Landschaftsmalers Robert Falk.) Ihm gegenübergestellt ist der begabte Volodja Puchov, der aber aus Opportunismus sein Künstlertum verrät und mit offiziell gewünschten Kolchosbildern und Aktivistenporträts Erfolge erzielt, die ihn aber schließlich nicht befriedigen und charakterlich korrumpieren. Die Entwicklung dieser Gestalten, die im ersten Teil oft nur angedeutet ist, wird in dem – auch von Ėrenburg selbst später für überflüssig gehaltenen und nicht in seine *Gesammelten Werke* aufgenommenen – zweiten Teil des Romans ziemlich oberflächlich auf ein Happy-End hin weitergeführt.

Trotz aller kritischen Töne ist der Roman mit seiner eindeutigen Wertposition und optimistischen Perspektive in der Grundhaltung noch ganz den Normen des sozialistischen Realismus verpflichtet. Jedoch knüpft Ėrenburg mit *Ottepel'* auch wieder an die Tradition ČECHOVS an. Da weniger die äußere Handlung interessiert als die innere Entwicklung der Gestalten, besteht der Roman zum größten Teil aus Gesprächen, Gedankenberichten und Meditationen. Dementsprechend sind die häufigsten Kunstmittel innerer Monolog und erlebte Rede. Gestalten und Handlung illustrieren das den Roman durchziehende lyrische Motiv des Tauwetters in der Natur, in den menschlichen Beziehungen und in den politischen Verhältnissen. Die Sprache ist von der Frühlings- und Tauwettermetaphorik geprägt. Der Roman war bei seinem Erscheinen heftig umstritten und wurde auf dem Zweiten Schriftstellerkongreß 1954 hart angegriffen. Bei allen künstlerischen Mängeln ist das Buch vor allem als Beginn einer neuen Literatur der Bewußtseinsproblematik bedeutend. K.H.

Ausgaben: Moskau 1954 (in Znamja, Nr. 5; Tl. 1). – Moskau 1956 (in Znamja, Nr. 4, Tl. 2). – Moskau 1956, 2 Bde. – Moskau 1965 (in *Sobr. soč.*, 9 Bde., 1962–1967, 6). – Letchworth 1978 [Nachdr. d. Ausg. Moskau 1954.].

Übersetzung: *Tauwetter*, W. Rathfelder, Bln. 1957.

Literatur: R. Lauer, *Funktion der Literatur in der Literatur: die literarischen Anspielungen in I. É.s Roman »Ottepel'«* (in Ost und West, 1977, 2).

Erinna aus Telos

um 350 v.Chr.

DAS LYRISCHE WERK (griech.) der Erinna. Erinna ist eine der wenigen poetischen Begabungen des in anderen Disziplinen – etwa Philosophie und Wissenschaft – in Griechenland so ertragreichen 4. Jh.s v. Chr. Ihre Verse bezauberten schon die anspruchsvollen Alexandriner. Besonders das hexametrische Gedicht von der *Spindel (Ēlakatē)*, eine in ihrer naiven Schlichtheit ergreifende Klage über den Verlust der Freundin, beschwor immer wieder den Vergleich mit frühgriechischer Melik: »*Die reine Stimme eines jungen Menschen*« nennt A. Lesky die zarte Lyrikerin, »*eine Stimme von trauriger Süße, die Leidvolles mit einer an Sappho gemahnenden Unmittelbarkeit auszusprechen weiß*«.
Nur neunzehn Jahre alt ist die Dichterin geworden, und im Jahr ihres Todes ist das genannte Gedicht entstanden: Baukis, die Gespielin ihrer Jugend, hat geheiratet und ist mit dem Mann von der entlegenen Insel weggezogen; in der Fremde ist sie gestorben. Mit der Schilderung des gemeinsamen kindlichen Treibens vergangener Tage ruft sich die einsam Zurückgelassene, krank und bettlägerig, die Tote ins Gedächtnis zurück.
Die *Spindel* ist zwar Erinnas berühmtestes Gedicht, doch nicht ihr einziges: Unter den spärlichen Fragmenten ist noch der Beginn eines *Geleitliedes (Propemptikos)* zu erkennen, das sie wohl zur Abfahrt der Freundin verfaßt hatte; in der *Anthologia Palatina* haben sich drei Epigramme erhalten (6,352; 7,710; 712). Freilich ist ihr Opus schmal geblieben, 300 Zeilen soll es nach dem Bericht eines alten Gewährsmanns umfaßt haben. Hätte uns nicht 1928 ein Papyrus 37 Verse ihres Hauptwerks, wenn auch stark verstümmelt, wiedergeschenkt, die weite und tiefe Wirkung ihres Schaffens, wie sie reiche Reflexionen in der antiken Epigrammatik bezeugen, wäre ein Rätsel: »*Wenige Verse nur schrieb und wenige Lieder Erinna, / aber dies kleine Gedicht haben die Musen geweiht. / Darum wird man auch nie ihren Namen vergessen, und niemals / hüllen der dunklen Nacht schattende Flügel sie ein.*« So huldigte noch um 100 v. Chr. der Epigrammatiker Antipatros aus Tyros der allzufrüh verschiedenen Dichterkollegin. (*Anthologia Palatina* 7,713; ganz ähnliche Lobeshymnen, und nicht nur von Antipatros, finden sich in 2,108 ff.; 4, 1,12 [von Meleagros]; 7,11–13; 9,26; 190; 11,322). E.Sch.

Ausgaben: Paris 1871 (in *Epigrammatum Anthologia Palatina*, Hg. F. Dübner und E. Cougny, Bd. 1). – Mchn. 1957 (in *Anthologia Graeca*, Hg. H. Beckby, Bd. 1; [2]1964; griech.-dt.). – Bln./ NY 1983 (in *Supplementum Hellenisticum*, Hg. H. Lloyd-Jones u. P. Parsons; m. Bibliogr.).

Literatur: K. Latte, *E.* (in NAG, phil.-hist. Kl., 1953, 3). – F. Scheidweiler, *Erinnas Klage um Baukis* (in Phil 10, 1956, S. 40 ff.). – Lesky [3]1971, S. 715/716.

giorgi Erist'avi

* 1811 Odzissi
† 9.9.1864 Gori

Literatur zum Autor:
Karst, S. 147. – M. Zandukeli, *Očerki po istorii gruzinskoj literatury XIX veka*, Tiflis 1955, S. 46–55. – Ders., *K'art'uli t'eatri da G. E.* (in *Literaturuli narkvevebi*, Bd. 1, Tiflis 1957, S. 293 ff.). – Š. Radiani, u. a., *K'art'uli literatura*, Tiflis [9]1958, S. 160–180. – M. Zandukeli, *Aḥali k'art'uli literatura*, Bd. 2, Tiflis 1962, S. 33; 78; 107. – D. Gamezardašvili, *K'art'uli literaturisa da kritikis istoriidan*, Bd. 1, Tiflis 1974. – N. Alania, Art. *G. E.* (In GeoEnz, 4, S. 192/193).

DAVA

(georg.; *Der Prozeß*). Lustspiel von Giorgi Erist'avi, Uraufführung: Tiflis 1850. – Die Fürsten Amirindo und Onop're liegen im Streit um ein Stück Land, auf das beide Anspruch erheben. Amirindo ist glücklich, da soeben sein kluger Sohn Beglar aus Petersburg zurückgekehrt ist, von dem er sich Hilfe bei dem schwierigen Gerichtsprozeß verspricht. Schon allein die Abfassung der dem Gericht einzureichenden Klage hatte Amirindo viel Geld gekostet, und überdies ist auf diesem Schriftstück kein Punkt und kein Strich zu finden, so daß die Sätze kaum zu verstehen sind (der ursprüngliche Titel der Komödie lautete: *Dava an točka i zapetaja – Streit oder Punkt und Strich*). Beglar jedoch enttäuscht den Vater in seinen Hoffnungen: nicht nur, daß er mit Onop'res Sohn Mišel Freundschaft schließt, er schreibt auch noch an Nino, die Tochter des Familienfeindes, Liebesgedichte, anstatt sich mit der Anklageschrift zu beschäftigen. Die verwickelte Situation wird schließlich vom Fürsten Jaia Čioreli, einem alten Freund Amirindos, gelöst: Der strittige Grundbesitz, den das Gericht dem Onop're zugesprochen hat, kehrt als Mitgift für Beglars Braut Nino in die Familie zurück.

Mit diesem Stück – dem zweiten nach *Gaqra* – gelang Erist'avi, dem Begründer des neuen georgischen Theaters, eine witzige Komödie, die alltägliche Geschehnisse aus der ländlichen Provinz widerspiegelt. Die handelnden Personen sind realistisch gezeichnet und sprechen eine lebendige, teilweise derbe Umgangssprache. Vor allem dadurch hob sich *Dava* wegweisend von jenen zeitgenössischen Stücken ab, die noch immer dem archaisierenden Stil der konventionellen literarischen Tradition anhingen. Die gegen die beschränkten Interessen der höheren Klassen und gegen das korrupte zaristische Gerichtswesen zielende Satire Erist'avis wurde mit Begeisterung aufgenommen. J.J.

AUSGABEN: Tiflis 1871 (in *Krebuli*). – Tiflis 1884 (in *T'hzuleba*). – Tiflis 1950 (in *Piesebi*).

GAQRA

(georg.; *Teilung*). Lustspiel von Giorgi ERIST'AVI, Uraufführung: Tiflis, 2. 1. 1850. – Der Fürst Anduqap'ar hat ein schweres Problem zu lösen: Sein jüngster Bruder Ivane, der seine Studien in Rußland und Polen beendet hat und soeben in die Heimat zurückgekehrt ist, verlangt die Teilung des väterlichen Vermögens. Daran ist aber weder dem Fürsten noch dem zweitältesten Bruder Pavle gelegen, dessen Interessen sich auf Jagd und unterhaltsame Vergnügungen beschränken. Als bekannt wird, daß der Gerichtssekretär Ramaz seine Tochter mit dem jüngsten Sohn des Fürsten verheiraten will, präsentiert der Kaufmann Trdatov den Brüdern seine Schuldforderungen. Den beiden älteren Brüdern gelingt es, die Schulden dem unpraktischen Ivane aufzubürden, indem sie ihm erklären, die Kosten seiner Studien entsprächen eben dieser Geldschuld und damit seinem Erbanteil. Nunmehr mittellos, ist Ivane gezwungen, sich durch die Ehe mit der Tochter des Kaufmanns zu retten.

Dieses unkompliziert schelmenhafte Lustspiel Erist'avis steht am Anfang des modernen neugeorgischen Theaters. Vorgeführt werden typisierte Gestalten: der dem Müßiggang ergebene, von seinem Vermögen zehrende ältere Fürst Anduqap'ar, der sich von seiner fleißigen Frau Makrine bedienen läßt; der zweitälteste Fürst Pavel, der kostspieligen Vergnügungen huldigt; der junge, aufgeklärte und gebildete, aber in praktischen Dingen unerfahrene Ivane, der aus Not ein Bürgermädchen heiratet. Im Verhalten des Kaufmanns dagegen spiegeln sich deutlich die veränderten Machtverhältnisse in der georgischen Gesellschaft wider: Der Feudalismus hat seine wirtschaftliche Vormachtstellung an ein erstarkendes, Forderungen stellendes, selbstbewußt gewordenes Bürgertum abgegeben. Die Komödie, die den Einfluß MOLIÈRES zeigt, ist in zehnsilbigen daktylotrochäischen Versen geschrieben. Die geformte, doch lebendige Sprache des Stücks übte starken Einfluß auf die Revision der Normen der neugeorgischen Schriftsprache aus. J.J.

AUSGABEN: Tiflis 1850. – Tiflis 1909. – Tiflis 1950 (in *Piesebi*).

ÜBERSETZUNG: *Razdel*, Tiflis 1950 [russ.].

ANASTASIA ERIST'AVI-ḤOŠTARIA

* 3.2.1868 Gori
† 1.5.1951 Tiflis

LITERATUR ZUR AUTORIN:
Š. Radiani, *Gruzinskaja literatura XX veka*, Tiflis 1945. – *Bol'šaja sovetskaja enciklopedija*, Bd. 2, Moskau 1957, S. 156/157. – Baramidze-Radiani, Tiflis 1958. – S. Čilaia, *Uahlesi k'art'uli mcerloba*, Tiflis 1972. – A. Mirianašvili, Art. *A. E.-Ḥ.* (in GeoEnz, 4, S. 195). – H. Fähnrich, *Die georgische Literatur*, Tiflis 1981, S. 142.

BEDIS TRIALI

(georg.; *Das Spiel des Schicksals*). Roman von Anastasia ERIST'AVI-ḤOŠTARIA, erschienen 1913. – Roman der zu ihrer Zeit populären und erfolgreichen Schriftstellerin spielt in einem georgischen Dorf und erzählt das Schicksal eines Mädchens aus fürstlichem Haus: Nach dem Tod des Fürsten Pavle Parpašvili, der sein Leben mit der Verschwendung seines Vermögens verbracht hatte, ist die Familie gezwungen, das Haus zu verkaufen. Als auch noch seine Frau K'et'evan stirbt, steht die Tochter Cicino ganz allein und mittellos im Leben. Eine arme Nachbarsfamilie nimmt sich der verwaisten Cicino an, die aber bald das Leben in dieser armen, ungebildeten Familie als unerträglich empfindet. Deshalb scheint es das Schicksal gut mit ihr zu meinen, als sich der reiche Fürst Geno in sie verliebt und sie heiratet. Bald aber erweist es sich, daß der Fürst ein grausamer Mensch ist. Sein verächtlich spottender Hochmut bringt schließlich die Dörfler so sehr gegen ihn auf, daß sie ihn töten. Cicino, nun zum zweitenmal allein und verlassen, hat im »*Spiel des Schicksals*« verloren. – Diese Studie über ein Frauenschicksal ist umrahmt von der Schilderung des georgischen Dorflebens in einer Zeit, da der materielle und sittliche Prestigeverlust des Feudaladels zur Rebellion der Unterdrückten gegen dessen Machtanmaßungen führte. J.J.

AUSGABEN: Gori 1913. – Tiflis 1920. – Tiflis 1958 (in T'hzulebani, 3 Bde., 1952–1961, 3).

ÜBERSETZUNG: *Igra sud'by*, A. Kančeli, Tiflis 1937 [russ.].

MOLIPUL GZAZE

(georg.; *Auf schlüpfrigem Weg*). Roman von Anastasia ERIST'AVI-HOŠTARIA, erschienen 1913. – Die Handlung des breitangelegten realistischen Romans, der die Verhältnisse auf dem Lande in Georgien vor der Agrarreform schildert, spielt vorwiegend im Adelsmilieu. Die Adligen werden als oberflächliche Menschen ohne Ideale dargestellt, die sich, obwohl sie vor dem Ruin stehen, die Zeit mit Vergnügungen und festlichen Gelagen vertreiben. Da sie verschuldet sind, müssen sie meist früher oder später ihre Güter verkaufen. So wird etwa berichtet, wie der Besitz des Fürsten Rostom allmählich in die Hände des Gutsverwalters Girgola übergeht, eines typischen Vertreters des emporstrebenden Kapitalismus auf dem Lande. Von der Atmosphäre des Niedergangs sind auch diejenigen Adligen betroffen, die nicht so gedankenlos und egoistisch handeln wie die Mehrzahl ihrer Standesgenossen, so z. B. der junge Fürst Ok'ro, der ein Herz für das schwere Los des armen Bauern hat. Seine Liebe zu der edel gesinnten jungen Fürstin K'et'ino wird durch die Intrigen seiner Schwester Makine zerstört. Die beiden Liebenden kommen um, und Makine, von Gewissensbissen geplagt, gesteht, freilich zu spät, ihre Schuld. – Neben dem Verfall der Feudalschicht und dem Aufkommen des Kapitalismus sind auch die Rolle der zaristischen Bürokratie und die sozialen Probleme der bäuerlichen Bevölkerung, ihre Armut und wachsende Unzufriedenheit mit ihrer Lage Gegenstand dieses Romans. I.Ku.

AUSGABEN: Gori 1913. – Tiflis 1934. – Tiflis 1952 (in T'hzulebani, 3 Bde., 1952–1961, 1).

ANNIE ERNAUX

* 1.9.1940 Lillebonne

LA PLACE

(frz.; *Ü: Das bessere Leben*). Erzählung von Annie ERNAUX, erschienen 1983. – Aus der Sicht der sozial aufgestiegenen Tochter erzählt Annie Ernaux die Lebensgeschichte ihres Vaters, der, aus sehr ärmlichen Verhältnissen stammend, sich einen bescheidenen »Platz« als Gastwirt in einem Arbeiterviertel einer nordfranzösischen Kleinstadt gesichert hat.

Der Tod ihres Vaters, der zeitlich mit ihrer Ernennung zur Studienrätin zusammenfällt, veranlaßte die Autorin, das karge, den Gesetzen der Notwendigkeit unterworfene Leben des Vaters in einer von bewußter Nüchternheit geprägten Erzählung festzuhalten. Die Sachlichkeit der chronologischen Abfolge verleiht der Erzählung eine behutsame Strenge und macht den Leser mit einer Welt vertraut, in der kein überflüssiges Wort die Monotonie des arbeitsamen Tagesablaufes unterbricht. Während sich die Tochter bereits als Mädchen in die Welt der wenigen, dank der Schule zugänglichen Bücher zurückzieht, sind die Eltern darauf bedacht, den Platz, der ihnen in der sozialen Hierarchie zugewiesen worden ist, gewissenhaft auszufüllen, d. h. die bäuerliche Herkunft zu verdrängen, dem Proletarierdasein zu entrinnen und dafür als Kleinbürger anerkannt zu werden. Die ständige Angst vor dem sozialen Abstieg und die für die Eltern damit einhergehende »Schande« hindert sie daran, den in den fünfziger Jahren erreichten Lebensstandard zu genießen und sich an den Schulerfolgen der Tochter zu erfreuen. Dem Vater wird eine tägliche Anstrengung abverlangt, damit er die einmal erreichte soziale Anerkennung nicht verliert.

Die Erzählerin thematisiert die Entfremdung und soziale Distanz zu ihren Eltern, welche sich aus ihrer Bildung und bürgerlichen Heirat ergeben, und unternimmt den Versuch, den »Verrat« an ihrem Vater, dem Bildung und der Zugang zu Kunst und Literatur versagt blieben, zu sühnen, indem sie auf jede Poesie der Erinnerung, auf alles Romanhafte – in den Augen des Vaters unerlaubter Luxus – verzichtet. Dabei gelingt es ihr, die Grenzerfahrung des gegenseitigen Unverständnisses literarisch zu positivieren und aus der Bejahung der Differenz heraus sich ihrem Vater, dessen Universum sie verlassen hat, erneut zu nähern. Ohne sein Andenken literarisch zu verklären und im Nachhinein für die bürgerliche Welt, die ihn zeitlebens diskriminiert hat, zu vereinnahmen, wird sie ihrem Vater und seiner Lebenswelt in der gebotenen Schlichtheit gerecht. B.We.

AUSGABEN: Paris 1983. – Paris 1984. – Paris 1986 (Folio).

ÜBERSETZUNG: *Das bessere Leben*, B. Scriba-Sethe, Mchn. 1986.

LITERATUR: B. Alliot, Rez. (in Le Monde Hebdomadaire, 2.–8. 2. 1984). – F. de Martinoir, Rez. (in NRF, 375, 1984, S. 111–114). – F. Nourissier, Rez. (in Figaro Magazine, 10.–16. 3. 1984). – C.-H. Rocquet, Rez. (in Esprit, 90, 1984). – J. Savigneau, Rez. (in Le Monde Hebdomadaire, 2.–8. 2. 1984). – P. de Boisdeffre, *Sur les prix littéraires 1984* (in RDM, Jan.–März 1985, S. 162 bis 167). – R. Braunschweig-Ullmann, Rez. (in NZZ, 12. 11. 1986). – Ch. Jenny-Ebeling, Rez. (in NZZ, 15. 2. 1987). – V. Botterbusch, Rez. (in SZ, 28. 2. 1987).

OTTO ERNST

eig. Otto Ernst Schmidt
* 7.10.1862 Ottensen bei Hamburg
† 5.3.1926 Groß-Flottbek bei Hamburg

FLACHSMANN ALS ERZIEHER

Komödie in drei Aufzügen von Otto ERNST, Uraufführung: Dresden, 1.12.1900, Kgl. Schauspielhaus. – Seit WEDEKINDS Kindertragödie *Frühlings Erwachen* (1891) mehren sich in Deutschland um die Jahrhundertwende – im Gefolge der gesellschaftskritischen Ansprüche von Sozialismus und Naturalismus – die Auseinandersetzungen mit der Welt der Schule. Sie sind Aktualisierungen eines Schultraumas, das sich schon seit SCHILLERS *Räubern* in der deutschen Literatur im Bereich des Dramas, z. B. in Peter HILLES Tragödie *Des Platonikers Sohn* (1896), in HOLZ-JERSCHKES *Traumulus* (1904), in Max DREYERS *Der Probekandidat* (1899) und, oft mit dem letztgenannten Stück verglichen, auch in Otto Ernsts Komödie *Flachsmann als Erzieher*, manifestiert. Der Autor greift in seinem Stück Mißstände der obrigkeitshörigen, mechanistischen Schulorganisation an. Er tut dies zwar zunächst erstaunlich unverblümt und stellt die Pedanterie des Funktionärs dieser Organisation, des Oberlehrers Jürgen-Hinrich Flachsmann, überdeutlich an den Pranger; indem er jedoch seine durchaus fortschrittlichen Thesen gegen eine wenig wahrscheinliche Titelfigur, die plumpe Karikatur eines kleinstädtischen Schultyrannen, ins Feld führt und um des Lustspieleffekts und der emotionalen Befriedigung des Publikums willen die realen gesellschaftlichen Zustände hintansetzt, bringt er seinen »aufklärerischen« Neuerungsanspruch schließlich um seine Verbindlichkeit.

Der Titelfigur des Dramas, dem autoritären und korrupten Oberlehrer Flachsmann, steht als pädagogischer und dramaturgischer Widerpart der idealistische Junglehrer Jan Flemming gegenüber, der Flachsmann vorhält: »*Der Lehrer soll kein Knecht sein, sagt Rousseau, sonst macht er aus dem Kinde einen zweiten Knecht*«; worauf Flachsmann ihm antwortet: »*Rousseau gibt es für mich überhaupt nicht. Für meine Schule gilt, was ich sage. Die Schule soll die Kinder zwar nicht zu Knechten, aber zu Untertanen machen.*« Während Flemming, der sich auf Pestalozzi beruft, gemäß den im ›Kunstwart‹ von Ferdinand AVENARIUS (ihm ist das Stück gewidmet) verkündeten Grundsätzen mit Blumen und von den Schülern selbst gemalten Bildern das Klassenzimmer schmückt und damit die Liebe der Kinder gewinnt, argumentiert der »*Bildungsschuster*« Flachsmann: »*Poesie hat in der Schule nichts verloren ... Soweit sie nicht von der Behörde vorgeschrieben ist natürlich.*« – Die antithetische Gegenüberstellung Flachsmanns und Flemmings, des schikanierenden Reglementierers und des sich als »*freien, schaffen den Geist*« empfindenden Idealisten *(»Ihnen ist die Schulmeisterei ein Handwerk, mir ist sie eine Kunst«)*, gerät über Dialogscharmützel und finstere Intrigen des Oberlehrers erst zu Ende des zweiten Aufzugs hinaus und löst sich »schicksalhaft«-abrupt im dritten Aufzug durch das Auftreten des Schulrats. Er entlarvt Flachsmann und den von diesem protegierten Lehrer Diercks als Betrüger. Das Disziplinarverfahren, das auf Betreiben Flachsmanns bereits gegen Flemming eingeleitet worden war, entfällt. Dessen Anklage gegen ein System, das durch Flachsmann und seine »*Drill- und Dressuranstalt*« vertreten wird – »*Alles, was Charakter und Eigenart hat, wird geduckt*« –, findet in diesem Schulrat, einem lobreichen Fürsprecher der Reformideen vom »*lebendigen Wissen*«, ihre Widerlegung. Anstelle von Flachsmann darf nun der zum neuen Oberlehrer bestellte Flemming seine Ideen von Schule und Lehrern entwickeln: »*Künstler, die dem Vaterland neue Länder der Seele entdecken...*«, und es vollendet sich auch sein persönliches Glück: Er wird seine Kollegin Gisa Holm heiraten.

Der Umstand, daß Otto Ernst aus der Perspektive eines bürgerlich-begütigenden Spätliberalismus dem Schulthema eine Komödie abgewann, kann nur unvollkommen den außerordentlichen Erfolg des Stücks auf der Bühne und als Buch erklären; er dürfte vor allem auf jenen naiven, rührstückhaften Optimismus zurückzuführen sein, der zu einem ziemlich unvermittelten Sieg über alle Widersacher der volksreformerischen Ideen führt. Vollends erweisen der Mirakelschluß, der das sozialpolitische Problem in Deus-ex-machina-Manier löst, und pathetisch-romantisierende Floskeln, wie »*Weihe der Kunst*«, die Überlebtheit dieses Zeitstücks, das, wie die meisten Werke dieser Gattung, für spätere Generationen als soziologisches Dokument interessanter ist denn als literarische Leistung.   C.V.

AUSGABEN: Lpzg. 1901. – Lpzg. 1923 (in *GW*, 12 Bde., 1922/23, 8). – Lpzg. 1940.

LITERATUR: J. Schumann, *O. E.*, Lpzg. 1903. – O. Enking, *O. E. und sein Schaffen*, Lpzg. 1912. – A. Volquardsen, *O. E., ein Blick in sein Leben und Schaffen*, Altona 1927. – K. Lehmann, *Die Gestalt des Lehrers in der deutschen Literatur*, Ffm. 1955. – H. J. Moser, »*Flachsmann als Erzieher*« (in Musik im Unterricht, 46, 1955, H. 11, S. 334).

PAUL ERNST

* 7.3.1866 Elbingerode
† 13.5.1933 St. Georgen a.d.Stiefing

LITERATUR ZUM AUTOR:
R. Lange, *Theorie und Praxis im Drama bei P. E.*, Diss. Göttingen 1948. – H. P. zu Stolberg-

Wernigerode, *P. E.s Ansichten über das Drama*, Diss. Mchn. 1952. – G. Röttcher, *P. E. in seiner Auseinandersetzung mit dem deutschen Idealismus*, Heidelberg 1953. – H. Überhorst, *P. E. als konservativ-revoluzionärer Volkserzieher und Staatsdenker*, Diss. Bonn 1953. – *Spiegelungen. Dokumente zur Wirkungsgeschichte von P. E.*, Hg. K. A. Kutzbach (in Der Wille zur Form, 9, 1963, S. 341–480). – K. H. Köhler, *Poetische Sprache und Sprachbewußtsein um 1900. Untersuchungen zum frühen Werk H. Hesses, P. E.s u. R. Huchs*, Stg., 1977. – A. Wöhrmann, *Das Programm der Neuklassik. Die Konzeption einer modernen Tragödie bei P. E., W. v. Scholz u. S. Lublinski*, Ffm. u. a. 1979. – E. Härlen, *Unterschiedliche Versuche vornehmlich an P. E.*, Hg. K. A. Kutzbach, Bonn 1982. – H. Châtellier, »*Ein Künder u. Kämpfer.*« *L'image de P. E. sous le 3e Reich* (in Revue d'Allemagne, 16, 1984, S. 413–425). – N. Fuerst, *P. E. Der Haudegen des Geistes*, Mchn. 1985.

ARIADNE AUF NAXOS

Schauspiel in drei Aufzügen von Paul Ernst, erschienen 1912. – Paul Ernst, neben Wilhelm von Scholz der bekannteste Vertreter des neuklassischen Dramas, setzt in der Fabel des in allen drei Aufzügen auf der Insel Naxos spielenden Dramas wesentliche Motive der geläufigen Fassung des antiken Theseus-Ariadne-Mythos voraus: den Sieg des athenischen Königssohnes Theseus über das von König Minos auf Kreta im Labyrinth eingeschlossene menschenfressende Ungeheuer Minotaurus, die Flucht und Landung auf der Insel Naxos in Begleitung von Ariadne, der Tochter des Minos und, am Schluß des Dramas, die Entrückung der Ariadne zu den Sternen in den Armen des Gottes Dionysos. Angelpunkt des Werks von Paul Ernst aber ist ein selbsterfundenes Motiv: der Giftmord, den Ariadne zur Rettung des Geliebten am eigenen Vater verübt hat. Theseus, der sich in seiner Überzeugung von der Überlegenheit des sittlichen Willens über das Böse in der Welt zum Helfer der Menschen berufen fühlt, will auf Naxos eine neue, sittlich festbegründete politische Ordnung stiften. Er verdammt Ariadnes Tat und wendet seine Liebe von ihr ab. Aber der Gott Dionysos, der »*erste Gott, der Menschen je geliebt*«, verspricht Ariadne seinen göttlichen Schutz und führt sie durch das zweifache schwere Leiden an ihrer eigenen Schuld und der Enttäuschung über das Versagen des Geliebten zur inneren Läuterung und zur Lösung aller irdischen Bindungen. Theseus, der als vermeintlicher Mitschuldiger am Mord der Wut des Volkes zum Opfer gefallen ist, erkennt als Sterbender endlich das eigene Streben und Ariadnes Wesen im rechten Licht: »*Du warst ein Mensch, den Götter lieben konnten ... Gott ... liebt uns nicht um Schönheit und um Tugend, um unsre Sünden liebt er uns und Leiden.*«

Paul Ernst, der seine Bestrebungen zur Erneuerung des klassischen Dramas als Beitrag zu einem umfassenden geistigen Wandlungsprozeß begreift (*Der Weg zur Form*, 1906), nähert sich in diesem Drama seinem Ziel, indem er den Schritt vom »*Ethos*« zur »*Religion*«, von der Tragödie zu der unter dem Einfluß Ibsens entwickelten Spielart des »*Erlösungsdramas*« vollzieht. Die Gestalt des tragischen Helden tritt zurück hinter der Gestalt des »*Menschen*«, welcher in all seiner sittlichen Unvollkommenheit »*der Gnade Gottes teilhaftig geworden ist*«. Der eigentliche Mittelpunkt aber ist der Gott, der diese Gnade spendet: ein der christlichen Auffassung weitgehend angenäherter Erlösergott.

Das in Blankversen geschriebene Schauspiel, das im Sinne der Forderung des »*zusammengezogenen Dramas*« (Sophokles) nicht das wirkliche Geschehen, sondern die Entwicklung und Durchführung des Widerstreits von *Gedanken* über die *vor* Beginn des Stückes liegenden eigentlichen Ereignisse darstellt, zeigt die allen Dramen Paul Ernsts eigentümliche straffe Konstruktion. Das völlige Fehlen lebendiger, als Handlung erscheinender Gestaltung jedoch, die nach des Dichters Überzeugung dem Wesen des echten Dramas zuwiderläuft, läßt das Werk als zu gedanklich abstrakt erscheinen und nimmt ihm jede Bühnenwirksamkeit. G.H.

Ausgaben: Weimar 1912. – 1922 (in *Ges. Dramen*, 2 Bde.). – Mchn. 1932 (in *GW*, 3 Bde., 2: *Dramen*).

PREUSSENGEIST

Versdrama in drei Akten von Paul Ernst, Uraufführung: Weimar, 27. 1. 1915, Hoftheater. – Dem Stück liegt eine historische Begebenheit aus der Jugend Friedrichs des Großen zugrunde. Bereits in der ersten Szene zeigt sich allerdings, mit welcher Tendenz der geschichtliche Stoff behandelt wird und wie bereitwillig sich der Autor bei Ausbruch des Ersten Weltkriegs in den Dienst eines unverantwortlichen Nationalismus stellt: »*Von Ost und Westen drohn raubgierge Nachbarn, / Belügen uns ehrlos mit Friedensworten, / Und traun wir ihnen ohne Arg, so stürzen / Sie hinterlistig sich mit Mord auf uns, / An unsern Frauen ihre viehische Lust, / An unsern Kindern ihre Mordgier büßend...*« – Angst vor einer ungewollten Verheiratung und der Traum von einem Leben ohne königliche Pflichten veranlassen den achtzehnjährigen Kronprinz Friedrich zu einem Fluchtversuch. Leutnant von Katte, Friedrichs Freund und Vertrauter, will ihn begleiten, ohne Rücksicht auf seinen Fahneneid: »*Wenn Ihr entfliehen wollt, brech ich meinen Eid.*« Der Zofe der Königin, Fräulein von Winterstein, die ihn liebt, erklärt Katte sein Verhalten. Das Fräulein ist überzeugt von der Notwendigkeit seines Entschlusses, unterrichtet aber dennoch den König von dem Fluchtvorhaben, weil sie glaubt, auf diese Weise Katte vor dem Tod bewahren zu können. Nicht bedacht hat sie freilich, daß der König schon den Versuch als Verbrechen ansieht. Unerbittlich leitet er das Kriegsgerichtsverfahren ein. Katte wird zum Tod verurteilt; der König lehnt eine Strafmilderung kategorisch ab. Die Bestrafung des eigenen Sohnes, die er ebenso unnachsichtig verfolgt, rechtfertigt er aus der Perspektive des biblischen Abraham-Modells. Friedrich wird gezwungen, vom Zellenfenster aus die Hinrichtung Kattes mit anzusehen. Eine tiefgreifende Verwandlung geht dabei in ihm vor. Er besinnt sich auf Aufgaben und Pflichten seines künftigen Herrscheramtes. »*Vielleicht versteh ich einstens auch die Pflicht, / Wenn ich nur ehrlich opfre, was ich kann.*« Auf die Erfüllung seiner Jugendträume verzichtet er. Seinen Vater bittet Friedrich: »*Laßt mich leben, Majestät, / Denn ich gehöre meinem Vaterland.*« Analog zum Abraham-Modell sieht der König in dieser Wandlung eine Art Gotteszeichen, das ihm den Vollzug des Sohnesopfers erläßt.

Pflichterfüllung, Gehorsam und Soldatenehre sind die zentralen Motive des Dramas, das nach klassizistischen Formprinzipien komponiert ist. Paul Ernst sucht bewußt eine Rückwendung zum scheinbar Gesicherten, zu unvergänglichen Werten, um damit der tiefen Unsicherheit und Existenzbedrohung seiner Zeit zu begegnen. Seine Flucht vor der Wirklichkeit führt zu dubiosen Idealen heroisch-sittlichen Verhaltens *(»der heutige Künstler ist auf eine bestimmte Gruppe sittlicher Ideale angewiesen, auf die Selbstvervollkommungsideale Goethes«)*. Anders als FONTANE und SCHNITZLER glorifiziert er das Offizierswesen uneingeschränkt. Diese Verherrlichung einer »heroischen Sittlichkeit« steigert sich in den Schlußworten des Königs zu einem fatalen Hymnus auf Deutschland: »*Mit goldnen Pfeilen das erschrockne Dunkel / Zur lügnerischen Unterwelt verjagend / Steigt donnernd hoch am morgendlichen Himmel / Die deutsche Sonne für die ganze Welt.*« G.R.

AUSGABEN: Lpzg. 1915 (RUB; ern. Lpzg. 1942, Nachw. W. Linden). – Mchn. 1919 (in *GW*, 13 Bde., 1916–1922, 3). – 1922 (in *Ges. Dramen*, 2 Bde.). – Mchn. 1933 (in *GW*, 19 Bde., 3. Abt., 3).

DER SCHMALE WEG ZUM GLÜCK

Roman von Paul ERNST, erschienen 1904. – Der stark autobiographisch gefärbte Roman zeigt bereits – nach frühen dramatischen Versuchen im Umkreis des Naturalismus – Paul Ernsts Bemühungen um die Erneuerung einer klassisch strengen Formenwelt auf der weltanschaulichen Basis eines religiös-sittlichen Konservativismus. Dem zeitlich auf die Epoche zwischen 1860 und 1890 fixierten Roman liegt ein scharf umrissener Bauplan zugrunde, der die fiktive Geschichte des Helden mit dem persönlichen Erleben des Autors kombiniert: »*Ich erlebte den Zusammenbruch der bürgerlichen Welt und die Sehnsucht, zu einer neuen Lebensform der Menschheit zu gelangen, in welcher ich selber eine solche Stelle fand, daß ich mein Leben vor Gott rechtfertigen konnte.*« Im Zeichen dieser Rechtfertigung entfaltet sich das Schicksal des Helden, eingezwängt in die novellistisch verkürzte Struktur des deutschen Bildungsromans.

In der Geschichte des Hans Werther, eines patriarchalisch erzogenen Förstersohns, demonstriert Paul Ernst den Zusammenbruch der bürgerlichen Lebensordnung anhand typischer Charaktere und Vertreter bestimmter Gesellschaftsschichten und Geistesströmungen. Nach fünf deprimierenden Gymnasialjahren bezieht Hans, inzwischen seiner religiösen und idealistischen Hoffnungen beraubt, die Universität, wo er sich in den illegalen Klassenkampf der Sozialdemokratie und des Industrieproletariats verwickeln läßt. Er lernt Zerstörte und Gescheiterte, Bohemiens und Revolutionäre, Phrasen und Zweifel kennen. Sein Freund Karl Gleichen, die negative Kontrastfigur, zerbricht in einer Strindbergschen Ehe und schließt sich einem Kreis gescheiterter Existenzen an. Auch Hans Werthers Dasein droht in Nichtigkeiten zu versickern; wegen politischer Umtriebe gerät er sogar mit der Justiz in Konflikt. Er ist unfähig, den Wert überkommener Institutionen zu begreifen, die nach Ansicht des Autors deshalb notwendig sind, weil ihr Sinn nicht auf sittlichen Idealen beruht, sondern auf menschlicher Gebrechlichkeit. – Die Wende zeichnet sich gleichnishaft in der Parabel vom verlorenen Sohn ab: Hans erkennt im Abfall von Gott die Ursachen für sein Scheitern und besinnt sich auf das Ethos schlichter Menschlichkeit. Nach einem physischen und psychischen Zusammenbruch verliebt er sich in die Komtesse Maria, den letzten Sproß des untergegangenen Grafenhauses, dem sein Vater gedient hat; er heiratet Maria und übernimmt den verschuldeten gräflichen Besitz. Der Sohn eines Försters wird zum Herrn des Waldes; ein symbolischer Akt, der mit Paul Ernsts These korrespondiert, »*daß das Kleinbürgertum bei uns sehr viel von den Leistungen übernommen hat, die eigentlich der Aristokratie zufielen*«.

Der Dichter beschreibt den Verfall des bürgerlichen Weltbilds nicht in seiner gesellschaftlichen Totalität, sondern in abgegrenzten Segmenten. Der Held läßt – seiner konservativen Zielsetzung entsprechend – konsequent die »*sozialistischen und kommunistischen Illusionen*« hinter sich, geht jedoch als rückschrittlicher Individualist wieder mit längst abgestorbenen Illusionen aus dem Zusammenbruch hervor. Die episodenreich strukturierte Handlung trägt ihn an der Zeit vorbei, deren Analyse und Veränderung das uneingelöste Programm dieses obsoleten Bildungsromans bleibt: »*Was als zufällige Lebensbeschreibung erschien, ist in Wirklichkeit planmäßig gebaut, und hinter der Erzählung steht noch eine tiefere Bedeutung.*« Tatsächlich hat Ernst, dessen frühes Werk vom jungen Georg LUKÁCS noch geschätzt wurde, mit diesem Roman ein bestürzend naives Buch der bürgerlichen Erbauungsliteratur geschrieben. KLL

AUSGABEN: Stg. 1904. – Mchn. 1919 (in *GW*, 13 Bde., 1916–1922, 10). – Mchn. 1928 (in *GW*, 19 Bde., Abt. 1, 1; ern. 1937).

LITERATUR: G. Lukács, *Die Seele u. die Formen. Essays*, Bln. 1912. – E. v. Schmädel, *Der Roman bei P. E.*, Diss. Mchn. 1940. – N. Fuerst, *Ideologie u. Lit. Zum Dialog zwischen P. E. u. G. Lukács*, Emsdetten 1976.

VENEDIKT EROFEEV

* 1933 oder 1939 in der Nähe von Moskau

MOSKVA – PETUŠKI

(russ.; Ü: *Die Reise nach Petuschki*). Roman von Venedikt EROFEEV, erschienen 1973. – Schon bald nach seinem Entstehen (1969) den populärsten, durch den Samizdat verbreiteten Werken russischer Untergrundliteratur zugerechnet, 1973 in der israelischen Zeitschrift ›Ami‹ vorabgedruckt, erschien der Roman in Buchform zuerst in französischer Übersetzung. Er entwirft ein groteskes Bild der sozial und seelisch verwahrlosten sowjetischen Welt, die gänzlich im Alkoholismus versunken ist. Erzählt wird aus der Perspektive eines betrunkenen, mit dem Autor namensgleichen und biographisch weitgehend übereinstimmenden Helden. Mit seinem Weg zum Bahnhof beginnt am frühen Morgen die Handlung und spannt sich sodann in den Rahmen einer Zugfahrt zwischen den gegensätzlich semantisierten Titelorten. Moskau stellt den realen, durch die Sowjetwirklichkeit verdüsterten Erlebensraum dar, dessen topographischen und symbolischen Mittelpunkt der Kreml bildet. Dem entgegen steht der Idealraum und das Reiseziel Petuški, wo die Geliebte und der kleine Sohn Venedikts leben, »*wo die Vögel nicht aufhören zu singen..., wo sommers wie winters der Jasmin nicht verblüht. Die Erbsünde... tangiert dort niemanden. Sogar die, die wochenlang nicht nüchtern werden, behalten dort ihren klaren, unergründlichen Blick*«.

Die Reiseerlebnisse des Helden spiegeln eine mit diesem Paradies stark kontrastierende Realwelt. Die das russische Volk repräsentierenden Passagiere bilden eine stumpfsinnige, von Trunksucht beherrschte Gemeinschaft ohne Hoffnung und Menschenwürde. Ihre unterwegs erzählten Geschichten ergänzen, zusammen mit Rückblenden in Venediks Leben als Hilfsarbeiter, die karikierende Darstellung der sowjetischen Gesellschaft: Hier gleicht die zwischenmenschliche Harmonie dem kollektiven Alkoholismus und eine ausgeprägte Individualität den eigentümlichen Trinkgewohnheiten.

Die in der Obhut von Engeln angetretene Reise, die Venediks Fluchtversuch aus diesem moralisch und kulturell verödeten Alltag symbolisiert, wird mehr und mehr zur tragischen Irrfahrt. Kurz vor dem Ziel bricht eine apokalyptische Finsternis herein, alle Passagiere verschwinden, und unheilvolle Erscheinungen verhöhnen und mißhandeln den Helden – darunter ein zum Sprung aus der Eisenbahn einladender Satan, eine verstümmelte Sphinx, die Petuški für Menschen unzugänglich erklärt, sowie eine Horde Erinnyen, die durch den plötzlich in Richtung Moskau donnernden Zug rasen. Verwirrt und verzweifelt findet sich Venedikt mitten in der Hauptstadt wieder. Vor dem Kreml, den er nie zuvor gesehen hatte, wird er von vier Männern blutig zusammengeschlagen und schließlich in einem Treppenhaus, in dem er Zuflucht sucht, umgebracht.

Die Unmöglichkeit, Petuški – den einzigen Ort aller sonst untergegangenen Werte – zu erreichen, der barbarische Mord am unschuldigen Helden und das Verhängnisprinzip, dem das Geschehen insgesamt unterliegt, machen auf der Ebene der äußeren Handlung Erofeevs Verzweifeln an der sowjetischen Wirklichkeit sichtbar. Dennoch tritt diese Ebene hinter der Schilderung innerer Vorgänge zurück, die sich in Venediks Empfindungs- und Gedankenwelt abspielen. Das vom Trinkrausch getrübte Bewußtsein des Perspektivträgers motiviert nämlich die erzähltechnischen und stilistischen Mittel, mit denen der Autor in vorwiegend sarkastischer Manier seine bitter-luziden Erkenntnisse über die Heimat ausdrückt. Wie ein Zerrspiegel reflektiert die überreizte Wahrnehmung des Helden die Deformation von Mensch und Gesellschaft; zudem verhöhnen seine Ansichten alle in der Sowjetunion geltenden Werte. So erhebt er z. B. die Trunksucht – eines der akutesten sozialen Probleme – zum würdigsten Gegenstand wissenschaftlicher und philosophischer Betrachtung, preist sie als Kunst und als einzig wahren Lebensinhalt an. Auch das groteske Vermengen des Realen mit dem Irrealen läßt sich auf Wahnerlebnisse zurückführen, die zum Säuferwahnsinn gehören, ferner begründet die alkoholbedingte Gefühlsverwirrung Venediks hyperbolische Ausdrucksweise sowie seine extremen, plötzlich umschwingenden Affektzustände.

Neben der Satire und der Groteske wendet Erofeev als weiteres Stilmittel des Hohns die Parodie an. Die in *Moskva – Petuški* reichlich anklingenden Erzeugnisse westeuropäischer und russischer Literatur sowie der sog. sowjetischen »Antikultur« (Propagandareden, Parteislogans u. ä.) werden auf ihrem Weg durch Venediks Bewußtseinsstrom umgestaltet oder, wie auch Ereignisse aus der Weltgeschichte bzw. aus berühmten Biographien, abwegig gedeutet. Anderseits huldigt der Autor literarischen Vorbildern; auf das bedeutendste – GOGOLS Roman *Mërtvye duši* – verweist der (aus der zweiten Ausgabe von *Moskva – Petuški* gestrichene) Untertitel *Poem* wie auch die Verwendung einer Reise als Erzählgerüst. Dieses Kompositionsprinzip knüpft zugleich an eine Tradition an, die mit STERNES Roman *A Sentimental Journey through France and Italy* begründet und in Rußland von RADIŠČEV (*Putešestvie iz Peterburga v Moskvu*) aufgegriffen wurde. Mit der zunehmend tragischen Handlungsentwicklung vermindern sich literarische Nachklänge, während mythologisch-religiöse

Reminiszenzen in den Vordergrund rücken. In den letzten Romankapiteln stellen schließlich dicht auftretende neutestamentliche Motive eine deutliche Analogie zwischen Venedikts Tod und dem Opfertod Christi her. O.Sz.

AUSGABEN: Jerusalem 1973 (in Ami). – Paris 1977.

ÜBERSETZUNGEN: *Moscou-Pétouchki*, A. Sabatier u. A. Pingaud, Paris 1976 [frz.]. – *Die Reise nach Petuschki*, N. Spitz, Mchn. 1978.

LITERATUR: Anonym, Rez. (in Kontinent, 1977, 14). – V. S. Dunham, *V. E. Moscow to the End of the Line*, NY 1980. – M. Altšuller, Rez. (in Novyj Žurnal, NY 1982, Nr. 146). – A. Skaza, *Pesnitev' »Moskva-Petuski« V. E. in tradicija Gogolja ter Dostojevskega* (in Studies in Romanticism, 1982, 4, S. 589–596). – P. Vajl u. A. Genis, *Strasti po E.* (in P. V. u. A. G., *Sovremennaja russkaja proza*, Ann Arbor 1982, S. 41–50). – M. Colucci, *Il diavolo e l'acquavite: Quel viaggio Moskvá-Petuski* (in Belfagor, 31. 5. 1983). – A. Drawicz, Rez. (in Russkaja mysl', Paris, 19. 4. 1984).

MEHMET EROĞLU

* 1948 Izmir

YARIM KALAN YÜRÜYÜŞ

(ntürk.; *Der halb gegangene Weg*). Roman von Mehmet EROĞLU, erschienen 1986. – Der dritte Roman dieses Autors, der mit seinen früheren Werken *Issızlığın Ortasında*, 1979 *(Mitten in der Einsamkeit)*, und *Geç Kalmış Ölü*, 1985 *(Der verspätete Tote)*, bereits beachtliche Erfolge erzielte, darf als Fortsetzung und Steigerung seines Frühwerks gelten. In einer sehr eigenen Sprache und komplexen Kompositionstechniken bemüht sich der Autor um die erzählerische Darstellung der Fragen nach Identität und Liebesfähigkeit, Selbstbekämpfung und Einsamkeit, ohne Zuflucht zu autobiographischem Selbstmitleid zu nehmen. Held des Romans ist Korkut Laçin, eine rätselhafte Gestalt, deren Geschichte und Tod im Laufe des Buches rekonstruiert werden, ohne bis in alle Einzelheiten klärbar zu sein. Drei Erzählebenen sind es, auf denen das Material zu dieser Rekonstruktion ausgebreitet wird: Die auktoriale Schilderung von neun Tagen aus Korkuts Leben, an deren Ende er niedergeschossen wird, wechselt ab mit inneren Monologen des Protagonisten aus derselben Zeitspanne. Dazu kommen Aussagen, die Bekannte des Helden vor einem Kommissar und einem Staatsanwalt machen, und deren Tonbandprotokolle teilweise wiedergegeben werden. Wie allmählich klar wird, war Korkut Laçin ein Waisenkind, das seit frühen Jahren durch Kaltblütigkeit, Furchtlosigkeit und eine schier übermenschliche Fähigkeit, Schmerzen zu ertragen, beeindruckt hat. Mehr erschreckend und faszinierend wirkend als geliebt, wurde er zum Beschützer seiner Umgebung, blieb dabei jedoch stets einsam. »*Selbst wenn er geliebt wurde, konnte keine Liebe die Bewunderung vor jener Sagenhaftigkeit überwinden und ihn erreichen.*« Später sollte er in eine Brandstiftung in einem medizinischen Laboratorium verwickelt werden und auf der Flucht als Matrose anheuern. Auf dem Schiff tötete er dann einen Portugiesen, der an Tollwut erkrankt war, um ihn von seinen Schmerzen zu erlösen. In Lagos wurde ihm dann auf halbem Weg zum Hafen von Freunden des Portugiesen aufgelauert, er ward niedergestochen. Verletzt in die Türkei gebracht, verurteilte man ihn wegen Brandstiftung. Nun, nach sechs Jahren Haft, ist er wieder in Izmir, um dort von alten Freunden Geld zu erbitten. Er will nach Lagos zurückkehren, dort den halbgegangenen Weg zum Hafen zu Ende gehen. In Izmir gerät er innerhalb der acht Tage, die das Zentrum des Romans bilden, in das Geflecht der Beziehungen, Abhängigkeiten und Rivalitäten zwischen seinen Freunden, die ihn entweder fürchten oder dringend seiner Hilfe bedürfen. Er kann sich nicht von seinem Image des quasi unbesiegbaren Beschützers befreien, das er wie alle anderen von sich selbst hat. Zu spät erkennt er, daß es seine schwierige Aufgabe ist, Schwäche zu akzeptieren. Seinen Weg beendet er in Izmir; er wird von einem der alten Freunde erschossen.

Der komplizierte Plot der Geschichte und die bis zum Ende offenbleibende Frage, wer Korkut Laçin niederschießt, lassen Eroğlus Buch fast zum Kriminalroman werden. Wichtiger aber sind dem Autor durchweg existentielle Probleme. Korkut Laçin und die Wirkung auf seine Freunde werden dabei zum Testfall, wobei die außergewöhnliche Person Laçins den Blick auf die allgemeine Bedeutung des Falls nicht versperren soll. C.K.N.

AUSGABE: Istanbul 1986.

LITERATUR: B. Necatigil, *Edebiyatımızda isimler sözlüğü*, Istanbul 1985, S. 129/130.

FRITZ ERPENBECK

* 6.4.1897 Mainz
† 10.1.1975 Berlin

EMIGRANTEN

Roman von Fritz ERPENBECK, erschienen 1937. – Das in diesem Roman entworfene Bild vom Leben deutscher Antifaschisten im Prager Exil beruht weitgehend auf authentischen Vorgängen. Daß diese dabei eine der politischen Überzeugung des Autors entsprechende Akzentuierung erfahren, macht bereits die Fabel deutlich: Im Frühjahr 1933 gelingt dem Kommunisten Peter Röhl, dem Sozialdemokraten Karl Damrow und dem parteilosen Oskar Gundel die Flucht aus dem nationalsozialistischen Deutschland über die tschechische Grenze. Nach der Aufnahme durch ein Prager Emigrantenkomitee trennen sich ihre Wege: Röhl widmet sich dem Aufbau der Organisation seiner Partei im Exil; Damrow schließt sich zunächst ebenfalls seiner Parteiorganisation an, gerät jedoch in Gegensatz zur Parteiführung und stirbt an den nicht ausgeheilten Folgen der Mißhandlung durch die Nazis; der aus verschwommen emotionalen Gründen geflüchtete Gundel findet bei keiner Exilgruppe Anschluß und gerät in eine immer stärkere Isolation; er kehrt freiwillig ins Reich zurück und ist schließlich sogar bereit, den ehemaligen Fluchtgefährten Röhl, der mittlerweile illegal im kommunistischen Widerstand arbeitet, an die Gestapo auszuliefern.

Dieses Gerüst bildet den Rahmen für eine Reihe abenteuerlicher Handlungsabläufe und zahlreicher Einzelszenen, in denen die Nöte und Schwierigkeiten des Emigrantenalltags veranschaulicht werden. Im Zentrum des Romans steht eine Gruppe von Kommunisten, die die Schwierigkeiten des Exils dank ihrer Solidarität, ihrer Disziplin und ihres politischen Bewußtseins besser meistern als andere Emigranten. Diese exilierten Kommunisten verstehen sich als »Soldaten des Klassenkampfes«, die von ihrer Partei vorübergehend »aus der Feuerlinie zurückgenommen« und »in die Etappe geschickt« worden sind. Für sie bedeutet Emigration »die Gelegenheit, besser als unsere heldenhaft kämpfenden Genossen drüben, unsere Waffen zu schärfen, zu lernen und wieder zu lernen!«

Breiten Raum nimmt der authentische Bericht über den Aufbau des illegalen antifaschistischen Senders Zahory und dessen Zerstörung durch ein SS-Kommando ein (wobei Erpenbeck allerdings die tatsächlichen Ereignisse aus dem Jahre 1934/35 in den Herbst 1933 vorverlegt). In diesen und anderen Partien erweist sich das Buch als Schlüsselroman, so im Falle der Romanfiguren Schlözer (= Otto Strasser), Schlick (= William S. Schlamm, bis zu seinem Bruch mit dem Kommunismus Herausgeber der »Neuen Weltbühne«), Militans (= Miles, d. i. Walter Löwenheim, Begründer der aus Mitgliedern der KPD und SPD gebildeten linksradikalen Exilgruppe ›Neu Beginnen‹) und Gustmann (= Kurt R. Grossmann, bis 1933 Generalsekretär der Deutschen Liga für Menschenrechte – bei Erpenbeck: Bund der Menschenfreunde –, im Prager Exil Sekretär der Demokratischen Flüchtlingsfürsorge). Als wahrheitsgetreu dürfen auch die Schilderungen des Emigrantenalltags gelten: das Warten in den Vorräumen der Hilfskomitees und in den Emigrantencafés, die sich mit zunehmender Emigrantenzahl verschlechternden Hilfeleistungen, das Unvermögen vor allem bürgerlicher Intellektueller, sich in die neue Lage zu finden, die zunehmende Gereiztheit der zur Untätigkeit verurteilten Emigranten, die Spannungen im privaten Bereich, die Hilfsbereitschaft der tschechischen Bevölkerung.

In literarischer Hinsicht bleibt das Werk aufgrund seiner kompositorischen Unausgewogenheit und gestalterischer Mängel hinter anderen Romanen, die das Exil zum Thema haben – etwa Anna SEGHERS' *Transit* oder Lion FEUCHTWANGERS *Exil* – weit zurück. *Emigranten* ist in erster Linie ein Appell zur Bildung der Einheitsfront unter kommunistischer Führung. In zweiter Linie will der Roman Lebens- und Orientierungshilfe sein für den politisch bewußten Emigranten angesichts der durch die Ausnahmesituation des Exils auferlegten Handlungsunfähigkeit. Die aktuelle Zielsetzung des 1934 im Prager Exil begonnenen und 1935 in Moskau abgeschlossenen Buches war freilich bereits bei seiner Auslieferung überholt.　　J.Ha.

AUSGABEN: Moskau 1937. – Bln. 1954; ²1959. – Bln. u. Weimar 1976.

LITERATUR: H. W. Baum, *Vor 20 Jahren* (in Die Buchbesprechung, 1955, H. 2). – B. Blüthner, *Vom Alltag des Exils* (in Börsenblatt des deutschen Buchhandels, 1955, Nr. 11). – W. Ilberg, *Problematische Problematik* (in NDL, 1955, H. 7). – W. Püschel, *»Emigranten«. Ein neues Buch von F. E.* (in Junge Welt, 16. 4. 1955). – G. Albrechtová, *Zur Frage der deutschen antifaschistischen Emigrationsliteratur im tschechoslowakischen Asyl* (in Historica, 8, 1964). – L. Kusche, *F. E. Ein Aktivist vor der ersten Stunde* (in Liebes- u. andere Erklärungen, Hg. A. Voigtländer, Bln./Weimar 1972).

EZIO D'ERRICO

* 5.7.1892 Agrigent
† 1972 Rom

LA FORESTA

(ital.; *Ü: Der Wald*). »Dramatische Vision in zwei Teilen« von Ezio D'ERRICO, Uraufführung: Kassel, 19. 9. 1959, Staatstheater. – Mit seinen drei Schauspielen *Tempo di cavallette*, 1958 *(Die Heuschrecken)*, *Il formicaio*, 1959 *(Der Ameisenhaufen)*, und *La foresta* hat d'Errico als erster italienischer Dramatiker sich die Gestaltungsmittel des absurden Theaters zu eigen gemacht. Sein »Wald« besteht nicht, wie der Zuschauer beim Öffnen des Vorhangs im Halblicht vermuten soll, aus dürren Bäumen, sondern erweist sich in voller Beleuchtung als Schrott, als der Zivilisationsschutt des technischen Zeitalters. (»*Eisenkonstruktionen und Reste irgendwelcher technischer Bauten, eine schmale und hohe*

Ruine eines verfallenen Hauses, das Gerippe eines Krans, von dem Eisenkabel wie Skelette herabbaumeln, ein verstümmelter Schornstein, die Reste eines artesischen Brunnens, ein Galgen ohne Schlinge, einige Telegraphenmaste und eine Benzintanksäule.«)
In dieser beklemmenden Szenerie streifen seltsame Gestalten umher: Max und Margot, die es auf ihrer ziellosen »Campingreise« hierher verschlagen hat und denen langsam bewußt wird, daß es aus dieser Gegend kein Entrinnen gibt, treffen auf die eingesessenen »Waldbewohner«, die, im Gegensatz zu den Neuankömmlingen, bereits so weit entpersönlicht sind, daß sie sich ihrer Namen nicht mehr erinnern. Ein Tankwart bewacht unentwegt seine Tanksäule, obwohl es hier längst keine Straßen mehr gibt; sein Chef *»hat ihn wahrscheinlich vergessen«*. Ein Professor, der das Unterrichten aufgab, als er begriff, *»daß die ganze Weisheit der Philosophen zu nichts zu gebrauchen ist«*, lebt *»in der Hoffnung auf irgend etwas, das uns endlich von draußen erreichen möge. Aber es geschieht nie etwas, von Geburt an bis zum Tode.«* Der alte Weinbauer vertraut gläubig auf eine *»überirdische Belohnung«*; er ist gewissermaßen der Gegenspieler des Professors: *»Der eine klammert sich verzweifelt an die Vergangenheit, und der andere ist mit der gleichen Verzweiflung an die Zukunft gebunden.«* Ein General, der zwanzig Jahre hinter einem Schreibtisch saß, das Schlachtfeld mit Fähnchen auf der Karte absteckte und deshalb nie einen Toten zu Gesicht bekam, verbringt im »Wald« seine Zeit damit, *»zwecklose Maschinen«* zu konstruieren. Der Junge schließlich, *»ein Ästhet, ein Träumer«*, fürchtet die Welt der *»wahren Geschichten«* und will niemals zurückkehren in *»die Menge, die auf der Straße herumläuft, die schwitzt, die sich durchs Telefon anlügt, mit Ekel im Halse«*. Sie alle sind in eine Endsituation geraten, und da sie einander nicht mehr verstehen können, haben sie auch die Fähigkeit verloren, zu handeln. Reglose Gestalten eines »statischen Dramas«, tauschen sie Erinnerungen aus an die Vergangenheit, an eine Welt, die mittlerweile durch zwei Weltkriege und die Übertechnisierung in ihren Grundfesten zerrüttet ist. Schwermütig meditieren sie über die ihrem Untergang ausgelieferte Menschheit und stellen düstere Zukunftsprognosen: *»Die nächsten Generationen werden nur Räderwerk sein. Sie werden mit den Robotern Arm in Arm gehen ... Die Welt wird von den Robotern regiert werden.«* Nur in den elementarsten Empfindungen reagieren diese Verlorenen noch human: Margot in ihrer Liebe zu dem jungen Professor in seiner Todesfurcht, der Junge in seiner Sehnsucht nach dem Sterben, Max in seiner Angst um Margot, als diese nach dem Tod des Jungen Selbstmord begehen will.
In diesem Parabeldrama fällt vor allem der Wechsel zwischen banalen, abgenutzten Wendungen, forciert hintergründigen Anspielungen in den Dialogen und einer von hoher Poesie geprägten Ausdrucksweise in den monologischen Passagen auf – ein Kunstgriff, der die unsägliche Verlorenheit der wie gelähmt dem Ende ihres Daseins entgegenstarrenden »Waldmenschen« unterstreicht. H.W.G.

AUSGABEN: Turin 1959 (in Il Dramma, Nov. 1959, Nr. 278). – Bologna 1962 [zus. m. *Tempo di cavallette* u. *Il formicaio*].

ÜBERSETZUNG: *Der Wald*, G. Richter, Bln. 1959 [Bühnenms.].

LITERATUR: M. Esslin, *Das Theater des Absurden*, Ffm./Bonn 1964, S. 266–268; ern. Reinbek 1985 (rde). – S. Torresani, *Il teatro italiano negli ultimi vent'anni (1945–1965)*, Cremona 1965. – Ders., *Denuncia e pietà nel teatro di E. d'E.* (in Vita e Pensiero, 53, 1965, S. 694–708).

ALEKSANDR IVANOVIČ ÈRTEL'

* 19.7.1855 Ksinova bei Voronež
† 20.2.1908 Moskau

LITERATUR ZUM AUTOR:
Bibliographie:
Russkie pisateli vtoroj poloviny XIX-načala XX vv. Rekomendatel'nyj ukazatel' literatury, Bd. 3, Moskau 1963, S. 219–234.
Gesamtdarstellungen und Studien:
V. Buš, *A. I. È.* (in V. B. *Očerki literaturnogo narodničestva 70–80 gg.*, Moskau 1931, S. 93–151). – G. A. Kostin, *A. I. È.*, Voronež 1955. – A. I. Spasibenko, *A. I. È. – pisatel' vos'midesjatnik*, Alma Ata 1966. – N. S. Parsons, *A. È. as a Christian Humanist* (in HSEER, 1969, 106, S. 176–191). – A. Baborenko, *Bunin i È.* (in Russkaja literatura, 1961, 4, S. 150–151). – V. V. Nikoforov, *Tvorčestvo A. I. È.: k peresmotru istoričesko-literaturnogo značenija*, Moskau 1983. – *Istorija russkoj literatury*, Hg. N. I. Pruckov, Bd. 4, Leningrad 1983, S. 79–84.

GARDENINY, ICH DVORNJA, PRIVERŽENCY I VRAGI

(russ.; *Die Gardenins, ihr Gesinde, ihre Anhänger und ihre Feinde*). Roman von Aleksandr I. ÈRTEL', erschienen 1889. – Wie schon der Titel verrät, will Èrtel' in seinem Roman ein Bild von der – als Symbiose zwischen Grundherrn und Bauern verstandenen – russischen Dorfgemeinde geben, das ihren Zerfall in der geistigen und wirtschaftlichen Umbruchzeit der siebziger Jahre des 19. Jh.s widerspiegelt. Schritt um Schritt verfolgt der Autor *»in den Beziehungen und Schicksalen* [seiner] *Menschen den Prozeß des Verschwindens der alten Zeiten«*: *»Die ganze Absicht des Romans besteht darin, den unterirdischen Verlauf der neuen Gedanken und der neuen Auffassungen zu zeigen, die in unserem Dickicht nach der großen Reform (ich meine die Bauernbefreiung) heranwucherten und in Gärung gerieten.«*

Der Roman läßt weder eine eindeutige Position seines Autors erkennen, noch kann er ohne Vorbehalt einer der zeitgenössischen Literaturströmungen zugeordnet werden. Schon nach Erscheinen des Werks bezeichnete die Kritik der »Volkstümler« *(narodniki)* die literarische Tendenz des Romans als *»pseudopopulistisch«*; ihre Gegenseite rügte die eingestreuten Analysen und Statistiken soziologischen Inhalts als stillos. Mit größerem Recht wirft die Sowjetkritik dem Autor vor, er habe sich in der allzu peniblen Beschreibung der einzelnen Gesellschaftsschichten verloren, wodurch keine von ihnen scharf genug ins Blickfeld rücken konnte. In Wirklichkeit steht der Roman ziemlich genau in der Mitte zwischen der belletristischen und populistischen Prosa jener Jahre, weil dem Autor eine Synthese nicht gelungen ist und sie ihm auch gar nicht hätte gelingen können. Gerade dies aber kommt der chronikalischen Objektivität des Romans zugute: Èrtel's Buch informiert den unbefangenen Leser besser und aufrichtiger als jedes andere über die geistigen Strömungen und sozialen Verhältnisse jenes überaus bedeutsamen Jahrzehnts in Rußland. Die Fortsetzung des Romans, 1890 unter dem Titel *Smena (Die Ablösung)* erschienen, führt in gleicher Weise durch die achtziger Jahre, doch liegt hier der Akzent auf der Darstellung des kulturellen Wandels. W.Sch.

AUSGABEN: Moskau 1889 (in Russkaja mysl'). – Moskau 1890. – Moskau 1909 (in *Sočinenija*, Hg. F. Batjuškov, 7 Bde.). – Moskau/Leningrad 1933, Hg. A. Ležnev, 2 Bde. [m. Einl.; Ill. E. M. Belucha]. – Moskau 1954, Hg. V. Dorofeev [m. Nachw.]. – Moskau 1985. – Moskau 1987.

LITERATUR: L. N. Tolstoj, *Predislovie k romanu È. »Gardeniny, ich dvornja, priveržency i vragi«* (in L. N. T., *O literature*, Moskau 1955, S. 587 ff.). – A. Fadeev, *Sbu'ektivnye zametki. (»Gardeniny«)* (in A. F., *Za tridcat' let*, Moskau 1957, S. 857 ff.).

ISAAK ERTER

* 1791 bei Przemysl / Galizien
† 20.4.1851 Brody / Galizien

GILGUL NEFESCH

(hebr.; *Seelenwanderung*). Satirische Novelle von Isaak ERTER, erschienen 1845. – Der aus dem damals österreichischen Galizien stammende Autor war erst als Lehrer und dann als Arzt tätig; er gehörte zur Gruppe der vom westlichen Rationalismus beeinflußten jüdischen Aufklärer *(Maskilim)*, die sowohl mit der Orthodoxie als auch mit dem Chassidismus im Widerstreit lagen. Seine nicht sehr zahlreichen Schriften verraten alle die ihnen zugrunde liegende aufklärerische Absicht; sie sind durchweg in Dialogform, und zwar in reinem Bibelhebräisch, abgefaßt, das Erter meisterhaft beherrschte. *Gilgul nefesch* ist das umfangreichste seiner Werke. Die Ansichten, die es enthält, lassen deutlich den Einfluß der Schriftsteller des Jungen Deutschland erkennen; für die Art der Darstellung hat offensichtlich die phantasievolle Erzählweise JEAN PAULS als Vorbild gedient.

Der jüdische Volksglaube an die Seelenwanderung (vgl. *Sefer ha-gilgulim*) lieferte Erter den Rahmen für seine Satire, in der er besonders das Verhalten jener Gesellschaftsschichten geißelt, die er als Hauptnutznießer der Unwissenheit und Leichtgläubigkeit der Menschen aus dem einfachen Volke betrachtet. Er kleidet seine Kritik in die Form eines Gesprächs zwischen ihm und der zur Wanderung verurteilten Seele eines gerade verstorbenen reichen Mannes, die ihm ihre Schicksale und Erlebnisse mitteilt: Bisher hat diese Seele siebzehn Wandlungen durchgemacht; als Strafe für die von ihr in Menschengestalt begangenen Vergehen mußte sie das nächste Leben jeweils als Tier verbringen. Zu den menschlichen Existenzformen, die der Seele bei ihren verschiedenen Wiedergeburten zuteil wurden, gehören u. a. die des Steuerpächters, des Friedhofwalters, des Wunderrabbi und die des Arztes. Jede dieser Reinkarnationen berichtet in der Ichform von ihrem Leben.

In die Erzählung eingefügt sind Betrachtungen über Themen, wie die persische Herkunft des im Judentum verbreiteten Geisterglaubens, die Kabbala als Ursache für das Auftreten der falschen Messiasse, die Entartung der chassidischen Bewegung infolge Vererbung des Rechts auf religiöse Führerschaft, ferner ein Abschnitt, enthaltend *»goldene Regeln für den Arzt«*. – Als der Arzt die Seele schließlich fragt, wie lange ihre Wanderungen denn schon dauern, antwortet sie ihm: *»Fünfhundert Jahre.«* Darauf bezichtigt er sie der Lüge; denn angeblich war die erste Erscheinungsform dieser Seele die eines Chassid, also des Angehörigen jener jüdischen Erweckungsbewegung, die erst in der Mitte des 18. Jahrhunderts in Osteuropa entstand.

Das Werk fand weite Verbreitung und wurde auch zweimal ins Jiddische übersetzt (E. M. DIK, Warschau 1866; A. B. GOTTLOBER, Warschau 1896).
P.N.

AUSGABEN: Lpzg. 1845. – Wien 1858 (in *Ha-Zofe le-Bet Jisrael*, Hg. M. Letteris; ern. NY 1908). – Petersburg 1903. – Tel Aviv 1952 [vokalisierter Text].

ÜBERSETZUNG: *E.'s Satire on Doctors*, A. Lewinsohn, Chicago 1921 [engl.].

LITERATUR: J. Chotzner, *I. E., a Modern Hebrew Humorist* (in JQR, 3, 1891, S. 106–119). – M. Waxman, *A History of Jewish Literature*, Bd. 3, NY/Ldn. 1936, S. 187–194; [2]1960. – S. Wygodzki, Art. *I. E.* (in EJ[2], 6, Sp. 847/848).

NATALY VON ESCHSTRUTH

* 17.5.1860 Hofgeismar
† 1.12.1939 Schwerin

HOFLUFT

Roman von Nataly von ESCHSTRUTH, erschienen 1889. – Dem monarchistischen, adelsfrommen Bürgertum des späten 19. Jh.s scheint »Hofluft« für eine ganz besondere Luft gegolten zu haben: Sie wird »balsamisch« genannt, eine spezifische »Weihe« wird ihr zugesprochen, ja, die gebildete Autorin zitiert zur Bekräftigung JEAN PAUL, der die Luft am Hofe als »Sonne, Mond, Sterne, Himmelsglanz und Veilchenduft« charakterisierte. »Hofluft«, diese »Zauberin«, hat der Verfasserin auch »auf wiegenden Klängen« jene »wundersamen Mären« ins Ohr geflüstert, deren Lektüre normalen Sterblichen ermöglichte, am Leben der feinsten Kreise teilzunehmen.

Fünfzig Jahre hat Fürst Gregor Sobolefskoi als Kammerherr des Zaren die Hofluft geatmet, doch als er eine Mesalliance mit einer Sängerin eingeht, muß er dieses sein Lebenselixier entbehren; in Ungnade vom Hof verwiesen, siecht er auf seinen kurländischen Besitzungen dahin. Als seine Gattin ihn und sein zartes Söhnchen Daniel verläßt, endet er durch Selbstmord. Von einer kaltherzigen Gräfin erzogen, wächst Fürst Daniel Sobolefskoi auf. Doch sein Leben ist überschattet: Nach einem unglücklichen Sturz in früher Jugend bucklig und zwerghaft geblieben, ist ihm Lebensglück und Liebeserfüllung versagt; er wird aber dennoch adeligen Sinn und edles Menschentum zu zeigen wissen. Unter dramatischen Umständen rettet er während der Belagerung von Paris 1870 den preußischen Offizier Dern von Groppen vor dem Tod, schließt Bruderschaft mit ihm und lebt fortan auf märkischen Gütern und im Stadtpalais seines brüderlichen Freundes. Norddeutsch-preußische Länderein und Städte sind der Schauplatz, Manöver- und Hofleben der Gegenstand der Schilderungen im folgenden, größten Teil des Buches. Fürst Daniel tritt in den Hintergrund der Handlung, um erst am Ende durch unsagbar gütige und selbstlose Hilfe all die albernen Komplikationen zu lösen, in die »allerliebste« junge Baronessen und schneidige Gardeleutnants sich verstricken können. In der Hofluft wird so mancher gar zu derbe Leutnant, so manche ungebärdige Dame zurechtgeschliffen und zeigt dann den – im Grund immer schon vorhandenen – Anstand oder den »Zauber unwiderstehlichster Lieblichkeit«, der in jenen Kreisen die Regel ist. Allerlei Ehen werden da ins Augen gefaßt; wirklich problematisch aber steht's eigentlich nur um Lena von Groppen, des Obersten Dern Töchterlein, die ihrem »Onkel Daniel« von Herzen zugetan ist, gar nichts von der Hofluft wissen will und immer einen »herb abweisenden Zug« um den Mund bekommt, wenn sie in Gesellschaft gehen soll. Doch der tadellose, ganz und gar nicht auf ihre Mitgift bedachte Graf Altenstein findet Zugang zu ihrem Herzen, zum unsäglichen Kummer von Fürst Daniel, der aber zu entsagen und edel zu sterben weiß, als er erfährt, daß Lena seine Stiefschwester ist: Oberst von Groppen war – was niemand weiß – in erster Ehe mit der Sängerin Wera Czakaroff verheiratet, und die war niemand anders als die Daniels Vater davongelaufene Fürstin Sobolefskoi, die unter falschem Namen in Italien weiterlebte. So bleiben nur noch die – bei Aristokraten bisweilen zerrütteten – Finanzen zu regeln; kaum nötig zu sagen, daß Fürst Daniels Testament alle reichlich bedacht hat. Bei solch glänzender Lösung aller Probleme muß natürlich den Beteiligten wie dem Leser »das Herz zerspringen vor Wonne und Glückseligkeit«.

Über die Qualität des Romans ist kaum ein Wort zu verlieren. Er strotzt von sprachlichen Klischees, schwelgerischen Lyrismen, melodramatischen und betulichen Szenen, Charakteren von unglaublicher Reinheit des Herzens oder von deutsch-treuherziger Aufrichtigkeit und preußisch-derbem Offiziershumor: Die Welt des Romans ist von märchenhafter Verniedlichung, Einseitigkeit und Unwirklichkeit. Die Mystifizierung und Verklärung der »Hofluft« ist bezeichnend für die ganze Erzähl- und Bewußtseinshaltung des Buches: eine quasi religiöse Ehrfurcht und Verehrung wird dem zu allem Guten inspirierenden Hof- und Adelsleben entgegengebracht, jener höchsten Sphäre, mit deren Glanz, Substanzialität und erzieherischer Wirkung nichts sich messen kann, in die auch kein Bürgerlicher eindringen darf. Die ziemlich ausschließliche Bevölkerung ihrer Romane mit Adeligen ließ die Bücher der Eschstruth schneller in der Publikumsgunst sinken als die ihrer auch der bürgerlichen Klasse sich zuwendenden Kollegin Hedwig COURTHS-MAHLER, der sie überdies an Phantasie und Erzählbegabung nachsteht. J.Dr.

AUSGABEN: Bln. 1889, 2 Bde. – Lpzg. 1899 (in *Illustrierte Romane und Novellen*, 53 Bde., 1899 bis 1908, 1. Serie, 1/2).

LITERATUR: E. Kohn-Bramstedt, *Aristocracy and the Middle Class in Germany. Social Types in German Literature*, 1830–1900, Ldn. 1937. – W. Killy, *Deutscher Kitsch*, Göttingen 1961, S. 9–35.

MEMDUH ŞEVKET ESENDAL

* 29.3.1883 Çorlu
† 16.5.1952 Ankara

LITERATUR ZUM AUTOR:
T. Alangu, *Cumhuriyetten sonra hikaye ve roman*, Bd. 1, Istanbul 1959, S. 125–167. – D. Hikmet, *Ölümünün 13. yıldönümünde M. Ş. E.* (in Türk dili,

1965, H. 164, S. 546–549). – B. Necatigil, *Edebiyatımızda isimler sözlüğü*, Istanbul 1977. – C. Külebi, *M. Ş. E.* (in Türk dili ergisi, 1952, H. 10, S. 4–6). – V. M. Kocatürk, *Türk edebiyatı tarihi*, Ankara 1964, S. 815. – M. Uyguner, *Doğumunun yüzüncü yılında Esendal'ın Türkçe'nin özleştirilmesi üzerine düşünceleri* (in Türk dili, 1983, H. 377, S. 190–194).

MENDİL ALTINDA

(ntürk.; *Unter dem Taschentuch*). Erzählungen und Kurzgeschichten von Memduh Şevket ESENDAL, erschienen 1946. – Die Sammlung enthält 25 kürzere Erzählungen und Kurzgeschichten: *Avni Hurufi Efendi (Avni Hurui Efendi); El malının tasası (Die Sorge um fremdes Eigentum); İki ziyafet (Zwei Festessen); Rüya nasıl çıktı? (Wie bewahrheitete sich der Traum?); Ana baba (Die Eltern); Şair Tavafi (Der Dichter Tavafi); Haşmet Gülkokan (Haşmet Gülkokan [H. Rosenduft]); Keleş (Keleş); Hasta (Der Kranke); Gevenli hacı (Der Pilger aus Geven); Mendil altında (Unter dem Taschentuch); Feminist (Der Frauenrechtler); Düğün (Die Hochzeit); Müdürün züğürdü (Der Habenichts von einem Direktor); Karga yavrusu (Der junge Rabe); Kızımız (Unsere Tochter); Gül Hanım'ın annesi (Gül Hanıms Mutter); Sinema (Das Kino); Kaçırdık mı? (Haben wir ihn verpaßt?); Kuvvetli hükümet (Die starke Regierung); Saide (Saide); Dursunhacı (Dursunhacı); Celile (Celile); İhtiyarlık (Das [hohe] Alter)* und *Hayat ne tatlı (Was ist doch das Leben süß)*.

Die Titelgeschichte *Mendil altında* beschreibt den Versuch eines höheren Beamten, sich während der Mittagspause etwas auszuruhen. Er erinnert sich daran, daß die Bauern auf dem Marktplatz des Städtchens in der sommerlichen Mittagshitze ihre Siesta halten, indem sie ihre Gesichter mit ihren Taschentüchern bedecken. Er will es ihnen gleichtun; kaum ist er jedoch unter dem Taschentuch, da überfallen ihn tausend Gedanken. Da ist zum Beispiel jener Beamte, der kürzlich zu Unrecht entlassen und auf seine Intervention hin wieder eingestellt wurde. Er überlegt, was wohl geschehen wäre, wenn sein Vorgesetzter ihm die Bitte abgeschlagen hätte: Er hätte sich dann mannhaft aufgerichtet und mit leicht erhobener Stimme gesagt, wie schlimm und ungerecht ein solches Verhalten sei. Er hätte seinem Vorgesetzten, ohne die geringste Angst vor ihm zu haben, so lange zugeredet, bis der Arme wieder angestellt worden wäre. Diese vorbildliche Haltung würde dann unter allen Kollegen die Runde machen. Sogar seiner Frau in Ankara würde das zu Ohren kommen. Sie würde ihm schreiben, es sei zwar sehr schön von ihm, sich um die ganze Welt zu kümmern, doch noch schöner wäre es, wenn er sich auch für seine eigene Familie interessieren und mit mehr Geld schicken würde. Als er in Gedanken diesen Brief liest, erstickt er beinahe vor Wut über soviel Unverständnis. Zum Glück aber hat sein ehrenhaftes Verhalten auch höheren Orts Anklang gefunden: Kurz nach dem Zwischenfall mit seinem Vorgesetzten wird er Abgeordneter in der Großen Nationalversammlung, und kurz darauf bringt er einen Gesetzentwurf für Erhöhung der Beamtengehälter ein. An diesem Punkt seiner Träumereien angelangt, wird er über seine Karriere so aufgeregt, daß er sich das Taschentuch vom Gesicht reißen, aufspringen und Kaffee bestellen muß. Er begreift nicht, wie es die Bauern aushalten können, unter dem Taschentuch zu liegen und dabei zu schlafen.

Der Autor, der keiner Schule der türkischen Literatur angehört, beobachtet mit seltenem Spürsinn und schildert das Beobachtete mit meisterhafter Sprachbeherrschung und Ökonomie der Ausdrucksmittel. Man hat ihn mit ČECHOV verglichen, was nur in formaler Hinsicht berechtigt sein mag, denn Esendals Betrachtungsweise ist keine melancholische. Tatsache ist, daß er wie kaum ein anderer türkischer Schriftsteller sein Volk in allen seinen Schichten kennt, wenn auch seine Erzählungen in der Regel »allgemein Menschliches« behandeln.

B.At.

AUSGABEN: Istanbul 1946. – Ankara 1958.

OTLAKÇI

(ntürk.; *Der Nassauer*). 25 Kurzgeschichten von Memduh Şevket ESENDAL, erschienen 1958. – Der Autor, der seine Aufgabe weniger in der Darstellung oder Bewußtmachung von Wirklichkeit als in der schlichten Vermittlung von Optimismus sieht, erreicht dieses Ziel durch eine Kombination von lebensnaher Thematik und insgeheim selektiver Hervorhebung der »kleinen Freuden« des Alltags.

Der Titelheld der fünften Erzählung ist ein Kettenraucher, der nie einen Pfennig für seine Zigaretten ausgibt, sondern ständig bei anderen »nassauert«. Da es in der Zeit nach dem Ersten Weltkrieg – in der auch die anderen Geschichten spielen – in der Türkei nur selbstgedrehte Zigaretten gab, war es üblich, seinem Gast die Tabakdose zu reichen. Der »Nassauer« jedoch wartet gar nicht ab, ob ihm etwas angeboten wird, sondern bedient sich bei jeder Gelegenheit selbst, indem er mit sicherem Griff vom frischesten Tabak in der Dose nimmt, um sich eine oder gleich mehrere Zigaretten zu drehen, und zwar mit so schöner Selbstverständlichkeit, daß niemand wagt, ihn daran zu hindern oder gar Einspruch zu erheben. Die Geschichte besteht aus einem Dialog zwischen ihm und einem Geschädigten, dem entgegen der Regel die Geduld gerissen ist. Die Lebendigkeit und Natürlichkeit, mit der die Situation dargestellt ist, läßt auch die naive Verteidigung des Nassauers so überzeugend erscheinen, daß der Leser kaum umhinkann, ihm recht zu geben. – Als Gegenbeispiel sei die letzte Erzählung genannt, in der das Lachen bestenfalls durch die Schlußpointe bei dem Leser, der die Verhältnisse kennt, ausgelöst werden mag. *İşin Bitti! (Deine Sache ist erledigt!)* handelt von einem Gemeindevorsteher *(muhtar)* in einem abgelegenen kleinen

Dorf Anatoliens, der wortlos alles hinnimmt, was von der Obrigkeit kommt. So läßt er sich, als ihm ein Gendarm eine Vorladung überbringt, zwei Tage und zwei Nächte lang von Dorf zu Dorf, von einer Kreisstadt zur anderen, vom Gendarm zum Wachtmeister, von diesem zum Kompaniechef schicken und landet schließlich auf der Schreibstube der Heereskompanie, wo es zu folgender Vernehmung kommt: »Gibt es in eurem Dorf einen gewissen Köse Ademoğlu Hasan?« – »Jawohl.« – »Am Leben oder gestorben?« – »Am Leben.« – »Er wird zur Armee einberufen.« – »Er ist auf beiden Augen blind. Man hat auch schon eine Untersuchung gemacht.« – »Ja, richtig! Hier ist es ja auch notiert. Du kannst gehen.« – »Wohin?« fragt der muhtar geduldig und ergeben aus zweitägiger Gewohnheit. – »In dein Dorf. Deine Sache ist erledigt.«

Die Bürokratie, die in der Türkei seit Jahrhunderten blüht, ist in der türkischen Literatur selten treffender charakterisiert worden. Meist haben Esendals Geschichten allerdings keine festumrissenen Themen; sie wirken durch die »lebensechte«, sowohl schlichte als auch sorgfältig ausgefeilte Darstellung und die knappe Form. Ihre Stärke liegt nicht in der Stoffwahl, sondern in der Art, wie sie zu Geschichten werden. B.At.

Ausgabe: Istanbul 1958.

Übersetzung: *Resquilleur: nouvelles choisies*, T. Saraç, Istanbul 1971 [frz.].

SERGEJ ALEKSANDROVIČ ESENIN

* 3.10.1895 Konstantinovo / Gouvernement Rjazan'
† 28.12.1925 Leningrad

Literatur zum Autor:
Bibliographien:
I. Rozanov *Putevoditel' po sovremennoj russkoj literature*, Moskau 1929, S. 131–136. – E. L. Karpov, *Bibliografičeskij spravočnik*, Moskau 1972. – *E. Russkie sovetskie pisateli. Poety. Bibliografičeskij ukazatel'*, Bd. 8, Tl. 1, Moskau 1985.
Biographien:
S. Vinogradskaja, *Kak žil E.?*, Moskau 1926. – E. F. Nikitina, *E. Žizn' i ličnost'*, Moskau 1926. – I. Rozanov *E. o sebe i drugix*, Moskau 1926. – I. I. Šnejder, *Vstreči s E. Vospominanija*, Moskau 1965. – F. de Graaff, *S. E. A Biographical Sketch*, Den Haag 1966. – *Vospominanija o S. E.*, Hg. Ju. L. Prokušev, Moskau 1975. – G. McVay, *E. A Life*, Ann Arbor 1976. – E. Watała, *Życie Sergiusza Jesienina*, Warschau 1982. – *E.: A Biography in Memoirs, Letters and Documents*, Hg. u. Übers. J. Davies, Ann Arbor 1982. – *Među Jeseninovima*, Hg. S. Markovi, Belgrad 1984. – *S. A. E. v vospominanijach sovremmenikov*, 2 Bde., Moskau 1986.
Gesamtdarstellungen und Studien:
V. Kiršon, *S. E.*, Leningrad 1926. – V. Dynnik, *Liričeskij roman E.*, Moskau 1926. – V. Druzin, *S. E.*, Leningrad 1927. – F. D. Graff, *S. Esénine. Sa vie, son œuvre*, Leiden 1933; ²1966. – F. W. Neumann, *S. A. Jesenin* (in Hamburgische Akademische Rundschau, 1947, S. 171–175). – M. P. Pascal, *Essénine, poète de la campagne russe* (in Preuves, 1953). – O. Zelinskij, *La poesia di E.* (in Rassegna sovietjca, 11, 1955). – W. Lettenbauer, *Farben in E.'s Dichtung* (in WdS, 2, 1957, S. 49–60). – *S. E.* (in *Istorija russkoj sovetskoj literatury*, Bd. 1, Moskau 1958, S. 374–396). – A. V. Kulinin, *S. E. krit.-biogr. očerk*, Kiew 1959. – S. Lafitte, *S. E. Une étude*, Paris 1959 [m. Bibliogr.]. – E. F. Naumov, *S. E. Žizn' i tvorčestvo*, Leningrad 1960; ²1965; 1973. – Ch. Auras, *S. E. Bilder- u. Symbolwelt*, Mchn. 1965. – F. E. M. Galkina, *O stile poèzii S. E.*, Moskau 1965. – P. F. Jŭin, *Poèzija S. E., 1910–1923*, Moskau 1966. – J. Vereync, *La forme poétique de S. E. Les rhythmes*, Den Haag/Paris 1968. – P. F. Jušin, *S. E. Idejnotvorčeskaja èvoljucija*, Moskau 1969 [m. Bibliogr.]. – V. Belousov, *S. E. Literaturnaja chronika*, 2 Bde., Moskau 1969/70. – A. Marčenko, *Poetičeskij mir E.*, Moskau 1972. – M. F. Varese, *E.*, Florenz 1974 [m. Bibliogr.]. – C. V. Ponomareff, *S. E.*, Boston 1978 [m. Bibliogr.]. – F. Scholz, *Neue Bereiche und Ausdrucksformen der Poesie in S. A. E.s Frühwerk* (in WdS, 1978, 2, S. 319–359). – *S. E. Problemy tvorčestva. Sbornik Statej.*, Hg. P. Jušin, Moskau 1978. – Ju. L. Prokušev, *E. Obraz, stichi, èpocha*, Moskau 1979; ²1975; 1986. – *Aktual'nye problemy sovremennogo eseninovedenija. Sbornik naučnych trudov*, Hg. V. V. Sàchov u. a., Rjazan' 1980 [m. Bibliogr.]. – Lynn Visson, *S. E. A Poet of the Crossroads*, Würzburg 1980 (Colloquium Slavicum, 11). – V. G. Bazanov, *S. E. i krest »janskaja rossija«*, Leningrad 1982. – N. Arsent'eva, *S. E. i F. Garsja Lorka: tipologičeskie issledovanija liriki*, Moskau 1985. – O. Voronova, *Proza S. E.: Žanry i stil'*, Moskau 1985. – *V mire E. Sbornik statej*, Hg. N. Tichonov, Moskau 1986.

INONIJA

(russ.; Ü: *Inonien*). Poem von Sergej A. Esenin, erschienen 1918. – Ein Jahr nach der Revolution, die Esenin gleich vielen seiner Zeitgenossen wie »ein rettender Engel«, wie ein »Wirbelsturm« erscheint, »der der Welt der Ausbeutung der Massen den Bart schert«, schreibt der dreiundzwanzigjährige Dichter eine dem Propheten Jeremias gewidmete hymnische Vision des »anderen Landes« (russ. *inoj*: anders), des zukünftigen Menschheitsparadieses. Der Bauernsohn, dem Geist und Gesetz der proletarischen Revolution fremd sind – »*ich verstand alles auf meine Art mit meinem bäuerlichen Einschlag*« –, beschwört die neue Erde in Bildern, die ihm von Kindheit an vertraut sind. »Die Wan-

gen, die schwarzen, der Äcker / die Pflugschar hier pflügt sie dir neu.« Doch was in seinem Gedicht Gestalt annimmt, sind nicht die Träume eines sentimentalen Reaktionärs, der an die Verwirklichung eines Bauernparadieses glaubt, *»wo alle Häuser neu mit Zypressenholz gedeckt sind«*, es sind die Visionen eines Dichters, der unter dem unmittelbaren Eindruck einer geschichtlichen Wende zuerst und vor allem die Erneuerung der Sprache postuliert. (1918 bildet sich um Esenin der Kreis der »Imaginisten«, eine kurzlebige literarische Vereinigung, die das dichterische Bild zum Selbstzweck erhebt und eine Weltrevolution des Geistes auslösen möchte.) Die seit MEREŽKOVSKIJ gebräuchliche metaphorische Identifizierung des leidend sich erneuernden Rußland mit dem gekreuzigten Christus scheint Esenin verbraucht; protestierend deutet er deshalb das Symbol des duldenden Heilands blasphemisch um: *»Leib Christi –: aus dem Munde / spei ich Ihm, Deinen Leib.«*
Vorbei sind die Zeiten der geduldigen, gläubigen Hinnahme irdischer Qual. Bilder der Fruchtbarkeit und der Wiedergeburt beschreiben die zukünftige Herrlichkeit der erneuerten Erde: *»Ich sag dir, es wird eine Zeit sein, / da verebbt das Gewitterwort, / dein Korn, es stößt durch den Scheitel, / den himmelblauen dort.«* – Doch am Horizont leuchtet nicht nur die Morgenröte einer besseren Welt; die Schatten des nun auch über Rußland hereinbrechenden Industriezeitalters schrecken den Dichter. Noch glaubt er in schwärmerischer Naivität die Vision des stählernen Amerika abwehren, bannen zu können: *». . . und du, Amerika, hör: / Schick keine eisernen Schiffe / über des Unglaubens Meer! / Keine Stahl- und Granitbogen! Keine / Last mir auf Fluß und auf Land!«* Wenige Jahre später hat er vor dem Unabänderlichen resigniert. *»Übers blaue Feld kommt er gegangen, / kommt und kommt, der eiserne, der Gast. / Rauft die Halme aus, die Abendröte tranken, / und er ballt sie in der schwarzen Faust.«* (1920; Ü: P. Celan.)
Ein Vergleich mit Aleksandr A. BLOK, dessen Poem *Dvenadcat' (Die Zwölf)* ebenfalls 1918 erschien, liegt nahe. Hier wie dort sucht ein Dichter Antwort zu geben auf ein überwältigendes Geschehen, das er als Naturereignis begreift und dessen gesellschaftspolitische Ursachen und Wirkungen er nicht durchschaut. Doch anders als Blok, der seine dichterischen Visionen drängend und fast atemlos bis zu dem rätselhaften Schluß vorantreibt – Christus die Revolutionäre führend –, verströmt Esenin sich in freien Rhythmen, die erst gegen Ende vom Gleichmaß des Trochäus abgelöst werden, umkreist er, der sich selbst als Seher versteht, die Gesichte seiner Einbildungskraft in immer neuen, teils vertrauten, teils kühnen dichterischen Bildern.

KLL

AUSGABEN: Moskau 1918 (in *Naš'put'*). – Moskau/Leningrad 1926 (in *Sobr. stichotv.*, 4 Bde., 1926/27, 2). – Moskau 1961 (in *Sobr. soč.*, Hg. G. I. Vladykin, 5 Bde., 1961/62, 2; krit.). – Moskau 1977 (in *Sobr. soč.*, 6 Bde., 1977–1980).

ÜBERSETZUNG: *Inonien*, P. Celan (in *Gedichte*, Ffm. 1961, S. 20–30). – Dass., ders. (in *Gedichte*, Stg. 1965, S. 56–72; RUB).

MOSKVA KABACKAJA

(russ.; *Das Moskau der Schenken*). Gedichtsammlung von Sergej A. ESENIN, erschienen 1924. – Der Titel der Sammlung findet sich zum ersten Mal in Esenins 1923 erschienenen *Stichi skandalista (Verse eines Skandalisten)* als Überschrift eines kurzen Gedichtzyklus. Im darauffolgenden Jahr begegnet er dreimal: bei der Veröffentlichung dreier Gedichte in einer imaginistischen Zeitschrift, als Titel der im Juli erschienenen Buchausgabe und schließlich als Überschrift eines Gedichtzyklus in dem im Dezember veröffentlichten Sammelband *Stichi (Gedichte)*. Die Buchausgabe, welche alle Versionen im wesentlichen vereint, gliedert sich in vier Teile: *Stichi – kak vstuplenie (Verse als Einführung)*, *Moskva kabackaja*, *Ljubov' chuligana (Die Liebe eines Hooligans)* und *Stichotvorenie kak zaključenie (Gedicht als Abschluß)*. Die vier Teile sind thematisch durch die leitmotivische Antithese von Stadt und Land verbunden. Aus schwermütiger Distanz läßt der Dichter die Bilder der längst verlassenen Welt des Dorfes an sich vorübergleiten. Die Beschwörung der Sphäre des Unberührten, Unschuldigen, der kindlichen Naivität ist dem Bewußtsein ihres unwiderruflichen Verlustes konfrontiert. Die Verkettung des eigenen Schicksals mit dem der Großstadt wird als unaufhaltsames Verhängnis beschrieben. Dennoch sind die mit dem Bilde Moskaus assoziierten Vorstellungen ambivalent: Neben der prophetischen Ahnung vom eigenen Tod auf den Straßen der Stadt findet sich eine Art Liebeserklärung an die Kneipen und Gassen der Moskauer Slums, deren Intimität als Ersatz für die verlorene Dorfwelt erfahren wird. Der Dichter gewinnt ihnen eine forciert unbekümmerte Zuhälter- und Dirnenromantik in der Art François VILLONS ab: *»Die ganze Nacht hindurch, bis zum Morgengrauen, rezitiere ich meine Verse vor den Huren und brenne ich Schnaps mit den Banditen.«*
Isolation von der Heimat und ausschweifender Lebensgenuß haben im Zyklus *Ljubov' chuligana* zu Lebensüberdruß und -ekel, zu hoffnungsloser Resignation geführt. Nach der Trennung vom Dorf und dem Verlust der eigenen Unschuld bleibt als Ausweg allein die Sehnsucht nach der Liebe. Der Hooligan träumt die Erlösung der schuldig-unschuldig geschundenen Kreatur durch das reine, konfliktlose Leben. Thematisch und formal ist der Gedichtband der vor allem von V. ŠERŠENEVIČ und A. MARIENGOF gepflegten Kaschemmenlyrik der Imaginisten verpflichtet, die sich ausdrücklich zur Tradition RIMBAUDS und BAUDELAIRES bekennt. Doch erschöpft sich der lyrische Prozeß bei Esenin nicht in der Darstellung der abenteuerlich-anrüchigen Halbweltkulisse, diese fungiert nur noch als Kontrast- und Illustrationsmoment des lyrischen Ichs.

A.Gu.

Ausgaben: Leningrad 1924. – Moskau 1961 (in *Sobr. soč.*, Hg. G. I. Vladykina u. a., 5 Bde., 1961/62, 2). – Moskau 1965 (in *Stichotvorenija. Poėmy*). – Moskau 1977 (in *Sobr. soč.*, 6 Bde., 1977–1980).

Literatur: I. Gruzdev, *S. E. »Moskva kabackaja«* (in Russkij Sovremennik, 1924, Nr. 3, S. 254). – I. M. Mašbic-Verov, *S. E. Stichi (1920–1924). «Moskva kabackaja«* (in Oktjabr', 1925, Nr. 2, S. 142–145). – A. Cingovatov, *E. na perelome* (in Komsomolija, Moskau 1925, Nr. 7).

RUS' SOVETSKAJA

(russ.; *Ü: Die sowjetische Russj*). Poem von Sergej A. Esenin, erschienen 1924. – Nach acht Jahren skandalumwitterten Bohemienlebens in der Stadt, das seinen Niederschlag in den Zyklen *Ispoved' chuligana*, 1921 *(Beichte eines Hooligans)*, und *Moskva kabackaja*, 1924 *(Das Kneipen-Moskau)*, gefunden hat, kehrt der Dichter in sein Heimatdorf zurück, das ihm in all den Jahren Garant eines »reineren« Lebens gewesen ist. Jedoch der Wirbelsturm der Revolution hat auch das Dorf nicht verschont: Das Elternhaus ist zerstört; die Dorfbewohner unterhält wichtigtuerisch ein Rotarmist mit seinen Bürgerkriegserlebnissen; durch die Felder stapft der junge Komsomolec, und zur Harmonika singt man die Agitlieder von Demjan Bednyj. Der Dichter fühlt sich überflüssig, stößt auf Ablehnung. Seine pathetischen Hymnen an das Dorf, seine romantisch-verträumten Bilder sind veraltet und vergessen. Schon die Lebenden kennen ihn nicht mehr, und erst recht wird er denen, die nach ihm kommen und durch nichts mehr dem Dorf verbunden sind, fremd sein. Er hat zwar das Ziel seiner Sehnsucht erreicht, sieht sich jedoch einer Selbsttäuschung erlegen. Mit einer verzweifelten Anstrengung versucht er wieder Boden unter den Füßen zu gewinnen, blickt bewußt auf die *»grauen Felder«*, die Bauern vor dem Gemeindehaus, *»wie früher vor der Kirche«*, und prägt sich die *»holprige, ungewaschene Sprache«* ein, die neuen, ungewohnten Klänge einer neuen Generation: *»Ich nehme es an. Ich nehme alles an, was auch geschieht. Ich bin bereit, den ausgehauenen Spuren zu folgen. Meine Seele gebe ich rückhaltlos dem Oktober und dem Mai.«* So erklärt sich der Dichter selbst zum Parteigänger der Revolution, weil ihn bessere Einsicht – gegen sein Gefühl – dazu zwingt. Seine *»liebe Leier«* jedoch wird er sich nicht entreißen lassen; ihre Klänge, auch wenn sie überflüssig und unverständlich erscheinen, werden ihren Sinn nicht verlieren. Sollten einst *»Feindschaft unter den Völkern«*, *»Lüge und Trauer«* überall verschwinden, er, der Dichter, werde auch dann den *»sechsten Teil der Erde, kurz ›Rus'‹ genannt«* besingen.

Rus' sovetskaja, vom Autor als *»kleines Poem«* bezeichnet, wurde 1925 in den gleichnamigen Zyklus und – im gleichen Jahr – in den Zyklus *Strana sovetskaja (Sowjetland)* aufgenommen. Bereits der Titel deutet die antithetische Spannung an, die das Werk charakterisiert: Das nachgestellte Adjektiv, dem eine prädikative Bedeutung zukommt, deutet einen dynamischen Vorgang an; der Name »Rus'« für Rußland ist ein bewußt gewählter Archaismus, der den Kontrast zwischen Vergangenem und Werdendem unterstreicht. Die Struktur des in jambischen Versen ungleicher Länge gehaltenen Poems, das von einem teils realistisch erzählenden, teils lyrisch monologisierenden poetischen Ich beherrscht wird, ist nach einem halbkreisförmigen Kompositionsschema angelegt: Die erste der insgesamt zwanzig, je vier- oder fünfzeiligen Strophen enthält die Vorgeschichte, die letzte (einzige achtzeilige) den Ausblick auf die Zukunft, während die zehnte als arithmetische Mitte den Scheitelpunkt des Ganzen markiert – die Hinwendung des Ich zur Welt, die Annahme der Realität. Und dies ist der zentrale Aspekt des Werks, eines typischen Produkts der letzten Schaffensperiode Esenins, die durch *»den Einbruch der ›objektiven‹ Entwicklung in das Bewußtsein des lyrischen Ichs«* (Auras) gekennzeichnet wird. Trotzig geht der Dichter gegen seine Verzweiflung und Ohnmacht an, doch der Versuch, seinen Platz in der ihm fremd gewordenen Zeit zu behaupten und sich mit der veränderten Umwelt des »sowjetischen Rußlands« fruchtbar auseinanderzusetzen, scheiterte. Ein Jahr nach Erscheinen des Poems beging Esenin Selbstmord. KLL

Ausgaben: Moskau 1924 (in Krasnaja nov'). – Moskau 1961 (in *Sobr. soč.*, Hg. G. I. Vladykin u. a., 5 Bde., 1961/62, 2; krit.). – Moskau 1965 (in *Stichotvorenija. Poėmy*). – Moskau 1977 (in *Sobr. soč.*, 6 Bde., 1977–1980).

Übersetzung: *Sowjetrußj*, E. J. Bach (in *Liebstes Land, das Herz träumt leise. Gedichte*, Bln. 1958). – *Die sowjetische Russj*, ders. (in *Gedichte*, Lpzg. 1965; RUB).

KAMĀL O'D-DIN 'ABD O'R-RAZZĀQ ESḤĀQ SAMARQANDI

* 7.11.1413 Harat
† Juli oder Aug. 1482 Herat

MAṬLAʿ-E SAʿDAIN WA MAǦMAʿ-E BAḤRAIN

(iran.-npers.; *Der Aufgang der beiden Glückssterne und der Zusammenfluß der beiden Meere*). Historisches Werk von Kamāl o'd-Din 'Abd o'r-Razzāq Esḥāq Samarqandi, verfaßt 1475. – Das aus zwei Teilen *(daftar)* bestehende Werk umfaßt die Geschichte des türkischen Eroberers Timur, seiner Vorfahren und seiner Nachfolger von 1304–1468;

es beginnt mit der Geburt des letzten Mongolenherrschers im Iran, Abu Saʿid (reg. 1316–1336), und endet mit dem Tod des gleichnamigen Urenkels von Timur, des Timuriden Abu Saʿid (reg. 1451–1468). Auf diese beiden Gestalten bezieht sich wohl auch der Titel des Werks.

Der erste Teil schöpft weitgehend aus älteren Quellen, insbesondere aus *Zobdat oʾt-tawārīḫ (Abriß der Geschichte)* von Ḥāfeẓ-e Abru, und berichtet zunächst über Činggis-Khan (reg. 1206–1227) sowie über die Dynastien der Muzaffariden (1313–1393) und der Sarbedārān (1335–1381), die in Fars bzw. im Osten Irans geherrscht haben. Wesentlich breiteren Raum nimmt in dem Werk jedoch das Leben und Wirken Timurs ein. Dem Autor fällt auf, daß der Todestag des letzten Mongolenherrschers in Iran fast genau mit dem Geburtstag Timurs (im Jahr 1336) zusammenfällt. Ziemlich genau beschreibt er den Charakter, die Lebensgewohnheiten und die Staatsführung Timurs. – Der zweite Teil des Geschichtswerks ist hauptsächlich Timurs Sohn Šāhroḫ (reg. 1405–1446) gewidmet. Die Ereignisse während der Herrschaft Šāhrohs sind nach Jahren geordnet; hier erweist sich der Inhalt des Werks in vielem als Augenzeugenbericht, der sich durch Genauigkeit und Sorgfalt auszeichnet. Die Beschreibung einer drei Jahre dauernden Reise des Autors als Botschafter an den Hof des indischen Herrschers Bijangar gehört zu den bemerkenswertesten Berichten seines Werks, das als wertvolle Quelle der Geschichtsforschung geschätzt wird.

B.A.

Ausgabe: Lahore 1943, Hg. M. Šafīʿ.

Übersetzung: in B. Dorn, *Muhammedanische Quellen*, Bd. 4, Petersburg 1858 [Ausz.].

Literatur: E. M. Quatremère, *Notices et extraits des manuscrits de la Bibliothèque Nationale*, Bd. 14, Paris 1843, S. 1–514. – E. G. Browne, *A Literary History of Persia*, Bd. 3, Cambridge 1920, S. 428–431. – C. A. Storey, *Persian Literature: A Bio-Bibliographical Survey*, Ldn. 1936, Tl. 2/2, S. 293–298 [Moskau 1972, Tl. 2, S. 820–828; rev. u. korr.; russ.]. – M. Shafi [W. Berthold], Art. ʿAbd-al-Razzāḳ (in EI[2], 1, S. 90/91). – C. P. Haase, Art. ʿAbd-al-Razzāq Samarqandī (in EIr, 1).

GUSTAV ESMANN

* 17.8.1860 Kopenhagen
† 4.9.1904 Kopenhagen

DEN KÆRE FAMILIE

(dän.; *Die liebe Familie*). Lustspiel in drei Akten von Gustav Esmann, Uraufführung: Kopenhagen, 1. 5. 1892, Det kgl. Teater. – Die »liebe Familie« ist die des erfolgreichen Großhändlers Friis, Direktor einer Dampfschiffgesellschaft und Ritter des Dannebrog. Mit steigendem Einkommen hat er auch zwei seiner Töchter entsprechend standesgemäß verheiratet: Elise, die Älteste, bekam einen Konsul von englischem Blut, die nächste, Emily, bereits einen schwedischen Adligen, den Freiherrn Claes af Lejonstam. Mittlerweile haben sich Friis' Einkünfte von 100 000 im Jahr auf 200 000 erhöht, auch steht seine Ernennung zum Etatsrat bevor, und so wird jetzt für Ida, die jüngste Tochter, ein würdiger Freier gesucht: Warum sollte es diesmal nicht ein echter Graf sein? Zwei angesehene Herren, der Großhändler Ludwig und der Graf Maagenhjelm, bewerben sich um Idas Gunst, während der junge Marineoffizier Valdemar Nystrøm, ein Schwestersohn des finanzkräftigen Friis und Idas Jugendfreund, resigniert, weil diese sich allzu willfährig der banalen »besseren Gesellschaft« zugesellt. Valdemar ist so betroffen, daß er seinen Dienst quittieren und das Land verlassen will. Emilys Mann, der gerissene schwedische Adlige – die Dialoge mit Friis und auch Ludwig werden von ihm in urigem Schwedisch geführt – ist ständig in Geldsorgen; mit einiger List gelingt es ihm indes immer wieder, aus dem knausrigen Schwiegervater Geld herauszulocken. Graf Maagenhjelm hat inzwischen um Idas Hand angehalten und bereits eine halbe Zusage erhalten, doch widerfährt ihm kurz darauf das Mißgeschick, sich von ihr in Begleitung einer zweifelhaften Dame erwischen zu lassen. So endet das Schauspiel mit der glücklichen Verlobung von Ida und Valdemar.

Den kære Familie ist eines der erfolgreichsten Stücke Esmanns, der neben Herman Bang und Peter Nansen Kopenhagens bekanntester literarischer Flaneur in der Zeit um die Jahrhundertwende war; entsprechend originell war sein Tod: Er wurde von einer früheren Geliebten (Karen Hammerich), die er verlassen hatte, in einem Hotelzimmer erschossen. Fehlt seinen Schauspielen vielfach das »Tiefgründige«, so sind sie aus einem wachen Sinn für Dramatik und Instinkt für szenische Wirkung heraus verfaßt. Immer wieder aufgeführt, als Hörspiel bearbeitet und zweimal verfilmt, ist *Die liebe Familie* ein Evergreen geblieben.

F.J.K.

Ausgaben: Kopenhagen 1892. – Kopenhagen/Kristiania 1907 (in *Samlede Værker*, 3 Bde., 2).

Verfilmungen: *Kära släkten*, Schweden 1933 (Regie: G. Molander). – Dänemark/Schweden 1962 (Regie: E. Balling).

Literatur: Ch. Gulmann (in Tilskueren, 1905, S. 407–420). – A. Gnudtzmann (in OoB, 1906, S. 268–274). – C. M. Woel, *Troubadourer*, Bd. 1, Kopenhagen 1930, S. 47–54. – *Dansk litteraturhistorie*, Bd. 4, Hg. H. Stangerup u. F. J. Billeskov Jansen, Kopenhagen 1977, S. 329 ff. – *Dansk Biografisk Leksikon*, 16 Bde., Kopenhagen 1979 bis 1984, 4, S. 262 f.

FLORBELA DE ALMA DA CONCEIÇÃO ESPANCA

* 8.12.1894 Vila Viçosa / Alentejo
† 8.12.1930 Matosinhos

LITERATUR ZUR AUTORIN:
Bibliographien:
C. A. Iannone, *Bibliografia de F. E.* (in A Cidade de Évora, Jg. 22/24, 1965/67, Nr. 48/50, S. 51–64). – R. Guedes, *Acerca de F.*, Lissabon 1986, S. 115–177.
Biographien:
C. David, *O romance de F. E.*, Évora 1949. – M. Alexandrina, *F. E. e a sua personalidade*, Lissabon ²1969. – A. Bessa Luís, *A vida e a obra de F. E.*, Lissabon 1979. – R. Guedes, *Acerca de F.*, Lissabon 1986, S. 21–86.
Gesamtdarstellungen und Studien:
D. Ivens Tavares, *O narcisimo de uma poetisa* (in Portucale, 9, 1936, S. 106–120). – A. Borges, *F. E. e a sua obra*, Lissabon 1946. – J. de Sena, *F. E. ou A expressão do feminino na literatura portuguesa*, Porto 1947; ern. in J. de S., *Da poesia portuguesa*, Lissabon 1959, S. 115–143. – A. da Costa Leão, *Poetas do sul, B. de Passos e F. E.*, Lissabon 1948. – J. G. Simões, *História da poesia portuguesa do século XX*, Lissabon 1959, S. 448–452, S. 480/481. – M. M. Moreira Nunes, *F. E., sarça ardente de fogos fátuos* (in A Cidade de Évora, Jg. 19/20, 1962/63, Nr. 45/46, S. 161–234). – *Desdobrável homenagem a F. E.*, Vila Viçosa 1964. – J. Régio, *Ensaios de interpretação crítica*, Lissabon 1964. – M. de Fátima Passos Silva, *F. E.: do sonho à morte*, Diss. Lissabon 1966. – O. Colares, *A simbologia pagã no lirismo de F. E.* (in O. C., *Dois estudos portugueses*, Fortaleza 1976, S. 37–50).

CHARNECA EM FLOR

(portug.; *Blühende Heide*). Sonette von Florbela de Alma Conceição ESPANCA, postum erschienen 1931. – Die 46 Sonette, ein bedeutendes Zeugnis portugiesischer Frauendichtung, sind Ausdruck eines leidenschaftlichen, in sich widerspruchsvollen Erlebens, das sich in Ekstasen der Selbstversenkung, der Selbstentfremdung und Ich-Vergessenheit verströmt. Die rauschhafte innere Bewegung, die sich in der raschen Aufeinanderfolge von Bildern, Ausrufen und Fragen expressiv verdichtet, wird nur gebändigt und rhythmisch gegliedert durch die vorgegebene Strenge der Sonettform, die allerdings zuweilen durch freiere Behandlung des Reimschemas *(abab/abba; abba/baab; abba/abab)* gelockert wird. Wie schon der Titel der Sammlung andeutet, ist Florbela Espanca eng mit der heimatlichen Landschaft der Alentejo-Ebene verbunden. Mit ihr identifiziert sie sich selbst *(Charneca em flor, Interrogação, Árvores do Alentejo)*.

Die Dichterin hat sich hier endgültig von den Einflüssen Antero de QUENTALS (1842–1893) und António NOBRES (1867–1900) befreit, in deren Sonetten ebenfalls innere Widersprüche und Erschütterungen oder Todesahnung und Sehnsucht zum Ausdruck kamen: Die Sonette der Florbela Espanca wirken, verglichen mit denen Quentals, gefühlstrunkener, mit denen Nobres dagegen anschaulicher und sinnenfroher (ein Eindruck, zu dem der häufige Gebrauch von Wörtern wie »Auge« und »Hände« beiträgt). A.E.B.

AUSGABEN: Porto/Coimbra 1931, Hg. G. Battelli. – Porto ¹⁰1962 (in *Sonetos*; ²¹1982; m. Studie v. J. Régio). – Mem Martins 1981 (LBEA). – Lissabon 1985 (in *Obras completas*, 2; m. Vorw. u. Anm.).

LIVRO DE SOROR SAUDADE

(portug.; *Buch der Schwester Schwermut*). Sonettzyklus von Florbela de Alma da Conceição ESPANCA, erschienen 1923. – Zusammen mit dem vorausgehenden *Livro das mágoas*, 1919 *(Buch der Leiden)*, und dem postumen Werk *Charneca em flor*, 1931 *(Blühende Heide)*, ist diese Sammlung von 36 Sonetten der eigenwilligste und wichtigste Beitrag der unglücklichen jungen Dichterin zu der seit den frühen zwanziger Jahren stärker zu Wort kommenden portugiesischen Frauenlyrik. Unter dem Eindruck der Bewegung des *saudosismo* und der von QUENTAL bis NOBRE gepflegten Vorliebe für Gedankendichtung in Sonettform werden ihre Verse über den Ästhetizismus des Fin de siècle und die spätromantisch-erotische Rhetorik hinaus zum tragischen Bekenntnis unergründbarer Schwermut, genährt von der Sehnsucht nach *»etwas mehr Glück, etwas mehr Schönheit, etwas mehr Gerechtigkeit«*.
Bis zum Überdruß in geistiger Erschöpfung analysiert die Princesa Encantada da Quimera ihre *»saudade louca«*, die Skala ihrer leidenschaftlichen Empfindungen vom rauschhaft erfahrenen Glück bis zum verzweifelten Schmerz. Schlüsselwörter sind hierfür *mágoa* (»Leid«), *saudade* (»Schwermut«), *sonho* (»Traum«), *miragem* (»Spiegelung«). Die dichterischen Bilder sind einfach, aber kontrastreich und zeugen von einfühlsamem Naturerleben. Die anspruchsvolle und strenge Struktur des Sonetts wird gelegentlich gelockert durch Abwandlungen im Reimschema und durch affektive Auflösung des syntaktischen Gefüges in Ausrufen und Metaphernfolgen. D.B.

AUSGABEN: Porto 1923. – Porto ¹⁰1962 (in *Sonetos*; ²¹1982; m. Studie v. J. Régio). – Lissabon 1985 (in *Obras completas*, 2; m. Vorw. u. Anm.).

LITERATUR: V. Urbano, *Lirismo y saudade en la poesía de F. E. y Rosalia de Castro* (in Letras femininas, 8, Beaumont/Tex. 1982, Nr. 1, S. 21–35).

CONCHA ESPINA Y TAGLE

eig. Concepción Espina de la Serna
* 15.4.1869 Santander
† 19.5.1955 Madrid

LITERATUR ZUR AUTORIN:
G. Boussagol, *Mme C. E.* (in BHi, 25, 1923, S. 149 bis 167). – M. Fria Lagoni, *C. E. y sus críticos*, Toulouse 1929. – Cuadernos de la Literatura contemporánea, 1, 1942 [Sondernr.]. – J. de la Maza, *Vida de mi madre, C. E.*, Madrid 1969. – A. Canales, *C. E.*, Madrid 1974. – M. L. Bretz, *C. E.*, Boston 1980 (TWAS). – G. Lavergne, *Vie et œuvre de la romancière C. E.*, Lille 1983. – C. Galerstein, *The Spanish Civil War: The View of the Women Novelists* (in Letras femininas, 10, 1984, S. 12–19). – A. Fucelli, *Alla ricerca di una identità letteraria. Vita e romanzi di C. E.*, Neapel 1986.

telbarkeit verleiht. Freilich beeinträchtigt der metaphernreiche Stil die Wirkung dieses lebendigen Sittenbildes, doch gibt er andererseits dem Leid der früh alternden Frauen eine große menschliche Würde und läßt die rauhe Landschaft der Maragatería außerordentlich anschaulich werden.   A.A.A.

AUSGABEN: Madrid 1914. – Madrid 1954–1959 (in *Obras completas*; ³1970–1972). – Madrid 1956. – Barcelona 1959 (in *Las mejores novelas contemporáneas*, Bd. 4, S. 1195–1259, Hg. J. de Entrambasaguas; m. Einl.). – Madrid 1982.

ÜBERSETZUNGEN: *Die Sphinx der Maragatos*, F. Pauselius, Bln. 1924. – *Die Sphinx Maragata*, T. Happack-Metzler, Salzburg 1947.

LITERATUR: J. Alemany, *Voces de Maragatería y de otras procedencias usadas en »La esfinge maragata«, novela de C. E.* (in BRAE, 2, 1915, 622–645; 3, 1916, 39–66). – G. Boussagol, *Mme C. E.* (in BHi, 25, 1923, S. 149–167).

LA ESFINGE MARAGATA

(span.; *Ü: Die Sphinx Maragata*). Roman von Concha ESPINA Y TAGLE, erschienen 1914. – Die junge Mariflor steht vor der Wahl zwischen ihrem Vetter Antonio, einem reichen Kaufmann, und dem jungen Schriftsteller Rogelio Terán, den sie auf einer Reise kennenlernte. Sie sträubt sich gegen das Verlöbnis mit dem wohlhabenden Verwandten, das zwischen den Eltern der beiden jungen Leute beschlossen worden ist. Erst als Rogelio Terán sie leichtfertig im Stich läßt, gibt sie dem Willen ihrer Eltern nach. Die Maragatería, dieser unfruchtbare Landstrich in der Provinz León, wird ein Opfer mehr haben: »*Hier, auf der Höhe dieser ernsten, harten Meseta, wie ein Opferaltar, erlangt die alte Frau der Maragatería die Aureole des Symbols, heiligen Glanz der Reliquie, melancholische Anmut der Erinnerung. Ihr unfruchtbares, erschöpftes Fleisch scheint auch Erde zu sein, kastilische Erde, traurig und verehrungswürdig, gemartert und heroisch.*« – Dieser Satz ist bezeichnend für das ganze Werk, dem jeder sozialkritische Aspekt fehlt. Das Leben ist hart und grausam, aber niemand protestiert. Die Frauen reden ihre Ehemänner mit »Euch« und »Herr« an. Beim alljährlichen Dorffest verprassen die Männer in wenigen Tagen, was die Frauen in einem Jahr erspart haben. Don Miguel, der Pfarrer des Dorfes, findet tröstend-rechtfertigende Worte für dieses dumpfe Leiden: »*Ein Leben, in dem das Gute geschaffen wird, ist weder niedrig noch einsam: das Opfer ist ein vornehmes Werk, das geheime Belohnung empfängt.*« Auch die Autorin klagt nicht an: Sie scheint stolz zu sein auf das, was andere Frauen unter soviel Opfern leisten.
In den Dialogen wie auch in den Beschreibungen verwendet Concha Espina den Dialekt jener Gegend, was zwar das Verständnis des Werkes erschwert, der Schilderung aber realistische Unmit-

EL METAL DE LOS MUERTOS

(span.; *Ü: Das Metall der Toten*). Roman von Concha ESPINA Y TAGLE, erschienen 1920. – Schauplatz der Handlung ist das Erzgebiet am Oberlauf des Río Tinto in Andalusien, in dessen Minen, »*den reichsten der Welt*«, Kupfer, das rote Metall, das Symbol der Macht und des Geldes, gewonnen wird. Doch für die Bergleute, die dort unter unmenschlichen Bedingungen arbeiten müssen, ist es »*das Metall des Todes*«, denn unter ihnen, die ausgemergelt und abgestumpft das Erz abbauen, sucht sich der Berg seine Opfer, während die Mächtigen, die dem Kupfer ihren Wohlstand verdanken und sich auf Heer, Justiz und Geistlichkeit stützen können, nur daran denken, ihren Reichtum zu mehren. Mit leidenschaftlicher Anteilnahme und bitterem Ernst schildert Concha Espina die Leiden der Ausgebeuteten, die Härte und Grausamkeit der Herrschenden. Ihrem Roman fehlt jedoch jede sozialrevolutionäre Tendenz; er ist vielmehr das persönliche Zeugnis einer empfindsamen, aufgeschlossenen Frau über menschliche Ungerechtigkeit und Lieblosigkeit. Dabei verfällt die Autorin nicht in Schwarzweißmalerei, sondern schildert auch die menschliche Unzulänglichkeit der Armen.
Casilda, die sich in Gabriel, einen aus dem Norden Spaniens in die Bergwerke von Dite (d. i. Río Tinto) verschlagenen Seemann, verliebt hat, nutzt einen Zusammenstoß zwischen streikenden Bergarbeitern und Truppen der Guardia Civil aus, um auf Aurora, die Gefährtin Gabriels, zu schießen und tötet dabei deren Kind. Später, als der Streik immer aussichtsloser wird und viele Arbeiter fliehen, verläßt Casilda zusammen mit Pedro Abril, der inzwischen ihr Liebhaber geworden ist, das Erzgebiet. Parallel zu diesem Schicksal wird das des Gewerkschaftsführers Aurelio Echeas geschildert, der zusammen mit dem Journalisten José Luis Garcillán

den Streik anzettelt und ein Liebesverhältnis mit Rosario, der Schwester Garcilláns, beginnt, während seine Frau an den Entbehrungen, die sie wegen der politischen Tätigkeit ihres Mannes zu leiden hat, zugrunde geht.

Der Roman Concha Espinas handelt also vom Schicksal einzelner Menschen, die sich allerdings durch die Auseinandersetzung zwischen Arbeitern und Arbeitgebern der gleichen Situation gegenüberstehen. Doch gewinnt gerade in der Schilderung der allen gemeinsamen Erfahrung die metaphernreiche, ästhetisierende Erzählweise der Autorin (die von den stilistischen Neuerungen und literarischen Modeströmungen der Zeit keine Kenntnis nahm) den episch-feierlichen Ton und die große menschliche Würde, die ihr Bewunderung eingebracht haben. Ein bestimmtes sozialpolitisches Leitbild wird in diesem Roman weder verkündet noch angedeutet. Auf die idealistischen Vorstellungen Echeas, der eine neue Zeit heraufkommen sieht (»*Das Leben wird seinen grausamen, bittern Geschmack verlieren, die Gerechtigkeit wird über Gottes Geschöpfen herrschen*«), reagiert der amerikanische Chemiker Erecnis mit einem Achselzucken: »*Ach was, Sie sind ein Dichter!*« Fast scheint es, als vollziehe sich die Auseinandersetzung, die Concha Espina beschreibt, nur vordergründig im sozialpolitischen Bereich und wurzele eigentlich im Bereich des Mythos. »Dite« nennt sie die andalusische Bergwerksstadt ihres Romans; »Stadt des Dis«, des Gottes der Unterwelt, heißt bei DANTE der im Fünften Höllenkreis gelegene Ort am Rand des stygischen Sumpfs. A.A.A.-KLL

AUSGABEN: Madrid 1920. – Madrid 1954–1959 (in *Obras completas*; ³1970–1972). – Madrid 1958. – Madrid 1969.

ÜBERSETZUNG: *Das Metall der Toten*, F. Pauselius, Bln. 1922.

LITERATUR: C. Rivas Cherif, *C. E. »El metal de los muertos«* (in La Pluma, 1, 1920, S. 332/333). – G. Boussagol, *Mme C. E.* (in BHi, 25, 1923, S. 149 bis 167). – W. Mulertt, *Eine zeitgenössische Erzählerin der Montaña* (in Ibérica, 5, 1926, S. 39–43).

VINCENTE ESPINEL

* 28.12.1551 Ronda
† 4.2.1624 Madrid

RELACIONES DE LA VIDA DEL ESCUDERO MARCOS DE OBREGÓN

(span.; *Berichte aus dem Leben des Junkers Marcos de Obregón*). Roman von Vincente ESPINEL, erschienen 1618. – Dieses der Gattung des Schelmenromans zugeordnete Werk, das jedoch mehr den Charakter eines Abenteuerromans mit autobiographischen Zügen besitzt, hat den Ruhm seines Verfassers als Musiker und lyrischer Dichter, der auf der Gitarre die fünfte Saite einführte und angeblich die *espinela* – d. i. eine nach ihm benannte Strophenform der Dezime – erfand, fast völig vergessen lassen. Schuld daran ist LESAGE (1668–1747), der in seiner *Histoire de Gil Blas de Santillane* (1715 bis 1735) Motive, Episoden und Nebenfiguren aus dem Roman Espinels verwendete. Die darauf beruhende »Questión del Gil Blas« (Streit um den G. B.), ausgelöst durch den von VOLTAIRE (1775) erhobenen Vorwurf des Plagiats, machte den Roman des Spaniers und diesen als dessen Autor nachträglich weltberühmt.

Die drei »Lebensberichte«, in die der Roman gegliedert ist, sind durch »Descansos« (Ruhepausen) miteinander verbunden. Im ersten Bericht schildert Obregón sich als ehemaligen Diener des Arztes Sagredo und seiner launischen Frau. Er hat freiwillig seinen Abschied genommen und erzählt nun einem Einsiedler und früheren Waffenbruder sein Leben von der Studienzeit in Salamanca bis zum Eintritt in den Dienst des Grafen Lemos. Dabei berichtet er von zahlreichen Abenteuern, die er in spanischen Städten und auf seinen Fahrten durch Spanien erlebt haben will. Die Gefangenschaft Obregóns in Algier, aus der ihn der Vizekönig zur Belohnung für wertvolle Dienste schließlich entläßt, bildet den Inhalt des zweiten Berichts, während der dritte zunächst von den Schicksalen des Helden in Italien und seiner Rückkehr nach Spanien handelt, dann aber ausführlich von den wunderbaren Abenteuern des Doktors Sagredo in Amerika, wo dieser die Magellanstraße befuhr und nach einer von Zyklopen bewohnten Insel verschlagen wurde. Obregón trifft ihn in Andalusien als Gefangenen einer Räuberbande, der auch er in die Hände fällt.

Mit der Schilderung seiner Befreiung endet die bewegte Lebensgeschichte eines Menschen, der alles in allem wenig von einem *pícaro* (Schelm) an sich hat. Im Gegensatz zu den Helden der meisten Schelmenromane stammt Obregón aus ehrbarer Familie, sein unstetes Leben entspringt nicht innerer Veranlagung, sondern äußerem Zufall, an den Gaunerstreichen, von denen er berichtet, hat er selbst keinen Anteil. Er besitzt, was dem typischen »Schelmen« fehlt: Naturliebe, Freude an Musik und Gesang, Wissensdrang und Aufgeschlossenheit für das Fremde und Merkwürdige. Zwar gleicht das Werk formal in manchem dem pikaresken Roman; in der Fülle der Abenteuer, dem – teils fiktiven – autobiographischen Anschein, dem Hang zu lehrhafter Betrachtung, die die Erzählung fortlaufend begleitet. Aber während der echte Schelmenroman sich als zufällige und endlos fortsetzbare Folge von Abenteuern und Streichen erweist, unternahm Espinel den Versuch, das Leben seines Helden als Ganzheit zu erfassen. Seinen Betrachtungen fehlt auch die sarkastisch-destruktive, seiner Erzählung und Beschreibung die grotesk verzerrende Tendenz jener Gattung. In Espinels

Werk herrscht ein freundlich anteilnehmender und realistischer Ton, der den Ereignissen, Menschen und Situationen sachlich gerecht zu werden versucht und darin schon auf den *roman des mœurs* des 18. Jh.s vorausweist. A.F.R.

AUSGABEN: Madrid 1618. – Madrid 1851, Hg. C. Rosell (BAE). – Madrid 1922–1925, Hg. S. Gili Gaya (Clás. Cast; ern. 1969/70). – Barcelona 1962. – Madrid 1979 [Faks.; m. Ill.]. – Madrid 1980, Hg. u. Einl. M. S. Carrasco Urgoiti (Castalia).

ÜBERSETZUNGEN: *Leben und Begebenheiten des Escuderos Marcos Obregon oder Autobiographie des spanischen Dichters V. E.*, L. Tieck, Breslau 1827; ern. Mchn. 1913. – *Das Leben des Schildknappen Marcos von Obregón*, R. Specht (in *Spanische Schelmenromane*, Hg. H. Baader, Bd. 2, Mchn. 1965; m. Einl. u. Anm.).

LITERATUR: A. Zamora Vicente, *Presencia de los clásicos*, Buenos Aires 1951, S. 75–147. – I. B. Anzoategui, *La picaresca y V. E.* (in CHA, 1957, Nr. 94, S. 54–65). – G. Haley, *V. E. and Marcos Obregón*, Providence 1959. – Á. Pardo Tovar, *Perfil y semblanza de V. E.* (in Revista Musical Chilena, 16, 1962, Nr. 79, S. 6–30). – F. Brunn, *Strukturwandel des Schelmenromans. Lesage und seine spanischen Vorgänger*, Diss. Zürich 1962. – V. Y. McConnell, *Antithetical Expression and Subconscious Conflict in V. E.'s »Vida de Marcos de Obregón«*, Diss. Univ. of Arizona 1966 (vgl. Diss. Abstracts, 27, 1966, S. 1060A). – R. Bjornson, *Social Conformity and Justice in »Marcos de Obregón«* (in REH, 9, 1975, S. 285–307). – A. G. Montoro, *Libertad cristiana: Relectura de »Marcos de Obregón«* (in MLN, 91, 1976, S. 213–230). – A. A. Heathcote, *V. E.*, Boston 1977 (TWAS). – A. Navarro González, *V. E.: Músico, poeta y novelista andaluz*, Salamanca 1977. – A. M. García, *La cólera de V. E. y la paciencia de »Marcos de Obregón«* (in *La picaresca: Orígenes, textos y estructuras*, Hg. M. Criado del Val, Madrid 1979, S. 609–618). – J. R. Stamm, *»Marcos de Obregón«: La picaresca aburgesada* (ebd., S. 599–607).

JACQUES ESPRIT

* 22.10.1611 Béziers
† 6.7.1678 Béziers

LA FAUSSETÉ DES VERTUS HUMAINES

(frz.; *Die Falschheit der menschlichen Tugenden*). Essay über die menschliche Heuchelei von Jacques ESPRIT, erschienen 1677/78. – In einer Widmungsepistel an den Dauphin behauptet der Autor, ein ehemaliger Oratorianer: »Um ein wahres Bild des Menschen zu geben, habe ich alle menschlichen Tugenden in diesem Buch eingehend behandelt.« Dieses »wahre« Bild ist jedoch einseitig und deprimierend genug: Da seit dem Sündenfall die Natur des Menschen verdorben ist, kann es nach Esprits Meinung nur ein schwerwiegender Irrtum sein, zu glauben, daß der Mensch tugendhaft sei aus Herzensgüte; er sei es im Gegenteil aus Berechnung. Triebfeder all seiner Handlungen sei ein krasser Egoismus, den er unter dem Schein edler Motive sorgfältig zu verbergen suche. Menschen, die gut, sanft, friedlich und liebevoll sind, sind es seiner Ansicht nach nicht um der Ehre Gottes willen, sondern vielmehr, um sich Achtung, Beförderung und materielles Wohlergehen zu sichern. Als Gewährsmann zitiert Esprit MONTAIGNE: »*Keine tugendhafte Handlung läßt sich als solche erkennen; diejenigen, die danach aussehen wollen, sind es jedenfalls nicht.*«

In 56 Kapiteln beschreibt der Autor die wahren Absichten, die sich hinter edlen menschlichen Gesten verstecken: Wer das Hohelied der Freundschaft singt, will sich nur eine Unterstützung für kommende Krisenzeiten sichern oder sich Ansehen, Achtung und Vertrauen erwerben. Die Trauer um den Tod eines nahen Verwandten soll nur die Gier nach dem Erbe verbergen. Nachsicht und Toleranz übt der Mensch weitgehend aus purer Schwäche, nämlich um Unannehmlichkeiten und Schwierigkeiten zu vermeiden. Zahlreiche Wohltaten haben ihren Grund in der Angst des Spenders vor Einsamkeit und Verlassenheit. Pünktlich, bescheiden und maßvoll sind viele Menschen allein deshalb, weil sie ihre Umgebung zu ähnlicher Höflichkeit verpflichten wollen. Freigebig und großzügig ist für gewöhnlich nur, wer für mächtig und nobel gehalten werden will. Weibliche Schamhaftigkeit scheint zumeist darauf berechnet, Männer in die Ehe zu locken. Tollkühnheit und Mut verbergen vielfach nur Feigheit und Angst. Geduld ist häufig der Mut der Verzweiflung usw. – Der Autor kommt zu dem Schluß, daß die Tugenden in Wirklichkeit Laster sind, von denen nur Gott in seiner Gnade den Menschen erlösen kann. Allein die Liebe zu Gott ermöglicht, »*que nos vertus soient véritables*« (»*daß unsere Tugenden echt sind*«). Esprit, der in den Salons von Mme. de Rambouillet und Mme. de Sablé seine Studien machte und 1639 in die Académie Française aufgenommen wurde, gehörte mit seinen ungleich berühmteren Zeitgenossen LA ROCHEFOUCAULD, der ihm die Kommentierung seiner *Réflexions* anvertraute, und LA BRUYÈRE zu den angesehensten Moralisten des 17. Jh.s. Sein an den Werken dieser großen Vorbilder geschulter Stil ist schlichter und verzichtet auf preziöse Manierismen, vermag jedoch den salbungsvollen Ton des Predigers nicht immer zu unterdrücken. R.B.-KLL

AUSGABE: Paris 1677/78. 2 Bde.

ÜBERSETZUNG: *(Des Herrn Esprit) Falschheit derer menschlichen Tugenden*, Ph. B. v. Sinold Schütz, Lpzg. 1710.

LITERATUR: A. Soucaille, *Notice biographique et littéraire sur l'académicien J. E. de Béziers* (in Bulletin de la Société Archéologique, Scientifique et Littéraire de Béziers, 4, 1866–1868). – N. Ivanoff, *La marquise de Sablé et son salon*, Diss. Paris 1927. – M. Kruse, *Die Maxime in der frz. Literatur*, Bln. 1960. – H. Wentzlaff-Eggebert, *Les limites entre le discours moraliste »La fausseté des vertus humaines« d'E.* (in *La pensée religieuse dans la littérature et la civilisation du 17e siècle en France*, Hg. M. Tietz u. V. Kapp, Paris u. a. 1984, S. 171–192). – Ders., *Lesen als Dialog. Frz. Moralistik in texttypologischer Sicht*, Heidelberg 1986 [zugl. Hab.-Schr. Mchn. 1981].

SALVADOR ESPRIU

* 10.7.1913 Santa Coloma de Farners
† 22.2.1985 Barcelona

DAS LYRISCHE WERK (kat.) von Salvador ESPRIU.
Obwohl Espriu in der ersten Phase seiner Schriftstellertätigkeit, in den dreißiger Jahren, fast nur Prosatexte geschrieben hat, ist er hauptsächlich als Dichter bekannt. Sein lyrisches Werk, das nach dem Spanischen Bürgerkrieg entstand, gehört seiner Thematik wegen zu den einflußreichsten Werken der fünfziger und sechziger Jahre in katalanischer Sprache. Nach einem Studium der klassischen Philologie ist Espriu praktisch sein ganzes Leben einer Verwaltungstätigkeit in der Firma seines Bruders nachgegangen. In der Abgeschiedenheit seines Lebens ist sein dichterisches Werk entstanden. Als Inspirationsquelle sind die Jahre von großer Bedeutung, die er in seiner Kindheit mit seiner Familie in Arenys de Mar verbrachte. Dieser Ort erscheint in mehreren Werken unter dem Namen »Sinera« (Anagramm von Arenys).
Die lyrische Produktion Esprius erstreckt sich über mehrere Jahrzehnte, trotzdem kann man schwerlich von Entwicklungsphasen sprechen. Die Hinwendung von der Prosa zum Gedicht vollzieht sich mit dem Ende des Spanischen Bürgerkriegs, so daß man annehmen kann, daß die tiefen Spuren, die dieses Ereignis in Espriu hinterlassen hat, dessen Wandel mitbedingt haben. Das Ende des Bürgerkriegs bedeutete eine fast völlige Zerstörung der katalanischen Kultur, so daß viele Schriftsteller nur den Weg ins Exil sahen. Die zutiefst empfundene Verpflichtung zur Rettung seiner Sprache bewog Espriu dazu, Katalonien nicht den Rücken zu kehren: »Però hem viscut per salvar-vos els mots, per retornar-vos el nom de cada cosa, perquè seguíssiu el recte camí d'accés al ple domini de cada cosa« (»Aber wir haben gelebt, um für euch die Worte zu retten, um euch den Namen einer jeden Sache zurückzugeben, damit ihr dem richtigen Weg folgt, der euch zum vollen Besitz der Erde führt«). Das zentrale Anliegen seiner Dichtung ist die Beschäftigung mit den wichtigsten Fragen des menschlichen Daseins: Es sind dies der Tod und seine Sinnlosigkeit, die mühsame Suche nach der Überwindung dieser Sinnlosigkeit, der Wert der Erinnerung als Rettung vor dem Verschwinden im Nichts, die Beziehung des Menschen zu Gott sowie die Frage der moralischen Verantwortung gegenüber den Mitmenschen.
Dabei kann man die verschiedenen Werke in zwei Gruppen einteilen. Während sich Gedichtsammlungen wie *La pell de brau*, 1960 (Die Stierhaut), mehr mit der nationalen Thematik beschäftigen, konzentrieren sich Werke wie *El cementiri de Sinera*, 1946 (Der Friedhof von Sinera), *Les hores*, 1952 (Die Stunden), *Mrs. Death* (1952), *El caminant i el mur*, 1954 (Der Wanderer und die Mauer), und *Final del laberint*, 1955 (Ende des Labyrinths), stärker auf die Todesproblematik. Diese Sammlungen zeichnen sich durch einen geschlossenen Charakter und jeweils einen starken Bezug zueinander aus. Daneben stehen Werke wie *Les cançons d'Ariadna*, 1949 (Die Lieder von Ariadne), mit Gedichten ganz unterschiedlicher Thematik, und später *Llibre de Sinera*, 1963 (Buch von Sinera), das beide Elemente verbindet, sowie *Setmana santa*, 1971 (Karwoche), das wieder das Todesthema behandelt.
Die Dichtung Esprius versteht sich in der Kontinuität einer großen literarischen Tradition. So werden klassische und biblische Quellen in seine Bilderwelt nicht als bereichernde Zier eingebaut, sondern sind wesentliche Bestandteile der Fragen des Dichters. Der Mythos von Ariadne und dem Labyrinth steht als Bild für eine Welt, in der sich der Mensch nur schwer zurechtfindet. Oidipus und Teiresias sind die sehenden Blinden, die ihm helfen, inmitten der Dunkelheit den Sinn zu finden. Aus der biblischen Welt ist für den Autor die Gegenwart Hiobs mit seiner zwiespältigen Beziehung zu Gott sehr wichtig. Nicht unbedeutend sind auch Einflüsse aus der ägyptischen Todesmythologie und aus der jüdischen Mystik. Esprius von Skepsis und Pessimismus geprägtes Weltbild sowie der Ernst seiner moralischen Verpflichtung, der für seine Generation richtunggebend wirkte, bedeutete notwendigerweise eine Abkehr von der stilistischen Tradition des *noucentisme*, der in den dreißiger Jahren in Katalonien noch großen Einfluß ausübte.
In der chronologischen Folge seiner Gedichtbände steht *Les cançons d'Ariadna* eigentlich erst an zweiter Stelle, doch lassen es der Stil und die Thematik der einzelnen Gedichte als Übergangswerk zwischen seinem Prosaband *Ariadna en el laberint grotesc*, 1935 (Ariadne im grotesken Labyrinth), und den fünf Gedichtbänden mit der Todesthematik erscheinen. In der ersten Ausgabe (1949) enthielt die Sammlung nur 33 Gedichte, aber in den nachfolgenden Ausgaben wurden immer wieder neue hinzugefügt, so daß die letzte und endgültige Edition nunmehr aus 100 Gedichten besteht. Seine Übergangsstellung macht das Buch einerseits zu einer Art Einführung in die späteren Werke, andererseits

wird die Sammlung, da sie durch immer neue Gedichte bereichert wurde, zu einer Art Synthese von Esprius dichterischer Welt. Die Anordnung dieser unterschiedlichen Gedichte folgt keinem thematischen Plan. Groteske Elemente, die charakteristisch für das Prosawerk des Autors sind, und typische »lyrische« Elemente seiner späteren Gedichtbände wechseln sich ständig ab. Der Dichter warnt den Leser vor dem falschen Eindruck einer *»billigen Schau auf einem Kirchweihfest«* (*»espectacle de barata fira de festa major«*) und setzt im gleichen Gedicht die richtige Perspektive in Szene: »*Sóc malson desvetllat dins la foscor«* (»Ich bin ein aufgewachter Alptraum in der Dunkelheit«). Wie auf einem Karussell defilieren vertraute Bilder, Gestalten aus seiner Welt der Kindheit, die schöne Welt Sineras, aber dann immer wieder die Nacht, die Finsternis, der Traum, der die Wirklichkeit verdrängt, an uns vorbei. Die persönlichen, negativen Erfahrungen summieren sich zu der schmerzvollen Erfahrung eines unterdrückten Volks: »*Beviem a glops/aspres vins de burla/el meu poble i jo./Escoltàvem forts arguments/del sabre/el meu poble i jo«* (»Wir haben die herben Weine des Gespötts geschluckt, mein Volk und ich. Wir haben den strengen Lektionen des Säbels zugehört, mein Volk und ich«).

Cementiri de Sinera, 1946 *(Friedhof von Sinera)*, ist der erste Band, der von Espriu als geschlossene Sammlung konzipiert wurde. Er besteht aus 30 durchnumerierten Gedichten, die miteinander verkettet sind, da das Bild, mit dem ein Gedicht endet, als Anfang des nächsten genommen wird; ein Verfahren, das auch in *Final del laberint*, *La pell de brau* und in *Llibre de Sinera* angewandt wird. Die kurzen Gedichte des Bandes enthalten nur fünf bis maximal 25 Zeilen und sind alle in der ersten Person geschrieben. »Sinera« (Arenys), der Ort seiner Kindheit, wird hier in einer melancholischen Erinnerung an die verflossene Zeit evoziert: »*Pels portals de Sinera/passo captant engrunes/de vells records ... m'esperen/tan sols per fer-me almoina,/fidels xiprers verdíssims* (»Durch die Haustore von Sinera laufe ich und sammle Krümel alter Erinnerungen ... auf mich warten nur, um mir Almosen zu geben, treue, sehr grüne Zypressen«). Der Friedhof, der im realen Arenys auf einem Hügel liegt und bei Espriu sinnbildhaft das gesamte Dorf beherrscht, ist auch der abschließende Betrachtungspunkt, von dem aus dieser Gang durch die entschwundene Welt betrachtet wird. In dem späteren Werk *Llibre de Sinera* wird die Welt von Arenys wieder aufgenommen, werden die Elemente der Landschaft zu allgemeinen Kategorien, mit denen der Dichter seinen Kampf gegen die Bedrohung des Todes beschreibt. Die Schwierigkeiten, für sich und für Katalonien einen Halt zu finden, finden in den Bildern Sineras einen neuen Ausdruck. Es ist nicht mehr nur der schöne Ort der Kindheit, jetzt tauchen die Bettler der Nacht als etwas Bedrohliches auf, und der Blinde wird gefragt, ob es für das katalanische Volk eine Zukunft gebe: »*I la boca sense llavis començà la riota que no para mai«* (»Und der Mund ohne Lippen brach in ein Lachen aus, ein Lachen, das nicht mehr aufhört«).

Les hores, ein Gedichtband, der ursprünglich aus zwei Teilen bestand, dem Dichterfreund B. Rosselló-Porcel (1913–1938) und der verstorbenen Mutter gewidmet, wurde in einer späteren Ausgabe um einen dritten Teil erweitert, der die Widmung trägt: »*Recordant allunyadament Salom 18-VII-36«*. In Esprius früheren Prosawerken hatte »Salom« das kritische Ich des Dichters mit einer positiven Haltung zum Leben und zur Zukunft verkörpert. Das Verschwinden seiner Jugend und die private Erfahrung des Todes werden hier in sehr lyrischen Bildern zur Sprache gebracht. – Die Erfahrungen des Bürgerkriegs, verschärft durch die des Zweiten Weltkriegs, verdichten sich in dem Buch *Mrs. Death*. In 40 Gedichten wird die Welt als die Aufführung eines Marionettentheaters gezeigt. Die Figuren sind müde von den grotesken Situationen ihres Auftritts und sehnen sich nach Ruhe. Die Langeweile des Alltags wird nur durch den Tod beendet, der wiederum neue sinnlose Auftritte durch neue Figuren ermöglicht: »*A l'atzucac de l'obra mancada, tan inútil, Déu, l'entristit, escolta mil clamors de granotes«* (»In der Sackgasse eines verfehlten, sinnlosen Werkes lauscht Gott, der traurige, dem unzähligen Geschrei der Kröten«). Aber so beherrschend diese Erfahrungen auch sind, sie werden doch nicht ohne einen Versuch der Überwindung angenommen. – *El caminant i el mur* besteht aus 54 Gedichten in drei Teilen. Das tragende Symbol ist das Labyrinth des Lebens, an dessen Ende der Tod steht, doch wird die Erinnerung als rettende Instanz aufgebaut: *Sé com encara/en el record, intacte,/és el somriure./Però les mans, ja cendra/o llum, on retrobar-les«* (»Noch im Erinnern,/lebt, unversehrt, das Lächeln,/doch die Hände,/nun Asche oder Licht/wo nur sie wiederfinden?« – Übers. R. Erb). Im dritten Teil finden sich deutliche Anspielungen an die Psalmen, an das erniedrigte Volk Israel; der Dichter klagt über einen Gott, der sich den Menschen verweigert. Die Reflexion des Todes steigert sich in *Final del laberint* zu einer mystischen Meditation. Am Anfang stehen zwei lange Zitate von Meister Eckhart und Nikolaus von Kues, die den gedanklichen Unterbau der Gedichte deutlich machen. Der Dichter wird in eine Welt der absoluten Finsternis gebracht, aber eine aufkeimende Hoffnung ermöglicht es ihm, sich auf ein mystisches Abenteuer einzulassen. Der Weg führt am Ende ins Nichts. Aber in ein Nichts, das nicht Bedrohung oder Sinnlosigkeit beinhaltet, sondern Erfüllung und Befreiung: »*Enllà de contraris/veig identitat./Sol, sense missatge,/deslliurat del pes/del temps, d'esperances,/dels morts,/dels records,/dic en el silenci/el nom del no-res«* (»Jenseits von Gegensätzen/seh ich das eine Wesen./Allein, ohne Botschaft,/ledig des Gewichts/der Zeit, der Hoffnungen,/der Toten,/der Erinnerungsknoten,/sage ich im Schweigen/den Namen des Nichts« – Übers. F. Vogelgsang). Die außerordentliche Schlichtheit der Sprache und der Bilder begünstigt den Zugang zur Meditation. Die ganze Sammlung hat einen stark hermetischen Charakter und entzieht sich dem unmittelbaren Verständnis.

Der Band *La pell del brau* dagegen konzentriert sich vorwiegend auf das Schicksal des katalanischen Volks und die Folgen des Bürgerkriegs. Deswegen kann man, im Gegensatz zu den früheren Werken, von einem Wechsel in der Thematik sprechen. Aber eine ganze Reihe von Motiven findet sich schon in früheren Werken, so daß auch diese Gedichte streng genommen keine Wende bedeuten. Die Bezeichnung »Stierhaut« beschreibt die Form der Iberischen Halbinsel auf einer Landkarte: »*Ets estesa pell de brau,/vella Sepharad./El sol no pot assecar,/pell de brau,/la sang que tots hem vessat,/la que vessarem demà*« (»*Eine ausgebreitete Stierhaut bist du,/altes Sepharad./Die Sonne ist nicht fähig,/Stierhaut,/das Blut zu trocknen, das wir alle vergossen haben,/das wir morgen vergießen werden*« – Übers. F. Vogelgsang). Das aus 54 Gedichten bestehende Buch kann als dichterische Reflexion über den Spanischen Bürgerkrieg und seine Folgen charakterisiert werden. Es sieht die Ereignisse aus der Perspektive des ganzes Landes, nicht nur aus der Sichtweite Kataloniens. Spanien wird hier mit dem hebräischen Wort »Sepharad« benannt, die gesamte Sammlung ist mit Bildern aus der Geschichte der Juden und ihrer Verfolgungen durchdrungen. *La pell del brau* hat eine ausdrücklich moralische Intention. Der sinnlose Haß muß überwunden werden, der einen Krieg unter die Brudervölker Spaniens gebracht und das Land mit Blut bedeckt hat. Die Menschen müssen wieder Hoffnung schöpfen und zu ihren grundsätzlichen Tugenden Gerechtigkeit, Ehrlichkeit, Fleiß zurückfinden: »*Fes que siguin segurs els ponts del diàleg/i mira de comprendre i estimar/les raons i les parles diverses dels teus fills. /Que la pluja caigui a poc a poc en els sembrats/i l'aire passi com una estesa mà/suau i molt benigna damunt els amples camps./Que Sepharad visqui eternament/en l'ordre i en la pau, en el treball,/en la difícil i merescuda/llibertat*« (»*Sorge, daß fest gebaut sind die Brücken des Gesprächs,/und trachte zu begreifen und zu lieben/die verschiedenen Denkweisen und Sprachen deiner Kinder./Damit der Regen langsam, linde auf die Saat falle/und die Luft gleich einer ausgestreckten Hand/ sanft und voll Güte über die weiten Felder streiche./Damit Sepharad ewig lebe/in der Ordnung, im Frieden, in der Arbeit,/in der schwierigen und verdienten/Freizeit*« – Übers. F. Vogelgsang). Oftmals wechselt hier die Perspektive, von der allgemeinen moralischen Betrachtung hin zu ganz konkreten Beschreibungen, wie z. B. der des Todes als Besitzerin eines kleines Ladens in einer obskuren Gasse Venedigs oder der Schilderung des Selbstmords eines kleinen Schneiders mit Namen Jehudi: »*Ens mostra a tots la llengua/blanca de tant/de tip de pols que es feia/quan caminà/al costat de nosaltres/homes de pau,/que procurem d'entendre/el cant d'orat/del cec de la guitarra,/potser germà/de Iehudi, vell sastre/de Sepharad*« (»*Uns allen streckt er jetzt/die Zunge raus,/Weiß von dem allzuvielen/Staub, den er schluckte,/als er ging neben uns,/friedlichen Menschen,/die zu verstehen suchten/das Narrenlied/des blinden Gitarristen, Bruder Jehudis/vielleicht, des alten Schneiders/ von Sepharad*« – Übers. F. Vogelgsang). Die Inhalte der Sammlung sind nicht auf die Formulierung kollektiver Aufgaben zu reduzieren. Die persönliche Bedrohung durch den Tod und die Überwindung dieser Bedrohung werden als Motive ebenfalls wiederholt angesprochen.

In den späteren Jahren sind neben *Llibre de Sinera* als geschlossene Sammlung *Setmana santa* und *Formes i paraules*, 1974 *(Formen und Worte),* erschienen. Einige verstreute Gedichte Espriu, der mit seinem poetischen Werk zu den bedeutendsten Lyrikern Spaniens zählt, wurden schließlich unter dem Titel *Fragments* (1968) zusammengefaßt.

J.G.V.

AUSGABEN: *Cementeri de Sinera*, Barcelona 1946. – *Les cançons d'Ariadna*, Barcelona 1949. – *Les Hores*, Barcelona 1952. – *Mrs. Death*, Barcelona 1952. – *El caminant i el mur*, Barcelona 1954. – *Final de laberint*, Barcelona 1955. – *La pell de brau*, Barcelona 1960. – *Llibre de Sinera*, Barcelona 1963. – *Fragments. Versots. Intencions. Matisos*, Barcelona 1968. – *Setmana santa*, Barcelona 1970. – *Formes i paraules*, Barcelona 1975. – *Antología lírica*, Hg. J. Batlló, Madrid 1977 (kat.-span.; Cátedra). – *Antologia poètica*, Barcelona 1978. – *Obres completes I - Poesia*, Barcelona 1985.

ÜBERSETZUNGEN: *Die Stierhaut*, F. Vogelgsang, Ffm. 1985 [m. Nachw.; kat.-dt.]. – *Ende des Labyrinths*, ders., Ffm. 1986 [enth. auch *El caminant i el mur*; m. Nachw.; kat.-dt.]. – In *Ein Spiel von Spiegeln. Katalanische Lyrik des 20. Jh.s*, Hg. T. D. Stegmann, Lpzg./Mchn. 1987 [Ausw.; Nachdichtungen von R. Erb; kat.-dt.].

LITERATUR: J. M. Castellet, *Iniciació a la poesia de S. E.*, Barcelona 1971; [3]1984. – Ders., *»El caminant i el mur« de S. E.* (in *Guia de literatura catalana contemporània*, Hg. J. Castellanos, Barcelona 1973, S. 345–351). – J. Teixidor, *»Cementeri de Sinera« de S. E.* (ebd., S. 303–315). – P. Robin, *La poésie de S. E.* (in Critique, 27, 1971, Nr. 286, S. 229–240). – K. Süß, *Untersuchungen zum Gedichtwerk S. E.s*, Nürnberg 1978. – A. Terry, *The Public Poetry of E. A Reading of »La pell de brau«* (in IR, 9, 1979, S. 76–97). – G. Lanciani, *S. E. »Les cançons d'Ariadna« a »Setmana Santa«* (in Fs. *R. Aramon i Serra 1*, Barcelona 1979, S. 301–372). – D. Boyer, *Lecture d'un poème d'E.* (in Ibérica, 1, 1977, S. 57–78). – Ders., *La figure de Salom dans l'œuvre de S. E.* (ebd., 3, 1981, S. 33–45). – H. Bihler, *Zur Bibel als Inspirationsquelle der katalanischen Gegenwartslyrik. Das Markus-Evangelium in »Setmana Santa« von S. E.* (in IR, 15, 1982, S. 70–86). – A. Espriu i Magaleda u. a., *Aproximació històrica al mite de Sinera*, Barcelona 1983. – A. Batista, *S. E.: itinerari personal*, Barcelona 1985. – J. M. Castellet, *Die Dichtung S. E.s* (in Iberoamericana, 9, 1985, S. 12–23). – R. M. Delor i Mons, *»Mrs. Death« o el llibre de la generació maleida* (in Els Marges, 34, 1986, S. 37–60). – C. Miralles, *S. E.* (in *Història de la literatura catalana*, Hg. M. de Riquer, J. Molas u. A. Comas, Bd. 10, Barcelona 1987).

ARIADNA EN EL LABERINT GROTESC

(kat.; *Ariadne im grotesken Labyrinth*). Prosawerk von Salvador ESPRIU, erschienen 1935. Das Werk wurde in späteren Ausgaben mehrere Male verändert und erhielt erst 1974 seine endgültige Fassung. – Esprius wichtigstes Prosawerk – er schrieb auch Romane wie *Laia* (1932), *Aspectes* (1934), *Miratge a Citerea* (1935) und *Letizia i altres proses* (1937) – vollzieht einen radikalen Bruch mit den literarischen Werken des katalanischen *noucentisme*, der zu seiner Zeit vorherrschend war. Die 32 kurzen Erzählungen des Buches sind in der modernen katalanischen Literatur unübertroffene Meisterstücke der Ironie. »*Alles, was in diesem Buch vorkommt, ist nicht erfunden. Alles, was darin beschrieben ist, ist tatsächlich geschehen oder es wurde mir auf die eine oder andere Weise erzählt*«, schreibt Espriu in der Einleitung von 1974. Die Erzählungen, die jede für sich einen eigenständigen Charakter aufweisen, wurden als Einheit konzipiert, wobei die späteren Veränderungen dieses einheitliche Konzept noch verstärken. Schauplätze der Handlungen sind die Orte, in denen Espriu sein Leben verbracht hat, vor allem »Sinera« (Arenys) und Barcelona; die Figuren verkörpern allgemeine menschliche Verhaltensweisen, wobei der Autor vor allem groteske Elemente betont, um seine moralische Position zu verdeutlichen und Kritik anzubringen.

Die erste Erzählung trägt den Titel *Tereseta-que-baixava-les-escales* (*Teresa-die-die-Treppe-hinunterlief*) und verarbeitet Kindheitserinnerungen des Autors. In fünf »Tableaux« werden relevante Phasen im Leben von Teresa durchlaufen: von den Kinderspielen vor der Dorfkirche bis zu ihrem Begräbnis. Die Erzählung wird, wie auch alle anderen, von den Dialogen der in der Handlung anwesenden Zuschauer getragen, die kein Mitgefühl zeigen: »*Quietud, ja la baixen. Ha de pesar, i aquestes escales són estretes, que no rellisquin. La fusta és cara, no en pots dubtar, és cara, ja t'ho deia. Els del baiard suen, fan angunia, mira com suen. Vejam si l'esberlaran daltabaix de les escales*« (»*Sei still, man trägt sie schon hinunter, sie ist sicher sehr schwer und die Treppe ist sehr eng. Das Holz des Sarges ist teuer, keine Frage, es ist sehr teuer, ich habe es dir schon gesagt. Die Sargträger schwitzen, ekelhaft!, schau, wie sie schwitzen, ob der Sarg vielleicht doch die Treppe hinunterfällt und zerbricht*«). Die Menschen dieser oft an VALLE INCLÁNS *esperpentos* erinnernden Erzählungen, oft Randfiguren der Gesellschaft wie Bettler oder Betrunkene, die aus ihrer Außenseiterperspektive die Verfallserscheinungen des menschlichen Verhaltens in Szene setzen, agieren wie Marionettenfiguren, die sich des grotesken Charakters ihres Tuns nicht ganz bewußt sind. Für Espriu stellt sich diese Welt wie eine Ansammlung von Figuren dar, »*in der Schachtel von Saloms Alpträumen ruhen*« (»*dintre la capsa del malson de Salmon*«). Das vorletzte Kapitel, mit dem Titel *Sembobitis*, zeigt »Salom« (das kritische Ich des Dichters) am Rande der Straße, die nach Sinera führt. Ein bekannter Lumpensammler des Dorfes kommt vorbei und wird von Salom mit dem Namen eines Magiers angesprochen, mit dem er in seiner Kindheit gespielt hat. Der Lumpensammler versteht Salom nicht, der glaubt, daß der Magier sich als Lumpensammler verstecken will. Saloms magische Welt hat sich in einen Lumpensammler verwandelt. Beide gehen auseinander, ohne zu verstehen, was geschehen ist. Die skeptische Sicht Esprius über den Zustand Spaniens illustriert das letzte Kapitel in Form eines Dialogs. Ein Journalist stößt auf eine Figur, die Personifizierung seines Landes, die gerade dabei ist, sich ins Wasser zu werfen, weil ihr die Lust am Leben vergangen ist. J.G.V.

AUSGABEN: Barcelona 1935. – Barcelona 1980. – Barcelona 1983. – Barcelona 1985 [kat.-span.].

LITERATUR: A. Vilanova, »*Ariadna al laberint grotesc* (in *Guia de la literatura catalana contemporània*, Hg. J. Castellanos, Barcelona 1973, S. 257–260). – J. M. Benet i Jornet, *Visita al laberint grotesc de S. E.* (in Els Marges, 7, 1976, S. 115–121).

JOSÉ DE ESPRONCEDA Y DELGADO

* 25.3.1808 Almendralejo / Estremadura
† 23.5.1842 Madrid

LITERATUR ZUM AUTOR:
J. Cascales Muñoz, *Don J. de E., su época, su vida y sus obras*, Madrid 1914. – G. Breteton, *Quelques precisions sur les sources d'E.*, Paris 1933. – N. Alonso Cortés, *E. Illustraciones biográficas y críticas*, Valladolid 1942. – J. Casalduero, *E.*, Madrid 1961; ern. 1983. – P. Ortiz Armengol, *E. y los gendarmes*, Madrid 1969. – D. Ynduraín, *Análisis formal de la poesía de E.*, Madrid 1971. – E. Pujals, *E. y Lord Byron*, Madrid 1972. – G. Carnero, *E.*, Madrid 1974. – R. Marrast, *J. de E. et son temps, littérature, societé, politique au temps du romantisme*, Paris 1974. – D. J. Billick, *J. de E., an Annotated Bibliography, 1834–1980*, NY 1981. – R. Landeira, *J. de E.*, Lincoln 1985.

DAS LYRISCHE WERK (span.) von José de ESPRONCEDA Y DELGADO.
Die Lyrik Esproncedas gilt gemeinhin als der Gipfelpunkt der liberalen spanischen Romantik, deren verschiedenartige Aspekte sich allesamt in seinem Werk konkretisieren: Verbundenheit mit dem politischen Liberalismus und Kampf gegen die Willkürherrschaft König Ferdinands VII. und die Machtansprüche der Karlisten, politisches und gesellschaftliches Engagement, neoklassizistische Anfänge und Loslösung von diesen im Exil in London und Paris durch die Begegnung mit der westeuropäischen Romantik, Exaltiertheit und Lei-

denschaftlichkeit und nicht zuletzt Literarisierung des eigenen Lebens.

Für die frühe Lyrik Esproncedas, in der neben neoklassizistischen Elementen die unterschiedlichsten traditionellen Materialien – von der Romanze über die Renaissance- und Barocklyrik bis hin zu frühromantischem Vokabular – verarbeitet werden, steht das Fragment gebliebene Poem *El Pelayo* (begonnen 1825). Die sechs voneinander unabhängigen Fragmente – insgesamt 127 Oktaven – gestalten tableauartig Episoden aus dem Romanzenstoff vom König Rodrigo und dem Untergang des Westgotenreiches in Spanien infolge der arabischen Invasion und evozieren zugleich durch den Titel *El Pelayo* (Pelayo war der mythische Repräsentant des ersten Widerstands gegen die arabische Fremdherrschaft) den Beginn der Reconquista.

Anders als diesen frühen Texten, die größtenteils kaum mehr sind als »literarische Übungen« einer allerdings schon »großen schöpferischen Kraft« (J. Casalduero), kommt den fünf Canciones: *El mendigo (Der Bettler), El verdugo (Der Henker), El reo de muerte (Der zum Tode Verurteilte), El canto del cosaco (Das Lied des Kosaken)* und vor allem der *Canción del pirata (Das Lied des Piraten)* eine entscheidende Bedeutung in der Werk- sowie der Rezeptionsgeschichte der Lyrik Esproncedas zu. Vornehmlich die im Jahre 1835 erstmals veröffentlichte *Canción del pirata*, mit der er den auch auf ein breites Publikum zielenden Stil, die »lindísima tonada popular« (Enrique Gil, 1840), fand und in der sich zugleich auch seine liberale Einstellung radikalisierte, begründete auch schon für die Zeitgenossen den Ruhm des Lyrikers Espronceda. »*Der junge Espronceda marschiert zweifellos an der Spitze unserer modernen romantischen Poesie*«, so heißt es im Jahre 1836 in der Zeitschrift ›El Español‹, und die moderne Kritik sieht in eben dieser Canción das »*lyrische Manifest der spanischen Romantik*« (Casalduero). In der Figur seines Piraten, der mit seinem jugendlich-anarchistischen Freiheitsdrang und in der Glorifizierung der Rebellion gegen jegliche staatliche Autorität weit über seine möglichen Vorbilder bei Victor HUGO (Hernani) und Lord BYRON *(The Corsair)* hinausgeht, hat Espronceda »*einen Archetypus der romantischen Literatur*« (R. Marrast) gestaltet. Dieser »*titanisme anarchique*« (R. M.) wird gern als literarisierende Übersteigerung der privaten und politischen Vorstellungen verstanden, die Espronceda in der Entstehungszeit der Canción vertrat. Im Refrain der *Canción del pirata* wird die Freiheitsthematik – ein Grundthema auch des übrigen Werks überdeutlich: »*Que es mi barco mi tesoro, / que es mi dios la libertad, / mi ley, la fuerza y el viento, / mi única patria, la mar.*« (»Denn mein Schiff ist mein Schatz, / denn mein Gott ist die Freiheit, / mein Gesetz sind Kraft und Wind, / mein einzig Vaterland: das Meer«).

Neben der so eingängigen Freiheitsthematik sind es auch die spielerische Verwendung der romantischen Topoi (Nacht und Sturm, Mond und Meer, Einsamkeit und Wagemut des exaltierten Individuums inmitten der Naturgewalten) sowie die Einfachheit des Vokabulars, die man allerdings nicht mit Simplizität verwechseln darf, und nicht zuletzt auch die für die damalige Zeit ungewöhnlich moderne Behandlung von Vers und Rhythmus (uneinheitliche Strophen, heterogenes Versmaß), die die *Canción del pirata* zu einem der populärsten Texte der spanischen Romantik haben werden lassen.

In den vier übrigen genannten *Canciones* nimmt Espronceda Themen aus der sozialen Wirklichkeit seiner Zeit auf, ohne indes dabei auf das Romantisch–Spielerische gänzlich zu verzichten: die Freiheit des Bettlers und dessen Verachtung für die Gesellschaft und ihre gedankenlose Moral in *El mendigo*, das dekadente und effeminierte Europa als Beute der Kosaken in *El canto del Cosaco*, die Indifferenz dem Tode gegenüber und die menschliche Bosheit in *El reo de muerte* bzw. in *El verdugo*. Diese *Canciones*, wenngleich auch ihre Figuren »*Symbolgestalten der Epoche*« (Casalduero) sind, erreichen nicht mehr den künstlerischen Rang der *Canción del pirata*. Das gleiche gilt auch für die politische Lyrik Esproncedas, in der die Freiheitsthematik immer wieder zum vaterländischen Pathos verflacht, so z. B. die frühe Elegie *A la patria (An das Vaterland)* oder die *Canción patriótica (Patriotisches Lied)*: »*Inspíranos tu fuego, / divina libertad: / y al trueno de tu nombre, / o déspotas temblad*« (»Hauch uns dein Feuer ein, o göttliche Freiheit, und beim Donnerschall deines Namens erzittert, ihr Tyrannen«). Ein besonders typisches Beispiel für diese Art tagespolitischer Gebrauchs – und Propagandapoesie ist das Sonett *A la muerte de Torrijos y sus compañeros (Auf den Tod von Torrijos und seiner Getreuen)*, das eine Episode aus dem Freiheitskampf der Liberalen gegen die absolutistische Herrschaft Ferdinands VII. – die dilettantische Rebellion des Generals Torrijos, der bei Málaga mit seinen wenigen Leuten gefangengenommen und hingerichtet wurde – in den Rang einer Nationallegende erheben möchte, und zwar durch die Imitatio des typischen Romanzeneingangs im Anfangsvers des Sonetts: »*Hélos allí:*« (»Siehe dort:«).

Neben dem Thema der Freiheit in seinen politischen und individualistischen Konkretisierungen dominiert bei Espronceda das Thema der Liebe, das bei ihm eine durchweg romantisch-pessimistische Gestaltung erfährt: volksliedhaft in dem Sonett *A un ruiseñor (An eine Nachtigall)*: »*Canta en la noche, canta en la mañana, / ruiseñor... endulzará tu acento el llanto mío*« (»Sing in die Nacht, sing in den Morgen, Nachtigall,... Dein Lied versüßen wird mein Leid«), als Liebestod- und Opheliamotiv in der Verserzählung *El estudiante de Salamanca* (1840), als Steigerung bis hin zu einer nihilistischen Welteinstellung im *Canto a Teresa* und in dem Poem *A Jarifa en una orgía (An Jarifa, die Bacchantin)*.

Das Jarifa-Gedicht (1840) – 116 Verse aus Oktaven und Quartetten – ist von der lyrischen Haltung her ein Monolog der Desillusion. Von seiner Thematik her steht es zwar auch in der Tradition der Misogynie *(»Siempre igual! Necias mujeres, / inven-*

tad otras caricias, / otro mundo, otras delicias, / o maldito sea el placer!«) (»Immer gleich, ihr törichten Weiber. Sucht anderes Lieben, andere Welten, andere Freuden. Verflucht sei alle Lust«), doch wird es gemeinhin gedeutet als eine fatalistische »Satire auf die Klischees von der Liebe als der höchsten Form der Verbindung mit der Welt und als Quelle der Erkenntnis und der Vollkommenheit« (G. Carnero), wie die folgenden Verse zeigen: »Qué la virtud, la pureza? / Qué la verdad y el cariño? / Mentida ilusión de niño / que halagó mi juventud« (»Was ist Tugend, Reinheit? Wahrheit, Liebe? – Lüge, Kindertraum, Jugendschmeichlerin«).

Im *Canto a Teresa* (1841) radikalisiert sich noch einmal die Haltung der Desillusion. Der *Canto* ist mehr als ein Grabgesang auf Teresa, eine Gestalt, die die biographische Forschung mit Teresa Mancha, der im Jahre 1839 verstorbenen Geliebten Esproncedas, gleichsetzt. Auch eine Deutung, die sich an der Selbstauslegung des Autors orientiert (»*Este canto es un desahogo de mi corazón*« – »*Dieser Gesang ist selbstbefreiende Herzensergießung*«), greift zu kurz. Die 44 Oktaven des *Canto a Teresa* zeichnen zwar auch die Phasen einer vergangenen Liebe nach, doch ist er letztlich die Elegie auf das Scheitern aller Lebensillusionen: »*Dónde volaron ay! aquellas horas / de juventud, de amor y de ventura...?*« (»Wo sind sie hin, die Stunden der Jugend, der Liebe und des Glücks?«). Eine solche Haltung der Desillusion mag zwar, wie in der Forschung gern behauptet wird, auch der persönlichen Haltung Esproncedas entsprochen haben. Gestaltet wird sie indes mit den Materialien der Weltschmerzthematik, mit ihrem lustvollen Versenken in den eigenen Schmerz und der Kultivierung der Leere und der Nichtigkeit aller großen Hoffnungen; einer Thematik, die in der europäischen Romantik überaus verbreitet war. Von kaum minderer Bedeutung für die Gestaltung des *Canto a Teresa* ist die Tradition der spanischen Elegie. In diese Richtung weisen die Themen der Totenklage und der Trauer sowie der Vergänglichkeit allen Glücks und auch die Wiederaufnahme des spätmittelalterlichen Topos *Ubi sunt* sowie des Renaissance-Topos *Carpe diem* (»Gocemos, sí; la cristalina esfera / gira bañada en luz« – »Laßt uns genießen: Kristallene Kugel dreht sich, lichterumstrahlt«). Espronceda, »*der sich mit dem Tod und dem Verlust einer großen Liebe konfrontiert sah, schuf seine Elegie ganz im traditionellen Stil*« (B. W. Wardropper).

Der *Canto a Teresa* ist der »zweite Gesang« aus dem neben der Einleitung sechs »Gesänge« umfassenden unvollendet gebliebenen Poem *El Diablo mundo*, 1841 (*Der Weltteufel*). Nach der Selbstauslegung Esproncedas soll der *Canto a Teresa* »in keinerlei Zusammenhang mit dem Poem stehen«, obwohl sich die Forschung immer wieder bemüht, Zusammenhänge herzustellen. *El Diablo mundo* wird häufig als Esproncedas Faustdichtung angesehen, obwohl sich weder vom Handlungsverlauf noch von den zentralen Themen und Motiven her zwingende Analogien zu GOETHES *Faust* ergeben. Die Handlung wird immer wieder von Exkursen unterschiedlichster Art (»*mis queridas digresiones y sabias reflexiones*«) unterbrochen. Es fehlen die bei Goethe zentralen Motive des Teufelspakts und der Wette und ebenso das Thema der intellektuellen Neugierde. Der in einer Vision zu neuer Jugend verwandelte Protagonist, dessen Klagen nicht vom Ungenügen an der Wissenschaft, sondern von der romantischen Desillusionierung herrührten, ist ein Naiver, der all sein Vorwissen verloren hat, ein neuer Adam (Adán), der im Konflikt mit der Welt in Leben und Denken eingeführt werden muß und der ein Naiver bleibt. So gesehen ist *El diablo mundo* kaum eine Faustdichtung, sondern eher eine ironische Satire auf die zeitgenössische Gesellschaft.

Im Kontext der spanischen Romantik kommt Espronceda als Lyriker und auch als Publizist zwar eine überragende Rolle zu, doch im Vergleich mit den großen französischen, englischen und deutschen Romantikern oder auch im Hinblick auf den spanischen »Spätromantiker« Gustavo Adolfo BÉCQUER ist er eher eine zweitrangige Gestalt. Zwar gelingen ihm Verse, die zu Recht zu den populärsten der spanischen Literatur zählen, und manche seiner Bilder – z. B. die Bilder der Nacht im zweiten Teil der Verserzählung *El estudiante de Salamanca* – erinnern an BRENTANO und EICHENDORFF. Doch daneben finden sich auch Verse – und dies nicht nur im *Canto a Teresa* und im Jarifa-Gedicht –, in denen romantische Leidenschaftlichkeit zur Pose erstarrt und sich nur noch in Tiraden ergeht. H.Fel.

AUSGABEN: *Poesías*, Madrid 1840. – *Obras poéticas*, Hg. J. E. Hartzenbusch, Paris 1848. – *Obras poéticas completas*, Hg. J. J. Domenchina, Madrid 1936; ern. 1972. – *Obras completas*, Hg. J. Campos, Madrid 1954 (BAE). – *Poesías líricas y fragmentos épicos*, Hg. R. Marrast, Madrid 1970 (Castalia). – *El estudiante de Salamanca. El diablo mundo*, Hg. ders., Madrid 1978 (Castalia). – *El diablo mundo*, Hg. u. Einl. J. Moreno Villa, Madrid 1981 (Clás. Cast.). – *Obras poéticas*, Hg. L. Romero Tobar, Barcelona 1986.

ÜBERSETZUNG: In *Spanische Lyrik von der Renaissance bis zum Ende des 19. Jh.s*, Hg. H. Felten u. A. Valcárcel, Stg. 1989 (Ausw.; RUB).

LITERATUR: J. Casalduero, *Forma y visión de »El diablo mundo« de E.*, Madrid 1951. – A. Martinengo, *Polimorfismo nel »Diablo mundo« d'E.*, Turin 1962. – B. W. Wardropper, *E.'s »Canto a Teresa« and the Spanish Elegiac Tradition* (in BHS, 40, 1963, S. 89–100). – F. Caravaca, *Dramatis personae en »El diablo mundo« de E.* (in CHA, 1964, Nr. 177, S. 356–372). – Ders., *Las posibles fuentes literarias de E. en »En diablo mundo«* (in Boletín de la Biblioteca Menéndez Pelayo, 45, 1969, S. 271–330). – M. Z. Hafter, *»El diablo mundo« in the Light of Carlyle's »Sartor Resartus«* (in RHM, 37, 1972–1973, S. 46–55). – R. P. Pérez, *»El diablo mundo« y Calderón* (in REH, 12, 1978, S. 55–70).

– M. L. Bretz, »*El diablo mundo*« *y sus relaciones con la literatura europea moderna* (in Arbor, 103, 1979, S. 375–382). – Dies., *E.'s »El diablo mundo« and Romantic Irony* (in REH, 16, 1982, 257–274). – T. E. Lewis, *Contradictory Explanatory Systems in E.'s Poetry: The Social Genesis and Structure of »El diablo mundo«* (in Ideology and Literature, 4, 1983, S. 11–45).

EL ESTUDIANTE DE SALAMANCA

(span.; *Der Student von Salamanca*). Verserzählung in vier Teilen von José de ESPRONCEDA Y DELGADO, erschienen 1840. – Die 1704 Verse umfassende phantastische Erzählung vom letzten, tödlich endenden Liebesabenteuer des Félix de Montemar und die mit dieser verbundene Geschichte der von ihm verlassenen Elvira, die im Wahn stirbt, ist, vordergründig gesehen, eine der vielen Versionen des Don-Juan-Mythos. Espronceda stellt seinen Helden auch ausdrücklich in diese Tradition, wenn er ihn als »*segundo don Juan Tenorio*« vorstellt. Doch anders als in der Überlieferung treten bei Espronceda die konventionell mit dem Don-Juan-Mythos verbundenen Themen wie Verführung, Untreue, Kraft und Gewalt, Bestrafung und Tod durch den Eingriff einer übernatürlichen Macht zugunsten eines allerdings auch schon in der Tradition des Stoffs mitangelegten Rebellentums zurück. Diese aufrührerisch-hochmütige Haltung, die keinerlei Beschränkung für sich gelten lassen will, wird indes anders als in der klassischen Gestaltung des Stoffs bei TIRSO DE MOLINA nicht mehr im Sinne der theologischen Konventionen als Sünde verurteilt, sondern positiv gesehen und zur alles bestimmenden Eigentümlichkeit des neuen Don Juan erhoben. In diesem Sinne verstanden, ist Esproncedas Don Juan auch ein »*neuer Satan*« (»*segundo Lucifer*«), und wie dieser schreckt er in seinem Hochmut nicht vor der metaphysischen Provokation zurück. »*Grandiosa, satánica figura, / alta la frente, Montemar camina, / espíritu sublime en su locura, / provocando la cólera divina / . . . Segundo Lucifer que se levanta / del rayo vengador la frente herida, / alma rebelde que el temor no espanta*« (»Eine große satanische Gestalt, erhobenen Hauptes schreitet Montemar immer weiter, ein edler Geist inmitten seines Wahns fordert er den göttlichen Zorn heraus . . . Ein zweiter Luzifer, der sich – die Stirn vom Strahl der Rache getroffen – wieder erhebt, ein rebellischer Geist, den keine Furcht erschreckt«). Das dieser Figur »*Eigentümliche ist nicht der Don Juanismus, sondern das Satanische und das unbedingte Aufbegehren*« (J. Casalduero). Eine solche Gestaltung der Superbia, also letztlich der Ursünde, ist zwar für »*die spanische Literatur ungewöhnlich*« (V. Llorens), doch ergibt sie sich konsequent aus dem Werk Esproncedas. Der Freiheitsmythos und der »*titanisme anarchique*« (R. Marrast), die schon die *Canción del pirata* (*Das Lied des Piraten*) kennzeichneten, werden in *El Estudiante de Salamanca* nur ins Absolute gesteigert und damit auch religiös interpretiert.

Anders als in ihrem ideologischen Anspruch ist die Verserzählung vom Handlungsverlauf und vom Erzählmaterial her konventionell angelegt. Die Topoi des Don-Juan-Mythos verbinden sich mit gängigen romantischen und mehr noch mit schauerromantischen Motiven: mitternächtliche Stunde, sternenlose Nacht, dumpfer Glockenklang aus verlassenen Kirchen, gespenstische Schatten, letzte Seufzer von im Duell Getöteten, eine geheimnisvolle weiß gekleidete Frau, der der Held wie im Zustand des Wachtraumes folgt, die ihn in ein Totenhaus führt und die sich als Totengerippe enthüllt, Hochzeits- und Todestanz mit dem »*hohlwangigen bleichen Skelett*«, das als die verlassene Elvira das Heiratsversprechen einzulösen verlangt, usw. Diese schauerromantischen Materialien, aus denen im vierten Teil der Verserzählung eine ganze Reihe effektvoller Tableaus gestaltet werden, bilden die Folie, vor der sich die Gestalt des »*segundo don Juan Tenorio*« abhebt, der noch im tödlichen Tanz bei seiner stolzen Haltung bleibt und unbesiegt (»*jamás vencido el ánimo*«) zugrunde geht.

Das effektvolle In-Szene-Setzen schauerromantischer, romantischer und auch dramatischer Klischées bestimmt die Anlage des ersten, dritten und vierten Teils, so z. B. im ersten Teil die Evokation einer unwirklichen nächtlichen Stadt, die trotz des Namens nichts mit Salamanca gemein hat (»*y allá en el aire cual negras / fantasmas, se dibujaban / las torres de las iglesias / y el gótico castillo*« – »und fern am Himmel wie dunkel Traumbilder die Silhouetten der Kirchentürme und der gotischen Burg«) oder die Gegenüberstellung des »lasterhaften« Don Félix und der »schönen, reinen« Elvira. Weitere Beispiele finden sich im dritten Teil, der ausdrücklich als *cuadro dramático* (dramatisches Bild) ausgewiesen wird, so die Beschreibung der Spielhölle der »*estancia infernal*«, in der Don Félix mit seinen Kumpanen um das Porträt der Elvira spielt, oder die gleich anschließende Szene, in der Don Diego, der Bruder Elviras, den Verführer seiner Schwester zum Duell auffordert, um ganz im Sinne des traditionellen Ehrenkodex, wie er viele Male in den *dramas de honor* gestaltet worden ist und der auch zum Komplex der Don-Juan-Tradition gehört, die seiner Schwester angetane Schmach zu rächen.

Eine Sonderstellung nimmt der zweite Teil der Verserzählung ein, der vom Geschick der verlassenen Elvira berichtet: von ihrem Wahn, ihrem Tod, dem Abschiedsbrief, den sie sterbend an Don Félix schreibt. Vor allem die Wahnszene der Elvira, die aus Motiven und Bildern der lichten romantischen Nachtpoesie und der Wahnszene der Ophelia kontaminiert ist, gehört zu Recht mit zu den berühmtesten lyrischen Texten Esproncedas. »*Argentadas chispas brillan / entre las espesas ramas, / y en el seno de las flores / tal vez se aduermen las auras . . . Blanco es su vestido, ondea / suelto el cabello a la espalda, / hoja tras hoja las flores / que lleva en su mano arranca*« (»Silberfunken sprühen im dichten Gezweig, und im Blütenschoß schläft zuweilen Morgenrot . . . Bleich ihr Kleid, wehend ihr gelöstes Haar, Zupft Blatt um Blatt der Blüte, die sie hält in ihrer Hand«). In den achtsilbigen Versen der Elvira-Szene, die den Rhythmus und die Assonanz der Romanze aufnehmen, ist es Espronceda gelungen, seine Neigung zur Redundanz, seine Vorliebe für unpräzise Adjektive und seinen Hang zur dramatisch-wortreichen Pose, die sonst so viele seiner Verse bestimmen, zu zügeln.

H.Fel.

AUSGABEN: Madrid 1841. – Paris 1848 (in *Obras poéticas*, Hg. J. E. Hartzenbusch). – Madrid 1936 (in *Obras poéticas completas*, Hg. J. J. Domenchina; ern. 1972). – Madrid 1954 (in *Obras completas*, Hg. J. Campos; BAE). – Madrid 1978, Hg. u. Einl. J. Moreno Villa (Clás. Cast). – Madrid 1978, Hg. R. Marrast (zus. mit *El diablo mundo*; Castalia). – Madrid 1986, Hg. u. Einl. B. Varela Jácome (Cátedra).

ÜBERSETZUNG: In *Spanische Lyrik von der Renaissance bis zum Ende des 19. Jh.s*, Hg. H. Felten u. A. Valcárcel, Stg. 1989 (Ausw.; RUB).

LITERATUR: P. H. Churchman, *Byron and E.* (in RH, 20, 1909). – A. Hämel, *Der Humor bei J. de E.* (in ZfrPh, 41, 1921, S. 389–407). – R. C. Allen, *El elemento coherente de »El estudiante de Salamanca«, la ironía* (in Hispanófila, 1963, Nr. 17, S. 105–115). – N. L. Hutman, *Dos círculos en la niebla de »El estudiante de Salamanca«* (in PSA, 59, 1970, S. 5–29). – R. P. Sebold, *El infernal arcano de Félix de Montemar* (in HR, 46, 1978, S. 447–464). – M. A. Rees, *E.; »El estudiante de Salamanca«*, Ldn. 1979. – S. Vasari, *Aspectos religioso-políticos de la ideología de E.: »El estudiante de Salamanca«* (in BHi, 82, 1980, S. 94–149). – J. L. Paulino, *La aventura interior de Félix de Montemar* (in Revista de literatura, 44, 1982, S. 57–67).

LUC ESTANG

d.i. Lucien Bastard
* 12.11.1911 Paris

CHARGES D'ÂMES

(frz.; *Seelsorge*). Romantrilogie von Luc ESTANG, erschienen 1949–1954; 1. *Les stigmates*, 1949 *(Ü: Der Gezeichnete)*; 2. *Cherchant qui dévorer*, 1951 *(Ü: Und suchet, wen er verschlinge)*; 3. *Les fontaines du grand abîme*, 1954 *(Ü: Brunnen der Tiefe)*. – Der erste Band, der bei seinem Erscheinen großes Aufsehen erregte, erhielt 1950 den »Grand Prix de la Société des Gens de Lettres«. Estang ist ein katholischer Schriftsteller, der deutlich von CLAUDEL und BERNANOS beeinflußt ist. Durch seine bedrückend pessimistische Darstellung der sündigen, »gezeichneten« Menschheit in *Les stigmates* hatte er, wie er meinte, soviel Unglauben und Zweifel hervorgerufen, daß er sich entschloß, das Buch aus dem Handel zu ziehen und in den zwei folgenden das Wirken der göttlichen Gnade und die Rettung der reuigen Sünder stärker sichtbar zu machen. Es zeigte sich jedoch, daß der erste Band mit seinen Schilderungen der Laster das Publikum weit stärker ansprach als die Abhandlungen über die Rettung der Seelen im zweiten und dritten Band.

Die Romantrilogie versucht an Einzelschicksalen aus zwei Generationen zu schildern, daß Konflikte späterer Jahre in Erlebnissen der Jugend ihre Wurzel haben. Die Hauptperson des ersten Bandes ist Théodore Valentin, ein Rechtsberater, dessen vergangenes Leben man nach und nach aus den in die Gegenwartshandlung eingeflochtenen Rückblicken kennenlernt. Als er aus dem Ersten Weltkrieg heimgekehrt war, hatte er sich nicht mehr fähig gefühlt, ins Priesterseminar zurückzugehen; wachsende Zweifel an seiner Berufung, Furcht vor dem Gehorchenmüssen wie vor seinem Machthunger quälten ihn. Er leidet unter seiner Häßlichkeit, glaubt sich von keinem Menschen geliebt, vernachlässigt seine Frau Irene und sein Töchterchen und sucht Selbstbestätigung im Umgang mit Prostituierten. Nach dem Tode seiner Frau berichtet ihm ein von Gewissensbissen gepeinigter ehemaliger Mitschüler, ein Priester, der aus einer reichen Familie stammt, daß er kurze Zeit ein Liebesverhältnis mit Irene unterhalten habe, worauf Valentin den Freund skurpellos erpreßt. Seine Tochter Anne-Marie wird bei den Großeltern erzogen. Der Vater besucht sie manchmal; das Kind spürt aber seine Gleichgültigkeit und sagt: »*Er ist sehr unglücklich, weil er niemanden liebt.*« Valentin beginnt ein Verhältnis mit einer Witwe, die ihren Sohn Antoine, weil er ihr lästig ist, bei ihrer Schwester in einem ungezwungenen Schauspielermilieu aufwachsen läßt. Der Junge sieht und hört viel Häßliches, die Erwachsenen beziehen ihn in ihre Heimlichkeiten ein. Als Valentins Tochter stirbt, geht der verhärtete Mann endlich in sich und wandelt sich zu einem liebevollen, barmherzigen Menschen. Er nimmt sich des jungen Antoine an und befreit ihn aus seiner Umgebung; plötzlich fühlt er für das Kind seiner Geliebten eine Verantwortung, wie er sie für das eigene nie empfunden hatte. Seine Reue besteht in der freiwillig übernommenen Sorge für andere, in der »*charge d'âme*« für Antoine, den er ins Priesterseminar bringt.

Der zweite Band, dessen Titel aus der Warnung des Apostels PAULUS stammt, seine Brüder sollten auf den Teufel achten, der sie umlauert »*und suchet, wen er verschlinge*«, behandelt das Schicksal des Seminaristen Antoine, der im Gegensatz zu Valentin der göttlichen Gnade teilhaftig ist. Vielen Anfechtungen zum Trotz geht er unbeirrt seinen Weg. In seinen und seiner Mitschüler Erlebnissen schildert Estang das mühsame und erwartungsvolle Hineinwachsen der jungen Menschen in die Welt der Großen. Nach zahllosen Enttäuschungen müssen sie bekennen, daß sie diese zu Unrecht um ihr Erwachsensein, das eine Entfernung aus dem Paradies bedeutet, beneideten. Antoines Freund Élie Hurleau erfährt, daß seine geliebte Mutter den Vater durch ein Liebesverhältnis in den Tod getrieben hat, und Antoine hört von der heimlichen Ehe seiner Mutter mit Valentin, die sie nicht bekanntgeben will, um nicht den Sohn zu sich nehmen zu müssen. In ihren Gesprächen kommen Élie und Antoine zu dem Schluß, daß die Welt der Erwachsenen voller Schweinereien und Lügen« ist. Der dritte Band, dessen Titel auf das erste Buch Mosis zurückgeht (»Das ist der Tag, da aufbrachen alle Brunnen der großen Tiefe und taten sich auf die Fenster des Himmels«), führt bis zum »grand abîme«, dem Ausbruch des zweiten Weltkrieges. Élie und Antoine sind erwachsen geworden, aber ihr Verhalten und ihre Einstellung zum Leben sind geprägt von ihren Kindheitserlebnissen. Sie müssen erkennen, daß all das, was sie einst bei den Älteren verurteilten, auch ihnen eigen ist, daß sie genauso schwach und der Sünde ausgesetzt sind wie jene. Das Leben gleicht einem Kreis: jede junge Generation begehrt in kompromißlosem Idealismus gegen die ältere auf, bis sie einsieht, daß das Absolute nie zu erreichen ist und daß auch sie zu Konzessionen bereit sein muß. Élie verurteilt seine Mutter nicht mehr so hart, als er erfährt, daß die häusliche Tragödie verursacht wurde durch die Impotenz des kriegsverletzten Vaters; Antoine, als Beichtvater an das Sterbebett seines Stiefvaters geholt, überwindet die Erinnerungen an seine Kindheit und spricht dem Sterbenden Trost und Kraft zu. Das Werk endet mit Antoines und Élies Einberufung. Ohne Begeisterung, aber auch ohne Auflehnung ziehen sie in den Krieg. Sie ahnen das Grauen, das ihnen bevorsteht, aber sie sind entschlossen, ihr Tun allzeit unter das Ideal der *miséricorde* (Barmherzigkeit) zu stellen.

Estangs Trilogie bietet eine eigenartige Mischung aus psychoanalytischen und seelsorgerlichen Tendenzen. Der Sprachstil der einzelnen Personen entspricht genau ihrer jeweiligen gesellschaftlichen und geistigen Situation: die »Gezeichneten« reden grob und sinnlich-brutal, die Ausdrucksweise des ehemaligen Seminaristen Valentin wandelt sich von vornehmer Gewähltheit ins gleichgültig Ordinäre, in den Reden der beiden jungen Männer schlagen sich die grüblerischen Sorgen Frühreifer nieder. Lebensnähe und Überzeugungskraft der geschilderten Schicksale und der Grundton der religiösen Mahnung zur »Barmherzigkeit« sind allen drei Romanen der Trilogie eigen.   R.B.

AUSGABEN: *Les stigmates*: Paris 1949. – Paris 1963. – Paris 1986. – *Cherchant qui dévorer*: Paris 1951. – Paris 1986. – *Les fontaines du grand abîme*: Paris 1954. – Paris 1971.

ÜBERSETZUNGEN: *Der Gezeichnete*, G. G. Meister, Heidelberg 1953. – *Und suchet, wen er verschlinge*, ders., Heidelberg 1953. – *Brunnen der Tiefe*, ders., Heidelberg 1955.

LITERATUR: A. Rousseaux, *»Cherchant qui dévorer« de L. E.* (in Le Figaro Littéraire, 27. 10. 1952, S. 2).

– A. Alter, *Le visage de l'enfance dans l'œuvre de L. E.* (in Terre Humaine, 2, 1952). – S. P. Pitou, *Evil, Grace and L. E.* (in YFS, 12, 1953, S. 47–53). – K. Abötz, *L. E.* (in Antares, 2, 1954, H. 8, S. 26–29). – P. Cogny, *E. et les vendeurs du temple; avec des »Commentaries« par E.* (in Le Lingue Straniere, 10, 1961, H. 6, S. 18–30). – L. Bourgeois, *Poètes de l'au délà d'Éluard à René Char*, Lyon 1984, S. 99–118.

ÉDOUARD ESTAUNIÉ

* 4.2.1862 Dijon
† 2.4.1942 Paris

LITERATUR ZUM AUTOR:
J. Carpentier, *É. E.*, Paris 1923. – H. Daniel-Rops, *É. E.*, Paris 1931. – C. Cé, *Regards sur l'œuvre d'É.*, Paris 1935. – R. C. Hok, *É. E.*, NY 1949. – *Actes du Congrès É. E. – Lacordaire*, Dijon 1965. – R. T. de Rosa, *É. E.*, Neapel 1973. – G. Cesbron, *É. E. romancier de l'être*, Genf 1977.

L'ASCENSION DE M. BASLÈVRE

(frz.; *Ü: Segen der Liebe*). Roman von Édouard ESTAUNIÉ, erschienen 1920. – Die aus der Sicht eines allwissenden Erzählers erzählte Lebensgeschichte des strebsamen kleinen Beamten im Handelsministerium, Justin Baslèvre, scheint zunächst allzu gradlinig zu verlaufen: Aus dem Limousin stammend, lebt er bereits dreißig Jahre in Paris, wo er ein bescheidenes Junggesellendasein führt, seine Pflicht am Arbeitsplatz erfüllt und das Ziel verfolgt, langsam aber sicher Karriere zu machen. Kaum ist dieses Ziel erreicht – Monsieur Baslèvre wird zum Direktor ernannt –, verändert etwas Unerwartetes sein Leben: Der unscheinbare Staatsdiener verliebt sich in Claire, die Frau seines Jugendfreundes Gustave. Obwohl sich diese Ehe bereits im Zustand der Krise befindet, bleibt Claire ihrem Mann treu, der es – nebenbei gesagt – gar nicht verdient, und bietet Justin ihre schwesterliche Freundschaft an. Stumm erträgt dieser die Enttäuschung und kompensiert die Unerfüllbarkeit seiner Liebe durch die Steigerung des beruflichen Ehrgeizes. Er hat Erfolg und sein »Aufstieg« *(ascension)* erregt Aufsehen. Die Erfahrung der Liebe und des Schmerzes gibt ihm die Kraft zu entsagen. Die zweite Erschütterung seines Daseins erfährt er, als ihn die unerwartete Nachricht von Claires Tod erreicht, die gleichzeitig mit einem Brief eintrifft, in dem sie ihm ihre Liebe gesteht. Die Erinnerung an die Verstorbene bestimmt nun fortan sein Leben; in ihrem Haus richtet er eine Art Gedenkstätte ein, um dort jede freie Stunde ihrem Andenken zu widmen.

Mit diesem Roman nähert sich der Autor der psychologischen Erhellung einer menschlichen Existenz, die in ihrer Unscheinbarkeit plötzlich von einer inneren Größe erfüllt wird. Das Bedürfnis nach Harmonie und Vermeidung von aufregenden Konfliktsituationen reduzieren insbesondere Claire auf das Klischee von der blassen und hingebungsvollen Frauengestalt, die sich opfert, um eine Pflicht zu erfüllen, die ihr die vorherrschende Ideologie über die Rolle der Frau aufzwingt.

B.We.-KLL

AUSGABEN: Paris 1920. – Paris 1961.

ÜBERSETZUNG: *Segen der Liebe*, F. Lehner, Wien/Bln. 1936.

LITERATUR: E. Henriot, *E.* (in E. H., *Maîtres d'hier et contemporains*, Paris 1958, S. 180–187). – J. Vier, *E., romancier des âmes* (in J. V., *Littérature à l'emporte-pièce*, Paris 1958, S. 164–169). – E. Harvey, *Catholicism in E.'s Fiction* (in FR, 34, 1960/61, S. 361–366).

LES CHOSES VOIENT

(frz.; Ü: *Die Dinge erzählen*). Roman von Édouard ESTAUNIÉ, erschienen 1913. – Auf dem Dachboden eines ländlichen Familienbesitzes sind drei Möbelstücke abgestellt, denen der Erzähler die Fähigkeit zuschreibt, die Lebensgeschichte der Menschen zu erzählen, denen sie einst gedient haben: eine Sanduhr, ein Spiegel und ein Schreibtisch.
Die Uhr weiß von der Tragik des Lebens Noémis zu berichten, die aus Eifersucht eine Cousine ihres Gönners Marcel, den sie liebt, zum Selbstmord getrieben hat. Aus Rache heiratet Marcel Noémi, damit er diese unaufhörlich mit der Erinnerung an die Tote quälen kann. Die Erzählung des Spiegels ist weniger dramatisch: Er reflektierte jahrelang das erstarrte Gesicht der gelähmten Noémi und mußte mitansehen, wie diese nicht nur unter ihrem eigenen Schicksal litt, sondern auch unter den deprimierenden Erfahrungen ihrer Tochter. Die dritte, vom Schreibtisch erzählte Geschichte ist wiederum Ausdruck von Estauniés Harmonisierungsbedürfnis: Noémis Neffe Claude erfährt zufällig, daß der Mann, der ihn mit väterlicher Zuneigung erzogen hat, nicht sein leiblicher Vater ist. Tief ergriffen von Anerkennung und Dankbarkeit fühlt sich ihm Claude daraufhin noch inniger verbunden. – Die zugespitzte Tragik der beiden ersten Geschichten wirkt wenig überzeugend und ist der Absicht des Autors, die menschliche Existenz als Konflikt zwischen Sein und Schein darzustellen, eher abträglich.

B.We.-KLL

AUSGABEN: Paris 1913. – Paris 1931.

ÜBERSETZUNG: *Die Dinge erzählen*, F. Lehner, Wien/Bln. 1937.

LITERATUR: M. Beaubourg, *E. et la révolution morale* (in Revue Hebdomadaire, 7, 1933, S. 475 bis 487). – A. Poli, *E. o Della vita segreta* (in Letterature Moderne, 12, 1962, S. 579–605). – B. L. Ball Jr., »*Les choses voient*« *roman-drame du surnaturel* (in Francia, 25, 1978, S. 18–23).

PÉTER ESTERHÁZY

* 27.5.1950 Budapest

BEVEZETÉS A SZÉPIRODALOMBA

(ung.; *Einführung in die schöne Literatur*). Prosazyklus von Péter ESTERHÁZY erschienen 1986. – Das zwischen 1978 und 1984 entstandene, breit angelegte Werk besteht aus 21 mehr oder weniger selbständigen Teilen, von denen fünf umfangreichere Texte vorher auch als Einzeltitel veröffentlicht wurden. Da das grundlegende Gestaltungsprinzip im Zyklus eine Art narrativ-semantischer Diskontinuität ist, ist es kaum möglich, herkömmliche epische Gestaltungselemente wie Handlung, Zeit, Raum und Charaktere eindeutig einzugrenzen. Schauplätze, Personen und Geschehnisse können erst richtig gedeutet bzw. konkretisiert werden, wenn man darauf verzichtet, außerhalb des Textes liegende Bezüge herzustellen und den Text als eine variable Kette von selbständig gewordenen Zeichen wahrnimmt: Die traditionellen Erzählparameter bieten dem Rezipienten hier keine zuverlässigen Anhaltspunkte mehr. Die Erzählung existiert allein und ausschließlich im sog. »grammatikalischen Raum«. Der seltsame Titel betont den Versuch einer neuen Literarität, die – angesichts der vorherrschenden Klischees des Literaturverständnisses – nicht mehr der Darstellung bzw. Abbildung den Vorrang gibt, sondern durch Verabsolutierung des Textes zur Entfaltung des immanenten Bedeutungspotentials der sprachlichen Gestaltung beitragen will. Dementsprechend wird in diesem Werk nicht etwa die Lebenswelt eigentlich »thematisiert«, vorgestellt werden vielmehr mögliche Modi des Sprechens vom Leben bzw. von der Darstellbarkeit des Lebens im ostmitteleuropäischen Raum während der Periode des »real existierenden Sozialismus«. In allen Texten des Werks wird der Leser mit jenen Bedingungen konfrontiert, die eine kreative Haltung des Künstlers nicht zulassen. Im Zentrum steht die Suche nach einer Form geistig-moralischer Autonomie, das heißt nach einem *modus vivendi*, der über die gegebene Alternative von Zynismus oder Lüge hinauskommt und der vom Autor als unerläßliche Vorbedingung für die Entstehung autonomer Kunstwerke angesehen wird.
Die sieben umfangreicheren Texte, auf denen der ganze epische Bau beruht, entwerfen je ein mögli-

ches – jedoch nicht völlig frei zu wählendes – Verhältnis zu dieser von absurden Widersprüchen geprägten Welt. Zeitlich kaum festzulegen sind die Episoden aus dem Leben eines (auf der Flucht befindlichen?) ungarischen Offiziers, dessen Person sich nicht weiter konkretisieren läßt. Wichtiger ist aber, daß seine Taten und Reflexionen parallel zu einem plötzlichen Aufblitzen von eigentlich nach Text drängenden, aber dennoch nicht ausgeführten Themen dargestellt werden, wobei dem doppeldeutigen Fluchtmotiv offenbar symbolische Bedeutungen zugeschrieben werden *(A próza iszkolása – Verflüchtigung der Prosa)*. Vordergründig ist die Textwelt von *Függő (Indirekt)* der Jugend gewidmet, aber auch hier ist es ein tiefergehendes Anliegen des Erzählers, die Entstehungslogik von Bedeutungen unterschiedlicher menschlicher Gesten und Lebenssituationen zu verfolgen. *Daisy* und *Ágnes* sind einander ergänzende epische Parabeln über Gewalt und Erotik bzw. Liebe und künstlerische Freiheit. Geschichtlich und geographisch viel konkreter wird die erschütternde Psychologie des »Opfer-Daseins« im Kapitel *Fuharosok (Fuhrleute)* dargestellt: Das Schicksal von permanent der Gewalt ausgesetzten Frauen läßt sich auf die historische Kontinuität solcher Lebensbedingungen in Ostmitteleuropa beziehen. Die bis zur »Pornographie« getriebene Verharmlosung der fünfziger Jahre und deren Folgen auf Denkart und Mentalität stehen im Hintergrund des verschiedene Modalitäten artistisch synthetisierenden Textes *Kis Magyar Pornográfia (Kleine Ungarische Pornographie)*. Angesichts des Todes der Mutter gewinnt der letzte Text einen tief-persönlichen Bekenntniswert und seinsphilosophische Geltung. Hier äußert sich eine Art Musilsche Überlebens-Melancholie, die zwar frei von allen Illusionen bleibt, jedoch die Hoffnung mit einschließt, aller tragischen Irreversibilität und Aussichtslosigkeit doch noch eine bestimmte persönliche Freiheit entgegenhalten zu können, die Freiheit in der künstlerischen Benennung der Dinge: »*Später werde ich über das alles Genaueres schreiben.*« *(A szív segédigéi – Die Hilfsverben des Herzens)*.
Wie ein roter Faden zieht sich durch das ganze Werk der Gedanke einer individuellen Freiheit, die durch souveränes Handeln und Wahrung der eigenen Identität erlangt wird. Auf die Literatur bezogen bedeutet dies – mit einem im Roman unmarkiert zitierten Satz von Roland BARTHES: »*Die Klassifikation ändern, das Sprechen verschieben heißt, eine Revolution machen.*« Esterházys Werk – das als Musterstück der ungarischen Postmoderne gilt – bedient sich reichlich solcher unmarkierten Zitate, Textwiederholungen, Anspielungen unterschiedlichster Art sowie erzählerischer Kunstgriffe, die das Gesagte und das Dargestellte spielerisch in einem bitter-ironischen Gegenlicht erscheinen lassen – nicht um alle Werte zu relativieren (einige, wie Lust, Liebe, Heimat, Glaube, Sprache, bleiben von Ironie ohnehin verschont), sondern um dem Leser eine Wertperspektive vorzugeben, läßt die jeweilige Modalität des Sprechens die sich ständig verschiebenden Trennungslinien zwischen rationalem Zweifel und totaler Relativierung erkennen.

E.K.S.

AUSGABEN: *Függő*, Budapest 1981. – *Ki szavatol a lady biztonságáért*, Budapest 1982 [enth. *Ágnes* u. *Daisy*]. – *Fuharosok*, Budapest 1983. – *Kis Magyar Pornográfia*, Budapest 1984. – *A szív segédigéi*, Budapest 1985. – *Bevezetés a szépirodalomba*, Budapest 1986 [GA des Zyklus'].

ÜBERSETZUNGEN: *Agnes*, H.-H. Paetzke, Bln. 1982. – *Die Hilfsverben des Herzens*, ders., Salzburg/Wien 1985. – *Wer haftet für die Sicherheit der Lady?*, ders., Salzburg/Wien 1986 [enth. *Agnes* u. *Daisy*]. – *Kleine ungarische Pornografie*, Zs. Gahse, Salzburg/Wien 1987. – *Fuhrleute*, dies., Salzburg/Wien 1988.

LITERATUR: P. Balassa, *A hallgatás ellen emelt ház* (in Élet és irodalom, 22. 8. 1986, Nr. 34, S. 4). – G. Csordás, *Mi van?* (in Jelenkor, 30, 1987, Nr. 1, S. 80–84). – I. Csuhay, *A pontos után, a még pontosabb előtt* (ebd., S. 85–88). – S. Mészáros, *Szó és ünepp* (in Alföld, 38, 1987, Nr. 5, S. 54–63). – Cs. Sík, *Kéjért, félelemből szabadságért* (in Kortárs, 31, 1987, Nr. 9, S. 149–158).

TERMELÉSI-REGÉNY. Kisssregény

(ung.; *Produktionsroman*). »Kurzroman« von PÉTER ESTERHÁZY, erschienen 1979. – Esterházys erster Roman gliedert sich in zwei Teile. Die Gattungsbezeichnung im Titel steht für den ersten Teil, den Produktionsroman, während der zweite Teil die Überschrift *E.s Aufzeichnungen* trägt. In diesem »E.« scheint Esterházy gleichsam einen Eckermann zu haben, der das Leben des Meisters in jener Periode aufzeichnet, in der er den *Produktionsroman* verfaßt. Die beiden Teile sind klar von einander abgegrenzt, doch mannigfaltig miteinander verbunden: sei es, daß in den Text des ersten Teils Anmerkungen eingeschaltet sind, die auf den zweiten Teil verweisen, sei es, daß manche Sätze in beiden Teilen – und zwar in wörtlicher Übereinstimmung – auftauchen, die Handlung denselben Verlauf und denselben Ausgang nimmt, und schließlich die Hauptfigur des ersten Teils, der Rechentechniker Tomcsányi, mit dem Meister des zweiten Teils identisch wird. An der wichtigsten Nahtstelle geht nämlich aus *E.s Aufzeichnungen* hervor, daß der Meister im wirklichen Leben als Mathematiker und Fußballspieler an eben jenem rechentechnischen Institut beschäftigt werden soll, das seine dichterische Phantasie im *Produktionsroman* zum Leben erweckt hat. Vielfach miteinander verwoben, ergeben die beiden Teile des Buches ein äußerst komplexes Textgeflecht, in das zusätzlich noch zahlreiche – nicht immer als solche kenntlich gemachte – Zitate, Hinweise, stilistische Imitationen aus Wahlreden von Politikern und Zeitungsartikeln der Jahrhundertwende, aus den Werken anderer Schriftsteller,

Esterházys eigenen frühen Novellen usw. eingearbeitet sind.

Der erste Teil spielt in der Gegenwart, in einem Institut für Rechentechnik und beschreibt im pathetischen Stil des historischen Romans der Romantik und der sog. »Produktionsromane« des sozialistischen Realismus der fünfziger Jahre die kleinlichen bürokratischen Positionskämpfe. Hierzu gehört auch die Darstellung der Büro-Liebeleien und Affairen nach Art billiger Comics. Gegenstand des zweiten Teils ist Péter Esterházys eigenes Leben. Der Leser lernt seine Familie kennen, seine Frau, das Töchterchen, den Sohn, der während der Entstehungszeit des Romans zur Welt kommt; dann seine drei Brüder: Mihály, der in Wien lebt; György, den Schankkellner in einer Kneipe eines Budapester Außenbezirks, wo der Meister in einer drittklassigen Mannschaft Fußball spielt; und Marci, den Fußballspieler eines Spitzenteams der Landesliste – des weiteren seine Eltern: die Mutter, eine hervorragende Hausfrau, und den Vater, »*den ergrauten Journalisten, das wandelnde Wörterbuch*«, den Übersetzer, der als Mitglied einer der berühmtesten Adelsfamilien Ungarns in den fünfziger Jahren mitsamt der ganzen Familie von Budapest aufs flache Land ausgesiedelt worden war. Die Jungarbeiter im Fußballklub, die aristokratischen Verwandten und Bekannten, die Vorstadt, der Leistungssport, die literarisch-künstlerische Szene und die gesonderten Lebenswelten der wissenschaftlich-technischen Intelligenz ergeben zusammen einen ganzen sozialen Kosmos und ein differenziertes Bild Ungarns in den siebziger Jahren von nahezu einmaliger Genauigkeit.

Im komplizierten Aufbau des Romans, in den Gegenspiegelungen verschiedener literarischer Traditionen verbindet Esterházy Literarität und Lebensechtheit aufs Bravouröseste. So kann der erste Teil als historischer Roman des 19. Jh.s oder auch als – inzwischen ebenfalls »historischer« Roman der fünfziger Jahre, als »Produktionsroman« gelesen werden; aber auch *E.s Aufzeichnungen* berichten von »Produktion«, der Produktion eines Romans, und können gleichzeitig ebenso gut als Sportroman, wie als Humoreske, als »subjektive Epopöe« wie als Tagebuch aufgefaßt werden. Im dauernden Wechsel von Literatur und Leben öffnen sich dem Leser Verbindungen zwischen den unterschiedlichsten Welten, wird eine Wirklichkeit vom ironischen Schein der anderen erhellt: der Punk der großstädtischen Außenbezirke von der katholischen Religiosität des Meisters, die »Konsumgesellschaft« des Kádár-Ungarn der siebziger Jahre von den Widersprüchlichkeiten im historischen Ungarn nach dem Ausgleich von 1867.

In diesem Roman erstreckt sich aber nicht nur das Ruinengelände widersprüchlicher, einander wechselseitig ironisch aufhebender Welten; seine Bedeutung liegt nicht nur in einer bis dahin in der ungarischen Literatur nicht erlebten sprachschöpferischen Fülle und der alles relativierenden Freiheit seines Humors, sondern vielleicht vor allem darin, daß sie in einer völlig neuartigen Romanstruktur, aber gleichzeitig sehr lesbaren Form traditionelle ethische Werte wie Liebe, Freundschaft, Familie, die in der modernen Welt bereits verloren schienen, wieder in ihre alten Rechte einsetzt. E.Boj.

AUSGABEN: Budapest 1979. – Budapest 1985.

LITERATUR: *Szövegmagyarázó műhely, Ötfokú ének* (in Mozgo világ, 1980, H. 12, S. 60–73). – P. Balassa, *Fejezetek E. P. müvészetének értelmezéséből* (in P. B., *Észjárások és formák*, Budapest 1985, S. 260–321). – E. Bojtár, *Egy kelet-európéer az irodalomélméletben*, Budapest 1983.

SIR GEORGE ETHEREGE

auch Etheredge
* 1635 (?)
† Jan./Febr. 1691 Paris

LITERATUR ZUM AUTOR:
V. Meindl, *Sir G. E.: Sein Leben, seine Zeit u. seine Dramen*, Wien 1901; zul. 1978. – J. Palmer, *The Plays of Sir G. E.* (in J. P., *The Comedy of Manners*, Ldn. 1913; ern. NY 1962, S. 64–91; 74–81). – B. Dobrée, *E.* (in B. D., *Restoration Comedy, 1660 to 1720*, Oxford 1924, S. 58–77). – K. M. Lynch, *The Social Mode of Restoration Comedy*, NY 1926. – F. S. McCamic, *Sir G. E.*, Northampton (Mass.)/Folcroft (Pa.) 1931. – T. H. Fujimura, *The Restoration Comedy of Wit*, Princeton 1952. – D. Underwood, *E. and the 17th-Century Comedy of Manners*, New Haven/Ldn. 1957; ern. Hamden/Conn. 1969. – S. S. Hymas, *The Satiric Attitude: Rejection in the Comedies of Wycherley and E.*, Diss. Western Reserve Univ. 1964 (vgl. Diss. Abstracts, 25, 1964/65, S. 6594A). – J. Powell, *G. E. and the Form of Comedy* (in *Restoration Theatre*, Ldn. 1965, S. 43–69). – H. F. B. Brett-Smith, *Sir G. E.* (in *Restoration Theatre*, Hg. J. Loftis, Oxford 1966, S. 44–56). – D. L. Hirst, *Comedy of Manners*, Ldn. 1979. – D. D. Mann, *Sir G. E.: A Reference Guide*, Boston 1981. – C. H. Bruder, *Women in the Comedies of Sir G. E.* (in Publ. of the Arkansas Philological Association, 10, 1984, S. 1–11). – D. D. Mann, *A Concordance to the Plays and Poems of Sir G. E.*, Westport/Conn. 1985. – A. R. Huseboe, *Sir G. E.*, Boston 1987 (TEAS).

THE MAN OF MODE, OR, SIR FOPLING FLUTTER

(engl.; *Der Mann à la mode oder Sir Fopling Flutter*). Komödie in fünf Akten von Sir George ETHEREGE, Uraufführung: London, März 1676, Dorset

Garden Theatre. – *À la mode* leben – das bedeutet zur Zeit der englischen Restauration (nach 1660), den Franzosen in Kleidung, Sitten und Sprache nachzueifern. Dorimant, ein junger, verwöhnter, gutaussehender und geistreicher Galan, hat es in dieser Beziehung schon weit gebracht: Den ganzen Tag beschäftigt er sich mit nichts anderem als mit der Jagd auf Liebesabenteuer. Mit Witz und Geschmack kostet er seine Liebschaften bis zum Höhepunkt aus, um sie sodann mit grausamer Eleganz zu einem Ende zu führen, das stets in neue Affären mündet. So verbindet er das Abschiedsgeplänkel mit Mrs. Loveit, deren er überdrüssig geworden ist, mit den Präliminarien einer Liaison mit Belinda, Mrs. Loveits Busenfreundin. Die Vorhaltungen der verschmähten Geliebten kontert er mit dem Vorwurf, sie betrüge ihn mit Sir Fopling Flutter, einem affektierten Beau und lächerlichen Abbild dessen, was man sich damals in England unter französischer Lebensart vorstellte. Während Mrs. Loveit ihn einzig aus Verzweiflung um sich duldet, sonnt sich Sir Fopling, zum Amüsement der lockeren Londoner Gesellschaft, in dem Gefühl, ihr Favorit zu sein. Währenddessen macht Dorimant Jagd auf ein neues, besonders kostbares Wild, das hübsche und reiche Landedelfräulein Harriet Woodwill. Diese zeigt sich dem Witz und der unbekümmerten Schamlosigkeit des galanten Windhunds gewachsen und gibt ihm sogar Kontra. Beide kämpfen energisch gegen ihre echte Zuneigung, weil dergleichen nicht *à la mode* ist, strecken aber schließlich doch die Waffen, wobei fraglich bleibt, ob Dorimants Ehe mit Harriet dauerhafter sein wird als seine amourösen Abenteuer.

The Man of Mode ist eines der frühesten Beispiele für die sehr freimütige Komödie der englischen Restauration, die *comedy of manners*. Etherege und seine Nachfolger WYCHERLEY und CONGREVE machten es sich zur Aufgabe, die Sitten einer frivolen, versnobten Gesellschaft widerzuspiegeln, die all das nachzuholen suchte, was in der Ära Cromwell verpönt war. Dorimant ist das Porträt des skandalumwitterten Lord ROCHESTER, eines zum Idol aller französisierenden Libertins gewordenen Literaten und Günstlings Karls II. Etherge selbst hat sich lange Zeit in Frankreich aufgehalten und sich dort etwas von jenem Esprit angeeignet, den seine Komödien ausstrahlen. Um sein amüsierfreudiges Publikum nicht zu vergrämen, plagte er es nicht mit ernsthaften Komplikationen, sondern machte ihm, unter Verzicht auf eine folgerichtig durchkonstruierte Handlung und auf psychologisch fundierte Charaktere, die Begegnung mit sich selbst so leicht wie möglich. Selbst die Satire kleidete sich bei ihm *à la mode*. Sie tat keinem weh – mit einer Ausnahme: Außenseiter wie Sir Fopling Flutter wurden dem Gelächter preisgegeben.   E.St.

AUSGABEN: Ldn. 1676. – Ldn. 1704 (in *The Works, Containing His Plays and Poems*; ³1735). – Ldn. 1888 (in *The Works, Plays and Poems*, Hg., Einl. u. Anm. A. W. Verity). – Oxford 1927 (in *The Dramatic Works*, Hg., Einl. u. Anm. H. F. B. Brett-Smith, 2 Bde., 2). – Ldn./NY 1962, (in *Restoration Plays*, Einl. E. Gosse; Everyman's Library). – Edinburgh 1963, Hg. J. Conaghan. – Ldn. 1979, Hg. J. Barnard. – Cambridge 1982 (in *The Plays*, Hg. M. Cordner).

LITERATUR: A. Sherbo, *Sir Fopling Flutter and Beau Hewitt* (in NQ, 194, 1949, S. 296–303). – N. N. Holland, *The First Modern Comedies: The Significance of E., Wycherley and Congreve*, Cambridge/Mass. 1959, S. 86–95. – R. Hume, *Reading and Misreading »The Man of Mode«* (in Criticism, 14, 1972, S. 1–11). – A. Wertheim, *The Unrestrained and the Unconventional: E.'s »The Man of Mode«* (in LWU, 13, 1980, S. 102–109). – D. Hughes, *Play and Passion in »The Man of Mode«* (in Comparative Drama, 15, 1981, S. 231–257). – R. A. Zimbardo, *Of Women, Comic Imitation of Nature, and E.'s »The Man of Mode«* (in SEL, 21, 1981, S. 374–387). – W. Henshaw, *»Sir Fopling Flutter« or the Key to »The Man of Mode«* (in Essays in Theatre, 3, 1985, S. 98–107). – R. Wess, *Utopian Rhetoric in »The Man of Mode«* (in The Eighteenth Century, 27, 1986, S. 141–161).

SHE WOU'D IF SHE COU'D

(engl.; *Sie würde, wenn sie könnte*). Komödie in fünf Akten von Sir George ETHEREGE, Uraufführung: London, Februar 1668, Lincoln's Inn Fields Theatre. – Das auf Ethereges Erstlingswerk *Love in a Tub* (1664) folgende Stück gilt als die erste Sittenkomödie der Restaurationszeit in engerem Sinne – ein Genre, das in den nächsten Jahren vom Autor selbst sowie von WYCHERLEY und CONGREVE zur Vollendung geführt wurde. Der Titel bezieht sich auf die zu Besuch in London weilende Lady Cockwood (wie Lady Wishforth in Congreves *The Way of the World*, 1700, eine »lüsterne Alte« und als solche eine Standardfigur der Restaurationskomödie), die ebenso unaufhörlich von ihrer Tugendhaftigkeit spricht, wie sie bemüht ist, diese an Mr. Courtal zu verlieren. Dem jungen Müßiggänger behagen ihre Nachstellungen wenig, er glaubt jedoch, es seinem Ruf als Libertin schuldig zu sein, die Dame nicht einfach abzuweisen, und sorgt daher dafür, daß seine Treffen mit ihr immer im kritischen Augenblick gestört werden. (Diese sich ständig wiederholende Situation variiert Etherege mit beträchtlichem Geschick.) Als die Lady endlich bemerkt, welches Spiel Courtal mit ihr treibt, wendet sie ihre Gunst seinem Freund, Mr. Freeman, zu, bei dem sie aber auch nicht zum Ziel kommt. Zum Schluß beschließt sie resigniert, sich ganz aufs Land zurückzuziehen und jede Hoffnung auf außereheliche Abwechslung aufzugeben, ein Los, das in dieser Gattung allen älteren Figuren bestimmt ist. – Bei dem Versuch, ein modisch unmoralisches Leben zu führen, scheitert auch ihr Ehemann, Sir Oliver, der sich zusammen mit seinem Freund, Joslin Jolly, bemüht, es Courtal und Freeman (sprechende Namen) gleichzutun. Er und seine Frau wollen sowohl den guten Ruf wahren, den sie in ehrbaren Kreisen genießen, als auch an den Ausschweifungen der leichtfertigen Londoner Gesellschaft teilnehmen, geraten also als Heuchler in ein komisches Zwielicht. Zusätzlich sind sie vollauf damit beschäftigt, den Ehepartner zu täuschen, der stets im ungünstigsten Moment auftaucht, die gerechte Strafe für ihr leicht durchschaubares Doppelspiel. Während Cockwood und Jolly einer Lebedame nachstellen, bemühen sich ihre Vorbilder Courtal und Freeman um Ariana und Gatty, zwei junge, übermütige Verwandte und Erbinnen Jollys, die sich durch Schönheit, Vermögen und Esprit auszeichnen. Diese Werbung – verbal geschliffener und voller witziger Auseinandersetzungen in zum Teil symmetrisch konstruierter Dialogführung, voller komischer Vergleiche und überraschender Repliken – endet mit Heiratsanträgen; aber Ariana und Gatty willigen nicht sofort ein, sondern bestehen (wie Harriet Woodwill in *The Man of Mode*, 1676) auf einer Probezeit. Obwohl dieser Aufschub die Besserung der jungen Draufgänger keineswegs gewährleistet – sie äußern sich schon vor der Heirat skeptisch über ihr künftiges Eheleben – endet das Stück (konventionsbildend) mit einer Doppelhochzeit.

Möglicherweise von MOLIÈRE beeinflußt, beeindruckt Etheregges geistreich-satirische Komödie vor allem durch eine geschickt gesteuerte Handlung, die in konventionellen Verwechslungssituationen den »Sex-Antagonismus« zwischen den Liebhabern und ihren Damen bloßstellt. Sie hatte bei der Uraufführung, wahrscheinlich aufgrund einer Fehlbesetzung, zwar nicht den verdienten Erfolg, ihr bahnbrechender Charakter wurde aber bereits von Zeitgenossen wie Thomas SHADWELL, William OLDYS und Gerard LANGBAIN erkannt, die sie begeistert lobten. W.Kl.

AUSGABEN: Ldn. 1668. – Ldn. 1704 (in *The Works, Containing His Plays and Poems*; ³1735). – Ldn. 1888 (in *The Works, Plays and Poems*, Hg., Einl. u. Anm. A. W. Verity). – Oxford 1927 (in *The Dramatic Works*, Hg., Einl. u. Anm. H. F. B. Brett-Smith, 2 Bde., 2). – Ldn. 1973, Hg. Ch. M. Taylor. – Cambridge 1982 (in *The Plays*, Hg. M. Cordner).

SALOMON ETTINGER

* Dez. 1799 Warschau
† 1855 bei Zamość

SERKELE oder Di jorzejt noch a bruder, gor a naj teaterschtik in finf ojfzikn

(jidd.; *Serkele oder Der jährliche Gedenktag [des Todes] eines Bruders, ein ganz neues Theaterstück in fünf Aufzügen*). Komödie von Salomon ETTINGER (Polen), erschienen 1861, Uraufführung: Warschau, November 1924, Jüdisches Theater. – Die Bedeutung dieser von einem anonymen jiddischen Vorbild *(Di genarte welt)* und MOLIÈRES *Tartuffe* beeinflußten, dem Ideengut der jüdischen Aufklärungsbewegung (Haskala) verpflichteten Komödie liegt in ihrer Musterhaftigkeit: Sie wurde zum Vorbild für spätere jiddische Dramatiker. Auf das heuchlerische Verhalten Serkeles, eines weiblichen Tartuffe, gegenüber dem Andenken ihres angeblich verstorbenen Bruders und dessen in ihrem Hause lebender Tochter Hinde bezieht sich das Motto des Stücks: »*Kein Laster ist so albern, daß es sich nicht den Anstrich der Tugend anzukünsteln wüßte.*«

Die Handlung spielt in Lemberg zur »Jahrzeit« (d. h. am jährlichen Gedenktag des Todes) von Serkeles Bruder. Scheinbar trauererfüllt hat Serkele gelobt, an diesem Tag auf das Anlegen jeglichen Schmuckes zu verzichten. Durch die Fälschung des Testaments ihres Bruders ist aus der armen Jüdin eine wohlhabende Frau geworden, die nur daran denkt, ihre Tochter möglichst reich zu verheiraten. In dem Maße, wie sie ihre eigene, von Äußerlichkeiten abhängige, jiddische Sprache und jüdischer Tradition mit Geringschätzung begegnende Tochter Frejde-Altele, die sich selber Friederike nennt und vornehmlich Deutsch spricht, verwöhnt, demütigt sie ihre ihr in blinder Liebe ergebene, nunmehr bettelarme Nichte Hinde. In blindem Ehrgeiz befangen, fällt sie bei der Wahl ihres Schwiegersohns auf einen Hochstapler herein, der ihr gewaltigen Reichtum vorgaukelt, aber nicht einmal Geld für ein Brautgeschenk hat und deshalb den der »Jahrzeit« wegen im Schlafzimmer aufbewahrten Schmuck Serkeles stiehlt. Sofort verdächtigt sie Hinde und den diese verehrenden Hauslehrer Frejdes. Als die Verwirrung ihren Höhepunkt erreicht hat und man die beiden gebunden abführen will, erscheint ein Fremder, der sich als der totgeglaubte, aus dem Ausland zurückkehrende Bruder Serkeles zu erkennen gibt. Er entlarvt seine Schwester als Heuchlerin, setzt seine Tochter wieder in ihre Rechte ein und schafft allenthalben Ordnung. Als eine Art gottgesandter Richter entwirrt er die Fäden und teilt jedem das ihm Gebührende zu: Hinde erhält ihren fortschrittlichen, die neue Generation der »Aufgeklärten« verkörpernden Studenten (Hauslehrer), Frejde-Altele, deren Bräutigam – indem er den Serkele gestohlenen Schmuck ausgerechnet dem ihm unbekannten früheren Besitzer zum Kaufe anbot – sich bereits selbst disqualifiziert hat, wird mit einem reichen Schankwirt verheiratet, der ihr zunächst nicht »deutsch« genug war, sie jetzt aber wieder Jiddisch lehren wird. Die letzte Szene steht im Zeichen allgemeiner, wortreicher Versöhnung.

Trotz eines Happy-Ends birgt dieses Hauptwerk des halbvergessenen »Urgroßvaters« der jiddischen Literatur ein nicht unbedeutendes kämpferisch aufklärerisches Element. Ettinger, dessen Werke erst postum erschienen, war zeit seines Lebens darauf aus, die auf Erneuerung und Öffnung zum

Heute hinzielenden, aber das Jiddische als »Jargon« zugunsten des Deutschen verachtenden Ideen der Aufklärung mit der Sprache der Massen zu versöhnen. Um dies zu erreichen, wirkte er in seinen Versfabeln, Parabeln, Parodien und Komödien als Spracherneuerer, der das Jiddisch seiner Zeit bereicherte und deutlich gegen das vordringende Deutsch hin abgrenzte. Auch wenn er eher als eine mittlere Begabung zu gelten hat, war er, durch seinen Sinn für Rhythmus, Form und Klangfarben (wie es sich besonders im reizvollen Neben- und Gegeneinander von Deutsch und Jiddisch in *Serkele* zeigt) sowie durch seine objektive Schilderung des Lebens der Ostjuden und durch seine Fähigkeit, im Allgemeinen das Typische zu erfassen, um es, psychologisch fundiert, im Dialog aufzuarbeiten, einer der bedeutendsten Wegbereiter der klassischen Periode jiddischer Literatur. O.F.B.

AUSGABEN: Johannisberg 1861. – Warschau ²1874. – Wilna 1925 (in *Ketābīm*, Hg. u. Einl. M. Weinreich, 2 Bde.). – Buenos Aires 1957 (in *Oisgeklibene śriftn*, Hg. S. Rollansky).

LITERATUR: M. Wiener, *History of Yiddish Literature in Nineteenth Century*, NY 1899, S. 101/102. – B. Gorin, *Die Geschichte fun jidd. Teater*, NY 1918, S. 90–100.

EUAGRIOS SCHOLASTIKOS

* 535/536 Epiphaneia / Syrien
† Ende 6.Jh.

HISTORIA EKKLĒSIASTIKĒ

(griech.-byzant.; *Kirchengeschichte*). Hauptwerk des EUAGRIOS SCHOLASTIKOS aus Epiphaneia in Syrien vollendet nach 593. – Das Werk berichtet in sechs Büchern vor allem über die kirchlichen Verhältnisse und Ereignisse zwischen 431 und 593, bringt aber auch wertvolle Nachrichten für die profane Geschichte dieser Jahre, so z. B. über den Tod des Hunnenkönigs Attila. Der Autor knüpft zeitlich an die gleichnamigen Schriften der Kirchenhistoriker SOKRATES SCHOLASTIKOS, SOZOMENOS und THEODORETOS von Kyrrhos an, indem er mit der Darstellung des Konzils von Ephesos beginnt. Er benutzt dabei als Quellen hauptsächlich die Chronik des EUSTATHIOS von Epiphaneia, die *Historiai (Geschichtswerk)* des IOANNES von Epiphaneia, die Schrift *Peri tēs Iustinianu basileias (Über die Regierung Kaiser Justinians)* von AGATHIAS aus Myrina in Kleinasien, die Historien des PROKOPIOS aus Kaisareia, Werke des ZACHARIAS aus Mytilene und die *Chronographie* des IOANNES MALALAS. Besonderen Wert erhalten seine Ausführungen dadurch, daß er vielfach auf Schriftsteller zurückgreift, deren Werke uns heute verloren sind, darunter namentlich die oben erwähnten Eustathios und Ioannes von Epiphaneia. Die *Kirchengeschichte* des Euagrios zeichnet sich durch Gewissenhaftigkeit in der Wiedergabe der exzerpierten Quellen und durch Sorgfalt in der sprachlichen Gestaltung aus; nicht von ungefähr bedenkt sie der berühmte Patriarch PHOTIOS von Konstantinopel (um 820–898) in seiner *Bibliothēkē* mit einem besonderen Lob. P.W.

AUSGABEN: Paris 1544, Hg. R. Stephanus. – MG, 86/2 [m. lat. Übers.]. – Ldn. 1898 (*The Ecclesiastical History of Evagrius with the Scholia*, Hg. J. Bidez u. L. Parmentier; m. Einl., Anm. u. Indices; Nachdr. Amsterdam 1964).

ÜBERSETZUNG: Évagre d'Epiphanie. *Histoire ecclésiastique*, A.-J. Festugière (in Byzantion, 45, 1975, S. 187–488; m. Komm.; frz.).

LITERATUR: A. Güldenpenning, *Die Kirchengeschichte des Theodoret von Kyrrhos. Eine Untersuchung ihrer Quellen*, Halle 1889. – L. Thurmayr, *Sprachliche Studien zu dem Kirchenhistoriker Eu.*, Eichstätt 1910. – A. Aland u. G. Gentz, *Die Quellen der Kirchengeschichte des Nicephorus u. ihre Bedeutung für die Konstituierung des Textes der älteren Kirchenhistoriker* (in ZntW, 42, 1949, S. 104 bis 141). – A. de Halleux, Art. *Évagre de Scholastique* (in *Dictionnaire d'histoire et de géographie ecclésiastiques*, Bd. 16, 1967, Sp. 1495–1498). – G. F. Chesnut, *The First Christian Histories. Eusebius, Socrates, Sozomen, Theodoret and Evagrius*, Paris 1977. – P. Allen, *The »Historia Ecclesiastica« of Evagrius Scholasticus*, Löwen 1980. – Ders., *Evagrius Scholasticus. The Church Historian*, Löwen 1981. – V. A. Caires, *Evagrios Sch.: A Literary Analysis* (in Byzantinische Forschungen, 8, 1982, S. 29–50). – J. Karayannopulos u. G. Weiß, *Quellenkunde zur Geschichte von Byzanz (324–1453)*, Bd. 2, Wiesbaden 1982, S. 288/289. – C. Mazzucco, *Gli ›Apostoli del Diacolo‹: gli eretici nella »Storia Ecclesiastica« de Eu.* (in Augustinianum, 25, 1985, S. 749–781).

RUDOLF CHRISTOPH EUCKEN

* 5.1.1846 Aurich
† 15.9.1926 Jena

GRUNDLINIEN EINER NEUEN WELTANSCHAUUNG

Philosophische Abhandlung von Rudolf Christoph EUCKEN, erschienen 1907. – Das Werk entstand in der dritten Schaffensperiode des Jenenser Philosophieprofessors, in der er sich nach der Auseinandersetzung mit philosophiegeschichtlichen

Fragen (insbesondere im Umkreis von ARISTOTELES und THOMAS VON AQUIN) und der Hinwendung zur Lebensphilosophie (*Geschichte und Kritik der Grundbegriffe der Gegenwart*, 1878; *Die Einheit des Geisteslebens in Bewußtsein und Tat der Menschheit*, 1888) der Ausarbeitung einer neuen Metaphysik des Geistes zuwandte. Von platonischem Gedankengut und der Philosophie J. G. FICHTES beeinflußt, propagierte Eucken eine in ihren Grundzügen bereits in den achtziger Jahren entwickelte Philosophie des »schöpferischen Aktivismus« und wurde damit zum Initiator der neuidealistischen Bewegung.

Eucken nimmt die Existenz einer übersubjektiven Geisteswelt an, die sich durch ein »*Geistesleben*« konstituiert, das als eine neue Wirklichkeit des Innenlebens den Menschen über seine naturhafte sinnliche Existenz erhebt und ihn – sofern er selbst dazu beiträgt – zu einer wesenhaften Persönlichkeit heranreifen läßt: »*Wir Menschen sind keineswegs von Haus aus Persönlichkeit, sondern tragen in uns in die Anlage dazu, ob sie Wirklichkeit wird, darüber entscheidet unsere eigene Lebensarbeit.*« Diese besteht in einer aktiven »*sittlichen Lebensführung*«, wobei Eucken den Begriff nicht auf die mitmenschliche Lebenswelt eingeschränkt sieht, sondern ihn auch auf geistige Leistungen und künstlerische Arbeit bezieht. Die eigentlich sinnerfüllende Aufgabe des Menschen ist das Erreichen dieses Geisteslebens, bzw. seine »Teilnahme« daran, denn das Geistesleben ist nicht ein Werk des Menschen, sondern dieser muß »*im Geistesleben ein dem Menschen überlegenes Weltleben erkennen und anerkennen*«. Die Methode der Annäherung an dieses Geistesleben ist die in den *Prolegomena zu Forschungen über die Einheit des Geisteslebens in Bewußtsein und Tat der Menschheit* (1885) erläuterte noologische Methode, »*Gehalt und Gefüge*« unserer Lebenswelt »*aus inneren Zusammenhängen zu verstehen*«.

Eucken begründet die Annahme einer übersubjektiven Geisteswelt mit ihrer Sinngebung: Gäbe es keine solche Welt, wäre die menschliche Wirklichkeit sinnlos und von egoistisch-eudämonistischen Individuen beherrscht. Die Geisteswelt ist nicht transzendent, sondern macht als Bestandteil der Welt deren eigentliche Tiefe und Seele aus; sie entfaltet sich im Menschen, »*der Geist kommt ihm zum Selbstbewußtsein, es bildet sich ein Beisichselbstsein des Geistes. Allem bloß subjektiven seelischen Vorgehen im Menschen stellt sich so eine substantielle Innerlichkeit gegenüber, eine reale Tiefe alles Wirklichen nimmt den Kern der geistigen Existenz ein und von hier aus kann es dem Menschen gelingen, einen festen Standort der Natur gegenüber zu gewinnen*« (O. Braun).

Euckens gesamtes Schaffen kreist um das Problem der Zerrissenheit der modernen Welt, der Überbetonung von Positivismus, Naturwissenschaften, Technik, Intellektualismus und Ästhetizismus, die den Menschen an der Entfaltung des Geisteslebens hindern. Während Eucken damit im gebildeten Bürgertum der Zeit vor und kurz nach dem Ersten Weltkrieg eine begeisterte Anhängerschaft fand, die ihn als einen Propheten in Zeiten geistiger und politischer Krisen feierte und im 1920 gegründeten Eucken-Bund seine Ideen zu verbreiten suchte, während sein Werk hohe Auflagenziffern erreichte, in viele europäische und asiatische Sprachen übersetzt wurde und Eucken in England und Amerika wissenschaftliche Anerkennung fand, wurde er von der Fachwelt und den Intellektuellen in Deutschland kaum beachtet. Man bemängelte das Fehlen eines geschlossenen philosophischen Systems, die Schwerfälligkeit seines Stils durch Wiederholungen, den unsorgfältigen Gebrauch von Termini und den Mangel an klaren Definitionen. Um so größer war gerade in diesen Kreisen das Erstaunen, als Eucken 1908, wohl bedingt durch die Übersetzung der *Grundlinien* ins Schwedische, der Nobelpreis für Literatur zugesprochen wurde, »*in Anerkennung seines ernsthaften Suchens nach der Wahrheit, der durchdringenden Kraft der Gedanken, der Weite des Blickfeldes, der Wärme der Darstellung, womit er in seinen zahlreichen Arbeiten eine idealistische Lebensphilosophie gerechtfertigt und weiterentwickelt hat.*« Euckens Ideen und seine Rezeption standen unter dem Einfluß der geistigen Situation der ersten beiden Dekaden des 20. Jh.s. Die heutige Philosophie-Geschichtsschreibung begreift das vielbändige Werk nur noch als ein Dokument jener Zeit. J.Ad.

AUSGABEN: Lpzg. 1907. – Lpzg. ²1913 [völlig umgearb. Fassg.].

LITERATUR: O. Braun, *R. E.s Philosophie u. das Bildungsproblem*, Lpzg. 1909. – K. Kessler, *R. E.s Werk. Eine neue idealistische Lösung des Lebensproblems*, Bunzlau 1911. – E. Boutroux, *R. E.s Kampf um einen neuen Idealismus*, Lpzg. 1911. – E. Herrmann, *E. and Bergson*, Ldn. 1912. – M. Booth, *R. E. – His Philosophy and His Influence*, Ldn. 1913. – E. Becher, *R. E. und seine Philosophie*, Langensalza 1927. – M. Wundt, *Ein Nachruf auf R. E.*, Langensalza 1927. – Th. Raeber, *R. E.* (in NDB, Bd. 4, 1959, S. 670–672). – G. Wilhelm, *R. E.* (in *Die Literatur-Nobelpreisträger*, Hg. dies., Düsseldorf 1983, S. 114–116).

WALTER EUCKEN

* 17.1.1891 Jena
† 20.3.1950 London

DIE GRUNDLAGEN DER NATIONALÖKONOMIE

Wirtschaftswissenschaftliches Werk von Walter EUCKEN, erschienen 1940. – Im Euckenschen Ansatz wirkt der Methodenstreit der Nationalökonomie der zweiten Hälfte des 19. Jh.s nach, der zwischen der »individuell-historischen« und der »allgemein-theoretischen« Methode entbrannt war und schließlich zugunsten der letzteren entschieden wurde. Eucken sieht weiterhin zwischen beiden eine ungelöste »große Antinomie«. Diese bestehe darin, daß der »rein historische« Forscher im »Chaos von Einzelheiten« versinke, dem allgemein theoretischen Nationalökonom aber in anderer Weise die Wirklichkeit entgleite, da er blind sei gegenüber der *»Vielfältigkeit historisch-konkreter Formen«*.

Diesem Dilemma versucht Eucken dadurch zu entgehen, daß er mit Hilfe der »pointierend hervorhebenden« im Gegensatz zu der generalisierenden Abstraktion *»entschieden an die wirtschaftliche Wirklichkeit und gerade an ihre Einzelheiten«* herangeht. Durch die Analyse konkreter Einzelfälle aus der Gegenwart (die ökonomische Situation eines Angestellten, einer Fabrik, eines Bauernhofes) und der Vergangenheit (mittelalterliche Klosterwirtschaft und Handwerksordnung) gelangt er zu den »idealtypischen Wirtschaftssystemen« der »zentralgeleiteten Wirtschaft« und der »Verkehrswirtschaft«, die sich von der Zahl der Wirtschaftspläne her konstituieren, die in ihnen aufgestellt werden: einer im ersten Fall und mehrere oder viele im zweiten. Neben diesen beiden gäbe es keine anderen Wirtschaftssysteme, und *»es ist auch nicht wohl vorstellbar, daß sich andere finden werden«*.

Beide Wirtschaftssysteme können nun verschiedene Ausprägungen haben. Diese leitet Eucken ab mit Hilfe der Frage: Wer plant? Die zentralgeleitete Wirtschaft kann mit freiem Konsumguttausch, mit freier Konsumgutwahl und mit freier Wahl des Berufs und des Arbeitsplatzes oder auch mit keiner dieser Modifizierungen verbunden sein. Im letzteren Fall handelt es sich dann um eine »total zentralgeleitete Wirtschaft«. Die Darstellung der verschiedenen Erscheinungsformen der Verkehrswirtschaft gipfelt in Euckens berühmter Marktformenlehre. Diese geht davon aus, daß auf jeder Marktseite entweder Konkurrenz, ein Teiloligopol, ein Oligopol, ein Teilmonopol oder ein Monopol gegeben ist. Das ergibt dann 25 verschiedene mögliche Marktformen, deren Zahl noch vervierfacht wird, wenn jede Marktseite gegenüber dem Zugang von neuen Marktteilnehmern »offen« oder »geschlossen« sein kann.

Die Kritik an Euckens Buch hat hauptsächlich in zwei Richtungen argumentiert: Georg WEIPPERT nannte die idealtypischen Wirtschaftssysteme »geschichtsentleert«, während doch die Ordnungsformen der wirklichen Wirtschaft selbst Geschichte seien. Heinrich von STACKELBERG kritisierte – im Sinne der »theoretischen« Richtung der Volkswirtschaftslehre –, daß die theoriefreie Anschauung der konkreten Wirtschaft allein nicht zu einem sinnvollen Wissenschaftsgebäude führen könne. Diese Kritik geht aber insofern fehl, als Eucken mit der Frage: Wer plant? ja ein theoretisches Konzept hatte, anhand dessen er die Fülle empirischer Einzeltatsachen sichtete und ordnete.

Dieses Vorgehen stellt zwar keine neue Methode dar, wie Eucken meinte. Es hat aber einen fruchtbaren Ansatz zur Behandlung von Problemen sozialistischer Volkswirtschaften und zur Bestimmung verschiedener Marktformen in Verkehrswirtschaften, allgemein: zur Analyse bei gegebenem Datenkranz, durch den wirtschaftlichen Planen begrenzt und begründet wird, hervorgebracht. Einen bleibenden Platz in der Geschichte der Nationalökonomie hat sich Eucken insbesondere dadurch gesichert, daß er die Bedeutung des Einflusses von Macht auf den Wirtschaftsablauf – bis dahin vorwiegend ein Feld sozialistischer Nationalökonomen – herausgearbeitet und theoretisch behandelt hat. Seine Konjunkturtheorie dagegen spielt heute keine Rolle mehr. – Die von Walter Eucken geführte »Freiburger Schule« des Neoliberalismus hat über Müller-Armack und Ludwig Erhard auch auf die Wirtschaftsordnung der Bundesrepublik starken Einfluß genommen. R.Os.

AUSGABEN: Jena 1940. – Bln. u. a. [8]1965 (*Enzyklopädie der Rechts- u. Staatswissenschaft*, Hg. W. Kunkel, H. Peters u. E. Preiser; Abt. Staatswissenschaft).

LITERATUR: H. v. Stackelberg, *Die Grundlagen der Nationalökonomie* (in Weltwirtschaftl. Archiv, Jena, 41, 1940, S. 245–286). – W. A. Jöhr, *W. E.s Lebenswerk* (in Kyklos, Bern, 4, 1950, S. 257–278). – L. Miksch, *W. E.* (ebd., S. 279–290). – A. Zottmann, *W. E. in memoriam* (in Weltwirtschaftl. Archiv, Hbg., 64, 1950, S. 175–180). – F. A. Lutz, *W. E.* (in *Handwörterbuch der Sozialwissenschaften*, Bd. 3, Stg. u. a., 1961, S. 353–356; m. Bibliogr.).

EUGIPPIUS

* um 465/467 in der röm. Provinz Noricum (heute Österreich)
† nach 533 Lucullanum bei Neapel

VITA SANCTI SEVERINI

(lat. Patr.; *Das Leben des heiligen Severin*). Biographie des Severinus, des »Apostels von Noricum«, von EUGIPPIUS, entstanden um 511. – Eugippius gehörte zu den Gefährten Severins, die die Gebeine des 482 in Noricum verstorbenen Heiligen bei der Aussiedlung der Römer aus diesem Gebiet nach Italien überführen ließen; später war er der Abt der um Severins Grab in Castrum Lucullanum bei Neapel angesiedelten Klostergemeinde. Als die Lebensgeschichte eines bekannten Mönchs namens Bassus bei der Bevölkerung Italiens großen Anklang fand, glaubte Eugippius, daß einem größeren Leserkreis auch die wunderbare Tätigkeit seines Meisters nicht verborgen bleiben dürfe. So verfaßte er diese kurze Biographie, die er selbst als ein *Commemoratorium*, ein *Erinnerungsbuch*, bezeichnete.

Die Darstellung beginnt mit Severins erstem, von Wundern begleitetem Wirken in den norischen Städten Asturis (bei Klosterneuburg), Comagenis (bei Tulln) und Favianis (Mautern bei Krems). Daran schließt sich ein Bericht von den Prophezeiungen, Visionen und Wundern während Severins Reise in die Kastelle an der oberen Donau. Beim Rückzug der Römer von Quintanis in Rätien (Künzing bei Vilshofen) bis ins Tullner Feld an der pannonischen Grenze stand der Heilige der bedrängten Bevölkerung immer wieder mit seinen übernatürlichen Kräften bei. Die letzten Lebensjahre seines ungefähr zwei Jahrzehnte dauernden Wirkens in den Donauländern verbrachte Severin wieder in Favianis. Auch nach seinem Tod vollbrachte der Heilige noch zahlreiche Wunder, von denen Eugippius allerdings nur wenig erzählt.

Der *Vita* selbst ist ein Brief an den Diakon Paschasius in Rom vorangestellt, in dem der Autor seine Gründe für die Abfassung der Heiligenbiographie darlegt und den Diakon bittet, seinen Erinnerungen die entsprechende litaratische Form zu geben. Paschasius lehnte diese Bitte aber mit der Begründung ab, das Werk sei bereits in vollendeter Form niedergeschrieben. Die spätere Kritik hat diesem Urteil oft widersprochen und behauptet, die in schlichter Sprache abgefaßte Biographie sei nichts weiter als eine kaum geordnete Materialsammlung. Eine solche Kritik verfehlt aber die Intention des Autors: Denn die Taten Severins werden zwar meist nüchtern in chronologischer Reihenfolge geschildert; aber Eugippius wollte keineswegs eine detaillierte und exakte Lebensbeschreibung liefern, sondern seinen Meister als einen *electus Dei*, einen »Auserwählten Gottes«, eben als Heiligen herausstellen – deswegen sind auch die Zeitangaben ganz allgemein und nüchtern gehalten. Da Severin mit seinem Wirken auch stark in die politischen und kirchlichen Geschehnisse eingegriffen hat – er war fast so etwas wie das geistliche und weltliche Oberhaupt der Provinz –, gibt Eugippius mit dem Lebensbild zugleich eine Darstellung der Verhältnisse in den Donauländern zu Beginn der Völkerwanderungszeit. Wegen des fast völligen Fehlens anderweitiger Nachrichten ist diese kleine Heiligenbiographie daher eine Geschichtsquelle von einzigartigem Wert und höchstem Interesse.   M.Ze.

AUSGABEN: Köln 1570 (in L. Surius, *De probatis sanctorum historiis*, Bd. 1). – ML, 62. – Wien 1885, Hg. P. Knoell (CSEL, 9). – Bln. 1898, Hg. Th. Mommsen. – Heidelberg 1948, Hg. W. Bulst. – Klosterneuburg 1958 (*Das Leben des hl. Severin*, Hg. K. Kramert u. E. K. Winter; m. Komm.; lat.-dt.). – Bln. 1963 (*Das Leben des hl. Severin*, Hg. R. Noll). – Münster ⁵1982, Hg. P. Becker [m. Komm.]. – Stg. 1986 (*Vita sancti Severini/Das Leben des heiligen Severin*; lat.-dt.; RUB).

ÜBERSETZUNGEN: *Leben u. Wunderthaten des heiligen Nordgauer oder Oesterreicher Apostels Severini*, M. Fuhrmann, Wien 1746. – *Leben des heiligen Severin*, C. Rodenberg, Lpzg. 1912. – Dass., M. Schuster, Wien 1946 [lat.-dt.]. – *Das Leben des heiligen Severin*, R. Noll, Passau 1981 [m. Einl. u. Erl.; lat.-dt.].

LITERATUR: R. Noll, *Neuere Literatur zur »Vita Severini«* (in MIÖG, 59, 1951). – W. Wattenbach u. W. Levison, *Deutschlands Geschichtsquellen im Mittelalter*, H. 1, Weimar 1952, S. 44–49 [m. Bibliogr.]. – K. Kramert u. E. K. Winter, *St. Severin. Studien zum Severinproblem*, Klosterneuburg 1958. – Altaner, S. 443. – R. Noll, *Literatur zur »Vita Sancti Severini« aus den Jahren 1975–1980* (in AWA, 118, 1981, S. 295–298).

EUKLID

Eukleides aus Alexandreia
* um 365 v.Chr.
† um 300 v.Chr.

TA STOICHEIA

(griech.; *Die Elemente*). Maßgebliche Darstellung der klassischen Mathematik von EUKLID. – Erfordernisse der Feldmessung, der Bau- und Kriegstechnik haben am Nil und im Zweistromland zu einfachen geometrischen Grundkenntnissen geführt, die zunächst als praktische Handwerksregeln weitergegeben, später von den Sumerern rechnerisch weitergebildet wurden (so finden sich der sogenannte Pythagoreische Lehrsatz, zweckmäßige Rechenvorschriften am gleichschenkligen Trapez und rechtwinklige Dreiecke mit ganzzahligen Seitenverhältnissen vor). Solches Wissen wurde von ionischen Naturphilosophen übernommen und von den älteren Pythagoreern weitergebildet. Sie entwickelten im Zusammenhang mit magischen Vorstellungen vom Wesen der Zahl *(arithmetica universalis)* eine weitgehend systematisierte Verhältnis- und Ähnlichkeitslehre und fanden beim Versuch, Seite und Dialoge des regelmäßigen Fünfecks ganzzahlig auszudrücken (das Sternfünfeck war Symbol der babylonischen Ärzte) inkommensurable Streckenpaare. Dies führte im Zusammenhang mit logischen Untersuchungen der Eleaten (ZENONS Paradoxien) zu ersten Versuchen theoretischer Lehrgebäude mit angestrebtem axiomatischem Aufbau. Höhepunkt dieser Entwicklung sind Euklids in dreizehn Bücher eingeteilte *Elemente*, für Jahrhunderte als Vorbild logischer Strenge angesehen.

Buch I (vermutlich gegenüber verlorenen älteren Vorlagen stark verändert) enthält zunächst Definitionen (z. B., daß eine Linie nur der Länge nach ausgedehnt ist), darunter beschreibende, die gegen zeitgenössische philosophische Einwände gerichtet sein dürften, ferner Worterklärungen. Die Postulate sind Existenzforderungen (z. B., daß zwei Parallelen sich im Raum nicht schneiden dürfen), durch die der Konstruktionsbereich auf Zirkel und Lineal beschränkt wird; die Axiome sind allgemeingültige logische Aussagen (z. B., daß das Ganze größer als ein Teil ist.) Auf Grundtatsachen der Winkel- und Dreieckslehre (einschließlich der Kongruenzsätze, durch die hier die Behandlung von Bewegungen vermieden wird) folgt die Parallelenlehre, gestützt auf das indirekte, lehrsatzmäßig ausgedrückte und daher schon in der Antike beanstandete Parallelenpostulat. Flächensätze führen zu einem interessanten Beweis des sogenannten Pythagoreischen Lehrsatzes. Aufschlüsse über Tendenz und Deutung von Einzelheiten vermittelt der eingehende Kommentar des PROKLOS (um 450 n. Chr.). Buch II enthält geometrisch ausgedrückte Beziehungen, die mit algebraischen Umformungen gleichwertig sind und arithmetische Grundforderungen umfassen, Buch III die Kreislehre (einschließlich der Winkel- und Potenzsätze) und Buch IV einiges über regelmäßige Vielecke, die mit Zirkel und Lineal konstruiert werden können. Der Inhalt dieser vier planimetrischen Bücher stammt größtenteils von den Pythagoreern und läßt sich teilweise bis zu den Sumerern zurückverfolgen. Besonderes Interesse findet später die Behauptung (III, 16), der »Kontingenzwinkel« zwischen Kreisbogen und Tangente sei kleiner als jeder geradlinige Winkel mit dem Berührpunkt als Scheitel. In scholastischen Diskussionen geht es um die »Größeneigenschaft« des Kontingenzwinkels, der erst von J. PELETIER (1557) als Null erkannt wird. Buch V gibt die auch inkommensurable Streckenpaare umfassende Verhältnislehre des EUDOXOS, wahrscheinlich eng an die Vorlage angelehnt, Buch VI die aus Pythagoreischem Lehrgut stammende Ähnlichkeitslehre. Das Extremwertproblem (VI, 27) wird Ausgangspunkt weiterführender Untersuchungen des APOLLONIOS (*Krōnika V* und *Peri logu apotomēs*). Die sogenannten zahlentheoretischen Bücher VII/IX enthalten in geometrischer Form die Zahlenlehre der Pythagoreer, das umfangreiche Buch X die wohl von THEAITET stammende schwerfällige Behandlung überschichteter quadratischer Irrationalitäten wie $\sqrt{a} + \sqrt{b}$; sie wurde erst durch M. STIFEL (*Arithmetica integra*, 1544) durch Einführung algebraischer Symbole durchsichtig. Buch XI enthält Grundtatsachen der Raumlehre, nicht so vollständig entwickelt wie für die Ebene in Buch I. In Buch XII erscheint (freilich nicht generell, vielmehr jedesmal individuell angesetzt) das indirekte Verfahren des EUDOXOS zum Nachweis der Richtigkeit elementarer Quadraturen und Kubaturen vorzugsweise krummlinig begrenzter Gebilde; es setzt die Kenntnis des Ergebnisses voraus. Wie solches durch Plausibilitätsbetrachtung gefunden werden kann, legt ARCHIMEDES in der Methodenlehre dar. Er bereitet durch zusätzliche Grundvoraussetzungen (Stetigkeitsaxiom; Postulat, daß Umfassendes an konvexen Gebilden größer ist als Umfaßtes) moderne Integrationsmethoden vor. Buch XIII handelt von den regelmäßigen Körpern und schließt mit dem Nachweis, daß es deren nur fünf gibt.

Euklids Lehrgebäude ist rein theoretisch; Anwendungsmöglichkeiten fehlen. Schon ARISTOTELES will das Parallelenpostulat vermeiden. Nach zahllosen vergeblichen Beweisversuchen (wichtigste: AṬ-ṬŪSI, 1594; J. WALLIS, 1693; G. SACCHERI, 1733; J. H. LAMBERT, 1786; A. M. LEGENDRE, 1794) erkannte C. F. GAUSS (1792, zurückgehalten), bei Ersatz des Postulats durch andere Annahmen würden andere Geometrien erzeugt. Unabhängig von einander entwickelten J. BOLYAI (1832) und N. LOBATSCHEFSKIJ (1829, ausführlicher 1855) die hyperbolische Geometrie, B. RIEMANN (1854) auch die elliptische; eine besonders anschauliche Interpretation (Kreisgeometrie in der Ebene) stammt von H. POINCARÉ (1882). Schon Euklid bemühte sich um Beweise und Konstruktionen ohne Verwendung des Parallelenpostulats, so z. B. bei Konstruktion einer Tangente aus einem Punkt an einen Kreis (III, 17). Sorgfältige Analyse der von Euklid stillschweigend der Anschauung entnommenen Voraussetzungen setzte im 19. Jh. ein (M. PASCH, *Anordnungsaxiome*, 1882) und erreichte mit D. HILBERT (*Grundlagen der Geometrie*, 1899) die entscheidende rein logische Neugestaltung; Aufstellung eines vollständigen und widerspruchsfreien Systems von Axiomen, die voneinander unabhängig sind.

Die *Elemente* galten in der Antike als grundlegende Einführung. Durch Abschreibefehler entstandene Unstimmigkeiten wurden durch die nicht ganz einwandfreie Neuredaktion des THEON aus Alexandreia (um 370 n. Chr.) beseitigt, die für die spätere Weitergabe maßgeblich wurde; durch glücklichen Zufall ist eine Handschrift der Urfassung erhalten (Hg. F. PEYRARD, 1814–1818). Eine gute arabische Übertragung stammt von AL-ḤAJJĀJ (um 820); zu ihr gab AN-NAIRĪZĪ (um 900) Erläuterungen. Das Abendland wurde mit den *Elementen* zunächst durch die lateinischen Übersetzungen aus dem Arabischen bekannt, so jener des ADELARD VON BATH (um 1150), die in der Revision des J. CAMPANUS (um 1260) mit Zusätzen 1482 in Druck ging. Wenig später wurde von B. ZAMBERTI (1505) ein griechischer Kodex ins Lateinische übersetzt. Die vorhandenen Unstimmigkeiten führten zu einer lateinischen synoptischen Ausgabe (1516), schließlich zur griechischen Erstausgabe (1533, zusammen mit dem Proklos-Kommentar). Lateinische Auswahlen aus den Lehrsätzen wurden in Universitätsvorlesungen gebracht; bei Wiedergabe der Beweise, die als Zusätze THEONS galten, verfuhr man frei. Große Verbreitung fand die eingehend kommentierte Ausgabe von Ch. CLAVIUS (1574 u. ö.); später galt die sorgfältige griechisch-lateinische Ausgabe von D. GREGORY (1703) als maßgeblich. Textkritische Ausgaben gehören erst dem 19. Jh. an. J.E.H.

AUSGABEN: Venedig 1482 (*Liber elementorum*, Hg. J. Campanus). – Venedig 1505 (*Euclidis Megarensis geometricorum elementorum libri XV*, Hg.

B. Zamberti). – Venedig 1516 [lat.]. – Basel 1533, 2 Tle., Hg. S. Grynaeus [Anm. I. Casaubon; griech. EA]. – Paris 1574, Hg. Ch. Clavius [m. Komm.]. – Oxford 1703 (*Euclidis quae supersunt omnia*, Hg. D. Gregory; lat.-griech.). – Lpzg. 1883–1888 (in *Opera omnia*, Hg. J. L. Heiberg u. H. Menge, 8 Bde., 1883–1899, 1–5; rev. E. Stamatis, Lpzg. 1969–1977). – Paris 1966 (in *Les œuvres*, Hg. J. Itard).

ÜBERSETZUNGEN: *Die sechs erste Bücher Euclidis vom anfang oder Grund der Geometrj ...*, W. Holtzman, Basel 1562. – *Euklidis 15 Bücher teutsch*, anon., Lpzg. 1723. – *Elemente, fünfzehn Bücher*, J. F. Lorenz, Halle 1781; [6]1840 [verb.]. – *Die Elemente*, C. Thaer, 5 Bde., Lpzg. 1933–1937; Darmstadt [7]1980.

LITERATUR: G. Sarton, *Ancient Science and Modern Civilization. Euclid and His Time. Ptolemy and His Time. The End of Greek Science and Culture*, Ldn. 1954. – A. Szabó, *Anfänge des euklidischen Axiomensystems* (in Archive for History of Exact Sciences, 1960, S. 37–106). – J. Itard, *Les livres arithmétiques d'Euclide*, Paris 1961. – J. Malengreau, *Exposé sur les fondements d'une géometrie constructive de l'espace euclidien à n dimensions*, Montreuil 1962. – G. Cambiano, *Il metodo ipotetico e le origini della sistemazione euclidea della geometria* (in Rivista di Filosofia, 58, 1967, S. 115–149). – N. Beckmann, *Neue Gesichtspunkte zum 5. Buch E.s*, Bln. 1967. – A. Szabó, *Die Philosophie der Eleaten u. der Aufbau von E.s Elementenlehre* (in Philosophia, 1, 1971, S. 195–228). – E. A. Neuenschwander, *Die ersten vier Bücher der »Elemente« E.s; Untersuchungen über den mathematischen Aufbau, die Zitierweise u. die Entstehungsgeschichte*, Bln. 1973. – W. R. Knorr, *The Evolution of the Euclidean »Elements«. A Study of the Theory of Incommensurable Magnitude and Its Significances for Early Greek Geometry*, Dordrecht/Boston 1975. – G. Kayas, *Vingt-trois siècles de tradition euclidienne*, Palaiseau 1977 [Bibliogr.]. – M. Folkerts, *Probleme der E. interpretation u. ihre Bedeutung für die Entwicklung der Mathematik* (in Centaurus, 23, 1979, S. 185–215). – I. Müller, *Philosophy of Mathematics and Deductive Structure in Euclid's »Elements«*, Cambridge/Mass. 1981. – M. Steck, *Bibliographia Euclideana*, Hg. M. Folkerts, Hildesheim 1981.

HERBERT EULENBERG

* 25.1.1876 Mülheim / Köln
† 4.9.1949 Düsseldorf

LITERATUR ZUM AUTOR:
H. Smola, *Das dramatische Schaffen H. E.s*, Diss. Wien 1951. – G. Richter, *Humanitätsideal u. Gesellschaftskritik i. d. Dramen H. E.s*, Diss. Lpzg. 1958. – H. Bruhns, *H. E. Drama, Dramatik, Wirkung*, Ffm. 1974. – *H. E. Ein deutscher Dramatiker. Eine Ausstellung ... anläßlich der 100. Wiederkehr des Geburtstages ...*, Düsseldorf 1976.

ALLES UM GELD. Eine Komödie

Schauspiel von Herbert EULENBERG, erschienen 1911. – Mit hohen Schulden belastet, fristet Vincenz, die »Kreatur Gottes«, mit seinen beiden Kindern Titus und Susanne und dem Schreiber Cassian ein kümmerliches Dasein. Verzweifelt bemüht er sich, Geld zu leihen, um seine immer schamloser auftretenden Gläubiger befriedigen zu können. Seine Lage wird noch schwieriger durch das Unglück seiner Tochter, die von ihrem Geliebten, Edmund, einem höheren Beamten, ein Kind erwartet, sich aber keine Hoffnung darauf machen kann, daß er sie heiratet. Voll Mitgefühl für sie schlägt Vincenz vor, Cassian, der Susanne heimlich liebt, möge sie heiraten. Susanne erzählt Edmund von dem Plan, findet auf seiner Seite keine Einwendungen und erkennt endlich, daß er sie nicht liebt. Die bevorstehende Hochzeit gibt Vincenz die willkommene Veranlassung, seinen reichen Vater, Sigismund, um Geld anzugehen, der aber ablehnt. Vincenz' Lage wird immer aussichtsloser. Als der kranke Titus seinen Leiden erliegt, dringt durch die Wand der Lärm der Gläubiger, die das Haus schon als ihr Eigentum betrachten. Vincenz hat den Einfall, zu Ehren seines toten Sohnes einen ungeöffneten Brief von Sigismund zu verbrennen. Zu spät erkennt er, daß der Brief Geldscheine enthielt. In einer letzten Anstrengung, die immer bedrohlicher werdende Armut zu beseitigen, geht Vincenz zu einem Heiratsvermittler. Auf diese Weise lernt er die wohlhabende Ursula kennen. Schon scheint sich sein Geschick zu wenden, als Susanne, die ihre Ehe mit Cassian nicht länger ertragen kann, Selbstmord begeht, um dem ungeliebten Mann ein Leben voller Lügen zu ersparen. Damit hat für Vincenz das Dasein seinen letzten Sinn verloren: Er braucht sich nicht mehr um Geld für seine Kinder zu bemühen. Er läßt es hingehen, daß man ihn seiner Finanzmanipulationen wegen ins Gefängnis steckt, verfällt nach der Rückkehr in die Freiheit dem Wahnsinn und tötet sich selbst. – Die Personen des Stückes bilden zwei einander feindliche Lager: auf der einen Seite die »Kreaturen Gottes«, d. h. Menschen, die nicht mehr als kreatürlich sein wollen, auf der anderen Krämer und Geschäftsleute, denen Geld und Gelderwerb alles bedeuten. Empört ruft Vincenz seinen Gläubigern zu: »*Ihr seid ja alle wahnsinnig außer mir. Ihr macht ein Geschrei um Dinge, die keine Träne wert sind, und geht über das Wichtigste mit Nagelschuhen hinweg.*« Aus diesem Gegensatz entwickelt sich jedoch keine wirklich dramatische Handlung, und im Verlauf der fünf Akte werden auch die Figuren immer mehr zu blassen Symbolen. Typisch für die Art, in der sich der Neuromantiker mit dem bürgerlich-sozialen Phänomen »Geld« auseinandersetzt, ist der unangemessene Schluß: Vincenz erscheint sich selbst als Kind, Jüngling, Mann und Greis und stirbt, indem er angewidert die letzte »*Erscheinung*« erschießt.

A.Ge.-KLL

AUSGABEN: Lpzg. 1911. – Stg. 1925 (in *AW*, 6 Bde., 2: *Dramen a. d. Jugendzeit*).

ALLES UM LIEBE

Komödie in fünf Aufzügen von Herbert EULENBERG, erschienen 1910; Uraufführung: München, 16. 2. 1911, Residenztheater. – In diesem neuromantischen Bühnenstück dreht sich – wie schon in vielen der zeitlich früheren Arbeiten SCHNITZLERS – alles um die verschiedenen Spielarten eines einzigen Gefühls, der Liebe.

Graf Lucian liebt seine Frau Lenore mit verzweifelter Maßlosigkeit, flieht sie aber immer wieder aus Sehnsucht nach der Ferne und sucht sich selbst: »*... mich selbst, nichts anderes als mich selbst. Ich sehe mir zu wie einem Wundertier.*« In Liebestrauer um die verstorbene Gattin verzehrt sich sein Bruder Adrian und möchte ihr am liebsten in die Erde, das kühle Brautbett der Toten, folgen. Die Brüder leben so lange ganz in ihrer Traumwelt, bis sie durch die Liebe zweier Frauen erlöst und in die Wirklichkeit zurückgerufen werden: Lucian findet aus dem Widerstreit von Ferne und Nähe zu Lenore zurück, Adrian zu deren Schwester Delphine. Mit den Gestalten des Küsters Kunz und des Försters Jobst erweitert Eulenberg das Spiel um einen faunisch-realistischen Zug: die heuchlerische Ausschweifung dessen, der seine Wollust aus Büchern zieht, und die satyrhafte Lüsternheit eines Reime ausstoßenden Wüstlings. Emanuel von Treuchtlingen, der von dem verstorbenen Vater der beiden Brüder Lucian und Adrian eingesetzte Vormund und Testamentsvollstrecker, verkörpert die reine Menschenliebe eines Don Quijote und die Narrenweisheit SHAKESPEARES. Er beharrt auf seinem Amt mit dem Eigensinn der Vernunft, die jugendliche Tollheiten sicher zu lenken weiß. Als einsamer Mönch verläßt er das Haus in eben dem Augenblick, als die Unmündigen zur Einsicht gelangen.

Wichtiger als das Geschehen selbst sind die plötzlichen, wieder und wieder umschlagenden Stimmungen und Träume der Menschen in einer auf anmutige Verspieltheit hin stilisierten Mailandschaft. Idylle und Rüpelszene durchdringen sich, lyrisch-bildhaft aufblühendes Erlebnis und barocke Grobianismen, empfindsam-pathetische Monologe im Blankvers und vulgärer Galimathias im Knittelreim wechseln ab und stoßen aufeinander. Die Isolierung des KLEIST-Motivs der »Verwirrung der Gefühle« und die Zeitenthobenheit der Handlung weisen das Stück als zeitbedingten Gegenschlag gegen den abklingenden Naturalismus aus. W.F.S.

AUSGABEN: Lpzg. 1910. – Stg. 1925 (in *AW*, 6 Bde., 2: *Dramen a. d. Jugendzeit*).

LEONHARD EULER

* 15.4.1707 Basel
† 18.9.1783 Petersburg

LETTRES À UNE PRINCESSE D'ALLEMAGNE SUR QUELQUES SUJETS DE PHYSIQUE ET DE PHILOSOPHIE

(frz.; *Briefe an eine deutsche Prinzessin über einige Gegenstände der Physik und der Philosophie*). Naturwissenschaftlich-philosophisches, in Briefform geschriebenes Werk von Leonhard EULER, erschienen 1768–1772. – Die 234 Briefe – datiert vom 19. April 1760 bis 18. Mai 1762 – sind an die Tochter des Markgrafen von Brandenburg-Schwedt und Nichte Friedrichs des Großen, Friederike, (die spätere Fürstin von Anhalt-Dessau) gerichtet. Der Verfasser gibt in ihnen einen volkstümlich zugeschnittenen Abriß der Mechanik, Akustik, Optik und Astronomie. In einer sprachlich zwar nachlässigen, aber außerordentlich klaren und einfachen Form stellt er etwa in der Optik die Emissionstheorie von NEWTON seiner eigenen, wohl von HUYGENS inspirierten Wellenlehre gegenüber und erörtert Phänomene wie Raum, Zeit, Geschwindigkeit, Wärme, Gravitation, Schall, Elektrizität und Magnetismus. Während er auf dem Gebiet der Mathematik lediglich die unentbehrlichen Grundvoraussetzungen abhandelt, befaßt er sich eingehender als in irgendeinem seiner andern Werke mit philosophischen Fragen. Er erklärt die Methode des Syllogismus und erörtert die aktuellen erkenntnistheoretischen und theologischen Fragen seiner Zeit, u. a. das Leib-Seele-Problem. Nachdrücklich bekämpft er die Leibniz-Wolffsche Monadenlehre und bemüht sich seinerseits um ein philosophisches Weltbild. Doch fallen diese Ansätze im Vergleich zu den glänzenden naturwissenschaftlichen Diskussionen ab und kennzeichnen Euler als Vertreter der popularphilosophischen Aufklärung. Deshalb nannte LAGRANGE, sein Nachfolger in Berlin und ein Bewunderer der enormen mathematischen, nicht aber philosophischen Gaben des Verfassers, das Werk »*Eulers Kommentar zur Apokalypse*«, in Anspielung auf Newtons Alterswerk.

Mit dem angestrebten Ziel und in der leichtverständlichen Darstellungsweise hat das Buch Ähnlichkeit mit Bernard de FONTENELLES *Entretiens sur la pluralité des mondes*, 1686 (*Gespräche über die Vielheit der Welten*). *Die Lettres* waren bald in vielen Sprachen verbreitet und sind eine der ersten ernst zu nehmenden Publikationen der populärwissenschaftlichen Literatur. H.L.

AUSGABEN: Petersburg 1768–1772, 3 Bde. – Paris 1787–1789, Hg. J.-A.-N. de Condorcet u. de La Croix, 3 Bde. – Zürich 1960 (in *Opera omnia*, Hg. F. Rudio u. a., 1911 ff., Ser. 3, Bd. 11/12, Hg. A. Speiser).

ÜBERSETZUNGEN: *Briefe an eine deutsche Prinzessin über verschiedene Gegenstände aus der Physik u. Philosophie*, Lpzg. 1769–1773; Nachdr. Braunschweig 1986 [Einl. u. Erl. A. Speiser]. – *Briefe an eine deutsche Prinzessin über Physik*, anon., 3 Bde., Mitau 1773–1784. – *Briefe an eine deutsche Fürstin über verschiedene Gegenstände aus der Naturlehre*, F. Kries, 3 Bde., Lpzg. 1792–1794. – *Briefe an eine deutsche Prinzessin über verschiedene Gegenstände der Physik u. Philosophie*, J. Müller, 3 Bde., Stg. 1847/48.

LITERATUR: E. Hoppe, *Die Philosophie L. E.s*, Gotha 1904. – O. Spiess, *L. E.*, Frauenfeld/Lpzg. 1929. – R. Fueter, *L. E.*, Basel 1948; ³1979. – W. Philipp, *Das Werden der Aufklärung*, Göttingen 1957. – *Sammelband der zu Ehren des 250. Geburtstags L. E.s der Deutschen Akad. d. Wiss. zu Berlin vorgelegten Abhandlungen*, Bln. 1959.

EUPHORION AUS CHALKIS

* um 275 v.Chr. Chalkis / Euböa

CHILIADES

(griech.; *Chiliaden*). Hexametrisches Gedichtwerk des EUPHORION aus Chalkis, nur durch einige wenige Fragmente bekannt. Einer ziemlich verderbten Notiz der *Suda* zufolge müssen die *Chiliades* ein Zyklus von fünf Büchern gewesen sein (falls sich die Zahlangabe nicht auf das gesamte Œuvre bezieht), in denen der Dichter auf irgendwelche Leute, die ihm sein Geld geraubt hatten, »allerlei Verwünschungen und böse Orakel« herabfleht, die sich noch »*in tausend Jahren*« – daher der Titel – erfüllen sollen. Wenn die Angabe der *Suda* stimmt, dann könnte der gleichfalls überlieferte Titel *Arai ē potēriokleptēs* (*Flüche oder Der Becherdieb*) nicht nur ein Parallelgedicht, sondern sogar einen Teil des größeren Werkes bezeichnen.

Wie dem auch sei: der Charakter der *Chiliades* mag sich in der poetischen Form nur wenig von den *Flüchen* unterschieden haben, so daß man das kleine Bruchstück aus dem *Becherdieb* durchaus repräsentativ nennen darf: »*Oder zerschmettert möge er werden wie einstmals die Wandrer, / Dort wo Skiron ersann unziemliches Bad für die Füße, / Freilich nur kürzere Zeit, denn gedroschen vom Sohne der Aithra, / Fettet als letztes der Opfer er selbst unserer Schildkröte Kehle. / Oder es möge den Bogen, den stürmischen, Tainarons Herrin, / Die sie den kreißenden Wehen der Frauen im Kindbette nahet, / Artemis spannen und ihn erlegen mit ihren Gewaffen. / Tragen am Acheron mög' er Askalaphos' drückenden Felsen, / Den ihm Deo im Zorn auf seine Glieder gepaßt hat, / Weil er als einziger Zeugnis gestellt wider Persephoneia.*« (Ü: Körte.) Die Häufung der teils altvertrauten, teils entlegenen mythologischen Exempel, die Einbettung in ein archaisches Dichtungsschema – den Katalog –, der Reichtum an beschriebenen Details: all das sind echt hellenistische Elemente. Typisch für den literarischen Geist der Epoche aber ist vor allem die Anwendung dieser Stilideale auf eine bislang fremde Motivform: die tief im Volks- und Aberglauben verwurzelte subliterarische »Gattung« der Flüche. Dabei steht Euphorion keineswegs allein: auch KALLIMACHOS hat in einem – leider durch die Überlieferung ähnlich verdunkelten – Gedicht, dem *Ibis*, einen Gegner zur Hölle verdammt, und von der zur selben Zeit lebenden Dichtern MOIRO kennen wir gleichfalls einen Titel *Arai* (*Flüche*). Von den Hellenisten wiederum gelangte das Genos nach Rom – man denke z. B. nur an OVIDS *Ibis* oder die in der *Appendix Vergiliana* enthaltenen *Dirae*. Daß es sich in diesen Fällen immer um Flüche aus wirklich gegebenem Anlaß gehandelt hätte, kann man nicht behaupten: speziell bei Euphorion ist es sogar recht unwahrscheinlich. Der literarischen Mode des Jahrhunderts entsprechend war ihm gewiß die gegebene Thematik nichts als ein willkommener Vorwand, vielseitige »Bildung« und poetische Routine zu demonstrieren. Wenn dabei die dichterische Gestaltungskraft zu wünschen übrigließ, so wird ihm dieser Mangel gar nicht aufgegangen sein: eine spielerische Ironie – wie dem Kallimachos – war ihm jedenfalls nicht eigen. E.Sch.

AUSGABEN: Danzig 1823, Hg. A. Meineke (in *De Euphorionis Chalcidensis vita et scriptis*; ern. in *Analecta Alexandrina*, Bln. 1843). – Bonn 1908 (in F. Scheidweiler, *Euphorionis fragmenta*, Diss.). – Oxford 1925 (in *Collectanea Alexandrina*, Hg. J. U. Powell). – Florenz 1957 (in *Papiri Greci e Latini*, 14, Hg. V. Bartoletti, Nr. 1390, S. 43–61; m. Komm.). – Madrid 1976 (in L. A. de Cuenca, *Euforión de Calcis. Fragmentos y epigramas*; griech.-span.).

LITERATUR: A. Barigazzi, *Sul fr. 9 Powell di Euforione* (in SIFC, 24, 1949, S. 21–27). – A. Körte u. P. Händel, *Die hellenist. Dichtung*, Stg. ²1960, S. 264 f. – Lesky, S. 800 ff. – B. A. van Groningen, *E. Les témoignages. Les fragments. Le poète et son œuvre*, Amsterdam 1977.

EUPOLIS

* 446 v.Chr. Athen
† 411 v.Chr.

DĒMOI

(griech.; *Die Demen*). Komödie des EUPOLIS, 412 v. Chr. in Athen aufgeführt; noch im 5. Jh. n. Chr. als das Meisterstück des Autors geschätzt und gelesen; in größeren Papyrusresten (rund 50 Fragmenten) erhalten. – Wie kaum ein zweites Exemplar der Gattung zeigen die *Dēmoi* besonders eindringlich nicht nur das Wesen der typischen »Alten Komödie« Athens, sondern auch die konsequent strenge Eigenart ihres Verfassers, dem vornehmlich an politischer Kritik gelegen ist. Daß die *Dēmoi* als das letzte Werk des Dichters zugleich sein *»ernstestes Stück«* (Schmid-Stählin) wurden, das als *»die bedeutendste politische Komödie aller Zeiten«* (Körte) bezeichnet werden konnte, liegt an einer für diese Gattung unglaublichen Beschränkung und Konzentration der Mittel. Hatte sich Eupolis ohnedies der vielfältigen Möglichkeiten, die das weite Gefäß der Alten Komödie in sich barg (man vergleiche KRATINOS und ARISTOPHANES), zumeist enthalten und auf Rüpelstücke, Märchenszenen, auf Mythentravestie und Dichterkritik zugunsten politisch-sozialer Attacken verzichtet, so reduziert er in den *Dēmoi* selbst diese Tendenz noch so weit, daß er jeglichen persönlich-aischrologischen Angriff – fast möchte es scheinen: sorgsam – meidet, damit desto klarer sein Anliegen, die Sorge um den Bestand der Stadt, hervortreten könne.

Die Handlung war, wie den Fragmenten mit Sicherheit zu entnehmen ist, auf zwei Schauplätze verteilt; den Übergang bildete die Parabase, das zentrale Lied des aus Vertretern der Stadtbezirke (Demen) bestehenden Chores. Der erste Teil spielt im Hades: dort wird mit Unterstützung der Gottheiten beschlossen, eine Gesandtschaft ehemals großer Führer der Polis nach Athen hinaufzuschicken, um über die Lage der Stadt Erkundung einzuholen. Anlaß zu dem Unternehmen wird wohl gewesen sein, daß das endgültige und blutige Scheitern der sizilischen Expedition (413) zu einem Massensturm auf die Pforten des Hades geführt hatte und man sich dort genötigt fühlte, einmal auf der Oberwelt nach dem Rechten zu sehen. Offenbar kommt es bei der Wahl der Abgeordneten zu einigen Debatten – was zu heiter-ernsten Witzeleien Gelegenheit bot –, bis endlich Solon, Miltiades, Aristeides der Gerechte und Perikles delegiert sind, dazu noch Peisistratos, dem aber des Ausgleichs halber Harmodios und Aristogeiton mitgegeben werden. Die Leitung der Exkursion hat Myronides, ein hochverdienter General (Sieger bei Oinophyta, 457, gegen die Böotier), der eben erst in den Hades eingezogen ist. Während diese Schar sich auf den Weg macht, stellt sich droben in der Agora der Demenchor auf, der mit Rüge- und Scheltliedern auf die augenblicklichen Größen der Stadt (ein traditionelles Element der Komödie) schon die Situation der zweiten Hälfte vorbereitet: zur nicht geringen Verblüffung des Prytanenvorstehers steigen die Toten paarweise aus der Unterwelt auf, werden bei einem Gelage im Prytaneion bewirtet und beginnen nun, vom Rat ermächtigt, über die lebenden Bürger prüfendes Gericht zu halten. Als erster nimmt sich Aristeides, der Sachwalter der Gerechtigkeit, einen der üblen Sykophanten (politische Denunzianten) vor, dessen eifriges Bemühen um die Stadt (*»Ich erkläre gleich, daß ich unschuldig bin.*

Auch ich bin ein gerechter Mann«) sich als glatte Erpressung herausstellt. Der Urteilsspruch des Aristeides und die Konsequenz sind deutlich genug, nicht nur für den Betroffenen: *»Führt ihn jetzt ab und werft ihn in das Barathron: das ist für Seinesgleichen der rechte Sühnungsort... Ich rufe nun der ganzen Stadt zu: Seid gerecht! Die Mahnung tut wohl not, denn wer gerecht hier ist, den meidet ihr noch ängstlicher als ein Gespenst!«* (Ü: O. Weinreich). In ähnlich paradigmatischer Weise untersuchen anschließend Solon das Sittenwesen und die Gesetze der Stadt, Miltiades die militärischen Verhältnisse, Perikles Politik und Demagogie. Das meiste hiervon ist zwar verlorengegangen, doch darf man annehmen, daß die Szenen demselben Schema wie bei Aristeides folgten: Überprüfung – Urteil – Mahnung ans Volk. Nachdem die Delegation ihre Aufgabe erledigt hat und die Stadt durch die symbolische Verurteilung der schlimmsten Übeltäter gereinigt ist, werden die erhabenen historischen Helfer vom Chor feierlich verabschiedet und kehren in die Unterwelt zurück.

Vor allem in der Aristeides-Szene wird spürbar, wie nahe hier in der Tat das Komödiantische seiner Grenze – und damit zugleich seinem Kern – gekommen ist: Die lustige Ausgelassenheit stellt sich fast nur noch nebenbei ein, ist nur noch der Mantel des Ernstes. Selbst der scheltende Spott der Parabase (sonst häufig fast losgelöster Selbstzweck) ist fest mit dem Geschehen verwoben. Die Pöbelei erscheint ins kaum verhüllte politische Programm verwandelt; Ausspruch und Paränese – der erhobene Finger der Mahnung zeigt sich in erschreckend unmittelbarer Deutlichkeit: Das Spiel hat seinen spielerischen Charakter abgelegt. Zu solch scharfer Direktheit hat sich Eupolis' großer Rivale und Freund-Feind ARISTOPHANES nie aufgeschwungen, und es wird wohl kaum auf Zufall beruhen, wenn die ideale Verherrlichung vorbildhafter geschichtlicher Persönlichkeiten und vergangener Zeiten zum beinahe wörtlich identischen Ziel der restaurativen Bewegungen nach dem Ende des Krieges (404) wurden: Die Anklage gegen den Geist der Epoche hatte ins Schwarze getroffen.

E.Sch.

AUSGABEN: Lpzg. 1880 (in *Comicorum Atticorum fragmenta*, Bd. 1, Hg. Th. Kock). – Leiden 1957 (in *The Fragments of Attic Comedy*, Bd. 1, Hg. J. M. Edmonds; m. engl. Übers.). – Wien 1970 (in K. Plepelits, *Die Fragmente der Demen des E.*, Diss.). – Bln. 1973 (in *Comicorum Graecorum fragmenta*, Hg. C. Austin). – Bln./NY 1986 (in *Poetae comici Graeci*, Hg.R. Kassel u. ders., Bd. 5).

ÜBERSETZUNG: *Demoi*, O. Weinreich (in Aristophanes, *Sämtl. Komödien*, Bd. 2, Zürich 1953; ²1968; ern. Mchn. 1976; dtv).

LITERATUR: W. Schmid, *Zu E.' »Demoi«* (in Phil, 93, 1938, S. 413–429). – J. M. Edmonds, *The Cairo and Oxyrhynchus Fragments of the »Dēmoi« of E.* (in Mnemosyne, 8, 1939, S. 1–20). – Schmid-Stählin, 1/4, S. 124–132 [m. weit. Lit.]. – O. Weinreich (in Aristophanes, *Sämtl. Komödien*, Bd. 2, Zürich 1953, S. 421–442); ²1968; ern. Mchn. 1976; dtv. – F. Sartori, *Una pagina di storia ateniese in un frammento dei »Demi« eupolidei*, Rom 1975.

EURIPIDES

* 485/484 oder 480 v.Chr. Attika oder
Salamis
† 406 v.Chr. Makedonien

LITERATUR ZUM AUTOR:
Bibliographien:
W. Morel, *Bericht über die Literatur zu E. zu den Jahren 1930–1933* (in Bursians Jahresberichte, 259, 1938, S. 35–66). – H. J. Mette, *Literatur zu E. 1952–1957* (in Gymnasium, 66, 1959, S. 151–158). – H. W. Miller, *Euripidean Drama 1955–1965* (in Classical Weekly, 60, 1967, S. 177–187). – H. J. Mette, *Die Bruchstücke des E.* (in Lustrum, 12, 1967/68, S. 5–402). – T. L. Webster, *Greek Tragedy* (in Fifty Years [and Twelve] of Classical Scholarship, Oxford 1968, S. 88–122). – H. J. Mette u. A. Thierfelder, *E. Erster Hauptteil: Bruchstücke 1968–1981* (in Lustrum, 23/24, 1981/82; Nachträge ebd., 25, 1983, S. 5–14).
Lexika:
J. T. Allen u. G. Italie, *A Concordance to E.*, Berkeley 1954; Nachdr. Groningen 1971 [m. Suppl. v. C. Collard]. – C. Collard, *Composite Index to the Clarendon Commentaries on E. 1938–1971*, Groningen 1981.
Gesamtdarstellungen und Studien:
G. Murray, *E. und seine Zeit*, Darmstadt 1957. – G. M. A. Grube, *The Drama of E.*, Ldn. ²1961; ern. Ldn./NY 1973. – H. Rohdich, *Die euripideische Tragödie. Untersuchungen zu ihrer Tragik*, Heidelberg 1968. – G. Zuntz, *The Political Plays of E.*, Manchester ²1963. – C. Chromik, *Göttlicher Anspruch u. menschliche Verwantwortung bei E.*, Diss. Kiel 1967. – D. J. Cronacher, *Euripidean Drama. Myth, Theme and Structure*, Ldn. 1967. – J. Dingel, *Das Requisit in der griechischen Tragödie*, Diss. Tübingen 1967. – T. B. L. Webster, *The Tragedies of E.*, Ldn. 1967. – *E.*, Hg. E. R. Schwinge, Darmstadt 1968 (WdF). – *E. A Collection of Critical Essays*, Hg. E. Segal, NY 1968. – S. A. Barlow, *The Imagery of E. A Study in the Dramatic Use od Pictorial Language*, Ldn. 1971. – A. P. Burnett, *Catastrophy Survived. E.' Plays of Mixed Reversal*, Oxford 1971. – A. Lesky, *Die tragische Dichtung der Hellenen*, Göttingen ³1972, S. 275–522. – W. G. Arnott, *E. and the Unexpected* (in Greece & Rome, 20, 1973, S. 49–64). – H. Kaemerling, *Frau u. Umwelt im Drama des E.*, Diss. Bochum 1973. – A. Rivier, *Essay sur le tragique d'Euripide*, Paris ²1975. – P. Vellacott, *Ironic Drama. A Study of E.' Method and Meaning*, Cambridge 1975. – C. Collard, *E.*, Oxford 1981. – H. Erbse, *Studien zum Prolog der euripideischen Tragödie*, Bln./NY 1984. – H. Kuch, *E.*, Lpzg. 1984 (RUB). – *New Directions in Euripidean Criticism*, Hg. P. Burian, Durham/N.C. 1985. – M. R. Halleran, *Stagecraft in E.*, Ldn./Sydney 1985. – E. Kurtz, *Die bildliche Ausdruckweise in den Tragödien des E.*, Amsterdam 1985. – J. de Romilly, *La modernité d'Euripide*, Paris 1986.

ALKĒSTIS

(griech.; *Alkestis*). Das früheste erhaltene Drama des EURIPIDES, 438 v. Chr. aufgeführt, 17 Jahre nach dem Debüt des Dichters auf der attischen Bühne. Ursprünglich nahm die *Alkestis* die vierte Stelle einer Tetralogie ein: Aber sie ist kein Satyrspiel, wie man erwarten könnte, sondern ein durch und durch tragisches Stück, allerdings mit glücklichem Ausgang. Die unerwartete Rettung verknüpft die *Alkestis* motivisch mit den drei einst voranstehenden Stücken, den *Kreterinnen* (*Krēssai*), dem *Alkmaion in Psophis* (*Alkmaiōn ho dia Psōphidos*) und dem *Telephos* (*Telephos*). Die Tetralogie kam bei der Aufführung hinter einem Werk des SOPHOKLES auf den zweiten Platz.
Der mythische Stoff der *Alkestis*, den vor Euripides bereits PHRYNICHOS bearbeitet hatte, wird von zwei weitverbreiteten Märchenmotiven getragen: Aufschub eines Todes, verbunden mit dem stellvertretenden Tod eines anderen Menschen, und Rückführung eines Toten aus der Unterwelt nach einem Kampf mit dem Todesgott. – Apoll erwirkte einst bei den Moiren, daß Admet, der König von Pherai, nicht zu der festgesetzten Stunde sterben müßte, wenn ein anderer an seiner Statt das Todeslos auf sich nähme. Die greisen Eltern des Königs hatten sich geweigert, aber Alkestis, Admets junge Gemahlin, erklärte sich zu dem Opfer bereit. Jetzt ist die Stunde gekommen, da sie ihr Versprechen einlösen muß. In drei »parataktisch« hintereinandergeschalteten Szenen stellt der erste Teil des Dramas den Abschied dar. Prolog und Eingang bringen Exposition und zugleich vorweggenommene Deutung des nachfolgenden Geschehens (1–76): Thanatos, der Tod, dem Apollon einst sein Opfer ablistete, will nun trotz allem seine Beute holen, Apoll freilich sagt ihm voraus, daß er sie nicht werde behalten können – also eine Kraftprobe unter Göttern, denen die Betroffenen als Spielbälle ausgeliefert sind. Nach der *Parodos* des trauernden Chors pheräischer Greise (77–131) wird der Abschied der Alkestis zunächst indirekt, im Bericht der Dienerin, vorgeführt (132–212), so daß die aus Klagelied (244–279) und gesprochenen Dialog (280–392) gefügte Abschiedsszene zwischen den beiden Gatten als deutliche Klimax wirkt. Den Abschluß des ersten Teils bilden die Totenklage Ademts und seines Söhnchens Eumelos (393–434) und das Geleit- und Segenslied des Chores für Alkestis

(435–475). Im – größeren – zweiten Teil wird der bereits zu Beginn von Apollon angekündigte Herakles zur Zentralgestalt: Admet nötigt ihn, seine Gastfreundschaft anzunehmen (476–567), verschweigt aber das Unglück, das ihn getroffen hat. Als Herakles von einem Diener die traurigen Ereignisse erfährt, beschließt er, zum Dank für die aufopfernde Bewirtung Alkestis zurückzuholen (747–860). Wurde die Zwischenzeit, während der Herakles die Freuden des Mahles genießt, durch die erbitterte Zankszene zwischen Admet und seinem Vater Pheres überbrückt (606–740), so erleben wir während der Abwesenheit des Herakles die Rückkehr Admets von der Bestattung und seine Klage über die Blindheit, die ihn das Leben wählen ließ, das ihm nun, ohne die Gattin, wertlos erscheint (801–961). Diese Einsicht ist die innere Vorbereitung für die Schlußszene, in der Admet – nach einer für Euripides schon ganz typischen intrigenartigen Verzögerung – aus der Hand des Herakles die dem Hades Entrissene zurückerhält.

Man hat angesichts der Rolle, die diesem Stück im Rahmen der Tetralogie zufiel, natürlich immer von neuem versucht, prägnant zu bestimmen, was es von einer strengen Tragödie scheidet, und zuzeiten war man geradezu davon besessen, an allen möglichen Punkten Komik, Burleskerie, satyrhafte Tolpatschigkeit und lächerliche Konfigurationen zu entdecken. Demgegenüber ist zu betonen, daß von einer komischen Gelöstheit oder Ausgelassenheit innerhalb des dramatischen Geschehens nicht das mindeste zu spüren ist: Die Einzelszenen wahren, für sich genommen, durchaus die Höhe des tragischen Tones. Wohl aber lassen sich in der Komposition eigenartige Freiheiten feststellen, die der Tragödie im allgemeinen fremd sind: Zum einen nutzt der Dichter die Möglichkeit relativ autonomer Episoden, die im Gesamtgefüge ohne Funktion bleiben – deutlich sichtbar vor allem an der Pheres-Admet-Szene, die (sieht man von dem äußeren Akzidenz der dramaturgischen Chronologie ab) fraglos ein Agon um des Agons willen ist; zum andern fällt die Verwendung starker, ja greller Kontraste auf, insbesondere zwischen dem tragisch gefärbten Bühnengeschehen und der hinterszenischen Sphäre – Musterbeispiele: der im Trauerhaus prassende Gast, oder Admets Klage über den Verlust, während die Rettungstat des Herakles bereits im Gang ist. Ein weiterer Unterschied liegt in dem, was man die tragische Motivation nennen könnte: Der Kern einer jeden Tragödie, die Katastrophe – hier der Tod der Alkestis –, ist nicht etwa Resultat eines Wechselspiels von Verfehlung und Strafe, von Hybris und notwendigem Fall, von Fluch und unabwendbarer Erfüllung, von irdischer Verblendung und göttlicher Enthüllung. Daher ist die »Katastrophe« hier – nicht anders als die »Einsicht« des Admet – im Grunde ein paratragisches Element, sie wirkt tragisch nur als »Reminiszenz« und fungiert, entsprechend, ausschließlich als »Vorspiel« des Schlusses, der das strikte Gegenteil einer tragischen Katastrophe darstellt. Von hier aus stößt man abermals auf das Moment des Kontrastes: Wie der Eingang des ersten und zweiten Teiles als Parallelen miteinander korrespondieren (Ankündigung durch Apoll und leibhaftiger Auftritt), so korrespondieren die jeweils durch liedhafte Klageszenen eingeleiteten Schlußszenen: dort Abschied, hier Wiederfinden, dort die vorläufige »Katastrophe«, hier die endgültige Rettung, dort die Vorbereitung auf eine Trauerfeier, hier die Ankündigung eines Freudenfestes.

Bemerkenswert bereits an diesem ersten für uns faßbaren Drama des Euripides ist die zentrale Frauengestalt: Das Drama stellt ein einziges Loblied auf ihre Gattentreue und Opferbereitschaft (weniger eigentlich auf ihre Liebe) dar. Demgegenüber wirkt Admet recht zwielichtig; allerdings sollte man sich hüten, ihn als die negative, der »positiven« Alkestis gegenübergestellte Gestalt zu interpretieren: das würde bedingen, daß Admet und Alkestis als Charaktere angelegt sind – gerade das aber ist nicht der Fall. Worauf es Euripides offenkundig ankommt – auch dies schon durchaus typisch –, ist die Darstellung psychischer Situationen, nicht psychologischer Verhaltensweisen: Alkestis im Augenblick der Trennung, Admet im Augenblick der Trennung, Admet nach vollzogener Trennung. Nur so läßt sich die Dissonanz erklären, daß Admet erst bedenkenlos das Opfer akzeptiert und hernach die Scheidende anfleht, ihn nicht zu verlassen, daß er erst das Leben über alles stellt und es hernach verwünscht.

Es ist bezeichnend für die Ambivalenz des Alkestis-Stoffs, daß er weder von AISCHYLOS noch von SOPHOKLES aufgegriffen wurde, ja überhaupt aus dem Repertoire der griechischen Tragödie verschwand, hingegen den Komödiendichtern mehrfach als Vorwurf diente (ARISTOPHANES, ARISTOMENES, THEOPOMPOS, ANTIPHANES). Auch in Rom fand das Thema später seine Bearbeiter (z. B. ACCIUS, LAEVIUS). Eine regelrechte Wiedergeburt erfuhr der Stoff in der Neuzeit seit der Renaissance: Hans SACHS, die Italiener Aurelio AURELI und P. I. MARTELLO haben dramatische Fassungen geschaffen, im Bereich der Musik wären etwa Lully, Händel und Gluck zu nennen, nicht zu vergessen WIELANDS Text zu einem Singspiel. Nachdrückliches Interesse am Alkestis-Thema zeigte dann vor allem wieder die Literatur des beginnenden 20. Jh.s: RILKE, HOFMANNSTHAL, A. LERNET-HOLENIA, T. S. ELIOT und Th. WILDER sind hier die erlauchtesten Adepten.   E.Sch.

AUSGABEN: Florenz 1496, Hg. I. Laskaris. – Oxford 1902 (in *Fabulae*, Hg. G. Murray, Bd. 1; Nachdr. 1958). – Lpzg./Bln. 1930 [erklärt v. L. Weber]. – Neapel 1935, Hg. A. Maggi. – Leiden 1949, Hg. D. F. W. van Lennep [m. Komm.]. – Oxford 1954, Hg. A. M. Dale [m. Anm.]. – Mailand ²1960, Hg. G. Muscolino [m. Komm.]. – Oxford 1984 (in *Tragoediae*, Bd. 1, Hg. J. Diggle).

ÜBERSETZUNGEN: *Alceste*, D. C. Seybold, Lpzg. 1774. – *Alkestis*, H. von Arnim u. F. Stoessl (in *Die Tragödien u. Fragmente*, Bd. 1, Zürich 1958). –

Dass. nach d. Übers. v. J. J. Donner, bearb. v. R. Kannicht u. B. Hagen (in *Sämtl. Tragödien*, Bd. 1, Stg. 1958; ²1984; KTA). – Dass., E. Buschor (in *Sämtl. Tragödien*, Hg. G. A. Seeck, Bd. 1, Mchn. 1972; griech.-dt.). – Dass., D. Ebener (in *Tragödien*, Bd. 2, Bln./DDR 1975). – Dass. K. Steinmann, Stg. 1981 (griech.-dt.; RUB).

LITERATUR: A. Lesky, *Alkestis, der Mythus und das Drama* (in SWAW, phil.-hist. Kl., 203, 1925, 2. Abh.). – W. Jens, *Hofmannsthal und die Griechen*, Tübingen 1955, S. 30–44. – C. R. Beye, *Alcestis and Her Critics* (in Greek, Roman and Byzantine Studies, 2, 1959, S. 109–127). – K. von Fritz, *E.' »Alkestis« u. ihre modernen Nachahmer und Kritiker* (in K. v. F., *Antikes u. modernes Drama*, Bln. 1962, S. 256–321). – A. Lesky, *Die tragische Dichtung der Hellenen*, Göttingen ³1972, S. 289–299. – W. Kullmann, *Zum Sinngehalt der euripideischen »Alkestis«* (in Antike u. Abendland, 13, 1967, S. 127–149). – G. Smith, *The »Alcestis« of E. An Interpretation* (in Rivista di Filologia e di Istruzione Classica, 111, 1983, S. 129–145). – G. A. Seeck, *Unaristotelische Untersuchungen zu E. Ein motivanalytischer Kommentar zur »Alcestis«*, Heidelberg 1985. – M. Lloyd, *E.' »Alcestis«* (in Greece Rome, 32, 1985, S. 119–131).

ANDROMACHĒ

(griech.; *Andromache*). Tragödie des EURIPIDES, die nach Angabe einer Scholiennotiz offenbar nicht in Athen aufgeführt worden ist. Manches spricht für den molossischen Königshof als Aufführungsort, anderes für Argos. Das Stück ist ohne Entstehungsdatum überliefert; man setzt es wegen der ungünstigen Charakteristik des Menelaos und der Hermione und wegen der heftigen Ausfälle gegen Sparta (bes. V. 445 ff.) in der Regel an den Beginn des Peloponnesischen Kriegs (etwa in die Zeit zwischen 427 und 424 v. Chr.).
Wir besitzen die Reste einer *Hypothesis* zur *Andromachē* (wahrscheinlich auf ARISTOPHANES aus Byzanz zurückgehend), worin eine ganze Reihe von Einzelzügen des Stücks gerühmt wird: der klare Prolog, das metrisch innerhalb der gesamten griechischen Tragödie einzig dastehende Klagelied der Andromache in dorisierenden elegischen Distichen (103 ff.), die Rede der Hermione gegen Andromache (147 ff.), die Gestalt des alten Peleus; das Drama als Ganzes ist darin jedoch entschieden »den zweitrangigen« zugewiesen. Dieses Urteil, dessen Gültigkeit man auch heute kaum bestreitet, gründet sich vor allem auf die in vielen Details vom Dichter selbst stammende Handlungsstruktur und die auffallend in ihre Teile zerbrechende Komposition. Dem Drama liegen zwei disparate Mythen zugrunde: erstens die Geschichte von Andromache, der Witwe Hektors und Beutefrau des Achilleus-Sohnes Neoptolemos, der mit der Menelaos-Tochter Hermione verheiratet ist, und zweitens der Streit zwischen Neoptolemos und Orest um Hermione. Das *tertium comparationis* beider Geschichten liegt in der Gestalt des Neoptolemos: gerade dieser aber bleibt, obwohl in den Gedanken und Disputen stets gegenwärtig, außerhalb des sichtbaren Geschehens. Das ist dramaturgisch bedingt: Neoptolemos muß fern vom Schauplatz (seinem Königspalast) sein, damit sich der Streit zwischen den beiden Rivalinnen überhaupt erst offen entzünden und der zugereiste Menelaos als Helfer seiner Tochter auftreten kann; außerdem ist es nur so möglich, die Person des Orest in die Andromache-Hermione-Dramatik einzubeziehen. Wäre Neoptolemos anwesend, müßte sich das Geschehen auf den Kampf der männlichen Rivalen um Hermione konzentrieren, und Andromache als die zentrale tragische Gestalt wäre »überflüssig«.
Nun fungiert aber Orest offenbar nur als dramatischer Katalysator: Sein Erscheinen bewirkt am Ende lediglich die Lösung der äußeren Verhältnisse, nachdem die innere Dynamik bereits ausgeglichen ist. Dieses Defizit an dramaturgischer Legitimation resultiert aus einem vom Dichter gewählten Kompositionsprinzip, dem der zugrundeliegende Mythos nicht gewachsen war: Man könnte es das »dramatische Gleichgewicht« nennen. Jeder Gestalt tritt ein Pendant gegenüber; sobald sich auf einer Seite ein Übergewicht bildet, muß auf der anderen ein Gegengewicht auftreten.
Schon die Prologszene (1–116) deutet an und im Streitgespräch zwischen Andromache und Hermione (147–273) wird in dunkler Drohung wiederaufgenommen, was die folgende Szene (309–463) als Aktion zeigt (Klimax!): Erst das Eingreifen des Menelaos setzt das tragische Geschehen in Gang, und die absolute Isolierung Andromaches – die Vereinzelung als Grundthema der Tragödie – zeigt sich in ihrem vollen Ausmaß erst in dem Augenblick, da Menelaos ihr entgegentritt. Im selben Augenblick jedoch, in dem so der Untergang der Andromache besiegelt erscheint, wird das verschobene Maß wieder ausgeglichen: Peleus, der greise Großvater und »Reichsverweser« des Neoptolemos, stellt sich schützend vor die Gefährdete und zwingt Menelaos in der großen Zentralszene (545–765) zu einem kläglichen Rückzug. Damit ist, so meint man, die poetische Balance hergestellt und der Konflikt – mit ihm zugleich die tragische Handlung – zu einem Ende gebracht. Aber das Geschehen setzt von neuem ein: denn nunmehr ist plötzlich Hermione die Ausgeschlossene, von dem »moralischen Gegengewicht« der Andromache, des Peleus und des abwesenden Gatten erdrückt. Da erscheint als Retter vor der Verzweiflung Orest, der alte Gegner des Neoptolemos, der Hermione aus dem ungeliebten Hause befreit und mit sich heimführt (802–1008). Jetzt erst ist der Ausgleich hergestellt, und es bleibt, als Abschluß, nur noch die Reaktion der Betroffenen zu zeigen. Diese Reaktion an Neoptolemos, dem um seine Frau Betrogenen, zu demonstrieren, würde das Geschehen allerdings nicht abrunden, sondern neuen Zündstoff beibringen. Aus diesem Grund läßt der Dichter hier den Bericht folgen, daß Neoptolemos in Del-

phi von Orest umgebracht worden ist (1047 bis 1165). Freilich haben damit zugleich auch die anderen Personen nicht auf die bisherige Handlung, sondern auf diese neue Nachricht zu reagieren. Und nicht nur das: Da der Dichter den Konflikt der Andromache sowohl innerlich (spätestens V. 765) als auch äußerlich abgeschlossen hat, sieht er sich gedrängt, die Wirkung der traurigen Botschaft ganz auf den greisen Peleus zu konzentrieren – und statt am Ende Frieden und Ausgleich zeigen zu können, hat er unversehens wiederum einen völlig Vereinsamten und Isolierten darzustellen. Diese letzte Verschiebung des dramatischen Gleichgewichts ist mit den im Mythos gegebenen Möglichkeiten und Gestalten nicht mehr auszugleichen. Als *dea ex machina* erscheint Thetis, die ehemalige göttliche Geliebte des Peleus, und prophezeit dem Leidgebeugten die Unsterblichkeit; Andromache aber wird ins Molosserland übersiedeln, wo sie Stammutter des Königshauses werden soll.

Im Grunde genommen sind es also drei Geschehenszüge, die sich auf der Bühne entfalten: die Bedrohung der Andromache, der Hermione und des Peleus, wobei – gerade das macht im Effekt den zerrissenen Charakter des Stückes aus – die Personen jeweils nur agiren, solange sie unmittelbar betroffen sind. Andromache verschwindet ungefähr von der Mitte an völlig aus dem Gesichtskreis (die Weissagung der Thetis am Schluß wirkt recht gewaltsam konstruiert), und ebenso ist Hermione nach ihrem Abgang dramatisch irrelevant geworden. Diese Schwächen ergeben sich zum einen aus der inneren Resistenz des Doppelmythos gegen die Absichten des Dichters, zum andern aus diesen poetischen Absichten selbst. Nicht das Wechselverhältnis von *hybris* und *atē*, von Verblendung und Fall, von Zerstörung und Einsicht ist in diesem Stück das Thema des Euripides. Was ihn interessiert, sind die Reflexe der Gestalten auf das Unheil, das ihnen droht und über sie hereinbricht: die Darstellung des psychischen Verhaltens zu Leid und Leiden. Von den drei Hauptpersonen verletzt außer Hermione keine die Norm von Recht und angemessenem Verhalten: Das Verlassen des Gemäßen (das bei Sophokles stets den Kern bildet, in dem die Tragik sich geradezu modellhaft entfaltet) wird bei Euripides zu einem beliebig wiederholbaren Akt der Störung und Korrektur poetischer Gerechtigkeit, zu einem Gegeneinander dramaturgischer Konstellationen. E.Sch.

Ausgaben: Florenz 1496, Hg. I. Laskaris. – Oxford 1902 u. ö. (in *Fabulae*, Hg. G. Murray, Bd. 1; mehrere Nachdr.). – Neapel 1953, Hg. A. Garzya [m. Komm.]. – Paris ²1956 (in *Euripide*, Bd. 2, Hg. L. Méridier; m. frz. Übers.). – Lpzg. 1978 (*Andromacha*, Hg. A. Garzya). – Oxford 1984 (dass. in *Tragoediae*, Bd. 1, Hg. J. Diggle).

Übersetzungen: *Andromache*, C. F. Ammon, Erlangen 1789 [Prosa.]. – Dass., nach d. Übers. v. J. J. Donner bearb. v. R. Kannicht u. B. Hagen (in *Sämtl. Tragödien*, Bd. 1, Stg. 1958; ²1984; KTA).

– Dass., E. Buschor (in *Sämtl. Tragödien*, Hg. G. A. Seeck, Bd. 2, Mchn. 1972; griech.-dt.). – Dass., D. Ebener (in *Tragödien*, Bd. 2, Bln./DDR 1975).

Literatur: J. C. Kamerbeek, »*L'Andromaque*« *d'E.* (in Mnemosyne, 3/11, 1943, S. 47–67). – A. Lesky, *Der Ablauf d. Handlung in d.* »*Andromache*« *d. E.* (in AWA, 84, 1947, S. 99 ff.). – A. Garzya, *Interpretazione dell'*»*Andromaca*« *di E.* (in Dioniso, 14, 1951, S. 109–138). – A. Lesky, *Die tragische Dichtung d. Hellenen*, Göttingen ³1972, S. 338–348. – R. Brümmer, *Die dramaturgische u. charakterologische Gestaltung des Andromache-Stoffes bei Racine und E.*, Diss. Münster 1972. – H. Kuch, *Kriegsgefangenschaft u. Sklaverei bei E. Untersuchungen zur* »*Andromache*«*,* »*Hekabe*« *und den* »*Troerinnen*«, Bln. 1974. – K. H. Lee, *E.'*»*Andromache*«*. Observations on Form and Meaning* (in Antichthon, 9, 1975, S. 4–16). – P. D. Kovacs, *The* »*Andromache*« *of E. An Interpretation*, Chico/Calif. 1980. – M. v. d. Valk, *Studies in E.'*»*Phoenissae*« *and* »*Andromache*«, Amsterdam 1985.

BAKCHAI

(griech.; *Die Bakchen*). Eine der eindrucksvollsten Tragödien des Euripides, nach dem Vorbild des *Pentheus* von Aischylos geformt, letztes, unübertreffliches Meisterwerk und der Schwanengesang des Dichters. Das Stück ist in jenen beiden schaffensreichen Jahren entstanden, die der Tragiker am Ende seines Lebens am makedonischen Hof des Archelaos verbrachte, und wurde nach seinem Tod zusammen mit der *Iphigenie in Aulis* und dem verlorenen *Alkmeon in Korinth* von seinem gleichnamigen Sohn in Athen als Trilogie erfolgreich auf die Bühne gebracht.

Noch einmal schlägt der Dichter das Grundthema der attischen Tragödie an, die Enthüllung einer göttlichen Wahrheit; noch einmal beschreibt er ein Modell menschlicher Hybris, die unweigerlich dem Tod verfallen muß; noch einmal steigert er das verblendete Rasen irdischer Kreatur bis zum Umschlag in – verspätete – Einsicht. Weil der Gott, dessen übermächtige Gestalt sich offenbaren soll, selbst als Akteur in Erscheinung tritt, um seine Größe und Macht zu demonstrieren, hat man immer wieder an der Bedeutung des Stückes gerätselt, eingedenk der sonst nicht eben schonenden Behandlung, die Euripides den Göttern in seinem Werk zuteil werden läßt. Man sprach geradezu von einer »Bekehrung« des Dichters, oder aber man glaubte, er habe eben durch die schonungsloseste Darstellung der Wirkung Dionysischer Verblendung veristisch-übersteigert den Mythos ein letztes Mal in seiner ganzen Unmenschlichkeit und Vernunftwidrigkeit bloßstellen wollen. Beide Ansichten sind Extreme, und zwar Extreme einer Deutung, die an diesem Stück gar nicht relevant werden kann: als Darstellung ihres Themas – der Vernichtung jeglichen menschlichen Widerstandes gegen die Götter – sind die *Bakchen* so in sich geschlossen und poetisch selbstgenügsam, daß derartige Versuche von vornherein sich als von außen herangetragene Spekulation erweisen müssen. Schließlich sollte man nicht vergessen, daß das, was man Euripides als aufklärerische Kritik an der traditionellen Religiosität anzukreiden pflegt, in jenen größeren Rahmen eingebettet ist, der nicht kritisches Mäkeln, sondern ohnmächtige Anerkennung unabänderlicher Tatsachen darstellt: der Mensch als Spielball der Götter, ausgeliefert ihren Launen, ihrer Gunst, ihrer Willkür, nichtig und nackt in ihren Augen. Das ist ein Zentralaspekt, der im griechischen »Glauben« von Anbeginn an zutage tritt und im Euripideischen Werk – schon seit der *Alkestis*, besonders etwa im *Hippolytos* – immer wieder anklingt. Nicht umsonst endet das letzte Stück, wie das früheste uns überlieferte und wie *Medea, Andromache, Helena* mit einem Lied auf die Allmacht der Gottheit und die Ohnmacht des Menschen. Was im einzelnen diese gewaltigste Verherrlichung einer Gottheit, die wir von Euripides kennen, veranlaßt hat, läßt sich allerdings nur vermuten: Man wird wohl an eine besonders unmittelbare Begegnung des Dichters mit dem Kult des rasenden Gottes in Makedonien denken dürfen.

Die ungewöhnliche Wirkung, die von den *Bakchen* auch heute noch ausgehen kann, beruht zu einem guten Teil auf der dramatischen Technik des Stückes: Euripides verwendet die Grundelemente weithin in ihren archaisch reinen Formen – lange Reden als Prolog und Bericht, streng gefügte Stichomythien, klar gebaute Chorlieder mit direktem Reflektionsbezug auf das Geschehen, bis auf zwei bezeichnende Ausnahmen (Triumphszene des Gottes in der Mitte, V. 576 ff., und scheinbarer Triumph Agaues am Ende, 1168 ff.) keine ariosen Partien. Dieser formalen Stringenz entspricht die außerordentlich straffe Komposition: nach dem Prolog des Dionysos – er ist nach Theben gekommen, um dem Herrscherhaus, das seinen Kult verdammt, seine Göttlichkeit zu beweisen (1–63) – wird in sechs Stadien der vergebliche frevlerische Widerstand des Pentheus und der unaufhaltsame Sieg des Gottes vorgeführt. Das endgültige Geschick des Gottesfeindes, der von seiner eigenen Mutter Agaue und ihren im Dionysischen Taumel rasenden Gefährtinnen zerrissen wird, ist von vornherein besiegelt: Wer nicht auf die Warnungen der Alten – des greisen früheren Königs Kadmos und des blinden Sehers Teiresias – hört, sondern in selbstgewisser Verblendung das Heiligtum des Wahrsagers zu zerstören befiehlt (170–369), bei dem steht zu erwarten, daß er sich weder von dem Abgesandten des Gottes (in dem sich Dionysos selbst verbirgt) überzeugen (434–518) noch von seinen sichtbaren Wundertaten und Schreckensbeweisen beeindrucken läßt (576–861), sondern sich schließlich unversehens und blindlings in der todbringenden Falle verfängt, mit der ihm der verkleidete Gott gauklerisch den Triumph verheißt, um ihn desto gewisser ins Verderben zu stürzen (912–976). Wenn ausgerechnet die eigene Mutter es ist, die, von Bakchos' Wahnsinn geschlagen, ungewollt die Rache des Gottes vollzieht – eine Euripideische Variante des Mythos –, so wird damit die grausige Folgerichtigkeit in doppelter Schärfe evident: hatte doch auch sie bereits durch ungerechtfertigte Verdächtigung ihrer Schwester Semele, der Mutter des Dionysos, gegen die Überirdischen gefrevelt. Die Strafe, die ihr in der alles enthüllenden (leider fragmentarischen) Schlußszene von Dionysos, der als *deus ex machina* erscheint, auferlegt wird – der Landesverweis –, mutet sogar noch relativ versöhnlich an im Vergleich zu der faktischen Sühne, die im letzten Botenbericht (1024–1152) und im Auftritt der Agaue (1168–1392) mit unerhörter Realistik dargestellt wird. Hier, in der plastisch-minuziösen Erzählung von der Zerfleischung des Pentheus und in der Gestalt der tanzenden Agaue, die das blutige Haupt des Sohnes auf dem Thyrsosstab schwingt, hat Euripides in der Tat die Grenze dessen berührt, was auf der attischen Bühne an tragischem Effekt überhaupt sichtbar zu machen war. Nicht zuletzt darin liegt der Grund für die äußerste Konzentration der dramatischen Mittel in diesem letzten Werk des Dichters – eine solch bestürzende Größe des Eindrucks durfte nicht durch die Anwendung virtuos differenzierter Technik gefährdet werden.

E.Sch.

AUSGABEN: Venedig 1503 (in *Tragōdiai*, Bd. 2). – Oxford ²1913 (in *Fabulae*, Hg. G. Murray, Bd. 3; mehrere Nachdr.). – Oxford ²1960 (*Bacchae*, Hg. E. R. Dodds; m. Komm.). – Paris 1961 (in *Euripide*, Bd. 6/2, Hg. H. Grégoire u. J. Meunier; m. frz. Übers.). Paris 1970–1972 (*Les Bacchantes*, Hg. J. Roux, 2 Bde.). – Lpzg. 1982 (*Bacchae*, Hg. E. C. Kopff).

ÜBERSETZUNGEN: *Die Bacchantinnen*, F. H. Bothe (in *Werke*, 5 Bde., Bln./Stettin 1800–1803). – *Die Bacchen*, J. J. C. Donner (in *E.*, Bd. 1, Heidelberg 1841). – *Die Bakchen*, U. v. Wilamowitz-Moellendorff (in *Griechische Tragödien*, Bd. 2, H. 13, Bln. ⁹1923). – *Die Bacchantinnen*, B. Viertel, Hellerau 1925. – *Die Bakchen*, H. v. Arnim (in *Zwölf Tragödien*, Bd. 2, Wien/Lpzg. 1931). – *Die Bakchen*, nach d. Übers. v. J. J. C. Donner, bearb. v. R. Kannicht u. B. Hagen (in *Sämtl. Tragödien*, Bd. 1, Stg. 1958; ²1984; KTA). – *Die Mänaden*, E. Buschor (in *Sämtl. Tragödien*, Hg. G. A. Seeck, Bd. 5, Mchn. 1977; griech.-dt.). – *Die Bakchen*, D. Ebener (in *Tragödien*, Bd. 6, Bln./DDR 1980).

LITERATUR: R. P. Winnington-Ingram, *E. and Dionysus*, Cambridge 1948. – H. Diller, *Die »Bakchen« u. ihre Stellung im Spätwerk d. E.* (in Abh. d. Ak. d. Wiss. Mainz, geistes- u. sozialwiss. Kl., 1955, 5). – T. Ciresola, *Le »Baccanti« di E.*, Saronno 1957. – E. R. Dodds, *»Bacchae«*, Oxford 1960 [Komm.]. – A. Lesky, *Die tragische Dichtung der Hellenen*, Göttingen ³1972, S. 484–499. – W. Sale, *Existentialism and E. Sickness, Tragedy and Divinity in the »Medea«, the »Hippolytus« and the »Bacchae«*, Berwick/Victoria 1977. – B. Gallistl, *Teiresias in* den »Bakchen« des E., Würzburg 1979. – C. Segal, *Dionysiac Poetics and E.' »Bacchae«*, Princeton/N.J. 1982. – H. Oranje, *E.' »Bacchae«. The Play and Its Audience*, Leiden 1984 (Mnemosyne, Suppl. 78).

ĒLEKTRA

(griech.; *Elektra*). Tragödie des EURIPIDES; mit einiger Gewißheit auf das Frühjahr 413 v. Chr. datierbar. – Der Mythos von den verstoßenen Königskindern Elektra und Orestes, die die Ermordung ihres Vaters Agamemnon auf Geheiß Apolls an den Mördern Klytaimestra und Aigisth rächen, war bereits im Jahre 458 von AISCHYLOS in den *Choephoren* dramatisiert worden. Während bei ihm Orest im Zentrum der Tragödie steht, haben SOPHOKLES und Euripides Elektra die Hauptrolle zugewiesen. Das Abhängigkeitsverhältnis dieser beiden *Elektra*-Dramen ist noch ungeklärt, doch scheinen die besseren Argumente für die Priorität der Sophokleischen Elektra zu sprechen.

Gleich der Prolog (V. 1–111) zeigt die für das Spätwerk des Euripides typischen Variationen der Vorlage: Elektra lebt nicht, wie bei Aischylos, am Hofe der Atriden; man hat sie einem armen, aber edelgesinnten Landmann in einem argivischen Bergdorf zur Frau gegeben, der sie aus Scheu unberührt läßt. Orest kommt in seine Heimat zurück, geht aber nicht in die Stadt, wo man ihn erkennen könnte, sondern sucht auf dem Lande seine Schwester, um gemeinsam mit ihr den Auftrag Apolls auszuführen. Die an den Prolog anschließende Monodie und der lyrische Dialog der Parodos (V. 112–212) sind ganz durch die Charakterisierung der Protagonistin und des Milieus geprägt: Elektra sehnt den Bruder herbei und beklagt den toten Vater; sie will nicht mit den Frauen des Dorfs auf einem Fest zu Ehren Heras tanzen. Ihrer Klage hören Orest und sein Begleiter Pylades in einem Versteck zu.

Im ersten Epeisodion (V. 213–431) läßt Euripides die Geschwister zusammentreffen. Orest gibt sich jedoch noch nicht zu erkennen, sondern spielt vor Elektra die Rolle des Vertrauten ihres Bruders, dem sie all ihr Unglück berichten kann. Der Landmann kommt hinzu und lädt die Fremden in seine Hütte. Da es an Speise fehlt, schickt man zu einem befreundeten alten Mann, der bereits im Dienste Agamemnons war. – Das zweite Epeisodion (V. 487–698), das auf ein nur lose in den dramatischen Ablauf eingegliedertes erstes Stasimon (Standlied des Chores, V. 432–486) folgt, hat Euripides aus der für ihn typischen Motivkombination Anagnorisis (Erkennungsszene, V. 487–595) und Mechanema (Intrige, V. 596–698) gebaut: Der alte Mann kommt mit Speisen und berichtet, er habe am Grabe Agamemnons Opfergaben gefunden, die von Orest stammen. Doch die schon im Aischyleischen Drama verwendeten Erkennungszeichen, Locke, Fußspur und Gewand, erkennt die Euripideische Elektra, streng rational argumentierend, nicht an. Erst als der Alte einen der Fremden durch eine Narbe als Orest zu identifizieren vermag, setzt der Jubel der Geschwister und des Chores ein. Doch sogleich wird beraten, wie man die Rache für den Vater vollziehen könne. Der Alte entwickelt Orest seinen Plan, Aigisth beim Opfer auf dem Lande zu töten, und Elektra schlägt vor, Klytaimestra unter dem Vorwand, sie solle für ein neugeborenes Kind der Tochter das Reinigungsopfer darbringen, in die Bauernkate zu locken. Während im Sophokleischen Drama Elektra, in gleicher Weise wie die Mörder Agamemnons, das Opfer der im Prolog exponierten Intrige wird und erst gegen Schluß des Stückes ihren Bruder wiederfindet, hat Euripides die Motivvermischung vermieden und die Wiedererkennung der Geschwister vor die Intrigenvorbereitung gestellt.

Auch das zweite Stasimon (V. 699–746), in dem der Chor den Mythos von Thyest und dem goldenen Widder besingt, hat den Charakter eines Embolimons (Intermezzo) und ist nur lose mit dem dramatischen Geschehen verknüpft. Das folgende dritte Epeisodion (V. 747–1146) ist, wie das vorige, zweithemig: mit dem Botenbericht und der Schmährede Elektras wird die Aigisth-Linie abgebrochen (V. 747–961). Das zweite Thema ist Klytaimestra gewidmet (V. 962–1146). Noch bevor sie auftritt, erscheint Orest der Spruch Apolls, der den Muttermord befiehlt, plötzlich problematisch (V. 962–987). In einer Streitszene trägt Klytaimestra sodann ihre Verteidigung des Gattenmordes vor. Elektra weist ihre Argumente jedoch als unzureichend zurück, so daß Klytaimestra schließlich, unsicher geworden, einlenkt und mit ihrer Tochter ins Haus geht: während der Chor im dritten Stasimon (V. 1147–1164) der Ermordung Agamemnons gedenkt, vollenden die Geschwister – hinter der Szene – ihre Rachetat.

In der Exodos (V. 1165–1359) präsentiert Euripides die Mordtat vorderszenisch in einem lyrischen Dialog: Schreie Klytaimestras dringen aus dem Haus, der Chor kommentiert sie; die Rächer treten aus der Hütte, schildern und beklagen, was sie auf Apolls Befehl getan haben (V. 1165–1232). Signifikant für Euripides ist die abschließende Szene (V. 1233–1359), in der die Dioskuren als *dei ex machina* das Geschehen deuten und die zukünftigen Wege weisen: nicht das Gesetz der Blutrache rechtfertigt Orest, nicht der Spruch des weisen Apoll, der im Aischyleischen Drama unbezweifelt gültig war, schützt die Geschwister. Die Schuld der von Apoll befohlenen Tat treibt sie auseinander: Elektra wird mit Pylades ins Phokerland gehen und Orest vor den Erinyen zum Areopag nach Athen fliehen, wo ihm Entsühnung verheißen ist.

Um die Nuancen des Euripideischen Dramas zu verstehen, bedarf es genauer Kenntnis der Topik und der Entwicklung des Mythos. Bei HOMER ist Aigisth der Mörder Agamemnons, und er hat für die Tat seine Gründe. STESICHOROS setzt Klytaimestra an seine Stelle, PINDAR sucht Motive für ihr Tun, aber erst die Dramatiker am Ende des 5. Jh.s analysieren in Streitszenen die Argumente für und gegen den Gattenmord. Bei Homer erfüllt Orest das Gesetz der Blutrache, wenn er Aigisth erschlägt; erst im *Epischen Zyklus (Epikos kyklos)* taucht das Gebot Apolls auf, Agamemnons Ermordung auch an der Mutter zu rächen. Hier setzen Aischylos und Euripides an: Wie kann der Muttermord entsühnt werden? Wie kann der weise Gott solch wenig weisen Befehl geben?

Auch die Personen des Dramas haben ihre Vorgeschichte. Während Orest, Klytaimestra und Aigisth schon bei Homer begegnen, findet man Elektra erst bei dem Lyriker XANTHOS. Aus dem selbstbewußten epischen Helden Orest wird bei Euripides ein zögernder junger Mann, dem der alte Mann und Elektra die Rachepläne entwerfen müssen. Elektra, ursprünglich das »unvermählte Mädchen«, erhält bei Euripides gleich zwei Männer, erst den Landmann und dann Pylades; sie wird mit ihrem entschiedenen Rachewillen die eigentliche Täterin und führt ihre Mutter ins Todeshaus. Klytaimestra hat ihre übermenschlich-unmenschlichen Züge verloren, die ihr bei Aischylos anhafteten; sie ist ein Mensch mit allen Schwächen und Fehlern, aber auch mit der Fähigkeit zur Reue geworden. Der alte Mann läßt sich in manchen Einzelzügen mit dem Herold Talthybios, dem Sophokleischen Pädagogen sowie der Amme bei Stesichoros und Aischylos vergleichen: Sie alle sind seit langem im Dienst der Atriden und haben die jungen Herrscher aufgezogen. Nur der Landmann ist offensichtlich eine Erfindung des Euripides, die ihm die Möglichkeit gab, seine Umwertung der gültigen Moral zu demonstrieren und dem Drama einen Hauch dörflicher Romantik zu geben. H.W.S.

AUSGABEN: Rom 1545 [1546?], Hg. P. Victorius. – Oxford ³1913 (in *Fabulae*, Hg. G. Murray,Bd. 2; mehrere Nachdr.). – Oxford 1939, Hg. J. D. Denniston [m. Komm.; Nachdr. 1960]. – Paris 1959 (in *Euripide*, Bd. 4, Hg. L. Parmentier u. H. Gregoire; m. frz. Übers.). – Oxford 1981 (in *Tragoediae*, Bd. 2, Hg. J. Diggle).

ÜBERSETZUNGEN: *Elektra*, F. H. Bothe (in *Werke*, Bd. 4, Bln./Stettin 1802). – Dass., nach d. Übers. v. J. J. C. Donner, bearb. v. R. Kannicht u. B. Hagen (in *Sämtl. Tragödien*, Bd. 1, Stg. 1958; ²1984; KTA). – Dass., E. Buschor (in *Sämtl. Tragödien*, Hg. G. A. Seeck, Bd. 3, Mchn. 1972; griech.-dt.). – Dass., D. Ebener (in *Tragödien*, Bd. 4, Bln./DDR 1977).

LITERATUR: W. Wuhrmann, *Strukturelle Untersuchungen zu den beiden Elektren u. zum euripideischen Orestes*, Diss. Zürich 1940. – Schmid-Stählin, 1/3, S. 487–501. – R. W. Corrigan, *The Electra Theme in the History of Drama*, Diss. Univ. of Minnesota 1955 [microf.]. – F. Stoessl, *Die »Elektra« des E.* (in RhMus, 99, 1956, S. 47–92). – K. v. Fritz, *Die Orestessage bei den drei großen griech. Tragikern* (in K. v. F., *Antike u. moderne Tragödie*, Bln. 1962, S. 113–159). – U. Albini, *L'»Elettra« di E.* (in Maia, 14, 1962, S. 85–108). – K. Matthiesen, *»Elektra«, »Taurische Iphigenie« und »Helena«*, Göttingen 1964. – A. Lesky, *Die tragische Dichtung der Hellenen*, Göttingen ³1972, S. 392–405. – A. Vögler, *Vergleichende Studien zur sophokleischen u. euripideischen »Elektra«*, Heidelberg 1967. – W. G. Arnott, *Double the Vision. A Reading of E.' »Electra«* (in Greece & Rome, 28, 1981, S. 179–192). – E. M. Thury, *E.' »Electra«. An Analysis Through Character Development* (in RhMus, 128, 1985, S. 5–22). – J. W. Halporn, *The Sceptical Electra* (in Harvard Studies in Classical Philology, 87, 1987, S. 101–118).

HEKABĒ

(griech.; *Hekabe*). Tragödie des EURIPIDES; Entstehungszeit ungewiß, wohl zwischen 428 und 418 v. Chr. anzusetzen. – Troia ist gefallen. Das siegreiche Griechenheer wird auf seiner Heimfahrt durch eine Flaute an der thrakischen Chersones festgehalten. Am Strand lagert die Schar gefangener troischer Frauen, die den Chor des Dramas bilden. In einem der Zelte sitzt Hekabe, einst Königin von Troia: fünfzig Kinder hat sie dem Priamos geboren, drei nur sind ihr geblieben, Kassandra, Polyxena und Polydor. Jetzt werden ihr auch noch die beiden jüngsten, Polyxena und Polydor, entrissen.

Bereits im Prolog (V. 1–58) nimmt der Geist des toten Polydor den Verlauf des Dramas vorweg: Die Griechen werden Polyxena am Grab des Achilleus opfern, um günstigen Fahrtwind nach Hellas zu erhalten, und am Strand wird man den Leichnam Polydors finden. In der anschließenden Parodos (V. 59–215) zeigt sich zum erstenmal in den Euripideischen Tragödien die vor allem der Personencharakteristik dienende Tendenz, das Chorlied zugunsten des Schauspielergesangs zurücktreten zu lassen. Gestützt auf einen Stab, von Dienerinnen geführt, tritt Hekabe auf, von nächtlichen Traum- und Schreckensgeschichten erschüttert. Der Chor, auf die belanglose Rolle eines Informanten beschränkt, erzählt von dem Beschluß der Heeresversammlung, Polyxena zu opfern, wie der tote Achill es verlangt: Was Hekabe geträumt hat, ist schreckliche Wirklichkeit geworden. In einer Monodie beklagt sie ihr Leid, ruft Polyxena aus dem Zelt und berichtet ihr in einem lyrischen Dialog von dem Plan der Griechen. Doch die Tochter jammert nicht, wie man erwarten würde, über ihr Los: Sie sieht nur die Not ihrer Mutter. Im ersten Epeisodion (V. 216–443) überbringt Odysseus als offizieller Vertreter die Forderung des Heeres. Hekabe beginnt ein verzweifeltes Ringen um das Leben der Tochter. Sie erinnert Odysseus daran, daß sie ihm selbst einmal das Leben gerettet hat; doch ihre Worte prallen von ihm ab (V. 229–333). Sie ermahnt Polyxena, demütig vor Odysseus niederzufallen. Aber das Mädchen – Euripides hat eine Vorliebe für die Opferbereitschaft junger Menschen – ist bereit zu sterben, um dem unwürdigen Sklavenleben zu entgehen. Hekabe will für ihre Tochter oder wenigstens mit ihr sterben; aber Odysseus lehnt auch dies ab. Besonnen setzt Polyxena dem

Streit ein Ende. Eine Abschiedsszene zwischen Mutter und Tochter beschließt das Epeisodion.

Das erste Stasimon (V. 444–483) verdeckt einen Zeitsprung: Zu Beginn des zweiten Epeisodions (V. 484–628) tritt Talthybios, der Griechenherold, zu der am Boden liegenden Hekabe und fordert sie auf, Polyxena zu bestatten. In breitem Botenbericht schildert er die einzelnen Stationen des Opfergangs: Aus freiem Entschluß und ohne Fesseln ist Polyxena gestorben, eine Heldin, die sogar den Beifall der Achaier gefunden hat. Auch Hekabe erkennt die hohe Gesinnung ihrer Tochter an. Sodann gibt sie ihre Anweisungen. Talthybios soll den Griechen die Weisung überbringen, das tote Mädchen nicht zu berühren; eine Dienerin wird zum Meeresstrand entsandt, um Wasser für die Totenwäsche zu holen. Nach dem kurzen zweiten Stasimon (V. 629–657), in dem der Chor von den Taten des Paris als dem Anfang allen Unglücks für Troer und Griechen singt, kommt im dritten Epeisodion (V. 658–904) die Dienerin zurück und bringt verhüllt den Leichnam Polydors, den sie am Strand gefunden hat. In halblyrischem Wechselgesang klagt Hekabe mit der Dienerin über die gräßliche Tat Polymestors, des Thrakerkönigs, in dessen Obhut Priamos seinen jüngsten Sohn mit reichen Schätzen gegeben hatte. Bei der Rache an Polymestor erhofft sie sich Hilfe von Agamemnon, dem Griechenkönig. Doch dieser, obwohl mit Kassandra liiert und, wie er glaubt, Hekabe verpflichtet, fürchtet den Spott des Heeres; aber er ist bereit, nichts dagegen zu unternehmen, daß die Troerinnen die Rachetat planen und Polymestor rufen lassen.

Die genrehaften Bilder im dritten Stasimon (V. 905–952) von den Ereignissen der letzten Nacht in Troia weisen bereits Elemente der späteren Lyrik des Euripides auf. Bei seinem Auftritt am Anfang des Schlußteils, der Exodos (V. 953 bis 1295), heuchelt Polymestor Mitleid mit Hekabes Geschick. Diese geht auf seine Verstellung ein: Unter dem Vorwand, sie wolle ihm und seinen Kindern die Lage eines troischen Schatzes erklären, trennt sie ihn von seinem Gefolge und lockt ihn in ein Zelt. Seine Habgier wird ihm zum Verhängnis. In wenigen Versen deutet der Chor an, was hinter der Szene geschieht (V. 1023–1033): Die Frauen blenden Polymestor und töten seine Kinder; Schreie sind zu hören, die vom Chor kommentiert werden; Hekabe stürzt heraus, hinter ihr taumelt Polymestor aus dem Zelt. Wie ein vierbeiniges Tier springt er über die Bühne, sucht die Frauen zu fassen, die ihn geblendet haben, schreit nach den Thrakern und den Achaiern um Hilfe. Auf die Rufe hin eilt Agamemnon herbei, und in seiner Gegenwart entspinnt sich ein Redekampf (Agon) zwischen Polymestor und Hekabe: Polymestor behauptet, Polydor getötet zu haben, um den Achaiern den möglichen Rächer zu beseitigen; Hekabe sieht den Mord an Polydor in der Habgier des Thrakers begründet. Agamemnon, der Schiedsrichter des Agons, stellt sich auf die Seite Hekabes. Voll Zorn schleudert Polymestor den beiden die Weissagungen des thrakischen Dionysos ins Gesicht: Hekabe wird, durch ihren Kummer wahnsinnig geworden, in einen Höllenhund mit Feueraugen verwandelt werden und, um einen Hügel streifend, den Seefahrern als Warnsignal dienen; Kassandra und ihr Liebhaber Agamemnon aber sollen von Klytaimestra ermordet werden. Der Griechenkönig läßt den lästigen Eiferer wegschaffen; Hekabe aber gebietet er die Bestattung ihrer Kinder. Schon regt sich günstiger Fahrtwind, der die Griechen nach Hause bringen wird.

Selten hat Euripides den Zuschauern so viele düstere Gestalten vor Augen geführt wie in diesem Drama. Sie üben nicht das leidige Geschäft des Krieges aus, sondern sie morden in einem Augenblick, wo der Krieg vorbei zu sein scheint. Selbst Hekabe, zu Beginn eine hilflose Greisin, wird schließlich zur rachsüchtigen Mörderin. Der Dichter zeichnet sie nicht so sehr als individuelle Person, er gibt vielmehr eine typologische Studie über die Wandlung des Menschen unter der Geißel eines furchtbaren Schicksals. Dabei erweist sich die scheinbar einfallslose Wiederholung des gleichen Motivs (Verlust eines Kindes), die zunächst ein Auseinanderfallen des Stücks in zwei Teile befürchten lassen könnte, als ein Mittel dramatischer Steigerung: Erst unter dem Übermaß des doppelten Leids wird die passiv Leidende zur Rächerin, die kaltblütig einen Mord plant und ausführen läßt.

Der griechischen Nachwelt hat die *Hekabe* anscheinend wenig zugesagt, was heute verständlich erscheinen mag. Dagegen schätzten die Dichter der römischen Republik das Stück, wie die *Hecuba* des ENNIUS und die gleichnamige Tragödie des ACCIUS einst bezeugten. Auch die Spätantike und die Byzantiner fanden daran Gefallen. ERASMUS hat das Werk ins Lateinische übertragen; in dieser Version führten Schüler MELANCHTHONS das Stück als erste auf deutschem Boden gespielte antike Tragödie in Wittenberg auf (1525 oder 1526).   H.W.S.

AUSGABEN: Venedig 1503 (in *Tragōdiai heptakaideka*, Bd. 1). – Venedig 1507 (*Hecuba*; lat. Übers. d. Erasmus v. Rotterdam). – Oxford 1902 (in *Fabulae*, Hg. G. Murray, Bd. 1; mehrere Nachdr.). – Turin 1937 (*L'Ecuba*, Hg. A. Taccone; m. Komm.). – Dublin 1946 (*Hecuba*, Hg. M. Tierney; m. Komm.). – Rom 1955 (*Ecuba*, Hg. A. Garzya; m. Komm.). – Paris ²1956 (in *Euripide*, Bd. 2, Hg. L. Méridier; m. frz. Übers.). – Oxford 1984 (*Hecuba* in *Tragoediae*, Bd. 1, Hg. J. Diggle).

ÜBERSETZUNGEN: *Hecuba*, W. Spangenberg, Straßburg 1605 (nach d. lat. Übers. d. Ersamus). – *Hekabe*, J. J. C. Donner (in *E.*, Bd. 1, Heidelberg 1841). – Dass., H. v. Arnim (in *Zwölf Tragödien*, Bd. 1, Wien/Lpzg. 1931). – Dass., nach d. Übers. v. J. J. C. Donner, bearb. v. R. Kannicht u. B. Hagen (in *Sämtl. Tragödien*, Bd. 1, Stg. 1958; ²1984, KTA). – Dass., E. Buschor (in *Sämtl. Tragödien*, Bd. 2, Mchn. 1972; griech.-dt.). – Dass., D. Ebener (in *Tragödien*, Bd. 2, Bln./DDR 1975).

LITERATUR: G. Perotto, L'»Ecuba« e le »Troadi« di Euripide (in Atene e Roma, 6, 1925, S. 264–293). – J. A. Spranger, The Problem of the »Hecuba« (in Classical Quarterly, 21, 1927, S. 155–158). – Schmidt-Stählin, I/3, S. 463–474. – W. Zürcher, Die Darstellung des Menschen im Drama des E., Basel 1947, S. 73–84. – W. H. Friedrich, E. u. Diphilos, Mchn. 1953, S. 30–46. – D. J. Conacher, E.' »Hecuba« (in AJPh, 82, 1961, S. 1–26). – W. Steidle, Zur »Hekabe« des E. (in WSt, 79, 1966, S. 133–142). – A. Lesky, Die tragische Dichtung der Hellenen, Göttingen ³1972, S. 329–338. – H. Kuch, Kriegsgefangenschaft u. Sklaverei bei E. Untersuchungen zur »Andromache«, »Hekabe« und den »Troerinnen«, Bln. 1974. – K. C. King, The Politics of Imitation. E.' »Hekabe« and the Homeric Achilles (in Arethusa, 18, 1985, S. 47–66). – D. Kovacs, The Heroic Muse. Studies in the »Hippolytus« and the »Hecuba« of E., Baltimore/Ldn. 1987.

HELENĒ

(griech.; *Helena*). Tragödie des EURIPIDES, aufgeführt an den Dionysien des Jahres 412 v. Chr. in Athen. – Euripides hat dem Drama eine Nuance des Mythos zugrunde gelegt, die auf den Lyriker STESICHOROS zurückgeht. Dieser hatte, so wird berichtet, die schöne Helena als bezaubernde, aber treulose Frau dargestellt und war zur Strafe dafür erblindet. In einer Palinodie erfand er sodann die Version, Paris habe Helena zwar geraubt, sei mit ihr aber nur bis Ägypten gelangt; dort habe König Proteus sie in Gewahrsam genommen, und Paris sei mit einem Phantom nach Troia gefahren. So sei die Gemahlin des Menelaos unberührt geblieben. Diese Tendenz, Helena von der Schuld des Ehebruchs zu befreien, verstärkt Euripides, indem er die Heldin zu Beginn des Prologs (V. 1–163) in einem Monolog berichten läßt, wie sie in das Ränkespiel der Götter geriet. Von Aphrodite wurde sie bei der Schönheitskonkurrenz der drei Göttinnen dem Paris als Belohnung für seinen Richterspruch ausgesetzt. Hera, die Schutzherrin der Ehe, ertrug diese doppelte Niederlage nicht und ließ Helena von Hermes nach Ägypten bringen; Paris mußte sich von allem Anfang an mit einem Trugbild begnügen. So blieb Helena rein, und Zeus konnte trotz allem seinen Plan durchführen, die Erde durch einen Krieg von der Überfülle an Menschen zu befreien. Wiederholt klingt – mitten im Peloponnesischen Krieg zwischen Athen und Sparta – das Paradoxe dieses blutigen Ringens an, das, von den Göttern inszeniert, um eines Phantoms willen entbrannte und zwei blühende Völker vernichtete. Der Exposition des Geschehens gilt der erste Teil des Dramas (V. 1–514). Helena hat – zu Beginn des Prologs – am Grabmal des Proteus Zuflucht vor dem zur Ehe drängenden Theoklymenos gesucht. Durch Teukros erfährt sie, welches Leid um ihretwillen über ihre Familie, die Griechen und die Troianer gekommen ist. Ihr Gemahl Menelaos wird als vermißt gemeldet. In der Monodie der Parodos (V. 164–251) und dem anschließenden lyrischen Dialog mit dem Chor beklagt sie ihr Geschick. Die erste Hälfte (V. 252–329) des ersten Epeisodions (V. 252–514) wiederholt in Sprechversen die Motive der Parodos: das Leben erscheint Helena sinnlos. Schließlich kann der Chor sie überreden, die Seherin Theonoe, Schwester des Theoklymenos, nach dem Schicksal des Menelaos zu fragen und ihre Hikesie (Flucht an den Altar) – die dramatisch bisher noch gar nicht relevant geworden ist – wiederaufzugeben. Beide verlassen nach einem lyrischen Dialog die Bühne. Damit bekommt in der Mitte des Epeisodions Menelaos die Möglichkeit, auf leerer Bühne in einem zweiten Prolog seine eigene Situation zu exponieren. In einer burlesken Szene wird der schiffbrüchige, in Lumpen gehüllte König zwar von einem alten Weib abgewiesen, aber er erhält immerhin die Information, er befinde sich in Ägypten und Helena weile im Palast. Ein abschließender Monolog offenbart die Auswegslosigkeit, in die ihn die neue Kunde und die Abweisung gestürzt haben. – Der zweite Teil des Dramas (V. 515–1164) beginnt mit dem Wiedereinzug des Chors, der von der Weissagung Theonoes singt, Menelaos lebe noch (V. 515–527). Die Fuge zwischen dem informierenden ersten Teil und dem für das Euripideische Alterswerk typischen Großepeisodion (V. 528 bis 1106) ist nur schwach markiert. In diesem Großepeisodion verbindet Euripides, was typisch für eine ganze Gruppe seiner Dramen ist, die beiden Motive Anagnorisis (Wiedererkennung) und Mechanema (Intrige). Bei der Begegnung der beiden Gatten sträubt sich Menelaos zunächst, in seinem Gegenüber Helena zu erkennen – er hat diese ja in Troia gesehen. Da erscheint ein alter Mann und meldet, Helena, um die man vor Troia gekämpft habe, sei gen Himmel aufgefahren. Nunmehr steht der Wiedersehensfreude, die sich in einem langen lyrischen Dialog äußert, nichts mehr im Wege. Wie aber sollen sie nun in die Heimat zurückgelangen? Nur eine List wird ihnen helfen, in die es freilich die allwissende Theonoe einzuweihen gilt: Menelaos soll ihm dann auf dem Meere das Totenopfer bringen. Den Abschluß des Mittelteiles bildet das weit hinausgerückte erste Stasimon des Dramas (V. 1107–1164), in dem der Chor vor Menelaos die unsinnigen Leiden der Troia-Expedition beklagt. – Die Durchführung der Intrige gilt der dritte Teil des Dramas (V. 1165–1692). Im dritten Epeisodion (V. 1165–1300) erscheint Theoklymenos: die Täuschung gelingt. Im Palast soll das Totenopfer vorbereitet werden. Auch das kurze vierte Epeisodion (V. 1369–1450), das dem intermezzoartigen zweiten Stasimon (V. 1301–1368) folgt, dient dieser Vorbereitung: Theonoe hat nichts verraten, Helena darf selbst auf das Meer hinausfahren, mit einem Schiff, das der »Bote« Menelaos befehligen soll. All dies gewährt Theoklymenos seiner, wie er glaubt, künftigen Braut. Im dritten Stasimon (V. 1451–1511), das auf Motive des Propemptikons (Geleitgedicht) zurückgreift, begleitet der Chor die Entfliehenden mit guten

Wünschen. In typischer Form tritt zu Beginn des Schlußteils, der Exodos (V. 1512-1692), ein Bote auf und meldet seinem Herrn den Betrug der beiden. Theoklymenos will den Verrat an seiner Schwester rächen, doch die Dioskuren als *dei ex machina* gebieten Einhalt und verkünden den Willen der Götter.

Es fehlt der Tragödie, so möchte man meinen, das eigentlich Tragische. Am ehesten kann man sie mit den Romanzen SHAKESPEARES vergleichen. Die heroische Unbedingtheit einer Medea oder das grausame Schicksal eines Hippolytos sucht man in den Euripideischen Dramen der Jahre um 412 vergeblich. Es ist Tyche, die Göttin des Zufalls, die ihr bisweilen hartes, aber doch glücklich endendes Spiel mit den Menschen treibt: Sie führt ihn in die Auswegloskeit, aber seine Wohlberatenheit löst die Wirrnisse. Hierin ist Euripides am Ende des 5. Jh.s ein Vorläufer hellenistischen Lebensgefühles geworden: Die Motivik der *Helena* findet ihre Fortsetzung in der Komödie und im Roman des Hellenismus. H.W.S.

AUSGABEN: Venedig 1503 (in *Tragōdiai heptakaideka*, Bd. 2). – Oxford ²1913 (in *Fabulae*, Hg. G. Murray, Bd. 3; mehrere Nachdr.). – Turin 1943 (*Elena*, Hg. G. Ammendola). – Groningen 1949, Hg. G. Italie, 2 Bde., [m. Komm.]. – Liverpool 1950 (*Helena*, Hg. A. Y. Campbell; m. Komm.). – Paris 1950 (in *Euripide*, Bd. 5, Hg. H. Grégoire, L. Méridier u. F. Chapouthier; m. frz. Übers.). – Lpzg. 1964, Hg. K. Alt [m. Bibliogr.]. – Heidelberg 1969 (*Helena*, Hg. R. Kannicht).

ÜBERSETZUNGEN: *Helena in Aegypten*, F. Nüscheler, Zürich 1780 [Prosa]. – *Helena*, Ch. M. Wieland (in *Neues attisches Museum*, Bd. 1, 1805, S. 47-158). – Dass., J. J. C. Donner (in *E.*, Bd. 2, Heidelberg 1845). – Dass., H. v. Arnim (in *Zwölf Tragödien*, Bd. 2, Wien/Lpzg. 1931). – Dass., J. J. C. Donner, bearb. v. R. Kannicht u. B. Hagen (in *Sämtl. Tragödien*, Bd. 1, Stg. 1958; ²1984; KTA). – Dass., E. Buschor (in *Sämtl. Tragödien*, Hg. G. A. Seeck, Bd. 4, Mchn. 1972; griech.-dt.). – Dass., D. Ebener (in *Tragödien*, Bd. 4, Bln./DDR 1977).

LITERATUR: H. Grégoire u. R. Goossens, *Les allusions politiques dans l'»Hélène« d'Euripide* (in Comptes Rendus de l'Académie des Inscriptions et Belles-Lettres, 1940, S. 206-227). – E. Buonaiuti, *»Elena«; Vita e morte nella tragedia greca* (in Religio, 1935, S. 263 f.; 315-320). – F. Solmsen, *Zur Gestaltung des Intriguenmotivs in den Tragödien des Sophokles und E.* (in Phil, 87, 1932, S. 1-17). – G. Busch, *Untersuchungen zum Wesen der ›tychē‹ in den Tragödien des E.*, Diss. Heidelberg 1937. – Schmid-Stählin, 1/3, S. 501-517. – W. Ludwig, *Sapheneia. Ein Beitrag zur Formkunst im Spätwerk des E.*, Diss. Tübingen 1954. – K. Matthiessen, *»Elektra«, »Taurische Iphigenie« und »Helena«*, Göttingen 1964. – G. Zuntz, *On E.' »Helena«: Theology and Irony* (in Entretiens sur l'Antiquité Classique, 6, 1958, S. 199-227). – A. N. Pippin, *E.' »Helen«, a Comedy of Ideas* (in Classical Philology, 55, 1960, S. 151-163). – K. Alt, *Zur Anagnorisis der »Helena«* (in Herm, 90, 1962, S. 6-24). – R. Kannicht, *E., »Helena«*, Heidelberg 1969. – A. Lesky, *Die tragische Dichtung der Hellenen*, Göttingen ³1972, S. 413-425. – S. Jaeckel, *Wahrheit und Trug in den Dramen des E.* (in Arctos, 11, 1977, S. 15-40).

HĒRAKLEIDAI

(griech.; *Die Herakliden*). Tragödie des EURIPIDES, entstanden vermutlich um das Jahr 430 v. Chr. (vielleicht auch erst 427). – Zu den mythischen Ruhmestaten Athens zählte, wie wir aus HERODOT wissen, unter anderem der Schutz der von Eurystheus verfolgten Herakles-Kinder sowie die gewaltsame Rückforderung der vor Theben gefallenen Helden. Diese Stoffe sind, nachdem sie schon AISCHYLOS in zwei verlorengegangenen Dramen behandelt hatte, von Euripides in den *Herakliden* und den *Hiketiden* erneut aufgegriffen worden, nicht ohne Bezug zu den aktuellen Nöten Athens im Peloponnesischen Krieg. Ihrer motivischen Struktur nach gehören sie ebenso wie die *Andromache* und der *Herakles* zu den Hikesie-Dramen, deren Grundmodell sich etwa so beschreiben läßt: Menschen suchen in großer Not vor ihren Feinden Schutz an einem heiligen Ort (Asyl), wo sie dann schließlich, meist durch den Auftritt einer neuen Person, Rettung finden. Da Euripides die *Herakliden* um das Opfermotiv bereichert hat, ist die formale Gestalt des Dramas etwas schwer zu durchschauen.

Das Expositionsbild des Prologs (V. 1-72) zeigt Iolaos, den einstigen Gefährten des Herakles, mit dessen Söhnen hilfesuchend am Götteraltar in Marathon, während Herakles' Mutter, Alkmene, mit den Mädchen im Tempel selbst Schutz gesucht hat. Der unmittelbar nach dem Expositionsbericht auftretende Abgesandte des feindlichen argivischen Herrschers Eurystheus schreitet sogleich auf Gewalttat und stößt Iolaos vom Altar. Auf seinen Hilferuf hin eilt der Chor herbei: Das Einzugslied des Chores, die Parodos (V. 73-119), ist in das dramatische Geschehen integriert. Da in der dialogischen Auseinandersetzung zwischen dem Chor und Iolaos einerseits und dem argivischen Gesandten andererseits die Hauptgestalten schon vorgestellt sind, kann mit dem Auftritt des – von seinem Bruder Akamas begleiteten – athenischen Königs Demophon, der das erste Epeisodion (V. 120-352) einleitet, nach kurzer Information durch den Chor sogleich die agonale Auseinandersetzung der Herakliden, Iolaos weist dieses unrechtmäßige Verlangen zurück und bittet Demophon mit gewichtigen Argumenten, sie nicht dem Feinde preiszugeben. Demophons zustimmende Antwort mündet in ein für den Agon typisches Streitgespräch: Unter Kriegsdrohung zieht sich der Argiver zurück. Iolaos' Dank und Demophons Bereitschaft, sich aktiv für die Rettung der Bittflehenden einzusetzen, beschließen diese Szene. – Im zweiten Epeisodion (V. 381–607) wird diese Bereitschaft Demophons zwar noch einmal erneuert, doch sogleich in ihrer Wirksamkeit aufgehoben, indem eine bisher unbekannte Bedingung für die Rettung genannt wird: Aus alten Orakelsprüchen geht deutlich hervor, daß allein das Opfer einer Jungfrau den rettenden Sieg im Kampf gegen die Argiver ermöglicht. Diese recht fremdartig wirkende Bedingung ist nur als Ausdruck einer bestimmten dramaturgischen Absicht des Dichters verständlich: Die Hilfe sollte nicht von der motivbedingten Rettergestalt, nämlich Demophon, kommen, sondern, in pointierter Vertauschung der Rollen, von den hilflos Bittenden selbst. Bei Demophons Weggang nämlich tritt Makaria, eine der Herakles-Töchter, aus dem Tempel und erklärt sich, nachdem sie die neue Lage erfahren hat, bereit, freiwillig zu sterben. Mit diesem Opfermotiv, mag es auch in den *Herakliden* nicht befriedigend in den Gesamtgeschehensablauf eingefügt sein, werden Gedanken angeschlagen, die das Werk des Euripides von der *Alkestis* bis zur *Helena* immer wieder entscheidend mitbestimmen. Ein kontrastierendes Pendant zu Makarias heroischem Opfermut bringt das dritte Epeisodion (V. 630–747). Iolaos, Herakles' alter Waffengefährte, der durch den Herakles-Sohn Hyllos vom bevorstehenden Kampf gegen die Argiver gehört hat, will unbedingt am Gefecht teilnehmen, obwohl er vor Altersschwäche nicht einmal mehr seine Waffen tragen kann; ein Diener muß ihn in den Kampf schleppen: Das Tragisch-Heroische spiegelt sich in komischer Brechung. Das vierte Epeisodion (V. 784–891) trägt den für die Hikesie-Dramen ebenfalls typischen Siegesbericht nach, freilich – was befremdet –, ohne daß auf Makaria und ihren Anteil an diesem Sieg noch einmal verwiesen wird. Die etwas verstümmelt überlieferte Exodos (V. 928 ff.) endlich zeigt – als eindrucksvolles Gegenbild zur Expositionsszene – den besiegten Eurystheus zusammen mit der triumphierenden Alkmene. In dieser Schlußkonfrontation werden noch einmal typisch Euripideische Gestalten einander gegenübergestellt: hier die an Medea gemahnende, von fanatischem Haß erfüllte Herakles-Mutter, dort der erbärmliche, einst so mächtige Eurystheus, dessen eigentliches Handlungsmotiv, wie jetzt deutlich wird, nur die Angst vor den hilflosen Herakles-Kindern war.

Die *Herakliden* haben in der Literatur keine große Resonanz gefunden, sieht man von Bodmers Epos *Makaria* ab. Daran mag einerseits ihre Zeitbedingtheit schuld sein – August Wilhelm von Schlegel hat abschätzig von *»Gelegenheitstragödien«* gesprochen (womit er auch die Euripideischen *Hiketiden* meinte) –; andererseits wird man geneigt sein, dafür auch die in manchem mangelhafte kompositorische Ausarbeitung verantwortlich zu machen. Daß dieses Manko auf einen Bearbeiter des folgenden Jahrhunderts zurückgehe, hat sich aber bis zum gegenwärtigen Zeitpunkt noch nicht bündig erweisen lassen. J. Kop.

Ausgaben: Venedig 1503 (in *Tragōdiai heptakaideka*, Bd. 2). – Oxford 1902 (in *Fabulae*, Hg. G. Murray, Bd. 1; mehrere Nachdr.). – Florenz 1939 (*Gli Eraclidi*, Hg. B. Calzaferri; m. Komm.). – Turin 1943 (Dass., Hg. A. Maggi; m. Komm.). – Paris 1947 (in *Euripide*, Bd. 1, Hg. L. Méridier; m. frz. Übers.). – Lpzg. 1972 (*Heraclidae*, Hg. A. Garzya). – Oxford 1984 (dass. in *Tragoediae*, Bd. 1, Hg. J. Diggle).

Übersetzungen: *Die Herakliden*, F. H. Bothe (in *Werke*, Bd. 3, Bln./Stettin 1802). – Dass., J. J. C. Donner (in *E.*, Bd. 3, Heidelberg 1852). – Dass., nach d. Übers. v. J. J. C. Donner, bearb. v. R. Kannicht u. B. Hagen (in *Sämtl. Tragödien*, Bd. 1, Stg. 1958; ²1984; KTA). – Dass., F. Stoessl (in *Die Tragödien u. Fragmente*, Bd. 1, Zürich 1958). – *Die Kinder des Herakles*, E. Buschor (in *Sämtl. Tragödien*, Hg. G. A. Seeck, Bd. 2, Mchn. 1972; griech.-dt.). – Dass., D. Ebener (in *Tragödien*, Bd. 3, Bln./DDR 1979).

Literatur: J. Schmitt, *Freiwilliger Opfertod bei E.*, Gießen 1921 (Religionsgeschichtliche Versuche u. Vorarbeiten, 17/2). – Schmid-Stählin, 1/3, S. 417–428. – G. Zuntz, *Is the »Heraclidae« Mutilated?* (in Classical Quarterly, 41, 1947, S. 46–52). – F. Stoessl, *Die »Herakliden« des E.* (in Phil, 100, 1956, S. 207–234). – H. Strohm, *E.*, Mchn. 1957, S. 50–63. – J. W. Fitton, *»The »Suppliant Women« and the »Herakleidai« of E.* (in Herm, 89, 1961, S. 430–461). – H. Förs, *Dionysos und die Stärke der Schwachen*, Diss. Tübingen 1964, S. 95–112. – A. Lesky, *Die tragische Dichtung der Hellenen*, Göttingen ³1972, S. 348–357. – P. Burian, *E.' »Heraclidae«. An Interpretation* (in Classical Quarterly, 72, 1977, S. 1–21). – A. Lesky, *On the »Heraclidae« of E.* (in Yale Classical Studies, 25, 1977, S. 227–238). – H. Erbse, *Über die »Herakliden« des E.* (in H. E., AS, Bln. 1979, S. 126–138).

HĒRAKLĒS

(griech.; *Herakles*). Tragödie des Euripides, entstanden etwa zwischen 421 und 415 v. Chr. – Im traditionellen Mythos waren die bekannten zwölf Arbeiten, die Herakles auf sich nehmen muß, als Sühne für seine Wahnsinnstat verstanden: den Mord an seinen eigenen Kindern. Euripides löst in seinem *Herakles* (der sich durch die Hauptgestalt mit Sophokles' *Trachiniai – Die Trachinierinnen*, durch seine Motivik mit dessen *Aias* berührt) diese kausale Verknüpfung des Geschehens auf und läßt die siegreichen Kämpfe des Helden der Mordtat vorausgehen, um so die Peripetie eines Heldenschicksals von anfänglicher Größe zu erniedrigender Demütigung aufzuzeigen. Diese – der *Andromache* vergleichbare – Sinnstruktur ergibt zwar eine gewisse Zweiteiligkeit der Form, doch wird das Drama einerseits durch die dominierende Stellung der Hauptgestalt, andererseits durch die motivische Beziehung der beiden Teile zusammengehalten. Bei diesem zwiefach verwendeten Zentralmotiv handelt es sich um das auch aus *Hērakleidai, Hiketides* und *Andromachē* bekannte Modell der Hikesie, das sich in seiner allgemeinsten Form als Rettung der an einen heiligen Ort (Asyl) geflüchteten Bittflehenden vor ihren Feinden darstellt.

Das Drama beginnt mit dem für die Hikesie typischen Expositionsbild. Es zeigt Herakles' Vater und Mutter, Amphitryon und Megara, sowie seine Kinder am Altar in Theben sitzend, wo sie vor dem Usurpator Lykos Schutz gesucht haben. In dem dialogisch gestalteten Prologgespräch zwischen Amphitryon und Megara (V. 1–106) wird in geraffter Form die Ausweglosigkeit der Situation geschildert; zugleich dient der Prolog dazu, die für das weitere Geschehen kennzeichnenden möglichen Grundhaltungen der Bittflehenden aufzuzeigen: hier Hoffnung auch in hoffnungslosester Lage (Amphitryon), dort Opferbereitschaft als einziger Weg, sich selbst treu zu bleiben (Megara). Dieser Dialog setzt sich im ersten Epeisodion (V. 140 bis 347) fort, nachdem sich mit dem Auftritt des Usurpators Lykos die Situation so sehr verschärft hat, daß die Notwendigkeit, sich für ein erniedrigendes Flehen um das Leben oder für einen ehrenhaften Tod zu entscheiden, unausweichlich wird; Megara und Amphitryon sind am Ende zum Tod bereit. Freilich, das Opfer, hier wie in den *Herakliden* in das Hikesiemotiv integriert, ist faktisch irrelevant und wird nur als moralische Demonstration wirksam, am Plan des Lykos vermag es nichts zu ändern. – Das zweite Epeisodion (V. 442–636) zeigt in dramatischer Engführung zunächst Megara, Amphitryon und die Kinder in Totenhemden auf ihrem letzten Weg und sodann, auf dem Höhepunkt ihrer Not, die einsetzende Gegenbewegung, die mit dem unerwarteten Auftritt des Herakles die Möglichkeit zur Rettung bringt. Auf seine erstaunte Frage wird Herakles nach kurzer Begrüßung in die gegenwärtige Situation eingeführt, woraus unmittelbar der Racheplan gegen Lykos entspringt. Da Lykos bei seinem Auftritt, der das kurze dritte Epeisodion (V. 701–762) einleitet, von Herakles' Ankunft noch nichts weiß, kann im folgenden Dialog zwischen ihm und Amphitryon, der, dem Racheplan entsprechend, allein aus dem Hause tritt, die Dialektik von Wissen und Nichtwissen dramatisch wirkungsvoll ausgespielt werden. Lykos will, da Amphityron sich weigert, endlich selbst die Todgeweihten aus dem Hause holen und läuft so dem wartenden Rächer direkt in die Arme. Lykos' Schreie aus dem Raum hinter der Szene lösen schließlich die erregte Spannung. – Statt des an dieser Stelle nun zu erwartenden Botenberichts über die Rachetat an Lykos erfolgt im vierten Epeisodion (V. 815–1015) als pointierte Umkehrung die Androhung der Rache an Herakles von seiten seiner ihm immer noch grollenden Stiefmutter Hera. Diese Drohung wird im Gespräch zwischen Iris und Lyssa deutlich, die im Auftrag Heras die Rachetat an Herakles zu vollziehen haben: Im Wahnsinn soll er Frau und Kinder umbringen. Dieser unerwartete Umschwung und seine etwas künstlich wirkende Motivation hat – wie in den *Herakliden* – die dramaturgische Funktion, den strahlenden Sieger auf dem Höhepunkt seines Wirkens (das ist der Rettung der Seinen) selber tragisches Opfer eines vernichtenden Anschlags werden zu lassen. Herakles' Rache an Lykos und Heras Rache an Herakles werden zu einer Einheit verschmolzen: Die Schreie des sterbenden Lykos verbinden sich mit den Schreien des klagenden Amphitryon; an die Stelle des erwarteten Siegesberichts über Lykos' schmähliches Ende tritt die Klage über Herakles' grausame Mordtat. Der umfangreiche Schlußteil, die Exodos des Dramas (V. 1089–1428), schildert in freier motivischer Anwandlung des im ersten Teil inszenierten Hikesie die Hilflosigkeit des vernichtenden Helden, der erwacht und nach und nach von seiner Tat erfährt. Der Rolle des Herakles als Retter im ersten Dramenteil entspricht jetzt die Rolle des Freundes Theseus. Im Gespräch mit ihm findet Herakles zu sich selbst zurück, indem er auch diese Tat als Teil seines Schicksalsweges versteht; mit Theseus, der einmal mehr als der strahlende athenische Helfer erscheint (vgl. *Hiketiden*), verläßt er die Bühne, um nach Athen zu gehen.

Welchen Eindruck das Stück bei seiner Aufführung hervorrief, wissen wir nicht; daß es in hellenistischer Zeit noch mehrfach gespielt wurde, ist überliefert. Die Gloriole eines »Zivilisationsheros« und Dulders hat wohl erst Euripides der Herakles-Gestalt verliehen, und vor allem der Dulder wurde dann für die Kyniker zu einem idealen Vorbild. Eine Nachdichtung unternahm erst SENECA mit *Hercules furens*, und diese Version hat die Kenntnis des Stoffes lebendig erhalten. J.Kop.

AUSGABEN: Venedig 1503 (*Hēraklēs mainomenos*, in *Tragōdiai heptakaideka*, Bd. 2, Anhang). – Bln. 1889; 2 1895 (*Euripides Herakles*, Hg. U. v. Wilamowitz-Moellendorff, 2 Bde.; m. Einl., Komm. u. Übers.; Nachdr. Darmstadt zul. 1979–1984, 3 Bde.). – Oxford 3 1913 (in *Fabulae*, Hg. G. Murray, Bd. 2; mehrere Nachdr.). – Paris 1950 (in *Euripide*, Bd. 3, Hg. L. Parmentier u. H. Grégoire; m. frz. Übers.). – Oxford 1981 (*Heracles* in *Tragoediae*, Bd. 2, Hg. J. Diggle).

ÜBERSETZUNGEN: *Der wütende Herkules*, F. H. Bothe (in *Werke*, Bd. 3, Bln./Stettin 1802). – *Der rasende Herakles*, J. J. C. Donner (in *E.*, Bd. 3, Heidelberg 1852). – *Herakles*, U. v. Wilamowitz-Moellendorff (in *Griechische Tragödien*, Bd. 1, Bln. 10 1926). – *Herakles*, nach d. Übers. v. J. J. C. Donner, bearb. v. R. Kannicht u. B. Hagen (in *Sämtl. Tragödien*, Bd. 1, Stg. 1958; 2 1984; KTA). – *Der Wahnsinn des Herakles*, E. Buschor (in *Sämtl. Tragödien*, Hg. G. A. Seeck, Bd. 3, Mchn. 1972; griech.-dt.). – *Herakles*, D. Ebener (in *Tragödien*, Bd. 3, Bln./DDR 1976).

LITERATUR: A. Ardizzoni, *L'»Eracle« di Euripide* (in Atene e Roma, 1937, S. 46–71). – E. Kroeker, *Der »Herakles« des E.*, Diss. Lpzg. 1938. – Schmid-

Stählin, 1/3, S. 430–449. – H. Drexler, *Zum »Herakles« des E.*, Göttingen 1943 (NGG, 1943/9). – W. Zürcher, *Die Darstellung des Menschen im Drama des E.*, Basel 1947, S. 90–107. – J. C. Kamerbeck, *Unity and Meaning of E.' »Heracles«* (in Mnemosyne, 19, 1966, S. 1–16). – A. Lesky, *Die tragische Dichtung der Hellenen*, Göttingen ³1972, S. 370–381. – M. Schwinge, *Die Funktion der zweiteiligen Komposition im »Herakles« des E.*, Diss. Tübingen 1972. – B. Effe, *Held u. Litratur. Der Funktionswandel des Herakles-Mythos in der griechischen Literatur* (in Poetica, 12, 1980, S. 145–166). – G. W. Bond, *»Heracles«*, Oxford 1981 [Komm.]. – R. Schlesier, *Der Stachel der Götter. Zum Problem des Wahnsinns in der euripideischen Tragödie* (in Poetica, 17, 1985, S. 1–45). – W. Desch, *Der »Herakles« des E.*, (in Phil, 130, 1986, S. 8–23).

HIKETIDES

(griech.; *Die Schutzflehenden*). Drama des EURIPIDES. – Die Datierung des Stückes ist ungewiß, sie schwankt zwischen den Jahren 424 und 416 v. Chr.; ein Ereignis des Peloponnesischen Krieges spricht für die Entstehung im Jahre 424: Die Boioter hatten damals die Herausgabe der athenischen Gefallenen verweigert. Den Mythos des Dramas hat bereits AISCHYLOS in den *Eleusinioi (Die Eleusinier)* behandelt. Nach dem Kampf der »Sieben gegen Theben« (vgl. *Hepta epi Thēbas*) weigert sich Kreon, die Leichen der Angreifer zur Bestattung freizugeben. Die Mütter der Sieben begeben sich daraufhin nach Athen und bitten Theseus um Unterstützung. Der athenische Nationalheros hilft den Flehenden und sorgt für die Bestattung der Gefallenen.

Das Euripideische Drama beginnt mit einem gestellten Bild. Aithra, die Mutter des Theseus, spricht den Prolog (V. 1–41); sie steht am Altar von Demeter und Kore in Eleusis und fleht um Segen für ihre Familie und ihr Land. Zu ihren Füßen lagern, als Chor des Dramas, die Mütter der Sieben mit ihrem Anführer Adrastos und erbitten den Beistand Athens: Theseus soll mit der Kraft seines Wortes oder Speeres den Thebanern die Leichen ihrer Kinder entreißen. Sieben Angreifer waren es, so kommen nun sieben Mütter nach Athen und erwarten ihre sieben Kinder zurück. Während ein Bote Aithras auf dem Wege zu Theseus ist, wiederholt der Chor im ersten Stasimon (V. 42–86) seine Bitten, deren Pathos sich schließlich zu einer rituellen Totenklage steigert. Die eigentliche Parodos, das Einzugslied des Chores, entfällt, daß der Chor zu Beginn des Dramas bereits auf der Bühne ist. Gleich zu Beginn des ersten Epeisodions (V. 87–364) erscheint Theseus, und es kommt zu der für die Hikesie-Dramen typischen Szene zwischen »Schutzflehendem« und »Retter«. In einer Stichomythie läßt sich Theseus von Aithra und Adrast die jetzige Situation und die Vorgeschichte des Zuges der Sieben erläutern: Aufgrund eines delphischen Orakelspruchs hat Adrast seine beiden Töchter einen »Löwen« und einem »Eber«, Polyneikes und Tydeus, zwei landflüchtigen Fremden, zur Ehe gegeben. Um den Schwiegersöhnen zu helfen, zog er, trotz der Warnung der Götter, mit in den Krieg gegen Theben. In einer ersten Bittszene trägt Adrast sodann, allerdings mit schwachen Argumenten, sein Anliegen vor; doch Theseus ist nicht gewillt, den Wunsch der Argeier zu erfüllen. Er ist ein moderner Herrscher, der an die Macht menschlichen Fortschritts und an die Vernunft glaubt: und aus dieser Sicht war das Unternehmen der Argeier dumm und frevlerisch. Schon will Adrast das eleusinische Heiligtum verlassen, da erinnert die Chorführerin den attischen König daran, daß er aufgrund der Blutsverwandtschaft zur Hilfe verpflichtet ist. Das ermuntert den Chor zu erneuten Bitten. Aithra verhüllt weinend ihr Haupt. Sie versteht am ehesten die Sorge der Mütter, und sie weiß auch, was ihrem Sohne dient: Es bringe einem Herrscher und seiner Stadt Ruhm und Ehre, die Rechte der Toten und der Götter gegen Frevler durchzusetzen; man werde ihn feige nennen, weil er nur auf der Jagd mit Ebern kämpfe, dem Streit mit den Waffen aber ausweiche. Theseus sieht die Einseitigkeit seiner vorigen Überlegung ein und revidiert seine Entscheidung: Unter der Voraussetzung, daß das Volk seinem Vorhaben zustimmt, nimmt er die Hikesie an.

Das zweite Stasimon (V. 365–380) überbrückt den Zeitraum dieses hinter der Szene gefaßten Entschlusses: Hoffnung und Sorge sind der Tenor des kleinen Liedes. Zu Beginn des zweiten Epeisodions (V. 381–597) kommt Theseus mit seinem Herold zurück, der mit der athenischen Forderung und einer entsprechenden Drohung nach Theben geschickt werden soll. Noch während er ihm seine Instruktionen erteilt, tritt ein thebanischer Herold auf, und es kommt zu einer Streitszene, einem Agon, der zweiten typischen Konstellation des Hikesie-Dramas: Der »Feind« meldet gegenüber dem »Retter« seine Ansprüche an. Nach einem Wortgefecht über die Vorzüge der Monarchie und der Demokratie trägt der Herold das thebanische Verbot vor, die Argeier aufzunehmen und ihre Rechte zu vertreten; auch er droht mit Krieg. Beherrscht und mit sicheren Argumenten weist Theseus auf das unkluge und frevelhafte Verhalten Thebens hin und nennt nun seinerseits dem Herold die athenische Forderung. Die folgende Streitstichomythie zeigt die Unvereinbarkeit der Standpunkte: die Waffen werden entscheiden müssen. Abermals überbrückt der Chor mit dem dritten Stasimon (V. 598–633) die Zeit während der hinter der Szene getroffenen Entscheidung. Zu Beginn des dritten Epeisodions (V. 634–777) eilt ein Bote herbei; er meldet den Sieg des Theseus und schildert den Verlauf der Schlacht. Besonders leuchtend wird die Humanität des Siegers hervorgeoben: Er verschont die besiegte Stadt und birgt selbst, ohne die Hilfe von Sklaven, die vor Theben liegenden Toten. Jubel und Klage bestimmen das kurze vierte Stasimon (V. 778–793): Siegreich kehrt der Herrscher Athens heim, doch er führt die Leichen der Kinder mit, die zu Beginn des vierten Epeisodions (V. 794–954) auf die Bühne getragen werden. Ein lyrischer Dialog des Adrast und der Mütter begleitet diese Aktion. Theseus kommt hinzu und fordert Adrast auf, eine *laudatio funebris* zu halten, welche die Menschen, nicht die Krieger ehrt. So sind es vornehmlich ethische Werte, die Adrast an Kapaneus, Eteoklos, Hippomedon, Parthenopaios und Tydeus rühmt. Der Chor der Mütter schließt mit wenigen Klagewortern die Eloge. Theseus gedenkt der fernen Toten Amphiaraos und Polyneikes, ordnet die Verbrennung der Leichen an und läßt dem Kapaneus ein besonderes Grabmal errichten. Während die Toten fortgetragen werden, bejammern im fünften Stasimon (V. 955–979) die Mütter ihr künftiges kinderloses Leben, das voll Gram und Klage sein wird. Das Grabmal des Kapaneus wird errichtet, und auf ihm erscheint zu Beginn der Schlußszene, der Exodos (V. 980–1234), Euadne, die Gattin des Helden, bekundet zunächst in einer Monodie, sodann in iambischem Zwiegespräch mit ihrem Vater Iphis, sie wolle mit ihrem toten Gemahl zusammen verbrannt werden, und stürzt sich in die Flammen. In einer zweiten Szene der Exodos tragen die Söhne der Gefallenen die Urnen auf die Bühne. Auch Theseus erscheint nochmals auf der Bühne. Athene kommt als *dea ex machina* hinzu: Theseus verpflichtet Adrast zur Dankbarkeit gegenüber Athen, Athene verlangt ein Eidesopfer auf das Bündnis mit Argos. Den Söhnen der Gefallenen aber verheißt sie, sie würden einmal Theben erobern und als »Epigonen« (vgl. *Epigonoi*) großen Ruhm gewinnen.

Es ist für den heutigen Leser schwer, dem Drama gerecht zu werden, da es mehr als andere Stücke die Kenntnis der Zeit des Peloponnesischen Kriegs und der politischen Situation voraussetzt und auf das Selbstverständnis Athens anspielt, das sich ein Zufluchtsort für die Verfolgten und ein Hort des Rechts zu sein rühmt. Der König des Dramas trägt unverkennbar die Züge des Perikles: Alle geistigen und sittlichen Werte sind in ihm vereint, das Volk tut, was er will, und er wiederum nimmt Rücksicht auf dessen Wohlergehen und Willen. – Zudem sind die *Hiketiden* der uns fremden Topik der Hikesie-Dramen unterworfen – dem Dreiecksverhältnis von Schutzflehenden, feindlichem Verfolger und hilfreichem Retter, e:nem Bezugssystem, das an die festen Formen der Bittreden, des Agons und der Dankeshymnen gebunden ist. Eine besondere Variante dieser Konstellation ist es, wenn in den Euripideischen *Hiketiden* die »Schutzflehenden« eigentlich gar nicht um Schutz flehen, sondern um eine Hilfeleistung bei der Bergung der Toten. Außerdem nahm das Drama Elemente des Epitaphios, der staatlichen Feier zu Ehren der im Kriege Gefallenen, auf, so die *laudatio funebris* mit ihrer Paränetik am Schluß und die anschließende Klage der Mütter. – Euripides hat am Ende des Archidamischen Krieges sicherlich aufnahmebereite Hörer gefunden. Die Tendenz dieses Zeitstücks hat aber nicht die Vertiefung erfahren, wie sie beispielsweise Aischylos in den *Persai* (*Die Perser*) gelungen ist,
und das mindert den Rang des Dramas. Diese Zeitbedingtheit dürfte auch der Grund dafür sein, daß es weder in der Antike noch in neuerer Zeit von einem Dramatiker neubearbeitet worden ist. H.W.S.

AUSGABEN: Venedig 1503 (in *Tragōdiai heptakaideka* 2 Bde.). – Oxford [3]1913 (in *Fabulae*, Hg. G. Murray, Bd. 2; mehrere Nachdr.). – Ldn. 1936 (*The Suppliant Women*, Hg. T. Nicklin; nach d. Ausg. v. G. Murray; m. Komm.). – Paris 1950 (in *Euripide*, Bd. 3, Hg. L. Parmentier u. H. Grégoire, m. frz. Übers.). – Groningen 1951 (*Smekende vrouwen*, Hg. G. Italie; m. Komm.). – Turin 1956 (*Supplici*, Hg. G. Ammendola; m. Komm.). – Oxford 1981 (*Supplices* in *Tragoediae*, Bd. 2, Hg. J. Diggle). – Lpzg. 1984 (*Supplices*, Hg. C. Collard).

ÜBERSETZUNGEN: *Die Flehenden*, F. H. Bothe (in *Werke*, Bd. 4, Bln./Stettin 1802). – *Die Schutzflehenden*, J. J. C. Donner (in *E.*, Bd. 3, Heidelberg 1852). – *Der Mütter Bittgang*, U. v. Wilamowitz-Moellendorff (in *Griechische Tragödien*, Bd. 1, Bln. [10]1926). – *Die Schutzflehenden*, nach d. Übers. v. J. J. C. Donner, bearb. v. R. Kannicht u. B. Hagen (in *Sämtl. Tragödien*, Bd. 2, Stg. 1958; [2]1984; KTA). – *Die bittflehenden Mütter*, E. Buschor (in *Sämtl. Tragödien*, Hg. G. A. Seeck, Bd. 3, Mchn. 1972; griech.-dt.). – *Die Hilfeflehenden*, D. Ebener (in *Tragödien*, Bd. 3, Bln./DDR 1976).

LITERATUR: Schmid-Stählin, 1/3, S. 449–462. – W. J. W. Koster, *De Euripidis »Supplicibus«* (in Mnemosyne, 3/10, 1942, S. 161–203). – B. Lavagnini, *Echi del rito Eleusinio in Euripide* (in AJPh, 68, 1947, S. 82–86). – G. Zuntz, *The Political Plays of E.*, Manchester 1955, S. 3–94; Nachdr. 1963. – Ders., *Über E. »Hiketiden«* (in MH, 12, 1955, S. 20–34). – J. W. Fitton, *The »Suppliant Women« and the »Herakleidai« of E.* (in Herm, 89, 1961, S. 430–461). – A. Lesky, *Die tragische Dichtung der Hellenen*, Göttingen [3]1972, S. 357–368. – C. Collard, *»Supplices«*, 2 Bde., Groningen 1975 [Komm.].

HIPPOLYTOS STEPHANĒPHOROS

(griech.; *Der bekränzte Hippolytos*). Tragödie des EURIPIDES; sie wurde an den Dionysien des Jahres 428 v. Chr. in Athen aufgeführt und brachte Euripides den Sieg im Tragikerwettkampf. – Im Zentrum des Dramas steht das »Potiphar-Motiv«: Phaidra, die kretische Prinzessin – am Hofe des Minos ist man vertraut mit Liebesskandalen – und Gemahlin des athenischen Königs Theseus, liebt ihren Stiefsohn Hippolytos und vernichtet durch eine falsche Anschuldigung sein Leben, als er ihrem Drängen nicht nachgibt. Dieser Mythos war bereits zweimal, von Euripides im *Hippolytos kalyptomenos* (*Der verhüllte Hippolytos*) und von SOPHOKLES in der *Phaidra*, dramatisiert worden; doch sind beide Stücke verlorengegangen. Euripides hatte Phaidra zunächst als schamlose und unbeherrschte Frau charakterisiert, die auf offener Bühne versucht, ihren Stiefsohn zu verführen (das hatte offensichtlich die Athener schockiert und das Drama durchfallen lassen). In der Sophokleischen *Phaidra* ist Theseus anscheinend seit langer Zeit mit seinem Freund Peirithoos in der Unterwelt, und es erscheint fraglich, ob er überhaupt zurückkommen wird: Phaidras Liebe entspringt also weniger einer triebhaften Unbeherrschtheit des Augenblicks als der Qual des Alleinseins.

Vor dem Hintergrund dieser beiden Stücke wird man das erhaltene Drame des Euripides betrachten müssen. Im Prolog (V. 1-120) tritt zunächst Aphrodite auf. Ihr Werk wird sein, was sich während des Dramas ereignet: Hippolytos, der sie durch seine schroffe Reinheit und Einseitigkeit verletzt hat, soll ihr Opfer, Phaidra das Werkzeug ihrer Rache werden. Beiden ist der Tod vorausbestimmt. Eine zweite Szene zeigt den keuschen Artemis-Diener Hippolytos, der die Göttin der Liebe mißachtet. Dann zieht der Chor ein, singt in der Parodos (V. 121-169) von der Krankheit seiner Herrin Phaidra und sucht nach Wegen zur Heilung. Zu Beginn des ersten Epeisodions (V. 170-524) erscheint Phaidra mit ihrer Amme. In einer ersten Szene demonstriert der Dichter ihr irres Wesen: Sie will jagen, will also in die Welt des Hippolytos einbrechen. Dessen Name fällt freilich erst in der folgenden Szene, im Zusammenhang mit der Frage nach der Ursache der Krankheit. Zweimal spricht ihn die Amme aus (V. 103; 352), und beide Male drückt sich die bestürzte Reaktion Phaidras auch dramaturgisch aus: Jedesmal zerreißt der bisherige Vers-für-Vers-Dialog in Versstücke, und jedesmal wechselt daraufhin die Gesprächsform, zuerst von der Rede zur Stichomythie, dann von der Stichomythie zur Rede. Die Konsequenz der offenen Enthüllung ihrer Krankheitsursache heißt für Phaidra, ganz anders als im früheren Drama: Tod, um den Gatten und die Kinder vor der Schande zu bewahren. Die Amme ist allerdings anderer Meinung, und nach einem erregten Dialog, in dem der Dichter noch einmal deutlich die edle Gesinnung Phaidras zeigt, verläßt sie die Bühne, um irgendwie – das Mittel ist Phaidra unbekannt – einen Ausweg zu suchen.

Vor Phaidra, die auf der Bühne bleibt, besingt der Chor im ersten Stasimon (V. 525-564) Eros als mächtigen, Zerstörung bringenden Herrn über die Menschen. Diese düstere Ahnung wird gleich zu Beginn des zweiten Epeisodions (V. 565-731) bestätigt: Phaidra vernimmt aus dem noch hinterszenischen Gespräch zwischen der Amme und Hippolytos die schmähliche Zurückweisung des kupplerischen Antrags der Amme. Auf der Bühne läßt Hippolytos seiner Entrüstung dann freien Lauf. Phaidra macht der Amme die heftigsten Vorwürfe; nachdem ihre frevlerische Liebe offenbar geworden ist, sieht sie endgültig nur noch den einen Ausweg: zu sterben. Aber zugleich wird sie auch noch einem anderen Unheil bringen. Auf leerer Bühne singt der Chor das zweite Stasimon (V. 732-775): er möchte in ferne Länder entfliehen, weil er ahnt, welches Unheil sich inzwischen vollzieht. Die Amme bestätigt die Ahnung zu Beginn des dritten Epeisodions (V. 776-1101) durch Rufe aus dem Palast: Phaidra hat sich erhängt. Da tritt Theseus auf, der nur für kurze Zeit abwesend war. Als er erfährt, was geschehen ist, beklagt er in einem lyrischen Wechselgesang mit dem Chor sein bitteres Leid. Die Entdeckung eines Briefs in der Hand seiner toten Gattin, in dem Hippolytos der Notzucht bezichtigt wird, wendet seinen Zorn gegen den Sohn: Mit bitteren Verwünschungen verflucht er den vermeintlichen Übeltäter. Dieser kommt hinzu, aber in der anschließenden Streitszene unterliegt er und wird von Theseus außer Landes gejagt. Der erste Teil des Fluchs hat sich damit erfüllt; die Erfüllung des zweiten und damit die Katastrophe wird in der ersten Szene der Exodos (V. 1151-1466), nach dem dritten Stasimon (V. 1102-1150), indirekt vorgeführt. Ein Bote stürzt auf die Bühne und meldet: Die Pferde des Hippolytos haben vor einem heiligen Stier Poseidons gescheut und ihren Herrn zu Tode geschleift. Mit einem Hymnos auf Aphrodite schließt der Chor diese Szene ab: Die Voraussage der Göttin im Prolog und die Anerkennung ihrer Macht durch den Chor rahmen die dramatischen Aktionen ein. – Noch ist freilich Theseus in seinem Irrtum befangen. Was in dem früheren Drama Phaidra vor ihrem Tode noch selbst gestanden hat, erläutert hier Artemis als *dea ex mchina*. Mit scharfen Worten klagt sie den Frevel des Theseus an – doch seine Tat ist zugleich Schuld Aphrodites. Erst eine Kultstiftung der Artemis zu Ehren des Hippolytos gebietet dem Klagen über das böse Treiben der Götter Einhalt. Mit dem Tode des Helden, der sterbend auf die Bühne getragen worden ist, endet das Drama. Euripides hat gegenüber dem früheren Stück die Rolle Phaidras stark abgewandelt. In Athen hat sie ihre Liebe zu Hippolytos geheimgehalten; nun aber, da Theseus für ein Jahr freiwilliger Verbannung mit ihr nach Troizen gegangen ist, wo Hippolytos im Hause seines Großvaters Pittheus lebt, unterliegt sie der Qual ihrer Leidenschaft. Schweigen, Enthaltsamkeit, Tod sind die Reaktionen der edlen Frau. Doch Aphrodite will es anders: Die Amme erfährt das Geheimnis und teilt es Hippolytos mit. Nach der Enthüllung bleibt Phaidra nur übrig, mit dem Tod die Konsequenz aus der offenbarten Schande zu ziehen. Ihren Edelmut hat Euripides so stark herausgearbeitet, daß für den Weg zurück in die Bahnen des tradierten Mythos, d. h. für Phaidras Racheakt, kaum mehr eine Motivation bleibt. Das drückt sich schon äußerlich aus: nur knappe vier Verse vor ihrem Tode gelten dieser Tat. – Hippolytos ist zwar der Titelheld, aber in völlig passiver Rolle, als Folie der Gestalt Phaidras, die zweifellos die stärkeren dramatischen Möglichkeiten bietet. Das beweisen nicht zuletzt auch die *Phaedra* des Römers SENECA (der seinem Stück allerdings die erste Euripideische Version zugrunde legte) und die dieser folgenden Dramen RACINES *(Phèdre)* und D'ANNUNZIOS *(Fedra)*, Abwandlungen des griechischen Vorbild, die nur einen Ausschnitt aus der Geschichte der ungeheuren Nachwirkung des Euripideischen Hippolytos-Stoffs repräsentieren, der, vor allem aufgrund der Grundkonstellation des Potiphar-Motivs, bis weit in hellenistisch-christliche Zeit hinein unmittelbar auf Literaturwerke aller Art (Romane, Legenden, Biographien, Erbauungsliteratur) ausstrahlte. H.W.S.

AUSGABEN: Florenz o. J. [ca. 1494–1496], Hg. I. Laskaris (in *Anthologia diaphorōn epigrammatōn* ..., 7 Bde.). – Bln. 1891, Hg. U. v. Wilamowitz-Moellendorff [m. Komm. u. Übers.]. – Oxford 1902 (in *Fabulae*, Hg. G. Murray, Bd. 1; mehrere Nachdr.). – Florenz 1942 (*Ippolito*, Hg. A. Taccone; m. Komm.). – Paris ²1956 (in *Euripide*, Bd. 2, Hg. L. Méridier; m. frz. Übers.). – Leiden 1958, Hg. A. G. Westerbrink [m. Komm.]. – Florenz ²1958 (*Ippolito*, Hg. G. Ammendola; m. Komm.). – Oxford 1964, Hg. W. S. Barrett [m. Komm.]. – Oxford 1984 (*Hippolytus* in *Tragoediae*, Bd. 1, Hg. J. Diggle).

ÜBERSETZUNGEN: *Hippolytus*, J. J. Steinbrüchel (in *Tragisches Theater der Griechen*, Zürich 1763). – *Hippolytos*, J. J. C. Donner (in *E.*, Bd. 1, Heidelberg 1841). – Dass., U. v. Wilamowitz-Moellendorf (in *Griechische Tragödien*, Bd. 1, Bln. [10]1926). – Dass., H. v. Arnim (in *Zwölf Tragödien*, Bd. 1, Wien/Lpzg. 1931). – Dass., nach d. Übers. v. J. J. C. Donner, bearb. v. R. Kannicht u. B. Hagen (in *Sämtl. Tragödien*, Bd. 1, Stg. 1958; ²1984; KTA). – Dass., E. Buschor (in *Sämtl. Tragödien*, Hg. G. A. Seeck, Bd. 1, Mchn. 1972; griech.-dt.). – Dass., D. Ebener (in *Tragödien*, Bd. 2, Bln./DDR 1975). – Dass., E. Buschor, Stg. 1987 (RUB).

LITERATUR: L. Méridier, »Hippolyte« d'Euripide, Paris o. J. [1931]. – M. Braun, *History and Romance in Graeco-Oriental Literature*, Oxford 1938, S. 44–93. – H. Herter, *Theseus und Hippolytos* (in RhMus, 89, 1940, S. 273–292). – W. B. Stanford, *The »Hippolytus« of E.* (in Hermathena, 63, 1944, S. 11–17). – Schmid-Stählin, 1/3, S. 379–390. – D. W. Lucas, »Hippolytus« (in Classical Quarterly, 40, 1946, S. 65–69). – B. M. W. Knox, *The »Hippolytus« of E.* (in Yale Classical Studies, 13, 1952, S. 1–31). – W. H. Friedrich, *E. u. Diphilos*, Mchn. 1953, S. 110–149. – M. Hadas, *Hellenistische Kultur*, Stg. 1963, S. 177–187. – H. Merklin, *Gott und Mensch im »Hippolytos« und den »Bakchen« des E.*, Diss. Freiburg i. B. 1963. – A. Lesky, *Die tragische Dichtung der Hellenen*, Göttingen ³1972, S. 313–326. – D. Mac Dowell, *Unintentional Homicide in the »Hippolytos«* (in RhMus, 111, 1968, S. 156–158). – W. Sale, *Existentialism and E. Sickness, Tragedy and Divinity in the »Medea«, the »Hippolytus« and the »Bacchae«*, Berwick/Victoria 1977. – A. Schmitt, *Zur Charakterdarstellung des Hippolytos im »Hippolytos« von E.* (in Würzburger Jbb., N.F. 3, 1977, S. 14–42). – B. Manuwald, *Phaidras tragischer Irrtum. Zur Rede Phaidras in E.' »Hippolytos«* (in RhMus, 122, 1979, S. 134–148). –

C. Wagner, *Vernunft und Tugend in E.' »Hippolytos«* (in WSt, N.F. 18, 1984, S. 37–51). – D. Kovacs, *The Heroic Muse. Studies in the »Hippolytus« and »Hecuba« of E.*, Baltimore/Ldn. 1987. – C. A. E. Luschnig, *Time Holds the Mirror. A Study of Knowledge in E.' »Hippolytus«*, Leiden 1988 (Mnemosyne Suppl., 102).

IŌN

(griech.; *Ion*). Tragödie des EURIPIDES, aufgrund dramaturgischer Besonderheiten in die Zeit zwischen *Helena* (412 und *Orest* 408 v. Chr.) zu datieren. – Der Mythos des Dramas führt in die Frühzeit der griechischen Stämme. Was Euripides der ihm vorliegenden Sage entnommen und was er selbst hinzugetan hat, läßt sich nicht mehr eindeutig ermitteln. Greifbar ist jedoch eine gewisse politische Tendenz, mit der er noch kurz vor dem Ende des Peloponnesischen Kriegs den Führungsanspruch Athens gegenüber den ionischen Städten rechtfertigen wollte. Kreusa, die Tochter der autochthonen athenischen Königs Erechtheus, und der Gott Apollon haben einen Sohn, der den Namen Ion erhält und zum Ahnherrn der Ioner wird. Später heiratet sie einen Bundesgenossen ihres Vaters, Xuthos, den Sohn des Aiolos (Äoler), und wird mit ihm, wie es die *dea ex machina* Athene prophezeit, zwei weitere Söhne haben, Doros und Achaios, die Ahnherren des dorischen und des achäischen Stammes. Athen wird also als Urheimat der reinblütigen, von den Göttern abstammenden Ioner dargestellt. Doch diese Tendenz bestimmt lediglich den Rahmen des Dramas, den Prolog und den Epilog der Götter. Im Zentrum der Tragödie stehen – für das Spätwerk des Euripides charakteristisch – die Menschen: Dem keineswegs allmächtigen Willen der Götter und dem tückischen Spiel der Tyche, des Zufalls, unterworfen, begegnen sie einander in einem Spiel gegenseitigen Nichtkennens und Verkennens.

Die dramatische Grundtopik bilden auch im *Ion* Anagnorisis (Wiedererkennen) und Mechanema (Intrige). Im Gegensatz zu den anderen Anagnorisis-Dramen *Elektra, Helena* und *Iphigenie bei den Taurern* betritt im *Ion* während des Prologs (V. 1–81) keine der beiden menschlichen Parteien die Bühne: Es ist ein reiner Götterprolog. Der Zeit und Raum überschauende Gott Hermes kommt im Auftrag seines Bruders Apollon nach Delphi. Er soll Kreusa und Xuthos, die Apoll wegen ihrer Kinderlosigkeit um Rat fragen wollen, Ion zuführen, den Diener des delphischen Heiligtums, den Kreusa in jungen Jahren dem Apoll geboren und dann ausgesetzt hat. Xuthos soll in Ion die Frucht eines eigenen Abenteuers früherer Jahre erkennen und ihn als Sohn und Erben mit nach Athen nehmen. So will es der Gott, damit sein Liebesabenteuer verborgen bleibe; aber die Rache der verletzten Frau durchkreuzt seinen Plan.

Die Eingangsszene der Parodos (V. 82–236) gehört zu den schönsten Stellen Euripideischer Lyrik:

In einem Rezitativ besingt Ion den heraufziehenden Tag und die Reinheit göttlichen Lebens; der Chor, als Gefolge des Königspaars aus Athen gekommen, zieht ein, voll Bewunderung für die delphischen Kunstwerke. All dies hat die Funktion der Milieuschilderung. Im ersten Epeisodion (V. 237–451) treffen Mutter und Sohn, ohne sich zu kennen, erstmals aufeinander. Ion fragt zunächst Kreusa nach ihrem Namen, ihrer Herkunft, ihrem Kummer, dann läßt sich Kreusa Auskunft geben. Als das Stichwort »Mutter« fällt, erzählt Kreusa von dem Liebesabenteuer, das angeblich eine Freundin mit Apoll gehabt habe – ihre eigene Geschichte. Xuthos kommt hinzu und berichtet von einem Orakelspruch, der ihm und Kreusa Kindersegen verheißt. Die Thematik dieser ersten Szenen bestimmt auch das erste Stasimon (V. 452–509), ein gesungenes Gebet des Chors an Athene und Artemis. Wie nach der Szenenoptik zu erwarten, kommt es auch im *Ion* im zweiten Epeisodion (V. 510–675) zu der erwarteten Kombination der Motive Anagnorisis (Wiedererkennen) und Mechanema (Intrige). In einem durch erregte Halbverse bestimmten Abschnitt findet Xuthos seinen vermeintlichen Sohn Ion wieder. Eine Schwierigkeit taucht auf: Wie wird sich die Stiefmutter Kreusa zu dem Bastard verhalten, der die Königsherrschaft Athens übernehmen soll? Eine List verspricht Hilfe: Xuthos wird seinen Sohn als Gastfreund mit nach Attika nehmen. Das zweite Stasimon (V. 676–724) deutet bereits an, welchen Verlauf das Drama nehmen wird: Der Chor hält zu Kreusa, er lehnt den neuen Herrn ab und wünscht ihm baldigen Untergang. Als Kreusa im dritten Epeisodion (V. 725–1047) mit einem alten Diener ihres Vaters auf die Bühne kommt und den Chor nach dem Orakelspruch Apolls fragt, erfährt sie, was der Chor von Xuthos gehört hat: Kreusa werde kein Kind vergönnt sein, dem Xuthos dagegen habe der Gott einen Sohn geschenkt. Der Greis malt Kreusa die ganze Bedeutung dieser Situation aus und gibt den Antoß zu einem zweiten Mechanema: Ion muß beseitigt werden. Erst da bricht in einer großen Klagearie aus Kreusa der ganze Schmerz der Entrüstung über den Verrat des Gottes hervor. Sie ist bereit, Ion mit einem altererbten Gift zu töten. Das dritte Stasimon (V. 1048–1105) lehnt sich in seiner Thematik wiederum eng an die Handlung an und leitet so zu dem Schlußteil, der Exodos (V. 1006–1622), über, die in zahlreiche Einzelszenen gegliedert ist. Zunächst meldet ein Diener dem Chor das Mißlingen des Anschlags. Kreusa stürzt herbei und flieht zum Altar. Ion verfolgt sie und droht, sie sogar am Altar zu töten. Da gebietet die Prophetin Apollons, die den kleinen Ion vor Zeiten aufgenommen hat, Einhalt; vor seiner Abreise will sie ihm das Körbchen übergeben, das sie einst bei dem Kind gefunden hat und das ihm helfen sollte, später seine Mutter wiederzufinden. Kreusa erkennt in dem Korb das Erkennungszeichen, das sie einst neben das ausgesetzte Kind gelegt hat, und nennt dem noch argwöhnischen Ion den dreifachen Inhalt. In einem halblyrischen Dialog bricht der Jubel des Wiedersehens hervor. Athene als *dea ex machina* bringt schließlich die nötige endgültige Klärung der Zusammenhänge und korrigiert die im Prolog von Hermes angekündigte Entwicklung des Geschehens. Ion wird zum Ahnherrn der ionischen Stämme in Asien und Europa werden; Xuthos aber soll sich in Athen weiterhin über das Wiedersehen mit seinem vermeintlichen Sohn freuen, ohne etwas von dem Liebesbund Kreusas mit dem Gott zu erfahren.

Die spielerische Verwendung der Motivkombination Anagnorisis-Mechanema verdeutlicht den Abstand, der das Drama von *Helena* und *Iphigenie bei den Taurern* trennt. Das zentrale Großepeisodion ist verschwunden, an seiner Stelle steht, wesentlich kürzer, die Pseudoanagnorisis Xuthos-Ion und die Intrige »Ion als Gastfreund des Xuthos«, die aber gar nicht durchgeführt werden kann. Auch das von der Gegenseite im dritten Epeisodion inszenierte Mechanema, mit dem die Mutter aus Unkenntnis den Sohn vernichten will, scheitert, und als nunmehr in der Exodos der Sohn der Mutter nach dem Leben trachtet, dient das rein zufällig herbeigebrachte Körbchen als Erkennungszeichen. Das einfache Nebeneinander der Motive Anagnorisis und Mechanema befriedigt Euripides, wie es scheint, nicht mehr: Ein verschlungener Weg führt vom ersten Zusammentreffen von Mutter und Sohn im ersten Epeisodion über Pseudoanagnorisis, vereitelte Mechanemata und offene Gewalt bis zu ihrer zweiten Begegnung in der Exodos – die Anagnorisis ist zum alles beherrschenden Hauptmotiv geworden. – Welchen Eindruck das verwickelte und handlungsreiche Drama auf das Publikum machte, ist nicht überliefert. Nachahmer und Bearbeiter hat es im Altertum nicht gefunden, sieht man davon ab, daß EUBULOS, ein Vertreter der sogenannten Mittleren Komödie, zwei Parodien (*Ion und Xuthos*) geschrieben zu haben scheint. Eine starke Resonanz fand es dagegen Ende des 18. und Anfang des 19. Jh.s in Deutschland, nachdem zuvor schon der Engländer WHITEHEAD in einer *Kreusa, Queen of Athens* den Stoff wiederaufgenommen hatte: BODMER verfaßte ein Epos *Kreusa*, SCHILLER, GOETHE und WIELAND – der 1803 eine Übersetzung veröffentlichte – zählten den *Ion* zu den besten Stücken des Euripides, und August Wilhelm von SCHLEGEL schuf eine freie deutsche Nachbildung (*Ion*, 1803). H.W.S.

AUSGABEN: Venedig 1503 (in *Tragōdiai heptakaideka*, Bd. 2). – Oxford ³1913 (in *Fabulae*, Hg. G. Murray, Bd. 2; mehrere Nachdr.). – Bln. 1926, Hg. U. v. Wilamowitz-Moellendorff [m. Komm.]. – Oxford 1939, Hg. A. S. Owen [m. Komm.; Nachdr. 1957]. – Leiden 1948, Hg. G. Italie [m. Komm.]. – Paris 1950 (in *Euripide*, Bd. 3, Hg. L. Parmentier u. H. Grégoire; m. frz. Übers.). – Florenz 1951 (*Ione*, Hg. G. Ammendola; m. Komm.). – Lpzg. 1979 (*Ion*, Hg. W. Biehl).

ÜBERSETZUNGEN: *Ion*, Ch. M. Wieland (in *Attisches Museum*, Bd. 4, Zürich 1803; einzeln: Lpzg.

1803). – Dass., J. J. C. Donner (in *E.*, Bd. 3, Heidelberg 1852). – *Jon*, H. v. Arnim (in *Zwölf Tragödien*, Bd. 1, Wien/Lpzg. 1931). – *Ion*, E. Staiger, Bern 1947. – Dass., nach d. Übers. v. J. J. C. Donner, bearb. v. R. Kannicht u. B. Hagen (in *Sämtl. Tragödien*, Bd. 2, Stg. 1958; ²1984; KTA). – Dass., E. Buschor (in *Sämtl. Tragödien*, Hg. G. A. Seeck, Bd. 4, Mchn. 1972; griech.-dt.). – Dass., D. Ebener (in *Tragödien*, Bd. 4, Bln./DDR 1977). – Dass., C. Klock, Stg. 1982 (griech.-dt.; RUB).

LITERATUR: F. Solmsen, *Zur Gestaltung des Intriguenmotivs in den Tragödien des Sophokles u. E.* (in Phil, 87, 1932, S. 1–17). – Ders., *E.' »Ion« im Vergleich mit anderen Tragödien* (in Herm, 69, 1934, S. 390–419). – M. F. Wassermann, *Divine Violence and Providence in E.' »Ion«* (in TPAPA, 71, 1940, S. 587–604). – Schmid-Stählin, I/3, S. 539–559. – W. H. Friedrich, *E. u. Diphilos*, Mchn. 1953, S. 10–29 (Zetemata, 5). – D. J. Conacher, *The Paradoxon of E.' »Ion«* (in TPAPA, 90, 1959, S. 20–39). – A. Lesky, *Die tragische Dichtung der Hellenen*, Göttingen ³1972, S. 425–437. – R. Leimbach, *E.' »Ion«. Eine Interpretation*, Diss. Ffm. 1971. – B. Ganger, *Gott und Mensch im »Ion« des E.*, Bonn 1977. – G. Mueller, *Bemerkungen zum »Ion« des E.* (in Würzburger Jbb., N.F. 9, 1983, S. 33–44). – G. Gellie, *Apollo in the »Ion«* (in Ramus, 13, 1984, S. 93–101). – M. Lloyd, *Divine and Human Action in E.' »Ion«* (in Antike u. Abendland, 32, 1986, S. 33–45).

IPHIGENEIA HĒ EN AULIDI

(griech.; *Iphigenie in Aulis*). Tragödie des EURIPIDES, wahrscheinlich postum an den Dionysien des Jahres 405 v. Chr. aufgeführt, zusammen mit den *Backchai* und dem verloreren *Alkmeon in Psophis*. – Das griechische Heer wird auf dem Zuge nach Troia im Hafen von Aulis festgehalten; Artemis hat eine lähmende Windstille über die Bucht verhängt. Nur durch die Opferung Iphigenies, der ältesten Tochter Agamemnons, so übermittelt der Seher Kalchas, werde die Göttin besänftigt werden und dem Heer die Weiterfahrt freigegeben. Euripides hat die Version des Mythos, derzufolge Artemis Agamemnon zürnte, weil er auf der Jagd eine Hirschkuh erlegt und sich gerühmt hatte, auch die Göttin könne nicht besser treffen, in einem entscheidenden Punkt variiert; indem er das Vergehen Agamemnons eliminiert und die Windstille wie ein Fatum hereinbrechen läßt, kann er die Personen frei auf die Forderung der Göttin und die Notwendigkeit der Situation reagieren lassen. Während im alten Mythos das Opfer Iphigenies die Schuld Agamemnons aufwiegen muß, rückt Euripides die Bewertung des kommenden Troiakrieges ins Zentrum und stellt das unschuldige Mädchen Iphigenie der Ehebrecherin Helena gegenüber. Je nach ihrem Wesen und ihrer Stellung müssen sich alle Personen des Dramas entscheiden: Agamemnon als Vater und Feldherr, der dem Gemahl Helenas durch einen alten Eid verpflichtet ist, Menelaos als Gemahl Helenas und Bruder Agamemnons, Klytaimestra als Mutter Iphigenies, Achill als Bräutigam wider Willen und jugendlicher Held voll Adel, besonders aber natürlich die Titelheldin Iphigenie. Den konstanten Charakteren Klytaimestra und Achill stehen dabei die konvertiblen Agamemnon, Menelaos und Iphigenie gegenüber. Psychische Flexibilität der Personen ist seit der *Medea* ja ein Hauptanliegen des Euripides gewesen, ungewohnt ist jedoch – das hat schon ARISTOTELES getadelt, dem das konstante Ethos Sophokleischer Figuren als Norm galt –, daß Euripides hier zwei völlig verschiedene Entscheidungen Iphigenies darstellt, ohne zwischen diesen beiden Haltungen eine psychologische Brücke herzustellen.

Der Prolog des Dramas (V. 1–164) – vielleicht unvollendet geblieben – weist keine der bei Euripides sonst begegnenden Formen auf: Ein informierender Monolog des Agamemnon (V. 49–114), der möglicherweise ursprünglich das Drama eröffnet hat, wird eingerahmt von dem ganz der Charakterzeichnung dienenden Dialog zwischen dem König und einem alten Diener Klytaimestras (V. 1–48; 114–164). Agamemnon hat – vor Beginn des Dramas – den Befehl gegeben, Iphigenie unter dem Vorwand ihrer bevorstehenden Verlobung mit Achill nach Aulis zu holen. Jetzt treiben ihn in der Nacht vor dem Zelt die Sorgen um (Anklang an den Beginn des zweiten Buchs der *Ilias*). Durch einen Brief, den der Alte überbringen soll, möchte er seine Weisung rückgängig machen: Mutter und Tochter sollen in Argos bleiben. – Auf die inzwischen leere Bühne ziehen in der Parodos (V. 165–302) die Choreuten ein – ein typisch Euripideischer Reisechor –, die gekommen sind, um die gewaltigen Heerscharen zu bewundern. Die Schilderung der Helden sowie, durch das trochäische Versmaß herausgehoben, der Schiffskatalog (wiederum eine Reminiszenz an das zweite Buch der *Ilias*) stimmen auf das Milieu des Heerlagers ein. Das erste Epeisodion (V. 303–542) hat sein Zentrum in der Auseinandersetzung zwischen den Brüdern Agamemnon und Menelaos. Dieser hat den Brief an Klytaimestra abgefangen und kommt mit dem Alten zusammen auf die Bühne geeilt. Es entwickelt sich ein Streit der beiden Brüder; als Menelaos bereits enttäuscht und unterlegen abgehen will, meldet ein Bote, Klytaimestra mit ihren Kindern Iphigenie und Orest seien gleich im Lager eintreffen. Eine zweite Szene zwischen den Brüdern kehrt nun plötzlich die Fronten um: Jetzt rät Menelaos, von Mitleid bewogen, Iphigenie nicht zu töten, Agamemnon dagegen fühlt den Zwang des Schicksals, der durch die Mitwisserschaft des Kalchas und Odysseus verstärkt wird. Man beschließt, das geplante Opfer Iphigenies vor Klytaimestra zunächst geheimzuhalten. Nach dem ersten Stasimon (V. 543–589), in dem der Chor ein Loblied auf die von Paris mißachtete Besonnenheit und das Maß in der Liebe singt, führt Euripides im zweiten Epeisodion (V. 590–750) Agamemnon, Klytaimestra und ihre Kinder zusammen. Dem ob des Wiedersehens freudigen Ungestüm Iphigenies begegnet Agamemnon traurig und verstört. Auch in der Szene zwischen den beiden Gatten, als Klytaimestra sich nach ihrem künftigen Schwiegersohn erkundigt, weicht Agamemnon der Wahrheit aus und versucht, seine Gattin zur Rückkehr nach Argos zu bewegen. Doch Klytaimestra bleibt. Auf das zweite Stasimon (V. 751–800), einer Vision des Chors vom Fall Troias, folgt das dritte Epeisodion (V. 801–1035) abermals mit einer neuen Personenkonstellation. Achill, der sich bei Agamemnon über den Verzug beschweren will, trifft auf Klytaimestra und erfährt erst durch sie von der geplanten Verlobung. Der alte Diener der Königin wiederum verrät den beiden Unwissenden, was Iphigenie in Wirklichkeit bevorsteht. Achill, der sich von Agamemnon in seiner Ehre gekränkt sieht, verspricht Klytaimestra, Iphigenie zu retten. Der Auftritt Achills liefert zugleich das Thema des dritten Stasimons (V. 1036–1096), in dem der Chor die Hochzeit der Thetis, der Mutter Achills, besingt und Iphigenies trauriges Los beklagt.

Reich an Szenen, in der vorliegenden Form allerdings nur zum Teil von Euripides, ist der Schlußteil, die Exodos des Dramas (V. 1098–1629). Abermals trifft Klytaimestra mit ihren Kindern auf Agamemnon. Aber weder die Argumente der Gattin noch die Bitten der Tochter, die lieber ohne Adel leben als edel sterben will, vermögen Agamemnon umzustimmen: Hellas zwingt ihn, diese Tat zu tun. In einer Monodie besingt Iphigenie ihr Leid, an dem letztlich nur Paris die Schuld trägt. In einer zweiten Begegnung mit Klytaimestra und Iphigenie berichtet Achill - in Halbversen, die die Erregung der Szene wiedergeben – von der Unruhe im Heer; er ist entschlossen, den drohenden Mord unter Einsatz seines Lebens zu verhindern. In diesem Moment gewinnt Iphigenie die ganze Größe Euripideischer Opfergestalten: Sie wird für Hellas sterben. Einer Würdigung dieses Entschlusses durch Achill folgt eine Abschiedsszene zwischen Mutter und Tochter, in einer Jubelarie Iphigenies endend. Nach dem Abgang Iphigenies hat in der ursprünglichen Fassung des Dramas Artemis als *dea ex machina* Klytaimestra mit der Verheißung getröstet, sie werde das Mädchen entrücken und statt dessen eine Hirschkuh schlachten lassen (drei Verse sind hiervon erhalten). Damit klang die Tragödie aus. Das Chorlied, das in der jetzigen Fassung die frohen Worte Iphigenies aufnimmt (V. 1510–1531), und der Botenbericht (V. 1532 bis 1629) sind spätere Zutat, wobei der Botenbericht nochmals verstümmelt wurde und – vielleicht erst in byzantinischer Zeit – erneut ergänzt worden ist.

Wenn man das Drama vielfach zu den Meisterschöpfungen des Euripides gezählt hat, so deshalb, weil man die Fülle der Nuancierungen empfand über die Euripides nunmehr bei der Darstellung der seelischen Valeurs verfügte, und weil man die geglückte Einheit bewunderte, zu der sich hier psychologische Gestaltung der Personen und dramaturgische Szenenführung zusammenfinden. Schon auf die Zeitgenossen scheint diese *Iphigenie* ihren Eindruck nicht verfehlt zu haben: Die aus dem Nachlaß des Tragikers zusammengestellte Trilogie errang bei ihrer Aufführung den ersten Preis. Von der Wiederaufführung der *Iphigenie* an den Dionysien des Jahres 341 lesen wir auf einer Inschrift. Vor allem aber hat offenbar die Euripideische Darstellung von Iphigenies Opfertod eine Fülle von Werken der bildenden Kunst zumindest mit angeregt, von denen das berühmteste einst ein Gemälde des Timanthes (um 400 v. Chr.) gewesen ist. Das nicht minder bekannte Wandgemälde aus der »Casa del poeta tragico« in Pompeji geht allerdings nicht, wie man teilweise geglaubt hat, auf das Bild des Timanthes zurück, sondern ist aus wenigstens drei verschiedenen Vorbildern zusammenkopiert, deren ältestes in frühhellenistischer Zeit (um 300) entstanden sein dürfte. Von literarischen Nachbildungen weiß man wenig; eine parodistisch-possenhafte Version stammte von dem Tarentiner RHINTON, eine tragische Bearbeitung von dem Römer ENNIUS. Für die Neuzeit hat RACINE das Thema wiederentdeckt, dessen *Iphigénie* (1674) GOTTSCHED 1732 ins Deutsche übertragen hat.

H.W.S.

AUSGABEN: Venedig 1503 (in *Tragōdiai heptakaideka*, 2 Bde.). – Ldn./NY 1891 (*The Iphigeneia at Aulis*, Hg. E. B. England; m. Komm.). – Oxford ²1913 (in *Fabulae*, Hg. G. Murray, Bd. 3; mehrere Nachdr.). – Lüttich 1952 (*Iphigénie à Aulis*, Hg. A. Willem; m. Komm.). – Turin ³1959 (*Ifigenia in Aulide*, Hg. G. Ammendola u. V. d'Agostino; m. Komm.). – Lpzg. 1988 (*Iphigenia Aulidensis*, Hg. H. C. Günther).

ÜBERSETZUNGEN: *Iphigenie von Aulis*, M. Papst, o. O. 1584. – *Iphigeneia in Aulis*, J. J. C. Donner (in *E.*, Bd. 2, Heidelberg 1845). – *Iphigenia in Aulis*, F. v. Schiller (in Thalia, 1789, 6/7). – *Iphigenie in Aulis*, H. v. Arnim (in *Zwölf Tragödien*, Bd. 2, Wien/Lpzg. 1931). – Dass., nach d. Übers. v. J. J. C. Donner, bearb. v. R. Kannicht u. B. Hagen (in *Sämtl. Tragödien*, Bd. 2, Stg. 1958; ²1984; KTA). – Dass., E. Buschor (in *Sämtl. Tragödien*, Hg. G. A. Seeck, Bd. 5, Mchn. 1977; griech.-dt.). – Dass., D. Ebener (in *Tragödien*, Bd. 6, Bln./DDR 1980). – Dass., nach d. Übers. v. J. J. C. Donner, bearb. v. C. Woyte, Stg. 1984 (RUB).

LITERATUR: B. Snell, *Aischylos u. das Handeln im Drama*, Lpzg. 1928, S. 148–160 (Phil Suppl., 20/1). – W. H. Friedrich, *Zur »Aulischen Iphigenie«* (in Herm, 70, 1935, S. 73–100). – A. N. W. Saunders, *A Modern Play by E.* (in Greece & Rome, 6, 1937, S. 156–164). – Schmid-Stählin, 1/3, S. 631–656. – A. Bonnard, *»Iphigénie à Aulis«. Tragique et poésie* (in MH, 2, 1945, S. 87–107). – V. Frey, *Betrachtungen zu E.' »Aulischer Iphigenie«* (ebd., 4, 1947, S. 39–51). – W. H. Friedrich, *E. u. Diphilos*, Mchn. 1953, S. 89–109. – H. Strohm, *E.*, Mchn. 1957, S. 137–146. – H. Vretska, *Agamem-*

non in E. »Iphigenie in Aulis« (in WSt, 74, 1961, S. 18–39). – H. M. Schreiber, *Iphigenies Opfertod*, Diss. Ffm. 1963 [m. Bibliogr.]. – A. Lesky, *Die tragische Dichtung der Hellenen*, Göttingen ³1972, S. 473–484. – G. Mellert-Hoffmann, *Untersuchungen zur »Iphigenie in Aulis« des E.*, Heidelberg 1969. – M. B. Arthur, *The Prologues of E.' »Iphigeneia in Aulis«* (in Classical Quarterly, 27, 1977, S. 10–26). – H. Neitzel, *Iphigeniens Opfertod. Betrachtungen zur »Iphigenie in Aulis« von E.* (in Würzburger Jbb., N.F. 6a, 1980, S. 61–70). – H. Siegel, *Self-delusion and the Volte-face of Iphigenia in E.' »Iphigenia at Aulis«* (in Herm, 108, 1980, S. 300–321). – C. A. E. Luschnig, *Time and Memory in E.' »Iphigenia at Aulis«* (in Ramus, 11, 1982, S. 99–104).

IPHIGENEIA HĒ EN TAUROIS

(griech.; *Iphigenie bei den Tauern*). Tragödie des EURIPIDES, Entstehungszeit unbekannt, aufgrund von Struktur und Motivik in die Nähe der *Helena* (412 v. Chr.) zu setzen. – Agamemnon hat seine älteste Tochter Iphigenie zu Beginn des Troiafeldzugs nach Aulis gerufen, angeblich, um sie mit Achill zu verloben, in Wahrheit, um sie der Artemis als Erstlingsgabe zu opfern und so günstigen Fahrtwind für seine Flotte zu erhalten. Dies war der Vorwurf je eines Iphigenie-Dramas von AISCHYLOS, SOPHOKLES und Euripides; erhalten ist davon lediglich die postum aufgeführte Euripideische *Iphigeneia hē en Aulidi (Iphigenie in Aulis)*. Doch wie so oft verlockte es Euripides auch beim Iphigenie-Stoff, den Mythos zu verlassen: Artemis, so erfahren wir in der *Taurischen Iphigenie*, hat das Opfer des Mädchens gar nicht gefordert – dies war eine Wahnidee des griechischen Sehers Kalchas. Die Göttin substituierte als Opfer eine Hirschkuh und entführte die mykenische Königstochter ins Land der Taurer im hohen Norden. Dort ist Iphigenie, umgeben von einem Chor griechischer Frauen, Priesterin eines barbarischen Kults der Artemis, der sie alle Fremden zu opfern hat, die das Land betreten. Der Troianische Krieg ist inzwischen vorüber, Klytaimestra hat ihren heimkehrenden Gemahl erschlagen und ist selbst unter dem Rachebeil der Kinder gefallen. Der Muttermörder Orest, gejagt von den Erinyen, hat nicht einmal auf dem athenischen Areopag endgültige Entsühnung finden können (vgl. die Aischyleische *Oresteia*) und ist nun auf Geheiß Apolls ins Taurerland gelangt, um eine Statue der Artemis nach Attika zu holen. Gelingt es ihm, soll er von der Heiligen Krankheit, der Epilepsie, die ihn seit dem Muttermord plagt, befreit werden.

Hier setzt der Prolog des Dramas (V. 1–122) ein. Die Protagonistin Iphigenie tritt auf und berichtet, wie aus ihr, der mykenischen Königstochter, eine menschenmordende Artemispriesterin im Barbarenland werden konnte. Ein Traum der letzten Nacht läßt sie erschaudern: Sie fürchtet, sie selbst könne Orest, den letzten Sproß des Atridenhauses, der Göttin geopfert haben; darum will sie ihm Totenopfer bringen. Als sie ins Haus gegangen ist, treten in einer besonderen Szene – so verlangt es das Sujet der Dramen, in deren Zentrum eine Wiedererkennungsszene steht – die Antagonisten Iphigenies, Orest und Pylades, auf. Sie entdecken den gesuchten Tempel, aber auch die Spuren gemordeter Griechen; daher wollen sie das Bild der Göttin erst in der Nacht entführen. – Die anschließende Parodos (V. 123–235) dient ganz dem Zweck, die Heldin zu charakterisieren: Ihre Gedanken gehen in die Ferne und sind voll Klage über ihre Verlassenheit. Die Traumvision wird ihr zu Gewißheit; der tote Bruder wird angesprochen und erhält seine Totenspenden. Der Chor hat in dem Eingangslied keine eigene Position, er antipsalmodiert, stellt das Leid Orests in die lange Kette des Atridenunheils, unter dessen Fluch auch Iphigenie ihr eigenes ungluckliches Leben sieht. Sehnsuchtsvoll schließt ihre Klage mit dem Wort »*Orestes*«. Im Mittelpunkt des ersten Epeisodions (V. 236–391) steht der Bericht eines Hirten über das seltsame Verhalten zweier Fremdlinge – der eine heißt Pylades, der andere scheint wahnsinnig zu sein –, die man am Strand ergriffen hat und nun der Artemis opfern will. Hartherzig, aber aus ihrer besonderen Situation verständlich, erscheint die Reaktion Iphigenies. Da sie ihren Bruder tot wähnt, soll die unbekannten Griechen Rache treffen, als wären sie Menelaos und Helena.

Zentrum des Dramas, nach dem von einer – für die »moderne Lyrik« des ausgehenden 5. Jh.s typischen – weitschwingenden dithyrambischen Bildersprache geprägten ersten Stasimon (V. 392 bis 455), ist das überdimensionale zweite Epeisodion (V. 456–1088), das von der Kombination der Motive Anagnorisis (Wiedererkennung) und Mechanema (Intrige) getragen wird. Man bringt Orest und Pylades gefesselt zum Heiligtum der Artemis. Iphigenie empfindet plötzlich Mitleid, fragt die Fremden nach Namen und Heimat – Orest verschweigt seinen Namen – und erkundigt sich nach Troia, nach den Helden und Opfern des Kriegs: Helena, Kalchas, Odysseus, Achill, Agamemnon, Klytaimestra, Iphigenie und Orest. Zum Dank für die Nachricht will sie den namenlosen Fremden mit einem Brief an einen Freund nach Argos senden; Orest verzichtet jedoch zugunsten des Pylades. Während Iphigenie im Haus ist, um den Brief zu holen, überlegen die Freunde, woher wohl die Priesterin stamme. Nochmals verzichtet Orest ausdrücklich auf seine Rückkehr und nimmt von Pylades Abschied; Apolls Auftrag, das Bild der Göttin zu holen, erscheint ihm als eine trügerische Falle (V. 643–722). Nach der Rückkehr Iphigenies wird mit vielen Worten die Erfüllung des Versprechens beschworen: Pylades wird den Brief zustellen und Iphigenie dem Überbringer sichere Rückkehr gewähren. Die Spannung ist auf ihrem Gipfel angelangt: Pylades müßte nunmehr gehen und Orest als Artemisopfer zurücklassen. Da fällt Pylades plötzlich noch ein, sich vom Eidesfluch entbinden zu lassen, falls er bei einem Schiffbruch den Brief verlieren sollte. Damit die Nachricht auf jeden Fall ankomme, verliest Iphigenie Adresse und Inhalt des Briefs: Es ist ein Lebenszeichen an den Bruder Orest, das sie schon vor langer Zeit geschrieben hat. Damit setzt die von ARISTOTELES in der *Poetik* so gelobte Anagnorisis ein. Pylades übergibt den Brief dem dabeistehenden Orest, der seiner noch zweifelnden Schwester sichere Erkennungszeichen aus ihrem Elternhaus nennt. Der Jubel der Geschwister findet in einem halb lyrischen Dialog seinen Ausdruck. Obwohl Pylades mahnt, an die Rettung zu denken, findet Iphigenies Fragen kein Ende: Sie will Auskunft über Elektra und Pylades, über Klytaimestra, über Orests Wahnsinn. Erst gegen Ende des Epeisodions (V. 1017) kommt Iphigenie auf die Aufforderung des Pylades zurück, erst hier tritt das Intrigenmotiv in den Vordergrund. Den Barbarenkönig Thoas zu morden oder bei Nacht zu fliehen lehnen die Geschwister ab; so müssen sie durch List einen Fluchtweg finden. Man wird Thoas sagen, Orest sei durch Muttermord befleckt und müsse zusammen mit dem Götterbild auf hoher See entsühnt werden, ehe Artemis ihr Opfer empfangen könne. Der zuhörende Chor wird zur Verschwiegenheit verpflichtet. In der Tat läßt sich Thoas in dem kurzen dritten Epeisodion (V. 1153–1233) täuschen und erteilt die Erlaubnis zu dem Plan: Die Griechen sollen samt dem Artemisbild von Knechten zum Meer geleitet werden; kein Bewohner des Landes soll zuschauen. Der Schlußteil, die Exodos (V. 1284–1496), ist noch einmal voll dramatischen Geschehens: Ein Bote stürzt herbei und sucht den König; der Chor will ihn wegschicken, aber Thoas tritt eben aus dem Tempel und erfährt von der gescheiterten Abfahrt der Griechen. Er erteilt Weisung, das Schiff festzuhalten. Da erscheint Athene als *dea ex machina* und lenkt ein. Die Verzögerung bei der Abfahrt scheint nur geschaffen, um den Auftritt der Göttin zu ermöglichen und der traditionellen Kultstiftung Raum zu geben: Poseidon wird die Geschwister auf wogenloser Meeresbahn heimgeleiten, damit Orest, befreit vom Wahnsinn, der Artemis Tauropolos in Halai einen Tempel erbaue und Iphigenie in Brauron, wenig südlich von Halai, als Priesterin der Artemis diene. Auch der Chor soll, als Dank für edle Gesinnung, die Freiheit wiedererlangen.

Damit schließt das Drama, das zu den schönsten des Euripides zählt. Man wird es eher eine Romanze als eine Tragödie nennen können: Euripides scheint sich um 412 in einer »untragischen« Schaffensperiode befunden zu haben. So lastet über dem Ausgang des Stücks nicht der Schatten von Leid und Tod: Die Freude des Wiedersehens und die Sehnsucht nach der Heimat lassen Töne aus einem anderen menschlichen Bereich erklingen; nicht eine rächende Erinys mordet die Mörder, sondern menschliche List und das Spiel des Zufalls, der Göttin Tyche, wirken zu einem amüsanten Spiel zusammen, in dessen lyrischen Partien die Vielfalt psychischer Bewegungen besonders deutlich hervortritt. – Die Wirkung des Stücks auf Mit- und Nachwelt scheint entsprechend groß gewesen zu sein, wie nicht nur verschiedene Nachdichtungen, sondern vor allem eine Fülle von Werken der bildenden Kunst zeigen; ja sogar auf mehrere Artemiskulte hat diese Euripideische Mythenvariation Einfluß ausgeübt. In der Neuzeit wirkte RACINES fragmentarische Bearbeitung der Tragödie sehr befruchtend; man kann geradezu von einer Renaissance des Stoffs reden. Den Höhepunkt dieser Wiederentdeckung brachte das Jahr 1779, in dem GOETHES *Iphigenie auf Tauris* und Glucks *Iphigénie en Tauride* auf die Bühne kamen.

H.W.S.

AUSGABEN: Venedig 1503 (in *Tragōdiai heptakaideka*, 2 Bde.). – Oxford ³1913 (in *Fabulae*, Hg. G. Murray, Bd. 2; mehrere Nachdr.). – Oxford 1938 (*Iphigenia in Tauris*, Hg. M. Platnauer; m. Komm.; mehrere Nachdr.). – Leiden 1940 (*Iphigenia in Taurië*, Hg. J. D. Meerwaldt, 2 Bde.; m. Komm.). – Turin 1948 (*Ifigenia in Tauride*, Hg. G. Ammendola; m. Komm.). – Mchn. 1949 (*Iphigenie im Taurerlande*, Hg. H. Strohm; m. Komm.). – Paris 1959 (in *Euripide*, Bd. 4, Hg. L. Parmentier u. H. Grégoire; m. frz. Übers.). – Lpzg. 1981 (*Iphigenia in Tauris*, Hg. D. Sansone). – Oxford 1981 (dass. in *Tragoediae*, Bd. 2, Hg. J. Diggle).

ÜBERSETZUNGEN: *Ifigenia in Tauris*, F. H. Bothe (in *Werke*, Bd. 5, Bln./Stettin 1803). – *Iphigeneia in Tauris*, J. J. C. Donner (in *E.*, Bd. 2, Heidelberg 1845). – *Iphigenie im Taurerlande*, H. v. Arnim (in *Zwölf Tragödien*, Bd. 2, Wien/Lpzg. 1931). – *Iphigenie bei den Taurern*, nach d. Übers. v. J. J. C. Donner, bearb. v. R. Kannicht u. B. Hagen (in *Sämtl. Tragödien*, Bd. 2, Stg. 1958; ²1984). – *Iphigenie im Taurerlande*, E. Buschor (in *Sämtl. Tragödien*, Hg. G. A. Seeck, Bd. 4, Mchn. 1972; griech.-dt.). – *Iphigenie im Lande der Taurer*, D. Ebener (in *Tragödien*, Bd. 4, Bln./DDR 1977). – *Iphigenie bei den Taurern*, nach d. Übers. v. J. J. C. Donner, bearb. v. C. Woyte, Stg. 1972 (RUB).

LITERATUR: F. Solmsen, *Zur Gestaltung des Intriguenmotivs in den Tragödien des Sophokles und E.* (in Phil, 87, 1932, S. 1–17). – G. Zuntz, *Die »Taurische Iphigenie« des E.* (in Die Antike, 9, 1933, S. 245–254). – F. Solmsen, *E.' »Ion« im Vergleich mit anderen Tragödien* (in Herm, 69 1934, S. 390–419). – A. Baschmakoff, *Origine tauridienne du mythe d'»Iphigénie«* (in Bull. de l'Association G. Budé, 64, 1939, S. 3–21). – Schmid-Stählin, 1/3, S. 519–533. – G. McCracken, *Topographica in E.* (in Mnemosyne, 3/9, 1941, S. 161–176). – W. Ludwig, *Sapheneia. Ein Betrag zur Formkunst im Spätwerk des E.*, Diss. Tübingen 1954. – K. Matthiessen, *»Elektra«, »Taurische Iphigenie« und »Helena«*, Göttingen 1964. – A. Lesky, *Die tragische Dichtung der Hellenen*, Göttingen ³1972, S. 405–413. – D. Sansone, *A Problem in E.' »Iphigenea in Tauris«* (in RHMus, 121, 1978, S. 35–47). – O. J. Brendel, *»Iphigenie auf Tauris«. E. und Goethe* (in Antike u. Abendland, 27, 1981).

KYKLŌPS

(griech.; *Kyklōps*). Satyrspiel des EURIPIDES, Entstehungszeit unbekannt, wahrscheinlich zum Spätwerk des Dichters gehörend. – Der *Kyklops* ist das einzige vollständig erhaltengebliebene Satyrspiel der Griechen und hat daher lange Zeit ausschließlich das Bild bestimmt, das man sich von dieser eigenartigen Gattung machte (die Versuche, die *Alkestis* gleichfalls als Satyrspiel zu interpretieren, waren nicht überzeugend). Seit man nun allerdings die Reste der *Diktyulkoi (Die Netzfischer)* des AISCHYLOS und der *Ichneutai (Die Spürhunde)* des SOPHOKLES kennt, mußte dieses Bild an entscheidenden Punkten korrigiert werden; insbesondere hat sich gezeigt, daß das Werk fast mehr typisch Euripideische als typisch gattungsbedingte Züge trägt.

Unter dem, was der speziellen Dramenart eigen ist, wirkt am auffälligsten der Chor der von ihrem Vater Silen angeführten bocksgestaltigen, pferdeschwänzigen Kobolde, die der Gattung des Satyrspiels den Namen gegeben haben und offenbar in keinem Stück fehlen durften. Dabei scheinen die Dichter eine feste Handlungstopik entwickelt zu haben, die es ihnen ermöglichte, diese burlesken Gesellen mit nahezu jeder Handlung zu verknüpfen. Die Satyrn, aus Haus aus Gefährten des Dionysos, sind in irgend jemandes Knechtschaft geraten (ihr jetziger Herr ist der Protagonist des Dramas), aus der sie nach manchen Abenteuern und Verwicklungen im Verlauf des Bühnengeschehens befreit werden. Im *Kyklops* bringt sie der Dichter auf diese Weise in Zusammenhang mit der aus HOMERS *Odyssee* (Buch 9) bekannten Geschichte von der Blendung des einäugigen Riesen Polyphem durch Odysseus. Die Satyrn sind aus ihrer Heimat nach Sizilien verschlagen, wo sie der Zyklop als Hirten in Fron genommen hat; die Tat des Odysseus befreit nicht nur ihn selbst und seine Männer aus der Gewalt des menschenfressenden Ungeheuers, sondern gibt auch jenen die Freiheit zurück.

Euripides mag an diesem Stoff wohl hauptsächlich aus dramaturgischen Gründen Gefallen gefunden haben; nur selten läßt sich die wechselseitige Bedingtheit von dramatischer Invention und bühnentechnischer Konvention so deutlich demonstrieren wie gerade an diesem Stück. Bei Homer muß Odysseus zu seiner List greifen, weil er mit seinen Gefährten in der Höhle des Riesen eingeschlossen ist; daß Polyphem die Männer verschlingt, ist ein Akzidens, das die Tat nicht auslöst, sondern nur besonders dringlich macht. Nun ist das griechische Theater eine Freilichtbühne – also scheidet die Höhle als Ort der Handlung von vornherein aus –, also fällt auch die ursprüngliche Motivation des Geschehens weg. Euripides muß den Mythos variieren: Odysseus blendet Polyphem, weil dieser seine Männer abschlachtet. Das »Requisit« Höhle wird allerdings nicht ganz ausgeschieden; es wird zum hinterszenischen Raum hinter der Bühnenwand (den »Kulissen«), wo sich die nach griechischer Tradition auf der Bühne nicht darstellbaren Ereignisse – Tötung der Gefährten und Blendung – abspielen, die auf der Bühne nur indirekt, im Bericht, wiedergegeben werden. Dieser äußeren »Umfunktionierung« in den dramatischen Elementen entspricht – das ist die eigentliche Pointe des Umwandlungsprozesses – zugleich eine innere, nämlich in der dramatischen Intention. Die märchenhafte Abenteuergeschichte erhält eine Färbung ins Ethische – dem wilden Barbaren tritt der von Menschlichkeit und Gesittung geprägte Grieche gegenüber (vgl. *Iphigeneia hē en Taurois – Iphigenie bei den Taurern* und *Helenē – Helena*). Freilich wird kein »humanes« Stück daraus, etwa im Sinne der *Hiketides (Die Schutzflehenden)*; der Hang zum effektvollen Ausmalen schauriger, blutig-grausiger Handlungsdetails, der sich im Euripideischen Spätwerk auch anderwärts findet (man denke an die *Bakchen*), bewahrt vieles von der archaischen Realistik, die der kruden Geschichte schon in der *Odyssee* anhaftet.

Im Vergleich zu den *Ichneutai* erscheint der *Kyklops* in einer typisch Euripideischen Weise theatralisch. Es fehlt ihm nicht nur die für das Sophokleische Satyrspiel bezeichnende ausgelassene Fröhlichkeit – an die Stelle des heiteren Ausspielens der mit dem Vorwurf gegebenen possenhaften Elemente tritt hier erdhafte Derbheit, die stark an die Alte Komödie erinnert (was auf unmittelbare Vorbilder wie die *Kyklōps*-Stücke des ARISTIAS und des EPICHARMOS oder die berühmten *Odyssēs* des KRATINOS deuten mag). Man vermißt vielmehr auch jene gewisse dramatische »Naivität«, die man von einem heiteren Stück im Gegensatz zum tragischen Werk erwarten würde: Der *Kyklōps* kann nicht verleugnen, daß der Stoff vom Dichter gründlich durchreflektiert worden ist. Das zeigt sich schon in der gewandelten dramaturgischen Konzeption; besonders aber tritt es in der Gestaltung des Titelhelden zutage, den man geradezu als komisch verzerrtes Muster des sophistischen Ideals vom Übermenschen bezeichnen kann, jenes Ideals einer auf das Naturrecht sich berufenden, Menschen- und Göttersatzung verachtenden Egozentrik, die auch in den Sophistendialogen PLATONS immer wieder zu Wort kommt: »*Mir ist Kronions Donnerkeil nicht schrecklich, Freund; / Kein stärkrer Gott auch scheint mir Zeus als ich zu sein . . . / Denn voll sich essen jeden Tag, voll trinken sich / Und sich um nichts abhärmen, das, das ist der Zeus, / Den weise Männer ehren. Die mit künstlicher / Gesetze Kram der Menschen Leben buntgefärbt, / Die mag der Henker holen!*« (V. 320–340; Ü: J. J. C. Donner). E.Sch.

AUSGABEN: Venedig 1503 (in *Tragōdiai heptakeideka*, Bd. 2). – Oxford 1902 (in *Fabulae*, Hg. G. Murray, Bd. 1; mehrere Nachdr.). – Paris 1945 (*Le cyclope*, Hg. J. Duchemin; m. Komm.). – Paris 1947 (*Le cyclope*, in *Euripide*, Bd. 1, Hg. L. Méridier; m. frz. Übers.). – Florenz 1952 (*Il ciclope*, Hg. G. Ammendola). – Lpzg. 1983 (*Cyclops*, Hg. W. Biehl). – Oxford 1984 (dass. in *Tragoediae*, Bd. 1, Hg. J. Diggle).

ÜBERSETZUNGEN: *Cyklop*, J. G. Ch. Höpfner (in Archiv der dt. Gesellschaft zu Königsberg, 1791; Forts. in Neues Magazin für Schullehrer, Bd. 1, 1792). – *Der Kyklop*, U. v. Wilamowitz-Moellendorff (in *Griechische Tragödien*, Bd. 8, Bln. 1905). – *Der Kyklop*, nach d. Übers. v. J. J. C. Donner, bearb. v. R. Kannicht u. B. Hagen (in *Sämtl. Tragödien*, Bd. 2, Stg. 1958; ²1984; KTA). – Dass., D. Ebener (in *Tragödien*, Bd. 6, Bln./DDR 1980). – Dass., G. A. Seeck (in *Sämtl. Tragödien*, Hg. ders., Bd. 6, Mchn. 1981; griech.-dt.).

LITERATUR: F. Hahne, *Zur ästhetischen Kritik des Euripideischen »Kyklops«* (in Phil, 66, 1907, S. 36–47). – R. Marquart, *Die Datierung des Euripideischen »Kyklops«*, Diss. Lpzg. 1912. – P. Waltz, *Le drame satyrique et le prologue du »Cyclope« d'Euripide* (in L'Acropole, 5, 1930, S. 278–295). – Schmid-Stählin, 1/3, S. 533–539. – J. Mewaldt, *Antike Polyphemgedichte* (in AWA, 83, 1946, S. 269–286). – H. Grégoire, *Le date du »Cyclope« d'Euripide* (in L'Antiquité Classique, 17, 1948, S. 269–286). – R. Kassel, *Bemerkungen zum »Kyklops« des Euripides* (in RhMus, 98, 1955, S. 279–286). – H. Förs, *Dionysos und die Stärke der Schwachen im Werk des Euripides*, Diss. Tübingen 1964. – A. Lesky, *Die tragische Dichtung der Hellenen*, Göttingen ³1972, S. 499–503. – W. Biehl, *Die quantitative Formgestaltung der trimetrischen Stücke in E.' »Kyklops«. Eine Formanalyse* (in Herm, 105, 1977, S. 159–179). – R. G. Usher, *»Cyclops«*, Rom 1978 [Komm.]. – J. Chalkia, *Fonctions narratives et substitutions dans le »Cyclope« d'Euripide* (in Hellenica, 31, 1979, S. 293–315). – R. Seaford, *»Cyclops«*, Oxford 1984 [Komm.]. – W. Biehl, *»Kyklops«*, Heidelberg 1986 [Komm.].

MĒDEIA

(griech.; *Medea*). Tragödie des EURIPIDES; entstanden 431 v. Chr. – Das Drama basiert auf dem Märchenmotiv von der Königstochter, die einem schönen Fremden hilft, Abenteuer und Gefahren zu bestehen, mit ihm zieht, später verstoßen wird und sich grausam rächt. Wie in den meisten Tragödien entstammt der Stoff auch dieses Dramas dem griechischen Mythos, hier: der Sage von der Fahrt der Argonauten (vgl. die *Argonautika* des APOLLONIOS RHODIOS). Aber schon in diesem zweiten der uns erhaltenen Stücke des Euripides sind alle die thematischen, dramaturgischen und gedanklichen Eigentümlichkeiten ausgeprägt, die ihn später mehr und mehr von den anderen Tragikern unterscheiden: so das für ihn spezifische Interesse an psychologischen Extremfällen; ein feststehendes Arsenal bevorzugter Szenen- und Motivtypen wie Bittszene (Hikesie), Intrige, »Lob Athens«, ausführliche und grellfarbige Botenberichte über grausige Vorgänge, rhetorisch gesteigerte Streitgespräche (Agone) und ähnliches; drittens schließlich überaus enge Beziehungen zum Gedankengut der rhetorisch-sophistischen »Aufklärung«, also zu den Fragen nach Wert und Wirksamkeit der menschlichen Vernunft, sei sie allgemein ein Mittel, der Wirklichkeit zu begegnen, sei sie im besonderen ein Werkzeug zu listiger Übertölpelung. All das sind Züge des Euripideischen Theaters, die sich schon in der *Medea* beobachten lassen.

So dient der Prolog (V. 1–130) mit dem Gespräch zwischen der Amme und dem Erzieher zwar vordergründig der Exposition der Vorgeschichte (Argonautenfahrt, Iasons Kampf um das Goldene Vlies, Medeias zauberkundige Hilfe, Liebe, Ehe und schließlich Zerwürfnis zwischen Iason und Medeia) und der unmittelbar drohenden Gefahren (König Kreon will Medeia aus Korinth ausweisen). Daneben aber beginnt schon hier mit der Beschreibung der von ihrem rasenden Schmerz gequälten Medeia die typisch Euripideische Studie eines Menschen, den ungeheure Affekte völlig außer sich geraten lassen; und in der Kritik der Diener an ihren Herren äußert sich der »aufklärerische« Gedanke, daß moralische Qualität nicht von der gesellschaftlichen Position eines Menschen abhängt. – Der folgende Auftritt (V. 271–356) des Kreon, in dem Medeia durch eine »Hikesie« erreicht, daß ihre Ausweisung um den einen entscheidenden Tag hinausgeschoben wird, bringt das reizvolle Spiel der Überwindung eines tölpelhaften Mächtigen durch die List des Machtlosen. Besonders vom Interesse für die möglichen Schattenseiten der Sophistik und Rhetorik geprägt ist das erste Gespräch zwischen Iason und Medeia (V. 446–626), das, aus zwei Paaren umfangreicher Reden und anschließendem raschem Wortwechsel gebildet, den Szenentyp des rhetorischen Agons repräsentiert und die Rhetorik zum Seitenthema hat: Iason versucht, seine Untreue als einen Akt der Fürsorge zu deuten und die empörte Medeia ihrer Unbesonnenheit wegen ins Unrecht zu setzen, doch Medeia entlarvt diesen sophistischen Versuch, »*das schwache Argument zu einem überzeugenden zu machen*« (PROTAGORAS, Frgm. 6b), mit einer eigenen Interpretation der Vergangenheit, die Iasons Beweisführung als pure Schönrednerei enthüllt – genau so könnte das in einem der Dialoge PLATONS (*Gorgias; Symposion* usw.) geschehen. Auch die Erwähnung der Diskrepanz zwischen Schein und Sein klingt an Fragestellungen der zeitgenössischen Philosophie an. In der Aigeus-Szene (V. 663–763), morphologisch einer Kombination aus Hikesie und dem bei Euripides häufigen »Motiv des durchziehenden Fremden«, verspricht der attische König Aigeus Medeia Asyl: Das gibt dem Dichter Gelegenheit, wie später noch häufiger (vgl. *Hiketides – Die Schutzflehenden*), die Gastlichkeit seiner Vaterstadt zu preisen. Wenn Medeia im folgenden zweiten Gespräch mit Iason (V. 866–975) sich scheinbar von ihrem Rachedurst lossagt und die von Iason empfohlene Vernunft lobt, um ihn so zur – unbewußten – Mithilfe bei der Verwirklichung ihrer Rachepläne zu veranlassen, hat sie sich tatsächlich der Vernunft zugewandt, aber nicht, wie Iason rät, der »vernünftigen« Ergebnung ins Unvermeidliche, sondern dem auf List und Klugheit beruhenden »Mechanema« –

wieder wird der vermeintlich Stärkere vom Schwächeren überwunden. Der Gegensatz von Leidenschaft und Vernunft prägt auch den Monolog der Medeia, in dem sie, überzeugt vom nunmehr sicheren Gelingen ihrer Rache an Kreon und seiner Tochter, sich zur Tötung ihrer Kinder entschließt (V. 1021–1080): Medeia verdammt einerseits ihr Vorhaben als Verbrechen und als etwas, das ihr selbst den größten Schmerz bereiten muß, sieht aber andererseits in dem Mord an ihren Kindern das einzige Mittel, um Iason endgültig zu vernichten. Dieser Kampf, in dem Medeia – bei vollem Bewußtsein und gegen ihr besseres Wissen – ihrer Leidenschaft unterliegt, gehört, wie Bruno SNELL gezeigt hat, in die Debatte zwischen Euripides und Sokrates über die Wirksamkeit der menschlichen Vernunft für das menschliche Handeln. – Die folgende Szene, in der Medeia nach dem detailliert grauenvollen Botenbericht vom Tod Kreons und seiner Tochter (V. 1121–1230) ihre Kinder im Palast tötet, schlägt eine Brücke zum Prolog: Hier, in dem Mord der Mutter an ihren Kindern, findet die im Eingang des Stücks begonnene szenische Analyse und Demonstration eines »pathologischen« Affekts ihren Höhepunkt. Diesen Mord hat erst Euripides in den Stoff eingeführt, richtungweisend für alle späteren Interpretationen des Themas: von SENECA über CORNEILLE und GRILLPARZER bis hin zu H. H. JAHNN und ANOUILH. Mit der Tötung wird Medeia endgültig zu einem mit menschlichen Maßen nicht mehr zu messenden Ungeheuer; so erscheint sie auch in der abschließenden Szene (V. 1293–1414) mit Iason: Sie triumphiert über ihren Gegenspieler, der die Zauberin nicht daran hindern kann, mit ihren toten Kindern auf dem Drachenwagen zu entfliehen. Wenn Medeia dann am Ende ihre Kinder im nahen Hera-Heiligtum bestatten will, so biegt der Dichter damit, wie später noch oft, in die mythologische Begründung eines Lokalkults ein – hier des tatsächlich zu Euripides' Zeit verehrten Heiligtums der Medeia-Kinder zu Korinth –, knüpft also am Schluß, allen »aufklärerischen« Tendenzen zum Trotz, wieder an vorgegebene Traditionen an. Doch das ist nur eine scheinbare Volte, die die Grundtendenz des Werks im Kontrast nur um so deutlicher hervortreten läßt.

K.J.

AUSGABEN: Florenz o. J. [ca. 1494–1496], Hg. J. Laskaris (in *Anthologia diaphorōn epigrammatōn*, 7 Bde.; zus. mit *Hippolytos, Alkēstis, Andromachē*). – Oxford 1902 (in *Fabulae*, Hg. G. Murray, Bd. 1; mehrere Nachdr.). – Bln. 1911 (*Medea*, Hg. E. Diehl; m. Scholien). – Ldn./Cambridge (Mass.) 1912 (in *Euripides*, Hg. A. S. Way, Bd. 4; m. engl. Übers.; Loeb; mehrere Nachdr.). – Florenz 1943 (*Medea*, Hg. A. Balsamo; m. Komm.). – Paris 1947 (in *Euripide*, Bd. 1, Hg. L. Méridier; m. frz. Übers.). – Florenz 1951 (*Medea*, Hg. G. Ammendola; m. Komm.). – Oxford ²1952 (*Medea*, Hg. D. L. Page; m. Komm.). – Paris 1970 (*Médée*, Hg. R. Flacelière). – Oxford 1984 (in *Tragoediae*, Bd. 1, Hg. J. Diggle).

ÜBERSETZUNGEN: *Medea*, J. B. v. Alxinger (in J. B. v. A., *Neueste Gedichte*, Wien 1794). – *Medeia*, J. J. C. Donner (in *E.*, Bd. 1, Heidelberg 1841). – *Medea*, H. v. Arnim (in *Zwölf Tragödien*, Bd. 1, Wien/Lpzg. 1931). – Dass., G. Lange, Mchn. o. J. [1941; griech.-dt.]. – *Medea*, nach d. Übers. v. J. J. C. Donner, bearb. v. R. Kannicht u. B. Hagen (in *Sämtl. Tragödien*, Bd. 2, Stg. 1958; 1984; KTA). – Dass., F. Stoessl (in *Die Tragödien und Fragmente*, Bd. 1, Zürich 1958). – Dass., D. Ebener (in *Tragödien*, Bd. 1, Bln./DDR 1972). – Dass., E. Buschor (in *Sämtl. Tragödien*, Hg. G. A. Seeck, Bd. 5, Mchn. 1977; griech.-dt.). – Dass., K. H. Eller, Stg. 1978 (griech.-dt.; RUB).

LITERATUR: Schmid-Stählin, 1/3, S. 355–374. – B. Snell, *Das früheste Zeugnis über Sokrates* (in Phil, 97, 1948, S. 125–134). – H.-D. Voigtländer, *Spätere Überarbeitungen im großen Medeamonolog?* (in Phil, 101, 1957, S. 217–237). – K. v. Fritz, *Die Entwicklung der Iason-Medea-Sage und die »Medea« des E.* (in Antike u. Abendland, 8, 1959, S. 33–106; ern. in K. v. F., *Antike u. moderne Tragödie*, Bln. 1962, S. 322–429). – W. H. Friedrich, *Medeas Rache. Medea in Kolchis* (in W. H. F., *Vorbild u. Neugestaltung. Sechs Kapitel zur Geschichte der griechischen Tragödie*, Göttingen 1967, S. 7–87). – A. Lesky, *Die tragische Dichtung der Hellenen*, Göttingen ³1972, S. 300–313. – E. Schlesinger, *E.' »Medea«* (in Herm, 94, 1966, S. 26–53). – E. Bongie, *Heroic Elements in the »Medea« of E.* (in TPAPA, 107, 1977, S. 27–56). – A. Dihle, *E.' »Medea«*, Heidelberg 1977. – P. E. Easterling, *The Infanticide in E.' »Medea«* (in Yale Classical Studies, 25, 1977, S. 177–191). – B. M. W. Knox, *The »Medea« of E.* (ebd., S. 193–225). – W. Sale, *Existentialism and E. Sickness, Tragedy and Divinity in the »Medea«, the »Hippolytus« and the »Bacchae«*, Berwick/Victoria 1977. – O. Zwierlein, *Die Tragik der »Medea«-Dramen* (in LJb, N.F. 19, 1978, S. 27–63). – K. Kenkel, *Medea-Dramen: Entmythisierung u. Remythisierung. E., Klinger, Grillparzer, Jahnn, Anouilh*, Bonn 1979. – P. Pucci, *The Violence of Pity in E.' »Medea«*, Ithaca/Ldn. 1980. – B. Manuwald, *Der Mord an den Kindern. Bemerkungen zu den »Medea«-Tragödien des E. und des Neophron* (in WSt, N.F. 17, 1983, S. 27–61).

ORESTĒS

(griech.; *Orest*). Tragödie des EURIPIDES, 408 v. Chr. in Athen aufgeführt. – Der *Orestēs* – Glied einer langen Kette griechischer Dramen über den Stoff der Atridensage – zeigt deutlich das Bemühen des Euripides, vorher unbeachtete Aspekte dieses Sagenkreises zu berücksichtigen. So liegt der dargestellte Zeitpunkt zwischen Klytaimestras Ermordung (Thema in AISCHYLOS' *Choephoren* - vgl. *Oresteia*-, SOPHOKLES' *Elektra* und Euripides' *Elektra*) einerseits und der Entsühnung des Muttermörders andererseits, die in den *Eumeniden* des Aischylos (vgl. *Oresteia*) dargestellt und in Euripides' *Iphige-*

neia hē en Taurois (Iphigenie bei den Tauren) wie im *Orestēs* angekündigt wird. Geht jedoch bei Aischylos und in den beiden Elektra-Stücken der Dramenhandlung eine lange Leidensgeschichte des Orest voraus, so liegt hier im *Orestēs* der Muttermord nur sechs Tage zurück, und Orest, wie in den *Eumeniden* und der *Taurischen Iphigenie* vom Wahnsinn befallen, findet sich zusammen mit Elektra (die – auch das ist neu – ohne Schuld am Muttermord bleibt) schutzlos dem Zorn der Argiver ausgesetzt. Diese irdische Bedrohung – ebenfalls eine Euripideische Neuerung – korrespondiert mit der Verfolgung des Muttermörders durch die Erinyen.

Eine über mehrere Stufen gesteigerte Demonstration der Vereinzelung des Geschwisterpaares, zusammen mit der Suche des Autors nach neuen Aspekten der Atridengeschichte und mit seinem Bemühen, neue Personen dieses Sagenkreises in neuartigen Konstellationen in die Bühnenhandlung einzuführen: das sind die Kennzeichen der ersten Hälfte des Dramas. In der Einleitungsszene (V. 1–135) klagt Elektra vor dem Atridenpalast in Argos über ihr und ihres Bruders Leid – teilweise an Helena gewandt, die durch ihre Flucht nach Troja ja mittelbar den Tod der Klytaimestra verursacht hat. Der wenig später auftretende Menelaos, von den Agamemnonkindern zuversichtlich als Retter und Fürsprecher erwartet, bringt die zu ihrer Rettung erforderliche Entschlossenheit nicht auf: Den Drohungen seines Schwiegervaters Tyndareos, des Vaters von Helena und Klytaimestra, der aus Sparta herbeieilt, um seine Tochter zu rächen, hat er nichts entgegenzusetzen (V. 470–629). Erst durch das Auftreten von Orests Freund Pylades bahnt sich (fast genau in der Mitte des Dramas: V. 726–806) die spätere Wende an. Denn das Volk von Argos verurteilt zwar, vornehmlich von Tyndareos aufgehetzt, zunächst noch die Mörder Klytaimestras zum Tode (V. 852–956); aber gerade die dadurch entstehende Aussichtslosigkeit ihrer Lage, vor allem jedoch die kühne Unverzagtheit des Pylades führt die Angeklagten zu dem Plan, durch Ermordung der im Palast nahezu schutzlosen Helena wenigstens Menelaos für seine Treulosigkeit zu bestrafen und vielleicht sogar die Gunst der Argiver wiederzugewinnen, die die Urheberin des Troerkrieges hassen (V. 1018–1245).

So werden die Agamemnonkinder unter dem Einfluß des Pylades aus passiven Opfern äußerer Bedrohung (erste Hälfte des Dramas) zu aktiven Trägern aggressiver Handlung (zweite Dramenhälfte). Von der vorgesehenen und schon in Angriff genommenen Ermordung Helenas hält den Orest im letzten Augenblick nur der Auftritt von Helenas Tochter Hermione ab (V. 1323–1352; 1468 bis 1473; 1490): Helena wird nicht getötet, sondern auf wunderbare Weise entrückt und – wie im vorgegebenen Mythos – unter die Gestirne versetzt. Da Orest sich Hermiones bemächtigt, hat er eine Geisel in der Hand, die ihn im folgenden gegen mögliche Racheakte des Menelaos schützt (V. 1554–1617) und diesen zu dem Versprechen zwingt, sich für die Geschwister einzusetzen. Um seine Forderung zu unterstreichen, droht Orest dem – bereits entmutigten – Menelaos, sich mit Hermione im Palast zu verbrennen. Da erscheint der Gott Apollon und gebietet seinem Schützling Orest Einhalt: Er befiehlt ihm, Hermione zu heiraten, statt sie zu töten (V. 1653 f.).

Diese Schlußwendung vereint in Geschehen und Inszenierung auf engstem Raum mehrere typisch Euripideische Topoi. Noch einmal, wie zuvor schon in der Peripetie von gelähmter Verzweiflung zu aktivem Handeln und in dem nur mit knapper Not mißlingenden Mordversuchen, zeigt sich hier die Neigung des Dichters zu überraschenden Volten: »*Töte sie nicht, heirate sie!*« In dieselbe Richtung weist die Zitierung des *deus ex machina*, der zwar die glückliche Wendung bringt, aber doch ganz absichtsvoll und offensichtlich in dialektischer Weise suspekt erscheinen soll: In einem für Menschen unlösbaren Konflikt wird durch die Götter im allerletzten Augenblick, gleichsam pro forma, eine scheinbar befriedigende Lösung gegeben – von einem gläubigen Vertrauen in die Hilfe der Götter, wie es etwa in der *Orestie* des Aischylos noch sichtbar ist, kann angesichts eines derartigen *deus ex machina* kaum mehr die Rede sein. Bezeichnend ist ferner die durch dieses szenische Mittel bewirkte Einbeziehung aller Teile des Bühnenraums in die Handlung: Orchestra (Menelaos), Bühnenhausdach (Orest und Hermione) und das hochgelegene Theologeion (Apollon) sind gleichermaßen in das Geschehen einbezogen. Echt euripideisch ist schließlich auch die in dieser Art der Inszenierung sich dokumentierende Neigung des Autors zu frappierender Buntheit des Bühnengeschehens, wie sie zuvor schon der Auftritt des phrygischen Dieners verriet, der in seinem »Botenbericht« vom Attentat auf Helena (V. 1369–1502) durch Habitus, Gestik und Sprache bewußt ins Fremdländisch-»Barbarische« stilisiert war. In der Summe aller dieser Momente – voll tiefer Skepsis gegenüber der »theologischen Botschaft« der früheren Tragödie (vgl. etwa auch *Hēraklēs* oder *Iōn*), dabei hochentwickelt und reich differenziert im szenischen Raffinement – erweist sich der *Orestēs*, als charakteristisches Euripideisches Spätwerk nicht minder denn als Spätprodukt der klassischen griechischen Tragödie im ganzen. K.J.

AUSGABEN: Venedig 1503 (in *Tragōdiai heptakaideka*). – Ldn./Cambridge (Mass.) 1912 (in *Euripides*, Hg. A. S. Way, Bd. 2; m. engl. Übers.; Loeb; zahlr. Nachdr.). – Oxford ²1913 (in *Fabulae*, Hg. G. Murray, Bd. 3; mehrere Nachdr.). – Rom 1958 (*Oreste*, Hg. A. M. Scarcella). – Paris 1959 (*Oreste*, Hg. L. Méridier; m. frz. Übers.). – Florenz 1965, Hg. V. di Benedetto [m. Komm.]. – Lpzg. 1975 (*Orestes*, Hg. W. Biehl).

ÜBERSETZUNGEN: *Orestes*, F. H. Bothe (in *Werke*, Bd. 1, Bln./Stettin 1800; zuvor schon in Archiv der Zeit und ihres Geschmacks, Bln. 1798). – Dass., J. J. C. Donner (in *E.*, Bd. 1, Heidelberg 1841). –

Dass., H. v. Arnim (in *Zwölf Tragödien*, Bd. 2, Wien/Lpzg. 1931). – Dass., nach d. Übers. v. J. J. C. Donner, bearb. v. R. Kannicht u. B. Hagen (in *Sämtl. Tragödien*, Bd. 2, Stg. 1958; ²1984; KTA). – Dass., E. Buschor (in *Sämtl. Tragödien*, Hg. G. A. Seeck, Bd. 5, Mchn. 1977; griech.-dt.). – Dass., D. Ebener (in *Tragödien*, Bd. 5, Bln./DDR 1979).

LITERATUR: W. Krieg, *De Euripidis »Oreste«*, Diss. Halle 1934. – Schmid-Stählin, 1/3, S. 606–623. – W. Wuhrmann, *Strukturelle Untersuchungen zu den beiden »Elektren« und zum euripideischen »Orestes«*. Diss. Zürich 1940. – J. Kleinstück, *Der »Orestes« als Euripideisches Spätwerk*, Diss. Lpzg. 1945. – N. A. Greenberg, *E.' »Orestes«. An Interpretation* (in Harvard Studies in Classical Philology, 66, 1962, S. 158–192). – K. v. Fritz, *Die Orestessage bei den drei großen griechischen Tragikern* (in K. v. F., *Antike u. moderne Tragödie*, Bln. 1962, S. 113–159). – W. Biehl, *E. »Orestes«*, Bln. 1965 [Komm.]. – F. Solmsen, *Electra and Orestes. Three Recognitions in Greek Tragedy* (in Mededelingen der Koninklijke Nederlandse Akademie van Wetenschappen, Afd. Letterkunde, 30/2, 1967, S. 31–62). – E. R. Schwinge, *Die Verwendung der Stichomythie in den Dramen des E.*, Heidelberg 1968 [s. Index; m. Bibliogr.]. – H. Parry, *E.' »Orestes«. A Quest for Salvation* (in TPAPA, 100, 1969, S. 337–353). – A. Lesky, *Die tragische Dichtung der Hellenen*, Göttingen ³1972, S. 458–471. – E. Rawson, *Aspects of E.' »Orestes«* (in Arethusa, 5, 1972, S. 155–167). – W. Burkert, *Die Absurdität der Gewalt u. das Ende der Tragödie: E.' »Orestes«* (in Antike u. Abendland, 20, 1974, S. 97–109). – H. Erbse, *Zum »Orestes« des E.* (in Herm, 103, 1975, S. 434–459). – S. L. Schein, *Mythical Illusion and Historical Reality in E.' »Orestes«* (in WSt, 9, 1975, S. 49–66). – C. Fuqua, *The World of Myth in E.' »Orestes«* (in Traditio, 34, 1978, S. 1–28). – A. L. Brown, *Eumenides in Greek Tragedy* (in Classical Quarterly, N. S. 34, 1984, S. 260–281). – C. W. Willink, *»Orestes«*, Oxford 1986 [Komm.]. – M. L. West, *»Orestes«*, Warminster 1987 [Komm.].

PHOINISSAI

(griech.; *Die Phönikierinnen*). Tragödie des EURIPIDES, entstanden um 410 v. Chr. – Die im Titel genannten Frauen sind einer der typischen Euripideischen »Reisechöre«: Es sind Mädchen, die auf dem Wege nach Delphi durch die kriegerischen Ereignisse in und um Theben in dieser Stadt festgehalten werden. Das Drama gehört in die lange Reihe der in Theben lokalisierten Labdakiden-Dramen, die – in unserer Überlieferung – von den *Hepta epi Thēbas (Sieben gegen Theben)* des AISCHYLOS (467 v. Chr.) bis zur zweiten Oidipus-Tragödie *(Oidipus epi Kolōnō – Oidipus auf Kolonos)* des SOPHOKLES (401 postum aufgeführt) reicht. Die *Phoinissai* gehören ziemlich ans Ende dieser Reihe: Das erklärt vielmehr die unverkennbare Tendenz des Autors, in einer abschließenden Gesamtschau noch einmal alle Episoden dieses Mythos in einem einzigen Drama zu vereinen.

Diese Synthese – sie hat dem Stück von der antiken bis zur heutigen Kritik den Vorwurf einer ästhetisch bedenklichen Stoffüberladung eingetragen – war dem Dichter nur möglich, indem er die überlieferten Einzelepisoden an entscheidenden Punkten variierte oder ganz außer acht ließ. Sophokles hatte im *Oidipus tyrannos* (V. 1223 ff.) vom Selbstmord der Iokaste berichtet; bei Euripides lebt Iokaste noch und eröffnet den Prolog mit einem Rückblick auf die Geschichte des Hauses – vom Thebengründer Kadmos über das Schicksal ihres Gatten Laios, das Unglück ihres Sohnes und zweiten Gatten Oidipus bis hin zum Zerwürfnis ihrer Söhne Eteokles und Polyneikes, deren bevorstehender Kampf um die Macht über Theben das beherrschende Ereignis des Dramas sein wird. Der Streit der Brüder gibt Euripides Gelegenheit zur Auseinandersetzung mit den Aischyleischen *Hepta*, was sich vor allem in einer anderen Beurteilung des Polyneikes niederschlägt: sowohl bei der Exposition des feindlichen Heeres im Gespräch zwischen Antigone und ihrem Erzieher als auch beim Versuch Iokastes, eine friedliche Einigung ihrer Söhne zu erwirken, als auch beim Rede-Agon der Brüder selbst erscheint Polyneikes – bei Aischylos als Verräter verachtet – als Verfechter eines berechtigten Anspruchs gegenüber der unverhohlenen Machtgier des Eteokles. Allerdings muß sich Polyneikes von seiner Mutter den kriegerischen Angriff auf die heimatliche Polis seinerseits als Schuld vorwerfen lassen.

Dieses von Iokaste angeschlagene Thema – der Zwiespalt zwischen Eigennutz und Polismoral – wird zum Grundmotiv der folgenden Szenen. König Kreon erfährt von einem Orakel, das die Rettung Thebens von der Opferung seines Sohnes Menoikeus abhängig macht, und versucht seinen Sohn – gegen die Interessen der Stadt – zu retten, kann jedoch die Selbstaufopferung des Menoikeus nicht verhindern. Auch die anschließende Reihe von vier Botenberichten, die nicht wenig zu dem Vorwurf der Überfülle beigetragen haben mag, ist der Frage nach Recht und Unrecht in diesem Konflikt gewidmet: Die Polis triumphiert, wenn nach der frommen Tat des Menoikeus die Thebaner ihre Angreifer, offenbar mit göttlicher Hilfe, abwehren; im persönlichen Bereich, auf den mit dem Zweikampf die Entscheidung übergeht, dokumentiert sich mit dem gemeinsamen Tod der Brüder ihre gemeinsame Schuld; Iokaste schließlich, die mit Antigone aufs Schlachtfeld geeilt ist, um zu vermitteln, jedoch zu spät kam, zeigt durch ihren Tod bei ihren Söhnen, die sie sterbend beide umarmt, daß sie sich nach wie vor weigert, Partei zu nehmen. Nach dieser Demonstration des Gleichgewichts menschlich-persönlicher Verschuldungen siegt zwar im Schlußkampf das Polisprinzip über die auf individueller Schuld basierende Bedrohung von außen. Doch am Ende wird auch die äußere Entscheidung auf einer anderen Ebene wiederum relativiert: Antigone klagt um beide Brüder, und der alte Oidipus bekundet seine Reue darüber, durch seinen Fluch beide Söhne vernichtet zu haben.

Indem Oidipus bei Euripides, anders als bei Sophokles, bis zum Zweikampf der Söhne im Palast verbleibt, statt das Land zu verlassen, hat sich der Dichter die Möglichkeit geschaffen, auch diese Zentralfigur des thebanischen Mythos sichtbar mit dem Bruderzwist zu verbinden. Die Ankündigung Antigones andererseits, Polyneikes trotz des ausdrücklichen Verbotes zu bestatten, stellt die Verbindung zur Sophokleischen *Antigone* her; zumal ihre Auseinandersetzung mit Kreon erinnert stark an die dort vorgeführte Konfrontation von staatlichem Racheanspruch und menschlicher Pflicht. Wenn Antigone am Ende – anders als bei Sophokles – mit dem greisen Oidipus zusammen in die Verbannung geht, so schafft Euripides damit die stofflichen Voraussetzungen für ihre gemeinsame Ankunft im Hain zu Kolonos (vgl. den Sophokleischen *Oidipus epi Kolōnō*); allerdings dürften manche Passagen des Textes der *Phoinissai*, die allzu deutlich an den – später entstandenen – *Koloneischen Oidipus* erinnern, postume Interpolationen darstellen. Auch in den Schlußversen des Oidipus, der fortziehend auf seinen Ruhm und sein Elend zurückblickt, zeigt sich noch einmal die für das ganze Stück charakteristische Neigung zu Bilanz und Synthese des gesamten mythischen Geschehens.

Nicht zuletzt dürfte dieser komplexe Charakter des Dramas der Grund dafür gewesen sein, daß die *Phoinissai* in der Folgezeit trotz ihrer ästhetischen Bedenklichkeit geradezu als dramatische Musterrepräsentation des Thebenmythos angesehen wurden: Der Einfluß reicht bis zu Sophokles und der zeitgenössischen Vasenmalerei bis in die römische Literatur, wo sich zumal die Tragiker ACCIUS (*Phoenissae* oder *Thebais*) und SENECA (*Phoenissae*) sowie der Epiker STATIUS (*Thebais*) auf die Euripideische Darstellung stützen. In Byzanz gehörten die *Phoinissai* neben *Hekabē* und *Orestēs* zur Schullektüre; auch in der Renaissancezeit fanden sie ihre Liebhaber, wie beispielsweise die Aufführung am Straßburger Gymnasium von 1578 dokumentiert. Ebenso vermochte das Stück zeitweise eine gewisse Ausstrahlung auf die französische (ROTROU, RACINE) und die deutsche Klassik (SCHILLER) auszuüben. K.J.

AUSGABEN: Venedig 1503 (in *Tragōdiai heptakaideka*). – Oxford ²1913 (in *Fabulae*, Hg. G. Murray, Bd. 3; mehrere Nachdr.). – Ldn./Cambridge (Mass.) 1912 (in *E.*, Hg. A. S. Way, Bd. 3; m. engl. Übers.; mehrere Nachdr.). – Rom 1957 (*Le Fenicie*, Hg. A. M. Scarcella). – Paris ²1961 (in *Euripide*, Bd. 5, Hg. H. Grégoire, L. Méridier u. F. Chapouthier; m. frz. Übers.). – Lpzg. 1988, Hg. D. J. Mastronarda (*Phoenissae*).

ÜBERSETZUNGEN: *Die Fönikierinnen*, F. H. Bothe (in *Werke*, Bd. 1, Bln./Stettin 1800). – *Die Phönikerinnen*, J. J. C. Donner (in *E.*, Bd. 1, Heidelberg 1841). – *Die Phoenikierinnen*, H. v. Arnim (in *Zwölf Tragödien*, Bd. 2, Wien/Lpzg. 1931). – *Die Phoinikierinnen*, nach d. Übers. v. J. J. C. Donner, bearb. v. R. Kannicht u. B. Hagen (in *Sämtl. Tragödien*, Bd. 2, Stg. 1958; ²1984; KTA). – *Die Phönikierinnen*, E. Buschor (in *Sämtl. Tragödien*, Hg. G. A. Seeck, Bd. 4, Mchn. 1972; griech.-dt.). – *Die Phoinikierinnen*, D. Ebener (in *Tragödien*, Bd. 5, Bln./DDR 1979).

LITERATUR: W.-H. Friedrich, *Prolegomena zu den »Phönissen«* (in Herm, 74, 1939, S. 265–300). – Schmid-Stählin, 1/3, S. 573–590. – W. Riemschneider, *Held und Staat in E.' »Phoenissen«*, Würzburg 1940 [Diss. Bln.]. – E. Valgiglio, *L'esodo delle »Fenicie« di Euripide*, Turin 1961 (Università di Torino. Pubblicazioni della Facoltà di Lettere e Filosofia, 13/2). – E. Fraenkel, *Zu den »Phoenissen« des E.*, Mchn. 1963 (SBAW, phil.-hist. Kl., 1963/1). – J. de Romilly, *Les »Phéniciennes« d'Euripide ou l'actualité dans la tragédie grecque* (in Revue de Philologie, 39, 1965, S. 28–47). – H. Erbse, *Beiträge zum Verständnis der euripideischen »Phoinissen«* (in Phil, 110, 1966, S. 1–34). – E. R. Schwinge, *Die Verwendung der Stichomythie in den Dramen des E.*, Heidelberg 1968 [s. Index; m. Bibliogr.]. – A. Lesky, *Die tragische Dichtung der Hellenen*, Göttingen ³1972, S. 444–457. – C. Mueller-Goldingen, *Untersuchungen zu den »Phoenissen« des E.*, Wiesbaden/Stg. 1985. – M. v. d. Valk, *Studies in E.' »Phoenissae« and »Andromache«*, Amsterdam 1985.

TRŌADES

(griech.; *Die Troerinnen*). Tragödie des EURIPIDES, aufgeführt 415 v. Chr. – Dieses letzte Stück einer im übrigen bis auf Fragmente verlorenen Troja-Trilogie (bestehend aus *Alexandros, Palamēdēs, Trōades* mit dem Satyrspiel *Sisyphos* als Anhang) ist nur verständlich aus der historischen Situation, in der sich die Heimatstadt des Dichters in jener Zeit befand. Das Werk enthält eine unüberhörbare Warnung an die Athener, die sich im Jahr der Aufführung des Dramas gerade zur sizilischen Expedition rüsten – eine Warnung vor dem unberechenbaren Risiko eines Krieges.

Schon der Prolog des Stücks (V. 1–97), das die Schrecken der Niederlage am Jammer der den Siegern ausgelieferten Troerfrauen demonstriert, zeigt zugleich die Vorläufigkeit auch eines noch so triumphalen Sieges: Athene und Poseidon nehmen sich vor, die hochmütig frevelnden Sieger auf der Heimfahrt zu vernichten (vgl. die unter dem Titel *Nostoi – Heimkehrgeschichten* dem *Epikos kyklos – Epischer Zyklus* einverleibten Geschehnisse). Die auf diesen Prolog folgende »Handlung« besteht nicht, wie üblich und zu erwarten, aus Aktionen und Gegenaktionen der einander gegenüberstehenden Gruppen, Griechen und Troer, sondern aus einer Reihe von Klageszenen, in denen namhafte Gestalten der troischen Geschichte ihr persönliches

Schicksal in charakterisierender Weise mit der Katastrophe Troias verknüpfen. Zuerst beschwört die alte Königin Hekabe, die angestammte Symbolfigur des troischen Untergangs, zusammen mit dem Chor der gefangenen Frauen, die wie sie im Zeltlager zwischen den Ruinen der Stadt und den Schiffen der Sieger auf die Verschleppung warten, in einer großen Klageszene (V. 98–229) die traurige Vergangenheit Troias und ihre eigene bedrohliche Zukunft. Dann erscheint in Gestalt des Talthybios der Herold der griechischen Machthaber, der in einer Art Exposition des Kommenden (V. 230–276) das Schicksal der Kassandra nennt, den Tod der Hekabetochter Polyxena andeutend verschweigt – was aber für den mythenkundigen Zuschauer (der zudem die Euripideische *Hekabē* kennt) leicht durchschaubar ist – und die Bestimmung der Hektorgattin Andromache sowie der Hekabe ankündigt. Für Kassandra, die zur Nebenfrau des Agamemnon werden soll, gibt es zwar keinen Widerstand gegen den griechischen Befehl, aber in ihren teils visionär-abwitzigen, teils »vernünftig« klingenden Äußerungen (V. 277–461) prophezeit sie, in Fortführung der Prologszene, den Siegern den Untergang, und zwar in einer Weise, die deutliche Anspielungen auf die *Odyssee* HOMERS und die *Orestie* des AISCHYLOS enthält. Eine erneute Klagerede der Hekabe (V. 462–510) beschließt das erste Epeisodion.

Wenn die nunmehr auftretende Andromache, die zur Sklavin des Achilleussohnes Neoptolemos ausersehen ist, der Hekabe von dem Tod berichtet, den Polyxena als Menschenopfer am Grab des Achilleus erlitten hat, und wenn dann Talthybios die Auslieferung des Hektorsohnes Astyanax fordert, der gerade zur tröstlichen Zukunftshoffnung der Andromache zu werden begann, den die Griechen jedoch auf Anraten des Odysseus vorsichtshalber töten wollen, dann zeigt sich in diesem Epeisodion (V. 568–798) die ganz persönliche Bestialität des Odysseus, die die allgemeine Unmenschlichkeit der Griechen noch weit übersteigt. Wie in der Euripideischen *Iphigeneia hē en Aulidi (Iphigenie in Aulis)* und im *Philoktētēs (Philoktet)* des SOPHOKLES ist er zu einem absoluten Zerrbild des Homerischen Helden geworden, vor dem sogar der Herold Grauen empfindet. – Der einzige Zusammenprall zweier gleichstarker Gegner findet sich im Rede-Agon zwischen Hekabe und Helena vor dem Schiedsgericht des Menelaos (V. 860–1060). Die Frage, ob Helena nicht in Wirklichkeit am Elend der Troer und an den Verlusten der Sieger schuldig sei und somit eigentlich die Hauptstrafe verdient habe oder ob vielmehr Hekabe als Mutter des Paris und überdies die Göttin Aphrodite als seine Gönnerin gar nicht die wahren Schuldigen an all den Ereignissen seien, dazu die Art der wechselseitigen Beweisführung zeigt sehr viel sophistische Eristik und ironische Mythenbehandlung, wie andererseits die Warnung an Menelaos, sich nicht wieder dem erotischen Reiz der Helena auszusetzen, für große psychologische Einsicht spricht. – Wenn in der Schlußszene (V. 1118–1332) Hekabe, die in Zukunft dem Odysseus als Dienerin gehören soll, gehindert wird, sich in die Flammen des brennenden Troia zu stürzen, dann fallen hier, wie so oft, bühnentechnische Erfordernisse (in der Exodos verlassen Schauspieler und Chor die Bühne) mit überkommenen Elementen der Handlung – Hekabe und die Troerinnen werden zu den Schiffen der Griechen geführt – zusammen.

Von der Wirkung des Stücks auf die Zeitgenossen des Euripides wissen wir nichts: Das sizilische Abenteuer jedenfalls fand trotz der warnenden Worte des Dichters statt – und endete in einer totalen Katastrophe, von der sich Athen nie wieder erholt hat. Die antike Literaturästhetik fand an dem handlungsarmen Werk manches auszusetzen, und so nimmt es nicht wunder, daß die Bearbeitung des SENECA *(Troades)* in der Nachwelt viel größere Wirkungen zeitigte als ihre Vorlage (obwohl diese als Teil der Standardauswahl Euripideischer Stücke weder in Byzanz noch in der Renaissance-Epoche unbeachtet blieb): Maffeo VEGIO, SCALIGER und Martin OPITZ gehörten zu den Bewunderern der Senecanischen Version. Erst im 19. Jh. kam Euripides im Vergleich mit dem Römer in der Beurteilung wieder zu seinem Recht. In unserem Jahrhundert hat das Jammerbild der Gefangenen und die Hohlheit des Machtspruchs der Sieger zu zwei Versionen des Troerinnen-Stoffes geführt, die, obgleich in der Akzentuierung verschieden, beide unter dem Eindruck der aktuellen historischen Situation eine scharfe Verurteilung aller Kriege enthalten. Während Franz WERFEL in seinen *Troerinnen* (entstanden 1913) die Hekabe zur großen Leidenden werden läßt, die erst am Schluß, in einer neuen Wendung der Motivik, lernt ihr Leid zu tragen und auf sich zu nehmen, arbeitet Jean-Paul SARTRE angesichts des Algerienkrieges die verbrecherische Sinnlosigkeit des Kolonialismus heraus, was im Vorwort zu seinen *Troerinnen (Les Troyennes*, 1965) ebenso deutlich wird wie in der von ihm erweiterten Schlußszene, in der er den Poseidon, in Fortführung des Prologs, den abfahrenden Siegern nachrufen läßt: »*Führt nur Krieg, ihr blöden Sterblichen, verwüstet nur die Felder und die Städte, schändet nur die Tempel und die Gräber und foltert die Besiegten: Ihr werdet dran verrecken. Alle!*« K.J.

AUSGABEN: Venedig 1503 (in *Tragōdiai heptakaideka*, Hg. M. Musuros). – Ldn./Cambridge (Mass.) 1912 (in *Euripides*, Hg. A. S. Way; m. engl. Übers.; Loeb; mehrere Nachdr.). – Oxford ³1913 (in *Fabulae*, Hg. G. Murray, Bd. 2; mehrere Nachdr.). – Turin 1938 (*Le Troiane*, Hg. A. Taccone; m. Komm.). – Bamberg o. J. [1953] (*Troerinnen*, Hg. H. Scharold). – Florenz 1953 (*Le Troiane*, Hg. G. Schiassi; m. Komm.). – Paris 1959 (in *Euripide*, Bd. 4, Hg. L. Parmentier u.H. Grégoire; m. frz. Übers.). – Lpzg. 1970 (*Troades*, Hg. H. W. Biehl).

ÜBERSETZUNGEN: *Die Trojanerinnen*, F. H. Bothe (in *Werke*, Bd. 4, Bln./Stettin 1802). – *Troerinnen*, U. v. Wilamowitz-Moellendorff (in *Griechische*

Tragoedien, Bd. 3, Bln. 1906). – *Die Troërinnen*, H. von Arnim (in *Zwölf Tragödien*, Bd. 1, Wien/Lpzg. 1931). – *Die Troerinnen*, L. Wolde (in *Tragödien u. Fragmente*, Bd. 1, Wiesbaden 1949). – Dass., nach der Übers. v. J. J. C. Donner bearb. v. R. Kannicht u. B. Hagen (in *Sämtl. Tragödien*, Bd. 2, Stg. 1958; ²1984; KTA). – Dass., E. Buschor (in *Sämtl. Tragödien*, Hg. G. A. Seeck, Bd. 3, Mchn. 1972; griech.-dt.). – Dass., D. Ebener (in *Tragödien*, Bd. 5, Bln./DDR 1979). – Dass., K. Steinmann (griech.-dt.; RUB).

BEARBEITUNGEN: F. Werfel, *Die Troerinnen*, Lpzg. 1914 (⁵1916). – Euripide, *Les Troyennes*, Adaptation de J.-P. Sartre, Paris 1965 (dt. Erstaufführung: *Die Troerinnen des Euripides*, Bad Hersfeld, 9. 7. 1966, Festspiele). – W. Jens, *Der Untergang: nach den Troerinnen des E.*, Mchn. 1982.

LITERATUR: R. Petsch, *Die »Troerinnen« einst und jetzt* (in NJB für das klass. Altertum, 39, 1917, S. 522–550). – M. Vincieri, *La ragione storica delle »Troadi« di Euripide*, Padua 1937. – Schmid-Stählin, 1/3, S. 474–487. – G. Perotta, *Le »Troiane« di Euripide* (in Dioniso, 15, 1952, S. 237–250). – A. Pertusi, *Il significato della trilogia troiana di Euripide* (ebd., S. 251–273). – W. H. Friedrich, *E. u. Diphilos. Zur Dramaturgie der Spätformen*, Mchn. 1953, S. 61–75. – D. Ebener, *Die Helenaszene der »Troerinnen«. Ein Beitrag zur Frage: E. u. die politischen Probleme seiner Zeit* (in WZ Halle, 3, 1954, S. 691–722). – A. Lesky, *Die tragische Dichtung der Hellenen*, Göttingen ³1972, S. 382–392. – H. Kuch, *Kriegsgefangenschaft u. Sklaverei bei E. Untersuchungen zur »Andromache«, »Hekabe« u. den »Troerinnen«*, Bln. 1974. – A. Poole, *Total Disaster. E.' »The Trojan Women«* (in Arion, 3, 1976, S. 257–287). – R. Scodel, *The Trojan Trilogy*, Göttingen 1980. – W. Desch, *Die Hauptgestalten in des E. »Troerinnen«* (in Grazer Beiträge, 12/13, 1985/86, S. 65–100).

EUSEBIOS AUS KAISAREIA

* 260/265 Kaisareia (?) / Palästina
† 339/340

LITERATUR ZUM AUTOR:
E. Schwartz, Art. *E. v. Caesarea* (in RE, 6, 1907, Sp. 1370–1439). – M. Weis, *Die Stellung des E. v. Caesarea im Arianischen Streit*, Trier 1920. – R. Laqueur, *E. als Historiker seiner Zeit*, Bln./Lpzg. 1929. – E. Peterson, *Der Monotheismus als politisches Problem*, Lpzg. 1935. – H.-G. Opitz, *E. v. Caesarea als Theologe* (in ZntW, 34, 1935, S. 1–19). – H. Eger, *Kaiser u. Kirche in der Geschichtstheologie E. v. Caesarea* (ebd., 38, 1939, S. 97 ff.). – J. Straub, *Vom Herscherideal der Spätantike*, Stg. 1939; Nachdr. 1965. – H. Berkhof, *Die Theologie des E. v. Caesarea*, Amsterdam 1939. – D. S. Wallace-Hadrill, *Eusebius of Caesarea*, Ldn. 1960. – J. Sirinelli, *Les vues historiques d'Eusèbe de Césarée durant la période prénicéenne*, Paris 1961. – A. Dempf, *Der Platonismus des E., Victorinus u. Pseudodionysius*, Mchn. 1962. – Ders., *E. als Historiker* (in SBAW, 1964, Abh. 11). – W. Weber, *Arche. Ein Beitrag zur Christologie des E. v. Caesarea*, Mchn. 1965. – R. Farina, *L'impero e l'imperatore cristiano in Eusebio di Cesarea. La prima teologia politica del cristianesimo*, Zürich 1966. – G. Wiessner, *Bios u. Ethos. Studien zum exemplarischen Geschichtsdenken bei E. v. Caesarea*, Hab.-Schr. Göttingen 1968. – J.-M. Sansterre, *Eusèbe de Césarée et la naissance de la théorie ›césaropapiste‹* (in Byzantion, 42, 1972, S. 131–195; 532–594). – J. Vogt, *Constantin der Grosse u. sein Jh.*, Mchn. 1973. – G. F. Chesnut, *Fate, Fortune, Free will and Nature in Eusebius of Caesarea* (in Church History, 42, 1973, S. 165–182). – C. Liubheid, *Eusebius of Caesarea and the Arian Crisis*, Dublin 1978. – F. Ricken, *Zur Rezeption der platonischen Ontologie bei E. v. K., Areios und Athanasius* (in Theologie u. Philosophie, 53, 1978, S. 321–352). – K. M. Girardet, *Das christliche Priestertum Konstantins des Grossen. Ein Aspekt der Herrscheridee des E. v. Caesarea* (in Chiron, 10, 1980, S. 569–592). – T. D. Barnes, *Constantine and Eusebius*, Cambridge (Mass.)/Ldn. 1981. – D. S. Wallace-Hadrill, Art. *E. v. Caesarea* (in Theologische Realenzyklopädie, Bd. 10, 1982, S. 537–543).

BASILIKON

(griech. Patr.; *Rede [bzw. Traktat] an den Kaiser*). Eine in griechischer Sprache verfaßte Schrift des Kirchenhistorikers EUSEBIOS aus Kaisareia aus dem Jahr 335. – Die Schrift zählt zur literarischen Gattung des griechischen Enkomions (Ruhmesrede). Berühmte Schriftsteller der Spätantike wie LIBANIOS, HIMERIOS und THEMISTIOS setzten die von Eusebios begründete christliche Kaiserideologie, wie sie auch im vorliegenden Werk aufscheint, fort. Der Autor setzt sich in *Basilikon* mit der prachtvollen Grabeskirche auseinander, die Kaiser Konstantin von Byzanz in Jerusalem errichten ließ. Eusebios versucht, den verschwenderischen Glanz des Sakralbaus gegen Angriffe der Zeitgenossen mit religiösen Argumenten zu verteidigen. Die Argumentation des Verfassers wiederholt dabei vielfach Gedanken seiner Schrift über die Theophanie, entwickelt nebenhin jedoch eine beachtenswerte, für Heiden gedachte Einführung in die christliche Glaubenslehre. P.W.

AUSGABEN: Paris 1659 (in *Eusebii Pamphili Eccles. Hist. etc.*, Hg. H. Valesius). – Cambridge 1720, Hg. H. Valesius u. W. Reading. – Lpzg. 1830, Hg. F. A Heinichen. – MG, 20. – Lpzg. 1902 (in *Werke*, Bd. 1, Hg. J. A. Heikel).

ÜBERSETZUNGEN: *Eusebii Kirchen-Geschichte. Zweyter Band, welcher auch das Leben Constantini in sich faßt*, F. A. Stroth, Quedlinburg 1777, S. 141–506. – *Vier Bücher über das Leben des Kaisers Konstantin*, J. M. Pfättisch (in *AS*, Bd. 1, Kempten 1913; BKV², 9). – *Die Konstantin-Kirchen im Heiligen Lande*, P. Mickley, Lpzg. 1923.

LITERATUR: I. A. Heikel, *Krit. Beiträge zu d. Konstantin-Schriften des E.*, Lpzg. 1911 (TU, 36, H. 4). – K. G. Bonis, *To ergon Efseviu tu Pamfilu »Eis ton bion tu makariu Konstantinu basileos« os istorikì pigì*, Athen 1939. – L. Voelkl, *Die konstantinischen Kirchenbauten nach E.* (in Rivista di Archeologica Cristiana, 29, 1953, S. 49–66; 187–206). – D. Geanakoplos, *Church Building and Caesaropapism* (in Greek, Roman and Byzantine Studies, 7, 1966, S. 167–186). – R. Krautheimer, *The Constantinian Basilica* (in Dumbarton Oaks Papers, 21, 1967, S. 115–140). – C. Murray, *Art and the Early Church* (in JThSt., 28, 1977, S. 303–345). – H. Hunger, *Die hochsprachliche profane Literatur der Byzantiner*, Bd. 1, Mchn. 1978, S. 120. – J. Karajannopulos u. G. Weiß, *Quellenkunde zur Geschichte von Byzanz (324–1453)*, Bd. 2, Wiesbaden 1982, S. 244/245.

EIS TON BION TU MAKARIU KŌNSTANTINU BASILEŌS

(griech. Patr.; *Über das Leben des seligen Kaisers Konstantin*). Panegyrisches Enkomion (Loblied) in vier Büchern auf Kaiser Konstantin d. Gr. (reg. 306–337), nach dessen Tod (337) verfaßt von EUSEBIOS aus Kaisareia. – Diese Erzählung vom Leben des Monarchen erwähnt nur solche Züge, in denen seine Religiosität zutage tritt. Was den Glauben an das *»gottgefällige Leben des seligen Kaisers Konstantin«* erschüttern könnte, wird grundsätzlich verschwiegen. Eusebios singt ein Loblied auf seinen Kaiser, den er als einen neuen Moses begrüßt, der das Volk Gottes aus der Unterdrückung in die Freiheit führen soll. Besonders betont wird die Funktion des Kaisers als Schutz- und Schirmherr der Kirche. Daraus hat man später – unter Berufung auf Eusebios – kirchenrechtliche Konsequenzen gezogen und dem byzantinischen Kaiser innerhalb der römischen Kirche eine rechtlich fundierte Position zugewiesen.
Als Anhang fügte Eusebios der Schrift drei weitere an: den *Logos hon egrapse tō tōn hagiōn syllogō* (*Die Rede an die Versammlung der Heiligen*), eine Predigt des Kaisers, deren Echtheit als sicher gilt; den *Triakontaetērikos*, eine von Eusebio gehaltene *Rede zum dreißigjährigen Regierungsjubiläum* Konstantins; schließlich → *Basilikon*, die *Kaiserrede*, eine anläßlich der feierlichen Einweihung der Grabeskirche in Jerusalem dem Kaiser überreichte Abhandlung, die – unter Hinweis auf die Göttlichkeit des Logos (Wort, Rede) – den Prunk der kaiserlichen Kirchenbauten in Jerusalem rechtfertigen soll.

A. Ku.

AUSGABEN: Paris 1544, Hg. R. Stephanus. – MG, 20. – Lpzg. 1902 (in *Werke*, Bd. 1, Hg. J. A. Heikel; Die griech. christl. Schriftsteller der ersten drei Jahrhunderte, 7). – Bln. 1975 (in *Werke*, Bd. 1/1, Hg. F. Winkelmann).

ÜBERSETZUNGEN: *Des E. Pamphili vier Bücher vom Leben des Kaisers Konstantin*, J. Molzberger (in *AS*, Bd. 1, Kempten 1870; BKV, 9). – Dass., J. M. Pfättisch (in *AS*, Bd. 1, Kempten 1913; BKV², 9).

LITERATUR: W. Schultze, *Quellenuntersuchungen zur »Vita Constantini« des E.* (in ZKG, 14, 1894, S. 503–555). – W. Völker, *Von welchen Tendenzen ließ sich E. bei der Abfassung seiner Kaisergeschichte leiten?* (in VC, 4, 1950, S. 157–180; vgl. auch ders. in RhMus, 96, 1953, S. 330–373). – H. Kraft, *Kaiser Konstantins religiöse Entwicklung*, Tübingen 1955. – F. Scheidweiler, *Noch einmal die »Vita Constantini«* (in ByZ, 49, 1956, S. 1–32). – F. Winkelmann, *Die Textbezeugung der »Vita Constantini« des E. von C.*, Bln. 1962. – Zum Streit um die Echtheit: Zeiller (in Byzantion, 14, 1935, S. 329–339). – H. Gregoire (ebd., S. 341–351). – Ders. (ebd., 1938, S. 561–583). – Baynes (in ByZ, 1939, S. 466–469). – F. Winkelmann (in Klio, 40, 1962, S. 187–243). – Ders., *Die Beurteilung des E. v. C. und seiner »Vita Constantini« im griechischen Osten* (in Byzantinische Beiträge, Hg. H. Irmscher, Bln. 1964, S. 91–120). – R. MacMullen, *Constantine the Great*, NY 1969. – D. M. Webb, *The Truth about Contantine: History Hagiography and Confusion* (in Religion and Humanism, Hg. K. Robbins, Oxford 1981).

TĒS EKKLĒSIASTIKĒS THEOLOGIAS BIBLIA Γ

(griech. Patr.; *Drei Bücher der kirchlichen Theologie*). Dogmatisch-polemische Schrift von EUSEBIOS aus Kaisareia. – In diesem Werk unternimmt Eusebios eine ausführlichere Widerlegung der Lehren des MARKELLOS (vgl. *Kata Markuellu – Gegen Markellos*), in Verbindung mit einer Darstellung seiner eigenen, von ihm für orthodox gehaltenen Lehrmeinung.
Ist schon die Schöpfung aus dem Nichts unergründlich, so gilt das nach Eusebios erst recht von dem Hervorgehen des Sohnes oder Logos aus dem Vater. Der Logos schlägt die Brücke von der Erhabenheit des Vaters zur Nichtigkeit der Geschöpfe, die ohne die Mittlerschaft des Logos im Glanz des Vaters vergehen würden. Daher ist der Logos schon bei der Schöpfung *sōtēr* (Erhalter, Erretter, Erlöser), indem er den Bestand der Schöpfung, die an sich unwürdig ist (dies ein Überrest des Platonischen Dualismus), gegenüber der absoluten Erhabenheit der Gottheit oder des Vaters sichert. Eusebios führt also das Erlösungswerk auf das noch ursprünglichere Amt des Logos, schöpferischer Logos zu sein, zurück. Nicht erst die Inkarnation, sondern schon die Erhaltung der Welt durch die Ein-

wohnung des Logos im Kosmos – als eine Art Platonischer Weltseele – stellt eine freiwillige Erniedrigung dar (vgl. *Peri theophaneias – Über die Theophanie*).

Das göttliche Pneuma wiederum ist Geschöpf, durch den Sohn aus dem Vater hervorgegangen, und ebenso wie der persönlich präexistente, d. h. als Person vorher seiende Logos ist es vollkommene Person, wie Eusebios in scharfer Polemik gegen den Sabellianismus des Markellos betont. Auch besteht er diesem gegenüber darauf, daß, da der Logos im Willen mit dem Vater übereinstimmt (also nicht erst einen Eigenwillen aufzugeben braucht), das Reich Christi kein Ende nehmen wird.

Die *Kirchliche Theologie* des Eusebios stellt – bei aller Anfechtbarkeit – die erste monumentale christliche Gotteslehre dar. Allerdings wurde sie von späteren Theologen nicht als in allen Stücken korrekt befunden: so ist Eusebios vor allem vom Vorwurf des Subordinationismus nicht ganz freizusprechen.

H.L.H.

AUSGABEN: Paris 1628, Hg. R. Montacutius [m. lat. Übers.]. – Oxford 1852, Hg. Th. Gaisford. – MG, 24. – Lpzg. 1906 (in *Werke*, Hg. E. Klostermann; Bln. ²1972, rev. G. Ch. Hansen; Die griech. christl. Schriftsteller der ersten drei Jahrhunderte, 14).

LITERATUR: F. Ricken, *Die Logoslehre des E. v. C. und der Mittelplatonismus* (in Theologie u. Philosophie, 42, 1967, S. 341–358).

HISTORIA EKKLĒSIASTIKĒ

(griech. Patr.; *Kirchengeschichte*). Geschichte der christlichen Kirche in zehn Büchern von EUSEBIOS aus Kaisareia, entstanden um 324/25. – Grundlage der *Kirchengeschichte* des Eusebios ist die zuvor von ihm verfaßte *Chronik* – ein synchronistischer Abriß der Weltgeschichte von der Schöpfung bis etwa 324 n. Chr. –, die aus ungezählten Urkunden zusammengetragen war. Diesen Abriß wollte der Autor, wie er selbst sagt, in seiner *Kirchengeschichte* zu einer »möglichst ausführlichen Darstellung« erweitern.

Die Abhandlung beginnt mit der Erscheinung Christi und reicht bis zur Zeit der Abfassung des Werks. Eusebios weiß sich bei seinem Unternehmen als Pionier: »Denn von Menschen wahrlich, die denselben Weg wie ich gegangen, vermag ich auch nicht die geringste Spur zu finden, wenn ich nicht etwa hierher rechnen will einzig und allein unbedeutende Mitteilungen, in welchen der eine oder der andere Stückwerke von Erzählungen aus selbsterlebten Zeiten in dieser oder jener Weise uns hinterlassen hat . . . Alles, was mir daher für mein . . . Unternehmen tauglich erschien, habe ich aus den zerstreuten Nachrichten derselben gesammelt und die brauchbaren Stellen dieser alten Schriftsteller gepflückt wie auf Fluren des Geistes. Durch historische Darstellung will ich denn versuchen, sie organisch zu verbinden . . .« So ist Eusebios zum »Vater der Kirchengeschichte« geworden und seine *Kirchengeschichte* selbst zu einem der wichtigsten Denkmäler der altchristlichen Literatur. Sie übermittelt nicht nur die Sukzession der Bischöfe in den wichtigsten Städten sowie die Namen der kirchlichen Schriftsteller und den Inhalt ihrer zum großen Teil verlorengegangenen Werke, sondern gibt auch eine Geschichte der Häresien, der inneren Streitigkeiten über die Kirchendisziplin und der Christenverfolgungen.

Ermöglicht wurde das umfassende Opus nicht zuletzt durch die besondere Gunst des Kaisers Konstantin, der Eusebios die Reichsarchive öffnete. Das Bild, das der Autor von Konstantin zeichnet, ist denn auch durch seine persönliche wie durch die allgemeine Dankbarkeit der Christen diesem Kaiser gegenüber bestimmt. Im übrigen läßt Eusebios meist die Quellen selbst zu Wort kommen und erweist sich dadurch als echter Historiker. – Seine *Kirchengeschichte* wurde 403 von RUFINUS aus Aquileia († 410) ins Lateinische übersetzt und bis zum Jahr 395 weitergeführt; im Osten wurde sie jeweils von SOKRATES (um 380 – nach 439), SOZOMENOS (5. Jh.) und THEODORETOS von Kyrrhos († um 466) fortgeführt. Früh entstanden auch schon Übersetzungen ins Syrische und ins Armenische.

H.L.H.

AUSGABEN: Paris 1540. – Paris 1659–1673, Hg. H. Valesius, 3 Bde. – MG, 20 [nach d. Ausg. d. Valesius]. – Lpzg. 1897, Hg. P. Bedjan [syr. Übers.]. – Lpzg. 1903 (in *Werke*, Bd. 2, Hg. E. Schwartz; enth. auch lat. Übers. d. Rufinus; ⁵1952). – Paris 1952–1958, Hg. G. Bardy, 3 Bde. (m. Komm. u. frz. Übers.; SCh, 31, 41 u. 55; 1971 erw. Neudr. v. Einl. u. Index; SCh, 73); ern. 1965–1978. – Rom 1964, Hg. G. Del Ton [m. Anm. u. ital. Übers.]. – Thessaloniki 1977, Hg. P. Chrestu (in *Hapanta ta erga*, Bd. 1; m. Einl., komm. u. ngriech. Übers.).

ÜBERSETZUNGEN: *Kirchengeschichte*, F. A Stroth, Quedlinburg 1777. – *Die Kirchengeschichte*, E. Nestle, Lpzg. 1901 [Übers. d. syr. Texts.]. – *Kirchengeschichte*, Ph. Haeuser, Mchn. 1938 (BKV², R. 2, 1). – Dass., ders., Hg. H. Kraft, Mchn. 1967; ²1981.

LITERATUR: E. Fritze, *Beiträge zur sprachlich-stilistischen Würdigung des E.*, Lpzg. 1910 [zugl. Diss. Mchn.]. – A. Momigliano, *Pagan and Christian Historiography in the Fourth Century A. D.* (in *The Conflict between Paganism and Christianity in the Fourth Century*, Hg. ders., Oxford 1963, S. 79 bis 99). – R. A. Marcus, *Church History and Early Church Historians. The Materials, Sources and Methods of Ecclesiastical History*, Oxford 1975. – L. W. Barnard, *Bede and E. as Church Historians* (in *Famulus Christi*, Ldn. 1976, S. 106–124). – F. Winkelmann, *Die Kirchengeschichtswerke im oströmischen Reich* (in Byzantinoslavica, 37, 1976 S. 1–10). – G. F. Chesnut, *The First Christian Histories. Eusebius, Socrates, Sozomen, Theodoret and Evagrius*, Paris 1977. – R. M. Grant, *Eusebius as*

Church Historian, Oxford 1980. – B. Croke, *The Originality of E.'s Chronicle* (in AJPh, 103, 1982, S. 195 ff.). – G. Ch. Hansen, *Griechische u. lateinische Geschichtsschreibung in der Spätantike* (in Klio, 66, 1984, S. 605–614). – Ch. Landmann, *The Use of Non-Christian Sources in the »Ecclesiastical History« of Eusebius of Caesarea* (in Ekklesiastikos Pharos, 66/67, 1984/85, S. 63–72).

KATA MARKELLU

(griech. Patr.; *Gegen Markellos*). Dogmatisch-polemische Schrift in zwei Büchern von EUSEBIOS aus Kaisareia, entstanden nach 336. – Der wegen seines kirchenpolitischen Programms einer Integration der christlichen Glaubensgemeinschaft in das römische Imperium mit dem Arianismus liebäugelnde Eusebios blieb auch nach seiner Unterschrift unter das Nizänische Glaubensbekenntnis halbarianisch (subordinationistisch) eingestellt. Er beteiligte sich auf der Synode von Tyros 335 an der Exkommunikation des ATHANASIOS aus Alexandreia, in dessen Lehre von der Homousie (der Seinseinheit von Vater und Logos) er einen Tritheismus witterte, und an der Absetzung des mit diesem verbündeten MARKELLOS aus Ankyra im Jahre 336. Die vorliegende Schrift stellt die Entgegnung auf ein (dank Eusebios fragmentarisch erhaltenes) Buch des Markellos dar, das gegen den Halbarianer ASTERIOS aus Amasea (in Kappadokien) gerichtet war und in dem auch die Partei des Eusebios angegriffen wurde. Die Gegenschrift des Eusebios ist durch ausführliche Zitate aus dem Werk des Markellos charakterisiert, die Eusebios jeweils mit kurzen kommentierenden Bemerkungen versieht (eine ausführlichere Widerlegung gab Eusebios später in den dem Bischof Flaccillus aus Antiocheia gewidmeten *Drei Büchern der kirchlichen Theologie – Tēs ekklēsiastikēs theologias biblia III)*. – AREIOS († 336), der auf dem Konzil von Nikaia 325 verurteilt worden war, hatte formuliert, der als Person präexistente, aber geschaffene Logos sei der Erlöser. An diesem Satz störte Athanasios das Adjektiv *»geschaffen«*, Markellos stieß sich außerdem auch an der Behauptung von der persönlichen Präexistenz des Logos. Er griff, um die Homousie des Logos zu verteidigen, auf die problematische Logoslehre des SABELLIOS (um 200) zurück, nach der der Logos nur die unpersönliche *dynamis* (Kraft) der *usia* (Seinsheit) des Vaters und als solche natürlich seinseins mit dem Vater sei. Nach Markellos vollendet sich der Logos erst im Erlösungswerk; erst durch die Inkarnation wird er Person und Sohn Gottes, als der er freilich mit dem Vater seinseins bleibt. Diese Auffassung hebt sich scharf von der des Areios ab, nach der der Vater den Sohn schuf. Bedenklich wird die Konstruktion des Markellos, wenn er, um die Ebenbürtigkeit des durch die Inkarnation erlangten individuellen Bewußtseins des Logos (in Jesus) mit dem Vater besonders zu betonen, Christus einen eigenen Willen zuschreibt, der von dem des Vaters abweicht (die Worte *»Ich und der Vater sind eins«* bezögen sich nicht, wie Asterios annehme, auf die Übereinstimmung im Willen, sondern darauf, daß der Logos auch nach der Inkarnation noch immer eine Kraft des Vaters und daher mit dem Vater seinseins sei). Markellos selbst scheint sich der Anfechtbarkeit dieser Auffassung bewußt gewesen zu sein, denn er lehrt, daß das Reich Christi ein Ende haben und Christus dann dem Vater untertan sein werde.

Eusebios polemisiert heftig gegen diese Ansichten, die seiner Meinung nach auf eine Leugnung der Persönlichkeit, ja überhaupt der Individualität des Logos hinauslaufen. Ihm erscheinen die Ansichten des Markellos als ein reiner Monarchianismus, zu dessen Begründung sich der Gegner keineswegs auf das *Alte Testament* berufen könne; denn dort werde zwar wegen der zu bekämpfenden Gefahr des Polytheismus nicht ausdrücklich von den Hypostasen des Vaters gesprochen, andererseits fehle es aber auch nicht an Hinweisen auf eine zu erwartende weitere Offenbarung.

Die Schrift gibt – zusammen mit den *Drei Büchern der kirchlichen Theologie* – reichen Aufschluß über die mannigfaltigen Denkbemühungen, Ansätze und Konstruktionen in der Auseinandersetzung um die Homousie, was um so wertvoller ist, als eine Reihe anderer Quellen, darunter eben die Schrift des Markellos, nicht mehr erhalten ist.   H.L.H.

AUSGABEN: Paris 1628 (zus. mit *De demonstratione evangelica*, Hg. R. Montagne). – MG, 24 – Oxford 1852, Hg. T. Gaisford. – Lpzg. 1906 (in *Werke*, Bd. 4, Hg. E. Klostermann; Bln. ²1972, rev. G. Ch. Hansen).

LITERATUR: F. Loofs, *Marcellus von Ancyra*, Gotha 1867. – Ders., *Die Trinitätslehre des Marcellus von Ancyra u. ihr Verhältnis zur älteren Tradition*, Bln. 1902 (SPAW, phil.-hist. Kl.). – M. Tetz, *Zur Theologie des Markell von Ankyra* (in ZKG, 75, 1964, S. 217–270; 79, 1968, S. 3–42; 83, 1972, S. 145–194). – Ders., *Markellianer und Athanasios von Alexandria* (in ZntW, 64, 1973, S. 75–121).

PERI THEOPHANEIAS

(griech. Patr.; *Über die Theophanie*). Letzte apologetische Schrift des EUSEBIOS aus Kaisareia, entstanden nach 323. – Die ersten drei der insgesamt fünf Bücher lehnen sich eng an die *Proparaskeuē euangelikē (Evangelische Vorbereitung)* und die *Apodeixis euangelikē (Evangelische Beweisführung)* an. Buch 4 ist die überarbeitete Fassung einer Abhandlung *Über die in Erfüllung gegangenen Weissagungen des Herrn*. Das fünfte Buch setzt sich mit jüdischen Unterstellungen gegenüber dem Christentum auseinander. – Vom griechischen Text existieren nur Fragmente, doch liegt der vollständige Text in einer syrischen Übersetzung vor.

Eine ebenfalls nur in Fragmenten erhaltene *Deutera theophaneia*, auch *Euangelikē theophaneia* genannt *(Zweite oder Evangelische Theophanie)*, handelt von der zweiten Erscheinung des Logos am Jüngsten Tag. Die Abhandlung *Basilikos (Königsrede)*, in der die kaiserlichen Kirchenbauten in Jerusalem mit der Göttlichkeit des Logos gerechtfertigt werden, besteht im wesentlichen aus popularisierten Auszügen aus *Peri theophaneias*.

Mit der zunehmenden Ausbreitung des Christentums tauchte das Problem der kultischen Einheit des Reichs auf. Sie war grundsätzlich auf zwei Wegen zu erreichen: entweder durch eine Integration der Reichskultur in das Christentum mittels einer politischen Theologie – das versuchte Eusebios mit seiner Betonung des ewigen Gesetzgebers, des Pantokrators, als des Herrn der Geschichte, der gemäß der davidischen Weissagung die Reiche überträgt – oder umgekehrt durch eine Integration des Christentums in die Reichskultur, indem man es zur Staatsreligion erhob. Die zweite Lösung strebte PAULOS aus Samosata († 274), der Kanzler der Kaiserin Zenobia, an. Er wollte das positive göttliche Gesetz beseitigen durch eine Verwandlung des Christentums in einen Adoptianismus (d. h., Christus ist nicht Gott, sondern bloß dessen Adoptivsohn). Sein Schüler LUKIANOS († 312) vertrat die These, daß der Logos ein Geschöpf sei (*»Es gab eine Zeit, da es den Logos nicht gab«*), eine These, die dann vor allem von AREIOS († 336) propagiert wurde. Nach dessen Ansicht hat der geschaffene Sohn Gottes, der zwar weniger vollkommen ist als der Vater, aber vollkommener als alle anderen Geschöpfe, sich mit einem Menschenleib umkleidet, ohne allerdings eine menschliche Seele anzunehmen: Von Gott besonders begnadet, ist er selbst Gott geworden.

Eusebios, der für die Kirche nach der Zeit der Verfolgungen nichts sehnlicher als die offizielle Anerkennung wünschte und der das Problem der Integration erkannte, hat aus dieser kirchenpolitischen Situation heraus stets mit den Arianern oder zumindest den Semiarianers sympathisiert. Der Logos ist nach ihm vom Vater zum Zweck der Schöpfung gezeugt, allerdings mit einer selbständigen Hypostase ausgestattet; der Substanz (*usia*, Seinsheit) nach ist er vom Vater verschieden, also nicht *homousios*, und ist nur im Willen mit dem Vater geeinigt. Schon bei ORIGENES (185–254) war der Vater der Gott schlechthin, der Sohn nur Gott durch Teilnahme an der Gottheit; war der Vater, im platonischen Sinne, das Gute an sich, so der Sohn bloß gut. Die Hypostase, Macht, Güte und Weisheit des Sohnes ist also zwar nicht dem Umfang nach, aber hinsichtlich der Herkunft, geringer. Der Sohn ist der Mittler zwischen dem Vater und den Geschöpfen, für die er das Höchste ist, was sie sehen können. Auch für den Origenisten Eusebios ist Gott der unsichtbare Gott-Vater, der im Sohn *»erscheint«*, welcher wiederum, um sich den sterblichen Menschen zeigen zu können, im Fleisch erscheinen mußte. Der Logos ist also bloß Stellvertreter des Vaters, zwar ewig, aber nicht wahrer Gott.

Es ist das Verdienst des Eusebios, dadurch, daß er das ewige Gesetz des Pantokrators, des göttlichen Allherrschers, als des Bestimmers der Reiche über das Reichsgesetz stellte und Kaiser Konstantin den Großen dafür gewann, das Reich in den Dienst der Verkündigung des Christentums zu stellen, das rein adoptianische Bild der Arianer abgeschwächt zu haben, die in Christus nur den Imperator sahen, was auf eine Identifikation mit dem Kaiserkult hinauslief (Ersetzung des positiven göttlichen Gesetzes durch das positive römische Reichsgesetz). Konstantin betrachtete sich nicht als christusgleichen Gesetzgeber, wohl aber als dreizehnten Apostel: Sein Sarkopharg stand inmitten der zwölf Porphyrsarkophage der Apostel in der Apostelkirche. Allerdings wurde Eusebios durch das Konzil von Nikaia widerlegt, das durch die Entscheidung für die Homousie die Berechtigung des positiven göttlichen Gesetzes gegenüber dem Reichsgesetz und dem ewigen Gesetz durchsetzte. AUGUSTIN (354–430) entwickelte dann eine eschatologische kirchliche Geschichtstheologie: Das Reich ist noch nicht da, sondern wird, obwohl der Vater dem Sohn die Herrschaft bereits übergeben hat, endgültig erst am Jüngsten Tag errichtet. H.L.H.

AUSGABEN: Ldn. 1842, Hg. S. Lee [syr. Fassg.]. – Lpzg. 1904 (in *Werke*, Bd. 3/2). – Hg. H. Greßmann, MG 24.

LITERATUR: H. Greßmann, *Studien zu Eusebs »Theophanie«*, Lpzg. 1903.

PROPARASKEUĒ EUANGELIKĒ

(griech. Patr.; *Evangelische Vorbereitung*). Apologetische Schrift in 15 Büchern von EUSEBIOS aus Kaisareia, entstanden zwischen 312 und 322. – Eusebios, dem Zeitgenossen und Bewunderer des Kaisers Konstantin, geht es um den Ausgleich des evangelischen als des positiven – weil offenbarten – göttlichen Gesetzes mit dem positiven römischen Reichsgesetz. Letzteres hat seine Rechtfertigung nur durch das ewige Gesetz des ewigen Gesetzgebers, d. h. durch das vom schöpferischen Logos in die Natur zur Sicherung ihres Bestandes hineingelegte universale Naturgesetz. Die Menschheitsgeschichte stellt sich Eusebios als die Geschichte des Wirkens des Logos von der Schöpfung bis zur Erlösung dar. Diese Geschichte vollzieht sich in zwei Linien: Der – origenistisch aufgefaßten – kosmischen Dekadenz folgt der – paulinisch gesehene – Aufstieg von der Kindheitsstufe zur Geistesstufe. Dabei führt der Weg von den historischen, politisch-mythologischen Verfallstheologien der Phönikier, Ägypter, Griechen über die natürliche Theologie zur kirchlichen Theologie. Über den antiken Schematismus hinaus dringt Eusebios so zu einer Geschichtstheologie als dem Anfang der christlichen Philosophie vor.

Die drei Stufen des Aufstiegs in Form der nacheinander vom Logos offenbarten Gesetze sind: das Naturgesetz, das Mosaische Gesetz und das evangelische Gesetz als Vollendung der Offenbarung

Gottes. Die Mythologie der Heiden, gegen die Eusebios polemisiert, kommt in diesem Schema gar nicht vor, sie steht weit unter der hebräischen Religion. Selbst PLATON, der Wiederentdecker der natürlichen Theologie, ist im Grunde nur ein »*Mōyses attikizōn*« (Numenios aus Apameia), ein »*attisch redender Mose*«. Schon NUMENIOS (2. Hälfte des 2. Jh.s) hatte behauptet, Platon habe eine Übersetzung der *Thora* gelesen. Dennoch ist für Eusebios das Entscheidende, daß Platon aus seinem Gewissen den wahren Gott gekannt hat. Hatten schon Enos (der erste Mensch), Noah, Hiob, Abraham, Isaak und Jakob den wahren Kult Gottes und ist der Polytheismus das Werk der Kainiten und die Folge der babylonischen Zerstreuung, so ist auch die wahre Theologie im wahren, personalistischen Platonismus vorhanden, weil er zur natürlichen Theologie des Naturgesetzes vorgestoßen ist. Die Mythologie der Griechen dagegen ist überhaupt nicht originell, sondern aus dem Raum der Syrer, Ägypter und Hethiter zusammengestohlen.

Heftig kritisiert Eusebios die unzulänglichen Versuche der Hellenisten wie des PORPHYRIOS (233–301/04), einen mythologisch aufgefaßten Platonismus in Physiologie und Astrologie umzuwandeln. Diese Versuche, die heidnischen Götter als zweite und dritte »Götter« neben den Monotheismus zu stellen, sind zum Scheitern verurteilt, sie bleiben, wie Eusebios grob sagt, »Physiologie«. Eusebios selbst folgt der Platon-Auslegung des mittleren Platonismus (PLUTARCH, ATTIKOS, Numenios aus Apameia, ALBINOS), der unter Berufung auf die pythagoreisierende Spätphase Platons ein Platon-Bild entwirft, das Eusebios als mit der wahren Theologie fast ganz übereinstimmend darstellen kann.

Den Irrtümern der Philosophen sind die beiden letzten Bücher gewidmet. Insbesondere teilt Eusebios die Kritik der mittleren Platoniker an ARISTOTELES, da er die *pronoia*, die göttliche Vorsehung, und die Unsterblichkeit der Seele geleugnet habe. Diese Aristoteles-Kritik zog sich von da an durch die ganze altchristliche und byzantinische Geistesgeschichte bis zu Georgios Gemistos PLETHON († 1452). Ein Gegenstück zur *Proparaskeuē euangelikē* stellt die gegen die Juden polemisierende *Apodeixis euangelikē (Evangelische Beweisführung)* in 20 Büchern dar, von der aber nur Buch 1–10 und ein Stück von Buch 15 erhalten sind. In diesem Werk erörtert Eusebio die Mosaische Theologie. Wegen der Versuchung des Polytheismus habe das *Alte Testament* das Geheimnis der göttlichen Hypostasen verschwiegen, dennoch werde die Trinität gelegentlich verhüllt offenbart (z. B. in *Psalm* 110). Die eigentliche evangelische Beweisführung sei die Prophetie des Messiasreichs, das vom ewigen Logos immer schon verkündet worden sei (so etwa in dem Satz, das Zepter werde von Juda in die Hand genommen werden usw.) – Beide Schriften sind neben ihrer kirchengeschichtlichen Bedeutung, nicht zuletzt wegen der in ihnen enthaltenen Auszüge aus verlorengegangenen Schriften, literarhistorisch von großem Wert. H.L.H.

AUSGABEN: Paris 1545, Hg. R. Stephanus. – Lpzg. 1954–1956 (in *Werke*, Bd. 8, 1/2, Hg. K. Mras; Bln.²1982, rev. E. des Places; Die griech. christl. Schriftsteller der ersten drei Jahrhunderte, 43, 1/2). – Paris 1974–1983, Hg. J. Sirinelli, E. des Places u. a., 8 Bde. (m. Einl., Komm. u. frz. Übers.; Buch I: SCh 206; Buch II–III: SCh 228; Buch IV–V.17: SCh 262; Buch V. 18 – VI: SCh 266; Buch VII: SCh 215; Buch XI: SCh 292; Buch XII bis XIII: SCh 307).

LITERATUR: Bardenhewer, 3, S. 244 f. – P. Henry, *Recherches sur la »Préparation évangélique« d'Eusèbe et l'édition perdue des œuvres de Plotin publiées par Eustochius*, Paris 1935. – K. Mras, *Die Stellung der »Praeparatio evangelica« des E. im antiken Schrifttum* (in AWA, 6, 1956, S. 209–217). – J. E. Bruns, *The ›Agreement of Moses and Jesus‹ in the »Demonstratio Evangelica« of E.* (in VC, 31, 1977, S. 116–125). – R. M. Grant, *Civilization as a Preparation for Christianity in the Thought of E.* (in *Continuity and Discontinuity in Church History. Essays Presented to G. H. Williams*, Hg. F. Forrester Church u. T. George, Leiden 1979, S. 62–70). – E. des Places, *Eusèbe de Césarée commentateur. Platonisme et Écriture Sainte*, Paris 1982. – Ders., *La »Préparation Évangélique« d'Eusèbe de Césarée a-t-elle eu deux éditions? Rédactions longues et rédactions courtes* (in Orpheus, 4, 1983, S. 108–112).

EUSTATHIOS AUS ANTIOCHEIA

† vor 337

KATA ŌRIGENUS DIAGNŌSTIKOS EIS TO TĒS ENGASTRIMYTHU THEŌRĒMA

(griech. Patr.; *Gegen Origenes: Beurteilung seiner Ansicht über die Wahrsagerin*), meist lateinisch zitiert als *De engastrimytho adversum Origenem (Über die Wahrsagerin gegen Origenes)*. Exegetische Abhandlung des EUSTATHIOS aus Antiocheia, wahrscheinlich noch vor dem Konflikt des Autors mit den Arianern (325) verfaßt. – Von den zahlreichen Schriften des bedeutenden Bischofs ist nur dieses kleine Werk vollständig erhalten geblieben. Anlaß dazu war der Wunsch eines uns unbekannten Eutropios nach Auslegung der Erzählung von der »Hexe von Endor«. Diesem Eutropios mißfiel die Deutung des ORIGENES, der behauptet hatte, der Bericht im *1. Buch Samuel* (Kap. 28), Samuel sei durch die Beschwörung der Wahrsagerin aus der Unterwelt heraufgekommen und dem Saul erschienen, müsse ganz wörtlich aufgefaßt werden. Dagegen wendet sich Eustathios mit größter Entschiedenheit: Die Erscheinung Samuels könne nur ein vom Satan hervorgerufenes Trugwerk sein, denn ein vom bösen Dämon besessenes Weib hätte es niemals zuwege bringen können, einen Toten im Jenseits zu stören.

Höchst interessant – und eigentlich bedeutsamer als die Kontroverse selbst – ist die daran anschließende heftige Kritik an der Exegese des Alexandriners: Eustathios wirft Origenes vor, an dieser Stelle zwar die wörtliche Auslegung in Anspruch genommen, sonst aber die historische Interpretation ganz außer acht gelassen und nur nach dem höheren Sinn der Schriftstellen geforscht zu haben. Durch diese oft willkürliche Allegorik habe er dem *Alten* und *Neuen Testament* den historischen Charakter genommen. Grundsätzlich verwirft der Autor die Allegorese allerdings nicht; er schlägt vielmehr einen Mittelweg zwischen rein allegorischer und rein buchstäblicher Auslegung vor. – Die gewandt und in klassischer Diktion verfaßte Schrift zeugt von der rhetorischen und philosophischen Ausbildung des Eustathios und von seiner Vertrautheit mit der klassischen Literatur. M.Ze.

AUSGABEN: Lyon 1629, Hg. L. Allatius [griech.-dt.]. – MG, 18. – Bonn 1912 (in E. Klostermann, *Eusthatius u. Gregor v. Nyssa über die Hexe von Endor*).

LITERATUR: R. V. Sellers, *Eu. of A. and His Place in the Early History of Christian Doctrine*, Cambridge 1928. – M. Spanneut, *Recherches sur les écrits d'Eu. d'A. avec une édition nouvelle des fragments dogmatiques et exégétiques*, Lille 1948. – H. Chadwick, *The Fall of Eu. of A*. (in JThSt, 49, 1948, S. 27–35). – A. Grillmeier, *Die theologische u. sprachliche Vorbereitung der christologischen Formel von Chalkedon* (in *Das Konzil von Chalkedon*, Hg. ders. u. H. Bacht, Bd. 1, Würzburg 1951, S. 124–130). – F. Scheidweiler, *Zu der Schrift des Eusthatius v. Antiochien über die Hexe von Endor* (in RhMus, 96, 1953, S. 319–329). – M. Spanneut, Art. *Eu. d'A*. (in *Dictionnaire d'histoire et de géographie ecclésiastiques*, Bd. 16, 1967, Sp. 13–23). – R. Lorenz, Art. *Eu. v. A.* (in *Theologische Realenzyklopädie*, Bd. 10, 1982, S. 543–546). – R. P. C. Hanson, *The Fate of Eu. of A*. (in ZGK, 95, 1984, S. 171–179).

EUSTATHIOS MAKREMBOLITES

2. Hälfte 12.Jh.

TO KATH' HYSMINĒN DRAMA KAI HYSMINIAN

(griech.-byzant.; *Drama[tische Erzählung] von Hysmine und Hysminias*). Erotischer Prosaroman in elf Büchern, um die Mitte des 12. Jh.s verfaßt von EUSTATHIOS MAKREMBOLITES, einem hohen byzantinischen Hofbeamten. A. HEISENBERGS Versuch einer Identifikation des Autors mit dem gleichnamigen späteren Erzbischof von Thessalonike wird in der neueren Forschung im allgemeinen abgelehnt. – In Form einer rückblickenden Ich-Erzählung berichtet Hysminias von seiner Begegnung mit Hysmine in Aulikomis, wohin er anläßlich des Diasienfestes als Festherold seiner Vaterstadt Eurykomis entsandt worden war. Die mehr als deutlichen Annäherungsversuche Hysmines lassen ihn zunächst kalt, doch beginnt er bald, des Nachts von ihr zu träumen, und in einem solchen Traum erlebt er sich als von Amors Pfeilen getroffen, dessen Sklave er hinfort wird (Buch I–III). Die kurze Zeit des Glücks für die beiden Liebenden findet ein jähes Ende durch die Ankündigung von Hysmines Vater, daß er für sie einen passenden Ehemann gefunden habe und die Hochzeit bevorstünde (Buch III–VI). Sie entschließen sich daher zur Flucht und es gelingt ihnen, sich gen Syrien einzuschiffen. Als sich unterwegs ein schwerer Sturm erhebt, wird Hysmine, um den Meeresgott zu besänftigen, als Opfer über Bord geworfen. Bei der nächsten Landung wird der jammernde Hysminias vom Kapitän abgesetzt und dort von äthiopischen Piraten gefangengenommen, die ihn als Sklaven verkaufen (Buch VI–VIII). Im Verlauf eines Jahres durchleben die beiden verschiedene Abenteuer, bis wieder die Zeit des Diasienfestes naht.

Hysminias befindet sich diesmal in der Position des Dieners, der seinen Herrn begleitet, welcher als Festherold nach Artykomis entsandt wurde. Bei dem Festgelage wird er von Hysmine, die zu den Dienerinnen des Gastgebers gehört, wiedererkannt (Buch VIII–X). Bei einer feierlichen Opferszene folgt dann die Wiedererkennung der beiden verloren geglaubten Kinder mit ihren Eltern und sie werden vom Priester aufgrund ihrer Abstammung als Hellenen für frei erklärt. Nachdem Hysmine erfolgreich eine Keuschheitsprobe bestanden hat, begibt sich die ganze Festgemeinde nach Aulikomis, um dort die Hochzeit des Paares zu feiern. Diesen Anlaß benutzt Hysminias, um die vorliegende »dramatische Erzählung« vorzutragen (Buch X–XI).

Dieser einzige in Prosa abgefaßte byzantinische Roman des 12. Jh.s lehnt sich inhaltlich, neben einigen Reminiszenzen an HELIODORS *Aithiopika (Äthiopische Geschichte)*, stark an ACHILLEUS TATIOS' *Ta kata Leukippēn kai Kleitophōnta (Die Erzählung von Leukippe und Kleitophon)* an. Es handelt sich dabei jedoch nicht um eine sklavische Nachahmung, sondern vielmehr um eine gekonnte Adaption. Besonders deutlich wird dies im Weglassen überflüssiger Handlungselemente, in der teilweise humorvollen Darstellungsweise, und vor allem in der geschickten Einfügung von Träumen, die das sexuelle Erwachen des Hysminias illustrieren. Der Roman ist stilistisch sehr abwechslungsreich gestaltet; neben der einfachen Erzählung finden sich auch andere Elemente wie ausführliche Klage, rhetorisches Lob, Dialog und Brief. Zahlreiche Zitate aus klassischen Autoren, insbesondere HOMER und HESIOD, aber auch EURIPIDES und anderen Tragikern, lassen auf einen hohen Bil-

dungsstand nicht nur des Autors, sondern auch seines Lesepublikums schließen.
Als erster griechischer Roman seit der Spätantike ist *Hysmine und Hysminias* richtungweisend für das Wiederaufleben dieses Genres in der Komnenenzeit geworden (man vergleiche die bald darauf entstandenen Versromane des THEODOROS PRODROMOS, NIKETAS EUGENIANOS und KONSTANTINOS MANASSES) und hat somit auch auf die Entwicklung des modernen griechischen Romans großen Einfluß ausgeübt.
C.Ra.

AUSGABEN: Paris 1617, Hg. G. Gaulminus [m. lat. Übers.]. – Paris 1856, Hg. Ph. Le Bas (in W. A. Hirschig, *Erotici Scriptores*, S. 523–597; m. lat. Übers.). – Lpzg. 1859, Hg. R. Hercher (in R. H., *Erotici Scriptores Graeci*, Bd. 2, S. 161–286). – Wien 1876, Hg. I. Hilberg.

ÜBERSETZUNGEN: *Ismenen und Ismeniens Liebesgeschichte*, G[eorg] S[chirmer] M[agister], Lpzg. 1663. – E. Chr. Reiske (in *Hellas*, Bd. 1, Mitau 1778, S. 101–206).

LITERATUR: Krumbacher, 2, S. 764–766. – A. Heisenberg, *Eu.* (in RhMus, 58, 1903, S. 427–435). – W. Schmid, Art. *Eumathios* (in RE, 6, 1907, Sp. 1075–1077). – M. Gigante, *Il romanzo di Eu. M.* (in *Akten des XI. Internationalen Byzantinistenkongresses München 1958*, Mchn. 1960, S. 168–181). – M. Alexiou, *A Critical Reappraisal of Eu. M.' »Hysmine and Hysminias«* (in Byzantine and Modern Greek Studies, 3, 1977, S. 23–43). – H. Hunger, *Die hochsprachliche profane Literatur der Byzantiner*, Bd. 2, Mchn. 1978, S. 137–142. – Ders., *Antiker und byzantinischer Roman* (in SAWH, Phil.-hist. Kl., 1980, 3). – H.-G. Beck, *Byzantinisches Erotikon*, Mchn. 1986. – C. Cupane, *Byzantinsches Erotikon: Ansichten und Einsichten* (in Jb. d. Oesterreichischen Byzantinistik, 37, 1987, S. 213–233).

EUSTATHIOS VON THESSALONIKE

* nach 1106/07 Konstantinopel (?)
† nach 1195 Thessalonike

LITERATUR ZUM AUTOR:
R. Browning, *The Patriarchal School at Constantinople in the Twelfth Century* (in Byzantion, 32, 1962, S. 186–193). – P. Wirth, *Eustathiana. Gesammelte Aufsätze zu Leben u. Werk des Metropoliten Eu. v. Th.*, Amsterdam 1980. – A. Kazhdan u. S. Franklin, *Studies in Byzantine Literature of the Eleventh and Twelfth Centuries*, Cambridge/Paris 1984, S. 115–195. – N. G. Wilson, *Scholars of Byzantium*, Ldn. 1983, S. 196–204.

PAREKBOLAI EIS TĒN HOMĒRU ILIADA KAI ODYSSEIAN

(griech.-byzant.; *[Litertur-]Exzerpte zu Homers Ilias und Odyssee*). Eingehender und aus der Zeit der Antike und des Mittelalters umfangreichster Kommentar zu den Epen HOMERS, verfaßt von EUSTATHIOS von Thessalonike, der, wahrscheinlich aus Konstantinopel gebürtig, seit 1175 Erzbischof der thessalischen Metropole war. – Das Werk verkörpert die letzte und zugleich eindrucksvollste Zusammenfassung aller bis dahin niedergelegten gelehrten Veröffentlichungen der Homer-Philologie von den Zeiten der Alexandriner bis herauf zu den erklärenden Schriften der byzantinischen Epoche. Seine Bedeutung beruht auf der Auswertung vieler förderlicher, heute verlorener Kommentare zu den Büchern der *Ilias* und *Odyssee*. Eustathios bietet sprachliche und sachliche, insbesondere mythologische Erklärungen in überwältigender Fülle. Die Publikation empfiehlt sich wegen ihres nüchternen Charakters weniger zu zusammenhängender Lektüre denn als ein bis heute auch für den Fachgelehrten unentbehrliches Nachschlagewerk, das abgesehen von seinem eigentlichen Zweck zahlreiche anderwärts nicht tradierte Fragmente berühmter antiker Dichter, so von SAPPHO und PINDAR, überliefert.
P.W.

AUSGABEN: Oxford 1697. – Florenz 1730–1735 (*Commentarii ad Homeri Iliadem et Odysseam*, 3 Bde.; unvollst. m. lat. Übers.; Frgm.). – Lpzg. 1825–1830, Hg. G. Stallbaum, 6 Bde. – MG 135/136. – Leiden 1971–1987, Hg. M. van der Valk, 4 Bde. [krit.].

LITERATUR: J. La Roche, *Die homerische Textkritik im Altertum*, Lpzg. 1866. – L. Cohn, *De Aristophane Byzantio et Suetonio Tranquillo Eustathii auctoribus* (in NJb, Suppl. 12, 1881, S. 283–374). – Ders., *De Heraclide Milesio grammatico* (in Berliner Studien, 1, 1884, S. 603–718). – M. Neumann, *E. als kritische Quelle für den Iliastext* (in NJb, Suppl. 20, 1894, S. 145–340). – A. Severyns, *Eustathe et »Le cycle épique«* (in Rbph, 7, 1928, S. 401–467). – E. Howald, *E. u. der Venetus A* (in RhMus, 78, 1929, S. 171–187). – P. Maas, *E. als Konjekturalkritiker* (in ByZ, 36, 1936, S. 27–31). – H. Erbse, *Untersuchungen zu den attizistischen Lexika*, Bln. 1949. – H. Hunger, *Die hochsprachliche profane Literatur der Byzantiner*, Bd. 2, Mchn. 1978, S. 64–66.

SYNGRAPHĒ TĒS ... HALŌSEŌS

(griech.-byzant.; *Beschreibung der Eroberung* [Thessalonikes]). Augenzeugenbericht von EUSTATHIOS von Thessalonike, der die Vorgeschichte der Belagerung sowie deren Verlauf und die blutige Katastrophe des Jahres 1185 in einer dramatischen und farbenprächtigen Schilderung darstellt. Durch die Eroberung Thessalonikes gelangten die siziliani-

schen Normannen vorübergehend in den Besitz des zweitwichtigsten Hafens der Ägäis.
Die Schrift des damaligen Metropoliten der Stadt, des gefeierten Gelehrten Eustathios, wurde zur flammenden Anklage gegen das grausame Regime des oströmischen Kaisers Andronikos I. Komnenos (1183–1185) wie gegen die Unfähigkeit der byzantinischen Heerführung und zur erschütternden Dokumentation der barbarischen Übergriffe der Eindringlinge, welche die Bewohner dezimierten, die Kirchen schändeten und die Kunstschätze der Stadt sinnlos plünderten oder vernichteten. – Die noch ganz unter dem Eindruck der erlittenen Unbilden entstandene Darstellung des Ereignisses vermag dank der Eindringlichkeit der historischen Berichterstattung und der lebhaften Diktion auch den neuzeitlichen Leser zu fesseln. P.W.

AUSGABEN: Ffm. 1832 (in *Opuscula*, Hg. Th. L. F. Tafel; Neudr. Amsterdam 1964). – MG 136. – Palermo 1961 (*La espugnazione di Tessalonica*, Hg. S. Kyriakidis; Einl. B. Lavagnini; m. ital. Übers. u. Anm.).

ÜBERSETZUNG: *Die Normannen in Thessalonike. Die Eroberung von Thessalonike durch die Normannen (1185 n. Chr.) in der Augenzeugenschilderung des Bischofs Eustathios*, H. Hunger, Graz u. a. 1955 [m. Einl. u. Erl.]; Wien/Köln ²1967 [verb.].

LITERATUR: A. Maricq, *Le manuscrit d'Eusthate de Thessalonique: »La prise de Thessalonique en 1185«* (in Byzantion, 20, 1950, S. 81–87). – Gy. Moravcsik (in *Byzantinoturcica I²*, Bln. 1958, S. 262–264). – E. Leone, *Conjectures sur la composition de »La prise de Thessalonique« d'Eustathe* (in Byzantion, 34, 1964, S. 267–269). – P. Wirth, *Die sprachliche Situation in dem umrissenen Zeitalter* (in *Actes du XVe Congrès international d'études byzantines*, Bd. 2, Athen 1976, S. 39–42). – H. Hunger, *Die hochsprachliche profane Literatur der Byzantiner*, Bd. 1, Mchn. 1978, S. 427–429. – J. Karayannopulos u. G. Weiß, *Quellenkunde zur Geschichte von Byzanz (324–1453)*, Bd. 2, Wiesbaden 1982, S. 431–432.

EUTROPIUS

4. Jh.

BREVIARIUM AB URBE CONDITA

(lat.; *Abriß der römischen Geschichte*). Geschichtswerk des EUTROPIUS, das er als *magister memoriae* des Kaisers Valens (reg. 364–378) auf Wunsch seines hohen Herrn kompilierte.
Der umfangreiche Stoff ist, in nicht ungeschickter Verdichtung und Beschränkung auf außenpolitische Aspekte, in zehn kurze Bücher zusammengedrängt; Buch 1 von Romulus bis zu den Gallierkämpfen (ca. 390 v. Chr.); Buch 2 bis zum Ersten, Buch 3 bis zum Zweiten Punischen Krieg (241 bzw. 201 v. Chr.); Buch 4 bis zum Jugurthinischen Krieg (105 v. Chr.); Buch 5 Marius und Sulla (bis ca. 86 v. Chr.); Buch 6 bis zur Ermordung Caesars (44 v. Chr.); Buch 7 Ende der Bürgerkriege, frühe Kaiserzeit bis Domitian (96 n. Chr.); Buch 8 Adoptivkaiser und Soldatenkaiser bis Alexander Severus (235 n. Chr.); Buch 9 die Zeit bis Diokletian (305 n. Chr.); Buch 10 bis zum Tod Iovians (364 n. Chr.). Die unmittelbare Zeitgeschichte wird ausgespart, sie sollte gelegentlich in einer späteren Schrift behandelt werden.
Selbstverständlich – bedenkt man das Jahrhundert – war der Autor, so günstig man das kleine Werk seiner exakten Darstellungsform wegen beurteilen wird, kein Geschichtsforscher. Er stützte sich nicht einmal auf die Originale der klassischen Historiker: Als Quelle diente ihm für die älteren Jahrhunderte und die Republik ein damals verbreiteter Auszug aus LIVIUS; SUETON – vielleicht gleichfalls in einer redigierten Version – lieferte das Material der frühen Kaiserzeit; dann zog Eutropius eine (verlorene) Kaiserchronik und eine (uns unbekannte) Geschichte des Konstantinischen Hauses heran; die letzten Jahre dürfte der Autor aus persönlichen Erfahrungen geschöpft haben, war er doch naher Freund und Gesinnungsbruder des »abtrünnigen« Iulian (reg. 361–363) gewesen.
Das *Breviarium* erlangte – trotz des rivalisierenden (aber sehr diffusen) *Breviarium* seines Zeitgenossen FESTUS – schnell große Beliebtheit: Die Verbindung von Anschaulichkeit und unverbindlicher Kürze machte es zu einem geradezu idealen Handbüchlein zur Einführung des oberflächlich interessierten Lesers in ein nach wie vor unvermeidliches Kapitel Allgemeinbildung. Daß Eutropius den Auftrag seines kaiserlichen Gönners zur vollen Befriedigung der Mit- und Nachwelt ausgeführt hat, beweisen die (freien) Übertragungen ins Griechische durch PAIANIOS (schon um 380 entstanden; überliefert) und CAPITO (vom Anfang des 6. Jh.s; in Fragmenten erhalten), die zahlreichen mittelalterlichen Bearbeitungen und Übernahmen – Schlüsselfiguren sind PAULUS DIACONUS (*Historia Romana*, um 774) und LANDOLFUS SAGAX (*Historia miscella*, um 1100) – und nicht zuletzt die zahlreichen spätantiken Zitierungen. E.Sch.

AUSGABEN: Rom 1471 *(Eutropius historiographus: et post eum Paulus diaconus: de historiis Italice provincie ac Romanorum)*. – Bln. 1879, Hg. H. Droysen (MGH, auct. ant., 2). – Lpzg. 1887, Hg. F. Ruehl; Nachdr. 1985. – Lanciano 1932, Hg. L. D'Amore [m. Komm.]. – Lpzg. 1979, Hg. C. Santini.

ÜBERSETZUNGEN: *Römischer Historien Beküertzung*, H. v. Eppendorf, Straßburg 1536. – *Abriß d. röm. Geschichte*, A. Forbiger, Stg. 1865 [mehrere Nachdr.].

LITERATUR: R. Helm, *Hieronymus u. E.* (in RhMus, 76, 1927, S. 138–170; 254–306). – D. N. Tribolès, *Eutropius historicus*, Athen 1941. – E. Malcovati, *Le traduzioni greche di E.* (in Rendiconti dell'Istituto Lombardo, 77, 1943/44, S. 273–304). – N. Scivoletto, *La tradizione manoscritta di Eutropio* (in Giornale Italiano di Filologia, 14, 1961, S. 129–162). – M. Capozza, *Roma fra monarchia e decemvirato nell'interpretazione di Eutropio*, Rom 1973. – G. Bonamente, *La dedica del »Breviarium« e la carriera di Eutropio* (in Giornale Italiano di Filologia, 29, 1977, S. 274–297). – Ders., *La biografia di Eutropio il storico* (in Annali della Facoltà di Lettere e Filologia, 10, Padua 1977, S. 161–210). – M. P. Segoloni u. A. R. Corsini, *Eutropii lexicon*, Perugia 1982.

EUTYCHIOS

d.i. Saʿīd ibn Biṭrīq

† 940

NAẒM AL-ĠAUHAR

(arab.-christl.: *Die Perlenschnur*). Geschichtswerk von EUTYCHIOS, Patriarch von Alexandrien. – *Die Perlenschnur* ist ein großangelegtes, Profan- und Kirchengeschichte umfassendes Annalenwerk nach dem Muster der byzantinischen Chronographien; Eutychios hat es noch als Laie – er war Arzt – begonnen, seinem Bruder, dem Arzt ʿĪsā ibn Biṭrīq, gewidmet und als melchitischer Patriarch von Alexandrien (reg. 933–940) vollendet. Das Werk behandelt ohne systematische Einteilung die Geschichte von der Erschaffung der Welt an bis zum Jahre 938. Die Darstellung folgt zunächst in freier Nacherzählung – jedoch vermehrt um manch legendäre Züge – dem *Alten Testament* von der Erschaffung der Welt bis zur Babylonischen Gefangenschaft, dem Wirken des Propheten Daniel, der Heimkehr der Juden aus Babylon und dem Wiederaufbau des Tempels unter Esra und Nehemia. Anschließend behandelt der Verfasser – aufgrund anderer Quellen – die Geschichte des Perserreichs, die Taten Alexanders des Großen sowie die Geschichte der Ptolemäer in Ägypten bis zum Tod Kleopatras. Mit Augustus tritt die Geschichte der römischen Kaiser ins Blickfeld des Eutychios. In den chronologischen Rahmen der römischen Kaisergeschichte wird die Darstellung des Wirkens Christi und der Apostel nach dem *Neuen Testament* und anderen Quellen eingeordnet. Einen bevorzugten Platz nimmt bald die Geschichte des Patriarchats von Alexandrien ein, dessen Gründung auf das Wirken des Evangelisten Markus zurückgeführt wird. Doch werden auch Entwicklung und Geschichte anderer bedeutender Bischofssitze, wie z. B. Jerusalem, Antiochien, Rom und Konstantinopel, berücksichtigt. Von der römischen Geschichte interessieren Eutychios besonders die Ereignisse in der östlichen Reichshälfte, die Perserkriege und die Geschichte des byzantinischen Reichs bis zum Auftreten Mohammeds.

Der zweite Teil des Werks beginnt mit Mohammed und der Ausbreitung des Islams, wobei nun die Regierungszeiten der einzelnen Kalifen den chronologischen Rahmen abgeben. Eutychios berichtet von den ersten vier Kalifen, Abū-Bakr (reg. 632–634), ʿUmar (reg. 634–644), ʿUtmān (reg. 644–656) und ʿAlī (reg. 656–661), von den Omayyaden und den Abbasiden bis zum Abbasidenkalifen ar-Rāḍī (reg. 934–940). Kirchengeschichtlicher Stoff ist in großem Umfang eingearbeitet. Das letzte kirchengeschichtliche Ereignis, das berichtet wird, ist ein Schreiben des Patriarchen Theophylaktos von Konstantinopel (reg. 933–956) an die Patriarchen von Alexandrien und Antiochien mit der Bitte um Nennung seines Namens im Gottesdienst.

Eutychios hat umfängliches Material in seinen Annalen gesammelt und berichtet neben vielem Bekannten auch zahlreiche anderswo nicht belegte Vorkommnisse, besonders aus seiner eigenen Zeit, wobei die Glaubwürdigkeit seiner Berichte nicht ohne weiteres bestritten werden kann. Freilich gibt er als Kind seiner Zeit auch manchem Legendenhaften Raum, z. B. den Erzählungen von der »Schatzhöhle« (vgl. *Mʿarrat gazzē*). Sehr interessiert ist Eutychios naturgemäß an der Kirchengeschichte, besonders an der des Patriarchats Alexandrien. Er berichtet ausführlich von den allgemeinen Konzilien bis zum vierten Konzil von Konstantinopel (869/70); dabei nimmt er von seinem orthodoxen Standpunkt aus Stellung gegen die Irrlehren, besonders Nestorianismus und Monophysitismus, und verschiedene Irrlehrer. Manche dieser Abschnitte sind in Handschriften gesondert überliefert und zum Teil auch in das *Turmbuch* (vgl. *Kitāb al-Miǧdal*) des Nestorianers Ṣalībā IBN YŪḤANNĀ aufgenommen worden.

Für die Beliebtheit und Verbreitung der »Annalen« des Eutychios spricht die große Zahl der erhaltenen Handschriften und die häufige Benützung durch spätere Geschichtsschreiber, wie den Abendländer WILHELM VON TYRUS (12. Jh.), den Kopten AL-MAKĪN (13. Jh.) und den Araber AL-MAQRĪZĪ (14. Jh.). Dagegen scheint Eutychios' Zeitgenosse, der Historiker AGAPIOS VON MANBIǦ (10. Jh.), seinem Geschichtswerk *Kitāb al-ʿUnwān* nach zu urteilen, das Werk des Eutychios nicht gekannt zu haben. Ein Verwandter des Eutychios, Saʿīd ibn Saʿīd ibn Yaḥyā AL-ANṬĀKĪ (10./11. Jh.) setzte die »Annalen« des Eutychios durch sein *Kitāb ad-Dail (Buch des Anhangs)* für die Jahre 938–1027/28 fort. Es ist wichtig für die Geschichte des Byzantinischen Reichs, die Geschichte der Fatimiden in Ägypten und der orientalischen Kirchen. Die »Annalen« des Eutychios sind (mit dem gleichzeitigen Geschichtswerk des Agapios von Manbiǧ) die früheste Darstellung der Universalgeschichte in der christlich-arabischen Literatur. J.As.

AUSGABEN: Oxford 1658 (*Contextio gemmarum, sive Eutychii Patriarchae Alexandrini annales. Illustriss. Johanne Seldeno, interprete Edwardo Pocockio*, 2 Bde.; m. lat. Übers; Übers. ern. in MG, 111). – Beirut 1906–1909 (*Annales*, 2 Bde., Hg. L. Cheikho u. a.; CSCO, 50/51). – Paris 1924–1932 (*Histoire de Yahya-ibn-Sa'id d'Antioche, continuateur de Sa'id-ibn-Bitriq*, Hg. I. Kratchkovsky u. A. Vasiliev, 2 Bde.; PO, 18/5 u. 23/3).

LITERATUR: R. Burtin, *Un texte d'Eutychius relatif à l'Éléona* (in RBi, N. S. 11, 1914, S. 401–423). – J. Schacht, *Der Briefwechsel zwischen Kaiser und Papst von 641/2 in arabischer Überlieferung* (in Orientalia, N. S. 5, 1936, S. 229–268). – F. Altheim, *Geschichte der Hunnen*, Bd. 5, Bln. 1962, S. 126–147. – Graf, 2, S. 32–35; 39–41; 49–51.

PER GUNNAR EVANDER

* 25.4.1933 Ovansjö bei Gävleborg

DET SISTA ÄVENTYRET

(schwed.; *Das letzte Abenteuer*). Roman von Per Gunnar EVANDER, erschienen 1973. – Kontaktlosigkeit und Angst sind zentrale Themen für den erfolgreichen Autor, dessen Werk neben Romanen auch Hörspiele, Theaterstücke und Fernsehfilme umfaßt. Evanders Interesse gilt dem gewöhnlichen und anspruchslosen, dem schwachen und ausgestoßenen Menschen. Mit *Det sista äventyret* leistet Evander einen Beitrag zur Darstellung der Mechanismen, die einen Menschen von der Gesellschaft isolieren können – demonstriert am Beispiel des bürgerlichen Familienideals.

Im ersten Teil des Romans wird der Weg eines willensschwachen Menschen in psychische Krankheit beschrieben. Die dramatischen Episoden, in denen eine von Schuldgefühlen geprägte Angst mit peinigenden Zwangsvorstellungen geschildert wird, stellen für die Struktur des Romanes ein stark verbindendes Element dar. Die Hauptperson Jimmy ist Anfang Zwanzig, Einzelkind und keinesfalls unbegabt. Sein Vater starb als er 16 Jahre alt war. Seine Mutter und seine Verlobte, die Krankenschwester Kerstin, sind zwei sehr dominante Persönlichkeiten, die ihn unter dem Vorwand, nur sein Bestes zu wollen, mit ihrer fürsorglich bevormundenden Art erdrücken. Obwohl Jimmy jegliche Konfrontation vermeidet, um niemanden zu verletzen, bereitet er ihnen eine Enttäuschung nach der anderen: Die Schule verläßt er ohne Abschluß, vom Wehrdienst wird er wegen mehrmaligen, sonderbaren Verhaltens vorzeitig befreit. Auch eine Vertretungsstelle als Biologielehrer verliert Jimmy, als bekannt wird, daß er, auf der Flucht vor seiner Mutter und Kerstin, eine Liebesbeziehung zu der 16jährigen Schülerin Helfrid aufgenommen hat. Kerstin löst die Verlobung. Als Jimmy bemerkt, daß Helfrid ihm nicht treu ist, überkommt ihn eine krankhafte Eifersucht, die ihn zu Gewalttätigkeiten gegen sie treibt. Zudem führt die Angst, daß seine starke Kurzsichtigkeit in Blindheit übergehen werde, zu geistiger Verwirrung, so daß er in eine psychiatrische Anstalt eingeliefert wird. Der zweite Teil des Buches erzählt die Geschichte von Jimmys Behandlung. Nach längerem Klinikaufenthalt verbringt er zusammen mit fünf anderen Patienten ein halbes Jahr auf dem Land, wo ein junger Psychiater die Medikamente absetzt, Jimmy einer sinnvollen Beschäftigung zuführt und in geduldigen Gesprächen die Ursache seiner Krise, die in Jimmys Kindheit begründet ist, aufdeckt. Das Buch endet, als erste Erfolge sichtbar werden. Jimmy lernt langsam, sich selbst zu akzeptieren.

Da der Autor Jimmys Geschichte aus dessen eigener Perspektive darstellt, wird das Verhalten des sensiblen Jungen am Höhepunkt seiner psychischen Krise verständlich. Der Leser begreift Jimmys Reaktionen und ihre Ursachen früher als der Kranke selbst, dem die Zusammenhänge erst während der psychiatrischen Behandlung erschlossen werden. Trotz seines komplexen Inhalts ist *Det sista äventyret*, das für Evander den Durchbruch als Schriftsteller bedeutet hat, ein klarer, unsentimentaler Roman. Ausgedehnte Dialogpartien erinnern daran, daß Evander auch als Dramatiker tätig ist; einzelne Abschnitte wirken fast wie Regieanweisungen.   S.Bo.

AUSGABEN: Stockholm 1973. – Stockholm 1976.

VERFILMUNG: Schweden 1974 (Regie: J. Halldoff).

LITERATUR: R. Halldén, Rez. (in Dagens Nyheter, 20. 10. 1973). – Å. Janzon, Rez. (in Svenska Dagbladet, 20. 10. 1973). – A. Sjöbohm, Rez. (in BLM, 1973, S. 288 f.). – T. Hedlund, *Mitt i 70-talet: 15 yngre svenska författare presenteras*, Lund 1975. – K.-A. Lindholm, *P. G. E. och fadersrollen* (in Horisont, 1980, Nr. 4, S. 30–48). – K. Petherick, *P. G. E.*, Boston 1982 (TWAS).

THEOPHILUS EVANS

* 21.2.1693 bei Newcastle Emlyn / Cardiganshire
† 11.9.1767 Llanfaes / Breconshire

DRYCH Y PRIF OESOEDD

(kymr.; *Der Spiegel der Frühzeit*). Walisisches Geschichtswerk von Theophilus EVANS, erschienen 1716; die stark erweiterte Zweitausgabe von 1740 erfreute sich bei Generationen von Walisern großer Beliebtheit. – Den Hauptinteressen des Verfassers entsprechend ist das Werk in zwei Teile gegliedert. Der erste behandelt die Geschichte des walisischen Volkes von seinen frühesten Vorfahren bis zum Verlust der Unabhängigkeit im 13. Jh., der zweite Teil befaßt sich mit der Frühkirche im allgemeinen und mit ihrer Wirkung auf die Waliser im besonderen.

Als Geistlicher der Staatskirche vertritt Evans den anglikanischen Standpunkt gegenüber den »Dissenters« – den vom Anglikanismus Abweichenden – aus dem römisch-katholischen und dem protestantischen Lager, einen Standpunkt, der seiner Meinung nach im Einklang mit der Lehre der Frühkirche steht. Als Chronist der Frühgeschichte seines Volkes schreibt er mit der Überzeugung des Patrioten, verschweigt aber trotz seines Stolzes auf die Leistungen der Waliser nicht, daß er das ihnen widerfahrene Unglück als eine Strafe für ihre Sünden betrachtet. Evans bedient sich zahlreicher mittelalterlicher und neuerer Quellen (GEOFFREY OF MONMOUTH, USSHER, CAMDEN, PEZRON, LHUYD u. a.) und versucht geschickt, die Überlieferung, Britannien sei von dem Trojaner Brutus gegründet worden, mit der zu verquicken, daß die Waliser Nachkommen von Gomer, dem Sohn Japheths und Enkel Noahs, seien. Im historischen Teil des *Drych* geht der Autor vor allem auf die Beziehungen ein, die in den ersten Jahrhunderten der christlichen Ära zwischen den Walisern einerseits und den Römern, Pikten (älteste Einwohner Schottlands) und Angelsachsen andererseits bestanden. Dieser Teil enthält auch weitverbreitete Sagen und auf historischen Begebenheiten fußende Erzählungen, darunter die von Magnus Maximus, der 383 in Britannien zum Kaiser ausgerufen wurde, vom »Verrat der Langen Messer«, von Merlin und König Arthur. Um darzutun, daß er vertraut war mit dem kurz vor seiner Zeit durch wissenschaftliche Forschungen erbrachten Beweis der Verwandtschaft zwischen dem Walisischen und dem Irischen, fügte Evans ein Verzeichnis verwandter Wörter aus beiden Sprachen ein.

Obgleich der *Drych* heute natürlich nicht mehr zur Geschichtsschreibung im eigentlichen Sinn gerechnet wird, ist er interessant geblieben als Zeugnis für die Interpretation, die die Frühgeschichte der Waliser im 17. und zu Beginn des 18. Jh.s erfahren hat. Der Atuor dieses klassischen Prosawerks der walisischen Literatur war ein Stilist von Format, ein Meister vor allem im Erfinden von Vergleichen in der vergilischen Tradition.   A.O.H.J.

AUSGABEN: Shrewsbury 1716. – Shrewsbury 1740 [erw. Fassg.]. – Bangor 1902, Hg. S. J. Evans [Nachdr. d. Ausg. 1740]. – Cardiff 1955, Hg. D. Thomas [nur Tl. 1]. – Cardiff 1961, Hg. G. Hughes [Nachdr. d. Ausg. 1716].

LITERATUR: D. Thomas, *Cysylltiadau Hanesyddol a Llenyddol Th. E.* (in Y Llenor, 18, 1939, S. 46–56). – Saunders Lewis, *»Drych y Prif Oesoedd«* (in Efrydiau Catholig, 6, 1954, S. 37–47). – J. G. Jones, *Th. E.* (in Ysgrifau beirniadol, Hg. J. E. Cearwyn Williams, 4, Gwasg Gee 1969). – B. L. Jones, *Th. E.* (in Y traddodiad rhyddiaith, Hg. G. Bowen, Llandysul 1970). – D. E. Evans, *Th. E. ar Hanes Cynar* (in Y traethodydd, 128, 1973, S. 92–113).

IVAN VASIL'EVIČ EVDOKIMOV

* 3.2.1887 Kronštat
† 28.8.1941 Moskau

LITERATUR ZUM AUTOR:
Bibliographie:
Russkie sovetskie pisateli. Prosaiki., Bd. 1, Moskau 1959, S. 669–683.
Gesamtdarstellungen und Studien:
I. Evdokinov, *Avtobiografija* (in I. E. *Sobr. soč*, Bd. 1, Moskau 1928, S. 7–34). – S. Golobanenko, *Jazyk severa i pisateli* (in Zvevda severa, 8, 1935, S. 53–56).

KOLOKOLA

(russ.; *Die Glocken*). Roman von Ivan V. EVDOKIMOV, erschienen 1926. – Der Roman des inzwischen fast vergessenen, weil verschwiegenen »Proletkult«-Autors gehört zu den zahlreichen Werken der frühen Sowjetliteratur, die sich mit der gescheiterten Revolution von 1905 befassen. Sein Titel knüpft einerseits symbolisch an A. GERCENS illegale Revolutionszeitschrift ›Kolokol‹ (Glocke) an und bezeichnet zugleich das Leitmotiv, das die einzelnen Abschnitte begleitet.

Schauplatz des Geschehens ist eine Industriestadt in der Nähe Moskaus. Die in den ersten Teilen geschilderten individuellen Schicksale einiger Bewohner des Arbeiterviertels und der gutbürgerlichen, »*sauberen Hälfte*« der Stadt – der Leser erfährt von dem Dreiecksverhältnis zwischen dem Revolutionär Ivan Prosvirnin, seiner Frau Annuška und dem Arbeiter Egor Jablokov – werden im Verlauf der Handlung eng mit den Ereignissen von 1905 verflochten. Zu Beginn der Erhebung gelingt es der Regierung, die revolutionären Leidenschaften zunächst gegen die Juden zu lenken und ein Pogrom zu inszenieren. Doch dann erheben sich die Weber – geführt von Ivan und Egor – in einem organisierten Aufstand, und nun *»beginnen Erde, Wolken, Dächer über der Arbeitervorstadt, über der Stadt, über der Čaryma zu singen gleichwie der Glokkenklang der Sophienkathedrale«*. Die Weber und Holzarbeiter errichten Barrikaden und leisten den zaristischen Truppenkontingenten erbitterten Widerstand. Drei Jahre nach dem Zusammenbruch der Revolte wird Egor Jablokov dann in Moskau, wo er untergetaucht war, verhaftet. Im Gefangenenwaggon passiert er ein letztes Mal den damals strategisch so wichtigen Bahnhof seiner Vaterstadt: »*Der Glockenklang schlug ihm von innen auf die Ohren, der Klang der immer deutlicheren und tipptopp dröhnenden Sofija mit Einläuten und Ausklang.*«

Der erfolgreiche, bis 1935 siebenmal neuaufgelegte Roman, der die Revolution von 1905 so objektiv wie kaum ein zweiter beschreibt, wurde von der sowjetischen Literaturkritik scharf angegriffen und schließlich totgeschwiegen, hatte doch Evdokimov in einer (vom Standpunkt der geltenden literarischen Ästhetik) unzulässigen Weise extrem realistische Darstellungsmittel – hier muß vor allem die bis in feinste Nuancen des Umgangstons getroffene und mit Argot-Ausdrücken und Provinzialismen durchsetzte Diktion der Arbeiter erwähnt werden – mit Stilexperimenten gekoppelt, die ihn den Bestrebungen der seit dem Ende der zwanziger Jahre verfemten »Serapionsbrüder« verpflichtet zeigen. W.Sch.

AUSGABEN: Moskau/Leningrad 1926. – Moskau 1928–1931 (in *Sobr. soč.*, 4 Bde.). – Moskau ⁵1930.

LITERATUR: N. Smirnov, *O »Kolokola«* (in Novyj mir, 1926, 12, S. 143–149). – Ders., *V gostjach u slučajnych sosedej* (ebd., S. 143–149). – A. Ležnev, *I. E. »Kolokola«* (in Sovremenniki. Literaturno-kritičeskie očerki, Moskau 1927, S. 129–141). – A. Selivanovskij, *»Kolokola« I. V. Evdokimova* (in Molodaja gvardija, 1927).

JOHN EVELYN

* 31.10.1620 Wotton House bei Dorking
† 27.2.1706 London

THE DIARY

(engl.; *Tagebuch*). Aufzeichnungen von John EVELYN, vollständig erschienen 1955. – Die nicht für die Veröffentlichung gedachten Notizen und tagebuchartigen Aufzeichnungen beziehen sich inklusive des Kindheit und Jugend betreffenden Rückblicks auf die Jahre von 1620 bis 1706, also die gesamte Epoche des Übergangs von der absolutistischen Stuart-Herrschaft – über die Bürgerkriegswirren, das Commonwealth O. Cromwells und die Restauration der Stuarts – zum verfassungsmäßig abgesicherten Gesellschaftskompromiß zwischen Aristokratie und Bürgertum; sie liefern zwar keine zusätzlichen historischen Erkenntnisse, sind aber eine wichtige Quelle für die Erforschung der Mentalitätsgeschichte der englischen Oberschicht.

Die handschriftlichen Aufzeichnungen Evelyns, die im wesentlichen im sog. *Kalendarium* und in *De Vita Propria* überliefert sind, wurden in mehreren Etappen niedergeschrieben. Den ersten Teil, der den Zeitraum bis 1644 betrifft, stellte Evelyn wahrscheinlich im Jahre 1660 aus früheren Notizen zusammen, der zweite Abschnitt (1644–1684) dürfte auf die Jahre 1680–1684 zu datieren sein, während lediglich – und im Unterschied zum *Diary* des Freundes J. PEPYS – der restliche Text ein Tagebuch im herkömmlichen Sinne ist.

Während zahlreiche Tagebücher, Memoiren und autobiographische Aufzeichnungen, die seit Mitte des 17. Jh.s entstanden – L. HUTCHINSONS *Memoirs of Colonel Hutchinson*, M. CAVENDISHS *Life*, G. Fox' Tagebuch –, den Zeitgenossen durch baldige Publikation bekannt wurden, blieb das Tagebuch Evelyns, ebenso wie das von Pepys, zunächst unveröffentlicht. Die teilweise in sehr gedrängter Handschrift (manchmal bis 60 Zeilen bzw. 800–1000 Wörter pro Seite) überlieferten Notizen wären im Laufe der Jahre fast als Altpapier verwendet worden, hätte nicht 1813 ein Bibliothekar den Wert der Manuskripte erkannt, die 1818 in einer Auswahl als *Memoirs Illustrative of the Life and Writings of John Evelyn* erschienen, die ihrerseits zur Entschlüsselung und Veröffentlichung von Pepys' Tagebuch (1825) anregten.

Evelyn, der zu Beginn der Bürgerkriegswirren England verlassen hatte, um in die Niederlande und – nach einer kurzen Rückkehr auf die Insel – nach Frankreich und Italien zu reisen, war zu Beginn der Restaurationszeit eines der Gründungsmitglieder der neuen »Royal Society«, für die er zahlreiche Arbeiten verfaßte; er war im Sinne der Zeit ein »Virtuoso«, ein wissenschaftlicher Dilettant im positiven Sinne, dessen Interesse u. a. der Numismatik, der Architektur, dem Landschaftsgarten und ähnlichem galt. Besonders hervorzuheben sind seine Schrift über den Londoner Smog (*Fumifugium, or the Air of London Dissipated*, 1661), dann die Abhandlung, die ihm den Beinamen »Sylva« eintrug: Mit *Sylva, or A Discourse of Forest-Trees* (1664) machte Evelyn deutlich, daß (zum Zeitpunkt der beginnenden Industrialisierung) der Erhalt der noch vorhandenen Holzbestände sowie eine Aufforstung für den militärischen Schiffsbau unabdingbar seien; schließlich hat Evelyn auch zahlreiche Übersetzungen angefertigt, u. a. die mehrfach aufgelegte Übertragung von R. FRÉART DE CHAMBRAYS *A Parallel of the Ancient Architecture with the Modern* (1664).

Evelyn, der kaum etwas über das Tagebuchführen selbst sagt, scheint seine Aufzeichnungen zunächst ohne besonderen Zweck verfaßt zu haben; die Tatsache, daß er später frühere Notizen mühsam aus seinen Vorlagen herauskopierte oder überarbeitete, zeigt aber, daß er sie im Laufe der Zeit – vor allem im Alter – als Zeugnis seiner eigenen geistig-moralischen Entwicklung und als Mittel der Bildung für die Familienmitglieder zu sehen lernte. Während der zehnjährige Knabe lediglich seinen Vater nachahmen wollte, sprechen die Reisenotizen bereits für größere Bewußtheit: Reisen, insbesondere auf dem Kontinent, galten als wichtiges Mittel der Bildung des Gentleman. Evelyn verzichtet dabei weitgehend auf den spezifisch persönlichen Eindruck, will vor allem ein möglichst objektives Urteil über Bauwerke, Kunstsammlungen, Städte (nicht jedoch die Menschen) geben; trotzdem ist die unverwechselbar eigene Beobachtung bemerkbar, beim Alpenüberquerer Evelyn kulturhistorisch von besonderem Interesse vor allem im Hinblick auf das bald neu entstehende Naturgefühl und die Begeisterung etwa für die Alpen.

Eine weitaus größere Bedeutung spielen öffentliche, politische Ereignisse in Evelyns Tagebuch: das Begräbnis Cromwells, die Rückkehr König Karls aus Frankreich, das große Feuer von 1666 oder die Kälte im Winter 1683/84, die die Themse sechs Wochen zufrieren ließ, schließlich die politischen Veränderungen nach 1688.

Tagebuchschreiben war jedoch zu diesem Zeitpunkt, wie die Puritaner I. AMBROSE (*Media: The Middle Things*, 1650) und J. BEADLE (*The Journal or Diary of a Thankful Christian*, 1656) betonen, von elementarer Bedeutung für das geistige Leben des Christen, der sich auf diese Weise über sich selbst und die Gnadenwahl Gottes klarwerden konnte; Zeugnisse einer derartigen puritanischen Autobiographie, die nach den Zeichen der göttlichen Gnade und der inneren Bekehrung forschte, sind J. BUNYANS *Grace Abounding*, G. FOX' Tagebuch oder auch D. DEFOES *Robinson Crusoe*. Auch bei den Anglikanern findet man ähnliche Vorstellungen, wie Evelyns Notizen zeigen. Durch die 1818 erschienene Auswahl wurde der ernste und fromme Evelyn, dessen Aufzeichnungen die zentrale Rolle der Religion auch im täglichen Leben bezeugen (die zahlreichen Berichte über angehörte Predigten waren dabei noch ausgespart), zu einem von den Viktorianern sehr geschätzten Autor; bereits SCOTT hatte die Memoiren als »*Handbuch des englischen Gentleman*« bezeichnet. U.Bö.

AUSGABEN: Ldn. 1818 (*Memoirs, Illustrative of the Life and Writings of J. E.*, Hg. W. Bray, 2 Bde.; mehrfach überarb. ersch.; ern. Ldn. 1850–1852, Hg. W. Upcott und J. Forster, 4 Bde.). – Oxford 1955, Hg. E. S. de Beer, 6 Bde. – Oxford 1983, Hg. J. Bowle.

LITERATUR: Lord Ponsonby of Shulbrede, *J. E.*, Ldn. 1933. – W. G. Hiscock, *J. E. and His Family Circle*, Ldn. 1955. – A. Esdaile, *E.'s Diaries* (in Quarterly Review, 1956, Nr. 294, S. 224–231). – Ch. Smyth, *J. E. and His Diary* (in Church Quarterly Review, 1956, Nr. 157, S. 262–270). – Ch. Hill, *The Diary of J. E.* (in History, 42, 1957, S. 12–18). – F.M. Higham, *J.E. Esquire*, Ldn. 1968. – G. Keynes, *J. E.: A Study in Bibliography with a Bibliography of His Writings*, Oxford 1968. – J. Welcher, *A Survey of Scholarship on E.* (in Bull. of the NY Public Library, 73, 1969, S. 286–297). – B. Saunders, *J. E. and His Times*, Oxford 1970. – M. Willy, *J. E., Samuel Pepys* (in *British Writers*, Hg. I. Scott-Kilvert, Bd. 2, Ldn. 1979, S. 273 bis 280). – J. Bowle, *J. E. and His World: A Biography*, Ldn. 1981.

SIGURD EVENSMO

* 14.2.1912 Hamar
† 17.10.1978 Oslo

ENGLANDSFARERE

(norw.; *Englandfahrer*). Roman von Sigurd EVENSMO, erschienen 1945. – Der Debütroman Evensmos, der unmittelbar nach seinem Erscheinen verfilmt wurde, zählt neben der zwischen 1947 und 1951 publizierten *Grenseland*-Trilogie (*Grenzland*), einer breitangelegten Schilderung der norwegischen Gesellschaft zwischen den Weltkriegen, zu den Hauptwerken des Autors. Daneben publizierte er Reportagen aus verschiedenen europäischen Ländern (*Østenfor vest og vestenfor øst*, 1956 – *Östlich des Westens und westlich des Ostens*), schrieb einen politischen Triller (*Femten døgn med Gordona*, 1963 – *Fünfzehn Tage mit Gordona*) und versuchte sich auch innerhalb des Science-fiction-Genres (*Miraklet på Blindern*, 1966. – *Das Wunder von Blindern*). Seine Vielseitigkeit unterstrich er durch die 1967 unter dem Titel *Det store Tivoli* (*Das große Tivoli*) erschienene norwegische Filmgeschichte.

Zu Evensmos Hauptthemen gehören aktuelle Gesellschaftsfragen und die historische Entwicklung seines Heimatlandes. Dieses Interesse begegnet dem Leser bereits in *Englandsfarere*, das vom norwegischen Widerstand gegen die deutsche Okkupationsmacht während des Zweiten Weltkrieges handelt. Im Mittelpunkt steht der Arbeiter Harald Silju, aus dessen Perspektive die dramatischen Ereignisse während der deutschen Besatzung geschildert werden. Silju beteiligt sich als Postbote an der Verteilung einer illegalen Zeitung. Eines Tages erscheinen Deutsche in seiner Fabrik, um ihn abzuholen. Er wird im letzten Augenblick gewarnt und kann entkommen, doch fortan muß er sich in einer Osloer Wohnung verborgen halten. Hier wartet er auf eine Gelegenheit, nach England fliehen zu können. – Die Darstellung dieser Geschehnisse basiert auf den Briefen und Notizen, die während Siljus späterem Gefängnisaufenthalt zustande kommen. Obwohl die beschriebenen Erlebnisse der Hauptfigur real genug erscheinen, erhält der Roman auf diese Weise eine zusätzliche dokumentarische Verankerung. Den authentischen Hintergrund für den Stoff bildet Evensmos eigene Lebensgeschichte: 1942 wurde er an Bord eines nach England aufgebrochenen Kutters von den Deutschen festgenommen; nur ein bürokratischer Irrtum rettete ihm das Leben, während alle anderen Flüchtlinge erschossen wurden.

Mit der Erzählung Harald Siljus erhält *Englandsfarere* den Charakter eines Entwicklungsromans. Der Leser nimmt an seinen Reflexionen, Gedanken und Lebenserfahrungen teil, gewinnt Einblick in sein Verhältnis zu anderen Gefangenen und zu seiner Familie und wird mit generellen politisch-historischen Informationen konfrontiert. Silju durchlebt einen intellektuellen Reifeprozeß, der ihm wachsende Einsicht ermöglicht und ihn zu tieferem Verständnis und mehr Mitmenschlichkeit führt.

Haralds Flucht nach England mißlingt. In Ålesund an der Nordwestküste geht er gemeinsam mit vier Kameraden an Bord eines Fischkutters, mit dem sie die erste Etappe der Flucht zurücklegen wollen. Das Boot wird aber von deutschen Soldaten aufgebracht, die die Norweger in die Hauptstadt schikken. Nach einer Reihe von Verhören werden sie in das Konzentrationslager Grini außerhalb von Oslo deportiert. Es stellt sich heraus, daß die Besatzer über die Untergrundaktivitäten der Widerstandskämpfer bestens unterrichtet sind. Wegen ihres Fluchtversuchs werden sie zum Tode verurteilt; das Buch endet damit, daß die Norweger erschossen werden. – Der äußere Handlungsverlauf steht in tragischem Kontrast zur Entwicklung der Hauptfigur. Während Harald Silju Gelegenheit erhält, sein eigenes Leben noch einmal zu überdenken, neigt sich die Handlung unaufhaltsam dem düsteren Ende entgegen. Diese Gegensätzlichkeit verleiht der Schilderung große Dichte und Spannung.

Englandsfarere gibt ein zuverlässiges Bild von den Verhältnissen in Norwegen während des Zweiten Weltkrieges. Die in den Gefängnissen einsitzenden Flüchtlinge repräsentieren das breite Spektrum des Widerstands gegen die deutschen Besatzer; sie vertreten unterschiedliche politische Richtungen, kommen aus allen Landesteilen Norwegens, üben die verschiedensten Berufe aus und divergieren auch in Temperament und Charakter erheblich voneinander. Nun jedoch gilt es, alte Frontstellungen zu überwinden und vereint dem Feind entgegenzutreten. Die Einebnung von Gegensätzen und die Identifikation der Bevölkerung mit nationalen Werten gehören zu den wichtigsten Merkmalen der politischen Entwicklung Norwegens nach dem Krieg. So erzählt der Roman nicht nur von den Verhältnissen während des Krieges, sondern verdeutlicht auch, auf welche Weise sich das politische Klima der Folgezeit entwickeln konnte.

Einen zentralen Rang im Roman nehmen Harald Siljus Reflexionen über die Notwendigkeit der persönlichen Verantwortung für das eigene Leben wie für die Existenz der Mitmenschen ein. Liebe und Treue gegenüber dem Nächsten gehören am Ende des Buches zu seinen elementaren moralischen Überzeugungen. Harald Siljus oft zitiertes Credo wenige Tage vor seiner Hinrichtung lautet: *»Ohne daß du von Liebe ergriffen bist zu dem einen Menschen an deiner Seite, kannst du nicht wahrhaftig und mit ganzem Herzen für das Glück anderer Menschen kämpfen.«* K.Sk.

Ausgabe: Oslo 1945.

Verfilmung: Norwegen 1946 (Regie: T. Sandø).

Literatur: S. Seland, *20 norske diktere gjennom 15 år*, Oslo 1950. – O. Øyslebo, *Etterkrigsprofiler*, Oslo 1957. – W. Dahl, *Fra 40-tall til 70-tall*, Oslo 1973, S. 23–26. – Ders., *Klassekamp og kjærlighetsvik: S. E.* (in E. Beyer, *Norges litteraturhistorie*, 6 Bde., 6, Oslo 1975, S. 75–82). – J. Thon, *I krig og kjærlighet er alt mulig, men noe likevel mer nødvendig. Om S. E.s »Englandsfarere«* (in Profil, 34, 1976, H. 2, S. 32–38). – I. Holm, *S. E. og vår tid* (in Syn og Segn, 85, 1979, S. 403–414). – L. A. Stuevold, *Samfunnskritisk litteratur i Norge. Om S. E.s forfatterskap* (in Arena, 3, 1980, S. 59–63). – C. F. Prytz, *S. E. og det moralske imperativ* (in *Forfatternes litteraturhistorie*, Hg. K. Heggelund u. a., 4 Bde., 4, Oslo 1981, S. 230–240). – H. Pedersen u. a., *S. E. En bibliografi over tidsskriftartikler av og om E. samt hans filmmanus*, Oslo 1981.

EVLIYĀ ČELEBI

* 25.3.1611 Instanbul
† 1684(?) oder 1687(?)

Literatur zum Autor:
R. F. Kreutel, *Neues zur Evliyā-Čelebī-Forschung* (in Der Islam, 48, 1972, S. 269–279). – H. J. Kornrumpf, *Osmanische Bibliographie mit besonderer Berücksichtigung der Türkei in Europa*, Leiden 1973, S. 1224–1254. – R. F. Kreutel, *Evliya Čelebi* (in *Biographisches Lexikon zur Geschichte Südosteuropas*, Hg. M. Bernath, Bd. 1, Mchn. 1974, S. 480 f.). – N. Tan, *Evliya Čelebi Seyahatnâmesi, folklorik dizin denemesi*, Ankara 1974. – K. Kreiser, *Edirne im 17. Jh. nach Evliyā Çelebī*. Freiburg i. B. 1975. – P. A. MacKay, *The Manuscripts of the »Seyāḥatnāme« of Evliyā Çelebi. Part I: The Archetype* (in Der Islam, 52, 1975, S. 278–298). – M.M. van Bruinessen, *Agha, Shaikh and State. On the Social and Political Organization of Kurdistan*, Diss. Utrecht 1978. – J. P. Laut, *Materialien zu Evliya Çelebi. 1. Erläuterungen und Indices zur Karte B IX 6 des Tübinger Atlas*, Wiesbaden 1988 (Beihefte zum Tübinger Atlas des Vorderen Orients. B, 90/1).

SEYĀḤATNĀME

auch: *Evliyā Čelebi seyāḥatnāmesi* oder *Ta'rīh-i seyyāḥ* (osm.-türk.; *Reisebuch [des Evliyā Čelebi]* oder *Chronik des Reisenden*). Zehnbändiges Reisewerk von Evliyā Čelebi, erhalten in drei vollständigen und mehreren unvollständigen Handschriften, unter letzteren die Urschrift; erste Druckausgabe 1898–1938. – Das *Seyāḥatnāme*, mit über 6800 Seiten im Druck einer der umfangreichsten osmanischen Prosatexte, läßt sich kaum in eine literarische Kategorie einordnen. Entstanden aus den Tagebüchern, die der Autor rund 50 Jahre lang führte und erst am Ende seines Lebens ins reine zu schreiben unternahm, ist es eine Mischung aus Geographie, Geschichte, phantastisch-kuriöser Unterhaltungslektüre und Autobiographie. Das Leben des Evliyā, wie er sich selbst nach einem seiner Lehrer genannt hat (sein ursprünglicher Name ist nicht bekannt, »Čelebi« nur ein Titel, den viele osmanische Gelehrte und Künstler trugen), mutet an wie die Inszenierung eines Spleens: des Reisens. Die Anregung dazu wie auch die materielle Grundlage bot ihm seine Familie: Sein Vater, der Hofgoldschmied Derviš Meḥmed Ẓillī, hatte an vielen Feldzügen teilgenommen, und in der mütterlichen Verwandtschaft fehlte es nicht an einflußreichen Männern. Sein Onkel Melek Aḥmed Paša, der es später noch zum Großwesir bringen sollte, verhalf ihm nach gründlicher Schulbildung 1636 zur Aufnahme unter die Hofpagen; Evliyā machte sich als Gesellschafter und Erzähler beim Sultan beliebt und verließ 1638 das Seray als besoldeter sipāhī (Gardekavallerist) auf Lebenszeit, eine Stellung, die ihm, abgesehen von interessanten Staatsmissionen, weitgehende Freiheit zu eigenen Unternehmungen ließ. Schon als Page und früher hatte Evliyā immer wieder seine Heimatstadt Istanbul durchstreift. Die Schilderung ihrer Baudenkmäler, Gärten, Märkte, Kneipen und Wohnviertel sowie ihrer Eroberung durch die Türken füllt den ganzen ersten Band des Seyāḥatnāme. Neben den Hauptereignissen der osmanischen Geschichte bis auf Sultan Meḥmed IV. (reg. 1648-1687) werden auch die wichtigsten Würdenträger der Pforte seit der Zeit Meḥmeds II. aufgezählt. Der letzte Teil dieses Bands (S. 487-674) enthält eine ausführliche Beschreibung der Istanbuler Handwerkerzünfte, eine unschätzbare Quelle für die Geschichte der osmanischen Handelsorganisation im 17. Jh.

Seine erste Reise über die Stadtgrenzen Istanbuls hinaus (nach Bursa) datiert Evliyā ausdrücklich 1640. Seither durchstreift er, immer wieder nach Istanbul zurückkehrend, alle Provinzen des damaligen Osmanenreichs und die angrenzenden Länder: Anatolien, Thrakien, Griechenland nebst den Ägäischen Inseln (1669 als Augenzeuge der Eroberung Kretas), Albanien, die Donaufürstentümer Moldau und Walachei (Rumänien), Ungarn, Österreich und Teile Deutschlands, Südrußland, die Krim und die Kaukasusländer, Persien, den Irak und schließlich – im Anschluß an die 1671 angetretene Pilgerfahrt nach Mekka – auch den Sudan und Äthiopien. In Ägypten schließlich, wo er sich seit 1672 dauernd aufhielt, entstand offenbar innerhalb verhältnismäßig kurzer Zeit der ganze Text des Seyāḥatnāme in einer Rohfassung, deren intensive Überarbeitung und »Anreicherung« erst mit Evliyās Tod abbrach; über den Zeitpunkt gibt es nur Vermutungen. Zwar ist das letzte im Text genannte Datum 1676, doch läßt sich aufgrund anderer Stellen nachweisen, daß Evliyā die Belagerung Wiens im Jahre 1683 und die österreichischen Siege von 1684, vielleicht sogar die Ersetzung des 150 Jahre lang den Stephansdom bekrönenden Halbmonds mit Stern durch ein drehbares Kreuz im Oktober 1687 noch erlebt hat. Die betreffenden Hinweise finden sich – teils zurückdatiert, teils als »Prophezeiungen« anderer getarnt, aber offensichtlich von ihm selbst bei der Endredaktion eingefügt – in seinem Wiener Tagebuch aus dem Jahre 1665 (Bd. 7). Damals hatte er sich mit der großen türkischen Gesandtschaft des Qara Meḥmed Paša kurze Zeit in der Metropole der Ungläubigen aufgehalten; der Bericht, den er auf mehr als 100 Seiten aus der für seine Leser exotischen Stadt liefert, angefangen von den schönen »Waschermadln« bis zur Audienz beim häßlichen Kaiser Leopold I., ist eine exemplarische Mischung von Dichtung und Wahrheit. Die Beschreibung des Stephansdoms nach dem Klischee einer byzantinischen Kirche etwa zeigt augenfällig die Grenzen der Erfahrung, die auch einem so geübten Betrachter wie Evliyā Čelebi durch seinen eigenen Kulturhorizont gezogen waren. Dagegen sind Berichte wie der von seinem angeblichen Ritt mit zehntausend Tataren quer durch Deutschland, Schweden und Holland wohl als bewußte Mystifikation anzusehen. In diesem Zusammenhang bringt er auch einen längeren Exkurs über Kolumbus und Amerika; interessant ist, daß seine Kenntnis von der »Yeñi Dünyā«, der Neuen Welt, und ihrer Entdeckungsgeschichte – er besaß sogar abendländische Karten und Bücher dazu – ihn nie dazu veranlaßten, sein traditionell islamisches, immer noch an PTOLEMAIOS orientiertes Weltbild zu revidieren. Diesen Schritt tat nur einer unter seinen osmanischen Zeitgenossen, KĀTIB ČELEBI (vgl. Ǧihānnumā). Die erste systematische Untersuchung des Seyāḥatnāme auf seine islamischen Quellen hin hat 1960 Meşkure EREN vorgelegt. Allein anhand des ersten Bands wies sie eine Fülle von literarischen Anleihen nach. Sie unterscheidet drei Gruppen von Quellen: 1. solche, die Evliyā zitiert und benutzt, 2. solche, die er benutzt, aber nicht zitiert, und 3. solche, die er zitiert, ohne sie zu benutzen. In die zweite und wichtigste Kategorie fallen mehr oder weniger berühmte Namen wie Meḥmed ʿĀšıq, Muṣṭafā ʿĀlī, Ibrāhīm PEČEVĪ, ʿAṬĀʾĪ, SAʿĪ, ʿAVFĪ und BAṢĪRĪ. Den Verdacht, »*daß Evliyā überhaupt die ihm erreichbaren geographischen und historischen Werke der islamischen Literaturen in einer Weise ausgebeutet hat, die nach unseren Begriffen als geistiger Diebstahl bezeichnet werden müßte*«, äußert schon Richard F. KREUTEL, der gerade unter Evliyās älteren Zeitgenossen rühmliche Gegenbeispiele anführt.

Trotz dieser fragwürdigen Arbeitsweise und mancher anderen Schwächen übertrifft jedoch das Seyāḥatnāme alle vergleichbaren Quellen bei weitem nicht nur an Stoffülle, sondern auch an brauchbarer Information und genauem Detail, so daß es noch für lange Zeit eine Fundgrube für Historiker, Topographen, Volkskundler, Soziologen und Philologen bilden dürfte. Geradezu pedantisch genau ist Evliyā immer wieder bei der Vermessung von Befestigungen und Stadtmauern, der Zählung von Häusern, Moscheen, Karawansereien. Besonders gern besucht er Klöster und Heiligengräber, weshalb wir ihm sehr viel für die Kenntnis der Derwischorden im damaligen Osmanenreich verdanken. Dasselbe gilt für die Aufzeichnung sonst verschollener örtlicher Legenden und vorislamischer Kulte und Überlieferungen. Dazu hat Evliyā in jedem nichttürkischen Land sowie von verschiedenen türkischen Dialekten Sprachproben aufgenommen. Zwar haben sich einige dieser Vokabulare als Fälschungen erwiesen, andere aber sind unbestreitbar echt, wie etwa der aufschlußreiche Wiener Satz »*Geh her, Klaane!*«, für den er übrigens in den meisten Sprachen ein Pendant beibringt.

Erst spät in seinem Rang erkannt, aber heute kaum mehr umstritten ist das *Seyāḥatnāme* ein türkisches Prosawerk, das durch die Frische, Unmittelbarkeit und Lebendigkeit seiner Sprache wohltuend vom Schwulst der Epoche absticht. Abgesehen von den vielen eingestreuten Gedichten, die recht schwach sind, ist es eine gelungene Verbindung traditioneller Erzählungskunst mit der Umgangssprache des 17. Jh.s. Von den gebildeten Osmanen belächelt und nicht für voll genommen, blieb es doch noch lange volkstümlich, wovon neben der verhältnismäßig großen Zahl erhaltener Handschriften auch eine Kurzausgabe in einem Band aus dem Jahr 1796 zeugt. Der erste, der seinen Wert für die moderne Forschung erkannte, war Joseph von Hammer-Purgstall; seit er 1804 eine Handschrift des vierten Bands erworben hatte, war er auf der Suche nach den übrigen Teilen, doch konnte er nur die Bände 1–4 ausfindig machen und 1834–1850 in englischer Übersetzung publizieren. Die Herausgabe des Gesamtwerks in der Türkei begann 1898 und zog sich über 40 Jahre hin, wobei die Qualität der einzelnen Bände sehr unterschiedlich ausfiel: Während den Bänden 1–6 nur eine Handschrift zugrunde liegt und sie zudem von der hamidistischen Zensur verstümmelt sind, zeigen die in kemalistischer Zeit erschienenen Bände 7–8 das Streben nach wissenschaftlicher Genauigkeit; die Bände 9 und 10 schließlich sind in der neutürkischen Lateinschrift gedruckt, was bei fremden Namen, Sprachproben usw. auf willkürliche Interpretation hinausläuft. In der Folge sind eine Reihe von historisch-geographischen, volkskundlichen u. a. Bearbeitungen sowie Übersetzungen einzelner Textabschnitte erschienen, doch vergingen nochmals fast vierzig Jahre, bis R. F. Kreutel (1972) und Pierre A. Mackay (1975) der Nachweis der »Urschrift« gelang, die gegenüber den durchweg verderbten Abschriften des *Seyāḥatnāme* als einzig authentischer Text gelten kann. Es handelt sich um eine von der Fachwelt bislang fast einhellig verworfene Handschrift des Topkapı Sarayı (Bağdat Köşkü 304, 305, 307, Revan Köşkü 1457 und Bağdat Köşkü 308), in der allerdings die beiden letzten Bände fehlen. Dieser »Archetyp« ist zwar wohl kein echtes Autograph, ist aber offensichtlich unter Evliyās Anleitung – anhand seiner bis heute verschollenen Tagebücher u. a. Quellen – noch ins unreine geschrieben und danach von ihm mit eigenhändigen Einschüben und Marginalien versehen worden. Das Manuskript, dessen Weg sich bis Kairo zurückverfolgen läßt, kam 1742 an den Hof in Istanbul; hier entstanden die Abschriften.

Die seit langem geforderte, nunmehr auf authentischer Grundlage stehende wissenschaftliche Neuedition des *Seyāḥatnāme* hat 1987 mit der Publikation von Evliyā Čelebis Bericht über Diyarbekir durch ein Team holländischer Fachgelehrter begonnen; sie bildet den ersten Band eines in lockerer Folge erscheinenden *Corpus of Partial Editions*, herausgegeben von K. Kreiser.   U.W.

Ausgaben: Istanbul 1896–1900, Hg. Aḥmed Ǧevdet, Bd. 1–6 [arab. Schrift]. – Istanbul 1928, Hg. Kilisli Rifʿ at (Bilge), Bd. 7/8 [arab. Schrift; krit.]. – Istanbul 1935, Hg. Maarif Vekaleti, Bd. 9 [Lateinschrift]. – Istanbul 1938, Hg. Kültür Bakanlığı, Bd. 10 [Lateinschrift]. – Istanbul 1969–1971, Bearb. Z. Danışman, Bd. 1–15 [ntürk.]. – Istanbul 1975–1985, Bearb. T. Temelkuran, N. Aktaş u. M. Çevik [10 in 6 Bdn.; ntürk.]. – Ankara 1983/84, Bearb. İ. Parmaksızoğlu, 4 Bde. (1: *Giriş*, 2: *Hatay, Suriye, Lübnan, Filistin*, 3: *Akdeniz Adaları ve Girit Fethi*, 4: *Rumeli, Solkol ve Edirne*; Kültür ve Turizm Bakanlığı Yayınları 506/96, 88, 101, 580/102; ntürk.). – Leiden u. a. 1987, Hg. K. Kreiser (*Evliya Çelebi's Book of Travels. Land and People of the Ottoman Empire in the Seventeenth Century. A Corpus of Partial Editions*; Bd. 1: *E. Ç. in Diyarbekir. The Relevant Section of the Seyahatname*, Hg., Einl., Komm. u. engl. Übers. M. van Bruinessen u. H. Boeschoten u. a.).

Kurzausgaben [z. T. ntürk.]: Istanbul o. J. [um 1890] (*Müntehabāt-i Evliya Çelebi*; Ausz. aus Bd. 1). – Ankara 1944/45, Hg. M.N. Özön, Bd. 1–3. – o. O. [Istanbul] 1962, Hg. M. Aksoy u. S. İskit (*E. Ç. Seyahatnamesinden En Güzel Parçalar*; Ausz.). – Paris/Straßburg 1976, Hg. U. Haarmann (in U. H., *E. Č.s Bericht über Gize*, in Turcica, 8, S. 157–230).

Übersetzungen [Ausz.]: *Narrative of Travels in Europe, Asia and Africa in the 17th Century by Evliyā Efendi*, J. v. Hammer[-Purgstall], 3 Bde., Ldn. 1834–1850; Nachdr. NY/Ldn. 1968 (engl.; enth. Bd. 1–4 des *Seyāḥatnāme*). – *Im Reiche des Goldenen Apfels*, R. F. Kreutel, Graz u. a. 1957; ern. 1987, Bearb. E. Prokosch u. K. Teply (enth. den Bericht über Wien aus Bd. 7 des *Seyāḥatnāme*; m. Komm.). – *E. Č. Die Reisen und Streifzüge in Dalmatien und Bosnien in den Jahren 1659–61*, H. Turková, Prag 1965. – *E. Ç.s Reise in Anatolien von Elbistan nach Sivas im Jahre 1650*, N. Gözaydın, Diss. Mainz 1974 [m. volkskundl. Komm.]. – *Evliya Tshelebi's Travels in Palestine (1648–1650)*, St. H. Stephan, Jerusalem 1980 [engl.; m. Einf., Ill. u. hebr. Zs.fassg.; urspr. hebr. ersch. in Quarterly of the Department of Antiquities in Palestine, 1935–1942].

Literatur: A. Vambéry, *Vom Reisewerke Ewlia Tschelebi's* (in Keleti Szemle, 3, 1902, S. 72–76). – I. v. Karácson, *Evlia Cselebi török világutazó Magyarországi utazásai 1660–64*, 2 Bde., Budapest 1904–1908; ern. Budapest 1985. – R. Hartmann, *Zu Ewlija Tschelebis Reisen im oberen Euphrat- und Tigrisgebiet* (in Der Islam, 9, 1919, S. 184–244). – W. Björkman, *Ofen zur Türkenzeit*, Hbg. 1920. – F. Taeschner, *Das anatolische Wegenetz nach osmanischen Quellen*, Lpzg. 1924–1926, S. 1–11. –

ders., *Die neue Stambuler Ausgabe von Ewlija Tschelebis Reisewerk* (in Der Islam, 18, 1929, S. 299-310). - F. Babinger, *Ewlijá Tschelebi's Reisewege in Albanien*, Bln. 1930 (ern. u. d. T.: *Rumelische Streifen*, Bln. 1938). - P. Wittek, *Das Fürstentum Mentesche*, Istanbul 1934; ern. Amsterdam 1967. - N. Moschopulos, *I Ellàs katà ton Evlià Tselebì* (in Epetirìs Eterias Vizantinòn spudòn, 13/14, 1937/38, S. 486-514; 15, 1939, S. 145-181; 16, 1940, S. 321-363). - A. Bombaci, *Il viaggio in Abissinia di Evlia Celebi 1673* (in AION, N. S. 2, 1943, S. 259-275).- H. W. Duda, *Balkantürkische Studien*, Wien 1949 (Österr. Akad. d. Wiss., Phil.-hist. Kl., Sitzungsberichte, Bd. 226, Abh. 1). - R. F. Kreutel, *Ewlijā Čelebis Bericht über die türkische Großbotschaft des Jahres 1665 in Wien* (in WZKM, 51, 1950, S. 188-242). - H. J. Kissling, *Beiträge zur Kenntnis Thrakiens im 17. Jh.*, Wiesbaden 1956 (Abh. f. die Kunde des Morgenlandes, 32/3). - H. Šabanović, *Evlija Čelebija. Putopis. Odlomci o jugoslovenskim zemljama*. Bd. 1-2, Sarajevo 1957. - K. Biris, *Ta Attikà tu Evlià Tselebì*, Athen 1959. - M. Eren, *Evliya Çelebi Seyahatnamesi Birinci Cildinin Kaynakları Üzerinde Bir Araştırma*, Istanbul 1960. - A. D. Željtakov, A. S. Tveritinova u. V. V. Mavrodin, *Evlija Čelebi. Kniga Putešestvija. Perevod i komment. 1: Zeml'i Moldavii i Ukrainy*, Moskau 1961 (Pamjatniki literatury naradov Vostoka, Perevody, 6). - P. Hidiroglou, *Das religiöse Leben auf Kreta nach Evliya Čelebi*, Diss. Bonn 1967; ern. Leiden 1969 (in ZRG, Beih. 11). - U. Wolfart, *Die Reisen des Evliyā Čelebi durch die Morea*, Diss. Mchn. 1970. - N. Gözaydın, *Evliyā Çelebis Reise in Anatolien von Elbistan nach Sıvas im Jahre 1650. Ein Ausschnitt aus s. Reisebuch übers. u. bes. in volkskundl. Hinsicht komm.*, Diss. Mainz 1974. - K. Kreiser, *Edirne im 17. Jh. nach Evliyā Çelebī. Freiburg i. B. 1975.* - P. A. MacKay, *The Manuscripts of the »Seyāhatnāme« of Evliyā Çelebi. Part I: The Archetype* (in Der Islam, 52, 1975, S. 278-298). - M. M. van Bruinessen, *Agha, Shaikh and State. On the Social and Political Organization of Kurdistan*, Diss. Utrecht 1978. - J. P. Laut, *Materialien zu Evliya Çelebi. 1. Erläuterungen und Indices zur Karte B IX 6 des Tübinger Atlas*, Wiesbaden 1988 (Beihefte zum Tübinger Atlas des Vorderen Orients. B, 90/1).

NIKOLAJ NIKOLAEVIČ EVREINOV

* 26.9.1879 Moskau
† 7.2.1953 Paris

LITERATUR ZUM AUTOR:
B. V. Kazan'skij, *Metod teatra. Analiz sistemy N. N. E.*, Leningrad 1923. - A. Kašina-Evreinova, *N. E v mirovom teatre XX veka*, Paris 1964. - G. Kalbouss, *The Plays of N. E.* (in Russian Language Journal, 1971, 92, S. 23-33). - C. Collins, *N. E. as a Playwright* (in Russian Literature Triquarterly, 1972, 2, S. 373-398). - N. N. Tschin, *N. E. The Theorist of Russian Theater*, Diss. Univ. of Calif., Berkeley 1974. - C. Moody, *N. N. E. 1879-1953* (in Russian Literature Triquarterly, 1976, 13, S. 659-695). - S. Golub, *E.: The Theater of Paradox and Transformation*, Diss. Univ. of Kansas 1977. - O. Hildebrand, *Harlekin frälsaren, Teatr och verklighet i N. E.s dramatik*, Uppsala 1978. - S. Volkonskij, A. Evreinova u. a., *N. E. (1897-1979)* (in Russkaja mysl'*, Paris, 22. 2. 1979, S. 8). - *N. E. - L'Apôtre russe de la théâtralité*, Hg. G. Abensour, Paris 1981. - F. Kannak, *Pamjati usedšich. N. N. E.* (in Novyj Žurnal, NY 1981, 42, S. 143-148). - *E., Fotobiografija*, Hg. E. Proffer u. A. Evreinova, Ann Arbor/Mich. 1981. - S. Golub, *Mysteries of the Self: The Visionary Theater of N. E.* (in Theater History Studies, 1982, 2, S. 14-35).

SAMOE GLAVNOE. Dlja kogo komedija, a dlja kogo i drama

(russ.; *Ü: Die Hauptsache. Für die einen eine Komödie, für andere ein Drama*). Schauspiel in vier Akten von Nikolaj N. EVREINOV, Uraufführung: Petrograd 1921. – Der Autor des Stücks, der seit 1925 in Paris lebte, ist als Regisseur wie als Theoretiker und Historiker des Theaters hervorgetreten. Unter dem Einfluß eines Ästhetizismus Wildescher Prägung und des Gedankenguts von FREUD arbeitete er in den Jahren 1907–1912 seine Konzeption des *starinnyj teatr* (Theater der alten Zeit) aus, derzufolge eine – keineswegs naturalistische, sondern antirealistisch stilisierte – Rekonstruktion der Theaterformen vergangener Epochen in besonderem Maß de Befriedigung des menschlichen Spieltriebs diene. Das »Monodrama« Evreinovs bezog den Zuschauer als aktives theatralisches Element ein: Das Drama sollte den Rahmen des Theaters überschreiten und den Zuschauer zur handelnden Person werden lassen. Den Gedanken der Autonomie der Kunst brachten Schriften des Autors wie *Teatr kak takovoj*, 1913 *(Das Theater als solches)*, und *Teatr dlja sebja*, 1915 *(Das Theater für sich)*, zum Ausdruck. 1920, zum dritten Jahrestag der Oktoberrevolution, fand unter Evreinovs Regie unter Teilnahme von Hunderttausenden von Petrograder Bürgern ein Massenschauspiel statt, das die Erstürmung des Winterpalais vom 7. November 1917 rekonstruierte. Die von Evreinov erhoffte »Theatralisierung des Lebens« – sein Buch *Teatralizacija žizni* erschien 1922 – blieb natürlich ein Wunschtraum. – Die Wirkung der Kunst auf das Leben ist auch das Thema von *Samoe glavnoe*. Die These des Lehrstücks ist jedoch wenig überzeugend, da sie als fertige Wahrheit aufgetischt wird.

Der Held, der Verwandlungskünstler Paraklet, der nacheinander als Wahrsagerin, Dr. Fregli, Herr Schmidt, Mönch und Harlekin auftritt, will einen Weg zur Beglückung der Menschen finden, *»denen kein Sozialismus helfen kann, weil ihnen etwas fehlt,* was wertvoller ist als alle materiellen Güter: Talent, Schönheit, Geisteskraft, Gesundheit, Jugend«. Den »Stiefkindern« des Lebens soll, wenn schon nicht das Glück, so doch wenigstens die Illusion des Glücks gegeben werden. Zu diesem Zweck muß der Schauspieler, durch dessen »zauberkräftige Kunst« nach Ansicht Paraklets »die Welt gerettet werden wird«, von der Bühne ins Leben hinuntersteigen. Zusammen mit einem Komiker, einer »Barfußtänzerin« und einem »jugendlichen Liebhaber« unternimmt er einen Versuch und quartiert sich mit ihnen in einer kleinen Pension ein. Die scheinbar aufrichtige Zuneigung des »jugendlichen Liebhabers« läßt die nicht eben anziehende, an Tuberkulose leidende Tocher der Wirtin wieder zu Kräften kommen; die Barfußtänzerin, als Magd in der Pension angestellt, erweckt die Lebensfreude eines Studenten, der unlängst einen Selbstmordversuch unternommen hat, und auch der Komiker trägt dazu bei, die übrigen Gäste zu erheitern. Paraklet, der sein Ziel, wenn auch nur im kleinen Maßstab, erreicht hat, ruft am Schluß des Stücks aus: *»Heil den echten Komödianten, die durch ihre Kunst die kläglichen Komödien unglücklicher Dilettanten gerettet haben!«* M.Sz.

AUSGABE: Petrograd 1921.

ÜBERSETZUNG: *Die Hauptsache. Für die einen eine Komödie, für andere ein Drama*, A. Scholz, Bln. 1924.

VERFILMUNG: *Ecco la felicità*, Italien 1939/40 (Regie: M. L'Herbier).

PATRIARCH EVTIMIJ (TĂRNOVSKI)

* um 1325/1330 Tărnovo
† um 1401/1412 wahrscheinlich im Kloster bei Bačkovo

LITERATUR ZUM AUTOR:
P. Dinekov, *E. T.* (in *Istorija na bălg. literatura*, Bd. 1, Sofia 1962, S. 285–306). – I. Bogdanov, *Patriarch E. Kniga za nego i negovoto vreme*, Sofia 1970. – P. Dinekov, *E. T.* (in *Rečnik na bălgarskata literatura*, Bd. 2, Sofia 1977, S. 5–8). – I. Charalampiev, *Stepenuvane na narečijata v ezika na E. T.* (in Bălg. ezik, 27, 1977, S. 461–470). – K. Ivanova, *Patriarch E. v agiografskata tradicija v srednovekovnata literatura* (in Lit. misăl, 1977, 10). – I. Charalampiev, *Za osnovite principi na ezikovo-pravopisnata reforma na Patriarch E. T.* (in Bălg. ezik, 29, 1979, S. 22–30). – K. Ivanova, *Patriarch E.* (in *Tvorci na bălgarskata literatura*, Bd. 1, Sofia 1980, S. 100–111). – *Učenici i posledovateli na E. T. II Meždunaroden simpozium,* *Veliko Tărnovo, 20–23 maj 1976*, Sofia 1980. – K. Stančev, *Evtimievata škola v konteksta na evropejskoto duchovno razvitie* (in Starobălgarska literatura, 1982, 11, S. 8–18). – P. Rusev, *Estetika i majstorstvo na pisatelite ot Evtimievata knižovna škola*, Sofia 1983. – D. Kenanov, *Sădbata na Evtimievite săčinenija v drevnoruskata literatura* (in Palaeobulgarica, 8, 1, 1984, S. 28–46).

ŽITIE PREPODOBNIE NAŠE MATERE PET'KY TR'NOVSKYE

(ksl./mbulg.; *Vita unserer ehrwürdigen Mutter Petka von Tărnovo*). Heiligenleben des Patriarchen EVTIMIJ, entstanden zwischen 1375 und 1380. – *»Und das Andenken der ehrwürdigen Petka wird heller als die Sonne erstrahlen, wenn wir ihr Leben und ihre Taten und ihre Wanderfahrten ausführlich darlegen, die sie aus Liebe zu Christus ausführte.«* So lautet das Ergebnis der theoretischen Erörterungen des Autors über Notwendigkeit und Nutzen der Heiligenverehrung in der Einleitung der Vita, die sich in ihrem strengen Aufbau eng an die byzantinische Überlieferung anlehnt. In panegyrisch-pathetischem Ton sucht Evtimij die durch den letzten bulgarischen Zaren Ivan Šišman angeregte Niederschrift der Vita mit der erhabenen Größe der Heiligen zu rechtfertigen, von deren Verehrung er sich Hilfe erhofft, *»denn diese ehrwürdige Mutter wird sich nicht von uns abwenden, wenn sie sieht, daß wir zu ihr eilen, und sie wird nicht die zurückweisen, die so eifrig zu ihr kommen.«*
Der Einleitung folgt die eigentliche Vita, die trotz realistischer Züge dem überkommenen hagiographischen Schema verhaftet ist. Petka (oder Paraskeva) aus dem kleinasiatischen Epibathon fühlt sich als Kind frommer Eltern und Schwester eines religiösen Bruders bereits früh zu einem asketischen Leben hingezogen. In der Abgeschiedenheit der Wüste sorgt sie sich einzig um ihr Seelenheil und widersteht allen Versuchungen des Teufels. Auf Gottes Geheiß kehrt sie über Konstantinopel in die Heimat zurück, wo sie bald darauf stirbt. *»Aber Gott ließ es nicht zu, daß seine Dienerin in Vergessenheit ruhe, noch daß ihr unbefleckter Körper in Fäulnis verwese.«* Auf einen Fingerzeig Gottes wird Petkas Sarg ausgegraben und in eine Kirche überführt, wo zahlreiche Wunder geschehen. Im dritten Teil der Vita gibt Evtimij die historische Translation der Gebeine der hl. Petka nach Tărnovo wieder. Der fromme bulgarische Zar Ivan Asen II. (1218–1241) hegt nach dem Sieg über die Lateiner (Schlacht bei Klokotnica 1230) den einzigen Wunsch, von den Besiegten den Sarkophag der Heiligen zu erhalten: *»Er wollte weder Silber noch Gold, weder Juwelen noch Edelsteine, sondern den überall gepriesenen Schrein der Ehrwürdigen.«* Vor den Toren der Stadt empfangen Zarenfamilie und Volk die Gebeine ihrer neuen Schutzheiligen. In der anschließenden Lobrede wird Petka in Anlehnung an das *Hohelied* des *Alten Testaments* als Braut Christi gefeiert. Dabei nimmt Evtimij konkreten

Bezug auf Bulgarien: »*Für die Bulgaren bist du Schönheit, Fürbitterin und Retterin! Mit dir rühmen sich unsere Zaren! Durch deine Fürsprache weisen wir alle zurück, die gegen uns kämpfen! Durch dich wird unsere Stadt stark werden und einen freudigen Sieg erringen!*« Im Epilog wendet sich Evtimij in persönlichem Gebet an die Heilige: »*O ehrwürdige Mutter und wunderbare Paraskeva, schaue von oben barmherzig auf uns herab!*« Besondere Fürsprache erbittet der Patriarch für den Zaren und für sich, den Hirten einer großen Herde.

In der sprachlich-stilistischen Gestaltung des Werks überwiegt der feierlich-pathetische Ton. Mit der traditionellen mittelalterlichen *captatio benevolentiae* entschuldigt sich der Autor dafür, daß ihm »*dies auch trotzdem nicht künstlerisch*« gelungen sei. Als Hesychast verleiht der Patriarch seiner Heiligen asketische und mystische Züge, was sich auf die ganze Schilderung auswirkt, in der das ständige Suchen nach emotionaler Ausdruckskraft und das Streben nach Identität des geschriebenen Wortes mit dem Ehrfurcht gebietenden Wesen der Heiligen vorherrscht. Die zahlreichen Worthäufungen, die gesuchten Vergleiche und der gewundene Stil heben Evtimijs Vita von den kurzen Heiligenlegenden ab, die im Volk entstanden. In der Darstellung der Translatio beweist der Autor geschichtliches Interesse, in der Lobpreisung des bulgarischen Zaren Ivan Asen II. gibt er sich patriotisch. Ein persönliches Verhältnis zu der Heiligen erleichtert dem Autor Verständnis und Wiedergabe der inneren Welt der Verherrlichten. Die populäre Vita, die zum künstlerischen Vorbild der Zeitgenossen wurde, erschien bereits 1547 in einem venezianischen Druck. D.Ku.

AUSGABEN: Venedig 1547. – Wien 1901 (in E. Kałużniacki, *Werke des Patriarchen von Bulgarien Euthymius*); ern. Ldn. 1971.

LITERATUR: V. S. Kiselkov, *Žitie na sv. Paraskeva* (in Bǎlg. istoričeska biblioteka, 3, 1930). – Ders., *Prouki i očerti po starobǎlgarskata literatura*, Sofia 1956, S. 172–208. – C. Vranska, *Stilni pochvati na patriarch E.* (in Sbornik na Bǎlg. Akad. na Naukite, 37, 2, 1942, S. 105–208). – K. Ivanova, *Žitieto na Petka Tǎrnovska ot Patriarch E. Iztočnici i tekstologičes ki beležki* (in Starobǎlgarska literatura, 1980, 8).

EVGENIJ ALEKSANDROVIČ
EVTUŠENKO

* 18.7.1933 Zima / Gebiet Irkutsk

LITERATUR ZUM AUTOR:
Bibliographien:
Ju. S. Nechorošev u. A. P. Šitov, *E. E. Bibliografičeskij ukazatel'*, Čeljabinsk 1981. –

Russkie sovetskie pisateli. Poety, Bd. 7, Moskau 1984, S. 347–482.
Gesamtdarstellungen und Studien:
B. Runin, *Uroki odnoj poètičeskoj biografii (Zametki o lirike E. E.)* (in Voprosy literatury, 1963, 2, S. 17–45). – I. Meshakov-Korjakin, *Graždanskaja tematika v poèzii E.* (in Melbourne Slavonic Studies, 1969, 3, S. 22–34). – A. Guidoni, »*Muzika istorii*« *v poèzii E.* (in Sovremennik, 1976, 32, S. 112–131). – M. Sciepuro, *Poetyka E. J.*, Breslau 1977. – G. McVay, *An Interview with E. E.* (in Journal of Russian Studies, 1977, 33, S. 19–26). – V. A. Babenko, *Women in E.'s Poetry* (in Russian Review, 36, 1977, 3, S. 320–333). – N. P. Condee, *The Metapoetry of E., Axmadulina and Voznesenskii. Analyzed in the Context of Soviet Aesthetic Theory*, Diss. Yale 1978 [m. Bibliogr.]. – H. v. Ssachno, *Prosa als Ausweg: Die Wandlungen des J. J.* (in SZ, 29/30. 8. 1981, S. 93–94). – J. Bjelica, *Tradicija i novatorstvo u poeziji sovjetskih pjesnika: R. Roždestvenskog, E. J. i A. Voznesenskog*, Titograd 1983. – E. J. Sidorov, *E. E.: ličnost' i tvorčestvo*, Moskau 1987.

BRATSKAJA GĖS

(russ.; *Das Wasserkraftwerk von Bratsk*). Poem von Evgenij A. EVTUŠENKO, erschienen 1965. – Das umfangreiche, in fast zweijähriger Arbeit entstandene Poem ist nach den Worten des Autors eine *laudatio* nicht allein auf die Erbauer des Wasserkraftwerks von Bratsk, sondern auf alle »*Söhne und Töchter Rußlands, die ihr Leben gaben im Kampf für die Verwirklichung der größten Ideale der Menschheit*«. Gegenstand des Poems ist, im Sinne dieser Intention, der zur geschichtsphilosophischen Perspektive ausgeweitete Vergleich des statischen und des dynamisch-revolutionären Prinzips in der Geschichte. Sinnträger dieser gegensätzlichen Prinzipien sind eine ägyptische Pyramide auf der einen, das Bratsker Kraftwerk auf der anderen Seite. Der Konflikt zwischen ihnen wird in Dialogen, Monologen, »chorischen Einlagen« (Lied der Sklaven, Lied der Sklaventreiber) sowie in einer Reihe literarischer Porträts und poetischer Reflexionen ausgetragen. Die Positon der Pyramide ist bestimmt durch die fatalistische These von der Nutzlosigkeit aller Revolutionen und aller großen Ideale der Menschheit. Macht und privilegierte Teilhabe an der Macht sind ihres Erachtens durch nichts zu beseitigen. Der Untergang der Pharaonen hat der Welt nicht den Untergang der Autokratie, der Sklaverei und der Ausbeutung gebracht. Selbst wenn die Sklaven der Welt sich eines Tages erheben sollten, würde an die Stelle personeller Macht die Macht der Vorurteile, der Presse, der Kirche, der Verleumdungen, Lügen und Mißverständnisse treten. Demgegenüber verweist das Kraftwerk auf die russische Geschichte, die von Sten'ka Razin bis zu Lenin eine einzige Vorbereitung auf den Oktober 1917 gewesen sei. Die Exzesse der Revolution werden mit dem Argument gerechtfertigt, daß sich in der Geschichte nur mit Blut erkämpfte Lösungen als dauerhaft erwiesen haben. Es folgt eine Reihe von Gedichten, die Etappen in der Entwicklung des revolutionären Gedankens in Rußland sowie dessen Kontinuität zu belegen suchen. Der Schlußteil besteht aus Porträts einzelner Arbeiter des Kraftwerks (der Arbeiterin Njuška, des Elektroingenieurs Karcev, des Veteranen der Revolution Ivan Stepanyč), die den Aufbau Rußlands, die Fortführung der Revolution aus subjektiver Perspektive und in engem Zusammenhang mit persönlichen Entbehrungen, Opfern, Enttäuschungen und Triumphen sehen.

Die Grundkonzeption des Werkes, das eher eine Skizzensammlung als ein in sich geschlossenes Poem darstellt, beruht auf dem marxistischen Verständnis der Geschichte als eines kontinuierlichen, notwendig in die sozialistische Revolution mündenden Prozesses. Trotz zahlreicher patriotischer Akzente zielt Evtušenko darauf ab, die Relevanz, die die Revolutionsidee für die gesamte Menschheit besitzt, sinnfällig zu machen. Ein wichtiger Aspekt ist die Privatisierung des Revolutionsgedankens, seine Auffächerung in die psychischen Details von Einzelschicksalen. Heroisches Revolutions- und Aufbaupathos versucht der Autor durch individuelle Differenzierung historischer Situationen und menschlicher Leidens- und Opferbereitschaft zu vermeiden. Sein Ringen um eine auch formale Neubewältigung des Phänomens der Oktoberrevolution und ihrer Folgen mündet letztlich aber doch in ein naives und gespreiztes Pathos, das sich nur in der Tonart von früheren Panegyrismen unterscheidet. A.Gu.

AUSGABEN: Moskau 1965 (in *Junost'*). – Moskau 1973 (in *Poėt v Rossii – bol'še čem poėt*). – Moskau 1975 (in *Izbr. proizv.*, 2 Bde., 1).

LITERATUR: I. I. Mežakov-Korjakin, *Kompozicija poėmy E. E. »Bratskaja GĖS«* (in Melbourne Slavonic Studies, 8, 1973, S. 78–103).

JAGODNYE MESTA

(russ.; Ü: *Wo die Beeren reifen*). Roman von Evgenij A. EVTUŠENKO, entstanden 1973–1980, erschienen 1981 in der Zeitschrift ›Moskva‹. – Evtušenko, der seit der literarischen Umbruchsphase unter Chruščëv weltbekannte sowjetische Lyriker, legte mit *Jagodnye mesta* seinen ersten Roman vor, den er selbst als das wichtigste Buch bezeichnete, das er bis dahin geschrieben habe. Sein Anliegen war es, einen vollständigen Querschnitt der Gesellschaft zu geben und mit grundsätzlichen religiösen und ethischen Fragen zu verbinden: »*Während ich diesen Roman schrieb, habe ich stets an Dostoevskijs Worte gedacht, daß jeder an allem Schuld trage.*« Der Roman wurde zwiespältig aufgenommen. Schriftstellerkollegen wie Georgij SEMËNOV oder Valentin RASPUTIN, der als Sibirier dem weitgehend in Sibirien spielenden Roman für die Zeitschriftenausgabe das Vorwort schrieb, äußerten sich positiv, der Kritiker Ju. SUROVCEV ordnete ihn »*in die Reihe der besten Werke der letzten Jahre*« ein, sein Kollege V. KARDIN hingegen unterzog das Werk 1983 wegen des unzureichenden Wahrheitsgehalts einer vernichtenden Kritik. Westliche und sowjetische Kritiker sind sich einig, daß der Roman keine ausgewogene Struktur habe.

Jagodnye mesta ist ein typisches Werk der Brežnev-Zeit, das ein berühmter Autor verfaßte, der Informationen über die Sowjetunion so einzukleiden vermag, daß der Zensor die Veröffentlichung gestattet und daß es im Westen Aufsehen erregt. Alle kritischen Passagen über das Leben in der Sowjetunion sind durch propagandistische Positiva aufgefangen, eine weitgehend negative Sicht des Westens gleicht die teilweise negativen Aussagen über das eigene Land aus, kann aber auch als chiffrierte Kritik am Sowjetsystem aufgefaßt werden, wie der auf Chile bezogene Satz »*Die absolute Macht – das ist entwürdigendes Mißtrauen gegenüber allen anderen*«.

Evtušenko geht von einer geologischen Expedition in Sibirien aus, die eine Menschengruppe auf einem Lkw vereint, aber dieses epische Schema wird als Erzählgerüst nicht durchgehalten. Das Werk ist weder um eine oder mehrere herausragende Figuren noch um eine durchgehende Fabel gebaut. Seine 25 Kapitel spielen in Sibirien, als der vom Autor spürbar geliebten Heimat, in Moskau und Leningrad, dazwischen unvermittelt in Chile und auf Hawaii. Neben fiktiven Gestalten treten historische wie Salvador Allende auf, es finden sich auch satirische Porträts namentlich nicht genannter lebender Personen (z. B. I. Glazunov).

Kernpunkt der Kritik am Sowjetsystem ist der sich verfestigende Klassenstaat. Evtušenko schildert die Selbstverständlichkeit, mit der die Privilegierten das Vorrecht des Einkaufs in Sondergeschäften, die kostenlose Benutzung von Dienstwagen oder das Wohnen in bequemen, großen Wohnungen in Anspruch nehmen, wie Kinder dieser Klasse auf die übrige Bevölkerung herabschauen und das doppelzüngige Reden unreflektiert praktizieren. Voll Entsetzen stellen andere, nicht zur Machtschicht Gehörende fest, daß gerade die zügellosen Zyniker, die Lügner und Opportunisten »*so gute Zukunftsaussichten haben.*«

Im literarischen Bereich deutet Evtušenko die unzureichenden Druckauflagen der Werke bedeutendster Schriftsteller wie O. MANDEL'ŠTAM, M. BULGAKOV oder A. ACHMATOVA an, verweist auf den Schwarzmarkt oder das Abschreiben von Büchern, ohne »Samizdat« zu nennen oder bei der Erwähnung GUMILËVs klar sagen zu können, daß dessen Werk verboten ist. Er erwähnt die schändliche Praxis, daß Lyriker – damit auch er selbst – ihren eigentlich gemeinten Gedichten eine »Lokomotive« vorspannen, also parteigemäße Reimereien, um eine Publikation zu ermöglichen.

Er definiert »*den allen echten Dichtern eigenen Ton*« so, wie er sich selbst vermutlich sieht: »*Die Verse waren dicht und ungestüm. Fest miteinander verkette-*

te Worte. Die Spitzen freigelegter Nerven ragten aus den Zeilen. Mitleidslosigkeit sich selbst gegenüber. Mitleid mit den anderen. (...) Eine Kampfansage an geistige Trägheit und Sattheit«. Aber er klammert jene Schicht der »zweiten Kultur« aus, die in ihrer dichterischen Aussage zu keinerlei Kompromiß bereit war und dafür Publikationsverbot, Verfolgung, Emigration oder Lagerhaft in Kauf nahm, die Menschen wie ihn verachtete, weil er seinen Nonkonformismus stets so zu begrenzen und mit Konformismus aufzuwiegen verstand, daß er als Propagandist angeblicher Liberalisierung des Sowjetsystems regelmäßig ins Ausland fahren und im Inland reichlich publizieren konnte.

Neben der Gegenwart schildert Evtušenko die Vergangenheit, kritisiert für den damaligen Zeitpunkt relativ frei die Verbrechen der Zwangskollektivierung und der »Kulaken«-Verfolgung. Er begrenzt die Schilderung einer amerikanischen Rockshow auf die negativen Seiten des Managements, so daß im Kontext des Romans die Einseitigkeit des USA-Bildes kaum zu unterbieten ist, er fügt ein Interview eines Korrespondenten mit Allende als Präsident ein, um diesen als Idealkommunisten zu glorifizieren.

An den Schluß des Buches hat Evtušenko unter der manirierten Überschrift *Prolog* (die Einleitung nennt er *Epilog*) ein ernsthaftes Kapitel gestellt, das der metaphysischen Frage der menschlichen Fortexistenz nach dem körperlichen Tod und der Einwirkung höher entwickelter geistiger Existenzen auf den Menschen gewidmet ist. Er hatte Einblick in die unpublizierte Autobiographie des genialen russischen Gelehrten CIOLKOVSKIJ erhalten, aus der er zitiert. Evtušenko veranschaulicht, daß der als »Vater der sowjetischen Raumfahrt« und als Science fiction-Autor bekannte Physiker ein tief religiöser Mensch war, der von der Existenz intelligenter außerirdischer Wesen und von der persönlichen Unsterblichkeit des Menschen überzeugt war. Den Schluß stellt Evtušenko unter das Motiv der Überwindung des Krieges und der Entwicklung des noch niederen menschlichen Gewissens.

Jagodnye mesta ist ein Roman, der – wie auch die meiste Lyrik Evtušenkos – publizistischen Charakter hat. Er hat denselben Mangel wie seine Verserzählungen: Es gebricht ihm an künstlerischer Einheit und es fehlt die klare Position des Autors. Aber etliche Teile geben Einblick in die sowjetische Gesellschaft der siebziger Jahre und verdeutlichen – im Vergleich zur »Glasnost« der späten achtziger Jahre – die Grenzen des damals Sagbaren. W.Ka.

AUSGABE: Moskau 1982.

ÜBERSETZUNG: *Wo die Beeren reifen*, W. Bräuer, Wien/Hbg. 1982.

LITERATUR: Ju. Surovcev, *V poiskach istiny* (in Literaturnoe obozrenie, 1982, Nr. 6, S. 36–41). – G. Semenov, *Proza poėta* (in Literaturnaja gazeta, 2. 2. 1982, S. 4). – W. Kasack, *Gott, Sibirien, Allende und vieles mehr* (in NZZ, 27. 10. 1982). – R. Lauer, *Eine Scheidelinie quer durch die Nationen* (in FAZ, 12. 2. 1983). – G. Leech-Anspach, *Wider das offizielle Weltbild* (in Der Tagesspiegel, 6. 3. 1983). – V. Kardin, *O pol'ze i vrede arifmetiki* (in Voprosy literatury, 1983, Nr. 10, S. 46–86).

STANCIJA ZIMA

(russ.; *Station Zima*). Verspoem von Evgenij A. EVTUŠENKO, erschienen 1956. – Evtušenkos Poem, das bei seinem Erscheinen großes Aufsehen erregte, entstand in den Jahren zwischen Stalins Tod (1953) und dem XX. Parteitag der KPdSU (1956). Es ist ein gewichtiges Zeugnis des tiefgreifenden Umdenkungsprozesses, den die Entlarvung des Stalinismus in der Sowjetunion auslöste. Das Gedicht ist autobiographisch konzipiert: Der Autor setzt sich und seine Erfahrung stellvertretend für eine Generation, deren Denken seine entscheidende Ausprägung durch die stalinistische Deformierung der sozialistischen Gesellschaft erfuhr und die nun, an der Schwelle einer neuen Zeit, ihre Entscheidung für die sozialistische Zukunft ihres Landes in gründlicherer Weise zu formulieren hatte. Hatte man sich daran gewöhnt, den Sozialismus mit der sowjetischen Wirklichkeit zur Zeit des sogenannten Personenkults gleichzusetzen, so galt es nun, die schwierige Scheidung zwischen den aufgedeckten Verfehlungen und den fortschrittlichen Inhalten des sozialistischen Aufbaus während der Stalinzeit zu treffen. Die Aufgabe mußte, vor allem innerhalb der sowjetischen Jugend, eine Übergangsphase mehr oder minder großer Unsicherheit und Desorientierung auslösen. Eben dieser Stimmung der erschütterten naiven Zuversicht und der auf einem kritischeren Niveau gewonnenen Einsicht in die Notwendigkeit des Sozialismus sucht Evtušenkos Poem Ausdruck zu verleihen.

Im hauptstädtischen Milieu vergeblich um die Bewältigung der nachstalinistischen Verunsicherung bemüht, sucht der Dichter Zuflucht in der vermeintlichen Geborgenheit seines Geburtsortes, der unbedeutenden Bahnstation Zima an der Transsibirischen Eisenbahn. Doch das Leben, das er dort vorfindet, hat wenig gemein mit dem konfliktlosen Dasein seiner Kindheit. Es ist auf den ersten Blick das althergebrachte, bescheidene, leicht verstaubte, von keinen gesellschaftlichen Veränderungen zeugende Leben der russischen Provinz, das ihm weder die Antwort auf seine bohrenden Fragen gibt noch die Möglichkeit eröffnet, ihnen durch die Flucht in eine heile Welt zu entgehen. Doch je mehr sich der Blick des Dichters für die Gesetze dieses Lebens schärft, desto deutlicher wird ihm, daß unter der Oberfläche gesellschaftlicher Rückständigkeit, menschlicher Schwäche und lähmender Resignation auch hier die Dinge in Fluß geraten sind. Zwar nehmen sich die Veränderungen auf der abgelegenen Bahnstation ungleich bescheidener aus als in der Hauptstadt, doch sind die Menschen, jeder auf eine andere Weise, von den gesellschaftlichen Wandlungen nicht minder betroffen. Die Fragen und Zweifel des Dichters sind Gemeingut aller Mitglieder der sowjetischen Gesellschaft. Die Zeiten, da es für auftretende Schwierigkeiten vorgefertigte Lösungen gab, gehören unwiederbringlich der Vergangenheit an. Die nachstalinistische Periode der Sowjetgesellschaft erfordert das aktive, aufrichtige Mitdenken jedes ihrer Bürger. Der Dichter verläßt seinen Heimatort, ohne seine Probleme gelöst zu haben, doch in der festen Gewißheit, daß der Prozeß der Bewältigung des Geschehenen begonnen hat und nicht mehr umkehrbar ist.

Die formale Bewältigung des Stoffs ist der gedanklichen Durchdringung der aufgeworfenen Problematik entschieden untergeordnet. Nur selten verläßt das Poem das konventionelle Versmaß fünffüßiger Jamben und den überwiegend assonierenden Kreuzreim. C.K.

AUSGABEN: Moskau 1956 (in Oktjabr', 33, Nr. 10). – Mchn. 1964 [m. engl. Übers.]. – Ldn. 1966 (in *Kačka*). – Ldn. o. J. (in *Nasledniki Stalina*).

JOHANNES EWALD

* 18.11.1743 Kopenhagen
† 17.3.1781 Kopenhagen

LITERATUR ZUM AUTOR:
E. Frandsen, *J. E.*, Kopenhagen 1939; [2]1968. – L. Bobé, *J. E.. Biografiske studier*, Kopenhagen 1943. – Th. Bredsdorff, *Digternes natur. En idés historie i 1700 – tallets danske poesie*, Kopenhagen 1975, S. 222–247. – *Dansk litteraturhistorie*, Bd. 2, Hg. F. J. Billeskov Jansen u. G. Albeck, Kopenhagen 1976, S. 211–233; 274–314; 316–329. – E. Kau, *Den ewaldse tekst mellem himmel og jord*, Kopenhagen 1977. – *Dansk Biografisk Leksikon*, 16 Bde., Kopenhagen 1979–1984, 4, S. 281–285. – *Dansk litteraturhistorie*, Bd. 4, Hg. J. Fjord Jensen u. a., S. 391–418; 432–444; 449–464. – K. Zeruneith, *Soldigteren – en biografi om J. E.*, Kopenhagen 1985.

FISKERNE

(dän.; *Die Fischer*). Singspiel in drei Aufzügen von Johannes EWALD, Musik von Johan Hartmann, erschienen 1779; Uraufführung: 1. 2. 1780. – Mit *Fiskerne*, dessen Sprechpartien in Blankversen gehalten sind, unternahm Ewald den Versuch, auch die Gesangsnummern eines Singspiels in dessen Handlung zu integrieren. Sie sind Teil der Dialoge und damit zugleich ein Element der dramatischen Argumentation. Alle Lieder handeln von Taten (z. B. *Kong Christian stod ved Højen Mast – König Christian stand beim hohen Mast*, die spätere dänische Nationalhymne) oder Gefühlen (z. B. *Liden Gunver – Der kleine Gunver*), oder es vereint sich in ihnen Empfindung und Ereignisbericht.

Die Vorlage für den authentischen Stoff fand Johannes Ewald in O. MALLINGS (1747–1829) Werk *Store og gode Handlinger af Danske, Norske og Holstenere (Große und gute Taten von Dänen, Norwegern und Holsteinern)* aus dem Jahr 1777 unter der Rubrik *Menneskekierlighed (Nächstenliebe)*. Hier wird als Beispiel für diese Tugend folgende Anekdote erzählt: Im November 1774 hatten Fischer in Hornbæk ihr Leben gewagt, um einen englischen Kapitän, der als einziger einen Schiffbruch überlebt hatte, zu retten. Als er ihnen zum Dank Geld geben wollte, lehnten sie ab. Dagegen nahmen sie von einem adeligen Auslandsdänen, der von ihrer Tat gehört hatte, eine jährliche Leibrente an. Ewald hielt sich im Handlungsverlauf ziemlich genau an diese Quelle, führte zusätzlich einen dramatischen Konflikt zwischen den Hauptpersonen ein und erweiterte die Aussage des Stückes um eine gesellschaftspolitische und moralphilosophische Dimension.

Schauplatz des ersten Aufzugs ist das Innere einer Fischerhütte. Gunild und ihre beiden Töchter Lise und Birte flicken Netze und warten auf Anders, den Vater der Familie, und auf Svend und Knud, die Verlobten der beiden jungen Frauen. Die drei Männer sind auf die stürmische See hinausgefahren, um ihr Grundnetz einzuholen. Während die materiell denkende Birte vor allem den Verlust der Netze befürchtet, bangt die empfindsame Lise um das Leben der drei Fischer. Die gottesfürchtige Gunild sieht im fehlenden Gottvertrauen ihrer Töchter einen Frevel, und sie versucht, die Mädchen zu beruhigen. Als Anders und Knud ohne das Grundnetz nach Hause kommen, löst Birte voller Zorn ihre Verlobung mit Knud. Da erscheint Svend mit der Nachricht von dem Schiffsunglück; die beiden jungen Männer wollen die Schiffbrüchigen retten. Anders dagegen meint, nur Gott könne hier noch helfen, und auch die beiden Mädchen lehnen einen Rettungsversuch ab. Schließlich aber lassen sich Gunild und Anders doch vom Eifer der jungen Männer anstecken; alle laufen zum Strand hinunter und rufen: »*Gott kann mit uns gemeinsam retten*«. – Der zweite Aufzug spielt am Meeresufer, der Wind stürmt und tobt. Als Svend bei einem fehlgeschlagenen Rettungsversuch verletzt wird, sorgt sich Lise, die seine Armwunde verbindet, um sein Leben. Svend kränkt Lise, weil er ihr daraufhin ihre egoistische Liebe vorwirft. Der Konflikt verschärft sich, denn Knud und Lise intrigieren gegen Birte und Svend, um diese eifersüchtig zu machen und ihnen damit eine Lehre zu erteilen. Erst als Gunild berichtet, was sich draußen auf dem Meer abspielt – nur einer der Schiffbrüchigen ist noch am Leben – fahren die Boote wieder hinaus. Nun hat auch Lise ihre Selbstsucht überwunden und kommt den anderen zu Hilfe. In einem Wechselgesang folgt der Chor am Strand der Mannschaft, er begleitet sie hinaus aufs Meer und nach geglückter Rettung wieder zurück an Land. – Der dritte Aufzug spielt in einer lieblichen Landschaft, die Gegensätze harmonisieren sich, es folgt die verdiente Belohnung. Nachdem die Intrige von Knud und Lise verschiedene Streitigkeiten provoziert hat, beweist Birte, daß sie doch nicht materialistisch denkt, als sie das Geldgeschenk des Kapitäns im Namen aller zurückweist. Statt dessen werden die Retter von edlen Grafen Odelheim belohnt, der als *deus ex machina* auftritt, nachdem die jungen Leute Gott um Hilfe gebeten haben. Er gibt ihnen Geld für neue Fischernetze, ihre Zukunft ist damit gesichert. Odelheim spricht von den Tugenden, die einen wahren Helden auszeichnen, nämlich Mut, Tapferkeit, Selbstlosigkeit und Patriotismus.

Mit *Fiskerne* wollte Ewald das dänische Nationalbewußtsein stärken. Das Alltagsleben und die Probleme der Fischer – Angehörige einer niederen Gesellschaftsschicht – bilden literarhistorisch gesehen ein neues Element, vor dessen Hintergrund das Stück eine edle patriotische Botschaft verkündet. *Fiskerne* gehört zwar noch zur idyllisierenden Nationalromantik Dänemarks, aber der Autor behandelt darin auch einen Konflikt, der durch die gegensätzliche Moral der auftretenden Personen verdeutlicht wird. Svend und Knud stehen für Mut, Tapferkeit und Tatkraft, während Lise und Birte Eigennutz, Ängstlichkeit und Empfindsamkeit repräsentieren. Dem Elternpaar Gunild und Anders gelingt es, mit Glaubensstärke diese Gegensätze zu überbrücken. Zentrales Thema ist die Wahl, die jeder Mensch treffen muß: Entweder er sieht nur sein eigenes Glück, oder er übernimmt seinen Teil der Verantwortung für die Gemeinschaft und trägt damit zum Zusammenhalt und Fortbestand der Nation bei. C.S.L.

AUSGABEN: Kopenhagen 1779. – Kopenhagen 1916 (in *Samlede Skrifter*, Hg. H. Brix u. V. Kuhr, 6 Bde., 1914–1924, 3; ²1969, Hg. u. Erg. E. M. Christensen). – Kopenhagen ⁴1930, Hg. I. Falbe-Hansen.

ÜBERSETZUNG: *Die Fischer. Ein Singspiel in drey Aufzügen*, C. F. Sander, Kopenhagen 1786 [Musik F. L. Ä. Kunzen].

LITERATUR: H. Möller, *Beiträge zur Charakteristik der Dichtungen J. E.s*, Kiel 1906. – B. Rasmussen, *Adskilligt om J. E.s Theater* (in OL, 5, 1947, S. 95–179). – H. Brix, *Fagre Ord*, Kopenhagen ²1963, S. 9–21. – J. Aa. Doctor, *Herrens billeder*, Kopenhagen 1976, S. 11–60. – J. Mulvad, *Om kildeproblemer i dansk syngespilsrepertoire med serlig henblik på »Fiskerne«* (in Dansk Årbog for musikforskning, Bd. 7, Kopenhagen 1976) u. a.

LEVNET OG MEENINGER

(dän.; *Leben und Ansichten*). Autobiographisches Fragment von Johannes EWALD, entstanden 1774–1778, auszugsweise zuerst erschienen 1804/05 und 1808 in den von Knud Lyhne RAHBEK herausgegebenen Zeitschriften ›Den danske Tilskuer‹ und ›Ny Minerva‹. Die erste vollständige Ausgabe erschien 1855. – Noch nicht einmal sechzehnjährig, läuft der frühreife, nach Freiheit dürstende Theologiestudent zusammen mit seinem vier Jahre älteren Bruder aus Kopenhagen davon, um als Husar unter preußischen Fahnen im Siebenjährigen Krieg zu militärischen Ehren zu gelangen; auf diese Weise hofft er, die Hand seiner Geliebten, Arendse Huulegaard, gewinnen zu können. Bereits in Hamburg trennt er sich von seinem Bruder, weil diesen der Mut verläßt, aber auch für ihn selbst endet das Abenteuer recht kläglich: Wegen seiner zarten Konstitution bringt er es nur bis zum Trommelbuben – und zwar auf österreichischer Seite. Arendse heiratet einen anderen, und er selbst hat zeitlebens unter der Gicht zu leiden, die er sich während seiner kurzen militärischen Laufbahn zugezogen hat.

Diese Flucht bildet den äußeren Rahmen des Buchs: Vom preußischen Residenten in Hamburg, den er durch seine Keckheit überzeugt, wird Ewald weiter nach Magdeburg geschickt. Ohne einen Heller in der Tasche, fährt er mit einem Schiff die Elbe aufwärts; bei einer Zwischenstation leert er, auf einer Anhöhe des Elbufers lagernd, eine entwendete Weinflasche und versetzt sich so in einen Zustand trunkener Begeisterung, resümiert sein bisheriges Leben und räsoniert offenherzig über seine Tugenden und Laster. Mit der Ankunft in Magdeburg bricht die Schilderung ab. – Der eigentliche Inhalt besteht aus arabeskenreichen Reflexionen und Selbstbekenntnissen, die Ewalds im bürgerlichen Sinn verpfuschtes Leben in der pietistischen Welt, aus der er stammte und von der er zeitweilig abhängig war, rechtfertigen sollen. Ein Einfluß von ROUSSEAUS 1782–1788 veröffentlichten *Confessions* – die Offenheit, mit der in *Levnet og Meeninger* Intimes enthüllt wird, würde diesen Vergleich nahelegen – kann gleichwohl nicht vermutet werden; wohl aber ist Ewald zweifellos der subjektiven, humoristisch-weitschweifigen Diktion von STERNE verpflichtet, denn dessen *Life and Opinions of Tristram Shandy* folgt er im Titel, und in *A Sentimental Journey* fand er das Vorbild für seinen Stil.

Wie schon der Titel besagt, wechseln Lebensbeschreibung und »Ansichten«, also Selbstanalysen, miteinander ab. Die zentralen, locker und episodenhaft in Rokoko-Tableaus vorgeführten Themen sind das als autonom aufgefaßte, zwischen höchstem Selbstbewußtsein und elender Zerknirschung schwankende Dichter-Ich, die leidenschaftliche und schmerzliche Liebe zu Arendse, die sein ganzes Leben prägte, und die im Weingenuß erlebte schöpferische Trunkenheit des Ästheten, der sich zu enthusiastischer Daseinsfreude aufschwingt. Die Variationen dieser Themen erscheinen unter jeweils den gleichen Überschriften: *Hamburg / Die Weinflasche / Der Hügel / Die Weinflasche / Der Hügel / Der Hügel / Arendse / Arendse / Liebe / Liebe / Arendse / Magdeburg / Meine Aufrichtigkeit*. – Der

symbolische Titel *Der Hügel* zeugt von Ewalds Vertrautheit mit der neuen gefühlsbetonten, dithyrambischen »Kunst der Empfindsamkeit« (KLOPSTOCK, GERSTENBERG, Göttinger Hainbund), mit der Ewald die dänische Literatur bereichert hat. – In *Levnet og Meeninger* wirkt sich zum erstenmal innerhalb der dänischen Geistesgeschichte der erwachende literarische Individualismus des 18. Jh.s aus, und gleichzeitig ist das Werk eines der bedeutendsten Denkmäler der dänischen Sprache (L. Bobé). Der Herausgeber L. BOBÉ nennt Ewald den »*Vater der dänischen Dichtersprache*«, der als erster den Stimmungsreichtum des Dänischen entdeckt habe. Jedoch ist seiner Autobiographie keine unmittelbare Wirkung zuteil geworden, da sie zunächst nur im Freundeskreis bekannt wurde.
Als sprachbewußter Autor vertritt Ewald bisweilen bereits eine Anschauung des *l'art pour l'art*, scheut aber im pietistischen Sündenbewußtsein zuletzt doch den Schritt zu einer völligen Säkularisierung der Kunst – eine geistesgeschichtlich sehr interessante Ambivalenz auf dem Weg zur totalen Emanzipation der Kunst. – Der Dichter wollte in der rückblickenden Selbstanalyse »*so viel wie möglich zur Kenntnis des menschlichen Herzens beitragen*«, um dadurch Distanz zu sich selbst zu gewinnen und sein »*Herz abzukühlen*«; so ist das Werk auch aus psychologischer Sicht ein einzigartiges Dokument und zählt zu den klassischen, noch heute lebendigen Bekenntnisschriften. I.H.

AUSGABEN: Kopenhagen 1804/05, Hg. K. L. Rahbek (in *Den danske Tilskuer*; Ausw.). – Kopenhagen 1808, Hg. ders. (in *Ny Minerva*; Ausw.). – Kopenhagen 1855 (in *Samtlige Skrifter*, Hg. F. L. Liebenberg, 8 Bde., 1850–1855, 8). – Kopenhagen 1911, Hg. L. Bobé [krit.]; ern. 1960 (Hans Reitzels Ser. 34). – Kopenhagen 1919 (in *Samlede Skrifter*, Hg. H. Brix u. V. Kuhr, 6 Bde., 1914–1924, 4; ²1969, Hg. u. Erg. E. M. Christensen). – Kopenhagen ²1973, Hg. J. Aa. Doctor [m. Bibliogr.]. – Kopenhagen ³1980 (*Philets Forslag og Levnet og Meeninger*, Hg. u. Nachw. E. M. Christensen). – Kopenhagen 1986, Hg. u. Anm. K. Zeruneith. – Kopenhagen 1988 (*Herr Panthakahs Historie og Levnet og Meeninger*, Hg. u. Nachw. J. Kondrup).

LITERATUR: H. Brix, *Til J. E.s »Levned og Meeninger«* (in H. B., *Analyser og Problemer*, Bd. 4, Kopenhagen 1938, S. 107–161). – F. J. Billeskov Jansen (in G. Albeck u. F. J. B. J., *Dansk litteratur historie*, Bd. 1, Kopenhagen 1964, S. 519–527). – J. Fjord Jensen (in *Askov-rapport*, Hg. Dansklærerforeningen, Kopenhagen 1965, S. 118–128). – J. Aa. Doctor, *En Levnedsbog* (in *Guldalderstudier. Festskrift til Gustav Albeck*, Hg. H. Høirup u. a., Aarhus 1966, S. 47–72). – F. Stein Larsen, *Prosaens mønstre*, Kopenhagen 1971. – J. Lundbo Levy, *Mennesket som romanhelt. Om J. E.: »Levnet og Meeninger«* (in Poetik, 1971, Nr. 2/3, S. 35–47). – K. Wentzel, *Manøvre i det episke, udført i E.s »Levnet og Meeninger«* (in Kritik, 1971, Nr. 18, S. 63–99).

ROLF KRAGE

(dän.; *Rolf Krage*). Trauerspiel in fünf Akten von Johannes EWALD, erschienen 1770. – Mit *Rolf Krage* unternahm Ewald den Versuch, die formale Strenge der klassizistischen französischen Tragödie zu überwinden. Das Werk ist in einem pathetischen Prosastil gehalten, der Stoff stammt aus der sagenhaften nordischen Vorzeit, wie sie von SAXO GRAMMATICUS in den *Gesta Danorum* überliefert wurde. Die am Klassizismus geschulte Kritik nahm das Stück überaus negativ auf; bemängelt wurden vor allem die fehlende Moral und die positive Darstellung von Trunkenheit und Rachsucht. Die Haupthandlung galt als verschwommen und nicht »tragisch« im eigentlichen Sinn, da das Schicksal des Königs Rolf keine Anteilnahme hervorrief, sein Tod außerdem nicht zwingend notwendig erschien: Spätere Rezensenten dagegen entdeckten in der Tragödie all das, was auch SHAKESPEARES Historien auszeichnet: Der Rhythmus der Handlung steigert sich von Akt zu Akt, die Charaktere sind deutlich gezeichnet, die Handlung strebt unaufhaltsam vorwärts, und das gesamte Geschehen entfaltet sich im Raum der Bühne – vor den Augen des Publikums.
Thema der Tragödie ist die Bedrohung von Leben und Macht des Königs Rolf. Seine Halbschwester Skulde und deren Mann, König Hiartvar von Schweden, ein Vasall Rolfs, trachten dem guten und edlen König nach dem Leben. Skulde und Hiartvar sind nach Lejre gekommen, um Steuern zu entrichten. Bei einem Fest, das anläßlich ihres Besuchs abgehalten wird, sorgt Skulde dafür, daß Rolf mit seinem ganzen Gefolge ausgiebig zecht. Niemand denkt an Verrat – außer Rolfs zweiter Schwester Rude, die mit Bjarke, einem tapferen Gefolgsmann Rolfs, verheiratet ist. Skulde will Rolf ermorden, während er schläft und sein Gefolge betrunken und damit wehrlos ist. Wichtige Bundesgenossen von Skulde und Hiartvar sind Hother und dessen Ziehvater Gevar, der König von Norwegen, denn Hother möchte seinen leiblichen Vater und seinen Bruder rächen, die von Rolf ermordet worden sind. Allerdings weigert sich Hother, Rolf meuchlings umzubringen, wie Skulde und Hiartvar ihm befohlen haben – er will ihn im offenen Kampf töten. Dieser Kampf ist das zentrale Ereignis des dritten Akts. Als Hiartvar und Skulde den schlafenden Rolf überfallen wollen, greift Hother ein und verteidigt den König, Skulde wird im Kampf getötet. Hiartvar ergreift mit den übrigen Verrätern die Flucht, und Hother fordert Rolf zum Kampf heraus. Als aber Hiartvar und seine Leute zurückkehren, kämpfen Rolf und Hother wieder Seite an Seite, bis Rolf von Hiartvar getötet wird. Der Kampf geht weiter, da nun Rolfs Mannen erwacht sind und ihren König rächen wollen. Diese Rache wird erst durch eine List ermöglicht, denn Hiartvar hat sich nach Rolfs Tod selbst zum König ernannt. Nur Viggo, einer von Rolfs Gefolgsleuten, hat überlebt – und er tötet Hiartvar mit seinem Schwert, als er ihm den Treueschwur leisten

soll. Am Ende lebt nur noch Hother, den Rude als den einzigen rechtmäßigen Anwärter auf den Thron bezeichnet. Zusammen mit den Gefolgsleuten Gevars, die ebenfalls nach Lejre gekommen sind, vertreibt Hother die überlebenden Schweden und wird anschließend zum König von Dänemark ausgerufen. Gleichzeitig wird ihm die Herrschaft über Norwegen zugesprochen.

Der Grundkonflikt der Tragödie liegt in Hothers Haltung gegenüber Rolf, er ist die eigentliche Hauptgestalt des Stücks. Hother muß entscheiden, ob er sein Geschlecht rächt – wie es die Tradition fordert –, oder ob er sich mit Rolf, den er als wahren Helden achtet, aussöhnt. Zwar beugt sich Hother der Forderung nach Rache, aber er wählt den »ehrlichen« Zweikampf. Damit gerät er jedoch in einem Loyalitätskonflikt mit sich selbst, denn er hat Hiartvar Treue geschworen. Hothers Konflikt, in dem sich das neue humanitäre Ideal des 18. Jh.s darstellt, ist ein Hauptmotiv von *Rolf Krage*; daneben spielt der Gegensatz zwischen Treue und Untreue eine zentrale Rolle. Für den Krieger steht die ewige Treue, die er als Gefolgsmann seinem König geschworen hat, über allem anderen – für ihn zu sterben bedeutet mehr, als weiterzuleben. Als Rolfs Mannen beim Versuch, ihren toten König zu rächen, besiegt werden, ist dies gleichzeitig eine Bestätigung ihres Heldentums und ihrer Treue. Die Menschen erleiden zwar eine Niederlage, aber die Idee triumphiert – Ewald nimmt damit den tragischen Idealismus im Sinne Adam OEHLENSCHLÄGERS vorweg (dem *Rolf Krage* als Inspiration für sein »Heldengedicht« *Hrolf Krake* aus dem Jahr 1828 diente).

Die Einheit der Handlung, die von den zeitgenössischen Kritikern vermißt wurde, ist durch den Aufbau des Stücks gewahrt. Die verschiedenen Ereignisse und Handlungsebenen sind so angelegt, daß die positiven Prinzipien, die Hothers Charakter konstituieren, nämlich das humanitäre Ideal und die absolute Treue zum König, herausgehoben und betont werden. *Rolf Krage* markiert einen Wendepunkt in der Literaturgeschichte Dänemarks, nicht nur wegen des darin vollzogenen Bruchs mit der französischen Tragödie des Klassizismus, sondern vor allem, weil in der Figur Hothers zwei Arten von Heldentum gezeigt und miteinander in Verbindung gebracht werden. Dies ist das erste dänische Drama, welches das patriotische Verständnis für das in dieser Zeit grundlegende Verhältnis zwischen königlicher Macht und Volk zum Ausdruck bringt. C.S.L.

AUSGABEN: Kopenhagen 1770. – Kopenhagen 1851 (in *Samtlige Skrifter*, Hg. F. L. Liebenberg, 8 Bde., 1850–1855, 3). – Kopenhagen 1914 (in *Samlede Skrifter*, Hg. H. Brix u. V. Kuhr, 6 Bde., 1914–1924, 1; ²1969, Hg. u. Erg. E. M. Christensen).

ÜBERSETZUNGEN: *Rolf Krage*, J. G. Jappert, Kopenhagen/Lpzg. 1772. – Dass., C. F. Cramer, Hbg. 1772.

LITERATUR: B. Rasmussen, *Adskilligt om J. E.s Theater* (in OL, 5, 1947, S. 95–179). – F. J. Billeskov Jansen, »*Rolf Krage*«. *Shakespearesk Prosatragedie* (in G. Albeck u. F. J. B. J., *Dansk litteraturhistorie*, Bd. 1, Kopenhagen 1964, S. 451–454). – Fl. Lundgreen-Nielsen, *Mulm og Skræk og Kamp og Død. J. E.s »Rolf Krage«* (in Danske Studier, 64, 1969, S. 5–19).

RUNGSTEDS LYKSALIGHEDER

(dän.; *Rungsteds Glückseligkeiten*). Ode von Johannes EWALD, erschienen 1775 in ›Adresseavisen‹. – *Rungsteds Lyksaligheder* gehört zu den wenigen Gedichten des dänischen Dichters, die von persönlichen Erlebnissen beeinflußt wurden. Ewalds lyrische Produktion besteht größtenteils aus Gelegenheitsgedichten, wie z. B. Preisgedichte auf das Königshaus und Gedichte zu Hochzeits- und Totenfeiern. Bezeichnend für den Dichter ist seine – trotz aller Ausschweifungen – grundlegende Frömmigkeit, die wohl auf seine pietistische Erziehung zurückzuführen ist. Aber im Gegensatz zum schlichten Optimismus der Pietisten begnügt sich Ewald nicht damit, in seinen Gedichten die Gegenwart Gottes in der Schöpfung aufzuspüren, denn er glaubt, daß der Mensch mit Gottes eigentlichem Wesen verwandt ist. Diese Überzeugung kommt u. a. in *Rungsteds Lyksaligheder* zum Ausdruck. Inspiriert wurde das als *Hirtengedicht* bezeichnete Werk von Christian Braunmann TULLINS (1728–1765) *En Maji-Dag* (1758).

Die neun Strophen gliedern sich in drei Teile: erster Hauptteil (Strophe 1–4) – Überleitung (Strophe 5) – zweiter Hauptteil (Strophe 6–9). Der erste Hauptteil beschreibt Natur und Landschaft von Rungsted. Diese einleitenden Strophen mit ihrer Naturverklärung geleiten den Leser allmählich in eine psychische Wirklichkeit, die aus dem Naturempfinden und dem Gefühl der Zusammengehörigkeit mit der Natur entsteht. Die dargestellte Natur wird zum idyllischen Freiraum, dessen Zentrum ein empfindendes und schreibendes Subjekt bildet: Das konkrete Bild (die Natur selbst) wird zu einem direkten Abbild der Gefühle und Gedanken des Subjekts. Grammatische Zeit dieses ersten Teils ist das Präsens, es herrscht gleichzeitig Frühling, Sommer und Spätsommer. Diese Zeitauffassung betont den paradiesischen Zustand und dessen ewige Dauer. Die ersten vier Strophen des Gedichts bilden darüber hinaus noch eine ausgewogene Frequenz, da sie alle mit dem sich wiederholenden Wort »Hvor« (Wo) eingeleitet werden. Auch die Strophe 5 beginnt mit »Hvor«, durch den Tempuswechsel zum Imperfekt wird hier der Übergang zum zweiten Hauptteil geschaffen. Die wiederholte Naturbegeisterung leitet vom deskriptiven (1–4) zum reflektierenden Teil (6–9) des Gedichts über. Auch die räumliche Sphäre erfährt nun eine Veränderung. In den ersten drei Strophen erlebt der Leser den Blickwinkel des *»fühlenden Skalden«*. Mit den Augen des Wanderers weitet sich die Perspektive, der Blick schweift in die Ferne, der Raum erfährt eine »horizontale« Ausdehnung. In der vierten Strophe wird der Leser durch die Erinnerung und die Einführung eines Possessivpronomens der ersten Person (*»meine Brust«* 4, 8) nach innen geleitet. Nun ist nicht mehr von der äußeren Natur allein die Rede, sondern auch von der inneren, psychischen Natur des Subjekts. In der fünften Strophe erweitert sich das Bild des Raums von neuem, in einer »vertikalen« Bewegung wird der Schöpfer gepriesen. In dieser Strophe ist das Naturerlebnis endgültig verinnerlicht und vergöttlicht, im *»lyrischen Ich«* und dem *»göttlichen Du«*. Die dichterische Entfaltung des Naturerlebnisses wird nun zum Ausdruck einer göttlichen Erkenntnis.

In den beiden ersten Strophen des zweiten Hauptteils (6–7) wird der Schöpfer gepriesen. Das lyrische Ich nimmt mit allen Sinnen göttliche Eindrükke auf, die vor ihm »aufblitzen«. Durch gebrochene Syntax und häufige Interjektionen werden dem Leser diese ständig neuen Wahrnehmungen vermittelt. Die oft genannten Pronomina *ich, mein* und *meine* weisen auf das vorhandene Selbstgefühl hin, gleichzeitig wird damit die Position des lyrischen Ichs gegenüber Gott hervorgehoben, es wird zum Dichter des Schöpfers (8, 1) und erhält dadurch selbst einen göttlichen Status. Dieses Gefühl von »Gleichwertigkeit« mit Gott kommt in Strophe 7, 5 zum Ausdruck: *»Sieh, der Staub kann tragen«*. Der Gegensatz zwischen dem Staub als Metapher für den irdischen Menschen und dem Göttlichen wird in diesem Bild aufgehoben. Die neunte Strophe, durch ein zweifelndes und einschränkendes *»Aber«* eingeleitet, bildet schließlich einen Kontrast zu den vorherigen Strophen. Hier wird »ein weibliches Du« eingeführt. Viele Interpreten zählen diese Passage nicht zum eigentlichen Gedicht und man versuchte herauszufinden, wer diese Frau sein könnte. Für K. ZERUNEITH ist sie ein Bild für Rungsted selbst: *»Denn als Frau aufgefaßt, ist es ja dieser paradiesische Flecken* [Rungsted] *auf Gottes grüner Erde, und nur dieser allein, der Ewald zum Dichter werden ließ... Rungsted ist damit ein umfassendes Epitheton für eine Frauengestalt, die Natur (die äußere in der inneren), eine Quelle des Glücks, die so reich ist, daß sie über einem Gott steht...«*

Rungsteds Lyksaligheder ist ein Gedicht über das Werden eines Dichters und gleichzeitig ein erotisches Gedicht mit einer Widmung an die Geliebte. Wie in der klassischen Liebeslyrik findet sich diese Widmung in der letzten Strophe. Bereits die erste Strophe versinnbildlicht laut Zeruneith den weiblichen Schoß, der nun auch in 9, 7 erwähnt wird: damit wird das Gedicht zu einem in sich geschlossenen Gebilde. C.S.L.

AUSGABEN: Kopenhagen 1775 (in Adresseavisen). – Kopenhagen 1787 (in *Samtlige Skrifter*, 4 Bde.). – Kopenhagen 1850–1855 (in *Samtlige Skrifter*, Hg. F.L. Liebenberg, 8 Bde.). – Kopenhagen 1914–1924 (in *Samlede Skrifter*, Hg. H. Brix u. V. Kuhr, 6 Bde.; ²1969, Hg. u. Erg. E.M. Christensen).

LITERATUR: E. Kau, *Den ewaldske tekst mellem himmel og jord*, Kopenhagen 1977.

HANNS HEINZ EWERS

* 3.11.1871 Düsseldorf
† 12.6.1943 Berlin

ALRAUNE. Die Geschichte eines lebendigen Wesens

Phantastischer Roman von Hanns Heinz EWERS, erschienen 1911. – Wie der Roman nach den Worten des Autors *»aus der verruchten Lust absurder Gedanken«* entsprungen ist, so auch das Mädchen Alraune. Sie ist das Produkt der künstlichen Befruchtung einer Dirne – *»nur Geschlecht vom Scheitel bis zur Sohle«* – mit dem Sperma eines Lustmörders, das diesem, der alten Mandragora-Mär gemäß, im Augenblick seiner Hinrichtung abgenommen wurde. Werden die Details dieser Vorgänge auch lüstern-vielsagend verschleiert, so steigert sich die Phantasie des Autors im Verlauf der Erzählung immer mehr in Alpträume der Perversion hinein: Alraune entfaltet mit zunehmendem Alter immer ungehemmter ihre erotische Ausstrahlung und treibt schließlich einen aus dem Kreis der ihr Verfallenen, einen alten Geheimrat, der ihre Erzeugung ins Werk setzte, zum Selbstmord. Den Höhepunkt erreicht diese Entwicklung in den schauerlich-schwülen Flitterwochen Alraunes mit ihrem *»geistigen Vater«* Frank Braun, dem Anstifter des Experiments, der am Ende froh ist, daß er sie, die sich zuletzt auch noch als Vampyr betätigt, auf absonderliche Weise los wird: Bei einem somnambulen Spaziergang stürzt sie ab, als sie gerufen wird.

In der Sprache des Romans findet sich durchgehend ein Zug grobschlächtiger Effekthascherei. Mit Hilfe der in mehreren seiner Romane auftauchenden Gestalt des Frank Braun, *»der neben dem Leben herlief«*, versucht der Autor das Buch ideell abzustützen: Sein Wunsch, *»hineinschauen [zu] können in den tiefsten Bauch der Natur«*, scheint den Versuch zu legitimieren, den traditionellen phantastischen Roman um das Problem des erbbiologischen Determinismus zu erweitern. In Wirklichkeit aber bleibt diese Problemstellung ebenso peripher wie das pseudo-sozialkritische Porträt einer monströs-dekadenten Gesellschaft. Beides verhüllt nur mangelhaft die Spekulation auf das einträgliche Geschäft (1922: 238 Tausend) mit der lüsternen Phantasie des Lesepublikums. W.Cl.

AUSGABEN: Mchn. 1911. – Mchn. 1926 (in *Werke*, 6). – Mchn. 1950. – Rastatt 1982.

VERFILMUNGEN: Deutschland 1928. – BRD 1952 (Regie: A. M. Rabenalt).

LITERATUR: M. Sennewald, *H. H. E. Phantastik u. Jugendstil*, Meisenheim 1973. – V. Schuetz, *The Bizarre Lit. of H. H. E. u. a.*, Diss. Univ. of Wisconsin 1974. – W. Freund, *Triviale Phantastik: H. H. E.s »Alraune«* (in Lit. für Leser, 3, 1982, S. 177–194).

EYSTEINN ÁSGRÍMSSON

† 14.3.1361 Niðaros (heute Trondheim)/
Norwegen

LILJA

(anord.; *Die Lilie*). Isländischer Marienpreis aus dem 14. Jh., verfaßt vermutlich von dem Mönch EYSTEINN Ásgrímsson. – Nach Titel und Anzahl der Strophen – es sind 100, entsprechend der Buchstabenzahl der seit dem 13. Jh. gebräuchlichen Form des Englischen Grußes – gehört das Gedicht zu den zahlreichen Mariendichtungen des Mittelalters. Jedoch widmet der Verfasser nur etwa zehn Strophen (Str. 86–95) der heiligen Maria; sein eigentliches Ziel ist es, einen Überblick über die gesamte Heilsgeschichte zu geben: Auf einen Anruf Gottes und Marias folgt eine Darstellung der Schöpfungsgeschichte und ihrer wichtigsten Ereignisse: Schöpfung der Welt, Fall der Engel, Erschaffung des Menschen und Sündenfall (Str. 5–21). Nach einigen Preisstrophen beginnt dann der Hauptteil des Gedichts mit dem Bericht über Mariä Verkündigung und Christi Geburt und Leben sowie über Leidensgeschichte, Tod, Auferstehung und Himmelfahrt des Erlösers und über das Jüngste Gericht. Auffallend ist, daß die beiden vorkommenden Kehrreimstrophen (isl. *stef*) am Höhepunkt der Leidensgeschichte, der Kreuzigung (Str. 50–51), wechseln. Mit einer Reihe von innigen Bittstrophen des Dichters an Gott und Maria klingt das Werk aus (Str. 75–100).

Über den Verfasser der *Lilja*, der in einer Handschrift aus dem 16. Jh. »Bruder Eysteinn« genannt wird, herrscht in der Forschung keine Übereinstimmung. In Annalen aus der Wende vom 16. zum 17. Jh. wird von Eysteinn Ásgrímsson berichtet, der 1349–1360 eine leitende Stellung in der isländischen Kirche einnahm, aber aus einem norwegischen Kloster stammte. An anderer Stelle ist von einem Bruder Eysteinn die Rede, der 1343 wegen Aufsässigkeit gegen seinen Abt im isländischen Kloster Þykkvabær bestraft wurde. Die Annahme, daß sich alle Angaben auf ein und dieselbe Person beziehen, ist heute sehr umstritten, und die neuere Forschung hält es aufgrund der Situation der isländischen Kirche im frühen 14. Jh. durchaus für möglich, daß der gegen seinen Abt opponierende Mönch mit dem Verfasser des Gedichts identisch ist, das zugleich von einer umfassenden Bildung und von einem tiefen persönlichen Glauben zeugt.

Um leichter verstanden zu werden, verzichtet der Dichter bewußt auf die Archaismen der skaldischen Dichtung und vermeidet vor allem Kenningar, benutzt jedoch das *hrynhent*, eine Abart des in der Skaldik wichtigsten *Drottkvætt*-Versmaßes. Die Bedeutung des Werks für die nachfolgende geistliche und weltliche Dichtung Islands wird nicht zuletzt daraus ersichtlich, daß dessen Versmaß übernommen und seitdem *liljulag* (Versmaß der Lilie) genannt wurde. Zweifellos bezeichnet dieses Gedicht dank seiner Empfindungstiefe und der ungekünstelten Sprachform einen Höhepunkt religiöser Dichtung auf Island. Erst im 17. Jh. schuf Hallgrimur PÉTURSSON mit den *Passiusálmar* ein diesem vergleichbares Werk.   B.D.

AUSGABEN: Hólar 1612. – Ldn. 1870, Hg., Anm., Glossar u. neuengl. Übers. E. Magnússon. – Kopenhagen 1915 (in *Den norsk-islandske skjaldedigtning*, Hg. F. Jónsson, Bd. 2; krit.). – Reykjavik 1974.

ÜBERSETZUNGEN: *Die Lilie*, A. Baumgartner, Freiburg i. B. 1884 [m. Einl.]. – Dass., R. Meissner, Bonn/Lpzg. o. J. [1922; m. Einl.]. – Dass., W. Lange (in *Christliche Skaldendichtung*, Hg. ders., Göttingen 1958).

LITERATUR: F. Paasche, »*Lilja*«. *Et Kvad til Guds Moder*, Kristiania ²1924 (ern. in F. P., *Hedenskap og Kristendom*, Oslo 1948, S. 239 ff.). – E. Noreen; *Studier i fornvästnordisk diktning*, Bd. 3, Uppsala 1923, S. 42–50. – H. Cornell, *Ett bidrag till »Liljas« genesis* (in Edda, 21, 1924, S. 140–144). – G. Jónsson (in G. J., *Saga*, Bd. 1, Reykjavik 1949–1953, S. 394–469). – G. Finnbogason (in *Á góðu dægri*, Reykjavik 1951, S. 81–93). – W. Lange, *Studien zur christlichen Dichtung der Nordgermanen*, Göttingen 1958. – J. Benediktsson, »*Lilja*« (in *Kulturhistorisk leksikon for nordisk middelalder*, Bd. 10, Kopenhagen 1965, Sp. 555–557). – J. de Vries, *Altnordische Literaturgeschichte*, Bd. 2, Bln. ²1967, S. 522/523. – Th. Hill, *Number and Pattern in »Lilja«* (in JEGPh 69, 1970, S. 561–567). – P. Foote, *A Note on »Lilja«* (in Fródskaparrit, 1981, S. 28 f.; 190–201).

RACHEL EYTAN

* 4.5.1931 Tel Aviv
† 17.6.1987

BA-RAKI'AH HA-CHAMISHI

(hebr.; *Im fünften Himmel*). Roman von Rachel EYTAN, erschienen 1962. – Laut *Talmud* hat jeder der sieben Himmel einen eigenen Namen. Der Name des siebten Himmels ist vielleicht der bekannteste von ihnen, nämlich das Paradies. Auf den fünften Himmel, hebräisch als »ma'on« (Heim) bezeichnet, spielt der Titel dieses Romans an. Erzählt wird die Geschichte Mayas, die in einem Waisenhaus in Eretz Israel während der Mandatszeit heranwächst. In diesem Heim, wo hauptsächlich Kinder eine Zuflucht gefunden haben, die von ihren Eltern in Europa durch den Holocaust getrennt wurden, gelangt Maya, da sie sich nicht mit ihrer Stiefmutter verträgt. Das Mädchen, das als feinfühlig und klug geschildert wird, erlebt das Heim wie einen Mikrokosmos der israelischen Gesellschaft. Es fällt ihr zunächst nicht leicht, sich in dieser Welt zurechtzufinden. Sie trifft auf Feindschaft, Neid und Grausamkeit (wie es den Kindern in William GOLDINGS bekanntem Roman *Lord of the Flies* ergeht). Eytan arbeitet aber weniger die Metaphysik des Bösen heraus, sondern beschränkt sich darauf, die gesellschaftlichen Mechanismen, die das Böse hervorbringen, aufzudecken. An der Spitze des kleinen Tyrannenreiches steht die arrogante Batsheva, die sich »Königin« nennen läßt und von den übrigen Kindern, ihren «Untertanen«, Gehorsam verlangt. Maya unterwirft sich diesem Ritual nur unwillig, muß dann aber während der Abwesenheit Batshevas entdecken, wie sehr sie sich an diese Unterwerfung gewöhnt hat.

Trotz physischer und seelischer Qualen, welche die Kinder durchmachen müssen, fühlt sich Maya schließlich in dem Kinderheim wohl. Die Besuche bei Vater und Stiefmutter führen ihr deutlich vor Augen, welche häßliche Wahrheit sich hinter der Konvention und der Fassade von deren scheinbar so normalem Familienleben verbirgt. Zu den wichtigsten Erfahrungen, die sie im Heim macht, zählt zweifellos das Zusammentreffen mit Josef, dem jungen Wachtmann, aus dem ein Lehrer geworden ist. Maya fühlt sich zu ihm hingezogen. Sie ist fasziniert von seiner Schönheit und Stärke. Eytan beschreibt mit großem Einfühlungsvermögen diese Bindung zwischen Maya und Josef. Sie zeigt die verwirrenden Gefühle eines heranwachsenden Mädchens auf, die Maya zugleich quälen und verlocken. Am Ende geht Josef fort; er läßt Maya im Stich, so wie es ihre Eltern bereits früher getan haben. Schließlich wird auch das Heim aufgelöst. Die Erzieher und Angestellten gehen ihre eigenen Wege. Zusammen mit einem Jungen aus dem Heim sorgt Maya für die jüngeren Kinder, die zurückbleiben.

Eytan beläßt es nicht bei einer meisterhaften Skizze der seelischen Entwicklung und des Reifeprozesses eines jungen Mädchens. Sie zeichnet dieses Seelenporträt vor einem breiten gesellschaftlichen Hintergrund. Zu den weiteren wichtigen Gestalten des Romans gehören beispielsweise Dov Markovsky und Samuel Wolfson. Beide verkörpern die verschiedenen Entwicklungsmöglichkeiten der zionistischen Ideologie. Der eine ist zum Ketzer geworden, der andere bleibt seiner Weltanschauung treu. Während Dov sein ganzes Leben lang ein Idealist bleibt, entwickelt sich Samuel, dessen Mutter das Heim gestiftet hat, von einem überzeugten Sozialisten zu einem Bodenspekulanten, für den nur noch materialistische Werte zählen. In ihrem Entwicklungsroman mit jeweils in sich abgeschlossenen Episoden unternimmt Eytan den Versuch, die jüdische Gesellschaft in Eretz Israel am Vorabend des Unabhängigkeitskrieges einer kritischen Bestandsaufnahme zu unterziehen. A.F.

AUSGABE: Tel Aviv 1962.

ÜBERSETZUNG: *The Fifth Heaven*, Ph. Simpson, Philadelphia u. a. 1985 [engl.].

LITERATUR: R. Eytan, *Writing as a Subversive Activity* (in Moment, 8, 1983, S. 61–63). – J. Lowin, Rez. (in Hadassah Magazine, Nov. 1985, S. 55/56). – G. Jonas, Rez. (in Present Tense, 1985, S. 63/64). – M. Roshwald, *An Unheavenly Refuge* (in Jewish Spectator, Herbst 1986).

MAX EYTH

* 6.5.1836 Kirchheim/Teck
† 25.8.1906 Ulm

LITERATUR ZUM AUTOR:
T. Ebner, *M. E., der Dichter u. Ingenieur*, Heidelberg 1906. – C. Weihe, *M. E. Ein Lebensbild*, Bln. 1916; Ffm. ³1950. – R. Helge, *M. v. E., ein Dichter u. Philosoph in Wort u. Tat*, Bln. 1928. – L. du Bois-Reymond, *M. E. Ingenieur, Landwirt, Dichter*, Bln. 1931. – W. Metzger, *M. E., der Dichter u. Pionier der Technik*, Stg. 1940. – A. Reitz, *M. E. Ein Ingenieur reist durch die Welt*, Heidelberg 1956. – R. M. Heege, *M. E. u. die Muttersprache* (in Muttersprache, 67, 1957, S. 14–22). – R. R. Abdel-Noor, *Ägypten in der dt. Lit. des 19. Jh.s: B. Goltz, M. E., G. Ebers*, Diss. Mchn. 1986.

HINTER PFLUG UND SCHRAUBSTOCK.
Skizzen aus dem Taschenbuch eines Ingenieurs

Sammlung von Erzählungen und Gedichten von Max EYTH, erschienen 1899. – In den sechs meist autobiographischen Prosastücken, deren Stoff teilweise schon in Eyths Reisebriefwerk *Wanderbuch eines Ingenieurs* (6 Bde., 1871–1884) vorweggenommen ist, berichtet der Autor von seinen Erlebnissen als Ingenieur in England, Ägypten, Amerika und Rußland, wo er sich zur Demonstration und Einführung von Dampfpflügen aufhielt.

Ganz besonders farbig und abgerundet erscheinen seine Kulturbilder mit Wiederaufbau der Südstaaten der USA nach dem Sezessionskrieg *(Geld und Erfahrung)* und aus dem europäischen Verhältnissen zustrebenden Ägypten *(Blut und Eisen; Dunkle*

Blätter). Das bedeutsamste Stück der Sammlung ist jedoch die Novelle *Berufstragik,* zu der der Autor durch die – auch von FONTANE besungene – Katastrophe der Brücke am Tay angeregt wurde. Ein Ingenieur, der den Bau einer Eisenbahnbrücke in England leitet, wird durch verschiedene Umstände bewogen, den Sicherheitsfaktor, der den statischen Berechnungen zugrunde liegt, niedriger als ursprünglich vorgesehen anzusetzen. Obwohl diese Maßnahme wissenschaftlich noch vertretbar ist, wird die nach ihrer Vollendung als technisches Wunderwerk gepriesene Konstruktion zum Alptraum ihres Schöpfers. In einer Sturmnacht zerbricht die Brücke; der Ingenieur stürzt mit dem Unglückszug in die Tiefe.

Wohl zum ersten Mal in der deutschen Literatur wird hier das Abenteuer der neuen Technik begriffen und dargestellt. Nicht nur wirtschaftliche Gründe, sondern auch Umstände, die weit in das persönliche Leben des Ingenieurs hineinreichen, beeinflussen die Konstruktion; doch entscheidend ist die Problematik des Verhältnisses des Menschen zur Technik und den neuen, der Natur völlig fremden Werkstoffen: *»Ein Holzbalken mit seinen Fasern ist noch verhältnismäßig menschlich zu verstehen. Aber weißt du, wie es einem Block Gußeisen zumute ist, ehe er bricht, wie und warum in seinem Innern die Kristalle zusammenhängen?«* An die Stelle der dämonischen Verkettung von Schöpfer und Geschöpf – wie etwa in der Romantik – tritt die Frage nach den Möglichkeiten und Grenzen der Verantwortung des Technikers für seine Produkte, damit zugleich auch eine dem Zeitalter der Technik gemäße Art der Tragik.

Im Gegensatz zu den Erzählungen – die in Ausschnitten in viele Lesebücher eingegangen sind – sind die Gedichte ziemlich unbedeutend; Eyth versucht, mit dem lyrischen Handwerkszeug der schwäbischen Dichterschule (UHLAND, SCHWAB) die Welt der Technik in den Griff zu bekommen. Doch wirkt er dann häufig unangemessen und altmodisch anthropomorphisierend: *»Ein schwarzer schwerer Kessel schwebt lautlos durch die Luft, / Er hebt sich, senkt sich, dreht sich, wie ihm ein Junge ruft. / Jetzt liegt er auf vier Böcken, unförmig, ungeschlacht: / Das ist der Bauch des Untiers, das sie hereingebracht.«* (*Der Monteur*) – Die Sprache der Erzählungen ist in ihrer Behäbigkeit und oft auch im Humor der schwäbischen Tradition von MÖRIKE und Hermann KURZ verbunden. Die Verständlichkeit leidet nirgends unter den reichlich eingestreuten technischen Details. Zu dem großen Erfolg des Buchs hat wohl beigetragen, daß zur Zeit des nach Kolonialbesitz strebenden Wilhelminischen Deutschland die Gestalt eines im Ausland tätigen deutschen Ingenieurs eines besonderen Interesses sicher sein konnte. W.Cl.

AUSGABEN: Stg./Lpzg. 1899, 2 Bde. – Stg./Lpzg. 1909 (in *GS*, 6 Bde, 1; Stg. ²1927). – Stg. 1956. – Stg. 1976 (Vorw. A. Spoerl). – Stg. 1980 (u. d. T. *Die Brücke über die Ennobucht,* Ausz.; Nachw. C. Heydt; RUB).

LITERATUR: F. Zimmermann, *Die Widerspiegelung der Technik in der deutschen Dichtung von Goethe bis zur Gegenwart,* Diss. Lpzg. 1913. – R. R. Abdel-Noor, *Ägypten in der dt. Lit. des 19. Jh.s: B. Goltz, M. E., G. Ebers,* Diss. München 1986.

DER KAMPF UM DIE CHEOPSPYRAMIDE

Roman von Max EYTH, erschienen 1902. – Der Ingenieur und Autor Max Eyth begegnet 1864 in Ägypten den kauzigen englischen Brüdern Ben und Joe Thinker, die mit dem Geld ihres verstorbenen Bruders extreme, gegensätzliche Ziele verfolgen: Während Ben die Cheopspyramide als Steinbruch für seine gigantischen Stauseepläne verwenden will, glaubt Joe in der Pyramide ein Stein gewordenes Gleichnis der kosmischen Ordnung erhalten zu müssen. Unter großem Geldaufwand bemühen sich beide vergeblich um Unterstützung für ihre Pläne durch den ägyptischen Vizekönig. Nach ihrem Scheitern verlassen sie enttäuscht Ägypten, Ben stürzt bei Versuchen 1870 aus einem Ballon, Joe stirbt 1881 vor Enttäuschung, als ein von ihm errechnetes Millenium nicht anbricht.

»Pyramidenschwärmer« war der Arbeitstitel des Werkes, von dem der Autor vor der Niederschrift hoffnungsvoll in sein Tagebuch schrieb: *»Es könnte wirklich etwas Gutes werden, wenn ein Cervantes hinter dem Stoff wäre. Zwei Don Quichotte. Der eine der Klassizität* [Joe], *der andere der modernen Maschinenwelt* [Ben]*«* (Januar 1899). Ein Eyth, nicht ein Cervantes schrieb den Roman, und so kommen die Brüder Thinker, nicht zwei Don Quijotes zustande. Die eigentliche Alternative von Kulturtradition und technischem Fortschritt wird verharmlost zum komischen Scheinkonflikt der spleenigen Brüder. Eine Doppelhochzeit unter den Nebenpersonen wird so unversehens zum eigentlichen Höhepunkt. Romantische Reisemotive, unwahrscheinliche Begegnungen, Märchen und Mondszenen am Fluß lassen die Technik gar nicht erst als eigene Kraft oder gar Gefahr erscheinen. Die Problematik eines unterentwickelten Landes wird nur aus der Perspektive exotisch-amüsanter Mißwirtschaft betrachtet. Wenn politische Bemerkungen fallen, dann im überheblich deutsch-nationalen Ton der Jahrhundertwende, der bisweilen auch sentimental aufgeweicht wird: *»Es war der Zauber der deutschen Klänge, die sich überall zurechtfinden, wo es etwas zu fühlen gibt.«* Der sich über 840 Seiten erstreckende Roman mit seinen zu übertriebener Länge aufgeschwellten Sätzen versagt sich jede Pointe und jede bedeutsamere Einsicht. Mit Eyths eigenen Worten: *»Der ganze vierte Band ödet mich an. Man fühlt hier, daß dem Ganzen für seinen wohlbeleibten Umfang die tiefere Bedeutung fehlt.«* Die hohen Auflagen erzielte Eyth durch einen Anschein von Gelehrsamkeit und vor allem durch die Häufung exotischer, romantischer und idyllisch ausgeschmückter Motive, wie sie in der Trivialliteratur gängig sind.

C.Cob.

AUSGABEN: Heidelberg 1902, 2 Bde. – Stg./Lpzg. 1909 (in *GW*, 6 Bde., 3; Stg. ²1927). – Stg. 1935. – Ulm o. J. [1958], Hg. A. Reitz [gekürzt].

EYVINDR FINNSSON SKÁLDASPILLIR

* zwischen 915 und 920
† um 990

HÁKONARMÁL

(anord.; *Hákon-Lied*). Skaldenpreislied von EYVINDR Finnsson skáldaspillir auf den Norwegerkönig Hákon Aðalsteinsfóstri, entstanden zwischen 961 und 963. – In der Schlacht bei Fitje auf Stord im Hardangerfjord 961 siegte Hákon über die Söhne von Eirík Blutaxt, wurde aber selbst tödlich verwundet. Die *Hákonarmál*, ein Totenpreislied, sind bald danach am Hof von Hákons Jarl Sigurðr in Hlaoðir (Lade, nahe dem heutigen Trondheim) entstanden, wo sich noch einmal ein religiöses Zentrum des Spätheidentums bildete, was in den Gedichten Eyvinds oder der berühmten *Vellekla (Goldmangel)* von EINARR Helgason Skálaglamm Niederschlag fand (H. de Boor).
SNORRI Sturluson hat alle 21 Strophen des Gedichts in seine *Heimskringla* (um 1230) aufgenommen, einige auch in seine *Edda*; elf Strophen enthält die *Fagrskinna* (um 1220), derzufolge Eyvindr die *Hákonarmál* den *Eiríksmál*, einem anonymen Lied auf Hákons Bruder, nachgedichtet haben soll. Beide schildern den Einzug des gefallenen Königs in Walhall, die *Hákonarmál* greifen jedoch weiter aus: Odin sendet zwei Walküren, um Hákon nach Walhall zu holen. Damit wechselt die Szene zum Schlachtgeschehen auf Stord, zugleich geht das Versmaß von *ljóðaháttr* (Spruchton) in *fornyrðislag* (Erzählton) über. Diesen Wechsel der beiden eddischen Metren weisen neben den *Eiríksmál* auch THÓRBJORN (Þórbjorn) Hornklofis *Haraldskvæði* vom Ende des 9. Jh.s auf. Er ist, wie H. KUHN feststellte, für diese drei »eddischen Preislieder« kennzeichnend und rührt in den *Hákonarmál* daher, daß Eyvindr den *ljóðaháttr* dem mythischen Bereich vorbehält (K. von See). – In der Schilderung der letzten Schlacht Hákons steigert Eyvindr die Bildersprache der Kenningar zu seltener Vollkommenheit. In acht Langzeilen ist das großartig-schaurige Geschehen zusammengedrängt: »*Der Walküre Stürme spielten mit der Wolke der Schildbuckel*«, die dichtgedrängte [Wolken-]Wand der schildtragenden Männer wird vom Schlachtsturm hin- und hergetrieben. Sturmflutgleich peitscht der Kampf über die Insel hinweg. Plötzlich tritt Stille ein; meisterhaft läßt der Dichter die abrupte Ruhe nach einem schweren Sturm, das Ende der Schlacht, mit einem einzigen Wort entstehen: »*Saßen da die Helden, mit dem Schwert in der Hand, / mit schartigen Schilden und zerschlissenen Brünnen / Nicht war dies Heer hohen Mutes, / das den Weg nach Walhall mußte.*« Denn es sind Tote, die nach dem Kampf sitzen und ruhen. Ihren Übergang vom Diesseits ins Mythische erfaßt Eyvindr auch formal: Die letzte Zeile und der Rest des Gedichts stehen wieder im *ljóðaháttr*.
Jetzt künden die Walküren Hákon den ihm unverständlichen Ratschluß Odins: Obwohl siegreich, soll er nach Walhall, um die Heerschar der Götter für den letzten Kampf am Weltende zu verstärken. Dahinter steht die *Ragnarok*-Vorstellung vom Untergang der Götter. Odin nimmt Hákon wohlgesinnt auf, der jedoch als stets mißtrauisch-wachsamer Held seine Waffen nicht ablegen will. Geschickt läßt Eyvindr in Hákons Worten die Spruchweisheit der *Hávamál* anklingen und leitet damit den in seiner objektiven Sicht ganz den *Hávamál* nachgeformten Epilog ein. Noch einmal zeigt sich Eyvinds große Kunst der Untermalung, wenn er am Ende die berühmte, jedermann geläufige *Hávamál*-Strophe über den unsterblichen Nachruhm mitschwingen läßt und sie zugleich aktualisierend auf die trostlose Zeit nach Hákons Tod bezieht, als das Volk unter den Eirík-Söhnen darbte: »*Besitz stirbt, Sippen sterben, öde wird Land und Leben / seit Hákon ging zu den Heidengöttern, / sehr steht das Volk in Fron.*« Auch neuere Forschung hat das Verhältnis der *Hákonarmál* zu den *Eiríksmál* sowie Anklänge an die Vergänglichkeitstopoi beispielsweise des altenglischen Gedichts *Wanderer* nicht klären können, die sich vermutlich auf eine gemeinsame germanische Topik des Preislieds auf den toten Fürsten, der Land und Volk schutzlos zurückläßt, zurückführen.
Auch als politisches Gedicht, das durch die Erinnerung an Hákon die heidnische Partei des Jarls Sigurd stärken sollte, sind die *Hákonarmál* ein schönes Zeugnis der religiös durchdrungenen Dichtkunst des späten norwegischen Heidentums und rechtfertigen Eyvinds Ruf als eines der besten Skalden dieser Zeit, ob man nun seinen merkwürdigen Beinamen »Dichterverderber« so auffaßt, daß Eyvindr die übrigen Dichter überragt, oder ihn auf seine Lust am Plagiieren bezieht. G.W.W.

AUSGABEN: Kopenhagen 1837 (in *Islandsk Læsebog*, Hg. L. C. Müller). – Lpzg. 1843 (in *Altnordisches Lesebuch*, Hg. F. E. C. Dietrich). – Kopenhagen 1912 (in *Den norsk-islandske skjaldedigtning*, Hg. F. Jónsson, Bd. A1/B1). – Lund 1929 (in *Norröna lovkväden från 800- och 900-talen*, Hg. I. Lindquist). – Lund 1946 (in *Den norsk-isländska skaldediktningen*, Hg. E. A. Kock, Bd. 1).

ÜBERSETZUNGEN: *Hakonar-mal. Hakons Leichengesang*, M. Denis, Wien 1784. – *Das Hakonslied*, F. Genzmer (in *Die Edda*, Bd. 2: *Götterdichtung u. Spruchdichtung*, Jena 1920; Einl. A. Heusler; ern. Düsseldorf/Köln 1963; rev.; Slg. Thule).

LITERATUR: M. Olsen, *Fortjener »Hákonarmál's« digter tilnavnet ›skáldaspillir‹?* (in *Til G. Gran*, Kristiania 1916, S. 1-9). - F. Paasche, *»Hákonarmál«* (ebd., S. 10-16). - F. Genzmer, *Das eddische Preislied* (in Beitr., 44, 1919, S. 146-168). - J. Sahlgren, *Eddica et Scaldica*, 2 Bde., Lund 1927/28. - H. de Boor, *Die religiöse Sprache der »Völuspá« u. verwandter Denkmäler* (in *Deutsche Islandforschung 1930*, Hg. W. H. Vogt, Bd. 1: *Kultur*, Breslau 1930, S. 68-142). - H. Kuhn, *Westgermanisches in der altnordischen Dichtung* (in Beitr., 63, 1939, S. 178-236). - L. Wolff, *Eddisch-skaldische Blütenlese* (in *Edda, Skalden, Saga, Fs. f. F. Genzmer*, Heidelberg 1952, S. 92-107). - K. v. See, *Zwei eddische Preislieder: »Eiríksmál« u. »Hákonarmál«* (in *Festgabe f. U. Pretzel*, Hg. W. Simon, W. Bachofer und W. Dittmann, Bln. 1963, S. 107-117; erneut in K. v. S., *Edda, Saga, Skaldendichtung*, Heidelberg 1981, S. 318-328; 522-525). - G. W. Weber, *Wyrd. Studien zum Schicksalsbegriff der altenglischen und altnordischen Literatur*, Bad Homburg u. a. 1969, S. 86-88. - A. Wolf, *Zitat und Polemik in den »Hákonarmál« Eyvinds* (in Innsbrucker Beitr. zur Kulturwiss., 15, 1969, S. 9-32). - E. Marold, *Das Walhallbild in den »Eiríksmál« und den »Hákonarmál«* (in Mediæval Scandinavia, 5, 1972, S. 19-33).

HÁLEYGJATAL

(anord.; etwa: *Das Verzeichnis der* [Könige der] *Helgeländer*). Genealogisches Gedicht des norwegischen Skalden EYVINDR Finnsson skáldaspillir auf die Vorfahren des Jarls Hákon Sigurðarson von Hlaðir (Lade, nahe dem heutigen Trondheim). - Hákon († 995), dessen Vorfahren den Háleygir (Bewohner von Hálogaland, dem heutigen Helgeland im nördlichen Norwegen) entstammen, war einer der mächtigsten Männer seiner Zeit in Nordeuropa und, wie das ganze Geschlecht der Lade-Jarle im 10. Jh., Gegenspieler des norwegischen Königshauses. Aus dem Inhalt des Gedichts läßt sich ersehen, daß es noch zu Lebzeiten Hákons, und zwar nach dessen Sieg über die Jomswikinger in der Schlacht von Hjǫrungavágr (genauer Zeitpunkt unsicher, 985 oder 994?), entstanden ist; eine präzisere Datierung ist nicht möglich. Als Ganzes ist das Gedicht nicht erhalten; Bruchstücke sind in der *Snorra Edda*, der *Heimskringla*, der *Fagrskinna* und der *Flateyjarbók* bewahrt, insgesamt neun ganze und sieben Halbstrophen. Der ursprüngliche Umfang ist unbekannt, wahrscheinlich behandelte das Gedicht eine Ahnenreihe von 27 Fürsten, was aus einer isländischen Handschrift um 1300, die eine wohl auf das *Háleygjatal* zurückgehende Ahnenreihe enthält, erschlossen werden kann.
In dem im Skaldenversmaß *kviðuháttr* verfaßten Gedicht werden von jedem Vorfahren Tod und Ort der Bestattung berichtet; der älteste Ahn, Sæmingr, wird als Sohn eines Gottes bezeichnet. Es bleibt jedoch offen, welcher Gott sein Vater sein soll; Snorri nennt einmal Freyr, einmal Odin. Damit stellt sich das Gedicht in enge Nachbarschaft zum *Ynglingatal* des älteren norwegischen Skalden ÞJÓÐÓLFR ór Hvini, das, ebenfalls im *kviðuháttr* geschrieben, von den Vorfahren des norwegischen Königs Rǫgnvaldr gleichfalls nur Tod und Ort der Bestattung, in einigen Fällen auch die Bestattungsart und vereinzelt besondere Ereignisse nennt, die die Ursache des Todes waren. Einige Anklänge an Kenningar im *Ynglingatal* zeigen, daß Eyvindr das *Háleygjatal* bewußt in Anlehnung an das ältere Gedicht geschaffen hat. Wahrscheinlich steht dahinter eine politische Absicht: Er wollte zeigen, daß das Geschlecht der Lade-Jarle dem Königshaus an Alter und Adel der Herkunft nicht nachsteht und wie dieses auf die Götter zurückgeführt werden kann. Während aber im *Ynglingatal* die Abstammung von einem Gott nicht in einer Strophe, sondern nur in der begleitenden Prosa der späteren *Ynglinga saga* berichtet wird, sichert das *Háleygjatal* den Glauben an die göttliche Abstammung des Fürstengeschlechtes. Analog dazu wird man diesen Glauben - trotz Einwänden von BAETKE - auch für das *Ynglingatal* voraussetzen müssen.
Wahrscheinlich wurde auch das *Ynglingatal* aus politischen Gründen gedichtet; es bleibt aber unverständlich, weshalb beide Gedichte nicht etwa die Taten der Vorfahren rühmen, sondern nur Tod und Bestattung eines jeden Ahnen nennen, wobei es sich keineswegs immer um ruhmvolle Todesarten handelt. Da in der *Ynglinga saga* unmittelbar vor der ersten Strophe des *Ynglingatal* ein Mythos vom Tod und der seltsamen Bestattung des Gottes Freyr, des Ahnherrn des Ynglingen-Geschlechts, erzählt wird, ist anzunehmen, daß Tod und Bestattung der Könige Vorgänge von religiöser Bedeutung sind und mit dem Mythos vom Tod des Gottes in Zusammenhang stehen. Im einzelnen sind diese Fragen, die wohl nur durch einen Vergleich mit außergermanischen Traditionen näher geklärt werden können, sehr umstritten. Ob Eyvindr selbst noch Kenntnis von einer solchen möglicherweise sakralen Funktion besaß oder ob er einfach die durch Þjóðólfr bekannte (aber wohl noch ältere) Form für sein Gedicht übernahm, wissen wir nicht. Eine offensichtlich rein literarische Nachahmung ist dagegen das um 1190 in Island entstandene *Nóregs konunga tal*, das ebenfalls die Grabstätten der Norwegerkönige (bis ins 12. Jh.) nennt und sich in Anlage und Metrum an die beiden älteren Gedichte anlehnt.

K. S.

AUSGABEN: Kopenhagen 1912 (in *Den norsk-islandske skjaldedigtning*, Hg. F. Jónsson, Bd. A1/B1). - Lund 1946 (in *Den norsk-isländska skaldediktningen*, Hg. E. A. Kock, Bd. 1). - Vgl. auch *Edda (Snorra Edda)* u. *Heimskringla*.

ÜBERSETZUNGEN: Vgl. *Edda (Snora Edda)* u. *Heimskringla*.

LITERATUR: *Edda Snorra Sturlusonar*, Bd. 3, Kopenhagen 1887, S. 456-459. - E. Wadstein, *Bidrag till tolkning och belysning av skalde- och Edda-*

dikter (in AFNF, 11, 1895, S. 64–92). – G. Storm, *»Ynglingatal«, dets Forfatter og Forfattelsestid* (ebd., 15, 1898/99, S. 107–141). – E. Noreen, *Studier i fornvästnordisk diktning*, Uppsala 1921 (Uppsala Universitets Årsskrift, 1921, 4). – E. A. Kock, *Notationes Norrænæ*, Lund 1923–1944, §§ 1056, 1783 B, 1787, 2305, 2744, 2987 A, 3209. – J. Helgason, *Norges og Islands digtning* (in *Litteraturhistorie*, B.: *Norge og Island*, Hg. S. Nordal, Kopenhagen 1953, S. 114–116; Nordisk Kultur). – J. de Vries, *Altnordische Literaturgeschichte*, Bd. 1, Bln. ²1964, S. 151–153. – W. Baetke, *Yngvi u. die Ynglinger*, Bln. 1964. – K. Schier, *Freys u. Fróðis Bestattung* (in *Fs. f. O. Höfler*, Wien 1967).

REGĪNA EZERA

eig. Regīna Kindzule
* 20.12.1930 Riga

LITERATUR ZUR AUTORIN:
A. Anerauds, *R. E.* (in *Fünfzig Begegnungen*, Riga 1973, S. 68 f.). – V. Skraucis, *Mūsdienu cilvēks romānā* (in Kritikas gadagrāmata, 1973, 1, S. 220–226). – A. Plēsuma, *Stilistiskie meklējumi mūsu jaunākajā romānā* (in A. P., *Mūžam mainīgā*, Riga 1978, S. 106–117). – M. Poišs, *Noklusētā drāma. Ieskats Regīnas Ezeras daiļradē: Eseja* (in *Noklusētā drāma. Patiesības vārds*, Riga 1979, S. 41–144). – P. Zeile, *Regīnas Ezeras prozas pasaulē* (in Karogs, 1979, 2, S. 133–139; 1979, 3, S. 145–149). – Dies., *V mire obrazov Reginy Ezery* (in Ē. R., *Uletajut belye lebedi*, Riga 1979, S. 3–11). – B. Tabūns, *R. E.*, Riga 1980. – A. Bels, *Gājiens uz »Zemdegām«* (in R. E., *Saulespuķes no pērnas vasaras*, Riga 1980, S. 5–9). – V. Jugane, *Prizvanie* (in *Portrety*, Riga 1982, S. 49–60). – B. Tabūns, *Tautas rakstniece R. E.* (in *Mūsdienu Latviešu literatūra. 1960-1980*, Riga 1985, S. 160–178).

ZEMDEGAS

(lett.; *Verborgenes Feuer*). Roman von Regīna EZERA, erschienen 1977. – Mit ihrem mehr als 400 Seiten umfassenden Roman *Zemdegas* betritt Ezera in der lettischen Literatur und in ihrem eigenen Schaffen neue Wege. Sie hatte 1955 mit einer Erzählung für Kinder ihre schriftstellerische Laufbahn begonnen und war mit zahlreichen Erzählungen, Novellen und kürzeren Romanen, in denen nicht mehr, wie von der offiziellen kommunistischen Literaturdoktrin gefordert, gesellschaftspolitische Probleme im Vordergrund standen, sondern der Mensch und seine existentielle Problematik, seit dem Beginn der sechziger Jahre zu einer der profiliertesten und populärsten lettischen Prosaautorinnen geworden, die in den Literaturen der Sowjetunion zum sogenannten Tauwetterperiode in den Literaturen der Sowjetunion zum Durchbruch verhalfen.

Der Roman beginnt mit dem inneren Monolog einer auf dem Heimweg in ihr Dorf im Schnee versinkenden und allmählich erfrierenden Frau, der in detaillierter Beschreibung die Gefühle und Gedanken der scheinbar Sterbenden wiedergibt. Die Erzählerin sieht um sich herum die Gestalten und die Gesichter einer Reihe von Nachbarn, Bekannten und Freunden auftauchen, und sie hat den Eindruck, sie seien alle schon gestorben. Da scheint ihr, sie verstehe diese Menschen nun viel besser als früher, als sie fast täglich mit ihnen umgegangen war, als seien ihr jetzt all ihre Gedanken und Gefühle, *»das ganze verborgene Feuer, das in anderen Menschen schwelt«*, ihr ganzes Lebensschicksal, über das sie früher viel nachgedacht hatte, ohne es ergründen zu können, plötzlich verständlich und zum Greifen nahe, als wären diese Menschen nun ein Teil ihrer selbst. *»Der anderen Gedanken und der anderen Verhalten konnte ich nur leidenschaftslos beobachten, sonst nichts, als ob von meiner Seele nur eine Schale mit hohlem Innern, eine leere Rinde, eine schlaffe Hülle übrig geblieben wäre.«* Sie erlebt nun von innen her das Schicksal von dreizehn Menschen und ihr eigenes, das mit dem der anderen in irgendeiner Verbindung stand. Jetzt werden ihr die zahllosen Verkettungen sichtbar, die sich seit den schweren Tagen des Zweiten Weltkriegs bis in die von Heuchelei und Unaufrichtigkeit geprägte Gegenwart des gesellschaftlichen Lebens hinein zwischen den Schicksalen dieser Menschen ergeben haben, werden die Eigenarten ihres Verhaltens einsehbar, die sich aus früherem Erleben herleiten lassen. Aus dem Chaos der bedrückenden Vergangenheit und den Problemen der Gegenwart, die mutig in Angriff genommen werden, entsteht allmählich die Hoffnung auf ein besseres Morgen, das in der Erzählerin mit dem Erwachen aus ihrer Ohnmacht seinen Anfang nehmen wird. Sie hatte sich halb bewußtlos in die Nähe ihres Dorfes geschleppt und war dort gerettet worden.

Ezera versteht es, eine subtile psychologische Charakterzeichnung mit einer spannenden Handlung zu verbinden. Ihre Sprache ist durchweg nüchtern und sachlich. Nur selten greift sie zu Vergleichen und Metaphern, die im allgemeinen auf der realen Ebene angesiedelt sind. Zahlreiche Wiederholungsfiguren verleihen den minuziösen Darstellungen der inneren psychologischen Vorgänge der Romanfiguren bisweilen ein hohes Maß an Suggestivität. Innerer Monolog, Dialog und beschreibende Erzählung halten sich die Waage. So nimmt Ezera in der Tradition des europäischen psychologischen Realismus ihren eigenständigen, unverwechselbaren Platz ein. F.Scho.

AUSGABEN: Riga 1977. – Riga 1988.

LITERATUR: P. Zeile, *Atskats un sintēze* (in P. Z., *Personība un vērtības*, Riga 1979, S. 234–263). – B. Tabūns, *Dvēseles zemdegas* (in B. T., *R. E.*, Riga

1980, S. 129–150). – J. Škapars, *Dvēseles un zvaigžņu galaktika* (in Laikam līdzi, Riga 1983, S. 137–164). – V. Skraucis, *Cilvēcības meklējumi* (in V. S., *Par un pret*, Riga 1983, S. 128–141).

Eznik Koġbac'i

Bischof von Koġb
5. Jh.

GIRK' ĔNDDIMUT'EANC'

auch: *Ełc aġandoc'* (arm.; *Buch der Entgegnungen*, auch: *Widerlegung der Irrlehren*). Philosophisch-theologische Streitschrift von Eznik Koġbac'i, entstanden zwischen 445 und 448. – Die Schrift, die ohne Titel überliefert wurde (nach M. Abeġyan sollte das Werk ursprünglich heißen: *Verstoßung der falschen Lehren der Philosophen, Häretiker und des persischen Glaubens*), ist in vier Teile gegliedert. Die 28 Kapitel des ersten Teils richten sich gegen die heidnischen Anschauungen von der Ewigkeit der Materie und der substantiellen Wesenheit des Bösen. Der zweite Teil (17 Kapitel) widerlegt den Dualismus der persischen Religion. Der dritte Teil (16 Kapitel) ist den griechischen philosophischen Schriften gewidmet und erklärt die Unvereinbarkeit der astronomischen Lehren mit der *Heiligen Schrift*. Im vierten Buch (28 Kapitel) wird die Irrlehre des Gnostikers Markion widerlegt.

Das Buch, das einige Gedanken aus den älteren griechischen Schriften übernimmt, stellt eine teilweise tief durchdachte und sorgsam geordnete Kompilation dar. Ihr Wert beruht auf dem klaren Stil, der logischen Darlegung und der Fülle des zusammengetragenen Materials. Der Autor, um Erforschung der Wahrheit bemüht, stützt sich in seiner Kritik der falschen Lehren hauptsächlich auf den Text der *Bibel*; ansonsten verläßt er sich auf sein eigenes logisches Urteil. In seinen zoroastrischen Anschauungen folgt er offenbar der mündlichen Tradition, vielleicht aber auch einer nicht mehr bekannten Schrift. Seine Sprache ist ein streng klassisches Altarmenisch. Das Werk ist nur in späteren Abschriften erhalten geblieben. J.J.

Ausgaben: Smyrna 1762. – Venedig 1826 (*Ełc aġandoc'*). – Konstantinopel 1864. – Tiflis 1914. – Venedig 1926. – Buenos Aires 1951. – Paris 1959 (Eznik de Kołb, *De Deo*, Hg. L. Mariès u. Ch. Mercier; krit. Ausg. d. armen. Textes; Patrologia orientalis, 28/3).

Übersetzungen: *Wider die Sekten*, J. M. Schmid, Wien 1900. – *Wider die Irrlehren*, S. Weber, Mchn. 1927 (BKV², 57). – *De Deo*, L. Mariès u. Ch. Mercier, Paris 1959 (frz.; m. Anm.).

Literatur: A. Gazikean, *Haykakan nor matenaagitut'iwn*, Bd. 1, Venedig 1909, S. 549–563 [Bibliogr.]. – L. Mariès, *Le »De Deo« d'Eznik de Kołb connu sous le nom de »Contre les sectes«. Études de critique littéraire et textuelle*, Paris 1924 [m. Bibliogr.]. – M. Abeġyan, *Istorija drevnearmjanskoj literatury*, Bd. 1, Eriwan 1943, S. 119–133. – M. Abeġyan, *Hayoc' hin grakanut'yan patmut'yun*, Bd. 1, Eriwan 1944, S. 128–148. – H. Thorossian, *Histoire de la littérature arménienne*, Paris 1951, S. 72–75. – V. K. Čalojan, *K voprosu ob učenii Eznika Kolbaci...*, Eriwan 1940. – Altaner, S. 315/316. – Bardenhewer, 5, S. 209–216. – Inglisian, S. 160. – S. Arevšatjan, *Formirovanie filosofskoj nauki v drevnej Armenii*, 6 Bde., Eriwan 1973. – M. Minassian, *À propos d'un passage d'Eznik (P. 241)* (in Muséon, 86, 1973, S. 341–363). – M. van Esbroeck, *Le passage d'Eznik (P. 241) dans le »De Universo d'Hippolyte«* (ebd., 87, 1974, S. 441–444). – V. Čaloyan, *Hayoc' p'ilisop'ayout'yan patmout'youn*, Eriwan 1975.

Ezzo

11. Jh.

EZZOLIED

(mhd.). Geistliches Lied des Kanonikers Ezzo, entstanden zwischen 1057 und 1061 in Bamberg. – Eine ältere Fassung des Gedichts (S) ist in einer Straßburger Handschrift des 11. Jh.s als Fragment (7 Strophen) überliefert; eine jüngere überarbeitete und erweiterte Fassung (V), erhalten in der großen Vorauer Sammelhandschrift aus dem 12. Jh., bietet 34 Strophen, doch zeigt auch S schon deutliche Eingriffe eines Bearbeiters. Während dort aber der Charakter des Hymnus gewahrt bleibt, wird bei V die Absicht des Bearbeiters deutlich, dem Heilsgesang einen belehrend-predigthaften Charakter zu geben. Die Mundart von S ist alemannisch, von V bairisch. Ein den Bearbeitungen S und V gemeinsam zugrundeliegendes Original ist nicht nachgewiesen. – Die erste Strophe von V nennt neben dem Namen des Verfassers als seinen Auftraggeber den »*biscof Guntere von Bábenberch*«, in dem mit großer Sicherheit der von 1057 bis 1065 amtierende Bischof Gunther von Bamberg zu sehen ist. Das Gedicht wurde wahrscheinlich zur Feier der Regularisierung der Bamberger Chorherren geschrieben. V gibt außerdem den Namen des Vertoners an – »*Wille vant die wîse*« –, der von der Forschung mit dem Abt Wille von Michelsberg (1082–1085) in Zusammenhang gebracht wird. – Die strophische Form des Liedes ist in beiden Bearbeitungen gewahrt. Die fast durchweg regelmäßigen vierhebigen Reimpaarverse zeigen neben häufigem reinen Reim die für die frühmittelhochdeutsche Dichtung charakteristischen Assonanzen und Endsilbenreime.

Das *Ezzolied* ist ein Hymnus auf Christus, auf den Mensch gewordenen Sohn Gottes mit seinen in den Evangelien verkündeten Wundertaten, seiner Passion und Auferstehung, und auf den Gott-Sohn der Trinität. Wie für das *Johannes-Evangelium* ist auch bei Ezzo der Logos Träger der Schöpfung. An den Beginn seines Hymnus stellt der Autor das Wort: »*In principio erat verbum.*« Als »*lux in tenebris*« ist der Gottessohn »*in die Uranfänge gestellt, Teilhaber und Anstoß des ›anegenge‹, der Schöpfung der Welt und des Menschen*« (H. de Boor). Von Anfang an ist er Gnadenbringer der Menschheit, die er am Ende der Zeiten als himmlischer König in sein Reich führen wird. Souverän beschränkt sich Ezzo auf die wesentlichen Züge: den Schöpfungsakt, den Sündenfall, Abel, Enoch, Noah, Abraham und David als Sterne in der Nacht der dem Teufel verfallenen Menschheit, Johannes den Täufer als Morgenstern, »*der zeigôte uns daz wâre lieht*«, und die Vollendung des göttlichen Heilsplanes durch die Menschwerdung Gottes und den Kreuzestod. Den Schluß der Bearbeitung V (S bricht vor Johannes dem Täufer ab) bildet ein Preis des Kreuzes und der Trinität.

Stil und Sprachrhythmus des Werks sind feierlich und würdevoll, ohne Pathos, »*die großen Gedanken sind in knappe Worte gefaßt*« (G. Ehrismann). Das *Ezzolied* steht am Anfang der frühmittelhochdeutschen Dichtung. Es ist ein literaturgeschichtlich und künstlerisch bedeutendes Zeugnis der wiederauflebenden Dichtung in deutscher Sprache nach den fast zweihundert Jahren, die seit OTFRID VON WEISSENBURGS *Evangelienbuch* (um 868) vergangen waren. R.E.-C.Ba.

AUSGABEN: Wien 1849 (in *Deutsche Gedichte des XI. und XII. Jh.s*, Hg. J. Diemer; Vorauer Hs.). – 1879 (*Althochdeutsche Funde*, Hg. A. Barack in ZfdA, 23; Straßburger Hs.). – Straßburg 1879 (*Ezzos Gesang von den Wundern Christi und Notkers Memento*; Faks. der Straßburger Hs.). – Bln. ³1892 (in K. Müllenhoff u. W. Scherer, *Denkmäler Deutscher Poesie und Prosa aus dem VIII.-XII. Jh.*, Hg. E. Steinmeyer, 2 Bde.). – Halle ²1916 (in *Kleinere Deutsche Gedichte des XI. und .XII. Jh.s*, Hg. A. Waag; ATB, 10; Straßburger u. Vorauer Fassg.). – Tübingen ¹³1958 (in *Althochdeutsches Lesebuch*, Hg. W. Braune u. K. Helm; m. Bibliogr.; Straßburger u. Vorauer Fassg.). – Tübingen 1963 (in *Die kleinen Denkmäler der Vorauer Handschrift*, Hg. E. Henschel u. U. Pretzel).

ÜBERSETZUNG: in K. Wolfskehl u. F. v. d. Leyen, *Älteste deutsche Dichtungen*, Lpzg. 1909.

LITERATUR: W. Mettin, *Die Komposition des Ezzoleichs*, Diss. Halle 1892. – Kelle, *Die Quelle von »Ezzos Gesang«* (in SWAW, 129, 1893, Nr. 1) – Ehrismann, 2/1, S. 40–53. – B. Merkel, *Ezzos Gesang* (in Beitr., Halle, 76, 1954, S. 199–216). – G. Schweikle, *Ezzos Gesang u. Memento Mori*, Diss. Tübingen 1956. – H. Rupp, *Dt. relig. Dichtungen d. 11. u. 12. Jh.*, Freiburg i. B. 1958. – H. Kuhn, *Dichtung u. Welt im MA*, Stg. 1959, S. 112–132. – H. Neumann, *Schiffsallegorie im Ezzolied*, Göttingen 1960. – R. Schützeichel, *Ezzos Cantilena de miraculis Christi. Versuch einer Rekonstruktion* (in Euph, 54, 1960, S. 121–134). – F. Maurer, *Der Bestand des alten Ezzoliedes* (in *Festgabe f. L. L. Hammerich*, Kopenhagen 1962, S. 169–179). – C. St. Jäger, *Der Schöpfer der Welt u. das Schöpfungswerk als Prologmotiv in der mhd. Dichtung* (in ZfdA, 107, 1978, S. 1–18). – R. Schützeichel, *Ezzolied. Versuch einer Rekonstruktion (1960)* (in R. S., *Textgebundenheit*, Tübingen 1981, S. 77–101).

DIEGO FABBRI

* 2.7.1911 Forlie
† 14.8.1980 Riccione

PROCESSO A GESÙ

(ital.; Ü: *Prozeß Jesu*). »Vorstellung in zwei Teilen und einem Zwischenspiel« von Diego FABBRI, Uraufführung: Mailand, 2. 3. 1955, Piccolo Teatro. – Im Rahmen einer effektvollen Gerichtsverhandlung wird die Frage erörtert, ob Jesus nach den seinerzeit geltenden Gesetzen Israels zu Recht oder zu Unrecht zum Tod verurteilt worden ist. Das karge Bühnenbild besteht aus einem Tisch mit einer roten Decke und fünf Lehnstühlen; ein Plakat verkündet: »*Heute abend ist das Publikum eingeladen, dem Prozeß Jesu beizuwohnen.*« Direkt angesprochen ist das Publikum auf der Bühne, wenngleich die Aufforderung freilich auch – und gerade – den Zuschauern im Parkett gilt. Anberaumt ist der Prozeß von einer jüdischen Gemeinschaft unter der Leitung eines ehemaligen Professors für Bibelkritik an der Universität Tübingen, Elias. Er zieht mit seinen Anhängern durch das Land und versucht, in immer neuen Gerichtsverhandlungen die Schuldfrage an Christi Tod zur Diskussion zu stellen. Zugleich soll aber auch die Leidensgeschichte des jüdischen Volkes zur Debatte stehen. Wenn nämlich Christus zu Unrecht von Israel verurteilt worden ist, dann läßt sich die historische Judenverfolgung als Strafe Gottes und gerechte Sühne deuten. An der Wahrheitssuche beteiligen sich alle Mitglieder der Truppe. Stets wechseln sie in dem Stück, das sie zur Aufführung bringen, ihre Rollen. Dieselben Darsteller sind einmal Maria und Josef, dann wieder Maria Magdalena und Kaiphas, Petrus, Pilatus, Johannes, Thomas und Judas. Abend für Abend stehen sie im Kreuzfeuer von Anklage und Verteidigung, müssen Rede und Antwort stehen, um ihr Verhalten, wie es die *Evangelien* überliefern, zu rechtfertigen. Oft gelingt ihnen das in durchaus überzeugender Weise. So plädiert Kaiphas, in Christus einen Aufrührer gefangengenommen zu haben, der die Ruhe der Nation störte, und Pilatus will sich streng an die Paragraphen des geltenden Gesetzes gehalten haben. Doch im Zwischenspiel wird dann deutlich, daß die Darsteller selbst nicht frei sind von Schuld und deshalb daran zweifeln, ob es ihnen zukomme, an der Urteilsfindung im »Prozeß Jesu« mitzuwirken. So gesteht Elias' Tochter Sara ihrem Geliebten David, der heute die Rolle des Anklägers spielt, daß sie seinetwegen während einer Judenverfolgung ihren Mann den gnadenlosen Jägern ans Messer geliefert habe; wie kann sie sich heute anmaßen, über die am Tod Christi Schuldigen richten zu wollen?
Im zweiten Teil greifen die bis dahin schweigsamen Zuschauer auf der Bühne in die Verhandlung ein. Dabei werden einerseits die rationalistischen Zweifel am Christentum geäußert: Warum hat Jesus seine Feinde nicht vernichtet und damit seine göttliche Macht bewiesen? Hat das Christentum die Welt verändert? Ist es in unserer Zeit überhaupt noch wirksam? Solchen Fragen stehen andererseits simple Erfahrungen als »Beweise« der Gegenwart Christi gegenüber: Eine Frau bezeichnet sich als moderne Maria Magdalena; ein Mann hat das Gleichnis vom verlorenen Sohn an sich selbst erlebt. So ergibt sich aus dem »Prozeß Jesu« die verpflichtende Erkenntnis, daß Liebe und Vergebung an die Stelle des alttestamentlichen Grundsatzes der Vergeltung treten müssen, daß dies die neue, christliche Botschaft ist und daß nur dort von einer christlichen Welt gesprochen werden kann, wo die Menschen dieses Ideal verwirklichen. Am Ende spricht Elias die Hoffnung aus, auch sein (das israelitische) Volk möge in der göttlichen Liebe Frieden finden.
Das in viele Sprachen übersetzte, außerordentlich erfolgreiche Diskussionsstück enthält keine Handlung im herkömmlichen Sinn. Die Fakten werden rekonstruiert und faszinieren durch die prozessuale Form der Darbietung, die von forensischer Rhetorik zu den bescheidenen, leicht nachzuvollziehenden persönlichen Erfahrungen reicht, von geschliffenen Formulierungen zu den einfachsten christlichen Bekenntnissen. Das Mysterienspiel hat damit eine aktuelle Form gefunden. P. Mü.

AUSGABEN: Florenz 1955 [Einl. G. Vigorelli; [11]1967]. – Mailand 1974, Hg. R. Tessari. – Mailand 1984 (in *Tutto il teatro*).

ÜBERSETZUNG: *Prozeß Jesu*, A. Fischel, Luzern 1957.

LITERATUR: M. Apollonio, *Il teatro di D. F.* (in FiL, 14, 1959, Nr. 23, S. 4). – M. Frezza, *Il teatro romantico di D. F.* (in Le Parole e le Idee, 1, 1959, S. 166–184). – A. Zarri, *F.: teatro dell'equivoco* (in Humanitas, Brescia, 14, 1959, S. 524–530). – J. Isaak, *»Procès à Jésus« ou L'apologétique au théâtre* (in MdF, 342, 1961, S. 416–431). – A. Bozzoli, *Umanità di D. F.* (in Convivium, 31, 1963, S. 448 bis 469). – A. Alessio, *Il teatro di D. F.*, Savona 1970. – G. Marchi, *D. F.* (in Teatro contemporaneo, Bd. 1, Rom 1981). – Il dramma, 1981, Nr. 1/2 [Sondernr. *D. F.*]. – G. Pullini, Art. *D. F.* (in Branca, 2, S. 208–211).

RUDOLF FABRY

* 8.2.1915 Budmerice
† 11.2.1982 Preßburg

LITERATUR ZUM AUTOR:
M. Tomčík, *Slovenská nadrealistická poézia*, Martin 1949. – M. Považan, *Novými cestami*, Preßburg

1963, S. 228–231. – M. Bakoš, *Problémy literárnej vedy včera a dnes*, Preßburg 1964, S. 216–225. – J. Felix, *Harlekýn sklonený nad vodou*, Preßburg 1965, S. 96–111. – M. Tomčík, *Slovenská literatúra 20. storočia*, Prag 1967, S. 84–85. – R. Rosenbaum, *Priestorom literatúry*, Preßburg 1970, S. 11–21. – M. Tomčík, *Básnické retrospektívy*, Preßburg 1974, S. 258–287. – V. Kochol, *Literárne reflexie*, Preßburg 1979, S. 237–260. – Š. Žáry, *Dvojdomý umelec* (in Slovenské pohľady 96, 1980, Nr. 2, S. 37–38). – P. Plutko, *Cesta básnika* (ebd., S. 39–44).

UŤATÉ RUKY

(slovak.; *Abgeschlagene Hände*). Gedichtband von Rudolf FABRY, erschienen 1935. – Das Erstlingswerk des Autors wird als der Beginn des slowakischen Surrealismus (slovak. *nadrealizmus*) angesehen. Die Bestimmung trifft jedoch nur bedingt zu, da Fabrys Gedichte und ihre Anordnung noch deutliche Elemente des Dadaismus enthalten: so vor allem Wortspiele und Nonsens-Dichtung, die sich mit dem Paradox begnügt, ohne den Anspruch auf die Erschließung neuer Bewußtseinsebenen zu erheben. Nur in wenigen Gedichten und in einem kurzen, als Auszug »*aus einem verlorenen Notizbuch*« ausgegebenen Prosatext klingen neue, surrealistisch zu nennende Qualitäten an: Traumwirklichkeit, translogische Märchen- und Kinderwelt, dionysische Rauschzustände und das kämpferische Pathos eines befreiten Unterbewußten in Konfrontation mit der Ratio.
Wesentlich ist das antiutilitäre Element der Dichtung, zu dessen Symbol der Titel der Sammlung wird. Die Auflösung der gewohnten Sprachlogik und der von ihr geordneten Zusammenhänge betont der Autor durch die bewußte, oft verwirrende Mischung der Sprach- und Stilebenen. Er konfrontiert etwa Hoch- und Kindersprache oder nimmt tabuisierte Gegenstände in seine Lyrik auf.
Fabrys Gedichtband war für die Entwicklung der slowakischen Lyrik von außerordentlicher Bedeutung. Er bezeichnet den ersten Bruch mit der traditionellen und der symbolistischen Dichtung der Slowakei. Der Autor verdeutlicht dies nicht zuletzt dadurch, daß er im ersten Teil, dem *Prológ*, die herkömmliche Lyrik parodiert. Nachdem er in diesen Versen bewiesen hat, daß er auch die sprachlichen und rhythmischen Gesetze traditionellen Dichtens beherrscht, streicht er die Texte des Prologs durch einen Querstrich wieder durch, um in den Teilen *Básne (Gedichte)*, *Prietrž (Bruch)* und *Fair play* ein neues Konzept zu entwickeln.
Fabry leugnet seine poetologische Herkunft nicht. In seinen Gedichten finden sich Anspielungen und Widmungen an APOLLINAIRE *(Básnikovi Calligrammov – Dem Dichter der ›Calligrammes‹)*, BRETON *(La fée de la mer – A André Breton)*, CREVEL *(A René Crevel)* u. a.; auch hat er Collagen eigener Herstellung seiner Sammlung beigefügt. Die Tatsache, daß sich Fabry, der die Gedichte der französischen Surrealisten in eigenen Übersetzungen in der Slowakei bekannt machte, sich nur wenig von seinen Vorbildern zu lösen vermochte, beeinträchtigt seine Bedeutung keineswegs: Trotz seines beträchtlichen Eklektizismus ist *Uťaté ruky* ein wichtiges Vorspiel zu dem durch die programmatische Anthologie *Áno a nie*, 1938 *(Ja und Nein)*, eingeleiteten slowakischen *nadrealizmus*.
Das surrealistische Programm und vor allem der erste Gedichtband des Autors waren mehrfach Gegenstand heftiger kulturpolitischer Angriffe – zunächst von seiten der nationalistischen und faschistischen Kritik, später von seiten der schematisierenden Kulturpolitik der fünfziger Jahre, die das ausgesprochen progressive Gesellschaftskonzept des slowakischen *nadrealizmus* verkannte. H.J.S.

AUSGABEN: Preßburg 1935. – Preßburg 1966 [zus. m. *Vodné hodiny* u. *Ja je niekto iný*; Nachw. M. Hamada].

LITERATUR: M. Považan, *R. F. a jeho poézia* (in Kultúrny život, 1946, S. 6–17; auch in M. P., *Novým cestami*, Preßburg 1963, S. 228–231). – K. Rosenbaum, *Poézia R. F.* (in Slovenské pohľady, 1946, S. 223–230). – M. Hamada, *Poézia R. F.* (ebd., 1965, S. 22–25). – St. Šmatlák, Rez. (in Kultúrny život, 1965, Nr. 6). – V. Turčány, *Poetizmus a nadrealizmus* (in Litteraria, 9, 1966, S. 98–108). – K. Rosenbaum, Rez. (in Rudé pravo, 16. 7. 1967). – J. Brezina, *Principy organizácie voľného verša R. F.* (in Slovenská literatúra, 15, 1968. S. 124–157). – M. Fedor, *Slovenský nadrealizmus, Anotovaná bibliografia*, Martin 1968. – V. Turčány, *Rým v slovenskej poézii*, Preßburg 1975, S. 200–210. – Z. Kasáč, *Básnická iniciatíva R. F.* (in Slovenské pohľady, 91, 1975, Nr. 10).

ALEKSANDR ALEKSANDROVIČ FADEEV

* 24.12.1901 Kimry
† 13.5.1956 Moskau

LITERATUR ZUM AUTOR:
Bibliographie:
Russkie sovetskie pisateli. Prozaiki., Bd. 5, Moskau 1968, S. 254–321. – G. M. Capenko, *Proizvedenija A. A. F. na inostrannye jazyki. Ukazateľ literatury*, Moskau 1976.
Biographien:
A. F. Vospominanija sovremennikov, Hg. K. Platonova, Moskau 1965. – B. L. Bejaev, *A. F. Biografia*, Leningrad 1969. – Ders., *Stranicy žizni A. F. v 20e i 30e gody*, Moskau 1980.
Gesamtdarstellungen und Studien:
W. M. Ozerov, *Das Schaffen A. Fadejews*, Lpzg. ²1955. – K. Zelinskaja, *A. A. F.*, Moskau 1956. –

D. I. Romanenko, *A. F. Krit.-biogr. očerk*, Moskau 1956. – L. Kisleva, *Tvorčeskie iskanija A. F.*, Moskau 1965. – V. G. Boborykin, *A. F. Literaturnyj portret*, Moskau 1968. – V. M. Ozerov, *A. F. Tvorčeskij put'*, Moskau 1960; ²1970. – A. S. Bušmin, *A. F. Čerty tvorčeskoj individual'nosti*, Leningrad 1971; ²1983. – S. I. Šešukov, *F.*, Moskau ²1973. – M. Velengurin, *Molodoj F.*, Krasnodar 1975. – H. v. Ssachno, *Two Russian Writers: Fadeyev and Tcardovskij* (in Encounter, Feb. 1975, S. 56–60). – *A. F.: materialy i issledovanija*, 2 Bde., Moskau 1977–1984.

MOLODAJA GVARDIJA

(russ.; *Ü: Die junge Garde*). Roman von Aleksandr A. FADEEV, erschienen 1945. – Unter den Kriegsromanen, die kurz vor oder nach Beendigung des Zweiten Weltkriegs in der Sowjetunion geschrieben wurden, nimmt Fadeevs *Molodaja gvardija* einen besonderen Platz ein. Die Handlung des breiten, übersichtlich komponierten, in seiner ausgefeilten Sprache kaum mehr an den Kurzroman *Razgrom*, 1927 *(Die Neunzehn)*, erinnernden Werkes geht auf tatsächliche Kriegsereignisse zurück. Während der deutschen Besatzungszeit bilden Komsomolzen der Grubenstadt Krasnodon im Donezbecken eine Widerstandsgruppe, die sogenannte »Junge Garde«. Im illegalen Kampf gegen die faschistischen Okkupanten versetzen sie der deutschen Wehrmacht empfindliche Schläge und schrecken weder vor der Hinrichtung von Kollaborateuren noch vor bewaffnetem Kampf zurück, wenn es gilt, die Versorgung der Deutschen zu gefährden oder sowjetische Kriegsgefangene zu befreien. Wenige Monate vor ihrem Abzug gelingt es den Deutschen, die Untergrundorganisation durch die Erpressung eines aus der Jungen Garde ausgestoßenen Jungen ausfindig zu machen. Alle Mitglieder der Gruppe werden verhaftet und nach brutalen Verhören erschossen. Nach der Befreiung entdeckt die Rote Armee in einem Massengrab die Leichen der Komsomolzen, die nun die Auszeichnung »Helden der Sowjetunion« erhalten.

Fadeevs Roman ist getragen von dem unerbittlichen Haß gegen den faschistischen Angreifer, dessen Bild er in den deutschen Gestalten des Werkes typisierend herauszuarbeiten sucht. Gleichwohl erlangen nicht nur die Charaktere der russischen Gegenseite die Plastizität realistisch und psychologisch überzeugend dargestellter Menschen. Die lebensnahe, ausgeglichene Personendarstellung, die den Roman von manchen zeitgenössischen sowjetischen Prosawerken der Kriegsperiode abhebt, hat vor allem in Kreisen der sowjetischen Schriftsteller begeisterte Zustimmung gefunden. Die Kritik der KPdSU, die dem Autor die Überschätzung der spontanen Aktion seiner jugendlichen Helden und die Unterbewertung der führenden Rolle der Kommunistischen Partei im antifaschistischen Widerstand zum Vorwurf machte, veranlaßte Fadeev zur Überarbeitung des Werks (erschienen 1951). Zahlreiche Bearbeitungen und Übersetzungen zeugen von der großen Popularität des Romans in der Sowjetunion und den Staaten der sozialistischen Welt. M.Gru.-KLL

AUSGABEN: Moskau 1945 (in Znamja). – Moskau 1946. – Moskau 1951 [rev. Fassg.]. – Moskau 1959 (in *Sobranie sočinenij*, Hg. E. F. Knipovič u. a., 5 Bde., 1959–1961, 2).

ÜBERSETZUNGEN: *Die junge Garde*, anon., Wien 1948. – Dass., anon., Bln. 1949; ³1954. – Dass., anon., 2 Bde., Stg. 1974.

VERFILMUNG: SU 1947 (Regie: S. Gerassimov).

LITERATUR: K. Zelinskij, *Jazyk i stil' romana »Molodaja gvardija«* (in Učënye zapiski in-ta mirovoj literatury im. M. Gor'kogo, 1, 1952). – N. I. Nikulina, *Tvorčeskaja istorija romana »Molodaja gvardija«* (in N. I. N., *A. A. F. t, Seminarij*, Leningrad 1958). – *»Molodaja gvardija«. Sbornik dokumentov i vospominanij*, Hg. L. Gribova u. a., Kiew 1961. – E. Knipovič, *Romany F. »Razgrom« i »Molodaja gvardija«*, Moskau ²1973.

RAZGROM

(russ.; *Ü: Die Neunzehn*). Roman von Aleksandr A. FADEEV, erschienen 1925/26. – Der Kurzroman, der den literarischen Ruhm des Autors begründete, ist Ausdruck der Renaissance des psychologischen Realismus in der frühen Sowjetliteratur. Er schildert den Kampf einer kleinen kommunistischen Partisanenabteilung gegen die japanischen Interventionstruppen und die Weißgardisten des Admirals Kolčak im russischen Bürgerkrieg. Die sieben Kapitel der Exposition enthalten die eingehende Charakterisierung der Romangestalten. Es folgt, auf den knappen Zeitraum von drei Monaten zusammengedrängt, die eigentliche Handlung des Romans: das gefährliche Leben der Partisanen, ihre Auseinandersetzungen mit der ansässigen Bauernschaft, das angespannte Warten auf den Feind, schließlich der entscheidende Kampf, der in einer dramatischen, verlustreichen Sumpfüberquerung gipfelt. Die Abteilung wird vollständig aufgerieben. Nur neunzehn der Partisanen vermögen sich aus der Umklammerung des Feindes zu befreien, um ihren Kampf fortzusetzen.

Doch nicht der Darstellung der vordergründigen Handlung, des bewegten, vielgestaltigen Kampfgeschehens, gilt das Interesse des (wörtlich »Die Zerschlagung« betitelten) Romans, sondern ihrer Bewältigung in der Psychologie der beteiligten Gestalten. Die Blickrichtung des Werks wird durch die Kapitelüberschriften – die Namen der Hauptgestalten – unterstrichen. Die Dynamik des Sujets ist der Entfaltung des Inneren der handelnden Personen untergeordnet. Die Darstellung ein und des-

selben Geschehens aus der Sicht entgegengesetzter, in ihrer sozialen Herkunft und ihren individuellen Anschauungen divergierender Gestalten ist Kompositionsprinzip. In der Gestalt des Partisanenführers Levinson, des verantwortungsbewußten, kämpferischen Kommunisten, veranschaulicht der Autor die führende Rolle der Kommunistischen Partei in der proletarischen Revolution. Die Komplementärfigur Levinsons, die nach den Worten des Autors die Charakterzüge vereinigt, welche der Hauptgestalt abgehen, ist der Zugführer der Partisanenabteilung, der Hirt Metelica. Offen, einfach, geradlinig und energisch, unerschütterlich in seinem Vertrauen auf den Erfolg seiner Sache, verkörpert Metelica den Revolutionär aus der Masse des um seine Befreiung kämpfenden russischen Volkes. In den Händen der Weißen findet er einen grausamen, heldenhaften Tod. Levinson und Metelica steht der kleinbürgerliche Intellektuelle Mečik entgegen. Aus mehr oder weniger romantischen Vorstellungen in die Reihen der Partisanen getreten, hat er nicht die Kraft, die Konsequenzen seiner Entscheidung zu tragen. Er bleibt ein bloßer Mitläufer, ein Fremdling in der Abteilung und wird zuletzt zum Verräter. Zwischen den Extremen steht die farbige Gestalt des verwegenen Bergarbeiters Morozka, der als Ordonnanz Levinsons eine fast anarchistische Tollkühnheit mit unbedingter Ergebenheit gegenüber der revolutionären Sache vereinigt. Er ist die Verkörperung der elementaren revolutionären Gewalt der russischen Arbeiterklasse. Überzeugend sind auch die übrigen Gestalten des Romans gezeichnet: Morozkas Frau Varja, die mütterliche Krankenschwester der Abteilung, die sich keinem Mann verweigern kann, die Partisanen Gončarenko und Baklanov oder der an eine russische Heiligengestalt erinnernde Pika.
Neben der Tradition Maksim GOR'KIJs, welche für das Schaffen Fadeevs von entscheidender Bedeutung war, ist es vor allem das Vorbild des klassischen russischen Realismus, insbesondere Lev N. TOLSTOJS, dessen Technik der psychologischen Analyse er bei gleichzeitiger Polemik gegen seine Weltsicht übernimmt. *Razgrom* gilt deshalb als eines der ersten Werke des sozialistischen Realismus. Im Gegensatz zur Revolutionsliteratur der frühen zwanziger Jahre, welche den gesellschaftlichen Umbruch in romantischer Manier als naturhaftelementarer Umwälzung darzustellen suchte, hebt sein Roman den bewußten Charakter der russischen Revolution hervor. Von der sowjetischen Kritik mit großer Aufmerksamkeit aufgenommen, regte das Werk eine eingehende Auseinandersetzung der zeitgenössischen divergierenden literarischen Strömungen an. In viele Sprachen des In- und Auslands übertragen, zählt Fadeevs Roman zu den klassischen Werken der Sowjetliteratur. K. H.

AUSGABEN: Moskau 1925 (in Oktjabr', Nr. 7–12); in Lava, Nr. 2–4). – Moskau 1926 (in Molodaja gvardija, Nr. 7 u. 12). – Moskau 1927; ³1928. – Moskau 1949. – Moskau 1959 (in *Sobr. soč.*, Hg. E. F. Knipovič u. a., 5 Bde., 1).

ÜBERSETZUNGEN: *Die Neunzehn*, anon., Wien/Bln. 1928. – Dass., H. Angarowa, Moskau 1948. – Dass., dies., bearb. v. N. Held, Mchn. 1949. – Dass., A. Boettcher, Bln. 1955. – Dass., ders., Ffm. 1977.

BEARBEITUNG: N. A. Kraševinnikov, *Razgrom*, Moskau 1934.

LITERATUR: A. S. Bušmin, *Roman A. F. »Razgrom«*, Leningrad 1954. – N. I. Nikulina, *Social'no-psicholog. roman »Razgrom«* (in N. I. N., *A. A. F. Seminarij*, Leningrad 1958, S. 111 ff.). – A. Voronskij, *»Razgrom« A. F.* (in A. V., *Lit.-krit. stat'i*, Moskau 1963, S. 413–419). – G. Lukács, *Gestalten u. Probleme des Bürgerkrieges. F.: »Die Neunzehn«* (in G. L., *Der russische Realismus in der Weltliteratur*, Neuwied/Bln. 1969). – E. Knipovič, *Romany F. »Razgrom« i »Molodaja gvardija«*, Moskau ²1973.

DANIEL OLORUNFEMI FAGUNWA

* um 1910 Okeigbo
† 7.12.1963 Bida

OGBOJU ODE NINU IGBO IRUNMALE

(yoruba; *Der kühne Jäger im Wald der vierhundert Geister*). Phantastische Erzählung von Daniel Olorunfemi FAGUNWA (Nigeria), erschienen 1948. – Neben dieser Geschichte hat Fagunwa vier weitere lange Erzählungen und einen Band mit Kurzgeschichten veröffentlicht, die alle dem gleichen Muster folgen. Für seine grotesk-phantastischen Dämonengeschichten schöpft Fagunwa aus der mündlich überlieferten Tradition seines Volkes, der Yoruba in Westnigeria; vor allem die Lieder und Gesänge der Zunft der Jäger bieten ihm Material für immer neue Varianten, doch sind die Werke nicht allein als Ergebnisse überschäumender Fabulierfreude zu werten, sie dienen vielmehr einem erzieherischen Ziel, denn sie sind Abbild der moral-philosophischen Einstellung der Yoruba, in deren Weltsicht der Sinn der menschlichen Existenz darin besteht, zwischen der individuellen Verantwortlichkeit und dem Druck von außen einwirkender, kaum beeinflußbarer Kräfte einen Ausgleich zu schaffen. Insofern sind die Erzählungen Fagunwas Allegorien, bevölkert mit zahlreichen symbolischen Figuren. Der Geisterwald repräsentiert das Universum, die Geister und Dämonen verkörpern abstrakte Kräfte, Tugenden und Schwächen des Menschen, gegen die er kämpfen oder die er sich zu Verbündeten machen muß.
Der kühne Jäger Akara-ogun bricht zunächst auf eigene Faust auf, im Wald der vierhundert Geister Abenteuer zu erleben und so Ruhm und Reichtum

zu erwerben, was ihm bestens gelingt. Akara-ogun wird als tapferer Held gefeiert und so läßt ihn der König zu sich rufen und befiehlt ihm, ins Geisterreich Oke Langbodo zu ziehen, wo ein König lebe, der über einen magischen Gegenstand verfüge. Dieses »Ding« solle Akara-ogun ihm bringen. Zusammen mit anderen Jägern und in Begleitung von Kako, einem Geistwesen mit menschlichen Zügen, tritt Akara-ogun die gefährliche Reise an. Er besteht zahlreiche Abenteuer mit Geistern, Kobolden, Waldschraten, Dämonen und Göttern, für die Wole SOYINKA in seiner Übersetzung die Sammelbezeichnung *ghommids* geprägt hat, und schließlich kehrt er voller Weisheit und moralisch tief geläutert in die Welt der Lebenden zurück.

In den unwirklich erscheinenden, doch als völlig real präsentierten Abenteuern ist die Grenze zwischen Realität und Märchen/Mythos in einem Grad verwischt, daß sie aufgehoben scheint. Nichts ist in der Welt der Geister unmöglich, und doch geschieht letztlich nichts in ihr, das nicht auch in der realen Welt vorkommt – nur ist alles ins Überdimensionale gesteigert. Der Reiz liegt für den Leser – zumal den Yoruba – weniger in der Spannung der Abenteuer als im ganz besonderen Stil Fagunwas. In schierer Freude an der Rhetorik werden einfache Sachverhalte wieder und wieder in immer neuen Worten und Formulierungen dargelegt und beschrieben; die Worte stapeln sich regelrecht zu rhetorischen Kunstgebilden, wobei durch die Absurdität der maßlosen Übertreibung ein höchst humorvoller Effekt erzielt wird. Nichts geschieht im Reich der Geister ohne genaue Zeit-, Zahlen-, Maß- oder Mengenangabe, kein Geist, keine Begebenheit, die nicht bis ins Detail hinein beschrieben würden.

Anders als der traditionelle Erzähler, der im allgemeinen eine lockere Kette untereinander austauschbarer Begebenheiten vorträgt, legt Fagunwa eine erweiterte Erzählung vor, deren Gerüst aus einer logischen Handlungsfolge besteht, innerhalb derer sich illustrative, gelegentlich austauschbare Episoden ereignen. Auch die Charakterzeichnung ist schärfer, strebt nach größerer Individualität als in der traditionellen Erzählkunst.

Zu den Autoren, die am nachhaltigsten und tiefsten von Fagunwa beeinflußt wurden, gehört zweifellos Amos TUTUOLA (* 1920), der seine ebenfalls phantastisch-grotesken Erzählungen zwar in Englisch schreibt, gelegentlich aber so sehr in die Nähe Fagunwas gerät, daß ihn einheimische Kritiker schon des Plagiats bezichtigt haben. – Alle Werke Fagunwas erlebten mehr als zehn Auflagen, von *Ogboju ode* liegen schon mehr als 15 Nachdrucke vor; gemessen daran ist Fagunwa der meistgelesene afrikanische Autor. Der englischsprachigen Welt wurde die Erzählung 1968 in einer, wenn auch recht freien Übersetzung des nigerianischen Schriftstellers Wole SOYINKA (* 1934) zugänglich.

I. U.

AUSGABEN: Ldn. 1948. – Edinburgh/Ldn. 1954. – Lagos 1966. – Lagos 1971.

ÜBERSETZUNGEN: *The Forest of a Thousand Daemons: A Hunter's Saga*, W. Soyinka, Ldn. 1968; ern. NY 1982 [engl.]. – Ausz. in: *Afrika erzählt*, Hg. J. Jahn, Ffm. 1963. – *Das junge Afrika*, Hg. ders., Mchn./Wien 1963. – *Süß ist das Leben in Kumansenu u. andere Erzählungen aus Westafrika*, Hg. ders., Tübingen 1971. – *Moderne Erzähler der Welt: Nigeria*, Hg. C. Ekwensi u. A. v. Haller, Tübingen 1973.

LITERATUR: A. Olubummo, *D.O.F. – a Yoruba Novelist* (in Odu, Sept. 1963, Nr. 9, S. 26). – U. Beier, *D. O. F.: A Yoruba Novelist* (in Black Orpheus, Juni 1965, Nr. 17, S. 52–56). – B. Lindfors, *Amos Tutuola and D. O. F.* (in Journal of Commonwealth Literature, 1970, Nr. 9, S. 57–65). – A. Irele, *The African Experience in Literature and Ideology*, Ldn. 1981, S. 175–188.

ŠAIḪ ABO'L-FAIḌ EBN-E MUBĀRAK FAIḌI

* 1547 Agra / Indien
† 5.10.1595 Agra

NAL O DAMAN

(iran.-npers.; *Nal und Daman*). Romantische Liebesdichtung von Abo'l-Faiḍ ebn-e Mubārak FAIḌI, verfaßt 1594. – Das aus 4000 Distichen bestehende Matnawie (Dichtung in Doppelversen aus paarweise reimenden Halbversen) ist eine persische Fassung der Erzählung von König Nala und seiner Gattin Damayantī (vgl. *Nalopakhyāna*) aus dem großen indischen Heldenepos *Mahābhārata*. In dem Bestreben, die nationale Einheit Indiens zu festigen, versuchte der Großmogul Akbar (reg. 1556–1605) nicht nur eine eklektische Vereinigung der Elemente des Hinduismus, des Islam, des Zoroastrismus und des Christentums als gemeinsame Religion aller einzuführen, sondern er bemühte sich auch, das kulturelle Erbe der Inder den neu eingewanderten Volksstämmen zugänglich zu machen. Wie der Autor, der ebenso wie sein Bruder Abo'l-Faḍl zu den nächsten Vertrauten des Großmoguls gehörte, in der Einleitung zu seiner Dichtung hervorhebt, beauftragte ihn Akbar, »*dem Wort neuen Zauber einzuhauchen*«. In Indien gebe es eine Liebesgeschichte, nach deren Musik sich die Seele sehne: die Märe von der Liebe König Nals und der Herzensgüte seiner Gattin Daman. Diese alte Legende möge er »*in neuem Gewande darlegen*«.

Der Verlauf der Handlung ähnelt fast in allen Einzelheiten dem indischen Vorbild. Vom Spielteufel besessen, verliert König Nal im Würfelspiel sein Reich und seine ganze Habe; verzweifelt irrt er durch die Lande, und in höchster Not verläßt er sein geliebtes Weib, um ihr nicht noch mehr Kummer zu bereiten. Beide erleben, getrennt voneinander, zahlreiche gefahrvolle Abenteuer und müssen viel Leid erdulden, bis ihnen endlich das Glück der Wiedervereinigung zuteil wird und Nal auch sein Königreich zurückerhält. Der Grundgedanke der Fabel ist, daß man auch dem schicksalhaften Götterspruch durch die Allmacht der Liebe widerstehen kann, und so bewahrt eine edle Frau auch im Unglück ihre Sittsamkeit, um schließlich das verlorene Glück wiederzugewinnen. Der Dichter, der als Mohammedaner an den einzigen Gott glaubt, weicht an jenen Stellen vom Urtext ab, die nicht mit der islamischen Weltanschauung und Tradition übereinstimmen. Statt der Götter, die das Geschick der Menschen lenken, läßt er die innere Stimme laut werden, läßt durch Träume Weisungen geben und Feen und Botenengel auftreten. Hin und wieder hält es Faiḍī für notwendig, indische Bräuche, die den Mohammedanern unverständlich scheinen, zu erläutern. So bedarf die indische Sitte, welche die Fürstin Daman berechtigt, ihre Bewerber an den Hof ihres Vaters einzuladen und eigenmächtig unter ihnen ihren Gatten zu wählen, für Mohammedaner einer Erklärung. Der des Freidenkertums bezichtigte Autor preist diesen Brauch, allerdings mit der Einschränkung: »... *wenn man es tun kann.*« – Der mit gezierter Witzelei überladene Stil ist ohne Kommentar nicht immer leicht verständlich. Deutlich zeigt sich der Einfluß von Faiḍīs Vorbild Nezāmī. Gleich diesem wollte Faiḍī eine *ḥamse* (Quintett) schreiben; infolge seines frühen Todes kamen jedoch nur zwei Dichtungen zustande. B.A.

Ausgaben: Kalkutta 1831. – Lucknow 1846. – Lucknow 1930. – Teheran 1983/84 (in *Dīwān-e Faiḍī*; m. biogr. Studie).

Literatur: Desai, *Life and Works of F.* (in Indo-Iranica, Kalkutta, 21, 1963). – A. S. Bazmee, Art. *Fayḍī* (in EI², 2, S. 870 ff.). – A. Schimmel, *Islamic Literature of India*, Wiesbaden 1973, S. 28 f.

Arthur Rex Dugard Fairburn

* 2.2.1904 Auckland
† 25.3.1957

DOMINION

(engl.; *Dominion*). Sozialkritisches Gedicht von Arthur Rex Dugard Fairburn (Neuseeland), erschienen 1938. – Das in reimlosen, freien Versen abgefaßte Werk gliedert sich in fünf Abschnitte, die sich nach Thematik, Form und Grundstimmung voneinander unterscheiden, aber dem im Titel genannten zentralen Thema locker verbunden bleiben.

In *Utopia*, dem ersten Abschnitt, steht die geschilderte Wirklichkeit neuseeländischen Lebens im Schatten der vorhergegangenen Weltwirtschaftskrise – die Dichtung wurde 1935 verfaßt –, die den Besitzlosen nur wenig Hoffnung ließ; ja dem kritisch prüfenden Blick des Autors erscheint – in Annäherung an die marxistische Auffassung – der Arbeiter innerhalb der Gesellschaftsordnung zum Tier degradiert, zur bloßen Gewinnquelle für die Ausbeuter. Der Kontrast zwischen den parasitären Wirtschaftsfunktionären und den ausgebeuteten, leichtgläubigen Arbeitermassen wird mit starkem sozialkritischem Akzent dargestellt. Weitere Opfer der satirischen Kritik des Autors sind Kirche und Presse, die er mit großer Heftigkeit in allen ihren Aspekten als pervertiert ablehnt. – *Album Leaves* (*Albumblätter*), einer Schilderung der frühen Tage der Landnahme folgend, ist eine Studie über den neuseeländischen Alltag und die Situation des englischen Einwanderers der dreißiger Jahre. Ein Rückblick auf die Landesgeschichte beleuchtet, satirisch konturiert durch einen Exkurs in die Gründungsgeschichte Roms, das Abhängigkeitsverhältnis des Dominions von der englischen Krone. – In *Elements* (*Elemente*) eröffnet sich dem Leser eine neue Welt. Der bisher temperamentvoll-aggressive, reformerische Ton weicht einer friedvollen Stimmung lyrischer Ergriffenheit. In ehrfürchtiger Betrachtung der Natur beschreibt der Dichter den Reiz der Jahreszeiten und die erfrischende Reinheit der Inseln, die Schönheit der Berge, Fluren und Gewässer, aus der ihm ein tiefes Gefühl des Glücks zuströmt. Er huldigt der Erde als dem Quell der Freude und des Lebens. In der Berührung mit den Elementen erfährt der Mensch ihre Liebe, die ihn zu Weisheit und Wahrheit führt. – In dem intellektuellen *Dialogue* (*Zwiegespräch*) wird in philosophischer Reflexion die Daseinsberechtigung des Menschen erörtert, während *Struggle in a Mirror* (*Kampf im Spiegel*) den apokalyptisch dunklen Schlußakkord bildet. Doch nach dem Blick in das weltweite Chaos, nach dem Klageschrei der zerstörten Erde klingt die Dichtung in einem prophetischen Bibelwort verheißungsvoll aus: »*Am Anfang wird wieder das Wort sein.*«
Die Dichtung umfaßt eine Fülle von Aspekten und Beobachtungen. Zwischen Zorn und Zuneigung entsteht so eine Vision des Dominions, die über die insularen Grenzen hinaus eine allgemeingültige Aussage über die Existenz des modernen Menschen sein will. J.Ke.

Ausgaben: Christchurch 1938. – Wellington 1952 (in *Three Poems*).

Literatur: E. H. McCormick, *New Zealand Literature*, Ldn. 1959, S. 110–114. O. Johnson, *A. R. D. F. 1904–1957*, Univ. of Auckland 1958 [Bibliogr.]. – C. K. Stead, *F.* (in Landfall, 20, 1966). – W. S. Broughton, *A. R. D. F.*, Wellington 1968.

FAIZ

eig. Faiḍ Aḥmad Faiḍ
* 13.2.1911 Sialkot
† 20.11.1984 Lahore

NAQŠ-E FARYĀDĪ

(urdu; *Das klagende Bild*). Gedichtsammlung von FAIZ, erschienen 1941. – Anknüpfend an die demokratischen Traditionen der Urdu-Literatur am Ende des 19. und zu Beginn des 20. Jh.s, greift der pakistanische Dichter und Träger des internationalen Lenin-Friedenspreises vor allem die Gedanken der Urdu-Dichter ḤĀLĪ (1837–1914) und IQBĀL (1873–1938) auf, die den Patriotismus der indischen Muslime erweckten und sie zu politischer Aktivität anstachelten. In Faiz' Gedichten zeigt sich der Einfluß seiner Vorbilder nicht nur inhaltlich, sondern auch formal. Ebenso wie sie bedient er sich der reichen Bildersprache der klassischen persischen Dichtkunst, der ja die Urdu-Dichtung seit jeher eng verbunden ist; auch verwendet er die alte quantitierende Metrik. Von der festen Reimstruktur der klassischen Dichtung (vgl. *Diwane persischer Dichter*) weicht er nur dann ab, wenn es ihm des präzisen Ausdrucks seiner Gedanken wegen notwendig erscheint. Andererseits lehnt Faiz sich aber auch zuweilen an die englischen romantischen Dichter an, unter deren Einfluß er die klassischen Bilder und Metaphern der persischen und der Urdu-Dichtung durch manche Neuheiten bereichert. Wie sehr sich seine Dichtung an klassischen Mustern orientiert, dokumentiert er durch den Titel seiner ersten Gedichtsammlung *(Naqš-e faryādī)*, die er nach dem Anfang des ersten Gedichts aus dem Urdu-Diwan des bekannten indischen Dichters MĪRZĀ ĠĀLIB († 1869) benannt hat, wo es heißt: »*Naqš-e faryādī hai kiskī šōḫī-ye taḥrīr kā.*« (»*Die Welt ist ein über die Verwegenheit ihres Schöpfers klagendes Bild.*«)
Die vorliegende Sammlung enthält 51 Gedichte aus den Jahren 1931–1940. Der erste Teil besteht aus Gaselen und Vierzeilern *(rubāʿīs)*, die nach dem Muster klassischer Dichter in romantisierender Weise die Schönheit der Natur und den Zauber der Liebe besingen. – Im zweiten Teil, der reife und gedankenreiche Verse enthält, die hauptsächlich Ende der dreißiger Jahre entstanden sind, hört Faiz auf, die Welt mit romantischen Augen zu betrachten; er sieht nicht mehr lauter Schönheit in ihr, sondern er beginnt, mit ihrer Ordnung unzufrieden zu sein. Immer stärker gibt er der Sehnsucht nach der Freiheit des Vaterlandes, dem Haß gegen Tyrannei und Unterdrückung, dem Glauben an eine bessere Zukunft Ausdruck. Hierzu gebraucht er den von den Klassikern hinterlassenen Formenschatz, den er aber mit modernem Geist erfüllt. – Diese Entwicklung zeigt sich noch deutlicher in Faiz' zweiter Gedichtsammlung: *Dast-e ṣabā*, 1952 *(Die Hand des Zephirs)*, in der die sanfte Lyrik von scharfer sozialer Polemik durchdrungen ist.
Faiz, seit der Entstehung des Staates Pakistan (1947) als Redakteur der in englischer Sprache in Lahore erscheinenden Tageszeitung ›Pakistan News‹ tätig, wird 1951 unter der Beschuldigung, er habe an einer staatsfeindlichen Verschwörung teilgenommen, verhaftet und erst 1955 wieder freigelassen. In den Gedichten, die er während dieser Zeit schrieb – sie sind in der Sammlung *Zindān-nāma*, 1957 *(Das Buch aus dem Gefängnis)*, erschienen –, dokumentiert sich die Tragödie seiner ungerechten Haft ebenso wie seine ungebrochene Überzeugung von der Notwendigkeit sozialer Reformen. – In seiner (vorläufig) letzten Gedichtsammlung *Dast-e tah-e sang*, 1965 *(Die Hand unter dem Stein)*, deren tief emotionelle Verse seine Ideale und Hoffnungen, seinen Freiheitsdrang, seinen Wunsch nach Neuordnung der sozialen Verhältnisse und seinen Glauben an den Fortschritt der menschlichen Gesellschaft verkünden, bemüht er sich auch, seine Gedanken und Überzeugungen philosophisch zu vertiefen.
Faiz, der als Romantiker begann, ist es im Grunde seines Herzens geblieben. Aber seine Unzufriedenheit mit der Welt, so wie sie sich heute darbietet, seine Kritik an der bestehenden Gesellschaftsordnung haben ihn zum Revolutionär gemacht. (Sie führten ihn auch in die Reihen der indischen »fortschrittlichen Schriftsteller«, deren Verband er 1936 gründen half.) Faiz ist kein Kommunist, sondern ein Fortschrittler im weitesten Sinn des Wortes. Hochgeachtet auch von jenen, die seine politischen und sozialen Ideen nicht teilen, gilt er heute als der bedeutendste moderne Urdu-Dichter in Pakistan und Indien. Sein Werk erhält seinen besonderen Gehalt und Charakter dadurch, daß in ihm die klassischen Literaturtraditionen des islamischen Ostens mit den brennendsten sozialen Gegenwartsproblemen zu einer lebendigen Einheit verschmelzen. J. Mar.

AUSGABEN: Amritsar o. J. [1941]. – Lahore ³1945. – Delhi 1952 *(Dast-e ṣabā)*. – Delhi o. J. [1957] *(Zindān-nāma)*. – Lahore o. J. [1965] *(Dast-e tah-e sang)*.

ÜBERSETZUNGEN (engl.): In *Poems*, V. G. Kiernan, Delhi 1958 [Ausw.]. – In *Poems*, anon., Lahore 1962 [Ausw.]. – In *Poems*, V. G. Kienan, Ldn. 1971.

LITERATUR: M. Sadiq, *Twentieth Century Urdu Literature*, Baroda 1947. – A. Bausani, *Storia delle letterature del Pakistan*, Mailand 1959, S. 233–237 [enth. ital. Übers. von drei Gedichten]. – N. Glebov u. A. Suchočev, *Literatura Urdu*, Moskau 1967, S. 199–204. – M. A. Malik, *The Pakistani Poet: F. A. F.* (in Lotus: Afro-Asian Writings, 22, 1974, S. 36–41). – G. Ch. Narang, *The Tradition and Innovation in the Poetry of F.* (in Indian Literature, 28, 1985, S. 23–34).

EVGENIA FAKINOU

* 8.6.1945 Alexandria / Ägypten

TO EVDOMO RUXO

(ngriech.; *Das siebente Hemd*). Roman von Evgenia FAKINOU, erschienen 1983. – Nach dem Roman *Astradeni* (Ü: *Astradeni – Die Sternenbindende*, 1986), einem Buch über das bittere Ende der schönen Kindheit, wandte sich die bis dahin sehr erfolgreiche Autorin von Kinderbüchern und -theaterstücken mit *To evdomo ruxo* endgültig der Erwachsenenwelt zu. Es ist ein Buch über Frauen; sie »... *sind jene, die die Geschichte schreiben. Sie tragen auf ihren Schultern das Gewicht aller großen Ereignisse.*« Es sind die Worte des alten Baums, dessen Weissagungen zu allen Zeiten nur den Ohren einer Frau zugänglich waren. Der Symbolismus, der das Klima des ganzen Romans bestimmt, ist durch die Einführung dieses in Prophezeiungen sprechenden Baums angekündigt. Die in die Ereignisse der Romanhandlung geschickt eingewobenen Anknüpfungen an altgriechische Götter, Dämonen oder Personen der Tragödie, an christliche Heilige und Helden der byzantinischen und frühgriechischen Ära bilden die zweite Achse des Romans: die Tradition. Fakinou sieht das Problem der Weitergabe der Tradition von einer Generation zur nächsten als eine Existenzfrage: nicht nur das gemeinsame historische Gedächtnis einer Nation, sondern auch das Leben des einzelnen findet in der Tradition Zusammenhang und Halt.

Der Abbruch der Tradition wird durch das verlorene siebente Hemd symbolisiert. Es ist das blutbefleckte Hemd des erstgeborenen Sohnes der siebten Generation der Familie, das zusammen mit den Kleidungsstücken der anderen sechs Erstgeborenen nach einem alten Familienbrauch das Begräbnis des letzten Erstgeborenen der Familie – Photos – begleiten sollte. Ohne dieses Hemd kann man Photos nicht begraben: Jannis, dessen Hemd nicht gefunden wurde, wird ihm den Eintritt in die Unterwelt verbieten.

Um diese Episode entfaltet sich das Geschehen des Romans. Rula, die ein düsteres Leben in Athen führt, erhält die Nachricht, daß Photos, der geliebte Bruder ihrer verstorbenen Mutter, im Sterben liegt. Sie reist in das kleine Dorf in Thessalien, wo die ihr bisher unbekannte Familie der Mutter wohnt. Bei dieser Begegnung wird Rula mit einer untergehenden Welt konfrontiert, der sie selbst zwar entstammt, die sie aber weder verstehen, noch als ihre eigene akzeptieren kann und von der Rula nur die Oberfläche berührt; die Welt ihrer Großmutter Dimitra und ihrer Tante Eleni.

Dimitra ist die wichtigste Figur im Roman (sie wird meist als die »Mutter« bezeichnet). Ihr Schicksal wurde durch ein dramatisches Ereignis der jüngsten Vergangenheit Griechenlands bestimmt: die Zerstörung der lebendigen griechischen Städte Kleinasiens im Jahr 1922, die Tausende von vermögenden Familien zu elenden Flüchtlingen machte. Nachdem Dimitra den grausamen Tod ihres geliebten Mannes, Andronikos, erlebt hat – er wird vor ihren Augen enthauptet – kommt sie als Flüchtling nach Griechenland und versucht ihre vierjährige Tochter Persephone, die in der Nacht der Zerstörung verschwunden war, wiederzufinden. Zwar wird ihr dies nicht gelingen, aber sie wird – wenn auch ungewollt – eine neue Familie gründen. Sie läßt sich auf einem thessalischen Bauernhof nieder, wo sie als Pflegerin der alten Großmutter des Grundbesitzers arbeitet. Von diesem Bauern wird Dimitra vergewaltigt, und sie gebiert die Zwillinge Photos und Eleni. Auch ihre weiteren sechs Kinder sind die Folgen von Gewaltakten des Bauern, dem Dimitra wehrlos ausgeliefert bleibt. Photos, der Sohn, nimmt schließlich Rache: Er tötet seinen Vater, den Vergewaltiger seiner Mutter und beinahe auch seiner Schwester Archondula – der Mutter von Rula.

Die Autorin erzählt also die Geschichte dreier Frauengenerationen: Mutter, Tochter, Enkelin. Der Roman ist in viele Kapitel von ungleicher Länge unterteilt; als Überschrift dient jeweils der Name einer der drei weiblichen Zentralfiguren (Mutter, Eleni, Rula) – mit Ausnahme des ersten und letzten Kapitels, in denen der Baum spricht. Es wird stets in der ersten Person erzählt; die Parallelität der Erzählungen der drei Frauen, die durch freies Variieren der Reihenfolge betont wird, erhöht die im Reichtum der Symbole begründete Spannung.

Die Mutter wird vom Beginn an zum Symbol archetypischer Weiblichkeit (Dimitra – ist der Name der altgriechischen Göttin der Fruchtbarkeit). Sie spürt noch die heilende Wirkung der Tradition und kann dadurch ihr persönliches Leid überwinden. Die beiden anderen Frauenfiguren (Eleni und Rula) verkörpern Stufen des Verfalls dieser archaischen Kraft. Der Tochter werden zwar die Geheimnisse der Vergangenheit anvertraut, sie bleibt aber selbst jungfräulich, unfruchtbar. Rula, die Enkelin, ist ein Stadtkind, ohne Gedächtnis, mit zerrissenen und (im Vergleich zur Mutter) oft oberflächlich wirkenden Gefühlen, sie ist naiv und sarkastisch zugleich. Ihre Sprache folgt dem Jugendjargon der achtziger Jahre, sie wirkt oft unbeholfen und bruchstückhaft.

Um die zentrale Mutterfigur bewegen sich auch die Männerfiguren, die eine komplementäre, aber nebengeordnete Rolle spielen: der Geliebte (Andronikos), der Vergewaltiger (der thessalische Bauer), der Rächer (Photos). Am Ende wird nur das stille aber mutige Eingreifen der Mutter das drohende Unheil verhindern: ihr Blut am eigenen Hemd ersetzt das verlorene siebente Hemd. Daß das Vertrauen des sprechenden Baums zu den Frauen unerschüttert bleibt, ist daraus verständlich, daß nur eine Frau die uralten Traditionen immer neu zu deuten vermag.

E.Th.

AUSGABE: Kastaniotis 1983.

LITERATUR: N. Eideneier, *E. F., »To evdomo ruxo«* (in Dekapenthimeros Politis, 6. 4. 1984, S. 39). – M. Kontoleon, *Iparksiaka eliniko vivlio* (in Diavazo, 18. 4. 1984, S. 55–57).

SCHEMTOW BEN JOSEPH FALAQERA

* um 1224 Spanien
† 1295 (?)

SEFER HA-MEWAKESCH

(hebr.; *Buch des Suchenden*). Populärphilosophisches Werk von Schemtow ben Joseph FALAQERA (Spanien), entstanden 1264. – Ebenso wie in seinem *Moreh ha-moreh (Führer des »Führers«)*, einem Kommentar zum *Moreh newuchim (Führer der Unschlüssigen)* des MAIMONIDES, und den meisten seiner anderen Schriften erweist sich der Autor auch in dem vorliegenden Werk als Philosoph aus der Schule des Maimonides. Originell am *Buch des Suchenden* ist weniger das Material als vielmehr die popularisierende Art seiner Präsentation, womit der Verfasser offensichtlich eine didaktische Tendenz verfolgt. Schon im Stil, der sich durch die häufige Verwendung von Reimprosa auszeichnet, kommt die Volkstümlichkeit des Werks zum Ausdruck, vor allem aber durch die Einkleidung des Inhalts in eine Rahmenerzählung: Ein Schüler, der »Suchende«, unterhält sich mit den Vertretern verschiedener Berufe und Lebensauffassungen.

Im ersten Teil diskutiert der nach einer idealen Weltanschauung Suchende zunächst mit den Repräsentanten der Glückseligkeiten (Reichtum, Macht), sodann mit verschiedenen Handwerkern, ferner mit einem Arzt, einem Sittenlehrer, einem Grammatiker und einem Poeten. Der »Suchende« versucht die verschiedenen Standpunkte seiner Gesprächspartner zu verstehen, und tatsächlich vermögen ihn viele der von diesen vorgebrachten Argumente – aber doch nicht alle – zu überzeugen. Aus den geschickt geführten Dialogen gewinnt der Leser jedenfalls einen Überblick über die verschiedenen philosophischen und auch wissenschaftlichen Erkenntnisse jener Zeit. – Im zweiten Teil diskutiert der »Suchende« zunächst mit einem einfachen jüdischen Gläubigen, dann mit einem jüdischen Gelehrten religionsphilosophische Probleme. Teilweise sind die Anschauungen des Maimonides bereits im ersten Teil behandelt worden, besonders aber werden sie in diesem zweiten Teil in leicht faßlicher Form dargelegt. Für die an Maimonides orientierte philosophische Einstellung des Verfassers ist z. B. charakteristisch, daß der »Suchende«, nachdem er nochmals Vertreter der verschiedenen Wissenschaften (Arithmetik, Geometrie, Astronomie, Logik und Philosophie) befragt

hat, zu dem Ergebnis gelangt, daß philosophisches Wissen die Grundlage wahrer Religiosität und damit auch wahrer Glückseligkeit sei, ähnlich wie für Maimonides der Weg zur Frömmigkeit über die spekulative Gotteserkenntnis führt. – Besonders reizvoll sind die über das Buch verstreuten didaktischen und satirischen Epigramme. L.Pr.

AUSGABEN: Krakau 1646. – Aleppo 1867. – Warschau 1924.

ÜBERSETZUNGEN: In *Der Born Judas. Märchen u. Geschichten*, Hg. M. J. bin Gorion, Bln. 1934, S. 504–509 (Ausz.). – *The Book of the Seeker*, H. Levine, NY 1976 [Teilausg.; engl.].

LITERATUR: H. Graetz, *Geschichte der Juden*, Bd. 7, Lpzg. 1863, S. 250 ff. – M. Waxman, *A History of Jewish Literature*, Bd. 2, NY/Ldn. 1933, S. 586 ff.; [2]1960. – G. Karpeles, *Geschichte der jüdischen Literatur*, Bd. 2, Bln. 1909, S. 41 ff.; Neudr. Graz 1963. – M. N. Zobel, Art. *Falaquera* (in EJ[2], 6).

KNUT FALDBAKKEN

* 31.8.1941 Oslo

LITERATUR ZUM AUTOR:
P.-A. Henricson, *Framtiden på sophögen. Om K. F., en stor norsk berättare* (in Studiekameraten, 60, 1978, Nr. 2, S. 3–7). – B. Ødegaard, *Psykologi og samfunnskritikk. Linjer i K. F.s forfatterskap* (in Norsk Litterær Årbok 1982, S. 89–108). – M. K. Norseng, *The Crippled Children. A Study of the Underlying Myth in K. F.s Fiction* (in Scandinavica, 22, 1983, S. 195–209). – R. E. Peterson, *K. F.: A Norwegian Contemporary* (in Scandinavian Review, 73, 1985, S. 80–85).

ADAMS DAGBOK

(norw.; *Ü: Adams Tagebuch*). Roman von Knut FALDBAKKEN, erschienen 1978. – *Adams dagbok*, der Titel rekurriert auf die Vorstellung vom Mann als dem »alten Adam«, den es zu überwinden gilt, ist nach einem fast zehnjährigen Aufenthalt im europäischen Ausland der zweite Roman, den Faldbakken nach seiner Rückkehr nach Norwegen verfaßte. Er konzentriert sich auch in diesem Werk auf das Hauptanliegen seines bisherigen literarischen Schaffens: die Psychologie des Menschen. Die Beziehungen dreier Männer zu einer Frau, die in *Adams dagbok* thematisiert werden, summieren sich zu einem Gleichnis vom Zusammenleben von Mann und Frau in der modernen Gesellschaft. Mit feinem psychologischen Einfühlungsvermögen und in der Tradition der klassischen skandinavischen Erzählungen analysiert Faldbakken scharfsinnig und rücksichtslos Egoismus, Unfähigkeit zur Liebe und emotionale Abhängigkeit der Protagonisten.

Adams dagbok ist in drei fast gleichlange Kapitel gegliedert, die als eigenständige Ich-Erzählungen die Romanhandlung verketten. Thematisches Bindeglied zwischen den einzelnen Kapiteln ist hierbei die Frau – sie erhält während der gesamten Romanhandlung keinen Namen – und ihre jeweilige Beziehung zu einem Mann. Im ersten Kapitel *(Der Dieb)* erzählt ein Einzelgänger von seiner Begegnung mit der Frau. Anonymität, geringe Risikobereitschaft und Selbstdisziplin kennzeichnen gleichermaßen seine Arbeitsweise als Dieb und die Beziehung zu seiner Umwelt. Die Unfähigkeit zu engen menschlichen Kontakten, seine emotionale Verkrüppelung lassen ihn am Leben nur aus der Distanz, von einem Beobachterstandpunkt aus teilhaben. All dies gerät durch die Begegnung mit der Frau in Gefahr. Durch die plötzliche menschliche Nähe und ihre verständnisvolle Zuneigung verliert er zunächst die Kontrolle über seine Handlungen und Gefühle. Unfähig und unwillig, sich aus seiner Vereinzelung und gewollten Isoliertheit zu lösen, rettet er sich im letzten Augenblick durch Verrat. Im zweiten Kapitel *(Der Hund)* berichtet der Pädagogikstudent Per Kristian als neuer Ich-Erzähler über den gemeinsam mit der Frau verbrachten glücklichen Sommer, in dem beide seine theoretisch erworbenen Vorstellungen von dem Zusammenleben von Mann und Frau in gleichberechtigter Partnerschaft, ohne jegliche Besitzansprüche und jenseits der traditionellen Geschlechterrollen in die Praxis umsetzen wollten. Schon bald tritt jedoch seine Schein-Liberalität, das Gefangensein in überkommenem Rollenverhalten und seine hündische Liebe zutage, die seine völlige und rückgratlose Unterwerfung unter die Frau bedingen. Ihre Zuwendung zu dem Dieb treibt ihn immer weiter in seine Abhängigkeit und sein hündisches Verhalten. Indem er Zuflucht bei dem verlassenen Ehemann der Frau sucht, beschleunigt er die Katastrophe. Das dritte Kapitel *(Der Gefangene)* zeigt den Ehemann im Gefängnis, nach der gewaltsamen Rache an seiner Frau. Als dritter Ich-Erzähler schildert er in Gesprächen mit dem Psychiater seine Beziehung zu ihr. In der Überzeugung, das Richtige für sie zu tun, versuchte er zielstrebig und energisch etwas Gemeinsames aufzubauen. Sein dominantes Rollenverhalten läßt dabei ihren Vorstellungen keinen Raum. Der Zusammenbruch nach ihrem Weggang ist daher von Unverständnis und Haß gekennzeichnet. Einsicht in das eigene Fehlverhalten ist nicht zu erwarten.

Indem Faldbakken drei unterschiedliche Ich-Erzähler einführt, ist es ihm möglich, jeweils die beiden anderen Protagonisten von dem dritten charakterisieren zu lassen und dadurch die Innensicht um einen objektiveren *point-of-view* zu erweitern. Der Frau wird, obwohl sie es ist, an der sich die unterschiedlichen Formen des Zusammenlebens kristallisieren, nie die Möglichkeit gegeben, erzählerisch eine subjektive Position einzunehmen. Ihr Handeln und ihre Reaktionen werden ausschließlich indirekt durch die drei Männer geschildert. Sie nimmt im Roman die Funktion der Frau schlechthin ein, als ein Gradmesser für die Fähigkeiten des Mannes zum Zusammenleben. Das Scheitern aller drei Beziehungen impliziert die Forderung nach einem neuen gesellschaftlichen Rollenverhalten, wie auch die heftigen Diskussionen, die der Roman in Norwegen hervorgerufen hat, aufzeigen. Faldbakken will in die neue Form des Zusammenlebens auch das Verhältnis der Männer untereinander miteinbeziehen, was durch die homoerotischen Züge des Ehemanns verdeutlicht wird. Die Notwendigkeit eines offeneren und ehrlicheren Zusammenlebens insgesamt soll vor allem auch eine neue Form der Gemeinschaft zwischen Mann und Frau ermöglichen. R. Man.

AUSGABE: Oslo 1978.

ÜBERSETZUNG: *Adams Tagebuch*, R. Stöbling, Rostock 1988. – Dass., dies., Hbg. 1988.

LITERATUR: S. Bächli, Rez. (in FAZ, 7. 9. 1988). – J. Jacobi, Rez. (in SZ, 15. 2. 1989).

GLAHN

(norw.; *Ü: Pan in Oslo*). Roman von Knut FALDBAKKEN, erschienen 1985. – Mit diesem Buch setzt Faldbakken die aktuelle Geschlechterdiskussion auf einem metaphorischen Niveau fort: Der »alte« Mann wird als Psychopath analysiert und schließlich hingerichtet, anders kann man seinen Tod nicht bezeichnen.

Die Schweden haben das Buch unter dem treffenden Titel »*Die Verführung*« herausgegeben, denn damit ist die menschliche Grundbeziehung zwischen den einzelnen Protagonisten auf den Begriff gebracht. Die rauschgiftsüchtige Prostituierte, die Ehefrau, die Nymphe, der homoerotische Jugendfreund und schließlich Pan-Glahn. Erotik und Sexualität sind auch in diesem Roman allzeit präsente Themen, wenngleich sie verhaltener, weniger pornographisch dargestellt werden als in anderen Büchern Faldbakkens, der ein traditioneller Erzähler ist, ein ursprüngliches Fabuliertalent. Seine Sprache ist packend, präzise, bildstark: seine große Stärke ist neben der Psychologie die Ironie, vor allem dann, wenn es um ihn selber geht und um seinesgleichen, den Mann als solchen. – Die zeitgenössische Kritik hat das wenig beeindruckt: »*Das Buch wurde gut verkauft, viel gelesen und dann an die Wand geworfen*« (Faldbakken).

Die Sensation des Romans ist allerdings eine kulturell-nationale: Faldbakken greift auf *den* norwegischen Prosaklassiker zurück, den viele seiner Kollegen wegen seiner Sprachmächtigkeit und Verführungskunst nicht mehr zu lesen wagen, auf Knut HAMSUN und dessen kleinen Roman *Pan* (1894), der wiederum auf das Jahr 1855 zurückgeht; darauf spielt auch der deutsche Titel an. Der »Alte«, wie Faldbakken seinen Hamsun nennt, wird im wörtlichen Zitat wiedergegeben, ohne daß Autor oder Werktitel genannt werden. Bei Hamsun hat Glahn, der sich vom Gott Pan besessen wähnt, seine Liebe verloren und erträumt sich nun über seinem Verlust mit großem Pathos eine mythische Frauenfigur.

Faldbakkens Pan ist nicht mehr der trauernde Hamsunsche Waldmensch – Jäger ist er gleichwohl, Jäger in der sommerheißen Großstadt Oslo; er wird von Mack, dem reichgewordenen Jugendfreund und Militärkameraden ausgehalten, alle Genüsse dieser Welt stehen ihm zur Verfügung, zur männlichen Verfügung – wozu das intensive Verlieben in Tochter, Mutter und Vater, in Edvarda, Eva und Mack gehören, aber eben auch, daß man die ausgediente, nämlich tote Prostituierte gemeinsam in den Müllcontainer schafft.

Faldbakken hat, nach eigenen Worten, mit seinem Plan eine »Hamsun-Denkmalverletzung« begangen. Was man zu Ende des Jahrhunderts dem Hamsunschen Pan vielleicht noch als männliche Normalpsyche bereit war abzunehmen, das ist bei Faldbakken zu Recht eine gesellschaftlich bedingte psychische Verkrüppelung geworden, die ironisch und in offensichtlicher Kenntnis der FREUDschen Psychoanalyse, die auch wieder kritisch zur Disposition steht, dekuvriert wird. Leutnant a. D. Thomas Glahn liest während seiner psychiatrischen Behandlung, die unbefriedigend und erfolglos bleibt, Hamsuns Roman: er war ihm von Edvarda in die Klinik geschickt worden, so wie Hamsuns Edvarda ihrem Pan zum Abschied zwei bunte Vogelfedern geschickt hatte. Er reflektiert über Passagen des Alten, während er sich selbst analysiert und auf Aufforderung des Psychiaters seinen Fall, der zwei Jahre zurückliegt, niederschreibt.

Von Glahns psychiatrisch-analytischer Behandlung und Hospitalisierung erfährt der Leser erst zur Mitte des Romans, bis dahin läßt ihn der Autor (ganz im Hamsunschen Sinne) an die Normalität der Glahnschen Ticks glauben, erst dann erkennt man ganz langsam den psychopathischen Männlichkeitswahn an dieser »Normalität«. Die Irrealität des modernen Pan wird von Faldbakken stilistisch camoufliert durch Nüchternheit, durch Materialismus, durch Realismus – ganz im Gegensatz zum alten Pan, den Hamsun mit Pathos, Romantik, Mythischem umgibt. Und so wird die Analyse Thomas Glahns zugleich eine Analyse Knut Hamsuns, über den der Psychiater im Roman sagt, er sei ein »*Meister der verbalen Verführung*« gewesen, ein »*genialer Lügner*«. Aber beide Glahns, der Hamsunsche Wald- und Naturmensch und der Faldbakkensche arbeitslose Großstadtstreicher werden am Ende (von ihrem jeweiligen Autor) hingerichtet, erschossen. Das ist das Schicksal des Männlichkeitswahns – aber bevor Pan erschossen wird, hat er die Frau hingerichtet. Bei Hamsun bleibt das ein Kunstgriff, im Sinne von Sandra GILBERT und Susan GUBAR ein »*killing women into art*« (vgl. *The Madwoman in the Attic*). Das Frauenopfer in der traditionellen (von Männern geschriebenen) Literatur ist dabei ein Indiz für die von Ernst BLOCH (vgl. *Spuren*) festgestellte Verschmelzung von Traum und Wirklichkeit in Hamsuns *Pan*. Faldbakken geht hier in der Tat einen Schritt weiter, wenn er die Frau als (unbewußtes) Opfer im männlichen Traum *und* in der männlichen Wirklichkeit beschreibt. B.He.

AUSGABE: Oslo 1985.

ÜBERSETZUNG: *Pan in Oslo*, G. Haefs, Mchn. 1987.

LITERATUR: *Pan ut av skogene* (in Kritikkjournalen, 1985, S. 43). – I. Sletten Kolloen, *Hamsun må avsløres* (in Aftenposten, 23. 11. 1985; Interview v. O. Hageberg). – Chr. Holliger, Rez. (in NZZ, 2./3. 5. 1987). – R. Stephan, Rez. (in SZ, 20. 5. 1987). – S. Bächli, Rez. (in FAZ, 6. 6. 1987). – H. Daider, Rez. (in Die Zeit, 14. 8. 1987). – J. Kleinstück, Rez. (in Die Welt, 22. 8. 1987). – H. Lodron, Rez. (in Rheinischer Merkur/Christ u. Welt, 28. 8. 1987). – R. Mangold, Rez. (in Stuttgarter Ztg., 3. 10. 1987).

UÅR

(norw.; Ü: *Unjahre*). Roman von Knut FALDBAKKEN, erschienen in zwei Büchern 1974 und 1976. – Faldbakken ist einer der erfolgreichsten und zugleich umstrittensten norwegischen Autoren der Gegenwart. Allein in Norwegen wurde *Uår*, sein bisheriges *opus magnum*, mit mehr als einer halben Million Exemplare verkauft, in aller Welt liegt die Auflage bei weit über einer Million: auch seine übrigen Romane müssen, nach dem Verkauf gerechnet, zu den Erfolgen gezählt werden. Publikum, Kritiker und vor allem die Kollegen werfen Faldbakken immer wieder vor, er erschreibe sich seinen Erfolg durch die Anpassung an Trends, Geschmäcker und Zeitgeist. In der Tat ist es nicht zu übersehen, daß seine Romane immer zur rechten Zeit kommen: Homosexualität, Feminismus, Geschlechterauseinandersetzung, Ökokatastrophe und andere gesellschaftlich brisante Themen bilden die meist spannend aufbereiteten Szenarien, die er psychologisch einfühlsam und mit großer sprachlicher Virtuosität zu behandeln versteht.

Uår, das bisher erfolgreichste Buch Faldbakkens (die Kritik bezeichnete den Roman als eines der wichtigsten Werke der skandinavischen Gegenwartsliteratur), thematisiert, was seit den siebziger Jahren immer mehr Menschen umtreibt: die ökologische Katastrophe. Am Rande der sinnigerweise »Sweetwater« genannten Megalopolis haust eine Gruppe von Menschen auf der Müllkippe der Stadt. Bezogen auf ihren sozialen und intellektuellen Hintergrund kann sich der Leser in den Protagonisten wiedererkennen: der Arzt, der Architekt, der Intellektuelle, die, weil sie mit den funktionalistischen Mechanismen der Wohlstandsgesellschaft nicht mehr zurechtgekommen sind – oder nicht mehr zurechtkommen wollen –, sich auf den Kehrichthaufen der Moderne zurückgezogen haben; hier lernen sie, die von Ackerbau und Viehzucht keine Ahnung haben, die den Geschmack von Naturprodukten nicht ertragen können, weil sie an die Plastik- und Chemieprodukte gewöhnt sind, erst einmal zu leben, dann zu überleben. Sie werden wieder zu Bauern und Jägern, werden aber auch zu Gejagten im Überlebenskampf. *Uår* wirkt deshalb so intensiv, weil der Autor analysiert, beschreibt, dekuvriert, ohne den moralisierenden Zeigefinger zu erheben. *Uår*, bei seinem Erscheinen 1974 in Norwegen als Science-fiction angesehen, ist seither immer aktueller geworden, sein Schauplatz irgendwo in den heißen Regionen der Vereinigten Staaten ist uns inzwischen nähergekommen.

»*Allan Ung und Lisa zogen eines Nachmittags Anfang März auf die Mülldhalde hinaus*«. Ihre Habe ist in zwei Koffern, einem Seesack und einer Plastiktüte untergebracht, der vierjährige mager-zähe Boy wird von seiner bleichen Kind-Mutter auf dem Arm getragen – was mit dieser Szene beginnt, ist der realitätskritische, ungemein politische und psychologisch einfühlend geschriebene »Entwicklungsroman« der Zivilisierung einer Müllgesellschaft und der Dezivilisierung der Stadt des Überflusses, Sweetwater. Das Leben selbst, das Überleben auf der Müllhalde ist mühsam. Gestank, Verwesung, Fliegen und Ratten sind die ungewohnten Begleitumstände, aber darüber hinaus kein Problem, da die Wegwerfgesellschaft das Nötigste – und auch ein wenig Luxus – allstündlich und kostenlos zur Verfügung stellt. In dieser Parasitengesellschaft herrschen die Regeln des Darwinismus, der Kampf um Raum und die Suche nach Nahrung sind die normalen Begleitumstände des Lebens: Die Ruhe des Mülls wird dankbar als neue Erfahrung nach der Hektik der Stadt empfunden.

Diese Ruhe wird allerdings gleichzeitig durchströmt von der nervösen Ahnung eines kommenden Unheils, die Gefühle der Menschen sind so undurchdringlich und so bleiern wie die heißen Luftschwaden über der Stadt und ihrer Deponie. Das schöne alternative Leben gebiert nicht Humanität und Edelmut, es verlängert nur die Überlebenskämpfe der Zivilisation: Kampf, Haß, Neid, Verfall kennzeichnen es bald. Das erste Buch des Romans, *Aftenlandet (Abendland)*, handelt hiervon: der Einrichtung des Lebens, der Kultivierung des Müllbergs, der Bekanntschaft mit anderen, die bereits vorher dorthin gezogen waren.

Im zweiten Buch, *Sweetwater*, wird der endgültige soziale, politische und zivilisatorische Niedergang beschrieben. Die Megalopolis kollabiert, Energie- und Lebensmittelknappheit haben den Überfluß beendet, damit ist den Müllmenschen die Lebensgrundlage entzogen. Verschlimmert wird die Lage dadurch, daß immer mehr Menschen auf die Kippe ziehen, daß Tiere, die jetzt zur Ernährung notwendig sind – Krähen, Echsen, Ratten, Hunde –, knapper werden. Menschen werden geboren und sterben im Müll. Hunger und Durst, Gewalt und Gegengewalt zeugen Mord und Totschlag, die Müllkippe wird unbewohnbar. Der Kulturmensch hat sich endgültig zum Höhlenmenschen zurückentwickelt: ». *.. von der kleinbürgerlichen Dekoriergesellschaft in Null Komma nix zurück ins Stadium der Höhlenmenschen! Wir haben hier draußen ja einen Vorgeschmack bekommen. Wir sind sozusagen die reinste Avantgarde*«. Die Stadt ist durch Seuchen und Bürgerkrieg entvölkert. Militär und Polizei bekriegen sich, die Restbevölkerung wird mit Gewalt und Terror in Schach gehalten; von der Müllkippe über von Gras bewachsene Autobahnen in die Stadt zurückgekehrt – auch hier hat die Natur wieder über den Beton gesiegt –, können auch die Parasitenmenschen der Deponie keine Überlebenschancen mehr finden.

Der Zivilsationspessimismus der beiden Bücher endet – formal wenig überzeugend – in einem Besserungslager, in dem sich die überlebenden Protagonisten auf Druck einer humanen Ordnungsmacht zu nützlichen Mitgliedern einer neuen Gesellschaft umziehen lassen. Die Hoffnung auf eine bessere Zukunft wird vom Hauptakteur jedoch nicht begriffen, denn die Ursache allen Übels, auf die Allan nicht kommt, liegt in dem Mangel »*an Zusammenhang zwischen dem, was die Politiker sagen, und dem, was in Wirklichkeit geschieht, Worte und Taten. An der Stelle schleicht sich der Wahnsinn in die Gesellschaft ein.*« B.He.

AUSGABEN: Oslo 1974; ern. 1978; ern. 1978 *(Aftenlandet).* – Oslo 1976; ern. 1978 *(Sweetwater).*

ÜBERSETZUNG: *Unjahre*, A. Bruns, Mchn. 1983.

LITERATUR: A. Kittang, *Romanforfatteren som mytograf. Formproblem i K. F.s »Uår«-romaner* (in Vinduet, 35, 1981, Nr. 2, S. 17–27). – M. Lyche Ramberg, *Fanget av natur og samfunn. K. F.s diktning med hovedvekt på dobbeltromanen »Uår«* (in *I diktingens brennpunkt*, Hg. R. Nyboe Nettum, Oslo 1982, S. 253–270). – E. Hartl, Rez. (in Die Presse, 22./23. 10. 1983). – E. Schütz, Rez. (in FRs, 5. 11. 1983). – J. Kleinstück, Rez. (in Die Welt, 19. 11. 1983). – B. Mogge, Rez. (in Rheinischer Merkur/Christ u. Welt, 6. 1. 1984). – J. Glauser, Rez. (in NZZ, 23. 1. 1984).

JOHAN FALKBERGET

eig. Johan Petter Lillebakken

* 30.9.1879 Rugeldalen bei Røros
† 5.4.1967 Røros

LITERATUR ZUM AUTOR:
E. Døhl, *J. F. Bergstadens dikter*, Oslo 1936; ern. Trondheim 1971. – F. Paasche, *J. F. på*

60-årsdagen, Oslo 1939. – J. Kojen, *Dikteren fra gruvene*, Oslo 1949. – R. Thesen, *J. F. og hans rike*, Oslo 1959. – K. M. Kommandantvold, *J. F.s bergmannsverden. Mennesker, motiver og symboler*, 2 Bde., Oslo 1971. – Aa. Falkberget, *Far og mor i unge år*, Oslo 1971. – Dies., *I Trondalen og på Ratvolden*, Oslo 1974. – S. Aa. Aarnes, *F. og de gode hjelperne hans* (in Nordisk tidskrift för vetenskap, konst och industri, 52, 1975, S. 393–414). – S. Kojen, *Arbeidsfolk og arbeidsliv i F. s diktning* (in *Falkberget nå*, Oslo 1979, S. 141–162). – L. Mæhle, *Tankar og tru i J. F.s diktning* (ebd., S. 163–180). – K. M. Kommandantvold, *Fra vise til salme: en studie i J. F.s poesi*, Oslo 1980. – G. Hansen, *J. F.* (in P. Anker u. a., *Norske klassikere*, Oslo 1985, S. 134–145). – H. Svenne, *J. F. 1879–1967. Et forsøk på en bibliografi over J. F.s bøker*, Drammen 1985.

CHRISTIANUS SEXTUS

(norw.; Ü: *Im Zeichen des Hammers*). Romantrilogie von Johan FALKBERGET, bestehend aus Teil 1: *De første geseller*, 1927 *(Die drei Gesellen)*, Teil 2: *I hammerens tegn*, 1931 *(Im Zeichen des Hammers)*, Teil 3: *Tårnvekteren*, 1935 *(Der Turmwächter)*. – Diese historische und sozialkritische Romantrilogie spielt in der Nähe der schwedischen Grenze nach der Beendigung des Nordischen Krieges (1700–1721). Dopp, ein eitler und ehrgeiziger Mann, der darunter leidet, daß er im Krieg degradiert worden ist, möchte sich von diesem Makel befreien. Er hofft, eine große Erzader zu finden; nach langem Umherirren hat er schließlich Erfolg. Aus Schweden, wo große Not herrscht, kommen Tol Olofsson, Jon i Vapelberget und Jöns i Bodmyran, um an der Erschließung der Erzader zu arbeiten. Auf ihrem beschwerlichen Weg nach Norwegen treffen die beiden letzteren die Schwestern Draaka und Kari (1. Buch). – Tol Olofsson, der nach Schweden zurückgekehrt ist, um seine geliebte Enkelin Gölin zu holen, stirbt auf dem Rückweg nach Norwegen, nachdem er das Mädchen dem beinamputierten ehemaligen Soldaten Brodde anvertraut hat. Dopp nimmt die beiden in sein Haus auf. Jon und Jöns arbeiten im Erzbergwerk. Kari, die von Jon ein Kind erwartet, stirbt bei der Geburt, und Jon erhängt sich. Draaka und Jöns dagegen leben glücklich miteinander, bis sie unverschuldet in Not geraten (2. Buch). – Eine plötzliche Krise führt dazu, daß Dopp in beträchtliche Schulden gerät. Er kann seine Grube nicht mehr betreiben und muß sie dem »Røraiske Kobberverk« überlassen. Erneut macht er sich auf die Suche, und wiederum findet er eine Erzader. Draaka und Jöns ziehen in die Stadt, und Brodde, dessen ganze Sorge der kleinen Gölin gilt, erhält die frei gewordene Stelle eines Turmwächters (3. Buch).
Im Zentrum der Trilogie steht allein die Geschichte der Grube »Christianus Sextus«, mit der die Schicksale aller auftretenden Personen verbunden sind. Falkberget, dem das Erzbergwerk Røraas, in dem sein Vater arbeitete, von Jugend auf vertraut war, stützte sich auf historische Dokumente aus der Bergwerksgeschichte und verwandte außerdem vieles, was dort in Erzählungen aus der Vergangenheit überliefert wurde. Des Autors besonderes Interesse gilt der Schilderung des historischen Hintergrunds und der Kritik an den sozialen Verhältnissen in einer Nachkriegszeit. Damit liegt die Vermutung nahe, daß er diesen Stoff wählte, um seiner Gegenwart – ebenfalls einer Nachkriegsepoche – den Weg zu friedlicher Arbeit zu zeigen und sie zu der tapferen Selbstbehauptung zu ermutigen, die er in seinem Werk verherrlicht. Bemerkenswert gut gelungen sind die Charakterporträts und die Naturbeschreibungen (besonders zu Beginn des zweiten Buchs).   H.Ue.

AUSGABEN: Oslo 1927 (Bd. 1: *De første geseller*). – Oslo 1931 (Bd. 2: *I hammerens tegn*). – Oslo 1935 (Bd. 3: *Tårnvekteren*). – Oslo ^{5}1969 (in *Verker*, 12 Bde.). – Oslo 1979 (in *Verker*, 15 Bde.).

ÜBERSETZUNGEN: *Grube Christianus Sextus*, E. Ihle, Lpzg. 1937 [1. Bd.]. – *Im Zeichen des Hammers*, dies., Lpzg./Mchn. 1938 [vollst.].

LITERATUR: F. Paasche, *J. F. og »Christianus Sextus«* (in Samtiden, 1936) – E. E. Johnsen, *Om J. F. og »Christianus Sextus«* (in Edda, 53, 1953, S. 275–307). – V. Ystad, *»Christianus Sextus« – monument over en svunnen tid* (in *Falkberget nå*, Oslo 1979, S. 67–94).

DEN FJERDE NATTEVAKT

(norw.; Ü: *Die vierte Nachtwache*). Roman von Johan FALKBERGET, erschienen 1923. – Der Roman spielt zu Anfang des 19. Jh.s und erzählt die Geschichte des Pfarrers Benjamin Sigismund. Zusammen mit seiner Frau Kathrine, die als *»jammervoll grau und dünn«* beschrieben wird, tritt er sein neues Amt in der alten Bergmannsstadt Røros an. Sigismund, ein stattlicher, anziehender Mann, ist zu Beginn ein selbstzufriedener, autoritätsbewußter, aber nichtsdestoweniger tief religiöser Pastor, der sein Amt mit großer Strenge ausübt. Obwohl der Küster Ole Korneliusen, im Volksmund Ol-Kanelesa genannt, ihn mit geheimnisvollen Andeutungen davor warnt, seine Nichte Gunhild Bonde mit David Finne zu trauen (er weiß, daß Gunhild diesen Mann nicht liebt), verbindet Sigismund die beiden. Nicht nur für das Paar, auch für ihn selbst ergeben sich daraus schwerwiegende Folgen: Er beginnt ein Verhältnis mit der reizvollen Gunhild, die sich an David rächen will. Jahrelang treffen sie sich heimlich im Glockenturm, können aber nicht verhindern, daß die Leute über ihre Zusammenkünfte klatschen. Der Geistliche leidet schwer unter dem Gefühl, seiner Frau unrecht zu tun und vor Gott versagt zu haben. Schließlich bricht er die Beziehung zu Gunhild ab. David Finne begeht wenige Tage später Selbstmord, und auch Benjamins

Frau stirbt, nachdem dieser ihr von seiner Liebe zu Gunhild erzählt hat. Seine Gemeinde bleibt der Kirche fern, in der er, selbst ein Sünder, die Gebote Gottes verkündet. Der einst so selbstsichere, nun von Gewissensqualen gepeinigte Pfarrer lernt in einsamen Jahren, ein demütiger Diener des Herrn zu werden. Gunhild bleibt, vom Dorf verachtet und sich selbst der Schuld an Davids Tod bewußt, allein zurück, einsamer denn je, da man eines Tages ihren Onkel Ol-Kanelesa erfroren aufgefunden hat.

Der Titel des Romans spielt auf die Nachtwachen Jesu im Garten Gethsemane an. Die dritte Nachtwache ist auf dem Altarbild in Sigismunds Kirche dargestellt, und die dreimalige Mahnung Christi »Wachet und betet, daß ihr nicht in Anfechtung fallet. Der Geist ist willig, aber das Fleisch ist schwach« (Matthäus, 26, 41) ist für den Pastor zum persönlichen Bekenntnis geworden. Er liest diese Worte am Karfreitag seiner Gemeinde vor, und in der folgenden Nacht, während der »vierten Nachtwache«, stirbt er – ein Diener, der der Mahnung seines Herrn folgte und Erlösung gefunden hat.

Wie andere skandinavische Autoren (etwa Selma LAGERLÖF, Sigrid UNDSET oder Olav DUUN) in bestimmten Phasen ihrer künstlerischen Entwicklung setzte auch Falkberget sich eine Zeitlang intensiv mit religiösen und ethischen Fragen auseinander. Mit großer Eindringlichkeit gestaltet er – besonders in den Dialogen – die schweren Konflikte, deren Überwindung einen Menschen zum wahren Christen werden läßt. – Eine der gelungensten Gestalten des Buches ist Ol-Kanelesa, der in seiner volkstümlich-schlichten Weisheit, seinem Humor und seiner tiefen Gläubigkeit als einziger seinen Weg geht, ohne Schuld auf sich zu laden.

F.W.V.–H.Ue.

AUSGABEN: Oslo 1923. – Oslo ⁵1969 (in *Verker*, 12 Bde.). – Oslo 1979 (in *Verker*, 15 Bde.).

ÜBERSETZUNG: *Die vierte Nachtwache*, G. Niedermeyer, Bln. 1928.

LITERATUR: L. Hernes, *50 åringen »Den fjerde nattevakt«* (in Samtiden, 82, 1973, S. 609–624). – Ders., *Dramatisk roman og erotisk drama* (in L. Bliksrud, *Søkelys på fem nyrealister*, Oslo 1978, S. 167–186). – K. M. Kommandantvold, *Inledning til »Den fjerde nattevakt«* (ebd., S. 153–166). – P. Amdam, *»Den fjerde nattevakt«* (in *Falkberget nå*, Oslo 1979, S. 49–65).

NATTENS BRØD

(norw.; *Ü: Brot der Nacht*). Romantetralogie von Johan FALKBERGET, erschienen 1940–1959 mit den Titeln *An-Magritt* (1940), *Plogjernet*, 1946 *(Die Pflugschar)*, *Johannes* (1952) und *Kjærlighets veier*, 1959 *(Wege der Liebe)*. – Der Romanzyklus – Falkbergets Hauptwerk – steht in der Tradition des norwegischen historischen Romans, mit dem der Leser zu den verborgenen sozialen und nationalen Wurzeln der norwegischen Geschichte hingeführt werden soll. Das Sujet und zugleich Hauptthema des Zyklus ist der Antagonismus zwischen traditionsverhafteter, meist armseliger bäuerlicher Lebensweise und der aufkommenden vorindustriellen Erzgrubenwirtschaft im Norwegen des ausgehenden 17. Jh.s.

Im herben Gaulatal bei Trondheim erliegen die Pächter und Bauern zunächst der Faszination der neuen Grubenindustrie und verlassen, in der Hoffnung auf ein besseres Leben und vom äußeren Glanz des technischen Fortschritts geblendet, scharenweise ihre Höfe. So geraten sie unter das ausbeuterische Diktat des Kammerherrn, der im Schutz der dänischen Oberhoheit die Abbauarbeiten in der Erzgrube leitet. Die Kohlen- und Erzfahrerin An-Magritt, die Hauptfigur aller vier Romane, ist, obwohl durch uneheliche Herkunft sozial deklassiert, die einzige, der es gelingt, durch Rückbesinnung auf die ursprünglichen Werte des Bauerntums zu einigem Wohlstand zu gelangen. Johannes, ein Deutscher aus der Welt der Schmelzhütten und Repräsentant der neuen Industrie, verlobt sich mit ihr. Aber Neid und Mißgunst der Nachbarn verfolgen An-Magritt, und man bezichtigt sie schlimmster Verbrechen; in einer großen Gerichtsszene erweist sich zwar ihre Unschuld, bei der Heimkehr findet sie jedoch ihren Hof zerstört und ausgeplündert. Mit ungebrochenem Mut beginnt sie die Kolonisierung von neuem, während die sozialen Verhältnisse in ihrer Umgebung sich immer katastrophaler entwickeln. Erst als Johannes, endlich nach schwerer Krankheit mit An-Magritt vermählt, ein neues Schmelzverfahren findet und die verarmten Bauern dadurch am Gewinn teilhaben, zeichnet sich eine Wendung zum Besseren ab. An-Magritt und Johannes leben in einer innerlich erfüllten Ehe, bis Johannes von seinem verkommenen Schwiegervater ermordet wird. Selbst diesen Schmerz kann die leidgeprüfte Frau im Gedenken an ihre »Wege der Liebe« auf dem Totenbett überwinden.

Dem Autor, der selbst als Bergmann tätig war, ist es in diesem Zyklus gelungen, drei verschiedene traditionelle Romantypen (Bauernroman, historischer Roman und sozialkritischer Roman) und deren divergente Erzählhaltungen zu einer Einheit zu verknüpfen: die (oft falsch verstandene) magisch-mythische Natur- und Erdgebundenheit (z. B. in Knut HAMSUNS *Markens Grøde*), das auf präzisen Studien beruhende Erzählen nationaler Geschichte (z. B. Sigrid UNDSETS *Kristin Lavransdatter*) und die an der modernen Sozialkritik sich orientierende, in der Tradition des naturalistischen Kollektivromans stehende Erzählweise. Dank seines Reflexionsvermögens erliegt Falkberget in keiner Phase seines Werks den Gefährdungen dieser literarästhetischen Tendenzen (Blut-und-Boden-Ideologie, steriler Historismus, sozialkritische Plattheit). Vielmehr transponiert er den Konflikt zwischen den zwei historischen Lebenswelten und der im sozialen Umbruch entstehenden Klasse in die spannungsreiche Beziehung zwischen An-Magritt und Johannes, wobei die gegensätzlichen Welten nicht als »Spielebene« eingesetzt werden, sondern stets thematisch unmittelbarer Gegenstand des Romans bleiben. Die fast zwanzig Jahre währende Entstehungszeit des Romanwerks bewirkte, daß vor allem im letzten Band die soziale Thematik zugunsten einer deutlichen Verinnerlichung zurücktritt – ein Vorgang, der den Übergang zu einem typischen Altersstil markiert. F.Pa.

AUSGABEN: Oslo 1940 (Bd. 1: *An-Magritt*). – Oslo 1946 (Bd. 2.: *Plogjernet*). – Oslo 1952 (Bd. 3: *Johannes*). – Oslo 1959 (Bd. 4: *Kjærlighets veier*). – Oslo ⁵1969 (in *Verker*, 12 Bde.). – Oslo 1979 (in *Verker*, 15 Bde.).

ÜBERSETZUNG: Bd. 1: *Brot der Nacht*, K. Christiansen u. H. Fauteck, Gütersloh 1953. – Bd. 2: *Die Pflugschar*, H. Fauteck, Gütersloh, 1955. – Bd. 3: *Johannes*, ders., Gütersloh 1957. – Bd. 4: *Wege der Liebe*, ders., Gütersloh 1962.

LITERATUR: R. Bolling, *J. F.s nye bok* (in Kirke og Kultur, 1941, S. 47–53). – K. M. Kommandantvold, *Broder Jürgen og gullet* (in W. Dahl, *Tekstopplevelser. Ni analyser av norske prosatekster*, Oslo 1969. S. 86–100). – S. Aa. Aarnes, *Et F.-kapittel blir til, Sarepta i Stangvekten i Kjærlighets veier* (in Edda, 75, 1975, S. 138–155). – G. H. Gvåle, *Hedstrøm, myte og prediken* (in Kirke og Kultur, 86, 1981, S. 357–371). – S. Aa. Aarnes, *Skrift og skrivere i J. F.s »Nattens brød«* (in S. Aa. Aa., *Prøveboringer i norsk litteratur*, Øvre Ervik 1983, S. 90–95). – P. Amdam, *Fra modell til symbol. En studie i »Nattens brød«* (in Edda, 65, 1965, S. 193–207).

MALICK FALL

* 13.12.1920 Saint-Louis / Senegal
† 14.7.1978 Saint-Louis

LA PLAIE

(frz.; *Die Wunde*). Roman von Malick FALL (Senegal), erschienen 1967. – Falls einziger Roman spielt während der Kolonialzeit in Saint-Louis-du-Sénégal, der damaligen Metropole von Französisch-Westafrika. Der Protagonist Magamou ist fünfunddreißig Jahre alt, stammt vom Dorf, hat keine französische Schulbildung genossen und lebt als Bettler am Rande des Marktes von Saint-Louis. Magamou ist ein exemplarischer Held der marginalisierten Massen des Volkes, und dem Autor ist in der Figur des »Mannes mit der Wunde« eine Gestalt von hoher Symbolkraft und umfassendem Repräsentationsgehalt gelungen. Die Wunde ist das einzige verbliebene Identitätsmoment des Helden.

Er ist einerseits dem heimatlichen Dorf so sehr entfremdet, daß er nie mehr zurückkehren kann, andererseits ist er in der Stadt nie richtig angekommen. Er vegetiert in Gesellschaft von Tieren an ihrem Rande und lebt von Abfällen, ohne die geringste Aussicht auf Integration und Aufstieg.

Der Protagonist Magamou verläßt seine Heimatregion Oualo im Norden Senegals, um in Saint-Louis Geld zu verdienen. Er beabsichtigt, nach einigen Jahren wieder in sein Heimatdorf zurückzukehren und seine Verlobte Soukeyna zu heiraten. Als der Lastwagen, der ihn nach Saint-Louis transportiert, in einen Straßengraben stürzt, wird Magamou am Knöchel verletzt. Er lehnt es ab, sich im Krankenhaus von Saint-Louis pflegen zu lassen, aber die anfänglich kleine Wunde entzündet sich immer mehr und beginnt, stark zu eitern. Auf dem Marktplatz von Saint-Louis wird Magamou schon bald nur noch *»der Mann mit der stinkenden Wunde«* genannt. Er verbringt seine Zeit auf dem Markt, wo er regelmäßig Nahrung erhält. Die Ärzte des Krankenhauses von Saint-Louis versuchen jedoch mit Hilfe der Polizei, Magamou einzufangen, um ihn durch Amputation des Beines zu heilen. Nach Auffassung des Protagonisten symbolisiert das Krankenhaus den Tod, und er versucht mit allen Mitteln, sich der Betreuung durch die europäischen Ärzte zu entziehen. Eines Tages empfiehlt ihm ein afrikanischer Naturheilkundiger, seine Wunde mit Meerwasser zu waschen. Magamou folgt dem Rat und merkt bald, daß sich sein Zustand immer mehr bessert – bis zur vollständigen Heilung. Aber Magamou fühlt sich unwohl, weil ihn ohne seine Wunde niemand mehr auf dem Marktplatz erkennt. Er ist ein Mensch ohne Identität geworden, der wie ein Geist in der Stadt umherirrt. Er spielt sogar mit dem Gedanken, seinem Leben ein Ende zu setzen. Nach zwei vergeblichen Selbstmordversuchen beschließt er, die alte Wunde wieder aufzureißen. Auf diese Weise, so meint er, wird er seinen ehemaligen Platz in der Gesellschaft wieder erlangen. Alle aber wenden sich voll Grauen von ihm ab, und er stirbt.

Der Roman hat von der Kritik breite Anerkennung erlangt und zählt heute zu den großen klassischen Romanen der französischsprachigen Literatur Afrikas. Neben der symbolträchtigen Figur des »Mannes mit der Wunde« enthält der Roman eine der besten atmosphärischen Beschreibungen von Saint-Louis als Kolonialmetropole. Die französische Kolonialgesellschaft wird durch typische Figuren dargestellt wie den Arzt Bernardy, der als gescheiterter Weißer ein Pendant zum gescheiterten Schwarzen bildet. Beide hassen sich und ähneln doch einander als Produkt der kolonialen Lage, in der beide auf ihre Weise vergeblich ihr Glück machen wollten. P.S.D.

AUSGABE: Paris 1967.

LITERATUR: F. Ojo-Ade, *»La plaie«* (in A. Kom, *Dictionnaire des Œuvres littéraires négro-africaines de langue française*, Sherbrooke 1983, S. 445 bis

447). – D. S. Blair, *Senegalese Literature*, Boston 1984, S. 100/101. – *European language Writing in Sub-Saharan Africa*, Hg. A. Gérard, Budapest 1986, S. 611/612.

ORIANA FALLACI

* 20.6.1929 Florenz

UN UOMO

(ital.; *Ü: Ein Mann*). Roman von Oriana FALLACI, erschienen 1979. – Am Beispiel der Lebensgeschichte des griechischen Oppositionellen und Papadopoulos-Attentäters Alekos Panagoulis behandelt Fallaci die Thematik der moralischen Zulässigkeit des Tyrannenmords. Zugleich erzählt die Autorin, die mit Panagoulis eng verbunden war, ihre eigene Liebesgeschichte. Der Roman beginnt mit einem Prolog, in dem die Beerdigung von Panagoulis, des »Sohnes aus dem Volk«, geschildert wird, dessen Bedeutung das Volk an diesem Tag zum ersten Mal versteht, nachdem er, der politisch Unbequeme, in einem als Autounfall getarnten Attentat ermordet worden ist. Der Roman ist in sechs Teile gegliedert, die den Stationen von Panagoulis' Leben entsprechen, das von Fallaci nach seinem Tod, an sein imaginäres »Du« gerichtet, aufgezeichnet wurde. Alekos Panagoulis, Tyrannenmörder aus moralischer Pflicht, keiner Ideologie angehörend und keinem anderen Gedanken folgend als dem an die Freiheit des Volkes, scheitert an menschlicher Unzulänglichkeit: Die Bombe, die den Junta-General Papadopoulos töten sollte, explodiert nicht, weil der Faden der Zündung zu kurz war. Als sich der Attentäter bereits sicher in seinem Versteck glaubt, wird er von Agenten des Regimes entdeckt. Im folgenden beschreibt Fallaci die grausamen Folterungen, die der Häftling erleiden mußte und von denen er selbst in seinen Aufzeichnungen berichtet. Das Ungewöhnliche des Buches liegt auch darin, daß diese Folter als Paradigma für jede Art von unmenschlicher Tortur beschrieben wird. In einer dramatischen Verteidigungsrede während seines Prozesses, die zu einer Apologie des Individuums gerät, nimmt Panagoulis für sich das Recht in Anspruch, den Tyrannen, der dem Volk die Freiheit nahm, zu töten. Er gibt zwar seine Tat zu, die er aber nicht als Schuld anerkennt, da er einem höheren, moralischen Gesetz folgte. Auch wenn er sich in seinem Bekenntnis zur Gewaltfreiheit auf Jesus und Gandhi bezieht, ist Gewalt in Zeiten der Unterdrückung gerechtfertigt. Als das Ausland Gnade für den Verurteilten fordert und das Todesurteil aus Gründen der internationalen Reputation vom Regime ausgesetzt wird, verlangt er selbst die Todesstrafe, weil er damit einen Akt der Herausforderung und des Protestes setzen will. Siebzehnmal versucht er aus absolut sicheren Gefängnissen auszubrechen, ein Hungerstreik folgt dem anderen. Um weitere Ausbruchversuche zu verhindern, soll schließlich in einem eigens für ihn gebauten Kerker in Form eines Grabes der Wille des Gefangenen zur Rebellion gebrochen werden. Der Held aber ergibt sich nicht: Seine letzte Waffe ist das Wort, die Ironie, mit der er seine Wärter und Folterer herausfordert. In seinem »Grab« beginnt er Gedichte zu schreiben, die später veröffentlicht werden. Nach fünf Jahren Haft wird Panagoulis dann aufgrund einer Amnestie entlassen.

Das Interview der Journalistin Oriana Fallaci mit Panagoulis am Tag der Haftentlassung wird zum Beginn einer Liebesgeschichte, die von jetzt an den roten Faden des Romans bildet. Auch die Erzählperspektive ändert sich: An die Stelle des Rückblicks, den die Autorin aus Panagoulis' Aufzeichnungen rekonstruiert hat, tritt nun die Beschreibung des gemeinsamen Lebens, in dessen Verlauf sich Fallaci immer mehr als »Sancho Pansa« des »Don Quijote« Panagoulis begreift. Nach der Ausreise aus Griechenland und einer Zeit gemeinsamen Lebens in Italien reist Panagoulis auf der Suche nach politischer Unterstützung durch ganz Europa; aber er, der sich keiner politischen Ideologie zurechnen läßt, findet kein Gehör. Als er nach dem Abdanken der Junta nach Griechenland zurückkehrt, bleibt der erwartete triumphale Empfang durch das Volk aus. Für die bevorstehende Wahl läßt er sich als Parlamentskandidat aufstellen und tritt allein zu diesem Zweck in eine liberale Partei ein. Auch der nun folgende Prozeß gegen seine Folterer wird von ihm nicht als Racheakt benutzt, da ein Mann in Ketten in seinen Augen kein ernstzunehmender politischer Gegner mehr ist. Seine Hauptaktivität als Abgeordneter richtet sich nun auf die Suche nach Dokumenten über die Machenschaften der Geheimdienste, womit er beweisen will, daß sich an der politischen Situation auch in der neuen Demokratie nichts geändert hat. Immer mehr sieht er sich Drohungen und Verfolgungen ausgesetzt; nach seinem Austritt aus der Partei ist es nur noch eine Frage der Zeit, wann seine politischen Gegner zuschlagen werden. Unmittelbar vor der geplanten Veröffentlichung der Dokumente stirbt er durch einen als Autounfall getarnten Mordanschlag. Da er seinen Tod voraussah, hatte er Oriana Fallaci das Versprechen abgenommen, die Geschichte seines Lebens und seines politischen Kampfes niederzuschreiben.

Die Begegnung mit Panagoulis wird für die Autorin auch zum Anlaß der Reflexion über ihre eigene journalistische Arbeit: Panagoulis ist der einsame Held, der Dichter-Rebell, der in jedem Land unbequem ist. Sein Ziel ist allein der Kampf für die politische Freiheit. Seine Lebensgeschichte steht stellvertretend für all die unbenannt Gebliebenen, die Fallaci im Lauf ihrer Arbeit kennengelernt hat, die starben, weil sie gewagt hatten, in allen Diktaturen der Welt gegen den Tyrannen zu kämpfen. D.De.

AUSGABEN: Mailand 1979. – Mailand 1985.

ÜBERSETZUNG: *Ein Mann*, T. Kienlechner, Mchn. 1980. – Dass., ders., Ffm. 1982; [10]1987 (FiTb).

LITERATUR: R. Salina Borello, Rez. (in SZ, 5. 4. 1980). – U. Stempel, Rez. (in Basler Ztg., 21. 6. 1980). – U. Kolb, Rez. (in FRs, 6. 9. 1980). – A. Vollenweider, Rez. (in FAZ, 30. 9. 1980). – E. Kummer, Rez. (in Die Zeit, 17. 10. 1980). – G. Pattavina, *Alekos Panagulis. Il rivoluzionario Don Chisciotte di O. F.*, Rom 1984.

HANS FALLADA

d.i. Rudolf Ditzen
* 21.7.1893 Greifswald
† 5.2.1947 Berlin

LITERATUR ZUM AUTOR:
J. Desbarats, *Die deutsche Gesellschaft in den Romanen H. F.s*, Diss. Toulouse 1955. – H.-J. Geerdts, *H. F.*, Bln./DDR 1960. – J. Manthey, *H. F. in Selbstzeugnissen und Bilddokumenten*, Reinbek 1963; ern. 1978 (erw.; rm). – H. Schueler, *H. F. Humanist and Social Critic*, Den Haag/Paris 1970. – H. Bauer, *Zur Funktion der Gespräche in den Romanen H. F.s*, Diss. Wien 1972. – T. Crepon, *Leben und Tode des H. F. Eine Biographie*, Halle/Lpzg. 1978; ern. Hbg. 1981. – H. Möbius, *Der Sozialcharakter des Kleinbürgers in den Romanen H. F.s* (in *Stereotyp und Vorurteil in der Lit.*, Hg. J. Elliott u. a., Göttingen 1978, S. 84–110). – U. Theilig u. M. Töteberg, *Das Dilemma eines deutschen Schriftstellers. H. F. und der Faschismus* (in Sammlung. Jb. für antifaschistische Lit. und Kunst, Nr. 3, Ffm. 1980). – W. Liersch, *H. F. Sein großes kleines Leben*, Bln./DDR 1981; ern. Düsseldorf/Köln 1981. – *H. F. Werk und Wirkung*, Hg. R. Wolff, Bonn 1983. – D. Jürss, *Rausch und Realitätsflucht: eine Untersuchung zur Suchtthematik im Romanwerk H. F.s*, Diss. Zürich 1985.

BAUERN, BONZEN UND BOMBEN

Roman von Hans FALLADA, erschienen 1931. – Anknüpfend an den Landvolk-Prozeß im holsteinischen Neumünster (1929), den der Autor als Berichterstatter einer Lokalzeitung miterlebte, erzählt der Roman die Ereignisse um eine Bauerndemonstration gegen überhöhte Steuern in einer Stadt namens Altholm. Durch das Eingreifen der Polizei findet die Kundgebung ein blutiges Ende. Der Prozeß gegen die Bauernführer und der von den Bauern über die Stadt verhängte Ein- und Verkaufsboykott bilden die Hauptmotive der Handlung.

Obwohl sich der Roman scharf gegen die regierende Sozialdemokratie wendet, liegen ihm gezielt parteipolitische Tendenzen fern. Fallada sucht an den Verhältnissen in und um Altholm charakteristische Züge der Innenpolitik der Weimarer Republik überhaupt zu demonstrieren: »*Meine kleine Stadt steht für tausend andere und für jede große auch.*« In der Rahmenhandlung, *Ein kleiner Zirkus namens Monte* (der ursprüngliche Titel des Romans), wird das am deutlichsten: Ebenso, wie die Zirkusvorstellung von der Kritik verrissen wird, weil der Direktor nicht in der »Chronik« inseriert hat, gerät auch die Auseinandersetzung zwischen den Bauern und dem Staat in das Spielfeld politischer und wirtschaftlicher Interessen von verschiedenen Gruppen und Einzelpersonen, die alle ihren »Brennpunkt« in der Redaktion der »Chronik« haben. Keiner der Handelnden, sei es der Anzeigenwerber Tredup (ein pessimistisches Selbstporträt des Autors), der ehrgeizige Altholmer Bürgermeister Gareis oder der Redakteur Stuff, eine der aufrechtesten Gestalten des Romans, kann sich diesem Spiel entziehen: »*Es ist eine Atmosphäre der ungewaschenen Füße. Es ist der Mief der Kleinstadt, jener Brodem aus Klatsch, Geldgier, Ehrgeiz und politischen Interessen*« (K. Tucholsky). Dank seiner das Geschehen knapp umreißenden dialogreichen Sprache und der konsequent realistischen Erzählweise wurde der Roman bei seinem Erscheinen als Prototyp der »neuen Sachlichkeit« gefeiert. Wesentlich für seinen Erfolg waren aber die – vor allem in der Person des Redakteurs Stuff angelegten – menschlich-optimistischen Perspektiven: »*Das Umschlagen des Alltags-Realismus in eine auf etwas gutem Willen beruhende romantische Gestimmtheit kam der Illusionsbereitschaft des Durchschnitts-Lesers entgegen*« (J. Manthey). W.Cl.

AUSGABEN: Reinbek 1964 (rororo). – Bln./Weimar [3]1971 (in *AW in Einzelausg.*, Hg. G. Caspar).

VERFILMUNG: BRD 1973 (TV; Regie: E. Monk).

LITERATUR: K. Tucholsky (in Die Weltbühne, 1931, H. 14; ern. in K. T.; *GW*, Bd. 3, Reinbek 1961, S. 820–826). – G. Lukács, *Dt. Lit. im Zeitalter des Imperialismus*, Bln. 1950, S. 711–716. – M. Sadek, »*Bauern, Bonzen und Bomben«. Realität und Roman* (in *H. F.*, Hg. R. Wolff, Bonn 1983, S. 43–62).

DER EISERNE GUSTAV

Roman von Hans FALLADA, erschienen 1938. – Der Roman geht auf eine Anregung Emil Jannings' zurück, dem die Erlaubnis zur Verfilmung von *Wolf unter Wölfen* versagt wurde und der sich direkt an Fallada wandte, um sich von ihm ein Drehbuch über das Schicksal eines Berliner Droschkenkutschers schreiben zu lassen. Das Drehbuch kam nicht zustande, Fallada griff die Idee vielmehr auf, um in einer abwechslungsreichen Folge von Einzelepisoden das Bild einer Familie zu zeichnen, die unter den zermürbenden Lebensbedingungen der Jahre nach dem Ersten Weltkrieg allmählich zerfällt. – Der alte Hackendahl, Besitzer eines Droschkenbetriebs, hat wegen seiner Strenge gegen sich selbst und seine Angehörigen den Beinamen »Der eiserne Gustav« erhalten. Doch seiner unbeugsamen Persönlichkeit zum Trotz zerfällt in den unruhigen Kriegs- und Nachkriegsjahren seine Familie: Otto, sein ältester Sohn, der vom Vater maßlos tyrannisiert wird, heiratet kurz vor der Einberufung an die Front heimlich eine bucklige Schneiderin. Erst bei seinem ersten Heimaturlaub bringt er den Mut auf, diese Verbindung einzugestehen. Sein Vater verflucht ihn, und bei der Rückkehr zu seiner Einheit fällt er. Erich, der Lieblingssohn, ist zunächst »Etappenoffizier«, führt dann eine Gruppe revoltierender Soldaten an und beginnt als Devisenschieber und erfolgreicher Schwarzhändler eine zweifelhafte Karriere. Da er sich seines Vaters schämt, der als einfacher Droschkenkutscher weiterleben will, meidet er seine Familie jahrelang; eine mißglückte finanzielle Spekulation zwingt ihn jedoch, seinen Vater um Hilfe zu bitten. Gustav aber, der durch die Inflation sein Geld verloren hat und nur mühsam seinen Lebensunterhalt verdient – inzwischen sind die Taxis aufgekommen –, jagt ihn fort. Die älteste Tochter wird eine vornehme Dame und löst sich völlig von der Familie, die jüngere gleitet in die Halbwelt ab. Nur auf den jüngsten Sohn Heinz scheinen sich Spuren des väterlichen Charakters vererbt zu haben. Gustav bleibt allein mit seiner Frau, die er bittet, ihn nicht mehr »Vater« zu nennen, sondern ihn bei seinem Vornamen anzureden: »... ick möchte nu wieder als Justav leben. Vater is mir ziemlich vorbeijelungen.« Kurz vor seinem Tod unternimmt er in seiner Pferdedroschke eine Fahrt nach Paris, die ihn berühmt macht. Dem Roman wurde von der Reichsschrifttumskammer ursprünglich die Freigabe versagt, bis Fallada, in dessen Werken das Motiv des Generationenkonflikts immer wieder aufscheint, eine Textänderung vornahm; er ließ Gustavs jüngsten Sohn in die NSDAP eintreten. In der Folgezeit schrieb Fallada neben Romanen für Zeitschriften (u. a. *Kleiner Mann – großer Mann, alles vertauscht*, 1934; *Ein Mann will hinauf*, 1941; *Der Jungherr von Strammin*, 1943) und Erinnerungen (*Damals bei uns daheim*, 1941) autobiographisch motivierte Texte wie *Der ungeliebte Mann*, 1940, und *Der Trinker* (1950), 1944 in der Heilanstalt Altstrelitz entstanden. P.W.W.-KLL

AUSGABEN: Bln. 1938. – Bln./Weimar 1963 (in *AW in Einzelausg.*, Hg. G. Caspar). – Reinbek 1978 (rororo).

VERFILMUNGEN: BRD 1958 (Regie: G. Hurdalek). – BRD 1979 (Regie: W. Staudte).

LITERATUR: E. Ter-Nedden, *Ein Wort über F.* (in Bücherkunde, 11, 1941). – H. Slovocher, *Hauptmann and F. Uncoordinated Writers of Nazi-Germany* (in Accent, Urbana 1943). – J. R. Becher, *H. F.* (in Der Aufbau, 1947). – H. Wendt, *Auf schwankendem Grunde, H. F. – Schicksal zwischen den Nationen* (in Sonntag, 16. 2. 1947). – H. Bergholz, *H. F.s Breakthrough* (in Germanic Quarterly, 29. 1. 1956).

JEDER STIRBT FÜR SICH ALLEIN

Roman von Hans FALLADA, erschienen 1947. – Das Kriegsende erlebt Fallada, von Drogensucht gezeichnet, in Berlin. Johannes R. BECHER ist es, der ihm im Herbst 1945 eine Tätigkeit bei der ›Täglichen Rundschau‹ vermittelt und ihn drängt, einen »*großen Roman*« über die Zeit des Nationalsozialismus zu schreiben. Fallada greift dazu auf das Schicksal eines Berliner Arbeiterehepaares zurück, von dem er aus Gestapoakten Kenntnis erhält: »*Die beiden schon ältlichen Leute hatten plötzlich im Kriege angefangen, Postkarten mit Aufrufen gegen Hitler zu schreiben, nachdem sie doch bis dahin kleine Parteiämter bekleidet hatten, und diese Karten hatten sie in den Treppenhäusern sehr begangener Geschäftsbauten niedergelegt.*«

Während des Krieges erfahren Werkmeister Otto Quangel und seine Frau Anna vom Tod ihres einzigen Sohnes, der in Frankreich gefallen ist. Beide gehören nicht dem Widerstand an, auch stehen sie keiner politischen Partei nahe, aber sie beginnen nun, antinazistische Parolen auf Postkarten zu schreiben und diese in Briefkästen und Treppenhäusern zu hinterlegen. Sie werden schließlich von der Gestapo gefaßt und vor dem Volksgerichtshof zum Tode verurteilt; Otto Quangel wird mit dem Fallbeil hingerichtet, Anna kommt bei einem Luftangriff im Gefängnis um. Umrahmt wird die Haupthandlung des Romans von den Schilderungen der Charaktere und Schicksale jener, die im Umkreis des Ehepaares stehen, vor allem der Mitbewohner im Mietshaus Jablonskistraße 58: Zu ihnen gehören auf der einen Seite die Jüdin Rosenthal, die sich nach der Deportation ihres Mannes durch einen Sprung aus dem Fenster weiterer Verfolgung entzieht, und der pensionierte Gerichtsrat Fromm, der Otto Quangel nach seiner Verhaftung Blausäure zuspielt, auf der anderen Seite der Spitzel Borckhausen und der Spieler Enno Kluge, der unschuldig ums Leben kommt und dessen Frau aufs Land flieht, um ein neues Leben zu beginnen, sowie die linientreue Familie Persicke, vor allem aber die Vertreter der Gestapo, darunter Kriminalrat Escherich, der den Fall Quangel bearbeitet.

Auch wenn Johannes R. Becher dem Roman zugestand, er deute »*in einigen Nebenfiguren ... eine andere Möglichkeit des menschlichen Widerstands*« an, trifft dies nur begrenzt zu. Fallada kommt ohne Überzeichnung einiger Charaktere und Situationen nicht aus, eine über die Schilderung der politischen Orientierungslosigkeit seiner Figuren hinausgehende Reflexion über den Faschismus findet nicht statt, vielmehr folgt auch dieser Roman der Verfahrensweise der vorangegangenen Werke Falladas; im Mittelpunkt steht das *»Opferspiel vom kleinen Mann, der nie weiß, was nun, der zur plausibleren Verständlichkeit zwischen sozialen oder politischen Fronten zerrieben wird, in Wirklichkeit aber stets am eigenen, zu geringen Stehvermögen zugrunde geht«* (J. Manthey). M.Pr.

AUSGABEN: Bln. 1947. – Reinbek 1974 u. ö. (rororo). – Bln./Weimar 1965 (in *AW in Einzelbänden*, Hg. G. Caspar). – Rastatt 1980.

VERFILMUNGEN: DDR 1968 (TV; Regie: H.-J. Kasprzik). – BRD 1975 (TV; Regie: A. Vohrer).

LITERATUR: E. Knipowitsch, Rez. (in Ogonjok, 50, 1948). – H. Rein, *Versuch eines Querschnitts* (in Die Neue Literatur, 1950, S. 217–226). – K. Stern, *Nicht die Tat nimmt er zurück. Zur Verfilmung des Romans »Jeder stirbt für sich allein«* (in Neues Deutschland, 279, 1970). – A. Kieser-Reinke, *Techniken der Leserlenkung bei H. F. Ein Beitrag zur Rezeptionsforschung mit einer empirischen Untersuchung des Romans »Jeder stirbt für sich allein«*, Bern u. a. 1979.

KLEINER MANN – WAS NUN?

Roman von Hans FALLADA, erschienen 1932. – Noch vor Veröffentlichung von *Bauern, Bonzen und Bomben* begann Fallada 1930 mit der Arbeit an diesem Roman, der sein erfolgreichstes Werk werden sollte. Die Schilderung der Lebenswelt des kleinbürgerlichen Angestellten, der in den Krisenjahren nach dem Ersten Weltkrieg verzweifelt darum kämpft, der Arbeitslosigkeit zu entgehen, wurde nicht nur durch persönliche Erfahrungen des Autors, sondern auch durch Siegfried KRACAUERS Studie *Die Angestellten* angeregt, die Fallada 1930 gelesen hatte.

Im »Vorspiel« des Romans, überschrieben mit *Die Sorglosen*, heiratet der Buchhalter Johannes Pinneberg seine Freundin »Lämmchen«, die ein Kind von ihm erwartet. Trotz äußerster Sparsamkeit reicht sein Verdienst kaum aus, das gemeinsame Leben zu sichern, zudem verliert er bald seine Stellung, da er durch die Heirat die Tochter seines Chefs verschmäht hat. Das Paar zieht zu Pinnebergs verwitweter Mutter Mia, die in Berlin einen zweideutigen Zirkel von Schiebern, Falschspielern und Amüsiermädchen unterhält. Jachmann, ihr gegenwärtiger Liebhaber, besorgt Pinneberg eine Stellung in der Herrenkonfektion eines Warenhauses, wo er nach dem Verkaufsquoten-System arbeitet; er muß als Verkäufer ein Vielfaches seines Monatsgehalts umsetzen, will er nicht entlassen werden. Als Pinneberg von den wahren Geschäften seiner Mutter erfährt, bezieht das Paar eine eigene kleine Wohnung. Der Kampf um die Erfüllung des Verkaufssolls und die Intrigen der Kollegen zermürben Pinneberg; nur der inzwischen geborene kleine »Murkel« gewährt ihm einen Rest idyllischen Glücks. Aus manchen Schwierigkeiten helfen Jachmann und der erste Verkäufer Heilbutt, aber auch sie können nicht verhindern, daß Pinneberg seine Stellung schließlich verliert. Die Familie muß in ein Schreberhäuschen vor der Stadt ziehen. Im »Nachspiel« *(Alles geht weiter)* ernährt Lämmchen die Familie, indem sie für die Nachbarschaft flickt und näht, Pinneberg geht stempeln. Die Arbeitslosigkeit stürzt ihn in Depression, und als ein Polizist den verwahrlost aussehenden Familienvater vor dem Schaufenster eines Feinkostgeschäfts davonjagt, begreift der Arbeitslose sich als vollkommenen Außenseiter dieser Gesellschaft, *»begreift er, daß er draußen ist, daß er hier nicht mehr hergehört, daß man ihn zu Recht wegjagt: ausgerutscht, versunken, erledigt. Ordnung und Sauberkeit: es war einmal. Arbeit und sicheres Brot: es war einmal... Armut ist nicht nur Elend, Armut ist auch strafwürdig, Armut ist Makel, Armut heißt Verdacht.«* Aber *»das alte Glück«*, *»die alte Liebe«* zu Lämmchen und dem schlafenden Kind richten Pinneberg wieder auf – ohne daß ihm freilich eine Antwort auf die Frage *»Was nun?«* gelingt. Ein Ausweg aus dem Elend ist für Pinneberg nicht in Sicht; die wirtschaftlichen und politischen Verhältnisse bleiben ihm, der immer nur reagieren, nie agieren kann, undurchschaubar. Und als Lämmchen, die aus einer klassenbewußten Arbeiterfamilie stammt, ihn frühzeitig auffordert, bei der nächsten Wahl die Kommunisten zu wählen, zögert Pinneberg: *»Das wollen wir uns noch mal überlegen... Vorläufig haben wir ja noch eine Stellung, da ist es ja noch nicht nötig.«* Allerdings setzt Pinneberg auch dann, als er arbeitslos ist, wenig Hoffnung auf politische Veränderungen, eine Verbesserung seiner sozialen Lage erwartet er, illusionär genug, von der moralischen Besserung der Mächtigen. Letzter Zufluchtsort für ihn bleibt die private Idylle, das Familienglück und das Bewußtsein der eigenen Integrität, allen Anfechtungen zum Trotz. Fallada liefert damit ein detailliertes Psychogramm des deutschen Kleinbürgers in den Jahren vor der nationalsozialistischen Machtübernahme, wie sich der Roman insgesamt durch seinen realistischen Darstellungswillen auszeichnet, der sich in den minutiösen Schilderungen des Alltags der Familie Pinneberg ebenso ausdrückt wie im dialektgefärbten Umgangston der Menschen. R.M.-KLL

AUSGABEN: Bln. 1932. – Hbg. 1950 (rororo 1). – Mchn./Wien 1953. – Bln. 1955. – Bln./Weimar 1962 (*AW in Einzelausg.*, Hg. G. Caspar; ²1965). – Rastatt 1980.

VERFILMUNGEN: Deutschland 1933 (Regie: F. Wendhausen). – *Little Man what now?*, USA 1934 (Regie: F. Borzage). – DDR 1970 (Regie: H. J. Kasprzik; TV).

BEARBEITUNG: *Kleiner Mann – was nun?* Eine Revue von T. Dorst und P. Zadek, Ffm. 1972.

LITERATUR: H. Hesse, Rez. (in Baseler National-Zeitung, 17. 7. 1932). – C. Zuckmayer, Rez. (in

Vossische Zeitung, 7. 9. 1932, Unterhaltungsbeilage). – M. Schroeder, *H. F.* (in Neue dt. Literatur, 1, 1953, H. 12, S. 124–130). – J. Kuczynski, *»Kleiner Mann – was nun« oder Macht und Idylle* (in J. K., *Gestalten und Werke. Soziologische Studien zur deutschen Lit.*, Bln./DDR 1969, S. 350–358). – H. Lethen, *H. F.s »Kleiner Mann – was nun?« und die bürgerlichen Mittelstandstheorien* (in H. L., *Neue Sachlichkeit 1924–1932. – Studien zur Lit. des weißen Sozialismus*, Stg. 1970, S. 156–167). – B. Hüppauf, *H. F. Kleiner Mann – was nun?* (in *Der deutsche Roman des 20. Jh.s* Bd. 1, Hg. M. Brauneck, Bamberg 1976, S. 209–239). – *F.s Kleiner Mann – was nun?* (in Diskussion Deutsch, 9, 1978, S. 133–151). – D. Mayer, *H. F.: Kleiner Mann – was nun? Historische, soziologische, biographische und literaturgeschichtliche Materialien zum Verständnis des Romans*, Ffm. 1978. – J. Améry, *Zeitbetrachtungen, unpolitische und politische. Über H. F.s »Kleiner Mann – was nun?« und Lion Feuchtwangers »Erfolg«* (in J. A., *Bücher aus der Jugend unseres Jh.s*, Stg. 1981, S. 80–94). – D. Steinbach, *H. F. »Kleiner Mann – was nun?«* (in *Deutsche Romane*, Hg. J. Lehmann, Königstein/Ts. 1982, Bd. 2, S. 251 bis 268). – H. J. Frotscher, *H. F. »Kleiner Mann – was nun?«*, Mchn. 1983. – H. Kesler, *H. F.s »Kleiner Mann – was nun?«* (in H. K., *Fakten und Hintergründe*, Lund 1982, S. 40–57).

WER EINMAL AUS DEM BLECHNAPF FRISST

Roman von Hans FALLADA, erschienen 1934. – Wie in Falladas Arbeitslosenroman *Kleiner Mann – was nun?* (1932), der weltweite Resonanz fand und mehrmals verfilmt wurde, steht auch in seinem ebenso erfolgreichen Gefängnisroman die zeit- und wirklichkeitsnah dargestellte sozialkritische Thematik im Vordergrund einer episodenreichen Handlung, die um ein gängiges Motiv des sozialen Romans kreist. Es ist die Problematik des entlassenen Sträflings, der nach dem gescheiterten Versuch, ein bürgerliches Leben zu führen, wieder straffällig wird und resigniert ins Gefängnis zurückkehrt.

Die soziale Odyssee des Willi Kufalt ist jedoch nicht einseitig gesellschaftlich determiniert, sondern zugleich die Folge individueller Fehlleistungen. Kufalt, der mit fünfzehn Jahren das kleinstädtische Gymnasium aufgrund unsinniger Beschuldigungen verlassen und eine Banklehre absolvieren muß, fühlt sich seit diesem Vorfall von seiner Umwelt und von seinem Schicksal betrogen. Eine Unterschlagung bringt ihn ins Gefängnis, aus dem er nach fünf Jahren entlassen wird: *»Auf Erziehung zu einem geordneten, gesetzmäßigen Leben nach der Entlassung ist besonders hinzuwirken. Das Ehrgefühl ist zu schonen und zu stärken.«* Das von Vorurteilen geprägte Verhalten seiner Umwelt aber blockiert den Prozeß der Resozialisierung – Willi Kufalts Versuch, im bürgerlichen Leben wieder Fuß zu fassen, scheitert. Eigene Lebensschwäche, das Mißtrauen seiner Mitmenschen und eine verlogene Strafgefangenenfürsorge vergällen ihm die wiedergewonnene Freiheit. Es gelingt ihm endlich, als Annoncenakquisiteur in einer Zeitung unterzukommen; er lernt ein Mädchen mit einem unehelichen Kind kennen und verlobt sich mit ihr. Die Hoffnung aber, mit ihr zusammen ein normales Leben aufzubauen, zerschlägt sich jäh: Auf den Vorbestraften fällt der unbegründete Verdacht eines kriminellen Delikts, und er wird zu Unrecht verhaftet. Willi Kufalt verläßt seine Braut und geht nach Hamburg, fest entschlossen, eben jene Gesellschaft, die ihn zum asozialen Außenseiter abstempelt, bewußt zu schädigen. Als Mitwisser eines Juwelenraubes, Handtaschenmarder und Dieb gerät er erneut in die Fänge der Justiz, die ihn für sieben Jahre hinter Schloß und Riegel schickt, ein Urteil, das der völlig Demoralisierte mit Erleichterung akzeptiert. Denn das Gefängnis ersetzt dem Rückfälligen Ordnung, Leben, Wärme und Ruhe – eine Heimat, die er außerhalb der Gefängnismauern vergeblich gesucht hat: *»Fein, wenn man wieder zu Hause ist. Keine Sorgen mehr. Fast, wie man früher nach Hause kam, mit Vater und Mutter. Fast? Eigentlich noch besser. Hier hat man seine Ruhe...«* Während Alfred DÖBLIN die themenverwandte Geschichte des vorbestraften Arbeiters Franz Biberkopf in seinem Roman *Berlin Alexanderplatz* (1929) in einem vieldimensionalen, stiltechnisch kühn differenzierten Großstadtepos darstellt, erzählt Fallada den Schicksalsweg seines Willi Kufalt, dem die Freiheit als drückende Last, das Gefängnis hingegen als eigentliches Zuhause erscheint, in einer kunstlos-realistischen Manier, in einem Naturalismus, der die Technik der zeitkritischen Analyse konsequent vorantreibt.

Fallada, der 1933 kurzzeitig von den Nationalsozialisten verhaftet worden war, hatte das Erscheinen des Romans mit Skepsis verfolgt, wie er am 13. 2. 1934 an seine Schwester Margarete schreibt: *»Wir haben auf Vorschlag einiger Redakteure noch einige Stellen gemildert, ich habe auch eine kleine Vorrede geschrieben, in der ein Knix gemacht wird, trotzdem ist nicht ausgeschlossen, daß das Buch verboten wird.«* Das Verbot blieb aus, aber seine Vorsichtsmaßnahmen brachten den Autor in den Verdacht, *»er habe sich den Nazis angebiedert, ja, er sei selbst Parteigänger des neuen Regimes geworden. Zumindest letzteres trifft nicht zu«* (J. Manthey).   M.Ke.

AUSGABEN: Bln. 1934. – Hbg. 1952 (rororo). – Bln./Weimar 1967 (in *AW in Einzelausg.*, Hg. G. Caspar). – Rastatt 1980.

VERFILMUNG: BRD 1962 (Regie: F. Umgelter; TV).

LITERATUR: A. Ehrenstein, Rez. (in Internationale Lit., 1934, H. 3). – H. D. Kenter, Rez. (in Die Literatur, H. 8, 1934). – H. A. Wyss, *Weg und Dichtung, Über die Bücher H. F.s* (in Nationale Hefte, Schweizer Monatsschrift, H. 9, 1934). – H. Rein, *Die große Literatur des kleinen Mannes* (in Einheit [Bln.], H. 8, 1948).

WOLF UNTER WÖLFEN

Roman von Hans FALLADA, erschienen 1937. – Das nationalsozialistische Regime beurteilte die unerwünscht aktuelle, zeit- und sozialkritische Tendenz in den erfolgreichen Romanen Hans Falladas ablehnend. Um einem Verdikt zu entgehen, schrieb der populäre Autor nach *Kleiner Mann – was nun?* (1932) und *Wer einmal aus dem Blechnapf frißt* (1934) zunächst Bücher auf gehobenem Unterhaltungsniveau, die sich von jeder politischen Problematik fernhalten (*Wir hatten mal ein Kind*, 1934; *Das Märchen vom Stadtschreiber, der aufs Land flog*, 1935). Erst mit dem Roman *Wolf unter Wölfen* greift Fallada wieder ein aktuelles, politisch wie sozial brisantes Thema auf, dem er ein für die nationalsozialistische Zensur bestimmtes Vorwort vorausschickt, das indes die offiziöse Ablehnung des Romans von seiten der faschistischen Machthaber nicht mehr verhindern konnte.

»*Wolf unter Wölfen*« ist ein Buch von sündigen, sinnlichen, schwachen, irrenden, haltlosen Menschen, von Kindern einer zerfallenen, irren, kranken Zeit. Aber auch von einigen Aufrechten, Mutigen, Gläubigen. Es ist alles in allem ein Buch für in jedem Sinne Erwachsene.« Es ist der Roman über ein krankes Staatsgebilde, das in keinem Sinne erwachsen war, niedergeschrieben von einem gegenüber allen Illusionen und Ideologien skeptischen Schriftsteller, der als Chronist der Weimarer Republik sowie als Verfasser historischer Romane von kaum verblaßter Aktualität sowohl zeitgeschichtliches als auch literarisches Interesse verdient. Fallada schildert die turbulenten Vorgänge des Inflationsjahres zwischen Juli und Dezember 1923, einer Zeit, die er mit Hilfe brillanter erzähltechnischer Mittel, vor allem der Reportage und eines streng wirklichkeitsbezogenen Naturalismus spektral zergliedert und in einem epischen Längs- und Querschnitt durch das zerklüftete gesellschaftliche Panorama der Inflation rekapituliert. Der Roman verfolgt das Schicksal dreier ehemaliger Soldaten desselben Regiments, die der tolle Wirbel einer aus den Fugen geratenen Epoche zusammenführt, Nachkriegsschicksale, deren haltloses Taumeln im Totentanz einer wahnwitzig selbstzerstörerischen Zeit untergeht: Der Rittmeister Joachim von Brackwitz-Neulohe scheitert an dem Versuch, sein gepachtetes Rittergut zu bewirtschaften, und endet in Bankrott und Wahnsinn. Der Oberleutnant Studtmann versagt als Empfangschef eines Berliner Hotels und zieht sich, deprimiert durch den Niedergang des Ritterguts seines Freundes, den auch er nicht aufhalten kann, in ein privates Sanatorium zurück. Der Fähnrich Wolfgang Pagel, die dritte Hauptfigur, ein Glücksspieler, findet auf dem Gut zu sich selbst und rettet sich aus dem allgemeinen Auflösungsprozeß in ein Medizinstudium.

Die morbide Hektik und Hysterie Berlins und der gärende Unfriede auf dem ländlichen Rittergut Neulohe bilden den atmosphärischen Hintergrund dieses Inflationsromans, der durch alle Gesellschaftsschichten und Milieus hindurch die rasende Geldentwertung verfolgt: »*Irgendwo in dieser Stadt stand eine Maschine ... und erbrach Tag und Nacht Papier über die Stadt, das Volk. ›Geld‹ nannten sie es, sie druckten Zahlen darauf, wunderbare, glatte Zahlen mit vielen Nullen, die immer runder wurden. Und wenn du gearbeitet hast, wenn du dich geschunden hast, wenn du dir etwas erspart hast auf deine alten Tage – es ist schon alles wertlos geworden, Papier, Papier und Dreck!*« Hunger und Elend, Sorge und Not breiten sich wellenförmig aus, erfassen alles und alle, die sich im irren Tanz um das Goldene Kalb anschließen. Huren und Schieber, Schwarze Reichswehr und Fememörder, Putschisten und korrumpierte Beamte, Hochstapler und Spieler, demoralisierte Bourgeois und verarmte Aristokraten – sie alle kämpfen um ihre im Bodenlosen versinkende Existenz: »*Heute kämpft jeder für sich allein und gegen alle.*« Der Krieg findet seine Fortsetzung in einer militanten Nachkriegszeit, deren Signaturen Fallada ähnlich der zeitgenössischen Berichterstattung fixiert. Eingeschobene Zeitungsmeldungen schildern das politische Klima: »*Verzweifelte Lage eines verzweifelten Volkes, verzweifelt handelt jeder einzelne Verzweifelnde.*« Erst das Wunder der Rentenmark glättet die aufgewühlte Brandung dieser Zeit, die nichtsdestoweniger ihrer nahen Katastrophe entgegensteuert. M.Ke.

AUSGABEN: Bln. 1937. – Bln. 1951. – Hbg. 1952 (rororo). – Bln./Weimar 1967 (in *AW in Einzelausg.*, Hg. G. Caspar; Nachw. G. Günther). – Rastatt 1980.

VERFILMUNG: DDR 1968 (Regie: H.-J. Kasprzik)

LITERATUR: H. Scheffler, Rez. (in Die Literatur, H. 6, 1937/38). – K. Korn, *Moira und Schuld* (in NRs, 1938, S. 603 ff.). – K. Kersten, *H. F. unter den Wölfen* (in Das Wort, H. 2, 1938). – W. Türk, *Inflationstiden i litteraturspeil* (in Samtiden, 1938, S. 428–437). – H. Rein, *Die große Literatur des kleines Mannes* (in Einheit [Bln.], H. 8, 1948).

JAKOB PHILIPP FALLMERAYER

* 10.12.1790 Tschötsch bei Brixen
† 25.4.1861 München

FRAGMENTE AUS DEM ORIENT

Essaysammlung von Jakob Philipp FALLMERAYER, erschienen 1845. – Der Autor, neben Joseph Freiherr von HAMMER-PURGSTALL (1774–1856), Ludwig Ross (1806–1856) und Anton PROKESCH (1795 bis 1876) einer der ersten deutschen Orientalisten und Byzantinisten, vereinigte in diesem Sammelwerk alle jene Berichte, die er während einer zweijährigen Orientreise in den Jahren

1840–1842 für die damals weitverbreitete ›Augsburger Allgemeine Zeitung‹ geschrieben hatte. Diese Reise ging von Regensburg donauabwärts zum Schwarzen Meer und führte ihn nach längeren Aufenthalten in Trapezunt, Konstantinopel und am Heiligen Berg Athos nach Athen und von dort über Triest und Venedig zurück. Das wissenschaftliche Ansehen Fallmerayers gründete sich während des 19. Jh.s hauptsächlich auf die von ihm entwickelte Slaven-Theorie, die, im Widerspruch zum allgemeinen klassizistischen Philhellenismus der Zeit, für die heutige griechische Bevölkerung hauptsächlich slavische und albanische Ursprünge annimmt. Diese schon in einer Akademierede von 1835 scharf formulierte These wird in den *Fragmenten* jedoch gemildert: »*Die einst zwischen dem mazedonischen Olymp und der Südspitze des Peloponnes einsässigen ... Hellenen wurden in nachweisbarer Zeit auf gewaltsamen Wegen dem größeren Teile nach vernichtet, die Reste aber mit eingewanderten transdanubischen Slaven und anderen Fremdlingen in einer Weise vermischt, gekreuzt und zersetzt, daß die gegenwärtigen Bewohner jener Distrikte, wenn sie jetzt auch griechisch reden, doch nicht mehr als echte Nachkommen der alten Bevölkerung zu betrachten sind.*« Dieser Phase der slavischen Überfremdung folgte nach Fallmerayer eine Periode der byzantinischen Wiederbesiedlung und kulturellen Umwälzung, die der Autor als Philologe vor allem aus slavischen und byzantinischen Ortsnamen ableitet.
Seine Slaven-Theorie erlaubt Fallmerayer weiterhin, Griechenland als äußersten, vorgeschobenen Bereich des riesigen slavischen Kulturkreises anzusehen und damit eine zweite theoretische Position zu befestigen: Er arbeitet scharf heraus, daß der kulturellen Entfaltung Europas nicht ein einsträngiger, sondern ein doppelter Wachstumsprozeß zugrunde liegt. Während noch Hegel in seiner großräumigen idealistischen Geschichtskonstruktion den Slaven keinerlei Bedeutung zugemessen hatte, ist für Fallmerayer die Polarität von Ost und West, Orient und Okzident die Grundlage aller historischen Entwicklung der letzten Jahrhunderte. »*Alle Geschichte ist seit bald achtzehn Äonen nur Resultat des Kampfes der beiden Grundelemente, in welche diese eine göttliche Urkraft von Anbeginn auseinanderging: beweglicher Lebensprozeß auf der einen Seite und formlos unausgegorenes Insichverharren auf der andern. Sinnbild des ersten ist die ewige Roma mit dem ganzen dahinterliegenden Okzident, Sinnbild des andern Konstantinopel mit dem erstarrten Morgenland.*« – »*Daß aber die Slaven der eine der beiden Weltfaktoren, oder wenn man lieber will, der Schatten des großen Lichtbildes der europäischen Menschheit seien und folglich die Konstitution des Erdbodens ohne ihr Zutun im philosophischen Sinne nicht rekonstruiert werden könne, ist die große wissenschaftliche Häresie unserer Zeit.*«
Diese spekulativen Formulierungen sind methodisch jedoch nicht einem idealistischen Geschichtsmodell, sondern eher dem aufkommenden antimetaphysischen, positivistischen Wissenschaftsideal des 19. Jh.s verpflichtet. – Darüber hinaus macht die beinahe feuilletonistische Form des »Fragments«, die die systematische Darstellung in den Hintergrund treten läßt, das Orientbild Fallmerayers zu mehr als einem Stück überholter Wissenschaftsgeschichte. Der überaus lebhafte und nuancenreiche Prosastil des liberalen Gelehrten hat literarischen Rang, und seine reizvollen Beschreibungen anatolischer und türkischer Landschaften halten durchaus den Vergleich mit den besten Beispielen aus der Tradition der im 19. Jh. geschätzten »Reisebilder« aus. Die zu einem lockeren, fortlaufenden Reisebericht zusammengefügten Essays bauen auf einer Fülle von teilweise schon früher ausgearbeiteten Einzelstudien auf (so etwa der *Geschichte des Kaisertums von Trapezunt*, 1827), die auch den zeitgenössische politische Situation unter dem Einfluß der europäischen Großmächte mit umfassen. Fallmerayer beurteilt die Möglichkeit verstärkter westlicher Einflußnahme oder gar der Entstehung eines stabilen Staatsgebildes westlicher Prägung auf dem Balkan skeptisch, weil die erstaunlich starke völkische Einheit des kleinasiatischen Raumes den alten Gegensatz von lateinischem Abendland und griechisch-slavischem Orient unvermittelt aufrechterhalte. KLL

Ausgaben: Stg. 1845, 2 Bde. – Lpzg. 1861 (in *GW*, Hg. G. M. Thomas, 3 Bde., 1). – Mchn. 1913 (in *Schriften und Tagebücher*, Hg. H. Feigl u. E. Molden, 2 Bde., 2; Ausw.). – Wien 1943 (in *Byzanz und das Abendland. AS*, Hg. E. Mika). – Weimar 1943 (in *Hellas und Byzanz*, Hg. H. Eberl; Ausw.). – Gernsbach 1961 [Ausw.]. – Mchn. 1963 [Ausw.; Vorw. H. Reidt].

Literatur: K. Wolfskehl, *F., der Fragmentist* (in Frankf. Ztg., 2. 5. 1926; ern. in K. W., *GW*, Bd. 2, Hbg. 1960). – H. O. Eberl, *J. Ph. F.s Schriften in ihrer Bedeutung für die historische Erkenntnis des gräkoslawischen Kulturkreises*, Bln. 1930. – K. Hünke, *Das Bild der Alt- und Neugriechen bei F.* (in Die Sonne, 13, 1936). – H. Seidler, *J. Ph. F.s geistige Entwicklung. Ein Beitrag zur deutschen Geistesgeschichte des 19. Jahrhunderts* (in ABAW, phil.-hist. Kl., N. F., 1947, H. 26). – E. Antonopulo, *J. Ph. F., eine Untersuchung der »Fragmente aus dem Orient«*, Diss. Wien 1948. – F. Babinger, *Der Akademiezwist um J. Ph. F. (1851)* (in ABAW, phil.-hist. Kl., N. F., 1959, H. 26).

RONALD FANGEN

* 29.4.1895 Kragerø
† 22.5.1946 Fornebu bei Oslo

Literatur zum Autor:
S. Stolpe, *R. F.* (in S. St., *Fem norrmän*, Oslo 1943, S. 120–178). – C. F. Engelstad, *R. F. En mann og*

hans samtid, Oslo 1946. – E. Y. Elseth, *R. F. Fra humanist til kristen*, Oslo 1953. – S. Aa. Aarnes, *Idé og diktning i R. F.s romaner* (in Norsk Litterær Årbok 1970, S. 59–68). – H. Fæhn, *R. F., troen og kirken* (in Kirke og Kultur, 85, 1980, S. 130–144). – P. Lønning, *R. F. – teologisk plasserbar?* (ebd., S. 153–161). – B. Hougaard, *R. F.: en sekundærbibliografi*, Oslo 1980. – B. Torvild Oftestad, *Kristentro og kulturansvar hos R. F.*, Oslo 1981.

DUEL

(norw.; *Duell*). Roman von Ronald FANGEN, erschienen 1932. – Der eigentümlichen und spannungsreichen Freundschaft zwischen zwei ehemaligen Schulkameraden, dem nunmehr berühmten Professor Georg Røiter und dem Landarzt Klaus Hallem, lag von jeher weit mehr Rivalität zugrunde als innige Verbundenheit. Beide waren ursprünglich zwar gleich begabt gewesen, die äußeren Umstände aber hatten den weiteren Lebensweg der Freunde auseinandergeführt. Hallems Söhne Rolf und Fredrik verkehren nun als Studenten in Røiters Haus; Fredrik verlobt sich mit dessen Tochter Sonja. Røiter, eine nach außen ruhig und sicher wirkende Persönlichkeit, erkennt allmählich, daß er von einer tiefen Lebensangst befallen ist, die seit seiner Kindheit nicht von ihm gewichen ist. Sie ist begleitet von der Angst vor der Einsamkeit, die ihn auch einstmals veranlaßt hatte, sich besonders Klaus Hallems anzunehmen. Jener wiederum, unzufrieden mit sich selbst, nicht zuletzt der strahlende Erfolge seines Freundes wegen (Røiter hatte ihn überdies zweimal vor dem Selbstmord bewahrt), fühlte sich immer unterlegen; jetzt ist er voller Selbstanklage. Die Freundschaft ist abgekühlt, und beide versuchen sich selbst Rechenschaft über ihre Fehler zu geben und zu besserer Einsicht zu kommen. Hallem glaubt schließlich, seine aus Bewunderung und Haß, Neid und Dankbarkeit bestehende Bindung an Røiter nicht überwinden zu können, und nimmt sich das Leben. Røiter überlebt den Freund nur kurze Zeit.

Dieses populärste Buch Fangens, das in zehn Sprachen übersetzt wurde, ist gedanklich wie stofflich wohl sein interessantestes Werk. Der äußere Rahmen erscheint allerdings zu weit gespannt; darin liegt eine gewisse Schwäche. So wird die Problematik der unglückseligen Freundschaft von der breiten Schilderung des Gegenwartsmilieus überwuchert, die Kontinuität des Hauptgeschehens von zu vielen Nebenhandlungen beeinträchtigt. Die Technik der Retrospektive, die der Aufdeckung der seelischen Konflikte dient, ist dem Thema angemessen: In langen Reflexionen und Reminiszenzen machen Røiter und Hallem sich allmählich die Ursachen und Gründe ihrer gegenseitigen Haßliebe bewußt. H.Ue.

AUSGABEN: Oslo 1932. – Oslo 1948 (in *Samlede verker*, 9 Bde.).

MANNEN SOM ELSKET RETTFERDIGHETEN

(norw.; Ü: *Der Mann, der die Gerechtigkeit liebte*). Roman von Ronald FANGEN, erschienen 1934. – Der rechtschaffene und tüchtige Schuhmachermeister Gottfried Stein heiratet, nachdem seine geliebte Frau im Kindbett gestorben ist, aus purem Pflichtgefühl die einst von ihm verlassene Henriette, wird jedoch in dieser neuen Ehe nicht glücklich. Er fühlt sich vom Leben ausgeschlossen und versucht, den Verlust seiner ersten Frau dadurch zu kompensieren, daß er sich zum Wahrer der Gerechtigkeit aufwirft, was ihn jedoch immer mehr seinen Mitmenschen entfremdet. Schom beim geringsten Anlaß kann sich seine fixe Idee zum Fanatismus steigern. So hat Hemmel, ein Mitglied des Zunftvorstands, dem Trinker Müller aus der Zunftkasse Geld gegeben, da dieser ihm geschrieben hatte, er habe sich das Bein gebrochen. Stein hatte von Müller einen gleichlautenden Brief bekommen und auch den an Hemmel gesehen. Da stellt sich heraus, daß Müller gelogen hat: Stein will daher den Vorfall zur Sprache bringen, während Hemmel, der nicht zugeben will, genarrt worden zu sein, die Existenz des Briefs leugnet. Von Stein daraufhin grob beschimpft, zeigt Hemmel ihn an, und der Schuster, der in seinem Hochmut und seiner Halsstarrigkeit glaubt, das Recht erzwingen zu können, wird zu einem Tag Haft und zu schriftlicher Entschuldigung verurteilt.

Der Gefängnisaufenthalt macht Stein noch hochmütiger. Auf einer Reise begegnet er einem berühmten Richter, von dem er sich sagen lassen muß, daß er niemals nach dem absoluten Recht fragen dürfe, sondern daß nur das gelte, was bewiesen werden könne. Da nimmt Stein sein Recht selbst in die Hand und fordert vom Richter Rehabilitierung, die dieser ihm jedoch verweigert. Daraufhin erschießt er den Richter und wird zu lebenslänglichem Gefängnis verurteilt. Tatsächlich stellt sich später heraus, daß Stein im Recht war und Hemmel gelogen hatte, und nun bekennt sich die ganze Stadt zu ihm und bittet um seine Begnadigung, die dann nach drei Jahren auch ausgesprochen wird. In dieser Zeit wird Stein sein ganzer Hochmut bewußt, und die Erkenntnis, seiner zweiten Frau unrecht getan zu haben, da er sie immer mit der ersten verglich, führt ihn wieder zu Henriette zurück. Innerlich gewandelt, kann er sich nun endlich in ein normales Leben einfügen.

Die Idee zu diesem Roman, der in Deutschland spielt, fand Fangen in einer deutschen Sammlung interessanter Rechtsfälle. Die Gestalt des Gottfried Stein erinnert an die des Michael Kohlhaas. Auch für ihn wird die Gerechtigkeit zum höchsten Wert, ja zum Lebensinhalt schlechthin. Von seinem Hochmut, Werkzeug der absoluten Gerechtigkeit zu sein, wie auch von seinem Selbstbetrug – denn über die wahren Gründe seines militanten Rechtsgefühls (verletzte Eitelkeit, nicht überwundene Trauer, Enttäuschung über seine Kinderlosigkeit) ist er sich gar nicht im klaren – kann er erst durch

Erniedrigung geheilt werden. Die Einsicht und die Selbsterkenntnis des Helden sind, wie es der Grundhaltung des Autors entspricht, religiös bedingt. H.Ue.

AUSGABEN: Oslo 1934. – Oslo 1948 (in *Samlede verker*, 9 Bde.). – Oslo 1976 [Vorw. C. F. Engelstad].

ÜBERSETZUNG: *Der Mann, der die Gerechtigkeit liebte*, L. u. I. Buck, Mchn. 1936.

FANG XUANLING

* 578
† 648

JINSHU

(chin.; *Geschichte der Jin-Dynastie*). Geschichtswerk, verfaßt um 646 auf Befehl des Tang-Kaisers Taizong (reg. 627–650) von einer aus 21 Gelehrten bestehenden Kommission unter dem Vorsitz des berühmten Staatsmanns und Historikers FANG XUANLING. – Das Werk behandelt die Geschichte der Dynastie Jin (265–419), also jene Epoche des Einbruchs nördlicher und nordwestlicher Barbarenvölker, die schließlich zu einer Teilung des Reichs führte: Während der Norden von einer wechselnden Zahl nichtchinesischer Eroberervölker beherrscht wurde, hielten sich im Süden Chinas einheimische Dynastien. Auf diesem Hintergrund entfalteten sich, ungeachtet politischer und sozialer Wirren, ein blühendes Geistesleben und eine intensive Religiosität, die dem Buddhismus einen günstigen Nährboden schuf. Da große Teile des Werks auf zeitgenössische Quellen des 3. bis 5. Jh.s zurückgehen, spiegeln manche Kapitel, namentlich die Biographien, den anspielungsreichen und stets das Ungewöhnliche suchenden Stil der Literatur jener Zeit wider.
Einteilung des Werks: Annalen 10 Kapitel, Monographien 20 Kapitel, Biographien 70 Kapitel, sonstige Aufzeichnungen (über andere zeitgenössische Dynastien) 30 Kapitel. Kaiser TAIZONG selbst stellte die Annalen der ersten beiden Jin-Kaiser zusammen und verfaßte auch zwei der Biographien. H.Fr.

AUSGABEN: o.O. 747. – Shanghai 1936 (in *Sibu beiyao*).

ÜBERSETZUNGEN (Teilübers.; engl.): *Biography of Ku K'ai-chih (Chin-shu 92) Chen Shih-hsiang*, Berkeley 1953 (Institute of East Asiatic Studies, Univ. of California. Chinese Dynastic Histories Translations, 2; m. Anm.). – T. D. Carroll, *Account of the T'u-yühun in the History of the Chin Dynasty*, Berkeley 1953 (dass., 4; m. Anm.). – M. C. Rogers, *The Rise of the Former Ch'in State and Its Spread under Fu Chien through 370 A. D. Based on Chin-shu 113*, Diss. Berkeley 1953. – Weitere Übersetzungen u. Inhaltsangaben bei H. H. Frankel, *Catalogue of Translations from the Chinese Dynastic Histories for the Period 220–960*, Berkeley/Los Angeles 1957 (Institute of East Asiatic Studies, Univ. of California. Chinese Dynastic Histories Translations, Suppl. 1).

LITERATUR: Han Yu-shan, *Elements of Chinese Historiography*, Hollywood 1955, S. 149–192; 194.

FRANTZ FANON

* 20.7.1925 Fort-de-France
† 3.12.1961 New York

LITERATUR ZUM AUTOR:
S. de Beauvoir, *Hommages à F. F.* (in Présence Africaine, 1962, Nr. 40). – R. Zahar, *Kolonialismus u. Entfremdung. Zur politischen Theorie F. F.s*, Ffm. 1969. – D. Caute, *F. F.*, Mchn. 1970 (dtv). – P. Bouvier, *F.*, Paris 1971. – P. Clemente, *F. F. tra esistenzialismo e rivoluzione*, Bari 1971. – I. L. Gendzier, *F. F.*, NY 1973. – E. Hansen, *F. F. Social and Political Thought*, Columbus/Oh. 1977. – R. C. Onwuanibe, *A Critique of Revolutionary Humanism, F. F.*, St. Louis/Mo. 1983. – J. McCulloch, *Black Soul White Artifact: F.'s Clinical Psychology and Social Theory*, Cambridge u. a. 1983. – C. Mbom, *La crise du décolonisé et le message de F.*, Diss. Paris 1984. – *Mémorial international F. F. Interventions et communications*, Paris 1984. – H. A. Bulhan, *F. F. and the Psychology of Oppression*, NY u. a. 1985. – *L'actualité de F. F. Actes du colloque de Brazzaville*, Hg. E. Dacy, Paris 1986.

LES DAMNÉS DE LA TERRE

(frz.; *Ü: Die Verdammten dieser Erde*). Politischer Essay von Frantz FANON (Martinique), erschienen 1961. – Fanons vielzitiertes Werk, zu dem Jean-Paul SARTRE ein Vorwort geschrieben hat, enthält mehr als die bekannte These von der Gewalt als unumgänglichem emanzipatorischem Mittel der Entkolonialisierung. Der Autor, der im Zweiten Weltkrieg in der französischen Armee diente, in Frankreich Medizin studierte, Chef der psychiatrischen Abteilung eines Krankenhauses in Algerien wurde, diesen Posten aufgab, um für die Nationale Befreiungsfront (FLN) zu arbeiten, Botschafter der provisorischen algerischen Regierung in Ghana war und im Jahr der Veröffentlichung von *Les damnés de la terre* an Leukämie starb, verbindet in diesem Buch seine Erfahrungen als Schwarzer in der französischen Zivilisation, als Sartre-Schüler, als Psychiater und als Kämpfer in einem nationalen Befreiungskrieg zu einer umfassenden Analyse des Dekolonisierungsprozesses.

Fanon bietet seinen Kritikern zahlreiche Angriffspunkte, da er seine in Martinique, Frankreich, Algerien und Ghana gewonnenen Erkenntnisse verallgemeinert und, statt auf die Vielfalt der kulturellen und wirtschaftlichen Gegebenheiten sowie der Formen des Kolonialismus einzugehen, ein für die gesamte Dritte Welt Gültigkeit beanspruchendes Modell präsentiert. – Für Fanon stellt der Kolonialismus die brutalste und unverhüllteste Form der Ausbeutung des Menschen durch den Menschen dar. *»In den kapitalistischen Ländern schiebt sich zwischen die Ausgebeuteten und die Macht eine Schar von Predigern und Morallehrern, die für Desorientierung sorgen.«* In den Kolonialgebieten dagegen seien es *»der Gendarm und der Soldat, die, ohne jede Vermittlung ... den Kontakt zum Kolonisierten aufrechterhalten und ihm mit Gewehrkolbenschlägen und Napalmbomben raten, sich nicht zu rühren«.* Da das Kolonialsystem auf nackter Gewalt beruhe, sei dem Unterdrückten der Weg zu seiner Befreiung bereits vom Unterdrücker aufgezeigt worden. Die Gewalt – oder die Drohung mit Gewalt – sei jedoch nicht nur das einzige Mittel, das koloniale Joch abzuwerfen, sondern diene auch dazu, Regionalismus und Separatismus zu überwinden und das Volk im Befreiungskampf zu vereinen. Die Gewalt, schreibt Fanon, wirke *»auf der individuellen Ebene ... entgiftend. Sie befreit den Kolonisierten von seinem Minderwertigkeitskomplex, von seinen kontemplativen und verzweifelten Haltungen. Sie macht ihn furchtlos, rehabilitiert ihn in seinen eigenen Augen.«* Dabei ist der Autor weit entfernt von einer Verherrlichung oder Mystifizierung der Gewalt; als Psychiater weiß er nur zu gut, wie hoch die psychischen Kosten – ganz gleich, ob sie im Dienste der Unterdrückung oder der Befreiung aufgewendet werden – für Unterdrücker wie Befreite sind. In einem langen Kapitel schildert Fanon Dutzende von Fällen aus seiner ärztlichen Praxis, bei denen Gewalt in ursächlichem Zusammenhang mit schweren psychischen Schädigungen stand, und er untersucht diesen Zusammenhang auch im Hinblick auf die starke Kriminalität in den Kolonialgebieten, wobei interessante Parallelen zu neueren amerikanischen Untersuchungen über psychische Gesundheit und Kriminalität in den Ghettos der USA erkennbar werden. Angesichts solcher Einsichten wirkt Fanons Rechtfertigung der revolutionären Gewalt um so gewichtiger.

Für die Periode nach der Vertreibung der Kolonialherren bedient sich Fanon des Instrumentariums der marxistischen Gesellschaftsanalyse, ohne in jedem Fall orthodox marxistische Lösungen zu empfehlen. Die eingeborene Bevölkerung in den Städten betrachtet er mit größtem Mißtrauen: Die farbige Bourgeoisie versuche lediglich, an die Stelle der europäischen zu treten, deren Neigung zu Luxus und Wohlleben sie teile, ohne deren produktive Leistungen zu erbringen; auch das städtische Proletariat sei eher Nutznießer der kolonialen und neokolonialen Ordnung; privilegiert gegenüber den ländlichen Massen, vertrete es nicht die Interessen des Volkes. Revolutionär sei nur die Bauernschaft: *»Sie hat nichts zu verlieren und alles zu gewinnen.«* Sie müsse trotz ihrer Rückständigkeit durch Aufklärung und Weckung der schöpferischen Kräfte die Basis der neuen Nationen bilden.

Zum Aufbau sei auch die Hilfe Europas notwendig – nicht in Form verschleierter neuer Ausbeutung, auch nicht als Almosen, sondern als eine »Reparationsleistung« für Jahrhunderte, als Begleichung einer längst fälligen Rechnung: *»Der Wohlstand und der Fortschritt Europas sind mit dem Schweiß und den Leichen der Neger, der Araber, der Inder und der Gelben errichtet worden.«* Von Rache oder einem Kreuzzug will Fanon ebensowenig etwas wissen wie von einer Imitation der europäischen Kultur. *»Für die Dritte Welt geht es darum, eine Geschichte des Menschen zu beginnen, die den von Europa einst vertretenen großartigen Lehren, aber zugleich auch den Verbrechen Europas Rechnung trägt, von denen das verabscheuungswürdigste gewesen sein wird: beim Menschen die pathologische Zerstückelung seiner Funktionen und die Zerstörung seiner Einheit; beim Kollektiv der Bruch, die Spaltungen; und schließlich auf der unermeßlichen Ebene der Menscheit der Rassenhaß, die Versklavung, die Ausbeutung und vor allem der unblutige Völkermord, nämlich das Beiseiteschieben von anderthalb Milliarden Menschen.«*

Trotz aller vereinfachenden Generalisierungen und mancher Fragwürdigkeit im Detail erscheint der oft gezogene Vergleich von Fanons Buch als »Antikolonialistischem Manifest« mit jenem anderen Manifest aus dem Jahre 1848, auf dem sein Grundansatz basiert, zumindest hinsichtlich der Kühnheit des Zugriffs, der gedanklichen Klarheit und der aufrüttelnden Sprache gerechtfertigt. W.J.H.

AUSGABEN: Paris 1961. – Paris 1968. – Paris 1976; ern. 1982 [bei allen Ausg. Vorw. J.-P. Sartre].

ÜBERSETZUNG: *Die Verdammten dieser Erde*, T. König, Ffm. 1966. – Dass., ders., Reinbek 1969 (rororo). – Dass., ders., Ffm. 1981 (st). [bei allen Ausg. Vorw. J.-P. Sartre].

LITERATUR: E. Jouve, *»Les damnés de la terre«, livre-phare pour le Tiers monde* (in *L'actualité de F. F. Actes du colloque de Brazzaville*, Hg. E. Dacy, Paris 1986, S. 25–40). – J.-M. Soungouna, *Comment écouter le cri des »Damnés de la terre«* (ebd., S. 223–236).

PEAU NOIRE MASQUES BLANCS

(frz.; Ü: *Schwarze Haut, weiße Masken*). Psychologische Untersuchung von Frantz FANON (Martinique), erschienen 1952. – Fanons Werk wurde durch seine Lebensumstände geprägt: Als farbiger

Arzt und Psychiater beschäftigte er sich mit den verhängisvollen Einflüssen, die eine durch die Ästhetik, die Werte und die Vorurteile der Weißen bestimmte Umwelt auf die Psyche des Farbigen ausübt. Wann immer dieser mit dem Europäer in Berührung kommt, muß er erleben, daß er nicht als eigenständige Persönlichkeit, sondern als »Neger« betrachtet und behandelt wird. Ob dies nun im positiven oder im negativen Sinne geschieht, die Folge bleibt die gleiche: Das Vorherrschen der sozialen Kategorie über die persönliche Dimension führt zur Selbstentfremdung des Farbigen, der nicht mehr aus sich heraus, kraft seiner Überzeugung sprechen oder handeln, sondern nur noch eine Rolle spielen kann. Wichtig ist für ihn nicht mehr die Person oder das Objekt, sondern die Haltung, die er ihnen gegenüber einnimmt.

Das Verhalten aber wird durch die Vorurteile der Weißen vorbestimmt: Der Farbige versucht entweder, die Rolle eines »typischen Negers« anzunehmen, da er die Erfahrung gemacht hat, daß der Weiße ihn dann freundlich behandelt, wenn er dessen Vorurteile bestätigt, oder er versucht sich »untypisch« zu geben, um zu beweisen, daß er nicht so ist, wie die anderen seiner Rasse. Er trachtet danach, den Weißen in jeder Hinsicht nachzuahmen und diskriminiert sogar andere Farbige, um sich selbst als den »besseren, gebildeten Neger« oder als »Nicht-Neger«, darzustellen, der nur durch Zufall eine schwarze Haut hat. Die letzte Konsequenz ist dann der fanatische Haß des Farbigen auf seinen eigenen Körper und seine Rasse.

Fanon liefert damit erstmals auf psychologischer Grundlage die Erklärung für ein Phänomen, das in soziologischen Untersuchungen über die Dritte Welt und in der Literatur an einzelnen Punkten berührt worden ist: die Problematik der Entfremdung von der Realität, die in den Entwicklungsländern durch die von den Europäern immer wieder propagierte ethnozentrische Überbewertung unserer eigenen sozialen und kulturellen Formen, ein sinnloses Nachahmungsbedürfnis hervorruft, zur Zerstörung jeder sozialen Solidarität führt und den einzelnen zum Haß gegenüber seiner »unzivilisierten« Gesellschaft führt. Fanon ist von dieser Problematik direkt betroffen; für ihn bedeutet die Untersuchung der Zusammenhänge nicht ein Spiel mit wissenschaftlichen Erkenntnissen um ihrer selbst willen. Er will eingreifen, verändern, *»den Menschen freisetzen«*. Der Ton des Werks ist daher bewußt polemisch gehalten, ob er sich nun an seine Landsleute oder an die europäische Gesellschaft wendet. Fanon verzichtet weitgehend auf sekundäre Belege; sein Beweismaterial ist aus der täglich erlebten Wirklichkeit gegriffen. Mit der Zitierung und Analyse stereotyper Redewendungen und beispielhafter Situationen konfrontiert er den Leser mit sich selbst und seinen Vorurteilen, sucht er die Erkenntnis zu wecken, daß die psychischen Schwierigkeiten der Farbigen nicht individuell, sondern sozial bedingt sind und daß es für den Farbigen in der Welt der Weißen keine eigenständige Entwicklung geben kann.

Als Ausweg aus diesem Dilemma bleibt Fanon nur die grundsätzliche Verneinung der »weißen Welt«, die gewalttätige Aktion, der »Vatermord«. Es ist bezeichnend, daß er diese letzte Konsequenz nicht im geographischen Rahmen von *Peau noire masques blancs*, d. h. auf seiner Heimatinsel Martinique, zieht, sondern erst im Zusammenhang mit seiner Teilnahme am algerischen Befreiungskampf, der den Rahmen für sein zweites Werk, *Les damnés de la terre*, 1965 *(Die Verdammten dieser Erde)*, bildet. Die geistigen Nachfolger Fanons in Martinique, vor allem Edouard GLISSANT (* 1928) haben sich eher auf *Peau noire masques blancs* gestützt. Im Gegensatz zur internationalen Rezeption – vor allem den Studentenbewegungen von 1968 stehen sie dem späteren Radikalismus von Fanon eher skeptisch gegenüber und suchen, z. B. im Konzept der »Antillanité«, Wege, die die unaufhebbare Abhängigkeit Martiniques von Frankreich in Rechnung ziehen.   U.F.

AUSGABEN: Paris 1952. – Paris 1965. – Paris 1975; ern. 1982.

ÜBERSETZUNG: *Schwarze Haut, weiße Masken*, E. Moldenhauer, Ffm. 1980. – Dass., dies., Ffm. 1985 (st).

LITERATUR: H. Didillon u. D. Bousana, *Modifier la couleur de sa peau, mode ou complexe?* (in *L'actualité de F. F. Actes du colloque de Brazzaville*, Hg. E. Dacy, Paris 1986, S. 255–283). – J. Fredj, *Approches de la place du langage du »Peau noire masques blancs«* (ebd., S. 41–58).

ALIOUM FANTOURÉ

* 27.10.1938 Forecariah / Guinea

LE CERCLE DES TROPIQUES

(frz.; *Tropischer Wendekreis*). Roman von Alioum FANTOURÉ (Guinea), erschienen 1972. – Fantourés Erstlingswerk zeigt, wie angesichts der prekären ökonomischen Lage und des politischen Klimas in Schwarzafrika nach der politischen Unabhängigkeit sich Enttäuschung und Pessimismus breitmachen. Der Roman besteht aus zwei Teilen und einem kleinen Epilog. Der Ich-Erzähler Bohi Di schildert sein Schicksal und die politischen Verhältnisse in den Marigots du Sud, einem fiktiven afrikanischen Land.

Der erste Teil, *Porte-Océane*, beschreibt, wie das Waisenkind Bohi Di sein armes Dorf verläßt und in die Hauptstadt Porte-Océane gehen will, die er sich in seiner Phantasie als ein Paradies vorstellt. Sein Weg in die Hauptstadt ist beschwerlich und von zahlreichen Abenteuern begleitet. In Porte-Océane

muß er feststellen, daß das Leben in der Großstadt noch härter ist als das Leben auf dem Land. Arbeitslosigkeit, Hunger, Unterkunftsprobleme und Anonymität bestimmen das Leben. Nach einem Jahr findet er Arbeit bei einem weißen Großwildjäger. Als Bohi Di den Weißen verlassen hat, zwingt ihn eine mysteriöse Gruppe, in ihren Reihen für Baré Koulé und dessen »Soziale Hoffnungspartei« zu arbeiten. Die Gruppe hat den Auftrag, auf verschiedenen Märkten des Landes Unruhe zu stiften und dafür die Führer des gegnerischen »Arbeiter-Vereins«, verantwortlich zu machen. So will Baré Koulé die politischen Gegner disqualifizieren und sich die Möglichkeit verschaffen, das Land in die Unabhängigkeit zu führen. Er findet Unterstützung bei den mächtigen Kolonialgesellschaften, deren Interessen er vertreten soll. Monchon, der Vorsitzende des »Arbeiter-Vereins«, wird verhaftet und während des Prozesses von einem Unbekannten ermordet. Bohi Di, der in Zusammenhang mit den Unruhen festgenommen wurde, wird aus der Haft entlassen und findet durch die Vermittlung des »Arbeiter-Vereins« eine Arbeit. Nach der Beteiligung an einer von diesem veranstalteten Demonstration gegen die Ausbeutung der Arbeiter durch die Kolonialgesellschaften wird Bohi Di entlassen, allerdings gleich vom »Arbeiter-Verein« eingestellt. Baré Koulé wird als erster Präsident des unabhängigen Landes gewählt. Mit der Unabhängigkeitsfeier schließt der erste Teil des Romans.
Im zweiten Teil, *Der Zinksarg*, gelingt es Fantouré, mit Hilfe von Stilmitteln wie Antiphrasen, bitterer Ironie und grotesken Szenen die Diskrepanz zwischen Baré Koulés vielversprechendem politischem Programm und der Realität zu zeigen. Es wird deutlich, wie Baré Koulé das Land heruntergewirtschaftet und mit demagogischen Parolen, Persönlichkeitskult und politischem Terror regiert, nachdem er seine Partei als Einheitspartei ausgerufen hat. So muß die verfolgte Opposition des »Arbeiter-Vereins« aus dem Untergrund den Widerstand organisieren. Die Unzufriedenheit im Land wächst. Ein Schüler verteilt Flugblätter mit Brechts Gedicht »Begräbnis des Hetzers im Zinksarg«, das als Anspielung auf die Marigots du Sud verstanden wird. Er wird festgenommen und erschossen. Um sich seine Popularität zu bestätigen, läßt sich Baré Koulé mit 107 Prozent der Stimmen wählen. Der »Arbeiter-Verein« nimmt Kontakt zur Armee des Landes auf, die den Sturz des Diktators plant. Der Oberst Fof überzeugt Baré Koulé davon, er habe eine Verschwörung gegen ihn aufgedeckt. So gewinnt die Armee an Einfluß und kann alle unliebsamen Elemente der Einheitspartei beseitigen. Baré Koulé wird während eines Parteikongresses gestürzt. Er stirbt auf der Stelle an Herzinfarkt. Die progressiven Kräfte des »Arbeiter-Vereins« und der Armee übernehmen die Macht, und Bohi Di hofft, endlich ein friedliches Leben führen zu können.
Aber das Schicksal schlägt wieder zu: Einige Monate später, so heißt es in einem knappen Epilog, wird die gesamte neue progressive Führung des Landes auf rätselhafte Weise ermordet. Mit diesem Epilog schließt sich der im Titel angekündigte Kreis. Während im ersten Teil des Romans das unstete Leben, die Verunsicherung, die Zukunftsängste des Erzählers beschrieben und mit Hilfe von Rückblenden und Vorausweisungen beleuchtet werden, verlagert der zweite Teil das Interesse auf die politische Lage des Landes. Hier wird das Tempo beschleunigt, und der ansonsten schmucklose Stil gewinnt an bildlichem Ausdruck. Hölle, Tunnel, Teufelskreis und Dschungel sind die immer wiederkehrenden Metaphern, die die explosive politische Lage des Landes versinnbildlichen. Fantourés Roman, der 1973 mit dem »Grand Prix Littéraire d'Afrique Noire« preisgekrönt wurde, gilt als eines der bedeutendsten neueren Werke der frankophonen Literatur Schwarzafrikas. K.An.

AUSGABEN: Paris 1972. – Paris 1980.

LITERATUR: M. Kane, Rez. (in Le Soleil, 15. 12. 1972). – A. Ricard, Rez. (in L'Afrique littéraire, 28, 1973, S. 32–33). – W. L. Schomers, *Zur Brecht-Rezeption in »Le cercle des tropiques«* (in Komparatistische Hefte, 1, 1980, S. 77–88). – A. O. Umeh, *Etude socio-politique et économique des thèmes de la violence et de la protestation dans »Le cercle des tropiques«* (Le Mois en Afrique, 211/212, 1983, S. 133–143). – G. O. Midiohouan, *L'utopie négative d'A. F.*, Paris 1984. – O. P. Igbonekwu, *La peste en Afrique. Une rencontre avec Albert Camus et A. F.* (in Présence Africaine, 129, 1984, S. 53–78). – U. Baumgardt, *Afrikan. Exilliteratur: Das Beispiel Guinea* (in Komparatistische Hefte, 14, 1986). – G. O. Midiohuan, *A. F.* (in Ehuzu, 11. 6. 1986).

FAN YE

* 398
† 446

HOU HANSHU

(chin.; *Geschichte der Späteren Han-Dynastie*). Geschichtswerk, kompiliert von FAN YE, im 12. Jh. um acht Monographien von SIMA BIAO (240–306) vermehrt. – Von Fan Ye stammen die Kaiserannalen und die Biographien (in der auf die Gegenwart gekommenen Fassung 10 bzw. 80 Kapitel). Die acht Monographien über Kalenderwesen, Ritual, Opfer, Astronomie, Elementenspekulation, politische Geographie, Behördenapparat und Hofkleidung (insgesamt 30 Kapitel) von Sima Biao wurden zunächst getrennt von dem Hou Hanshu des Fan Ye überliefert und diesem erst in der Hanshu-Zeit eingefügt. – Als Fortsetzung des Hanshu (*Geschichte der Han-Dynastie*) behandelt es die Geschichte der Späteren oder Westlichen Han-Dynastie von 23 n. Chr.–220 n. Chr., eine Zeit, die nach anfänglicher Konsolidierung unter dem ersten Herrscher der Späteren Han eine fortschreitende Auflösung der Reichseinheit und den Verlust der anfänglich noch behaupteten chinesischen Vorherrschaft in Zentralasien sah. Die Wirren gegen Ende der Han-Zeit, bei denen viele unersetzliche Dokumente verlorengingen, verhinderten eine Abfassung aufgrund der Originalquellen.

Wenn das Werk auch ausschließlich aus Quellen zweiter Hand schöpft, so ist doch sein historischer Wert beträchtlich, weil diese Quellen ihrerseits auf Dokumenten beruhen und es eine Eigenart der chinesischen Historiker war, nicht neu zu erzählen, sondern aus den vorhandenen Texten auszuwählen und sie im übrigen fast unverändert zu übernehmen. Stilistisch weist deshalb das *Hou Hanshu* die gleichen Merkmale wie das *Hanshu* selbst auf, nämlich trockene Aktensprache, die nur gelegentlich durch längere Reden (die aber unauthentische Nacherfindungen sind) aufgelockert wird. Die komplizierte Textgeschichte und die zahlreichen Schwierigkeiten des Textes hatten eine intensive Beschäftigung der chinesischen Gelehrten mit dem *Hou Hanshu* zur Folge. Der erste offizielle Kommentar wurde 677 von einer Gelehrtenkommission fertiggestellt; ihm folgten bis in die Neuzeit viele Kommentarwerke und Einzelstudien. H.Fr.

AUSGABEN: o. O. 994. – o. O. u. J. [ca. 1170; Faks. *Bona ben*]. – Peking 1973, 12 Bde.

ÜBERSETZUNGEN (Teilübers.): *Trois généraux chinois de la dynastie des Han orientaux*, E. Chavannes (in T'oung Pao, 7, 1906, S. 210–269; frz.). – *Les pays d'occident d'après le Heou Han Chou*, ders. (ebd., 8, 1907, S. 149–234; frz.). – *Biography of the Empress Teng*, N. L. Swann (in JAOS, 51, 1931, S. 138–159; engl.). – *The Restauration of the Han Dynasty*, H. Bielenstein (in Bull. of the Museum of Far Eastern Antiquities, 26, 1954, S. 1–209; 31, 1959, S. 1–287; m. Komm.; engl.).

LITERATUR: Wang Xianqian, »*Hou Hanshu*« jijie, Changsha 1923. – »*Kokansho*« gokai shūsei, 3 Bde., Kioto 1960–1962. – J. M. Streffer, *Das Kapitel 86 [76] des »Hou Han-shu«*, Göppingen 1971.

AMIN FAQIRI

* 1944 Schiras

DEHKADE-YE POR MALĀL

(iran.-npers.; *Ein Dorf voller Verdruß*). Sammlung mit siebzehn Erzählungen von Amin FAQIRI, erschienen 1968. – Dieser ersten Veröffentlichung des Autors folgten noch weitere Bände mit Kurzprosa, von denen vor allem die zehn Geschichten umfassende Sammlung *Kuče-bāġ-hāye eḍterāb. Dāstān-hā-i az rustā*, 1969 (*Die Gartenstraßen der Besorgnis. Geschichten vom Dorf*), hervorzuheben ist. Der Stoff dieser Erzählungen beruht auf Notizen, die der Autor während seiner Militärzeit im sogenannten »Corps des Wissens« aufzeichnete. Die akademisch gebildeten Soldaten waren verpflichtet, der Landbevölkerung die Grundkenntnisse des Lesens und Schreibens zu vermitteln und für den mehr oder minder regelmäßigen Schulbesuch der Kinder zu sorgen – oft gegen den Widerstand der Eltern, die ihre Jüngsten dringend als Arbeitskräfte auf dem Feld brauchten. Faqiri hat diese Menschen genau beobachtet und ihre Lebensumstände und ihre Mentalität in realistischen Bildern dargestellt.

Beispielhaft läßt sich dies an der Erzählung *Āb* (*Das Wasser*) zeigen, die den Band eröffnet. Wasser bedeutet in einem von Trockenheit bedrohten Land, wie die aufrührerischen Bauern sich ausdrücken, »*ihre Ehre, ihr Leben, ihr Alles*«. Durch die Bodenreform sind die Dörfler in den Besitz kleiner Parzellen gekommen, aber diese sind nutzlos, solange sie nicht bewässert werden können. Die Wasserverteilung, seit Jahrhunderten durch gemeinsame Beschlußfassung aller umliegenden Dörfer geregelt, wird nun durch den Eingriff der Behörden, des Ingenieurs und der Gendarmen zugunsten einer Gemeinde und zum Nachteil der anderen entschieden – eine Aktion, die nicht ohne Bestechung vor sich geht. Die geschädigten Bauern widersetzen sich dem Urteil, es kommt zum Streit, zu Schießereien und zur Verhaftung der Vermittler. So bleibt den Bauern nichts weiter übrig als sich zu ducken. Aber in ihren Herzen wütet ein Haß, der künftig einmal ausbrechen wird.

In den siebenundzwanzig Erzählungen der beiden Bände werden verschiedene Aspekte des Lebens dieser rechtlosen Bürger auf dem Lande analysiert und poetisch hervorgehoben, um den Leser auf die tiefgreifenden Probleme der Modernisierung Irans aufmerksam zu machen. Obgleich einige neuzeitliche Elemente wie Tiefbrunnenbohrungen, Straßenbau und Kooperationseinrichtungen das Leben zu erleichtern scheinen, dominiert immer noch die alte Ordnung, die auf Unwissenheit, Aberglaube und Unterwürfigkeit beruht. Schon der Diebstahl einer geringen Summe ist mit der Todesstrafe bedroht. Macht und Einfluß des Geistlichen sind so entscheidend wie in früherer Zeit und wirken hemmend auf den Fortschritt. Immer noch sterben die Bauern an Diphtherie. Die Bäuerin ist gezwungen, wegen einer Pille Opium sich selbst preiszugeben und den Beischlaf mit einem Fremden in Kauf zu nehmen, um ihren Mann zu retten. Im Dorf wütet Malaria und der Rekrut des »Corps der Gesundheit« hat nicht die Möglichkeit, das Blut des Kindes zu analysieren. Der Knabe stirbt und der Vater muß das nach islamischem Brauch für sich vorsorglich vorbereitete Leichentuch für seinen Sohn verwenden. Die Abneigung der Landbewohner gegen die Städter ist so weit gediehen, daß die fanatisch aufgehetzten Dörfler am Trauertag zur Erinnerung an die Ermordung des Enkels des Propheten Mohammeds, des Imams Hoseyn, den Schauspieler, der die Rolle des Mörders spielt, steinigen. Diebstahl ist eine höchst verpönte Tat, so daß der Junge, der in der Schule zwei Bleistifte entwendet hat, nicht mehr im Dorf bleiben kann. Unabhängig von allen diesen Mängeln versteht es Faqiri, auch auf ein gewisses Erwachen des Bewußtseins der Massen aufmerksam zu machen, das darin besteht, daß sie ihre Rechte durch gemeinsames Handeln erreichen wollen. Doch trotz aller Kümmernisse bleiben die Menschen zur Zuneigung und Liebe fähig. Die zweite Geschichte, *Āhī o esqas (Āhī und ihre Liebe)*, ist eine sensibel gestaltete Erzählung von der Liebe der geknechteten Frau zu dem jungen Rekruten, der als Schuldirektor ins Dorf gekommen ist. Ihr Tod während eines Aufruhrs besiegelt das tragische Zwischenspiel.

Schon in einigen Besprechungen der ersten Sammelbände in den literarischen Zeitschriften Irans wurde die Bedeutung Faqiris erkannt, der heute als einer der hervorragenden Schriftsteller Irans gilt.

B.A.

AUSGABE: Teheran 1968.

ÜBERSETZUNGEN [Ausz.]: *Das Wasser*, M. Lorenz (in *Die beiden Ehemänner. Prosa aus Iran*, Hg. B. Alavi, Bln./DDR 1984). – *Āhī und ihre Liebe*, T. Rahnema (in *Frauen in Persien. Erzählungen*, Hg. ders., Mchn. 1986; dtv).

LITERATUR: Dasteġeyb, Rez. (in Maǧelle-ye Ferdousi, 1969, Nr. 928). – Pahlawān, Rez. (ebd., 1970, Nr. 965). – M. A. Sepānlu, *Bāz-āfarini-ye wāqe'iyat*, Teheran 1970. – Ders., *Newisandegān-e pišrou-e Irān*, Teheran 1983. – R. Barāheni, *Qessenewisi*, Teheran 1983. – L. C. Giunašwili, *Problemy stanovlenija i razvitija realisma v sovremennoi persidskoi prose*, Tiflis 1985, S. 197–202.

NURUDDIN FARAH

* 1945 Baidoa

FROM A CROOKED RIB

(engl.; Ü: *Aus einer Rippe gebaut*). Roman von Nuruddin FARAH (Somalia), erschienen 1970. – Nuruddin Farah stammt aus Somalia, dem einzigen Land Afrikas, das eine einheitliche Nationalsprache besitzt. Daneben besteht – im Gegensatz zu den meisten anderen Ländern – eine Rivalität zwischen den offiziellen Verwaltungssprachen der ehemaligen Kolonialherren – Italienisch und Englisch. Nuruddin Farah hat nach eigenem Bekunden zunächst Erzählungen in Somali geschrieben; mit *From a Crooked Rib* legte er sein Erstlingswerk in englischer Sprache vor. Die Entscheidung für Englisch statt Italienisch als Literatursprache stellt eine sehr bewußte Entscheidung Farahs dar, mit der er sich in den Kreis der afrikanischen Autoren einreiht, die in europäischen Sprachen schreiben.

From a Crooked Rib erzählt die sehr moderne Geschichte einer jungen Frau, die sich gegen die gesellschaftlichen Konventionen ihrer Heimat auflehnt; aber Farah gibt seiner Geschichte in Sprache und Erzählduktus die Melodie einer oralen Erzählung. Ebla, die Heldin des Romans, wächst als Waise im Clan ihres Großvaters auf, einem Clan von Hirtennomaden. In einem Prolog markiert Farah die beherrschenden Mächte in Eblas Leben: die Natur, der Frühling, der Regen bestimmen den Jahresablauf, die Wanderung der Menschen. Die Tiere, die Kamele bestimmen den Tagesablauf, über die Beziehungen der Mitglieder des Clans untereinander entscheidet der Großvater. Er wacht über die religiösen Riten, er ist der Hüter der Tradition, er rezitiert die Epen über Somalias Nationalhelden, den Sayyid. Aber er spricht auch seinen Fluch über jemanden wie Ebla, die aus dieser Enge ausbricht: »*Möge Gott deine Pläne durchkreuzen, möge Allah dich zur Mutter vieler Bastarde machen!*« Mit diesem Fluch, der im Verlauf der Erzählung eingelöst werden muß, setzt Farah ein wichtiges Strukturelement der Oralliteratur an den Anfang seines Romans. Ebla tritt dem Leser als eine Frau gegenüber, die zwar nicht lesen und schreiben kann, »*die aber Gedanken hat, die eine Frau wie sie eigentlich nicht denken sollte*«. Ihr Leben entfaltet sich wie in einem Reihenmärchen in drei Stationen; jedesmal muß sich die Heldin in Prüfungen bewähren. Als der Großvater sie an einen 30 Jahre älteren Mann verheiraten will, rennt Ebla weg. Sie findet Unterschlupf bei einem Verwandten in einer Kleinstadt. Dort wiederholt sich ihr scheinbar unausweichliches Schicksal: Auch der Vetter versucht, Ebla in eine Ehe zu verkaufen, um mit dem Brautpreis seine Schulden bezahlen zu können. Wieder ergreift sie die Flucht und findet sich in einer fast freiwilligen Ehe mit einem Ministerialbeamten in der Hauptstadt wieder.

Diese zyklischen Stationen sind an sich schon typisch genug für das Schicksal einer Frau. Farah hat darüber hinaus den individuellen und zugleich repräsentativen Lebensweg Eblas mit dem generellen Lebenszyklus einer Frau verwoben. Die Stationen der Initiation, Beschneidung, Verheiratung, Defloration, Geburt und Trennung durchlebt Ebla selbst und wird zugleich Zeuge dieser Ereignisse im Leben anderer Frauen. Dabei durchlebt sie erneut ihre eigenen Schmerzen und die anderer Frauen und gelangt dadurch zunehmend zu einem geschärften Bewußtsein ihrer eigenen gesellschaftlichen Rolle und zu einem zunehmend stärkeren Willen, dieses Stereotyp zur individuellen Selbstbehauptung einzusetzen. Als ihr Vetter sie in die Ehe verkaufen will, rebelliert sie dagegen, wie ein Stück Vieh verkauft zu werden, denn sie ist ein

Mensch und will als Mensch respektiert werden. Als ihre Ehe mit dem Beamten Awill zu scheitern droht, gelingt es Ebla, den Entscheidungsspielraum zwischen den sozialen Zwängen in ihrer Gesellschaft und ihrer individuellen Selbstachtung klarer zu fassen. Sie erkennt, daß sie mit ihrer Sexualität, mit ihrer Gebärkraft als Frau einen Teil der Macht zurückgewinnen kann, die Männer über Frauen ausüben. So gelangt sie schließlich zu einer pragmatischen Konzeption ihrer Frauenrolle, in der die Frage, wer ihr Geschlechtspartner oder wer der Vater ihres Kindes wird, zweitrangig ist gegenüber der Tatsache, daß sie ihre Funktion als Frau und Mutter erfüllt. Dies bedeutet auch, daß Ebla sich ihre persönliche Moral zurechtgelegt hat, die auf einem delikaten Gleichgewicht zwischen individueller Verantwortung und gesellschaftlicher Konditionierung beruht.

Ebla erweist sich also im Laufe ihrer Geschichte als eine Person, die von der schlichten Auflehnung gegen Fremdbestimmung zu einer Persönlichkeit mit einem differenzierten Verhaltenskodex heranwächst. So ist auch der Romanschluß durchaus offen und zweideutig. Ebla arrangiert sich mit ihrem Ehemann Awill, aber sie bewahrt sich einen Freiraum der emotionalen Distanz und eigener Entscheidungsfreiheit. Diese Offenheit, die für Farahs weitere Romane ebenso typisch ist, zeigt auch, wie der Autor sein Erzählmuster aus der oralen Tradition strukturell dem modernen Thema eines Persönlichkeitskonflikts anzupassen versteht. Der südafrikanische Kritiker Lewis Nkosi hat *From A Crooked Rib* als die beste Darstellung der Rolle der Frau in Afrika bezeichnet. Nuruddin Farah selbst wertet seinen Erstlingsroman als eine Herausforderung an die Mächtigen, »*die offiziellen Autoritäten*«, denn die Mächtigen sind nach wie vor die Männer, und wenn Ebla die Macht der Männer in Zweifel zieht, zieht der Roman die Macht an sich in Zweifel.   E.Bre.

Ausgabe: Ldn. 1970.

Übersetzung: *Aus einer Rippe gebaut*, G. Böhnke, Köln 1987.

Literatur: K. Peterson, *The Personal and the Political: The Case of N. F.* (in Ariel, 12, Calgary 1981, S. 93–108). – D. R. Ewen, *N. F.* (in *The Writing of East and Central Africa*, Hg. G. D. Killam, Ldn. 1984, S. 192–210). – I. Vivan, *Tessere per un mosaico africano*, Verona 1984. – J. Bardolph, *Un cas singulier: N. F., écrivain somalien* (in Notre librairie, 1986, Nr. 85, S. 61–64). – A. Versi, *F.'s Mindscape* (in New African, 1986, Nr. 224). – J. Riesz, Rez. (in Nürnberger Ztg., 22. 11. 1986).

SWEET AND SOUR MILK

(engl.; *Ü: Staatseigentum*). Roman von Nuruddin Farah (Somalia), erschienen 1979. – *Sweet and Sour Milk* ist das Mittelstück einer Romantrilogie, in der sich der Autor mit dem System der politischen Herrschaft in seinem Heimatland Somalia auseinandersetzt. In *A Naked Needle*, 1976 *(Wie eine nackte Nadel)*, benutzt Farah ein gemischtrassiges Paar, die Engländerin Nancy und den somalischen Lehrer Koschin als kontrastreichen Reflektor soziopolitischer Realität. In *Sardines*, 1981 *(Sardinen)*, weigern sich die Journalistin Medina und ihre Tochter Sagal, der Sportstar des Landes, dem Regime als propagandistisches Aushängeschild zu dienen. Selbst die Publikationsgeschichte von *Sweet and Sour Milk* wurde durch die Machtverhältnisse in Somalia und durch den politischen Frontwechsel des Diktators Siad Barre bestimmt, der sich von den Sowjets abwandte und zum Verbündeten des Westens wurde: Nachdem bereits die Veröffentlichung von *A Naked Needle* das Mißfallen der Machthaber erregt hatte, hielt der Verlag Heinemann (London) die Veröffentlichung von *Sweet and Sour Milk* zurück, um den Autor nicht zu gefährden. Erst nach einem Europaaufenthalt und Farahs Entscheidung, »vorläufig nicht zurückzukehren«, konnte der Roman erscheinen.

Sweet and Sour Milk ist eine Abrechnung mit dem neuen Totalitarismus in Afrika, dargestellt am Beispiel des Regimes von Siad Barre und seinen damaligen Hintermännern des KGB. Der Autor versichert, daß mit Ausnahme der Namen der Hauptfiguren nichts erfunden sei und stellt somit sein Werk in die Tradition der politischen Faktographie. Die Handlung beginnt nach Art eines Kriminalromans mit dem mysteriösen Tod des politischen Spitzenbeamten Soyaan, der nach Aufklärung verlangt. Sowohl der Genrebegriff der politischen Reportage wie auch der des analytischen Kriminalromans können die formale und thematische Spannweite von *Sweet and Sour Milk* nicht befriedigend definieren. Farah benutzt Formelemente unterschiedlicher Genres und unterschiedlicher literarischer Traditionen nach dem modernistischen Verfahren der Dekonstruktion und Rekonstruktion.

Zunächst dominiert der Erzählduktus des Kriminalromans. Nach dem Tod seines Zwillingsbruders Soyaan findet sich der Zahnarzt Loyaan unversehens in der Rolle des analysierenden Privatdetektivs, der das vermutete Verbrechen aufklären soll. Doch die Informationen, die er sammelt, führen ihn immer weiter weg von der Aufklärung von Soyaans Individualschicksal hin zur Erklärung eines kollektiven Schicksals durch die Analyse des politischen Systems. Je mehr das Formelement der Kriminalgeschichte zurücktritt, um so stärker dominieren die Charakteristika der politischen Reportage, die sich zu einer politischen Antiutopie erweitert.

Ein weiteres bestimmendes Formelement gewinnt Nuruddin Farah aus der mündlichen Erzähltradition. Farahs Diktion ist knapp und lakonisch, Personen und Situationen werden nur kurz benannt oder skizziert, die Rätselhaftigkeit des Geschehens bleibt somit durchgängig erhalten und wird nicht plump enthüllt. Aus der Folkloretradition übernimmt Farah auch die variierende Reihung, die Kennzeichnung von Personen durch leitmotivisch wiederkehrende Bilder. Auch die erzählerische Grundstruktur ist aus der Folklore entlehnt: die Handlung ist zyklisch angelegt, sie endet dort, wo sie begonnen hat. Soyaan, der Politiker, ist durch seine kritische Beurteilung der politischen Lage für das Regime gefährlich und unbequem geworden. Er soll auf einen Botschafterposten abgeschoben werden, stirbt aber kurz vor der Abreise. Es hat den Anschein, als wäre der KGB-geschulte Geheimdienst Somalias für Soyaans Tod verantwortlich. Als Soyaans Zwillingsbruder Loyaan, der ganz als Alter ego angelegt ist, die Hintergründe für den Tod seines Bruders zu ergründen versucht, tritt er unversehens in dessen Fußstapfen. In einem symbolischen Doppelzyklus von zweimal sieben Tagen – zwischen Tod und Beerdigung, zwischen Beerdigung und abschließender Totenfeier, wie es der Ritus des Islam vorschreibt – wird Loyaan zum Nachfolger seines Bruders, vielleicht sogar zu dessen Reinkarnation. Er muß dieselben Niederungen der Einschüchterung, der Erpressung durch Politiker, Polizei und Geheimdienst durchleben. Er muß sich Prüfungen unterziehen, sich beweisen, und steht am Ende dort, wo auch sein Bruder gestanden hatte: Er soll dessen Botschafterposten übernehmen. Der Roman endet damit, daß Loyaan – wie schon vor ihm Soyaan – verabredungsgemäß abgeholt wird. Aber es bleibt offen, ob ihn das Auto zum Flugplatz, in eine Vernehmungszelle des Geheimdienstes oder zu einem Hinrichtungsort bringt. Kernpunkt der Thrillerhandlung ist ein Geheimdienstdossier Soyaans mit dem Titel »Dionysos' Ohr«, in dem er die Bespitzelungspraktiken des »allwissenden, allgütigen« Diktators geißelt. So wird in Analogie zur griechischen Geschichte dem attischen Demokratiemodell des Mutterlandes (Athen) die Tyrannis der Kolonie (Syrakus) gegenübergestellt. Dabei ist es letztlich unerheblich, ob sich die Diktatur der (Ex-)Kolonie auf westliche oder östliche Verbündete stützt. Entscheidend ist vielmehr, daß sich hier ein Konflikt zwischen Aufklärung und Dogmatismus auftut, der sich auf allen politischen Ebenen wiederholt: auf der internationalen Ebene der Nord-Süd-Beziehungen, auf der nationalen Ebene des politischen Herrschaftssystems, schließlich in der Machtstruktur der Familie. Farah schildert das in einer symbolkräftigen Episode aus der Kindheit des Zwillingspaares: Soyaan und Loyaan finden im Strand einen Ball, den sie freudestrahlend als Erdball ihrem Vater Keyaan bringen. Der nimmt ihnen den Ball weg, verwirft wütend die Vorstellung von der Erde als Kugel und verbietet das weitere Spiel. Aufklärung und fundamentalistischer Dogmatismus, kindlicher Wissensdrang und väterliche Autorität, Weltanschauungen und Generationen stoßen aufeinander. Der Vater übernimmt die Rolle des unkritischen Erfüllungsgehilfen eines Dogmatismus, so wie er sich auch zum Erfüllungsgehilfen des politischen Systems machen läßt. Macht und Unterdrückung beginnen also in der Familie. Der Familienty-

rann bezieht seine Autorität durch seine Unterwerfung unter familien-fremde Autoritäten, die ihm Macht borgen. Ebenso funktionieren nach Farah auch die politischen Regime im postkolonialen Zeitalter: Sie borgen ihre Macht von außen und setzen sie gegen ihr eigenes Fleisch und Blut durch; es sind Stellvertreterregime, die sich bis in die Sozialstruktur der Familien eingenistet haben. So wird auch das Gift, mit dem Soyaan ermordet wurde und das vielleicht auch Loyaan töten wird, nicht von Fremden verabreicht, sondern vom eigenen Vater, von Freunden und Vertrauten. Nach Farahs Analyse politischer Machtstrukturen erwächst also die Gefahr für die afrikanischen Länder aus den Verhältnissen im Inneren, sie werden von den Stammesseparatisten und den Eliten bedroht, die mit ihren Sonderinteressen von ausländischen Mächten gekauft werden können, um stellvertretend die Infektion der Überfremdung ins eigene Land zu tragen. E. Bre.

AUSGABE: Ldn. 1979.

ÜBERSETZUNG: *Staatseigentum*, I. M. Artl, Ffm. 1980.

LITERATUR: E. Breitinger, Rez. (in Stuttgarter Ztg., 14. 3. 1981). – D. R. Ewen, Rez. (in WLWE, 20, 1981, S. 221–224). – A. Walmsley, *N. F. and Somalia* (in Index on Censorship, 10. 4. 1981, S. 17–19). – I. Adam, *N. F. and James Joyce* (in WLWE, 24, 1984, S. 34–42). – D. R. Ewen, *N. F.* (in *The Writing of East and Central Africa*, Hg. G. D. Killam, Ldn. 1984, S. 192–210). – E. Breitinger, *Experiments in the Novel Form: Soyinka, F., Ngugi, Fugard* (in *Studies in Commonwealth Literature*, Hg. ders. u. R. Sander, Tübingen 1985, S. 95–104). – J. Okonkwo, *Literature and Politics in Somalia: The Case of N. F.* (in Africa Today, 35, 1985, S. 57–65). – J. Bardolph, *Un cas singulier: N. F., écrivain somalien* (in Notre librairie, 1986, Nr. 85, S. 61–64). – R. Moss, *Mapping the Psyche* (in West Africa, 1. 9. 1986; Interview).

LÉON-PAUL FARGUE

* 4.3.1878 Paris
† 25.11.1947 Paris

LE PIÉTON DE PARIS

(frz.; Ü: *Der Wanderer durch Paris*). Prosastücke von Léon-Paul FARGUE, erschienen 1939. – Léon-Paul Fargue, geboren in Paris, gestorben in Paris, ist der unermüdlichste Fußgänger, Flaneur Nachtschwärmer, Kenner und Erkunder seiner Stadt und zugleich ihr letzter großer Chronist gewesen. Die Pariser Atmosphäre, Gestalten und Ereignisse vom

Ausgang des neunzehnten Jahrhunderts bis in die Zeit nach dem Zweiten Weltkrieg hat niemand reizvoller, phantasievoller, wortmächtiger, poetischer eingefangen als dieser Dichter. Denn das kommt hinzu: Fargue ist vor allem und zuerst ein Dichter, ein Meister namentlich des *poème en prose*, dessen Errungenschaften er als Chroniqueur und Feuilletonist keineswegs aufgibt. Von den Symbolisten herkommend, zu den Surrealisten hin unterwegs, gehört er dennoch zu keiner Schule; einerseits ein Elegiker, ist er andererseits ein höchst bewußter Künstler des Wortes, dem es allerdings um mehr als um das bloße Wortkunstwerk geht: »*Ein vollkommener Satz ist der Kulminationspunkt der größten vitalen Erfahrung.*«

Fargues Gedichte aus den Jahren 1894-1928, in Vers und in Prosa, stellen den Kern seines Werks dar; sie liegen heute, mit einem Vorwort von SAINT-JOHN PERSE, gesammelt vor (*Poésies* 1963). Auch hier: Erinnerungen an Pariser Häuser, Straßen, Viertel, an Geräusche, Gerüche, an Träume, Traurigkeiten, an geliebte Tote... Fargues Paris ist eine Weltstadt, mit Fremden, mit lebhaftem Verkehr, aber es ist ebensosehr noch eine Landschaft für Spaziergänger, für Träumer, für Dichter. Deshalb verdanken wir ihm auch das vermutlich früheste und zugleich beste Gedicht auf einen Bahnhof, ein Gedicht in Alexandrinern, jedoch mit sehr frei behandelten Reimen (*La gare*, 1958).

Die kleine Sammlung *Le piéton de Paris* beschreibt in einzelnen selbstständigen Stücken eine Art Wanderung durch Paris, von Fargues Stadtviertel La Vilette, von der Gare du Nord und der Gare de l'Est ausgehend, über die Opéra, die Champs-Élysées, das Marais, die Seine-Quais, nach Saint-Germain-des-Prés und Montparnasse – eine »*empfindsame und romantische Reise in einem Paris, das nicht mehr ist...*«. Weitere Beiträge zu der offenbaren und der »heimlichen Geographie« dieser Stadt liefert Fargue in den beiden Büchern *D'après Paris*, 1932, und *Les XX arrondissements de Paris*, 1951. Während des Zweiten Weltkriegs erscheinen die Sammlungen *Haute Solitude*, 1941 *(Hohe Einsamkeit)*, und *Refuges*, 1942 *(Zufluchten)*. Die in *Haute Solitude* vereinigten Prosastücke setzen die Tradition der *poèmes en prose* fort; von einem überquellenden Reichtum humoristisch-phantastischer Bild- und Wortfindungen, schildern sie die Veränderungen der Alltagswirklichkeit, wenn sie unter den Augen des Spaziergängers oder des Betrachters am Fenster unversehens fremden Mächten, Gespenstern, apokalyptischen Ungeheuern zur Beute fällt. F.Ke.

AUSGABEN: Paris 1939. – Paris 1963 [Vorw. Saint-John Perse]. – Paris 1964 [zus. m. *D'après Paris*]. – Paris 1969 (Ill.). – Paris 1982 (Folio).

ÜBERSETZUNG: *Der Wanderer durch Paris*, K. Spann, Ffm. 1967 (BS).

LITERATUR: C. Chonez, *L.-P. F.*, Paris 1950. – A. Beucler, *Vingt ans avec L.-P. F.*, Genf 1952. – E. de la Rochefoucauld, *L.-P. F.*, Paris 1959. – L. Rybko-Scub, *L.-P. F.*, Genf 1973. – J.-C. Walter, *L.-P. F. ou l'homme en proie à la ville*, Paris 1973. – G. Pudlowski, *F. réédité. Le retour du »Piéton de Paris«* (in NL, 2. 6. 1982).

JOSÉ BENIGNO DE ALMEIDA FARIA

* 4.5.1943 Montemor-o-Novo

TRILOGIA LUSITANA

(portug.; *Lusitanische Trilogie*). Romanzyklus von José Benigno de Almeida FARIA, bestehend aus *A paixão*, 1965 *(Die Passion)*, *Cortes*, 1978 *(Brüche)*, und *Lusitânia*, 1980 *(Lusitanien)*. Bisher nur einzeln veröffentlicht wurde der den Zyklus fortsetzende Roman *Cavaleiro andante*, 1983 *(Fahrender Ritter)*. – Der Romanzyklus schildert gleichnishaft am Beispiel einer Großgrundbesitzerfamilie im Alentejo, der südlichen Provinz Portugals mit den größten sozialen Unterschieden, in der die sogenannte »Nelkenrevolution« ihre stärkste unmittelbare Auswirkung hatte, das politische Schicksal des Landes von den letzten Tagen des faschistischen Regimes bis zum Ende der revolutionären Unruhen im November 1975. Die mit Skepsis durchsetzte Hoffnung des Autors weicht dabei im Lauf der vier Romane zunehmend einer bitteren, negativen Bilanz dieser politischen Entwicklung.

Der Titel des ersten Romans *A paixão* macht die religiöse Symbolik deutlich, die für alle vier Romane Geltung hat: Der Auflösung der Familie, der alten Ordnung, Leiden und Tod steht die Hoffnung auf Erlösung, auf eine positive Änderung der Verhältnisse gegenüber. In den ersten zehn Abschnitten werden die Angehörigen der Familie während eines Karfreitagmorgens vorgestellt, wobei der Autor durch die Wiederaufnahme des letzten Satzes des vorausgehenden Abschnitts die Familienmitglieder zu einer Einheit verkettet, die in Wahrheit nicht mehr besteht. In Monologen und Angstträumen entsteht die konfliktgeladene Atmosphäre zwischen reaktionären Eltern, kritischen Kindern und dem unter seinen menschenunwürdigen Lebensbedingungen leidenden Personal. Der Zerfall dieser Einheit und der Untergang der Welt der Vergangenheit wird durch ein Feuer eingeleitet, das einen Teil des Landbesitzes zerstört, sowie durch die Flucht des zweiten Sohnes, João Carlos, aus dem Elternhaus. Der Bruch mit dem politisch andersdenkenden und unbelehrbaren Vater ist der Beginn des persönlichen Leidensweges von João Carlos, der im Lauf der Romane immer stärker als Protagonist hervortritt. Am Ende des Romans erlebt João Carlos die Karfreitagsprozession der kleinen Stadt, die wegen eines Stromausfalls zu einem Chaos ausartet. Der Traum, am Aufbau einer neuen Welt teilzuhaben, der Sinn der Passion und die

Möglichkeit der Erlösung werden hier schon ironisch relativiert.

Der zweite Roman *Cortes* spielt am folgenden Tag, dem Ostersamstag, und zeigt das weitere Zerbrechen der Familie. João Carlos vollendet seine Flucht und geht zu seiner Freundin Marta nach Lissabon; der Vater Francisco wird von seinen Landarbeitern ermordet; die Hausangestellte Piedade kündigt ihre Stellung. Während sich in dem ersten, zur Zeit des Salazar-Regimes entstandenen Roman noch die Hoffnung auf eine politische Erneuerung ausdrückt, überwiegt hier schon bittere Ironie. João Carlos wird zum erstenmal mit den Christus-Initialen J. C. benannt, und sein Aufbruch in eine bessere Welt endet in einem Marihuanarausch: eine ironische Verkehrung der Wiederauferstehung.

Der dritte Roman *Lusitânia* schließt wiederum zeitlich an das vorangegangene Werk an, umfaßt aber ein ganzes Jahr, vom Ostersonntag 1974 bis zum Ostersonntag 1975, die Nelkenrevolution und das Jahr revolutionärer Unruhen danach. Der an einen im Ersten Weltkrieg torpedierten Dampfer erinnernde Titel und die leitmotivisch wiederkehrenden Bilder untergehender Schiffe thematisieren die negative Sicht der Ereignisse. Nach einer abenteuerlichen Entführung leben João Carlos und Marta in einem venezianischen Palast und erleben die Revolution aus der Distanz: in Briefen von Angehörigen aus Portugal und Angola. Das Bild variiert zwischen der Angst der im Alentejo zurückgebliebenen Mutter vor Enteignung und Ausschreitungen, der Euphorie über die neugewonnene Freiheit unter der Jugend in Lissabon und Berichten von Gewalt und Ungerechtigkeiten in Luanda. João Carlos muß sein nunmehr freiwilliges venezianisches Exil verlassen, um seiner Mutter und den Geschwistern zur Seite zu stehen. Nach seiner Rückkehr fühlt er sich als Fremder im eigenen Lande; er zeichnet in seinen Briefen an Marta ein sarkastisch gefärbtes Bild der verlorenen Ideale der Revolution, in der letztlich Korruption und Unterdrückung herrschen wie vorher.

Die idealistische Hoffnung auf eine neue Welt ist in *Cavaleiro andante* der harten Realität gewichen. Das Land der Familie ist enteignet, die Angehörigen kämpfen im Alentejo, in Lissabon und in Brasilien um den Lebensunterhalt. André, der älteste Sohn, stirbt an einer unheilbaren Krankheit; João Carlos zieht die bittere Bilanz, daß sich alles zu Sinnlosigkeit, zum Nichts, zu Krankheit und Tod wendet. Trotzdem ist der Tenor dieses Romans weniger pessimistisch als der von *Lusitânia*: Für alle Personen gibt es noch die Hoffnung, sich von dem bedrückenden Alltag lösen zu können. Sie drückt sich im Mythos des »fahrenden Ritters« und dessen Suche nach dem Gral aus, die auch dann einen Sinn vermittelt, wenn sie nur Traum ist oder im Tod endet. So findet sich João Carlos in sein Außenseitertum und kann sich in seiner Liebe zu Dichtung und Kunst, die ihn mit seiner Freundin Marta verbindet, von seiner pessimistischen Weltsicht distanzieren.

Fragmentierung, Diskontinuität in der Darstellung von Zeit, Handlung und Personen bestimmen die Struktur dieses von James JOYCE beeinflußten Werks. In Träumen, Monologen, Tagebuchfragmenten und Briefen reflektieren zyklisch wiederauftretende Personen ihre Situation. Der Erzähler tritt weitgehend zurück, es dominiert die perspektivische Darstellung mit sprachlicher Individualisierung nach Stand, regionaler Herkunft und Stimmung. *A paixão* ist auch als Prosagedicht bezeichnet worden; die Sprache ist hier bewußt dichterisch, rhythmisch gestaltet mit ihrem Reichtum an Alliterationen, Assonanzen, vorangestellten und gehäuften Adjektiven, Neologismen. Später wird die Sprache zunehmend nüchterner, das ironische, parodistische, sarkastische Element, womit der Erzähler häufig die perspektivische Darstellung durchbricht, gewinnt an Gewicht. D.Sch.

AUSGABEN: *A paixão*: Lissabon 1965; ⁶1986. – *Cortes:* Lissabon 1978; ³1986. – *Lusitânia:* Lissabon 1980; ⁵1987. – *Cavaleiro andante:* Lissabon 1983; ³1987. – Lissabon 1982 (*Trilogia lusitana*).

ÜBERSETZUNGEN: *Passionstag*, C. Meyer-Clason, Ffm. 1968. – in *Fragmente einer Biografie*, ders. u. A. Haase, Bln. 1980 [Ausz.].

LITERATUR: Ó. Lopes, »*A paixão*« (in O Comércio do Porto, 12. 4. 1966; ern. in Ó. L., *Os sinais e os sentidos*, Lissabon 1986, S. 186–291). – F. M. de Mendonça, *A. F., romancista de vanguarda* (in *2.º Congresso brasileiro de língua e literatura*, Rio 1977, S. 237–255). – A. Tabucchi, *Il Salazarismo come »Condizione Umana«* (in A. T., *Due romanzi del periodo buio*, Florenz 1976). – G. Depretis, »*A paixão*« *de A. F.* (in Quaderni Iberoamericani, 1979, Nr. 53/54, S. 283–288). – C. R. C. Oliveira, »*A paixão*« *de A. F.*, Coimbra 1980. – J. E. Tomlins, *Character and Structure in A. F.'s »A paixão«* (in *La Chispa '81: Selected Proceedings*, Hg. G. Paolini, New Orleans 1981, S. 333–341). – C. R. C. Oliveira, *A. F.: um itinerário* (in Colóquio/Letras, 1982, Nr. 69, S. 29–35). – M. A. Seixo, »*Cortes« – »Lusitânia«* (in A. M. S., *A palavra do romance*, Lissabon 1986, S. 193–200). – V. Graça Moura, *Várias vozes*, Lissabon 1987.

OTÁVIO DE FARIA

* 15.10.1908 Rio de Janeiro
† 1980 Rio de Janeiro

A TRAGÉDIA BURGESA

(portug.; *Die Tragödie des Bürgertums*). Romanreihe von Otávio de FARIA (Brasilien), erschienen seit 1937. – Die Reihe, auf zwanzig Bände geplant, umfaßt dreizehn Titel: *Mundos mortos,* 1937 *(Tote Welten), Caminhos da vida,* 1939 *(Wege des Lebens), O lôdo das ruas,* 1942 *(Der Schlamm der Straßen), O anjo de pedra,* 1944 *(Der steinerne Engel), Os renegados,* 1947 *(Die Abtrünnigen), Os loucos,* 1952 *(Die Narren), O senhor do mundo,* 1957 *(Der Herr der Welt), O retrato da morte,* 1961 *(Das Bildnis des Todes), Ângela ou As arreias do mundo,* 1964 *(Angela oder Der Sand der Welt), A sombra de Deus,* 1966 *(Der Schatten Gottes), O cavaleiro da Virgem,* 1971 *(Der Ritter der Jungfrau), O indigno,* 1976 *(Der Unwürdige), O pássaro oculto,* 1979 *(Der einsame Vogel).* Jedes Buch hat eine abgeschlossene Handlung, doch bleiben die Problematik und die Personen in allen dieselben. In einer Zeit, in der in Brasilien der *romance regionalista* (Heimatroman), der den brasilianischen Menschen in seiner sozioökonomischen Welt begreift, zu höchster Blüte gelangt, unternimmt es Otávio de Faria, das Gewissen des Menschen, das der materiellen Welt und der Welt des Geistes zugleich angehört, zu erforschen und dichterisch in den Griff zu bekommen.

Schon der erste Band *(Mundos mortos),* der in einer von Geistlichen geleiteten Privatschule spielt, stellt das Thema, das in zahlreichen Abwandlungen das Thema der ganzen Romanreihe ist: Der Mensch, hineingestellt in die doppelte Erfahrung des äußeren, sinnlichen Lebens und des inneren, geistigen, lebt tragisch, und seine Tragödie ist älter als die »Tragödie des Bürgertums«, denn sie wurzelt in der religiösen Überlieferung, im moralischen Idealismus der Menschen aller Zeiten und Völker und beruht auf dem Kampf zwischen Materie und Geist, Vernunft und Instinkt, Gefühl und Idee. Zwei Welten, die »tote Welt« des Fleisches und die »lebendige Welt« der Intelligenz und des Glaubens, die Welt des Teufels und die Welt Gottes liegen miteinander im Streit, und der Mensch, der beiden angehört, steht fortgesetzt in der Gefahr, eine Tat zu begehen, die sein Gewissen verwirft, von verzehrenden Wünschen gepeinigt zu werden, die sein inneres »Ich« aushöhlen, und der Versuchung nicht gewachsen zu sein. Otávio de Faria *»hat eine unendliche Aufgabe auf sich genommen: mit offenem Visier wie ein kühner Ritter, ein unerschrockener Paladin des christlichen Glaubens gegen die Gleichgültigkeit und den sinnlichen Materialismus der Menschen seiner Zeit anzugehen... Gegen die selbstzufriedene Gleichgültigkeit, die Dumpfheit des Lebens und der Seele, von der er Menschen und Institutionen seines Jahrhunderts ergriffen sieht, bewaffnet er sich mit seinem Roman wie mit einer in Christi Blut getauchten Lanze, um tief hineinzustoßen in ihre heimlichen Wunden«* (O. Montenegro). N.N.C.

AUSGABEN: Rio 1937–1979 [13 Einzelbände]. – Rio 1985, 4 Bde., Hg. A. Coutinho [m. Bibliogr.].

LITERATUR: O. Montenegro, *O romance brasileiro,* Rio ²1953, S. 243–252. – J. Pontes, *O aprendiz da crítica,* Recife 1955, S. 157–185. – L. G. Ribeiro, *40 anos de »Tragédia burguesa«* (in Jornal da tarde, 2. 7. 1977). – Carpeaux, S. 440–442. – E. Reichmann, *O trágico de O. de F.,* Curitiba 1978. – M. T. A. Sadek, *Machiavel, machiavéis: a tragédia octaviana: estudo sobre o pensamento político de O. de F.,* São Paulo 1978 [m. Bibliogr.]. – L. S. Chang, *Social Problems in the Novel Cycle »Tragédia burguesa« by O. de F.,* Diss. Indiana Univ. 1982 (vgl. Diss. Abstracts, 43, 1983, S. 3610A). – B. Reichmann Lemos, *The Essence of Tragedy: A Comparative Study Between the Tragedies by Thomas Hardy and O. de F.,* Diss. Univ. of Nebraska 1982 (vgl. Diss. Abstracts, 43, 1982, S. 809A). – L. S. Chang *Paradoxes and Paradigms From the Brazilian Right: Politics and Anti-Politics in the »Tragédia burguesa«* (in Discurso literário, 4, 1986, Nr. 1, S. 85–93).

BIŠR FĀRIS

* 1906 Libanon
† 1963 Kairo

MAFRIQ AṬ-ṬARĪQ

(arab.; *Ü: Scheideweg*). Drama in einem Akt von Bišr FĀRIS, erschienen im Dezember 1937, Uraufführung: Kairo 1938. – Der arabischen Literatur ist die Kunstform des Dramas ursprünglich fremd. Erst in der Neuzeit bewirkte die intensivere Berührung mit der europäischen Literatur, daß diese Gattung auch im arabischen Kulturbereich Liebhaber fand und Autoren, die sich ihr widmeten, wie TAUFĪQ AL-ḤAKĪM (vgl. *Ahl al-kahf*) und die Brüder Maḥmūd und Muḥammad TAIMŪR. Bišr Fāris' lyrischer Einakter – bewußt in einfacher Sprache abgefaßt – ist von äußerst knapper Handlung: Samīra, von Manṣūr enttäuscht, schwankt zwischen Gefühl und Vernunft. Sie lebt in der Gemeinschaft eines Toren, eines Irren. Einem plötzlichen Einfall zufolge wünscht sie, ihn, der stets nur lacht, weinen zu sehen. Sie weiß noch nicht, daß sie diesen Tor zur Leidenschaft erwecken wird. Da begegnet ihr Manṣūr. Er versucht vergeblich, sie zurückzuführen in seine Welt; doch ihre Wege trennen sich wieder. Aber alle drei zieht das Spiel der Flöte, die Stimme des reinen Geistes, in ihren Bann: Der Autor nennt sie einen *»Hauch, der im menschlichen Unglück wiederkehrt«.*

Der eigentliche Gehalt des Stückes liegt in der Symbolik: *»Samīra, die suchende, aber an die Welt noch gebundene Seele; der reine Tor, der des Wortes nicht mächtig, doch mit seinem Gefühl das Rechte trifft; und Manṣūr, der den Sinn des Lebens, und wenn er auf ihn gestoßen wird, gar nicht erfassen will«* (Brockelmann). Unterstrichen wird der Symbolgehalt des Dramas durch das Bühnenbild: eine Weggabelung, an der der eine Weg ins Licht, der andere in die Dunkelheit führt. Beide treffen im menschlichen Sein zusammen: der Weg ins Licht, auf dem die Vernunft über das Gefühl herrscht (Samīra geht ihn zuletzt), und der Weg ins Dunkel, wo das Gefühl triumphiert. Das metaphysische Moment des Stückes – die Beschäftigung mit dem Geheimnis des Lebens, mit der Unergründlichkeit des Menschen – ist nicht von ungefähr; denn Fāris' Vorbild sind die französischen Symbolisten. – Während noch 1926 eine Aufführung von MAETERLINCKS *Monna Vanna* in Kairo nur geringen Anklang gefunden hatte, wurde Fāris' Einakter ein voller Erfolg; auch in Europa (Paris 1950, Salzburg 1951) fand das Stück lebhaften Beifall. S.Gr.

AUSGABEN: Kairo 1938. – Kairo 1952.

ÜBERSETZUNGEN: *Divergence*, B. Farès (in La Revue théâtrale, Paris 1950; frz.). – *Scheideweg*, aus dem Frz. übers. v. R. Leisner, Salzburg 1951. – Dass., aus dem Frz. übers. v. F. Habeck, o. O. u. J. [nur als MS erschienen].

LITERATUR: GAL III, S. 169.

GEORGE FARQUHAR

* 1677/78 Londonderry / (Nord-)Irland
† 29.4.1707 London

LITERATUR ZUM AUTOR:
D. Schmid, *G. F.s Leben u. seine Originaldramen*, Wien/Lpzg. 1904. – J. Palmer, *The Comedy of Manners*, Ldn. 1913. – B. Dobrée, *Restoration Comedy, 1660–1720*, Oxford 1924. – H. T. E. Perry, *The Comic Spirit in Restoration Drama*, New Haven/Ldn. 1925. – W. Connely, *Young G. F.: The Restoration Drama at Twilight*, Ldn. 1949; Neudr. 1980. – K. Spinner, *G. F. als Dramatiker*, Bern 1956. – E. N. James, *The Development of G. F. as a Comic Dramatist*, Diss. Univ. of Iowa 1958 (vgl. Diss. Abstracts, 18, 1958, S. 2142); ern. Den Haag 1972. – E. Rothstein, *G. F.*, NY 1967 (TEAS). – F. Pyle, *G. F.* (in Hermathena, 92, 1958). – A. J. Farmer, *G. F.*, Ldn. 1966. – E. N. James, *G. F.: A Reference Guide*, Boston 1986.

THE BEAUX' STRATAGEM

(engl.; *Des Stutzers Kriegslist*). Komödie in fünf Akten von George FARQUHAR, erschienen 1707. – Einem zeitgenössischen Bericht zufolge hat Farquhar das Stück auf Anregung seines Freundes, des damals berühmten Schauspielers Robert Wilks, in kurzer Zeit auf dem Krankenlager geschrieben, um sich und seine Familie aus einer akuten finanziellen Notlage zu befreien. Es ist sein letztes und wohl auch reifstes Werk, aus dem man, wie auch aus seinen früheren Komödien, gewisse autobiographische Züge herauslesen kann. Der junge Held – mittel- und titelloser Bruder des Lord Viscount Aimwell – erscheint in einem Gasthaus in Lichfield mit seinem ebenfalls mittellosen Freund Archer, der laut Verabredung auf dieser Station der Reise den Lakaien zu spielen hat. Die beiden lebenslustigen jungen Herren haben ihre letzte Barschaft – 200 Pfund – zusammengelegt, um sich in gemeinsamer Anstrengung zumindest eine reiche Mitgift zu erlisten, die sie dann untereinander zu teilen beabsichtigen. Sie treffen in Lichfield auf zwei Gruppen von Menschen, mit deren Hilfe bzw. auf deren Kosten sie sofort ihren Plan zu verwirklichen suchen. Da ist zuerst der Wirt mit seinen Spießgesellen, die sich dem Publikum sehr bald als Räuber enthüllen, sowie dessen verführerische Tochter Cherry, in die sich der junge Archer sofort verliebt. Die zweite Gruppe, die sich Aimwell als Opfer seines Planes aussieht, nachdem er vom Wirt das Nötige über sie erfahren hat, ist die Familie der alten mildtätigen Lady Bountiful, nämlich deren ziemlich schlecht geratener Sohn aus erster Ehe, Sullen, dessen unzufriedene junge Frau sowie ihre jungfräuliche Tochter aus zweiter Ehe, Dorinda, die eine Mitgift von 100 000 Pfund zu erwarten hat. Mrs. Sullen wünscht ihren unaufmerksamen Ehemann eifersüchtig zu machen und findet in Archer einen bereitwilligen Spießgesellen, dem es nicht darauf ankommt, sich auch noch in sie zu verlieben, und der seinem Freund auf diese Weise Zugang zur Villa Bountiful zu verschaffen hofft. Dorinda fängt auf des vorgeblichen Lord Viscount Aimwell Liebesblicke hin sofort Feuer, dieser seinerseits verliebt sich ernstlich, die Freunde erlisten ein Zusammentreffen in der Villa, und allmählich – erst im vierten Akt – beginnt ein Liebeshandel zwischen beiden Paaren. In derselben Nacht aber, in der man das Ziel aller Anstrengungen zu erreichen hofft, haben der Wirt und seine Bande einen Raubüberfall auf die Villa Bountiful geplant. Die Edelleute nehmen die Diebsgesellen gefangen, während Cherry ihrem Vater zur Flucht verhilft, dann aber dem nun nicht mehr livrierten Archer einen in Mrs. Sullens Zimmer erbeuteten Kasten in die Hände spielt. Sein Inhalt erweist sich als Mrs. Sullens Mitgift, und mit Hilfe dieser Beute gelingt es dem rasch hinzugeeilten Bruder von Mrs. Sullen, den Ehemann zu einer Scheidung »mit beidseitiger Zustimmung« zu überreden. Aimwell aber, der zum Entsetzen seines Freundes in einer plötzlichen Regung Dorinda seine List und seine Armut gestanden hat, wird für seine Aufrichtigkeit doppelt belohnt: Als Dorinda schon ihre Einwilligung gegeben hat, ihn trotzdem zu heiraten, erfährt man von Mrs. Sullens Bruder, daß der rechtmäßige Lord Viscount Aimwell glücklicherweise am Tag zuvor verstorben ist und dem Sohn nunmehr Titel und Erbe von Rechts wegen zustehen. Archer erhält nun Dorindas ganze Mitgift, und alle Parteien sind des Handels wohlzufrieden, die neuvereinigten wie die neugetrennten.

Zwei Handlungsfäden überschneiden sich: Das eine Thema – Jagd auf eine Mitgift – ist seiner Natur nach komisch, komödienhaft und muß, schon aufgrund des Titels und der vom Autor gewählten Form der Komödie, als das Hauptthema angesehen werden; das andere – Disharmonie in der Ehe – ist ernst, sogar tragisch und als Nebenthema einer Komödie eigentlich nicht recht am Platze, wenn es auch, wie hier, durchaus ernsthaft behandelt wird. Und doch ist es gerade dieser leicht disharmonische Charakter, der die Komödie von Farquhars früheren Werken und von ähnlichen Stücken seiner Zeit abhebt – und der die Rolle der Mrs. Sullen bei allen guten Schauspielerinnen auch noch des 18. Jh.s so begehrenswert machte. – Das Stück erlebte zahlreiche, stets erfolgeiche Aufführungen – die bisher letzte Inszenierung ging im Herst 1879 in London über die Bretter. Seit Popes abschätzigem Urteil über seinen Dialog erhielt Farquhar allerdings nur noch schlechte Kritik. Man bezeichnete ihn als außerordentlich grob und unmoralisch in der Themenwahl und seine Dialoge als recht witzlos. Mit der Neuherausgabe einiger Stücke Farquhars versuchte W. Archer neuerdings eine Rehabilitierung des ernst zu nehmenden und nicht nur auf äußere Brillanz bedachten Dichters. A.L.

Ausgaben: Ldn. 1707 [Faks. Menston 1972]. – Bristol 1929, Hg. B. Dobrée. – Ldn. 1930 (in *Complete Works*, Hg. C. Stonehill, 2 Bde.; ern. NY 1967). – Ldn. 1953 (in *Three Restoration Comedies*, Hg. N. Marshall). – NY 1959 [m. biogr.-krit. Einl. u. Komm.]. – Edinburgh 1972, Hg. A. N. Jeffares. – Ldn. 1976, Hg. M. Cordner. – Lincoln/Nebr. 1977, Hg. C. N. Fifer.

Literatur: A. Leichsering, *Über d. Verhältnis v. Goldsmiths »She Stoops to Conquer« zu F.s »The Beaux' Stratagem«*, Cuxhaven 1909. – M. A. Larson, *The Influence of Milton's Divorce Tracts on F.'s »The Beaux' Stratagem«* (in PMLA, 39, 1924). – G. J. Gravitt, *A Primer of Pleasure: Neo-Epicureanism in F.'s »The Beaux' Stratagem«* (in Thoth, 12, 1972, S. 38–49). – B. N. Ohlsen, *»The Beaux' Stratagem« on the Nineteenth-Century London Stage* (in Theatre Notebook, 28, 1974, S. 70–80). – G. F.: *»The Recruiting Officer« and »The Beaux' Stratagem«: A Casebook*, Hg. R. A. Anselment, Ldn. 1977. – V. Flieger, *Notes on the Titling of G. F.'s »The Beaux' Stratagem«* (in NQ, N. S. 26, 1979, S. 21–23). – P. Lewis, *»The Beaux' Stratagem« and »The Beggar's Opera«* (ebd., N. S. 28, 1981, S. 221–224).

THE CONSTANT COUPLE, OR A TRIP TO THE JUBILEE

(engl.; *Das beständige Paar oder Eine Reise zur Jubelfeier*). Komödie von George Farquhar, Uraufführung: London, November 1699, Drury Lane Theatre. – Die schöne Lady Lurewell ist eine eingeschworene Männerfeindin. Sie hält sich zahlreiche Liebhaber einzig zu dem Zweck, sie an der Nase herumzuführen und sich an ihnen dafür zu rächen, daß vor zwölf Jahren ein junger Oxfordstudent sie verführt und dann verlassen hat. An erster Stelle unter ihren Verehrern stehen der redliche Oberst Standard und der lebenslustige Sir Harry. Letzterer verliebt sich jedoch in die junge, keusche Angelika, die ihm von einem Lebemann böswillig als leichtes Mädchen empfohlen wurde. Er bietet ihr, die seine Absichten anfangs nicht versteht, immer größere Summen, bis sie ihn schließlich empört zurückweist. Nun verlangt ihre Mutter von ihm, entweder durch ein Duell mit dem Verleumder die Ehre ihrer Tochter wieder reinzuwaschen oder um deren Hand anzuhalten. Als Gentleman entschließt sich Sir Harry für die Ehe mit Angelika. – Lady Lurewell entdeckt wenig später, daß ausgerechnet Oberst Standard der Mann ist, der ihr einst die Unschuld geraubt hat. Da er ihr jedoch sein damaliges schmähliches Verhalten glaubwürdig erklären kann, steht einer Heirat nichts mehr im Wege.

Zentralfigur der beim Publikum damals weitaus beliebteren Nebenhandlung ist ein anderer Liebhaber der Lady, der ehemalige Lehrling Clincher Senior, dem es eine Erbschaft ermöglicht, jetzt als – allerdings recht komisch wirkender – Stutzer aufzutreten. Er plant während des ganzen Stückes, anläßlich der Jahrhundertwende (1700) eine Pilgerreise nach Rom zu unternehmen – ein damals durchaus modisches Projekt. Seine Fahrt wird aber vor allem durch Lady Lurewell verhindert, die ihn zwingt, mit dem Lohndiener Tom die Kleider zu tauschen, um ihn vor der Eifersucht ihres angeblich nahenden Gemahls zu schützen. In dieser Verkleidung wird Clincher Senior unter dem Verdacht verhaftet, Tom ermordet zu haben, während sein Bruder Clincher Junior dem durchaus lebendigen Diener das Geständnis abkauft, er habe den älteren Bruder getötet. Clincher Junior fühlt sich schon als Vermögenserbe und schlüpft triumphierend in Clincher Seniors Kleider und in dessen Rolle als Romreisender, muß jedoch erkennen, daß sein nun in ein Laken gehüllt auftretender Bruder keineswegs ein Geist, sondern noch recht irdisch ist.

The Constant Couple erlebte nach seiner Uraufführung über fünfzig Vorstellungen in einer Spielzeit; dieser Erfolg ist – neben den von zeitgenössischen Kritikern bezeugten Glanzleistungen der Schauspieler – vor allem auf die frische Unbekümmertheit und strahlende Lebensfreude zurückzuführen, die das ganze Stück durchdringen. Der damals erst zweiundzwanzigjährige Ire Farquhar konstruierte den Handlungsablauf mit größter Sorglosigkeit in allen formalen Fragen. Die Charaktere sind lässig gezeichnet, und ebenso lässig fließt der Dialog dahin. Doch das Publikum verzieh dem Autor seine halsbrecherischen dramaturgischen Verrenkungen und den simplen Verkleidungsklamauk um so lieber, als die meisten anderen Komödien dieser Zeit unter einer übertriebenen technischen Raffinesse litten. E.St.

Ausgaben: Ldn. 1700. – Ldn. 1930 (in *Complete Works*, Hg. C. Stonehill, 2 Bde., 1; ern. NY 1967).

LITERATUR: G. H. Whiting, *The Date of the Second Edition of »The Constant Couple«* (in MLN, 47, 1932). – J. Cope, *»The Constant Couple«: F.'s Four-Plays-in-One* (in ELH, 41, 1974, S. 477–493).

THE RECRUITING OFFICER

(engl.; *Der Werbeoffizier*). Komödie in fünf Akten von George FARQUHAR, Uraufführung: London, 8. 4. 1706, Theatre Royal; deutsche Erstaufführung: Wuppertal 1966. – In seinen letzten und besten Komödien, *The Recruiting Officer* und *The Beaux' Stratagem* (1707), bricht der anglo-irische Dramatiker bis zu einem gewissen Grad mit den auch nach der Veröffentlichung von Jeremy COLLIERS Attacke gegen die Sittenlosigkeit der englischen Bühne (vgl. *A Short View of the Immorality and Profaneness of the English Stage*, 1698) noch gültigen Konventionen der *comedy of manners*. Ungewöhnlich ist bereits der Schauplatz des *Recruiting Officer*, die Kleinstadt Shrewsbury in Shropshire: Die Komödien von ETHEREGE, WYCHERLEY und CONGREVE waren alle in London lokalisiert gewesen, und allein schon die Erwähnung der Provinz hatte ihren Helden ein mitleidiges oder geringschätziges Lächeln entlockt. – Für sein Stück konnte Farquhar auf eigene Erfahrungen zurückgreifen, denn im Jahr 1705 hatte er selbst in Shrewsbury Soldaten für Marlboroughs Armee angeworben. Dennoch ist der Titelheld, Captain Plume, kein idealisiertes Selbstbildnis, sondern eine Kombination der gängigen Typen des *rake* (des Frauenverführers und Tunichtguts) und des ehrlichen, anständigen Soldaten, wobei im Verlauf der Handlung der Akzent vom negativen auf den positiven Typ verlagert wird. Plumes Sergeant Kite soll Farquhars Begleiter Jones nachgebildet sein, könnte aber eher einer Komödie Ben JONSONS entstammen; er ist wie der Diener Mosca in *Volpone* ein Meister der Überredung, weiß alle Register der Rekrutierungstechnik zu ziehen und betätigt sich sogar als Amateurastrologe, um naive Bauernjungen fürs Militär zu ködern.

Generell zeichnet sich Farquhars Stück durch eine deutliche Rückwendung zur englischen Komödie um 1600 aus; die typischen Dialoge und Figuren der Sittenkomödie der Restaurationszeit sind noch seltener geworden als bei seinem Zeitgenossen VANBRUGH. Zwar tritt die für die *comedy of manners* charakteristische kokette Geliebte noch in Gestalt Melindas auf, die sich den Werbungen Mr. Worthys immer wieder zu entziehen versteht, doch ihr Anbeter gehört nicht mehr dem Adel, sondern dem Bürgertum an. Und Melinda wird erst in dem Augenblick spröde, als sie eine große Erbschaft gemacht hat; vorher wäre sie beinahe auf Worthys Angebot eingegangen, für eine feste Summe seine Mätresse zu werden – ein für die Heroine des Restaurationstheaters unmögliches Verhalten. Silvia, Melindas Freundin, sträubt sich aus ganz anderen Gründen gegen das Drängen Plumes: Sie ist von Anfang an entschlossen, nicht seine Geliebte, sondern seine Ehefrau zu werden. Um den Weiberhelden zu zähmen und ihren Vater, Richter Balance, der die Meinung vertritt, eine reiche bürgerliche Erbin dürfe sich nicht an einen armen Offizier wegwerfen, eines Bessern zu belehren, verkleidet sie sich als Mann und läßt sich von Plume anwerben, eine hübsche komische Variante der romantischen Hosenrolle. Plumes angebliche Affäre mit Rose, einem strammen, nur allzu bereitwilligen Landmädchen, versucht sie dadurch zu unterbinden, daß sie selber sich diese als Bettgenossin ausbittet. Silvias Verkleidung wird entdeckt, als man den vermeintlichen jungen Soldaten der Unzucht mit Rose beschuldigt und Richter Balance vorführt. Nun revidiert dieser seine Meinung und gibt seinen Segen zu Silvias Heirat mit Plume, der, überwältigt von der standhaften Liebe des Mädchens, endlich bereit ist, eine bürgerliche Ehe zu führen. – Inzwischen hat Sergeant Kite im Gewand des Astrologen durch einen Taschenspielertrick Melindas Widerstand gegen Worthy erschüttert und dadurch erreicht, daß sie dessen geldgierigem Rivalen Captain Brazen (der ebenfalls als Werbeoffizier in Shrewsbury aufgetaucht ist) den Laufpaß gibt. Brazen, eine originelle Mischung aus den Komödienfiguren des *miles gloriosus* und des närrischen Beaus, wurde bei der Uraufführung von dem auf die Darstellung von *fops* (Stutzertypen) spezialisierten Schauspieler und Erfolgsautor Colley Cibber verkörpert. Als wirkungsvollste Gestalt aber erwies sich Sergeant Kite, der dem Stück einen rauschenden Erfolg sicherte.

Die vor dem Hintergrund des Spanischen Erbfolgekriegs spielende Handlung hat Bertolt BRECHT in seiner Bearbeitung (*Pauken und Trompeten*, 1955) in die Zeit der amerikanischen Revolution verlegt. Während er den Schauplatz Shrewsbury und die Protagonisten beibehielt, verschärfte er Farquhars Kritik an den skrupellosen Rekrutierungsmethoden der englischen Krone und brachte antikolonialistische Tendenzen ins Spiel. W.Kl.

AUSGABEN: Ldn. 1706. – Ldn. 1728 (in *The Works*, 2 Bde., 2; ern. 1742). – Ldn. 1930 (in *Complete Works*, Hg. C. Stonehill, 2 Bde., 2; ern. NY 1967). – NY 1949 (in *G. F.*, Hg. u. Anm. W. Archer). – Lincoln/Nebr. 1965, Hg. M. Shugrue. – Ldn. 1965, Hg. K. Tynan. – Edinburgh 1973, Hg. A. N. Jeffares. – Ldn./NY 1977, Hg. J. C. Ross.

ÜBERSETZUNG: *Der Werbeoffizier*, R. Gillner, Wuppertal 1966 [Bühnen-Ms.].

BEARBEITUNG: B. Brecht, *Pauken u. Trompeten* (Urauff.: Bln., 20. 9. 1955, Theater am Schiffbauerdamm; Musik: R. Wagner-Régeny).

LITERATUR: R. L. Hough, *An Error in »The Recruiting Officer«* (in NQ, 198, 1953, S. 340/341). – Ders., *F.: »The Recruiting Officer«* (in NQ, N. S. 1, 1954, S. 474). – S. Rosenfeld, *Notes on »The Recruiting Officer«* (in Theatre Notebook, 18, 1963/64, S. 47/48). – A. Wertheim, *B. Brecht and*

G. F.'s »The Recruiting Officer« (in Comparative Drama, 7, 1973, S. 179–190). – K. Spinner, *G. F.: »The Recruiting Officer«* (in *Das engl. Drama im 18. u. 19. Jh.: Interpretationen*, Hg. H. Kosok, Bln. 1976, S. 37–45). – *G. F.: »The Recruiting Officer« and »The Beaux' Stratagem«: A Casebook*, Hg. R. A. Anselment, Ldn. 1977. – J. C. Ross, *Some Notes on »The Recruiting Officer«* (in NQ, N. S. 28, 1981, S. 216–221). – B. H. Davis, *Th. Percy and »The Recruiting Officer«* (ebd., N. S. 30, 1983, S. 490/491).

JAMES THOMAS FARRELL

* 27.2.1904 Chicago
† 22.8.1979 New York

LITERATUR ZUM AUTOR:
Bibliographien:
E. M. Branch, *A Bibliography of F.'s Writings: 1921–1957*, Philadelphia 1959. – Ders., *Bibliography of F.: A Supplement* (in American Book Collector, 17, 1967, S. 9–19; Erg. *1967–1970* ebd., 21, 1971, S. 13–18; *1970–1975* ebd., 26, 1976, S. 17–22). – J. Salzman, *J. Th. F.: An Essay in Bibliography* (in Resources for American Literary Studies, 6, 1976, S. 131–163). – E. M. Branch, *Bibliography of F.'s Writings: Supplement Five, 1975–1981* (in Bulletin of Bibliography, 39, 1982, S. 201–206).
Gesamtdarstellungen und Studien:
E. M. Branch, *F.*, Minneapolis 1963. – Ders., *Freedom and Determinism in F.'s Fiction* (in *Essays on Determinism in American Literature*, Hg. S. J. Krause, Kent/Oh. 1964, S. 79–96). – W. Douglas, *The Case of F.* (in Tri-Quarterly, 2, 1965, S. 105–123). – I. M. Reiter, *A Study of F.'s Short Stories and Their Relation to His Longer Fictions*, Ann Arbor/Mich. 1965. – E. M. Branch, *F.*, NY 1971. – L. Fired, *F.: Shadow and Act* (in Jb. f. Amerikastudien, 17, 1972, S. 140–155). – B. Wallenstein, *F.: Critic of Naturalism* (in *American Literary Naturalism: A Reassessment*, Hg. H. Yoshinobu u. L. Fried, Heidelberg 1975, S. 154–175). – TCL, 22, 1976 [Sondernr. J. Th. F.]. – A. Wald, *F.: The Revolutionary Socialist Years*, NY 1978. – D. R. Cox, *A World He Never Made: The Decline of J. Th. F.* (in CLA, 23, 1979, S. 32–48). – B. O'Conell, *The Lost World of F.'s Short Stories* (in *Irish-American Fiction: Essays in Criticism*, Hg. D. J. Casey u. R. E. Rhodes, NY 1979, S. 53–71). – D. Pizer, *F. and the 1930's* (in *Literature at the Barricades: The American Writer in the 1930's*, Hg. R. F. Bogardus u. F. Hobson, Tuscaloosa/Ala. 1982, S. 69–81). – R. J. Butler, *Parks, Parties, and Pragmatism: Time and Settings in J. Th. F.'s Major Novels* (in Essays in Literature, 10, 1983, S. 241–254).

GAS-HOUSE MCGINTY

(amer.; *Auftragsbüro McGinty*). Roman von James Thomas FARRELL, erschienen 1933. – Als er dieses Buch veröffentlichte, konnte der junge Autor bereits auf einen Erstlingsroman zurückblicken, der es zum Bestseller gebracht hatte. Die naturalistische Optik DREISERS übernehmend, hatte er in *Young Lonigan* (1932), dem ersten Band seiner *Studs-Lonigan*-Trilogie, die Kindheit eines in den Slums von Chicago aufwachsenden Jungen irischer Abstammung dargestellt, schonungslos die vergiftete Atmosphäre des Großstadtsumpfes beschworen und am Beispiel überbelichteter Charaktere gezeigt, daß es aus diesem Milieu kein Entrinnen gibt. In *Gas-House McGinty* wandte er diese Technik noch rückhaltloser an. Der Roman führt mitten hinein in den hektischen Betrieb im Auftragsbüro einer großen Chicagoer Transportfirma, der »Continental Express Company«. Die Männer, die am Telefon die Kundenaufträge entgegennehmen, die den rationellen Einsatz der Fahrzeuge planen oder selbst Expreßwagen fahren, sind alle mehr oder weniger Produkte ihres Arbeitsmilieus, am ausgeprägtesten Ambrose J. McGinty, der Leiter des Auftragsbüros. Für diesen fetten Miniaturbonzen ist die Arbeit die einzige Selbstbestätigung, ja er lebt eigentlich nur, solange er sich spießerhaft schmeicheln kann, in der Firma unentbehrlich zu sein. Er verbirgt seine Komplexe hinter einer Autorität, die er aus seiner Stellung ableitet und künstlich aufrechterhält. Wenn die Organisation ihn in den Feierabend entläßt, bricht die Fiktion seiner Bedeutsamkeit zusammen. Dann erduldet er hilflos die derben Späße der Kollegen, das Gezeter seiner herrschsüchtigen Frau, das Bewußtsein beängstigender Einsamkeit und sexueller Frustration. Schlaf und Traum bedeuten ihm Zuflucht und Ausgleich. Einem dieser Träume ist ein ganzes Kapitel gewidmet, dessen Darstellungstechnik den Einfluß von James JOYCE verrät. McGinty erlebt sich darin als einen Helden eigener Machart, der nach mancherlei Demütigungen zu großer Macht gelangt und schließlich zum König von Großirland gekrönt wird. Seinen endgültigen Sieg erringt er, als er sich auch noch der Herrschaft des Höchsten entledigt – als er Gott tötet.

Farrell hat sich in diesem Roman auf die Gespräche, Gedanken, Tag- und Nachtträume der Männer konzentriert, in denen diese häufig in Kraft- und Sexualprotzerei verfallen, um sich selbst und anderen jene männliche Entschlossenheit zu demonstrieren, die sie im Arbeitsleben nicht unter Beweis stellen können. Mit einer scheinbar unbeteiligt wirkenden Präzision registriert Farrell einerseits das Wunschdenken, andererseits den monotonen Alltag seiner Romanfiguren und spricht damit – wirkungsvoller vielleicht als mit einer flammenden Anklage – die technisch perfektionierte, durchorganisierte Gesellschaft schuldig, ihren sozial benachteiligten Mitgliedern keine Zukunftschance zu geben und letzten Endes jede menschliche Geste zum Automatismus erstarren zu lassen. In der unbedingten Redlichkeit seines Engagements für die sozialen Probleme seiner Zeit liegt das Verdienst, das sich dieser amerikanische Linksnaturalist mit seinen umgeschminkten, unbequemen Romanen erworben hat. W.D.

AUSGABEN: NY 1933. – NY 1942. – Cleveland 1943.

LITERATUR: B. H. Gelfant, *The American City Novel*, Norman 1954, S. 175–227.

STUDS LONIGAN

(amer.; Ü: *Studs Lonigan*). Romantrilogie von James Thomas FARRELL, bestehend aus *Young Lonigan* (1932), *The Young Manhood of Studs Lonigan* (1934) und *Judgment Day* (1935). – Die Trilogie, die als Musterbeispiel des proletarischen Romans in den USA gilt, schildert das kurze Leben des 1901 geborenen, in Chicago aufwachsenden Sohns einer irisch-katholischen Familie. Sein Schicksal sieht der (aus ärmlichen Verhältnissen und ebenfalls aus Chicago stammende) Autor von drei negativen Faktoren bestimmt: vom Erfolgsstreben des irisch-amerikanischen Bevölkerungsteils, der sich, geistig verarmt, bei der Verteidigung seines *»Überlegenheitsanspruchs als Weiße und Angelsachsen«* von extremen Vorurteilen gegenüber andern Minderheiten, vor allem Juden und Negern, leiten läßt; vom steilen Sturz der USA aus dem Wirtschaftsboom der Weltkriegsperiode in die Depression; und von der Prohibition *(»eine der unsinnigsten Perioden unserer Geschichte«)*, die bewirkte, daß viele Amerikaner sich mit illegal produziertem schlechtem Alkohol zugrunde richteten. Der junge William (»Studs«) Lonigan macht sich einerseits den Traum seiner kleinbürgerlichen, bigotten Familie von einem »guten« Leben und die Vorurteile der Eltern zu eigen, gerät aber andrerseits unter dem Einfluß der großstädtischen Umwelt immer mehr in Gegensatz zur zielstrebigen, für die Probleme der Jugend tauben älteren Generation. Er treibt sich auf der Straße herum, und seine Erfahrungen bei Auseinandersetzungen mit Gleichaltrigen, bei Übergriffen jugendlicher Banden, später bei Glücksspiel, unmäßigem Alkoholgenuß, Verkehr mit Prostituierten und Kriminellen und bei Zusammenstößen mit der Polizei lehren ihn Gewalttätigkeit, Angeberei und Skrupellosigkeit. Der Fragwürdigkeit seines Bestrebens, einer jener *»tough guys«* zu werden, die sich aufgrund ihrer physischen Überlegenheit alles leisten zu können glauben, wird er sich erst bewußt, als er viele seiner einstigen Kumpane vor die Hunde gehen sieht. Angesichts seines eigenen körperlichen und seelischen Verfalls quält ihn nun die Angst vor einem frühen Tod nach einem vergeudeten Leben, aber er bringt nicht die Energie auf, neu zu beginnen. So flüchtet er sich in den Selbstbetrug und lastet sein Scheitern andern an: den Juden, die er für die Depression, und den Negern, die er für die Verunsicherung der Großstädte verantwortlich macht. Nicht anders hat er es im Elternhaus gelernt. An die Stelle des Traums vom Erfolg ist bei dem inzwischen fast Dreißigjährigen die Erinnerung an die »gute alte Zeit« getreten. Bevor er seinen wiederum nur halbherzig gefaßten Entschluß, zu heiraten, um endlich Halt zu finden, verwirklichen kann, versagt sein Herz.

Studs Lonigan soll, wie der Autor hervorhob, weder als Produkt noch als Opfer eines Elendsmilieus verstanden werden, sondern als einer von vielen jungen Menschen mit ursprünglich guten Anlagen, die an einer Gesellschaft scheitern, die ihnen kein anderes Lebensziel als den materiellen Erfolg zu geben vermag. Lonigans selbstzerstörerische Haltlosigkeit steht in ursächlichem Zusammenhang mit der Krisenanfälligkeit dieser Gesellschaft. Farrell, oft als der nach DREISER bedeutendste naturalistische Romancier der USA bezeichnet, bedient sich in seiner bitteren *»Geschichte eines amerikanischen Schicksals unserer Zeit«* der Technik des Bewußtseinsstroms und Perspektivenwechsels, um, seiner Auffassung von der gesellschaftlichen Aufgabe der Literatur entsprechend, den Leser unmittelbar mit *»Handlungen, Gedanken, Situationen, Hoffnungen, Verzweiflungszuständen, Idealen, Träumen und Phantasien«* zu konfrontieren, die die soziale Wirklichkeit genau widerspiegeln. G.Bj.-KLL

AUSGABEN: NY 1932 *(Young Lonigan. A Boyhood in Chicago Streets*; Einl. F. M. Thrasher). – NY 1934 *(The Young Manhood of Studs Lonigan)*. – NY 1935 *(Judgment Day)*. – NY 1935. – NY 1938 [Einl. J. Th. Farrell]. – NY 1951 *(Judgment Day*; Einl. J. Th. Farrell). – Ldn. 1959 *(Judgment Day)*. – Ldn. 1959 *(Young Lonigan)*. – Ldn. 1959 *(The Young Manhood of Studs Lonigan)*. – NY 1965 (Nachw. Ph. A. Friedman; A Signet Classic). – NY 1976. – NY o. J. *(Young Lonigan; The Young Manhood of Studs Lonigan; Judgment Day)*.

ÜBERSETZUNG: *Studs Lonigan*, N. Stigl, 2 Bde. Reinbek 1982/83 *(Eine Jugend auf den Straßen von Chicago; Zerbrochene Träume)*.

VERFILMUNG: USA 1960 (Regie I. Lerner).

LITERATUR: E. M. Branch, *»Studs Lonigan«. Symbolism and Theme* (in CE, 23, 1961, S. 191–196). – Ders., *Destiny, Culture, and Technique: »Studs Lonigan«* (in Univ. of Kansas City Review, 29, 1962, S. 103–113). – R. Mitchell, *»Studs Lonigan«: Research in Morality* (in Centennial Review, 6, 1962, S. 202–214). – T. G. Rosenthal, *»Studs Lonigan« and the Search for an American Tragedy* (in British Association for American Studies Bull., 1963, Nr. 7, S. 46–54). – A. Douglas, *»Studs Lonigan« and the Failure of History in Mass Society: A Study* (in AL, 29, 1977, S. 487–505). – R. J. Butler, *Christian and Pragmatic Visions of Time in the Lonigan Trilogy* (in Thought, 55, 1980, S. 461–475). – D. Pizer, *J. Th. F.: »Studs Lonigan«* (in D. P., *Twentieth-Century American Literary Naturalism*, Carbondale/Ill. 1982, S. 17–38). –

G. B. Weathers, *The Territorial Imperative in »Studs Lonigan«* (in South Atlantic Review, 51, 1986).

LITERATUR: Rachilde, *»La bataille«* (in Mercure de France, 16. 3. 1909, S. 313/314).

CLAUDE FARRÈRE

d.i. Frédéric-Charles-Pierre-Édouard Bargone

* 27.4.1876 Lyon
† 21.6.1957 Paris

LA BATAILLE

(frz.; *Ü: Die Schlacht*). Roman von Claude FARRÈRE, erschienen 1909. – Dieses Werk ist kein Roman im herkömmlichen Sinn des Wortes. Der freien Erfindung ist darin nur wenig Raum gegeben. Dagegen treten Geschichte und Politik hier in den Vordergrund, und der Leser kann den historischen und wissenschaftlichen Aussagen über die Ereignisse des Russisch-Japanischen Kriegs zwischen dem 21. April 1905 und dem 29. Mai desselben Jahres dokumentarischen Wert beimessen. Die geschilderten Personen sind keine Individuen, sondern symbolhafte Gestalten und erscheinen daher oft stereotyp. Die drei Japaner – der Marquis Yorisaka, die Marquise Mitzouko und der Vicomte Hirata – sind Repräsentanten einer ganzen Kaste, deren wesentliche Züge der Autor um der Verdeutlichung willen vergröbert hat.

Farrère legt seine Ansichten über das neue Japan und über die große Umwandlung von 1868 und ihre tragischen Konsequenzen dem weisen, alten Tcheou Pe-i in den Mund. Er sieht im Mangel kindlicher Liebe bei dem Marquis und im Fehlen weiblicher Bescheidenheit bei der Marquise Anzeichen für die Entartung der Kultur Nippons. Nicht die Russen bedrohen die japanische Zivilisation, sondern vielmehr die europäische »Invasion«, der sich das junge japanische Königreich im Namen des Fortschritts ohne Vorbehalt öffnet. Von seiner Europäisierung erhofft sich der moderne Japaner, daß sie ihn teilnehmen lasse am Sieg Europas über Asien, wobei Asien für ihn gleichbedeutend mit Rußland ist. Doch was, meint Tcheou Pe-i, bedeutet es schon, wenn ein in Barbarei zurückgefallenes Japan ein kaum weniger gewandeltes Rußland bezwingt? Jedes Volk, das im Namen einer neuen Lehre, die es kaum versteht, einen unnützen und blutigen Krieg beginnt, gibt seine ererbte Weisheit preis und verleugnet seine Kultur. J.H.K.

AUSGABEN: Paris 1909. – Paris 1949/50. – Paris 1973 (Poche).

ÜBERSETZUNGEN: *Die Schlacht*, J. Powa, Mchn. 1914. – *Die Marquise Yorisaka*, J. v. Guttry, Mchn. 1921 [erw. 1923 u. 1928].

FORUĠ FARROḪZĀD

* 5.1.1935 Teheran
† 14.2.1967 Teheran

BARGOZIDE-YE AŠʿĀR-E FORUĠ-E FARROḪZĀD

(iran.-npers.; *Ausgewählte Gedichte von Foruġ Farroḫzād*). – Lyriksammlung von Foruġ FARROḪZĀD, erschienen 1965. – Die vorliegende Sammlung umfaßt die Gedichtbände *Asir*, 1955 *(Der Gefangene)*, *Diwār*, 1956 *(Die Mauer)*, *ʿEsyān*, 1958 *(Der Aufstand)*, und *Tawallodi digar*, 1964 *(Eine Neugeburt)*. Die bedeutendste Poetin der modernen persischen Literatur befaßte sich mit anderen künstlerischen Bereichen – sie studierte Malerei und drehte einen, bei den Oberhausener Filmfestspielen für seine Ehrlichkeit und Eindringlichkeit ausgezeichneten, Film über Leprakranke –, ehe sie mit den die persische Poetik revolutionierenden Arbeiten der Dichter NIMĀ YUŠIG (1897–1960) und Aḥmad ŠĀMLU (* 1925) bekannt wurde. Sie sucht einen Weg aus ihrer unglücklichen Ehe, aus ihrem sie einengenden bürgerlichen Dasein: Schon die Titel ihrer Gedichtbände weisen auf dieses, aus innerer Notwendigkeit gestaltete Problem ihres Lebens hin. Die ersten Gedichte sind noch geprägt von subjektiver Empfindung, vom Ausdruck des persönlichen Leidens an der enttäuschten Liebe und dem Vertrauensverlust. Doch mit der Erkenntnis, daß nicht nur sie eine Gefangene ist, sondern alle Frauen geknechtet werden, erhält ihre Lyrik eine soziale Dimension, und wird zu einer realistischen Darstellung der aktuellen gesellschaftlichen Situation. Der Mensch steht im Mittelpunkt ihrer Betrachtung. Foruġ Farroḫzād schwankt zwischen Überzeugung und Zweifel bei der Frage, ob Ungerechtigkeit und Unfreiheit im Wesen des Menschen verborgen liege, seiner Natur eigen sei. Dichterin sein bedeutet für sie, die Menschen zu verstehen suchen, sie zu lieben und durch Schauen, Forschen, Experimentieren und Erkennen die Wahrheit zu ergründen.

In *Tawallodi digar* erreicht ihr Schaffen Reife und Vollendung, sowohl inhaltlich als auch formal. Leben und Dichtung werden miteinander verwoben. Das wirkliche Leben ist voller Gefahren und Ängste und ist stets von Verheerung bedroht. *»O weh, in meiner kleinen Nacht / hat der Wind mit den Blättern ein Stelldichein. In meiner kleinen Nacht ist die Qual eine Zerstörung.«* Auf das Sein lauert immer das Nichtsein, Leben und Tod stehen sich feindlich gegenüber. *»Am traurigen Himmel verglühte ein Stern, verschwand ein Stern, verstarb ein Stern.«* – Ein besonderes Merkmal ihrer Dichtung ist die Gestaltung der Liebe aus der Sicht einer Frau. Es ist nicht mehr das alleinige Vorrecht der Männer, die Geliebte zu verherrlichen und zu besingen. Während bei den alten Meistern die Liebe als Mysterium empfunden und romantisch verklärt wurde, wird in ihren Gedichten das Zusammensein der Liebenden deutlich ausgesprochen. Farroḫzād, die »Rebellische« und in der Enge der Zeitumstände »Gefangene« drückt ihr Begehren offen aus: »*Dich hat die Magie meiner Augen verhext / Und wohl weiß ich, warum du mir vorlügst, / Ich habe ein eisernes Herz. / Du weißt nicht, nein, du weißt nicht, daß neben dem / Zauberer Auge ein Trank meine Lippen verwahren / Der Männer herabzwingt: erdwärts. / Warum kämpfst du umsonst*« (Übers. R. Gelpke). Auch ihre Sprache findet neue Wege des Ausdrucks und eine eigene Rhythmik; jedes Wort hat seinen eigenen Charakter, in dem sich Zeit und Ort unserer Gegenwart spiegeln. Die neue Konzeption verlangt nach neuen Ausdrucksmöglichkeiten.

Die neuen Erkenntnisse sind für diese Frau genau so grausam wie die Erlebnisse ihrer Jugend. Sie durchschaut auch in ihrer realen Welt überall Unbeständigkeit, Verfall, Tyrannei und Ungerechtigkeit. Offensichtlich hatte sie die »Jubelpresse« und deren Kommunikationsorgane während der Schahdiktatur im Sinne, als sie folgende Strophe verfaßte: »*Man kann gleich der Aufziehpuppe sein / man kann mit zwei gläsernen Augen auf die eigene Welt schauen. / Man kann in einem mit Samt gefütterten Kasten / mit einem Leib vollgestopft mit Stroh / Jahrelang in Spitze und Pailletten schlafen / Man kann mit jedem nichtigen Druck einer Hand / Ohne Anlaß schreien und sagen: ›Oh, ich bin sehr glücklich.‹*« Aber sie hat keine gläsernen Augen, sondern beobachtet mit scharfem Blick die Widerlichkeiten, verspottet die Lobhudelei, attackiert die Großsprecher, jene Dichter, die in den Straßenabfällen nach Metren und Reimen suchen, die Narren und die Philosophen, die Initiatoren der Doktrin »Was geht's mich an«, die auserwählten genialen Vertreter der nationalen Idee. Das Geheimnis von Farroḫzāds Erfolg besteht darin, jeden Eindruck verallgemeinernd zu poetisieren. Dichten ist für sie eine Mission und keine Zerstreuung. Ihre Trauer über das Schicksal ihrer Heimat dokumentiert das Gedicht *Delam barāye baġče misuzad* (Ich habe Mitleid mit unserem Gärtlein): »*Niemand denkt an die Rosen, / Niemand denkt an die Fische. / Keiner will glauben / Daß der Garten stirbt. / Daß das Herz des Gartens unter der Sonne schwillt / Daß das Innere des Gartens allmählich / Von grünen Erinnerungen leer wird. / Es scheint, daß das Gefühl des Gartens / Etwas Abstraktes ist, das in der Einsamkeit verdorrt. / Unser Hof ist einsam / Unser Hof / In der Erwartung einer unbekannten Wolke / gähnt / Und unser Wasserbecken ist leer.*«   B. A.

AUSGABEN: Teheran 1965; ³1973. – Emmeryville/Calif. 1982 [Nachdr.]. – Teheran 1985 *(Gozine-ye asʿār-e Foruġ-e Farroḫzād)*. – Saarbrücken 1989 *(Maǧmūʿe-ye asʿār-e Foruġ)*.

ÜBERSETZUNGEN: In *Noch immer denke ich an den Raben. Lyrik aus Iran*, K. Scharf, Stg. 1981. – *Another Birth*, H. Javādi u. S. Sallee, Emeryville/Calif. 1981 [Nachw. A. Davaran; Ausz.; engl.]. – *Bride of Acacias*, J. Kessler u. A. Banani, Delmar/N.Y. 1982 [Nachw. F. Milani; Ausz.; engl.]. – *Irdische Botschaft*, S. Mohadjer, Niederdorfelden 1984 [Ausz.]. – *A Rebirth*, D. Martin, Cincinnati/Oh. 1985 [Nachw. F. Milani; engl.]. – *F. F. Nach der Euphorie. Eine kritische Frau*, M. Arki, Hildesheim 1989 [m. Einl.; Ausw.].

LITERATUR: G. Tikku, *Furugh-i Farrokhzād: A New Direction in Persian Poetry* (in Studia Islamica, 26, 1967, S. 149–173). – *Az Nimā be baʿd*, Hg. M. Roušangar, Teheran 1968, S. 93–146. – E. N. ʿAla, *Ṣowar o asbāb dar šeʿr-e emruz-e Irān*, Teheran 1969, S. 234–247. – *Ǧāwdāne, F. F.*, Hg. A. Esmāʿili u. A. Šedārat, Teheran 1972. – *Ḥarfhā-ye bā Foruġ-e F.: čahār goft wa šonud*, Teheran 1977. – M. Bharier, *F. F.: Persian Poetess and Feminist*, Diss. Univ. of Durham 1978. – F. Milani, *F. Farrokhzad: A Feminist Perspective*, Diss. Univ. of California/Los Angeles 1979. – Dies., *Love and Sexuality in the Poetry of F. Farrokhzad: A Reconsideration* (in Iranian Studies, 15, 1982, S. 117–128). – L. P. Alishan, *Trends in Modernist Persian Poetry*, Diss. Univ. of Texas/ Austin 1982. – F. Milani, *Conformity and Confrontation: A Comparison of Two Iranian Women Poets* (in Women and Family in the Middle East: New Voices of Choice, Hg. E. Warnock Fernea, Austin 1984, S. 317–330). – M. C. Hillman, *A Lonely Woman: F. Farrukhzad and Her Poetry*, Washington, D.C. 1987 [m. Textausw. u. engl. Übers.; m. Bibliogr.].

MASʿUD FARZĀD

* 1906 Sanandāǧ

KUH-E TANHĀʾI

(iran.-npers.; *Der Berg der Einsamkeit*). Gedichtsammlung von Masʿud FARZĀD, erschienen 1947. – Die in dieser Sammlung enthaltenen Gedichte (achtzehn Gaselen, sechs Vierzeiler sowie einige Aphorismen) sind wehmütige Reminiszenzen eines vom Leben Enttäuschten, der in der Einsamkeit Trost für die durch Menschen und Lebensumstände erlittene Unbill und Frustration sucht. In Sprache, Form und Stil sind seine Gedichte meisterhaft, doch drückt sich in ihnen eine fast krankhafte Überempfindlichkeit aus. Seine Egozentrik, verbunden mit dem Gefühl einer hoffnungslosen Ausweglosigkeit, treibt ihn in die Isolierung, in der er den ersehnten Seelenfrieden zu finden meint. Er meidet die Gemeinschaft mit den Menschen, weil deren Unwissenheit, Neid und Geiz ihn peinigen;

aber auch in der Abgeschlossenheit findet er nicht die erhoffte Erlösung, weil viele unerfüllte Wünsche ihn noch quälen. – Je mehr er sich abkapselt und sich in sich selbst versenkt, desto stärker wird in ihm der Drang, Hymnen der Begeisterung und der Freiheit zu singen. – Das Leben bedeutet ihm sowohl Sehnsucht als auch Mühsal; doch auf der Suche nach der Wahrheit wird er von Zweifeln gepeinigt. Die menschliche Existenz betrachtet er als ein schmerzhaftes Leiden zwischen zweierlei Nicht-Sein; angesichts dieser Erkenntnis steht er verwirrt da; denn er weiß, daß keine Erlösung seiner harrt.

In der Einleitung versucht der Autor, eine Art wissenschaftliche Begründung für seine pessimistische Weltanschauung zu geben: Während die Diktatur die Einsamkeit des Menschen ablehne, kenne die Anarchie keine Gemeinsamkeit des Menschen. Ein Ausgleich zwischen diesen beiden Tendenzen wäre wünschenswert, da allein in der schöpferischen Einsamkeit die schönsten Kunstwerke reifen und die bedeutendsten Erfindungen entstehen. – Doch nicht durch sein ruheloses Suchen und Grübeln hat Farzād Ruhm und Ansehen als Dichter gewonnen, sondern hauptsächlich durch die Einführung neuer Redewendungen und Begriffe in den konventionellen Sprach- und Wortschatz der persischen Dichtung sowie durch seinen Mut, zielstrebig einen neuen Stil zu entwickeln, mit dem er die klassische Tradition bereichert und vervollkommnet hat.

B.A.

AUSGABE: Teheran 1947.

LITERATUR: B. Alavi, *Geschiche u. Entwicklung der modernen persischen Literatur*, Bln. 1964, S. 205. – F. Machalski, *La littérature de l'Iran contemporaine*, Bd. 2, Warschau/Krakau 1967, S. 125–127.

RAINER WERNER FASSBINDER

* 31.5.1945 Bad Wörishofen
† 10.6.1982 München

LITERATUR ZUM AUTOR:
R. W. F., Hg. P. W. Jansen u. W. Schütte, Mchn. 1974; ern. 1985 [erw.]. – K.-H. Assenmacher, *Das engagierte Theater R. W. F.s* (in *Sprachnetze*, Hg. G. Ch. Rump, Hildesheim/NY 1976, S. 1–85). – W. Limmer, *R. W. F., Filmemacher*, Reinbek 1981. – M. Töteberg, *R. W. F.* (in KGL, 24. Nlg., 1986).

BREMER FREIHEIT

»Bürgerliches Trauerspiel« von Rainer Werner FASSBINDER, Uraufführung: Bremen, 10. 12. 1971, Stadttheater. – Mit dem Stück entfernt sich Fassbinder formal und stilistisch von den experimentell ausgerichteten Theaterarbeiten seines Münchner »antiteaters« Ende der sechziger Jahre (*Iphigenie auf Tauris* nach Johann Wolfgang von Goethe, 1968; *Der amerikanische Soldat*, 1968; *Die Betteloper* nach J. GAY, 1969; *Preparadise sorry now*, 1969; *Anarchie in Bayern*, 1969) und wendet sich dem Melodram zu, für das neben *Bremer Freiheit* vor allem das Theaterstück und – hier ganz besonders – der Film *Die bitteren Tränen der Petra von Kant* (1971, Film 1972) als repräsentative Beispiele angesehen werden können. Zu Fassbinders weiteren wichtigen Theaterstücken – der Hauptakzent seiner Arbeit lag beim Film (*Fontane Effi Briest*, 1973; *Die Ehe der Maria Braun*, 1978; *Berlin Alexanderplatz*, 1979/80; *Lili Marleen*, 1981; *Lola*, 1981) – gehören *Das Kaffeehaus* (nach GOLDONI, 1969), *Werwolf* (zusammen mit Harry BAER, 1969), *Das brennende Dorf* (nach Lope de VEGA, 1970), *Blut am Hals der Katze* (1971), *Tropfen auf heiße Steine* (1965/66, uraufgef. 1985) und sein wohl umstrittenstes Stück *Der Müll, die Stadt und der Tod* (1976).

Das Trauerspiel *Bremer Freiheit* geht auf den historischen Stoff der neunfachen Giftmörderin Geesche Gottfried zurück und spielt um 1820 in der Freien Hansestadt Bremen. Fassbinder psychologisiert die Figuren nicht, sondern charakterisiert sie holzschnittartig. Formal ist das Stück eine Moritat mit jambisch verflachter Prosa.

Geesches Ehemann, ein kleiner Handwerker, säuft und mißhandelt seine Frau und seine zwei Kinder. Seinen brutalen sexuellen Attacken kann sich Geesche nur durch Mord entziehen. Nach dem Tod des Mannes lebt Geesche mit dessen Freund Gottfried zusammen, der für sie auch die kleine Werkstatt weiterführt. Geesches Mutter geißelt diese Verbindung ohne Trauschein als gottlos und versucht, sie zu hintertreiben. Geesche aber verlangt uneingeschränkt nach ihrem Glück; sie vergiftet ihre Mutter in dem Glauben, sie so aus einer jahrzehntelangen ehelichen Unfreiheit zu erlösen, und sie vergiftet auch ihre beiden Kinder, als Gottfried sich von ihr trennen will, weil ihn die Kinder stören. Als sie von ihm ebenfalls ein Kind erwartet, fühlt Gottfried sich betrogen und will Geesche nun endgültig verlassen; daraufhin tötet sie auch ihn.

Nun will Geesche den kleinen Handwerksbetrieb selbst führen, doch ihr Vater drängt darauf, daß wieder ein Mann ins Haus kommt. Er will seine Tochter verkuppeln, woraufhin Geesche ihn vergiftet, weil sie sich nicht länger bevormunden lassen will. Ebenso tötet sie Zimmermann, einen weiteren Freund ihres Mannes, der der Familie Geld geliehen hatte und es nun zurückfordert, und sie tötet schließlich auch ihren Bruder, der Anspruch auf die Werkstatt anmeldet, da Frauen von solchen Dingen naturgemäß nichts verstünden. Geesches letztes Opfer ist ihre Freundin Luisa, die Geesches sexuelle Freizügigkeit verurteilt und zugleich ihre eigene Unterwürfigkeit gegenüber ihrem Mann preist; Geesche will sie davor bewahren, »*das Leben, das du führst, noch weiterführen zu müssen*«.

In Geesches mörderischer Geschichte prallt der uneingeschränkte Freiheitsanspruch des einzelnen mit den Normen der bürgerlichen Welt zusammen. Geesche muß töten, damit sie frei sein kann. Der so ironisch wie polemisch gemeinte Untertitel »Bürgerliches Trauerspiel« deutet diesen Widerspruch an und erscheint nicht als Gattungsbezeichnung, sondern verweist auf das Trauerspiel bürgerlicher Werte und Tugenden wie Liebe, Religion, Geld und Wohlverhalten, die in der bürgerlichen Welt als Mittel zur gegenseitigen Unterdrückung dienen. Geesche ist Opfer und Täter zugleich.

Die Hinwendung zum Melodram setzt sich – vermittelt wohl über die Werke des Regisseurs Douglas Sirk – auch in Fassbinders Filmen fort, die in den siebziger Jahren entstehen, darunter *Satansbraten* (1976) oder *In einem Jahr mit 13 Monden* (1978). R.Di.

AUSGABEN: Ffm.1972 (in *antiteater 2*; es). – Ffm. 1983 (m. *Blut am Hals der Katze*).

VERFILMUNG: BRD 1972 (TV; Regie: R.W. Fassbinder).

LITERATUR: K. Wagner, Rez. (in FAZ, 13.12. 1971). – R. Baumgart, Rez. (in SZ, 14.12.1971). – H. Karasek, Rez. (in Die Zeit, 17.12.1971).

KATZELMACHER

Volksstück von Rainer Werner FASSBINDER, Uraufführung: München, 7. 4. 1968, Action-Theater. – Das Marieluise FLEISSER gewidmete Stück weist thematische Parallelen zu Martin SPERRS *Jagdszenen aus Niederbayern* (1966) auf. Wie in Sperrs »sozialkritischem Volksstück in sechzehn Szenen«, so der Untertitel, geht es auch in *Katzelmacher* um Fremdenhaß und um die Verfolgung eines Außenseiters durch die Jugendlichen einer dumpfen und borniertenden Dorfgemeinschaft in der bayerischen Provinz.

Der griechische Gastarbeiter Jorgos wird von der jungen, dynamischen Wundertüten-Fabrikantin Elisabeth als billige Arbeitskraft angeworben. Die von Langeweile geplagten Jugendlichen des Dorfes zeigen sich von dem Fremden irritiert und behandeln ihn voller Vorurteile und Mißtrauen. Ihr eigenes trübes Dasein kompensieren sie durch billiges Amüsement in der nahegelegenen Großstadt, ihr gegenseitiger Umgang ist von Gleichgültigkeit und latenter Brutalität gekennzeichnet; die eigenen Versagensängste und ihre Hoffnungslosigkeit projizieren sie auf den Griechen. Auch die Mädchen flüchten sich angesichts der dörflichen Tristesse in Wunschphantasien: Ingrid träumt davon, eines Tages ein gefeierter Gesangsstar zu werden; Marie hat sich in Jorgos verliebt und wünscht sich, mit ihm nach Griechenland zu gehen; während die häßliche Gunda, von Jorgos zurückgewiesen, den Griechen verleumdet. Neid und Mißgunst eskalieren zu Haß und Gewalt; die Unternehmerin Elisabeth erscheint in der Phantasie der Jugendlichen als Geliebte von Jorgos, der als »*Katzelmacher*« oder – im Jargon der Nazizeit – als »*Fremdarbeiter*« bezeichnet wird. Nach dem Vorbild der städtischen Rockerbanden bilden die Jugendlichen eine »*Gang*« (»*Und jeder muß einen Schlagring haben. Mit dem in der Tasche ist es ein ganz anderes Gefühl...*«), bis es schließlich zu einer Schlägerei kommt, bei der Jorgos das Opfer ist.

Fassbinder blockiert allerdings die Identifikation des Zuschauers mit Jorgos. In der Schlußszene des Stücks reagiert dieser ähnlich wie die deutschen Dorfbewohner, als ihm die Unternehmerin ankündigt, sie werde einen Türken einstellen: »*Turkisch nix... Jorgos gehen andere Stadt.*« Mit der gehässigen Ablehnung durch die Einheimischen kommt er besser zurecht als mit der Vorstellung, in Zukunft mit einem Kollegen arbeiten zu müssen, der aus einem von ihm verachteten Land kommt.

Wie meist in seinen Theaterstücken und Filmen entwirft Fassbinder auch hier keine analytische Sozialstudie, sondern zum Teil melodramatische, elegische Stimmungsbilder, die in ihrem verfremdeten Charakter aber nicht weniger genau Abbilder der vorgefundenen sozialen Realität sind. Ein Jahr nach der Uraufführung des Theaterstücks ließ Fassbinder den gleichnamigen Film folgen, der aber im Münchner Vorstadtmilieu spielt. R.Di.

AUSGABEN: Ffm. 1970 (in *antiteater*; es). – Ffm. 1982 (m. *Preparadise sorry now*). – Bln./DDR 1985 (in *Katzelmacher und andere Stücke*; Nachw. D. Krebs).

VERFILMUNG: BRD 1969 (Regie: R.W. Fassbinder).

LITERATUR: P.W. Jansen, Rez. zum Film (in FRs, 4.10.1969). – W. Schütte, Rez. zum Film (ebd., 3.12.1969). – K. Korn, Rez. zum Film (in FAZ, 5.12.1969). – H.-J. Greif, »*Katzelmacher*« in H.-J.G., *Zum modernen Drama*, Bonn 1973, S. 56–64). – C. Ueding, *Fremdenhaß als Krankheit der Jugend* (in FRs, 24. 1. 1986).

DER MÜLL, DIE STADT UND DER TOD

Schauspiel von Rainer Werner FASSBINDER, erschienen 1976. – Das Stück gehört zu den umstrittensten Stücken der jüngsten deutschen Theatergeschichte, trotz seiner dramaturgischen Durchschnittlichkeit und theatralen Belanglosigkeit mündete der Versuch der Uraufführung in einen Theaterskandal. Aufgrund des massiven Vorwurfs des »*Linksfaschismus*« und »*linken Antisemitismus*«, den J. FEST in der ›Frankfurter Allgemeinen Zeitung‹ schon 1976 bei Erscheinen des Textes erhoben hatte, konnte das Stück nur in einer für die Presse freigegebenen Probe am 4.11.1985 im Frankfurter Schauspielhaus »uraufgeführt« werden, nachdem bereits 1976 die Buchfassung nach wenigen Tagen vom Verlag zurückgezogen worden war. »Gewiß ist es inzwischen denkbar«, so hatte Fest 1976 argumentiert, »ein Stück mit einer jüdischen Negativfigur zu schreiben. Wie es indessen hier geschieht, bleibt es nicht nur ohne jeden literarischen Wert, sondern ist ... nur noch billige, von ordinären Klischees inspirierte Hetze.« Schon vor seiner Uraufführung war das Schauspiel damit zur Legende geworden, und für lange Zeit waren der Film *Schatten der Engel* von Daniel Schmidt (1976) mit Fassbinder in der Rolle des Franz B. und das Filmdrehbuch, dem der Text des Schauspiels zugrunde lag, die einzige »Inszenierung« sowie der allein zugängliche Text.

Der Antisemitismus-Vorwurf, der gegen das Stück erhoben wurde, bezieht sich primär auf die Figur des namenlosen und daher typisierten »*reichen Juden*«, dem, so sah es ein Teil der Kritik, als entpersonalisiertem Vertreter einer Glaubensgemeinschaft alte Vorurteile und Klischees zugeschrieben werden können. Allerdings ist dieser Jude im Text durchaus als eine gebrochene Figur gezeichnet: »*Ich bin kein Jud, wie Juden Juden sind. Wer das nicht wüßt ... Bin ich ein Jud, der Rache üben muß an kleinen Leuten?! Es soll so sein und ziemt sich auch! ... Wissen Sie, daß ich manchmal Angst habe? ... Die Geschäfte gehen zu gut, das will bestraft sein.*« Der »*reiche Jude*« ist, im Frankfurt der siebziger Jahre, ein rücksichtsloser Häusermakler und Grundstücksspekulant, ein »*skrupelloser Geschäftsmann*«, den die Stadt braucht, um »*sich zu verändern*«, aber durch den sie auch »*chaotisch, unbewohnbar wie der Mond*« wird.

Der reiche Jude begegnet der Hure Roma B., die frierend und hustend auf dem Straßenstrich auf Kunden wartet, doch, weil sie so schön ist, kaum einen Freier hat und dafür von ihrem Ehemann, dem Zuhälter Franz B., verprügelt wird. Durch den reichen Juden steigt sie zur Luxusdirne auf. Der eifersüchtige Franz, der begierig alle Details erfahren will (»*Es ist ein Jude. Ist ein dicker häßlicher Jude. Keiner von denen, die du haßt, Franz, kein Tennisspieler. Einfach ein Jude*«), fühlt sich von seiner Frau entfremdet und taucht in die Halbwelt der Sado-Maso-Szene, der Ledermänner ein. Neben dem Ehemann mit seinen wüsten Beschimpfungen kommen vor allem Romas Vater zu Wort, ein alter, unbelehrbarer Faschist, der in einem Kabarett als Transvestit auftritt, sowie der Rassist Hans von Guten; sie kommentieren mit übler antisemitischer Hetze die Ereignisse in der Stadt: »*Er saugt uns aus, der Jud. Trinkt unser Blut und setzt uns ins Unrecht, weil er Jud ist und wir die Schuld tragen ... Sie haben vergessen ihn zu vergasen.*« Vor allem aus diesen und ähnlichen Passagen resultierte der Vorwurf des Antisemitismus; was als Rollenprosa und Bühnenmetapher gemeint war, wurde nun gegen das Stück und den Autor gewendet.

Im weiteren Verlauf der szenischen Moritat empfindet Roma ihr Leben zunehmend als sinnlos; todessehnsüchtig will sie sich für die Stadt opfern, die »*Opfer braucht, um lebendig zu erscheinen*«, und in der die Menschen zu »*lebenden Leichen, zu Horrorfiguren ohne das richtige Kabinett*« werden. Auf ihren Wunsch hin tötet sie der reiche Jude, die Polizei zieht ihn aufgrund seines Einflusses dafür nicht zur Rechenschaft.

Das Stück, eine »*leidvolle Vision vom Zusammenleben in den großen Städten*« (G. Rühle), ein teilweise schwülstiges Melodram mit Huren als Todesengeln und einem grotesken jüdischen Kapitalisten als modernem Shylock, bleibt bewußt fragmentarisch. Fassbinder zeigt sich bis in die Sprache hinein fasziniert von den »*süßen Lastern, wie sie die Großstadt erfindet*«, von der schmierigen Erotik und der abgegriffenen Romantik des Milieus der Huren, Zuhälter und Schwulen. Die zentralen Motive von Einsamkeit, Angst, Sexualität und Gewalt vermengen sich mit den sozial- und gesellschaftskritischen Themenbereichen der Grundstücksspekulation und behördlichen Korruption zu den wilden, obszönen Alpträumen eines »*poetischen Amoklaufs*« (B. Henrichs), zu einer expressionistisch anmutenden Klage gegen die Unwirtlichkeit und Kälte der Großstadt.

Das Stück entstand während Fassbinders Direktorenzeit am Frankfurter Theater am Turm in Zusammenarbeit mit dem Schauspieler-Kollektiv. Als Vorlage diente der Frankfurt-Roman *Die Erde ist unbewohnbar wie der Mond* (1973) von Gerhard Zwerenz, dessen von Fassbinder geplante Verfilmung jedoch am Widerstand der Filmförderungsanstalt scheiterte. Als das Frankfurter Schauspielhaus 1985 unter der Intendanz von Günther Rühle die Inszenierung des Stücks plante, kam es, wie schon bei Erscheinen des Textes 1976, zu massiven Protesten; vor allem die jüdische Gemeinde Frankfurts sah sich diffamiert. Auslöser des Konflikts war nicht, wie ihr Sprecher M. Friedmann festhielt, daß »*antisemitisches Gedankengut auf einer deutschen Bühne vorgetragen wird ... es gibt gute und schlechte Juden, so wie es gute und böse Christen und Moslems gibt. Und es gibt Antisemiten in diesem Land. Es muß Aufgabe der Kunst sein, dieses Phänomen zu be- und verarbeiten. Daß aber in diesem konkreten Stück den antisemitischen Positionen nichts wirklich entgegengesetzt wird, ... das ist das Perfide an ihm.*« Fassbinder hatte sich schon am 9. 4. 1976 in der Wochenzeitung ›Die Zeit‹ gegen entsprechende Vorwürfe verteidigt: »*Man muß doch die Möglichkeit haben, an ein Thema mit gefährlichen, vielleicht angreifbaren Methoden heranzugehen und nicht nur mit diesen abgesicherten; sonst entsteht wieder so etwas Totes ... Das Stück läßt bestimmte Vorsichtsmaßnahmen außer acht, und das finde ich vollkommen richtig.*« Obgleich das Ensemble und die Theaterleitung bei der geplanten Uraufführung 1985 versicherten, die »*Angst und die Besorgnis, die von jüdischen Bürgern der Stadt ... geäußert worden sind*«, bedacht zu haben, verhinderte eine demonstrative Bühnenbesetzung die Aufführung, worauf G. Rühle das Stück am 11. 11. 1985 absetzte und dies mit dem »*Irrationalismus der Debatte*« begründete, »*der sich aus den Verbrechen der Deutschen an den jüdischen Bürgern und daraus entstandenen, unaufhebbaren Ängsten*« ebenso herleite wie »*aus Verdrängung, verspätetem Widerstandsbegehren und In-*

teressenkämpfen der Gegenwart«. Aber für die Austragung dieser Konflikte sei »das Theater der falsche Ort«.　　　　　　　　　　　　　　R.Di.

AUSGABEN: Ffm. 1976 (in *Stücke 3*; es). – Ffm. 1981. – Ffm. 1984 (m. *Die bitteren Tränen der Petra von Kant*).

LITERATUR: J. Fest, *Reicher Jude von links* (in FAZ, 19. 3. 1976). – B. Henrichs, *F., ein linker Faschist?* (in Die Zeit, 26. 3. 1976). – D. E. Zimmer u. a., *F., die kaputte Stadt und der Jude* (ebd., 9. 4. 1976). – J. Fest, *Zensur für F.?* (in FAZ, 30. 7. 1984). – Th. Delckat, *F.s späte Rache* (in Dt. Bühne, 1984, H. 9, S. 12–17). – J. Fest, *Spiel mit der Angst* (in FAZ, 29. 10. 1985). – U. Greiner, *Der Jude von Frankfurt* (in Die Zeit, 1. 11. 1985). – *Die F.-Kontroverse oder Das Ende der Schonzeit*, Hg. H. Lichtenstein, Königstein/Ts. 1986 [Dokumentation]. – B. Korn, *Der Schock ist furchtbar noch: Frankfurt u. die F.-Affaire 1985* (in Die Zeit, 1988, Nr. 44).

HOWARD FAST

* 11.11.1914 New York

CITIZEN TOM PAINE

(amer.; *Ü: Bürger Tom Paine*). Biographischer Roman von Howard FAST, erschienen 1943. – Leben und Karriere des Vielschreibers Fast, dessen Gesamtwerk aus über 75 Büchern besteht, vor allem biographischen Romanen, aber auch politischen Biographien, Kinderbüchern, Dramen und Kriminalromanen (unter dem Pseudonym E. V. Cunningham), zerfallen in drei große Abschnitte. Die erste Phase, in der Fast schnell zu Erfolg und Ansehen gelangte, war von seinem politischen Engagement als Radikalliberaler bestimmt. Die Romane dieser Zeit befassen sich vor allem mit Epoche und Gestalten der amerikanischen Revolution; neben dem Washington-Roman *The Unvanquished*, 1942 (*Der Unbesiegte*), ragt aus diesem Corpus *Citizen Tom Paine* heraus. Die zweite, kommunistisch bestimmte Phase (1943–1956) war unter literarischem Aspekt unergiebig; allerdings gehört Fasts erfolgreichstes Werk, *Spartacus* (1951), ein Roman über den antiken Sklavenaufstand, der auch als Film (1960) ein Welterfolg wurde, in diese Zeit. Das Hauptwerk der dritten Schaffensphase ist eine Romantetralogie zur Einwanderungs- und Akkulturationsproblematik: *The Immigrants*, 1977 (*Die Einwanderer*), *Second Generation*, 1978 (*Die Nachkommen*), *The Establishment*, 1979 (*Die Arrivierten*), und *The Legacy*, 1981 (*Die Erben*).
Citizen Tom Paine, eines von Fasts literarisch ambitionierteren Werken, befaßt sich mit dem Leben Thomas PAINES (1737–1809), des berühmten Verfassers der Schriften *Common Sense*, 1776 (*Der gesunde Menschenverstand*), und *The Rights of Man*, 1791/92 (*Die Menschenrechte*). Fast schildert zunächst Paines trostlose Kindheit in England, zuerst auf dem Land, dann in den Slums von London, in einem von Trunksucht und Gewalttätigkeit vergifteten Milieu äußerster Armut. Mit 37 Jahren geht Paine, wegen sozialreformerischer Agitation aus dem Dienst als Steuerbeamter entlassen, auf Vermittlung Benjamin FRANKLINS nach Amerika, wo er als Journalist und Schriftsteller im amerikanischen Unabhängigkeitskrieg für die Sache der Freiheit Partei ergreift. Nach dem Krieg bekleidet er mehrere Ämter, kehrt 1787 nach England zurück, flieht jedoch, um politischer Verfolgung zu entgehen, nach Frankreich, wo ihn seine Schriften so berühmt machen, daß er 1792 einen Abgeordnetensitz im Nationalkonvent der Französischen Revolution erhält. Als Gemäßigter macht er sich auch dem Regime des revolutionären Terrors unter Maximilien Robespierre verdächtig, wird allerdings nicht – wie so viele – guillotiniert, sondern kommt mit kurzer Gefängnishaft davon. Er kehrt 1802 nach Amerika zurück und stirbt dort geächtet im Alter von 72 Jahren.

Paine wird in dieser romanhaften Biographie als eine Art Vorläufer der modernen Linkssozialisten dargestellt, als leidenschaftlicher Idealist, dessen Weltanschauung und politische Überzeugungen vor allem durch seine Kindheitserfahrungen in England geformt wurden. Fast meidet die üblichen Klischees des historischen Romans, doch sind seine Darstellungsweise und Charakterisierung zu simpel und handlungsbetont, um den historischen Gestalten und Ereignissen gerecht zu werden.

　　　　　　　　　　　　　　J.v.Ge.-KLL

AUSGABEN: NY 1943. – Ldn. 1945. – Cleveland 1946. – NY 1983.

ÜBERSETZUNG: *Bürger Tom Paine*, K. Schodder, Bln. 1953.

DRAMATISIERUNG: H. Fast, *Citizen Tom Paine: A Play in Two Acts*, Boston 1986.

LITERATUR: G. Hicks, *H. F.'s One-Man-Reformation* (in CE 7, 1945, S. 1–6). – Anon., *Ban on »Citizen Tom Paine« Raises Storm in New York City* (in Publisher's Weekly, 151, 15. 2. 1947, S. 1134–1135). – H. W. K. Kopka, *H. F.s Entwicklung als Mensch und Schriftsteller* (in ZAA, 2, 1954, S. 275–294). – S. Meisler, *The Lost Dream of H. F.* (in Nation, 238, 1959, S. 498 ff.). – F. Campenni, *Citizen H. F.: A Critical Biography*, Diss. Univ. of Wisconsin 1971 (vgl. Diss. Abstracts 32, 1971, S. 3296A). – A. Manousos, *H. F.* (in DLB, 9, 1981, S.277–281). – J.-M. Riaume, *Les Sino-Américains dans »The Immigrants« (1978) et »Second Generation« (1979) de H. F.* (in Séminaires 1985, Talence 1986, S. 105–115).

Fattāḥī

d.i. Moḥammad Yaḥyā ebn-e Sibak

* Nischapur
† 1448/49

DASTUR-E ʿOŠŠĀQ

(iran.-npers.; *Handbuch der Liebenden*). Psychologisch-symbolischer Roman in Doppelversen von Fattāḥī aus Nischapur. – Die 1436 entstandene allegorische Dichtung erzählt von der Liebe zwischen dem Prinzen Del (Herz) und der Prinzessin Ḥosn (Schönheit), der Tochter der Königin ʿEšq (Liebe), die in der Stadt Didār (Antlitz) lebt, wo auch das Wasser des Lebens fließt. König ʿAql (Vernunft, Verstand), der Herrscher im Lande Badan (Körper), erzieht seinen Sohn, den Prinzen Del, zu seinem würdigen Nachfolger und lehrt ihn alle Geheimnisse der Gotteslehre und der Staatsführung, um ihm dereinst die Herrschaft über das Reich Badan zu übertragen. Jedoch der Prinz, den es nach dem Wasser des Lebens dürstet, verzichtet auf Thron und Krone und beauftragt seinen Vertrauten Nazar (Blick), in die weite Welt zu wandern, um die Quelle des Lebens ausfindig zu machen. – Nach vielen Abenteuern und einer langen Reise, auf der Nazar die Festung Zohd (Verzicht, Askese) besucht, dann zur Stadt Hedāyat (göttliche Führung) kommt und sich von Hemmat (Eifer) beraten läßt, erfährt er von der Königin ʿEšq und ihrer Tochter Ḥosn. Der Weg zu ihnen aber wird von bösen Geistern umlauert; Nazar muß manche Gefahren überstehen, bis er in den Garten Qāmat (hohe Gestalt) gelangt. Im Rosengarten Roḥsār (Wange) findet er seinen verlorenen Bruder Gamzeh (Liebesblick), der ihm zu einer Audienz bei der Prinzessin Schönheit verhilft. Nachdem Nazar ihr die Tugenden des Prinzen geschildert hat, gesteht auch sie ihm ihre Liebe zu dem Königssohn und bittet ihn, ihr die Vereinigung mit dem Geliebten zu ermöglichen. Aber Nazars Anstrengungen führen zunächst zu einem Krieg zwischen den Truppen des Königs ʿAql und denen der Königin ʿEšq; es kommt zur Gefangennahme des Prinzen Del, zu dessen Verführung durch eine Hexe und zu seiner Verbannung in die Wüste der Trennung. Nach zahlreichen Irrungen und Mißverständnissen erfolgt schließlich die Versöhnung der feindlichen Reiche, und die abenteuerliche Geschichte endet mit der Hochzeit der beiden Liebenden. In der Nähe der Geliebten findet der Prinz auch die Quelle des Wassers des Lebens.

Die bereits erwähnten Figuren des Romans und noch viele andere, wie Mehr (Freundschaft), Wahm (Argwohn), Ḥiyāl (Phantasie) usw., sind Personifizierungen von geistigen Eigenschaften und Körperteilen des Menschen. Auf diese phantasievolle Weise hat der Dichter zweifelsohne den schweren Weg des islamischen Mystikers, des gottsuchenden Ṣufi, beschreiben wollen, gleichzeitig ist es ihm aber auch gelungen, rein menschliche Gefühle in anmutiger Form zur Darstellung zu bringen. – Eine kürzere Prosafassung desselben Stoffs, betitelt *Ḥosn o Del (Schönheit und Herz)*, die wahrscheinlich vom Dichter selbst stammt, sowie drei türkische Übersetzungen dieses Werks weisen auf dessen Beliebtheit im Orient hin. Die persische Kurzfassung ist auch zweimal ins Englische und einmal ins Deutsche übersetzt worden. B.A.

Ausgaben und Übersetzungen: *Hussen o Dil, Beauty and the Heart*, A. Browne, Dublin 1801. – *Husn oo dil or Beauty and Heart*, W. Price, Ldn. 1928 [pers.-engl.]. – *Schönheit und Herz*, R. Dvořák (in Sitzungsberichte d. kaiserl. Akad. d. Wiss., Bd. 118, Wien 1889; pers.-dt., m. Komm.). – Ldn. 1926.

Literatur: H. Ethé, *Neupersische Literatur* (in Grundriß d. iran. Philol., Hg. W. Geiger u. E. Kuhn, Straßburg 1896–1904, S. 334). – A. Bausani, Art. *Fattāḥī* (in EI², 2, S. 865 f.).

William Faulkner

* 25.9.1897 New Albany / Miss.
† 6.7.1962 Byhalia / Miss.

Literatur zum Autor:
Bibliographien:
J. B. Meriwether, *The Literary Career of W. F.: A Bibliographical Study*, Princeton 1961; ern. 1970. – J. Bassett, *An Annotated Checklist of Criticism*, NY 1972. – T. L. McHaney, *W. F.: A Reference Guide*, Boston 1976. – B. Ricks, *W. F.: A Bibliography of Secondary Sources*, NY/Ldn. 1981. – J. Bassett, *F.: An Annotated Checklist of Recent Criticism*, Kent 1983. – P. E. Sweeney, *W. F.'s Women Characters: An Annotated Bibliography of Criticism, 1930–1983*, Santa Barbara 1985.
Zeitschriften:
William Faulkner: Materials, Studies, and Criticism, Tokio 1979–1985. – Faulkner Studies, Coral Gables 1980 ff. – Faulkner Newsletter, Oxford/Miss. 1981 ff. – Faulkner Journal, 1986 ff.
Forschungsberichte:
In American Literary Scholarship, 1969 ff. – In Mississippi Quarterly [jeweils in den Sommerheften], 1978 ff.
Biographien:
J. Blotner, *F.: A Biography*, 2 Bde., NY 1974; ern. 1984 [in 1 Bd.]. – D. Minter, *W. F.: His Life and Work*, Baltimore 1980. – P. Nicolaisen, *W. F.*, Reinbek 1982. – A. W. Friedman, *W. F.*, NY 1984. – S. B. Oates, *W. F.: The Man and the Artist*, NY 1987.

Gesamtdarstellungen und Studien:
I. Howe, *W. F.: A Critical Study*, NY 1952; ern. Chicago 1975. – I. Malin, *W. F.: An Interpretation*, Stanford 1957. – O. V. Vickery, *The Novels of W. F.: A Critical Interpretation*, Baton Rouge 1959. – F. J. Hoffman, *W. F.*, NY 1961 (TUSAS). – M. Christadler, *Natur und Geschichte im Werk von W. F.*, Heidelberg 1962. – P. Swiggart, *The Art of F.'s Novels*, Austin 1962. – C. Brooks, *W. F.: The Yoknapatawpha County*, New Haven/Ldn. 1963. – J. L. Longley, *The Tragic Mask: A Study of F.'s Heroes*, Chapel Hill 1963. – L. Thompson, *W. F.*, NY 1963. – H. Runyan, *A F. Glossary*, NY 1964. – M. Bachman, *F.: The Major Years*, Bloomington/Ind. 1966. – *F.: A Collection of Critical Essays*, Hg. R. P. Warren, Englewood Cliffs/N.J. 1966. – M. Millgate, *The Achievement of W. F.*, NY/Ldn. 1966. – J. Peper, *Bewußtseinslagen des Erzählens und erzählte Wirklichkeiten*, Leiden 1966. – MFS, 13, 1967, Nr. 1 [Sondernr. *W. F.*]. – W. Brylowski, *F.'s Olympian Laugh: Myth in the Novels*, Detroit 1968. – H. Straumann, *W. F.*, Ffm. 1968. – H. Bungert, *W. F. und die humoristische Tradition des amerikanischen Südens*, Heidelberg 1971. – Mississippi Quarterly, 25, 1972 [Suppl.: *F. and History*]. – S. R. Page, *F.'s Women*, Deland 1972. – M. Ulich, *Perspektive und Erzählstruktur in W. F.s Romanen*, Heidelberg 1972. – *Four Decades of Criticism*, Hg. L. W. Wagner, East Lansing 1973. – *Über W. F.*, Hg. G. Haffmans, Zürich 1973 (detebe). – P. R. Broughton, *W. F.: The Abstract and the Actual*, Baton Rouge 1974. – D. Meindl, *Bewußtsein als Schicksal: Zu Struktur u. Entwicklung von W. F.s Generationsromanen*, Stg. 1974. – *W. F.: The Critical Heritage*, Hg. J. Bassett, Ldn. 1975. – W. Beck, *F.*, Madison 1976. – C. S. Brown, *A Glossary of F.'s South*, NY 1976. – L: G. Levins, *F.'s Heroic Design* Athens/Ga. 1976. – H. Ziegler, *Existenzielles Erleben und kurzes Erzählen: Das Komische, Tragische, Groteske u. Mythische in W. F.s Short Stories*, Stg. 1977. – C. Brooks, *W. F.: Toward Yoknapatawpha and Beyond*, New Haven/Ldn. 1978. – *The Maker and the Myth: F. and Yoknapatawpha, 1977*, Hg. E. Harrington u. A. J. Abadie, Jackson 1978. – *F., Modernism, and Film*, Hg. dies., Jackson 1979. – E. M. Kerr, *W. F.'s Gothic Domain*, Port Washington 1979. – J. B. Wittenberg, *F.: The Transfiguration of Biography*, Lincoln 1979. – L. H. Powes, *F.'s Yoknapatawpha Comedy*, Ann Arbor/Mich. 1980. – J. Pilkington, *The Heart of Yoknapatawpha*, Jackson 1981. – L. H. Cox, *W. F.: Biographical and Reference Guide*, Detroit 1982. – C. Brooks, *First Encounters*, New Haven 1983. – G. L. Mortimer, *F.'s Rhetoric of Loss: A Study in Perception and Meaning*, Austin 1983. – *F.: International Perspectives: F. and Yoknapatawpha, 1982*, Hg. D. Fowler u. A. J. Abadie, Jackson 1984. – *New Directions in F. Studies*, Hg. dies., Jackson 1984. – W. Kindermann, *Analyse und Synthese im Werk W. F.s: Generation und »community« in der Entwicklung seines Denkens*, Ffm. 1984. –

M. Gresset, *A F. Chronology*, Jackson 1985. – *Intertextuality in F.*, Hg. M. Gresset u. N. Polk, Jackson 1985. – R. D. Parker, *F. and the Novelist Imagination*, Chicago 1985. – M. Putzel, *Genius of Place: W. F.'s Triumphant Beginnings*, Baton Rouge/Ldn. 1985. – H. Skei, *W. F.: The Novelist as Short Story Writer*, Oslo 1985. – *F. and Humor: F. and Yoknapatawpha, 1984*, Hg. D. Fowler u. A. J. Abadie, Jackson 1986. – *W. F.*, Hg. H. Bloom, NY 1986. – *On the Prejudices, Predilections, and Firm Beliefs of W. F.: Essays*, Hg. C. Brooks, Baton Rouge/Ldn. 1987. – F. J. Raddatz, *Lügner von Beruf: Auf den Spuren W. F.s*, Reinbek 1987. – W. Wadlington, *Reading Faulknerian Tragedy*, Ithaca/Ldn. 1987. – D. Dowling, *W. F.*, NY 1988.

ABSALOM, ABSALOM!

(amer.; *Ü: Absalom, Absalom!*). Roman von William FAULKNER, erschienen 1936. – Schauplatz des Geschehens in diesem Roman, das den Zeitraum von 1833 bis 1910 umspannt, ist Jefferson, die Kreisstadt von Faulkners fiktivem »Yoknapatawpha Country« im Staat Mississippi. Es geht um Aufstieg und Fall des Außenseiters Thomas Sutpen, der mit dem Plan, eine aristokratische Dynastie zu gründen, 1833 mit einem französischen Architekten und einer Wagenladung schwarzer Sklaven in Jefferson erscheint, Land ankauft, ein Herrenhaus errichtet und – inmitten einer Umgebung, die ihm mißtraut und ihn insgeheim fürchtet – durch Einheirat in die geachtete Familie der Coldfields gesellschaftliche Anerkennung findet. Seiner Ehe mit Ellen Coldfield entspringen eine Tochter, Judith, und ein Sohn, Henry. Dieser wird unwissentlich zum Initiator unheilvoller Verstrickungen, als er 1860 Charles Bon, einen Studienfreund, nach Hause einlädt. Als Bon und Judith sich ineinander verlieben, klärt der alte Sutpen Henry darüber auf, daß Bon seiner ersten Ehe mit einer Plantagenerbin aus Haiti entstammt, die er verließ, obwohl er ihr sein Vermögen verdankte. – Bevor es zu einer entscheidenden Aussprache kommt, bricht der Bürgerkrieg aus. Nach der Niederlage der Südstaaten kehren Sutpen und seine Söhne zurück, jedoch bevor Bon sich Judith erneut nähern kann, erschießt Henry den Halbbruder: Nicht die Gefahr des Inzests, sondern die ihm vermutlich kurz vor der Rückkehr bekanntgewordene Tatsache, daß in Bons Adern Negerblut fließt, bestimmt Henry zu dieser Tat. Nach dem Mord ist der Verfall der Sutpens unaufhaltsam: Henry verschwindet, der alte Sutpen, der sich plötzlich ohne männliche Nachkommen sieht, verführt die Enkelin des Gelegenheitsfarmers Wash Jones, den er, als dem »weißen Pack« zugehörig, tiefer verachtet als die Neger. Als ihm das Mädchen keinen Sohn, sondern eine Tochter gebärt, verstößt er sie und wird daraufhin von Jones getötet. Nach dem Tod des heimlich zurückgekehrten Henry, der alt und krank 1909 im Sutpen-Herrenhaus verbrannte (Götterdämmerung!), ist von der ganzen Sippe nur noch der Idiot

Jim Bond, ein Mulatte und illegitimer Nachkomme Charles Bons, übriggeblieben.

Diese Geschichte der Familie Sutpen muß sich der Leser allerdings aus verschiedenen Bruchstücken mühsam rekonstruieren. Es geht dabei vor allem um die Frage: Warum tötete Henry Sutpen Charles Bon? Den größten Teil der Ereignisse erfährt der Leser aus dem Mund des jungen Quentin Compson, dessen Großvater ein Freund Sutpens war und der selbst Augenzeuge des letzten Teils der Tragödie wurde. Quentin, selbst vom Südstaatenerbe belastet (vgl. *The Sound and the Fury*, 1929), rekonstruiert im Gespräch mit einem Mitstudierenden in Harvard aus bruchstückhaften Berichten seines eigenen Vaters und Rosa Coldfields, der Schwester von Sutpens zweiter Frau, sowie aus Briefen die Geschichte der Familie. Vieles bleibt dabei Vermutung.

Rosa Coldfield, die Erzählerin der Kapitel eins und fünf (sie stellte dem jungen Quentin 1909 in Jefferson ihre Version und den von ihr erlebten Ausschnitt des Geschehens dar), neigt zu Hysterie und Dämonisierung Sutpens. Für sie ist Sutpen, der ihr nach dem Bürgerkrieg zur Zeugung eines männlichen Erben einen Antrag machte, den sie entrüstet ablehnte, die Verkörperung des Fluchs, der über der Region lastet. Quentins Vater bringt in den Kapiteln zwei bis vier Ordnung in einige Teile von Rosas wirrer Erzählung. Quentin ringt dann im Januar 1910 (in den Kapiteln sechs bis neun) seinerseits mit Rekonstruktion und Deutung des Geschehens (sein Kommilitone Shreve ist der Erzähler von Kapitel acht). Dabei wird Sutpens Lebensplan (*design*, Aufstieg zum Plantagenherrn wegen erlittener sozialer Kränkung in seiner Jugend) deutlich, ebenso, daß die Rassenproblematik bei allem Unglück den Ausschlag gab. Wie ein Schauerroman schließt das Werk mit der Erinnerung an den Brand des Herrenhauses.

Wie andere große Romane Faulkners rechtfertigt auch *Absalom, Absalom!* die Forderung des Autors nach einer persönlichen Anstrengung des Lesers. Denn die Komplexität der Darbietung ist vor allem erkenntnistheoretisch fundiert: Faulkner weigert sich, den allwissenden Romancier zu spielen, sondern bezieht den mehrfach gebrochenen Erkenntnisprozeß seiner Figuren in die Struktur des Romans ein. Außerdem wird so eine eindimensional-allegorische Darstellung der Geschichte der Südstaaten vermieden. Für Faulkner ist das Schicksal des amerikanischen Südens von den Beziehungen zwischen Schwarzen und Weißen geprägt, von dem Schuldkomplex der Weißen, eine Lebensform auf der würdelosen Grundlage der Sklaverei aufgebaut zu haben, von der unweigerlichen Niederlage im Bürgerkrieg und von der Unfähigkeit, diese Niederlage zu verwinden. Eine Atmosphäre des unabwendbaren Untergangs, der Verdammnis, prägt die Handlung und Quentins Bewußtsein. Sutpen selbst, eine Figur von fast mythischen Proportionen, ist hingegen kein typischer Südstaatler; er ist besessen von einem bösen Stolz, einem Drang nach Macht und Selbstbestätigung außerhalb jeglicher moralischen Bedenken, die für diesen in einer eigentümlichen Art von »Unschuld« lebenden Mann tatsächlich nicht existieren.

Der Titel des Romans (vgl. 2. Samuel 19, 4), der auf König David und seine Söhne anspielt, unterstreicht das Inzest-Motiv und gibt auch Sutpens Söhnen mythische Statur. *Absalom, Absalom!* wird so zum symbolträchtigsten jener Romane Faulkners, die die große Yoknapatawpha-Chronik bilden, jenes Lebenswerk, mit dem sich sein Schöpfer – Nobelpreisträger von 1949 – einen Platz unter den großen Romanciers des 20. Jh.s gesichert hat.

J.v.Ge.-H.Thi.

AUSGABEN: NY 1936. – Ldn. 1960. – NY 1966. – NY 1986 *[The Corrected Text]*. – NY 1987.

ÜBERSETZUNG: *Absalom, Absalom!*, H. Stresau, Bln./Stg. 1938. – Dass., ders., Hbg. 1956. – Dass., ders., Zürich 1974 (detebe). – Dass., ders., Bln. 1985.

LITERATUR: C. Brooks, »*Absalom, Absalom!*«: *The Definition of Innocence* (in SR, 59, 1951, S. 543–558). – I. D. Lind, *The Design and Meaning of »Absalom, Absalom!«* (in PMLA, 70, 1955, S. 887–912). – R. H. Zoellner, *F.'s Prose Style in »Absalom, Absalom!«* (in AL, 30, 1959, S. 486–502). – R. M. Slabey, . *F.'s »Waste Land«: Vision in »Absalom, Absalom!«* (in Mississippi Quarterly, 14, 1961, S. 153–161). – J. H. Justus, *The Epic Design of »Absalom, Absalom!«* (in Texas Studies in Literature and Language, 4, 1962, S. 157–176). – D. M. Kartiganer, *F.'s »Absalom, Absalom!«: The Discovery of Values* (in AL, 37, 1965, S. 291–306). – E. G. Phillips, *W. F.'s »Absalom, Absalom!«*, NY 1965. – U. Brumm, *Geschichte als Geschehen und Erfahrung: Eine Analyse von W. F.'s »Absalom, Absalom!«* (in ASSL, 204, 1967, S. 26–50; ern. in *Der amerikanische Roman im 19. u. 20. Jh.*, Hg. E. Lohner, Bln. 1974, S. 258–274). – L. G. Levins, *The Four Narrative Perspectives in »Absalom, Absalom!«* (in PMLA, 85, 1970, S. 35–47). – G. Langford, *F.'s Revision of »Absalom, Absalom!«: A Collation of the Ms. and the Published Book*, Austin/Ldn. 1971. – *Twentieth-Century Interpretations of »Absalom, Absalom!«: A Collection of Critical Essays*, Hg. A. Goldman, Englewood Cliffs/N.J. 1971. – B. Ostendorf, »*Absalom, Absalom!*« (in *Der amerikanische Roman*, Hg. H. J. Lang, Düsseldorf 1972, S. 249–275). – C. Brooks, *On »Absalom, Absalom!«* (in Mosaic, 7, 1973, S. 159–183). – P. Tobin, *The Time of Myth and History in »Absalom, Absalom!«* (in AL, 45, 1973, S. 252–270). – Ders., *The Narrative Structure of »Absalom, Absalom!«* (in Georgia Review, 29, 1975, S. 366–394). – E. Schoenberg, *Old Tales and Talking: Quentin Compson in W. F.'s »Absalom, Absalom!« and Related Works*, Jackson 1977. – C. Brodsky, *The Working of Narrative in »Absalom, Absalom!« A Textual Analysis* (in Amerikastudien, 23, 1978, S. 240–259). – E. Toparidse, *Strukturplan des Romans »Absalom, Absalom!« von W. F.*

(in *Erzählte Welt: Studien zur Epik des 20. Jh.*, Hg. H. Brandt u. N. Kakabadse, Bln. 1978, S. 337 bis 358). – J. T. Matthews, *The Marriage of Speaking and Hearing in »Absalom, Absalom!«* (in ELH, 47, 1980, S. 575–594). – T. E. Connolly, *Point of View in F.'s »Absalom, Absalom!«* (in MFS, 27, 1981, S. 255–272). – R. Rio-Jelliffe, *»Absalom, Absalom!« as Selfreflexive Novel* (in Journal of Narrative Technique, 9, 1981, S. 75–90). – M. Christadler, *W. F.'s »Absalom, Absalom!« (1936): Geschichte, Bewußtsein und Transzendenz: Das Erbe des historischen Romans* (in Anglistik u. Englischunterricht, 24, 1984, S. 51–65). – *W. F.'s »Absalom, Absalom!«: A Critical Casebook*, Hg. E. Muhlenfeld, NY 1984. – S. W. Jones, *»Absalom, Absalom!« and the Southern Custom of Storytelling: A Reflection of Southern Social and Literary History* (in Southern Studies, 24, 1985, S. 82–112). – C. de Montauzon, *F.'s »Absalom, Absalom!« and Interpretability: The Inexplicable Unseen*, Ffm. 1985. – L. Hönnighausen, *The Novel as Poem: The Place of F.'s »Absalom, Absalom!« in the History of Reading* (in Amerikastudien, 31, 1986, S. 127–40). – D. Krause, *Opening Pandora's Box: Rereading Compson's Letter and »Absalom, Absalom!«* (in Centennial Review, 30, 1986, S. 358–382.). – D. P. Ragan, ›*That Tragedy is Second-Hand*‹: *Quentin, Henry, and the Ending of »Absalom, Absalom!«* (in Mississippi Quarterly, 39, 1986, S. 337–350).

AS I LAY DYING

(amer.; Ü: *Als ich im Sterben lag*). Roman von William FAULKNER, erschienen 1930. – In Faulkners fiktiver Südstaatenlandschaft Yoknapatawpha County spielend, schildert dieser Roman, wie Anse Bundren, ein Kleinfarmer aus der Schicht der »armen Weißen« des amerikanischen Südens, gemeinsam mit seinen Söhnen Darl, Cash, Jewel und Vardaman und seiner Tochter Dewey Dell (aus z. T. egoistischen Motiven) das Versprechen erfüllt, das er seiner Frau Addie vor ihrem Tod gegeben hatte, das Versprechen nämlich, sie in ihrem Familiengrab in der Kreisstadt Jefferson beizusetzen. Auf dem Weg dorthin wird die Familie von Katastrophen verschiedenster Art heimgesucht: Im Hochwasser stürzt eine Brücke ein, bei der Durchquerung des Flusses kommen die Maulesel, die das Fuhrwerk mit dem Sarg ziehen, in den Fluten um; der Sarg geht dabei fast verloren, Cash bricht sich ein Bein. Der haltlos-sensible Darl wird zum Brandstifter, um den Sarg in einer Scheune einzuäschern und so die groteske Reise zu beenden; er verliert den Verstand und endet im Irrenhaus. Dewey Dell, die eine Abtreibung an sich vornehmen lassen will, wird von einem Kleinstadtapotheker verführt. Als Addie endlich beerdigt ist, beginnt Anse Bundren sein neues Leben damit, daß er sich endlich ein gutes Gebiß anschafft und auf Brautschau geht.
In neunundfünfzig Abschnitten entwickelt sich diese Geschichte aus der kaleidoskopisch wechselnden Perspektive von vierzehn Personen, eine Erzähltechnik, die es Faulkner ermöglicht, nicht nur die komplexen Motive und die Wechselbeziehungen zwischen den Familienangehörigen von allen Seiten zu beleuchten, sondern auch in dem Roman eine zweifache Reise zu beschreiben: die tatsächliche Fahrt der Bundrens nach Jefferson und, parallel dazu, die Reise nach innen, die nicht allein zur Selbstentdeckung der Beteiligten, sondern auch zur Erkenntnis ihrer Rolle innerhalb der Familie führt. Sozusagen ohne die Abschirmung durch einen objektiv beobachtenden Erzähler bleibt die Selbstenthüllung jedem einzelnen vorbehalten: dem vertrockneten Anse, dem verantwortungsbewußten Cash, dem durch den Tod der Mutter geschockten Vardaman und der unbekümmert-sinnlichen Dewey Dell. Diese Wirkung erreicht Faulkner mit großer technischer Virtuosität, die er jedoch niemals um ihrer selbst willen anwendet. Alle Personen des Romans werden, wie einst von der lebenden, so nun von der toten Addie Bundren beherrscht: Von ihrem Einfluß und von der Verbundenheit aller Familienmitglieder mit dem Land, dem sie entstammen, leiten sich die sittlichen Vorstellungen und das Lebensvertrauen dieser im Grund primitiven Menschen her. Der Bericht über ihre manchmal beängstigende, manchmal wie eine Farce anmutende, zumeist aber leidvolle Reise (mit Wasser- und Feuerproben und biblischen Bezügen) wird zu einer Aussage über die Fähigkeit des Menschen, zu leiden, zu erdulden und zu leben, wie sie ähnlich überzeugend in der modernen Romanliteratur selten zu finden ist. Der Leichenzug wird zu einem Zug des Lebens in seiner teils anarchischen Vielfalt. Insofern trägt Anses schnelle Wiederheirat nicht nur komische, sondern auch symbolische Züge.

As I Lay Dying liegt außerhalb jenes Bezirks der dichterischen Interpretation der Geschichte des amerikanischen Südens, in dem sich Faulkner sonst in seiner Chronik von Yoknapatawpha bewegt: Die Hauptthemen dieses Romans sind der Tod als »geistige Funktion«, die Wechselbeziehungen zwischen Tod und Leben und die Wirkung, die das Wissen um den Tod auf die Lebenden ausübt. Faulkner selbst bezeichnete das trotz Perspektivenvielfalt abgerundete Werk mehrfach als sein bestes; viele Kritiker haben ihm darin zugestimmt.

J.v.Ge.-KLL

AUSGABEN: NY 1930. – NY 1946. – Harmondsworth 1970. – Cambridge 1986 (in *Novels 1930–1935*). – NY 1987, Hg. N. Polk u. a. [Ms.-Ausg.].

ÜBERSETZUNG: *Als ich im Sterben lag*, A. Hess u. P. Schünemann, Zürich 1961. – Dass., dies., Zürich 1973 (detebe). – Dass., dies., Bln. 1984.

LITERATUR: J. B. Blotner, *»As I Lay Dying«: Christian Love and Irony* (in TCL, 3, 1957, S. 14–19). – M. J. Friedman, *»Le monologue intérieur dans »As I Lay Dying«* (in RLM, 40–42, 1959, S. 331–344). –

B. M. Cross, *Apocalypse and Comedy in »As I Lay Dying«* (in Texas Studies in Literature and Language, 3, 1961, S. 251–258). – E. M. Kerr, *»As I Lay Dying« as Ironic Quest* (in Wisconsin Studies in Contemporary Literature, 3, 1962, S. 5–19). – T. Goethals, *»As I Lay Dying«: A Critical Commentary*, NY 1965. – J. K. Simon, *The Scene and the Imagery of Metamorphosis in »As I Lay Dying«* (in Criticism, 7, 1965, S. 1–22). – M. J. Dickerson, *Some Sources of F.'s Myth in »As I Lay Dying«* (in Mississippi Quarterly, 19, 1966, S. 132–142). – W. B. Dillingham, *W. F. and the ›Tragic Condition‹* (in Edda, 53, 1966, S. 322–335). – C. A. Raines, *F.'s ›As I Lay Dying‹*, NY 1966. – R. W. Franklin, *Narrative Management in »As I Lay Dying«* (in MFS, 13, 1967, S. 57–65). – J. M. Mellard, *F.'s Philosophical Novel: Ontological Themes in »As I Lay Dying«* (in Person, 48, 1967, S. 509–523). – C. Bedient, *Pride and Nakedness: »As I Lay Dying«* (in MLQ, 29, 1968, S. 61–76). – R. R. Sanderlin, *»As I Lay Dying«: Christian Symbols and Thematic Implications* (in Southern Quarterly, 7, 1969, S. 155–166). – R. Hemenway, *Enigmas of Being in »As I Lay Dying«* (in MFS, 16, 1970, S. 133–145). – W. J. Handy, *F.'s »As I Lay Dying«* (in W. J. H., *Modern Fiction: A Formalist Approach*, Ldn. u. a. 1971, S. 75–93). – E. Clark, *Ironic Effects of Multiple Perspective in »As I Lay Dying«* (in Notes on Mississippi Writers, 5, 1972, S. 15–28). – P. C. Rule, *The Old Testament Vision in »As I Lay Dying«* (in *Religious Perspectives in F.'s Fiction*, Hg. J. R. Barth, Notre Dame 1972, S. 107–118). – A. Bleikasten, *F.'s »As I Lay Dying«*, Bloomington/Ind. 1973. – F. Pitavy, *W. F.: »As I Lay Dying« and »Light in August«*, Bloomington/Ind. 1973. – L. W. Wagner, *»As I Lay Dying«: F.'s ›All in the Family‹* (in College Literature, 1, 1974, S. 73–82). – L. F. Seltzer, *Narrative Function vs. Psychopathology: The Problem of Darl in »As I Lay Dying«* (in Literature and Psychology, 25, 1975, Nr. 2, S. 49–64). – G. L. Stonum, *Dilemma in »As I Lay Dying«* (in Renascence, 28, 1976, S. 71–81). – *»As I Lay Dying«: A Concordance to the Novel*, Hg. J. L. Capps, Ann. Arbor/Mich. 1977. – B. J. E. Alldredge, *Spatial Form in F.'s »As I Lay Dying«* (in Southern Literary Journal, 11, 1978, S. 3–19). – R. Godden, *W. F., Addie Bundren, and Language* (in *F. and Yoknapatawpha 1975*, Hg. E. Harrington u. A. J. Abadie, University/Miss. 1978, S. 101–123). – A. Shoemaker, *A Wheel within a Wheel: Fusion of Form and Content in F.'s »As I Lay Dying«* (in Arizona Quarterly, 35, 1979, S. 101–113). – F. M. Robinson, *F.'s »As I Lay Dying«* (in F. M. R., *The Comedy of Language*, Amherst 1980, S. 51–88). – C. Pierce, *Being, Knowing, and Saying in the ›Addie‹ Section of F.'s »As I Lay Dying«* (in TCL, 2, 1980, S. 294–305). – D. M. Turner, *A Jungian Psychoanalytic Interpretation of W.F.'s »As I Lay Dying«*, Washington 1981. – W. R. Allen, *The Imagist and Symbolist Views of the Function of Language* (in Studies in American Fiction, 10, 1982, S. 185–196). – F. L. Pitavy, *Through Darl's Eyes Darkly: The Vision of the Poet in »As I Lay Dying«* (in W. F.: Materials, Studies, and Criticism, 4, 1982, Nr. 2, S. 37–62). – M. Yoshida, *The Act of Looking in »As I Lay Dying«* (ebd., 5, 1983, S. 64–92). – P. O'Donnell, *The Spectral Road: Metaphors of Transference in F.'s »As I Lay Dying«* (in Papers on Language and Literature, 20, 1984, S. 60–79). – E. J. Sundquist, *Death, Grief, Analogous Form: »As I Lay Dying«* (in *Philosophical Approaches to Literature*, Hg. W. E. Cain, Lewisburg 1984, S. 165–182). – J. Tucker, *W. F.'s »As I Lay Dying«: Working Out the Cubistic Bugs* (in Texas Studies in Literature and Language, 26, 1984, S. 388–404). – A. LeClerce-Sweet, *The Chink and the Chip* (in Fabula, 5, 1985, S. 9–30). – K. Ono, *F. and History: »As I Lay Dying« and »The Scarlet Letter«* (in W. F.: Materials, Studies, and Criticism, 7, 1985, S. 18–37). – A. M. Potter, *The Role of ›Cash‹ within the Religious Structure of W. F.'s »As I Lay Dying«* (in Theoria, 65, 1985, S. 49–64). – *W. F.'s »As I Lay Dying«: A Critical Casebook*, Hg. D. L. Cox, NY/Ldn. 1985. – D. Kleinbard, *»As I Lay Dying«: Literary Imagination, the Child's Mind, and Mental Illness* (in Southern Review, 22, 1986, S. 51–68). – Ch. Palliser, *Predestination and Freedom in »As I Lay Dying«* (in AL, 58, 1986, S. 557–573).

BARN BURNING

(amer.; *U: Brandstifter*). Kurzgeschichte von William FAULKNER, erschienen 1939. – Der Kurzgeschichtenautor Faulkner wurde, im Schatten HEMINGWAYS, lange Zeit von Kritikern und Lesern übersehen. Wenige bekannte Erzählungen wie *A Rose for Emily* (1930), eine der am häufigsten anthologisierten amerikanischen Short Stories überhaupt, standen gleichsam für alle anderen, doch wird diese verkürzte Sicht der Vielfalt und Substanz von Faulkners bedeutendem Kurzgeschichten-Œuvre nicht gerecht. Die meisten seiner Storys erschienen in den dreißiger Jahren in Zeitschriften wie der ›Saturday Evening Post‹, einige der ersten wurden in *These Thirteen* (1931) gesammelt. Nachdem Faulkner um 1940 mit verschiedenen Grenzformen zwischen Kurzgeschichtenzyklus und Roman experimentiert hatte (*The Unvanquished*, 1938; *The Hamlet*, 1940; *Go Down, Moses*, 1942), gab der frischgebackene Nobelpreisträger 1950 selbst eine strukturierte Auswahl seiner besten Erzählungen heraus, die schließlich die verdiente Aufmerksamkeit fand. Wie der von ihm hochgeschätzte Thomas WOLFE komponierte Faulkner seine großen Romane oft aus kleineren Einheiten; zahlreiche seiner besten Kurzgeschichten gingen so (in z. T. stark veränderter Form) in die Romane ein, wie z. B. *Wash* (1934) in *Absalom, Absalom!* (1936) und *Barn Burning* in *The Hamlet*. Soweit sie nicht (wie *Barn Burning*) bereits in Faulkners *Collected Stories* enthalten waren, erschienen die unabhängigen Kurzgeschichtenfassungen dieser Erzählungen 1979 in *Uncollected Stories* (herausgegeben von J. BLOTNER). Faulkners Kompositionsverfahren hat für den kenntnisreichen Leser allerdings den Nachteil, daß er oft die Kurzgeschichte im Bewußtsein eines größeren Romanzusammenhanges liest und in Gefahr ist, Spezifika der Kurzgeschichtenversion zu übersehen.

Die inhaltlichen Elemente von *Barn Burning*, die in *The Hamlet* übernommen wurden, konzentrieren sich auf den Brandstifter Abner Snopes, der die Snopes-Unterwanderung der Dorfgesellschaft von Frenchman's Bend einleitet, und auf die Angst der Dorfbewohner; die Kurzgeschichte hingegen ist eine Studie der kindlichen Psyche von Abners zehnjährigem Sohn Colonel Sartoris (Sarty) Snopes, der zwischen der Loyalität zu seinem grausamen, brandstiftenden Vater und seinem Rechtsempfinden hin und her gerissen ist. Als solche reiht sich die Erzählung in eine Reihe eindrucksvoller Initiationsgeschichten ein, an denen Faulkners Werk und darüber hinaus die amerikanische Literatur auffallend reich ist. Als Einleitungskapitel des Romans aber erwies sich die noch 1939 preisgekrönte Short Story (O. Henry-Prize) als »Fehlstart«.

Das inhaltliche und dramatische Spannungsgefüge der Erzählung ist durch mehrere Faktoren bestimmt: den Gegensatz zwischen Vater und Sohn, der durch dialektisch diametrale Charakterisierungstechniken untermauert wird (Innenperspektive bei Sarty, Außenbild bei Vater); den Gegensatz von Männerwelt und archaischen Loyalitäten einerseits (Schlüsselwort: Blut) sowie Frauenwelt und Gehorsam andererseits; den Gegensatz von teil- oder unwissendem jungem Protagonisten und allwissendem Erzähler; und schließlich den sozialen Gegensatz zwischen armen Kleinbauern und reichen Grundbesitzern, der sich in Abes Verhalten ebenso wie im Kontrast von Hütte und Herrenhaus manifestiert. Das Spannungsfeld, in dem Sarty steht, wird auch in seinem Namen deutlich: Colonel Sartoris ist eine der gesellschaftlichen Leitfiguren in Faulkners Mikrokosmos Yoknapatawpha County (wie auch in zahlreichen Werken Faulkners), und der Name Snopes steht (mit den unangenehmen Assoziationen, die er im Zusammenhang des englischen Sprachgefüges weckt) für jene Sippe armer Weißer, die in Yoknapatawpha den Untergang des Alten Südens besiegelt. Sartys Bruder Flem, der in *The Hamlet* zur Hauptfigur wird, kommt in *Barn Burning* nicht vor.

Wie in einem Drama heben sich drei große Handlungsabschnitte (Akte), die in dramatischen Szenen kulminieren, aus dem Geschehensablauf einer Woche (von Montag bis Samstag) heraus. Der wohldosierte Wechsel von Spannung und Entspannung setzt sich bis in den Epilog fort. Der für Faulkners Kurzgeschichten typische szenische Auftakt *(medias in res)* zeigt Sarty in einer von zwei ländlichen Gerichtsverhandlungen, die (zusammen mit Abes »Brandgericht« im dritten Akt) das Handlungsgerüst bilden. Zur Verhandlung steht Abners letzte Brandstiftung, aber die Erzählung konzentriert sich ganz auf Sartys Sinneswahrnehmungen, Gedanken und Empfindungen. Schon in dieser expressionistischen Szene wird Sartys Zerrissenheit deutlich. Seine Neigung, sich letztlich für die moralischen Werte der Gesellschaft und gegen den archaisch-amoralischen Sippencodex des Vaters zu entscheiden, wird von diesem instinktiv erahnt. Am nächtlichen Lagerfeuer wird Sarty deshalb mit Schlägen auf den Sippencodex verpflichtet. Als Landpächter Major De Spains provoziert Abe Snopes durch absichtliches Verschmutzen eines wertvollen Teppichs im Herrenhaus sofort einen neuen Konflikt, der schließlich im zweiten Prozeß innerhalb einer Woche zur Verurteilung zu Schadenersatz führt. Als der Pyromane daraufhin am Samstagabend seine rituellen Vorbereitungen trifft, um das Urteil auf seine Weise zu revidieren, übergibt er Sarty Mutter, Tante und Schwestern zur Bewachung. Diese Demütigung ist für Sarty der entscheidende Anstoß, sich vom Vater und den Blutsbanden zu lösen: Er reißt sich los, läuft zum Herrenhaus und warnt Major De Spain. Während die Flammen bereits von De Spains Scheune aufsteigen, bringt sich Sarty im letzten Augenblick vor dem heranreitenden Major in Sicherheit. Er hört Schüsse und geht davon aus, daß der Vater erschossen wurde. Im Epilog kommt der erschöpfte Sarty dann unter dem Nachthimmel zur inneren Ruhe. Bei Tagesanbruch macht er sich auf den Weg in sein eigenes Leben: *»Er sah sich nicht um.«*

Obwohl Sarty im moralischen Konflikt eine Entscheidung getroffen hat, bleibt sein weiterer Weg offen, seine Identitätsfindung unabgeschlossen. Die Gestalt des Vaters, die teuflische Züge trägt und nicht nur wegen des steifen Beines und der monomanischen Besessenheit an MELVILLES Captain Ahab (in *Moby-Dick*) erinnert, wirkt trotz Karikierung nicht komisch. So ist sichergestellt, daß die Erzählung zwei gleichgewichtige Gegenspieler hat. Ohne großen Aufwand setzt Faulkner die personale Erzählweise meisterhaft ein. Nicht zuletzt deshalb zählt *Barn Burning* zu seinen gelungensten Werken; Faulkners eigene Wertschätzung der Short Story wird durch die herausgehobene Plazierung am Anfang der *Collected Stories* unterstrichen.

H. Thi.

AUSGABEN: NY 1939 (in Scribner's Magazine). – NY 1950 (in *Collected Stories*). – Ldn. 1958 (in *The Collected Stories*, 3 Bde., 1).

ÜBERSETZUNGEN: *Brandstifter*, E. Schnack (in *Erzählungen*, Bd. 1, Stg., 1965). – Dass., dies. (in *Brandstifter. Gesammelte Erzählungen I*, Zürich 1972; ern. 1982; detebe).

LITERATUR: M. Fisher, *The World of F.'s Children* (in Univ. of Kansas City Review, 26, 1960, S. 13–18). – W. B. Stein, *F.'s Devil* (in MLN, 76, 1961, S. 731 f.). – C. Mitchell, *The Wounded Will of F.'s Barn Burner* (in MFS, 6, 1965, S. 185–189). – Ph. Franklin, *Sarty Snopes and »Barn Burning«* (in Mississippi Quarterly, 21, 1968, S. 189–193). – P. Nicolaisen, *Hemingways »My Old Man« und F.s »Barn Burning«: Ein Vergleich* (in *Amerikanische Erzählungen von Hawthorne bis Salinger*, Hg. P. G.

Buchloh, Neumünster 1968, S. 187–223). – A. P. Libby, *Chronicles of Children: W.F.'s Short Fiction*, Diss. Stanford Univ. 1969. – G. E. Wilson, *»Being Pulled Two Ways«: The Nature of Sarty's Choice in »Barn Burning«* (in Mississippi Quarterly, 24, 1971, S. 279–288). – G. Hoffmann, F., *»Barn Burning«* (in *Die amerikanische Kurzgeschichte*, Hg. K. H. Göller u. G. Hoffmann, Düsseldorf 1972, S. 258–267). – J. B. Carothers, *W.F.'s Short Stories*, Ann Arbor/Mich. 1985, S. 60–64. – *The American Short Story I: Initiation*, Hg. P. Freese, Paderborn 1986.

A FABLE

(amer.; *Ü: Eine Legende*). Roman von William FAULKNER, erschienen 1954. – Im letzten Jahr des Ersten Weltkriegs meutert ein französisches Regiment. Der Kommandeur fordert die Exekution des Regiments und bittet um seinen Abschied. Bei der Untersuchung des Vorfalls stellt sich heraus, daß ein Korporal und zwölf Mann die Meuterei angezettelt haben. Das Oberkommando hatte ursprünglich beabsichtigt, den Angriff taktisch scheitern zu lassen, um dadurch, im Spiel der Intrigen, einen General zum Marschall befördern zu können. Die Meuterei hat nun aber eine unerwartete Wirkung: Sie entzieht plötzlich dem Krieg selbst die Grundlage. Denn auch bei den Deutschen scheint es ähnliche Vorfälle gegeben zu haben. So treffen sich die alliierten Oberbefehlshaber mit einem deutschen General, um als *»Alternative zum Chaos«* die Fortführung des Krieges zu beschließen. An Stelle des Regiments wird der Divisionskommandeur geopfert: Man läßt ihn meuchlings erschießen. Der meuternde Korporal wird öffentlich exekutiert. – In dieses Handlungsgerüst sind zwei weitere Geschichten eingebaut: die eines englischen Offiziers, der freiwillig in den Mannschaftsstand zurückkehrt, und die in Amerika spielende Geschichte eines verletzten Rennpferdes, das vom Pferdeburschen und von einem alten Neger gestohlen wird, damit sie es gesund pflegen können. Hinzu kommen augenfällige, aber in Wesentlichem nicht zutreffende Parallelen zur Bibel.

Dem Leser prägen sich nicht so sehr die äußeren, verwirrenden Ereignisse ein als vielmehr die handelnden oder ein unabwendbares Geschick erduldenden Menschen: zunächst die Massen der gepeinigten Soldaten und ihrer in dumpfem Schmerz leidenden Angehörigen, dann der Kommandeur, der Oberbefehlshaber, das Dutzend Soldaten und der Korporal, der Bataillonsmelder, ein Negerpriester, Leutnant Levine und nicht zuletzt drei geheimnisvolle Frauen. Sie alle haben über ihre Funktion in der Erzählung hinaus Bedeutung als Symbole menschlicher Größe. Faulkner schrieb noch an diesem Roman (an dem er insgesamt neun Jahre lang arbeitete), als er in seiner Ansprache bei der Verleihung des Nobelpreises erklärte, der Schriftsteller dürfe *»in seiner Werkstatt für nichts anderes Raum lassen als für die alten Wahrheiten und Wahrhaftigkeiten des Herzens – Liebe und Ehre und Mitleid und Stolz und Mitgefühl und Entsagung«*. Von diesem Bekenntnis ausgehend, erkennt man in der Versuchung des Korporals durch den Obersten Befehlshaber die zentrale Szene des Buches. Der General, der in sich Züge eines Gottvaters und eines Demiurgen vereint und außerdem der leibliche Vater des Korporals ist, der wiederum Züge des Menschensohnes trägt, bietet diesem Freiheit und Macht an, falls er seine Kameraden verleugne. *»Ich, Vertreter dieser weltlichen Erde«*, sagt er, *»die, ob ich ihr zustimme oder nicht, existiert, und in die ich kam, ohne darum gebeten zu haben, der aber ich, da ich nun einmal hier bin, während der mir bestimmten Zeit nicht nur ein Halt entgegensetzen, sondern die zum Halten zu bringen ich beabsichtigen muß; du, Vertreter eines esoterischen Reiches der grundlosen Hoffnung des Menschen und seiner unbegrenzten Fähigkeit für – nein: Leidenschaft für – das Untatsächliche.«* In dieser Fähigkeit für das Untatsächliche (*unfact*) liegt in einer Zeit, die von der Tyrannei der Tatsachen (*facts*) in Furcht gehalten wird, für Faulkner die Verheißung der Menschheit. Erfahrung, Weltkenntnis und Können, Zynismus und Resignation liegen auf seiten des Generals, die Wahrheit jedoch ist beim Korporal, obwohl seine Unternehmung mißglückt ist und obwohl die Menschheit seine Erlösungstat ausschlug. Die Auseinandersetzung der beiden endet mit den Worten: *»Denn der Mensch und seine Torheit ...«* – *»... werden überdauern«*, sagt der Korporal. *»Mehr noch«*, sagt der alte General, *»sie werden obsiegen.«*

Mit diesen Begriffen ist auf einen Glauben abseits jener Lösungen hingedeutet, die die zeitgenössische Literatur im allgemeinen anbietet. Alle Personen dieses Romans stehen willentlich oder unwillentlich einmal vor der Frage des Glaubenkönnens oder Glaubenmüssens. Auf der Suche nach dem Glauben – einem Thema nach dem Zweiten Weltkrieg – verharrt Faulkner bei der Frage und beim Menschen. Man möchte an ihm, wie André GIDE an GOETHE, bewundern, daß er *»zu erreichen versucht hat, was der Mensch aus sich allein ohne den Beistand der Gnade zu erreichen vermag«*. Bei dem Versuch, das tragische Geschick des Menschen zu begreifen und zu ertragen, hat Faulkner sich nicht mit Antworten zufriedengegeben, wie sie T. S. ELIOT im Anglokatholizismus, Aldous HUXLEY in der östlichen Mystik oder André MALRAUX in der politischen Aktion gefunden haben. Seine jenseits aller Erfahrungen gewonnene trotzige Zuversicht, die *»grundlose Hoffnung«*, kommt nicht aus einer Heilsgewißheit, sondern einzig aus dem Vertrauen auf den Menschen mitsamt seiner Torheit. Der Korporal antwortet dem Obersten Befehlshaber schließlich: *»Ihr braucht euch nicht zu fürchten. Es gibt nichts, wovor man sich fürchten müßte. Nichts ist es wert.«*

Faulkner überraschte in diesem Roman mit einem für ihn neuartigen Thema, das viele Leser zunächst befremdete. Hinzu kam, wie in den meisten seiner Bücher, eine komplizierte Erzählform: Vertauschung und Verzerrung der zeitlichen Verhältnisse, Wechsel der Perspektive und eine kaskadisch niederstürzende Wortmasse – jener Stil, mit dem der Autor manchmal zu ringen, manchmal zu spielen scheint. Aber die Urteile, die diesen Roman als bombastisch, mit Symbolen überladen oder als ein Labyrinth von Bildern, Assoziationen und Anspielungen abtaten, sind vorschnell. Man könnte Faulkner allenfalls vorwerfen, er habe sich eine Aufgabe gestellt, die mit epischen Mitteln überhaupt nicht zu bewältigen ist. Aber von diesem einsamen Versuch, die Passionsgeschichte der Menschheit, die Geschichte von Leiden und Erlösung, von Schuld und Verrat neu zu erzählen, geht eine nachhaltigere Kraft aus als von den meisten der absichtsvoll religiösen Romane seiner Zeit. F.Ar.

AUSGABEN: NY 1954. – Ann Arbor/Mich. 1959. – NY 1968 [Einl. M. Novak]. – NY 1978. – NY 1987, Hg. M. Millgate [Ms.-Ausg.].

ÜBERSETZUNG: *Eine Legende*, K. H. Hansen, Zürich/Stg. 1955. – Dass., ders., Bln. 1972 [Nachw. H. Petersen]. – Dass., ders., Zürich 1982 (detebe).

LITERATUR: W. v. Einsiedel, *Revolte des Menschensohnes. Zu W. F.s »Eine Legende«* (in Merkur, 10, 1956, S. 282–290). – T. E. Conolly, *The Three Plots of »A Fable«* (in TCL, 6, 1960, S. 70–75). – R. J. Mills, *F.'s Essential Vision. Notes on »A Fable«* (in Christian Scholar, 54, 1961, S. 187–198). – W. J. Sowder, *Lucas Beauchamp as Existential Hero* (in CE, 25, 1963, S. 115–127). – F. Turaj, *The Dialectic in F.'s »A Fable«* (in Texas Studies in Literature and Language, 8, 1966, S. 93–102). – J. W. Webb, *F. Writes »A Fable«* (in Univ. of Mississippi Studies in Engl., 7, 1966, S. 1–13). – R. A. Smithey, *F. and the Status Quo* (in CLA, 11, 1967, S. 109–116). – C. Ficken, *The Christ Story in »A Fable«* (in Mississippi Quarterly, 23, 1970, S. 251–264). – D. Schwartz, *F.'s »A Fable«* (in D. S., *Selected Essays* Hg. D. A. Dike u. D. H. Zucker, Chicago 1970, S. 290–304). – T. Ziolkowski, *Fictional Transfigurations of Jesus*, Princeton 1972, S. 270–298. – W. F., *A Note on »A Fable«*, Hg. J. B. Meriwether (in Mississippi Quarterly, 26, 1973, S. 416–417). – P. Raisor, *Up from Adversity: W.F.'s »A Fable«* (in South Dakota Review, 11, 1973, Nr. 2, S. 3–15). – M. Ratner, *Dualism in F.'s »A Fable«* (in Prague Studies in Engl., 15, 1973, S. 3–15). – J. Weisgerber, *F. and Dostoevsky*, Athens/Oh. 1974, S. 301–321. – B. Lang, *Comparison de »Requiem for a Nun« et »A Fable«* (in Recherches Anglaises et Américaines, 9, 1976, S. 57–72). – A. A. Ilacqua, *F.'s »A Fable«* (in Notes on Mississippi Writers, 10, 1977, S. 37–46). – K. A. Chittick, *The Fables in W.F.'s »A Fable«* (in Mississippi Quarterly, 30, 1977, S. 403–415). – L. P. Simpson, *Yoknapatawpha and F.'s Fable of Civilization* (in *The Maker and the Myth*, Hg. E. Harrington u. A. J. Abadie, Jackson 1978, S. 122–145). – R. M. Magee, *»A Fable« and the Gospels: A Study in Contrasts* (in Research Studies, 47, 1979, S. 98–107). – K. Chittick, *›Telling It Again and Again‹: »Notes on a Horsethief«* (in Mississippi Quarterly, 32, 1979, S. 423–435). – D. J. MacMillan, *His ›Magnum O‹: Stoic Humanism in F.'s »A Fable«* (in *The Stoic Strain in American Literature*, Hg. ders., Toronto 1979, S. 135–154). – *»A Fable«: A Concordance to the Novel*, Hg. N. Polk u. K. Privratsky, Ann Arbor/Mich. 1981. – D. Pladott, *F.'s »A Fable«: A Heresy or a Declaration of Faith?* (in Journal of Narrative Technique, 12, 1982, S. 73–94). – A. K. Butterworth, *A Critical and Textual Study of F.'s »A Fable«*, Ann Arbor/Mich. 1983. – M. Gresset, *From Vignette to Vision* (in *F.: International Perspectives*, Hg. D. Fowler u. A. J. Abadie, Jackson 1984, S. 97–120). – R. H. King, *«A Fable«: F.'s Political Novel* (in Southern Literary Journal, 17, 1985, Nr. 2, S. 3–17). – S. Opfermann, *Der Mythos der Neuen Welt im amer. Europaroman*, Erlangen 1985, S. 127–217.

GO DOWN, MOSES, and Other Stories

(amer.; Ü: *Das verworfene Erbe. Chronik einer Familie*). Roman von William FAULKNER, erschienen 1942. – Der bei der Erstausgabe ohne Faulkners Einverständnis vom Verlag Random House hinzugefügte Untertitel verweist auf ein zentrales Interpretationsproblem: Ist *Go Down, Moses* ein lose zusammengefügter Zyklus von Einzelgeschichten, deren längste (140 von 380 Seiten) und bekannteste, *The Bear (Der Bär)*, bereits einen komplizierten Kurzroman ausmacht, oder ist das Werk ein Roman? Faulkner, der bereits in *The Unvanquished* (1938), *The Wild Palms* (1939) und *The Hamlet* (1940) mit episodischen Romanstrukturen experimentiert hatte, bestand darauf, daß es sich bei allen genannten Werken um Romane handele; manche Kritiker tun sich mit dem Nachvollzug dieser Aussage schwer. Auf jeden Fall ist die Auflösung der traditionellen Großform des genealogischen Romans in eine Reihe von verknüpften Erzählungen in *Go Down, Moses* am weitesten fortgeschritten. Der Leser muß sich den zeitlichen und inneren Zusammenhang der sieben Erzählungen/Romankapitel *Was (Es war)*, *The Fire and the Hearth (Das Herdfeuer)*, *Pantaloon in Black (Schwarzer Clown)*, *The Old People (Das alte Volk)*, *The Bear*, *Delta Autumn (Herbst im Delta)* und *Go Down, Moses (Geh hin, Moses)* selbst erarbeiten. Neben *The Bear* ragt nach Umfang und Bedeutung das zweite Kapitel, *The Fire and the Hearth*, heraus; auch diese Erzählung gehört zu Faulkners besten.

Aus Rückblenden, Aufzeichnungen, Berichten, inneren Monologen, Zwiegesprächen und realistischen Schilderungen entwickelt sich in *Go Down, Moses* die Geschichte einer verzweigten Südstaatenfamilie, der McCaslins aus Faulkners mythischer Provinz Yoknapatawpha. Hauptthema ist die über Generationen vererbte Schuld der ersten weißen Herren des Landes, die Indianer enteigneten, Neger versklavten und rassische Tabus errichteten, die sie selbst heimlich brachen. Die schicksalhafte Beziehung zwischen Schwarzen und Weißen – für

Faulkner der Schlüssel zur Problematik des amerikanischen Südens – wird dargestellt am Beispiel der legitimen (weißen) und illegitimen (schwarzen) Nachkommen von Carothers McCaslin (1772 bis 1837), wie Thomas Sutpen (in *Absalom, Absalom!*) kein Plantagenaristokrat, sondern ein Selfmademan. Der Sündenfall des alten McCaslin, sein Inzest mit der Tochter Tomey (die er 1809 mit der Negersklavin Eunice gezeugt hatte), woraufhin Eunice Selbstmord beging (1832), und Tomeys Tod im Kindbett (1833), steht symbolisch für den Sündenfall des ganzen Südens. Auch der Titel des Romans verweist in Anspielung auf das bekannte Spiritual und seine biblischen Zusammenhänge (die Schwarzen als das Volk Israel in ägyptischer Knechtschaft) auf die Rassenproblematik. Der zweite große Motivkomplex des Romans – auch hier geht es um einen Sündenfall – ist die Zerstörung der Wildnis durch die Weißen. Drei der sieben Erzählungen sind Jagdgeschichten, in denen Jagd und Wildnis mythisch überhöht werden; aber auch in den übrigen Kapiteln spielen Jagdrituale eine große Rolle.

Sieht man vom Plantagenjournal der Familie McCaslin (im vierten Teil von *The Bear*) ab, das auch den Zeitraum von 1807 (der alte McCaslin kauft Eunice) bis 1859 erfaßt, so erstreckt sich der Handlungszeitraum von *Go Down, Moses* auf die Jahre 1859 bis 1941, reicht also bis in die unmittelbare Gegenwart. Die erste Erzählung, *Was*, spielt 1859: Die Zwillingssöhne des alten McCaslin, Theophilus und Amodeus, alias Uncle Buck und Uncle Buddy, gewinnen im Spiel von ihrem Nachbarn Hubert Beauchamp dessen Sklavin Tennie und verheiraten sie mit Tomeys Sohn Terrel, ihrem illegitimen Bruder. Aus dieser Verbindung geht als jüngstes Kind Lucas Beauchamp hervor (* 1874), eine der Hauptpersonen des Romans, Protagonist des zweiten Kapitels *(The Fire and the Hearth)* und eine der wichtigsten Romanfiguren in Faulkners Spätwerk (besonders *Intruder in the Dust*, 1948). Handlungschronologisch gesehen (wobei viele Daten aus genealogischen Zusammenhängen erschlossen werden müssen), ergibt sich für die Kapitel/Erzählungen folgende Reihenfolge: *Was; The Old People* (1879); *The Bear* (1881–1888, Rückblenden bis 1807); *Delta Autumn* (1939); *The Fire and the Hearth* (1941, Rückblende 1898); *Pantaloon in Black* (unbestimmt, um 1941); *Go Down, Moses* (um 1941).

Am Anfang von *Was* steht eine (achronologische und deshalb für den Leser zu diesem Zeitpunkt rätselhafte) Einführung der Schlüsselfigur des Romans, Isaac (Ike, Uncle Ike) McCaslin. Ike, einziger Sohn Uncle Bucks und Enkel des alten McCaslin, letzter legitimer Nachkomme in männlicher Linie und somit auch letzter Träger des Familiennamens McCaslin, wurde 1867 geboren und steht im Mittelpunkt der drei eng verknüpften Jagdgeschichten *The Old People, The Bear* und *Delta Autumn*. In *The Old People* und *The Bear* wird er, zwölf- bis sechzehnjährig, von dem alten Sam Fathers (1809–1883) in die Geheimnisse der Wildnis und der Jagd eingeführt. Sam, Nachkomme eines Indianerhäuptlings und einer schwarzen Sklavin (vgl. zu diesem Aspekt des Rassenproblems *Red Leaves*, 1930), ist die Seele der Wildnis: Als die Zerstörung des Waldes durch Raubbau und Holzwirtschaft überhandnimmt und als die symbolische Verkörperung der Wildnis, der alte Bär Old Ben, auf der Jagd erlegt ist, stirbt auch Sam. 1939 geht Ike, der nun dasselbe Alter erreicht hat wie Sam in *The Bear*, mit seinem vierzigjährigen Urgroßneffen Carothers (Roth) Edmonds, der in allen vier Erzählungen auf der Gegenwartsebene von ca. 1940 eine wichtige Rolle spielt, erneut ins Jagdlager *(Delta Autumn)*. Jetzt ist die Wildnis durch Maschineneinsatz großräumig zerstört, und zudem wird Ike Zeuge, wie sich (ohne daß die Beteiligten sich dessen bewußt sind) die Vergangenheit wiederholt: Roth hat mit einer schwarzen Enkelin von James Beauchamp (Tennie's Jim), der seinerseits ein illegitimer Enkel des alten McCaslin war, ein Kind gezeugt, dem er die Anerkennung verweigert. Wie der alte McCaslin versucht er, sich mit Geld von der Verantwortung freizukaufen.

In weiten Teilen des Buches bestimmt das Geld und das Erbe des alten McCaslin, verbunden mit der Problematik menschlichen Landbesitzes überhaupt, Denken und Handeln von dessen Nachkommen. Lucas Beauchamp kann dank seinem Erbanteil auf der Bank allen Weißen gegenüber mutig und mannhaft auftreten. Dem sechzehnjährigen Ike hingegen wird das Erbe zur Belastung, als er (1883, im vierten Teil von *The Bear*) vom Inzest des alten McCaslin erfährt und im selben Jahr das Sterben der Wildnis in den Gestalten von Sam Fathers und Old Ben miterlebt. Nach langen Diskussionen mit seinem Neffen Cass Edmonds (Roths Großvater), der siebzehn Jahre älter ist als er, verzichtet der volljährige Ike 1888 zu dessen Gunsten auf das Erbe (vgl. den deutschen Titel des Buches). Liest man nun *The Bear* isoliert (was häufig geschieht, weil diese Erzählung auch in zahlreichen separaten Ausgaben und Anthologien vorliegt), so erscheint Ikes Erbverzicht in positivem Licht, zumal er mit seinem Wunsch verbunden ist, ein einfaches Leben zu führen und sich von christlichen Tugenden wie Demut und Barmherzigkeit leiten zu lassen. Im komplizierten Beziehungsgeflecht des Romans hingegen ist Ikes Erbverzicht auch ein Zeichen von Schwäche und Flucht aus der Verantwortung. Nicht nur Lucas Beauchamp sieht das so. Die Sühne eines einzelnen kann die Last der Vergangenheit nicht aufwiegen.

Als Jagd- und Initiationsgeschichte (d. h. ohne den vierten Teil, der wie die Einleitung zu *Was* allein in den Romanzusammenhang gehört) zählt *The Bear* zu den bedeutendsten symbolistischen Erzählungen der Weltliteratur. Das feudalistische Jagdritual, die archaischen Gestalten Old Bens und seines Gegenspielers, des Wildhundes Lion, der den Bären schließlich im Verein mit dem Halbindianer Boon Hogganbeck nach einem Kampf von mythischen Dimensionen zur Strecke bringt, Ikes Identitätsfindung in der Auseinandersetzung mit Old

Ben und der Natur unter Sam Fathers' Führung – alle diese Elemente verbinden sich zu einer Erzählung von tragischer Wucht. Freilich sollte die isolierte Betrachtung dem Leser den Blick auf die Kontrapunktik des Roman-Ganzen nicht verstellen: Dort ist die komische Sklavenjagd in *Was* zur tragischen Bärenjagd in Beziehung gesetzt, Ikes Schwäche zu Lucas' Stärke, die wilde Trauer des verwitweten Schwarzen in *Pantaloon in Black* (dieses Kapitel fehlt in der deutschen Übersetzung) zum Eheglück von Lucas und Mollie Beauchamp. Zwar ist auch dieses in *The Fire and the Hearth* komischen Gefährdungen ausgesetzt, doch ist es kein Zufall, daß in der abschließenden Titelerzählung Mollies starker Familiensinn im Mittelpunkt steht: Bei allem Pathos besitzt die »Heimkehr« des toten Enkels, der im Norden, in den Gettos Chicagos, zum Mörder wurde, in den ländlichen Süden zu seinen schwarzen Großeltern, die im Romangefüge noch am ehesten Kontinuität und Stabilität verkörpern, Würde und tieferen Sinn. Daß dabei einige Weiße aus Jefferson entscheidend behilflich sind, läßt die Rassenbeziehungen am Romanende nicht ganz hoffnungslos erscheinen und weist bereits auf *Intruder in the Dust* voraus.　　　　　　H.Thi.

AUSGABEN: NY 1942. – NY 1955. – Harmondsworth 1960. – Ldn. 1960. – NY 1973.

ÜBERSETZUNG: *Das verworfene Erbe. Chronik einer Familie*, H. Stresau, Zürich 1953. – Dass., ders., Stg./Hbg. 1953. – *Der Bär*, ders., Ffm. 1961 (BS). *Das verworfene Erbe: Chronik einer Familie*, ders., Ffm. 1964. – *Go down, Moses: Chronik einer Familie*, ders. u. E. Schnack, Zürich 1974 (detebe).

LITERATUR: R. W. B. Lewis, *The Hero in the New World: W. F.'s »The Bear«* (in KR, 13, 1951, S. 641–660). – W. R. Moses, *Where History Crosses Myth: Another Reading of »The Bear«* (in Accent, 13, 1953, S. 21–33). – F. Stanzel, *Die Zeitgestaltung in F.'s »Der Bär«* (in NSp, 3, 1953, S. 114–121). – W. F. Taylor, *Let My People Go: The White Man's Heritage in »Go Down, Moses«* (in South Atlantic Quarterly, 58, 1959, S. 20–32). – M. Backman, *The Wilderness and the Negro in F.'s »The Bear«* (in PMLA, 76, Dez. 1961, S. 595–600). – S. Sultan, *Call Me Ishmael: The Hagiography of Isaac McCaslin* (in Texas Studies in Literature and Language, 3, 1961, S. 50–66). – S. Tick, *The Unity of »Go Down, Moses«* (in TCL, 8. Juli 1962, S. 67–73). – R. E. Fisher, *The Wilderness, the Commissary, and the Bedroom: F.'s Ike McCaslin as Hero in a Vacuum* (in ES, 44, 1964, S. 19–28). – E. G. Jensen S. J., *The Play Element in F.'s »The Bear«* (in Texas Studies in Literature and Language, 6, 1964, S. 170–187). – *Bear, Man, and God: Eight Approaches to W. F.'s »The Bear«*, Hg. F. L. Utley u. A. Kinney, NY 1964. – M. E. Bradford, *All Daughters of Eve: »Was« and the Unity of »Go Down, Moses«* (in Arlington Quarterly, 1, 1967/68, S. 106–134). – E. M. Eigner, *F.'s Isaac and the American Ishmael* (in Jb. f. Amerikastudien, 14, 1969, S. 107–115). – U. Madeya, *Interpretationen zu W. F.'s »The Bear«* (in LWU, 3, 1970, S. 45–60). – J. Early, *The Making of »Go Down, Moses«*, Dallas 1972. – W. Raylor, *F.'s »Pantaloon«: The Negro Anomality at the Heart of »Go Down, Moses«* (in AL, 44, 1972, S. 430–444). – A. J. Devlin, *›How Much It Takes to Compound a Man‹: A Neglected Scene of »Go Down, Moses«* (in Midwest Quarterly, 14, 1973, S. 408–421). – W. Thornton, *Structure and Theme in F.'s »Go Down, Moses«* (in Costerus, 3, 1975, S. 73–112). – E. Alsen, *An Existentialist Reading of F.s »Pantaloon in Black«* (in SSF, 14, 1977, S. 169–178). – S. B. James, *The Ironic Voice off F.'s »Go Down, Moses«* (in South Dakota Review, 16, 1978, S. 80–101). – R. Schleifer, *F.'s Storied Novel: »Go Down, Moses« and the Translation of Time* (in MFS, 28, 1982, S. 109–127). – D. Kuyk, *Threads Cable-Strong: W. F.'s »Go Down, Moses«*, Lewisburg 1983. – A. Grimwood, *»Delta Autumn«* (in Southern Literary Journal, 16, 1984, S. 93–106). – T. C. Foster, *History, Private Consciousness, and Narrative Form in »Go Down, Moses«* (in Centennial Review, 28, 1984, S. 61–78). – S. Dunn, *The Illusion of Freedom in »The Hamlet« and »Go Down, Moses«* (in AL, 57, 1985, S. 407–423). – S. L. Leahy, *Poker and Semantics: Unravelling the Gordian Knot in F.'s »Was«* (ebd., S. 129–137). – M. Toolan, *Syntactical Styles as a Means of Characterization in Narrative* (in Style, 19, 1985, S. 78–93). – J. Limon, *The Integration of F.'s »Go Down, Moses«* (in Critical Inquiry, 12, 1986, S. 422–438).

THE HAMLET

(amer.; *Ü: Das Dorf*). Roman von William FAULKNER, erschienen 1940. – In diesem ersten Roman der sog. Snopes-Trilogie (vgl. *The Town*, 1957, und *The Mansion*, 1959) gestaltet Faulkner aus Episoden unterschiedlichster Prägung das Thema vom Aufstieg skrupelloser Emporkömmlinge in Yoknapatawpha County/Mississippi. Die Sippe der Snopes, die sich wie ein Geschwür in dem Dorf Frenchman's Bend ausbreitet, wird hier wie in den beiden anderen Romanen der Trilogie, aber auch in weiteren Romanen und Kurzgeschichten (z. B. *Sartoris*, 1929), zum Symbol der zerstörenden Kraft, die abzuwehren der alte, morsche Süden nicht mehr imstande ist.

Im ersten der vier lose aneinandergereihten Teile des Buches *(Flem)* wird berichtet, wie die Familie des Pferdediebs und Brandstifters Ab Snopes (vgl. *The Unvanquished*, 1938, und die Kurzgeschichte *Barn Burning*, 1939) sich im Dorf festsetzt und wie sie beginnt, zu arbeiten und zu betrügen, um Will Varner, den mächtigsten Mann der Gemeinde, der nicht zur alten Pflanzeraristokratie gehört, sondern sich aus eigener Kraft hochgearbeitet hat, aus seiner Stellung zu verdrängen. Am nachhaltigsten verfolgt dieses Ziel der wortkarge, undurchschaubare

Flem Snopes, der als Kommis in Varners Laden eintritt. – Im Mittelpunkt des zweiten Teils *(Eula)* steht Varners Tochter, ein träges, körperlich frühreifes Mädchen, das schon mit knapp dreizehn Jahren die Begierde der Männer weckt, selbst aber unbewegt bleibt. Lange versucht Eulas Bruder Jody, sie vor etwaigen Übergriffen ihrer zahlreichen Verehrer zu schützen, aber mit sechzehn Jahren wird sie schwanger, und nun hat ihr Vater nichts Eiligeres zu tun, als sie mit Flem Snopes zu verheiraten. Damit öffnet er der Snopes-Sippe endgültig Tür und Tor. – Der dritte Teil *(Der lange Sommer)* besteht aus zwei kontrapunktischen Episoden: der idyllischen Geschichte von der Zuneigung des schwachsinnigen Ike Snopes zu einer Kuh sowie Vorgeschichte und schauerlich-groteskem Nachspiel des Mordes von Mink Snopes an dem Farmer Houston. Daß Mink die erwartete Solidarität Flems bei der Gerichtsverhandlung versagt bleibt, hat im weiteren Verlauf der Trilogie gravierende Konsequenzen: Nach 38 Gefängnisjahren rächt sich Mink in *The Mansion* tödlich an Flem. – Im letzten Teil *(Die Landleute)* haut der zielbewußte Parvenü Flem die Einwohner des Dorfes übers Ohr, indem er ihnen bei einer Auktion wilde Mustangs andreht, die ausbrechen und davonrasen, bevor die Dörfler sich vergewissern können, ob Flem selbst oder sein bereits entwischter texanischer Kumpan als Verkäufer agiert hat – eine Episode, die unter dem Titel *Spotted Horses (Scheckige Mustangs)* bereits 1931 in einer Zeitschrift erschienen war. Und noch einmal zieht der Gauner Flem anderen Geld aus der Tasche: Er gibt vor, auf dem in seinem Besitz befindlichen »Alten Franzosengut« nach einem sagenhaften Schatz zu graben, und verkauft dann das wertlose Land an drei geldgierige Ortsansässige. Nach diesem letzten Triumph verläßt er mit seiner Familie das Dorf: Die nächste Station des Aufstiegs der Snopes ist die Kreisstadt Jefferson *(The Town,* 1957).

Eine Vielzahl von Erzählweisen, Perspektiven und Stimmungen formt diesen komischen Episodenroman. Unvereinbar Scheinendes wird miteinander verbunden, und das Ergebnis ist gleichzeitig ein saftig-humorvoller Regionalroman in der Tradition des *Huckleberry Finn* (»unser aller Großvater« hat Faulkner einmal Mark TWAIN genannt), eine makaber-phantastische Schauererzählung und ein realistisches Dokument der Auflösung der alten Ordnung im Süden. In keinem anderen Buch ist Faulkners starke Ader für die Folklore und den spezifischen Humor der Menschen seiner engeren Heimat, in keinem anderen seine komische Erfindungsgabe deutlicher geworden. (Nur *The Unvanquished* und *The Reivers,* 1962, zeigen Faulkner gleichfalls als komischen Fabulanten.) Neben der erwähnten Pferdeauktion sind es Episoden wie der Roßtäuscher-Wettkampf, bei dem ein Farmer dem alten Ab Snopes ein mit einer Fahrradpumpe aufgeblasenes Pferd andreht, oder die Fehde zwischen Mink Snopes und Houston, in denen Faulkners virtuose Handhabung des humoristischen Genres und des scharf pointierten Dialekt-Dialogs Triumphe feiert. Dagegen leiden andere Episoden – vor allem die bukolisch einsetzende »Liebesgeschichte« Ikes und der Kuh, aber auch die Schilderung der Leidenschaft des Lehrers Labove für seine Schülerin Eula – beträchtlich unter Faulkners ungezügeltem rhetorischem Temperament. Unter den durchweg starken, oft schon mit einem einzigen Satz scharf profilierten Charakterporträts verdient das des intelligenten, scharf und zugleich menschlich verständnisvoll beobachtenden Nähmaschinenvertreters V. K. Ratliff besondere Erwähnung. Ihm fällt die Aufgabe zu, Augenzeuge und Kommentator des Aufstiegs der Snopes zu sein – eine Aufgabe, in deren Ausübung er sich als so sympathischer Bewohner von Yoknapatawpha erweist, daß viele Leser und Kritiker es Faulkner verübelt haben, daß er ihn zum Schluß als geldgierig hinstellt und zu einem der vielen Opfer des schlauen Flem Snopes werden läßt.

Erzähltechnisch weist *The Hamlet* weniger Gemeinsamkeiten mit *The Town* und *The Mansion* auf als mit *The Unvanquished* und *Go Down, Moses* (1942): Diese drei Werke können als zu Romanen integrierten Kurzgeschichtenzyklen angesehen werden. Entsprechend fanden, z. T. in stark revidierter Form, fünf Episoden Eingang in *The Hamlet,* die zuvor unabhängig in Zeitschriften veröffentlicht worden waren. Ein erster Entwurf zur Snopes-Saga aus dem Jahr 1926, *Father Abraham,* erschien 1983 und wurde 1987 ins Deutsche übersetzt.

J.v.Ge.-KLL

AUSGABEN: NY 1940. – NY 1956. – Ldn. 1957.

ÜBERSETZUNGEN: *Das Dorf*, H. M. Braem u. E. Kaiser, Stg. 1957. – Dass., E. Schnack (in *Snopes-Trilogie*, Stg. 1962). – *Das Dorf*, H. M. Braem u. E. Kaiser, Zürich 1982 (detebe).

VERFILMUNGEN: *The Long, Hot Summer*, USA 1958 (Regie: M. Ritt). – USA 1985 (TV; Regie: S. Cooper).

LITERATUR: T. Y. Greet, *The Theme and Structure of F.'s »The Hamlet«* (in PMLA, 77, 1957, S. 775 bis 790). – F. C. Watkins u. T. D. Young, *Revisions of Style in F.'s »The Hamlet«* (in MFS, 5, 1959/60, S. 327–336). – W. Beck, *Man in Motion, F.'s Trilogy*, Madison 1961. – P. Levine, *Love and Money in the Snopes Trilogy* (in CE, 23, 1961, S. 196–203). – J. L. Roberts, *Snopeslore: »The Hamlet«, »The Town«, »The Mansion«* (in Univ. of Kansas City Review, 28, 1961, S. 65–71). – H. A. Leibowitz, *The Snopes Dilemma and the South* (ebd., 29, 1962, S. 273–284). – N. Farmer, *The Love Theme: A Principal Source of Thematic Unity in F.'s Trilogy* (in TCL, 8, 1963, S. 111–123). – L. A. Lawson, *The Grotesque-Comic in the Snopes Trilogy* (in Literature and Psychology, 15, 1965, S. 107–119). – J. G. Watson, *The Snopes Dilemma: F.'s Trilogy*, Coral Gables 1968. – M. Leaf, *W. F.'s Snopes Trilogy* (in *The Fifties: Fiction, Poetry, Drama*, Hg. W. French, Deland 1970, S. 51–62). – R. C. Pierle, *Snopesism in F.'s »The Hamlet«* (in ES, 52, 1971, S. 246–252).

– N. Norris, »*The Hamlet*«, »*The Town*«, *and* »*The Mansion*«: *A Psychological Reading of the Snopes Trilogy* (in Mosaic, 7, 1973, S. 213–235). – A. W. Friedman, *F.'s Snopes Trilogy: Omniscience as Impressionism* (in Delta, 3, 1976, S. 125–151). – J. V. Creighton, *W. F.'s Craft of Revision: The Snopes Trilogy,* »*The Unvanquished*«, *and* »*Go Down, Moses*«, Detroit 1977. – H. McFarland, *The Mask Not Tragic... Just Damned: The Women in F.'s Trilogy* (in Ball State Univ. Forum, 18, 1977, S. 27–50). – F. M. Burelbach, *The Name of the Snake: A Family of Snopes* (in Literary Onomastics Studies, 8, 1981, S. 125–146). – C. Renner, *Talking and Writing in F.'s Snopes Trilogy* (in Southern Literary Journal, 15, 1982, S. 61–73). – M. Dunn, *The Illusion of Freedom in* »*The Hamlet*« *and* »*Go Down, Moses*« (in AL, 57, 1985, S. 407–423). – L. K. Barnett, *The Speech Community of* »*The Hamlet*« (in Centennial Review, 30, 1986, S. 400–414). – C. Mortimer, *Evolutionary Theory in F.'s Snopes Trilogy* (in Rocky Mountain Review of Language and Literature, 40, 1986, S. 187–202).

INTRUDER IN THE DUST

(amer.; *Ü: Griff in den Staub*). Roman von William FAULKNER, erschienen 1948. – Hauptfigur des Buchs, mit dem die Reihe der Spätwerke Faulkners beginnt, ist Lucas Beauchamp, der Nachkomme des Weißen Carothers McCaslin und einer Negersklavin (vgl. *Go Down, Moses*, 1942), ein alter, auf fast arrogante Weise unzugänglicher und unbeugsamer Mann, für die weiße Bevölkerung von Yoknapatawpha County zeit seines Lebens ein Stein des Anstoßes. »*Wir müssen ihm erst mal klarmachen, daß er ein Nigger ist. Er muß zugeben, daß er ein Nigger ist. Vielleicht werden wir ihm dann so akzeptieren, wie er offenbar akzeptiert werden will.*« Lucas gerät in den Verdacht, Vinson Gowrie, einen Weißen, dessen Familie in der ganzen Gegend in schlechtem Ruf steht, ermordet zu haben, und wird verhaftet. Doch selbst die Drohung der Verwandten und Nachbarn des Toten, Lucas in der folgenden Nacht zu lynchen, scheint den mutmaßlichen Mörder nicht zu beeindrucken. Mit stoischer Gelassenheit weicht er den Fragen des ob soviel Passivität irritierten Anwalts Gavin Stevens aus, der ihn verteidigen will – nicht, weil er Lucas für unschuldig hält, sondern weil er glaubt, daß auch Neger ein faires Gerichtsverfahren beanspruchen können. Einzig dem sechzehnjährigen Charles Mallison, Stevens' Neffen, gibt Lucas einen Hinweis, wie man dem wirklichen Täter auf die Spur kommen könnte. Dieser Junge, Chick genannt, hat sich seit seiner ersten, vier Jahre zurückliegenden Begegnung mit Lucas nie mehr von dem Gedanken an den selbstbewußten Außenseiter freimachen können, der ihm damals eine demütigende Lehre erteilt hatte. Zutiefst davon betroffen, daß Lucas ausgerechnet ihm Vertrauen schenkt, macht er sich, zusammen mit dem jungen Schwarzen Aleck Sander und der alten, exzentrischen, einer angesehenen Südstaatenfamilie entstammenden Miss Habersham daran, den verdächtig rasch bestatteten Ermordeten wieder auszugraben; dabei erbringt er den ersten Beweis für Lucas' Unschuld. Stevens und der Sheriff übernehmen danach die Aufklärung des Verbrechens und finden schließlich den wahren Mörder. Es ist der Bruder des Toten, der den Verdacht geschickt auf Lucas Beauchamp gelenkt hatte, weil Lucas seinen Diebstählen auf die Spur gekommen war und mit Anzeige gedroht hatte. Nachdem dies bekannt geworden ist, verläuft sich der weiße Mob, der sich zusammengerottet hat, um Lynchjustiz an Lucas zu verüben, recht schnell. Lucas, »*einst der Sklave eines jeden weißen Mannes, in dessen Blickfeld er geriet, jetzt aber Tyrann über das Gewissen aller Weißen des Bezirks*«, besteht, gelassen und würdevoll wie eh und je, darauf, Gavin Stevens die Anwaltsgebühr zu bezahlen.

In den überzeugendsten Passagen des Romans wird, im Rahmen einer komplizierten, zuweilen schlecht motivierten und melodramatischen Kriminalhandlung, die Wandlung der Einstellung Chick Mallisons gegenüber Lucas Beauchamp geschildert. Mit Recht hat man darauf hingewiesen, daß die allmähliche Erkenntnis des Südstaatenjungen Chick, in dem »Nigger« Lucas einen gleichwertigen Menschen vor sich zu haben, an die Beziehung zwischen Huckleberry Finn (in Mark TWAINS gleichnamigem Buch) und dem entflohenen Neger Jim erinnert. Der menschlich bewegenden, klar aufgebauten Chick-Lucas-Handlung hat Faulkner, nicht immer zum Besten des Werks, eine zweite Ebene hinzugefügt: Auf ihr läßt er Gavin Stevens Gedanken zum Rassenproblem der Südstaaten und zum komplexen Verhältnis zwischen Süden und Norden äußern. Die meist mit ungezügeltem rhetorischem Pathos und in einer schwer zu entwirrenden Syntax vorgebrachten Theorien Stevens' (sein komplizierter Erzählstil prägt auch die Romane *The Town*, 1957, und *The Mansion*, 1959, in denen man ebenfalls Chick Mallison als Ich-Erzähler wiederbegegnet) sind zwar in Einzelheiten ambivalent, vermitteln aber Faulkners persönlichen Standpunkt deutlicher als in den meisten anderen Romanen. (Die öffentlich geäußerte Ansicht des Autors, der Süden müsse dem Bestreben der Nordstaaten, die völlige Gleichberechtigung der Schwarzen mit Polizeigewalt durchzusetzen, deshalb widerstehen, weil nur er selbst nach und nach seine eigenen Sünden tilgen und Ordnung im eigenen Land schaffen könne, hat ebenso wie Faulkners Meinung, man werde mit Geduld und Standhaftigkeit mehr erreichen als durch erzwungene Bundesgesetze, manche Kontroverse ausgelöst.) Gavin Stevens darf jedoch nicht als Sprachrohr Faulkners angesehen werden, obwohl zahlreiche Kritiker dieser Ansicht zuneigen. Im Kontext des Romans sind Stevens' Tiraden eindeutig figurenperspektivisch geprägt. J.v.Ge.-H.Thi.

AUSGABEN: NY 1948. – Ldn. 1949. – NY 1956. – Ldn. 1960. – Ldn. 1968. – Harmondsworth 1970. – NY 1972.

ÜBERSETZUNG: *Griff in den Staub*, H. Kahn, Zürich 1951. – Dass., ders., Stg./Hbg. 1951. – Dass., ders., Zürich 1974 (detebe).

VERFILMUNG: USA 1949 (Regie: C. Brown).

LITERATUR: E. Hardwick, *F. and the South Today* (in Partisan Review, 15, 1948, S. 1130–1135). – A. Steinberg, *»Intruder in the Dust«: F. as Psychologist of the Southern Psyche* (in Literature and Psychology, 15, 1965, S. 120–124). – L. D. Rubin, *Notes on a Rear-Guard Action* (in L. D. R., *The Curious Death of the Novel*, Baton Rouge 1967, S. 131–151). – M. McCants, *From Humanity to Abstraction: Negro Characterization in »Intruder in the Dust«* (in Notes on Mississippi Writers, 2, 1970, S. 91–104). – P. J. Skerry, *»The Adventures of Huckleberry Finn« and »Intruder in the Dust«: Two Conflicting Myths of the American Experience* (in Ball State Univ. Forum, 13, 1972, S. 4–13). – D. M. Monaghan, *F.'s Relationship to Gavin Stevens in »Intruder in the Dust«* (in Dalhousie Review, 52, 1972, S. 449–457). – D. Hutchinson, *The Style of F.'s »Intruder in the Dust«* (in Theoria, 39, 1972, S. 33–47). – J. A. Kearney, *Paradox in F.'s »Intruder in the Dust«* (ebd., 49, 1973, S. 55–67). – E. P. Degenfelder, *The Film Adaptation of F.'s »Intruder in the Dust«* (in Literature Film Quarterly, 1, 1973, S. 138–147). – P. Samway, *New Material for F.'s »Intruder in the Dust«* (in *A F. Miscellany*, Hg. J. B. Meriwether, Jackson 1974, S. 107–112). – H. Faulkner, *The Uses of Tradition: W. M. Kelley's »A Different Drummer«* (in MFS, 21, 1975/76, S. 335–342). – C. R. Rigsby, *Chick Mallison's Expectations and »Intruder in the Dust«* (in Mississippi Quarterly, 29, 1976, S. 389–399). – R. K. Fadiman, *F.'s »Intruder in the Dust«: Novel Into Film*, Knoxville 1978. – E. U. Lettan, *F.s »Intruder in the Dust«*, Ffm. 1979. – P. J. Rabinowitz, *The Click of the Spring: The Detective Story as Parallel Structure in Dostoyevsky and F.* (in MPh, 76, 1979, S. 355–369). – P. Samway, *»Intruder in the Dust«: A Re-Evaluation* (in *F.: The Unappeased Imagination*, Hg. G. O. Carey, Troy/N.Y. 1980, S. 83–113). – Ders., *F.'s »Intruder in the Dust«: A Critical Study of the Typescripts*, Troy/N.Y. 1980. – L. C. Jenkins, *F. and Black-White Relations*, NY 1981, S. 261–279. – W. Harris, *Reflections on W. F.'s »Intruder in the Dust« in a Cross-Cultural Complex* (in WLWE, 22, 1983, S. 98–106). – T. L. Tebbetts, *Finding F.'s Adequate Family* (in Publ. of the Arkansas Philol. Ass., 11, 1985, S. 67–82). – J. E. Bassett, *Gradual Progress and »Intruder in the Dust«* (in College Literature, 13, 1986, S. 207–216).

LIGHT IN AUGUST

(amer.; *Ü: Licht im August*). Roman von William FAULKNER, erschienen 1932. – Das wahrscheinlich bekannteste Buch Faulkners ist sowohl eine Darstellung dreier individueller Schicksale als auch ein Aufriß der gesamten Südstaatengesellschaft, wie sie der Autor immer wieder in seinen Romanen aus dem fiktiven Yoknapatawpha County gezeichnet hat. Das Handlungsgerüst bildet die Geschichte der Lena Grove, die auf der Suche nach Lucas Burch, dem Vater ihres ungeborenen Kindes, ihre Heimat Alabama verläßt, nach Jefferson, dem Schauplatz der Haupthandlung, gelangt und zum Schluß mit ihrem neugeborenen Sohn nach Tennessee weiterzieht. Dieses einfache, kreatürliche Wesen – der Autor nennt es einmal *»unerschütterlich, schafgleich«* – wird im Verlauf dieser Reise immer mehr zur Verkörperung der Natur und ihres ewigen Kreislaufs, der Erde selbst und ihrer jenseits aller menschlichen Probleme fortdauernden Kraft – jener stillen, hellen Kraft, die sich schon im Romantitel ausdrückt. Wie Faulkner an anderer Stelle sagte, meinte er damit das besondere Licht, in das die Augustsonne seine Heimat Mississippi taucht, das *»eine seltsame leuchtende Eigenschaft«* hat, *»die es vordem nicht besaß, gerade so als stamme dieses Licht überhaupt nicht aus unseren Tagen, sondern aus einer fernen Vergangenheit, in der es noch Faune und Satyrn und die alten Götter Griechenlands gab«*. In diesem Licht erhalten die Ereignisse, die sich mit Lena Groves kurzem Aufenthalt in Jefferson überschneiden, einen Symbolgehalt, der sie der klassischen Tragödie annähert.

Der seit drei Jahren in Jefferson lebende Joe Christmas, Zentralfigur des Romans, hat seine Geliebte, die alternde Joanna Burden, getötet, eine Neurotikerin, in der strenger Kalvinismus und religiös gefärbter Negrophilismus einerseits und eine starke sexuelle Frustration andrerseits in ständigem Widerstreit lagen. Eine Woche lang kann Christmas seinen Häschern entkommen, dann wird er verhaftet. Nach einem Fluchtversuch läßt er sich widerstandslos niederschießen. In zahlreichen Rückblenden wird Christmas' Lebensgeschichte berichtet, die Geschichte eines Menschen, dessen gestörtes Verhältnis zur Umwelt aus dem Verhalten seiner Mitmenschen resultiert. Schon während seiner Kindheit im Waisenhaus säen sie das erste tiefe Mißtrauen in seine Seele. Als er später von dem Farmer McEachern, einem religiösen Fanatiker, adoptiert wird, hat sich das Mißtrauen gegenüber seiner Umwelt so in ihm verfestigt, daß er sich ganz in sich selbst verschließt und die Herrschsucht des Pflegevaters ebenso wie die Bemutterungsversuche seitens dessen hilflos-sentimentaler Frau gleichgültig an sich abprallen läßt. Ein weiterer »Initiationsschock«, seine von ihm ernstgenommene Beziehung zu einer jungen Prostituierten, die ihn enttäuscht, macht seine Isolierung vollständig. Von nun an schließt er sich bewußt aus dem Kreis seiner Mitmenschen aus, sucht aber unbewußt um so verzweifelter nach dem eigenen Ich. Symbolisch überhöht wird diese zum Scheitern verurteilte Suche nach der eigenen Identität durch Christmas' Herkunftslosigkeit (er weiß nicht, wer seine Eltern waren) und durch seine – niemals bestätigte – Befürchtung, Negerblut in den Adern zu haben. So glaubt er, zwischen beiden Polen der Südstaatengesellschaft zu stehen und weder zu den Weißen noch zu den Schwarzen zu gehören. Er wartet nicht, bis die anderen ihm mißtrauisch begegnen und ihn zurückstoßen, sondern proviziert diese Reaktion durch sein eigenes Verhalten: Unter Weißen fühlt und handelt er wie ein Schwarzer, unter Schwarzen wie ein Weißer. Seine jahrelange Landstreicherei und sein letzter verzweifelter und trotziger Versuch, bei Joanna Burden einen Platz für sich selbst zu finden, sind Ausdruck seiner psychischen und physischen Heimatlosigkeit, deren wahre Tragik – wie Faulkner erklärte – darin liegt, daß er »*nicht weiß, was er ist, und weiß, daß er es niemals wissen wird*«. Im Gegensatz zu Lena Groves Weg nach und von Jefferson, wo sich durch die Geburt ihres Kindes, durch den Beginn neuen Lebens also, der Kreis ihrer Existenz mit geradezu mythischer Naturhaftigkeit vollendet, ist Joe Christmas' ebenfalls in Jefferson kulminierender Lebensweg ein Teufelskreis, aus dem er nur durch den Tod befreit werden kann. In diese Ausweglosigkeit hat ihn eine in Vorurteilen und Aberglauben befangene Umwelt getrieben, die – wie Christmas' Sterbeszene zeigt – ihre Hilflosigkeit nur mit irrationalem Haß kompensieren kann.

Die im Buch angedeuteten Parallelen zwischen Christmas und Christus (der Name, der Tod im Alter von dreiunddreißig Jahren, Christmas' am Schluß wie gekreuzigt erscheinender Körper) sind nur im Hinblick auf Christmas selbst als ironisch, im Hinblick auf die Südstaatengesellschaft, deren Emotionalität sich von Zeit zu Zeit in hysterischem Haß entlädt, aber als ernst gemeint zu verstehen. Faulkner charakterisiert diese bigotte, ignorante und doch auch menschlicher Wärme fähige Gesellschaft in mehreren Nebenfiguren, deren Skala von dem brutalen Rassenfanatiker Percy Grimm, der den sterbenden Christmas kastriert, bis zu dem gutmütig-hilfsbereiten Byron Burch reicht, der sich Lenas und ihres Kindes annimmt. Zwischen diesen beiden pathetischen Extremen steht der ehemalige Pfarrer Gail Hightower, dessen Geschichte den dritten Erzählstrang bildet. Obwohl er sich im Gegensatz zu den anderen des Dilemmas, in das er und seine Umwelt verstrickt sind, scharf bewußt ist, hat er nicht die Kraft, sich daraus zu befreien. Hightowers in seinen eigenen konfusen Erinnerungen beschriebenes Leben weist viele auch für seine Umwelt typische Züge auf: den konservierten falschen Stolz des Südstaatlers auf Heldentaten im verlorenen Bürgerkrieg, eine von Sendungs- und Rassenbewußtsein emotionalisierte Religiosität, das Unbehagen an vielen Realitäten der Gegenwart und die Unfähigkeit, sich ihnen zu stellen. Das Scheitern an der Aufgabe, Vergangenheit und Gegenwart zu einer für die Zukunft sinnvollen Synthese zu verbinden, drückt sich am deutlichsten in Hightowers Unvermögen aus, dem zu ihm geflüchteten Joe Christmas in irgendeiner Weise zu helfen.

Light in August stellt ein symbolträchtiges Werk von sehr komplexer Struktur dar, das zum Objekt zahlloser Analysen und Interpretationsversuche wurde. Es ist eines der lebensbejahendsten und zugleich düstersten Abbilder, die uns Faulkner von seinem Mikrokosmos Yoknapatawpha gegeben hat.
J.v.Ge.-KLL

AUSGABEN: NY 1932. – Ldn. 1933. – NY 1950 (Einl. R. Rovere). – Harmondsworth 1960 (Penguin). – NY 1965. – NY 1972.

ÜBERSETZUNG: *Licht im August*, F. Fein, Bln. 1935. – Dass., ders., Stg. u. a. 1949. – Dass., ders., Bln. 1957. – Dass., ders., Reinbek 1972. – Dass., ders., Zürich 1981 (detebe). – Dass., ders., Reinbek 1987 (rororo).

LITERATUR: R. Chase, *The Stone and the Crucifixion. F's »Light in August«* (in KR, 10, 1948, S. 539 bis 551). – C. Benson, *Thematic Design in »Light in August«* (in South Atlantic Quarterly, 53, 1954, S. 540–555). – A. Kazin, *The Stillness of »Light in August«* (in Partisan Review, 24, 1957, S. 519–538). – C. H. Holman, *The Unity of F's »Light in August«* (in PMLA, 73, 1958, S. 155–166). – L. M. Slabey, *Myth and Ritual in »Light in August«* (in Texas Studies in Literature and Language, 2, 1960, S. 328–349). – A. Berland, *»Light in August«. The Calvinism of W. F.* (in MFS, 8, 1962, S. 159–170). – J. Gold, *The Two Worlds of »Light in August«* (in Mississippi Quarterly, 16, 1963, S. 160–167). – J. L. Kimmey, *The Good Earth in »Light in August«* (in Mississippi Quarterly, 17, 1964, S. 1–8). – L. A. Juhacz, *W. F.'s »Light in August«*, NY 1966. – *Twentieth-Century Interpretations of »Light in August«*, Hg. D. L. Minter, Englewood Cliffs/N.J. 1969. – M. T. Inge, *Merrill Studies in »Light in August«*, Columbus 1971. – R. G. Collins, *»Light in August«: F's Stained Glass Triptych* (in Mosaic, 7, 1973, S. 97–157). – R. K. Fadiman, *F's »Light in August«: A Description and Interpretation of the Revisions*, Charlottesville 1975. – *»Light in August«: A Concordance of the Novel*, Hg. J. L. Capps, 2 Bde., Ann Arbor/Mich. 1979. – C. A. Taylor, *»Light in August«: The Epistemology of Tragic Paradox* (in Texas Studies in Literature and Language, 22, 1980, S. 48–68). – *W. F.'s »Light in August«: A Critical Casebook*, Hg. F. L. Pitary, NY 1982. – J. Tucker, *W. F.'s »Light in August«: Toward a Structuralist Reading* (in MLQ, 43, 1982, S. 138–155). – H. Hungerford, *Past and Present in »Light in August«* (in AL, 55, 1983, S. 183–198). – D. Fowler, *F's »Light in August«: A Novel in Black and White* (in Arizona Quarterly, 40, 1984, S. 305–324). – R. W. Hoag, *Ends and Loose Ends: The Triptych Conclusion in »Light in August«* (in MFS, 31, 1985, S. 675–690). – D. A. Moddelmog, *F's Theban Saga: »Light in August«* (in Southern Literary Journal, 18, 1985, S. 13–29). – A. Weinstein, *Fusion and Confusion in »Light in August«* (in F. Journal, 1, 1986, S. 2–16). – *New Essays on »Light in August«*, Hg. M. Millgate, Cambridge 1987.

THE MANSION

(amer.; *Ü: Das Haus*). Roman von William FAULKNER, erschienen 1959. – Der letzte Teil der Snopes-Trilogie (nach *The Hamlet* und *The Town*) erschien neunzehn Jahre nach *The Hamlet* und, wie Faulkner in seiner Vorbemerkung betont, mehr als drei Jahrzehnte nach dem Zeitpunkt, zu dem er sich erstmals mit dem Thema der Trilogie beschäftigt hatte. Daß sich im Lauf dieser Zeit sowohl die Einstellung des Autors zu seinem Thema als auch die Erzählweise gewandelt hatten, erschien Faulkner selbstverständlich: »*Leben ist Bewegung, und Bewegung ist Wandel und Veränderung.*«

Während die ersten beiden Bände die Ausbreitung des »Snopesismus« von dem Weiler Frenchman's Bend in die Stadt Jefferson und Flem Snopes' Aufstieg vom Ladengehilfen zum Bankpräsidenten schildern, zeigt *The Mansion* den Emporkömmling Flem als Besitzer eines der traditionsreichsten Herrenhäuser dieser Stadt auf dem Gipfel seiner Macht, wo ihn dann die Strafe für seine Skrupellosigkeit ereilt. Vollstrecker ist sein Vetter Mink Snopes, der bei einem Mordfall vergeblich auf die Hilfe seines reichen Verwandten gehofft und daraufhin beschlossen hatte, sich nach der Entlassung aus dem Gefängnis an Flem zu rächen.

Im ersten Teil von *The Mansion* (»Mink«) wird der aus *The Hamlet* bekannte, aus einem lächerlichen Streit um eine Kuh entstandene Konflikt zwischen Zack Houston und Mink aus dessen Perspektive geschildert, wobei er sich selbst als einen mißgünstigen und streitsüchtigen kleinen Mann, als typischen »armen Weißen« enthüllt, der nur in der Verachtung für die *niggers* und dem falschen Stolz auf die eigene »Freiheit« Selbstbestätigung findet. Aber es ist nicht allein der nach 38 Jahren Gefängnis wie ein Schatten der Vergangenheit auftauchende Mink, der Flem Snopes zerstört. Auch Linda (der der zweite Teil des Romans gewidmet ist), die uneheliche Tochter von Flems Frau, Eula Varner Snopes, haßt Flem, den sie mit Recht für den Selbstmord ihrer Mutter verantwortlich macht. Sie hilft Mink, die Rache zu vollziehen. Linda, die nach dem Studium in Oxford, Mississippi, nach New York gegangen ist, den kommunistischen Bildhauer Kohl geheiratet und mit ihm zusammen am Spanischen Bürgerkrieg teilgenommen hat, in dem er getötet wurde und sie bei einer Bombenexplosion das Gehör verlor, hat, als sie mit 29 Jahren nach Jefferson zurückkehrt, ihr Leben eigentlich schon hinter sich. Für sie gibt es »*keine Leidenschaft, keine Glut ... und was noch schlimmer ist, keine Hoffnung*« mehr. Nach einer seltsam vagen Liebesaffäre mit ihrem alten Freund und Beschützer, dem Rechtsanwalt Gavin Stevens, wiederholten Versuchen, in der Kommunistischen Partei aktiv zu werden und sich für die Verbesserung der sozialen Verhältnisse der Schwarzen einzusetzen, wartet Linda nur noch auf den Tod des Stiefvaters und verläßt dann Jefferson für immer. – Der dritte Teil (»Flem«) schildert die Ereignisse, die zur Ermordung Flems führen. Obwohl V. K. Ratliff (der aus den vorausgehenden Romanen bekannte Nähmaschinenvertreter und philosophische Kommentator) und Gavin Stevens die Tat Minks zu verhindern suchen, indem sie ihn nach der Freilassung beobachten, vollzieht sich dessen Rückkehr nach Jefferson unaufhaltsam: Er nimmt Rache und flieht mit Lindas Hilfe.

Daß *The Mansion* nicht den künstlerischen Rang von *The Hamlet* erreicht, liegt vor allem an den vielen Abschweifungen von der Haupthandlung, die für Faulkners Erzählweise zwar charakteristisch sind, hier aber allzuoft nicht integriert wirken. So kommt z. B. in den Geschichten des »Politikers« Clarence Snopes, der Prostituierten Reba Rivers und von Ratliffs russischen Vorfahren zwar der grimmige Humor Faulkners zum Ausdruck, die Substanz des Romans bereichern sie jedoch nicht. Aufgepfropft wirken häufig auch die verschwommenen Gedanken und Gespräche der beiden »Wachhunde des Snopesismus«, Ratliff und Stevens, und das gleiche gilt für Faulkners eigene verallgemeinernde und recht sentenziöse Kommentare über das Europa der beiden Weltkriege. Dagegen ist der Kontrast zwischen dem ersten Teil, dessen Szene die beschränkte Welt Minks – innerlich und äußerlich ein Leben in der Gefangenschaft – bildet, und dem weit über das Yoknapatawpha-Milieu hinausführenden zweiten Teil eine strukturelle Bereicherung.

Die objektiv-auktoriale Erzählweise von *The Hamlet* ist in *The Mansion* mit dem Perspektivenwechsel von *The Town* in Verbindung gebracht. Die Schilderung des Geschehens durch verschiedene Ich-Erzähler – den akademischen, leicht prätentiösen Gavin Stevens, den jungen, ungeduldigen Charles Mallison (bekannt aus *Intruder in the Dust*) und den trocken-humorvollen V. K. Ratliff – unterstreicht die Komplexität scheinbar simpler Ereignisse. Für die Mink-Flem-Handlung verwendet Faulkner vorwiegend die auktoriale Erzählweise, fügt allerdings lange *Stream-of-consciousness*-Passagen ein. Der so erzielte Kontrast zwischen Beobachtern und Beobachteten wird im dritten Teil durch die zwischen Mink, dem Beobachteten, und Stevens und Ratliff, den Beobachtern, fluktuierende Handlung verschärft, bis die Spannung sich schließlich im Hauptereignis des Romans, Flems Tod, entlädt, der ironischerweise nicht durch den gerechten Spruch eines Richters herbeigeführt wird, sondern die Rachetat eines armseligen Neiders aus Flems eigener Sippe ist. J.v.Ge.-KLL

AUSGABEN: NY 1959. – Ldn. 1961. – NY 1965. – NY 1986, Hg. M. Millgate, 2 Bde. [Typoskript-Ausg.].

ÜBERSETZUNG: *Das Haus*, E. Schnack, Ffm. 1960. – Dass., dies. (in *Snopes-Trilogie*, Stg. 1962). – Dass., dies., Zürich 1982 (detebe).

LITERATUR: T. M. Greene, *The Philosophy of Life Implicit in F.'s »The Mansion«* (in Texas Studies in Literature and Language, 2, 1960, S. 401–418). – W. Beck, *Man in Motion: F.'s Trilogy*, Madison

1961. – W. Rossky, *The Images of the Child in »The Mansion«* (in Mississippi Quarterly, 15, 1962, S. 17–20). – Th. Whitbread, *The Snopes Trilogy: The Setting of »The Mansion«* (in *Six Contemporary Novels. Six Introductory Essays in Modern Fiction*, Hg. W. O. S. Sutherland, Austin 1962, S. 76–88). – E. Gregory, *The Temerity of Revolt: Mink Snopes and the Dispossessed in »The Mansion«* (in Mississippi Quarterly, 29, 1976, S. 401–421). – N. Polk, *F.'s Idealism in »The Mansion«* (in W. F.: Materials, Studies, and Criticism, 5, 1983, S. 1–16). – C. S. Brown, *Style as Symbol: The Ending of »The Mansion«* (ebd., 6, 1985, S. 36–44). – s. auch Literatur zu *The Hamlet*.

NEW ORLEANS SKETCHES

(amer.; *Ü: New Orleans*). Frühe Skizzen und Erzählungen von William FAULKNER, veröffentlicht 1925 in der Zeitung ›Times-Picayune‹ und der Zeitschrift ›The Double Dealer‹, in Buchform erschienen 1955. – Nach wenig erfolgreichen Versuchen als Lyriker begann Faulkner während seines Aufenthalts in New Orleans (1925), angeregt von Sherwood ANDERSON, Prosa zu schreiben. Die damals entstandenen kurzen Arbeiten sind angesichts der späteren Romane als Fingerübungen und Gesellenstücke zu bezeichnen, weisen aber bereits viele für das Gesamtwerk charakteristische Motive und Stilformen auf und sind daher für die Genesis des Romanciers Faulkner aufschlußreich. Die im Typus von der Charakterskizze über die Genreszene bis zur Kurzgeschichte reichenden Stücke befassen sich zumeist mit Angehörigen der niederen Schichten und mit Außenseitern der verfallenden Südstaatengesellschaft: mit kleinen Ganoven, Jokkeys, Bettlern, armen Negern, Pennbrüdern, aus Italien eingewanderten Schustern und Schankwirten, kleinen Farmern aus dem Hinterland und schrulligen Bürgern von New Orleans. Inhaltlich handelt es sich vor allem um Alltagsgeschehnisse, Ganovenstückchen und aufschneiderische Geschichten, deren in der Ichform erzählter Teil auf überraschende Weise mit der Rahmensituation verknüpft ist, oder aber um handlungslose Situations- und Porträtstudien, deren Protagonisten sich selbst charakterisieren. Ein Hauptthema dieser Skizzen ist der Hunger der sozial Benachteiligten nach Verständnis, Anerkennung und Liebe.
Aus vielen Geschichten spricht Faulkners Sinn für Humor und – insbesondere in manchen Schlußpointen – für komische Effekte, die durch die häufig mit Slang durchsetzte Alltagssprache noch verstärkt werden (*Damon and Pythias Unlimited; The Rosary; Cheest; Chance*). Unter den vorausdeutenden Themen sind vor allem die Eifersuchts- und die Familientragödie zu nennen; die Geschichte *The Liar* ist dafür ein frühes, wenn auch durch die humorvolle Rahmenhandlung entschärftes Beispiel. Überhaupt klingen in diesen ersten Prosaarbeiten jene düsteren, tragischen Aspekte, die in den meisten späteren Werken dominieren, nur gelegentlich an. So heißt es in *Episode* über einen blinden alten Mann nur: »*Still saß er unter ihrer Berührung, hilflos, dennoch keiner Hilfe bedürfend; blicklos und gelassen, wie ein Gott, der es Beides erfuhr, das Leben und den Tod, und der erkannt hat, daß das Eine so wichtig nicht ist, und das Andere auch nicht*« (Ü: Arno Schmidt). In der Geschichte *The Kid Learns* tritt die »kleine Schwester Tod« (aus FRANZ VON ASSISIS Nachtrag zum *Sonnengesang*) zu dem armen Ganoven Johnny; später, in *The Sound and the Fury* (1929), wird Quentin Compson kurz vor seinem Selbstmord ihr Bild heraufbeschwören. In der einzigen nicht in den Südstaaten lokalisierten Geschichte, *Yo Ho and Two Bottles of Rum*, taucht bereits das Motiv der Leiche, deren Begräbnis überfällig ist, auf, jenes Motiv, um das Faulkner dann in *As I Lay Dying* (1930) die tragikomische Reise der Bundrens nach Jefferson in Szene setzte. In den kurzen Charakterskizzen und vor allem auch in der Erzählung *Home* experimentiert der Autor mit dem inneren Monolog, den er später in *The Sound and the Fury* so souverän handhabte. J.Dr.

AUSGABEN: *New Orleans* 1925 (u. d. T. *New Orleans*, in Double Dealer, 7; unvollst.). – Milwaukee 1932 (u. d. T. *Salmagundi*; unvollst.). – New Orleans 1925 (u. d. T. *Mirrors of Chartres Street*, in Times-Picayune; enth. 16 Sketches). – Minneapolis 1953 [enth. 11 Sketches]. – New Brunswick/N.J. 1958 [enth. 16 Sketches u. *New Orleans*; Einl. C. Collins; vollst.]. – Ldn. 1959 u. Ldn./NY 1961 [Einl. ders.]. – NY 1968, Hg. C. Collins [erw.]. – Ldn. 1968, Hg. ders.

ÜBERSETZUNG: *New Orleans, Skizzen und Erzählungen*, A. Schmidt, Stg. 1962. – Dass., ders., Zürich 1982 (detebe). – Dass., ders., Ffm. 1982.

LITERATUR: A. M. Giannitrapani, *La New Orleans e la Louisian del F.* (in AION, 2, 1959, S. 265–339). – J. L. Roberts, *Experimental Exercises: F.'s Early Writings* (in Discourse, 6, 1963, S. 183–197). – E. Howell, *W. F.'s New Orleans* (in Louisiana History, 7, 1966, S. 229–240). – C. Brooks, *A Note on F.'s Early Attempts at the Short Story* (in SSF, 10, 1973, S. 381–388). – N. Polk, *›Hong Li‹ and »Royal Street«: »The New Orleans Sketches« in Manuscript* (in Mississippi Quarterly, 26, 1973, S. 394/395). – J. B. Lloyd, *Humorous Characterization and the Tradition of Jonsonian Comedy of Manners in W. F.'s Early Fiction: »New Orleans Sketches«, »Soldiers' Pay«, and »Mosquitoes«*, Diss. Univ. of Mississippi (vgl. Diss. Abstracts, 36, 1975, S. 4493A). – J. J. Folks, *W. F.'s »The Rosary« and Florence L. Barclay* (in SSF, 18, 1981). – H. H. Skei, *W. F.: The Novelist as Short Story Writer*, Oslo u. a. 1985.

PYLON

(amer.; *Ü: Wendemarke*). Roman von William FAULKNER, erschienen 1935. – Der Reporter einer Zeitung in New Orleans erhält den Auftrag, über die Schauflüge anläßlich der Einweihung eines Flughafens zu berichten, der nach dem Initiator des Projekts, Colonel Feinman, benannt ist. Dabei fällt ihm eine Frau (Laverne) auf, die routiniert an einem Flugzeug arbeitet. Er nimmt sich gönnerhaft ihres sechsjährigen Sohns an, beginnt sich für das seltsame Arbeits- und Lebenskollektiv zu interessieren, dem außer den beiden auch der Pilot Roger Shumann, der Fallschirmspringer Jack Holmes und der Mechaniker Jiggs angehören, und spürt, wie seine Neugier rasch in innere Anteilnahme und Hilfsbereitschaft umschlägt. Er, dessen Verhältnis zur Umwelt bis dahin recht prekär war (sein Name wird nie genannt, und seine Erscheinung wird als grotesk, vergleichbar einer »*Vogelscheuche auf winterlichem Acker*«, geschildert), erwacht in seiner neuen Rolle als Nothelfer, in der er sich zudem von Laverne, dem vitalen Zentrum der Gruppe, immer stärker angezogen fühlt, zu hektischem, schmerzhaftem Leben: Er listet seinem Chef Hagood nicht nur Vorschüsse, sondern auch Sympathie für die Flugartisten ab und erreicht sogar, daß dieser – nach einem Ausfall von Shumanns eigenem Flugzeug – die hohe Kaution für eine gemietete Maschine hinterlegt; er nimmt die Gruppe in seiner Wohnung auf und bewirtet sie so freigebig mit Absinth, daß Jiggs schließlich außerstande ist, die notwendigen Überholungsarbeiten am Ersatzflugzeug vorzunehmen; er führt sie, eine Art Charon, durch das einer *danse macabre* gleichende Karnevalstreiben des Mardi Gras; er begleitet Shumann tollkühn auf dem Probeflug mit der als unsicher geltenden Maschine; er muß beim Wettflug mit ansehen, wie der Pilot, schon an der Spitze des Feldes, abstürzt und aus dem See, den er aus Rücksicht auf die Flieger angesteuert hat, nicht mehr geborgen werden kann; und er sieht schließlich Laverne und Holmes, ihm gegenüber eher befremdet als dankbar, abreisen, um den aus ihrer *ménage à trois* hervorgegangen Jungen zu Shumanns Vater in den Mittelwesten zu bringen und in einem anderen Arbeitsteam ihr unbürgerliches Leben fortzusetzen.

Der gefährliche Beruf der von Leuten wie Feinman rücksichtslos ausgebeuteten Schaupiloten, die neue Art von Gruppenbewußtsein, die sich unter den Fliegern herausbildete, ihre fanatische Hingabe an das Wagnis und den Geschwindigkeitsrausch übten auf Faulkner (der im Ersten Weltkrieg selbst Flugerfahrungen gesammelt hatte) eine starke Faszination aus. (Auch die Erzählungen *Honor* und *Death Drag* und der Roman *Sartoris* zeugen davon.) Der Reporter, dessen Perspektive dominiert, wird angesichts der vielleicht in die Zukunft weisenden Existenz- und Wertbegriffe dieser Menschen aus seiner seelischen Isoliertheit gerissen und beginnt nun auch seinen Beruf anders zu verstehen, nämlich als die Aufgabe, Realität anstatt Sensationen zu vermitteln. Seine anfängliche Verwunderung, die er redselig – bald amüsiert, bald zynisch – zu erkennen gibt, macht echter Betroffenheit und Anteilnahme Platz, ein Prozeß, der sich auch in der Sprache des Buches spiegelt und den Faulkner in enge Beziehung zu seinem gesellschaftskritischen Thema setzt. Wagemut, Opferbereitschaft, stoisches Ertragenkönnen und innere Unabhängigkeit des einzelnen oder eines kleinen Verbands von Menschen werden der (bisweilen ätzend satirisch geschilderten) Habsucht, Unaufrichtigkeit und Hohlheit einer verstädterten Massengesellschaft gegenübergestellt. In diesem modernen Ödland (Faulkners Anlehnung an T. S. ELIOTS *Waste-Land*-Thematik wird auch in vielen Wortanklängen und in der Kapitelüberschrift *The Lovesong of J. A. Prufrock* deutlich) dominiert das kapitalistische Denken, das alle menschlichen Beziehungen auf den »*cash nexus*« reduziert, wird der Mensch von Apparaten (Druckerpressen, Flugzeugen, Autos, Leuchttürmen, Uhren, Lautsprechern, Scheinwerfern) manipuliert und zerstört. Die Abgesondertheit und das feindselige Mißtrauen der Flugartisten sind Zeichen ihrer Auflehnung gegen diese Welt der starren Mechanismen. Die Wendemarke der Rennstrecke ist die zentrale Metapher dieses an Metaphern und poetischen Chiffren reichen Buches: Zum einen steht sie, als phallisches Symbol, für die Vitalität der Flieger, zum andern, als starres, todbringendes Gebilde, für die Bedrohung des Menschen durch die Technik. – Die dichte Sprachtextur des Romans, seine vielschichtige Thematik und seine perspektivische Struktur (die durch die überbetonte Schemenhaftigkeit des Reporters etwas an Durchsichtigkeit verliert) haben erst in jüngster Zeit eine angemessene kritische Würdigung erfahren. K.E.

AUSGABEN: NY 1935. – Ldn. 1955. – NY 1958. – NY 1967. – NY 1986 (in *Novels 1930–1935*). – NY 1987, Hg. N. Polk [Ms.-Ausg.].

ÜBERSETZUNG: *Wendemarke*, G. Goyert, Bln. 1936. – Dass., ders., Hbg. 1951 (rororo). – Dass., ders., Zürich 1978 (detebe).

LITERATUR: J. R. Marvin, »*Pylon*«. *The Definition of Sacrifice* (in F. Studies, 1, 1952, S. 20 bis 23). – D. T. Torchiana, *F.'s »Pylon« and the Structure of Modernity* (in MFS, 3, 1957/58, S. 291–308). – E. Guereschi, *Ritual and Myth in W. F.'s »Pylon«* (in Thoth, 3, 1962, S. 101–110). – M. Millgate, *F. and the Air: The Background of »Pylon«* (in Michigan Quarterly Review, 3, 1964, S. 271–277). – R. Price, »*Pylon*«: *The Posture of Worship* (in Shenandoah, 19, 1968, S. 49–61). – W. T. Lhamon, »*Pylon*«: *The Ylimaf and New Valois* (in Western Humanities Review, 24, 1970, S. 274–278). – R. Pearce, »*Pylon*«, »*Awake and Sing!*« *and the Apocalyptic Vision of the 30's* (in Criticism, 13, 1971, S. 131–141). – D. MacMillan, »*Pylon*«: *From Short Stories to Major Work* (in Mosaic, 7, 1973, S. 185–212). – J. R. McElrath, »*Pylon*«: *The Portrait of a Lady* (in Mississippi Quarterly, 27, 1974, S. 277–290). – P. Degenfelder, *Sirk's »The Tarnished Angels«:* »*Pylon*« *Recreated* (in Literature/Film Quarterly, 5, 1977, S. 242–251). – M. Stern, »*Pylon*« *(1935), W. F.* (in *The Modern American Novel and the Movies*, Hg. G. Peary u. R. Shatzkin,

NY 1978, S. 40–52). – H. M. Ruppersburg, *Image as Structure in F.'s »Pylon«* (in South Atlantic Quarterly, 47, 1982, S. 74–87). – M. P. Johnson, *›I Have Decided Now‹: Laverne's Transformation in »Pylon«* (in Mississippi Quarterly, 36, 1983, S. 289–300). – S. P. Johnson, *»Pylon«: F.'s Waste Land* (ebd., 38, 1985, S. 287–294). – K. F. Zender, *Money and Matter in »Pylon« and »The Wild Palms«* (in F. Journal, 1, 1986, Nr. 2, S. 53–61).

RED LEAVES

(amer.; *Ü: Rotes Laub*). Erzählung von William FAULKNER, erschienen 1930. – Der Indianerhäuptling Issetibbeha ist plötzlich gestorben, vermutlich durch Gift aus der Hand seines Sohnes Moketubbe, eines trägen Kolosses, den nur die Gier nach dem Häuptlingssymbol, den für ihn viel zu kleinen Pantoffeln seines Vaters, aus seiner Apathie aufzurütteln vermag. Nach unveräußerlicher indianischer Tradition soll dem Verstorbenen außer seinem Pferd und seinem Hund auch der Leibdiener ins Grab folgen, ein vierzigjähriger, in Guinea geborener Schwarzer aus einer Gruppe von Sklaven, die der Vater des Toten, die Lebensweise eines Pflanzer-Freundes nachahmend, einst aus New Orleans mitgebracht hatte und die so zahlreich geworden waren, daß die Indianer sich gezwungen sahen, Land zu kultivieren, um die Schwarzen zu beschäftigen. Schon bei der Beerdigung von Issetibbehas Vater mußte dessen Leibdiener drei Tage lang gejagt werden; auch dieses Mal flüchtet sich der zum Opfer auserkorene Schwarze in die ihm wohlbekannten Sümpfe und Dickichte. Mit stoischer Ruhe verfolgen ihn, angeführt von dem in einer Sänfte getragenen Moketubbe, die Indianer. Als der Ausgehungerte am zweiten Tag der Flucht einen Frosch fangen will, schlägt eine Giftschlange dreimal ihre Zähne in seinen Arm. Da bäumt sich sein Lebenswille noch einmal auf, er flieht weiter und ergibt sich erst am vierten Tag in sein Schicksal, schlammverkrustet, singend, mit inzwischen auf Kindergröße eingeschrumpftem Arm. Respektvoll lassen die Indianer ihn zu Ende singen, loben seine Ausdauer, bieten ihm Essen und Trinken an, sehen schweigend zu, wie seine Kehle ihm den Dienst versagt, und führen ihn dann unbewegt seiner Bestimmung zu.
Die Perspektive der Erzählung wechselt zwischen Verfolgern und Verfolgtem. Ein knapper historischer Rückblick des Autors, die durch die lakonische Unterhaltung zweier Indianer vermittelte Zustandsschilderung und vor allem die Gestalt Moketubbes beleuchten ironisch den Verfall indianischer Lebensart, deren Sinnentleerung in der Übernahme der »Bürde des weißen Mannes« besonders augenfällig wird. Rassenunterschieden gegenüber gleichgültiger (Moketubbes Mutter war zur Hälfte schwarzer Abstammung), betrachten die Indianer die Schwarzen dennoch als nutzlose »Gegenstände« (die Analogie zur weißen Gesellschaft klingt, durch Verzerrung sarkastisch pointiert, überall ein).

Der Degeneration des Indianers steht die Isolierung des Schwarzen gegenüber – für den Todgeweihten wird sie absolut, da er, zuvor Teilhaber am Wohlleben der Herrschenden, jetzt auch von der eigenen Rasse ausgeschlossen bleibt (die Schwarzen speisen ihn zwar, setzen sich aber nicht für ihn ein). Trotz seines ungebrochenen Lebenswillens kann es für ihn keinen Ort der Zuflucht geben. – Auch in den Händen des roten Mannes, der ihn als absurde Belastung fatalistisch hinnimmt, bleibt der schwarze Sklave das Opfer. Der Fluch des veruntreuten Landes, der verschacherten Wildnis, fällt damit auf die Indianer zurück. So ordnet sich auch diese Erzählung dem größeren Zusammenhang von Faulkners Yoknapatawpha-Saga ein. In ihrem sparsamen, unpathetischen Stil, ihrer virtuosen dramatischen Vergegenwärtigung und ihrem Reichtum an ironischen Bezügen stellt *Red Leaves* innerhalb der Erzählungen und Kurzgeschichten Faulkners einen Höhepunkt dar. K.E.

AUSGABEN: Philadelphia 1930 (in The Saturday Evening Post). – NY 1931 (in *These Thirteen*). – NY 1950 (in *Collected Stories*). – Ldn. 1958/59 (in *Collected Short Stories*, 3 Bde.). – NY 1970 (in *Collected Stories*). – Harmondsworth 1985 (in *Collected Stories*). – NY 1987, Hg. J. Blotner u. a. [Ms.-Ausg. d. *Short Stories*].

ÜBERSETZUNG: *Rotes Laub*, E. Schnack (in *Erzählungen*, Bd. 2, Stg. 1966). – Dass., dies. (in *Gesammelte Erzählungen*, Zürich 1972).

LITERATUR: C. S. Brown, *F.'s Manhunts: Fact into Fiction* (in Georgia Review, 20, 1966, S. 388 bis 395). – E. Howell, *W. F. and the Mississippi Indians* (ebd., 21, 1967, S. 386–396). – R. W. Funk, *Satire and Existentialism in F.'s ›Red Leaves‹* (in Mississippi Quarterly, 25, 1972, S. 339–348). – B. Y. Langford, *History and Legend in W. F.'s ›Red Leaves‹* (in Notes on Mississippi Writers, 6, 1973, S. 19–24). – L. M. Dabney, *The Indians of Yoknapatawpha*, Baton Rouge 1974, S. 90–117. – R. A. Milum, *Ikkemotubbe and the Spanish Conspiracy* (in AL, 46, 1974, S. 381–391). – G. H. Muller, *The Descent of the Gods: F.'s ›Red Leaves‹ and the Garden of the South* (in Studies in Short Fiction, 11, 1974, S. 243–249). – M. L. Pryse, *Race: F.'s ›Red Leaves‹* (ebd., 12, 1975, S. 133–138). – E. L. Volpe, *F.'s ›Red Leaves‹: The Deciduation of Nature* (in Studies in American Fiction, 3, 1975, S. 121–131). – H. Ziegler, *Existentielles Erleben u. kurzes Erzählen*, Stg. 1977, S. 95–105. – J. B. Carothers, *W. F.'s Short Stories*, Ann Arbor/Mich. 1985. – H. H. Skei, *W. F.: The Novelist as Short Story Writer*, Oslo u. a. 1985.

REQUIEM FOR A NUN

(amer.; *Ü: Requiem für eine Nonne*). Szenischer Roman von William FAULKNER, erschienen 1951. – Die drei als »Akte« bezeichneten szenischen Teile des Werks bilden ein analytisches Drama, das an die in Faulkners Roman *Sanctuary* (1931) geschilderten Ereignisse anknüpft. Die Schwarze Nancy Mannigoe ist des Mordes an der halbjährigen Tochter von Gowan Stevens und seiner Frau Temple angeklagt. Seit die Studentin Temple Drake von dem psychopathischen Mörder Popeye entführt und in ein Bordell in Memphis, Tenn., gebracht wurde (sie hatte sich dann mit einer falschen Aussage vor Gericht von ihm freigekauft und dadurch einen Unschuldigen der Lynchjustiz ausgeliefert), sind acht Jahre vergangen, in denen Gowan Stevens verzweifelt versucht hat, in der Ehe mit Temple für seine Mitschuld an jenen Ereignissen zu büßen. Nancy, eine Gelegenheitsprostituierte und Süchtige, die von Temple »*aus der Gosse aufgelesen*« und als Kindermädchen beschäftigt wurde (scheinbar aus Großmut, tatsächlich aber, weil Temple mit einer »*Schwester in der Sünde*« Erfahrungen austauschen wollte), gibt den Mord zu und akzeptiert gefaßt ihr Todesurteil. Damit scheint der Fall erledigt.

Nur der auch aus den Romanen *Intruder in the Dust* (1948), *The Town* (1957) und *The Mansion* (1959) bekannte Rechtsanwalt Gavin Stevens, Gowans Onkel und Nancys Verteidiger, gibt sich mit dem »Tatbestand« nicht zufrieden, sondern beginnt, in Temples Vergangenheit nach Motiven zu suchen; für ihn ist – und hier wird er zum Sprachrohr Faulkners – »*die Vergangenheit niemals tot, ja nicht einmal vergangen*«. Mit zäher Beharrlichkeit befragt er Temple, die anfangs alle Schuld von sich weist, und bringt allmählich ihre Verstrickung ans Licht: Während ihrer »Gefangenschaft« im Bordell, aus dem sie, wie sie zugibt, leicht hätte fliehen können, hatte der impotente Popeye sie mit seinem Kumpan Alabama Red verkuppelt, dem sie leidenschaftlich verfiel. Nach Reds Ermordung waren einige ihrer Briefe an ihn in die Hände seines Bruders Pete geraten. Nancy hatte miterlebt, wie Temple der sexuellen Anziehungskraft des Erpressers erlag, und hatte immer wieder versucht, sie an ihre Verantwortung gegenüber ihren beiden Kindern zu erinnern. An dem Abend, an dem Temple mit Pete fliehen wollte, hatte Nancy zum »letzten Mittel« gegriffen und den Säugling erstickt. Ihre Rechtfertigung: besser ein einziges Kind zerstören als eine ganze Familie. Die Buße, die die erlösungsgläubige Negerin für ihr »Verbrechen aus Verantwortlichkeit« auf sich nimmt, ist nach Faulkners Darstellung zugleich eine Sühne für die vielen unter dem Mantel der Respektabilität von weißen Südstaatlern begangenen Verbrechen gegen die eigene Verantwortlichkeit. Nancys Schicksalsergebenheit und Gavin Stevens' unerbittliche Wahrheitssuche zwingen Temple zur Ehrlichkeit gegenüber der Vergangenheit – ein Bewußtwerdungsprozeß, der für Faulkner die Voraussetzung für das Verstehen und Ertragen der Gegenwart und für die Bewältigung der Zukunft ist. Daß für diese Art Gerichtstag die staatlichen Institutionen nicht zuständig sind, zeigt am deutlichsten die zentrale Szene: Der Gouverneur des Staates Mississippi, den Gavin und Temple in der Nacht vor der Hinrichtung um Nancys Begnadigung bitten, verläßt während Temples qualvollem Bekenntnis schweigend seinen Amtssitz. Nach außergesetzlichen Kriterien ist nicht die Mörderin Nancy, sondern die Mutter des toten Kindes die eigentlich Schuldige.

Die drei langen Prosaeinschübe stellen eine Chronik von Faulkners Yoknapatawpha County dar, in der – aus der implizierten Perspektive des »Großinquisitors« Gavin Stevens und seines konservativen Humanismus (M. Millgate) und am Beispiel des Gerichtsgebäudes in Jefferson, des Kapitols in der Hauptstadt Jackson und des Gefängnisses in Jefferson – der Verfall von Werten wie Besitz und Recht durch ihre Institutionalisierung im Gesetz gezeigt wird, hinter dem sich selbstgerechte Menschen wie Temple bequem verstecken können. Sowohl die stark verschlungene Prosa dieser Kapitel als auch die im Mittelpunkt der Szenenfolge stehenden Reflexionen Temples (auch ihre Dialoge mit Gavin laufen meist in Monologe aus) entsprechen der Zentralidee des Buches: der Mühsamkeit des Weges, der zu Erkenntnis und Bekenntnis der eigenen Schuld im Sinn der christlichen Nächstenliebe führt.

Während *Requiem for a Nun*, von Faulkner selbst als Lesedrama konzipiert, in den USA zunächst für kaum aufführbar gehalten wurde, konnte es sich auf deutschsprachigen und vor allem auf französischen Bühnen (vgl. Vorwort zu Albert Camus' Bearbeitung von 1956) rasch durchsetzen. Die Uraufführung der Dramenfassung fand in deutscher Sprache 1955 in Zürich statt. Faulkners eigene Bühnenfassung wurde zuerst im November 1957 in London, dann im Januar 1959 auch in New York aufgeführt. Die an der Erarbeitung der Bühnenfassung beteiligte Schauspielerin Ruth Ford spielte die Hauptrolle. G.Bj.-KLL

AUSGABEN: NY 1951. – Harmondsworth 1960 (Penguin). – Ldn. 1965. – NY 1975. – NY 1987, Hg. J. Blotner u. a., 2 Bde. [Ms.-Ausg. u. *Preliminary Materials*].

ÜBERSETZUNG: *Requiem für eine Nonne*, R. Schnorr, Stg. 1956. – Dass., ders., Mchn. 1964 (dtv). – Dass., ders., Ffm. 1965. – Dass., ders., Zürich 1982 (detebe).

BEARBEITUNGEN: R. Ford, *Requiem for a Nun*, NY 1951. – R. Schnorr, *Requiem für eine Nonne* (Erstauff.: Zürich, 9. 10. 1955, Schauspielhaus). – A. Camus, *Requiem pour une nonne*, Paris 1956.

VERFILMUNG: USA 1960 (Regie: T. Richardson).

LITERATUR: J. P. Couch, *Camus and F. The Search for the Language of Modern Tragedy* (in YFS, 25, 1960, S. 120–125). – R. F. Haugh, *F.'s Corrupt Temple* (in English Studies in Africa, 4, 1961, S. 7–16). – A. A. Hamblen, *F.'s Pillar of Endurance. »Sanctuary« and »Requiem for a Nun«* (in Midwest Quarterly, 6, 1965, S. 369–375). – L. P. Simpson,

Isaac McCaslin and Temple Drake. The Fall of the New World Man (in *Nine Essays in Modern Literature*, Hg. D. E. Stanford, Baton Rouge 1965). – W. R. Brown, *F.'s Paradox in Pathology and Salvation* (in Texas Studies in Literature and Language, 9, 1967, S. 429–449). – T. Otten, *F.'s Use of the Past: A Comment* (in Renascence, 20, 1968, S. 198–207; 214). – B. Izard u. C. Hieronymus, *»Requiem for a Nun«: Onstage and Off*, Nashville/Ldn. 1970. – N. Polk, *F.'s ›The Jail‹ and the Meaning of Cecilia Farmer* (in Mississippi Quarterly, 25, 1972, S. 305–325). – E. M. Holmes, *Requiem for a Scarlet Nun* (in Costerus, 5, 1972, S. 35–49). – P. R. Broughton, *»Requiem for a Nun«: No Part in Rationality* (in Southern Review, 8, 1972, S. 749–762). – J. Weisgerber, *F. and Dostoevsky*, Athens/Oh. 1974, S. 287–301. – N. Polk, *The Textual History of F.'s »Requiem for a Nun«* (in Proof, 4, 1975, S. 109–128). – P. A. Wilson, *F. and Camus: »Requiem for a Nun«* (in Odyssey, 3, 1979, Nr. 2, S. 3–9). – *»Requiem for a Nun«: A Concordance to the Novel*, Hg. J. L. Capps, Ann Arbor/Mich. 1979. – N. Polk, *The Nature of Sacrifice: »Requiem for a Nun« and »A Fable«* (in F. Studies, 1, 1980, S. 100–111). – P. Samway, *The Rebounding Images of F.'s »Sanctuary« and »Requiem for a Nun«* (in Recherches Anglaises et Américaines, 13, 1980, S. 90–108). – N. Polk, *F.'s »Requiem for a Nun«: A Critical Study*, Bloomington/Ind. 1981. – I. Fujihira, *Beginning Was the Word: The Written/Spoken Word in »Requiem for a Nun«* (in W. F.: Materials, Studies, and Criticism, 6, 1984, S. 57–76). – J. Pothier, *Jefferson, From Settlement to City: The Making of a Collective Subject* (ebd., S. 36–56). – D. Fowler, *Time and Punishment in F.'s »Requiem for a Nun«* (in Renascence, 38, 1986, S. 245–255).

A ROSE FOR EMILY

(amer.; Ü: *Eine Rose für Emily*). Kurzgeschichte von William FAULKNER, erschienen 1930. – In Jefferson, Mississippi, ist die vierundsiebzigjährige Miss Emily Grierson, letzte Nachfahrin einer ehemals angesehenen und reichen Familie, gestorben. Seit ihr Colonel Sartoris, der damalige Bürgermeister, im Jahr 1894 Steuerfreiheit gewährt hatte – ein Privileg, das die späteren Stadtväter ihr vergeblich streitig machten –, lebte sie zurückgezogen und nur von einem schwarzen Diener umsorgt in ihrem großen, baufälligen Haus, in einer einst vornehmen, inzwischen aber mit Garagen und Baumwollschuppen bebauten Wohngegend. Vor mehr als vier Jahrzehnten, nach dem Tod ihres Vaters, der alle Freier von ihr ferngehalten und dessen Ableben sie drei Tage lang abgeleugnet hatte, schien Miss Emily heiraten zu wollen: Sie ließ sich häufig in Begleitung Homer Barrons, eines hünenhaften, stets vergnügten Bauarbeiters aus dem Norden, sehen, und nachdem einige darob empörte Damen Emilys Verwandte aus Alabama herbeigerufen hatten, deutete alles auf eine baldige Hochzeit, wenngleich allgemein bekannt war, daß Barron nicht viel vom Heiraten hielt und die Gesellschaft junger Männer vorzog. Die ganze Stadt bemitleidete Miss Emily, als er plötzlich, nach einem nächtlichen Besuch bei ihr, nicht mehr in Jefferson gesehen wurde. Damit begann die lange Klausur der schnell alternden Frau, die ihren Mitbürgern nur einmal, kurz nach Barrons Verschwinden, Anlaß zu Empörung und halbherzigem Eingreifen gab, als nämlich ein widerlicher Geruch aus ihrem Haus drang, den man darauf zurückführte, daß Emily mit kürzlich gekauftem Arsen Ratten vergiftet habe. – Nach dem Tod seiner Herrin läßt der alte Diener zum ersten Mal wieder Besucher ins Haus und verschwindet dann auf Nimmerwiedersehen. Als man nach der Beerdigung ein stets verschlossenes Zimmer im oberen Stockwerk aufbricht, entdeckt man, mit dichtem Staub bedeckt, auf einem Toilettentisch das von Emily für Barron gekaufte Hochzeitsgeschenk, daneben seine Festtagskleider, auf einem Bett die Überreste einer Leiche und, auf dem Kissen neben dem Skelett, den Abdruck eines Kopfes und eine graue Haarsträhne.

Miss Emily ist ein »Monument« des alten patriarchalischen Südens, dessen Dekorum sich (wie bereits der Titel der Erzählung andeutet) zwar in gewissen Gesten erhalten hat, aber in groteskem Gegensatz zur demokratischen Lebensform der modernen industriellen Gesellschaft steht. Faulkners dialektische Bewertung von Vergangenheit und Gegenwart wird vor allem in der Beziehung Emily – Barron deutlich: Der angesichts ihrer in Konventionen erstarrten Umwelt geradezu heldenhafte Versuch Emilys, sich aus den Fesseln der Tradition zu befreien, scheitert erst, als Barron sich als Mensch ohne jedes Gespür für traditionelle Werte wie Ehrenhaftigkeit und Treue erweist. Der romantische Wunsch, sich ihres Geliebten für immer zu versichern, bewegt Emily zu einer Schreckenstat, mit der sie auch ihr Leben der Erstarrung und dem »*geduldigen, beharrlichen Staub*« anheimgibt.

Das makabre Motiv dieser ersten veröffentlichten Kurzgeschichte Faulkners könnte den Miss-Havisham-Szenen in DICKENS' *Great Expectations* entlehnt sein; Atmosphäre und Gestaltung aber zeigen Faulkner in seiner eigenen dichterischen und sozialen Welt. Der anonyme Erzähler des Geschehens, ein Mitbürger Miss Emilys, reiht seine Erinnerungen an sie assoziativ aneinander und verleiht ihnen, da die heraufbeschworene Vergangenheit auch ihn geprägt hat, Züge einer Auseinandersetzung mit seiner eigenen gewandelten Umwelt. Die Prägnanz der Sprache und die Sparsamkeit der dramatischen Mittel – Resultat sorgfältiger Revisionen vor der Veröffentlichung (M. Millgate) – im Verein mit dem kulturkritischen und psychologischen Aussagewert verleihen dieser Kurzgeschichte, die zu Faulkners bekanntesten zählt und häufig in Anthologien aufgenommen wurde, hohen künstlerischen Rang. K.E.

AUSGABEN: Philadelphia 1930 (in The Saturday Evening Post). – NY 1931 (in *These Thirteen*). – NY 1950 *(Collected Stories)*. – Ldn. 1958 (in *The

Collected Short Stories, 3 Bde., 2). – NY 1970 (in *Collected Stories*). – Harmondsworth 1985 (in *Collected Stories*). – NY 1987, Hg. J. Blotner u. a. [Ms.-Ausg. d. *Short Stories*].

ÜBERSETZUNG: *Eine Rose für Emily*, E. Schnack (in *Dürrer September und acht andere Erzählungen*, Zürich 1968). – Dass., dies. (in *Eine Rose für Emily. Gesammelte Erzählungen II*, Zürich 1972; detebe). – Dass., dies., Sankt Augustin 1984 (in *Eine Rose für Emily und andere Erzählungen*).

LITERATUR: R. B. West, *Atmosphere and Theme in F.'s »A Rose for Emily«* (in Perspective, 2, 1949, S. 329–345). – F. C. Watkins, *The Structure of »A Rose for Emily«* (in MLN, 69, 1954, S. 508–510). – E. Stone, *Usher, Poquelin, and Miss Emily. The Progress of Southern Gothic* (in Georgia Review, 14, 1960, S. 433–443). – J. V. Hagopian u. M. Dolch, *»A Rose for Emily«* (in J. V. H. u. M. D., *Insight I: Analyses of American Literature*, Ffm. 1962, S. 42–50). – N. Happel, *W. F.s »A Rose for Emily«* (in NSp, 9, 1962, S. 396–404). – R. B. West, *Reading the Short Story*, NY 1968, S. 79–85. – E. Stone, *A Certain Morbidness: A View of American Literature*, Ldn. u. a. 1969, S. 85–100. – W. F.: *»A Rose for Emily«*, Hg. M. T. Inge, Columbus/Oh. 1970. – R. Sullivan, *The Narrator in »A Rose for Emily«* (in Journal of Narrative Technique, 1, 1970, S. 159–178). – N. N. Holland, *Phantasy and Defence in F.'s »A Rose for Emily«* (in Hartford Studies in Literature, 4, 1972, S. 1–31). – D. R. Barnes, *F.'s Miss Emily and Hawthorne's Old Maid* (in SSF, 9, 1972, S. 373–377). – T. Heller, *The Telltale Hair: A Critical Study of W. F.'s »A Rose for Emily«* (in Arizona Quarterly, 28, 1972, S. 301–318). – C. H. Edwards, *Three Literary Parallels to F.'s »A Rose for Emily«* (in Notes on Mississippi Writers, 7, 1974, S. 21–25). – W. A. Tefs, *N. N. Holland and »A Rose for Emily«: Some Questions Concerning Psychoanalytic Criticism* (in The Sphinx, 1, 1974, Nr. 2, S. 50–57). – W. V. Davis, *Another Flower for F.'s Bouquet: Theme and Structure in »A Rose for Emily«* (in Notes on Mississippi Writers, 7, 1974, S. 34–38). – R. López Landeira, *»Aura«, »The Aspern Papers«, »A Rose for Emily«: A Literary Relationship* (in JSpS, 3, 1975, S. 125–143). – H. Ziegler, *Existentielles Erleben u. Kurzes Erzählen*, Stg. 1977, S. 88–95. – J. Fetterley, *The Resisting Reader: A Feminist Approach to American Fiction*, Bloomington/Ind. 1978, S. 34–45. – J. M. Garrison, *Bought Flowers in »A Rose for Emily«* (in SSF, 16, 1979, S. 341–344). – P. Menakhem, *Literary Dynamics: How the Order of a Text Creates Its Meanings* (in Poetics Today, 1, 1979, S. 35–64; 311–361). – J. Scherting, *Emily Grierson's Oedipus Complex: Motif, Motive, and Meaning in F.'s »A Rose for Emily«* (in SSF, 17, 1980, S. 397–406). – M. R. Winchell, *For All the Heart's Endeavor: Romantic Pathology in Browning and F.* (in Notes on Mississippi Writers, 15, 1983, S. 57–63). – D. W. Allen, *Horror and Perverse Delight: F.'s »A Rose for Emily«* (in MFS, 30, 1984, S. 685–695).

SANCTUARY

(amer.; *Ü: Die Freistatt*). Roman von William FAULKNER, erschienen 1931. – In diesem von Dekadenz und Schrecken bestimmten Kriminalroman, den er später in *Requiem for a Nun* (1951) wieder aufgriff, knüpfte Faulkner an einige Vorgänge aus dem Roman *Sartoris* (1929) an.

Der gutherzige Rechtsanwalt Horace Benbow, der sich von seiner Familie getrennt hat, wird auf dem Weg nach Jefferson in der Nähe der Old-Frenchman-Farm von dem Verbrecher Popeye, einer grotesken Verkörperung des Bösen, aufgehalten. Popeye fürchtet um die Sicherheit einer in dem halbverfallenen Farmhaus betriebenen illegalen Schnapsbrennerei; man läßt Benbow erst weiterziehen, nachdem er den Chef der Bande, Lee Goodwin, davon überzeugt hat, daß er keine Anzeige erstatten wird. In Jefferson begegnet der Anwalt im Haus seiner verwitweten Schwester Narcissa Benbow Sartoris dem scheinbar vorbildlichen, um Narcissa werbenden Gowan Stevens. Dieser entpuppt sich jedoch einige Tage später bei einer Verabredung mit der von Männern umschwärmten und leichtfertig mit ihnen kokettierenden Studentin Temple Drake, der Tochter eines angesehenen Richters, als verantwortungsloser, dem Alkohol zugetaner Schwächling: Bereits betrunken, holt er Temple mit dem Auto ab, will gegen ihren Protest bei Goodwin noch mehr Alkohol kaufen und fährt in der Nähe der Old-Frenchman-Farm den Wagen zu Schrott. Die Ankunft der beiden auf dem Hof löst unter der Bande Unruhe und Rivalität aus. Während Gowan weitertrinkt und bei einem Streit von dem Lastwagenfahrer Van verprügelt wird, übt Temples herausfordernde Weiblichkeit eine zwanghafte Anziehung auf Goodwin, Popeye und den Idioten Tommy aus. Ruby Lamar, eine ehemalige Prostituierte, sieht ihr Verhältnis mit Goodwin, von dem sie ein Kind hat, gefährdet, kann aber Temple nicht bewegen, sich zurückzuziehen oder zu fliehen. Trotz der gespannten Atmosphäre vergeht die Nacht einigermaßen ruhig, da die lüsternen Männer sich gegenseitig in Schach halten. Am Morgen sucht Gowan ernüchtert und beschämt das Weite – ohne Temple, die sich von Tommy Schutz verspricht, aber von Popeye, der den Bewacher kaltblütig erschießt, vergewaltigt und nach Memphis in ein von der schwammigen Miss Reba geleitetes Bordell entführt wird.

Der Mord an Tommy wird Goodwin angelastet, und Horace Benbow nimmt sich trotz heftiger Vorhaltungen seiner um ihr Ansehen besorgten Schwester des Falls an, da er Mitleid mit Ruby Lamar und ihrem Baby hat, die in der feindseligen Stadt keine Unterstützung erwarten können. Erst allmählich vermag Benbow durch eigene Recherchen und mit Rubys Unterstützung (Goodwin macht aus Furcht vor Popeyes Rache keine Aussage) Licht in das Dunkel der Vorgänge zu bringen. Mit Hilfe des bestechlichen Senators Clarence Snopes macht er Temple ausfindig und erfährt von ihr, was sich wirklich ereignet hat. Temple hat sich inzwischen trotz einiger Fluchtmöglichkeiten in einer seltsamen Mischung von Furcht und Faszination willenlos in ihr Schicksal gefunden. Als sie in wollüstiger Gier Alabama Red verfällt, den Popeye ihr aufgezwungen hat, um ihre Liebesakte beobachten zu können, wird Red von dem eifersüchtigen Popeye erschossen. – Am Eröffnungstag der Verhandlung gegen Goodwin glaubt Benbow zuversichtlich an einen Freispruch seines Mandanten. Doch unerwartet erscheint Temple vor Gericht und schiebt, von dem ehrgeizigen Staatsanwalt geschickt gelenkt, die Schuld an Tommys Tod und an ihrer Vergewaltigung Goodwin zu, der, zum Tod verurteilt, vom empörten Mob gelyncht wird. Während sich Benbow desillusioniert mit Narcissa versöhnt und zu seiner Familie zurückkehrt, Popeye aber wegen eines Mordes, den er nicht begangen hat, verhaftet und gehenkt wird, versucht Temple Drake in Europa Abstand von den alptraumhaften Ereignissen zu gewinnen.

Gestützt auf Faulkners eigene Aussage, das Buch sei eine »billige Idee«, die er aus finanziellen Gründen zu Papier gebracht habe, warf die Kritik ihm Effekthascherei und nachlässige Verarbeitung des Stoffs vor und übersah lange Zeit, daß sich auch dieser Roman, dessen erste Fassung Faulkner sorgfältig revidiert, aber keineswegs entschärft hatte, durch handwerkliches Können auszeichnet. Indem der Autor die schon in *The Sound and the Fury* (1929) zur Meisterschaft gereifte Assoziationstechnik und das dem Schauerroman entlehnte Mittel des Schocks zu Organisationsprinzipien des Romans macht, gelingt es ihm, die Faszination des Bösen mit unheimlicher Unmittelbarkeit darzustellen. In keinem andern Werk ist seine Gesellschaftskritik so vernichtend: Korrumpiert wie die Personen in *Sanctuary* ist auch die moderne Gesellschaft. Letztlich dominiert in ihr das Böse, es gibt keine Gerechtigkeit; ein Auflehnen gegen diesen Zustand ist sinnlos, am Schluß bleibt nur, wie bei Horace Benbow, die Kapitulation. Erst in *Requiem for a Nun* zeichnet sich ein Ausweg aus dieser Verstrickung ab. H.Kei.

AUSGABEN: NY 1931. – Ldn. 1957. – NY 1958; ern. 1962. – NY 1968. – NY 1981, Hg. N. Polk *[The Original Text]*.

ÜBERSETZUNG: *Die Freistatt*, H. E. Herlitschka, Zürich 1951. – Dass., ders., Ffm. 1955; ern. Bln. 1965. – Dass., H. Wollschläger, Zürich 1973; ern. 1981 (Vorw. A. Malraux; detebe) – Dass., ders., Bln. 1986.

VERFILMUNGEN: *The Story of Temple Drake*, USA 1933 (Regie: S. Roberts). – USA 1960 (Regie: T. Richardson).

LITERATUR: L. Kubie, *W. F.'s »Sanctuary«. An Analysis* (in Saturday Review of Literature, 20. 10. 1934, S. 218, 224–226). – D. L. Frazier, *Gothicism in »Sanctuary«. The Black Pall and the Crap Table* (in MFS, 2, 1956, S. 114–124). – G. Monteiro, *Initiation and the Moral Sense in F.'s »Sanctuary«* (in MLN, 73, 1958, S. 500–504). – D. Cole, *F.'s »Sanctuary«. Retreat from Responsibility* (in Western Humanities Review, 14, 1960, S. 291-298). – J. B. Meriwether, *Some Notes on the Text of F.'s »Sanctuary«* (in PBSA, 55, 1961 S. 192–206). – C. Brooks, *F.'s »Sanctuary«, the Discovery of Evil* (in SR, 71, 1963, S. 1–24). – J. Gold, *No Refuge. F.'s »Sanctuary«* (in Univ. Review, Kansas City, 33, 1966, S. 129–135). – W. Rossky, *The Pattern of Nightmare in »Sanctuary«, or, Miss Reba's Dogs* (in MFS, 15, 1969/70, S. 503–515). – J. V. Creighton, *Self-Destructive Evil in »Sanctuary«* (in TCL, 18, 1972, S. 259-270). – T. L. McHaney, *»Sanctuary« and Frazer's Slain Kings* (in Mississippi Quarterly, 24, 1971, S. 223–245). – G. Langford, *F.'s Revisions of »Sanctuary«: A Collation of the Unrevised Galleys and the Published Book*, Austin 1972. – *Twentieth-Century Interpretations of »Sanctuary«: A Collection of Critical Essays*, Hg. J. D. Canfield, Englewood Cliffs/N.J. 1982. – J. R. Urgo, *Temple Drake's Truthful Perjury: Rethinking F.'s »Sanctuary«* (in AL, 55, 1983, S. 344–364). – T. Heller, *Terror and Empathy in F.'s »Sanctuary«* (in Arizona Quarterly, 40, 1984, S. 344–364). – J. T. Matthews, *The Elliptical Nature of »Sanctuary«* (in Novel, 17, 1984, S. 246–265). – M. Rousselle, *W. F.'s »Sanctuary«: Annotations to Both Versions of the Novel*, Ann Arbor/Mich. 1985. – D. L. Cox, *A Measure of Innocence: »Sanctuary's« Temple Drake* (in Mississippi Quarterly, 39, 1986, S. 301–324). – E. Muhlenfeld, *Bewildered Witness: Temple Drake in »Sanctuary«* (in F. Journal, 1, 1986, S. 43–55).

SARTORIS

(amer.; Ü: *Sartoris*). Roman von William FAULKNER, erschienen 1929. – Fast gleichzeitig mit *The Sound and the Fury* entstanden, aber etwas früher veröffentlicht, ist dies der erste Roman Faulkners, der den Leser in die Welt von Yoknapatawpha County führte. Im Mittelpunkt steht die Familie Sartoris, deren dominierende Stellung in Jefferson, Mississippi, bereits während des Bürgerkriegs von John und Bayard Sartoris begründet wurde. Ihre tollkühnen und meist romantisch-nutzlosen Husarenstücke (vgl. *The Unvanquished*, 1938) leben, heroisch verklärt, im Gedächtnis der Familie fort, und die Vornamen der beiden vererben sich von Generation zu Generation. Der aus dem Ersten Weltkrieg heimgekehrte junge Bayard empfindet diese Tradition als bedrückende Verpflichtung, zumal sie nach dem Tod seines mit einem Kampfflugzeug abgestürzten, von ihm als Held bewunderten Zwillingsbruders John allein auf ihm lastet. Unfähig, die ihm vom Krieg geschlagenen seelischen Wunden auszuheilen, den Verlust des Bruders zu verwinden und sich andern mitzuteilen, sucht er im Geschwindigkeitsrausch Vergessen. Eine seiner rasenden Autofahrten kostet seinen Großvater Bayard, einen friedfertigen, innerlich vereinsamten und gebrochenen Bankier (den Erzähler von *The*

Unvanquished), das Leben. Auch in der Ehe mit Narcissa Benbow findet der junge Bayard keine innere Ruhe. Schließlich läßt er sich, seinem Selbstvernichtungstrieb nachgebend, noch vor der Geburt seines Sohnes auf einen gefährlichen Testflug in Chicago ein, der tödlich endet. Die im Haus der Familie Sartoris lebende Tante Jenny, deren betont eigenwilliges Verhalten und sardonische Bemerkungen die Diskrepanz zwischen der Familienlegende und der Realität verdeutlichen, bezweifelt am Ende, daß Narcissas Entschluß, ihren Sohn entgegen der Tradition »Benbow« zu nennen, den jüngsten Sartoris aus der unheilvollen Blutskette lösen und vor dem fatalen Schicksal seiner Vorfahren bewahren wird.

Mit der Gestalt des vom Krieg gezeichneten Bayard (der wie einige Protagonisten HEMINGWAYS und DOS PASSOS' das Lebensgefühl der *lost generation* repräsentiert) knüpft Faulkner an das zentrale Thema seines Romans *Soldiers' Pay* (1926) an. Völlig neu dagegen ist in *Sartoris* – einem Buch, das als Sammelsurium von »*Teilstücken noch zu schreibender Romane*« (I. Howe) bezeichnet wurde – der Entwurf einer komplexen sozialen Welt, in der, mehr oder weniger ausgeprägt, bereits viele jener Figuren und Gruppierungen erscheinen, denen Faulkner in späteren Werken exemplarischen Charakter verlieh: zum Beispiel der erpresserische Byron Snopes, der groteske anonyme Liebesbriefe an Narcissa schreibt und die Sartoris-Bank, deren Angestellter er ist, beraubt, sowie der Vizepräsident der Bank, Flem Snopes, und der Nähmaschinen-Vertreter V. K. Ratliff (hier V. K. Suratt genannt) aus der späteren Snopes-Trilogie (*The Hamlet*, 1940; *The Town*, 1957; *The Mansion*, 1959); oder der Rechtsanwalt Horace Benbow aus *Sanctuary* (1931), hier als willfähriger Liebhaber einer geldgierigen verheirateten Frau; oder die intakte Welt der Jäger und Bauern, repräsentiert durch die Großfamilie der MacCallums, die Bayards Ehrgefühl gründlich in Frage stellen, als er sie im Winter in einem Jagdlager besucht; und, mit besonderer Prägnanz, die Gefühlswelt der Schwarzen und deren Taktik gegenüber den weißen Herren, dargestellt etwa an Simon, dem schlauen Hausneger der Sartoris.

Die offensichtlichen Schwächen des Romans – der durch allzu viele Figuren und Nebenhandlungen bedingte Mangel an Kohärenz, der hektische, bisweilen zum Selbstzweck erhobene Erzählton der aus Bayards Perspektive geschilderten Passagen sowie die sentimentale Färbung der Narcissa-Szenen – gehen z. T. auf (vermutlich von einem Freund Faulkners durchgeführte) Kürzungen des ursprünglich *Flags in the Dust* betitelten Manuskripts zurück, die die thematische Parallele zwischen Horace Benbow und Bayard Sartoris ebenso verwischten wie die Motivierung von Narcissas und Byron Snopes' Verhalten (M. Millgate). – In der Besinnung auf seine eigene Familiengeschichte (die in einigen Sartoris-Gestalten lebendig wird) und auf die Landschaft seines Ursprungs gelang Faulkner die entscheidende Entdeckung seines unerschöpflichen Sujets, jenes, wie er es einmal nannte, »*briefmarkengroßen Stückchens Heimaterde*«, der imaginierten Welt von Yoknapatawpha, die als fiktionaler Mikrokosmos verstanden werden will. Die ungekürzte Erstfassung, *Flags in the Dust*, erschien 1973. K.E.

AUSGABEN: NY 1929. – NY 1957. – NY 1964. – NY 1983. – *Flags in the Dust*: NY 1973 [ungek. Fassg.]. – NY 1987, Hg. J. Blotner u. a. [Ms.-Ausg.].

ÜBERSETZUNG: *Sartoris*, H. Stresau, Hbg. 1961. – Dass., ders., Zürich 1973 (detebe). – Dass., ders., Reinbek 1985 (rororo).

LITERATUR: J.-P. Sartre, »*Sartoris*« *par W. F.* (in NRF, 50, 1938, S. 323–328; ern. in J.-P. S., *Literary and Philosophical Essays*, Ldn. 1955). – M. Backman, *F.'s Sick Heroes: Bayard Sartoris and Quentin Compson* (in MFS, 2, 1956, S. 95–108). – E. Howell, *F.'s* »*Sartoris*« *and the Mississippi Country People* (in Southern Folklore Quarterly, 25, 1961, S. 136–146). – R. Scholes, *Myth and Manners in* »*Sartoris*« (in Georgia Review, 16, 1962, S. 195–201). – H. Henss, *W. F.s Roman* »*Sartoris*« *als literarisches Kunstwerk*, Mchn. 1964. – D. A. Sorenson, *Structure in W. F.'s* »*Sartoris*«: *The Contrast between Psychological and Natural Time* (in Arizona Quarterly, 25, 1969, S. 263–270). – L. R. Stevens, »*Sartoris*«: *Germ of the Apocalypse* (in Dalhousie Review, 49, 1969, S. 80–87). – J. W. Corrington, *Escape into Myth: The Long Dying of Bayard Sartoris* (in Recherches Anglaises et Américaines, 4, 1971, S. 31–47). – W. R. McDonald, *Sartoris: The Dauntless Hero in Modern American Fiction* (in *Modern American Fiction: Insights and Foreign Lights*, Hg. W. T. Zyla u. W. M. Aycock, Lubbock 1972, S. 107–120). – J. G. Watson, ›*The Germ of My Apocrypha*‹: »*Sartoris*« *and the Search for Form* (in Mosaic, 7, 1973, S. 15–33). – T. H. Adamowski, *Bayard Sartoris: Mourning and Melancholia* (in Literature and Psychology, 23, 1973, Nr. 4, S. 149–158). – R. P. Adams, *At Long Last:* »*Flags in the Dust*« (in Southern Review, 10, 1974, S. 878–888). – D. G. Rogers, *F.'s Treatment of Negro Characters in* »*Sartoris*« *and* »*The Unvanquished*« (in North Dakota Quarterly, 43, 1975, S. 67–72). – G. F. Hayhoe, *W. F.'s* »*Flags in the Dust*« (in Mississippi Quarterly, 28, 1975, S. 370–386). – J. E. Mulqueen, *Horace Benbow: Avatar of F.'s Marble Faun* (in Notes on Mississippi Writers, 9, 1976, S. 88–96). – K. McSweeney, *The Subjective Intensities of F.'s* »*Flags in the Dust*« (in Canadian Review of American Studies, 8, 1977, S. 154–164). – L. E. McDaniel, *Horace Benbow: F.'s Endymion* (in Mississippi Quarterly, 33, 1980, S. 363–370). – *The Rejected Manuscript Opening of* »*Flags in the Dust*«, Hg. G. F. Hayhoe (ebd., S. 371–383). – M. W. Kerle, »*Sartoris*« *and* »*Flags in the Dust*« (in *Fifty Years of Yoknapatawpha*, Hg. D. Fowler u. A. J. Abadie, Jackson, 1980, S. 44–70). – M. Millgate, *F.'s First Trilogy:* »*Sarto-*

ris«, »Sanctuary«, and »Requiem for a Nun« (ebd., S. 90–109). – M. Putzel, *F.'s Trial Preface to »Sartoris«: An Eclectic Text* (in PBSA, 74, 1980, S. 361–378). – J. E. Bassett, *F., Sartoris, Benbow; Shifting Conflict in »Flags in the Dust«* (in Southern Studies, 20, 1981, S. 39–54). – L. E. McDaniel, *Keats's Hyperion Myth: A Source for the Sartoris Myth* (in Mississippi Quarterly, 34, 1981, S. 325–333). – F. J. Bosha, *»Sartoris« or »Flags in the Dust«? Textual Problems in W. F.'s Third Novel* (in Thought Currents in Engl. Literature, 56, 1983, S. 15–48). – P. Cohen, *F.'s Early Narrative Technique and »Flags in the Dust«* (in Southern Studies, 24, 1985, S. 202–220). – *Critical Essays on W. F.: »The Sartoris Family«*, Hg. A. F. Kinney, Boston 1985.

SOLDIERS' PAY

(amer.; *Ü: Soldatenlohn*). Roman von William FAULKNER, erschienen 1926. – In seinem Erstlingsroman stellt Faulkner der Skepsis der durch das Fronterlebnis verwandelten amerikanischen Heimkehrer des Ersten Weltkriegs die Indifferenz der Heimat gegenüber, in deren geruhsames Dasein der Krieg nicht viel mehr als einen Nervenkitzel gebracht hat. Der junge Fliegerleutnant Donald Mahon ist bei einem Absturz schwer verwundet worden. Ohne Erinnerungsvermögen, das Gesicht von einer schrecklichen Wunde entstellt, vegetiert er, allmählich erblindend, in völliger Apathie dahin. Während der Bahnfahrt von New York nach Georgia stehen ihm der ebenfalls entlassene Soldat Joe Gilligan und die junge Kriegerwitwe Margaret Powers selbstlos bei. Sie begleiten ihn in sein Heimatstädtchen, zu seinem Vater, einem Pfarrer der Episkopalkirche, der Donalds hoffnungslosen Zustand nicht wahrhaben will und sich an seinen Wunschtraum von der baldigen Heirat des Sohns klammert. Dessen Braut, die hübsche, oberflächliche, mannstolle Cecily Saunders, eine typische Gestalt aus dem »Jazz Age« (wie sie in FITZGERALDS Werken gehäuft auftreten), empfindet Ekel vor Donalds Wunde, versucht aber, wie ihre Eltern den Schein zu wahren, wobei es ihr allerdings vor allem darum geht, ihre Beziehung zu einem andern Mann nicht bekannt werden zu lassen. In letzter Minute jedoch verläßt sie mit ihrem Liebhaber die Stadt. Eine allumfassende Opferbereitschaft für die um ihre Zukunft betrogenen Soldaten bewegt Margaret zur Heirat mit Donald. Gemeinsam mit Joe, der sie liebt und von ihr abgewiesen worden ist, pflegt sie Donald bis zu seinem wenig später eintretenden Tod. Nach ihrer Abreise bleibt Joe bei dem einsamen, aber einsichtig gewordenen Pastor Mahon zurück.

Der »Lohn der Soldaten« ist, wie der Autor am Schicksal Donalds zu exemplifizieren versucht, die Isolation in einer einst vertrauten Welt. Da Faulkners Heimkehrer aber von vornherein zur geistigen Auseinandersetzung mit dieser Situation nicht mehr fähig ist und da das Hauptthema – die Konfrontation zweier grundverschiedener Erfahrungsbereiche – nicht konsequent entwickelt, sondern von banalen Nebenhandlungen überdeckt wird, vermag der Roman weit weniger zu überzeugen als beispielsweise HEMINGWAYS im selben Jahr erschienenes Buch über die durch den Krieg entwurzelte Generation, *The Sun Also Rises (Fiesta)*, oder seine Kurzgeschichte »Soldier's Home«, die 1925 in *In Our Time (In unserer Zeit)* erschien. Die Milieuschilderung der kleinen Stadt mit ihren engherzigen, scheinheiligen und klatschsüchtigen Einwohnern erinnert stellenweise an Faulkners frühen Mentor Sherwood ANDERSON, während der Stil noch vom literarischen Ästhetizismus im England des ausgehenden 19. Jh.s (SWINBURNE) beeinflußt ist und zu klischeehaften und schwülstigen Formulierungen neigt. J.v.Ge.-KLL

AUSGABEN: NY 1926. – Ldn. 1930 [Vorw. R. Hughes]. – Garden City/N.Y. 1937. – Ldn. 1957. – NY 1968. – Harmondsworth 1970 (Penguin). – NY 1985. – NY 1988, Hg. J. Blotner [Typoskript-Ausg.].

ÜBERSETZUNG: *Soldatenlohn*, S. Rademacher, Hbg. 1958 (rororo). – Dass., dies., Lpzg. 1967 (RUB). – Dass., dies., Zürich 1978 (detebe; ern. 1987; rev.).

LITERATUR: M. Materassi, *Le immagini in »Soldiers' Pay«* (in Studi Americani, 9, 1963, S. 353–370). – R. M. Slabey, *F.'s First Novel* (in Revue des Langues Vivantes, 30, 1964, S. 234 – 243). – A. C. Bross, *»Soldiers' Pay« and the Art of Aubrey Beardsley* (in American Quarterly, 19, 1967, S. 3–23). – C. Brooks, *F.'s First Novel* (in Southern Review, 6, 1970, S. 1056–1074). – M. Millgate, *Starting Out in the Twenties: Reflections on »Soldiers' Pay«* (in Mosaic, 7, 1973, S. 1–14). – E. Dalgarno, *»Soldiers' Pay« and Virginia Woolf* (in Mississippi Quarterly, 29, 1976, S. 339–346). – J. M. Mellard, *»Soldiers' Pay« and the Growth of F.'s Comedy* (in *American Humor: Essays Presented to J. C. Gerber*, Hg. O. M. Brack, Scottsdale 1977, S. 99–117). – P. Castille, *Women and Myth in F.'s First Novel* (in Tulane Studies in Engl., 23, 1978, S. 175–186). – M. J. Yonce, *The Composition of »Soldiers' Pay«* (in Mississippi Quarterly, 33, 1980, S. 291–326). – T. L. McHaney, *The Modernism of »Soldiers' Pay«* (in W. F.: Materials, Studies, and Criticism, 3, 1980, S. 16–30). – D. J. MacMillan, ›Carry on, Cadet‹: *Mores and Morality in »Soldiers' Pay«* (in *F.: The Unappeased Imagination*, Hg. G. O. Carey, Troy/ N.Y. 1980, S. 39–57). – E. K. Dalgarno, *F.'s Notes to »Soldiers' Pay«* (in Journal of Modern Literature, 10, 1983, S. 257–267).

THE SOUND AND THE FURY

(amer.; *Ü: Schall und Wahn*). Roman von William FAULKNER, erschienen 1929. – Am Beispiel einer Familie – der Compsons aus Jefferson, Mississippi

– stellt Faulkner den Zerfall der traditionsgebundenen Welt des alten Südens dar. In den vier Teilen des Romans setzt er eine jeweils andere, dramatisch begrenzte und das Thema des Buches nur partiell beleuchtende Erzählperspektive ein. Den Anstoß zu diesem Experiment gab der Einfall, die Kinder der Familie ein für sie unverständliches Ereignis beobachten zu lassen: die Einsargung ihrer Großmutter, deren Tod man vor ihnen geheimgehalten hat. – Das Buch umfaßt Geschehnisse aus drei Jahrzehnten, vom Tod der Großmutter (»Damuddy«) Compson im Jahr 1898 über Candaces (»Caddys«) erste Affäre im April 1909 (bald von andern Liebschaften und im Juli 1910 von einer Ehe gefolgt, die nach der Geburt der unehelichen Tochter Quentin aufgelöst wird), über den Selbstmord des Bruders Quentin in Harvard (Juni 1910) und den Tod des Vaters (1913) bis zur Flucht der jungen Quentin, die mit einem Zirkusarbeiter durchbrennt und von ihrem Onkel Jason, dessen gesamte Ersparnisse sie mitgenommen hat, vergeblich verfolgt wird (Ostern 1928). Die ersten drei Teile des Buches sind jeweils auf einen einzigen Tag fixiert und an das Bewußtsein eines der drei Brüder Compson gebunden, im letzten Teil kehrt der Autor zum Standpunkt des allwissenden Erzählers zurück. Ein wesentliches Moment in Faulkners Konzeption war es, die Schlüsselfigur Caddy stets nur im Spiegel eines anderen Bewußtseins zu zeigen.

Mit der Perspektive des idiotischen jüngsten Bruders Benjamin (»Benjy«) hat Faulkner ein »unschuldiges«, chaotisches Bewußtsein an den Anfang gestellt. (*Twilight* lautete der Arbeitstitel des Romans, dann jedoch griff Faulkner auf ein nicht weniger beziehungsreiches Zitat aus *Macbeth* zurück: »... *it is a tale / Told by an idiot, full of sound and fury, / Signifying nothing.*«) Für Benjy existieren nur sinnliche Wahrnehmungen, die sein Bewußtsein willkürlich assoziiert. Am Ostersamstag 1928, seinem 33. Geburtstag, sind ihm alle Eindrücke seines Lebens gegenwärtig, überlagern und durchdringen einander, formen sich, von äußeren Impulsen ausgelöst, zu kleinen dramatischen Einheiten. (Den Wechsel der Zeitebenen in diesem synchronen Bewußtseinsstrom hat Faulkner mangels geeigneterer typographischer Differenzierungsmittel – wie etwa verschiedener Druckfarben – durch Kursivdruck signalisiert.) Ganz auf seinen Instinkt angewiesen, wird Benjy zum Gradmesser der Liebesfähigkeit und Menschlichkeit der andern. Nicht die hypochondrische, dem verlorenen gesellschaftlichen Status der Compsons nachtrauernde Mutter in ihrem kampfergeschwängerten, verdunkelten Zimmer, sondern die Schwester, Caddy, wird durch Benjy als das Gefühlszentrum der Familie ausgewiesen, wie auch die Geduld und Mütterlichkeit der schwarzen Haushälterin Dilsey, die versucht, die Familie zusammenzuhalten, von Benjy instinktiv erfühlt wird. Dieser Teil, der, Benjys Geisteszustand entsprechend, nur Splitter des eigentlichen Geschehens enthält und dessen Sprache bei aller lyrischen Verdichtung konkret und konzis bleibt, verlangt vom Leser die Bereitschaft, sich schrittweise aus einem kausalen und zeitlichen Chaos an die Zusammenhänge heranzutasten.

Stellt der Benjy-Teil eine hochoriginelle Abwandlung von JOYCE' *Stream-of-consciousness*-Technik dar, so lehnt sich der folgende Quentin-Teil eng an diese an. Quentin, der Erstgeborene, ist durch Vater und Schwester zweifach an die Familie gefesselt und zweifach im Kampf mit ihr. Dem romantisch-idealistisch nach einem Leitbild, einer Tradition Suchenden hat der Vater – resigniert, ziellos, dem Alkohol verfallen – nichts zu bieten als bittere Erfahrung und die kalte, oft zynische Logik des Gescheiterten. So klammert sich Quentin immer verbissener an seine eigene, puritanische Vorstellung von Familienehre und steigert sich immer mehr in die Rolle des Wächters über die Unberührtheit der Schwester hinein. Aber gerade Caddy, Symbol der ihm fehlenden Lebenskraft, trägt entscheidend zu seiner Entfremdung von der Realität, seiner zunehmenden Erstarrung bei. Zwischen sich und ihrer erotischen Ausstrahlung hat Quentin ein Tabu errichtet; ihre Sexualität (die sie voll auslebt, um so gegen die sie ständig überfordernde Familie zu rebellieren) verstärkt letztlich sein Lebensekel. Doch während er Caddys Liebhaber haßt, begeht er in Gedanken Inzest, um die ewige Verdammnis mit ihr zu teilen; und in allen weiblichen Wesen, die ihm begegnen, erblickt er die Schwester. Am letzten Tag seines Lebens, während eines Ausflugs in die Umgebung von Harvard am Charles River, wird sein ständig reflektierendes, rückgewandtes Bewußtsein zum Zerrspiegel der Gegenwart. Bedroht von seinem großen Feind, der unaufhaltsamen Zeit (s. die Uhr- und Flußsymbole), und unfähig, aus den Schatten der Vergangenheit herauszutreten (s. das immer wiederkehrende Motivpaar Schatten/Sonne), sucht er im Wasser (seit einem Kindheitserlebnis für ihn ein Caddy-Symbol) Erlösung durch den Tod.

Jason Compsons innerer Monolog (Teil 3) ist die Selbstentlarvung eines engstirnigen Charakters, wie sie ähnlich von Sinclair LEWIS in *Babbitt* (1922) versucht wurde. Nach Quentins literarischer, fast preziöser Diktion bringt Jasons idiomatisch harte und oft sarkastische Ausdrucksweise einen neuen, realistischen Ton in den Roman. Wie die Snopes-Sippe (vgl. *The Hamlet*, 1940) ein Repräsentant des neuen, kommerziellen Südens, folgt der von Kind an geschäftstüchtige Jason als kleiner Ladenangestellter seinem Erwerbstrieb. Selbst impotent, hat er Benjy kastrieren lassen, haßt er Caddy und die junge Quentin wegen ihrer sexuellen Großzügigkeit, aber auch, weil er durch Caddys Scheidung um den Bankjob gebracht wurde, den ihm Caddys Ehemann versprochen hatte. Er benutzt seine Nichte Quentin als Pfand, um die Schwester zu erpressen, und behält das Pflegegeld, das diese monatlich an die Mutter überweist. Caddys Tochter aber wiederholt deren Rebellion. Sie schlägt Jason mit seinen eigenen Waffen, als sie sich gewaltsam nicht nur das veruntreute Geld, sondern auch seine persönlichen Ersparnisse aneignet.

Im vierten Teil werden die Compsons, ihr Haus und ihr schwarzes Personal zum ersten Mal direkt beschrieben. Im Mittelpunkt steht der österliche Kirchgang Dilseys, die von Benjy und ihren eigenen Kindern begleitet wird. Kraft ihrer starken Natur hat und wird sie, die für das überdauernde weibliche Prinzip (vgl. Lena Grove in *Light in August*, 1932) und die ethische Norm steht, alles geduldig ertragen. Ob sich in ihr auch die im christlichen Sinn verstandene Hoffnung auf die Überwindung der todgeweihten Welt der Compsons verkörpert, bleibt angesichts ihrer ahnungsvoll-wehmütigen Worte »*I seed de beginnin, en now I sees de endin*« (»Ich habe den Anfang gesehen und jetzt sehe ich das Ende«) fraglich. Eine Hoffnung im Sinn der österlichen Auferstehung ist eher noch im gelungenen Ausbruch der jungen Quentin zu sehen, die aus den Trümmern einer aristokratischen Familientradition ihre ungebrochene Vitalität rettet. – In einem 1946 erschienenen »Anhang« klärte Faulkner im Rahmen einer Genealogie der Compsons einige Zusammenhänge auf und umriß die Rolle dieser Familie innerhalb des gesellschaftlichen Gefüges seines fiktiven Yoknapatawpha County.

Das in seiner Gesamtstruktur so originelle wie komplizierte Werk sollte nicht als *tour de force* eines mit Erzähltechniken experimentierenden und dabei den Leser bewußt überfordernden Autors verstanden werden, sondern als Ergebnis der dichterischen Bemühung um totale Durchdringung und Erfassung der Wirklichkeit. Dieser im Grund erkenntnistheoretische Versuch spiegelt sich in der Form des Romans. Die Bewußtseinsstrom-Technik ermöglicht dabei neben der allmählichen Entschlüsselung der Charaktere die fortschreitende Verdeutlichung eines über die privaten Schicksale hinausgreifenden Geschehens: des unaufhaltsamen Verfalls einer Gesellschaft, in der *»die Gegenwart nicht mehr eine mögliche Projektion in die Zukunft, sondern nur noch Bedrückung durch die Macht der Vergangenheit bedeutet«* (Sartre). Nur noch einmal, in *Absalom, Absalom!* (1936), in dem nicht zufällig die Perspektive des Studenten Quentin Compson dominiert, der sich und seine Ursprünge ergründen will, hat Faulkners Yoknapatawpha-Welt in ihrer ganzen Komplexität eine ähnlich dichte Gestaltung erfahren. K.E.

AUSGABEN: NY 1929. – NY 1946 [Vorw. W. Faulkner; m. Zusätzen]. – Ldn. 1959. – NY 1959. – NY 1966. – NY 1984 [korr.]. – NY 1987, Hg. N. Polk [krit.].

ÜBERSETZUNG: *Schall und Wahn*, H. M. Braem u. E. Kaiser, Zürich/Stg. 1956. – Dass., dies., Mchn. 1964. – Dass., dies., Zürich 1973 (überarb.; detebe; ern. 1981).

VERFILMUNG: USA 1958/59 (Regie: M. Ritt).

LITERATUR: J.-P. Sartre, *A propos de »Le bruit et la fureur«. La temporalité chez F.* (in NRF, 52, 1939, S. 1057–1061; 53, 1939, S. 147–151). – L. E. Bowling, F. *The Technique of »The Sound and the Fury«* (in KR, 10, 1948, S. 552–566). – C. Brooks, *Primitivism in »The Sound and the Fury«* (in *English Institute Essays, 1952*, NY/Ldn. 1954, S. 5–28). – C. Collins, *The Interior Monologues of »The Sound and the Fury«* (ebd., S. 29–55). – P. Lowrey, *Concepts of Time in »The Sound and the Fury«* (ebd., S. 57–82). – L. Thompson, *Mirror Analogues in »The Sound and the Fury«* (ebd., S. 83–106). – G. R. Stewart u. J. M. Backus, ›*Each in Its Ordered Place*‹: *Structure and Narrative in* ›*Benjy's Section*‹ *of »The Sound and the Fury«* (in AL, 29, 1958, S. 440–456). – B. M. Cross, »*The Sound and the Fury*«: *The Pattern of Sacrifices* (in American Quarterly, 16, 1960, S. 5–16). – J. B. Meriwether, *Notes on the Textual History of »The Sound and the Fury«* (in PBSA, 66, 1962, S. 285–316). – L. Edel, *How to Read »The Sound and the Fury«* (in *Varieties of Literary Experience*, Hg. S. Burnshaw, NY 1962, S. 241–257). – L. E. Bowling, *F.: The Theme of Pride in »The Sound and the Fury«* (in MFS, 11, 1965, S. 129–138). – L. Dauner, *Quentin and the Walking Shadow: The Dilemma of Nature and Culture* (in Arizona Quarterly, 21, 1965, S. 159–171). – C. B. Baum, ›*The Beautiful One*‹: *Caddy Compson as Heroine of »The Sound and the Fury«* (in MFS, 13, 1967, S. 33–44). – J. V. Hagopian, *Nihilism in F.'s »The Sound and the Fury«* (ebd., S. 45–55). – *Twentieth Century Interpretations of »The Sound and the Fury«*, Hg. M. Cowan, Englewood Cliffs/N.J. 1968. – R. W. Weber, *Die Aussage der Form. Zur Textur u. Struktur des Bewußtseinsromans. Dargestellt an W. F.s »The Sound and the Fury«*, Heidelberg 1969. – J. Fasel, *A* ›*Conversation*‹ *Between F. and Eliot* (in Mississippi Quarterly, 20, 1967, S. 195–206). – D. Aswell, *The Recollection of the Blood* (ebd., 21, 1968, S. 211–218). – W. Iser, *Reduktionsformen der Subjektivität* (in *Die nicht mehr Schönen Künste*, Hg. H. R. Jauss, Mchn. 1968, S. 435–491). – M. Blanchard, *The Rhetoric of Communion: Voice in »The Sound and the Fury«* (in AL, 41, 1970, S. 555–565). – *The Merrill Studies in »The Sound and the Fury«*, Hg. J. B. Meriwether, Columbus 1970. – J. L. Longley, ›*Who Never Had a Sister*‹: *A Reading of »The Sound and the Fury«* (in Mosaic, 7, 1973, S. 35–53). – A. Geffen, *Profane Time, Sacred Time, and Confederate Time in »The Sound and the Fury«* (in Studies in American Fiction, 2, 1974, S. 175–197). – A. Bleikasten, *The Most Splendid Failure: F.'s »The Sound and the Fury«*, Bloomington/Ind. 1976. – *Critical Essays on W. F.: The Compson Family*, Hg. A. F. Kinney, Boston 1982. – *W. F.'s »The Sound and the Fury«: A Critical Casebook*, Hg. A. Bleikasten, NY/Ldn. 1982. – E. Dixler, *W. F.'s »The Sound and the Fury«*, NY 1985. – R. Feldstein, *F.'s »The Sound and the Fury«: The Incest Theme* (in American Imago, 42, 1985, S. 85–98). – N. Polk, *An Editorial Handbook for W. F.'s »The Sound and the Fury«*, NY/Ldn. 1985. – B. Radloff, *Time and Time-Field: The Structure of Anticipation and Recollection in the Quentin-Section of »The Sound and the Fury«* (in Dalhousie Review, 61, 1985, S. 29–42).

THE TOWN

(amer.; *Ü: Die Stadt*). Roman von William FAULKNER, erschienen 1957. – Der Mittelteil der Trilogie über die Unterwanderung der alten Gesellschaft des Südens durch die Snopes-Sippe (vgl. *The Hamlet* und *The Mansion*) beginnt mit der Übersiedlung von Flem, dem »Erz-Snopes«, aus dem Dorf Frenchman's Bend in die Hauptstadt Jefferson. Mit der gleichen Gerissenheit, mit der er sich dort in die Familie des Dorfpotentaten Will Varner eingeschlichen und eine Machtstellung erobert hat, verfolgt er hier sein Ziel weiter. Er beteiligt sich zunächst an einem Café, bootet seine Geschäftspartner rasch aus, avanciert dann zum Oberaufseher des städtischen Kraftwerks, danach zum Vizepräsidenten und schließlich zum Präsidenten von Colonel Sartoris' Bank (vgl. *Sartoris*, 1929). Da jedoch nicht alle Bürger Jeffersons so leicht zu betrügen sind, wie er glaubt, muß er im Verlauf seines Aufstiegs auch Rückschläge einstecken. Seinen Posten im Kraftwerk und eine beträchtliche Geldsumme verliert er, als er bei der Veruntreuung städtischen Eigentums ertappt wird. Während er selbst nach zweijähriger scheinbarer Untätigkeit so vorsichtig geworden ist, daß es auch seinen argwöhnischsten Beobachtern nicht gelingt, ihn am Vorstoß ins Bankgeschäft zu hindern, verhalten sich andere Mitglieder seiner Sippschaft, die Jefferson *»wie ein Zustrom von Schlangen oder wie Ungeziefer aus den Wäldern überziehen«*, bei ihren teils komischen, teils kriminellen Manövern so ungeschickt, daß der auf »Respektabilität« erpichte Flem immer wieder tief in die Tasche greifen oder seine Verwandten desavouieren bzw. aus der Stadt verjagen muß.

Da für ihn selbst Gefühle wie Liebe und Freundschaft nicht zählen, kann er sie bei andern um so skrupelloser für seine Manipulationen nutzen. Selbst impotent, nimmt er den Ehebruch seiner Frau Eula mit dem Bankpräsidenten und Bürgermeister Manfred De Spain jahrelang schweigend hin, um ihn eines Tages in seine Pläne einzukalkulieren: Er sichert sich die Protektion De Spains und verdrängt den Alteingesessenen schließlich aus der Bank; er zwingt seinen Schwiegervater Varner zu finanziellen Zugeständnissen, die Eulas Erbteil gefährden; und er verhindert, daß Eulas uneheliche Tochter Linda das Studium an einer renommierten Universität außerhalb des Staates Mississippi aufnimmt. Ganz planmäßig erreicht er sein Ziel freilich auch diesmal nicht, denn als sich De Spain gezwungen sieht, nicht nur seinen Posten, sondern auch Jefferson zu verlassen, betraut Eula den Anwalt Gavin Stevens mit dem Schutz ihrer Tochter und der Verwaltung ihres Erbteils und begeht dann Selbstmord.

Daß *The Town* von vielen Kritikern als der schwächste Roman der Snopes-Trilogie gewertet wurde, liegt nicht zuletzt an der dünnen inhaltlichen Substanz. Die z. T. bereits in *The Hamlet* geschilderten Ereignisse werden zwar, ebenso wie die in der gesamten Trilogie immer wieder aufgenommenen grimmig-komischen Episoden, aus verschiedenen, kontrapunktisch zueinander in Beziehung gesetzten Perspektiven dargestellt, die Wiederholung wirkt aber auf die Dauer recht monoton. Nicht wenig trägt dazu die Erzähl- und Denkweise eines der drei Ich-Erzähler, Gavin Stevens, bei, die der zweite Ich-Erzähler, der allgegenwärtige Nähmaschinenvertreter V. K. Ratliff, treffend charakterisiert: »*...wenn's nicht kompliziert genug ist, dann ist's nicht richtig...*« Dieses Komplikationsbedürfnis, diese Flucht in die Mystifikation, führt, im Verein mit einem bemühten Ästhetizismus, Gavin Stevens als Erzähler in endlose pseudophilosophische, von rhetorischen Floskeln strotzende Gedankenlabyrinthe. (Als Kavalier alter Schule verliebt er sich zunächst in Eula und später auch in Linda, die er vor dem »Snopesismus« retten will.) Die ungleich konkretere, idiomatisch-humorvolle Darstellungsweise Ratliffs und des dritten Ich-Erzählers, Gavins jungen Neffen Charles Mallison (der sich wiederum für jene Ereignisse, die er selbst noch nicht miterlebt hat, auf seinen Vetter Gowan Stevens bezieht), macht die Schwächen der Gavin-Stevens-Kapitel nur teilweise wett. Dennoch stellt sich gerade durch den Perspektivenwechsel das Thema des Romans, das Überhandnehmen der traditionszerstörenden Kräfte in einer ohnehin schon degenerierten Gesellschaft, sowohl als moralisches Problem jedes einzelnen wie auch als Bestätigung einer unaufhaltsamen Entwicklung dar. »*Wir hätten*«, so müssen die Beobachter der Snopes-Invasion in ohnmächtiger Resignation zugeben, »*Jefferson nie gegen die Snopes verteidigen können.*« G.Bj.-KLL

AUSGABEN: NY 1957. – Ldn. 1958. – NY 1961. – NY 1986, Hg. M. Millgate, 2 Bde. [Typoskript-Ausg. u. *Preliminary Materials*].

ÜBERSETZUNG: *Die Stadt*, E. Schnack, Stg. 1958. – Dass., dies., Ffm. 1960. – Dass., dies. (in *Snopes-Trilogie*, Stg. 1962). – Dass., dies., Zürich 1982 (detebe).

LITERATUR: A. Lytle, »*The Town«: Helen's Last Stand* (in SR, 65, 1957, S. 475–484). – J. Gold, *Truth or Consequences: F.'s »The Town«* (in Mississippi Quarterly, 13, 1960, S. 112–116). – W. Beck, *Man in Motion. F.'s Trilogy*, Madison 1961. – J. Longley, *The Tragic Mask*, Chapel Hill 1963. – C. Brooks, *W. F. The Yoknapatawpha County*, New Haven/Ldn. 1964. – W. G. French, *The Background of Snopesism in Mississippi Politics* (in Midcontinent American Studies Journal, 5, 1964, S. 3–17). – s. auch Literatur zu *The Hamlet*.

THE WILD PALMS

(amer.: *Ü: Wilde Palmen*). Roman von William FAULKNER, erschienen 1939. – Der vierte der nicht im Yoknapatawpha-Distrikt spielenden Romane Faulkners verschränkt in erzähltechnisch neuartiger Weise zwei stofflich voneinander unabhängige, aber thematisch verwandte und kontrastierend aufeinander bezogene Handlungsabläufe, die in alternierenden Kapiteln gedruckt sind. Das Hauptgewicht liegt dabei auf der Liebesgeschichte von Charlotte Rittenmeyer und Harry Wilbourne (bereits der Arbeitstitel *If I forget thee, Jerusalem* unterstreicht diese Vorrangstellung), während die Erlebnisse des namenlosen Sträflings auf dem Hochwasser führenden Mississippi (*Old Man* – der volkstümliche Name des großen Stroms) das gewagte Lebensexperiment Charlottes und Harrys akzentuieren, ironisch beleuchten und entzaubern. Faulkner selbst sprach von der »kontrapunktischen« Struktur dieses Doppelromans.

Wie der Sträfling durch die Naturgewalt der entfesselten Fluten aus der festgefügten Ordnung seines Gefangenendaseins herausgerissen und mit dem Lebensanspruch einer hochschwangeren Frau konfrontiert wird, so wirft die Begegnung mit der verheirateten Charlotte den strebsamen und selbstgenügsamen Assistenzarzt Harry aus der Bahn. Der Sträfling rettet der Frau in höchster Gefahr das Leben und steht ihr bei der Geburt ihres Kindes bei, fürchtet sich aber, obwohl er dank seiner ungewöhnlichen Körperkraft den bedrohlichsten Situationen gewachsen ist, vor dem komplexeren Leben (wie es sich in der zur Liebe bereiten Frau verkörpert); unfähig, mit der Freiheit etwas anzufangen, kehrt er in die »Sicherheit« der Strafanstalt zurück. Harry Wilbourne dagegen läßt sich von Charlottes Idee überzeugen, daß man der Liebe alles opfern müsse. Als sich jedoch der Kampf ums tägliche Brot als unvereinbar mit dieser Idee erweist und als die gesellschaftliche Isolierung der Liebenden immer größer, ihre Existenz immer prekärer wird, befallen ihn ernste Zweifel; als Charlotte schließlich von ihm verlangt, er solle ihr Kind abtreiben, durch das sie den Absolutheitsanspruch ihrer Liebe gefährdet sieht, fügt er sich noch einmal der willensstärkeren Frau, die den Eingriff mit dem Leben bezahlt. Die Suche nach dem »Gral« der immerwährenden Ekstase hat das Paar von New Orleans über Chicago in den Westen und zurück in den Süden (an die Atlantikküste) geführt, wo Harry nun im Gefängnis ihre gemeinsame Liebe wenigstens in der Erinnerung wach und intakt halten will. Im wirklichen Leben ist sie an Charlottes fanatisch verteidigter Absolutheitsidee gescheitert, an ihrer krampfhaft romantischen Pose, deren sterile und lebensfeindliche Züge eine konkrete Entsprechung finden in den »überzüchtet« und »immer ein wenig phantastisch und verzerrt« wirkenden Figurinen, die Charlotte eine Zeitlang anfertigt und verkauft, und in dem Leitmotiv der windgepeitschten, »raschelnden und zischenden« Palmen.

Zu dem intellektuellen, oft outrierten Ton von *The Wild Palms* bildet die dem dumpfen Bewußtsein und dem ganz auf handgreifliche Dinge gerichteten Sinn des Sträflings gemäße Erzählweise von *Old Man* das Gegengewicht, so wie der Wesenlosigkeit der städtischen Schauplätze die elementare Gewalt des entfesselten Stroms entgegensteht: hier das Ausgeliefertsein an die Natur, Geburt und Kampf ums bloße Überleben, dort der absolut gesetzte Wille des Menschen, Abtreibung und Scheitern an der Natur. Die Wirkung des an literarischen Anklängen (Mark TWAIN, Sherwood ANDERSON, HEMINGWAY) reichen Buches wird etwas beeinträchtigt durch das Überwiegen theoretisch-moralisierender Elemente in *The Wild Palms* und durch die gelegentliche Überspitzung des thematisch begrenzten Stoffes in *Old Man*. In vielen Details dieses Erzählexperiments glaubte M. MILLGATE (*The Achievement of William Faulkner*) deutliche autobiographische Bezüge feststellen zu können.   K.E.

AUSGABEN: NY 1939. – NY 1959. – Harmondsworth 1961. – NY 1968. – Harmondsworth 1970 (Penguin) – NY 1986, Hg. T. Mettaney [Ms.-Ausg.].

ÜBERSETZUNG: *Wilde Palmen*, H.M. Braem u. E. Kaiser, Zürich 1957 [zus. m. *Der Strom*]. – Dass., dies., Ffm. 1962 (BS). – Dass., dies. Zürich 1982 (*Wilde Palmen und Der Strom*; detebe).

LITERATUR: C. Galharn, *F.'s Faith: Roots from »The Wild Palms«* (in TCL, 1, 1955, S. 139–160). – W. R. Moses, *The Unity of »The Wild Palms«* (in MFS, 2, 1956, S. 125–131). – J. Q. Reed, *Theme and Symbol in F.'s »Old Man«* (in Educational Leader, 21, 1958, S. 25–31). – H. E. Richardson, *The ›Hemingwaves‹ in F.'s »Wild Palms«* (in MFS, 4, 1958, S. 357–360). – *F. in the University*, Hg. F. L. Gwynn u. J. L. Blotner, Charlottesville 1959, S. 171–182. – W. T. Jewkes, *Counterpoint in F.'s »Wild Palms«* (in Wisconsin Studies in Contemporary Literature, 2, 1961, S. 39–53). – J. J. Moldenhauer, *Unity of Structure and Theme in »The Wild Palms«* (in W. F.: Three Decades of Criticism, Hg. F. J. Hoffman u. O. Vickery, East Lansing/Mich. 1960, S. 305–322). – N. D. Taylor, *The River of F. and Twain* (in Mississippi Quarterly, 16, 1963, S. 191-199). – J. Feaster, *F.'s ›Old Man‹: A Psychoanalytic Approach* (in MFS, 13, 1967, S. 89–93). – C. H. Reeves, *»The Wild Palms«: F.'s Chaotic Cosmos* (in Mississippi Quarterly, 20, 1967, S. 148–157). – T. L. McHaney, *Anderson, Hemingway, and F.'s »The Wild Palms«* (in PLMA, 87, 1972, S. 465–474). – G. C. Bedell, *Kierkegaard and F.*, Baton Rouge 1972, S. 161–173. – C. Brooks, *The Tradition of Romantic Love and »The Wild Palms«* (in Mississippi Quarterly, 25, 1972, S. 265–287). – T. L. McHaney, *W. F.'s »The Wild Palms«: A Study*, Jackson 1975. – M. W. Cumpiano, *The Motif of Return: Currents and Counter Currents in »Old Man« by W. F.* (in Southern Humanities Review, 13, 1978, S. 185–193). – D. Day, *Borges, F., and »The Wild Palms«* (in Virginia Quarterly Review, 56, 1980, S. 109–118). – D. H. Lee, *Denial of Time and Failure of Moral Choice: Camus's ›The Stranger«, F.'s »Old Man«, Wright's »The Man Who Lived Underground«* (in CLA, 23, 1980, S. 364–371). – W. P. Cushman, *Knowledge and Involvement in «The Wild Palms«* (in *F.: The Unappeased Imagination*, Hg. G. O. Carey,

Troy/N.Y. 1980, S. 25–38). – E. J. Wilcox, *Christian Coloring in F.'s »The Old Man«* (in Christianity and Literature, 29, 1980, Nr. 2, S. 63–74). – D. Meindl, *Romantic Idealism and »The Wild Palms«* (in *F. and Idealism*, Hg. M. Gresset u. P. Samway, Jackson 1983, S. 86–96). – P. Samway, *A Revisionist's Approach to F.'s »Old Man«* (in Les Cahiers de la Nouvelle, 1, 1983, S. 113–126). – R. Godden u. P. Rhodes, *»The Wild Palms«: F.'s Hollywood Novel* (in Amerikastudien, 28, 1983, S. 449–466). – G. Harrington, *The Con-Artist in »The Wild Palms«* (in Dalhousie Review, 65, 1985, S. 80–88). – L. A. Bernhardt, *›Being Worthy Enough‹: The Tragedy of Charlotte Rittenmeyer* (in Mississippi Quarterly, 39, 1986, S. 351–364). – G. L. Mortimer, *The Ironies of Transcendent Love in F.'s »The Wild Palms«* (in F. Journal, 1, 1986, Nr. 2, S. 30–42).

CHARLES-SIMON FAVART

* 13.11.1710 Paris
† 18.5.1792 Belleville

LA CHERCHEUSE D'ESPRIT

(frz.; *Die Sucherin nach Wissen*). Posse mit Gesang und Tanz in 21 Szenen von Charles-Simon FAVART, Uraufführung: Paris, 20. 2. 1741, Théâtre de la Foire de Saint-Germain. – Mit dieser reizenden, heute jedoch vergessenen Komödie eroberte sich der Pariser Bäckerssohn Ruhm als Schwank- und Farcendichter. Wahrscheinlich stand ihm seine Frau, die Schauspielerin Marie-Justine-Benoîte du Ronceray, bei der Arbeit an seinen Komödien mit Ratschlägen zur Seite und verschaffte ihm auch die Stellung als Direktor der »Opéra Comique«. – Der Stoff dieser anspruchslosen Komödie ist wenig originell. Nach mancherlei Hin und Her findet die Jugend zur Jugend und das Alter, das zunächst aus leichtverständlichem Egoismus auf eine Verbindung mit der Jugend hoffte, resignierend zum Alter zurück. Der Notar Monsieur Subtil möchte seinem Witwerstand ein Ende machen und bittet Madame Madré um die Hand ihrer Tochter Nicette. Die reiche Bäuerin gibt gern ihre Einwilligung, da sie ihrerseits den hübschen Sohn von Subtil, Alain, heiraten möchte. Ohne ihre Kinder zu fragen, gemäß den Bräuchen jener Zeit, schließen die beiden Alten den Ehepakt. Nicette ist zwar hübsch, aber äußerst einfältig und wird von ihrer Mutter dauernd ermahnt, ihren Verstand zu pflegen. Das Mädchen wendet sich an einen Gelehrten, Monsieur Narquois, und danach an den Verlobten ihrer Freundin, um zu erfahren, wie man möglichst rasch möglichst klug werden könne. Aber überall wird sie abgewiesen. Gerade als sie darüber weint, gesellt sich zufällig Alain zu ihr. Der junge Bauer ist geistig ebenfalls reichlich beschränkt, und der Dialog der beiden hübschen, gutmütigen Dummerchen läßt an Komik nichts zu wünschen übrig. Sie schließen ein Bündnis und wollen den ihnen fehlenden Geist gemeinsam suchen. Sie halten sich dabei an den Händen, und als ihre Herzen zu pochen beginnen, sehen sie darin den ersten, vielversprechenden Erfolg ihres Bemühens. Nach dem ersten Kuß fühlen sie sich bereits unglaublich vervollkommnet und erkennen, daß man nur von der Liebe geistreich werden kann. Die bestürzten Eltern, die vergeblich diese Suche nach Wissen zu verhindern suchen, befürchten am Ende, daß zwischen den beiden jungen Leuten bereits mehr vorgefallen ist, und geben deshalb nach. »*Ich glaube, es bleibt uns nichts, als sie zu verheiraten, um die Fortschritte ihres Geistes zum Stillstand zu bringen*«, sagt der weise Vater Subtil und bittet kurz entschlossen Madame Madré, seine Frau zu werden. Die musikalischen Einlagen sind weitgehend dem Repertoire an populären zeitgenössischen Gassenhauern entnommen. Das Publikum fand Vergnügen an dieser originellen Wiederverwendung beliebter Melodien und belachte auch die vieldeutigen Namen wie Subtil und Narquois (schlau und verschmitzt), die wie manches andere an diesem Stück an die mittelalterlichen Moralitäten erinnern. R.B.

AUSGABEN: Paris 1741. – Paris 1763–1772 (in *Théâtre de M. (et Mme.) F.*, 10 Bde.; Nachdr. Genf 1971). – Paris 1813 (in *Œuvres choisies*, Bd. 1). – Paris o. J. [um 1900], Hg. E. Audran.

LITERATUR: A. Iacuzzi, *The European Vogue of F.; the Diffusion of the opéra-comique*, NY 1932.

FAXIAN

4./5. Jh.

FOGUO JI

(chin.; *Bericht über die buddhistischen Länder*). Reisebeschreibung von dem Mönch FAXIAN. – Im Jahre 399 brach Faxian mit einer zahlreichen Begleitung von seiner nordchinesischen Heimat zu einer Pilgerfahrt nach Indien auf. Er besuchte rund dreißig verschiedene Länder in Indien und Südostasien und hielt sich insbesondere in den damaligen Zentren des indischen Buddhismus, wie Benares, Patna und Magadha, auf. Über Ceylon gelangte er nach Java und von dort nach China zurück, wo er 414 wieder eintraf. Den Rest seines Lebens verbrachte er in Nanking mit der Auswertung und Übersetzung der von ihm mitgebrachten zahlreichen Sanskrittexte. Sein Reisebericht über die buddhistischen Länder ist nicht nur ein Zeugnis des Zustandes der buddhistischen Ökumene in Südasien zu

Beginn des 5. Jhs., sondern auch eine historisch-geographische Quelle von höchstem Rang. Über Indien erfährt man aus dem *Foguo ji* mehr und genauere Einzelheiten als aus der weitgehend unhistorischen indischen Literatur selbst. In Europa wurde die Bedeutung des Werks schon im frühen 19. Jh. erkannt. H.Fr.

AUSGABEN: Fuzhou 1104. – Peking 1957.

ÜBERSETZUNGEN: *Foĕ kouĕ ki ou Relation des royaumes bouddhiques: Voyage dans la Tartarie, dans l'Afghanistan et dans l'Inde, exécuté à la fin du IVe siècle*, par Chy Fă Hian, J. P. Abel-Rémusat, Paris 1836 [frz.; m. Anm.]. – *Buddhist Records of the Western World*, S. Beal, Ldn. 1884, 2 Bde. [engl.; m. Einl.]. – *A Record of Buddhistic Kingdoms Being an Account of the Chinese Monk Fa-hien of His Travels in India and Ceylon (A. D. 399–414) in Search of the Buddhist Books of Discipline*, J. Legge, Oxford 1886 [engl.; m. Anm.]. – *The Travels of F. (399–414 A. D.), or Record of the Buddhistic Kingdoms*, H. A. Giles, Cambridge 1923; Ldn. ²1956 [engl.]. – *A Record of the Buddhist Countries*, Li Yung-hsi, Peking 1957 [engl.].

LITERATUR: T. Watters, *F. and His English Translators* (in China Review, 8, 1879/80, S. 107–116; 131–140; 217–230; 277–284; 323–341). – S. Beal, *Some Remarks on the Narrative of Fa-hien* (in JRAS, N. S., 19, 1887, S. 191–206). – A. Grimes, *The Journey of F. from Ceylon to Canton* (in JMRAS, 19, 1941, S. 76–92). – E. N. Boulton, *Early Chinese Buddhist Travel Records as a Literary Genre*, Diss. Georgetown Univ. 1982.

ANDRÁS FÁY

* 30.5.1786 Kohány
† 26.7.1864 Pest

A BÉLTEKY HÁZ

(ung.; *Das Haus Bélteky*). Roman von András FÁY, erschienen 1832; die zweite Ausgabe trug die Bezeichnung *Tendenzroman*. – Der Roman hat, ähnlich wie TURGENEVs Zeitroman *Otcy i deti*, 1862 (*Väter und Söhne*), den Generationskonflikt zwischen Jung und Alt zum Vorwurf: Nach vielen Zusammenstößen mit seinem Vater, dem sowohl konservativen und ungebildeten wie gewalttätigen und prozeßwütigen Großgrundbesitzer Mátyás Bélteky, ist der junge Gyula Bélteky gezwungen, das väterliche Haus zu verlassen. Statt aber, wie sein Vater, sein Leben mit Nichtstun zu verbringen, nimmt der Aristokrat Gyula eine Hauslehrerstelle an und heiratet – ein neuerlicher Verstoß gegen die alten Sitten – ohne Einwilligung des Vaters die verwitwete Mutter seiner beiden Schüler. Erst nach dem Tod des Vaters zieht er wieder in das Haus Bélteky ein, dem er nun als ein liberaler, gebildeter und fortschrittlicher Mann vorsteht.

Der Autor, wie sein junger Held allem Neuen aufgeschlossen, hat sich jedoch nicht nur auf den Fall Bélteky beschränkt, sondern ihn in seiner Darstellung zu einem die ganze ungarische Gesellschaft zu Beginn des 19. Jh.s charakterisierenden Zeitgemälde ausgeweitet. Die treffende, ironisierende Schilderung der Lebensformen und Gestalten einer untergehenden Generation erinnert teilweise an die Gesellschaftskomödien KISFALUDIS; auch der Einfluß LA FONTAINES ist unverkennbar. Was heute den Leser dieses ersten ungarischen Zeit- und Gesellschaftsromans ermüdet – neben den weitausholenden Lebensbeschreibungen jeder einzelnen im Roman auftretenden Person vor allem die eingeflochtenen Abhandlungen politisch-didaktischer und philosophierender Natur, zum Teil in Form langatmiger Monologe –, das interessierte die damalige junge Generation brennend als die verbindliche Äußerung eines wegweisenden fortschrittlichen Geistes. E.K.-KLL

AUSGABEN: Pest 1832, 2 Bde. – Pest 1844 (in *Szépirodalmi összes munkái*, 8 Bde., 3–5). – Budapest 1908 (Magyar Regényírók, 2/3). – Budapest 1942.

LITERATUR: F. Badics, *F. A. életrajza*, Budapest 1890. – I. Szigetvári, *F. A. Bélteky Háza* (in Irodalomtörténet, Budapest 1919, S. 44–46; ern. in I. Sz., Kisebb munkái, Budapest ²1931, S. 223 bis 227). – Gy. Bánrévy, *F. A. Bélteky haza és August Lafontaine regénye* (in *Irodalomtörténeti dolgozatok, Császár 60. születésnapjára*, Budapest 1934, S. 1–18). – L. György, *A magyar regény előzményei*, Budapest 1941. – A. Weber, *A magyar társadalomkritikai regény öse: A Bélteky ház* (in Filológiai Közlöny, 1959, S. 43–49). – Gy. Almássy, *F. Á., a haza mindenese* (in Pedagógiai Szemle, 1965, S. 679–687). – J. Szauder, *F. A. mesei és A Béltekyház* (in J. Sz., *Az estve és Az alom*, Budapest 1970, S. 452–503).

JEAN-PIERRE FAYE

* 19.7.1925 Paris

L'ÉCLUSE

(frz.; *Ü: Die Schleuse*). Roman von Jean-Pierre FAYE, erschienen 1964. – Nicht nur Schauplatz, sondern eigentlicher Gegenstand dieses Romans ist Berlin, die durch ihre Teilung einzigartige Stadt, die hier kraft der ihr von der Geschichte zugewiesenen Rolle als mythischer, als symbolischer Ort erscheint. Berlin wird beschrieben als eine grausam gemordete Stadt, Spielball unvereinbarer politischer Systeme, und zugleich als eine Stadt, die zum Hort aller Hoffnungen und zum Schmelztiegel jeglicher politischen Kalkulation geworden ist – eine auf Erden einmalige Stadt, von einer Grenze in zwei Teile zerschnitten, deren Bewohner nur über eine »Schleuse« miteinander in Verbindung treten können.

Die Fabel des Romans ist dem Genre des Spionagethrillers entlehnt: Vanna, eine junge geschiedene Frau, arbeitet in einem Reisebüro in West-Berlin. Ohne es zu wollen und ohne es zu merken, gerät sie in den Bannkreis einer Geheimorganisation, deren Leiter ein von kaltem Wahnwitz besessener Utopist ist. Dieser will ein weltweites Informationsnetz schaffen, um das Zünglein an der Waage spielen zu können, falls es zur Anwendung von Atomwaffen kommen sollte. Alle Mittel sind ihm recht, um seinen Willen zur Macht durchzusetzen. Der an Dunkelheiten reiche Handlungsverlauf ist jedoch von sekundärer Bedeutung, denn das Besondere des Romans ist die Atmosphäre, ist die Schilderung der einzelnen Gestalten und ihres Verhaltens. Die Ängste, Erinnerungen und Träume Vannas und ihrer Gefährten, Ewald aus dem Osten, Carl Otto aus dem Westen, sind Stufen, auf denen der Abstieg in die Tiefen des Unbewußten erfolgt. Die »Helden« am Rande der »Schleuse« spielen sich nach vorn oder verbergen sich, präsentieren die eine Seite und verdrängen die andere – genauso wie diese Stadt es tut, »*die eine Insel ist, aber keineswegs von Wasser umgeben... Sie besteht aus zwei sehr verschiedenen Hälften, die eine aus Schatten, die andere aus Licht... Die Hälfte aus Licht ist von jedem anderen Gebiet getrennt und hängt über der dunklen Leere...*« Berlin mit seiner »Schleuse« zwischen der hellen und der dunklen Hälfte wird zum Gleichnis des Daseins und dessen, wonach der Mensch darin sucht.

Komposition und Stil des Romans wirken durch das forcierte Bemühen des Autors um Symbolträchtigkeit insgesamt verwirrend. Dennoch gelingt Faye an manchen Stellen, was er sich vorgenommen hat: einem aktuellen Thema einen Sinngehalt von allgemeinmenschlicher Bedeutung abzugewinnen. Der Roman wurde 1964 mit dem »Prix Renaudot« ausgezeichnet. C.Bt.

AUSGABE: Paris 1964.

ÜBERSETZUNG: *Die Schleuse*, E. Moldenhauer, Ffm. 1967.

LITERATUR: A. Grégoire, Rez. (in La Revue Nouvelle, 21, 1965, 41, S. 206–208). – L. Barjon, Rez. (in Études, Jan.-Juni 1965, 322, S. 78–85). – R. Abirached, Rez. (in NRF, 13, 1965, 145). – P. Boyer, *Le grand écart* (in Critique, 27, 1971, S. 770–782). – M. Partouche, *J.-P. F.*, Paris 1980. – H.-M. Schuh, *F.* (in KLRG, 2. Lfg. 1985).

MIHÁLY FAZEKAS

* 6.1.1766 Debrecen
† 23.2.1828 Debrecen

LÚDAS MATYI

(ung.; *Der Gänse-Hans*). Humoristische Verserzählung von Mihály FAZEKAS, anonym erschienen 1815; Neufassung 1817. – *Lúdas Matyi*, die Geschichte der Rache eines gewitzten Bauernjungen an seinem Gutsherrn, ist das erste Werk der ungarischen Literatur, das einen Märchenstoff zur Vorlage nimmt. Fazekas greift damit ein aus dem Orient stammendes (so gibt es ein babylonisches *Märchen vom armen Mann aus Nippur*, 8. Jh. v. Chr.), in der west- wie osteuropäischen Folklore bekanntes Motiv auf. Der dritte und letzte Streich des Jungen, der in den westeuropäischen Varianten fehlt, weist darauf hin, daß Fazekas den Stoff nicht, wie lange angenommen, aus Frankreich, sondern wohl aus Grusinien oder der Moldau entlehnte.

Matyi, im ganzen Dorf als Faulpelz bekannt, will die Gänse seiner verwitweten Mutter auf dem Markt in Döbrög verkaufen. Als ihm der Preis, der ihm vom gefürchteten Gutsbesitzer Döbrögi für die Tiere geboten wird, zu gering erscheint und er daher den Verkauf ablehnt, büßt er nicht nur seine Gänse ein, sondern bezieht auch noch obendrein fünfzig Stockschläge. Wutentbrannt schwört er, dem Gutsherrn diese ungerechten Hiebe dreifach zurückzuzahlen. Er geht zunächst auf Wanderschaft, um Erfahrungen zu sammeln, und kehrt mit einem kleinen Vermögen zurück. Als italienischer Zimmermann verkleidet, bietet er dem Gutsbesitzer, der gerade das Schloß umbauen läßt, seine Dienste an. Dann lockt er Döbrögi mit der Bitte, das Bauholz zu begutachten, in den Wald, fesselt ihn an einen Baum und erteilt ihm die ersten fünfzig Hiebe. Als der Gutsherr nun darniederliegt, eilt Matyi ihm als »deutscher Feldarzt« zu Hilfe, schickt die ganze Dienerschaft auf Suche nach Heilkräutern aus und nimmt mit weiteren Hieben zum zweiten Mal Rache an dem Gutsherrn. Döbrögi läßt den entkommenen Übeltäter in der ganzen Gegend suchen, sich selbst aber von zwanzig Schwerbewaffneten bewachen. Bei einem Jahrmarkt gelingt es Matyi durch List und Schläue, die Leibgarde einem falschen Lúdas Matyi auf die Fährte zu hetzen, während er selbst – nun bereits hoch zu Roß – den vor Angst zitternden, schutzlosen Döbrögi aus dem Wagen zieht und ihm die letzten fünfzig Schläge zurückzahlt. Dann erst verschwindet er endgültig aus der Gegend. Döbrögi aber beschließt, in Zukunft seine Untertanen menschlicher zu behandeln.

Fazekas läßt die Geschichte zwar zur Zeit der Kreuzzüge spielen, zahlreiche Einzelheiten bei der Schilderung des Lebens in Schloß und Dorf zielen jedoch deutlich auf zeitgenössische Zustände ab. Gesellschaftskritik, Parteinahme für die Leibeigenen und die an die bäuerliche Bevölkerung gerichtete Aufforderung, eigene Initiative zu entwickeln, waren dem Autor nur in der Form des Märchens möglich. Neben straffer Handlungsführung, psychologisch konsequenter Entwicklung der beiden Hauptcharaktere, glänzender Milieubeobachtung und funkelnder Ironie zeichnet sich das kleine Werk durch eine höchst eigenwillige Gestaltung aus: Der anspruchsvolle Rahmen des klassischen Hexameters, der in reizvollem Gegensatz zu dem märchenhaft-schlichten Inhalt steht, wird mit lebensnaher, volkstümlicher Sprache gefüllt. – Bis zur Würdigung durch Petőfi blieb der Erfolg des *Lúdas Matyi* weitgehend auf eine bäuerliche Leserschaft beschränkt. Inzwischen ist der schlaue Bauernjunge jedoch zu einer der bekanntesten literarischen Figuren, ja zur Verkörperung ungarischen Humors geworden, so daß heute sogar eine satirische Wochenschrift seinen Namen trägt. T.P.I.

AUSGABEN: Wien 1815 [anon.]. – Wien 1817 [u. d. Initialen F. M.]. – Buda 1831. – Pest 1836 (in *Versei*, Hg. I. Lovasz). – Budapest 1900 (in *Versei*, Hg. R. Tóth; Régi Magyar Könyvtár, 17; krit.). – Budapest 1948 (in *Összes verse*, Hg. G. Illyés). – Budapest 1955 (in *Összes művei*, Hg. V. Julow u. L. Kéry, 2 Bde., 1; krit.). – Budapest 1966. – Budapest 1973. – Budapest 1976 (in *Összes költeményei*). – Budapest 1978 (in *Művei*).

ÜBERSETZUNGEN: *Der Gänse-Hias*, A. Guillaume, Budapest 1944 [Einl. Gy. Illyés]. – In *Anthologie de la poésie hongroise du 12ᵉ siècle à nos jours*, L. Gara, Paris 1962 [frz.].

DRAMATISIERUNGEN: I. Balogh, *Lúdas Matyi* (Posse; Urauff.: Pest, 27. 12. 1838, Nemzeti Színház). – G. Erdélyi, *Lúdas Matyi* (Volksstück; Budapest 1930). – M. Benedek, *Lúdas Matyi* (Schauspiel; Urauff.: Klausenburg, Nov. 1945, Állami Magyar Színház). – Z. Móricz, *Lúdas Matyi* (Komödie; Urauff.: Budapest, 14. 2. 1946, Madách Színház).

VERTONUNG: J. Dévény, *Lúdas Matyi* (Text: L. Cserháti; Oper; Budapest 1948).

VERFILMUNG: Ungarn 1950 (Regie: K. Nádasdy).

LITERATUR: S. Kozocsa, *A »Lúdas Matyi«-kiadások története* (in Magyar Könyvszemle, 52, 1938, S. 123–130). – L. Gáldi, *»Lúdas Matyi« romány átdolgozása*, Budapest 1943. – J. Szauder, *F. M., a »Lúdas Matyi« költője* (in Uj Hang, 2, 1953, S. 87–92). – V. Julow, *F. M.*, Budapest 1955; ²1982. – A. Pór, *»Lúdas Matyi« százéves útja a népmeséből a színpadig* (in A Petőfi Irodalmi Múzeum Evkönyve, 1963, S. 99–122). – Gy. Illyés, *»Lúdas Matyi« igaz története* (in Gy. I., *Ingyen lakoma*, Bd. 2, Budapest 1964, S. 39–46). – J. Faragó, *F. M. Lúdas Matyija mint »egy eredeti magyar rege«* (in Igaz Szó, 1966, S. 276–284). – B. Poór, *A »Lúdas Matyi« költője* (in Vigilia, 1966, S. 309–316). – V. Julow, *The Source of a Hungarian Popular Classic and Its Roots in Antiquity* (in Acta Classica Universitatis Debreceniensis, 1970). – Z. Móric *»Lúdas Matyi«* (in Z. M., *Tanulmányok*, Budapest 1978, S. 130–133; 159–181).

QARA FAŻLĪ

d.i. Meḥmed ʿAlī

† 1564 Kütahya

GÜL U BÜLBÜL

auch: *Gül ve Bülbül* (osm.-türk.; *Rose und Nachtigall*). Allegorische Dichtung von QARA FAŻLĪ, vollendet 1552/53. – Der Autor, ein Lieblingsschüler des Dichters ZĀTĪ, verdankt seinen Ruhm fast ausschließlich diesem Werk, das nach dem Urteil des Übersetzers J. v. HAMMER-PURGSTALL *»eines der lieblichsten romantischen Gedichte des Morgenlandes«* ist. Es umfaßt rund 2200 Verse in quantitierendem Metrum (*ʿarūz*). Es läßt nicht nur das »Liebespaar« Rose und Nachtigall – im Original beide unbestimmbaren Geschlechts –, sondern auch Jahreszeiten, Winde und Blumen als handelnde Personen auftreten. Die Geschichte beginnt am Hof des »Schah Frühling«, wo sich der Mundschenk Nachtigall in die Prinzessin (bzw. den Prinzen) Rose verliebt und ihr durch Blumen-Boten seine Klagelieder zuschickt, bis ihn, gerade als er Erhörung findet, der Schah entdeckt und ins Gefängnis wirft. Dort gerät er in Vergessenheit, während die Eroberer Sommer, Herbst und Winter das Land des Frühlings verheeren. Nachdem »Schah Neujahr« (Nevrūz), des Frühlings Bundesgenosse, dem vertriebenen Herrscher wieder zu seinem Thron verholfen hat, erinnert er sich wieder des Gefangenen, läßt ihn frei und vereinigt ihn mit der Rose. Erst der Tod setzt dem Freudenfest beider ein Ende, woran der Autor die üblichen Betrachtungen über die Vergänglichkeit aller Dinge knüpft.

Die graziöse Liebesromanze, die auf den ersten Blick keine tiefere Bedeutung zu haben scheint, wird umrahmt von einer Einleitung, die die materiellen Sorgen des Dichters und die Zeitläufte beklagt, und einer Erklärung der Allegorie am Schluß, worin den personifizierten Blumen, Jahreszeiten usw. noch ein zweiter, abstrakterer Sinn unterlegt wird: »*Des Schahs, des Frühlings Majestät / Ist die Vernunft, die stets besteht; / Die Rose, die des Schahs Erzeugte, / Ist Geist, den die Vernunft erzeugte. / Die Stadt, das Rosenbeet genannt, / Ist Leib, als Lotterbett bekannt, / Der Sprosser* [die Nachtigall] *in dem Rosenbeet / Ist Herz, das nach dem Geist sich sehnt*« (Ü: J. v. Hammer-Purgstall).

Ähnlich werden der Reihe nach die Eigenschaften, Tugenden und Laster des Menschen behandelt, deren innerer Widerstreit sich erst im befreienden Licht Gottes klärt.

Damit steht das Werk in der Tradition der mystischen (sufischen) Dichtung, die wiederholt verwandte Sagenstoffe aufgriff und mehr oder weniger stark in ihrem Sinn umformte, wobei gewöhnlich persische Fassungen das Vorbild für türkische bildeten (vgl. *Gül u Navrūz* von Luṭfī). Das alte persische Märchenmotiv von Rose und Nachtigall aber hat durch den Türken Qara Fażlī wenn nicht die erste, so eine durchaus originelle künstlerische Gestaltung erfahren. Unter seinem Einfluß versuchten sich auch spätere osmanische Dichter wie Bāqī und Ġāzī Giray an diesem Thema, doch ohne vergleichbaren Erfolg. Qara Fażlīs Sprache trägt die typischen Merkmale der sogenannten Diwanliteratur, in deren Bereich im Lauf des 16. Jh.s das Türkische seine ursprüngliche Klarheit und Schlichtheit weitgehend verlor, doch hebt sich das Werk durch Phantasie und Grazie von der Masse der zeitgenössischen Dichtung ab und gehört zu dem wenigen, was davon bis heute Bestand hat.

B. At.-KLL

Ausgabe und Übersetzung: Pest/Lpzg. 1834 (in *Gül u Bülbül, das ist: Rose und Nachtigall*, Hg. J. v. Hammer-Purgstall).

Literatur: J. .v. Hammer-Purgstall, *Geschichte der osmanischen Dichtkunst*, Bd. 2, Pest 1837, S. 309–325. – Laṭīfī, *Tezkīre-i Laṭīfī*, Istanbul 1314 [1896]. – E. J. W. Gibb, *A History of Ottoman Poetry*, Bd. 3, Ldn. 1904. – M. F. Köprülü, Art. *Fażlı* (in *İslâm Ansiklopedisi*, Bd. 4, Istanbul 1948, S. 533 f.). – M. Kaplan, Art. *»Bülbül«* (in İslâm Ansiklopedisi, Bd. 2, Istanbul 1961, S. 832 ff.). – F. Taeschner, *Die osmanische Literatur* (in HO, 1, Bd. 5, Abschn. 1: *Turkologie*, Leiden/Köln 1963). – F. İz, Art, *Fadlı Meḥmed* (in EoI, 2, 1965, S. 756). – Art. *Fazlı* (in *Türk dili ve edebiyatı ansiklopedisi*, Bd. 3, Istanbul 1979, S. 171 f.). – Art. *»Gül u Bülbül«* (ebd., S. 389 f.). – A. Özkırımlı, Art. *Fazlî* (in A. Ö., *Türk edebiyatı ansiklopedisi*, Bd. 2, Istanbul 1987, S. 491). – Ders., Art. *»Gül ve Bülbül«* (ebd., S. 558 f.).

YPK FAN DER FEAR

d.i. Lipkje Post-Beuckens
* 15.2.1908 Sondel

DE DEADE BY DE LIBBENE

(westfries.; *Der Tote bei dem Lebenden*). Roman von Ypk fan der Fear, erschienen 1959. – Dieser psychologisch ambitionierte Roman, dessen Titel auf eine bekannte friesische Redensart anspielt, ist in Memoirenform verfaßt und erzählt die Lebensgeschichte einer Frau, der es trotz aller Emanzipationsversuche nicht gelang, sich vom Einfluß der Vorfahren auf ihre Entwicklung und Lebenseinstellung zu befreien. – Swobkje Rosier wird nach einer unglücklichen Jugendzeit halb wider Willen mit ihrem unscheinbaren Vetter Oege getraut. Als dieser wegen Veruntreuung von Geldern ins Gefängnis kommt, lernt sie in Joan Kelk den Mann kennen, den sie wirklich lieben kann. Sie läßt sich scheiden und wandert mit ihrem Geliebten in die Vereinigten Staaten aus. Dort heiratet sie Joan und bekommt ein Kind. Aber Swobkje kann sich der freieren amerikanischen Lebensweise nur schwer anpassen, zudem leidet sie an Schuldgefühlen gegenüber ihrem ersten Mann und sieht ihre Liebe zu Joan manchmal bedroht. Nachdem Kelk im Zweiten Weltkrieg in Europa gefallen ist, entschließt sie sich, an ihren Geburtsort zurückzukehren. Hier erkennt sie, daß sie ihre innere Abhängigkeit von der ehemaligen Umwelt, von den »Toten«, nie überwunden hat und daß ihr Leben in mancher Hinsicht eine Wiederholung des düsteren Schicksals ihrer Ahnen gewesen ist; im Niederschreiben eines Rechenschaftsberichts sieht die todkranke Frau die letzte Möglichkeit, sich von der Last der Vergangenheit zu befreien.

Man könnte die Erinnerungen Swobkjes als einen vom Ende her erzählten Familienroman bezeichnen; von der Geschichte der Hauptgestalt ausgehend führen zahlreiche Fäden in die Vergangenheit. Sie werden vom Autor oft mit Absicht verwirrt oder abgebrochen, um später wiederaufgenommen zu werden. – *De deade by de libbene* als barockes Werk zu definieren ist nicht nur aufgrund seiner Überladenheit, sondern auch der Intensität seiner Spannung zwischen Sündenlast und göttlicher Barmherzigkeit wegen berechtigt. Y.P.

Ausgabe: Drachten 1959.

Literatur: F. Schurer, *Yn wrakseling mei de chaos* (in De Tsjerne, 1960, S. 27–30). – K. Dykstra, *Lyts hânboek fan de Fryske literatuer*, Leeuwarden 1977. – T. Riemersma, *It koarte forhael yn 'e Fryske literatuer fan de tweintichste ieu*, Leeuwarden 1977. – Y. fan der Fear, *It libben is in bosk mei forrassende eleminten en ûnforwachte treffers* (in Strikel, 22, 1979, S. 336–338).

GUSTAV THEODOR FECHNER

* 19.4.1801 Groß Särchen bei Hoyerswerda
† 18.11.1887 Leipzig

Literatur zum Autor:
T. Simon, *Leib u. Seele bei F. u. Lotze*, Göttingen 1894. – W. Wundt, *G. Th. F.*, Lpzg. 1901. –

A. Goldschmidt, *F.s metaphys. Anschauungen*, Würzburg 1902. – W. Pastor, *F. u. die Weltanschauung der Alleinslehre*, Comenius-Ges., 13, 1904. – S. Hochfeld, *F. als Religions-Philosoph*, Potsdam 1909. – H. Adolph, *Die Weltanschauung G. Th. F.s*, Stg. 1923. – M. Wentscher, *F. u. Lotze*, Mchn. 1925. – L. u. H. Sprung, *G. T. F. – Wege u. Abwege in der Begründung der Psychophysik* (in Zs. für Psychologie, 186, 1978, S. 439–454). – M. Thiel, *F., Emerson, Feuerbach*, Heidelberg 1982.

DAS BÜCHLEIN VOM LEBEN NACH DEM TODE

Schrift von Gustav Theodor FECHNER, entstanden 1836. – Der Autor – Philosoph, Psychologe und Naturwissenschaftler – legt hier, zum erstenmal in ernsthafter Form, die philosophischen Gedanken dar, die nach seiner Krankheit 1840–1843 zu seinem Hauptanliegen wurden, wenn auch seine später besonders erfolgreiche wissenschaftliche Tätigkeit (Experimentalpsychologie) nebenher weiterlief. Das Buch, das zunächst noch unter dem Pseudonym »Dr. Mises« herauskam, unter dem Fechner seine früheren, mehr spielerischen Denkexperimente veröffentlicht hatte, enthält bereits viele Grundgedanken seiner späteren philosophischen Werke *Nanna* und *Zend-Avesta*. Der Gedanke, daß unser Geist nach dem Ende der leiblichen Existenz immer unumschränkter an der universellen Kommunikation aller erdenklichen *Geister* oder *Seelen* (wie sie Fechner allem, von Steinen und Pflanzen bis zu Planeten und Fixsternen, zuschreibt) teilnehmen kann, hat – philosophisch gesehen – drei Voraussetzungen. Sie bilden die Grundlage des Systems: (1) Obwohl unser Denken strenggenommen der Welt (von ihr isoliert) gegenübersteht, können wir durch Analogie auf gewisse Beschaffenheiten der Außenwelt-Dinge (z. B. ihre Beseeltheit) schließen. (2) »Seele« oder »Bewußtsein« sind grundsätzlich unabhängig, und zwar nicht nur von den höheren nervlichen Organisationsformen, sondern von allen materiellen Substraten überhaupt. (3) Die Beziehungen zwischen einem Bewußtsein und einem anderen sind derart, daß man von Durchdringung, Einschließung oder »*Bewußtseins-Schachtelung*« sprechen kann. – Setzt man dies alles voraus, so ergeben sich fast zwanglos die Theorien und Gedankenphantasien des *Büchleins*: Wir sind gleichsam ein Schauplatz des Wettstreits höherer wie niederer, guter wie böser »Geister«, denen einerseits eine Quasi-Persönlichkeit zuzuschreiben ist – während sie andererseits, da nur mit einem Teil ihrer selbst in uns »hineinragend«, den freien Willen unseres Geistes nicht brechen können; wir können also im Prinzip das Resultat dieses Kräftespieles beeinflussen oder sogar bestimmen. Gemäß den System-Voraussetzungen sind unserem Geist nach dem Tod weniger, ja man darf sagen: keine Schranken gesetzt in der Kommunikation mit höheren, umfassenderen Geistern – oder mit den Geistern von Menschen, die uns lieb und wert sind. Die Idee einer Wiederverkörperung, hier oder »auf einem anderen Stern«, ist dagegen Fechners System fremd. H.L.

AUSGABEN: Dresden 1836. – Wiesbaden 1950. – Wien 1980 [m. Nachw. v. F. Bertleff].

ZENDAVESTA oder Über die Dinge des Himmels und des Jenseits. Vom Standpunkt der Naturbetrachtung

Philosophische Untersuchung von Gustav Theodor FECHNER, erschienen 1851. – In seinem gesamten Werk bewährt sich Fechner sowohl als umsichtiger Naturforscher, der die empirische Forschungsmethode bis ins kleinste Detail anwendet, wie auch als besonnener Philosoph, der in der sichtbaren Welt überall Symbole des Unsichtbaren findet. In Abkehr des vor allem durch die raschen Fortschritte der Naturwissenschaft geförderten Materialismus sucht er das Weltbild der Mathematik und Physik ohne irgendwelche Abstriche mit dem eines allbeseelten Kosmos zu verknüpfen. Mit dieser Konzeption knüpft er zwar an SPINOZAS pantheistische Lehre (»*omnia quae sunt animata sunt, quamvis diversis gradibus*«) an, doch wird sie bei ihm zugleich der Ausgangspunkt für die Begründung einer in der Folgezeit auch innerhalb der Naturwissenschaft stark beachteten und fortentwickelten Psychophysik. Gegen das materialistische Erklärungsprinzip argumentiert Fechner, daß es für eine zufriedenstellende Erhellung aller Art von Bewußtseinsvorgängen unzulänglich sei. Fechner überhöht deshalb den Bereich der sichtbaren Welt durch die Sphäre des Seelischen. Beseelt, wenn auch gemäß einer hierarchischen Ordnung in verschiedenen Abstufungen, sind für ihn schlechthin alle Dinge, die anorganischen, organischen, Pflanzen, Tiere, Weltkörper, der gesamte Kosmos. Dieses zentrale Problem seiner Philosophie ist auch das Thema von *Zend-Avesta*.

Fechner ist sich bewußt, daß seine Seelenlehre nicht zum Inventarium wissenschaftlicher Erkenntnis gehört, sondern auf spekulativem Glauben beruht. Doch rechtfertigt er sich im Vorwort zu *Zend-Avesta*: »*Ich gebe aber etwas auf den ursprünglichen Naturinstinkt des Menschen und glaube, daß nichts wahr sein kann, was nicht auch gut ist zu glauben, am wahrsten aber das, was am besten. Freilich auch in dem, was man für gut hält, kann man irren, aber einmal muß doch ein Punkt kommen, wo der Mensch sich selbst glaubt.*« Ein Grundgedanke Fechners ist, daß man sich die Erde als ein großes belebtes Wesen vorzustellen habe. Denn wie sollte die Erde Lebendiges erzeugen, wenn sie selbst tot wäre? Im *Zend-Avesta* stellt der Autor in stets neuen Formulierungen die Erde als ein einheitliches Wesen dar. Wie in jedem organischen Körper durchdringen und bedingen sich auch hier Einheit und Vielheit: »*Die Erde ist ein in Form und Stoffen, in Zweck- und Wirkungsbezügen zum Ganzen einheitlich gebundenes, in individueller Eigentümlichkeit sich in sich abschließendes, in sich kreisendes, anderen ähnlichen, doch nicht gleichen Geschöpfen relativ selbständig gegenübertretendes, unter Anregung und Mitbestimmtheit durch eine Außenwelt sich aus sich selbst entfaltendes, eine unerschöpfliche Mannigfaltigkeit teils gesetzlich wiederkehrender, teils unberechenbar neuer Wirkungen aus eigener Fülle und Schöpferkraft gebärendes, durch äußere Nötigung hindurch ein Spiel innerer Freiheit entwickelndes, im einzelnen wechselndes, im ganzen bleibendes Geschöpf, wie unser Leib. Oder vielmehr, sie ist es nicht nur ebenso, sondern unsäglich mehr, ist alles das ganz, wovon unser Leib nur ein Glied, alles das dauernd, was unser Leib nur im Vorbeigehen, verhält sich dazu wie ein ganzer Baum zum einzelnen Schaft, ein dauernder Leib zu einem vergänglichen kleinen Organ.«*

Das Vergangene behalten wir in der Erinnerung. Damit haben wir das Schema für die dauernde Zugehörigkeit der Einzelseele zum Gesamtgeist. Gewiß ist Unsterblichkeit im Sinne der Ewigkeit eine notwendige Vorstellung des Menschen. Auf jede Weise undenkbar ist die Vorstellung, daß ein Seelenleben absolut vergehe. Dadurch, daß ein Vorgang in die Vergangenheit übergeht, kann er nicht unwirklich werden. Wenn es so wäre, dann wäre das Vergangene schlechthin und in jedem Sinne, ebenso wie das, was nie war, unwirklich. Dann gäbe es offenbar überhaupt keine Wirklichkeit, die ja nicht in der Gegenwart, die nur ein ausdehnungsloser Zeitpunkt ist, sein kann. Wie steht es nun etwa um das Seelenleben der Menschen, das der Vergangenheit angehört? Es ist in der Erinnerung und nimmt so gleichsam fortlaufend an dem weiteren Werden teil. Dadurch bleibt es auch in Beziehung zur Gegenwart. Wenn nun ein analoges Verhältnis zwischen dem Einzelleben und dem Gesamtgeist stattfände, dann bedeutete das ein dauerndes Dasein und Wirken des Einzellebens, das auch nach dem Tod nicht aufhören würde. Vielmehr würde es als ein unverlierbares Element des göttlichen Lebens und Bewußtseins fortbestehen. Nichts stände dem Denken im Wege, ihm auch Bewußtseinseinheit und relative Selbständigkeit innerhalb des Ganzen zuzuschreiben.

Diese Hauptgedanken hat Fechner in *Zend-Avesta* weiterentwickelt, nachdem er sie in dem *Büchlein vom Leben nach dem Tode* schon in knapper Form vorgestellt hatte. Das spekulativ aufgebaute Ganze erhebt keinen Anspruch auf wissenschaftlich beweisbare Philosophie, zeugt aber von der erheblichen geistigen Spannweite dieses bedeutenden Naturphilosophen. Im Anschluß an diesen noch rein philosophischen Entwurf, der später bei WUNDT, MÖBIUS und PAULSEN nachgewirkt hat, entwickelte Fechner in den fünfziger Jahren seine weitgehend experimentelle Psychophysik.   KLL

AUSGABE: Lpzg. 1851, 3 Bde.; ⁴1919.

LITERATUR: W. Wundt, *G. Th. F.*, Lpzg. 1901. – H. Adolph, *Die Weltanschauung G. Th. F.s*, Stg. 1923.

HEINRICH FEDERER

* 6.10.1866 Brienz
† 29.4.1928 Zürich

PAPST UND KAISER IM DORF

Erzählung von Heinrich FEDERER, erschienen 1924. – Im Juni 1898 kommt der etwa vierzigjährige katholische Pfarrer Carolus Bischof in seiner neuen Gemeinde, Lustigern im Toggenburgischen, an. Sofort hat er den Eindruck, daß der Kirchturm des Dorfes zu niedrig ist. Aber allen Neuerungen gegenüber, die das »geistliche Oberhaupt« von Lustigern beabsichtigt, macht sich der Widerstand des »weltlichen Oberhaupts«, des fünfundachtzigjährigen »Ammanns« (Amtmanns) Cornelius Bölsch, bemerkbar, zumal Bölsch auch dem Kirchenrat präsidiert. Nach verschiedenen kleineren Auseinandersetzungen kommt es zum ersten großen Konflikt, als der Pfarrer, ohne Zustimmung des Kirchenrats, die Beichtstühle aus dem Chor ins Kirchenschiff bringen läßt. Bölsch richtet eine Beschwerde an den Bischof, der unbequeme Pfarrer wird gemaßregelt. Doch die Fehde geht weiter. Aus Abneigung gegen die Modetänze der Zeit plant der Pfarrer einen »Altmodischen Abend«, an dem die Dorfjugend Volkstänze tanzen soll. Der Amtmann weiß dieses Vorhaben zu verhindern, indem er eine Grippewelle zum Vorwand nimmt, um ein behördliches Verbot der Tanzveranstaltung zu erwirken. Um sein Kirchturmprojekt zu fördern, gründet Bischof eine »Freiwillige Kasse für die Bedürfnisse der Kirche zur Verfügung des Pfarramts«. Es geht soviel Geld ein, daß Ostern 1899 mit dem Turmbau begonnen werden kann. Als aber ein Unwetter und eine Schlägerei, bei der ein Toter zu beklagen ist, den Fortgang der Arbeiten aufhalten, läßt sich Bischof in eine andere Pfarrei versetzen. Während der Bahnfahrt erliegt er jedoch einem Herzschlag und wird in Lustigern bestattet.

Das mit dem Gottfried-Keller-Preis ausgezeichnete Buch behandelt die seit eh und je brisante Kontroverse zwischen geistlicher und weltlicher Macht im Kleinformat schweizerischen Dorfmilieus. Der Amtmann Bölsch, wie sein Antipode ein Zweimetermann, möchte Kaiser und Papst »in einer Haut« sein. Nicht ohne Grund wirft ihm der Pfarrer »Cäsaropapismus« vor. Er will den »staatlichen Hochmut« brechen. Anderseits verkörpert er selbst allzu leidenschaftlich die *»ecclesia militans«* (kämpfende Kirche) und hält von der *»ecclesia titubans«* (furchtbebende Kirche) nicht eben viel. Der Autor stellt die mangelnde Kompromißbereitschaft der Kontrahenten in Frage, aber solche kritischen Töne schwingen nur am Rande mit. Im Vordergrund steht die behagliche, heiter-ernste Schilderung Schweizer Volkslebens. Stilistisch gehört Federer, der zahlreiche Heimatbücher in der Art von *Papst und Kaiser im Dorf* geschrieben hat, in die Nachfolge C. F. MEYERS, verrät aber in seinem humorvollen Realismus nicht minder den Einfluß Gottfried KELLERS und Jeremias GOTTHELFS.   A.Ge.-KLL

AUSGABEN: Bln. 1924. – Bln. 1934 (in *GW*, 12 Bde., 1931 ff., 8). – Luzern 1946.

LITERATUR: H. Jud, *Zur Wortkunst H. F.s*, Diss. Fribourg 1935. – O. Floeck, *H. F. Leben u. Werk*, Bln. 1938. – S. Frick, *H. F. Leben u. Dichtung*, Luzern 1960. – Ders., *H. F. Aus seinem Leben u. Werk. Eine Anthologie*, Luzern/Mchn. 1966 [mit Bibliogr.]. – H. Wahlen, *Dichter u. Maler des Bauernstandes*, Bern 1973, S. 63–77. – *Kinder in der Dichtung H. F.s* Hg. S. Frick, Luzern/Mchn. 1979. – H. Krähenmann, *Das Gegensätzliche in H. F.s Leben u. Werk*, Bern u. a. 1982.

KONSTANTIN ALEKSANDROVIČ FEDIN

* 24.2.1892 Saratov
† 15.7.1977 Moskau

LITERATUR ZUM AUTOR:
Bibliographie:
Russkie sovetskie pisateli. Prozaiki, Bd. 5, Moskau 1968, S. 322–399.
Biographie:
Vospominanija o K. F. Sbornik, Hg. N. K. Fedina, Moskau 1981. – J. M. Okljanskij, *F.*, Moskau 1986.
Gesamtdarstellungen und Studien:
M. Slonim, *K. F.* (in M. S., *Portrety sovetskich pisatelej*, Paris 1933, S. 112–122). – D. E. Tamarčenko, *Put'k realizmu. O tvorčestve K. F.*, Leningrad 1934. – V. Smirnova, *O romanach K. F.* (in *Sovetskja chudožestvennaja literatura. Sbornik statej*, Hg. I. T. Kozlov, Moskau 1955, S. 309–359). – P. Bugaenko, *Masterstvo K. F.*, Saratov 1959. – H. Pross-Weerth, *K. F.* (in *Osteuropa*, 1959, 9, S. 693–700). – B. J. Brajnina, *K. F. Očerk žizni i tvorčestva*, Moskau ⁵1962 (dt.: *K. F.*, Bln. 1954) – E. J. Simmons, *Russian Fiction and Soviet Ideology: Introduction to F., Leonov, and Sholokhov*, NY 1958. – P. A. Bugaenko, *Masterstvo K. F.*, Saratov 1959. – K. F., *F. und Deutschland*, Bln./DDR 1962. – M. Zahrádka, *O chudožestvennom stile K. F.*, Prag 1962. – Z. I. Levinson, *Obraz vremeni, Partija i revoljucionnyi narod y tvorčestve K. A. F.*, Tula 1964. – B. Hiller, *K. F. u. der deutsche Expressionismus* (in ZfSl, 1965, 10, S. 35–52). – *Tvorčestvo K. F. Stat'i, dokumental'nye materialy, vstreči s F.*, Hg. I. S. Zil'berštejn, Moskau 1966 [m. Bibliogr.]. – J. Blum, *K. F. A Descriptive and Analytic Study*, Den Haag/Paris 1967 [m. Bibliogr.]. – F. F. Eroščeva, *Romany K. F. o revoljucii*, Krasnodar 1967. – N. I. Kuznecov, *Očerk tvorčestva K. F.*

Moskau 1969. – A. K. Strakov, *Geroi i gody, Romany K. F.*, Moskau 1972. – M. M. Kuznecov, *Romany K. F.*, Moskau 1973. [m. Bibliogr.]. – C. C. Warren, *Death in the Novels of K. F. and Leonid Leonov*, Diss. Columbia Univ. 1973. – N. I. Kuznecov, *K. A. F. – chudožnik*, Tomsk 1980; Leningrad ²1984. – B. J. Brajnina, *F. i Zapad: knigi, vstreči, vospominanija*, Moskau 1980; ²1983. – N. I. Mar, »*...A za oknom zelenyj les«: dialogi s K. F.*, Moskau 1983. – *Tvorčestvo K. A. F. teoretiko-literaturnye aspekty izučenija (Sbornik naučnych trudov)*, Saratov 1983. – A. N. Starkov, *Stupeni mastera: očerk tvorčestva K. F.*, Moskau 1985. – V. M. Pronjagin, *Ranee tvorčestvo K. F.*, Diss. Moskau 1986.

BRAT'JA

(russ.; *Ü: Die Brüder*). Roman von Konstantin A. FEDIN, erschienen 1928. – Die Brüder, das sind: Matvej, Nikita und Rostislav, die Söhne des Gutsverwalters Vasil Leontič Karev, eines eingefleischten Uralkosaken von übermächtigem Leibesumfang, der »*nicht einmal mehr im Traum hätte ein Pferd besteigen können*«. Zu seinem Leidwesen schlagen die beiden ältesten Söhne gänzlich aus der Kosakenart: Matvej studiert Medizin und wird ein berühmter Arzt; Nikita, sensibel und schwärmerisch veranlagt, findet zur Musik, die ihm Lebensinhalt wird. Nur Rostislav, der jüngste, scheint ein echter Kosak zu werden: Bei Kriegsausbruch meldet er sich freiwillig zum Militärdienst. In seine Heimat aber kehrt er – vom Vater, der vor den Roten flieht, verflucht – als Kommandeur einer bolschewistischen Kampfgruppe zurück und fällt vor seinem Vaterhaus, ermordet von Konterrevolutionären.
Tragende Gestalt des Romans ist Nikita Karev (sein Urbild ist der russische Komponist Ja. A. Šeporin), dessen Sinfonie op. 17 die vorrevolutionäre Zeit ebenso wie die elementaren Ereignisse der bolschewistischen Revolution widerspiegelt und in einem Triumphmarsch ausklingt. Karev ist jedoch kein Kommunist, ja er ist an überhaupt keine Ideologie gebunden, sondern gleicht einem Medium, das die Stimmen der Zeit auffängt und sie dem Künstler weitergibt, der sie in Musik verwandelt. Einsamkeit ist der Preis, den er für seine Kunst zahlen muß, da ihm auch die Liebe nur als Stimulans für sein Werk dient.
Originell an diesem zweiten Roman Fedins ist weder die Form (sie wiederholt die des Romans *Goroda i gody – Städte und Jahre*) noch die Thematik (die, soweit sie sich an die Hauptperson knüpft, ebenfalls in *Städte und Jahre* zu finden ist). Und was ihm in seinem Erstlingsroman noch gelang – die Koppelung der realistischen psychologischen Darstellungsweise mit einer abenteuerlichen »romanhaften« Handlung –, fällt hier zu Stückwerk auseinander. Im Hinblick auf die spätere Entwicklung Fedins vom »Serapionsbruder« zum sozialistischen Schriftsteller, der in *Neobyknovennoe leto*

(*Ein ungewöhnlicher Sommer*) eine Stalin-Idealisierung lieferte, kommt dem Roman *Brat'ja* jedoch eine nicht geringe Bedeutung zu. Sie ist weniger im Künstlerischen als im Versuch einer Ausbalancierung der ideologischen Gegensätze zu suchen: Zum erstenmal wird in der sowjetischen Literatur konkret die Möglichkeit einer fruchtbaren Verbindung des humanistischen Geistes mit dem die Wirklichkeit verändernden Kommunismus dargestellt. Ins Zentrum dieser Möglichkeit weist der Satz, den ein alter Wissenschaftler zu einem kommunistischen Revolutionskämpfer spricht: »*Sie unternehmen es, die Menschheit umzugestalten, und übersehen das mächtigste Element, das Ihnen unablässig entgegenarbeitet: die menschliche Schwäche.*« Daß dieser Satz immer noch und immer wieder neu begriffen von brennender Aktualität ist, davon zeugt die Entwicklung nicht nur in der sowjetischen Literatur, die, um ihrer Wahrhaftigkeit willen, stets wieder da anknüpfte, wo die sogenannten Klassiker des sozialistischen Realismus die Fäden abgeschnitten hatten. M.Gru.

AUSGABEN: Leningrad 1928 (in Zvezda). – Moskau 1960 (in *Sobr. soč.*, Hg. B. J. Brajnina, 9 Bde., 1959–1962, 3).

ÜBERSETZUNGEN: *Die Brüder*, E. Honig, Bln. 1928. – *Die Brüder Karew*, ders., Stg. 1947. – *Die Brüder*. E. v. Baer, Lpzg. 1954. – Dass., G. Schwarz (in *GW*, Bd. 4, Bln. 1962). – Dass., E. Honig, Hbg./Mchn. 1962.

LITERATUR: V. Ivanov, *Dva romana F.* (in Oktjabr', 2, 1949). – N. G. Schogt, *On F.'s Heroes* (in *Analecta slavica*, Fs. B. Becker, Amsterdam 1955). – V. Ja. Grečnev, *Tema iskusstva v dialogii K. F.* (in *Voprosy sov. literatury*, Hg. S. V. Kastorskij u. V. A. Kovalev, Bd. 9, Moskau 1961).

GORODA I GODY

(russ.; *Ü: Städte und Jahre*). Roman von Konstantin A. FEDIN, erschienen 1924. – Andrej Starcov, die Hauptfigur des ersten und bekanntesten Romans Fedins, ist der Prototyp eines intellektuellen Träumers, wie ihn TURGENEV in seinen Romanen geschaffen hat: Hamlet und Don Quijote in einem, irrt er durch eine Welt, in der er keinen Platz im Kreis der Tätigen und Wirkenden zu finden vermag. In Deutschland, wo er studiert, überrascht ihn – wie seinen Autor, der 1914–1918 hier interniert war – der Erste Weltkrieg. Als russischer Staatsbürger in die sächsische Kleinstadt Bischofsberg deportiert und dort unter Polizeiaufsicht gestellt, lernt er den deutschen Hurrapatriotismus und den schneidig-muffigen Chauvinismus in seiner penetrantesten, spießigsten Erscheinungsform kennen und verachten; hier begegnet ihm aber auch die Frau, die ihm zum Schicksal werden soll: Marie Urbach, ein exzentrisches, phantasiebegabtes, sinnenfrohes Wesen. Marie, deren Kindheit und Mädchenjahre witzig in einer in sich geschlossenen Erzählung geschildert werden, ist mit dem Leutnant von zur Mühlen-Schönau verlobt, der allerdings zur Zeit am Frankreichfeldzug teilnimmt. Sie betrügt ihren Verlobten mit dem interessanten, traurigen Russen Starcov (keiner der beiden erfährt etwas von der Existenz des andern) und lernt, unter dem Einfluß ihres neuen Geliebten, die deutsche Wirklichkeit mit kritischen Augen zu sehen. Nach Ausbruch der Revolution in Rußland versucht Starcov illegal die Grenze zu überschreiten. Er wird jedoch verhaftet und – nach gelungener Flucht aus dem Polizeigewahrsam – als russischer Spion in Bischofsberg von Mühlen-Schönau festgenommen, der dort einen Genesungsurlaub verbringt. Der Edelmann und hochdekorierte Bilderbuchkriegsheld rettet den Russen jedoch vor dem Zugriff der Behörden, als er erfährt, daß Starcov mit Kurt Wahn befreundet ist, einem begabten jungen Maler, den Mühlen-Schönau entdeckt hat und der ausschließlich für seine private Bildersammlung malen muß. Somit unverhofft seiner Geliebten zurückgegeben, wartet Starcov weiter auf die Stunde seines zweiten Aufbruchs, die den Liebenden nach Abschluß des Friedensvertrags von Brest-Litowsk schlägt. Starcov verspricht Marie, die ihm, wie er glaubt, zu einem festen Haltpunkt im Leben geworden ist, sie in höchstens zwei Monaten nachkommen zu lassen. Allerdings benötigt er selbst schon Wochen, nur um in seine Heimat zu gelangen, in der die Revolution und das Chaos herrschen.

Von hier an wird die Handlung bis zur Unglaubhaftigkeit abenteuerlich. Starcov findet in Moskau seinen deutschen Freund Wahn wieder, der sich unter dem Eindruck der bolschewistischen Revolution für den Kommunismus entschieden hat. Als sie gemeinsam in eine »*entlegene Gegend*« Rußlands reisen, ist es ausgerechnet der deutsche Offizier Mühlen-Schönau, der sich dort als Bandenführer der konterrevolutionären Mordwinen betätigt. Mit Hilfe deutscher Kriegsgefangener wird der Aufstand niedergeschlagen, doch Starcov verhilft nun seinerseits Mühlen-Schönau zur Flucht, dies jedoch nur unter der Bedingung, daß der Bischofsberger Edelmann der »Braut« Starcovs, Marie Urbach, einen Liebesbrief überbringe. Hierauf versetzt der Autor seinen Helden nach Petrograd, wohin ihm alsbald ein Mädchen folgt, das von Starcov schwanger ist, und als eines Tages der noch immer auf der Flucht befindliche Mühlen-Schönau unverhofft auftaucht, um bei Starcov zu übernachten, kann der deutsche Edelmann sich augenscheinlich davon überzeugen, daß seine treulose Braut Marie von ihrem russischen Geliebten betrogen wurde und wird. Marie, offiziell immer noch seine Verlobte, weigert sich, das zu glauben; um nach Rußland reisen zu können, heiratet sie pro forma einen russischen Kriegsgefangenen und trifft gerade zu dem Zeitpunkt in Petrograd ein, da Starcovs Geliebte kurz vor der Entbindung steht. Sie entflieht auf Nimmerwiedersehen. Starcov dagegen verliert aus Liebeskummer und Existenzangst allmählich den Verstand, und eines Tages gesteht er seinem Freund Wahn, daß er es war, der dem deutschen Bandenführer zur Flucht verhalf. Wahn rächt diesen Verrat an der Revolution und erschießt den einstigen Freund.

Fedins Versuch, die Tragödie eines bürgerlichen Intellektuellen darzustellen, wirkt, verglichen etwa mit PASTERNAKS Roman *Doktor Živago* (dessen Erscheinen in der Sowjetunion Fedin zusammen mit Konstantin SIMONOV und Boris LAVRENĚV 1956 verhinderte), hilflos mechanistisch. Fedin vermag sich nicht aus der Tradition des realistischen psychologischen Romans zu lösen; er muß kopieren, weil er nicht fähig ist, Stilmittel zu entwickeln, mit deren Hilfe er die durch die Revolution total veränderte Wirklichkeit Rußlands künstlerisch in den Griff bekommen könnte. Zwar »stimmt« scheinbar alles in diesem Roman, jede Verhaltensweise ist irgendwie motiviert, nie fallen die Handlungsfäden auseinander, das Schaltwerk der dramatischen Konflikte funktioniert, und es fehlen auch nicht jene Passagen, in denen die Sprache des Autors zu Poesie wird. Insgesamt jedoch wirkt der Roman literarisch antiquiert, auch wenn sich Fedin des seinerzeit noch originellen formalen Kunstmittels bedient, die Handlung von hinten nach vorn ablaufen zu lassen: Eröffnet wird der Roman mit einer »Rede« des geistesgestörten Starcov, ihr folgt ein verstörter »Brief« Andrejs an die verlorene Geliebte, dem sich eine sogenannte »Übergangsformel« anschließt, in der der Leser über Starcovs Ermordung informiert wird. Das eigentliche erste Kapitel schildert Starcovs Leben in Petrograd während des Bürgerkriegs, das zweite führt nach Deutschland in das Jahr 1914 kurz vor Ausbruch des Ersten Weltkriegs. Von hier aus schreitet die Handlung chronologisch fort und endet im Jahr 1920 kurz vor dem Tod des Helden. KLL

AUSGABEN: Leningrad 1924. – Moskau 1952 (in *Sobranie sočinenij*, 6 Bde., 1952–1954, 1). – Moskau 1959 (in *Sobr. soč*, Hg. B. J. Brajnina, 9 Bde., 1959–1962, 2). – Moskau 1969 (in *Sobr. soč.*, 10 Bde., 1969 ff., 1). – Moskau 1982 (in *Sobr. soč.*, 12 Bde., 1982 ff., 1).

ÜBERSETZUNGEN: *Städte u. Jahre*, D. Umanskij, Bln. 1927. – Dass., ders., Bln. 1952. – Dass., G. Schwarz (in *SW*, Bd. 3, Bln. 1960).

VERFILMUNG: SU 1930 (Regie: E. Červjakov). – SU 1974 (Regie: A. Zarchi).

LITERATUR: C. Z. Karasik, *Tema iskusstva i revoljucii v romane »Goroda i gody«* (in Učennye zapiski Leninabadskogo ped. instituta, 4, 1957, S. 57–73).

NAROVČATSKAJA CHRONIKA

(russ.; *Ü: Die Chronik von Narowtschat*). Erzählung von Konstantin A. FEDIN, erschienen 1925. – Die *Chronik* stellt keine inhaltlich geschlossene Erzählung dar: Ähnlich den bereits Mitte des 19. Jh.s entstandenen *Gubernskie očerki (Gouvernementskizzen)* von SALTYKOV-ŠČEDRIN reiht der Bericht des Ignatij, eines Mönches, der in sich eine fatale Neigung zu allem Weltlichen verspürt und somit als Bindeglied zwischen Kloster und weltlicher (Sowjet-)Macht fungiert, ohne Übergang die unterschiedlichsten Vorfälle und Begebenheiten aneinander. Hauptgegenstand der Erzählung sind die charakteristischen Gestalten dieser russischen Kleinstadt, die zwei Jahre nach der Revolution alle Mühe haben, sich in die sowjetische Wirklichkeit zu finden. Ignatij beginnt mit der Beschreibung des Kommissars für Bodenverteilung, Roktov (russ. *rok* – Verhängnis), der sich aus den amtlich zugeteilten alkoholhaltigen Schädlingsbekämpfungsmitteln Cocktails mixt und stolz darauf ist, daß er in seinen Dienststunden das Grab des städtischen Revolutionshelden mit barocken Blumenarrangements, Hammer und Sichel darstellend, schmückt. Gute Verbindung pflegt Ignatij auch zu dem Dichter Grustnyj (der »Kummervolle«), den er insgeheim ob seiner Unbildung belächelt, im Vergleich mit den übrigen Stadtbewohnern aber noch zu den aufgeklärtesten Menschen zählt. Immerhin trinkt Grustnyj kein mit Wasser gemischtes Eau de Cologne als Wodkaersatz wie Simforian, der, einst Pope, im Suff auf Ikonen schießt. Das Original dieser in der zaristischen Epoche nicht mehr und in der sowjetischen noch nicht wurzelnden Provinzstadt aber ist ein gewisser A. S. Puškin, der Namensvetter und Doppelgänger des berühmten Dichters, der Sonntag für Sonntag durch die Stadt zieht. Von einem der modernen Volksdichter wegen seines Parasitendaseins zur Rede gestellt, begeht der »Doppelgänger« Selbstmord. Er hinterläßt Puškins gesammelte Werke sowie eine reiche Sekundärliteratur über den Dichter. Die *Chronik* schließt mit Ignatijs Austritt aus dem Kloster. Er wird die Frau Simforians, der seiner Eau-de-Cologne-Sucht inzwischen erlegen ist, heiraten und mit ihr ein neues Leben beginnen, dem er um so zuversichtlicher entgegensieht, als der Vorsitzende des Stadtsowjets von einem neuen, unbestechlichen Mann abgelöst wurde.

Mit großem Erfolg bedient sich Fedin in seiner originellen, satirischen Erzählung, einer mutigen Kritik an der frühen Sowjetzeit, der Technik des *skaz*, jener von LESKOV ausgebildeten Kunstform der Selbstcharakteristik der handelnden Personen durch unverwechselbare, individuelle Diktion. Die umständlich-feierliche Sprache Ignatijs, die die erhabene Rhetorik des geistlichen Stils nicht verleugnen kann, weist den Mönch als einen gutmütigen, einfältig-naiven Menschen aus, in dessen Schilderung das an sich düstere Geschehen in der Provinzstadt Narovčat für den Leser unwiderstehlich komisch wirkt. M.Gru.

AUSGABEN: Leningrad 1925 (in Kovš). – Charkov 1926. – Moskau 1954 (in *Sobranie sočinenij*, 6 Bde., 1952–1954, 6). – Moskau 1960 (in *Sobranie sočinenij*, Hg. B. J. Brajnina, 9 Bde., 1959–1962, 3).

ÜBERSETZUNG: *Die Chronik von Narowtschat*, G. Schwarz (in *GW*, Bd. 1, Bln. 1958).

LITERATUR: M. Krasnostavskij, *»Narovčatskaja chronika«* (in Komsomolija, 1926, Nr. 12).

PERVYE RADOSTI

(russ.; *Ü: Frühe Freuden*). Roman von Konstantin A. FEDIN, erschienen 1945. – Der Roman bildet den ersten Teil einer umfangreichen Trilogie. Fedins Hauptwerk war, wie der Autor in *Pisatel', iskusstvo, vremja*, 1957 *(Schriftsteller, Kunst, Zeit)*, mitteilt, ursprünglich als Roman über die Welt des Theaters konzipiert, geriet jedoch – unter dem Eindruck des Kriegs – immer mehr zu einer historischen Epopöe, die in vieler Hinsicht TOLSTOJS *Vojna i mir*, 1867/69 *(Krieg und Frieden)*, verpflichtet ist.

Im ersten Teil der Trilogie *(Pervye radosti)*, der um 1910 in der Provinzstadt Saratov (dem Geburtsort des Autors) spielt, entwirft Fedin ein großangelegtes Gemälde der russischen Gesellschaft nach der gescheiterten Revolution von 1905. Der Künstler Pastuchov, eine der zentralen Figuren des gesamten Werks, repräsentiert die gebildete Schicht der alten Gesellschaft. Vom Scheitern der Revolution zutiefst enttäuscht, zieht er sich in die Position eines ironischen Beobachters der Ereignisse zurück. Ihm steht der Student Kirill Izvekov als Angehöriger der neuen aktiven Intelligenz gegenüber, ein rational urteilender, doch auch zu tiefem Gefühl fähiger junger Revolutionär. Izvekov hat sich der illegalen Organisation der russischen Arbeiterbewegung angeschlossen, für die der Schlosser Pëtr Ragozin repräsentativ ist, der die harte Schule der Verbannung durchgemacht hat und, obwohl er der Polizeiaufsicht ausgesetzt ist, den illegalen Kampf weiterzuführen versteht. Ragozins Komplementärfigur ist der ins Lumpenproletariat abgesunkene Hafenarbeiter Parabukin. Die bürgerliche Klasse verkörpern der bigotte, obrigkeitshörige Kaufmann Meškov, Besitzer eines Nachtasyls; seine Tochter Liza, die Inkarnation mädchenhafter Reinheit; schließlich Lizas späterer Mann, der neureiche, launische Modegeck Šubnikov. Die breit aufgefächerte Handlung des Romans konzentriert sich auf die revolutionäre Tätigkeit Izvekovs und Ragozins, die von der Polizei aufgedeckt wird. Ragozin gelingt es zu fliehen, während Kirill für drei Jahre in die Verbannung geschickt wird. Die gerichtliche Untersuchung, in die nahezu alle Figuren verwickelt sind, gibt dem Autor Gelegenheit, die Beteiligten einer strengen charakterlichen Prüfung zu unterziehen. – Der Titel des Romans bezieht sich auf die schwärmerische Liebe des Revolutionärs Izvekov zu dem Bürgermädchen Liza, der die gesellschaftlichen Verhältnisse wie auch das konträre Bewußtsein der Liebenden entgegenstehen. Als Izvekov verbannt wird, geht Liza auf Anraten ihres Vaters eine Vernunftehe mit Šubnikov ein, die sie zugrunde richten wird.

Fedin bedient sich in seinem Roman der Stilmittel des klassischen russischen realistischen Romans, erfüllt jedoch zugleich, vor allem in der Schilderung der positiven Helden Ragozin und Izvekov, die Forderungen des sozialistischen Realismus. Letzteres gilt in noch stärkerem Maß für den zweiten Teil der Trilogie, *Neobyknovennoe leto*, 1947/48 *(Ein ungewöhnlicher Sommer)*, dessen Handlung im Sommer 1919 zur Zeit des Bürgerkriegs in Saratov spielt. Die handelnden Figuren sind dem Leser aus *Pervye radosti* vertraut, doch haben sich durch die Oktoberrevolution die Gewichte gründlich verschoben. Die Vertreter der entmachteten Gesellschaftsschichten, die sich in die Revolution wie in ein unfaßbares Chaos hineingerissen fühlten, müssen sich nun irgendwie in der neuen Ordnung zurechtfinden. Aus der Fülle der Einzelschicksale heben sich drei exemplarisch heraus. Die Wandlung des jungen zaristischen Offiziers Dibič, der, aus deutscher Gefangenschaft zurückgekehrt, von seinem ehemaligen Untergebenen Izvekov von der historischen Notwendigkeit der Revolution überzeugt wird, zeigt beispielhaft die Entwicklung eines unpolitischen, der Revolution feindlich gegenüberstehenden Menschen zum bewußten Kämpfer der Roten Armee. Feige, opportunistische Anpassung dagegen exemplifiziert das Verhalten des zaristischen Gerichtsbeamten Osnobuchin, der sich seinerzeit aus Karrieregründen um die Bearbeitung des »Hochverratsprozesses Ragozin« riß und nun, da er verhaftet ist, sich liebedienerisch die Gunst Ragozins zu erschleichen sucht. Für Lizas Persönlichkeitsentwicklung ist bezeichnend, daß sie nach ihrer Ehe mit Šubnikov den kriecherischen Osnobuchin heiratet. Der Künstler Pastuchov schließlich, der zwar den rationalen Argumenten Izvekovs unterliegt, aber seinem entkräfteten Weltbild die Treue hält, zieht – PASTERNAKS *Doktor Živago* gleich – aus, um irgendwo in Rußland ein Stückchen Erde zum Überleben zu finden.

Der letzte Teil der Trilogie trägt den an die Flammen des Kriegs und die Fackel des sowjetischen Widerstandskampfes gemahnenden Titel *Kostër (Der Scheiterhaufen)*. In dem 1961 erschienenen ersten Buch dieses Teils – *Vtorženie (Der Einfall)* – wird das Geschehen der Tage des deutschen Überfalls auf die Sowjetunion im Jahre 1941 aus der erinnernden Perspektive mehrerer Figuren rekonstruiert – eine Technik, die an Fedins frühe Romane anknüpft. In einer Rückblende wird auch die von Angst und Mißtrauen geprägte Atmosphäre der schlimmsten Jahre des Stalinismus ins Bewußtsein gehoben: Man erfährt, daß Izvekov im Jahre 1937 nur knapp einer »Säuberung« entging. – Auszüge aus dem zweiten Buch des dritten Teils, das den Titel *Čas nastal (Die Stunde ist gekommen)* trägt, erschienen 1965–1967 in der Zeitschrift ›Novyj mir‹. Eine der zentralen Stellen scheint der Besuch Pastuchovs in Jasnaja Poljana (dem Wohnort Tolstojs) zu sein, der angesichts der vorrückenden deutschen Truppen stattfindet. Die entscheidende Entwicklung Pastuchovs vom introvertierten, ästhetisierenden bürgerlichen Intellektuellen zum engagierten Befürworter der historischen Notwendigkeit, die sich hier anzubahnen scheint, dürfte zum eigentlichen Kern der Fedinschen Trilogie gehören. KLL

AUSGABEN: Moskau 1945 (in Novyj mir). – Moskau 1946. – Moskau 1949 *(Neobyknovennoe leto)*. – Moskau 1960/61 (in *Sobr. soč.*, Hg. B. J. Brajnina, 9 Bde., 1959–1962, 6/7; enth. beide Tle.). – Moskau 1961 *(Vtorženie)*. – Moskau 1965–1967 (*Čas nastal*, in Novyj mir; Ausz.). – Moskau 1983 (in *Sobr. soč.*, 12 Bde., 1982 ff., 5).

ÜBERSETZUNG: *Frühe Freuden*, H. Angarowa, Moskau 1948. – *Ein ungewöhnlicher Sommer*, dies., 2 Bde., Bln. 1950. – Dass. u. *Frühe Freuden*, dies., 3 Bde., Moskau 1950. – *Frühe Freuden*, dies., Bln. 1955. – Dass. u. *Ein ungewöhnlicher Sommer*, dies. (in *GW*, Bd. 6–8, Bln. 1959/60).

VERFILMUNG: UdSSR 1956 (Regie: V. Basov).

LITERATUR: C. Z. Karasik, *Problema iskusstva i revoljucii v dialogii K. F. »Pervye radosti« i »Neobyknovennoe leto«* (in Učënye zap. L'vovskogo univ. im. I. Franko, 24, 1953). – Ju. Lukin, *K. F.s Romane »Frühe Freuden« u. »Ein ungewöhnlicher Sommer«*, Bln. 1953. – R. V. Komina, *Dialogija K. F. »Pervye radosti« i »Neobyknovennoe leto«* (in Literature v škole, 17, 1956, S. 18–27). – O. Safronova, *Problema iskusstva i revoljucii v romane »Pervye radosti«* (in Učënye zap. Kazansk. ped. in-ta, Kafedra literatury, 1958, Nr. 12).

SAD

(russ.; *Ü: Der Garten*). Erzählung von Konstantin A. FEDIN, erschienen 1920. – Nach der Oktoberrevolution wird das Anwesen eines ins Ausland geflüchteten Gutsbesitzers in Volkseigentum überführt. Das Gut, vor allem der riesige Obstgarten, dem die ganze Liebe des Gärtners Silantij gilt, droht zu verwahrlosen, da sich niemand darum kümmert. Trieb man früher zur Blütezeit *»ganze Heerscharen von Weibern und Mädchen aus den umliegenden Dörfern zusammen«*, damit der Boden gehackt und die Bäume bewässert werden konnten, so zeigt sich jetzt kein einziger Arbeiter mehr in dem Garten. Selbst als der ausgetrocknete Boden unter der glühenden Sommersonne birst, unternimmt die örtliche Sowjetbehörde, an die sich Silantij gewandt hat, nichts. Statt Arbeiter zu schikken, weist sie schließlich eine Schar Kinder und eine Lehrerin in das Gutshaus ein. So muß Silantij, der immer verschlossener und verbitterter wird, erleben, wie der in jahrzehntelanger mühevoller Arbeit geschaffene Obstgarten verdorrt und die Kinder unbekümmert lärmend durch die Plantagen tollen und revolutionäre Lieder singen. Als einmal mehrere Jungen von einem der Apfelbäume einen großen Ast abbrechen und Silantij wegen seines Zornesausbruchs von der Lehrerin gemaßregelt wird,

beschließt er, seine Feinde *»wie Ratten«* auszuräuchern. Während die Lehrerin mit den Kindern eines Tages einen Ausflug macht, zündet er das Gutshaus an. *»Silantij aber verharrte unbeweglich, die Knie mit den sehnigen Arbeitshänden umfaßt, die Augen aufs Feuer gerichtet.«*

Sad ist die erste Erzählung, die Fedin, damals einer der um GOR'KIJ gruppierten »Serapionsbrüder«, in der jungen Sowjetunion veröffentlichte. Sie steht in der Tradition der klassischen russischen Erzählkunst eines ČECHOV und BUNIN. Ähnlich Bunins früher Erzählung *Antonovskie jabloki*, 1900 *(Die Antonov-Äpfel)*, oder Čechovs Drama *Višnëvyj sad*, 1904 *(Der Kirschgarten)*, gestaltet Fedin das Aufeinandertreffen einer abgelebten und einer neuen, die Zügel des Lebens an sich reißenden gesellschaftlichen Macht als ein Ereignis, das zwar notwendig und damit historisch gerechtfertigt ist, von den unmittelbar Betroffenen aber menschlich nicht bewältigt zu werden vermag. Der Brandstifter Silantij ist in Fedins psychologisch wohlabgesicherter und meisterhaft ausbalancierter Darstellung durchaus kein Feind der Sowjetmacht, obgleich sie für ihn von Anfang an ein Abstraktum bleibt. Silantij schädigt sie zwar durch die Vernichtung von Volkseigentum, doch tut er das in dem fatalistischen Bewußtsein eines zutiefst gekränkten Mannes, dessen Lebenswerk von den neuen Machthabern negiert wird. Indem er das Gutshaus niederbrennt, legt er die Welt seines ehemaligen Herrn und zugleich seine eigene Vergangenheit in Schutt und Asche, ohne eine Zukunftsperspektive und mit der einzigen Gewißheit, daß sein Leben jeden Inhalt verloren hat. M.Gru.

AUSGABEN: Leningrad 1920. – Moskau 1954 (in *Sobr. soč.*, 6 Bde., 1952–1954, 6). – Moskau 1959 (in *Sobr. soč.*, Hg. B. J. Brajnina, 9 Bde., 1959 bis 1962, 1).

ÜBERSETZUNG: *Der Garten*, G. Schwarz (in *GW*, Bd. 1, Bln. 1958).

LITERATUR: F. Ivanov, *»Sad« K. F.* (in Novaja russkaja kniga, 1922, Nr. 11/12).

TIŠINA

(russ.; *Ü: Stille*). Erzählung von Konstantin A. FEDIN, erschienen 1924. – Nach Jahren publizistischen Engagements für die Revolution hatte sich Fedin zu dieser Zeit, enttäuscht und zweifelnd, zurückgezogen und ganz auf die schriftstellerische Arbeit konzentriert. Unter dem Einfluß der »Serapionsbrüder«, einer literarischen Gruppe, der er angehörte, wurde er ein strikter Gegner jeglicher Tendenzliteratur. Wie andere der ČECHOV und BUNIN verpflichteten frühen Erzählungen des Autors schildert *Tišina* Menschen und Konflikte aus dem nachrevolutionären Leben des russischen Dorfes mit seinen patriarchalischen Traditionen.

Die gesellschaftlichen Umwälzungen der Jahre

nach dem russischen Bürgerkrieg bilden den Hintergrund einer lyrisch-verhaltenen Liebesgeschichte zweier alter Menschen. Auch nach der Enteignung hat der ehemalige Gutsbesitzer Aleksandr Antonyč seinen Heimatort, mit dem er sich untrennbar verwachsen fühlt, nicht verlassen. Er hat jedoch nicht die Kraft gefunden, sein Leben unter den gewandelten Verhältnissen neu zu ordnen. Heruntergekommen und untätig, in seine Erinnerungen versponnen, vegetiert er verloren zwischen den verfallenen Resten seines Guts dahin. Er ernährt sich von den Almosen der Bauern, die ihn gutmütig-uninteressiert dulden. Ruhig und ereignislos, allein dem Wechsel der Jahreszeiten unterworfen, vergehen die Jahre in müder Resignation. Nach langem Umherirren ist auch Taisa Rodionova, die ehemalige Herrin des Nachbarguts, zurückgekehrt. In ihrem verfallenen Gutshaus findet sich ein verblichenes Jugendphoto Aleksandr Antonyčs. In der Erinnerung des Gutsbesitzers taucht die Vergangenheit auf, da er Taisa liebte, sie betrog und von ihr verlassen wurde. Die Wiederbegegnung der alt gewordenen, einsamen, ohne Lebensaufgabe dastehenden Menschen gibt den Anstoß zu einem Neubeginn. In der Tat für den geliebten Menschen findet Aleksandr Antonyč aus seinem untätigen, sinnlosen Dasein. Symbolhafte Bedeutung gewinnt sein verzweifelter Kampf gegen die Krähen, die den verwilderten Gutspark mit ihrem heiseren Triumphgeschrei über den Menschen erfüllen, der sich ihrer nicht erwehren kann. In der Gemeinsamkeit finden die beiden alternden Menschen Versöhnung und die Kraft zu neuem Tätigsein.

Die handlungsarme Erzählung läßt das innere Erleben der Helden fast unausgesprochen. Sie begnügt sich mit wenigen, zurückhaltenden Andeutungen. Die strenge Verhaltenheit der Aussage ist mit einem ruhigen, lyrischen Erzählton gepaart. Die Präzision, Klarheit und Ökonomie der Sprache der Erzählung fand bereits die Anerkennung Maksim GOR'KIJS. K.H.

AUSGABEN: Moskau/Leningrad 1924 (in Russkij sovremennik, Nr. 4). – Moskau/Leningrad 1927 (in Transvaal). – Moskau 1959 (in Sobr. soč., Hg. B. J. Brajnina, 9 Bde., 1959–1962, 1).

ÜBERSETZUNGEN: Stille, G. Schwarz (in GW, Bd. 1, Bln. 1958). – Dass., G. Drohla (in Die Serapionsbrüder, Ffm. 1963).

TRANSVAAL'

(russ.; Ü: Transvaal). Erzählung von Konstantin A. FEDIN, erschienen 1926. – Thema der heftig umstrittenen Erzählung ist nach den Worten des Autors das Dorf »*der russischen Vergangenheit, welches die NÉP-Periode zu seiner Selbstverteidigung benutzt*«. Vor dem Hintergrund der revolutionären und nachrevolutionären Umwälzungen auf dem Dorfe zeichnet Fedin die in ihrer Bosheit faszinierende Gestalt des Kulaken William Ivanyč Svaaker. Trotz deutlich satirisch-entlarvender Züge erscheint der durch das Prisma der bäuerlichen Psychologie gesehene hyperbolische Held als Sinnbild einer gleichsam unbesiegbaren, in der menschlichen Natur begründeten gesellschaftlichen Kraft. Ein Nachfahre der Buren, ist Svaaker kurz vor der Revolution in einem abgeschiedenen russischen Dorf aufgetaucht. Seine auffallend häßliche Erscheinung, seine Fremdartigkeit, sein eigentümlicher Akzent, seine Körperkraft und seine verschlagene Klugheit lassen bald einen Mythos um ihn entstehen. Abergläubische Vorstellungen knüpfen sich in der Zeit der revolutionären Unruhen an seine Gestalt. In Wahrheit ist Svaaker ein durchtriebener Geschäftsmann, der die Jahre nach der Revolution skrupellos und aus genauer Kenntnis der bäuerlichen Psyche in seinem Interesse zu nutzen weiß und immer neue Möglichkeiten findet, sich zu bereichern. Er selbst hat die Nachricht von der großen Umwälzung ins Dorf gebracht und versteht es, sich von den Bauern, die ihm in bewundernder Haßliebe ergeben sind, zum Vorsitzenden des Dorfsowjets wählen lassen. Mit billigen Taschenspielertricks und planmäßiger Mystifizierung der eigenen Person, mit brutaler Gewalt und rührseliger Sentimentalität weiß er die Bauern zu überlisten und seine schier diktatorische Herrschaft zu festigen. Kraft seines Amts setzt er sich in den Besitz einer florierenden Wirtschaft, der er den Namen »Transvaal« gibt, heiratet die Tochter des ehemaligen Gutsbesitzers und errichtet schließlich auf seinem Hof eine private Mühlsteinfabrik.

Mit ironischer Distanz gezeichnet, entbehrt die Gestalt Svaakers dennoch nicht einer gewissen Größe und Erhabenheit, die sie über alle anderen Figuren der Erzählung stellt. Die eigentümliche Abnormität und heuchlerische Gemeinheit des Kulaken sind gepaart mit einer geradezu anziehenden kraftvollen Entschlossenheit und naiven Selbstsicherheit. Svaaker ist kein sozialer Charakter. Den Autor interessierte an seiner Gestalt »*nicht die soziale Seite der Erscheinung, sondern die biologische, verborgene, intime*«. Fedins Erzählung entstand auf der Grundlage tatsächlicher Begebenheiten. Prototyp ihres Helden war der Kleinindustrielle Julius Saarek, Eigentümer der »Transvaal-Mühlstein«-Fabrik in der russischen Provinz. Es ist überliefert, daß Saarek sich bemühte, Fedins entlarvende Erzählung aufzukaufen und zu vernichten. Die Veröffentlichung der Erzählung löste eine heftige Diskussion innerhalb der sowjetischen Kritik aus, die dem Autor vorhielt, das Kulakentum überzubewerten, ohne ihm die tatsächlich bestimmenden gesellschaftlichen Kräfte entgegenzustellen. K.H.

AUSGABEN: Charkow 1926 (im Almanach Proletarij). – Moskau 1960 (in Sobranie sočinenij, Hg. B. J. Brajnina, 9 Bde., 1959–1962, 3).

ÜBERSETZUNG: Transvaal, G. Schwarz (in GW, Bd. 1, Bln. 1958).

LITERATUR: P. Mireckij, *Vne social'noj soedy. Rasskazy F.* (in Na literaturnom postu, 1927, S. 31 bis 34).

OSYP JURIJ FED'KOVYČ

eig. Osyp Jurij Hordyns'kyj-Fed'kovyč

* 8.8.1834 Storonec' - Putyliv
† 11.1.1888 Černivci

LITERATUR ZUM AUTOR:
O. Makovej, *Žytjepis O. J. H.-F.*, Lemberg 1911. – Dmytro Zahul, *Žyttja i tvorčist' J. F.* Charkow 1927 [Einl. zur Werkausg.]. – D. Luk'janovyč, *Spiveć hucul'śkych hir. Syljueta ljudyny j poeta u 100 littja joho narodyn*, Lemberg 1934. – M. Pyvovarov, *J. F., Kiew 1954. – J. F. v rozvidkach i materialach*, Kiew 1958. – *J. F. Statti i materialy*, Černivci 1959. – M. Nečytaljuk, *Bukovyńskyj kobzar*, Lemberg 1963. – *Ukrajins'ki pys'mennyky, Bio-Bibliohraficnyj slovnyk*, Bd. 3, Kiew 1963, S. 300–333. – M. Pazjak, *J. F. i narodna tvorčist'*, Kiew 1974. – M. Šalata, *J. F., Žyttjevyj i tvorčyj sljach*, Kiew 1984.

LUK'JAN KOBYLYCJA

(ukr.; *Luk'jan Kobylycja*). Historisches Poem von Osyp Jurij FED'KOVYČ, erschienen 1891. – Es handelt sich um eines der wenigen, doch um so beliebteren revolutionären Poeme des »Sängers der Bukovina«, das zwischen 1862 und 1865 entstanden sein muß und mehr als 25 Jahre im ukrainischen Teil der k. u. k. Monarchie nur heimlich von Hand zu Hand ging. Dem historischen Sachverhalt entsprechend, wenn auch voll engagiertem Pathos, zeichnet Fed'kovyč seinen patriotischen Titelhelden als Exponenten der im ukrainischen Volk um 1848 herrschenden Stimmung. Auf einen elegischen Überblick über die soziale und rechtliche Verwahrlosung der Bukovina (zum Teil als innerer Monolog des Helden gestaltet) folgt ein melancholisches Stimmungsbild: die Rückkehr der erfolglosen ukrainischen Abgeordneten aus Wien. In einer streitbaren Rede rüttelt Kobylycja die Zaghaften wach. Er will nach Pest reisen und sich der Hilfe der Ungarn versichern, die sich auch ihre Freiheit Wien gegenüber erkämpft haben: »*Und wenn aus dem Ungarlande / Von mir die Nachricht kommt... / Dann heißt es, ihr Herren Brüder, / Aufgesessen prompt.*« Den erfolglosen Aufstand der Bukovina-Ukrainer im Revolutionsjahr 1848 schildert Fed'kovyč nicht mehr. Er schließt sein Poem mit einem sarkastischen Epilog, der das »Warten auf Nachricht« vom thematischen Bezug löst und zum allgemeineren Sinnbild der trägen Untätigkeit werden läßt: »*Heut, nein morgen – ach wer weiß das? / Mag's der Herrgott wissen! / Gehn wir, Herrn und Brüder, weil wir Herden hüten müssen.*«

Angriffsziel des Dichters ist nicht in erster Linie der k. u. k. Imperialismus, sondern die brutale Polenherrschaft in der Bukovina, nicht das »*Eingefangensein in deutscher Öde*«, sondern das »*Verkauftsein an die Polenherrchen*«. Anders als bei Fed'kovyčs verehrtem Vorbild ŠEVČENKO, in dessen »Kleinrußland« nationale und ökonomische Unterdrücker ein und dieselben waren, trennt der Westukrainer die Verantwortlichen nach Volksgruppen. Fed'kovyčs Befangenheit in seinem tief verwurzelten Polenhaß wird auch durch die gelungene formale Struktur des Poems nicht ganz wettgemacht, die an Ševčenkos Verstechnik und Metaphorik orientiert ist, ohne jedoch deren Klang und Dichte zu erreichen. Einige stilistische Wendungen und die abschließende Desillusionierung erinnern an HEINE. Fed'kovyčs ureigenstes Element bleibt auch in diesem Werk seine reizvolle huzulische Diktion (d. i. die mit rumänischen Elementen durchsetzte Mundart der in den östlichen Waldkarpaten lebenden Huzulen). Dieses Idiom seiner Heimat hat Fed'kovyč nicht nur in seinen Gedichten (*Poeziï*, 1862), die den Einfluß der deutschen Romantik und der bukovinischen Folklore verraten, sondern auch in Erzählungen und Dramen literaturfähig gemacht. Er gilt als Begründer der huzulischen Mundartdichtung. W.Sch.

AUSGABEN: Lemberg 1891 (in Zorja, 1). – Lemberg 1902 (in *Pysannja*, 4 Bde., Hg. I. Franko u. O. Kolessa, 1). – Kiew 1960 (in *Tvory*, 2 Bde., 1; Einl. M. F. Nečytaljuk).

LITERATUR: H. Hvc', *Motyvy E. Tehnera u tvorčosti Ju. F.* (in Radjans'ke Literaturoznavstvo, 1986, 8, S. 51–60).

JOHANN HINRICH FEHRS

* 10.4.1838 Mühlenbarbek / Holstein
† 17.8.1916 Itzehoe

LITERATUR ZUM AUTOR:
Bibliographie und Forschungsbericht:
K. Dohnke, *J. H. F.* (in Steinburger Hefte, 4, 1982, S. 3–32). – K. Dohnke, *J. H. F.* Itzehoe 1982.
Gesamtdarstellungen und Studien:
J. Bödewadt, *J. H. F.: Sein Werk und sein Wert*, Hbg. 1914; ern. 1922. – C. H. Boeck, *Von Groth zu F.*, Hbg. 1922. – R. Zeitler, *J. H. F.' dichterische Entwicklung*, Diss. Rostock 1923. – W. Jensen, *J. H. F.' Erzählungstechnik im Roman »Maren« und den größeren Novellen*, Diss. Hbg. 1923. – G. Rehmet, *Schleswigholstein. Erzählungskunst um*

1900 u. ihre Beziehung zur Bauerndichtung d. Gegenw.: J. H. F. u. Timm Kröger, Diss. Breslau 1939. – G. Hoffmann, *Gott u. Natur bei J. H. F.*, Diss. Hbg. 1952. – Ders., *Die Weltanschauung bei J. H. F.*, Neumünster 1957. – L. Foerste, *F.s künstlerische Leistung: Interpretation seiner plattdeutschen Erzählungen*, Köln/Graz 1957. – Dies., *Idee als Gestalt F.scher Kunst: Eine ästhetische Dichtungsbetrachtung*, Neumünster/Hbg. 1962. – K. Dohnke u. J. Ruge, *Vom Umgang mit ›niederdt. Klassikern‹: Editorische Anmerkungen zu den Sämtl. Werken von J. H. F.* (in NdJb, 109, 1986, S. 58–76).

EHLER SCHOOF

(nd.; *Ehler Schoof*). Novelle von Johann Hinrich FEHRS, erschienen 1901. – »*Ein Mann in meinem Heimatdorf verlor innerhalb vierzehn Tagen sein Weib und seine fünf Kinder und wurde taumelig und wunderlich, er war ohnehin ein kleines und bescheidenes Männchen. Daraus entstand ›Ehler Schoof‹, alles Detail ist Dichtung.*« Mit dieser Briefnotiz umreißt Fehrs die »ungeheure Begebenheit«, die GOETHE für eine Novelle forderte, und gestaltete daraus die beste niederdeutsche Novelle. Sie entstand im Jahr 1900, als der Autor an seinem Roman *Maren* arbeitete, und erschien in einem Sammelband mit einigen anderen kleinen Werken.

Die Erzählung ist als Rahmennovelle angelegt. Jehann-Ohm erzählt während eines Spaziergangs seinem Pflegekind die Geschichte des Zimmermanns Ehler Schoof: Der Tod hat dem tüchtigen und fleißigen Ehler innerhalb weniger Tage alle Angehörigen geraubt. Verzweifelt will er Hand an sich legen, doch die alte Abel, eine Frau aus dem Dorf, versucht, ihn von seinem Vorhaben abzubringen, indem sie ihn bei seinem fast übertriebenen »Ehrlichkeitsstolz«, seiner »*ketteligen Stell*« (empfindlichen Stelle) packt und ihn ermahnt, die fällige Arztrechnung zu begleichen. Ehler, der niemandem etwas schuldig bleiben will, beginnt ein neues Leben, um durch Arbeit seine Schulden abzutragen; dann aber will er seinem Dasein, das ihm ohne Frau und Kind sinnlos erscheint, ein Ende setzen. Doch abermals lädt Ehler eine schwere Schuld auf sich: in Notwehr tötet er einen Arbeitskollegen. Der Richter spricht ihn zwar nach dem Gesetz von jeder Schuld frei, sein Gewissen treibt ihn aber um so stärker zur Sühne. Er nimmt sich des verwaisten Kindes des Erschlagenen an, überwindet in der neuen ihm gestellten Aufgabe die Schicksalsschläge und »*gibt sich selbst dem Leben zurück*«. Nach vielen Jahren kehrt er heim in sein Dorf, wo er, dank der alten Abel, die Gräber seiner Familie gepflegt und sein Haus unversehrt vorfindet. Schließlich gewinnt Ehler in Wiebn, die ihn schon in ihrer Jugend heimlich geliebt hat, eine neue Frau und eine Mutter für sein Pflegekind.

In ungemein knappen, sicher geführten Strichen stellt Fehrs eine Fülle von Personen und Geschicken vor. Neben Ehler Schoof treten zahlreiche Dorfbewohner in Erscheinung, die aus anderen Erzählungen des Dichters bekannt sind. Obwohl ihnen in der Geschichte oft nur eine Nebenrolle zugeteilt ist, sind ihre Charaktere doch klar umrissen, und erst durch ihre Existenz rundet sich das Geschehen um Ehler Schoof zu einem realistischen Abbild der Wirklichkeit. – Fehrs selbst hielt die Erzählung für seine bedeutendste. Das Thema hatte ihn schon lange beschäftigt, gelangte aber erst aus einem tragischen Anlaß heraus (dem Tod seiner Frau) zur Ausführung. Im Urteil der Kritik »*tritt er mit ›Ehler Schoof‹ unseren größten deutschen Novellendichtern, einem Keller, C. F. Meyer, Storm ebenbürtig an die Seite*« (O. Mensing). W.L.

AUSGABEN: Garding 1901 (in *Ettgrön*). – Hbg. 1913 (in *Gesammelte Dichtungen*, 4 Bde., 3). – Hbg. 1956. – Hbg. 1987 (in *SW*, Hg. K. Dohnke u. J. Ruge, 5 Bde., 2).

LITERATUR: J. H. Fehrs, *Briefe an H. Hansen*, Kiel 1929, S. 38 ff. – C. Boeck, *F.' Novelle »Ehler Schoof«* (in Niedersachsen. Norddeutsche Monatshefte für Heimat und Volkstum, 35, Mai 1930, S. 250 ff.). – L. Foerste, *F.' Novelle »Ehler Schoof«. Eine Interpretation* (in JbNd, 79, 1956).

MAREN. En Dörproman ut de Tiet von 1848/51

(nd.; *Maren. Ein Dorfroman aus der Zeit von 1848/51*). Roman von Johann Hinrich FEHRS, erschienen 1907. – »*Der Maren-Roman steht am Ende des Fehrsschen Schaffens wie eine Symphonie des in kleinen Erzählungen längst und immer wieder von ihm Gestalteten*« (L. FOERSTE). Schon im Titel klingen die Themen an, die zur Sprache kommen: Individuum (Maren), Gemeinschaft (Dorf), Geschichte (die schleswig-holsteinische Erhebung gegen Dänemark). Schauplatz dieser und aller anderen Erzählungen des Autors ist das Dorf Ihlenbek. Maren Boysen, eine kluge, tatkräftige und ehrgeizige Frau, will unter allen Umständen den wirtschaftlichen Ruin ihrer Familie verhindern und deren Ansehen wiederherstellen. Anstelle ihrer Nichte, die sie vergeblich mit Paul Struck, dem reichsten Bauern des Orts, zu verheiraten sucht, geht sie selbst die Ehe mit diesem lediglich seines Geldes wegen begehrenswerten Mann ein. Für ihre eigene wie für die angeheiratete Familie wirkt sich dieser Entschluß segensreich aus: Sie regiert so erfolgreich im Hause Struck, daß ihr schwerfälliger, geiziger und an Geschäftstüchtigkeit weit unterlegener Ehemann sie als Alleinerbin einsetzt. Dafür muß sie, die sich bisher immer noch als eine Boysen betrachtet, ein weiteres Opfer bringen und dem Bauern trotz schwerer seelischer Konflikte den ersehnten Stammhalter schenken. Bevor sie im Kindbett stirbt, wird sie Zeuge der Verbrüderung zwischen Paul Struck und ihrem Bruder Tyge, nimmt also die Gewißheit mit sich, daß für die Familie Boysen wieder bessere Zeiten anbrechen werden.

Die Handlung verläuft in zwei parallelen, vielfach aufeinander bezogenen Erzählsträngen: das persönliche Schicksal Maren Boysens und das der um ihrer Freiheit kämpfenden Schleswig-Holsteiner (kurz vor Marens Tod entscheiden die Dänen den Krieg zu ihren Gunsten). – Gestalten aus früheren Erzählungen des Autors, wie die alte Abel Lahan aus der Novelle *Ehler Schoof*, treten auf und sorgen dafür, daß Themen und Motive aus diesen anderen Werken in den Roman hineinwirken. Die psychologisch glaubwürdigste und differenzierteste Romanfigur ist zweifellos die Titelheldin. Fehrs verwendet ein von der Hochsprache nahezu völlig unbeeinflußt erscheinendes Plattdeutsch, das dem Romangeschehen hohe Authentizität verleiht. Seine Heimat im Zusammenklang ihrer landschaftlichen, menschlichen und geschichtlichen Komponenten abzubilden – mit diesem Ziel vor Augen arbeitete der Autor zwanzig Jahre an dem Buch, mit dem er den Höhepunkt seines Schaffens erreichte und das eine weit über das Genre der niederdeutschen Heimatdichtung hinausreichende Bedeutung besitzt. W.L.-KLL

AUSGABEN: Garding 1907. – Hbg. 1913 (in *Gesammelte Dichtungen*, 4 Bde., 4). – Braunschweig 1923 (in *Gesammelte Dichtungen*, Hg. J. Bödewadt, 6 Bde., 6). – Hbg. 1954 [Ill. W. Petersen].

LITERATUR: H. Meyer-Benfey, »Maren« (in *Niederdt. Studien. Fs. für C. Borchling*, Neumünster 1932). – U. Pretzel, *F.' »Maren« als tragischer Schicksalsroman* (in *Fs. für D. v. Kralik*, Horn 1954, S. 271–286; auch in U. P. *Kleine Schriften*, Bln. 1979, S. 279–294).

BENITO JERÓNIMO FEIJÓO Y MONTENEGRO

* 8.10.1676 Casdemiro
† 26.9.1764 Oviedo

LITERATUR ZUM AUTOR:
M. Morayta, *El Padre F. y sus obras*, Valencia 1913. – G. Marañon, *Vocación, preparación y ambiente biológico y médico del Padre F.*, Madrid 1934. – S. Leirós Fernández, *El Padre F. Sus ideas crítico-filosóficas*, Santiago de Compostela 1935. – G. Delpy, *L'Espagne et l'esprit européen. L'œuvre de F.*, Paris 1936; ern. 1946. – C. Amor, *Ideas pedagógicas del Padre F.*, Madrid 1950. – Cuadernos de la Cátedra Feijóo, 1955 ff. – A. Ardao, *La filosofía polémica de F.*, Buenos Aires 1962. – Boletín de la Biblioteca de Menendez Pelayo, 40, 1964 [Sondernr. *J. y M.*]. – F. Eguiagaray Bohigas, *El Padre F. y la filosofía de la cultura de su época*, Madrid 1964. – J. A. Pérez-Rioja, *Proyección y actualidad de F. Ensayo de interpretación*, Madrid 1965 [m. Bibliogr.]. – *El Padre F. y su siglo: Ponencias y comunicaciones presentadas en el simposio celebrado en la Univ. de Oviedo 1964*, Oviedo 1966. – A. R. Fernández Gonzáles, *Personalidad y estilo en F.*, Oviedo 1966. – I. L. McClelland, *B. J. F.*, NY 1969 (TWAS). – R. Otero Pedrayo, *El Padre F. Su vida, doctrina e influencia*, Orense 1972. – P. Alvarez de Miranda, *Aproximación al vocabulario ideológico de F.* (in CHA, 1979, Nr. 347, S. 367–396). – *II. Simposio sobre el Padre F. y su siglo*, Oviedo 1983. – J. Filgueire Valverde, *Estudios sobre F.*, Madrid 1983.

CARTAS ERUDITAS Y CURIOSAS

(span.; *Gelehrte und interessante Briefe*). Ein fünfbändiges Sammelwerk von Benito Jerónimo FEIJÓO Y MONTENEGRO, erschienen 1742–1751. – Die 163 Abhandlungen stellen eine Fortsetzung des *Teatro crítico universal* dar: Auch sie sind dem Kampf gegen die Irrtümer, die Unwissenheit, den Aberglauben, die Vorurteile und die erstarrten Traditionen der Zeit gewidmet. Freilich wirken die *Briefe*, verglichen mit dem 1726–1740 erschienenen *Teatro crítico*, matter, wie von Altersmüdigkeit gezeichnet; der aufklärerische Impetus und die Begeisterung für Naturwissenschaft und experimentelle Forschung haben indes nicht nachgelassen. So bekämpfen einige Briefe die überall grassierende Wundersucht, die allenthalben Tatkraft und Unternehmungsgeist lähme: Feijóo erzählt etwa, wie es ihm einmal gelungen ist, ein alljährlich am Festtag eines Heiligen sich wiederholendes Wunder als frommen Betrug zu entlarven – was ihm den nicht geringen Haß der unfrommen Nutznießer des Wunders zuzog.
Das modern anmutende Eintreten des Autors für religiöse Toleranz ist um so höher zu bewerten, als Feijóo selbst ein durchaus gläubiger Mensch war; seine tolerante Gesinnung entspringt einer allgemeinen Menschenliebe, hat also nichts mit der religiösen Gleichgültigkeit vieler französischer Enzyklopädisten und Aufklärer zu tun. Auch heute noch vermögen diese Briefe zu beeindrucken; zieht man die allgemeine Rückständigkeit und geistige Enge jener Zeit in Betracht, so erregt die liberale und fortschrittliche Aufgeschlossenheit des Benediktinermönchs höchste Bewunderung. A.F.R.

AUSGABEN: Madrid 1742–1751, 5 Bde. – Madrid 1928, Hg. A. Millares Carlo [Ausw.]. – Madrid 1969 (Clás. Cast). – Madrid 1984, Hg. u. Einl. C. Martín Gaíte.

LITERATUR: J. A. L. Marichal, *F. y el ensayismo hispánico*, Diss. Princeton 1949 [vgl. ders., in NRFH, 5, 1951, S. 313–323]. – G. Marañon, *Las ideas biológicas del P. F.* (in B. J. F., *Obras escogidas*, Hg. A. Millares Carlo, Bd. 2, Madrid 1961).

TEATRO CRÍTICO UNIVERSAL. DISCURSOS VARIOS EN TODO GÉNERO DE MATERIAS, PARA DESENGAÑO DE ERRORES COMUNES

(span.; *Kritisches Welttheater. Verschiedene Abhandlungen über Gegenstände jedweder Art zur Richtigstellung landläufiger Irrtümer*). Ein neunbändiges Sammelwerk von Benito Jerónimo FEIJÓO Y MONTENEGRO, erschienen 1726–1740. – Die 118 hier vereinigten Arbeiten bilden zusammen mit der Sammlung von 163 *Gelehrten und interessanten Briefen* (vgl. *Cartas eruditas y curiosas*) die literarische Hinterlassenschaft des bedeutendsten Mannes der spanischen Geistesgeschichte in der ersten Hälfte des 18. Jh.s. Wie diese behandeln sie die unterschiedlichsten Themen aus Mathematik, Physik, Biologie und Medizin, Geschichte, Gesellschaftslehre und Geographie, Sprachlehre und Literatur, Astrologie, Philosophie, Theologie und Moral. Ein wahrhaft enzyklopädischer Geist, der von sich sagen konnte: »*Ich schreibe über alles; es gibt keinen Gegenstand, der der Absicht meines Werkes entgegenstünde!*«, nimmt Feijóo Stellung zu Fragen, die ihm vorgelegt werden, zu den Büchern und Schriften, die er in unersättlichem Wissensdurst liest, zu aktuellen Problemen und irrtümlichen Anschauungen seiner Zeit mit dem »*einzigen Ziel, die Wahrheit darzulegen*«. Als Mann der Aufklärung »*allein von Vernunft und Erfahrung geleitet*«, unterwirft er alles kritischer Nachprüfung und akzeptiert nichts, was dem gesunden Menschenverstand und eigener Beobachtung nicht standhält. Getreu seinem Wahlspruch »*Ein kluger Mann erkennt immer mehr als eine Horde von Dummköpfen!*«, zieht er ebenso gegen die Leichtgläubigkeit und den Aberglauben der Menge wie gegen den altgewohnten Trott des Wissenschaftsbetriebs seiner Zeit zu Felde. Er wettert gegen die Vorliebe der Gelehrten für abstrakte Diskussionen und fordert die Beschäftigung mit solchen Wissenschaften, in denen man wie in Physik, Chemie und Medizin durch vorurteilsfreies methodisches Vorgehen und nachprüfbares Experimentieren zu sicheren praktischen Ergebnissen gelangt. Der kritische Rationalismus Feijóos, seine Auflehnung gegen Autorität und geheiligte Denktraditionen machen nur dem streng religiösen Bereich der katholischen Glaubenslehre gegenüber halt. Unduldsamkeit in Religionsfragen lehnt er jedoch ebenso ab wie übertriebene Vaterlandsliebe: »*Leidenschaftlicher Nationalismus ist ein Laster.*« Mit dieser zutiefst liberalen, kritisch-polemischen und grundsätzlich skeptischen Haltung, die der des von ihm bewunderten englischen Philosophen Francis BACON (1561–1626) nicht unähnlich ist, war Feijóo ein einsamer Rufer in der Wüste seiner Zeit. Nicht durch die Originalität seiner Gedanken, sondern durch die Verkündigung einer neuen Denkart wurde er zum Stein des Anstoßes in einem Land, das seit der Zeit Philipps II. hermetisch von der europäischen Kulturwelt abgeschlossen war, unter dem Zwang der Inquisition und der Gegenreformation an der stürmischen Entwicklung des Geisteslebens keinen Anteil genommen hatte. So erregten die Schriften Feijóos, die bis 1787 etwa hundert Auflagen mit nahezu 500 000 Exemplaren erreichten, in Spanien gewaltiges Aufsehen und entfachten eine beispiellose Polemik. Trotzdem blieb ihre Wirkung gering. Die herrschenden Mächte der Zeit – Kirche und religiöse Orden, die das Erziehungs- und Bildungswesen beherrschten, Ärzte und Professorenschaft, die von den neuen wissenschaftlichen Methoden den Verlust ihres Ansehens befürchteten – stellten sich gegen sie. Mit Recht klagte Feijóo: »*Meine Stimme dringt überall hin, doch wird sie von niemandem gehört.*«

A.F.R.

AUSGABEN: Madrid 1726–1740, 9 Bde. – Madrid 1863 (BAE, 56; ern. 1961). – Madrid 1923–1925, Hg. A. Millares Carlo, 3 Bde. (Clás. Cast; ern. Madrid 1973–1975). – Madrid 1985, Hg. u. Einl. A.-R. Fernández González (Cátedra). – Madrid 1986, Hg. u. Einl. G. Stiffoni (Castalia).

LITERATUR: C. Reed, *El ›Teatro crítico universal‹ del P. F.*, Mexiko 1950. – E. V. Coughlin, *The Polemic on F.'s »Defensa de las mujeres«* (in Dieciocho, 9, 1986, S. 74–85).

RHIJNVIS FEITH

* 7.2.1753 Zwolle
† 8.2.1824 Gut Boschwijk bei Zwolle

LITERATUR ZUM AUTOR:
H. G. ten Bruggencate, *R. F., een bijdrage tot de kennis van zijn persoonlijkheid*, Wageningen 1911. – A. Zijderveld, *De romancepoezie in Noord Nederland van 1780 tot 1830*, Amsterdam 1915. – H. A. C. Spoelstra, *De invloed van de Duitsche letterkunde op de Nederlandse in de tweede helft van de 18e eeuw*, Amsterdam 1931. – M. Langbroek, *Liebe u. Freundschaft bei Klopstock u. im niederländischen empfindsamen Roman*, Purmerend 1933. – Q. W. J. Daas, *De gezangen van Ossian in Nederland*, Diss. Nijmegen 1961. – *R. F. Zwolle 1824–1974*, Zwolle 1974 [Ausst. Kat.]. – J. J. Kloek, *R. F.: het belang en de gevoelige lezer: een receptieesthetische problematiek avant la lettre* (in Tijdschrift voor Nederlandse taal- en letterkunde, 97, 1981, S. 120–145).

HET GRAF

(ndl.; *Das Grab*). Lehrgedicht in vier Gesängen von Rhijnvis FEITH, erschienen 1792. – Im ersten Gesang seiner Dichtung beschreibt Feith die Erde als ein Tal des Jammers. Erst der Tod bringt die ersehnte Ruhe. Da alles vergänglich ist, hat es wenig

Zweck, nach Größe zu streben; ein einfaches Landleben bewahrt am besten vor Enttäuschung. Der Gedanke, daß das irdische Dasein nur eine Vorbereitung auf das Leben nach dem Tod ist, wird in den folgenden Gesängen weiterentwickelt. In der Nacht und in der Einsamkeit des Waldes ist es dem Menschen möglich, die Eitelkeit alles Weltlichen zu erkennen; nur die Unsterblichkeit gibt dem Leben einen Sinn. Der dritte Gesang beginnt mit einem Loblied auf Gott, der alles – einschließlich des Bösen – zum Guten wendet. Er ist der sichere Steuermann, dem wir uns anvertrauen können. Angesichts des Grabes zeigt sich die Allmacht des Todes, vor dem alle gleich sind; erst auf dem Friedhof, inmitten von Denkmälern der Vergänglichkeit, wird deutlich, was wirklich zählt: »*Die Wahrheit kann am besten bei Grab und Särgen sprechen.*« Der Tod, den Feith beschreibt, ist kein furchterregendes Skelett, sondern ein schöner Jüngling, der ewiges Leben schenkt. Nach einem Loblied auf den Philosophen Leibniz schließt das Gedicht mit einer Vision, in der der Dichter alle von ihm geliebten Menschen vor Gottes Thron vereint sieht. Er bedauert, noch auf Erden bleiben zu müssen, und bittet, die Tugend möge ihn auch weiterhin begleiten.

Die Verdienste Feiths, des bekanntesten niederländischen Vertreters der Vorromantik, sind erst sehr spät gewürdigt worden. Generationen lang wurde der zu seinen Lebzeiten berühmte Dichter als Musterbeispiel schlechten Geschmacks verspottet. Obwohl schon um die Jahrhundertwende der Symbolist Willem Kloos eine Ehrenrettung versuchte – er edierte eine Werkauswahl und wies in der Einleitung auf die sprachliche Schönheit dieser Lyrik hin – wurde Feith doch erst von den Vertretern der in den sechziger Jahren dieses Jahrhunderts einsetzenden »neuen Sensibilität« wiederentdeckt, die in ihm einen ihrer Urahnen erkannten. Erfolgreiche Neuausgaben seiner wichtigsten Werke sind Zeugnisse dieses Stimmungswandels.

Het graf, verfaßt im klassischen Versmaß der niederländischen Dichtung, dem Alexandriner, ist Ausdruck einer persönlichen Krise. Feith, der sich als Anhänger der Französischen Revolution aktiv am Kampf der »patriotten« gegen die Anhänger des Hauses Oranien beteiligt hatte, mußte erleben, wie seine Partei unterlag. Aufgrund seiner politischen Haltung wurde er heftig angegriffen, während zur gleichen Zeit Stimmen laut wurden, die seine vielgelesenen Romane *Julia* (1783) und *Ferdinand en Constantia* (1785), beide in der Nachfolge des *Werther* entstanden, wegen ihrer angeblichen Unmoral kritisierten. Feith zog sich daraufhin enttäuscht auf sein Landgut zurück. In dieser Stimmung entstand ein Werk, das in unmittelbarer Nachbarschaft zu Youngs *Night Thoughts* (1742–1745) zu sehen ist. Unter dem Einfluß der barocken Vanitas-Thematik, des Pietismus und der Leibnizschen Philosophie schuf Feith ein Werk, in dem der Glaube an eine präetablierte Harmonie immer wieder von einer Verzweiflung durchbrochen wird, die sich vor allem in den makaber präzisen Schilderungen des Todes zeigt. R.A.Z.

Ausgaben: Amsterdam 1792. – Zwolle 1964 [Einl. P. Buijnsters].

Übersetzung: *Das Grab, ein didaktisches Gedicht*, P. F. L. Eichstorff, Zutphen 1821.

Literatur: P. van Tieghem, *La poésie de la nuit et des tombeaux en Europe au 18e siècle*, Paris 1921. – P. Buijnsters, *Tussen twee werelden. R. F. als dichter van »Het Graf«*, Assen 1963.

JULIA

(ndl.; *Julia*). Roman von Rhijnvis Feith, erschienen 1783. – Thema des Romans ist die Liebe zwischen Eduard und Julia, die, gefühlsselig schmachtend, glauben, daß ihre Seelen für alle Ewigkeit miteinander vereint seien. Julias Vater, der sich einen vermögenden Schwiegersohn wünscht, verweigert jedoch seine Zustimmung zur Heirat. Die beiden schwärmerisch Liebenden treffen sich nun heimlich, nachts oder ganz früh am Morgen, auf einem Hügel, im Wald oder in einer Gruft, »*da ein empfindsames Herz alles liebt, was düster und erhaben ist*«. Allmählich aber fürchten beide, auf die Dauer werde ihre rein geistige Liebe den Anfechtungen der Sinnlichkeit nicht standhalten, und sie fassen daher den Entschluß, sich völlig voneinander zu trennen, bis sie endlich doch die Erlaubnis zum Heiraten erhielten. Zwar wird es Eduard schwerer, die Trennung zu ertragen, als Julia, doch die Briefe der Geliebten sind ihm Trost und Stütze. Ganz unerwartet ist Julias Vater schließlich mit der Heirat einverstanden. Eduard eilt aus der Fremde herbei, aber er kommt nur noch zum Leichenbegängnis seiner zarten Geliebten zurecht. Von Verzweiflung übermannt, zieht er sich erneut in die Einsamkeit zurück. Im Lauf der Zeit weicht die Hoffnungslosigkeit jedoch einer tiefen Melancholie, die ihn ruhig den Tod erwarten läßt, der ihn endgültig mit Julia vereinen wird.

Julia ist ein typisches Werk der das literarische Leben Europas im späteren 18. Jh. beherrschenden Empfindsamkeit, deren Hauptvertreter in den Niederlanden Feith ist. In der Zueignung zu seinem erfolgreichen Erstlingsroman – bereits im Erscheinungsjahr kam noch eine zweite Auflage heraus – hat der Autor selbst dargelegt, daß er hier seine Auffassung von der wahren Liebe, die ohne Tugend nicht bestehen könne, ja sogar zum wahren Gottesdienst führe, wiedergeben wollte. Nach seiner Überzeugung sind Liebe und Religion untrennbar miteinander verbunden. Mit diesem mystischen Empfinden steht Feith, der Exponent der niederländischen Dichtervereinigungen, die ihn mit Ehren überschütteten, stark unter dem Einfluß der zeitgenössischen deutschen und englischen Literatur, mit der er sich schon als junger Student beschäftigt hat. Vor allem Klopstock, dem er auch persönlich begegnet ist, Ossian und Young haben einen außerordentlichen Einfluß auf ihn ausgeübt. Sein religiöser Idealismus ist mit starkem individuellem Sentimentalismus gepaart; das überschwengliche Gefühl nimmt – eine Reaktion auf die Aufklärung – den Platz der Vernunft ein.

P.J.H.V.

AUSGABEN: Leiden 1783. – Purmerend 1933 [Einl. u. Anm. H. C. M. Ghijsen]. – Den Haag 1967 [Einl. M. C. van den Toorn]. – Den Haag 1982, Hg. J. J. Kloek u. A. N. Paasman.

ÜBERSETZUNGEN: *Julie*, anon., Lpzg. 1788. – Dass., anon., Mannheim 1797.

LITERATUR: W. A. P. Smit, *R. F. en de liefde van Julia* (in W. A. P. S., Dietse studies, Assen u. a., 1965, S. 144–160). – W. R. D. van Oostrum u. M. Hochscheid-Mabesoone, *»Julia«-drukken* (in Spektator, 3, 1974, Nr. 4, S. 513–536). – W. R. D. van Oostrum, *»Julia«-drukken voor 1800 – II* (ebd., 9, 1980, Nr. 5, S. 433–450). – L. Buijnstensters-Smets, *Illustraties en decoratieve versieringen voor F.s roman »Julia«* (in Antiek, 16, 1981, Nr. 5, S. 305–315).

ENDRE FEJES

* 15.9.1923 Budapest

ROZSDATEMETŐ

(ung.; *Ü: Schrottplatz*). Roman von Endre FEJES, erschienen 1962. – Die Feststellung des einfachen Tatbestandes – »*Im Frühjahr des Jahres 1962 brachte János Hábetler junior auf dem Schrottplatz einen Hilfsarbeiter um*« – steht am Anfang des Romans, der, weit in die Vergangenheit zurückgreifend, die Motive der Tat zu enthüllen sucht. Das »Warum« liegt in der Geschichte der kleinbürgerlichen Familie Hábetler begründet, die Fejes in raschem Tempo vorbeiziehen läßt. Geburten, Todesfälle, Eheschließungen und Scheidungen, zu denen sich Frau Mária Hábetler, geborene Pék, mit einem stets gleichbleibenden Menü rüstet, sind nicht nur äußere Marksteine des Familienlebens, sondern das Leben selbst. In der hektischen Beschleunigung des äußeren Geschehens gegen die Mitte des Romans hin werden die Öde, die existentielle Sinnlosigkeit und die Krise evident. Die Ehen der Hábetler-Töchter scheitern, Gizella, Eszter und Hajnalka suchen vergeblich nach einem Halt, ihr Leben zerrinnt ihnen zwischen den Fingern. Solange die Mutter lebt, hat die Familie noch einen festen Mittelpunkt: Zwar kommt es in der überfüllten winzigen Wohnung zu erschütternden Szenen und heftigsten Auseinandersetzungen, doch die Mutter betreut die Enkelkinder, pflegt den verletzten Schwiegersohn, kümmert sich auch um die Nachbarn, wenn dies nötig wird, und sie ist es, die mit groben Worten, aber gesundem Menschenverstand einen jeden zurechtweist und ihrem Sohn János die Verantwortung für seine Schwestern wieder ins Bewußtsein bringt. Erst nach ihrem Tod kommt es zur Katastrophe: János trifft auf dem Schrottplatz seiner Arbeitsstätte seinen Schwager Gyögy Zentay wieder. Der jähzornige, oft grobe, aber eigentlich sehr warmherzige und gerechtigkeitsliebende János haßt Zentay seit dem Augenblick, da dieser eine Portion Schinken vertilgte, ohne seiner schwangeren Frau Eszter auch nur einen Bissen davon anzubieten. Zentay lebt längst getrennt von Eszter, seine »bürgerliche« Herkunft, mehr noch aber seine notorische Trunksucht lassen ihn in mehreren Stellungen scheitern. Auch diesmal ist er angetrunken; er kennt die gefährliche Streitsucht, die ihn in diesem Zustand zu überkommen pflegt, er kennt den gefährlichen Jähzorn des jungen Hábetler, er weiß, daß er besser daran täte zu schweigen, und provoziert dennoch die Auseinandersetzung. Seine Beschuldigungen gelten der ganzen Familie Hábetler, vowiegend aber den drei Schwestern, denen er vorwirft, alle Männer zugrunde zu richten, mit denen sie in Berührung kommen, weil sie vom Leben ausschließlich die vorübergehende Betäubung ihrer Sinne erwarten. Der Vorwurf trifft, Hábetler schlägt zu, Zentay stürzt und bleibt mit zerschmettertem Schädel liegen.

Fejes' Roman verdeutlicht, daß die Übernahme des neuen Gesellschaftssystems nicht auch die »automatische« Lösung der moralischen Probleme bringen kann, die sich aus der Entwicklung einer modernen Industriegesellschaft ergeben. Der einzige Kommunist unter den Gestalten des Romans, Sándor Seres, Amtsdiener im Außenministerium, ergeht sich mit kindlich naivem Glauben an die Richtigkeit seiner Reden in eingetrichterten, sinnlosen Phrasen über die Möglichkeiten des neuen Lebens, ist aber weit davon entfernt, auch nur zu ahnen, wo die wirklichen Schwierigkeiten liegen.

Fejes' Stil und Gestaltungsweise erinnern besonders in der ersten Hälfte des Romans an GELLÉRI Andor Endre (1907–1945); die skurril-groteske Atmosphäre, das Schwanken zwischen Tragödie und Burleske (z. B. bei der Beschreibung eines Begräbnisses) scheint unmittelbar auf den großen Novellisten zurückzugehen.

Das Werk erregte bei seinem Erscheinen erhebliches Aufsehen und wurde bereits in mehrere Fremdsprachen übersetzt. – Auch in seinem neuen Roman *Jó estét nyár, jó estét szerelem*, 1968 *(Guten Abend Sommer, guten Abend Liebe)*, an dessen Ende wieder ein Mord steht, erweist sich Fejes als ausgezeichneter Psychologe. Seine Sprache ist die der modernen Großstadt geblieben und mit Slang-Ausdrücken durchsetzt, während sein Stil noch knapper geworden ist.

M.Sz.

AUSGABEN: Budapest 1962; [14]1984. – Bukarest 1974. – Budapest 1979 (in *Regények és elbeszélések*).

ÜBERSETZUNGEN: *Schrottplatz*, E. Schag, Mchn. 1966. – Dass., J. Buschmann, Bln./Weimar 1966.

LITERATUR: L. Zappe, *F. E., a »Rozsdatemető« írója* (in Irodalomtörténet, 1976, S. 589–610). – B. Pomogáts, *Regénytükör*, Budapest 1977, S. 169–177. – St. C. Scheer, *Metafiction in the Modern Hungarian Novel: Non Conventional Fictionmaking in E. F. and Gyula Fekete* (in Canadian-American Review of Hungarian Studies, 5, 1978, Nr. 1, S. 3–12). – E. Bálint u. A. Veres: *A sikerképtelenség környezetrajza* (in *A közvetítő*, Budapest 1979, S. 133–172). – P. Nagy: *»Rozsdatemető«* (in Kritika, 1980, Nr. 6). – A. M. H. Szász, *A XX. századi családtörténeti regény*, Budapest 1982. – J. Takács, *E. F.* (in *Literatur Ungarns 1945 bis 1980*, Bln. 1984, S. 264–272).

L'UBOMÍR FELDEK

* 9.10.1936 Žilina

DAS LYRISCHE WERK (slovak.) von L'ubomír FELDEK.
In dem Schaffen von L'ubomír Feldek, einem ungewöhnlich vielseitigen Autor, der auch Prosa, Dramen, Essays, Kritiken und Literatur für Kinder und Jugendliche (Puppenspiele, Verse, Prosa, Hörspiele, Theaterstücke, Fernsehspiele) schrieb und sich der literarischen Übersetzung (u. a. von APOLLINAIRE, BLOK, JEFFERS, MAJAKOVSKIJ) widmete, gebührt der Lyrik ein besonderer Rang im Rahmen der jüngeren slowakischen Literatur.
Seine ersten Gedichte veröffentlichte der vierzehnjährige Feldek im Jahre 1950 in der Schülerzeitschrift ›Mladý priekopník‹. An die literarische Öffentlichkeit trat er dagegen im Rahmen der sogenannten »Trnava-Gruppe« (gemeinsam mit J. MIHALKOVIČ, J. ŠIMONOVIČ, J. STACHO und J. ONDRUŠ), die im Jahre 1958 als Reaktion auf die literarische Situation in der Slowakei ihr Programm des »Konkretismus« und »expressiven Sensualismus« formulierte, in dem sie die Forderung nach gedanklicher Konkretheit, das Recht auf die Metapher und das Experiment in der Literatur proklamierte.
Sein lyrisches Debüt hatte Feldek im Jahre 1961 mit dem Gedichtband *Jediný slaný domov (Die einzige salzige Heimat)*, in den er auch seine erste Publikation für Kinder, *Hra pre tvoje modré oči*, 1958 *(Spiel für deine blauen Augen)*, eine Mischung aus Lyrik und Prosa, mit aufnahm. Damit dokumentierte er sein Bemühen um eine Einheit der ästhetischen Prinzipien für das poetische Schaffen für Kinder und Erwachsene. Den Schwerpunkt dieses Lyrikbandes bildet die an Apollinaires *Zone* und NEZVALS *Pásmo* orientierte Zykluskomposition *Severné leto (Nördlicher Sommer)*, in der Verfahren der Poesie und der Prosa, der lyrischen Reportage und der Autobiographie miteinander verwoben sind. Nach einer fast zehnjährigen Pause, im Jahre 1970, erschien mit *Kriedový kruh (Der Kreidekreis)* Feldeks zweiter Lyrikband, ein Buch, das intime Lyrik – Liebesgedichte, Gedichte über die Ehe, Gedichte über das eigene Ich, über das Lebensgefühl des Autors, über sein Verhältnis zum eigenen Schreiben – beinhaltet. Das poetische Ergebnis des Ineinanderfließens von rational erfahrener, konkreter Außenwelt und emotionaler, sinnlicher, phantasiebestimmter Innenwelt ist eine surrealistisch-abstrakt verfremdete Imagination, die mehr einen sensibelassoziativen als einen interpretatorischen Zugang gestattet. In formaler Hinsicht dominieren hier, mit einigen Ausnahmen – z. B. *Úzkosť (Angst)*, das in seinem dritten Teil aus zwei kreuzweise gereimten Vierzeilern besteht –, der freie Vers und die freie Strophenform, wobei die Strophen häufig »triptychonartig« arrangiert sind.
1973 erschien mit *Paracelsus* ein weiteres Lyrikbändchen. Es ist in fünf Abschnitte gegliedert: Der erste, *V básni (Im Gedicht)*, umfaßt lyrische Miniaturen, die weitgehend dem Schaffen und dem Dichten gewidmet sind. Der zweite, *Požičanej (Der Verliehenen)*, Liebesgedichte, deren formale Vielfalt – freie Verse und Strophenformen stehen neben traditionellen – in einem Spannungsverhältnis zur inhaltlichen Aussage steht und somit eine besondere Intensität der lyrischen Wirkung erzeugt. Als besonders markantes Beispiel sei hier das Sonett *Odysseovo trápenie (Die Leiden des Odysseus)* genannt, dessen Wirkung augenfällig aus dem inadäquaten Verhältnis von Inhalt und Form resultiert. Mit dem Gedicht *Kriedový kruh (Der Kreidekreis)* wird der Titel des zweiten Lyrikbandes wieder aufgenommen und, wie bereits in dem Gedicht *More (Das Meer)* in der Sammlung *Kriedový kruh*, als reales, konkretes, alltägliches Lebensumfeld des Dichters entschlüsselbar. *Martin na čiernom koni (Martin auf dem schwarzen Pferd)*, der dritte Abschnitt, vereinigt Gedichte, die sowohl auf die Welt des Sohnes bezogen als auch der Welterfahrung des Autors entsprungen sind. Erwähnenswert ist auch der sprachliche Witz, u. a. im vierten Abschnitt *Dé (De)* des Bandes, sowie die Vielfalt der gereimten Strophen im fünften und letzten Abschnitt *Bratislavská biela (Preßburger Weiße)*.
Die Sammlung *Dvaja okolo stola*, 1976 *(Zwei an einem Tisch)*, umfaßt unkonventionelle Lyrik, die die unterschiedlichsten Eindrücke des Alltagslebens in origineller, unverbrauchter Bildhaftigkeit und reicher Reim-, Vers- und Strophenvielfalt ästhetisch überhöhend verarbeitet. Besonders erwähnt sei das Gedicht *Pocta Hollému (Huldigung für Hollý)*, in dem Feldek die vollkommene Schönheit in den Dichtungen Ján HOLLÝs preist. – Die 1980 publizierte Sammlung *Poznámky na epos (Anmerkungen zu einem Epos)* enthält sowohl Lyrik in freien Versen als auch lyrische Kurzprosa. Thematisch verarbeitet sie Erlebnisse von der Zeit der Kindheit bis hin zur Gegenwart und zeichnet sich durch eine reiche Bildhaftigkeit aus. Besonders anzumerken ist für diesen Lyrikband die genreüberschreitende Tendenz, zu der Viliam TURČÁNY schreibt: »Heute

wird jedes ältere Epos unweigerlich mit Anmerkungen versehen. Und das ist das Geheimnis von Feldeks Kunst in seiner neuen Phase, daß ›das Epos des zeitgenössischen Lebens‹ vor dem Leser allein aus diesen Anmerkungen erwächst. Es genügt, sich die Anmerkungen durchzulesen, die vorgeben, nur eine Vorbereitung auf das Epos zu sein – und man erkennt das Epos!« – 1986 erschien Feldeks jüngste Lyriksammlung *Milovanie pred usnutím (Liebe vor dem Einschlafen)*, eine Sammlung, die alte, den verschiedenen bisher erschienenen Lyrikbänden entnommene und neue Liebesgedichte umfaßt. Mit ihrem Titel knüpft sie an die in der Sammlung *Poznámky na epos* enthaltenen Liebesgedichte an.

Ľubomír Feldek, dessen lyrisches Schaffen sich in den Anfängen an der tschechischen und slowakischen Lyrik der zwanziger und dreißiger Jahre – besonders an Nezval und KOSTRA – und dann auch am lyrischen Schaffen der Weltliteratur (RIMBAUD, Apollinaire, Majakovskij, GAŁCZYŃSKI, RITSOS und Jeffers) orientierte, hat – Provinzialität meidend – sowohl formal als auch thematisch zu einer reichen, individuellen Lyrik gefunden. E.A.

AUSGABEN: *Jediný slaný domov*, Preßburg 1961. – *Kriedový kruh*, Preßburg 1970. – *Paracelsus*, Preßburg 1973. *Severné leto*, Preßburg 1974. – *Dvaja okolo stola*, Preßburg 1976. – *Oravské motívy*, Preßburg 1977. – *Poznámky na epos*, Preßburg 1980. – *Milovanie pred usnutím*, Preßburg 1986.

LITERATUR: – V. Turčány, *Nástup mladej básnickej generácie na konci päťdesiatych a začiatku šesťdesiatych rokov* (in Slovenská literatúra, 22, 1975). – D. Hajko, *Sondy*, Preßburg 1977, S. 21–28. – Z. Válková, *Majakovského poézia v slovenskom preklade*, Preßburg 1977. – F. Miko, *Poézia, človek, technika*, Preßburg 1979, S. 288–301. – A. Bagin, *Feldekov preklad Majakovského poém* (in Acta Facultatis philosophicae universitatis Šafarikanae, Literárnovedný zborník 6, 1980, S. 95–107). – V. Turčány, *Nový nástroj v básnikových rukách* (in Ľ. F., *Poznámky na epos*, Preßburg 1980, S. 113 ff.). – V. Šabík, *Čítajúci Titus*, Preßburg 1982, S. 61–65. – J. Zambor, *... v skladaní Piesne piesní boli ešte iba na začiatku ...*, (in Ľ. F., *Milovanie pred usnutím*, Preßburg 1986).

FRANZ MICHAEL FELDER

* 13.5.1839 Schoppernau / Vorarlberg
† 26.4.1869 Schoppernau

AUS MEINEM LEBEN

Autobiographie von Franz Michael FELDER, erschienen 1904. – Der in Schoppernau im Hinteren Bregenzerwald geborene und wirkende Vorarlberger Bauer, Schriftsteller und Sozialreformer Franz Michael Felder verfaßte den ersten Teil seiner Autobiographie nach dem Tod seiner Frau im August 1868. Dem ersten Teil, der mit der Hochzeit schließt, sollte ein zweiter Band folgen, Felder selbst starb jedoch kurz nach Abschluß der Arbeit, wenige Wochen vor der Vollendung seines dreißigsten Lebensjahres. Der Leipziger Germanist Rudolf HILDEBRAND, der Felder zur Niederschrift der Autobiographie angeregt hatte, blockierte die Veröffentlichung jahrzehntelang, da er den zweiten Teil von fremder Hand schreiben lassen wollte. Die Erstausgabe erfolgte erst 1904 durch den Grazer Germanisten Anton E. SCHÖNBACH. Die späteren Ausgaben – mit Ausnahme der Ausgabe in den *Sämtlichen Werken* (1973), der eine frühere Fassung zugrunde liegt – folgen dieser Vorlage.

Felders Autobiographie nimmt sich in Anlage und Intention GOETHES *Aus meinem Leben. Dichtung und Wahrheit* (1811–1822) zum Vorbild, dem sowohl der Titel wie die Einleitungssätze und einige Motive des ersten Teils entlehnt sind. Das Vorbild ist jedoch auch ein Gegenbild, denn statt der harmonischen Entfaltung eines Individuums wird der Versuch einer Emanzipation aus bedrückenden kleinbäuerlichen Verhältnissen geschildert. Felder geht es darum, anhand seiner eigenen Entwicklung zugleich ein Bild der kulturellen und politischen Zustände seiner Heimat zu geben; er versteht seine Lebensgeschichte als einen »*Spiegel unserer Zustände*«. Neben der pädagogisch-politischen Intention des aufklärerischen LASSALLE-Anhängers, der gegen das Monopol der Käsehändlerdynastien Genossenschaften gründete und als Volksbildner eine der ersten Leihbibliotheken der Donaumonarchie ins Leben rief, ist *Aus meinem Leben* auch der (vergebliche) Versuch Felders, in einer tiefen Lebenskrise nach dem Tod seiner Frau, die ihn mit fünf kleinen Kindern zurückließ, und nach dem Scheitern seiner Parteigründungsversuche wieder Fuß zu fassen: »*Noch bin ich nicht dreißig Jahre alt, aber ein Leben voller Kampf, voll blutsaurer Arbeit und bitterster Entbehrung liegt hinter mir, ein Leben, wie es wohl schon halbe Jahrhunderte eines Menschenlebens ausfüllte und manches Haupt bleichte*« (An W. von Hamm, 16. 10. 1868).

Bestimmender Faktor dieses Lebens ist Felders eigene Stellung als »*Sonderling*«: Er war das einzige Kind kleinbäuerlicher Eltern und von Geburt an sehschwach; das eine gesunde Auge ruinierte ihm ein betrunkener Arzt. Neben seiner schwächlichen körperlichen Konstitution machten ihn in der durch starre Traditionen und hohe soziale Kontrolle gekennzeichneten dörflichen Umgebung auch sein Phantasiereichtum und sein Bildungshunger zum Außenseiter. Die »*öffentliche Meinung*« herrscht diktatorisch wie ein »*uraltes Weib mit allen Vorurteilen ihrer Zeitgenossen und deren Vorfahren*«, die Erziehung der Kinder ist eine »*Abrichtung*«: »*Man will jedoch keine klugen Köpfe, keine aufgeklärten Sonderlinge, man will nützliche Menschen, die man gehörig ins Joch spannen kann.*« Felders Lebensgeschichte ist vor allem auch eine Bildungsgeschichte, die Geschichte einer Befreiung durch Lesen, die die revolutionäre Kraft der Bildung zeigt. Die Lektüre bildet auch ein Hauptrefugium für die von Felder so genannte »Welt des Herzens«, die Welt der Gefühle, die in der bäuerlichen Umgebung unbarmherzig wirtschaftlichen Überlegungen zum Opfer fallen.

In den 25 Kapiteln wird das Leben von der Geburt, der mißglückten Augenoperation, der Schulzeit, dem frühen Tod des Vaters, der Bekanntschaft mit den Zeitungen und mit der Literatur über die Versuche, Freunde unter den Dörflern zu finden, bis zu einem dramatischen Sturz in die Bregenzerache, bei dem ihn die Bauern fast ertrinken lassen, und schließlich der Hochzeit mit Anna Katharina Moosbrugger am 4. 2. 1861 geschildert.

Felders Autobiographie ist das reifste und bewegendste Werk des Autors, der in seiner Dorferzählung *Nümmamüllers und das Schwarzokaspale* (1863) wie in den großen bäuerlichen Sozial- und Zeitromanen *Sonderlinge* (1867) und *Reich und Arm* (1868) versuchte, seinen reformerischen Ideen auch literarische Gestalt zu geben. Erst durch die Neuausgaben von *Aus meinem Leben* in jüngster Zeit wurde ein Werk wieder allgemein zugänglich, das neben Karl Ph. MORITZ' *Anton Reiser* (1785–1790), Ulrich BRÄKERS *Der arme Mann im Tockenburg* (1789) und Gottfried KELLERS *Der grüne Heinrich* (1854) zu den exemplarischen Lebensbeschreibungen der deutschen Literatur zählt.

U.Lä.

AUSGABEN: Wien 1904, Hg. u. Einl. A. E. Schönbach (Schriften des literarischen Vereins, 2). – Lpzg. 1910 (in *SW*, Hg. i. A. des F. M. F.-Vereins zu Bregenz v. H. Sander, Bd. 1). – Mchn. 1925 (gekürzt u. d. T. *F. M. F., der Bauer, Dichter u. Volksmann aus dem Bregenzer Wald. Aus meinem Leben.* Mit einem Anhang: *Briefe F.s an seinen Schwager Kaspar Mosbrugger*; Nachw. H. Wocke). – Lpzg. 1939 (in *Aus dem Bregenzerwald. Ein Volksbuch vom Leben u. Schaffen des Dichters F. M. F.*, Hg. A. Schneider). – Bregenz 1953, Hg. u. Vorw. A. Wirthensohn. – Bregenz 1974 (in *S. W.*, Bd. 4, Hg. v. F. M. F.-Verein; Einl. W. Strolz). – Salzburg/Wien 1985 [Vorbem. P. Handke; Nachw. M. Methlagl]. – Ffm. 1987 (st).

LITERATUR: H. Sander, *Das Leben F.s, des Bauers, Dichters u. Volksmannes*, Innsbruck 1876. – G. Fussenegger, *Alle waren frommer u. glücklicher als ich. Über F. M. F.s Lebensbericht* (in Montfort. Vierteljahresschrift f. Geschichte u. Gegenwartskunde Vorarlbergs, 23, 1971, H. 4, S. 477–485). – R. D. Stones, *F. M. F.: The Life and Problems of an Austrian »Bauerndichter«*, Diss. Brigham Young Univ. 1975. – M. K. Strolz, *Umwelt u. Persönlichkeit F. M. F.s*, Diss. Wien 1976. – W. Methlagl, *Die Entstehung von F. M. F.s Roman »Reich und Arm«. Ein »Erwartungshorizont«*, Habil.schr. Innsbruck 1977. – W. Methlagl, *Der Traum des Bauern F. M. F.*, Bregenz 1984. – H. Thiersch, *F. M. F.s »Aus meinem Leben« u. Franz Rehbeins »Das Leben eines Landarbeiters«* (in W. Jens u. H. Thiersch, *Deutsche Lebensläufe in Autobiographien u. Briefen*, Weinheim/Mchn. 1987, S. 151–165).

LUDWIG FELS

* 27.11.1946 Treuchtlingen

LITERATUR ZUM AUTOR:
M. Töteberg, *L. F.* (in KLG, 21. Nlg., 1985). – P. Hamm, *Ein Unding der Liebe* (in *Die besten Bücher*, Hg. J. Lodemann, Ffm. 1981, S. 9–16).

DAS LYRISCHE WERK von Ludwig FELS. Als 1973 Ludwig Fels mit *Anläufe*, seinem ersten Lyrikband, die literarische Szene betrat, ließ er demonstrativ im selbstverfaßten Klappentext verlauten: »Ich bin kein ›Arbeiter‹dichter‹.« Zwar war offensichtlich, daß Fels' »Erlebnisrealismus« (H. Vormweg) auf dem persönlichen beruflichen Werdegang basierte – er hatte zuvor als Hilfs- und Fabrikarbeiter die Arbeitswelt hautnah kennengelernt –, seine literarische Antwort auf diese Erfahrungen aber unterschied sich deutlich von einer dem Realismus allzu starr anhängenden Arbeiterliteratur. Auch in den folgenden Gedichtbänden (*Ernüchterung*, 1974; *Alles geht weiter*, 1977) ist zwar die inhumane, abstumpfende und verrohende Arbeitswelt implizit stets präsent, jedoch nicht in Form objektivierender Betriebsreportagen, wie sie im »Werkkreis Literatur der Arbeitswelt«, dem Fels kurzzeitig angehörte, entstanden, sondern in den Porträts derer, die an diesem System zerbrechen (vgl. *So stirbst du* und *Der Bettler* aus *Alles geht weiter*). Fels schreibt weniger von den Fabriken als von den Orten der Regeneration »kaputter Arbeitstiere«, also von Kneipe, Fußballplatz, Wohnzimmer, Bett, wobei immer auch deutlich wird, daß es diese angeblichen Freiräume nicht gibt, daß vielmehr die Auswirkungen der Arbeit bis in die intimsten Bereiche hineinreichen. Fels setzt dagegen einen radikal subjektiven, anarchisch-wortgewaltigen Befreiungsakt: Er will sich aus der Misere herausschreiben. Seine Literatur verfolgt keine aufklärerische Absicht (»poetische Rezepte für Veränderung kenne ich nicht«), sondern ist ganz private Wunscherfüllung und Problembewältigung: »Ich wollt nur / auf andere Träume kommen / am Feierabend Exotik genießen / Vergnügen haben« (*Alte Befehle* in *Alles geht weiter*).

Diese Befreiung durch Schreiben von einer zerstörerischen, selbstentfremdeten Arbeit ließ Fels 1973 den Weg einer Existenz als freischaffender Autor einschlagen, wodurch er sich allerdings dem Milieu seiner Herkunft entfremdete (»Ja, die Proleten wurden / zu Arbeitern erklärt, dann Bürger / oder Angestellte und aus mir / nichts von Belang«). Fels scheint die politische Orientierung zu verlieren – »*ich bin immer ganz fertig, weil ich / nicht genau weiß, was oben ist / aber auch nicht / alles von unten*« (*Erfahrung* in *Alles geht weiter*) – und propagiert eine eher bohemienhafte Rebellionshaltung (»*Morgen geh ich zu meiner Geliebten / der unvergänglichen Genossin Anarchie*«). Die folgenden Arbeiten jedenfalls versuchen, neue Erfahrungen, andere Welten zu erschließen, so etwa der lyrische Reisebericht über einen Amerikaaufenthalt (*Ich war nicht in Amerika*, 1978). Der Wunsch nach Ausbruch aus dem bisherigen Leben wird deutlich: »*Ich fühlte mich mit dem Weltraum verwandt [...] / das alte Leben / fast vorbei.*« In der Vorbemerkung zu *Der Anfang der Vergangenheit* (1984) ist davon die Rede, der Autor wolle »*in die Vergangenheit geraten*«, also die eigene Biographie zunehmend verlassen, zu fremden, zurückliegenden Erfahrungswelten vordringen. Im vorerst letzten Lyrikband, *Blaue Allee, versprengte Tataren* (1988), ist die Abkehr vom Mitmenschen als ebenfalls ausgebeutetem Leidensgenossen am weitesten fortgeschritten: Fels ergreift hier nur mehr für eine vom Menschen geschundene Schöpfung Partei (vgl. das Kapitel *Vivisektion*), während es von »*ganz anderen*« gleich im Eröffnungsgedicht heißt, daß sie sich »*um Gott und die Welt nichts / gar nichts kümmern, angegurtet / Tiere und Kinder zusammenfahren oder sich mit ihren / Frau über die Techniken des Geschlechtsverkehrs / unterhalten und fast alle mit Fäusten*« (*Herzlast*). *Vom Gesang der Bäuche* (1980), so der Titel einer Auswahl der bis dahin erschienenen vier Lyrikbände, könnte man bei Ludwig Fels' Gedichten sprechen, die vorwiegend vom Gefühl diktiert scheinen, die den Affekt kultivieren (»*Meine Verklemmung zwingt mich zu brüllen / auch wenn es nur / auf dem Papier ist*«). Das Gedicht will ursprünglich sein, es soll nicht konstruiert wirken. Fels spricht davon, daß es nicht die geringste Möglichkeit gebe, »*meine Gedichte mit Kunst zu verwechseln.*« Sie wollen vielmehr nicht kalkulierte und nicht berechenbare Hiebe gegen den guten Geschmack, das Establishment, den braven, politisch blinden Bürger sein (»*Zur Zeit / bau ich aus der Schreibmaschine eine Axt*«). Das Gedicht *Selbstmord literarisch* aus *Anläufe* ist eine kleine verschlüsselte Poetologie dieser »Faustschlag-Lyrik«: »*Freunde, schreibt auf eure Fahnen: die Scheiße war stärker als ich, wählt / den ehrlichen Ausdruck, niemand vermag ihn zu lesen, zu verstehen.*« Wenngleich sich diese Gedichte in einer obszön-vulgären Alltagssprache ausdrücken, wollen sie nicht um jeden Preis verständlich sein, sondern suchen den »ehrlichen Ausdruck«, oft in neuen, »schmutzigen« Bildern. Sie sollen den unter Umständen realen Selbstmordgedanken in einen literarischen umformen, der dann im Schreibprozeß hinausgezögert, produktiv gemacht wird. Und in der Tat macht sich bei Fels von Buch zu Buch eine Haltung bemerkbar, die die Verwundungen leichter auszuhalten scheint: Schreiben hilft weiterleben: »*Ich kann nicht / mehr geht weiter*« schließt die *Fortsetzung 1001* über Gedichte und Dichter als Vorbemerkung zu *Blaue Allee, versprengte Tataren*.

Ludwig Fels gehört mit Rolf Dieter Brinkmann zu den profiliertesten Lyrikern den jüngeren Generation, die die Pop- und Beat-Lyrik der amerikanischen Avantgarde (Allen Ginsberg, Jack Kerouac, Charles Bukowski) auch in der deutschsprachigen Literaturlandschaft etablierten. »*Seine Lyrik hat solidarisierenden Effekt: sie gibt die Möglichkeit, sich mit ihr zu identifizieren. Darin ist sie der Rockmusik vergleichbar*« (F. Kusz). Blues- und balladenhafter Parlandoton herrscht in diesen Prosagedichten vor (vgl. etwa *Euphorisches Mittwochabendgedicht* in *Anläufe* oder *Letzte Bekanntschaft* in *Alles geht weiter*), die die Erfahrungen einer »*Generation neben den Kriegen anderer Völker*« formulieren. Es ist dabei viel von politischer Ohnmacht die Rede, von einer unbestimmbaren »Wut im Bauch«, die in einer ungeschönten, ungekünstelten, oft bis an die Schmerzgrenze brutalen Sprache ihren Ausdruck findet. Und doch ist gerade auch in den neueren Gedichten das Bemühen spürbar, diese Wut immer noch differenzierter auszuloten, immer noch poetischer »zur Sprache« zu bringen. »*Auch die Wut, die aus dem Bauch aufstößt, wird erst im Kopf formuliert. Sie nach außen lyrisch gestalten und loswerden, heißt gleichzeitig erkunden, wo sie innen sitzt: die ›Wunden‹ lokalisieren*« (P. Utz). B.S.

Ausgaben: *Anläufe*, Darmstadt/Neuwied 1973. – *Ernüchterung*, Erlangen 1975. – *Alles geht weiter*, Darmstadt/Neuwied 1977. – *Ich war nicht in Amerika*, Erlangen 1978. – *Ich bau aus der Schreibmaschine eine Axt*, Bln. (DDR)/Weimar 1980 [Ausw.]. – *Vom Gesang der Bäuche. Ausgewählte Gedichte 1973–1980*, Darmstadt 1980. – *Der Anfang der Vergangenheit*, Mchn./Zürich 1984. – *Blaue Allee, versprengte Tataren*, Mchn./Zürich 1988.

Literatur: F. Kusz, Rez. (in Die Horen, 1973, H. 91, S. 71 f.). – P.-P. Zahl, Rez. (in FRs, 6. 8. 1977). – K. Krolow, Rez. (in FAZ, 18. 4. 1981). – H. Bender, Rez. (in SZ, 26./27. 1. 1985). – P. Utz, Rez. (in Schweizer Monatshefte, 1985, H. 5).

DER AFFENMÖRDER

Stück in 27 Bildern von Ludwig Fels, Uraufführung: München, 7. 2. 1985, Kammerspiele. – Auch in dem zweiten Theaterstück des Autors nach *Lämmermann* (1983) wird die Generalthematik des Gesamtœuvres behandelt: der Ausbruchsversuch eines Arbeiters, dem zwischen Arbeit und Familie kein Spielraum mehr bleibt. Der Fassadenanstreicher Hans Walczak, der darum kämpft, »*daß ihn jemand wahrnimmt durch das, was er in keinster Weise beherrscht*«, die Hauptfigur dieser »*Jagdparodie auf Hirngespinste*«, ist einer jener »*tödlich verirrten Forscher*« aus Fels' immer wieder variiertem Typenrepertoire, die im Leben nach mehr verlangen als »*Bier und Beton im Kopf*«.
Seine Kollegen sagen von Walczak: »*Vorsicht, er weiß wirklich was!*«, und in der Tat erweist er sich

nicht als das dumpfe Arbeitstier, das zwischen Bau, Bier und Bett sein kleines Glück findet, sondern als einer, der aus den Zwängen seiner proletarischen Existenz ausbrechen will. Endgültiger Anlaß dazu ist die Mitteilung seiner Frau Evi, zum zweiten Mal schwanger zu sein. Der einstige anarchische Lebensentwurf des Paares (*»am Anfang wollten wir auf der Müllhalde leben«; »Freiheit und Tod haben wir geschrien«*) scheint nun endgültig gescheitert (*»Das Kind in deinem Bauch [...] schneidet uns den Rückweg ab«*). Walczak flieht aus der Realität; er beginnt zu trinken, träumt von einer Existenz als Akkordeonspieler (kann allerdings nur *»nach der Phantasie«* spielen) und widmet sich obskuren Privatstudien über Hominiden. In *Ein Unding der Liebe* (1981), Fels' erstem Roman, sagt der mit Walczak seelenverwandte Georg Bleistein: *»Man muß doch im Leben nachschaun, ob man vom Affen oder von Adam und Eva abstammt.«*

Walczak erkennt auf einem Volksfest (dem zweiten Handlungsort neben dem Wohnzimmer) in einer Affenmenschin, die in einem Käfig gehalten wird, die einzige Leidensgenossin, für die er noch Mitleid, aber auch sexuelle Begierde empfinden kann. Der vom Alkohol Betäubte und von Wunschträumen Geblendete (*»Ich halte die Hoffnung nicht aus«*) bemerkt nicht, daß diese als *»Dschungelshow«* getarnte Peep-Show-Veranstaltung (überdies eine krud-obszöne Neuinterpretation von Franz KAFKAS Erzählung *Bericht für eine Akademie*) auf einer Absprache von Tierbändiger und Gehilfin beruht, die in dieser animalisch-pornographischen Vorführung ihrer beider Geschäft sehen – auch wenn die Frau unvorstellbar erniedrigt und verletzt wird. Walczaks Bruch mit seiner Familie, um die Äffin zu befreien und mit ihr zu leben, verkehrt sich in seine totale Niederlage: Im letzten Bild ist nun er in den Käfig gesperrt, überwältigt vom Tierbändiger, der auf dem Schoß der Gehilfin sitzt und sich von ihr lausen läßt. Walczaks Frau Evi tritt noch einmal auf; sie hat zu Hause eine Abtreibung vorgenommen, um dem Wunsch ihres Mannes zu folgen. Der aber gibt aus dem Käfig heraus zu verstehen: *»Ich bleibe hier.«*

Der Tierbändiger, als einer aus der Schaustellerzunft, formuliert an einer Stelle, überspitzt, die auch für dieses Stück geltende Dramaturgie: *»Intelligenz stößt die Leute nur ab.«* Ludwig Fels rekurriert auf die Tradition eines derb-vulgären Volkstheaters (Ödön von HORVÁTH, Marieluise FLEISSER, Franz Xaver KROETZ), das trotz der Tragik der gezeigten Geschichten auch noch sinnliches – nicht zuletzt auch pornographisch-voyeuristisches – Vergnügen bereiten soll (*»Man soll lachen können in dem Stück, nicht nur, aber auch«*). Das »Action« versprechende Umfeld des Volksfestes mit eingelagerten Sprechgesängen und Volksliedern, der Einsatz von Musik und varietéähnlichen Nummern ist noch dem gängigen Realismus des Volkstheaters verpflichtet. Nicht mehr damit in Einklang zu bringen ist allerdings die metaphernüberladene Bühnensprache mit expressionistischen Anklängen, die den sozial niedriggestellten Figuren eine Sprach-

mächtigkeit verleiht, die des öfteren unwirklich und gekünstelt wirkt: *»Wenn sie sich grämen, kommt Lyrik heraus«* (G. Hensel).   B.S.

AUSGABE: Ffm. 1985.

LITERATUR: Th. Thieringer, Rez. u. Interview (in Theater heute, 1985, H. 4, S. 26–29). – G. Hensel, Rez. (in FAZ, 9. 2. 1985). – H. Schödel, Rez. (in Die Zeit, 15. 2. 1985).

EIN UNDING DER LIEBE

Roman von Ludwig FELS, erschienen 1981. – Episch breiter als in *Die Sünden der Armut* (1975) setzt Fels hier sein expressiv-krudes Erzählwerk über die *»Niederungen unserer Gesellschaft«* fort, denen er *»unmittelbarer auf der Spur [ist] als irgendwer sonst«* (H. Vormweg). War es in *Die Sünden der Armut* noch der pubertierende Ernst Kreuter, der einen Ausweg aus seinem subproletarischen, gewalttätigen Zuhause suchte und bei dem sich gegen Ende des Buches andeutungsweise ein Lernprozeß abzeichnete, so sollte eigentlich, würde man meinen, Georg Bleistein in *Ein Unding der Liebe* die nächstfolgende Individuationsstufe repräsentieren: 27jährig, also bereits zum Mann gereift, mit festem Arbeitsverhältnis, vermeintlich selbständig und unabhängig, entpuppt sich jedoch der *»Bub«*, wie ihn Tante und Großmutter, bei denen er wohnt, noch immer rufen, als willenloser *»Milupamops«*, als ein kindlich gehaltenes *»Angstschwein«* in dieser *»Mastbox«* des ihn mit Fürsorge erdrückenden Frauenhaushalts.

Der leiblichen Mutter Evelin, Gelegenheitsprostituierte und Alkoholikerin, wurde die Erziehungsberechtigung schon bald aberkannt, Georg wächst bei der Großmutter und Tante in der Provinzstädtchen Grönhardt auf. Die beiden Frauen mästen den Jungen zu einem Zwei-Zentner-Koloß heran: *»Siebenundzwanzig, ledig, unbefriedigt, unbeglückt, Träumen treu, Phantasien verfallen. Nichts gewesen, nichts geworden.«* Sexuell noch immer unerfahren, kreisen Bleisteins Phantasien vorwiegend um erträumte erotische Abenteuer. Seine fette, unansehnliche Gestalt und die beiden vom Leben enttäuschten und verbitterten Frauen als Gouvernanten im Hintergrund lassen jedoch einen ersten schüchternen Annäherungsversuch an eine Arbeitskollegin fehlschlagen. Georg, der anscheinend dazu verdammt ist, lebenslänglich ein *»Unding der Liebe«* zu bleiben, kompensiert seinen sexuellen Notstand durch maßloses Essen, was ihm in seinem Job – er ist Küchengehilfe in einem Supermarkt-Restaurant – noch erleichtert wird.

Nach einer Reihe selbstauferlegter Initiationsriten (Alkoholexzesse, Schlägerei in einer Disco, kurzzeitiger Auszug in eine verkommene Spelunke), die ihn zum selbständigen Mann machen und vom Gängelband der Verwandtschaft befreien sollen, lassen ihn seine Lethargie, sein träges Versoffen- und Verfressensein doch wieder zurückkehren zu

Großmutter und Tante, wo er zwar kein Leben mehr spürt, aber ein Unterkommen findet. Sein unaufhaltsamer sozialer Abstieg – er verkommt zu einem Penner, verliert seine Arbeit – ist für die auf äußerliches Prestige bedachten Frauen nicht mehr tragbar, sie werfen ihn endgültig hinaus. Zuvor aber rächt sich Bleistein noch an denen, die ihn ein Leben lang schikanierten, ihm die Briefe seiner Mutter vorenthielten, die über all die Jahre hin den Kontakt zu ihrem Sohn wieder aufnehmen wollte: Er zertrümmert das Wohnungsmobiliar und entwendet die Ersparnisse.

Bleistein begibt sich auf die Suche nach seiner Mutter, der vermeintlichen Leidensgenossin, mit der er glaubt ein neues Leben beginnen zu können, und findet sie als seelisch-körperliches Wrack in den Klauen eines Mannes, der sie erbarmungslos ausnutzt. Sie beschimpft den Sohn, der ohne Geld und Habe vor ihr steht, als »Hanswurst« und »Pflegefall« und möchte diese weitere Belastung möglichst schnell los sein. Auch die Prostituierte Sybille, die für eine Nacht Mitleid mit ihm hat, stößt ihn wieder auf die Straße zurück. Bleistein, jäh aller Illusionen beraubt, sagt sich los von den Menschen, »Bewohner einer Welt, deren Leben ihn nicht mehr berührte«.

Dieser unsympathische, haltlose Antiheld in der Nachfolge von Alfred DÖBLINS Franz Biberkopf aus Berlin Alexanderplatz (1929) scheint nur durch die brutalsten Schicksalsschläge zu einem Lernprozeß fähig. Sein ständiges Warten auf Hilfe von außen macht ihn in einer vom Sozialdarwinismus dominierten Gesellschaft nahezu lebensunfähig – seine Mutter kann ihm nur raten, Boxen zu lernen: »Jeder will wissen, ob der andere der Stärkere ist.« Ludwig Fels, der nur indirekt an den gesellschaftlichen Rahmenbedingungen Kritik übt (etwa in den sehr authentischen Beschreibungen der Arbeitswelt), zeigt Bleistein als einen »Riesenkaspar«, der es nicht versteht, sein Schicksal in die Hand zu nehmen. Eingestreute lyrische Kommentierungen des Geschehens zeigen Bleistein, wie in einem Moritatengesang und ganz im BRECHTschen Sinne, nicht als Identifikationsfigur, sondern als Lehrbeispiel, mit dem sich auseinanderzusetzen ist.

Fraglos ist Ludwig Fels heute einer der wenigen Autoren, denen es gelingt, »zu erfassen und bloßzulegen, was in ihr [der Unterschichtenwirklichkeit] Sache ist« (H. Vormweg). Gelegentlich dem Gegenstand unangemessen wirkt die stets um Effekt bemühte, bilderreiche und wortgewaltige Sprache. »Das Häßliche bekommt poetische Qualitäten, die es genießbar machen und den Intentionen des Autors zuwiderlaufen« (Th. Anz). B.S.

AUSGABEN: Darmstadt/Neuwied 1981. – Ffm. 1983.

VERFILMUNG: BRD 1988 (TV).

LITERATUR: U. Greiner, Rez. (in Die Zeit, 7.8. 1981). – Th. Anz, Rez. (in FAZ, 5.9.1981). – H. Vormweg, Rez. (in SZ, 12./13.9. 1981). – H. Chr. Kosler, Rez. (in FH, 1982, H. 7, S. 68–70). – E. Schöfer, Rez. (in Die Horen, 1982, H. 126, S. 168–170).

FRANÇOIS DE SALIGNAC DE LA MOTHE FÉNELON

* 6.8.1651 Schloß Fénelon bei Sainte-Mondane
† 7.1.1715 Cambrai

LITERATUR ZUM AUTOR:
Forschungsberichte:
E. Carcassonne, *État présent des travaux sur F.*, Paris 1939. – V. Kapp, *Ergebnisse und Stand der F. Forschung, 1946–1978* (in RJb, 29, 1978, S. 100–114).
Gesamtdarstellungen und Studien:
H. Brémond, *L'apologie pour F.*, Paris 1910. – A. Chérel, *F. au 18e siècle en France*, Paris 1917. – Ders., *F. ou la religion du pur amour*, Paris 1934. – E. Carcassonne, *F. l'homme et l'œuvre*, Paris 1946; ²1955. – *F., Persönlichkeit und Werk*, Hg. J. Kraus u. J. Calvet, Baden-Baden 1953. – J.-L. Goré, *L'itinéraire de F., humanisme et spiritualité*, Paris 1957. – F. Varillon, *F. et le pur amour*, Paris 1957. – A. de la Gorce, *Le vrai visage de F.*, Paris 1958. – A. Pizzorusso, *La poetica di F.*, Mailand 1959. – R. Spaemann, *Reflexion und Spontaneität. Studien über F.*, Stg. 1963. – M. Daniélou, *F. et le Duc de Bourgogne*, Paris 1966. – M. Raymond, *F.*, Paris 1967. – H. Hillenaar, *F. et les Jésuites*, Den Haag 1967. – P. Zovatto, *F. e il quietismo*, Udine 1968. – F. Ribadeau-Dumas, *F. et les saintes folies de Madame Guyon*, Lausanne 1968. – M. Haillant, *F. et la prédication*, Paris 1969. – E. Mohr, *F. und der Staat*, Bern/Ffm. 1971. – W. H. Bensiek, *Die ästhetisch-literarischen Schriften F.s und ihr Einfluß in der ersten Hälfte des 18. Jh.s in Deutschland*, Diss. Tübingen 1972. – E. Colin, *Connaissance de F.*, Brüssel 1972. – H. Gouhier, *F. philosophe*, Paris 1977. – J. H. Davis, *F.*, Boston 1979 (TWAS). – F. Guerrera-Brezzi, *F., filosofo della ragione*, Perugia 1979. – M. Haillant, *Culture et imagination dans les œuvres de F. ›ad usum delphini‹*, Paris 1983.

DIALOGUES DES MORTS, COMPOSEZ POUR L'ÉDUCATION D'UN PRINCE

(frz.; *Totengespräche, verfaßt für die Erziehung eines Prinzen*). Pädagogisches Werk von François de Salignac de la Mothe FÉNELON, anonym und unvollständig (nur vier Dialoge) gedruckt 1700, umfangreicher, aber noch anonym 1712, dann postum vollständig unter dem Namen des Autors erschienen 1718. – Diese Dialoge gehören, zusammen mit den *Fables*, den *Aventures d'Aristonoüs* (1699), den berühmten *Aventures de Télémaque* und verschiedenen weiteren Werken zu den didaktisch konzipierten Schriften, die Fénelon für seinen Zögling, den Herzog von Burgund, Enkel Ludwigs XIV. und bis zu seinem Tode (kurz vor demjenigen des »Sonnenkönigs«) 1712 Thronfolger Frankreichs, verfaßt hatte. Bei der Wahl der Gattung der fiktiven Gespräche berühmter Toter im Schattenreich standen die *Totengespräche* des griechischen Satirikers LUKIANOS aus Samosata (um 120–185 v. Chr.) sowie die *Nouveaux Dialogues des morts*, 1683 *(Neue Totengespräche)* von FONTENELLE (1657–1757) Pate. Fénelon läßt Gestalten der Mythologie (Merkur, Charon, Herkules, Theseus), der homerischen Epen (Odysseus, Achill) der römischen Sage (Romulus, Numa Pompilius), der antiken Geschichte (Perikles, Solon) und Philosophie (Demokrit, Heraklit) sowie der französischen und gesamteuropäischen Geschichte (meist Könige und Feldherren sowie Staatsmänner wie Richelieu und Mazarin), große Künstler (Leonardo da Vinci, Poussin) und Dichter (Horaz, Vergil), schließlich auch Theaterfiguren (Molières Harpagon) miteinander ins Gespräch treten. Hierbei dominiert weder die Satire, wie bei Lukian, noch die witzig-ironische Färbung Fontenelles: Fénelon (der das Werk nicht für die Öffentlichkeit, sondern zur Belebung der Unterrichtsstunden mit seinem Zögling verfaßt hatte) läßt die berühmten Verstorbenen meist als Beispiele für Tugenden und Laster auftreten, ihre Gespräche illustrieren Eigenschaften, die der ideale Herrscher, zu dem der geistliche Pädagoge seinen charakterlich schwierigen Schüler formen will, zu pflegen oder zu meiden habe. Der Aufbau ist einfach: Unter den Namen steht die Regel, die der Dialog erläutern soll, dann folgt das meist kurze Gespräch. So lautet in *Fabius Maximus und Hannibal* die Maxime: *»Ein Feldherr muß sein Ansehen dem öffentlichen Wohl opfern.«* Hannibal hält Fabius Maximus dann dessen wenig rühmliches, zauderndes Taktieren vor *(»Ihr entehrtet Euch durch Eure Kampfesscheu«)*; Fabius Maximus entgegnet, daß er damit zwar eine schlechte Figur machte, aber Rom gerettet habe *(»Besser war es, sich selbst durch diese Feigheit zu entehren, als die Blüte der Römer niedermetzeln zu lassen, wie es dann Terentius Varro in Cannae tat«)*. Doch je näher die großen Toten der eigenen Zeit stehen, desto deutlicher werden die politischen Vorstellungen Fénelons: Anhand eines Gespräches zwischen Philipp II. und Philipp III. von Spanien macht der Autor klar, wie schädlich eine für Handel und Bürgertum ruinöse, despotisch zentralistische Politik in seinen Augen ist, der Dialog zwischen Richelieu und Mazarin enthält herbe Kritik an letzterem, während derjenige zwischen Richelieu und dem schwedischen Kanzler Oxenstierna dem Schweden eindeutig die bessere Rolle zuschreibt, der als Protestant dem katholischen Kardinal vorwirft, gegen die Interessen seiner eigenen Konfession gehandelt zu haben. Fénelon präsentiert als Ideal einen Herrscher, der sich im wesentlichen von Pflichtbewußtsein und Verantwortung für sein Land und seine Untertanen

leiten läßt, unterschwellige Kritik an zeitgenössischen Verhältnissen kleidet sich in moralische *Exempla* humanistischer Tradition. Daneben enthalten die Dialoge interessante Stellungnahmen zur Kunsttheorie *(Parrhasius und Poussin, Leonardo da Vinci und Poussin)* und zur zeitgenössischen philosophischen Diskussion *(Aristoteles und Descartes)*.

Die gleichberechtigte Nutzung von Antike und Moderne, ihr gelegentlicher Vergleich, reflektiert den Geist der *Querelle des Anciens et des Modernes*; die Verpflichtung gegenüber einem universellen Wertsystem, das alle Zeiten überspannt, der moralistische Impuls, der Glaube, daß die Gerechtigkeit der Person des Herrschers für gerechte Verhältnisse sorgt, weisen bereits in die Richtung eines aufgeklärten Absolutismus. Daneben zeichnen sich die Dialoge durch Breite der Kenntnisse und des Horizontes des Autors aus (so tritt Konfuzius als Dialogpartner des Sokrates auf) und dokumentieren eine interessante Stufe der Entwicklung zwischen traditionellem »Fürstenspiegel«, humanistischen *Exempla priscorum virorum* (Beispiele altehrwürdiger Helden) und voraufklärerischer Reflexion um das Verhältnis von Herrschaft, Pflicht und Allgemeinwohl.

C.Dr.

AUSGABEN: Köln/Paris 1700 [anon]. – Paris 1712 [anon.]. – Paris 1718 (*Dialogues des morts anciens et modernes avec quelques fables, composez pour l'éducation d'un prince*, 2 Bde.). – Paris 1848–1852 (in *Œuvres complètes*, Bd. 6; Nachdr. Genf 1971). – Paris 1946 (*Choix de dialogues des morts*; Ausw.). – Paris 1983 (*Dialogues des morts composés pour l'éducation d'un prince*; in *Œuvres*, Hg. J. Le Brun, Bd. 1; Pléiade).

ÜBERSETZUNG: *Gespräche der Todten*, anonym, 2 Bde., Ffm. 1745.

LITERATUR: K. Wais, *Selbstanalyse Fontenelles und F.s in ihren Totengesprächen* (in K. W., *Formen der Selbstdarstellung*, Bln. 1956, S. 461–479, u. in K. W., *Französische Marksteine*, Bln. 1958, S. 33–54). – M. Haillant, *Culture et imagination dans les œuvres de F. ›ad usum delphini‹*, Paris 1983. – J. P. Néraudeau, *Cicéron aux enfers ou la conjuration des ombres* (in *Présence de Cicéron*, Hg. R. Chevallier, Paris 1984, S. 181–193).

DIALOGUES SUR L'ÉLOQUENCE EN GÉNÉRAL ET SUR CELLE DE LA CHAIRE EN PARTICULIER, avec une lettre écrite à l'Académie

(frz.; *Gespräche über die Kunst der Rede im allgemeinen und über die des Kanzelredners im besonderen, mit einem an die Französische Akademie gerichteten Brief*). Moralphilosophisches Werk in Gesprächsform zur Theorie der Redekunst von François de Salignac de la Mothe FÉNELON, verfaßt zwischen 1681 und 1686, postum erschienen 1718, zunächst in seiner Urheberschaft umstritten, die aber inzwischen eindeutig zugunsten des Bischofs von Cambrai geklärt ist. – Diese Gespräche, deren Partner nicht benannt, sondern nur durch A, B und C gekennzeichnet sind, stehen in der Tradition des sokratischen Dialogs und der antiken und humanistischen Diskussion um Wesen, Ziel und Funktion der Redekunst und des Redners (vgl. CICERO, *De oratore*). Doch geht es hier vor allem um die geistliche Rede, die Predigt: Das Werk gehört ins Zeitalter BOSSUETS, die Epoche der höchsten Blüte der aus antik-humanistischen Quellen gespeisten französischen Kanzelrede, welcher die Aufgabe, für die Besserung der Sitten zu wirken, zugeschrieben wurde, während die profane Rede (durch den Mangel an parlamentarischen Äußerungsmöglichkeiten) nicht mehr die Rolle einnahm, die sie in der italienischen Renaissance innehatte.

Das Gespräch des ersten Dialogs entfaltet sich anhand des Kommentars der drei Partner zu einer Karfreitagspredigt, die B besonders beeindruckt hatte wegen ihres kunstvollen Aufbaus, ihrer »*reinen Diktion*«, »*neuartigen Gedanken*« und »*überraschenden Wendungen*«. A und C jedoch kritisieren den rhetorischen Virtuosen der Kanzel, es mißfällt ihnen, daß er zu viele profane Elemente, unnütze Kunstgriffe und unpassende antik-mythologische Exempla einfließen ließ. A etwa fordert, der Prediger müsse zunächst das Bibelwort in seinem Textzusammenhang erläutern, sich in die Schrift vertiefen, ehe er sich in geistreichen Digressionen verliert: Eine Karfreitagspredigt etwa soll nicht »*den Hörer durch* [eine antike] *profane Erzählung unterhalten*«, sondern »*donnern und nur die schrecklichen Bilder des Todes*« beschwören; der Kanzelredner soll schlicht, in starken, ergreifenden und von gläubigem Impetus getragenen Bildern reden und auf zu viel schmückendes Beiwerk verzichten. Er soll selbst ergriffen sein, um zu ergreifen, denn »*Plato sagt, die Rede sei nur dann beredsam, wenn sie selbst in der Seele des Redners wirkt*«. Dieser Anspruch wird im zweiten Dialog weiter erläutert: Der Redner soll »*beweisen, malen, anrühren*« (»*prouver, peindre, toucher*«), die Rede soll das Herz, die Emotionen der Hörer erreichen, der Redner müsse sich von Menschenkenntnis und brüderlicher Liebe leiten lassen und sich vor der Eitelkeit der Zurschaustellung literarischer Bildung hüten. In Analogie zu der antiken, bei Cicero und QUINTILIAN aufgeführten These, daß nur der ethisch Gute andere durch die Rede bessern kann, unterstreicht Fénelon hier die Notwendigkeit eines aus dem Herzen kommenden Gefühls auf der Seite des Redners, um für eine echte Umkehr auf seiten des Hörers wirken zu können. Technik und Kunst dürfen nur Mittel zum Zweck sein. Im dritten Dialog preist Fénelon die Vorbildlichkeit der Bibel für die geistliche Redekunst, in Anknüpfung an die patristische Tradition, »biblische Antike« als Modell neben oder vor die »profane Antike« – die für Fénelon jedoch weiterhin nützlich und lernenswert ist – zu stellen: »*Man muß Homer, Plato, Xenophon und die anderen aus der Antike kennen; danach überrascht die Heilige Schrift nicht mehr. Es handelt sich dort um dieselben Bräuche, dieselben Erzählungen, dieselben großartigen Bilder. Ihre Unterschiede fallen gänzlich zugunsten der Heiligen Schrift aus: Diese übertrifft jene unendlich an Schlichtheit, Lebhaftigkeit, Größe. Niemals erreichte Homer die Erhabenheit Mosis ... keine griechische oder römische Ode reichte an die Höhen des Psalters heran.*« Nach einigen konkreten Anweisungen (meist spricht A die Meinung des Autors aus) schließen die Dialoge mit dem Zitat des HIERONYMUS: »*Wenn Du in der Kirche lehrst, rufe nicht den Beifall, sondern die Seufzer des Volkes hervor. Die Tränen Deiner Hörer seien Dein Lob. Die Rede eines Priesters soll voll Heiliger Schrift sein. Sei kein Schönredner, sondern ein wahrer Lehrer der Göttlichen Geheimnisse.*«

Obwohl in diesem Jugendwerk noch wenig von der unverwechselbaren literarischen Persönlichkeit Fénelons zu spüren ist, zeigt es bereits den moralistischen und emotionalen Impuls, der den späteren Schriftsteller und Theologen auszeichnen sollte, und dokumentiert die neu erstandene Diskussion um das Verhältnis von antiker Bildung und christlichem Glauben, die in der Frage um das »merveilleux Chrétien« (das christliche Wunderbare) im Umkreise von DESMARETS DE SAINT-SORLIN (1595–1676) in der zweiten Hälfte des *Grand Siècle* gipfelte. C.Dr.

AUSGABEN: Paris 1718. – Paris 1866 (in *Œuvres choisies*, Bd. 6; ern. 1882). – Princeton 1951, Hg. S. Howell [m. Einl. u. Anm.]. – Paris 1983 (in *Œuvres*, Hg. J. Le Brun, Bd. 1; Pléiade).

ÜBERSETZUNGEN: *Gespräche von der Beredsamkeit insgemein...*, anon., Halle 1734. – *Dialoge über die Beredsamkeit im Allgemeinen und über die Kanzel-Beredsamkeit insbesondere*, J. C. Schlüter, Münster 1819. – *Über das Malerische*, P. M. Schon (in *Der französische Geist. Die Meister des Essays...*, Hg. G. R. Hocke, Lpzg. 1938; Ausz.).

LITERATUR: K. Kyyrö, *F.s Ästhetik u. Kritik*, Helsinki 1951. – M. Rat, *F., grammairien et amateur du beau langage* (in Vie et Langage, 5, 1956, S. 349–352). – A. Lombard, *F. et le retour à l'antique au XVIIIe siècle*, Neuchâtel 1954. – A. Pizzorusso, *La poetica di F.*, Mailand 1959.

ÉDUCATION DES FILLES

(frz.; *Mädchenerziehung*). Pädagogische Schrift von François de Salignac de la Mothe FÉNELON, auf Wunsch der Herzogin von Beauvilliers 1681 verfaßt, erschienen 1687. – Seit Beginn des 18. Jh.s erscheint das Werk zumeist mit dem Anhang *Lettre ... à une dame de qualité sur l'éducation de M*** sa fille unique*. Dieser stellt möglicherweise die ursprüngliche Fassung dar, deren detaillierte Ausführung dann die *Éducation* wäre.

Der Behandlung des eigentlichen Themas stellt Fénelon einige allgemeine Erziehungsprinzipien voran: Grundsätzlich dürfe der Erzieher nicht Furcht erregen, vielmehr müsse er versuchen, die Liebe der Kinder zu gewinnen. Die natürliche Aufnahmefähigkeit des jungen Gehirns solle genützt, doch keinesfalls überfordert werden. Vor allem sei die Verbindung von Unterricht und Spiel geeignet, auch die angeborene Phantasie zu entfalten. Für den Unterricht werden als methodische Hilfen »kurze und hübsche« Fabeln empfohlen, die zur Erläuterung reichlich illustriert sein sollen. Ausgehend von biblischen Geschichten und anschaulichen Lehrgesprächen solle man die religiösen Grundwahrheiten vermitteln und zu Gefaßtheit gegenüber Leid und Tod erziehen.

Nun erst richtet sich die Schrift auf die spezifischen Probleme der weiblichen Bildung. Sie zählt die besonderen Fehler der Mädchen auf (Weinerlichkeit, Schmeichelsucht, Verschlagenheit, Eitelkeit), warnt vor der Erziehung in Klöstern, tadelt die Mißachtung der Standesgrenzen in Benehmen und Kleidung sowie die Geistreichelei der *femmes savantes*. Der Pflichtenkreis der Frau umfasse hingegen die Kindererziehung, die Beaufsichtigung der Dienerschaft, die Überwachung der häuslichen Ausgaben und gegebenenfalls die Verwaltung der Landgüter. Demgemäß sei es nötig, die Mädchen im Lesen und Schreiben zu unterweisen und ihnen Elementarkenntnisse in den vier Grundrechenarten sowie im Rechts- und Finanzwesen zu vermitteln. Überdies empfehle man ihnen ausgewählte Bücher (weder Komödien noch Romane), unterweise sie in alter und neuer Geschichte, berichte ihnen von fremden Ländern und lasse sie, wenn sie große Wißbegier zeigen, Latein lernen, nicht aber Spanisch und Italienisch wegen der Gefahr unsittlicher Lektüre. Mit Malerei, Musik und Dichtung seien sie nur insoweit bekanntzumachen, als diese Künste erhabene Gefühle, nicht aber schale Belustigung vermitteln. Nach dieser Anleitung solle man auch Erzieherinnen für Schule und Haus ausbilden.

Die Erziehungsmaximen Fénelons, der sich in der *Éducation* namentlich auf PLATON, AUGUSTIN und die *Sprüche Salomos* bezieht, fanden schon im zeitgenössischen Frankreich sowie im Ausland, vor allem in Deutschland (Pietismus), lebhaften Anklang, der sich in der Gründung von Erziehungsinstituten und im plötzlichen Erscheinen vieler ähnlicher Schriften äußerte. Jedoch gab es keine nachweisliche literarische Berührung mit den 1693 erschienenen *Thoughts on Education* von LOCKE, die den Fénelonschen Maximen überraschend ähnlich sind und gemeinsam mit diesen die nachfolgende Pädagogik bis ins 19. Jh. beeinflußten, und zwar auf dem Grund der kartesischen Anthropologie, der Aversion gegen die scholastischen Erziehungspraktiken, des Glaubens an die Vernünftigkeit der Weltordnung, der Bevorzugung des Praktisch-Brauchbaren in der Auswahl der Unterrichtsstoffe und der Betonung der Charakterbildung. H.Hs.

AUSGABEN: Paris 1687. – Paris 1830 (in *Œuvres complètes*, 27 Bde., 17). – Paris 1881, Hg. Ch. Defodon [krit.]. – Paris 1883, Hg. u. Anm. P. Feuilleret. – Paris 1910. – Paris 1953, Hg. A. Périer [Ausz.]. – Paris 1983. – Paris 1983 (in *Œuvres*, Hg. J. Le Brun, Bd. 1; Pléiade).

ÜBERSETZUNGEN: *Von Auferziehung der Töchter*, Lpzg. 1698. – *Gedancken von Erziehung der Töchter*, anon., Hannover 1729 [zus. m. J. Locke, *Unterricht von Erziehung der Kinder*]. – *Über die Erziehung der Töchter*, B. Sendtner, Mchn. 1828. – *Über Töchtererziehung*, F. A. Arnstädt, Lpzg. 1879. – *Über die Erziehung der Mädchen*, Hg. J. Esterhues, Paderborn 1956. – *Über Mädchenerziehung*, Hg. C. Richartz, Bochum 1963.

LITERATUR: O. Gérard, *L'éducation des femmes par les femmes*, Paris 1886. – M. Alcover, *The Indecency of Knowledge* (in Rice Univ. Studies, 64, 1978, S. 25–39). – R. Granderoute, *De l'»Éducation des filles« aux »Avis d'une mère à sa fille«. F. et Madame de Lambert* (in RHLF, 87, 1987, S. 15–30).

RÉFLEXIONS SUR LA GRAMMAIRE, LA RHÉTORIQUE, LA POÉTIQUE ET L'HISTOIRE, ou Mémoire sur les travaux de l'Académie françoise à M. Dacier

(frz.; *Überlegungen zur Grammatik, Rhetorik, Poetik und Geschichte oder Denkschrift über die Arbeiten der Académie Française an Herrn Dacier*). Antwort von François de Salignac de la Mothe FÉNELON auf die Frage, welchen Aufgaben sich die Französische Akademie nach Fertigstellung ihres Wörterbuchs widmen solle; öffentlich vorgetragen 1714; zur Abhandlung ausgearbeitet 1715; erschienen 1716; bekannt unter dem Titel *Lettre à l'Académie (Brief an die Akademie)*.

Ein Wörterbuch, so argumentiert Fénelon, könne nie etwas Endgültiges sein. Da Sprache geschichtlich ist, repräsentiere es immer nur einen abstrakten, real schon überholten Sprachstand, der nie zur Norm erhoben werden dürfe. Zunächst habe es dem praktischen Zweck zu genügen, Nachschlagewerk für Ausländer zu sein. Ergänzend sei dann eine Grammatik und eine Rhetorik nach antikem Muster beizufügen. In dem wichtigen Abschnitt *Über die Bereicherung der Sprache (Projet d'enrichir la langue)* übt Fénelon scharfe Kritik am Sprachpurismus des 17. Jh.s. Er fordert, der Mannigfaltigkeit des Wirklichen auch sprachlich Recht widerfahren zu lassen: durch besondere Benennung des je Besonderen. »Schildern« *(peindre)* und »malerisch« *(pittoresque)* sind seine Zentralbegriffe. Der hier sich ankündigende Sinn für Individuelles, bei Fénelon vermittelt durch den pietistisch-mystischen Innerlichkeitskult der Madame Guyon, reflektiert die von Paul HAZARD in seinem gleichnamigen Werk dargestellte »Krise des europäischen Geistes« um 1700. Aus ihr geht das fühlende Ich als einzig zuständige Instanz hervor, die, unter Verzicht auf rationale Deduktion, die Ganzheit des Kosmos in die Erfahrung einzuholen vermag. Herz und Gefühl anzusprechen ist auch die Grundintention einer von Fénelon projektierten neuen Poetik. Reim und Metrum werden als gekünstelt und den Wahrheitsgehalt beeinträchtigend abgelehnt. Das Schöne muß Leidenschaften ausdrücken und weitervermitteln. Naives, einfaches Landleben wird gegen die verderbte städtisch-höfische Zivilisiertheit ausgespielt. Aus der Tragödie sei Pathetik und Schwulst zu verbannen; die Komödie habe sich der Unsittlichkeit (Tadel an MOLIÈRE) und der Trivialität zu enthalten. Folgerichtig sympathisiert Fénelon mit der neuen Gattung der *comédie larmoyante*. Fortschrittlich sind seine Prinzipien einer künftigen Geschichtsschreibung. Unparteiische Gesamtschau, Einfühlung ins historische Detail, lebendige Vergegenwärtigung der konkreten Situation und Gespür für die eposartige Struktur von Geschichtsverläufen seien die zu fordernden Tugenden des Historiographen. Im Schlußabschnitt geht Fénelon auf die seit 1687 diskutierte, langsam sich überlebende Streitfrage (»Querelle des anciens et des modernes«) ein, ob das Jahrhundert Ludwigs XIV. der Antike in Kunst und Bildung nachstehe oder ihr überlegen sei. Konziliant empfiehlt er der Akademie, Fehler und Qualitäten beider Seiten zu sehen, ohne sich deshalb in ihrer Arbeit beirren zu lassen. Vielleicht utopisches, doch legitimes Ziel bleibe, die Alten übertreffen zu wollen. – Wenngleich der *Brief* Fénelons ohne unmittelbare Wirkung blieb, die Tendenzen, die er formuliert, wurden vom 18. Jh. weitgehend vollstreckt. G.Sa.

AUSGABEN: Paris 1716. – Paris 1718 (*Lettre écrite à l'Académie françoise* in *Dialogues sur l'éloquence en général et sur celle de la chaire en particulier*). – Paris 1830 (in *Œuvres complètes*, Hg. Gosselin, 27 Bde., 21). – Paris 1899 [Einl., Anm. u. Anh. A. Cahen], ^{5}1911. – Genf 1970, Hg. E. Caldarini (krit.).

ÜBERSETZUNGEN: *Gedanken von der Tragödie*, J. Ch. Gottsched (in J. Ch. G., *Sterbender Cato*, Lpzg. ^{3}1741; Ausz.). – *Gedanken von den Lustspielen*, L. A. V. Gottsched, Lpzg. 1746 (in J. Ch. Gottsched, *Die deutsche Schaubühne*, 1; Ausz.).

LITERATUR: A. Bourgoin, *Les maîtres de la critique au 17e siècle*, Paris 1889. – C. Urbain, *Les premières rédactions de la »Lettre à l'Académie« par F.* (in RHLF, 6, 1899, S. 367–407). – K. Kyyrö, *F.s Ästhetik und Kritik*, Helsinki 1981. – M. Rat, *F., grammairien et amateur du beau langage* (in Vie et Langage, 5, 1956, S. 349–352). – A. Pizzorusso, *La poetica di F.*, Mailand 1959.

SUITE DU QUATRIÈME LIVRE DE L'ODYSSÉE D'HOMÈRE, OU LES AVANTURES DE TÉLÉMAQUE, FILS D'ULYSSE

(frz.; *Fortsetzung des vierten Buchs der Odyssee von Homer oder Die Abenteuer des Telemach, Sohn des Odysseus*). Bildungsroman in achtzehn Büchern von François de Salignac de la Mothe FÉNELON. Entstanden 1695/96 während der Tätigkeit Fénelons als Erzieher des Duc de Bourgogne; der später unter dem Titel *Les aventures de Télémaque* bekannt gewordene Roman erschien 1699 ohne Autorisation des Verfassers in Brüssel und Den Haag, nachdem der Druck der (Pariser) Originalausgabe auf Anordnung Ludwigs XIV. im fünften Buch abgebrochen worden war. – Fénelons Hauptwerk, das er selbst als Prosaepos ansah, steht in der Tradition des spätantiken Abenteuerromans. Der Geist der *Aithiopika* HELIODORS war um die Jahrhundertmitte in den Romanen der Mlle. de SCUDÉRY und LA CALPRENÈDES mit spektakulärem Erfolg zu neuem Leben erweckt worden. Ähnlich wie dort bilden auch bei Fénelon verwegene Kämpfe und Reisen, Schiffbrüche und Liebesabenteuer den Rahmen. Die Transposition der Reiseabenteuer in die antike Welt gab dem Autor Gelegenheit, seinem Schüler aus angemessener Distanz die Grundprinzipien herrscherlichen Verhaltens und fürstlicher Gesinnung nahezubringen.

Inhaltlich knüpft Fénelons Roman an das vierte Buch der *Odyssee* an. In Sorge um den Spätheimkehrer Odysseus macht Telemachos sich auf die Suche nach seinem Vater, begleitet von der göttlichen Athene in der Gestalt des Mentor. Durch einen Sturm auf die Insel der Kalypso verschlagen, berichtet der Jüngling von seinen ergebnislos verlaufenen Suchaktionen in Ägypten (Buch II), Phönizien (Buch III), Zypern (Buch IV) und Kreta (Buch V). Als Kalypso, des Wartens auf Odysseus überdrüssig, sich leidenschaftlich in dessen Sohn verliebt, Telemachos selbst hingegen von Eucharis, einer ihrer Nymphen, bezaubert ist, dringt der kluge Mentor, um weitere Komplikationen zu verhindern, auf sofortige Abreise. Die Seefahrer gelangen nach Salente, dem Herrschaftsbereich des Idomeneus (Buch VIII). Wie schon in Ägypten und auf Kreta, werden sie auch hier in die politischen Ereignisse verwickelt. Mentor berät den König bei inneren Reformen (Buch X); Telemachos schließt sich dem Feldzug gegen die Daunier an und verrichtet seine ersten Waffentaten (Buch XI–XIII). Ein nach antikem Vorbild unternommener Abstieg in die Unterwelt ist erfolglos, Odysseus bleibt unauffindbar (Buch XIV). Nach weiteren Kämpfen (Buch XV–XVI) verliebt Telemachos sich in Antiope, die Tochter des Idomeneus, seine spätere Gattin (Buch XVII). Nach Ithaka zurückgekehrt, findet er schließlich seinen Vater wieder; Mentor enthüllt sich als Pallas Athene (Buch XVIII).

Fénelon war ein guter Kenner der Antike und ein hervorragender Pädagoge. In Anlehnung an die im *Traité de l'éducation des jeunes filles* entwickelte Methode will er auch im Roman auf gefällige Weise belehren. Der Gedanke, seinen Zögling unter Wahrnehmung psychologischer Identifikations- und Projektionsmöglichkeiten auf eine literarische Bildungsreise zu schicken, überzeugt durch geniale Einfachheit. Fénelon dachte vermutlich an eine wohltemperierte humanistische Bildung sowie an eine Initiation in die hohe Kunst des Regierens.

Das geschah über die Konfrontation mit konkreten Lebenssituationen; jede Episode konnte Anlaß zu einem pädagogischen Gespräch werden. Aber nicht nur der Sohn des Dauphin, sondern auch ein breiteres Publikum fand offenbar Gefallen an einer solchen Unterweisung in Romanform. Für die Beliebtheit des *Télémaque*, die sich in einer Vielzahl von Ausgaben und Übersetzungen niederschlägt, lassen sich vor allem drei Gründe anführen. Zunächst der Stil des Romans: Fénelon war nicht nur ein sachkundiger Führer in der Welt der Antike, sondern auch ein brillanter Erzähler. Seine Diktion ist gewählt, der Duktus seiner Sätze von vornehmer Eleganz. Leicht und mühelos gleiten sie dahin, in nonchalant gefälligem Rhythmus, ohne jede Monumentalität, aber mit einer Fülle dekorativer Elemente, wie epische Vergleiche, Epitheta, kunstvolle Periphrasen oder anmutige Bilder, in mancherlei Hinsicht das Homerische Vorbild imitierend, zuvörderst aber Ausdruck zeitgenössischer Stiltendenzen. Zum zweiten stand der *Télémaque* beim Publikum in hoher Gunst aufgrund der effektvollen Betonung der gefühlsmäßigen Komponente in der Schilderung des Seelischen. Und nicht ein weiteres trug zu der außergewöhnlichen Beliebtheit bei: sein Fundus an progressiven Ideen. Zwar steht der kirchliche Grandseigneur Fénelon nach wie vor auf dem Boden einer absoluten Monarchie mit gesicherten Standesprivilegien – doch fortschrittsgläubige Ansätze sind unverkennbar; das Verlangen nach einer Politik des Friedens, das Ansinnen, der Fürst solle dem Wohl seines Volkes leben, und nicht zuletzt die Forderung, die absolute Machtvollkommenheit gesetzlich einzuschränken, sind deutliche Anzeichen für den imminenten Gesinnungswandel. Anlage und Zielsetzung des Romans, zumal die Absicht, dem präsumptiven Thronfolger Vorzüge und Nachteile der verschiedenen Staatsformen sichtbar zu machen, boten dem Autor Gelegenheit, an schlechten, d. h. für ihn absolutistischen Herrscherfiguren Kritik zu üben und ihnen ein Idealbild des Fürsten entgegenzuhalten: fromm, loyal, friedliebend, sparsam, unempfänglich für dreiste Schmeichelei, ein Freund der Untertanen, ohne sich gemein zu machen. Derartige Gedankengänge ließen sich als eine verdeckte Kritik an der Regierungsweise des Sonnenkönigs auffassen. Bei der Vorliebe der Zeitgenossen für romanhafte Verschlüsselung und die Mode des literarischen Porträts konnten Identifikationen kaum ausbleiben: In Idomeneus glaubte man in mehr als einer Hinsicht Ludwig XIV. selbst zu erkennen. Auf dem Höhepunkt seiner Macht hätte das gewiß wenig ausgemacht; angesichts der permanenten Krise, in der sich Frankreich seit 1680 befand, mußte es schwerwiegende Folgen haben. Fénelon bestritt zwar eine satirische Absicht, das Erscheinen der anonymen Ausgabe erwies sich indessen als verhängnisvoll. Bereits hinreichend kompromittiert durch die Affäre des Quietismus, fiel er endgültig in Ungnade. In den Augen des 18. Jh.s bedeutete das die Legitimation seines Romans als vorrevolutionäres Manifest. K.Rei.

AUSGABEN: Paris 1699 [unvollst.]. – Den Haag/Brüssel 1699 *(Les avantures de Télémaque, fils d'Ulysse).* – Paris 1717 *(Les avantures de Télémaque, fils d'Ulysse;* nach dem Originalms.). – Paris 1830 (in *Œuvres complètes*, 27 Bde., 20). – Paris 1920, 2 Bde., Hg. A. Cahen [krit.]. – Florenz 1962 *(Les aventures de Télémaque,* Hg. J.-L. Goré). – Paris 1968 *(Les aventures de Télémaque;* GF).

ÜBERSETZUNGEN: *Staats-Roman, welcher unter der denckwürdigen Lebens-Beschreibung Telemachi Königl. Printzens aus Ithaca ...,* Talander [d. i. A. Bohse], Breslau 1700. – *Die Begebenheiten des Prinzen von Ithaca, oder Der seinen Vater Ulysses suchende Telemach,* 3 Bde., B. Neukirch, Onolzbach/Anspach 1727–1739. – *Die seltsamen Begebenheiten des Telemach ...,* L. E. v. Faramond [d. i. Ph. B. Sinold v. Schütz], Ffm./Lpzg. 1733. – *Die Begebenheiten des Telemach,* J.W. Meigen, Aachen 1827; ern. 1854. – *Die Erlebnisse des Telemach,* B. Stehle, Paderborn 1891. – *Die Abenteuer des Telemach,* F. Rückert, Stg. 1984 (RUB).

LITERATUR: A. Adler, *F.'s »Télémaque«* (in StPh, 55, 1958, S. 591–602). – N. Hepp, *De l'épopée au roman* (in *La littérature narrative d'imagination,* Paris 1961, S. 97–113). – J.-L. Goré, *Le »Télémaque«, périple odysséen ou voyage initiatique* (in CAIEF, 15, 1963, S. 59–78). – F. Gallouédec-Genuys, *Le prince selon F.,* Paris 1963. – J. Whatley, *Coherent Words* (in StV, 1977, Nr. 171, S. 85–113). – A. Blanc, *Fonction de la référence mythologique dans le »Télémaque«* (in DSS, 31, 1979, S. 373–388). – Ders., *Au dernier livre du »Télémaque«* (in RHLF, 80, 1980, S. 699–706). – R. Jasinski, *Sur »Télémaque«* (in R. J., *A travers le 17e siècle,* Bd. 2, Paris 1981, S. 195–334). – D. Fricke, *Die pädagogischen Irrfahrten des Telemachs* (in *Bildung, Gesellschaft, Politik,* Ffm. 1981, S. 241–270). – R. J. Howells, *»Télémaque« et »Zadig«* (in StV, 1982, Nr. 215, S. 63–75). – V. Kapp, *»Télémaque« de F.,* Tübingen 1982. – H. Hillenaar, *Inconscient et réligion dans »Télémaque« de F.* (in *La pensée religieuse dans la littérature et la civilisation du 17e siècle,* Hg. M. Tietz u. V. Kapp, Paris u. a. 1984, S. 325–344). – P. P. Clark, *The Metamorphoses of Mentor* (in RomR, 75, 1984, S. 200–215).

FENG MENGLONG

* 1574 bei Su-chou / Kiangsu
† 1646

SANYAN

(chin.; *Drei Worte*). Sammeltitel für drei Anthologien von Novellen und Kurzerzählungen, die FENG MENGLONG ausgewählt, redigiert und teilweise überarbeitet hat. – Der den drei Anthologien später gegebene Gesamttitel erklärt sich daher, daß die drei Einzeltitel jeweils mit dem Wort yan (»Wort«) enden. Die erste, *Yushi mingyan (Klare Worte, um die Welt zu erhellen)*, erschien zwischen 1620 und 1624 und umfaßt 24 Novellen. Sie hat Feng aus einer zu seinen Lebzeiten veröffentlichten Sammlung, den *Erzählungen aus alter und neuer Zeit (Gujin xiaoshuo)*, ausgewählt, die auch Romane wie z. B. den *Shuihu zhuan* enthielt. Fengs Auswahlprinzip läßt sich leicht bestimmen: Er hat solche Erzählungen bevorzugt, die eine (Haupt-)Person in den Zusammenhang eines (Haupt-)Ereignisses stellen.

Im Gegensatz zur ersten Anthologie sind die Quellen bzw. Erstausgaben der Novellen für die beiden anderen heute nicht mehr bekannt. Die zweite, *Jingshi tongyan (Allgemeine Worte, um die Welt zu warnen)*, mit 40 Erzählungen, brachte Feng 1624 heraus. Die dritte mit ebenfalls 40 Erzählungen, *Xingshi hengyan (Gewöhnliche Worte, um die Welt aufzurütteln)*, publizierte er 1627. Nicht wenige der insgesamt 104 Novellen wurden später erneut in andere Sammlungen übernommen, von denen *Jingu qiguan (Wunderliches aus neuer und alter Zeit)* am bekanntesten geworden ist. Die Edition in den *Sanyan* trug viel zur Popularisierung dieser literarischen Gattung bei, wozu mit ausschlaggebend war, daß ihre Geschichten in Umgangssprache abgefaßt sind, weshalb es vor allem die nichtakademischen Mittelschichten der chinesischen Gesellschaft waren, die sich an ihnen erfreuten, während die traditionsreiche Klasse der Literatenbeamten die in klassischer Schriftsprache geschriebene Prosaliteratur vorzog.

Feng war ein sorgfältiger Editor. Er beseitigte Fehler, nahm stilistische Verbesserungen vor, änderte Personennamen und andere Daten im Interesse der Geschlossenheit von Handlungsabläufen und erfand auch neue Titel für eine ganze Reihe von Novellen. Die literarhistorische Forschung hat hier erst einzelne Komplexe erhellt, noch nicht beantwortet werden konnte u. a. die Frage, ob und in welchem Umfang Feng einzelne Novellen gänzlich neu geschrieben hat. Für deren Lösung dürften eine nicht unbedeutende Rolle Ausgaben spielen, die in japanischen Bibliotheken aufbewahrt liegen.

Die chinesische Form der Gattung Novelle (oder Erzählung) entstand bereits zur Zeit der Tang-Dynastie (618–906). Es handelt sich dabei um die sogenannten *bianwen*, kurze Geschichten, die von Berufserzählern vorgetragen wurden. Viel Abenteuerliches, aber auch Mythologisches usw. kommt darin zur Darstellung. Eine weitere Traditionslinie leitet sich her von den *huaben*, Textbüchern, die seit der Song-Zeit (960–1279) sich kräftig entwickelten. Die Novellen nun, wie sie in den *Sanyan* vorliegen, verleugnen keineswegs ihre Vorläufer. Wie diese nehmen sie gern ihre Stoffe und Themen auch aus historischen Überlieferungen, nicht zuletzt in der Absicht, Zeitkritik – oft in witziger Form – zu verkleiden, um der bestehenden Zensur keine Angriffsflächen zu bieten. Einen beliebten Ansatzpunkt für Kritik bildet immer wieder die Schilderung der Sitten in den buddhistischen und taoistischen Klöstern. Darüber hinaus aber wird in den Novellen das gesamte Panorama vor allem des städtischen Lebens erfaßt. Was den *Sanyan* ihre große Verbreitung beim Lesepublikum verschaffte, war jedoch nicht nur ihre Thematik, sondern waren auch Einfachheit, Lebendigkeit und Anschaulichkeit ihrer Sprache und ihres Stils. R.T.

AUSGABEN: Suzhou zwischen 1620 und 1627. – *Xingshi hengyan*, Shanghai 1936. – *Xiuxiang Jingshi tongyan* Shanghai 1937. – *Quanxiang gujin xiaoshuo*, 6 Bde., Shanghai 1947 (d. i. *Yushi mingyan*).

ÜBERSETZUNGEN (Teilübers.): in J. Lyman Bishop, *The Colloquial Short Story in China. A Study of the San-yen Collections*, Cambridge/Mass. 1956, S. 47–125 (S. 128–135 enthält eine Bibliographie der Einzelübersetzungen in westliche Sprachen). – in *Die schöne Konkubine und andere chinesische Liebesgeschichten aus der Ming-Zeit*, Tat-hang Fung, Herrenalb 1966. – in *Neuer chinesischer Liebesgarten*, ders., Tübingen 1968. – Vgl. André Lévy u. a., *Inventaire analytique et critique du conte chinois en langue vulgaire*, Paris 1978 [enth. Bibliogr. der Einzelübersetzungen in westl. Sprachen]. – Vgl. P. Hanan, *The Chinese Vernacular Story*, Cambridge/Mass. 1981, S. 245–248.

LITERATUR: C. Birch, *Feng Meng-lung and the Ku Chin Hsiao Shuo* (in BSOAS, 18/I, 1956, S. 64 ff.). – J. Lyman Bishop (s. o.). S. 1–46. – Kong Lingjing, *Zhongguo xiaoshuo shiliao*, Peking 1959, S. 124–129. – Y. Meng, *Zhongguo xiaoshuo shi*, T'aipei 1966, Bd. 2, S. 235–251. – J. Průšek, *Chinese History and Literature*, Prag 1970, S. 303–329; 446 f. – P. Hanan, *The Chinese Short Story: Studies in Dating, Authorship and Composition*, Cambridge/Mass. 1973. – W. Idema, *Chinese Vernacular Fiction. The Formative Period*, Leiden 1974. – A. Lévy, *Inventaire analytique et critique du conte chinois en langue vulgaire*, 2 Bde., Paris 1978/79. – Min Yonghe, *Feng Menglong he »Sanyan«*, Shanghai 1979. – *»Sanyan« Liangpai ziliao*, Hg. Tan Zhengpi, 2 Bde., Shanghai 1980. – Xie, Wei, *Feng Menglong zhushu kaobu* (in Wenxian, 14, 1982, S. 56–76).

BEPPE FENOGLIO

* 1.3.1922 Alba
† 18.2.1963 Turin

LITERATUR ZUM AUTOR:
G. Lagorio, *F.*, Florenz 1970; ³1982. – W. Mauro, *Invito alla lettura di F.*, Mailand 1972; ⁴1983. –

F. De Nicola, *F. partigiano e scrittore*, Rom 1976. – G. Rizzo, *Su F. tra filologia e critica*, Lecce 1976. – G. Grassano, *La critica e F.*, Bologna 1978. – D. Lajolo, *F., un guerriero di Cromwell sulle colline delle Langhe*, Mailand 1978. – M. Corti, *B. F., storia di un »continuum« narrativo*, Padua 1980. – M. A. Grignani, *B. F.*, Florenz 1981. – G. Lagorio, *B. F.*, Camposampiero 1983. – R. Bigazzi, *F.: personaggi e narratori*, Rom 1983. – G. L. Beccaria, *La guerra e gli asfodeli, Romanzo e vocazione epica di B. F.*, Mailand 1984. – *F. a Lecce*, Hg. G. Rizzo, Florenz 1984 [Kongreßakten]. – E. Soletti, *B. F.*, Mailand 1987. – E. Saccone, *F., I testi, l'opera*, Turin 1988. – F. De Nicola, *Introduzione a F.*, Rom/Bari 1989.

LA MALORA

(ital.; *Das Unglück*). Erzählung von Beppe FENOGLIO, erschienen 1954. – *La malora* ist nach dem Erzählband *I ventitre giorni della città di Alba* (1952) das zweite Buch, das Fenoglio veröffentlicht hat; es erschien wiederum in der von Elio VITTORINI betreuten Reihe »I Gettoni« des Turiner Verlagshauses Einaudi und führt die – bereits im zweiten Teil der *Ventitre giorni* präsente und neben dem Bürgerkrieg im Werk Fenoglios zentrale – Thematik des Lebens der Bauern auf den Hügeln der Langhe fort (der Heimat der väterlichen Vorfahren und Verwandten Fenoglios, denen er sich engstens verbunden fühlte).

Die erzählte Geschichte ist in einer nicht genauer bestimmten ferneren Vergangenheit situiert und evoziert den leidvollen, entbehrungsreichen Kampf der Bauern der Langhe gegen die Natur und den kargen Boden, gegen Armut und Elend, ein Dasein, in dem die menschlichen Beziehungen, auch die zwischen Mann und Frau, zwischen Vater und Söhnen, auf die »nackte Erbarmungslosigkeit der Arbeitsbeziehungen« reduziert sind (Vittorini). Protagonist und Erzähler ist der etwa zwanzigjährige Bauernsohn Agostino Braida, der sich, da seine Familie, von der *malora* verfolgt (»*Gott war nie mit uns*«), in größte Armut geraten ist, bei dem Pächter Rabino als Knecht verdingen muß. Die Schwester ist schon als Kind gestorben und fehlt der sich aufopfernden, frommen Mutter als Hilfe; der älteste Bruder, Stefano, will, als er vom Wehrdienst zurückkehrt, das frühere harte Leben nicht mehr auf sich nehmen und sucht Zuflucht im Wirtshaus (vgl. 'Ntoni in Giovanni VERGAS *Malavoglia*, 1881; die Geschichte des sozialen Abstiegs der Braida zeigt überhaupt Parallelen zu der der Malavoglia); der schwächliche Bruder Emilio muß, damit die Familie einen Schuldenerlaß erhält, ins Priesterseminar nach Alba gehen und führt dort ein noch elenderes Leben als Agostino (er wird schließlich todkrank nach Hause zurückkehren); der Vater, in seinen Hoffnungen, als Händler ein besseres Leben führen zu können, enttäuscht, hat die Ausdauer und Lust verloren, die Äcker zu bestellen, er stürzt (Unfall oder Freitod?) beim Wasserschöpfen in einen Brunnen. Auf der anderen Seite steht die Familie der Rabino, die durch rastlose Arbeit und eiserne Sparsamkeit ihrem Pächterdasein entkommen und eigenes Land erwerben will und nicht weniger von der *malora* heimgesucht wird, als die Mutter unter dem Übermaß an Arbeit, das ihr von ihrem Mann zugemutet wird, zusammenbricht. Agostino muß für Rabino um einen Hungerlohn und bei kargem Essen schwerste Arbeit leisten und leidet unter der Demütigung, als Sohn eines Kleinbauern der Knecht eines Pächters sein zu müssen. Obwohl ihm auch noch sein Mädchen genommen wird, als er gerade glaubt, das erste Mal in seinem Leben Glück zu haben, widersteht er doch der Versuchung der Flucht und des Selbstmordes, findet sich ab mit seinem Schicksal, weil er sich in den Langhe verwurzelt und für seine Familie verantwortlich fühlt. So zeigen sich in ihm die positiven Werte dieser Bauernwelt. Der Tag, an dem er endlich nach Hause zurückkehren kann, um an der Stelle des aus der Art geschlagenen Stefano den väterlichen Besitz zu übernehmen, ist der »*schönste Tag (s)eines Lebens*« (vgl. Alessio in den *Malavoglia*).

Mit Agostino wählt Fenoglio einen Erzähler, der völlig in das Milieu, über das er erzählt, integriert ist (im Unterschied etwa zu Anguilla in PAVESES Roman *La luna e i falò*, 1950 *(Junger Mond)*, den man oft im Zusammenhang mit *La malora* genannt hat), der mit den Augen der Bauern der Langhe sieht und ihre Sprache spricht. Ähnlich wie Verga in den *Malavoglia* (wo sich allerdings ein choraler Erzähler findet) versucht Fenoglio, in sehr kreativem Umgang mit der italienischen Sprache, die »innere Form« der Sprache der Langhe-Bauern zu rekonstruieren, um in ihrer Sprache ihre Mentalität aufscheinen zu lassen. Vittorini sah falsch, als er in der Präsentation der Erzählung (die ihrer Rezeption schadete und zu einer Verstimmung zwischen dem Autor und dem Verlagshaus Einaudi führte) Fenoglio statt mit Verga mit den »Provinzlern des Naturalismus« Giovanni FALDELLA und Remigio ZENA in Verbindung brachte. B.Gu.

AUSGABEN: Turin 1954. – Turin 1978 (in *Opere*, Hg. M. Corti, Bd. 2; krit.). – Turin 1986.

LITERATUR: P. Spriano, *Le Langhe e la malora. Vita di contadini sulle colline* (in L'Unità, 19. 9. 1954). – L. Gigli, *F. o delle Langhe* (in Gazzetta del Popolo, 26. 4. 1955). – M. Forti, *F. vecchio e nuovo* (in La Gazzetta di Parma, 19. 1. 1956).

IL PARTIGIANO JOHNNY

(ital.; *Der Partisan Johnny*). Roman von Beppe FENOGLIO, erschienen postum 1968. – Der Titel stammt nicht von Fenoglio selbst, sondern vom Erstherausgeber L. MONDO. Die Entstehungsgeschichte des Romans, die lange Zeit die Aufmerksamkeit der Kritik fast ausschließlich auf sich gezogen hat, ist bis heute nicht endgültig geklärt, jedoch spricht vieles für die von F. DE NICOLA in der jüngsten Fenoglio-Monographie vorgenommene Rekonstruktion. Fenoglio hat demnach erst in der Mitte der fünfziger Jahre (und nicht in der unmittelbaren Nachkriegszeit) mit der Niederschrift eines umfassenden Romans über die Kriegsjahre 1940 bis 1945 begonnen. Die erste Fassung hat er in englischer Sprache erstellt, die er dann ins Italienische übertrug. Der erste Teil dieses Romans (über die Jahre 1940 bis Herbst 1943) erschien, nach weiteren (die Vorlage stilistisch verflachenden) Überarbeitungen Fenoglios, 1959 bei Garzanti unter dem Titel *Primavera di bellezza (Frühling der Schönheit)*. Dem zweiten Teil (*Il partigiano Johnny*), über die Zeit September 1943 bis Februar 1945), der in zwei unterschiedlichen Redaktionen erhalten ist, beließ er die ursprüngliche (stilistisch weitaus originellere) Form, da er an keine unmittelbare Veröffentlichung dachte. Die (lückenhaften) Kapitel über die letzten Kriegsmonate, die John MEDDEMMEN unter dem Titel *Ur partigiano Johnny* herausgegeben hat, sind Teil der (ansonsten verlorengegangenen) englischen Urfassung.

Fenoglio geht es in seinem Werk, in dem die Kritik heute zu Recht die bedeutendste literarische Bearbeitung der italienischen Resistenza sieht, nicht darum, den Widerstandskampf in den Langhe im Stil der Chroniken und Memoiren zu erzählen, sondern darum das »*komplexe menschliche und moralische Klima der Resistenza in einem breitangelegten choralen Bild zu rekonstruieren*« (De Nicola), das Klima der Gewalt und des Todes, der Exekutionen, der Razzien, des Hinterhalts, der rastlosen Flucht. Protagonist des Romans ist Johnny, ein zwanzigjähriger Student aus Alba, der sich nach der Auflösung des Königlichen Heeres der Resistenza bedingungslos verschreibt und schließlich im Winter 1944, als sich die Partisanenverbände auflösen, allein auf den Hügeln der Langhe seinen Kampf gegen die Faschisten, die Spione, gegen Hunger und Kälte fortführt. Die Jahreszeiten, die Naturphänomene, Nebel, Regen, Wind, Schnee, Schlamm, in ihrem bedrohlichen Charakter wie in der Rettung, die sie bringen können, sind im Roman von zentraler Bedeutung. Das Geschehen wird im wesentlichen aus der Perspektive des Protagonisten Johnny wiedergegeben. Johnny trägt stark autobiographische Züge, ist aber mehr als ein Abbild des Autors, er ist eine Art Summa des Widerstandskämpfers. Er steht zur Resistenza mit all dem Ernst, der moralischen Strenge, der Kohärenz, die seinem Charakter eigen sind. Der Verdacht einer Verunglimpfung der Widerstandsbewegung, in den Fenoglio aufgrund seiner Erzählung *I ventitre giorni della città die Alba* geraten war, kann hier dementsprechend gar nicht erst aufkommen. Eben aus der moralischen Strenge des Individualisten Johnny und seinen hohen Ansprüchen ergibt sich allerdings auch im Roman eine kritische Perspektive. Johnny steht unbedingt zum Freiheitskampf, das hindert ihn aber nicht, sich von denjenigen Episoden des Widerstandskampfes, die er nicht billigen kann (unnötige Gewalttätigkeit, Rivalitäten zwischen verschiedenen Gruppen, persönliche Ambitionen der Führer, Verantwortungslosigkeit), da sie seinen moralischen mehr noch als politischen Wertvorstellungen widersprechen, zu distanzieren. Dieses Vorgehen Fenoglios gibt dem Roman einen hohen Realitätsgehalt, einen beinahe epischen Charakter, der über die historische Dimension hinaus auf das menschliche Schicksal überhaupt verweist, auf den ewigen Kampf, dem sich der Mensch in immer neuen Formen stellen muß. B.Gu.

AUSGABEN: Turin 1968, Hg., L. Mondo [Verbindg. von Teilen der verschied. überlief. Redaktionen]. – Turin 1976 (in *Opere*, Bd. 1/2, Hg. M. A. Grignani; Abdruck beider Fassg.).

LITERATUR: G. Rizzo, *Gli estremi di una parabola narrativa: »Il partigiano Johnny« di B. F.* (in *F. a Lecce*, Florenz, 1984, S. 71–118). – G. Fenocchio, *Tempo, natura e simboli nel »Partigiano Johnny«* (in Filologia e critica, 9, 1984, S. 407–442). – F. De Nicola, *Come leggere »Il partigiano Johnny« di B. F.*, Mailand 1985. – M. Prandi, *Modificazioni oblique nel »Partigiano Johnny«* (in Stc 56, 1988, Nr. 1, S. 111–164).

UNA QUESTIONE PRIVATA

(ital.; *Ü: Eine Privatsache*). Roman von Beppe FENOGLIO, erschienen postum 1963. – Der unvollendet gebliebene Roman ist in drei verschiedenen Redaktionen überliefert, die Fenoglio wahrscheinlich 1959/60 erstellt hat. Die dritte Redaktion hat der Verlag Garzanti 1963 auf Vorschlag Lorenzo MONDOs im Anhang zur Erzählsammlung *Un giorno di fuoco* veröffentlicht. Die gegenüber *Primavera di bellezza*, 1959 *(Frühling der Schönheit)*, grundsätzlich neuen Ideen sind die Konzentration der Handlung auf eine Episode des Widerstandskampfes, in die jedoch alle Elemente und Aspekte der Resistenza einfließen sollen, und die Verbindung der Thematik des Widerstands mit der der Liebe: »*eine romantische Handlung*«, so Fenoglio selbst, »*nicht auf dem Hintergrund des Bürgerkriegs in Italien, sondern mitten in diesem Krieg*«. Bestimmte Episoden entnahm der Autor jenem Text, der postum unter dem Titel *Il partigiano Johnny* 1968 veröffentlicht wurde.

Der Roman ist im November 1944 situiert und hat als Schauplatz – wie alle Erzählungen Fenoglios – die Langhe (Piemont). Protagonist ist der Partisan Milton, ein Student aus Alba mit leidenschaftlichem Interesse für die englische Literatur, der sich mit der Fenoglios Protagonisten eigenen Intensität und Ausschließlichkeit in das reiche Turiner Mädchen Fulvia verliebt hat (die im Roman allein in der Erinnerung und in den Gedanken Miltons erscheint und lebt). Milton besucht zu Beginn der Geschichte, als ein militärischer Auftrag ihn in deren Nähe führt, die Villa, mit der ihn seine Erinnerungen an Fulvia verbinden. Andeutungen der Haushälterin kann er entnehmen, daß Fulvia ihm offenbar Giorgio, den gemeinsamen wohlhabenden und eleganten Freund, vorgezogen hat. Mit diesem Zweifel kann Milton, der all seine Kraft in den Anstrengungen und Entbehrungen des Partisanenkampfes aus seiner Liebe bezieht, nicht leben. Der Besuch in der Villa löst seine besessene Jagd nach der Wahrheit aus, die angetrieben wird von der Hoffnung, weiter an die rettende Liebe Fulvias glauben zu dürfen. Er muß Giorgio finden, der in einer anderen Partisaneneinheit kämpft. Giorgio jedoch ist von den Faschisten im Nebel überrascht und in die Stadt gebracht worden. Milton hetzt nun von Verband zu Verband, um einen faschistischen Gefangenen zu erhalten, den er gegen Giorgio austauschen kann, und nimmt, als dies nicht gelingt, schließlich im Alleingang selbst einen Sergeanten gefangen, den er jedoch bei einem Fluchtversuch erschießen muß. Da alle Bemühungen, Giorgio zu erreichen, gescheitert sind, kehrt Milton – »innen wie außen zu Schlamm geworden« –, noch einmal zur Villa zurück, in der verzweifelten Hoffnung, dort genauere Informationen zu erhalten. Er stößt auf eine faschistische Einheit, der er in einer phantastische Züge annehmenden Flucht nur knapp entkommen kann. Hier bricht der Roman ab.

Miltons *questione privata* ist unauflöslich in den Widerstandskampf verwoben und kann in den Wirren des Bürgerkriegs keine Lösung finden. Seine Besessenheit treibt ihn durch Nebel, Regen und Schlamm über die Hügel der Langhe, auf denen die harten und grausamen Gesetze des Bürgerkriegs herrschen. In Rückblenden und eingelegten Erzählungen anderer Partisanen werden weitere typische Episoden der Zeit evoziert, so daß der Roman in der Tat die wichtigsten Aspekte des Widerstandskampfes sichtbar macht und Italo CALVINO schreiben konnte: »*Man findet darin die Resistenza genau so, wie sie gewesen ist, innen und außen, wahr, wie sie noch keiner beschrieben hat, ... mit all ihren moralischen Werten, die um so eindringlicher sind, als sie implizit bleiben, und ihrer Ergriffenheit, ihrer Raserei ...*«. Nach Calvino ist Fenoglio mit *Una questione privata* der Widerstandsroman gelungen, den alle jungen Schriftsteller der Nachkriegsjahre schreiben wollten, von dem sie träumten, so daß ihre Bemühungen in Fenoglio ihre späte Erfüllung und Krönung erfahren haben. B.Gu.

AUSGABEN: Mailand 1963 (in *Un giorno di fuoco*). – Turin 1978 (in *Opere*, Bd. 1/3). – Mailand 1982. – Turin 1986.

ÜBERSETZUNG: *Eine Privatsache*, H. Riedt, Einsiedeln/Köln 1968. – Dass., ders., Ffm. 1988.

VERFILMUNG: Italien (TV).

LITERATUR: P. Citati, *Il partigiano Milton* (in Il Giorno, 19. 6. 1963). – A. Guglielmi, *F.: dialogo non insensato con la realtà* (in Corriere della sera, 23. 6. 1963). – E. Falqui, *Un giorno di fuoco* (in Tempo, 6. 8. 1963). – I. Calvino, *Prefazione* zu *Il Sentiero dei nidi di ragno*, Turin 1964, S. 22. – E. Saccone, *L'orologio di Milton: morte, vite e miracoli di un personaggio fenogliano* (in MLN, 97, 1982, S. 122–143).

I VENTITRE GIORNI DELLA CITTÀ DI ALBA

(ital.; *Die dreiundzwanzig Tage der Stadt Alba*). Erzählungen von Beppe FENOGLIO, erschienen 1952. – Die Publikation des Bandes, für den Fenoglio ursprünglich nur Partisanenerzählungen vorgesehen hatte (*Racconti della guerra civile*, s. *Opere*, Bd. 2), kam erst nach langwierigen Verhandlungen mit dem Verlagshaus Einaudi (Elio VITTORINI) und immer neuen Umarbeitungen zustande. Der Band umfaßt sechs Partisanenerzählungen, vier Erzählungen über das ländliche Leben in den Langhe und zwei in Alba situierte Erzählungen über die Nachkriegszeit (die letztgenannten hat Fenoglio aus seinem Nachkriegsroman *La paga del sabato*, postum 1969 *(Der Lohn des Samstags)*, gewonnen, den er auf Anraten Vittorinis opferte).

In der Titelgeschichte, die vor allem das Interesse der Kritik und des Publikums auf sich zog, schildert Fenoglio das Geschehen zwischen dem 10. Oktober und dem 2. November 1944, als es den Partisanen in Oberitalien gelang, zum erstenmal eine größere Stadt einzunehmen und für etwa drei Wochen zu behaupten. Obwohl Fenoglio als aktiver Widerstandskämpfer in den »autonomen« Partisanenverbänden der Langhe an der Besetzung und Verteidigung Albas direkt beteiligt war, wählt er in seiner Erzählung die Perspektive eines unbeteiligten, außenstehenden Beobachters, der die Ereignisse aus überlegener ironischer Distanz wiedergibt. Als die Erzählung 1952 erschien, nahm manch ein Kritiker Fenoglio den gewählten spöttischen Ton übel und empfand eine solche groteske Darstellung der glorreichen Tage von Alba als Verunglimpfung der italienischen Widerstandsbewegung. Fenoglio wollte jedoch ironisch-polemische Kritik nur an einer bestimmten Episode der Resistenza üben, die aus der strengen Sicht des Autors und ehemaligen Partisanen in mancher Beziehung alles andere als heldenhaft und glorreich war, und mehr noch war die Art der Darstellung, ähnlich wie Italo CALVINOs Roman *Il sentiero dei nidi di ragni*, 1947 *(Der Pfad der Spinnennester)*, gemeint als provokatorischer Protest, der der Verfälschung des eigentlichen Wesens der Resistenza in den Nachkriegsjahren, der pauschalen Heroisierung und Mythisierung entgegenwirken sollte. Der bitter-ironische Ton, der die Titelgeschichte kennzeichnet, tritt in den übrigen Partisanenerzählungen deutlich zurück. Die Ironie gilt der Parade, der Prahlerei, dem Leichtsinn, der Improvisation, vor dem Tod macht sie halt, und eben der Tod – in der Gestalt der gnadenlosen Exekution des wehrlosen Gefangenen – ist das beherrschende Thema dieser Erzählungen. In *Un altro muro* (*Noch eine Mauer*; der letzten und – nach den ersten – besten der Partisanengeschichten) wird im Sinnbild der Mauer die Vorstellung der Exekution

direkt in den Titel aufgenommen. Gezeigt und angeklagt wird in Fenoglios Erzählungen die jede Menschenwürde mit Füßen tretende Brutalität und Verrohung, die den Bürgerkrieg kennzeichnete und die in den erbarmungslosen Hinrichtungen ihren tragischen Höhepunkt fand. Dabei kann angesichts der existentiellen Bedrohung, die von einer besonders brutalen Konfrontation mit dem Tod ausgeht, letztlich sogar in den Hintergrund treten, ob es sich dabei um die Exekution eines Widerstandskämpfers oder eines Faschisten handelt.
Auch im zweiten Teil der Sammlung gruppierte Fenoglio die besten Erzählungen an erster bzw. letzter Stelle: *Ettore va al lavoro* (*Ettore geht zur Arbeit*; über die Schwierigkeiten ehemaliger Partisanen, sich nach dem Krieg wieder in das »normale« Leben einzufügen) und *Pioggia e la sposa (Der Regen und die Braut)*: Der Erzähler evoziert hier mit feiner Ironie eine Begebenheit, die er als Kind erlebt hat (ein Verfahren, auf das der Autor später noch mehrfach zurückgreifen wird): den grotesken Marsch der resoluten Tante und ihres gegen seinen Willen zum Priester bestimmten Sohnes in strömendem Regen über die Hügel der Langhe zu einem Hochzeitsmahl. Durch den gemeinsamen Schauplatz Alba und die Langhe erhalten die Erzählungen des Bandes ihre Einheit.   B.Gu.

AUSGABEN: Turin 1952. – Turin 1978 (in *Opere*, Bd. 2/2). – Turin 1986.

LITERATUR: M. Corti, *La duplice storia dei »Ventitre giorni della città di Alba« di B. F.* (in *Un augurio a R. Mattioli*, Florenz 1970, S. 375–391). – P. Briganti, *L'alba di F. Cronache di un debutto letterario* (in Studi e problemi di critica testuale, 29, 1984, S. 123–149). – B. Guthmüller, *Die Partisanenerzählungen B. F.s. I: »I ventitre giorni della città di Alba«, II: »Un altro muro«* (in ASSL, 223, 1986, S. 312–321 u. 224, 1987, S. 83–94).

BERNAT FENOLLAR

* um 1438 Penáguila (?)
† 28.2.1516 Valencia

LO PROCÉS DE LES OLIVES E DISPUTA DES JOVES E DELS VELLS

(kat.; *Der Olivenprozeß und Streit der Jungen und der Alten*). Versdialog von Bernat FENOLLAR und anderen, erschienen 1497. – Dieses kecke, aristophanisch boshafte Werk voll Anspielungen und Zweideutigkeiten, dessen Titel nicht ganz verständlich ist, entstand als Gemeinschaftswerk des Dichterkreises um Bernat Fenollar. Es beginnt mit einer Versfrage Fenollars nach der Liebespotenz der Sechzigjährigen. Sein Freund Joan MORENO greift die Frage auf, und zwischen beiden entwickelt sich ein vergnüglicher Dialog, an dem bald auch der einzige Anonymus des Kreises, der sich »Zunftmeister der Fischer« nennt, teilnimmt, um mit Fenollar die Sache der Jungen gegen Moreno zu verteidigen; ihn wiederum unterstützt Jaume GASSULL, ein weiteres Mitglied des Kreises. Ein fünfter Dichter, Narcís VINYOLES, greift ein und erweitert die Argumentation, bis schließlich der sechste, Baltasar PORTELL, den Streit mit einer Verteidigung der Jugend beendet. Sein Beitrag ist der beste des Werks.
In ihren Ausführungen schweifen die Gesprächspartner häufig vom Thema ab und warnen – wie es in erotischen Werken jener Zeit üblich war – vor den Gefahren der Fleischeslust, dem sündhaften Treiben der Welt, vor allem vor den Verführungskünsten der Frauen, warten mit zahlreichen Anekdoten und beispielhaften Geschichten auf und zeichnen in verschlüsselten Andeutungen und versteckten Anzüglichkeiten ein aufschlußreiches Bild der Zeit. Mit Witz und Esprit, virtuoser Beherrschung des Reims und scharfer Beobachtungsgabe leichthändig und spielerisch hingeworfen, verzichtet dieser Dialog auf jeglichen Tiefsinn und Ernst. Die auf OVID zurückreichende, durch den okzitanischen Minnesang, durch PETRARCA und DANTE unendlich vertiefte abendländische Tradition der Liebesdichtung, des Frauenkultes und der Liebesspekulation ist zu unterhaltsamer Trivialisierung der Erotik geworden. Hier ist die Liebe als rein biologischer Vorgang mit ihren psychophysischen Wechselfällen ein unerschöpflicher Quell des Spotts und des Gelächters. Als Dokument eines für die Zeit typischen literarischen Verfahrens, nämlich einer Gemeinschaftsarbeit zweier bzw. mehrerer Dichter im Dialog, besitzt dieses Werk einen speziellen Wert.   A.F.R.

AUSGABEN: Valencia 1497. – Valencia 1561. – Barcelona 1911 (in *Cançoner satíric valencià dels segles XV y XVI*, Hg. R. Miquel y Planas).

LITERATUR: J. Ribelles Comín, *Bibliografía de la lengua valenciana*, Bd. 1, Madrid 1915, S. 251–272. – J. Massó Torrents, *Repertori de l'antiga literatura catalana*, Bd. 1, Barcelona 1932. – M. de Riquer, *Història de la literatura catalana*, Bd. 3, Barcelona ²1980, S. 334–336.

MOULOUD FERAOUN

* 8.3.1913 Tizi-Hibel / Kabylei
† 15.3.1962 El Biar bei Algier

LITERATUR ZUM AUTOR:
A. Khatibi, *Le roman maghrébin*, Paris 1968. – G. Merad, *La littérature algérienne d'expression*

française, Paris 1976. – J. Déjeux, *Littérature maghrébine de langue française*, Sherbrooke ³1980, S. 114–142. – M. Chèze, *M. F.*, Paris 1982. – Y. Nacib, *M. F.*, Algier ²1983. – Ch. Achour, *M. F. – Une voix en contrepoint*, Paris 1986.

LES CHEMINS QUI MONTENT

(frz.; *Ü: Die Wege hügelan*). Roman von Mouloud FERAOUN (Algerien), erschienen 1957. – Der Text schließt die Trilogie der Romane ab, die Feraoun vor seiner Ermordung durch die OAS fertigstellen konnte (*Le fils du pauvre*, 1950; *La terre et le sang*, 1953). Allen gemeinsam ist die Konzentration auf das Dorfleben in den Bergen der Kabylei und die Konflikte, die die Zwänge einer von ihren traditionellen Strukturen geprägten Gesellschaft mit sich bringen. Während *Le fils du pauvre* noch das autobiographische Beispiel einer unproblematischen Akkulturation erzählen konnte, werden in dem letzten Roman am Schicksal fiktionaler Personen die tragischen Verstrickungen sichtbar gemacht, die sich für Kabylen ergeben, die durch die Begegnung mit der Welt des Kolonisators in ihrer eigenen Kultur zum Außenseiter geworden sind. Die Geschichte von der unglücklichen Liebe zweier junger Menschen in dem Dorf Ighil-Nezman wird mit verteilten Erzählerrollen vorgetragen: Der am Morgen entdeckte Tod des Geliebten läßt Dehbia am Abend des gleichen Tages zunächst ein Tagebuch beginnen; in der schlaflos verbrachten Nacht durchlebt sie dann noch einmal in mehrfachen Rückblenden ihr Leben seit der Kindheit bis zu den glücklichen letzten Monaten. Den zweiten Teil nimmt das Tagebuch von Amer ein, das dieser in den letzten zwölf Tagen vor seinem Tod geführt hatte und in dem er sich in der gleichen Mischung von Rückblenden und aktuellem Geschehen über sein Leben Rechenschaft ablegt. Der abschließend zitierte Zeitungsbericht vom angeblichen Selbstmord des Helden führt kreisförmig zu dem auslösenden Ereignis des Anfangs zurück.

Die Protagonisten repräsentieren in ihrer problematischen Existenz typisch kabylische Schicksale als Folgen französischer Kolonisation. Amer ist das Kind einer Mischehe, deren Geschichte in dem zweiten Roman Feraouns *La terre et le sang* behandelt worden war: Wie so viele Kabylen seit dem Anfang des 20. Jh.s hatte sein Vater als Gastarbeiter in Frankreich gelebt; die französische Frau, die er von dort mitbrachte, versuchte, sich ganz in die kabylische Kultur zu integrieren. Der Sohn muß erfahren, daß er in seinem Vaterland nicht akzeptiert wird, und auch in dem Land seiner Mutter, auf das er große Hoffnung gesetzt hatte, schlägt ihm als Gastarbeiter aus Nordafrika nur offener Rassismus entgegen. Seine Kusine Dehbia ist in anderer Weise Außenseiterin in ihrer Heimat: Durch die Missionierung, die in Algerien lediglich in der Kabylei gewisse Erfolge zu verzeichnen hatte, ist ihre Familie christlich geworden. Mit der Umsiedlung der verwitweten Mutter aus einem teilweise konvertierten Dorf in ihren islamischen Geburtsort Ighil-Nezman sind die Ärmsten unter den Armen selbst in ihrer Sippe zu einer verachteten Randexistenz verdammt. Die Außenseiter schließen sich auch in der jungen Generation zusammen, denn nur in Amer kann sich Dehbia einen Ehemann erhoffen. Die Liebesbeziehung, die sich zwischen dem fünfzehnjährigen Mädchen und dem zehn Jahre älteren Sohn von »Madame« unter den wachsamen Augen der Dorfbevölkerung entwickelt, wird durch die Eifersucht eines Neiders aus reicherer Familie bedroht: Mokrane, der gegenüber dem attraktiven Helden alle negativen Eigenschaften auf sich vereinigt, glaubt seine männliche Ehre verletzt. Es gelingt ihm, Dehbia die Unschuld zu rauben und sie so an Amer zu rächen. Als die Liebenden sich endlich ihre Zuneigung zu gestehen wagen und vereinbaren, zusammen der gefängnisgleichen Enge der Heimat zu entfliehen, findet die seit der Kindheit andauernde Feindschaft zwischen den beiden Männern ihre letzte, tödliche Steigerung. Der Mord an Amer kann dank des Einflusses der Familie des Mörders als Selbstmord vertuscht werden. Für Dehbia deutet sich in der verzweifelten Lage das Schicksal an, an einen alten, aber reichen Mann verheiratet zu werden.

Die Handlung des Romans ist kurz vor die Zeit des Erscheinens (1957) datiert. Die Irritation mancher Kritiker darüber, daß der Autor angesichts des bereits seit drei Jahren andauernden Befreiungskrieges auf dieses Ereignis und seine Folgen nicht einmal anspielt, die gerade für die kabylische Bevölkerung besonders grausam waren, schlug sich auch in scharfen Reaktionen über den angeblich im geschichtsfernen Raum angesiedelten »*Roman eines Falschmünzers, Versagers und kleinen Dorfdenkers*« nieder (M. Maschino). Auf der Suche nach dem zeitgemäß erwünschten, plakativen Engagement wurden die wichtigen Passagen in dem Werk übersehen, in denen Feraoun durch den Mund des völlig desillusionierten Amer eine sehr kritische Analyse der kolonialen Situation formulierte und prophetisch das Staunen der Welt für den Tag voraussagte, an dem dieses Volk anfangen würde, seine Kraft zu entfalten. E.R.

AUSGABE: Paris 1957.

ÜBERSETZUNG: *Die Wege hügelan*, G. Steinböck, Würzburg/Wien 1958.

LITERATUR: M. Maschino, »*Les chemins qui montent« ou le roman d'un faux-monnayeur* (in Démocratie, 1. 4. 1957).

LE FILS DU PAUVRE

(frz.; *Ü: Der Sohn des Armen*). Roman von Mouloud FERAOUN (Algerien), erschienen 1950. – Feraouns Erstlingswerk bietet unter der Gattungsbezeichnung »Roman« die nur geringfügig fiktionalisierte Autobiographie der Kindheit und Jugend

des Autors. In einem ersten Teil wird unter dem Titel *Die Familie* das Leben in dem kabylischen Dorf Tizi (= Tizi-Hibel, Geburtsort des Autors) geschildert, in dem der Held Menrad Fouroulou (Anagramm von Mouloud Feraoun) als einziger männlicher Nachkomme der Familie seine ersten Lebensjahre verbringt. Der zweite Teil *(Der älteste Sohn)* berichtet zunächst von der Geburt eines Bruders, die für das Leben des kleinen Menrad einen wichtigen Einschnitt bedeutet, und verläßt schließlich mit dem Eintritt Menrads in die höhere Schule und seiner Ausbildung zum Volksschullehrer die engen Grenzen des dörflichen Schauplatzes.
In einem Vorspann zum ersten Teil berichtet der ungenannte Herausgeber, daß der folgende Text das unvollendete Tagebuch des Dorflehrers Menrad Fouroulou sei. Die Fortsetzung der Lebensgeschichte im zweiten Teil ist, wie wieder in einem entsprechenden Prolog erläutert wird, das Werk eines Freundes, der auch die Rolle des Erzählers übernimmt. Darüber hinaus demonstrieren häufige ironische Anmerkungen auch zu zentralen Aspekten des gesellschaftlichen Lebens (z. B. zur islamischen Religion) und zur eigenen Person die distanzierte, skeptisch-resignative Grundhaltung des stets um Bescheidenheit bemühten Autors, die am Schluß (der Erstausgabe) in das aus Voltaires *Candide* entlehnte Fazit »Laßt uns unseren Garten bebauen« einmündet. Die chronologisch linear angelegte Erzählung vom Leben des kleinen Menrad ist geschickt mit der Darstellung der verschiedensten Aspekte kabylischen Lebens verbunden (vor allem Landarbeit, diverse Handwerke: Korbflechten, Töpferei, Teppichweberei; Kinderspiele). Nach der Beschreibung des Dorfes, seiner Gebäude und der Existenzform der mehr oder weniger armen Bewohner werden die Familien von Menrads Vater und Onkel vorgestellt, die unter der Ägide der Großmutter in einem Gehöft eng und nicht ohne Animositäten von seiten der Tante zusammenleben. Der kleine Junge genießt für längere Zeit die Vorrechte des einzigen männlichen Nachkommens bei den Erwachsenen und gegenüber seinen Schwestern und Kusinen. Nach dem Tod der Großmutter führt die zunehmende Feindschaft zum Zerfall der Familie; die komplizierte Teilung des dürftigen Erbes macht die immer schon kärgliche Lebensgrundlage noch prekärer. Schließlich zieht auch in das Haus zweier alleinstehender Tanten, das Menrad bisher als friedliche Oase erschienen war, das Unglück ein. Der Tod der beiden Verwandten, die für die emotionale Entwicklung des Kindes von großer Bedeutung waren, gehört zu den Schicksalsschlägen, die die tägliche Not begleiten und Menrad zu dem Fazit führen, er habe in dieser Mischung nur die banale, leere Existenz der meisten kabylischen Kinder erlebt. Das Besondere dieses Lebens liegt, wie beide Prologe bereits anklingen lassen, in dem Ehrgeiz des Jungen, der ihn in der Schule schnell zu Erfolgen führt. Der Aufstieg in der das Dorf kaum berührenden Welt des Kolonisators führt nicht zur Entfremdung von der kleinen Gebirgsheimat, in der sich Menrad in den Ferien immer wieder voll integriert. Nach dem erfolgreich beendeten Studium, so schickt der Herausgeber bereits im ersten Prolog voraus, wird Menrad als Volksschullehrer unterrichten, »*in einem Dorf wie das, in dem er geboren war, in einer einklassigen Schule unter all den Bauern, seinen Brüdern, deren tägliche Mühsal er getreulich teilt*«.
Die Erstausgabe erschien 1950 in einer kleinen, vom Autor bezahlten Auflage. Die 1954 im Verlag Seuil publizierte Version ist am Schluß um etwa 70 Seiten gekürzt worden, die 1972 in *L'anniversaire*, einem Sammelband verstreuter Feraoun-Texte, erneut abgedruckt wurden. Der Autor wollte sie für eine Fortsetzung seiner Autobiographie nutzen, die nicht mehr zustande gekommen ist. Formal hat das Buch durch diesen Eingriff an Geschlossenheit gewonnen, inhaltlich wurde damit eine Perspektivierung zugunsten des dorfzentrierten Teils der Lebensgeschichte vollzogen. Der ursprüngliche Zustand des Buches macht die zwiespältige Reaktion auf das Werk besser verständlich, die sich auch in späteren Jahren nicht mehr verloren hat. Die einfach erzählte, anrührende Geschichte eines in der kolonialen Gesellschaft erfolgreichen Kolonisierten fand die entsprechend ungeteilte Zustimmung der offiziellen Kreise. Von seiten maghrebinischer Kritiker mußte Feraoun sich immer wieder die Vorwürfe des Regionalismus, der einseitigen Orientierung am Geschmack des europäischen Lesers, zu großer Nachsicht mit den kolonialen Verhältnissen, historischer Verspätung und (wegen der Schilderung kabylischer Armut) auch den der Nestbeschmutzung gefallen lassen. Erst später zeigte sich, daß der Autor mit seinem Roman den wichtigen ersten Schritt zur Selbstdarstellung und Selbstreflexion wagte, auf dem die in den Folgejahren aufblühende algerische Literatur aufbauen konnte. E.R.

Ausgaben: Le Puy 1950. – Paris 1954.

Übersetzung: *Der Sohn des Armen*, G. Steinböck, Würzburg/Wien 1957.

edna Ferber

* 15.8.1887 Kalamazoo / Mich.
† 16.4.1968 New York

Literatur zur Autorin:
F. Giesen, *Amerika im Werk der E. F.*, Würzburg 1935. – M. Forestier, *L'Amérique se penche sur son passé* (in La Revue Nouvelle, 1948, S. 92–105). – V. J. Brenni u. B. L. Spencer, *E. F.: A Selected Bibliography* (in Bull. of Bibliography, 22, 1958, S. 152–156). – M. R. Shaughnessy, *Women and Success in American Society in the Works of E. F.*, NY

1976. – J. G. Gilbert, *F.: A Biography*; Garden City/N.Y. 1978. – E. S. Uffen, *E. F. and the ›Theatricalization‹ of American Mythology* (in Midwestern Miscellany, 8, 1980, S. 82–93). – P. Reed, *E. F.* (in DLB, 9, 1981, S. 306–313). – S. P. Horowitz u. M. J. Landsman, *The Americanization of E.* (in Studies in American Jewish Literature, 1982, S. 69–80). – B. J. Irwin, *Character Names in E. F.'s Illinois Fiction* (in *Fs. in Honor of Virgil J. Vogel*, Hg. E. Callary, DeKalb 1985, S. 23–45).

CIMARRON

(amer.; *Ü: Cimarron*). Roman von Edna FERBER, erschienen 1930. – Der wohl beste Regionalroman dieser Erfolgsautorin ungarisch-jüdischer Herkunft behandelt die Landnahme in Oklahoma in den neunziger Jahren des vergangenen Jahrhunderts. Den Rahmen der Handlung bildet der Besuch eines Bildhauers, der Jahrzehnte nach der Besiedlung den Auftrag erhalten hat, eine Pioniergestalt zu modellieren. Im Gespräch mit Sabra Cravat erfährt er die Geschichte ihres Ehemannes Yancey, die gleichzeitig die Geschichte der Entstehung und Entwicklung der Stadt Osage im alten Indianerland Oklahoma ist. Yancey ist eine der Gestalten, in denen sich jene mythisch-romantischen Züge verkörpern, die die Epoche der Erschließung des Westens im Bewußtsein der Amerikaner angenommen hat. Er gibt eine unabhängige Lokalzeitung heraus, in der er sich mutig für die Verfolgten und Unterdrückten einsetzt. Er weiß wie kein zweiter mit der Waffe umzugehen und stürzt sich draufgängerisch in Abenteuer, sei es der Spanisch-Amerikanische Krieg, sei es der *goldrush* in Alaska. Erfüllt von echtem Pioniergeist, bleibt seine Frau in der rasch wachsenden Kolonistensiedlung stets auf ihrem Posten, wenn Yancey wieder einmal zu neuen Unternehmungen aufgebrochen ist. Schließlich wird sie als Abgeordnete des neuen Staates Oklahoma in den Kongreß nach Washington gewählt.
Vor dem Hintergrund der Gewalttätigkeit und Gesetzlosigkeit im unerschlossenen westlichen Grenzgebiet ist die Lebensgeschichte der Cravats eng verbunden mit den sozialen und politischen Problemen, die sich einerseits durch den Gegensatz Weiße–Indianer, andererseits durch den großen Ölboom in Oklahoma ergaben. Der flüssig geschriebene Roman, in dem die wesentlichen Elemente des klassischen »Western« zu finden sind, der aber streckenweise als Satire konzipiert ist, war ein dauerhafter Bestseller und trug dazu bei, Edna Ferber zu einer der beliebtesten Autorinnen regionaler Unterhaltungsromane in den USA zu machen. In Oklahoma freilich war sie scharfen Anfeindungen ausgesetzt. J.v.Ge.-KLL

AUSGABEN: Garden City/N.Y. 1930. – Ldn. 1930. – Garden City/N.Y. 1962 (in *Show Boat, So Big, Cimarron, Three Living Novels of American Life*). – NY 1979.

ÜBERSETZUNG: *Cimarron*, G. v. Hollander, Hbg. 1931. – Dass., dies., Mchn. 1954. – Dass., dies., Mchn. 1981 (Goldm. Tb.).

VERFILMUNG: USA 1960 (Regie: A. Mann).

DINNER AT EIGHT

(amer.; *Dinner um acht*). Schauspiel von Edna FERBER und George S. KAUFMAN (1889–1961), Uraufführung: New York, 22. 10. 1932, Music Box Theatre. – Das Stück will zeigen, welch dramatische, ja tragische Vorgänge sich hinter der in der Gesellschaftsspalte einer Zeitung erscheinenden, harmlos klingenden Ankündigung einer eleganten Dinnerparty verbergen können. Millicent Jordan, die Gastgeberin, ist eine hohlköpfige, von gesellschaftlichem Ehrgeiz besessene Frau, die in ihrem Snobismus ihre Pflichten als Gattin und Mutter vernachlässigt. Ihr Ehemann Oliver steht nicht nur kurz vor dem Bankrott, er weiß auch, daß er unheilbar krank ist. Ihre Tochter Paula, verlobt mit einem nichtssagenden Mann, unterhält ein leidenschaftliches Liebesverhältnis mit einem ehemals gefeierten, nun aber vergessenen Schauspieler mittleren Alters, der gegen Schluß des Stückes Selbstmord begeht. Unter den Gästen befindet sich außerdem der skrupellose, millionenschwere Selfmademan Dan Packard, der gerade ein Projekt verfolgt, das seinen Gastgeber finanziell ruinieren wird, und dem seine mannstolle Ehefrau zu schaffen macht, mit der wiederum der Hausarzt der Jordans liiert ist. Im unteren Stockwerk, bei den Dienstboten, sieht es keineswegs besser aus: Das Hausmädchen Dora hat Gustav, den Butler, geheiratet, ohne zu ahnen, daß dieser bereits Weib und Kind hat. Der vor Eifersucht rasende Chauffeur Ricci attackiert den Butler mit einem Tranchiermesser, und dem Handgemenge fällt das sorgfältig vorbereitete Festessen zum Opfer. Schließlich bleiben auch noch die geladenen Ehrengäste mit fadenscheinigen Entschuldigungen der Party fern.
Heute ist man versucht, das Stück als gepfefferte Parodie auf die seichten Gesellschaftskomödien zu verstehen, die als Kassenmagneten auf den Spielplänen der kommerzialisierten Theater stehen. Zu seiner Zeit wurde *Dinner at Eight* jedoch durchaus als das geistreiche, sozialkritisch ambitionierte Schauspiel akzeptiert, das zu schreiben die beiden Autoren beabsichtigt hatten. Wahrscheinlich hat Kaufman das bühnenwirksame Rüstzeug geliefert, während Edna Ferber den Stoff beisteuerte. J.v.Ge.

AUSGABEN: Garden City/N.Y. 1932. – Ldn. 1933 (in *Six Plays*).

VERFILMUNG: USA 1933 (Regie: G. Cukor).

LITERATUR: Rez. (in Time, 88, 7. 10. 1966). – Rez. (in New Yorker, 42, 8. 10. 1966). – Rez. (in Newsweek, 68, 10. 10. 1966). – Rez. (in Saturday

Review, 49, 15. 10. 1966). – Rez. (in The Nation, 17. 10. 1966). – Rez. (in Commonweal, 85, 21. 10. 1966). – Rez. (in Life, 61, 25. 11. 1966).

GIANT

(amer.; *Ü: Giganten*). Roman von Edna FERBER, erschienen 1952. – »*Menschen in weiten, wenig bevölkerten Gebieten neigen dazu, sich allzu wichtig zu nehmen, Felsblöcke zu schleudern wie die Zyklopen und sich als Giganten zu fühlen.*« In einem gigantischen Land, in Texas *(»das amerikanischste Land der Vereinigten Staaten«)*, besitzt die seit hundert Jahren dort ansässige Familie Benedict eine gigantische Ranch. Die Geschichte der Besiedlung durch die Angloamerikaner und die sozialen Probleme des modernen Texas werden in Edna Ferbers Generationenroman vor allem aus der Perspektive dreier aus völlig verschiedenen Verhältnissen stammender Menschen gesehen: aus der des Multimillionärs Jordan Benedict, aus der seiner Frau Leslie, die, in einer kultivierten Familie des traditionsreichen Virginia aufgewachsen, ihrer neuen Umgebung fremd, aber wißbegierig gegenübersteht, und aus der des Landarbeiters Jett Rink, der seinen Aufstieg zum Ölmillionär nicht verkraftet.

Die Verfasserin behandelt spezifisch texanische Probleme wie die Ausbeutung und Diskriminierung mexikanischer Arbeitskräfte, den Mißbrauch demokratischer Institutionen durch die herrschende Clique der reichen Grundbesitzer und Ölmagnaten und die Verachtung, die die alteingesessene »Rancheraristokratie« den Neureichen entgegenbringt. Obwohl sie auch bei der Darstellung solcher Themen die Ebene des realistischen, spannend erzählten Unterhaltungsromans nicht verläßt, ist es Edna Ferber gelungen, etwas von der überwältigenden Weite und dem unvorstellbaren Reichtum des Landes, aber auch von der Engstirnigkeit und Überheblichkeit seiner Bewohner einzufangen. Das Buch, das wie die meisten der Autorin ein Bestseller wurde, löste denn auch in Texas heftigen Protest aus. J.v.Ge.

AUSGABEN: Garden City/N.Y. 1952. – Ldn. 1952. – NY 1954. – Ldn. 1959. – NY 1979.

ÜBERSETZUNG: *Giganten*, R. Frank, Zürich 1954; ²1964. – Dass., ders., Mchn. 1978 (Goldm. Tb.)

VERFILMUNG: USA 1956 (Regie: G. Stevens).

LITERATUR: J. Barkham, Rez (in The New York Times, 28. 9. 1952, S. 7). – Rez. (in Saturday Review of Literature, 35, 27. 9. 1952, S. 15).

SHOW BOAT

(amer.; *Ü: Das Komödiantenschiff*, auch *Showboat*). Roman von Edna FERBER, erschienen 1926. – Hauptschauplatz des Romans, dessen Ereignisse sich über ein halbes Jahrhundert (von ca. 1870 bis 1920) erstrecken, ist die »Cotton Blossom« (»Baumwollblüte«), eines jener schwimmenden Theater, die im 19. Jh. Dörfer und Städte am Ohio und Mississippi ansteuerten und die Bevölkerung mit romantisch-volkstümlichen Darbietungen unterhielten. Eng verknüpft mit der Geschichte der »Cotton Blossom« ist das Schicksal der schönen Magnolia, die auf dem Showboat aufwächst. In ihrem Charakter mischen sich das Draufgängertum ihres Vaters Andy Hawks, einst Flußlotse und Schauspieler, jetzt Eigentümer der »Cotton Blossom«, und die puritanische Strenge ihrer Mutter Parthy Ann, einer ehemaligen Lehrerin aus Neuengland. Magnolia, die bereits als Sechzehnjährige in den Shows auftritt, verliebt sich später in den charmanten Gaylord Ravenal, einen professionellen Glücksspieler, der, froh, aus New Orleans entkommen zu sein, bei den Hawks jugendliche Liebhaberrollen übernimmt und zusammen mit Magnolia Beifallsstürme erntet. Nach Captain Andys Tod verlassen die beiden, inzwischen verheiratet, das jetzt von Parthy Ann geleitete Theaterschiff und ziehen nach Chicago, wo Gaylord erneut dem Spiel verfällt und schließlich Frau und Kind ins Elend bringt. Von ihm verlassen, finanziert Magnolia die Erziehung ihrer Tochter Kim durch Auftritte in Varietés, wo sie sich vor allem als Interpretin von Negro Spirituals einen Namen macht. Auch in Kim setzt sich das Theaterblut durch: Sie wird eine seriöse Schauspielerin und erobert das New Yorker Publikum. Ihr und ihrem Mann, einem Theaterproduzenten, übergibt Magnolia nach Parthy Anns Tod das Vermögen, das die florierende »Cotton Blossom« inzwischen eingebracht hat: Die beiden wollen in New York ein festes Repertoiretheater gründen, während Magnolia zum Mississippi und dem Showboat zurückkehrt.

Der künstlerisch wenig anspruchsvolle Erfolgsroman hat zur Romantisierung des amerikanischen Südens der Nachbürgerkriegsperiode beigetragen, wenngleich man der Autorin auch hier jenes Gespür für Lokalkolorit bescheinigen muß, das ihre Geschichten aus der Vergangenheit Amerikas über den klischeehaften Unterhaltungsroman hinaushebt. Das auf *Show Boat* basierende gleichnamige Musical stellt einen Markstein in der Entwicklung dieser Gattung dar, da seine von der Folklore beeinflußten Songs und Tanzszenen organisch mit der Schauspielhandlung verbunden sind und da es zum ersten Mal das Rassenproblem auf die Broadwaybühne brachte. J.v.Ge.

AUSGABEN: Garden City/N.Y. 1926. – NY 1935 [Vorw. J. Kern]. – NY 1943. – Garden City/N.Y. 1962 (in *Show Boat, So big, Cimarron, Three Living Novels of American Life*). – Ldn. 1972. – Ldn. 1979.

ÜBERSETZUNG: *Das Komödiantenschiff*, G. v. Hollander, Hbg. 1929. – Dass., dies., Mchn. 1954. – Dass., dies., Wien/Mchn. 1954. – Dass., dies., Mchn. 1964. – *Showboat*, dies., Mchn. 1979 (Goldm. Tb.).

VERTONUNG: J. D. Kern u. O. Hammerstein II, *Show Boat* (Musical; Urauff.: NY, 27. 12. 1927).

VERFILMUNGEN: USA 1929 (Regie: H. Pollard). – USA 1935/36 (Regie: J. Whale). – USA 1951 (Regie: G. Sidney; teilweise nach dem Musical).

LITERATUR: P. R. Plante, *Mark Twain, F., and the Mississippi* (in Mark Twain Journal, 13, 1966, S. 8–10). – M. Francis, *The James Adams Floating Theatre: E. F.'s Showboat* (in Carolina Comments, 28, 1980, Nr. 5, S. 135–142).

ABO'L-QĀSEM MANṢUR EBN-E ḤASAN FERDOUSI

* 3.1.940 Wāz̄ bei Ṭus / Nordostiran
† zwischen 1020 und 1026 Ṭus

LITERATUR ZUM AUTOR:
Bibliographie:
I. Afšār, *Ketābśenāsi-ye F.; fehrest-e āsār wa tahqiqāt-e dar bāre-ye F. wa »Šāhnāme«*, Teheran 1968.
Kongreßberichte:
Proceedings of the International Symposium on Ferdowsi Held During the First Festival of Tus 1975, Teheran 1976 [iran.-npers.]. – *Proceedings of the International Symposium on Ferdowsi Held During the Second Festival of Tus 1976*, Teheran 1977 [iran.-npers.]. – *»Šāhnāme«-ye F. wa šokuh-e pahlawāni*, Hg. M. Madā'eni, Teheran 1978.
Lexika und Indices:
F. Wolff, *Glossar zu Firdosis »Schahname«*, 2 Bde., Bln. 1935. – Ṣ. Reżā-zāde Šafaq, *Farhang-e »Šāhnāme«*, Teheran 1941; ²1970/71. – M. Dabir Seyāqi, *Kašf al-abyāt-e »Šāhnāme«-ye F.*, Teheran 1971. – Moḥammad Ebn-e Reżā Ṭusi, *Moʿǧam-e »Šāhnāme«*, Hg. H. Ḥadiwǧam, Teheran 1974.
Biographien:
M. Esteʿlāmi, *F.-ye Ṭusi*, o. O. [Teheran?] 1956. – M. A. Faǧr, *Moruri bar andiše wa zendegi-ye F., šāʿer-e aflāki*, Teheran 1986.
Gesamtdarstellungen und Studien:
M. Minowi, *F. wa šeʿr-e u*, Teheran 1978. – A. Rangbar, *Gazibehā-ye F.*, Teheran 1984/85. – *F., zan wa trāžedi*, Hg. N. Ḥariri, Teheran 1986/87.

ŠĀH-NĀME

(iran.-npers.; *Königsbuch*). Das iranische Nationalepos von Abo'l-Qāsem Manṣur ebn-e Ḥasan FERDOUSI, verfaßt 982–1014. – Den Stoff zu seinem grandiosen, mehr als 50 000 Verse umfassenden Werk schöpfte der Dichter teils aus schriftlichen Quellen, teils aus mündlichen Überlieferungen.

Aus der Zeit der Sasaniden (226–651) ist bekannt, daß die Herrscher dieser Dynastie Chroniken führten. Der letzte sasanidische König, Yazdegerd III. (reg. 632–651), erteilte den Befehl, aus diesen Aufzeichnungen eine Geschichte Irans von den ältesten Zeiten bis zum Tod des Königs Ḥosrou Parwiz (reg. 590–628) zusammenzustellen. Das so entstandene Werk hieß im Mittelpersischen *Chvatái námak* (auch *Ḥwatāināmag*, neupersisch *Ḥodāināme*); ihm entspricht sinngemäß die Bezeichnung *Šāh-nāme*. Es enthielt sowohl mythologische, auf das *Awesta* zurückzuführende Erzählungen als auch Berichte über historische Begebenheiten. Später wurden auch sagenhafte mündliche Überlieferungen, fremdländische Abenteuergeschichten wie der *Alexanderroman* und andere übertriebene Erzählungen von Heldentaten historischer Persönlichkeiten in das Werk aufgenommen. Das mittelpersische *Chvatái námak* ging jedoch in den ersten Jahrhunderten der islamischen Ära verloren; auch die von diesem Buch angefertigten arabischen Übersetzungen oder Bearbeitungen, darunter *Siyar al-mulūk (Lebensbeschreibung der Könige)* von IBN AL-MUQAFFAʿ (um 723–759), die Ferdousi als Quelle gedient haben mögen, sind nicht erhalten geblieben. – Die mündlichen Berichte dagegen wurden im Laufe der Jahrhunderte immer weiter ausgestaltet und durch die Aufnahme von Nebenhandlungen, die in den älteren Werken nicht enthalten waren, ergänzt und bereichert. Diese Entwicklung wurde hauptsächlich vom Landadel gefördert, der die Geschichten, die von vergangenen Herrlichkeiten und alten Weisheiten berichteten, besonders schätzte. Diese Sagen wurden aufgeschrieben oder vom Vater auf den Sohn übertragen und weitererzählt. Öfters weist Ferdousi zu Beginn einer Geschichte darauf hin, daß er sich auf die Aussagen eines *dehqan* (Landedelmann) oder eines *mubad* (zoroastrischer Priester) stütze. Auf der Basis solcher schriftlicher und mündlicher Traditionen, die im Osten Irans sehr beliebt waren, entstanden die ersten *Šāh-nāmes* in Prosa, darunter ein von ABO'L-MOʿAYYAD-E BALḤI (9./10. Jh.) verfaßtes *Šāh-nāme*. Der arabisch schreibende Historiker AL-BIRUNI (973– um 1050) betont, daß das Werk des Abo'l-Moʿayyad vertrauenswürdig, gewissenhaft zusammengestellt und mit vielen Dokumenten versehen sei; weiter bestätigt er, daß die darin gegebenen Berichte über Gayomart, den ersten mythischen Herrscher Irans, der zoroastrischen Glaubensauffassung entsprechen. Daraus darf man schließen, daß Abo'l-Moʿayyad sich vorwiegend an schriftliche Quellen anlehnte.

Als eigentliche Quelle für sein *Šāh-nāme* hat Ferdousi das auf Veranlassung von ABU-MANṢUR Moḥammad ebn-e ʿABDO'R-RAZZĀQ († 961), dem *sepah-sālār* (Heerführer) von Chorassan, in Prosa abgefaßte *Šāh-nāme* benutzt, dessen Vorwort zum Teil erhalten blieb. Darin wird berichtet, daß dieser Fürst, der sich für einen Abkömmling aus dem Geschlecht der iranischen Könige hielt und von patriotischem Geist beseelt war, seinen Minister Abu-Manṣur al-Moʿammar beauftragte, Buchkundige unter den *dehqans* und den Welterfahrenen aus allen Landesteilen zusammenzurufen; sie verfaßten im Jahr 957 ein Buch, »*damit die Herrn der Weisheit es sich ansehen und darin all das finden: die Erziehung der Könige, den Aufbau des königlichen Hofes, ihr Wesen und ihr Verhalten, ihre wohlerwogenen Doktrinen, sowie die Gerechtigkeit, Rechtsprechung und Urteilsfällung, ebenfalls wie man eine Armee ausrüstet, Schlachten schlägt, Städte erobert, Vergeltung übt, Feinde überrascht...*«. Auch die späteren arabischen Historiker benützten dieses Werk als Quelle. Aber schon vorher, wahrscheinlich Ende des 9. Jh.s, hatten sich persische Dichter die Aufgabe gestellt, das *Šāh-nāme* in Verse zu setzen. Die Zitierung solcher Verse in arabischen Werken zeigt, daß derartige Dichtungen im 10. und 11. Jh. sehr bekannt gewesen sind. – Der erste Dichter, der es unternahm, das Prosawerk des Abu-Manṣur zu versifizieren, war DAQIQI (10. Jh.), dessen *Šāh-nāme* durch seinen frühen Tod unvollendet blieb. Zur selben Zeit hatte auch schon Ferdousi begonnen, einige Episoden aus den alten Sagen dichterisch zu gestalten. Zu ihnen gehört sicherlich *Dāstān-e Bižan o Maniže (Die Legende von Bižan und Maniže)*, die sich aber nicht an das Prosawerk von Abu-Manṣur anlehnt. Nach dem Tod Daqiqis beschloß Ferdousi, die Arbeit seines Vorgängers fortzusetzen. Wie er betont, verschaffte ihm ein Freund die Prosavorlage von Abu-Manṣur, die ihm fortan als Hauptquelle diente. – Wahrscheinlich um das Jahr 982 begann Ferdousi systematisch mit der Arbeit an seinem *Šāh-nāme*. Aus Datierungen am Anfang und am Ende einiger Episoden läßt sich jedoch feststellen, daß er sein Werk nicht in der heute vorliegenden Reihenfolge verfaßte. Es ist möglich, daß der Autor die dichterische Gestaltung von Abu-Manṣurs Prosawerk 994 beendete. In den Jahren zwischen 994 und 1014 revidierte er sie und fügte die Teile, die man ihm mündlich überlieferte, in das Gesamtwerk ein.

Im *Šāh-nāme* erzählt Ferdousi – Legende und Wirklichkeit eng miteinander vermischend – die Geschichte Irans von den Uranfängen bis zum Verfall des Sasanidenreiches. Dieser gewaltige Zeitraum ist – beginnend mit den mythischen Urkönigen – in fünfzehn Königsherrschaften gegliedert, wobei jedoch die teils größere, teils geringere Ausführlichkeit der Schilderung nicht immer in angemessenem Verhältnis zur Dauer der einzelnen Herrschaften steht. So wird z. B. die tausendjährige Tyrannei des »Drachenschahs« Ḍāḥḥāk viel kürzer beschrieben als die sechzigjährige Regierungszeit des Kai-Ḫosrou. Auch die fast fünfhundert Jahre währende Herrschaft der parthischen Arsakiden-Dynastie (247 v. Chr.–226 n. Chr.) ist nur kurz und bündig behandelt, wahrscheinlich, weil dem Dichter in seiner Vorlage nur wenige Informationen übermittelt wurden. – Drei große Epochen werden im *Šāh-nāme* unterschieden:

1. Die mythologische Epoche, die die Zeit der ersten Könige bis zum Erscheinen des weisen Schahs Faridun, Der Ḍāḥḥāks Schreckensherrschaft ein Ende bereitete, umfaßt. In dieser Zeit entdecken die Menschen das Feuer, lernen ihre Nahrung zubereiten und sich kleiden; sie bauen sich Unterkünfte, verschaffen sich Haustiere, beginnen Landwirtschaft zu betreiben oder ein Handwerk auszuüben. Der Kampf zwischen den Diws (böse Geister) und den Menschen wird immer heftiger. Dämonen werden von der überlegenen Macht des Menschen unterworfen und müssen manche ihrer Geheimnisse – wie etwa die Schreibkunst und die Kunst des Häuserbaus – preisgeben. Diese Berichte entsprechen den Überlieferungen des *Awesta*, allerdings in einer sehr gedrängten Darstellung. Ausführlicher ist dagegen die Gewaltherrschaft Ḍāḥḥāks beschrieben. Der dreischnäuzige, sechsäugige, gefährliche awestische Drache erscheint im *Šāh-nāme* – und sicherlich auch in dessen Vorlage – als ein Araber, aus dessen Schultern nach einem Kuß des bösen Geistes Ahriman zwei Schlangen hervorgewachsen sind, denen die Gehirne junger Männer als Nahrung gereicht werden müssen. Der Kampf zwischen dem Guten und dem Bösen endet mit dem vorläufigen Sieg des Bösen. – In dieser ersten Epoche sind die Könige sowohl Herrscher als auch Lehrer und Erzieher ihres Volkes zur Gemeinschaftsbildung und Kultur. Der mythologische Charakter der Dichtung übertrifft hier den heroischen; bis zum Ende der Ḍāḥḥāk-Tyrannei begegnen wir keinem Helden, der verherrlicht wird.

2. Die Heldenepoche, die mit dem Aufstand des Schmiedes Kāwe beginnt, dessen Söhne bis auf einen von Ḍāḥḥāk zur Ernährung seiner Schulterschlangen ermordet worden sind. Die gegen den Tyrannen gerichtete Erhebung führt zur Thronbesteigung des weisen und gerechten Königs Faridun. Dieser bedeutendste Teil des *Šāh-nāme* bildet das eigentliche iranische Nationalepos. Das größte Ereignis aus der Zeit Faridruns ist die Verteilung der Welt an seine drei Söhne: Salm, der Erstgeborene, erhält Rum (das Oströmische Reich), Tur, der Zweitgeborene, wird König von Turan, und der jüngste Sohn, Iraǧ, erhält das Königreich Iran sowie Arabien. Langdauernde Feindseligkeiten und Kämpfe zwischen den Iranern, den Turanern und den Bewohnern von Rum sind die Folge dieser Teilung. – Während die Herrscher in der ersten Epoche auch stets die Kriegsherren waren, treten in der zweiten Epoche die Helden als Lenker der Schlachten auf. Nur mit ihrer Hilfe und Unterstützung können sich die Könige behaupten und an ihren Feinden Rache nehmen. Da jede Unbill gesühnt und gerächt werden muß, nehmen blutige Vergeltungen einen großen Teil des Werks ein. Zu den vielen Helden, die nach- oder miteinander das Reich gegen die Feinde schützen, gehören u. a. Kāwe und sein Sohn Qāren, ferner Garšāsp, Sām und Narimān. Der bedeutendste dieser Helden ist jedoch Rostam, von dem am ausführlichsten erzählt wird. Auch fremde Recken werden verherrlicht, allerdings hauptsächlich, um den Mut und die Tapferkeit der Iraner noch stärker hervorzuheben. Rostams Einzelkämpfe gegen den Turaner Afrāsiyāb, seine Feldzüge gegen die Diws in Mazandarān und

seine sieben Abenteuer *(haft-hwān)* gehören zu den schönsten Episoden im *Šāh-nāme.* Unvergeßlich in seiner Dramatik ist der tragische Kampf zwischen Rostam und seinem Sohn Sohrāb, der unerkannt vom Vater erschlagen wird. – Es liegt in der Eigenart des Heldenepos begründet, daß Kriege und Kämpfe in den Vordergrund treten und in einer an überschwenglichen Bildern und kühnen Metaphern reichen Sprache beschrieben werden. Die mythischen Helden, ihre Gestalt, ihre Kraft, ihre Taten überschreiten alles normale Maß und grenzen ans Wunderbare. Das Haupt des gefeierten Recken ragt bis an die Wolken, und wenn zwei Heere aufeinandertreffen, wirbelt der Staub bis zum Mond empor. Rostam etwa hat eine Keule, die mehrere Tonnen wiegt, er kann mit einem Ruck einen riesigen Baum samt der Wurzel ausreißen, ihn als Spieß benutzen, einen Wildesel daran braten und diesen mit Haut und Haar bei einer einzigen Mahlzeit verspeisen. Nicht minder tüchtig sind die gegnerischen Kämpfer. Eine gewisse Einheitlichkeit bei allen diesen erstaunlichen Begebenheiten liegt im allgemeinen Bestreben aller Beteiligten, durch Einsatz ihres Lebens ihren König und ihr Land zu schützen. Neben den Heldentaten spielen Freudenfeste mit üppigen Gastmählern und handfesten Trinkgelagen eine große Rolle; aber auch die Liebe kommt zu ihrem Recht.

3. Die historische Epoche, in der geschichtliche Persönlichkeiten und Ereignisse die Sagenmotive und Heldengestalten verdrängen, beginnt mit König Dārās (Dareios III.), der von Alexander dem Großen besiegt wird. Zu den bedeutendsten Episoden dieses Teils zählen die nichtiranische Alexandersage, die sagenhafte Geschichte von Ardašīr-e Bābakān, dem Gründer der Sasaniden-Dynastie, von Šāhpur, von Bahrām-e Gur, die Beschreibung der sieben Festgelage des Nušīrwān u. a. Das soziale und kulturelle Leben rückt in der historischen Epoche immer mehr in den Vordergrund. So werden die Entstehung des Schach-Spiels und die Übersetzung des *Pañcatantra* aus dem Sanskrit ins Mittelpersische (vgl. *Kalīla wa-Dimna*) als hohe kulturelle Errungenschaften bewertet. Zu den Hauptthemen, die in diesem Abschnitt behandelt werden, gehören Kriegführung und Staatspolitik, Hofintrigen und Streitigkeiten, Jagden und Feste, diplomatische Beziehungen mit dem Ausland, Leben und Verhalten der Heerführer, der Königsgegner, der Priester, der Wissenschaftler, der Musikanten, der Autoren und der Übersetzer. Die Darstellung ist viel nüchterner als in den beiden vorhergehenden Abschnitten; die Gestalten werden realistischer geschildert. Das Epos nimmt mehr und mehr den Charakter einer Zeitgeschichte an. Die Kriegszüge gegen die Ost-Römer (Byzanz), gegen die Nomadenstämme im Osten Irans und gegen die Araber sind die großen historischen Geschehnisse, die der dritten Epoche eine einheitliche Basis verleihen. – Die Handlung wird oft dadurch unterbrochen, daß der Dichter seine eigenen Gedanken über die Vergänglichkeit der Welt und die Unbeständigkeit von Macht und Pracht der Herrscher sowie

über persönliche Erlebnisse darlegt. Kurze Hinweise auf Zeitgeschehnisse und Angaben über den Werdegang des Werks ermöglichen es dem Forscher, das sonst in vage Legenden verhüllte Leben des Dichters zu rekonstruieren.

Der einfache, nur wenig von arabischen Lehnwörtern durchsetzte Stil Ferdousis hat bedeutend zur Entwicklung der persischen Literatursprache beigetragen. In seinem Werk strebt Ferdousi an, im Zeitalter der anstürmenden Türkenstämme die Bildung einer starken Zentralmacht in Iran zu fördern, die imstande wäre, den bodenständigen Landadel vor den Übergriffen der fremden Eroberer zu schützen. Kein literarisches Werk hat je – wenigstens in Iran – so viel zur Stärkung und Festigung des nationalen Bewußtseins beigetragen, denn es gibt kein Volk, *»das ein ähnliches großartiges Epos besäße, das seine gesamte historische Tradition vom mythischen Nebelschleier bis in die Mitte des 7. Jahrhunderts umfaßt«* (Rypka).

Das *Šāh-nāme* ist öfters – bis zu unserer Zeit – von persischen Dichtern nachgeahmt worden. Eine arabische Übersetzung erschien schon 1227. Eine von Serapion SABAŠVILI (17. Jh.) verfaßte georgische Nachdichtung der mythisch-heroischen Teile des *Šāh-nāme* unter dem Titel *Rostomiani (Rostam)* wurde zu einem der beliebtesten Literaturwerke Georgiens. Heute ist Ferdousis *Šāh-nāme,* zumindest teilweise, in fast alle Weltsprachen übertragen.

B.A.

AUSGABEN: Kalkutta 1811, Hg. M. Lumsden, Bd. 1. – Kalkutta 1829, Hg. T. Macan, 4 Bde. – Paris 1838–1878 (*Le livre des rois*, Hg. J. Mohl, 7 Bde.; m. Komm. u. frz. Übers.; ern. 1979; Ausz.). – Teheran 1934, Hg. S. Nafisi, 10 Bde. – Moskau 1960–1971, Hg. E. E. Bertel's, 9 Bde. [krit.]. – Teheran 1971 [nach d. Baysongor Hs v. 1426; m. Miniaturen]. – Cambridge (Mass.)/London 1981 (*Houghton Shahnameh,* Hg. u. Einl. M. B. Dickson u. S. C. Welsh, 2 Bde.; m. engl. Übers.; Ausz.).

ÜBERSETZUNGEN: *Rostam u. Suhrab,* F. Rückert, Erlangen 1838. – In *Heldensagen,* A. F. v. Schack, Bln. 1851; ern. Stg. o. J. [1894], 3 Bde. – *Firdosis Königsbuch,* F. Rückert, Hg. E. A. Bayer, 3 Bde., Bln. 1890–1895. – *The Shahnama,* A. G. u. E. Warner, 9 Bde., Ldn. 1905–1925 [engl.]. – *Geschichten aus dem Schahnameh,* U. v. Witzleben, Düsseldorf/Köln 1960; ern. 1984. – *Das Königsbuch,* K. Kanus-Credé, Glückstadt 1967 (Buch 1–5; Forts. in Iranistische Mitt., 10, 1976, S. 54–98; 12, 1978, S. 3–38: Buch 6; 13, 1979, S. 3–116: Buch 7). – In *Lob der Geliebten. Klassische persische Dichtungen,* W. Sundermann, nachgd. v. M. Remané, Bln./DDR 1968 [Ausz.]. – *The Tragedy of Sohrāb and Rostām,* J. W. Clinton, Seattle u. a. 1987 [npers.-engl.].

LITERATUR: Th. Nöldeke, *Das Iranische Nationalepos,* Bln. 1920. – H. Massé, *Les épopées persanes. F. et l'épopée nationale,* Paris 1935. – K. H. Hansen,

Das Iranische Königsbuch. Aufbau u. Gestalt des »Schahname« von Firdosi, Mainz 1954. – D. Ṣafā, *Hamāse-sarā'i dar Iran*, Teheran 1954, S. 171–283. – C. Huart u. H. Massé, Art. *Firdawsī* (in EI², 2, S. 918–921). – J. Rypka, *History of Persian Literature*, Dordrecht 1968, S. 154–162. – D. Bayat Sarmadi, *Erziehung u. Bildung im »Schahname« von Firdousi*, Freiburg i. B. 1970. – M. Dj. Moïnfar, *Le vocabulaire arabe dans le »Livre des Rois« de F.*, Wiesbaden 1970. – F. M. Reżā, *Negāhi be-»Šāhnāme«*, Teheran 1971. – Dj. Kh. Motlagh, *Die Frauen im »Schahname«; ihre Geschichte u. Stellung unter gleichzeitiger Berücksichtigung vor- u. nachislamischer Quellen*, Freiburg i. B. 1971. – H. Busse, *Thron, Kosmos u. Lebensbaum im »Schahname«* (in *Festgabe dt. Iranisten zur 2500 Jahrfeier Irans*, Hg. W. Eilers, Stg. 1971, S. 8–21). – M. ʿA. Eslāmi Nodušan, *Dastān-e dāstānhā, »Rostam wa Esfandyār«*, Teheran 1973. – M. ʿA. Foruǵi, *Maqalāt-e Foruǵi dar bāre-ye F. wa »Šāhnāme«*, Hg. H. Yaġmāʾi, Teheran 1973. – M. Rastegār, *Taswīr'āfarini dar »Šāhnāme«-ye F.*, Schiras 1974. – D. Monchi-Zadeh, *Topographisch-historische Studien zum iranischen Nationalepos*, Wiesbaden 1975. – M. Y. Borhān, *»Faridun«*, Teheran 1976. – A. M. Piemontese, *Nuova luce su Firdawsi: uno »Šāhnāma« datato 614 H./1217 a Firenze* (in AION, 40, N. S. 30, 1980, S. 1–38; 189–242). – O. M. Davidson, *The Crown – Bestower in the Iranian »Book of Kings«*, Diss. Princeton Univ. 1983 (vgl. Diss. Abstracts, 43, 1983/84, S. 3613A). – Dj. Kh. Motlagh, *Si nokte dar abyāt-e* »Šāhnāme« (in Āyande, 8, 1983, Nr. 9, S. 575–584; 790–798). – M. Foruǵ, *»Šāhnāme« wa adabiyāt* – H. K. Iranšahr, *»Rostam wa Sohrāb«*, Teheran 1984. – Vgl. auch Literatur zum Autor.

ADAM FERGUSON

* 20.6.1723 Logierait
† 22.2.1816 St. Andrews

AN ESSAY ON THE HISTORY OF CIVIL SOCIETY

(engl.; *Abhandlung über die Geschichte der bürgerlichen Gesellschaft*). Sozialgeschichtliches Werk von Adam FERGUSON, erschienen 1767. – In einem einleitenden Kapitel *Über die Grundzüge der menschlichen Natur* wird die alte Konzeption eines Naturzustands, von dem die Menschheit sich entfernt habe, scharf kritisiert. Für den schottischen Historiker und Philosophen, der als einer der ersten Soziologen überhaupt gilt, ist jeder Zustand des Menschen gleich natürlich. Deshalb fordert er, naturrechtliche Spekulation durch ein den Tatsachen entsprechendes Menschenbild zu ersetzen. Dieses müsse streng empirisch und durch Vergleiche der verschiedensten Gesellschaften gefunden werden, da es nicht angehe, »*bei Behandlung einer Frage, die sich auf die Natur des Menschen bezieht, dessen Kraft oder Schwäche abzuschätzen auf Grund von Gewohnheiten oder Vorstellungen, die irgendeinem Volke oder einem Zeitalter eigentümlich sind*«. Den Hauptteil des Werks bildet eine Geschichte der Formen menschlichen Zusammenlebens vom Zustand der Wildheit über die Barbarei zur zivilisierten Gesellschaft. Das Zusammenleben der Wilden vollzieht sich ohne jede Regierung: »*Macht ist nichts anderes als das natürliche Übergewicht des Geistes, die Ausübung eines Amtes ist nichts anderes als die natürliche Betätigung des persönlichen Charakters, und während das Gemeinwesen mit einem Anschein von Ordnung handelt, ist kein Gefühl der Ungleichheit in der Brust irgendeines seiner Glieder.*« Ferguson führt aus, daß die Barbarei aus dem Nachlassen des Gemeingeistes und dem Erwachen des Eigeninteresses, ausgelöst von der Entdeckung des Wertes von Eigentum und Besitz, entsteht. Damit beginnt der eigentliche Geschichtsprozeß, der durch Arbeitsteilung und andere Differenzierungen gekennzeichnet ist und zur – bis dahin komplexesten – Gesellschaftsform in der »*commercial society*«, dem Handelsstaat, geführt hat. Die Geschichtsdarstellung Fergusons erweist sich somit als *Treatise on Refinement (Abhandlung über die Verfeinerung)* – so lautete der Arbeitstitel des Werkes –, wobei der Verfasser allerdings einräumt, man hätte Ursache, *die ersten Eingebungen der Natur vielen ihrer späteren Verfeinerungen vorzuziehen*«.

Die neuartige Gesamtkonzeption und zahllose scharfsinnige Beobachtungen und Reflexionen, etwa über den Einfluß des Klimas auf Wissenschaft und Kunst oder über den Zusammenhang zwischen der Größe eines Gemeinwesens und seinem politischen System, haben dem Werk zu seiner Zeit einen außergewöhnlichen Widerhall verschafft. Wenn man heute auch geneigt ist, Fergusons Darstellung der Urgesellschaft skeptisch gegenüberzustehen, sie sogar für eine naturrechtliche Utopie zu halten, so ist sein *Essay* doch als eines der frühesten Beispiele einer modernen Gesellschaftssicht zu werten, als einer der ersten Impulse, »*die zur Soziologie als ›Naturwissenschaft‹ überleiteten, wie wir sie im soziologischen Denken von Spencer und Comte wiederfinden*« (Jogland). J.F.

AUSGABEN: Edinburgh 1767. – Ldn. ³1768 [korr.]. – Edinburgh 1814. – Philadelphia 1819, Hg. A. Finley. – Ldn. 1980, Hg. Louis Schneider.

ÜBERSETZUNGEN: *Versuch über die Geschichte der bürgerlichen Gesellschaft*, C. Garve, Lpzg. 1768. – *Abhandlung über die Geschichte der bürgerlichen Gesellschaft*, V. Dorn, Jena 1904; ²1923. – *Versuch über die Geschichte der bürgerlichen Gesellschaft (1767)*, Z. Batscha, H. Medick, Ffm. 1986.

LITERATUR: U. Kaneko, *Moralphilosophie A. F.s*, Lpzg. 1904. – H. Huth, *Soziale und individualistische Auffassung im 18. Jh., vornehmlich bei A. Smith und A. F.*, Lpzg. 1907. – W. C. Lehmann, *A. F. and the Beginnings of Modern Sociology*, NY 1930. – H. H. Jogland, *Ursprünge und Grundlagen der Soziologie bei A. F.*, Bln. 1959. – D. Kettler, *The Social and Political Thought of A. F.*, Columbus 1965. – P. Salvucci, *A. F. Sociologia e filosofia politica*, Urbino 1972 [m. Bibl.]. – F. A., *Principles of Moral and Political Science. Being Chiefly a Retrospect of Lectures Delivered in the College of Edinburgh*, Ldn./Edinburgh 1792 [Einl. v. J. Hecht]; Nachdr. Hildesheim/NY 1975.

ROBERT FERGUSSON

* 5.9.1750 Edinburgh
† 17.10.1774 Edinburgh

DAS LYRISCHE WERK (engl.) von Robert FERGUSSON.
Wie bereits Allan RAMSAY (1684–1758) und zahlreiche andere schottische Dichter des 18. Jh.s unternahm Fergusson seine ersten dichterischen Versuche als Nachahmer der klassizistischen Dichtung Englands. Die meisten seiner rund fünfzig englischen Gedichte, die ab Februar 1771 zumeist in der Wochenschrift ›Weekly Magazine‹ seiner Mäzene Thomas und Walter RUDDIMAN erschienen, sind jedoch bis auf wenige Ausnahmen (z. B. *The Author's Life, On Night*) leblose, steife Gebilde in einer Sprache, in der er sich nicht zu Hause fühlte. Auch seinen englischen Burlesken, z. B. *Sow of Feeling*, Fergussons satirische Antwort auf Henry MACKENZIES rührseligen Roman *Man of Feeling* (1771), fehlt die unbeschwerte und treffende Komik, die seine Dialektgedichte auszeichnet. Der Konflikt zwischen dem Englischen, d. h. der Literatursprache mit dem höheren gesellschaftlichen Prestige, und dem *Scots*, der Sprache der volkstümlichen Dichtungstradition Schottlands und des Alltagslebens, begleitete Fergusson bis zum Ende seiner kurzen dichterischen Laufbahn.
Bekannt und zu einer der großen literarischen Gestalten Schottlands wurde Fergusson durch seine 33 Gedichte im kraftvollen schottischen Dialekt. Der Durchbruch erfolgte mit *The Daft-Days*, das im Januar 1772 im ›Weekly Magazine‹ veröffentlicht wurde – die nationalistisch gesinnten Ruddimans hatten ihre Wochenschrift mit der Zielsetzung gegründet, heimische Poeten zu ermutigen, um so der kulturellen Übermacht des alten politischen Rivalen England Gleichwertiges entgegensetzen zu können. In der satirischen Behandlung aktueller politischer und religiöser Themen und von Eigentümlichkeiten der menschlichen Natur und vor allem in der Schilderung verschiedenster Aspekte des Stadtlebens von Edinburgh zeigte sich bald Fergussons spezifische dichterische Begabung. Mehrere Male wurden Gedichte durch Berichte und Kommentare im ›Weekly Magazine‹ angeregt. So war beispielsweise *Braid Claith*, das in der Ausgabe vom 15. 10. 1772 erschien, ganz offensichtlich Fergussons Reaktion auf einen Kommentar vom 10. 9. 1772, der die Vernachlässigung der schottischen Textilindustrie beklagte. Fergusson preist in eindringlichen, rhythmisch bewegten Dialektzeilen die Vorteile des zwar derben aber unverwüstlichen schottischen Tuches, das den Schotten erst zum geachteten Bürger seines Landes macht, da er sich auch in seiner Kleidung als traditionsbewußter Patriot erweist. Die Sprachenkontroverse, die 1773 im ›Weekly Magazine‹ zu hitzigen Kommentaren für und wider den schottischen Dialekt führte, spiegelt sich in *The Election*. Auch hier bezieht Fergusson einen patriotischen Standpunkt und kritisiert heftig diejenigen Schotten, die, der zeitgenössischen Mode entsprechend, elegante englische Kleidung und Sprache imitieren.
Fergussons Hauptthema ist jedoch das präzise beobachtete Stadtleben Edinburghs. Der Dichter war ein intimer Kenner der Gasthäuser und der damals ungemein beliebten Clubs, in denen die geistreiche Konversation ebenso gepflegt wurde wie die Gelegenheitsdichtung und das Volkslied. Als Mitglied des Cape Club kam Fergusson mit fast allen sozialen Schichten in Berührung und fand in den Mitgliedern des Clubs ein kritisches Publikum für seine Gedichte. So wurde er innerhalb kurzer Zeit zum satirischen Chronisten des alten Edinburgh und seiner derben Geselligkeit. In seinen Stadtgedichten – ein Großteil wurde 1773 von Ruddiman in *Poems of Robert Fergusson* veröffentlicht – versuchte der Dichter das urbane Leben mit scharfem, meist auch spöttischem Auge zu beobachten und in seiner Vielgestaltigkeit festzuhalten. So beschreibt *The Daft-Days* das ausgelassene Treiben im winterlichen Edinburgh der Jahreswende, *Caller Oysters* verbindet den Lobpreis der frischen Austern mit dem behaglichen Bild Edinburgher Tavernengemütlichkeit, *Hallow Fair* und *Leith Races* schildern in bunten Farben die Vergnügungen der Städter an den Feiertagen, und in *The Rising of the Session* ersteht Schritt für Schritt ein detailliertes Gemälde der Stadt, so wie sie sich am Ende der Sitzungsperiode des Obersten Gerichtshofes mit ihren jetzt leeren Kaffeehäusern und sich anbiedernden Notaren darbot.
Als Porträtist des Stadtlebens steht Fergusson gleichberechtigt neben den englischen Dichtern Alexander POPE und John GAY, jedoch bietet er persönlichere und pittoreskere Einblicke in seinem bekanntesten Stadtgedicht *Auld Reikie* (liebevoll-ironische Bezeichnung für Edinburgh unter Anspielung auf die meist über der Stadt hängenden Rauchschwaden: *reik* = Rauch). Fergussons Perspektive in dem Gedicht ist die des unmittelbar am Geschehen beteiligten, aber dennoch mit leicht ironischer Distanz beobachtenden intimen Kenners, der mit den abfallübersäten Straßen des nächtlichen Edinburgh, mit seinen Dirnen und Trunkenbolden ebenso vertraut ist wie mit dem geselligen

Treiben der Märkte. In einem breit angelegten Panorama, das sich aus einer Reihe von persönlich gefärbten Einzelbildern in lebhaften dreihebigen Reimpaaren zusammensetzt, führt Fergusson den Leser durch die Straßen und verschmilzt dabei optische und akkustische Eindrücke, Gerüche und Erinnerungen zu einem alle Sinne einbeziehenden Kaleidoskop, das vom Kontrastprinzip bestimmt wird. Innen- und Außenszenen wechseln einander ab; auf die Schilderung des betrunkenen Raufbolds, der aus der Kneipe stolpert, folgt die Beschreibung der heiteren Geselligkeit der Clubs. Schmutz und Schönheit der Stadt stehen nebeneinander und werden mit photographischem Realismus und liebevoller Anteilnahme dargestellt.
Auld Reikie wurde, wie Fergussons andere bedeutende Gedichte, im schottischen Dialekt verfaßt, den er in Intensität und Rhythmus flexibel der jeweiligen Thematik und Form anpaßte. Wie für Ramsay war auch für Fergusson der Patriotismus das entscheidende Motiv für seine Versuche, das *Scots* als literarische Sprache mit neuem Leben zu erfüllen und damit dem englischen Klassizismus eine eigenständige schottische Dichtung und Literatursprache entgegenzustellen. Dabei ergänzte Fergusson eklektisch den Stadtdialekt Edinburghs durch Wörter anderer regionaler Varianten (v. a. Aberdeenshire) und durch Neologismen, die er über Analogien zu älteren schottischen Wörtern schuf. Auf diese Weise führte er das *Scots* aus seiner Einengung auf die burleske Dichtung heraus und öffnete es für andere Inhalte und Formen. Hugh MacDiarmid (1892–1978), der bedeutendste Erneuerer der schottischen Dichtkunst im 20. Jh., sah daher seine Aufgabe darin, den von Fergusson beschrittenen Weg weiterzugehen und die schottische Dialektdichtung wieder zu einer alle Formen und Themen umfassenden Kunstform zu machen.
Auch im Bereich der dichterischen Formen wirkte Fergusson sowohl als Bewahrer der volkstümlichen Tradition als auch als deren Erneuerer. So greift er die aus dem 15. Jh. stammende burleske Dichtungstradition der *Christis Kirk*-Strophe mit ihrer inhaltlichen Assoziation des bäuerlich-derben und gewalttätigen Jahrmarktvergnügens auf, verzichtet aber auf die bloß farcenhaften Elemente *(Hallow-Fair, Leith Races)*. Die von Ramsay in erster Linie für die humoristisch-satirische Dichtung verwendete *Standard Habbie*-Strophe öffnet Fergusson für ernsthafte Themen, so wenn er in der *Elegy on the Death of Scots Music* mit dieser Strophenform den Niedergang der heimischen volkstümlichen Musik beklagt und die modische Orientierung an der italienischen Musik kritisiert. In subtiler Verflechtung von abgegriffenen Klischees und stereotypen Formeln der konventionellen englischen Dichtungssprache mit ausdrucksstarken Dialektwörtern und Titeln bekannter schottischer Volkslieder evoziert Fergusson die einstige Vitalität der schottischen Musiktradition und stellt sie in ihrer eindrucksvollen Schlichtheit der schalen Imitation der italienischen Musik (»*bastard breed*«) gegenüber. Fergussons innovativer Umgang mit den populären Formen seiner Zeit (Ekloge, Elegie, Versepistel, Ode) zeigt sich auch in seiner Handhabung der pastoralen Dichtung. So verbindet er in *An Eclogue* auf originelle Weise den pastoralen Rahmen und seine konventionellen Hirtenfiguren mit einem realistisch gesehenen ländlichen Hintergrund, drastischer Sprache und der komischen Seite der menschlichen Natur. Als eines der gelungensten formalen Experimente Fergussons gilt seine Abwandlung der Spenser-Strophe in *The Farmer's Ingle*, der Beschreibung eines friedlichen Abends in einer Bauernhütte. Hier verschmelzen realistische Details mit pastoraler Stimmung zu einem beschaulichen Gesamtbild.
Robert BURNS (1759–1796) erhielt durch Fergussons Dialektgedichte den entscheidenden Anstoß für seine eigene dichterische Tätigkeit und bezeichnete ihn als seinen »*elder Brother in the muse*«. Burns' Einstellung als patriotischer Dichter, seine dialektale und thematische Ausrichtung orientierten sich deutlich an Fergusson (die Anklänge von Burns' *The Cotter's Saturday Night* an *The Farmer's Ingle* sind überdeutlich), so daß Fergusson häufig als die Übergangsfigur zwischen Ramsay und Burns betrachtet wird, die Burns' Handhabung der Dialektdichtung erst ermöglichte, die aber, wären Fergusson mehr als nur drei Jahre literarischer Tätigkeit beschieden gewesen (er starb mit vierundzwanzig Jahren in geistiger Umnachtung), an Bedeutung Burns möglicherweise übertroffen hätte.

J.Ass.

AUSGABEN: *The Poetical Works of R. F.*, Hg. D. Irving, Glasgow 1800. – *The Works of R. F.*, Hg. A. B. Grosart, Ldn. 1951. – *The Poems of R. F.*, Hg. M. P. McDiarmid, Bd. 2, Edinburgh/Ldn. 1956. – *Poems by Allan Ramsay and R. F.*, Hg. A. M. Kinghorn u. A. Law, Edinburgh/Ldn. 1974.

LITERATUR: J. Speirs, *The Scots Literary Tradition*, Ldn. ²1962, S. 110–116. – *R. F. 1750–1774: Essays by Various Hands to Commemorate the Bicentenary of His Birth*, Hg. S. G. Smith, Edinburgh 1952. – A. H. MacLaine, *R. F.*, NY 1965. – H. MacDiarmid, *R. F. Direct Poetry and the Scottish Genius* (in *Selected Essays of Hugh MacDiarmid*, Hg. G. Duncan, Ldn. 1969, S. 129–149). – D. Daiches, *R. F.*, Edinburgh 1982.

MIKULÁŠ ŠTEFAN FERIENČÍK

* 30.7.1825 Zvolen
† 3.3.1881 Turčiansky Svätý Martin

LITERATUR ZUM AUTOR:
A. Mráz, *Die Literatur der Slowaken*, Bln. 1943, S. 108 f. – Ders., *Literárny profil M. S. F.*, Preßburg 1959, S. 99 ff. – *Dejiny slovenskej literatúry*, Hg.

M. Pišút u. a., Preßburg 1962. – J. Jurčo, *Kompozícia, umelecký charakter a osobitosti ludovýchovnej literatúry* (in Slovenská literatúra, 16, 1969, S. 259–277).

LITERATUR: Ľ. Fendrichová-Rampáková, *»Jedlovský učitel« od M. Š. F.-Mladena* (in Literárno-historický zborník Matice slovenskej, 1, 1943, S. 177–187).

JEDLOVSKÝ UČITEĽ

(slovak.; *Der Lehrer von Jedlová*). Novelle von Mikuláš Štefan FERIENČÍK, erschienen 1862. – Ferienčíks patriotisch-empfindsame Novelle ist ein Musterbeispiel jener »Erbauungsliteratur«, die dazu bestimmt war, den Slowaken nach der Revolution von 1848 ihre nationale Eigenständigkeit bewußt zu machen. Nach einem panegyrischen Prolog auf das Tal der Waag – »*Slovakisches Waagtal! Was ist aus dir geworden? Das Waffengeklirr ist verstummt, deine uneinnehmbaren Schlösser und Burgen sind zu Schutt zerfallen und nur ein lahmer Flößer stakt auf seinem Floß an den Ruinen vorüber*« – setzt unvermittelt die Handlung ein. Der wegen seiner aufklärerischen Überzeugungen von seinem Vater verstoßene »zeman« (Landadlige) Bohdan Vesnický wird als Lehrer in dem Dorf Jedlová angestellt. Er gründet dort alsbald einen Mäßigkeitsverein und eine Erwachsenen-Sonntagsschule, und die Gemeinde entwickelt sich allmählich zu einem regelrechten Musterdorf. Als Geschädigte betrachten sich allerdings der jüdische Gastwirt Izák und – da dieser infolge des schwindenden Umsatzes seine Abgaben nicht mehr entrichten kann – auch der Gutsherr, dem das Dorf gehört und der mit allen Mitteln versucht, Vesnický umzustimmen. Dabei hofft er, wenn auch vergeblich, auf den Einfluß seines Mündels Ružena, der Verlobten des Lehrers. Schließlich geht er sogar polizeilich und gerichtlich gegen den ihm unbequemen Idealisten vor; doch erst die revolutionären Ereignisse des Jahres 1848 bieten ihm die willkommene Gelegenheit, sich des Volksaufklärers zu entledigen. Aber Bohdan kehrt bald zurück. Als sich nun selbst der bis dahin so reaktionär gesinnte Vater für die Ideale seines Sohnes zu begeistern beginnt und dem heruntergekommenen Gutsherrn das Dorf abkauft, können die Bewohner endlich eine rosige Zukunft erhoffen. »*Die Sittlichkeit feierte in der Gemeinde Jedlová einen glänzenden Sieg.*«

Die Erzählung gehört in den Umkreis jener patriotisch engagierten, romantischen »Heimatliteratur«, die von allen nationalbewußten, aber politisch noch unselbständigen Völkern gepflegt wurde. Ferienčík benutzt zwar die schon seit RICHARDSON voll entwickelten, mittlerweile zu literarischen Klischees abgesunkenen Ausdrucksmittel des moralisierenden und gleichzeitig empfindsamen »Charakterromans«, bringt sie aber in einen nur ganz oberflächlichen Zusammenhang mit den Gestalten seiner Erzählung. So gelingt es ihm nur an wenigen Stellen, einen realistischen Eindruck vom Leben seiner bäuerlichen Helden zu vermitteln. W.Sch.

AUSGABEN: Turčiansky Svätý Martin 1862. – Skalica 1899. – Preßburg 1962.

NILS FERLIN

* 11.12.1898 Karlstad
† 21.10.1961 Uppsala

DAS LYRISCHE WERK (schwed.) von Nils FERLIN.

Der Lyriker Nils Ferlin zählt in seiner Heimat trotz eines verhältnismäßig schmalen Œuvres von nur ca. 400 Gedichten zu den populärsten Schriftstellern dieses Jahrhunderts. Seine eigenwilligen, in einem unverwechselbaren Ton gehaltenen Gedichte, von denen viele vertont wurden, sind in Schweden verbreitet wie Volkslieder. Außerhalb der Grenzen seines Landes hingegen wurde er nur noch in den anderen skandinavischen Ländern (vor allem Dänemark, Norwegen) zur Kenntnis genommen, während seine Poesie im übrigen Europa fast gänzlich unbekannt geblieben ist.

Schon vor seinem eigentlichen Debüt als Lyriker war Ferlin mehrere Jahre lang als Verfasser von Schlagern und Couplets tätig, bevor er 1930 mit dem Gedichtband *En döddansares visor (Lieder eines Traumtänzers)* an die Öffentlichkeit trat. Die Kritiken waren überwiegend positiv; die Originalität des Debütanten wurde lobend vermerkt und insbesondere seine meisterliche Wort- und Versbehandlung hervorgehoben (›Göteborgs-Posten‹, 1. 5. 1930). Mit den folgenden Bänden *Barfotabarn*, 1933 *(Barfüßiges Kind)*, und vor allem *Goggles* (1938) konnte er seinen Ruf als »neuer Dichter« (›Dagens Nyheter‹, 2. 5. 1930) festigen, und als er nach sechs Jahren seine nächste größere Gedichtsammlung *Med många kulörta lyktor*, 1944 *(Mit vielen bunten Laternen)*, herausbrachte, galt er bereits als Klassiker der zeitgenössischen schwedischen Lyrik. Seine schon zu dieser Zeit für einen Lyriker ungewöhnlich große Beliebtheit zeigt sich auch darin, daß von diesem Band innerhalb von sieben Wochen 16 000 Exemplare verkauft wurden. Danach veröffentlichte Ferlin nur noch zwei weitere Gedichtbände: *Kejsarens papegoja*, 1951 *(Der Papagei des Kaisers)*, und *Från mitt ekorrhjul*, 1957 *(Von meinem Eichhörnchenrad aus)*. Die postum veröffentlichte Sammlung *En gammal cylinderhatt*, 1962 *(Ein alter Zylinderhut)*, enthält vor allem Schlagertexte, Gedichte aus dem Nachlaß und Verschroniken, die vorher schon in Zeitschriften erschienen waren.

Obwohl sich Ferlins Schaffen über einen Zeitraum von ca. 35 Jahren erstreckt, sind Themen, Motive und Diktion seiner Lyrik stets bemerkenswert gleich geblieben. Sein bevorzugter Vers ist der drei- bis vierhebige Volksliedvers, der mit scheinbarer Nonchalance metrisch raffiniert verfremdet und in seinem Ton durch überraschende Bilder und Worte ironisch gebrochen wird. Das Ergebnis ist eine für Ferlin typische Synthese aus formalen Elementen des Volksliedes, des Couplets sowie des Schlagers einerseits und oft der symbolistischen Tradition entstammenden poetischen Verfahrensweisen andererseits, die noch der unscheinbarsten Alltagssituation gleichnishaften Charakter abgewinnen können: »*Jag åkte i bil – tut-tut,/och plötsligt var vägen slut./Så ödsligt blev det och svart/att jag inte kom någonvart.//Först tog jag det ganska lugnt,/men något tassade tungt/förbi och en fasa stor/riste med panterklor.//Då skrek jag i skräck till Gud./Det hördes ej minsta ljud,/från skyn där han håller hov./Förmodligen låg han och sov.*« (»*Ich fuhr im Auto – tüttüt,/und plötzlich war die Straße zu Ende./So öde wurde es und schwarz,/daß ich nirgendwohin kam.//Erst nahm ich es ziemlich ruhig,/doch etwas tappte schwer/vorbei, und ein Entsetzen groß/packte mich mit Pantherklauen.//Da schrie ich voll Schreck zu Gott./Man hörte nicht den mindesten Laut,/aus der Wolke, wo er Hof hält./Vermutlich lag er und schlief.*« *Jag åkte i bil* – Ich fuhr im Auto). Erst in *Kejsarens papegoja* beginnt Ferlin auch mit freien Versen zu experimentieren, die sich aber bei ihm nicht recht durchsetzen. Mit dieser Aufgeschlossenheit für Alltägliches sowohl in formaler als auch inhaltlicher Hinsicht geht eine Abwertung der romantischen Rolle des Dichters einher, der bei ihm als sozialer Außenseiter oder als Narr erscheint *(Monolog i månsken* – Monolog im Mondschein; *Faktum är nog* – Faktum ist wohl).

Ferlins Lyrik ist bestimmt durch einen tiefen Pessimismus, die resignativ bittere Einsicht in die Nichtigkeit des Lebens. Mit Skepsis und Ironie, denen nicht selten ein theatralischer Gestus anhaftet, betrachtet das Ich sich selbst und weiß, daß es »nichts auf der Welt zu gewinnen hat« *(En valsmelodi* – Eine Walzermelodie*)*; Angst und Unruhe werden zu seinem ständigen Begleiter *(Olust* – Unlust; *Oro* – Unruhe) und können auch durch das Wissen, das die moderne Zeit bereithält, nicht mehr besänftigt werden *(I stolta städer* – In stolzen Städten). Grund für diese Angst ist das Gefühl einer totalen Desorientierung, die als Verlust des althergebrachten Lebenssinns erscheint *(Du har tappat ditt ord* – Du hast dein Wort verloren; *I mörkret* – Im Dunkel; *Inte ens det förflutna* – Nicht einmal die Vergangenheit). Dieser Verlust äußert sich zum einen in der Banalität und dem Materialismus der Welt, deren alte Ideale sich als illusorisch herausgestellt haben: »*Tre bubblor brann till i Ginungagap./Frihet, Jämlikhet, Broderskap.*« (»*Drei Blasen verbrannten im Ginungagap./Freiheit, Gleichheit, Brüderlichkeit.*« / *Tre bränder* – Drei Brände). – Ginungagap ist in der nordischen Mythologie die gähnende Leere, in der am Anfang der Zeit die Welt geschaffen wurde – und die trotz allem techischen Fortschritt die eigentlichen Bedürfnisse der Menschen nicht zu befriedigen weiß *(Jöklar och äventyr* – Gletscher und *Abenteuer; En dollar jämnt?* – Genau ein Dollar?; *Större och mindre* – Größer und kleiner). Dieser Materialismus wird von Ferlin mit bissiger Satire und zum Teil ätzendem Spott gegeißelt *(När skönheten kom till byn* – Als die Schönheit ins Dorf kam; *Den stora kometen* – Der große Komet; *Djurgårdsmässa* – Messe auf Djurgården). Allerdings vermeidet er eine explizit politische Stellungnahme zugunsten bestimmter Gesellschaftsklassen oder Parteien; sein Zorn richtet sich ganz allgemein gegen die Mächtigen in Politik und Gesellschaft *(Diktator)*, aber auch gegen jene selbstzufriedenen und satten Bürger, die »*niemals Angst und Tränen geschmeckt haben*«, wie es in *Gatubild* (Straßenbild) heißt. Demgegenüber gilt sein Mitgefühl den Ausgestoßenen und sozial Deprivierten wie den »*sehr Armen*« *(Men dessa de mycket fattiga* – Aber jene, die sehr arm sind) oder überhaupt den vom Leben Benachteiligten *(För allt som är blint* – Für alles, was blind ist). Zum anderen äußert sich die Sinnlosigkeit der Welt in der Abwesenheit Gottes. Ferlins Lyrik ist religiös im Sinne eines »*ruinösen Christentums*« (H. Friedrich). Sie richtet ihre Anklagen gegen einen Schöpfer, der den ihm seit alters her zugeschriebenen Aufgaben schon längst nicht mehr nachkommt und seine Kinder vernachlässigt *(Jag åkte i bil; Omhöljd av sitt eget silentium* – Umgeben von seinem eigenen Silentium). Doch auch Christus hat seine Bedeutung für den modernen Menschen verloren und ist zu einem bloßen »Joker« verkommen, den man nach Gutdünken einsetzen kann, wo es einem gerade beliebt *(Spel ut* – Spiel aus; *Jokern* – Der Joker; *Status Quo; Korsfarare* – Kreuzfahrer). In dieser Welt der Sinnlosigkeit ist der Tod die einzige metaphysische Macht geblieben, dem gegenüber Ferlins Lyrik eine ambivalente Einstellung an den Tag legt; zum einen ist er ein Erlöser von der Nichtigkeit des Daseins, der selbst am »*schönsten Sommertag*« noch wehmütig ersehnt wird *(Inte ens* – Nicht einmal) und der nur die Schlinge löst, die ein jeder sein Leben lang um den Hals trägt *(Nasarevalsen* – Straßenhändlerwalzer; *Kan du höra honom komma* – Kannst du ihn kommen hören); zum anderen jedoch ist er eine Ursache der Lebensangst und wird aus dieser Perspektive als unheimlicher Unterdrücker der Menschheit geschildert *(Jag är så rädd* – Ich habe solche Angst; *En döddansarevisa* – Ein Traumtänzerlied).

Mit seinem Protest gegen die Sinnlosigkeit der Welt, seiner Skepsis gegenüber traditionellen lyrischen Formen und Motiven, die er dennoch immer wieder von neuem aufgreift und verfremdet, erscheint Ferlin, obwohl als Schwede nicht unmittelbar betroffen, als typischer Vertreter der *lost generation* jener Schriftsteller, deren Jugend durch die Zeit des Ersten Weltkriegs und die frühen Nachkriegsjahre geprägt wurde. Beeinflußt von Lyrikern wie Dan ANDERSSON und Bo BERGMANN löst sich seine Poesie von der bisherigen lyrischen Tradition in Schweden, ohne doch schon ganz mit ihr zu brechen, wie es der aufkommende Modernismus tat. In diesem Punkt ist er dem gleichaltrigen Hjalmar GULLBERG ähnlich, mit dem er einige Motive und poetische Verfahrensweisen gemeinsam hat. Die genaue Untersuchung von Ferlins Lyrik steht indes noch aus, denn trotz ihrer Popularität ist sie aus literaturwissenschaftlicher Perspektive bislang kaum erschlossen. L.Rü.

AUSGABEN: *En döddansares visor*, Stockholm 1930. – *Barfotabarn*, Stockholm 1933. – *Lars och Lisa i Stockholm*, Stockholm 1937. – *Goggles*, Stockholm 1938. – *Tio stycken splitternya visor tryckta i år*, Stockholm 1941. – *Kanonfotografen*, Stockholm 1943. – *Med många kulörta lyktor*, Stockholm 1944. – *Yrkesvisor*, Stockholm 1944. – *Kejsarens papegoja*, Stockholm 1951. – *Från mitt ekorrhjul*, Stockholm 1957. – *En gammal cylinderhatt*, Stockholm 1962. – *Dikter i folkupplaga*, Stockholm 1954. – *Bröder under vindar sju. Dikter och visor ur radiospelen*, Hg. J. Westerström, Stockholm 1982. – *En döddansares visor, Barfotabarn, Goggles*, Stockholm 1982. – *Med många kulörta lyktor. Kejsarens papegoja. Från mitt ekorrhjul. En gammal cylinderhatt*, Stockholm 1985.

VERTONUNGEN: Liedkompositionen von Ferlin selbst, von Lille Bror Söderlundh, Gunnar Turesson u. a.

LITERATUR: A. Häggqvist, *F.*, Stockholm 1942. – *En bok om N. F.*, Hg. S. Carlson u. A. Liffner, Stockholm 1954. – Å. Runnquist, *Poeten N. F.*, Stockholm 1958. – J. Mogren, *F. i litteraturhistorien* (in Värmland förr och nu, 76, 1978, S. 101–120). – C. J. Anderson, *Anteckningar om N. F.* (in Lyrikvännen 28, 1981, S. 112–123).

LAWRENCE FERLINGHETTI

* 24.3.1919 New York

DAS LYRISCHE WERK (amer.) von Lawrence FERLINGHETTI.
Wie bei vielen Lyrikern der sogenannten Beatgeneration, zu deren Vätern Ferlinghetti zählt, sind auch bei ihm lyrisches Werk, Person und andere Aktivitäten schwer zu trennen. Nach frühem Verlust seiner Eltern und wechselvoller Kindheit studierte Ferlinghetti an der University of North Carolina, an der Columbia University und der Sorbonne in Paris, wo er 1949 promoviert wurde. Zurück in den USA, ließ er sich als Lehrer, Kritiker, Lyriker und Buchhändler in San Francisco nieder. 1954 erweiterte er seine »City Light Books«-Buchhandlung zum Verlag, in dem er 1956 Allen GINSBERGS *Howl and Other Poems* veröffentlichte. Der Zensurprozeß um *Howl* brachte nicht nur Ginsberg, sondern auch Ferlinghetti als Verleger internationale Bekanntheit, und »City Light Books« wurde zum Vorbild zahlloser kleiner, unabhängiger Verlage, die Ende der fünfziger Jahre gegründet wurden.
In der Lyrik Ferlinghettis finden sich Methoden und Ideen des französischen Surrealismus der dreißiger Jahre mit der radikalen politischen Tradition des amerikanischen Populismus verschmolzen. Schon in seinem ersten Gedichtband *Pictures of the Gone World* (1955; *Bilder der vergangenen Welt*) erscheint der Dichter als Künder des gesellschaftlich Unkorrumpierten, das er sprachlich paradox in Szene setzt. In seinen Allusionen, Deklarationen und »abstrakt expressionistischen« Szenarien betont Ferlinghetti immer wieder die Notwendigkeit einer politischen Stellungnahme des Künstlers, denn »*Truth is not the secret of a few*« (»*Die Wahrheit ist nicht das Geheimnis einiger weniger*«). Stilistische Vorbilder sind E. E. CUMMINGS und Kenneth PATCHEN neben Jacques PRÉVERT; Guillaume APOLLINAIRE und Blaise CENDRARS.
Eine eigene Form findet Ferlinghetti kurz darauf in der Kombination von Jazz und Lesung. 1958 erscheint eine Sammlung dieser neuen Jazz-Gedichte unter dem Titel *A Coney Island of the Mind* (vgl. dort). Der Titel-Zyklus präsentiert der Vorbemerkung des Autors nach eine Art »circus of the soul«. In Impressionen aus San Francisco, Erinnerungen und Reiseeindrücken, ironischen Meditationen über das Weltgeschehen, das amerikanische Leben, Dichtung und Kunst, die Liebe entwickelt Ferlinghetti hier die für ihn typische Kritik am amerikanischen Kapitalismus und der Konsumgesellschaft. Durchgehend wird das Bild einer apokalyptischen, entmenschlichten Welt entworfen. Teil II der Sammlung *(Oral Messages)* enthält sieben für Jazzbegleitung konzipierte längere Gedichte, die durch Wiederholungen, Parallelismen und Variationen eines Themas versuchen, musikalische Elemente in eine Sprechrhythmik umzusetzen. Zentral das Selbstporträt *Autobiography*, das persönliche Reminiszenzen mit surreal-poetischen Augenblickseindrücken zu einer persönlichen Litanei montiert. Auch hier überwiegt eine kulturkritisch-pessimistische Sichtweise. Es finden sich deutliche Anspielungen auf die Kalte-Kriegs-Stimmung der Eisenhower-Zeit: So wartet der Protagonist vergeblich auf eine »*rebirth of wonder*«, in der sich endlich das wahre, demokratische Amerika zeigen werde *(I am Waiting)*.
In den sechziger Jahren beteiligt sich Ferlinghetti an drei literarischen Zeitschriften, die der Literatur der Beats gewidmet sind: ›Beatitude‹ (1960), ›Journal For The Protection Of All Beings‹ (1961) und sein eigenes ›City Light Journal‹ (1962). In seinen Gedichten wechseln sich euphorische Momente mit düsteren Visionen ab. Der 1961 veröffentlichte Gedichtband *Starting from San Francisco (Abfahrt in San Franzisko)* setzt sein soziales und politisches Engagement fort, indem er eine Reise durch ein entfremdetes Amerika beschreibt, das von Reklametafeln verunziert, vom Auto beherrscht ist. »*Who stole America?*« (»*Wer hat Ameri-*

ka gestohlen?«) fragt er entsetzt. »Attacken« gegen die Politiker schließen den Band ab *(Tentative Description of a Dinner to Promote the Impeachment of President Eisenhower; One Thousand Fearful Words for Fidel Castro).*
Unter dem Einfluß der Hippiebewegung ab Mitte der sechziger Jahre zieht auch in die Lyrik Ferlinghettis ein optimistischerer Ton ein. Zwar warnt er in Interviews wiederholt vor der Naivität der »*Counterculture*«, in Gedichten wie *After the Cries of the Birds Have Stopped* in dem Band *The Secret Meaning of Things,* 1969 *(Die geheime Bedeutung der Dinge)*, jedoch stellt sich die Zukunft als »*new visionary society*« dar, in der langhaarige Mystiker umherwandern und sich San Francisco vom Rest der USA abgespalten hat. In *The Situation of the West Followed by a Holy Proposal* erklärt er pathetisch: »*we'll still have the sun / in which to recognize ourselves at last across the World / over the obscene boundaries!*« (»*wir werden alle immer noch die Sonne haben, in der wir uns schließlich über die obszönen Grenzen hinweg in der ganzen Welt wiedererkennen!*«)
Die Metapher der Reise zur Beschreibung des äußeren wie inneren Zustandes der Welt dominiert auch Ferlinghettis Sammlung *Open Eye, Open Heart,* 1973 *(Offenes Auge, offenes Herz)*. In dem gleichbetitelten ersten Teil macht sich der Dichter zunächst selbst zum Gegenstand des poetischen Diskurses, um dann in Teil II, *Poems in Transit,* Reisebeobachtungen zu versammeln. In den Kapiteln *Public & Political Poems* und *American Mantra & Song* knüpft Ferlinghetti wieder an sein Diktum von der Funktion des Dichters als Wahrheitskünder an und versucht, allerdings nicht immer überzeugend, die Situation im kriegsgeschüttelten Vietnam und in den Diktaturen in Griechenland und Spanien mit dem Alltag in Amerika in Verbindung zu bringen.
Ihren Höhepunkt findet Ferlinghettis Versuch einer politischen Lyrik ohne Verlust ihrer poetischen Dimension schließlich in der zweiten Hälfte der siebziger Jahre in sogenannten »*Populist Manifestos*«, die in den Bänden *Who Are We Now?,* 1976 *(Wer sind wir jetzt?)* und *Landscapes of Living & Dying,* 1979 *(Landschaften des Lebens und Sterbens)* zwischen Prosagedichten, filmischen Analogien, Allusionen an die bildende Kunst und allgemeinen Ansichten des Lebens dezidiert die poetische Sprache in den Dienst des politischen Kommentars und Aufrufs stellen. »*Poets, come out of your closets, / Open your windows, open your doors, / You have been holed-up too long / in your closed worlds*«, heißt es in seinem ersten Manifest, und: »*Poetry isn't a secret society, / It isn't a temple either. / Secret words & chants won't do any longer / ... / Time now to open your mouths / with a new open speech, / time now to communicate with all sentient beings*« (»*Dichter, kommt aus euren Kammern, öffnet eure Fenster, öffnet eure Türen, ihr habt euch schon viel zu lange in euren geschlossenen Welten verkrochen.... Lyrik ist keine Geheimgesellschaft und auch kein Tempel. Geheime Worte & Lieder bringen es nicht mehr ... Es ist Zeit, den Mund aufzumachen, mit einer neuen offenen Sprache, Zeit, mit allen empfindenden Wesen zu kommunizieren*«).
Als Ergebnis von Ferlinghettis ausgedehnten Reisen in Europa erscheint 1984 der Band *Over All the Obscene Boundaries (Über all die obszönen Grenzen hinweg)*, in dessen poetischen Vignetten er seine Konfrontation mit Alltag und Kultur der Alten Welt reflektiert.
Abgesehen von *Coney Island of the Mind* und konträr zu seiner Aufnahme beim Publikum ist Ferlinghettis Lyrik von der Kritik eher zurückhaltend aufgenommen worden. Seine Verbindung von Jazz und Lyrik, sein Einsatz der Alltagssprache, des Obszönen und der Lesung, um die Lyrik in den Alltagsdiskurs zurückzuholen, sowie seine Ablehnung der akademischen Lyrik als inauthentisch machen ihn jedoch zu einer der einflußreichsten Figuren der amerikanischen Gegenwartslyrik. H.P.R.

AUSGABEN: *Pictures of the Gone World,* San Francisco 1955. – *A Coney Island of the Mind,* NY 1958. – *Starting from San Francisco,* NY 1967. – *The Secret Meaning of Things,* NY 1968. – *Back Roads to Far Places,* NY 1971. – *Open Eye, Open Heart,* NY 1973. – *Who Are We Now?,* NY 1976. – *Northwest Ecolog,* NY 1978. – *Landscapes of Living & Dying,* NY 1979. – *Endless Life: Selected Poems,* NY 1981. – *Over All the Obscene Boundaries: European Poems & Transitions,* NY 1984.

ÜBERSETZUNGEN: *Ein Coney Island des inneren Karussells,* E. Gütermann, Wiesbaden 1962 [Eng., Dt.]. – *Gedichte,* W. Teichmann, Mchn. 1982.

LITERATUR: L. A. Haselmayer, *Beat Prophet and Beat Wit* (in Iowa Eng Yearbook, 6, 1961, 9–13). – J. A. Butler, *F.: Dirty Old Man?* (in Renascence, 18, 1966, 115–123). – E. Gebhardt, *L. F.* (in *Amerikanische Literatur der Gegenwart,* Hg. M. Christadler, Stuttgart 1973). – M. Y. Lin, *Children of Adam: Ginsberg, F. and Snyder in the Emerson-Whitman Tradition,* Diss., Minnesota 1973. – C. D. Hopkins, *The Poetry of L. F.: A Reconsideration* (in ItalAm, 1, 1974, 59–76). – J. Tytell, *Naked Angels: The Lives & Literature of the Beat Generation,* NY 1976. – N. Cherkovski, *F.: A Biography,* Garden City/N.Y. 1979. – L. R. Smith, *L. F.: Poet-at-Large,* Carbondale, Ill. 1983.

A CONEY ISLAND OF THE MIND

(amer.; Ü: *Ein Coney Island des inneren Karussells).* Zyklus von 29 Gedichten von Lawrence FERLINGHETTI, erschienen 1958 in der Gedichtsammlung gleichen Titels. – Inspiriert von Henry MILLERS *Into the Night Life,* beschreibt das Gedicht einer vorangestellten Bemerkung Ferlinghettis nach »*a kind of circus of the soul*« (»*eine Art Zirkus der Seele*«). Nachdem die »Schweigende Generation« der Jahre nach dem Zweiten Weltkrieg auf das Trauma der Atombomben von Hiroshima und Nagasaki und die Probleme der sich formierenden Massengesellschaft in den USA mit Rückzug auf das »Ich« reagiert hatte, kündigte die Beat Generation, zu deren Vätern Ferlinghetti zu rechnen ist, dem Amerika des Konformismus, der Nivellierung und verlogenen bürgerlichen Moralnormen den Gehorsam auf. Provokativ wurde die Apokalypse zum Weltzustand erklärt: *A Coney Island of the Mind* beginnt mit einem Verweis auf den Radierungszyklus *Desastres de la guerra (Die Schrecken des Krieges)* des spanischen Malers Francisco de Goya, dessen Grauen auch die Gegenwart erfülle: »*... all the final hollering monsters / of the / ›imagination of disaster‹ / they are so bloody real / it is as if they really still existed / And they do / Only the landscape has changed*« (»*... die ganzen polternden Monster der ›Phantasie des Schreckens‹, sie sind so verdammt real, es ist, als ob es sie wirklich gäbe. Und es gibt sie, nur die Landschaft hat sich verändert*«). An die Stelle des verwüsteten Spanien tritt ein Amerika aus Beton, in dem den Menschen nur noch schwachsinnige Illusionen von Glück versprochen werden: »*They are the same people / only further from home / on freeways fifty lanes wide / on a concrete continent / spaced with bland billboards / illustrating imbecile illusions of happiness*« (»*Es sind dieselben Leute, nur weiter weg von zu Hause, auf fünfzigspurigen Autobahnen auf einem Kontinent aus Beton, der übersät ist mit schmeichelnden Werbetafeln, die schwachsinnige Illusionen von Glück zeigen*«). In einer derart emotional versteinerten und veroberflächlichten Welt muß der Blick des Dichters notwendig zum obszönen werden. »*The poet's eye obscenely seeing / sees the surface of the round world / with ... its surrealist landscape of / mindless prairies / supermarket suburbs / steamheated cemeteries / cinerama holy days / and protesting cathedrals / a kissproof world of plastic toiletseat tampax and taxis*« (»*Das Auge des Dichters sieht obszön, sieht die Oberfläche der runden Welt mit ... ihrer surrealistischen Landschaft von hirnlosen Prärien, Supermarkt Vororten, heißwassergeheizten Friedhöfen, Breitleinwand Feiertagen und protestierenden Kathedralen, eine kussfeste Welt von Plastiktoilettendeckeln Tampax und Taxis*«). Der »amerikanische Traum« hat sich in Wirklichkeit zum Alptraum einer sinnentleerten Konsumgesellschaft verkehrt.

Im poetischen Stil Ferlinghettis zeigen sich hier deutlich Anklänge an die kulturkritische Ästhetik der französischen Surrealisten André BRETON und Louis ARAGON, die in Rezeption der Erkenntnisse Sigmund FREUDS über das menschliche Unbewußte durch eine automatische, *surreale* Schreibweise, die von eben jenem Unbewußten bestimmt sein sollte, dem von den gesellschaftlichen Konventionen Ausgeschlossenen Ausdruck zu geben versuchten. Ein ähnliches Motiv darf auch Ferlinghettis wiederholter Verwendung rhythmischer Elemente aus dem Jazz als strukturgebende Form und seinem Einsatz der Alltagssprache und obszöner Ausdrücke unterstellt werden. Da sie im täglichen Sprachgebrauch üblich, aber aus der Hochsprache verbannt sind, fungieren sie in Verbindung mit der bizarren Metaphorik und schlagwortartigen Elementen als Abgrenzung von dem zeitgenössisch vorherrschenden lyrischen Stil, den Ferlinghetti als verkrustet und inauthentisch empfindet. Als Einflüsse sind hier vor allem William Carlos WILLIAMS, E. E. CUMMINGS und Kenneth PATCHEN zu benennen, auf die neben SHAKESPEARE, WORDSWORTH, Ezra POUND, D. H. LAWRENCE, T. S. ELIOT an verschiedenen Stellen des Gedichtes angespielt wird.

Das Amerika, das *A Coney Island of the Mind* beschreibt, ist zu einem »*Inferno Dante never dreamed of*« (einem *Inferno, wie es Dante nie träumte*«) geworden, ständig in Gefahr, von der atomaren Vernichtung alles Lebens, die es selbst einmal ausgelöst hat, eingeholt zu werden: »*out of every imitation cloud / dropped Myriad wingless crowds / of nutless nagasaki survivors / And lost teacups / full of our ashes / floated by*« (»*aus jeder dieser künstlichen Wolken strömten Myriaden von flügellosen Menschenmassen und kernlosen Überlebenden von Nagasaki und verlorene Teetassen mit unserer Asche schwebten vorbei*«). Einzige Garanten einer besseren Welt sind der Schönheit schaffende Dichter und diejenigen, die sich in der immerwährenden sinnlichen Erfahrung der Liebe und dem Genuß des Augenblicks der allgemeinen Vereinheitlichung entziehen. Auch der Dichter jedoch befindet sich in einer höchst gefährdeten Position. Auf dem Drahtseil tanzend, ist er, »*a little charleychaplin man*«, immer bedroht vom Absturz. Allein um der Wahrheit willen macht er jedoch weiter: »*... he's the super realist / who must perforce perceive / taut truth / before the taking of each stance or step / in his supposed advance / toward that still higher perch / where Beauty stands and waits / with gravity / to start her death-defying leap*« (»*... er ist der Superrealist, der auf Kraft die ungeschminkte Wahrheit sehen muß, bevor er einen Schritt auf seinem vorgegebenen Weg zu jenem noch höheren Thron unternimmt, wo die Schönheit steht und mit Nachdruck darauf wartet, ihren todtrotzenden Sprung zu beginnen*«).

Obwohl immer im Schatten von Allen GINSBERGS *Howl* stehend, gehört *A Coney Island of the Mind* zu den Gedichten, die stilbildend für die amerikanische Lyrik nach dem Zweiten Weltkrieg wurden. Die Verquickung von surrealistischen Stilelementen und Alltagssprache, das dezidierte Bekenntnis zu einer sozialen Funktion des Dichters, die Übernahme von rhythmischen Elementen des Jazz und die Angewiesenheit auf den mündlichen Vortrag, die sich in *A Coney Island of the Mind* ausdrücken, machen seine Bedeutung aus. H.P.R.

AUSGABE: NY 1958.

ÜBERSETZUNG: *Ein Coney Island des inneren Karussells*, E. Gütermann, Wiesbaden 1962 [zweisprach. Ausg.].

LITERATUR: M. L. Rosenthal, *The Naked and the Clad* (in Nation, 11. 10. 1958, S. 214–215). – C. D. Hopkins, *The Poetry of L. F.: A Reconsideration* (in ItalAm, 1, 1974, 59–76).

FERNÁN CABALLERO

d.i. Cecilia Böhl de Faber y Larrea

* 25./27.12.1796 Morges / Schweiz
† 7.4.1877 Sevilla

LITERATUR ZUR AUTORIN:
A. Palma, *F. C. La novelista novelable*, Madrid u. a. 1931. – L. Coloma, *Recuerdos de F. C.*, Madrid 1943. – J. F. Montesinos, *F. C. Ensayo de justificación*, Mexiko 1961. – J. Herrero, *F. C.: un nuevo plantamiento*, Madrid 1963. – S. Montoto, *F. C.: algo más que una biografía*, Sevilla 1969. – L. H. Klibbe, *F. C.*, NY 1973 (TWAS). – D. Pineda Novo, *Dos Hermanos en la obra de F. C.*, Sevilla 1977. – J. L. Varela, *F. C. y el Volksgeist* (in Arbor, 97, 1977, S. 327–342).

CLEMENCIA

(span.; *Clemencia*). Roman von FERNÁN CABALLERO, erschienen 1852. – Eigene unglückliche Erfahrungen der Autorin spiegeln sich im ersten Teil des Romans, der Geschichte der kurzen, trostlosen Ehe, welche die junge Waise Clemencia auf Geheiß ihrer Tante, der Marquesa de Cortegana, mit dem sittlich korrumpierten Marqués de Valdemar eingegangen ist. Als dieser dann im spanischen Bürgerkrieg fällt, kehrt Clemencia zu ihrer Tante zurück. Nach vielen Wechselfällen und Enttäuschungen, nach einer von der Autorin als »Verirrung« geschilderten Liebe zu einem der adeligen Freunde des Hauses, dessen von den Übeln der Zeit – Haltlosigkeit, Skeptizismus und Freidenkertum – geprägten Charakter sie erst später durchschaut, findet die reifer gewordene Clemencia schließlich ihr Glück in der Verbindung mit dem einfachen und aufrichtigen Bauern Pablo, dessen verehrungsvolle Liebe sie jahrelang übersehen hatte, weil ihr das Leben erst die Augen öffnen mußte für die verborgenen schlichten Werte dieses Mannes.

In seinen lebhaft geschilderten Genrebildern ist dieser Roman ein Vorläufer des Realismus. Fernán Caballeros beachtliche schriftstellerische Begabung macht ihn nicht immer lesenswert, wenn auch die Charakterzeichnung darunter leidet, daß die Figuren allzu einseitig Tugenden (der traditionsgebundenen Landbewohner) und Untugenden (der aufgeklärten Städter) repräsentieren, die die konservative und strenggläubige Verfasserin an einer eindeutigen Werteskala mißt. A.F.R.

AUSGABEN: Madrid 1852. – Madrid 1961 (in *Obras*, Hg. J. M. Castro y Calvo, Bd. 2; Einf. u. Bibliogr., Bd. 1; BAE). – Madrid 1982, Hg. J. Rodríguez Luis (Cátedra).

ÜBERSETZUNG: *Clemencia*, L. G. Lemke (in *AW*, Bd. 11/12, Paderborn 1860).

LITERATUR: N. M. Valis, *Eden and the Tree of Knowledge in F. C.'s »Clemencia«* (in KRQ, 29, 1982, S. 251–260).

LA GAVIOTA

(span.; *Die Möve*). Roman von FERNÁN CABALLERO, erschienen 1849. – Als Tochter des Hamburger Exportkaufmanns Nikolaus Böhl von Faber, eines bedeutenden Impulsgebers der spanischen Romantik, lebte die Autorin in Andalusien, das mit seiner Landschaft und seinen Menschen auch das Thema ihrer Romane, Novellen und kostumbristischen Genrebilder ist (u. a. *La familia de Alvareda*, 1856; *Un verano en Bornos*, 1858; *Cuadros de costumbres populares andaluzas*, 1852). *La Gaviota*, ihr bekanntestes Werk, entstand ab 1845 in französischer Sprache, wurde von J. Joaquín de MORA, einem Bekannten ihres Vaters und Direktor von ›El Heraldo‹, ins Spanische übersetzt und erschien als Fortsetzungsroman in dieser Madrider Zeitung seit 1849 (in Buchform 1856). Die französische Urfassung ist nicht erhalten.

Der Roman erzählt das Schicksal des andalusischen Fischermädchens Marisalada, die wegen ihrer schrillen Stimme »La Gaviota« (die Möwe) genannt wird. Fritz Stein, ein deutscher Arzt, der krank in ihrem Dorf Villamar aufgenommen wird, verliebt sich in Marisalada und heiratet sie. Als unerwartet ein alter Bekannter Steins, der Herzog von Almansa, auftaucht und auf die schöne Stimme Marisaladas aufmerksam wird, beginnt der soziale Aufstieg der Familie. Marisalada und Stein verlassen Villamar mit seinen einfachen, guten und originellen Menschen, dem etwas einfältigen Bruder Gabriel, dem spottlustigen Burschen Momo, dem melomanen Barbier sowie dem ehrenwerten und leicht grotesken Kriegsmann Don Modesto Guerrero, der seine Laufbahn als Kommandant eines zerbröckelnden Forts an der Küste, auf dessen Reaktivierung er vergeblich hofft, in Gesellschaft seiner ältlichen Freundin, der frommen »Rosa mística«, beenden wird. In Sevilla und Madrid wird Marisalada eine gefeierte Sängerin, die in den Salons der Aristokratie wie im Milieu der Toreros und der Halbwelt verkehrt; sie entfernt sich innerlich von ihrem bescheidenen Ehemann und als sie sich in einen Stierkämpfer verliebt, verläßt Stein sie und geht nach Amerika, wo er bald stirbt. Als der Torero in der Arena umkommt und Marisalada bald darauf ihre Stimme verliert, kehrt sie ins Dorf zurück und heiratet den Barbier, der lange nach ihr geschmachtet hatte.

Der Roman stellt deutlich die Handlungsräume Land und Stadt gegenüber, wobei ersteres als eine idyllische heile Welt erscheint, während die Stadt in ihren verschiedenen Milieus nuancierter, auch negativ, dargestellt wird. Der Gegensätzlichkeit dieser beiden Bereiche entspricht Fernán Caballeros Sympathie für Originalität und Authentizität des traditionellen Spaniens und ihre konservative Grundhaltung, wobei sich ihre Polemik gegen

Fortschrittler und Liberale im wesentlichen auf deren Ironisierung beschränkt und sie andererseits auch nicht jedem Aspekt der Tradition kritiklos gegenübersteht (Ablehnung des Stierkampfs; Ironisierung des Reaktionärs in der Gestalt des Generals Santamaría). Charakteristisch für die Handlung ist einerseits ihre einfache Strukturierung, andererseits ihre Anreicherung mit kostumbristischen Szenen und Tableaus. Während die übrigen Charaktere, auch Stein, deutlich typisiert sind, macht die Hauptfigur Marisalada in ihrem Wesen als einzige eine unerwartete, aber doch nicht unwahrscheinlich anmutende Entwicklung von ländlicher Herbheit zu unreflektiert egoistischer Gefühlskälte durch.

Literaturhistorisch gilt der Roman als typischstes Beispiel des spanischen prärealistischen Romans, das gleichzeitig deutlich in der Spannung zwischen dem kostumbristischen Tableau mit seiner zur Idyllisierung neigenden Thematisierung der Alltagsrealität, aber auch darstellerischer Statik, und dem eigentlichen realistischen Roman steht. Von der Romantik grenzt den Roman vor allem die Nüchternheit der Handlung, die unpathetische Sprache (vor allem die Dialoge), die Zeichnung der Vulgarität gewisser Madrider Milieus und die Banalität des Endes ab. An die Romantik (auch deutscher Prägung) erinnert dagegen die Idealisierung des Volkes als Träger hoher menschlicher Werte und Hüter der nationalen Identität. Die neuere Kritik situiert den Roman vor allem innerhalb des die spanische Literatur des 19. Jh.s prägenden Konflikts zwischen konservativen und fortschrittlichen Bestrebungen, sieht ihn als reaktionären Gegenpart zum zeitgenössischen sozial-humanitären Stadtroman, dessen Vorbilder Eugène SUE und Victor HUGO waren, und bestreitet seinen Realismus.   W. Kre.

AUSGABEN: Madrid 1849 (in El Heraldo). – Madrid 1856. – Madrid 1943. – Madrid 1958. – Madrid 1961 (in *Obras*, Hg. J. M. Castro y Calvo, 5 Bde., 1; m. Einl. u. Bibliogr.; BAE). – Madrid 1964. – Barcelona 1972, Hg. u. Einl. J. Rodríguez Luis. – Madrid 1985, Hg. u. Einl. C. Bravo-Villasante (Castalia).

ÜBERSETZUNGEN: *Die Möve*, L. G. Lemcke (in *AW*, Bd. 2, Braunschweig 1859). – Dass., H. Kundert, Zürich 1973.

LITERATUR: Th. Heinermann, *Dichtung und Wahrheit in der »Gaviota« F. C.s* (in RF, 56, 1942, S. 313–324). – Ch. B. Qualia, *»La Gaviota« One Hundred Years After* (in Hispania, 34, 1951, S. 63–73). – J. Horrent, *Sur »La Gaviota« de F. C.* (in Revue des langues vivantes, 32, 1966, S. 227–237). – J. Rodríguez Luis, *»La Gaviota«, F. C. entre romanticismo y realismo* (in Anales Galdosianos, 8, 1973, S. 123–136). – S. Kirkpatrick, *On the Threshold of the Realist Novel: Gender and Genre in »La Gaviota«* (in PMLA, 98, 1983, S. 323–340). – M. Tietz, *F. C. »La Gaviota«* (in *Der spanische Roman vom MA bis zur Gegenwart*, Hg. V. Roloff u. H. Wentzlaff-Eggebert, Düsseldorf 1986, S. 193-214).

MACEDONIO FERNÁNDEZ

* 1.6.1874 Buenos Aires
† 10.2.1952 Buenos Aires

CONTINUACIÓN DE LA NADA

(span.; *Fortsetzung des Nichts*). Essayistische Skizzen von Macedonio FERNÁNDEZ (Argentinien), erschienen 1944. – Dieser in keine literarische Gattung einzuordnenden Sammlung sind vier sogenannte »Posen« vorangestellt, in denen der Autor über sich selbst Auskunft gibt: *Unter mildernden Umständen, Selbstbiographie im Auftrag, Biographie eines Porträts und Briefe an sich selbst*. Der Titel bezieht sich, wie Fernández vermerkt, auf sein – ungeschriebenes – Werk *Anfang des Nichts*. Schon seit früher Jugend, so bekennt er, habe ihn das Nichts bewegt, und nun übe er in Opposition zu einem grobschlächtigen Realismus die *»edle Kunst des Nichts für das Wort«* aus. Des Argentiniers absurde Erfindungen und sein schwarzer Humor beruhen auf der Überzeugung, daß die Existenz des Seins auch die ungeschmälerte Existenz des Nicht-Seins bedinge: *»Wenn die Sonne untergegangen ist, füllt sich die Welt mit ihrer Abwesenheit.«* Sosehr sich Fernández am Widersinn ergötzen kann, sowenig sind seine Spitzfindigkeiten Selbszweck; sie dienen ihm als Mittel einer entlarvenden Kritik, etwa des ausgeklügelten Müßiggangs einer Bürokratie, die zu allem Überfluß in unnützen Berichten und Akten auch noch Rechenschaft über ihren Leerlauf ablegt. In der Selbstdarstellung sieht Fernández die erfolgversprechendste Möglichkeit, sich selbst zu verbergen, doch schreibt er, *»um nicht unbescheiden ständig von sich zu reden«*, auch die Autobiographie eines anderen und hofft, mit dieser neuen Methode zur Läuterung der Gattung »Autobiographie« beizutragen. Seinen eigenen Ruhm ironisiert er in der parodistischen Parabel vom verpaßten Zug: *»Einen Zug verpassen ist eine Anstrengung, die nicht jeder schafft.«* Der abschließende Essay handelt vom Tod, den der Mensch, im Gegensatz zum Tier, nicht als etwas Natürliches erlebe, sondern als etwas Unnatürliches erleide. Aus dieser Unnatur des Todes schließt Fernández auf eine *»natürliche Unsterblichkeit«* des Menschen, ein Gedanke, den der Autor, wie er in einer Fußnote vermerkt, hier darum entwickelt, weil er den Leser nicht nur mit seinem Humor, sondern auch mit einer Hoffnung erfreuen will.

Die zusammenhanglosen Geschichten, spitzfindigen Beweisführungen, Kommentare, Witze der *Fortsetzung des Nichts* bekunden die absolute Auflösung der literarischen Formen. Fernández war ein geborener Erzähler, ein brillanter Unterhalter, der nur selten etwas schriftlich festlegte, sich auch nicht damit aufhielt, seine Gedanken und Sätze zu ordnen. Auf die Generation von BORGES, MARECHAL, GONZÁLES LANUZA übte er eine geradezu unheimliche Faszination aus. B.v.B.-KLL

AUSGABE: Buenos Aires 1944 (mit *Papeles de recienvencido*; Vorw. R. Gómez de la Serna).

LITERATUR: W. Flammersfeld, *M. F. (1874 bis 1952). Reflexion und Negation als Bestimmungen der Modernität*, Bern/Ffm. 1976. – N. Lindstrom, *Literary Expressionism in Argentina: The Presentation of Incoherence*, Tempe/Ariz. 1977. – J. A. Engelbert, *M. F. and the Spanish American New Novel*, NY 1978. – R. Echavarren, *La estética de M. F.* (in RJ, 45, 1979, S. 93–100). – N. Lindstrom, *M. F.*, Lincoln/Nebr. 1981. – G. M. Goloboff, *M. F. y el tema del autor anónimo* (in CHA, 1982, Nr. 382, S. 168–176).

RICARDO FERNÁNDEZ DE LA REGUERA

* 27.4.1912 Barencillas / Santander

CUANDO VOY A MORIR

(span.; *Ü: Schwarze Stiere meines Zorns*). Roman von Ricardo FERNÁNDEZ DE LA REGUERA, erschienen 1950. – Der Held des Romans, Alejandro Gutiérrez, erzählt die Geschichte seines Lebens von seiner frühen Kindheit bis zu dem Augenblick, da er, vom Tod gezeichnet, ohne Bedauern von der Welt Abschied nimmt, in der er wie ein Fremder gelebt hat. Es ist ein verpfuschtes Dasein, von dem er berichtet, und es ist vollends zerbrochen, als das Ziel seines langen Mühens endlich erreicht schien. Gutiérrez vergleicht es mit einer Handvoll Asche, die das verzehrende Feuer seiner Leidenschaften übriggelassen hat. Zwei »schicksalhafte Kräfte« sind es, an denen er gescheitert ist, »das Erbe des Blutes und die Bitternis eines ungleichen Kampfes mit der Umwelt«.

Im ersten Teil der Erinnerungen schildert er seine schwere Kindheit und Jugend. Seine Familie ist arm. Mit neun Jahren wird er Waise, verläßt das Heimatdorf an der Atlantikküste und verdient seinen Lebensunterhalt als Ladengehilfe in Madrid. Unter großen Entbehrungen erarbeitet er sich sein Medizinstudium und kann dann eine Praxis in einer kleinen Provinzstadt übernehmen. Damit hat er sich endlich die Grundlage für eine bürgerliche Existenz geschaffen. Nun aber lernt er die Frau kennen, die schuldlos zur Ursache seines Untergangs wird: die Lehrerin Clara. Er verliebt sich leidenschaftlich in die junge, attraktive Frau, doch sie vermag für ihn nicht mehr als eine tiefe Sympathie zum empfinden und lehnt seinen Antrag ab. Sein immer heftigeres Drängen stößt auf immer kältere Zurückweisung. Die kompromißlose Starrheit, die sein hervorstechendster Charakterzug ist, erweist sich jetzt als seine entscheidende Schwäche. Unfähig, sich von Clara loszureißen, sieht er nur einen Weg, sie zu gewinnen: Er tut ihr Gewalt an, um sie durch die Erniedrigung an sich zu fesseln. Damit aber verliert er sie ganz. Clara nimmt eine Stellung in Madrid an, und Gutiérrez flüchtet in ein Infektionshospital, um durch Arbeit zu sühnen. Hier erkrankt er schwer, und während er auf den ersehnten Tod wartet, hält er Rückschau: »Ich habe im Leben viel gelitten und sehe, an allem verzweifelnd, meinem Tod entgegen. Deswegen suche ich so rastlos meine Erinnerungen hervor ... Es ist so geruhsam, sich zu erinnern, das Leben in langsamem Dahingleiten der Feder neu erstehen zu lassen. Ich hebe von Zeit zu Zeit den Kopf und verharre, in mich gekehrt, in meinen Gedanken gefangen, und beuge mich weit zurück über die Vergangenheit.«

Reguera folgt, unbekümmert um Kompositions- und Stilprobleme der modernen Romankunst, dem Vorbild des traditionellen Realismus, von dem nur seine größere Zurückhaltung in den beschreibenden Passagen und seine stärkere Konzentration auf das Grundmotiv des Romans abweichen. In Aufbau und Stil ist *Cuando voy a morir* ein wohlausgewogenes Werk. Der gleichzeitig leidenschaftliche und schwermütige Lebensbericht erzwingt eine intensive Anteilnahme am Schicksal des Helden. Seine Umwelt – das armselige Fischerdorf, die Großstadt, die bornierte und bigotte Provinz – und das harte Leben der unteren sozialen Schichten Spaniens werden in knappen Zügen präzis gezeichnet. In den Naturschilderungen gewinnt die Sprache Wärme und Leuchtkraft. A.F.R.

AUSGABEN: Barcelona 1951. – Barcelona 1959. – Barcelona 1978.

ÜBERSETZUNG: *Schwarze Stiere meines Zorns*, H. Stiehl, Wiesbaden 1958.

LITERATUR: J. L. Cano (in Insula, 15. 7. 1951, Nr. 67). – F.-G. de Castro (in Indice de Artes y Letras, 54/55, Aug./Sept. 1952, S. 28/29). – O. P. Ferrer, *La literatura española tremendista y su nexo con el existencialismo* (in RHM, 22, 1956, S. 297–303). – C. Bousoño, *La novela española en la postguerra* (in Revista Nacional de Cultura, 124, 1957, S. 157–167). – C. Pack, *Stolz und Leidenschaft* (in Wort und Wahrheit, 13, 1958, S. 710/711). – C. Ferber, Rez. (in Die Welt, 14. 9. 1958). – H. Henze, Rez. (in FAZ, 26. 7. 1958). – H. Bender, Rez. (in Deutsche Zeitung u. Wirtschaftszeitung, 13. 8. 1958). – E. G. de Nora, *La novela española contemporánea, 1927–1960*, Bd. 2, Madrid 1962, S. 190 ff.

CUERPO A TIERRA

(span.; *Ü: Wehrlos unter Waffen*). Roman von Ricardo FERNÁNDEZ DE LA REGUERA, erschienen 1954. – Hauptfigur ist Augusto Guzmán, ein junger Mann, der im ersten Jahr des Spanischen Bürgerkriegs (1936) eingezogen wird, an vielen Kämpfen teilnimmt und kurz vor Ende der kriegerischen Auseinandersetzungen (1939) einen ungewollten Heldentod stirbt: »*Da stand Espinal ohne jede Deckung. Nur für den Bruchteil einer Sekunde blieb Augusto stehen, um ihm zuzurufen ›Vorsicht, Espinal!‹, und sofort warf er sich hin. Es war zu spät. Die Detonation einer Granate traf ihn noch mitten im Fallen. Tot stürzte er mit einem dumpfen, schweren Aufprall in die Staubwolke hinein.*« Dieser tragische und undramatische Tod im Dienst der Kameradschaft ist kennzeichnend für Augusto, einen stillen Menschen von offenem Charakter und sauberem Wesen. Selbst im Schmutz und in der Härte des Kriegs hat er sich die Reinheit des Herzens bewahrt. Sein Gleichmut und seine Güte wirken auf seine Umgebung wie Naivität, sind aber in Wirklichkeit Ausdruck eines nach innen gerichteten, in sich ruhenden Wesens. Die bescheidene und geduldige Würde, die Augusto an der Natur bewundert, besitzt er selbst in hohem Maße: »*Nichts liebe ich mehr in der Natur als die Bäume. Es rührt mich, wie pünktlich sie jeden Frühling zur Stelle sind, wie gut sie zu uns Menschen sind. Schau nur, wie alt dieser Baum schon ist und wie schön er sich noch putzt.*«

Reguera selbst hat diesen Krieg auf der sogenannten »nationalen Seite«, der Seite Francos und der Falange, mitgemacht. Für die tiefere Bedeutung seines Romans ist die Tatsache jedoch unerheblich. Der Krieg, den er schildert, ist eher ein Abstraktum, der alte und immer gleiche Vorgang des Kampfes zweier Parteien auf Leben und Tod. Die kleine Gruppe von Kämpfern, zu denen Augusto gehört, besteht nur zufällig aus Spaniern, und ebenso ist es ein Zufall, daß diese für eine Sache kämpfen, die von der politischen Propaganda als »Kreuzzug« bezeichnet wird. Für sie ist zwischen Krieg und Krieg kein Unterschied, er bedeutet ihnen stets Morden, Verzweifeln und geduldiges Ausharren angesichts des Todes. In der »*Widmung an den Sohn*« schreibt Reguera: »*Damit Du die Soldaten von gestern, von heute und von morgen lieben lernst*«, in Wahrheit aber meint er »*bemitleiden lernst*«. Seine Soldaten, die zur Schlachtbank geführt werden, ohne zu wissen, wofür sie sterben, hatten einst ihren festgefügten, engen Lebenskreis: Haus, Familie, Arbeit, Liebe. Von alledem hat man sie weggerissen und auf ein apokalyptisches Schachbrett gestellt, um sie nun wie willenlose Figuren auf die Gegenseite zuzubewegen. Sie kennen nur noch zwei Gefühle: die Sehnsucht nach Geborgenheit und die Angst vor dem Sterben. Sie verhalten sich heroisch, aber ihr Heldentum ist nicht so sehr Mut und noch weniger die Bereitschaft, für Ideale zu sterben, als mannhafter Trotz gegenüber der täglichen Herausforderung durch den Tod.

Zeitgeschichtlich liegt die Bedeutung des Romans darin, daß er als erster auf klingende Phrasen wie »Kreuzzug« und »Märtyrer« verzichtet, Phrasen, die seinerzeit üblicherweise auf den Kampf und die Kämpfer der »nationalen Seite« angewandt wurden. Statt dessen wird der Krieg in seiner grausigen Wirklichkeit geschildert. Reguera will mit diesem Roman keineswegs die politischen, sozialen und moralischen Voraussetzungen des Krieges »enthüllen«, er vermeidet es sogar, sie zu diskutieren. Er schreibt aus der Sicht des im Grunde völlig unheldischen Durchschnittsmenschen, der zum Helden wird, weil ihm nichts anderes übrigbleibt. Und diese Darstellung ist eine Entmythisierung des Kriegs an sich. A.F.R.

AUSGABEN: Barcelona 1954. – Santiago de Chile 1959. – Barcelona 1977.

ÜBERSETZUNG: *Wehrlos unter Waffen*, S. Felkau. Ffm. 1962; ern. 1966.

LITERATUR: J.L. Cano (in Insula, 15.3. 1955, Nr. 111, S. 6/7). – J. Vila Selma, *Tres ensayos sobre la literatura y nuestra guerra*, Madrid 1956. – E.G. de Nora, *Der spanische Bürgerkrieg im Spiegel der spanischen Literatur* (in NZZ, 13.3.1960). – Ders., *La novela española contemporánea, 1927–1960*, Bd. 2, Madrid 1962, S. 190 ff. – H. Günter (in Wort u. Wahrheit, 17, 1962, S. 258). – J.W. Díaz, *R. F. de la R.* (in Hispania, 55, 1972).

JOSÉ JOAQUÍN FERNÁNDEZ DE LIZARDI

* 15.11.1776 Mexico-City
† 21.6.1827 Mexico-City

LITERATUR ZUM AUTOR:
E. Hodoušek, *Las novelas de F. de L.* (in Ibero-Americana Pragensia 4, 1970, S. 23–39). – F. Sánchez-Castañer, *Valores novelísticos del mejicano F. de L.* (in CHA, 1973, Nr. 280–282, S. 687–697). – L. F. González Cruz, *Influencia cervantina en L.* (ebd., 1974, Nr. 286, S. 188–203). – S. M. Parkinson de Saz, *Cervantes en Hispanoamérica: F. de L. y J. Montalvo* (in M. Criado de Val, *Cervantes. Su obra y su mundo, Actas del I. Congreso Internacional sobre Cervantes*, Madrid 1981, S. 1059–1086. – J. Skirius, *F. de L. y Cervantes* (in NRFH, 31, 1982, S. 257–272).

EL PERIQUILLO SARNIENTO

(span.; *Periquillo Sarniento*). Roman von José Joaquín FERNÁNDEZ DE LIZARDI (Mexiko), erschienen 1819–1831. – Dieser erste Roman der hispanoamerikanischen Literatur steht in der Tradition des spanischen Schelmenromans, dessen äußere Merkmale er alle besitzt: Für die deskriptiv-realistische Darstellung der meist wenig feinen Abenteuer seines Helden wählt der Autor die Ichform, der Held lernt die unterschiedlichsten Lebenslagen kennen, versucht sich in den verschiedensten Berufen, gelangt zu Reichtum und gerät wieder in Armut. Aber trotz der äußerlichen Übereinstimmung ist Lizardis Roman kein Schelmenroman, denn Periquillo Sarniento ist kein Schelm, hart und gewitzt wie seine spanischen Vorbilder, sondern ein charakterschwacher, schlechtem Einfluß leicht erliegender Mensch. Er erzählt von seiner Kindheit, seinem erfolglosen Studium an der Universität, seinem Eintritt ins Kloster, das er nach dem Tod seines Vaters verläßt, um die reiche Erbschaft beim Spiel und mit den Frauen zu verprassen. Sein liederlicher Lebenswandel bringt ihn ins Gefängnis, danach wird er Quacksalber und Barbier bei den Indianern. Endlich heiratet er und führt als Küster ein relativ ordentliches Leben. Aber nach dem frühen Tod seiner Frau wird er Seemann und gelangt bis nach China und den Philippinen, doch zum Schluß heiratet er wieder und führt reumütig ein gesittetes Leben. Er stirbt »*im Ruf der Heiligkeit*«.

Das große Anliegen dieses Romans ist moralischer Natur, sein Zweck ist, »*die Sitten zu kritisieren und die rohen Laster lächerlich zu machen*«. In dieser Absicht füllt Lizardi als echtes Kind der Aufklärung und der französischen Enzyklopädisten ganze Kapitel mit lehrhaften Darlegungen über die öffentliche und private Moral, die Hygiene, den Fortschritt, über Erziehung und Bildung. Seiner politischen Gesinnung nach ein Liberaler und Anhänger der konstitutionellen Monarchie, setzte er sich auch für eine Verbesserung des Loses der Negersklaven in Mexiko ein. Aus diesem und anderen Gründen verbot die Inquisition den vierten Band des Romans; er konnte erst nach Lizardis Tod erscheinen. – Indessen liegt der große literarische Wert dieses Werks, der es noch heute lesenswert macht, in der realistischen Beschreibung der mexikanischen Sitten auf den verschiedenen Gesellschaftsstufen. Die »Geographie der Gesellschaft«, eine typische Errungenschaft des 18. Jh.s, die LESAGE (1668 bis 1747) in den Schelmenroman eingeführt hat (vgl. *Histoire de Gil Blas*...), erreicht in den von Lizardi minuziös und ironisch gezeichneten Bildern vom Gipfel. A.F.R.

AUSGABEN: Mexiko 1819, 3 Bde. – Mexiko 1830–1831, 5 Bde. – Mexiko 1958, 4 Bde. [Vorw. F. Sosa]. – Mexiko 1964 [Vorw. J. Rea Spell]. – Madrid 1974. – Mexiko 1974. – Madrid 1978.

LITERATUR: A. Reyes, »*El Periquillo Sarniento*« *y la crítica mexicana* (in RH, 38, 1916, S. 232 ff.). – B. Godoy, *Corrientes culturales que definen al* »*Periquillo*«, Mexiko 1938. – E. R. Moore, *Una bibliografía descriptiva:* »*El Periquillo Sarniento*« *de J. J. F. de L.* (in RI, 10, 1946, S. 383–403). – J. Pawlowski, »*Periquillo*« *and* »*Catrín*«: *comparison and contrast* (in Hispania, 58, 1975, S. 831–842). – L. Pérez Blanco, *Un manifiesto paralelismo:* »*Periquillo Sarniento*« *y* »*Martín Fierro*« (in CA, 39, 1980, S. 134–158). – J. Franco, *La heterogeneidad peligrosa: Escritura y control social en vísperas de la independencia mexicana* (in Hispamérica, 12, 1983, S. 3–34). – M. J. Larrea, »*El Periquillo Sarniento*«: *un relato ejemplar* (in Estudios filológicos, 18, 1983, S. 59–75). – M. Vich-Campos, *A propos de* »*Periquillo Sarniento*« (in LNL, 79, 1985).

VIDA Y HECHOS DEL FAMOSO CABALLERO DON CATRÍN DE LA FACHENDA

(span.; *Leben und Taten des berühmten Ritters Don Catrín de la Fachenda*). Roman von José Joaquín FERNÁNDEZ DE LIZARDI (Mexiko), verfaßt um 1820, erschienen 1832. – Lizardis Titelheld ist ein aus guter, aber verarmter Familie stammender Angeber. Er behauptet mehr zu besitzen, als er hat, kleidet sich mit übertriebener Sorgfalt und betrachtet jede Arbeit als seiner unwürdig. Seine aufwendige Lebensweise zwingt ihn jedoch, Stellungen anzunehmen, die seinen sozialen Abstieg unaufhaltsam machen. Zuerst wird er Soldat, ein Beruf, den sein Freund Prudencio ihm als die glänzendste Art des Nichtstuns gepriesen hat: »*Ein Offizier des Königs ist mehr als die ganze Welt, alle achten ihn, und er braucht keinem Respekt zu erweisen; die Gesetze sind nicht für das Militär gemacht.*« Trotz der unbestreitbaren Vorteile hält es Catrín dort nicht lange aus. In der Folgezeit betätigt er sich als Hochstapler, Falschspieler, Komödiant, Bordelldiener und Wegelagerer. Überall scheitert er an seinem eigenen Charakter, er selbst macht aber die Ungunst der Umstände für sein Versagen verantwortlich. Auch eine Fahrt nach Kuba, wo er nach neuen Möglichkeiten sucht, bringt ihm kein Glück. Schließlich stirbt er in größtem Elend als Bettler, vom Leben besiegt, aber sich selbst treu geblieben. Verglichen mit *El Periquillo Sarniento* (1819 bis 1831), dem anderen bedeutenden Werk des Autors, ist *Don Catrín* straffer aufgebaut und nicht mit weitschweifigen, den Verlauf der Handlung störenden Exkursen über Moral, Wissenschaft und Erziehung befrachtet. Obwohl die Figur Catríns traditionelle Züge des Schelmen und des Angebers trägt, ist sie weniger Typ als lebendige Gestalt. Die Situationen, in die der Held gerät, ergeben sich folgerichtig aus seiner Arbeitsscheu und Großsprecherei. Daß auch dieser Roman noch nicht ganz frei von moralisierenden und didaktischen Absichten ist, zeigen die leicht durchschaubaren Personennamen (Catrín: eitler Angeber, Prudencio: der Kluge, Tremendo: der Schreckliche u. a.) und die gelehrten Dialoge über Probleme der Moral und der Lebensgestaltung. Geschickter kaschiert ist dagegen die sozialkritische Tendenz. Die Abenteuer, das Unglück und die Missetaten des Helden sind für den Autor ein willkommener Vorwand, die rückständige, intellektuell träge Gesellschaft im kolonialen und nachkolonialen Mexiko darzustellen, deren Vorurteile und starre Traditionen die freie Entwicklung des einzelnen verhindern. Die grausame Ironie, mit der Lizardi seine Zeit schildert und seine Begeisterung für die Wissenschaft und die Aufklärung, von denen er die Befreiung aus Irrtum und Finsternis erwartet, prägen den Roman. Die Sprache ist drastisch, bleibt stets am Gegenständlichen orientiert und besitzt die Spontaneität volkstümlicher Ausdrucksweise. Wenn die Erzählhaltung noch deutlich vom pikaresken Roman beeinflußt ist, so macht sich in den »costumbristischen« Elementen – aus der zeitgenössischen Sittenschilderung übernommen – schon die Hinwendung zum Realismus bemerkbar.   A.F.R.

AUSGABEN: Mexiko 1832. – Mexiko 1959, Hg. J. Rex Spell [m. Einl.]. – Buenos Aires 1967 (*Don Catrín de la Fachenda*, Hg. J. Caillet-Bois).

LITERATUR: R. L. Bancroff, *El »Periquillo Sarniento« and »Don Catrín de la Fachenda«* (in Revista Hispánica Moderna, 34, 1968, S. 533–538). – J. Pawlowski, *»Periquillo« and »Catrín«: Comparison and Contrast* (in Hispania, 58, 1975, S. 831–842).

LEANDRO FERNÁNDEZ DE MORATÍN

* 10.3.1760 Madrid
† 21.6.1828 Madrid

LITERATUR ZUM AUTOR:
J. Martínez Ruiz, *M.: Esbozo por cándido*, Madrid 1893. – F. Ruiz Morcuende, *Vocabulario de L. F. de M.*, Madrid 1945. – A. Lefebvre, *El teatro de M.*, Santiago de Chile 1958. – A. Papell, *M. y su época*, Mallorca 1958. – Revista de la Universidad de Madrid, 9, 1960, Nr. 33–36 [Sondernr. *F. de M.*]. – Insula, 15, 1960, Nr. 161 [Sondernr. *F. de M.*]. – F. Lázaro Carreter, *M. en su teatro*, Oviedo 1961. – S. Melón R. de Gordejuela, *M. por dentro*, Oviedo 1964. – R. Andioc, *Sur la querelle du théâtre au temps de L. F. de M.*, Toulouse 1970. – J. Dowling, *L. F. de M.*, NY 1971 (TWAS). – L. F. Vivanco, *M. y la ilustración mágica*, Madrid 1972. – H. Higashitani, *El teatro de L. F. de M.*, Madrid 1973. – G. C. Rossi, *L. F. de M.: Introducción a su vida y su obra*, Madrid 1974. – *Una bibliografía de L. M.* (in Insula, 35, 1980, S. 2). – *Coloquio internacional sobre L. F. de M. en Bologna 1978*, Abano Terme 1980. – H. Rien, *L. F. de M. Versuch einer sozialhistorischen Analyse des autobiographischen, literaturhistorischen u. dramatischen Werks*, Ffm. 1982. – P. Ortiz Armengol, *El año que vivió M. en Ingleterra*, Madrid 1985.

LA COMEDIA NUEVA O EL CAFÉ

(span.; *Die neue Komödie oder Das Café*). Schauspiel von Leandro FERNÁNDEZ DE MORATÍN, Uraufführung: Madrid 1792. – Eine »neue Komödie« mit dem Titel »Die große Belagerung von Wien« soll aufgeführt werden. Don Hermógenes, ein pedantischer Besserwisser, hat Don Eleuterio zu diesem Stück angeregt und ihm einen großen Erfolg prophezeit. Er selbst ist an diesem Erfolg besonders interessiert, weil ihm dann der wackere Stückeschreiber aus seiner prekären finanziellen Lage heraushelfen könnte und ihm überdies seine Schwester zur Frau geben würde. Bevor Don Eleuterio das Stück aufführen läßt, liest er dem Theatertheoretiker Don Pedro Teile daraus vor. Wie nicht anders zu erwarten, findet der Kritiker es schlecht. Hermógenes läßt sich trotzdem nicht davon abbringen, mit hohlen Worten, lateinischen und griechischen Zitaten das neue Werk mit Vorschußlorbeeren zu bedecken. – Die Aufführung wird zu einem Skandal. Unter lautem Protest muß sie während des zweiten Aktes abgebrochen werden. Als nun der enttäuschte Autor von Hermógenes schmählich im Stich gelassen wird, will Don Pedro ihm zu einer guten Stelle verhelfen, vorausgesetzt, daß er auf die Schriftstellerei verzichtet. Hier nun legt der Autor Moratín der Figur des Don Pedro seine Theorien über das neue Drama in den Mund. Der heftige Verriß des aufgeführten Spiels im Spiel ist eine glänzende Parodie auf die monströsen Tragödien eines COMELLA, der zu dieser Zeit einen unverdienten Ruf genoß. *»Hier gibt es nichts als eine verworrene Handlung, unwahrscheinliche Vorfälle, unzusammenhängende Episoden ... weder Geschmack noch gesunden Menschenverstand.«* Als geradezu »unerträglicher Pädagoge« (M. Pelayo) doziert Don Pedro (alias Moratín) seine Theorien, überzeugt von der Notwendigkeit einer Theaterreform in Spanien. Scharf wendet er sich gegen den Schwulst und die Phantastereien des zeitgenössischen Theaters, das sich in einen übertriebenen barocken Stil verrannt hatte. Nach französischem Muster – Moratín hatte den Ehrgeiz, ein spanischer MOLIÈRE zu werden – fordert er die drei klassischen Einheiten (Ort, Zeit, Handlung), außerdem Maß und guten Geschmack. Er versucht, seine Theorien in seinen technisch sehr präzisen Stücken auch zu realisieren. Er wendet sich nicht mit hochtrabenden Versen und unglaubhaften Situationen an die Phantasie des Zuschauers, sondern spricht mit seiner knappen, klaren Prosa eher dessen Verstand an. Nichts ist dem Zufall überlassen. Die einfache Handlung schreitet geradlinig fort; die Dialoge verraten souveräne Beherrschung der Sprache und haben bis heute wenig von ihrer Schlagkraft verloren. Die Tendenz zum Theoretisieren beeinträchtigt dagegen die psychologisch glaubwürdige Ausformung der Dramenfiguren. Andererseits macht gerade die Mischung aus Theorie und Theaterpraxis, aus Parodie und »neuer Komödie« dieses Stück zu einer *»verblüffenden literarischen Satire«* (Pelayo).   KLL

AUSGABEN: Madrid 1792. – Madrid 1830/31 (in *Obras*, 4 Bde., 2). – Madrid 1944 (in *Teatro completo*). – Madrid 1955, Hg. F. Ruiz Morcuende [m. Anm. u. Einl.]. – Buenos Aires 1958, Hg. J. F. Gatti [m. Einl.]. – Madrid 1963, Hg. R. Ferreres. – Madrid 1977 (in *Teatro completo*, Hg. u. Einl. N. Fernández Nieto). – Madrid 1983, Hg. u. Einl. J. Dowling u. R. Andioc (Castalia). – Barcelona 1984, Hg. u. Einl. G. Díaz Plaja.

ÜBERSETZUNG: *Das neue Lustspiel oder Das Caffehaus*, M. Ojamar, Dresden 1800.

LITERATUR: R. Andioc, *À propos d'une reprise de »La comedia nueva«* (in BHi, 63, 1961, S. 54–61). – J. Dowling, *»La comedia nueva« and the Reform of the Spanish Theatre* (in Hispania, 53, 1970, S. 397–402). – H. Higashitani, *Las ideas teatrales de L. F. de M. En torno a su definición de la comedia* (in IR, 3, 1971, S. 269–284). – R. Osuna, *Temática e imitación en la »Comedia nueva« de M.* (in CHA, 1976, Nr. 317, S. 286–302). – U. Schulz-Buschhaus, *L. F. de M. »La comedia nueva«* (in *Das spanische Theater*, Hg. V. Roloff u. H. Wentzlaff-Eggebert, Düsseldorf 1988, S. 228–240).

EL SÍ DE LAS NIÑAS

(span.; *Das Jawort der Mädchen*). Komödie von Leandro FERNÁNDEZ DE MORATÍN, Uraufführung: Madrid, 24. 1. 1806, Teatro de la Cruz. – In seiner »Kaffeehaus-Komödie« (vgl. *La comedia nueva o El café*, 1792) hatte Moratín das Barocktheater verspottet und ein »neues« Theater gefordert; mit dieser Komödie lieferte er selbst das Muster eines klassizistischen Stücks, das durch geschickten Dialog, logischen Aufbau der Handlung und zarte, präromantische Gefühlstöne besticht. Don Diego, ein begüterter, in reiferem Alter stehender Herr, soll Paquita (Francisca), ein junges, tugendhaftes Mädchen, das im Kloster erzogen wird, heiraten. Von Doña Irene, ihrer Mutter, einer aufdringlichen, intriganten Person, hat er jede nur mögliche Sicherheit dafür erhalten, daß das Mädchen seine Zuneigung erwidern, ein ruhiges, materiell gesichertes Leben an der Seite eines älteren Mannes der trügerischen Liebe eines jüngeren vorziehen werde. Als er nun zusammen mit der Mutter und seinem Neffen Don Carlos, einem schmucken Leutnant, der ihnen nachgereist ist, Francisca aus dem Kloster abholt, entdeckt er des Nachts im Gasthaus zu Alcalá de Henares, wo sie abgestiegen sind, daß Francisca Don Carlos liebt. Nur widerwillig, aus Respekt und Gehorsam, hatte sie sich den Wünschen der Mutter gefügt und in die Heirat mit Don Diego gewilligt. Als dieser den wahren Sachverhalt erfährt, ist er entrüstet: »*Das nennt man nun, ein Mädchen richtig erziehen: es lehren, mit heuchlerischer Verstellung die unschuldigsten Gefühle zu verleugnen und zu verbergen. Wenn sie sich dann in der Kunst des Schweigens und der Lüge erfahren zeigen, gelten sie für ehrbar... Alles ist ihnen erlaubt,* außer aufrichtig zu sein.« Und er verzichtet, nicht ohne Wehmut, zugunsten seines Neffen großzügig auf Paquita – nicht ohne vorher die Moral gezogen zu haben: *»Das hat man nun von dem Mißbrauch der Autorität, der Unterdrückung, die die Jugend erleidet; das sind die Sicherheiten, die Eltern und Erzieher uns geben; da sieht man, was vom Jawort der Mädchen zu halten ist.«*

Mit Vernunftgründen, die dem rationalistischen Geist der Epoche entsprachen, rechtfertigt Don Diego seinen Entschluß, der die Dinge ins Lot bringt und die gestörte Ordnung wiederherstellt. Auch hierin, nicht nur durch den Verzicht auf Effekthascherei und die strenge Einhaltung der drei Einheiten, ist das Stück *»die beste spanische Komödie des Neoklassizismus«* (García López). A.A.A.

AUSGABEN: Madrid 1805. – Madrid 1850 (BAE). – Madrid 1944 (in *Teatro completo*). – Madrid 1956. – Barcelona 1967 (in *Teatro completo*). – Madrid 1977 (in *Teatro completo*, Hg. N. Fernández Nieto). – Madrid 1982, Hg. u. Einl. J. Montero Padilla (Cátedra). – Madrid 1983, Hg. u. Einl. J. Dowling u. R. Andioc (Castalia). – Barcelona 1984.

LITERATUR: J. Pérez de Guzmán, *Estudios sobre M. La primera representación de »El sí de la niñas«* (in España Moderna, 168, 1902, S. 103–137). – J. Asensio, *Estimación de M., un manuscrito de la Bibliothèque nationale de Paris sobre »El sí de las niñas«* (in Estudios, 17, 1961, S. 83–143). – C. V. Aubrun, *»El sí de las niñas«, o más allá de la mecánica de una comedia* (in RHM, 31, 1965, S. 29–35). – M. Fernández Nieto, *»El sí de las niñas« de M. y la Inquisición* (in Revista de literatura, 37, 1970, S. 15–54). – R. Andioc, *Teatro y público en la época de »El sí de las niñas«* (in *Creación y público en la literatura española*, Hg. J.-F. Botrel u. S. Salaün, Madrid 1979, S. 93–110). – D. Quinn, *Modal Expectations and M.'s »El sí de las niñas«* (in RoNo, 18, 1977, S. 88–92). – S. Menton, *La contradanza de M.* (in RoNo, 23, 1983, S. 238–244). – J. M. González Herrán, *La teatralidad de »El sí de las niñas«* (in Segismundo, 18, 1984, 145–171).

GONZALO FERNÁNDEZ DE OVIEDO Y VALDÉS

* 1478 Madrid
† 1557 Santo Domingo

HISTORIA GENERAL Y NATURAL DE LAS INDIAS, ISLAS, Y TIERRA FIRME DEL MAR OCÉANO

(span.; *Allgemeine Geschichte und Naturgeschichte Indiens, der Inseln und des Festlands jenseits des Ozeans*). Historisches Werk in drei Teilen und 50 Büchern von Gonzalo FERNÁNDEZ DE OVIEDO Y VALDÉS, erstmals vollständig veröffentlicht 1851 bis 1855. – Nur der erste Teil, der die Entdeckungs- und Eroberungsfahrten von 1492 bis um 1520 behandelt, erschien zu Lebzeiten des Autors (1535). Die Veröffentlichung der beiden anderen Teile, die die Eroberung Mexikos und Perus sowie die weiteren Entdeckungsreisen bis etwa 1550 schildern, wurde wahrscheinlich durch den großen Gegenspieler Fernández de Oviedos, Bartolomé de LAS CASAS, verhindert, der behauptete, das Werk enthielte ebenso viele Lügen wie Buchseiten.

Trotz dieses harten Urteils ist Fernández de Oviedo, den Kaiser Karl V. 1532 zum offiziellen Chronisten der amerikanischen Kolonien ernannte, einer der zuverlässigsten Historiographen der Neuen Welt. Die Grenzen seiner Verläßlichkeit sind typisch für seine Zeit: Leichtgläubigkeit gegenüber Gerüchten und phantastischen Geschichten aller Art, Mangel an kritischem Geist. Innerhalb dieser Grenzen ist er ein objektiver Berichterstatter, der seine in eigener Anschauung erworbenen Kenntnisse – er hat sich viele Jahre lang in der Neuen Welt aufgehalten – durch Befragung von Augenzeugen, Studium von Dokumenten und bereits vorhandenen Berichten (aus den *Cartas de relación* ... des Hernán CORTÉS schreibt er ganze Passagen ab) und durch ausführliche Korrespondenz mit Sachkennern zu erweitern bemüht ist. Sein umfangreiches Opus wurde von B. SÁNCHEZ ALONSO mit Recht eine »Art von Enzyklopädie Amerikas« genannt; es umfaßt neben der eigentlichen geschichtlichen Darstellung auch ethnographische, geographische, zoologische und botanische Beschreibungen der behandelten Gebiete, präzise, farbig wiedergegebene Naturbeobachtungen, die in jener Zeit nicht ihresgleichen haben.

Die Geschichtsauffassung und das Weltbild Fernández de Oviedos lassen den Menschen der spanischen Renaissance erkennen: Gott, Natur und Mensch sind Teile eines wohlgeordneten, leicht verständlichen Systems; die Natur kennenlernen heißt Gott näherkommen. Gott hat das spanische Volk erwählt, eine weltumspannende katholische Monarchie zu errichten; die blutige Eroberung Mittel- und Südamerikas, die grausame Unterdrückung des Widerstands der Indianer und die willkürlichen Übergriffe der Konquistadoren sind eine notwendige Phase dieser Entwicklung. Mitleid mit den Indianern scheint ihm überflüssig, die Ausrottung der Eingeborenen auf Haiti und anderen Inseln sieht er als göttliche Strafe für ihre »*Verbrechen und abscheulichen Sitten*« an – eine Auffassung, die den grimmigen Zorn des Humanisten und großen Indianerapostels Las Casas wecken mußte.

Als schriftstellerische Leistung ist die *Historia general y natural de las Indias* nicht allzu bemerkenswert; der Stoff ist kaum geordnet, der Stil überaus einfach, nur in deskriptiven Passagen und in der Schilderung besonders eindrucksvoller Begebenheiten erreicht die Sprache lebendigen Ausdruck.

A.F.R.

AUSGABEN: Sevilla 1535 [1. Tl.]. – Valladolid 1557 *(Libro XX de la segunda parte de la general historia de las Indias).* – Madrid 1851–1855, Hg. J. Amador de los Ríos, 4 Bde. [vollst.]. – Madrid 1959, Hg. J. Pérez de Tudela Bueso, 4 Bde. (BAE). – Chapel Hill 1969 [Faks.]. – Oviedo 1983. – Madrid 1986, Hg. u. Einl. M. Ballestreros.

LITERATUR: A. Rey, *Book XX of O.'s History* (in RomR, 18, 1927, S. 52–57). – M. Bataillon, *F. de O. y la Crónica Oficial de las Indias,* Buenos Aires 1954. – J. Z. Vázquez, *El indio americano y su circunstancia en la obra de O.,* Mexiko 1956. – E. Alvarez López, *La historia natural en F. de O.* (in Revista de Indias, 17, 1957, S. 541–601). – M. Ballestreros Gaibrois, *F. de O., etnólogo* (ebd., S. 445–467). – E. J. Castillero R., *G. F. de O. y V. Veedor de tierra firme* (ebd., S. 521–540). – R. Ferrando, *F. de O. y el conocimiento del mar del sur* (ebd., S. 469–482). – E. de Otto, *Aspiraciones y actividades heterogéneas de G. F. de O.* (ebd., S. 603–705; 18, 1958, S. 9–61). – D. Ramos, *Las ideas de F. de O. sobre la técnica de colonización en América* (in CHA, 32, 1957, S. 541 bis 601). – C. A. de Real, *F. de O. y las Amazonas* (in CHA, 42, 1961, S. 33–44). – F. Esteve Barba, *Historiografía indiana,* Madrid 1964, S. 59–75. – D. Turner, *G. F. de O. y V.: An Annotated Bibliography,* Chapel Hill 1967. – M. Ballestreros Gaibrois, *Vida y obra de G. F. de O.,* Madrid 1981. – L. T. Emilfork, *Letras de fundación: Estudio sobre la obra americana de Oviedo y la crónica de las siete ciudades de Cibola,* Diss. The J. Hopkins Univ. 1981 (vgl. Diss. Abstracts, 42, 1981, S. 724A). – *America y la España del siglo XVI. Homenaje a G. F. de O.,* Hg. F. de Solano u. F. del Pino, Madrid 1982. – J. Arrom, *G. F. de Oviedo, relator de episodios y narrador de naufragios* (in Ideology and Literature, 1983, Nr. 4, S. 133–145). – E. Franco, *L'indio-lengua nella »Historia general y natural de las Indias« di G. F. de O.* (in Letteratura d'America, 1983, Nr. 4, S. 4–17). – S. Merrim, *Un mare magno e oculto: Anatomy of F. de O.'s »Historia general y natural de las Indias«* (in REH, 11, 1984, S. 101–119). – H. H. Orjuela, *Orígenes de la literatura colombiana, G. F. de O.* (in Thesaurus, 40, 1985, S. 241–292). – J. G. Cobo-Borda, *El sumario de F. de O.* (in CHA, 1986, Nr. 429, S. 63–77).

ROBERTO FERNÁNDEZ RETAMAR

* 9.6.1930 Havanna

CALIBÁN Y OTROS ENSAYOS. Nuestra América y el mundo

(span.; Ü: *Kaliban. Essays zur Kultur Lateinamerikas*). Kulturgeschichtliche Essays von Roberto FERNÁNDEZ RETAMAR (Kuba), erschienen 1979. –

Der kubanische Autor unternimmt in den vorliegenden Essays den Versuch einer Standortbestimmung lateinamerikanischer Kultur und Identität. – Im Titelessay *Calibán*, der 1971, auf der Höhe der Auseinandersetzungen um die kubanische Revolution, dem sogenannten »Fall Padilla«, entstand, analysiert Fernández Retamar Zeugnisse von Autoren des 19. und 20. Jh.s zur Frage nach dem Wesen des Amerikanischen und dem Verhältnis Lateinamerikas zum Okzident und gründet darauf seine eigenen Thesen.

Der Autor definiert Lateinamerika, wozu er auch die englisch- und französischsprachigen Karibik-Inseln rechnet, als Kontinent der »Rassenmischung« *(mestizaje)*, den der kubanische Denker, Politiker und »Prärevolutionär« José MARTÍ (1853–1895) *»unser mestizisches Amerika«* nannte. Fernández Retamar fordert angesichts der Dominanz der westlichen Einflüsse eine Aufwertung des vielgestaltigen autochthon-amerikanischen und afrikanischen Erbes in einer Kultur der Synthese. Das Verhältnis der Länder Lateinamerikas zum (kapitalistischen) Okzident beschreibt er in den Begriffen der *dependencia*-(Abhängigkeits-)Theorie. Von den westlichen Nationen abwertend als »Dritte Welt« bezeichnet, habe Lateinamerika auch nach der Unabhängigkeit von Europa den Status unterentwickelter Kolonien. Fernández Retamar wählt »Kaliban«, den ungestalten Sklaven aus SHAKESPEARES Drama *The Tempest*, 1623 *(Der Sturm)*, dessen Name von *cannibal* (Kannibale) abgeleitet ist, als in der historischen Auseinandersetzung immer wiederkehrendes Symbol für den kolonialisierten Menschen Lateinamerikas: *»Das fühlen besonders deutlich wir Mestizen als Bewohner gerade dieser Inseln, auf denen Kaliban lebte. Prospero überfiel die Inseln, tötete unsere Vorfahren, versklavte Kaliban und lehrte ihn seine Sprache, um sich mit ihm verständigen zu können. Wie kann Kaliban diese Sprache – und heute hat er keine andere zur Verfügung – anders verwenden als zur Verwünschung Prosperos, um ihm die rote Pest an den Hals zu wünschen? Ich kenne keine passendere Metapher für unsere kulturelle Situation und unsere Wirklichkeit ... Was ist unsere Geschichte, was ist unsere Kultur anderes als die Geschichte und Kultur Kalibans?«* – Der Konflikt Prospero/Kaliban wird unter anderem Namen zu einer Konstanten der lateinamerikanischen Literatur vom 19. Jh. bis heute. Der Argentinier Domingo Faustino SARMIENTO (1811–1888) nannte die Pole der Auseinandersetzung »Zivilisation« und »Barbarei« (vgl. *Civilización y barbarie: Vida de Juan Facundo Quiroga*, 1845) und nahm damit eindeutig Partei für die an Europa und den USA orientierte (städtische) Zivilisation und gegen die Barbaren, d. h. die indianischen Ureinwohner und die gesamte nicht-städtische Bevölkerung seines Landes. Seine in ihrem Rassismus zum Teil ungeheuerlichen Thesen hat schon Martí bekämpft und korrigiert: *»Es gibt keinen Kampf zwischen Zivilisation und Barbarei, sondern zwischen falscher Bildung und der Natur.«* Fernández Retamar setzt diesem importierten Zivilisationsmodell seine Sicht einer »echten Kultur« Lateinamerikas entgegen, einer »Kultur des mestizischen Volkes«, die eine jahrhundertelange Tradition von Befreiungskämpfen *»gegen jede Art von Kolonialismus«* vorzuweisen habe, von den Aufständen der Indianer und Negersklaven bis zu den Revolutionen des 20. Jh.s. Als Marxist ist Fernández Retamar von einer sozialistischen Zukunft seines Kontinents überzeugt.

In den weiteren Essays zeigt der Autor einmal das von Ignoranz und Profitsucht bestimmte Auftreten der Europäer in Amerika *(Unser Amerika und das Abendland)*. Er verteidigt aber auch Spanien gegen die *leyenda negra*, die Spanien als grausamste der Kolonialmächte an den Pranger stellte *(Gegen die Schwarze Legende)*. In keinem anderen Land habe es so mächtige Kritiker der Conquista und eine so anspruchsvolle, wenn auch nicht realisierte Gesetzgebung gegeben. In *Einige Bedeutungen von Zivilisation und Barbarei* verfolgt der Autor die Geschichte der Begriffe von den Griechen, Römern und ihren Nachfolgern in der Alten Welt bis in die Neue Welt Amerikas, über die er ein Diktum von MARX stellt, wonach die *»Barbarei der bürgerlichen Zivilisation«* sich in den Kolonien *»in ihrer ganzen Nacktheit«* zeige. Er bespricht Stationen kultureller Selbstbestimmung Lateinamerikas (Modernismus, der mexikanische Revolutionsroman, die Wandmalerei der *murales*, der indigenistische und der zeitgenössische Roman Hispanoamerikas) als Beitrag *Für das endgültige Profil des Menschen* und plädiert im letzten Essay der Sammlung – *Die Souveränität der Völker. Herausforderungen und Antworten* – für einen Dialog der aktuellen politischen Kontrahenten USA und Lateinamerika.

Fernández Retamars Thesen und seine kritische Quellen-Analyse bleiben ein wichtiger Beitrag zur Kulturgeschichte Lateinamerikas, auch wenn man den politischen Überzeugungen des Autors nicht folgen will. Neben seiner Bedeutung als Essayist ist Fernández Retamar Herausgeber der Werke Che Guevaras, ein prominenter Vertreter des revolutionären Kubas, das er auch in seiner direkten, sehr persönlich gehaltenen Lyrik besingt. E.G.R.

AUSGABEN: Havanna 1979. – Mexiko 1982 [zus. m. *Ariel* von J. E. Rodó].

ÜBERSETZUNG: *Kaliban – Kannibale. Essays zur Kultur Lateinamerikas*, M. Franzbach, München 1988.

LITERATUR: R. Dalton, *Sobre poesía reunida* (in Casa de las Américas, 7, 1967, Nr. 41, S. 131–133). – R. González Echeverría, *Entrevista con R. F. R.* (in Sin Nombre, 10, 1979, Nr. 2, S. 14–28). – A. E. Prieto, *Trayectoria de una ensayística* (in Casa de las Américas, 20, 1980, Nr. 120, S. 45–55). – D. Navarro, *Un ejemplo de lucha contra el esquematismo eurocentrista en la ciencia literaria de la América Latina y Europa* (in Casa de las Américas, 21, 1980, Nr. 122, S. 77–91). – F. Gewecke, *Ariel versus Caliban?* (in Iberoamericana, 17, 1983, S. 43–68).

JESÚS FERNÁNDEZ SANTOS

* 1926 Madrid
† 2.6.1988 Madrid

LOS BRAVOS

(span.; *Ü: Die tapferen Toren*). Roman von Jesús FERNÁNDEZ SANTOS, erschienen 1954. – Der Autor, als Dokumentarfilmer gleichermaßen hervorgetreten wie als Schriftsteller, leitete mit diesem Werk die sogenannte »Neue Welle« in der spanischen Romanliteratur der Gegenwart ein – im gleichen Jahr erschienen José I. ALDECOAS *El fulgor y la sangre*, Juan GOYTISOLOS *Juegos de manos* und Ana Maria MATUTES *Pequeño teatro* –, eine Entwicklung, deren Kennzeichen Einfachheit der Themen und Sachlichkeit der lakonisch-präzisen Erzähltechnik sind. – Fernández Santos' Roman schildert den grauen Alltag der Bewohner eines armseligen, in der abgeschiedenen Gebirgsgegend der nordwestlichen Provinz León gelegenen Dorfes. Stolz aus Not, nicht aus Tugend, und wortkarg, weil sie sich nichts zu sagen haben, verschanzen sie sich hinter einer Mauer von gegenseitigem Neid und Mißtrauen. Ihre Hauptlaster sind die Verhärtung ihrer Herzen, die Habgier und der Geiz; Sinnlichkeit spielt für sie nur dann eine Rolle, wenn es gilt, ihre eigene Spezies zu erhalten. Ein Tag verläuft wie der andere, jedes Jahr wie das vorhergehende. Die starre soziale Ordnung verkörpert sich im Feldhüter und in der Gendarmerie, die göttliche im Pfarrer, dessen Gemeinde allerdings nicht viel für höhere Werte übrig hat. Himmel und Hölle, Gnade und Sakramente sind für sie Tatsachen wie Regen und Sonne. Die eigentliche Handlung spielt während dreier Sommermonate und wird ausgelöst durch die Ankunft eines neuen Arztes aus der Stadt, dessen Einstellung zum Leben sich grundsätzlich von der der Dorfbewohner unterscheidet.

Hatte ORTEGA Y GASSET den modernen Romancier mit einem Holzfäller in der Wüste verglichen, weil alle Themen schon behandelt und ausgeschöpft seien, so mutet dieser Roman wie eine Widerlegung dieser weitverbreiteten Meinung an, die viele Romanschriftsteller zu einer krampfhaften Suche nach unverbrauchten Themen oder zu ebenso krampfhaften stilistischen Experimenten veranlaßt hatte. Hinter dem gedämpften Ton und der unprätentiösen Sprachgeste des Autors wird eine Spannung spürbar, die die äußere Ereignislosigkeit aufhebt und zur Anteilnahme zwingt. A.F.R.

AUSGABEN: Valencia 1954. – Barcelona 1983.

ÜBERSETZUNG: *Die tapferen Toren*, D. Schellert, Köln 1961.

LITERATUR: G. Novales, »*Los bravos*« (in Insula, Dez. 1955). – *Moderne spanische Erzähler*, Hg. Gonzalo Sobejano, Köln 1963, S. 38–56. – G. Gaínza, *Vivencia bélica en la narrativa de J. F. S.* (in Estudios filológicos, 3, 1967, S. 91–125). – A. Iglesias Laguna, *J. F. S. en »Los bravos«* (in Estafeta literaria, 1971, Nr. 460, S. 18–19). – S. G. Freedman, *J. F. S.: The Trajectory of His Fiction*, Diss. Univ. of Massachusetts 1973. – G. C. Martín, *Personajes en »Los bravos«: El buen samaritano* (in Estudios Iber-Americanos, 2, 1976, S. 11–23). – D. J. Di Nubila, *Nothingness in the Narrative Works of J. F. S.*, Diss. Univ. of Pennsylvania 1978. – M. D. Thomas, *Penetrando la superficie: Apuntes sobre la estructura de »Los bravos« de J. F. S.* (in Anales de la Narrativa Española Contemporánea, 5, 1980, S. 83–90). – J. Rodríguez Padrón, *J. F. S.*, Madrid 1982. – D. K. Herzberger, *J. F. S.*, Boston 1983 (TWAS). – C. Alborg, *Temas y tecnicas en la narrativa de J. F. S.*, Madrid 1984.

MANUEL FERNÁNDEZ Y GONZÁLEZ

* 6.12.1821 Sevilla
† 6.12.1888 Madrid

EL COCINERO DE SU MAGESTAD.
Memorias del tiempo de Felipe III

(span.; *Der Koch seiner Majestät. Erinnerungen aus der Zeit Philipps III.*). Roman von Manuel FERNÁNDEZ Y GONZÁLEZ, erschienen 1857. – Nach dem Vorbild der Fortsetzungsromane von Charles DICKENS und Sir Walter SCOTT in England und Alexandre DUMAS in Frankreich erreichte dieses Genre in Spanien zwischen 1850 und 1870 seinen Höhepunkt. Neben Ramón ORTEGA Y FRÍAS und Enrique PÉREZ ESCRICH war Fernández y González mit seinen mehr als 300 Romanen der erfolgreichste Autor, ein unerschöpflicher Erfinder spannender, raffiniert erzählter historischer Episoden. Die meisten davon sind allerdings wenig interessante Improvisationen von Themen und Personen der mittelalterlichen Tradition und des Goldenen Zeitalters. In einer falschen und glitzernden Vergangenheit werden hier die Menschen scharf in Helden und Bösewichte voneinander getrennt. In *El cocinero de su magestad*, einem der wenigen vor der Vergessenheit geretteten Romane, rankt sich eine Handlung voller undurchsichtiger Liebschaften und politischer Intrigen um die historischen Figuren König Philipp III., Königin Margareta, Herzog von Lerma und Herzogin von Gandia. Wie auch in vielen anderen seiner Romane läßt der Autor einen Dichter oder Dramatiker der Zeit auftreten – in diesem Fall Quevedo als degengewandten Lebemann. Der Roman hatte zu seiner Zeit einen außergewöhnlichen Erfolg beim Publikum, wenn auch die leichte Hand und mächtige Phantasie des Autors auf Kosten von Inhalt und Reflexion gehen. Zu den lesenswertesten Romanen von Fernández y

González gehören noch *Men Rodríguez de Sanabría* (1851), der von Don Pedro dem Grausamen handelt, sowie die Geschichte Philipps II. *El pastelero de Madrigal*, 1862 *(Der Konditor von Madrigal)*, und die anmutige Erzählung *Historia de los siete murciélagos (Die Geschichte von den sieben Fledermäusen)*, ein orientalisch gefärbtes Thema. KLL

AUSGABEN: Madrid 1857. – Madrid 1976.

LITERATUR: A. Palacio Valdés, *Los novelistas españoles*, Madrid 1878, S. 89–101. – R. Altamira y Crevea, *Arte y realidad*, Barcelona 1921, S. 142–151. – F. Hernández-Girbal, *Una vida pintoresca, M. F. y G.*, Madrid 1931. – R. Cotrait, *Pour une bibliographie de F. y G.* (in BHi, 71, 1969, S. 591–603).

PAOLO FERRARI

* 5.4.1822 Modena
† 9.3.1889 Mailand

LITERATUR ZUM AUTOR:
V. Ferrari, *P. F., la vita, il teatro*, Mailand 1899. – B. Croce, *P. F.* (in Critica, 3, 1905, S. 235–266; ern. in. B. C., *La letteratura della nuova Italia*, Bd. 1, Bari ⁶1956, S. 313–330). – D. Valeri, *L'efficacia del teatro francese sul teatro di P. F.* (in Rivista d'Italia, Febr. 1909, S. 257–328). – *Il teatro di P. F. nella critica di Yorick* [d. i. P. C. Ferrigini], Hg. U. u. M. Ferrigni, Mailand 1922. – GLI, Apr. 1922 [Sondernr. *P. F.*, Hg. G. Canevazzi]. – C. Levi, *P. F. e la critica*, Florenz 1924 [m. Bibliogr.]. – S. D'Amico, *Il teatro teatrale di P. F.* (in S. D'A., *Dramma sacro e profano*, Mailand 1942, S. 89–102). – T. Sorbelli, *P. F. e le sue commedie a tesi* (in Convivium, 15, 1943, Nr. 5). – C. Apollonio, *P. F.* (in *Letteratura Italiana. I minori*, Bd. 4, Mailand 1962, S. 2087–2820). – U. Dotti, *P. F.* (in *Letteratura Italiana Laterza*, Bd. 8/1, Bari/Rom 1975, S. 62–79). – S. Monti, *F. e la commedia a tesi* (in F. M., *Il teatro realista della nuova Italia 1861–1876*, Rom 1978, S. 96–107). – A. Bozzoli, Art. *P. F.* (in Branca, 2, S. 237/238).

CAUSE ED EFFETTI

(ital.; *Ursachen und Wirkungen*). Schauspiel in fünf Akten von Paolo FERRARI, Uraufführung: Mailand, Oktober 1871, Teatro Re. – Das dramatische Werk Ferraris läßt sich in zwei Schaffensperioden unterteilen: Die Stücke der ersten Phase folgen dem Vorbild Goldonis. Ferraris Hauptwerk *Goldoni e le sue sedici commedie nuove*, 1851 *(Goldoni und seine sechzehn neuen Komödien)*, beschäftigt sich mit einem wichtigen Arbeitsabschnitt aus Goldonis Leben. Ferrari orientierte sich in dieser Zeit sowohl am historischen Drama sowie, einer Tendenz der Zeit folgend, am französischen Schauspiel, das damals weitgehend die italienische Bühne beherrschte. In der zweiten Phase der Zeit in Mailand, wo Ferrari von 1861 an einen Lehrstuhl für Italienische Literaturgeschichte innehatte, wandte er sich Gesellschaftsdramen mit ausdrücklich erzieherischer und moralischer Absicht zu: *Cause ed effetti*, eines seiner erfolgreichsten Werke, fällt in diese Zeit, in der er als expliziter Gegner eines *L'art pour l'art*-Prinzips sein dramatisches Werk als Beitrag zur Besserung der Gesellschaft betrachtete.

Ausgangspunkt der stellenweise romanhaft erzählten Handlung ist die Heirat zwischen dem Marquis Ermanno Olivario mit Gräfin Anna, der Hauptgestalt des Stückes, die sich zu dieser Ehe aus Gründen der Konvention gezwungen sieht, obwohl sie seit langem ihren Cousin Arturo liebt. Der Marquis, der selbst eine andere liebt, erfährt kurz vor der Unterzeichnung des Ehevertrages sowohl von dieser heimlichen Liebe Annas als auch, daß Eulalia, die er liebt, durch den Tod ihres Ehemannes für eine neue Verbindung frei wäre. Die Ehe zwischen dem Marquis und der Gräfin steht unter dem Zeichen von gegenseitigem Mißtrauen und Eifersucht. Die Situation kompliziert sich noch, als Annas Vater Ludovico beschließt, sich mit Eulalia zu verheiraten. Mit aller Entschiedenheit widersetzt sich Anna diesem Plan. Als sie ein Kind erwartet, scheinen sich die Beziehungen zwischen ihr und dem Marquis vorübergehend zu bessern, jedoch stirbt das Kind bald nach der Geburt. Während dessen hat Ermanno seine Liebe zu Eulalia wiederentdeckt, und mit ihr ein Kind gezeugt. Bei dessen Geburt stirbt Eulalia jedoch. Ermanno kehrt zu Anna zurück, an deren Seite er Arturo antrifft. Beim Tod ihres Kindes schwört Anna jedoch, die Treue nicht gebrochen zu haben und adoptiert, als Zeichen der endgültigen Versöhnung, das Kind ihrer ehemaligen Rivalin Eulalia.

Durch die Offenlegung der inneren Entwicklung der Personen versucht der Autor in seinen Gesellschaftsdramen die moralischen Erfordernisse seiner Zeit aufzuzeigen. Allerdings vertritt und verteidigt er dabei einen bestehenden, sich an den Wertvorstellungen der Aristokratie und des Bürgertums orientierten Moralbegriff, der, anders als etwa in den französischen Gesellschaftsdramen der Zeit, das Bestehende nicht in Frage stellt und schon gar nicht verändern will. Diese Haltung erklärt sich allerdings auch aus der Entstehungszeit des Stückes, als sich die sozialen Klassen nach der Vereinigung Italiens soeben erst konsolidiert hatten. Der moralische Impetus und die erzieherische Absicht Ferraris gehen dabei deutlich zu Lasten der dramatischen Wirkung und der inneren Kohärenz des Stückes, und sind die Ursache dafür, daß dem durch den selbstlosen Versöhnungswillen Annas herbeigeführten pathetischen Schluß eine gewisse Künstlichkeit anhaftet. *Cause ed effetti* war bei seiner Aufführung ein großer Erfolg, auch wenn sich der Autor, z. B. was den dramatischen Tod des Kindes im vierten Akt anbelangt, gegen den Vorwurf einer überzeichneten Sentimentalität verteidigen mußte. Ferraris Zuschauer entstammten der »Salongesellschaft«, die er in seinen Stücken zeigt. In seinen Gesellschaftsdramen (ein weiteres wichtiges ist *Suicidio*, 1875, *Selbstmord*) gilt Ferrari, der sich explizit zwar gegen den Einfluß des französischen Schauspiels wandte, dabei aber durchaus vom Werk Alexandre DUMAS D. J. (1824–1895) beeinflußt war, als Vorläufer des italienischen »dramma sociale«.

D.De.

AUSGABEN: Mailand 1872. – Florenz 1924.

IL DUELLO

(ital.; *Das Duell*). Schauspiel in fünf Akten von Paolo FERRARI, Uraufführung: Florenz 1868, Teatro Niccolini. – Der Herzog Gianogi soll vor langer Zeit aus Liebe zu der schönen Contessa Monteferro seinen erfolgreicheren Nebenbuhler, den Grafen Sirchj, einen skrupellosen Abenteurer, im Duell schwer verwundet haben. Um den Herzog hinter Schloß und Riegel zu bringen, hat sich Sirchj jedoch mit einer Pistole die Verletzung selbst zugefügt. Nach einem Skandalprozeß, in dem er zu längerer Kerkerhaft verurteilt wurde, hat sich Gianogi genötigt gesehen, einen anderen Namen anzunehmen. Als Advokat Mario Amari übernahm er, der wirkliche Vater dieses Kindes, die Erziehung der Tochter der Contessa, die Sirchjs Frau geworden ist.

Erst zu diesem Zeitpunkt setzt die Handlung des Schauspiels ein. Die aufwendige, äußerst komplizierte Vorgeschichte zwingt den Autor zu den verwegensten dramaturgischen Manipulationen, um eine für das Publikum verständliche Verknüpfung zwischen dem Vergangenen und dem eigentlichen Bühnengeschehen zu finden: Graf Sirchj ermuntert den Marquis Serravezza, sich von seiner Partei für die kommenden Wahlen nominieren zu lassen, um den Kandidaten der Gegenpartei auszustechen, den Advokaten Mario Amari, in dem Sirchj den einstigen Nebenbuhler wiedererkannt hat. Serravezza, Amaris bester Freund, lehnt jedoch Sirchjs Vorschlag ab. Dieser entschließt sich darauf, selbst die Kandidatur zu übernehmen, und es entsteht ein leidenschaftlicher politischer Machtkampf zwischen Amari und Sirchj, in dem die beiden ihre ehemalige private Auseinandersetzung weiterführen. Sirchj fordert Amari schließlich zum Duell, aber dieser verlangt von der Gegenpartei die Nominierung eines Mannes von untadeligem Ruf. Serravezza, von der Contessa Sirchj über die unrühmliche Vergangenheit ihres Mannes aufgeklärt, willigt ein, als Amaris Gegner anzutreten. Inzwischen hat jedoch dessen Freund (und Verlobter seiner Tochter), der Capitano Denardi, Sirchjs Forderung zum Duell stellvertretend angenommen und verwundet seinen Gegner tödlich. Die Contessa verzeiht dem Sterbenden; an seinem Totenbett versöhnen sich auch Amari und Serravezza.

Angesichts der unmittelbar bevorstehenden endgültigen politischen Einigung Italiens versuchte Ferrari in diesem für sein Schaffen charakteristischen *dramma a tesi* (Tendenzstück) die breite Masse darauf hinzuweisen, daß es unerläßlich sei, die Vergangenheit der Volksvertreter genau unter die Lupe zu nehmen und, wie er im Vorwort erklärt, die Widersprüche zwischen Schein und Wirklichkeit offenzulegen. Allerdings vermochte er den vielschichtigen Stoff dramaturgisch nicht so klar zu bearbeiten, wie es ihm in seinem hervorragenden und jahrzehntelang außerordentlich erfolgreichen Schauspiel *Goldoni e le sue sedici commedie nuove*, 1852 *(Goldoni und seine sechzehn neuen Komödien)*, gelungen war. Dennoch fanden sowohl *Il duello* als auch die meisten anderen seiner von der französischen Bühne beeinflußten »Thesendramen« genügend Resonanz, um dem veristischen Theater in Italien den Weg zu ebnen. KLL

AUSGABEN: Mailand 1868. – Mailand 1873. – Mailand 1877–1884 (in *Opere drammatiche*, 15 Bde.).

GOLDONI E LE SUE SEDICI COMMEDIE NUOVE

(ital.; *Goldoni und seine sechzehn neuen Komödien*). Verskomödie in drei Akten von Paolo FERRARI, Uraufführung: Florenz, 7. 8. 1852, Ginnasio drammatico. – Weit besser als seine »Thesendramen« (z. B. *Il duello*) sind dem aus Modena stammenden Autor Schauspiele über biographisch-literarische Sujets gelungen. Neben *La satira e il Parini*, 1856 *(Die Satire und Parini)*, einem zeitkritischen Stück, dem CANTÙS *L'abate Parini e la Lombardia nel secolo XVIII*, 1852 *(Der Abate Parini und die Lombardei im 18. Jh.)*, zugrundeliegt, fand vor allem sein *Goldoni* außergewöhnlichen Beifall. Er gehört zu jenen Schauspielen, durch die im italienischen Theater der Realismus eingeführt wurde. Ferrari entnahm seinen Stoff GOLDONIS *Mémoires*, in denen der Achtzigjährige auf sein Leben zurückblickt, und entwarf nach dieser Vorlage seine szenische Apologie des beliebten venezianischen Lustspieldichters: »*Mit diesem Werk wollte ich demonstrieren, auf welche Art und Weise meiner Meinung nach eine brüske Abwendung von dem gallo-germanischen Gehabe des Schauspiels möglich sei und eine Rückkehr zur Schule des Papstes aller Lustspieldichter, von der ich glaube, daß einzig in ihr das Heil liegt.*« Die von SCHILLER an Goldonis Autobiographie gerühmte »*unverkennbare Sprache der Wahrheit*« sowie der »*Geist herzlicher Gutmütigkeit*«, von dem sie zeugt, sind von Ferrari kongenial nachempfunden und festgehalten worden.

In Goldonis Haus in Venedig machen zwei adlige spanische Herren mit der ganzen Eloquenz romantischer Liebhaber der Frau des Dichters den Hof. Goldoni, der an einem neuen Lustspiel arbeitet, ahnt nichts von dem, was sich hinter seinem Rücken abspielt. Als man ihm, nach einem Skandal lechzend, zuflüstert, es wäre gut, wenn er sich einmal um die in den eigenen vier Wänden aufgeführte *commedia* kümmerte, die den von ihm erfundenen Stücken in keiner Weise nachstehe, wendet sich der Meister unwillig ab: nur das Theater ist Wirklichkeit für ihn. – Im zweiten Akt erscheint Carlo Zigo – nicht allein durch das Anagramm als Carlo Gozzi, Goldonis Nebenbuhler um die begehrte Gunst des Venezianer Publikums, erkennbar. Als Goldoni auftretend, läßt er, um den Konkurrenten auszuschalten, durchblicken, »seine« neue Komödie, *La vedova scaltra*, enthalte scharfe politische Seitenhiebe. Doch gelingt es Goldoni, der – wegen strenger Zensurbestimmungen – gefährlichen Falle auszuweichen. – Der dritte Akt bringt ein höchst wirkungsvolles Spiel im Spiel: während der letzten Probe zur *Erede fortunata* kommt es im Teatro S. Angelo, wo Goldonis Stücke aufgeführt werden, durch den randalierenden Souffleur zu unliebsamen Zwischenfällen. Inzwischen erlebt im Teatro S. Samuele, dem Haus der Konkurrenz, Goldonis *Vedova scaltra* einen triumphalen Erfolgen – wenngleich unter falschem Namen: Zigo hat nämlich das Manuskript entwendet, es durch anbiedernde Gags verändert und als eigenes Werk zur Aufführung gebracht. Goldoni hingegen erlebt in seinem Theater ein entsetzliches Fiasko: die Schauspieler rezitieren lustlos, das Auditorium verhehlt seinen Unmut nicht, und Theaterdirektor Medebac rast wie eine losgelassene Donnermaschine. Um ihn und das johlende Publikum zu besänftigen, tritt der in seiner Ehre angegriffene Autor an die Rampe und verspricht in schwungvollen Hexametern, im nächsten Jahr sechzehn neue Lustspiele zu schreiben – die berühmten Komödien von 1750.

Die seichte Karikatur vermeidend, gestaltet Ferrari eine der entscheidendsten Episoden aus dem Leben und Schaffen Goldonis. Überzeugend profilierte Figuren, die ein gewissenhaftes Quellenstudium bekunden, sprechen einen brillanten Dialog. Der Bühnenerfolg des Stückes stand in engem Zusammenhang mit der politischen Bewegung des *risorgimento*; denn wie sich die Italiener mit ihrem Einigungsstreben von Verdis Opern entflammen ließen, so von Ferrari auf der Schauspielbühne. M.S.

AUSGABEN: Florenz 1852. – Mailand 1877–1884 (in *Opere drammatiche*, 15 Bde.). – Mailand 1922.

GABRIEL FERRATER

* 20.5.1922 Reus
† 27.4.1972 Barcelona

LES DONES I ELS DIES

(kat.; *Die Frauen und die Tage*). Gedichtsammlung von Gabriel FERRATER, erschienen 1968. – Der Band besteht aus den drei kleinen, aber sehr bedeutenden Gedichtsammlungen *Da nucis pueris* (1960), *Menja't una cama*, 1962 *(Iß ein Bein)*, und *Teoria dels cossos*, 1966 *(Theorie über die Körper)*, die bereits einzeln erschienen waren und von Ferrater selbst, mit geringen Veränderungen, unter diesem Titel zusammengefaßt wurden. Die Dichtung des in Barcelona zu einem engeren Kreis bedeutender Schriftsteller zählenden Autors, die in einer relativ kurzen Phase seines Lebens entstand und zunächst durch Ferraters umfassende Lektüre der französischen Dichter während seines durch den Spanischen Bürgerkrieg bedingten Aufenthalts in Frankreich, später von den englischen Symbolisten beeinflußt wurde, bricht mit der zu dieser Zeit vorherrschenden literarischen Tradition in Katalonien. Die Radikalität, mit der Ferrater auf die Konkretheit des Lebens eingeht und gegen die herrschende Moral den Wert der individuellen Erfahrung setzt, bedingt auch einen neuen poetischen Stil. Aus den in seinen Gedichten thematisierten Zufälligkeiten des Alltags mit seinen menschlichen Begegnungen, die in einer ersten Lektüre den Anschein des Unverbindlichen erwecken, wird eine moralische Haltung gewonnen, die zu einer tieferen Einsicht führt: »*Pujo l'escala del metro / de pressa, que se m'ha fet tard. / Ja fa mitja hora que tenia una altra escala per pujar. / Em sobta i m'atura la vora / del buit, a l'esglaó darrer. / Marco el pla de cames que passen, / amb els ulls, com amb un nivell*« (»Ich steige die U-Bahntreppe hinauf / schnell, ich habe es eilig. / Schon seit einer halben Stunde / wartet auf mich eine andere Treppe. / Es überrascht mich und hält mich an / der Rand der Leere an der letzten Treppenstufe. / Die Ebene, die die vorbeilaufenden Beine bilden / grenze ich mit den Augen ein, wie mit einem Lineal«). Dann in der letzten Zeile die bergende Sicherheit: *»Jo sé on és el teu cos«* (»Ich weiß, wo dein Körper ist«).

Ungewohnte Perspektiven der Ereignisse entstehen auch in den wenigen auf soziale oder historische Themen eingehenden Gedichten Ferraters. *In memoriam*, das erste Gedicht des Bandes und eines der schönsten, schildert den Bürgerkrieg aus der Sicht eines Jungen von 14 Jahren: »*Ajagut / dins d'un avellaner, al cor d'una rosa / de fulles moixes i molt verdes, com / pells d'éruga escorxada, allí, ajaçat / a l'entrecuix del món, m'espesseïa / de revolta feliç, mentre el país / espetegava de revolta i contrarevolta*« (»Unter / einem Haselnußbaum liegend, im Herzen einer Rose / mit weichen und sehr grünen Blättern, wie / verlassene Häute einer Raupe, dort ausgebreitet / auf dem Schoß der Welt füllte ich mich / mit der Revolte des Glücks und in meinem Land / krachte es von Revolten und Gegenrevolten«). In einer Zeit, in der diese Ereignisse fast nur von den gesamthistorischen Folgen aus gesehen wurden, mußte die private, gewohnte politische Deutungen in Frage stellende Sehweise Ferraters seine Leser irritieren. In dieser Dichtung des persönlich erlebten Glücks werden die menschlichen Erfahrungen, auch die des Todes, aus einer alltäglichen Perspektive gesehen, so daß kein Platz für Heldentum bleibt, wie z. B. in der Schilderung der Hinrichtung eines Turnlehrers des Jungen: »*El van matar al racó de la placeta / d'Hèrcu-*

les, al costat de l'Institut / que és on sortíem entre dues classes, / i no recordo que el lloc ens semblés / marcat de cap manera, ni volguéssim / trobar en un tronc d'un plàtan una bala / ni cap altra senyal. Quant a la sang, / no cal dir potser el dia mateix / el vent se la va endur. Va fer la pols / potser una mica més pesada, res.« (»*Man hat ihn an einer Ecke des Herkulesplatzes / getötet, neben dem Gymnasium / dort, wo wir immer zwischen zwei Unterrichtsstunden spielten / und ich kann mich nicht erinnern, daß der Ort / uns anders erschien oder daß wir versucht hätten, / eine Kugel im Stamm eines Ahornbaumes zu finden / oder irgend eine andere Spur. Was das Blut betrifft / braucht man nicht zu sagen, daß es vielleicht am gleichen Tag / vom Wind verweht wurde. Der Staub / wurde vielleicht dadurch etwas schwerer, sonst nichts«*). Obwohl die Gedichte Ferraters eine Vielzahl von Situationen beschreiben, weisen sie doch einige tragende Grundgedanken auf. Schon der Titel *Les dones i els dies* bringt zum Ausdruck, daß das Problem der Beziehungen zwischen Mann und Frau und die Veränderungen, die die Zeit mit sich bringt, als wichtigste Motive seiner Sammlung angesehen werden können. Zahlreich sind die Anspielungen des belesenen Autors auf andere Gedichte, und einen bedeutenden Raum nehmen Mythen der Weltliteratur ein, wie z. B. in den Gedichten *Theseus* oder *Lorelei*. Die verarbeiteten persönlichen Erfahrungen Ferraters zeigen keinen ausgesprochenen Bekenntnischarakter, der Dichter versucht vielmehr aus einer Distanz zu sprechen, die es ihm erlaubt, seine moralische Haltung genau zu präzisieren (»*definir ben be la meva actitud moral«*). Ferraters schlichte Sprache vermeidet glanzvolle Metaphern und avantgardistische Experimente. Oft reflektiert der Dichter über die Auswirkungen der Zeit auf menschliche Beziehungen: »*Puc repetir la frase que s'ha endut / el teu record. No sé res més de tu. / Aquesta insistent aigua de paraules, / sempre creixent, va ensulsiant els marges / de la vida que vaig creure real...«* (»*Ich kann den Satz wiederholen, der deine Erinnerung weggenommen hat. Ich weiß von dir nichts mehr. / Dieser unaufhörliche Fluß von Worten, / der immer weiter wächst / überflutet die Ufer des Lebens, das ich immer für wirklich hielt«*). Eine ganz besondere Stellung nimmt das außergewöhnlich lange Gedicht *Poema inacabat* (*Unfertiges Gedicht*) mit seiner an Chrétien de Troyes angelehnten, kolloquialen Erzählweise ein: »*Vull contar un conte impertinent, / però el deixaré per després / i aniré allargant el meu pròleg. / L'ompliré de gents i de coses / i d'afectes. Diré que sóc / a Cadaqués, en ple melós / i endormiscat mes de setembre (quan les hiperbòries fembres van mancant) del seixanta-u, / amb vent de mar sense recurs...«* (»*Ich will eine unpassende Geschichte erzählen, aber ich lasse sie für später, und jetzt mache ich weiter mit meinem Anfang, / Ihm werde ich mit Leuten und Sachen ausfüllen. Ich sage, ich bin / in Cadaqués mitten im süßlichen und verschlafenen September (wenn die Weiber aus dem Norden nach und nach gehen) im Jahre einundsechzig / und der Wind im Meer ist faul«*). In diesem Plauderton wird die Entstehung einer Geschichte ständig durch Abschweifungen über die verschiedensten Themen vereitelt, trägt der Dichter in einer kunstvollen, scheinbar willkürlichen Verkettung eine Reihe interessanter Äußerungen über seine Dichterfreunde, seinen eigenen Stil, die Situation in Spanien nach den Bürgerkriegsjahren und belanglose Dinge vor. Wie in einem sich unaufhörlich drehenden Karussell, bei dem die Bewegungsrichtung nicht von menschlicher Hand bestimmt wird, defilieren Menschen und Tage vorbei: »*No era pas nou d'aquell temps / ni ho canvien els de després, que l'orient del viure ens rodi amb la plataforma giratoria dels casos: alles was Fall / ist, és el món, diu Wittgenstein«* (»*Es war nicht neu in jener Zeit, / und die nächsten Zeiten werden es auch nicht ändern, daß die Zielrichtung des Lebens mit der Drehscheibe des Lebens mitdreht: alles, was der Fall / ist, ist die Welt, sagt Wittgenstein«*).

J.G.V.

Ausgaben: Barcelona 1960 *(Da nucis pueris)*. – Barcelona 1962 *(Menja't una cama)*. – Barcelona 1966 *(Teoria dels cossos)*. – Barcelona 1968; ern. 1978 *(Les dones i els dies)*.

Literatur: *Papers, Cartes, Paraules*, Hg. J. Ferraté, Barcelona 1966. – A. Terron Homar, *Aproximación a G. F.* (in CHA, 107, 1977, Nr. 319, S. 103–110). – G. Grilli, *G. F.* (in Belfagor, 30, 1979, S. 177–200). – L. Capecchi, *El diálogo humano de G. F.* (in Insula, 35, 1980, Nr. 404/405, S. 28/29). – J. Marco, *El mestratge de G. F.*, Barcelona 1980. – L. Bonet, *G. F.*, Barcelona 1983. – X. Macià u. Nuria Perpinyà, *La poesia de G. F.*, Barcelona 1986.

ANTÓNIO FERREIRA

* 1528 Lissabon
† 1569 Lissabon

Literatur zum Autor:
J. de Castilho, *A. F.*, Rio 1875. – A. Roig, *A. F.*, Paris 1970 [m. Bibliogr.]. – Saraiva/Lopes, S. 265–282.

POEMAS LUSITANOS

(portug.; *Lusitanische Gedichte*). Dichtungen von António Ferreira, erschienen 1598. – Außer Sonetten, Oden, Elegien, Eklogen, Hochzeits- und Grabgedichten, Episteln und Epigrammen enthält diese vom Dichter selbst vorbereitete und von seinem Sohn, Miguel Leite Ferreira, postum herausgegebene Sammlung die *Tragedia muy sentida ... de Dona Ignez de Castro*, ein Trauerspiel im klassischen Geschmack über ein in der portugiesischen und spanischen Literatur gleichermaßen beliebtes

Thema; die unglückselige Geschichte der Geliebten Peters I. von Portugal (reg. 1357-1367), Inês de Castro.

Der Titel des Sammelbandes ist symptomatisch für einen Dichter, der im Unterschied zu seinen berühmten Zeitgenossen, Gil VICENTE, Francisco SÁ DE MIRANDA und Luís Vaz de CAMÕES, ausschließlich in portugiesischer Sprache (und nicht auch in spanischer) dichtete. Darin kommt das spezifische, humanistisch begründete Nationalbewußtsein Ferreiras zum Ausdruck, das wohl auch bei den Zeitgenossen zu beobachten ist, sich bei ihm aber nur in bewußter Anknüpfung an die Antike und im Wettstreit mit ihr zu rechtfertigen sucht. Ausdrücklich distanziert sich Ferreira von der literarischen Tradition Portugals und Spaniens und erlaubt lediglich eine an klassischen Formen und Inhalten und an der lateinischen Sprache orientierte Dichtung. In dieser Gesinnung greift er – wie andere humanistische Gelehrte und Dichter seiner Zeit – auf die römische Bezeichnung für das Volkstum im Westen der Iberischen Halbinsel zurück, fühlt sich als Nachfahre der Lusitanier, die PLINIUS dem Jüngeren zufolge von Luso, dem Sohn des Bacchus, abstammen. Ferreiras humanistisch-patriotischer Eifer für die Würde und Ehre der portugiesischen Sprache und Dichtung bestimmt seine Stellung in der portugiesischen Literatur- und Geistesgeschichte: Er ist im 16. Jh. für Portugal etwa das, was BOILEAU im 17. Jh. für Frankreich werden sollte, der Lehrmeister einer neuen literarischen Schule. In seinen Gedichten folgt er dem Vorbild der italienischen Dichter und der durch sie vermittelten lateinischen Klassik: in den Sonetten PETRARCA, in den Eklogen VERGIL und SANNAZARO, in den Oden, Elegien und Episteln aber HORAZ, den er überhaupt am häufigsten nachahmt. Obgleich Ferreira dabei eine Flexibilität und Beweglichkeit der Sprache und des Verses erreicht, die erst von Camões übertroffen werden sollte, sind seine Gedichte von sehr unterschiedlichem Rang. Die eindrucksvollsten Sonette schrieb er aus Anlaß des Todes seiner ersten Gattin. Die übrigen bewegen sich in den von Petrarca vorgezeichneten Bahnen. Ähnliches gilt von den Eklogen und Elegien. Von höchster Bedeutung sind dagegen die Oden und ganz besonders die Episteln, die Ferreira an andere Dichter, an hochgestellte Persönlichkeiten, an den Kardinal Dom Henrique, den Onkel des Königs Sebastian (reg. 1568-1578), und an diesen selbst gerichtet hat. In ihnen tritt der Dichter, im Bewußtsein seiner Würde und Sendung, den Zeitgenossen mit Ermahnungen, Ermunterungen und Kritik entgegen und verkündet seine weltanschaulichen und ethischen Überzeugungen, in denen stoisches Denken und christliche Glaubenslehre eine innige Verbindung eingegangen sind. Er predigt den Vorrang der *vita contemplativa* vor der *vita activa*, die Überlegenheit der Vernunft über den rohen Mut und den Segen friedlicher Tätigkeit gegenüber Abenteuer und Krieg. Den König erinnert er an die Grenzen und gesetzlichen Bindungen seiner Macht: »*Absolute Gewalt gibt's nicht auf Erden,/ Sie wäre Ungerechtigkeit und Barbarei.*« Und: »*Gleich sind wir, Herr, geboren von Natur:/ So gehn ins Leben wir hinein und so verlassen wir's.*« Auf der Grundlage dieser moralisierenden Denk- und Anschauungsweise entwickelt Ferreira, vor allem in den Episteln, so in dem *Brief an Simão da Silveira*, seine klassizistische Kunstauffassung, deren Postulate er in seinen eigenen Dichtungen zu erfüllen sucht. Wenngleich man Ferreira mitunter eine allzu große Neigung zu sentenzenhafter Zuspitzung und Kürze, einen Mangel an Wohlklang und Glätte vorgeworfen hat, so ist demgegenüber doch zu bedenken, daß es diesem Dichter weniger darauf ankam, zu bewegen oder gar zu rühren, als darauf, zu zeigen, zu verdeutlichen, zu unterweisen.

A.E.B.-KLL

AUSGABEN: Lissabon 1598, Hg. M. Leite Ferreira. – Lissabon 1939/40, Hg. Marques Braga, 2 Bde.; ³1971. – Coimbra, 1961, Hg. F. Costa Marques [Ausw.; m. Einl.; ²1973, rev. u. erw.].

LITERATUR: J. Fucilla, *Vergil and A. F.* (in StPh, 40, 1943, S. 14–24). – Ders., *The Petrarchism of A. F.* (in HR, 17, 1949, S. 233–243). – Ders., *Studies and Notes*, Neapel 1953. – M. D. Trivedi, *A Classical Source for Sonnet I, 1 of F.'s »Poemas lusitanos«* (in RoNo, 3, 1961, S. 44–48). – J. M. Busnardo Neto, *The Eclogue in sixteenth-century Portugal*, Diss. Univ. of Michigan 1974. – J. de Silva Terra, *A. F. et António de Sá de Meneses, quelques notes d'histoire littéraire* (in BEP, 35/36, 1974/75, S. 13–61). – A. Roig, *Deux sonnets dans la langue des troubadours,* (in *Mélanges de Philologie Romane offerts à C. Cambroux*, Tl. 1, Montpellier 1978, S. 195–216). – Ders., *A. F. et l'aventure lusitane d'outremer* (in ArCCP, 15, 1980, S. 577–607).

TRAGEDIA MUY SENTIDA E ELEGANTE DE DONA IGNEZ DE CASTRO

(portug.; *Die sehr schmerzliche und erhabene Tragödie von Dona Ignez de Castro*) von António FERREIRA. – Die um 1558 geschriebene und in Coimbra aufgeführte Tragödie in fünf Akten ist die früheste Bühnenbearbeitung des mit seinen vielfältigen dramatischen Möglichkeiten in der Folge immer wieder aufgegriffenen Inés-de-Castro-Stoffes (vgl. *Trovas à morte de Dona Ynes de Castro* von Garcia de RESENDE). Sowohl in Aufbau und Technik als auch in den Stilmitteln unter dem Eindruck des in Coimbra dank George BUCHANAN sowie Ferreiras Freund und Lehrer Diogo de TEIVE zur Blüte gelangten humanistischen Schultheaters in lateinischer Sprache und nach dem Muster der im italienischen Cinquecento gemachten Versuche einer Neugestaltung der volkssprachlichen Tragödie im antiken Sinn (vgl. *Orbecche* von Giovanni Battista GIRALDI CINTIO, 1541) schuf der auch als italianisierender Dichter hervorragende Jurist das Meisterwerk des an tragischen Werken nicht eben reichen portugiesischen Dramas. Er folgt dem in Chroniken und bei Resende vorgezeichneten Handlungsrahmen, wobei die Wahl eines nationalgeschichtlichen und nicht klassischen Vorwurfs für jene Zeit und im Vergleich etwa auch mit Frankreich (vgl. *Cléopâtre captive* von Étienne JODELLE, 1552/53) bemerkenswert ist.

Der erste und längste Akt des die Aristotelischen Regeln zumeist wahrenden Stückes führt die in Coimbra glücklich mit ihren Kindern lebende Inés vor. Während deren Amme davor warnt, durch allzu offene Bekundung glücklicher Zufriedenheit die Mißgunst des Schicksals herauszufordern, widerspricht der Infant Dom Pedro heftig dem Rat seines Sekretärs, Inés zu verlassen. Der Doppelchor besingt die Freuden der Liebe und beklagt die Unerbittlichkeit des Himmels in zahlreichen Fällen unglücklicher Liebe. Im zweiten Akt tritt König Alfons IV. von Portugal auf, des Regierens müde und vom Wunsch beseelt, seine Regierungszeit friedlich zu beschließen. Seine Gespräche mit den Ratgebern Pero Coelho und Diogo Lopez Pacheco spiegeln die zeitgenössischen Erörterungen über die politische Pflichtenlehre des Fürsten, insbesondere über *clementia* und *justitia*, sowie das Verhältnis des einzelnen zum Staat. Pacheco, der aus patriotischen Erwägungen der Staatsräson heraus den Tod von Inés fordert, entgegnet der König, daß er gegen die Unschuldige nicht grundlos grausam vorgehen wolle. Angesichts der Hartnäckigkeit des Kronrats beugt sich der Vater Dom Pedros schließlich der Forderung, lehnt jedoch die Verantwortung für den Tod der Inés ab. Der Chor preist die goldene Mitte als Maß der Dinge und mahnt den König. Nachdem der tragische Knoten geschürzt ist, eröffnet eine unheilvolle Traumerzählung der Inés vor ihrer Amme den dritten Akt. Der Chor der Mädchen von Coimbra überbringt im Wechselgespräch mit Inés die traurige Kunde vom nahen Ende – sie denkt zunächst an Pedros Tod –, tadelt den König ob seiner Grausamkeit und klagt in düsteren Andeutungen über die Vergänglichkeit des Lebens wie der Liebe und die Blindheit der Menschen. Im vierten Akt kommt es zur einzigen Begegnung zwischen den beiden Hauptpersonen. Inés empfängt den König in Begleitung seiner Ratgeber. Unter Hinweis auf die Kinder und ihre Liebe fleht sie um das Leben. Der König verspricht ihr Gnade, läßt sich aber nach Vorhaltungen seiner Begleiter ein zweites Mal umstimmen. Zwischen väterlichen Gefühlen und politisch rechnendem Verstand schwankend, kann er sich weder den einseitig das Wohl des Staates berücksichtigenden Argumenten des Rats anschließen noch das allein der Leidenschaft gehorchende Verhalten der Liebenden billigen. Der Chor, der mehrmals zur Gerechtigkeit mahnend in die Auseinandersetzung eingreift, beklagt den Opfertod der tapferen Frau. Der Bericht eines Boten an den Infanten von der Ermordung beschließt den fünften Akt mit heftigen Klagen ohne Chorlied.

Während die erste bekannte Ausgabe von 1587 vielleicht eine ursprüngliche oder längere Zeit in Abschriften zirkulierende Fassung wiedergibt, dürfte der 1598 von Ferreiras Sohn veröffentlichte Text die authentische Gestalt bieten. Die früher vertretene Priorität der beiden 1577 gedruckten *Nise*-Dramen (Anagramm für Inés) des galicischen Mönches Jerónimo BERMÚDEZ widerlegt der das Plagiat streifende enge Anschluß seiner *Nise lastimosa* an Ferreira. Die *Nise laureada* bringt erstmals die Krönung des Leichnams mit der Rache Dom Pedros auf die Bühne. Die mit gefühlvoller Anteilnahme für Inés geführte Handlung, die allerdings darauf verzichtet, Pedro seiner Geliebten persönlich gegenüberzustellen, wird vom Dichter in reimlosen Versen (meist Elfsilbern und einer Nachahmung der sapphischen Ode im Chor) mit lyrisch-musikalischer Sprache dargestellt. Dialog und moralisierende Einlagen drängen wie in vielen von SENECA geprägten Renaissancetragödien die eigentliche Aktion zurück, ohne daß sie deren rhetorischen Überschwang und die schreckenerregenden Details übernähmen. Die tragische Schicksalhaftigkeit wird aus den Charakteren der Hauptgestalten eindrucksvoll entwickelt. D.B.

AUSGABEN: O. O. 1587. – Lissabon 1598 (in *Poemas Lusitanos*, Hg. M. Leite Ferreira). – Coimbra 1917, Hg. J. Mendes dos Remédios [m. Einl.]. – Lissabon 1953 (in *Poemas lusitanos*, Bd. 2, Hg. Marques Braga). – Coimbra 1967, Hg. F. Costa Marques; [4]1974]. – Paris 1971, Hg. A. Roig.

ÜBERSETZUNG: in *Magazin der spanischen und portugiesischen Litteratur*, Hg. F. J. Bertuch, Bd. 3, Weimar 1782.

LITERATUR: A. A. Coimbra Martins, *La fatalité dans la »Castro« de F.* (in Bulletin d'Histoire du Théâtre Portugais, 3, 1952, S. 169–195). – J. Horrent, *La tragédie »Castro« d'A. F.* (in Revue des Langues Vivantes, 27, 1961, S. 377–403). – C. H. Frèches, *Le théâtre néo-latin au Portugal, 1550–1745*, Paris 1964, S. 69–80. – A. Roig, *Recherches sur la »Castro« d'A. F.* (in BEP, 28/29, 1967/68, S. 85–120). – R. Bismut, *La »Castro« d'A. F. est-elle d'A. F.?* (in LR, 29, 1975, S. 320–355; 30, 1976, S. 129–151). – A. P. de Castro, *A. F., autor da »Castro«. Algumas considerações sobre dois artigos do Prof. R. Bismut* (in ArCCP, 10, 1976, S. 627–728). – R. Bismut, *Un exemple d'usurpation littéraire* (in LR, 31, 1977).

VERGÍLIO FERREIRA

* 28.1.1916 Melo / Serra da Estrela

LITERATUR ZUM AUTOR:
L. A. de Azevedo Filho, *V. F. e o romance da verticalidade humana* (in *2º congresso brasileiro de*

lingua e literatura, Rio 1971, S. 209–236). – J. Palma-Ferreira, *Breve perspectiva de la obra literária de V. F.*, Salamanca 1972. – M. L. Dal Farra, *V. F. e as duas faces do »mythos«* (in Colóquio/Letras, 1974, Nr. 21, S. 65–79). – A. de Mendonça, *O romance de V. F.: Existencialismo e ficção*, São Paulo 1978. – *Estudos sobre V. F.*, Hg. u. Vorw. H. Godinho, Vila da Maia 1982. – J. R. de Paiva, *O espaço-limite no romance de V. F.*, Recife 1984. – H. Godinho, *O universo imaginário de V. F.*, Lissabon 1985 [m. Bibliogr.]. – *Homenagem a V. F.* (in Colóquio/Letras, 1986, Nr. 90, S. 24–46).

ALEGRIA BREVE

(portug.; *Kurze Freude*). Roman von Vergílio Ferreira, erschienen 1965. – Der Roman gilt sowohl stilistisch als auch thematisch als eines der souveränsten Werke des Autors nach dem in *Mudança* (1949) und *Aparição* (1959) dokumentierten Bruch mit dem Neo-Realismus. Das Werk zeugt von einer Weiterentwicklung in der von Ferreira wiederholt thematisierten Auseinandersetzung mit einer von Heidegger, Husserl und Sartre beeinflußten ontologischen Problematik. Die Beschäftigung mit dem Tod als zentrales Grenzerlebnis sowie die Frage nach einer Möglichkeit der Daseinsbewältigung jenseits jeder Religion und Ideologie sind auch hier ein zentrales Thema des von philosophischen Betrachtungen durchsetzten Roman-Essays geblieben. Neu ist jedoch die historische Dimension, in die diese Problematik gerückt wird, und die als Folge der Erfahrung des Alterns dargestellt wird. Bereits das *sujet* des Romans – eine Abwandlung des Mythos vom letzten Menschen, der zugleich der Erzeuger einer neuen Menschheit ist – stellt den Erzähler, der zugleich Hauptperson der Geschichte ist, nicht wie in früheren Romanen Ferreiras primär als von existentieller Unruhe bewegtes Individuum dar, sondern vor allem als Repräsentant einer dem einzelnen übergeordneten Menschheit.

Die Lebensgeschichte des Erzählers, eines Lehrers mit Namen Jaime Faria, verbindet sich mit der bruchstückhaften Chronik des Verfalls eines Dorfes, das symbolisch für die gesamte Menschheit steht. Der Lehrer, der allein im Dorf zurückgeblieben ist – er hat gerade den letzten Bewohner, seine Frau, begraben – wartet auf die Ankunft eines Sohnes, dessen Existenz unsicher ist. Auf ihn konzentrieren sich alle Hoffnungen des Erzählers, der in diesem Sohn die Verkörperung des Neuen Menschen sieht. Jede chronologische Reihenfolge mißachtend, evoziert der Erzähler Ereignisse aus zwei Zeitstufen der Vergangenheit: Die erste setzt mit seiner Geburt ein und reicht bis zu dem Zeitpunkt, als ein Ingenieur im Dorf erscheint, um in den Bergwerken das vorhandene Wolfram abzubauen. Die zweite, mit der sogenannten »Technisierung« des Dorfes einsetzende Zeitstufe, endet mit dem Exodus der jüngeren Dorfbewohner in die Stadt und dem allmählichen Dahinsiechen der zurückgebliebenen alten Leute. Der Erzähler harrt als letzter aus.

Die erzählte Zeit – Jaime Farias assoziativ geschildertes Leben im Dorf – und die Erzählzeit, die durch das Warten auf den Sohn geprägt ist, fließen in eine innere Zeit des Erinnerns und der Reflexion zusammen. Dieser wird die hypothetische Zukunft nach Ankunft des Sohnes, der die neue Menschheit gründen soll, entgegengesetzt. Auf diese Weise entsteht eine mythische Zeitstruktur der ewigen Wiederkehr. Das letzte Kapitel (*»ich werde meine Frau begraben«*) und das erste (*»ich habe meine Frau begraben«*) gehen ineinander über, eine unendliche, zirkuläre Lektüre erlaubend. In gleicher Weise kehren Menschen und Erlebnisse, die das Leben des Erzählers geprägt haben, immer wieder in seiner Erinnerung zurück, werden zunächst nur erwähnt, um später um so genauer beschrieben zu werden, so daß sich die einzelnen Bruchstücke erst gegen Ende des Romans zu einer Geschichte in üblichem Sinne zusammenfügen. Zum Zeitpunkt des Erzählens hat Jaime Faria, allein geblieben und älter geworden, jene Ruhe gefunden, die eher aus Müdigkeit und Resignation besteht und keine Lösung der ontologischen Problematik signalisiert, sondern ein Weitergeben aller Fragestellungen an eine neue Generation: »*Es ist gut, geboren zu sein, um zu sehen, wie es ist, die Neugierde zu töten. Flüchtige Freude, kurzes Licht. Es ist das, was mir zukam, ich nehme es in Frieden an. Und müde. In Frieden.*« Die einzige Existenzberechtigung erblickt der Erzähler nun im hoffnungsvollen Warten auf den Sohn, der eines Tages kommen und »*Fragen stellen*« wird. Jaime Faria versteht sich als Träger der Kontinuität des menschlichen Lebens, das er nicht aufgeben darf, bevor jener Sohn ihn ablöst.

In der Dorffluchtthematik des Romans ist keine konkrete gesellschafts- und zivilisationskritische Intention zu erkennen. Die Geschichte ist somit eher als Allegorie der Menschheit im weitesten Sinne zu verstehen. Genauso dienen die in der Erinnerung evozierten Personen eher einer Typologie der Ideologien der alten Menschheit: Religion, Ästhetizismus, Sozialismus usw. Im Zusammenhang mit der neuen Menschheit vermeidet der Erzähler bewußt das Aufstellen jeder alternativen Ideologie. Der neue Mensch soll gerade durch seine ideologische Unschuld gekennzeichnet und so stark sein, daß er keine Götter braucht. Der Ort des Geschehens, die Gebirgskette Serra da Estrela im Norden Portugals, ist – als Ort der Kindheit des Autors – stark symbolisch besetzt. Die »*stumme Gegenwart dieser weißen Masse*« wird durch einen lakonischen, von kurzen Sätzen geprägten Stil und eine Sprache der »Reinheit« und des »Schweigens« suggeriert. Die Landschaft drückt die Stimmung der Leere und der stummen Verzweiflung aus, die den Erzähler kennzeichnet. Nur hier und da, im Evozieren vergangener – meist erotischer – Erlebnisse, bricht jene von Eros und Gewalt durchsetzte, expressionistische Sprache früherer Romane wieder hervor.

A.C.K.

AUSGABEN: Lissabon 1965. – Lissabon 1973.

LITERATUR: U. Tavares Rodrigues, *V. F.*, »*Alegria breve*«, Lissabon 1965. – Ó. Lopes, Rez. (in O Comércio do Porto, 12.10.1966; ern. in Ó. L., *Os sinais e os sentidos*, Lissabon 1986, S. 79–87). – J. Listopad, *Cinema e ficção: Elementos para a filmagem de »Alegria breve«* (in Colóquio/Letras, 1973, Nr. 13, S. 70–73).

APARIÇÃO

(portug.; *Erscheinung*). Roman von Vergílio FERREIRA, erschienen 1959. – *Aparição* ist das erste reife Werk des Autors nach dem Bruch mit seinen dem Neo-Realismus verpflichteten Anfängen (*Onde tudo foi morrendo*, 1944; *Vagão J*; 1946) und gilt als Schlüsselwerk einer zweiten, von SARTRE, HEIDEGGER und HUSSERL beeinflußten, betont subjektivistischen Schaffensphase. Die Suche des Erzählers nach sich selbst, sowie die Bewältigung des angesichts des Todes als absurd empfundenen Daseins bilden die zentrale Thematik des Werks. In einem Wechsel von Erzählung und philosophischer Reflexion – die den Roman in die Nähe des Essays rücken läßt – versucht der Erzähler, der zugleich Hauptperson der Handlung ist, sich der ontologischen Problematik zu nähern. Personale und auktoriale Erzählperspektive sowie drei Zeitebenen – Erzählzeit, erzählte Zeit und Rückblenden aus der Kindheit – fließen ineinander. Die Handlung wird laufend von Reflexionen und Kommentaren des Erzählers unterbrochen oder durch die Vorankündigung erst später geschilderter Episoden vorweggenommen.

Der Lehrer Alberto Soares schildert Ereignisse und menschliche Begegnungen während eines am Beginn seiner beruflichen Laufbahn in Évora zugebrachten Schuljahres. Umrahmt werden die 25 Kapitel des Werks von einem Vor- bzw. Nachspann, die, im Wortlaut fast identisch, eine kreisförmige Erzählstruktur erzeugen. Hier erfährt der Leser, daß »viele Jahre« seit den geschilderten Ereignissen vergangen sind, daß der Erzähler krank geworden ist, sich vom Schuldienst zurückgezogen und geheiratet hat. In diesen Rahmentexten, in denen alle Zeitebenen nochmals brennpunktartig zusammenfließen, wird auch eine Lösung für die den Erzähler im Hauptteil quälende Problematik angedeutet: »*Und nun, ich weiß es heute, es gibt für das Leben nur ein Problem, nämlich zu wissen, zu wissen um meine Natur und daraus die Fülle und Ursprünglichkeit von allem, die Freude, den Heroismus, die Bitterkeit jeder Gebärde wiederherzustellen. Die bittere Existenz des Wunders inne zu haben, daß ich existiere, daß es unendlich notwendig ist, daß ich lebe, um dann blitzartig zu begreifen, daß ich sterben muß.*« Dieser Zustand des Sich-Selbst-Erscheinens wird einerseits durch die wortlose Verständigung mit einem geliebten Menschen – seiner Frau –, andererseits durch die Kunst – durch das Schreiben als Erinnerungs- und Selbstfindungsprozeß – erreicht. Die geschilderten Ereignisse – die Ankunft des Erzählers in Évora, die Begegnung mit der Familie Moura, das erotische Verhältnis zu Sofia, der Tod ihrer kleinen Schwester Cristina, Sofias Ermordung und, schließlich, des skandalumwitterten Lehrers endgültige Abreise aus Évora – sind lediglich Darstellungsmöglichkeiten seiner Identitätssuche. Die Personen, die sein soziales Umfeld ausmachen, haben eher die Funktion verzerrender Spiegel, die »*das Gegenteil von dem, was ich zu sein trachte*« verkörpern und so dem Erzähler bei der Suche nach seiner »*ursprünglichen Wahrheit*« dienen: »*Ich versuche das eigentliche Gesicht der Dinge zu entdecken und dort meine vollkommene Wahrheit zu lesen.*« Sie symbolisieren theoretische Lösungen der aufgeworfenen Daseinsproblematik: Ana und ihr Vater verkörpern die religiöse Lösung, welche der Erzähler als Flucht ablehnt; der Ingenieur Francisco vertritt eine sozialgebundene (neo-)realistische Weltanschauung, welche als unzureichend dargestellt wird, denn »*der Hunger unseres Daseins erschöpft sich nicht in einem vollen Magen*«; Sofia entsagt jeder Hoffnung auf eine Lösung, sie ist der Ausdruck einer Verzweiflung, welche der Erzähler zwar zeitweilig fasziniert, die wegen ihrer selbstzerstörerischen Auswegslosigkeit jedoch schließlich von ihm abgelehnt wird. Cristina bietet mit ihrer Musik als einzige eine vom Erzähler angenommene Lösung, nämlich die der Daseinsbewältigung durch Kunst. Mit ihr verbindet ihn ein Einverständnis jenseits der Sprache. Die wiederholt auftretenden Todesfälle – der seines Vaters, der Selbstmord des alten Bauern, der tödliche Unfall Cristinas und die Ermordung Sofias – dienen als Anstoß zum wiederholten Umkreisen der Frage nach der Rechtfertigung des Lebens angesichts der »*Unglaubwürdigkeit des Todes*«.

Umrahmt wird diese ontologische Suche von der kargen Landschaft des Alentejo, welche – in Analogie zur Verfassung des Erzählers – als feindlich und gewalttätig geschildert wird. Besonders gelungen ist die Beschreibung der kleinstädtischen und konservativen Atmosphäre Évoras. Der Roman verbindet im expressionistischen Stil philosophisches Vokabular mit mystisch-religiösen Elementen zu einer zuweilen etwas pathetischen Beschwörung »*der Gedärme, des Blutes und der Wurzeln*«. – *Aparição* war Ferreiras größter Erfolg. Er wurde dafür mit dem höchsten portugiesischen Literaturpreis, dem »Premio Camilo Castelo Branco«, ausgezeichnet. J. G. SIMÕES bezeichnete den Roman als »*eine der bemerkenswertesten ›réussites‹ in der Geschichte des portugiesischen Romans*«. A.C.K.

AUSGABEN: Lissabon 1959; [7]1970. – Lissabon/Porto 1968 [Vorw. V. Ferreira].

LITERATUR: A. Bacelar, *V. F.*, »*Aparição*«, Lissabon 1959. – J. G. Simões, *Crítica III*, Lissabon o. J., S. 455–460. – L. A. de Azevedo Filho, *A ficção em V. F.* (in Occidente, N. S. 80, 1971, S. 13–35). – B. Berrini, »*Aparição*« *de V. F. Breve estudo* (in Littera, Rio 1972, Nr. 4, S. 93–102). – V. M. de Campos, *V. F. e a obra »Aparição«*, São Paulo 1976.

VICENT FERRER

*23.1.1350 Valencia
† 5.4.1419 Vannes / Bretagne

SERMONS

(kat.; *Predigten*). Kanzelpredigten des heiligen Vicent FERRER, entstanden 1399–1419. – Diese in der valenzianischen Form des Katalanischen verfaßten Predigten wurden nicht nur in Katalonien, sondern in den kastilisch sprechenden Teilen Spaniens, in der Schweiz, in Italien, in Frankreich und dort sogar in der Bretagne, vor der bretonisch sprechenden Bevölkerung gehalten – und verstanden –, so daß Ferrer in dem Rufe stand, er habe wie die Apostel die Gabe, »in Zungen zu reden«. Dieses erstaunliche Phänomen wird begreiflich, wenn man außer der exaltierten religiösen Stimmung, die in jener Zeit die Volksmassen bei bestimmten Gelegenheiten mit großer Leichtigkeit ergriff, die damals übliche Art des Vortrags in Rechnung stellt, deren sich die Prediger befleißigten: Durch ausdrucksvolles Gebärdenspiel und ständige Modulation der Stimme unterstrichen sie den Sinn des Gesagten mimisch und akustisch so, daß er auch ohne eigentliche Sprachkenntnisse verstanden wurde. Hinzu kommt, daß sich Ferrer ganz auf das Bildungsniveau seiner Zuhörer einstellt. Er verschont sie mit theologischer Spekulation ebenso wie mit klassisch-humanistischer Philosophie und Gelehrsamkeit. »*Christus befahl den Aposteln, das Evangelium zu predigen; nicht ›Virgilium‹ oder ›Ovidium‹ sagte er, sondern ›Evangelium‹.*« Selbst einen so christlichen Dichter wie DANTE lehnt Ferrer ab, ja überhaupt die Literatur: »*Virgil, der mitten in der Hölle sitzt, Ovid, Dante: Dichter!*« – ruft er aus – »*Die Worte der Dichter schmeicheln dem Ohr, doch dringen sie nicht ans Herz.*« Um die einfachen Inhalte seiner Predigten – Verdammung der Laster, Lob der Tugenden, praktische Unterweisung in christlicher Lebensführung – in die Köpfe und Herzen der Massen zu bringen, benutzt er mit Meisterschaft die wirkungsvollen Mittel volkstümlicher Redekunst, in der die Interjektion, die rhetorische Frage, die direkte, an jeden einzelnen sich wendende Anrede eine hervorragende Rolle spielen. Die Seelenkräfte des Menschen, Gedächtnis, Verstand und Wille, erklärt er z. B. so: »*Die Seele hat drei Eigenschaften, erstens das Gedächtnis (sage mir, weißt du, wo du gestern warst? – Na also!), zweitens den Verstand (sage mir, weißt du nicht, daß heute Sonntag ist? – Na also!), drittens den Willen (sage mir, willst du nicht nach der Predigt essen gehen? – Na also!).*« Eine wichtige Rolle spielt ferner die ständige Erläuterung des Gesagten durch Beispiele und Vergleiche. Diese holt er sich aus der *Bibel*, dem Leben der Heiligen, manchmal auch aus der erzählenden Literatur. Viele sind Zeitanekdoten oder eigene Erlebnisse. Durch seine beispielhaften Geschichten steht Ferrer als didaktischer Erzähler auf einer mit Ramon LLULL (vgl. *Fèlix de les meravelles...*) und Francesc EIXIMENIS (vgl. *Lo crestià*) vergleichbaren Höhe.

Inhaltlich sind die Predigten Ferrers ein wichtiges Dokument der Zeit. Sie geben Aufschluß über das Leben der verschiedenen sozialen Schichten, über Umgangsformen, Mode, Kosmetik, Belustigungen, sogar über Kinderspiele; sie offenbaren mit drastischer Deutlichkeit die Sittenverwilderung einer Epoche, in der sogar Kleriker »*am Tag der Priesterweihe mit Weibern tanzend die Straßen und Plätze durchzogen*«. Literarischen Wert besitzen diese Predigten, deren Aufzeichnungen Berufsschreibern zu verdanken ist, die den Prediger auf seinen Reisen begleiteten, als ein unschätzbares Denkmal der katalanischen Sprache. Ferrer spricht die derbe, urwüchsige, bildhafte, an Redensarten und Sprüchen reiche, in der Syntax knorrige Sprache des Volkes zu einer Zeit, da das Katalanische unter dem Einfluß des Humanismus sich durch die Übernahme von Formen und Formeln der klassischen Rhetorik verfeinerte. A.F.R.

AUSGABEN: Ulm 1475 [nur *Sermones de sanctis*]. – Basel 1488 *(Sermones de tempore et de sanctis)*. – Venedig 1496 *(Sermones,* 3 Bde.). – Valencia 1693/94 (in *Opera omnia,* 5 Bde). – Barcelona 1927 *(Quaresma predicada a Valencia l'any 1413,* Hg. J. Sanchis Sivera; m. Einl.). – Barcelona 1932–1934 *(Sermons,* Hg. ders., 5 Bde.; m. Einl.; unvollst.; Nachdr. 1971–1984). – Valencia 1973 *(Sermons de Quaresma,* 2 Bde.; Einl. Sanchis Guarner).

LITERATUR: R. Chabás, *Estudio sobre los sermones valencianos de san V. F.* (in Revista de Archivos, Bibliotecas y Museos, 6/7, 1902; 8/8, 1903). – S. Brettle, *San V. F. u. sein literarischer Nachlaß,* Münster 1924. – M. M. Gorce, *Saint Vincent Ferrier,* Paris 1924. – H. Finke, *Die Quaresma-Predigten 1413* (in Studien aus dem Gebiet von Kirche u. Kultur. Fs. G. Schürer, Paderborn 1930, S. 24–38). – J. Fuster, *Notes per a un estudi de l'oratòria vicentina* (in Revista Valenciana de Filología, 4, 1954, S. 87–185). – *Biografía y escritos de san V. F.,* Hg. J. M. de Garganta u. V. Forcada, Madrid 1956. – M. de Riquer, *Història de la literatura catalana,* Bd. 2, Barcelona ²1980, S. 197–264.

SUSAN EDMONSTONE FERRIER

*7.9.1782 Edinburgh
† 5.11.1854 Edinburgh

THE INHERITANCE

(engl.; *Die Erbschaft*). Roman von Susan Edmonstone FERRIER, anonym erschienen 1824. – Die schottische Autorin schildert in ihrem Buch die

Schicksale der Gertrude St. Clair, der Enkelin und voraussichtlichen Erbin des Earl of Rossville. Erst nach dem Tod ihres Vaters, den der Earl, ein selbstherrlicher Tyrann, wegen seiner unstandesgemäßen Heirat verstoßen hat, darf Gertrude mit ihrer Mutter nach Schloß Rossville übersiedeln. Gegen den Willen des Großvaters verliebt sie sich in ihren Vetter, Colonel Delmour, der seine Verschwendungssucht und zahlreiche andere Charakterschwächen durch ein liebenswürdig-elegantes Auftreten zu verdecken weiß. Als nach dem Tod des alten Earls Gertrude sich diesem Blender anverlobt, sind alle, die es gut mit ihr meinen, der Verzweiflung nahe. Unter diesen Getreuen ist auch Edward Lyndsay, ein anderer Verwandter der Erbin, der ihr in uneigennütziger Liebe und bis zur Selbsterniedrigung gehender Verehrung zugetan ist. Da erscheint plötzlich der Amerikaner Lewiston, ein Mann niederer Herkunft, auf dem Schauplatz und behauptet, Gertrude sei seine Tochter. Es stellt sich heraus, daß die ehrgeizige Mrs. St. Clair einst das Kind eines Dieners, eben jenes Mr. Lewiston, adoptierte, da ihr eigene Nachkommenschaft versagt blieb. Die Heldin verliert zwar durch diese Enthüllung Titel, Erbe und Bräutigam, nicht aber die Zuneigung Edwards, dem sie, nach Überwindung des Schocks, ihre Liebe zuwendet.

Susan E. Ferrier gehört zu jenen Prosaschriftstellerinnen der englischen Romantik, die sich um die überragende Gestalt Sir Walter Scotts gruppieren und deren bedeutendste Vertreterin Jane Austen war. Die Werke der Maria Edgeworth preisend, hatte Scott erklärt, den Heimatromanen dieser Irin verdanke er die Anregung, Ähnliches zur Verherrlichung seiner Heimat Schottland zu schreiben. Er übersah dabei, daß es den schottischen Heimatroman bereits gab, wenn auch aus der Feder von Schriftstellerinnen, die – wie Mary Brunton, Elizabeth Hamilton und Jane Porter – damals wie heute über die Grenzen Schottlands hinaus kaum bekannt waren. Auch Susan E. Ferrier, wie Miss Edgeworth mit Scott befreundet, steht zusammen mit ihrem Landsmann John Galt in dieser Tradition. Sicher hätten ihre drei Romane – *Marriage* (1818), *The Inheritance* und *Destiny, or The Chief's Daughter* (1831) – größere Aufmerksamkeit erregt, wären nicht gleichzeitig Scotts Werke erschienen. Trotzdem gewann sie mit ihren Büchern die Sympathie jener Kreise, auf die es ankam, um sie vor dem Vergessenwerden zu bewahren. Und so konnte ein Edinburgher Kritiker anläßlich der 1841 in London gedruckten Neuauflage ihrer Romane schreiben, sie habe sich nunmehr die tiefe Bewunderung einer breiteren Leserschaft gesichert. Denn man sei des Pomps, Getöses und der aufwendigen Schilderungen ritterlicher Szenerien bei Scott, und noch mehr bei seinen unbedeutenderen Nachahmern, allmählich müde geworden. In der Tat zeichnen sich *The Inheritance* und die beiden anderen Romane Miss Ferriers durch solide, unaufdringliche Qualitäten aus, die durchaus selbständig und originell sind. Die Autorin versteht es, eine ergreifende Geschichte vor dem detailliert und mit Liebe gezeichneten Hintergrund schottischen Lebens darzustellen, die breite Skala menschlicher Empfindungen in allen Nuancen wiederzugeben, farbige Charaktere zu zeichnen, ihnen effektvolle Auftritte zu geben und alles das mit erstaunlicher Beobachtungsgabe sowie einem feinen Sinn für Komik und Humor in Worte zu fassen. Was sie zu bieten hat, ist perfektes Kunsthandwerk im Rahmen einer christlich-bürgerlichen Weltanschauung, verfeinert durch das reizvolle Kolorit ihrer schottischen Heimat. M.W.

Ausgaben: Edinburgh 1824, 3 Bde. [anon.]. – Ldn. 1929 (in *The Works*, 4 Bde., 2).

Literatur: G. Saintsbury, *S. F.* (in G. S., *Essays in English Literature*, Ldn. ³1896, S. 134–170). – R. B. Johnson, *The Woman Novelists*, Ldn. 1918, S. 131–140. – M. W. Rosa, *S. F.* (in M. W. R., *The Silver-Fork School*, NY 1936, S. 55–74). – H. J. M. Valdes, *Style in the Novels of S. F.*, Diss. Univ. of Texas 1961 (vgl. Diss. Abstracts, 22, 1961/62, S. 1982). – W. C'raik, *S. F.* (in *Scott Bicentenary Essays*, Hg. A. Bell, Edinburgh u. a. 1973). – M. Cullinan, *S. F.*, Boston 1984 (TEAS).

Jacques Ferron

* 20.1.1921 Louiseville
† 22.4.1985 Longueuil

Literatur zum Autor:
J. Marcel, *J. F. malgré lui*, Montreal 1970; ern. 1978. – EF, 12, 1976, Nr. 3/4 [Sondernr. *J. F.*]. – D. Smith, *J. F. ou la géographie d'un pays certain* (in Journal of Canadian Fiction, 25/26, 1979, S. 175–185). – P. L'Hérault, *J. F., cartographe de l'imaginaire*, Montreal 1980. – N. Doirion, *Bestiaire et carnaval dans la fiction ferronienne* (in Canadian Literature, 88, 1981, S. 20 ff.). – Voix et Images, 8, 1983 [Sondernr. *J. F.*]. – P. Cantin, *J. F., polygraphe*, Montreal 1984 [Bibliogr.]. – B. Bednarski, *J. F.*, (in Profiles in Canadian Literature, 5, 1986, S. 121–127).

L'AMÉLANCHIER

(frz.; *Der Felsenbirnbaum*). Erzählung von Jacques Ferron (Kanada), erschienen 1970. – Die Gattungsbezeichnung *récit* (Erzählung) verweist auf die mittlere Länge des Werks, auf seinen fiktiv-autobiographischen Charakter und die komplexe Erzählstruktur. Aber im Grunde hat es – wie alle Werke Ferrons – das Gepräge eines *conte*, also einer märchenhaften Geschichte.

Um sich nicht in einer als gleichförmig und bedeutungslos empfundenen Welt zu verirren, beschließt die zwanzigjährige Ich-Erzählerin Tinamer de Portanqueu, die märchenhafte Geschichte ihrer Kindheit niederzuschreiben. Ihr Vater Léon hat die Welt für seine Tochter in zwei Seiten geteilt, eine gute – das Elternhaus, der Garten und der ihn abgrenzende Wald – und die jenseits davon liegende schlechte Seite, die labyrinthische Stadt. Die gute Seite ist durchweg vermenschlicht: Haustiere sind Verwandte, im Wald gibt es kriegerische Vögel und einen zum Engländer verwandelten Hasen, im Garten stehen viele sprechende Bäume, allen voran der stolz-mysteriöse Felsenbirnbaum. All diese Wesen und ihr Geheimnis erfährt die kleine Tinamer an der Hand ihres Vaters, bis sie einmal träumt, die Nacht zu durchwachen und den Wald allein zu erforschen. Nach dieser geträumten »Reise«, in deren Verlauf sie unter anderem in eine Schnepfe verwandelt wird, erklärt ihr Léon am Beispiel seiner eigenen Kindheit die Bedeutung der ersten durchwachten Nacht: Das Gedächtnis, das den Vortag an den neuen Tag knüpft, schafft ein kontinuierliches Identitätsbewußtsein, dessen kollektive Dimension Léon schließlich anhand einer selbst verfaßten Familienbibel verdeutlicht, die bei der »Sintflut«, dem ersten Übersetzen der Franzosen über den Atlantik, einsetzt. Die ganze Welt auf der guten Seite der Dinge, die Tinamer zuvor nie verlassen hat, glaubt sie jedoch als Lüge zu erkennen, als sie von ihrer Mutter Etna in die Schule geschickt wird. Es kommt zum Bruch mit dem Vater. Der Arzt Léon läßt die zwei Seiten der Dinge für Coco, einen verwaisten, blinden, angeblich geistig behinderten Jungen, neu erstehen. In einer kurzen Vision sieht die inzwischen selbst verwaiste, nunmehr erwachsene Tinamer ein letztes Mal den Ort ihrer Kindheit – hoch über ihr fliegt, sie auf ihrem weiteren Leben begleitend, »ihre« Schnepfe, ein orientierungsfähiger Zugvogel.

Wachsende Ahnung umfassender Zusammenhänge begleitet sowohl die Erfahrungen Tinamers als auch die lineare Lektüre des *Amélanchier*. Im Vordergrund steht zunächst die Erkenntnis der Fülle: alptraumhaftes Chaos auf der schlechten, harmonische Vielfalt auf der guten Seite. Dementsprechend vielfältig auch Semantik und narrativer Aufbau: Pflanzen-, Tier-, Orts- und teils mythologische Eigennamen in großer Zahl, Kausalitäten stiftendes Spiel mit Etymologie und sprachlichen Bildern, metonymische Verdichtung der sichtbaren Welt, versteckter Witz und zahlreiche literarische Zitate und Anspielungen (von der *Bibel* bis zu L. Carroll und M. Proust), hinter denen das Menschheitsgedächtnis durchleuchtet. Fragmentierung, Verschachtelung und Spiegelung bestimmen die Erzähltechnik. Figuren werden zu Erzählern und Erzähler zu Figuren. Die erwachsene Ich-Erzählerin tritt im Werkinneren hinter das »naivere«, die Welt des Wunderbaren erfahrende und erschaffende Ich des Kindes Tinamer zurück. Diese Aufteilung der Erzählerfunktion sowie der Initiationscharakter der beiden »Reisen« – Tinamers Traum und überhaupt das Leben, in dem »*man nur über einen Fixstern, den Herkunftsort verfügt; er ist der einzige Anhaltspunkt des Reisenden*« – rücken den *Amélanchier* in die Nähe des Bildungsromans bzw. des *conte philosophique*.

Tinamers Geschichte exemplifiziert einen Identitätsbegriff, der aus Raum- und Vergangenheitsbewußtsein dichotomisch zusammengesetzt und dessen Instanz das Gedächtnis ist. Das Ich muß den Raum einmal als eigenes Seinselement und zugleich Grenze erfahren, die Phantasie muß ihn sinnstiftend durchwirkt haben; ihn danach als Träger der Identität und Vergangenheit zu bewahren, ist Aufgabe des Gedächtnisses. Bleibt eine dieser Voraussetzungen unerfüllt, kommt es zu gestörtem Identitätsbewußtsein. Es gibt im *Amélanchier* eine blind, heimat- und somit geschichtslos aufgewachsene Figur, Coco (seine »Geschichte« ist eine Krankengeschichte aus der Feder inkompetenter Ärzte). Das Fehlen eines erlebten Raumes und einer eigenen Geschichte kennzeichnet gleichermaßen das Schicksal Cocos und das kolonialisierter Völker bzw. ethnischer Minderheiten. Gewiß hat Ferron diese Analogie nirgendwo legitimiert. Er mied abstrakte Symbolik. Außerdem ahnte er neue Gefahren hinter der vielfach bedingungslosen Modernitätsgläubigkeit der *Révolution tranquille*, also jenes politischen und kulturellen Umbruchs im Quebec der sechziger Jahre, den er selbst mitgestaltete. Hatte nämlich die quebecische Volkskultur und Fabuliertradition das dunkle Abenteuer einer gegenwartsfernen, monolithischen Überlebensideologie endlich überstanden, so drohte sie nun in der Zivilisation städtischer Vermassung und der Diktatur des medialen Scheins (»*das Evangelium nach Sankt Colgate und Sankt Palmolive*«) unterzugehen. Ferrons Alternative ist der *Amélanchier*. Über das ursprünglichere Medium des von Generation zu Generation weitergegebenen Gedächtnisses kann eine ebenso vitale wie poetische Verbindung zwischen dem Kollektiv und einem kleinen, zukunftsträchtigen Individuum entstehen: »*Ein Land ist zugleich mehr und viel weniger als ein Land, es ist das Geheimnis der frühen Kindheit; eine lange, kollektive Anstrengung geht ihm voran, die nun wieder zu Atem kommt und sich in einem zarten Geschöpf wiederfindet.*« Viele kleine Gedächtnisschritte ergeben schließlich eine *petite histoire* (Geschichte der Leute), die bis zu den »biblischen« Zeiten der »atlantischen Sintflut« zurückreicht. Ferrons Gegenwelt, in der diachrone Vertiefung mit dem Erlebnis der Vielfalt des Bestehenden gepaart ist, sichert der individuellen wie kollektiven Seele die notwendige Erfahrung der Kohärenz. »*Ohne unsere Geschichten (contes) fällt das Land wieder ins Chaos zurück*«, sagt eine der Figuren in Ferrons *Contes*. R.H.

AUSGABEN: Montreal 1970. – Paris 1973. – Montreal 1977. – Montreal 1986.

VERFILMUNG: *Tinamer*, Kanada 1988 (Regie: J.-G. Noël).

LITERATUR: J.-P. Boucher, *J. F. au pays des amélanchiers*, Montreal 1973.

CONTES

(frz.; *Geschichten*). Erzählsammlung von Jacques FERRON (Kanada), erschienen 1968. – Dieser Sammelband enthält die 1962 erschienenen *Contes du pays incertain (Geschichten aus dem ungewissen Land)*, die 1964 erschienenen *Contes anglais et autres (Englische und andere Geschichten)* sowie vier zuvor noch nicht in Buchform publizierte *contes*: insgesamt 44 Geschichten, die meisten nicht länger als zwei bis vier Seiten. In Ferrons Œuvre finden sich zahlreiche andere, bisher nur in Zeitschriften veröffentlichte Geschichten; ausgesuchte *contes* des Spätwerks erschienen 1987 in Buchform unter dem Titel *La conférence inachevée (Der unvollendete Vortrag)*. Ferrons *contes* gehen von einer geographisch genau festgelegten, in der Gegenwart oder nahen Vergangenheit angesiedelten Wirklichkeit (Provinz Quebec oder das anglophone Westkanada) aus, um im Erzählverlauf mit Hilfe sorgsam im Text verteilter sprachlicher Tricks unmerklich oder beängstigend plötzlich auf eine phantastische Ebene überzukippen, auf der die Gesetze des dem Märchen verwandten Wunderbaren regieren. Scheinbar eine paradoxe Prosaform für einen politisch denkenden Autor. Doch erlaubt sie ihm zweierlei: dem Schriftsteller, der sich selbst am Übergang von mündlicher Überlieferung zu schriftlicher Festlegung sieht, die Bewahrung einer kollektiven, mythischen Erlebnisweise, welche im Quebecer Volksmärchen auskristallisiert war und die er durch Anleihen beim *conte philosophique* des 18. Jh.s um die Stillage und den mokant-offenlegenden Gestus der französischen Aufklärung bereichert; dem Vertreter einer frankophonen Minderheit die Darstellung der soziokulturellen Krise seiner Volksgruppe, wobei er die konfliktuelle Wirklichkeit in komplexen, doch stets im Konkreten verankerten Traumbildern verschlüsselt.

Eine geographische Gliederung aller Geschichten dieses Bandes ergibt ein deutliches Ost-West-Gefälle des Identitätsverlusts. In den Geschichten über die am Atlantik gelegene Halbinsel Gaspésie spiegeln sich Ferrons erste Erfahrungen als Landarzt und Zuhörer bei den *veillées* (nächtliche Erzählrunden im Familien- und Freundeskreis); eingebettet in soziale Kohäsion und eine reiche Phantasie sind Konflikte dort frei von Tragik, und dem Verbrechen wird dank der Imagination der Opfer seine Schreckhaftigkeit genommen (vgl. *Les cargos noirs de la guerre – Die schwarzen Kriegsfrachtschiffe*). Anders in den im Landesinneren spielenden Geschichten, die Ferrons Kritik an der vermeintlichen Perpetuierbarkeit starrer bäuerlicher Sozialformen und Werte (*Survivance*-Ideologie) enthalten (in *Cadieu* und in *La vache morte du canyon – Die tote Kuh im Cañon* scheitern Bauernsöhne an der unmenschlichen Prinzipientreue ihrer Umgebung). Die Stadtgeschichten kreisen um Krankheit, Wahnsinn, Tod. Westlich der Provinz Quebec schließlich gibt es nur mehr Schauplätze des Scheins und der Irrealität. – Die Figuren der Geschichten haben aktive und passive Rollen, die sich zum Teil an ihrem Verhältnis zu Tieren ablesen lassen. Die passiven Figuren sind entweder völlig ohnmächtig (so in *Servitude – Knechtschaft*, einem beklemmenden Bild menschlicher Ausbeutung) oder aber zu Lernprozessen fähig (Arztfiguren, die sich der Volksweisheit beugen). Einige Figuren sind aktiv nur in der Zerstörung; nach einer Reise, die ihnen einen höheren Bewußtseinsgrad verschafft, beseitigen sie die Ursache eines Übels oder flüchten. Es gibt allerdings auch positive Gestalter: phantasiereiche Kinder, Bauern, Geschichtenerzähler, Künstler.

Einerseits Interpretation, andererseits Anerkennung der Phantasie als Teil der Wirklichkeit – zwischen diesen beiden Polen bewegt sich die Lektüre der *Contes*. Sie wird von Ferrons Sprachökonomie gelenkt, die gekennzeichnet ist durch kurze parataktische Sätze, Ironie, interpretationsbedürftige Wortwahl und Syntax (»*Wir lagen als Kinder vor: zu fünft, zu siebent, zu zehnt*« evoziert nicht nur den Kinderreichtum, sondern auch die verfliegenden Jahre und die mangelnde Zuwendung der Eltern), Ellipsen (»*Der Dorffiedler kratzte auf den Nerven*«, weil sein Spiel nicht mehr zur Situation paßte) sowie bewußt unterlassene sprachliche Differenzierung zwischen einerseits Schein, Traum, der Welt des Wunderbar-Phantastischen und andererseits der empirischen Wirklichkeit. (Beispielsweise hält in *Mélie et le bœuf – Mélie und der Ochse* eine einfältige Bäuerin ihr Dorf und den Leser zum Narren; vom belauschten nächtlichen Stöhnen der Eltern bis zur Entbindung der Mutter fügen sich für die Kinder und Ich-Erzähler der Geschichten *La Mi-Carême – Die Mi-Carême* und *La sorcière et le grain d'orge – Die Hexe und das Gerstenkorn* alle registrierten Ereignisse zu einem lückenlosen, magischen Sinnzusammenhang. Auf solche Weise entsteht zwischen chiffrierendem Autor und entschlüsselndem Leser eine stillschweigende Kommunikation (*complicité*), die der Beziehung traditioneller Geschichten- und Märchenerzähler zu ihrer Zuhörerschaft gleicht. »Komplizenschaft« auch mit den Dingen, den Tieren, den Figuren der Geschichten und ihren Schicksalen. Die ehrfürchtige und betroffene Darstellung der Vielfalt; die auf lesende Partizipation ausgerichtete Schreibweise, die vieles in Schwebe läßt, weil feste Zuordnungen Bedeutungseinbußen verursachen werden; Witz als »*versteckte Zärtlichkeit*« und »*Andeutung eines Lächelns, welches das Tragische gerade noch verhindert*« (J. Marcel) – all dies sind Merkmale eines Autors, der die »Ungewißheit« seines Landes behutsam erzählend zu bannen suchte. So wie der Traum dank der ihm eigenen Kombinatorik das Alltagsbewußtsein durchbrechen und zu einer allgemeineren Gefühlswirklichkeit vorstoßen kann, so werden in den phantastischen Bildern Ferrons menschliche Grundbefindlichkeiten auch für Leser anderer Kulturkreise erfahrbar. R.H.

AUSGABEN: Montreal 1962 *(Contes du pays incertain)*. – Montreal 1964 *(Contes anglais et autres contes)*. – Montreal 1968 *(Contes)*.

VERFILMUNG: *La dernière neige*, Kanada 1974 (Regie: A. Théberge; Verf. der Geschichte *Retour à Val-d'Or*)

HÖRSPIELBEARBEITUNG: *Martine*, J. Marcel, Radio France 1985.

LITERATUR: G. Calabrese, *L'été/Léthé* (in Brèches, 1, 1973, S. 17–27). – A. Dallaire, *Le ›fantastique‹ F.* (ebd., S. 30/31). – J.-P. Boucher, *Les »Contes« de J. F.*, Montreal 1974. – R. Melançon, *Géographie du pays incertain* (in EF, 12, 1976, Nr. 3/4, S. 267–292). – G. Bessette, *»Mélie et le bœuf« de J. F.* (in MFS, 22, 1976, Nr. 3, S. 441–448). – M. Ziroff, *A Study Guide to J. F.'s »Tales from the Uncertain Country«*, Toronto 1977.

AFANASIJ AFANAS'EVIČ FET

d.i. Afanasij Afanas'evič Šenšin
* Okt. od. Nov. 1820 Novoselskij / Gouvernement Orël
† 3.12.1892 Moskau

LITERATUR ZUM AUTOR:
Bibliographien:
V. S. Fedina, *Literatura o F. i proza F.* (in V. S. F., *A. A. F. (Šenšin). Materialy k charakteristike*, St. Petersburg 1915, S. 11–28). – B. Buchštab, *Sud'ba literaturnogo nasledstva A. A. F. Obzor* (in Literaturnoe nasledstvo, 1935, 22–24, S. 561–602). – *A. A. F.* (in *Istorija russkoj literatury XIX veka. Bibliografičeskij ukazatel'*, Hg. K. D. Muratova, Moskau/Leningrad 1962, S. 753–758).
Biographie:
L. M. Lotman, *A. F.* (übers. aus dem Russischen ins Englische von M. Wettlin), Boston 1976 [m. Bibliogr.].
Gesamtdarstellungen und Studien:
V. Pokrovskij, *A. A. F. (Šenšin). Ego žizn' i sočinenija*, Moskau 1904; ²1911. – V. M. Tichomurov, *Poėzija F.*, Kiew 1914. – V. S. Fedina, *A. A. F.*, Petersburg 1915 [m. Bibliogr.]. – B. Ėjchenbaum, *F.* (in B. Ė., *Melodika russkogo liričeskogo sticha*, Petrograd 1922, S. 119–195; auch in B. Ė., *O poėzii*, Leningrad 1969, S. 435–509). – S. V. Kastorskij, *Iz nabljudenij nad stichotvornoj technikoj F.* (in Izvestija Leningradskogo pedagogičeskogo instituta imeni A. I. Gercena, 1928, 1, S. 214–229). – Ders., *Nekrasov i F.* (in Učenye zapiski Leningradskogo pedagogičeskogo instituta imeni A. I. Gercena, 1936, 2, S. 250–288). – B. Buchštab, *A. A. F.* (in A. A. F., *Poln. sobr. stichotv.*, Leningrad 1959, S. 5–78). – D. N. Feichtinger, *Zur Verstechnik A. A. F.s*, Diss. Wien 1965. – R. F. Gustafson, *The Imagination of Spring. The Poetry of A. F.*, New Haven 1966. – L. A. Ozerov, *Lirika F.* (in A. A. F., *Stichotvoenija*, Moskau 1970, S. 3–26). – B. J. Buchštab, *A. A. F. Očerk žizni i tvorčestva*, Leningrad 1974. – S. Althaus-Schönbucher, *Konstantin Bal'mont. Parallelen zu A. F. Symbolismus und Impressionismus*, Bern/Ffm. 1975. – C. D. Buck, *Duality in A. F. Conflict and Transcendence*, Diss. Yale 1978. – V. I. Čeredničenko, *Poėtika chudožestvennogo vremeni A. A. F.*, Diss. Tbilisi 1982. – *Jazyk poėzii XIX–XX vv.: F., sovremennaja lirika*, Hg. O. Grigor'eva u. N. N. Ivanova, Moskau 1985. – W. Kasack, *A. F.* (in W. K., *Die Klassiker der russischen Literatur*, Düsseldorf 1986, S. 72–77).

VEČERNIE OGNI

(russ.; *Abendliche Feuer*). Gedichtsammlung von Afanasij A. FET, erschienen in vier Heften 1883 bis 1891. – Das lyrische Spätwerk des Autors erschien nach einer nahezu zwanzigjährigen Unterbrechung seiner literarischen Tätigkeit. Stärker und bewußter als die früheren Werke verwirklicht es das Prinzip des *l'art pour l'art*. Der unerwartete Erfolg der Gedichte ist vor allem auf die Erschöpfung des von BELINSKIJ, ČERNYŠEVSKIJ, DOBROLJUBOV, PISAREV u. a. vertretenen Realismus zurückzuführen. Die Glanzzeit der russischen Prosa näherte sich ihrem Ende. Nicht zuletzt unter dem Einfluß der pessimistischen Philosophie SCHOPENHAUERS, dessen *Welt als Wille und Vorstellung* der Autor ins Russische übersetzte, wird das Bewußtsein des Fin de siècle auch in Rußland zum herrschenden Zeitbewußtsein und zum ästhetischen Horizont der Literatur.

Den Hauptanteil des Sammelbandes macht neben Natur- und Liebesgedichten philosophische Gedankenlyrik aus, wobei sich die genannten Gattungen in der Regel wechselseitig durchdringen. Durchweg umkreisen die Gedichte ein aus erotischer und philosophischer Sehnsucht angesprochenes Du. In Träumen und Visionen, die allein die Erkenntnis- und Erlebnisgrenzen des Ich zu überwinden vermögen, wird das anonyme Du nur allgemein als Vergessen, Überwindung des Schmerzes, Glückseligkeit usf. bestimmt. Als *»undurchschaubares Geflecht der Träume«* bleibt es der vergebliche Versuch einer Objektivation des an sich selbst gefesselten Ich. Auffallend und durchaus im Sinn der romantischen Kunstphilosophie des Dichters ist die häufige Verwendung des Begriffes *tajna* (Geheimnis), der den ruhenden Gegenpol des Ichs umreißt. Der Tendenz zum Mystischen widerspricht das apollinische Wesen der Dichtung. Es kommt zum einen in einem strengen Formbewußtsein, zum anderen in der Forderung zum Ausdruck, Dichtung habe *»Linderung der Qualen als Bewußtmachung des Glücks«* zu sein. Der aufgezeigte Widerspruch findet seine Fortsetzung in Theorie und Praxis des russischen Symbolismus, der das Schaffen des Autors vor der Vergessenheit bewahrte.

A.Gu.

AUSGABEN: Moskau 1883–1891 (H. 1–4). – Petersburg 1901 (in *Poln. sobr. stichotv.*, Hg. B. V. Nikol'skij, 3 Bde., 1). – Leningrad 1959 (in *Poln. sobr. stichotv.*, Hg. B. Ja. Buchštab). – Moskau 1971, Hg. D. D. Blagoj u. M. A. Sokolova.

LITERATUR: S. Vesin, *F., Polonskij i. A. Žemčužnikov*, »Večernye ogni«, »Večernyj zvon« i »Stichotvorenija«, Žitomir 1893. – D. D. Blagoj, *Mir kak krasota: O »Večernich ogniach« A. F.*, Moskau 1975.

LION FEUCHTWANGER

* 7.7.1884 München
† 21.12.1958 Los Angeles

LITERATUR ZUM AUTOR:
Bibliographie:
W. Müller-Funk, *Bibliographie zu L. F.* (in *L. F.*, Mchn. 1983; Textkritik).
Gesamtdarstellungen und Studien:
L. F. The Man. His Ideas. His Work. A Collection of Critical Essays, Hg. J. M. Spalek, Los Angeles 1972. – E. Birr, H. Weiss, *L. F.*, Bln./DDR 1974. – L. Kahn, *Insight and Action. The Life and Work of L. F.*, Rutherford u. a. 1975. – J. Pischel, *L. F. Versuch über Leben u. Werk*, Lpz. 1976. – L. M. Fischer, *Vernunft u. Fortschritt. Geschichte u. Fiktionalität im historischen Roman L. F.s*, Königstein/Ts. 1979. – M. Feuchtwanger, *Nur eine Frau. Erinnerungen aus 90 Jahren*. Aufgezeichnet und dokumentiert v. R. Hoffmeister, Mchn. 1981. – K. Modick, *L. F. im Kontext der zwanziger Jahre: Autonomie und Sachlichkeit*, Kronberg/Ts. 1981. – *L. F.*, Hg. H. L. Arnold, Mchn. 1983 (Text + Kritik). – W. Köpcke, *L. F.*, Mchn. 1983. – R. Jaretzky, *L. F. in Selbstzeugnissen und Bilddokumenten*, Reinbek 1984 (rm). – W. Jeske u. P. Zahn, *L. F. oder Der arge Weg der Erkenntnis. Eine Biographie*, Stg. 1984. – V. Skierka, *L. F. Eine Biographie*, Bln. 1984. – W. v. Sternburg, *L. F. Ein deutsches Schriftstellerleben*, Kronberg/Ts. 1984. – H. Zerrahn, *Exilerfahrung u. Faschismusbild in L. F.s Romanwerk zwischen 1933 und 1945*, Bern u. a. 1984. – F. Dietschreit, *L. F.*, Stg. 1988. – *L. F. Materialien zu Leben u. Werk*, Hg. W. v. Sternburg, Ffm. 1989.

GOYA ODER DER ARGE WEG DER ERKENNTNIS

Roman von Lion FEUCHTWANGER, erschienen 1951. – Feuchtwangers Biographie des spanischen Malers Francisco de GOYA Y LUCIENTES (1746 bis 1828) bildet das Mittelstück einer Romantrilogie (mit *Die Füchse im Weinberg*, 1948, und *Narrenweisheit oder Tod und Verklärung des Jean-Jacques Rousseau*, 1952), die das von der Französischen Revolution erschütterte Europa um die Jahrhundertwende zum Thema hat. In *Goya* wendet sich der Autor dem erzkonservativen Spanien zu: »*Gegen Ende des achtzehnten Jahrhunderts war fast überall in Westeuropa das Mittelalter ausgetilgt. Auf der Iberischen Halbinsel ... dauerte es fort.*« Ein durch Jahrhunderte hindurch selbstherrlich und korrupt gewordenes Königtum, die fanatisch-blutrünstige Inquisition und ein obrigkeitshöriges Volk verharren in einer unaufgeklärten, antagonistischen Ständegesellschaft. »*Die wenigen Gescheiten, Begabten, drängten vorwärts, die ungeheure Zahl der anderen hielt sie zurück, feindete sie an, fesselte sie, brachte sie um.*«

Der Roman *Goya*, ein »*düster glänzendes Riesengemälde*« (Th. Mann) der Epoche, zeigt den Hofmaler Karls IV. im Spannungsverhältnis dieser divergierenden Kräfte, vergegenwärtigt dessen »*argen Weg der Erkenntnis*«, nach Feuchtwangers eigenem Bekunden die zentrale Aussage seiner Goya-Studie: Der von den ungeheuren gesellschaftlichen Umwälzungen ergriffene Künstler erkennt seine politisch-moralische Verpflichtung zur Mitwirkung am revolutionären Prozeß.

Der ehemalige Bauernsohn aus Fuendetodos – hier setzt der Roman (die historischen Quellen frei handhabend) ein – ist zum vielbegehrten Maler am spanischen Hof geworden. Der noch gefällige Porträts und traditionelle Sujets malende Emporkömmling erhält Zutritt in die höchsten adeligen Kreise und wagt es sogar, mit der Herzogin von Alba, die einem der ältesten Adelsgeschlechter angehört, ein erotisches Verhältnis zu beginnen. Seine Stellung erlaubt es ihm, in politischen Dingen zu intervenieren. So wird auf sein Betreiben hin der liberale Freigeist Gaspar Jovellanos aus seinem Exil zurück nach Madrid geholt – Goya tritt dafür seine frühere Intimfreundin Pepa Tudó an Don Manuel, den Ersten Minister des Königs, ab. Er tut dies jedoch nicht aus politischen Überlegungen, sondern um sich zum einen den einflußreichen Politiker zum Freund zu machen und zum anderen für Cayetana von Alba frei zu sein. Goya erweist sich im ersten Teil des Romans noch ganz als charakterloser Parvenü, als ein auf seinen eigenen Vorteil bedachter Ehrgeizling und Weiberheld. Sein Gehilfe Agustin Esteve und wohlmeinende Liberale werfen ihm seine apolitische Haltung und den Rückzug in den Ästhetizismus vor: »*Und solange du so feig neutral bleibst und solange du keine Meinung hast und keine zeigst, solange bleibt deine ganze Malerei Dreck und Gelump.*«

Zum ersten Mal wird Goya durch die Erfahrungen mit der Inquisition zu einer eigenen Stellungnahme gezwungen. Nach einem pompös abgehaltenen Autodafé über den Liberalen Pablo Olavide malt er fünf Bilder, völlig neuartig in Aussage und Stil, Entlarvungen des irrational-gewalttätigen Spaniens jener Tage. Die fortschrittlichen Freunde erkennen nun Goyas ureigene Macht, die nicht im Wort liegt, sondern in der künstlerischen Anklage: »*Nicht wir armen Schriftsteller, Sie, Don Francisco,*

Sie sprechen die Sprache, die alle verstehen, das Idioma Universal.« Trotz des erwachenden politischen Bewußtseins bleibt aber der Erste Hofmaler weiterhin seinen adeligen Gönnern verpflichtet (er malt »Die Familie Karls IV.«, wenn auch mit deutlicher Ironie), verharrt er in der Mesalliance mit der sozial für ihn eigentlich unerreichbaren Cayetana. Madonna und Hure in einem, ist sie sowohl unentbehrliches Sexualobjekt als auch Zielscheibe wildester Verwünschungen. Als sie ein Porträt von sich, das sie in die Nähe einer Hexe rückt, zerstört, erleidet Goya einen Kollaps mit Gehörsturz.

Als ›tauber Krüppel‹ und inkognito geht Goya auf Reisen durch sein Heimatland Spanien und sammelt Eindrücke für seinen späteren Radierzyklus »Caprichos«. Der Entstehungszeit dieser 80 Kupferstiche, die Goyas späteren Ruhm entscheidend mitbegründen sollten, ist weitgehend der Schlußteil des Romans gewidmet. Goya, behindert durch die Taubheit, vereinsamt durch den Tod seiner Frau, zweier Kinder und der geliebten Cayetana, die bei der Abtreibung des von ihm stammenden Kindes stirbt, hat mühsam die Erkenntnis erlangt, weder im idealistischen Impetus die Welt verändern zu wollen noch sich selbst ganz aufzugeben. *»Man darf die Kanten nicht brechen wollen, man muß versuchen, zu biegen und zu runden, die Welt und sich.«* Goya verleugnet sein mittlerweile revolutionäres Bewußtsein nicht mehr, sondern stellt in den Motiven der »Caprichos« eine Gesellschaftskritik mit bis dahin unbekannter Radikalität dar. Doch er bedient sich auch einer List, um der drohenden Verhaftung durch die Inquisition zu entgehen: Er schenkt die Druckplatten dem König von Spanien und macht sie dadurch unantastbar.

Goya, Feuchtwangers größter Verkaufserfolg, wurde durchweg positiv aufgenommen, in den USA sogar geradezu hymnisch gefeiert. Die Anspielungen und impliziten Parallelsetzungen mit jüngsten Ereignissen wurden verstanden: *»Die Inquisition war Lion Feuchtwanger nicht nur eine geschichtliche Tatsache, sie war für ihn ein Gleichnis zu unserer Gegenwart, zum Nationalsozialismus, und dann hier, in Amerika, zur McCarthy-Periode«* (Martha Feuchtwanger). Nicht zuletzt auch darf man eine partielle Gleichsetzung des ›Erkenntnis- und Lebensweges‹ von Goya mit dem von Feuchtwanger selbst annehmen – so plante der nie mehr aus dem Exil heimgekehrte Feuchtwanger auch noch einen zweiten Goya-Roman über die Zeit der Verbannung in Frankreich. Dieser Werdegang eines Künstlers zu Ausgang des 18. Jh.s in einem finsteren Despotismus hat also letztlich Erkenntniswert für die Beurteilung der eigenen Gegenwart. Der Roman *Goya* muß *»wie wohl kaum ein anderes Buch als ganz persönliches Bekenntnis Feuchtwangers gelesen werden«* (J. Pischel). B.S.

AUSGABEN: Ffm. 1951. – Bln./DDR 1961 (in *GW in Einzelausgaben*, Bearb. G. Schubert).

VERFILMUNG: DDR 1971 (Regie: K. Wolf).

LITERATUR: K. Washausen, *Die künstlerische und politische Entwicklung Goyas in L. F.s Roman*, Rudolstadt 1957. – W. Bütow, *Probleme der Gestaltung des historischen Stoffes in der Revolutionstrilogie L. F.s*, Diss., Greifswald 1966. – R. Herlinghaus, *»Goya«. Vom Roman zum Film. Eine Dokumentation zum Film von Konrad Wolf*, Bln./DDR 1971. – L. M. Fischer, *Vernunft und Fortschritt. Geschichte und Fiktionalität im historischen Roman L. F.s, dargestellt am Beispiel »Goya«*, Königstein/Ts. 1979.

DIE HÄSSLICHE HERZOGIN MARGARETE MAULTASCH

Historischer Roman von Lion FEUCHTWANGER, erschienen 1923. – »*Die Kräfte, welche die Völker bewegen, sind die gleichen, seitdem es aufgezeichnete Geschichte gibt. Sie bestimmen die Geschichte der Gegenwart ebenso, wie sie die der Vergangenheit bestimmt haben. Diese unveränderten und unveränderlichen Gesetze in ihren Auswirkungen zu gestalten ist wohl das höchste Ziel, das ein historischer Roman erreichen kann. Ihm strebt der Autor zu, der heute an einem ernsthaften historischen Roman schreibt. Er will die Gegenwart darstellen. Er sucht in der Geschichte nicht die Asche, er sucht das Feuer. Er will sich und den Leser zwingen, die Gegenwart deutlicher zu sehen, indem er sich distanziert.*« Diese Absicht verfolgte Feuchtwanger auch in seinem Roman *Die häßliche Herzogin*, der im 14. Jh. spielt. Herzogin Margarete von Tirol (1318–1369), die Tochter Heinrichs von Kärnten – ihr äffisch gewulsteter Mund hat ihr den Beinamen »Maultasch« eingetragen –, kämpft um ihre Heimat, die zum Spielball dynastischer Interessen geworden ist. Schon seit ihrem zwölften Lebensjahr mit dem zehnjährigen Prinzen Johann von Böhmen glücklos vermählt, setzt die Häßliche, der Liebe versagt ist, ihre ganze Kraft daran, in der Umbruchszeit des ausgehenden Feudalismus (Feuchtwangers historische Romane thematisieren stets Umbruchszeiten) zum Wohl der aufblühenden Städte ihres Landes den machtvoll nachrückenden neuen Stand und die bürgerlich-frühkapitalistischen Handelsbestrebungen klug zu unterstützen. Durch ihre Häßlichkeit innerlich vereinsamt, sucht sie die Nähe des jungen Chretien de Laferte, der jedoch ihre schöne Gegenspielerin Agnes von Flavon vorzieht. Er wird später von dem eifersüchtigen und bösartigen Johann ermordet. Nach dessen Vertreibung heiratet Margarete den Sohn Kaiser Ludwigs des Bayern. Doch auch in dieser Ehe wird sie nicht glücklicher; zudem stehen ihre zunächst erfolgreichen Bemühungen um den wirtschaftlichen Aufschwung unter dem Unstern von Naturkatastrophen, päpstlichem Bann und schließlich der Pest. Nach dem Tod ihres zweiten Gatten fällt Tirol an das Haus Habsburg, und Margarete, immer mehr vereinsamend und beim Volk wenig beliebt, sucht bei dem zynischen Konrad von Frauenberg und später bei dem knabenhaften Aldrigeto Zuflucht. Alle ihre politischen Pläne aber zerschlagen sich; verwahrlost und einer krankhaften Freßgier verfallen, läßt Feuchtwanger sie statt in Wien auf der Fraueninsel im Chiemsee enden, »*ein Sagentier aus einer versunkenen Zeit, umkrustet mit den Narben zahlloser Kämpfe, träge vom endlosen Erleben*«.

Feuchtwanger erweist sich in seinem Roman als Chronist, der die Ereignisse aus nüchterner, oft ironischer Distanz sieht und sie weder verklärt noch pathetisch heroisiert. Nicht ideelle, sondern materielle Interessen sind für ihn die wirkenden Kräfte, die in Vergangenheit und Gegenwart das politische Handeln und den Wettlauf um die Macht bestimmen, ein Wettlauf, der jeden, der sich auf ihn einläßt, schließlich korrumpiert. Der sachlichen Einstellung des Autors zu dem historischen Geschehen entspricht die stilisierte Darstellung, die vor allem durch die fast durchweg an Stelle des Dialogs angewandte indirekte Rede gekennzeichnet ist.

Der Roman wurde Feuchtwangers erster großer Erfolg, er selbst meinte dazu in der ›Literarischen Welt‹ vom 25. 5. 1928: »*Das Buch ... schildert den Kampf eines Menschen gegen die ungünstigen Bedingungen der Konstitution, die ihm die Natur gegeben hat. Ein Drittel aller Leser also können daraus Trost und Belehrung schöpfen, zwei Drittel freuen sich über ihre besseren körperlichen Bedingungen.*« 1925 bearbeitete Feuchtwanger in *Die Petroleuminseln* den Stoff in moderner, dramatisierter Form; aus der Herzogin ist die häßliche Herrin eines amerikanischen Öltrusts geworden, die trotz ihres Reichtums ihren Liebhaber an eine schöne Rivalin verliert und diese schließlich ermorden läßt. KLL

AUSGABEN: Bln. 1923. – Potsdam 1926. – Amsterdam 1935. – Hbg. 1953. – Bln./DDR 1959 (in *GW in Einzelausgaben*, Bearb. G. Schubert; ³1972). – Ffm. u. a. 1976. – Ffm. 1982 (FiTb).

LITERATUR: W. Berndt, *F.s frühe Romane »Jud Süß« u. »Die häßliche Herzogin«*, Diss. Bln./DDR 1953. – H. Mayer, *Wiederbegegnung mit F.s »Häßlicher Herzogin«* (in H. M., *Deutsche Literatur und Weltliteratur*, Bln./DDR 1957, S. 699–705). H. Hefti, *Macht, Geist u. Fortschritt. Der Roman »Die häßliche Herzogin« in der Entwicklung von L. F.s Geschichtsbild*, Diss. Zürich 1977.

JUD SÜSS

Historischer Roman von Lion FEUCHTWANGER, erschienen 1925. – Vorausschauend und mit bewußtem Bezug auf die Gegenwart analysiert Feuchtwanger hier einen Massenausbruch des Antisemitismus in seinen Ursprüngen und geheimen Verzweigungen. Josef Süß Oppenheimer, der historische Jud Süß, war Halbjude. 1692 in Heidelberg geboren, wurde er 1732 Finanzberater des Prinzen Karl Alexander von Württemberg. 1733 erhielt dieser die Herzogwürde. Das protestantische Land fühlte sich vom katholischen Fürsten ständig bedroht. Der Widerstand gegen ihn und seinen Finanzrat Süß, der zwar nur eine beratende Funktion ausübte und kein Staatsamt besaß, doch immer mehr zum eigentlichen Regenten des Landes wurde, konzentrierte sich in den Landständen.

Beide, der Landesfürst und der Jude, werden von Feuchtwanger als ebenso lüstern wie machthungrig gezeichnet: der Herzog sinnlich, brutal und in seiner Regierungsweise beschränkt auf das Bestreben, den unter Prinz Eugen erworbenen Kriegsruhm mit einem absolutistischen Regiment nach Art von Ludwig XIV. zu krönen; Jud Süß intelligenter, subtiler, von Eitelkeit getrieben, dem Herzog geistig überlegen und doch zunächst völlig ergeben. Der elegante Finanzrat perfektioniert mit teuflischem Genie die üblichen gewaltherrscherlichen Methoden zur Auspressung des Volks (was Veit Harlan in seinem die Geschichte im Sinne des Dritten Reichs verzerrenden Film *Jud Süß* als Beispiel für »typisch jüdisches Verhalten« darstellte). Doch als der Herzog der sorgfältig verborgen gehaltenen schönen Tochter des Juden nachstellt, ja sie brutal zu mißbrauchen versucht und diese sich durch einen verzweifelten Sprung vom Dach in den Tod rettet, ist Süß, äußerlich unbewegt, zur Rache entschlossen. Das »katholische Projekt« des Herzogs und des Würzburger Fürstbischofs, das die Landstände ausschalten und eine Militärautokratie etablieren soll, gibt ihm die ersehnte Gelegenheit. In der Nacht vor dem Staatsstreich verrät Süß den Plan an die Parlamentarier; der Herzog, mit diesen konfrontiert, stirbt am Schlagfluß. Von der Erreichung seines Ziels ernüchtert, besinnt Süß sich auf sein Judentum und dessen geistig-religiöse Werte, die von seinem Oheim, einem mit okkulten Kräften begabten Rabbi, verkörpert werden. Süß hatte sich bisher dem Judentum verschlossen und bietet sich nun selbst den Verschwörern als Sündenbock an. Unter eklatanter Beugung des Rechts (denn als Berater ohne Staatsamt war Süß dem Gesetz nicht verfallen) und im Zeichen einer von den eigentlich Schuldigen scheinheilig angefachten antisemitischen Massenpsychose wird der Jude nach langwierigem Prozeß verurteilt und hingerichtet. Ohne sich zur Konversion, die ihn retten könnte, bewegen zu lassen, wählt Süß, der es auch früher schon abgelehnt hat, seine Abkunft von einem christlichadligen Vater zu enthüllen, bewußt den Tod und stimmt zum Schluß in die Sterbegebete seiner Glaubensgenossen singend mit ein. »*Ein Jude habe für Christenschelme büßen müssen*«, sagten objektive zeitgenössische Beobachter nach der Hinrichtung (1738).

Feuchtwanger, der bis Anfang der zwanziger Jahre als Kritiker und Bühnenautor (*Warren Hastings, Gouverneur von Indien*, 1916) vor allem dem Theater verbunden gewesen war, wandte sich mit diesem Roman erstmals jenem Genre des historischen Romans zu, dessen wohl berühmtester Erneuerer er im 20. Jh. wurde. Bereits 1916 hatte er den Stoff *Jud Süß* in einem Schauspiel in drei Akten bearbeitet (Uraufführung: 13. 10. 1917, München, Schauspielhaus), aber 1920 begann er mit der Arbeit an dem Roman (das »*das Stück [war] nur eine*

Fassade dessen, was ich sagen wollte«). Das Manuskript war 1923 abgeschlossen, aber da Feuchtwanger große Schwierigkeiten hatte, dafür einen Verleger zu finden, erschien der Roman erst nach dem Anfangserfolg von *Die häßliche Herzogin*.

Bereits 1827 hatte Wilhelm HAUFF den Stoff in einer Novelle verarbeitet, Feuchtwangers Quelle war jedoch vor allem die Oppenheimer-Biographie von Manfred Zimmermann (*Josef Süß-Oppenheimer, ein Finanzmann des 18. Jh.s*, 1874), an die er sich weitgehend hielt, wenn er auch durch romanhafte Ausschmückung dem historischen Milieu Anschaulichkeit zu geben versuchte. Wie stets bei Feuchtwanger ist auch hier die Wahl der geschichtlichen Vorlage lediglich ein Mittel, Tendenzen und Probleme der Gegenwart zu gestalten. Ursprünglich war es dem Autor, wie er in seiner Studie *Vom Sinn und Unsinn des historischen Romans* (1935) schreibt, um eine Studie des Schicksals des deutschen Außenministers Walther Rathenau gegangen: Jude, Autor, Konzernherr und Politiker. Dies mißlang, um so gleichnishafter erschien dem Autor die Figur des Jud Süß. Die Assimilation an die Herrschenden hat ihren Preis in der Aufgabe kultureller Identität; gerade dies verweigert Süß letztlich, der durch den Übertritt zum Christentum »*wahrscheinlich sein Leben hätte retten können*«. An dem geschmeidigen Politiker, der durchaus kein Idealbild darstellt, wird exemplarisch das Schicksal des jüdischen Volkes sichtbar, das, von der Umwelt verachtet und verfolgt, nur über die Macht des Geldes sich zu behaupten vermag, bis es – was Feuchtwanger kritisch beleuchtet – zum Spiegelbild seiner Verfolger wird und sich erst nach der Erfahrung der völligen Anpassung wieder auf die eigene religiöse Tradition besinnt: »*Mit dem Weg Joseph Süß Oppenheimers aus dem Ghetto, der völligen Assimilation an die nichtjüdische Umwelt und der Rückwendung zum Judentum vollzieht sich gleichnishaft die Geschichte der deutschen Juden seit der Zeit der Emanzipation*« (B. von der Lühe) – eine Entwicklung, die Josef Ben Matthias, Held der *Josephus*-Trilogie, in ähnlicher Weise nachvollzieht.

Der Roman, der zu Feuchtwangers größtem Erfolg wurde, fiel 1933 unter das Verdikt der Nationalsozialisten, für die Veit Harlan 1940 den Film *Jud Süß* drehte. Feuchtwanger sah darin stets ein antisemitisches Plagiat seines Werks, worin ihm die neuere Forschung jedoch nicht mehr folgt; danach »*hat der Harlan-Film mit dem Drama und Roman ›Jud Süß‹ nur die historische Vorlage gemeinsam, sonst nichts, und dabei besonders die historische Figur des Landschaftskonsulenten Sturm, die von Feuchtwanger zwar zum ersten Mal literarisch benutzt..., von Harlan aber zu einem wichtigen Gegenspieler Oppenheimers aufgebaut wurde*« (Knilli/Zielinski).

KLL

AUSGABEN: Mchn. 1925. – Bln. 1931. – Amsterdam 1939 (in *GW*, 11 Bde., 1933–1940, 2). – Stockholm u. a. 1950. – Bln./Weimar 1959 (in *AW in Einzelausgaben*, Bearb. G. Schubert; ³1972). – Ffm. 1976 (FiTb).

DRAMATISIERUNGEN: A. Dukes, »*Jew Süss*« (Uraufführung: 29. 7. 1929, Blackpool). – P. Kornfeld, *Jud Süß* (Uraufführung 7. 10. 1930, Berlin, Theater am Schiffbauerdamm). – M. Avi-Shaul, *Jud Süß* (Uraufführung 1933, Habimah, Tel-Aviv; hebr. Fassung). – J. Kraemer, *La véridique histoire de Joseph Süss Oppenheimer dit LE JUIF SÜSS* (Uraufführung: 1982).

VERFILMUNGEN: *Jew Suess*, auch: *Power*, England 1934 (Regie: L. Mendes). – *Jud Süß*, Deutschland 1940 (Regie: V. Harlan).

LITERATUR: S. Stern, »*Jud Süß*«. *Ein Beitrag zur deutschen u. zur jüdischen Geschichte*, Bln. 1929. – W. Berndt, *F.s frühe Romane »Jud Süß« u. »Die häßliche Herzogin«*, Diss. Bln./DDR 1953. – M. Pazzi, »*Jud Süß*« (in Lit. u. Kritik 12, Salzburg 1977). – P. G. Klussmann, *L. F.s Roman »Jud Süß«. Gedichtete Psychologie u. prophetischer Mythos des Juden* (in ZfdPh 97, 1978; Sondernr. L. F.). – H. Kesselmann, *L. F.s historischer Roman »Jud Süß« u. seine Lehren für die Geschichte* (in Lit. für Leser, 1979, S. 81–102). – F. Knilli u. S. Zielinski, *L. F.s »Jud Süß« u. die gleichnamigen Filme von Lothar Mendes (1934) u. Veit Harlan (1940)* (in *L. F.*, Hg. H. L. Arnold, Mchn. 1983, S. 99–121; Text + Kritik). – J. Pischel, *L. F.s »Jud Süß«. Lob der Asphaltlit.* (in WB, 29, 1983, S. 2112–2129). – B. v. d. Lühe, *L. F.s Roman »Jud Süß« u. die Entwicklung des jüdischen Selbstbewußtseins in Deutschland* (in *L. F.*, Werk u. Wirkung, Hg. R. Wolff, Bonn 1984, S. 34–54).

DIE JÜDIN VON TOLEDO

Roman von Lion FEUCHTWANGER, erschienen 1954. – In diesem vorletzten Roman Feuchtwangers (die westdeutsche Ausgabe erschien 1955 unter dem Titel »*Spanische Ballade*«) wird noch einmal ein Leitmotiv des Gesamtœuvres aufgegriffen, »*das auch seine ersten Romane prägte, die Überlebensmöglichkeiten des jüdischen Volkes*« (K. Modick). Hier ist es das Spanien des 12. Jh.s mit seinen Kreuzzügen, Pogromen und Religionskriegen, das die judenfeindliche Gesellschaft repräsentiert, in der sich das ›heimatlose Volk‹ zu behaupten hat. Im Rückgriff auf mittelalterliche Chroniken und Volksüberlieferungen (u. a. bereits von Lope de VEGA und Franz GRILLPARZER dichterisch bearbeitet) erzählt der Autor die Legende der ›schönen Jüdin‹ von Toledo nach, in die sich Alfonso VIII., König von Kastilien, verliebte. Im Mittelpunkt steht dabei, abweichend von den Vorlagen, die die tragische Liebesgeschichte betonen, Raquels Vater, der königliche Finanzberater Jehuda Ibn Esra, der unter großen Gewissensqualen seine Tochter dem draufgängerischen Krieger und Monarchen als ›geadelte Hure‹ preisgibt, um so weiterhin Frieden, gerade auch für sein eigenes Volk, zu bewahren. »*Dem Ritter entgegenstellen wollte ich den Mann des Friedens. Der freilich wird nicht gefeiert in den Chroniken und Balla-*

den der Zeit«, schreibt Feuchtwanger im Nachwort und verweist damit auf seine eigene Lesart der Historie, die den vergessenen Friedensstifter und -bewahrer vor den vermeintlichen ›Helden der Geschichte‹ stellt.

Wie schon bei dem Fürstenberater Joseph Süß Oppenheimer im Roman *Jud Süß* (1925) erweist sich auch Don Jehudas Streben nach Einfluß und Macht als ambivalent. Unverkennbar ist sein Engagement für die jüdischen Mitbürger: Seine Stellung als Finanzberater des Königs erlaubt es ihm, immer wieder auf eine friedvolle Politik hinzuwirken, die auf die Steuereinnahmen einer sich stabilisierenden Wirtschaft setzt und nicht auf Kriegsbeute. *»Eine Unze Frieden ist mehr wert als eine Tonne Sieg.«* Hinzu kommt, daß nur Frieden die Juden vor Verfolgung schützt, wie die in ganz Europa im Gefolge der Kreuzzüge stattfindenden Vertreibungen beweisen. Daneben wird aber auch die Korruption der Macht spürbar. *»Er macht sich vor, er tue es für den Frieden und für sein Volk, und so ist es auch, aber vor allem tut er's doch, weil er Freude an der Macht hat und am Tun.«* Diese ›Kollaboration‹ mit den Herrschenden verlangt jedoch ihren Tribut: Alfonso fordert Jehudas Tochter Raquel als *»Nebenfrau«* ein, für die er das Lustschloß La Galiana herrichten läßt.

Trotz sittlich-religiöser Skrupel, die eigene Tochter einem Ungläubigen zu überlassen, wägt Jehuda mögliche politische Folgen bei einer Weigerung ab und entschließt sich zum Nachgeben. Zumal durch diese Liaison weiterhin der Frieden erhalten bleibt, denn *»Ritter Ofenhocker«* Alfonso vergißt bei Raquel seine staatsmännischen Pflichten und nimmt als einziger nicht am vom Papst ausgerufenen Kreuzzug teil. Dies bringt die übrigen Feudalherren gegen ihn und den Juden mit seiner Tochter auf. Diesem Druck hält Alfonso nicht länger stand und zieht in den Krieg. Während seiner Abwesenheit läßt seine Frau Doña Leonor die Rivalin Raquel und ihren Vater erschlagen.

Von einer schmachvollen Niederlage heimkehrend, läßt sich Alfonso dennoch nicht von der allgemeinen Hetze gegen die Juden, die an allem schuld seien, beeinflussen und beruft den Juden Don Ephraim zum Friedens-Unterhändler. Der einst kriegslüsterne, nun geläuterte König erkennt den Wert der friedliebenden Juden als Berater. *»Es sind nicht Siege des Schwertes, welche die Propheten uns versprochen haben, und nicht solche Siege sehnen wir herbei. (...) Unser Erbteil ist das Große Buch. (...) Was es uns verheißt, sind Siege des Geistes.«* Wenngleich Feuchtwanger im Judentum kein Monopol für Friedfertigkeit und Gerechtigkeit sieht, weist er dennoch diesem Volk, das sich allein durch die Verbindlichkeit *eines* Buches für alle definiert, *per se* als Geistes- und nicht Tatmenschen eine besondere Rolle zu.

Mit dem Juden Jehuda gestaltete der Autor eine an LESSINGS *Nathan der Weise* erinnernde Figur, hinter der sich *»ein säkularisierter Glaube an das kommende Reich der Gerechtigkeit«* (K. Modick) enthüllt. Daß der Roman *Die Jüdin von Toledo* den-

noch zu den unbekannteren Werken Feuchtwangers zählt, liegt zum einen wohl an der heute etwas blutleer wirkenden Form eines stets in wohlgesetzten Dialogen ablaufenden ›Ideendramas‹ in Prosaform als auch am eigenen übermächtigen Vorgänger, dem weitaus erfolgreicheren Roman *Jud Süß*, dessen Grundaussagen hier noch einmal in einer weit zurückliegenden Legende paraphrasiert werden.   B.S.

AUSGABEN: Pacific Palisades 1954. – Bln./DDR 1962 (in *GW in Einzelausgaben*, Bearb. G. Schubert; 41973).

LITERATUR: M. Reich-Ranicki, Rez. (in Neue Deutsche Literatur, III, März 1956, S. 134–136). – L. Kahn, *F. und das Judentum* (in Diskussion Deutsch, 1984/85, H. 80, S. 626–639).

DER JÜDISCHE KRIEG

Roman von Lion FEUCHTWANGER, erschienen 1932. – Der Roman war ursprünglich als erster Teil eines zweibändigen Romans über den jüdischen Historiker FLAVIUS IOSEPHUS (Josef Ben Matthias) konzipiert, der sich im 1. Jh. n. Chr. vom antirömischen Rebellen zum Günstling des Kaisers Vespasian wandelte, bis er schließlich, in die Heimat zurückgekehrt, sich erneut einem Aufstand anschloß und dabei umkam. Die schon in *Jud Süß* anklingende Frage, wie sich jüdische Identität inmitten unterschiedlichster Kulturkreise und Nationen bewahren lasse, steht im Mittelpunkt dieses Romanwerks, das Feuchtwanger zu einer Trilogie ausweitete, als die Nationalsozialisten im März 1933 sein Haus plünderten und dabei das Manuskript des zweiten Bandes vernichteten: *»Den verlorenen Teil in der ursprünglichen Form wiederherzustellen, erwies sich als unmöglich. Ich hatte zu dem Thema des ›Josephus‹: Nationalismus und Weltbürgertum, manches hinzugelernt, der Stoff sprengte den früheren Rahmen, und ich war gezwungen, ihn in drei Bände aufzuteilen.«* 1935 erschien der zweite Band, *Die Söhne*, 1942 in englischer Sprache der dritte Band, *Josephus and the Emperor*, der in der 1945 in Stockholm erschienenen deutschsprachigen Ausgabe den Titel *Der Tag wird kommen* erhielt.

Schauplatz des ersten Buches, *Der jüdische Krieg*, ist zunächst Rom. Der ehrgeizige *»junge Literat und Staatsmann«* Josef Ben Matthias ist im Auftrag des Großen Rates von Jerusalem nach Rom gereist, um drei zu Zwangsarbeit verurteilte Mitglieder dieses Rates zu befreien. Über Vermittlung des Finanzmannes Claudius Regin und des jüdischen Schauspielers Demetrius Liban kann Josef sein Anliegen der Kaiserin vortragen. Liban, einer der berühmtesten Komödianten Roms, enthüllt bei der Audienz seinen ehrgeizigen und gewagten Wunsch, einmal den Juden Apella spielen zu dürfen: *»Der Jude Apella, das war die Figur des Juden, wie der bösartige römische Volkswitz ihn sah, ein sehr widerwärtiger Typ, abergläubisch, stinkend, voll ekel-*

hafter Skurrilität...« Die Kaiserin beschließt daraufhin die Freilassung der drei Gefangenen, wenn Liban seine Absicht wahr macht.

Unbeabsichtigt hat Josef, der während seines Aufenthalts in Rom seine erfolgreiche *»Geschichte der Makkabäer«* schreibt, damit den Jüdischen Krieg 66 n. Chr. mit ausgelöst, denn mit dem Gnadenerweis gegenüber den Gefangenen wird den Juden die Herrschaft über Caesarea, die Hauptstadt Judäas, entzogen, was zum Aufstand gegen die Römer führt, der zunächst mit einem Sieg der Juden endet. Die jüdische Zentralregierung in Jerusalem unterstellt die Bezirke des Landes Volkskommissaren. Josef wird Kommissar von Galiläa. Gegen die Pläne der Zentralregierung verbündet er sich mit Rebellengruppen und zerstört den Palast des Königs Agrippa von Tiberias, eines römischen Vasallen. Nun setzt Rom seine Legionen unter dem Kommando des Generals Vespasian in Marsch, um Jerusalem zu erobern. Josef verteidigt mit der Festung Jotapat den Zugang nach Jerusalem; sieben Wochen leistet er, gemäß einem Gelübde, Widerstand, anders aber als die meisten seiner Mitstreiter ergibt er sich den Römern und rettet sein Leben, indem er Vespasian weissagt, er werde der zukünftige Kaiser in Rom sein. Als Günstling Vespasians wird er von den Juden verflucht, aber er nimmt alle Demütigungen durch die Römer, einschließlich einer erzwungenen Heirat, in Kauf. Vespasians Stunde kommt, als in Gallien ein Aufstand losbricht und Kaiser Nero vom Senat abgesetzt wird; mit seinen Legionen kann er sich im Kampf um die Nachfolge durchsetzen. Josef nimmt daraufhin den Geschlechternamen des Kaisers an und nennt sich Flavius Josephus. Statt in den engen Grenzen des jüdischen Glaubens zu leben, statt in Ablehnung zu den übrigen Völkern zu stehen, will Josef über alle Nationalismen hinaus: *»Er war eine neue Art Mensch, nicht mehr Jude, nicht Grieche, nicht Römer: ein Bürger des ganzen Erdkreises, soweit er gesittet war.«*

Gegen alle Widrigkeiten und gegen alle Rücksichtnahmen geht Josef zielbewußt seinen Weg; mit einer Geißelung entledigt er sich der Verpflichtungen gegenüber Mara, seiner ersten Frau, die ihm mittlerweile einen Sohn geboren hat, verheiratet sich mit der Ägypterin Dorion und erlangt das römische Bürgerrecht gegen das Versprechen, die Geschichte des Jüdischen Krieges zu verfassen. Er begleitet Titus, den Sohn Vespasians, auf dem Feldzug gegen Jerusalem und wird schließlich Zeuge der Zerstörung der Stadt und ihres Tempels.

Im zweiten Band, *Die Söhne*, ist Josef nach Rom zurückgekehrt. Vespasian stirbt, Titus wird sein Nachfolger, und Josef schreibt seine »Geschichte des Jüdischen Krieges«, wofür ihm Titus in der Bibliothek des Friedenstempels eine Ehrensäule errichten läßt. Josef nimmt diese Ehrung an, obgleich dies dem Gebot des Judentums »Du sollst dir kein Bild machen« zuwiderläuft. Der Versuch, seine jüdische Identität zu bewahren und zugleich als römischer Bürger zu leben, zwingt ihn zu Kompromissen. Dorion weigert sich, ihren Sohn Paulus gemäß dem jüdischen Ritus beschneiden zu lassen. Als Josefs erste Frau Mara mit ihrem Sohn Simeon nach Rom kommt, will er dieser keine bessere Erziehung ermöglichen. Er kümmert sich nur sporadisch um Simeon, der schließlich tödlich verunglückt. Auch im Kampf um Paulus unterliegt Josef. Dorion trennt sich von ihm; zwar erzwingt Josef die Herausgabe seines Sohnes, schickt ihn jedoch wieder zur Mutter zurück, als sich der von einem griechischen Lehrer erzogene Junge der jüdischen Lehre verweigert.

Umrahmt wird die Haupthandlung von Josefs Schwierigkeiten, sich als Jude in Rom und als römischer Bürger innerhalb der jüdischen Gemeinde der Stadt zu behaupten; mit seinem Plan, eine großangelegte Abhandlung über die »Jüdische Geschichte« zu verfassen, kommt er nicht voran, bis ihm schließlich sein Verleger die Alternative aufzeigt: *»Es bleiben Ihnen nur zwei Wege. Sie können entweder, was Ihnen an Judentum geblieben ist, ganz abtun, es ist kein großer Schritt, und vollends zum griechischen Schriftsteller werden.«* Josef wählt die zweite Möglichkeit: zurück nach Judäa zu gehen. Im Land, das unter den Römern wirtschaftlich aufgeblüht ist, haben die Großdoktoren von Jabne, das nun als jüdische Hauptstadt gilt, die doktrinäre Verteidigung der jüdischen Lehre begonnen. Die aufkommende Lehre der Christen wird aus dem Judentum ausgeschlossen, der dem Judentum immanente Universalismus wird zugunsten der Rettung der Lehre selbst geopfert. *»Ich ziehe es vor«*, so konstatiert der Großdoktor Gamaliel, *»das Judentum für eine Weile national einzuengen, statt es ganz aus der Welt verschwinden zu lassen.«* Zusammen mit dem Schriftsteller Justus von Tiberias, einem alten Konkurrenten, kehrt Josef nach Rom zurück, wo Titus im Sterben liegt und dessen Bruder Domitian zum Kaiser erhoben wird. Josef stiftet eine Synagoge, die seinen Namen trägt, er nimmt Mara erneut zur Frau und widmet sich ganz seiner schriftstellerischen Tätigkeit, bis er gezwungen wird, am Trauerzug für Titus teilzunehmen und diesen als Gott zu ehren, womit er die *»Achtung der Römer und der Juden für immer zertritt«.*

Das dritte Buch, *Der Tag wird kommen*, handelt von Josefs Arbeit – er lebt nun zurückgezogen in Rom – an seiner *»Universalgeschichte des jüdischen Volkes«.* Josef ist mittlerweile 50 Jahre alt, und erneut bahnt sich in Judäa ein Aufstand an; die Juden in Rom wissen, daß dieser Krieg nicht zu gewinnen ist, suchen mit einem Manifest die Unruhe zu dämpfen, auch um die Situation der römischen Juden unter dem despotischen Regime des Domitian nicht zu verschlechtern. Dennoch gerät vor allem Josef in die Intrigen des kaiserlichen Hofes. Bei einer Lesung aus seinem Buch begeht er einen Affront gegen den Kaiser. Er gibt seine Rücksichtnahmen, seine für das Ideal eines *»Weltbürgertums«* eingegangenen Kompromisse auf und schreibt sein Buch *»Gegen Appian oder Über die alte Kultur der Juden«*, ein Loblied auf das Judentum, und muß doch bitter dafür zahlen, als der Kaiser den Tod seines Sohnes Matthias veranlaßt, der im Dienst der

Kaiserin Lucia stand. Mit der Leiche seines Sohnes kehrt Josef nach Judäa zurück, ein Geschlagener, der sich auf sein Landgut zurückziehen möchte, schließlich aber, gegen alle Vernunftgründe, sich den Aufständischen im Land anschließen will und auf dem Weg zu ihnen in den Händen einer römischen Patrouille umkommt. Sein Ideal des Weltbürgertums, der Versöhnung von östlicher und westlicher Kultur, ist gescheitert, einen Nachfolger findet er nicht.

Wie in keinem anderen Roman hat sich Feuchtwanger in dieser Trilogie mit dem Phänomen des Judentums beschäftigt, zum einen, um die eigenen (Exil-)Erfahrungen zu reflektieren, zum andern, um der nazistischen Propaganda ein historisch fundiertes Bild des Judentums entgegenzuhalten. Desungeachtet ist auch hier – wie in allen historischen Romanen Feuchtwangers – Geschichte nur ein Mittel, Konflikte des 20. Jh.s darzustellen (*»Wenn ich dieses Thema in Form eines zeitgenössischen Romans darzustellen versuche, dann fürchte ich, könnten persönliche Ressentiments meine Darstellung trüben...«*). Es gehe darum, so notiert der Autor, »*zu zeigen, daß ein Mensch gleichzeitig national und kosmopolitisch sein kann*« (*An meine Sowjetleser*). Die Juden, verbunden über den Glauben an die Schrift, bildeten durch die Vertreibungen zwangsläufig ein kosmopolitisches Denken aus, dessen Bedingung aber stets ein Beharren auf der eigenen Tradition ist. Josef will nicht die römische Kultur gegen die des Judentums eintauschen, sondern als Jude in Rom anerkannt werden, seine kulturelle Herkunft gleichberechtigt neben die der Römer stellen. Zu diesem Zweck verfaßt er seine Geschichtswerke: »*Ich habe ... die Griechen und Römer enthusiasmieren wollen für die große Geschichte unseres Volkes.*« Er, der zeigen will, »*daß, was die Schicksale der Nationen geformt hat, immer Gedanken waren, religiöse Ideen, Geistiges*«, erweist sich dabei nicht nur als Idealist; sein Leben verharrt in einem Widerspruch, denn sein Engagement für die Juden wird erkauft durch Gesten der Unterwerfung gegenüber Rom, durch die Zerstörung seiner Familie. Er ist mit seinem Ideal eines kosmopolitischen Judentums seiner Zeit weit voraus, wie auch der Autor Feuchtwanger, der aber gerade aus dem historischen Schicksal der Juden ihre bevorzugte Stellung in der Zukunft ableitet: *Daß die Juden »seit Jahrhunderten umgetrieben wurden, daß sie sich immerzu neuen Menschen, neuen Verhältnissen anpassen mußten, macht sie in einer rasch veränderlichen Zeit... denen überlegen, die sich nur auf ihrer Scholle bewegen können. Es ist mit ihre historische Sendung, an erster Stelle mitzubauen an einer Welt, die sich aus einer Welt der Farmer in eine der Maschinen verwandelt.«* M.Pr.

AUSGABEN: *Der jüdische Krieg*, Bln. 1932. – *Die Söhne*, Amsterdam 1935 (in *GW*, Bd. 4: zusammen mit *Der jüdische Krieg*). – *Der Tag wird kommen*, Stockholm 1945. – Ffm. 1952 (Vorw. W. Dirks). – Reinbek 1968 (rororo). – Bln./Weimar 1974 (in *GW in Einzelausgaben*, Bearb. G. Schubert). – Ffm. 1982 (FiTb).

LITERATUR: D. Faulset, *Die Darstellung der Figuren – speziell Figurentechnik – in den beiden Romantrilogien L. F.s (Wartesaal-Trilogie u. Josephus-Trilogie)*, Diss. Lpzg. 1963. – K. Weissenberger, *Flavius Josephus – A Jewish Archetype* (in *L. F.: The Man – His Ideas – His Work*, Hg. J. M. Spalek, Los Angeles 1972, S. 187–199).

WAFFEN FÜR AMERIKA

Roman von Lion FEUCHTWANGER, erschienen 1947/48. – Als sich Feuchtwanger nach dem NS-»Blitzsieg« über Frankreich gerade noch in die USA hatte retten können, nahm er ein literarisches Vorhaben wieder auf, mit dessen Konzeption er schon seit mehr als zehn Jahren beschäftigt gewesen war. Das Thema aus dem Stoffkreis der Französischen Revolution war in einem ersten Entwurf noch in Deutschland um die *»überaus anziehende Figur«* des revolutionär gestimmten und geschäftsfreudigen Schriftstellers BEAUMARCHAIS zentriert worden, der die nordamerikanischen Siedler mit seinen geheimen, von der französischen Monarchie wegen der Niederlage im Siebenjährigen Krieg sanktionierten Waffenlieferungen in ihrem Befreiungskampf gegen die englische Herrschaft unterstützte. Diese eindimensionale Fabel des *»Beaumarchais-Projekts«*, die den komplexen Sachverhalt einer Kooperation feudaler und demokratischer Machtgruppierungen, wie sie im Allianzvertrag zwischen der französischen Monarchie und der jungen, revolutionären Demokratie Nordamerikas besiegelt wurde, nicht zu bewältigen vermochte, konnte Feuchtwanger erst im französischen Exil ausbauen, wo er eine *»neue Beziehung zur französischen Geschichte und zu französischen Menschen«* gewonnen hatte. Der Autor führte zusätzliche Hauptfiguren ein, beseitigte damit die Dominanz des ursprünglichen Einzelhelden Beaumarchais und schuf eine Figurenkonstellation, in der sich der ziemlich abstrakt formulierte neue »Held« des Geschehens manifestieren sollte: *»Jener unsichtbare Lenker der Geschichte, der, im achtzehnten Jahrhundert entdeckt, im neunzehnten Jahrhundert deutlich erkannt, beschrieben und gepriesen wurde, um dann im zwanzigsten Jahrhundert bitter verleugnet und verleumdet zu werden: der Fortschritt.«*

Das durchgehende Thema seines Romanentwurfs, *»die Wechselwirkung zwischen dem fortschrittlichen Frankreich und dem Unabhängigkeitskampf in Amerika«* darzustellen, wurde in seiner Gleichniskonzeption von der steigenden Bündnisfreudigkeit der USA nach dem Fall Frankreichs dialektisch bestätigt. Die sich aktivierende Frontstellung der USA gegenüber dem Faschismus, die sinnvoll nur auf eine Befreiung Europas von Hitler abzielen konnte, dokumentierte nicht nur *»die geschichtliche Verbundenheit der beiden Kontinente und insbesondere Frankreichs und Amerikas«*, sondern mußte, indem sie in das einmalige Kampfbündnis zwischen dem Amerika Roosevelts und der Sowjetunion mündete, eine historische Konstellation von ähnlicher Brisanz, so daß es Feuchtwanger gerechtfertigt schien, in seinem Roman »*die Triebkräfte der Geschichte freizulegen und objektive Gesetzmäßigkeiten welthistorischer Vorgänge abzuleiten*« (Winkler).

Die Handlung, die mit der Reise Franklins als »*amerikanischer Emissär*« nach Paris einsetzt, wird ganz aus dem Prozeßcharakter des Geschehens heraus unter einer parteilich betonten Perspektive geführt und vor der chronikalischen Zersplitterung bewahrt. Der betonten Gleichnisfunktion der Handlung entsprechend wird die Vielzahl an Haupt- und Nebenfiguren derart typisiert, daß jegliche ausmalend historisierende Biographik vermieden wird, wobei die Figuren doch nicht zu platter Schwarzweißkonturierung verkümmern. Abgesehen von wenigen negativ profilierten, auf die schon zu Beginn bemerkbare und später anhaltende Korrumpierung der demokratischen Konstitution der Staaten hindeutenden Vertretern reaktionärer Provenienz, steht der Autor mit unverhohlener Sympathie auf seiten der Repräsentanten der aufgelockert antagonistischen Gruppierungen aus Feudalmonarchie und aufgeklärtem Demokratentum, denn beide befördern dank der Hegelschen »List der Vernunft« den Fortschritt: die einen als aktive Fortschrittsbringer – Voltaire, Beaumarchais, Franklin, Lafayette; die anderen als seine indirekten, gegen ihren Willen und zu ihrem eigenen Schaden gezwungenen Förderer – Ludwig XVI. und »Toinette« mit ihren modisch progressiv erregten Hofschranzen des »Fliederblauen Klüngels«.

Obzwar der Autor durch das Wort von Marx »*Solange das Ancien régime als vorhandene Weltordnung mit einer erst werdenden Welt kämpfte, stand auf seiner Seite ein weltgeschichtlicher Irrtum, aber kein persönlicher. Sein Untergang war daher tragisch*« seine differenziert angelegten Figuren legitimieren konnte, nahm die dogmatisch operierende marxistische Literaturkritik dies übel, weil die »Parteilichkeit« darunter litte, und warf ihm zudem vor, in eine Apologetik des »imperialistischen Amerika« abgerutscht zu sein. Solch makabrer Rezeption ging eine verwickelte Edition parallel. Als der Roman in einer vom Autor beaufsichtigten englischen Übersetzung 1947 unter dem Titel *Proud Destiny* (Nebentitel: *Arms for America*) zum ersten Mal in New York als »Bestseller« erschien, zog sich sehr zum Verdruß Feuchtwangers die Drucklegung und Auslieferung der Originalausgabe über lange Zeit hin. Nach der deutschen Erstausgabe tauchte ein zweiter Haupttitel auf: *Die Füchse im Weinberg* – eine Anspielung auf die Fortschrittsbringer, die in die höfische Scheinidylle eingedrungen waren –, der die erste innerdeutsche Ausgabe schmückt, die Feuchtwanger extra mit einem erklärenden, die ideologischen Verdächtigungen abweisenden Nachwort versehen hat (das in der westdeutschen Ausgabe fehlt, die den ursprünglichen Titel wiederaufgenommen hat).

Für Feuchtwanger war der Roman sein »*Geschenk an Amerika*«, das den Flüchtling aufgenommen hatte und in dem er die Idee des historischen Fortschritts verkörpert sah: »*Der Held des Buches ... ist der ›Fortschritt‹. Es handelt nicht von Franklin oder Beaumarchais, sondern vom Sinn des geschichtlichen Geschehens.*« Der Roman steht am Anfang von Feuchtwangers Beschäftigung mit der bürgerlichen Revolution, die sein Spätwerk beherrscht (*Goya oder Der arge Weg der Erkenntnis*, 1951; *Narrenweisheit oder Tod und Verklärung des Jean-Jacques Rousseau*, 1952), wozu auch das 1947 entstandene, erst 1956 erschienene Stück *Die Witwe Capet* gehört, das den Untergang der unglückseligen Marie-Antoinette behandelt. Den unaufgeklärten Seiten der amerikanischen Gesellschaft ist das Drama *Wahn oder Der Teufel in Boston* (1949) gewidmet; es handelt vom Hexenglauben in einer puritanischen Gemeinde des Jahres 1692, woran Arthur Miller mit seinem Stück *Hexenjagd* (1953) anknüpfen sollte und das als Reflex auf die antikommunistische Hysterie im Amerika der Nachkriegszeit zu sehen war, unter der auch Feuchtwanger zu leiden hatte. P.Gl.-KLL

Ausgaben: *Waffen für Amerika*. Amsterdam 1947. – *Die Füchse im Weinberg*, Amsterdam 1948, 2 Bde. – Bln. 1953 (Nachw. L. F.). – Ffm. 1953. – Bln./DDR 1961 (in *GW in Einzelausgaben*, Bearb. G. Schubert). – Bln./DDR 1972 [Nachw. K. Batt].

Dramatisierung: L. F., *Waffen für Amerika* (Uraufführung: Zwickau 1962).

Literatur: F. C. Weiskopf, *Proud Destiny* (in The Saturday Review of Literature, 37, 1947). – C. Andrießen, *F. s »Füchse im Weinberg«* (in Die Weltbühne, 34, 1953). – J. Müller, *Bemerkungen zu L. F.s neuem historischen Roman »Die Füchse im Weinberg«* (in Neue dt. Literatur, 1953, H. 9). – M. Winkler, *Nationalpreisträger L. F.: »Die Füchse im Weinberg«* (in Börsenbl. für den Dt. Buchhandel, 1953, Nr. 41). – J. Rittinghaus, *»Die Füchse im Weinberg«* (in Die Buchbesprechung, 1953, H. 4). – H. Hartmann, *L. F.: »Waffen für Amerika«. Eine gattungsästhetische Untersuchung* (in WB, 1962, H. 3). – H. Gebhardt, Zwickau. *»Die Füchse im Weinberg«* (in Theater der Zeit, 12, 1962). – G. Gottschalk, *Die »Verkleidungstechnik« L. F.s in »Waffen für Amerika«*, Bonn 1965. – W. Bütow, *Probleme der Gestaltung des historischen Stoffes in der Revolutionstrilogie L. F.s (»Die Füchse im Weinberg«, »Goya oder Der arge Weg der Erkenntnis« und »Narrenweisheit oder Tod und Verklärung des Jean-Jacques Rousseau«)*, Diss. Greifswald 1966. – R. H. Fanning, *Das Amerikabild im Werk L. F.s*, Diss. Los Angeles 1970.

DER WARTESAAL

Romanzyklus von Lion Feuchtwanger, erschienen 1930 *(Erfolg. Drei Jahre Geschichte einer Provinz)*, 1933 *(Die Geschwister Oppenheim)*, 1940 *(Exil)*. – In den Romanen beschreibt Feuchtwanger den »*Wiedereinbruch der Barbarei in Deutsch-*

land und ihren zeitweiligen Sieg über die Vernunft«. Intendiert wird eine Art Rechenschaftsbericht an die »Spätergeborenen«, damit diese begreifen, »warum wir so lange zuwarteten, ehe wir die einzig vernünftige Schlußfolgerung zogen, die nämlich, der Herrschaft der Gewalt und des Widersinns unsererseits mittels Gewalt ein Ende zu setzen und an ihrerstatt eine vernünftige Ordnung herzustellen« (Nachwort zum Roman *Exil*). Ursprünglich war daher auch noch ein vierter Roman vorgesehen, der von der »Rückkehr« nach Deutschland handeln sollte.

Der Roman *Erfolg* (1930) trägt den Untertitel *Drei Jahre Geschichte einer Provinz*. Zu Beginn der zwanziger Jahre wird der fortschrittliche, revolutionär gesinnte Kunsthistoriker und Subdirektor der staatlichen Sammlungen in München, Dr. Martin Krüger, von den reaktionären und erzkonservativen Kräften des Landes Bayern in einen Meineidsprozeß verwickelt und zu Unrecht zu mehreren Jahren Haft verurteilt. Seine resolute Freundin Johanna Krain sucht mit Hilfe einiger Freunde seine Freilassung zu erwirken. Einer ihrer schlimmsten Gegenspieler ist der bayerische Justizminister Otto Klenk, der nahezu »die nackte Gewalt« verkörpert. Krüger, der die Inhaftierung nach anfänglichem Widerstreben ziemlich gelassen erträgt, gerät zusehends in eine schlechte körperliche Verfassung und stirbt schließlich kurz vor seiner durch amerikanischen Einspruch bewirkten Entlassung an einem Herzleiden. Zusammen mit dem von einer »humanisierten Vernunftgläubigkeit« beseelten schweizerischen Schriftsteller Jacques Tüverlin – er trägt autobiographische Züge Feuchtwangers – will Johanna Krain durch einen in den USA gedrehten Film die deutsche Öffentlichkeit auf die verhängnisvolle »*Politisierung der Justiz*« aufmerksam machen, deren Opfer Krüger geworden ist.

Um diese Hauptgestalten gruppieren sich zahlreiche Nebenfiguren aus den verschiedensten sozialen Schichten, die den korrupten Provinzialismus Bayerns (»*Das Land Bayern ist der eigentliche Held meines Romans*«) und die wachsenden faschistischen Tendenzen widerspiegeln, wobei sich hinter vielen Akteuren Persönlichkeiten der Zeitgeschichte verbergen. In den Figuren des naiven Dr. Pfisterer und seines Gegenspielers, des Opportunisten Lorenz Matthäi, sind unschwer die Schriftsteller Ludwig GANGHOFER und Ludwig THOMA zu erkennen, während Hitler in der Gestalt des hysterisch-eloquenten Kleinbürgers Kutzner erscheint, dessen Auftritte in verräucherten Wirtshaussälen samt seinem Putschversuch eher als folkloristische Groteske denn als politische Bedrohung wirken. Es ist der Einbruch des Industriezeitalters in das agrarisch geprägte Land, das die Bewohner der »*bayerischen Hochebene*« verunsichert. Ganz durchschaut die gesellschaftliche Wirklichkeit offenbar nur der später in die UdSSR reisende Freund Krügers, der junge, sozialrevolutionär eingestellte Ingenieur und Balladendichter Kaspar Pröckl (er hat Ähnlichkeit mit dem jungen Bert BRECHT). Die locker aneinandergereihten Kapitel, die zwischen prallen Erlebnisschilderungen und distanziert-theoretischen Kommentaren zum Zeitgeschehen alternieren, fügen sich zu einer kritischen Bestandsaufnahme einer Krisenzeit, auf die vor allem Intellektuelle und Künstler aufklärerisch zu reagieren haben: »*Ich für meine Person glaube*«, so konstatiert Jacques Tüverlin, »*das einzige Mittel, [die Welt] zu ändern, ist, sie zu erklären. Erklärt man sie plausibel, so ändert man sie auf stille Art, durch fortwirkende Vernunft.*«

Am Ende des Romans stehen schließlich drei Versuche einer solchen Erklärung: Otto Klenks Autobiographie, Tüverlins »*Buch Bayern*« und Johanna Krains Film über das Schicksal Martin Krügers: die »*Intellektuellen- und Künstlerproblematik ist das eigentliche Thema des Romans*« (H. Zerrahn). Neben Tüverlin ist es der aufgeklärte amerikanische Unternehmer Potter, der die materiellen Mittel zur Lösung der gesellschaftlichen Konflikte besitzt: »*Die Dollars des sachlich kalkulierenden Kunstfreunds können Martin Krüger zwar nicht ins Leben zurückholen, sie machen aber den ›Wahrhaft Deutschen‹ Rupert Kutzners ihren Massenanhang und ihre hochgestellten Förderer in Politik und Wirtschaft abspenstig. Der Amerikanismus, eine Mischung aus organisiertem Kapitalismus und kultureller Modernisierung bietet sich an als Modell krisenfreier Konfliktlösung auf ökonomischer und politischer Ebene*« (J. Hans/L. Winckler).

Seinem zweiten Roman, *Die Geschwister Oppenheim* (1933), der zwischen November 1932 und Spätsommer 1933 spielt, gab Feuchtwanger später den Titel *Die Geschwister Oppermann*. Die Angehörigen einer jüdischen Großbürgerfamilie in Berlin erleben die Konsequenzen der nationalsozialistischen Machtergreifung im Januar 1933. Unter ihnen ragt der 50jährige Gustav Oppenheim hervor, Seniorchef eines großen deutschen Möbelhauses und zugleich Schriftsteller; an ihm werden die einzelnen Stadien der einsetzenden Judenverfolgung am intensivsten widergespiegelt. Er kehrt, zu politischer Aktion entschlossen, im Sommer 1933 mit einem falschen Paß aus dem Exil nach Deutschland zurück, um die Unmenschlichkeiten der Nationalsozialisten aufzudecken, wird verhaftet und stirbt kurz nach seiner Entlassung aus dem KZ an den Folgen der dort erlittenen Mißhandlungen. Gustav Oppenheims »Geschwister« (seine Brüder Martin, der das großväterliche Unternehmen leitet, und Edgar, Professor an einer Klinik, sowie seine Schwester Klara, deren ostjüdischer Mann, Jacques Lavendel, gleichfalls im Familienbetrieb tätig ist) werden schließlich zur Emigration gezwungen. Die Auseinandersetzung des Oberschülers Berthold Oppenheim mit dem Nazi-Lehrer Vogelsang illustriert drastisch die damaligen Schulverhältnisse: Berthold begeht am Ende Selbstmord.

Der Roman reiht einzelne Episoden oft rein assoziativ oder auch abrupt aneinander, fällt zuweilen in trocken-nüchterne Berichterstattung und verzeichnet einige Figuren karikaturistisch, zumal die Prototypen der Nationalsozialisten. Aber der kämpferische Wille des Autors, die Perfidie des Regimes zu durchschauen und sie am Beispiel der jü-

dischen Minderheit modellhaft zu entlarven, macht das Buch zu einer dramatischen Anklageschrift.
Der Roman *Exil* (1940) spielt in Paris. Dort lebt im Jahre 1935 der, obwohl Nicht-Jude, aus Deutschland emigrierte Komponist Sepp Trautwein mit seiner Frau und seinem Sohn in einem bescheidenen Hotel; die Entführung eines deutschen Journalisten durch die Gestapo veranlaßt ihn, Mitarbeiter einer deutschen Emigrantenzeitung zu werden, die später von den Nationalsozialisten unterwandert wird. In betont aggressiven Artikeln trägt er zur Befreiung des inhaftierten Journalisten, Friedrich Benjamin, bei und tut damit der politischen Forderung des Tage Genüge: der Forderung nach zeitweiligem Verzicht auf genuin künstlerisches Schaffen. Den alltäglichen Leiden der Emigranten wird das arrogante Gehabe der in Paris ansässigen Repräsentanten des NS-Regimes konfrontiert: dem jungen leninistischen Dichter Harry Meisel, der in einer Flüchtlingsbaracke haust, wird z. B. der in eitel Wohlstand lebende Zeitungskorrespondent und Parteigenosse Erich Wiesener gegenübergestellt, ein Prototyp des zynischen Mitläufers, der unverkennbar Züge des Publizisten und Schriftstellers Friedrich SIEBURG (1893 bis 1964) trägt.
Historische Fakten – wie die Entführungs-Affäre um den Journalisten Berthold Jacob und um die Exilzeitung »Westland« – geben das Modell für einzelne Episoden ab. Deren zentrales Motiv ist die quälende Situation der Exilierten, die zwischen Hoffnung auf eine (baldige) Rückkehr nach Deutschland und völliger Verzweiflung schwanken. Sepp Trautweins Frau Anna ist den Anforderungen dieser Ausnahmesituation nicht mehr gewachsen und begeht Selbstmord, sein Sohn Hans (Student der Architektur) geht, weil im Exil hier in Paris »alles Bruch ist«, als überzeugter Kommunist und Antifaschist nach Moskau; Trautwein selbst hat sich zwar zum »Abbé des Marxismus« gewandelt, möchte aber dennoch gewissen bürgerlichen Lebens- und Denkgewohnheiten treu bleiben. Trotz der vielfältigen Bedrängnis wird das Exil für ihn zum Vehikel gesteigerter und gereifter künstlerischer Produktivität; analog zu den Intentionen des Autors gelingt ihm die Komposition einer vom (ausländischen) Publikum lebhaft akklamierten »Wartesaal-Symphonie«, womit der Roman abschließt.
Den – im Roman *Der falsche Nero* (1936) unternommenen – Versuch, dem Massenphänomen des Nationalsozialismus durch individualpsychologische Analysen beizukommen, unternahm Feuchtwanger hier nicht. Er verfolgt statt dessen die Absicht, die gesellschaftlichen Bedingungen dieses Phänomens aufzudecken; in seiner konventionellen Figurendarstellung wird dieses analytische Verfahren allerdings nicht immer spürbar: Der Typus des Faschisten gerät gelegentlich zur Karikatur oder wird zum irrationalen Bösewicht schematisiert. Demgegenüber ist die Situation der Opfer des Regimes zugleich differenziert und frei von stilisierendem Pathos dargestellt. G.Hz.-KLL

AUSGABEN: *Erfolg*, Bln. 1930, 2 Bde. – Amsterdam 1934. – Hbg. 1956. – Bln./Weimar 1963 (in *GW in Einzelausgaben*, Bearb. G. Schubert; [3]1973). – Ffm. 1975 (FiTb). – Mchn./Wien 1980 (Nachw. R. Hoffmeister).
Die Geschwister Oppenheim: Amsterdam 1933. – *Die Geschwister Oppermann*, Rudolstadt 1948. – Bln./Weimar [2]1976 (in *GW in Einzelausgaben*). – Ffm. 1981 (FiTb). – Mchn. 1981.
Exil: Amsterdam 1940. – Rudolstadt 1948. – Bln./DDR 1960 (in *GW in Einzelausgaben*, Bearb. G. Schubert; [3]1974). – Ffm. 1979 (FiTb). – Mchn. 1980.

VERFILMUNGEN: *Semya Oppenheim*, Rußland 1939 (Regie: G. Rosal). – *Exil*, BRD 1981 (TV; Regie: E. Günther). – *Familie Oppenheim*, BRD 1983 (TV; Regie: E. Monk).

LITERATUR: J. Bab, Rez. (in Der Morgen, Bln. 1930, H. 5). – W. Richter, Rez. (in Bücherwarte, 1931, H. 1). – A. Zweig, Rez. (in Das neue Tagebuch, 1, 1933, S. 597–599). – E. Ottwalt, *Das gute Beispiel. Über Heinrich Manns »Der Haß« und L. F.s »Die Geschwister Oppermann«* (in Neue deutsche Blätter, Prag 1934, H. 6). – D. Faulseit, *Die Darstellung der Figuren (speziell Figurentechnik) in den beiden Romantrilogien L. F.s »Wartesaal-Trilogie« u. »Josephus-Trilogie«*, Diss. Lpzg. 1963. – J. Pischel, *L. F.s »Wartesaal«-Trilogie*, Diss. Rostock 1967. – W. Berndt, *The Trilogy »Der Wartesaal«* (in *L. F.*, Hg. J. Spalek, Los Angeles 1972, S. 131–156). – S. Clasen, *Die Welt erklären. Geschichte u. Fiktion in L. F.s Roman »Erfolg«*, Stockholm 1975. – E. Brückener u. K. Modick, *L. F.s Roman »Erfolg«. Leistung u. Problematik schriftstellerischer Aufklärung in der Endphase der Weimarer Republik*, Kronberg/Ts. 1978. – J. Pischel, *Zeitgeschichtsroman u. Epochendarstellung. L. F.* »Exil« (in *Erfahrung Exil*, Hg. S. Bock u. M. Hahn, Bln./Weimar 1979, S. 243–266). – S. Schneider, *Die Geschwister Oppermann* (in S. S., *Das Ende Weimars im Exilroman*, Mchn. u. a. 1980, S. 125–217). – R. Hoffmeister, *Schatten über München. Wahrheit u. Wirklichkeit in L. F.s Roman »Erfolg«*, Mchn. 1981. – L. Winckler, *Ein Künstlerroman? L. F.s »Exil«* (in *Faschismuskritik u. Deutschlandbild*, Hg. Ch. Fritsch u. L. W., Bln. 1981; Argument-Sonderband 76, S. 152 bis 178). – W. Müller-Funk, *Literatur als geschichtliches Argument. Zur ästhetischen Konzeption u. Geschichtsverarbeitung in L. F. Romantrilogie »Der Wartesaal«*, Ffm./Bern 1981. – J. Hans u. L. Winckler, *Von der Selbstverständigung des Künstlers in Krisenzeiten. L. F.s »Wartesaal«-Trilogie* (in *L. F.*, Hg. H. L. Arnold, Mchn. 1983, S. 28–48; Text + Kritik). – W. Müller-Funk, *Der Erfolg der Sinngebung oder: die List der Vernunft. Mythographie u. Aufklärung in L. F.s Roman »Erfolg«* (ebd., S. 49–60). – M. Schmitz, *Feuchtwanger/Eisenstein oder: Romanmontage und Montagefilm. Anmerkungen zu einem produktiven Mißverständnis* (ebd., S. 75–85).

LUDWIG ANDREAS FEUERBACH

* 28.7.1804 Landshut
† 13.9.1872 Rechenberg bei Nürnberg

LITERATUR ZUM AUTOR:
F. Engels, *L. F. u. der Ausgang der klassischen dt. Philosophie*, Stg. 1888. – G. Nüdling, *L. F.s Religionsphilosophie. Die Auflösung der Theologie in Anthropologie*, Paderborn 1936. – K. Löwith, *Von Hegel zu Nietzsche. Der revolutionäre Bruch im Denken des 19. Jh.s*, Zürich 1941; ern. Stg. 1988 (in K. L., *SS*, Bd. 4). – K. Bockmühl, *Leiblichkeit u. Gesellschaft. Studien zur Religionskritik u. Anthropologie im Frühwerk L. F.s*, Göttingen 1961. – Th. Scharle, *The Development of L. F.s Humanist Weltanschauung in 1839 to 1843*, Rom 1962. – W. Schuffenhauer, *L. F. u. der junge Marx*, Bln. 1965. – H. J. Braun, *L. F.s Lehre vom Menschen*, Stg. 1971. – Revue Internationale de Philosophie, 1972 [Sonderh. *Feuerbach*]. – A. Schmidt, *Emanzipatorische Sinnlichkeit. L. F.s anthropologischer Materialismus*, Mchn. 1973. – *Atheismus in der Diskussion. Kontroversen um L. F.*, Hg. H. Lübbe u. H.-M. Saß, Mchn. 1975. – *L. F.*, Hg. E. Thies, Darmstadt 1976 (WdF). – R. Gruhn, *Die Wirklichkeit Gottes in Theologie u. Theologiekritik. Zur Rezeption der Religionskritik L. F.s in der neueren systematischen Theologie*, Bielefeld 1979. – C. J. Janowski, *Der Mensch als Maß*, Gütersloh 1980. – H.-M. Saß, *L. F. in Selbstzeugnissen u. Bilddokumenten*, Reinbek 1984. – W. Teichner, *Mensch u. Gott in der Entfremdung oder die Krise der Subjektivität*, Freiburg i. B./Mchn. 1984.

GRUNDSÄTZE DER PHILOSOPHIE DER ZUKUNFT

Philosophisches Thesenwerk von Ludwig Andreas FEUERBACH, erschienen 1843. – Mit dieser Programmschrift, einer Fortsetzung und Vertiefung seiner von der Zensur verbotenen *Vorläufigen Thesen zur Reform der Philosophie*, entwickelt Feuerbach in 65 Grundsätzen seine Kritik des spekulativen Idealismus (Hegel), um die Philosophie des Absoluten kraft eines neuen Wirklichkeitsbegriffes durch eine Philosophie des ganzen Menschen abzulösen. Grundlage der Rückübersetzung des abstrakten, entfremdeten Bewußtseins in das ursprüngliche, humane Wirklichkeitsverhältnis ist die im Werk *Das Wesen des Christentums* vollzogene Auflösung der Theologie in Anthropologie – »*die Verwirklichung und Vermenschlichung Gottes*«. Während der Protestantismus diesen Prozeß ermöglicht habe, sofern er wesentlich nicht mehr Theologie, sondern Christologie, d. h. religiöse Anthropologie gewesen sei, habe der Idealismus die Verwandlung des Gottes- in den Vernunftbegriff endgültig durchgeführt, allerdings unter Abstraktion von aller Sinnlichkeit, wodurch der Mensch selbst in ein abstraktes Wesen verflüchtigt und das vom Menschen unterschiedene göttliche Wesen nur im Denken aufgehoben worden sei. »*Die Hegelsche Philosophie hat das Denken, also das subjective Wesen, aber gedacht ohne Subjekt ... zum göttlichen, absoluten Wesen gemacht.*« Vermochte Feuerbach daher den Theismus, Pantheismus und Empirismus noch auf dem Standpunkt Hegels für überwunden zu erklären, so bedurfte es zur Überwindung der Hegelschen Suprematie des Geistes und zu seiner Reintegration in die Ganzheit des Menschenwesens einer ›Philosophie der Zukunft‹, welche die Verselbständigungen (Hypostasen) der menschlichen Teilvermögen zurücknahm: »*Der Mensch denkt, nicht das Ich, nicht die Vernunft.*« Feuerbach führt daher die Kritik des Hegelschen Satzes der Identität von Denken und Sein im Medium der Kritik des ontologischen Gottesbeweises, um zu zeigen, daß sich Sein nicht auf Gedachtsein reduzieren lasse, sondern als Andersheit erfahren werden müsse. Hegels Versuch, die Wirklichkeit aus dem Geist zu generieren, sei deshalb ein gesteigerter Neuplatonismus: »*Hegel ist nicht der ›deutsche oder christliche Aristoteles‹ – er ist der deutsche Proklus.*« Demgegenüber erfordert die Anerkennung der Wirklichkeit nach Feuerbach eine Philosophie, die das »*Concrete nicht auf abstracte, sondern auf concrete Weise denkt*« und die sowohl das Andere des Denkens, die Sinnlichkeit, wie den Anderen des eigenen Ich, das Du, gelten läßt und damit auf Erfahrung angewiesen ist, deren höchste Form die Liebe darstellt. Diese erst ist der wahre ontologische Beweis, sofern sie den ganzen Menschen in seiner Leiblichkeit voraussetzt, denn: »*Ich bin ein wirkliches, ein sinnliches Wesen; ja der Leib in seiner Totalität ist mein Ich, mein Wesen selber.*« Feuerbachs ›Zukunftsphilosophie‹ nimmt daher den Menschen (Anthropologie) mit Einschluß der Natur (Physiologie) zur Basis eines Wirklichkeitsverständnisses, dessen Grenzbewußtsein lautet: »*Das Wirkliche ist im* Denken nicht in ganzen Zahlen, *sondern nur in* Brüchen darstellbar.« Daraus folgt auch sein ›kategorischer Imperativ‹: »*Wolle nicht Philosoph sein* im Unterschied vom *Menschen ... denke als lebendiges, wirkliches Wesen ... denke in der Existenz.*«

Das Werk ist bedeutend als Kritik der reinen Bewußtseins- oder Geistphilosophie, sofern es im Denken das Andere seiner selbst (Sinnlichkeit, Leiblichkeit, konkrete Individualität) aufzeigt, wodurch die Dimension des Zwischenmenschlichen einen neuen Stellenwert erhält: Der Andere kann nicht mehr als Alter ego konstruiert, sondern muß als Du erfahren werden – im Dialog. Feuerbachs Wirklichkeitsphilosophie repräsentiert – geistesgeschichtlich gesehen – einen traditionskritischen, neuen Humanismus. Der Einfluß des Werkes reicht von den Junghegelianern und vor allem Karl MARX, der die Programmschrift für seine eigene Hegelkritik nutzte, bis zur Dialogik Martin BUBERS.

F.J.F.

AUSGABEN: Zürich/Winterthur 1843. - Stg. 1904 (in *SW*, Hg. W. Bolin u. F. Jodl, 10 Bde., 1903–1911, 2; ern. Stg. 1959–1922 [*Philosophie der Zukunft*, Hg. H. Ehrenberg]). - Ffm. ³1983, Hg. G. Schmidt [krit.]. - Ffm. 1975 (in *Werke*, Hg. E. Thies, 8 Bde., 3).

DAS WESEN DES CHRISTENTHUMS

Philosophisches Hauptwerk von Ludwig FEUERBACH, erschienen 1841. - Feuerbach wollte sein Werk, um es schon vom Titel her mit KANTS epochemachender Umwertung der Metaphysik in ein Verhältnis setzen zu können, zunächst *Kritik der reinen Unvernunft* nennen. Der Aufbau des *Wesens des Christenthums* gleicht in der Tat dem der *Kritik der reinen Vernunft*. Einleitend wird das Wesen der Religion bestimmt: Inhalt und Gegenstand der Religion sind menschlich; das Geheimnis der Theologie ist die Anthropologie: an die Stelle der Theologie muß daher die Psychologie als die Wissenschaft vom natürlichen Menschen treten. Im religiösen Prozeß setzt der Mensch einen Teil seiner selbst aus sich heraus, stellt ihn sich als Gegenstand gegenüber und macht sich in Gehorsam und Anbetung abhängig von diesem Produkt der eigenen sinnlichen und geistigen Tätigkeit. Dieses Verhältnis des Menschen zu sich selbst wird von Feuerbach als krankhaftes Weltverhalten diagnostiziert. Die Therapie der unglückseligen religiösen und theologischen Verdoppelung der Welt besteht nicht in der Verneinung der religiösen Gegenstände, sondern in der Neubestimmung ihres »wahren« Wesens, nämlich dem Erkennen ihrer »natürlichen« Bedeutung in einer als diesseitig-sensualistisch zu beschreibenden Menschenwelt. »*Gott ist das offenbare Innere, das ausgesprochene Selbst des Menschen: die Religion die feierliche Enthüllung der verborgenen Schätze des Menschen, das Eingeständnis seiner innersten Gedanken, das öffentliche Bekenntnis seiner Liebesgeheimnisse.*«

In einem ersten Teil werden mit der skizzierten Methode die christlichen Dogmen in ihre anthropologische »Natürlichkeit« zurückgeführt; so werden zum Beispiel in einer Analyse des »wahren« Wesens der Taufe und des Abendmahls die Bedeutung des Wassers und der leiblichen Speisen und Getränke für das menschliche Leben entwickelt. Im zweiten Teil zeigt Feuerbach die Widersprüchlichkeit der christlichen Dogmen in sich selbst und untereinander auf.

Feuerbach verstand sein Werk nicht als ein verneinendes, sondern als ein kritisches Buch. Er leugnet nicht die Attribute Gottes, wohl aber dessen Existenz und gibt die göttlichen Attribute dem Menschen wieder zurück. »*Das Leben ist überhaupt in seinen wesentlichen Verhältnissen göttlicher Natur. Seine religiöse Weihe empfängt es nicht erst durch den Segen des Priesters ... Heilig ist und sei Dir die Freundschaft, heilig das Eigentum, heilig die Ehe, heilig das Wohl jedes Menschen, aber heilig an und für sich selbst.*«

In den Vorstudien zum *Wesen des Christentums* wird als Summe der in Gott projizierten Eigenschaften und Wünsche noch die abstrakt verstandene menschliche Gattung gesehen. Im *Wesen des Christentums* tritt an die Stelle der Gattung immer mehr der einzelne Mensch, wenn auch nicht durchgehend konsequent. In den 1848 in Heidelberg gehaltenen Vorlesungen über das *Wesen der Religion* werden die göttlichen Attribute auf eine auch den Menschen umfassende »Natur« hin interpretiert. In den *Grundsätzen der Philosophie der Zukunft* (1843) weitet Feuerbach die religionskritische Destruktion der Dogmatik zur Destruktion jeder idealistischen Philosophie aus und präzisiert die in früheren Schriften stellenweise noch etwas unklaren Ausführungen über das »Wesen« des Menschen in der Skizzierung einer Anthropologie des Ich-Du.

Feuerbach, der im Gegensatz zu MARX den Menschen nicht von der Geschichte, sondern von der Natur her interpretierte, beeinflußte gleichwohl die marxistische Ideengeschichte, den deutschen Realismus (Gottfried KELLER), die Philosophie der Begegnung (Martin BUBER) und die Versuche eines neuen antiidealistischen, anthropologischen Existenzialismus (K. LÖWITH). H.M.S.

AUSGABEN: Lpzg. 1841; ²1843 [verm.]. - Lpzg. 1849 (in *SW*, Hg. L. Feuerbach, 10 Bde., 1846–1866, 7). - Stg. 1903 (in *SW*, Hg. W. Bolin u. F. Jodl, 10 Bde., 1903–1911, 6; Nachdr. 1959/60; Bd. 11: *Jugendschriften*, Hg. H.-M. Saß, Stg. 1962, Bibliogr.). - Bln./DDR 1973 (in *GW*, Hg. W. Schuffenhauer, Bd. 5). - Ffm. 1976 (in *Werke*, Hg. E. Thies, 8 Bde., 5). - Stg. 1974 (Nachw. K. Löwith; RUB).

ERNEST-AYMÉ FEYDEAU

* 16.3.1821 Paris
† 29.10.1873 Paris

FANNY. Étude

(frz.; *Fanny. Studie*). Roman von Ernest-Aymé FEYDEAU, erschienen 1858. - Unfähig, Selbstmord zu begehen, hat sich der junge Roger in die Einsamkeit eines verlassenen Hauses am Meer zurückgezogen, wo er versucht, sich das Leid, das ihm seine unglückliche Liebe und seine Eifersucht eingetragen haben, von der Seele zu schreiben. - Bei einer zufälligen Begegnung mit der um zehn Jahre älteren Fanny, Mutter von drei Kindern, hat sich Roger in die aparte Frau verliebt, wagt jedoch nicht, sich ihr zu nähern. Als Fanny dies bemerkt, weiß sie geschickt seine Schüchternheit zu überwinden, und es entsteht ein Liebesverhältnis, das Roger als glücklich empfindet bis zu dem Augenblick, in dem er den fatalen Wunsch äußert, Fannys Mann kennenzulernen. Sie lädt ihn mit gemeinsamen Freunden in ihr Haus, wo Roger angesichts des ausgezeichneten Benehmens und der überschäumenden Vitalität des Hausherrn seine eigene Sensibilität und Unfertigkeit mit der selbstbewußten Kraft dieses Mannes vergleicht und sich zu fragen beginnt, wieso Fanny einem solchen Gatten untreu werden und sich in einen Jüngling wie ihn verlieben konnte. Plötzlich betrachtet er den Ehemann seiner Geliebten als seinen Rivalen und läßt sich von seiner Eifersucht dazu verleiten, Fanny und ihrem Gatten nachzuspionieren, um ihre wahren Beziehungen zueinander zu erfahren. Die Vorstellung, Fanny mit dem Rivalen teilen zu müssen, erfüllt ihn mit Schrecken und Abscheu. Dashalb läßt er nach vergeblichen Versuchen, Fanny ihrem Mann zu entfremden oder gar zu entführen, die junge Frau schwören, sich ihrem Gatten zu entziehen. Verschiedene Äußerungen Fannys und Klatschgeschichten, die ihm über die amourösen Beziehungen ihres Mannes zu einer Schauspielerin zugetragen werden, machen ihn jedoch so mißtrauisch, daß er beschließt, sich Gewißheit zu verschaffen. Er kauft ein Landhaus, das demjenigen des Ehepaares benachbart ist, und beobachtet von hier aus heimlich ihr Leben. Eines Abends schleicht er sich auf einen Balkon des Nachbarhauses und wird Zeuge, wie Fanny das ihm gegebene Versprechen bricht. Entsetzt über diese Entdeckung und völlig von Sinnen, stürzt er sich in den nahe gelegenen Fluß. Von Fischern gerettet, liegt er wochenlang in Fieberphantasien, wird aber schließlich körperlich wieder gesund. Seine schrankenlose Liebe zu Fanny, die sich täglich nach seinem Befinden erkundigt, doch auf Rogers Befehl nicht vorgelassen wird, hat sich in Haßliebe verwandelt. Bevor er in die Einsamkeit flieht, übt er subtile Rache. Schonungslos offenbart er der stolzen Frau, daß er ihre wahre Situation durchschaut hat: ihre Bemühungen um einen Mann, der sie mit der Souveränität des Gleichgültigen behandelt, ihren Versuch, der Untreue ihres Gatten durch eigene Untreue zu begegnen.

In einem für die Neuauflage von 1875 geschriebenen Vorwort erklärt Feydeau den Untertitel seines Romans als psychologische Studie der gesellschaftlichen Sitten, an denen er indirekt vom moralischen Standpunkt aus Kritik übt. Anfangs monoton in der Wiedergabe der enthusiastischen Äußerungen eines verliebten Gemüts, erreicht Feydeau mit der äußerst detaillierten Schilderung der Eifersuchtsqualen des jungen Mannes eine dramatische Intensität, die in der nächtlichen Balkonszene ihren von FLAUBERT gerühmten Höhepunkt hat. Der Roman erregte bei seinem Erscheinen einen Skandal und hatte dementsprechend großen Erfolg beim breiten Publikum, wurde aber auch von einem so strengen Kritiker wie SAINTE-BEUVE als charakteristisches Werk des Realismus gelobt. U.Pr.

AUSGABEN: Paris 1858. – Paris 1875. – Paris 1953 [Vorw. R. Dumesnil].

ÜBERSETZUNGEN: *Fanny. Die Verwirrungen des menschlichen Herzens*, anon., Bln. 1859 [Bearb.]. – *Fanny*, A. Wolfenstein, Bln. 1911. – Dass., N. O. Scarpi, Zürich 1974. – Dass., K. Hering, Lpzg. 1981.

LITERATUR: Ch.-A. de Sainte-Beuve, »*Fanny*« (in Moniteur, 14. 6. 1858). – E. Gilbert, *Le roman en France pendant le 19e siècle*, Paris 1896. – R. Kemp, *La vie des livres. »Fanny« et toujours »René«* (in NL, 1949, 1116). – A. Rousseaux, »*Fanny« morte ou vivante?* (in Figaro Littéraire, 1949, 141). – H.-J. Neuschäfer, *Erotische Wunschwelt u. bürgerliche Familienmoral* (in H.-J. N., *Populärromane im 19. Jh.*, Mchn. 1976, S. 55–102). – E. Köhler, *Urszene, phantasiert u. nachgeholt. Zu F.s Roman »Fanny«* (in *Perspektiven psychoanalytischer Literaturkritik*, Hg. S. Goeppert, Freiburg i. B. 1978, S. 54–69). – J. Cremerius, *Die ödipal verkleidete präödipale Liebe oder F.s professionelles Mißverständnis* (ebd., S. 29–47). – M. M. Garofalo, »*Fanny«, un romanzo di transizione* (in Quaderno, 10, Palermo 1979, S. 3–30). – H. Pfeiffer, *Im Interieur. F.s »Fanny«* (in H. P., *Roman u. historischer Kontext*, Mchn. 1984, S. 170–200).

GEORGES FEYDEAU

* 8.12.1862 Paris
† 5.6.1921 Rueil

LITERATUR ZUM AUTOR:
J. Lorcey, *G. F.*, Paris 1972. – A. Shenkan, *G. F.*, Paris 1972. – L. C. Pronko, *G. F.*, NY 1975. – H. Gidel, *La dramaturgie de G. F.*, Lille/Paris 1978. – Ders., *Le théâtre de G. F.*, Paris 1979. – S. E. Baker, *G. F. and the Aesthetics of Farce*, Ann Arbor 1981. – M. Esteban, *G. F.*, Boston 1983 (TWAS). – H. Gidel, *F., 1862–1921, Dossier* (in Comédie-Française, 139/140, Mai/Juni 1985, S. 7–30).

LA DAME DE CHEZ MAXIM'S

(frz.; *Ü: Die Dame vom Maxim*). Komödie in drei Akten von Georges FEYDEAU; Uraufführung: Paris, 17. 1. 1899, Théâtre des Nouveautés. – Auch diese immer wieder mit großem Publikumserfolg aufgeführte Komödie steht in der von E. LABICHE geprägten Tradition des Boulevardtheaters, das seine Wirkung mit den Mitteln der slapstickartigen Situationskomik, dem beschleunigten Tempo der Handlungsabfolge sowie dem gezielten Einsatz von Bühnenbild und -technik erzielt. Hier ist eine junge Dame zuviel im Spiel und sorgt für eine Serie von komischen Überraschungseffekten: Ein frischvermählter junger Arzt, der angeblich vergessen hat, daß er inzwischen verheiratet ist, bringt nach einer Feier eine junge Tänzerin mit nach Hause und sieht sich aus Rücksicht auf seine Frau bzw. auf die Konventionen veranlaßt, den zweifelhaften Gast zu verbergen. Das Versteckspiel erreicht im zweiten Akt einen komischen Höhepunkt, als die schlaue Nutznießerin der verzwickten Situation als Arztfrau verkleidet an der Seite ihres Entführers an einer Provinzhochzeit teilnimmt. Die brave Hochzeitsgesellschaft staunt über ihre lockeren Umgangsformen, die biederen Provinzlerinnen imitieren ihr keckes Spiel und ihre Raffinesse. Als »die Dame vom Maxim« im Bräutigam einen ihrer früheren Verehrer erkennt, brennt sie mit ihm durch. Um die Verwirrung auf die Spitze zu treiben, läßt der Autor einen gutmeinenden Onkel intervenieren, der es sich in den Kopf gesetzt hat, seinem Neffen beizustehen und ihn mit der vermeintlichen Gattin zu versöhnen, was zu einer weiteren Serie von unerwarteten Zwischenfällen führt, bis dann zum Schluß alles wieder ins Lot kommt, die richtigen Gatten und das echte Brautpaar wieder zusammenfinden.

Unter Aufwand effektvoller Mittel – hier etwa der magische Sessel, auf dem die Personen in brenzligen Situationen wie gebannt sitzen bleiben müssen, die schlagfertigen Dialoge oder das berauschende Tempo der Szenenabfolge – gelingt es Feydeau, sein Publikum nicht nur fesselnd zu unterhalten, sondern ihm auch mit den Möglichkeiten der Satire einen Zerrspiegel entgegenzuhalten.

B.We.-KLL

AUSGABEN: Paris 1914. – Paris 1948–1956 (in *Théâtre complet*, Bd. 7).

ÜBERSETZUNG: *Die Dame vom Maxim*, B. Jacobsen [Bühnenms.].

VERFILMUNG: Frankreich 1950 (Regie: M. Aboulker).

LITERATUR: C. Berton, *G. F. et l'âme de Chez Maxim's* (in NL, 5. 4. 1924). – R. Kemp, *Vie du théâtre*, Paris 1956, S. 139–144. – P. Sénart, »*La dame de chez Maxim's*« (in RDM, Jan.–März 1982, S. 432–437).

LA PUCE À L'OREILLE

(frz.; Ü: *Der Floh im Ohr*). Schwankhafte Komödie in drei Akten von Georges FEYDEAU, Uraufführung: Paris, 2. 3. 1907, Théâtre des Nouveautés. – Raymonde Chandebise, die Frau des Direktors der »Boston Life Company«, öffnet ein an Victor-Emmanuel, ihren Gatten, gerichtetes Päckchen, das als Absender die Adresse eines zweideutigen Hotels, des Minet Galant, trägt, und findet darin die offenbar dort vergessenen Hosenträger des Direktors vor. Obwohl sie selbst im Geheimen zuweilen von einem Seitensprung träumt, ist sie über die Entdeckung entrüstet und beschließt, den Spuren des Corpus delicti nachzugehen, das ihr »*den Floh ins Ohr gesetzt*« hat. Gemeinsam mit ihrer Freundin Lucienne verfällt sie auf die »klassische« Idee, an Victor-Emmanuel den glühenden Liebesbrief einer unbekannten Verehrerin zu schreiben, die ihn im Theater heimlich beobachtet haben will. Darin schlägt sie ein Rendezvous im Hôtel du Minet Galant vor, in der Absicht, auf diese Weise die »heimlichen Wege« ihres Gatten auszuspähen. Schon bald darauf bringt ein Gespräch zwischen dem Doktor Finache und Victor-Emmanuel für den Zuschauer Licht in die Affäre: Victor-Emmanuel, der alles andere als ein Schwerenöter ist, hat sich auf den Rat seines Arztes neue Hosenträger zugelegt und die alten an seinen sprachgestörten Neffen Camille, einen Kunden des Minet Galant, verschenkt. Der anonyme Brief versetzt ihn einen Augenblick in stolzes Entzücken, doch nach kritischem Nachdenken kommt er schnell zu dem Schluß, daß eine Verwechslung vorliegen müsse und daß jene Unbekannte nur seinen Freund Tournel, einen galanten Frauenhelden, gemeint haben kann. Tournel, der heimlich um Raymonde wirbt, ist bereit, in die Rolle Victor-Emmanuels zu schlüpfen. Die Verwicklung wird vollständig, als Luciennes Mann die Schrift seiner Frau erkennt, die jenen ominösen Brief ausfertigte. Vor Eifersucht rasend, droht er, sie und den vermeintlichen Liebhaber zu erschießen. Im Hôtel du Minet Galant treffen sich dann alle Beteiligten zufällig und beabsichtigt wieder und entfachen einen Wirbel von Verwechslungen, Verkleidungen und überraschenden Begegnungen: Als Raymonde plötzlich Tournel gegenübersteht, bringt sie sich durch den Druck auf einen Knopf, der das Bett in ein Nebenzimmer umschwenken läßt, in Sicherheit. Lucienne läuft Victor-Emmanuel in die Arme, den die Neugierde in das Hotel gelockt hat. Dieser wiederum begegnet seinem Doppelgänger, dem Faktotum Poche, das ihm täuschend ähnlich sieht (beide Rollen werden von demselben Schauspieler gespielt). Der blindwütig eifersüchtige Histangua bringt das unbeschreibliche Treiben auf den Höhepunkt. Ein rasender Othello, verfolgt er Victor-Emmanuel bis in seine Wohnung, wird aber dort rechtzeitig von Lucienne über den Ursprung der Verwechslung aufgeklärt. Raymonde löst schließlich alle Verwirrungen, indem sie Victor-Emmanuel ihre Zweifel an seiner Treue lächelnd eingesteht.

»*Ein Gramm Verwicklung, ein Gramm Pikanterie, ein Gramm Beobachtung*« sind die Ingredienzen, mit denen Feydeau den Geschmack eines bürgerlichen Publikums traf und trifft. Den Mechanismus der Boulevard-Komödie der »Belle-Époque« – Seitensprung, Verwechslung, glücklicher Ausgang – läßt er mit derart perfekter Präzision abrollen, daß der Eindruck eines höchst amüsanten und phantasievollen, aber letztlich doch grotesken Marionettenspiels entsteht.

R.L.

AUSGABEN: Paris 1910. – Paris 1950 (in *Théâtre complet*, 9 Bde., 1950–1956, 4). – Paris 1968 (Poche). – Paris 1979.

ÜBERSETZUNG: *Der Floh im Ohr*, F. Alten, Wiesbaden 1952 [Bühnenms.].

VERFILMUNG: *A Flea in Her Ear*, USA 1967 (Regie: J. Charon).

LITERATUR: J. Cassou, *Le génie systématique de F.* (in CRB, 15, Jan. 1956, S. 55–61; auch in J. C., *Parti pris*, Paris 1964, S. 45–52). – H. Jeanson, *Notes sur F.* (ebd., S. 62–70). – P. Labracherie, *Les décors psychologiques de F.* (ebd., S. 79–85). – CRB, 32, Dez. 1960 [Sondernr.]. – H. Lauwick, *D'A. Allais à S. Guitry*, Paris 1963, S. 79–96. – L. Maillard, »*La puce à l'oreille*« (in Comédie-Française, 73, Nov./Dez. 1978). – P. Sénart, »*La puce à l'oreille*« (in RDM, Jan.–März 1979).

PAUL KARL FEYERABEND

* 13.1.1924 Wien

AGAINST METHOD. Outline of an Anarchistic Theory of Knowledge

(engl.; *Ü: Wider den Methodenzwang. Skizze einer anarchistischen Erkenntnistheorie*). Wissenschaftstheoretische Untersuchung von Paul K. FEYERABEND, erschienen 1970. – Das Werk, mit dem Feyerabend international bekannt wurde, bestreitet im Gegensatz zu den frühen Arbeiten zur Wissenschafts- und Erkenntnistheorie, die in der Tradition von K. R. POPPERS Kritik am logischen Empirismus argumentieren, jede sinnvolle Rolle methodologischer Normen für den Wissenschaftsfortschritt insgesamt. Auf der Grundlage historischer Fallstudien entwickelt Feyerabend eine Erkenntnistheorie, die zwar einerseits am Begriff wissenschaftlichen Fortschritts festhält, andererseits aber jede Methodenlehre ablehnt. Absicht des Autors ist es, den »*Leser davon zu überzeugen, daß alle Methodologien, auch die einleuchtendsten, ihre Grenzen haben*«. Die Begrenztheit methodologischer Normen, die für grundlegend gehalten werden, läßt sich allerdings nur auf dem Weg der Argumentation zeigen, es ist also erforderlich, »*das Spiel der Vernunft mitzuspielen, um die Autorität der Vernunft zu untergraben*«. Da jedoch nicht ein System von Regeln durch ein anderes abgelöst werden soll, bleibt als einziger Grundsatz, der den Fortschritt nicht behindert: »*Anything goes*« (»*es ist alles erlaubt*«). Die Erkenntnistheorie, die allein wissenschaftlichen Fortschritt ermöglicht, hat also nicht nur kein Programm, sondern ist gegen jedes Programm, daher ist »*erkenntnistheoretischer Anarchismus*« die angemessene und auch von Feyerabend selbst gewählte Bezeichnung für seinen Standpunkt.
Ein wichtiger Teil des Werks besteht in der Auseinandersetzung mit den Methodologien verschiedener wissenschaftstheoretischer Ansätze – wie R. CARNAPS Induktivismus, Poppers Falsifikationismus und I. LAKATOS' Theorie der Forschungsprogramme – die sich auf eine sorgfältige Analyse der methodologischen Konzeptionen des Kopernikanismus und von GALILEI stützt. Feyerabend konzipiert mit seiner gegen jede Methode gerichteten Abhandlung nicht nur eine Gegenreformation gegen diejenigen, die sich bemühen, eine korrupte wissenschaftliche Welt durch die Aufstellung methodologischer Normen wieder in Ordnung zu bringen, sondern er wendet sich auch gegen die rationale Rekonstruktion eines solchen Versuchs, wie sie Carnap anstrebt. Teile des Werks enthalten interessante Kritiken des normativen Aspekts der Methodologien von Popper und Lakatos, so etwa den Versuch, zu zeigen, daß ein wissenschaftliches Leben, das den Regeln eines kritischen Rationalismus genügt, nicht möglich ist.
Die wichtigsten Ergebnisse der Kritik Feyerabends lauten: Die Unterscheidung zwischen Beobachtungssprache und wissenschaftlicher Sprache kann ebenso wie die zwischen Entdeckungs- und Begründungskontext nicht aufrechterhalten werden. Es gibt keine sinnstabilen, von der Natur der Gegenstände unabhängigen Basissätze. – Theorien können nicht endgültig falsifiziert werden, da die Tatsachen, die zu ihrer Widerlegung führen, jeweils auf älteren Theorien beruhen. – Der wissenschaftliche Fortschritt ist nicht die Folge eines rationalen Diskurses, sondern beruht auf der schöpferischen Einbildungskraft des Menschen sowie irrationalen Momenten (geschickte Darstellung, günstige Umstände, etc.), so daß »*das Prinzip von heute die Idiotie von morgen*« sein kann und der »*Mythos von vorgestern die Grundlage allen Denkens von übermorgen*«. – Dennoch ist es nicht völlige Regellosigkeit, die den Fortschritt der Wissenschaft verbürgt; geltende und anerkannte Methodologien werden als Faustregeln für zukünftige Forschung anerkannt. Diese kann jedoch nur vermittels einer Pluralität von Methoden erfolgreich sein und steht daher der Kunst und dem Mythos viel näher, als eine wissenschaftliche Philosophie einzugestehen bereit ist. Insofern Interessen, Macht und Propaganda in der Entwicklung der Erkenntnis und der Wissenschaft von wesentlicher Bedeutung sind, ist eine Begrenzung der Macht einer so einflußreichen Ideologie zu fordern. Es ist letzten Endes der mündige Bürger, der als Betroffener über Grundfragen wie Lehrmethoden oder über die Wahrheit von Theorien in einem demokratischen Verfahren zu entscheiden hat, wie es innerhalb der Wissenschaft schon längst, nur unreflektiert und einseitig, angewendet wird.
Insgesamt betrachtet sucht Feyerabend den Neuanfang einer philosophischen Grundlegung wissenschaftlichen Fortschritts in einer anarchistischen Erkenntnistheorie, der es um die Kultivierung eines kreativen, neue Theorien schaffenden Denkens geht.
Das Werk ist für die Kontroverse in der Philosophie der Wissenschaft von Bedeutung, in der sich

die normative Methodologie in der von Lakatos weitergeführten Variante der Konzeption Poppers und die der Auffassung von T. S. KUHN nahestehende Kritik Feyerabends an den Konsequenzen methodologischer Standards gegenüberstehen. Es zeigt in wesentlichen Aspekten die Tendenz zur Selbstauflösung der Popper-Schule und ist ein interessantes Dokument der zunehmenden generellen Rationalitäts- und Wissenschaftsskepsis. G.Cs.

AUSGABEN: Minneapolis 1970. – Ldn. 1975 [erw.].

ÜBERSETZUNGEN: *Wider den Methodenzwang. Skizze einer anarchistischen Erkenntnistheorie*, H. Vetter, Ffm. 1976. – *Wider den Methodenzwang*, ders., Ffm. 1983 [v. Autor rev. u. erw.].

LITERATUR: W. Stegmüller, *Probleme und Resultate der Wissenschaftstheorie und Analytischen Philosophie*, Bd. 2/2, Heidelberg/NY 1973. – P. K. Machamer, *F. and Galileo – The Interpretation of Theories and the Reinterpretation of Experience* (in Studies in History and Philosophy of Science, 4, 1973/74, S. 1–46). – E. Gellner, Rez. (in British Journal for the Philosophy of Science, 26, 1975, S. 331–342). – J. Curthoys u. W. Suchting, *F.'s Discourse Against Method. A Marxist Critique* (in Inquiry, 20, 1977). – J. N. Hattiangadi, *The Crisis in Methodology, F.* (in Philosophy of the Social Sciences, 7, 1977, S. 289–302). – T. Kulka, *How far does Anything go? Comments on F.'s Epistemological Anarchism* (ebd., S. 277–287). – P. Tibbetts, *F.'s Against Method – The Case for Methodological Pluralism* (ebd., S. 265–275). – G. Sahner, *Erkenntnistheoretischer Anarchismus als neue Form des Eskapismus* (in Kölner Zs. für Soziologie und Sozialpsychologie, 30, 1978, S. 548–571). – *Versuchungen. Aufsätze zur Philosophie P. F.'s*, Hg. H. P. Duerr, 2 Bde., Ffm. 1980/81. – K. H. Brendgen, *Relative Realitäten und reale Relativitäten. Studien im Umfeld der Philosophie P. F's*, Diss. Darmstadt 1983. – G. Andersson, *Kritik und Wissenschaftsgeschichte: Kuhns, Lakatos' und Feyerabends Kritik des Kritischen Rationalismus*, Tübingen 1988.

MATHILDE FIBIGER

* 13.12.1830 Kopenhagen
† 17.6.1872 Aarhus

CLARA RAPHAEL. Tolv breve

(dän.; *Clara Raphael. Zwölf Briefe*). Briefroman von Mathilde FIBIGER, erschienen 1850. – Mathilde Fibigers *Clara Raphael* erregte sogleich nach Erscheinen großes Aufsehen, wurde hier doch zum erstenmal in der dänischen Literatur von einer Frau die Unterdrückung weiblicher Persönlichkeitsentfaltung in der bürgerlichen Gesellschaft literarisch thematisiert. Der Roman spielt vor dem Hintergrund des Deutsch-Dänischen Krieges 1848 bis 1850, und der Nationalismus und bürgerliche Liberalismus der Epoche verleihen ihm sein zeitspezifisches ideologisches Gepräge.

Clara, ein junges Mädchen aus dem Kopenhagener Bürgertum, arbeitet als Hauslehrerin auf dem Land. In zwölf Briefen, datiert vom 8. November 1848 bis zum 7. Juli 1849, berichtet sie ihrer Freundin Mathilde über ihre neuen Erfahrungen und die Erkenntnisse, die sie für den eigenen Lebensweg daraus gewinnt: Aus religiösem Idealismus vertritt Clara sehr eigenwillige Ansichten zu den politischen, sozialen und religiösen Fragen ihrer Zeit und stößt damit in ihrer kleinbürgerlichen Umgebung schon bald auf Ablehnung. Kernpunkt ihrer Glaubensauffassung ist die Überzeugung von der göttlichen Berufung jedes einzelnen. Während die Männer des patriarchalisch geprägten Bürgertums ihre geistigen Fähigkeiten voll entwickeln und ihrer individuellen Bestimmung folgen können, bleibt den Frauen nur eine Scheinwelt voller trügerischer Ideale in Form gesellschaftlich geprägter Rollenerwartungen ohne Chance zur Persönlichkeitsentfaltung. Aus dieser Erkenntnis leitet Clara die eigene Berufung ab; sie will sich künftig als Rednerin und Schriftstellerin ganz der intellektuellen Emanzipation der Frau widmen. Sie nimmt Schillers Jungfrau von Orleans zum Vorbild und entsagt in ihrem religiösen Eifer allen weltlichen Verlockungen. Alsbald aber begegnet ihr die Versuchung in Gestalt des jungen Baron Axel und sie gerät in eine schwere Krise. Axels Angebot, eine platonische Ehe zu führen, versetzt Clara am Ende jedoch in die Lage, sich intellektuell voll zu entfalten und, emotionell und materiell abgesichert, für ihr Anliegen öffentlich einzutreten.

Mit *Clara Raphael* griff die damals zwanzigjährige Verfasserin ein brisantes Problem ihrer Zeit auf: die Stellung der Frau aus dem bürgerlichen Mittelstand, ihrer eigenen Gesellschaftsschicht. Deren bisher als produktiv anerkannte Tätigkeit in Haus und Familie wurde durch die kapitalistisch-industrielle Produktionsstruktur immer mehr ausgehöhlt, zugleich verbot ihr ein strenger Moralkodex, im außerhäuslichen Bereich neue Betätigungsfelder zu suchen. Neben dem einzigen gesellschaftlich akzeptierten »Beruf« als unterbezahlte Privatlehrerin blieb ihr zur materiellen Existenzabsicherung als Ausweg nur die Ehe, die sie wiederum auf das tradierte Rollenmuster fixierte. Mit ihrer Forderung nach Freiheit und Gleichheit auch für Frauen knüpfte Mathilde Fibiger einerseits an den demokratischen Zeitgeist an – manifestiert in der neuen Verfassung Dänemarks vom Juni 1849 –, andererseits stellte *Clara Raphael* einen scharfen Angriff auf die bürgerliche Gesellschaft dar. Clara verkörpert die totale Negation herkömmlicher weiblicher Rollenbilder, wodurch sie die Grundfeste der bürgerlichen Gesellschaft, die Familie, radikal in Frage stellt. Ihr erklärtes Ziel, die intellektuell befreite Frau, ist jedoch nicht frei von romantischer Verklärung, augenfällig u. a. im utopischen Schluß des Werks, der geistig-seelischen Selbstverwirklichung Claras in der idealisierten Gemeinschaft einer keuschen Ehe.

Clara Raphael provozierte 1851 eine mehrmonatige erregte öffentliche Debatte. Das Werk wurde weitgehend abgelehnt, einige Stimmen konstruktiver Kritik ergänzten den ideellen Emanzipationsgedanken jedoch durch pragmatische Vorschläge. Mathilde Fibiger versuchte nach diesem Eklat noch mit weiteren – weniger kontroversen – Romanen, sich als Schriftstellerin zu etablieren, scheiterte jedoch. 1864 trat sie als erste Frau in den Dienst der dänischen Staatstelegraphie. – 1871 wurde mit »Dansk Kvindesamfund« die erste dänische Frauenvereinigung gegründet. Ganz praktischen Zielen der staatsbürgerlichen und beruflichen Gleichberechtigung der Frau verpflichtet, betrachtete diese Mathilde Fibiger als eine ihrer geistigen Ahninnen. Neue Beachtung fand *Clara Raphael* im Rahmen der Frauenliteratur-Forschung der siebziger und achtziger Jahre. In ihrer Suche nach den Anfängen authentischen weiblichen Ausdrucks hat diese Forschung den – zweifelsohne unter der Oberfläche idealistischer Verfremdung und künstlerischer Mängel verborgenen – Stellenwert von *Clara Raphael* sowohl für die literarische Thematisierung der Frauenfrage und die Geschichte der dänischen Frauenbewegung als auch für die inzwischen begonnene »Frauenliteraturgeschichtsschreibung« untersucht und neu gewürdigt. M.A.H.

AUSGABEN: Kopenhagen 1850; ern. 1851. – Kopenhagen 1893. – Kopenhagen 1976.

LITERATUR: T. Andersen u. L. Busk-Jensen, *M. F. »Clara Raphael«. Kvindekamp og kvindebevidsthed i Danmark 1830–1870*, Kopenhagen 1879. – F. Bajer, *Klara-Raphael-Fejden*, Kopenhagen 1879. – C. C. Lassen, *M. F.* (in C. C. L., *Otte nordiske kvinder*, Sagelse 1943, S. 49–79). – A. B. Repsdorph, *M. F.* (in Kritik, 22, 1972, S. 5–14). – H. Therkildsen, *»Clara Raphael«. Tolv Breve* (ebd., S. 15–26). – S. Dalager u. A.-M. Mai, *Danske kvindelige forfattere*, Bd. 1, Kopenhagen 1983, S. 172–225.

HUBERT FICHTE

* 21.3.1935 Perleburg, Westprignitz / DDR
† 8.3.1986 Hamburg

LITERATUR ZUM AUTOR:
W. v. Wangenheim, *H. F.*, Mchn. 1980. – *H. F.*, Hg. H. L. Arnold, Mchn. 1981 (Text + Kritik). –

P. Bekes, *H. F.* (in KLG, 9. Nlg., 1981). – *H. F. Materialien zu Leben u. Werk*, Hg. Th. Beckermann, Ffm. 1985 (FiTb). – T. Teichert, *»Herzschlag außen«. Die poetische Konstruktion des Fremden u. des Eigenen im Werk von H. F.*, Ffm. 1988 (FiTb).

DETLEVS IMITATIONEN, »GRÜNSPAN«

Roman von Hubert FICHTE, erschienen 1971. – Der Text verknüpft die Handlungsebenen der beiden vorangegangenen Romane Fichtes. Detlev, der als Achtjähriger im Mittelpunkt von *Das Waisenhaus* (1965) stand, kommt im Hamburg der letzten Kriegsjahre an; er erlebt die Schrecken der Bombennächte und den Opportunismus der Nachkriegsjahre, während Jahrzehnte später Jäcki, der Held aus der *Palette* (1968), in einer Kneipe namens »Grünspan« alte Freunde aus der nunmehr geschlossenen »Palette« und neue Freunde vom Kiez trifft. Der Text mit seinen 144 Abschnitten wechselt zwischen den Geschichten Detlevs und Jäckis; als *Das Waisenhaus* und *Die Palette* beendet waren, so Fichte in einem Interview, »*dachte ich: ›so, jetzt hast du zwei Personen in der Hand. Was machst du damit? Beide sind der gleiche. Sie sind sehr ähnlich‹. Jetzt habe ich gesagt: ›ganz gut, jetzt näherst du die beiden aneinander an‹; und sie haben sich beide wie in einem Theaterstück ... unterhalten.*«
Detlev versucht nach seiner Rückkehr nach Hamburg der Erfassung durch die nationalsozialistischen Behörden zu entgehen, muß aber schließlich doch in die Hitlerjugend eintreten. Prägend für seine Person ist in den folgenden Jahren aber nicht mehr die zwanghafte Anpassung zum Zweck der Tarnung, vielmehr die bewußt und zielstrebig angewandte Imitation: »*Detlev hat sich an Decknamen, hinter denen er verborgen bleibt, gewöhnt.*« Es sind vor allem die Klassiker, darunter GOETHES *Iphigenie* und die Texte KLEISTS *(Die Marquise von O.)*, die ihm ein Reservoir an Identifikationsfiguren zur Verfügung stellen, die nicht konform gehen mit den Normen des Alltags, deren Beachtung Detlev erlernen muß. Er wird Kinderdarsteller am Hamburger Theater und arbeitet später als Hörspielsprecher beim Rundfunk.

Detlevs Geschichte vollzieht sich chronologisch, gleichsam in der Zeit, während Jäcki darstellt, was aus Detlev werden wird. Detlev wächst heran, Jäcki erinnert sich – in dieser Bewegung werden beide »*übereinander kopiert*« (G. Blöcker). Erzählt wird mit Aussparungen, wie Detlev sich in die Welt der Erwachsenen fügt, wie er deren Lügen durchschaut (»*Laß die Zeitung nicht in die Hände des Kindes fallen!‹. Aber die Erwachsenen verstecken sie so schlecht, daß Detlev die Zeitung am nächsten Tag ... entdeckt. Fotos von Leichenhaufen.*«), wie er als Darsteller auf der Bühne lernt, daß der spontane Ausdruck eigener Gefühle hinfällig ist ohne jene Form, durch die Vermittlung gelingt, und wie er seine Homosexualität entdeckt. Imitation ist seine Überlebensmethode in der Welt der Erwachsenen, ohne daß sie ihm seine Identität gewährleisten könnte; die Bühnenwirklichkeit erweist sich für Detlev ebenso als Ersatz wie die Hamburger Szenewirklichkeit später für Jäcki. Jener Goldstaub, den Detlev auf der Bühne im Haar trägt, in der Rolle des »Friedens«, wirkt außerhalb des Theaters unecht, wie Grünspan; und auch das Lokal »Grünspan«, in dem Jäcki verkehrt, ist lediglich Ersatz für die geschlossene »Palette«. Erst die kritische Objektivierung der Imitationen, die Detlev als Kind wie als Schauspieler eingeht, Jäcki als gesellschaftlicher Außenseiter, gibt beiden die Möglichkeit, Selbständigkeit zu gewinnen; Detlev beschließt zu werden, was Jäcki wird, nämlich Schriftsteller: »*Ich will jetzt alles ausprobieren: Dichter und Denker sein. Bauer und Held.*«

Detlevs Heranwachsen wird gespiegelt in Jäckis Erinnerungen, der zugleich aber auf seine eigene Zukunft, und damit ist immer auch die des Autors gemeint, vorausweist; er ist in der Hamburger Homosexuellen-Szene zu Hause und lebt zugleich mit Irma zusammen, seine Zeit ist die der Jahre 1968/69, er beschäftigt sich mit Ethnologie und erforscht die religiösen Riten der Afroamerikaner; auch der Name des westafrikanischen Gottes Xango, der den Titel von Fichtes späterem Werk abgibt, ist bereits präsent. Detlev und Jäcki geraten in ein immer engeres Verhältnis gegenseitiger Imitation (*»Jäcki ist eine von Detlevs Imitationen!«*) und Reflexion (*»Detlevs Welt steht Kopf in Jäckis Kopf«*), im unterschwelligen, »*poetischen*« Dialog, den sie miteinander führen, verschwimmen ihre Identitäten; im 34. Abschnitt des Romans inszeniert der Autor, der nüchtern und unemotional nur an wenigen Stellen des Romans erscheint (Abschnitte 51 und 143), einen Dialog mit dem Leser und imitiert dessen Nachvollzug des Gelesenen: »*Ich. / Wer ich? / Ich? / Du? / Sie? / Wenn ich ›ich‹ schreibe, denken Sie an sich oder an mich? / Jäcki? / Detlev? / – Waren Sie nun persönlich auch im Waisenhaus? / – Aber Jäcki und Detlev sind doch zwei Figuren aus Fleisch und Blut? (...) / – Finden Sie nicht auch, daß Jäcki und Detlev viele gemeinsame Züge haben? / Ich? / Sie und ich und Detlev und Jäcki und Jäckis Ich und Detlevs Ich und mein Ich und Ihr Ich.*«

Vor allem aber ist es das Ich Hubert Fichtes, das in diesem Roman kenntlich wird *(»Lieber Hubert«)* und sein Romanwerk als literarische Analyse seiner Erfahrungen erscheinen läßt: »*Anpassung und Abweichung sind die beiden Existenzformen, die Fichte in seinem Roman – als Detlevs Imitationen – konfrontiert. Mit dem Aufzeigen von Rissen und Sprüngen wehrt er sich gegen die gesellschaftliche Erwartung der ›gut integrierten Persönlichkeit‹, die dem einzelnen zumutet, mit den auferlegten Unvereinbarkeiten seiner verschiedenen Rollen und den politischen Veränderungen fertig zu werden*« (G. Ullrich). KLL

AUSGABEN: Reinbek 1971. – Ffm. 1979. – Ffm. 1982 (FiTb).

LITERATUR: L. Baier, Rez. (in FAZ, 30. 3. 1971). – G. Blöcker, Rez. (in SZ, 25. 3. 1971). – G. Ullrich, H. F., »*Detlevs Imitationen, ›Grünspan‹*« (in G. U., *Identität u. Rolle. Probleme des Erzählens bei Johnson, Walser, Frisch u. F.*, Stg. 1977, S. 64–78). – B. v. Matt, Rez. (in NZZ, 18./19. 8. 1979). – D. E. Zimmer, *Genauigkeit, ein Versteck. Gespräch mit H. F.* (in *H. F. Materialien zu Leben u. Werk*, Hg. Th. Beckermann, Ffm. 1985, S. 87–92).

DIE GESCHICHTE DER EMPFINDLICHKEIT

Romanzyklus von Hubert FICHTE. – 1974 begann Fichte mit der Arbeit an dem auf 19 Bände angelegten Zyklus, den er jedoch nicht mehr vollenden konnte. Seit 1987 wird das Werk nun in Einzelbänden gemäß den Absprachen mit dem Autor sowie testamentarischen Verfügungen von Gisela LINDEMANN und Torsten TEICHERT in Zusammenarbeit mit Leonore MAU ediert. Bis 1991 sollen sieben Romane vorliegen, zwei Romanfragmente und drei Bände Glossen; dazu kommen noch vier Paralipomena-Bände: *Homosexualität und Literatur. Polemiken; Das Haus der Mina in São Luiz de Maranhão. Materialien zum Studium des religiösen Verhaltens; Mein Weltatlas. Reiseberichte* sowie *Schulfunk. Hörspiele*. Der dritte Band des Zyklus, *Die Zweite Schuld* (Glossen), ist mit einer zwanzigjährigen Sperrfrist belegt, sieben Romane, die den Mittelteil (Bd. 8–14) gebildet hätten, fehlen, so daß sich folgender Werkplan ergibt: *Hotel Garni* (Roman, Bd. 1); *Der kleine Hauptbahnhof oder Lob des Strichs* (Roman, Bd. 2); *Die Zweite Schuld* (Glossen, Bd. 3); *Eine glückliche Liebe* (Roman, Bd. 4); *Alte Welt* (Glossen, Bd. 5); *Der Platz der Gehenkten* (Roman, Bd. 6); *Explosion* (Roman der Ethnologie, Bd. 7); *Forschungsbericht* (Roman, Bd. 15); *Afrika 1984* (Romanfragment, Bd. 16); *Die Geschichte der Nanã* (Roman, Bd. 17); *Die Schwarze Stadt* (Glossen, Bd. 18) sowie *Hamburg Hauptbahnhof = Register* (Fragment, Bd. 19).

Die Romane dieses Zyklus vervollständigen – erneut dienen Fichtes eigene Lebenserfahrungen als Material für die poetische Gestaltung – den Entwicklungsgang der Protagonisten Irma und Jäcki, die bereits im Mittelpunkt der früheren Romane Fichtes standen; und sie beziehen beide Figuren auf ein über deren Privatsphäre hinausreichendes Modell von Wahrnehmung, das Fichte mit dem Ausdruck »Empfindlichkeit« belegt und das zugleich Fichtes eigenes poetologisches Verfahren kennzeichnet: »*Der Ausdruck ›sensibilité‹, den Hubert Fichte mit seiner Übersetzung – bei Vermeidung jenes inflationär mißbrauchten Wortes der Sensibilität – zu treffen hofft, meint ein hochentwickeltes Empfindungsvermögen: die sinnliche und intellektuelle Reizbarkeit des Beobachters durch das Beobachtete; meint auch die von Wellershoff geforderte ›Irritationsfähigkeit angesichts des Fremden‹, das Ethnologen wie Literaten in Erstaunen zu setzen vermöchte*« (T. Teichert). Vor dem Hintergrund der europäischen Geschichte des 20. Jahrhunderts werden die Biographien von Irma und Jäcki verfolgt, teils rückbezogen auf die Zeit der Großelterngeneration, teils im Zusammenhang mit außereuropäischen Kulturen dargestellt, mit denen sie sich auf zahlreichen Reisen konfrontieren. Stationen der Erkundungen, wie sie meist schon in den Titeln der einzelnen Bände festgehalten werden, sind neben Hamburg und dem portugiesischen Cezimbra vor allem die Karibik und Brasilien, schließlich Senegal. Die einzelnen Orte umreißen die Topographie des europäischen Kolonialismus und seiner universalen Machtstrukturen in einer literarischen Form, die, der eigenen Genese bewußt, das Fremde, dem sie sich annähert, in seinen Facetten auseinanderlegt, sie nicht dem Sinnzwang des Ganzen unterwirft, wie Teichert am Beispiel des sechsten Bandes, *Der Platz der Gehenkten*, nachweist, den er charakterisiert als »*Addition der vielen unabhängigen Sätze, die sich fast beiläufig auf einer Seite treffen und über alle notwendige Konstitutionsleistung für den kleinen und den großen Text ihre eigenständige Qualität nicht aufzugeben bereit sind.*« Fichte selbst schreibt programmatisch in *Der Kleine Hauptbahnhof oder Lob des Strichs* (1988), dem zweiten Band des Zyklus: »Jäcki glaubte, es müsse eine Sprache geben, geschliffen wie Sand, Texte, welche das Alltägliche, das Verhalten von Bauern, Irrenwärtern, Straßenarbeitern, Gammlern nicht über sich selbst hinaushöben zu längst bekannten Fremdheiten und den immergleichen Schocks, sondern sachte – (...) sachte berühren und wenden, daß Formen entstehen, wie sie die Gezeiten im Watt hervorrufen, für ein paar Stunden. / Und die Tide nimmt es wieder zurück.«

Der 1983 abgeschlossene erste Band des Zyklus, *Hotel Garni* (1987), versucht diesen Anforderungen in einer Art Protokoll von Irmas und Jäckis Begegnungen zu entsprechen. Wie schon im Roman *Das Waisenhaus* (1965) beschreibt Jäcki die Bedrohung, die für ihn aus dem Anspruch resultiert, sich den Normen der Nachkriegsgesellschaft anzupassen: »*Aber ich kannte die Vertrauensärzte, die Blockwarte, die Lagerverwalter, die Nierentische, die Farben. / Rechts gehen. / Ich wollte weg. / Wie ich immer nur wegwollte. / Da gehörte ich nicht hin. / Ausrotten wollten sie mich ...*« Er bricht nach Frankreich auf, wo er als Lagerleiter für den Arbeiterpriester Abbé Pierre tätig ist. Dessen soziales Engagement gewinnt für Jäcki jedoch fragwürdige Züge, da der Priester dankbare Verehrung von den gesellschaftlichen Randexistenzen fordert, denen er seine Hilfe schenkt. Diese den Alltag beherrschenden »*Gesten der Devotion*« akzeptiert Jäcki nicht und erneuert damit seinen Anspruch: Empfindlichkeiten – nicht nur der eigenen Person – noch in der Position der Hilflosigkeit darzustellen, ohne daß ihm dies als Indiskretion auslegbar wäre. Dort, wo Jäcki mit einer Lebensform konfrontiert ist, die diese Bedürfnisse nicht anerkennt, ist seine Ausdrucksmöglichkeit entscheidend reduziert; als er eine landwirtschaftliche Ausbildung absolviert, konstatiert Jäcki: »*Meine Wörter schrumpften ein zwischen den endlosen Reihen Zuckerrüben, Saatkartoffeln, Winterkorn, unter der Egge und dem Pflug, unter dem Trekker hervor fräste ich winzige Platten, wie Fragmente,* die ich als Gedichte aufschrieb ... Ich habe sie alle weggeschmissen.«

Im nächsten Schritt wird Empfindlichkeit thematisiert als Gegenstand der Selbsterforschung Jäckis. In Schweden arbeitet er mit psychisch erkrankten Jugendlichen und eignet sich kritisch die Theorie Sigmund FREUDS an. Sexuelle Erfahrung, soziale Arbeit und künstlerische Ausdrucksmöglichkeit als Schriftsteller fügen sich erstmals, wenn auch nicht bruchlos, ineinander. Die Darstellung des eigenen Lebens in Kunstformen, einer Körpererfahrung in entfalteter zweiter Natur, kulminiert in der Beziehung zu Irma, der Fotografin: »*Die Wörter begannen, in Haut überzugehen.*« Die sexuelle Begegnung widersetzt sich der bisherigen Ausrichtung der Empfindlichkeit Jäckis: seine Homosexualität öffnet sich zur Bisexualität. Das lange Gespräch zwischen Irma und Jäcki, das den Roman strukturiert, thematisiert die gegensätzlichen Lebenserfahrungen beider: den Altersunterschied, den Unterschied von Fotografieren und Schreiben, von Bürgerlichkeit und Außenseitertum, von Mann und Frau. Die Annäherung droht zu scheitern: »*Die Wörter spellen ab, dachte Jäcki. / Warum frage ich / Was liegt mir daran, Antworten zu erhalten? ... Jäcki glaubte, (die) Wörter hätten die Beziehung vernichtet.*« In dieser skeptischen Perspektive erscheinen die Konturen von Irmas Leben, die in der zweiten Hälfte des Buches von Jäcki befragt wird: Vaterlos aufgewachsen, wie Jäcki, allerdings in einem gutsituierten Haushalt, durchlebt sie die normierte Pubertätserfahrung des Bürgertums, übernimmt das Bildungsgut des humanistischen Gymnasiums. Kritisches Moment ihrer Biographie wird die Ehe mit dem Architekten Ludwig, die sie aufgrund einer ungewollten Schwangerschaft eingeht. Jäcki kritisiert diese angepaßte Biographie, die schweigend auch das Verhalten der Mutter hinnimmt, die noch die Gedankenwelt des Faschismus für tolerabel hält. Die Aneinanderreihung dieser Fakten bricht sich durch die Faszination, die Irma in der Erzählgegenwart für Jäcki gewinnt; durch die Anerkennung der Homosexualität Jäckis hat Irma mit der bürgerlichen Welt gebrochen. Mit dem Schlußsatz des Romans – »*Das war, was da war, meinte Jäcki*« – umreißt die *Geschichte der Empfindlichkeit* ihren Ausgangspunkt, der übereinkommt mit dem der bundesdeutschen Geschichte.

Der folgende Band, *Der Kleine Hauptbahnhof oder Lob des Strichs* (1988), der die Jahre 1962/63 thematisiert, entstand 1983/84 und knüpft an den sich zuspitzenden Konflikt zwischen Irma und Jäcki an. Er schildert den Versuch Jäckis, den Gegensatz zwischen seinem homosexuell-subkulturellen Leben und seiner Beziehung zu Irma in ein Nebeneinander zu verwandeln: »*Ich will die Welt von unten beschreiben und du fotografierst sie von oben.*« Jäcki verzichtet trotz erster literarischer Erfolge – zu denen Lesungen in Hamburger Literaturzirkeln und Veröffentlichungen in Zeitschriften gehören, schließlich wird er 1963 ins Literarische Colloquium nach Berlin eingeladen – nicht auf seinen Außenseiterstatus, aber er findet jetzt in Irma einen positiven Gegenpol. Ihr Zusammenleben wird zum stets gefährdeten Experiment einer gemeinsamen Suche nach Empfindlichkeit, deren Radikalität sich in der bisexuellen Lebensform manifestiert, die für die Homosexuellenszene ebenso skandalös ist wie für die bürgerliche Umwelt. Nicht zufällig gelingt diese Lebensform, wie im vierten Band, *Eine glückliche Liebe*, dargestellt, erst in Portugal, in einem anderen sozialen Milieu. In Hamburg dominieren die vielfältigen sexuellen Verhaltensformen Jäckis, die mit dem Verhältnis zu Irma nicht zu vermitteln sind. Die Angehörigen der Strichszene, mit denen Jäcki verkehrt, bilden ein Szenario unterschiedlichster Riten, die Jäcki in ihrer Unbeherrschbarkeit als Erfahrungsreservoir benutzt; die Teilhabe daran markiert den Bruch mit der eigenen Herkunft und bildet das eigentliche Zentrum des intellektuellen Engagements, wie es auch im Verhältnis zur Gruppe 47, zum Maler Paul Wunderlich oder in der Kritik am Philosophen Carl Friedrich von Weizsäcker deutlich wird. Und doch gewinnt die Welt des kleinen Hauptbahnhofs ihren Wert erst im Verhältnis zu Irma. Die »*Odysseen*« in der Unterwelt würden sich ansonsten als bloße Gegenwelten abnutzen, sie wären »*kein befreites Jerusalem. / Verlorene Zeit.*«

Die große Nähe des Romanprojekts zum Unternehmen Prousts wird hier faßbar und in ihrem Unterschied bestimmbar. Nicht die ungewollte Erinnerung dient der Versicherung, einer fast verlorenen Erfahrung wieder habhaft geworden zu sein, sondern das eigene Empfinden in der für einen anderen inszenierten Fremdheit. Im *Versuch über die Pubertät* hatte Fichte sich selbst als »*lyrischen Reporter*« bezeichnet; die Bewegung dieser Ich- und Welterfahrung sollte die *Geschichte der Empfindlichkeit* festhalten, allerdings nie auf Kosten derer, die als Objekte, als Gegenüber der poetischen Wahrnehmung erscheinen. Der dritte Band des Zyklus, *Die Zweite Schuld*, ist aus Gründen des Persönlichkeitsschutzes mit einer zwanzigjährigen Sperrfrist belegt. Im Zentrum dieses Bandes von »Glossen« steht der weitere Weg des Schriftstellers Jäcki (und damit Fichtes), dessen Teilnahme am Literarischen Colloquium 1963/64 in Berlin den Hintergrund des Textes bildet.

Der Folgeband *Eine glückliche Liebe*, 1984 fertiggestellt, beschreibt den Portugal-Aufenthalt des Autors im Jahre 1964. Auffällig ist die stilistische Minimalisierung des Ausdrucks: Die Lektüre von Proust und Luís de Camões, eigene literarische Vorhaben, Beobachtungen des Strandlebens, das Leben mit Irma – dies überlagert sich zu einem vielschichtigen Gefüge, das kaum eine Handlung kennt; die sexuellen Wünsche und Erfahrungen fügen sich in ein Nebeneinander: »*Irma roch das Salz, den Teer, der sich in seinem Bart und auf seiner Haut niedergeschlagen hatte. / – Das ist das Paradies, dachte Jäcki: / – Einmal mit einem Fischer und einmal mit Irma.*« Allerdings verbleibt diese Erfahrung mit ihrer Intensität noch im Bereich des Privaten, der im weiteren Fortgang des Romanprojekts gesprengt wird; bereits der Besuch Lissabons ist ein erster Ansatz dazu: »*Er hatte in der künstlichen Vereinzelung der Reise Angst vor der verfallenden Weltstadt und Angst vor der Geschichte ... Endlich nach Lissabon hinüber! / Dann gab es kein Halten mehr.*«

Zu dieser Freisetzung, die für den Aufbruch in die lateinamerikanische Welt steht, gelangt Jäcki als kritischer Beobachter seiner selbst. Er scheint hier die Position einzunehmen, die zuvor Irma innehatte: »*Jäcki kam sich wie eine Hohlform vor, die ihn selbst noch einmal wahrnahm.*« Irma ist nicht mehr nur Beobachterin seiner Selbstdarstellungen, ihr wird eine neue, den Roman vorantreibende Entwicklung möglich; im sechsten Band des Zyklus, *Der Platz der Gehenkten*, wird es von ihr heißen: »*Habe ich die Festlichkeit Irmas vergessen? / Den Überfluß ihrer Düfte, Lächeln, Kleider, Geschenke, Salate, Hammelkeulen, Linse und Gang der Kranichin?*« Irma reflektiert schließlich die Vielfältigkeit Jäckis. Die Entschiedenheit seiner Veränderung schildert das Schlußkapitel des Bandes, das die Darstellung des Portugal-Aufenthaltes abrupt beendet. In Paris erweitert sich Jäckis Sexualität um die Akzeptanz auch der »passiven« Rolle in der geschlechtlichen Begegnung: »*– Jetzt lasse ich mich. / Es schien Jäcki die einzige Veränderung zu sein, außer der Geburt, welche die Natur hergab.*«

Der in zwei Teilbänden vorgelegte erste Band der Paralipomena, *Homosexualität und Literatur* (1987/88), umreißt den literaturgeschichtlichen Kontext der *Geschichte der Empfindlichkeit*, wie ihn Fichte vor allem durch Herodot, Daniel Caspar von Lohenstein, August von Platen sowie Jean Genet charakterisiert sieht: »*Fichtes Wahlverwandte: es sind fast immer sexuelle Außenseiter, poetische Avantgardisten*« (T. Teichert). Vor allem sind es die Berichte Herodots, in denen Fichte sich wiedererkennt; in seinem Essay *Mein Freund Herodot*, der im ersten Band der Paralipomena enthalten ist, heißt es: »*Herodots Umgetriebensein, nicht still sitzen können. / Was ist hinter der Ecke! / Was ist jenseits der Bergkette. / Nicht: Wissen ist Macht! – sondern: Reisen ist Wissen.*« Ein derartiges Zusammenfallen des eigenen Wahrnehmens und Sprechens mit der Erfahrung des Fremden, das Sich-selbst-erfahren als Kennenlernen des Anderen, führt, wenn nicht gewaltsam darüber hinweggegangen wird, in die von Fichte anvisierte Welt der Empfindlichkeit, die für Fichte vor allem provoziert wird durch die Situation des Homosexuellen. In seinem Essay über *Die Sprache der Liebe. Polemische Anmerkungen zu »Querelle de Brest« von Jean Genet* schreibt er: »*Bei Genet steht homosexuelles Verhalten ... als Verhalten eines menschlichen Stammes, neben den Riten von Afrikanern, Seeleuten, Bettlern – nicht nur der adelige Jüngling wird angesungen, auch der Arbeiter; für Genet ist homosexuelles Verhalten klassenloses Verhalten.*«

Wie die weitere Entwicklung der *Geschichte der Empfindlichkeit* sich darstellt, kann erst mit dem vollständigen Erscheinen der von Fichte fertiggestellten Bände beurteilt werden. Bevor mit dem sechsten Band, *Der Platz der Gehenkten*, erstmals die Handlung außerhalb Europas, in Marokko, angesiedelt ist (für Teichert ist dieser Roman *»ein heimlicher Fixpunkt, auf den die poetischen Anstrengungen des Autors seit Jahrzehnten zielten«*), wird im fünften Band, *Die Alte Welt*, nochmals der Blick auf Europa konzentriert; der Band soll glossarartig Interviews, Tagebuchnotizen und Reiseberichte aus den Jahren 1966–1969 vereinen. Der siebte Band mit dem Titel *Explosion* faßt die Brasilienreisen Fichtes zusammen; an diesem Roman hat der Autor bis zuletzt gearbeitet. Seine ethnologischen Arbeiten waren, am Gegenstand ihres bedeutendsten Untersuchungsfeldes, einer ständigen Veränderung ihrer Ergebnisse unterworfen; über die Lücke der fehlenden Bände hinweg erhält dieser Roman in *Forschungsbericht* (Bd. 15) sein Pendant in einer subjektiven Schau des Ethnologen auf seine Wissenschaft.

Der Inhalt der letzten Bände kann nur benannt werden. Der sechzehnte Band, *Afrika 1984*, geht den Ursprüngen der brasilianischen Literatur auf dem schwarzen Kontinent nach, ein Verhältnis, das in *Die Geschichte der Nanā* (Bd. 17) auf die Beziehung Jäckis zu seiner Mutter übertragen wird. Daran sollte sich, als utopische Eröffnung jenseits der mythischen Zusammenhänge, die Schlußperspektive des Romanprojekts anschließen. In Bd. 18, *(Die Schwarze Stadt)* ist es New York, das diese Bedeutung erhält, als Panorama der verschiedenen menschlichen Kulturformen. Fichte hat allerdings diese Perspektive aufgegeben und ist erneut in das Hamburg der Jahre 1982–1984 zurückgekehrt, wo der Zyklus endet: *Hamburg Hauptbahnhof = Register* (Bd. 19). Darin eine Zurücknahme der utopischen Hoffnungen zu lesen, da hier der Zerfall einer Subkultur geschildert wird, die mit dem Umbau des Bahnhofs ihren Lebensraum verliert, erscheint im Zusammenhang des Werkganzen als nicht berechtigt, will man nicht, wie Teichert, die utopische Dimension des Zyklus im sechsten Band konzentriert sehen. Fichtes gesamtes Werk stellt den Versuch dar, die Schichten der eigenen Biographie – wie es im *Versuch über die Pubertät* bereits ins Bild gesetzt wurde – zu sezieren, die Veränderungen der eigenen Identität zu untersuchen und Analogien zu allgemeinen, gesellschaftlich verankerten Riten aufzusuchen; ob dieses *»unendliche Schreiben an sich selbst«* (T. Teichert), das sich in der Durchführung Problemstellung und Material gleichermaßen gab, durch eine positive Utopie sich hätte beruhigen können, bleibt fraglich.

Die Rezeption der bislang erschienenen Bände der *Geschichte der Empfindlichkeit* ist durchaus gespalten, auch wenn die Kritik den Zyklus mit dem Werk JEAN PAULS oder mit Hans Henny JAHNNS *Fluß ohne Ufer* verglich und Fichtes Wahrnehmungsvermögen gegenüber den Ausdrucksformen gesellschaftlicher Randgruppen und »fremder« Kulturen stets hervorhob. Während die Herausgeber der *Geschichte der Empfindlichkeit* den Zyklus als einzigartiges formales wie poetisches Unternehmen innerhalb der bundesdeutschen Nachkriegsliteratur deuten, sieht die Kritik nach den ersten Bänden den *»Höhenflug der Erwartungen«* ge-
bremst und konstatiert, daß die bislang veröffentlichten Texte, bedingt durch den frühen Tod des Autors, über das *»Stadium reiner Materialsammlungen«* (U. Wolff) nicht hinauskommen. KLL

AUSGABEN: *Hotel Garni*, Ffm. 1987 [Bd. 1]. – *Der kleine Hauptbahnhof oder Lob des Strichs*, Ffm. 1988 [Bd. 2]. – *Eine glückliche Liebe*, Ffm. 1988 [Bd. 4]. – *Der Platz der Gehenkten*, Ffm. 1989 [Bd. 6]. – *Forschungsbericht* (Auszüge aus Bd. 15, in text + kritik, 1981, H. 72, S. 10–22 u. in manuskripte, 1981, H. 74, S. 48–57). – *Hamburg Hauptbahnhof = Register* (Auszug aus Bd. 19, in Schreibheft, 1987, H. 30, S. 73–84). – *Homosexualität und Literatur*, Ffm. 1987/88, 2 Bde. – *Schulfunk*, Ffm. 1988. – *Das Haus der Mina in São Luiz de Maranhão*, Ffm. 1989.

LITERATUR: G. Lindemann, *Zärtlichkeit ordnen. Notizen zur Planung u. Entstehung der »Geschichte der Empfindlichkeit«*, Ffm. 1987 [Verlagsbeilage]. – W. v. Wangenheim, *H. F.s Geschichte* (in Merkur, 41, 1987, S. 1005–1012). – T. Vollhaber, *Das Nichts. Die Angst. Die Erfahrung. Untersuchungen zur zeitgenössischen schwulen Literatur*, Bln. 1987, S. 153–241. – H. Mayer, *Auf der Suche nach dem Vater - Rede über H. F.* (in NRs, 1987, H. 1, S. 84–102). – P. Borkopp, *Metamorphosen der Identität. Zum ersten Band von H. F.s Romanzyklus »Die Geschichte der Empfindlichkeit«* (in tageszeitung, 15. 1. 1988). – U. Wolff, Rez. (in NZZ, 29. 1. 1988). – K. H. Kramberg, Rez. (in SZ, 9./10. 4. 1988). – K. Witte, Rez. (in FRs, 15. 10. 1988).

DIE PALETTE

Roman von Hubert FICHTE, erschienen 1968. – Drei Jahre lang besucht Jäcki, die Hauptfigur des Romans, das Hamburger Szenelokal »Palette« und notiert, was er sieht, hört und erlebt: »*Es geht um einen Initiationsprozeß, die Lebensunterweisung, die einem jungen Ästheten, Träumer und Zuschauer namens Jäcki im Kreise der Gammler, Schwulen, Drogenfresser und Trinker zuteil wird*« (W. Jens). Gezeichnet wird ein Soziogramm der Hamburger Subkultur der sechziger Jahre, über das es in Bd. 4 der *Geschichte der Empfindlichkeit* (1988) heißt: *»Jäcki wollte jetzt endlich mit dem Artikel über die Palette anfangen. Er hatte sich über einen hingehudelten Bericht in der ›Zeit‹ geärgert und wollte zeigen, daß er etwas mehr über die deutschen Gammler und das Kellerlokal in der ABC-Straße schreiben konnte ... Jäcki wollte seinen Artikel gegen die ganze Beatnikliteratur setzen, die bei Hanser von Professor Höllerer herausgegeben wurde.«* Jäckis Erfahrungen wiederholen, ähnlich den Wahrnehmungen Detlevs in *Das Waisenhaus* (1965), Abschnitte aus Fichtes eigener Biographie. Das Verhältnis zwischen Protagonist und Autor ist in der *Palette*, dem zweiten Roman Fichtes, gegenüber dem *Waisenhaus* verkompliziert; beide Ebenen überschneiden sich und werden im Roman selbst thematisiert. Der *»Palettianer«* Jäcki ist entscheidend von einer Reise in die Provence geprägt, der Autor erinnert sich von einem portugiesischen Fischerdorf aus an die Hamburger Erlebnisse: *»Ich fange an zu schreiben, verändere die Namen der Palettianer, tausche Namen aus, denke mir Personen aus zu den Namen. / Ich denke ... an die Palette in Beziehung zu den Fischern am Strand, zu dem kindsgroßen schwarzen Fisch mit dem türkisfarbenen Glasauge am Strand. / Es ergeben sich Überschneidungen.«* Der Autor führt Jäcki in der »Palette« herum, allmählich nimmt das Lokal Kontur an, gewinnen seine Gäste Gestalt und Ausdruck; neben Jäcki und seiner Lebensgefährtin Irma vor allem Liana Pozzi *(»Lianas Jugend ist siebzig Jahre alt«)*, Jürgen, Heidi und Reimar Renaissancefürstchen. *»Jeder Besuch in der Palette«*, stellt Jäcki fest, *»ist ein Roman.«* Dieser Roman aus Romanen setzt sich aus den Erzählungen der Kneipenbesucher über die Kneipenbesucher zusammen, die ohne weitere Vermittlung nebeneinander stehen, Bruchstücke von Lebensläufen und Erfahrungen. Die Erzählung kreist um wenige, sich wiederholende Motiv- und Stoffpartikel: Emigration, Rauschgift, Sexualität, Obdachlosigkeit, Armut und Kriminalität, dazu Reflexionen über die Zeit, über Kunst und Langeweile. Eine Handlung im herkömmlichen Sinne entsteht nicht und kann nicht entstehen, da das Ganze der »Palette« sich als Gleichzeitigkeit, gleichsam als Hintergrundgeräusch, präsentiert, während die Wahrnehmung wie das Schreiben darüber als Abfolge von Geschehnissen, als Nacheinander organisiert ist: *»Nach jeder Zeit kommt ein neues Stück Zeit ... paßt dahin oder dahin beim Ablauf der Schilderungen der Besuche in den drei Palettenräumen, die einen Bruchteil ausmachen, von der Palette im ganzen.«*

Jäcki fungiert in diesem Roman, mit dem Fichte wohl seinen größten literarischen Erfolg erzielte, nicht als Held, sondern als Medium, das die Beobachtungen in der »Palette« fixiert, aufhebt. Die Aufsprengung linearer Erzählmuster erzwingt eine Montagetechnik, die exemplarisch am Gefüge der Kapitel 25–27 verdeutlicht werden kann: einer privaten Traumnotiz *(»Irmas Traum«)* folgt die Erzählung eines Besuchs der Johannespassion, der übergeht in die Ostermärsche *(»Passionsmarsch«)*. Fichte verfolgt und travestiert die Entstehung des Lebens von der Zeugung über die Entwicklung des Embryo bis zur grotesken Niederkunft der gammelnden Mutter in einer Schwulenkneipe. Ausblicke nach Portugal und Frankreich erweitern und verschieben die Erzählperspektiven, aber die »Palette« bleibt, als Manifestation einer Gegenkultur, Dreh- und Angelpunkt für die verschiedenen Zeit- und Erzählstufen. Als das Lokal geschlossen wird, stellt Fichte seinen Roman im Hamburger Starclub vor: *»Ich wollte aufschreiben, was ich über die Palette weiß und was mir zur Palette einfiel. Die Palette ist zu.«*

Die Beschreibung der »Palette« bleibt notwendig Fragment, weil die Analyse der verschiedenen Wirklichkeiten sich ins Uferlose verliert. Fichte entgeht diesen Problemen, indem er den fragmentarischen Charakter der Wirklichkeitserfahrung als Formkalkül einsetzt. Die Realität wird eingefangen in kurzen, prägnanten Sätzen, ohne schmückendes Dekor, selten von Adjektiven angestrahlt. Die Sprache ist mit Spruchbändern, plakativen Textfiguren, Toilettenparolen, Werbeslogans und der Blasenpoesie der *Comic strips* durchsetzt und mit Reflexionen angereichert: *»Kann Schlechtes literarisch relevant sein, auch wenn es nicht bewußt als Zitat von Schlechtem eingesetzt wurde?«* Die Frage beantwortet sich in diesem Roman von selbst, der subliterarische Ausdrucksformen mit subtiler Einfachheit in eine profilierte, realitätsgesättigte Sprachmelodie überführt. Was an der Oberfläche wie eine willkürlich hingeworfene Wort-Collage aussieht, gehorcht in Wirklichkeit einer seltenen Formkraft, die Schreiben als einen sozialpolitischen Erkenntnisprozeß begreift und die gesellschaftliche Wirklichkeit auch dann noch sichtbar macht, wenn sie scheinbar in der Sphäre von Randzonen versandet. Der Perspektivenreichtum der *Palette* ist zugleich die Weiterentwicklung jener formalen Mittel, die im *Waisenhaus* bereits angelegt sind. Bleibt die Stadt für Detlev, den Helden im *Waisenhaus*, noch Utopie, so ist sie für Jäcki Basis seiner Erfahrungen in den Jahren 1962–1967. Im Roman *Detlevs Imitationen,* »Grünspan« (1971) werden die Erfahrungen von Detlev und Jäcki zusammengeführt. M.Ke.-KLL

Ausgaben: Reinbek 1968. – Ffm. 1978. – Ffm. 1981 (FiTb).

Radiosendung: H. F., *Cartacalo/la u. seine Zeit*, 1967 (WDR).

Literatur: K. H. Kramberg, Rez. (in SZ, 23./24. 3. 1968). – M. Reich-Ranicki, Rez. (in Die Zeit, 29. 3. 1968; ern. in *H. F. Materialien zu Leben u. Werk*, Hg. Th. Beckermann, Ffm. 1985). – W. Jens, Rez. (in Die Zeit, 5. 4. 1968; ern. ebd.). – G. Blöcker, *Ein deutscher Beat-Roman* (in Merkur, 22, 1968, S. 374–376). – M. Scharang, *F.s »Palette« – Modell literarischer Anpassung* (in Literatur u. Kritik, 1969, S. 506–508). – H. Heissenbüttel, *Deutschland in den sechziger Jahren. H. F.s »Palette« wiederlesend* (in Die Zeit, 26. 5. 1978; ern. in *H. F. Materialien zu Leben u. Werk*, Hg. Th. Beckermann, Ffm. 1985). – G. Schäfer, *Kalkül u. Verwandlung. Zur Poetik H. F.s* (in Merkur, 40, 1986, S. 388–402).

VERSUCH ÜBER DIE PUBERTÄT

Roman von Hubert Fichte, erschienen 1974. – Der letzte zu Lebzeiten des Autors veröffentlichte Roman steht im Zentrum seines Gesamtwerks. Die mit *Detlevs Imitationen,* »Grünspan« an eine Grenze gekommene Rollengestaltung der Protagonisten Detlev und Jäcki führt nun zur Ich-Erzählung, ohne allerdings den distanzierten Gestus der Beobachtung aufzugeben. Die Schilderung nimmt den Charakter von Forschungsberichten an – damit schon auf die späteren Publikationen (*Xango*, 1976; *Petersilie*, 1980) verweisend –, löst die Reflexionen aber immer auch in ausfernde Fiktionalisierungen auf. Der Begriff »Pubertät« wird dabei, über die Kennzeichnung der Geschlechtsreife hinausgehend, als kontinuierlicher menschlicher Reifungsprozeß gesehen, der Analogien aufweist zu magisch-rituellen Formen der Welterfassung, wie sie Fichte dann in krudester Form in den Zeremonien der afro-amerikanischen Religionen vorfindet: »*Ich meine beobachtet zu haben, daß sich frühpubertäre Entwicklung und pubertäre Entwicklung in einem Wechsel von Imitation der Welt und Identifikation mit der Welt vollziehen – wie ein magisches Ritual auch.*«

Am Anfang stehen die Erfahrungen einer Brasilienreise. Der Besuch eines gerichtsmedizinischen Instituts offenbart die Praktiken der Diktatur: Morde am politischen Gegner klären sich erst in der Obduktion, deren Ergebnisse geheim bleiben. Die Reaktionen des westeuropäischen Beobachters sind zwiespältig: Ihm gelingt keine direkte Identifikation mit dem Opfer, gerade weil dessen Auslöschung ihn an die Gefährdung der eigenen Empfindungsfähigkeit erinnert: »*Die Identifikation mit der blutigen Leiche klappt nicht mehr. Weil ich nicht weiß, was ein anderer empfindet und nicht mehr empfindet?*« Die Fähigkeit zur authentischen Erfahrung muß an ihm selbst erst wieder freigelegt werden, die Tätigkeit des Anatomen wird auf diese Art der Innenschau projiziert. Der vierzigjährige Ich-Erzähler seziert seine Jugendzeit in Hamburg-Lokstedt, deren Konturen schon aus den vorausgegangenen Romanen deutlich wurden; sein Scheitern in der Schule, seine Anfänge auf dem Theater, sein Ausbruch nach Frankreich, sein Leben als Knecht auf einem Bauernhof. Die Selbsterforschung richtet sich zunächst auf Erfahrungen, die in ihrer Intensität den Rahmen pubertärer Orientierung abstecken.

Die erste Imitation vollzieht sich über Werner Maria Pozzi, in dem Fichte ein Porträt des Schriftstellers Hans Henny Jahnn zeichnet: »*Da ist Pozzi. / Da bin ich ... Jetzt begegnen wir uns. / Und wie Dieusifort, der haitianische Schamane, um seinen toten, geistlichen Vater zu beschwören, die Schwingungen der Stimme des Toten, die Achs und das Husten imitiert, die Wortwahl – eine Maske aus Sprache – so verleibe ich mir Pozzi ein und seine Wörter, Akzente, Rhythmen kommen mir über den Mund: beherrsche ich seine Sprache oder benützt er meine Lippen?*« Im zweiten Romanabschnitt konfrontiert der Autor seine und Pozzis Jugendgeschichte mit dem Lebensbericht eines sechzigjährigen Angestellten, dessen Gefühlsambivalenz sich in der Verdrängung seiner Homosexualität manifestiert. Fichtes zweite entscheidende Begegnung in der Pubertät ist die Bekanntschaft mit dem Regisseur Alex Kraetschmar; an dessen Verhalten interessiert den Autor das Widerstandspotential, das sich mit seiner sexuellen Entwicklung verbindet: »*Alex W. Kraetschmar ist geschmacklos ... Der Geschmacklose hat seine Lektionen nicht gelernt, wie der Homosexuelle, wie der Jude, wie der Neger. / Die Geschmacklosigkeit ist die letzte falsche Sprache vor der Vernichtung. / Alex' Geschmacklosigkeiten bedeuten Kritik an einer unkritisch nach säkularisierten Fetischen ausgerichteten Lebensweise.*«

Die Initiationsriten afroamerikanischer Kulturen eröffnen demgegenüber eine Perspektive, die Stellung des Außenseiters mit den Praktiken befreiter Empfindlichkeit zu verbinden. In einer extremen Zuspitzung dieser Möglichkeit, über die Abarbeitung an rituellen Vorgaben zu einer letztlich gewaltlosen Integration in die Gesellschaft zu gelangen, führt Fichte die Geschichte Hans Eppendorfers an, die er ausführlich in dem Interviewband *Hans Eppendorfer. Der Ledermann spricht mit Hubert Fichte* (1977) dokumentierte. Die zunächst in einem Mord eskalierende Spannung dieser »Pubertät« mündet über die Auseinandersetzung mit den Lederkulten schließlich in die ethische Grundhaltung, »*daß wir Leuten, die uns begegnen und denen es vielleicht dreckiger geht, ein Gesicht zuerkennen*«. Dieser Einsicht entspricht auch die den Roman abschließende Selbsteinschätzung des Autors: »*Allmählich entwickelt sich in mir die Freiheit, das Diskrepante zu schreiben, das ich früher in der Lokstedter Einheitlichkeit sorgsam wegstrich; meine Niederlagen fixieren, Sprünge, Widersprüche, das Unzusammenhängende nicht kitten, sondern Teile unverbunden nebeneinander bestehen lassen, mit zwei falschen, übertriebenen Aussagen die Tatsachen anpeilen.*«

In die Erinnerungen und Gespräche gehen die Erfahrungen ein, die Fichte in Lateinamerika sammelt: »*Diese Vivisektion einer Pubertät, dies Auseinanderfallen kleinbürgerlicher Erlebnisse..., dies Auseinanderfallen in Zeremonien, Riten, Formeln, Gesten wurde ausgelöst durch die Autopsie in der Morgue von Bahia. Ich habe nicht zufällig schamanistische Praktiken und Mischreligionen studiert. Mir kam es so vor, als sei ein Teil der Existenz des Lokstedter Konfirmanden nicht so fern von Yoruba, Ewe und Fon.*« Von »*verbrechenartigen Erinnerungen*« spricht Fichte, die ihn beim Studium magischer Rituale und Legenden in der Karibik überfallen; die Analyse der Erinnerungen, ihre Annäherung an die Erfahrungen der Gegenwart löst den Zwang, den sie auf den Autor ausüben. Der Roman endet, wo er beginnt: im Sezierraum von Bahia.

Was den Blick auf die sezierte Leiche mit dem Blick auf die eigene Biographie verbindet, ist die beobachtende Haltung: »*Fichte hat für die Verbindung des Beobachters zu seinen Objekten einen Begriff gefunden. Es ist der Begriff der 'Identifikation'. Sich identifizieren – das meint in seinem, ganz besonderen Sprachgebrauch: eine bewußte Empfindlichkeit einzusetzen. Diese Empfindlichkeit nimmt sich der Objekte an. Ihr Tun ist ein Projizieren. Sie entwirft Bilder und Vorstellungen auf den Schirm, den das Objekt vor ihr abgibt; umgekehrt strahlt etwas von diesen Objekten auf den Beobachter zurück. Dieses Band kann nicht zerschnitten werden. Und doch findet ... dieses Zerschneiden statt*« (H.-J. Ortheil).   KLL

AUSGABEN: Hbg. 1974. – Ffm. 1979. – Ffm. 1982 (FiTb).

LITERATUR: G. Blöcker, Rez. (in FAZ, 7. 9. 1974). – H. Engelhardt, *Was will F.?* (in FH, 85, 1974, S. 63–66; ern. in *H. F. Materialien zu Leben u. Werk*, Hg. Th. Beckermann, Ffm. 1985). – D. Jost, Rez. (in NZZ, 9./10. 11. 1974). – K. H. Kramberg, Rez. (in SZ, 7./8. 9. 1974; ern. in *H. F. Materialien zu Leben u. Werk*, Hg. Th. Beckermann, Ffm. 1985). – M. Menzel, Rez. (in Der Spiegel, 21. 10. 1974). – F. J. Raddatz, Rez. (in Die Zeit, 11. 10. 1974; ern. in *H. F. Materialien zu Leben u. Werk*, Hg. Th. Beckermann, Ffm. 1985). – D. E. Zimmer, *Leben, um einen Stil zu finden – schreiben, um sich einzuholen. Gespräch mit H. F.* (in Die Zeit, 11. 10. 1974; ern. ebd.). – H.-J. Ortheil, *Die allseitige Erregung. Zu H. F.s »Versuch über die Pubertät«* (ebd., S. 268–283).

DAS WAISENHAUS

Roman von Hubert FICHTE, erschienen 1965. – Mit dieser ersten größeren Prosaarbeit nach dem Erzählband *Der Aufbruch nach Turku* (1963) eröffnete Fichte den Zyklus seiner frühen Romane (*Die Palette*, 1968, *Detlevs Imitationen, »Grünspan«*, 1971), deren Material die Biographie des Autors selbst ist: »*Die Art meines Arbeitens geht dahin, daß – da es mir um eine anthropologische Dimension auch in Romanen geht, ... um Realität, wie sie wirklich gewesen war ... – die dargestellten Situationen mit den von mir erlebten Situationen identisch sind«* (Gespräch mit R. Wischenbart). Die Schilderung des Aufenthaltes im Waisenhaus entwickelt sich aus der Erlebniswelt des achtjährigen Detlev, der im Mittelpunkt des Romans steht. Der Handlungsrahmen umfaßt nur wenige Minuten: die Zeit, in der Detlev nach einem einjährigen Aufenthalt im Waisenhaus darauf wartet, von seiner Mutter abgeholt zu werden. Noch einmal – und damit beginnt der Roman – soll er mit den übrigen Kindern zu Abend essen, aber die Mutter kommt zu früh und unterbricht jene Abfolge von Hoffnungen, Visionen, Erinnerungen und Wunschvorstellungen, in denen sich Detlev das vergangene Jahr und seine Zukunft vergegenwärtigt. Ein Jahr lang, während der Kriegsjahre 1942/43, hatte Detlevs Mutter das Kind im katholischen Waisenhaus des bayerischen Ortes Scheyern versteckt, da der Vater Jude war. Aber seine protestantische Konfession, seine Hamburger Herkunft und seine sexuelle Aufgeklärtheit lassen das Kind in eine Außenseiterposition geraten, auf die es mit einer merkwürdig verzerrten, Phantasiewelt und Realität vermischenden Form der Wahrnehmung reagiert; Detlev sieht sich einer Umgebung ausgeliefert, *»deren Fremdheit die Erfahrungsweise des Jungen wie den Beobachtungsgestus des Autors bestimmt. Das minuziöse Protokoll unvertrauter Begebenheiten spiegelt den staunenden Augen-Blick. Der ganze Roman lebt von dieser Differenz, von dem Abgrund zwischen Detlevs an-* *fänglicher Orientierungslosigkeit und der Ungeheuerlichkeit des zwar Sicht-, jedoch nicht Verstehbaren«* (T. Teichert).

Detlev versucht sich in dieser Welt zurechtzufinden, indem er Verhaltensmuster imitiert, die ihm von Autoritäten vorgegeben werden und die seine spontanen Impulse bremsen, ablenken, auflösen. Widersprüche aber tun sich auf; die Mutter fordert seinen Gehorsam gegenüber den Nonnen des Waisenhauses, um sein Überleben nicht zu gefährden, die Nonnen fordern Demut und Aufrichtigkeit vor Gott. Das Kind versucht vergebens, die religiösen Begriffe sinnlich für sich erfahrbar zu machen, auch mit Hilfe seines Setzkastens gelingt dies nicht: »*Detlev bemühte sich zu erinnern, wie sich das Wort ›Gott‹ angehört hatte, ehe er es auf dem Deckel des Setzkastens zusammenschob. Er wiederholte das Wort leise, während er die Buchstaben abnahm und im Handteller hin- und herrückte. Es ergab nichts anderes als ein leise ausgesprochenes G und O und T. Er setzte noch einmal das Wort ›Meerstern‹ und er dachte dabei an einen Stern über dem Meer in der Nähe von Hamburg.«* Auch im Spiel mit den anderen Kindern wiederholt sich Detlevs Verunsicherung. Die allen gemeinsame Desintegration führt zu Fluchtversuchen; ihr Scheitern endet in Selbstbestrafungen und Selbstverteufelungen, in denen die Verhaltensregeln der Erwachsenen fortgeführt und an Aggression und destruktiver Kraft noch überboten werden: »*Als Anna mich verraten hatte, spielten Alfred und die beiden anderen den Teufel. Sie wollten mich in den Sarg stecken.«* Nur die Rückkehr nach Hamburg eröffnet die endgültige Befreiung vom *»Gott des Waisenhauses«.*

Fichte, der 1942/43 im Waisenhaus in Schrobenhausen verbrachte, sah in diesem Roman eine »*Reflexion über das Nichts ... Diesem achtjährigen Jungen geht anhand der Terrorangriffe gelegentlich seiner sozialen Umstände auf, daß es überhaupt die Möglichkeit des Nichts einmal gedanklich gibt, und er spielt im Laufe dieses Romans den Gedanken des Nicht-Seins durch«* (Gespräch mit R. Wischenbart). Auch die von der Kritik immer wieder hervorgehobene Episode, als Detlev während seines Wartens ein Puppenauge auf dem Balkongitter zu sehen glaubt, das sich als Vogeldreck entpuppt, wird vom Autor in einen existentialistischen Kontext gestellt: »*Es ist noch einmal mehr das Nichts. Er glaubt da etwas Hübsches oder Interessantes zu finden, und das Interessante geht unter seinen Fingern kaputt. Es ist mir etwas peinlich, daß da so ein symbolistischer oder symbolhafter Gehalt mitschwingt«* (Gespräch mit R. Wischenbart). Auskunft über die Motivübergänge zur *Palette* gibt der vierte Band der *Geschichte der Empfindlichkeit* (1988), der die autobiographischen Hintergründe des Werks umreißt.   KLL

AUSGABEN: Reinbek 1965. – Reinbek 1970 (rororo). – Ffm. 1978. – Ffm. 1984 (FiTb).

LITERATUR: K. H. Bohrer, Rez. (in Die Welt, 2. 9. 1965). – H. Heissenbüttel, Rez. (in SZ, 11. 9. 1965; ern. in *H. F. Materialien zu Leben u. Werk*,

Hg. Th. Beckermann, Ffm. 1985). – G. Blöcker, Rez. (in FAZ, 9. 11. 1965; ern. ebd.). – K. Batt, *Die Lücke u. der Rahmen* (in K. B., *Revolte intern*, Mchn. 1975). – R. Wischenbart, *»Ich schreibe, was mir die Wahrheit zu sein scheint.« Ein Gespräch mit H. F.* (in *H. F.*, Hg. H. L. Arnold, Mchn. 1981, S. 67–85). – R. Mielke, *Doppelperspektivisches Erzählen bei H. F. Eine Untersuchung zu zwei frühen Erzählungen u. dem Roman »Das Waisenhaus«* (ebd., S. 108–111). – D. Distl, *»So magisch wie Schrobenhausen«* (in *H. F. Materialien zu Leben und Werk*; Hg. Th. Beckermann, Ffm. 1985, S. 231 bis 235).

XANGO. Die afroamerikanischen Religionen. Bahia, Haiti, Trinidad

Aufzeichnungen von Hubert FICHTE, erschienen 1976. – Die seit 1971 geführten Aufzeichnungen über religiöse Riten in der Karibik setzen die im *Versuch über die Pubertät* bereits sichtbar gewordenen Versuche einer Annäherung an die Kultformen außereuropäischer Gesellschaften fort. Sie weisen, gerade in ihren Spielarten von Opfer, Grausamkeit und Sexualität, von Unterdrückung und Kompensation Analogien zu europäischen Verhaltensweisen auf. Der Text hebt sich bewußt von der Sprache und den Untersuchungsformen der etablierten Ethnologie ab; Fichte bezeichnet sein Verfahren, in Abgrenzung von den Untersuchungsmethoden etwa des Ethnologen Claude LÉVI-STRAUSS, als »Ethnopoesie«; er notiert nicht Ergebnisse, sondern schildert Annäherungsprozesse, die auf der Trennung von Beobachter und Beobachtetem, der Anwesenheit des Subjekts des Forschers, beharren und der vorschnellen Unterwerfung des Fremden unter die Deutungs- und Interpretationsmuster der westlichen Moderne widerstehen: *»Wissen ist Macht. / Das Weltbild der Physik ist das Weltbild siegreicher Physiker. / Der Ethnologe geht siegreich aus der Strukturanalyse des Indianerstammes hervor. / (...) Ich gehe aus Haiti nicht als Sieger hervor. / Meine Aufzeichnungen sind die Aufzeichnungen von Irrtümern, Fehlschlüssen, Kurzschlußhandlungen.«* Die Beschreibungen schließt ein zweiter Band, *Petersilie* (1980), ab, der einen Anhang mit methodologischen und dokumentarischen Zusatzinformationen enthält; zum Komplex dieser Studien gehören außerdem die Aufsatzsammlung *Lazarus und die Waschmaschine* (1985) sowie zwei 1976 und 1980 erschienene Fotobände von Leonore Mau, die Fichte mit einem Kommentar versehen hat. Fichtes Studien sind ein in der modernen Ethnologie einzigartiger Versuch, wissenschaftliche und poetische Prosa zu verbinden und sich aus den Objektivierungszwängen der traditionellen Forschung zu lösen. Die Kritik sah in den Texten die Fortsetzung von Fichtes literarischen Erkundungen über die Identität des eigenen Ichs, über seine *»Reise nach innen«* (H. HEISSENBÜTTEL); Torsten TEICHERT hob dagegen die Akzentuierung der Reportagen Fichtes hervor.

»Xango« ist einer der Hauptgötter in der Religion der afrikanischen Yoruba; mit dem Sklavenhandel gelangte diese Religion nach Lateinamerika, wo sie sich mit indianischen und christlichen Riten durchmischte. Es ist weniger der religiöse Hintergrund dieser Riten, der Fichte interessiert; er sieht sie als Mittel, jene Lebensumstände zu bewältigen, die einst durch Sklaverei, heute durch Armut und staatlichen Terror bedingt sind. Sexuelle Ritualisierungen und medizinische Therapieformen, so beobachtet der Autor in der Karibik, vermitteln eine enorme Widerstandskraft gegenüber gesellschaftlichen Bedrohungen, so daß er in einem Interview festhält: *»ich vermute, daß es in der afroamerikanischen Kultur ein System des Psychischen gibt, das älter ist als das unsere und vielleicht besser funktioniert, denn schließlich hat es die Afrikaner die Greuel der Versklavung überstehen lassen und läßt sie das unvorstellbare Elend des Neokolonialismus überstehen.«*
Der Text präsentiert sich als Geflecht von Impressionen, Zeitungsnotizen, Gesprächsprotokollen und wissenschaftlichen Analysen, teilweise, wie die *Anmerkungen zu den rituellen Pflanzen*, in Form eines Glossars zusammengestellt. Die ekstatischen Riten erscheinen zunächst als erster Ansatz zur umfassenden Durchbrechung gesellschaftlicher Normen, wozu auch die Zerstörung sexueller Tabus gehört. Allerdings wird diese Einschätzung am Ausgangspunkt der zweiten Reise, die nach Haiti führt, wieder in Frage gestellt. Der Voudou-Kult ist weniger auf Rebellion denn auf die Kompensation gesellschaftlichen Leidens ausgerichtet; die sexuellen Normverletzungen wirken in den reglementierten Ritualen nicht als Mittel freier Selbstentfaltung, sondern dienen der Disziplinierung und Verdrängung. Das Versprechen von anderen, einer freien Welt ist Illusion, schon die entsprechende Erwartung erweist sich als typisch europäische Denkform. Nötig wäre statt dessen die Einsicht, daß die Distanz zum Fremden nur allmählich zu überbrücken ist: *»Wäre nicht eine andre Welterfahrung denkbar? Nicht Touropa, Spartakus-Guide und Marcel Mauss – die Magazinierung von Erlebnissen, das Präparieren von Erfahrungstrophäen –, sondern Warten, in der Mitte der Welt und ihres Geschehens, bis das Fremde auf einen zukommt und sich erschließt?«* Die abschließende Reise nach Trinidad ist angelegt als Versuch jener langsamen Integration, der nicht den Verzicht auf einen kritischen Blick mit einschließt; Fichte konstatiert die herrschende politische Unterdrückung, er registriert das allgemeine Elend der Bevölkerung, der Karneval erscheint ihm angesichts der grassierenden Arbeitslosigkeit *»verlogen und abgerichtet«*. Der Text schließt mit der lakonischen Parabel: *»Der sechsundzwanzigjährige Humphrey Quamina, der immer wieder in den Löwenkäfig des Zoos von Port-of-Spain eindrang, der die Liebe zu aller Kreatur verkündete und die Löwen aus den Gittern befreien wollte, ist aufgefressen worden.«*
Der folgende Band *Petersilie* steht unter dem Zeichen politischer Recherche; der Titel bereits ver-

weist auf einen rassistisch motivierten Massenmord in der Dominikanischen Republik. 20 000 Schwarze werden, da sie das spanische Wort für »Petersilie« nicht korrekt aussprechen können, als Fremdlinge klassifiziert und ermordet. Zunehmend erfährt Fichte den dominierenden Einfluß der USA auf die Entwicklung in der Karibik und in Mittelamerika; die gegen die USA gerichtete Revolution auf Grenada, der Fichtes Besuch unmittelbar vorausgeht, gibt dem Bericht so eine abschließende Perspektive. Mit der Sammlung *Lazarus und die Waschmaschine*, eher ein »wissenschaftliches Traktat« (T. Teichert), verließ Fichte die von ihm verfolgte Form der *»Ethnopoesie«* und schloß die Studien über die afroamerikanischen Religionen ab; in seinen letzten Lebensjahren wandte er sich wieder der Literatur zu und konzentrierte sich auf die nicht mehr vollendete *Geschichte der Empfindlichkeit*, in dessen 15. Band mit dem Titel *Forschungsbericht*, der 1990 erscheinen soll, Fichte seine »Skrupel und Ängste, Hoffnungen und Enttäuschungen in der ethnographischen Feld-Forschung«, seine »*Zweifel ... an der gesamten ethnographischen Arbeit*« (T. Teichert) formuliert hat. KLL

AUSGABEN: Ffm. 1976. – Ffm. 1984 (FiTb).

LITERATUR: H. Heissenbüttel, Rez. (in Die Zeit, 8. 10. 1976; ern. in *H. F. Materialien zu Leben u. Werk*, Hg. Th. Beckermann, Ffm. 1985). – H. Mayer, Rez. (in Die Weltwoche, 24. 11. 1976; ern. ebd.). – A. v. Schirnding, Rez. (in SZ, 19./20. 3. 1977). – G. Blöcker, Rez. (in FAZ, 30. 10. 1976). – R. Berger, Rez. (in NZZ, 27./28. 3. 1977; ern. in *H. F. Materialien zu Leben u. Werk*, Hg. Th. Beckermann, Ffm. 1985). – G. Dischner, *Das poetische Auge des Ethnographen* (in *H. F.* Hg. H. L. Arnold, Mchn. 1981, S. 30–47). – H.-J. Heinrichs, *Dichtung u. Ethnologie* (ebd., S. 48–61).

JOHANN GOTTLIEB FICHTE

* 19.5.1762 Rammenau / Oberlausitz
† 29.1.1814 Berlin

LITERATUR ZUM AUTOR:
Bibliographien:
H. M. Baumgartner u. W. G. Jacobs, *J. G. F.-Bibliogr.*, Stg. 1968. – G. U. Gabel, *F. Ein Verzeichnis westeuropäischer und nordamerikanischer Hochschulschriften 1885–1980*, Köln 1985.
Forschungsberichte:
R. Saage, *Aspekte der politischen Philosophie F.s* (in Neue polit. Lit., 15, 1970, S. 354–376). – W. Lautemann, *Transzendentalphilosophie als Anthropologie u. als Erscheinungslehre* (in Philos. Rundschau, 23, 1976, S. 197–264). – H. J.

Verweyen, *New Perspectives on J. G. F.* (in Idealistic Studies, 6, 1976, S. 118–159).
Biographien:
F. Medicus, *F.s Leben*, Lpzg. 1922. – F. F. v. Unruh, *J. G. F.*, Stg. 1942. – W. O. Döring, *F. Der Mann und sein Werk*, Hbg. 1947. – *J. G. F. im Gespräch. Berichte seiner Zeitgenossen*, Hg. E. Fuchs, 4 Bde., Stg. 1978–1987. – W. G. Jacobs, *J. G. F. in Selbstzeugnissen und Bilddokumenten*, Reinbek 1984 (rm).
Gesamtdarstellungen und Studien:
H. Heimsoeth, *F.*, Mchn. 1923; Nachdr. Nendeln 1973. – M. Wundt, *F.*, Stg. 1927; Nachdr. Stg. 1976. – J. Barion, *Die intellektuelle Anschauung bei J. G. F. und Schelling*, Würzburg 1929. – M. Wundt, *F.-Forschungen*, Stg. 1929; Nachdr. Stg. 1976. – M. Gueroult, *L'évolution et la structure de la doctrine de la science chez F.*, Paris 1930. – J. Drechsler, *F.s Lehre vom Bild*, Stg. 1955. – A. Rava, *Studi su Spinoza e F.*, Mailand 1958. – W. Schulz, *J. G. F. Vernunft und Freiheit*, Pfullingen 1962. – D. Julia, *La question de l'homme et le fondement de la philosophie*, Paris 1964. – D. Henrich, *F.s ursprüngliche Einsicht*, Ffm. 1966. – A. Philonenko, *La liberté humaine dans la philosophie de F.*, Paris 1966. – J. Mader, *F., Feuerbach, Marx. Leib, Dialog, Gesellschaft*, Wien 1968. – K. Schuhmann, *Die Grundlage der Wissenschaftslehre in ihrem Umrisse. Zu F.s »Wissenschaftslehren« von 1794 und 1810*, Den Haag 1968. – F. Inciarte, *Transzendentale Einbildungskraft. Zu F.s Frühphilosophie im Zusammenhang des transzendentalen Idealismus*, Bonn 1970. – W. Janke, *Sein und Reflexion. Grundlagen der kritischen Vernunft*, Bln. 1970. – R. Lassahn, *Studien zur Wirkungsgeschichte F.s als Pädagoge*, Heidelberg 1970. – H. Radermacher, *F.s Begriff des Absoluten*, Ffm. 1970. – L. Siep, *Hegels F.-Kritik und die »Wissenschaftslehre« von 1804*, Freiburg i. B./Mchn. 1970. – W. Becker, *Idealismus und Skeptizismus*, Ffm. 1971. – G. Schulte, *Die Wissenschaftslehre des späten F.*, Ffm. 1971. – P. Baumanns, *F.s ursprüngliches System*, Stg. 1972. – C. K. Hunter, *Der Interpersonalitätsbeweis in F.s früher angewandter praktischer Philosophie*, Meisenheim a. Gl. 1973. – M. Gueroult, *Études sur F.*, Hildesheim/NY 1974. – A. Schnurr, *Philosophie als System bei F., Schelling und Hegel*, Stg. 1974. – S. Summerer, *Wirkliche Sittlichkeit und ästhetische Illusion. Die F.-Rezeption in den Fragmenten und Aufzeichnungen F. Schlegels und Hardenbergs*, Bonn 1974. – H. Jergius, *Philosophische Sprache und analytische Sprachkritik*, Freiburg i. B./Mchn. 1975. – R. Lauth, *Die Entstehung von Schellings Identitätsphilosophie in der Auseinandersetzung mit F.s Wissenschaftslehre 1795–1801*, Freiburg i. B./Mchn. 1975. – L. Pareyson, *F. Il sistema della libertà*, Mailand 1976. – G. J. Seidel, *Activity and Ground, F., Schelling and Hegel*, Hildesheim/NY 1976. – J. Widmann, *Die Grundstruktur des transzendentalen Wissens nach J. G. F.s »Wissenschaftslehre« 1804*, Hbg. 1977. – L. Gruber, *Transzendentalphilosophie und Theologie bei J. G. F.*

und K. Rahner, Ffm. 1978. – M. Brüggen, *F.s Wissenschaftslehre. Das System in den seit 1801/02 entstandenen Fassungen*, Hbg. 1979. – O. A. Böhmer, *Faktizität und Erkenntnisbegründung. Eine Untersuchung zur Bedeutung der Faktizität in der frühen Philosophie J. G. F.s*, Ffm. 1979. – F. Heine, *Freiheit und Totalität. Zum Verhältnis von Philosophie und Wirklichkeit bei F. und Hegel*, Bonn 1980. – H.-J. Müller, *Subjektivität als symbolisches und schematisches Bild des Absoluten*, Königstein/Ts. 1980. – H. Tietjen, *F. und Husserl. Letztbegründung, Subjektivität und praktische Vernunft im transzendentalen Idealismus*, Ffm. 1980. – *Der transzendentale Gedanke. Die gegenwärtige Darstellung der Philosophie F.s*, Hg. K. Hammacher, Hbg. 1981. – R. Zaczyk, *Das Strafrecht in der Rechtslehre J. G. F.s*, Bln. 1981. – H. Schöndorf, *Der Leib im Denken Schopenhauers und F.s*, Mchn. 1982. – R. Lauth, *Die transzendentale Naturlehre J. G. F.s...*, Hbg. 1984. – A. Philonenko, *L'œuvre de F.*, Paris 1984. – R. Lauth, *Hegel vor der Wissenschaftslehre*, Stg. 1987.

DIE ANWEISUNG ZUM SELIGEN LEBEN, oder auch die Religionslehre

Religionsphilosophische Schrift von Johann Gottlieb FICHTE, erschienen 1806. – Die Schrift entstand während der Lehrtätigkeit in Berlin (ab 1799) und faßt als späteste religionsphilosophische Arbeit Fichtes seine Gedanken über das Verhältnis Gott, Mensch und Welt zusammen. Sie unterscheidet sich grundsätzlich von den Entwürfen der früheren Zeit, in denen Religion im Sinn des subjektiven Idealismus wesentlich verstanden wurde als eine Setzung des Ich, welches das Göttliche als Idee und die Religion als Manifestation der Idee erkennt. »*Das Göttliche wird konstruiert durch Rechttun. Die lebendige und wirkende moralische Ordnung ist selbst Gott.*« Durch die so postulierte Einheit von Sittlichkeit und Gott mußte aber trotz der vermittelnden Dialektik die Wirklichkeit Gottes relativiert erscheinen. Fichte war deshalb vor Jahren im sogenannten »Atheismusstreit« (vgl. *Appellation an das Publikum*) der Gottlosigkeit angeklagt worden und hatte sein Lehramt in Jena aufgeben müssen. In der *Anweisung zum seligen Leben* wird, im Gegensatz zum absoluten Idealismus, Religion als eine Wirklichkeit aufgefaßt, die vor aller Erfahrung und Konstruktion durch das Ich besteht. Sie ist eine Macht, die aus sich heraus das Ich und die menschliche Gemeinschaft zu bilden vermag. Die Vermittlung zwischen der Wirklichkeit Gottes und der des Menschen geschieht durch das »Wort«. Es bedeutet sowohl die Offenbarung Gottes als auch das Streben nach Identität mit ihm. Das »Wort« als Offenbarung des göttlichen Absoluten kann aber den Dualismus von Gott und Welt nicht absolut versöhnen, weil es sich lediglich an das subjektive Ich und die Vernunft richtet. Diesen Dualismus aufzuheben gelingt nur der Liebe zum Ewigen, in der der Mensch sich mit dem Göttlichen zu vereinigen vermag. Diese Liebe, der die Fähigkeit zuerkannt wird, die Grenzen der Vernunft zu überschreiten, befreit das *unmittelbare Leben Gottes ... in der Zeit*«. Das Ich wird angewiesen, schon hier in der endlichen Welt – nicht durch das Gefühl, sondern durch den »Gedanken« – das Ewige umfassen zu lernen, denn »*durch das bloße Begrabenlassen kommt man nicht in die Seligkeit*«. Da durch die Liebe das Göttliche in der Zeit erscheinen kann, wird das Religiöse zu einem geschichtlichen Faktor. – Fichte unterscheidet fünf Epochen der Menschheitsgeschichte. Der Stand der paradiesischen Unschuld wurde abgelöst durch die Autorität von Vernunftswahrheiten, dann durch sündhafte Ungebundenheit und Gleichgültigkeit gegen die Wahrheit. Die Einsicht in die Wahrheit der göttlichen Wirklichkeit leitet endlich die beginnende Rechtfertigung ein und mündet in der »*Vernunftskunst*«, in der die Menschheit durch die Liebe den seligen Stand der vollendeten Rechtfertigung und Heiligung erreicht. »*Leben in Gott ist – frei sein in ihm.*«

Dieses Werk wird vielfach als eine Absage Fichtes an die Resultate der *Wissenschaftslehre* betrachtet; es ist jedoch eher so, daß Fichte den Begriff des reinen Ich in den des göttlichen Absoluten umdeutet und den Idealismus in religiöser Beziehung als Streben nach der Seligkeit in Gott versteht.

H.H.H.

AUSGABEN: Bln. 1806; ²1828. – Bln. 1845 (in *SW*, Hg. I. H. Fichte, 8 Bde., 1845/46, 5; Nachdr./Bln. 1965; ern. 1971). – Jena 1910, Hg. E. Frank. – Lpzg. 1911 (in *Werke*, Hg. F. Medicus, 6 Bde., 5; Philos. Bibl.; Nachdr. Darmstadt 1962). – Bln. 1912, Hg. H. Scholz. – Hbg. 1954, Hg. F. Medicus (Philos. Bibl.); ³1983, Hg. H. Verweyen.

LITERATUR: F. Gogarten, *F. als religiöser Denker*, Jena 1914. – A. Messer, *F.s religiöse Weltanschauung*, Stg. 1923. – K. Plachte, *F.s Religionsphilosophie in den »Anweisungen zum seligen Leben«*, Bad Homburg 1925 [Diss.-Auszug]. – E. v. Brecken, *Meister Eckart u. F.*, Würzburg 1943. – W. Ritzel, *F.s Religionsphilosophie*, Stg. 1956. – W. Schrader, *Empirisches und absolutes Ich. Zur Geschichte des Begriffs Leben in der Philosophie J. G. F.s*, Stg. 1972. – G. Bader, *Mitteilung göttlichen Geistes als Aporie der Religionslehre J. G. F.s*, Tübingen 1975. – K. Nagasawa, *Das Ich im dt. Idealismus und das Selbst im Zen-Buddhismus*, Freiburg i. B./Mchn. 1987.

APPELLATION AN DAS PUBLIKUM über die durch ein Churf. Sächs. Confiscationsrescript ihm beigemessenen atheistischen Aeußerungen. Eine Schrift, die man zu lesen bittet, ehe man sie confiscirt.

Schrift von Johann Gottlieb FICHTE, erschienen 1799. – Mit dieser Schrift suchte der Philosoph sich vor der Öffentlichkeit gegen den Vorwurf des

Atheismus zu verteidigen. Ihr Anlaß war eine Reihe von Äußerungen und Geschehnissen (darunter die Konfiskation der Zeitschrift, in der die inkriminierten Äußerungen erschienen waren, sowie die Entlassung Fichtes aus seinem Lehramt an der Universität Jena), die unter dem Namen »Atheismusstreit« in die Geistesgeschichte eingegangen sind. Der »Streit« begann damit, daß Fichte in dem von ihm und F. I. NIETHAMMER herausgegebenen *Philosophischen Journal* einen Artikel des Rektors FORBERG, betitelt *Entwicklung des Begriffs der Religion*, veröffentlicht und ihm einen eigenen *Über den Grund unseres Glaubens an eine göttliche Weltregierung* zur Unterstützung vorangestellt hatte. Forbergs Artikel, geschrieben in einem überraschend weltmännischen, geradezu französisch-aufklärerischen Ton, steht durchaus in der – damals noch jungen, aber bereits kraftvoll sich ausbreitenden – Tradition der von KANT ausgehenden und von Fichte, wenn möglich, verschärften Idee, daß die moralische Sphäre der religiösen vorgeordnet sei, daß nur sie diese begründen und ihr einen faßbaren Inhalt geben könne: »*Religion entsteht einzig und allein aus dem Wunsch des guten Herzens, daß das Gute in der Welt die Oberhand über das Böse erhalten möge.*« Und, mit einem fast skeptischen Zug: »*Es ist nicht Pflicht zu glauben, daß eine moralische Weltregierung oder ein Gott, als moralischer Weltregent, existiert, sondern es ist bloß und allein dies Pflicht, zu handeln, als ob man es glaubte.*« Es ist nicht verwunderlich, daß sich den Vertretern des herrschenden Glaubens der Ausdruck »Atheismus« aufdrängen mußte, nimmt man noch, als eines von mehreren Beispielen, einen Satz wie diesen hinzu: »*Ist die Religion Verehrung der Gottheit? Antwort: Keineswegs. (Gegen ein Wesen, dessen Existenz erweislich ungewiß ist und in Ewigkeit ungewiß bleiben muß, ist überall nichts zu tun ...)*«, oder etwa Fichtes Verdeutlichungen: Die »*moralische Ordnung* ist das Göttliche, *das wir annehmen*« und: »*Jene lebendige und wirkende moralische Ordnung ist selbst Gott; wir bedürfen keines anderen Gottes und können keinen anderen fassen*« und schließlich: »*... ein besonderes Wesen als die Ursache jener moralischen Weltordnung anzunehmen*«, ihm Persönlichkeit und Bewußtsein zuzuschreiben, führe nur zu einer fast blasphemischen Verendlichung des »Göttlichen«. Denn jeder »Glaube«, dem dieses Wort nicht eine unbegrenzt dehnbare Metapher ist, muß in Gott *irgend*ein Sein, eine Intelligenz, eine Quasi-Persönlichkeit annehmen; den »Pantheismus der moralischen Welt« (wie man die Haltung der Artikel nennen könnte) säuberlich vom »Atheismus« zu unterscheiden, ist selbst dem philosophisch Gebildeten unter den Gläubigen nicht ohne weiteres zuzumuten.

Die Behauptung, er sei Atheist, hat Fichte – wohl nicht nur im Hinblick auf die gefährlichen Folgen, die dieser Vorwurf damals hatte – offensichtlich aufs tiefste verletzt und empört. »*Die Beschuldigung der Gottlosigkeit ruhig ertragen ist selbst eine der ärgsten Gottlosigkeiten. Wer zu mir sagt, du glaubst keinem Gott, sagt mir, du bist zu dem, was die Menschheit eigentlich auszeichnet ... unfähig; du bist nicht mehr als ein Tier*«, heißt es auf der zweiten Seite der *Appellation*. – Der Hauptakzent der Schrift, die denkerisch nicht zu Fichtes interessantesten gehört, liegt auf der – kraftvoll und rhetorisch wirksam argumentierten – These, daß die in den Artikeln vertretene Glaubensauffassung die moralisch-erzieherisch höchste sei, da nur von ihr aus radikal und prinzipiell jede eudämonistische (das heißt hier, wie bei Kant, natürlich: unmoralische) Moral zurückgewiesen und widerlegt werden könne; daß nur in ihr Pflicht zum Inhalt des Glaubens werde und nicht etwa Gehorsam »*aus Furcht vor den Folgen in der Sinnenwelt*« bleibe. H.L.

AUSGABEN: Jena u. a. 1799 [1.–3. Aufl.]. – Bln. 1845 (in *SW*, Hg. I. H. Fichte, 8 Bde., 1845/46, 5; Nachdr. Bln. 1965; ern. 1971). – Lpzg. 1911 (in *Werke*, Hg. F. Medicus, 6 Bde., 3; Philos. Bibl.; Nachdr. Darmstadt 1962). – Stg. 1977 (in *GA*, Hg. R. Lauth u. H. Jacob, R. 1, Bd. 5).

LITERATUR: J. H. T. Weerts, *Vergleichende Untersuchung d. Religionsphilosophie Kants u. F.s*, Erlangen 1898. – H. Rickert, *F.s Atheismusstreit u. d. Kantische Philosophie*, Bln. 1899. – F. Herweck, *D. Giessner Beteiligung a. d. F.schen Atheismusstreit*, Lpzg. 1913. – J. Wirth, *Der relig.-philos. Gehalt d. Atheismusstreitschriften F.s*, Neustrelitz 1926. – W. Ritzel, *F.s Religionsphilosophie*, Stg. 1956.

DIE BESTIMMUNG DES MENSCHEN

Schrift von Johann Gottlieb FICHTE, erschienen 1800. – Das kleine Werk, dessen didaktischer Zweck auch in der Vorrede betont wird, stellt eine meisterhafte Vereinfachung von Fichtes Philosophie dar und ist als Einleitung in diese zu betrachten. Es besteht aus drei Büchern, die *Zweifel, Wissen, Glaube* betitelt sind.

Im ersten Buch vertritt Fichte zum Schein die Auffassung eines naiven Philosophen, indem er seinen Ausgangspunkt im Objekt weitester Bedeutung, im Sein nimmt. Es wird angezeigt, daß die Natur einschließlich des Menschen durch die unabdingbarste Notwendigkeit bestimmt wird. Diese Auffassung gewährt scheinbar eine große Sicherheit. Das Ich ist aufgelöst in der Einheit, Determiniertheit und strengen kausalen Notwendigkeit der Natur. Aber es regt sich ein Zweifel, der aus dem Inneren des Bewußtseins kommt. Denn dieses will keinem fremden Gesetz unterworfen sein, sondern nur durch sich selbst bestimmt werden. Aber gibt es eine solche Freiheit, und wie ist sie vorzustellen? Im zweiten Buch, *Wissen*, das in einen Dialog zwischen Geist und Ich übergeht, stellt Fichte, ausgehend von einer Analyse der Empfindungen, die vom aktiven Subjekt gesetzten Anschauungsformen des Raums und der Zeit und der Kausalität dar. Der Geist baut die Welt auf; Objekt und Subjekt gibt es nur innerhalb des Bewußtseins, sie sind nicht zu trennen. Wir erblicken also immer nur die

Bilder unserer eigenen Vorstellungskraft. Wenn es kein »*Ding an sich*« gibt, wenn alles Bild ohne Realität, Kopie ohne Original, Schatten ohne Körper ist, verwandelt sich dann nicht alle Wirklichkeit in Schemen? Wenn das System des Wissens ein System von Bildern bleibt, das keine Wirklichkeit erreicht, dann bedarf der Mensch, um sich dieser zu bemächtigen, eines anderen Organs. Hier setzt das dritte Buch, *Glaube*, ein. Um den letzten Zweifel zu lösen, bedarf es der Einsicht, daß der Mensch nicht zum Wissen, sondern zur Tat bestimmt ist. Der Mensch will gewisse Ziele erreichen, die seinem Wesen entsprechen. Dem Handeln und seinen Zielen liegt eine Selbstgewißheit zugrunde, die Fichte »Glaube« nennt. Dieser Glaube ist kein irrationales beliebiges Meinen, sondern er ist »*ein Entschluß des Willens, das Wissen gelten zu lassen*«. Alles Denken muß sich also auf unser Handeln beziehen. Die praktische Vernunft ist somit die Wurzel aller Vernunft. Die Tat ist nicht nur das Schicksal des Menschen, sondern der Mensch selbst.

Fichte entwickelt in lebendiger, den Lehrgehalt in seinem Werden vorführender Form eine Philosophie, die sich auf den Glauben an jene Autorität gründet, welche sich, Zwecke setzend und Taten fordernd, in unserem Innern meldet. Die zum Handeln auffordernde Stimme des Gewissens, die jedem seine besondere Pflicht auferlegt, ist der höchste Punkt, von dem aus die Bestimmung des Menschen Sinn empfängt. KLL

AUSGABEN: Bln. 1800. – Bln. 1845 (in *SW*, Hg. I. H. Fichte, 8 Bde., 1845/46, 2; Nachdr. Bln. 1965; ern. 1971). – Lpzg. ³1921, Hg. F. Medicus (Philos. Bibl.). – Lpzg. ²1944, Geleitw. E. Spranger (Philos. Bibl.; Nachdr. Hbg. 1954). – Hbg. ⁵1979 (durchges. v. E. Fuchs nach der 1. Ausg. v. 1800; Einl. R. Lauth; Philos. Bibl.). – Stg. 1962 (Hg. T. Ballauff u. I. Klein; RUB). – Stg. 1981 (in *GA*, Hg. R. Lauth u. H. Jacob; R. 1, Bd. 6).

LITERATUR: F. Endreß, *J. G. F.s Schrift »Die Bestimmung des Menschen«*, Diss. Gießen 1930. – B. Zehnpfennig, *Reflexion und Metareflexion bei Platon und F. Ein Strukturvergleich des Platonischen »Charmides« und F.s »Bestimmung des Menschen«*, Freiburg i. B./Mchn. 1987.

EINIGE VORLESUNGEN ÜBER DIE BESTIMMUNG DES GELEHRTEN

Fünf Vorlesungen von Johann Gottlieb FICHTE, gehalten im Sommersemester 1794 an der Universität Jena, erschienen 1794. – Thema der ersten Vorlesung ist das Individuum außerhalb der Gesellschaft, der Mensch, sofern er »*bloß nach dem Begriffe des Menschen überhaupt gedacht wird*«. Er muß die Vielfalt der wahrnehmbaren Gegenstände und seiner Neigungen mit seiner rationalen Natur in einen inneren Zusammenhang bringen. Diese Aufgabe macht eine langsame und schwierige Erziehung erforderlich, aus der im Idealfall die wahre Glückseligkeit spontan entspringt. »*Die vollkommene Übereinstimmung des Menschen mit sich selbst und – damit er mit sich selbst übereinstimmen könne – die Übereinstimmung aller Dinge außer ihm mit seinen notwendigen praktischen Begriffen von ihnen – den Begriffen, welche bestimmen, wie sie sein sollen – ist das letzte höchste Ziel des Menschen.*« Dieses Ziel wird allerdings selten erreicht; denn die Vernunft trifft in der Sinnlichkeit auf Widerstände und Grenzen, die aber ihrerseits für das Leben notwendig sind. Sie kann daher ihre Aufgabe nur in einem unendlichen Prozeß der Vervollkommnung verwirklichen. – Die zweite Vorlesung beschreibt die *Bestimmung des Menschen in der Gesellschaft*. Unter den Grundinstinkten – Instinkt ist für Fichte kein blinder Trieb, sondern eine seelische Tendenz – ist es der soziale Instinkt, durch den der Mensch mit anderen vernünftigen und freien Wesen in Beziehung tritt, die sich seinem sittlichen Instinkt nicht unterordnen, sondern beiordnen müssen. So entsteht Gesellschaft aus der Gegenseitigkeit von freien Handlungen, durch die der Mensch zur fortschreitenden Einigung der Vernunftwesen beiträgt. Das Endziel, ein unerreichbares Ideal, ist die vollständige Übereinstimmung aller. – Die dritte Vorlesung *Über die Verschiedenheit der Stände in der Gesellschaft* sieht in der Gliederung der Gesellschaft in Klassen nicht eine absolute Spaltung. Im Gegenteil, durch die zweifache instinktive Tendenz, zu erziehen und sich erziehen zu lassen, tragen die Menschen dazu bei, ein gemeinsames Erbgut der Menschheit zu bilden, an dem jeder unter den Bedingungen seiner besonderen Lage mitschaffen kann. Nur insofern der Mensch an einem ewigen und unendlichen Aufbau teilnimmt, kann sein Werk nicht verlorengehen und er selber Unsterblichkeit erringen.

Besonders dem Gelehrten wird in der vierten Vorlesung die hohe Aufgabe zugewiesen, die »*oberste Aufsicht über den wirklichen Fortgang des Menschengeschlechtes im allgemeinen und die stete Beförderung dieses Fortganges*« in die Hand zu nehmen. Als Hüter und Priester der Wahrheit, der an der »*sittlichen Veredlung*« der Menschheit zu arbeiten hat, darf er seine kritische und erzieherische Funktion um keinen Preis aufgeben. Die Position Fichtes ist hier entschieden anders als die ROUSSEAUs, die in der fünften Vorlesung – *Prüfung der Rousseauischen Behauptungen über den Einfluß der Künste und Wissenschaften auf das Wohl der Menschheit* – analysiert wird. Rousseau habe geglaubt, daß der Mensch gebessert werden könne, wenn er wieder in jene Welt der zivilisationslosen Ursprünglichkeit zurückgeführt werde, aus der er sich mit großer Mühe befreit hat, um sich zur Vernunft zu erheben. »*So schildert Rousseau durchgängig die Vernunft in der Ruhe, aber nicht im Kampf; er schwächt die Sinnlichkeit, statt die Vernunft zu stärken.*« Der idealische Zustand aber, den Rousseau als verloren »*hinter uns*« setzt, während Fichte ihn als zu erreichenden »*vor sich*« sieht, sei nur »*durch das Herausschreiten aus dem Stande der Natur*« durch »*Tätigkeit*« zu erhoffen. KLL

AUSGABEN: Jena/Lpzg. 1794. – Bln. 1845 (in *SW*, Hg. I. H. Fichte, 8 Bde., 1845/46, 6; Nachdr. Bln. 1965; ern. 1971). – Lpzg. 1911 (in *Werke*, Hg. F. Medicus, 6 Bde., 5; Philos. Bibl.; Nachdr. Darmstadt 1962). – Lpzg. 1923, Hg. F. Medicus (Philos. Bibl.). – Jena 1954 [Faks. d. Ausg. 1794]. – Stg. 1959. – Stg. 1964 (in *GA*, Hg. R. Lauth u. H. Jacob, R. 1, Bd. 1).

LITERATUR: M. Carriere, *F.s Geistesentwicklung in den Reden über die Bestimmung des Gelehrten*, Mchn. 1894 (SBAW, phil.-hist. Kl., 1894, H. 2). – A. Naujoks, *Die Idee der Bildung bei F.*, Gießen 1909. – M. Heinsen, *Individuum und Gemeinschaft bei F.*, Nürnberg 1933. – W. Weischedel, *Der Aufbruch F.s zur Gemeinschaft. Studien zur Philosophie des jungen F.*, Lpzg. 1939. – H. Kusche, *F.s Lehre von den geistigen Ämtern und ihr Verhältnis zum Volk*, Hbg. 1941. – K. Schaller, *Zur Grundlegung der Einzelwissenschaft bei Comenius und F. Eine Studie zum Problem des Studium generale*, Köln 1955. – K. Pohl, *F.s Bildungslehre in seinen Schriften über die Bestimmung des Gelehrten*, Meisenheim a. Gl. 1966. – K. Hahn, *Staat, Erziehung und Wissenschaft bei J. G. F.*, Mchn. 1969. – A. K. Soller, *Trieb und Reflexion in F.s Jenaer Philosophie*, Würzburg 1984.

DER GESCHLOSSNE HANDELSSTAAT.
Ein philosophischer Entwurf als Anhang zur Rechtslehre und Probe einer künftig zu liefernden Politik

Philosophisch-staatswissenschaftliche Abhandlung von Johann Gottlieb FICHTE, erschienen 1800. – Immanuel Hermann FICHTE berichtet in seiner Ausgabe der Werke seines Vaters, daß dieser die Schrift über den Handelsstaat *»als sein bestes und durchdachtestes Werk«* betrachtet habe. Das Buch zeigt besonders deutlich, wie der Autor immer wieder von der theoretischen Philosophie aus Fragen des praktischen Lebens zu beantworten suchte. Er entwirft hier als erster Deutscher ein in seinen Grundzügen sozialistisches Staatswesen. Die Aufgabe des Staates sieht er nicht in erster Linie darin, den überkommenen Besitzstand des einzelnen zu sichern, sondern darin, aufgrund des wichtigsten Menschenrechts – des Rechts zu leben – jedem Bürger allmählich zu dem Besitz zu verhelfen, der ihm infolge seiner Arbeit im Staatsverband zustehe, und eine Güterverteilung anzustreben, die übermäßigen Reichtum in der Hand eines einzelnen ebenso wie Armut verhindere. Zugunsten einer gerechteren Verteilung des Sozialprodukts lehnt der Verfasser die Gewerbefreiheit ab und räumt dem Staat die Befugnis ein, die Warenproduktion dem Bedarf entsprechend zu regeln, die Zahl der Arbeitsplätze zu bestimmen, die Preise zu regulieren, den Außenhandel zu überwachen, geeignete Maßnahmen für die Stabilität der Währung zu treffen und Steuern zu erheben.

Im zweiten Buch umreißt der Autor die historische Entwicklung des europäischen Handels: Innerhalb des Imperium Romanum habe sich der Warenaustausch ohne jede staatliche Lenkung vollzogen. Erst durch die Herausbildung von Einzelstaaten und die damit verbundene Trennung der ursprünglich einen großen Völkermasse seien auch nationale Märkte entstanden, die teilweise durch den Erwerb von Kolonien noch ausgeweitet wurden. Dabei seien zahlreiche Verbindungen und Handelsbeziehungen aus der Zeit vor der Entstehung der europäischen Einzelstaaten nicht beseitigt worden. Da dieser vom Staat nicht kontrollierte zwischenstaatliche Warenaustausch zu erheblichen Devisenverlusten führen könne, stelle er für die Wirtschaft der betreffenden Staaten einen beträchtlichen Unsicherheitsfaktor dar. Ferner könnten Schwankungen des internationalen Kapitalmarktes zu periodischen Krisen führen; die Konkurrenzkämpfe und Kollision der Interessen im Außenhandel hätten Kriege zur Folge. Angesichts dieser Gefahren diskutiert Fichte im dritten Buch die politischen Möglichkeiten, die diese Krisenherde im Sinne einer von der Vernunft geforderten Verfassung beseitigen könnten. Jeder Staat müsse ein autarkes Wirtschaftssystem errichten und seine »natürlichen Grenzen« notfalls mit Gewalt erwerben. Alle zwischenstaatlichen Beziehungen und Geschäfte, die bislang in privater Hand gelegen hätten, solle vom Zeitpunkt der Marktschließung an die Regierung übernehmen: Eventuelle Verbindungen der Bürger mit Ausländern sollten aufgehoben und nur noch Gelehrten gestattet werden. Schließlich solle auch der Geldverkehr in einer vom internationalen Kapitalmarkt unabhängigen Landeswährung abgewickelt werden. Die positiven Folgen all dieser Maßnahmen sieht der Autor darin, daß niemand mehr Armut ertragen müsse, die in Frieden lebende Nation keine stehenden Heere mehr benötige und die ausgeglichene soziale Lage sogar ein Strafrecht erübrige. Als größte Schwierigkeit in der Verwirklichung eines solchen Staates betrachtet der Verfasser einerseits die menschliche Neigung, den spontanen Einflüsterungen der Einbildungskraft mehr als dem Verstand Glauben zu schenken, andererseits den bislang anerzogenen Individualismus, der die Menschen glauben lasse, daß eine solche zentralisierende Reform die gemeinsamen Freiheiten behindern werde.

Fichte will das im *Geschlossenen Handelsstaat* entwickelte System nicht unmittelbar auf einen bestimmten Staat übertragen wissen, sondern lediglich allgemeingültige Richtlinien aufzeigen, die bei einer eventuellen Anwendung den jeweils gegebenen Verhältnissen anzupassen seien. Der Entwurf ist eine rationale Konstruktion, die weit mehr aus der Fichteschen Rechtslehre als aus historischen Forschungen abgeleitet ist und dadurch in vielen Zügen utopischen Charakter hat. Doch weist der hier dargestellte Eigentumsbegriff schon auf die Lehren von MARX und LASSALLE voraus. KLL

AUSGABEN: Tübingen 1800. – Bln. 1845 (in *SW*, Hg. I. H. Fichte, 8 Bde., 1845/46, 1, Nachdr. Bln. 1964). – Lpzg. 1911 (in *Werke*, Hg. F. Medicus,

6 Bde., 3; Philos. Bibl.; Nachdr. Darmstadt 1962). – Jena 1920 [Einl. H. Waentig; Nachdr. d. Ausg. 1800]. – Lpzg. 1922, Hg. F. Medicus (Philos. Bibl.); ern. Hbg. ³1979. – Lpzg. 1939 (Einl. H. Wagenführ; RUB). – Stg. 1981 (in *GA*, Hg. R. Lauth u. H. Jacob, R. 1, Bd. 6).

LITERATUR: W. Windelband, *F.s Idee des dt. Staates*, Freiburg i. B. 1890. – R. Hönigswald, *Über F.s Idee eines geschlossenen Handelsstaates*, Erfurt 1921. – R. Ehrhardt, *F.s Wirtschaftslehre u. seine Schrift »Der geschlossene Handelsstaat«*, Diss. Jena 1922. – M. Weber, *F.s Sozialismus u. sein Verhältnis zur Marxschen Doktrin*, Freiburg i. B. ²1925. – K. Reidt, *Das Nationale u. das Übernationale bei F.*, Diss. Rostock 1926. – N. Wallner, *F. als politischer Denker*, Halle 1926. – G. A. Walz, *Die Staatsidee des Rationalismus u. der Romantik u. die Staatsphilosophie F.s*, Bln. 1928. – W. Weischedel, *Der Aufbruch der Freiheit zur Gemeinschaft*, Lpzg. 1939. – B. Willms, *Die totale Freiheit. F.s politische Philosophie*, Köln 1967. – Z. Batscha, *Gesellschaft und Staat in der politischen Philosophie F.s*, Ffm. 1970. – H. Verweyen, *Recht und Sittlichkeit in J. G. F.s Gesellschaftslehre*, Freiburg i. B./Mchn. 1975. – A. Verzar, *Das autonome Subjekt und der Vernunftstaat. Eine systematisch-historische Untersuchung zu J. G. F.s »Geschlossenem Handelsstaat« von 1800*, Bonn 1979. – C. G. Hegemann, *Identität und Selbstzerstörung. Grundlagen einer historischen Kritik moderner Lebensbedingungen bei F. und Marx*, Ffm. 1982. – H. Schmidt, *Politische Theorie und Realgeschichte. Zu J. G. F.s praktischer Philosophie (1793–1800)*, Ffm. 1983.

GRUNDLAGE DER GESAMMTEN WISSENSCHAFTSLEHRE

Philosophisches Werk von Johann Gottlieb FICHTE, erschienen 1794/95. – Der neu geschaffene Terminus »*Wissenschaftslehre*« scheint für Fichte die einzig angemessene Bezeichnung der Philosophie zu sein, weil allein durch sie die Möglichkeit und die Prinzipien allen Wissens aus einem letzten Grundsatz abgeleitet und in den daraus sich ergebenden Konsequenzen verfolgt werden. Bewußt sind die erkenntnistheoretischen Grenzen, die KANT in seinen kritischen Schriften gezogen hatte, neuerlich überschritten. In der Lösung der Probleme der *Wissenschaftslehre*, die eben die zentralen Fragen der Philosophie darstellen, hat Fichte seine Lebensaufgabe gesehen; er hat den Entwurf der *Wissenschaftslehre* siebenmal bearbeitet und ihn in zusätzlichen Abhandlungen immer wieder zu präzisieren gesucht.

Das Werk gliedert sich in die *Grundsätze der gesammten Wissenschaftslehre, die Grundlage des theoretischen Wissens und die Grundlage der Wissenschaft des Praktischen*. Die Grundsätze der Fichteschen Theorie entfalten sich in der dialektischen Form von These, Antithese und Synthese: Der Satz der Identität (A = A) sei bedingt durch die alles Denken begründende »*Tathandlung*« des Ich: »*Das Ich setzt ursprünglich*« – in Hinwendung auf sich selbst – »*schlechthin sein eignes Sein.*« Damit wird das absolute Ich zum Bestimmenden allen Seins. Diese als Axiom nicht beweisbare, aber durch die intellektuelle Anschauung gegebene Aussage bildet als Basis für alles Selbstbewußtsein die These im System der *Wissenschaftslehre*. Auf die gleiche Weise gegeben ist auch die Antithese (A nicht = Non-A): So gewiß der empirische Satz der Negation gelte, »*so gewiß wird dem Ich schlechthin entgegengesetzt ein Nicht-Ich*«. Von allem, was dem absoluten Ich zukomme, müsse kraft der ausschließlichen Gegensetzung dem Nicht-Ich das Gegenteil zukommen. Würden nun das Ich der These und das Nicht-Ich der Antithese im absoluten Sinn verstanden, so höben sich die beiden Sätze gegenseitig auf. Sie sind deshalb in der Synthese zu vereinigen, indem »*schlechthin das Ich sowohl als das Nicht-Ich teilbar gesetzt*« werden, das heißt, daß Ich und Nicht-Ich sich gegenseitig beschränken und dem einen nur das Maß an Realität zukommt, das dem anderen abgesprochen wird, so daß damit der Gegensatz zwischen Ich und Nicht-Ich nicht absolut, sondern nur in einem Teil besteht. Neben diesen drei Sätzen, deren Abstraktionen als Satz der Identität, der Negation und des Grundes zu verstehen sind, gibt es nach den Ableitungen Fichtes keine weiteren Prinzipien der *Wissenschaftslehre*. – Im zweiten Teil des Werks soll die Frage gelöst werden, wie der Mensch überhaupt zu Vorstellungen von Gegenständen gelangt, also allgemein, auf welche Weise das Objektive subjektiv wird. Fichte arbeitet in diesem Zusammenhang nochmals genau die im dritten Grundsatz enthaltene »*Wechselbestimmung*« zwischen Realität und Beschränkung heraus: Eben auf der Selbstbeschränkung des Ich durch das Nicht-Ich beruhe die »Einbildungskraft«, die die Objekte (das heißt das Nicht-Ich) hervorbringe, zugleich aber als vom Ich unabhängige Welt erscheinen lasse. Die Produkte der Einbildungskraft würden vom Verstand fixiert und von der Urteilskraft in eine bestimmte Ordnung gebracht. Die *Theoretische Wissenschaftslehre* vollende sich in der Vernunft, in der erst das Ich zu seinem Selbstbewußtsein komme, wodurch es zur Grundlage allen Wissens werde. – In der *Wissenschaft des Praktischen* geht es nicht mehr um die Art, sondern um die Notwendigkeit der Beschränkung des Ich durch das Nicht-Ich. Die schöpferische Tätigkeit des Ich bringe eine strukturierte, feste Gesetze aufweisende Welt der Objekte hervor. Die damit verbundene Beschränkung der Freiheit des Ich bedeute für das Ich zugleich, diese abgetretenen Rechte zu respektieren. Fichte leitet daraus das Naturrecht und die Sittenlehre ab, die bei nachdrücklicher Betonung der individuellen Freiheit weitgehend durch den Begriff der Pflicht charakterisiert sind.

Die *Grundlage der gesammten Wissenschaftslehre* enthält die strikteste Ausformung des Idealismus. Viele der noch offenen Probleme der cartesischen Transzendentalphilosophie scheinen hier gelöst zu sein, so vor allem auch die Aporien des Dings an sich und der transzendentalen Kausalität. Als Grundsatz der Philosophie ist die Anschauung des Wissens als solches gefunden worden. Die *Wissenschaftslehre* drängt notwendig zur Dialektik. Ihre Aussagen sind freilich vielfach nur als Metaaussagen haltbar, ihre Voraussetzungen erscheinen oft nur mangelhaft gesichert. So bleibt das Axiom der *Wissenschaftslehre*, die Tathandlung des Ich auch mit einer gewissen Unklarheit behaftet, das Verhältnis von empirischem und absolutem Ich wird nicht geklärt, die Gesetze der traditionellen Logik werden ungeprüft übernommen; der Fichtesche Begriff der Teilbarkeit ergibt sich, weil der der Negation zu eng gefaßt ist. Schließlich bleibt offen, wie der Satz A = A zur Identität des Ich in der Selbstanschauung hinführen muß.

Die Wirkungen der *Wissenschaftslehre* auf die weitere Entwicklung des Idealismus, besonders bei HEGEL und SCHELLING, waren überaus bedeutend. Das gilt allerdings mehr noch für Fichtes idealistische Resultate als für die Ausbildung der dialektischen Methode, die hier erst im Ansatz auftaucht. Die positivistische Kritik am spekulativen Idealismus verdrängte Fichtes Erkenntnistheorie und Ethik weitgehend aus dem philosophischen Bewußtsein – ein Prozeß, der sich noch in der Logistik und der neopositivistischen Naturphilosophie der Gegenwart fortsetzt. Doch wurde Fichtes Betonung der Bewußtseinsimmanenz der Welt in der transzendentalen Phänomenologie HUSSERLS erneut wirksam. Ebenso ist die neuidealistische Philosophie Giovanni GENTILES weitestgehend eine Fortentwicklung der erkenntnistheoretischen und ethischen Ergebnisse Fichtes. Auch in der neuesten Forschung, etwa in den Arbeiten von M. GUÉROULT, R. LAUTH und H. JACOB tritt Fichte erneut in den Vordergrund. C.Sch.

AUSGABEN: Jena/Lpzg. 1794 [1. u. 2. Tl.]. – Jena/Lpzg. 1795 [Vorrede u. 3. Tl.]. – Lpzg. ²1802 [verb.]. – Bln. 1845 (in *SW*, Hg. I. H. Fichte, 8 Bde., 1845/46, 1; Nachdr. Bln. 1965; ern. 1971). – Lpzg. 1910 (in *Werke*, Hg. F. Medicus, 6 Bde., 1; Nachdr. Darmstadt 1962). – Lpzg. ²1922, Hg. F. Medicus; ern. Hbg. 1956 (Phil. Bibl.; ⁴1988). – Stg. 1965 (in *GA*, Hg. R. Lauth u. H. Jacob, R. 1, Bd. 2).

LITERATUR: G. W. Hegel, *Differenz des F.schen und des Schellingschen Systems der Philosophie*, Jena 1801; ern. Hbg. 1979 (in Jenaer krit. Schriften, Hg. H. Brockard u. H. Buchner, Bd. 1; Phil. Bibl.). – Ders., *Vorlesungen über die Geschichte der Philosophie*, Bd. 3 (in *Werke*, Bd. 15, Bln. 1833; ern. Ffm. 1970 in *Werke*, Hg. E. Moldenhauer u. K. M. Michel, 20 Bde., 1969–1971, 12). – I. Schindler, *Reflexion und Bildung in F.s »Wissenschaftslehre« von 1794*, Düsseldorf 1966. – I. Schüssler, *Die Auseinandersetzung von Idealismus und Realismus in F.s »Wissenschaftslehre« 1794/95*, Ffm. 1972. – U. Claesges, *Geschichte des Selbstbewußtseins. Der Ursprung des spekulativen Problems in F.s »Wissenschaftslehre« von 1794/95*, Den Haag 1974. –

P. Baumanns, *F.s Wissenschaftslehre. Probleme ihres Anfangs. Mit einem Kommentar zu § 1 der »Grundlage der gesamten Wissenschaftslehre«*, Bonn 1974. – M. Richir, *Le rien et son apparence. Fondements de la phénoménologie. F. Doctrine de la science 1794/95*, Brüssel 1979. – M. Oesch, *Das Handlungsproblem. Ein systemgeschichtlicher Beitrag zur ersten »Wissenschaftslehre« J. G. F.s*, Hildesheim 1981. – C. Baldus, *Partitives und distriktives Setzen. Eine symbolische Konstruktion der Thetik in F.s »Wissenschaftslehre« von 1794/95*, Hbg. 1982. – T. P. Hohler, *Imagination and Reflection: Intersubjectivity. F.'s »Grundlage« of 1794*, Den Haag 1982. – G. A. Meckenstock, *Vernünftige Einheit. Eine Untersuchung zur »Wissenschaftslehre« F.s*, Ffm. 1983. – P. Saloucci, *La construzione dell' idealismo. F.*, Urbino 1984. – F. Oberbeil, *Die transzendentale Synthesis. Entwurf und Geschichte der Hauptfrage in F.s Jenenser Wissenschaftslehre*, Ffm. 1985. – J. Stolzenberg, *F.s Begriff der intellektuellen Anschauung. Die Entwicklung in den Wissenschaftslehren von 1793/94 bis 1801/02*, Stg. 1986. – *Aus der Frühzeit des deutschen Idealismus. Texte zur Wissenschaftslehre F.s 1794–1804*, Hg. M. Oesch, Würzburg 1987.

DIE GRUNDZÜGE DES GEGENWÄRTIGEN ZEITALTERS

Geschichtsphilosophisches Werk von Johann Gottlieb FICHTE, erschienen 1806. – Das Werk, das aus der Niederschrift einer 1804/05 in Berlin gehaltenen Vorlesung entstanden ist, gehört zu den populärphilosophischen Schriften des Verfassers, die für die zweite Hälfte seines Schaffens bezeichnend sind. Fichte, der die Geschichte der Menschheit als Weg auf ein zu verwirklichendes Ziel hin betrachtet, sucht die Erscheinungen der Gegenwart als notwendige Folgen einer metaphysisch gelenkten historischen Entwicklung zu erweisen und aufgrund der vorgezeichneten Richtung die Hauptzüge der künftigen Epoche zu umreißen. Dementsprechend geht er also nicht von faktischen, aposteriorischen Einzelheiten aus, sondern deduziert den Geschichtsverlauf als wesentlich apriorisch, nämlich einen vorgegebenen Weltplan erfüllend, aus dem der theoretischen Philosophie entnommenen Satz: »*Der Zweck des Erdenlebens der Menschheit ist der, daß sie in demselben alle ihre Verhältnisse mit Freiheit nach der Vernunft einrichte*« – ein Gedanke, den dann HEGEL in etwas abgewandelter Form in sein System übernommen hat.

Entsprechend der bereits in der *Grundlage der gesammten Wissenschaftslehre* im Ansatz entwickelten, dialektischen Methode setzt Fichte zunächst zwei Hauptepochen an, die sich vor allem darin unterscheiden, daß die erste allein vom »*Vernunftinstinkt*« bestimmt ist, während in der späteren die Verhältnisse gemäß der Vernunft in bewußter Freiheit gestaltet werden. Dieser Weg von der einen in die andere Geschichtsphase führt über drei Zwischenstufen, so daß Fichte insgesamt fünf Abschnitte der Geschichte unterscheidet. In einer ersten Epoche der Entwicklung des menschlichen Geistes offenbart sich Vernunft als bewußtloser Instinkt ohne Freiheit *(»Stand der Unschuld des Menschengeschlechts«)*, in einer zweiten als verfestigte Autorität *(»Stand der anhebenden Sünde«)*. In der dritten lehnt sich die Vernunft gegen Instinkt und Autorität auf und bringt einen egoistischen Individualismus hervor, in dem sich Freiheit ohne Vernunft gegen sich selbst kehrt *(»Stand der vollendeten Sündhaftigkeit«)*. In der vierten steigt sie zum Selbstbewußtsein auf und leitet somit das Zeitalter der Vernünftigkeit ein *(»Stand der anhebenden Rechtfertigung«)*, in der fünften endlich vollendet sie sich und bildet das Zeitalter der Heiligung *(»Stand der vollendeten Rechtfertigung«)*. Diese Epochen folgen jedoch nicht linear aufeinander, sondern interferieren und mischen sich, denn jede hat ihre Vorläufer und Nachzügler und bringt ihre eigenen zeitbezogenen Wahrheiten hervor. Zudem ist das Verhältnis der beiden für den Fortschritt der Geschichte entscheidenden Momente, Vernunft und Freiheit, nicht konstant, sondern ihr jeweiliger Anteil am Gesamtprozeß verändert sich. Freiheit und Vernunft durchlaufen in Hinsicht auf einen teleologischen »Endzweck« verschiedene Bahnen, bis sie am Ziel zusammenfallen. Dieser Geschichtsprozeß wird vorwiegend an den Entwicklungsphasen des religiösen und wissenschaftlichen Lebens sowie an Staat und Staatsverfassung als den Erscheinungsformen, in denen die jeweils erreichte Freiheitsstufe ihren Ausdruck findet, untersucht. Das eigene Zeitalter rechnet der Autor der dritten Epoche zu (er räumt jedoch zugleich die Möglichkeit ein, daß der empirische Historiker die Gegenwart einer anderen Stufe zuordnen könnte). Durch diese Standortbestimmung distanziert er sich einerseits von den naturphilosophisch bestimmten Ansätzen Schellings, andererseits von der aufklärerischen Tradition. Die Aufklärung wird verstanden als die nicht mehr von der Vernunft und nicht von substantiell erfüllter Freiheit, sondern lediglich vom Freiheitsdrang bestimmte Zeit, der nur die Erfahrung und der von dieser abstrahierte Begriff (im Gegensatz zu den Ideen als den das sittliche und geschichtliche Leben wirklich tragenden Prinzipien) etwas gelte, der Nutzen, nicht aber die Seligkeit des altruistischen Lebens, das Individuum, nicht aber die Gemeinschaft, in der allein sich Sittlichkeit realisieren ließe. – Bei der Betrachtung der einzelnen, den Geist einer Epoche bestimmenden Sachbereiche (Wissenschaft, staatliche Verhältnisse, Sittlichkeit, Religiosität) entdeckt Fichte freilich auf vielen Gebieten schon Ansätze zum Übergang in die Epoche der Vernunftwissenschaft. Ein weitreichendes Programm wird aufgestellt: Der Entfaltung der Wissenschaft soll eine Gelehrtenrepublik dienen; das noch nicht zur vollen Wirksamkeit gekommene Christentum müsse Sittlichkeit und Religiosität gänzlich bestimmen; die Trennung von Staat und Kirche wird gefordert; der Staat müsse sich zur absoluten, der dritten der drei aufeinanderfolgenden Grundformen des Staats entwickeln, in dem alle allen in positiver Weise unterworfen sind. Wie schon im *Geschlossnen Handelsstaat* bringt Fichte auch hier zum Ausdruck, daß jedes Individuum eine seinen persönlichen Fähigkeiten gemäße Position innerhalb des Gemeinwesens verdiene, ein Gedanke, den in ähnlicher Form Sozialisten wie Saint-Simon, Fourier und Owen vertraten. Im 20. Jh., einem Säkulum nicht nur der empirischen Geschichtsschreibung, sondern auch der Geschichtsphilosophie, sind Fichtes historische Anschauungen, zumindest verdeckt, weiterhin wirksam. C.Sch.

Ausgaben: Bln. 1806. – Bln. 1846 (in *SW*, Hg. I. H. Fichte, 8 Bde., 1845/46, 7; Nachdr. 1965; ern. 1971). – Lpzg. 1911 (in *AW*, Hg. F. Medicus, 6 Bde., 1911/12, 4; Philos. Bibl., 130; Nachdr. Darmstadt 1962). – Hbg. 1956, Hg. F. Medicus (Einl. A. Diemer; Philos. Bibl.; ⁴1978).

Literatur: W. Busse, *J. G. F. und seine Beziehung zur Gegenwart des deutschen Volkes*, 2 Bde., Halle 1848/49. – E. Lask, *F.s Idealismus und die Geschichte*, Tübingen 1902; Neudr. 1914. – M. Wiener, *J. G. F.s Lehre vom Wesen und Inhalt der Geschichte*, Kirchhain 1906. – G. Gurwitsch, *F.s System der konkreten Ethik*, Tübingen 1924. – M. Weber, *F.s Sozialismus und sein Verhältnis zur Marxschen Doktrin*, Freiburg i. B. ²1925. – N. Wallner, *F. als politischer Denker*, Halle 1926. – G. A. Walz, *Die Staatsidee des Rationalismus und der Romantik und die Staatsphilosophie F.s*, Bln. 1928. – M. Kasper, *Kultur der Freiheit. Transzendentale Grundlegungen des Begriffs Kultur bei J. G. F.*, Diss. Breslau 1935. – H. Langer-Wirtz, *Persönlichkeit und Gemeinschaft in J. G. F.s Geschichtsphilosophie*, Diss. Köln 1943. – K. Hammacher, *Comment F. accède à l'histoire* (in Archives de Philosophie, 25, 1962, S. 328–340). – W. Schulz, *J. G. F. Vernunft und Freiheit*, Pfullingen 1962. – B. Willms, *Die totale Freiheit. F.s politische Philosophie*, Köln 1967. – H. Duesberg, *Person und Gemeinschaft, Philosophisch-systematische Untersuchungen des Sinnzusammenhangs von personaler Selbständigkeit und interpersonaler Beziehung an Texten von J. G. F. und M. Buber*, Bonn 1970. – H. Schüttler, *Freiheit als Prinzip der Geschichte. Die Konstitution des Prinzips der Geschichte und der historischen Faktizität nach J. G. F.*, Würzburg 1984. – G. V. DiTommaso, *Dottrina della scienza e genesi della filosofia della storia nel primo F.*, L'Aquila 1986.

REDEN AN DIE DEUTSCHE NATION

Vierzehn Reden von Johann Gottlieb Fichte, gehalten an den Sonntagen des Winters 1807/08 im Rundsaal der Akademie in Berlin, erschienen 1808. – Dieser Vortragszyklus wird von Fichte als Fortsetzung der ebenfalls in Berlin als Vorlesung gehaltenen *Grundzüge des gegenwärtigen Zeitalters* (1804–1805, erschienen 1806) bezeichnet. Dort hieß es: »*Der Zweck des Erdenlebens der Menschheit ist der, daß sie in demselben alle ihre Verhältnisse mit Freiheit nach der Vernunft einrichte.*« Dann folgte eine Geschichtsdeduktion, in der fünf Grundepochen unterschieden wurden. Nach Fichtes Analyse befindet sein eigenes Zeitalter sich in der dritten: dem Stand der vollendeten Sündhaftigkeit. Es wird bestimmt durch den Trieb der Selbsterhaltung und des Wohlseins. Als Preußen im Frieden von Tilsit (1807) seine Niederwerfung durch Napoleon anzuerkennen schien, sah Fichte seine Einsicht bestätigt. Aber der Tiefpunkt kündigte ihm zugleich den möglichen Beginn einer neuen Epoche an. Die *Reden* sollten sie einleiten. Den Leitfaden gab seine Philosophie, wie sie vor allem in der *Grundlage der gesammten Wissenschaftslehre* (1794/95) streng deduktiv und in der *Bestimmung des Menschen* (1800) populär ausgeführt worden war. Danach ist das Ich als Tathandlung sich selbst bestimmende Freiheit, Grund aller Realität, Einheit von Theorie und Praxis. Seine Bestimmung liegt im selbstbewußten Handeln.

In den *Reden* entwickelt Fichte nun den Gedanken einer Nationalerziehung, die freie Menschen im Sinne seiner Philosophie heranbilden soll. Es geht dabei um die *»Erschaffung einer ganz neuen Ordnung der Dinge«*. Die Bedeutung der Erziehung war Fichte beim Studium der Schriften PESTALOZZIS aufgegangen. Über diesen schreibt er in eigentümlicher Verbindung von politischem mit philosophischem Interesse: *»Ich studiere jetzt das Erziehungssystem dieses Mannes und finde darin das wahre Heilmittel für die kranke Menschheit, sowie auch das einzige Mittel, dieselbe zum Verstehen der Wissenschaftslehre tauglich zu machen«* (Brief an seine Frau, 3. 6. 1807). Das Charakteristische der *Reden* liegt darin, daß die Befreiung der Menschheit in bewußter Abkehr vom Kosmopolitismus der Aufklärung allein von den Deutschen erwartet wird, denen sich allerdings andere Nationen anschließen dürfen. Denn allein die Deutschen sind ein Volk, ja das *»Urvolk«*. Dabei wird Volk bestimmt durch die Einheit einer Sprache, deren Wesen jetzt untersucht wird. Sie ist *»Werkzeug des gesellschaftlichen Menschen«* und erst einmal *»Bezeichnung der Gegenstände unmittelbar sinnlicher Wahrnehmung«*. Entscheidend ist, daß Übersinnliches nur mit sinnlichen Bildern dargestellt werden kann. Wenn ein Volk Wörter seiner sinnlichen Sprache unmittelbar auf Übersinnliches anwenden kann, so hat es zu diesem eine ausgezeichnete Beziehung, weil jedermann klar einsieht, wie das Übersinnliche gedacht wird. Umgekehrt kann über die Bezeichnungen des Übersinnlichen unmittelbar auf alle wirken, die nur klar sehen und denken wollen. Völker, die ihre eigene – die germanische – Sprache aufgeben und eine andere – die lateinische – sich assimilieren, haben darum keine natürlich-sinnliche Brücke mehr von der Alltagssprache zu jener, die das ausdrückt, was die Menschen bestimmen sollte. Es ergibt sich die Konzeption einer *»Nationaleinbildungskraft«*. Der unterscheidende Grundzug vor den anderen Völkern germanischer Abkunft liegt darin, *»daß der Deutsche eine bis zu ihrem Ausströmen aus der Naturkraft lebendige Sprache redet«*. Er hat *»zum Geiste auch noch Gemüt«*. Und Fichte versteigt sich zu dem Satz: *»Charakter haben und deutsch sein ist ohne Zweifel gleichbedeutend.«* Zur Sprache kommt als zweites, mit ihr über den Begriff »Lebendigkeit« zusammenhängend, der Besitz eines dynamischen Prinzips hinzu, das allein den Entwurf einer Gesellschaft, wie sie sein soll, erlaubt. Fichte hat es gefunden. Die Nationalerziehung soll, um äußere Einflüsse abzuhalten, in geschlossenen Anstalten vor sich gehen. Ein ABC der Anschauungen und Empfindungen zusammen mit körperlicher Ertüchtigung soll anstatt zu totem Wissen zu lebendigem Gebrauch aller Kräfte führen. Ziel ist, Selbstüberwindung zu lernen, damit das Leben dann nur von Vernunft bestimmt werde. Wirtschaftliche Autarkie der Anstalten soll die des ganzen Staates vorbereiten, wie sie Fichte schon 1800 in *Der geschlossne Handelsstaat* verlangt hatte.

Die unmittelbare Wirkung der *Reden* war nicht groß, erst nach sechzehn Jahren wurde eine zweite Auflage nötig. Aber in seinem Willen zur Konkretheit hatte Fichte das in der Zeit sich regende Nationalbewußtsein in einer Weise benutzt und philosophisch überhöht, die später einen unheilvollen Mißbrauch ermöglichte. Die neben hochmütiger Deutschheit ausgesprochene Einladung an andere Nationen zur Beteiligung wurde in militärisches Vormachtstreben umgedeutet, republikanisch-demokratische Tendenzen in Totalitarismus verkehrt. Das historisch Neue, in die Zukunft Weisende aber, das die *Reden* unüberhörbar aussprechen, ist der Gedanke, daß Geschichte gemacht und machbar ist, von Menschen für Menschen. Der Mensch als Handlungswesen, gesellschaftliche Praxis mit Vernunft und Freiheit als höchster Bestimmung: Damit war ein Weg eingeschlagen, der auch zu MARX und bis in die Gegenwart führt. K.P.

AUSGABEN: Bln. 1808. – Lpzg. ²1824. – Bln. 1846 (in *SW*, Hg. I. H. Fichte, 8 Bde., 1845/46, 7; Nachdr. Bln. 1965; ern. 1971). – Lpzg. 1911 (in *Werke*, Hg. F. Medicus, 6 Bde., 5; Philos. Bibl.; Nachdr. Darmstadt 1962). – Lpzg. 1924 (Einl. H. Schneider; KTA). – Lpzg. 1933 [Einl. H. Freyer]. – Hbg. 1955, Hg. F. Medicus (Einl. A. Diemer; Philos. Bibl.; ⁵1978, Einl. R. Lauth).

LITERATUR: F. Fröhlich, *F.s »Reden an die deutsche Nation«*, Bln. 1907. – F. Janson, *F.s »Reden an die deutsche Nation«*, Bern 1911. – B. Bauch, *F. u. der deutsche Gedanke*, Hbg. 1918; ern. Langensalza 1925. – R. Kroner, *Der soziale und der nationale Gedanke bei F.*, Freiburg i. B. 1920. – W. Windelband, *F.s Idee des deutschen Staates*, Tübingen 1921. – N. Wallner, *F. als politischer Denker, Werden u. Wesen seiner Gedanken über den Staat*, Halle 1926. – H. v. Treitschke, *F. u. die nationale Idee*, Mchn. 1928. – R. Schneider, *F. Der Weg zur Nation*, Mchn. 1932. – H. C. Engelbrecht, *J. G. F. A Study of His Political Writings*, NY 1933. – D. Bergner, *Neue Bemerkungen zu J. G. F.s Stellungnahme zur nationalen Frage*, Bln. 1957. – F. Schnabel, *Deutsche Geschichte des 19. Jh.s*, Bd. 1, Freiburg i. B.

⁵1959, S. 293 ff. – W. Schulz, *J. G. F. Vernunft u. Freiheit*, Pfullingen 1962. B. Willms, *Die totale Freiheit. F.s politische Philosophie*, Köln 1967. – M. J. Varela u. L. A. Acosta, *Dificultades en la versió al espanol de las »Reden an die deutsche Nation« de J. G. F.*, Madrid 1977. – A. Ehrlich, *F. als Redner*, Mchn. 1978. – G. Schmalbrock, *Nationalvergiftung. Eine Auseinandersetzung mit F.s »Reden an die deutsche Nation«*, Gladbeck 1982. – D. H. Lindemann, *Intellectual Roots of Nazism. A Study of Interpretation*, Diss. Ann Arbor/Mich. 1983.

MARSILIO FICINO

* 19.10.1433 Figline Valdarno
† 1.10.1499 Careggi bei Florenz

LITERATUR ZUM AUTOR:
R. Marcel, *Marsile Ficin*, Paris 1958. – G. Saitta, *Il pensiero italiano nell'umanesimo e nel rinascimento*, Bd. 1, Florenz 1961, S. 521–587. – P. O. Kristeller, *The Philosophy of M. F.*, Gloucester/Mass. ²1964 (dt. *Die Philosophie des M. F.*, Ffm. 1972). – M. J. B. Allen, *The Absent Angel in F.'s Philosophy* (in Journal of the History of Ideas, 36, 1975, S. 219–240). – M. Cytowska, *Erasme de Rotterdam et Marsile Ficin, son maître* (in Eos, 63, 1975, Nr. 1, S. 165–179). – P. O. Kristeller, *L'état présent des études sur Marsile Ficin* (in *Platon et Aristote à la Renaissance. XVIe colloque international de Tours*, Paris 1976). – M. Sicherl, *Druckmanuskripte der Platoniker-Übersetzungen M. F.s* (in Italia medioevale e umanistica, 20, 1977, S. 323–339). – E. Colomer, *Das Menschenbild des Nikolaus von Kues in der Geschichte des christlichen Humanismus* (in Mitt. u. Forschungsberichte der Cusanus-Ges., 13, 1978, S. 117–143). – M. Beierwaltes, *M. F.s Theorie des Schönen im Kontext des Platonismus*, Heidelberg 1980 (SAWH, Phil.-hist. Kl., 10). – M. de Gandillac, *Neoplatonism and Christian Thought in the 15th Century. Nicholas of Cusa and M. F.* (in *Neoplatonism and Christian Thought*, Hg. D. J. O'Meara, Norfolk/Va. u. a. 1982, S. 143–168). – G. Hamilton, *F.'s Concept of Nature and the Philosophy of Light* (in Proceedings of the PMR Conference, 7, 1982, S. 67–74). – M. J. B. Allen, *M. F. on Plato, the Neoplatonists and the Christian Doctrine of the Trinity* (in Renaissance Quarterly, 37, 1984, S. 555–584). – R. Fubini, *F. e i Medici all'avvento di Lorenzo il Magnifico* (in Rinascimento, 24, 1984, S. 3–52). – J. Klein, *Denkstrukturen der Renaissance: F. – Bruno – Machiavelli u. die Selbstbehauptung der Vernunft*, Essen 1984. – E. Garin, *Phantasia e imaginatio tra M. F. e Pietro Pomponazzi* (in Giornale critico di filosofia italiana, 64, 1985, S. 349–361). – *F. and Renaissance Neoplatonism*, Hg. K. Eisenbichler u. a., Ottawa 1986.

DE CHRISTIANA RELIGIONE

(nlat.; *Über die christliche Religion*). Apologetische Schrift von Marsilio FICINO, erschienen 1474. Ficino hat an dieser Abhandlung parallel zu der Erstfassung seines Hauptwerks, der *Theologia platonica*, gearbeitet. – Der Humanist Ficino widmete sich zeitlebens der Übersetzung, Interpretation und Aktualisierung des Denkens PLATONs und wurde zum bedeutendsten und einflußreichsten Lehrer an der von Cosimo d. Ä. de' Medici in 1434, dem Jahr seines Regierungsantritts in Florenz, begründeten »Accademia Platonica«. Das Anliegen Ficinos zeichnet sich ab als ein Bemühen, den Folgewirkungen des Vertrauens der scholastischen Theologie in die Philosophie des ARISTOTELES entgegenzutreten. Wie Ficino nämlich zu Recht erkennt, liegt dieser Philosophie in ihrer klassischen Form eine materialistische Sicht der Weltordnung zugrunde, und in ihrer arabischen Umformung durch AVERROËS und seine Kommentatoren, auch im lateinischen Westen, bestenfalls eine unpersönliche Vergeistigung (die Weltseele) dieser Ordnung. Gegensätze zwischen einer solchen Weltsicht und dem religiösen Bekenntnis eines persönlichen Gottes und ihm gegenüber verantwortlichen individuellen Seelen können zwar überbrückt – oder auch nur übertüncht werden –, sie enthalten jedoch intellektuellen Zündstoff, der das gesamte Ordnungsgebäude ins Wanken bringen kann. (Die religiösen Unruhen der Vorreformations- und Reformationszeit sind in Teilen ein Ausdruck dieser Gefahr.) Im Gegensatz dazu sieht Ficino nun in der platonischen Philosophie und ihrer geistigen Weltordnung das ideale Medium einer Verknüpfung von rationalem Weltgebäude und Glaubensgebäude; dieses Verknüpfungsmodell hat er in seiner *Theologia platonica* ausgearbeitet.

Es war ihm offensichtlich bewußt, wie radikal und gefährlich nahe an der Grenze kirchlicher Gläubigkeit sein Modell den Zeitgenossen erscheinen mußte. Deshalb scheint er *De christiana religione* als eine Vorstufe seines Hauptwerks veröffentlicht zu haben. Inhaltlich, aber nicht in der literarischen Form greift er hier ein apologetisches Konzept auf, das im Hochmittelalter vielfach genutzt worden war: die Gegenüberstellung der drei großen monotheistischen Religionen, Judentum, Islam und Christentum. Vordergründig dominieren in dieser Schrift Glaubensaussagen im engeren Sinne und Berufungen auf Theologen; und seiner Behandlung von Mohammedanern und Juden mangelt es zeitweise an Sachlichkeit. Die argumentativen Strukturen der Schrift beruhen aber schon ganz auf seiner Vorstellung von einer philosophischen Religion auf der Basis des Platonismus. Die christliche Religion erscheint darin als *die* natürliche und vernünftige Religion, die aus philosophischer Einsicht angenommen werden kann. Ihre wissende und sehende Annahme wird künftig ein brüderliches Verhältnis zwischen allen Menschen in einer friedlichen Welt ermöglichen. Durch eine Übersetzung seines Werkes ins Italienische (*Della religione christiana*) unterstrich Ficino später selbst, daß ihm eine solche konkrete Zielsetzung vorschwebte, nicht lediglich eine Belebung der Diskussionen in der akademischen Theologie. H.Sta.

AUSGABEN: Florenz 1474. – Florenz 1568 (*Della religione christiana*; ital. Übers. des Autors). – Basel 1576 (in *Opera omnia*, 2 Bde.; Faks. Turin 1959, Hg. P. O. Kristeller).

LITERATUR: B. Giuliano, *L'idea religiosa di M. F.*, Cerignola 1904. – M. Meier, *Gott und Geist bei M. F.* (in *Beiträge zur Geschichte der Renaissance und Reformation, Fs. J. Schlecht*, Mchn./Freising 1917). – W. Dress, *Die Mystik des M. F.*, Bln./Lpzg. 1929.

IN CONVIVIUM PLATONIS SIVE DE AMORE

(nlat.; *Zu Platons Gastmahl oder über die Liebe*). Kommentar zu PLATONS *Symposion* von Marsilio FICINO, entstanden nach 1474, Erstdruck 1496. – Zu seinem Kommentar zum *Symposion* wurde Ficino von seinem Gönner Lorenzo de' Medici bei einem Gastmahl angeregt, das dieser aus Anlaß des vermeintlichen Geburts- und Todestages Platons mit einigen Mitgliedern der Florentiner Akademie abhielt. Das Eigenständige, das der Autor in diesen Kommentar integriert hat, gibt einen zuverlässigen Eindruck vom Weltbild des Renaissanceplatonismus, zu dessen Gründerheroen Ficino zählt.

Thema und Ausgangspunkt des Werkes ist die Platonische Eroslehre, die von plotinischen und christlichen Ansätzen her umgedeutet wird. Zugleich mit ihrer Erweiterung in die ethische, astrologische und metaphysische Dimension präzisieren sich die Grundaspekte der eigenen, zukunftsweisenden Theorie der Liebe. – Im Rahmen eines vom dynamischen Prinzip bestimmten Weltsystems emaniert Gott, vom Eros getrieben, in die vielfältigen Erscheinungen der Welt. Seine unendliche Schönheit spiegelt sich in allen Stufen des Kosmos, von den Engelshierarchien und der menschlichen Seele angefangen bis hinab zur ungeformten Materie. Die durch den Eros bewirkte Sehnsucht aufzusteigen kompensiert den sündhaften Fall des Menschen in die Niederungen seiner irdischen Existenz. Getrieben vom Liebesverlangen, erhebt sich seine Seele aus den Miasmen der Sinnenlust und steigt über den Bereich des Geistes auf, um sich mit ihrem göttlichen Ursprung zu vereinigen.

Analog zu Platons *Symposion* enthält auch Ficinos Kommentar sieben Reden, in denen die Theoreme der griechischen Vorredner dargestellt und interpretiert werden, allerdings mit einem grundlegenden Unterschied: Platons *Symposion* stellt sich als eine Variation des Liebesthemas dar, mit einer kontinuierlichen Steigerung bis zur sechsten Rede mit ihrer großangelegten Schlußsynthese. In der Konzeption Ficinos hingegen tritt dieses dynamische Moment weitgehend zurück zugunsten einer komplexen Behandlung der Einzelprobleme. Nichtsdestoweniger ist der Kommentar Tomaso Bencis über des Sokrates' Diotima-Rede zu einem Höhepunkt des Kommentars gestaltet.

Ficinos großangelegter Versuch, die neuplatonische Mystik unter Berücksichtigung der aristotelischen Naturauffassung mit den christlichen Glaubensinhalten zu versöhnen, bewies eine außerordentliche Tragweite. Seine Eroslehre bildet hinfort die Basis für alle höfischen Liebesdiskussionen, angefangen von CASTIGLIONE und MARGUERITE D'ANGOULÊME. In Verbindung mit dem Siegeszug des Petrarkismus (BEMBO, SCÈVE, die Pléiade-Lyrik) sollte eine platonische Liebestheorie auf Jahrhunderte das Gesicht der europäischen Dichtung bestimmen. K.Rei.

AUSGABEN: Florenz 1496 (*Commentaria in Platonem*). – Florenz 1544 (*Sopra lo amore o ver' Convito di Platone*; ital. Übers.). – Basel 1576 (in *Opera omnia*, 2 Bde.; Faks. Turin 1959, Hg. P. O. Kristeller. – Paris 1978 (*Commentaire sur le Banquet de Platon*, Hg. R. Marcel; Autograph m. frz. Übers.).

ÜBERSETZUNG: *Über die Liebe oder Platons Gastmahl*, K. P. Hasse, Lpzg. 1914. – Dass., ders., Hg. P. R. Blum, Hbg. 1984.

LITERATUR: W. Mönch, *Die italienische Platonrenaissance u. ihre Bedeutung für Frankreichs Literatur u. Geistesgeschichte*, Bln. 1936. – E. Meylan, *L'évolution de la notion d'amour platonique* (in Humanisme et Renaissance, 5, 1938, S. 418–442). O. Walzel, *Von Plotin, Proklos und F.* (in DVLG, 19, 1941, S. 407–429). – G. Vallese, *La filosofia dell'amore nel Rinascimento: Dal F. al Bembo* (in Le Parole e le Idee, 6, 1964, S. 15–30). – J. A. Devereux, *The Object of Love in F.'s Philosophy* (in Journal of the History of Ideas, 30, 1969, S. 161–170). – *»Sopra lo amore o ver' Convito« di Platone*, G. Ottaviano, Mailand 1973. – J. A. Devereux, *The Textual History of F.'s »De amore«* (in Renaissance Quarterly, 28, 1975, S. 173–182). – J. Griswold, *Aquinas, Dante, and F. on Love: An Explication of the »Paradiso«, XXVI, 25–39* (in Studies in Medieval Culture, 8/9, 1976, S. 151 ff.). – M. Corradi, *Alle origini della lettura neoplatonica del »Convito«* (in Rivista filosofica neo-scolastica, 69, 1977, S. 406–422). – M. J. B. Allen, *Cosmogony and Love: The Role of Phaedrus in F.'s »Symposium« Commentary* (in Journal of Medieval and Renaissance Studies, 10, 1980). – A.-J. Festugière, *La philosophie de l'amour de Marsile Ficin et son influence sur la littérature française au XVIe siècle*, Paris 1980. – S. Gentile, *Per la storia del testo del »Commentarium in Convivium« di M. F.* (in Rinascimento, 21, 1981, S. 3–27).

THEOLOGIA PLATONICA

(nlat.; *Platonische Theologie*). Religionsphilosophische Schrift von Marsilio FICINO, erschienen 1482. – Diese in achtzehn Bücher gegliederte Abhandlung begründete zusammen mit dem Kommentar *In convivium Platonis* den herausragenden Ruf Ficinos als Denker der Renaissanceperiode. Die dem Stadtfürsten Lorenzo »Il Magnifico« de' Medici gewidmete handschriftliche Fassung des Werkes hat Ficino zwischen 1469 und 1474 abgefaßt. Ihr vollständiger Titel *Theologia platonica de immortalitate animae (Platonische Theologie über die Unsterblichkeit der Seele)* gibt Auskunft über das zentrale Thema der Studie. Zwei Exemplare der Handschrift sind heute noch erhalten, eine in der Biblioteca Laurenziana (Florenz) und eine in der British Library (London). Im Druck veröffentlichte Ficino allerdings, nach seiner Priesterweihe 1473, eine zurückhaltende Studie zu dem Thema, *De christiana religione*, die im Zeichen apologetischer Traditionen steht, der Verteidigung des Christentums gegen andere Religionen und gegen rationalistische Kritik.

In beiden Fällen darf jedoch nicht übersehen werden, daß Ficino die Seele und ihre Unsterblichkeit keineswegs in einem eng theologisch-dogmatischen Sinne sieht und behandelt. Das Thema gilt ihm vielmehr als der Angelpunkt eines Verstehens der Weltordnung und der Stellung des Menschen in ihr. In seiner *Theologia platonica* versucht er den Weg dieses Verstehens systematisch nachzuzeichnen. Ausgehend von einer spekulativen Einsicht, daß Gott an der Spitze dieser Ordnung steht, und von einem auf den Gedanken des THOMAS VON AQUIN beruhenden Beweis für die Existenz Gottes zeigt Ficino die vermittelnde Funktion der rationalen Seele des Menschen für das Verstehen der Weltordnung auf. Gott ist zwar zugleich Höhepunkt und Mitte des Universums als Schöpfer und Ursache seines geordneten Zustands, aber die menschliche Seele erweist sich allein fähig, diese Ordnung zu erkennen; Erkenntnis ist dabei eine Leistung, die von der individuellen Seele des Menschen erbracht werden muß und nicht durch Erleuchtung oder Überlieferung ersetzt werden kann.

Die Ordnung der Welt stellt sich in fünf Stufen der Wirklichkeit *(gradus rerum)* dar: Gott, Engel, Mensch (oder besser: die rationale Seele), belebte Körper, unbelebte Körper. Die Stufen dieser Ordnung sind aber nicht starr voneinander abgetrennt, sondern bilden ein Kontinuum: Die höchste Art *(species)* einer Stufe hat jeweils soviel Gemeinsamkeiten mit der niedrigsten Art der höheren Stufe in der Seinshierarchie, daß der Übergang zwischen beiden Arten, und damit den Stufen der Wirklichkeit, fließend ist. So sind wohl Gott und Körper für sich genommen absolute und unvermittelbare Gegensätze, aber im Menschen, jener Vereinigung von Körper und rationaler Seele, finden sie ihre Mitte – und können erst tatsächlich als Teile einer einzigen Welt erkannt und verstanden werden. Diese besondere Position und Funktion der menschlichen Seele bildet dann in den Büchern fünf bis vierzehn den Ausgangspunkt für den Beweis ihrer Unsterblichkeit und für die Widerlegung spezifischer Einwände dagegen. (Solche Einwände sind sowohl der unmittelbaren Erfahrung und dem Augenschein als auch gegenteiligen Behauptungen antiker Philosophen entnommen.) Erst in der zusammenfassenden Diskussion seines Entwurfs (Bücher 15–18) nimmt sich Ficino radikaler Kritken der Seelenlehre überhaupt und einiger theologischer Sonderfragen an. Insbesondere wendet er sich hier gegen den Einwand der averroistischen Schule, daß es so etwas wie eine einzigartige menschliche Seele gar nicht geben könne. In seinen Antworten vermeidet Ficino jede Art von dogmatischem Beharren auf Glaubensgeheimnissen. Er vertraut auf Appelle an Vernunft und Einsichtsfähigkeit seiner Leser durch eine philosophische Argumentation. Damit versucht er jene Forderungen nach einer vernünftigen und natürlichen Religion zu erfüllen, die er in *De christiana religione* schon gestellt hatte. »*Wir dürfen nicht glauben, daß die scharfsinnigen und damit philosophischen Köpfe unter den Menschen jemals durch einen anderen Köder als durch einen philosophischen allmählich zur* vollkommenen *Religion hingelenkt und hingeführt werden können. Denn scharfsinnige Köpfe vertrauen sich nur der Vernunft an...*« H.Sta.

AUSGABEN: Florenz 1482. – Venedig 1491; 1524. – Paris 1559. – Basel 1561; 1576. – Paris 1650. – Paris 1964–1970 (*Theologia platonica de immortalitate animorum*, Hg. R. Marcel, 3 Bde.; m. frz. Übers.; krit.).

LITERATUR: A. B. Collins, *The Secular is Sacred. Platonism and Thomism in M. F.'s »Platonic Theology«*, Den Haag 1974. – A. T. Canavero, *S. Agostino nella teologia platonica di M. F.* (in Rivista filosofica neo-scolastica, 70, 1978, S. 626–646). – *Geschichte der Philosophie in Text und Darstellung*, Bd. 3: *Renaissance und frühe Neuzeit*, Hg. S. Otto, Stg. 1984, S. 260–287 [mit Übers. von Auszügen]. – A. Jacob, *Henry More's »Psychodia platonica« and Its Relationship to M. F.'s »Theologia platonica«* (in Journal of the History of Ideas, 46, 1985, S. 503–522).

LESLIE AARON FIEDLER

* 8.3.1917 Newark / N.J.

LOVE AND DEATH IN THE AMERICAN NOVEL

(amer.; Ü: *Liebe, Sexualität und Tod. Amerika und die Frau*). Literaturkritische Studie von Leslie A. FIEDLER, erschienen 1960. – Das Hauptwerk Fiedlers, der zu den prominentesten, aber auch umstrittensten amerikanischen Kritikern des 20. Jh.s gehört, ist einer Reihe von im Zeitraum von den vierziger bis zu den sechziger Jahren erschienenen Publikationen zuzuordnen, in denen es amerikanische

Literaturhistoriker unternahmen, die Spezifität der amerikanischen gegenüber der europäischen Erzählliteratur herauszuarbeiten. Fiedler, neben seiner Haupttätigkeit als Literaturprofessor auch Romancier und Essayist, bezieht sein methodologisches Instrumentarium aus Nachbardisziplinen der Literaturwissenschaft wie der Anthropologie und der Soziologie. Besonders verpflichtet ist *Love and Death in the American Novel* der Tiefenpsychologie JUNGscher, aber auch FREUDscher Provenienz; so ist der Titel durch die von Freud postulierten Triebvarianten Eros und Thanatos inspiriert. Mit dieser Orientierung ist Fiedler dem sog. *myth criticism* zuzuordnen, einer um die Jahrhundertmitte florierenden Bewegung in der angelsächsischen Literaturwissenschaft, die sich vom textimmanent ausgerichteten neukritischen Formalismus abkehrte und verstärktes Interesse an den anthropologischen Tiefenstrukturen der Kultur, auch den irrationalen und verschütteten, als Voraussetzung literarischen Lebens entfaltete.

Fiedler widmet den ersten Teil *(Prototypes and Early Adaptations)* seiner zweiteiligen Studie über die Entwicklung des amerikanischen Romans von 1789–1959 der kritischen Bestandsaufnahme der Wurzeln des amerikanischen Romans in den europäischen Traditionen des sentimentalen Romans, des Schauerromans und des historischen Romans. Diese Traditionen wurden im Amerika der zweiten Hälfte des 18. und des beginnenden 19. Jh.s primär durch die Werke der englischen Romanciers RICHARDSON, WALPOLE und SCOTT vermittelt, und die Aufnahme dieser Traditionen durch die frühen amerikanischen Romanschriftsteller, allen voran Charles Brockden BROWN und James Fenimore COOPER, ist Gegenstand von Fiedlers detaillierter Analyse. Brown schuf, Fiedler zufolge paradigmatisch in seinem Roman *Edgar Huntly* (1799), eine charakteristisch amerikanische, später dann von POE und HAWTHORNE variierte Ausprägung des Schauerromans, in der das Böse, abweichend vom europäischen Schauerroman, nicht an eine soziale Klasse (die Aristokratie), sondern an den naturhaften Wilden, den Indianer – in psychoanalytischer Terminologie: nicht an das Über-Ich, sondern an das Es – gebunden ist. Cooper, der bis zu einem gewissen Grad zwar auch dem Schauerroman, aber viel deutlicher in der Nachfolge Sir Walter Scotts dem historischen Roman verpflichtet ist, wird von Fiedler im Unterschied zu Brown an den Anfang einer rousseauistischen Tradition in der amerikanischen Erzählliteratur gestellt, die sich in den *Lederstrumpf*-Romanen (1823–1841) gewissermaßen in mythologischer Verdichtung manifestiert. Im Zentrum des Cooperschen Romanzyklus identifiziert Fiedler in der Freundschaft zwischen dem Protagonisten Natty Bumppo und seinem indianischen Gefährten ein für den amerikanischen Roman insgesamt archetypisches Figuren- und Handlungsschema, nämlich die tendenziell homoerotische Kameradschaft zweier Männer, zumeist eines Vertreters der weißen und eines der farbigen Rasse. Ein weiteres wichtiges Element des Archetypus ist nach Fiedler die Distanz der Fabel zur empirischen Realität sowie die auffällige Abwesenheit weiblicher Figuren. Die in diesem Sinne klassischen amerikanischen Romane wie etwa MELVILLES *Moby-Dick* (1851) oder TWAINS *Huckleberry Finn* (1884) entfalten ihre Handlung häufig fern der Zivilisation an der Gesellschaft abgewandten Schauplätzen wie in der Wildnis oder auf See, und sie verzichten auf die Schilderung vollgültiger heterosexueller Beziehungen. In Übereinstimmung mit seinen kulturwissenschaftlichen und psychoanalytischen Prämissen leitet Fiedler diese dem amerikanischen Roman zugrunde liegende archetypische Konstellation aus einer der Verdrängung anheimgefallenen, unbewußten Präokkupation der amerikanischen Gesellschaft mit der Rassenproblematik und mit der Sexualität her. Er sieht in einer solchen Konstellation auch die Ursache für die (nach seiner Auffassung) im Vergleich zu den europäischen Romanformen stark anti-mimetische, symbolistische Tendenz des amerikanischen Romans.

Im zweiten Teil des Werkes *(Achievement and Frustration)* wird diese These auf weitere Romanschriftsteller des 19. und 20. Jh.s ausgedehnt; diskutiert werden außer den schon erwähnten Erzählern besonders Harriet Beecher STOWE, Henry JAMES, Theodore DREISER, F. Scott FITZGERALD, Ernest HEMINGWAY, William FAULKNER und Nathanael WEST, gleichberechtigt daneben aber auch Verfasser »trivialer« Romane wie Herman WOUK, Dashiell HAMMETT und Raymond CHANDLER. Der Befund von Misogynie als typischem Merkmal des amerikanischen Romans wird in diesem Teil freilich modifiziert, da die Werke der genannten Autoren sowohl Frauenfiguren als auch Thematisierungen heterosexueller Liebe aufweisen. Fiedler zufolge sind die dargestellten Mann-Frau-Interaktionen aber stets deformiert, in bestimmten Werken Poes, Beecher Stowes oder James' sogar von angedeuteten nekrophilen Neigungen geprägt und in jedem Fall weit entfernt vom Freudschen Ideal der erfüllten genitalen Beziehung.

Love and Death in the American Novel wurde bei seiner Veröffentlichung zumeist negativ rezensiert. Man warf Fiedler eine dem Gegenstand unangemessene Beschäftigung mit der Sexualität, den methodisch fragwürdigen Umgang mit psychoanalytischen Kategorien sowie die Vernachlässigung der im engeren Sinne ästhetischen Strukturen vor. Bis heute gehalten hat sich die wohl berechtigte Kritik, daß die Studie den Kanon der amerikanischen Romanliteratur auf Kosten der bedeutenden realistisch-naturalistischen Tradition einenge. Trotz solcher Einwände wird das Werk inzwischen als Klassiker der amerikanischen Literaturkritik angesehen. H.Bo.

AUSGABEN: NY 1960. – Ldn. 1961. – NY 1966 [rev.]. – NY 1982.

ÜBERSETZUNG: *Liebe, Sexualität und Tod. Amerika und die Frau*. M. Stone u. W. Schürenberg, Bln. 1964; ern. 1987 (Ullst. Tb)

LITERATUR: M. Cowley, Rez. (in NY Times Book Review, 27. 3. 1960). – J. Raleigh, Rez. (in Partisan Review, 27, 1960). – I. Howe, Rez. (in New Republic, 5. 12. 1960). – B. Ostendorf, *Der Mythos in der Neuen Welt: Eine Untersuchung zum amerikanischen Myth Criticism*, Ffm. 1971, S. 129–134. – M. R. Winchell, *L. F.*, Boston 1979, S. 44–58 (TUSAS). – V. B. Leitch, *American Literary Criticism from the Thirties to the Eighties*, NY 1988, S. 97–98.

RACHEL FIELD

* 19.9.1894 New York
† 15.3.1942 Beverly Hills / Calif.

ALL THIS AND HEAVEN TOO

(amer.; *Ü: Hölle, wo ist dein Sieg?*). Roman von Rachel FIELD, erschienen 1938. – Rachel Field erzählt in ihrem Roman das wechselvolle Leben ihrer französischen Großtante Henrietta Desportes. Als Achtundzwanzigjährige kehrt Henrietta nach längerem Aufenthalt in England in ihre Vaterstadt Paris zurück, um dort eine neue Stellung als Erzieherin im Hause des Duc de Praslin anzutreten. Auf Grund ihrer pädagogischen Fähigkeiten, ihrer Lauterkeit und ihres Takts gelingt es ihr auch in Frankreich, sich rasch die Herzen ihrer Zöglinge zu erobern. Im Gegensatz zum Herzog, der Henriettas Tüchtigkeit zu schätzen weiß, ist die Herzogin entschlossen, sich die Erziehung ihrer Kinder nicht aus der Hand nehmen zu lassen; zudem vermutet sie, daß der Herzog der Erzieherin mehr als nur sachliches Interesse entgegenbringt. So kommt es immer öfter zu unerfreulichen Szenen zwischen den Ehegatten, und im Lauf der Zeit nehmen die Verstimmungen ein solches Ausmaß an, daß Henrietta mehr als einmal ihre Stellung aufgeben will, um der Kinder willen jedoch immer wieder den Bitten des Herzogs, weiterhin im Haus zu bleiben, nachkommt. Eines Tages wird die Herzogin bestialisch ermordet aufgefunden. Henrietta gerät in den Verdacht, an diesem Verbrechen beteiligt zu sein, und wird verhaftet. Als schließlich der Herzog selbst in Untersuchungshaft genommen wird, muß Henrietta als Zeugin auftreten. Der Fall Praslin wirbelt in Paris viel Staub auf und wird in den Zeitungen als Sensation behandelt, bis er eines Tages ein unerwartetes Ende findet: Der Herzog begeht in der Haft Selbstmord. Henrietta findet bei Freunden Aufnahme, kann sich jedoch nicht von den Schatten der Vergangenheit befreien und sucht schließlich in Amerika Zuflucht, um ein neues Leben zu beginnen. Dort trifft sie wieder mit dem jungen Geistlichen Henry M. Field zusammen, den sie in Paris flüchtig kennengelernt hatte. Sie wird seine Frau, findet ihr seelisches Gleichgewicht wieder und erlebt den Aufstieg ihres Mannes vom Pfarrer einer kleinen Gemeinde zum bekannten Verleger einer kirchlichen Zeitung. In der Folgezeit wird ihr Haus zum Treffpunkt eines illustren Kreises von Schriftstellern und Künstlern (darunter Harriet Beecher Stowe und Ralph Waldo Emerson).

Dieser Frauenroman der sonst vor allem als Kinderbuchautorin bekannten ehemaligen Zeitungsredakteurin enthält zwar relativ gut gelungene Milieuschilderungen aus der Periode von 1841 bis 1875, stößt jedoch kaum unter die Oberfläche der Probleme vor und kann auf Grund seiner Schwarzweißmalerei nicht immer überzeugen. Er wurde 1940 verfilmt.   G.Ha.

AUSGABEN: NY 1938. – Ldn. 1939. – Ldn. 1968. – Cutchogue 1983.

ÜBERSETZUNG: *Hölle, wo ist dein Sieg?* K. v. Schab, Bln./Hbg. 1939; ⁵1953. – Dass., dies., Ffm. 1977.

VERFILMUNG: USA 1940 (Regie: A. Litvak).

LITERATUR: *R. F. Memorial Issue* (in Horn Book Magazine, 18, 1942; Sondernr.). – C. Meigs, *R. F.* (in *Notable American Women, 1607–1950*, Hg. E. James, Cambridge/Mass. 1971, S. 614–615). – M. B. McDowell, *R. F.* (in DLB, 9, 1981, S. 313–318).

HENRY FIELDING

* 22.4.1707 Sharpham Park / Glastonbury
† 8.10.1754 Lissabon

LITERATUR ZUM AUTOR:
Bibliographien:
F. Cordasco, *F.: A List of Critical Studies 1895–1946*, NY 1948. – T. C. Humphrey, *H. F.: An Annotated Bibliography of Studies and Editions, 1895–1970*, Diss. Univ. of Arkansas 1972 (vgl. Diss. Abstracts, 33, 1972, S. 2378A). – H. G. Hahn, *H. F.: An Annotated Bibliography*, Ldn./Metuchen (N.J.) 1979. – J. A. Stoler u. R. B. Fulton, *H. F.: An Annotated Bibliography of Twentieth-Century Criticism, 1900–1977*, NY/Ldn. 1980. – L. J. Morrissey, *H. F.: A Reference Guide*, Boston 1980.
Biographien:
F. Lawrence, *The Life of H. F.*, Ldn. 1855; Nachdr. 1976. – A. Dobson, *H. F.*, Ldn. 1889; Nachdr. 1980. – W. L. Cross, *The History of H. F.*, 3 Bde., New Haven/Conn. 1918; Nachdr. 1963 [m. Bibliogr.]. – H. K. Banerjii, *H. F.: Playwright, Journalist, and Master of the Art of Fiction: His Life and Works*, Oxford 1929; Nachdr. NY 1962 [m. Bibliogr.]. – F. H. Dudden, *H. F.: His Life, Works,*

and Times, 2 Bde., Oxford 1952; Nachdr. 1966 [m. Bibliogr.]. – P. Rogers, *H. F. A Biography*, Ldn./NY 1979.
Gesamtdarstellungen und Studien:
A. Digeon, *Les romans de F.*, Paris 1923 (engl.: *The Novels of F.*, Ldn. 1925; zul. NY 1962). – F. T. Blanchard, *F. the Novelist: A Study in Historical Criticism*, New Haven/Conn. 1926; Nachdr. 1966 [m. Bibliogr.]. – F. R. Leavis, *The Great Tradition*, Ldn. 1948. – W. Iser, *Die Weltanschauung H. F.s*, Tübingen 1952. – J. Loftis, *Comedy and Society from Congreve to F.*, Stanford/Calif. 1959. – *F.: A Collection of Critical Essays*, Hg. R. Paulson, Englewood Cliffs/N.J. 1964. – A. M. Wright, *H. F.: Mask and Feast*, Ldn. 1965. – M. Golden, *F.'s Moral Psychology*, Amherst/Mass. 1966. – M. Irwin, *H. F.: The Tentative Realist*, Oxford 1967. – G. R. Levine, *H. F. and the Dry Mock: A Study of the Techniques of Irony in His Early Works*, Den Haag 1967. – G. W. Hatfield, *H. F. and the Language of Irony*, Chicago 1968. – *H. F.: The Critical Heritage*, Hg. R. Paulson u. T. Lockwood, Ldn./NY 1969. – F. O. Bissel, *F.'s Theory of the Novel*, NY 1969. – W. Iser, *Der implizite Leser: Kommunikationsformen des Romans von Bunyan bis Beckett*, Mchn. 1972. – *H. F. u. der engl. Roman des 18. Jh.s*, Hg. W. Iser, Darmstadt 1972 (WdF). – C. J. Rawson, *H. F. and the Augustan Ideal under Stress*, Ldn. 1972. – *H. F.: A Critical Anthology*, Hg. C. J. Rawson, Harmondsworth 1973 (Penguin). – B. Rojahn-Deyk, *H. F.: Untersuchungen zu Wesen u. Funktion der Ironie in seiner frühen Prosa*, Nürnberg 1973. – J. P. Hunter, *Occasional Form: F. and the Chains of Circumstance*, Baltimore (Md.)/Ldn. 1975. – G. Seehase, *H. F. u. d. realistische Roman* (in ZAA, 28, 1980, S. 197–210). – R. J. Dircks, *H. F.*, Boston 1983 (TEAS). – T. R. Cleary, *H. F.: Political Writer*, Waterloo/Ontario 1984. – J. J. Peereboom, *F. Practice: A Study of the Novels of H. F.*, Amsterdam 1984. – *H. F.: Justice Observed*, Hg. K. G. Simpson, Ldn. 1985. – S. Baker, *F.: The Comic Reality of Fiction* (in Tennessee Studies in Literature, 29, 1985, S. 109–142). – M. C. Battestin, *H. F.* (in DLB, 39, 1985, S. 167–195). – S. Varey, *H. F.*, Ldn. 1986. – *H. F.*, Hg. u. Einl. H. Bloom, Ldn. 1987. – P. Lewis, *F.'s Burlesque Drama*, Edinburgh 1987. – R. D. Hume, *H. F. and the London Theatre, 1728–1737*, Ldn. 1988.

AMELIA

(engl.; *Amelia*). Roman von Henry FIELDING, erschienen 1752. – Der Stoff geht auf Fieldings 1732 erstaufgeführte Komödie *The Modern Husband (Der moderne Ehemann)* zurück. In der Widmung des Romans bekennt der Autor sich erneut zu seiner damaligen Absicht, »*die Sache der Tugend zu fördern und einige der grellsten Mißstände bloßzustellen, ... die gegenwärtig das Land heimsuchen*«. Amelias Geschichte wird zunächst von ihrem Gatten, Captain Booth, berichtet, der durch ein Mißverständnis verurteilt und ins Gefängnis eingeliefert wurde. Dort trifft er mit Miss Matthews zusammen, einer früheren Bekannten, die ihm die Tragödie ihrer unglücklichen Ehe erzählt. Booth erwidert mit der empfindsamen Schilderung seiner Liebe, und die schöne und tugendhafte Amelia gewinnt im Spiegel leidenschaftlichen Erinnerns plastische Gegenwart. Vom süßen, sentimentalen Hauch der Erinnerung berauscht, wird Booth das Opfer seiner verführerischen Zuhörerin. Diese Verfehlung bestimmt das weitere Geschehen: Nach der gemeinsamen Entlassung aus dem Gefängnis sucht die Matthews den reuigen Booth weiter an sich zu fesseln und beantwortet seine Ablehnung mit Intrigen gegen sein Glück. – Auch Amelia hat sich gegen die Angriffe einer seichten, lasterhaften Welt zu wehren: Ein lüsterner alter Lord, der ihr, unter dem Vorwand, sich für ihren Gatten zu verwenden, den Hof macht, muß schließlich, ebenso wie der zwielichtige Colonel James, die Unverletzlichkeit ihrer Tugend anerkennen. Der labile und leichtsinnige Booth dagegen macht Spielschulden und gerät wiederholt in Haft. Bei alldem hält Amelia treu zu ihm. Sie findet auch dann einen Ausweg, als sich der verzweifelte Booth aufs neue in den Klauen unerbittlicher Gläubiger befindet, die ihn ruinieren wollen und seine Verhaftung bewirken. Amelia gelingt es, den väterlichen Freund der Familie, Dr. Harrison, zum Eingreifen zu bewegen und Booth noch einmal zu retten. Seine bitteren Erfahrungen haben in Booth die Erkenntnis reifen lassen, daß er den Versuchungen des Bösen nur dann widerstehen kann, wenn er sein Leben fortan auf die Religion gründet. Am Ende des Romans lösen sich alle Konflikte im zufriedenen Glück der liebenden Gatten.

Wurde in *Tom Jones* ein buntes Panorama der Welt ausgebreitet und seine Vielfalt humorvoll gemustert und komisch kommentiert, so verengt sich die Perspektive des Erzählers in *Amelia* auf die Familie Booth, auf ihre Umgebung und ihre Erlebnisse. Die Gestalt der Amelia hat im Zusammenspiel der Motive und Handlungsstränge eine wesentlich zentralere Funktion, als sie Fielding dem jugendlichen Helden seines komischen Epos zugestanden hatte. Sie ist die Mitte, auf die alle Bestandteile des Romans hinführen, und in dieser Beziehung ist *Amelia* das geschlossenste aller Erzählwerke dieses Autors. Kritischer als in seinen früheren Romanen zeigt sich der Erzähler gegenüber sozialer Ungerechtigkeit, politischer Korruption und einem unmenschlichen Strafvollzug. Die Gefängnisszenen am Anfang des Romans sind in ihrer Eindringlichkeit erstaunliche Vorwegnahmen der hundert Jahre später von DICKENS erhobenen Anklagen. Fieldings *Amelia* trägt die Zeichen eines Spätwerkes. Der heitere Optimismus der frühen Werke ist dem moralischen Zeigefinger gewichen. Die Schilderung der empfindsamen, edlen Heldin steigert sich manchmal zu übertriebener Sentimentalität und läßt Fielding unvermittelt aus der entschiedenen literarischen Gegenposition in die Nähe RICHARDSONs geraten.

W.D.

AUSGABEN: Ldn. 1752, 4 Bde. – Ldn. 1926 (in *Collected Works*, 12 Bde., 9–11). – Ldn. 1930, 2 Bde. – Oxford 1983, Hg. M. C. Battestin (in *Wesleyan Edition*, Hg. F. Bowers, 6 Bde., 1967–1983, 6). – Harmondsworth 1987, Hg. u. Einl. D. Blewett (Penguin).

ÜBERSETZUNG: *Amelia*, R. Schaller, Bln. 1957.

LITERATUR: W. Erzgräber, *D. Menschenbild in H. F.s Roman »Amelia«* (in NSp, 1957, S. 105–116). – S. Baker, *F.'s »Amelia« and the Material of Romance* (in PQ, 41, 1962, S. 437–449). – E. T. Palmer, *»Amelia« – The Decline of F.'s Art* (in EIC, 21, 1971, S. 135–151). – A. J. Hassall, *F.'s »Amelia«: Dramatic and Authorial Narration* (in Novel, 5, 1972, S. 225–233). – J. A. Nisbet, *The Art of Life as Represented in H. F.'s »Amelia«*, Diss. Ball State Univ. 1974 (vgl. Diss. Abstracts, 35, 1974, S. 1057A). – R. L. Oakman, *The Character of the Hero: A Key to F.'s »Amelia«* (in SEL, 16, 1976, S. 473–489). – W. Rogers, *Thackeray and F.'s »Amelia«* (in Criticism, 19, 1977, S. 141–157). – C. A. Knight, *The Narrative Structure of F.'s »Amelia«* (in Ariel, 11, Calgary 1980, S. 31–46).

THE HISTORY OF THE ADVENTURES OF JOSEPH ANDREWS AND OF HIS FRIEND MR. ABRAHAM ADAMS. Written in Imitation of the Manner of Cervantes, Author of ›Don Quixote‹

(engl.; *Die Geschichte von den Abenteuern Joseph Andrews' und seines Freundes, des Herrn Abraham Adams. Geschrieben nach der Art des Cervantes, des Verfassers von ›Don Quijote‹*). Roman von HENRY FIELDING, erschienen 1742. – Fieldings erstes Erzählwerk stellt insofern ein literarisches Experiment dar, als damit eine in der englischen Literatur neue Romankonzeption realisiert werden sollte. Wie aus dem Untertitel sowie den im Vorwort und in zahlreichen theoretisierenden Kapiteleinleitungen angestellten Reflexionen hervorgeht, nahm der Verfasser dabei vor allem den spanischen Schelmenroman und die Epen HOMERS zum Vorbild: Sie schienen ihm der Erzählform, die er selbst programmatisch als »komisches Prosaepos« bezeichnete, am nächsten zu kommen. – Als die Untugend, die es verdiente, stets von neuem der Lächerlichkeit preisgegeben zu werden, galt ihm die Verstellung in ihren schlimmsten Erscheinungsformen, Heuchelei und Eitelkeit. Diese beiden im politischen und gesellschaftlichen Leben seiner Zeit grassierenden Laster hatte Fielding in vielen seiner vor 1742 aufgeführten Komödien und Farcen in einer für die Betroffenen unbequemen Weise so lange verspottet, bis die Walpole-Regierung sein Theater schließen ließ. Eine literarische Untermauerung moralischer Heuchelei sah er in RICHARDSONS Roman *Pamela, or Virtue Rewarded* (1740). Die Tugendstrategie des empfindsamen, briefeschreibenden Dienstmädchens erschien ihm so widersprüchlich und papieren, daß er sich bereits 1741 in der kurzen Satire *An Apology for the Life of Mrs. Shamela Andrews* darüber lustig machte und dann seinen *Joseph Andrews* als Pamela-Parodie verfaßte.

In bewußter Ablehnung der psychologisierenden Erzählweise Richardsons setzt Fielding eine Handlung in Gang, deren nach dem Muster der *Odyssee* lose aneinandergereihte Episoden ihm immer wieder Gelegenheit zu Abschweifungen poetologischer und philosophisch-didaktischer Art bieten. Wie seine – inzwischen hochehrbar verheiratete – Schwester Pamela einst gegen Mr. B.'s Verführungskünste anzukämpfen hatte, muß sich nun Joseph Andrews der Avancen erwehren, die seine Herrin, Lady Booby, ihm macht. Seine Standhaftigkeit und eine Intrige der ebenfalls von ihm abgewiesenen mannstollen Kammerfrau Mrs. Slipslop kosten den tugendhaften Jüngling seine Stellung. Mittellos verläßt er London und macht sich auf den Weg nach dem Landsitz Booby Hall, wo er Fanny, ein schönes, armes Dienstmädchen, das er liebt, zu finden hofft und wo er den menschenfreundlichen Pastor Adams um Rat bitten will. Aber er wird von Wegelagerern überfallen und halb totgeschlagen. In dasselbe Gasthaus, in dem der schwerverletzte Joseph auf die Hilfe des ihm zugeneigten Zimmermädchens Betty angewiesen ist, führt der Zufall auch Mr. Adams (den heimlichen Helden des Romans und eine englische Spielart des Don Quijote). Er ist unterwegs nach London, wo er einem Verleger seine Predigten anbieten will. Als er entdeckt, daß er seine Manuskripte vergessen hat, macht er sich zusammen mit Joseph wieder auf den Heimweg. In der Folge geraten die beiden durch Adams' Arglosigkeit in viele komische Situationen. Immer wieder zwingen Ereignisse, die seine idealistische Vorstellung von den Mitmenschen Lügen strafen, den Pastor zum Eingreifen. Der gelehrte, bis zur Skurrilität wirklichkeitsferne Mann bewährt sich jedoch immer dann, wenn resolutes Handeln erforderlich ist. Daß er dabei des Guten stets etwas zuviel tut, sorgt für weitere komische Effekte. So rettet er die ihrem Joseph entgegengereiste Fanny aus den Klauen eines Strolchs, wird aber dann selbst für einen Verführer gehalten und vor den Richter geschleppt.

Nach vielen Abenteuern auf Landstraßen, in Gasthäusern und Postkutschen erreichen die drei Reisenden schließlich ihr Ziel. Lady Booby, die inzwischen ebenfalls auf ihrem Landsitz eingetroffen ist, setzt in neu erwachter Eifersucht alle Hebel in Bewegung, um die Heirat von Joseph und Fanny zu hintertreiben. Ein Gerücht, demzufolge die beiden Bruder und Schwester sein sollen, kommt ihr dabei sehr gelegen. In einer großen Enthüllungsszene löst sich die Verwirrung auf romantische Weise: Fanny und Joseph waren als Kinder geraubt und fremden Eltern untergeschoben worden. Fanny ist in Wirklichkeit die Tochter von Mr. und Mrs. Andrews, also die Schwester Pamelas, die als Ehefrau des inzwischen auch auf dem Landsitz erschienenen Mr. Booby bis dahin auf das arme Mädchen herabgesehen hat. Joseph ist der vermißte Sohn des reichen Mr. Wilson, eines Freundes der Boobys. Und nun kann Pastor Adams die standhaft Liebenden endlich trauen.

Im Gegensatz zu Richardson will Fielding realistische »Bilder aus dem Leben« zeichnen. Sein *Joseph Andrews* ist der erste englische Roman, in dem die Wirklichkeit dargestellt wird, wie sie auch für den Leser von damals erfahrbar war. Die Romanfiguren sind deftige Gestalten, über deren Köpfe hinweg der Verfasser sich mit dem Leser ins Einvernehmen setzt. Die Omnipotenz des Autors bestimmt die Erzählsituation. Die Handlung dient vor allem dazu, Fielding immer von neuem die parodistische Verwendung von Stilmitteln des klassisch-heroischen Epos zu ermöglichen, etwa in Musenanrufungen und Kampfbeschreibungen. Sie dient aber auch einer vehementen Gesellschaftskritik, denn in ihrem Verlauf werden Laster und Willkür der oberen Stände, das korrupte Rechtswesen und allgemeine Mißstände der Zeit immer wieder mit dem kindlichen Gottvertrauen und dem aufrechten Charakter des Pastors Adams konfrontiert, jener für die englische Literatur archetypischen Gestalt (man denke an »Nachfolger« wie STERNES Onkel Toby aus *Tristram Shandy* oder GOLDSMITHS Landprediger von Wakefield), die dieses Buch zum ersten großen humoristischen Roman Englands gemacht hat. W.D.

AUSGABEN: Ldn. 1742, 2 Bde. – Ldn. 1903 (in *Works*, Hg. W. E. Henley u. a., 16 Bde., 1; *Drury Lane Ed.*). – Oxford 1926 (in *Novels*, Hg. B. Blackwell, 10 Bde., 1 u. 2; *Shakespeare Head Ed.*). – NY 1929 [m. Einl. v. J. B. Priestley]. – Oxford 1967, Hg. M. C. Battestin (in *Wesleyan Edition*, Hg. F. Bowers, 6 Bde., 1967–1983, 1). – Ldn. 1970, Hg. D. Brooks. – Ldn. 1973 (Pan). – Harmondsworth 1977, Hg. R. F. Brissenden (Penguin). – Oxford 1980, Hg. D. Brooks. – Ldn. 1983 (Everyman's Library). – NY 1987, Hg. H. Goldberg [krit.; zus. m. *Shamela* u. *Related Writings*]. – Ldn. 1988, Hg. M. C. Battestin u. D. Brooks [zus. m. *Shamela*].

ÜBERSETZUNGEN: *Komischer Roman*, anon., Bln. 1765. – *Abentheuer Joseph Andrews u. seines Freundes Abraham Adams*, anon., Lpzg. 1784. – Dass., anon., Bln. 1786. – Dass., F. v. Oertel, Meißen 1802. – *Geschichte u. Abenteuer von Joseph Andreas u. seinem Freunde Abraham Adams. Geschrieben in Nachahmung der Manier des Cervantes*, O. v. Czarnowski, Braunschweig 1840. – *Die Geschichte der Abenteuer Joseph Andrews*, R. Schaller (in *Sämtl. Romane*, Bd. 1, Mchn. 1965). – *Die Geschichte der Abenteuer des Joseph Andrews und seines Freundes Mr. Abraham Adams*, I. Leisi, Zürich 1987.

VERFILMUNG: *Joseph Andrews*, Großbritannien 1977 (Regie: T. Richardson).

LITERATUR: E. Bosdorf, *Entstehungsgeschichte von F.s »Joseph Andrews«*, Diss. Bln. 1908. – D. Taylor Jr., *Joseph as Hero of »Joseph Andrews«* (in Tulane Studies in English, 7, 1957, S. 91–109). – M. C. Battestin, *The Moral Basis of F.'s Art, a Study of »Joseph Andrews«*, Middletown/Conn. 1959. – J. Ehrenpreis, *F.'s Use of Fiction: The Autonomy of »Joseph Andrews«* (in *Twelve Original Essays on Great English Novels*, Hg. Ch. Shapiro, Detroit 1960, S. 23–41). – M. C. Battestin, *F.'s Revisions of »Joseph Andrews«* (in Studies in Bibliography, 16, 1963, S. 81–117). – H. Goldberg, *The Art of »Joseph Andrews«*, Chicago 1969. – E. T. Palmer, *F.'s »Joseph Andrews«: A Comic Epic in Prose* (in ES, 52, 1971, S. 331–339). – G. Birkner, *Zum Verhältnis von ästhetischer Norm u. Funktion in F.s »Tom Jones« u. »Joseph Andrews«* (in Anglia, 95, 1977, S. 359–378). – W. Füger, *Das Nichtwissen des Erzählers in F.s »Joseph Andrews«* (in Poetica, 10, 1979, S. 188–216). – J. L. Prem, *Theme, Structure, and Analogy in F.'s »Joseph Andrews«*, Diss. Univ. of Madison 1979 (vgl. Diss. Abstracts, 40, 1980, S. 6294 A). – J. M. Perl, *Anagogic Surfaces: How to Read »Joseph Andrews«* (in Eighteenth Century, 22, 1981, S. 249–270). – H. Bartschi, *The Doing and Undoing of Fiction: A Study of »Joseph Andrews«*, Ffm./Bern 1983. – R. Stephanson, *The Education of the Reader in F.'s »Joseph Andrews«* (in PQ, 61, 1982, S. 243–258). – U. Broich, *Intertextualität in F.s »Joseph Andrews«* (in *Intertextualität: Formen, Funktionen, anglistische Fallstudien*, Hg. U. Broich, M. Pfister u. a., Tübingen 1985, S. 262–277).

HISTORY OF THE LIFE OF THE LATE MR. JONATHAN WILD THE GREAT

(engl.; *Lebensgeschichte Mr. Jonathan Wilds des Großen*). Roman von Henry FIELDING, erschienen 1743. – Zahlreiche eindeutige Anspielungen auf bestimmte politische Ereignisse lassen darauf schließen, daß Fielding diesen Roman während seiner engagierten Kampagne gegen die Walpole-Regierung konzipierte, also noch vor dem Erscheinen des *Joseph Andrews* (1742). Sein Titelheld ist eine historische Figur: Jonathan Wild (1682? bis 1725), Englands berühmtester Verbrecher der ersten Jahrhunderthälfte, betrieb Hehlerei größten Stils und befehligte eine regelrechte Gaunerorganisation. Durch seine Räuberbande ließ er reiche Passanten überfallen, die er dann durch Annoncen um hohe Summen erpreßte. 1725 wurde er gefaßt und gehängt. Nach seinem Tod machten unzählige Anekdoten, Legenden, Balladen und Biographien – etwa DEFOES *Account of Jonathan Wild* – den Verbrecher (dem auch Peachum in John GAYS *Beggar's Opera* nachgebildet ist) so populär, wie es gemeinhin nur die sogenannten großen Männer der Geschichte werden. Diese Analogie entwickelt Fielding in seinem Roman zu einer Satire auf nur nach ihren Erfolgen bewertete geschichtliche Größe und auf den zeitgenössischen Politiker, der ihm als bestes Beispiel dafür erschien: den Premierminister Robert Walpole. (Das Phänomen solcher Größe hatte der Autor bereits 1741 in seinem Essay *Of True Greatness* kritisch beleuchtet). In der Einleitung des Romans nennt er *greatness* und *goodness* einander ausschließende Extreme, denn *greatness* habe die Menschheit schon seit eh und je ins Unglück gestürzt, während *goodness* ihrem Wesen nach sie davor zu bewahren suche. In Jonathan wolle er einen »Helden« darstellen, der, von moralischen Skrupeln ganz und gar unbeschwert, an »Größe« sogar so illustre Völkermörder wie Caesar und Alexander übertreffe. Die Stationen dieses Verbrecherlebens bilden dabei nur den Rahmen für Fieldings Satire auf politische Unmoral und das Vehikel für eine heute kaum mehr auszuschöpfende Fülle an zeitkritischen Anspielungen. Fieldings erzählerischer Kunstgriff besteht darin, Wilds Leben so zu schildern, als handle es sich um das eines Ehrenmannes. Dieser Konzeption entspricht der Stil, der die gelehrte Rhetorik der zeitgenössischen Geschichtsschreibung und das schwülstige Pathos vieler Heldenepen parodiert.

Wie in jedem der vier Romane Fieldings korrespondieren und kontrastieren die Figuren in einem ganz bestimmten moralischen Koordinatensystem. Wild, dem Repräsentanten der negativ zu wertenden, vom Verfasser aber ironisch positivierten *greatness*, steht sein ehemaliger Schulfreund, der Juwelier Heartfree, als Verkörperung positiver, vom Verfasser aber ironisch negativierter *goodness* gegenüber. Die vertrauensselige Herzenseinfalt, mit der Heartfree dem raffinierten Wild in die Falle geht, ähnelt der Naivität des auf das Böse in der Welt nicht vorbereiteten Pfarrers Adams aus *Joseph Andrews*. Freundschaft vortäuschend, erreicht Wild den Bankrott und die Schuldhaft Heartfrees. Heuchlerisch erwirbt er sodann das Vertrauen der schönen Mrs. Heartfree, die er begehrt und die er unter dem Vorwand, sie solle im Auftrag ihres Mannes Juwelen in Sicherheit bringen, nach Holland locken will. Unterwegs aber wird das Schiff von einem französischen Korsaren aufgebracht, und Wild, dessen wahre Absichten Mrs. Heartfree nun erkannt hat, wird in einem Boot ausgesetzt. Es gelingt ihm jedoch, an Land zu kommen und mit Hilfe bestochener Zeugen die Einlieferung des Juweliers ins Gefängnis Newgate zu erwirken. Erst kurz vor seiner Hinrichtung wird der unglückliche Heartfree gerettet: Durch einen Zufall hat der Richter den wahren Sachverhalt erfahren. Nun wird Wild, verraten von seinem Kumpan Fireblood, nach Newgate gebracht und schließlich gehängt. Die Rückkehr von Mrs. Heartfree, die von einer wahren Odyssee und zahlreichen Anschlägen auf ihre Tugend zu berichten weiß, vereint die Juweliersfamilie in dem Bewußtsein, daß das Gute am Ende doch immer siegt.

Wenngleich Fielding seinem kriminellen Titelhelden deutlich Züge des verhaßten Walpole verlieh und seinen Roman aus wohl berechtigter Vorsicht erst nach dessen Sturz (1742) erscheinen ließ, ist nicht der der Korruption bezichtigte Politiker Hauptzielscheibe der Satire, sondern die öffentliche Heuchelei in ihren verschiedensten Erscheinungsformen. Dazu gehört die soziale Ungerechtigkeit des damaligen Gesellschaftssystems, die, wie der Autor in der Schilderung von Wilds despotischem Verhältnis zu seiner Bande andeutet, zur Ausbeutung vieler Arbeitender durch einige wenige privilegierte Müßiggänger führte. Kritik übt Fielding auch an der im Schuldhaftwesen herrschenden Willkür und an den menschenunwürdigen Zuständen in Newgate, wo unverschuldet in Armut Geratene mit Kapitalverbrechern zusammengepfercht wurden. Ähnlich wie im Falle SWIFTS wurde Fieldings bisweilen überspitzt sarkastische Darstellungsweise häufig – unter anderem auch von Walter SCOTT – als bar jeden menschlichen Gefühls bezeichnet. In Wahrheit aber entspringt dieser bittere Spott, der Mißstände überbelichtet, um darüber aufzuklären, nichts anderem als einer auf hohem moralischem Verantwortungsgefühl gegründeten Humanität. Am Schicksal Heartfrees zeigt Fielding die Machtlosigkeit des biederen Bürgers gegenüber den Ränken korrupter politischer Führer, die unter der Maske des Wohlwollens die politische Ahnungslosigkeit ihrer Völker mißbrauchen. Er weist damit auf die Notwendigkeit einer mündigeren Haltung der unteren Schichten gegenüber den Regierenden hin, macht aber gleichzeitig deutlich, daß deren moralische Integrität eine moralisch integre Gesellschaft zur Voraussetzung hat. – Daß Fielding bis zu seinem Bühnenverbot durch Walpole (1737) ein versierter Lustspielautor war, erweist sich in den burlesken Dialogen (aus denen manchmal ganze Kapitel bestehen) und in der kunstvollen Dramaturgie vieler Erzählszenen.

W.D.

AUSGABEN: Ldn. 1743 (in *Miscellanies*, 3 Bde., 3). – Ldn. 1754 [rev.] – Ldn. 1903 (in *Works*, Hg. W. E. Henley u. a., 16 Bde., 2; *Drury Lane Ed.*). – Oxford 1926 (in *Novels*, Hg. B. Blackwell, 10 Bde., 10; *The Shakespeare Head Ed.*). – NY 1961 [m. Einl. J. H. Plumb]. – Ldn./NY 1974 [Nachdr. d. Ausg. 1754]. – Harmondsworth 1982, Hg. D. Nokes (Penguin). – Darby/Pa. 1981 [Nachdr. d. Ausg. 1926].

ÜBERSETZUNGEN: *Geschichte Jonathan Wilds des Großen*, L. Tieck u. J. G. Hagemeister (in L. Tieck, *Thaten u. Feinheiten renommierter Kraft- u. Kniffgenies*, Bd. 1, Bln. 1790). – *Jonathan Wild der Große*, C. Palma, Bln. 1952; ern. Ffm. 1966. – *Die Lebensgeschichte des Mr. Jonathan Wild, des Grossen*, P. Baudisch (in *Sämtl. Romane*, Bd. 1, Mchn. 1965). – *Mr. Jonathan Wild der Grosse. Die Geschichte eines Helden*, H. Höckendorf, Ffm. 1986 (Insel Tb).

LITERATUR: J. E. Wells, *F.'s Political Purpose in »Jonathan Wild«* (in PMLA, 28, 1913, S. 1–55). – W. R. Irwin, *The Making of »Jonathan Wild«: A Study in the Literary Method of H. F*, NY 1941; Nachdr. Hamden/Conn. 1966. – B. Shea, *Machiavelli and F.'s »Jonathan Wild«* (in PMLA, 72, 1957, S. 55–73). – A. N. Wendt, *The Moral Allegory of »Jonathan Wild«* (in ELH, 24, 1957, S. 306–320). – *Essays of F.'s ›Miscellanies‹*, Hg. H. K. Miller,

Princeton/N.J. 1961. – C. J. Rawson, *F.'s ›Good‹ Merchant: The Problem of Heartfree in »Jonathan Wild«* (in MPh, 69, 1972, S. 292–313). – R. B. Friedman, *F.'s »The Life of Mr. Jonathan Wild the Great«: A Textual and Critical Study*, Diss. City Univ. of New York 1982 (vgl. Diss. Abstracts, 42, 1982, S. 5128A).

THE HISTORY OF TOM JONES, A FOUNDLING

(engl.; *Die Geschichte des Tom Jones, eines Findlings*). Roman in vier Bänden von Henry FIELDING, erschienen 1749. – Vom englischen Roman des 18. Jh.s führen zwei einander ergänzende Entwicklungslinien in die Moderne. Die eine geht von RICHARDSONS *Pamela* aus, die andere von Fieldings *Tom Jones*. Die Erzählweisen beider Autoren, Richardsons psychologischer Realismus und Fieldings humoristische Inszenierung der Wirklichkeit, entstanden aus der bewußten Abkehr von den phantastischen Erzählprodukten des Barock. Die Erneuerung des englischen Romans in diesem Sinne hatte DEFOE mit seinem *Robinson Crusoe* eingeleitet. Fielding aber kommt das Verdienst zu, die für den Leser erfahrbare Wirklichkeit erstmals in ihrer Totalität eingefangen und in eine zeitgerechte neue Romanform gebracht zu haben. Im Vorwort zu *Joseph Andrews* hatte er diese Form, das »*comic epic poem in prose*«, bereits programmatisch fixiert. In den theoretischen Passagen des *Tom Jones* differenziert er seine Romanpoetik und beansprucht für sich selbst die Rolle des omnipotenten Erzählers, als der er dann in die Geschichte des europäischen Romans eingegangen ist: ».. . *denn da ich in Wahrheit der Entdecker einer neuen Erzähldomäne bin, steht es mir frei, darin die mir genehmen Gesetze zu erlassen.*« Durch die Gattungsbezeichnung *history* betont er den Wahrheitsanspruch seines Erzählens gegenüber der Unglaubwürdigkeit der zeitgenössischen Trivialliteratur. Er distanziert sich aber auch vom kunstlosen Chronikstil der Geschichtsschreibung. Die pädagogische Absicht, den literarischen Geschmack des Lesers zu bilden und diesen für die Feinheiten der neuen Form zu sensibilisieren, kennzeichnet die Einleitungen zu den achtzehn Büchern des *Tom Jones*. In der Widmung kommt zum Ausdruck, wie eng sich in der Vorstellung des früheren Komödienautors Fielding Roman und Komödie unter dem Aspekt des Sittenspiegels berühren: ».. . *ich habe mich bemüht, die Menschheit durch Lachen von ihren Lieblingstorheiten und -lastern zu befreien.*« In den Mittelpunkt der ereignisreichen Romanhandlung stellt Fielding mit der Gestalt des Tom Jones einen menschlich sympathischen Helden, »*einen der gutherzigsten Burschen unter der Sonne*«.

Der Roman gliedert sich in drei fast gleich lange Teile: Landleben in Somersetshire (Buch 1–6), Reiseabenteuer auf nach London führenden Landstraßen (Buch 7–12), Leben in der Metropole (Buch 13–18). Auf diese Weise werden die verschiedenen sozialen Bereiche im England des 18. Jh.s beleuchtet und zueinander in Beziehung gesetzt. An der Spitze der im ersten Teil vorgeführten konservativen Standesordnung auf dem Land steht der adelige Gutsherr, hier Squire Allworthy, der zusammen mit seiner Schwester Bridget ein friedlich-sittenstrenges Regiment führt. Er glaubt – wie Pastor Adams in *Joseph Andrews* – so ausschließlich an das Gute in der Welt, daß nur bittere Erfahrung ihn in diesem Glauben erschüttern kann. Als er eines Nachts in seinem Bett ein ausgesetztes Kind findet, läßt er voll moralischer Empörung nach den Schuldigen fahnden, sorgt aber inzwischen wie ein Vater für den Findling. Seine Fürsorge geht so weit, daß er, nachdem er die vermeintlichen Sünder, den Dorfschulmeister Partridge und dessen Magd Jenny Jones, aus dem Bezirk verbannt hat, das Kind an Sohnes Statt annimmt. Es erhält den Namen Tom Jones. Bald darauf heiratet die naive Schwester des Gutsherrn einen heuchlerischen Mitgiftjäger, Captain Blifil, nach dessen jähem Tod ihr die Erziehung eines charakterlosen Sohnes allein überlassen bleibt. Der junge Blifil und Tom Jones, der verschlagene Heuchler und der offenherzige Naturbursche, bilden ein für Fielding typisches Gegensatzpaar (man vergleiche etwa Jonathan Wild und Mr. Heartfree). Heuchelei, ein zentrales Thema der Romane und Komödien Fieldings, wird des weiteren durch die Gelehrtenkarikaturen Thwackum und Square illustriert. Diese beiden erziehen Blifil ganz in ihrem Sinne, während Tom ihrer bigotten Pädagogik Widerstand leistet und sich lieber mit Black George, dem Wildhüter, oder freigebigen Mädchen herumtreibt. Im Verein mit seinen beiden Tutoren gelingt es Blifil, den verhaßten Rivalen bei seinem Onkel so gründlich anzuschwärzen, daß dieser den Adoptivsohn verstößt. Tom zieht um so verzweifelter in die Welt, als er sich unsterblich in die bezaubernde Sophia Western, die Tochter eines benachbarten Landjunkers, verliebt hat. Da ihr Vater sie zur Ehe mit Blifil zwingen will, flieht Sophia zusammen mit ihrer Magd Honour, um bei ihrer Tante in London Schutz zu suchen. Damit beginnt ein verwirrendes Kaleidoskop von Flucht und Verfolgung (Buch 6–12). Zeitweise sind es fünf Parteien, die nach bewährtem Komödienmuster zusammengeführt und wieder getrennt werden. Auf dem Weg nach Bristol wird Tom im Streit mit einem Soldaten verwundet und lernt während seines Krankenlagers Barbier Partridge kennen, der mit dem von Allworthy geächteten Schulmeister identisch ist. Partridge schwört, er sei nicht Toms Vater, und begleitet den Genesenen auf seiner weiteren Reise wie Sancho Pansa den Don Quijote. Nach der Begegnung mit einem Einsiedler, der ihnen seine lehrreiche Lebensgeschichte erzählt, rettet Tom beherzt eine gewisse Mrs. Waters vor der Vergewaltigung. Im Gasthaus zu Upton belohnt ihn die dankbare Dame dafür mit einem Schäferstündchen, das gestört wird, als Mr. Fitzpatrick auf der Suche nach seiner entflohenen Frau ins Zimmer stürzt. Am nächsten Morgen erfährt Tom, daß auch Sophia die Nacht im Gasthaus verbracht hat, von seiner Tändelei mit Mrs. Waters weiß und bereits wieder abgereist ist. Wie der tobende Squire Western, der inzwischen ebenfalls in Upton angekommen ist, verfolgt nun auch Tom die Flüchtende. Doch Sophia langt in Begleitung ihrer unglücklichen Kusine, Mrs. Fitzpatrick, die sie unterwegs zufällig getroffen hat, wohlbehalten bei Lady Bellaston in London an. Die Hauptstadt erreichen, nach einigen weiteren Abenteuern, auch Tom und Partridge.

Nachdem im zweiten Teil mit den Gefahren und Mißständen auf den englischen Landstraßen die Auflösung der sozialen Ordnung geschildert wurde, gewährt der dritte Teil Einblick in die Struktur der städtischen Gesellschaft. Auf der Suche nach Sophia gerät Tom in die Netze der triebhaften Lady Bellaston, die ihn mit Geld an sich zu fesseln weiß. Doch bei der ersten kurzen Begegnung mit Sophia bereut er seine Schwäche. Ein formeller schriftlicher Heiratsantrag soll die Lady brüskieren und Tom von ihr befreien. Aber Sophia erfährt von dem Brief und mißversteht seinen Zweck. Lady Bellastons Plan, die Nebenbuhlerin an den lasziven Lord Fellamar zu verkuppeln, wird im letzten Moment durch die Ankunft Squire Westerns vereitelt. Im Haus von Mrs. Miller, wo Tom logiert, sind unterdessen auch Squire Allworthy und Blifil eingetroffen. Tom hat Mr. Fitzpatrick im Duell verwundet und sitzt im Gefängnis. Mit Hilfe bestochener Zeugen versucht Blifil, Tom an den Galgen zu bringen, doch diese Intrige mißlingt, und Allworthy erkennt seine Verblendung. Er leistet Tom Abbitte, und als sich auch noch herausstellt, daß dieser der uneheliche Sohn von Allworthys Schwester Bridget ist, akzeptiert Squire Western ihn als Schwiegersohn.

Die allmächtige Stellung, die der Erzähler in *Tom Jones* einnimmt, äußert sich darin, daß er wie ein Gott die Personen an ihren unsichtbaren Fäden sicher zum vorbedachten Ziel führt. Er inszeniert die Handlung, rafft oder dehnt sie nach Belieben, verfügt nach Gutdünken über die Zeit, weiht den Leser einmal in die wahren Zusammenhänge ein, um ihn ein anderes Mal über Gebühr auf die Folter zu spannen, und kommentiert seine Erzähltechnik und den Romaninhalt in zahlreichen Digressionen. Mit den Augen des aufgeklärten Moralisten sah Fielding die Welt als Bühne, auf der die Gesellschaft die Komödie ihrer Torheiten und Laster aufführt. Wie sehr Komödiendramaturgie den Handlungsablauf bestimmt, zeigt u. a. die effektvolle Inszenierung des nächtlichen Tohuwabohus im Gasthaus zu Upton. Die Darbietung der Wirklichkeit erfolgt in Fieldings Romanen stets mit den künstlerischen Mitteln des Bühnendichters. Daß der Realismus des Autors dadurch eine gewisse Einschränkung erfährt, beweist gerade auch *Tom Jones*. Im Unterschied zum Titelhelden bleiben die meisten anderen Figuren typenhaft-vage. Sophias Aussehen zum Beispiel wird ironisch in der Art eines klassischen Schönheitskatalogs beschrieben. Squire Allworthy ist fast eine Allegorie der Tugend; der vulgäre Squire Western erscheint zu einseitig motiviert, um als Charakter gelten zu können; der schrullige Partridge schließlich ist eine Possenfigur. – Mit der Gestalt seines Tom Jones plädiert Fielding für eine von der »*natürlichen Güte des menschlichen Herzens*« diktierte Moral, der er einerseits die puritanische, Heuchlern wie Blifil Vorschub leistende Sittenstrenge Allworthys kritisch gegenüberstellt, andererseits das unmoralische Treiben des städtischen Adels, den Lady Bellaston und Lord Fellamar repräsentieren. Der Naturbursche Tom wird im Verlauf der Handlung schrittweise zur Moralauffassung des Erzählers erzogen, der ein harmonisches Gleichgewicht zwischen Gefühl und Vernunft anstrebt.

Fielding gewinnt eine neue Romanform, indem er ständig Stilelemente des klassischen Epos parodiert. Rhetorisches Pathos schlägt unvermittelt in nüchterne Alltagssprache um: »*Twelve times did the iron register of time beat on the sonorous bell-metal, summoning the ghosts to rise, and walk their nightly round. – In plainer language, it was twelve o'clock...*« – Auf die Mitte des 18. Jh.s einsetzende Entwicklung des deutschen Romans übte *Tom Jones* nachhaltigen Einfluß aus. WIELAND, LICHTENBERG und MUSÄUS gehörten zu den ersten, die mit ihrer Prosa an Fielding anknüpften. W.D.

AUSGABEN: Ldn. 1749, 4 Bde. – Ldn. 1903 (in *Works*, Hg. W. E. Henley u. a., 16 Bde., 3–5; *Drury Lane Ed.*). – Oxford 1926 (in *Novels*, Hg. B. Blackwell, 10 Bde., 3–6; *Shakespeare Head Ed.*). – Ldn. 1970, Hg. T. R. Cleary. – NY 1973, Hg. S. Baker [krit.]. – Oxford 1974, Hg. F. Bowers (in *Wesleyan Edition*, Hg. ders., 6 Bde., 1967–1983, 4/5; Einl. u. Komm. M. C. Battestin). – NY 1985.

ÜBERSETZUNGEN: *Thomas Jones, eines Fündlings, Historie des menschlichen Herzens, in dessen Begebenheiten*, anon., Lpzg. 1771. – *Tom Jones oder die Geschichte eines Findelkindes*, J. J. Ch. Bode, 6 Bde., Lpzg. 1786–1788. – *Geschichte des Thomas Jones, eines Findelkindes*, J. J. Ch. Bode, bearb. v. J. v. Guenther, 3 Bde., Mchn. 1918. – *Tomes Jones. Die Geschichte eines Findlings*, P. Baudisch, Mchn. 1963 [Nachw. H. Mayer]. – *Tom Jones. Die Geschichte eines Findlings*, S. Lang, Mchn. 1965; ern. 1978. – *Die Geschichte des Tom Jones*, J. J. Ch. Bode, bearb. v. R. U. u. A. Pestalozzi (in *Sämtl. Romane*, Bd. 2/3, Mchn. 1966). – *Tom Jones. Die Geschichte eines Findelkindes*, H. Höckendorf, 2 Bde., Bln./DDR 1976; Nachdr. 1986 [Nachw. G. Seehase]. – *Die Geschichte des Tom Jones, eines Findlings*, ders., 2 Bde., Ffm. 1981 (Insel Tb).

VERFILMUNG: *Tom Jones*, England 1963 (Regie: T. Richardson).

LITERATUR: R. Haage, *Charakterzeichnung und Komposition in F.s »Tom Jones« in ihrer Beziehung zum Drama* (in Britannica, 13, 1936, S. 119–170). – F. K. Stanzel, »*Tom Jones« and »Tristram Shandy*« (in English Miscellany, 1954, 5, S. 107–148). –

Ders., *Die typischen Erzählsituationen im Roman*, Wien/Stg. 1955; Nachdr. 1965. – W. Empson, »*Tom Jones*« (in KR, 20, 1958, S. 217–249). – I. Ehrenpreis, *F.: »Tom Jones«*, Ldn. 1964. – F. K. Stanzel, *Typische Formen d. Romans*, Göttingen 1964; ¹¹1987. – *Twentieth-Century Interpretations of »Tom Jones«*, Hg. M. C. Battestin, Englewood Cliffs/N.J. 1968. – *H. F.: »Tomes Jones«: A Casebook*, Hg. N. Compton, Ldn. 1970. – E. T. Palmer, *Irony in »Tom Jones«* (in MLR, 66, 1971, S. 497–510). – C. A. Knight, *Multiple Structures and the Unity of »Tom Jones«* (in Criticism, 14, 1972, S. 227–242). – F. Kaplan, *F.'s Novel about Novels: The ›Prefaces‹ and the ›Plot‹ of »Tom Jones«* (in SEL, 13, 1973, S. 535–594). – B. Leimbach u. K. H. Löschen, *F.s »Tom Jones«. Bürger u. Aristokrat: Sozialethik als Indikator sozialgeschichtlicher Widersprüche*, Bonn 1974. – B. Harrison, *H. F.'s »Tom Jones«: The Novelist as Moral Philosopher*, Ldn. 1975. – H. K. Miller, *H. F.'s »Tom Jones« and the Romance Tradition*, Victoria/Brit. Columbia 1976. – G. Birkner, *Zum Verhältnis von ästhetischer Norm u. Funktion in F.s »Tom Jones« u. »Joseph Andrews«* (in Anglia, 95, 1977, S. 359–378). – R. Paulson, *F. in »Tom Jones«: The Historian, the Poet, and the Mythologist* (in *Augustan Worlds*, Hg. J. C. Hilson u. a., Leicester 1978, S. 175–187). – A. J. Hassall, *H. F.'s »Tom Jones«*, Sydney 1979. – H. Breuer, *Dramatische Gestaltungsmittel in H. F.s »Tom Jones«* (in Anglia, 99, 1981, S. 332–354). – A. Löffler, *Sophia Western u. d. Welttheater: Zum Verhältnis von idealer Norm u. satirischer Kritik in »Tom Jones«* (in GRM, 35, 1985, H. 1, S. 27–41). – *H. F.'s »Tom Jones«*, Ldn. 1987 [Einl. H. Bloom].

A JOURNEY FROM THIS WORLD TO THE NEXT

(engl.; *Eine Reise aus dieser in die andere Welt*). Prosasatire von Henry FIELDING, erschienen 1743. – Zu den in Fieldings *Vermischten Schriften* enthaltenen Satiren nach Art von LUKIANS Jenseitsdichtungen gehört auch dieses Werk. Formal lehnt es sich insbesondere an die *Göttergespräche*, die *Totengespräche* und die *Wahren Geschichten* an. Eindeutig ist ferner die ironische Nachahmung der damals grassierenden Reiseliteratur, deren Abstrusität Fielding auch in einem – später eliminierten – Kapitel des *Jonathan Wild* (Ausgabe von 1743) verspottet hat. Und sogar BUNYANS *The Pilgrim's Progress* ist, ohne daß das Werk ausdrücklich genannt würde, in diese Satire einbezogen.

Die in drei Teile gegliederte *Journey* erscheint auf den ersten Blick disparat und unvollendet, doch äußert sich auch in dieser Fiktion des Fragmentarischen die alle Schichten des Werks durchdringende Ironie des Dichters. Der erste Teil (Buch 1, Kap. 1–9) schildert den Auszug der Seele aus dem Körper des anonymen Ich-Erzählers, ihre Reise zum Elysium und einige ihrer Begegnungen mit dort weilenden berühmten Persönlichkeiten. Im zweiten, etwas langatmig geratenen Teil (Erstes Buch, Kap. 10–25) berichtet Julian Apostata von den verschiedenen Reinkarnationen, die ihm als Strafe für seine Abtrünnigkeit auferlegt wurden. Der dritte Teil (überraschend als Kap. 7 des neunzehnten Buches bezeichnet) enthält eine kurze Selbstdarstellung der Anna Boleyn. – Im Vorwort läßt Fielding mit hintergründiger Ironie einen fiktiven Herausgeber die Veröffentlichungsgeschichte des Werks darlegen. Es handle sich um Bruchstücke eines umfangreichen Manuskripts, die ihm, dem Herausgeber, bei einem Buchhändler namens Powney in die Hände gefallen seien. Dieser habe die Seiten als Einwickelpapier benutzt, da keiner mit dem bizarren Zeug etwas anzufangen wußte, das ihm ein heruntergekommener Literat zur Tilgung einer Mietschuld hinterlassen habe. Zur Publikation der Überreste hat den »Herausgeber« das positive Urteil seines »*Freundes Pfarrer Abraham Adams*« (vgl. *Joseph Andrews*) bewogen. Er selbst kann nicht umhin, dem unbekannten Verfasser »*eine gewisse Weltkenntnis*« zu bescheinigen und lobend hervorzuheben, daß dieser allenthalben »*Gutheit und Tugend*« als Voraussetzungen irdischen Glücks propagiere. An dieser Stelle lüftet Fielding kurz die Maske des fiktiven Editors und verkündet jene aufklärerischen Moralprinzipien, die er dann zu Bezugspunkten seiner Zeit- und Menschheitssatire macht.

Besonders im ersten Teil ist Fieldings phantastische Fabel von wirklichkeitsgesättigter Anschaulichkeit. Es ergeben sich burleske Wirkungen daraus, daß die Ebenen des Diesseits und des Jenseits sich ständig überschneiden, parodistische Effekte daraus, daß in einer schillernden Phantasiewelt die Grenzen zwischen Realität und Metaphysik aufgehoben sind. Die Allegorie hat Zeitkolorit: Im »Palast des Todes« geht es zu wie an einem englischen Fürstenhof des 18. Jh.s, die »Stadt der Krankheiten«, die die Reisenden passieren müssen, ist ein Abbild des Londoner Vergnügungsviertels Covent Garden. An der Pforte des Elysiums entscheidet Richter Minos über Einlaß und Abweisung und verfährt dabei nach den Prinzipien einer praktischen Moral, wie sie Fielding immer vertreten hat. Die Abgewiesenen müssen am Rad des Glücks ein Los ziehen und in dem ihnen zugewiesenen Status auf die Erde zurückkehren. Im Elysium begegnet der Erzähler – in einer Art Literaturrevue – Orpheus und Sappho (die gerade gemeinsam im Konzert geben), Homer, Vergil, Shakespeare, Milton, Dryden sowie zeitgenössischen Schauspielern, Kritikern und Übersetzern, die bei der Gegenüberstellung mit den großen Dichtern Federn lassen müssen. Er sieht die Protagonisten berühmter Dichtungen in traulichem Gespräch mit ihren geistigen Vätern – Achill und Odysseus mit Homer, Aeneas mit Vergil, Adam mit Milton usw. Dieser Teil enthält auch zahlreiche satirische Anspielungen auf die Zeit, in der die *Journey* entstand, und auf politische Persönlichkeiten der jüngeren und jüngsten englischen Geschichte. Der Erzähler begegnet u. a. auch Cromwell. Auf Premierminister Walpole, das vielgeschmähte Objekt von Fieldings Komödien und seiner Pressekampagne im ›Champion‹, zielen indes nur versteckte Anspielungen. – Im zweiten Teil geben die Erlebnisse Julians des Abtrünnigen als Sklave, General, Zimmermann, Mönch, König, Bettler, Ratsherr von London und als Dichter, um nur einige seiner Reinkarnationen zu nennen, Gelegenheit zur satirischen Musterung dieser Berufe und Stände. Gegenüber dem schwungvoll-farbigen ersten Teil fällt dieser Abschnitt ebenso ab wie der dritte, in dem der Versuch unternommen wird, die allzu positiven wie die allzu negativen Urteile über Anna Boleyn zurechtzurücken. In der fiktiven Selbstdarstellung läßt Fielding sie als im Grund gut, aber zu Eitelkeit und Ehrgeiz neigend erscheinen.

Der qualitative Unterschied zwischen den drei Teilen hat den Fielding-Biographen F. H. DUDDEN bewogen, auf verschiedene Entstehungszeiten zu schließen. Zwar rechnet er alle drei einer sehr frühen Schaffensperiode zu, meint aber, die Erwähnung des Abraham Adams im Vorwort und verschiedene andere inhaltliche Indizien deuteten darauf hin, daß zumindest der erste Teil nach 1742 überarbeitet worden sei. Dann habe Fielding die Lust an einer Revision des Ganzen verloren und daher das apologetische Vorwort verfaßt. Dieser Ansicht widerspricht nicht nur, daß sich in allen drei Teilen ein hohes literarisches Bewußtsein äußert, sie wird auch angesichts der souveränen Ironie des Vorworts fragwürdig und vollends angesichts des allen Teilen gemeinsamen Ineinandergreifens von Autobiographie und Dichtung. Da jedesmal ein anderer Ich-Erzähler auftritt, müssen Stil und Erzählniveau variieren. Auf diese Weise parodiert der Dichter die diffuse autobiographische Literatur und die Geschichtsschreibung seiner Zeit. – Fieldings vielschichtige *Journey* »*übertrifft an Humor und Ironie alle sonstigen von ihm selbst und von anderen unternommenen Versuche, Lukian zu modernisieren*« (W. L. Cross). W.D.

AUSGABEN: Ldn. 1743 (in *Miscellanies*, 3 Bde., 2). – Ldn. 1783. – Ldn. 1800. – Ldn. 1872 (Suppl. zu *Works*, Hg. J. P. Browne, 10 Bde., 1871/72). – Waltham 1930. – Ldn. 1973. – Salem/N.H. 1976, Hg. R. Reginald u. D. Menville [Nachdr. d. Ausg. 1930; m. Ill.].

ÜBERSETZUNGEN: *Reise nach der anderen Welt*, anon., Kopenhagen 1759. – *Abentheuer auf einer Reise in die andere Welt*, anon., Lpzg. 1812.

LITERATUR: R. L. Green, *Into Other Worlds*, Ldn. 1958.

PASQUIN. A Dramatic Satire on the Times. Being the Rehearsal of Two Plays; A Comedy Called The Election And a Tragedy Called The Life And Death of Common Sense

(engl.; *Pasquin. Eine Bühnensatire auf unsere Zeit. Handelt von der Probe zweier Theaterstücke: einer Komödie mit dem Titel ›Die Wahl‹ und einer Tragö-* *die mit dem Titel ›Leben und Sterben des gesunden Menschenverstandes‹*). Satirisches Drama in zwei Teilen von Henry FIELDING, Uraufführung: London, 5. 3.1736, Little Theatre in the Haymarket. – Über seiner Bedeutung als Romancier ist Fieldings Leistung als Bühnenautor zu Unrecht bisweilen in Vergessenheit geraten. Bis zum Jahr 1737 (Erlaß der Zensurverordnung) bildeten seine satirischen Komödien und Farcen einen wichtigen Faktor im Londoner Theaterleben. In ihrer Wirkung stellten sie sogar ein Politikum ersten Ranges dar. Die Regierung des Whig-Ministerpräsidenten Walpole, eines reaktionären, skrupellosen Machtpolitikers, fand in Fielding einen ebenso erbitterten wie eloquenten Gegner, der mit den Mitteln des Theaters eine regelrechte Kampagne gegen den moralisch dubiosen Staatsmann führte. In *Pasquin*. – »Pasquino« nannten die Römer im 16. Jh. eine Statue nahe der Piazza Navona, die einmal im Jahr als Plakatsäule für satirische Verse diente – und in *The Historical Register for the Year 1736* (1737) trieb Fielding seine Attacken auf die Spitze: Walpole antwortete mit der »Licensing Act«, die alle Theater, ausgenommen die in Drury Lane und Covent Garden, einer Zensur unterwarf und Fieldings Laufbahn als Komödiendichter beendete.

Politischen Zündstoff enthält vor allem der erste Teil des in die Form einer Theaterprobe gekleideten Stücks, die Komödie *The Election (Die Wahl)*. Nicht mit politischen Argumenten, sondern mittels direkter bzw. indirekter Bestechung betreiben die Parlamentskandidaten, die Vertreter der Hofpartei (Anspielung auf die Whigs), Lord Place und Lord Promise, sowie die Vertreter der Landpartei (Anspielung auf die Tories), Sir Henry Fox-Chase und Squire Tankard, in einem Marktflecken Wahlpropaganda. Sir Henry ködert Bürgermeister und Stadtverordnete durch lukrative Aufträge und Versprechungen, Lord Place vertraut auf die Macht des Geldes und die Eitelkeit der Bürgermeistersfrau und ihrer Tochter, die von einer Karriere bei Hofe träumen. Die Kandidaten der Hofpartei ziehen zwar bei der Wahl den kürzeren, werden aber vom Bürgermeister auf den massiven Druck seiner Frau hin dennoch zu Siegern erklärt. Das Thema der Wahlmanipulation deutet unmißverständlich auf Walpole, der alle Register der Bestechung zu ziehen verstand, wenn es um seine politischen Ziele ging. – Im zweiten Teil, der »Tragödie« – in Wahrheit handelt es sich um ein parodistisches Spiel mit Tragödienklischees –, bezieht Fielding das zeitgenössische Theater in seine Satire ein: Er macht vor allem Front gegen den englischen Harlekin John Rich und seine aus Frankreich und Italien importierten Komödianten, die auf den Bühnen von Covent Garden und Drury Lane anspruchslose Unterhaltung boten. Er stilisiert seine Vorbehalte zur allegorischen Auseinandersetzung zwischen »Queen Common-Sense« und »Queen Ignorance«, die in Covent Garden Einzug hält und ihre Gegenspielerin in der Schlacht besiegt und tötet. Ihr Triumph ist aber nur von kurzer Dauer, denn »Common-Sense« tritt nun als Geist auf und jagt sie in die

Flucht. Im Epilog plädiert Fielding für die Reinigung des englischen Theaters von ausländischen Einflüssen, für ein stärkeres Selbstbewußtsein der englischen Kultur.

In beiden Teilen greifen zwei Darstellungsebenen ineinander und bilden einen satirischen Kontext: die der Komödien- bzw. Tragödienhandlung und die der Theaterprobe. Der Komödienautor Trapwit, der Tragödienautor Fustian und der Kritiker Sneerwell sind bei der Probe zugegen. Vor allem Trapwit unterbricht im ersten Teil häufig die Schauspieler, um Regieanweisungen zu geben oder Fustian und Sneerwell auf den satirischen Gehalt des Bühnengeschehens aufmerksam zu machen. Diese Theater-im-Theater-Konstellation gewährt einen aufschlußreichen Einblick in den Theaterbetrieb der Zeit. – Mit *Pasquin* errang Fielding seinen größten Bühnenerfolg: Das Stück wurde *en suite* gespielt und erreichte sechzig Aufführungen, ein Rekord, mit dem damals nur John GAYS *Beggar's Opera* (1728) Schritt halten konnte. W.D.

AUSGABEN: Ldn. 1736. – NY 1903; ern. NY 1967 (in *Works*, Hg. W.E. Henley u.a., 16 Bde., 1902/03, 11; *Drury Lane Ed.*). – Ldn. 1926 (in *Works*, Hg. J.P. Browne, 12 Bde., 3).

LITERATUR: E. Dahl, *H.F.'s Umgang mit dem Publikum in »Pasquin«* (in LWU, 21, 1988, Nr. 3, S. 179–190).

THE TRAGEDY OF TRAGEDIES; OR, THE LIFE AND DEATH OF TOM THUMB THE GREAT

(engl.; *Die tragischste aller Tragödien, oder Leben und Tod Tom Thumbs des Großen*). Burleske in drei Akten von Henry FIELDING, endgültige Fassung erschienen 1731. – Diese berühmte Dramenparodie durchlief verschiedene Entwicklungsphasen: Am 24.4.1730 wurde im Londoner Haymarket Theatre als Nachspiel zu Fieldings Komödie *The Author's Farce* die erste Fassung aufgeführt, die noch wenig von der satirischen Brillanz der Endfassung besaß. Sie war eine lustige Persiflage des heroischen Dramas, ein Ulk, wie ihn die Zuschauer von einem *afterpiece* erwarteten. Der große Erfolg bewog den Autor im gleichen Jahr zu einer Überarbeitung, die, mit Vorwort, Prolog und Epilog versehen, unter dem Pseudonym »Scriblerus Secundus« erschien. Im folgenden Jahr schrieb er das Werk erneut um, erweiterte es um einen dritten Akt und erfand einen »Herausgeber« namens H. Scriblerus Secundus, dessen Vorwort und philologischer Apparat die Parodie des konventionellen Dramas durch die Parodie der zeitgenössischen Gelehrsamkeit ergänzte.

Im Vorwort wird die Mode, dramatischen Werken poetologischen Exkurs voranzustellen, aufs Korn genommen, wobei der »Herausgeber« die Aristotelischen Kriterien durch komische Übersteigerung ins Gegenteil verkehrt. Damit wird der Verfall der klassischen Dramenform im Theater der Restaurationszeit bereits vor dem Beginn der eigentlichen Parodie verdeutlicht. Des weiteren wird diese durch die Erklärung des »Herausgebers« vorbereitet, es handle sich beim folgenden Stück um ein Werk aus der Zeit Elisabeths I., das wahrscheinlich keinem Geringeren als Shakespeare zuzuschreiben sei. Daß sich darin zahlreiche wörtliche Übereinstimmungen mit zeitgenössischen englischen Dramen fänden, beweise nur, daß deren Verfasser von den Elisabethanern abgeschrieben haben. Damit ist die verkehrte Welt der folgenden Anti-Tragödie konstituiert: Diese wird als das originale Werk ausgegeben, die Dramen, die es parodiert, sollen als Plagiate verstanden werden.

Im Mittelpunkt der Handlung steht, das parodistische Prinzip Fieldings exemplarisch verkörpernd, Tom Thumb, klein an Gestalt und dennoch der größte aller Helden. Er ist umgeben von den konventionellen Figuren des *heroic play*. Der Konflikt von Liebe und Ehre verweist auf DRYDEN und seine Schule, die Hauptangriffsziel der Parodie sind. Das Stück selbst besteht aus aneinandergereihten Szenen, Passagen und Zitaten aus insgesamt 42 Dramen des ausgehenden 17. und beginnenden 18. Jh.s, deren Pathos und Vorliebe für blutrünstige Effekte durch drastische Übersteigerung als Klischees und deren Heldenfiguren durch die Däumlingsgestalt Tom Thumb als überdimensional entlarvt werden. Ihre grandiosen Taten werden durch die unglaublichen Leistungen Toms ad absurdum geführt, der am Hof des unter dem Pantoffel seiner Gemahlin Dollallolla stehenden Königs Arthur als der Bezwinger von »Millionen von Riesen« bewundert wird. Von komischer Widersprüchlichkeit sind auch die anderen Figuren, etwa die Königin (die tugendhafte Gemahlin des heroischen Dramas), die *»ohne jeden Fehler«* ist, *»abgesehen davon, daß sie ein wenig zur Trunksucht neigt«*, oder die Prinzessin Huncamunca (der Typ der reinen, zarten Jungfrau), die ihre Liebe zwischen Tom Thumb und dem martialischen Lord Grizzle aufteilt und am liebsten beide gleichzeitig heiraten möchte. Als es Tom gelingt, den Rivalen auszustechen, wird er von diesem zum Kampf gefordert. Vorher erscheint König Arthur der obligatorische, vor drohendem Unheil warnende Geist in Gestalt des alten Gaffer Thumb. Unter Donner und Blitz wird Tom vor Beginn des Kampfes von dem nicht weniger obligatorischen Magier prophezeit, daß ihn (wie im Märchen vom Däumling) eine Kuh verschlingen wird, was ihm auf dem Heimweg vom siegreich bestandenen Gemetzel auch prompt widerfährt. Dieser Parodie des Unglücks konventioneller Tragödienhelden folgt eine Persiflage der üblichen blutigen Racheszenen: Als die Königin von Toms Tod erfährt, erdolcht sie den Unglücksboten, wird daraufhin von seiner Geliebten ermordet, die Huncamuncas Rache zum Opfer fällt; diese wird von einem Bediensteten getötet, an dem sich wiederum ihre Zofe rächt. Der König macht schließlich reinen Tisch, indem er die Zofe und dann sich selbst ins Jenseits befördert.

Fielding treibt in dieser Parodie auch mit den Formregeln des klassischen Dramas sein Spiel, wobei er sich bereits einiger Techniken des epischen Theaters bedient, z. B. der Illusionsdurchbrechung. Ferner hebt er die Stiltrennung nach Ständen auf, indem er hochgestochene Rhetorik und Vulgärsprache mischt. Zugleich entlarvt er Stilfiguren wie Hyperbel oder heroische Exklamation als Ersatz für echte innere Tragik. – Auf die Weltfremdheit der Gelehrten und die Stagnation der Wissenschaft zielen die unzähligen Fußnoten, in denen der fiktive Herausgeber eine philologische Akribie an den Tag legt, die in komischem Widerspruch zum Objekt steht. So hält Fielding mit einer Parodie, die »*nicht nur eine großartige Burleske, sondern ein eigenständiges Kunstwerk ist*« (H. K. Miller), den Dramatikern und Gelehrten seiner Zeit einen Spiegel vor und ruft sie zur Selbstbesinnung auf. W.D.

AUSGABEN: Dublin 1731. – New Haven 1918, Hg. J. T. Hillhouse; Nachdr. 1971. – Edinburgh 1969, Hg. L. J. Morrissey. – Ilkley/Yorkshire 1973 [Faks. d. Ausg. 1731]. – Irvine/Calif. 1988.

ÜBERSETZUNGEN: *Die Tragödie der Tragödien oder Leben und Tod Tom Däumlings des Großen*, A. Behrmann, Ffm. 1973 [engl.-dt.]. – *Die Tragödie der Tragödien oder Leben und Tod von Tom Däumling dem Großen*, W. Lange, Marburg 1985.

LITERATUR: H. Zimmermann, *H. F.: »The Tragedy of Tragedies«* (in *Das engl. Drama im 18. u. 19. Jh.: Interpretationen*, Hg. H. Kosok, Bln. 1976, S. 87–102). – T. W. Craik, *F.'s ›Tom Thumb‹ Plays* (in *Augustan Worlds*, Hg. J. C. Hilson u. a., Leicester 1978, S. 165–174).

MARGITA FIGULI

* 2.10.1909 Vyšný Kubín

LITERATUR ZUR AUTORIN:
A. Matuška, *Od včarajška k dnešku*, Preßburg 1959. – M. Chorváth, *Cestami literatúry*, Preßburg 1960; Bd. 1, S. 134–136 u. 185–188, Bd. 2, S. 207–214. – J. Gregorec, *Výboje prózy*, Preßburg 1962, S. 221–271. – F. Miko, *Estetika výrazu*, Preßburg 1969, S. 133–161. – A. Mráz, *Medzi prúdmi 2*, Preßburg 1969, S. 45 f. u. 223–228. – A. Fischerová-Sebestová, *M. F.*, Martin 1970. – J. Pašteka, *M. F. medzi tradicionalizmom a modernizmom* (in *Slovenské pohľady*, 87, 1971, Nr. 10, S. 40–52). – J. Števček, *Nezbadané prózy*, Preßburg 1971, S. 75–101. – A. Matuška, *Za a proti*, Preßburg 1975, S. 392–399. – K. Tomiš, *Textové varianty a literárnohistorický vývin* (in K. T.,

O interpretácii umeleckého textu 5, Preßburg 1976, S. 243–268). – V. Petrik, *Hodnoty a podnety*, Preßburg 1980.

BABYLON

(slovak.; *Babylon*). Historischer Roman von Margita FIGULI, erschienen 1946. – Zur »*Darstellung der Probleme des modernen Menschen*« wählte die Schriftstellerin nicht sehr glücklich die Form des historischen Romans, die sie mit der Geschichte eines melodramatischen Dreiecksverhältnisses von halb sentimental erotischem, halb sittlich erbauendem Charakter füllt. Das Mädchen Nanai verliebt sich in den im Lande spionierenden Perserfürsten Ustiga, der ihr das Leben gerettet hat. Gleichzeitig verehrt sie jedoch, »*wie alle Chaldäermädchen*«, Nebuzardar, den Feldherrn des schwächlichen Königs Balsazar. Aus Patriotismus, allerdings aber unter der Bedingung, daß Ustigas Leben geschont wird, verrät sie den Perser an Nebuzardar. Der Feldherr, der schon inkognito um Nanai geworben hatte, gibt sich zu erkennen und nimmt sie zu sich in einen seiner Paläste. Doch »*nicht in der Stunde der Freude, sondern in der Stunde ihrer tiefsten Trauer soll sie den Wert wahren Glücks kennenlernen*«: Als Nebuzardar in der Entscheidungsschlacht fällt, bietet der selbstlos liebende Ustiga ihr und Nebuzardars ungeborenem Kind seinen Schutz: »*Allen Menschen, die in der Liebe und in der Wahrheit leben, werden Flügel wachsen, auf daß sie auseinanderfliegen können, um mit ihrem Herzen und ihrem Verstand die ganze Welt zu umfassen.*« – Die Fabel ist zwar kaum originell, doch psychologisch geschickt fundiert. Vor allem der Kunstgriff, zumindest einen der Helden immer »ohne Ahnung« von dem zu lassen, was sein Gegenüber längst weiß, hält das Interesse des Lesers wach. W.Sch.

AUSGABEN: Martin 1946; Preßburg ²1956.

LITERATUR: A. Mráz, »*Babylon*«, *roman M. F.* (in Elán, 1947, Nr. 5, S. 8 ff.). – V. Pallová, *Nečasový román* (in Umenie, 1947, S. 49/50). – B. Choma, »*Babylon*« *M. F.* (in Pravda 1947, Nr. 40, S. 4). – M. Kováč, *M. F.: »Babylon«* (in M. K., *Poznajme súčasnú slovenskú literatúru*, Turčiansky Sv. Martin 1961, S. 231–232).

TRI GAŠTANOVÉ KONE

(slovak.; *Drei kastanienbraune Pferde*). Novelle von Margita FIGULI, erschienen 1940. – Die Handlung der Erzählung beginnt mit dem Entschluß des Ich-Erzählers Peter, um die Hand seiner Jugendgespielin Magdaléna anzuhalten, obwohl er weder Land noch Haus besitzt und sich vagabundierend sein Brot verdient. Er trifft unterwegs Magdalénas Vetter Jožo, der zusammen mit dem reichen Bauern Jano Zápotočný geschmuggelte Pferde verkauft hat. Von Jožo erfährt Peter, daß Magdaléna dem Drängen ihrer Eltern nachgab und sich bald mit dem brutalen Egoisten und Schürzenjäger Jano verloben wird, obwohl sie Peter immer noch zugetan ist. Da Jano in Peter den Rivalen wittert, beschleunigt er die Verlobung; nur mit Mühe kann sich Magdaléna der Zudringlichkeiten Janos erwehren. Am Tag der Sonnenwendfeier sprechen sich Peter und Magdaléna aus: Sie verspricht, auf Peter zu warten, wenn er endlich seßhaft wird. Mit drei Füchsen als dem Zeichen seines Erfolgs will Peter zurückkommen und seine Braut holen. Da Jano die Verliebten belauscht hatte, kommt es zwischen den beiden Männern zu einer Schlägerei, bei der Peter die Oberhand behält. Magdalénas Bild begleitet Peter in die neue Phase seines Lebens. Nach einem Jahr kehrt er mit den Füchsen zurück, muß aber erfahren, daß Magdaléna inzwischen geheiratet hat. Vom Dorfwirt hört er Genaueres: Jano hatte Magdaléna nach der Sonnenwendfeier vergewaltigt und zur Heirat gezwungen. Seither mußte sie die schwersten Arbeiten verrichten und Janos Pferde versorgen. Geduldig und schweigend ertrug sie dieses Leben.

Kurze Zeit nach seiner Rückkehr wird Peter zufällig Zeuge eines Vorfalls, bei dem ein von Jano mißhandeltes Pferd Magdaléna unter sich begräbt. Nur langsam erholt sich die junge Frau von dem Schock. Um ihr weitere Qualen zu ersparen, entschließt sich Peter zu verzichten, wenn Jano dem Pfarrer versichert, seine Frau in Zukunft menschenwürdig zu behandeln. Jano läßt sich allerdings darauf nicht ein. Kaum ist Magdaléna wieder gesund, zwingt er sie, mit anzusehen, wie er einem Pferd das Wort »Vagabund« in die Flanken brennt. Dabei wird er von dem Huf des sich aufbäumenden Pferdes tödlich getroffen. Zum Schluß wiederholt Peter das Versprechen, mit dem die Novelle begonnen hat.

Bereits in einem ihrer ersten literarischen Versuche, in der Novellensammlung *Pokušenie*, 1937 *(Die Versuchung)*, fand die Autorin zu dem für sie charakteristischen Thema von der recht- und schutzlosen Lage der Frauen, das mit großem Einfühlungsvermögen gestaltet wird. Die dargestellten Konflikte entwickeln sich vor einem bestimmten sozialen Hintergrund. In *Tri gaštanové kone* wird der Materialismus angeprangert, der in der dörflichen Umgebung gedeiht und die menschlichen Werte zerstört. Wie alle Werke Margita Figulis, die auch mit dem historischen Roman *Babylon* (1946) hervortrat, zeichnet sich auch dieses durch einen bewußt poetischen Stil aus, in dem sich bibelsprachlich-archaische Elemente mit Formen der Umgangssprache verbinden. Die Novelle gilt als eines der besten Beispiele slovakischer lyrischer Prosa.

E.P.N.

Ausgabe: Turč. Sv. Martin 1940; ⁴1944.

Literatur: *K problematike slovenskej prózy*, Preßburg 1961. – J. Števček, *Lyrizovaná próza*, Preßburg 1973. – O. Čepan, *Kontúry naturizmu*, Preßburg 1977.

NICOLAE FILIMON

* 6.9.1819 Bukarest
† 19.3.1865 Bukarest

CIOCOII VECHI ŞI NOI, SAU CE NAŞTE DEN PISICĂ ŞOARECI MĂNÂNCĂ

(rum.; *Die alten und die neuen Emporkömmlinge oder Was von der Katze geboren wird, frißt Mäuse*). Roman von Nicolae Filimon, erschienen 1861/62. – Dieser Roman aus der Zeit des politischen Umbruchs in Rumänien beginnt mit einer Widmung an die Emporkömmlinge und einem Prolog, der in ironischem Ton das Thema knapp umreißt: den Lebensstil und Charakter der Menschen, die es zu Reichtum und Ansehen bringen, weil sie ihr Mäntelchen nach dem jeweiligen politischen Wind hängen. Filimon erzählt die Lebensgeschichte eines jungen Mannes, der es durch einen Ehrgeiz, dem alle Mittel recht sind, vom Diener eines einflußreichen Herrn bis zum hohen Staatsbeamten bringt. Dinu Păturică ist als Pfeifenstopfer im Hause des griechischen Bojaren Andromache Tuzluc beschäftigt, der es dank der Gunst des phanariotischen Herrschers schnell zu Ansehen und politischem Einfluß gebracht hat. Păturică horcht die Dienerschaft aus und schmeichelt sich in das Vertrauen seines Herrn, der ihn bald an allen Liebes- und Geschäftsgeheimnissen teilhaben läßt, ja ihn zum Beschützer seiner Geliebten Chera Duca macht. Diese hübsche, aber habsüchtige Griechin beschließt, mit Păturică, der ihr gefällt, gemeinsame Sache zu machen und den dummen reichen Tuzluc auszubeuten. Ein jüdischer Händler wird der dritte im Bunde: Er liefert die teuren Stoffe und den kostbaren Schmuck, mit dem Tuzluc seine Geliebte behängt, und kauft sie zu Spottpreisen zurück; er fungiert außerdem als Mittelsmann, als Păturică, zum Hausverwalter Tuzlucs avanciert, mit dem Ankauf der Güter seines in Geldnot geratenen Herrn beginnt. Durch einen politischen Umsturz und die Flucht seines gönnerhaften Fürsten wird Tuzluc zum armen Mann. Die neue Welle macht die ehemaligen Diener zu Herren. Auch Chera verläßt nun Tuzluc und heiratet den jetzt saturierten Păturică. Im Dienste des neuen Fürsten, Ypsilanti, setzt er seine dunklen Machenschaften fort, er verrät den Führer der rumänischen Freiheitskämpfer und tötet ihn. Zum Lohn ernennt ihn der Fürst zum Präfekten einer Provinz, die Păturică rücksichtslos ausbeutet, um sich zu bereichern. Aber wieder bringt ein Aufstand einen neuen Herrscher, der den zahllosen Klagen der Bedrängten Gehör schenkt und den korrupten Präfekten Păturică einkerkern läßt. Er und sein Freund, der Wucherer, müssen ihre Machenschaften mit dem Leben bezahlen, und Chera, die mit einem Türken davongeht, da sie nicht die Frau eines Geächteten bleiben will, wird von ihrem Liebhaber in der Donau ertränkt, als dieser sie durchschaut hat.

Der Roman zeigt schonungslos die politischen und sozialen Mißstände in Rumänien während der letzten Regierungsjahre der phanariotischen Prinzen zwischen 1814 und 1821. Nicolae Filimon teilt mit vielen seiner Zeitgenossen die Abneigung gegen die Hofgünstlinge und Geschäftemacher, die in der Zeit des aufkommenden Nationalismus den patriotischen Idealismus der Freiheitskämpfer unterminierten. Die breitangelegten Milieuschilderungen dieses historischen Romans verleihen ihm als Dokument seiner Zeit noch heute Gültigkeit.
E.T.

AUSGABEN: 1861/62 (in Revista Română). – Bukarest 1863. – Bukarest 1957. – Bukarest 1963. – Bukarest 1965. – Bukarest 1967. – Bukarest 1970. – Bukarest 1972. – Bukarest 1978 (in *Opere*, Bd. 2). – Bukarest 1981; ²1984.

LITERATUR: G. Lupi, *N. F. »Ciocoii vechi și noi«* (in L'Europe Orientale, 1938). – Ders., *Storia della letteratura romena*, Florenz 1955, S. 95 ff. – H. Zalis, *N. F.*, Bukarest 1958. – G. Călinescu, *N. F.*, Bukarest 1959; ern. 1983 (in G. C., *Opere*, Bd. 17). – V. Cosma, *N. F., critic muzical și folclorist*, Bukarest 1966. – A. Martin, *Introducere în opera lui N. F.*, Bukarest 1973. – G. Ivașu, *N. F.*, Bukarest 1977. – S. Cioculescu, *N. F. »Ciocoii vechi și noi« – un roman al Bucureștilor* (in S. C., *Prozatori români de la Mihail Kogălniceanu la Mihail Sadoveanu*, Bukarest 1977, S. 57–105).

KORNEL FILIPOWICZ

* 27.10.1913 Tarnopol

LITERATUR ZUM AUTOR:
W. Maciąg, *K. F.*, Warschau 1972. – I. Maciejewska, *O pisarstwie K. F.* (in Odra, 1973, Nr. 12). – M. Pieczara, *Trudniejszy akord* (in Więź, 1974, Nr. 11). – A. Milska, *K. F.* (in A. M., *Pisarze polscy. Wybór sylwetek*, Warschau 1975, S. 596–602). – W. Maciąg, *K. F.* (in *Die polnische Gegenwartsliteratur 1939–1976*, Mchn. 1979, S. 222–224). – Ders., *K. F.* (in *Literatura polska*, Warschau 1984, Bd. 1, S. 260). – M. Ruszkowski, *Jedna wielka opowieść (Rozmowa z K. F.)* (in Kultura, Paris, 1988, Nr. 12, S. 130–140). – T. Walas, *K. F. czyli realizm metafizyczny* (in Tygodnik Powszechny, 6. 11. 1988).

PAMIĘTNIK ANTYBOHATERA

(poln.; *Ü: Tagebuch eines Antihelden*). Kurzroman von Kornel FILIPOWICZ, erschienen 1961. – Eine Art moderner Schelmenroman, verdient das Werk in erster Linie unsere Aufmerksamkeit durch die gänzlich ungewohnte Perspektive, in der es das Verhältnis der Polen zur deutschen Besatzungsmacht während des Zweiten Weltkriegs zeigt. Sind die Helden der meisten Romane und Erzählungen der polnischen Nachkriegsliteratur über die Jahre 1939–1945 entweder bewußte Widerstandskämpfer oder aber verräterische Kollaborateure, so ist dem Helden Filipowicz', einem anonymen Intellektuellen, die kriegerische Auseinandersetzung zwischen Deutschen und Polen völlig gleichgültig. Er steht gewissermaßen über den Verhältnissen und bedient sich ihrer zur Sicherung seiner höchst individuellen Interessen. Die Karriere des keineswegs unsympathisch geschilderten Helden wird 1939 durch den Ausbruch des Krieges unterbrochen. Da er nicht auf die Annehmlichkeiten des Lebens verzichten will, entschließt er sich zur Zusammenarbeit mit der Besatzungsmacht, gibt sich gar als Volksdeutscher aus und arbeitet in einer Verwaltungsbehörde. Selbst die Ohrfeigen eines SS-Mannes und eine zufällige Verhaftung bringen ihn nicht aus dem Konzept: »*Niemand hat das Recht, Heldentum von mir zu verlangen... Ich will leben, ich will gut leben und jemand sein. Ich will die Gewißheit haben, nicht verfolgt zu werden, gebrandmarkt, behandelt wie ein Wesen niedrigster Kategorie. Ich habe kein Solidaritätsgefühl mit verfolgten Wesen; ich ekele mich vor ihnen.*« Häusliche Bequemlichkeit, das Funktionieren des elektrischen Lichts und die Möglichkeit zur Beschaffung von Lebensmitteln erscheinen ihm wichtiger als die Leiden des Volkes oder das Schicksal des Vaterlandes: »*Habe ich eine Schweinerei begangen? Vielleicht, aber ich bin klug vorgegangen.*« Sein System bewährt sich auch nach dem Zusammenbruch des Faschismus. Als Kollaborateur vor Gericht gestellt, zieht er sich mit Hilfe einer Freundin, einer Agentin des polnischen Geheimdienstes, aus der Schlinge, die ihn der Wahrheit zuwider als einen ihrer engsten Mitarbeiter ausgibt. Als freier Mann kehrt der Antiheld nach Hause zurück. Sein Resümee der Schreckensperiode lautet: »*Ich muß gestehen, daß es mir leidlich ergangen ist. Ich habe einen nicht zu hohen Preis für die einzig wertvolle Sache bezahlt, die es auf dieser Welt gibt – für mein eigenes Leben.*« Große psychologische Glaubwürdigkeit erhält der Kurzroman durch die Ichform der Erzählung. Die Sprache des Werks ist, dem antiheroischen Inhalt entsprechend, distanziert nüchtern und sachlich.
J.H.

AUSGABE: Warschau 1961.

ÜBERSETZUNG: *Tagebuch eines Antihelden*, J. Hahn, Mchn. 1964.

LITERATUR: K. Filipowicz, *Mój bohater literacki* (in Życie Literackie, 1962, Nr. 16, S. 5). – A. Hamerliński, Rez. (in Tygodnik Kulturalny, 1962, Nr. 17, S. 6). – A. Kijowski, Rez. (in Przegląd Kulturalny, 1962, Nr. 5, S. 3). – S. Lichański, Rez. (in Więź 1962, Nr. 7, S. 109–116). – W. Maciąg, Rez. (in Twórczość, 1962, Nr. 4, S. 142–144).

RODERICK FINLAYSON

* 26.4.1904 Devonport

THE SCHOONER CAME TO ATIA

(engl.: *Der Schoner kam nach Atia*). Roman von Roderick FINLAYSON (Neuseeland), erschienen 1953. – Dies ist das gedanklich gewichtigste Werk Finlaysons, der zuvor mit den Kurzgeschichtenbänden *Sweet Beulah Land* (1942) und *Brown Man's Burden* (1948) sowie mit dem Roman *Tidal Creek* (1948) hervorgetreten war. Seine von VERGAS sizilianischen Bauerngeschichten angeregten Erzählungen zeichnen sich durch ungewöhnliche Einfühlung in die Psyche der Maoris aus; vor allem in *Brown Man's Burden* behandelt er die Degradierung und Zersetzung ihrer Kultur. In seinem zweiten Roman, der zumindest stofflich an Somerset MAUGHAM (etwa *Rain*) erinnert und dessen Schauplatz die fiktive, im Bereich der neuseeländischen Cook Islands lokalisierte Insel Atia ist, vertreten die Maoris das Natürliche, Gesunde, Harmonische, auch wenn ihr irdisches Paradies (das der Autor ohne Exotizismus und Südseeromantik schildert) durch die Zivilisation der Weißen bereits etwas lädiert ist.

Nachdem ein Hurrikan sie von der Außenwelt isoliert hat, erwartet die Bevölkerung von Atia ungeduldig das Kursschiff, das Abwechslung in ihr gleichförmiges Leben bringt. Mit dem Schiff kommt der durch Kriegserlebnisse zum Neurotiker gewordene Neuseeländer Kevin Stock an, der abseits der Zivilisation ein neues Leben beginnen will. Durch seine Zuneigung zu dem Eingeborenenmädchen Ina zerstört er endgültig den Scheinfrieden des von heftigen Anfechtungen bedrohten Missionars Thomas Hartmann. Als dieser bei einem nächtlichen Jagdstreifzug das Liebespaar überrascht, erschießt er in einem Zustand emotionaler Hochspannung und Verwirrung den jungen »Verführer« und tötet in ihm das Sinnbild seiner eigenen Sündhaftigkeit. Jack Chapham, der Regierungsvertreter auf Atia, untersucht den Fall, schöpft Verdacht, hält aber um des Prestiges der weißen Oberschicht willen an der Version vom Unfalltod Stocks fest und setzt sich dadurch den Erpressungsversuchen eines Dorfältesten aus. Völlig gebrochen und von einem verzweifelten Bedürfnis nach Sühne getrieben, entschließt sich Hartmann, gelenkt von seiner willensstarken Frau, auf die Salomoninseln zurückzukehren, wo er früher, im Glauben an seine Berufung noch unerschüttert, als Missionar wirkte. Für ihn und für den aus seiner Selbstgefälligkeit aufgeschreckten Chapham schließt der Roman mit einem Fragezeichen. Ina dagegen wird dank der natürlichen Regenerationsfähigkeit ihrer Rasse in die Geborgenheit eines erfüllten Lebens zurückfinden.

Die Charakterzeichnung bleibt zumeist in bewährten Schablonen stecken: Stock – hinter der Fassade zynischer Ernüchterung ein linkisches, liebebedürftiges Kind; Chapham – ein bornierter, bombastischer Bürokrat; Ina – ein warmherziges, hingabefähiges Eingeborenenmädchen von natürlicher Würde. Anders das Porträt des von Zweifeln gemarterten *New Believer*-Missionars: Es wächst über den literarischen Typus hinaus und wird zur tragisch-grotesken Studie eines mittelmäßigen Geistlichen, der vergebens dem verlorenen Glauben nachjagt. – Neben der Darstellung menschlicher Anfälligkeit geht es dem Autor um die Enthüllung der inneren Leere eines gänzlich praktisch orientierten Christentums und der Fragwürdigkeit des Überlegenheitsanspruchs der Weißen, deren Heuchelei er mit bitterer Ironie bloßstellt. Zwar überzeugt der straffe, an der Kurzgeschichte geschulte Aufbau des Romans, doch wird der gewollt kunstlose, unterkühlte, an Platitüden reiche Stil dem anspruchsvollen moralischen Thema nicht gerecht. Diese Diskrepanz läßt die dem Geschehen innewohnende Tragik nicht zur Wirkung gelangen.

J.H.T.

AUSGABE: Auckland/Ldn. 1953.

LITERATUR: R. C. Reid, *Creative Writing in New Zealand. A Brief Critical History*, Christchurch 1946, S. 60/61. – E. H. McCormick, *New Zealand Literature. A Survey*, Ldn. 1959, S. 130–132. – J. Stevens, *The New Zealand Novel 1860–1960*, Wellington 1961, S. 77/78. – R. Finlayson, *Beginnings* (in Landfall, 20, 1966, S. 76–82). – *Essays on New Zealand Literature*, Hg. W. Curnow, Ldn. 1973.

CHARLES G. FINNEY

* 1.10.1905 Sedalia / Mo.
† 16.4.1984 Tucson / Ariz.

THE CIRCUS OF DR. LAO

(amer.; Ü: *Doktor Laos großer Zirkus*). Roman von Charles G. FINNEY, erschienen 1935. – Skurrile Erfindungsgabe und beißende Sozialkritik verbinden sich in dieser Parabel über das Leben in einer Kleinstadt Arizonas. Der weise Chinese Dr. Lao erscheint urplötzlich mit einer schäbigen Truppe von wilden Männern, Satyrn, Einhörnern, Schlangen, Sphinxen und ähnlichen Zauberwesen und zieht durch das Provinznest Abalone in der offenkundigen Absicht, eine Zirkusvorstellung zu geben. Die Einwohner werden neugierig und finden sich zur Aufführung ein, obwohl sie sich nicht viel davon versprechen. Sobald sie aber ihre gewohnte Umgebung verlassen und das Zirkusgelände betreten haben, befinden sie sich in einer fremden Welt, in der das Unglaubliche sich ganz selbstverständlich ereignet. So läßt sich Miss Birdsong, die wohlanständige Englischlehrerin, von Pan verführen, während Dr. Lao der Menge einen Vortrag über die Begierden der Satyrn hält; die dicke Käthe, eine redselige Hausfrau, wird zu Stein verwandelt, als sie die Macht der Medusa anzuzweifeln wagt; zwei lärmende Studenten werden von einem riesenhaften wilden Mann zum Schweigen gebracht und hinausgeworfen; ein Werwolf verwandelt sich in eine dreihundert Jahre alte Frau, und Mrs. Cassan, eine vertrocknete Witwe, verliebt sich in den uralten Zyniker Apollonius. Nichts scheint wirklich in diesem Zirkus, und einmal sagt Dr. Lao zu dem verwirrten Publikum: »*Die Welt ist meine Idee, und so zeige ich sie euch.*« Schließlich werden die Zuschauer ins Hauptzelt gebeten, wo ein Maskenspiel über die »Leute von Woldercan« aufgeführt wird, ein Volk aus der Vorzeit, das viele Jahre lang unter großer Dürre zu leiden hatte. Der Hohepriester fleht den Gott Yottle um Hilfe an, und die Bronzestatue des Gottes fordert eine Jungfrau als Opfergabe. Man wählt ein keusches Mädchen, aber der Jüngling, der es liebt, stürzt zum Altar, um die Opferung zu verhindern. Plötzlich fällt der Bronzegott vornüber und zermalmt den Priester und die Liebenden. Regen beginnt zu fallen – die Gebete des Volkes sind erhört worden. Damit enden Vorstellung und Roman.

In gewissen Zügen erinnert Finneys noch im Erscheinungsjahr preisgekrönter Kurzroman an Mark TWAINS sarkastische Spätwerke *The Man that Corrupted Hadleyburg* (1900, *Der Mann, der Hadleyburg korrumpierte*) und *The Mysterious Stranger* (1916, *Der geheimnisvolle Fremde*) mit ihrer Darstellung des Grotesken im konventionellen Gehabe der Provinzler. Im Unterschied zu Mark Twain nimmt jedoch bei Finney das Phantastische Gestalt an, ohne die geringste Beziehung zur Wirklichkeit aufrechtzuerhalten. Hier ergeben sich Berührungspunkte zu Shirley JACKSONS berühmter Kurzgeschichte *The Lottery* (1948, *Die Lotterie*): Auch dort werden unter dem dünnen Firnis der Zivilisation atavistische Abgründe sichtbar. – Den Erfolg von *The Circus of Dr. Lao* konnte Finney, der mit Ausnahme einer dreijährigen Militärdienstzeit in China als Provinzjournalist in Arizona lebte, mit seinen anderen vier Romanen und zahlreichen Kurzgeschichten nicht wiederholen.   J.D.Z.-KLL

AUSGABEN: NY 1935. – Harmondsworth 1966 (Penguin). – NY 1983, Hg. E. Hoagland.

ÜBERSETZUNG: *Doktor Laos großer Zirkus*, J. Kalka, Stg. 1984.

LITERATUR: J. W. Krutch, *Books Worth Rereading* (in Saturday Review, 4.7. 1953). – L. L. Lee, *Fantasy as Comic American Morality: »The Circus of Dr. Lao«* (in Markham Review, 10, 1981, S. 53–56). – C. C. Smith, *Ch. F.* (in *Supernatural Fiction Writers: Fantasy and Horror, 2: A. E. Coppard to Roger Zelazny*, Hg. E. F. Bleiler, NY 1985, S. 821–826).

FRANC SALEŠKI FINŽGAR

* 9.2.1871 Dosloviče / Bled
† 2.6.1962 Ljubljana

LITERATUR ZUM AUTOR:
F. Koblar, *F. S. F.* (in Dom in svet, 44, 1931, S. 119–139). – A. Slodnjak, *Ob osemdesetletnici F. S. F.* (in Ljudska pravica, 11. 2. 1951). – S. Cajnkar, *Osemdeset let F. S. F.* (in Nova pot, 3, 1951, S. 2–10). – *F. F. S.* (in *Dizionario universale della letteratura contemporanea*, Bd. 2, Verona 1960, S. 203). – *Književni glasnik Mohorjeve družbe*, 1961, S. 1–43. – J. Toporišič, *Pripovedna dela F. S. F.*, Ljubljana 1964. – F. Koblar, *F. S. F.* (in F. S. F., *Dekla Ančka*, Celje 1971, S. 115–151). – M. Jevnikar, *Impressioni italiane dello scrittore sloveno F. S. F.* (in *Il mondo slavo*, Padua 1971/72, S. 117–133). – J. Bajec, *F. v prevodih* (in *Koledar Mohorjeve družbe*, Celje 1972, S. 160 ff.). – J. Toporišič u. F. Dobrovoljc, *F. F. S.* (in *Leksikon pisaca Jugoslavije*, Bd. 2, Novi Sad 1979, S. 132–136).

POD SVOBODNIM SONCEM. Povest davnih dedov

(sloven.; Ü: *Iztok. Roman um Justinian und Theodora*). Historischer Roman von Franc Saleški FINŽGAR, erschienen 1906/07. – Finžgars Roman über die ungebrochene Lebenskraft des Slaventums in der Abwehr fremdstämmiger Eroberer ist eine Antwort auf die zunehmende deutsche Überfremdung seiner Heimat und ein Zeichen für das Anwachsen der südslavischen Widerstands- und Vereinigungsbewegungen seiner Zeit. Der Roman (wörtl. übersetzt: »Unter freier Sonne«) spielt auf dem Balkan während der Regierungszeit des byzantinischen Kaisers Justinian (527–565). Er beschreibt die Auseinandersetzung zwischen dem degenerierten, zum Untergang verurteilen byzantinischen Kaiserreich und der jungen, unverbrauchten Macht der vordringenden slavischen Einwanderer. Der Held des Romans ist der stolze Iztok, der Sohn des Starosten seines Stammes. Mit Hilfe des Kaufmanns Epafrodit gelangt er nach Konstantinopel, wo er sich die Kriegskunst der Byzantiner aneignet, um später seine Truppen siegreich gegen die griechischen Feinde zu führen, die den Slaven Land und Leute genommen haben. Vorher jedoch besiegt Iztok die Hunnen, die Zwietracht zwischen seinen Stamm und die gleichfalls slavischen Anten gesät haben. In die bewegte Kriegshandlung sind zahlreiche Nebenepisoden eingeflochten, in erster Linie das Liebesverhältnis zwischen Iztok und der byzantinischen Hofdame Irena, in das neben Iztoks Rivalen, dem byzantinischen Truppenkommandeur Azbad, die Kaiserin Theodora als Widersacherin eingreift. Daneben entfaltet sich das untergeordnete Motiv der Entführung von Iztoks

Schwester Ljubinica durch den intriganten Hunnen Tunjuš. Durch die Erzählung begleitet der slavische Sänger Radovan.
Finžgar hat das historische Material, das er vor allem PROKOP († um 565) entnimmt, mit großer Freizügigkeit behandelt und durch ausgedehnte eigene Erfindung ausgestaltet. Liebevoll entwirft er ein buntes Gemälde des üppigen, aufwendigen Lebens der byzantinischen Hauptstadt. Die Komposition des Werks erscheint mitunter unausgeglichen. Bei aller Dynamik der Handlung bleibt die psychologische Anlage der Charaktere häufig oberflächlich und klischeehaft. Dem genußsüchtigen, korrupten und verweichlichten Byzantiner stellt der Roman den aufrechten, kämpferischen und selbstbewußten Slaven entgegen. Am augenfälligsten wird der Zusammenprall der beiden Welten durch den Wettkampf von Iztok und Azbad im Bogenschießen im Hippodrom von Konstantinopel veranschaulicht. Finžgars Roman, der den Einfluß von Henryk SIENKIEWICZ' Roman *Ogniem i mieczem*, 1883/84 *(Mit Feuer und Schwert)*, nicht verleugnet, ist in einer feierlichen, bildreichen Sprache geschrieben. Um die sprachliche Einheit der ehemaligen slavischen Stämme zu demonstrieren, benutzt er zahlreiche archaische Wörter und Redewendungen. Eines der populärsten Werke der slovenischen Literatur, wurde der Roman in zahlreiche slavische und nichtslavische Sprachen übersetzt. L.Kr.

AUSGABEN: Laibach 1906/07, 2 Bde. – Laibach 1951 [Ill. S. Pengov]. – Celje 1961 (in *Izbrana dela*, Hg. F. Koblar, 7 Bde., 1959–1962, 5). – Ljubljana 1969, 2 Bde.; ⁵1985.

ÜBERSETZUNG: *Iztok. Roman um Justinian u. Theodora*, F. Kolednik, St. Augustin o. J. [1963].

LITERATUR: Anonym, Rez. (in Laibacher Zeitung, 14. 11. 1912). – P. Perko, Rez. (in Čas, 1913, 7, S. 151–156). – J. Lokar, Rez. (in Ljubljanski zvon, 1913, 33, S. 183–191). – M. Ban, *Dramatizacija F. romana »Pod svobodnim soncem«* (in Mladina, 5. 10. 1954). – Anonym, *»Pod svobodnim soncem« kot slikanica* (in Večer, 1. 6. 1956).

ANGELO FIORE

* 1908 Palermo
† 1986 Palermo

IL LAVORATORE

(ital.; *Der Betriebsame*). Roman von Angelo FIORE, erschienen 1966. – In diesem trotz angedeuteter Ortsbezogenheit in einem abstrakten Raum spielenden Roman wird das Persönlichkeitsbild eines Menschen analysiert, der unablässig bemüht ist, sich selbst – körperlich, geistig und seelisch – zu annullieren, um seine eigentliche Identität zu finden. Paolo Megna ist der Ruhelose, nie Ermüdende, der unentwegt Tätige (und Suchende), auf den der Titel anspielt. Vom Angestellten eines »Büros« avanciert er innerhalb des so diffizil wie seelenlos funktionierenden Organisationsapparats zum Referatsleiter; später vollendet er seine Studien, erleidet Schiffbruch als Dolmetscher, versucht sich als Scharlatan und Hellseher und tritt schließlich als »Bruder Paolo« in Erscheinung. Der Laienbruder trägt, was er beim Almosensammeln in Erfahrung bringen kann, der »Polizei« zu, der Exekutive einer totalen Gesellschaft. Doch der schwierigsten Aufgabe, mit der man ihn betraut, ist er nicht gewachsen: Der als Staatsfeind Nr. 1 Gefürchtete, dessen nur auf vage Vermutungen gestützte Existenz nachgewiesen werden soll, entzieht sich allen Nachforschungen. Erst Paolos letzte Worte lassen erkennen, daß ihm der große Unbekannte endlich gegenübersteht: »*Ich lasse dich nicht entkommen. Du verabscheust mich also. Und doch redest du mit mir, wendest dich mir zu. Ich habe dich gefunden.*« Sein Leben lang hat Paolo, mehr oder minder unbewußt, um Gott gerungen, und nun hat er endlich seinen Jakobs-Kampf bestanden.
Noch konsequenter als in seinem Erstlingsroman *Il supplente*, 1964 *(Der Ersatzmann)*, zwingt der aus Sizilien stammende Autor eine karge Handlung in die vom Dialog überlagerte und durch nervöses Stakkato charakterisierte Prosa. Die wenig greifbaren Bezüge bleiben in der Schwebe, alle Figuren tauchen so schemenhaft auf, wie sie wieder verschwinden – Wesen, von denen man, wie IONESCO von seinen in *Les chaises (Die Stühle)* auftretenden Personen, sagen kann, sie seien »*in ein Etwas hineingestoßen, dem jeglicher Sinn fehlt*«. Anders als sie ist Paolo Megna hingegen ein Gezeichneter. Anscheinend ziellos irrt er umher, bis er in dem undramatischen, doch äußerst intensiven Schlußbericht abtritt von jener Bühne, auf der ihm eine Rolle zugedacht war, die er zwar nicht begreifen konnte, aber dennoch überzeugend darzustellen verstand. So wird der Suchende zum Heimgesuchten; der nüchterne Aktenraum der Polizeidienststelle wandelt sich zur Mönchsklausur, in der eine letzte Instanz ihre kalten Reflektoren auf den in die Vision Entrückten richtet. – Das in seiner existentiellen Analytik ungewöhnliche Werk wurde 1967 mit dem »Premio Marzotto« ausgezeichnet. M.S.

AUSGABEN: Florenz 1966. – Florenz 1967.

LITERATUR: F. Nencini, Rez. (in Nazione, 14. 3. 1967). – P. Dallamano, Rez. (in L'Ora, 17. 3. 1967). – R. Celeste, *La ricerca d'un rapporto fra l'uomo e la divinità* (in Messaggiero Veneto, 4. 6. 1967). – N. Tedesco, *La realtà fisica e metafisica ovvero l'oltranza di A. F.* (in N. T., *Strutture conoscitive e invenzioni narrative. Dal Manzoni ad oggi*, Palermo 1972, S. 301–316).

RONALD FIRBANK

* 4.3.1886 London
† 21.5.1926 Rom

LITERATUR ZUM AUTOR:
Bibliographien:
M. J. Benkovitz, *A Bibliography of R. F.*, Ldn. 1963; ²1982. – Dies., *Supplement to ›A Bibliography of R. F.‹*, Ldn. 1980.
Biographien:
I. W. K. Fletcher, *R. F.: A Memoir*, Ldn. 1930; NY 1932. – M. J. Benkovitz, *R. F.: A Biography*, NY 1969.
Gesamtdarstellungen und Studien:
J. Brooke, *R. F.*, NY u. a. 1951. – B. W. Cottrell, *Conversation Piece: Four Twentieth-Century English Dialogue Novelists*, Diss. Columbia Univ. 1956 (vgl. Diss. Abstracts, 16, 1956, S. 2159). – W. H. Auden, *R. F. and an Amateur World* (in Listener, 65, 1961, S. 1004/1005; 1008). – N. Braybrooke *R. F., 1886–1926* (in Dalhousie Review, 42, 1962, S. 38–49). – J. Brooke, *R. F. and J. Betjeman*, Ldn. 1962. – R. M. Davis, *The Externalist Method in the Novels of R. F., C. Van Vechten, and E. Waugh*, Diss. Univ. of Wisconsin 1964 (vgl. Diss. Abstracts, 25, 1964, S. 2509). – J. A. Kiechler, *The Butterfly's Freckled Wings: A Study of Style in the Novel's of R. F.*, Diss. Zürich 1969. – E. M. Potoker, *R. F.*, Ldn. 1969. – J. D. Merritt, *R. F.*, NY 1969 (TEAS). – B. Brophy, *Prancing Novelist: A Defense of Fiction in Praise of R. F.*, Ldn./NY 1973. – M. J. Benkovitz, *More about R. F.* (in Columbia Library Columns, 26, 1976, S. 3–12). – *R. F.: Memoirs and Critique*, Hg. M. Horder, Ldn. 1977. – M. J. Benkovitz, *The Fabric of Biography* (in Columbia Library Columns, 29, 1980, S. 23–32). – Ch. Burkhart, *R. F.* (in DLB, 36, 1985, S. 37–41).

CAPRICE

(engl.; *Laune*). Phantastischer Roman von Ronald FIRBANK, erschienen 1917. – Firbank, exzentrischer Sohn eines Eisenbahnmagnaten und Parlamentsmitglieds, ist in der an Exzentrikern nicht gerade armen englischen Literatur eine singuläre Erscheinung. Wie Oscar WILDE war er ein dandyhafter Ästhet: Er stilisierte sein Leben und lebte seinen Stil. In seinen phantastischen Romanen, die nie ein breites Lesepublikum fanden, jedoch von Kritikern und Romanciers wie Edmund WILSON, E. M. FORSTER und Osbert SITWELL hoch gepriesen wurden, ist die Handlung Nebensache; romantische Ironie und stilistische Virtuosität fesseln und verwirren den Leser. Firbanks absonderliche, exotische Welt wirkt wie eine witzige Collage: Alltagserfahrungen und klischeehafte literarische Muster werden verfremdet, gleichsam zu Mosaiksteinchen zerlegt und leicht verschoben wieder zusammengesetzt. Das phantasievolle, ironisch-satirische Resultat, eine Summe von aussparend erzählten, dialogbestimmten Momentaufnahmen, ist von hohem ästhetischem Reiz. Im Sinne seines Vorbildes FLAUBERT sagt Firbank oft in einer kurzen, präzisen Impression mehr über soziale und philosophische Absurditäten im menschlichen Leben aus als andere Autoren in langen realistischen Romanen. Allerdings gerät er bei seinen heiklen stilistischen Gratwanderungen auch nicht selten in den Bereich des Manierierten und Kitschigen.

Caprice, neben *Valmouth* (1919) das wichtigste Werk aus Firbanks Frühphase (die bereits 1905 mit einer Veröffentlichung des gerade Neunzehnjährigen begann), entstand während des Ersten Weltkriegs in Oxford, als der Autor nicht wie gewohnt herumreisen konnte und sich sozial abkapselte. Um so freieren Lauf ließ er dafür in den Romanen dieser Zeit seiner Phantasie. Das launische Wesen des Titels ist die Schauspielaspirantin Sarah Sinquier, Tochter eines Geistlichen, die mit dem Familiensilber durchbrennt, um in London Karriere zu machen. Im Theater und in Literatenkreisen erlebt sie allerhand Abenteuer und geht dabei (wie Firbank selbst) im Literaten- und Künstlertreff Café Royal ein und aus. Als Sarah ihr großes Ziel endlich erreicht hat und nach erfolgreichem Debut allein auf der Bühne des Theaters tanzt, stürzt sie in die Versenkung und kommt zu Tode. Die alte Theatermetapher wird auf ironisch-melancholische Weise Realität: Ein Mensch verschwindet in der Versenkung, und das Schicksal ist nichts als eine Laune.

H.Thi.

AUSGABEN: Ldn. 1917. – Ldn. 1929 (in *The Works*; Einl. A. Waley, Biogr. O. Sitwell, 5 Bde., 1928/29, 2). – Ldn. 1950 (in *Three Novels*, Hg. E. Jones). – Ldn. 1961 (in *The Complete R. F.*; Vorw. A. Powell).

LITERATUR: R. Severi, *Comunicazione e Metacomunicazione in »Caprice« di R. F.* (in Paragone, 336, 1978, S. 57–71).

CONCERNING THE ECCENTRICITIES OF CARDINAL PIRELLI

(engl.; *Ü: Die Exzentrizitäten des Kardinals Pirelli betreffend*). Roman von Ronald FIRBANK, erschienen 1926. – Von dem nachgelassenen Werk *The Artificial Princess*, 1934 *(Die künstliche Prinzessin)*, abgesehen, war dies der letzte Roman Firbanks. Die nach Spanien verlegte Handlung beginnt mit der feierlichen Taufe des Hundes einer Herzogin und endet mit dem Tod des Kardinals, der diese monströse Handlung gestattet hat und danach ständig vor den Folgen einer – übrigens nicht unbegründeten – Anklage der Sodomie auf der Flucht ist. – Wie stets geht es Firbank weniger um eine übersichtliche Handlung als um eine Charakterstudie, brillante Sentenzen, Paradoxien und Impressionen. Der Roman besteht aus einer Folge von

Szenen, meist in Dialogform, in denen vieles offenbleibt. Daß das Buch dennoch geschlossen wirkt, verdankt es der Allgegenwart jenes Spaniens, das der Autor so liebte; es ist schöner und dekadenter als die Wirklichkeit – ein stilisiertes Phantasieland. Die gewagten blasphemischen Einfälle Firbanks (die Schlußszene etwa, in der der nackte Kardinal hinter einem Jungen her ist und ihn um seine Kathedrale jagt, ehe er tot zusammenbricht) führten dazu, daß der Roman in den USA nicht erscheinen konnte, wo *Prancing Nigger* (1924) Firbank geradezu einem bekannten und relativ vielgelesenen Autor gemacht hatte. KLL

Ausgaben: Ldn. 1926. – Ldn. 1929 (in *The Works*; Einl. A. Waley, Biogr. O. Sitwell, 5 Bde., 1928/29, 5). – Ldn. 1949 (in *Five Novels*; Einl. O. Sitwell). – Ldn. 1961 (in *The Complete R. F.*, Vorw. A. Powell).

Übersetzung: *Die Exzentrizitäten des Kardinals Pirelli betreffend*, W. Peterich, Mchn. 1970.

SORROW IN SUNLIGHT

(engl.; *Leid im Licht der Sonne*, auch: *Prancing Nigger*). Kurzroman von Ronald Firbank, erschienen 1924. – Seit dem Kurzroman *Valmouth* (1919) wurden das naive Lebensgefühl und die intensive Vorstellungskraft der Schwarzen immer mehr zu einem tragenden Element in Firbanks an sich schon »exotischem« Erzählwerk. Reiseeindrücke aus Haiti liegen dem in einer vorwiegend schwarzen Gesellschaft spielenden Roman zugrunde, der unter dem Titel der amerikanischen Erstausgabe, *Prancing Nigger*, zum meistgelesenen Buch des Autors wurde. Firbank hat in diesem Werk seine besondere literarische Technik – Aufsplitterung der Realität in scheinbar wahllos aneinandergereihte, in Wirklichkeit aber sorgfältig zueinander in Beziehung gesetzte Momentaufnahmen, Bevorzugung des Dialogs, rhythmische Ausformung der beschreibenden Passagen – am konsequentesten angewandt.

Schauplatz ist eine fiktive westindische Republik. Das schwarze Ehepaar Mouth zieht auf Betreiben der ehrgeizigen und zielstrebigen Mrs. Mouth mit den Töchtern Miami und Edna und dem Sohn Charlie aus dem heimatlichen Inseldorf in die Hauptstadt Cuna-Cuna. Dort, so plant Mrs. Mouth, soll sich die Familie einen Platz in der Gesellschaft erobern. Voraussetzung dafür ist ihrer Meinung nach, daß man die Kinder auf die Universität schickt, elegante Kleider trägt, in einer Villa wohnt und eine Kutsche besitzt. Anfangs scheinen sich diese Pläne rasch zu verwirklichen, und mit Ausnahme des frommen, nachdenklichen Mr. Ahmadou Mouth, von seiner Ehefrau »Prancing Nigger« genannt (was ironischerweise sowohl »störrischer Schwarzer« als auch »aufgeblasener Schwarzer« bedeutet), passen sich die Naturmenschen rasch dem städtischen Leben an. Einige Dinge allerdings entwickeln sich nicht nach Wunsch: Die Universität ist auf Jahre hinaus voll belegt, die Opernaufführungen sind nicht so überwältigend, wie man erwartet hat, bei privaten Wohltätigkeitsveranstaltungen bleibt man trotz größerer Spenden unbeachtet, und die vornehme weiße Besitzerin der Villa macht keine Anstalten, den gesellschaftlichen Verkehr mit ihren schwarzen Mietern aufzunehmen. Ihr Sohn dagegen, ein kunstbeflissener Dandy, findet Gefallen an der naiv-lebenshungrigen Edna, macht die Dreizehnjährige zu seiner Geliebten und etabliert sie in einem seiner Häuser. Auch Charlie und Miami erfüllen nicht die Erwartungen, die die ambitionierte Mutter in sie gesetzt hat: Während Miami in der Religion und in guten Werken Trost sucht, um über den Verlust ihres in der Heimat tödlich verunglückten Liebhabers hinwegzukommen, treibt sich Charlie auf der Straße und in Kneipen herum. Um den gesellschaftlichen Aufstieg der Familie ist es also schlecht bestellt, aber Mrs. Mouth will nicht wahrhaben, daß ihre Großspurigkeit alle zu Entwurzelten gemacht hat.

In dreizehn kurzen Abschnitten gelingt es Firbank, die Mentalität seiner schwarzen Protagonisten allein mittels ihrer (phonetisch etwas willkürlich wiedergegebenen) Dialoge und der Schilderung ihrer Empfindungen angesichts der fremden Umwelt die Problematik ihrer Integration in eine von Weißen beherrschte Gesellschaft sinnfällig zu machen. Es entspricht ganz seiner impressionistischen Erzählweise, daß er sich jedes persönlichen Kommentars enthält, gelegentlich aber in seinen poetisch-phantastischen Ortsschilderungen die Vorahnung künftigen Leids aufklingen läßt: »*O Cuna-Cuna! Kleine Stadt der Lüge und Gefahr! Wie viele sorglose Negerjungen sind schon hierher gekommen, nur um ihr Schicksal zu besiegeln!*« G.Ha.

Ausgaben: NY 1924 (*Prancing Nigger*; Einl. C. Van Vechten). – Ldn. 1924. – Ldn. 1929 (*Prancing Nigger*, in *The Works*; Einl. A. Waley, Biogr. O. Sitwell, 5 Bde., 1928/29, 5). – Ldn. 1949 (*Prancing Nigger*, in *Five Novels*; Einl. O. Sitwell). – Ldn. 1961 (*Prancing Nigger*, in *The Complete R. F.*, Vorw. A. Powell). – NY 1962 (*Prancing Nigger*, zus. m. *The Flower beneath the Foot*, in *Two Novels*; Anm. M. K. Benkovitz).

AGNOLO FIRENZUOLA

d.i. Michelangelo Girolamo Giovanni

* 28.9.1493 Florenz
† 27.6.1543 Prato

Literatur zum Autor:
G. Fatini, *A. F. e la borghesia letterata del Rinascimento*, Tortona 1907. – Ders., *A. F.*, Turin

1932. – L. Tonelli, *L'amore nell'arte e nel pensiero del Rinascimento*, Florenz 1933, S. 191–193; 296/297. – L. Russo, *Novellistica e dialoghistica nella Firenze del '500* (in Belfagor, 16, 1961, S. 535–546). – G. Fatini, *A. F.* (in *Letteratura italiana. I minori*, Bd. 2, Mailand 1961, S. 1049–1066). – R. Negri, *A. F.* (in Branca, 2, S. 248–250).

DIALOGO DELLE BELLEZZE DELLE DONNE

(ital.; *Gespräch über die weibliche Schönheit*). Traktat von Agnolo FIRENZUOLA, erschienen 1548. – Firenzuolas Traktat über die weibliche Schönheit entstand 1540 und wurde 1541 durch ein Widmungsschreiben »*alle nobili e belle donne pratesi*« (»an die vornehmen und schönen Frauen Pratos«) in Umlauf gebracht, um sieben Jahre später in den *Opere* erstmals in gedruckter Form zu erscheinen. Schauplatz des Gesprächs, das sich in zwei Teile gliedert, ist Prato, im ersten Teil, *Delle bellezze delle donne (Über die weibliche Schönheit)*, der Garten der Abtei von Grignano; der zweite Teil, *Della perfetta bellezza di una donna (Über die vollkommene weibliche Schönheit)*, findet im Hause Lampiadas statt. Sie gehört ebenso zu den Teilnehmern des Gesprächs wie Celso, der Protagonist, Verdespina, Amorrorisca und Selvaggia. Es gilt als sicher, daß die einzelnen Personen nicht rein fiktiver Natur sind, sondern daß sie in ihren charakteristischen Zügen Persönlichkeiten aus dem gesellschaftlichen Leben Pratos, an dem Firenzuola beteiligt war, nachempfunden sind.

Celso gesellt sich zu einem Gespräch der vier Damen über die Schönheit hinzu und wird von ihnen gebeten, seine Gedanken hierzu darzulegen. Schönheit ist für Celso zwar »*uno occulto ordine della natura*« (»eine verborgene Ordnung der Natur«), für die praktische Verwertbarkeit dieses Konzepts muß er sich aber auf verschiedene Autoritäten (PLATON, ARISTOTELES, CICERO, DANTE und FICINO) beziehen, bei denen diese Ordnungsvorstellung konkret ausformuliert ist. Zentrale Geltung innerhalb der im ersten Teil des Dialogs zitierten Definitionen von Schönheit erlangt solchermaßen der aristotelische Harmoniegedanke, der über Firenzuola hinaus für das gesamte Schönheitsdenken der Renaissance bestimmend war. Firenzuola dehnt diesen Gedanken der Harmonie einzelner Teile auf das gesamte Erscheinungsbild des Menschen aus. Ähnlich wie bei dem Neuplatoniker M. FICINO ist bei Firenzuola eine komplementäre Verwendung platonischer und aristotelischer Gedanken festzustellen. An die Rede des Aristophanes aus Platons *Symposion* anschließend, bestimmt Firenzuola »*desiderio di bellezza*« (Verlangen nach Schönheit) als zentrales Prinzip der gesamten Eroslehre. Um aber dieses Prinzip auf die lebensweltliche Praxis anwenden zu können, ist Firenzuola wiederum gezwungen, auf konkret ausformulierte Theorien der Schönheit zurückzugreifen. So ist hinter seinen Erläuterungen über die Maßverhältnisse des weiblichen Körpers unschwer die Lehre des Goldenen Schnitts, LEONARDO DA VINCIS *De figura humana* und Luca PACIOLIS *De divina proportione*, 1509 *(Über die göttliche Proportion)*, erkennbar. Firenzuolas Ausführungen im ersten Teil des Traktats umfassen sowohl die einzelnen Körperpartien wie auch das Erscheinungsbild der Frau insgesamt (Anmut, Würde, Benehmen usw.).

Im zweiten Teil wird Celsos Theorie der Schönheit auf die in der Gesprächsrunde anwesenden Damen projiziert. Stärker als im ersten Teil geht es hierbei um Beschreibungen des Gesichts, nach dem Maßstab der zeitgenössischen Porträtmalerei. Ziel der Erörterungen des zweiten Teils ist der Nachweis der reinen Imaginiertheit des im ersten Teil formulierten Schönheitsideals, das Celso wiederholt als »chimera« (Hirngespinst) bezeichnet. Jede der einzelnen Teilnehmerinnen kann nur bestimmte Elemente des Schönheitsideals realisieren, das Ideal selbst ist unerreichbar. Durch dieses Kontrastieren von Ideal und Realität unterscheidet sich Firenzuola wohl am deutlichsten von jenen beiden Schönheitstraktaten, die er als Vorbilder benennt: LUKIANS *Eikones* und Gian Giorgio TRISSINOS *Ritratti*. Firenzuolas Traktat ist eine Summa des Schönheitsdenkens der Renaissance, von ästhetischen Gesetzen, die auch die Darstellung von ARIOSTS Alcina und TIZIANS Flora bestimmten. Gleichzeitig aber macht Firenzuola deutlich, daß dieses Schönheitsdenken immer an bestimmte idealtypische Modelle gebunden bleibt. Fatini nennt Firenzuolas Schrift »*die umfassenste und beste Abhandlung über die weibliche Schönheit unserer Literatur*«. H.Kil.

AUSGABEN: Florenz 1548 (in *Prose*). – Florenz [recte Neapel] 1723 (in *Opere*, 3 Bde.). – Florenz [recte Venedig] 1763 (in *Opere*, 4 Bde., 1763–1766). – Florenz 1848 (in *Opere*, Hg. B. Bianchi, 2 Bde.). – Turin 1957 (in *Opere scelte*, Hg. G. Fatini; ern. 1966). – Florenz 1958 (in *Opere*, Hg. A. Seroni; ern. 1971). – Turin 1977 (in *Opere*, Hg. D. Maestri).

ÜBERSETZUNG: *Gespräche über die weibliche Schönheit*, P. Seliger, Lpzg. 1903.

LITERATUR: D. Morsolin, *I ›Ritratti‹ di G. G. Trissiono e i ›Discorsi delle bellezze delle donne‹ di A. F.* (in *Atti R. Istituto veneto di scienze, lettere ecc.*, Bd. 3, Venedig 1892, S. 1685–1704). – P. Lorenzetti, *La Bellezza e l'Amore nei trattati del Cinquecento* (in *Annali della R. Scuola superiore di Pisa*, 28, 1912; ern. in P. L., *La Bellezza e l'Amore nei trattati del Cinquecento*, Rom 1917). – G. Fatini, *A. F. maestro di bellezza femminile* (in *Nuova Antologia*, 1. 5. 1944, S. 39–47).

RAGIONAMENTI

(ital.; *Gespräche*). Novellensammlung von Agnolo FIRENZUOLA, erschienen 1548. – Die während des zweiten Rom-Aufenthalts Firenzuolas in den Jahren 1523–1525 entstandenen *Ragionamenti* zählen neben dem Traktat *Delle bellezze delle donne* und der Übersetzung von APULEIUS' *Asinus aureus*, 2. Jh. *(Der goldene Esel)* zu seinen bekanntesten Arbeiten. In dem Widmungsschreiben an die Herzogin von Camerino kündigt Firenzuola eine Novellensammlung an, in der an sechs Tagen jeweils sechs Personen erzählen. Überliefert sind jedoch nur die sechs Novellen des ersten Tages und die Novellen fünf und sechs des zweiten Tages. War bislang umstritten, ob Firenzuola seine Novellensammlung jemals vollendet hat, so machten G. FATINI und zuletzt E. RAGNI auf eine Reihe von Gründen biographischer und erzähllogischer Art aufmerksam, die dafür sprechen, daß Firenzuola die *Ragionamenti* in der Tat bei den Erzählungen des zweiten Tages abgebrochen hat. Betrachtet man nämlich die Relation von Rahmen- und Binnenerzählung, so wird deutlich, daß novellistisches Erzählen bei Firenzuola einem Umstrukturierungsprozeß unterworfen ist, durch den die einzelnen Novellen gegenüber dem Rahmen stark in den Hintergrund treten. Die Novellensammlung erhält den Charakter eines Traktats dessen zentrales Element der Rahmen ist. Gleichwohl ist Firenzuola in erzähltechnischer Hinsicht, wie die zu seiner Zeit in ganz Italien sich großer Beliebtheit erfreuende Sammlungen von Novellen, dem Vorbild BOCCACCIOS verpflichtet, und zwar in der Konstruktion des Rahmens und in der Symmetrie von Personenzahl des Rahmens und Erzähleinheiten. Mehrere der Novellen Firenzuolas (I, 1; I, 4; I, 5 und II, 5) gehen auf das *Decamerone* (II, 6; VIII, 2; I, 4 und IX, 2) zurück; in Anlehnung an Dineo, der im *Decamerone* jeweils die letzte Novelle der einzelnen Tage nach einer von ihm selbst gewählten Thematik erzählt, verweist Selvaggio in den *Ragionamenti* auf die ihm zustehende Freiheit, von der vorgegebenen Thematik des Tages abzuweichen. Allerdings sind auch schon von Beginn an gravierende Unterschiede zum *Decamerone* erkennbar: Das Moment des unfreiwilligen Wartens und des Enthobenseins, wie es – verursacht durch die Pest – bei Boccaccio vorfindbar ist, fehlt bei Firenzuola vollständig. Statt dessen wird von Anfang an das »ragionare«, das gemeinsame Diskutieren und Anstellen von Überlegungen zu einem bestimmten Problem, betont. So heißt es im Hinblick auf Amaretto Costanza, der dominierenden Person des Rahmen: »*I tre giovani e le due donne non cercavano se non udirla ragionare*« (»*Die drei jungen Männer und die beiden Damen hatten keine andere Absicht als ihren Überlegungen zu folgen*«). Weniger nach dem Vorbild der lieta brigata Boccaccios als vielmehr in Analogie zu der höfischen Gesellschaft in P. BEMBOS *Asolani*, 1505 *(Asolaner Gespräche)*, oder B. CASTIGLIONES *Cortegiano*, 1508–1516 *(Das Buch vom Hofmann)*, konstituiert sich der Personenkreis des Rahmens der *Ragionamenti*. Auffallend ist auch die Präzision der Angaben zu Orten und Personen, mit der die *Ragionamenti* unmittelbarer in die zeitgenössische Lebenswelt eingebunden sind als das *Decamerone*. Zwei thematische Blöcke lassen sich aus dem Rahmen der *Ragionamenti* ermitteln. Thematisch deutlich von der *Accademia Romana* und den Dialogen TULLIA D'ARAGONAS (1508– ca. 1556) beeinflußt, entwickelt Amaretta Costanza ihre Version einer neuplatonischen Liebeskonzeption. Neuplatonisch ist ihre Unterscheidung von himmlischer und irdischer Venus sowie die Koppelung von Liebe, Wahrheit und Schönheit. Diese neuplatonische Liebeslehre wird allerdings durch die Fragen der Teilnehmer des Gesprächs, die sich an der lebensweltlichen Realität orientieren, konterkariert. Schließlich muß auch Amaretta Costanza selbst die Schwierigkeit eingestehen, die Praxis der Ehe, die durch »*disposizione delle leggi, per volontà dei genitori*« (»*Gesetzeskraft und den Willen der Eltern*«) zustande gekommen ist und bestimmt wird, mit einem neuplatonischen Liebeskonzept, das als Modell der Welterklärung jenseits der Verfügungsgewalt des einzelnen liegt, zu versöhnen. Liebe und Ehe werden somit zwangsläufig getrennt, die Koinzidenz beider ist der Ausnahmefall. Indem die neuplatonische Liebestheorie bereits im Rahmen auf ihre lebensweltliche Relevanz hin befragt wird, wird der Abstand zwischen Rahmen und den einzelnen Novellen, in denen es ausschließlich um die sinnliche Liebe geht, verkürzt.

Ein analoger Überbrückungsvorgang läßt sich für den zweiten thematischen Komplex des Rahmens feststellen. Ausgangspunkt der Überlegungen Firenzuolas ist die von Bembo in den *Prose della volgar lingua*, 1525 *(Über die Volkssprache)*, formulierte Vorbildfunktion Boccaccios für den Bereich der Prosa. Die Verbindlichkeit dieser Vorbildfunktion Boccaccios wird nicht zuletzt daraus ersichtlich, daß sich Castiglione im Widmungsschreiben des *Cortegiano* an den Bischof von Viseo genötigt sieht, sprachliche Abweichungen gegenüber Boccaccio eigens zu begründen. Ganz ähnlich kommt Firenzuola immer wieder auf Boccaccio zu sprechen und stützt seine Abweichungen mit Argumenten, die der Horazischen Poetik entlehnt sind. Es sei nicht notwendig, sich an der Grammatik und am Vorbild einzelner Dichter zu orientieren, sondern »*all'uso cotidiano, appresso del guale sta la regola e la forza del ben parlare*« (»*an der täglichen Praxis, die Regeln und Kraft für den Umgang mit der Sprache bereithält*«). Der auffallende Unterschied zwischen dem Sprachniveau der Rahmenhandlung und der in den Novellen dominierenden Umgangssprache wird somit bereits im Rahmen thematisch und für den Leser plausibel.

Bembo plädierte für eine Wiederherstellung des Trecento-Sprachgebrauchs und orientierte seine Normen an der toskanischen Schreibart dieser Zeit; Castiglione und Firenzuola dagegen vertreten, wenn auch in unterschiedlicher Absicht, die Auffassung einer lebendigen, mit Dialektausdrükken aller Regionen, mit latinisierten Wendungen und Fremdwörtern angereicherten Sprache, die dem *Volgare* Bembos ihr eigenes *Volgare* entgegensetzt.

Indem bestimmte, zeitgenössisch relevante Probleme in der Rahmenhandlung der *Ragionamenti* in extenso diskutiert werden, wird die traditionelle Funktion des Rahmens weit überschritten. Dient der Rahmen bei Boccaccio der zyklischen Umklammerung des Erzählten, so haben die einzelnen Novellen bei Firenzuola lediglich eine Komplementärfunktion. Das Erzählen tritt hinter den Traktatcharakter des Rahmens zurück. H.Kil.

AUSGABEN: Florenz 1548 (in *Prose*). – Florenz [recte Neapel] 1723 (in *Opere*, 3 Bde.). – Florenz [recte Venedig] 1763 (in *Opere*, 4 Bde., 1763–1766). – Florenz 1848 (in *Opere*, Hg. B. Bianchi, 2 Bde.). – Florenz 1895 (in *Prose scelte*, Hg. S. Ferrari). – Turin 1957 (in *Opere scelte*, Hg. G. Fatini; ern. 1966). – Florenz 1958 (in *Opere*, Hg. A. Seroni; ern. 1971). – Mailand 1971 (in *Novelle*, Hg. u. Komm. E. Ragni; m. Bibliogr.). – Turin 1977 (in *Opere*, Hg. D. Maestri).

ÜBERSETZUNG: *Novellen und Gespräche*, A. Wesselski, München 1910.

LITERATUR: E. Ciafardini, *I ›Ragionamenti‹ di A. F.* (in Rivista d'Italia, 15. 12. 1912, S. 881–946). – L. Di Francia, *La Novellistica*, Mailand 1924, S. 592–611. – A. Seroni, *F. novelliere e favolista* (in *Novelle del F.* Hg. ders. Mailand 1944; ern. in A. S., *Apologia di Laura ed altri saggi*, Mailand 1948). *Le novelle del Cinquecento* (in Letteratura italiana Laterza, Hg. C. Muscetta u. B. Porcelli, Bari 1973, S. 48–57). – M. Guglielminetti, *Devoti di città e furbi di campagna (in margine ad una novella del F.)* (in Letteratura e società, Bd. 1, Palermo 1980, S. 89–96). – T. C. Riviello, *A. F.: The Androgynous Vision*, Rom 1986.

JOHANN FISCHART

* 1546 Straßburg
† 1590 Forbach bei Saarbrücken

LITERATUR ZUM AUTOR:
A. Hauffen, *J. F. Ein Literaturbild aus der Zeit der Gegenreformation*, 2 Bde., Bln./Lpzg. 1921/22. – H. Gerke, *Sprichwörter u. Redensarten bei J. F.*, Diss. Mchn. 1953. – H. Sommerhalder, *Der komische Sturz in F.s Schwankdichtung* (in Pädagogische Provinz, 13, 1959, S. 337–339). – Ders., *J. F.s Werk*, Bln. 1960 (QFgV, N. F. 4; m. Bibliogr.). – R. Wolfgang, *Sprachliche Kampfmittel in der Publizistik F.s*, Diss. Bln. 1960. – I. Mittenzwei, *Dionysischer Wortrausch u. sprachmusikalischer Triumph in den Dichtungen J. F.s* (in I. M., *Das Musikalische in der Literatur* 1962, S. 34–41). – G. Kocks, *Das Bürgertum in J. F.s Werk*, Diss. Köln 1965. – W. E. Spengler, *J. F. genannt Mentzer. Studie zur Sprache u.*

Literatur des ausgehenden 16. Jh.s, Göppingen 1969. – E. Kleinschmidt, *Gelehrtentum/Volkssprache; F.s literarisch-soziologische Funktion in Straßburg* (in LiLi, 10, 1980, H. 37, S. 128–151). – J. F. Weinberg, *Gargantua in a Convex Mirror: F.s View of Rabelais*, NY u. a. 1986.

AFFENTEURLICHE UND UNGEHEURLICHE GESCHICHTSCHRIFT VOM LEBEN, RHATEN UND THATEN DER FOR LANGEN WEILEN VOLLENWOLBESCHRAITEN HELDEN UND HERRN GRANDGUSIER, GARGANTOA, UND PANTAGRUEL KÖNIGEN INN UTOPIEN UND NINENREICH.
Etwan von M. Francisco Rabelais Französisch entworfen: Nun aber überschrecklich lustig auf den Teutschen Meridian visirt, und ungefärlich obenhin, wie man den Grindigen laußt, vertirt, durch Huldrich Elloposcleron Reznem

Roman von Johann FISCHART, erschienen 1575 als deutsche Bearbeitung von François RABELAIS' *Les horibles et espoventables faictz et prouesses du très renommé Pantagruel* (1533). – Der Riese Grandgusier, König im Reich Utopien, heiratet die Riesin Gargamella. Bald gebiert Gargamella den kleinen Riesen Gargantoa, zu dessen Ernährung die Milch von Tausenden von Kühen nötig ist. Bei der Ausbildung Gargantoas steht die körperliche und kriegerische Erziehung an erster Stelle. So vermag er auch schon bald, in früher Jugend, am »Fladenkrieg« gegen die »Krapffen- und Käßfladenbecken« teilzunehmen, in dem er große Heldentaten vollbringt und für seinen Vater den Sieg erringt. Fischart bearbeitete in seiner *Geschichtklitterung* (Titel der zweiten Auflage von 1582) nur das erste Buch von Rabelais' Werk, das in seiner Fassung ungefähr auf das Dreifache seines ursprünglichen Umfangs angewachsen ist. »*Bei diesem Erweiterungsprozeß reizte jede stilistische Eigentümlichkeit des Urtextes Fischart zu einer Intensivierung ihrer Funktion, indem er sie erweiterte und forcierte*« (H. Sommerhalder). Die feine Ironie, mit der Rabelais gegen geistige und religiöse Intoleranz zu Felde zieht, und der Spott des Franzosen über die abenteuerlichen Rittergeschichten der spätmittelalterlichen Romane haben sich bei Fischart zu einer derben Moralsatire gegen die Laster seiner Zeit vergröbert: gegen Freß- und Trunksucht (vgl. das Kapitel 3: *Von des Grandgoschieres Diät* und Kapitel 8: *Von der trunckenen Litanei*) und gegen Modetorheiten. Fischarts Prinzip ist es, die Leser über der »*Welt Thorheit*« lachen zu lassen, ihnen »*Kurtzweil und Freud*« als »*Gemütsartzney*« zu bieten. So spiegelt sich das Welttreiben im Schicksal der Riesenfamilie als »*verwirrtes ungestaltes Muster der heute verwirrten ungestalten Welt*«. Im Gegensatz zu anderen Werken Fischarts wirkt die belehrende Tendenz hier nie aufdringlich; der Autor will als Volksschriftsteller vor allem sein Publikum unterhalten, wenn diesem Bestreben auch der nahezu experimentelle Sprachstil entgegensteht, der in diesem Werk seinen Höhepunkt erreicht. Fischart reiht Worte – meist synonyme Substantive und Adjektive – und Vergleiche in langer Folge zu riesigen sprachlichen Feldern aneinander, bildet, oft durch Zusammensetzungen, zahlreiche neue Vokabeln und verwendet lautmalerisch Binnenreime und Assonanzen. Die ständige Reihung von Einzelbildern, die forcierten sprachlichen Neubildungen und die langen, unübersichtlichen Satzperioden verdunkeln oft den Sinn des Ausgesagten und rauben dem Leser häufig den Überblick über den Gang der Handlung.

Fischarts *Geschichtklitterung* ist in literarhistorischer Hinsicht von großer Bedeutung vor allem als Sprachkunstwerk, das schon gegen Ende des 16. Jh.s die spätere lautmalende Dichtung des Barock – etwa der Nürnberger Pegnitz-Schäfer – vorbereitet. Zahlreiche Auflagen bis 1631 bezeugen die Beliebtheit dieses Werks. A.Sch.

AUSGABEN: o. O. 1575. – Bln. 1582 (*Affentheurlich Naupengeheurliche Geschichtklitterung Von Thaten und Rahten der vor kurtzen langenweilen Vollenwolbeschreiten Helden und Herren Grandgusier, Gargantoa und Pantagruel, Königen inn Utopien, Jedewelt und Nienenreich, Soldan der Neuen Kannarien und Oudyssen Inseln: Auch Großfürsten in Nubel Nibel Nebelland, Erbvögt auff Nihilburg, und Niderherren zu Nullibingen, Nullenstein und Niergendheym. Etwan von M. Frantz Rabelais Frantzösisch entworffen: Nun aber uberschrecklich lustig inn einen Teutschen Model vergossen, und ungefärlich obenhin, wie man den Grindigen laußt, inn unser Mutter Lallen uber oder drunder gesetzt. Auch zu disem Truck wider auff den Amposs gebracht, und dermassen Pantagruelsch verposselt, verschmidt und verdängelt, daß nichts ohn ein Eisen Nisi dran mangelt: Durch Huldrich Elloposcleron*). – o. O. 1590 (dass.). – Halle 1891 (Synopt. Abdruck d. Bearbeitungen v. 1575, 1582, u. 1590, Hg. A. Alsleben; NdL, 65–67). – Düsseldorf 1963 (*Geschichtklitterung*, 2 Bde., Hg. U. Nyssen, Nachw. H. Sommerhalder). – Halle 1969 (*Geschichtklitterung. »Gargantua«*. Synopt. Abdruck der Fassungen von 1575, 1582 u. 1590, Hg. H. Schnabel, 2 Bde.).

LITERATUR: R. Zitzmann, *F.s »Geschichtklitterung« in ihrem Verhältnis zu Rabelais*, Diss. Ffm. 1935. – E. M. Kelly, *F.s Use of the Proverb as a Stylising Device in His Geschichtklitterung*, Diss. Michigan State Univ. 1968. M. Bambeck, *Zur Geburt des Gargantua* (in Zs. f. franz. Sprache u. Lit., 79, 1969, S. 49–59). – C. Mühlemann, *F.s »Geschichtklitterung« als manieristisches Kunstwerk. Verwirrtes Muster einer verwirrten Welt*, Bern/Ffm. 1972. – D. Seitz, *J. F.s »Geschichtklitterung«. Untersuchungen zur Prosastruktur u. zum grobianischen Motivkomplex*, Ffm. 1974. – G. Schank, *Etymologie u. Wortspiel in J. F.s »Geschichtklitterung«*, Kirchzarten ²1978 [erg.].

FLÖH HATZ WEIBER TRATZ. Der wunder unrichtige und spotwichtige Rechtshandel der Flöh mit den Weibern: Ein New geläß auff das uber kurtzweiligest zubelachen wo anders die Flöh mit stechen einem die kurtzweil nicht lang machen

Verssatire von Johann FISCHART, erschienen 1573. – Das Werk besteht aus zwei Teilen: *Des Flohs klag, von der Weiber Todschlag* und *Der Weiber verantwortung, Auff der Flöh verkleinerung*. Der erste Teil ist ein lang ausgesponnener Dialog zwischen Floh und Muck: Der Floh ruft zunächst Jupiter an und erzählt dann der Mücke seine Lebensgeschichte. Der stinkenden Tiere und faulen Mägde überdrüssig, habe er endlich eine schöne Jungfrau küssen wollen. Dabei seien in einer Schlacht seine Eltern und Freunde umgekommen, und er selber sei nur mit knapper Not dem Tod entronnen. Er verteidigt sein ständiges Bemühen, den Menschen »*ain Tröpflin Bluts*« zu stehlen, mit der Versicherung, er nähre sich nur vom »*Überfluß*« der Menschen, biete doch den Vorteil hätten, den »*Schrepferlohn*« sparen zu können. Im zweiten Teil weist Fischart als Flohkanzler im Auftrag Jupiters die Klage des »*Flöhgeschmeiß*'« zurück und verbietet den »*canibalischen Leutfressern*«, in Zukunft die Frauen anderswohin zu stechen als in deren geschwätzige Zunge oder beim Tanz in die Beine. Ein »*Flöhrezept*« in Prosa gibt den Frauen sachdienliche Anweisungen, wie sie die Flöhe vertreiben können.

Fischart entnahm den schon im neulateinischen Schrifttum bekannten Stoff des ersten Teils seiner *Flöh Hatz* einem Tierepos des Matthias HOLTZWART; für den zweiten Teil verwendete er die anonyme französische Vorlage *Procès des femmes et des puces*, deren Umdichtung – sie liegt in zwei voneinander abweichenden Fassungen von 1573 und 1575 vor – Fischart als einen Satiriker von Rang ausweist. Die ausführliche, witzig-ironische Beschreibung der Raubzüge des Flohs und seiner Verfolgung durch die Opfer, jene aus der Flohperspektive, diese aus der des Menschen gesehen, soll den Leser nicht allein unterhalten, sondern ihn vor allem aufklären und womöglich bessern. Zielscheibe der Satire sind neben allgemein menschlichen, insbesondere weiblichen Lastern und Untugenden, wie Grausamkeit, Vergnügungs- und Klatschsucht, auch spezifische Zeiterscheinungen, aus denen sich ein Bild der damaligen Verhältnisse ergibt. In Fischarts scharfer Polemik gegen die katholische Kirche, aber auch in seinen Angriffen auf die eigenen Glaubensgenossen, sofern sie es an frommem Eifer fehlen ließen, spürt man die starke geistige Erregung durch die Gegenreformation. Fischarts sprachschöpferische Phantasie, die in seinem zwei Jahre später erschienenen Hauptwerk *Affentheurliche und ungeheuerliche Geschichtschrift* ihre Blüten treibt, zeigt sich bereits in dieser Satire; allein für den Begriff »Floh« verwendet er über fünfzig verschiedene Synonyma. – Das Werk wurde mehrmals nachgeahmt, z. B. in Wolfhart SPANGENBERGS *Des Flohes Strauß mit der Laus*. A.Sch.

AUSGABEN: Straßburg 1573. – Straßburg 1577 [erw.]. – Straßburg 1610 [postum erw.]. – Stg. 1848. – Halle 1877, Hg. C. Wendeler (Abdruck d. Ausg. v. 1573; NdL, 5). – Stg. o. J. [1895] (in *Werke. Eine Auswahl*, Hg. A. Hauffen, 3 Bde., 1; DNL, 18). – Darmstadt 1922. – Stg. 1967 (Hg. A. Haas; RUB).

LITERATUR: P. Koch, *Der »Flöhhaz« von J. F. und M. Holtzwart*, Diss. Bln. 1892. – H. Hayn u. A. N. Gotendorf, *Floh-Literatur des In- und Auslandes vom 16. Jh. bis zur Neuzeit*, o. O. [Mchn.] 1913.

DAS GLÜCKHAFFT SCHIFF VON ZÜRICH. Ein Lobspruch vonn der Glücklichen und Wolfertigen Schiffart einer Burgerlichen Gesellschaft auß Zürich auff das außgeschriben Schiessen gen Straßburg den 21. Junij des 76. jars nicht vil erhörter weis vollbracht. Dazu eines Neidigen Verunglimpfers schantlicher Schmachspruch von gedachtem Glückschiff: Samt desselbigen Notwendigem Kehrab ist gethan worden

Episches Gedicht von Johann FISCHART, erschienen 1576. – Das Werk beschreibt die am 21. Juni 1576 unternommene Rheinfahrt einer aus Ratsherren, Bürgern, Handwerkern, Ärzten, Theologen und Spielleuten bestehenden Delegation der Stadt Zürich zu einem Armbrustschießen in Straßburg. Die Zürcher brachten einen gewaltigen Topf noch warmen Hirsebreis mit, um dadurch auszudrücken, daß in Zeiten der Gefahr die Schwesterstadt mit schneller Hilfe rechnen könne. – Fischart preist die Fahrt der Schweizer mit höchsten Lobesworten: Er vergleicht sie mit dem Argonautenzug und rühmt die Tugenden der Zürcher, vor allem deren bürgerliche Tüchtigkeit, Zuverlässigkeit und freiwillige Hilfsbereitschaft. Die erfolgreiche Fahrt des »glückhaften Schiffes« erscheint ihm als Symbol der dauernden nachbarlichen Freundschaft zwischen den beiden freien Städten.

Die künstlerische Bedeutung von Fischarts Werk zeigt sich bei einem Vergleich mit den unmittelbaren Vorlagen des Dichters, der *Argo Tigurina* (1576) in lateinischen Distichen von Johann GWALTHER und dem deutschsprachigen Reimgedicht *Reise nach Strassburg mit dem warmen Hirs* (1576) eines Anonymus. Deren trockene Berichte ersetzt er durch poetische Beschreibungen und fügt mythologische Vergleiche und frei erfundene Reden ein – etwa eine Huldigung der Zürcher an den Rhein, der dafür den Städtern ebenfalls mit einer Rede dankt. Im Gegensatz zu den meisten seiner übrigen Werke erliegt Fischart in diesem Gedicht nie der spielerischen Weitschweifigkeit wie etwa in der *Affenteurlichen und ungeheurlichen Geschichtschrift* (1575). Sowohl die Wortspiele als auch der satirisch-polemische Ton fehlen fast völlig, so daß Fischarts populärste Dichtung auch seine geschlossenste ist. – Als Anhang zum *Glückhafften Schiff* druckte der Autor einen in grobem, unflätigem Ton gehaltenen *Schmachspruch aines neidigen Schänders* ab, der die Fahrt der Zürcher verspottet. Und in dem folgenden *Notwendigen Kehrab auf aines ungehöbelten Neidigen Schandtichters mutwilliges und Ehrrüriges Spottgedicht* rechnet er im grobianischen Schimpfton seiner Satiren mit dem »närrischen Lumpenschwetzer« ab, der ein »stinkendes Faß, geschissen voll Neid, des Teufels Mist« genannt wird und als »ain falsch Neidich herz« und »Schänder« ehrenhafter Bürgertugenden gelten müsse. A.Sch.

AUSGABEN: Basel 1576. – Stg. 1892 (in *Werke*, Hg. A. Hauffen, 3 Bde., 1892–1895, 1; DNL, 18/1). – Halle 1901, Hg. G. Baesecke (NdL, 182; ern. Halle 1957, Hg. G. Gebhardt). – Basel 1926 [Faks. d. Ausg. 1576]. – Mchn. 1927 (Buch der Rupprechtpresse, 38). – Stg. 1967 (Hg. A. Haas; RUB).

LITERATUR: J. Baechtold, *»Das glückhafte Schiff von Zürich«. Nach den Quellen des Jahres 1576* (in Mitteilungen der antiquarischen Ges. in Zürich, 20, 1880, S. 85–139).

DAS PHILOSOPHISCH EHZUCHTBÜCHLIN. Oder Des Berümtesten und Hocherleuchtesten Griechischen Philosophie oder Natürlicher Weißheit erkündigers und Lehrers Plutarchi Naturgescheide Eheliche Gesaz oder Vernunft gemaese Ehegebott durch anmutige lustige Gleichnussen ganz lieblich getractieret

Traktat von Johann FISCHART, erschienen 1578. – Beliebtes Thema des 15. wie des 16. Jh.s war die Ehe. Fischarts Schrift steht neben Werken über diesen Gegenstand von Albrecht von EYB, ALBERUS, FREDE, den beiden SPANGENBERGS wie von LUTHER, HUTTEN und ERASMUS. Der in der Darstellung von den predigtartigen Ermahnungen abweichende Fischart berührt sich mit seinen Vorgängern insofern, als sie auf die gleichen Quellen zurückgreifen.

Das *Ehzuchtbüchlin* besteht aus einer Vorrede und vier ungleich langen, inhaltlich verschiedenen, nicht untereinander verbundenen Teilen. Der erste Teil ist eine Übertragung von PLUTARCHS Ehevorschriften, die, dem Titelblatt zufolge, Fischart als erster übersetzt haben will (was jedoch nicht zutrifft). An der Selbständigkeit seiner mit vielen Zusätzen, Vergleichen und größtenteils reimenden Abschnitten versehenen Arbeit, die sich nicht direkt auf das Original, sondern auf die lateinische Übertragung des Giulielmus XYLANDER von 1572 stützt, gibt es jedoch keine Zweifel. – Der zweite, umfänglichste, als einziger nicht auf dem Titelblatt erwähnte Teil ist eine Anhäufung von Materialien, von Bildern, Gleichnissen und Beispielen aus älteren Dichtern und Philosophen über Ehe, Frauen und Haushalt. Fischart benutzte dabei hauptsächlich drei Quellen: die im 5./6. Jh. angelegte, im 16. Jh. ins Lateinische übertragene Anthologie des

Makedoniers Joannes Stobaios, und zwar in der Verdeutschung von Georg Froelich (Basel 1551); Gesners *Historia animalium* in den deutschen Bearbeitungen des *Vogelbuchs* von Rudolf Heusslein (1557) und des *Thier-* bzw. *Fischbuchs* von Konrad Forer (1653), mit deren Hilfe Fischart, durch Stobaios und Plutarch angeregt, die Ehe und das Leben der Tiere vergleichend betrachtet; und schließlich die sehr ausgiebig benutzte, aus älteren Sprichwörtersammlungen kompilierte Ausgabe eines Ehebuchs von Egenolff (1565), an die Fischart sich eng anschließt. – Im dritten Teil verdeutscht Fischart Plutarchs *Kinderzucht* nach Xylanders Fassung. Auch hier fügt er, wie im ersten Teil, viele Erweiterungen eigener Schöpfung hinzu. Der vierte Teil ist die exakte, bilderreiche, ohne umfangreiche Zusätze gelassene Übertragung von Erasmus' *Coniugium* als *Klag des Ehstands*.

Dem *Ehzuchtbüchlin* entspricht in Fischarts Werk eine Reihe weiterer Schriften, die sich (wenn auch nur in einzelnen Abschnitten) mit der Ehe befassen. Die Vorstellungen des Dichters von der Ehe sind bekannt seit *Nachtrab* (1570) und dem fünften Kapitel der *Geschichtklitterung* (vgl. *Affenteurliche und ungeheurliche Geschichtschrift...*), und sie setzen sich fort in der Übersetzung der Horazischen Epode *Beatus ille* (1579). Die Frau hatte infolge ihres Rückzugs in das familiäre Leben an Verehrung und Ansehen verloren. Fischart zeichnete demgegenüber ein aus seiner hohen Meinung von der Frau und ihren Fähigkeiten resultierendes, überraschend objektives Bild, mit dem er das Frauenbild des zur kulturtragenden Schicht aufsteigenden Stadtbürgertums vorwegnahm. Mit der Beschreibung der Aufgaben von Mann und Frau, deren Herkunft eine wichtigere Rolle spielt als ihre Schönheit und Mitgift, entspricht er ganz dem renaissancebürgerlichen Familienideal. Dabei ist Fischart, der stets dem wirklichen Leben verbunden bleibt, wie er es in seinem Elternhaus und Junggesellendasein erfahren hatte, kein Befürworter der »Vernunftehe«. Der Mutter, deren Arbeit die gleiche Achtung erheischt wie die des Vaters, fällt die erste Rolle in der Hausgemeinschaft zu, in die Freunde und Verwandte mit einbezogen sind. Die Vorherrschaft des Mannes, vor deren Mißbrauch gewarnt wird, ist gleichwohl sanktioniert; als ein von Vernunft geleiteter Hausvater wacht er über die Eintracht. Am Heim, für das Bürgertum Ort der nach Plutarch lehrbaren Tugenden von Mitte, Maß und Ausgleich, mißt man den Wert der Familie. Das an Luthers Auffassung erinnernde stille Glück ehelichen Lebens, das auf der Gleichheit der Gemüter, auf seelisch-leiblicher Einheit von Mann und Frau beruht, und die Erziehung der »Himmelspflänzlein«, von der Fischart auch in seinem Gedicht *Anmahnung zur christlichen Kinderzucht* (1578) handelt, sind die Pfeiler dieses Eheideals. Beeindruckt von Plutarch und Erasmus, verherrlicht Fischart die auf Liebe gegründete, von christlicher und bürgerlicher Gesinnung erfüllte Ehe als ein Bollwerk gegen die alles verwandelnde Zeit, als den »heyligst orden«. Sie ist ihm ein Ersatz für das verlorene Paradies, eine oberste irdische Instanz und das notwendige, Bestand sichernde Fundament von Gemeinde und Staat. A.Hd.

Ausgaben: Straßburg 1578; ern. 1614 [m. Reg.]. – Stg. 1848 (in J. Scheible, *Das Kloster*, Bd. 10, 39. Zelle). – Stg. o. J. [1895] (in *Werke*, Hg. A. Hauffen, 3 Tle., 1892–1895, 3; DNL, 18). Neuhochdeutsche Bearbeitungen: *Johann Fischart's Ehzuchtbüchlein*, R. Weitbrecht, Stg. 1881 [Ausz.]. – *Das philosophisch Ehzuchtbüchlein*, G. Holtey-Weber, Halle o. J. [um 1889; enth. nur 1 Kap.]. – Dass., U. Steindorff, Mchn. 1919 [Ausz.].

Literatur: W. Kawerau, *Die Reformation u. die Ehe. Ein Beitrag zur Kulturgeschichte des 16. Jh.s,* Halle 1892. – A. Hauffen, *F.s »Ehzuchtbüchlein«, Plutarch u. Erasmus Roterodamus* (in *Symbolae Pragenses. Festgabe der Deutschen Ges. für Alterthumskunde in Prag*, Wien/Prag 1893, S. 24–41). – A. Hauffen, *Die Quellen von F.s »Ehzuchtbüchlein«* (in ZfdPh, 27, 1895, S. 308–350; vgl. auch S. Ruge, ebd., 33, 1901, S. 284–286).

DIE WUNDERLICHST UNERHÖRTEST LEGEND UND BESCHREIBUNG DES ABGEFÜHRTEN, QUARTIRTEN, GEVIERTEN UND VIERECKECHTEN VIERHÖRNIGEN HÜTLEINS

Religiöse Streitschrift von Johann Fischart, erschienen 1580. – Die um 1570 mit *Nacht Rab oder Nebelkräh* und *Der Barfüsser Secten und Kuttenstreit* eröffnete Reihe seiner antikatholischen Polemiken abschließend, greift Fischart in seinem satirischen Kurzepos vom *Jesuiterhütlein* zurück auf die anonyme hugenottische Satire *La légende et description du bonnet carré* (1576) und auf das ebenfalls anonyme Pamphlet *Vom Ursprung und wunderlichen Herkommen des heyl. Ordens der Jesuiter* (1577). Der sprachschöpferisch ungemein produktive protestantische Dichter aus dem Elsaß verschärft und verdeutlicht die antijesuitische Tendenz seiner nur 212 Verse umfassenden französischen Vorlage und gestaltet ihre trocken-lehrhafte Argumentation in eine bewegte, in 1142 paarweise gereimten Vierhebern vorgetragene epische Handlung um. In geschickt pointierender Zuspitzung verlegt er die Versammlung der Teufel vom Sündenfall auf den Tag nach der Erlösungstat Christi und macht sie so zum Ausgangspunkt einer beißenden Satire auf die Bestrebungen der katholischen Gegenreformation.

Der durch Christus um seine Macht geprellte Luzifer will sich in verwandelter Gestalt neuen Einfluß auf die Menschheit verschaffen und läßt daher von seinen Teufeln das höllische Symbol des Horns auf tückische Weise verkleiden. Sein Hofstaat schneidert zunächst aus »*Faulkeyt und Eynfaltigem Schein*« die einhörnige Mönchskappe, dann die prunkvolle zweihörnige Bischofsmütze, schließlich das »*Trippel Ghürn*« der päpstlichen Tiara, in die nicht nur alle Hauptlaster, sondern auch konkretere Vergehen wie »*Pfrundendieberei*«, der »*Ablaßkast*« und die »*Falsch Donation*« (die angebliche Landschenkung Konstantins des Großen an Papst Silvester) eingenäht werden. Das Meisterstück teuflischer Kunst aber ist das vierhörnige »Jesuiterhütlein«, das in sich alle Laster und Verbrechen vereinigt, die von protestantischer Seite den Jesuiten vorgeworfen wurden. Es ist die höchste Karte, die der Teufel auszuspielen hat, die »*Eycheln Sau*«. Nachdem es durch des Teufels Großmutter und durch Luzifer selbst eine höchst unflätige Weihe erhalten hat, wird es unter Donner und Blitz auf die Erde geschickt, wo es als erstem dem »*Ignaz Lugevoll*« (Ignatius von Loyola) erscheint.

Die sprachschöpferische Kraft des »*Jesuwalt Pickhart*« (Fischart) bewährt sich auch in diesem Werk. Mit zahlreichen etymologischen Spielereien sucht er die höllische Abkunft der Jesuiten – der »*Suiter*«, »*Sau-Widder*«, »*Jesuwider*«, »*Lugvolliter*« und »*Sataniter*« – zu erweisen. Die anschauliche Drastik der Darstellung bleibt dabei funktional auf die das ganze Geschehen tragende Ironie bezogen: Während aus der Perspektive des Teufels jedes seiner Werke kunstvoller erscheint als das vorhergehende, zielt diese Steigerung im Grund auf eine noch weitergehende Erniedrigung des Opfers der Satire ab. So stellt das *Jesuiterhütlein* neben Fischarts *Bienenkorb des Heyligen Römischen Immenschwarms* (1579) die interessanteste Satire gegen die katholische Kirche im Zeitalter der Gegenreformation dar. Angesichts der erfolgreichen Tätigkeit des Jesuitenordens, der 1576 zu Molsheim sein erstes Kolleg im Elsaß eröffnet hatte, blieben jedoch beide Werke ohne Einfluß. M.Pf.

AUSGABEN: Straßburg 1580. – Stg. o. J. [1895] (*Das Jesuiterhütlein*, in *Werke*, Hg. A. Hauffen, 3 Tle., 1892–1895, 1; DNL, 18).

LITERATUR: T. W. Röhrich, *Geschichte der Reformation im Elsaß u. besonders in Straßburg*, Bd. 3, Straßburg 1836, S. 177 ff. – H. Kurz, *Quellen von F.s »Jesuiterhütlein«* (in ASSL, 35, 1864, S. 61–78). – A. Englert, *Eine zweite Quelle zu F.s »Jesuiterhütlein«* (in Alemannia, 20, 1892, S. 97–113).

OTTO PETER LECK FISCHER

* 26.3.1904 Kopenhagen
† 17.6.1956 Lyngby bei Kopenhagen

EN KVINDE PAA FYRRE

(dän.: *Ü: Eine Frau von vierzig Jahren*). Roman von Otto Peter Leck FISCHER, erschienen 1940. – Mit seinen Romanen aus den dreißiger Jahren, in denen Leck Fischer die unter den Einwirkungen von Weltkrieg und Weltwirtschaftskrise bedrückenden Lebens- und Arbeitsverhältnisse der »kleinen Leute« beschrieb, reihte er sich ein in die Gruppe der sozialkritischen Autoren jener Zeit. Sein Hauptinteresse gilt dabei Menschen aus dem bürgerlichen Mittelstand – zumeist introvertierte, labile Charaktere, deren seelische Verwundbarkeit im Netz ihrer sozioökonomischen und auch persönlich-privaten Lebensbedingungen der Autor mit psychologischem Feingefühl darzustellen vermag. Fischers Werk versteht sich insofern durchaus als »sozial engagiert«, als die zeitspezifischen Bedrohungen der Epoche – allen voran Arbeitslosigkeit und soziale Not – die menschlichen Konflikte, die er schildert, bedingen, doch entbehrt es konkreter gesellschaftspolitischer Ambitionen. Fischers Antwort auf die Krisen seiner Zeit verweist ganz auf den Bereich persönlicher Ethik. Sein Werk wird getragen von der Einsicht in das Ausgeliefertsein des Individuums an die eigene Einsamkeit. Dem Gefühl des Isoliert- und Überflüssig-Seins vermag der einzelne nur durch Engagement in seiner Privatsphäre, etwa durch Liebe oder Einsatz für andere, zu entkommen.

In *En Kvinde paa Fyrre* greift Fischer diese Grundthematik in Form einer psychologischen Studie auf. In einem sachlich deskriptiven Stil gibt der Roman Einblicke in die ungeschönte Realität schmerzlicher Empfindungen und Erkenntnisse der Ich-Erzählerin, Hertha Niedermann. Sie hat sich für einige Wochen in ein abgeschieden gelegenes Damenpensionat zurückgezogen, sinniert dort über ihr vergangenes Leben und faßt Entschlüsse für die Zukunft. Hertha befindet sich in einer Krise: sie sieht sich in ihrem Selbstverständnis, und zwar sowohl in ihrem beruflichen Leben als auch in ihrer psychologischen Identität als Frau, von einschneidenden Veränderungen bedroht. Als Buchhalterin der Schreinerfirma »Vistol« war ihr Lebensinhalt in den vergangenen zwanzig Jahren eng verknüpft mit dem Schicksal des Betriebes, dessen einstiger wirtschaftlicher Aufstieg insbesondere ihrem Engagement zuzurechnen war. Kapitalinvestitionen eines neuen Teilhabers ermöglichen jetzt die Ausweitung des Unternehmens, die damit verbundene organisatorische Umstrukturierung gefährdet aber plötzlich Herthas ehemals dominierende Position. Darüber hinaus beunruhigt Hertha ihr nahender vierzigster Geburtstag, den sie als Grenzüberschreitung zum Alter empfindet, in dem sie die Hoffnungen ihrer Jugend nach Erfüllung in Ehe und Familie vielleicht endgültig aufgeben muß. Den veränderten Gegebenheiten bei »Vistol« kann sich Hertha nicht widerstandslos anpassen, ohne eigene Werte preiszugeben.

Im Lauf ihres Ferienaufenthalts bietet sich Hertha angesichts gewisser Schwierigkeiten gerade in ihrem Pensionat eine mögliche neue Perspektive. Sie gerät immer mehr in die Rolle des rettenden Engels, sowohl für die völlig überforderte Leiterin, die träumerische Frau Baden, als auch für deren unverheiratet schwanger gewordene Tochter Ebba, die – beide unfähig, einander seelisch beizustehen –, Rat und Trost bei ihr suchen. In dieser Phase innerer und äußerer Neuorientierung trifft Hertha ihre einstige große Liebe wieder. Von dem unsteten Luftikus Halfdan damals bitter enttäuscht, hatte sie »Vistol« zu ihrem Lebensinhalt gemacht. In der erneuten Begegnung mit dem inzwischen kleinbürgerlich etablierten Halfdan flackern Herthas Sehnsüchte noch einmal auf. Mit ihren Problemen alleingelassen, sucht sie bei ihm zunächst menschliche Geborgenheit, dann auch erotische Nähe und Bestätigung ihrer Weiblichkeit. Dieses emotionelle Bedürfnis steht im Widerspruch zu ihrer rationalen Einsicht, daß die Zeit nicht zurückzudrehen ist. Als Hertha dies erkennt, findet sie auch zu sich selbst zurück: »*Ich bin wieder ich selber geworden. Es ist wie ein Kleid anzuziehen, das man kennt und das zu tragen man sich nicht fürchtet.*« Sie entscheidet sich für die Pensionatsleitung, in der sie die Möglichkeit zu selbstbestimmter Arbeit sieht, wissend, daß dies auch menschliche Verantwortung für die damit verbundenen Personen bedeutet. Hertha ist sich bewußt, daß sie in dieser neuen »alten« Rolle sich mit ihren nach wie vor existenten Sehnsüchten wieder arrangieren und ihrem Dasein einen Sinn verleihen kann. – *En Kvinde paa Fyrre* wurde 1939/40 zum besten dänischen Beitrag einer skandinavischen Romanausschreibung über die berufstätige Frau gewählt. Das Buch war ein Publikumserfolg und wurde in mehrere europäische Sprachen übersetzt. M.A.H.

AUSGABEN: Kopenhagen 1940. – Kopenhagen 1952. – Kopenhagen 1962.

ÜBERSETZUNG: *Eine Frau von vierzig Jahren*, E. Voelzel, Düsseldorf 1942.

LITERATUR: J. Bomholt, *Moderne Skribenter*, Kopenhagen 1933, S. 139–161. – H. Kehler, Rez. (in Berliner Tageblatt, 31. 8. 1940). – H. Stangerup, *Portrætter og Protester*, Kopenhagen 1940, S. 117–126. – C. M. Woel, *Tyvernes og Tredivernes Digtere*, Bd. 1, Kopenhagen 1941, S. 131–149. – E. Jorgensen, *L. F. Signalment af en digter og hans værk*, Kopenhagen 1973. – J. Thorhauge, *L. F.* (in *Danske digtere i det 20. Jårhundrede*, Bd. 2, Kopenhagen 1980, S. 282–292).

GJERGJ FISHTA

* 23.10.1871 Fishta
† 20.12.1940 Shkodra

LITERATUR ZUM AUTOR:
E. Çabej, *Der albanische Dichter Gj. F. (1871–1940)* (in Südost-Forschungen, 6, 1941, S. 635–647). – B. Dema, *Veprimi letrar i At Gj. F. – të gjitha veprat* (in Hylli i Dritës, 17, 1941, S. 433–451). – *At Gj. F.*, Tirana 1943. – *Numër përkujtimuer për 90⁰ vjetorin e lindjes së Gj. F.* (in Shêjzat – Le Pleiadi, 5, 1961, Nr. 11–12). – L. Dodić, *Gj. F. – život i rad (1871–1940)* (in Marulić, 1975, Nr. 4, S. 275–286).

ÂNZAT E PARNASIT

(alb.; *Die Wespen des Parnaß*). Sammlung satirischer Gedichte von Gjergj FISHTA, anonym erschienen 1907. – Die Themen der Satiren wuchsen dem in Shkodra lebenden Dichter aus den schwierigen kulturellen, sozialen und politischen Verhältnissen des zu Beginn des 20. Jh.s noch unter türkischer Herrschaft stehenden Albanien zu, als gleichzeitig die in der Diaspora lebenden Albaner sich bemühten, durch kulturelle und politische Aktivitäten das Nationalbewußtsein ihrer Landsleute zu wecken und dem Vaterland die Freiheit zu erkämpfen. Fishta verfolgte mit seinen Satiren nichts anderes, als auf seine Weise »seine« Albaner wachzurütteln, sie für die drängenden nationalen Fragen zu interessieren und vor allem für geistige Dinge aufgeschlossen zu machen. – Die Ausgabe letzter Hand, die mehr als zwei Jahrzehnte später als die – außerhalb Albaniens anonym veröffentlichte – Erstausgabe unter gänzlich veränderten politischen Bedingungen erschien, enthält nicht wenige Stücke, die aus den Gedichtbänden *Pika voeset*, 1909 (*Tautropfen*), und *Mrizi i Zánavet*, 1913 (*Die Mittagsrast der Zanen*), übernommen sind.

Den Auftakt der Sammlung bildet die 1907 entstandene *Nakdominicipedija*, die ein bezeichnendes Licht auf die damalige geistige Situation Albaniens wirft. Fishta wendet sich damit an seinen Shkodraner Freund, den als Priester, Schriftsteller und Verleger tätigen Jesuitenpater NAKDOMINICI (Pseud. von Dom Ndoc Nikaj), um ihm durch die Verse, deren Titel XENOPHONS *Kyru paideia* nachgebildet ist, die nötige »Erziehung« zuteil werden zu lassen, und tröstet ihn darüber, daß seine *Geschichte Albaniens* bei seinen Landsleuten nicht die verdiente Wertschätzung genießt: Grund sei die Gleichgültigkeit der Albaner gegenüber ihrer nationalen Vergangenheit und gegenüber geistigen Interessen überhaupt. Mit unverhohlenem Sarkasmus wird dies auf einen Wettstreit zwischen St. Nikolaus und dem Teufel zurückgeführt: Als jener auf Gottes Ratschluß mit der Galeere die Welt durchfahren habe, um, so teuer als möglich, »*Verstand und feinen Sinn*« zu verkaufen, habe ihm der Teufel mit einer Schiffsladung alter Stiefel Konkurrenz gemacht; die Albaner hätten eine Ratsversammlung abgehalten und sich für die auf Kredit überlassenen Stiefel entschieden. Voller Spott und Bitterkeit empfiehlt Fishta seinem Freund, von literarischer Tätigkeit abzulassen und lieber die Ratschläge Tartuffes zu befolgen, damit er lerne, wie er »*durch die Wogen der erstarrten Welt zu rudern*« habe. Tartuffes Testament, das nun mit der größten Selbstverständlichkeit vorgetragen wird, bietet knappe, aber von Zynismus strotzende Lebensregeln: Gleichgültigkeit gegenüber Volkstum, Sprache und Vaterland, Geringschätzung des Geistigen, aber Gewinnstreben um jeden Preis. Fishta zielte damit so offen auf Schwächen bestimmter Gruppen seiner Landsleute, daß er sich mit dem Motto »*fecit indignatio versum*« gleichsam Nachsicht erbat.

Gerade Tagesprobleme griff Fishta in seinen Satiren bewußt auf. So mußte ihm das Thema der seit mehr als drei Jahrzehnten heftig diskutierten Sprach- und Alphabetfragen reizvoll erscheinen, zumal er sich selbst als Anwalt der albanischen Sprache engagiert, 1902 an der Franziskanerschule zu Shkodra erstmals das Albanische statt des Italienischen als Unterrichtssprache eingeführt und 1908 auf dem Kongreß von Monastir (Bitola) entscheidend zur Durchsetzung eines – in dieser Form noch heute gültigen – lateinschriftlichen Alphabets beigetragen hatte. In den beiden satirischen Dialogen *Die Unterrichtssprache* und *Die Notwendigkeit des Unterrichts*, 1908 geschrieben, nahm er dieses Streitobjekt zum Vorwurf, indem er die Ab- und Irrwege, die Fehlurteile auch wohlmeinender Patrioten mit bald liebevollem, bald derbem Spott bedachte. – Zwei umstrittene Persönlichkeiten des politischen Lebens, den sich als Nachfahren des Nationalhelden Skanderbeg ausgebenden Don Juan de Aladro und den Prinzen Ghika von Rumänien, die beide seit der Jahrhundertwende als Thronprätendenten eines künftigen unabhängigen Albaniens von sich reden machten, attackierte er in scharfer Form in der 1905 entstandenen Satire *Jako Begu und Paloců Cuca*. Dagegen sind in den fast zwei Jahrzehnte später abgefaßten Versen des *Jus gentium* die bitteren Untertöne nicht zu überhören, die auf Fishtas eigene Erfahrungen auf der Bühne der internationalen Diplomatie – er vertrat den jungen albanischen Staat 1919 auf der Pariser Friedenskonferenz – zurückzuführen sind. So weitsichtig die an Europa gerichtete Warnung vor China sein mochte – es überwiegt die Enttäuschung über die Gleichgültigkeit der europäischen Großmächte gegenüber den Problemen der Balkanstaaten: »*So wird denn auch der Balkan unabänderlich verharren in statu quo. So schlafet nun, weit weg werd' ich ja gehen, werde die Freiheit finden dort – in Transvaal...*«

Zu den gelungensten Stücken zählt die Verssatire *Die Doktorin* (zuerst 1913 in *Mrizi i Zánavet* veröffentlicht). Hier zieht der Dichter in unverblümter, der Redeweise des Volkes abgelauschter Sprache gegen die Rückständigkeit, Engstirnigkeit und Leichtgläubigkeit seiner Landsleute zu Felde: Eine ins Elend geratene Witwe folgt dem Rat eines ihr wohlgesonnenen Herrn, sich als Heilkundige ihren Lebensunterhalt zu sichern, erzielt mit Knoblauch und Wasser beste Erfolge und kommt zu Wohlstand und Glück. Das Ende ihrer Karriere scheint gekommen, als just ihr Wohltäter sich an einem Knochen verschluckt, vier Ärzte, die eine Halsoperation durchführen wollen, einfach auf die Straße gesetzt werden und nun sie, die »bewährte« Doktorin, gerufen – und von Angst und Ratlosigkeit befallen wid. Gerade dies aber führt die glückliche Wendung herbei: Ihre Hilflosigkeit bringt den Patienten zum Lachen und zum Husten, was die erwünschte therapeutische Wirkung nicht verfehlt. Hochgeehrt und gut dotiert verläßt die »Doktorin« das Haus. Personen und Situationen sind so lebensecht gezeichnet, daß es nicht der Komik entbehrt, wenn Fishta das Stück mit einer der üblichen Märchenschlußformeln ausklingen läßt: »*Die Märchen in Lesh, die Gesundheit bei uns!*«

Fishta bediente sich der aus den Mundarten des albanischen Nordens gespeisten nordgegischen *koinē*, deren Entwicklung er durch sein gesamtes literarisches Schaffen entscheidend gestaltete (vgl. *Lahuta e malcís*). Indes bot ihm gerade die Satire willkommene Gelegenheit, literarisch verwendete Alltagsrede auch mit recht derben Wörtern und Wendungen der Gasse zu würzen. – Mit seinen Satiren *Ánzat e Parnasit* und *Gomari i Babatasit*, 1923 (*Der Esel des Babatasi*), schuf Fishta ein auch für das soziale und politische Leben Albaniens jener Zeit aufschlußreiches Dokument. Sein derber und bisweilen ätzender Humor fand bei der relativ dünnen Schicht seiner Landsleute, die sein Werk erreichen konnte, nicht uneingeschränkte Zustimmung, da sich so mancher persönlich getroffen fühlte. Selbst spätere Kritiker verübelten dem Autor seine ungewöhnliche Schärfe und trugen so zu der politischen Ächtung, die ihm und seinem Werk nicht erspart blieb, mittelbar bei. Andererseits kann Fishta, obschon es in der albanischen Volksdichtung an Spottgedichten nicht mangelte, für sich in Anspruch nehmen, der Satire in der albanischen Literatur ihren Platz gesichert zu haben, und dies mit einer Meisterschaft, die von Späteren bisher wohl kaum übertroffen worden ist.   C.Ha.

AUSGABEN: Sarajevo 1907 [anon.]. – Shkodra ²1928 (erw.; ³1942; Nachdr. Rom 1970).

ÜBERSETZUNGEN: Auswahl in M. Lambertz, *Albanisches Lesebuch*, Tl. 2, Lpzg. 1948, S. 53–63. – *La medichessa* (in E. Koliqi, *Saggi di letteratura albanese*, Florenz 1972, S. 120–131; ital.).

LITERATUR: G. Schirò Jr., *Storia della letteratura albanese*, Mailand 1959, S. 188 ff.

LAHUTA E MALCÍS

(alb.; *Ü: Die Laute des Hochlandes*). Epos von Gjergj FISHTA, anonym erschienen in drei Teilen 1905, 1907 und 1930, in endgültiger Fassung 1937. – Thema des 30 Gesänge umfassenden Großepos sind die in dem historisch bedeutsamen Zeitraum von 1858 bis 1913 stattfindenden Kämpfe der Albaner um ihre nationale Selbständigkeit. Den Kern des Epos (Gesang 6–25) bilden die mit den Ereignissen von 1878/79 zusammenhängenden lokalen Begebenheiten: die Folgen des

Berliner Kongresses, der zwischen Rußland und der Hohen Pforte zwar Frieden stiftet, Montenegro aber den Nordwestzipfel Albaniens zubilligt; die Gründung der Liga von Prizren, in der sich die fünfzehn Albanerfürsten »*zum Schutz der Rechte des albanischen Volkes*« zusammentun; die albanisch-montenegrinischen Grenzkämpfe, bei denen die Albaner die Angriffe der Montenegriner auf nordalbanisches Stammesterritorium in zahlreichen Abwehrgefechten zurückweisen müssen. Die albanisch-montenegrinischen Auseinandersetzungen von 1858 sind gleichsam der Auftakt des epischen Geschehens, dessen Höhepunkte und Abschluß die fünf Jahrzehnte später liegenden Ereignisse bilden: die Jungtürkenzeit, die Balkankriege und die Londoner Konferenz von 1912/13, die Albaniens Freiheit verbrieft und besiegelt hat. Der eigentliche Schauplatz der Handlung ist aber das nordalbanische Hochgebirgsland, die Malcija; und aus der Sicht ihrer Bewohner, der Malcoren, wird der Ablauf der Ereignisse geschildert. Der Held des Epos ist das ganze albanische Volk in der Zeit seiner großen Taten, die mit der endgültigen Befreiung vom Türkenjoch einen siegreichen Abschluß finden. Innerhalb der begrenzten Welt eines einzelnen albanischen Stammes spiegelt sich hier die gesamte albanische Nation wider, und im Ergebnis des Befreiungskampfes kommt – so betrachtet es Fishta aus seiner christlichen Weltsicht – der Wille Gottes zum Ausdruck.

Bei der Abfassung des Epos *Lahuta e malcís* ging es Fishta vor allem aber darum, daß ihm selbst vertraute urtümlich-rauhe Leben der seit Jahrhunderten im nordalbanischen Hochgebirgsland verwurzelten Hirtenkrieger, denen Heldentum das Höchste bedeutet, dichterisch zu gestalten. Denn es handelt sich hier um eine noch bis in unser Jahrhundert hineinreichende Lebensform, die – geprägt von uraltem Brauchtum, wie es sich z. B. auch im nordalbanischen Gewohnheitsrecht, dem *Kanun i Lek Dukagjinit*, Generationen hindurch fast ungebrochen erhalten hat – seit jeher auch bestimmt war für das Leben in der patriarchalischen Großfamilie und der festgefügten Stammesorganisation. So ist es verständlich, daß die Sitten und Bräuche der Malcoren dem Dichter einen willkommenen Stoff boten. Von der ersten Haarschur des Kindes erzählt er und von alten Hochzeitsriten, von Totenhochzeit und Totenklage, von den heiligen Gesetzen der Gastfreundschaft und der Blutsbrüderschaft, von dem beim Stein geleisteten Eid und von der *besa*, der Treue zum gegebenen Wort, von Mannesstolz und großmütiger Vergebung, von Heldenmut und Todesverachtung, von der Ehrfurcht vor dem Alter und von der Verehrung der Helden. Unauflösbar damit verbunden ist die Welt des Mythos: Drei oder gar sieben Herzen hat der Held, wenn er geboren wird, oder er kommt mit einer Hornhaut zur Welt. Aus dem Schulterblatt des Hammels lassen sich die Recken die Zukunft deuten; unheilkündende Träume gelten ihnen als Warnung. Feenartige Wesen, wie die Oren, die Zânen und die Shtojzovallen, erfüllen Berge und Almen,

Nixen leben in den Gewässern, Hexen reiten auf mächtigen Schildkröten einher, und der Lugat, ein Wiedergänger, schwärmt in den langen Winternächten durch das Land. Ein ganzer Gesang des Epos handelt von dem wilden Kampf, den die Drangue – Drachen mit kleinen Flügeln unter den Armen – gegen die siebenköpfige Kulshedra kämpfen.

Aus dem Halbdunkel dieser heroisch-mythischen Welt treten zahlreiche Gestalten hervor, die Fishta mit den unverwechselbaren Zügen echten Albanertums ausgestattet hat. Da ist Oso Kuka, der ruhmbegierige und tatendurstige Kämpe, der lieber den freigewählten Tod im Pulverturm stirbt, als daß er sich in auswegloser Lage dem slavischen Feind ergibt. Der alte Sennhirt und ehemalige Sultanskrieger Marash Uci mahnt die jungen Burschen, das alte Brauchtum nicht zu vergessen und sich immerdar für die Freiheit einzusetzen. Als treusorgende Schwester geht Tringa in der Pflege ihres Bruders auf, als stolzes Albanermädchen aber ist sie entschlossen, nie einem Sklaven die Hand zur Ehe zu reichen.

Hatten kurz vor Fishta noch Naim Frashëri und Girolamo de Rada die Taten des Nationalhelden Skanderbeg, der die Glanzzeit der albanischen Geschichte symbolisiert, zum Thema ihrer Epen (vgl. *Istori e Skënderbeut* und *Skanderbeku i pafanë*) gewählt, so griff Fishta, indem er den Stoff zu seinem Epos der jüngsten Geschichte seines Volks entnahm, als erster albanischer Dichter ein gegenwartsnahes Thema auf und besang Ereignisse, die er aus den Erzählungen von Personen, die nur wenig älter waren als er, oder aus eigenem Erleben kannte. In dreißigjähriger Arbeit hat Fishta den Stoff gestaltet. Er begann sein Epos, als die Albaner noch um ihre Freiheit kämpften; er vollendete es am 25. Jahrestag der Unabhängigkeit.

Freilich wäre Fishtas Kunstepos, als individuelle Schöpfung eines einzelnen genialen Dichters betrachtet, eine fast unbegreifliche Leistung, wollte man es nicht im Zusammenhang mit der Volksdichtung sehen. Denn es ist gespeist aus den Traditionen des jüngeren »historischen Lieds« und des altertümlichen »Heldenlieds« der Albaner, Traditionen, die gerade in der Malcija noch heute gepflegt werden. Ersteres, im 18. Jh. gleichzeitig mit dem bulgarischen Heiduckenlied *(Chajdutska pesen)* und dem griechischen *Kleftenlied* aufgekommen, ist ein unstrophisches, in acht- oder siebensilbigen Versen abgefaßtes Lied, das sich durch prägnante Kürze und starke Dramatik auszeichnet. Letzteres, das sogenannte »Kreshnik (Grenzer)-Lied«, das zunächst die islamisierten und dann auch die katholischen Nordalbaner im 18. Jh, von den südslavischen Muslimen übernommen haben, ist ein meist aus mehreren hundert (gesungenen) zehnsilbigen Versen bestehendes Kurzepos, das kontinuierliche Narration, Wiederholungstechnik und Formelstil kennzeichnen. Während im »historischen Lied« ein Lokalereignis (Stammesfehde, Blutrachefall oder dergl.) behandelt wird, tut sich im »Kreshnik-Lied« eine vergangene, dem Alltag entrückte, zuweilen ins Mythische gesteigerte Welt heroischen Lebens auf. – Den stilistischen und motivischen Formenschatz beider Liedtypen hat Fishta in seinem Großepos verwendet. Schon die metrische Form des Werks, das trochäische acht- oder auch siebensilbige Versmaß, ist dieser Volksdichtung verpflichtet. Unter den Stilfiguren sind die zahlreichen Metaphern und die breit, aber kunstvoll ausgeführten Vergleiche, in denen sich die Vorstellungswelt der Maicoren spiegelt, besonders hervorzuheben. Durch Alliterationen und Assonanzen, Archaismen und Hyperbeln erhält der Stil des Werks ein kraftvoll-herbes, bisweilen feierliches Gepräge, während die allenthalben eingeflochtenen volkstümlichen Redewendungen und Sprichwörter ihn oft auch der Alltagssprache nähern. Von besonderer poetischer Schönheit sind die Naturbeschreibungen. Der rasch aufeinanderfolgende Handlungsablauf und die lebendige Dialogführung erinnern an das »historische Lied«, behagliche Schilderungen und epische Wiederholungen an das »Heldenlied«. Manchen Vers, ja manches ganze Lied hat Fishta aus der Tradition der Volksdichtung herübergenommen. Die einzelnen Gesänge jedoch, die jeweils ein Ereignis zusammenhängend erzählen, muten der Kurzepen an. Und an solche gemahnt auch der Titel des Werks, denn die Laute, die *lahuta*, ist das Instrument, auf dem der Rhapsode den Vortrag des epischen Liedes begleitet.

Fishtas Sprache ist ein komplexes Gebilde; ihrer ganzen Art nach ist sie Dichtersprache, und doch steht sie der Redeweise des Volkes nahe, denn aus den Mundarten des albanischen Nordens hat Fishta eine Art nordgegischer *koinē* geschaffen. Manche Partien des Epos reflektieren gleichsam die Sondersprache der kriegerischen Malcoren. Die zahlreichen Wörter und Redewendungen nur lokaler Verbreitung, die der Autor mit Liebe gesammelt hat und durch sein Epos literaturfähig zu machen versuchte, stellen hinsichtlich des Verständnisses selbst an den Albaner manche Anforderungen. Es kann freilich keinem Zweifel unterliegen, daß Fishtas *Lahuta e malcís* an der Entwicklung einer gegischen Literatursprache entscheidenden Anteil hatte, der trotz des eingetretenen Kontinuitätsbruchs noch immer latent wirksam ist (als offizielle Schriftsprache gilt seit 1950 das südalbanische Toskisch).

Noch zu seinen Lebzeiten ist Fishta von seinem Volk als der große nationale Dichter erkannt und verehrt worden. Tatsächlich hat er mit seinem in der Volksepik verwurzelten Kunstepos den Albanern ihr Nationalepos *kat'exochēn* geschenkt.

C.Ha.

AUSGABEN: Zara 1905 (*Te Ura e Rzhanicës*, Bd. 1 anon.; Shkodra ⁴1932). – Zara 1907 (*Vranina*, Bd. 2, anon.; Shkodra ⁶1932). – Shkodra 1920 (*Epopeja e Fisit Shqyptár*; Teilabdr. von Bd. 3). – Shkodra 1930 (*Lidhja e Prizrendit*; Bd. 3). – Shkodra 1937 (endg. Fassg.; Hg. P. D. Gjeçaj, Rom ²1958).

ÜBERSETZUNGEN: *Die Berglaute*, G. Weigand (in Balkan-Archiv, 1, 1925, S. 173–265; m. Text. Erl. u. Glossar; Ausz.). – *Die Laute des Hochlandes*, M. Lambertz, Mchn. 1958 (m. Anm.; Südosteurop. Arbeiten, 51).

LITERATUR: M. Lambertz, *Gj. F. u. das albanische Heldenepos »Lahuta e Malcís« – Laute des Hochlandes*, Lpzg. 1949. – G. Schirò Jr., *Storia della letteratura albanese*, Mailand 1959, S. 167 ff.

MRIZI I ZÂNAVET

(alb.; *Die Mittagsrast der Zanen*). Gedichtsammlung von Gjergj FISHTA, erschienen 1913, letztmalig in wesentlich veränderter Fassung 1941. – Die Gedichte, die die postum veröffentlichte, aber nach Fishtas nachgelassener Disposition zusammengestellte Ausgabe – die demzufolge als Ausgabe letzter Hand gelten darf – vereinigt, sind fast ausschließlich patriotischen Inhalts und stammen aus den ersten zweieinhalb Jahrzehnten des 20. Jh.s. So entstanden sie teilweise noch in der Zeit, als Albanien unter türkischer Herrschaft stand und gleichzeitig die in der Diaspora lebenden Albaner sich bemühten, das Nationalbewußtsein ihrer Landsleute zu wecken und sie durch Wort und Tat zu ermutigen, für die politische Selbständigkeit des Vaterlands zu kämpfen. Zum größeren Teil indes gehören sie den Jahren an, da der eben (1912) selbständig gewordene albanische Staat, wenn auch zunächst durch die Wirren des Ersten Weltkriegs behindert, sich anschickte, seine inneren Verhältnisse zu ordnen und seine politischen Rechte nach außen entschieden zu vertreten.

Wenngleich Fishta im Titel der Sammlung andeutet, von den »Zanen«, den Feen und Musen der ihm vertrauten nordalbanischen Bergwelt, inspiriert zu sein, ist seine Lyrik mit ihrem patriotischen und nationalen Engagement doch auf die innere Glaubensgewißheit gegründet, die dem von Franziskanern erzogenen und zeitlebens in der Welt der Franziskaner tätigen Pater Fishta auch als Dichter, Schriftsteller und Publizist Quell seines Schaffens war. Es überrascht daher nicht, daß seinen Gedichten die bisweilen schrillen und waffenklirrenden Untertöne fehlen, die in den Dichtungen seiner teils orthodoxen, teils muslimischen, vor allem in den Zentren der albanischen Diaspora wirkenden Landsleute gerade seit Beginn des 20. Jh.s unüberhörbar sind.

Das Eintreten für ein unabhängiges und freies Albanien, das die Albaner ohne Ansehen des Glaubensbekenntnisses eint, die Erinnerung an die geschichtliche Glanzzeit Albaniens unter Skanderbeg, dann aber die überwältigende Freude über die erreichte Unabhängigkeit und Freiheit Albaniens, der Stolz auf die albanische Nation sind Themen und Motive, die in den zahlreichen Gedichten variiert werden, von denen nur *Shqynija (Albanien), Atdheut (An das Vaterland), Shqypnija e Lirë (Das freie Albanien), Hymni Flamurit kombtár (Die*

Hymne der Nationalflagge), 28. Nanduer 1913 (Der 28. November 1913) genannt seien. In diesen Gedankenkreis gehört auch die einen wichtigen Bestandteil nationaler Eigenart verkörpernde Sprache. In dem Gedicht *Gjuha Shqype (Die albanische Sprache)* legt Fishta – der übrigens 1902 als erster an der Franziskanerschule in Shkodra das Albanische statt des Italienischen als Unterrichtssprache einführte – von der Liebe zu seiner Muttersprache, ihrer Ausdrucksfähigkeit und inneren Stärke Zeugnis ab, bald in zarten und einschmeichelnden, bald in stolzen und kraftvollen Versen, in denen auch der Groll gegen jene durchschlägt, die ihrer albanischen Muttersprache gleichgültig gegenüberstehen. – Ein Thema, das Fishta, wie schon andere vor ihm, mit einer gewissen Bitterkeit aufgriff, war die aus wirtschaftlicher Not gerade seit dem letzten Viertel des 19. Jh.s ständig zunehmende Auswanderung junger Albaner. Das Gedicht *I Dbuemi (Der Vertriebene)* spiegelt die Gedanken und Empfindungen eines Albaners wider, der in einem Boot sein Land verläßt, um unbekannten Gestaden entgegenzutreiben, geplagt von ungewissen Zukunftserwartungen, gequält von der Vorstellung, er müsse womöglich sein ganzes Leben unter Menschen verbringen, die eine andere Sprache, andere Lebensgewohnheiten und eine andere Religion haben, wobei sein Schmerz sich steigert, je mehr die Küsten, die Berge seines Heimatlandes seinem Blick entschwinden. – Unter den wenigen Stücken eigentlich religiöser Lyrik, die im übrigen nicht in volkstümlichen Traditionen verwurzelt ist, verdient die in sapphischen Strophen abgefaßte Ode *Gurravet të Jordanit (An den Quellen des Jordans)* hervorgehoben zu werden. Fishta greift einen aus der biblischen Geschichte bekannten Stoff auf und läßt die Begebenheiten, deren Zeuge der Fluß war, in der Erinnerung vorüberziehen.
Fishta bediente sich der aus den Mundarten des albanischen Nordens gespeisten nordgegischen *koinē*, deren Entwicklung er durch sein gesamtes literarisches Schaffen entscheidend gestaltete (vgl. *Lahuta e Malcís, Ânzat e Parnasit*). – Die Töne, die er in seinen patriotischen Gedichten anschlug, sind im allgemeinen kraftvoll und männlich-hart, gleichsam ein Widerhall der rauhen nordalbanischen Bergwelt, in der er aufwuchs und der er sich zeitlebens verbunden fühlte. Indes verstand er es ebenso, wenn der Gegenstand es erforderte, seinen Versen Anmut und Lieblichkeit zu verleihen oder Schmerz und Wehmut in ihnen aufklingen zu lassen, ohne dabei in eine ihm wesensfremde Sentimentalität zu verfallen.
Gegenüber der Erstausgabe, die zum Teil aus Gedichten des Bandes *Pika voeset*, 1909 *(Tautropfen)*, hervorgegangen war, zeigt die Ausgabe letzter Hand erhebliche Veränderungen, einerseits einen Zuwachs an zuvor meist in Zeitschriften veröffentlichten, teilweise auch ungedruckt gebliebenen Gelegenheitsgedichten, andererseits Streichungen, die aus dem Bestreben rühren, all das auszuscheiden, was nicht zur eigentlich patriotischen Lyrik gehört. Daher wurden satirische Gedichte in die späteren Ausgaben der *Ânzat e Parnasit*, [2]1928, [3]1942 *(Die Wespen des Parnaß)*, ausgesprochen religiöse Gedichte meist in die *Vallja e Parrizit*, 1925 *(Der Tanz des Paradieses)*, übernommen, die Melodramen dagegen offensichtlich deswegen ausgesondert, weil sie in einem eigenen Sammelband erscheinen sollten, wozu es allerdings nie kam. Aus diesem Grund soll wenigstens eines von ihnen erwähnt werden, das allegorische Melodrama *Shqyptari i Gjytetnuem (Der kultivierte Albaner)*, das 1911 aus Anlaß des fünfzigjährigen Bestehens der Franziskanerschule zu Shkodra entstand und dort unter großem Beifall, selbst der türkischen Regierungsvertreter, aufgeführt wurde. Hier tritt der »Glaube« auf, um den als rauhen Krieger bekannten Albaner, der nach Bildung und Fortschritt strebt, im Verein mit der »Sprache« den »Schönen Künsten« entgegenzuführen. Die Täler der »Schönen Künste«, die sich in der Ferne auftun und beim Anblick des »Glaubens« einen Lobgesang anstimmen, nehmen sich des Albaners liebevoll an, um ihn an der »Weisheit« teilhaben zu lassen, ihm das Bewußtsein seiner inneren Kraft zu geben und ihm die Güter der Kultur zu vermitteln. Obzwar es dem Stück, wie Fishtas Dramatik überhaupt, ein wenig an innerem Schwung mangelt, ist es sprachlich-stilistisch so meisterhaft gelungen, daß es in dieser Hinsicht zum Besten zählt, was die albanische Literatur aufzuweisen hat.
In der Geschichte der albanischen Lyrik überhaupt und innerhalb der Periode der albanischen Unabhängigkeit nehmen die patriotischen Gedichte Fishtas neben der eigenwilligen Lyrik eines Lasgush PORADECI (vgl. *Ylli i zemrës*) den wohl bedeutendsten Platz ein. C.Ha.

AUSGABEN: Shkodra 1913. – Shkodra [2]1924 [bearb. u. erw.]. – Shkodra [4]1941, Hg. A. V. Volaj [m. Einl. u. Erl.]; Nachdr. Rom 1970.

LITERATUR: G. Petrotta, *Popolo, lingua e letteratura albanese*, Palermo [2]1932, S. 287 ff. – S. E. Mann, *Albanian Literature*, Ldn. 1955, S. 70 ff. – G. Schirò Jr., *Storia della letteratura albanese*, Mailand 1959, S. 187 f. – K. Gurakuqi, *Trashigimi shpirtnuer i F.* (in Shêjzat, 5, 1961, S. 515 ff.).

CLYDE FITCH

* 2.5.1865 Elmira / N.Y.
† 4.9.1909 Châlons-sur-Marne / Frankreich

THE CITY

(amer.; *Die Stadt*). Tragödie von Clyde FITCH, Uraufführung: New Haven, 15. 11. 1909, Hyperion Theatre. – Der reiche Bankier George Bland, eine prominente Persönlichkeit der Kleinstadt Middleburg im Staat New York, gesteht seinem naiven, aber ehrgeizigen Sohn George auf dem Sterbebett, daß er einen unehelichen Sohn namens Fred Hannock habe, der ihn erpresse, ohne zu wissen, daß Bland sein leiblicher Vater ist. George junior schwört, das Geheimnis zu hüten, und verspricht überdies, für Hannock zu sorgen und ihm eine Chance zu geben, ein anständiges Leben zu führen. Nach dem Tod des Vaters läßt sich George mit seiner Mutter und seinen zwei Schwestern in New York nieder und erkämpft sich dort – unbewußt die unreellen Geschäftsmethoden seines Vaters nachahmend – materiellen Erfolg und gesellschaftliches Prestige. Als ihm die Kandidatur für den Gouverneursposten angetragen wird, glaubt sich George am Ziel seiner Wünsche; doch er hat nicht mit dem unverbesserlichen Hannock gerechnet, den er inzwischen als Privatsekretär angestellt hat. Dieser eröffnet ihm, daß er heimlich Georges jüngste Schwester, die lebhafte und gutherzige Cicely, geheiratet hat. Nach einem vergeblichen Versuch, ihn durch Bestechung zur Flucht zu bewegen, ist George schließlich gezwungen, Hannock zu gestehen, daß Cicely seine Halbschwester und die Ehe somit ungültig ist. In der Verzweiflung tötet Fred seine junge Frau. Von einem Selbstmord kann George ihn im letzten Augenblick zurückhalten. Obwohl Hannock ihm erklärt, daß nur sein Freitod einen Skandal verhindern und Georges politische Karriere sichern könne, widersteht dieser der Versuchung, ihm zuzustimmen, und liefert ihn der Polizei aus. Er hat erkannt, wie sehr ihn Habgier und Ehrgeiz verblendet hatten. Sein Verzicht auf die Kandidatur und das Eingeständnis seiner zweifelhaften Geschäftspraktiken erhalten ihm die Liebe seiner Verlobten Eleanor, die bereit ist, ihn auf den rechten Weg zurückzuführen.

Fitch sieht in der Großstadt nicht das Sinnbild des Bösen und Verderbten, für ihn ist sie vielmehr der geradezu ideale Hintergrund für die Darstellung der charakterlichen Entwicklung seiner Gestalten. Er glaubt, daß das Leben in einer großen Stadt zur Selbsterkenntnis zwinge, während die Kleinstadt die Selbstzufriedenheit und Selbsttäuschung fördere. In vieler Hinsicht ist dieses soziale Problemstück eine Antwort an Fitchs Kritiker, die behauptet hatten, er könne nur oberflächliche Konversationsstücke schreiben. Fitch beweist auch in *The City* seinen untrüglichen Instinkt für bühnenwirksame Dialoge. Die nuancierte Charakterisierung und der organische dramatische Aufbau machen das Drama (das sein letztes war und postum aufgeführt wurde) zum Höhepunkt im Schaffen dieses amerikanischen Bühnenroutiniers. J.D.Z.

AUSGABEN: Boston 1915. – Boston ³1941 (in *Representative American Dramas*, Hg. M. J. Moses). – NY 1966 (in *Dramas from the American Theatre, 1762–1909*, Hg. R. Moody).

LITERATUR: W. P. Eaton, *The Dramatist as Man of Letters. The Case of C. F.* (in Scribener's Magazine, 47, April 1910, S. 490–497). – W. L. Phelps, *Essays on Modern Dramatists*, NY 1921, S. 142–178. – A. H. Quinn, *A History of American Drama. From the Civil War to the Present Day*, NY ²1936, S. 265–296. – R. W. Masters, *C. F.: A Playwright of His Time*, Diss. Northwestern Univ. 1942. – J. J. Murray, *The Contribution of F. C. to the American Theatre*, Diss. Boston Univ. 1950. – J. G. Hartmann, *The Development of American Social Comedy, 1787–1931*, NY 1971, S. 29–34. – R. E. Burkholder, *C. F.* (in DLB, 7, 1981, S. 178–188). – T. L. Hellie, *C. F.: Playwright of New York's Leisure Class*, Diss. Univ. of Missouri, Columbia 1985 (vgl. Diss. Abstracts, 47, 1986, S. 713A).

FRANCIS SCOTT [KEY] FITZGERALD

* 24.9.1896 St. Paul / Minn.
† 21.12.1940 Hollywood

LITERATUR ZUM AUTOR:
Bibliographien:
J. R. Bryer, *The Critical Reputation of F. S. F.*, Hamden 1967; Suppl. I 1984. – M. J. Bruccoli, *F. S. F.: A Descriptive Bibliography*, Pittsburgh 1972; Suppl. 1980. – L. C. Stanley, *The Foreign Critical Reputation of F. S. F.*, Westport/Conn. 1980.
Forschungsberichte:
J. R. Bryer, *F. S. F.* (in *Sixteen Modern American Authors*, Hg. ders., NY 1973, S. 277–321). – Ders., *Four Decades of F. Studies: The Best and the Brightest* (in TCL, 26, 1980, S. 247–267). – S. Perosa, *F. Studies in the 1970s* (ebd., S. 222–246).
Zeitschriften:
F. Newsletter, Washington D.C. 1958–1968. – MFS, 7, 1961 [Sondernr. *F.*]. – F./Hemingway Annual, Washington D.C. 1969–1976; Detroit 1977–1979.
Biographien:
A. Turnbull, *S. F.*, NY 1962 (dt. Mchn. 1986). – A. Mizener, *The Far Side of Paradise: A Biography of F. S. F.*, Cambridge/Mass. 1965. – N. Milford, *Zelda [F.]: A Biography*, NY/Ldn. 1970. – S. Mayfield, *Exiles from Paradise: Zelda and S. F.*, NY 1971. – A. Mizener, *S. F. and His World*, Ldn. 1972. – S. Graham, *The Real F.: Thirty-Five Years Later*, NY 1976. – M. J. Bruccoli, *Scott and Ernest: The Authority of Failure and the Authority of Success*, NY 1978. – Ders., *Some Sort of Epic Grandeur: The Life of F. S. F.*, NY/Ldn. 1981. – A. Le Vot, *F. S. F.: A Biography*, Garden City/N.Y. 1983. – J. R. Mellow, *Invented Lives: F. S. and Zelda F.*, Boston 1984.
Gesamtdarstellungen und Studien:
F. S. F.: The Man and His Work, Hg. A. Kazin, Cleveland 1951. – K. Eble, *F. S. F.*, NY 1963; ern. Boston 1977 (TUSAS). – W. Goldhurst, *F. S. F.*

and His Contemporaries, Cleveland/NY 1963. – F. S. F.: *A Collection of Critical Essays*, Hg. A. Mizener, Englewood Cliffs/N.J. 1963. – E. Hemingway, *A Moveable Feast*, NY 1964, S. 147–186. – J. E. Miller, *F. S. F.: His Art and His Technique*, NY 1964. – S. Perosa, *The Art of F. S. F.*, Ann Arbor/Mich. 1965. – H. D. Piper, *F. S. F.: A Critical Portrait*, NY 1965. – R. D. Lehan, *F. S. F. and the Craft of Fiction*, Carbondale/Ill. 1966. – R. Sklar, *F. S. F.: The Last Laocoön*, NY 1967. – M. Hoenisch, *Die Werke F. S. F.s: Entwurf einer Chronologie der Entstehungsdaten* (in Jb. f. Amerikastudien, 14, 1969, S. 185–218). – M. R. Stern, *The Golden Moment: The Novels of F. S. F.*, Urbana 1970. – J. A. Higgins, *F. S. F.: A Study of the Stories*, Jamaica/N.Y. 1971. – A. Latham, *Crazy Sundays: F. S. F. in Hollywood*, NY 1971. – J. F. Callahan, *The Illusions of a Nation: Myth and History in the Novels of F. S. F.*, Urbana 1972. – *F. S. F.: A Collection of Criticism*, Hg. K. E. Eble, NY 1973. – E. Huonder, *The Functional Significance of Setting in the Novels of F. S. F.*, Bern/Ffm. 1974. – J. M. Allen, *Candles and Carnival Lights: The Catholic Sensibility of F. S. F.*, NY 1978. – *F. S. F.: The Critical Reputation*, Hg. J. R. Bryer, NY 1978. – *The Notebooks of F. S. F.*, Hg. M. J. Bruccoli, NY/Ldn. 1979. – T. J. Stavola, *S. F.: Crisis in an American Identity*, NY 1979. – B. Way, *F. S. F. and the Art of Social Fiction*, NY 1980. – *The Short Stories of F. S. F.: New Approaches in Criticism*, Hg. J. R. Bryer, Madison 1982. – *F. S. F.*, Hg. H. Bloom, NY 1985. – K. E. Keiner, *Die Funktion des Reichtums im Erzählwerk von F. S. F.*, Ffm. u. a. 1985. – W. W. Dixon, *The Cinematic Vision of F. S. F.*, Ann Arbor/Mich. 1986. – S. B. Fryer, *F.'s New Women: Harbingers of Change*, Ann Arbor/Mich. 1988.

BABYLON REVISITED

(amer.; Ü: *Wiedersehen mit Babylon*). Kurzgeschichte von Francis Scott FITZGERALD, erschienen 1931. – Die wohl beste und eine der bekanntesten von Fitzgeralds ungefähr 160 Kurzgeschichten gehört nicht (wie *Bernice Bobs Her Hair, Winter Dreams, May Day* oder *The Rich Boy*) in die erste Hälfte der zwanziger Jahre, in das »Jazz Age«, dem er den Namen gab, sondern markiert, im Dezember 1930 entstanden, einen Wendepunkt in Fitzgeralds Schaffen und Privatleben wie auch in Geschichte und Mentalität der USA. Der Wirtschaftsboom und der verschwenderische Lebensstil der zwanziger Jahre waren zusammengebrochen; in der allgemeinen Krise lag eine Besinnung auf die wirtschaftlichen und moralischen Grundlagen des Lebens nahe. Auch Fitzgerald befand sich in einer tiefen persönlichen Krise: Seine Ehe war zerrüttet, seine Frau Zelda hatte einen Nervenzusammenbruch erlitten (1935 sollte sein eigener folgen; vgl. *The Crack-Up*), die durch chronischen Geldmangel erzwungene Massenproduktion von Kurzgeschichten war an die schöpferische Substanz gegangen. Nicht zufällig steht deshalb *Babylon Revisited* zeitlich und thematisch in der Mitte zwischen den großen Romanen *The Great Gatsby* (1925) und *Tender Is the Night* (1934). Die Kurzgeschichte erschien zunächst am 21. 2. 1931 in der ›Saturday Evening Post‹ und wurde dann Teil von Fitzgeralds viertem Erzählungsband *Taps at Reveille* (1935). Das Sündenbabel des Titels ist Paris, die Hauptstadt der Exil-Amerikaner in den zwanziger Jahren, zu denen auch Fitzgerald gehörte. Der Protagonist Charles Wales war, nachdem der durch Börsenspekulationen schnellen Reichtum erlangt hatte, mit seiner Frau Helen und seiner Tochter Honoria nach Paris gezogen, um hier frei von Verantwortung und Sorgen das Leben zu genießen. Nun besucht er nach Überwindung wirtschaftlicher und persönlicher Katastrophen 1930 die Stadt erneut, um die in Paris bei der Schwester seiner Frau verbliebene Tochter zu sich nach Prag zu holen. Als er seine sittenstrenge Schwägerin Marion Peters von seiner inneren Umkehr fast überzeugt hat, tauchen in Gestalt zweier dubioser Freunde aus alten Tagen die Schatten der Vergangenheit im Hause Peters auf. Als Marion daraufhin erklärt, die Zeit sei für Honorias Rückkehr zu ihrem Vater noch nicht reif, überwindet Charles die Versuchung, in das alte Boheme-Leben zurückzufallen, wieder zum »Goodtime Charlie« zu werden. Er will durch verantwortungsvolle Lebensführung weiter um die Tochter kämpfen, deren Sorgerecht ihm entzogen worden war, nachdem er im Alkoholrausch den Bruch seiner Ehe provoziert hatte, durch seine Handlungsweise an Krankheit und Tod seiner Frau zumindest mitschuldig geworden und in einem Sanatorium gelandet war.

Die außerordentlich geschlossen wirkende Erzählung (wenige, symmetrisch angeordnete Handlungsschauplätze, Handlungszeitraum von drei Tagen), die auch Fitzgerald zu seinen gelungensten rechnete, hat die Struktur einer fünfaktigen Tragödie. Sie ist in der dritten Person, aber völlig aus Charles' Perspektive und in dessen klarer, nüchterner Sprache erzählt. Der zerstörerische Einbruch der (entgegen dem ersten Eindruck) unbewältigten Vergangenheit im vierten Abschnitt der Geschichte wirkt auf Charles und den Leser zunächst als unverdientes Schicksal, bewirkt jedoch erst die wahre Katharsis. Selbst wenn Charles' Gegenspielerin Marion Peters, die mit wenigen Strichen eindrucksvoll als frustrierte, Neidgefühle durch moralischen Übereifer kompensierende Puritanerin gezeichnet ist, auf ihre Weise kaum vorbildlicher handelt als Charles, zwingt sie ihn doch, die lediglich verdrängte Vergangenheit wirklich zu bewältigen, d. h. zu bereuen und an sich zu arbeiten. Marions Gatte, der Bankbeamte Lincoln Peters, spielt zwar in der Handlung eine untergeordnete Rolle, weist Charles und Marion aber den wahren Weg.

In *Babylon Revisited*, das in seiner analytischen Struktur Parallelen zu *The Great Gatsby* aufweist, dominiert die innere gegenüber der äußeren Handlung. Es geht nicht länger wie in Fitzgeralds frühen Erzählungen um flüchtige Liebe, Reichtum und jugendliche Illusionen, sondern um menschliches Leid und psychische Probleme. Fitzgeralds beherrschendes Thema, die Suche nach der »*second chance*«, erfährt so eine moralische Vertiefung. Die schon im Titel anklingende (und durch subtile religiöse Symbolik gestützte) Namenssymbolik weist der Tochter Honoria (ähnlich wie Hester Prynnes Tochter Pearl in HAWTHORNES thematisch verwandtem Roman *The Scarlet Letter*, 1850) eine allegorische Rolle zu: Es geht nicht nur um die Tochter, sondern auch um Charles' Ehre. Als er einsieht, daß man vergangenes Unrecht weder durch Geld noch durch Verdrängung, sondern allein durch tätige Reue überwinden kann, hat er Ehre und Tochter bereits gewonnen. Nicht der Vermögensverlust durch den Börsenkrach, sondern der vorangehende Verlust an moralischer Substanz im Sündenbabel der zwanziger Jahre erscheint ihm nun als die eigentliche Katastrophe. Hier zeigt sich der Katholik Fitzgerald als versteckter Moralist, der das in der Kritik oft verkannte Programm für seine späteren Werke in einem Brief an seine Tochter aus dem Jahre 1939 formulierte: Er wolle, schreibt er, »*den Leuten in angenehmer Form eher predigen als sie unterhalten*«. H.Thi.

AUSGABEN: Boston 1931 (in *Best Short Stories of 1931*, Hg. E. G. O'Brien). – NY 1935 (in *Taps at Reveille*). – NY 1945 (in *The Portable F. S. F.*, Hg. D. Parker). – NY 1951 (in *The Stories of F. S. F.*, Hg. M. Cowley). – Ldn. 1963 (in *The Bodley Head F.*, 6 Bde., 6). – Harmondworth 1965 (in *The Crack-Up*). – NY 1984 (in *Stories of F. S. F.*; Einl. M. Cowley).

ÜBERSETZUNGEN: *Wiedersehen mit Babylon*, J. Moras (in *Neu-Amerika*, Hg. K. Ullrich, Bln. 1937; ern. Ffm. 1947). – Dass., W. Schürenberg (in *Die besten Stories*, Bln. 1954). – Dass., ders. (in *Meistererzählungen*, Zürich 1980; ern. 1988; detebe).

VERFILMUNG: *The Last Time I Saw Paris*, USA 1954 (Regie: R. Brooks).

LITERATUR: J. M. Harrison, *F.'s »Babylon Revisited«* (in Explicator, 16, 1958, Nr. 20). – K. u. G. Kreuter, *The Moralism of the Later F.* (in MFS, 7, 1961/62, S. 74 ff.). – J. V. Hagopian, »*Babylon Revisited*« (in *Insight I: Analyses of American Literature*, Hg. ders. u. M. Dolch, Ffm. 1962, S. 60–63). – S. L. Gross, *F.'s »Babylon Revisited«* (in CE, 25, 1963, S. 128–135). – R. R. Male, »*Babylon Revisited*«: *A Story of the Exile's Return* (in SSF, 2, 1964, S. 270–277). – T. F. Staley, *Time and Structure in F.'s »Babylon Revisited«* (in MFS, 10, 1964/65, S. 386 ff.). – W. White, *Two Versions of F. S. F.'s »Babylon Revisited«: A Textual and Bibliographical Study* (in PBSA, 60, 1966, S. 439–452). – S. M. P. Slattery, *The Function of Time in »The Great Gatsby« and »Babylon«* (in F. Newsletter, 1967, Nr. 39, S. 1–4). – L. D. Stewart, *F.'s Film Scripts of »Babylon Revisited«* (in F./Hemingway Annual, 3, 1971, S. 81–104). – H. Kruse, *F. S. F.: »Babylon Revisited«* (in *Die amerikanische Kurzgeschichte*, Hg. K. H. Göller u. G. Hoffmann, Düsseldorf 1972, S. 225–234). – D. Toor, *Guilt and Retribution in »Babylon Revisited«* (in F./Hemingway Annual, 5, 1973, S. 155–164). – J. B. Twitchel, »*Babylon Revisited«: Chronology and Characters* (in F./Hemingway Annual, 10, 1978, S. 155–160). – G. N. Murphy u. W. C. Slattery, *The Flawed Text of »Babylon Revisited«* (in SSF, 18, 1981, S. 315–318). – W. J. Brondell, *Structural Metaphors in F.'s Short Fiction* (in Kansas Quarterly, 14, 1982, S. 95–112). – E. Nettels, *Howell's »A Circle in the Water« and F.'s »Babylon Revisited«* (in SSF, 19, 1982, S. 261–267). – R. Prigozy, *F.'s Short Stories and the Depression* (in *The Short Stories of F. S. F.*, Hg. J. R. Bryer, Madison 1982, S. 111–126). – C. Baker, *When the Story Ends: »Babylon Revisited«* (ebd., S. 269–277).

THE BEAUTIFUL AND DAMNED

(amer.; *Die Schönen und Verdammten*). Roman von Francis Scott FITZGERALD, erschienen 1922. – Der zweite Roman Fitzgeralds erzählt die Geschichte der Liebe, Ehe und Entfremdung zweier Menschen, allerdings in einem satirisch-zynischen Stil, der dem Autor nicht lag (vgl. auch sein erfolgloses Drama *The Vegetable*, 1923, dt. *Der Präsident und das Würstchen*, eine politische Satire im Stil seines Freundes H. L. MENCKEN). Doch konnten diese Fehlschläge Fitzgeralds Popularität als Verkörperung des »Jazz Age« nicht schaden, weil die gleichzeitig erscheinenden Kurzgeschichten den Autor von *This Side of Paradise* (1920) als hochbegabten Erzähler zeigten.

Der intelligente, romantisch-sensible Anthony Patch, eine typische Fitzgerald-Figur, besitzt einige halbentwickelte Talente, die zu nichts führen: Er hat das Temperament, doch nicht die Schöpferkraft des Künstlers. Gloria, ein verwöhntes junges Mädchen aus der Provinz, hat zwar mit ihrer Schönheit und ihrem Witz die New Yorker Gesellschaft im Sturm erobert, aber ihrem lebhaften Geist fehlt es an Tiefe und Zielstrebigkeit. Beide haben genügend Mittel, um eine sorgenfreie Existenz führen zu können; unfähig, Maß zu halten, leben sie jedoch (wie Fitzgerald und seine Frau) ständig über ihre Verhältnisse. Als Anthonys Großvater, ein puritanischer alter Herr, von dem beide ein Millionenerbe zu erwarten haben, sie bei einem ihrer Trinkgelage überrascht und aus seinem Testament streicht, scheint ihr Ruin gewiß. – Bei Ausbruch des Ersten Weltkriegs wird Anthony Soldat. Aus Langeweile, aber auch aus Lebensangst hat er in dieser Zeit ein Verhältnis mit einem Mädchen aus einer Kleinstadt des Südens. Als ihm und Gloria nach erfolgreicher Anfechtung des Testaments doch noch einige Millionen Dollar aus der Erbschaft des Großvaters zufallen und ihr Leben in letzter Minute äußerlich eine Wendung zum Besseren nimmt, hat sich ihr Zusammenleben in einen

Alptraum verwandelt. Alkoholismus und nervliche Anspannung haben das eheliche Glück zerstört. In der exakten Analyse der Beziehungen beider Hauptgestalten zueinander und zu ihrer Umwelt, in der realistischen Darstellung ihres finanziellen Ruins und moralischen Versagens werden die schriftstellerischen Qualitäten deutlich, die der Autor in seinen späteren Romanen voll entfaltete. Fitzgerald versteht es, das Leben seiner Protagonisten mit einer Art märchenhaftem Zauber zu umhüllen, ohne den Leser vergessen zu lassen, daß diese Menschen eitel, verwöhnt, oberflächlich und selbstsüchtig sind. Ihre Lebensgrundlage ist das Geld, das sie jedoch selbst nicht zu verdienen verstehen, der ständig drohenden Langeweile haben sie weder echtes Talent noch echte Interessen entgegenzusetzen. Fitzgeralds Fähigkeit, sich mit soviel Nüchternheit von seinen Personen zu distanzieren, ist um so bemerkenswerter, als der damals erst fünfundzwanzigjährige Autor bis dahin selbst nur gesellschaftlichen und beruflichen Erfolg kennengelernt hatte. J.v.Ge.-KLL

AUSGABEN: NY 1922. – NY 1950. – Ldn. 1961; ern. 1966 (in *The Bodley Head F.*, 6 Bde., 4). – Harmondsworth 1966 u. ö. (Penguin). – NY/Ldn. 1982.

LITERATUR: J. W. Aldridge, *After the Lost Generation*, NY 1951, S. 46–51. – M. J. Bruccoli, *Bibliographical Notes on F. S. F.'s »The B. and D.«* (in Studies in Bibliography, 13, 1960, S. 258–261). – M. F. Loftus, *John Keats in the Works of F. S. F.* (in KIYO: Studies in English Literature, 7, 1972, S. 17–26). – S. Perosa, *»The Beautiful and Damned«* (in *F. S. F.*, Hg. K. Eble, NY 1973, S. 48–59). – L. A. Podis, *»The Beautiful and Damned«: F.'s Test of Youth* (in F./Hemingway Annual, 5, 1973, S. 141–147). – R. Roulston, *»The Beautiful and Damned«: The Alcoholic's Revenge* (in Literature and Psychology, 27, 1977, Nr. 3, S. 156–163). – J. L. W. West, *The Second Serials of »This Side of Paradise« and »The Beautiful and Damned«* (in PBSA, 73, 1979, S. 63–74). – G. J. Searles, *The Symbolic Function of Food and Eating in F. S. F.'s »The Beautiful and Damned«* (in Ball State Univ. Forum, 22, 1981, S. 14–19). – R. J. Gervais, *›Sleepy Hollow's Gone‹: Pastoral Myth and Artifice in F.'s »The Beautiful and Damned«* (ebd., S. 75–79). – C. Johnson, *F. S. F. et Hollywood: Le Rêve Américain dénaturé* (in Revue Française d'Études Américaines, 9, 1984, Nr. 19, S. 39–51).

THE CRACK-UP

(amer.; *Ü: Der Knacks*). Sammlung von Essays, Notizbüchern, Briefen und vermischten Schriften von Francis Scott FITZGERALD, postum erschienen 1945. – Die Notizbücher, die etwa die Hälfte des Bandes ausmachen, enthalten die charakteristische Materialsammlung des Berufsschriftstellers: Beschreibungen der äußeren Erscheinung einzelner Menschen, Fixierungen flüchtiger Empfindungen, Epigramme, Einzelheiten über Sprechweise oder Umwelt, die einen Charakter oder eine Situation evozieren sollen, entwicklungsfähige Ideen und Beobachtungen verschiedenster Art. Wenn man, dem Rat des Herausgebers folgend, diese Notizen im Zusammenhang mit *Tender Is the Night (Zärtlich ist die Nacht)* oder *The Last Tycoon (Der letzte Taikun)* liest, dann erbringen sie den Beweis für Fitzgeralds erstaunliche Fähigkeit, seine künstlerische Begabung auch von den unglücklichsten Lebensumständen nicht beeinträchtigen zu lassen. Der *The Crack-Up* betitelte Abschnitt – der bedrückende Bericht seines persönlichen Zusammenbruchs – und vor allem auch Beiträge wie *Early Success, Echoes of the Jazz-Age* und *Ring* (ein Porträt des Autors Ring LARDNER) bestätigen diese Begabung.

Die zum Teil vorher in Zeitschriften veröffentlichten Beiträge erscheinen hier in chronologischer Folge. Dadurch entsteht der Eindruck einer Autobiographie, die zutiefst anrührt, weil aus ihr hervorgeht, daß Fitzgerald auch in den Tagen des Mißerfolgs und äußersten Elends sich stets klar darüber war, was ihm widerfuhr und warum es so geschehen mußte. Seine innere Freiheit und die Objektivität des gestaltenden Künstlers verboten ihm, sein eigenes Versagen zu entschuldigen oder anderen die Schuld aufzubürden. Der Autor, gleichzeitig Chronist und sowohl bewunderter als auch angefeindeter Repräsentant der »tollen zwanziger Jahre« in Amerika – jener Ära, die er in *Echoes of the Jazz-Age* analysiert –, sah sich während der großen Depression plötzlich der Gefahr der Selbstaufgabe und Obskurität gegenüber. Reichtum und Ruhm schwanden dahin, ihm blieben nur der Kampf gegen Schulden und Alkoholismus, das zermürbende Ringen um seine scheinbar verlöschende schöpferische Kraft und schließlich ein vorzeitiger Tod. *The Crack-Up*, in dem diese letzte Zeitspanne aufgerollt wird, bestätigt – ebenso wie *The Last Tycoon* (postum erschienen 1941) – die Überzeugung jener Kritiker, die bestreiten, daß Fitzgerald als »ausgebrannter« Schriftsteller gestorben sei, und die glauben, daß er sich erst damals der künstlerischen Reife näherte. J.v.Ge.

AUSGABEN: NY 1945, Hg. E. Wilson. – Ldn. 1947. – NY 1958 (in *The Bodley Head F.*, 6 Bde., 1). – Harmondsworth 1965 u. ö. (Penguin).

ÜBERSETZUNG: *Der Knacks*, W. Schürenberg, Bln. 1984.

LITERATUR: W. Troy, *S. F., The Authority of Failure* (in Accent, 6, 1945, S. 56–60). – A. Kazin, *F.: An American Confession* (in Quarterly Review of Literature, 2, 1946, S. 341–346). – J. Kuehl, *S. F.'s Critical Opinions* (in MFS, 7, 1961, S. 3–18). – J. P. Sisk, *F. S. F.'s Discovery of Illusion* (in Gordon Review, 10, 1966, S. 12–23). – M. Sivaramakrishna, *F. Hero: The Anatomy of »Crack-Up« Being a Study of the Theme of Deterioration*, Diss. Osmania Univ.

1969. – Ch. Glicksberg, *F. and the Jazz Age* (in Ch. G., *The Sexual Revolution in Modern American Literature*, Den Haag, 1971, S. 58–67). – J. L. W. West, *Notes on the Text of F. S. F.'s ›Early Success‹* (in Resources for American Literary Study, 3, 1973, S. 73–99). – J. O'Hara, *On F. S. F.* (in ›*An Artist Is His Own Fault‹: John O'Hara on Writers and Writing*, Hg. M. J. Bruccoli, Carbondale 1977, S. 135–154). – S. Donaldson, *The Crisis of F.'s »Crack-Up«* (in TCL, 26, 1980, S. 171–188).

THE GREAT GATSBY

(amer.; *Ü: Der große Gatsby*). Roman von Francis Scott FITZGERALD, erschienen 1925. – Der Medienrummel um die dritte Verfilmung von Fitzgeralds drittem (und bestem) Roman, der zu den wichtigsten Werken der amerikanischen Literatur zählt, machte das Buch 1974 zu einem internationalen Bestseller, lenkte die Aufmerksamkeit des Publikums aber in die falsche Richtung. Fitzgerald war zwar der Chronist der »goldenen zwanziger Jahre«, doch besteht gegenüber seinen beiden ersten Romanen *This Side of Paradise* (1920) und *The Beautiful and Damned* (1922), die zur Gesellschaftsreportage tendieren und von den zeitgenössischen Lesern auch so rezipiert wurden, der markante Fortschritt in *The Great Gatsby* darin, daß Fitzgerald hier auf knappem Raum in symbolischer Verdichtung exemplarisch erzählt. Die Glamourwelt der Reichen bildet nur den Hintergrund für die Tragödie eines irregeleiteten Romantikers; das Schicksal weniger Figuren repräsentiert zugleich den Zeitgeist und (in einer durchgängig subtil evozierten weiteren Dimension) das Scheitern des amerikanischen Traums von Glück und Erfolg an Materialismus und Verantwortungslosigkeit. Der siebenundzwanzigjährige Autor hatte den Roman 1924 in Frankreich in kurzer Zeit niedergeschrieben und erhoffte sich eine Wiederholung des finanziellen Erfolgs von *This Side of Paradise*. Statt dessen blieben die Verkaufszahlen mager, doch Kritiker und Schriftsteller, unter ihnen Edith WHARTON, T. S. ELIOT, Gertrude STEIN und Ernest HEMINGWAY, überhäuften den Roman zu Recht mit höchstem Lob.

Alle Hauptfiguren des Buches kommen aus dem Mittelwesten der USA, doch die Handlung spielt in New York und auf Long Island, in den Villenvororten der Reichen. James Gatz aus Dakota, dessen Herkunft und Wege zum Reichtum zum Teil im Dunkel bleiben, erkennt eines Tages als junger Mann in einer entscheidenden Situation intuitiv, daß gesellschaftlicher Aufstieg auch eine Frage des Images ist. Aus dem mittellosen James Gatz wird der dynamische Jay Gatsby, der den Erfolgreichen bereits spielt, als der Erfolg noch in weiter Ferne ist. Daß er dabei im richtigen Augenblick einen Millionär trifft, der ihn als Privatsekretär engagiert, mit ihm um die Welt segelt und ihm Manieren beibringt, erinnert an die Erfolgsstorys Horatio ALGERS (1834–1899). Als junger Offizier begegnet er in Louisville/Kentucky Daisy Fay, einer Tochter aus reichem Hause, und verliebt sich in sie. Durch den Kriegseinsatz 1917 von ihr getrennt (zum Heiraten fehlt ihm noch das Geld), verliert er Daisy an den reichen, unsensiblen Sportshelden Tom Buchanan aus Chicago, der nun – die Ereignisse des Romans spielen im Sommer 1922 – mit Daisy und der dreijährigen Tochter in East Egg auf Long Island wohnt. Am anderen Ende der Bucht, in West Egg, hat sich Gatsby ein märchenhaftes Anwesen erworben, in dem er nach Art des Neureichen Trimalchio (aus PETRONIUS' *Satyricon*) ständig rauschende Partys feiert (ein Arbeitstitel des Romans lautete »*Trimalchio in West Egg*«). Nachts steht er allein am Ufer und blickt zu der grünen Laterne hinüber, die das Anwesen der Buchanans markiert und die ihm die Hoffnung symbolisiert, er könne die letzten fünf Jahre rückgängig machen und nun, da er selbst reich ist, Daisy ganz für sich zurückgewinnen.

Die zweite Zentralgestalt neben Gatsby ist der Erzähler Nick Carraway, der die Ereignisse nach der Heimkehr aus New York in den heimatlichen Mittelwesten 1924 aufzeichnet. Der dreißigjährige Yale-Absolvent, Buchanans Studienkamerad und Daisys Cousin, kommt 1922 als angehender Börsenmakler nach New York und wird Gatsbys Nachbar in West Egg. Der mysteriöse, dandyhafte und demonstrativ reiche Gatsby fasziniert ihn von Anfang an. Im Laufe des Romans lernt er ihn besser kennen, erfährt immer mehr Einzelheiten aus Gatsbys Leben. An seinem Erkenntnisfortschritt hat der Leser, durch die analytische Struktur des Romans, teil. Da Nick der Faszination Gatsbys nicht in gleicher Weise erliegt wie dieser dem Zauber Daisys (genauer: des Bildes, das er sich von Daisy gemacht hat) und weil Nick sich mit Werturteilen stets zurückhält, ist er der ideale Erzähler dieses Romans, die zentrale Mittlerfigur (wie Joseph CONRADS Erzählerfigur Marlow, mit dem Nick strukturelle Gemeinsamkeiten aufweist). Auf Gatsbys Bitten hin arrangiert Nick ein Zusammentreffen Daisys mit Gatsby und die beiden verlieben sich erneut. Tom Buchanan, der selbst seit langem ein Verhältnis mit der primitiven, aber vitalen Myrtle Wilson, der Frau eines Tankwarts, unterhält, gesteht Daisy jedoch die Freiheit, die er für sich in Anspruch nimmt, nicht zu. Nach einem Streit zwischen Tom, Daisy und Gatsby anläßlich eines Ausflugs in die Stadt kommt es zu tragischen Komplikationen. In ihrer Erregung überfährt Daisy auf dem Rückweg nach West Egg, den sie – gemäß Toms Arrangement – allein mit Gatsby in Toms Auto antrat, unwissentlich vor der Tankstelle ihre Nebenbuhlerin Myrtle Wilson und begeht Unfallflucht. Myrtle war ihrerseits auf der Flucht vor ihrem Mann, der Myrtles Doppelleben auf die Spur gekommen war, aus dem Haus und Daisy vor das Auto gelaufen. Der mit Nick folgende Tom entdeckt die tote Myrtle und lenkt (da Wilson, der Tankwart, noch nicht weiß, daß Tom der Geliebte seiner Frau war) den Verdacht skrupellos und geschickt auf Gatsby, um sich so des Nebenbuhlers zu entledigen. Daisy weicht der Entscheidung zwischen Tom und Gatsby feige aus. Nick sieht das Verhängnis kommen, kann Gatsby aber nicht mehr rechtzeitig warnen. Wilson erschießt Gatsby in dessen Garten und begeht Selbstmord.

Nach der Katastrophe verlassen Tom und Daisy, die sich arrangiert haben, überstürzt West Egg zu einer Ferienreise, Nick fallen die »Aufräumungsarbeiten« bei Gatsby zu. Während sich auf Gatsbys Parties Hunderte von Gästen tummelten, bleibt der tote Gatsby allein. Nur der eigens aus Dakota angereiste Vater, Nick und zwei versprengte Trauergäste finden sich zur Beerdigung ein. Nick, nach diesen Erlebnissen mit der Ostküsten-Gesellschaft desillusioniert und zu der Erkenntnis gekommen, daß Leute wie die Buchanans »*gedankenlos zerschlugen, was ihnen unter die Finger kam, totes und lebendiges Inventar, und ... es dann anderen überließen, den Aufwasch zu besorgen*«, verläßt New York, denn für das Leben im Osten ist er so »*untauglich*« wie Gatsby, der legendäre Alkoholschmuggler und Spekulant, der mit seiner platonischen Vision von der idealen Liebe das Rad der Zeit zurückdrehen wollte und an der materialistischen Realität scheiterte. Gatsby personifiziert Fitzgeralds großes Thema, die Suche nach der »*second chance*«.

Der Erfolgsmythos und der Ost-West-Gegensatz geben dem Romangeschehen eine spezifisch amerikanische kulturhistorische Dimension. Die Frage nach dem besten und schnellsten Weg zu Reichtum und Erfolg bewegt die Amerikaner seit Benjamin FRANKLIN, und so ist es kein Zufall, daß Gatsbys Vater im Schlußkapitel, im naiven Glauben, der Sohn habe sich den Reichtum hart erarbeitet, Nick eine Seite aus dem Tagebuch des jungen James Gatz zeigt, die Franklins Tagebuch imitiert. Algers Erfolgsgeschichten stehen bei Gatsbys Aufstieg »*from rags to riches*« (»*aus Lumpen zum Millionär*«) ebenso Pate wie Franklin und andererseits die dubiosen Spekulanten aus den zwanziger Jahren. Auch der aus Henry JAMES' und Edith Whartons Gesellschaftsromanen bekannte Gegensatz zwischen Pastoralismus und optimistischer Naivität (Westen) einerseits und korrumpierter wie korrumpierender Zivilisation (Ostküste bzw. Europa) andererseits ist in der Struktur von *The Great Gatsby* verankert. Leitmotivisch wird diese Opposition auch in der Landschaftssymbolik deutlich: Dem *waste land* des Aschentals auf halbem Wege zwischen West Egg und Manhattan, wo Wilson mit seiner Frau unter einer gigantischen Augenarzt-Reklametafel wohnt (die überdimensionalen Augen erscheinen ihm als das Auge Gottes), steht die verkommene Idylle Long Island gegenüber. Im berühmten Schlußtableau des Romans hat Nick am Abend vor der Abreise eine Vision von der noch unberührten Natur Long Islands vor der Besiedlung durch die Europäer. Das paradiesische Ideal Amerikas als letzter Chance der Menschheit zu einem Neubeginn im Einklang mit der Natur hielt – so lautet das Fazit Fitzgeralds – der historischen Entwicklung ebensowenig stand wie Gatsbys »*Grals-Suche*« der Realität. H.Thi.

AUSGABEN: NY 1925. – NY 1945 (in *The Portable F.*, Hg. D. Parker; Einl. J. O'Hara). – Harmondsworth 1950 u. ö. (Penguin). – Ldn. 1958 u. ö. (in *The Bodley Head F.*, 6 Bde., 1). – Washington D.C. 1973, Hg. M. J. Bruccoli [Faks.]. – Ldn. 1979, Hg. J. F. Wyatt. – NY 1981. – San Francisco 1984.

ÜBERSETZUNGEN: *Der große Gatsby*, M. Lazar, Bln. 1928. – Dass., W. Schürenberg, Bln. 1953. – Dass., ders., Bln./Weimar 1968; ern. 1978. – Dass., ders., Zürich 1974 (detebe).

DRAMATISIERUNG: O. Davis, *The Great Gatsby* (Uraufführung: NY, 2. 2. 1926, Ambassador Theater).

VERFILMUNGEN: USA 1926 (Regie: H. Brenon). – USA 1949 (Regie: E. Nugent). – USA 1974 (Regie: J. Clayton).

LITERATUR: J. W. Aldridge, *The Life of Gatsby* (in *Twelve Original Essays on Great American Novels*, Hg. C. Shapiro, Detroit 1958, S. 210–237). – »*The Great Gatsby*«. *A Study*, Hg. F. J. Hoffman, NY 1962. – A. Arnold, *Picture, Scene, and Social Comment:* »*The Great Gatsby*« (in Univ. of Kansas City Review, 30, 1963, S. 111–117). – H. S. Babb, »*The Great Gatsby*« *and the Grotesque* (in Criticism, 5, 1963, S. 336–348). – G. Owen, *Imagery and Meaning in* »*The Great Gatsby*« (in *Essays in Modern American Literature*, Hg. R. E. Langford, DeLand/Fla. 1963, S. 46–54). – K. Eble, *The Craft of Revision:* »*The Great Gatsby*« (in AL, 36, 1964, S. 315–326). – G. T. Tanselle u. R. B. Jackson, »*The Great Gatsby*«: *A Study in Literary Reputation* (in New Mexico Quarterly, 33, 1964, S. 409–425). – W. H. Hildebrand, »*The Great Gatsby*« *and the* ›*Utter Synthesis*‹ (in The Serif, 2, 1965, 1, S. 19–26). – G. C. Millard, *F. S. F.:* »*The Great Gatsby*«, »*Tender is the Night*«, »*The Last Tycoon*« (in English Studies in Africa, 8, 1965, S. 5–30). – B. Tanner, *The Gospel of Gatsby* (in English Journal, 54, 1965, S. 467–474). – K. Vanderbilt, *James, F., and the American Self-Image* (in Massachusetts Review, 6, 1965, S. 289–304). – R. E. Long, »*The Great Gatsby*« *and the Tradition of Joseph Conrad* (in Texas Studies in Literature and Language, 8, 1966, S. 257–276; 407–422). – *Twentieth Century Interpretations of* »*The Great Gatsby*«, Hg. E. Lockridge, Englewood Cliffs/N.J. 1968. – H. G. Schitter, *Die drei letzten Romane F. S. F.s*, Bonn 1968, S. 19–112. – A. E. Elmore, *Color and Cosmos in* »*The Great Gatsby*« (in SR, 78, 1970, S. 427–443). – R. K. Gollin, *The Automobiles of* »*The Great Gatsby*« (in Studies in the Twentieth Century, 6, 1970, S. 63–83). – R. Lehan, *Focus on F. S. F.'s* »*The Great Gatsby*« (in *American Dreams, American Nightmares*, Hg. D. Madden, Carbondale/Ill. 1970, S. 106–114). – *F.'s* »*The Great Gatsby*«: *The Novel, the Critics, the Background*, Hg. H. D. Piper, NY 1970. – D. McCall, ›*The Self-Same Song That Found a Path*‹: *Keats and* »*The Great Gatsby*« (in AL, 42, 1971, S. 521–530). – D. Stouck, *White Sheep on Fifth Avenue:* »*The Great Gatsby*« *as Pastoral* (in

Genre, 4, 1971, S. 335–347). – T. Klimek, *F.:* »*The Great Gatsby*« (in *Der amerikanische Roman: Von den Anfängen bis zur Gegenwart*, Hg. H.-J. Lang, Düsseldorf 1972, S. 219–248). – K. W. Moyer, »*The Great Gatsby*«: *F.'s Meditation on History* (in F./Hemingway Annual, 4, 1972, S. 43–57). – B. Gross, *Back West: Time and Place in* »*The Great Gatsby*« (in WAL, 8, 1973, S. 3–13). – P. G. Slater, *Ethnicity in* »*The Great Gatsby*« (in TCL, 19, 1973, S. 53–62). – B. Bahrenberg, *Filming* »*The Great Gatsby*«, NY 1974. – M. J. Bruccoli, *Apparatus for F. S. F.'s* »*The Great Gatsby*«, Columbia 1974. – K. Eble, »*The Great Gatsby*« (in CL, 1, 1974, S. 34 bis 47). – M. Hoenisch, *F. S. F.'s* »*The Great Gatsby*«: *Zur Genesis und Funktion des Ich-Erzählers* (in *Der amerikanische Roman im 19. und 20. Jh.*, Hg. E. Lohner, Bln. 1974, S. 173–190). – A. T. Crosland, *A Concordance to F. S. F.'s* »*The Great Gatsby*«, Detroit 1975. – R. J. Emmitt, *Love, Death and Resurrection in* »*The Great Gatsby*« (in *Aeolian Harps*, Hg. D. G. u. D. C. Fricke, Bowling Green 1976, S. 273–289). – J. S. Whitley, *F. S. F.:* »*The Great Gatsby*«, Ldn. 1976. – P. L. Hays, »*Gatsby*«, *Myth, Fairy Tale, and Legend* (in Southern Folklore Quarterly, 41, 1977, S. 213–223). – H. K. Monroe, *Gatsby and the Gods* (in Renascence, 31, 1978, S. 51–63). – L. S. Person, ›*Herstory*‹ *and Daisy Buchanan* (in AL, 50, 1978, S. 250–257). – K. Fraser, *Another Reading of* »*The Great Gatsby*« (in ESC, 5, 1979, S. 330–343). – R. E. Long, *The Achieving of* »*The Great Gatsby*«, Lewisburg 1979. – L. Audhuy, »*The Waste Land*«: *Myth and Symbolism in* »*The Great Gatsby*« (in Études Anglaises, 33, 1980, S. 41–54). – C. S. Cass, ›*Pandered in Whispers*‹: *Narrative Reliability in* »*The Great Gatsby*« (in College Literature, 7, 1980, S. 113–124). – B. Michelson, *The Myth of Gatsby* (in MFS, 26, 1980/81, S. 563–577). – S. R. Parr, *Individual Responsibility in* »*The Great Gatsby*« (in Virginia Quarterly Review, 1981, S. 662–680). – T. Quirk, *F. and Cather:* »*The Great Gatsby*« (in AL, 54, 1982, S. 576–591). – R. E. Roberts, *Nonverbal Communication in* »*The Great Gatsby*« (in Language and Literature, 7, 1982, S. 107–129). – B. Way, *F. and the Art of Social Fiction* (in *American Fictions: New Readings*, Hg. R. Gray, Totowa 1983, S. 150 bis 164). – *Critical Essays on F. S. F.'s* »*The Great Gatsby*«, Hg. S. Donaldson, Boston 1984. – *New Essays on* »*The Great Gatsby*«, Hg. M. J. Bruccoli, Cambridge u. a. 1985. – G. Cox, *Literary Pragmatics: A New Discipline: The Example of* »*The Great Gatsby*« (in Literature and History, 12, 1986, S. 79–96). – »*The Great Gatsby*«, Hg. R. Martin u. D. Pohlenz, Paderborn 1986.

THE LAST TYCOON

(amer.; *Ü: Der letzte Taikun*). Romanfragment von Francis Scott FITZGERALD, postum erschienen 1941. – Als Fitzgerald vierundvierzigjährig starb, hinterließ er sechs Kapitel des Romans, mit dem er sich aus dem Bann jahrelanger Unproduktivität hatte lösen wollen. Nach Veröffentlichung des Fragments waren sich die Kritiker einig, daß es seinem bedeutendsten Roman, *The Great Gatsby* (1925), nicht nachstand. Manche von ihnen glaubten sogar, aus den zahlreichen Notizen und Plänen des Autors (die das Material für eine dem Torso beigegebene »Inhaltsangabe« der ungeschriebenen Kapitel lieferten) schließen zu können, daß *The Last Tycoon* der beste Roman Fitzgeralds geworden wäre.

Die Traumfabrik Hollywood, in der die Handlung spielt, hat der Autor auf diesen Seiten so eindringlich und objektiv geschildert wie kaum ein anderer vor und nach ihm. Den spektakulären Boom der Filmindustrie hatte er einst bewundert, wie er ja überhaupt den Abglanz des Reichtums zum Leben brauchte. Noch in seinen letzten Jahren, als er in Hollywood als »literarischer Tagelöhner« vegetierte (in der Gestalt des an Drehbüchern bastelnden Romanciers George Boxley hat er in *The Last Tycoon* sein eigenes Porträt, vermischt mit Zügen des ebenfalls hollywooderfahrenen Aldous HUXLEY, gezeichnet), schrieb er seinen Mißerfolg eher dem eigenen Versagen als dem Geschäftsgebaren der Filmbosse zu, die ihre Studios zwar gern mit berühmten Autoren dekorierten, für ihre Produktionen aber die gängige Ware bevorzugten.

Der letzte wahre König der Filmmetropole ist in *The Last Tycoon* der Produzent Monroe Stahr, die zentrale Gestalt des Romans. Zwar ist auch er, wie die meisten Hollywood-Gewaltigen, ein Selfmademan ohne solide Bildung, aber im Gegensatz zu ihnen gelingt es ihm, sein Imperium durch die Ausstrahlung seiner Persönlichkeit zusammenzuhalten. Er ist kein moderner Manager, sondern ein Herrscher alten Stils, ein Herrscher mit Herzensbildung, ein romantischer Realist, der weiß, daß er in Hollywood ein Außenseiter ist, und der (anders als der »große Gatsby«) Außenseiter bleiben will. Er ahnt, daß die Zeit, in der man eine Machtposition wie die seine auf die Loyalität der Mitarbeiter gründen kann, ihrem Ende zugeht, aber noch herrscht er, noch bemüht er sich um die Überwindung der Filmklischees, noch kann die Hektik Hollywoods, sosehr sie ihm physisch zusetzt, seinem Herzen nichts anhaben (er trägt es, wie er einmal sagt, »wo Gott es hingetan hat – auf der Innenseite«).

In sechs kurzen Kapiteln hat Fitzgerald diesen Charakter, dem seine eindeutige Bewunderung gilt, zu seiner plastischsten, eindringlichsten Romangestalt gemacht. Der Popanz Hollywood schiebt sich an keiner Stelle vor diese Figur, ist aber stets auf bedrohliche Weise präsent, weil der Autor das weitere Schicksal Stahrs, des Individualisten, der den skrupellosen Geschäftemachern und den Konformisten eines Tages im Weg sein wird, bereits in diesen Kapiteln vorbereitet. Fitzgeralds Notizen ist zu entnehmen, daß Stahr, krank und dem Tod nahe, in Auseinandersetzungen zwischen den Filmmanagern und den Gewerkschaften verwickelt werden und daß sein Partner Brady (dessen Tochter Cecilia im Romanfragment streckenweise als Ich-Erzählerin fungiert) die junge Irin Kathleen Moore, in die Stahr sich zu Beginn der Erzählung verliebt, benutzen sollte, um Stahr zu Fall zu bringen. Stahr sollte, möglicherweise bei einem Flugzeugabsturz, tödlich verunglücken und so daran gehindert werden, den mit seinem Wissen geplanten Mordanschlag auf Brady, der ihm seinerseits nach dem Leben trachtete, noch rechtzeitig zu verhindern.

Was Fitzgerald von diesem Romanprojekt verwirklichen konnte, beweist, daß er seine schöpferische Kraft und seinen schöpferischen Willen aus den Widrigkeiten seiner letzten Lebensjahre (vgl. *The Crack-up*) hatte retten können. Das vielleicht höchste Lob wurde seinem letzten Werk von seiten J. B. PRIESTLEYS zuteil: »Ich hätte lieber diesen unvollendeten Roman geschrieben als das Gesamtwerk manch eines vielbewunderten amerikanischen Romanciers.«   G.Ba.-KLL

AUSGABEN: NY 1941 (... *Together with The Great Gatsby and Selected Stories*, Hg. E. Wilson). – NY 1953, Hg. ders. (in *Three Novels*; Einl. M. Cowley). – Ldn. 1958 (in *The Bodley Head F.*, 6 Bde., 1). – Harmondsworth 1960 u. ö. (Penguin). – NY/Ldn. 1979 (in *Three Novels*). – NY 1983.

ÜBERSETZUNG: *Der letzte Taikun*, W. Schürenberg, Ffm. 1962 (BS; ern. 1975). – Dass., ders., Zürich 1977 (detebe). – Dass., ders., Bln./Weimar 1982 [Nachw. G. Klotz].

VERFILMUNG: USA 1976 (Regie: E. Kazan).

LITERATUR: S. V. Benét, *F.'s Unfinished Symphony* (in Saturday Review of Literature, 6. 12. 1941). – A. Mizener, *The Maturity of S. F.* (in SR, 68, 1959, S. 658–675). – J. E. Hart, *F.'s »Last Tycoon«: A Search for Identity* (in MFS, 8, 1961, S. 63 ff.). – M. Millgate, *S. F. as Social Novelist: Statement and Technique in »The Last Tycoon«* (in ES, 43, 1962, S. 1 ff.). – B. E. Gross, *Success and Failure in »The Last Tycoon«* (in Univ. of Kansas City Review, 31, 1965, S. 273–276). – G. C. Millard, *F. S. F. »The Great Gatsby«, »Tender Is the Night«, »The Last Tycoon«* (in English Studies in Africa, 8, 1965, S. 5–30). – H. G. Schitter, *Die drei letzten Romane F. S. F.s*, Bonn 1968, S. 223–239. – D. W. Goodwin, *S. F.'s »The Last Tycoon«: The Great American Novel?* (in Arizona Quarterly, 26, 1970, S. 197–216). – P. Rodda, *»The Last Tycoon«* (in English Studies in Afrika, 14, 1971, S. 49–71). – E. Murray, *F. S. F., Hollywood, and »The Last Tycoon«* (in E. M., *The Cinematic Imagination: Writers and the Motion Pictures*, NY 1972, S. 179–205). – K. W. Moyer, *F.'s Two Unfinished Novels: The Count and the Tycoon in Spenglerian Perspective* (in ConL, 15, 1974, S. 238–256). – N. Santilli, *L'amore come salvezza: »The Last Tycoon« di F. S. F.*, Rom 1976. – M. J. Bruccoli, *›The Last of the Novelists‹: F. S. F. and »The Last Tycoon«*, Carbondale/Ill. u. a. 1977. – Ch. Silver u. M. Corliss, *Hollywood Under Water: Elia Kazan on »The Last Tycoon«* (in Film Comment, 13, 1977,

S. 40–44). – W. Fairey, *»The Last Tycoon«: The Dilemma of Maturity for F. S. F.* (in F./Hemingway Annual, 11, 1979, S. 65–78). – S. B. Girgus, *Beyond the Diver Complex: The Dynamics of Modern Individualism in F. S. F.* (in S. B. G., *The Law of the Heart*, Austin 1979, S. 108–128). – R. Roulston, *Whistling ›Dixie‹ in Encino: »The Last Tycoon« and F. S. F.'s Two Souths* (in South Atlantic Quarterly, 79, 1980, S. 355–363). – J. L. Michael, *Auteurism, Creativity and Entropy in »The Last Tycoon«* (in Literature/Film Quarterly, 10, 1982, S. 110–118). – J. Cashill, *The Keeper of the Faith: Mogul As Hero in »The Last Tycoon«* (in Revue Française d'Études Américaines, 9, 1984, S. 33–38). – G. Klotz, *Macht und Gemachtsein des massenwirksamen Diskurses in F. S. F.'s »The Last Tycoon«* (in ZAA, 36, 1988, S. 204–216).

TENDER IS THE NIGHT

(amer.; Ü: *Zärtlich ist die Nacht*). Roman von Francis Scott FITZGERALD, erschienen 1934, überarbeitete Ausgabe 1948. – Fitzgerald begann 1925 mit der Arbeit an diesem Werk und änderte seine Gestalt bis zur ersten Veröffentlichung dreimal. Als der erhoffte Publikumserfolg dennoch ausblieb, nahm der Autor entscheidende Umstellungen vor, die auf Kosten eines effektvollen, die zeitliche Abfolge sprengenden Beginns die Chronologie der Ereignisse berücksichtigen, den Helden eindeutiger in den Mittelpunkt rücken und den Roman als psychologische Studie festigen.

In Buch 1 *(Case History: 1917–19)* trifft der junge amerikanische Nervenarzt und Wissenschaftler Richard (»Dick«) Diver, der alle Voraussetzungen für eine glänzende Karriere besitzt, in Zürich die eine psychiatrische Klinik eingewiesene, der amerikanischen Geldaristokratie angehörende Nicole Warren. Um den Heilungsprozeß zu fördern, hat Dick bereits während seines Kriegsdienstes in Frankreich selbstlos mit der Kranken korrespondiert. Jetzt aber wird sein beruflicher Idealismus immer stärker von der Zuneigung zu Nicole, die ihn liebt, überlagert. Die Verbindung der beiden kommt den Absichten »Baby« Warrens entgegen, die sich keine bessere Garantie für die Genesung ihrer Schwester denken kann, als sie der Obhut eines hervorragenden Arztes anzuvertrauen. – Einige Jahre später (Buch 2: *Rosemary's Angle: 1919–25*) lebt das Ehepaar Diver mit seinen zwei Kindern in der Villa Diana an der französischen Riviera, wo sich ein Kreis snobistischer Exilamerikaner angesiedelt hat. Für die unschuldig-naive Filmschauspielerin Rosemary Hoyt, die mit ihrer Mutter zur Kolonie ihrer Landsleute stößt, ist Dick der Mittelpunkt eines Kreises von Privilegierten und der virtuose Dirigent exklusiver Geselligkeit. Rosemary bewundert die selbstverständliche Eleganz und den exquisiten Lebensstil der Divers, ohne zu erkennen, daß der Preis dafür Dicks Schaffenskraft ist. Sie verliebt sich sofort in ihn, er dagegen gerät erst während eines gemeinsamen Aufenthalts in Paris

(Buch 3: *Casualties: 1925*) in den Bann ihres unverdorbenen, jugendlich-vitalen Wesens. Es scheint, als könne seine Liebe zu Rosemary seinen geistigen Verfall aufhalten und ihn davor bewahren, das Schicksal seines Freundes Abe North zu teilen: Die schöpferische Kraft des hochbegabten Komponisten ist in der sterilen Atmosphäre, in der er und seine reichen amerikanischen Freunde leben, versiegt, sein Lebenswille hat einer selbstzerstörerischen Hemmungslosigkeit Platz gemacht, der er schließlich erliegt. Doch ein von Eifersucht ausgelöster Rückfall Nicoles zwingt den finanziell von ihr abhängigen Dick, Rosemary aufzugeben. Er akzeptiert halbherzig den Vorschlag seines Schweizer Kollegen Gregorovius, gemeinsam eine psychiatrische Klinik am Zugersee zu leiten, ein Projekt, das von »Baby« Warren in Nicoles Interesse finanziert wird (Buch 4: *Escape: 1925–29*). Immer mehr sieht sich Dick in die dienende Rolle des Arztes gedrängt und von seiner Frau, der er sich zunehmend entfremdet, als Werkzeug benutzt. Er sucht diesem Gefängnis zu entkommen, muß aber erleben, wie auch andere Bindungen sich auflösen und er stets von neuem auf den einmal gewählten Weg zurückverwiesen wird: Mit dem Tod des Vaters zerreißt das letzte Band zur Heimat, und die Liebe zu Rosemary erweist sich bei einer Wiederbegegnung in Rom als bloße Leidenschaft. Dicks blindwütige Gewalttätigkeit gegenüber einem Polizisten – ein ohnmächtiger Versuch, seine Fesseln abzustreifen, der damit endet, daß »Baby« Warren ihn aus dem Gefängnis befreien muß – kettet ihn um so fester an seine Frau: Zur finanziellen Abhängigkeit ist die moralische Erniedrigung gekommen – körperlich und geistig ausgelaugt und zunehmend dem Alkohol verfallend, überläßt Dick schließlich die Klinik dem Partner (Buch 5: *The Way Home: 1929–30*) und kehrt mit seiner Familie an die Riviera zurück. Hier übt der vitale, triebhafte Tommy Barban eine unwiderstehliche Faszination auf Nicole aus. Mit der Hinwendung zu ihm und der Trennung von Dick tut sie den Schritt zu ihrer endgültigen Heilung, die Dick mit dem Verrat seiner Ideale und dem Verlust seiner Lebenskraft bezahlt hat. Er kehrt nach Amerika zurück, arbeitet eine Zeitlang in Buffalo als praktischer Arzt, dann verliert sich seine Spur in einer Kleinstadt im Staat New York. Der Roman – sein Titel ist KEATS' *Ode to a Nightingale* entnommen – ist bei Kritik und Leserschaft immer umstritten gewesen. Der Grund dafür ist in der Struktur (streng lineare Handlungsabfolge), in der Erzähltechnik (Bruch zwischen dem auktorialen Erzählstandpunkt und der personalen – an Henry JAMES' *Point-of-view*-Technik erinnernden – Perspektive Rosemarys) und in der ambivalenten Einstellung des Autors zu suchen: Obwohl Fitzgerald die amerikanische *haute bourgeoisie* als degeneriert (Nicoles inzestuöse Beziehung zum Vater), als steril (Norths und Divers geistige Erschlaffung) und als materialistisch (Reichtum und Müßiggang als höchstes Ziel) brandmarkt, bezieht er nicht eindeutig Stellung gegen sie. In der Gestalt des Dick Diver, der die Verbindung mit Nicole eingeht, obwohl er »Baby« Warrens Absicht durchschaut, spiegelt sich Fitzgeralds eigene Gefährdung durch die Verlockungen von Wohlstand und Erfolg, wie der Roman überhaupt deutliche Hinweise auf das Leben des Autors enthält – etwa auf die Geisteskrankheit seiner Frau Zelda, sein daraus resultierendes Gefühl künstlerischen Versagens und seinen Alkoholismus. – Auch wenn *Tender Is the Night* die thematische und formale Geschlossenheit von *The Great Gatsby* vermissen läßt, gilt das mehrfach verfilmte Werk als Fitzgeralds letzter großer Wurf, ehe auch seine Schaffenskraft in Hollywood zu versiegen drohte. *The Last Tycoon*, sein letzter Roman, blieb ein vielversprechendes Fragment.   H.Kei.

AUSGABEN: NY 1934. – Ldn. 1934. – Ldn. 1948. [bearb.]. – NY 1953 [Vorw. u. Anm., M. Cowley]. – Harmondsworth 1955; zul. 1986 (Penguin). – NY 1956, Hg. A. Mizener. – Ldn. 1959 u. ö. (in *The Bodley Head F.*, 6 Bde., 2). – NY/Ldn. 1979 (in *Three Novels*). – NY 1985.

ÜBERSETZUNGEN: *Zärtlich ist die Nacht*, G. Hambach, Bln. 1952; ern. 1968. – Dass., dies., Bln./Weimar 1976. – Dass., W. E. Richartz u. H. Neves, Zürich 1983 (detebe). – Dass., dies., Stg./Mchn. 1987.

VERFILMUNG: USA 1961 (Regie: H. King).

LITERATUR: E. F. Fussel, *F.'s Brave New World* (in ELH, 19, 1952, S. 291–306). – F. J. Hoffman, *Freudianism and the Literary Mind*, Baton Rouge ²1957, S. 264–271. – R. Stanton, *Daddy's Girl: Symbol and Theme in »Tender Is the Night«* (in MFS, 4, 1958, S. 136–142). – M. J. Bruccoli, *The Composition of »Tender Is the Night«. A Study of Manuscripts*, Pittsburgh 1963. – H. G. Schitter, *Die drei letzten Romane F. S. F.s*, Bonn 1968, S. 113–221. – A. Trachtenberg, *The Journey Back: Myth and History in »Tender Is the Night«* (in *Experience in the Novel*, Hg. R. H. Pearce, NY 1968, S. 133–162). – *»Tender Is the Night«: Essays in Criticism*, Hg. M. J. LaHood, Bloomington/Ldn. 1969. – H. Viebrock, *Geld u. Traum: S. F. zwischen Cole Porter u. Keats* (in *Fs. f. E. Mertner*, Hg. B. Fabian u. U. Suerbaum, Mchn. 1969, S. 293–313). – T. C. Coleman, *The Rise of Dr. Diver* (in Discourse, 13, 1970, S. 226–238). – F. Kinahan, *Focus on F. S. F.'s »Tender Is the Night«* (in *American Dreams, American Nightmares*, Hg. D. Madden, Carbondale/Ill. 1970, S. 115–128). – M. E. Burton, *The Counter-Transference of Dr. Diver* (in ELH, 38, 1971, S. 459–471). – M. J. Bruccoli, *›A Might Collation‹: Animadversions on the Text of F. S. F.* (in *Editing Twentieth Century Texts*, Hg. F. G. Halpenny, Toronto 1972, S. 28–50). – V. Robson, *The Psychological Conflict and the Distortion of Time: A Study of Diver's Disintegration in »Tender Is the Night«* (in Language and Literature, 1, 1972, Nr. 2, S. 55–64). – G. D. Murphy, *The Unconscious Dimension of »Tender Is the Night«* (in Studies in the Novel, 5, 1973, S. 314–323). – R. Foster, *Time's*

Exile: Dick Diver and the Heroic Idea (in Mosaic, 8, 1975, S. 89–108). – B. Higgins u. H. Parker, *Sober Second Thoughts: F.'s ›Final Version‹ of »Tender Is the Night«* (in Proof, 4, 1975, S. 129–152). – B. V. Qualls, *Physician in the Counting House: The Religious Motif in »Tender Is the Night«* (in Essays in Literature, 2, 1975, S. 192–208). – M. u. M. Lowry, *Notes on a Screenplay for F. S. F.'s »Tender Is the Night«*, Columbia/Bloomfield Hills 1976. – M. Martin, *F.'s Image of Women: Anima Projections in »Tender Is the Night«* (in English Studies Collections, 1, 1976, S. 1–17). – R. Perlmutter, *Malcolm Lowry's Unpublished Filmscript of »Tender Is the Night«* (in American Quarterly, 28, 1976, S. 561–574). – M. DiBattista, *The Aesthetic of Forbearance: F.'s »Tender Is the Night«* (in Novel, 11, 1977, S. 26–39). – M. V. McNicholas, *F.'s Women in »Tender Is the Night«* (in CL, 4, 1977, S. 40–70). – B. L. Grenberg, *F.'S ›Figured Curtain‹: Personality and History in »Tender Is the Night«* (in F./ Hemingway Annual, 10, 1978, S. 105–136). – R. Roulston, *Dick Diver's Plunge into the Roman Void: The Setting of »Tender Is the Night«* (in South Atlantic Quarterly, 77, 1978, S. 85–97). – J. Berman, *»Tender Is the Night«: F.'s »A Psychology for Psychiatrists«* (in Literature and Psychology, 29, 1979, S. 34–48). – J. Kirby, *Spengler and Apocalyptic Typology in F. S. F.'s »Tender Is the Night«* (in Southern Review, 12, 1979, S. 246–261). – E. W. Pitcher, *»Tender Is the Night«: Ordered Disorder in the ›Broken Universe‹* (in Modern Language Studies, 11, 1981, Nr. 3, S. 72–89). – R. J. Gervais, *The Socialist and the Silk Stockings: F.'s Double Allegiance* (in Mosaic, 15, 1982, S. 79–92). – R. Merrill, *»Tender Is the Night« as a Tragic Action* (in Texas Studies in Literature and Language, 25, 1983, S. 597–615). – J. Fetterley, *Who Killed Dick Diver?* (in Mosaic, 17, 1984, S. 111–128). – *Critical Essays on F. S. F.'s »Tender Is the Night«*, Hg. M. R. Stern, Boston 1986.

THIS SIDE OF PARADISE

(amer.; *Diesseits des Paradieses*). Roman von Francis Scott FITZGERALD, erschienen 1920. – Der Erstlingsroman Fitzgeralds steht am Anfang der *Lost-Generation*-Literatur, etablierte den jungen Autor als Sprecher und Protagonisten des »*Jazz Age*« und wurde sofort zum Bestseller. Ein neuer Heldentyp beherrscht diese Nachkriegsliteratur: Jung und ehrgeizig, zunächst voller Ideale und Illusionen, ist er von den Annehmlichkeiten der Überflußgesellschaft zugleich fasziniert und gefährdet und versucht, einen Kurs zwischen Anpassung und Desillusion zu steuern. Das gelingt Amory Blaine, der in *This Side of Paradise* diesen Typ verkörpert, besser und länger als den Helden der späteren Werke Fitzgeralds.

Als Sohn relativ wohlhabender Eltern aus dem Mittelwesten bekommt der charmante, eitle Junge von seiner sich aristokratisch gebenden Mutter die Überzeugung eingeimpft, für etwas Höheres bestimmt zu sein als seine biederen Bekannten in Minneapolis, wo er zwei Jahre seiner Kindheit verbringt. Im ersten Teil des Romans *(The Romantic Egotist)* verfolgt er dieses Ziel höchst eigennützig innerhalb der von der besseren Gesellschaft vorgeschriebenen Bahnen. Auf eigenen Wunsch besucht er die renommierte Internatsschule St. Regis im Osten der Staaten, wo er es bald vom Außenseiter zum Vorbild der jüngeren Schüler bringt. Das Bestreben, »akzeptiert« zu werden, beherrscht auch seine ersten beiden Studienjahre in Princeton (wo auch Fitzgerald, wenig erfolgreich, studiert hatte). Nicht so sehr an akademischen Leistungen wie an sozialem Aufstieg interessiert, vertrödelt Amory die Jahre mit fruchtlosen literarischen Diskussionen, Studentenstreichen, zeitfernen Klubaktivitäten (den Beginn des Ersten Weltkriegs empfindet er als sportliches Ereignis) und romantischen Flirts. Das College hat ihn schon fast zum »Princeton-Typ« abgestempelt, da erschüttern drei Ereignisse seine durch die schwärmerische Liebe zu Isabella aufs höchste gesteigerte Egozentrik: Sein Vorbild Dick Humbird fällt einem Autounfall zum Opfer, Isabella bricht plötzlich mit ihm, und seine nichtbestandene Prüfung gefährdet seine gesellschaftlichen Ambitionen. Da stellt ihm Monsignore Darcy, ein zum Katholizismus konvertierter Jugendfreund seiner Mutter, die Selbsterfüllung im Sinn der »Personwerdung« im Gegensatz zur »Persönlichkeitswerdung« als Lebensziel vor Augen. Zugleich tragen Burne Holiday, der das Universitätssystem und die Gesellschaftsordnung in Frage stellt, und Clara, die Amorys Eitelkeit und Egoismus entlarvt, zu seiner Abkehr vom oberflächlichen Anpassungsstreben bei. Als er den Einberufungsbefehl erhält, läßt er »*das ganze Erbe der Jugend*« hinter sich zurück.

Ein kurzes *Interlude* (die Kriegsjahre in Europa werden durch zwei Briefe und ein Gedicht überbrückt) leitet zum zweiten Teil, *The Education of a Personage*, über. Amory, jetzt Angestellter einer New Yorker Werbeagentur, verliebt sich in Rosalind, die Schwester seines Schulfreunds Alec, die bei ihm das sucht, was sie sich unter »romantischer« Liebe vorstellt, sich aber gleichzeitig ihrer gesellschaftlichen Karriere widmet und schließlich dem reichen Dawson Ryder den Vorzug gibt. Amory ertränkt seine Enttäuschung in Alkohol und kündigt Stellung und Wohnung. Als er am Ende des in Maryland verbrachten Sommers der leidenschaftlichen Eleanor begegnet, versucht er, nach Selbstbestätigung verlangend, zum letztenmal in die realitätsferne Welt seiner Jugend zu fliehen. Er erkennt, daß es vergeblich ist, fühlt sich einsam und vom Leben ausgestoßen. Wieder sind es drei Ereignisse – Rosalinds Verlobung, der Schwund seines Vermögens und Monsignore Darcys Tod –, die ihn aus seiner Ichbezogenheit reißen. Jetzt wird er sich zum erstenmal der Realität der Armut bewußt und beginnt, die Hohlheit einer vom Erfolgsstreben beherrschten Gesellschaft zu begreifen. In seine Trauer um die verlorene Jugend mischen sich die Erkenntnis, daß er sie vergeudet hat, und ein wenn auch noch vages Gefühl sozialer Verantwortung. Das Werk steht in der Tradition der romantischen *novel of quest* (Erkenntnisroman mit pikaresker Erzählstruktur). Zugleich aber wird durch die Aneinanderreihung von Momentaufnahmen (die Überschriften dienen als inhaltliche Wegweiser) und die Verquickung verschiedener literarischer Gattungen (Lyrik, Prosa, Drama) eine impressionistische Wirkung erzielt, die letztlich der Darstellung von Amorys Bewußtwerdung als einer kontinuierlichen Entwicklung abträglich ist. Trotzdem ist dieser Roman vor allem im Hinblick auf das Gesamtwerk des Autors ein wichtiges Dokument: Er enthält bereits jene Theme (etwa die Affinität von Schönheit und moralischer Verantwortungslosigkeit und die Anziehungskraft und korrumpierende Wirkung des Lebensstils der Geldaristokratie) und jene Charaktertypen (etwa den idealistischen jungen Helden, der seine Illusionen verliert oder seine Überzeugung opfert, und das ebenso naiv-natürliche wie bedenkenlose *American girl*), die für Fitzgeralds spätere Werke kennzeichnend sind. Darüber hinaus macht *This Side of Paradise* die Bedeutung von Fitzgeralds Herkunft, Erziehung, Bewußtseinsbildung und Lektüre für sein literarisches Schaffen deutlich. H.Kei.

AUSGABEN: NY 1920. – NY 1960. – Ldn. 1960 u. ö. (in *The Bodley Head F.*, 6 Bde., 3). – Harmondsworth 1963 u. ö. (Penguin). – NY 1987.

LITERATUR: J. P. Marquard, *Looking Backwards – F.: »This Side of Paradise«* (in Saturday Review of Literature, 32, 1949, S. 30 f.). – C. S. Burhans, *Structure and Theme in »This Side of Paradise«* (in JEGPh, 68, 1969, S. 605–624). – B. Gross, *»This Side of Paradise«: The Dominating Intention* (in Studies in the Novel, 1, 1969, S. 51–59). – M. J. Bruccoli, *F.'s Marked Copy of »This Side of Paradise«* (in F./Hemingway Annual, 1970, S. 64–69). – S. H. Smith, *Some Biographical Aspects of »This Side of Paradise«* (ebd., S. 96–101). – J. L. E. West, *The Corrections List of F. S. F.'s »This Side of Paradise«* (in Studies in Bibliography, 26, 1973, S. 254 bis 264). – R. Roulston, *»This Side of Paradise«: The Ghost of Rupert Brooke* (in F./Hemingway Annual, 7, 1975, S. 117–130). – D. B. Good, *›A Romance and a Reading List‹: The Literary References in »This Side of Paradise«* (ebd., 8, 1976, S. 35–64). – M. Hoffmann, *»This Side of Paradise«: A Study in Pathological Narcissism* (in Literature and Psychology, 28, 1978, S. 178–185). – J. L. W. West, *The Second Serials of »This Side of Paradise« and »The Beautiful and the Damned«* (in PBSA, 73, 1979, S. 63–74). – L. Haywood, *Historical Notes for »This Side of Paradise«* (in Resources for American Literary Study, 10, 1980, S. 191–208). – D. Scott, *The Political Development of F. S. F.* (in Prospects, 6, 1981, S. 313–355). – F. L. Rusch, *Marble Men and Maidens, the Necrophilous People of F. S. F.: A Psychoanalytic Approach in Terms of Erich Fromm* (in Journal of Evolutionary Psychology, 3, 1982, S. 28–40). – J. L. W. West, *The Making of »This Side of Paradise«*, Philadelphia 1983. – K. Moreland, *The Education of S. F.: Lessons in the Theory of History* (in Southern Humanities Review, 19, 1985, S. 25–38).

ROBERT DAVID FITZGERALD

* 22.2.1902 Sydney
† 24.5.1987 Glen Innes / New South Wales

ESSAY ON MEMORY

(engl.; *Versuch über das Gedächtnis*). Meditatives Gedicht von Robert David FITZGERALD (Australien), erschienen 1938. – Der Ruf des u. a. von YEATS und dem Australier BRENNAN beeinflußten Autors beruht weitgehend auf dem Gedichtband *Moonlight Acre* und besonders auf dem darin enthaltenen *Essay on Memory*. FitzGerald experimentiert nicht gern mit Elementen der Form und Technik; er wendet sich gegen die »Zersetzung« der europäischen Lyrik, und modernistische Dissonanzen sind ihm fremd. Sein *Essay on Memory* umfaßt etwa 350 im allgemeinen fünfhebige gereimte Verse, die in strophenähnlichen Absätzen von ungleicher Länge gruppiert sind. Die etwas monoton wirkende Gesetzmäßigkeit der Reimpaare wird durch Kreuzreim, verschränkten Reim und bisweilen burschikos wirkende *half-rhymes (raps: drops; mystic: plastic)* aufgelockert. Im Rhythmischen, das keine besondere Originalität verrät, schlägt öfters eine unmusikalische Sprödigkeit, ein hartes Stakkato durch. Im ganzen – auch in der stilistischen Schicht, die bis an die Grenzen der Gesuchtheit von einem wachen Gestaltungswillen geprägt ist – zeugt das Werk von beachtlicher Formbeherrschung. Den geradezu verwirrenden Bilderreichtum des Gedichtes bändigt FitzGerald durch eine Struktur, die sich aus dem Zusammenspiel zwischen Dialektik von Frage und Antwort und Polarität von Vergangenheit und Gegenwart ergibt. Thematischer Mittelpunkt der Dichtung ist das Geheimnis der Zeit, und *Essay on Memory* umkreist die ewige Einheit des Lebens, die Kontinuität (wie auch die Zweischneidigkeit) des Bewußtseins und die mit literarischer Tradition gesättigte Vorstellung der unaufhaltsamen, alles verschlingenden *»time«*. *»Memory«* – vom Dichter im weitesten Sinne genommen – vertritt das Kontinuum des Lebensstromes, die Totalität der Vergangenheit, die so alt ist wie das Leben selbst. Das Bild, das FitzGerald unter Einblendung romantisch-bizarrer Farben evoziert, ist mehrschichtig. *Memory* bedeutet u. a. *»the past itself, the dead time's will / poisoning today's pulse and potent still«*; *»one live link / of gone with all to come«* – und auch: *»We ourselves are memory and retain / so much of those gone, the little death can gain / is found a cheat of the senses…«*

Das Gedicht läßt Wesen und Sinn der zyklischen Wiederholung, der nie erlöschenden Vitalität der Natur, des zeitlosen Typus, des Bleibenden im Wechsel der Erscheinungen ahnen. Der Mensch des Jetzt vermag sich nicht auf intellektuellem Wege eine von dem fast erdrückenden Fortwirken der kumulativen Vergangenheit abgeschirmte Sphäre zu schaffen – die sich im Unendlichen verlierende Perspektive der sich zur Vergangenheit wandelnden Gegenwart und der sich in der Gegenwart verwirklichenden Zukunft kündet von gegenseitiger Abhängigkeit. Die intensive Vergänglichkeitsidee des *Essay on Memory* verbindet sich mit dem Wissen um den nicht abreißenden, überpersönlichen Fluß der Lebensenergien. Zum Gehorsam gegenüber dem Vergangenen tritt die Macht über die Zukunft, und das Gedicht feiert – es werden hier weitere Grundthemen FitzGeralds angeschlagen – ein Ethos des strebenden Tatwillens *(»All good is effort, and all truth / encounter and overcoming«)* und klingt aus mit dem (von gewissen Kritikern als forcierte patriotische Rhetorik beanstandeten) optimistischen Aufruf zur konstruktiven Gestaltung der großen australischen Möglichkeiten: *«Whatever the task, it lies in front: we must / build upward...»*

Die starke, das Gedankliche unterwerfende Bildlichkeit des *Essay on Memory*, auf deren teils epigrammatische, teils kinästhetische Wirkung man mit Recht hingewiesen hat, ist kennzeichnend für FitzGeralds Kunst. Aber auch wenn die Bilder in rascher Folge inkohärent aufleuchten und im einzelnen immer wieder durch ihre Kraft bestechen, so strömen sie nicht aus einer wirklichen bildschöpferischen Vision; sie entstammen eher dem Bereich des Traditionellen, spiegeln, alles Zwielichtige meidend, oft konkrete Umwelteindrücke und wenden sich auch unmittelbar an Intellekt und Bildung. Das vielbewunderte Regen-Bild – der Regen als Stimme der uralten überzeitlichen Naturerscheinungen –, das entsprechend der Grundambivalenz der *Memory*-Vorstellung in wechselnder Belichtung erscheint, jedoch zu früh fallengelassen wird, besitzt nicht genügend strukturprägende Symbolkraft, um dem langen Gedicht durchgehende Intensität der Aussage zu verleihen.

Obgleich in Literaturgeschichten als »*intellectual*« klassifiziert, ist FitzGerald in erster Linie ein – allerdings in hohem Maße verstandesmäßig bewußter – Künstler. *Essay on Memory* ist eher als lyrische Meditation in Bildern denn als Philosophie zu lesen; denn es strebt weder nach Abstraktheit noch nach spekulativer Tiefe, seine Eigenart wird nicht durch Logik, sondern durch Phantasie bestimmt, und es klingt in ihm sogar eine anti-intellektualistische Note an.

Hinsichtlich FitzGeralds dichtungstypologischer und historischer Einordnung fällt die Unsicherheit der Kritik im ästhetischen Urteil auf. Einerseits wurde *Essay on Memory* »*eines der bedeutendsten Gedichte unserer Literatur*« (Hadgraft) – andererseits *»ein unverdauliches und langweiliges Gedicht«* (Buckley) genannt.   J.H.T.

AUSGABEN: Sydney 1938 (in Sydney Morning Herald, 9. 4. 1938). – Melbourne 1938 (in *Moonlight Acre*). – Melbourne 1944. – Sydney 1963 (in *R. D. F.*, Ausw. u. Einl. v. R. D. F.; Australian Poets).

LITERATUR: Rez. (in Sydney Morning Herald, 31. 12. 1938, S. 8). – A. R. Chisholm, *Mr. F.'s »Essay on Memory«* (in Australian Quarterly, 10, 1938, Nr. 3, S. 65–71). – T. I. Moore, *Six Australian Poets*, Melbourne 1942, S. 187–213. – A. Murphy, *Contemporary Australian Poets*, 1950, S. 36–40. – H. J. Oliver, *The Achievement of R. D. F.* (in Australian Literary Criticism, Hg. G. Johnston, Melbourne 1962, S. 69–78; auch in Meanjin, 13, 1954, S. 39–48). – F. M. Todd, *The Poetry of R. D. F.* (in Twentieth Century, 9, 1954/55 Nr. 1, S. 20–29). – V. Buckley, *The Development of R. D. F.* (in Essays in Poetry Mainly Australian, Melbourne 1957, S. 128 f.). – H. Anderson, *R. F., Humanist* (in Southerly, 19, 1958, Nr. 1, S. 2–10). – A. G. Day, *R. D. F.*, NY 1974 (TWAS). – G. A. Wilkes, *R. D. F.*, Melbourne/NY 1981. – *R. D. F.*, Hg. J. Croft, St. Lucia u. a. 1985.

SIR PERCY FITZPATRICK

* 24.7.1862 King William's Town
† 25.1.1931 Uitenhage

JOCK OF THE BUSHVELD

(engl.; *Jock vom Buschveld*). Tiererzählung von Sir Percy FITZPATRICK (Südafrika), erschienen 1907. – Von dem aus der Kapkolonie stammenden Autor ursprünglich als Kinderbuch gedacht, wurde diese Hundegeschichte bald auch bei erwachsenen Lesern beliebt. Noch heute behauptet sie ihren Platz unter den besten englischsprachigen Tiererzählungen. Sie führt ins östliche Transvaal und spielt zu einer Zeit, als der Warentransport noch ausschließlich mit Pferden und Ochsenwagen durchgeführt wurde. Die Abenteuer, die der tapfere Jagdhund Jock und sein treuester Freund, der Zulu Jim Makokel, während solcher Transportfahrten durchs Veld erleben, bilden die spannende Handlung, zu deren Höhepunkten ein Buschfeuer und Jocks Kampf mit einem Krokodil gehören. Eingeflochten sind Rückblicke in die Geschichte der Besiedlung des Landes durch die Buren. Die unsentimentalen Naturschilderungen verraten einen Beobachter, dem sich von Jugend an der eigenartige Reiz dieser anscheinend so kargen Landschaft erschlossen hat, einer Landschaft, der der Autor auch in dem Kurzgeschichtenband *The Outspan (Die Rast)* ein literarisches Denkmal gesetzt hat. – Obwohl das Buch in der Zeit der britischen Verwaltung Transvaals entstand, ist es nicht von jenem betont imperialistischen Geist durchdrungen, der die Werke von Fitzpatricks vielgelesenem Landsmann und Zeitgenossen Sir Henry Rider HAGGARD geprägt hat. J.Ke.

AUSGABEN: Ldn. 1907. – Ldn./NY 1934. – Ldn. 1948. – Johannesburg 1984, Hg. L. Rosenberg [gek. u. modernisiert].

LITERATUR: J. P. R. Wallis, *Fitz. The Story of Sir P. F.*, Ldn./NY 1955. – C. Niven, *Recollections of Sir P. F.*, Johannesburg 1958. – A. L. McLeod, *The Commonwealth Pen. An Introduction to the Literature of the British Commonwealth*, Ithaca/N.Y. 1961. – C. Niven, *Jock and Fitz*, Kapstadt 1968. – A. P. Cartwright, *The First South African: The Life and Times of Sir P. F.*, Kapstadt 1971. – D. Barry, *South African Literature for Children* (in Crux, 5, 1971, Nr. 1, S. 40–44). – H. Halliday, *South African Writing for Children* (ebd., 8, 1974, Nr. 3, S. 57–60).

CÄSAR FLAISCHLEN

* 12.5.1864 Stuttgart
† 16.10.1920 Hornegg bei Gundelsheim a. Neckar

JOST SEYFRIED. Ein Roman in Brief- und Tagebuchblättern. Aus dem Leben eines Jeden

Roman von Cäsar FLAISCHLEN, erschienen 1905; ursprünglich als Teil einer dramatischen Trilogie geplant; eine novellistische Vorstudie *Flügelmüde* (1897) enthält bereits wesentliche Grundgedanken des Werks. – In diesem Buch führt Jost Seyfried – einer, »*der da auszog:* ›*Dichter zu werden*‹ « – einen endlosen, nur durch gelegentliche Briefe der Freundin Hannie, einer Lehrerin, unterbrochenen Monolog über die Schwierigkeiten des Lebens und die Notwendigkeit ihrer Überwindung. Soweit eine Handlung überhaupt sichtbar wird, geht es um die seit zehn Jahren bestehende Liebe zwischen Jost und Hannie und beider Sorge, daß die wirtschaftlichen Probleme, die eine Ehe mit sich bringen würde, den dichterischen Höhenflug Josts belasten könnten. Hannies großmütiger Verzicht auf einen verlockenden Ruf an ein Erziehungsinstitut in Zürich beschert den Liebenden einen gemeinsamen Sommer auf Rügen, die spätere Annahme dieser Züricher Stelle führt sie wieder auseinander, wahrscheinlich auf unabsehbare Zeit; aber ihre hoffnungsvolle Liebe erleidet dadurch keine Minderung.
Im Grunde präsentiert Flaischlen ein traditionelles Thema, die soziale Labilität des Künstlerberufs, in einer Variante, die in ihrer typisch bürgerlichen Kultivierung des Dichtertums nur noch historisch interessant ist. Daß der Erzähler alles vermeidet, was die Situation konkretisieren könnte, und statt dessen (wie der Untertitel *Aus dem Leben eines Jeden* andeutet) ganz allgemein das Erfolgsstreben des Dichters als »*Kampf zur Durchsetzung eines Lebensglaubens*« darstellt, führt ihn unweigerlich in die Banalität: Josts Erkenntnisse kreisen immer wieder um dieselben Gemeinplätze, deren Inhaltslosigkeit der Autor durch intensive Rhetorik und Stimmungsmache (unter Einführung von dichtgesäten Frage- und Ausrufezeichen) zu kaschieren versucht. In den häufigen lyrischen Einsprengseln findet sich nur selten ein überzeugendes Bild; der Einfluß des Jugendstils wird spürbar, wenn die poetischen Requisiten sich rein ornamental um Aphorismen ranken. Der Roman kennt nur zwei Stimmungen, Begeisterung und Wehmut, denen die etwas dürftigen Symbole Sonne (Sommer, Schwalben) und Regen (November, Blätterfall) zugeordnet sind. Der Farblosigkeit dieser Stilprinzipien entspricht auch die Kunstauffassung Seyfried-Flaischlens: »*Kunst ist nur, was ein höherer Mensch für sich und andere an höheren Lebenswerten schafft in schöner Form!*« Jede Kunstrichtung, die diesen höheren Werten einen konkreten Inhalt zu geben sucht, wird abgelehnt: Naturalismus und Symbolismus hemmen als Stilmethoden die freie Kunstentfaltung. Der Dichter muß Wegweiser zu einer neuen Lebensklugheit sein, die über den Alltag hinaus zu einem »sonnigen« Dasein führt. Der Roman schließt mit einer Art von zukunftweisendem Programm, das deutlich macht, wie das soziale Anliegen des Naturalismus bei Flaischlen ins Gemüthafte abgedrängt und verharmlost wird: »*Es gilt herauszuringen endlich aus dieser ewigen Werktagschwere! der Mensch ist für den Sonntag da!! seine Werktagnot hat er sich selber aufgeladen! Du Dichter stehe auf und gürte dein Gewand und ziehe durch die Länder und sei ein erster früher Bote dieser Zeit!*« W.Cl.

AUSGABEN: Bln. 1905, 2 Bde. – Stg./Bln. 1921 (in *Gesammelte Dichtungen*, 6 Bde., 3/4). – Bln. 1921, 2 Bde. [108. Aufl.].

LITERATUR: F. Thieß, *C. F. Ein Essay*, Bln. 1914. – A. Böck, *C. F.*, Diss. Wien 1921. – G. Stecher, *C. F. Kunst u. Leben*, Bln./Lpzg. 1924. – Th. Heuss, *C. F.* (in Th. H., *Vor der Bücherwand*, Tübingen 1961, S. 230 f.).

OTTO FLAKE

* 29.10.1880 Metz
† 10.11.1963 Baden-Baden

LITERATUR ZUM AUTOR:
O. F. Zum 70. Geburtstag, Baden-Baden 1950. – F. Lennartz, *O. F.* (in F. L., *Die Dichter unserer*

Zeit, Stg. ⁵1952, S. 125–129). – G. Haebler, *O. F.* (in Ekkhart, Jb. f. d. Badener Land, 1961, S. 41–44). – N. M. Schoenberger Darmon, *Frauen u. Erotik in O. F.s Romanwerk,* Diss. Univ. Pennsylvania 1976. – D. Slark, *Ausgleich u. Besinnung. Erinnerung an O. F.* (in D. S., *Lit. Kaleidoskop,* Darmstadt 1982, S. 77–84).

FORTUNAT

Roman in zwei Büchern von Otto FLAKE, erschienen 1946. – Die »*fiktive und vollständige Biographie*« des Jakob (später Jacques) Kestenholz, genannt Fortunat, umfaßt die Zeit von 1814 bis 1897. Sein Vater ist ein russischer Emigrant, der als Offizier in französischen Diensten steht, seine Mutter ein badisches Bauernmädchen. Als die Liebschaft der beiden ihr Ende findet, nimmt der verwitwete Chirurg Kestenholz die junge Mutter zur Frau. Fortunat wächst im Kreise seiner Stiefgeschwister auf. Vor dem Antritt des Universitätsstudiums macht er eine Reise und gerät dabei in einer Kneipe an einen zwielichtigen Geschäftemacher, der ihn für eine Botenrolle nach Paris engagiert. Der Adressat ist der Vicomte Maslin, Fortunats bislang verschollener Vater, der in ihm sehr rasch seinen Sohn erkennt und ihn herzlich aufnimmt. Fortunat läßt sich in Paris nieder und beginnt dort sein Medizinstudium. Vielfältig ist der gesellschaftliche Kreis, in dem er verkehrt; der geflohene Herzog von Braunschweig, Chopin, Rossini, Berlioz, Balzac, Hugo, Dumas und Delacroix gehören dazu. Nach dem Tode des Vaters unternimmt Fortunat, der inzwischen sein Studium abgeschlossen hat, eine abenteuerliche Reise in den Orient und läßt sich in Kairo als Frauenarzt nieder. Dort lernt er Alexandra kennen, die er bald darauf heiratet. Nach der Geburt von Zwillingen trennen sich jedoch die Ehegatten; Alexandra läßt sich im badischen Sasbach nieder, während Fortunat nach Paris zurückkehrt. Er eröffnet eine Praxis und wird zum beliebtesten Frauenarzt der großen Gesellschaft. Zahlreiche Reisen führen ihn nach England und Deutschland. Der erste Schicksalsschlag trifft ihn, als seine Geliebte Renée tödlich verunglückt. Hier schließt der erste Teil des Romans.

Das zweite Buch, das unter dem Motto »*Ein Mann von Welt*« steht, läßt eine Fülle von neuen Gestalten auftreten, die alle in den vielschichtigen Lebenskreis Fortunats einbezogen werden. In der Begegnung mit Wanda von Rhyn, einer illegitimen Enkelin Jérôme Bonapartes, findet er seine große Liebe. Aus der nach dem Tode Alexandras geschlossenen Ehe geht eine Tochter, Valentine, hervor. Wieder unternimmt Fortunat große Reisen nach Spanien, England, Deutschland und Amerika. Als Wanda einem tragischen Unfall zum Opfer fällt, bedeutet das für Fortunat den Eintritt in eine neue Lebensphase: »*Er hatte mit den Träumen und Wünschen abgeschlossen. Haltung war alles; sie bewahrte vor der Resignation und vor der Erhitzung, vor dem Zynismus und dem Sentimentalität.*« Er will nun die Praxis aufgeben und ein Leben als »Privatmann« führen. Das bedrängendste Ereignis im Leben des alten Mannes sind die Kriegswirren von 1870/71, die ihm große Entbehrungen auferlegen. Alice, seine außereheliche Tochter, umsorgt zärtlich den Greis, der sich ins badische Dorf Au zurückgezogen hat. Dort stirbt Fortunat am 31. Dezember 1897. »*Kaiserin Eugénie sandte einen Immortellenkranz.*«

Obwohl der umfangreiche Roman (rund 1600 Seiten) eine Fülle kulturhistorischer Details ausbreitet, soll er, wie der Verfasser in seinem Nachwort sagt, nicht als historischer Roman verstanden, sondern in der Tradition der großen deutschen Bildungsromane gesehen werden. Mittelpunkt ist in sich ruhender, selbstsicherer Mensch, der »*sich der Welt öffnet, aber auch erwehren kann*« in einer Gesellschaft, die »*ein Abgrund von Selbstsucht und Lebensgier*« ist. »*Fortunat ist weder als genialer, noch als genialischer Mensch angelegt: bloß als begabter, geistig lebendiger, der nur durch die Fähigkeit, das Gleichgewicht zu bewahren, den Durchschnitt überragt*« (Nachwort des Autors). – Das »Programm« des Romans liegt in dem Willen zur Konzentration, in der »*elastischen, selbstordnenden*« Persönlichkeit des Helden, die vom Autor bewußt jeder weltanschaulichen Ausrichtung ferngehalten und allein aus dem breiten Strom des Lebens, in dem sie steht, erklärt wird. Durch die lebensphilosophische Ausrichtung und durch das Ideal des autarken einzelnen beherrscht ein konservativ-epigonaler Grundzug das Schaffen Flakes, der sich als Schriftsteller vor allem zwischen den Weltkriegen einen Namen machte: mit dem fünfteiligen Zyklus *Ruland* (1913–1928) und mit den im Baden-Badener Milieu spielenden Romanen *Hortense oder die Rückkehr nach Baden-Baden* (1933) sowie der *Badischen Chronik* (*Die junge Monthiver,* 1934; *Anselm und Verena,* 1935).

Mit der Vielzahl an Gestalten und Geschichten will der Verfasser den Roman zu seinem Ursprung, dem Epos, zurückführen, »*gelassen die Bilder und... Geschehnisse aneinanderreihen*«. So ist ihm auch das 19. Jh. der geeignete Geschichtsraum, voll gewaltiger Spannungen, »*ein Universum der Gegenständlichkeiten... ein Kosmos der Motive, der Impulse*«. Um Bändigung dieser Fülle ist auch der Stil bemüht, der nur selten Ansprüche an das Gefühl des Lesers stellt, nie lyrisch ist und immer in einer gelassenen, gelegentlich ironisch-karikierenden Sachlichkeit bleibt. Leitmotivische Gruppierungen ordnen die Geschehnisse: Paris und das Dorf Sasbach sind die beiden festen Punkte, von denen die Reisen in die Welt ausgehen und zu denen sie stets zurückführen. Die Vielzahl der Personen und ihrer Beziehungen ist kaum überschaubar; allein aus der inneren Einheit der Hauptgestalt, der »Vernünftigkeit« Fortunats, ordnet sich das Ganze. M.Br.

AUSGABEN: Baden-Baden 1946, 2 Bde. – Gütersloh 1960 [Nachw. M. Rychner]. – Ffm. 1974 (in *Werke,* Hg. R. Hochhuth u. P. Härtling; Nachw. M. Rychner); ern. 1981.

LITERATUR: J. E. Berendt, »*Fortunat*« (in Das goldene Tor, 2, 1947, S. 339–342). – R. Hoelscher, *O. F.s »Fortunat« und der europäische Roman* (in Die Wochenpost, 2, 1947, 24, S. 4). – O. F., *Der »Fortunat«* (in O. F., *Zuweisungen*, Baden-Baden 1948, S. 157–170). – H. Nowak (in NSRs, 17, 1949/50, S. 712–715). – M. Rychner, *Glücklich erlebtes Europa. Zu dem Roman »Fortunat« von O. F.* (in M. R., *Zwischen Mitte und Rand*, Zürich 1964, S. 129–144).

DIE SANDUHR

Roman von Otto FLAKE, erschienen 1950. – Das umfangreiche Werk handelt vom Leben eines Kunsthistorikers und bezieht Zeitereignisse vom Anfang bis zur Mitte des 20. Jh.s ein. Das Waisenkind Alexander Klein aus Baden-Baden wird 1914 von der begüterten Witwe Barbara Grendel aus Luzern adoptiert. Alexander beginnt nach dem Abitur mit dem Studium der Kunstgeschichte, erweitert dabei sein politisches Blickfeld durch Kontakte mit internationalen Emigranten und heiratet, nach Jugendlieben und flüchtigen Bekanntschaften, die naturalisierte Schweizerin Karla Södermann. Er studiert gemeinsam mit ihr nach dem Krieg in Florenz, verliert sie dort aber durch einen Autounfall. Nach der Promotion tritt er als Kunstexperte in eine New Yorker Firma ein, für die er während der Inflation einen großen Einkauf in Deutschland durchführt. Inzwischen hat sich seine Adoptivmutter bei Baden-Baden ein Weingut gekauft, wo sich dann auch Alexander niederläßt. Er bereitet sich auf eine Dozentur vor, pflegt zugleich Umgang mit einigen Honoratioren aus Baden-Baden, stürzt sich in Abenteuer und vermählt sich schließlich, nach einigen vergeblichen Heiratsversuchen, mit Marguerite de Thion, einer Fribourger Patrizierin. Die Ehe scheitert an Marguerite, die sich ganz der Pianistenlaufbahn widmet. Ihre Kusine Jeanne, bisher Mitarbeiterin an Alexanders Zeitschrift »Ansaldo«, faßt allmählich eine tiefere Neigung zu dem feinsinnigen Ästheten und geht mit ihm, nach dem Selbstmord Marguerites, eine Ehe ein. Der Roman überspringt dann vierzehn Jahre im Leben Alexanders, der inzwischen Professor in der Schweiz geworden ist, und vergegenwärtigt sein Schicksal erst wieder ab seinem 50. Geburtstag. Auf einer Reise lernt er die Nachkriegsverhältnisse in Deutschland kennen, verliert bald darauf Jeanne und seinen ältesten Sohn, überwindet Anwandlungen von Resignation durch Arbeit und eine neue Liebe zu Renée, einer Kusine Jeannes, und beginnt nach Überwindung einiger Schwierigkeiten mit einer jungen Frau einen neuen Lebensabschnitt.
In Flakes großangelegtem Werk wirkt die Tradition des deutschen Bildungsromans fort: So ist alles Geschehen auf den »Bildungsprozeß« Alexanders bezogen, der ständig sein Wissen vermehrt, die in ihm angelegten Fähigkeiten entfaltet und nach und nach einen großen Ausschnitt der Welt kennenlernt. Dagegen widersetzt sich sein erotisches Gefühlsleben jeder Entwicklung: Alexander bleibt auf den Typ der gerade aufblühenden Frau fixiert. Ebensowenig verändert sich seine stoische, mit katholischen Ideen angereicherte Weltanschauung, die schon früh ausgeprägt ist; das mag damit zusammenhängen, daß die Zeitereignisse zwar dargestellt sind, entweder im Medium einzelner Erlebnisse des Helden oder durch Episoden um Nebenfiguren, aber mehr als Begleitinstrumente dienen, nie dialektisch mit Alexanders privater Existenz verknüpft und in ihrer determinierenden Gewalt erfaßt werden. Als Schweizer bleibt Alexander ein Beobachter des Weltgeschehens, dem vor allem die bedrohte Situation der bürgerlichen Kultur, des Individualismus und der Humanität Sorge bereitet. Er sieht seine Aufgabe im gelassenen Ertragen des Schicksals und der Bewahrung überlieferter, vergangenen Epochen angehörender Kunstwerte. Dennoch bricht immer wieder das Bewußtsein des Endes der bürgerlichen Ära durch, das von der Erfahrung der verrinnenden Zeit begleitet ist (metaphorisch dafür steht der Romantitel).
Die Form des Werkes zeigt nichts mehr von früheren expressionistischen Experimenten des Autors. Es wird streng linear und dem Zeitverlauf entsprechend erzählt. Allerdings haftet den einzelnen Erzählabschnitten etwas Episodisches an, weil die Schauplätze und die Nebenpersonen ständig wechseln. Flakes Realismus – er verzichtet auf eine Stilisierung der Ereignisse und Erfahrungen ins Symbolische – neigt gelegentlich zur flächenhaften, in der Reproduktion des Faktischen sich erschöpfenden Erzählweise. Dieser Sachlichkeit und Exaktheit entspricht die Konzentration auf eine klare, oft spröde und lakonische Sprache. H.Es.

AUSGABEN: Baden-Baden 1950. – Gütersloh 1962.

LITERATUR: W. Drost, *O. F.s Nachkriegsromane* (in *O. F. Zum 70. Geburtstag*, Baden-Baden 1950, S. 12–19). – E. Sander, *O. F.s Nachkriegswerk* (in Das literarische Deutschland, 2, 1951, Nr. 24).

SMIL FLAŠKA Z PARDUBIC

* um 1349
† 13.8.1403

LITERATUR ZUM AUTOR:
J. E Vocel, *Význam básní S. z P. a Rychmburku* (in Časopis Českého muzea, 1855). – J. Feifalik, *Herr S., genannt F. von P., Studien zur Geschichte der böhmischen Literatur*, Wien 1859. – P. M. Haškovec, *K literární činnosti S.* (in Listy filologické, 1917). – J. Hrabák, *S. škola* (in Studie Pražského linguistického kroužku, 3, 1941). – J. Hejnic u. a., *Jan Dubravius, Theriobulia. Rada zvířat*, Prag 1983.

NOVÁ RADA

(atschech.; *Der neue Rat*). Versallegorie von Smil FLAŠKA Z PARDUBIC, um 1394 vollendet, erstmals gedruckt erschienen 1845. – Mit diesem in Form eines sog. Tierparlaments gehaltenen Fürstenspiegel bringt der Verfasser, Politiker in hohen Ämtern, Neffe des Prager Erzbischofs Arnošt und Führer des gegen König Wenzel IV. gegründeten Adelsbunds (»Herrenunität«), seine politisch-didaktischen Ansichten und staatsrechtlichen Ideen zum Ausdruck. – Bei den Ende des 14. Jh.s zwischen England und Böhmen bestehenden Beziehungen ist denkbar, daß Smil Flaška zumindest die äußere Komposition seines *Neuen Rates* der Kenntnis von CHAUCERS *Parlement of Foules*, um 1382 *(Das Vogelparlament)*, verdankt, das der englische Dichter anläßlich der Vermählung von Anna von Böhmen, der Tochter Karls IV., mit König Richard II. geschaffen hat.

Der Löwe, König der Tiere – gemeint ist der zur klugen Führung seines Staates angehaltene König von Böhmen –, ruft bei Regierungsantritt seine Untertanen zusammen, um sich von ihnen Ratschläge erteilen zu lassen. Einzeln bringen die (zum Teil heraldischen) Tiere ihre – Staat, Religion und Moral betreffenden – Ratschläge vor, und zwar so, daß die Rede eines Vogels jeweils mit der eines Vierfüßlers abwechselt. Der Adler (gemeint ist wohl der in Vasallenverhältnis zum böhmischen König stehende Markgraf von Mähren) beginnt mit seinem Wort die Ratsversammlung, der Schwan beschließt sie. Die Art der Ratschläge entspricht meist den vom mittelalterlichen *Physiologus* den einzelnen Tieren zugeschriebenen Eigenschaften, d. h., die Vorschläge »positiver« Tiere (z. B. Adler, Pferd, Nachtigall) sind vernünftig, die der »negativen« Tiere (z. B. Wolf, Ochse, Hase) jedoch bewußt lächerlich formuliert. Die allgemeine Tendenz des Fürstenspiegels, dem König das Ideal eines vollkommenen Herrschers, der seine Macht mit Adel und Geistlichkeit zu teilen bereit ist, vor Augen zu halten, kommt in *Nová rada* ganz klar zum Ausdruck. Die Allegorie enthält aber auch zum Teil satirisch gefärbte bzw. sprichwortartige Anspielungen auf zeitgenössische Ereignisse, z. B. die Praxis der Ämterverteilung, der Rechtspflege, des religiös-moralischen und ritterlich-höfischen Lebens, sogar auf einen Streit zwischen Smil Flaškas Vater und König Wenzel, wobei es um Fragen des Familienbesitzes ging.

Neben *Nová rada*, mit mehr als 2000 Versen (eleganten, flüssigen Achtsilbern in Reimpaaren) eine umfangreiche Dichtung, stammen möglicherweise auch die nach deutschem Vorbild (vgl. den mhd. *Winsbeke*) gestaltete, inhaltlich und formal mit *Nová rada* verwandte ritterliche Standeslehre *Rada otce synovi (Rat des Vaters an seinen Sohn)* und das Streitgespräch *Svár vody s vínem (Streit des Wassers mit dem Wein)* aus der Feder Smil Flaškas. Auch wenn eine gemeinsame Autorschaft bisher nicht eindeutig bewiesen werden konnte, handelt es sich zumindest um Werke ein und derselben Schule, für die HRABÁK nach ihrem Hauptvertreter die Bezeichnung *Smilova škola (Smils Schule)* geprägt hat (typisches Merkmal dieser Schule: Hang zur Dramatisierung, Dialogisierung, Versform). – Die *Nova rada* ist in drei Handschriften aus dem 15. Jh. überliefert. Im 16. Jh. wurde der Text den neuen Gegebenheiten angepaßt, »aktualisiert«: 1528 gab Jan FENTZL-MANTUANUS, ein Bürger aus Pilsen, eine Bearbeitung der Allegorie unter dem Titel *Radda zhovadilých zvieřat (Der Rat der wilden Tiere)* heraus. Vor allem in der 1520 in Nürnberg gedruckten lateinischen Übertragung des Olmützer Bischofs Jan DOUBRAVSKÝ (Johannes Dubravius), eines Schülers von Conrad CELTIS, wurde das (als Vademecum für den jungen König Ludwig II. gedachte) Werk im Westen bekannt. D.Bu.

AUSGABEN: Prag 1845 (in *Výbor z literatury české*, Tl. 2; Hg. J. Jungmann). – Prag 1876 (in *Památky staré literatury české*, Tl. 1, Hg. J. Gebauer). – Prag 1947, Hg. J. Daňhelka (Listy filologické, 71). – Prag 1950 [philol. Umschr.]. – *Rada zhovadilých zvieřat*, Prag 1528. – Prag 1578. – Prag 1814 (*Rada všelikých zvířat*, Hg. K. Thám; Vorw. J. Dobrovský, m. einer Studie von K. Polák). – Prag 1939 [Faks.; Hg. u. Nachw. F. Flajšhans]. – Prag 1940 [neutschech. Übers. v. J. Vrba].

ÜBERSETZUNGEN: *Theriobulia Joannis Dubravii sive De regiis praeceptis*, J. Doubravský, Nürnberg 1520 [lat.]. – *Der neue Rath des Herrn Smil von Pardubitz*, J. Wenzig, Lpzg. 1855.

LITERATUR: J. Gebauer, *Úvahy o »Nové radě« S. F. z P. a o Radě zvířat skladatele neznámého s úvodem o báji zvířecké* (in Sborník věd. Muzea Království českého, 1873). – A. Kraus, *K. S. »Nové radě«* (in Listy filologické, 1904). – J. B. Čapek, *Alegorie »Nové rady« a Theriobulie* (in Věstník Královské české společnosti nauk, 2, 1936). – Ders., *Die Ironie des S. F.* (in Slavische Rundschau, 10, 1936, S. 68–79). – Ders., *Vznik a funkce »Nové rady«* (in Věstník Královské české společnosti nauk, 1938). – F. M. Bartoš, *Zur Deutung der »Nová rada« des S. F. z P.* (in Slavische Rundschau, 1938). – J. Daňhelka, *Třeboňský zlomek »Nové rady«* (in Listy filologické, 71, 1947, S. 94 ff.). – E. Petrů, *Zašifrovaná skutečnost*, Ostrava 1972.

GUSTAVE FLAUBERT

* 12.12.1821 Rouen
† 8.5.1880 Croisset

LITERATUR ZUM AUTOR:
Bibliographie:
R. Dumesnil u. D.-L. Demorest, *Bibliographie de G. F.*, Paris 1937.

Forschungsberichte:
E. E. Freimuth von Helms, *German Criticism of G. F., 1857–1930*, NY 1939; Nachdr. 1966. – E. Johnson, *The Critical Reception of G. F. in the United States, 1860–1960*, Den Haag/Paris 1966. – W. Krömer, *F.*, Darmstadt 1980 (EdF). – A. W. Raitt, *État présent des études sur F.* (in Inf. litt, 34, 1982, S. 198–206).
Zeitschrift:
Les amis de Flaubert, Rouen 1962 ff.
Biographien:
F. par lui-même, Hg. J. de la Varende, Paris 1958 (dt. *G. F. in Selbstzeugnissen und Bilddokumenten*, Reinbek 1958; rm). – B. F. Bart, *F.*, Syracuse/NY 1969. – E. M. Starkie, *F., the Making of the Master*, Ldn. 1967 (dt. *G. F. Kindheit, Lehrzeit, frühe Meisterschaft*, Hbg./Düsseldorf 1971). – Ders., *F. the Master. A Critical and Biographical Study, 1856–1880*, Ldn. 1971. – J.-P. Sartre, *L'idiot de la famille. G. F. de 1821 à 1857*, 3 Bde., Paris 1971/72 (dt. *Der Idiot der Familie*, 5 Bde., Reinbek 1977–1980; vgl. dazu H. E. Barnes, *Sartre et F.*, Chicago/Ldn. 1981). – *Album F.*, Hg. J. Bruneau u. J. A. Ducourneau, Paris 1972 (Pléiade). – C. Tricotel, *Comme deux troubadours. Histoire de l'amitié F. – Sand*, Paris 1978. – G. Henry, *L'histoire du monde, c'est une farce ou La vie de G. F.*, Condé-sur-Noireau 1980.
Gesamtdarstellungen und Studien:
M. Proust, *A propos du ›style‹ de F.* (in NRF, 1. 1. 1920; auch in M. P., *Contre Sainte-Beuve*, Hg. P. Clarac, Paris 1971, S. 586 ff.; Pléiade). – A. Thibaudet, *G. F. Sa vie, ses romans, son style*, Paris 1922; ern. 1979. – E. Maynial, *F. et son milieu*, Paris 1927. – G. de Maupassant, *Étude sur G. F.* (in G. de M., *Œuvres posthumes*, Bd. 2, Paris 1930). – D. L. Demorest, *L'expression figurée et symbolique dans l'œuvre de F.*, Paris 1931; Nachdr. Genf 1967. – H. Guillemin, *F. devant la vie et devant Dieu*, Paris 1939; ern. 1963. – E. Maynial, *F.*, Paris 1943. – J. Suffel, *G. F.*, Paris 1958. – H. Friedrich, *Drei Klassiker des frz. Romans, Stendhal, Balzac, F.*, Ffm. 1960; 8*1980. – R. Dumesnil, *La vocation de G. F.*, Paris 1961. – A. Y. Naaman, *Les débuts de G. F. et sa technique de la description*, Paris 1962. – J. Bruneau, *Les débuts littéraires de G. F., 1831–1845*, Paris 1963. – P. M. Wetherill, *F. et la création littéraire*, Paris 1964. – *F. A Collection of Critical Essays*, Hg. R. Giraud, Englewood Cliffs/N.J. 1964. – V. Brombert, *The Novels of F.*, Princeton 1966. – M. Nadeau, *G. F. écrivain*, Paris 1969. – J.-L. Douchin, *Le sentiment de l'absurde chez G. F.*, Paris 1970 (ALM). – R. J. Sherrington, *Three Novels by F.*, Oxford 1970. – C. Digeon, *F.*, Paris 1970. – *F.*, Hg. R. Debray-Genette, Paris 1970. – R. K. Cross, *F. and Joyce*, Princeton 1971. – E. L. Gans, *The Discovery of Illusion. F.s Early Works, 1835–1837*, Berkeley u. a. 1971. – B. Wagner, *Innenbereich und Äußerung. F.sche Formen indirekter Darstellung und Grundtypen der erlebten Rede*, Mchn. 1972. – G. Bollème, *La leçon de F.*, Paris 1972 (10/18). – P. Danger, *Sensations et objets dans le roman de F.*, Paris 1973. –

M. Reboussin, *Le drame spirituel de F.*, Paris 1973. – K. D. Bertl, *F. Die Zeitstruktur in seinen erzählenden Dichtungen*, Bonn 1974. – J. Culler, *F. The Uses of Uncertainty*, Ldn. 1974. – *Modernité de F.* (In Littérature, 4, 1974, Nr. 15; Sondernr.). – *La production du sens chez F.*, Hg. C. Gothot-Mersch, Paris 1975 (10/18). – U. Dethloff, *Das Romanwerk F.s*, Mchn. 1976. – *Langages de F.*, Hg. M. Issacharoff, Paris 1976. – G. Bonaccorso, *L'Oriente nella narrativa di F.*, 2 Bde., Messina 1979. – *Essais sur F. en l'honneur du prof. D. Demorest*, Hg. C. Carlut, Paris 1979. – *Über G. F.*, Hg. G. Haffmans u. F. Cavignelli, Zürich 1979 (detebe). – *F. à l'œuvre*, Hg. R. Debray-Genette u. a., Paris 1980. – RHLF, 81, Juli–Okt. 1981 [Sondernr. *G. F.*]. – L'Arc, 79, 1980 [Sondernr. *G. F.*]. – *F. et Maupassant, écrivains normands*, Hg. J.-M. Bailbé u. J. Pierrot, Paris 1981. – *G. F.*, Hg. S. Agosti u. a., Fribourg 1981. – *F., la dimension du texte*, Hg. P. M. Wetherill, Manchester 1982. – R. Warning, *Der ironische Schein. F. und die ›Ordnung der Diskurse‹*, (in *Erzählforschung*, Hg. E. Lämmert, Stg. 1982, S. 290–318). – *Travail de F.*, Hg. G. Genette u. T. Todorov, Paris 1983. – *F., la femme, la ville*, Paris 1983. – *G. F. 1: F., et après...*, Hg. B. Masson, Paris 1984 (RLMod, Nr. 703–706). – J. L. Douchin, *Le bourreau de soi-même. Essai sur l'itinéraire intellectuelle de G. F.*, Paris 1984 (ALM). – Ders., *La vie érotique de G. F.*, Paris 1985. – *Ex oriente lux. Zur Genese einer Ästhetik der Moderne. F.*, Ffm. 1986 (stw). – *G. F. 2: Mythes et religions (1)* Hg. B. Masson, Paris 1986 (RLMod, Nr. 777–781). – M. P. Ginsburg, *F. Writing. A Study in Narrative Strategies*, Stanford 1986. – *G. F.*, Hg. A. de Toro, Tübingen 1987.

BOUVARD ET PÉCUCHET

(frz.; *Bouvard und Pécuchet*). Roman von Gustave FLAUBERT, entstanden zwischen 1872 und 1880, postum 1881 unvollendet veröffentlicht. – Diese Fassung beinhaltet den fast vollständigen, aus zehn Kapiteln bestehenden ersten Teil des auf zwei Teile geplanten Gesamtwerks. Der Roman scheint – was die Hauptfiguren betrifft – von der Erzählung *Les deux Greffiers (Die beiden Gerichtsschreiber)* von MAURICE motiviert zu sein, die am 14. April 1841 in der ›Gazette des tribunaux‹, im Mai 1841 im ›Journal des journaux‹ und am 7. Februar 1858 in ›L'Audience‹ abgedruckt wurde. Bei genauer Analyse und Interpretation dieses Romans erweist sich diese Quelle jedoch als vordergründig und irrelevant. Vielmehr ist die Entstehung von *Bouvard et Pécuchet* im Zusammenhang mit dem als zweiten Teil geplanten *Dictionnaire des idées reçues (Wörterbuch gängiger Meinungen)*, in dem bürgerliche Klischees, Sprichwörter, Ideologeme und Pseudophilosophien von Flaubert zusammengetragen wurden, zu sehen sowie in Verbindung mit einer tiefgreifenden Auseinandersetzung mit den Denk- und Wissenschaftssystemen des 19. Jh.s, wie sich aus den Flaubertschen *Dossiers/Carnets* entnehmen läßt. In diesem Roman, in dem das gesamte kulturelle Wissen des 19. Jh.s vorgestellt, problematisiert und in Frage gestellt wird, geht es nicht um die Abenteuer von Bouvard und Pécuchet, sondern um die Frage, ob Wissen und Wissenschaft im Gefolge des später von M. FOUCAULT beschriebenen »epistemologischen« Bruchs zwischen dem Ende des 18. und dem Beginn des 19. Jh.s und vor dem Hintergrund der daraus sich ergebenden neuen Organisation der Wissensbereiche bzw. der Einzelwissenschaften noch möglich sind. *Bouvard et Pécuchet* ist ferner auch ein Roman über den Roman, Literatur über Literatur und muß, so gesehen, jener großen Tradition zugeordnet werden, die u. a. von DANTES *Divina Commedia*, CERVANTES' *Don Quijote*, GOETHES *Faust* und BALZACS *Comédie humaine* gebildet wird. Die literargeschichtliche Bedeutung des Romans wurde weitgehend und lange Zeit übersehen, und dem Werk wird heute noch mit Mißtrauen begegnet, was sicher durch die hier skizzierten Fragestellungen mitbedingt sein mag. Einen entscheidenden Beitrag zur Rezeption und neuen literargeschichtlichen Einordnung dieses Werks hat vor allem die seit 1978 bestehende »Forschungsgruppe Flaubert« am Pariser Centre national de la recherche scientifique geleistet.

Im Gegensatz zu anderen Romanen Flauberts, wie *Madame Bovary* oder *L'Éducation sentimentale*, sind hier nicht die Schicksale der Romangestalten wichtig, sondern die von ihnen vertretenen Ideologeme. *Bouvard et Pécuchet* kann in zwei Haupthandlungen gegliedert werden. Die erste und wichtigste, weil sie den eigentlichen Gegenstand des Romans bildet, ist jene der verschiedenen Studiengebiete, die sich die beiden Helden im Laufe ihres Lebens erarbeiten wollen und die durch dreizehn stereotyp aufgebaute und austauschbare Elementarsequenzen konstituiert ist. Die zweite ist jene, die sich im Privatleben der beiden Helden auf der nichtwissenschaftlichen Seite abspielt, wobei die Grenzen zwischen den Handlungsebenen bzw. ihre Motivationsausgänge oft fließend sind. Auf der ersten Handlungsebene befassen sich die Helden mit folgenden Gebieten: 1. Landwirtschaft und Gärtnerei, 2. Chemie und Medizin, 3. Geologie und Astronomie, 4. Archäologie, 5. Historiographie, 6. Literatur, 7. Politik, 8. Gymnastik, 9. Magie, 10. Philosophie, 11. Mystik und 12. Pädagogik (hier kommen alle Wissensgebiete noch einmal in der Lehre vor). Jede einzelne Handlungssequenz ist durch den Beginn, die Ausführung und das Scheitern der wissenschaftlichen Tätigkeit gekennzeichnet. Die Motivation, sich mit den unterschiedlichen Wissenschaften zu befassen, kann entweder auf der theoretischen Ebene liegen, wenn die Helden z. B. feststellen, daß sie, um im Bereich der Archäologie weiterkommen zu können, historisches Wissen benötigen, oder im Bereich des Privatlebens, wenn sie sich z. B. beim Beobachten der Sterne, der Geologie oder beim Erleben einer Messe, der Mystik widmen. Bei all diesen Beschäftigungen zeigen die Helden einen hohen Grad an Identifikation mit den jeweiligen Wissenschaften, wobei Bouvard immer der gemäßigte ist, der die Tätigkeiten als Zeitvertreib sieht, im Gegensatz zu Pécuchet, der sie professionell, verbissen und radikal betreibt: Widmen sich die beiden »Gelehrten« der Mystik, übt Pécuchet Selbstkasteiung, befassen sie sich mit der Geologie, tragen sie beide das Gewand der Geologen, interessieren sie sich für Literatur, suchen sie Inspiration und kleiden sich wie Künstler usw. Die Ergebnisse dieser Tätigkeiten sind aber immer mit dem Scheitern belegt. Den Helden gelingt es nicht, zu kohärenten und sinnvollen Ergebnissen zu kommen, sei es aus Unvermögen, aus Wissensmangel oder aufgrund der Unmöglichkeit, ein Wissensgebiet vollständig zu erforschen, die in der für die Geistesgeschichte des 19. Jahrhunderts typischen Zersplitterung des Wissens begründet ist. Aber nicht nur im theoretischen Bereich erleben die Helden bittere Niederlagen, sondern auch im Privatleben, als sie, ausgehend von einem stark ausgeprägten Sendungsbewußtsein und Geltungsbedürfnis, ihre Ergebnisse ihren biederen Nachbarn vorstellen wollen: Sie ernten Spott und Ablehnung bis hin zu Feindschaft.

Die zweite Handlungsebene beinhaltet das Leben der Helden in Paris, wo sie als Bürogehilfen arbeiten, die parodistische abenteuerliche Umzugsreise von Paris nach Chavignolles, Bouvards Antritt einer Erbschaft, die Idealisierung des Landlebens, die Führung des Haushalts, die Teilnahme am Dorfleben, die Revolution von 1848, die Liebesaffären der Helden und schließlich ihr Ende als Behörden-Schreiberlinge, eine öde und stumpfsinnige Tätigkeit, die sie nun nach all den erlebten Desastern gerne ausüben.

Bouvard et Pécuchet ist letztlich ein hochgradig satirischer und parodistischer Roman, in dem die romantische Ideologie und Kunst insgesamt in ihrer Überzogenheit und Untauglichkeit bloßgelegt werden und das bürgerliche Leben in seiner Heuchelei und seinem Drang nach Geld und Opportunismus entlarvt wird. Das wird dem Leser am Beispiel der Erstellung einer romantischen schaurigen Gartenanlage mit mißlungenen Teichen, Grotten, Brücken und Wasserfällen verdeutlicht oder am Beispiel der unglückseligen Liebesaffären: Während Mme. Bordin sich als eine geldgierige Witwe erweist, die nur bereit ist, Bouvard zu heiraten, wenn dieser ihr seine Erbschaft abtritt, holt sich Pécuchet bei einer pseudoromantischen Liebeswerbung um sein Dienstmädchen Méli die Syphilis und wird unfreiwillig Vater, was ihm dann beinahe eine Gefängnisstrafe einbringt. – *Bouvard et Pécuchet* ist ein Roman über den Roman, in dem die unterschiedlichen Gattungen und deren Diskurstypen parodiert werden und schließlich die neue Organisation des Wissens im 19. Jh. thematisiert und in Frage gestellt wird. A. de T.

AUSGABEN: Paris 1881. – Paris 1910 (in *Œuvres complètes*, 18 Bde., 1909–1912, 11). – Paris 1957, Hg. C. Haroche [krit.]. – Paris 1964, Hg. A. Cento [krit.]. – Lausanne 1965 (in *Œuvres complètes*, Hg.

M. Nadeau, 18 Bde., 1964/65, 17). – Paris 1966; ern. 1983, Hg. J. Suffel (GF). – Paris 1972, Hg. ders. (Class. Garn). – Paris 1972 (in *Œuvres complètes*, 16 Bde., 1971–1976, 5/6). – Paris 1979 (in *Œuvres*, Hg. A. Thibaudet u. R. Dumesnil, 2 Bde., 1977–1979, 2; Pléiade). – Paris 1979, Hg. C. Gothot-Mersch (Folio). – Neapel 1983 (*Le second volume de Bouvard et Pécuchet*, Hg. A. Cento u. L. Carminti-Pennarola; krit.).

ÜBERSETZUNGEN: *Bouvard und Pécuchet*, E. W. Fischer, Potsdam 1922. – Dass., G. Goyert, Mchn. 1923; ern. Ffm. 1979 (Insel Tb). – Dass., E. Marx, Lpzg./Darmstadt 1959; ern. in *Werke*, 8 Bde., 6, Zürich 1979 (detebe). – Dass., Th. Dobberkau, Bln. 1980. – *Wörterbuch der Gemeinplätze*, D. Müller, Mchn. 1968. – Dass., M. Petzenhauser, Mchn. 1985.

LITERATUR: D. Demorest, *A travers les plans, manuscrits et dossiers de »Bouvard et Pécuchet«*, Paris 1931. – R. Dumesnil, *Le sottisier de »Bouvard et Pécuchet«* (in MDF, 1936, Nr. 272, S. 493–503). – L. Rossi, *The Structure of F.'s »Bouvard et Pécuchet«* (in MLQ, 14, 1953, S. 102–111). – C. Neuenschwander-Naef, *Vorstellungswelt u. Realismus in »Bouvard et Pécuchet«*, Winterthur 1959. – R. Queneau, *»Bouvard et Pécuchet« de F.* (in R. Q., *Bâtons, chiffres et lettres*, Paris 1965, S. 97–124). – G. Bollème, *Le second volume de »Bouvard et Pécuchet«*, Paris 1966. – M. Hardt, *F.s Spätwerk. Untersuchungen zu »Bouvard et Pécuchet«*, Ffm. 1970. – A. Cento, *Commentaire de »Bouvard et Pécuchet«*, Neapel 1973. – J. Bem, *La production du sens chez F.: la contribution de Sartre* (in *La production du sens chez F.*, Hg. C. Gothot-Mersch, Paris 1975, S. 155 bis 175). – R. Jasinski, *Le thème de l'échec dans »L'Éducation sentimentale« et »Bouvard et Pécuchet«* (in R. J., *A travers le XIXe siècle*, Paris 1975, S. 302–322). – U. Schulz-Buschhaus, *Der historische Ort von F.s Spätwerk. Interpretationsvorschläge zu »Bouvard et Pécuchet«* (in ZfrzSp, 87, 1977, S. 193–211). – C. Duchet, *Écriture et désécriture de l'histoire dans »Bouvard et Pécuchet«* (in *F. à l'œuvre*, Hg. R. Debray-Genette, Paris 1980, S. 103–133). – C. Gothot-Mersch, *»Bouvard et Pécuchet«* (ebd., S. 135–167). – C. Mouchard et J. Neefs, *Vers le second volume, »Bouvard et Pécuchet«* (ebd., S. 169 bis 217). – C. Carlut u. a., *A Concordance to F.s »Bouvard et Pécuchet«*, NY/Ldn. 1980. – *F. et le comble de l'art. Nouvelles recherches sur »Bouvard et Pécuchet«*, Hg. P. Cogny u. a., Paris 1981. – E. Sallager, *Der Roman der Krise und seine Übersetzung* (in Komparatistische Hefte, 4, 1981, S. 33–55). – *»Bouvard et Pécuchet« centenaires*, Hg. D. G. Laporte, Paris 1981. – U. Schulz-Buschhaus, *F. »Bouvard et Pécuchet«* (in *Frz. Literatur in Einzeldarstellungen*, Hg. P. Brockmeier u. H. H. Wetzel, Bd. 2, Stg. 1982, S. 57–67). – I. Spica, *Le statut romanesque de »Bouvard et Pécuchet« de F.*, Brüssel 1984. – J. P. chard, *Paysages de »Bouvard et Pécuchet«* (in RLMod, 1984, Nr. 703–706, S. 19–34). –

E. Chargaff, *Ein kurzer Besuch bei Bouvard u. Pécuchet oder Der Laie als Fachmann* (in E. Ch., *Unbegreifliches Geheimnis*, Stg. 1986, S. 97–121). – A. Herschberg-Pierrot, *La mise en texte des idées reçues dans »Bouvard et Pécuchet«* (in G. F., Hg. A. de Toro, Tübingen 1987, S. 103–120). – E. Höfner, *»Bouvard et Pécuchet« et la science livresque* (ebd., S. 149–172). – A. de Toro, *»Bouvard et Pécuchet«: description du niveau de l'»histoire«* (ebd., S. 121–147).

UN CŒUR SIMPLE

(frz.; *Ein schlichtes Herz*). Erzählung von Gustave FLAUBERT, erschienen 1877. – Das nicht sehr umfangreiche, formal strenge Werk erfreute sich zu Flauberts Zeiten großer Beliebtheit. Das Schicksal von Mägden und Kammerzofen war ein geschätztes Sujet der Literatur des ausgehenden 19. Jh.s (vgl. *Germinie Lacerteux*, 1864, der Brüder GONCOURT; MAUPASSANTS *Histoire d'une fille de ferme*, 1889; Octave MIRBEAUS *Journal d'une femme de chambre*, 1900). *Un cœur simple* ist die Geschichte des armen Landmädchens Félicité, das sein Herz nacheinander einem Mann, den beiden Kindern ihrer Herrin Mme. Aubain, Paul und Virginie, ihrem Neffen Victor, einem pflegebedürftigen Greis und schließlich dem Papagei Loulou schenkt. Nach seinem Tod läßt Félicité den Vogel ausstopfen, der, als sie schließlich selbst im Sterben liegt, in ihrer Vorstellung mit dem Heiligen Geist identisch wird.

Das erste der fünf inhaltlich und formal sehr kunstvoll aufeinander abgestimmten Kapitel schildert Félicités Leben im Dienst der Witwe Aubain in Pont-l'Évêque. In der hauptsächlich durch Aufzählung vergegenwärtigten Umwelt wird die Magd gleichsam als zum Inventar des Hauses gehörig bei ihrer durch Tages- und Jahreszeiten festgelegten Arbeit vorgestellt. Einige wenige, das Geschehen stark raffende Sätze holen zu Anfang des zweiten Kapitels die Vorgeschichte nach: auch Félicité hatte eine Liebesgeschichte, deren unglücklicher Verlauf kurz erzählt wird. Dieser Enttäuschung wegen wechselte sie die Stelle; sie kam zu Mme. Aubain, nachdem sie bereits auf zwei Bauernhöfen Dienst getan hatte. Félicité Leben bei Mme. Aubain erscheint durch regelmäßige Wiederholungen und Gewohnheiten mechanisiert. Die Abschnitte beginnen etwa: *»Jeden Donnerstag…«, »In unbestimmten Abständen…«, »Bei schönen Wetter…«, »Fast immer…«* Nur selten läßt eine Zerstreuung die »geschlossene« Wirklichkeit in Vergessenheit geraten, etwa wenn Félicité ihren Schützling Virginie zum Kommunionunterricht in die Kirche begleiten darf, wenn Paul ihr seine erdkundlichen Kupferstiche zeigt oder wenn die Verwandten ihr erlauben, sich um ihren Neffen Victor zu kümmern. Diese Ereignisse haben im Rahmen des Ganzen eine entscheidende Funktion: sie bilden eine Motivkette und bereiten die Schlußszene vor. Virginie stirbt an einer Brustentzündung, und Victor segelt als Matrose nach Amerika. Es ist das Stichwort »Amerika«, das nach Victors Tod Félicités Interesse an dem exotischen Vogel, dem Papagei Loulou, bewirkt, ein Interesse, das später ihre einzige Beziehung zur Umwelt sein wird. Ihre Gleichsetzung von »Papagei« und »Heiliger Geist« kündet sich schon in den Kirchgängen mit Virginie an: Zu den meisten Episoden aus dem Leben Jesu hatte Félicité durch den Vergleich mit den vertrauten Dingen ihrer Umgebung Zugang gewonnen; nur der Heilige Geist wollte keine Gestalt annehmen. Es erscheint daher durchaus folgerichtig, wenn ihr einziger außergewöhnlicher, ja exotischer Besitz mit dem für sie unvorstellbarsten aller religiösen Symbole verschmilzt, nachdem sich die Wirklichkeit immer mehr verengt hat. Félicité ist im Alter taub und blind geworden, und Mme. Aubain ist gestorben. Der Schluß der Erzählung schildert das einsame Leben und den Tod der alten Magd in dem halbzerfallenen Haus. – *Un cœur simple* entstand unmittelbar nach Vollendung von *La légende de saint Julien l'hospitalier*; die dritte Erzählung der *Trois contes* ist *Hérodias*. Die drei gemeinsam publizierten Werke fanden einen selbst für Flaubert ungewöhnlichen Beifall, brachten aber nicht den finanziellen Erfolg, den sich der Autor davon erhofft hatte (Flaubert befand sich damals in Geldnöten und hat nach eigener Aussage *Un cœur simple* und *Hérodias* aus vorwiegend wirtschaftlichen Gründen geschrieben). Während die Behandlung historischer Stoffe in *La légende* und *Hérodias* zu Recht mit Gemälden von Delacroix verglichen wurde (Théodore de Banville), fasziniert *Un cœur simple* vor allem durch Flauberts inniges, beinahe demütiges Verständnis für dieses so einfache, einfältige Geschöpf seiner Phantasie, das ein naturalistischer Autor unweigerlich zum Objekt einer kritischen Studie gemacht hätte. H.Hu.-KLL

AUSGABEN: Paris 1877 (in Moniteur Universel, 12.-19. 4.). – Paris 1877 (in *Trois contes*). – Paris 1910 (in *Œuvres complètes*, 18 Bde., 1909–1912, 3). – Paris 1960 (in *Trois contes*, Hg. E. Maynial; erw. 1978; Class. Garn). – Lausanne 1965 (in *Œuvres complètes*, Hg. M. Nadeau, 18 Bde., 1964/65, 16). – Paris 1965 (in *Trois contes*, Hg. P.-M. de Biasi u. C. Grosse; ern. 1986; GF). – Paris 1972 (in *Œuvres complètes*, 16 Bde., 1971–1976, 4). – Paris 1973 (in *Trois contes*, Hg. S. S. de Sacy; Folio). – Paris 1979 (in *Œuvres*, Hg. A. Thibaudet u. R. Dumesnil, 2 Bde., 1977–1979, 2; Pléiade). – Paris 1983, Hg. G. Bonaccorso [Faks. der Mss.]. – Paris 1987, Hg. C. Oliviéri.

ÜBERSETZUNGEN: *Ein schwaches Herz*, F. Wolfahrt [d. i. P. Heichen], Bln. 1891. – *Ein schlichtes Herz*, E. Hardt, Lpzg. 1904. – *Ein einfältig Herz*, E. W. Fischer (in *GW*, Bd. 5: *Drei Erzählungen*, Minden 1908). – Dass., A. Schurig, Dresden/Bln. 1922. – *Ein schlichtes Herz*, E. Sander, Lpzg. 1925; ern. 1965 (in *Drei Erzählungen*; RUB). – Dass., L. Wolde (in *Drei Erzählungen*, Mchn. 1947; Ill. R. Kriesch). – *Ein einfältig Herz*, H. Reisiger, Potsdam 1950. – *Ein schlichtes Herz*, E. Hardt (in *Drei Erzählungen*, Ffm./Hbg. 1961; frz.-dt.; FiBü). – Dass., E. Rechel-Mertens (in *Drei Erzählungen*, Zürich 1966). – Dass., E. W. Fischer (in *Werke*, 8 Bde., 5: *Drei Geschichten*, Zürich 1979; detebe). – Dass., C. van Kleffens u. A. Stoll (in *Drei Erzählungen*, Ffm. 1982). – Dass., H. Kirmsse (in *Drei Erzählungen*, Bln./Weimar 1984).

LITERATUR: G. Michaut, *F.: »Trois contes«*, Paris 1935. – B. Stoltzfus, *Point of View in »Un cœur simple«* (in FR, 35, 1962, S. 19–25). – J. Fletcher, *A Critical Commentary on F.s »Trois contes«*, Ldn. 1968. – R. Debray-Genette, *Les figures du récit dans »Un cœur simple«* (in Poétique, 1, 1970, S. 348–364). – Dies., *Du mode narratif dans les »Trois contes«* (in Littérature, 1, 1971, Nr. 2, S. 39–62; ern. in *Travail de F.*, Hg. G. Genette u. T. Todorov, Paris 1983, S. 135–165). – Dies., *La technique romanesque de F. dans »Un cœur simple«* (in *Langages de F.*, Hg. M. Issacharoff, Paris 1976, S. 95–108). – W. Wehl, *»Un cœur simple«* (in *Die Novelle*, Hg. W. Krömer, Düsseldorf 1976, S. 150–162; 360-362). – G. A. Willenbrink, *The Dossier of F.s »Un coeur simple«*, Amsterdam 1976. – *Plans, notes et scénarios de »Un cœur simple«*, Hg. F. Fleury, Rouen 1977. – P. M. Wetherill, *Les dimensions du texte, ›Brouillons‹, manuscrits et version définitive. Les cas d'»Un cœur simple«* (in ZfrzSp, 89, 1979, S. 159–171). – A. Fairlie, *La contradiction créatrice* (in *Essais sur F. en l'honneur du prof. D. Demorest*, Hg. C. Carlut, Paris 1979, S. 203–231). – C. Carlut u. a., *A Concordance to F.s »Trois contes«*, NY/Ldn. 1979. – U. Mölk, *A propos de deux motifs accouplés dans »Un cœur simple« de F.* (in RZL, 5, 1981, S. 215–223). – R. Chambers, *Simplicité du cœur et duplicité textuelle* (in MLN, 96, 1981, S. 771–791). – G. Bonaccorso, *L'édition des manuscrits d'»Un cœur simple«* (in CAIEF, 33, Mai 1981, S. 171–186). – U. Mölk, *Über ein Motivpaar in F.s »Un cœur simple«* (in *Motive u. Themen in Erzählungen des späten 19. Jh.s*, Bd. 1, Göttingen 1982, S. 11–21). – G. Bonaccorso, *La descrizione narrativa in »Un cœur simple«* (in Micromégas, 9, 1982, Nr. 24, S. 129–146). – U. Schulz-Buschhaus, *Die Sprachlosigkeit der Félicité* (in ZfrzSp, 93, 1983, S. 113–130). – S. Haig, *The Substance of Illusion in F.s »Un cœur simple«* (in SFR, 7, 1983, S. 301–315). – F. R. Hausmann, *»Trois contes«* (in RZL, 8, 1984, S. 163–176). – R. Chambers, *An Invitation to Love* (in R. C., *Story and Situation*, Minneapolis/Manchester 1984). – R. M. di Stefano Palermo, *Le varianti di »Un cœur simple«*, Messina 1984. – R. Debray-Genette, *»Un cœur simple« ou comment faire un fin* (in RLMod, 1984, Nr. 703–706, S. 105–133).

CORRESPONDANCE

(frz.; *Briefe*) von Gustave FLAUBERT, erschienen 1926–1933. – Flauberts Briefe haben in ihren mehr oder weniger vollständigen Editionen bis heute die

Flaubert-Liebhaber, Literaturwissenschaftler und Autoren bis hin zu den Theoretikern des *nouveau roman* ungleich stärker und kontinuierlicher beschäftigt als jede vergleichbare andere Briefsammlung von Flauberts Zeitgenossen, obgleich sie, in rein biographischer Hinsicht, kaum interessanter sind als andere Korrespondenzen des 19. Jh.s (vgl. etwa die Briefwechsel STENDHALS, BALZACS, BAUDELAIRES). Flauberts Briefpartner haben fast alle einen festen Platz in der Literatur-, Kunst-, Theater-, Bibliotheks- und Verlagsgeschichte seiner Zeit. Zu den Korrespondenten gehören u. a. P. ALEXIS, Ch. BAUDELAIRE, G. CHARPENTIER, F. COPPÉE, A. DAUDET, M. du CAMP, E. FEYDEAU, die Brüder GONCOURT, L. HENNIQUE, J.-M. de HÉRÉDIA, E. HOUSSAYE, V. HUGO, J.-K. HUYSMANS, Ch. LECONTE DE LISLE, G. de MAUPASSANT, J. MICHELET, E. RENAN, Ch.-A. SAINTE-BEUVE, G. SAND, H. TAINE, TURGENEV, É. ZOLA.

Vierzig Lebensjahre Flauberts sind in der *Correspondance* recht genau dokumentiert. In dieser »Biographie« sind festgehalten die Beziehung zu Louise Colet, die Äußerungen des alten Flaubert zum Krieg von 1870/71 und zur Kommune; die zärtliche Anhänglichkeit seiner Nichte Caroline gegenüber, die Freundschaft mit Louis BOUILHET; der Kontakt zur Prinzessin Mathilde, der stets vorhandene Bürgerhaß, das manifest Anti-Bourgeoise, ebenso wie die Schattenseiten in diesem Leben: der Tod der Brüder, vor allem der der Mutter (1872), die immer bedrückender werdende Einsamkeit, das selbstauferlegte Arbeits-Exil des »Höhlenbären« in Croisset. Der unermüdliche Arbeiter, der Stilist und pedantische Korrektor eigener Entwürfe, der Sprachpurist, der sich allerdings in seinen Briefen einer sehr viel freieren, den Argot einbeziehenden Sprache bedient, nimmt in den Briefen Gestalt an. Erkennbar wird der unermüdliche Leser, der Bücher- und Enzyklopädien-Mensch, der Archivar des Wissens, der, darin JEAN PAUL nicht unähnlich, katalogisiert und verzettelt, was ihm an Schrifttum aller möglichen Zeiten und Kulturen in die Hände gerät: der imstande ist, für die Abfassung eines Romans *(Salammbô)* nicht nur eine Reise zu unternehmen, um sich die Schauplätze der Handlung einzuprägen, sondern auch 1400 Büchern zu lesen und zu exzerpieren. Dieser Aspekt ist bisher in der Diskussion über den »realistischen« Flaubert zu wenig bedacht worden. Auch Flauberts Romanthemen kreisen immer wieder um das Problem von Buchwissen und dessen Verwendbarkeit im praktischen Bereich des »Lebens«: Man denke in diesem Zusammenhang an *Madame Bovary*, an die *Tentation de Saint-Antoine* und vor allem an das Fragment gebliebene Spätwerk *Bouvard et Pécuchet* und seinen geplanten Untertitel *Du défaut de méthode dans les sciences* mit dem zentralen Thema des Buches als Quelle des Wissens und zugleich als Quelle der Fehlinformation, des Fehlverhaltens. Es ist nur an ganz wenigen Stellen, bei ganz besonderen Situationen möglich, rein Persönliches herauszulösen; die überwiegende Zahl der Briefe verbindet das Private sofort mit Betrachtungen zum Generalthema »Kunst«. Das Thema der Kunst, genauer der Literatur (die übrigen Künste werden nur am Rande behandelt), ist der Parameter für alle anderen Dinge, Vorfälle und Gegebenheiten, auch im privaten Bereich. Selbst die Briefe an die Geliebte Louise Colet sind Briefe über Stil- und Literaturfragen. Politische Sachverhalte werden unter diesem Aspekt betrachtet; so heißt es zur Proklamation der Republik am 24. 2. 1848: »*Ich weiß nicht, ob die neue Regierungsform und die Gesellschaftsform, die daraus resultieren wird, der Kunst günstig sein werden. Das ist immerhin eine Frage.*« Der immens hohe Anteil poetologisch wichtiger Texte macht aus der *Correspondance* eine der bedeutendsten »Ästhetiken« des 19. Jh.s.

Hierzu gehört zunächst einmal der gesamte Komplex der Literaturkritik. Flaubert nimmt zu Werken von Zeitgenossen ausschließlich in diesen Privatbriefen Stellung. Eine genaue Lektüre und eine oft Satz für Satz erfolgende Kommentierung, vor allem von Stilproblemen, läßt er auch Büchern angedeihen, die ihm als dem schon bekannten Autor zugeschickt werden. Aus der resignierten oder auch bösen Kritik an den Literaturkritikern – (»*Oh diese Kritiker! diese ewige Mittelmäßigkeit, die vom Genie lebt, um es zu verleumden oder um es auszubeuten! Maikäferrasse, die ihr die schönen Blätter der Kunst auffreßt*«) – entsteht der immer wieder aufgegriffene Plan, selbst Kunstkritik zu schreiben, und zwar nicht privatim in Briefen, sondern in Form von Publikationen: »*Die Literaturkritik, scheint mir, muß in neuer Form gemacht werden...*«, schreibt Flaubert in einem Brief an G. Sand vom 30. 9. 1853. – Eine Literaturkritik, deren Strenge Flauberts Ansprüchen genügen würde, setzte freilich ein festes Kategorien- und Normensystem voraus, eine verbindliche Ästhetik also, die es im 19. Jh. nicht mehr gibt. Um publizierbare Kritik schreiben zu können, müßte man, so ließe sich der Gedankengang Flauberts in etwa rekonstruieren, zuerst eine Ästhetik veröffentlichen, die ein komplettes, geschlossenes Normensystem darstellt und einen ebenso hohen Grad an Reflexion und Verbindlichkeit wie die der Klassiker erreicht.

Diese Ästhetik ist zwar ungeschrieben geblieben, dennoch bildet sie einen wichtigen Bestandteil in Flauberts Überlegungen: Sie ist der Bezugspunkt des eigenen Schaffens, der Rezeption und der Kritik der zeitgenössischen Produktion. (Daß Zola es dann unternimmt, eine solche neue Poetik und Ästhetik zu formulieren ist vielleicht sogar auf Flauberts Einfluß zurückzuführen). Die Ansätze und Vorüberlegungen zu diesem ungeschriebenen Buch, wie fragmentarisch und ungeordnet sie auch sein mögen, stellen den interessantesten Teil von Flauberts Briefen dar. Hieraus erklärt sich auch das Interesse der Forschung: Nicht um die Rekonstruktion der Person Flauberts durch die »*schriftlich fixierten Lebensäußerungen*« (W. Dilthey) geht es – ein solches Eindenken in die Person würde auch, gerade im Falle Flauberts, keinerlei interpretatorische Hilfen für das Verstädnis der Werke liefern –, sondern um Äußerungen zu ästhetischen

Problemen in Flauberts Werk (alle wichtigen Begriffe, wie der Begriff des »Sehens«, der Begriff der *impersonnalité* und der der *impassibilité* etc. sind erläutert oder doch angeschnitten), aus denen letztlich seine Poetik entwickelt werden sollte. – In den Romanen selbst hat der Erzähler und haben poetologische Reflexionen keinen Platz, auch nicht in Form von Vorworten (die ja recht beliebt waren; man denke z. B. an die Unzahl von *Préfaces* bei Balzac). Der Erzähler hat eine Art von *deus absconditus* zu sein, zwar vorhanden, aber nicht greifbar, nicht »zitierbar«: Die Texte selber sollen sprechen. Dem Verzicht Flauberts auf Digression und Kommentare des Erzählers in den Romanen (und auch in anderen Schriften; eine Ausnahme bildet nur der *Hommage à Louis Bouilhet*) korreliert seine detaillierte, alle Probleme der literarischen Produktion und Darstellung peinlich genau aufzeichnende und vermittelnde Korrespondenz – die Vorüberlegungen zu einer geschlossenen Ästhetik. E.Hö.

AUSGABEN: Paris 1926–1933. – Lausanne 1964–1965 (in *Les œuvres*, Hg. M. Nadeau, 18 Bde., 4, 7, 9, 12, 14–16, 18). – Paris 1974–1976 (in *Œuvres complètes*, 16 Bde., 1971–1976, 13–16). – Paris 1971 ff. (bisher 2 Bde.; Pléiade). – Paris 1981 (*Correspondance G. F. – G. Sand*, Hg. A. Jacobs).

ÜBERSETZUNGEN: *Briefe über seine Werke*, E. Greve, Minden 1906. – *Reisebriefe*, E. W. Fischer, Potsdam 1921. – *Jugendbriefe*, ders., Potsdam 1923. – *Unveröffentlichte Briefe an L. Colet*, E. W. Fischer (in NRS, 35, 1924, S. 249–256). – *Briefe an L. Colet*, ders. (ebd., 41, 1930, S. 664–674). – *Briefe an H. Taine*, ders., Wiesbaden 1954. – *Briefe an G. Sand*, E. v. Hollander, Weimar 1956 [m. e. Essay v. H. Mann]. – *Briefe*, H. Scheffel, Stg. 1964. – Dass., ders. (in *Werke*, 8 Bde., 7, Zürich 1977; detebe).

LITERATUR: E.-L. Ferrère, *L'esthétique de G. F.*, Paris 1913; Faks. Genf 1967. – H. Freijlich, *F. d'après sa correspondance*, Paris 1933. – G. Blöcker, *F., Briefe* (in G. B., *Literatur als Teilhabe*, Bln. 1966, S. 263–266). – C. Carlut, *La correspondance de F., étude et répertoire critique*, Paris 1968. – S. Toulet, *Le sentiment religieux de F. d'après sa correspondance*, Quebec 1970. – G.W. Frey, *Die ästhetische Begriffswelt F.s. Studien zu der ästhetischen Terminologie der Briefe F.s.*, Mchn. 1972.

L'ÉDUCATION SENTIMENTALE.
Histoire d'un jeune homme

(frz.: *Lehrjahre des Gefühls. Geschichte eines jungen Mannes*). Roman von Gustave FLAUBERT, erschienen 1869; ein Jugendwerk gleichen Titels aus dem Jahre 1845 hat der Autor wegen stilistischer Mängel nie publiziert, es wurde erst 1910 durch die Gesamtausgabe bei Conard bekannt. – Trotz des großen Erfolgs der *Madame Bovary* (1857) hielt Flaubert seine sogenannte zweite *Éducation sentimentale* (1869), an der er mehrere Jahre lang gefeilt hatte, für sein bestes Werk. Doch erst die literarische Kritik des 20. Jh.s (u. a. PROUST, LUKÁCS, THIBAUDET, W. BENJAMIN) erkannte die überragende künstlerische Bedeutung des Romans, dessen Desillusionscharakter die meisten Zeitgenossen Flauberts abgestoßen hatte.

In der Tat verwandelt sich die anfängliche Sympathie des Lesers für den jungen Frédéric Moreau, der als Student voller Pläne und Hoffnungen im Jahre 1840 aus der Provinz nach Paris kommt, bald in Unwillen angesichts der Labilität, Feigheit und Mittelmäßigkeit Frédérics, die immer deutlicher sichtbar werden. Das empfindliche und schwankende Gemüt des jungen Mannes, der vage künstlerische und gesellschaftliche Ambitionen hegt, wird schon bald von einer Leidenschaft überwältigt, deren Gaukelspiel dann jahrelang seine Einbildungskraft gefangen nimmt und seine Tatkraft lähmt. Wie einen Traum, dessen Verwirklichung oft ganz nahe scheint, erlebt Frédéric die Liebe zu Madame Arnoux, der Frau eines Kunsthändlers am Montmartre. Die behutsamen, zwischen Sympathie und Distanz zu Frédéric wohl ausgewogenen Reaktionen dieser liebenswerten Frau, die ihrem Mann im Grunde nicht zugetan ist, hat Flaubert in den feinsten Nuancen dargestellt: Madame Arnoux ist die einzige Figur des Romans, die der Desillusionierung bis zuletzt entzogen bleibt.

Durch den armen, aber ehrgeizigen Freund Deslauriers, der als Advokat zu Macht und Reichtum gelangen will, gerät Frédéric in eine weniger gefühlvolle Welt, die Gesellschaft revolutionär gesinnter Künstler und Journalisten (Pellerin, Régimbart, Hussonnet, Dussardier u. a.), die in der politisch unruhigen Zeit kurz vor 1848 ihre Ambitionen und Illusionen in der Tat umsetzen wollen. Den Revolutionären steht die Gruppe der Konservativen um den Großaktionär Dambreuse und seinen skrupellosen Helfer Roque gegenüber. Der auf Erfolg und sozialen Rang bedachte Frédéric ist bei den ersten Kontakten geblendet von dem äußeren Glanz dieser innerlich korrupten Gesellschaft. Gegenüber Dambreuse, dem Träger sämtlicher Verdienstkreuze des Staats, erscheint der bankrottierende Geschäftemacher Arnoux, der sich erst als Kunsthändler, dann als Unternehmer versuchte, noch sympathisch, obwohl er seine Frau, für die Frédéric alles gegeben hätte, betrügt. Durch ihn lernt Frédéric, der in seiner »inaktiven Leidenschaft« für Madame Arnoux verharrt, die Kurtisane Rosanette kennen, die sein sinnliches Begehren stillt. Die Ausflugsfahrt der beiden Verliebten durch den Wald von Fontainebleau gehört zu den stilistischen Meisterstücken Flauberts: enthusiasmiert von dieser wenn auch flüchtigen Liebe, empfindet Frédéric die – wie er glaubt – reine, fast mythische Poesie des Waldes, ohne durch die banalen Worte Rosanettes entzaubert zu werden; nur dem Leser wird das krasse Nebeneinander von tiefstem Gefühl und Trivialität bewußt. – Die Kontraste verschärfen sich in dem Maße, in dem das politische

Zeitgeschehen für das private Schicksal der Figuren und den Gang des Romans bestimmend wird. Noch während der Vergnügungsfahrt bricht in Paris die Revolution aus (1848), in der die revolutionäre Begeisterung unmittelbar von maßloser Enttäuschung über die siegreiche Reaktion abgelöst wird. Frédéric, noch deprimiert nach einem mißglückten Rendezvous mit Madame Arnoux, muß mitansehen, wie sein Bekannter Dussardier, der ehrenhafteste der Revolutionäre, bei den Barrikadenkämpfen von dem Fanatiker Sénécal ermordet wird: »*Jetzt töten sie unsere Republik.*« Die Flucht in die Heimatstadt Nogent in der Hoffnung, seine Jugendfreundin Louise zu treffen, endet beschämend: Louise hat sich gerade mit Deslauriers verheiratet. Selbst die lange noch zehrende Leidenschaft für Madame Arnoux wird schließlich von der Zeit, die sich als die alles beherrschende Macht erweist, gedämpft. Nach zwanzig Jahren, die der Roman übergeht, trifft der zu völliger Indifferenz und Mittelmäßigkeit abgesunkene Frédéric Madame Arnoux wieder – ein melancholischer Epilog: »*Wie glücklich wären wir gewesen.*«

Die stete Koinzidenz von privatem und historischem Geschehen, persönlichem Desillusionierungsprozeß und politischem Scheitern ist von grundlegender Bedeutung für die *Éducation sentimentale*, deren Titel eine Ironie enthält, die in der deutschen Übersetzung *Lehrjahre des Gefühls* nicht ganz zum Ausdruck kommt. Das Motiv vom verschiedenen Weg zweier Freunde (Frédéric und Deslauriers), das das private Geschehen bestimmt, lag schon der ersten Fassung zugrunde. In dem Jugendwerk sind lediglich die Rollen der beiden (dort heißen sie Henry und Jules) vertauscht: der reiche Henry ist im Gegensatz zum reichen Frédéric zugleich *homme d'action*, während den armen Jules obendrein das Los der vereinsamten Dichters trifft. Dieses seiner Herkunft nach romantische Motiv dient Flaubert in beiden Fassungen des Romans zur Darstellung der Polarität und Unvereinbarkeit von *sentiment* und *volonté* (Gefühlsbegabung und Willenskraft). Henry wie Frédéric erleiden das Schicksal einer unglücklichen Liebe, die sie gleichzeitig mit dem Problem des Ehebruchs konfrontiert (vgl. auch *Madame Bovary*). Als biographische Voraussetzung der beiden *Éducation* erkannte man die Liebe des erst fünfzehnjährigen Flaubert zu Elisa Schlésinger. Doch schon die erste Fassung des Romans zeigt, wie konsequent sich der Autor von dem Jugenderlebnis distanziert – bereits diese Version ist die Geschichte der *illusions perdues*, der verlorenen Illusionen (Einfluß von Balzacs gleichnamigem Roman aus dem Jahr 1843). Während jedoch in der ersten Fassung das Scheitern der beiden Freunde nur privates Geschick bleibt, spiegelt es sich in der zweiten Fassung das Alltagsleben einer ganzen Generation (H. R. Jauss).

Um dieses anonyme Schicksal und den historischen Zeitablauf darzustellen, griff Flaubert zu künstlerischen Mitteln, die für die Entwicklung des modernen Romanstils grundlegend wurden: Proust sah in ihnen eine neue und in sich vollkommene »*manière de voir les choses*«. Das ständige Fließen und Vergehen der Zeit, des eigentlichen Trägers der Ereignisse, wird dem Leser durch die Technik des Überspringens, die Lücken in der Romanhandlung läßt, suggeriert (»*la technique du blanc*«). So entsteht eine »*unkausale Situationsfolge*« (H. Friedrich), die die Determiniertheit von Menschen und Vorgängen durch die Form in Frage stellt. Das Formbewußtsein Flauberts, das fast einer »*Religion der Kunst*« gleichkommt (E. Köhler), bildet das Gegengewicht gegen die Schicksalhaftigkeit und Absurdität der politischen Ereignisse, die den Autor zur schärfsten Kritik herausforderten. – In der *Éducation sentimentale* ist das Ziel der Flaubertschen Ästhetik, die objektivierte Poesie, deren Prinzipien »*impassibilité*« und »*impartialité*« (Kaltblütigkeit und Unparteilichkeit des Autors gegenüber der dargestellten Handlung) sind, verwirklicht. Der Zeitroman im doppelten Sinne – als Darstellung der Gesamtwirklichkeit einer bestimmten Zeit und in der Verwendung der Zeit als Strukturelement – führt zwangsläufig zu einer Restriktion des Individualgehalts; nur die Negativität des »Helden«, der hauptsächlich als Bezugspunkt fungiert, ermöglicht die umfassende Phänomenologie der Zeitlage. So ist die *Éducation sentimentale* weit mehr als eine bloße »Anatomie« der Gesellschaft oder Kritik am engstirnigen Bourgeois: als ein Werk der objektiven Ironie, die Lukács die »*negative Mystik der gottfernen Zeiten*« nennt, und als Sprachkunstwerk höchsten Ranges hat sie neue stilistische Möglichkeiten erschlossen. V.R.

Ausgaben: 1. Fassung: Paris 1910 (in *Œuvres complètes*, 18 Bde., 1909–1912, 16). – Lausanne 1964 (in *Œuvres complètes*, Hg. M. Nadeau, 18 Bde., 1964/65, 3). – Paris 1973 (in *Œuvres complètes*, 16 Bde., 1971–1976, 8). – Paris 1985 (*La première éducation sentimentale, version 1843–1845*, Hg. C. Gothot-Mersch; GF).
2. Fassung: Paris 1869. – Paris 1880 [korr. Fassg.]. – Paris 1909 (in *Œuvres complètes*, 18 Bde., 1909–1912, 4). – Paris 1958, Hg. E. Maynial (Class. Garn). – Lausanne 1965 (in *Œuvres complètes*, Hg. M. Nadeau, 18 Bde., 1964/65, 11). – Paris 1971 (in *Œuvres complètes*, 16 Bde., 1971–1976, 3). – Paris 1972, Hg. S. S. de Sacy (Folio). – Paris 1979, Hg. A. W. Raitt. – Paris 1979 (in *Œuvres*, Hg. A. Thibaudet u. R. Dumesnil, 2 Bde., 1977–1979, 2; Pléiade). – Paris 1980, Hg. J. Suffel (GF). – Paris 1984, Hg. P. M. Wetherill (Class. Garn).

Übersetzungen: 1. Fassung: *Jules und Henri oder Die Schule des Herzens*, E. W. Fischer, Bln. 1921. 2. Fassung: *Der Roman eines jungen Mannes*, A. Gold u. A. Neumann, Bln. 1904 [Vorrede H. v. Hoffmannsthal]; ern. 1922. – *Die Schule der Empfindsamkeit. Geschichte eines jungen Mannes*, L. Wolf, Minden 1904; ern. 1915. – *Die Schule der Empfindsamkeit*, A. Barbey (in *GW*, Bd. 4/5, Mchn. 1923). – *Die Erziehung des Herzens. Der Ro-*

man eines jungen Mannes, E. A. Rheinhardt, Lpzg. 1926; ern. Mchn. 1956; ern. Zürich 1986 (detebe). – *Die Schule der Empfindsamkeit*, H. Kauders, Zürich 1946. – *Lehrjahre des Gefühls*, P. Wiegler, Bln. 1951; ern. Ffm. 1977 (Insel Tb). – *Lehrjahre des Herzens*, W. Widmer, Mchn. 1957; ern. 1980. – *Die Erziehung des Gefühls*, E. Brock-Sulzer, Zürich 1971. – *Die Erziehung der Gefühle*, H. Kirmsse, Bln./DDR 1974. – *Die Erziehung des Herzens*, E. A. Rheinhardt (in *Werke*, 8 Bde., 3, Zürich 1979; detebe).

LITERATUR: M. Proust, *A propos du ›style‹ de F.* (in NRF, 1. 1. 1920). – H. R. Jauss, *Die beiden Fassungen von F.s »Éducation sentimentale«* (in Heidelberger Jb, 2, 1958, S. 96–116). – R. Dumesnil, *»L'éducation sentimentale« de F. (1869)*, Paris ²1962. – E. Köhler, *F. und seine »Éducation sentimentale«* (in E. K., *Esprit und arkadische Freiheit*, Ffm./Bonn 1966, S. 198–223). – A. Cento, *Il realismo documentario nell'»Éducation sentimentale«*, Neapel 1967. – P. Cortland, *The Sentimental Adventure*, Den Haag/Paris 1967. – J. Proust, *Structure et sens de »L'éducation sentimentale«* (in RSH, 32, 1967, S. 67–100). – A. Cohn-Blum, *»L'éducation sentimentale«* (in *Der moderne frz. Roman*, Hg. W. Pabst, Bln. 1968, S. 31–51). – J. P. Duquette, *F. ou l'architecture du vide, une lecture de »L'éducation sentimentale«*, Montreal 1972. – P. Cogny, *»L'éducation sentimentale« de F.*, Paris 1975. – W. Drost, *»L'éducation sentimentale«* (in *Der frz. Roman*, Hg. K. Heitmann, Bd. 1, Düsseldorf 1975, S. 332–353; 391–393). – C. Carlut u. a., *A Concordance to F.s »Éducation sentimentale«*, 2 Bde., NY/Ldn. 1978. – P. G. Castex, *F. »L'éducation sentimentale«*, Paris 1980. – E. Höfner, *Literarität u. Realität*, Heidelberg, 1980, S. 189–217. – J. Bem, *Clefs pour »L'éducation sentimentale«*, Tübingen/ Paris 1981. – *Histoire et langage dans »L'éducation sentimentale«*, Hg. M. Agulhon u. a., Paris 1981. – W. Moser, *»L'éducation sentimentale« de 1869 et la poétique de l'œuvre autonome*, Paris 1981. – P. L. Rey, *F., »L'éducation sentimentale«*, Paris 1983. – W. Hollender, *F., »L'éducation sentimentale«*, Mchn. 1983. – *»L'éducation sentimentale«. Images et documents*, Hg. P. M. Wetherill, Paris 1985. – I. Wild, *Das Experiment der »Première éducation sentimentale«*, Ffm. u. a. 1985. – L. Layton, *F.s »L'éducation sentimentale«, a Tragedy of Mind* (in FF, 11, 1986, S. 335–351). – D. A. Williams, *The Hidden Life at Its Source. A Study of F.'s »L'éducation sentimentale«*, Hull 1987.

HÉRODIAS

(frz.; *Hérodias*). Erzählung von Gustave FLAUBERT, erschienen 1877. – Die Erzählung gehört zu den *Trois contes*, dem letzten Werk Flauberts, das noch einmal alle charakteristischen Elemente seiner Kunst zusammenfaßt. Das jeweilige Geschehen der drei Erzählungen ist in verschiedene geschichtliche Zeiträume hineingestellt: in die Welt der biblischen Antike *(Hérodias)*, in den Bereich der mittelalterlichen Legende *(La légende de saint Julien l'hospitalier)* und in die Moderne *(Un cœur simple)*. Der in Flauberts Werk fast systematische Wechsel zwischen modernen und historischen oder orientalischen Stoffen bedeutet jedoch keinen Wechsel zwischen realistischer und romantischer Darstellungsweise. Im Gegenteil, die Versachlichung hat sich in den historischen Erzählungen noch gesteigert, da dort die erregende Gegenwartsbezogenheit ausgelöscht ist. Im Gegensatz zu *Un cœur simple* fand *Hérodias* beim zeitgenössischen Publikum keinen Anklang; Théodore de BANVILLE hingegen sprach von einem absoluten Meisterwerk und TAINE behauptete, *Hérodias* lehre ihn mehr über »*die Umgebung, den Ursprung und den Boden des Christentums*« als RENANS historische Forschungen.

Die kurze Erzählung hält sich an den biblischen Bericht im *Markus-Evangelium* 6, 21–29. Die historisch verbürgte Gestalt der Herodias ist die Frau des Herodes Antipas, der sie seinem Stiefbruder Philippus weggenommen hat. Salome ist ihre Tochter aus erster Ehe. In drei Kapiteln wird die berühmt-berüchtigte Geschichte von der Enthauptung Johannes des Täufers geschildert. Jochanaan hat Herodias bei einer zufälligen Begegnung öffentlich als Sünderin angeprangert. Diese Demütigung hat sie so verletzt, daß sie seither nach dem Leben trachtet. Herodes Antipas läßt ihn zwar gefangensetzen, aber er bewundert ihn insgeheim und fühlt sich gegen seinen Willen von ihm angezogen. Als bald darauf der römische Konsul Vitellius eintrifft, um die Ergebenheit der Vasallen zu prüfen und die Macht des Römischen Reiches zu demonstrieren, entdeckt er den ungewöhnlichen Gefangenen, der Herodias ein zweites Mal verflucht. Dem hohen Besuch zu Ehren veranstaltet Herodes ein großes Gelage, auf dessen Höhepunkt unerwartet Herodias' Tochter erscheint. Mit ihrem Tanz schlägt sie die ganze Festgesellschaft in Bann und bringt Herodes dahin, daß er ihr öffentlich die Hälfte seines Königreiches verspricht, um sie zu besitzen. Da fordert sie, von Herodias dazu getrieben, das Haupt des Jochanaan. Herodes ist an sein Wort gebunden. Der Prophet wird enthauptet, sein Kopf auf einer Schüssel vorgezeigt. Das Fest ist beendet.

Um das Palästina zur Zeit Johannes des Täufers wahrheitsgetreu schildern zu können, beschäftigte sich Flaubert intensiv mit der einschlägigen Literatur. Exakte historische und archäologische Tatsachen sind phantasievoll – aber nicht phantastisch – ausgeschmückt und mit großer Suggestionskraft dargestellt. Herodes, zugleich mächtig und feige, hinterhältig und abergläubisch, schwankt zwischen der Furcht, von den Römern entthront zu werden, und der Schande, mit der die jüdischen Radikalisten ihn bedrohen. Neben ihm und der alternden, selbstsüchtigen Herodias wirkt die Gestalt des gefangenen Jochanaan fast übermenschlich. Obwohl er nur ein einziges Mal selbst erscheint, ist er in der Erzählung stets gegenwärtig, und alle Gedanken und Gespräche seiner Anhänger wie seiner Gegner kreisen um die Bedeutsamkeit seiner prophetischen Worte. Die politische und religiöse Situation Palästinas bildet den wirkungsvollen Hintergrund für das grausige Geschehen, das jedoch äußerst knapp und sachlich dargestellt ist: »*Die Ausgewogenheit und Strenge des Stils zeigt den Abstand, der zwischen Gegenstand und Darsteller durch den Vorgang der künstlerischen Objektivierung gelegt wird*« (H. Friedrich). J.G.-KLL

AUSGABEN: Paris 1877 (in *Trois contes*). – Paris 1892 [Vorw. A. France]. – Paris 1910 (in *Œuvres complètes*, 18 Bde., 1909–1912, 3). – Paris 1960 (in *Trois contes*, Hg. E. Maynial; erw. 1978; Class. Garn). – Lausanne 1964 (in *Œuvres complètes*, Hg. M. Nadeau, 18 Bde., 1964/65, 16). – Paris 1965 (in *Trois contes*, Hg. P.-M. de Biasi u. C. Grosse; ern. 1986; GF). – Paris 1972 (in *Œuvres complètes*, 16 Bde., 1971–1976, 4). – Paris 1973 (in *Trois contes*, Hg. S. S. de Sacy; Folio). – Paris 1979 (in *Œuvres*, Hg. A. Thibaudet u. R. Dumesnil, 2 Bde., 1977–1979, 2; Pléiade).

ÜBERSETZUNGEN: *Herodias*, E. W. Fischer (in *GW*, Bd. 5: *Drei Erzählungen*, Minden 1908). – Dass., E. Hardt, Lpzg. o. J. [1913] (IB). – Dass., W. Unus. Bln. 1919 [Ill. M. Slevogt]. – Dass., E. Sander, Lpzg. 1925; ern. 1965 (in *Drei Erzählungen*; RUB). – Dass., E. Hardt (in *Drei Erzählungen*, Ffm./Hbg. 1961; frz.-dt.; FiBü). – Dass., E. Rechel-Mertens (in *Drei Erzählungen*, Zürich 1966). – Dass., E. Sander, Stg. 1968 (RUB). – Dass., E. W. Fischer, (in *Werke*, 8 Bde., 5: *Drei Geschichten*, Zürich 1979; detebe). – Dass., C. van Kleffens u. A. Stoll (in *Drei Erzählungen*, Ffm. 1982; Insel Tb). – Dass., H. Kirmsse (in *Drei Erzählungen*, Bln./Weimar 1984).

LITERATUR: A. Haupt, *F. »Un cœur simple« u. »Hérodias«*, Diss. Bonn 1923. – G. Michaut, *F.: »Trois contes«*, Paris 1935. – J. H. Cannon, *F.s Documentation for »Hérodias«* (in FS, 14, 1960, S. 325–339). – J. H. Cannon, *F.s Search for a Form in »Hérodias«* (in MLN, 57, 1962, S. 195–203). – J. Fletcher, *A Critical Commentary on F.s »Trois contes«*, Ldn. 1968. – R. Debray-Genette, *Du mode narratif dans les »Trois contes«* (in Littérature, 1, 1971, Nr. 2, S. 39–62; ern. in *Travail de F.*, Hg. G. Genette u. T. Todorov, Paris 1983, S. 135–165). – J. Bruneau, *Le ›conte oriental‹ de G. F.*, Paris 1973. – R. Debray-Genette, *Re-présentation d'»Hérodias«* (in *La production du sens chez F.*, Hg. C. Gothot-Mersch, Paris 1975, S. 328–344). – M. Issacharoff, *»Hérodias« et la symbolique combinatoire des »Trois contes«* (in *Langages de F.*, Hg. ders., Paris 1976, S. 53–71). – C. Carlut u. a., *A Concordance to F.s »Trois contes«*, NY/Ldn. 1979. – G. Bonaccorso, *L'Oriente nella narrativa di F.*, 2 Bde., Messina 1979. – G. Lehmann, *F. ou les voiles d'Isis. Lecture d'»Hérodias«*, Odense 1979. – J. Robertson, *The Structure of »Hérodias«* (in FS, 36, 1982, S. 171–182). – *Estructuras narrativas en »Hérodias«*, Hg. M. Aurora Aragon, Oviedo 1982. – F. R. Hausmann, *»Trois contes«* (in RZL, 8, 1984, S. 163–176). – G. Genette, *Demotivation in »Hérodias«* (in *F. and Postmodernism*, Hg. N. Schor u. H. F. Majewski, Lincoln/Ldn. 1984, S. 192–201). – R. B. Leal, *Spatiality and Structure in F.s »Hérodias«* (in MLR, 80, 1985, S. 810–816).

LA LÉGENDE DE SAINT JULIEN L'HOSPITALIER

(frz.; *Die Legende von Sankt Julianus dem Gastfreien*). Erzählung von Gustave FLAUBERT, erschienen 1877 im Rahmen der *Trois contes* (vgl. *Un cœur simple* und *Hérodias*). – »*Und das ist die Geschichte von Sankt Julianus dem Gastfreien, ungefähr so, wie man sie auf einem Kirchenfenster in meiner Heimat findet*«, heißt es am Ende der Legende. Den Wunsch Flauberts, ein farbiges Kunstblatt von den Glasfenstern der Kathedrale von Rouen beizufügen, konnte der damalige Verleger nicht verwirklichen. Die feine Ironie dieser Absicht durchschauten daher nur wenige. Flaubert kam es nämlich darauf an, gerade nicht die Identität, sondern den Kontrast zwischen malerischer und literarischer Darstellung dem Leser vor Augen zu führen.
Die mittelalterliche Legende von Sankt Julian liegt in verschiedenen Fassungen vor: in der kürzesten und wohl ursprünglichen Form in der *Legenda aurea* des JACOBUS DE VORAGINE († 1298), dann im *Speculum historiale* des VINCENZ VON BEAUVAIS († 1264). – Es handelt sich um die Geschichte eines Ritters, dem ein von ihm gejagter schwarzer Hirsch weissagt, er werde einst zum Mörder seiner Eltern. Der seine Eltern entsetzt Fliehende erfüllt gegen seinen Willen die Prophezeiung; in einem Anfall blinder Eifersucht erschlägt er, einen fremden Eindringling vermutend, seine Eltern im Schlafzimmer seiner Frau. Nach jahrelanger Buße und selbstlosem Einsatz als Fährmann an einem reißenden Fluß erreicht ihn die Gnade Gottes, nachdem er eine letzte Probe bedingungsloser Gastfreundschaft in der Fürsorge für einen Aussätzigen bestanden hat. Der Hilfsbedürftige war kein anderer als Christus, der den Frommen mit sich ins Paradies nimmt.
Angeregt durch eine Statue Julians in Caudebec-en-Caux und die Glasfenster in Rouen, hegte Flaubert wohl schon seit 1844 den Plan einer Ausgestaltung der Legende, den er dann 1856 skizziert und 1876 für die *Trois contes* ausführt. Flaubert übernimmt die Grundzüge der Handlung, vor allem den triadischen Aufbau, der die Hauptfigur in drei Stationen als Sünder, Büßer und Heiligen vorführt. Auf ein in der Legende nebensächliches Motiv, Julians Jagdleidenschaft, verwendet der Dichter seine ganze Kunst suggestiver Gestaltung; die Jagdlust erscheint als abgründig-bösartige Neigung, die sich bis zur wilden Vernichtungswut steigert und die mißhandelte Tierwelt zur Rache herausfordert: Die Weissagung des schon tödlich getroffenen Hirsches wird zur Ankündigung einer naturgesetzlichen Vergeltung – durchaus keine rea-

listische Umdeutung der Legende, sondern die Transposition der bei Flaubert ebenso unheimlichen wie irrationalen Fatalität in den Bereich der unbewußten, dämonischen Triebe des Menschen. Der Erzähler selbst enthält sich jeder Beurteilung des Geschehens, das real erscheint und zugleich einen hintergründigen symbolischen Zusammenhang andeutet: Der schwarze Hirsch, das Blut der Tiere, Laterne und Barke des Fährmanns erscheinen als Sinnbilder der Versuchung, des Mordes und der Erlösung; die Schauplätze, – der Wald, das Schloß und der Fluß – schaffen jene magische Atmosphäre, die an den höfischen Roman des Mittelalters erinnert. – Innerhalb der *Trois contes* steht die Gestalt Julians zwischen der kargen Gläubigkeit der Félicité *(Un cœur simple)* und dem Prunk der Herrschenden in *Hérodias* – die mittelalterliche Legende zwischen der modernen Novelle und dem antik-historischen Gemälde. Die Trinität der Zeitstufen, die sich in der Struktur der Einzelteile wiederholt, bestimmt auch das Romanwerk Flauberts: Die Linie von *Madame Bovary* zu *Salammbô* führt über die beiden ersten Entwürfe zu dem Roman *La tentation de saint Antoine (Die Versuchung des heiligen Antonius)*, der das mittelalterliche Thema der Versuchung breiter, aber weniger prägnant ausführt als die kunstvolle Legende von Sankt Julianus dem Gastfreien. V.R.

AUSGABEN: Paris 1877 (in *Trois contes*). – Paris 1895. – Paris 1910 (in *Œuvres complètes*, 18 Bde., 1909–1912, 3). – Paris 1960 (in *Trois contes*, Hg. E. Maynial; ern. 1978; Class. Garn). – Lausanne 1965 (in *Œuvres complètes*, Hg. M. Nadeau, 18 Bde., 1964/65, 16). – Paris 1965 (in *Trois contes*, Hg. P.-M. de Biasi u. C. Grosse; ern. 1986; GF). – Paris 1972 (in *Œuvres complètes*, 16 Bde., 1971–1976, 4). – Paris 1973 (in *Trois contes*, Hg. S. S. de Sacy; Folio). – Paris 1979 (in *Œuvres*, Hg. A. Thibaudet u. R. Dumesnil, 2 Bde., 1977–1979, 2; Pléiade).

ÜBERSETZUNGEN: *Die Legende vom Heiligen Julian dem Gastfreien*, E. W. Fischer (in *GW*, Bd. 5: *Drei Erzählungen*, Minden 1908). – *Die Sage von Sankt Julianus dem Gastfreien*, E. Hardt, Lpzg. o. J. [1916] (IB). – *Die Legende von Sankt Julian dem Gastfreundlichen*, L. Wolde, Mchn. 1918; ern. 1948. – *Die Legende von Sankt Julian dem Gastfreien*, E. Sander, Lpzg. 1926; ern. 1965 (in *Drei Erzählungen*; RUB). – *Die Sage von Sankt Julian dem Gastfreien*, E. Hardt (in *Drei Erzählungen*, Ffm./Hbg. 1961; frz.-dt.; FiBü). – *Die Legende von Sankt Julian dem Gastfreien*, E. Rechel-Mertens (in *Drei Erzählungen*, Zürich 1966). – *Sankt Julian der Gastfreundliche*, U. Müller, Stg. 1970 (RUB); ern. Mchn. 1974 (frz.-dt.; dtv). – *Die Legende von Sankt Julian dem Gastfreien* (in *Werke*, 8 Bde., 5: *Drei Geschichten*, Zürich 1979; detebe). – *Die Sage von Sankt Julian dem Gastfreien*, C. van Kleffens u. A. Stoll, Ffm. 1982 (Insel Tb). – Dass., H. Kirmsse (in *Drei Erzählungen*, Bln./Weimar 1984).

LITERATUR: J. Giraud, *La genèse d'un chef-d'œuvre. »St.-Julien«* (in RHLF, 26, 1919, S. 87–93). – G. Michaut, *»Trois contes«*, Paris 1935. – R. Jasinski, *Sur le »Saint Julien« de F.* (in Revue de l'Histoire de la Philosophie, N. S. 3, 1935, S. 156–172). – B. F. Bart, *The Moral of F.s »Saint Julien«* (in RomR, 38, 1947, S. 23–33). – S. Cigada, *L'episodo del lebbroso in »Saint Julien l'Hospitalier« di F.* (in Aevum, 31, 1957, S. 465–491). – M. Schwob, *»Saint Julien l'Hospitalier«* (in M. S., *Spicilèges*, Paris 1960, S. 103–120). – A. W. Raitt, *The Composition of F.s »Saint Julien l'Hospitalier«* (in FS, 19, 1965, S. 358–372). – V. Brombert, *F.s »Saint Julien«* (in PMLA, 81, 1966, S. 297–302). – J. Fletcher, *A Critical Commentary on F.s »Trois contes«*, Ldn. u. a. 1968. – W. J. Bancroft, *F.s »Légende de Saint Julien l'Hospitalier«* (in EsCr, 10, 1970, S. 75–84). – R. Debray-Genette, *Du mode narratif dans les »Trois contes«* (in Littérature, 1, 1971, Nr. 2, S. 39–62; ern. in *Travail de F.*, Hg. G. Genette u. T. Todorov, Paris 1983, S. 135–165). – D. Sherzer, *Narrative Figures in »La légende de Saint Julien l'Hospitalier«* (in Genre, 7, 1974, S. 54–70). – B. F. Bart u. R. F. Cook, *The Legendary Sources of F.s »Saint Julien«*, Toronto 1977. – C. Carlut u. a., *A Concordance to F.s »Trois contes«*, NY/Ldn. 1979. – R. Debray-Genette, *»La légende de Saint Julien l'Hospitalier«* (in *Essais sur F. en l'honneur du prof. D. Demorest*, Hg. C. Carlut, Paris 1979, S. 237–251). – P. M. de Biasi, *L'élaboration du problématique dans »La légende de Saint Julien l'Hospitalier«* (in *F. à l'œuvre*, Hg. R. Debray-Genette, Paris 1980, S. 69–102). – Ders., *Un conte à l'orientale* (in Romantisme, 34, 1981, S. 47–66). – S. Felman, *F.s signature* (in *F. and Postmodernism*, Hg. N. Schor u. H. F. Majewski, Linclon/Ldn. 1984, S. 46–75). – F. R. Hausmann, *»Trois contes«* (in RZL, 8, 1984, S. 163–176). – J. Berchtold, *L'œil et le vitrail. »La légende de Saint Julien l'Hospitalier« à l'épreuve de la tradition médiévale* (in Versants, 12, 1987, S. 29–44). – G. Bonaccorso, *Tra sogno e realtà. Il fantastico nella »Légende de Saint Julien«* (in Studi di letteratura francese, 13, 1987, S. 123 bis 142).

MADAME BOVARY. Mœurs de province

(frz.; *Madame Bovary. Ein Sittenbild aus der Provinz*). Roman von Gustave FLAUBERT, in Fortsetzungen erschienen 1856 in der ›Revue de Paris‹, als Buchausgabe 1857. – Einer der berühmtesten Romane der Weltliteratur verdankt seine Entstehung einem Mißerfolg: Flauberts literarische Freunde Maxime DU CAMP und Louis BOUILHET waren von der ermüdenden Lesung der ersten Fassung der *Tentation de saint Antoine* (in Croisset 1849) so enttäuscht, daß sie dem Autor ein alltägliches, aktuelles und weniger hochgespanntes Thema empfahlen. »*Un sujet terre à terre*«, ein Vorfall aus dem bürgerlichen Leben, bot sich an: Der Selbstmord der Delphine Delamare, die einer Zeitungsnotiz zufolge in dem normannischen Dorf Ry – nicht weit von

Rouen – mit einem unbedeutenden Landarzt verheiratet war, aus Langeweile die Ehe brach, Schulden machte und sich 1848 vergiftete. – Fast fünf Jahre lang – von 1851 bis 1856 – arbeitet Flaubert Tag für Tag, mit unendlicher Mühe und Geduld an der literarischen Formung des banalen Stoffes. In seiner Korrespondenz, die über die Entstehung der *Madame Bovary* genauen Aufschluß gibt, spricht er von den *»grauenhaften Anstrengungen der Kunst«* (*»les affres de l'art«*), von der Sklavenarbeit, zu der ihn die minuziöse Reproduktion der *»niederen Wirklichkeit«* des Stoffes zwinge. Wie oft er Notizen zu dem Roman wieder verwarf, wieviel er nach überlauten Leseproben wieder geopfert hat, zeigen die Skizzenbücher und Manuskripte, die später veröffentlicht wurden und der Stilforschung exemplarische Aufschlüsse über die Arbeitstechnik Flauberts gaben. Nicht weniger sorgfältig war die dokumentarische Vorbereitung, die durch eine Fülle von Dispositionen, Lage- und Zeitplänen sowie Expertisen zu medizinischen und technischen Details belegt ist.

Der Schüler Charles Bovary, der mit einer grotesken Kopfbedeckung, einer häßlichen Troddelmütze, als Neuer schüchtern in die Klasse eines Provinzgymnasiums kommt, erträgt den Hohn seiner Kameraden mit derselben stummen und stumpfen Geduld, mit der er später eine mittelmäßige Laufbahn als Landarzt verfolgen und dem Plan seiner Mutter zustimmen wird, eine 45jährige Witwe ihrer Rente wegen zu heiraten. Die Begegnung mit der jungen Emma Rouault, die er bei einer Visite im Nachbardorf kennenlernt, erscheint ihm als die Wende zu einem glücklicheren Leben, zumal ihm der Tod seiner Frau bald eine zweite Heirat ermöglicht. Emma, die wohlbehütete Tochter eines reichen Bauern, wurde in einem Kloster erzogen, und die Abgeschiedenheit einer äußerlich ereignislosen Jugend hat das empfindsame Mädchen für romantische Träumereien empfänglich gemacht. Das sechste Kapitel des ersten Teils nimmt eine Schlüsselstellung innerhalb der Gesamtkonzeption ein, da es gleichsam die »Inkubationszeit« der romantischen Krankheit – Flucht aus der Gegenwart in eine Welt des schönen Scheins – schildert, auf deren Diagnose der ganze Roman angelegt ist. Minderwertige, rührselige Romane, aber auch die Werke Scotts und Chauteaubriands und vor allem *Paul et Virginie* von Bernardin de Saint-Pierre haben Emmas lebhafte Phantasie beflügelt und ihr Bewußtsein mit Wunschbildern erfüllt, deren Scheinhaftigkeit sie nie durchschauen wird.

Schon in den ersten Wochen ihrer Ehe spürt sie ein unerklärliches Mißbehagen; die Monotonie des Alltags bedrückt und beunruhigt sie um so mehr, als Charles seinen Dienst als Landarzt mit gelassener Selbstverständlichkeit und dumpfer Betriebsamkeit versieht. Eine Einladung des Marquis d'Andervilliers zu einem festlichen Diner, die das Einerlei der Tage unterbricht, wirkt sich eher verhängnisvoll aus, da sie Emmas Glauben an die Existenz der von ihr erträumten schöneren Welt bestärkt und eine Nervenkrise auslöst. Charles, der die Krankheit seiner Frau nicht begreift, glaubt, daß die Übersiedlung in ein anderes normannisches Dorf, Yonville-l'Abbaye, und der damit verbundene Klimawechsel ihr helfen könnten.

Der neue Ort, an dem der Apotheker Homais mit seinen fortschrittlichen antiklerikalen Parolen als »Voltairianer« eine gewichtige Rolle spielt (eine der wenigen komischen Figuren von Flaubert), scheint ein wenig Abwechslung zu bringen, zumal der Notariatsangestellte Léon sich in aller gebotenen Höflichkeit um Emmas Gunst bemüht. Emma, die durch die Geburt eines Mädchens vorübergehend abgelenkt ist, sich aber kaum über das »*Kind von Charles*« freuen kann, gefällt sich einige Zeit in der Pose der tugendhaften Frau. Léon, der dieses Spiel nicht durchschaut, verläßt Yonville, überzeugt von der Hoffnungslosigkeit seiner Liebe. Der zunehmende Haß auf ihren Mann – »*die Selbstverständlichkeit, mit der er annahm, daß er seine Frau glücklich mache, empfand sie als Schwachköpfigkeit und Kränkung*« – fördert die latente Bereitschaft zum Ehebruch. Als sie Rodolphe Boulanger, einen routierten Verführer und wohlhabenden Gutsherrn, kennenlernt, scheinen sich Emmas Träume zu verwirklichen. Sie genießt die Liebe des über die schnelle Eroberung erstaunten Rodolphe »*ohne Gewissensbisse, ohne Unruhe und ohne jede Störung*«. Ein gemeinsamer Waldritt, der durch das Gefühl der Liebeserwartung zu einem tiefempfundenen Naturerlebnis wird (ein Beispiel für den »perspektivischen« Stil Flauberts, der die Landschaft mit den Augen der Liebenden zu beobachten scheint), bildet den Höhepunkt einer Beziehung, die Rodolphe, Emmas hochfliegende Fluchtpläne zurückweisend, zerstört. Immer rascher folgen für sie nun flüchtige Befriedigung und Enttäuschung, immer deutlicher zeigt sich die Diskrepanz von Traum und Realität. – Bei einem Theaterbesuch in Rouen trifft Emma Léon wieder. Sie wird seine Geliebte und besucht ihn jeden Donnerstag in der Stadt unter dem Vorwand, Klavierstunden zu nehmen. Doch auch dieses Vergnügen weicht allmählich dem Überdruß an der faden Gewöhnlichkeit solcher Rendezvous. Als der Wucherer Lheureux die Bezahlung der Luxusartikel, die Emma bei ihm in verschwenderischer Laune gekauft hat, gerichtlich einfordert, erkennt sie die Auswegslosigkeit ihrer Lage. Sie vergiftet sich mit einem Fläschchen Arsen, das sie aus Homais' Apotheke entwendet hat. »*Dumpfes lateinisches Silbengemurmel*« des Priesters und das frivole Lied eines Bettlers begleiten den qualvollen Todeskampf. Einige Wochen später entringt sich dem verzweifelten Charles »*das einzige große Wort, das er jemals ausgesprochen hat: Das Schicksal ist schuld*« (»*C'est la faute de la fatalité*«).

Die bedrückende, lähmende Fatalität allen Geschehens entsteht durch die Kreisbewegung, die die Ereignisse stets auf denselben Ausgangspunkt – die Langeweile *(ennui)* des Provinz-Alltags – zurückführt und über alle Versuche, diesem Zwang der Dinge zu entweichen, zu spotten scheint. Die Stilmittel, die Flaubert mit Bedacht anwendet – so der häufige Gebrauch des *imparfait*, der Form der stereotypen Wiederholung –, schaffen eine Atmosphäre der Unbewegtheit; die Beschränkung auf wenige typische Schauplätze – die Häuser von Yonville, die Postkutsche aus Rouen, Homais' Apotheke, die Wirtschaft »Lion d'or« und Emmas Zimmer – entspricht der Enge des Bewußtseins, die durch die Nüchternheit des Berichts drastisch entlarvt wird. (Beispielhaft für die Technik der kommentarlosen Enthüllung spießbürgerlicher Borniertheit ist die Szene der Landwirtschaftsausstellung, in der die Festtagsreden mit dem Liebeswerben Rodolphes, die offizielle Phraseologie mit Gefühlsklischees kontrastieren). Das Bemühen Emma Bovarys, sich von ihrer erbärmlichen Umwelt zu distanzieren, erscheint verständlich. Ihre auffällige Schönheit und Eleganz wirken auf die Dorfbewohner wie ein fremder Zauber, *»vergleichbar dem aus Blumenduft und Marmorkälte gemischten Hauch, der einen in Kirchen anweht«*. Wie eine zarte Pflanze, die auf dem kargen Boden der Normandie nicht gedeihen kann, ihr Lebensrecht aber nicht aufgeben möchte, wehrt sie sich gegen die Verkümmerung ihrer *sensualité*, der besonderen Empfindlichkeit ihrer Sinne; die Befriedigung der sexuellen Wünsche zwingt sie zum Bruch mit den bürgerlichen Konventionen. Dennoch ist sie weder eine tragische Heldin noch die Verfechterin weiblicher Emanzipation. Als Opfer einer irregeleiteten Phantasie wird sie zur exemplarischen Figur einer Zeit, deren Entseelung sich in der Trivialität einer falschverstandenen Gefühlsromantik verrät.

Die Sachlichkeit, mit der Flaubert die sentimentale Empfindungswelt des Bürgertums, die Verflachung des Denkens und die Banalität der sprachlichen Äußerungen analysiert, wurde schon von den Zeitgenossen als ein Wendepunkt in der Geschichte des Romans begriffen: Indem Flaubert seine eigene, lebenslang bekämpfte Neigung zu romantischer Überhöhung des Lebens objektiviert, wendet er erstmals konsequent wissenschaftliche Methoden innerhalb einer Kunstform an, die bis dahin vielen noch als die Domäne einer naiveren Inspiration gegolten hatte. Ansätze zu exakter Deskription finden sich zwar schon bei BALZAC, ebenso die Theorie, daß dem Roman nunmehr der Rang einer sozialen Studie zukäme – doch weicht Balzac der »Peniblen« des Details, das er wie Flaubert gespürt haben mochte, gerne aus, dem Elan seiner in vieler Hinsicht noch romanhaft-romantischen Phantasie folgend. Demgegenüber wirkt Flaubert Stil systematisch, bis in die feinsten Verästelungen der Handlung durchdacht, wie das Ergebnis eines komplizierten mathematischen Kalküls. In einer berühmten, recht ambivalenten Kritik (im ›Moniteur‹ 1857) vergleicht SAINTE-BEUVE die Romantechnik Flauberts mit der Zergliederung einer Leiche: *»M. Gustave Flaubert, der Sohn und Bruder ausgezeichneter Ärzte, führt die Feder wie andere das Skalpell.«* Eine zeitgenössische Karikatur zeigt Flaubert, wie er mit dem Instrument des Chirurgen das blutende Herz Emma Bovarys aufspießt, um es unter die Lupe zu nehmen. Trotz seiner Distanziertheit konnte »der Anatom« sich bis zur Selbstaufgabe in die Bewußtseinslage und Gefühlswelt seiner Figuren hineinversetzen: »*Als ich die Vergiftung der Emma Bovary beschrieb, fühlte ich den Geschmack des Arsen auf meiner Zunge*«, bekennt er, und auf die Frage nach der »wahren« Madame Bovary antwortet er: *»Madame Bovary – c'est moi.«* Die Spannung zwischen Identifikation und Distanz, die die Beziehung des Erzählers zur Protagonistin kennzeichnet, führt nicht nur zu neuen erzähltechnischen Mitteln (z. B. *style indirect libre*), sondern erscheint auch typisch für Flauberts einerseits pathetische, andererseits ironische Schreibweise. So ist denn auch sein Bemühen um einen Stil, in dem jedes Wort und jeder Satz der Gesamtkonzeption entsprechen und sich in den unverwechselbaren Klang und Rhythmus einer der Lyrik nacheifernden Prosa einfügen sollten, sehr verschieden beurteilt worden: als ästhetischer Immoralismus (Sartre), aber auch als einzig mögliche *»Schutzform eines höchst wertbewußten Menschen«* (H. Friedrich).

Die Veröffentlichung des Romans in der ›Revue de Paris‹ ab 1. Oktober 1856 weckte das Mißtrauen der staatlichen Zensurbehörde, zumal bekannt geworden war, daß die Herausgeber – gegen den lebhaften Protest des Autors – Streichungen vorgenommen hatten. Es kam zu einem spektakulären Prozeß, in dem die Anklage auf »Verstoß gegen die öffentliche Moral, die guten Sitten und die Religion« lautete. Wenn auch das Gericht den Argumenten des Staatsanwalts, der die »Laszivität« einzelner Stellen und die »unmoralische« Tendenz des ganzen Romans für bewiesen ansah, nicht folgte und Flaubert wie auch die mitangeklagten Herausgeber der Zeitschrift freisprach, blieb der Dichter, dem in der gnädig formulierten Urteilsbegründung die »Grenzen der Literatur« vorgehalten wurden, tief gekränkt und gewarnt. Der Erfolg der Buchausgabe, die 1857 ohne Kürzungen erschien, war allerdings mit Hilfe des Prozesses gesichert, doch die Gunst des breiten Publikums wandte sich schon bald dem anspruchsloseren, Motive der *Madame Bovary* variierenden Roman *Fanny* (1858) von FEYDEAU zu. Nur von wenigen Kritikern fühlte Flaubert sich verstanden, zu ihnen gehörte BAUDELAIRE; er betont den *»nervösen, bildhaften, subtilen und exakten Stil«*, der sich deutlich von dem trivialen Vorwurf des Stoffes abhebe. – Als im Jahr 1892 Jules de GAULTIER den sogenannten »Bovarysme«, das fatale Mißverhältnis von Wunschbild und Wirklichkeit, als eine typische, weitverbreitete Lebenshaltung beschreibt, war der Rang des Romans als klassisches und exemplarisches Werk bereits unbestritten. Für MAUPASSANT, ZOLA, PROUST, Heinrich MANN u. a. wurde *Madame Bovary* zum absoluten Maßstab des eigenen Schaffens, für alle Späteren – auch für Kritiker wie SARTRE – zu einem Bezugspunkt, an dem die Entwicklung des modernen Romans gemessen werden kann. V.R.

AUSGABEN: Paris 1856 (in Revue de Paris, 1. 10. bis 15. 12.; gek.). – Paris 1857, 2 Bde. – Paris 1909 (in *Œuvres complètes*, 18 Bde., 1909–1912, 1). –

Paris 1949, Hg. J. Pommier u. G. Leleu [krit.]. – Paris 1958, Hg. J. Maynial (krit.; Class. Garn). – Lausanne 1965 (in Œuvres complètes, Hg. M. Nadeau, 18 Bde., 1964/65, 8). – Paris 1966, Hg. J. Suffel (GF). – Paris 1971 (in Œuvres complètes, 16 Bde., 1971–1976, 1). – Paris 1976, Hg. M. Nadeau (Folio). – Paris 1977 (in Œuvres, Hg. A. Thibaudet u. R. Dumesnil, 2 Bde., 1977–1979, 1; Pléiade). – Paris 1978, Hg. C. Gothot-Mersch (Class. Garn; ern. 1986). – Paris 1986, Hg. B. Ajac (GF).

ÜBERSETZUNGEN: Madame Bovary. Ein Sittenbildnis aus der Provinz, J. Ettlinger, Dresden 1892. – Madame Bovary, R. Schickele, Minden 1907 [Vorw. G. de Maupassant; ern. Zürich 1952]. – Dass., E. Sander, Bln. o. J. [1924]. – Dass., W. Widmer, Mchn. 1959; ern. 1980; ^{5}1987 (dtv). – Dass., H. Reisiger, Zürich 1967. – Dass., I. Perker u. E. Sander, Stg. 1972 (RUB). – Dass., A. Schurig, Ffm. 1975 (Insel Tb; rev. 1986). – Dass. W. Techtmeier, Bln. 1978; ern. Mchn. 1982 (Goldm. Tb). – Dass., R. Schickele u. I. Riesen (in Werke, 8 Bde., 1, Zürich 1979; detebe).

VERTONUNGEN: G. Pannain, Madame Bovary (Oper). – H. Sutermeister, dass. (Oper; Urauff.: Zürich, Juni 1967).

VERFILMUNGEN: Frankreich 1934 (Regie: J. Renoir). – Deutschland 1937 (Regie: G. Lamprecht). – Argentinien 1947 (Regie: C. Schlieper). – USA 1949 (Regie: V. Minelli).

LITERATUR: Ch.-A. Sainte-Beuve, Rez. (in Moniteur Universel, 4. 5. 1857). – Ders., Causeries du lundi, Bd. 13, Paris 1858, S. 346–363. – M. Herberholz, Dichtung u. Wahrheit in F.s »Madame Bovary«, Bochum 1934. – L. Bopp, Commentaires sur »Madame Bovary«, Neuchâtel 1951. – R. Herval, Les véritables origines de »Madame Bovary«, Paris 1957. – H. Mayer, »Madame Bovary« (in H. M., Deutsche Literatur u. Weltliteratur, Bln. 1957, S. 465–482). – R. Dumesnil, »Madame Bovary«. Étude et analyse, Paris 1958. – F. Steegmuller, F. and »Madame Bovary«, a Double Portrait, NY 1958; ern. Ldn. 1968. – A. Fairlie, F., »Madame Bovary«, Ldn. 1962. – L. Marcuse, Obszön, Mchn. 1962, S. 117–164. – J. Rousset, »Madame Bovary« ou Le livre sur rien (in J. R., Forme et signification, Paris 1962, S. 109–133). – »Madame Bovary« and the Critics. A Collection of Essays, Hg. B. F. Bart, NY 1966. – C. Gothot-Mersch, La genèse de »Madame Bovary«, Paris 1966. – A. Thierry, Le procès de »Madame Bovary«, Amiens 1966. – G. Riegert, »Madame Bovary« de F., Paris 1971. – J. Neefs, »Madame Bovary« de F., Paris 1973. – D. A. Williams, Psychological Determinism in »Madame Bovary«, Hull 1973. – A. Vial, Le dictionnaire de F. ou Le rire d'Emma Bovary, Paris 1974. – M. Vargas-Llosa, La orgía perpetua. F. y »Madame Bovary«, Madrid 1975 (dt. Die ewige Orgie, Reinbek 1980). – M. Beyerle, »Madame Bovary« als Roman der Versuchung, Ffm.

1975. – V. Roloff, Zur Thematik der Lektüre bei F. »Madame Bovary« (in GRM, 25, 1975, S. 322–337). – H.-J. Neuschäfer, F.s »Madame Bovary«. Fs. f. H.-W. Klein, Göppingen 1976. – U. Schulz-Buschhaus, Homais oder die Norm des fortschrittlichen Berufsbürgers (in RJb, 28, 1977, S. 126–149). – T. Degering, Das Verhältnis von Individuum u. Gesellschaft in Fontanes »Effi Briest« und F.s »Madame Bovary«, Bonn 1978. – C. Carlut u. a., A Concordance to F.'s »Madame Bovary«, 2 Bde., NY/Ldn. 1978. – J. Amery, Charles Bovary, Landarzt. Porträt eines einfachen Mannes, Stg. 1978. – J. Ricardou, Le texte en conflit (in J. R., Nouveaux problèmes du roman, Paris 1978, S. 24–88). – J. v. Stackelberg, F. »Madame Bovary« (in J. v. S., Weltliteratur in deutscher Übersetzung, Mchn. 1978, S. 184–203). – V. Nabokov, »Madame Bovary« (in V. N., Lectures on Literature, Hg. F. Bowers, Ldn. 1980, S. 125–177). – A. de Lattre, La bêtise d'Emma Bovary, Paris 1980. – U. Schulz-Buschhaus, F.s »Madame Bovary« (in Frz. Literatur in Einzeldarstellungen, Hg. P. Brockmeier u. H. H. Wetzel, Bd. 2, Stg. 1982, S. 41–57). – E. Auerbach, Mimesis, Bern ^{7}1982, S. 449–459. – P. La Capra, »Madame Bovary« on Trial, Ldn./Ithaka 1982. – H. M. Gauger, Der vollkommene Roman »Madame Bovary«, Mchn. 1983. – T. Degering, F. »Madame Bovary«, Mchn. 1983. – M. Lowe, Towards the Real F. A Study of »Madame Bovary«, Oxford 1984. – »La comices agricoles« de F., Hg. J. Goldin, 2 Bde., Genf 1984. – I. K. Collas, »Madame Bovary«, a Psychoanalytic Reading, Genf 1985. – J.-C. Lafay, Le réel et le critique dans »Madame Bovary« de F., Paris 1986 (ALM).

MÉMOIRES D'UN FOU

(frz.; Erinnerungen eines Narren). Erzählung von Gustave FLAUBERT, entstanden 1838, erschienen 1900/01. – In dem zum größten Teil autobiographischen, dem Jugendfreund Alfred Le Poittevin gewidmeten Werk, das ursprünglich als Roman konzipiert war, »darin die Skepsis bis an den Abgrund der Verzweiflung geführt hätte«, beschreibt der kaum Siebzehnjährige mit der Geste eines ebenso frühreifen wie altklugen Autors die Lebensgeschichte eines »Verrückten«, der mit Gott und der Welt zerfallen ist. Wie in den empfindsamen, resignierenden »Bekenntnissen« von ROUSSEAU (vgl. Confessions) und MUSSET (vgl. La confession d'un enfant du siècle), den von Weltschmerz gezeichneten Werken des jungen GOETHE (vgl. Die Leiden des jungen Werthers) und BYRONS Childe Harold wird das romantische Motiv der Enttäuschung allzu hochgespannter Lebenserwartungen zum Anlaß einer ausladenden Prosa-Elegie. Der gescheiterte Versuch des Kindes, das »Unendliche« zu umfassen, der nicht erfüllte Traum der Liebesekstase und der enttäuschte Glaube an eine gerechte Weltordnung führen zur unvermeidlichen Desillusionierung, zum Gefühl absoluter Sinnlosigkeit, das mit Lebensüberdruß und Verachtung für die

Kompromisse des bürgerlichen Lebens gepaart ist: »*Als Kind träumte ich von der Liebe, als Jüngling vom Ruhm, als Mann vom Grab, jener letzten Liebe derer, die keine andere mehr haben.*«

Besondere Aufmerksamkeit verdient der Mittelteil (Kap. 10–15) dieses – vorrealistischen – Frühwerks, das Flaubert später als bloße »Schreibübung« abtat, in dem er aber die zentralen Motive seiner Hauptwerke vorwegnimmt. Er enthält die wehmütig-leidenschaftliche Erzählung einer unglücklichen Liebe zu der jungen, verheirateten Maria, der er am Strand von Trouville begegnet. Das Erlebnis wächst sich zum schmerzlichen Trauma aus, von dem sich der Dichter viele Jahre lang nicht befreien konnte (vgl. die Figur der Madame Arnoux in *L'éducation sentimentale*).

Offener und direkter als in den späteren Werken tritt die pessimistische Grundstimmung des Autors hervor. Das mitunter zynische Pathos der Welt- und Wertverneinung ist durch die Fiktion des »Narren« relativiert. Durch diese Verkleidung hindurch ist aber bereits die Skepsis des späteren Flaubert spürbar: »*Heimat, Freiheit, Glaube, Gott, Tugend – dies alles hat er ergriffen, und alles ist ihm aus den Händen gefallen wie einem Verrückten, der eine Kristallvase fallen läßt und über die Scherben lacht, die er angerichtet hat... Wäre der Geist das Prinzip des Bösen und der Körper sein Vollstrecker?*« V.R.

AUSGABEN: Paris 1900/01 (in Revue Blanche). – Paris 1901. – Paris 1910 (in *Œuvres complètes*, 18 Bde., 1909–1912, 4). – Lausanne 1964 (in *Œuvres complètes*, Hg. M. Nadeau, 18 Bde., 1964/65, 1). – Paris 1973 (in *Œuvres complètes*, 16 Bde., 1971–1976, 11).

ÜBERSETZUNGEN: *Erinnerungen eines Narren*, R. Soomer, Lpzg. 1907; Mchn. ²1920. – *Erinnerungen eines Verrückten*, A. Ellermann, Hbg./Mchn. 1965. – *Erinnerungen eines Toren*, E. Rechel-Mertens, Zürich 1969 [mit *November*; Ill. W. Busch]. – *Erinnerungen eines Narren*, H. Kirmsse u. A. Witt, Bln./DDR 1979 [mit *November*]. – Dass., E. u. H. Bastian, Schwifting 1982 [Ill.]. – *Memoiren eines Irren*, T. König, Zürich 1982 (mit *November*; detebe).

LITERATUR: C. Schlötke-Schröer, *Selbstaussage u. Kulturproblematik im frz. Roman des 19. Jh.s F., Stendhal* (in C. S.-S., *Formen der Selbstdarstellung*, Bln. 1956, S. 411–430). – A. Aarnes, *F. et le romantisme* (in Orbis, 12, 1957, S. 129–145). – G. M. Mason, *Les écrits de jeunesse de F.*, Paris 1961. – J. Bruneau, *Les débuts littéraires de F., 1813–1845*, Paris 1962. – A. Naaman, *Les débuts de G. F. et sa technique de la description*, Paris 1962; ³1985. – E. L. Gans, *The Discovery of Illusion. F.s Early Works, 1835–1837*, Berkeley u. a. 1971. – J. P. Sartre, *L'idiot de la famille. G. F. de 1821 à 1857*, 3 Bde., Paris 1971/72 (dt. *Der Idiot der Familie*, 5 Bde., Reinbek 1977–1980). – R. N. Coe, *Myth and Madame Schlesinger* (in *Autobiography in French Literature*, Univ. of South Carolina 1985, S. 90–103).

NOVEMBRE

(frz.; *November*). Erzählung von Gustave FLAUBERT, entstanden in drei Etappen mit längeren Unterbrechungen 1840–1842, erschienen 1910 im Rahmen der Flaubertschen *Œuvres de jeunesse inédites* der Edition Conard. Die ebenfalls nicht zur Veröffentlichung bestimmten *Mémoires d'un fou* (1838) übertreffend, gelingt Flaubert in *Novembre* zum ersten Mal eine kontinuierlichere Übersetzung der eigenen Phantasien und Erfahrungen in die Fiktion einer Ich-Erzählung, die seine frühreife erste Schaffensperiode abschließt.

Zurückgekehrt von einem Gang durch die langsam absterbende Natur, die dem November seines inneren Zustands entspricht, sucht der Erzähler vom absoluten Nullpunkt totaler Desillusionierung aus sich in das hoffnungsreiche Phantasieleben seines fünfzehnten, dann seines achtzehnten Lebensjahrs zurückzuversetzen. Erinnerungen an zwei Besuche bei dem Freudenmädchen Marie schließen sich an und werden unterbrochen von deren eigenem Lebensbericht. Die darauf folgende Schilderung der öden Zeit nach dieser Begegnung geht über in orgiastische Phantasiereisen in zumeist exotische Länder, in denen der forcierte Traum eines bald heroischen, bald idyllischen Lebens gedeiht. An diesem Kulminationspunkt bricht die Ich-Erzählung ab, und ein Herausgeber übernimmt, wie im *Werther*, doch ohne die unironische Nüchternheit zu erreichen, die den Schlußteil dieses fernen Vorbilds auszeichnet, die weitere Analyse des Erzähler-Ichs. Mit der schnörkelhaften Konstatation von dessen metaphorisch gemeintem Selbstmord – »*einzig durch die Kraft des Gedankens*«, der seinen Lebensekel nicht aushält – endet die Erzählung. Sie hat mit dem *Werther* gemeinsam, daß die Liebesgeschichte, die in *Novembre* weniger als die Hälfte des Buches ausmacht, nicht Thema, sondern nur zentrales Exempel ist für den egozentrischen Anspruch, dort der realen Leidenschaft, hier der romantischen Phantasie. Da das Leben des Ich in *Novembre* fast ausschließlich durch Gedanken bestimmt ist, die zu weit ausgesponnenen literarischen Träumen Anlaß geben, fehlen den fragmentarisch erinnerten realen Episoden äußere Fixationspunkte und vor allem sozialer Kontext. Verbunden sind sie allein durch die negative Tatsache, daß das in der Erzählung herrschende Bewußtsein sich in ihnen spiegelnd nicht wiederfinden kann. Metaphern, die das objektiv Wirkliche verstellen, indem sie es subjektiv überhöhen, zeigen an, daß der an seinem infantilen Ideal festhaltende Erzähler, soweit er Flaubert ist, seiner gesteigerten Zukunftserwartung nur literarisch gewachsen sein wird. Zwar hat er am Wort und seiner gedachten Aura mehr als das Leben, ergeht sich dabei aber immer nur in einem Abgeleiteten aus zweiter Hand, bevor er das Wirkliche kennenlernt, das ihn a priori in allen seinen Erscheinungsformen abstößt. PROUSTS Faszination durch Namen, die Wörter, die SARTRES Kindheit ausmachen, bilden ferne Echos zu dieser Wortreligion des Ästheten.

Als Erzähler-Ich in *Novembre* spielt er seinem Herzen gegenüber Theater, verwechselt die Leidenschaften, mit denen er seine Phantasie durch das Studium literarischer Werke auflud – denn in denen allein haben sie die ersehnte Reinheit und höchste Ausdruckskraft –, mit Gefühlen objektiver Liebe die er nicht kennt, zu denen er sich aber »*wie ein Dichter*« imaginativ immer erneut zwingt. Ihr wahres Objekt ist die romantisch-subjektive Vorstellung der Liebe selber. (Zukünftiger) Dichter und Dirne – deren Lebensbericht die Spiegelgeschichte zu seinem eigenen darstellt – wirken auf verschiedenen Ebenen für das gleiche sie verzehrende Ideal, von dem sie wirklichkeitsverachtend ausgehen. Daß Marie nymphomanisches Opfer ihrer Sinnlichkeit ist, wird ihr als metaphysische Sehnsucht nach absoluter Liebe ausgelegt. Wie ihr in der Lust die Möglichkeit des Glücks keineswegs gegenwärtig ist, sondern nur in versäumter Vergangenheit und erträumter Zukunft, den irrealen Zeiten der Phantasie und ihrer Gegenstände, so endet auch dem Erzähler, trotz einiger befreiender Kühnheiten – die Mischung aus Ekstatik und Realismus in der Schilderung der Wollust kam den deutschen Expressionisten in der ersten Übersetzung E. W. FISCHERS (1917) zur rechten Stunde – die Freude freudlos. Ähnlich dem christlich plakatierten Fleischesekel BAUDELAIRES, macht den Genuß zur Folter, daß dem lieblosen, weil am nicht gemeinten Objekt exerzierten Exzeß der Sinne der durch keine Wirklichkeit überbietbare Exzeß der nur sich selber liebenden Phantasie vorausging.
Andererseits begnügen sich aber die beiden Figuren nicht mit einer ästhetisch aufbereiteten Realität als widerstandslosem Stoff zu Phantasien um ihrer selbst willen. Damit, daß sie deren Realisation erzwingen wollen, erzwingt sich auch die Darstellung der objektiven Realität Geltung im Œuvre Flauberts. Der verspätete Provinzler hält wohl noch leidenschaftlich am Ideenreservoir der Romantik fest, doch signalisiert *Novembre* die immer dringendere Notwendigkeit, das pauschale Verdammungsurteil gegenüber der spießbürgerlichen Welt durch ihre genauere Gestaltung um so vernichtender zu begründen. Zwar sind die Belege objektiver Realität in *Novembre* noch punktuell, werden selbst die gewöhnlich abstoßendsten realistischen Einzelheiten (wie z. B. Fliegenschwärme, die in der Sonne um Kothaufen kreisen »*wie ein großes goldenes Rad*«) noch häufig im Vergleich zu romantisch-schöner Wirkung eingeschmolzen. – Doch indem Flaubert den Herausgeber gegen diese Gestaltungsweise des Ich-Erzählers polemisieren läßt, schickt er sich – wenigstens formal – an, die autobiographische Konfessionsliteratur romantischer Herkunft zu verlassen zugunsten des »objektiven« Gesellschaftsromans. Bloß formal bleibt die Einführung eines Herausgebers, weil dieser am Ende von *Novembre* selbst wieder in den Sog des metaphorischen Stils gerät, die schon der Erzähler-Held schrieb. Erst recht ist aber Distanz des Herausgebers zur moralischen Substanz des Ich-Erzählers schwer erreichbar. Der Zynismus, mit dem er gleich nach Abbruch der Phantasien des Erzähler-Ichs einsetzt, ist nur die Folge von dessen enttäuschter idealistischer Innerlichkeit, nicht deren Revision. So teilt er sogar *expressis verbis* mit dem Erzähler-Ich die Leidenschaft für das Romantisch-Schöne, der die Erniedrigung des rein Gedachten vor der Banalität des Alltags unerträglich ist.
Nicht die Radikalkur existentieller Selbstaufhebung folgt dem schon in den Erinnerungen des Erzählers öfters wiederholten und auch in Maries Lebensgeschichte geäußerten Todeswunsch, sondern Sehnsucht nach dem Schlaf der Marmorstatue, die ihren eigenen Tod genießt. Dieses umschweifiger gebrauchte Bild von der narzißtischen Ruhe des Kunstwerks in sich selbst ist die Projektion von jener, die seinem Hervorbringer notwendig ist. Der von *Novembre* ahnt, wie später Tonio Kröger weiß, »*daß man gestorben*« – der Welt und den eigenen Gefühlen abgestorben – »*sein muß, um ganz ein Schaffender zu sein*«. Dieser gleich zu Beginn der Erzählung gepriesene Zustand, dem die mangelnde Spontaneität des Gefühls bei der Dirne entspricht, ist das geheime Thema und zugleich in die literarische Zukunft Flauberts weisendes Ergebnis von *Novembre*. Gegen die uneingeschränkte ekstatische Selbstvernichtung wendet sich sein reifes Kunstgewissen. Es kündigt sich an in der Ironie, mit der der Herausgeber die Unwahrscheinlichkeit des durch Autosuggestion herbeigeführten realen Todes seines *alter ego* »*aus Liebe zum Wunderbaren*« hinzunehmen bittet. Damit ist die romantische Kunstform samt ihrer bekennerischen Erzählerfigur verworfen. Ihre Substanz ersteht wieder als zum Schreiben unbegabter romantischer Held in Flauberts Gegenwartsroman *Éducation sentimentale*, dessen Kunstform *Novembre* formal voraussetzt: Der kalte November, in dessen noch beredsamer Beschwörung die romantische Seele spiegelbildlich ihren Tod feiert, wird zum kalten Lakonismus des Stils der *Éducation*. Das Übertriebene in der gerühmten *impassibilité*, mit dem, Objektivität vortäuschend, das nur um der neuen Kunstabsicht willen anerkannte Recht der verhaßten Realität kompensiert wird, ist die nicht getilgte romantische Spur von *Novembre*.   K.Ba.

AUSGABEN: Paris 1910 (in *Œuvres complètes*, 18 Bde., 1909–1912, 15). – Paris 1914–1920 (in *Premières œuvres*). – Neuchâtel 1961 [Vorw. H. Guillemin; krit.]. – Lausanne 1964 (in *Œuvres complètes*, Hg. M. Nadeau, 18 Bde., 1964/65, 1). – Paris 1973 (in *Œuvres complètes*, 16 Bde., 1971–1976, 11). – Paris 1988.

ÜBERSETZUNGEN: *November, Roman aus dem Nachlaß*, E. W. Fischer, Mchn. 1917. – *November*, E. Sander, Hbg. 1946; ern. Ffm. 1981 (Insel Tb). – *November, Roman einer jungen Liebe*, W. J. Guggenheim, Mchn. 1960 (GGT); ern. 1973 (Goldm. Tb). – *November*, H. Bartuschek, Weimar 1966; ern. Lpzg. 1984 (IB). – Dass., E. Rechel-Mertens, Zürich 1969 (mit *Erinnerungen eines Toren*). – Dass., H. Kirmsse u. A. Witt, Bln./DDR 1979 (mit *Erinnerungen eines Narren*). – Dass., T. König, Zürich 1982 (mit *Memoiren eines Irren*; detebe).

LITERATUR: L. Maranini-Balconi, »*Novembre« di F.* (in L. M.-B., *Visione e personaggio secondo F. ed altri studi francesi*, Padua 1959, S. 57–77; auch in Les Amis de F., 16, 1960, S. 12–25). – H. Guillemin, *Le »Novembre« de F.* (in Le Bouquiniste Français, 40, 1960, S. 265–270). – G. M. Mason, *Les écrits de jeunesse de F.*, Paris 1961. – J. Bruneau, *Les débuts littéraires de F., 1831–1845*, Paris 1962, S. 306–343. – A. Naaman, *Les débuts de G. F. et sa technique de la description*, Paris 1962; ³1985. – E. L. Gans, *The Discovery of Illusion*, Berkeley u. a. 1971. – J.-P. Sartre, *L'idiot de la famille. G. F. de 1821 à 1857*, 3 Bde., Paris 1971/72 (dt. *Der Idiot der Familie* 5 Bde., Reinbek 1977–1980). – V. Brombert, *Usure et rupture chez F. L'exemple de »Novembre«* (in Contrepoint, 28, 1978, S. 89–94). – W. Koeppen, »*November*« (in W. K., *Die elenden Skribenten*, Ffm. 1981, S. 66–70).

SALAMMBÔ

(frz.; *Salammbô*). Historischer Roman von Gustave FLAUBERT, erschienen 1863. – Nach dem Zeitroman *Madame Bovary* (1857), den der Autor als nüchterne Reproduktion einer »*niederen Wirklichkeit*« empfunden hatte, fühlte sich Flaubert von einem äußerst gegenwartsfernen, exotischen Thema angezogen: der Geschichte der aufständischen Söldner, die sich nach Abschluß des Ersten Punischen Kriegs (264–241) aus Enttäuschung über den geringen Lohn gegen Karthago wenden, die Hauptstadt mit Hilfe afrikanischer Stämme bedrohen, am Ende aber von Hamilkar Barkas vernichtend geschlagen werden.

Die von Flaubert zunächst erwogenen Titel *Les mercenaires (Die Söldner)* und *Carthage* zeigen den epischen Ansatz: den Versuch, monumentale historische Vorgänge, Massenszenen und Kampfgeschehen mit der ruhigen Geste des unparteiischen Zuschauers zu schildern. Für Flaubert war die »*Wiederbelebung der Vergangenheit*« (»*résurrection du passé*«) eine künstlerische und zugleich wissenschaftliche Aufgabe, der er sich fünf Jahre lang (seit 1857) widmete: Es galt, sowohl die historischen Quellen (vor allem POLYBIUS), die Mythenforschung (F. Creuzer) und die moderne Geschichtsschreibung (MICHELET u. a.) kritisch zu prüfen sowie die neuesten Ergebnisse der Archäologie zu nutzen; um sich die Topographie Karthagos zu veranschaulichen, unternahm Flaubert 1858 eine Studienreise nach Tunesien.

Schauplatz der ersten Szene des in fünfzehn Kapitel gegliederten Romans sind die »heiligen« Gärten Hamilkars in Megara, einem Vorort Karthagos. Die vom Krieg gegen Rom zurückgekehrten Söldner – ein buntes Völkergemisch – feiern den Jahrestag ihres Sieges am Eryx. Das üppige Behagen des exotischen Mahls, das Flaubert in homerischer Breite und Detailfreude beschreibt, verwandelt sich in trunkene Aufsässigkeit: Der ehemalige Sklave Spendius, ein Grieche, schürt den Unwillen gegen die Führer Karthagos, die bislang den Sold verweigerten. Mit der nächtlichen Erscheinung Salammbôs, der Tochter Hamilkars, die klagend die verwüsteten Gärten durchstreift, rücken auf der Seite der »Barbaren« der von Salammbô faszinierte Lybier Mâtho und der numidische Häuptling Narr'Havas in den Brennpunkt der Ereignisse. Politisch-militärische und magisch-religiöse Vorgänge sind von Anfang an ineinander verschlungen: während sich das Heer der Söldner nach einer Episode des Rückzugs und der Kompromißbereitschaft (Verhandlungen im Wüstenort Sicca) wiederum bedrohlich vor den Toren Karthagos lagert, dringen Spendius und Mâtho auf Schleichwegen in die Stadt, um den Macht verleihenden Schleier der Tanit (den *zaïph*) aus dem Tempel der Mondgöttin zu rauben. Mit der Entführung des Schleiers scheint Karthago verloren und Salammbô, als Priesterin der Göttin Tanit geweiht, dem Besitzer des Fetischs und Führer des Aufstandes Mâtho verfallen. Obwohl Hamilkar in der Schlacht von Macar siegt, sieht Karthago einer tödlichen Belagerung entgegen. Salammbô wagt sich daher widerstrebend in das Zelt Mâthos, um auf Anraten der Priester den Schleier der Tanit zurückzuholen: Die Liebesszene bildet den vieldeutigen Höhepunkt und die Wende der bislang unentschiedenen Kämpfe. Mit der Erfüllung seiner Liebe sinkt die Macht des um den Schleier betrogenen Lybiers (Abfall der Truppen Narr'Havas). Unterdessen scheint der Widerstand Karthagos durch fortgesetzte Belagerung, Hungersnot und Wassermangel schon fast gebrochen. Um den Zorn des großen Baals »Moloch« zu besänftigen, werden die Kinder vornehmer Familien geopfert. Mit dem erlösenden Regen gelingt es Hamilkar, weitere Truppen auf dem Schiffsweg einzusetzen und durch taktische Manöver die Söldner in dem »Engpaß der Axt« (»*Défilé de la hache*«) einzuschließen. Der Rest des von Hunger und Durst erschöpften Söldnerheers wird auf grausame Weise getötet, der bei Tunis gefangene Mâtho als »letzter der Barbaren« zu Tode gefoltert. Salammbô stirbt beim Anblick seiner Qualen.

Die Umrisse der äußeren Handlung können die freskenhafte Komposition und sinnbildliche Struktur des Romans nicht verdeutlichen; die rasche Situationsabfolge, das »*rhythmische Auf- und Abschwellen der Aktionen*« (H. Friedrich) verstärken einerseits den Eindruck sinnloser Dynamik und Fatalität der undurchschaubaren geschichtlichen Mächte – dagegen stehen jedoch Naturbilder sphinxhafter Erstarrung, zeitloser Ruhe und zeremonieller Gleichförmigkeit neben detaillierten Beschreibungen religiöser Kultformen und Kultstätten: Flaubert evoziert den archaischen Glauben an Naturgottheiten wie die Mondgöttin Tanit und den menschenfressenden Moloch, den Gott der glühenden Sonne, an Tiergötter wie die schwarze Python und die in Glaskugeln gehüteten Fische der Familie Barkas und nicht zuletzt den Glauben an die tödliche Macht eines Fetischs wie den *zaïmph* der Tanit. Die Priesterin Salammbô erscheint in magischen Augenblicken als Inkarnation Tanits, Mâtho als Moloch.

Durch den mythololgischen Rahmen, in dem auch Farben und Gesten symbolische Bedeutung erhalten, rückt der historische Roman in die Nähe des epischen Gedichts, wobei grandiose Landschaftsbilder, grauenvolle Schlachtbeschreibungen, religiöse Mysterien und realistische Details in gleicher Weise zu jener »objektiven Poesie« stilisiert werden, die Flaubert als Ideal seiner Kunst ansah. – *Salammbô* befremdete den Teil der zeitgenössischen Kritik, der nach *Madame Bovary* von Flaubert ein weiteres Werk der »realistischen Schule« erwartet hatte. Betroffener fühlte sich der Autor von Rezensionen, die die historische und künstlerische Glaubwürdigkeit des Werks in Zweifel zogen – in der polemischen Auseinandersetzung mit dem Archäologen FROEHNER und der behutsamen Diskussion mit SAINTE-BEUVE geht es Flaubert vor allem um den Nachweis der historischen Genauigkeit des Romans.

Mit dem Unbehagen Sainte-Beuves, der den – wie er meint – sinnlosen rhetorischen Aufwand, die Häufung funktionsloser Details und die »sadistische Einbildungskraft« kritisiert, beginnt die zwiespältige Aufnahme des beim Publikum durchaus erfolgreichen Romans, der u. a. auch von marxistischer Seite diskutiert wird: G. LUKÁCS deutet ihn als Irrweg des historischen Romans. Gefallen an der distanzierten Gestaltung des exotischen Themas fanden dagegen die Lyriker des »Parnasse«. Zahlreiche Imitationen und die Vertonung von L. E. E. Reyer bezeugen die bis zur Jahrhundertwende zunehmende Wirkung des Romans. *Salammbô* bietet neuerdings auch Anlaß zu psychoanalytischen Deutungen, zur Diskussion gattungsgeschichtlicher Aspekte des historischen Romans (A. Green) und nicht zuletzt zur Definition des orientalischen Diskurses, der Flauberts exotische Werke (vgl. neben der *Tentation de Saint-Antoine* auch *Voyage en Orient*, 1849–1851) miteinander verbindet.   V.R.

AUSGABEN: Paris 1863. – Paris 1909 (in *Œuvres complètes*, 18 Bde., 1909–1912, 2). – Paris 1959, Hg. E. Maynial (krit.; Class. Garn; ern. 1969). – Paris 1960, Hg. P. Soupault u. H.-J. Dupuy. – Lausanne 1965 (in *Œuvres complètes*, Hg. M. Nadeau, 18 Bde., 1964/65, 10). – Paris 1964, Hg. J. Suffel (GF). – Paris 1971 (in *Œuvres complètes*, 16 Bde., 1971–1976, 2). – Paris 1974, Hg. P. Moreau (Folio). – Paris 1979 (in *Œuvres*, Hg. A. Thibaudet u. R. Dumesnil, 2 Bde., 1977–1979, 2; Pléiade). – Paris 1980.

ÜBERSETZUNGEN: *Salammbô*, F. v. Oppeln-Bronikowski, Minden 1908. – *Salammbô, ein Roman aus dem Alt-Karthago*, A. Schurig, Lpzg. 1912; ern. 1922. – *Salammbô, der grandiose Roman vom Kampf um Karthago*, G. Goyert, Bearb. B. H. Bonsels, Mchn. 1959 (GGT); ern. 1973 (Goldm. Tb). – *Salammbô*, R. Habs, Stg. 1970 (RUB). – *Salammbô*, G. Brustgi, Ffm. 1979 (Insel Tb). – Dass., F. v. Oppeln-Bronikowski (in *Werke*, 8 Bde., 2, Zürich 1979; detebe).

VERTONUNG: L. E. E. Reyer, *Salammbô*, (Oper: Urauff.: Brüssel, 10. 2. 1890, Théâtre de la Monnaie).

VERFILMUNGEN: *Salambo*, Italien um 1911. – Dass. Italien 1914 (Regie: E. Pasquali). – Frankreich/Österreich 1925 (Regie: P. Maradon). – Frankreich/Italien 1959 (Regie: S. Grieco).

LITERATUR: C.-A. Sainte-Beuve, »*Salammbô*« (in C.-A. S.-B., *Nouveaux lundis*, Bd. 4, Paris ²1872, S. 31–95). – G. Doublet, *La composition de »Salammbô« d'après la correspondance de F.*, Toulouse 1894. – P. B. Fay u. A. Coleman, *Sources and Structure of F.s »Salammbô«*, Baltimore/Paris 1914. – A. Hamilton, *Sources of the Religious Element in F.s »Salammbô«*, Baltimore/Paris 1917. – I. Dane, *Symbol und Mythos in F.s »Salammbô«*, (in ZfrzSp, 59, 1935, S. 22–45). – A. Dupuy, *En marge de »Salammbô«*, Paris 1954. – H. Suhner-Schluep, *L'imagination du jeu ou la dialectique du soleil et de la lune dans »Salammbô« de G. F.*, Diss. Zürich 1970. – J. Rousset, *Positions, distances, perspectives dans »Salammbô«* (in Poétique, 6, 1971). – J. Bruneau, *Le ›conte oriental‹ de G. F.*, Paris 1973. – R. Debray-Genette, *F., science et écriture* (in Littérature, 4, 1974, Nr. 15, S. 41–51). – J. Neefs, *»Salammbô«, textes critiques* (ebd., S. 52–64). – G. Bonaccorso, *L'Oriente nella narrativa di G. F.*, Messina 1979. – C. Carlut, *A Concordance to F.s »Salammbô«*, 2 Bde., NY/Ldn. 1979. – M. Frier-Wantiez, *Sémiotique du fantastique. Analyse textuelle de »Salammbô«*, Bern u. a. 1979. – J. Bem, *Modernité de »Salammbô«* (in Littérature, 10, 1980, Nr. 40, S. 18–31). – A. Green, *F. and the Historical Novel: »Salammbô« Reassessed*, Cambridge 1982. – L. Bottineau, *La représentation de l'espace dans »Salammbô«* (in RLMod, 1984, Nr. 703–706, S. 79–104). – F. Laforgue, *»Salammbô«. Les mythes et la Révolution* (in RHLF, 85, 1985, S. 26–40).

LA TENTATION DE SAINT-ANTOINE

(frz.; *Die Versuchung des heiligen Antonius*). Roman von Gustave FLAUBERT. – Zur Veröffentlichung im Jahre 1874 entschloß sich Flaubert erst, nachdem er die beiden früheren Versionen von 1849 und 1856 erneut kritisch überarbeitet hatte. Die lange Entstehungsgeschichte läßt erkennen, daß der Roman, wie der Autor selbst sagt, *das Werk seines ganzen Lebens* darstellt: Einzelne Motive, wie z. B. die Dialoge mit dem Tod und dem Teufel oder das Thema der *tentation*, erschienen bereits in den Jugendwerken seit 1837. Insbesondere war der Einfluß der Teufelsdarstellungen in BYRONS *Cain* und GOETHES *Faust* – NERVALS Faustübersetzungen erschienen 1828–1840 – schon wirksam, als

Flaubert während einer Italienreise 1845 in Genua durch ein Antoniusbild von Breughel in der Galerie des Palastes Balbi Senarega zur Gestaltung des Themas angeregt wurde. Obwohl die Dichterfreunde Maxime DU CAMP und Louis BOUILHET 1849 in Croisset bei der Lesung der ersten Fassung dazu geraten hatten, das nach ihrer Ansicht mißlungene Werk ins Feuer zu werfen, kam Flaubert nach Beendigung der *Madame Bovary* 1856 auf die *Tentation* zurück: Zahlreiche Kürzungen sowie Erinnerungen and die Orientreise von 1849-1951 bestimmen die Fassung von 1856, von der einige Fragmente in Théophile GAUTIERS Zeitschrift ›L'Artiste‹ erschienen sind. Einschneidender sind die Veränderungen der letzten Fassung, die Flaubert von 1869 bis 1872 zu Ende führte. Diese verbindet das Ergebnis fortlaufender theologischer und philosophisch-naturwissenschaftlicher Studien von SPINOZA bis zu Ernst HAECKELS *Natürlicher Schöpfungsgeschichte* (1868) mit einer zunehmenden Konzentration des Stoffes und der für Flaubert typischen Sorgfalt der Stilisierung, die in unzähligen Manuskriptvarianten, Entwürfen und Ausstreichungen zum Ausdruck kommt.

Die Antonius-Legende, deren historischer Gehalt gesichert ist, beruht auch in dem Roman Flauberts auf der Biographie des ATHANASIUS, der als theologischer Zeitgenosse das Leben des ersten mönchischen Eremiten gepriesen hatte. Der Aufbruch zur vollkommenen Askese und Einsamkeit wurde sowohl in der Hagiographie als auch in Flauberts Roman zu dem mehr oder weniger problematischen Mittelpunkt der Legende, aus ihm ergab sich das Thema der Versuchung, das vor allem in den bildlichen Darstellungen seit dem Spätmittelalter als besonderes Merkmal der Antonius-Gestalt erscheint. Indem Flauberts Roman aus der begrenzten Perspektive des Antonius, der den Ort der Handlung, eine Hütte in der Wüstenlandschaft Oberägyptens, nur in seiner Phantasie verläßt, die *»dramatische Exposition der alexandrinischen Welt des IV. Jh.s«* zu entwickeln sucht, unterscheidet sich sein Inhalt von den mittelalterlichen Legenden. Der Gegensatz von asketischer Strenge und Kargheit, die sich bei Antonius bis zur Empfindung des Nichts steigert, und der wuchernden Phantasie, die sich in prunkvollen Bildern des Reichtums, der Macht und Schönheit üppig entfaltet, bestimmt nicht nur den Inhalt des weitgehend dialogischen Romans, sondern ebenso seine divergierenden Stilmittel: Gedankliche Abstraktion in philosophischen Gesprächen, Diskussionen und dramatischen Szenen wechseln mit lyrischen Episoden oder Prosagedichten voll suggestiver Metaphorik. Verschiedene Gestalten beleben die Einbildungskraft des durch die Askese ermatteten Antonius. Häretiker, die sich in einer Zeit dogmatischer Unsicherheit bekämpfen – 325 fand das Konzil von Nizäa statt –, Gnostiker, Arianer, Montanisten, schließlich auch Götter der Antike, Buddha, Isis, die Sphinx u. a. erscheinen, um Antonius zu verwirren. Gefährlich werden ihm die Gespräche mit Hilarion, seinem ehemaligen Schüler, der in Gestalt eines Zwerges auftritt und am Ende ebenfalls als Werkzeug des Teufels erkennbar ist. Nicht weniger betäubend wirken die sinnlichen Verführungen, unter ihnen die Erscheinung der Königin von Saba, deren Glanz und Schönheit den Heiligen blenden sollen. – In dem gemeinsamen Auftreten des Todes und der Wollust, die in der endlosen Reihe der Gespenster und Dämonen besonders auffallen, wird ein Grundgedanke des Romans sichtbar: Die Vorstellung der sich durch Destruktion regenerierenden Natur, der zur Bildung neuer Formen notwendigen Auflösung der Materie, der paradoxen Synthese von Fruchtbarkeit und Tod. Am Ende preist Antonius, der lange Zeit nahezu passives Medium der Halluzinationen bleibt, selbst die Schöpfungskraft des Lebens, eine eher naturreligiöse als christliche *unio mystica* mit der Materie. Ein mehrdeutiges Schlußbild, das in der Sonnenscheibe erstrahlende Antlitz Christi, beendet den nächtlichen Spuk.

Die Versuchung des heiligen Antonius, von einigen Zeitgenossen des Dichters als Konglomerat heterogener und z. T. anachronistischer Ideen vernichtend kritisiert, fand andererseits die Anerkennung von Hippolyte TAINE, Ernest RENAN und Auguste SABATIER. Flaubert hat hier die »romantischen« Themen seiner frühen Werke nicht durchweg verdrängt, sondern im Zuge künstlerischer Umgestaltung unter neuen Aspekten weiterverfolgt. In der Gestalt des heiligen Antonius möchte er darüber hinaus – mehr noch als in *Madame Bovary* oder *Salammbô* – Analogien zu seiner eigenen Existenz erkennen: Antonius erscheint in seinem verzweifelten Kampf mit den Dämonen seiner Phantasie als Sinnbild des einsamen, in Bildern und Visionen befangenen Künstlers. Neuere Deutungen betonen die Spannung von *désir* und *savoir* als den Kategorien, die nicht nur für die *tentation*, sondern für die Schreibweise Flauberts grundlegend sind (J. Bem), und verweisen damit auf die intertextuelle Dimension der Imagination des Antoine: für M. FOUCAULT ein prägnantes Beispiel dafür, daß das Phantastische als »Bibliotheksphänomen« definiert werden kann.   V.R.

AUSGABEN: Paris 1874; ³1875. – Paris 1922 [endg. Fassg.; Ill. R. Drouart]. – Paris 1908 (*La Première Tentation de Saint-Antoine, 1849–1856*, Hg. L. Bertrand). – Paris 1909 (in *Œuvres complètes*, 18 Bde. 1909–1912, 13; alle Fassg.). – Lausanne 1964 (in *Œuvres complètes*, Hg. M. Nadeau, 18 Bde., 1964/65, 6 (Fassg. v. 1856); 15 (Fassg. v. 1874)). – Paris 1966, Hg. E. Maynial (Class. Garn). – Paris 1967, Hg. J. Suffel (GF). – Paris 1972/73 (in *Œuvres complètes*, 16 Bde., 1971–1976, 4 (Fassg. v. 1874); 9 (Fassg. v. 1849 u. 1856)). – Paris 1977 (in *Œuvres*, Hg. A. Thibaudet u. R. Dumesnil, 2 Bde., 1977–1979, 1). – Paris 1983, Hg. C. Gothot-Mersch (Folio).

ÜBERSETZUNGEN: *Die Versuchung des heiligen Antonius*, B. Endrulat, Straßburg 1874. – Dass., P. Greve, Minden 1909. – Dass., A. Schurig, Mchn.

1923. – Dass., B. u. R. Picht, Ffm. 1966; ern. 1979 (Nachw. M. Foucault; Ill.; Insel Tb). – Dass., F. P. Greve (in *Werke*, 8 Bde., 4, Zürich 1979; detebe).

LITERATUR: K. Bornhausen, *Die religiöse Bedeutung von F.s »Tentation de Saint-Antoine« für Frankreich* (in *Philologisch-philosophische Studien, Fs. f. E. Wechsler*, Jena/Lpzg. 1929, S. 9–19). – A. Lombard, *F. et Saint-Antoine*, Paris 1934. – A. Pantke, *G. F.s »Tentation de Saint-Antoine«, ein Vergleich der drei Fassungen*, Lpzg. 1936. – J. Seznec, *Saint-Antoine et les monstres* (in PMLA, 58, 1943, S. 231–247). – A. Prucher, *Nouvelles études sur »La tentation de Saint-Antoine«*, Ldn. 1949. – Ders., *La rappresentazione dell'Egitto nelle tre redazioni della »Tentation de Saint-Antoine«*, Florenz 1954. – A. Pohle, *Sphinx und Chimäre* (in A. P., *Aufsätze zur Themen- und Motivgeschichte*, Hbg. 1965, S. 135–149). – W. Hübner, *Die olympischen Götter in F.s »Tentation de Saint-Antoine«* (in Arcadia, 5, 1970, S. 242–261). – M. Butor, *La forme de »La tentation de Saint-Antoine«* (in EsCr, 10, 1970, S. 3–12). – M. Foucault, *La bibliothèque fantastique* (in *F.*, Hg. R. Debray-Genette, Paris 1970, S. 171–190). – J. Bruneau, *Le ›Conte oriental‹ de G. F.*, Paris 1973. – G. Bonaccorso, *L'Oriente nella narrativa di F.*, 2 Bde., Messina 1979. – C. Carlut u. a., *A Concordance to F.s »Tentation de Saint-Antoine«*, NY/Ldn. 1979. – J. Bem, *Désir et savoir dans l'œuvre de F. Étude de »La tentation de Saint-Antoine«*, Neuchâtel 1979. – F. P. Bowman, *F. et le syncrétisme religieux* (in RHLF, 81, 1981, S. 621–636). – J. Neefs, *L'exposition littéraire des religions* (ebd., S. 637–647). – G. Séginger, *Le mysticisme dans »La tentation de Saint-Antoine« de F.*, Paris 1984.

FLAVIUS ARRIANUS

* um 95 Nikomedeia / Bithynien
† um 175 Athen

LITERATUR ZUM AUTOR:
E. Schwartz, Art. *A. (9)* (in RE, 2/1, 1896, Sp. 1230–1247; ern. in E. S., *Griechische Geschichtsschreiber*, Lpzg. 1957, S. 130–155). – Ph. A. Stadter, *Arrian of Nicomedia*, Chapel Hill 1980.

ANABASIS ALEXANDRU

(griech.; *Alexanderzug*). Das früheste und zugleich einzige erhalten gebliebene große Geschichtswerk des FLAVIUS ARRIANUS, eines griechischen Schriftstellers, Weltreisenden und hohen Staatsbeamten in Roms Diensten. Die glücklichste, Vermögen und Fehler gleichermaßen wägende Würdigung des Autors und seines Buchs, das auch der heutigen historischen Forschung noch Hauptquelle der Geschichte Alexanders des Großen (reg. 336–323) ist, stammt von Eduard SCHWARTZ: »*Die richtige Folie für ihn ist ein Mensch wie Appian, auch ein ausgedienter Beamter, der sich aufs Geschichteschreiben legte. Da wird klar, wie hoch der Konsular und kaiserliche Provinziallegat über dem Advokaten, der es nur bis zur titularen Prokuratur bringt, steht und wie auch bei mäßiger Begabung und in ungünstiger, unfruchtbarer Zeit eine im Leben gereifte Tüchtigkeit des Charakters und eine die Höhen dieser Welt mit umfassende Erfahrung sehr achtbare Leistungen hervorbringen können. Wenn das Bild des weltbezwingenden Königs der Nachwelt im Nebel des Romans nicht verschwommen ist, wenn wenigstens die Umrisse noch deutlich hervortreten, so hat nicht nur ein glücklicher Zufall, sondern vor allem die wackere, kernige Persönlichkeit des bithynischen Römers, der an diesem Stoff sich zum Historiker heranbilden wollte, das Verdienst.*«

Arrian verneigt sich in der *Anabasis*, wie schon der Titel bekundet, zunächst einmal vor seinem ihm seltsamerweise bis in die Lebensumstände so ähnlichen Vorbild XENOPHON. Diese Reverenz wirkt weiter auch im Aufbau des Ganzen, in der Gliederung des Stoffes nach sieben Büchern (obgleich dies bei Xenophon nicht original ist). Daß die innere Disposition der *Anabasis* Xenophons (1 Buch Vormarsch, 6 Bücher Rückmarsch) nicht beibehalten werden konnte, ist der Art der Materie nach selbstverständlich. So wird denn bei Arrian in Buch 1 die Vorgeschichte des Zugs gegen die Perser geschildert, die Konsolidierung von Alexanders Macht in Griechenland (Theben), die Überfahrt aufs asiatische Festland und die Eroberung Westkleinasiens (Granikos-Schlacht). Die weiteren Bücher enthalten: die Unterwerfung des restlichen Kleinasiens (Gordion), die Schlacht bei Issos und die Einnahme Phöniklens und Syriens bis Gaza (2); der Zug nach Ägypten (Ammon) und durch Mesopotamien, der Sieg bei Gaugamela, der Einzug in Babylon und Susa, die Eroberung Mediens (Tod des Dareios) und Hyrkaniens – der Gebiete südlich des Kaspischen Meers –, der Marsch durch Parthien und Arachosien, die Überschreitung des Oxus (Amur-Darja), der Tod des Bessos (3); die Aufstände der Baktrier und Sogdier und ihre Überwindung, die Ermordung des Kleitos durch Alexander, sein Versuch, die Proskynese (Fußfall) einzuführen, die Rebellion des Hermolaos, der Zug zum Indus durch das Hindukusch-Gebiet (4); die Überschreitung des Indus, der Kampf gegen den Inder Poros, die Kolonisierung Südkaschmirs, der Entschluß zur Umkehr (5); der Zug den Hydaspes und Indus abwärts (Alexander wird verwundet), dann der Küste entlang nach Westen bis Persepolis (6); Alexander in Susa und Babylon, sein Tod und zum Abschluß eine große Aretalogie dieses »*göttlichen Menschen*« (7).

Wenngleich die Komposition Gesetzen eigenen Charakters folgt, so scheint doch in der Erzählung das Muster Xenophons auf einer anderen Ebene wieder deutlich hervor: in der sprachlichen Form. Arrian wählt ein gemäßigtes Attisch und trägt seinen Bericht in einem schlichten, rhetorisches Rankenwerk bewußt meidenden Stil vor; Spannung und Abwechslung bewirkt allein das vorgetragene Geschehen. Freilich ist diese nüchterne Einfachheit nicht nur als ein »literarisches Programm« begründet: hinzu kommt ein höchst entscheidendes sachliches Moment (das allerdings nebenbei auch eminent literarischer Natur ist). Der Autor verfolgt nämlich mit dem Werk vor allem ein »historisches Programm«: er will der geschichtlichen Realität Alexanders wieder zu ihrem Recht verhelfen. Dafür bestand jeder Anlaß: »*Wer sich wundert, wo doch so viele über ihn geschrieben haben, daß ich da noch auf den Gedanken gekommen bin, dies Buch zu verfassen, der möge erst einmal all die Werke jener Autoren für sich lesen, und erst dann mag er sich, wenn er sich danach in mein Werk vertieft hat, meinetwegen noch wundern.*« (Prooimion 3) – Arrian will der damals bereits ins Unermeßliche wuchernden Romanliteratur über Alexander das klare Bild der beweisbaren Fakten gegenüberstellen.

Sicher Bezeugtes konnte nur in Originalquellen zu finden sein. Doch galt es auch hier zu scheiden: Männer wie ONESIKRITOS, auf deren Spintisieren letztlich der *Alexanderroman* zurückging, hatten auszuscheiden. Als durchgängiges Grundmaterial wählte der Autor mit sicherem Griff die Aufzeichnungen von Alexanders General PTOLEMAIOS LAGU und zur Ergänzung das etwas ausführlichere und farbigere Referat des ARISTOBULOS, der ebenfalls am Feldzug teilgenommen hatte, daneben sind stellenweise noch die offiziellen Kriegstagebücher *(Ephemeriden)* Alexanders sowie die Berichte des Admirals NEARCHOS und des MEGASTHENES herangezogen, die Hauptquellen der Arrianschen *Indikē*. Als einzige Schrift aus der Sekundärliteratur tauchen gelegentlich die wissenschaftlich unantastbaren *Geōgraphika (Geographie)* des ERATOSTHENES auf. Um einen Kontrast zu den glaubwürdigen, aber oft militärisch knappen Vorlagen zu geben, verweist Arrian aber hie und da auch auf die romaneske Vulgata: an solchen Stellen empfindet der Leser dann die Anteilnahme des Schriftstellers an seinem Thema. Farbigkeit und Fülle der Darstellung, die das trocken-konzise Diarium der Generalität nicht hergibt, werden durch eine geschickte Volte dem Gut der Gegner entlockt. E.Sch.

AUSGABEN: Venedig 1535, Hg. J. F. Trincavelli. – Bln. ²1860–1863 (*Anabasis*, Hg. C. Sintenis, 2 Bde.; m. Komm.). – Lpzg. 1907 (in *Flavii Arriani quae exstant omnia*, Hg. A. G. Roos, Bd. 1; ern. 1967, Bearb. G. Wirth). – Ldn./Cambridge (Mass.) 1929–1933 (in *Arrian*, Hg. E. I. Robson, 2 Bde., Bd. 1: ²1948; m. engl. Übers.; Loeb; Nachdr. 1958).

ÜBERSETZUNGEN: *Des Flavius Arrianus sieben Bücher v. d. Feldzügen Alex. d. Gr., nebst dessen Indischer Geschichte*, G. C. L. Timaeus, Lpzg. 1765. – *Alexanders d. Gr. Siegeszug durch Asien*, W. Capelle, Zürich 1950 [m. Einl. u. Erl.]. – *Der Alexanderzug*, G. Wirth u. O. v. Hinüber (in *Indische Geschichte*, Hg. dies., Mchn. 1985; griech.-dt.).

LITERATUR: W. Hoffmann, *Das litterarische Porträt Alexanders d. Gr.*, Lpzg. 1922. – W. W. Tarn, *Alexander the Great*, Bd. 2, Cambridge 1950. – A. B. Breebart, *Enige historiografische aspecten van A.s »Anabasi«*, Diss. Leiden 1960. – G. Schepens, *Arrain's View of His Task as Alexander-Historian* (in Ancient Society, 2, 1971, S. 254–268). – N. G. L. Hammond, *Some Passages in Arrian Concerning Alexander* (in Classical Quarterly, 30, 1980, S. 455–476). – A. B. Bosworth, *A Historical Commentary on Arrian's History of Alexander, I: Commentary on Books I–III*, Oxford 1980. – J. Roisman, *Why Arrian wrote the »Anabasis«* (in Rivista storica dell'Antichità, 13/14, 1983/84, S. 253–263).

INDIKĒ

(griech.; *Indienbuch*). Geographisches Werk des FLAVIUS ARRIANUS. – Dieses zweite ganz erhalten gebliebene Werk des Arrian ist im Anschluß und als Anhang (»Buch 8«) an die große Alexander-Geschichte, die *Anabasis Alexandru*, entstanden, auf die öfters ausdrücklich Bezug genommen wird. Zwar ist die *Indikē* literarisch nicht von der überzeugenden inneren Geschlossenheit wie die *Anabasis* – zum einen des an HERODOT geschulten, jedoch äußerst gekünstelt wirkenden ionischen Dialekts, zum andern der disharmonischen zweiteiligen Komposition wegen –, aber als Zeugnis für den sicheren historischen Sinn des Autors darf das Büchlein denselben Rang beanspruchen.

Den ersten, kleineren Teil (Kap. 1–17) bildet ein geographisch-ethnographischer Abriß Indiens; er folgt – außer den *Geōgraphika* des ERATOSTHENES – in der Hauptsache den Aufzeichnungen des MEGASTHENES, der einst im Auftrag des Diadochenkönigs Seleukos Nikator (um 358–280 v. Chr.) eine Reise zu dem indischen König Candragupta (reg. 322–298 v. Chr.) unternommen hatte und dabei bis zum Ganges vorgestoßen war. Der zweite Teil (Kap. 17–43) ist bis auf den geographischen Schluß ein weithin wörtliches, gelegentlich bis zur extensiven Abschrift gehendes Exzerpt aus dem Werk des NEARCHOS, der als Admiral Alexanders bei dessen Rückzug aus Indien die griechische Flotte von der Indus- zur Euphratmündung geführt und nach seinem Kriegstagebuch einen Bericht an Alexander und ein darstellendes Buch verfaßte.

Durch diesen Rückgriff auf die originalen und zuverlässigen Quellen, der das Wissenswerte mit dem Wissensmöglichen zu verbinden vermochte, wurde das kurze Werk – auch noch, ja gerade für die Zeit Arrians – zum unbestechlichen Korrektiv der Flut von phantastischer Reisefabulistik und exotischer Teratologie, die sich seit Alexander stets mit spezieller Vorliebe um das geheimnisvolle Land im Osten gerankt hatte. E.Sch.

AUSGABEN: Pesaro 1508 (in *De rebus gestis Alexandri*; lat. Übers. v. B. Facius). – Venedig 1535 (in *Peri Alexandru anabaseōs*, Hg. J. F. Trincavelli). – Lpzg. 1928 (in *Flavii Arriani quae exstant omnia*, Hg. A. G. Roos; Bd. 2; ern. 1968, Bearb. G. Wirth). – Ldn./Cambridge (Mass.) 1933 (in *Arrian*, Hg. E. I. Robson, Bd. 2; m. engl. Übers.; Loeb; Nachdr. zul. 1958). – Paris ²1952 (*L'Inde*, Hg. P. Chantraine; m. frz. Übers.).

ÜBERSETZUNGEN: *Arriani Indica, d. i., die Indianische Geschichte oder Reisebeschreibung der Flotten Alexanders des Großen*, G. Raphelius, Hbg. 1710. – *Das indische Buch*, W. Capelle (in *Alexanders des Großen Siegeszug durch Asien*, Zürich 1950; m. Einl. u. Erl.) in *Indische Geschichte*, Hg. G. Wirth u. O. v. Hinüber, Mchn. 1985 [griech.-dt.].

LITERATUR: E. Schwartz, Art. *A. (9)* (in RE, 2/1, 1896, Sp. 1230–1247; ern. in E. S., *Griechische Geschichtsschreiber*, Lpzg. 1957, S. 130–155). – Schmid-Stählin, 2/2, S. 749/750. – V. Ehrenberg, *Die Opfer Alexanders an der Indusmündung* (in *Fs. f. M. Winternitz*, Lpzg. 1933, S. 287–297; ern. in V. E., *Polis u. Imperium*, Zürich/Stg. 1965, S. 449–457). – A. B. Bosworth, *Arrian's Literary Development* (in Classical Quarterly, 22, 1972, S. 163–185).

TITUS FLAVIUS CLEMENS

auch Clemens von Alexandrien
* 140/150 Athen
† wahrscheinlich vor 221 Alexandreia

LITERATUR ZUM AUTOR:
J. Munck, *Untersuchungen über Klemens v. Alexandrien*, Stg. 1933. – A. Mayer, *Das Gottesbild im Menschen nach Clemens v. Alexandrien*, Rom 1952. – W. Völker, *Der wahre Gnostiker nach Klemens v. Alexandrien*, Bln./Lpzg. 1952. – E. F. Osborn, *The Philosophy of Clement of Alexandria*, Cambridge 1957. – E. Fascher, *Der Logos-Christus als göttlicher Lehrer bei Klemens v. Alexandrien*, Bln. 1961. – O. Prunet, *La morale de Clément d'Alexandrie et le Nouveau Testament*, Paris 1966. – J. Bernard, *Die apologetische Methode bei Klemens v. Alexandrien. Apologetik als Entfaltung der Theologie*, Lpgz. 1968. – E. Schrofner, ›*Gnostisches‹ Christentum bei Clemens v. Alexandrien*, Innsbruck 1969. – W. E. G. Floyd, *Clement of Alexandria's Treatment of the Problem of Evil*, Ldn. 1971. – S. R. C. Lilla, *Clement of Alexandria. A Study in Christian Platonism and Gnosticism*, Oxford 1971. – A. Brontesi, *La soteria in Clemente Alessandrino*, Rom 1972. – R. Mortley, *Connaissance religieuse et herméneutique chez Clément d'Alexandrie*, Leiden 1973. – J. Ferguson, *Clement of Alexandria*, NY 1974. – A. Méhat, Art. *Clément d'Alexandrie* (in *Theologische Realenzyklopädie*, Bd. 8, 1981, S. 101–113).

PAIDAGŌGOS

(griech. Patr.; *Der Erzieher*). Ethisch-didaktische Schrift in drei Büchern von Titus FLAVIUS CLEMENS, entstanden 200–202. – Das Werk bildet die Fortsetzung des *Protreptikos pros tus Hellēnas (Mahnrede an die Heiden)*. Es soll denen, die der *Mahnrede* gefolgt sind und sich zum Christentum bekehrt haben, eine Anweisung zum rechten Leben geben.
Im ersten Buch erörtert Clemens die Wirksamkeit des Logos, der uns stufenweise zur Vollendung führen will und uns darum zunächst ermahnt (vgl. *Protreptikos*), dann durch praktische Übung erzieht (vgl. *Paidagōgos*), um uns zuletzt durch höheres Wissen (*gnōsis*) zu belehren (vgl. *Strōmateis – Teppiche*). Während Gottvater (wie der Erste Gott bei PHILON) unfaßbar und über alle Kategorien – selbst über die Einheit – hinaus unaussprechbar ist, ist der Sohn das intellektuelle Prinzip, sittliches Vorbild und Ziel der Gnosis. Der Mensch ist als Mittelpunkt der Schöpfung der bevorzugte Gegenstand der Vorsehung. Die metaphysische Liebe zum Bild des Menschen hat Gott zur Schöpfung veranlaßt, so daß man geradezu sagen kann, der Mensch sei sein eigener Schöpfer. Der ideale Mensch ist das Ziel der Vorsehung, denn er ist die höchste Verkörperung des Logos, der als Pädagoge den Menschen zu diesem Ziel hinführt. Dabei wirkt er zunächst – im Kindheitszustand des Menschen – durch Furcht, später – im Zeitalter der Propheten – durch Hoffnung, zuletzt – auf der Stufe der vollendeten Gnosis – durch Liebe.
Die letzten beiden Bücher geben genaue Anweisungen für das tägliche Leben und für das situationsgerechte Verhalten des Christen. Die Einzelvorschriften sind dabei zumeist der antiken Ethik entlehnt, so den Vorträgen des kynisierenden Stoikers MUSONIUS (1. Jh.). Große Sorgfalt widmet Clemens in seinem Erziehungsprogramm der Körperkultur, denn der menschliche Leib gilt ihm als schön und verehrungswürdig. In der Ehe, in der Clemens die normale Erfüllung des irdischen Lebens sieht, kommt es allein, wie beim Reichtum, auf die innerlich freie Gesinnung an. H. L. H.

AUSGABEN: Florenz 1550, Hg. P. Victorius. – Florenz 1551 (in *Opera omnia*, Hg. Gentianus Hervetus). – Lpzg. 1905 (in *Werke*, Hg. O. Stählin, 4 Bde., 1905–1936, 1; ²1936; Bln. ³1972; rev. U. Treu). – Turin 1937, Hg. A. Boatti [m. Einl. u. ital. Übers.]. – Paris 1960–1970, Hg. H.-I. Marrou u. a., 3 Bde. (griech. Text nach Stählin, ²1936; m. Komm. u. frz. Übers.; SCh 70, 108 u. 158).

ÜBERSETZUNG: *Der Erzieher*, O. Stählin, Mchn. 1934 (BKV², R. 2, 7/8; Nachdr. Darmstadt 1968).

LITERATUR: F. Quatember, *Die christliche Lebenshaltung des Klemens von Alexandrien nach seinem »Paedagogus«*, Wien 1946. – H.-I. Marrou, *Morale et spiritualité chrétiennes dans le «Pédagogue« de Clément d'Alexandrie* (in Studia patristica, Bd. 2, Bln. 1957, S. 538–546). – Ders., *Humanisme et christianisme chez Clément d'Alexandrie d'après le »Pédagogue«* (in Recherches sur la tradition platonicienne, Genf 1957, S. 181–200). – A. Knauber, *Ein frühchristliches Handbuch katechumenaler Glaubens-Inititation: der »Paidagōgus« des Clemens v. Alexandrien* (in Münchner Theologische Zs., 23, 1972, S. 311–334).

PROTREPTIKOS PROS TUS HELLĒNAS

(griech. Patr.; *Mahnrede an die Heiden*). Apologetische Schrift des Titus FLAVIUS CLEMENS, entstanden um 195, zusammen mit *Paidagōgos (Der Erzieher)* und *Strōmateis (Teppiche)* eine Trilogie bildend. – Der Atuor war ein Schüler des PANTAINOS, der zu jener Zeit die christliche Katechetenschule in Alexandreia leitete; nach dessen Tod (um 200) übernahm Clemens selbst die Leitung. Alexandreia war zu Beginn des 3. Jh.s der Mittelpunkt der griechischen Kultur und daneben ein Zentrum der jüdischen Theosophie und der Gnosis. Mit Clemens tritt in dieser Weltstadt das Christentum als Mitbewerber im Kampf um das wahre Bildungsideal auf: Nicht Rhetorik und Philosophie, sondern das Evangelium erziehe zum vollendeten Menschen, hält er den Heiden, an die sich die vorliegende Schrift wendet, entgegen.

Mit dichterischem Schwung, rhetorischem Pathos und anmutiger Metaphorik schildert der Autor Christus als den Sänger und Lehrer einer neuen Welt, preist den Logos als den Pädagogen des ganzen Menschengeschlechts wie jedes einzelnen Menschen. Nur im vollkommenen Christen werde das Ideal der harmonischen Persönlichkeit, um die es aller Bildung zu tun ist, verwirklicht. Im ersten Teil werden in apologetischer Manier die Torheit und Sittenlosigkeit der heidnischen Mythologie und Mysterienkulte dargestellt und die Lehren der griechischen Philosophen über die Natur Gottes widerlegt. Im zweiten Teil erläutert Clemens die christliche Heilslehre, zu deren Annahme seine Mahnrede auffordert: Die Idee Gottes ist von allen Menschen zu erfassen, weil von Gott allen Seelen eine »Vorwegnahme« (*prolēpsis*) des Wissens eingepflanzt ist. Dieser göttliche Einfluß hat sich besonders bei den Philosophen bemerkbar gemacht und ihnen die Idee von einem einzigen Gott als dem Urgrund und Ziel der Welt eingegeben. Die Schöpfung ist als Ausfluß des Willens Gottes gut; Gott handelt nicht aus Naturnotwendigkeit, sondern aus Freiheit und Güte (der Ursprung des Bösen bleibt bei Clemens unklar). Insbesondere ist auch der menschliche Körper schön und verehrungswürdig. In der Frage des Ursprungs der Seele soll sich Clemens schon in seinen verlorengegangenen *Hypotypōseis (Grundzüge)* zur Präexistenzlehre bekannt haben; das klingt hier an, wenn er sagt, daß Christus die zur Erde geschleuderte Seele wieder hinaufrufe. Die ersten Menschen waren noch im Kindheitsstadium befangen, d. h., sie waren zwar fähig, zur vollkommenen Tugend zu gelangen, besaßen sie aber noch nicht; sie sündigten durch voreilige Befriedigung ihrer Lust.

Das Ziel der Geschichte ist die Vereinigung aller Menschen in einem einzigen Logos, gleichwie ein Chordirigent die verschiedenen Stimmen zu einer Harmonie zusammenlenkt, aus der der gemeinsame Ruf zu Gott aufklingt: Abba, Vater. Dieser Logos ist der gemeinsame Führer von Griechen, Juden und Barbaren; die Führung besteht darin, daß alle Menschen, die sich dem Denken widmen, aufgrund der ihnen gemeinsamen Vernunft der Wahrheit näherkommen. Der wahre Gnostiker als der vollendete göttliche Mensch ist gleichsam selbst ein Gott, ist doch der Logos Mensch geworden, damit der Mensch lerne, Gott zu werden. Von den Voraussetzungen der griechischen Philosophie aus erörtert Clemens das Christentum als die Deutung des Sinns der Geschichte, indem er den Ausspruch des Prologs des *Johannes-Evangeliums*, daß der Logos einen jeden erleuchtet, der in diese Welt kommt, ganz wörtlich nimmt. H.L.H.

AUSGABEN: Florenz 1551, Hg. P. Victorius. – Lpzg. 1905 (in *Werke*, Hg. O. Stähling, 4 Bde., 1905–1936, 1; Bln. ³1972; rev. U. Treu). – Paris ²1949; Nachdr. 1976, Hg. C. Mondésert u. A. Plassart (m. frz. Übers., Einl. u. Anm; SCh, 2).

ÜBERSETZUNG: *Mahnrede an die Heiden*, O. Stählin, Mchn. 1934 (BKV², R. 2, 7; Nachdr. Darmstadt 1968).

LITERATUR: L. Alfonsi, *In Clementis Alexandrini »Protreptikon pros Hellenas« criticae annotatiunculae quatuor* (in Aevum, 16, 1942, S. 83 ff.). – J.M. Vermander, *De quelques répliques à Celse dans le »Protréptique« de Clément d'Alexandrie* (in REA, 23, 1977, S. 3–17). – M. Galloni, *Cultura, evangelizzazione e fede nel »Protrettico« di Clemente Alessandrino*, Rom 1986.

STRŌMATEIS

(griech. Patr.; *Teppiche*, auch: *Einbanddecke*). Aus acht Büchern bestehendes philosophisches Hauptwerk des Titus FLAVIUS CLEMENS, entstanden zwischen 208 und 211 in zwei Etappen: Buch 1–4 vor, Buch 5–8 nach dem *Paidagōgos (Der Erzieher)*. – Clemens trägt seine Gedanken nicht nur – wie schon der Titel andeutet soll – in loser, unsystematischer Weise vor, das Werk ist vielmehr auch unvollendet geliebenen; wie der Autor im vierten Buch sagt, sollte ursprünglich den ethischen Untersuchungen im sechsten und siebenten Buch – der Darstellung des wahren Gnostikers – eine Erkenntnislehre und Metaphysik folgen. Das jetzige achte Buch enthält dazu nur die Vorstudien, es stellt eine

Materialsammlung mit Exzerpten aus einer stoischen Logik, Notizen über die Urprinzipien nach stoischen und Aristotelischen Quellen und Auszügen aus einer Schrift des Stoikers THEODOTOS dar. Aus diesen Gründen macht das Werk auch im ganzen den Eindruck eines ersten Entwurfs.
Den einfachen Christen, die der Meinung waren, die griechische Philosophie sei eine Erfindung des Teufels und der Glaube genüge zum ewigen Heil, antwortet Clemens, auf die Ansicht des IUSTINUS zurückgreifend, die Philosophie komme von Gott und sei für die Heiden – wie das mosaische Gesetz für die Juden – von heilsgeschichtlicher Bedeutung gewesen. Durch die Philosophie habe der göttliche Logos die Heiden auf Christus hin erzogen. Die alten Philosophen waren also gleichsam Christen vor Christus. Das *Alte Testament* wie die griechische Philosophie münden in das *Neue Testament* ein, das als die wahre Philosophie die wahren Einsichten der alten Philosophen krönt. Unter »Philosophie« versteht Clemens eine Auslese der richtigen Erkenntnisse aller Schulen. So ist zu erklären, daß er trotz seiner Verteidigung der Philosophie gelegentlich gegen die Philosophen polemisiert, weil sie nicht die volle Wahrheit erfaßt und einige von den Juden entlehnte Wahrheiten entstellt hätten. Bei allem Schwanken des Urteils überwiegt jedoch die Überzeugung, daß die Philosphen – gleichsam die Propheten unter den Heiden – vom Logos erleuchtet waren und die Philosophie eine Vorstufe der christlichen Gnosis ist. Die vom Apostel Paulus verdammte »*Weisheit dieser Welt*« bezieht Clemens ausschließlich auf die Philosophie des EPIKUR, der die Lust zum höchsten Gut gemacht und die Vorsehung geleugnet habe. Die Aufgabe der Philosophie ist jedoch nicht bloß historisch: Nicht nur, daß sie auch jetzt noch die Wegbereiterin zum Glauben ist – sind doch die höchsten Prinzipien, insofern sie nicht bewiesen werden können, nur dem Glauben erreichbar –, sie spielt darüber hinaus eine entscheidende Rolle in der Vollendung des Christen zum wahren Gnostiker.
Clemens nimmt folgende Rangordnung an: *prolēpsis* (Vorwegnahme), *epistēmē* (Wissenschaft), *pistis* (Glaube als Kriterium der *epistēmē* und Philosophie und als Vorwegnahme der *gnōsis*), *gnōsis* als die höchste Stufe der Erkenntnis und des christlichen Lebens. Die Berufung zum Gnostiker ist für ihn nicht eine Sache des Menschentyps wie für BASILEIDES und VALENTINOS, die häretischen Gnostiker des 1./2. Jh.s, sondern er glaubt, daß jeder durch Willenslenkung zur Gnosis geführt werden kann. Der Glaube ist zwar die Grundlage der Gnosis, aber man darf nicht bei ihm stehenbleiben, will man nicht auf der Kindheitsstufe verharren. Der christliche Gnostiker erst ist der vollkommene Gläubige, der in ewiger Betrachtung Gott erschaut und ergreift, selber ein im Fleisch lebender Gott. Der Gnostiker liebt Gott einzig um Gottes willen, ohne jede Selbstsucht; die Schau Gottes und die Liebe Gottes ist sein einziger Lohn. Er ist leidenschaftslos; im Unterschied zur stoischen *apatheia* (Leidenschaftslosigkeit) bedeutet aber die christliche *apatheia* nicht die bloße Amputation der Begierden, nicht die bloße Unterdrückung der Leidenschaften, sondern ihre Überwindung durch die Liebe: »*Es steht geschrieben:* ›*Dem, der hat, wird noch dazugegeben werden*‹: *dem Glauben die Gnosis, der Gnosis die Liebe, der Liebe aber das Erbteil*« (7, 10; 55, 7).
Eine vollständig entwickelte Gotteslehre besitzt Clemens nicht, doch macht er vor allem im fünften Buch einige Ausführungen dazu. Danach bleibt uns die Wesenheit Gottes unbekannt. Es gibt nur eine negative Kenntnis Gottes durch Analyse in einer Reihe aufeinanderfolgender Abstraktionen. Gott ist über alle Kategorien erhaben und steht sogar noch jenseits der Einheit. Insoweit wir den Vater erkennen, erkennen wir ihn durch den Logos, der der Schöpfer, das Urbild und die Vernunft der Welt ist. – Im achten Buch handelt Clemens im Anschluß an ARISTOTELES' *Zweite Analytik* (vgl. *Analytika*) vom Beweis und von den Bedingungen, denen die Elemente des Beweises genügen müssen. In diesen logischen Exzerpten sucht sich Clemens über den Grad der Gewißheit klar zu werden, den die Anwendung der logischen Regeln dem Denken verleiht. Bei der Widerlegung der Pyrrhonischen Lehre von der *epochē*, dem grundsätzlichen Zweifel, zeigt er sich als gewandter Dialektiker.
Das Werk von Clemens ist sehr verschieden interpretiert worden. Adolf von HARNACK, der Clemens den »*einzig christlich frommen und wahrhaft freisinnigen Theologen*« nennt, den die alte Kirche hervorgebracht habe, meint, Clemens habe die christliche Tradition von Grund auf umgestaltet und zu einer freischwebenden Religionsphilosophie hellenistischen Charakters gemacht. Indessen, wenn der wahre Gnostiker auch nach Clemens' Worten über die Gesellschaft – und damit über die christliche Gemeinde der Psychiker – erhaben ist, wenn er auch die hierarchische Ordnung überschreitet, ja ein ganzes Volk aufwiegt, so hat er doch – auch als dieser Übermensch – die Pflicht christlicher Liebe zu seinen Mitmenschen zu erfüllen. Die eigentliche Leistung des Clemens ist die prinzipielle Rezeption der gesamten griechischen Bildung, die sein Gnosis-Begriff möglich machte. Von nun an konnte sich der Hellene im Christentum heimisch fühlen, ja in ihm die Vollendung seiner Philosophie erblicken. Dem Gläubigen aber wird von Clemens der Weg der Vollendung gewiesen. Auf den Schultern von Clemens steht ORIGENES (185–254), von dem wieder PAMPHILOS aus Kaisareia und dessen Schüler EUSEBIOS aus Kaisareia (um 263–339) abhängig sind.

H.L.H.

AUSGABEN: Florenz 1551 (in *Opera omnia*, Hg. Gentianus Hervetus). – ML, 8/9. – Lpzg. 1906–1909 (in *Werke*, Hg. O. Stählin, 4 Bde., 1905–1936, 2/3; Bd. 2, Bln. ³1960, Hg. L. Früchtel; Buch I–VI: ern. Bln. 1970, rev. U. Treu; Buch VII u. VIII: Bln. ⁴1985; rev. U. Treu). – Paris 1951–1981, Hg. C. Mondésert, A. Le Bolluec u. a., 3 Bde. (m. frz. Übers. u. Anm.; SCh, 30, 38 u. 278/279).

ÜBERSETZUNGEN: *Die Teppiche*, F. Overbeck, Hg. C. A. Bernoulli u. L. Früchtel, Basel 1936 [m. Einl.]. – *Teppiche wissenschaftlicher Darlegungen entsprechend der wahren Philosophie*, O. Stählin, 2 Bde., Mchn. 1936/37 (BKV², 2.2, 17 u. 19).

LITERATUR: E. de Faye, *Clément d'Alexandrie. Étude sur les rapports du christianisme et de la philosophie grecque au 2e siècle*, Paris 1906; Nachdr. Ffm. 1967. – H. Chadwick, *Early Christian Thought and the Classical Tradition*, Oxford 1966. – A. Méhat, *Étude sur les »Stromates« de Clément d'Alexandrie*, Paris 1966 [m. Bibliogr.]. – E. A. Clark, *Clement's Use of Aristotle*, NY/Toronto 1977. – D. Wyrwa, *Die christliche Platonaneignung in den »Strōmateis« des Clemens von Alexandrien*, Bln./NY 1983. – A. van den Hoek, *Clement of Alexandria and His Use of Philo in the »Strōmateis«*, Leiden u. a. 1988 (VC, 3; Suppl.).

FLAVIUS IOSEPHUS

d.i. Joseph ben Mathitjahu

* 37 Jerusalem
† um 100 Rom

LITERATUR ZUM AUTOR:
E. Schürer, *Geschichte des jüdischen Volkes im Zeitalter Jesu Christi*, Bd. 1, Lpzg. ⁴1901, S. 74–106; 600–642. – G. Böttger, *Topografisches Lexikon zu den Schriften des F. J.*, Lpzg. 1879; ern. 1966. – G. Hölscher, *Die Quellen des J.*, Diss. Marburg 1904. – Ders., Art. *J. (2)* (in RE, 9/2, 1916, Sp. 1942–1994). – R. Laqueur, *Der jüdische Historiker F. J.*, Gießen 1920; ern. 1970. – H. S. J. Thackeray, *J. The Man and the Historian*, NY 1929. – J. F. Foakes-Jackson, *J. and the Jews*, NY 1930. – W. Whiston, *The Life and the Works of F. J.*, Philadelphia 1957. – W. Foerster, Art. *J.* (in RGG, 3, Sp. 868/869; m. Bibliogr.). – H. Schreckenberg, *Bibliographie zu F. J.*, 2 Bde., Leiden 1968–1979. – Ders., *Die F.-J.-Tradition in Antike u. MA*, Leiden 1972. – K. H. Rengstorf, *A Complete Concordance to F. J.*, 4 Bde. u. Suppl., Leiden 1973–1983. – O. Betz u. a., *J.-Studien*, Göttingen 1974. – L. H. Feldmann, *J. and Modern Scholarship (1937–1980)*, Bln./NY 1984 [m. Bibliogr.]. – P. Villalba i Varneda, *The Historical Method of F. J.* (in *Arbeiten zur Literatur u. Geschichte des hellenistischen Judentums*, Bd. 19, Leiden 1986).

IUDAÏKĒ ARCHAIOLOGIA

(griech.; *Jüdische Altertumskunde*). Historisches Hauptwerk des FLAVIUS IOSEPHUS, entstanden zwischen 80 und 94. – Das Werk stellt formal eine Huldigung an die 100 Jahre zuvor (7 v. Chr.) publizierte *Rhōmaïkē archaiologia*, die Römische Altertumskunde des DIONYSIOS aus Halikarnassos, dar. In zwanzig Büchern schildert Iosephus die Geschichte des jüdischen Volks von der Weltschöpfung bis zum Tod Kaiser Neros (68 n. Chr.), d. h. bis zum Beginn des palästinensischen Aufstands gegen Rom, dessen Chronist Iosephus mit seinem Erstlingswerk, dem *Jüdischen Krieg (Peri tu Iudaïku polemu)*, geworden war.

Das Bauprinzip der *Archäologie* ist im großen mit dem des *Jüdischen Krieges* identisch: ein Wachstum in die Breite und Tiefe, je näher die Gegenwart rückt. Von der Schöpfung bis zu Isaak, von Jakob und seinen Söhnen zur Siedlung in Ägypten, vom Auszug bis zur Gesetzgebung Moses', vom Zug durch die Wüste bis zum Tode Moses', von der Unterwerfung Kanaans bis zum Beginn der Philisterkämpfe, vom Philisterkrieg bis zum Königtum Sauls wird jeweils in einem Buch erzählt (1–6); die Geschichte Davids darf ein ganzes Buch beanspruchen (7), dann folgen wieder Raffungen: bis zum Tode König Ahabs (8), bis zur Einnahme Samarias (9), bis zum Exil in Babylon (10), bis zum Tod Alexanders des Großen (11). Ist bis zu diesem Zeitpunkt der Bericht der biblischen Bücher Grundlage, so mußte der Autor sich von nun an, so gut es ging (und soweit sie vorhanden waren), auf historische Werke stützen; in Buch 12, der Seleukidenherrschaft und dem Makkabäeraufstand gewidmet, half das *1. Makkabäerbuch*; die Geschichte des Königtums der Hasmonäer (bis zum Jahre 37, in Buch 13 und 14), der Regierung des Herodes und zum Teil auch des Archelaos (37–4 v. Chr.; 4 v. Chr.–6 n. Chr.; Buch 15–17) basiert, durch Vermittlung oder direkt, auf den Geschichtswerk der NIKOLAos aus Damaskus. Die drei letzten Bücher (18–20) gründen auf Material, das auch in andern Teilen des Werks nicht selten nebenherläuft: schriftliche Urkunden, Hohenpriesterlisten und mündliche Tradition (Legenden, Augenzeugenberichte oder Schulüberlieferung); hinzu kommt noch ein zeitgenössisches römisches Geschichtswerk. (Die berühmte Stelle in Buch 18, 3, 3, wo von Jesus Christus die Rede ist, ist nach allgemeinem Urteil interpoliert; ob eventuell eine reale Notiz des Iosephus zugrundelag, ist leider nicht mehr auszumachen.) Daß das Gewicht der Darstellung auf der näheren und eigenen Zeitgeschichte liegt, ist deutlich zu sehen: Die etwa hundert Jahre vor dem Aufstand gegen Rom beanspruchen rund ein Drittel des gesamten Raums. Die Verteilung der historischen Akzente auf dem unermeßlichen Stoff ist ebenso durch das Thema wie durch die Quellen bedingt. Vom ersten zum zweiten Teil, vom »biblischen« zum »nachbiblischen« Bereich, wird das Referat aus einer reinen Nationalgeschichte zu einer Nationalgeschichte im Rahmen der Regional-, ja schließlich der Zeitgeschichte. Ob sich darin so etwas wie ein historisches Programm oder wenigstens eine historische Einsicht des Verfassers spiegelt, der ja als Politiker klar die Zeichen der Stunde erkannt hat, mag dahingestellt sein.

Die schriftstellerischen Qualitäten des *Jüdischen Altertums* bleiben unter dem *Jüdischen Krieg* um einiges zurück. Das kann darauf beruhen, daß hier Iosephus bei der Abfassung auf in der griechischen Sprache, Rhetorik und Literatur versierte Mitarbeiter verzichtete. Ebenso wird jedoch mitspielen, daß die Weite des Themas den Gelehrten zum Kompilator gemacht hat, der in keiner Phase zur sprachlichen und formalen Konzentration auf das Wesentliche und Entscheidende gezwungen war: Iosephus erleidet hier dasselbe Schicksal wie andere universalhistorisch ambitionierte Literaten griechischer Sprache; man denke an den Begründer der Gattung, EPHOROS, oder an ihren unglücklichsten Vertreter, DIODOR, oder selbst an Dionysios, dem Iosephus in Kompositions- und Darstellungstechnik, etwa der rhetorischen und dramatischen Belebung der Geschehnisse, so vieles verdankt. Die sachlich bedingte Stringenz einer Monographie – THUKYDIDES, SALLUST, CAESAR und manche andere beweisen es – war der künstlerischen Vollendung stets förderlich. E.Sch.

AUSGABEN: o. O. u. J. [ca. 1462–1479] (*Antiquitatis Iudaicae libri*; lat. Übers.). – Augsburg 1470 (*Libri antiquitatum numero viginti*; lat. Übers.). – Basel 1544, Hg. Arnoldus Peraxylus Arlenius. – Bln. 1885–1892 (in *Opera*, Hg. B. Niese, Bd. 1–4; Nachdr. 1955). – Ldn./Cambridge (Mass.) 1930 (in *J.*, Bd. 4–8, Hg. H. S. J. Thackeray, R. Marcus u. A. Wikgren; Bd. 9, Hg. H. Feldman; m. engl. Übers.; Loeb; z. T. mehrere Nachdr.).

ÜBERSETZUNGEN: *Josephus teutsch*, C. Hedion, Straßburg 1531 u. ö. [nach lat. Übers. v. Ruffinus]. – *Zwantzig Bücher von den Jüdischen Geschichten*, J. F. Cotta (in *SW*, Tübingen 1736). – *20 Bücher von der alten Geschichte*, ders., A. F. Gfrörer u. C. R. Demme (in *Werke*, Philadelphia 7 1873). – *Jüdische Alterthümer*, F. Kaulen, Köln 2 1883. – *Jüdische Altertümer*, H. Clementz, Wiesbaden 5 1983.

PERI TU IUDAÏKU POLEMU

(griech.: *Über den Jüdischen Krieg*). Historisches Werk in sieben Büchern von FLAVIUS IOSEPHUS, vollendet zwischen 75 und 79. – Das Erstlingswerk des romanophilen jüdischen Geschichtsschreibers wirkt stilistisch und formal kompakter als sein Hauptwerk, die *Iudaikē archaiologia (Jüdische Altertumskunde)*, ist jedoch vom selben Geist getragen: dem Geist apologetischer Rechtfertigung der Geschichte und des Wesens seines Volkes. Daneben ist das Buch, das den für annähernd 2000 Jahre totalen Untergang des Judentums als einer Nation erzählt, allerdings von einer zweiten Tendenz geprägt, die eine starke Diskrepanz zwischen den erschütternden Tatsachen der berichteten Katastrophe und der sie reflektierenden Darstellung hervorruft: Iosephus, der während des Aufstands gegen die Römer jüdischer Befehlshaber in Galiläa war, sah sich nicht nur gezwungen, seine persönliche Rolle in diesem Krieg zu schildern und seinen – vor allem inneren – Übertritt auf die Seite der Römer zu erläutern, sondern war auch genötigt, ständig auf seine wohlwollenden und geliebten Gönner, den Judenbezwinger Kaiser Vespasian und dessen Sohn Titus, Rücksicht zu nehmen. Diese hatten ihm nicht nur nach seiner Gefangennahme die Freiheit geschenkt, sondern ihn hernach auch noch in ihrem eigenen Haus die Muße für seine literarischen Studien verschafft. So steht der Historiograph Iosephus engagiert – aus Zufall wie aus Überzeugung – zwischen den beiden Fronten. Was seinem Werk als dem Bericht eines Augenzeugen unschätzbaren Wert verleiht, begründet zugleich auch seinen empfindlichen Mangel: Offensichtlich hat die faktische und die psychische Beteiligung am Geschehen dem Autor den Blick für die historische Bedeutung des Ereignisses versperrt (trotz der an THUKYDIDES gemahnenden Einleitung) und ihm ein kritisches Urteil unmöglich gemacht.

Der Wirkung des bereits in Antike und Mittelalter oft übersetzten *Jüdischen Krieges* als eines literarischen Produkts konnte dies jedoch keinen Abbruch tun. Die Verteilung des Stoffes stellt eine mitreißende Klimax vom gerafften Resümee der Vergangenheit zum breiten Panorama der aktuellen Katastrophe dar, ein allmähliches Retardieren bis zum Höhepunkt, dem abschließenden Untergang. Buch 1 und Buch 2 beschäftigen sich mit der Vorgeschichte des Krieges, dem erfolgreichen Aufstand der Makkabäer gegen das Seleukidenreich (167 v. Chr.), dem Königtum der Hasmonäer (bis 37 v. Chr.) und mit dem von Marcus Antonius inthronisierten Herodes dem Großen (37–4 v. Chr.), schließlich mit der Regierung von dessen Sohn Archelaos (4 v. Chr.–6 n. Chr.), der Zeit unter der römischen Provinzialverwaltung bis zum Ausbruch des Krieges und dem jüdischen Sieg über Cestius. Buch 3 handelt vom Krieg in Galiläa (67 n. Chr.) und der militärischen wie persönlichen Kapitulation des Iosephus (er prophezeit dem Feldherrn Titus Flavius Vespasianus die Kaiserkrone). Von Buch 4 an spricht der Berichterstatter aus der Sicht des römischen Lagers (zur Ausarbeitung des Werkes standen ihm ja später auch die Kriegstagebücher der flavischen Imperatoren zur Verfügung); Judäa wird von dem Römer erobert, Jerusalem eingekreist, der zum Kaiser proklamierte Vespasian schenkt Iosephus die Freiheit, der sich von jetzt an »Iosephus Flavius« nennt. Buch 5 und 6 sind der Belagerung und endlich der Eroberung und Zerstörung der jüdischen Hauptstadt durch Vespasians Sohn Titus gewidmet. Buch 7 – nach Art des *Exxe* der altgriechischen Tragödie – zeigt die Folgen: den Triumphzug der Sieger in Rom, die Liquidation des unterlegenen Volkes.

Der Ökonomie in der Darbietung des Inhalts entspricht eine rhetorisch gepflegte Form in der Sprache: Iosephus, der zunächst eine – heute verlorene – aramäische Version angefertigt hatte, ließ sein Werk unter eigener Kontrolle von Mitarbeitern ins Griechische übertragen, und diese letzte Ausgabe besitzt überzeugenden Schliff. Insbesondere die nach hellenischer Manier frei gestalteten Reden sind in Argumentation und Stil kleine literarische Preziosen. E.Sch.

AUSGABEN: Augsburg 1470, Hg. J. Schüßler [lat. Übers.]. – Basel 1544 (in der GA des Arnoldus Peraxylus Arlenius). – Bln. 1894 (*Historia Iudaiku polemu pros Rhōmaius*, in *Opera*, Hg. B. Niese, Bd. 6; Nachdr. 1955). – Ldn./Cambridge (Mass.) 1927/28 (*The Jewish War*, in *J.*, Bd. 2 u. 3, Hg. H. S. J. Thackeray; m. engl. Übers.; Loeb; Nachdr. 1956/57). – Darmstadt 1959–1969 (*De bello Judaico. Der Jüdische Krieg*, Hg. O. Michel u. O. Bauernfeind, 4 Bde., m. Übers. u. Komm.); ern. 1963–1982, 3 Bde. – Paris 1975–1982 (*Guerre des Juifs*, Hg. A. Pelletier, 3 Bde., ohne Buch 6 u. 7; m. frz. Übers.).

ÜBERSETZUNGEN: *F. Josephi vom Krieg der Juden vnnd der Zerstörung Hierusalem. VII. Bücher. Sampt einer Vorred, in welcher die History dieser Bücher auffs kürzest begriffen ist, vnd teutschland ob frembden schaden gewarnet würt* (in *Josephus teutsch*, C. Hedion, Straßburg 1531). – *Geschichte des jüdischen Kriegs, oder vom Untergang des jüdischen Volkes und seiner Hauptstadt Jerusalem*, A. F. Gfrörer, 2 Bde., Stg. 1835/36. – *Geschichte des jüdischen Krieges*, H. Paret (in *Werke*, Bd. 1–6, Stg. 1855/56). – *7 Bücher vom Kriege der Juden mit den Römern*, J. F. Cotta u. A. F. Gfrörer (in *Werke*, Philadelphia [8]1887). – *Geschichte des Jüdischen Krieges*, H. Clementz, Halle 1900; Nachdr. Wiesbaden 1977. – *Jüdischer Krieg*, Ph. Kohout, Linz 1901. – *Flavio Giuseppe*, G. Ricotti, 4 Bde., Turin 1937–1939 [ital.; m. Einl. u. Komm.]; ern. 1949; 1963. – *Der jüdische Krieg*, H. Endrös, zul. Mchn. 1980 (Goldm. Klass.). – *Geschichte des Jüdischen Krieges*, H. Clementz, Lpzg. 1974 [Einl. u. Anm. H. Kreissig].

LITERATUR: O. Michel, *Die Rettung Israels...* (in ANRW II, 21/2, 1984, S. 945–976). – H. Schrekkenberg, *J. u. die christliche Wirkungsgeschichte seines »Bellum Jadaicum«* (ebd., S. 1106–1217). – S. S. Kottek, *War Injuries and Traumatology in the Works of J.* (in *Fs. f. M. Putscher*, Köln 1984, S. 33–70).

FLAVIUS IUSTINUS

* um 100 Flavia Neapolis (heute Sichem / Palästina)
† 165 Rom

LITERATUR ZUM AUTOR:
P. Prigent, *Justin et l'Ancien Testament*.
L'argumentation scriptuaire du traité de Justin contre toutes les hérésies et comme source principale du »Dialogue avec Tryphon« et de la »Ière apologie«, Paris 1964. – W. H. Shotwell, *The Biblical Exegesis of Justin*, Ldn., 1965. – H. Chadwick, *Early Christian Thought and the Classical Tradition*, Oxford 1966. – L. W. Barnard, *Justin Martyr. His Life and Thought*, Cambridge 1967. – E. R. Goodenough, *The Theology of Justin Martyr. An Investigation into the Conceptions of Early Christian Literature and Its Hellenistic and Judaistic Influences*, Amsterdam 1968. – C. I. K. Story, *The Nature of Truth... in the Writings of Justin Martyr*, Leiden 1970 (Novum Testamentum, 25; Suppl.). – R. Joly, *Christianisme et philosophie. Etudes sur Justin et les Apologistes grecs du deuxième siècle*, Brüssel 1973. – E. F. Osborn, *Justin Martyr*, Tübingen 1973. – R. M. Price, *›Hellenization‹ and Logos Doctrine in Justin Martyr* (in VC, 42, 1988, S. 18–23).

APOLOGIA I, II

(griech. Patr.; *Apologie I, II*). Zwei Schriften zur Verteidigung der Christen gegen die Heiden von FLAVIUS IUSTINUS, die inhaltlich eng zusammengehören und von denen angenommen wird, daß die kürzere zweite ursprünglich der Schluß der längeren ersten war. Diese ist an Kaiser Antonius Pius gerichtet und in Rom 150–155 verfaßt. – Justin legt dar, daß die Christen dank ihrer Ethik die besten Staatsbürger sind: sie zahlen ihre Steuern und führen ein arbeitsames, friedfertiges und tugendhaftes Leben. Auch trifft sie nicht im geringsten der Vorwurf der Gottlosigkeit: denn sie verehren jenen einen wahren Gott, der ewig, unerzeugt, unbewegt und unaussprechlich ist, den Vater der Gerechtigkeit, Enthaltsamkeit und aller übrigen Tugenden, dem keinerlei Lasterhaftigkeit »beigemischt« ist; sie verehren seinen Sohn, der in ihm war als Logos, durch den er die Welt schuf und der durch seinen Willen Mensch geworden und dennoch Gott selber ist; ebenso verehren sie den prophetischen Geist *(pneuma prophētikon)* und Heerscharen von Engeln. Wegen dieser Verehrung seien sie zu Unrecht des Wahnsinns geziehen worden. Den Schöpfer des Universums zu verehren ist keineswegs unvernünftig! Daß ihre Lehre die wahre ist, entnimmt Justin dem *Alten Testament*; denn was dort prophezeit wurde, ist durch Christi Menschwerdung vollauf bestätigt worden. Christus, der fleischgewordene Logos, besitzt die volle Wahrheit; mithin ist alles Wahre und Vernünftige christlich. Darum waren Sokrates und Heraklit, Abraham und Elias und alle großen Philosophen und Dichter, die in hohem Maß des Logos teilhaftig waren, letztlich Christen. Denn der *logos spermatikos* mit seiner geistigen und sittlichen Einwirkung auf den Menschen ist dem ganzen Menschengeschlecht zuteil geworden. Je nach Empfänglichkeit wurde er verliehen, dem empfangenen Anteil entsprechend konnten die Menschen zu einer Teilerkenntnis der Wahrheit kommen. Die Griechen haben darüber hinaus noch Kenntnis von der Mosaischen Lehre gehabt (was schon PHILON behauptet), nur haben sie sie teilweise falsch interpretiert.

Wie bei PLATON gilt auch bei Justin die Materie als ewig. Die Welt ist aus einer *amorphos hylē* (ungestaltete Masse) gebildet. Dies ist die eigentliche Schöpfung. – Die Seele des Menschen, die ihrer Natur nach vergänglich ist, wird erst durch die Gnade Gottes unsterblich: Gott hat den Menschen mit Vernunft ausgestattet und ihm die Möglichkeit gegeben, sich für ihn oder wider ihn zu entscheiden. Die Unsterblichkeit ist allein denen gegeben, die sich durch Heiligkeit und Tugend Gott nähern; die aber schlecht leben und sich nicht bekehren, werden durch ewiges Feuer bestraft.

Justin, der in Athen vor seiner Bekehrung die griechische Philosophie studiert hatte, suchte als erster die christliche Lehre philosophisch zu begründen. Es war sein Ziel, Philosophen und Christen miteinander zu versöhnen. Dieser Versuch ist das eigentlich Große in seinen Schriften, die viel Widersprüchliches und Zusammenhangloses enthalten (sie schöpfen zum Teil aus dem Schulgut der altchristlichen Didaskaloi) und keineswegs stilistische Meisterwerke zu nennen sind. Für ihn bestand die Aufgabe der Philosophie in der Erforschung des Göttlichen – eine Haltung, für die er den Märtyrertod auf sich genommen hat. A.Ku.

AUSGABEN: Paris 1551. – MG, 6. – Paris 1958 (in A. Hamman, *La philosophie passe au Christ. L'œuvre de Justin: Apologie I et II. Dialogue avec Tryphon*; Einl. v. F. Garnier). – Paris 1987, Hg. A. Wartelle [m. Einl., Komm. u. frz. Übers.].

ÜBERSETZUNG: *Apologie*, G. Rauschen, Mchn. 1913 (BKV², 13).

LITERATUR: T. M. Wehhofer, *Die »Apologie« Justins, des Philosophen u. Märtyrers, in literarhistor. Beziehung zum erstenmal untersucht* (in Röm. Quartalschrift f. christl. Altertumskunde, 6. Suppl. – H., 1897). – W. Schmidt, *Frühe Apologetik u. Platonismus* (in *Fs. f. O. Regenbogen*, 1952, S. 163–182). – A. Theodori, *I theologia tu Iustinu filosofu ke martiros ke e schisis avtis pros tin ellenikin filosofian*, Athen 1960. – P. Keresztes, *The Literary Genre of Justin's »First Apology«* (in VC, 19, 1965, S. 99–110). – H. H. Hohlfelder, *Eusebeia kai philosophia. Literarische Einheit u. politischer Kontext von Justins »Apologie« (I–II)* (in ZntW, 68, 1977). – Ch. Munier, *La structure littéraire de l'»Apologie« de Justin* (in RSR, 60, 1986, S. 34–54).

PROS TRYPHŌNA IUDAION DIALOGOS

(griech. Patr.; *Gespräch mit dem Juden Tryphon*). Umfangreicher apologetischer Dialog von FLAVIUS IUSTINUS, entstanden nach der *Apologie I*, die im *Dialog* (Kap. 120) zitiert wird. – Das einem nicht näher bekannten Marcus Pompeius gewidmete Werk, das ursprünglich in zwei Bücher eingeteilt war, ist nur unvollständig überliefert: vor allem fehlt der Eingang, außerdem ein Stück in Kap. 74. Die mehrfach geäußerten Zweifel an der Echtheit entbehren allerdings der Grundlage.

Das an klassischen Vorbildern wie den Dialogen PLATONS orientierte Werk ist als Rahmengeschichte stilisiert, die angeblich in Ephesos während des Bar-Kochba-Aufstandes (132–135) spielt. Damals will der Autor ein ausführliches Gespräch mit einem Juden namens Tryphon und seinen Begleitern über den jüdischen und christlichen Glauben geführt haben. Man hat verschiedentlich mit guten Gründen angenommen, daß Tryphon eine gräzisierte Namensform des berühmten Rabbi Tarphon darstellt, der zu Justins Zeiten lebte; trifft diese Vermutung zu, so ist immerhin denkbar, daß dem Dialog tatsächlich historische Disputationen der beiden Hauptfiguren zugrundeliegen.

Der Dialog ist, nach einer Einleitung, die von Justins Leben, vor allem seiner Bekehrung, berichtet (Kap. 2–8), in drei Teile gegliedert: Der erste Teil gibt eine Beurteilung der jüdischen Religion vom Standpunkt des Christentums aus und zeigt, daß das Mosaische Gesetz durch das Auftreten Christi seine Gültigkeit verloren hat (9–47), der zweite rechtfertigt die Verehrung Christi als durchaus mit dem Monotheismus vereinbar (48–108), der dritte handelt von der Berufung der Heiden zum Heil. – Das Werk wirkt weithin recht monoton, weil der Autor – wie etwa der späte Platon – statt eines echten Dialogs meist lange Reden vorträgt, auf die sein jüdischer Gesprächspartner kaum mehr als kurze Interjektionen und Fragen vorbringen darf. Unorganisch erscheinen auch die zahlreichen Digressionen, wie etwa der Psalmenkommentar Kapitel 98–197, die den Eindruck eines Streitgesprächs schon im Ansatz ersticken. Diese formalen Mängel können indes der Bedeutung ihres Autors als des größten Apologeten des 2. Jh.s keinen Abbruch tun: Was Justin an stilistischer Kunst fehlt, ersetzt er durch sachliche Argumentation. M.Ze.

AUSGABEN: Paris 1551, Hg. R. Stephanus. – MG, 6. – Lpzg. 1899, Hg. K. Holl. – Paris 1909, Hg. G. Archambault, 2 Bde., [m. frz. Übers.]. – Paris 1958 (A. Hamman, *La philosophie passe au Christ. L'œuvre de Justin. Apologie I et II. Dialogue avec Tryphon*, Einl. F. Garnier). – Bln. 1963. – Leiden 1971, Hg. J. C. M. van Winden (*An Early Christian Philosopher, Justin Martyr's Dialogue with Trypho, Chapters one to nine*; m. Komm.; Philosophia Patrum, 1).

ÜBERSETZUNG: *Des hl. Philosophen u. Martyrers Justinus Dialog mit dem Juden Tryphon*, Ph. Haeuser, Mchn. 1917 (BKV², 33).

LITERATUR: A. Harnack, *Judentum u. Judenchristentum in Justins »Dialog mit Tryphon« nebst einer Collation der Pariser Hs. Nr. 450*, Lpzg. 1913. – N. Hyldahl, *»Tryphon« und Tarphon* (in Studia Theologica, 10, 1956, S. 77–90). – Ders., *Philoso-*

phie und Christentum. Eine Interpretation der Einleitung zum Dialog Justins, Kopenhagen 1966. – G. Otranto, *L'incarnazione del logos nel »Dialogo con Trifone« di Giustino* (in La cristologia nei Padri della Chiesa. Le due culture, Rom 1981, H. 2, S. 45–61).

JAMES ELROY FLECKER

* 5.11.1884 London
† 3.1.1915 Davos / Schweiz

HASSAN. The Story of Hassan of Bagdad and How He Came to Make the Golden Journey to Samarkand

(engl.; *Hassan. Die Geschichte von Hassan von Bagdad, und wie er dazu kam, den goldenen Weg nach Samarkand zu ziehen*). Schauspiel von James Elroy FLECKER, Uraufführung: London 1923, Her Majesty's Theatre. – Dieses Schauspiel brachte dem zu seinen Lebzeiten vor allem als Lyriker hervorgetretenen Autor postumen Ruhm. Es führt in das Bagdad von *Tausendundeine Nacht,* wo die Titelfigur, ein bescheidener Zuckerbäcker mittleren Alters, sich hoffnungslos in die junge, kaltherzige Yasmin verliebt hat. Als er eines Nachts in ohnmächtigem Schmerz darüber, daß die Schöne einem jüngeren Rivalen den Vorzug gegeben hat, vor ihrem Haus auf der Straße liegt, wird er vom mächtigen Harun al-Raschid aufgelesen. Im Folgenden gelingt es Hassan, die Pläne Rafis, des Königs der Bettler, eines eingeschworenen Gegners der grausamen Tyrannei des Kalifen, zu durchkreuzen und damit Leben und Thron des Herrschers zu retten. Von diesem reich belohnt, führt Hassan nun ein Leben in Macht und Wohlstand, das die egoistische Yasmin nur zu gern mit ihm teilt. Harun al-Raschid hat inzwischen Rafi und dessen Geliebte Pervaneh gefangengenommen und will sich auf sadistische Weise an seinem Feind rächen: Er stellt die beiden Liebenden vor die Wahl zwischen Begnadigung und lebenslanger Trennung (Rafi soll des Landes verwiesen, Pervaneh die Konkubine des Kalifen werden) oder einer einzigen gemeinsamen Nacht, der Folter und Tod folgen sollen. Die beiden wählen das letztere. Empört über die Unmenschlichkeit des Kalifen, überwindet Hassan seine Feigheit und protestiert. Doch Harun al-Raschid bestraft diese Einmischung, indem er seinen Lebensretter zwingt, bei der Folterung und dem Tod der Liebenden zugegen zu sein. Entsetzt und angeekelt verläßt Hassan Bagdad, arm wie ein Bettler, und begibt sich auf den *»goldenen Weg nach Samarkand«.*

In dem Stück erlebt der romantische Ästhetizismus der neunziger Jahre eine Wiederauferstehung. Der Prosarhythmus zeigt den Einfluß WILDES (vor allem der *Salome*) und SWINBURNES. Flecker starb, bevor er die letzten Korrekturen durchgeführt hatte, und erst acht Jahre später wurde sein Schauspiel aufgeführt. Die prunkvolle orientalische Ausstattung, die berühmten Schauspieler, die romantisch-impressionistische Bühnenmusik von Frederick Delius und die Choreographie von Michel Fokine sicherten dem Stück einen weit größeren Erfolg, als der Text allein es vermocht hätte. Die Hoffnung mancher Zeitgenossen, daß Flecker mit seinem *Hassan* entscheidend zur Wiedergeburt des englischen poetischen Dramas beitragen würde, erwies sich jedenfalls als zu hochgespannt. J.v.Ge.

AUSGABEN: Ldn. 1922. – Ldn. 1951.

ÜBERSETZUNG: *Hassan. Die Geschichte von Hassan von Bagdad, und wie er dazu kam, den goldenen Weg nach Samarkand zu ziehen,* E. W. Freissler u. H. Alberti, Mchn. o. J. [1914].

LITERATUR: J.W. Cunliffe, *J. E. F.* (in J. W. C., *Modern English Playwrights,* NY/Ldn. 1927, S. 196–200). – P. Thouless, *J. E. F.* (in P. Th., *Modern Poetic Drama,* Oxford 1934, S. 30–39). – E. Reynolds, *J. E. F.* (in E. R., *Modern English Drama,* Norman 1949, S. 67–71). – Th. S. Mercer, *J. E. F. From School to Samarkand,* Ldn. 1952 [m. Bibliogr.]. – J. M. Munro, *J. E. F.,* Boston 1976 (TEAS). – J. Hogg, *The Leysin Version of J. E. F.'s »Hassan«,* Salzburg 1976. – M. B. Davis, *J. E. F.: A Critical Study,* Salzburg 1977. – D. Redwood, *F. and Delius: The Making of »Hassan«,* Ldn. 1978. – T. Kidd, *J. E. F. and B. Shaw* (in Shaw Review, 21, 1978, S. 124–135). – Ders., *»Hassan«: The Road to the Haymarket* (in Theatre Research International, 4, 1979, S. 198–213). – Ders., *J. E. F.* (in DLB, 10, 1982, S. 190–193). – R. A. Gillander, *J. E. F.,* 2 Bde., Salzburg 1983. – J. M. Munro, *J. E. F.* (in DLB, 19, 1983, S. 167–171).

MARIELUISE FLEISSER

eig. Marie-Luise Haindl

* 23.11.1901 Ingolstadt
† 1.2.1974 Ingolstadt

LITERATUR ZUR AUTORIN:
G. Rühle, *Leben u. Schreiben der M. F. aus Ingolstadt* (in M. F., *GW,* Bd. 1, Ffm. 1972, S. 7–60; ern. Ffm. 1983). – *Materialien zum Leben u. Schreiben der M. F.,* Hg. ders., Ffm. 1973 (es). – *M. F.,* Hg. H. L. Arnold, Mchn. 1979 (Text + Kritik). – W. Kässens u. M. Töteberg, *M. F.,* Mchn. 1979. – G. Lutz, *Die Stellung M. F.s in der bayerischen Lit. des 20. Jh.s,* Bern u. a. 1979. – A. Spindler, *M. F. Eine Schriftstellerin zwischen*

Selbstverwirklichung u. Selbstaufgabe, Diss. Wien 1981. – *M. F. Anmerkungen, Texte, Dokumente*, Hg. F. Kraft, Ingolstadt 1981. – S. Tax, *M. F. Schreiben, Überleben. Ein biographischer Versuch*, Basel/Ffm. 1983. – M. E. Meyer, *M. F.: Her Life and Work*, Diss. Wisconsin 1983. – M. McGowan, *M. F.*, Mchn. 1987. – G. Lutz, *M. F.*, Mchn. 1989.

AVANTGARDE

Erzählungsband von Marieluise FLEISSER, erschienen 1963. – Mit dem vier Erzählungen umfassenden Buch schließt die Autorin thematisch und stilistisch an ihre ebenso erfolg- wie leidensreiche Zeit als bekannte Schriftstellerin der Weimarer Republik an. Zugleich steht die Titelgeschichte *Avantgarde* am Beginn einer Reihe von stärker autobiographisch geprägten Texten (u. a. *Eine ganz gewöhnliche Vorhölle, Der Rauch, Die im Dunkeln*), die sich in dem Band *Abenteuer aus dem Englischen Garten* (1969) und in ihren *Gesammelten Werken* (1972) finden. Neben dem 1962 verfaßten und mehr als die Hälfte des Buches einnehmenden, zunächst *Das Trauma* überschriebenen Prosatext *Avantgarde* enthält der Band die drei im Jahre 1949 entstandenen Erzählungen *Des Staates gute Bürgerin* (Neufassung der 1928 geschriebenen und 1929 in *Ein Pfund Orangen* veröffentlichten Prosaskizze *Das kleine Leben*), *Er hätte besser alles verschlafen* und *Das Pferd und die Jungfer*.

In einem für Marieluise Fleissers Gesamtwerk charakteristischen, süddeutsch gefärbten und oft lakonisch-knappen Sprachduktus erzählt die in vier Teile gegliederte Erzählung *Avantgarde* von den komplizierten Männerbeziehungen, den widersprüchlichen seelischen Zuständen und dem inneren Entwicklungsprozeß der Studentin Cilly Ostermeier, die, wenn auch der Text »*nicht als reine Autobiographie*« (M. Töteberg) gelesen werden darf, in ihren wesentlichen Zügen als Selbstporträt der jungen Marieluise Fleisser verstanden werden kann. Männliche Hauptakteure sind der in der Gestalt des »*umstrittenen Dichters*« versteckte zeitweilige Freund und Förderer Bertolt BRECHT und Marieluise Fleissers Jugendfreund und spätere Ehemann Bepp Haindl, der im Text als »*Nickl der Schwimmer*« auftritt. »Ich wollte«, so die Autorin, »*einfach den frühen Brecht ins Leben rufen, wirklich ins Leben rufen, so wie er eben war und wie er sich als junger werdender Dichter benahm. Wie er sich als Mensch benahm und wie er sich jungen Frauen gegenüber verhielt. Ich wollte das Bezaubernde an ihm festhalten und seine Fehler nicht verschweigen. Ich wollte den ganzen Menschen, so wie er mir gegenwärtig war.*« Die von der intellektuellen und erotischen Ausstrahlung des jungen Dichters faszinierte Protagonistin erträgt in angst- und liebevoller Bewunderung sein oft abweisend-unsensibles, egoistisches und zuweilen zynisches Gebaren (»*Der Mensch war so wichtig nicht, der Mensch ließ sich ersetzen. Das sagte er ihr dürr ins Gesicht, ganz bewußt stieß er sie ab. Das waren die Fröste der Freiheit, sie mußte lernen zu frieren*«). Der als »*Menschenfänger*« und »*Dompteur*« bezeichnete Dichter, der die bereits durch das ungewohnte Leben in der großen Stadt verunsicherte Cilly Ostermeier dazu bringt, ihr Studium abzubrechen und damit ihre »*Leute daheim*« zu enttäuschen, fördert ihre ersten literarischen Versuche und regt sie dazu an, ein Theaterstück über die *Pioniere in Ingolstadt* zu verfassen. Als Cilly Ostermeier immer vehementer spürt, daß sie diesem »*Wesen besonderer Art*« (»*Im Endziel suchte er den Menschen zu helfen. In der Handhabung war er ein Menschenverächter*«) nicht wirklich näherkommen kann, daß ihre »*ursprüngliche Substanz*« (G. Rühle) aufgezehrt und gebrochen wird, und sie zudem den »*Schwarm von Weibern*« um ihn herum nicht mehr erträgt, sieht sie inmitten ihrer seelischen Not und Verwirrung für sich nur den Weg zurück in die vertraute »*Donaustadt*«. Dort ist die unsichere junge Frau mit dem kräftig-biederen, zu baldiger Heirat drängenden Schwimmer und Tabakwarenhändler Nickl zusammen. Der Erfolg des Dichters im fernen Berlin, wo auch ihre *Pioniere in Ingolstadt* uraufgeführt werden sollen, ist ihr Anlaß zu erneuter Hinwendung zu Brecht, der sie jedoch durch seine Wünsche nach Änderungen am Text und durch seine herrische Art schlichtweg überfordert (»*Das Dunkel schlug über ihr zusammen*«). Es kommt schließlich zu dem von Brecht beabsichtigten und von rechtsradikalen Störtrupps entfachten großen Theaterskandal (»*Die Zeit hatte ihre besondere Schärfe, sie war schon mit dem aufgeladen, was hinterher kam*«). Cilly fühlt sich mißbraucht und mißverstanden. Nach qualvollen Kämpfen kommt es zum endgültigen Bruch mit dem Dichter. »*Sie hatte sich befreit von dem Genie. Aber sie konnte nicht zum Nickl zurück, der der ganz andere war.*« Nickl kommt für ein Wochenende nach Berlin und zwingt sie liebesblind und gewaltsam dazu, sich den Ring anstecken zu lassen. Mit Mühe kann sich Cilly aus dieser neuen Abhängigkeit noch einmal befreien. Ihr Dilemma aber bleibt bestehen: »*Ohne einen festen Mann konnte sie anscheinend gar nicht mehr sein. Und doch war es verheerend für eine Frau, wenn sie schreibt, sie durfte das gar nicht wirklich wollen.*« Der Text endet damit, daß sich Cilly mit einem dritten Mann verbindet (d. i. der Schriftsteller Hellmut Draws-Tychsen) und darauf hofft, daß sich Schreiben und Verlobtsein miteinander vereinbaren lassen. Auf einen Mann als »*Mittler zur Wirklichkeit*« (G. v. Wysocki), auch wenn er sie in immer wieder neue Zwänge und Abhängigkeiten verstrickt, kann die Protagonistin nicht verzichten.

Auch die in und nach dem Ersten Weltkrieg in kleinbürgerlich geprägtem Provinzmilieu spielende Geschichte *Des Staates gute Bürgerin* hat das aus weiblicher Perspektive gestaltete abschreckende »Faszinosum« Mann zum Thema, wie ja Marieluise Fleisser generell von sich sagt, daß sie »*natürlich immer nur etwas zwischen Männern und Frauen machen*« könne. Die Autorin versteht den Text, der Verbindungen zum Personal des Volksstückes *Der starke Stamm* aufweist, als »*Geschichte über meine*

Familie, meine Großmutter mütterlicherseits«. Als deren geliebter Ehemann Heinrich stirbt, kommt es zu Schwierigkeiten zwischen der Frau und ihrer Tochter. Die Frau (*»Ohne Mann war ein Verfall darin, wie sich zeigte«*) verkauft schließlich ihr Haus und zieht zur siebenköpfigen Familie der Tochter, ohne sich dort richtig aufgenommen zu fühlen. Die durch Arbeit und Alltagssorgen entkräftete Tochter stirbt, während der wenig geliebte Schwiegersohn nach einer gewissen Krisenzeit neuen Lebensmut schöpft. Zur inneren Leere der Frau kommen die Sorgen um die fortschreitende Geldentwertung und die neuen Heiratspläne des Schwiegersohnes. Als dieser ihr auf den Kopf zusagt, daß sie hauptsächlich deshalb so unglücklich ist, *»weil Sie selber noch ein Aug auf mich haben«*, erkennt die Frau ihre hoffnungslose Verlorenheit. *»Vor ihr war es hohl wie ein Grab … Sie hatte neun Kinder geboren und hatte kein einziges mehr und wußte nicht mit der Liebe wohin.«*

»Ohne Männer konnte sie einfach nicht sein«, heißt es von der Mutter des Hofstetter Willy in der kurzen, nach Ende des Zweiten Weltkrieges spielenden Prosaskizze *Er hätte besser alles verschlafen*. Nach der Heimkehr des Vaters aus dem Ural sind Streitigkeiten und Eifersuchtsszenen zwischen den Eheleuten an der Tagesordnung. Als eines Nachts ein *»Mann drunten«* Einlaß begehrt und aus Verärgerung über die verschlossene Tür sein Taschenmesser durch die Fensterscheibe wirft, kommt es zum gewalttätigen Kampf zwischen Vater und Mutter, den der kleine Willy mitbekommt. Verstört flüchtet er aus dem Elternhaus. Auf der Landstraße trifft der Pferdenarr Willy einen anderen Jungen, der einen kranken Gaul bewacht und auf den Pferdeschlachter wartet. Das Pferd, in dessen Augen Willy seine eigene Verlorenheit erkennt, schlägt aus und tritt Willy ins Verderben. Am Streit der Eltern geht das Kind zugrunde.

Vom Sehnen nach einem geliebten Wesen und dem damit verbundenen Unglück handelt die Ich-Erzählung *»Das Pferd und die Jungfer«*. Eine nicht mehr ganz junge Frau kauft ein Pferd, an dem der Krieg *»was verdorben«* haben soll. Das Pferd wird ihr zum Sinn und Sicherheit gebenden *»Symbol der Lebenskraft, der Liebe und der Lebenserfüllung«* (G. Rühle), denn *»das Pferd ist wie Feuer so schön und in der stürzenden Welt ein Wunder für mich«*. Doch als ein Zirkus in die Stadt kommt, wird der Jungfer das geliebte Pferd von einem trickreichen *»Dompteur«* abspenstig gemacht, eine *»eindeutige Niederlage vor einem Mann, oh, es ist schändlich«*. Der Glaube an *»ein verfluchtes Glück«* erweist sich als Illusion: *»So oder so, das Pferd ist für mich verdorben.«* Was aber mit dem Pferd davongeht, *»ist das zweite, das dichterische, das glückhafte, das visionäre Ich«* (G. Rühle).

Avantgarde wurde vor allem wegen der kritischen Darstellung der Person Bertolt Brechts von der Kritik vielfach mißverstanden (weshalb die Autorin 1964 in der Erzählung *Frühe Begegnung* das *Avantgarde*-Thema nochmals aufnahm) und erst Jahre nach seinem Erscheinen als wichtiger Beitrag zur deutschen Literatur des 20. Jh.s erkannt. Während die drei 1949 entstandenen Texte stilistische und motivliche Erweiterungen der schon in den frühen Prosawerken reich entfalteten Fleisserschen Erzählmöglichkeiten dokumentieren, wird die Titelgeschichte heute vor allem von der feministisch orientierten Literaturwissenschaft als herausragende künstlerische Gestaltung der enormen und nach wie vor virulenten Probleme verstanden, denen sich schreibende Frauen in einer patriarchalisch geprägten Welt ausgesetzt sehen. K.Hü.

Ausgaben: Mchn. 1963. – In *GW*, Hg. G. Rühle, Ffm. 1972, Bd. 3.

Literatur: G. Rühle, *Leben und Schreiben der M. F. aus Ingolstadt* (in *GW*, Hg. ders., Ffm. 1972, Bd. 1, S. 7–60). – *Materialien zum Leben und Schreiben der M. F.*, Hg. ders., Ffm. 1973, S. 318–327. – M. Töteberg, *Abhängigkeit und Förderung. M. F.s Beziehungen zu Bertolt Brecht* (in *M. F.*, Hg. H. L. Arnold, Mchn. 1979, S. 74–87; Text + Kritik). – G. v. Wysocki, *Die Magie der Großstadt – M. F.* (in G. v. W., *Die Fröste der Freiheit*, Ffm. 1980, S. 9–22). – E. Pfister, *Unter dem fremden Gesetz*, Diss. Wien 1981.

PIONIERE IN INGOLSTADT

Stück in 14 Bildern von Marieluise Fleisser, Uraufführung: Berlin, 30. 3. 1929, Theater am Schiffbauerdamm. – Die literarische Bedeutung von »typisch« bayerischen Autoren wie Karl Valentin, Oskar Maria Graf oder Lena Christ beruht gerade nicht auf ihrer »Volkstümlichkeit«, sondern auf ihrer Gabe, psychische und soziale Bedingtheiten und Verhaltensweisen mit einfachen, aber unverwechselbaren sprachlichen Mitteln darzustellen. Auch Marieluise Fleisser verfügt über diese Gabe, was Bertolt Brecht dazu bewogen haben mag, bei der Entstehung und Aufführung ihrer Stücke entscheidend mitzuwirken. Bereits ihr Erstlingswerk, *Fegefeuer in Ingolstadt*, wurde 1926 auf Vermittlung Brechts an Moritz Seelers »Junger Bühne« in Berlin uraufgeführt.

Das an ihrer Sprachnot scheiternde Bedürfnis abhängiger, einfacher Menschen, sich anderen mitzuteilen und durch sie über ihre trostlosen Verhältnisse *»hinausgehoben«* (ein Leitwort des Stücks) zu werden, ist das zentrale Thema der *Pioniere in Ingolstadt*. Für einige Tage bringt ein Trupp Pioniere das fatal wohlgeordnete Leben der Ingolstädter Kleinbürger durcheinander – eine zweideutige Gelegenheit für die beiden ausgenutzten, unbedarften Dienstmädchen Alma und Berta, ihrem stumpfsinnigen Alltagstrott für ein paar Nächte zu entrinnen. Alma, die Ältere und Erfahrene, angelt sich schnell einen Jäger und verzieht sich mit ihm; Berta, die auch einmal *»einen Mann … kennen«* möchte (Fabian, den Sohn ihres Herrn, kann sie nicht ausstehen), gerät an den Pionier Korl und verliebt sich Hals über Kopf in ihn. Doch der grobe Korl hat nichts für derlei Gefühle übrig *(»Von dir laß ich mich lang verklären mit der Verklärung«)* – für ihn gibt es nur eine handfeste Alternative: *»Stellen wir uns her oder stellen wir uns nicht her?«* Der rauhe Ton und die bis zur Grausamkeit oberflächliche Kurzlebigkeit der Beziehungen sind charakteristisch für die vorübergehende Zwangsgemeinschaft zwischen Bürgern und Soldaten: Der borniert Geschäftsmann Unertl, Fabians Vater, behandelt Berta als Menschen zweiter Klasse; der bürgerliche Schwimmverein stiehlt den Pionieren skrupellos Holz, um einen Steg zu bauen; Fabian biedert sich dem Feldwebel an, der sich aber nur über ihn lustig macht und seine eigenen Leute brutal schikaniert, die sich ihrerseits an Fabian mit Prügeln schadlos halten. Als die Pioniere ihren Feldwebel beim Brückenbau ungerührt in der Donau ertrinken lassen, zieht sich Unertl achselzuckend aus der Affäre: *»Na, was geht's mich eigentlich an?«* Am Ende wird selbst Bertas Liebesverlangen auf schändliche Weise erfüllt: Korl verschwindet mit ihr vor den Augen seiner johlenden Kameraden im Gebüsch und »bedankt« sich hinterher mit einem gemeinsamen Schnappschuß vom Fotografen, der den Abzug der Pioniere als *»kleines Souvenir«* festhält.

Die drastische Schilderung des Provinzalltags in den trostlosen, locker gefügten Genrebildern stieß in Ingolstadt auf heftige Empörung; der Kritiker der nationalistischen ›Deutschen Zeitung‹ glaubte gar den *»Kulturbankerott des Theaters und seine politische Ausrottung«* vor Augen zu haben. Nach dem Krieg geriet das Werk von Marieluise Fleisser in Vergessenheit, erst in jüngster Zeit wurde es als bedeutsamer Beitrag zum »kritischen« Volksstück der Moderne erkannt. M. Schm.

AUSGABEN: Bln. 1929 [2. Fassg.; Bühnenms. 1. Fassg.: Typoskript aus dem Nachlaß, 1928]. – Ffm. 1968. – Velber 1968 (3. Fassg.; in Theater Heute, 9, H. 8, S. 52–60). – Ffm. 1972 (2. Fassg.; in GW, 3 Bde.); ern. 1983.

LITERATUR: A. Kerr, Rez. (in Berliner Tageblatt, 2. 4. 1929). – W. Benjamin, *Nochmals: Die vielen Soldaten* (in Die lit. Welt, 10. 5. 1929). – M. F., *»Pioniere in Ingolstadt«* (in Avantgarde, Mchn. 1962). – W. Kässens u. M. Töteberg, *... fast schon ein Auftrag von Brecht* (in Brecht-Jb. 1976, Hg. J. Füegi u. a., Ffm. 1976, S. 101–119).

IAN (LANCASTER) FLEMING

* 28.5.1908 London
† 22.8.1964 Kent

LITERATUR ZUM AUTOR:
B. Bergonzi, *The Case of Mr. Fleming* (in The Twentieth Century, 163, 1958, S. 220–228). – P. Johnson, *Sex, Snobbery and Sadism* (in New Statesman, 5. 4. 1958). – O. F. Snelling, *Double O Seven James Bond. A Report*, Ldn. 1964. – K. Amis, *The James Bond Dossier*, Ldn. 1965. – *Der Fall James Bond. 007 – ein Phänomen unserer Zeit*, Hg. O. del Buono u. U. Eco, Mchn. 1966. – R. Gant, *I. F. The Man with the Golden Pen*, NY 1966. – *Nur für Bond-Freunde*, Hg. S. Lane, Mchn. 1966. – A. S. Boyd, *The Devil With James Bond*, Ldn. 1967. – C. M. Starkey, *James Bond. His World of Values*, Ldn. 1967. – R. Harper, *The World of the Thriller*, Cleveland/Oh. 1969. – C. Watson, *Snobbery With Violence. Crime Stories and Their Audience*, Ldn. 1971. – J. Brosnan, *James Bond in the Cinema*, South Brunswick/NY 1972. – G. Grella, *James Bond* (in *The Critic as Artist. Essays on Books 1920–1970*, Hg. G. A. Harrison, Liveright 1972, S. 138–144). – J. Symons, *Bloody Murder. From the Detective Story to the Crime Novel: a History*, Ldn. 1972. – J.-P. Becker, *Der englische Spionageroman. Historische Entwicklung, Thematik, literarische Form*, Mchn. 1973 (Goldm. Tb). – I. Nolting-Hauff, *Märchen und Märchenroman. Zur Beziehung zwischen einfacher Form und narrativer Großform in der Literatur* (in Poetica, 6, 1973, S. 129–178). – J. Pearson, *James Bond. The Authorized Biography of 007. A Fictional Biography*, NY 1973. – B. Martin, *James Bond. A Phenomenon of Some Importance* (in *Cunning Exiles. Studies of Modern Prose Writers*, Hg. D. Anderson u. S. Knight, Ldn. 1974, S. 218–238). – B. Merry, *Anatomy of the Spy Thriller*, Dublin 1977. – J. Palmer, *Thrillers. Genesis and Structure of a Popular Genre*, Ldn. 1978. – L. L. Panek, *The Special Branch. The British Spy Novel, 1890–1980*, Bowling Green/Oh. 1981. – S. Rubin, *The James Bond Films*, Norwalk, Conn., 1981. – J. Atkins, *The British Spy Novel. Styles in Treachery*, Ldn./NY 1984. – L. O. Sauerberg, *Secret Agents in Fiction. Ian Fleming, John le Carré and Len Deighton*, Ldn./Basingstoke 1984. – *Contemporary Literary Criticism*, Hg. J. C. Stine u. D. G. Marowski, Bd. 30, Detroit 1984, S. 130–150. – T. Bennett u. J. Woollacott, *Bond and Beyond. The Political Career of a Popular Hero*, Houndsmill, Basingstoke/Ldn. 1987. – J. G. Cawelti u. B. A. Rosenberg, *The Spy Story*, Ldn./NY 1987. – M. Denning, *Cover Stories. Narrative and Ideology in the British Spy Thriller*, Ldn./NY 1987. – B. Lenz, *FACTIFICTION. Agentenspiele wie in der Realität. Wirklichkeitsanspruch und Wirklichkeitsgehalt des Agentenromans*, Heidelberg 1987. – A. Masters, *Literary Agents. The Novelist as Spy*, Oxford/NY 1987. – D. Stafford, *The Silent Game. The Real World of Imaginary Spies*, Harmondsworth 1989.

CASINO ROYALE

(engl.; Ü: Casino Royale). Roman von Ian FLEMING, erschienen 1953. – In der inzwischen fast einhundertjährigen Gattungsgeschichte des Agentenromans hat kein anderer fiktiver Protagonist eine ähnliche Popularität erlangt wie James Bond, der patriotische Meisteragent der englischen Spionageabwehr in mehr als einem Dutzend Romanen und Kurzgeschichten von Ian Fleming, einem ehemaligen Mitarbeiter des englischen Geheimdienstes. James Bond, der modellhaft die kommunistische Verschwörung bekämpft, die Werte der in Gefahr geratenen westlichen Welt verteidigt und ihre Überlegenheit demonstriert, ist dank seiner Loyalität und seines Heroismus zum fiktiven Leitbild der Ära des Kalten Krieges geworden.

Im ersten der Romane Flemings, *Casino Royale*, mit dem nach dem Zweiten Weltkrieg eine neue Phase des Agentenromans beginnt, erhält Bond von seinem namenlos bleibenden Vorgesetzten M den Auftrag, zusammen mit seiner Geliebten (und Gespielin) Vesper Lynd den in finanziellen Schwierigkeiten steckenden Le Chiffre auszuschalten, einen äußerst rücksichtslosen, wie alle Gegner Bonds physisch abstoßenden und moralisch skrupellosen Agenten der UdSSR, der den Fonds seiner kommunistischen Gewerkschaft für eigene Geschäfte mißbraucht und dabei hohe Verluste erlitten hat. Dieser Auftrag bildet den Auftakt zu einem in allen James-Bond-Romanen gleichbleibenden Handlungsbogen: Bond trifft zunächst auf seinen Gegenspieler, der ihn vorübergehend sogar gefangennehmen kann; Bond kann jedoch schließlich entkommen und seinen Gegner endgültig besiegen. In *Casino Royale* gelingt es Bond zu Beginn, Le Chiffre beim Baccara im Kasino von Royale-les-Eaux finanziell zu ruinieren und damit dessen Geheimdienst auf den Plan zu rufen; dann tappt er allerdings beim Versuch, die entführte Vesper Lynd zu retten, in eine Falle Le Chiffres. Dem spielerischen Gambit am Baccaratisch folgt ein aktionsgeladener brutaler Kampf, in dem Bond nach dem Zufallssieg im Spiel seine moralische und physische Überlegenheit – unter anderem in einer an Grausamkeit kaum zu überbietenden Folterungsszene – unter Beweis stellen kann. Allerdings bringt nicht Bond Le Chiffre zur Strecke, sondern die russische Geheimdienstorganisation SMERSH, »*diese eiskalte Waffe des Todes und der Rache*«, in deren Auftrag Bonds Gegner zu arbeiten pflegen. Der Vernichtung Le Chiffres schließt sich – eine untypisch für Fleming – eine ausgedehnte ideologische Diskussion über die »*Natur des Bösen*« an, die zu der überraschenden Schlußpointe überleitet. Der für den französischen Geheimdienst Deuxième Bureau tätige Mathis, neben Felix Leiter vom CIA Bonds wichtigster und zuverlässigster Partner, muß Bonds Zweifel zerstreuen, ob sich Gut und Böse, Recht und Unrecht, Helden und Bösewichte wirklich eindeutig unterscheiden lassen. Der Ausgang des Romans überzeugt Bond von der Richtigkeit seiner Mission, wenn sich herausstellt, daß Bonds Partnerin Vesper Lynd, die Selbstmord begeht, eine von den Russen gedungene Doppelagentin war.

Der Erfolg von *Casino Royale* – innerhalb kurzer Zeit wurden eine halbe Million Exemplare verkauft – setzte sich auch bei den weiteren, in jährlichem Abstand erscheinenden Bond-Romanen fort (*Live and Let Die*, 1954, bis hin zu *The Man With the Golden Gun*, 1965) und leitete eine Bond-Manie ein (z. B. Zeitungsabdrucke, Comics, Fanzeitschriften, Gebrauchsgegenstände, nicht zuletzt zahlreiche Verfilmungen, die sich im Vergleich zu den Büchern fast wie Parodien ausnehmen). Fleming selbst bezeichnete seine Romane einmal als »*pure Hirngespinste*«; in Wirklichkeit sind sie jedoch eine hybride Mischung aus realitätsfernen und realitätsnahen Elementen, »*moderne Märchenromane*« (I. Nolting-Hauff), die auf einer mythischen, romanzenhaften Grundstruktur aufbauen, jedoch Ritter, Drachen und Schlösser durch zeitgemäßere Ingredienzien ersetzen. Die publikumsträchtige Mischung aus schönen Frauen, einem zur Identifikation reizenden Helden, überzeichneten Schurken und exotischen Plots, oft auf die Kurzformel »*Sex, Snobismus und Sadismus*« gebracht, hat zu vehementer Kritik (z. B. B. BERGONZI), aber auch zu prominenter Rechtfertigung (z. B. K. AMIS) geführt. Inzwischen ist die emotionale Diskussion um Wert oder Unwert der Romane Flemings sachlich fundierter, wissenschaftlicher Analyse gewichen, die die gegen Fleming vorgebrachten Einwände des Rassismus, Faschismus und Sexismus, die Erzählstruktur der Werke und ihre literarische Tradition eingehend untersucht.

Das langsame Aufweichen der politischen Blockbildung hat Fleming in seinen späten Romanen zur Suche nach neuen Feindfiguren veranlaßt, zugleich aber auch parodistische Agentenromane und Gegenfiguren zu James Bond entstehen lassen, die Flemings schematische Weltsicht in Frage stellen (Graham GREENE, John Le CARRÉ, Len DEIGHTON). Trotzdem geht auch die Bond-Rezeption ungebrochen weiter, ja in den achtziger Jahren erfolgte sogar in den Romanen John GARDNERS (zuerst mit *Licence Renewed*, 1981) eine Reaktualisierung und Anpassung der Bond-Figur an unsere Zeit. B.Le.

AUSGABEN: Ldn. 1953. – NY 1954. – Ldn. 1955 (Pan Books). – Ldn. 1960. – NY 1965 (Signet Books). – NY 1966. – St. Albans 1978 (Triad Books). – Bath 1979 (Large print ed.). – Ldn. 1988 (Coronet Books).

ÜBERSETZUNG: *Casino Royale*, G. Eichel, Ffm. 1960 u. ö., zul. 1982 (Ullst. Tb).

VERFILMUNG: USA/England 1967 (Regie: J. Huston, K. Hughes, V. Guest, R. Parrish, J. McGrath).

LITERATUR: Anon., Rez. (in TLS, 17. 4. 1953). – R. D. Charques, Rez. (in The Spectator, 17. 4. 1953). – J. D. Scott, Rez. (in The New Statesman and Nation, 9. 5. 1953). – K.-H. Wocker, *Casino Royale. Fünf Regisseure suchen einen Bond* (in Film, 6, 1968, H. 1, S. 26/27).

PAUL FLEMING

* 5.10.1609 Hartenstein
† 2.4.1640 Hamburg

LITERATUR ZUM AUTOR:
A. M. Carpi, *P. F. De se ipso ad se ipsum*, Mailand 1973. – G. Dünnhaupt, *Bibliogr. Handbuch der Barockliteratur*, Bd. 1, Stg. 1980, S. 611–627. – J.-U. Fechner, *P. F.* (in *Dt. Dichter des 17. Jh.s*, Hg. H. Steinhagen u. B. v. Wiese, Bln. 1984, S. 365–384). – D. Schubert, »*Man wird mich nennen hören*...« *Zum poetischen Vermächtnis P. F.s* (in WB, 30, 1984, S. 1687–1706). – M. R. Sperberg-McQueen, *Neues zu P. F. Biobibliogr. Miszellen* (in Simpliciana, 6/7, 1984/85, S. 173–183). – *P. F. Werke u. Wirkung*, Zwickau 1986.

DAS LYRISCHE WERK von Paul FLEMING. Paul Flemings literarisches Werk umfaßt ausschließlich Lyrik, in der Frühzeit zunächst nur in neulateinischer Sprache verfaßt. Schon als Schüler und dann als Student der Philosophie und Medizin schrieb er eine Reihe von Gedichten, die sich stark und bewußt an lateinische Vorbilder anlehnten (OVID, CATULL, JOHANNES SECUNDUS, SCHEDE, GROTIUS, HEINSIUS). Es handelte sich vorwiegend um Gelegenheitstexte, von denen mehrere während Flemings Leipziger Studienzeit als Einzeldrucke oder in kleinen Sammlungen erschienen. Die bedeutendste Leistung dieser Schaffensperiode ist die Sammlung der Liebesgedichte, *Rubella seu Suaviorum liber*, 1631 *(Rubella oder das Buch der Küsse)*. In dieser Sammlung verbindet der Leipziger Student die antike Tradition des Kußgedichts *(Suavium)* mit petrarkistischen Elementen und Motiven. Daß Fleming seine virtuose Beherrschung der literarischen Konventionen erotischer Lyrik zunächst in lateinischer Sprache vorführte, bevor er in späteren Jahren sie auch in seiner deutschen Dichtung offenbarte, macht die enge Beziehung der deutschsprachigen Barocklyrik zu der humanistischen Tradition deutlich. Über die Frage, ob sich hinter dem Pseudonym »Rubella« eine reale Geliebte Flemings verbirgt oder ob es sich um eine literarische Fiktion handelt, konnte sich die Forschung bislang nicht einigen.
Ebenfalls 1631 publizierte der 22jährige eine Sammlung vorwiegend lateinischer Epigramme und Oden *(Promus miscellaneorum Epigrammatum et Odarum)*, in der er engagiert die aktuellen politischen Ereignisse des Dreißigjährigen Krieges kommentierte (Zerstörung Magdeburgs, schwedischer Kriegseintritt, Schlacht von Breitenfeld u. a.). In diesem politischen Engagement traf er sich mit seinem gleichfalls dichtenden Freund und Kommilitonen Georg GLOGER, dem er zu seinem Tod (1631) mit den *Manes Glogeriani* ein umfangreiches literarisches Denkmal stiftete. Die lateinischen Epigramme, die Adam OLEARIUS 1649 aus dem Nachlaß herausgab, versammeln in ihren 12 Büchern noch einmal das gesamte Schaffensspektrum Flemings. Sie enthalten geistliche, panegyrische, casuale, erotische, politische und satirische Texte sowie zahlreiche Epigramme von seinen Reisen und zeigen ihren Autor als aktives Mitglied der *nobilitas litteraria*. Besonderes Interesse verdienen aus diesem Textcorpus jene Gedichte, die Werke anderer zeitgenössischer Verfasser zitieren, kommentieren, übersetzen oder auch kritisieren (z. B. *Augusto Buchnero, Musarum Phoebo; Julio Guilielmo Zincgrefio, linguae patriae vindici; M. Opitii Vesuvius; Poesis Joannis Heermanni, nobilis ingenii*). Insgesamt machen die lateinischen Gedichte fast die Hälfte des Gesamtwerks Flemings aus. Sie waren von seinen Zeitgenossen hoch geschätzt, lassen ihren Verfasser heute als einen der Hauptvertreter der neulateinischen Poesie im Deutschland des frühen 17. Jh.s erscheinen und stehen gleichwertig neben seinen deutschen Dichtungen.
In den Jahren zwischen 1633 und 1639 unternahm Fleming in Begleitung seines Freundes Adam Olearius zwei große Gesandtschaftsreisen nach Rußland und Persien mit längeren Aufenthalten in Reval. Die Reisezeit brachte für den Dichter die volle Entfaltung seines Sprachstils, eine Erweiterung der Thematik und die endgültige Gestaltung seiner poetischen Ausdrucksweise.
Die erste große Ausgabe seiner deutschen Gedichte *(Teütsche Poemata)*, der die 1641 gedruckte Sammlung *Prodromus* (56 Gedichte) vorausgegangen war, wurde postum von Adam OLEARIUS besorgt, erschien 1642 und wurde seither mehrfach nachgedruckt. Der Dichter hatte sie noch selbst zusammengestellt und nach Gattungen und unter Berücksichtigung der inhaltlichen Kategorien (geistliche, Glückwunsch-, Leichen-, Hochzeits- und Liebesgedichte) in *Poetische Wälder, Überschrifften, Oden* und *Sonette* eingeteilt. In der ersten Gruppe finden sich überwiegend Alexandrinergedichte, von denen viele einen deutlich epischen Charakter aufweisen. Das knappe *Buch der Überschrifften* enthält Epigramme, eine Gattung, die Fleming gern und vor allem in seinem lateinischen Werk verwendete. Die größte formale Freiheit erlaubte die Ode, die auch mit ihrem liedhaften Charakter dem musikalischen Sinn des Dichters entsprach. Gerade unter den Oden befinden sich Gedichte, die große Popularität erlangten *(Neujahrsode 1633; In allen meinen Taten; Elsgens treues Herz; Laß dich nur nichts nicht tauren; Auff die Italiänische Weise: O fronte serena)*. Einige von ihnen fanden Eingang in protestantische Gesangbücher. Ihr schlichter Ton erinnert oft an das Volks- und Gesellschaftslied, worin der Einfluß Johann Hermann SCHEINS, Lehrer von Fleming an der Thomasschule, erkennbar wird. In Flemings Sonetten fand die deutsche Sonettkunst, neben Andreas GRYPHIUS, ihren Höhepunkt. Wie andere Barockdichter füllte er diese Form mit petrarkistischer, geistlicher, patriotischer und kausaler Thematik. Was seine Sonette auszeichnet, ist neben aller formalen Vollendung eine Art Erkenntnis

individueller Kraft, der Selbständigkeit des menschlichen Wesens als Einzelschicksal. Das angebotene Tugendprogramm präsentiert sich bei Fleming häufig als Formulierung sittlicher Forderungen des Neustoizismus, der an den *Vanitas*-Gedanken und zugleich an das horazische *Carpe diem* anknüpfenden Lebensphilosophie, wobei das Exemplarische in den Gedichten nicht selten einen persönlichen Ausdruck gewinnt.

Als Gipfelleistung seines Schaffens gelten Flemings erotische Dichtungen, in denen der deutschsprachige Petrarkismus seine Kulminationspunkt erreichte. Der Autor hat sich in ihnen die Regeln und die Topik dieses Systems zu eigen gemacht und blieb in Stil und Motivik dessen Dualismus von Lust und Leid verpflichtet. Allerdings setzte er dem petrarkistischen Motiv der Selbstaufgabe das poetische Bekenntnis zur Selbstbehauptung entgegen (D. Schubert) und thematisierte immer wieder das Leitmotiv seiner gesamten Dichtung: die Beständigkeit *(constantia)* und Treue zu der Geliebten, zu sich selbst, zum Vaterland und zum Glauben. Das Gesamtwerk Flemings umfaßt eine Vielzahl von Gedichten, die das Thema Krieg und Frieden behandeln. Kennzeichnend für sie ist eine ausgeprägte Friedenssehnsucht, verbunden mit der Suche nach Wegen der Realisierung. Das starke gesellschaftliche Verantwortungsgefühl des Dichters äußert sich in lehrhaften Zügen dieser Dichtung, im Pflichtbewußtsein, die eigene Poesie in den Dienst des Vaterlandes stellen zu müssen.

In seiner Reiselyrik, die größtenteils Kasuallyrik ist, hielt Fleming Eindrücke und neuerworbenes Wissen von Landschaften, Städten, Völkern und Geschichte dieser fernen Länder in realistischen Bildern fest, die historische und naturwissenschaftliche Kenntnisse voraussetzten. Bezeichnend ist dabei, daß das Fremde in ihm immer wieder Gedanken an seine Heimat und an die Geliebte weckte.

Die allgemeine Situation der Reise – neue Erfahrungen, veränderte Umstände, fremde Orte – schufen den Raum für eine neue Selbsterfahrung, Voraussetzungen für eine Auseinandersetzung mit den vertrauten Normen und neue Möglichkeiten der poetischen Aussage; das erleichterte die allmähliche Lösung von den literarischen Konventionen und ermöglichte, unterstützt durch die große dichterische Begabung Flemings, die Entwicklung eines eigenen Stils. Zeitlebens verstand sich Fleming als Anhänger von OPITZ: Viele seiner Gedichte orientieren sich an Opitzens Vorschriften hinsichtlich der Gattungsnorm, der Metrik und des gesellschaftlichen Charakters der Lyrik. Von Anfang an übertraf Fleming seinen Lehrer an sprachlicher Meisterschaft, wobei er in der Nachfolge antiker Poetik und der Anerkennung antiker und neulateinischer Dichtungen als Vorbilder weitgehend im Umkreis der rhetorisch-normativen Ausdrucksmöglichkeiten des 17. Jh.s blieb. Was ihn über die literarische Tradition und seinen Lehrmeister hinausführt, ist ein Durchbruch zum Individualismus. Diese dichterische Unabhängigkeit und Sprachbeherrschung wurde schon im 17. Jh. erkannt, so bei ZESEN, der Fleming über Opitz stellt, oder bei MORHOF, der schrieb: »*es steckt ein vortrefflicher Geist in ihm, der mehr auf sich selbst als auf fremder Nachahmung beruht*«; LEIBNIZ verglich Fleming mit HORAZ. Sein Rang wurde auch in der späteren, dem Barock abgeneigten Zeit nie in Zweifel gezogen, so fand sein Werk weiterhin Anerkennung u. a. bei GOTTSCHED, BODMER oder HERDER, und seine literarhistorische Nachwirkung hielt bis in die Romantik (August Wilhelm und Friedrich SCHLEGEL) hinein an. E.Pi.

AUSGABEN: *Lateinische Gedichte*, Hg. J. M. Lappenberg, Stg. 1863 (BLV 73); Nachdr. Amsterdam 1969. – *Deutsche Gedichte*, Hg. J. M. Lappenberg, 2 Bde., Stg. 1865 (BLV 82/83); Nachdr. Darmstadt 1965. – *Deutsche Gedichte* (Auswahl), Hg. V. Meid, Stg. 1986 (RUB).

LITERATUR: H. Pyritz, *P. F.s Liebeslyrik. Zur Geschichte des Petrarkismus*, Lpzg. 1932, Göttingen ²1963. – E. Honsberg, *Studien über den barocken Stil in P. F.s deutscher Lyrik*, Würzburg 1938; Nachdr. Ann Arbor/Ldn. 1980. – R. A. Schröder, *P. F.* (in R. A. Sch., *GW*, Bd. 3, Ffm. 1952, S. 598 bis 651). – L. Supersaxo, *Die Sonette P. F.s Chronologie u. Entwicklung*, Diss. Zürich 1956. – E. Dürrenfeld, *P. F. und J. Ch. Günther. Motive, Themen, Formen*, Diss. Tübingen 1964. – W. Kühlmann, *Selbstbehauptung und Selbstdisziplin/Sterben als heroischer Akt/Ausgeklammerte Askese* (in *Gedichte u. Interpretationen*, Bd. 1: *Renaissance u. Barock*, Hg. V. Meid, Stg. 1982, S. 159–186). – D. Lohmeier, *P. F.s poetische Bekenntnisse zu Moskau u. Rußland* (in *Russen u. Rußland aus deutscher Sicht*, Hg. M. Keller, Mchn. 1983, S. 341–370). – D. Schubert, *P. F. Monographische Studie unter besonderer Berücksichtigung der Wirkungsgeschichte nach 1945*, Diss. Potsdam 1984. – P. Krahé, *Persönlicher Ausdruck in der literarischen Konvention: P. F. als Wegbereiter der Erlebnislyrik?* (in ZfdPh, 106, 1987, S. 481–513). – K. Garber, *P. F. in Riga. Die wiederentdeckten Gedichte aus der Sammlung Gadebusch* (in *Daß eine Nation die ander verstehen möge. Fs. M. Szyrocki*, Amsterdam 1988, S. 255–308).

JOHN FLETCHER

* 20.(?)12.1579 Rye
† 28.8.1625 London

LITERATUR ZUM AUTOR:

Bibliographien:
A. C. Potter, *A Bibliography of Beaumont and F.*, Cambridge/Mass. 1890. – S. A. Tannenbaum, *Beaumont and F.*, NY 1938. – Ders., *Beaumont and*

F.: *A Concise Bibliography*, NY 1938. – R. C. Bald, *Bibliographical Studies in the Beaumont and F. Folio of 1647*, Ldn. 1938. – *The Later Jacobean and Caroline Dramatists: A Survey and Bibliography of Recent Studies in English Renaissance Drama*, Hg. T. P. Logan u. D. S. Smith, Ldn./Lincoln (Nebr.) 1978.
Gesamtdarstellungen und Studien:
O. L. Hatcher, *J. F.: A Study in the Dramatic Method*, Chicago 1905; Nachdr. 1973. – A. C. Sprague, *Beaumont and F. on the Restoration Stage*, Cambridge/Mass. 1926; Nachdr. NY 1965 [m. Bibliogr.]. – E. H. C. Oliphant, *The Plays of Beaumont and F.*, New Haven/Mass. 1927; Nachdr. 1970. – J. H. Wilson, *The Influence of Beaumont and F. on Restoration Drama*, Columbus/Oh. 1928; Nachdr. 1968. – U. M. Ellis-Fermor, *The Jacobean Drama: An Interpretation*, Ldn. 1936. – D. M. Keithlan, *The Debt to Shakespeare in the Beaumont and F. Plays*, NY 1938; Nachdr. 1970 [m. Bibliogr.]. – B. Maxwell, *Studies in Beaumont, F., and Massinger*, Chapel Hill/N.C. 1939; Nachdr. Ldn. 1966. – G. E. Hentley, *The Jacobean and Caroline Stage*, 7 Bde., Ldn. 1941–1968. – L. B. Wallis, *F., Beaumont and Company: Entertainers to the Jacobean Gentry*, Oxford/NY 1947; Nachdr. 1968. – J. F. Danby, *Poets on Fortune's Hill: Studies in Sidney, Shakespeare, Beaumont and F.*, Ldn. 1952 [u. d. T. *Elizabethan and Jacobean Poets*, Ldn. 1964]. – E. M. Waith, *The Pattern of Tragicomedy in Beaumont and F.*, New Haven/Mass. 1952; Nachdr. 1969. – M. C. Bradbrook, *The Growth and Structure of Elizabethan Comedy*, Ldn. 1955. – T. Beecham, *J. F.*, Oxford 1956. – W. W. Appleton, *Beaumont and F.: A Critical Study*, Ldn. 1956; Nachdr. 1974 [m. Bibliogr.]. – R. Ornstein, *The Moral Vision of Jacobean Tragedy*, Madison/Wisc. 1960. – D. H. Orgill, *The Influence of Cervantes on the Plays of J. F.*, Diss. Southwestern California 1960 (vgl. Diss. Abstracts, 21, 1960/61, S. 625/626). – C. Leech, *The J. F. Plays*, Ldn. 1962. – I. Fletcher, *Beaumont and F.*, Ldn. 1967. – S. Gossett, *Masque Influence on the Dramaturgy of Beaumont and F.* (in MPh, 69, 1972, S. 199–208). – N. C. Pearse, *J. F.'s Chastity Plays: Mirrors of Modesty*, Lewisburg/Pa. 1973. – M. Cone u. J. Hogg, *F. without Beaumont: A Study of the Independent Plays of J. F.*, Salzburg 1976. – I. Fletcher, *F. Beaumont and J. F.* (in *British Writers*, Hg. I. Scott-Kilvert, Bd. 2, NY 1979). – H. Blau, *The Absolved Riddle: Sovereign Pleasure and the Baroque Subject in the Tragicomedies of J. F.* (in New Literary History, 17, 1986). – C. L. Squier, *J. F.*, Boston 1986 (TEAS).

THE CHANCES

(engl.; *Zufälle*). Komödie von John FLETCHER, Uraufführung der drei ersten Akte: London 1625 oder 1626; erschienen 1647. – Diese romantische Komödie, deren Handlung auf eine Novelle von CERVANTES zurückgeht, ist ein Loblied auf übermütige, sorglos-sündige Studententage. Man darf annehmen, daß Fletcher mit der Geschichte seiner beiden Helden John und Frederick zugleich auch die Erinnerung an die Jahre des Zusammenlebens mit dem verstorbenen Freund und Mitautor vieler seiner Werke, Francis BEAUMONT, feiern wollte. – Die beiden spanischen Edelleute Don John und Don Frederick studieren an der Universität Bologna; de facto verbringen sie die spärliche Freizeit, die ihnen die leichten Damen und schweren Weine lassen, damit, einer geheimnisvollen, streng behüteten Edeldame namens Constantia nachzustellen, deren Gunst sich bisher kein Edler der Stadt rühmen konnte. Dabei erleben die beiden Studenten Abenteuer von größter Unwahrscheinlichkeit (wie der Titel des Werkes, etwaiger Kritik zuvorkommend, bereits andeutet). Im Verlauf der turbulenten Ereignisse kommt jeder der Freunde zu einem Liebchen, nachdem beide Constantia, die mit dem Herzog von Ferrara entlaufen war, zu ihrem Glück verholfen haben. In einem weinseligen, an das Zaubertheater erinnernden Happy-End entwirren sich die Handlungsfäden.

Die drei ersten Akte gehören mit ihren bühnenwirksamen Situationen, klar konturierten Charakteren und geistreichen Dialogen zum Besten, was Fletcher geschrieben hat. Der Dialog, den den Studentenjargon der Zeit getreu wiedergibt, gilt als brillantes Beispiel für die Theatersprache im Übergang von der elisabethanischen und Stuart-Komödie zur Konversations- und Sittenkomödie. – Nach den drei ersten Akten verliert Fletcher (wie oft bei Stücken, die er selbständig verfaßte) das Interesse und spult – vor dem routinemäßigen Schluß – ein paar lose zusammengefügte, turbulente Szenen ab. Die beiden »Auslandsstudenten« aber und ihre höchst suspekte Komplizin, die Wirtin (Dame Gillian), sind zeitlose Typen der englischen Komödie.

E.St.

AUSGABEN: Ldn. 1647 (in F. Beaumont u. J. F., *Comedies and Tragedies*). – Ldn. 1662 [geändert an Hand der Auff.]. – Cambridge 1906 (in F. Beaumont and J. F., *The Works*, Hg. A. R. Waller, 10 Bde., 1905–1912, 4). – Ldn. 1912 (in F. Beaumont and J. F., *The Works. Variorum Ed.*, Hg. P. A. Daniel u. a., 4 Bde., 1904–1912, 4). – Cambridge/NY 1979 (in *Dramatic Works in the Beaumont and F. Canon*, Hg. F. Bowers, 5 Bde., 1966–1982, 4).

BEARBEITUNGEN: *The Chances*, G. Villiers, 2nd Duke of Buckingham, Ldn. 1682. – Dass., D. Garrick, Ldn. 1773.

THE FAITHFULL SHEPHEARDESSE

(engl.; *Die treue Schäferin*). Schäferspiel in fünf Akten und in Versen von John FLETCHER, Uraufführung: London, um 1610. – Titelfigur ist Amoret, die ihren Perigot unbeirrbar liebt. Die böse, liebestolle Schäferin Amarillis mißgönnt ihr dieses Glück und läßt sich von einem zauberkundigen Schäfer in eine zweite Amoret verwandeln, um Perigot für sich zu gewinnen. Dieser aber ist so entsetzt über die losen Reden, die die falsche Amoret im Munde führt, daß er im Zorn die richtige verwundet. Nachdem ein gnädiger Brunnen- und Flußgott sie geheilt hat, verwundet Perigot sie ein zweites Mal, da er nun die verwandelte Amarillis zu treffen glaubt. Diesmal wird Amoret von einem Satyr geheilt, um nun, von der reuigen Amarillis in Frieden gelassen, mit ihrem Perigot vereint zu werden. Neben diesem Paar kämpfen noch einige andere Schäfer und Schäferinnen um ihr Liebesglück, so die liebeshungrige Cloe, der der schüchtern-tugendhafte Daphnis widersteht, so der wilde Alexis, der Cloe allzu leidenschaftlich verfolgt. Die Krone der Keuschheit und Liebe aber gebührt Clorin, die in einer Einsiedelei ihren toten Geliebten betrauert und tapfer jede Versuchung zurückweist. In platonischer Liebe ist ihr Thenot, ein junger Schäfer, verbunden, der in ihr das Juwel der Jungfräulichkeit gefunden hat und bereit ist, es zu hüten.

Das Hirtenspiel fand bei seiner Uraufführung kein gnädiges Publikum, gefiel aber 1634 dem künstlerischen Verspieltheiten geneigterem königlichen Hof. Die Tragikomödie (»sie enthält keinen Tod, weshalb sie keine Tragödie ist, aber sie läßt einige Personen vom Tode bedroht sein, weshalb sie keine Komödie ist«, definiert Fletcher etwas unglücklich in seinem Vorwort an die Leser) ist ein gobelinhaft reizvolles Hirtenspiel, fast ohne dramatische Akzente, aber voller poetischer Schönheit. Es ist literarhistorisch interessant, da es – von Fletcher verfaßt, ehe er die Zusammenarbeit mit Francis BEAUMONT begann – den Autor als eigenständigen Verskünstler von Rang ausweist. E.St.

AUSGABEN: Ldn. 1609 (?). – Cambridge 1906 (in F. Beaumont u. J. F., *The Works*, Hg. A. R. Waller, 10 Bde., 1905–1912, 2). – Ldn. 1908 (in F. Beaumont u. J. F., *The Works. Variorum Ed.*, Hg. P. A. Daniel u. a., 4 Bde., 1904–1912, 3). – Cambridge/ NY 1976 (in *Dramatic Works in the Beaumont and F. Canon*, Hg. F. Bowers, 5 Bde., 1966–1982, 3). – NY 1980, Hg. F. A. Kirk [krit.].

LITERATUR: W. Wells, *F. Beaumont and »The Faithfull Shepheardesse«* (in W. W., *The Authorship of »Julius Caesar«*, Ldn. 1923, S. 207–222).

RULE A WIFE AND HAVE A WIFE

(engl.; *Zähme deine Frau und du behältst sie*). Komödie in fünf Akten von John FLETCHER, Uraufführung 1624. – Für diese Komödie griff Fletcher, wie so oft in seinem Schaffen, auf spanische Quellen zurück. Die Leon-Margarita-Handlung entnahm er dem Dialogroman *La peregrinación sabia y El sagaz Estacio* von SALAS BARBADILLO, die Geschichte von Estefania und Perez den *Novelas ejemplares* von CERVANTES. Die Haupthandlung wandelt das Motiv der Zähmung der widerspenstigen Frau ab, wobei ein Einfluß SHAKESPEARES nicht auszuschließen ist.

Margarita, eine junge, lebens- und liebeslustige spanische Erbin, sucht einen Ehemann, der dumm genug ist, ihr lockeres Treiben nicht zu bemerken. Ihre Zofe Altea schlägt dem eigenen Bruder Leon vor, den Toren zu spielen und um Margarita zu werben. Der Plan gelingt. Als die Jungverheiratete auf Liebesabenteuer ausgeht, wirft Leon die Maske ab und vertreibt die Galane. Margaritas glühendster Verehrer, der Herzog von Medina, verschafft sich zwar unter dem Vorwand, im Duell verwundet worden zu sein, nochmals Einlaß in ihr Haus, Margarita hat sich aber inzwischen soweit gewandelt, daß sie ihn abweist und von seiner Torheit kuriert. Leon hat zur Bekehrung seiner Frau allerdings drastische Mittel anwenden müssen; erst die Drohung, sie zur Dienerin zu degradieren und der Demütigung auszusetzen, Augenzeugin einer Liebesnacht zu sein, die er angeblich mit ihrer Zofe verbringen will, hat ihren Widerstand gebrochen. – Die Estefania-Perez-Handlung bringt die Umkehrung dieser Konstellation und gleicht damit die Opposition der Geschlechterrollen bis zu einem gewissen Grad symmetrisch aus: Nicht der Mann überlistet die Frau, sondern die Frau den Mann. Estefania, die Fletcher zur Dienerin Margaritas gemacht hat, um mit diesem Schema die beiden Handlungsstränge wenigstens äußerlich zu verbinden, spiegelt dem eitlen Offizier Perez Reichtum vor und verleitet ihn auf diese Weise zur Heirat. Perez bemerkt den Betrug erst, als ihm seine Frau bereits alle Wertsachen entwendet hat; die beiden versöhnen sich allerdings wieder, nachdem Estefania den abstoßenden Cacafogo, einen der Bewerber um Margaritas Gunst, geschickt um tausend Dukaten erleichtert hat.

Die zwei entgegengesetzt verlaufenden Handlungen zeigen, daß es Fletcher nicht um eine bestimmte Moral ging, sondern um die komischen Situationen, die Perez und Margarita als betrogene Betrüger zeigen. Aus diesem Grund benutzt er das Motiv der Geldgier, das in Wahrheit Leons und Estefanias Verhalten zugrunde liegt, lediglich als Handlungsmotor; die Rückwirkung auf die Charaktere der Helden läßt er außer acht, und diese haben trotz ihrer zweifelhaften Motive dank ihrer Gewitztheit stets die Lacher auf ihrer Seite. *Rule a Wife and Have a Wife* zählt nicht zu den besten Komödien Fletchers, wirkt aber durch witzigen Dialog, schnell wechselnde Situationen und eine straffe, spannende Handlung. Da das Stück zudem dankbare Rollen zu bieten hat, wurde es immer wieder gern aufgeführt. W.Kl.

AUSGABEN: Oxford 1640. – Ldn. 1776 (in Bell's British Theatre, 4). – Philadelphia 1850 (in *The British Drama*). – Cambridge 1906 (in F. Beaumont u. J. F., *The Works*, Hg. A. R. Waller, 10 Bde., 1905–1912, 3). – NY/Ldn. 1926 (in *Typical Elizabethan Plays*, Hg. F. E. Schelling).

LITERATUR: L. Bahlsen, *Eine Komödie F.s, ihre spanische Quelle u. die Schicksale jenes Cervantes'schen Novellenstoffes in der Weltliteratur*, Bln. 1894. – B. Leonhardt, *Die Textvarianten von »Rule a Wife and Have a Wife«* (in Anglia, 24, 1901, S. 311–340). – R. P. Grant, *Cervantes' »El casamiento engañoso« and F.'s »Rule a Wife and Have a Wife*« (in HR, 12, 1944, S. 330–338). – E. M. Wilson, *»Rule a Wife and Have a Wife« and »El Sagaz Estacio«* (in RESt, 24, 1948, S. 189–194).

THE WILD-GOOSE CHASE

(engl.; *Die Wildgansjagd*). Verskomödie in fünf Akten von John FLETCHER, entstanden und uraufgeführt um 1621, Erstdruck 1652. – Wie in *The Woman's Prize, or The Tamer Tamed* (um 1611), einer parodistischen Fortsetzung von SHAKESPEARES *The Taming of the Shrew*, in der Petruchio bei seiner Wiederverheiratung von der resoluten Maria gezähmt wird, und wie in *Rule a Wife and Have a Wife* (1624) behandelt Fletcher auch in seiner erfolgreichsten Komödie das Thema vom Kampf der Geschlechter. Er knüpft dabei an die Komödientradition des verliebten Kriegs zwischen angeblichen Liebesverächtern an, wie sie Shakespeare bereits in *Love's Labour's Lost* und *Much Ado About Nothing* aufgegriffen hatte, verwendet durchweg konventionelle, in ihrer komischen Wirkung altbewährte Situationen und Motive, folgt aber keiner unmittelbaren Vorlage. – Der Kampf der Geschlechter entfaltet sich hier in einer Reihe von Intrigen und Gegenintrigen, mit denen drei junge, gerade von einer Italienreise zurückgekehrte Lebemänner und drei heiratsfähige und -willige Damen sich gegenseitig zu übervorteilen und bloßzustellen versuchen. Im Zentrum dieses Intrigengeflechts steht die »Wildgansjagd« Orianas auf den selbstbewußten und seine Unabhängigkeit zäh verteidigenden Frauenhelden Mirabel. Von dem gerissenen Hauslehrer Lugier beraten, stellt sie ihm Fallen, durch die der eingefleischte Junggeselle in die Ehe gelockt werden soll. Aber sowohl der Plan, ihn durch eine fingierte Werbungsszene eifersüchtig zu machen (3. Akt), als auch der Versuch, sein Mitleid für die angeblich aus Liebeskummer wahnsinnig gewordene Oriana zu erregen (4. Akt), scheitern an Mirabels Scharfsinn und Vorsicht; erst in der Verkleidung als reiche, geheimnisvoll-schöne italienische Dame gelingt es Oriana, das flüchtige Wild zur Strecke zu bringen (5. Akt). – Die Nebenhandlungen um Pinac und Lillia Bianca, Belleur und Rosalura variieren kontrapunktisch dieses Geschehen: Der wendige, schlagfertige Pinac und der schüchterne Belleur werden von den umworbenen Damen, die ihre Ehewilligkeit hinter immer neuen Posen und Allüren verbergen, so lange an der Nase herumgeführt, bis sie sich ihnen bedingungslos unterwerfen; ihre eigenen Intrigen verlaufen dagegen im Sand. So behalten in dieser Welt der List und Täuschung (»*What a world's this! Nothing but craft and cozenage!*« ist das Motto der Komödie) durchweg die Damen die Oberhand; doch wird ihr Sieg, die dreifache Hochzeit, schließlich auch von den Unterlegenen als Gewinn empfunden: »*This Wild-Goose Chase is done; we have won o'both sides*« (V, 6). Fletcher nimmt hier bereits viele Züge der *comedy of manners* der Restorationszeit vorweg: die spielerische Liebesintrige, die witzigen Wortgefechte, den großstädtischen Schauplatz (dem Namen nach Paris, in Wirklichkeit aber eher ein Abbild des jakobeischen London), die realistische Wiedergabe zeitgenössischer Sitten, die mit sicherem Strich skizzierten Charaktertypen. Dies erklärt den Erfolg der Komödie auf der Restorationsbühne (der »anspruchsvolle« Theaterbesucher Samuel PEPYS konnte allerdings 1668 »*nichts Außergewöhnliches, nur langweilige Einfälle und Intrigen*« in dem Stück entdecken) und auf der Bühne des frühen 18. Jh.s, für die George FARQUHAR eine Bearbeitung, *The Inconstant* (1702), schuf. Ein Vergleich von Fletchers Mirabel mit dem gleichnamigen Helden in William CONGREVES *The Way of the World* (1700) zeigt, daß ersterem noch die Fähigkeit zum bewußten Spiel mit gesellschaftlichen Rollen fehlt und daß seine Wortspiele nie die Brillanz der epigrammatisch zugespitzten Repliken seines Nachfolgers erreichen. M.Pf.

AUSGABEN: Ldn. 1652. – Ldn. 1887 (in *The Works of Beaumont and F.*, Hg., Einl. u. Anm. J. S. L. Strachey, 2 Bde.; ern. 1949). – Cambridge 1906 (in F. Beaumont u. J. F., *The Works*, Hg. A. R. Waller, 10 Bde., 1905–1912, 4). – NY 1980, Hg. R. H. Lister [krit.].

WALTER FLEX

* 6.7.1887 Eisenach
† 16.(?)10.1917 Pendehof auf Ösel

LITERATUR ZUM AUTOR:
W. Thamhayn, *W. F.*, Solingen 1918; ³1927. – O. Brües, *W. F. u. seine Dichtung in unserer Zeit*, Bln. 1920. – J. Klein, *W. F. Ein Deuter des Weltkrieges. Ein Beitrag zur lit.geschichtlichen Wertung deutscher Kriegsdichtung*, Marburg 1929; Nachdr. NY/Ldn. 1968. – O. Riedrich, *W. F., der Wanderer zwischen beiden Welten*, Ffm. 1934. – *W. F. Aus dem Nachlaß. Eine Dokumentation*, Hg. F. Griessbach u. G. Heydemann, Heusenstamm bei Offenbach 1978.

DER WANDERER ZWISCHEN BEIDEN WELTEN. Ein Kriegserlebnis

Autobiographische Erzählung von Walter FLEX, erschienen 1917. – Flex schildert ein Kriegserlebnis, das für seine geistige Entwicklung von nachhaltiger Bedeutung war: die Begegnung mit dem früh gefallenen Freund und Mentor Ernst Wurche. Der Theologiestudent und Wandervogel Wurche ist das Idealbild des deutschen Kriegsfreiwilligen und Frontoffiziers, aber auch des neuen Menschen und Menschenführers, der beiden Welten, Erde und Himmel, Leben und Tod, gleich nahe ist: sein Gang schon ist »*Wille und Freude*«, sein großer Wunsch, wenigstens einen Sturmangriff mitzumachen, und im Tornister führt er die Gedichte GOETHES, NIETZSCHES *Zarathustra* und das *Neue Testament* mit. Der Erzähler trifft mit ihm im Frühjahr 1915 zusammen, in einem Regiment, das aus Lothringen an die im Stellungskrieg erstarrte Ostfront verlegt wird. Die beiden Freunde verleben in der Gegend von Augustowo einen fast idyllischen Frühsommer ohne Kriegslärm, und Wurche entwickelt in zahlreichen Gesprächen bei Nachtwachen oder Wanderungen hinter der Front seine Weltanschauung. Als Wurche bei einem Sturmangriff im August 1915 getötet wird, kann sich der Erzähler nur schwer einer sinnlosen, unfruchtbaren Verzweiflung erwehren. Aber der Eindruck von Wurches Lehren ist stärker, und er lernt den Tod als Freund des Menschen zu begreifen.

Neben JÜNGERS und REMARQUES Darstellungen ist *Der Wanderer zwischen beiden Welten* noch heute die bekannteste aus dem Ersten Weltkrieg – an jenen gemessen das Dokument eines fragwürdig-kindlichen Idealismus. Auch wenn das in Krieg, Sieg und Opfertod gesuchte »*Heil für Gegenwart und Zukunft unseres Volkes*« edle Absicht war und nicht nationaler, sondern »*sittlicher Fanatismus*« sein sollte, enthüllt doch die Sprache die Brüchigkeit solcher Auffassung. Nicht nur traditionell klischeehaft, benützt sie überdies, um dem Krieg Sinn zu geben, den biblischen Gleichnisvorrat für die vaterländischen Interessen (z. B. wenn der Kriegseintritt Italiens mit dem Verrat des Judas verglichen wird) oder sucht ihn in den Bereich des Schönen zu entrücken: »*Mit einmal legte er mir den Arm um die Schulter und rückte das helle Schwert vor meine Augen:* ›*Das ist schön, mein Freund! Ja?*‹ *Etwas wie Ungeduld und Hunger riß an den Worten, und ich fühlte, wie sein heißes Herz den großen Kämpfen entgegenhoffte.*« Auch die Nähe zum Schönheitsempfinden des Jugendstils läßt sich vielfach belegen: »*Der junge Mensch stand schlank und hell auf dem blühenden Grunde, die Sonne ging schimmernd durch seine leichtgebreiteten Hände...*« Dadurch werden menschliches und kriegerisches Geschehen in eine religiöse und ästhetische Sphäre hinaufgesteigert, die jeglichen Wirklichkeitsbezugs entbehrt. – Seiner Wandervogel-Ideologie, seiner idealistischen Verzerrung und Ästhetisierung des Krieges, die der einer ganzen Generation von Kriegsfreiwilligen entsprach, aber auch seiner Darstellung einer starken, homoerotisch getönten Freundschaftserfahrung verdankte das millionenfach verbreitete Büchlein seine verführerische Kraft und breite Wirkung. KLL

AUSGABEN: Mchn. 1917; zul. 1966. – Kiel 1986.

LITERATUR: W. Klose, *Soldatentod. Interpretation dreier Texte von W. F., Jünger u. Polgar* (in WW, 8, 1957/58, S. 33–40).

JUAN DE FLORES

2. Hälfte 15. Jh.

HISTORIA DE GRISEL Y MIRABELLA

(span.; *Geschichte von Grisel und Mirabella*). Roman von Juan de FLORES, erschienen vermutlich 1495. – Dieser mittelmäßige, sentimentale Liebesroman, eine Nachahmung von BOCCACCIOS *Filocolo*, ist wegen der außerordentlichen Beliebtheit bemerkenswert, deren er sich in ganz Europa erfreute. Er wurde im 16 Jh. nicht weniger als sechsundfünfzigmal in verschiedenen Sprachen herausgebracht und in viersprachigen Ausgaben als Textbuch zum Sprachstudium benutzt. Spuren des Romans finden sich unter anderem in John FLETCHERS Komödie *Women Pleas'd* (1620) und in *Le prince déguisé* (1636) von Georges de SCUDÉRY.

Im fernen Schottland, so berichtet Flores, gibt es ein Gesetz, das Liebessünden mit dem Tod des Hauptschuldigen und mit der Verbannung des Verführten bestraft. Dieses Gesetz haben der Ritter Grisel und Mirabella, die Tochter des Königs von Schottland, übertreten. Sie werden vor Gericht gestellt, doch die Richter erklären sich unzuständig, da sie zwar viel von Gesetzen, aber nur wenig von der Liebe verstünden. Man zieht also zwei Sachverständige zu Rate: Die gelehrte Frau Brasayda soll die Verteidigung übernehmen, der Dichter Torrellas, ein grimmiger Frauenfeind (Pere Torrellas oder Torroella war ein Zeitgenosse des Verfassers), die Anklage. Torrellas siegt, und Mirabella wird zum Feuertod verurteilt. Um die Leiden seiner Geliebten nicht mit ansehen zu müssen, stürzt sich Grisel in die Flammen, und Mirabella, die auf das stürmische Verlangen des Volks begnadigt worden ist, springt in den Löwenzwinger ihres Vaters und wird von den Bestien zerfleischt. Noch schlimmer ergeht es Torrellas: Die Hofdamen bemächtigen sich seiner und quälen ihn zu Tode.

Flores greift hier in die alte Auseinandersetzung um Wert und Würde der Frau ein, eine Polemik, die zu seiner Zeit bereits pedantisch überspitzt und inhaltlich verflacht war. Seine gute Meinung von den Frauen und sein Zorn über die fade witzelnden Autoren sind zweifellos ehrlich, aber seine Argumente erschöpfen sich in scholastischen Spitzfindigkeiten, und seine Beweisführung ist mühsam konstruiert. A.F.R.

AUSGABEN: o. O. u. J. [Lérida? 1495?]. – Sevilla 1514 (*La hystoria d'Grisel y Mirabella cõ la disputa de Torrellas y Braçayda La q̃l compuso Juã de flores a su amiga*, Hg. J. Varela de Salamāca). – Sevilla 1524, Hg. J. Cromberger Aleman. – Madrid 1954. – Granada 1983, Hg. u. Einl. P. Alcázar u. J. A. González Núñez [Faks. d. Ausg. Sevilla 1529].

ÜBERSETZUNG: *Historia Von Aurelio und Isabella dess Königs in Schottland Tochter*, Ch. Pharemund, Nürnberg 1630.

LITERATUR: E. W. Olmsted, *Story of »Grisel and Mirabella«* (in *Homenaje a Menéndez Pidal*, Bd. 2, Madrid 1925, S. 369–373). – B. Matulka, *The Novels of J. de F. and Their European Diffusion*, NY 1931. – C. Samonà, *Studi sul romanzo sentimentale e cortese nella letteratura spagnola del quattrocento*, Rom 1960, S. 109–137. – P. Waley, *Love and Honour in the Novelas sentimentales of Diego de San Pedro and J. de F.* (in BHS, 43, 1966, S. 253–275). – D. Cvitanovic, *La reducción de lo alegórico y el valor de la obra de Flores* (in RFE, 55, 1972, S. 35–49). – P. Waley, *Cárcel de Amor and »Grisel y Mirabella«: A Question of Priority* (in BHS, 50, 1973, S. 340–356). – D. Cvitanovic, *La novela sentimental española*, Madrid 1973, S. 177–233.

MIROSLAV FLORIAN

* 10.5.1931 Kutná Hora

DAS LYRISCHE WERK (tschech.) von Miroslav FLORIAN.
Miroslav Florian debütierte bereits als siebzehnjähriger Gymnasiast mit dem Bändchen *Snubní prsten*, 1948 *(Der Trauring)*, in dem seine Vorbilder Karel TOMAN, Otokar BŘEZINA, Josef HORA, Jiří WOLKER und Jaroslav SEIFERT leicht zu erkennen waren. In der fünf Jahre später erschienenen zweiten Gedichtsammlung *Cestou k slunci*, 1953 *(Auf dem Weg zur Sonne)*, war zusätzlich der Einfluß Konstantin BIEBLS zu spüren. Trotz gewisser Unselbständigkeit fand diese Sammlung, ähnlich wie Milan KUNDERAS im gleichen Jahr erschienener erster Gedichtband *Člověk zahrada širá (Der Mensch – ein weiter Garten)*, großen Widerhall wegen der zu jener Zeit ungewöhnlichen Innigkeit des Gefühls und der ausgeprägten Subjektivität, wegen erfrischendem Mangel an lautstarker Revolutionsrhetorik, Propaganda und Agitation und nicht zuletzt wegen der damals verpönten Hinwendung zu den alten Themen der Lyrik, Liebe und Natur.
Mit dem dritten Gedichtband *Blízký hlas*, 1955 *(Nahe Stimme)*, einem dichterischen Widerhall der Militärzeit in Südmähren, und noch deutlicher mit der Sammlung *Otevřený dům*, 1957 *(Offenes Haus)*, fand Florian schließlich seinen eigenen Ton; gemeinsam mit anderen jungen Dichtern (Miroslav HOLUB, Jiří ŠOTOLA, Karel ŠIKTANC u. a.) gehörte er zu der Gruppe um die Zeitschrift ›Květen‹, die sich programmatisch zu einer Poesie des *»Alltags in seiner Konkretheit und Ungeschminktheit«* bekannte, als jenem *»Festland«*, in dem sie verankert waren und auf dem sie *»die schwindelerregende, vieldimensionale Wirklichkeit des authentischen Menschen der historisch neuen Ära«* (Holub) begreifen wollten. Innerhalb dieser gesellschaftlich engagierten und problembewußten Dichtergruppe stellt Florian den lyrischen Typ dar: Das Wesen seines dichterischen Talents besteht in der reichen Bildhaftigkeit, die konsequent dem zentralen Gedanken des Gedichtes dient und die Erscheinungen des alltäglichen Lebens verfremdet. In dieser Bildhaftigkeit verbinden sich Florians großartige Beobachtungsgabe und die spontane Leichtigkeit, mit der er die unterschiedlichsten Erscheinungen miteinander kombiniert. Seine bildhaften Benennungen bezieht Florian aus der alltäglichen Realität des modernen Lebens, vor allem jedoch aus der Natur. Gerade durch die Verflechtung des Lebens der Menschen mit dem Geschehen in der Natur erreicht er die harmonische Ausgeglichenheit seiner Poesie. *»Florians Poesie rückt nicht durch ständiges Fragen auf den Leib, zieht die Dinge nicht durch Fragen in Zweifel, stürzt deren Sinn nicht um, spitzt Beziehungen nicht zu, sondern im Gegenteil, sie harmonisiert, bringt in Ordnung, will die Dinge benennen und gibt auf Fragen eine Antwort«* (V. Karfík).
Mit der Sammlung *Závrat'*, 1957 *(Taumel)*, einem Zyklus von nur fünf Gedichten in freien Versen, schien Florian einen neuen Weg einzuschlagen: Die Gedichte, deren Länge die der früheren deutlich übersteigt, stellen metaphorisch-assoziative Variationen über ein jeweils vorgegebenes Thema dar; in ihrer Thematik und ihrer Bildhaftigkeit schließen sie an die tschechischen Poetisten der zwanziger Jahre an, und das in so kongenialer Weise, daß diese fünf Gedichte nicht ohne Grund *»als das künstlerisch wohl überhaupt qualitätvollste dichterische Produkt, das aus der Gruppe Květen hervorgegangen ist«* (A. Brousek), bezeichnet wurden.
Die Sammlungen der sechziger Jahre, von *Stopy*, 1960 *(Spuren)*, über *Záznam o potopě*, 1963 *(Vermerk über die Sintflut)*, und *Tichá pošta*, 1965 *(Stille Post)*, bis zu *Svatá pravda*, 1969 *(Die reine Wahrheit)*, stellen eine Synthese der in *Závrat'* zum Durchbruch gekommenen »poetistischen« Linie mit der stark vom Volkslied beeinflußten Poetik der vorangegangenen Sammlungen dar: Florian kehrt wieder zu kurzen lyrischen Gedichten zurück, die in sich häufig die Vorzüge des freien Verses und der melodischen Regelmäßigkeit verbinden; das typisch »Floriansche« Gedicht entsteht durch die unregelmäßige Zergliederung rhythmisch mehr oder weniger regelmäßiger Vierzeiler und ähnlicher Strophen. Die Segmentierung, die den Fluß der Verse lebendiger macht, erzwingt dabei ein Augenmerk auf die gedankliche und bildnerische Schärfe. Die in den sechziger Jahren aktuelle Tendenz einer starken Intellektualisierung der Poesie führt bei Florian nicht zur Unterdrückung der Me-

lodizität und musikalischen Kultur des Gedichts. Auch sonst versucht sich Florian von den Gärungsprozessen jener Jahre abzusetzen; bezeichnend in dieser Hinsicht ist seine programmatische Erklärung aus dem Jahre 1966: »*Im Unterschied zu denjenigen, die behaupten, den Elementen der Verwirrung und des Chaos der modernen Welt müsse auch in der Dichtung und in der Kunst allgemein Verwirrung und Chaos entsprechen, glaube ich, daß sich der Mensch von heute umgekehrt, und scheinbar paradoxerweise, nach einer Kunst sehnt, die sozusagen diszipliniert ist (falls das das richtige Wort ist), die ein lebenserhaltendes Gegengewicht darstellen würde.*«

Diese Grundhaltung prädestinierte Florian dazu, nach der sogenannten »Normalisierung« der Verhältnisse in der ČSSR zu Beginn der siebziger Jahre die Rolle des Hauptbarden der »erneuerten Ordnung« zu übernehmen. Während fast alle bedeutenden Lyriker zumindest in den ersten Jahren große Schwierigkeiten hatten, ihre Gedichte der Öffentlichkeit zu präsentieren, eröffneten sich für Florian unbegrenzte Publikationsmöglichkeiten, nicht nur in den Periodika ›Rudé právo‹, ›Tvorba‹ und ›Literární měsíčník‹, sondern auch in Form von Auswahl- und Sammelbänden, die der Autor meist selber zusammenstellte. Hinzu kam eine Reihe von neuen Sammlungen, wie *Iniciály*, 1972 (*Initialen*), und *Jízda na luční kobylce*, 1974 (*Ritt auf dem Heupferdchen*), die zusammen mit der Sammlung *Svatá pravda* eine lose lyrische Trilogie bilden, und *Modré z nebe*, 1976 (*Das Blaue vom Himmel*). Für alle diese Sammlungen gilt, was die Kritik bereits 1972 (wohlwollend) festgestellt hat: »*Die dichterische Welt des Autors hat allmählich, doch nicht mühelos Kontur bekommen, aber danach hat sie sich nicht mehr allzu sehr verändert*« (B. Svozil).

Auch eine schwere gesundheitliche Krise, die Florian zwang, seine Arbeit in der Redaktion eines Verlages aufzugeben, führte nicht zu einer wesentlichen Änderung seiner Thematik und seiner Poetik, wie die zahlreichen neuen Sammlungen, von *Jeřabiny*, 1977 (*Ebereschen*), und *Zelená flétna*, 1979 (*Die grüne Flöte*), über *Odliv noci*, 1980 (*Ebbe der Nacht*), *Zítřejší sněhy*, 1981 (*Der Schnee von morgen*), und *Vidět Neapol*, 1982 (*Neapel sehen*), bis zu den jüngst erschienenen Bändchen *Proměny světla*, 1985 (*Metamorphosen des Lichts*), und *Dráha blesků*, 1986 (*Die Bahn der Blitze*), belegen. W. An.

AUSGABEN: *Snubní prsten*, Kutná Hora 1948. – *Cestou k slunci*, Prag 1953. – *Blízký hlas*, Prag 1955. – *Otevřený dům*, Prag 1957; ²1972 [umgearb.]. – *Závrať*, Prag 1957; ²1964 [erw.]. – *Stopy*, Prag 1960. – *Záznam o potopě*, Prag 1963. – *Tichá pošta*, Prag 1965. – *Vzdušná čára*, Prag 1967. – *Svatá pravda*, Prag 1969; ²1971[erw.]. – *Iniciály*, Prag 1972. – *Jízda na luční kobylce*, Prag 1974. – *Modré z nebe*, Prag 1976. – *Jeřabiny*, Prag 1977. – *Zelená flétna*, Prag 1979. – *Odliv noci*, Prag 1980. – *Zítřejší sněhy*, Prag 1981. – *Vidět Neapol*, Prag 1982. – *Proměny světla*, Prag 1985. – *Dráha blesků*, Prag 1986. – *Vybrané spisy*, 3 Bde., Prag 1981–1983. Darüber hinaus zahlreiche Auswahlausgaben.

LITERATUR: J. Svoboda, *Básnické dílo M. F.* (in *Sborník prací Pedagogického institutu v Ostravě*, 2, *Dějiny – jazyk – literatura*, Prag 1961, S. 55–64). – V. Karfík, *Z mladší poezie* (in *Jak číst poezii*, Hg. J. Opelík, Prag ²1969, S. 221–261). – B. Svozil, *M. F. a jeho »Iniciály«* (in Literární měsíčník, 1, 1972, Nr. 3, S. 68–70). – S. Šmatlák, *M. F. aneb o statečnosti básníka* (ebd., 3, 1974, Nr. 1, S. 100–104). – O. Rafaj, *Básník veřejného srdce* (ebd., 3, 1974, Nr. 9, S. 71–72). – B. Svozil, *Dosah metafory* (ebd., 3, 1974, Nr. 5, S. 68–69). – O. Rafaj, *Jít naproti životu a básni* (ebd., 5, 1976, Nr. 6, S. 104–106). – A. Brousek, *Co zbylo z Května, aneb Konečně sám!* (in A. B. u. J. Škvorecký, *Na brigádě*, Toronto 1979, S. 116–132). – M. Blahynka, *Od Otevřeného domu ke Stopám* (in Česká literatura, 27, 1979, Nr. 4, S. 289–300). – Ders., *M. F.*, Prag 1980. – O. Rafaj, *Poezie ohně a hlíny* (in Literární měsíčník, 9, 1980, Nr. 7, S. 20–23). – Ders., *Básník veršů ve dni práce* (ebd., 10, 1981, Nr. 5, S. 29–31). – M. Blahynka, *Vidět Neapol a žít v Praze* (ebd., 12, 1983, Nr. 9, S. 16–18). – O. Rafaj, *O lidech živoucí vody, ostré jako líh* (ebd., 13, 1984, 10, S. 32–33). – Ders., *Básně tepem prudce bušící* (ebd., 13, 1984, Nr. 6, S. 133–134). – J. Svoboda, *Jednota básníkovy osobnosti a díla* (ebd., 14, 1985, Nr. 6, S. 20–22). – O. Rafaj, *Zářivý dech země aneb Věc lidí* (ebd., 15, 1986, S. 12–13). – M. Blahynka, *Stálice. K 55. výročí narození národního umělce M. F.* (ebd., 15, 1986, Nr. 5, S. 11–13). – O. Rafaj, *Sbírka o drahách blesků* (ebd., 15, 1986, Nr. 9, S. 78–79).

LUCIUS ANNAEUS FLORUS

Mitte 2.Jh.

EPITOME

(lat.; *Abriß*). Geschichtswerk von Lucius Annaeus FLORUS, frühestens 160 entstanden. – Der Titel stammt aus der Zeit, als man Florus' Darstellung der römischen Vergangenheit noch für einen »*Abriß des Titus Livius*« hielt. Seit man weiß, daß der Autor neben LIVIUS zahlreichen anderen Vorbildern – SALLUST zum Beispiel oder dem älteren SENECA, ja sogar LUKAN – nacharbeitete, werden andere in den Handschriften genannte Titel bevorzugt, etwa *Bellorum omnium annorum DCC libri duo* (*Sämtliche Kriege aus 700 Jahren, in zwei Büchern*); doch eine sichere Überlieferung fehlt. *Belli Romani* (*Die Kriege Roms*) oder *Historiae Romanae* (*Römische Geschichte*) sind als Konjekturen ebenso wahrscheinlich oder unwahrscheinlich.

So wenig dem Autor am Ehrennamen eines Historikers liegt – statt chronologischer Faktentreue und selbstkritischem Bemühen um die Perspektive der Wahrheit findet der Leser einen einzigen panegyrischen Hymnus auf die (militärischen!) Leistungen und Vorzüge des *populus Romanus* –, so großen Wert legt er auf die literarische Seite seines Unternehmens. Das tritt schon in der Gliederung hervor, die nicht etwa sachlichen, historisch gegebenen Gruppierungen entspringt, sondern dem Wunsch, die Geschichte Roms als das Wachsen, Reifen und Altern eines Organismus darzustellen: die Kindheit – das ist die Zeit der Könige; die Jugend erfüllt sich in den Kämpfen, durch die Rom Italien gewann (bis zum Zweiten Punischen Krieg); das Mannesalter sind die Jahrzehnte, in denen Rom sich das Weltreich schuf, und sie finden ihre Krönung in Augustus; von da an beginnen Abstieg und Alter, nur Traian (reg. 98–117) brachte nochmals so etwas wie eine zweite Jugend. Fast noch deutlicher – freilich in recht ambivalenter Weise – zeigt sich der durch und durch literarische Charakter des Werkes in Stil und Ausdruck: »*Kurze, geschliffene Sätze, die sich zum Lernen eignen, kaum einmal eine Periode und nur dann, wenn mehreres miteinander verbunden werden soll, nicht etwa, um ein kompliziertes Handeln zusammenzufassen, monotone Verbindungen zwischen den Sätzen, Vorliebe für das Asyndeton, emphatische Anfangsstellung des Hauptbegriffes, Vorliebe für Emphase bis zum Schetliasmus, Antithesen, effektvolle Wortwahl, mit der Bewegungseffekte und solche der Sinnesqualitäten erreicht werden, alles das sind Kennzeichen dieser rhetorischen Darstellung, die bisweilen unnachahmliche, ja dichterische Eindrücke vermittelt.*« (Büchner)

Für unsere Begriffe merkwürdig – zugleich ein treffliches Symptom für den Geist des ausgehenden Altertums – ist der Erfolg und die Wertschätzung, die Florus als Historiker erlangte: seine Spuren führen über AMMIANUS, AUGUSTIN und andere bis nach Byzanz zu IOANNES MALALAS; und welches Ansehen der Autor – gewiß nicht seiner stilistischen Qualitäten wegen – im Mittelalter genoß, zeigt schon allein die Fülle der überlieferten Handschriften. Noch im 17. Jh. war der handliche Geschichtsabriß als Schulbuch im Gebrauch. E.Sch.

AUSGABEN: Paris um 1470–1472 *(De tota hystoria Titi Livii Epithoma)*. – Lpzg. 1896 (in *L. Annaei Flori epitomae libri II, et P. Annii Flori fragmentum de Vergilio oratore an poeta*, Hg. O. Rossbach). – Ldn./Cambridge (Mass.) 1929 *(Epitome of Roman History*, Hg. E. S. Forster; m. engl. Übers.; Loeb; mehrere Nachdr.). – Paris 1967, Hg. P. Jal, 2 Bde. [m. frz. Übers.]. – Rom ²1972 *(L. Annaei Flori quae exstant*, Hg. E. Malcovati; m. Bibliogr.).

ÜBERSETZUNGEN: *Römischer Historien Beküertzung*, H. v. Eppendorf, Straßburg 1536. – *Abriß der römischen Geschichte*, W. M. Pahl, Stg. 1835.

LITERATUR: Schanz-Hosius, 3, S. 67–72. – S. Lilliedahl, *Florusstudien*, Lund/Lpzg. 1928. – R. Sieger, *Der Stil des Historikers F.* (in WSt, 51, 1933, S. 94–108). – K. Büchner, *Römische Literaturgeschichte*, Stg. ³1962, S. 487–490. – I. Hahn, *Prooemium und Disposition der Epitome des F.* (in Eirene, 4, 1965, S. 21–38). – W. den Boer, *F. und die römische Geschichte* (in Mnemosyne, 18, 1965, S. 366–387). – Ders., *Some Minor Roman Historians*, Leiden 1972, S. 1–18.

DARIO FO

* 24.3.1926 Sangiano

LITERATUR ZUM AUTOR:
M. Andreoli, *Il teatro di D. F.*, Diss. Urbino 1971. – L. Binni. *Attento te ...! Il teatro politico di D. F.* Verona 1975. – Ders., *D. F.*, Florenz 1977. – F. Brusati, *D. F. – politica, teatro e arte*, Mailand 1977. – J. Chesnaux, *D. F., la censura fallita*, Mailand 1977. – C. Valentini, *La storia di D. F.*, Mailand 1977. – C. Furnari, *Il teatro politico di D. F.*, Mailand 1977. – *D. F. über D. F.*, Hg. H. Heer, Köln 1978; ³1984. – H. Jungblut, *Das politische Theater D. F.s*, Ffm. 1978. – C. Meldolesi, *Su un comico in rivolta*, Rom 1978. – P. Puppa, *Il teatro di D. F.*, Venedig 1978. – R. Ladurner, *Das Theater von D. F.*, Diss. Wien 1980. – O. Ortolani, *D. F. – Theater u. Politik*, Bln. 1985.

MISTERO BUFFO, Giullarata popolare

(ital.; Ü: *Mistero Buffo*). Stück in neun Bildern von Dario Fo, Uraufführung: Sestri Levante, Oktober 1969. – *Mistero Buffo* ist kein abgeschlossenes Drama, vielmehr handelt es sich bei diesen szenischen Variationen um das zentrale Moment in Dario Fos Theaterarbeit, die nicht zu trennen ist von seiner politischen. Diese bedeutet kein außerhalb der Bühne liegendes »Engagement«, sondern konstituiert den Kernpunkt seiner Theatralität: »*Für das Volk war Theater immer schon das prinzipielle Mittel zum Ausdruck, zur Kommunikation, aber auch zur Provokation und Agitation von Ideen.*«
Fo baut *Mistero Buffo* – wie seine gesamte Theaterarbeit, die das Zeitgeschehen in widersetzlicher, meist grotesker Weise kommentiert – auf die Figur des *Giullare*, des mittelalterlichen Gauklers, der, sofern er noch Ausdruck des Volkes blieb und nicht höfisch wurde, stets in subversiver Funktion durch die Länder reiste und »*dessen moderner Erbe Fo notwendigerweise wird*« (C. Valentini). Fos forschende Suche nach einer Geschichte des Volkes, mit der er gegen die offizielle Geschichtsschreibung, die ja immer die der Machthabenden ist, antreten will, geht Hand in Hand mit der Suche nach den Ausdrucksformen, der Kreativität, in der sich diese Geschichte vollzog. Es handelt sich dabei aber nicht um den Versuch einer Wiederholung eines geschichtlichen Zustandes, sondern um die Wiedererfindung einer theatralischen Sprache von überraschender Phantasie. Die Präzision der diachronen Geschichtsschreibung ist dabei ohne Belang, ent-

scheidend hingegen ist die soziale wie szenische Präzision der Haltung Fos als Schauspieler, dessen stets aktuelle Bühne somit zum »*Resonanzboden*« für die Aktualität des Historischen wie für die Geschichtlichkeit des Zeitgeschehens wird, das Fo als moderner *Giullare* gauklerisch extemporierend zwischen den Bildern immer wieder einbringt. In *Mistero Buffo* begnügt sich Fo nicht, wie in den Komödien *Non si paga! non si paga!* und *Morte accidentale di un anarchico*, damit, die dramaturgischen Ergebnisse dieser Haltung in Szene zu setzen, sondern er thematisiert hier szenisch vor allem seine Methode. Was dabei entstanden ist, kann man vielleicht als szenischen Essay bezeichnen, der, sofern von Fo selbst gespielt, von einer seltenen gestisch-verbalen Übereinstimmung lebt.

Im ersten Bild, *Rosa fresca aulentissima (Rose, frisch und duftend)* führt Fo in die Methodik seiner Dramaturgie ein. Das gleichnamige Gedicht aus der ersten Hälfte des 13. Jh.s wird jedem Italiener als erstes Beispiel höfischer Dichtung in der Schule beigebracht. Mit erstaunlichem philologischem Geschick nimmt es Fo nun genauer unter die Lupe, und es stellt sich heraus, daß es gar so höfisch nicht ist, es sich vielmehr um eine gekonnte und im Grunde obszöne Parodie des höfischen Stils handelt. – Im zweiten Bild, *Lauda dei battuti (Lied der Geschlagenen)* überrascht Fo mit einem Flagellantengesang der Franziskaner als kurzem Beispiel eines populären, konkret menschlichen Verständnisses der Passion, frei von scholastischer Theologie, wie es die bewußte Armut des Franziskanerordens ursprünglich forderte. Unbestritten ist wohl die Wichtigkeit der christlichen Heilsgeschichte für die Entwicklung des europäischen Theaters; allerdings diente die religiöse Botschaft nicht selten als Vehikel einer konkreten, sozialen Aussage. – Blasphemisch verhält sich eine Mutter gegen Gottvater im dritten Bild, *Strage degli innocenti (Der Kindermord von Bethlehem)*. Verrückt geworden, trägt sie ein Lamm in den Armen und behandelt es als ihr Kind. Ebenso einleuchtend wie die Allegorie des Lammes ist auch die Logik ihres Hasses gegen den, der in seiner Allwissenheit dieses Massaker ja schließlich organisiert hat. Während Christus in urchristlicher Weise eben als Menschensohn, damit als Objekt der Unterdrückung geliebt wird, gilt ein gewisser Haß dem Schöpfer nicht nur der Welt, sondern auch der Verhältnisse.

Im vierten Bild, *Moralità del cieco e dello storpio (Die Moral des Blinden und des Lahmen)*, gelangen der Blinde und der Lahme mit gegenseitiger Hilfe an den Kreuzweg Christi und werden prompt geheilt. Während der ehemalige Blinde überglücklich ist, flucht der geheilte Lahme: Er muß künftig unter einer Herrschaft dienen und Blut schwitzen, um sein Essen zu verdienen. – Das fünfte Bild, *Le nozze di Cana (Die Hochzeit von Kana)*, beginnt mit dem Kampf zwischen einem aristokratisch geratenen Engel und einem Betrunkenen; beide wollen dem Publikum etwas erzählen. Zum Gaudium des Publikums wird der Engel vertrieben, und der Betrunkene hebt an, von einer berauschenden Hochzeit zu berichten, die zwar peinlich begann, doch von einem gewissen Jesus – unverkennbar seine Verwandtschaft mit Dionysos – schließlich gerettet wurde. Das Bild endet mit einer paradiesischen Phantasmagorie, einem euphorischen Gluckern und Glucksen. – Im sechsten Bild, *Nascita del giullare (Die Geburt des Spielmanns)*, erzählt ein Gaukler ganz schlicht, wie seine Frau vom Grundherrn vergewaltigt wurde, er von seinem Grund und Boden vertrieben wurde, letztlich aber von Christus selbst die Fähigkeit zu sprechen verliehen bekam und nun dasteht als *Giullare*, »um die Blase der Macht auszudrücken«. – Die ironische Selbstdemütigung als Mittel der Groteske ist der Inhalt des siebenten Bildes, *La nascita del villano (Die Geburt des Leibeigenen)*. Dem Leibeigenen hilft das Beten nicht, denn Gott hört ihn gar nicht, da er ja keine Seele besitzt, zumal er aus dem Furz eines Esels geboren wurde.

Das achte Bild, *Risurrezione di Lazzaro*, ist eine Groteske um die Auferstehung des Lazarus: Vom Friedhofswärter wird Eintritt verlangt, Sardellen werden verkauft, Sessel vermietet, und schließlich vermißt jemand seine Brieftasche. – Das letzte Bild, *Bonifazio VIII*, charakterisiert einen der reaktionärsten Päpste der Geschichte. In seiner Figur kristallisiert Fo die ganze Macht und Eitelkeit der Institution Kirche. Nachdem Bonifaz sich mit allem Pomp gekleidet hat, trifft er Christus auf seinem Kreuzweg. Heuchlerisch bietet er ihm an, das Kreuz zu tragen, wird aber von Jesus weggetreten. Letztlich freut sich Bonifaz aber darauf, diesen Christus endlich ans Kreuz genagelt zu sehen.

Seit der Drucklegung dieser neun Bilder unter dem Titel *Mistero Buffo* fügte Fo immer wieder neue Nummern hinzu, sei es nach Texten der Passion, aus den Apokryphen oder aus sonstigen geschichtlichen Quellen. Manche davon sind in verschiedenen Sammlungen, wie *Fabulazzo Osceno (Obszöne Fabeln)* oder *La storia della tigre (Die Geschichte des Tigers)* enthalten und für Fos persönliche Auftritte als Theaterschauspieler austauschbar. Es handelt sich also um ein »work in progress«, das je nach aktuellem Bedarf erweitert wird. Die sprachliche Eigenheit der Bilder, die im theatralischen Essay wie Zitate vorgetragen werden, mag jede Übersetzung schal erscheinen lassen; es handelt sich nämlich um eine Kunstsprache, die von Fo zwar innerhalb eines historisch-linguistischen Studiums entwickelt wurde, doch weniger auf historischer Wahrheit als auf szenischer Wirklichkeit basiert. So wie der Zuschauer diese Sprache aufnimmt und versteht, so verstand der *Giullare* selbst die Vielfalt der Sprache des Volkes, wenn er von Dorf zu Dorf, also von Dialekt zu Dialekt reiste. H.Staf.

AUSGABEN: Cremona 1969. – Mailand 1970 (in *Compagni senza censura*, Bd. 1). – Verona 1974. – Turin 1977.

ÜBERSETZUNG: *Mistero Buffo*, P. O. Chotjewitz (in *Obszöne Fabeln, Mistero Buffo – Szenische Monologe*, Bln. 1984).

LITERATUR: G. Grossi, »*Mistero Buffo*« (in Sipario, Dez. 1969, Nr. 284). – *Compagni senza censura*, Bd. 1, Mailand 1970. – B. Dort, *D. F.: un acteur épique* (in Travail théâtral, 1974, Nr. 15, S. 112–117). – C. Marchi, *Sul »Mistero Buffo« di D. F.* (in Lettore di provincia, 1974, 16, S. 33–41). – R. Krämer-Badoni, *Italien, du hast es besser* (in Die Welt, 13. 3. 1975). – H. Schmitz, *Die Religion des Volkes* (in FRs, 17. 2.1975).

MORTE ACCIDENTALE DI UN ANARCHICO

(ital.; Ü: *Zufälliger Tod eines Anarchisten*). Stück in zwei Akten von Dario Fo, Uraufführung: Varese, 5. 12. 1970; deutsche Erstaufführung: Mannheim, 9. 4. 1978, Nationaltheater. – Der konkrete Anlaß zu diesem Stück war der angebliche Selbstmord des Anarchisten Giuseppe Pinelli, der wegen des Verdachts, an einem Bombenanschlag beteiligt gewesen zu sein, verhört wurde und im Dezember 1969 »zufällig« aus dem Fenster des vierten Stockes der Quästur zu Mailand stürzte. Noch ein Jahr später, zur Zeit der Uraufführung von Fos Stück, war es mehr oder minder verboten, dazu auch nur die geringste Vermutung zu äußern. Fo bediente sich deshalb des Falles *Salsedo* (New York, 1921), »*aus dramaturgischen Gründen*« ließ es sich jedoch nicht vermeiden, die Handlung in Mailand anzusiedeln. Was Fo als Reaktion unbedingt vermeiden will, ist die bloße moralische Empörung. Dies veranlaßte ihn zu eingehenderen politischen Analysen: »*Wir bestehen darauf*«, so schreibt er in der Einleitung, »*im Tod des Anarchisten einen Betriebsunfall zu sehen, überhaupt kein außergewöhnliches Ereignis*«, denn im Grunde sei die Gewalt, »*die Pinelli erfuhr, dieselbe tägliche Gewalt, in anderer Form, der der Arbeiter am Arbeitsplatz ausgesetzt ist.*« Wie *Non si paga! Non si paga!* nennt Fo auch dieses Stück eine Farce, doch liegt sie in ihrer Entstehung nicht nur zeitlich näher zum 1968 entwickelten *Mistero Buffo*, auch die Struktur der Komödie verweist eindeutig auf die Methodik des *Giullare*, des mittelalterlichen Possenreißers, mit der Fo szenisch an das aktuelle Zeitgeschehen herangeht, es analysiert, in grotesker Weise kommentiert und ad absurdum führt.

Der Possenreißer ist in diesem Falle ein »*patentierter Verrückter*«, der in einer Quästur landete, weil er sich als Psychiater ausgegeben hatte. Natürlich kommt der Kommissar Bertozzo nicht zu Rande mit ihm, denn er ist gesetzlich geschützt. Er leidet offiziell an sog. »*Histriomanie*«, das heißt, er ist krankhafter Schauspieler. Sein größter Wunsch war immer schon, als Richter aufzutreten, wozu sich nun durch Zufall in selbiger Quästur die Gelegenheit bietet. In Bertozzos Abwesenheit nimmt er die Akten der Untersuchung zum Fall des aus dem Fenster gestürzten Anarchisten an sich und tritt damit als falscher Revisor ein Stockwerk höher auf, entschlossen, den Fall wieder aufzurollen. Die dabei entstehende Groteske lebt nicht nur vom Sarkasmus des Verrückten, der, mit Autorität wie Jovialität spielend, die Untersuchung führt, sondern auch von der Absurdität der Situation, der Macht wie des Ortes. Auf der Suche nach einer schlüssigen offiziellen Version bringt er sogar den Polizeipräsidenten dazu, die anarchistische Hymne zu singen. Mit dessen Wissen verwandelt sich der Verrückte im zweiten Akt in einen Hauptmann der Spurensicherung, da eine den Skandal witternde Karrierejournalistin auftritt. Von Bertozzo schließlich erkannt, verwandelt er sich weiter in einen Bischof, bis er im turbulenten Finale endgültig demaskiert wird und, als plötzlich das Licht ausgeht, aus dem Fenster stürzt. Mit der Journalistin einigt man sich auf die Version des Raptus aus Angst vor der Dunkelheit ... Mit der grotesken Erzählweise und der Handlung in der Art des Vaudeville greift Fo in der Figur des Verrückten aber auch »*auf den antiken Topos des kontestativen Festes zurück, der der Karnevalskultur eigen ist und dank dessen das Publikum Zutritt erhält zu den Geheimnissen der Institutionen*« (P. Puppa). H.Staf.

AUSGABEN: Verona 1971. – Mailand 1973 (in *Compagni senza censura*, Bd. 2). – Turin 1974.

ÜBERSETZUNG: *Zufälliger Tod eines Anarchisten*, P. O. Chotjewitz (in Theater heute, 1978, H. 5). – Dass., ders., Bln. 1978.

LITERATUR: D. Fo, *Teatro di situazione* (in Sipario, 1971, Nr. 300). – Ders., *Perché abbiamo ...* (in Il Manifesto, 13. 9. 1972). – *Morte di un'anarchico: uno spettaculo grottesco per evitare che la drammaticità diventi catarsi* (in Nuovo canzoniere Italiano, Dez. 1972; Interview). – *Compagni senza censura*, Bd. 2, Mailand 1973. – H. Jungblut u. P. O. Chotjewitz, *Ein starkes Stück!* (in Theater heute, 1978, H. 5, S. 26–28).

NON SI PAGA! NON SI PAGA!

(ital.; Ü: *Bezahlt wird nicht!*). Stück in zwei Akten von Dario Fo, Uraufführung: Mailand, 3. 10. 1974, Palazzina Liberty; deutsche Erstaufführung: Frankfurt/M., 25. 11. 1976, Kammerspiele. – Der Text der Farce wurde, wie Fo selbst in einer Einleitung betont, in kollektiver Weise erarbeitet und aufgrund zahlreicher Diskussionen mit Arbeitern immer wieder verändert. In der Struktur des Stückes greift Fo zwar auf seine Theaterarbeit der fünfziger Jahre zurück, doch ist ihr eigentlicher Ursprung zweifellos in der ökonomischen wie sozialen Krise Mitte der siebziger Jahre zu sehen. Entlassungen, Kurzarbeit und Preiserhöhungen führten nicht nur zu Streiks in der Produktion, sondern auch zu »selbstreduzierten Preisen« in den Supermärkten. »*Das hier ist wie ein Streik*«, sagt ein Arbeiter im Stück zu den einkaufenden Frauen, »*und sogar besser als streiken, denn beim Streik haben wir Arbeiter immer den Lohnausfall, während hier end-*

lich einmal die *Bosse* draufzahlen müssen.« Als die Farce noch in der von Fos Gruppe besetzten *Palazzina Liberty* erarbeitet wurde, handelte es sich um eine Art Polit-Fiktion, unter anderem eine dramaturgische Methode Fos, entsprechend einer »verkehrten Welt« des Gauklers, aus der politischen Analyse des aktuellen Zustandes heraus mit stets erstaunender Fantasie eine lustvolle Utopie bzw. Möglichkeiten eines Handelns entspringen zu lassen. Die Realität der darauffolgenden Jahre gab nicht nur der Fiktion recht, sondern brachte Fo auch mehrere Anklagen wegen Aufforderung zu strafbaren Handlungen ein.

Am Beispiel zweier Arbeiterfamilien werden verschiedene Formen »*zivilen Ungehorsams*« vorgeführt, auch die Lächerlichkeit von moralischen Bedenken. Die Farce, nach Fo »*eine vom Volk erfundene Theaterform*«, bewegt sich zwischen dem Lehrstück Brechtscher Entwicklung und dem »*Theater der Situation*« auf dem Boden bester Commedia dell'arte-Tradition. Auf letztere verweist etwa das Eingangsmotiv des Hauptdarstellers Giovanni: der Hunger. Giovanni ist ein guter Kommunist, arm, aber anständig, der jede von der Partei nicht abgesegnete Aktion ablehnt. Natürlich kann ihm seine Frau Antonia ihren Großeinkauf zu gewaltsam reduzierten Preisen nicht gestehen. Sie bietet ihm Hundefutter, Vogelhirse, Kaninchenköpfe – die sie in der Eile zufällig mitgenommen hat –, weil es angeblich billiger sei. Die Groteske beginnt, als Margherita, die Nachbarin, die unter ihrem Mantel Lebensmittel versteckt hält, in der Eile der Not für schwanger erklärt werden muß. Bei einer Hausdurchsuchung muß sie Wehen vorschützen und wird vom Carabinierioffizier in eine Ambulanz verfrachtet. Unvermutet und nichtsahnend erscheint zu Hause ihr Mann Luigi. Er und Antonias Mann machen sich auf die Suche nach ihren Frauen, finden aber nur Säcke voller Zucker und Mehl. Als Luigi bevorstehende Kurzarbeit angekündigt wird, greift auch Giovanni zu.

Im weiteren Verlauf des Stücks tauchen Elemente der Groteske auf: Auch Antonia ist plötzlich schwanger, ein Carabiniere mit Durchsuchungsbefehl glaubt nicht an die hl. Eulalia, Schutzheilige der Schwangeren, und erblindet wegen seiner Ungläubigkeit bzw. deshalb, weil die Stromrechnung nicht bezahlt ist und es plötzlich finster wird. Der Carabiniere endet bewußtlos im Schrank, Luigi und Giovanni erscheinen mit einem Sarg, gefüllt mit Mehl und Zucker, und zuletzt flattert der Räumungsbefehl ins Haus, betrifft aber das ganze Viertel, denn vor dem Fenster spielt sich bereits der Aufstand des Volkes ab. Der Schlußchor mag etwas pathetisch klingen, doch wichtig am Schluß der Farce ist, daß die geschürzten Knoten nicht dramaturgisch aufgelöst werden. Die Situationen klären sich nicht auf der Bühne, denn dies würde der Katharsis im bürgerlichen Theater gleichkommen, dem Schluß einer Handlung mit individueller, personenbezogener Problematik. Fo geht es aber nicht um die Klärung der subjektiven Problematik einzelner, sondern um die Potenzierung des Kollektivs. Die Knoten werden aufgelöst sein in einer Welt, in der der Schlußchor recht behält: »*Und wenn du eines Tages sterben mußt, stirbt nicht ein alter, ausgepumpter Maulesel, nein, ein Mensch stirbt, ein Mensch, der frei und zufrieden gelebt hat, mit anderen freien Menschen.*« H.Staf.

AUSGABE: Mailand 1974.

ÜBERSETZUNG: *Bezahlt wird nicht!*, O. Chotjewitz, Bln. 1977 (in Theater heute, 1977, H. 8). – Dass., ders., Bln. 1977.

LITERATUR: A. Gauthier, *C'est le quartier qui décide* (in Libération, 5. 7. 1974). – J. Joly, *Le théâtre militant de D. F.* (in Travail théâtral, 1974, Nr. 14). – D. Maraini, *D. F. e la polemica teatrale* (in Fare teatro, Mailand 1974). – A. Consonni u. F. Silbe, *Un teatro al servizio della classe operaia* (in Sipario, März 1975). – F. Quadri, *Il teatro di regime*, Mailand 1976. – R. Klett, *Einkaufen auf Italienisch* (in Theater heute. 1977, H. 8, S. 30–32). – U. Birbaumer, *Theorie u. Praxis alternativer theatralischer Kommunikation*, Hab.Schr. Wien 1981.

GORCH FOCK

d.i. Johann Kinau
* 22.8.1880 Finkenwerder bei Hamburg
† 31.5.1916 im Skagerak

LITERATUR ZUM AUTOR:
O. Brües, *G. F.*, Bln. 1921. – A. Lilienthal, *Komik u. Tragik in ihren Wechselbeziehungen in G. F.s Erzählkunst*, Diss. Hbg. 1929. – H. Teske, *Der Gott der Heimat: Ein Versuch zu G. F* (in *Deutschkundliches: Fs. für F. Panzer*, Heidelberg 1930, S. 140–160). – C. Borchling, *G. F. u. das Niederdeutsche* (in *Fs. für W. v. Melle*, Hbg. 1933, S. 205–223). – H. Meyer-Benfey, *G. F.* (in H. M.-B., *Welt der Dichtung. Dichter der Welt. Adel der Menschwerdung. Ausgew. Schriften*, Hg. F. Collatz, Hbg. 1962, S. 179–185). – E. P. Kurz, *G. F. and the Regional Novel* (in Revue des Langues Vivantes, 32, 1966, S. 42–47). – *Mundartliteratur – Heimatliteratur am Beispiel G. F.* (in Quickborn, 73, 1983, S. 190 ff.). – *G. F.: Werk u. Wirkung*, Hg. F. W. Michelsen, Hbg. 1984.

CILI COHRS. Irnsthaftig Spill

(nd.; *Cili Cohrs. Ernsthaftes Spiel*). Einakter von Gorch Fock, Uraufführung: Hamburg 1914, Gesellschaft für dramatische Kunst. – Das Stück spielt wie alle Dramen, Romane und Erzählungen des niederdeutschen Heimatschriftstellers auf der Elbinsel Finkenwerder: Um Cili Cohrs ist es einsam geworden. Ihr Mann, Jannis Saß, ist auf der See umgekommen, und ihr Schwager Harm, der zusammen mit dem Bruder gefahren war, hat seit der Unglücksnacht ihr Haus nicht wieder betreten und ist dem Trunk verfallen. In wenigen Sätzen faßt der Autor die Vorgeschichte zusammen: den Kampf zweier Brüder um das gleiche Mädchen. Harm, einst ein ganzer Kerl, verwegen und vergnügt zugleich, war mit Cili verlobt, hatte aber durch allzu übermütigen Leichtsinn das Vertrauen seiner Braut verloren. Cili Cohrs heiratete seinen älteren Bruder. Durch die Zurückweisung aus dem Gleichgewicht gebracht, war Harm während der letzten Ausfahrt betrunken und besaß daher weder die Kraft noch die Geistesgegenwart, den von einer schweren See über Bord gespülten Bruder zu retten. Harm ist sich der Schuld an dem Tod seines Bruders bewußt. Doch auch Cili macht sich Vorwürfe, da sie vielleicht zu schnell mit Harm gebrochen hatte. Obwohl sie sich jetzt der Armut und Not allein gegenübersieht, weist sie jeden Versuch einer Unterstützung seitens guter Freunde zurück. In ihr ist der Stolz eines alten Fischergeschlechts lebendig geblieben, dessen Hauptsorge stets darin bestand, einem herrenlosen Boot wieder einen Steuermann zu geben, es wieder auf See, hinaus in die Gefahr zu schicken. In einer eindringlichen Aussprache, die den Kern dieses Einakters bildet, gibt Cili auch Harm den Glauben an sich selbst zurück und überzeugt ihn davon, daß er durch die Sorge für sie und das Kind einen Teil seiner Schuld abtragen könne. Mit neuer Kraft soll Harm den Platz seines Bruders einnehmen und wieder hinausfahren – denn »*Seefahrt ist not*«.

Das Stück zeichnet sich aus durch eine klar aufgebaute, bühnenwirksame Handlung und treffsichere Charakterisierung der Personen. Die ohne Zweifel stark idealisierte Gestalt der Cili Cohrs verkörpert Gorch Focks festen Glauben an die lebensbejahenden Kräfte des alten Finkenwerder und an die unzerstörbare Tatkraft und Fröhlichkeit seiner Menschen. H.J.B.

AUSGABE: Hbg. 1914. – Hbg. 1925 (in *SW*, Hg. J. Kinau, 5 Bde.). – Königsberg 1933, Hg. K. W. Bink.

SEEFAHRT IST NOT!

Roman von Gorch FOCK, erschienen 1913. – Das Werk entstand 1911/12 unter dem Arbeitstitel *Klaus Störtebeker* und war zunächst als Entwicklungsroman konzipiert. Nach mehreren Überarbeitungen wurde es unter dem zum Schlagwort gewordenen Titel *Seefahrt ist not!* veröffentlicht. Es erlebte in rascher Folge zahlreiche Auflagen und gilt auch heute noch als die bedeutendste Schilderung aus der Welt der Hochseefischer, von der es ein recht genaues Bild vermittelt, womit es in die Tradition der Heimatromane einzuordnen ist.

Der Roman spielt im Jahr 1887, Ort der Handlung ist die Elbinsel Finkenwerder und der Wirkungsbereich ihrer Einwohner, die südliche Nordsee mit ihren damals reichen Fischgründen. Neben der breitangelegten Schilderung der täglichen Umwelt und Erfahrungswelt der Fischer steht die Auseinandersetzung des Fischers Klaus Mewes und seiner von der Geest stammenden Frau Gesa um den jungen Klaus, genannt »Klaus Störtebeker«, im Mittelpunkt des Geschehens. Der Vater spürt den unbändigen Drang des Sohnes zur See. Schon früh nimmt er ihn mit auf die Fangreisen, wo der Junge die Freuden und Leiden des harten Berufslebens kennenlernt. Seekrankheit, Sturm und drohender Untergang werden überstanden. Doch als anläßlich eines Unglücksfalls das Gerücht nach Finkenwerder gelangt, der junge Klaus sei ertrunken, setzt die Mutter ihren Willen durch und holt den Jungen auf die Insel zurück, um ihn an das Land zu fesseln. Selbst der Tod des Vaters während eines Unwetters bei der Doggerbank vermag ihn nicht von dem einmal gefaßten Plan abzuhalten, auch Seefischer zu werden. Nach harten Auseinandersetzungen mit der Mutter gibt diese resignierend den Weg frei. Klaus erwirbt die notwendigen Patente, um schließlich als Eigner des Kutters »Klaus Störtebeker« beim Austernfang die Berufstradition fortzusetzen aus der Erkenntnis: »*Seefahrt ist not*«.

In den Romanen sind viele Motive eingearbeitet, die aus früheren, zum Teil niederdeutschen Seefahrergeschichten des Autors bekannt sind. Der Dichter bedient sich der hochdeutschen Sprache, um einen größeren Leserkreis zu erreichen. Im ersten Teil überwiegt die breitangelegte Schilderung von Land und Leuten. Die erst spät einsetzende Handlung ist von klar umrissenen gegensätzlichen Charakteren bestimmt, in deren Zeichnung sich Wunschvorstellungen und Wirklichkeit mischen. Aus eben den gleichen Gegenpolen ist auch die Grundstimmung des Romans zu verstehen, mit dem der Autor, über den ursprünglichen Plan hinausgehend, seiner dem Untergang und der Überflutung durch die Industrie geweihten Fischerinsel ein Denkmal setzen wollte. Dabei werden Sitte und Brauch der Seefahrer in breitem Maß geschildert. Hier liegt sicher die Ursache dafür, daß der Wortschatz außer in den niederdeutsch abgefaßten Dialogen auch in der Darstellung starke mundartliche Züge trägt, so daß der Leser häufiger zum angefügten Wörterverzeichnis greifen muß. Doch gerade die Sprachform bewirkt die Echtheit dieses Heimatromans, dessen von traumhaften Zügen durchwobene Kapitel über die Vergangenheit die älteren, die von großen Erlebnissen berichtenden, packenden Abschnitte die jüngeren Leser auch heute noch fesseln und ansprechen. W.L.

AUSGABEN: Hbg. 1913. – Hbg. 1914. – Hbg. 1925 (in *SW*, Hg. J. Kinau, 5 Bde., 3). – Reinbek 1961 (rororo). – Hbg. 1966. – Bln. 1987 (Ullst. Tb).

VERFILMUNG: Deutschland 1921 (Regie R. Bibrach).

LITERATUR: W. Hengst, *G. F.s Roman »Seefahrt ist not«*, Lpzg. 1929.

JOLÁN FÖLDES

* 20.12.1903 Kenderes
† 12.10.1963 London

A HALÁSZÓ MACSKA UTCÁJA

(ung.; Ü: *Die Straße der fischenden Katze*). Roman von Jolán FÖLDES, erschienen 1936. – Der in Paris spielende Roman erzählt das Schicksal der nach der Weltwirtschaftskrise ausgewanderten ungarischen Familie Barabás. Der Vater, ein geschickter Kürschner, fand in Budapest keine Arbeit mehr und sah sich gezwungen, mit seiner Frau und den drei Kindern die Heimat zu verlassen. Erste Station ist ein kleines Pariser Hotel, in dem die Ungarn die verschiedensten Emigrantentypen kennenlernen: den melancholischen litauischen Sozialisten, einen russischen Exbankier, Griechen und spanische Anarchisten. Die Familie Barabás, mit den anderen Emigranten durch das allen gemeinsame Gefühl der Einsamkeit verbunden, gewöhnt sich äußerlich schnell in die neuen Verhältnisse ein: der erfahrene Kürschner findet Arbeit, seine Frau verdient in einer Wäscherei noch Geld dazu, so daß sie sich bald eine eigene Wohnung in der »Rue du chat qui pêche« (der »Straße der fischenden Katze«) im Armenviertel von Paris leisten können. Ihr Alltag unterscheidet sich jetzt in nichts mehr von dem einer französischen Arbeiterfamilie. Und doch werden sie tagtäglich schmerzlich mit dem Problem konfrontiert, das für fast alle Emigranten ein nahezu unüberwindliches Hindernis bedeutet: die Isolation innerhalb einer Gesellschaft, die dem Ausländer ihrem ganzen Wesen nach fremd ist. Dies erfahren vor allem die Kinder: Das älteste Mädchen verliebt sich nur deshalb in einen heruntergekommenen Nichtstuer, weil er Ungar ist; der junge János Barabás liebt eine französische Geigerin, doch zerbricht ihr Verhältnis an der unüberwindbaren Gegensätzlichkeit, die die beiden Familien einander nicht näherkommen läßt. Nur die jüngste Tochter vermag Fuß zu fassen, und sie ist es auch, die ihren Platz in der Welt behaupten wird.
Der ernste, wehmütige Unterton des Buches verrät, daß die ungarische Schriftstellerin das Emigrantenschicksal aus persönlicher Erfahrung kennt. Doch erzählt sie davon ohne Sentimentalität, und gelegentlich auch mit Humor. Dies und die psychologische Durchformung der Charaktere heben den auf einem internationalen Romanwettbewerb mit dem ersten Preis ausgezeichneten Roman aus der Fülle der Exilromane heraus, die sich – halb Romanchronik, halb journalistische Reportage – zumeist in der melodramatischen Aneinanderreihung von menschlichen Schicksalen und mehr oder weniger exotischen Abenteuern erschöpfen.   M.Sar.

AUSGABE: Budapest 1936; [8]1940.

ÜBERSETZUNG: *Die Straße der fischenden Katze*, S. J. Klein, Amsterdam 1937.

LITERATUR: E. Császár, *A halászó macska uccája* (in Budapesti Szemle, 244, 1937, S. 251–256). – A. Hevesi, Rez. (in Nyugat, 1936, Nr. 2, S. 459/460). – A. Marék, Rez. (in Magyar Írás, 1936, Nr. 10, S. 101–105). – A. Komlós, *Kritikus számadás*, Budapest 1977, S. 270–272.

FRIEDRICH WILHELM FOERSTER

* 2.6.1869 Berlin
† 9.1.1966 Kilchberg b. Zürich

CHRISTENTUM UND KLASSENKAMPF

Sozialethisches und sozialpädagogisches Werk von Friedrich Wilhelm FOERSTER, erschienen 1905. – Der Autor geht von der Idee aus, daß eine Bekämpfung sozialen Unrechts, die auf lange Sicht wirksam sein soll, nicht mit den Mitteln und in der Gesinnung des Bekämpften durchgeführt werden kann; denn die Bekämpfung der Gewalt durch Gewalt löst einen *circulus vitiosus* aus, der eine Verwirklichung gerade der Werte, um derentwillen gekämpft wird, unmöglich macht – eine christliche Grundthese, die im Werk des von Foerster oft zitierten TOLSTOJ ihre einflußreichste zeitgenössische Darstellung gefunden hatte. Die Argumentation der Schrift stellt sich naturgemäß als eine Kritik am Marxismus dar, dem in manchen gut und scharf formulierten Betrachtungen (z. B. über die falsche »Verelendungstheorie«) ein soziales Verhalten entgegengesetzt wird, das durch die Stichworte »Sozialpolitik« und »Sozialarbeit« annähernd bezeichnet ist. In ausführlichen und von besonderem Optimismus getragenen Darstellungen rühmt Foerster die damals neuen und wohl überschätzten englischen Bewegungen der »University extension« und des »Settlements« (Niederlassung von Akademikern in armen Bezirken).
Wenn seine Kritik auch manche Spielart eines »Vulgärmarxismus« trifft, vermißt man doch eine Auseinandersetzung mit den grundsätzlichen Argumenten des Marxismus. Natürlich kann man – um wenigstens ein Beispiel Foersters anzuführen – die Meinung vertreten, daß die individuelle Lösung des »Mammon«-Problems beim heiligen Franziskus tiefer reiche als bei einer Gruppe von »Proletariern«, die, nachdem sie ökonomische Macht errungen haben, sich naturgemäß zunächst als neugebackene »Mammonisten« fühlen und

auch entsprechend verhalten. Doch bleibt dabei der echt und wahrhaft marxistische Einwand unberührt: daß ein oder selbst viele »franziskanische« Kapitalisten die Struktur des Systems nicht ändern könnten, da sie entweder bankrott machen oder ihren Franziskanismus auf die private »Innerlichkeit« beschränken müßten.

Obwohl das Buch eine Fülle individuell realisierbarer sozialethischer Ideen und Lehren enthält, läßt es wie die meisten den Marxismus kritisierenden Arbeiten eine Unterscheidung zwischen individualethischen und den auf einer anderen Ebene liegenden kollektiven Problemen vermissen. H.L.

AUSGABEN: Lpzg. 1905. – Zürich 1908.

LITERATUR: *F. W. F. und d. wirkliche Welt*, Hg. A. D. Müller, Zürich/Lpzg. 1928. – *F. W. F. u. seine Bedeutung für die Gegenwart*, Hg. J. Antz u. F. Pöggeler, Ratingen 1955. – H. Voigtel, *Die Grundlagen d. politischen Pädagogik F. W. F.s*, Diss. Göttingen 1957. – H. Schwann, *F. W. F.s Gedanken in ihrer Beziehung zur Lebenswirklichkeit* (in H. S., *Programm einer Lebensarbeit. Eine Schrift von u. über F. W. F.*, Freiburg i. B. 1961). – G. Wünsch, *Zwischen allen Fronten. Der Marxismus in soziologischer u. christlicher Kritik*, Hbg.-Bergstedt 1962. – A. van Berchem, *Un Maître à penser pour notre temps. F. W. F. Souvenirs et témoignages 1869–1966*, 2 Bde., Céligny/Genf 1973–1975.

NORMAN FOERSTER

* 14.4.1887 Pittsburgh / Pa.
† 1972

THE AMERICAN SCHOLAR. A Study in Litterae Inhumaniores

(amer.; *Der amerikanische Gelehrte*). Vortragsreihe von Norman FOERSTER, veröffentlicht 1929. – In sarkastischer Anlehnung an EMERSONs idealistisch-mystische Ansprache gleichen Titels (1837), der »*intellektuellen Unabhängigkeitserklärung*« Amerikas (Oliver W. Holmes), analysiert Foerster den modernen Literaturwissenschaftsbetrieb in den USA, der – nach den Worten seines Kollegen Otto HELLER – immer mehr dazu führte, »Lernroboter« statt »Elitegelehrte« heranzuzüchten. In fünf Kapiteln attackiert der Anhänger traditioneller Forschungsmethoden den Dozentenklüngel, der sich allzu leicht in einen »dogmatischen Traum von Wissenschaft« verliere und mit absurden Arbeitstiteln, wie z. B. »*Der Mechanismus von Wordsworths Mystizismus*«, dem Fortschritt der Wissenschaft zu dienen glaube. Die seit der Romantik und insbesondere durch das Beispiel Deutschlands übermächtig gewordene Sprachwissenschaft verführe gerade durch ihre Erfolge dazu, Zweck und Mittel zu verwechseln und die Ausbildung des philologischen Instrumentariums über das unmittelbare Erfassen der Literatur zu stellen. So »*verraten*« die Linguisten ihre eigenste Sache und »*verbinden sich mit den Geisteswissenschaften feindlichen Kräften*«. Ähnlich stehe es mit den Gelehrten, die im Studium der Literatur einen Ableger der Geschichtswissenschaft sehen und dabei vergessen, daß das »*Hauptinstrument zum Verständnis der Literatur nicht historische Gelehrsamkeit, sondern eine ausgebildete natürliche Auffassungsgabe ist*«, die auf das Ideal der vergleichenden literarischen Forschung hin konvergieren sollte. Das Argument der Betroffenen, alle diese Teiluntersuchungen seien notwendige »Bausteine« für die Vollendung des Ganzen, widerlegt Foerster (mit einem Hinweis auf Friedrich PAULSEN) durch die Feststellung, daß jede Spezialforschung, die nicht auf das Ganze bezogen ist, selbstbesessenem Provinzialismus verfallen müsse. Ebenso verurteilt er die seit FREUD von einem Teil der amerikanischen Geisteswissenschaft betriebene psychologisierende Betrachtungsweise, die mit scheinbarer »Plausibilität« Kunstwerke auf die Ebene des Journalismus zerre.

Es folgen vier Kapitel, in denen Foerster konstruktive Forderungen stellt: Literaturkritik (als »*der wissenschaftlichen Erkenntnis sowohl vorangehend wie folgend*« und legitimerweise halb wissenschaftlich, halb dilettantisch-natürlich) bildet für ihn den »Kulminationspunkt« der Literaturwissenschaft. Erste Voraussetzung bei der Beurteilung eines Kunstwerks, das ja größer als die Summe seiner Teile ist, bleibe auch für den Gelehrten der »Geschmack«. Die mit den Promotionen von EVERETT, TICKNOR und BANCROFT in Göttingen eingeleitete Festlegung der Amerikaner auf die Methoden der deutschen Literaturkritik des 19. Jh.s, die auch zusehends von einer historischen Werkauffassung geprägt worden war, müsse überwunden, Literatur wieder um »*ihrer Weisheit, ihrer Schönheit, ihrer humanistischen Wirkung*« willen studiert werden. Doch bevor sich das in den USA (»*Land der Kulte eher als der Kultur*«) erreichen läßt, bedarf es einer Erneuerung des höheren Bildungswesens. Colleges und Universitäten müssen vor allem zwischen ihren Aufgaben als Berufsfachschulen und Ausbildungsstätten für Gelehrte unterscheiden, zwei Arten der akademischen Grade einführen und möglichst die deutsche Promotion zugunsten einer modifizierten französischen aufgeben. Auf diese Weise könnten die Universitäten auch die besonders begabten Studenten halten, während bis heute noch »*die unfähigsten überleben und Doktoren der Philosophie werden, die sich aufmachen und ihre Art vermehren*«. Foerster steht mit dieser Polemik auf dem Höhepunkt der spezifisch amerikanischen neohumanistischen Bewegung, die seit der Jahrhundertwende durch William C. BROWNELL, Paul Elmer MORE, Irving BABBITT und Stuart P. SHERMAN vorangetragen wurde. Die Studie gibt Foersters Hoffnung Ausdruck, Literatur wieder als den ästhetischen Niederschlag menschlicher Selbsterkenntnis und Selbstdarstellung verständlich machen und im »*Wissen eine Kritik und eine Begründung des Lebens*« finden zu können.   R.G.

AUSGABEN: Chapel Hill 1929. – Port Washington/N.Y. 1965.

LITERATUR: H. Lüdeke, *N. F.* (in The American Scholar, Febr. 1931, S. 319–322). – R. D. French, »*American Scholar*« (in New England Quarterly, 1931, S. 94–107). – J.M. Booker, *N. F., »The American Scholar, a Study in Litterae Inhumaniores«* (in Englische Studien, Mai 1931, S. 448–451). – G. R. Elliott, *Humanism and Imagination*, Chapel Hill 1938. – G. B. Kelly, *N. F. and American New Humanist Criticism*, Diss. Univ. of Nebraska-Lincoln 1982 (vgl. Diss. Abstracts, 43, 1983).

ANTONIO FOGAZZARO

* 25.3.1842 Vicenza
† 16.2.1911 Vicenza

LITERATUR ZUM AUTOR:
S. Rumor, *A. F. La sua vita, le sue opere, i suoi critici*, Mailand ²1912. – P. Giudici, *Il romanzo di A. F. Saggio critico*, Palermo 1925. – U. Leo, *F.s Stil u. der symbolistische Lebensroman*, Heidelberg 1928. – P. Atene, *Religione e misticismo in A. F.*, Turin 1934. – L. Portier, *A. F.*, Paris 1937. – P. Nardi, *A. F.*, Mailand 1938; ²1945. – E. Balducci, *A. F.*, Brescia 1952. – G. De Rienzo, *F. e l'esperienza della realtà*, Mailand 1967. – H. Rheinfelder, *F. nach fünfzig Jahren* (in H. R., *Philologische Schatzgräbereien*, Mchn. 1968, S. 391–402). – P. Guidice, *I romanzi di A. F. e altri saggi*, Rom 1970. – A. Piromalli, *Miti e arte in A. F.*, Florenz 1973. – E. Ghidetti, *Le idee e le virtù di A. F.*, Padua 1974. – B. Porcelli, *Momenti dell'antinaturalismo. F., Svevo, Corazzini*, Ravenna 1975. – P. Rossi, *Introduzione a A. F. Ascensioni umane. Teoria dell'evoluzione e filosofia cristiana*, Mailand 1977. – G. Cavallini, *La dinamica della narrativa di A. F.*, Rom 1978. – *A. F.*, Hg. A. Agnoletto u. a., Mailand 1984. – G. Pullini, Art. *A. F.* (in Branca, 2, S. 252–257).

MALOMBRA

(ital.; *Malombra*). Roman von Antonio FOGAZZARO, erschienen 1881. – Der junge Dichter Corrado Silla, der – offenbar ein Abbild des Autors – sich bald elementarer Sinnenlust, bald träumerischer Kontemplation hingibt, übersiedelt zu seinem natürlichen Vater, dem Grafen Cesare d'Ormengo. In dessen Schloß lernt er Marina di Malombra kennen, ein kapriziöses, stolzes Geschöpf, das als Waisenkind vom Grafen, Marinas Onkel, aufgenommen wurde. Marina findet in ihrem Zimmer in einer Schatulle einen seltsamen Brief. Ihre Großmutter, Cecilia Varrega, teilt darin mit, ihr Gatte halte sie in dem düsteren Kastell eingesperrt und quäle sie mit sadistischer Eifersucht zu Tode. »*Die Du dereinst diese Worte lesen wirst, erkenne in Dir meine unglückliche Seele.*« Unter dem Eindruck des Briefs verfällt Marina der Zwangsvorstellung, sie selbst sei jene Unglückselige und Cesare d'Ormengo ihr Gatte, an dem sie sich nun rächen müsse. Unter geheimnisvollen Umständen stirbt der Onkel als ihr erstes Opfer. Dann erschießt Marina den jungen Dichter und begeht anschließend Selbstmord. *Malombra*, im gleichen Jahr erschienen wie VERGAS revolutionärer, die Epoche des Verismus einleitender Roman *I Malavoglia*, ist trotz seines großen Erfolgs keinesfalls Fogazzaros bestes, doch zweifelsohne ein für ihn äußerst aufschlußreiches Werk, das beweist, daß der Autor sich als typischer Vertreter seiner Zeit zwischen Romantik, Naturalismus und Symbolismus nicht klar zu entscheiden vermag. Er frönt einem Bildungskosmopolitismus, der ihn dazu verführt, Unvereinbares miteinander verschmelzen zu wollen. Doch verfügt er andererseits über die Begabung, Unsagbares und nicht zu Deutendes in Milieubeschreibung (z. B. absolut realistische, stets einer äußeren Situation oder einer inneren Seelenstimmung entsprechende Naturschilderungen) umzusetzen und nach dem Muster seines Vorbilds MANZONI profilierte Charakterbilder zu entwerfen, so in der Figur des auf dem gräflichen Schloß lebenden, in den Revolutionswirren von 1848 nach dem Süden verschlagenen deutschen Rittmeisters Steinegge, dessen leicht karikiertes, die Kehllaute der Muttersprache verratendes Italienisch ihn als kernige Barschheit eines recht gemütvollen blonden Bären charakterisiert. Dieser Mann bildet den Gegenpol zu dem dunklen Leidenschaften widerstandslos verfallenen Träumer Corrado Silla. Ebenso meisterhaft wird Marina in ihrer vampyrhaften, ans Hysterische grenzenden Nervosität in Kontrast gesetzt zu der fast unirdisch seelenvollen Edith, Steineggs Tochter, eine Figur, die in die Geschichte der italienischen Epik einging. Engelhaft rein, verkörpert sie Fogazzaros Idealvorstellung vom liebenden Weib, das schwankt zwischen der Liebe zum Vater (Edith sucht ihn zum verlorengegangenen Glauben der Kindheit zu bekehren) und der mütterlichen, opferbereiten Zuneigung zu dem haltlosen Silla. Edith gelingt es, die Seele des Vaters zu retten, jedoch unterliegt sie ihrer Rivalin Marina, der Silla hoffnungslos verfallen bleibt. Daß aber gerade die Figur des Dichters dem Autor näherstand als das Traumbild der *donna angelicata*, geht aus Fogazzaros eigenem Bekenntnis hervor: »*Ich habe Edith nicht hinreichend genug geliebt, um ihre ein wenig harten Konturen entsprechend abzuschwächen.*«   M.S.

AUSGABEN: Mailand 1881. – Florenz 1922. – Mailand 1932 (in *Tutte le opere*, Hg. P. Nardi, 15 Bde. 1931–1945, 1/2). – Mailand 1951. – Mailand

1965. – Turin 1967, Hg. A. Mor. – Mailand 1968 (in *I capolavori*, Hg. G. De Rienzo). – Mailand 1987, Hg. V. Branca.

ÜBERSETZUNG: *Malombra*, A. Courth, 3 Bde., Stg. 1889.

VERFILMUNG: Italien 1942 (Regie: M. Soldati).

LITERATUR: V. Ciiarenza, *Osservazioni sulla struttura di »Malombra«* (in *Studi in onore di Alberto Chiari*, Bd. 1, Brescia 1973, S. 319–344). – G. Tellini, *L'avventura di »Malombra« e altri saggi*, Rom 1973.

PICCOLO MONDO ANTICO

(ital.; *Kleine alte Welt*). Roman von Antonio FOGAZZARO, begonnen 1885, erschienen 1895. – Das Werk bildet, zusammen mit *Piccolo mondo moderno*, 1900 *(Kleine Welt unserer Zeit)*, *Il santo*, 1906 *(Der Heilige)*, und *Leila*, 1911 *(Leila)*, eine Romantetralogie, die, wenn auch reich an romantischen und veristischen Zügen, ihrem Wesen nach in den Zusammenhang des italienischen *decadentismo* gehört. Ihre kompositionelle Einheit wird hergestellt durch das Schicksal der Familie Maironi. Deutlich läßt sich ferner in allen vier Romanen eine religiöse Problemstellung erkennen – *Leila* und *Il santo* sind regelrechte Manifeste des vor allem von LOISY, HÜGEL und TYRREL verfochtenen *modernismo* –, Zeugnisse des engagierten Bemühens, den wissenschaftlichen Evolutionismus mit der christlichen Glaubenswahrheit in Einklang zu bringen. Aber die verschwommenen, in die Psychologie der Personen nicht integrierten Themen dieses religiösen Zwiespalts bleiben abstrakt – müssen es bleiben, weil Fogazzaro ein in vielerlei Verstrickungen befangener Charakter war, von verworrener Sinnlichkeit, ohne Tiefe, zum Mystizismus neigend.

In dem Roman *Piccolo mondo antico*, der, in mancher Hinsicht der Romantik epigonal verpflichtet und das Hauptwerk des Autors, zugleich einer der populärsten Romane der italienischen Literatur ist (er wurde von der Kritik überschwenglich gelobt und lange Zeit als der wichtigste italienische Roman nach MANZONIS *Promessi sposi* betrachtet), entbehrt der Kontrast zwischen Glaube und Vernunft, verkörpert in den beiden Protagonisten Franco und Luisa, jeglicher Dynamik und markiert niemals das Zentrum des Geschehens. Dieses liegt vielmehr, in offensichtlicher Anlehnung an Manzoni, bei der »kleinen Welt« der Valsolda, einer Gegend am Luganer See, die der Autor mit herzlicher Wärme darstellt, und zwar mit Hilfe einer Fülle von alltäglichen, pathetisch und komisch gezeichneten Personen sowie landschaftlicher Tableaus. Fogazzaro »*gründet seine Erzählung wesentlich auf die Persönlichkeit der Orte, auf die von ihnen ausgehende Evokationsfähigkeit*« (G. Devoto). Historischer Hintergrund sind die Jahre des Risorgimento, genauer die Zeit von 1852–1859. Franco Maironi, liberaler Katholik, heiratet gegen den Willen der Marquise Orsola Maironi, seiner Großmutter, ein junges Mädchen von bescheidener bürgerlicher Herkunft, Luisa Rigey, obwohl ihre Beziehung von den zwischen ihm und Luisa bestehenden tiefen Wesensunterschieden belastet ist; Luisa ist ein aktiver, kämpferischer, ungläubiger Mensch, er selbst hingegen religiös gestimmt, ein Ästhet, des entschlossenen Handelns unfähig. Die Marquise unterstützt das junge Paar nicht, obgleich Francos Großvater ihn zum Alleinerben eingesetzt hat. So lebt er mit Luisa in Oria, im Hause ihres Onkels, in kümmerlichen Verhältnissen. Nachdem dann Maria, ihre Tochter, geboren ist, entschließt sich Luisa, im Namen der Gerechtigkeit den Kampf mit der Marquise aufzunehmen. In dieser gespannten Situation ereignet sich ein folgenschwerer Unglücksfall: Die kleine Maria ertrinkt im See. Die Katastrophe bewirkt, daß Franco seine passive Haltung aufgibt und zu tatkräftigen Entschlüssen gelangt. Er nimmt 1859 am Krieg gegen Österreich teil, stirbt aber an den Folgen einer Verwundung. Die Rationalistin Luisa hingegen, vom Leid fast zum Wahnsinn getrieben, findet zum Glauben ihrer Jugend zurück und fühlt sich bei der letzten Begegnung mit ihrem Mann in Isola Bella endlich mit ihm geistig vereint.

Eine drückende Atmosphäre des Verfalls lastet auf den anderen drei Romanen. Der Protagonist von *Piccolo mondo moderno*, Piero Maironi, Francos Sohn, wächst bei der adligen Familie Schremin auf. Er heiratet die Tochter seiner Pflegeeltern, Elena, die nach kurzer Ehe dem Wahnsinn verfällt und in eine Heilanstalt gebracht wird. Piero, ein – noch deutlicher als sein Vater – von krankhaften Zügen gezeichneter Charakter, fühlt sich während Elenas Abwesenheit zu der schönen, geheimnisvollen Jeanne Dessalle hingezogen, einer vom Autor detailliert beschriebenen Gestalt. Als seine Frau stirbt, wäre es ihm möglich, seinen romantischen Wunschtraum zu verwirklichen, doch beschließt er, auf das Glück dieser Welt zu verzichten und Mönch zu werden.

Von einer noch weiter ins Künstliche gesteigerten Programmatik ist der folgende Roman *(Il santo)* bestimmt, in dem Piero Maironi, Hauptperson des vorigen Werks, nun mit dem Ordensnamen Benedetto, vom Klostergärtner in Subiaco zum kirchlichen Reformator avanciert, der das Volk aufrütteln, die Welt bekehren und die Kirche erneuern will. Zu diesem Zweck führt er auch ein Gespräch mit dem Papst (zweifellos ein Porträt des damals noch lebenden Pius X.). Neben der religiösen Polemik taucht nun auch das Liebesmotiv aus *Piccolo mondo moderno* wieder auf: Jeanne will Piero für sich zurückgewinnen und findet in dieser Begegnung schließlich ihren Glauben wieder. – Die in dem Roman behandelte Diskussion über die Reformthemen des katholischen *modernismo* erregte großes Aufsehen und wurde zum äußeren Anlaß für den »antimodernistischen Feldzug« des Vatikans. Das Werk wurde 1906 auf den Index gesetzt.

Eine noch unpräzisere Erzähltechnik als die in *Il santo* angewandte charakterisiert Fogazzaros letzten Roman *Leila*, in dem ein Schüler Pieros den verlorenen Glauben durch die Liebe zu Leila wiederfindet. Auch sie ist, wie die Frauengestalten der vorausgegangenen Werke, eine absolut lebendige literarische Figur. In seiner Thematik widmet sich der Autor erneut der Frage einer religiösen Reform, die in offenem Widerspruch zu der durch Pius X. vertretenen Ekklesiologie steht. Durchzogen wird das Werk von einem weit deutlicher als in den vorhergegangenen Romanen feststellbaren düsteren und unterdrückten Erotismus. Trotz beeindruckender Landschaftsbeschreibungen, in denen die Natur in einer für Fogazzaro typischen Weise übertrieben belebt erscheint, wirkt *Leila* farblos und matt. Die Kunst Fogazzaros »*wollte zu viele Dinge und zu viele Widersprüche darstellen: Idealismus und Mystizismus, die vagen Aspirationen des Menschen der Gegenwart und die kleine Welt der Provinz, die Wahrheiten der Wissenschaft und das Programm der religiösen Erneuerung. Heute erscheint sie uns, außer in ihren Momenten wirklicher Geglücktheit, als ein edles und gespannt-unruhiges Streben, vielleicht das höchste der italienischen Spiritualität zwischen dem Ende des letzten und dem Beginn dieses Jahrhunderts, aber dazu verurteilt, mit ihrem subtilen und zwielichtigen Zauber in sich selbst zurückzukehren, wenn man sie aus fernerem Abstand betrachtet*« (G. Spagnoletti). S.C.

AUSGABEN: Mailand 1895. – Mailand 1900 *(Piccolo mondo moderno)*. – Mailand 1906 *(Il santo)*. – Mailand 1911 *(Leila)*. – Mailand 1931/32 (in *Tutte le opere*, Hg. P. Nardi, 15 Bde., 1931–1945, 5–9). – Mailand 1957 *(Leila)*. – Mailand 1958 *(Piccolo mondo moderno)*. – Mailand 1962. – Rom 1967 [krit.]. – Mailand 1968; ern. 1983. – Mailand 1968 (in *I capolavori*, Hg. G. De Rienzo). – Mailand 1982 *(Piccolo mondo moderno)*.

ÜBERSETZUNGEN: *Die Kleinwelt unserer Väter*, M. Gagliardi, Stg./Lpzg. 1902. – *Die Kleinwelt unserer Zeit*, M. v. Weißenthurn, Stg./Lpzg. 1902. – *Der Heilige*, M. Gagliardi, Mchn./Lpzg. 1906; ern. 1920. – *Leila*, ders., Mchn./Lpzg. 1911. – *Kleine alte Welt*, E. Goyert, Mchn. 1958.

LITERATUR: N. Rosalia, »*Piccolo mondo antico*«, Mailand u. a. 1912. – L. Wirth, *Die Landschaft in F.s Romanen*, Diss. Zürich 1928. – B. Bongiovanni, *Con F. in Valsolda*, Vicenza 1935. – A. Janner, *Il conflitto coniugale di Franco e Luisa in »Piccolo mondo antico«* (in *Fs. für E. Tappolet*, Basel 1935, S. 122–135). – G. Zanacchi, *Il protagonista di »Piccolo mondo antico«*, Cremona 1936. – O. Parise, *A. F. nel piccolo mondo vicentino*, Vicenza 1942. – A. Jenni, *Franco e Luisa tra romanticismo e decadentismo in »Piccolo mondo antico«* (in Lettere Italiane, 9, 1957, S. 183–190). – B. Brogi, »*Il santo« di F. e i Democratici Cristiani* (in Mulino, 78, 1958, S. 274–281). – P. M. Pasinetti, *F.'s »Little World of the Past«* (in Italian Quarterly, 7, 1963, S. 3–14). – O. Morra, *F. nel suo piccolo mondo*, Bologna 1960. – F. Montanari, *La morte in »Piccolo mondo antico«* (in F. M., *La poesia come esperimento di cultura*, Rom 1981, S. 151–156).

JOSEP VICENÇ FOIX

* 31.1.1893 Sarrià / Barcelona
† 29.1.1987 Barcelona

LITERATUR ZUM AUTOR:
G. Gimferrer, *La poesia de J. V. F.*, Barcelona ²1974. – P. J. Boehne, *J. V. F.*, Boston 1980 (TWAS). – *Homage to J. V. F.*, Barcelona 1986 (Catalan Review. International Journal of Catalan Culture, 1). – M. Tricàs i Preckler, *J. V. F. i el surrealisme*, Barcelona 1986. – J. Ferrán, *J. V. F.*, Madrid 1987. – M. Carbonell, *J. V. F.* (in *Història de la literatura catalana*, Hg. M. de Riquer, A. Comas u. J. Molas, Barcelona 1987, Bd. 9, S. 377–412).

DIARI 1918

(kat.; *Journal 1918*). Lyrisches Tagebuch von Josep Vicenç FOIX. Der Titel bezeichnet zunächst einen zwischen 1911 und 1920 entstandenen, in dieser Form nie veröffentlichten Fundus von 365 Skizzen lyrischer Prosa, von denen der Autor 208 Texte im Lauf der Zeit überarbeitete und in endgültiger Gestalt – zum Teil um spätere Texte erweitert – in folgenden Einzelbänden publizierte: *Gertrudis* (1927), *KRTU* (1932), *Del »Diari 1918«* (1956), *L'estrella d'En Perris* (1963), *Darrer comunicat* (1970) und *Tocant a mà* (1972). Erst 1981 erschien ein Band, der sämtliche auf das frühe Tagebuch zurückgehende Prosastücke in der inzwischen veröffentlichten Version zusammenhängend und unter dem ursprünglichen Titel zugänglich macht.

Das Werk gilt als bedeutendster katalanischer Beitrag zur Literatur des Surrealismus, wobei es teils von der französischen Schule beeinflußt, teils aber in unabhängiger Parallele und überdies mit eigenständigen Akzenten entwickelt worden ist. Viele Texte gestalten Traumvisionen, in denen Imagination die Alltagslogik außer Kraft setzt. Grenzen fallen sowohl zwischen Vernunft und Wahn als auch zwischen Natur und Zivilisation; Algen können durch plötzliches Wachstum den Weg versperren, Pferde das Stadtkommando übernehmen; umgekehrt gewinnen Autoreifen, Ölkanister und andere industriell gefertigte Gegenstände eigentümliche Magie: »*Per un filferro llançat per damunt el més absurd dels abismes, llisca, com perla de rosada, l'espectre dels teus guants*« (»*Über einen Draht, der über den absurdesten aller Abgründe geworfen ist, gleitet, einer Tauperle gleich, das Gespenst deiner Handschuhe*

hin«). Surrealistischem Verständis entsprechend erfüllt die Collage von Gegenständen, die aus dem gewohnten Zusammenhang gerissen und dadurch mit geheimnisvoller Bedeutung aufgeladen sind, eine zweifache Funktion. Sie offenbart eine sich ins Wunderbare steigernde Wirklichkeit und eröffnet zugleich einen Raum, in dem das Unbewußte agieren kann und das Subjekt seine Phantasmen, Ängste und erotischen Spannungen zu erkunden Gelegenheit findet. Im Unterschied zur *écriture automatique* BRETONS löst sich das Prinzip der alogischen Verkettung der einzelnen Elemente bei Foix jedoch nie von der bewußten dichterischen Gestaltung völlig ab. Seine Texte bleiben jeweils an bestimmte Szenerien und Rahmen gebunden, wodurch sie einen hohen Grad visueller Verdichtung erreichen. Ein immer wiederkehrendes Thema ist die Frage nach personaler Identität. Sie entsteht zum einen im Zusammenhang von Kindheits- und Jugenderlebnissen, in denen erste Liebe und Eifersucht sich bildende Ich-Identität auf die Probe stellen. Zum andern läßt sich eine allgemeine Faszination an der Auflösung von Identität feststellen, die zur Gestaltung räumlicher Allgegenwart oder, auf der zeitlichen Ebene, permanenter Metamorphosen führt. – In den zuletzt veröffentlichten Teilsammlungen (*Darrer comunicat, Tocant a mà*) taucht ein früher nicht enthaltenes Moment auf. Während die Texte bislang meist durch die Verschiebung des Akzents vom Sinn auf das Spiel mit Sinn bestimmt waren und Sprache als Vorgang psychisch regulierter Artikulation entdeckt hatten, erheben einige Stücke nun eher Wahrheitsanspruch und nehmen den Charakter von Parabeln an. Dabei wird vor allem die Frage nach dem Zusammenhang von Besonderem und Allgemeinem bzw. nach der Einheit der Erscheinungen thematisiert sowie die Notwendigkeit der Freiheit von Kunst gegenüber ideologischer Bevormundung betont.
Im Blick insbesondere auf seine lyrische Prosa ist Foix verschiedentlich mit Joan Miró verglichen worden. Was den Dichter mit dem ihm befreundeten Maler verbindet, ist die (bei Miró vor allem in seiner Frühzeit deutliche) Verwurzelung des Prozesses surrealer Entgrenzung in der katalanischen Landschaft sowie die Auffassung von Avantgarde-Kunst als einer Anstrengung, die der Rettung einer immer wieder als bedroht erfahrenen Elementarheit und Ursprünglichkeit gilt: »*Si dellà la paraula teniu encara un mot per dir, pur com la brisa matinera, clar com l'estel de l'alba, fort com el vi de les terres costeres, net i novell com la sentor de les gleves girades, no proveu pas de dir-ho: us escurçaran la llengua*« (»Wenn Sie jenseits des Worts noch etwas zu sagen haben, was rein wie die Brise der Frühe, hell wie der Morgenstern, stark wie der Wein der Küstenstriche, frisch wie der Geruch gewendeter Erdschollen ist – versuchen Sie nicht, es auszusprechen; man wird Ihnen die Zunge abschneiden«). E.Ge.

AUSGABEN: Barcelona 1927 (*Gertrudis*). – Barcelona 1932 (*KRTU*). – Barcelona 1956 (*Del »Diari 1918«*). – Barcelona 1963 (*L'estrella d'En Perris*). – Barcelona 1970 (*Darrer comunicat*). – Barcelona 1972 (*Tocant a mà*). – Barcelona 1979 (*Obres completes*, Bd. 2; enth. größten Teil der Prosatexte). – Barcelona 1981.

ÜBERSETZUNG: *KRTU und andere Prosadichtungen*, E. Geisler, Ffm. 1988 [Ausw.; m. Nachw.].

SOL, I DE DOL

(kat.; *Einsam und in Trauer*). Gedichtsammlung von Josep Vicenç FOIX, erschienen 1947. – Die aus 70 Sonetten bestehende Sammlung versteht sich als komplexer Weltentwurf, der Wirklichkeit als Spannungsfeld gegensätzlicher Konzeptionen und Erscheinungen beschreibt und gleichwohl an der Möglichkeit einer *coincidentia oppositorum* festhält. Ein wichtiger Impuls, das Heterogene als Einheit zu denken, leitet sich dabei zweifellos von dem zur Zeit von Foix' Jugend intensiv und auf vielen Ebenen betriebenen und vom ihm selbst engagiert vertretenen Projekt der katalanischen Gesellschaft her, einerseits geistig und wirtschaftlich an das moderne Europa anzuschließen, andererseits an die jahrhundertelang unterdrückte bzw. verdrängte eigene Sprache und Kultur anzuknüpfen, die ihre Blüte während des Mittelalters und der Renaissance erlebt hatten. So bemühen sich diese zum Teil in archaisch wirkender Sprache abgefaßten Sonette ständig um ein klassisches Gleichgewicht: Einerseits enthalten sie Bekenntnisse zu den spezifischen Erkenntnismitteln des Surrealismus oder zur futuristischen Lust an Technik und Geschwindigkeit, andererseits wird die Notwendigkeit ideengeleiteter Vernunft betont und – im Unterschied zur revolutionären politischen Haltung etwa Bretons – eine soziale Verantwortung gefordert, die ausdrücklich auf den Aufbau einer bürgerlichen katalanischen Nation bezogen ist.
Die Sonette sind in sechs Abschnitte unregelmäßiger Länge gegliedert, denen jeweils MOTTI aus der provenzalischen, mittelalterlich katalanischen oder italienischen Dichtung (DANTE, BOCCACCIO) vorangestellt sind. Der erste Abschnitt setzt mit der Beschreibung des in seiner Einsamkeit reflektierenden Dichters ein, der sich vor allem mit dem Konflikt zwischen Ratio und Sinnlichkeit beschäftigt: »... *assaig un compromís/Entre el Seny, clar, i el deler de mes fibres*« (»Ich versuche einen Kompromiß/Aus hellem Verstand und der Glut meiner Fibern...«). Dazu treten andere Gegensatzpaare wie Realität und Irrealität, Vergangenheit und Gegenwart, Reflexion und Handeln. Eine Synthese dieser Momente und ein Erreichen des Absoluten scheint dabei möglich, wenn auch nur in der Flüchtigkeit von Augenblickserfahrung. Während der zweite Abschnitt im wesentlichen eine Variation des ersten darstellt, bildet der dritte Teil die geheime Achse des Buchs. Er entfaltet das platonische Liebesideal und liefert damit das hier bestimmende Modell der Einheit von Sinnlichkeit und Idee. Als Gegenge-

wicht zur ersten Sonettgruppe, die trotz der beabsichtigten Synthese die entscheidende Leistung der Ratio zuweist – »*És per la Ment que se m'obre Natura...*« (»*Es ist Verstand, der Natur mir eröffnet...*«) –, schildert der vierte Abschnitt Liebeserfahrungen unter Betonung des körperlich-erotischen Moments. Der fünfte Teil hält die von Lebenslust überschäumenden Erinnerungen einer Gruppe junger Leute fest, deren Jugend wie die des Autors mit dem zweiten Jahrzehnt dieses Jahrhunderts und seinen Umwälzungen zusammenfällt. Ein Sonett, das eine übermütige Autofahrt in einen Badeort beschreibt, endet mit den Versen: »*Ens banyarem de frac: som a l'introit / D'aquest diví migdia, i a cad'u/li cal esquif i un braç llarg i segur. // Del son, grosser, ja en parla Sigmund Freud; / Tots som el pacient número u / I un llavi destenyit no és tabú*« (»*Wir baden dort im Frack: Dieses göttlichen / Mittags Messe hebt an, und jeder / Braucht jetzt ein Boot und einen ausdauernden Arm. // Vom Traum, dem Rohling, sprach schon Freud; / Jeder von uns ist Patient Nr. 1 / Und eine halbgeschminkte Lippe nicht tabu*«).
Der letzte Abschnitt enthält religiöse Gedichte. Hierbei geht es allerdings weniger um den Ausdruck christlicher Gewißheit als umgekehrt um die Darstellung einer Verzweiflung. Der Dichter skizziert eine von Finsternis bestimmte Situation, in der sich die eigene Lebensführung von Gott entfernt hat, er zugleich aber auch vergeblich nach Zeichen göttlicher Offenbarung sucht. Der Gewährung solchen Beistands gilt seine Bitte. Da diese letzten Sonette zum einen kaum noch mit dem Motivgeflecht der übrigen Texte verwoben sind und sich zum anderen in die allgemein als geistige Krise erfahrene Zeit am Ende des Zweiten Weltkriegs einfügen, ist die Vermutung geäußert worden, der Autor habe diesen Teil erst nachträglich in die ursprüngliche Konzeption eingearbeitet. Foix hatte zwar bereits 1936 ein Manuskript in die Druckerei gegeben – dieses Jahr erscheint auch im Impressum des Bandes –, zum tatsächlichen Druck war es aber erst 1947 gekommen.
Foix hat im Anschluß noch weitere Gedichtbände veröffentlicht, so vor allem das in freiem Vers und großer Nähe zur surrealen Bildlichkeit abgefaßte Werk *Les irreals omegues*, 1948 (*Die unwirklichen Omegas*). *Sol, i de dol* nimmt durch die Dichtheit, zu der hier die Spannungen eines bestimmten historischen Augenblicks mit Persönlichem und abstrakter Reflexion verschmelzen, in seiner Lyrik jedoch einen Sonderplatz ein. Das Buch ist in seiner hochartifiziellen Klassizität und insbesondere seiner verschiedene Epochen verbindenden Sprachlust ein bleibendes Faszinosum. E.Ge.

Ausgaben: Barcelona 1947. – Barcelona 1985 (*Obra poètica*, Hg. Jaume Vallcorba Plana, Bd. 3).

Übersetzung: In *Katalanische Lyrik im Zwanzigsten Jahrhundert*, Hg. J. Hösle und A. Pous, Mainz 1970 [Ausw.]. – In *Ein Spiel von Spiegeln. Katalanische Lyrik im Zwanzigsten Jahrhundert*, Hg. T. D. Stegmann, Lpzg./Mchn. 1987 [Ausw.].

Literatur: G. Ferrater, *Nou sonets de F. comentats* (in Quaderns Crema, 1979, S. 43–52). – M. Carbonell, *J. V. F. Divuit sonets de »Sol, i de dol«*, Barcelona 1985. – J. Romeu i Figueres, *»Sol, i de dol« de J. V. F.* Barcelona 1985.

TEOFILO FOLENGO

* 8.11.1491 Mantua
† 9.12.1544 Campese di Bassano

Literatur zum Autor:
C. F. Goffis, *T. F. Studi di storia e di poesia*, Turin 1935. – U. Renda, *F.*, Turin 1936. – G. Billanovich, *Tra don T. F.*, Neapel 1948. – C. F. Goffis, *L'eterodossia dei fratelli F.*, Genua 1950. – F. Salsano, *La poesia di T. F. Saggio sopra i luoghi communi della critica folenghiana*, Neapel 1953. – E. Menegazzo, *Contributo alla biografia di T. F.* (in Italia medioevale e umanistica, 2, 1959, S. 367–408). – E. Bonora, *T. F.* (in *Letteratura Italiana. I minori*, Bd. 2, Mailand 1961, S. 987–1018). – L. Messedaglia, *Vita e costume della Rinascenza in Merlin Cocai*, Hg. E. u. M. Billanovich, 2 Bde., Padua 1973/74. – *Cultura letteraria e tradizione popolare in T. F. Atti del Convegno...*, Hg. ders. u. M. Chiesa, Mailand 1979. – *F. e dintorni*, Hg. P. Gibellini, Brescia 1981. – E. Bonora, Art *T. F.* (in Branca, 2, S. 257–261).

BALDUS

(nlat.; *Baldus*). Komisches Ritterepos von Teofilo Folengo, veröffentlicht unter dem Pseudonym Merlino Cocaio. Das Werk erschien erstmals 1517 (*Redazione Paganini*) in etwa 6000 Versen beziehungsweise 17 Gesängen und wurde in dieser Form noch zweimal nachgedruckt (1520). In der sogenannten *Redazione Toscolana* lag es 1521 in einer Neubearbeitung des Autors mit beinahe dem doppelten Umfang in 25 Gesängen vor. Folengo scheint 1539/40 eine weitere Bearbeitung (*Redazione Cipadense*) vorgenommen zu haben, die 1552 erschien. Eine weitere Redaktion (*Edizione di Vigaso Cocaio*) erschien 1555 bereits postum.
Es handelt sich bei *Baldus* um das Hauptwerk der sogenannten makkaronischen Dichtung, deren Sprachform einerseits auf dem klassischen Latein basiert, insofern sie dessen Flexionsendungen, Syntax und Versmaße adaptiert, während sie andererseits diese formalen Merkmale auf die Wörter der italienischen Volkssprache überträgt. Die so entstandene Kunstsprache ist ein lateinisiert-verballhorntes Italienisch, das ein beträchtliches Repertoire an stilistischen Möglichkeiten aufweist; diese erstrecken sich bei Folengo vom klassischen

Hexameter und reinsten ciceronianischen Stil über die Volkssprache bis zum Rotwelsch und machen die Lektüre des originellen Werks auch in sprachlicher Hinsicht zu einem genußreichen Erlebnis. Man darf annehmen, daß der *Baldus* auch als eine direkte Reaktion auf den Aufstieg des Humanistenlateins und die deutlichen sprachlichen Restriktionen durch die allgegenwärtige Tyrannei des »eleganten«, an Cicero orientierten Lateins abgefaßt wurde. Die vom Neulatein der Humanisten ausgehende Tendenz, die sprachliche Verwilderung des mittelalterlichen Lateins zu bändigen, wird im *Baldus* rückgängig gemacht. An die Stelle der Ausgewogenheit und des maßvollen Sprachgebrauchs tritt eine burleske Lust an kreativen Neologismen, die eine regelrechte »Karnevalisierung« der Sprache mit sich bringen, die weit entfernt ist vom Humanistenlatein. Auch auf der inhaltlichen Seite ist eine deutliche Vorliebe des Autors für die komisch beabsichtigte Vermischung von Elementen der »hohen« und der »volkstümlichen« Dichtung zu erkennen. Folengo greift vor allem auch die in die volkstümliche Literatur abgesunkenen Epen des karolingischen Zyklus' (vgl. *Cycle carolingien*) und die Bearbeitungen des ANDREA DA BARBERINO (*Guarino Meschino, Buovo di Hantona, Reali di Francia*) auf. Als unmittelbare Vorbilder können weiterhin die *Cantari di Rinaldo da Monte Albano* und vor allem Luigi PULCIS *Morgante* (entstanden 1466–1470) genannt werden. Diese und einige weitere Texte werden nicht nur als Vorbilder von Folengos Werk parodistisch eingebracht, sondern vom Erzähler und den Helden deutlich thematisiert, was mitunter zu erstaunlichen Verfremdungen führt.

Baldus, ein gutmütiger Trunkenbold, der von prominenten Gestalten der Karlsepik abstammt, lebt in der Nähe von Mantua, wo er aus Begeisterung für die Ritterromane, die er in reichem Maße liest, mit einer Schlägertruppe aus Strauchdieben und Tunichtguten sein Heimatdorf Cipada tyrannisiert und sich von seinem Halbbruder Zambellus aushalten läßt. Das karnevaleske Regiment von Baldus wird von einer Reihe grotesker Gestalten begleitet, so von dem Zwitterwesen Falchettus, der, halb Mensch, halb Hund, eine Reminiszenz an den antiken Roman *Der goldene Esel* (nach 175) von Lucius APULEIUS darstellt; von dem Riesen Fracassus und vor allem dem ewig hungrigen Erzschelm Cingar, der deutlich Pulcis Margutte nachgebildet ist. So entspinnt sich eine an komischen Episoden reiche Handlung, in die immer wieder spätmittelalterliches Bildungswissen einfließt. Baldus' Treiben wird schließlich von den Bürgern von Mantua unterbunden, doch gelingt es ihm, mit Hilfe des als Mönch verkleideten Cingars aus der Haft zu entkommen und sich der drohenden Hinrichtung durch eine Flucht in ferne Länder zu entziehen. Typische Ritterabenteuer stark exotischen Charakters schließen sich an, die zumeist ins Groteske umkippen: Eine einsame Insel, auf der die »*fahrenden Ritter landen*«, erweist sich bei näherem Hinsehen als Wal. Abenteuer in der Unterwelt und bei den Tataren, Begegnungen mit Hexen und allerlei phantastischen Kreaturen wie Drachen und einem Kentauren schließen sich an. Kämpfe mit Luzifer und anderen Teufeln sowie ein visionärer Traum, in dem Cingar seinen Vater nach langjähriger Buße im Paradies wiedersieht, vervollständigen das Arrangement von Szenen aus den Ritterepen. Seinen Höhepunkt erreicht das burleske Treiben, als Baldus in einer unterirdischen Schmiede einem alten Mann begegnet, der sich als Merlinus Cocaius entpuppt, dem Dichter des *Baldus*, der bei dieser Gelegenheit biographische Details einflicht. In einer Art »Dichterhölle« endet das Werk: Cocaius muß in dem unterirdischen Raum verbleiben, der für »*Dichter, Sänger und Sterndeuter und alle, die mit eitlen und wirren Geschichten Bücher füllen*« reserviert ist. Für sie alle existiert in dieser Hölle, die das Inferno in Andrea da Barberinos *Guarino Meschino* zu persiflieren scheint, eine ausgeklügelte Strafe: In einem gewaltigen ausgehöhlten Kürbis – der bereits bei SENECAS Kaisersatire (*Apocolocyntosis*) synonym für die groteske karikaturhafte Überzeichnung steht – findet er auch die großen Philosophen. Hier wird den Dichtern für jede Lüge, die sie zu Lebzeiten verbreiteten, ein immer wieder nachwachsender Zahn gezogen.

Wenn Folengos Epos nicht mehr die traditionellen Stationen der ritterlichen Vervollkommnung des mittelalterlichen Romans aufweist und den damit verbundenen Prozeß der inneren Reifung des Helden verweigert, so ist dies in der karnevalesken Struktur des Werkes begründet: »*Der Karneval feiert den Wechsel, ... nicht das, was der Wechsel jeweils bringt*« (M. Bachtin). So ist das gleichsam »offene« Ende des *Baldus* denn auch als die Umkehrung der ritterlichen Erhöhung zu deuten. Folengo selbst verwendet für seine kühnen Gebilde den für seine Poetik fundamentalen Begriff des »*Phantastischen*«. In der Tat kommt ihm innerhalb der antiklassischen, vormanieristischen Tendenzen des frühen 16. Jh.s eine bedeutende Stellung zu. Sprachschöpfer wie RABELAIS und FISCHART haben sich deutlich auf »Merlino Cocaio« berufen. Gerade Rabelais' pantagruelinische Werke sind letztlich ohne Folengos Anstoß schwerlich vorstellbar. So reichen die direkten Übernahmen von der Konzeption des Schelms Panurge, der in Folengos Cingar vorgebildet ist, bis zu ganzen Szenen in Rabelais' Werk, die sich auf den *Baldus* zurückführen lassen. Die geistige Verwandtschaft beider Autoren wurde auch bereits früh erkannt, indem ein unbekannter Übersetzer ein mit *Histoire maccaronique de Merlin Coccaie prototype de Rablais ou est traicté des ruses de Cingar, ... et les rencontres heureuses de Balde* 1606 in Paris herausbrachte. Beachtung verdient daneben auch das Schicksal, das dem *Baldus* in der spanischen Literatur widerfuhr. 1542 wurde im Zug der Mode der kastilischen Ritterromane Folengos Werk von einem anonymen Übersetzer in spanische Prosa übertragen, in dem man einen Sympathisanten des Erasmismus vermuten darf. Jener kastilische *Cauallero Baldo* ist Bestandteil eines umfangreichen Zyklus von Ritterbüchern, der unter dem Gesamttitel *La Trapesonda* außerdem eine Reihe von Prosaübertragungen italienischer Epen aus dem *Cycle carolingien* einschließt. Unter den spanischen *libros de caballerías* ragt dieser kastilische *Baldo* durch seine Heterogenität und seinen Reichtum an humanistischen Bildungsfrüchten heraus. Die Lebensbeschreibung Cingars scheint in dieser Fassung einen nicht unbedeutenden Einfluß auf die Entstehung der spanischen Schelmenliteratur genommen zu haben. Das Thema des Ritters, in dem die Lektüre von Ritterbüchern die Lust am Abenteuer hervorruft, klingt schließlich noch im *Don Quijote* von CERVANTES nach, der auch auf das Motiv der »Dichterhölle« zurückgreift. G.Wil.

AUSGABEN: Venedig 1517 [17 Gesänge; ern. 1720]. – Brescia 1521 [25 Gesänge; ern. Venedig 1613]. – Venedig 1552; ern. 1554 u. 1561. – Mantua 1882 (in *Le opere maccheroniche di Merlin Cocai*, Hg. A. Portioli; *edizione toscolana*). – Bari 1928 (in *Le maccheronee*, Hg. A. Luzio). – Florenz 1941 (in *Il Baldus e le altre opere latine e volgari*, Hg. U. E. Paoli). – Mailand/Neapel 1977 (in *Opere*, Hg., Einl. u. Anm. C. Cordié; m. ital. Übers.).

ÜBERSETZUNG: *Les rencontres heureuses de Balde*, G. Brunet (in *Histoire maccaronique de Merlin Coccaie . . .*, Paris 1959; rev. u. korr. Fssg. d. Ausg. Paris 1606; frz.).

LITERATUR: U. E. Paoli, *Il »Baldus« del F.* (in Rinascita 4, 1941, S. 516–543). – C. Cordié, *Sulla fortuna del F. in Francia* (in Acme Annali della facoltà di Filosofia e lettere dell' Università Statale di Milano 2, 1949, S. 94–105). – C. F. Goffis, *La poesia de »Baldus«*, Genua 1950. – E. Bonora, *Le Maccheronee di T. F.*, Venedig 1956. – R. Ramat, *Il »Baldus« poema del anarchia* (in NAn, 456, 1951–1955, S. 1–15). – C. Mutini, *Lettura del »Baldus« e il metodo del F.* (in *Studi in memoria di Luigi Rossi*, Pisa 1974, S. 32–49). – S. Isella, *Ariosto e F.: due operazioni convergenti* (in *Atti del Congresso organizzato dai comuni di Reggio Emilia e Ferrara, 12–16 ottobre 1974*, Hg. C. Segre, Mailand 1976). – A. Blecua, *Libros de caballerías, latín macarónico y novela picaresca (Sevilla 1542)* (in Boletín de la Real Academia de Buenas Letras, 34, 1971/72, S. 147–239). – B. König, *Der Schelm als Meisterdieb* (in RF, 92, 1980, S. 89–109). – Ders., *Margutte – Cingar – Lázaro – Guzmán* (in RJb, 32, 1981, S. 286–305).

CAOS DEL TRIPERUNO

(ital.; *Chaos vom Drei-für-einen*). Literaturtheoretisches und autobiographisches Werk von Teofilo FOLENGO, anonym erschienen 1526. – Die Gattung des Werks ist nicht ohne weiteres zu bestimmen, da es in einer dem Titel gemäß chaotischen Weise Formen und Elemente unterschiedlichster Zugehörigkeit kombiniert: Dialoge, traktatähnliche Passagen, Reden, Epigramme, gedichtähnliche Einlagen und kürzere Erzählungen wechseln darin in bunter Reihenfolge. Verstärkt wird diese absichtlich »chaotische« Textstruktur, die keineswegs mit Formlosigkeit verwechselt werden sollte, nicht nur durch den ständigen Wechsel von Vers und Prosa, sondern vor allem durch das Alternieren der italienischen Sprache mit dem makkaronischen Latein, das Folengo immer wieder in seinen Werken verwendet. Zahlreiche wörtliche und verdeckte Zitate aus den Werken klassischer und italienischer Schriftsteller, aus der *Bibel* und den eigenen Werken des Autors, namentlich dem *Baldus* und dem *Orlandino*, erwecken den Eindruck einer intertextuellen Collage. Zugleich ist Literatur auch das Thema des Werks.

Gesteigert wird die Poetisierung des Chaotischen überdies durch die systematische Verwirrung der Autor- und Erzählerrollen, die bereits im Titel thematisiert ist: Drei verschiedene Autorennamen, Merlino Cocaio, Limerno (ein Anagramm aus Merlino) und Fulica (die relatinisierte Namensform von Folengo) stellen letztlich nur die völlig unterschiedlich charakterisierten Masken des »einen« tatsächlichen Urhebers Folengo dar, der mit der Bezeichnung »triperuno« in häretischer Weise zum quasi göttlichen Schöpfer und zugleich zum Gegenstand des folgenden »Chaos« erhoben ist. Auch im weiteren Aufbau, der entgegen dem Titel überaus durchdacht ist, dominiert immer wieder das virtuose Spiel mit der Dreizahl: Folengo gliedert sein Werk in drei Abschnitte, die er mit *Selve* (Wälder) betitelt, was hier im Sinne eines unerschöpflichen und ungeordneten Vorrats an allegorischen Versatzstücken gemeint ist. In diesen drei »Wäldern« erläutern, umgeben von Nymphen und Musen, die drei genannten »Autormasken« das Leben und Werk des Dichters. Als weitere Gestalten beteiligen sich an dem Gespräch drei Frauen aus Folengos Familie: seine Mutter Paola, die Schwester Corona und die Nichte Livia, die als Allegorien dreier Lebensalter, dreier nebeneinanderlebender Generationen und dreier altersspezifischer Charaktereigenschaften erscheinen, wodurch die drei Gestalten auf den jeweils zentralen biographischen Aspekt je eines der drei *Selve* bezogen werden: Dabei werden vor allem die Ansichten des entsprungenen Benediktinermönchs Folengo über Dichtung und Religion einer eingehenden Disputation unterzogen. Die drei *Selve* korrespondieren mit drei klar umgrenzten Phasen des Lebenswegs und Wirkens des Autors, wobei dort Folengos Schaffensperioden wiederum spezifische Grade der Gott- und Welterkenntnis zuordnen. Formale dichterische Techniken wie das Akrostichon und das Anagramm durchdringen sich aufs reichhaltigste mit allegorischen und symbolischen Verfahren. Gerne arbeitet der Autor mit vielsinnigen Wort- und Gedankenspielen, mit Wendungen, die einerseits auf die Lebensweise des »Wasserhuhns« Bezug nehmen und so auf die etymologische Bedeutung des Namens Folengo (ital. *folaga* / lat. *fulica*: das Wasserhuhn) hindeuten; dieses »Wappentier« Folengos, das bereits in einem Titelblason der Erstausgabe des *Caos* abgebildet ist, korrespondiert durch seine »dreifache« Lebensweise – zu Land, zu Wasser und in der Luft – mit drei Dichtermasken Folengos, die für die drei Komponenten seines Werks stehen: Die religiösen *(L'umanità del figliuolo di Dio)*, volkssprachlichen *(Orlandino)* und makkaronischen *(Baldus)* Werke als Ausdruck für geistliche, »hohe« weltliche und »niedere« karnevaleske Dichtungstradition werden somit in der Metapher des »Wasserhuhns« auf die Selbststilisierung Folengos als »dreieinigen« Poeten hin ausgedeutet.

Parodistische Anklänge an Sprachelemente der Scholastik weisen darauf hin, das der Autor offenbar mit dem Humanismus sympathisierte. In *Caos* wollte die Forschung eine literarische Aufarbeitung sowohl Folengos eigenen Schicksals als auch großer zeitgenössischer politischer Umwälzungen erkennen. Dabei sollte freilich nicht das spielerische und phantastische Element übersehen werden, das die heterogenen Formen und Ideen zur einzigartigen Poetik des *Caos* eint, das Anklänge an die menippische Satire aufweist. So kann man in diesem Werk, das von der neugewonnenen intellektuellen Freiheit des Autors von den Zwängen der spätmittelalterlichen Theologie zeugt, eine Huldigung an die Ideen der Renaissance sehen. Folengos Werk erfreute sich, obwohl es in seiner Heterogenität zu dem aufkommenden Klassizismus der italienischen Neuaristoteliker völlig konträr zu stehen scheint, eines gewissen Erfolges bei den Zeitgenossen, wie aus der Anzahl der frühen Drucke zu erschließen ist. G.Wil.

AUSGABEN: Venedig 1526. – Venedig 1527. – Bari 1911 (in *Opere italiane*, Hg. U. Renda, 1911–1914, 3 Bde., 1). – Florenz 1941 (in *Il Baldus e le altre opere latine*, Hg. E. U. Paoli). – Mailand/Neapel 1977 (in *Opere*, Hg. C. Cordié).

LITERATUR: U. Renda, *Sul »Caos di Triperuno«*, Palermo 1890. – Ders., *Scampoli folenghiani*, Trapani 1898. – G. Filosa, *Nuove ricerche e studi su T. F.*, Venedig 1953, S. 7–18. – G. Folena, *Il linguaggio del »Caos«* (in *Cultura letteraria e tradizione popolare in T. F.*, Hg. E. Bonora u. M. Chiesa, Mailand 1979).

ANTÓNIO JOSÉ BRANQUINHO DA FONSECA

* 4.5.1905 Mortágua
† 16.5.1974 Lissabon

O BARÃO

(portug.; *Der Baron*). Erzählung von António José Branquinho da FONSECA, erschienen 1942. – Der Autor ist der zweiten modernistischen Strömung Portugals zuzurechnen, des »grupo de Presença«, und gehört neben José RÉGIO (1901–1969) und João Gaspar SIMÕES (1903–1987) zu den Begründern ihrer programmatischen Zeitschrift ›Presença‹ (1927–1940). Die »Presencistas« fordern eine originelle, gänzlich individualistisch ausgeformte und introspektiv angelegte *»literatura viva«*, in die der Schriftsteller seine eigenen emotionalen und intellektuellen Erfahrungen mit all ihren Widersprüchen einfließen lassen solle. Branquinho spaltete sich zwar 1930 offiziell von der Gruppe ab mit dem Vorwurf, die ursprüngliche Ablehnung jeder akademischen Imitation verkomme zusehends zu einem Adeptentum in den eigenen Reihen, blieb aber ihrem Programm verbunden und gilt als der große »prosador« dieser Bewegung. Seine Gedichte (veröffentlicht 1926 und 1932) und seine Theaterstücke (1928 und 1939) erreichen nicht die Bedeutung seiner Erzählungen. Sein Ruhm beginnt mit den Novellensammlungen *Zonas*, 1931 *(Zonen)*, und *Caminhos magnéticos*, 1938 *(Magnetische Wege)*, endet mit *Rio turvo*, 1945 *(Trüber Fluß)*, und *Bandeira preta*, 1956 *(Schwarzes Banner)*, und hat mit *O Barão* seinen Höhepunkt.

Ein Inspektor, der in einem abgelegenen Dorf der Serra do Barroso im Norden Portugals eine Schule zu inspizieren hat, schildert seine merkwürdige nächtliche Begegnung mit einem reichen, feudal herrschenden Großgrundbesitzer. Nach einer beschwerlichen Reise wird er abends vom »Baron« willkommen geheißen. Nahezu genötigt, dessen Gast zu sein, sieht sich der Inspektor bei der Ankunft auf dem schloßähnlichen Anwesen in eine mittelalterliche Welt versetzt, die ihm in seinen Träumen der geeignete Rahmen für ein ruhiges und unabhängiges Leben ist. Beim Wein erzählt der Baron seinem hungrigen Gast von seiner Studentenzeit in Coimbra, bis die langjährige Haushälterin Idalina – insgeheim Herrin des Hauses und eine wahre *»Tigerin«*, wie der Baron mit Kennermiene bemerkt – das langersehnte Abendessen bringt. Schon ziemlich betrunken, prahlt der Baron auf grobe Weise von den vielen Mädchen, die er sich mit seinem Vater geteilt hat, und schließlich spricht er auch von seiner *»Bela Adormecida«* (Dornröschen), die er auch *»Ela«* (Sie) nennt und derer er, das Tier, nicht würdig sei, weswegen er sie nur aus der Ferne anbete. Der Baron wird immer sentimentaler, es verlangt ihn nach Musik, und spät in der Nacht läßt er eine *»Tuna«* zu sich holen, eine Gruppe musizierender Bauern aus der Umgebung. In einer grotesken Szene betreten über fünfzig goyahafte Gestalten den Saal und beginnen, nach einigen Minuten der Totenstille, mit einer Mischung aus Feierlichkeit, Furcht und Haß zu spielen. Mit ungläubigem Staunen begibt sich der Inspektor in das folgende Bacchanal, tanzt und singt mit dem Baron und Idalina bis zum Umfallen und bricht schließlich in ein von allen Hemmungen befreites Gelächter aus. Während der Baron sich nach einem rituellen Akt der Selbsttaufe »rein« genug fühlt, seiner *»Ela«* gegenüberzutreten, versucht der Inspektor vergeblich, an Idalina seine erwachten sexuellen Gelüste zu stillen. Trunken und erschöpft entfacht er in seinem Zimmer mit einer brennenden Zigarette ein Feuer, aus dessen »Hölle« ihn der Baron rettet, was zum Anlaß für ein neuerliches Gelage wird, bei dem nun auch der Inspektor sein Innerstes offenbart: Zum ersten Mal spricht er von seiner einzigen und unglücklichen Liebe zu einer Frau. Der Baron erinnert sich an seine »Bela Adormecida« und, von Mut erfüllt und vom Zuspruch seines neugewonnenen Freundes ermuntert, macht er sich in dessen Begleitung nochmals auf den Weg zu ihr, bricht im Garten eine Rose, die er vor ihr Fenster legen will. Der zurückgelassene Inspektor verirrt sich im Morgengrauen, reitet schließlich auf einem Esel wieder zum Gut und erfährt, daß der Baron, längst zurückgekehrt, mit einem Schulterschuß und gebrochenem Schädel im Bett liege. Hier bricht die Geschichte ab, und der Inspektor erinnert sich später, anläßlich einer Einladung des Barons, an dieses Abenteuer: »Ja, Baron!... Eines Tages muß ich wiederkommen. Und wir müssen uns wieder auf den dunklen Pfaden unserer Träume und unserer Verrücktheiten verlieren...«

Die Interpretationen dieser Erzählung sind, wie David MOURÃO-FERREIRA in einem Nachwort ausführt, so vielfältig wie ihre Struktur komplex ist. Je nach Interpretationsansatz, ob soziologisch (A. PINHEIRO TORRES), mythisch (A. QUADROS) oder historisch-psychologisch (N. NOVAES COELHO), läßt sich ein symbolisches Bild Portugals herausarbeiten. Dabei berücksichtigt die Auslegung, Branquinho habe mit der Figur des Barons ein ironisches Porträt seines Landes zeichnen wollen, das, in der Mitte des 20. Jh.s, noch immer seiner verlorenen Größe nachtrauere und, vor allem in den ländlichen Regionen, in einer mittelalterlich-abgeschlossenen Gesellschaftsordnung (A. Pinheiro Torres) verharre, nur eine Seite des Textes. José Régio sieht in der meisterhaften Verknüpfung des realistischen, phantastisch-grotesken und lyrischen Elements die herausragende Stellung der Erzählung, und in der Betonung des Phantastisch-Unbewußten liegt eine weitere Bedeutungsebene. Beide, im übrigen symbolhaft anonymen Protagonisten offenbaren von Anfang an ihre dualen Charaktere, ihre realistisch-intellektuell-irdische wie ihre idealistisch-emotional-spirituelle Seite. Während jedoch der Baron, ein unter seiner inneren Zerrissenheit leidender Mensch, Tier wie Poet, in dem »Gott und der Teufel kämpften«, in einer phantasmagorischen Welt so gut wie zu Hause ist, »lernt« der zunächst noch genau zwischen Traum und Realität unterscheidende Inspektor erst allmählich, Irreales als in gewisser Weise existent zu betrachten. In dieser Nacht findet zwischen den beiden eine Annäherung statt, die anfänglich kontroversen Positionen verschmelzen zu einem »wir«-Gefühl, und der Inspektor akzeptiert die ideale Welt des Barons als real, nimmt an ihr teil. Nach diesem Abenteuer ist er sozusagen »baronisiert« (F. COTA FAGUNDES). Und die nächtliche, winterliche Reise in das Bergdorf empfindet der Inspektor als einen »Weg zum schönen Abenteuer, zur neuen glückhaften Empfindung, wie ein fahrender Ritter«. Und schon beim Eintritt in die Welt des Barons spürt er, daß ihm hier die Möglichkeit gegeben ist, zu sein, zu verstehen und seinen »Weg zu gehen«. Diese Anspielungen auf den mittelalterlichen aventiure-Roman finden ihre, teils wort- und situationsgetreuen Vorbilder sowohl in CHRÉTIEN DE TROYES' Yvain (F. Cota Fagundes) wie in CERVANTES' Don Quijote (Ó. LOPES), in letzterem vor allem die platonische Anbetung einer unerreichbaren Geliebten.

Diese anachronistische Reise vom 20. Jh. ins Mittelalter ist also ebenso als gesellschaftspolitische Warnung zu verstehen (der Baron kehrt von seinem – irrealen – Ausflug ja schwer verletzt in die Realität zurück) wie auch, als Metapher für die Reise ins eigene Unbewußte und in die Phantasie, als unabdingbar für die psychische Entwicklung des Menschen. – Dieser komplexe Stoff diente Luís de Sttau MONTEIRO (* 1926) später als Vorlage zu einem gleichnamigen Theaterstück (1964), dessen Aufführung vier Jahre später von der salazaristischen Zensur verboten wurde. K.De.-E.Bn.

AUSGABEN: Lissabon 1942. – Lissabon o.J. [Nachw. J. Régio]. – Lissabon 1969 [Nachw. D. Mourão-Ferreira]. – Lissabon 1972, Hg. u. Einl. ders. – Lissabon o.J. [Nachw. N. Novaes Coelho]. – Mem Martins ²1983 (in O Barão e outros contos; LB-EA).

LITERATUR: J. G. Simões, Crítica I, Porto 1942. – Ó. Lopes, B. da F. (in Historia ilustrada das grandes literaturas, Bd. 8, Lissabon 1973, S. 787–791). – E. A. Riggio, Notes on B. da F.'s »O Barão« (in Journal of the American Portuguese Society, 9, 1975, S. 30–44). – A. Pina, A herança realista de B. da F. (in A. P., Realismo e comunicação, Cacém 1981, S. 71–85). – F. Cota Fagundes, The Chivalric Tradition in B. da F.'s »O Barão« (in REH, 15, 1981, S. 199–201). – Ders., A ›visión esperpéntica‹ na elaboração estética de »O Barão« (in Colóquio/Letras, 1982, Nr. 68, S. 26–43). – M. Poppe, Uma obra-prima, »O Barão« (in M. P., Temas de literatura viva, Lissabon 1982, S. 147–152). – Y. David-Peyre, Structure et mouvements dans »O Barão« de B. da F. (in Le roman portugais contemporain. Actes du colloque... 1979, Paris 1984, S. 153–173). – L. Guyer, »O Barão« and the Dark Night of the Soul (in Hispania, 71, 1988, S. 536–542).

MANUEL DA FONSECA

* 15.10.1911 Santiago de Cacém

LITERATUR ZUM AUTOR:
M. Sacramento, O realismo dialéctico na obra de M. da F. (in M. S., Ensaios de domingo, Coimbra

1959, S. 229–236). – J. M. Mendes, *Uma voz da dor e da solidão* (in J. M. M., *Por uma literatura de combate*, Amadora 1975, S. 101–107). – M. de Lourdes Belchior u. a., *Trés ensaios sobre a obra de M. da F.*, Lissabon 1980. – C. Reis, *O discurso ideológico do neo-realismo português*, Coimbra 1983. – *Vida e obra de M. da F.*, Santiago de Cacém 1986 [Ausst.Kat.].

O FOGO E AS CINZAS

(portug.; *Das Feuer und die Asche*). Erzählungen von Manuel da FONSECA, erschienen 1953. – Die elf Erzählungen, zuerst vereinzelt in Zeitungen und Zeitschriften veröffentlicht und schließlich, auf Betreiben von Carlos de OLIVEIRA, in einem Band zusammengefaßt, lesen sich wie elf Variationen zu einem Thema. Fonseca schildert, wie in seiner Heimatregion, dem ländlichen Alentejo im Süden Portugals, die industrielle Entwicklung und der technische Fortschritt zu einem Verfall der »alten Werte« führen, zu einer Auflösung der ehedem die dörfliche Gemeinschaft konstituierenden Kommunikation. Die Alten, an eine kleine und überschaubare Welt gewöhnt, sind unfähig, die raschen Veränderungen anzunehmen oder die neue Zeit aktiv mitzugestalten. Sie leben in einer idealisierten, ihnen wie ein Refugium erscheinenden Vergangenheit, flüchten sich in den Alkohol, in das »Verrücktsein« oder gar in den Tod – sie verweigern sich der Zukunft. Aber auch die Kinder sind so an die sozialen Bedingungen gebunden, daß sie kaum eine Chance haben, in einer zunehmend kapitalisierten und entfremdeten Welt ein selbstbestimmtes Leben zu führen.

Die gesamte Thematik umreißt, sozusagen als Motiv, der erste Satz der ersten Erzählung *O Largo (Der Platz)*: »*Früher war der Platz der Mittelpunkt der Welt.*« Er war Treffpunkt aller Männer des Ortes, ohne Klassenunterschiede, war den Kindern Spielplatz und zugleich die beste »Schule des Lebens«. Die Frauen blieben zu Hause, und wenn sie einmal eine Freundin besuchen wollten, wurden sie von ihren Männern dorthin begleitet. Doch dann kam die Eisenbahn, die alles veränderte. Die kleinen Betriebe mußten schließen, eine Fabrik wurde gebaut, aus den selbständigen Handwerkern wurden abhängige Arbeiter. Das Leben verteilte sich nun auf den ganzen Ort, die Männer zogen auf einmal die Hüte voreinander, die Frauen gingen alleine aus oder mit ihren Männern in den Club. Jedes Café hatte seine eigene Kundschaft, und auch die Kinder spielten nur noch unter ihresgleichen. Auf den Platz ging niemand mehr. Der blieb den Trinkern und den wehmütig in Erinnerungen kramenden Alten vorbehalten wie dem João Gadunha, der von dem großen Platz in Lissabon, dem Rossio, erzählt, ohne jemals dort gewesen zu sein. Aber seine Zuhörer lachen ihn aus, wissen sie doch jetzt von eigenen Reisen oder aus den sich schnell verbreitenden Nachrichten, wie es in der Welt wirklich aussieht. Für Geschichtenerzähler ist jetzt, da es »den Platz« nicht mehr gibt, auch kein Raum mehr, ebensowenig wie für den ehemals geachteten Handwerksmeister Ranito, der nun, verarmt und für die Gesellschaft wertlos geworden, nur noch zu trinken weiß.

In *A harpa (Die Harfe)*, der folgenden Geschichte, verliebt sich der schüchterne Luciano in die lustige und lebhafte Lena. Trotz ihrer Ermutigungen bleibt er abweisend und hält sich zurück, bis er eines Abends mit seiner Großmutter in das Elternhaus Lenas geht, deren Bruder gestorben ist. Nachdem das Beileid ausgesprochen ist, holt Lenas Vater aus einem dunklen Kasten voll Wehmut eine Harfe hervor und spielt eine traurige Weise. In dieser Atmosphäre geht Luciano aus sich heraus, sieht sich in dem halbverfallenen Herrenhaus um, entdeckt die Wappen und Waffen der Vorfahren an den Wänden und nimmt auch Lena bewußt wahr. Am nächsten Tag übergibt er dem Mädchen einen Dolch als Geschenk für ihren Vater und findet den Mut, ihr zu gestehen: »*Ich mag Deinen Vater, aber auch Dich.*«

Die Titelgeschichte schildert die Erinnerungen des alten, vereinsamten Portela. Dieser denkt an Adorinha, seine Verlobte, die er aus Scham darüber, daß alle Leute des Ortes sie nackt gesehen haben, als sie aus einem Feuer gerettet wurde, nicht geheiratet hat, und an jene traurige Nacht, als das Haus seines ehemaligen Schulkameraden André in Flammen stand. Für seinen Freund, den Feuerwehrmann Poupa aus Lissabon, war es ein »tolles Feuer« gewesen, aber er kam beim Löschen ums Leben. Ebenso starb in jener Nacht der Vater Andrés, mit dessen verkohlter Leiche eine schreckliche Wahrheit ans Licht kam. André hatte seinen Vater, den reichsten Bürger der Stadt, bis ins hohe Alter in Abhängigkeit gehalten, damit sein zukünftiges Erbe erhalten bleibe und ihn sogar im Haus gefesselt, was die Stricke an den Handgelenken des Toten bewiesen. So verlor Portela auch noch seinen zweiten Freund, der wegen dieser Tat für den Rest seines Lebens ins Gefängnis mußte.

Noite de Natal (Heiligabend) beschreibt das Schicksal eines Soldaten, der in einem Gasthof in Beja am Heiligabend von einem Kameraden erstochen wird, nachdem er versucht hatte, sich die Liebe der jungen, armen Wirtin Maria zu erkaufen. – In *O retrato (Das Porträt)* erinnert sich ein Mann an ein Kindheitserlebnis. Als kleiner Dorfjunge wurde er von seinem Vater gezwungen, sich photographieren zu lassen, weil er für die Einschulung in der Stadt ein Bild benötigte. Für den Jungen bedeutete dies den Verlust seiner Freunde und seiner Freiheit, die er auf dem Dorfplatz genossen hatte. – Auch in den übrigen Geschichten des Bandes – *Amor agreste (Große Liebe)*, *A testemunha (Der Zeuge)*, *O último Senhor de Albarrã (Der letzte Herr von Albarrã)*, *Um nosso semelhante (Einer wie wir)*, *Sempre é uma companhia (Es gibt immer einen Gefährten)* und *Meio pão com recordações (Halbes Brot mit Erinnerungen)* – schildert Fonseca in eindringlich-realistischer und zugleich wehmütig-lyrischer Weise den Wandel der Zeit und die von den elenden Lebensumständen erschwerte Loslösung von der Vergangenheit und die Hinwendung zur Zukunft. Diese thematische Dialektik unterstreicht Fonseca mit dem Gebrauch unterschiedlicher Tempora; er baut so Gegenpositionen auf, die sich aus der Präsens- bzw. Vergangenheitsform ergeben und eine bestimmte, die psychische und soziale Befindlichkeit der Personen wiedergebende Atmosphäre erzeugen. Das Erzählte gibt etwas subjektiv Erinnertes wieder, gewinnt durch sprachliche Regionalismen und detaillierte Beschreibung des Ambiente an Eindringlichkeit und erreicht durch die immer wiederkehrenden Personen- und Ortsnamen exemplarischen Charakter.

Manuel da Fonseca gilt als Begründer des portugiesischen Neorealismus, erreicht seine Meisterschaft darin jedoch erst in dem Roman *Seara de vento*, 1958 *(Saat des Windes)*, der auf *Meio pão com recordações* basiert, der letzten Erzählung dieses Bandes.
K.De.-KLL

AUSGABEN: Lissabon 1953. – Lissabon 1966. – Mem Martins 1972 (LB-EA). – Lissabon⁹1981 [rev.].

LITERATUR: A. Bacelar, Rez. (in Vértice, 14, 1954, S. 378/379). – M. Poppe, *Segurança e exigencia: »O fogo e as cinzas«* (in M. P., *Temas de literatura viva*, Lissabon 1982, S. 265–268).

SEARA DE VENTO

(portug.; *Saat des Windes*). Roman von Manuel da FONSECA, erschienen 1958. – Der in einer Zeit größter sozialer Spannungen publizierte und als Meisterwerk des Neorealismus geltende Roman, der das Schicksal einer verarmten Kleinbauernfamilie im südportugiesischen Alentejo schildert, basiert auf der vom Autor in *O Fogo e as cinzas* (1953) veröffentlichten Erzählung *Meio pão com recordações (Halbes Brot mit Erinnerungen)* und dem »homerischen Tod eines Verzweifelten, der sich mit der Schutzpolizei einen Schußwechsel lieferte und bis zum letzten Atemzug Widerstand leistete« (U. Tavares Rodrigues). Der Zwischenfall hatte sich 1958 im Bezirk Serpa ereignet.

Joaquim de Valmurado, Vater von António de Valmurado (genannt »Palma«), besitzt ein kleines armseliges Haus mit der Ruine eines Backofens, der *»Seele der Familie«*. Verarmt und in Sorge, seine Parzelle zu verlieren, verschuldet sich Joaquim beim Großgrundbesitzer Elias Sobral, erkennt schließlich seine aussichtslose Situation und erhängt sich im Ofenhaus. Nun versucht sein Sohn Palma, den Kredit abzuarbeiten. Doch nach einem ihm fälschlich angelasteten Getreidediebstahl, der in Wirklichkeit vom jungen Sobral begangen wurde, muß er zwei Jahre ins Gefängnis und findet anschließend nirgendwo Arbeit, so daß die Familie allein vom Verdienst der Tochter Mariana lebt. Da dies nicht ausreicht, um den Hunger von Mutter, Frau, Tochter und dem wolfsartigen Sohn Bento zu stillen, sieht sich Palma schließlich gezwungen gegen seine Überzeugung den Schmugglern Galrito und Mira zu folgen und seinen Lebensunterhalt durch Grenzgänge nach Spanien zu verdienen. Obwohl ihn seine gottesfürchtige Frau Julia aus religiösen Gründen davon abzuhalten versucht und seine politisch aktive Tochter Mariana ihn lieber bei den revoltierenden Bauern sähe und ihm zuruft *»allein sind wir nichts wert«*, ändert er den einmal eingeschlagenen Weg nicht mehr und verbringt nun auch seine Freizeit oft in der Kneipe Miras. Eines Tages trifft er dort den Großgrundbesitzer Sobral und wird beinahe handgreiflich gegen ihn. Äußerst verärgert, zumal auch seinem Sohn die Angst im Gesicht steht, eilt Sobral davon, fährt zur Polizeistation, wo er den Wachtmeister Gil auffordert, Palma wegen des Versuchs, tätlich zu werden, einzusperren. Der Polizist weigert sich, Palma deshalb hinter Gitter zu bringen, schlägt aber vor, ihn wegen Schmuggelei zu verfolgen, worauf sich die beiden Männer schnell einigen. Man nimmt Julia fest, schleppt sie auf die Polizeistation und bringt sie mit viel Tücke dazu, ihren Mann zu denunzieren. Kurz darauf wird auch ihr Mann zur Wache gebracht, wo ihn der Polizist der Schmuggelei bezichtigt und ihm erklärt, daß seine Frau ihn verraten hätte. Als diese ihre Aussage wiederholen soll, wird sie tot in ihrer Zelle gefunden. Palma verliert die Selbstkontrolle, schlägt um sich und wird in eine Zelle gesperrt, ehe er zur Beerdigung seiner Frau, an der die gesamte Landarbeiterschaft teilnimmt, wieder auf freien Fuß gesetzt wird.

Doch noch am selben Abend nimmt er sein Gewehr, verläßt sein Haus, da es von der Polizei überwacht wird, durch ein rückseitiges Fenster, geht zum Gutshof Sobrals und erschießt diesen. Von der Polizei verfolgt, kehrt er in sein Haus zurück, flieht aber nicht, wie Mariana ihm rät, sondern läßt seinem Haß freien Lauf und trägt mit der »Autorität« ein erbittertes Feuergefecht aus, in dessen Verlauf er den Wachtmeister tötet. Schließlich sinkt er, in den Leib getroffen, neben dem Ofen zusammen und schreit: *»Sagt meiner Tochter, sagt ihr, sie hat recht! Ein Mann allein ist nichts wert.«*

»Die gradlinige Logik der Geschichte führt über die individuelle Tragik der Hauptpersonen hinaus zur Stärkung eines Solidaritätsbewußtseins unter den Landarbeitern des Alentejo« (H. Siepmann), die Fonseca mit einer dialektalen und metaphorischen Sprache erreicht, in der dem Wind als der Kraft der Zerstörung und der revolutionären Erneuerung eine besondere Rolle zukommt.
K.De.

AUSGABE: Lissabon 1958; ¹⁴1988.

ÜBERSETZUNG: *Gesäter Wind*, I. Losa, Bln./DDR 1967. – *Saat des Windes*, dies., Freiburg i. B. 1990.

DRAMATISIERUNG: M. da Fonseca, *Seara de vento* (Urauff.: Lissabon 1975, Teatro Maria Matos).

LITERATUR: L. A. de Azevedo Filho, *A dimensão neo-realista em »Seara de vento«* (in L. A. de A. F.,

Uma visão brasileira da literatura portuguesa, Coimbra 1973). – J. de Melo, *Contribuição para uma leitura (talvez ideológica) de »Seara de vento«* (in Vértice, 38, 1978, S. 381–398). – M. A. Santilli, *Arte e representação da realidade no romance português contemporáneo*, São Paulo 1979, S. 83–109. – J. de Oliveira Lopes, *Estruturas de narrativa na »Seara de vento« de M. da F.*, Coimbra 1980. – U. Tavares Rodrigues, *O vento – coro da tragédia* (in U. T. R., *O novo olhar sobre o neo-realismo*, Lissabon 1981). – M. E. O. Assumção, *»Seara de vento«: estrutura e sentido* (in Colóquio/Letras, 1982, Nr. 66).

RUBEM FONSECA

* 11.5.1925 Juiz de Fora / Minas Gerais

BUFO & SPALLANZANI

(portug.; Ü: *Bufo & Spallanzani*). Kriminalroman von Rubem FONSECA (Brasilien), erschienen 1985. – Unter mysteriösen Umständen wird die Leiche von Delfina Delamare gefunden, einem schönen Mädchen aus einfachsten Verhältnissen, das durch die Heirat mit dem brasilianischen Multimillionär Eugênio Delamare in die Spitzen der »besseren Gesellschaft« von Rio aufgestiegen ist. Die Untersuchungen leitet der gleichermaßen korrekte wie illusionslose Polizist Guedes, der ein Abbild der zynischen Detektive eines Dashiell HAMMETT oder Raymond CHANDLER ist.

Guedes' Nachforschungen deuten zunächst auf einen Selbstmord hin, zumal Delfina nach Aussagen ihres Arztes unheilbar an Leukämie erkrankt war. Dennoch schließt Guedes aus einer Reihe von Indizien sowohl Selbstmord als auch einen Raubmord aus. Ein im Handschuhfach des Wagens, in dem man die Ermordete fand, entdeckter Roman trägt eine persönliche Widmung des Dichters Gustavo Flávio an Delfina. Guedes verwickelt den erfolgreichen Autor bei einigen Gesprächen immer wieder in Diskussionen über seine Werke, vor allem auch über sein aktuelles Projekt: Der Lebemann und Vielfraß Flávio, der sich in einer dichterischen Schaffenskrise befindet, versucht mit wenig Inspiration, seinen neuen Roman mit dem Titel *Bufo & Spallanzani* voranzutreiben. Auch ein Besuch bei Delfinas Ehemann, der zur Tatzeit auf Reisen war, bringt Guedes' Ermittlungen nicht weiter, zumal Eugênio Delamare aus Sorge um sein persönliches Ansehen ungern zur Erhellung von Delfinas Lebensumständen beiträgt und sogar versucht, den Polizisten durch Erpressung und Bestechung zu einem Gutachten zu bewegen, demzufolge Delfina von einem Straßenräuber getötet worden sei. So gerät der brave Polizist schließlich in Konflikt mit seinen wesentlich korrupteren Kollegen und Vorgesetzten, die sich dem politischen Einfluß des Millionärs nicht entziehen können. Mittlerweile hat Guedes aufgrund eines Briefes von Delfinas bester Freundin Denise Albuquerque den Schriftsteller dazu gebracht, zuzugeben, daß er eine intime Beziehung mit Delfina unterhielt. Jedoch wird Flávio von Guedes nicht mehr zu einer polizeilichen Aussage herangezogen, da kurze Zeit darauf ein aus dem Zuchthaus entflohener Mulatte verhaftet wird, der bei Vernehmungen gesteht, Delfina ermordet zu haben: Wie sich erst später herausstellt, handelt es sich dabei allerdings um eine Finte Eugênio Delamares. Dieser hat zunächst den Mulatten angeheuert, um durch dessen Geständnis einen weiteren Skandal um den Mordfall zu vertuschen, läßt dann den unbequemen Mitwisser jedoch im Untersuchungsgefängnis von anderen Handlangern töten. Gustavo Flávio, der nach der Verhaftung des Mulatten nicht mehr verdächtigt wird, beschließt dennoch, die Stadt vorübergehend zu verlassen, da er fern der Großstadt Kräfte für sein Buchprojekt sammeln möchte und sich von dem Polizisten Guedes durchschaut glaubt.

An dieser Stelle enthält der Roman eine längere Rückblende auf die wahre Identität und das Vorleben Gustavo Flávios. Hinter dem Gustave FLAUBERT nachempfundenen Pseudonym des Schriftstellers verbirgt sich nämlich in Wirklichkeit der ehemalige Versicherungsangestellte Iván Canabrava, der als junger Mann einem phantastischen Versicherungsschwindel auf die Spur gekommen war: Er glaubte, daß der für eine gigantische Summe versicherte und plötzlich verstorbene Senhor Estrucho mittels einer in Zombie- und Voodookulten gebräuchlichen Droge seinen Tod nur vorgetäuscht habe. Canabrava untersuchte den Versicherungsfall auf eigene Faust, wobei ihm das Hippiemädchen Minolta zu Hilfe kam, die den bis dahin in jeder Hinsicht schlaffen Angestellten mit antizivilisatorischer Philosophie und einer Portion Sex aufbaute. Canabrava und Minolta konnten beweisen, daß der verstorbene Estrucho mit dem Sekret einer exotischen Krötenart für die Untersuchung durch die Gerichtsmediziner präpariert worden war. Canabrava führte dazu sogar einen riskanten Selbstversuch mit der Wunderdroge durch. Doch als Canabrava diese Beweise seinem zunächst scheinbar sehr interessierten Chef vorlegte, mußte er schließlich erkennen, daß dieser mit den Versicherungsbetrügern gemeinsame Sache gemacht hatte. Sämtliche Beweise wurden vernichtet und Canabrava mundtot gemacht, indem man ihn in eine Irrenanstalt einweisen ließ, aus der ihn Minolta und ihre Freunde jedoch befreiten. Um dennoch das Betrugsmanöver beweisen zu können, wollte Canabrava heimlich die vermeintliche Leiche des Senhor Estrucho exhumieren. Jedoch wurde er dabei von einem Totengräber überrascht, den er in einer Kurzschlußhandlung mit einer Schaufel tötete. Um nicht wegen Totschlags belangt zu werden, änderte Canabrava seine Identität, womit zugleich seine Karriere als Erfolgsautor begann.

Zur Bewältigung dieser traumatischen Ereignisse begibt sich Canabrava-Flávio in ein Hotel im brasilianischen Urwald, wo er in der Umgebung von Intellektuellen verschiedenster Prägung versucht, die poetologischen Probleme seines Romanes zu lösen, der dem italienischen Biologen Spallanzani und dessen Untersuchungsobjekt, dem Krötenfrosch Bufo Marinus, gewidmet ist. Um der Langeweile des Ortes zu entgehen, organisiert Flávio eine Erzählgemeinschaft nach dem Vorbild Boccaccios und gibt jedem der Teilnehmer eine schriftstellerische Aufgabe (die wiederum darin besteht, einen Text zum Thema »Kröte« zu verfassen). Doch die Urwaldidylle wird dadurch gestört, daß Dona Suzy, die ebenfalls in dem Urwaldhotel zu Gast ist, von ihrer lesbischen Geliebten getötet wird. Zufälligerweise ist es wieder Guedes, der mit der Klärung des Kriminalfalls betraut wird. Flávio erfährt, daß sein Verhältnis mit Delfina mittlerweile Eugênio Delamare bekannt geworden ist und daß dieser ihm Rache geschworen hat. Wieder in Rio de Janeiro, versucht Flávio sich mit dem Kauf eines Revolvers zu schützen, und bricht sein *Bufo*-Romanprojekt ab. Delamare jedoch läßt Flávio in den Keller seiner Villa entführen, wo er ihn kastriert, bevor ein Polizeikommando unter Guedes' Leitung den Schriftsteller befreien kann. Delamare und seine Handlanger werden bei dem Schußwechsel getötet. Für die Polizei steht fest, daß Delamare den Mord an seiner Frau selbst angezettelt habe. Flávio trifft sich noch einmal mit Minolta, der er die Wahrheit über Delfinas Tod berichtet: Nach einer Methode, die in einem seiner Bücher beschrieben war, habe er die unheilbar kranke Delfina auf ihren Wunsch hin getötet.

Wenngleich die Titelfiguren nur auf vier Seiten – genau in der Mitte des Romans – auftreten, ist der kopulierende Ochsenfrosch Bufo, der von dem Wissenschaftler Spallanzani zu Tode gequält wird, ohne dies in seinem Fortpflanzungsrausch zu bemerken, nicht nur Thema von Flávios Buch, sondern als Metapher für den erotomanen Autor selbst ständig präsent. Die Kriminalgeschichte, in der häufig Zeit- und Erzählebenen wechseln, durchsetzt Fonseca mit Gesellschaftskritik und auch beständig mit poetologischen Reflexionen, literarischen Anspielungen und Zitaten aus fremden Texten. Themen wie die Korruption, soziale Gegensätze und die Problematik naturwissenschaftlicher Erkenntnis werden auf allen Erzählebenen in wohlüberlegten Spiegelungen zur Sprache gebracht. Tendenzen zur Mythenpersiflage und die Offenlegung der poetischen Praxis Flávios (der seine Texte aus Versatzstücken am Computer erzeugt) exemplifizieren Fonsecas Umgang mit der Postmoderne. G.Wil.

Ausgabe: Rio 1985.

Übersetzung: *Bufo & Spallanzani*, K. von Schweder-Schreiner, Mchn. 1987.

Literatur: S. Ledanff, Rez. (in SZ, 5. 12. 1987). – G. W. Lorenz, Rez. (in Die Welt, 16. 1. 1988). – Ch. Jenny-Ebeling, Rez. (in NZZ, 26. 1. 1988). – P. Stänner, Rez. (in Tagesspiegel, 13. 3. 1988). – H. Thorau, Rez. (in Die Zeit, 1. 4. 1988). – M. Strausfeld, Rez. (in FRs, 12. 7. 1988). – R. Tschapke, Rez. (in Rheinischer Merkur/Christ und Welt, 2. 12. 1988).

O COBRADOR

(portug.; *Der Exekutor*). Erzählungen von Rubem Fonseca (Brasilien), erschienen 1979. – Der durch die städtische Umwelt erniedrigte und zerstörte Mensch war schon Thema von Fonsecas Roman *O caso Morel*, 1973 *(Der Fall Morel)*, gewesen, der die Ursachen eines brutalen Mordes an einem Gesellschaftsmädchen durch ihren sadomasochistischen Liebhaber rekonstruiert, und von einigen Kritikern wegen der ausführlichen Beschreibung pervertierten sexuellen Verhaltens und grundloser Gewalt verurteilt wurde. Mit Brutalität und dem Zusammenprall sozialer Klassen setzen sich auch die Geschichten des aufgrund seines angeblich subversiven Inhalts ein Jahr nach seinem Erscheinen von der Zensur verbotenen Erzählbandes *Feliz Ano Novo*, 1975 *(Prost Neujahr)*, auseinander, dessen Titelgeschichte von einer Bande bewaffneter Randexistenzen berichtet, die in eine noble Neujahrsfeier hineinplatzt und mit den Gästen makabre Spiele veranstaltet. Schon hier handelt es sich um Erzählungen ohne Helden oder Glorie, in denen die Entgleisung fast zur Norm wird, deren Ausgangspunkt nicht selten pathologische Fälle bilden, und die zu den schockierendsten literarischen Dokumenten über die sozialen Probleme Brasiliens gehören. In *O cobrador*, besonders in der Titelgeschichte, erreichen ästhetische Verfahrensweisen und Behandlung gesellschaftlicher Themen einen ersten Höhepunkt im Schaffen Fonsecas. Die Handlung zerfällt in eine Reihe schockartiger Momentsituationen, die im Stil filmischer Montagen aneinandergereiht werden und deren Sinn sich erst rückwirkend auf einer tieferen Ebene der Wirklichkeitskritik erschließt.

Schauplatz der Ereignisse ist Rio de Janeiro, dessen großstädtische Subkultur von Verbrechen, Promiskuität und Rauschgiftsucht, Luxus, Armut und Korruption ein konstantes Thema in Fonsecas Werken ist. Ein schmächtiger, schüchterner Mann mit einem steifen Bein geht zum Zahnarzt. Im Streit um das Honorar für die Behandlung zieht er einen Revolver, verwüstet die Praxis und schießt dem Arzt ins Knie: »*Ich zahle nichts mehr, nie mehr, ich habe es satt zu zahlen, schrie ich. Jetzt seid ihr dran... Mit jedem einzelnen von euch habe ich eine Rechnung zu begleichen. Ihr schuldet mir Essen, Fotzen, Decken, Schule, Wohnung, Auto, Uhr, Zähne, das alles schuldet ihr mir.*« Ein Rauschgifthändler, dem er eine Waffe mit Schalldämpfer abkaufen will, fällt ebenfalls der blinden Wut des Protagonisten zum Opfer: »*Pof, ich glaube, er war gleich beim ersten Schuß weg. Ich schoß noch zweimal, um das Pof Pof zu hören.*« Dies wird seine neue Art, »offene Rechnungen« zu begleichen. Als bei einer

Party die letzten Gäste aufbrechen, entführt er ein Ehepaar in dessen Wagen: »*Wir haben Ihnen doch nichts getan! Nichts getan? Daß ich nicht lache. Ich spürte, wie der Haß in mir aufstieg, alles überschwemmte.*« Der schwangeren Frau schießt er zuerst in den Bauch und dann in den Kopf, den Mann köpft er nach mehreren vergeblichen Versuchen mit einer Machete auf der Stoßstange des Autos. Ana, eine Frau, die er am Strand kennengelernt hat, scheint Interesse an ihm zu entwickeln. Später zieht sie zu ihm und seiner kranken Haushälterin. Gemeinsam wollen sie auf einem großen Wohltätigkeitsball möglichst viele Leute »liquidieren«; es soll dies aber das letzte Mal »zielloses Tötens« sein. Für die Zukunft formulieren sie programmatisch im »Weihnachtsmanifest«: Es geht um eine große, strukturelle Weltveränderung durch Massenmorde. So ist das Morden künftig nicht mehr bloß technische Erfüllung, kunstvolles Ritual und reine Bedürfnisbefriedigung, sondern der legitimierte Akt einer Exekution, die eine Ordnung wiederherstellen bzw. bewahren und Feindliches bestrafen soll: »*Schluß mit dem wahllosen Töten ohne Ziel. Bis jetzt wußte ich nicht, was ich wollte, mein Haß verzettelte sich. Mein Antrieb war richtig, aber ich wußte nicht, wer mein Feind war und warum er es war. Jetzt weiß ich es. Ana hat es mir gezeigt. Andere mögen meinem Beispiel folgen, nur so können wir die Welt verändern.*«

Der Reduktion der Sprache auf einfachste Satzkonstruktionen entspricht oberflächlich eine psychologisch verengte Wirklichkeitserfahrung, auf einer tieferen Ebene aber eine umso genauere Wirklichkeitskritik. In der verzerrten Gestalt des Exekutors und seinen aggressionsgeladenen Monologen verkörpern sich typische Strukturen heutiger Großstadtrealität. Die Auseinandersetzung des in seiner Persönlichkeit unscharf bleibenden Protagonisten mit der Realität erschöpft sich in einer imaginierten »Endlösung«. Durch technische Gewalt hervorgerufenes Machtgefühl konstituiert seine Ich-Identität, seine Ohnmacht kompensiert er durch sexuellen Sadismus. So gerät bei ihm die Gewalt der Verteidigung zur Verteidigung der Gewalt. Die blinde Wut des wilde Haßtiraden gegen die Upper-Class stammelnden Exekutors entzündet sich dabei nicht zuletzt daran, daß er keinen sprachlich adäquaten Ausdruck für das findet, was er als strukturelle Gewalt empfindet. Trotz seiner unterentwickelten Psyche vermag der Held seine soziale Lage und deren Ursache erstaunlich klar zu erkennen, was zu dem (zweifelsfrei fehlgeleiteten) Impuls führt, die Welt verbessern, gegen ökonomisches Unrecht vorgehen und gerechtere soziale Verhältnisse herstellen zu wollen. Fonsecas Erzählungen – aber auch der 1984 erschienene Roman *A grande arte (Die hohe Kunst)*, in dem ein geistesgestörter Mörder mit teuflischer Fertigkeit seinen Opfern ein Signet ins Gesicht ritzt – lassen sich so als Versuch beschreiben, eine psychologische Tiefenschau menschlicher Existenz am Ende des 20. Jh.s zu zeigen. Die Zerstörung weiter Teile zwischenmenschlicher Beziehungen und kultureller Traditionen interpretiert der Autor als den Einbruch struktureller Gewalt ins Private. Kriminalität und sexuelle Verrohung sind letztlich nur geplatzte Ventile gesellschaftlichen Überdrucks. R.Gra.

Ausgabe: Rio 1979.

Übersetzung: *Mandrake*, K. von Schweder-Schreiner (in *Zitronengras*, Hg. K. M. Schreiner, Köln 1982). – *Der Exekutor*, H. Thorau (in L'80, Köln 1984, H. 31). – *Pierrot aus der Höhle. Das Todesspiel. Begegnung am Amazonas*, dies. (in *Das vierte Siegel*, Mchn. 1989).

Literatur: R. Graetz, *R. F.: »Der Exekutor«* (in Iberoamericana, 25/26, 1985, S. 81–97).

THEODOR FONTANE

* 30.12.1819 Neuruppin
† 20.9.1898 Berlin

Literatur zum Autor:
Zeitschrift:
F.-Blätter, Potsdam 1969 ff.
Biographien:
H. Nürnberger, *F. in Selbstzeugnissen u. Bilddokumenten*, Reinbek 1968 (rm). – H.-H. Reuter, *Th. F. Grundzüge u. Materialien einer hist. Biographie*, Lpzg. 1968. – *Ein Leben in Briefen*, Hg. O. Drude, Ffm. 1981. – K. Schober, *Th. F. In Freiheit dienen*, Herford 1980. – E. Verchau, *Th. F. Individuum u. Gesellschaft*, Ffm. u. a. 1983 (Ullst. Tb). – P. Aggeler, *Th. F. Lit. der Welt in Bildern, Texten, Daten*, Salzburg 1983.
Gesamtdarstellungen und Studien:
C. Wandrey, *Th. F.*, Mchn. 1919. – M. E. Gilbert, *Das Gespräch in F.s Gesellschaftsromanen*, Bln. 1930. – E. Croner, *F.s Frauengestalten*, Langensalza ²1931. – C. Wandel, *Die typische Menschendarstellung in Th. F.s Erz.n*, Diss. Bln. 1938. – H. J. M. Lange, *Die gesellschaftlichen Beziehungen in den Romanen Th. F.s*, Diss. Halle 1950. – M. Schmitz, *Die Milieudarstellung in den Romanen aus F.s reifer Zeit*, Diss. Bonn 1950. – H. Oelschläger, *Th. F. Sein Weg zum Berliner Gesellschaftsroman*, Diss. Marburg 1954. – T. L. Lowe, *The Problems of Love and Marriage in the Novels of Th. F.*, Diss. Univ. of Pennsylvania 1955. – W. Richter, *Das Bild Berlins nach 1870 in den Romanen Th. F.s*, Diss. Bln. 1955. – A. Boßhart, *Th. F.s hist. Romane*, Winterthur 1957. – J. Schillemeit, *Th. F., Geist u. Kultur seines Alterswerkes*, Zürich 1961. – H. Roch, *F., Berlin u. das 19. Jh.*, Bln. 1962. – P. Demetz, *Formen des Realismus: Th. F.*, Mchn. 1964. – H.-H. Reuter, *F.*, 2 Bde., Bln. 1967. – C. N. Hayes, *Symbol and Correlative in Th. F.s Fiction*, Diss. Brown Univ. 1967. – H. Ohl, *Bild u. Wirklichkeit. Studien zur*

Romankunst Raabes u. F.s, Heidelberg 1968. – *Zur Entstehungs- u. Wirkungsgeschichte F.scher Romane*, Bearb. G. Erler, Potsdam 1969. – W. Migge, *Th. F. 1819–1969. Stationen seines Werkes*, Mchn. 1969. – E. Koltai, *Untersuchungen zur Erzähltechnik Th. F.s . . .*, Diss. NY 1969. – I. Mittenzwei, *Die Sprache als Thema. Untersuchungen zu F.s Gesellschaftsroman*, Bad Homburg v.d.H. u. a. 1970. – H. Nürnberger, *Der frühe F.*, Mchn. 1971. – C. Jolles, *Th. F.*, Stg. 1972; ³1983 [durchges. erg.]. – *F.s Realismus*, Hg. H. E. Teitge u. J. Schobeß, Bln. 1972. – *Th. F.*, Hg. W. Preisendanz, Darmstadt 1973. – H. E. Greter, *F.s Poetik*, Bern/Ffm. 1973. – K. Mommsen, *Gesellschaftskritik bei F. u. Th. Mann*, Heidelberg 1973. – H. Aust, *Th. F. »Verklärung«. Eine Untersuchung zum Ideengehalt seiner Werke*, Bonn 1974. – P. Bange, *Ironie et dialogisme dans les romans de Th. F.*, Grenoble 1974. – W. Müller-Seidel, *Th. F. Soziale Romankunst in Dtl.*, Stg. 1975; ²1980 [durchges.]. – C. Liesenhoff, *F. u. das lit. Leben seiner Zeit. Eine lit.soz. Studie*, Bern 1976. – A. R. Robinson, *Th. F. An Introduction to the Man and His Work*, Cardiff 1976. – R. Brinkmann, *Th. F.: Über die Verbindlichkeit des Unverbindlichen*, Tübingen ²1977. – K. Gärtner, *Th. F. Lit. als Alternative*, Bonn 1978. – H. Mittelmann, *Die Utopie des weiblichen Glücks in den Romanen Th. F.s*, Diss. Univ. of California/Los Angeles 1978. – H. Scholz, *Th. F.*, Mchn. 1978. – U. Hass, *Th. F. Bürgerl. Realismus am Beispiel seiner Berliner Gesellschaftsromane*, Bonn 1979. – A. M. Walter, *Th. F.s Emergence As a Novelist*, Diss. Northwestern Univ. 1979. – C. Grawe, *Führer durch die Romane Th. F.s*, Ffm. u. a. 1980. – *F. aus heutiger Sicht. Analysen u. Interpretationen seines Werks*, Hg. H. Aust, Mchn. 1980. – N. Frei, *Th. F.: Die Frau als Paradigma des Humanen*, Königstein 1980. – H. E. Chambers, *Supernatural and Irrational Elements in the Works of Th. F.*, Stg. 1980. – M. L. Johnson, *Maturation in Demise. Th. F.'s »L'Adultera«, »Schach von Wuthenow«, »Unwiederbringlich« and »Effi Briest«*, Diss. Univ. of Washington 1981. – *Th. F. Dichtung u. Wirklichkeit*, Bearb. U. Ropohl, Bln. 1981 [Ausst.Kat.]. – G. Wilhelm, *Die Dramaturgie des epischen Romans bei Th. F.*, Ffm. 1981. – A. Bance, *Th. F.: The Major Novels*, Cambridge u. a. 1982. – C. Jolles, *F. u. die Politik. Ein Beitrag zur Wesensbestimmung Th. F.s*, Bln./Weimar 1983 [Nachw. G. Erler]. – W. Jung, *Das »Menschliche« im »Alltäglichen«. Th. F.s Lit.theorie in ihrer Beziehung zur klass. Ästhetik u. seine Rezeption der Dichtungen Goethes u. Schillers*, Ffm. u. a. 1985. – G. Friedrich, *F.'s preußische Welt. Armee – Dynastie – Staat*, Herford 1988.

DAS LYRISCHE WERK von Theodor Fontane.
Fontanes lyrisches Werk steht heute im Schatten seiner Prosa, lediglich einige Balladen wie *Gorm Grymme, Herr von Ribbeck* oder *Die Brück' am Tay* haben sich, da sie im Literaturunterricht der Schulen noch erscheinen, eine gewisse Popularität erhalten. Dabei hatte Fontane seine schriftstellerische Laufbahn vor allem als Lyriker begonnen, die *Preußenlieder* waren sein erster literarischer Erfolg, und zeitlebens versuchte sich Fontane in allen Formen der Lyrik: vom politischen Zeitgedicht über Balladen, Romanzen, Gelegenheitsdichtung und später Erlebnislyrik. Fontane selbst faßte von 1875 an, mit der zweiten Auflage des Bandes *Gedichte*, seine Lyrik hier zusammen und erweiterte in den folgenden Ausgaben (1889, 1892, 1898) den Umfang dieser Sammlung kontinuierlich, wobei er jeweils eine Reihe von Gedichten wieder aus der Sammlung herausnahm und durch andere ersetzte. In den historisch-kritischen Werkausgaben nimmt daher die Lyrik einen durchaus imposanten Raum ein, der sich vor allem um Gelegenheitsgedichte und frühe Gedichte erweiterte, die vor 1850 verstreut in Zeitschriften erschienen waren.

Fontanes frühe Lyrik, überwiegend Reise- und Naturbilder, läßt die Abhängigkeit von A. von Platen, N. Lenau, A. Chamisso und vor allem von F. Freiligrath erkennen, so in *Frühlingslieder* oder *Herbstmorgen*, die zu den wenigen Gedichten aus der Anfangszeit gehören, die Fontane später in seinen Band *Gedichte* aufnahm. Seit 1839 veröffentlichte er im ›Berliner Figaro‹, während seiner Leipziger Zeit von 1841 an in dem von Robert Binder herausgegebenen Blatt ›Die Eisenbahn‹. In dieser Vormärzzeit verfaßte Fontane auch politische Lyrik, in seiner Leipziger Zeit stand er unter dem Einfluß G. Herweghs (*Mönch und Ritter*, 1841), aber die entscheidende Prägung als Schriftsteller erhielt er wohl im Berliner Sonntagsverein, der sich scherzhaft den Namen »Tunnel über der Spree« gegeben hatte und dem Fontane seit dem 29. 9. 1844 unter dem Namen »Lafontaine« angehörte. Die soziale und politische Thematik der frühen Gedichte *(Der Trinker; Der blinde König)* fand hier wenig Zustimmung, dagegen stießen Fontanes stimmungsvolle, historisch ausgerichtete Balladen auf Begeisterung. 1844 trug er seine erste Ballade vor *(Der Towerbrand)*, rückblickend schreibt der Autor 1854 an Storm, die Rezitation habe damals eine »*Art Sensation*« dargestellt und »*entschied gewissermaßen über meine Richtung*«.

Fontane paßte sich an, in den fünfziger Jahren etablierte er sich als Balladendichter. Als seine erste Buchveröffentlichung aber erschienen 1850 der – ebenfalls den Zeitgeschmack treffende – Romanzenzyklus *Von der schönen Rosamunde* sowie acht *Preußenlieder*, die dem Autor unter dem Titel *Männer und Helden* ersten Erfolg brachten und in denen Fontane acht soldatische Helden der preußischen Geschichte, darunter *Der alte Derffling, Der alte Dessauer* oder *Der alte Zieten*, in bänkelhaft-volksliedhafter Weise besingt: »*Sie kamen nie alleine, / Der Zieten und der Fritz, / Der Donner war der eine, / Der andre war der Blitz.*«; die Forschung sprach vom »*patriotischen Gassenhauer*« (E. Kohler), den Fontane damit in die Literatur eingeführt habe.

Das Hauptaugenmerk des Lyrikers Fontane jedoch war nach 1844 auf die Ballade gerichtet, und schon früh wandte er sich – neben Naturszenerien in Balladen wie *Der Wenersee* – Stoffen aus der englischen Geschichte zu, so in *Towerbrand, Der sterbende Douglas* oder den vier *Maria Stuart*-Balladen, noch bevor er 1848 Thomas PERCYS *Reliques of Ancient English Poetry* (1765), die Neuausgabe einer Sammlung altenglischer Volkslieder aus dem Jahre 1650, sowie Walter SCOTTS *Minstrelsy of the Scottish Border* (1802/03) kennenlernte, zwei Werke, die, wie Fontane rückblickend festhält, »*auf Jahre hinaus meine Richtung und meinen Geschmack bestimmten*«. Auch HERDER hatte bereits Gedichte dieser Sammlungen ins Deutsche übertragen *(Edward, Schön-Margret und Lord William)*; der Stoff dieser Balladen entstammt meist den mittelalterlichen Ritter- und Heldensagen, ist also durchaus romantisch zu nennen. Fontane unterschied zwischen der Romantik seines eigenen Jahrhunderts, die er eher als Modeströmung sah (den Werken eines E. T. A. HOFFMANN, TIECK oder NOVALIS haftete in seinen Augen »*ein Zeitliches*« an, »*das kommt und geht*«) und einer Romantik, die sich durch »*Echtheit*« und »*Stil*« auszeichne und wozu er das Werk Walter SCOTTS zählte: »*Er war ein Hauptpfeiler echter, gesunder Romantik gegenüber jener falschen und krankhaften romantischen Richtung, die sich die eigentliche nannte ...*« *(Walter Scott,* 1871).

Bis in die sechziger Jahre hinein sind Fontanes Balladen von den englischen Vorbildern beeinflußt, deren einfache Strophenformen er meist übernommen hat. Allerdings, was H. RHYN wohl als erster systematisch untersuchte, straffte Fontane die Handlung, betonte die atmosphärische Stimmung des Geschehens durch Andeutung und Symbolik und konturierte und individualisierte die Figuren gegenüber den Vorlagen schärfer, indem er die direkte Rede einführte. Zu den Balladen dieser Gruppe zählt, neben *Chevy-Chase, Marie Duchatel* oder *Bertrams Totengesang,* vor allem *Archibald Douglas,* von Fontane im Dezember 1854 im »Tunnel« vorgetragen: *Der Jubel war groß,* notierte der Autor in seiner Autobiographie *Von Zwanzig bis Dreißig* zu diesem Gedicht, dessen Stoff 1843 bereits Graf v. STRACHWITZ (1822–1847) in der Ballade *Das Herz des Douglas* gestaltet hatte und in dessen Mittelpunkt ein verbannter Adliger steht, der den König um Gnade bittet und darum, ins Vaterland zurückkehren zu dürfen: »*Und willst du nicht, so hab einen Mut, / Und ich will es danken dir, / Und zieh dein Schwert und triff mich gut / Und lass mich sterben hier.*« Neben balladesken, historischen Stimmungsbildern meist aus der englischen Geschichte *(Cromwells letzte Nacht; Puritanerpredigt)* greift Fontane, teils angeregt durch die historischen Balladen des Grafen von Strachwitz, auch Stoffe aus der brandenburg-preußischen *(Der Tag von Hemmingstedt; Prinz Louis Ferdinand)* sowie aus der skandinavischen Geschichte auf *(Nordische Königsnamen; Hakon Borkenbart; Admiral Herluf Trolles Begräbnis)*; am bekanntesten wurde die Ballade *Gorm Grymme*.

Der späte Fontane gibt auch in der Ballade zunehmend historische Stoffe auf und wendet sich zeitgeschichtlichen Themen zu, die er, sofern sie Ereignisse aus der deutschen Gegenwart betrafen, immer schon in Gelegenheitsgedichten behandelt hatte *(Schleswigs Ostertag 1848; Siegesbotschaft; Berliner Landwehr bei Langensalza; Einzug; Letzte Fahrt)*; noch kurz vor seinem Tod entstand das Gedicht *Wo Bismarck liegen soll*. Von Fontanes lyrischer Kommentierung der Zeitereignisse und Stimmungen aber sind nur die Balladen geblieben, vor allem *Die Brück' am Tay*, die sich auf das Eisenbahnunglück bei Dundee am 28. 12. 1879 bezieht, in der Fontane eine realistische Katastrophe des Maschinenzeitalters mit romantisch-geisterhaften Elementen verbindet, wobei er als Motto den Vers der Hexen aus SHAKESPEARES *Macbeth* wählt: »*Whenn shall we three meet again?*« Die Sprache der späten Balladen und Gedichte nähert sich insgesamt aber einem einfachen, teils umgangssprachlichen Duktus an *(John Maynard; Letzte Begegnung* aus der Gruppe von vier Gedichten über Kaiser Friedrich III.), wie er auch in der wohl bekanntesten Ballade Fontanes, *Herr von Ribbeck auf Ribbeck im Havelland* (1889), zum Ausdruck kommt; in ihr löst sich Fontane vom Heroisch-Tragischen der traditionellen Ballade, wendet sich alltäglich-menschlichen Themen zu und resümiert in dem Gedicht *An Klaus Groth* (1878) ironisch: »*Vördem bi minem Balladenkroam / Mit all de groten schottschen Noam ... Ick bin mihr för allens, wat lütt un still, / En bieten Beschriewung, en beten Idyll*«; und das desillusionierte Gedicht *Auch ein Stoffwechsel* schließt mit den Zeilen: »*Jetzt ist mir der Alltag ans Herz gewachsen, / Und ich halt es mit Rosenplüt und Hans Sachsen.*«

Der Einschnitt, der sich über die Ballade hinaus auf das gesamte lyrische Altersschaffen Fontanes bezieht, liegt offenbar zwischen der zweiten und dritten Auflage seiner *Gedichte* (1875/1889). In diesem Zeitraum vollzieht sich die Akzentverlagerung hin zum Kleinen und Nahen, zu Alltag und Gegenwart, ohne jedoch biedermeierlicher Beschaulichkeit zu verfallen. Charakteristisch ist ein desillusionierter Blick, der die Konventionen und das feierliche Gebaren der oberen Klassen als leere Formen durchschaut: »*Mummenschanz alles*«, heißt es in dem Gedicht *Brunnenpromenade* (1892), und als Grund dafür, daß ihm der Erfolg nicht leicht fiel, nennt Fontane seinen »*fehlenden Sinn für Feierlichkeit*« *(Was mir fehlte,* 1889). Der Dialog selbst, die sinnentleerte Konversation, wird zum Vehikel des Ausdrucks gesellschaftlicher Sinnentleerung: »›*Nun, lieber F., noch immer bei Wege?*‹ / ›*Gott sei Dank, Exzellenz ... trotz Nackenschläge ...*‹ / ›*Kenn ich, kenn ich. Das Leben ist flau ... / Grüßen Sie Ihre liebe Frau.*‹« Geld und Besitz, von Fontane schon früher angegriffen, werden nun fast ins Absurde geführt *(Arm und Reich)*, die bürgerlichen Werte sind für den Autor fragwürdig geworden.

Neben den Gedichten, die sich auf Zeit und Gesellschaft beziehen und auch anzüglichere Töne finden (so blieb das Gedicht *Es soll der Dichter mit dem Kö-*

nig gehen wegen der Gefahr, als Majestätsbeleidigung aufgefaßt zu werden, lange unveröffentlicht), stehen persönlich gestimmte Gedichte, in denen Fontane vor allem über sein Älterwerden nachdenkt; zunehmend empfindet er sich isoliert, er reflektiert seine Distanz zum Leben und zu den gesellschaftlichen Entwicklungen seiner Zeit *(Aber lassen wir es andere machen; Mein Leben; Ausgang)*. Ein beherrschender Zug dieser Lyrik – wie auch der späten Romane – ist die Resignation, in der sich erzwungene Unterwerfung und bewußte persönliche Zurücknahme *(Überlaß es der Zeit)* sich in der Erkenntnis verbinden, daß die eigene Kraft zum Widerstand nicht ausreicht. Das gebrochene Verhältnis zur Realität wird abgefangen, aber nicht aufgehoben, durch den Humor, der verschiedene Ausdrucksformen findet: die scharfe Satire *(Neueste Vatersweisheit)*, die Verspottung *(Rangstreitigkeiten)* oder die höhnische Über- oder Untertreibung *(Verzeiht)*.

Die dezidierte Hinwendung Fontanes zum Alltag als Thema prägt auch Form und Sprache seiner späten Gedichte. Der poetische Aufwand verringert sich, der im späten 19. Jh. geschätzte rhetorisch-metrische Pomp wird gemieden. Die bevorzugten Versformen wirken einfach: der Spruch vor allem für Aussagen persönlichen Inhalts, der Knittelvers mit der Freiheit seiner Füllung, der Paarreim, mehrfach additiv mit aufzählender Reihung. Die Stilebenen werden bewußt kontrastiert: *»Und sind auch verschieden der Menschheit Lose, / Gleichmacherisch wirkt die Badehose« (Der Sommer- und Winter-Geheimrat)*. Alltag als Gegenstand des Gedichts läßt Fontane die gewohnte Sprache hoher Lyrik vermeiden, was zur Annäherung an die Umgangssprache und bis zu bewußter Lässigkeit, dem Bummelton, reicht.

Die Forschung hat sich der Lyrik Fontanes nur sporadisch gewidmet und sich dabei meist auf seine Balladen konzentriert, in denen der Autor als einer der ersten Stoffe der technisch-industriellen Welt gestaltet. Die Alterslyrik geriet erst mit der Fontane-Renaissance in den sechziger Jahren in das Blickfeld der Wissenschaft, meist im Zusammenhang mit dem Erzählstil der späten Romane des Autors. J.N.F.-KLL

AUSGABEN: *Von der schönen Rosamunde. Romanzenzyklus*, Dessau 1850. – *Männer und Helden. Acht Preußenlieder*, Bln. 1850. – *Gedichte*, Bln. 1851. – *Balladen*, Bln. 1861. – *Gedichte*, Bln. ²1875 (enthält auch die Gedichte der Bde. *Von der schönen Rosamunde, Männer und Helden, Balladen*; verm. Aufl. 1889, 1892, 1898). – Mchn. 1962 (in *SW*, Hg. E. Groß, K. Schreinert u. a., Bd. 20). – Mchn. 1965 (in *SW*, Hg. W. Keitel u. H. Nürnberger, Bd. 6).

LITERATUR: W. Bölsche, *Th. F. als Lyriker. Zu des Dichters 70. Geburtstag* (in Die Gegenwart, 37, 1890, S. 5–7). – C. Wegmann, *Th. F. als Übersetzer englischer u. schottischer Balladen*, Diss. Münster 1910. – H. Rhyn, *Die Balladendichtung Th. F.s mit besonderer Berücksichtigung seiner Bearbeitungen altenglischer u. altschottischer Balladen aus den Sammlungen von Percy u. Scott*, Bern 1914 (Sprache u. Dichtung, Bd. 15; ern. Bern 1970). – P. v. Szczepanski, *Th. F. Ein deutscher Lyriker*, Lpzg. 1914. – P. Wißmann, *Th. F. Seine episch-lyrischen Dichtungen*, Heidelberg 1916. – E. Kohler, *Die Balladendichtung im Berliner »Tunnel über der Spree«*, Bln. 1940. – G. Fischer, *Der Verfall des Gehaltes der heldischen Ballade von Strachwitz u. F. zu den Epigonen*, Diss. Mchn. 1956. – P. Nentwig, *»Gorm Grymme«. Eine Ballade von Th. F.* (in Deutschunterricht, 8, 1956, H. 4, S. 52–60). – J. Krueger, *Unbekannte Gedichte des jungen F.* (in WB, 7, 1961, S. 594–606). – F. Martini, *Spätzeitlichkeit in der Literatur des 19. Jh.s. Überlegungen zu einem Problem der Forschungsgeschichte* (in *Stoff, Formen, Strukturen. Studien zur dt. Literatur. H. H. Borcherdt zum 75. Geburtstag*, ... 1962). – A. Haas, *Th. F. »Herr von Ribbeck auf Ribbeck im Havelland«* (in *Wege zum Gedicht, Bd. 2: Interpretation von Balladen*, Hg. R. Hirschenauer u. A. Weber, Mchn. 1964, S. 408–412). – J. Lehmann, *Th. F. »Schloß Eger«* (ebd., S. 393–400). – F. Martini, *Th. F. »Die Brück' am Tay«* (ebd., S. 377–392). – H. Vogeley, *Th. F. »John Maynard«* (ebd., S. 401–407). – W. D. Williams, *Th. F. »Archibald Douglas«* (ebd., S. 367–376). – H. G. Richert, *Zu F.s »Gorm Grymme«* (in Euph, 60, 1966, S. 125–135). – K. Richter, *Lyrik u. Resignation* (in K. R., *Resignation. Eine Studie zum Werk Th. F.s*, Stg. 1966, S. 142–152). – H. Pongs, *Th. F. »Die Brück' am Tay«* (in H. P., *Das Bild in der Dichtung*, Bd. 3, ... 1969, S. 134–138). – H. Fricke, *Zur Entwicklung der Fontaneschen Jugendlyrik* (in Jb. für Brandenburgische Landesgeschichte, 25, 1974, S. 125–145).

L'ADULTERA

Roman von Theodor FONTANE, erschienen 1880. – Seit zehn Jahren lebt Melanie de Caparoux – einer Adelsfamilie der französischen Schweiz entstammend – mit dem ungleich älteren Kommerzienrat Van der Straaten, den sie als Siebzehnjährige geheiratet hat, in einer Durchschnittsehe. Der Kommerzienrat hat eine Kopie des Gemäldes *L'Adultera* (Die Ehebrecherin) von Tintoretto erworben, und die Gespräche des Ehepaares bei der Betrachtung des Bildes schlagen das Thema der Erzählung an: »Es ist so viel Unschuld in ihrer Schuld... Und alles ist wie vorherbestimmt«, sagt Melanie. Kurze Zeit danach kommt der junge, elegante Frankfurter Patriziersohn Ebenezer Rubehn als Logiergast ins Haus. Melanie, die Van der Straatens ungeschliffene, oft drastische und das Taktlose streifende Redeweise »viele Hunderte von Malen in Verlegenheit gebracht« hatte, schämt sich in Gegenwart des vornehmen jungen Gastes zum erstenmal ihres Mannes. Langsam wächst in ihr eine Neigung zu Rubehn, die auf einer der von Fontane sehr geliebten Landpartien, bei der Melanie und Rubehn von der übrigen Gesellschaft getrennt werden, beiden zum

Bewußtsein kommt und ausgesprochen wird. Wenig später führt ein Zusammensein der beiden in einem vom Duft exotischer Blumen und feuchter Wärme erfüllten Gewächshaus zu einer Liebesstunde. »*Die Rüstung ihres* [Melanies] *Geistes lockerte sich und löste sich und fiel.*« Melanie zieht die Konsequenz aus dem Geschehenen und verläßt ihren Mann und ihre beiden Töchter, um sich mit Rubehn zu verbinden. Nachdem die Ehe geschieden ist, werden die beiden in Italien getraut und kehren später nach Berlin zurück. Dort leben sie zwar glücklich, aber Melanie muß auch erfahren, daß sie von der Gesellschaft als »Ehebrecherin« geächtet wird. Eine Begegnung mit ihren beiden Töchtern endet in bitterer Enttäuschung, die Kinder wenden sich von ihr ab. Zu der Zeit muß die Firma Rubehn Bankrott anmelden, und nun erst erfährt Melanie das wirkliche Glück; sie darf ihr Teil zur Bestreitung des Lebens beitragen. »*Nun kann ich mich bewähren und will es und werd' es. Nun kommt meine Zeit!*«

Die Erzählung leitet Fontanes »Berliner Romane« ein. Wie in vielen seiner Arbeiten bezieht sich der Autor auch hier auf ein tatsächliches Ereignis in der Berliner Gesellschaft; die Ehefrau des Großindustriellen Louis Ravené jun., Mutter von drei Kindern, war 1874 mit ihrem Geliebten nach Rom geflohen, und dieses Ereignis war im Erscheinungsjahr des Romans noch so präsent, daß die Kritik in der verständnisvollen Zeichnung der ihren eigenen Weg gehenden Ehefrau einen Angriff auf die sittlichen Grundlagen der Gesellschaft sah. Daneben hat Fontane zweifellos IBSENS Schauspiel *Nora oder ein Puppenheim* gekannt, doch ist für ihn das Eheproblem eigentlich nur der Hintergrund für die Gestalt Melanies, eine verwöhnte junge Frau, die, als sie zum erstenmal liebt und die innere Unwahrheit ihrer konventionellen Ehe erkennt, sich in einer freien sittlichen Entscheidung außerhalb der bürgerlichen Gesellschaft stellt: »*Ich kann das kleine Gefühl nicht länger ertragen, das an aller Lüge haftet.*« »*Ich will fort, nicht aus Schuld, sondern aus Stolz, und ich will fort, um mich vor mir selber wiederherzustellen.*« – Nur in diesem einen Fall hat Fontane die für ihn so bezeichnende Frage nach der Notwendigkeit unbedingt gültiger Ordnungsbegriffe mit einer »*sittlichen Gewaltlösung*« (Edgar Gross) beantwortet. Um die drei Hauptpersonen gruppiert sich eine Reihe von Nebenfiguren, darunter das kleine, alte Fräulein von Sawatzki, eine Freundin und Vertraute Melanies, die jenen Ton von Güte und Weisheit in die Erzählung bringt, der in keinem der späteren Romane Fontanes fehlt.

M.L.L.-KLL

AUSGABEN: 1880 (in Nord u. Süd, 13/14). – Breslau 1882. – Mchn. 1959 (in *SW*, Hg. E. Gross, Bd. 4). – Mchn. 1962 (in *SW*, Hg. W. Keitel, Abt. 1, Bd. 2). – Bln./Weimar 1969 (in *Romane u. Erzählungen*, Hg. P. Goldammer u. a., 8 Bde., 3). – Mchn. ²1971 (in *Werke, Schriften u. Briefe*, Hg. W. Keitel u. H. Nürnberger, Abt. 1, Bd. 2). – Ffm. 1976, Hg. dies. (Ullst. Tb). – Bln./Weimar 1979 (in *Werke*, 5 Bde., 2; Ausw., Einl. H. Reuter). – Stg. 1983 (Nachw., Anm. F. Betz; RUB).

LITERATUR: H. Meyer, *Th. F. »L'Adultera« u. »Der Stechlin«* (in H. M., *Das Zitat in der Erzählkunst*, Stg. 1961, S. 155–185; ²1967). – G. Friedrich, *Das Glück der Melanie van der Straaten. Zur Interpretation von Th. F.s »L'Adultera«* (in Jb. der dt. Schiller-Ges., 12, 1968, S. 359–382). – P. Wessels, *Konvention u. Konversation* (in *Dichter u. Leser*, Hg. F. v. Ingen u. a., Groningen 1972, S. 163–176). – G. R. Kaiser, *»Das Leben wie es liegt«. F.s »L'Adultera«. Realismuspostulate, Aufklärung u. Publikumserwartung* (in Text-Leser-Bedeutung, 1977, S. 99–119). – H. Eilert, *Im Treibhaus. Motive zur europäischen Décadence in Th. F.s Roman »L'Adultera«* (in Jb. der dt. Schiller-Ges., 22, 1978, S. 496–517).

BRIEFE

von Theodor FONTANE. – Fontanes Briefe geben dem Leser nicht nur Informationen über sein Leben, über die Beziehungen zu seiner Familie und Freunden und Hinweise über sein literarisches Schaffen, sie sind ein integraler Teil des Werks; H. H. REUTER, der Biograph Fontanes, urteilt: »*Fontane würde zur großen deutschen Literatur gehören, auch wenn von ihm nichts überliefert wäre als seine Briefe.*«

Für Fontane war der Brief eine eigenständige Form, er selbst nannte sich einen »Briefschwärmer« und bezog das nicht nur auf Briefe, die er las und die er, »*weil des Menschen Eigenstes und Echtestes gebend*« jedem anderen historischen Stoff vorzog, sondern das galt auch für seine eigenen Briefe, die er mit wahrer Leidenschaft schrieb. Er war das, was man ein »*talent épistolaire*« nennt, par excellence, wie Thomas MANN schon früh (1910) erkannte: »*Mir persönlich wenigstens sei das Bekenntnis erlaubt, daß kein Schriftsteller der Vergangenheit oder Gegenwart mir die Sympathie und Dankbarkeit, dies unmittelbare und instinktmäßige Entzücken, diese unmittelbare Erheiterung, Erwärmung, Befriedigung erweckt, die ich bei . . . jeder Briefzeile . . . von ihm empfinde.*«

Fontanes Briefe gehören zu seinem Werk, weil sie mehr sind als nur gut und interessant formulierte Nachrichten. Den prägnantesten Ausdruck dafür fand wiederum Thomas Mann, als er 1954 das Erscheinen von Fontanes Briefen an Georg Friedlaender besprach. »*Es sind Briefe, wie heute kein Mensch sie mehr schreibt, gearbeitete Briefe, in ihrer Privatheit künstlerisch betreut.*« Von früher Jugend bis zu seinem letzten Lebenstag schrieb Fontane Tausende von Briefen. Er schrieb sie mit Passion, feierte »Brieftage«, und feilte an ihnen wie an seiner künstlerischen Prosa. Alle Briefe schrieb er selbst und benutzte dazu Schwanenfedern, die er sich zurechtschnitt. Und er war der »Mann der langen Briefe«, ein großer Teil seiner Briefe geht über viele Seiten.

Er empfand seine Briefe als Gespräche mit den abwesenden Freunden und nahm so unbewußt den antiken Topos vom »*sermo absentium*« wieder auf. Und ein Gespräch – auch ein Brief-Gespräch – will geführt sein, es bedarf einer Einleitung, muß sich entwickeln, darf und soll abschweifen und soll auch nicht abrupt abbrechen. Bisweilen glaubt man zu spüren, daß Fontane auf angenommene Einwürfe oder Unterbrechungen des vorgestellten Partners eingeht, es ist die Versatilität des Causeurs, das Sichanbequemen, die Biegsamkeit, aber auch die Liberalität dessen, der sein Metier beherrscht. »*Ja, was heißt Briefschreibetalent! Es ist damit wie mit allem: eine Norm gibt es nicht*« schrieb er einmal seiner Tochter Martha. »*Der kleine Notizenbrief kann sehr nett sein*...« und dann erzählt er anekdotenhaft ein kleines Erlebnis, um schließlich zu sagen: »*Nun aber komme ich auf mein Thema zurück und sage, man kann auch sein talent épistolaire – bei dem ich beiläufig nicht weiß, ob es sich mit oder ohne é schreibt – in Reflektionen, philosophischen Betrachtungen, Bildern, Vergleichen, Angriffen und Verteidigungen zeigen.*« Der weitaus größte Teil von Fontanes Briefen ist an seine Frau Emilie gerichtet. Bei den Briefen an die Kinder – an die Söhne George, Theodor und Friedrich – gehören die an seine Tochter Martha, genannt »Mete« zu den bedeutendsten, die er geschrieben hat.

Seine Briefe an die »Freunde« richten sich an einen großen Kreis: an den langjährigen Freund Bernhard von Lepel, an Paul Heyse und Theodor Storm und viele andere, denen er im Verlauf seines langen Lebens begegnete, an Henriette und Wilhelm von Merckel, Karl Zöllner, Friedrich Eggers und Georg Hesekiel. Ein besonderes Kapitel bilden die Briefe an Mathilde von Rohr, ein um fast ein Jahrzehnt älteres Fräulein aus märkischem Uradel, bei der Fontane stets viel Verständnis und Hilfe fand.

Ein beachtlicher Teil der Briefe gehört der »beruflichen« Korrespondenz mit seinen Verlegern, mit Julius Springer, Wilhelm Friedrich, Rudolf von Decker und vor allem mit Wilhelm Hertz an. Dazu zählen auch die Briefe an die Herausgeber und Chefredakteure der Zeitschriften, an denen er mitarbeitete: Julius Rodenberg, Maxililian Harden, Hermann Kletke und Friedrich Stephany. In den letzten anderthalb Jahrzehnten seines Lebens traten noch zwei äußerst wichtige Briefpartner hinzu: der Amtsrichter Georg Friedlaender, den er 1884 bei einem Aufenthalt im Riesengebirge kennenlernte, und der englische Arzt James Morris.

Ein Kapitel für sich ist die Editionsgeschichte der Briefe. Bereits wenige Jahre nach seinem Tode erschien 1904 eine Auswahl seiner Briefe an die Familie in zwei Bänden und fünf Jahre später zwei Bände mit Briefen an die Freunde. Dabei wurden zahlreiche Briefe gekürzt und unvollständig gedruckt, andere sogar aus mehreren zusammengesetzt. In den folgenden Jahrzehnten wurden viele Briefe Fontanes in Zeitschriften und Zeitungen publiziert; und in den dreißiger und vierziger Jahren erschienen weitere Auswahlbände, leider wieder mit gekürzten und unvollständigen Texten.

Während des Zweiten Weltkrieges wurden große Teile der Handschriften in Bibliotheken und Privatsammlungen vernichtet oder verlagert.

Nach 1945 begann mit den *Briefen an Georg Friedlaender* und ab 1968 mit der Edition von fast 850 Briefen, die die Stiftung Preußischer Kulturbesitz erwerben konnte, eine wissenschaftlich zuverlässige Veröffentlichung der Briefe. In den folgenden Jahren wurden einzelne Briefwechsel veröffentlicht, 1981 erschien in zweiter Auflage eine wichtige Auswahl von über 500 Briefen in zwei Bänden, und ab 1976 kam die bisher umfangreichste Edition Fontanescher Briefe in vier Bänden mit 2478 Briefen heraus. 1988 wurde der Band *Die Briefe Theodor Fontanes, Verzeichnis und Register* veröffentlicht; in ihm werden 5843 Briefe Fontanes verzeichnet und registriert, für die gegenwärtig Originale, Kopien oder Abschriften nachweisbar sind. Nach vorsichtiger Schätzung hat Fontane etwa 12 000 Briefe geschrieben. O.Dr.

Ausgaben: Th. F. und Bernhard von Lepel. Ein Freundschafts-Briefwechsel, Hg. J. Petersen, Mchn. 1940, 2 Bde. – Briefe an Georg Friedlaender, Hg. K. Schreinert, Heidelberg 1954. – F.s Briefe, Hg. G. Erler, Bln./Weimar 1968; Mchn. 1981, 2 Bde. – Briefe, Hg. K. Schreinert u. C. Jolles, Bln. 1968–1971, 4 Bde. – Briefe an Julius Rodenberg, Hg. H.-H. Reuter, Bln./Weimar 1969. – Briefe an Hermann Klettke, Hg. H. Nürnberger, Mchn. 1969. – Briefe, Hg. O. Drude u. H. Nürnberger (in Werke, Schriften und Briefe, Hg. W. Keitel u. H. Nürnberger, Abt. 4, Bd. 1–4, Mchn. 1976–1982; ern. Ffm./Bln. 1988; Ullst. Tb). – F. Ein Leben in Briefen, Hg. O. Drude, Ffm. 1981. – Die Fontanes und die Merckels. Ein Familienbriefwechsel, Hg. G. Erler, Bln./Weimar 1987, 2 Bde. – Briefwechsel mit Wilhelm Wolfsohn, Hg. Chr. Schultze, Bln./Weimar 1988. – Briefe an den Verleger Rudolf von Decker, Hg. W. Hettche, Heidelberg 1988. – Die Briefe Th. F.s, Hg. C. Jolles u. W. Müller-Seidel, Mchn. 1988.

Literatur: E. Bertram, Th. F.s Briefe (in Mitt. der literarhistorischen Ges., 5, 1910, H. 6). – Th. Mann, Der alte F. [1910] (in Th. M., GW, Bd. 9, Ffm. 1960, S. 9 ff.). – Ders., Noch einmal der alte F. [1954] (ebd., S. 816 ff.). – G. Erler, »Ich bin der Mann der langen Briefe«. Bekanntes u. Unbekanntes über F.s Briefe (in F.-Blätter, 1, 1968, H. 7, S. 314–330). – H.-H. Reuter, Der Briefschreiber F. (in H.-H. R., Von Dreißig bis Achtzig, Mchn. 1970). – H. Nürnberger, F.s Briefstil (in Probleme der Brief-Edition, Boppard 1977). – O. Drude, F. und seine Briefe (in Ein Leben in Briefen, Hg. ders., Ffm. 1981).

CÉCILE

Roman von Theodor Fontane, entstanden 1884, erschienen 1886. – Der Roman hängt entstehungsgeschichtlich eng mit *Irrungen und Wirrungen* sowie mit *Stine* zusammen und spielt in der zeitgenössischen Offiziers- und Adelswelt Berlins: Oberst a. D. Pierre von St. Arnaud führt mit seiner um zwanzig Jahre jüngeren Frau, der schönen, schwermütigen Cécile, eine Ehe, die nur noch um der Konvention, nicht um der Liebe willen aufrechterhalten wird. Der Oberst hatte einst wegen der Verbindung mit Cécile den Dienst quittieren müssen und ist seither ein verbitterter, ichsüchtiger Mensch geworden und zum Hasardeur herabgesunken. Céciles gesellschaftliches Ansehen ist, sosehr sie die Distinktion einer Dame hat, durch ihr Vorleben belastet: Schon früh hatte sie ihren Vater und damit den pädagogischen Halt verloren und war als junges Mädchen den Verführungen einer verderbten Umwelt erlegen. – Während einer Kur im Harz lernt das Ehepaar Arnaud den jungen Ingenieur von Gordon kennen, einen liebenswürdigen Mann von leidenschaftlich-trotzigem, aber schwankendem Charakter, der schnell eine heftige Zuneigung zu Cécile faßt. Als das Ehepaar wieder nach Berlin zurückgekehrt ist, erzwingt Gordon, ebenfalls in Berlin beruflich tätig, erneute Begegnungen mit Cécile im Haus Arnaud. Cécile gesteht widerstrebend ihre Gegenliebe. Doch Gordon erfährt jetzt von ihrer Vergangenheit, über die er sich nicht hinwegzusetzen vermag. Mißtrauen und Eifersucht veranlassen ihn zu einer Taktlosigkeit, die zur Katastrophe führt. Er begegnet Cécile in Begleitung eines Freundes in der Oper und stürzt anschließend eifersüchtig zu ihr in die Wohnung, wo es eine heftige Auseinandersetzung gibt. Der Oberst hört von seinem nächtlichen Besuch, fordert ihn zum Duell und tötet ihn. Arnaud flüchtet nach Italien und bittet seine Frau, ihm zu folgen. Doch Cécile beendet ihr unglückliches Leben durch Selbstmord.

Wie *L'Adultera* und *Effi Briest* ist auch *Cécile* eine Figuration der Fontaneschen Auseinandersetzung mit der Ehe als einer gesellschaftlichen Institution, in der die Schwierigkeit, das Recht des Individuums auf Freiheit und die Forderung der Allgemeinheit nach Ordnung miteinander in Übereinstimmung zu bringen, besonders deutlich wird. Die gänzlich passive Cécile zerbricht an den Konventionen einer Gesellschaft, die bereits in Auflösung begriffen ist und sich daher um so mehr an ihre alten Formen klammert, diese indessen nicht mehr als wirklich verpflichtend betrachtet. Die mehrschichtige soziale Problematik wird implizite in den konsequent entwickelten inneren Vorgängen, explizite in den Gesprächen dargetan. Das äußere Geschehen tritt – wie meist bei Fontane – hinter den Dialogen zurück, die sowohl mit urbaner Eleganz geführte Plaudereien als auch geschickt gehandhabte Mittel zur psychologisch nuancierten Charakterisierung sind.　　　　　　　　　L.Sch.

AUSGABEN: Dresden/Lpzg. 1886 (in Universum, 2). – Bln. 1887. – Mchn. 1958 (in *Drei Romane*, Hg. E. Gross). – Mchn. 1959 (in *SW*, Hg. E. Gross, Bd. 4). – Mchn. 1962 (in *SW*, Hg. W. Keitel, Abt. 1, Bd. 2). – Bln./Weimar 1969 (in *Romane u. Erzählungen*, Hg. P. Goldammer u. a., 8 Bde., 4). – Mchn. ²1971 (in *Werke, Schriften u. Briefe*, Hg. W. Keitel u. H. Nürnberger, Abt. 1, Bd. 2). – Ffm. u. a. 1976, Hg. dies. (Ullst. Tb). – Bln. 1976 [Nachw., Anm. H.-H. Reuter] – Ffm. 1983 (Nachw. W. Müller-Seidel; Insel Tb).

LITERATUR: P. U. Hohendahl, *Th. F.: »Cécile«. Zum Problem der Mehrdeutigkeit* (in GRM, N. F., 18, 1968, S. 381–405). – G. Friedrich, *Die Schuldfrage in F.s »Cécile«* (in Jb. der dt. Schiller-Ges., 14, 1970, S. 520–545). – M. Heuser, *F.s »Cécile«: Zum Problem des ausgesparten Anfangs* (in ZfdPh, 92, 1973, S. 36–58). – C. Ueding, *Utopie auf Abwegen. Zwei Szenen in F.s Roman Cécile* (in *Lit. ist Utopie*, Hg. ders., Ffm. 1978, S. 220–253). – U. Schmalbruch, *Zum Melusine-Motiv in F.s Cécile* (in Text & Kontext, 8, 1980, H. 1, S. 127–144). – I. Stephan, *»Das Natürliche hat es mir seit langem angetan«. Zum Verhältnis von Frau u. Natur in F.s »Cécile«* (in *Natur u. Natürlichkeit*, Hg. R. Grimm u. J. Hermand, Königstein/Ts. 1981, S. 118–149).

EFFI BRIEST

Roman von Theodor FONTANE, begonnen 1890, in zwei Teilen erschienen 1894/95 in der ›Deutschen Rundschau‹. – Der Roman greift eine Ehetragödie auf, die in den achtziger Jahren Aufsehen erregt hatte; 1886 duelliert sich der preußische Offizier Armand von Ardenne mit dem Düsseldorfer Amtsrichter Emil Hartwich, dem er eine Affäre mit seiner Ehefrau Elisabeth, geb. v. Plotho, unterstellt. Fontane erfährt, wie er rückblickend in einem Brief an seinen Verleger Hans Hertz (2. 3. 1895) schildert, nähere Einzelheiten im Hause von Carl Robert Lessing *(»Effi komm«)*; daneben gestaltete auch Friedrich Spielhagen den Stoff in seinem Roman *Zum Zeitvertreib* (1896).

Im Hause des Ritterschaftsrats von Briest auf Hohen-Cremmen hält ein Jugendfreund Frau von Briests, Baron von Innstetten, um die Hand der Tochter des Hauses an. Die Stellung Innstettens – er ist Landrat des Kreises Kessin in Hinterpommern –, seine vielversprechende berufliche Zukunft, sein Ruf als *»Mann von Charakter ... und guten Sitten«* machen eine Verbindung wünschenswert, und so folgt die siebzehnjährige und noch kindliche Effi dem mehr als zwanzig Jahre Älteren in sein Kessiner Haus, ohne eine rechte Vorstellung von der Ehe zu haben, ja ohne den zeremoniell-steifen Innstetten eigentlich zu lieben. Nachdem das Ungewohnte der neuen Umgebung zunächst anregend auf Effi gewirkt hat, beginnt sie bald, von ihrem Mann oft allein gelassen, sich in dem gesellschaftlich unergiebigen Kessin zu langweilen. Ihr wird schmerzlich bewußt, was ihr in ihrer Ehe fehlt: *»Huldigung, Anregungen, kleine Aufmerksamkeiten«*, denn *»Innstetten war lieb und gut, aber ein Liebhaber war er nicht«*. Zudem wird sie durch merkwürdige Spukgeräusche und -erscheinungen geängstigt, ohne bei ihrem Mann Verständnis und Trost zu finden. Die Geburt einer Tochter läßt Effi reifer und fraulicher werden; aber auch das Kind kann sie aus ihrer inneren Vereinsamung nicht befreien. Allmählich und fast gegen ihren Willen entwickelt sich eine Liebesbeziehung zwischen ihr und dem neuen Bezirkskommandanten Crampas, einem erfahrenen, leichtsinnigen »Damenmann«, dem »*alle Gesetzmäßigkeiten ... langweilig*« sind. Das Verhältnis bleibt jedoch ohne Leidenschaft, das Verbotene und Heimliche ihres Tuns ist Effis offener Natur zuwider. So begrüßt sie es als Erlösung, daß Innstetten nach Berlin versetzt wird und die Beziehung zu Crampas damit ein unauffälliges Ende findet. Das Ehepaar verlebt ruhige und harmonische Jahre in Berlin, da findet Innstetten eines Tages während der Abwesenheit seiner Frau die Briefe, die Crampas in Kessin an Effi geschrieben hat. Er fühlt sich tief in seiner Ehre verletzt, und wenn auch keinerlei Gefühl von Haß oder Rachsucht in ihm aufkommt, sieht er doch keinen andern Weg zur Wiederherstellung seines Ansehens vor sich selbst und der Welt, als Crampas zum Duell zu fordern. Crampas fällt. Obwohl Innstetten sich der Fragwürdigkeit des geltenden Ehrbegriffes bewußt ist, obwohl er erkennt, daß »*alles einer Vorstellung, einem Begriff zuliebe*« geschehen ist, »*eine gemachte Geschichte, halbe Komödie*« war, kann er sich doch über die Gebote der Gesellschaft nicht hinwegsetzen: »*Und diese Komödie muß ich nun fortsetzen und muß Effi wegschicken und sie ruinieren, und mich mit ...*« Er läßt sich von seiner Frau scheiden; das Kind bleibt bei ihm. Da Effis Eltern ihr aus gesellschaftlichen Rücksichten die Zuflucht in Hohen-Cremmen verweigern, lebt sie fortan zusammen mit dem Kindermädchen ihrer Tochter Annie in einer bescheidenen Berliner Wohnung. Dort findet auf ihr wiederholtes Bitten ein Wiedersehen mit der nun zehnjährigen Annie statt. Aber die Begegnung ist schmerzlich und bitter: Das Kind ist der Mutter entfremdet und verhält sich, offensichtlich vom Vater dazu angehalten, abweisend. Nach diesem Besuch bricht Effi, die schon lange kränkelt, zusammen. Auf Vermittlung ihres Arztes holen die Eltern die Todkranke endlich heim. Dort klingt ihr Leben in ruhigem Frieden aus: Sie versöhnt sich innerlich mit ihrem Mann und gesteht ihm zu, »*daß er in allem recht gehandelt ... Denn er hatte viel Gutes in seiner Natur und war so edel, wie jemand sein kann, der ohne rechte Liebe ist.*« Dem vereinsamten, freudlos dahinlebenden Innstetten aber bleibt nur das Bewußtsein, »*daß es ein Glück gebe, daß er es gehabt, aber daß er es nicht mehr habe und nicht mehr haben könne*«.

Bereits die zeitgenössische Kritik hatte an dem Roman, der wohl zu Fontanes größtem Erfolg wurde, die »*Milde des Urteils über menschliches Thun*« (J. V. Widmann) gerühmt und den Text als Alterswerk klassifiziert. Fontane erzählt die Geschichte Effi Briests fast im Plauderton, unaufgeregt, ohne Pathos und mit distanzierter Ironie. Was ihm in der Forschung mitunter als mangelnde Leidenschaft angekreidet wurde, vergleicht man das Werk mit FLAUBERTS *Madame Bovary* oder TOLSTOIS *Anna Karenina*; eine direkte Anklage erhebt er sowenig wie er eine Schuldfrage aufwirft, obgleich am Anachronismus des preußischen Offiziers- und Ehrenkodexes kein Zweifel bleibt, worüber sich Fontane auch in einem Brief (12. 6. 1895) äußert: »*Ich bin schon ohnehin gegen totschießen, Mord, aus dem Affekt heraus, geht viel eher, aber nun gar totschießen wegen einer 7 Jahre zurückliegenden Courmacherei – an die sich in der Regel ein anständiger Ehemann mit Vergnügen erinnert – das wäre denn doch über den Spaß. Auch so geht Innstetten – der übrigens von allen Damen härter beurteilt wird, als er verdient – sehr ungern 'ran und wäre nicht der Ehrengötze, so lebte Crampas noch.*« Sowenig sich Effi in ihrer seelischen Isolierung dem Verhängnis entziehen kann, sowenig ist es dem korrekten Innstetten möglich, anders als nach den Normen der Gesellschaft zu handeln. Und schließlich mündet alles Suchen nach einer Schuld in die Frage Frau von Briests: »*... ob sie nicht doch vielleicht zu jung war?*«

Der Roman gilt als Fontanes »*modernstes Werk, das am deutlichsten über die bürgerlich realistische Epoche hinaus in die Zukunft weist*« (Th. Mann), wie auch der Autor in den Dialogen seiner Figuren das Geschehen nur indirekt sich spiegeln läßt. Nur in Andeutungen schildert Fontane die entscheidende Beziehung zwischen Effi Briest und Crampas: Effis lange, einsame Spaziergänge, ihr verändertes Wesen und Aussehen – viel mehr erfährt der Leser nicht. Das, was in den Redenden und Handelnden vorgeht, was sich entwickelt und was entschieden wird, kann sich nicht artikulieren in jenem Geflecht von Zwängen und Konventionen, denen diese Menschen unterliegen. KLL

AUSGABEN: Bln. 1894/95 (in DRs, Bd. 81 u. 82). – Bln. 1895. – Bln. 1927 [Ill. M. Liebermann]. – Mchn. 1959 (in *SW*, Hg. E. Gross, Bd. 7). – Mchn. 1963 (in *SW*, Hg. W. Keitel, Abt. 1, Bd. 4). – Zürich 1964 [Nachw. M. Rychner]. – Bln./Weimar 1969 (in *Romane u. Erzählungen*, Hg. P. Goldammer u. a., 8 Bde., 7). – Stg. 1970 (Nachw. K. Wölfel; RUB). – Mchn. 1974, Hg. R. Bachmann u. P. Bramböck. – Mchn. 1974 [nach der Originalausg., Textrev. J. Perfahl; Nachw. F. Martini u. H. Platschek]. – Mchn. ²1974 (in *Werke, Schriften u. Briefe*, Hg. W. Keitel u. H. Nürnberger, Abt. 1, Bd. 4). – Ffm. 1976 (Insel Tb). – Mchn. 1978 (Nachw., Zeittafel u. Bibliogr. D. Mende; Goldm. Tb). – Bln./Weimar ⁵1979 (in *Werke*, 5 Bde., 4; Ausw., Einl. H.-H. Reuter). – Ffm. 1980 [Ill. M. Liebermann].

VERFILMUNGEN: *Der Schritt vom Wege*, Deutschland 1939 (Regie: G. Gründgens). – *Rosen im Herbst*, Deutschland 1956 (Regie: R. Jugert). – DDR 1969 (TV; Regie: W. Luderer). – BRD 1974 (Regie: R. W. Fassbinder).

LITERATUR: F. Poppenberg, Rez. (in Die Nation, 16. 11. 1895). – J. V. Widmann, Rez. (in Bund, Bern, 17. 11. 1895). – Th. Mann, *Zum hundertsten Geburtstag Th. F.s* (in Berliner Tageblatt, 25. 12.

1919). – F. Landshoff, *Th. F.s »Effi Briest«. Die Kunstform eines Romans*, Diss. Ffm. 1924. – R. Gippert, *»Effi Briest«*, Diss. Bonn 1951. – P. Meyer, *Die Struktur der dichterischen Wirklichkeit in F.s »Effi Briest«*, Diss. Mchn. 1961. – H. W. Seiffert, *»Effi Briest« u. Spielhagens »Zum Zeitvertreib«. Zeugnisse u. Materialien* (in H. S., *Studien zur neueren deutschen Lit.*, Bln./DDR 1965, S. 187–192). – D. Weber, *»Effi Briest« – »Auch wie ein Schicksal«. Über den Andeutungsstil bei F.* (in FDH, 1966, S. 457–474). – W. Müller-Seidel, *F.s »Effi Briest«. Zur Tradition des Eheromans* (in *Wiss. als Dialog*, Hg. R. v. Heydebrand u. K. G. Just, Stg. 1969, S. 30–58). – R. Quabius, *Die Gestaltung des Raumes in Th. F.s Roman »Effi Briest«* (in Acta Germanica, 5, 1970, S. 133–152). – C. Laufer, *Vollständige Verzeichnung u. Erschließung der Werkhandschriften. »Unwiederbringlich«, »Effi Briest« und »Der Stechlin«*, Diss. Bln. 1973. – U. Baur, *Zur Rezeption der »Effi Briest« von Th. F.; mit zwei Briefen F.s zu dem Roman* (in Jb. der Raabe-Ges., 1975, S. 7–15). – G. Tax-Schultz, *Andeutung u. Leitmotiv in F.s »Effi Briest«* (in Fontane-Blätter, 3, 1976, S. 507–522). – Th. Degering, *Das Verhältnis von Individuum u. Gesellschaft in F.s »Effi Briest« und Flauberts »Madame Bovary«*, Bonn 1978. – G. Warnke, *Der Spuk als ›Drehpunkt‹ in F.s »Effi Briest«* (in Lit. für Leser, 1, 1978, S. 214–242). – P.-K. Schuster, *Th. F.: »Effi Briest« – ein Leben nach christlichen Bildern*, Tübingen 1978. – D. Mende, *Frauenleben. Bemerkungen zu F.s »L'Adultera« nebst Exkursionen zu »Cécile« und »Effi Briest«* (in *F. aus heutiger Sicht*, Hg. H. Aust, Mchn. 1980, S. 183–213). – W. Schafarschik, *Th. F.: »Effi Briest«. Erl. u. Dokumente*, Stg. 1980 (RUB). – A. M. Gilbert, *A New Reading of F.'s »Effi Briest«. Genesis and Interpretation*, Diss. Univ. of California 1980. – K. M. Bindokat, *»Effi Briest«: Erzählstoff u. Erzählinhalt*, Diss. Univ. of California 1981; Ffm./Bern 1984. – U. Rainer, *»Effi Briest« u. das Motiv des Chinesen. Rolle u. Darstellung in F.s Roman* (in ZfdPh, 101, 1982, S. 545–561). – W. Herzig, *Weltentwurf u. Sprachverwandlung. Untersuchungen zu Dominanzverschiebungen in der Erzählkunst zwischen 1825 und 1950*, Bern/Ffm. 1982, S. 167–273. – E. Hamann, *Th. F.s »Effi Briest« als erzähltheoret. Sicht unter bes. Berücksichtigung der Interdependenzen zwischen Autor, Erzählwerk u. Leser*, Bonn 1984. – G. Schachtschabel, *Der Ambivalenzcharakter der Literaturverfilmung. Mit einer Beispielanalyse von Th. F.s Roman »Effi Briest« u. dessen Verfilmung von R. W. Fassbinder*, Ffm. u. a. 1984. – H. Budjahn, *F. nannte sie »Effi Briest«. Das Leben der Elisabeth von Ardenne*, Bln. 1985.

ELLERNKLIPP. Nach einem Harzer Kirchenbuch

Erzählung von Theodor Fontane, erschienen 1881. – In einem kleinen Harzdorf lebt der seit kurzem verwitwete »Heidereiter« (Förster in gräflichen Diensten) Baltzer Bocholt, ein ehrenhafter und rechtlicher Mann. Auf Wunsch des alten Pastors Sörgel nimmt er Hilde, das Kind der gerade verstorbenen Muthe Rochussen, in sein Haus, um sie mit seinem fast gleichaltrigen Sohn Martin zu erziehen. Hildes Vater soll, so geht das Gerede der Dörfler, der im Siebenjährigen Krieg gefallene junge Graf sein. Sie ist anders als die andern Kinder; in ihrem Wesen ist etwas Geheimnisvolles, das zusammen mit ihrem feinen, aparten Aussehen die Menschen und besonders die Männer stark anzieht, obwohl sie nichts dazu tut, vielmehr den Dingen träumerisch ihren Lauf läßt. Mit dem Heranwachsen der Kinder wandelt sich die geschwisterliche Zuneigung Martins in Liebe, die von Hilde – wenn auch ohne große Leidenschaft – erwidert wird. Gleichzeitig beginnt auch der Vater – dessen finstere Strenge Hilde, bei aller Dankbarkeit für seine Güte, ein wenig fürchtet – sie nicht mehr als Kind anzusehen. Eine wilde Eifersucht auf den Sohn gewinnt Macht über ihn. Er versucht, sie zu bezwingen. Als er aber eines Tages auf dem einsamen Weg nach Ellernklipp, einem schroffen Felsstein, plötzlich Martin gegenübersteht, der von einem Zusammensein mit Hilde kommt, kann er sich nicht mehr beherrschen. Die beiden Männer geraten in Streit und ringen miteinander. Am Ende versetzt der Vater dem Sohn einen Stoß, der diesen in die Tiefe stürzt. Die Tat bleibt unentdeckt, Martin wird nicht gefunden und später für tot erklärt. Drei Jahre danach wird Hilde *»aus Furcht und Dankbarkeit«* des Heidereiters Frau. Das Kind, das ihnen geboren wird, ist kränklich und nicht lebensfähig. Baltzer *»erliegt den Visionen seiner Schuld«* und erschießt sich an eben dem Ort, an dem er seinen Sohn in den Tod geschickt hat. Hilde bleibt allein zurück und findet erst durch die Hinwendung zu *»werktätiger Liebe«* wieder zu sich selbst.

Ellernklipp, von der zeitgenössischen Kritik reserviert aufgenommen, gehört wie *Grete Minde* zu den »balladesken« Erzählungen Fontanes und geht auf einen tatsächlichen Mordfall aus dem Jahre 1752 zurück, der im Ilsenburger Kirchenbuch (Harz) festgehalten ist und wovon der Autor durch seine Nichte Anna von Below erfuhr. Was ihn an dem Stoff reizte, war die Gestalt Hildes, die unschuldig-schuldig Verwirrung stiftet: *»Ein angenommenes Kind«*, schreibt Fontane, *»schön, liebenswürdig, poetisch-apathisch, an dem ich beflissen gewesen bin, die dämonisch-unwiderstehliche Macht des Illegitimen und Languissanten zu zeigen. Sie tut nichts, am wenigsten etwas Böses, und doch verwirrt sie regelrechte Verhältnisse.«* M.L.L.

Ausgaben: Braunschweig 1881 (in WM, 50, S. 145–304). – Bln. 1881. – Mchn. 1959 (in *SW*, Hg. E. Gross, Bd. 2). – Mchn. 1959. – Mchn. 1962 (in *SW*, Hg. W. Keitel, Abt. 1, Bd. 1). – Bln./Weimar 1969 (in *Romane u. Erzählungen*, Hg. P. Goldammer u. a., 8 Bde., 3). – Mchn. ²1970 (in *Werke, Schriften u. Briefe*, Hg. W. Keitel u. H. Nürnberger, Abt. 1, Bd. 1). – Ffm. u. a. 1976, Hg. dies. (Ullst. Tb).

LITERATUR: G. v. Gynz-Rekowski, »*Ellernklipp*« u. der Bäumler-Prozeß (in Fontane-Blätter, 4, 1978, H. 4, S. 299–315). – H. Ohl, *Th. F.* (in *Handbuch der deutschen Erzählung*, Hg. K. Polheim, Düsseldorf 1981, S. 342–348). – P. Howe, *F.s »Ellernklipp« and the Theme of Adoption* (in MLR, 79, 1984, S. 114–130).

FRAU JENNY TREIBEL ODER »WO SICH HERZ ZUM HERZEN FIND'T«.
Roman aus der Berliner Gesellschaft

Roman von Theodor FONTANE, erschienen 1892. – Das Buch, das als der witzigste Roman Fontanes gilt, soll nach den Worten des Autors »*das Hohle, Phrasenhafte, Lügnerische des Bourgeoisstandpunktes ... zeigen, der von Schiller spricht und Gerson meint*« (Brief an den Sohn Theo, 9. 5. 1888). Exponentin dieses Standpunkts ist die Berliner Kommerzienrätin Jenny Treibel, in die Köpenicker Straße aufgestiegene Tochter eines Kolonialwarenhändlers aus der Adlerstraße, die »*fürs Romantische, Ideale, Poetische, Ästhetische, Ethische und Etepetetische*« schwärmt (P. Schlenther), ohne dabei jedoch zu vergessen, daß materielle Sicherheit der einzige ernstzunehmende Wertmaßstab ist. Sie lädt Corinna, die Tochter ihres Jugendfreundes, des jetzigen Professors Willibald Schmidt, zu einem Diner ein. Dort entfaltet die intelligente und geistreiche Corinna ihren ganzen Charme und Witz, zum Entzücken des jungen Engländers Mr. Nelson, der Ehrengast des Abends ist. Tatsächlich aber brennt sie dieses Feuerwerk nur ab, um Leopold Treibel, den jüngeren Sohn des Gastgebers, für sich einzunehmen, wie ihr Vetter Marcell Wedderkopp, der sie liebt, mit schmerzlicher Eifersucht beobachtet. Auf dem Heimweg gibt sie Marcell zu verstehen, daß sie entschlossen ist, den ihr geistig und an Vitalität weit unterlegenen Leopold zu heiraten, um sich damit eine bessere gesellschaftliche Position zu erobern.

Auf einem Ausflug nach Halensee findet sich einige Tage später die Gesellschaft wieder zusammen. Jenny, am Arm Willibald Schmidts promenierend, gedenkt mit Tränen in Aug' und Stimme der vergangenen Zeiten und beteuert, daß sie »*in einfacheren Verhältnissen und als Gattin eines in der Welt der Ideen und vor allem auch des Idealen stehenden Mannes wahrscheinlich glücklicher geworden wäre*« – ganz im Sinne des Gedichts, das ihr Willibald einst widmete und in dem er nur dort wahres Leben sah, »*wo sich Herz zu Herzen find't*«. Währenddessen entlockt Corinna Leopold geschickt ein Liebesgeständnis und verlobt sich mit ihm. Frau Jenny ist außer sich. Sie »*vergißt ihr Sprüchlein von den Herzen, die sich finden, und wird praktisch*« (P. Schlenther). Ihr heftiger Widerstand richtet sich weniger gegen die Person Corinnas als gegen die Tatsache ihrer Mittellosigkeit. Zwar versucht der alte Treibel, »*der ein guter und auch ganz kluger Kerl*« ist, seiner Frau das Empörende und Überhebliche ihres Standpunktes klarzumachen, aber dann siegt doch der Bourgeois in ihm: »*Wenn sie am Ende doch recht hat?*« Nun erscheint Jenny eine von ihr bis dahin weit von sich gewiesene Verlobung ihres Sohnes mit Hildegard Munk, der Schwester ihrer Schwiegertochter Helene, immer noch wünschenswerter als eine Verbindung mit Corinna, denn Hildegard entstammt immerhin der Familie eines wohlhabenden Hamburger Holzhändlers. Leopold, der Corinna aufrichtig liebt, beteuert ihr in täglichen Briefen zwar stets aufs neue seine Entschlossenheit, sich gegen die Mutter durchzusetzen, doch ist er zu weich und energielos, um dem Entschluß die Tat folgen zu lassen. Corinna, tief gelangweilt und sich allmählich über die Beweggründe der Kommerzienrätin – die auch beinahe ihr eigenes Handeln bestimmt hätten – klar werdend, gibt Leopold frei und heiratet Marcell, der als Archäologe und zukünftiger Professor ihrer eigenen Welt angehört. Auf der Hochzeit finden sich die beiden Familien Treibel und Schmidt wieder in alter Freundschaft vereint, denn man will »*vergeben und vergessen, hüben und drüben*«, die Räson, die »*Spielregel*«, nach der die bürgerliche Gesellschaft lebt (L. Mackensen), hat gesiegt.

Frau Jenny Treibel »*steht unter Fontanes Romanen durchaus auf eigener Linie. Man könnte sagen: es ist das berlinischste unter allen seinen Werken. Denn in keinem andern prägt sich der Berliner Witz in seiner kennzeichnenden Verbindung von Gutmütigkeit und Spottsucht so deutlich aus wie hier*« (L. Mackensen), vor allem auch in den vielen Gesprächen, zu denen der Autor seine Personen immer wieder zusammenführt. Mehr andeutend als ausführend, geben die Dialoge dennoch ein klares und umfassendes Bild der Sprechenden und der Welt, in der sie leben. Sie ist auch Fontanes eigener Lebenskreis, und so spricht aus Willibald Schmidts ironischer Ablehnung des bourgeoisen Protzentums der Autor selbst, tragen Frau Jenny und Corinna Züge der Schwester und der Tochter Fontanes. KLL

AUSGABEN: Bln. 1892 (in DRs, Bd. 70 u. 71). – Bln. 1893. – Gütersloh 1950 [Nachw. L. Mackensen]. – Mchn. 1959 (in *SW*, Hg. E. Gross, Bd. 7). – Mchn. 1963 (in *SW*, Hg. W. Keitel, Abt. 1, Bd. 4). – Bln./Weimar 1969 (in *Romane u. Erzählungen*, Hg. P. Goldammer u. a., 8 Bde., 6). – Mchn. 1974 [nach der Originalausg.; Textrev. J. Perfahl; Nachw. F. Martini u. M. Platschek]. – Mchn. [2]1974 (in *Werke, Schriften u. Briefe*, Hg. W. Keitel u. H. Nürnberger, Abt. 1, Bd. 4). – Ffm. u. a. 1976, Hg. dies. (Ullst. Tb). – Bln./Weimar [5]1979 (in *Werke*, 5 Bde., 3; Ausw., Einl. H.-H. Reuter). – Mchn. 1980, Hg. W. Keitel u. H. Nürnberger. – Ffm. 1984 (Nachw. R. Brinkmann; Insel Tb).

LITERATUR: D. Turner, *F.s »Frau Jenny Treibel«. A Study in Ironic Discrepancy* (in FMLS, 8, 1972, S. 132–147). – D. Kafitz, *Die Kritik am Bildungsbürgertum in F.s Roman »Frau Jenny Treibel«* (in ZfdPh, 92, 1973, S. 74–101; Sonderheft Th. F.). – R. Schäfer, *Th. F. »Unterm Birnbaum«. »Frau Jenny Treibel«. Interpretationen*, Mchn. 1974; [2]1985. –

Th. F.: »*Frau Jenny Treibel*«. *Erl. u. Dokumente*, Hg. W. Wagner, Stg. 1976 (RUB). – H. Grieve, *Frau Jenny Treibel u. Frau Wilhelmine Buchholz: F.s Roman u. die Berliner Populärliteratur* (in *Formen realistischer Erzählkunst. Fs. für Ch. Jolles*, Hg. J. Thunecke, Nottingham 1979, S. 535–543). – H. Reinhardt, *Die Wahrheit des Sentimentalen. Bemerkungen zu zwei Romananschlüssen bei Th. F.: »Frau Jenny Treibel« u. »Effi Briest«* (in WW, 29, 1979, S. 318–326). – A. Bance, *Th. F.: The Major Novels*, Cambridge 1982, S. 131–162.

GRETE MINDE. Nach einer altmärkischen Chronik

Erzählung von Theodor FONTANE, erschienen 1879. – Die Erzählung greift auf die Verwüstung der Stadt Tangermünde durch einen Brand zurück, den die Bürgerin Grete Minde am 13. 9. 1617 legte. Fontane setzt mit seiner Schilderung zwei Jahre früher ein. Ohne Liebe wächst die früh verwaiste Grete Minde im Haus ihres Halbbruders Gerdt und seiner kalten, engherzigen Frau Trud auf, die das von Anbeginn seltsam herbe und hochmütig auffahrende Kind haßt und seiner Mutter wegen, die eine katholische Spanierin war, fast für eine Hexe hält. Einziger Trost des oft melancholisch verdüsterten Mädchens ist der gutherzige Valtin, der Kindheitsgespiele aus dem Nachbarhaus, der sie innig liebt. Als Truds Feindseligkeiten immer unerträglicher werden, flieht Grete, begleitet von dem Freund, der sie nicht verlassen will, heimlich aus dem Haus. Nach drei Jahren kehrt sie mit dem todkranken Valtin und ihrem gemeinsamen Kind in die Heimat zurück. Sie stehen in kärglichem Brot bei einer Puppenspielergruppe, die vor einigen Jahren in Tangermünde das »Jüngste Gericht« gespielt hat – eine Aufführung, deren düstere Gewalt Grete tief ängstigte und doch faszinierte. Vor seinem Tod nimmt Valtin Grete das Versprechen ab, um ihres Kindes willen allen Stolz zu begraben, nach Hause zurückzukehren und den Bruder kniefällig um Vergebung zu bitten. Grete erfüllt schweren Herzens das Versprechen und demütigt sich tief vor Gerdt, der ihr mit kaltherziger Gleichgültigkeit nicht nur die Aufnahme in sein Haus, sondern auch die Auszahlung ihres Erbteils verweigert. Auch der Rat der Stadt, vor dem sie nun, da ihr keine Barmherzigkeit zuteil wird, ihre Rechte geltend macht, versagt ihr auf die falschen Aussagen des Ratsherrn Gerdt Minde hin seine Unterstützung. Schon durch die schweren, entbehrungsreichen Jahre und durch den Verlust Valtins in einer seelischen und geistigen Verfassung, in der sie immer stärker krankhaften Vorstellungen und Einbildungen Raum gibt, überläßt sich die nun völlig Verlassene angesichts dieser Grausamkeit einer blinden Rach- und Zerstörungslust. Sie steckt ihr Vaterhaus und die Stadt in Brand und wird vor den Augen des Bruders mit ihrem Kind und Gerdts Sohn von dem brennenden und schließlich einstürzenden Kirchturm mit in die Tiefe gerissen.

Der – dem historischen Stoff gemäße – balladeske Ton und Aufbau dieser Erzählung, vor allem aber ihr dramatischer Schluß haben im Werk des Dichters keine Parallele. Fontane hatte erst den Erfolg seines Romandebüts *Vor dem Sturm* abgewartet, bevor er sich dem geplanten zweiten Roman *Allerlei Glück* widmen wollte. Zwischenzeitlich wandte er sich dieser Erzählung zu, die er für die Veröffentlichung in Zeitschriften konzipierte, womit er Vorgaben hinsichtlich der Länge und des Publikumsgeschmacks berücksichtigen mußte: *»Die Lebensgeschichte ›Grete Minde‹ war ein Stoff, in der sich auch die traditionelle Liebesthematik der Zeitschriftenbelletristik verarbeitet findet, hier jedoch mit einem bitteren Ende schließt.«* (H.-J. Konieczny).

Dennoch verrät sich auch hier in der Gestaltung der Dialoge und in einzelnen Szenen der Realist Fontane, wie überhaupt jede historisierende Manier vermieden ist. Grete Minde scheint in ihrer düsteren Getriebenheit nicht zu den anderen, klareren Frauengestalten Fontanes zu gehören, doch geht von ihr bei aller Leidenschaftlichkeit der Empfindungen und Reaktionen jene undefinierbare Kühle aus, die sie unverwechselbar an die Seite Effi Briests oder Corinnas *(Frau Jenny Treibel)*, Renates *(Vor dem Sturm)* oder Melanies *(L'Adultera)* stellt. H. Globig akzentuierte die Forschung zu dieser Erzählung neu, als er aus ihr einen sozialpolitischen Appell des Autors an seine Zeitgenossen las, *»der gerichtet ist auf die Versöhnung der Klassen, auf sozialpolitische Integration der Arbeiterschaft durch Gewährung von Teilhabe an den materiellen Erfolgen der Gesellschaft…«*. KLL

AUSGABEN: Breslau 1879 (in Nord u. Süd, H. 26, 27). – Bln. 1880. – Mchn. 1959 (in *SW*, Hg. E. Gross, Bd. 3). – Mchn. 1962 (in *SW*, Hg. W. Keitel, Abt. 1, Bd. 1). – Bln./Weimar 1969 (in *Romane u. Erzählungen*, Hg. P. Goldammer u. a., 8 Bde., 3). – Mchn. ²1970 (in *Werke, Schriften u. Briefe*, Hg. W. Keitel u. H. Nürnberger, Abt. 1, Bd. 1). – Ffm. u. a. 1976, Hg. dies. (Ullst. Tb).

VERFILMUNG: BRD 1977 (Regie: H. Genée).

LITERATUR: A. Boßhart, *Th. F.s historische Romane*, Winterthur 1957, S. 42–66. – W. E. Delp, *Around »Grete Minde«* (in Modern Languages, 40, 1959, S. 18 f.). – P. Demetz, *Formen des Realismus: Th. F.*, Mchn. 1964, S. 91–99. – H.-J. Konieczny, *F. Erzählwerke in Presseorganen des ausgehenden 19. Jh.s*, Diss. Paderborn 1978. – E. Pastor, *Das Hänflingsnest. Zu Th. F.s »Grete Minde«* (in Revue des langues vivantes, 44, 1978, S. 99–110). – J. Bos, *Die kritische Funktion der religiösen Motivik in F.s »Grete Minde«*, Diss. Utrecht 1980. – H. Globig, *Th. F.s »Grete Minde«: Psychologische Studie, Ausdruck oder Historismus oder sozialpolitischer Appell?* (in F.-Blätter, 4, 1981, S. 706–713). – F. Betz, *Th. F.: »Grete Minde«. Erl. u. Dokumente*, Stg. 1982 (RUB). – V. Giel, *Zur Anlage des Aufsatzes von K. Globig; »Grete Minde«: Versuch einer Interpretation* (in F.-Blätter, 5, 1982, S. 68–73).

IRRUNGEN WIRRUNGEN

Roman von Theodor FONTANE, erschienen 1887. – In einem kleinen Häuschen, das zu der nahe Wilmersdorf gelegenen Dörrschen Gärtnerei gehört, leben um die Mitte der siebziger Jahre des 19. Jh.s die alte Waschfrau Nimptsch und ihre Pflegetochter Lene, freundschaftlich verbunden mit dem Ehepaar Dörr. Mittelpunkt dieses kleinen Kreises wird für einen kurzen Sommer der junge Baron Botho von Rienäcker, der Lene in aufrichtiger Liebe zugetan ist. Beide wissen jedoch, daß ihre Verbindung nicht von Dauer sein kann, daß die Gesellschaft und ihre Ordnung stärker sein werden. Mit diesem Wissen – vor allem Lene, die stärkere und klarere, gibt sich keiner auch nur vorübergehenden Täuschung hin – leben sie ganz ihrem gegenwärtigen Glück, dessen Höhepunkt, eine Landpartie spreeaufwärts nach »Hankels Ablage«, auch gleichzeitig die unumgängliche Trennung näherbringt. Das glückliche Zusammensein wird durch die »Gesellschaft« jäh gestört: Drei Kameraden Bothos treffen mit ihren »Damen« ein. Lene wird nun in die Rolle eines »Standesverhältnisses« gedrängt, und es gelingt beiden Liebenden nicht, die Beziehung vor der gesellschaftlichen Normierung zu bewahren. Kurz darauf wird Botho auf seine Familienpflichten hingewiesen: sein Gut durch die Heirat mit einer reichen Kusine zu sanieren. Botho ist wie Lene im Innersten davon überzeugt, daß er nicht gegen die bestehende Gesellschaftsordnung leben kann. »*Ordnung ist doch das Beste, die Grundbedingung, auf der Staat und Familie beruhen, wer dauernd dagegen verstößt, geht zugrunde.*« Die Trennung ist da. Botho heiratet seine lustige und oberflächliche Kusine und führt mit ihr eine nicht einmal unglückliche, konventionelle Ehe. Auch Lenes Weg führt einige Jahre später in die Ehe mit einem Laienprediger, einem älteren und ehrenhaften Mann, dessen Neigung stark genug ist, das Vergangene, das ihm Lene gestanden hat, zu überwinden. So sind Botho und Lene, ganz ohne Aufhebens, in ihre Ordnung zurückgekehrt; doch das leichthin von Bothos Freund Pitt gesprochene Wort – »*es tut weh, und ein Stückchen Leben bleibt daran hängen. Aber das Hauptstück ist doch wieder heraus, wieder frei*« – trifft für sie nicht zu. Das Glück ihrer kurzen Liebe ist ihnen unvergeßlich, aber auch der Schmerz der Trennung bleibt allgegenwärtig. Das Leben geht weiter, aber alles ist ohne Glanz, das »Hauptstück« ist »hängengeblieben«.

Die Erzählung stieß auf heftige Ablehnung bei der Leserschaft. Sie nahm Anstoß an der unbefangenen Darstellung des Liebesverhältnisses zwischen einem Adligen und einer kleinen Plätterin, deren Gefühle der Dichter auch noch »*einfach, wahr und natürlich*« nannte und damit auf eine Wertstufe hob, die ihnen nach der herrschenden Moral nicht zustand. Daß sich Fontanes Gesellschaftskritik, wie in allen seinen Werken, auch hier hinter der scheinbaren Anerkennung der bestehenden Standeshierarchie verbirgt, darf nicht darüber hinwegtäuschen, daß diese Kritik gleichwohl vorhanden ist. Sie richtet sich gegen einen Sittenkodex, der zwei Menschen, die sich in tiefer Neigung gefunden haben, zwingt, ihr Glück gesellschaftlichen Vorurteilen zu opfern. Das Thema der unstandesgemäßen Liebe hat Fontane wenig später in *Stine* (1888) noch einmal ungleich bitterer und tragischer gestaltet. In *Irrungen Wirrungen* aber ist alles auf Nüchternheit und Klarheit gestimmt, alle Bewegung bleibt unter der Oberfläche, und alles Leid wird Resignation, die jedoch nichts von der Heiterkeit hat, die man ihr bei Fontane gern zuschreibt. KLL

AUSGABEN: Lpzg. 1887. – Mchn. 1969 (in *SW*, Hg. E. Gross, Bd. 3). – Mchn. 1962 (in *SW*, Hg. W. Keitel, Abt. 1, Bd. 2). – Bln./Weimar 1969 (in *Romane u. Erzählungen*, Hg. P. Goldammer u. a., 8 Bde., 5). – Mchn. ²1971 (in *Werke, Schriften u. Briefe*, Hg. W. Keitel u. H. Nürnberger, Abt. 1, Bd. 2). – Mchn. 1974 [nach der Originalausg., Textrev. J. Perfahl; Nachw. F. Martini u. H. Platschek]. – Ffm. u. a. 1976, Hg. W. Keitel u. H. Nürnberger (Ullst. Tb). – Bln./Weimar ⁵1979 (in *Werke*, 5 Bde., 3; Ausw., Einl. H.-H. Reuter). – Ffm. 1984 (Nachw. W. Killy; Insel Tb).

LITERATUR: O. Pniower, »*Irrungen, Wirrungen*« (in O. P., *Dichtungen u. Dichter*, Bln. 1912, S. 332–336). – M. Zerner, *Zur Technik von F.s* »*Irrungen, Wirrungen*« (in MDU, 45, 1953, S. 25–34). – G. Friedrich, *Die Frage nach dem Glück in F.s* »*Irrungen, Wirrungen*« (in Der Deutschunterricht, 11, 1959, H. 4, S. 76–87). – W. Killy, *Abschied vom Jh. F.s* »*Irrungen, Wirrungen*« (in W. K., *Wirklichkeit u. Kunstcharakter*, Mchn. 1963, S. 193–211). – H. Schmidt-Brümmer, *Formen perspektivist. Erzählens. F.s* »*Irrungen, Wirrungen*«, Mchn. 1971. – H. Ester, *Über Redensart u. Herzenssprache in Th. F.s* »*Irrungen, Wirrungen*« (in Acta Germanica, 7, 1972, S. 101–116). – Th. F.: »*Irrungen, Wirrungen*«. *Erl. u. Dokumente*, Hg. F. Betz, Stg. 1979 (RUB). – G. H. Hertling, *Th. F.s* »*Irrungen, Wirrungen*«. *Die* »*Erste Seite*« *als Schlüssel zum Werk*, Bern u. a. 1985.

MATHILDE MÖHRING

Roman von Theodor FONTANE, entstanden 1891, aus dem Nachlaß veröffentlicht von Josef ETTLINGER, erschienen 1906 in der »Gartenlaube«. – Die dreiundzwanzigjährige Mathilde Möhring lebt mit ihrer Mutter, einer kleinmütigen, »ewig weimernden« Buchhalterswitwe in einer bescheidenen Berliner Wohnung. Der Jura-Kandidat Hugo Großmann, ein trotz männlicher Erscheinung eher weicher junger Mann, der mehr Schiller, Lenau und Zola liest als Fachbücher und am liebsten, wie sein Freund Rybinski, zur Bühne ginge, mietet sich bei ihnen ein. Mathilde, die einen »Zug ins Größere« verspürt, faßt den energischen Plan, den intelligenten und gutmütigen, aber labilen Hugo zum Examen und anschließend in die Ehe zu führen. So betrachtet sie es als eine »sehr gute Fügung«, daß Hugo die Masern bekommt: Noch ehe er ganz genesen ist, macht er der liebevollen Pflegerin einen Heiratsantrag. Nach der Verlobung und einer vorehelichen »Flitterwoche« beginnt Mathilde, den Bräutigam zu intensivem und regelmäßigem Studium anzuhalten. Er besteht das Examen und wird mit ihrer Hilfe Bürgermeister einer westpreußischen Kleinstadt. Schließlich heiraten beide, und es gelingt Mathilde, ihrem Mann rasch wachsende Anerkennung zu verschaffen. Doch kaum hat sich das Ehepaar in den »gehobenen Kreisen« etabliert, erliegt Hugo der Schwindsucht. Resigniert, aber nicht gebrochen kehrt Mathilde nach Berlin zurück, wo sie als Lehrerin sich und ihrer Mutter eine Existenzgrundlage schafft.

Das Motiv des sozialen Aufstiegs – manche Züge erinnern an Guy de MAUPASSANTS Roman *Bel ami* (1885) – wird hier nicht tragisch zugespitzt. Zwar mißlingt der Versuch der Heldin, sich über das Milieu zu erheben, dem sie entstammt, aber sie kehrt am Ende doch mit einer gewissen Erweiterung ihres Horizonts zurück: »*Von den andern, zu denen Hugo gehörte, hat man doch mehr, und ich will versuchen, daß ich ein bißchen davon wegkriege.*« Der berechnende Ehrgeiz Mathildes, die »*ihren geschickt eroberten Mann über seine Fähigkeiten hinaus in ihren Aufstiegswillen einspannt*« (F. Martini), erscheint gemildert durch die instinktsichere und behutsame Art, mit der sie ihr Ziel verfolgt. Selbst Hugo »*in seinem ästhetischen Sinn, der sich an Finessen erfreuen konnte, sah diese Methode mit einem gewissen künstlerischen Behagen*«.

Die nach Ständen typisierten Figuren werden durchaus ironisch gezeichnet, und bei der Charakteristik des Rechnungsrats Schultze und der Aufwartefrau Runtschen gibt Fontane ein kritisches Bild der kleinbürgerlichen Ordnung seiner Zeit, auch wenn politische Motive nur am Rande auftauchen. Auch fehlen die für Fontanes Romane typischen (vgl. *Schach von Wuthenow*), groß angelegten Gesprächsszenen. Nicht mehr und nicht weniger wird geboten als »*die Geschichte der verunglückten Ehe einer Berlinerin, die zu hoch hinauswill, scheitert und doch nicht unterzukriegen ist*« (E. Groß).

C.Cob.

AUSGABEN: Lpzg. 1906 (in Die Gartenlaube). – Bln. 1908 (in *Aus dem Nachlaß*, Hg. J. Ettlinger). – Bln. 1914 (Fischer's Bibl. zeitgenöss. Romane, VI, 5). – Lpzg. o. J. (1929; IB). – Mchn. 1959 (in *SW*, Hg. E. Gross, Bd. 6). – Mchn. 1963 (in *SW*, Hg. W. Keitel, Abt. 1, Bd. 4). – Bln./Weimar 1969 (in *Romane u. Erzählungen*, Hg. P. Goldammer u. a., 8 Bde., 7). – Mchn. 1971, Hg. E. Erler [aufg. der Hs.]. – Mchn. ²1974 (in *Werke, Schriften u. Briefe*, Hg. W. Keitel u. H. Nürnberger, Abt. 1, Bd. 4). – Ffm. u. a. 1976, Hg. dies. (Ullst. Tb) – Stg. 1980 (Nachw. M. Lypp; RUB).

LITERATUR: G. Raphaël, »*Mathilde Möhring*« de *Th. F.* (in EG, 3, 1948, S. 297–303). – W. Hoffmeister, *Th. F.s* »*Mathilde Möhring*«: Milieustudie oder Gesellschaftsroman? « (in ZfdPh, 92, 1973, S. 126–149; Sonderheft Th. F.). – A. F. Bance, *F.s* »*Mathilde Möhring*« (in MLR, 69, 1974, S. 121–133). – E. F. George, *F.s* »*Mathilde Möhring*« (in Studia neophil., 46, 1974, S. 295–308). – G. Machal, *F.s* »*Mathilde Möhring*« (in Euph, 69, 1975, S. 18–40). – D. Sommer, *Kritisch-realistische Problem- u. Charakteranalysen in F.s* »*Mathilde Möhring*« (in Fontane-Blätter, 5, 1983, S. 330 bis 338).

DIE POGGENPUHLS

Roman von Theodor FONTANE, erschienen 1896. – Obgleich die Entstehungszeit des Romans (1891 bis 1894) mit der Arbeit an *Meine Kinderjahre* (1892) und der endgültigen Fassung von *Effi Briest* (1894) zusammenfällt, weisen *Die Poggenpuhls* bereits eine große formengeschichtliche Ähnlichkeit mit Fontanes letztem Roman *Der Stechlin* (1897) auf. Beide Werke sind gekennzeichnet durch den »*Verzicht auf alles, was man eine Fabel nennen könnte*« (Preisendanz).

Die verwitwete Majorin von Poggenpuhl lebt mit ihren drei Töchtern und einem treu ergebenen alten Dienstmädchen in sehr bescheidenen Verhältnissen. »*Er, der Major, hinterließ nichts als einen guten Namen und drei blanke Krönungstaler*«, die den Töchtern nun in Form von Broschen als Erinnerungsstücke dienen. Die »*schwesterliche Trias*«, bestehend aus der standesbewußten Therese, der praktisch veranlagten Sophie und dem Nesthäkchen Manon, trägt ihr Schicksal gelassen und setzt ihre ganzen Hoffnungen in die beiden Brüder Wendelin und Leo. »*Beide, wie sich das von selbst verstand, waren in das hinterpommersche, neuerdings übrigens nach Westpreußen verlegte Regiment eingetreten, drin schon ihr Vater seine Laufbahn begonnen ... hatte.*« Allein, auch Wendelin und Leo können allenfalls den »*Ruhm der Familie*«, nicht aber die finanzielle Lage aufbessern. Auch der Onkel und Generalmajor a. D. Eberhard Pogge von Poggenpuhl, obgleich zweiter Ehemann einer verwitweten Freiin von Leysewitz, kann mit seiner Pension nur in geringem Maße behilflich sein. Zwar führt er die Kinder bei seinen gelegentlichen Besuchen in Berlin ins Theater, auch nimmt er Sophie als Gesellschafterin für seine Frau in seinem Hause auf, doch eine finanzielle Verbesserung erfahren die Poggenpuhls erst mit seinem Tode, nach dem die nun zum zweiten Mal verwitwete Tante der Majorin und ihren Kindern eine Pension aussetzt, wodurch der Roman ein relativ versöhnliches Ende erfährt: »*Als wir die Poggenpuhls treffen, sind sie arm wie die Spatzen im Winter; als wir die Poggenpuhls verlassen, sind sie ärmlich wie die Spatzen im Spätherbst.*« (Schlenther)

Das »*Grundproblem dieser Familie: auf welche Weise auch immer den aus ihrem Stand und gegenüber ihrem Stand erwachsenden Ansprüchen und Erwartungen zu genügen, solange diese Weisen nur redlich und moralisch einwandfrei sind*« (Preisendanz), verdeutlicht Fontane bereits zu Beginn des Romans an-

hand einer ausführlichen Schilderung der Poggenpuhlschen Wohnung: *»von Plüschmöbeln existierte nichts und von Teppichen nur ein kleiner Schmiedeberger, der mit schwarzen, etwas ausgefusselten Wollfransen vor dem Sofa der zunächst am Korridor gelegenen und schon deshalb als Empfangssalon dienenden ›guten Stube‹ lag.«* Geprägt von einer *»erlöschenden, doch immerhin mal dagewesenen Feudalität«* verweist die Poggenpuhlsche Wohnung mit ihrer *»eigentümlichen Doppelaussicht«* – sie zeigt *»von den Vorderfenstern aus auf die Grabdenkmäler und Erbbegräbnisse des Matthäikirchhofs«*, von den Hinterfenstern aus auf die *»abwechselnd roten und blauen Riesenbuchstaben«* von *»Schulzes Bonbonfabrik«* – auf jene Spannung zwischen Tradition und Gegenwart, der die Poggenpuhls ebenso ausgesetzt sind wie die meisten Romanfiguren von Fontane.
Vor allem die Verhaltensweisen der beiden Schwestern Therese und Manon, beide wie die übrigen Romanfiguren *»durch ihre gesellschaftliche Situation konstituiert«* (Aust), verdeutlichen die zeitbedingte Konfliktlage der Adelsfamilie, die für eine standesgemäße Lebensführung keine Mittel besitzt und deren Festhalten an den Konventionen auch durch den Pragmatismus der subalternen Dienstmädchens wie der im Hause wohnenden Portiersfamilie konterkariert wird. Während Therese, die älteste, alles daransetzt, *»die Poggenpuhlsche Fahne hochzuhalten«*, verkehrt Manon im Kreise einer großbürgerlichen jüdischen Bankiersfamilie und sieht in einer Verheiratung ihres leichtlebigen Bruders Leo mit ihrer Freundin aus dem, wenn auch bürgerlichen, so doch *»hochangesehenen Haus«* eine Möglichkeit, die gesellschaftliche Stellung der eigenen Familie zu verbessern. Das übertriebene Standesbewußtsein der großen Schwester mitunter als *»kleinlich und altmodisch und überholt«* erachtend (*»die hält die Poggenpuhls für einen Pfeiler der Gesellschaft ..., was natürlich lächerlich ist«*), bemüht sie sich, eine Verbindung zu dem großbürgerlichen Haus herzustellen, auch wenn dies nicht über einen *»guten alten Namen«* verfügt: *»aber wer hat heutzutage nicht einen Namen? und was macht nicht alles einen Namen! Pears Soap, Blookers Cacao, Malzextrakt von Johann Hoff. Rittertum und Heldenschaft stehen daneben weit zurück.«*
Fontane selbst bemerkte zu den *Poggenpuhls:* »*Das Buch ist kein Roman und hat keinen Inhalt, das ›Wie‹ muß für das ›Was‹ eintreten...«* Eine gelassene, fast heitere Grundstimmung kennzeichnet den Roman, der beherrscht wird durch die Gespräche und Konversationen der Familienmitglieder, ergänzt durch einen langen Briefwechsel zwischen Sophie und ihrer Mutter, während eine herkömmliche Handlung nicht mehr vorhanden ist. Es entstand ein *»Nichts, dessen hervorstechendes Merkmal in der Ereignis- bzw. in der Belanglosigkeit aller Begebenheiten lag«* (Aust). *»Daß man dies Nichts, das es ist, um seiner Form willen so liebenswürdig anerkennt, erfüllt mich mit großen Hoffnungen, nicht für mich, aber für unsere liter. Zukunft«*, so lautet Fontanes Antwort auf die zeitgenössische Kritik, die dem Roman zwar aus gattungstheoretischer Sicht skep-

tisch gegenüberstand, jedoch das *»Kunstvolle, ja gar Experimenthafte«* (Szczepanski) der neuen Romanform durchaus lobenswert fand und den Humor als das dominierende Stilmittel des Werks erkannte. Die neuere Forschung sieht darin einen formengeschichtlichen Vorläufer des *Stechlin*, eine *»Rampe zu dem größeren letzten Roman«* (Preisendanz), der sich ebenso wie die Poggenpuhls durch ein *»Fehlen alles Stofflichen«* (Aust) auszeichnet und als Meisterstück des poetischen Realismus gilt.

S.Ri.

AUSGABEN: Bln. 1896 [als Vorabdruck in der Zs. Vom Fels zum Meer, 1895/1896]. – Lpzg 1929. – Mchn. 1959 (in *SW*, Hg.E. Gross, Bd. 4). – Stg. 1969 (RUB). – Bln./Weimar 1969 (in *Romane und Erzählungen*, Hg. P. Goldammer, G. Erler, A. Golz u. J. Jahn, 8 Bde., 7). – Mchn. 1971 (in *Werke, Briefe, Schriften*, Hg. W. Keitel u.H. Nürnberger, Abt. 1).

LITERATUR: P. Schlenther, Rez. (in Vossische Zeitung, 527, 8. 11. 1896). – P. von Szczepanski, Rez. (in Über Land und Meer, 1896/1897, Bd. 2, S. 311). – F. Avenarius, Rez. (in Der Kunstwart, 10, 1896/1897, S. 101). – F. Spielhagen, Rez. (in WM, 82, 1897, S. 125). – W. Preisendanz, *Die verklärende Macht des Humors im Zeitroman Th. F.'s* (in W. P., *Humor als dichterische Einbildungskraft*, Mchn. 1963, S. 214–241; ²1976). – H.-H. Reuter, *»Die Poggenpuhls«. Zu Gehalt und Struktur des Gesellschaftsromans bei Th.F.* (in EG, 20, 1965, S. 346–359). – D. C. Riechel, *A Study of Irony in F.s Last Two Novels »Die Poggenpuhls« and »Der Stechlin«*, Diss. Ohio State University, 1970 (vgl. Diss. Abstracts, 32, 1971, S. 453A). – F. Masaru, *F.'s »Die Poggenpuhls«. Zu Form und Gehalt* (in Doitsu Bungaku, 47, 1971, S. 44–53). – D.C. Riechel, *Thou com'st in such a questionable shape. Th. F.'s »Die Poggenpuhls«* (in *Herkommen und Erneuerung. Fs. O. Seidlin*, Hg. G. Gillespie u. E. Lohner, Tübingen 1976, S. 241–255). – H. Aust, *Th. F. »Die Poggenpuhls«. Zu Gehalt und Funktion einer Romanform* (in H. A., *F. aus heutiger Sicht*, Mchn. 1980, S. 214–238).

SCHACH VON WUTHENOW. Erzählung aus der Zeit des Regiments Gensdarmes

von Theodor FONTANE, erschienen 1882 in der ›Vossischen Zeitung‹, in Buchform 1882. – Privates und Gesellschaftliches sind in dem frühen Werk Fontanes, dem *»einsamen Gipfel der deutschen historischen Erzählung«* (G. Lukács), eng aufeinander bezogen. Fontane greift auf Geschehnisse des Jahres 1806, der Zeit vor der Jenaer Schlacht, und auf ein eher privates Ereignis aus dem Jahr 1815 zurück, um die Gesellschaft Berlins vor dem Untergang Preußens – durchaus stellvertretend für die zeitgenössische Gesellschaft – kritisch darzustellen. Er verknüpft die Vorgänge um das Verhältnis des altadligen Preußen Schach zu der blatternarbigen früheren Schönheit Victoire von Carayon mit den öffentlich-politischen Geschehnissen um das preußische Eliteregiment Gensdarmes, das nach der Schlacht bei Jena aufgelöst wurde.

Die Offiziere des Regiments, unter ihnen Schach als »*einer der Besten*«, treffen im Salon der Mutter Victoires und beim Prinzen Louis Ferdinand mit dem Zeitkritiker und Napoleonverehrer von Bülow zusammen und werden von ihm, der mit seinem Verleger »*die politische Meinung der Hauptstadt ... terrorisierte*«, in Debatten verwickelt. Zentrale Ereignisse der öffentlichen wie privaten Sphäre bestätigen die scharfsinnige Kritik Bülows. In einer Diskussion um das Lutherdrama *Weihe der Kraft* von Zacharias WERNER, das 1806 in Berlin uraufgeführt wurde, entwickelt er im Widerspruch zu der religiös erstarrten und naiven Ablehnung des »Bühnenluther« durch die Offiziere seine politischen Theorien, die auf eine Parallelisierung der »Episode Luther« mit der »Episode Preußen« hinauslaufen. Anläßlich dieser Aufführung veranstalten die Offiziere trotz Schachs Einspruch eine »Maskerade« in Theaterkostümen, mit der sie parodistisch das Drama Werners – wie Schach erkennt, aber auch dessen Zentralgestalt als »Mummenschanz-Luther« – bloßstellen. Hinter dem »*widerlichen Spiel*«, das nur aus der Sicht Victoires geschildert wird, steht die Überzeugung der Offiziere, »*daß das neuerdings von seiner früheren Höhe herabgestiegene Regiment eine Art patriotischer Pflicht habe, sich mal wieder ›als es selbst‹ zu zeigen*«. Diese Demonstration von Selbstbewußtsein und Patriotismus, von der sich Schach bewußt distanziert, beweist durch ihre Form die Berechtigung von Bülows kritischer Theorie.

Daß Schach, unter dem Eindruck der Gedankenspielerei des Prinzen über die paradoxe *beauté du diable*, die geistvolle Victoire verführt und die Heirat solange hinauszögert, bis ihn eine Vorladung an den Hof dazu bewegt, sich den Regeln der *honnêteté* zu beugen; daß er auf der Heimfahrt von der Hochzeit Selbstmord begeht, nachdem ihm durch Karikaturen und Schmähschriften die gesellschaftliche Problematik dieser Ehe bewußt wurde, bestätigt Bülows Thesen von der »*falschen Ehre*« Preußens. Als deren Symptom diagnostiziert und verurteilt Bülow den »Fall Schach« in seinem Brief vor Ende der Erzählung. Seine Perspektive wird ergänzt in dem abschließenden Brief der Victoire, die aus einer religiös-romantisierenden Stimmung heraus Schachs Verhalten ganz individuell zu deuten versucht. Ähnlich wie ihre sentimental gefärbten Aussagen werden diejenigen Bülows – wie auch die der Mehrzahl der anderen Figuren – durch pointierte Erzählerkommentare relativiert: »*Wider Wissen und Willen war er [Bülow] ein Kind seiner Zeit und romantisierte.*«

Fontanes Gesellschaftskritik erfolgt nicht nur im Medium des Bülowschen Geistes, sondern ist auch, indirekter und allgemeiner, im Erzählvorgang insgesamt wirksam, in Gesprächssituationen, Gruppierungen der Figuren und der distanzierten Darstellung ihrer Denkweise. In intellektuell und redensartlich feinst nuancierten Diskussions- und Konversationsszenen, die erstmals im Werk Fontanes in diesem Umfang erscheinen, beleuchtet er aus verschiedenen Perspektiven die zentralen Themen von Ehre und Schönheit und läßt die Figuren die Ereignisse reich facettiert kommentieren. Zusätzlich motiviert der Autor das punktuell dargestellte Handeln der Zentralfigur aus sowohl individuell-psychologischer wie gesellschaftlicher Sicht. Schach ist einerseits der scheinhaften Gesellschaft überlegen. In einem zentralen Gespräch begeistert er sich für die absolut bindenden Gelübde der längst untergegangenen Tempelherren. Andererseits verdeutlicht sein fluchtartiger Besuch auf dem Landgut, mit dem Fontane einen psychologischen Vorgang szenisch umsetzt, Schachs Unfähigkeit, selbständig zu einer von den gesellschaftlichen Normen gelösten eigenen kritischen Position zu gelangen. »*Die Rücksicht auf den Schein*«, die laut Schach dem Prinzen fehlt, wird zum verbindlichen Maßstab seines Verhaltens. Er geht, dem königlichen Gebot folgend, seine Schein-Ehe in dem Bewußtsein ein, sie nicht leben zu wollen. Das von der Gesellschaft anerkannte konsequente Schein-Dasein mündet in die konsequente Negation der Existenz in seinem Selbstmord. Dieser vom Leser zu erschließende Zusammenhang offenbart die Problematik der Figur, die durch die widersprüchlichen Briefe am Ende der Erzählung noch einmal betont wird.

Durch den Rückzug in das von einem komischen Dialog zwischen Kutscher und Groom überspielte Pathos seines Endes lehnt sich Schach in einem vereinzelten »Protest« gegen die gesellschaftliche Bestimmtheit seines Lebens auf und tritt der Kritik des theoretisierenden Bülow aktiv entgegen. Zugleich wird dieser Kritiker durch Schachs Tod, der keineswegs als »tragisch« zu verstehen ist, auch bestätigt. Daß Schachs und Bülows gegensätzliche Reaktionen auf die gesellschaftlichen Zustände sich ergänzen und aufeinander bezogen sind, führt zu der für Fontane charakteristischen Offenheit der Erzählung. U. Di.

AUSGABEN: Bln. 1882 (in Vossische Ztg.). – Lpzg. 1883 [recte 1982]. – Lpzg. 1929 (IB). – Mchn. 1959 (in *SW*, Hg. E. Gross, Bd. 2). – Mchn. 1959 (zus. m. *Graf Petöfy* u. *Ellernklipp*). – Mchn. 1962 (in *SW*, Hg. W. Keitel, Abt. 1, Bd. 1). – Ffm./Bln. 1966, Hg. P. P. Sagave (Dichtung u. Wirklichkeit, 23; Text u. Dokumentation). – Bln./Weimar 1969 (in *Romane u. Erzählungen*, Hg. P. Goldammer u. a., 8 Bde., 3). – Mchn. [2]1970 (in *Werke, Schriften u. Briefe*, Hg. W. Keitel u. H. Nürnberger, Abt. 1, Bd. 1). – Ffm. u. a. 1976, Hg. dies. (Ullst. Tb). – Bln./Weimar [5]1979 (in *Werke*, 5 Bde., 2; Ausw. u. Einl. H.-H. Reuter). – Ffm. 1984 (Nachw. B. v. Wiese; Insel Tb).

LITERATUR: E. Behrend, *Die historische Grundlage von Th. F.s Erzählung »Schach von Wuthenow«* (in DRs, 50, 1924, S. 168–182). – G. Lukács, *Deutsche Realisten des 19. Jh.s*, Bln./DDR 1951,

S. 298–304. – J. Kuczynski, »Schach von Wuthenow« u. die Wandlung der deutschen Gesellschaft um die Wende der siebziger Jahre (in Neue dt. Literatur, 2, 1954, H. 7, S. 99–110). – B. v. Wiese, Th. F.: »Schach von Wuthenow« (in B. v. W., Die deutsche Novelle von Goethe bis Kafka, Bd. 2, Düsseldorf 1962, S. 236–260). – G. Lukács, Deutsche Literatur in zwei Jahrhunderten, Neuwied/Bln. 1964, S. 489–491. – W. Müller-Seidel, Der Fall des »Schach von Wuthenow« (in Th. F.s Werk in unserer Zeit, Potsdam 1966, S. 53–66). – G. Kaiser, »Schach v. Wuthenow« oder die Weihe der Kraft: Variationen über ein Thema von W. Müller-Seidel, zu seinem 60. Geburtstag (in Jb. der dt. Schiller-Ges., 22, 1978, S. 474–495). – R. Schmitt, Th. F.: »Schach von Wuthenow« (in Deutsche Novellen von Goethe bis Walser, Hg. J. Lehmann, Bd. 2, Königstein/Ts. 1980, S. 11–28). – W. Wagner, Th. F.: »Schach von Wuthenow«. Erl. u. Dokumente, Stg. 1980 (RUB). – W. P. Guenther, Preußischer Gehorsam: Th. F.s Novelle »Schach v. Wuthenow«. Text u. Deutung, Mchn. 1981.

DER STECHLIN

Roman von Theodor FONTANE, erschienen 1897 in der Zeitschrift ›Über Land und Meer‹, in Buchform veröffentlicht 1899. – Im Entwurf eines Briefes an den Redakteur, der den Vorabdruck des in neun größere Abschnitte und 46 Kapitel gegliederten Romans übernahm, hat Fontane selbst sein letztes, »in artistischer Beziehung ... am weitesten über seine Epoche« hinausragendes Werk (Th. Mann) charakterisiert: »*Der Stoff, soweit von einem solchen die Rede sein kann – denn es ist eigentlich bloß eine Idee, die sich einkleidet – dieser Stoff wird sehr wahrscheinlich ... Ihre Zustimmung erfahren. Aber die Geschichte, das was erzählt wird. Die Mache! Zum Schluß stirbt ein Alter und zwei Junge heiraten sich; – das ist so ziemlich alles, was auf 500 Seiten geschieht. Von Verwicklungen und Lösungen, von Herzenskonflikten oder Konflikten überhaupt, von Spannungen und Überraschungen findet sich nichts. – Einerseits auf einem altmodischen märkischen Gut, andrerseits in einem neumodischen gräflichen Hause (Berlin) treffen sich verschiedene Personen und sprechen da Gott und die Welt durch. Alles Plauderei, Dialog, in dem sich die Charaktere geben, mit und in ihnen die Geschichte. Natürlich halte ich dies nicht nur für die richtige, sondern sogar die gebotene Art einen Zeitroman zu schreiben, bin mir aber gleichzeitig zu sehr bewußt, daß das große Publikum sehr anders darüber denkt und die Redaktionen (durch das Publikum gezwungen) auch*« (Briefentwurf an Adolf Hoffmann, Berlin 1897). – Die Skepsis Fontanes bezüglich der Rezeption erfüllte sich zunächst weitgehend; heute jedoch hat sich gegenüber vielen Mißverständnissen allgemein die Hochschätzung des Romans behauptet, die Thomas MANN ihm bereits 1910 entgegenbrachte. Der Stechlin gilt als »*eines der weisesten Spiele, die mit der deutschen Sprache gespielt wurden*« (M. Rychner), und I. Mittenzwei sieht ihn als Vorläufer von Thomas Manns Zauberberg; in seiner »*dialogisch-offenen, plaudernd-ausgreifenden Sprachbewegung*« kündige sich an, was als »*Bewußtseinsstrom*« den modernen Roman prägt. Diese Aufwertung beruht auf der veränderten Einschätzung der sprachlichen Gestaltung, der den Roman durchgängig bestimmenden Gespräche und Konversationen, die die »*Handlungsarmut*« – ein »*wesentliches Darstellungselement der Fontaneschen Erzählweise*« (W. Müller-Seidel) – bedingen. Die erzählerische Abstinenz von Urteilen wie von psychologischen Motivationen, die Beschränkung auf Regiebemerkungen zur Konstellation und zum Aussehen der Figuren und die auch innerhalb der Gespräche bewußte Aussparung von privaten seelischen Vorgängen mußte zunächst beim Publikum auf Ablehnung stoßen. Der zeittypischen Kritik Conrad WANDREYS an der ganz auf szenische Darstellung gerichteten Romanform, in der die Schilderung oft durch mehrfache Figurenkommentare zum gleichen Geschehen gebrochen wird, widersprach jedoch bereits Th. Mann: Statt des angeblichen »*Versagens der Gestaltungskraft*«, der Verselbständigung der Fontaneschen Gesprächstechnik, welche die »*Menschenwelt des Stechlin nebulos*« erscheinen lassen (Wandrey), sieht Mann durch die »*Verflüchtigung des Stofflichen*« ein »*artistisches Spiel von Geist und Ton*« gelingen, das die »*zeleste Lebensmusik dieser Plaudereien*« ermöglicht.

In den Gesprächen und Plaudereien steht das Verhältnis von Alt und Neu im Vordergrund. Oft nur beiläufig und scheinbar nebensächlich werden Begriffe wie das »*Revolutionäre*«, »*Heldische*«, die »*Freiheit*« und die gesellschaftlichen Probleme der Zeit erörtert oder auch nur auf sie angespielt. Die Meinung, man könne daraus ein »*Fontane-Brevier*« mit »*prächtiger Spruchweisheit*« (Wandrey) zusammenstellen, verfehlt dabei den Roman ebenso wie die Versuche, im Anschluß an die in den Gesprächen entfaltete Gesellschaftskritik und den von Fontane wiederholt betonten »*politischen (!!) und natürlich auch märkischen*« Inhalt (an E. Heilborn, 12. 5. 1897) das politische Programm des Autors aus den Unterhaltungen der Figuren herauslösen zu wollen. Denn die zentrale Sprachmotivik, die auf die Sprachkritik NIETZSCHES und die Sprachskepsis in der Dichtung um 1900 verweist, stellt alle formulierten Stellungnahmen in dem Roman in Frage. Die Sentenz der Hauptfigur, des Dubslav von Stechlin, »*Wenn ich das Gegenteil gesagt hätte, wäre es ebenso richtig*«, die, im Zusammenhang mit seiner insistierenden Frage nach dem »*richtigen Wort*« und auch seiner Sammlung von Wetterfahnen gesehen, keineswegs Zeichen eines »*nihilistischen Skeptizismus*« (Lukács) ist, erweist die Geringschätzung gegenüber fixierten »*Meinungen*« und das Interesse an den »*Gesinnungen*« der Figuren. Die Wahl der Adligen als Hauptgestalten ist nicht als politische Vorentscheidung Fontanes gemeint – vielmehr läßt sich an den Angehörigen eines festgefügten, geschichtlich geprägten Standes mit einer eigenen Sprachkultur am deutlichsten die den Autor interessierende gesellschaftliche Thematik entfalten, bei der im *Stechlin* die richtige Relation von menschlichem Sprechen in der Konversation und politischem Reden im Sinn aller Stellungnahmen zu öffentlich interessierenden Gegenständen im Vordergrund steht. In bezug auf diese Thematik erscheint die zitierte, humoristisch gemeinte Einschränkung des Gesagten durch Dubslav (und ebenso vergleichbare Äußerungen anderer Figuren) als ein Beleg der menschlichen Gesinnung, der Offenheit für fremde Meinungen und die Tendenzen der Zeit: Dubslav von Stechlins »*Selbstironie... überhaupt hinter alles ein Fragezeichen*« zu setzen, gehört unmittelbar zu seinem »*schönsten Zug*«: einer »*tiefen, so recht aus dem Herzen kommenden Humanität*«.

Dem Junker Dubslav von Stechlin, dessen »*Weltfahrten... immer nur zwischen Berlin und Stechlin*« lagen, entspricht in dieser Hinsicht – trotz mancher differierender Meinung – ein Angehöriger des städtischen Hochadels: der ehemalige Gesandte Graf Barby, der Schwiegervater von Stechlins Sohn Woldemar wird. Die paarweise Gegenüberstellung der Figuren wiederholt sich bei den Regimentskameraden Woldemars, dem kritisch-mokanten Czako und dem fast sektiererisch frommen Rex, die mit ihren Kommentaren aus der Sicht des Militärs einen zeitgeschichtlich wichtigen Teil der Gesellschaft repräsentieren. Ebenso sind die Töchter Barbys, Armgard, die spätere Frau Woldemars, und Melusine nebeneinandergestellt. Die Zuordnung von je zwei Figuren, die sich auch an den Dorfpolizisten und weiteren Nebenfiguren zeigt, schließt eine eindeutige Identifizierung des Autors mit einer einzelnen Gestalt aus. Jede der Figuren erscheint durch ihre gesellschaftliche Stellung konstituiert (so wird als eine der ersten Angaben zur Hauptfigur deren finanzielle Abhängigkeit von einem jüdischen Gläubiger mitgeteilt); doch kann jede an ihrem Ort ein Positivum repräsentieren, sofern sie nicht auf Prinzipien und enge Glaubenssätze festgelegt oder durch lächerliche Sprachformeln, Redeklischees und eine mechanische Wiederholung bestimmter Wendungen komisch entlarvt wird. Die Vermittlung der positiven Elemente in den verschiedenen Sprachhaltungen steht im Zentrum des Romans – und darum bemühen sich auch die überlegenen Figuren, indem sie den Zusammenprall gegensätzlicher Meinungen zu entschärfen suchen.

Unter den Figuren bildet Pastor Lorenzen in mehrfacher Hinsicht eine Ausnahme. Der von ihm vertretene christliche Sozialismus, dessen Abhängigkeit von zeitgenössischen Propagandisten dieser Richtung (Stöcker) im Roman differenzierend diskutiert wird, spiegelt Fontanes eigene politische Einstellung. Lorenzen vertritt beruflich den Glauben, den die komisch bis satirisch gezeichneten Figuren – voran sein Vorgesetzter, Superintendent Koseleger – in besonderer Erstarrung und Fragwürdigkeit repräsentieren. Einerseits Erzieher und Lehrer des jungen Stechlin – eines zukünftigen Junkers der traditionellen Führungsschicht –, unternimmt er andererseits als Vermittler des traditionsbeladenen Bibelwortes in der abgeschiedenen Pfarrei seine »*Ritte ins Bebelsche*« – wie es einmal der alte Stechlin nennt, d. h., Lorenzen propagiert trotz seiner privaten Bindung an den Adel die Ideen einer sozialistischen Zukunft.

Fontanes Interesse am vierten Stand, der im Roman nur durch Randfiguren vertreten ist, belegen viele Briefe, die eine Kritik am Adel oft unverhüllter aussprechen als der Roman. Im *Stechlin* ging es ihm auch weniger um Klassenfragen als darum, eine Möglichkeit zu suchen, wie eine individuell realisierte Menschlichkeit über die geschichtlich aufbrechenden Klassengegensätze hinweg sich glaubwürdig formulieren und vermitteln ließe. Eine ähnliche Vermittlungsabsicht deutet schon der Titel des Romans an: Der Name eines märkischen Sees – mit dem des Dubslav von Stechlin, der »*auf seinen See... stolz*« ist, identisch – ist das erklärte »*Leitmotiv*« (an C. R. Lessing, 8. 6. 1896). Die geographisch bestätigte »*Besonderheit*« des Stechlin-Sees, den Fontane in dem 1862 erschienenen ersten Band der *Wanderungen durch die Mark Brandenburg* als »*geheimnisvoll, einem Stummen gleich, den es zu sprechen drängt*« beschreibt, beruht in der Spannung zwischen seiner abgeschiedenen Lage und den »*großen Beziehungen*«, die er »*in einer halbrätselhaften Verbindung*« zur »*großen Weltbewegung*« unterhält. Wie zu Anfang des ersten Romankapitels geschildert und in den Gesprächen wiederholt erwähnt, reagiert der Stechlin auf Vulkanausbrüche oder Erdbeben von Island bis Java mit dem Aufsteigen eines Wasserstrahles. Durch diese – inhaltlich undefinierte – Mahnung an den »*Zusammenhang der Dinge*« erfüllt der See in der Natur eine Funktion, die in Parallele zu der Aufgabe Lorenzens in dem Roman steht. Dabei beweisen die vom Erzähler hergestellten Bezüge zwischen der geschichtlich an ihre Zeit gebundenen Figur und ihrem geologischen, zeitenthoben exemplarischen Pendant, daß es sich bei Lorenzens Stellungnahme weniger um eine »Meinung« als um eine über den Moment hinausreichende »Gesinnung« handelt. Der See wird durch seine Funktion innerhalb dieser Zusammenhänge zum »*perspektivisch vermittelten*« (Ohl) Symbol in den engen Grenzen des Geschehnisraumes.

Wie zwei Ereignisse aus den dargestellten sechs Monaten preußischer Geschichte zeigen, die Fontane in seiner lakonischen Inhaltsangabe unerwähnt läßt, geschah die lokale und zeitliche Begrenzung des Romans bewußt: Während die Niederlage der Hauptfigur bei ihrer von Standesgenossen gewünschten Kandidatur zur Reichstagswahl (Stechlin unterliegt einem Sozialdemokraten) zum sozialen Panorama ausgeweitet wird, ist die militärische Mission Woldemars von Stechlin in England nur ganz kurz referiert. Fontanes »*Zeitroman*« schildert die »*große Weltbewegung*« nicht durch lokale Erweiterung des Geschehens, sondern spiegelt sie in den Gesprächen der Figuren um Dubslav von Stechlin, den Angehörigen des »*Adels, wie er bei uns sein sollte*« (an C. R. Lessing, 8. 6.

1896). Zur Vermittlung zwischen der »Welt« und dem begrenzten Geschehnisraum tragen dabei auf den verschiedenen Ebenen des gedeuteten Naturgeschehens und des notwendig am historischen Moment orientierten Programms vor allem die Mahnung des Sees und die Äußerungen des Pastor Lorenzen bei: Auf den »*Zusammenhang der Dinge*« bedacht, erörtert er in einer von Berufs- und Standesgrenzen unbeschränkten – nach eigener Aussage *»sehr menschlichen, ja für einen Pfarrer beinah lästerlichen«* – Sprache mit dem alten Stechlin und den anderen menschlich offenen Vertretern des Alten, des Adels, die Ideen einer neuen Zeit, in der – wie es am Ende des den Roman abschließenden Briefs an den Pastor heißt – »*nicht nötig (ist), daß die Stechline weiterleben, aber es lebe der Stechlin*«. U.Di.

Ausgaben: Stg. 1897 (in Über Land u. Meer. Dt. Illustr. Ztg., 79). – Bln. 1899. – Mchn. 1959 (in *SW*, Hg. E. Gross, Bd. 8). – Mchn. 1966 (in *SW*, Hg. W. Keitel, Abt. 1, Bd. 5). – Mchn. 1967. – Mchn. 1968 (in *Werke*, Hg. K. Schreinert, 3 Bde., 2). – Bln./Weimar 1969 (in *Romane u. Erzählungen*, Hg. P. Goldammer u. a., 8 Bde., 8). – Mchn. 1974 [nach der Originalausg., Textrev. J. Perfahl; Nachw. F. Martini u. H. Platschek]. – Zürich 1975 [Nachw. M. Rychner]. – Ffm. 1975 (Nachw. W. Müller-Seidel; Insel Tb). – Stg. 1978 (Nachw. H. Aust; RUB). – Bln./Weimar ⁵1979 (in *Werke*, 5 Bde., 5; Ausw. u. Einl. H.-H. Reuter). – Mchn. ²1980 (in *Werke, Schriften u. Briefe*, Hg. W. Keitel u. H. Nürnberger, Abt. 1, Bd. 5).

Literatur: E. Behrend, *Th. F.s Roman »Der Stechlin«*, Marburg 1929. – M. Rychner, *Welt im Wort. Literarische Aufsätze*, Zürich 1949, S. 256–285 (auch in *Interpretationen III. Deutsche Romane von Grimmelshausen bis Musil*, Hg. J. Schillemeit, Ffm. 1966; FiBü). – D. Barlow, *Symbolism in F.'s »Der Stechlin«* (in GLL, 8, 1954/55, S. 182–191). – S. Holznagel, *Jane Austens »Persuasion« u. Th. F.s »Der Stechlin«, eine vergleichende morphologische Untersuchung*, Bonn 1956. – Th. Mann, *Der alte F.* (in Th. M., *GW*, Bd. 9, Ffm. 1961). – R. Schäfer, *F.s Melusine-Motiv* (in Euph, 56, 1962, S. 19–104). – W. Müller-Seidel, *F. »Der Stechlin«* (in *Der deutsche Roman vom Barock bis zur Gegenwart*, Bd. 2, Düsseldorf 1963, S. 146–189). – G. Lukács, *Der alte F.* (in G. L., *Werke*, Bd. 7, Bln./Neuwied 1964, S. 452–498). – B. Hildebrandt, *F.s Altersstil in seinem Roman »Der Stechlin«* (in GQ, 38, 1965, S. 139–156). – H. Strech, *Th. F.: Die Synthese von Alt und Neu. »Der Stechlin« als Summe des Gesamtwerks*, Bln. 1970. – H. Buscher, *Die Funktion der Nebenfiguren in F.s Romanen unter besonderer Berücksichtigung von »Vor dem Sturm« und »Der Stechlin«*, Diss. Bonn 1969. – M. Ferrara, *Die sprachliche Verdichtung in F.s Roman »Der Stechlin«*, Diss. Wien 1970. – F. Betz, *The Contemporary Critical Reception of Th. F.'s Novels »Vor dem Sturm« and »Der Stechlin« 1878–1899*, Diss. Indiana Univ. 1973. – C. Grawe, *F.s neues Sprachbewußtsein in »Der Stechlin«* (in C. G., *Sprache im Prosawerk*, Bonn 1973). – C. Laufer, *Vollständige Verzeichnung u. Erschließung der Werkhandschriften. »Unwiederbringlich«, »Effi Briest«, »Der Stechlin«*, Diss. Bln./DDR 1973. – J. Rothenberg, *Gräfin Melusine: F.s »Stechlin« als politischer Roman* (in Text & Kontext, 4, 1976, H. 3, S. 21–56). – *Th. F.: »Der Stechlin«. Erl. u. Dokumente*, Hg. H. Aust, Stg. 1978 (RUB). – M. Lüdtke, *Was Neues vom alten F.* (in Diskussion Deutsch, 9, 1978, S. 113–133). – I. Degenhardt, *Ein Leben ohne Grinsezug? Zum Verhältnis von sozialer Wirklichkeitsperspektive u. ästhetischem Postulat in F.s »Stechlin«* (in *Naturalismus-Ästhetizismus*, Hg. Ch. Bürger u. a., Ffm. 1979, S. 190–223). – P. U. Hohendahl, *Th. F. u. der Standesroman. Konvention u. Tendenz im »Stechlin«* (in *Literaturwiss. u. Sozialwiss., Bd. 11: Legitimationskrisen des deutschen Adels 1200–1900*, Hg. P. U. Hohendahl u. P. M. Lützeler, Stg. 1979, S. 263–283). – J. Müller, *Das Alte u. das Neue. Hist. u. poet. Realität in Th. F.s Roman »Der Stechlin«*, Bln./DDR 1984.

STINE

Roman von Theodor Fontane, begonnen 1881, erschienen 1890. – Der novellistisch kurze Roman steht seit seinem Erscheinen als »*blassere Schwestererzählung*« (G. Lukács) im Schatten von *Irrungen Wirrungen*, radikalisiert allerdings im Vergleich dazu das Thema der unstandesgemäßen Liebe. Als »*das richtige Pendant*« (Fontane an E. Dominik, 3. 1. 1888) zu diesem gleichzeitig entstandenen Werk ist auch *Stine* von der Atmosphäre, der Stadtgeographie und dem Dialekt des zeitgenössischen Berlin geprägt. In den sechzehn – meist szenisch, in Gesprächen aufgebauten – Kapiteln rollt ein für Fontane relativ handlungsreiches Geschehen ab: Wie in dem doppelt so umfangreichen Roman *Irrungen Wirrungen* (erschienen 1887) bestimmt das Verhältnis zwischen einem Adligen, dem kranken Grafen Waldemar, und einer Angehörigen des vierten Standes, der Näherin Stine Rehbein, das Geschehen. In dem parallel entstandenen Roman endet das Verhältnis zwischen dem jungen Baron Botho von Rienäcker und Lene Nimptsch in gelassener Resignation, indem sich beide den gesellschaftlichen Konventionen fügen: »*Wenn man schön geträumt hat, so muß man Gott dafür danken und darf nicht klagen, daß der Traum aufhört und die Wirklichkeit wieder anfängt. Jetzt ist es schwer, aber es vergißt sich alles oder gewinnt wieder ein freundliches Gesicht.*« Im Gegensatz dazu können sich die Protagonisten in *Stine* nicht mit den ihnen gesetzten Schranken abfinden. Der Roman mündet in den Selbstmord des Grafen und eine nur angedeutete, wohl tödliche Krankheit der Titelfigur.
Die ersten sechs Kapitel spielen in der Wohnung der Witwe Pittelkow, die Schwester Stines und nach Auskunft des Autors die »Hauptperson«, eine »*gelungene und noch nicht dagewesene Figur*« (an E. Dominik, 3. 1. 1888). Bei einem Besuch des von seinem Neffen Waldemar und dem Baron Papage-

no begleiteten alten Grafen Haldern, der die Witwe Pittelkow aushält, bahnt sich trotz der schlüpfrig-zweideutigen Unterhaltung der anderen Gäste eine tiefere Beziehung zwischen Stine und dem jungen Grafen an. Drei weitere Kapitel gelten den »*immer nur bis Sonnenuntergang*« dauernden Besuchen Waldemars bei Stine, den »*Sonnenuntergangsstunden*«, in denen seine Gedanken durch Stines Erzählungen aus ihrem Leben in eine von »*allen Standesvorurteilen abgewandte Richtung*« gelenkt werden. Die fünf folgenden Kapitel handeln von den dialogischen, dramatisch sich steigernden Auseinandersetzungen um den Standeskonflikt dieser Verbindung, die nach Waldemars Vorstellung zur Ehe führen soll: Pauline Pittelkow warnt ihre Schwester vor dem »*Gräfchen*«, denn »*wenn's hier sitzt*« *(und sie wies auf ihr Herz) ›dann wird es was, dann wird es eklig*‹«. Vergeblich versucht Waldemar zunächst bei dem Baron, einem über die Spatzen philosophierenden »*Frühstücker von Fach*«, und dann bei seinem Onkel, der dem »*Eklektizismus*« einer fast blasphemischen Kunstbetrachtung frönt, Unterstützung zu erhalten. Während der Graf, beunruhigt durch die im Heiratsplan des Neffen enthaltenen familiären Probleme, bei Witwe Pittelkow vorspricht, die unerwarteterweise schon einen Plan zur Vereitelung der Ehe, des »*Unglücks für alle beide*«, entwirft, macht Waldemar Stine den Antrag. Für sie jedoch »*muß*« – obwohl sie ihn liebt – »*alles ... bloß ein Sommerspiel gewesen sein*«. Waldemar, der im Gegensatz zu dem Helden in *Irrungen Wirrungen* nicht nur auf ein punktuell-momentanes Ausschöpfen des Glücks bedacht ist, verscherzt nach Stines Worten ihrer beider »*Glück ... viel, viel schneller als nötig, bloß weil du wolltest, daß es dauern sollte*«. Die abschließenden Kapitel schildern Waldemars Abschiedsbriefe, seinen Selbstmord und sein Begräbnis, von dem Stine krank zurückkehrt. Wie alle Ereignisse in der Wohnung der Pittelkow wird auch Stines Rückkehr von der Vermieterin Polzin kommentiert; mit deren moralischer Entrüstung hält der Erzähler dem unreflektierten Leserurteil über die Figuren aus dem »*gewagten Milieu*« einen Spiegel fragwürdiger Maßstäbe entgegen. Die Polzin reagiert mit einer die Erzählung abschließenden Bemerkung schadenfroh auf das Bedauern, das ihr Mann für Stine aufbringt: »*›Is eigentlich schade drum.‹ I wo. Gar nich ... Das kommt davon.*«

Im Gegensatz zu dieser Form eines unmenschlichen Fatalismus, der sich moralisch entkleidet, und ebenso in Kontrast zu dem sentimental-verblasenen Heiratsplan Waldemars, der »*bei Adam und Eva*« wieder anfangen will, stehen die Reaktionen der Witwe Pittelkow und des ironisch-selbstkritischen Grafen, die Fontane »*zu den besten Figuren seiner Gesamtproduktion*« (an P. Schlenther, 13. 6. 1888) rechnete. Die in vielen Gesprächen bewiesene Überlegenheit dieser »*Nebenfiguren*« – für Fontane sind die »*Nebenfiguren ... immer das Beste*« (aus einem Widmungsgedicht zu *Stine*) – beruht auf ihrer Fähigkeit, trotz der Distanz zu den gegebenen Verhältnissen ihre Menschlichkeit zu bewahren und gegen die gesellschaftlichen Bedingungen zu behaupten. Die Selbstreflexion der beiden Figuren bewahrt sie vor dem Abgleiten in die – vom Erzähler öfter mit aufdringlicher Psychologie verdeutlichte – »*angekränkelte Sentimentalwelt*« (an P. Schlenther, 13. 6. 1888), in die Waldemar durch sein Reden von »*Glück*« und »*Freiheit*« Stine hineinzieht. Die angebliche »*Eindeutigkeit*«, mit der nach Lukács die »*menschlich moralische Überlegenheit der plebejischen Figuren*« gestaltet sein soll, scheint von Fontane schon aufgrund der Sonderstellung der Witwe wie auch des Grafen nicht intendiert. Statt sich an Klassengegensätzen zu orientieren, entfaltet Fontane in *Stine* eine subtilere Gesellschaftskritik: Sie offenbart sich in der Spannung zwischen der Einsicht in die Problematik der Gesellschaft und der gleichzeitigen Einordnung in das gesellschaftliche Gefüge, welche die beiden »Nebenfiguren« auszeichnet und die eigentümliche »Gemischtheit» ihrer Charaktere begründet: Von dem alten Grafen wird gesagt, er sei aus »*lauter Widersprüchen zusammengesetzt*« und von der Witwe Pittelkow, daß »*ihr von Natur an einem Leben nichts liegt, wie sie's zu führen gezwungen ist*«. Indem Fontane diese – im Vergleich zur unverbindlich privaten Lebensform des Barons einerseits und dem reformistischen Fanatismus Waldemars andererseits – fatalistisch erscheinenden Figuren zu den menschlich überlegenen werden läßt, kritisiert er implizit die Gesellschaft, die eine derartige Einschränkung des Menschlichen bedingt. Aufgrund der für diese beiden Figuren besonders charakteristischen Gebrochenheit tritt der kritische Ansatzpunkt Fontanes in *Stine* deutlicher zutage als in seinen anderen Werken. U.Di.

AUSGABEN: Glogau 1890 (in der Zs. Deutschland). – Bln. 1890. – Mchn. 1959 (in *SW*, Hg. E. Gross, Bd. 3). – Mchn. 1962 (in *SW*, Hg. W. Keitel, Abt. 1, Bd. 2). – Stg. 1963 (Nachw. D. Bode; RUB). – Mchn. 1968 (in *Werke*, Hg. K. Schreinert, 3 Bde., 1). – Bln./Weimar 1969 (in *Romane u. Erzählungen*, Hg. P. Goldammer u. a., 8 Bde., 5). – Mchn. ²1971 (in *Werke, Schriften u. Briefe*, Hg. W. Keitel u. H. Nürnberger, Abt. 1, Bd. 2). – Ffm. u. a. 1976, Hg. dies. (Ullst. Tb). – Bln./Weimar ⁵1979 (in *Werke*, 5 Bde., 2; Ausw., Einl. H.-H. Reuter). – Ffm. 1986 (Insel Tb).

VERFILMUNG: *Das alte Lied*, Deutschland 1944 (Regie: F. P. Buch).

LITERATUR: H.-H. Reuter, *›Freifrau‹ oder ›Froufrou‹? Zu einem verschleppten Lesefehler in F.s Erzählung »Stine«* (in Weimarer Beiträge, 9, 1963, S. 156-158). – J. Thunecke, *Lebensphilosoph. Anklänge in F.s »Stine«* (in Formen realist. Erzählkunst, Hg. J. T., Nottingham 1979, S. 505-525). – P. Wessels, *Schein u. Anstand. Zu F.s Roman »Stine«* (ebd., S. 490-504). – G. H. Hertling, *Th. F.s »Stine«. Eine entzauberte »Zauberflöte«? Zum Humanitätsgedanken am Ausklang zweier Jahrhunderte*, Bern/Ffm. 1982.

UNTERM BIRNBAUM

Roman von Theodor FONTANE, erschienen 1885. – Das *»scheinbar abseitigste Werk des alten F.«* (Reuter) zählt wie der vorangegangene Roman *Graf Petöfy* (1884) zu den von Kritik und Forschung weniger beachteten Arbeiten des Autors, auch wenn der Fontane-Biograph H.-H. Reuter den Text *»zu den wenigen bedeutenden Kriminalerzählungen der deutschen Literatur«* zählt. Das stoffliche Substrat ist gering: In zwanzig Kapiteln läuft eine im Oderbruch spielende Mordgeschichte ab, die an ein in dörfliches Krämermilieu versetztes Macbeth-Drama erinnert. Der Schankwirt und *»Dorfmaterialist«* Abel Hradschek, teils durch eigene Spielleidenschaft, teils durch das Bildungs- und Prestigestreben seiner Frau tief verschuldet, entdeckt in seinem Garten beim Umgraben unter dem Birnbaum die Leiche eines schon stark verwesten *»toten Franzosen«* aus der Zeit der Befreiungskriege, von der er jedoch weiter kein Aufhebens macht. Als der Vertreter einer Krakauer Firma anreist, um die Schulden, die Hradschek bei dieser Firma hat, persönlich einzutreiben, ermordet ihn der Schankwirt mit Hilfe seiner Frau und verscharrt die Leiche im Keller seines Hauses. Dank der Leiche unterm Birnbaum kann Hradschek den Mordverdacht von sich abwenden; zwar gräbt die Polizei nach Hinweisen von Hradscheks Nachbarin im Garten, findet aber lediglich die Soldatenleiche. Obwohl der Krämer nach diesem »Beweis seiner Unschuld« aus der Haft entlassen wird und die Achtung seiner Mitmenschen wiedergewinnt, siecht seine Frau seit dem Mordtag dahin und stirbt trotz der durch bauliche Veränderungen am Haus getilgten Erinnerung an die Tat. Hradschek, der allmählich zu Wohlstand kommt, unternimmt wiederholt Reisen nach Berlin und trägt sich mit Heiratsplänen. Durch ein von anderen Figuren unbemerktes Indiz, vor allem aber durch die Geisterfurcht seiner Angestellten und die Bemerkungen seiner als »alte Hexe« berüchtigten Nachbarin werden jedoch auch in dem Krämer die Erinnerungen an den Mord wachgehalten. Er beschließt, die immer noch im Keller verscharrte Leiche des Krakauer Vertreters unterm Birnbaum zu beerdigen, aber als er den nur durch eine Falltür erreichbaren Keller betritt, rollt ein schweres Faß vor den Kellerzugang und sperrt Hradschek zu seinem Opfer. Am nächsten Morgen finden ihn die Dorfbewohner tot im Keller auf; neben ihm ist die Erde aufgegraben, aus der Arm und Hand einer Leiche ragen.

Entscheidender als der stoffliche Reiz, der weitgehend auf Hradscheks Täuschung seiner Mitbürger und der durch den Titel der Erzählung irregeleiteten Lesererwartung beruht – beide Male führt der »tote Franzose« unterm Birnbaum auf eine falsche Fährte –, halten die für Fontane vergleichsweise gering entfalteten Unterhaltungen der Figuren das Interesse wach: Es geht um die Themen Glaube und Aberglaube, Konfession, Bildung und gesellschaftliche Prätention, um zeitgeschichtliche Ereignisse und den Dorfklatsch. Der Roman spielt um 1830, und die Erinnerung an die Befreiungskriege, Berichte vom polnischen Aufstand und von Berliner Theaterereignissen nähern *Unterm Birnbaum* den historischen und Gesellschaftsromanen Fontanes an. Zu dieser Gattung bestehen auch tatsächlich Verbindungen, wenn man von dem auf ›Gartenlaube‹-Leser zugeschnittenen Stoff der Kriminalgeschichte absieht: In der Darstellung der Reaktion der Bürger auf das Bekanntwerden des Mordes übt der Erzähler deutliche Gesellschaftskritik. Der Dorfpfarrer z. B. ist durch die Konversion von Frau Hradschek so sehr für die Verdächtigen eingenommen, daß er seinem Logenbruder, dem mit dem Fall beschäftigten Justizrat, in einem vom Erzähler geschickt eingeblendeten Rückblick auf die Vergangenheit der Krämerleute von einer Verfolgung des Falles abrät und nach Auffindung der Leiche in Hradscheks Garten eine glühende Predigt für die »zu Unrecht« Verdächtigten hält. Daß Hradschek gegen eine Überführung des »toten Franzosen« auf den Dorffriedhof ist und ihm ein Grab in seinem Garten errichtet, da der Tote *»sozusagen sein Schutzpatron«* geworden sei, macht eine *»große Wirkung auf die Bauern«*.

Wie die erwähnten Beispiele zeigen, war auch in diesem Roman für Fontane einerseits der *»Reflex gesellschaftlichen Geschehens ... aussagekräftiger als dessen Apparaturen«* (Reuter), andererseits interessierte ihn – wie die an *Effi Briest* erinnernde Bedeutung des Spukmotivs und die Wirkung der Gerüchte auf Hradschek zeigen – die Abhängigkeit des einzelnen von einer undefinierbaren, faktisch unfaßbaren und nur durch das Gerede anderer Figuren existierenden Macht. Diese Verbindungen zu dem von Fontane zur Vollendung entwickelten historischen Gesellschaftsroman verschaffen *Unterm Birnbaum* zusammen mit der perspektivisch kunstvoll entfalteten Erzählweise und einer auf genauer Landschaftskenntnis beruhenden Milieuschilderung eine mehr als nur literarhistorisch begrenzte Bedeutung.

U.Di.

AUSGABEN: Bln. 1885 (in Die Gartenlaube, 33). – Bln. 1885. – Bln. 1905 (in *GW*, 11 Bde., 1905–1910, 6). – Bln. 1919 (in *GW*, 2 Reihen, 10 Bde., R. 1, Bd. 1; Jubiliäumsausg.). – Lpzg. 1929. – Bln. 1956 (in *Werke in Einzelausgaben*, Hg. Ch. Coler). – Mchn. 1959 (in *SW*, Hg. E. Gross, Bd. 3). – Mchn. 1962 (in *SW*, Hg. W. Keitel, Abt. 1, Bd. 1). – Bln./Weimar 1969 (in *Romane u. Erzählungen*, Hg. P. Goldammer u. a., 8 Bde., 4). – Mchn. ²1970 (in *Werke, Schriften u. Briefe*, Hg. W. Keitel u. H. Nürnberger, Abt. 1, Bd. 1). – Stg. 1974 (Textrev. K. Schreinert; Nachw., Zeittafel u. Anm. I. Ruttmann; RUB). – Ffm. u. a. 1976, Hg. W. Keitel u. H. Nürnberger.

VERFILMUNG: *Der stumme Gast*, Deutschland 1944 (Regie: H. Braun).

LITERATUR: Spremberg, *F.s »Unterm Birnbaum«. Nach mündlicher Überlieferung u. handschriftlichen Aufzeichnungen* (in Brandenburgische Zs. für Heimatkunde u. Heimatpflege, 6, 1928, S. 26 f.). – R. Hardt, *Th. F., »Unterm Birnbaum«* (in Weltstimmen, 26, 1957, S. 266–268). – L. Thomas, *F.s »Unterm Birnbaum«* (in GLL, 23, 1970, H. 3, S. 193–205). – A. Diem, *Vom Dingsymbol zur Verdinglichung. »Symbol« u. Gesellschaft bei Anette von Droste-Hülshoff, Th. F. u. A. Robbe-Grillet* (in Deutschunterricht, 23, 1971, H. 2, S. 120–133). – R. Schäfer, *Th. F. »Unterm Birnbaum«. »Frau Jenny Treibel«. Interpretationen*, Mchn. 1974; ²1985. – M. Gill, *Letschin in F.s Kriminalnovelle »Unterm Birnbaum«* (in Fontane-Blätter, 4, 1979, H. 5, S. 414–427).

UNWIEDERBRINGLICH

Roman von Theodor FONTANE, erschienen 1891. – Der in den Jahren 1887–1890 entstandene Roman steht zeitlich zwischen den thematisch verwandten Romanen *L'Adultera* (1882) und *Effi Briest* (1895). Eine Nachricht aus Strelitzer Hofkreisen aufgreifend, schildert Fontane die tödlich endende Zerrüttung einer Ehe. Gegensätze der Charaktere, der Kontrast zwischen Hofadel und Landadel sowie die Divergenzen des Dänen- und des Holsteinertums sind die bewegenden Kräfte.

Zwischen Graf Holk, einem charmant-lebensfrohen, aber halbherzig unverbindlichen Weltmann, und der herrnhuterisch erzogenen tugendstarken Christine kommt es, zumal wegen der Erziehung der Kinder, seit längerem zu Spannungen. Nachsicht und Selbstgerechtigkeit, aristokratische Durchschnittlichkeit und bibelfeste Unerbittlichkeit geraten in Konflikt. Vermittelnd wirkt der Schwager Holks, Baron Arne von Arnewiek, der auf Schloß Holkenäs oft zu Gast ist. Beide Eheleute sind insgeheim über die Trennung froh, die ein längerer Hofdienst Holks in Kopenhagen erforderlich macht. In der ganz auf Genuß gestellten Atmosphäre der Hauptstadt und der Umgebung der Prinzessin verfällt Holk fast unmerklich der melusinenhaften Ebba von Rosenberg, *»eines Ausbundes nicht von Schönheit, aber von Pikanterie«*, und glaubt schließlich, die gemeinschaftliche Rettung aus dem brennenden Schloß Frederiksborg als Zeichen einer Verbindung mit der Hofdame deuten zu sollen. Nachdem Holk schon in einer Aussprache den Bruch mit seiner Frau vollzogen hat, weicht Ebba, nach leichtsinnigen Abwechslungen wie gesellschaftlichem Aufstieg verlangend, vor dem Ernst des Grafen zurück. Erst nach langer Zeit kommt eine Versöhnung Holks mit Christine zustande. Doch das Glück der beiden in ihrem Temperament und geistigen Habitus her so unterschiedlichen Menschen kehrt nicht wieder. Christine gibt ihrer melancholischen Veranlagung nach und stürzt sich ins Meer.

Beleuchtende Nebenfiguren, Gesellschaftsskizzen, historische Exkurse, Landschaftsschilderungen, insgesamt Lebenskräfte des Aristokratischen und *»viel Nordisch Romantisches«* umfassen das psychologisch-erotische Geschehen der skandalösen Dreiecksgeschichte. Indirekt und diskret, gemäß der von den Figuren beherrschten Kunst des Zwischen-den-Zeilen-Lesens, werden die zum Scheitern der Ehe führenden Ereignisse dem Leser fast nur durch die kunstvolle formale Struktur (etwa durch die korrespondierende gegenseitige Erhellung von Briefen und Dialogen) deutlich gemacht. Geraten einerseits die Konventionen der Gesellschaft mit dem ausschließlichen Recht des Herzens in Konflikt, so zeigt Fontane doch zugleich die Brüchigkeit einer spätfeudalen Welt, in der die Unmittelbarkeit des individuellen Gefühls und orthodoxe Gläubigkeit unversöhnliche Gegensätze darstellen. Als Kritik des pietistischen Konservativismus, auf den mit der Gestalt des kranken Friedrich Wilhelm IV. angespielt wird, ist die Geschichte der Holkschen Ehe mehr als nur eine private Charaktertragödie (H. Lübbe).

Die unterschiedliche Wertung des Romans – hier *»kultivierte Belletristik«* (F. Martini), dort *»das makelloseste Kunstwerk Fontanes«* (P. Demetz) – beruft sich dagegen besonders auf den freiwilligen Wassertod der Gräfin, der sowohl als unentschiedener Gewaltstreich wie als konsequente Gestaltung eines ambivalenten Charakters gedeutet wird. *»Feine Psychologie, feste Umrisse, höchst lebenswahre Charaktere und über alles noch ein gewisser poetischer Hauch«*, bewunderte Conrad Ferdinand MEYER an dem Roman, dessen Ende er damals allerdings noch nicht kannte. Nich nur vom Thema, sondern auch von der Darstellung her steht *Unwiederbringlich* FLAUBERTS *Madame Bovary* nahe. G.O.

AUSGABEN: Bln. 1891 (in DRs, Bd. 66, Jan.–März 1891; Bd. 67, Apr.–Juni 1891). – Bln. 1891 [recte 1892]. – Zürich 1952. – Mchn. 1959 (in *SW*, Hg. E. Gross, Bd. 5). – Mchn. 1962 (in *SW*, Hg. W. Keitel, Abt. 2, Bd. 2). – Mchn. 1968 (in *Werke*, Hg. K. Schreinert, 3 Bde., 1). – Bln./Weimar 1969 (in *Romane u. Erzählungen*, Hg. P. Goldammer u. a., 8 Bde., 6). – Stg. 1971 (Nachw. S.-A. Jørgensen; RUB). – Mchn. ²1971 (in *Werke, Schriften u. Briefe*, Hg. W. Keitel u. H. Nürnberger, Abt. 1, Bd. 2). – Ffm. u. a., Hg. dies. (Ullst. Tb).

LITERATUR: O. Brahm, *Th. F.s balladeskes Talent u. »Unwiederbringlich«* (in Freie Bühne für modernes Leben, 2. 12. 1891; auch in O. B., *Kritische Schriften*, Bd. 2, Bln. 1915). – M. Rychner, *Nachwort zu F.s »Unwiederbringlich«* (in NSRs, N. F. 19, 1952, S. 740–746). – Ders., *Fs. »Unwiederbringlich«* (in M. R., *Sphären der Bücherwelt*, 1952, S. 77–87). – L. Teller, *F. in Flauberts Fußstapfen* (in Revue des Langues Vivantes, 23, 1957, S. 331–343). – F. Martini, *Deutsche Literatur im bürgerlichen Realismus 1848–1898*, Stg. 1962, S. 783. – R. T. Lekkie, *Th. F.'s Novel »Unwiederbringlich«. Analysis, Interpretation and Evaluation*, Diss. Indiana Univ. 1970. – E. R. McDonald, *Charakterdarstellung in Th. F.s »Unwiederbringlich«* (in WB, 17, 1971, S. 306–318). – Ch. Laufer, *Vollst. Verzeichnis u. Erschließung der Werkhandschriften »Unwiederbringlich«, »Effi Briest«, »Der Stechlin« von Th. F.*,

Diss. Bln. 1973. – S. Blessin, *»Unwiederbringlich« – ein historisch-politischer Roman? Bemerkungen zu F.s Symbolkunst* (in DVLG, 48, 1974, S. 672–703). – D. C. G. Lorenz, *Fragmentierung u. Unterbrechung als Struktur- u. Gehaltsprinzipien in F.s Roman »Unwiederbringlich«* (in GQ, 51, 1978, S. 493–510). – U. Petersen, *Poesie der Architektur – Architektur der Poesie. Zur Gestaltung u. Funktion eines palladianischen Schauplatzes in F.s Roman »Unwiederbringlich«* (in *Studien zur dt. Lit. Fs. f. Adolf Beck*, Heidelberg 1979, S. 246–254). – H. Eilert, *»... und mehr noch fast, wer liebt«: Th. F.s Roman »Unwiederbringlich« u. die viktorianische Sexualmoral* (in ZfdPh, 101, 1982, S. 527–545).

VOR DEM STURM. Roman aus dem Winter 1812 auf 13

Historischer Roman von Theodor FONTANE, erschienen 1878. – Der erste Roman Fontanes, von dem sein Tagebuch bereits am 25. 1. 1862 berichtet, wollte den *»Sieg des Realismus«* gegen eine *»falsche Romantik«* durchsetzen. Als historischer Roman erfüllte er die Forderung des Autors, ein Leben widerzuspiegeln, *»an dessen Grenze wir selbst noch standen oder von dem uns unsere Eltern noch erzählten«*. Das *Zeit- und Sittenbild aus dem Winter 12 auf 13* – so der ursprüngliche Untertitel – sollte als *»Vielheitsroman«* ein Panorama der märkischen Adels-, Bürger- und Bauernwelt vor Beginn der Befreiungskriege geben. Die Absicht, *»das große Fühlen, das damals geboren wurde«*, in seiner Wirkung auf *»die verschiedenartigsten Menschen«* zu schildern, bedingt den porträtierenden, additiven, episodenreichen Charakter des Werks. Dessen lockere Fügung wird weniger durch die immer wieder retardierende Haupthandlung als durch eine Fülle von Verweisungen und beziehungsstiftenden Andeutungen, durch teils parallel, teils antithetisch aufeinander bezogene Personengruppierungen zusammengehalten.

Mittelpunktsfigur in dem unerschöpflichen Personal, das in volkhafter und aristokratischer Zusammensetzung die Idee des Ausgleichs repräsentiert, ist Lewin von Vitzewitz; seine Verbindung mit der Tochter eines herumziehenden Schauspielers ist der Zielpunkt der Handlung. Das Stammschloß Hohen-Vietz bei Küstrin bildet ein Zentrum der zwar zeitlich und örtlich eng begrenzten, aber durch panoramaartige Blickführung ausgeweiteten Fabel. Das Geschichtlich-Allgemeines und Privat-Intimes einschließende Geschehen wird durch Elemente aus Milieu, Kulturgeschichte, Literatur und Ethnographie angereichert.

Die breite Schilderung der Weihnachtstage auf Gut Hohen-Vietz, zu denen der Student Lewin von Berlin aus anreist, leitet den Roman ein. In Gesprächen zwischen Lewin, einer männlich-ehrlichen Natur, und dem charakterfesten, draufgängerischen Vater Berndt von Vitzewitz werden das Schicksal Napoleons nach dem Rückzug aus Rußland und die möglichen Reaktionen Preußens (offener, vom König geführter Befreiungskampf oder versteckter Guerillakrieg) erörtert. Die Bewohner von Haus Hohen-Vietz – Renate von Vitzewitz und die herrnhuterische Tante Schorlemmer – werden ebenso wie die Vergangenheit des Hauses oder die Geschichte des Oderbruchs liebevoll breit dargestellt. Das Dorf wird mit seinen Bewohnern, darunter Schulze Kniehase, seine Pflegetochter Marie und die Botenfrau Hoppenmarieken, vorgeführt – besonders intensiv der märkische *»Tendenzsammler«* Pastor Seidentopf, dem ein ausführlich geschilderter Besuch des Herrenhauses und einiger Honoratioren der Gegend gilt. Nach Schloß Guse in den Kreis der dem *dix-huitième-siècle* zugetanen Gräfin Pudagla mit ihrer Verehrung für *»Prince Henri«* führt ein anderer Ausflug. Kathinka und Tubal von Ladalinski, Tochter und Sohn eines borussisierten polnischen Aristokraten, deren Verbindung mit den Kindern des alten Vitzewitz ein Familienplan ist, treffen auf Hohen-Vietz ein.

Mit einem von Lewin und Tubal glücklich abgewendeten Überfall auf Hoppenmarieken kündigt sich die beginnende Ordnungslosigkeit an. In Unterredungen des alten Vitzewitz mit Schulze Kniehase wird die Volkserhebung vorbereitet, deren Bedeutung anläßlich der Aufführung eines französischen Tell-Stücks auf Schloß Guse besprochen wird. Eine Neujahrsvisite Berndts von Vitzewitz und des Geheimrats von Ladalinski bei Prinz Ferdinand in Berlin, dem Bruder Friedrichs II., bringt noch einmal die abwartende Politik Hardenbergs und des Königs in ihrem Gegensatz zu dem selbstsicheren Landadel wie zur kampfbereiten Volksstimmung zur Sprache. Auch die Bürger Berlins politisieren, sei es im Wirtshaus, sei es bei einem Fest, das Frau Hulen, die Wirtin Lewins gibt. Die Kapitulation Yorks überrascht eine Ballgesellschaft bei den Ladalinskis.

Ganz mit Privatem ist Lewin beschäftigt: Er, der seinen Studien nachgeht und literarische Ressourcen besucht, leidet unter der unerwiderten Liebe zur phantasiereichen, aber bedingungslos-subjektiven Kathinka, die schließlich mit einem polnischen Grafen nach Polen und in den *»Schoß der Kirche«* zurückkehrt. Lewin bricht zusammen; in dörflicher Abgeschiedenheit findet er seine Gesundheit und Festigkeit wieder. – Ähnlich unglücklich verläuft die Liebe Renates von Vitzewitz zu Tubal Ladalinski, der ihr zwar seine Neigung gesteht, aber auch von Marie angezogen wird. Überlagert und schließlich verhängnisvoll entschieden werden die privaten Verwicklungen durch den Überfall auf die französische Besatzung in Frankfurt von seiten der lebusischen Bevölkerung.

Da die russische Hilfeleistung ausbleibt und die adligen Heerführer ehrgeizig und einsichtslos handeln, geht die Kampagne für die Märker unglücklich aus. Bei den schweren Verlusten ist das Schicksal Lewins von Vitzewitz, seine Gefangennahme, verhältnismäßig erträglich, wenn auch nicht ungefährlich: Dem drohenden Tode durch Erschießen kommen die Seinen durch eine Befreiungsaktion zuvor. Tubal allerdings findet, ein Opfer der

Freundschaft und eine Sühne, dabei den Tod. Lewin erkennt, daß er in Marie die »Prinzessin« gefunden hat, die nach einer alten Weissagung dem Hause Glück bringt. Renate tritt verzichtend in ein Damenstift ein.

Die Bucheinteilung der Erstausgabe, auf die der gekürzte Vorabdruck in der Zeitschrift ›Daheim‹ und fast alle späteren Ausgaben verzichten, deutet mit den Überschriften *Hohen-Vietz, Schloß Guse, Alt-Berlin, Wieder in Hohen-Vietz* den Wechsel der Schauplätze als äußeres Kompositionsprinzip an. Genauer erhebt Fontane, in der Absicht, die Pluralität der Gesellschaft vorzuführen, das Nebeneinander, selten auch Zueinander von »Lebenskreisen« (man hat deren acht unterschieden) zum Gesetz der epischen Entfaltung. Stand am Anfang der Konzeption die Absicht, den Roman des preußischen Freiheitshelden Schill zu schreiben, scheint dann der geplante Titel *Lewin von Vitzewitz* auf die Tradition des hergebrachten »Einheitsromans« mit einem Mittelpunktshelden zu verweisen, so zeigt die endgültige Ausführung, inwieweit Fontane – die Vorbilder SCOTT, GUTZKOW und ALEXIS im Zeichen THACKERAYS überwindend – dem historischen Roman eine neue Dimension gewinnt, indem er nämlich Geschichte im Licht sozialer und individueller Psychologie darstellt.

Von Kritik und Forschung wurde Fontanes Romandebüt lange Zeit nicht sonderlich geachtet. Paul Heyse bemängelte das lose Kompositionsprinzip des Romans, wogegen sich Fontane mit einer Verteidigung des »*Vielheitsromans*« gegenüber dem sich auf einen Helden konzentrierten »*Einheitsroman*« wandte. Dieser Kritikpunkt tauchte in der Folgezeit immer wieder auf; Wandrey (1919) erklärte das Kompositionsprinzip mit der strukturellen, stilistischen und stofflichen Nähe des Romans zu den *Wanderungen durch die Mark Brandenburg*. Erst in jüngerer Zeit kam es, anknüpfend an die Untersuchung von Demetz 1964, zu einer Revision dieses Urteils und zum Nachweis, daß das Werk bereits »*ungeduldig zu den Erzählformen des Romans der guten Gesellschaft*« (Demetz) hindränge und genug »*Formkraft*« (Wagner) besitze, um den »*Zusammenhalt des epischen Werkes*« zu garantieren. Vor allem aber werden die Parallelen betont, die sich zwischen Fontanes erstem Roman und seinem letzten, *Der Stechlin*, ziehen lassen; in beiden Fällen entfalte sich eine Symbolik, die *»das jeweilige Geschehen transzendiert, jedenfalls aber innerhalb der Romanwelt Bezüge eröffnet, die das individuelle Geschick der Romanpersonen auf ein Allgemeines hin übersteigt«* (Ohl). G.O.-KLL

AUSGABEN: Lpzg. 1878 (in Daheim, 14). – Bln. 1878, 4 Bde. – Mchn. 1957, Hg. E. Groß. – Mchn. 1959 (in *SW*, Hg. E. Gross, Bd. 1). – Mchn. 1962 (in *SW*, Hg. W. Keitel, Abt. 1, Bd. 3). – Bln./Weimar 1969 (in *Romane u. Erzählungen*, Hg. P. Goldammer u. a., 8 Bde., 1, 2). – Mchn. ²1971 (in *Werke, Schriften u. Briefe*, Hg. W. Keitel u. H. Nürnberger, Abt. 1, Bd. 3). – Ffm. u. a. 1976 (Ullst. Tb). – Ffm. 1982 (Nachw. H. Aust).

LITERATUR: F. Walter, *Th. F.s »Vor dem Sturm« u. seine Stellung zur Romantik*, Diss. Münster 1924. – F. Behrend, *Zu F.s »Kajarnak der Grönländer«* (in Euph, 30, 1929, S. 249–254). – E. Biehahn, *F.s »Vor dem Sturm«. Die Genesis des Romans u. seine Urbilder* (in Frankfurter Oderztg., 19., 23./24., 26. bis 28. 7. 1938; ern. in Fontane-Blätter, 2, 1971, H. 5, S. 339–354). – A. Faure, *Eine Predigt Schleiermachers in F.s »Vor dem Sturm«* (in ZsTh, 17, 1940, S. 221–279; 19, 1942, S. 385–413). – M. Zerner, *Zu F.s »Vor dem Sturm«* (in GQ, 13, 1940, S. 201–206). – Ch. Putzenius, *Th. F.s erster Roman »Vor dem Sturm« als Spiegel der Welthaltung des Dichters*, Diss. Hbg. 1947. – A. Schmidt, *F. u. der Eskimo. Ein Beitrag zur Technik u. Geschichte der lit. Restauration* (in Augenblick, 1, 1955, H. 2, S. 55–58). – P. Wruck, *Zum Zeitgeschichtsverständnis in Th. F.s Roman »Vor dem Sturm«* (in Fontane-Blätter, 1, 1965, S. 1–9). – H. Buscher, *Die Funktion der Nebenfiguren in F.s Romanen unter besonderer Berücksichtigung von »Vor dem Sturm« u. »Der Stechlin«*, Diss. Bonn 1966. – W. Walter, *Die Technik der Vorausdeutung in F.s »Vor dem Sturm« u. ihre Bedeutung im Zusammenhang des Werks*, Marburg 1966. – H. Ohl, *Der Zusammenhang der Dinge. Die Symbolik in »Vor dem Sturm« u. »Der Stechlin«* (in *Bild u. Wirklichkeit. Studien zur Romankunst Raabes u. F.s*, Heidelberg 1968, S. 222–241). – F. Betz, *The Contemporary Reception of Th. F.'s Novels »Vor dem Sturm« and »Der Stechlin«, 1878–1899*, Diss. Indiana Univ. 1973. – H. Fricke, *F.s Studien zum Roman »Vor dem Sturm« am Werk des sächsischen Poeten u. Persien-Reisenden Paul Fleming* (in Jb. für Brandenburgische Landesgeschichte, 31, 1980, S. 141–152). – E. R. Rosen, *Aus der Werkstatt Th. F.s. Zur Quellenlage u. Entstehung des Kapitels »Durch zwei Tore« in dem Erstlingsroman »Vor dem Sturm«* (in Mitteilungen der Techn. Univ. Carolo-Wilhelmina zu Braunschweig, 16, 1981, H. 1).

WANDERUNGEN DURCH DIE MARK BRANDENBURG

Reisebilder von Theodor FONTANE, erschienen in vier Teilen 1862–1882: Tl. 1, *Die Grafschaft Ruppin* (1862; seit 1864 mit diesem Titel); Tl. 2, *Das Oderland. Barnim-Lebus* (1863); Tl. 3, *Havelland. Die Landschaft um Spandau, Potsdam, Brandenburg* (1873; Erstausgabe u. d. T. *Ost Havelland*); Tl. 4, *Spreeland. Beeskow-Storkow und Barnim-Teltow* (1882); hinzugerechnet wird ferner der ohne den gemeinsamen Titel 1889 erschienene Band *Fünf Schlösser. Altes und Neues aus Mark Brandenburg*. – Die Bände umfassen Reisefeuilletons sowie historische Aufsätze über die Mark Brandenburg. Mit letzteren demonstrierte Fontane, im Gegensatz zu der gelehrten landeskundlichen Forschung seiner Zeit, die vielfach außerordentlich trocken vorgetragen wurde, wie selbst scheinbar spröde Stoffe für den Laien interessant und ansprechend dargeboten werden können – *»durch Kunst des Stils und Klarheit«*.

Fontane beginnt im ersten Band mit der Landschaft, aus der er stammt, dem Ruppiner See und den dort liegenden Orten, wobei die Biographien Hans Joachim von Zietens, des Husarengenerals Friedrichs II., des Großen, und des Feldmarschalls Karl Friedrich von dem Knesebeck eingebaut werden. Ein umfangreicher Abschnitt über Fontanes Geburtsstadt Neuruppin schließt sich an, in dem Örtlichkeitsbeschreibungen, Regiments- und Stadtgeschichte mit Schilderungen bekannter und unbekannter Bürger, wie Karl Friedrich Schinkels, des Gastwirts Michel Protzen oder des Predigers der Paul-Gerhardt-Zeit, Andreas Fromm, abwechseln. Eine Kapitelserie über Rheinsberg folgt mit der seltsamen, zwielichtigen Gestalt des mit seinem Bruder, Friedrich II., verfeindeten Prinzen Heinrich und seinem Hof, einem Sammelpunkt der Fronde gegen Berlin/Potsdam. In den Landschaftsschilderungen der Ruppiner Schweiz kommt Fontane zum erstenmal auf den Menzer Forst und den Stechlinsee zu sprechen, jenes Gebiet, in dem er seinen letzten Roman, *Der Stechlin*, lokalisiert. Er wird angeregt von der eigentümlichen Atmosphäre dort, ähnlich wie von Lindow, dessen Damenstift in *Vor dem Sturm* und im *Stechlin* einen Schauplatz abgibt. Den zweiten Band eröffnet er mit der Beschreibung einer Dampferfahrt, *Von Frankfurt bis Schwedt*. Das ihm durch verwandtschaftliche Beziehungen bekannte Oderbruch, Schauplatz von *Unterm Birnbaum*, dessen früherer Zustand, seine Eindeichung und Kolonisation wird als nächstes behandelt; ein reizvolles Kapitel über *Freienwalde* a. O., seine Landschaft, Sage und Geschichte schließt sich an. Im Kapitel *Möglin* gedenkt Fontane des bedeutenden Landwirts Albrecht Thaer, in *Quilitz* des Staatsministers Hardenberg; im Anschluß an einen Besuch der Festung Küstrin a. O. wird eingehend über den Katte-Prozeß gehandelt und erwogen, ob »*Gesetz oder Willkür*«, »*Gerechtigkeit oder Grausamkeit*« vorwalteten. Der dritte Band beginnt mit einem großen Abschnitt über *Die Wenden und die Kolonisation der Mark durch die Zisterzienser*; es folgt die Schilderung der Spandauer und Potsdamer Gegend; über Potsdam selbst schrieb Fontane nicht; da ihm dies Thema zu häufig behandelt und zu stark vorgeprägt schien. Der Band schließt mit *Der Schwilow und seine Umgebungen*. Schilderungen des großen Sees, seiner Ufer und Ortschaften wechseln mit Darlegungen über Werderschen Obsthandel und Transportfragen sowie über die in der Umgegend angesiedelten großen Ziegeleien und ihre Fertigungsmethoden. Der vierte Band enthält eine Reihe von Wanderfahrten wie *In den Spreewald*, *Eine Pfingstfahrt in den Teltow*, das südlich von Berlin gelegene Gebiet, und die Segelfahrt von Köpenick an dem großen Waldgebiet der Dubrow vorbei nach Teupitz. Kleine Novellen (z. B. *Der Fischer von Kaniswall*) werden eingeflochten. Die östlichen Randgebiete Berlins: Köpenick, Müggelsee und Müggelberge, Friedrichsfelde und Rahnsdorf werden mit unterschiedlicher Themenstellung angegangen, *Berlin in den Tagen der Schlacht von Groß-*

beeren (Befreiungskriege, 1813) aufgrund eines zeitgenössischen Berichts gezeigt. In dem Band *Fünf Schlösser* wird nicht mehr »gewandert«. Fontane selbst bezeichnet im Vorwort die fünf Aufsätze – *Quitzöwel*, die Geschichte der Fronde des alteingesessenen Geschlechts der Quitzows gegen die Hohenzollern, *Plaue* und seine Vergangenheit, *Hoppenrade* und das ungewöhnliche Geschick der »Krautentochter«, *Liebenberg* und die Hertefelds, *Dreilinden*, das Jagdschloß des Prinzen Friedrich Karl – als »*historische Spezialarbeiten, Essays*« über eine »*durch fünf Jahrhunderte hin fortlaufende Geschichte von Mark Brandenburg*«.

Der Gedanke, die Mark zu bereisen und zu beschreiben, lag, angeregt durch Reisebeschreibungen der »Jungdeutschen« in der Luft. Der ›Berliner Figaro‹, in dem Fontanes erste Veröffentlichungen erschienen, stellte schon 1842 in einem Artikel (*Die malerische Mark*, gez. H. Walter) einen solchen Plan vor, allerdings mit dem Hinweis: »*Der geeignetste Mann dazu scheint W. Alexis zu sein*«, ein zeitgenössicher märkischer Schriftsteller. Fontane erst verwirklichte diese Idee. Schon im Tagebuch von 1856/57, als er in England journalistisch tätig war, äußerte er die Absicht, mit seinen Erfahrungen als Reiseberichterstatter auch die Mark zu erschließen. Dieser Plan festigte sich 1858 während der Schottland-Reise, als er während der Fahrt über den Lochleven-See eine Vision des Rheinsberger Sees hatte. Nach Deutschland zurückgekehrt, begann er die Arbeit sogleich; er unternahm eine Fahrt in den als lohnendes Reiseziel schon damals bekannten Spreewald. Freunde und Fachkundige begleiteten ihn, zahlreiche Orts- und Sachkenner unterstützten ihn mit ihrem Wissen. Er selbst nennt und würdigt im *Schlußwort* als die wichtigsten Helfer im Lande die Adligen, die Lehrer und die Pfarrer. Aber der Kreis war noch größer. Er reichte vom Lübbenauer Gurkenhändler bis zum Berliner Professor. Mit den Besichtigungen und Erkundigungen an Ort und Stelle geht die Beschaffung und Benutzung einer Fülle von Quellenmaterial einher, wobei Fontane persönliche Äußerungen wie Memoiren, Briefe, Chroniken gegenüber amtlichen Akten und Urkunden bevorzugt. Die Skala der in den verschiedenen Kapiteln angeschnittenen Themen ist ungewöhnlich breit: Typische Landschaftsformen der Mark und ihre Eigenart werden ebenso vorgeführt wie die dort seit alters betriebenen Gewerbe, Fischfang, Bienenzucht und Wiesenwirtschaft; Fontane untersucht die besonderen Arbeitsbedingungen bei der Torfgewinnung im Luch und erörtert kritisch die Lebensbedingungen und Besitzverhältnisse der Bevölkerung. Er beobachtet die beginnende Industrialisierung, den aufkommenden Kapitalismus und das Entstehen des Proletariats.

Die einzelnen Kapitel wurden zuerst als Feuilletons in verschiedenen Zeitungen und Zeitschriften veröffentlicht. Die heute vorliegende Gestalt der *Wanderungen* ist das Ergebnis eingehender Überarbeitung, Erweiterung und kritischer Auswahl. In der Erstausgabe von 1862 beschränkte sich der Inhalt des Bandes noch nicht auf eine Landschaft, der

Titel lautet einfach *Wanderungen durch die Mark Brandenburg*. Erst bei der zweiten Auflage (1864) tauchte im Zusammenhang mit dem Gedanken einer Erweiterung der Sammlung das geographische Ordnungsprinzip auf. Infolge der damit notwendig gewordenen Umordnung wurde die Chronologie der Entstehung völlig verwischt. Endgültige Gestalt erreichten die Bände im wesentlichen in der »Wohlfeilen Ausgabe« von 1892, die zahlreiche Auflagen erlebte: Es scheint, daß die *Wanderungen* in den Jahren, in denen Berlin deutsche Hauptstadt geworden war, einem Wunsch nach Orientierung über »Land und Leute« entgegenkamen. Fontane geriet zeitweilig in Gefahr, als »Wanderer durch die Mark Brandenburg« festgelegt zu werden. Seine Romane fanden bis zum Durchbruch mit *Effi Briest* weit zögernder Aufnahme, ein Umstand, der sich heute zugunsten des Erzählwerks verändert hat.

Die *Wanderungen* bedeuteten für den Romanschriftsteller Fontane wichtige künstlerische Vorbereitung, zudem wurden sie für ihn ein unersetzliches, reiches Reservoir, aus dem er immer wieder für seine Erzählungen schöpfte, von kleinen Gesprächsthemen über Einzelszenen, die z. T. wörtlich übernommen wurden, bis zu den Darstellungen des märkischen Lebens in den Romanen *Vor dem Sturm*, *Effi Briest* und *Stechlin*. Sie haben aber auch ihren Eigenwert als mit persönlichem Engagement verfaßte und zugleich kritische Darstellung der landschaftlichen, ethnischen und wirtschaftlichen Eigenart der Mark, ihres geschichtlichen Werdegangs und der besonderen Lebensbedingungen ihrer Bewohner. J.N.F.

AUSGABEN: Bln. 1862–1882, 4 Tle. – Bln. 1888 (*Fünf Schlösser. Altes und Neues aus Mark Brandenburg*). – Mchn. 1960 (in *SW*, Hg. E. Gross, Abt. 2, Bd. 9–13a). – Mchn. 1966–1968 (in *SW*, Hg. W. Keitel, Abt. 2, Bd. 1–3). – Mchn. 1971, Hg. E. Gross u. K. Schreinert, 5 Bde. – Ffm. u. a. 1974, Hg. W. Keitel (Ullst. Tb). – Mchn. 1977, Hg. E. Gross u. Mitarb. von K. Schreinert; ern. 1984. – Mchn. 1977 (in *Werke, Schriften u. Briefe*, Hg. W. Keitel u. H. Nürnberger, Abt. 2, Bd. 1–3; ³1987 rev.).

LITERATUR: A. Hahn, *Th. F.s »Wanderungen durch die Mark Brandenburg« u. ihre Bedeutung für das Romanwerk des Dichters*, Breslau 1935. – J. Fürstenau, *Th. F.s »Ländchen Friesack«* (in Brandenburg. Jahrbücher, 1938, H. 9, S. 55–62). – Dies., *F. u. die märkische Heimat*, Bln. 1941. – J. Neuendorff-Fürstenau, *Th. F. der märkische Wanderer* (in Märkische Heimat, 1, 1956, S. 5–22). – E. Howald, *F. s »Wanderungen durch die Mark Brandenburg«* (in NZZ, 19. 11. 1960; auch in E. H., *Deutsch-französisches Mosaik*, Zürich/Stg. 1962, S. 269–289). – H. Fricke, *Th. F.s »Wanderungen durch die Mark Brandenburg« als Vorstufe seiner epischen Dichtung* (in Jb. f. Brandenburgische Landesgeschichte, 13, 1962). – A. Zahn-Harnack, *Th. F. Der Dichter der Mark* (in A. Z.-H., *Schriften u. Reden*, Bln. 1964, S. 165–174). – W. Ribbe, *Zeitverständnis u. Geschichtsschreibung bei Th. F.* (in Jb. für Brandenburgische Landesgeschichte, 20, 1969, S. 58–70). – H.-H. Reuter, *F., Glindow. Zugleich Anm. zu besserem Verständnis einiger Aspekte der Wanderungen in der Mark Brandenburg* (in *Wissen aus Erfahrungen*, Hg. A. v. Bormann u. a., Tübingen 1976, S. 512 bis 540). – H. Kögler, *Namen, Landschaft u. Geschichte in den »Wanderungen durch die Mark Brandenburg«* (in Fontane-Blätter, 4, 1978, H. 4, S. 262–282). – D. Albrecht, *Ansichten im beschädigten Deutschland*. Bd. 1: *Auf den Spuren Th. F.s in der Mark Brandenburg*, Sankelmark 1983.

FRANCESC FONTANELLA

* Dezember 1622 Barcelona
† zwischen 1680 und 1701 Perpignan oder Barcelona

AMOR, FIRMESA I PORFIA

(kat.; *Liebe, Standhaftigkeit und hartnäckiges Werben*). – Bukolische *tragicomèdia* in drei Akten von Francesc FONTANELLA, entstanden 1642, uraufgeführt 1642/43. – Dieses mit einer *lloa* (Prolog), einem *entremés* (Zwischenspiel) und einem *ball* (Singspiel) versehene Stück ist eines der wenigen erhaltenen Zeugnisse des literarischen katalanischen Theaters in der Barockzeit (1651 schrieb Fontanella sein anderes Theaterstück *Lo desengany*). – Im Prolog ermuntern die Figuren des Stücks Fontano, den Verfasser und Protagonisten, Stück unbedingt aufzuführen, und Fontano selbst wendet sich ans Publikum: Apoll und Thalia sind zornig, »*daß Eure klaren Geister sich unwürdigerweise nur noch in fremde Stoffe verlieben; sie beklagen sich, daß nur die spanische Sprache beklatscht wird, wo doch die katalanische Muse so süß und zart ist*«. Fontanella hat seine Handlung zwischen den Flüssen Besós und Llobregat angesiedelt, die Barcelona östlich und westlich umgeben. Einer Gruppe Schäfer und Schäferinnen vom Besós steht eine andere vom Llobregat gegenüber. Leidenschaftliche Liebe und schroffe Ablehnung oder Gegnerschaft beherrschen das Feld. Eine erste Heirat schien beide Gruppen zu einen, doch Tod, Frauenraub (Filis wird mit Helena verglichen) und Kindesaussetzung haben zu komplizierten Konflikten geführt, bis am Ende eine abschließende Heirat die Versöhnung bringt. Komisch-burleske Szenen um den Possenreißer Possímico unterbrechen die Dialoge der Schäfer.

Attraktion und Schönheit der Frau sind die treibenden Kräfte der Handlung. Die am Ende des Prologs aufgeworfenen Frage zu realer Schönheit (konkret geht es um die »*hermosura celestial*« der »*dames catalanes*«) und Darstellbarkeit dieser

Schönheit im Wort verweist auf CALDERÓNS etwa gleichzeitiges barceloninisches Drama *El pintor de su deshonra*, in dessen zweitem Akt Calderón seine guten Katalanischkenntnisse in einer katalanischen Zwischenszene beweist. Zu Beginn dieses Aktes postuliert der barceloninische Maler Joan Roca die Unfähigkeit der Malerei (und damit der Dichtung) angesichts der Schönheit seines Modells, das er zu malen versucht hat. Übertrifft das Theater hierin alle anderen literarischen Gattungen, daß es (in der Aufführung) Schönheit auch physisch präsent werden lassen kann? – Erst 1863 wurde Fontanellas Stück veröffentlicht, allerdings ohne *lloa*, *entremés* und *ball* und mit Kürzungen bei den burlesken Szenen. Die vollständige moderne Ausgabe (1982) folgt einem Manuskript aus dem Bischöflichen Museum in Vic. T.D.S.

AUSGABEN: Barcelona 1863, Hg. M. Pers i Ramona. – Barcelona 1982 Hg. M. M. Miró.

LITERATUR: J. Rubió, *F.* (in *Historia general de las literaturas hispánicas*, Barcelona 1956, Bd. 4, 1, S. 566–576). – F. Curet, *Història del teatre català*, Barcelona 1967 ff. – G. Grilli, *F.* (in *Teatre barroc i neoclàssic*, Barcelona 1982, S. 17–42).

BERNARD LE BOVIER DE FONTENELLE

* 11.2.1657 Rouen
† 9.1.1757 Paris

LITERATUR ZUM AUTOR:
J.-R. Carré, *La philosophie de F. ou le sourire de la raison*, Paris 1932. – F. Grégoire, *F., une philosophie désabusée*, Nancy 1947. – L. M. Marsak, *F.*, Philadelphia 1959. – J.-F. Counillon, *F., écrivain, savant, philosophe*, Fécamp 1959. – A. Fayol, *F.*, Paris 1961. – A. Pizzorusso, *Il ventaglio e il compasso. F. e le sue teorie letterarie*, Neapel 1964. – *F. und die Aufklärung*, Hg. W. Krauss, Mchn. 1969. – G. Lissa, *Cartesianesimo e anticartesianesimo in F.*, Neapel 1971. – Ders., *F. tra scetticismo e nuova critica*, Neapel 1973. – A. Niderst, *F. à la recherche de lui-même, 1657–1702*, Paris 1972. – M. T. Marcialis, *F., un filosofo mondano*, Sassari 1978. – B. Femmer, *Vernünftige Skepsis, skeptische Vernunft. F. und die Anfänge der Aufklärung* (in GRM, 63, 1982).

DIGRESSION SUR LES ANCIENS ET LES MODERNES

(frz.; *Plauderei über die Alten und die Modernen*). Kulturhistorischer Traktat von Bernard le Bovier de FONTENELLE, erschienen 1688. – Diese kurze Abhandlung gehört zu den beiden wichtigen kulturgeschichtlichen und kulturtheoretischen Anhängen an einen Band mit Hirtengedichten (*Poésies Pastorales*), mit denen Fontenelle in der 1687 durch Charles PERRAULTS Lektüre des Gedichts *Le Siècle de Louis le Grand* (*Das Jahrhundert Ludwigs des Großen*) vor der Académie française ausgebrochenen *Querelle des Anciens et des Modernes* (Streit der Anhänger der Antike und der Moderne) Stellung bezog und sich als Parteigänger der »Modernes« bekannte. Obwohl der Vergleich von Antike und Gegenwart, wie schon E. R. CURTIUS feststellte, ein konstantes Phänomen der europäischen Literaturgeschichte ist, hatte Perraults Behauptung »Ich kann ohne Furcht, ungerecht zu sein, das Jahrhundert Ludwigs [XIV.] mit dem schönen Jahrhundert des Augustus vergleichen« zu einem von scharfer Polemik und teilweise bitterer gegenseitiger Anschuldigung gekennzeichneten Streit in der Gemeinschaft der französischen *Lettrés* geführt, bei dem sich Fontenelle vor allem BOILEAU, LA FONTAINE und LA BRUYÈRE gegenübersah.

Die erste dieser Abhandlungen, *Discours sur la nature de l'églogue* (*Rede über die Natur der Ekloge*), bietet einen Überblick über die Geschichte der Hirtendichtung von der Antike bis zur Moderne, der von Kritik gegenüber den antiken Dichtern gekennzeichnet ist und in eine Stellungnahme gegen »diese Art Religion, die man sich aus der Verehrung der Antike gemacht hat« mündet. In der *Digression sur les Anciens et les Modernes* nun sucht Fontenelle die Frage nach dem absoluten Vorbildcharakter der Antike und nach der theoretischen und praktischen Möglichkeit, daß ein anderes Zeitalter sie erreiche oder übertreffe, mit Hilfe naturwissenschaftlicher Argumente zu entscheiden. Während andere Autoren in beiden Lagern vor allem die Rhetorik – hier wirkt der »Sprachenstreit« der Renaissance nach – und die abstrakten poetologischen Regeln der Kunstbewertung ins Feld führen (und der »moderne« Vorläufer Fontenelles Desmarets de Saint-Sorlin, 1595–1676, der auf Perrault gewirkt hatte, noch vor allem religiöse Motive der Überlegenheit der Gegenwart gesehen hatte), reduziert sich die Frage für Fontenelle darauf, »ob die Bäume in unseren Landschaften früher größer gewesen sind als heute«, denn »wenn sie es waren, können auch Homer, Plato und Demosthenes nicht übertroffen werden. Wenn aber unsere Bäume genau so groß sind wie die früherer Zeiten, können wir auch Homer, Plato und Demosthenes gleichkommen.« Das heißt: Nur wenn in der Antike andere Naturgesetze galten, wenn Plato und Homer nach anderen Bedingungen von der Natur geschaffen wurden, können sie für alle Zeiten als unerreichbare Vorbilder gelten, und das ist nach allen Regeln des Verstandes ausgeschlossen, denn »die Natur hat in ihren Händen immer dieselbe Grundmasse, die sie unaufhörlich dreht und wendet, und aus der sie Menschen, Tiere, Pflanzen formt«. Wie entstehen also unterschiedliche Kulturepochen? Zwei Faktoren sieht Fontenelle hier: Klima und historisch-soziale Bedingungen. Das Klima wirkt auf die Gehirne der Menschen, beeinflußt ihr tägliches Leben, ihr Temperament (dies klang schon in den *Entretiens sur la pluralité des mondes* an, wo ein Zusammenhang von Sonneneinstrahlung und »Heißblütigkeit« erörtert wird). Die äußeren Faktoren können helfen, daß begabte Menschen, die es immer gibt, ihr Können verwirklichen oder aber bewirken, daß ein potentieller Cicero oder Homer, etwa durch »Barbareneinfälle« oder schlechte Regierungen, nie ans Licht treten kann. Da das Klima Frankreichs nicht allzu verschieden von demjenigen Altroms oder Altathens ist, bleiben also nur dem Menschen unterworfene, veränderliche Faktoren übrig, die antike und moderne Möglichkeiten voneinander scheiden.

Den Gang der Kulturgeschichte sieht Fontenelle im wesentlichen kumulativ-progressiv: Die Alten haben alles erfunden – daher ihr besonderes Prestige –, spätere Generationen aber integrieren ihr Wissen und fügen Neues hinzu, wissen also mehr. Die Römer waren gegenüber den Griechen »Modernes«, die Franzosen stehen zu Rom wie die Römer zu Hellas, und der Tag wird kommen, an dem andere, jüngere Völker, *»möglicherweise die Amerikaner«*, das Zeitalter Ludwigs XIV. als eine »Antike« sehen werden. Das Menschengeschlecht gleicht einem Individuum, das Kindheit und Jugend durchmacht, bis es zur Mannesreife gelangt, aber – hier endet für den Kulturoptimisten Fontenelle die Analogie – nie eine Altersschwäche erleben wird, da das akkumulierte Wissen stets bleiben wird und weiter wächst. Den wesentlichen Fortschritt gegenüber früheren Epochen sieht Fontenelle in der cartesianischen Philosophie: Vorher war es *»leichter zu räsonnieren«*, jetzt aber herrschen Präzision und Beweis und legen den Grund für die Blüte der Künste und Wissenschaften.

Trotz des typisch Fontenelleschen Plaudertons enthält diese Abhandlung dicht gesäte denkerische Keime aufgeklärten Denkens: Sie greift das alte, mythisch geprägte Geschichtsschema des früheren »Goldenen Zeitalters« – dem die europäische Renaissance seit Petrarca verpflichtet war – an und unterwirft Autoritäten und Vorbilder der allgegenwärtigen Richtschnur des Verstandes. Sie bezieht die Naturwissenschaften in die Kulturgeschichte ein: Die »Klimatheorie« sollte von Montesquieu weiter ausgeführt werden und unter Einbeziehung historisch-sozialer Determinanten noch Mme. de Staël und H. Taine im 19. Jh. prägen. Vor allem wirkt die *Digression* (zusammen mit der etwa gleichzeitig abgefaßten, etwas später erschienenen *Parallèle des Anciens et des Modernes* von Perrault) wie ein Manifest der »Fortschrittsidee«, die bis in unser Jahrhundert für die europäische Kulturgeschichte maßgeblich sein sollte. C.Dr.

Ausgaben: Paris 1688 (in *Poésies pastorales de M. D. F. avec un traité sur la nature de l'églogue et une digression sur les Anciens et les Modernes*). – Paris 1758–1766 (in *Œuvres*, 11 Bde.). – Paris 1818 (in *Œuvres*, Hg. G.-B. Depping, 3 Bde., 1.; Nachdr. Genf 1968). – Mchn. 1969 (in *F. und die Aufklärung*, Hg. W. Krauss, S. 147–157).

Literatur: A. Buck, *Aus der Vorgeschichte der ›Querelle des Anciens et des Modernes‹ in Mittelalter und Renaissance* (in BdHum, 20, 1958, S. 527 bis 541). – H. Baron, *The ›Querelle des Anciens et des Modernes‹ as a Problem for Renaissance Scholarship* (in Journal of Historical Ideas, 20, 1959, S. 3–22). – V. Kapp, *Der Zusammenhang von Poetik der Ekloge und Beurteilung der Zivilisation bei F. und Houdar de la Motte* (in RF, 89, 1977, S. 417–441). – D. Hoeges, *»Digression sur les anciens et les modernes«* (in *Einführung in das Studium der frz. Literaturwissenschaft*, Hg. W.-D. Lange, Heidelberg 1979, S. 198–208).

ENTRETIENS SUR LA PLURALITÉ DES MONDES

(frz.; *Gespräche über die Vielzahl der Welten*). Dialogwerk von Bernard le Bovier de Fontenelle, erschienen 1686. – Mit diesem Werk, seinem zweiten großen Publikumserfolg seit den *Nouveaux dialogues des Morts*, trat Fontenelle erstmals in seiner Rolle als »Vulgarisateur«, als populärer Vermittler zeitgenössischer Wissenschaften auf, eine Rolle, mit der ihn die Nachwelt lange identifizieren sollte. Die *Entretiens* sind eingeteilt in eine Einleitung, eine Widmung an »Monsieur L.« und sechs (ursprünglich fünf) Gespräche, »Abende« genannt, in denen der Autor einer schönen, wissenschaftlich interessierten Marquise (am glaubwürdigsten identifiziert mit der hochgebildeten Hugenottin Mme. de la Mésangère, 1658–1714, aus Rouen) die modernen Erkenntnisse der Naturwissenschaften, besonders der Astronomie, nahebringt. In der Einleitung erklärt Fontenelle zunächst sein Vorhaben: Er vergleicht sich mit Cicero, der es als erster unternommen hat, Gegenstände der Philosophie, die bislang dem Griechischen vorbehalten waren, in lateinischer Sprache zu behandeln. Den analogen Schritt vollziehe er nun für das Französische, und zwar nicht nur bezüglich der Sprache (schon La Mothe le Vayer und Montaigne philosophierten auf französisch), sondern auch der Darstellung: Er will so schreiben, daß nicht nur Gelehrte (*sçavans*), sondern auch gebildete Laien (*gens du monde*) aus seinen Schriften Gewinn ziehen und daß auch das Element der Unterhaltung, ja der Erheiterung nicht fehlen solle. Weiterhin sucht der Autor in der Einleitung mögliche theologische Einwände gegen die im folgenden Werk ausgebreitete Idee von Bewohnern anderer Welten von vornherein zu entkräften: Diese seien keine »Menschen« in unserem Sinne, daher entfalle das Problem von »Menschen«, die nicht von Adam abstammen.

In den nun folgenden abendlichen Gesprächen im Park bei Mondenschein vermittelt der Sprecher der schönen Dame galant und witzig verbrämt im Grunde genommen nichts anderes als die Erkenntnisse der neuen kopernikanischen Astronomie, das heliozentrische Weltbild der Moderne, das immer noch auf leidenschaftlichen Widerspruch seitens konservativer Vertreter des Kirchenglaubens stieß.

Schritt für Schritt demystifiziert der Sprecher das Universum: Die »Fixsterne« sind nicht am Himmel befestigt, die Planeten drehen sich nicht auf Himmelssphären, die Erde ist nicht das Zentrum des Universums, *»von dem ganzen himmlischen Hofstaat, von dem sich diese kleine Erde einst begleiten und umgeben ließ, ist ihr nur noch der Mond geblieben, der sich um sie dreht«.* Diesen Mond nun schildert der Autor als bewohnte Welt mit Ländern und Meeren, die aber von der bekannten wohl völlig verschieden sein müsse, hält es aber für möglich, daß die Erde einst von den »Mondbewohnern« »entdeckt« wird, wie Amerika von den Europäern: *»Gott weiß, wie überrascht wir dann sein werden.«* Doch auch die anderen Planeten sind womöglich bewohnt: Wegen der größeren Nähe zur Sonne müssen wir uns daher den Charakter der Venusbewohner wie eine unermeßlich große Steigerung der Eigenschaften *»der Mauren von Granada«* vorstellen: sonnengebräunt, lebhaft, leidenschaftlich, stets verliebt und musikalisch, doch *»unsere Mauren würden bei ihnen wegen ihrer Kälte und Dumpfheit wie Lappen oder Grönländer wirken«.* Die Sterne aber sind ihrerseits Sonnen, die wiederum eigene Planeten beleuchten, welche selbst Bewohner haben: Das Universum ist eine Unendlichkeit von immer anderen Spielarten der Natur, der Mensch ist letztlich eine von unendlich vielen Möglichkeiten.

Die Lehren, die Fontenelle hier in lockerem Plauderton ausbreitet, entnahm er der zeitgenössischen wissenschaftlichen Diskussion, die er aus der Esoterik gewichtiger, oft lateinisch gefaßter Abhandlungen (noch Fontenelles großer Vorläufer in der Verbreitung kopernikanischer Erkenntnisse, Pierre GASSENDI, 1592–1655, bediente sich des Latein) befreite und in die Hauptströmung des Zeitgeistes, in die Reichweite der *honnêtes gens* einführte. Beachtenswert ist die rein denkerisch-folgernd angesprochene Möglichkeit bemannter Raumfahrt und die vom Geiste der Skepsis geprägte relativistische Erkenntniskritik (wir sehen ein variables Gesicht im Monde, vielleicht *»verschönern die Veränderungen auf unserer Erde ein Gesicht, das die Mondleute in ihr erblicken«*). Die Marquise ihrerseits ist nicht nur passiv gezeichnet, sondern bereichert das Gespräch durch kluge und wißbegierige Fragen: Fontenelle teilte nicht die Abneigung mancher Zeitgenossen gegen die sog. *femmes savantes,* auch ein galantes Moment fehlt in keiner Phase der abendlichen Gespräche, mit denen der Sprecher die Marquise nicht nur belehrt, sondern auch zart umwirbt.

Wie in den *Nouveaux dialogues des morts* ist es der spezifische Ton dieser Gespräche, der ihre große Wirkung ausmachte: Ein von zurückhaltend-unaufdringlich dargebotener großer Belesenheit, einem durchdringenden und skeptischen Verstand und einer heiteren, humorvollen Formulierungsgabe gekennzeichneter Stil sicherte dem Werk einen durchschlagenden Erfolg innerhalb und außerhalb Frankreichs. Abgesehen von dem Verdienst Fontenelles, die »kopernikanische Wende« des abendländischen Weltbildes zum Allgemeingut gemacht zu haben, stellen diese gelehrten Plaudereien im Park ein geistvolles und witziges Debut der »Außerirdischen« in der europäischen Literatur dar. C.Dr.

AUSGABEN: Paris 1686. – Paris 1714 [vervollst.]. – Paris 1818 (in *Œuvres*, Hg. G.-B. Depping, 3 Bde., 2; Nachdr. Genf 1968). – Paris 1970. – Paris 1966; ³1986, Hg. A. Calame (krit.; STFM).

ÜBERSETZUNGEN: *Dialoge über die Mehrheit der Welten*, J. Ch. Gottsched, Lpzg. 1751; ²1760. – Dass., W. Ch. Mylius, Bln. 1780 [m. Anm. v. J. E. Bode]. – Dass., anon., Halle/Bln. 1795. – Dass., Hg. E. H. Berninger u. a., Weinheim 1982 [Faks. der Ausg. Bln. 1780].

LITERATUR: C.-A. Sainte-Beuve, *F.* (in C.-A. S.-B., *Nouveaux lundis*, Bd. 10, Paris 1868, S. 94–100). – A. Maurois, *F., »Entretiens sur la pluralité des mondes«* (in A. M., *De La Bruyère à Proust*, Paris 1964, S. 33–42). – M.-F. Mortureux, *Les »Entretiens sur la pluralité des mondes«* de F. (in Littérature, 4, Dez. 1971, S. 44–52). – J.-P. Beaujot, *Genèse et fonction du discours* (in Langue Française, 15, Sept. 1972, S. 56–78). – U. Joeres, *Unterhaltende und unterrichtende Preziosität bei F.*, Diss. Marburg 1973. – M.-F. Mortureux, *La formation et le fonctionnement d'un discours de la vulgarisation scientifique au XVIIIe siècle à travers l'œuvre de F.*, Paris 1983. – P. Günter, *Galante Astronomie* (in FAZ, 14. 2. 1984). – M. Morisset, *A propos des »Entretiens sur la pluralité des mondes«* (in Études normandes, 36, 1987, S. 9–17). – A. Niderst, *Vulgarisation scientifique et libertinage dans les »Entretiens sur la pluralité des mondes«* (in PFSCL, 14, 1987, S. 485–494).

HISTOIRE DES ORACLES

(frz.; *Geschichte der Orakel*). Religionskritisches Werk von Bernard le Bovier de FONTENELLE, zuerst anonym erschienen 1686, unter dem Namen des Autors 1707. – In der Einleitung tritt der Autor zunächst mit dem bewußt bescheiden gehaltenen Anspruch auf, das gelehrte lateinische Buch des holländischen Mediziners VAN DALE, *De oraculis ethnicorum dissertationes duae*, 1683 *(Zwei Abhandlungen über die Orakel der Heidenvölker)*, zu übersetzen (*»damit die Frauen und diejenigen Männer, die nicht so gern Latein lesen, nicht einer so nützlichen Lektüre beraubt seien«*), zu ordnen und zugänglicher zu präsentieren, als es der weitschweifige, zitierwütige Arzt mit seinem schwer lesbaren Barocklatein tut (*»denn die Damen und ... Herren dieses Landes sind der angenehmen, eleganten Formulierung ... genauso aufgeschlossen wie ... den genauen Untersuchungen und tiefschürfenden Diskussionen«*). Schließlich sei der Autor aber, wie er weiterhin in der Einleitung schreibt, dazu gebracht worden, *»über dieselben Tatsachen anders als Van Dale zu räsonnieren«*, und endlich habe er *»das ganze Werk umgeschrieben«.* Tatsächlich klafft zwischen dem von BAYLE besprochenen Werk des Holländers, das in späthumanistischer akademischer Tradition die antiken und patristischen Quellen über das Orakelwesen ausbreitet – um die alte These zu erhärten, die Orakel, welche von Dämonen inspiriert wären, hätten mit dem Erscheinen Christi aufgehört – und dem Werk Fontenelles ein geistiger und stilistischer Abgrund: Fontenelle übersetzt zwar gelegentlich ganze Passagen Van Dales beinahe wörtlich, versieht sie jedoch stets mit ironischen und kritischen Bemerkungen und ordnet das Material auf eine radikale Antithese hin: Orakel seien nicht das Werk von Göttern oder, wie es die Urchristen noch sahen, Dämonen, sondern Betrügereien raffinierter Priester, Blendwerk, das ein unwissendes Zeitalter noch nicht durchschauen konnte. Nicht das Erscheinen Christi habe sie zum Schweigen gebracht, sondern die Aufklärung, die das Evangelium verursacht habe (»*die durch die Veröffentlichung des Evangeliums aufgeklärten Geister entzogen sich der Täuschung*«). Dieser Vorgang sei nicht plötzlich vor sich gegangen, sondern allmählich, denn auch nach dem Erscheinen Christi habe es noch Orakel gegeben: Erst der relative Fortschritt, den das Christentum darstellte, habe die Orakel zum Verschwinden gebracht.

Das Werk ist eingeteilt in zwei Abhandlungen: Die erste demonstriert, »*daß die Orakel nicht von Dämonen geliefert wurden*«, die zweite, »*daß die Orakel nicht mit der Ankunft Christi aufgehört haben*«. Zunächst präsentiert Fontenelle traditionelle Lehren wie die Behauptung, das Kommen Christi habe die Götter/Dämonen aus ihren Orakeln gescheucht, oder die Legende von den Matrosen, die von einer rätselhaften Stimme den Auftrag bekamen, zu verkünden, der »*große Pan sei gestorben*«. Solche Dinge, fügt Fontenelle an, »*glaubt man gern, sie überzeugen, weil man es so will*«. Mehr und mehr jedoch demonstriert er die Brüchigkeit dieser Überlieferungen, wobei er darlegt, daß solche Meinungen über die Orakel nicht so gut zur christlichen Religion passen, wie man meinte, daß auch der Platonismus, ebensowenig wie die anderen großen philosophischen Schulen, nicht so eindeutig die reale Existenz von Dämonen lehrt, schließlich, daß die Urchristen selbst nicht so überzeugt waren, die Orakel gingen von dämonischen Wesen aus. Dann geht er genüßlich dazu über, antike Überlieferungen über gefälschte Orakelsprüche, Mißbrauch von »Götterworten« für politische Intrigen und Zweideutigkeiten solcher Worte (womit sie im nachhinein immer als »prophetisch« interpretiert werden konnten) dem Leser auszubreiten. Die zweite Abhandlung demonstriert in sieben Kapiteln, daß die Orakel »*nicht zur Zeit des Kommens Christi aufgehört haben*«. Dabei gelangt Fontenelle zu folgender originellen These: »*Auch wenn das Heidentum nicht abgeschafft worden wäre, hätten die Orakel ein Ende gefunden.*« Denn auch die rationale Kritik der Epikureer und Stoiker hätte die Menschen der Antike schließlich davon überzeugt, daß es sich bei all diesen Orakeln um Betrug für Leichtgläubige handle. Fontenelle zitiert spöttische Bemerkungen antiker, philosophisch geschulter Autoren (z. B. die Bemerkung PLUTARCHS über Orakel in Vers- oder Prosaform), um endlich zu folgern: »*Die Verbrechen der Priester, ihre Frechheit, Ereignisse, die ihre Betrügereien an den Tag gebracht hatten, die Dunkelheit, Unsicherheit und Falschheit ihrer Antworten hätten die Orakel schließlich diskreditiert und ihr Ende verursacht, auch wenn das Heidentum nicht hätte enden müssen. – Aber dazu kamen äußere Gründe: Zunächst die großen Schulen der griechischen Philosophie, die die Orakel verspottet haben, dann die Römer, die sie nicht brauchten, und endlich die Christen, die sie haßten und zusammen mit dem Heidentum abschafften.*«

Fontenelles These löste heftigen Widerspruch aus: 1707 erschien in Straßburg eine *Réponse à l'histoire des oracles de M. de Fontenelle* (Antwort auf die Geschichte der Orakel von Herrn von Fontenelle), verfaßt von dem Jesuiten BALTUS, der Fontenelle vorwarf, eine geheiligte Tradition, an die die größten Kirchenväter geglaubt hatten, angegriffen zu haben. In der bigotten Atmosphäre der späten Regierungsjahre Ludwigs XIV. konnte dieser Vorwurf dem Autor gefährlich werden: Baltus lud Fontenelle sogar offen ein, eine Erwiderung zu verfassen, was dieser jedoch klugerweise unterließ, denn dies hätte die Alternative eines klaren Bekenntnisses oder eines Widerrufs bedeutet. Der Zeitgeist gab Fontenelle jedoch recht; Baltus hingegen hatte der katholischen Kirche einen schlechten Dienst erwiesen, indem er eine unsicher fundierte, nicht dogmatisch verankerte Tradition mit einer Vehemenz verteidigte, als habe Fontenelle an die Grundlagen christlicher Theologie gerührt. Fontenelle beurteilt den Triumph des Christentums nicht als Sieg eines stärkeren Gottes über schwächere Götter, sondern als Fortschritt der Vernunft, womit er nicht nur methodisch eine rationale Religionskritik (die sich schon bald gegen das Christentum selbst wenden sollte) begründete, sondern auch die »klassische Antike« in einem wenig erhabenen Licht erscheinen ließ: als Zeitalter voll Irrtum, Aberglauben, Unvernunft. Hier ist er der »Moderne«, der er in der *Querelle des Anciens et des Modernes* war, der Kritiker des absoluten Vorbildcharakters griechisch-römischer kultureller Leistungen. Die *Histoire des oracles* dokumentiert damit in klarer Weise die Genese der französischen Aufklärung im geistigen Diskurs des späten *Grand Siècle* und weist Fontenelle als einen ihrer ersten Vertreter aus.   C.Dr.

AUSGABEN: Paris 1686 [anon.]. – Paris 1707. – Amsterdam 1764 (in *Œuvres*, Hg. F. Changuion, 5 Bde., 2). – Paris 1825 (in *Œuvres*, Hg. J.-B.-J. Champagnac, 5 Bde., 3). – Paris 1908, Hg. L. Maigron (krit.; Nachdr. 1971; STFM). – Paris 1966 (10/18). – Paris 1970.

ÜBERSETZUNG: *Historie der Heydnischen Orackel*, J. Ch. Gottsched, Lpzg. 1730.

LITERATUR: L. Maigron, *F., l'homme et l'œuvre, l'influence*, Paris 1906, S. 248–283. – L. Levy-Bruhl, *Les tendances générales de Bayle et de F.* (in Revue d'Histoire de la Philosophie, 1, 1927, S. 50 ff.). – R. Pintard, *Le libertinage érudit dans la première moitié du XVIIe siècle*, 2 Bde., Paris 1943. – M. Bouchard, *L'»Histoire des oracles« de F.*, Paris 1947. – A. Pizzorusso, *Considerazioni sul metodo e sulla filosofia di F.* (in SRLF, 2, 1961, 81–131).

NOUVEAUX DIALOGUES DES MORTS

(frz.; *Neue Totengespräche*). Dialogwerk von Bernard le Bovier de FONTENELLE, in zwei Teilen erschienen 1683. – Dieses Werk, mit dem sich der junge Fontenelle ersten literarischen Ruhm erwarb, begründete für die Neuzeit das Genre des fiktiven Totengesprächs neu, das in der Antike von dem griechischen Satiriker LUKIANOS aus Samosata (um 120–185) geschaffen worden war. Mit diesem bislang unüblichen und damit nicht durch Regeln kodifizierten Genre fand Fontenelle die ihm angemessene Ausdrucksweise, die bald Schule machen sollte (vgl. FÉNELON).

Der erste Teil, Anfang 1683 gedruckt, beginnt mit einem Brief *An Lukian, auf den elysäischen Feldern*, worin Fontenelle die für die französische Klassik typische Aussage über die grundsätzliche Ähnlichkeit der Menschen und des Geschmacks in alten Athen, im alten Rom und im heutigen Paris trifft. »*Ich bin sicher*«, schreibt er ihm, »*daß Sie zur Stunde Frankreich aus einer Vielzahl von Berichten kennen und wissen, daß es für die Literatur heute dasselbe ist, was Griechenland früher war.*« Dann folgen 18 Dialoge, eingeteilt in solche zwischen verschiedenen Toten der Antike (z. B. Alexander und Phryne, Dido und Stratonike, Homer und Äsop), solche zwischen antiken und modernen Schatten (z. B. Kaiser Augustus und Pietro Aretino, Sappho und Laura, Sokrates und Montaigne) und solche zwischen unlängst Verstorbenen (z. B. Karl V. und Erasmus von Rotterdam, Elisabeth I. von England und dem Herzog von Alençon). Die meist kurzen Dialoge stehen jeweils unter einem thematischen Leitmotiv: So disputieren die griechische Lyrikerin Sappho und Petrarcas Laura darüber, ob es richtig sei, in der Liebe die Initiative den Männern zu überlassen; Anne de Bretagne und Maria von England vergleichen den Wert des Ehrgeizes und der Liebe; Kaiser Karl V. unterhält sich mit dem nachdenklichen Humanisten Erasmus von Rotterdam über den Wert des Ruhmes. Hervorzuheben sind besonders die Gespräche zwischen Homer und Äsop: Homer bestreitet jeglichen tieferen Sinn, den spätere Kritiker in seine Gesänge hineininterpretiert haben. Eine falsche Auslegung seiner Fabeln fürchtet auch Äsop: »*Wenn man Ihnen – Homer – geglaubt hat, daß Götter so reden, wie sie es bei Ihnen tun, glaubt man vielleicht auch, daß Tiere so sprechen wie bei mir.*« Homer versichert seinem Gesprächspartner jedoch, daß »*die Menschen gern glauben, die Götter seien genauso verrückt wie sie selbst, aber sie wollen nicht, daß die Tiere so klug seien*«. Im Dialog zwischen Sokrates und Montaigne kritisiert der griechische Philosoph die Begeisterung, mit der Montaigne vom athenischen Altertum schwärmt, und gibt seiner Enttäuschung darüber Ausdruck, daß die Menschen nicht weiser geworden seien: »*Man verklärt die Alten, um die Zeitgenossen herabzuziehen. Als wir lebten, schätzten wir unsere Ahnen höher ein, als sie es verdienten.*« Hiermit wird andeutungsweise schon die Diskussion über den absoluten Wert historischer Epochen, die das Ende des *Grand Siècle* in Frankreich durchziehen sollte, vorweggenommen (vgl. *Digression sur les Anciens et les Modernes*). Ein amüsantes Stück frühaufklärerischen Kulturvergleichs bietet auch das Gespräch zwischen Agnes Sorel, der Geliebten Karls VIII., und Roxolana, der türkischen Haremsschönen und Hauptgeliebten Sultan Suleimans, zum Vergleich französischer und orientalischer Galanterie sowie über Macht und Einfluß der Frauen.

Der erste Teil der Dialoge hatte bereits drei Neuauflagen erlebt, als Fontenelle im Herbst 1683 den zweiten Teil mit weiteren 18 Gesprächen veröffentlichte, auch diese eingeteilt wie die vorhergehenden. Der Begründer des methodischen Zweifels, Descartes, räsoniert hier beispielsweise mit dem Hochstapler par excellence – dem Mönch Demetrius, der sich als verschollener russischer Thronfolger ausgab, über Wahrheit und Irrtum, Sein und Schein, und bringt den falschen Zarewitsch dazu zu sagen: »*Wenn ich alles noch einmal von vorn beginnen könnte, möchte ich nicht mehr falscher Demetrius sein: Ich würde Philosoph werden.*« Interessant ist auch das Gespräch zwischen Hernán Cortés und dem Aztekenkaiser Montezuma: Der spanische Konquistador wirft dem Azteken Dummheit und Barbarei vor, während Montezuma, als Schatten inzwischen in europäischer Literatur wohl bewandert, Cortés die Torheiten und den Aberglauben im alten Griechenland und Rom entgegenhält (vgl. *Histoire des oracles*).

Als Nachtrag (teilweise aufgrund geäußerter Kritiken) veröffentlichte Fontenelle am 26. 2. 1684 das *Urteil Plutos (Jugement de Pluton)*, in dem die Verwirrung, die die Veröffentlichung der Totengespräche im Hades ausgelöst hatte, beschrieben wird: So beschwert sich z. B. Petrarca, seine Laura sei seit der Veröffentlichung der Dialoge eine »Raisonneuse« geworden, die auf galante Komplimente mit Diskussionen reagiere. Der Ausbruch der Schatten aus festgelegten sozialen Rollen im Totenreich soll mit den unterweltlichen Gerichtssprüchen Plutos beseitigt werden. So verfügt der Totenfürst abschließend, daß z. B. »*Molière nicht von Philosophie, noch Descartes vom Blindekuhspiel reden soll*«, oder, da »*Montezuma im Grunde nur die Geschichte Mexikos kennt*«, er tunlichst bei dieser bleiben solle. Plutos teilweise absurd gehaltene Schiedssprüche stellen scheinbar die »Ordnung« der Hadesmonarchie (ein Zerrspiegel der zeitgenössischen Gesellschaft Fontenelles) wieder her, unterstreichen aber die Ironie, die das »Plutogericht« (und das Werk als Ganzes) durchzieht.

Die *Nouveaux dialogues des morts* stellen in vieler Hinsicht den Beginn einer neuen Art des Umgangs mit der Tradition dar: Obwohl Fontenelle es wohlweislich meidet, Gestalten der christlichen Heilsgeschichte auftreten zu lassen, bringt er eine witzige, respektlose und zutiefst ironische Note in die Betrachtung bislang mit Ehrfurcht behandelter Autoritäten ein. Er verwendet hierbei Inhalte und Motive aus der Tradition des gebildeten Freidenkertums *(Libertinage érudit)* eines Pierre GASSENDI (1592 bis 1657) oder François de LA MOTHE LE VAYER (1588–1672), die durch ihn aus der Peripherie ins Zentrum französischen Geisteslebens rücken. Doch mehr als der Inhalt, ist es der Ton der *Nouveaux dialogues des morts*, der auf die Nachwelt (vor allem auf VOLTAIRE) wirken sollte; die Verbindung von Gelehrsamkeit, Satire, Skepsis, Wachheit für menschliche Irrtümer und Torheiten führte zu der Einsicht, daß ein Philosoph gleichzeitig unterhalten, erheitern und belehren kann.   C.Dr.

AUSGABEN: Paris 1683. – Paris ³1683 *(Nouveaux dialogues des morts)*. – Amsterdam 1710 [erw. Ausg.]. – Paris 1818 (in *Œuvres*, 3 Bde., 2, Hg. G. B. Depping; Nachdr. Genf 1968). – Chapel Hill 1966 (*Nouveaux dialogues des morts*, Hg. D. Schier). – Paris 1966 (10/18). – Paris 1971 (*Nouveaux dialogues des morts*, Hg. J. Dagen; krit.; STFM).

ÜBERSETZUNG: *Gespräch in der Unterwelt*, P. M. Schon (in *Der französische Geist. Die Meister des Essays von Montaigne bis zur Gegenwart*, Hg. G. R. Hocke, Lpzg. 1938, S. 54–61; Ausw.).

LITERATUR: G. Hess, F. *»Dialogues des morts«* (in RF, 56, 1942, S. 345–358). – K. Wais, *Selbstanalyse F.s und Fénelons in ihren Totengesprächen* (in K. W., *Formen der Selbstdarstellung*, Bln. 1956, S. 461–479, u. in K. W., *Französische Marksteine*, Bln. 1958, S. 33–54). – A. Pizzorusso, *Considerazioni sul metodo e sulla filosofia di F.* (in SRLF, 2, 1961, S. 81–131). – C. Schmidt, *F.s »Nouveaux dialogues des morts« als moralistisches Werk zwischen Preziosität u. Aufklärung*, Diss. Hbg. 1971. – P. Bürger, *Die aufklärerische Bedeutung der Form in F.s »Dialogues des morts«* (in P. B., *Studien zur frz. Frühaufklärung*, Ffm. 1972, S. 22–43). – C. A. Fraser, *The First Edition of the Two Parts of F.'s »Nouveaux dialogues des morts«* (in FSt, 27, 1973).

ostens nimmt Amando Fontes eine Sonderstellung ein. Er ist weniger aggressiv, weniger rebellisch, weniger brutal, weniger an der sozialen Frage interessiert. Er nähert sich den Problemen seines Heimatstaates Sergipe nachdenklicher, bisweilen mit femininer Sensibilität. Der Roman schildert den unaufhaltsamen Abstieg der drei Mädchen Rosenda, Albertina und Caçulinha bis zur Prostitution und schließlich bis zum völligen körperlichen und seelischen Verfall. Das Schicksal dieser Frauen ist jedoch nur Anlaß für die Behandlung eines umfassenderen Themas: die unheilvolle Rolle der Armut als Wurzelboden für Korruption und Laster. Es fällt auf, daß der Autor seinen Personen keinerlei Raum für eigene Initiative läßt. Sie leiden, aber sie denken über ihr Leiden nicht nach. Was ihnen »auferlegt« ist, ertragen sie mit unerschütterlichem, fatalistischem Gleichmut. Diese Passivität kennzeichnet nicht nur die drei Hauptpersonen des Romans; sie hat das ganze zerlumpte, in unvorstellbarem Elend dahinvegetierende Proletariat erfaßt. Die Welt, in der die drei Mädchen leben, ist eine Welt ohne Rebellion. Und doch gelingt es Fontes, gerade dieser dumpfen Passivität der Unterdrückten und Ausgestoßenen starke dramatische Akzente abzugewinnen. Seine Sprache ist weich und voller Musikalität dort, wo seine Menschen weich und nachgiebig sind, voll dunkler, auswegloser Schwere dort, wo das Schicksal über diejenigen triumphiert, die wehrlos sind, weil sie sich nicht wehren wollen.   H.Fa.

AUSGABEN: Rio 1933; ¹⁴1981. – Rio 1961 (in *Dois romances*).

LITERATUR: A. Lins, *Jornal de critica*, Ser. 5, Rio 1947, S. 146–151. – O. Montenegro, *O romance brasileiro*, Rio ²1953, S. 253–263. – M. Pinto de Aguiar, *Homens, livros e idéias*, Salvador 1960. – V. da Gama e Melo, *O romance nordestino de 1928 a 1961* (in *Segundo Congresso brasileiro de critica e história literaria*, Assis 1963, S. 499–516). – Carpeaux, S. 419 f. – W. R. Toop, *A. F.: Time and Chronology* (in LBR, 6, 1969, Nr. 1, S. 60–84). – J. I. Suárez, *The Neglected Fiction of A. F.* (in *Selected Proceedings: 32nd Mountain Interstate Foreign Language Conference*, Hg. G. C. Martín, Winston Salem 1984, S. 353–360).

AMANDO FONTES

* 15.5.1899 Santos / São Paulo
† 1.12.1967 Rio de Janeiro

OS CORUMBAS

(portug.; *Die Dirnen*). Roman von Amando FONTES (Brasilien), erschienen 1933. – Unter den bedeutenden Romanciers des brasilianischen Nord-

DENIS IVANOVIČ FONVIZIN

* 14.4.1745 Moskau
† 12.12.1792 St. Petersburg

LITERATUR ZUM AUTOR:
Bibliographien:
E. S. Smirnova-Čikina, *D. E. F. Rekomendatel'nyi ukazatel' literatury*, Moskau 1945. – *Istorija russkoj*

literatury XVIII veka. Bibliografičeskij ukazatel', Hg. V. P. Stepanov u. Ju. V. Stennik, Leningrad 1968, S. 386–395.
Forschungsbericht:
N. G. Puryskina, *Ocenka chudožestvennogo metoda F. v. sovetskom literturovedenii* (in Izvestija Voronežskogo pedagogičeskogo instituta, Bd. 117, 1971, S. 57–69).
Biographien:
N. I. Ždanov, *F., očerk ego žizni' i literaturnoj dejatel'nosti*, (in *Russkij biografičeskij slovar'*, Bd. »Faber-Cjakovskij«, St. Petersburg 1907, S. 177–197; in N.I.Ž., *Sočinenija*, Bd. 2, St. Petersburg 1907, S. 135–192). – N. S. Tichnravov, *D. I. F.* (in N.S.T., *Sočinenija* Bd. 3, Tl. 1, Moskau 1898, S. 90–129). – A. Stryczek, D. F. *La Russie des lumières*, Paris 1976. – S. B. Rassadin, *F.*, Moskau 1980.
Gesamtdarstellungen und Studien:
P. A. Vjazemskij, *F.*, St. Petersburg 1848; ²1880. – V. Istomin, *Glavneišie osobennosti jazyka i sloga proizvedenij D. I. F.* (in Russkij filologičeskij vestnik, 1897, 3/4, Tl. 2, S. 1–33). – D. I. F. *Ego žizn' i sočinenija (Sbornik istoriko-literaturnych statej)*, Hg. V. Pokrovskij, Moskau 1905; ²1911. – M. Muratov, *D. I. F.*, Moskau/Leningrad 1953. – K. V. Pigarev, *Tvorčestvo F.*, Moskau 1954. – *F. v. russkoj kritike*, Hg. P. E. Šamesa, Moskau 1958. – V. N. Vsevolodskij-Gerngross, *Tvorčeskaja istorija komedij F.* (in Teatr, 1958, 11, S. 115–122). – Ders., *F.-dramaturg*, Moskau 1960. – G. P. Makagonenko, *F. Tvorčeskij put'*, Moskau 1961. – C. A. Moser, *D. F.*, Boston 1979 [m. Bibliogr.]. – *Istorija russkoj literatury*, Hg. G. P. Makagonenko u. D. S. Lichačev, Bd. 1, Leningrad 1980, S. 655–672. – N. D. Kočetkova, *F. v. Peterburge*, Leningrad 1984. – P. Hiller, *D. I. F. und P. A. Parliščikov: ein Kapitel aus der russischen Theatergeschichte im 18. Jh.*, Mchn. 1985 (Slavistische Beiträge, 189). – S. B. Rassadin, *Satiry smelyj vlastelin: kniga o D. I. F.*, Moskau 1985.

BRIGADIR

(russ.; *Der Brigadier*). Satirische Gesellschaftskomödie in fünf Aufzügen von Denis I. FONVIZIN, erschienen 1768; Uraufführung: Petersburg 27. 12. 1780. – Die »*erste eigene Sittenkomödie*« (Panin) der russischen dramatischen Literatur, ohne die weder GRIBOEDOVS *Gore ot uma (Verstand schafft Leiden)* noch GOGOLS *Revizor* denkbar sind, geht unmittelbar auf ein Stück des »dänischen Molière« zurück: HOLBERGS *Jean de France*, eine handfeste Verspottung der zeitgenössischen Gallomanie. Was bei Holberg der Bürgersohn Hans Franzen, ist bei Fonvizin der Sohn eines kleinadligen Gutsbesitzers und gallomane Schwachkopf Ivanuška, d. h. Hänschen (*»Geboren bin ich in Rußland, aber mein Herz gehört der französischen Krone«*). Er jedoch ist ebensowenig die Hauptfigur des Stückes wie sein Vater, der Brigadier. Dieser rückte nur aus Gründen der traditionellen Titelgebung zur Titelfigur auf: eine Eintypenkomödie (wie die MOLIÈRES oder auch noch Holbergs) ist das Stück nicht mehr. Was den *Brigadir* zur Komödie macht, ist die satirisch-aktualisierte Vorführung scharf typisierter Vertreter einer ganz bestimmten gesellschaftlichen Schicht, wie sie in der russischen Provinz anzutreffen war. Die Handlung ist weniger von Belang: Zwei miteinander befreundete Familien (die des Brigadiers und die eines Ratsherrn) planen die Verheiratung ihrer Kinder (Ivanuška – Sof'ja), doch mißlingt der Plan: Die gebildete Sof'ja bekommt zuletzt den Mann, den sie liebt (den Herrn Dobroljubov, d. h. Edellieb). Die komische Wirkung des Stückes beruht vor allem darauf, daß die Brauteltern einander über Kreuz den Hof machen, voreinander aber »*aus Politesse auf den Knien liegen*«; daß es dabei auch ein wenig frivol und peinlich zugehen kann, zeigen Ivanuška und sein Vater, die um die Gunst der Stiefmutter Sof'jas rivalisieren. Mit Ausnahme des völlig farblosen edlen Liebespaares (Sof'ja – Dobroljubov) ist allen Figuren der Komödie ein bestimmter gleichwertiger Anteil innerhalb des satirischen Gesellschaftsquerschnitts zugewiesen: Während der Brigadier den robusten, moralisch korrumpierten, in der Uniformanbetung verknöcherten petrinischen Militärkarrieristen verkörpert, seine Frau als einfältigbeschränkte, ihre Kinder verziehende Mutter die bigotte Landedelfrau jener Zeit ins Spiel bringt, ist in dem Ratsherrn der korrupte elisabethanische Beamte getroffen (»*Ich war ja Richter: wer schuld hat, zahlt eben für seine Schuld, wer recht hat, für sein Recht; so waren zu meiner Zeit alle zufrieden: der Richter, der Kläger und der Beklagte*«). In seiner albern charmierenden Frau schließlich ist die Provinzkokotte karikiert, die – weil es so Mode geworden ist – gern ihren Gatten betrügen möchte, nicht nur mit dem Brigadier, sondern auch mit seinem Sohn, dessen Französelei sie »schick« findet. – Daß ein solches Stück in der Umgebung der klassizistischen Posse überhaupt geschrieben werden konnte, hat zwei Gründe: einmal die im Widerspruch zu den klassizistischen Maximen sich entwickelnde Verbürgerlichung literarischer Stoffe (Lukin-Schule), zum anderen die mit der Regierungsübernahme Ekaterinas II. erwartete Liberalisierung des gesellschaftlichen Lebens. Die Koinzidenz dieser beiden Momente schuf die Voraussetzung für ein Werk, das, statt unrussisch-gesellschaftsfremde Charakterkomik zu liefern, die groteske Struktur der sozialen Führungsschicht bloßlegte. Nicht einzelne Immoralisten sollten schadenfroh entlarvt, sondern der allgemeine Immoralismus und das selbstzufriedene Unwissen aufgedeckt werden: »*Hol mich der Teufel, wenn eine Grammatik irgendwem nutz ist, vor allem auf dem Land. In der Stadt habe ich wenigstens einmal eine zu Haarwickeln zerreißen können.*«
Wenn auch von einer Individualisierung der Charaktere noch nicht gesprochen werden kann – diese erscheint erst in Fonvizins Spätwerk *Nedorosl' (Der Landjunker)* –, so sind doch schon Bemühungen

spürbar, auch die sprachliche Uniformität der klassizistischen Posse zu überwinden und die Figuren mit einem persönlichen Wortschatz auszustatten (z. B. leidet die Ratsherrin wie Ivanuška an der Gallomanie); während er sich jedoch als Paris-Kenner flüssig in französischen Phrasen ergehen kann, bildet sie, die noch »*nie einen Franzosen kennengelernt*« hat, nur ulkige Gallizismen von der Art wie: *ekskjuzovat', diskjurovat'*: erste Tastschritte auf dem Weg zur naturalistischen Komödie. W.Sch.

AUSGABEN: Petersburg 1768. – Moskau 1959 (in *Sobr. soč.*, Hg. G. P. Makogonenko, 2 Bde., 1; m. Einl.). – Leningrad 1971 (in *Komedii*).

LITERATUR: M. Kantor, *F. and Holberg: A Comparison of »The Brigadir« and »Jean de France«* (in Canadian Slav. Studies, 7, 1973, S. 475–484). – I. Isakovič, *»Brigadir« i »Nedorosl'« D. I. F.'a*, Leningrad 1979. – Ch. Moser, *D. F.*, Boston 1979 [enth. Bibliogr.]. – N. N. Gorbačeva, *O datirovke komedii D. I. F.'a »Brigadir«* (in *Russkaja Literatura XVIII – načala XIX veka v obščestvenno-kul'turnom kontekste*, Leningrad 1983, S. 292–303).

NEDOROSL'

(russ.; *Der Landjunker*). Satirische Gesellschaftskomödie in fünf Akten von Denis I. FONVIZIN, private Uraufführung: Petersburg, 24. 9. 1782. – Wie in Fonvizins Frühwerk *Brigadir*, 1768 *(Der Brigadier)*, sind auch in dieser Komödie die Verhältnisse in der russischen Provinz zur Zeit der Zarin Ekaterina II. Zielscheibe der Satire, doch wächst hier die Kritik an den Mängeln einer falschen Erziehung und der daraus resultierenden Unwissenheit in eine unverhüllte Bloßstellung des Systems der Leibeigenschaft hinüber. *Nedorosl'* zeigt als erste russische Komödie die »*zersetzende Rolle der Leibeigenschaft und ihren Einfluß auf den Adel, der durch eben diese Versklavung der Bauernschaft geistig verkommen, entartet und pervertiert ist*« (Gor'kij). Prototypen dieser Adelsschicht sind die despotische, verlogene und geizige Gutsbesitzerin Prostakova (von *prostak*: einfältiger Mensch), deren einziges Gefühl die Affenliebe zu ihrem dummen, verzogenen Sohn Mitrofan ist (der griech. Name bedeutet etwa: nach der Mutter geraten), der willensschwache, von seiner Frau tyrannisierte Prostakov und Skotinin (von *skot*: Vieh), der Bruder der Prostakova, ein ungehobelter, brutaler Mensch, der nur für seine Schweinezucht Interesse zeigt. Im Haus der Prostakovs lebt die junge Waise Sof'ja, die von ihrem totgeglaubten reichen Onkel Starodum (von *staryj*: alt; *duma*: Gedanke) unvermutet als Erbin seines Vermögens eingesetzt wird. Skotinin, der sich schon vorher um Sof'ja bemüht hat, wird nun von der Prostakova zurückgedrängt, die ihren Mitrofanuška mit Sof'ja verheiraten will. Dieser Plan scheitert jedoch am Eingreifen Starodums, der Sof'jas Neigung zu dem jungen, aufrechten Offizier Milon billigt. Ein Versuch der Prostakova, Sof'ja zu entführen, um sie gewaltsam mit Mitrofan zu verheiraten, wird von Milon vereitelt. Nur dank Starodums und Sof'jas Großmut bleibt die Prostakova zunächst noch ungeschoren. Als sie dann aber ihre Wut über das Mißlingen der Entführung an ihrem Gesinde auslassen will *(»Ist denn ein Adliger nicht frei, seinen Diener zu schlagen, wann er will?«)*, entmündigt sie der gerechtigkeitsliebende Regierungsbeamte Pravdin (von *pravda*: Wahrheit, Gerechtigkeit). Bei der Mitteilung, daß ihr Gut unter Regierungskontrolle gestellt wird, bricht sie zusammen. Pravdin nennt sie eine »*unmenschliche Herrin, deren Schlechtigkeit in einem wohleingerichteten Staat nicht geduldet werden kann*«.

Angesichts der Tatsache, daß infolge der Günstlingspolitik Ekaterinas II. der Landadel eine grenzenlose Willkürherrschaft ausüben konnte, impliziert die in Fonvizins Stück verfügte Entmündigung der Prostakova eine deutlich oppositionelle, aufklärerisch-liberale Programmatik. Fonvizin sicherte sich vor Angriffen der offiziellen Kritik, indem er die Vertreter humanitär-aufgeklärter Gedanken im Namen der Regierung sprechen ließ. Stellenweise kamen auf diese Weise zweideutig auslegbare Repliken zustande wie z. B.: »*Ein Herrscher, der seines Thrones würdig ist, strebt danach, Herz und Gemüt seiner Untertanen emporzuheben. Das sehen wir mit unseren eigenen Augen.*« Bezeichnenderweise verlegte Fonvizin sein gesellschaftliches Ideal in die Vergangenheit. Sein Sprachrohr Starodum erscheint als Repräsentant des Idealzustands der Epoche Peters des Großen.

Im Aufbau seiner Komödie folgt der Autor, der seit seinen Anfängen unter dem Einfluß HOLBERGS stand, ganz den klassischen Regeln der Einheit von Zeit, Ort und Handlung. Auch die positiven Gestalten, besonders der Räsoneur Starodum, entsprechen völlig dem klassizistischen Muster, während negative Figuren wie die Prostakova oder Skotinin bedeutend stärker individualisiert sind und daher sehr viel plastischer und lebendiger wirken – eine Wendung zur typisierenden Milieukomödie, die auch in der individuell differenzierten Redeweise, dem umgangssprachlich-vulgären Jargon dieser Personen ihre Entsprechung findet. In Einklang damit hat sich Fonvizin die von LUKIN erhobene Forderung nach »*Anpassung an die russischen Sitten*« ganz zu eigen gemacht. Der *Nedorosl'* steht als erste »*wahrhaft gesellschaftliche Komödie*« (Gogol') der russischen Literatur am Anfang einer Entwicklung, die im 19. Jh. in den Werken GRIBOEDOVS, GOGOL's und A. N. OSTROVSKIJS ihre Fortsetzung fand. W.Sch.

AUSGABEN: Petersburg 1783. – Moskau 1959 (in *Sobr. soč.*, Hg. G. P. Makogonenko, 2 Bde., 1). – Letchworth 1965.

ÜBERSETZUNGEN: *Das Muttersöhnchen*, anon., Lpzg./Wien 1787. – *Der Landjunker*, F. Fiedler, Lpzg. o. J. [1890]. – Dass., A. Bauch (in *Der Landjunker u. andere satirische Dichtungen und Schriften*, Bln. 1957).

LITERATUR: D. D. Jazykov, »*Nedorosl'*« *na scene i v literature (1782–1882)* (in Istorič. vestnik 10, 1882, S. 139–147). – L. Barag, *Sud'ba komedii »Nedorosl'«* (in Učënye zapiski Minsk. pedag. instit. 1940, S. 109–125). – L. Savoj, *Su di una probabile genesi di »Minorenne« di F.* (in *Sbornik v čest' na Prof. L. Miletič za 70-godišninata ot roždenieto mu (1863–1933)*, Sofia 1933).

VSEOBŠČAJA PRIDVORNAJA GRAMMATIKA

(russ.; *Allgemeine höfische Grammatik*). Satire von Denis I. FONVIZIN, erschienen 1830. – Das Werk ist eine der zwanzig gesellschaftskritischen Satiren, die Fonvizin 1788 als ersten Teil des von ihm geplanten Journals *Drug čestnych ljudej ili Starodum (Der Freund achtbarer Leute oder Starodum)* veröffentlichen wollte. Die zaristische Zensur verhinderte jedoch die Drucklegung, so daß die Texte erst postum in der Beketovschen Ausgabe von 1830 erscheinen konnten.

Nach dem Vorbild der zeitgenössischen Schulbücher, die in Frage und Antwort angelegt waren, versucht Fonvizin eine Typologie der Höflinge und Bojaren und ihrer Verhaltensweisen zu geben, indem er grammatische Phänomene, wie Lautqualität, Kasus, Genus, Numerus usf., in witzige Analogie zu den Gepflogenheiten bei Hofe setzt. Unter den Vokalen versteht Fonvizin die Magnaten, die durch eine bloße Lippenbewegung bereits den gewünschten Effekt auf die sie umgebenden »Konsonanten«, d. h. Untergebenen, ausüben, die ihrerseits »*ohne fremde Hilfe nichts zu leisten vermögen*«. Mit den Halbvokalen werden die Bojaren identifiziert, die »*vor den Vokalen noch konsonantisch, vor den Konsonanten jedoch bereits vokalisch sind*«, d. h. nach oben buckeln und nach unten treten. Der »*höfische Numerus*« besteht in der Rechnung des Höflings: je mehr Heucheleien, desto mehr Gunsterweisungen. Die Genusdifferenz ist in der Aufteilung der Höflinge in solche mit »*weibischer*« und solche mit »*männlicher Seele*« gegeben. Als »*höfsches Hauptverb*« schließlich dient das *byt' dolžnym* (schuldig sein), das allerdings meist nur im Präsens und fast niemals im Präteritum gebraucht werde, da es bei Hofe unüblich sei, »*die eigenen Schulden zu begleichen*«.

Nachdem sich Fonvizin 1782 mit der satirischen Komödie *Nedorosl' (Der Landjunker)* die Feindschaft Ekaterinas II. zugezogen und im darauffolgenden Jahr den Staatsdienst quittiert hatte, widmete er sich vor allem der satirischen Prosa, was ihm erst recht die Mißgunst der Kaiserin eintrug. 1783 wurde ihm jede weitere literarische Tätigkeit verboten. Das Projekt des *Starodum* stellt einen seiner letzten literarischen Versuche dar. Bereits in seinen beiden großen Komödien hatte Fonvizin soziale Mißstände in einer zuvor nicht gekannten Direktheit zu kritisieren gewagt und war nicht davor zurückgeschreckt, dabei die Herrscherin selbst anzugreifen.

In der *Vseobščaja grammatika* weitet er diese Kritik nicht zuletzt unter dem Eindruck der Nachstellungen und Verleumdungen, denen er sich ausgesetzt sah, zu einer vernichtenden Polemik gegen die gesamte Hofgesellschaft aus. Damit geht er weit über die von Ekaterina zeitweilig wohlwollend geduldete Kritik an Gallomanie, Stutzertum, Geiz, Völlerei u. dgl. hinaus, von denen die Satiren KANTEMIRS und SUMAROKOVS geprägt waren, und ebnete ähnlich wie sein Zeitgenosse RADIŠČEV den Weg für die russische sozial engagierte Literatur der Zeit des Dekabrismus und der fünfziger Jahre des 19. Jh.s.   A.Gu.

AUSGABEN: Petersburg 1830, Hg. P. P. Beketov. – Petersburg 1866. – Moskau/Leningrad 1959 (in *Sobranie sočinenij*, Hg. G. P. Makogonenko, 2 Bde.).

SAMUEL FOOTE

* 27.1.1720 Truro
† 21.10.1777 Dover

LITERATUR ZUM AUTOR:
P. H. Fitzgerald, *S. F.: A Biography*, Ldn. 1910. – M. M. Belden, *The Dramatic Work of S. F.*, New Haven/Ldn. 1929; Nachdr. 1969 [m. Bibliogr.]. – G. Sinko, *S. F.: The Satirist of Rising Capitalism*, Breslau 1950. – E. N. Chatten, *S. F.*, Boston 1980 (TEAS). – T. M. Freeman, ›*With Arched Brows and Leering Eyes‹: The Resurgence of Satiric Drama in the British Theatre of the Third Quarter of the Eighteenth Century*, Diss. Univ. of Pennsylvania (vgl. Diss. Abstracts, 46, 1985, S. 2299A).

THE MAYOR OF GARRET

(engl.; *Der Bürgermeister von Garret*). Posse in zwei Akten von Samuel FOOTE, Uraufführung: London, 20. 6. 1763, Haymarket Theatre. – In dieser Dorfkomödie bezieht sich der Autor auf den in der zweiten Hälfte des 18. Jh.s von den Bewohnern des Dorfes Garratt/Surrey geübten Brauch, zur Verteidigung ihrer Rechte einen Mitbürger zu wählen, den sie »Bürgermeister« nannten. – Inmitten eines friedlichen Dorfidylls residiert und regiert Sir Jacob Jollup. Aus einem besonderen Anlaß hat er seine Töchter, Mrs. Sneak und Mrs. Bruin, deren Ehemänner und Major Sturgeon eingeladen: Die Dorfbewohner sollen ihren Bürgermeister wählen. Während sich das Volk (im Personenregister spöttisch »1., 2., 3. und 4. Volk« genannt) in neugieriger Erwartung des Wahlvorschlags Sir Jacobs versammelt, wird dieser durch Streitigkeiten in seiner Familie aufgehalten, die von dem bramarbasierenden Sturgeon geschürt und genutzt werden. Nach heftigem Gekeife läßt Mrs. Sneak ihren Mann, einen vertrottelten Pantoffelhelden, in der Gesellschaft des ihr als Haustyrann nicht nachstehenden Mr. Bruin zurück, während sie mit dem Major ins Lusthaus verschwindet. Unterdessen haben die mangels herrschaftlicher Aufsicht verwirrten Bauern das ganze Wahlzeremoniell auf den Kopf gestellt und sich für einen der Ihren entschieden. Um den »Fehler« rasch zu korrigieren, zerrt man den auf der Suche nach seiner Frau im Garten umherirrenden Sneak herbei und wählt das kümmerliche Männchen zum Bürgermeister.

Der Schauspieler-Autor Foote schrieb seine ausgelassenen Farcen mit so spitzer Feder, daß sie vielen seiner Zeitgenossen ein Dorn im Auge waren, zumal manch einer sich in den Figuren karikiert fand. Die Bewunderer seiner bissigen Stücke taten dagegen des Guten zuviel und feierten Foote als den »englischen Aristophanes«. Wie die meisten Stücke des Autors ist auch *The Mayor of Garret* heute nur noch theatergeschichtlich interessant.   E.St.

AUSGABEN: Ldn. 1763. – Ldn. 1769 *(The Mayor of Garratt)*. – Dublin 1764. – Ldn. 1830 (in *The Works*, Hg. u. Anm. Jon Bee [d. i. John Badcock], 3 Bde.). – NY 1935 (in *English Plays 1660–1820*, Hg. A. E. Morgan). – NY 1963 (in *Four Plays of S. F.*, Hg. u. Kommentar J. A. Byrnes, Diss. NY Univ.; vgl. Diss. Abstracts, 24, 1963/64, S. 2011).

ÜBERSETZUNG: in *Dramatische Werke*, 4 Bde., Bln./Stettin 1796–1798.

THE MINOR

(engl.; *Der Unmündige*). Komödie in drei Akten von Samuel FOOTE, Uraufführung: Dublin 1760, Crow Street Theatre. – Der junge Sir George Wealthy kehrt von einer Bildungsreise durch verschiedene Länder des Kontinents genauso unmündig-töricht nach England zurück, wie er ausgezogen ist. Zum Ärger seines sonst recht gutmütigen Vaters und seines intoleranten Onkels, Mr. Richard Wealthy, hat er unterwegs nichts als Unsitten gelernt. Aus Deutschland zum Beispiel bringt er einen ausgeprägten Standesdünkel mit nach Hause, der um so lächerlicher wirkt, als Georges Adel noch recht neuen Datums ist. Sir William beschließt, seinem Sprößling eine Lehre zu erteilen und ihm die Flausen mit Hilfe einer geschickt eingefädelten Komödie auszutreiben. Er verkleidet sich als Marquis, verführt George zu einem »standesgemäßen« Lotterleben und erreicht, daß dieser sich in enorme Spielschulden stürzt. Sein windig-wendiger Diener Shift, ein unermüdlicher, aber nicht immer zuverlässiger Helfershelfer, sorgt dafür, daß die Fäden der Intrige im Sinne seines Herrn gesponnen werden. Die burleske Klimax wird ebenso zügig erreicht wie überwunden: Die bigotte, kupplerische Methodistin Mrs. Cole, die dem verblendeten *décadent* eine möglichst kostspielige Mätresse zuschanzen soll, macht ihn mit einer Unschuld vom Lande bekannt, die ihrem strengen Vater weggelaufen ist. Schließlich stellt sich heraus, daß die angebliche Mätresse niemand anders ist als die unbescholtene Tochter Mr. Richard Wealthys. Der düpierte Sir George schwört daraufhin seinem Standesdünkel ab und beweist, daß trotz aller Torheit ein guter Kern in ihm steckt.

Foote, der ein ausgezeichneter Schauspieler war, wollte in erster Linie gute Rollen für sich selbst schreiben; die Handlung war dabei Nebensache. In *The Minor* trat er mit großem Erfolg als Shift und als Mrs. Cole auf, letzteres eine Rolle, in der er die damals oft als Heuchler verschrienen Methodisten grimmig parodierte. Mit Vorliebe zog Foote bekannte Mitbürger, Schauspielerkollegen, Modetorheiten und weitverbreitete Unsitten durch den Kakao. Weil er für sein kleines Theater am Haymarket lange Zeit keine Lizenz erhielt, lud er zu Veranstaltungen ein, die er »Bilderauktionen« nannte und auf denen er seinen Gästen Karikaturen ihrer selbst vorführte. In seinen Stücken gelang es ihm, der FIELDINGS gesellschaftskritische Komödien bewunderte, Mimus und Zeitkritik auf bühnenwirksame Weise zu vereinen.   E.St.

AUSGABEN: Ldn. 1760. – Dublin 1760. – Ldn. 1830 (in *The Works*, Hg. u. Anm. Jon Bee [d. i. John Badcock], 3 Bde.). – NY 1963 (in *Four Plays of S. F.*, Hg. u. Komm. J. A. Byrnes, Diss. NY Univ.; vgl. Diss. Abstracts, 24, 1963/64, S. 2011).

ÜBERSETZUNG: in *Dramatische Werke*, 4 Bde., Bln./Stettin 1796–1798.

LITERATUR: E. J. Rogal, *F.'s »Mignor«: Anti-Methodist Sentiment on the London Stage* (in Ball State Univ. Forum, 18, 1977, S. 23–31).

FORD MADOX FORD

eig. Ford Hermann Hueffer

* 17.12.1873 Merton (heute zu London)
† 26.6.1939 Deauville / Frankreich

LITERATUR ZUM AUTOR:
Bibliographien:
D. D. Harvey, *F. M. F., 1873–1939: A Bibliography of Works and Criticism*, Princeton 1962; Nachdr. 1972. – L. Tamkin, *A Secondary Source Bibliography on F. M. F., 1962–1979* (in Bull. of Bibliography, 38, 1981, S. 20–25).
Biographien:
D. Goldring, *The Last Pre-Raphaelite: The Life and Writings of F. M. F.*, Ldn. 1948. – K. Young, *F. M. F.*, Ldn. 1956; ern. 1970. – F. MacShane, *The Life and Work of F. M. F.*, Ldn. 1965; Nachdr.

1984. – A. Mizener, *The Saddest Story: A Biography of F. M. F.*, NY 1971; Nachdr. 1985. – T. C. Moser, *The Life in the Fiction of F. M. F.*, Princeton/N.J. 1981.
Gesamtdarstellungen und Studien:
R. A. Cassell, *F. M. F.: A Study of His Novels*, Baltimore/Md. 1961/Oxford 1962; Nachdr. 1977. – J. A. Meixner, *F. M. F.'s Novels*, Minneapolis 1962. – P. L. Wiley, *Novelist of Three Worlds: F. M. F.*, Syracuse/N.Y. 1962. – R. W. Lid, *F. M. F.: The Essence of His Art*, Berkeley/Los Angeles 1964. – C. Ohmann, *F. M. F.: From Apprentice to Craftsman*, Middleton/Conn. 1964. – N. R. Leer, *The Limited Hero in the Novels of F. M. F.*, East Lansing/Mich. 1966. – C. G. Hoffmann, *F. M. F.*, NY 1967 (TEAS). – B. J. Poli, *F. M. F. and the ›Transatlantic Review‹*, Syracuse/N.Y. 1967. – H. R. Huntley, *The Alien Protagonist of F. M. F.*, Chapel Hill/N.C. 1970. – G. Smith, *F. M. F.*, Ldn./NY 1972. – *F. M. F.: The Critical Heritage*, Hg. F. MacShane, Boston/Ldn. 1972. – *F. M. F.: Modern Judgments*, Hg. R. A. Cassell, Ldn. 1972. – R. A. Cassell, *Images of Collapse and Reconstruction: F.'s Vision of Society* (in English Literature in Transition (1800–1920), 19, 1976, S. 265–282). – S. J. Stang, *F. M. F.*, NY 1977. – R. Green, *F. M. F.: Prose and Politics*, Cambridge 1981. – *The Presence of F. M. F.: A Memorial Volume of Essays, Poems, and Memoirs*, Hg. S. J. Stang, Philadelphia 1981. – *Pound/F.: The Story of a Literary Friendship*, Hg. B. Lindberg-Seyersted, Ldn./NY 1983 [Briefwechsel]. – K. Young, *F. M. F.* (in British Writers, Hg. I. Scott-Kilvert, Bd. 6, NY 1983, S. 319–333). – R. F. Peterson, *F. M. F.* (in DLB, 34, 1985, S. 107–120). – *Antaeus: Essays on F. M. F.*, Hg. S. J. Stang, NY 1986. – P. B. Armstrong, *The Challenge of Bewilderment: Understanding and Representation in James, Conrad, and F.*, Ithaca/N.Y. 1987. – *F. M. F.*, Hg. R. A. Cassell, Boston 1987. – *F. M. F.*, Hg. W. Cockson u. P. Dale, Redding Ridge/Conn. 1988.

THE GOOD SOLDIER

(engl.; Ü: *Die allertraurigste Geschichte*). Roman von Ford Madox FORD, erschienen 1915. – Obwohl erst die zwischen 1924 und 1928 veröffentlichte Tetralogie *No More Parades* (*Schluß mit den Paraden*) den Kritiker und Förderer vieler literarischer Talente weithin bekannt gemacht hat, wird heute der kurze Roman *The Good Soldier* zu seinen besten Werken gezählt. Im Mittelpunkt der subtilen psychologischen Studie stehen vier Menschen: das englische Ehepaar Ashburnham und das amerikanische Ehepaar Dowell, die sich in Europa kennengelernt haben und die, wie es scheint, neun Jahre lang eine harmonische Freundschaft verbunden hat. Erst nach dem Tod seiner Frau Florence beginnt John Dowell, der als Erzähler fungiert, zu begreifen, daß in all diesen Jahren der Schein getrogen hat, beginnt er, den wahren Charakter seiner Freunde und seiner Frau zu erkennen.

Florence Dowell hat, ihre angegriffene Gesundheit vorschützend, ihren reichen, pedantischen Ehemann zum Krankenpfleger degradiert. Sie spielt die Zerbrechliche, während sie in Wirklichkeit ein vulgäres, selbstsüchtiges, männertolles Geschöpf ist. Mit Edward Ashburnham, dem »guten Soldaten«, dem englischen Grundbesitzer, den John Dowell stets für einen perfekten Gentleman gehalten hat, betrügt sie ihren Mann. In Ashburnham liegen eine starke Triebhaftigkeit und eine ebenso starke Bindung an die Standeskonvention miteinander in Widerstreit. Nicht nur die Erkenntnis, einer sozialen Schicht anzugehören, die keine wirkliche Aufgabe mehr hat und daher zum Untergang verurteilt ist, sondern auch eine Neigung zu Sentimentalität, die sich in seiner Bejahung der bestehenden Gesellschaftsordnung ebenso äußert wie in seinem Verhalten Frauen gegenüber, haben den von Natur großzügigen und idealistischen Mann zu einem Schwächling gemacht. (Die Situation des englischen Konservativen in einer sich wandelnden Welt ist ein für Ford charakteristisches Thema.) Edwards Frau Leonora kennt seine Veranlagung und weiß auch von seiner Untreue. Aber sie harrt bei ihm aus, begleicht seine Schulden und vertuscht seine Eskapaden; denn ganz gleich, wie weit er es treibt, sie will dem Mann, den sie liebt und an den sie sich als Katholikin ewig gebunden fühlt, »eine gute Ehefrau« bleiben. Mit ihrem Wissen kommt es zu jener Affäre zwischen Edward und der jungen, von religiösen Wahnvorstellungen geplagten Nancy Rufford, die die geistige Umnachtung des Mädchens und den Selbstmord Edwards zur Folge hat. Und auch Florence – so erkennt John Dowell, als er die Vergangenheit rekapituliert – ist, als sie freiwillig in den Tod ging, nicht so sehr das Opfer ihrer eigenen Verderbtheit als das der verlogenen Haltung der Ashburnhams geworden.

Der Kunstgriff des Autors, die Vorgänge aus der Perspektive eines Mannes zu schildern, der nach Veranlagung und Erziehung unfähig ist, Gefühlsverstrickungen zu verstehen, überläßt dem Leser die Entzifferung der Wahrheit. Dowell, der oft tragikomisch wirkende Übermittler dieser »allertraurigsten Geschichte«, der sich am Schluß mitschuldig fühlt und vor den Trümmern seines eigenen Lebens steht, hat aus den verfügbaren Tatsachen lediglich *eine* plausible Version des Geschehens zusammengesetzt. In dieser Erzähltechnik, die auf den Einfluß von Fords Freund Henry JAMES hinweist, drückt sich die Absicht des Autors aus, den viktorianischen Romanstil hinter sich zu lassen und einen streng durchdachten Roman zu schaffen – eine Absicht, in der er sich mit seinem Freund und Mitarbeiter Joseph CONRAD einig wußte. Als die wahren Vorbilder Fords dürften jedoch die großen französischen Erzähler des 19. Jh.s gelten, vor allem FLAUBERT und MAUPASSANT. Von ihnen hat er gelernt, die psychologische Analyse verschiedener Erscheinungsformen der Liebe und Leidenschaft mit eingehenden Studien der gesellschaftlichen

Hintergründe und sozialen Wandlungen zu verbinden. In diesem Zusammenhang ist interessant, daß Ford Madox Ford diesen Roman selbst ins Französische übertragen hat. J.v.Ge.

AUSGABEN: Ldn./NY 1915. – Ldn. 1928. – Harmondsworth 1946. – NY 1951 [Einl. M. Schorer]. – NY 1957. – Ldn. 1962 (in *The Bodley Head F. M. F.*, Hg. G. Greene, 4 Bde., 1962/63, 1).

ÜBERSETZUNG: *Die allertraurigste Geschichte*, F. Lorch u. H. Henze, Olten/Freiburg i. B. 1962 [Nachw. M. Schorer]. – Dass., dies., Zürich 1988 (detebe).

LITERATUR: R. Macauley, *The Good F.* (in KR, 21, 1949, S. 269–288). – M. Schorer, *The Good Novelist in the »Good Soldier«* (in Horizon, 20, Aug. 1949, S. 132–138). – A. Mizener, *»The Good Soldier«* (in Southern Review, 6, 1970, S. 589–602). – P. Noçon, *Der Kommunikationsvorgang im Ich-Roman. Mit einer exemplarischen Analyse von F.s »The Good Soldier«*, Diss. Münster 1975. – P. B. Armstrong, *The Epistemology of »The Good Soldier«: A Phenomenological Reconsideration* (in Criticism, 22, 1980, S. 230–251). – C. R. Sabol, *A Concordance to F. M. F.'s »The Good Soldier«*, Ldn./NY 1981.

PARADE'S END

(engl.; *Ende der Parade*). Romantetralogie von Ford Madox FORD, bestehend aus den Bänden *Some Do Not* (1924), *No More Parades* (1925), *A Man Could Stand Up* (1926) und *The Last Post* (1928). – An der Person Christopher Tietjens', eines edwardianischen Gentleman und »Tory-Christen«, exemplifiziert der Autor den Widerstand eines einzelnen gegen den unaufhaltsamen Niedergang des englischen Großbürgertums und Adels in der Zeit zwischen 1910 und 1920. Entschlossen, den Überzeugungen, Idealen und dem Verhaltenskodex seiner Klasse treu zu bleiben, erträgt Tietjens schweigend und vornehm die Schicksalsschläge, die ihn als Offizier, Regierungsbeamten und Ehemann treffen. In *Some Do Not (Nicht alle machen mit)* werden vor allem die privaten Schwierigkeiten geschildert, in die der von der Front in die Heimat Versetzte durch seine Frau gerät. Zu Beginn des Romans kehrt Sylvia, die er aus Pflichtgefühl geheiratet hat (er glaubte, sie kompromittiert zu haben) und die ihn schamlos ausnutzt und verleumdet, nach einer Liebesaffäre zu ihm zurück. Seine Bereitschaft, die Ehe fortzusetzen, vergilt sie damit, daß sie ihm ehebrecherische Beziehungen andichtet. Stoisch erduldet Tietjens ihre Bosheit. Die Last, die er zu tragen hat, wird noch vergrößert durch seine Zuneigung zu einer anderen Frau, durch die finanziellen Schwierigkeiten, in die er durch einen Bankier, der Sylvia begehrt, gerät, und durch den Selbstmord seines Vaters, der den von Sylvia ausgestreuten Gerüchten geglaubt hat. Eine Verkettung weiterer unglücklicher Umstände ruiniert schließlich Tietjens' Beamtenlaufbahn: Er weigert sich, Statistiken zu »frisieren«, zeigt aber im Scherz seinem Freund Macmaster, wie es gemacht wird. Als dieser die Manipulationen vornimmt, wird er für seine Verdienste geadelt, während der »störrische« Tietjens den Staatsdienst quittieren muß.

No More Parades (Nie wieder Paraden) spielt zeitlich vor den im ersten Band erzählten Ereignissen und zeigt, daß Tietjens' Kompromißlosigkeit in Verhaltensfragen ihm auch als Offizier geschadet hat. Obwohl er sich beim Fronteinsatz in Frankreich glänzend bewährt hat, gelingt es seiner Frau, ihn bei seinen Vorgesetzten in Mißkredit zu bringen. General Campion, der dem inzwischen mit der Organisation des Nachschubs betrauten Offizier wohlgesinnt ist, kann einen Skandal nur dadurch verhindern, daß er Tietjens erneut an die Front schickt. Dieser aber macht sich unter den Militärs immer neue Feinde, so daß schließlich auch das Vertrauen der Soldaten, die er befehligt, ihn nicht vor einer schweren seelischen und körperlichen Krise bewahren kann. – *A Man Could Stand Up (Ein Mann könnte sich wehren)* zeigt Tietjens im Jahr 1918 als stellvertretenden Kommandeur und dann als Chef eines Eliteregiments, das ständig an besonders bedrohten Frontabschnitten eingesetzt wird. Trotz seiner Leistungen wird er erneut das Opfer einer Intrige und muß noch das Kommando eines Gefangenentransports übernehmen, was einer Degradierung gleichkommt. Zermürbt, aber noch immer ein unbeirrbarer Gentleman, kehrt er schließlich nach London zurück. Immer stärker wird ihm bewußt, daß die *upper-class* im Verfall begriffen ist und aus den Führungspositionen durch Angehörige aufstrebender Schichten verdrängt wird, deren Benehmen seine Ehrauffassung geradezu als Donquichotterie erscheinen läßt. – Im letzten und schwächsten Teil des Zyklus, *The Last Post (Auf verlorenem Posten)*, der chronologisch an *Some Do Not* anschließt und auch das Nachkriegsschicksal von Tietjens' Bruder Mark erzählt, ist Tietjens wiederum Zielscheibe der pathologisch bösartigen Attacken Sylvias, die ihm aus dem Gefühl heraus, daß er zu gut für sie und die aus den Fugen geratene Welt sei, in einer Art Haßliebe verbunden ist und ihm die Scheidung verweigert, um die er sie trotz aller Skrupel gebeten hat, weil die Frau, die er liebt, ein Kind von ihm erwartet.

Die schwachen Punkte in Fords umfassendem Panorama der englischen Gesellschaft zur Zeit des Ersten Weltkriegs macht bereits die kurze Inhaltsbeschreibung deutlich: Der Katalog der Schicksalsschläge und Intrigen verliert an Glaubwürdigkeit, je länger er wird, die Haltung des Protagonisten ist gar zu unwandelbar nobel, und die Methode des Autors, alle *»öffentlichen Ereignisse eines Jahrzehnts«* an der moralischen Integrität seines Helden zu messen, ist fragwürdig. Die Wertschätzung, die der Romanzyklus beispielsweise bei Ezra POUND und William Carlos WILLIAMS genoß, bezog sich vor allem auf die Charakterisierungskunst und die eng damit verknüpfte Erzählweise Fords. In zahlreichen Einzelporträts gibt er einen gültigen Querschnitt durch die alte gesellschaftliche Ordnung und zeichnet zugleich deren Ablösung durch eine neue Ära nach. Der Leser lernt Tietjens vornehmlich aus der Sicht von Freunden und Offizierskameraden, von Journalisten und Karrieremachern kennen. In *No More Parades* z. B. wird sein Charakter zuerst aus dem Blickwinkel der Offiziere, dann seiner Untergebenen, seiner Frau, General Campions und endlich in einem langen Gespräch zwischen ihm und Campion beleuchtet. Virtuos handhabt Ford die Darstellungsmittel des zeitlichen Rückgriffs und des ständig wechselnden Erzählerstandpunkts. Seinem elliptischen, alles Unwesentliche aussparenden Sprachstil und seiner ungewöhnlichen Erzähltechnik ist es wohl zuzuschreiben, daß der Tetralogie nicht die allgemeine Anerkennung zuteil wurde, die sie als »*eines der wenigen erwachsenen Romanwerke [der englischen Literatur], in denen die Sexualität behandelt wird*« (Graham Greene) und als überzeugender Antikriegsroman verdient hätte. J.v.Ge.-KLL

AUSGABEN: *Some Do Not*: Ldn. 1924. – West Drayton 1948 (Penguin). – *No More Parades*: NY 1925. – West Drayton 1948 (Penguin). – *A Man Could Stand Up*: Ldn. 1926. – Harmondsworth 1948 (Penguin). – *The Last Post*: Ldn. 1928. – Harmondsworth 1948 (Penguin). – *Parade's End*: Ldn. 1962 ff. (in *The Bodley Head F. M. F.*, Hg. G. Greene, 4 Bde., 1962/63, 3/4). – NY 1964 [Nachw. A. Mizener]. – NY 1979. – Harmondsworth 1982 (Einl. R. Macauley; Penguin).

LITERATUR: W. C. Williams, »*Parade's End*« (in W. C. W., *Selected Essays*, NY 1954, S. 315–324). – M. Griffith, *A Double Reading of* »*Parade's End*« (in MFS, 9, 1963, S. 25–38). – R. J. Kashner, *Tietjens' Education. F. M. F.s Tetralogy* (in Critical Quarterly, 8, 1966, S. 150–163). – M. Seiden, *Persecution and Paranoia in* »*Parade's End*« (in Criticism, 8, 1966, S. 246–262). – G. Levin, *Character and Myth in F.'s* »*Parade's End*« (in Journal of Modern Literature, 1, 1970, S. 183–196). – J. M. Heldman, *The Last Victorian Novel: Technique and Theme in* »*Parade's End*« (in TCL, 18, 1972, S. 271–284). – G. M. Moore, *The Tory in a Time of Change: Social Aspects of F. M. F.'s* »*Parade's End*« (ebd., 28, 1982).

JOHN FORD

getauft 17.4.1586 Ilsington
† 1640 (?)

LITERATUR ZUM AUTOR:
Bibliographien:
W. W. Greg, *A Bibliography of the English Printed Drama to the Restoration*, 4 Bde., Ldn. 1939–1959. – S. A. Tannenbaum, *F.: A Concise Bibliography*, NY 1941. – K. Tucker, *A Bibliography of Writings by and about J. F. and C. Tourneur*, Boston 1977. *Gesamtdarstellungen und Studien:*
T. S. Eliot, *J. F.* (in T. S. E., *Elizabethan Dramatists*, Ldn. 1934). – M. J. Sargeaunt, *J. F.*, Oxford 1935; Nachdr. NY 1966. – S. B. Ewing, *Burtonian Melancholy in the Plays of J. F.*, Princeton 1940; Nachdr. 1969. – G. F. Sensabaugh, *The Tragic Muse of J. F.*, Stanford 1944; Nachdr. 1965. – R. Davril, *Le drama de J. F.*, Paris 1954. – H. J. Oliver, *The Problem of J. F.*, Ldn. 1955. – C. Leech, *J. F. and the Drama of His Time*, Ldn. 1957; ern. 1970 [erw.]. – U. Ellis-Fermor, *The Jacobean Drama*, Ldn. 1936; zul. 1958, S. 227–246. – R. J. Kaufmann, *F.'s Tragic Perspective* (in *Elizabethan Drama: Modern Essays in Criticism*, Hg. ders., NY 1961, S. 356–372). – M. Stavig, *J. F. and the Traditional Moral Order*, Madison/Wisc. u. a. 1968. – D. K. Anderson, *J. F.*, NY 1972 (TEAS). – C. Leech, *J. F.* (in *British Writers*, Hg. I. Scott-Kilvert, Bd. 2, NY 1972, S. 87–101). – D. Rolle, *Ingenious Structure: Die dramatische Funktion der Sprache in der Tragödie der Shakespearezeit*, Heidelberg 1972. – F. Ali, *Opposing Absolutes: Conviction and Convention in J. F.'s Plays*, Salzburg 1974. – T. Orbison, *The Tragic Vision of J. F.*, Salzburg 1974. – J. McMaster, *J. F.: Dramatist of Frustration* (in ESC, 1, 1975, S. 266–279). – K. Muir, *The Case of J. F.* (in SR, 84, 1975, S. 614–629). – R. Huebert, *J. F.: Baroque English Dramatist*, Montreal/Ldn. 1977. – D. K. Anderson, *J. F.* (in *The Later Jacobean and Caroline Dramatists*, Hg. T. P. Logan u. D. S. Smith, Lincoln/Nebr. 1978, S. 120–151). – T. Bose, *A Study of J. F.'s Dramatic Art*, Diss. Univ. of British Columbia 1978 (vgl. Diss. Abstracts, 39, 1978, S. 7352A). – D. M. Farr, *J. F. and the Caroline Theatre*, Ldn./NY 1979. – N. F. Radel, *The Tragicomic Tradition of Beaumont and Fletcher and the Plays of J. F.*, Diss. Indiana Univ. 1982 (vgl. Diss. Abstracts, 43, 1983, S. 3921/22 A). – I. Robson, *The Moral World of J. F.'s Drama*, Ldn. 1983. – *Concord and Discord: The Plays of J. F., 1586–1986*, Hg. D. K. Anderson, NY 1986. – P. A. Cantor, *J. F.* (in DLB, 58, 1987, S. 91–106).

THE BROKEN HEART

(engl.; *Das gebrochene Herz*). Tragödie in fünf Akten von John FORD, erschienen 1633. – Das Thema der Tragödie – die abgrundtiefe Melancholie unglücklicher Liebe – wird an der Geschichte zweier Paare abgehandelt, deren Schicksale, obwohl voneinander abhängig, nacheinander dargestellt werden. Damit verlagert sich der Schwerpunkt des dramatischen Geschehens in der zweiten Hälfte des Stücks auf das zweite Paar, ohne daß die innere Einheit des Dramas zerstört würde. Ein drittes, glückliches Paar erscheint nur ganz am Rande und vermag den schwermütigen Gesamtcharakter nicht aufzuhellen. Der Schauplatz der Handlung ist Sparta – Sinnbild heroischer Geisteshaltung selbst im äußersten seelischen Leiden. In den beiden ersten Akten gehören alle Sympathien des Publikums dem langverlobten und grausam getrennten Paar Penthea und Orgilus, während Ithocles, der seine Schwester Penthea gezwungen hat, den reichen und krankhaft eifersüchtigen Bassanes zu heiraten, zunächst als der kaltherzige und gefühllose Typ des Ehrgeizigen eingeführt wird. Am Ende des zweiten Akts macht Penthea ihrem verzweifelten Freund ein freies Geständnis ihrer unerschütterlichen Liebe – läßt jedoch keinen Zweifel daran daß sie heroisch entschlossen ist, lieber zu sterben, als sich den kleinsten Fehltritt zuschulden kommen zu lassen. In der zweiten Szene des dritten Akts, fast genau in der Mitte des Stücks, findet eine Aussprache zwischen den Geschwistern statt, in der Penthea ihrem Bruder Ithocles die bittersten Vorwürfe macht, sich dann aber durch dessen ehrliche Reue und das Geständnis seiner aussichtslos erscheinenden Liebe zu der Thronerbin Calantha erweichen läßt, bei der Prinzessin für ihn zu bitten. Von hier an wendet sich das Interesse des Zuschauers allmählich von dem ersten Paar der erfolgreichen Werbung des Ithocles um Calantha zu. Penthea verweigert jede Nahrungsaufnahme, um ihr aufrührerisches Herz zu besiegen, ihre Gedanken verwirren sich, sie stirbt. Orgilus, von der Todesnachricht zum Äußersten getrieben, tötet Ithocles im Zweikampf. Im fünften Akt erreicht die Tragödie des zweiten Paares den Höhepunkt. Bei den Hochzeitsfeierlichkeiten des glücklich vereinten dritten Paares, der Schwester des Orgilus und des Freundes des Ithocles, erhält Prinzessin Calantha die Nachricht vom Tod ihres Vaters, der Penthea und des Ithocles. Äußerlich ungebrochen befiehlt sie den Musikanten, eine lustigere Weise zu spielen, verkündet dann den Antritt ihrer Herrschaft als Königin und verhängt in Ausübung ihrer neuen Macht das Todesurteil über den Mörder des Ithocles. Erst im letzten Auftritt erfährt der Hof – und das Publikum –, daß ihr Herz eine tödliche Wunde erhalten hat. Sie erscheint zur Krönung im Tempel als Braut gekleidet an der Seite des toten Ithocles und stirbt, nachdem sie ihr politisches Vermächtnis bekanntgegeben hat, an gebrochenem Herzen.

John Fords Dramen sind stark beeinflußt von Robert BURTONs *Anatomy of Melancholy*. Sein Werk zeigt eine Tendenz zum Tragisch-Seltsamen, Abwegigen und Dekadent-Morbiden, seine Phantasie ist ungewöhnlich verfeinert und empfindsam. Sein Talent, Leidenschaft und ausweglose Verstrickung in eine vom Menschen nicht mehr zu tragende Schuld darzustellen, ist stellenweise von beklemmender Modernität. Ausdruck dieser selbstquälerischen Intensität sind pathetisch formulierte psychologische Fragestellungen, die aus dieser Tragödie eines der ersten englischen Problemstücke machen. Zugleich offenbart sich eine echte Begabung für dichterische Form, die sich im allgemeinen mehr der klassischen Strenge nähert, als dies bei Fords Vorgängern der Fall war.   A.L.

AUSGABEN: Ldn. 1633. – o. O. 1851 (in *The Dramatic Works of Massinger and F.*, Hg. H. Coleridge). – NY 1934 (in *Elizabethan and Stuart Plays*). – Lincoln/Nebr. 1968, Hg. D. K. Anderson. – Harmondsworth 1970 (in *Three Plays*, Hg. K. Sturgess). – Norwood/N.J. 1972 [Faks. d. Ausg. Ldn. 1633]. – NY 1976, Hg. B. Morris. – Philadelphia 1980, Hg. S. P. Sherman [zus. m. ›*Tis Pity She's a Whore*]. – Manchester/Baltimore (Md.) 1980, Hg. T. J. P. Spencer. – Cambride 1986 (in *Selected Plays*, Hg. C. Gibson).

ÜBERSETZUNGEN: *Das gebrochene Herz*, F. A. Gelbcke (in *D. engl. Bühne zu Shakespeares Zeit*, Lpzg. 1890). – *Das zerbrochene Herz*, A. Hatzfeld, Stg. 1926. – *Das gebrochene Herz*, P. Palter, Essen o. J. [Bühnenms.].

LITERATUR: L. N. Cullom, *Dramatic Art of J. F.: an Appreciation and Analysis of »Broken Heart«*, Diss. Boulder/Colorado 1907. – H. G. Blayney, *Convention Plot and Structure in »The Broken Heart«* (in MPh, 56, 1958, S. 1–9). – C. O. McDonald, *The Design of J. F.'s »The Broken Heart«, a Study in the Development of Caroline Sensibility* (in StPh, 59, 1962, S. 141–161). – K. D. Anderson, *The Heart and the Banquet Imagery in F.'s ›'Tis Pity« and »The Broken Heart«* (in SEL, 2, 1962, S. 209–217). – R. J. Kaufmann, *F.'s ›Waste Land‹: »The Broken Heart«* (in Renaissance Drama, 3, 1970, S. 167–187). – M. Neill, *F.'s Unbroken Art: The Moral Design of »The Broken Heart«* (in MLR, 75, 1980, S. 249–268). – A. Barton, *Oxymoron and the Structure of F.'s »The Broken Heart«* (in Essays and Studies, 33, 1980, S. 70–94). – P. S. Spinrad, *Ceremonies of Complement: The Symbolic Marriage in F.'s »The Broken Heart«* (in PQ, 65, 1986, S. 23–37).

THE CHRONICLE HISTORIE OF PERKIN WARBECK. A Strange Truth

(engl.; *Die Geschichte Perkin Warbecks. Eine seltsame Wahrheit*). Historisches Drama von John FORD, erschienen 1634. – Die Handlung des Stückes basiert auf historischen Fakten. Der Krieg der Weißen und Roten Rose zwischen den Häusern Lancaster und York geht 1485 zu Ende, und der Tudor-König Heinrich VII. besteigt den englischen Thron; er versucht, nach den Wirren des Bürgerkriegs Ordnung herzustellen und die Herrschaft des Gesetzes wiederaufzurichten. Der auf seiten des Hauses York stehende Hochstapler Warbeck erhebt, von Margarete von Burgund und Jakob IV. von Schottland unterstützt, Anspruch auf die englische Königswürde. Das Stück zeigt Warbecks Ankunft am Hof König Jakobs, seine Vermählung mit Lady Katherine Gordon auf Wunsch des schottischen Königs, aber gegen den Willen ihres eigenen Vaters, seine mißlungene Expedition nach England, nach der ihn König Jakob im Stich läßt, die Landung des Helden in Cornwall, wo er das

Kommando über die dortigen Rebellen gegen König Heinrich übernimmt, und schließlich seine Niederlage, Gefangennahme und Hinrichtung. Mit diesen historischen Elementen verflicht der Autor die Geschichte der Liebe zwischen Warbeck und Lady Katherine, die bis zum Ende zu ihrem Gatten hält. Der melancholische Fatalismus, der diese Liebesgeschichte durchzieht, zeigt, in welch charakteristischer Weise Ford sich Gedankengänge aus BURTONS *Anatomy of Melancholy*, 1621 *(Anatomie der Melancholie)*, zu eigen machte. Seine künstlerische Selbstdisziplin bewahrt ihn jedoch davor, aus Fatalismus und Melancholie in Sentimentalität abzugleiten. In seiner Zeichnung des Titelhelden betont Ford die seltsame Ambivalenz eines Charakters, in dem sich Züge des hochstaplerischen Emporkömmlings mit wahrhaft fürstlichen Eigenschaften mischen. Unter dem wachsenden Druck äußeren Mißgeschicks wächst Warbeck allmählich in die angemaßte Würde hinein; je mehr Unglück ihm zustößt, je hoffnungsloser seine Lage wird, desto mehr gewinnt er an innerer Hoheit. In der Gestalt König Heinrichs VII. wird das Bild eines edlen, hochherzigen Herrschers entworfen, der sich um der guten Sache willen zu brutalen, seiner innersten Natur widerstrebenden Maßnahmen gezwungen sieht, eines Mannes, der sich des Bösen, das er tun muß, bewußt ist und die Verantwortung dafür übernimmt. Trotz seiner ausgezeichneten Charakterdarstellung und seiner poetischen Sprache ist das Stück heute fast in Vergessenheit geraten. J.v.Ge.

AUSGABEN: Ldn. 1634. – Ldn. 1869 (in *The Works*, Hg. W. Gifford u. A. Dyce, 3 Bde., 2; ern. NY 1965). – Seattle 1926, Hg. C. Struble [krit.]. – Löwen 1927 (in *Dramatic Works*, Hg. H. De Vocht; Materials for the Study of the Old English Drama, N.S. 1; Nachdr. Nendeln 1967). – NY 1957 (in *Five Plays*, Hg., Einl. u. Anm. H. Ellis). – Lincoln/Nebr. 1965, Hg. D. K. Anderson. – Ldn. 1968, Hg. P. Ure. – Harmondsworth 1970 (in *Three Plays*, Hg. K. Sturgess). – Norwood/N.J. 1972 [Faks. d. Ausg. Ldn. 1634]. – Cambridge 1986 (in *Selected Plays*, Hg. C. Gibson).

ÜBERSETZUNGEN: *Die Chronik des Perkin Warbeck*, F. Bodenstedt (in *Shakespeares Zeitgenossen u. ihre Werke*, Bd. 2, Bln. 1866). – *Perkin Warbeck*, R. Prölss (in *Altenglisches Theater*, Bd. 2, Lpzg. 1904). – Dass., ders. (in *Shakespeares Zeitgenossen*, Bd. 2, Heidelberg 1956).

LITERATUR: J. L. G. Brereton, *The Sources of F.'s »Perkin Warbeck«* (in Anglia, 34, 1911, S. 194 bis 234). – A. Harbage, *The Mystery of »Perkin Warbeck«* (in *Studies in the English Renaissance Drama. In Memory of K. J. Holzknecht*, Hg. J. W. Bennett u. V. Hall, NY 1959, S. 125–141). – D. K. Anderson, *Kingship in F.'s »Perkin Warbeck«* (in Journal of English Literary History, 27, 1960, S. 177–193). – M. Neill, ›*Anticke Pageantrie*‹: *The Mannerist Art of »Perkin Warbeck«* (in Renaissance Drama, 7, 1976, S. 117–150). – A. Barton, ›*He That Plays the King*‹: *F.'s »Perkin Warbeck« and the Stuart History Play* (in *English Drama: Forms and Development*, Hg. M. Axton u. R. Williams, Cambridge 1977, S. 69–93). – J. Candido, *The* ›*Strange Truth*‹ *of »Perkin Warbeck«* (in PQ, 59, 1980, S. 300–316). – D. B. J. Randall, ›*Theatre of Greatness*‹: *A Revisionary View of F.'s »Perkin Warbeck«*, Victoria 1986.

'TIS PITTY SHEES A WHORE

(engl.; *Schade, daß sie eine Hure ist*). Tragödie in fünf Akten (Vers und Prosa) von John FORD, Uraufführung: London 1633, Drury Lane Theatre. – Das einzige Drama Fords, das noch heute gelegentlich aufgeführt wird (die erste moderne Inszenierung fand 1894 im Pariser Théâtre de l'Œuvre nach einer Bearbeitung von Maurice MAETERLINCK statt), zeigt bereits in der Wahl des sensationellen Themas Züge dekadenter Übersteigerung. Das Motiv des Inzests war zwar schon von späten Zeitgenossen SHAKESPEARES wie TOURNEUR *(The Revenger's Tragedy*, 1607), BEAUMONT und FLETCHER *(A King and No King*, 1611) und MIDDLETON *(Women Beware Women*, um 1621) verwandt worden, aber erst gegen Ende der reichen elisabethanischen und jakobäischen Tragödien-Tradition konnte Ford es wagen, die moralische, psychologische und soziale Problematik der inzestuösen Liebe ernsthaft zu behandeln. Er trat dabei zwar keineswegs – wie es die frühere Forschung bis S. P. SHERMAN gesehen hat – als Apologet einer alle Schranken der Konvention und Moral durchbrechenden, subjektivistischen Liebesauffassung auf, führte aber auch kein rigoroses Moralitätendrama um Sünde und Strafe vor; vielmehr gestaltete er die Tragödie der liebenden Geschwister mit jener inneren Anteilnahme, die sein Protagonist Giovanni von den Zuschauern fordert: »... *wenn jemals die Nachwelt von unserer fest geknüpften Liebe hören sollte, so wird – obwohl die Gesetze des Gewissens und der Konvention uns mit Recht verurteilen – das Wissen um diese unsere Liebe jede übertriebene Strenge tilgen, die sonst vor Inzest zurückschaudert«* (V, 5). – Eine unmittelbare Quelle konnte nicht nachgewiesen werden, und es bleibt zweifelhaft, ob der Autor durch den Inzest-Prozeß gegen Sir Giles Allington (1631) zu seinem Drama angeregt wurde. Ähnlichkeiten mit der Atmosphäre und Personengruppierung von Shakespeares *Romeo und Julia* sowie sprachliche Anklänge an MARLOWE und andere Dramatiker jener Epoche beweisen jedoch Fords enge Beziehung zur Tragödien-Tradition seines Landes.

Die Liebe zwischen dem ebenso schönen wie intelligenten Geschwisterpaar Giovanni und Annabella wird nicht als *»rein sexuelle Verstrickung«* dargestellt (als die T. S. ELIOT sie interpretierte), sondern als schicksalhafte Fügung, der sich die beiden nur zögernd beugen. Vor dem Hintergrund der in Parma herrschenden Korruption und im Vergleich zu den Lastern ihrer Umwelt erscheint ihre Liebe zwar weniger verwerflich, Fria Bonaventura, Giovannis Beichtvater und Vertrauter, muß sie jedoch an der strengen Norm christlicher Ethik messen. Mit ihm kontrastiert Putana, Annabellas völlig amoralische Amme. Als durch Annabellas Schwangerschaft der erste ernsthafte Konflikt mit der Gesellschaft droht, hilft Bonaventura die Wahrheit vertuschen, indem er das Mädchen mit Soranzo, einem moralisch höchst fragwürdigen Adligen, verheiratet. Nun entwickelt sich ein kompliziertes Spiel von Intrigen und Gegenintrigen, in dessen Verlauf Soranzos frühere Geliebte Hippolita, die unerwartet zum Hochzeitsmahl erscheint, den Giftbecher leert, den sie für Soranzo bestimmt hatte. Auch Bergetto, ein törichter Bewerber um die Hand Annabellas, fällt einem eigentlich gegen Soranzo gerichteten Racheakt zum Opfer. Und um Soranzo zuvorzukommen, der die Wahrheit entdeckt hat und blutige Rache an den Geschwistern nehmen will, tötet Giovanni, inzwischen seiner Umwelt völlig entfremdet, die Schwester. In der schaurig-spektakulären Schlußszene betritt er, das Herz der Geliebten auf seinen Dolch gespießt, den Festsaal, in dem Soranzos Rache ihn und Annabella ereilen sollte, ersticht Soranzo und wird schließlich selbst von gedungenen Mördern getötet. So erweist sich Fords Drama als später Ausläufer der elisabethanischen Rachetragödie, deren konventionelle Motive und Situationen – italienischer Schauplatz, Maskenzug der Rächer, tragisch endende Feste, raffinierte Laster und im Zusammenhang damit Anklage gegenwärtiger Mißstände – hier noch einmal aufgegriffen werden.

Der sorgfältigen psychologischen Motivierung der Hauptpersonen steht eine oft uneinheitliche oder oberflächliche Charakterisierung der Nebenfiguren gegenüber. Während in Giovannis Monologen und in den Dialogen der Liebenden eine der Intensität ihrer Leidenschaft entsprechende große sprachliche Dichte erreicht wird, wirkt die Behandlung des Blankverses in den Nebenhandlungen (die das zentrale Geschehen häufig überwuchern) wenig differenziert und der Wechsel von Vers und Prosa recht mechanisch. Hingegen fällt im Vergleich zu anderen Tragödien Fords auf, daß die komischen Nebenszenen besser integriert sind: So steht z. B. Bergettos fast mitleiderregend komisches Ende in pointiertem Kontrast zu Giovannis heroischen Untergang. M.Pf.

AUSGABEN: Ldn. 1633 [anon.]. – Ldn. 1869 (in *The Works*, Hg. W. Gifford u. A. Dyce, 3 Bde., 1; ern. NY 1965). – Boston 1904, Hg. S. P. Sherman (zus. m. *The Broken Heart*). – Löwen 1927 (in *Dramatic Works*, Hg. H. de Vocht; Materials for the Study of the Old English Drama, N. S. 1; Nachdr. Nendeln 1967). – Oxford 1953, Hg. A. K. McIlwraith. – NY 1957 (in *Five Plays*, Hg., Einl. u. Anm. M. H. Ellis). – Lincoln/Nebraska 1966, Hg. N. W. Bawcutt. – NY 1966, Hg. M. Stavig. – Ldn. 1968, Hg. D. K. Anderson. – Arlington Heights/Ill. 1966, Hg. M. Stavig. – Lincoln/Nebr, 1966, Hg. N. W. Bawcutt. – Menston 1969 [Faks. d. Ausg. Ldn. 1633]. – Harmondsworth 1970 (in *Three Plays*, Hg. K. Sturgess). – Manchester 1975, Hg. D. Roper. – NY 1978, Hg. B. Morris. – Philadelphia 1980, Hg. S. P. Sherman [zus. m. *The Broken Heart*]. – Cambridge 1986 (in *Selected Plays*, Hg. C. Gibson).

ÜBERSETZUNGEN: *Giovanni und Arabella*, F. Bodenstedt (in *Shakespeare's Zeitgenossen und ihre Werke*, Bd. 2, Bln. 1860). – Dass., E. Kalser, Mchn. 1918. – *Schade ... sie war eine Dirne*, K. Alson, Bln. 1946 [Bühnen-Ms.].

LITERATUR: M. C. Bradbrook, *Themes and Conventions of Elizabethan Tragedy*, Cambridge 1935, S. 250–261. – D. K. Anderson Jr., *The Heart and the Banquet: Imagery in F.'s »'Tis Pity« and »The Broken Heart«* (in SEL, 2, 1962, S. 209–217). – S. R. Homan Jr., *Shakespeare and Dekker as Keys to F.'s »'Tis Pity She's a Whore«* (in SEL, 7, 1967, S. 269–276). – L. S. Champion, *F.'s »'Tis Pity She's a Whore« and the Jacobean Tragic Perspective* (in PMLA, 90, 1975, S. 78–87). – A. P. Hogan, *»'Tis Pity She's a Whore«: The Overall Design* (in SEL, 17, 1977, S. 303–316). – G. D. Monsarra, *The Unity of J. F.: »'Tis Pity She's a Whore« and »Christ's Bloody Sweat«* (in StPh, 77, 1983, S. 247–270). – R. Bowers, *J. F. and the Sleep of Death* (in Texas Studies in Literature and Language, 28, 1986, S. 353–387).

THE WITCH OF EDMONTON. A Known True Story

(engl.; *Die Hexe von Edmonton. Eine bekannte wahre Geschichte*). Tragikomödie in fünf Akten (Vers und Prosa) von John FORD, Thomas DEKKER (um 1570–1632) und William ROWLEY (um 1585 bis 1626), entstanden und uraufgeführt 1621, Erstdruck (Quarto) 1658. – Die Zusammenarbeit mehrerer Autoren an einem Drama ist charakteristisch für den elisabethanischen und jakobeischen Theaterbetrieb: Nur durch arbeitsteilige Produktion konnte der große Bedarf an neuen Stücken gedeckt und das Interesse eines breiten Publikums an sensationellen und möglichst aktuellen Stoffen befriedigt werden. So knüpft dieses Drama an den nur wenige Monate zurückliegenden Hexenprozeß gegen Elizabeth Sawyer aus Edmonton an, zu deren öffentlicher Hinrichtung am 19. 4. 1621 der Geistliche Henry GOODCOLE die Flugschrift *The Wonderful Discovery of E. Sawyer, a Witch* verfaßte. Der Zeitdruck, unter dem die drei Dramatiker standen, bedingte gewisse handwerkliche Mängel, z. B. die nicht ganz überzeugende Verknüpfung der drei Handlungsstränge: der tragischen Handlung um den Bigamisten Frank Thorney, die mit ihrem angespannten Pathos und der differenzierten Darstellung extremer Gefühlslagen auf John Fords spätere Tragödien vorausweist; der mit einfühlender Sympathie gestalteten Szenen um Elizabeth Sawyer, die für die reife Genre-Kunst Thomas Dekkers charakteristisch sind; und der burlesken Clownszenen, für die wohl William Rowley verantwortlich ist.

Das eigentliche Gerüst der Handlung bildet nicht – wie der Titel vermuten läßt – die Geschichte der Hexe, sondern das Schicksal Thorneys. Es verläuft ganz in den konventionellen Bahnen der zeitgenössischen *domestic tragedy*: Der unentschlossene und leicht verführbare Thorney, der seine moralischen Verfehlungen mit dem Zwang eines übermächtigen Schicksals zu entschuldigen sucht (1, 2), ersticht, seiner Doppelehe müde, seine zweite Frau (3, 3). Aus Furcht vor der Rache ihrer Angehörigen lenkt er den Verdacht auf Unschuldige, bis ihn schließlich die Erscheinung des Geistes der Ermordeten (4, 2) so tief erschüttert, daß er, moralisch geläutert, seine Schuld auf sich nimmt und sie bereitwillig mit dem Tod am Galgen sühnt. Eine gelegentlich sehr sprunghafte Motivations- und Chharakterisierungstechnik, die vor allem auf spektakuläre und bühnenwirksame Einzelsituationen abzielt, und die etwas melodramatische Versöhnungsszene (5, 2) in der ein schematisch wirkender Mechanismus von Reue und Vergebung die Konflikte einebnet, nehmen dem Schicksal des Protagonisten jene unerbittliche Tragik, die in Ford's *'Tis Pitty Shees a Whore* (1633) über dem in auswegloser Verzweiflung endenden Leben Giovannis waltet. Eine Charakterisierung Winnifredes, Thorneys erster Frau, die sich von der »*lockeren Hure*« zur »*reumütigen Gattin*« wandelt, ist nur in Ansätzen vorhanden. Susan, die zweite Frau (dem Viktorianer Swinburne erschien sie »*so vollkommen in ihrer süßen Einfalt, daß sich außerhalb der Galerie Shakespearescher Frauen kaum eine ihr ebenbürtige Gestalt finden läßt*«) ist nach dem Romanzen- und Legendenschema der reinen Dulderin stilisiert. – Das Schicksal der alten Mother Sawyer, die, von jedermann verachtet und in blindem Aberglauben der Hexerei bezichtigt, schließlich wirklich einen Pakt mit dem Teufel schließt, verdeutlicht auf niedrigerer Ebene das zentrale Thema des Dramas: die Anfälligkeit des Menschen für das Böse, dem er, obwohl im Grunde gut, unter dem Druck der Verhältnisse erliegt. Im Gegensatz zur Quelle, aber auch zu zeitgenössischen Hexendramen wie dem anonymen *The Witch of Islington* (zwischen ca. 1580 und 1597 entstanden), Thomas Middletons *The Witch* (um 1613) oder Richard Bromes und Thomas Heywoods *The Late Lancashire Witches* (1634) wird Dekkers Darstellung dieses Motivs zum Protest gegen Hexenwahn und Aberglauben, ohne daß freilich auf populäre Vorstellungen wie Blutpakt (2, 1), Teufelserscheinung in Tiergestalt und Zauberspuk ganz verzichtet wird. Mother Sawyer erscheint nicht als Verkörperung des Bösen, sondern als Ausgestoßene und Leidende, und auch nach dem Bund mit dem Teufel, der sie um die versprochene Rache an ihren Peinigern prellt, erregt sie eher Mitleid als Abscheu. So kann sie selbst noch als Hexe, von ihren Anklägern bedrängt, zum Sprachrohr bitterer Zeitkritik des Autors werden (4, 1). – Durch Tom, ihren teuflischen Diener in Hundegestalt, ist dieser Handlungsstrang nicht nur mit dem Schicksal Thorneys verknüpft, der von Tom den letzten Anstoß zum Mord an der Gattin erhält, sondern auch mit den Clownszenen um Cuddy Banks: An ihm, dem tölpelhaften Sohn eines ihrer Verfolger, versucht Mother Sawyer sich mit Toms Hilfe durch groteskkomischen Teufelszauber zu rächen (3, 1).

Die Verknüpfung von schwarzer Magie mit Elementen niederer Clownskomik steht noch ganz in der Tradition elisabethanischer Dramatik; sie findet sich, ebenfalls als Mittel perspektivischer Kontrastierung, in Marlowes *Doctor Faustus*, Greenes *Friar Bacon and Friar Bongay* und Mundays *John a Kent and John a Cumber*. Dieser Zusammenhang mit den Konventionen des Volkstheaters wird im Stück selbst durch wiederholte Anspielungen auf ältere Dramen wie *Gammer Gurton's Needle*, *The Merry Devil of Edmonton* und Lylys *Mother Bombie* sichtbar gemacht. Als Versuch einer Synthese elisabethanischer Volksdramatik mit dem psychologischen Raffinement jakobeischer Tragödienkunst darf *The Witch of Edmonton* als »*eines der eindrucksvollsten bürgerlichen Dramen der Zeit*« (C. Leech) gelten. M.Pf.

Ausgaben: Ldn. 1658. – Ldn. 1869 (in *The Works*, Hg. W. Gifford u. A. Dyce, 3 Bde., 3; ern. NY 1965). – NY 1934 (in *Elizabethan and Stuart Plays*, Hg. C. R. Baskervill).

Übersetzung: *Die Hexe von Edmonton*, F. Bodenstedt (in F. B., *Shakespeares Zeitgenossen u. ihre Werke*, Bd. 2, Bln. 1860).

CECIL SCOTT **FORESTER**

* 27.8.1899 Kairo
† 2.4.1966 Fullerton / Calif.

CAPTAIN HORNBLOWER

(engl.; *Kapitän Hornblower*). Romantrilogie von Cecil Scott Forester, erschienen 1937–1939; bestehend aus *The Happy Return (Ü: Der Kapitän)*, *A Ship of the Line (Ü: An Spaniens Küsten)* und *Flying Colours (Ü: Unter wehenden Flaggen)*. – Zur Zeit der Napoleonischen Kriege steht der Titelheld als Offizier im Dienst der britischen Kriegsmarine. Im ersten Band ist er Kommandant der Fregatte »Lydia« und kämpft im Pazifik auf seiten eines exzentrischen Rebellen gegen die spanische Monarchie. Die unvorhergesehene Allianz zwischen England und Spanien zwingt Hornblower jedoch dazu, seinen früheren Bundesgenossen zu bekriegen. Im zweiten Band werden die Erlebnisse Hornblowers und seiner tapferen Seeleute in heftigen Gefechten gegen die Franzosen an der spanischen und französischen Küste beschrieben. Der dritte Band schildert, wie der Kapitän in französische Gefangenschaft gerät, entkommen kann und nach zahlreichen Abenteuern nach England zurückkehrt. Dort wird Hornblower, der inzwischen zu einem Nationalhelden geworden ist, für seine Heldentaten mit Beförderung und Verleihung eines Adelstitels belohnt. Da die Frau seiner Träume inzwischen genau wie er verwitwet ist, steht auch seinem privaten Glück nichts mehr im Wege.

Mit dieser Trilogie verhalf Forester seinem Helden (dessen frühere Marinelaufbahn er schon in drei vorhergehenden Romanen geschildert hatte und dem er später zwei weitere Bände widmete) zu großer Popularität. Die Handlung der drei Bände besteht hauptsächlich aus militärischen Abenteuern wie See- und Landschlachten, Kaperfahrten und Belagerungen. Die scheinbar so simple, an Bilderbögen erinnernde Aneinanderreihung von Geschehnissen ist nicht ohne literarischen Reiz. Zweifellos hat der Autor ernsthafte historische Recherchen angestellt, um seinen Berichten über das Leben auf einem englischen Kriegsschiff in der ersten Hälfte des 19. Jh.s eine Vielfalt authentischer Details beizugeben. Als Erzähler ist er geschickt genug, um den Handlungsablauf nie durch die sehr genaue Beschreibung der Szenerie und Zeitatmosphäre zu hemmen. (In dieser Hinsicht hat er offensichtlich viel aus Frederick MARRYATS Seeromanen gelernt.) Das Heldentum Hornblowers und seiner Männer wirkt in Foresters unterkühltem Erzählton und bewußtem *understatement* nie penetrant. – Die noch heute beliebte Trilogie aus der Glanzzeit der Royal Navy trug dem Autor einige Literaturpreise ein und wurde in Hollywood mit Gregory Peck in der Titelrolle verfilmt. J.v.Ge.

AUSGABEN: *The Happy Return:* Ldn. 1937; Ldn. 1950. – *A Ship of the Line:* Ldn. 1938; Ldn. 1956. – *Flying Colours:* Ldn. 1938; Ldn. 1956. – Ldn. 1939. – NY 1955, Hg. A. Edwards Burton.

ÜBERSETZUNGEN: *Der Kapitän* [Bd. 1 d. Trilogie]: F. v. Bothmer, Bln. 1938; ern. 1982. – Dass., E. v. Beulwitz, Ffm./Bln. 1988 (Ullst. Tb). – *An Spaniens Küsten* [Bd. 2]: F. v. Bothmer, Bln. 1939; ern. 1982. – Dass., ders., Ffm./Bln. 1988 (Ullst. Tb). – *Unter wehenden Flaggen* [Bd. 3]: ders., Zürich 1940; ern. 1982. – Dass., ders., Ffm./Bln. 1988 (Ullst. Tb). – Hbg. 1950 (*Der Kapitän*, enth. die drei Romane; ern. 1958).

VERFILMUNG: *Captain Horatio Hornblower*, USA 1951 (Regie: R. Walsh).

LITERATUR: H. Breit, *The Writer Observed*, Cleveland 1956, S. 239–242. – Anon., *Hornblower in Command* (in TLS, 17. 8. 1962). – C. S. Forester, *Hornblower Lotse*, Hbg. 1965. – C. N. Parkinson, *The Life and Times of Horatio Hornblower*, Boston 1971.

THE GENERAL

(engl.; *Ü: Ein General*). Roman von Cecil Scott FORESTER, erschienen 1936. – Im Ersten Weltkrieg soll einmal ein deutscher General die britischen Soldaten als »Löwen, von Eseln geführt« bezeichnet haben. Foresters Roman wirkt wie das Porträt eines dieser »Esel«. Sein Titelheld vereint vermutlich die Charakterzüge mehrerer britischer Generäle der damaligen Zeit in sich.

Herbert Curzons militärischer Aufstieg beginnt, als er im Burenkrieg, vom Zufall begünstigt, seine Kavallerieschwadron zur entscheidenden Attacke führt und dadurch seinen Vorgesetzten auffällt. Im Ersten Weltkrieg bringt er es vom Major zum Generalleutnant, erhält zahlreiche Auszeichnungen und wird geadelt. Aber dieser gefeierte und bewunderte Offizier ist direkt und indirekt mitverantwortlich für die Schrecken des Stellungskriegs in Frankreich und für einige der blutigsten Gemetzel, in die die britische Armee jemals geführt worden ist. Curzon, dessen Ehre Gehorsam heißt, ist ein ehrgeiziger Karrieremacher, gleichzeitig aber ein Mann, der sich weder vor schwerer Verantwortung fürchtet noch davor, notfalls das bittere Los seiner Soldaten teilen zu müssen. Erzogen in der kavalleristischen Tradition, die sich im Krimkrieg und im Burenkrieg bewährt hat, ist er auf den französischen Schlachtfeldern des Jahres 1916 ein lebender Anachronismus. Als in diesem Stellungskrieg die Strategie des Durchbruchs nach massiver Artillerievorbereitung fehlschlägt, befiehlt Curzon, der von der modernen Kriegstechnik nichts, vom persönlichen Einsatz aber um so mehr hält, die Angriffe mit doppelter und dann mit vierfacher Truppenstärke zu wiederholen. Die geradezu kriminelle Stupidität seiner Handlungsweise wird ihm weder nach der erfolgreichen Panzerschlacht von Cambrai noch während der Ereignisse des Jahres 1918 klar, als der deutsche Durchbruch in seinem eigenen Abschnitt seine veraltete, quasi napoleonische Strategie dekuvriert.

Forester ergänzt seine Darstellung militärischer Engstirnigkeit durch Schlaglichter auf politische Intrigen und Parteienhader in Großbritannien selbst. – Obwohl sein Roman unter ihrem künstlerischen Rang bleibt, ist er doch eine späte Fortsetzung der unmittelbar aus der Fronterfahrung entstandenen Protestliteratur von Richard ALDINGTON und Robert GRAVES, von BARBUSSE, REMARQUE und CÉLINE. Das Buch, in dem im Gegensatz zu den bis dahin erschienenen Kriegsromanen die Ereignisse aus der Perspektive hoher Militärs geschildert werden, löste bei seinem Erscheinen beträchtliche Kontroversen aus und wurde ein Bestseller. J.v.Ge.

AUSGABEN: Ldn. 1936. – Ldn. 1956. – Baltimore/Md. 1987.

ÜBERSETZUNG: *Ein General*, W. G. Schleber, Bln. 1937. – Dass., ders., Bln./Hbg. 1950.

JUAN PABLO FORNER

eig. Juan Bautista Pablo Forner y Segarra
* 17.2.1756 Mérida
† 16.3.1797 Madrid

EXEQUIAS DE LA LENGUA CASTELLANA

(span.; *Leichenfeier für die spanische Sprache*). Satire in Prosa und Versen von Juan Pablo FORNER, geschrieben 1788, postum erschienen 1871. – Das Hauptwerk des scharfsinnigen Kritikers, dessen Veröffentlichung die Zensur 1794/95 mit dem Hinweis auf die kritische politische Situation Spaniens (das Land befand sich im Krieg mit Frankreich) unterband, richtet sich vor allem gegen diejenigen spanischen Schriftsteller, die von den französischen Enzyklopädisten beeinflußt waren, und insgesamt gegen alle ehrgeizigen, aber unfähigen Schreiberlinge des 18. Jh.s, die – wie es in der dem Werk vorangestellten Grabrede heißt – die spanische Sprache umgebracht haben. (Das Spanische hat sich aus dem Kastilischen entwickelt, die Bezeichnung *castellano* wurde für die Hochsprache beibehalten, daher *lengua castellana* – spanische Sprache.) In einer Anmerkung gibt Forner vor, er habe das Manuskript von einem jungen Doktor erhalten, der darin die Ursachen des in der nationalen Literatur vorherrschenden schlechten Geschmacks untersucht und die größten und würdigsten Schriftsteller aufgeführt habe.

In einem köstlichen Gemisch aus Prosa und Versen erzählt nun »Aminta« (dieses Pseudonym hat Forner oft für sich gebraucht), wie er sich mit seinem Freund »Arcadio« (dem zeitgenössischen Satiriker José IGLESIAS DE LA CASA) den Hängen des Parnaß nähert. Es begegnen ihnen ein ehrwürdiger Alter – kein Geringerer als Cervantes –, der Aminta die Einladung Apollos zum Begräbnis der spanischen Sprache überbringt. Gemeinsam besteigen sie den Berg. Während sie auf den Beginn der Leichenfeier warten, erklingt die Stimme des berühmten Villegas, der die größten spanischen Dichter lobt, diejenigen aber, die nach Ruhm gestrebt haben, ohne seiner würdig zu sein, streng tadelt. Schließlich bricht die Stunde der feierlichen Bestattung an. Scharen von Schriftstellern erweisen der Verstorbenen die letzte Ehre – für Forner die Gelegenheit, die Großen der spanischen Literatur vorzuführen. Als auch Arcadio und Aminta in den Tempel eintreten, erleben sie ein Wunder: Gestützt von Alfons X. und Alfons XI., dem Prinzen Carlos de Viana und Don Juan Manuel, die eigentlich die Bahre tragen sollten, steht die spanische Sprache aufrecht da, schwach und ächzend zwar, aber doch lebendig. Unter Beifallsrufen ordnet Apollo neue Feiern an, die nun nicht mehr einer Toten gelten. Er fordert Aminta auf, seine *Sátira contra la literatura chapucera de estos tiempos* (*Satire gegen die stümperhafte Literatur dieser Zeit*) vorzutragen, und als diese Verse erklingen, werden viele schlechte Poeten, die als Büßer auf den Parnaß gekommen sind, von Apollo in quakende Frösche verwandelt und aus der edlen Versammlung ausgestoßen. Aminta fürchtet, ihr Schicksal teilen zu müssen, da aber wird er von Arcadio, der glaubt, sein Freund sei von einer neuen poetischen Eingebung besessen, aus dem Traum geweckt. Damit endet das Werk.

Die *Exequias* schießen in ihrer Kritik an der spanischen Literatur des 18. Jh.s oft übers Ziel hinaus, wie das in jener an literarischen Fehden reichen Zeit häufig der Fall war. Auch enthalten sie weitschweifige Aufzählungen und peinlich genaue Untersuchungen, die den Eindruck erwecken, als habe das Motiv von der Reise zum Parnaß Forner lediglich als Rahmen für eine Literaturgeschichte gedient. Doch hat das Werk auch Passagen von funkelndem Witz und voller origineller Einfälle. Sein eigentlicher Wert liegt in den scharfsinnigen und fundierten Urteilen über die Literatur des 16. und 17. Jh.s, in einem kraftvollen sicheren Stil und einer Sprache, die – etwa in der Schlußrede Apollos – außerordentliche Schönheit besitzt. KLL

AUSGABEN: Madrid 1871 (BAE). – Madrid 1925, Hg. P. Saínz y Rodríguez (Clás. Cast; ern. 1967).

LITERATUR: A. González Blanco, *Ensayo sobre un crítico español del siglo XVII* (in Nuestro Tiempo, 4, 1917, S. 157–170). – M. F. Laughrin, *J. P. F. as a Critic*, Washington 1943 (Studies in Romance Languages and Literatures, 26). – M. Jiménez Salas, *Vida y obras de Don J. P. F. y Sagarra*, Madrid 1944. – F. Lázaro Carreter, *Las ideas lingüísticas en España durante el siglo XVIII*, Madrid 1949. – G. C. Rossi, *La teórica del teatro en J. P. F.* (in Filologia Romanza, 5, 1958, S. 210–222). – P. Saínz Rodríguez, *Evolución de las ideas sobre la decadencia española y otros estudios de crítica literaria*, Madrid 1962. – J. Jurado, *Repercusiones del pleito con Iriarte en la obra literaria de F.* (in Thesaurus, 24, 1969, S. 228–277). – J. Álvarez Gómez, *J. P. F. Preceptista y filósofo de la historia*, Madrid 1971. – F. López, *J. P. F. et la crise de la conscience espagnole au XVIII siècle*, Bordeaux 1976. – G. Smith, *J. P. F.*, Boston 1976 (TWAS).

OL'GA DMITRIEVNA FORŠ

* 28.5.1873 Festung Gunib / Dagestan
† 17.7.1961 Leningrad

LITERATUR ZUR AUTORIN:
Bibliographie:
Russkie sovetskie pisateli. Prozaiki, Bd. 5, 1968, S. 467–490.

Biographie:
O. F. v vospominanijach sovremennikov, Hg. G. E. Tamarčenko, Leningrad 1974.
Gesamtdarstellungen und Studien:
R. D. Messer, *O. F.*, Leningrad 1955. –
P. Gromov, *Glubokij master* (in O. F., *Sočinenija*, 4 Bde., 1, Moskau 1956). – S. M. Petrov, *Sovetskij istoričeskij roman*, Moskau 1958. – G. Struve, *Geschichte der Sowjetliteratur*, Mchn. 1958. – Ju. A. Andreev, *Russkij sovetskij istoričeskij roman*, Moskau/Leningrad 1962, S. 9–18. – A. T. Tamarčenko, *O. F. Žizn', ličnost', tvorčestvo*, Moskau 1966; Leningrad ²1972. – R. A. Skaldina, *O. D. F. Očerk tvorčestva 20–30ch godov*, Riga 1974. – M. Slonim, *Soviet Russian Literature*, Ldn./NY 1977, S. 272–275. – N. P. Lugovcov, *Sražajuščajasja muza: literatur-kritičeskie očerki*, Leningrad 1985. – S. Timina, *O. F. i sovremennost'* (in Zvezda, 1988, 10, S. 197–204).

SOVREMENNIKI

(russ.; *Zeitgenossen*). Historischer Roman von Ol'ga D. Forš, erschienen 1926. – Der zweite Roman der Autorin gehört dem in den zwanziger Jahren beliebten Genre des biographisch-literar- bzw. kunsthistorischen Romans an. Er spielt in Italien zur Zeit des Befreiungskampfes von 1848. Sein Thema ist der bis zuletzt ungelöste Widerstreit zwischen Kunst und Wirklichkeit. Im Mittelpunkt des Werks steht die historische Gestalt des Landschafts- und Genremalers Aleksandr A. Ivanov (1806–1858), der eindringliche Gemälde zum christlichen Heilsgeschehen hinterließ (Christus erscheint dem Volke, Christus erscheint Maria Magdalena usf). In Rom trifft Ivanov mit Aleksandr Gercen und Nikolaj Gogol' zusammen. In der Auseinandersetzung mit ihren konträren Weltanschauungen erschließt der Roman die geistige Entwicklung Ivanovs. Gogol' erscheint dabei als Vertreter der konservativen, streng hierarchisch-orthodoxen Weltsicht der *Vybrannye mesta iz perepiski s druz'jami*, 1846 *(Ausgewählte Stellen aus dem Briefwechsel mit Freunden)*, seiner Spätzeit. Er vertritt das Prinzip der Bindung des Künstlers an die Lehren der Kirche. Ivanov dagegen beansprucht die Autonomie des Künstlers gegenüber kunstfremden Postulaten. Uneingestanden beginnt er jedoch der Ansicht Gercens zu folgen und sucht seine Kunst mehr und mehr in den Dienst der Menschlichkeit und des sozialen Fortschritts zu stellen. Neben Gogol' und Gercen tritt die fiktive Gestalt des Malers Bagrecov als Gesprächspartner auf, dessen zuweilen novellistisch dargestelltes Leben in bezeichnendem Kontrast zur Biographie Ivanovs steht. Bagrecov begleitet Ivanov auch nach seiner Rückkehr nach Petersburg, wo ein verständnisloses Publikum die Werke des großen Künstlers ablehnt, der verbittert und unter seelischen Depressionen leidend stirbt.
Der Roman behandelt den historischen Vorwurf mit eigenwilliger Souveränität. Bewußt verdichtet er das sich tatsächlich über die Jahre 1845–1848 erstreckende Geschehen so, daß der Eindruck entsteht, es vollziehe sich im Verlauf eines einzigen Jahrs. Dadurch komprimiert und vereinfacht er die im Briefwechsel mit Gogol' u. a. zutage tretende, überaus komplizierte geistige Entwicklung Ivanovs. Vornehmlich im Disput mit konträren Partnern über Fragen des Künstlertums entfaltet, enthält die eigentliche Biographie des Malers wenig romanhafte Züge. Den spannungsarmen Verlauf seiner Vita beleben farbigere Nebenhandlungen. Der römische Schauplatz bietet Gelegenheit, die italienische Freiheitsbewegung und die politischen Auseinandersetzungen der Zeit einzubeziehen: Benedetta, die Geliebte Bagrecovs, kämpft an der Seite ihres Bruders für die Unabhängigkeit Italiens. – Die symbolistischen Anfänge der Autorin sind in den *Sovremenniki* nicht gänzlich überwunden. Neben formalen Elementen weist vor allem die Betonung der menschlichen Leidenschaften und des hohen Rangs des Künstlertums auf den Symbolismus. Der Roman ist in einer kunstvollen Sprache geschrieben, was vor allem im Gebrauch einer reichen, prätentiösen Lexik und einem mitunter manierierten Satzbau zum Ausdruck kommt. W.Scha.

Ausgaben: Moskau/Leningrad 1926. – Moskau 1962 (in Sobr. soč., Hg. A. V. Tamarčenko, 8 Bde., 1962–1964, 2).

EDWARD MORGAN FORSTER

* 1.1.1879 London
† 8.6.1970 Coventry

Literatur zum Autor:
Bibliographien:
F. P. W. McDowell, *An Annotated Secondary Bibliography* (in English Literature in Transition (1880–1920), 13, 1970, S. 93–173). – A. Borello, *Annotated Bibliography of Secondary Materials*, Metuchen/N.J. 1973. – *E. M. F.: An Annotated Bibliography of Writings about Him*, Hg. F. P. W. McDowell, DeKalb/Ill. 1976. – B. J. Kirkpatrick, *A Bibliography of E. M. F.*, Ldn. 1965; ern. 1985. – Ders., *E. M. F.'s Broadcast Talks* (in TCL, 31, 1985).
Biographien:
P. N. Furbank, *E. M. F.: A Life*, 2 Bde., Ldn. 1977–1978; Neudr. NY 1981. – F. King, *E. M. F. and His World*, Ldn./NY 1978; Nachdr. 1988.
Gesamtdarstellungen und Studien:
R. Macaulay, *The Writings of E. M. F.*, Ldn./NY 1938; Nachdr. 1974. – L. Trilling, *E. M. F.*, Norfolk/Conn. 1943/Ldn. 1944; Nachdr. 1967. – R. Warner, *E. M. F.*, Ldn. 1950; ern. 1970 [m. Bibliogr.]. – L. Trilling, *E. M. F.*, Ldn. 1951; ern. 1964 [m. Bibliogr.]. – F. R. Leavis, *The Common*

Pursuit, Ldn. 1952. – J. K. Johnstone, *The Bloomsbury Group*, Ldn. 1954. – R. Fricker, *Der moderne englische Roman*, Göttingen 1958; ern. 1966 [erw.]. – J. B. Beer, *The Achievement of E. M. F.*, Ldn./NY 1962; Nachdr. 1983. – K. W. Gransden, *E. M. F.*, Edinburgh u. a. 1962; Nachdr. 1966. – A. Wilde, *Art and Order: A Study of E. M. F.*, NY 1964. – H. T. Moore, *E. M. F.*, NY/Ldn. 1965. – *F.: A Collection of Critical Essays*, Hg. M. Bradbury, Englewood Cliffs/N.J. 1966. – MFS, 7, 1967 [Sondernr. *E. M. F.*]. – G. H. Thomson *The Fiction of E. M. F.*, Detroit 1967. – L. R. M. Brander, *E. M. F.: A Critical Study*, Ldn. 1968. – D. Godfrey, *E. M. F.'s Other Kingdom*, Edinburgh/Ldn. 1968. – F. P. W. McDowell, *E. M. F.*, NY 1969; ern. 1982 (TEAS). – *Aspects of E. M. F.: Essays and Recollections Written for His Ninetieth Birthday*, Hg. O. Stallybrass, Ldn./NY 1969. – R. Langbaum, *A New Look at E. M. F.* (in R. L., *The Modern Spirit: Essays on the Continuity of Nineteenth and Twentieth-Century Literature*, NY/Ldn. 1970, S. 127–146). – D. Zeh, *Studien zur Erzählkunst in d. Romanen E. M. F.s*, Ffm. 1970. – M. Rose, *E. M. F.*, Ldn. 1970. – A. Borello, *An E. M. F. Dictionary*, Metuchen/N.J. 1971. – Ders., *An E. M. F. Glossary*, Metuchen/N.J. 1972. – *E. M. F.: The Critical Heritage*, Hg. P. Gardner, Ldn./Boston 1973; Nachdr. 1984. – R. K. Martin, *The Love That Failed: Ideal and Reality in the Writings of E. M. F.*, Den Haag/Paris 1974. – B. B. Finkelstein, *F.'s Women: Eternal Differences*, NY/Ldn. 1975. – J. S. Martin, *E. M. F.: The Endless Journey*, Ldn. 1976. – H. Winter, *Zur Indien-Rezeption bei E. M. F. u. H. Hesse*, Heidelberg 1976. – G. K. Das, *F.'s India*, Ldn. 1977/Totowa (N.J.) 1978. – P. Gardner, *E. M. F.*, Harlow 1978. – G. Cavaliero, *A Reading of E. M. F.*, Ldn. 1979. – *E. M. F.: A Human Exploration: Centenary Essays*, Hg. G. K. Das u. J. B. Beer, Ldn./NY 1979. – *E. M. F.: Centenary Revaluations*, Hg. J. S. Herz u. R. K. Martin, Ldn. 1982. – B. Rosecrance, *F.'s Narrative Vision*, Ithaca (N.Y.)/Ldn. 1982. – P. Gardner, *E. M. F.* (in *British Writers*, Hg. I. Scott-Kilvert, Bd. 6, NY 1983, S. 397–413). – D. N. Schwarz, *The Originality of E. M. F.* (in MFS, 29, 1983, S. 623–641). – C. J. Summers, *E. M. F.*, NY 1983; Nachdr. 1987. – R. Advani, *E. M. F. as Critic*, Ldn./Sydney 1984. – TCL, 31, 1985 [Sondernr. *E. M. F.*]. – M. Rutschky, *Erinnerungen an das richtige Lesen: Über die Romane von E. M. F.* (in Merkur, 39, 1985, S. 609–614). – F. P. W. McDowell, *E. M. F.* (in DLB, 34, 1985, S. 121–151). – *Critical Essays on E. M. F.*, Hg. A. Wilde, Boston 1985. – N. Page, *E. M. F.*, Ldn. 1987. – J. S. Herz, *The Short Narratives of E. M. F.*, Ldn. 1988.

ASPECTS OF THE NOVEL

(engl.; Ü: *Ansichten des Romans*). Kritische Untersuchung von Edward Morgan FORSTER, erschienen 1927. – Forster, der nach *Howards End* (1910) und *A Passage to India* (1924) als einer der bedeutendsten Romanciers seiner Zeit galt, schrieb seit 1924 keine Romane mehr, sondern betätigte sich in erster Linie als Kritiker und Essayist. Der Universität Cambridge, wo er während seiner Studienzeit am King's College (1897–1901) entscheidend als liberaler Humanist geprägt wurde und die wichtigsten Vertreter des Intellektuellenkreises kennenlernte, der später als »Bloomsbury Group« bekannt wurde, fühlte sich Forster zeitlebens verbunden (1946 kehrte er als Literaturdozent an das King's College zurück). Ausdruck dieser Verbundenheit war auch die Einladung des Trinity Colleges der Universität, 1927 die »Clark Lectures« zu halten, eine Vorlesungsreihe zur englischen Literatur seit Chaucer. Das Ergebnis war eine der zentralen Studien zur Romanästhetik im englischen Sprachraum, *Aspects of the Novel*. Im urbanen mündlichen Vortragsstil belassen, befassen sich die sieben Abschnitte des schmalen Bandes mit einigen Grundkategorien des Erzählens (*Story, People, Plot, Fantasy, Prophecy, Pattern and Rhythm*), d. h. mit Handlung (Fabel) und Charakteren, dem Zusammenhang von Charakterentwicklung und Handlungsstruktur, mit Widersprüchen bzw. Zusammenhängen von Phantasie, metaphysischer Vision und Realismus sowie mit ästhetischen Strukturmustern. Verglichen mit dem heutigen Stand der Romantheorie oder gar den hochspezialisierten Diskussionen in der Disziplin Narrativik, wirkt Forsters Darstellung streckenweise amateurhaft und von geringem Abstraktionsniveau. In Anbetracht des studentischen Publikums und des Diskussionsstandes von 1927 jedoch muß *Aspects of the Novel* auch heute noch als Meilenstein auf dem Weg zu einer differenzierten Romankritik angesehen werden.

Forsters Vorlesungszyklus ist nicht literarhistorisch, sondern nach Problemfeldern organisiert. Knappe, aber einsichtsvolle Analysen wichtiger Romane aus der englischen, amerikanischen, französischen und russischen Literatur untermauern die Argumentation. Durchgängiger als es bei flüchtiger Lektüre den Anschein hat, setzt sich Forster mit den Theorien zur Erzählperspektive auseinander, die Henry JAMES in seinen kritischen Schriften entwickelt und Percy LUBBOCK in *The Craft of Fiction* (1921, *Das Handwerk des Erzählens*) systematisiert hatte. *Aspects of the Novel* ist ein Gegenentwurf zu *The Craft of Fiction*. Wird bei Lubbock konsequentes perspektivisches Erzählen und damit die »szenisch-dramatische Gestaltung« des Romans favorisiert, so bricht Forster eine Lanze für das altmodisch anmutende panoramatische Erzählen mit wechselnden Perspektiven, wie es bei TOLSTOJ, im viktorianischen Roman und auch in Forsters eigenen Werken vorherrscht. Lubbocks Zentralkategorie *Point-of-View* spielt bei Forster, wie überhaupt der technisch-handwerkliche Aspekt des Schreibens, nur eine untergeordnete Rolle; im Gegensatz zu Zentralbegriffen wie *Plot* und *Character* ist dem Erzählerstandpunkt bei Forster kein eigenes Kapitel gewidmet.

Der aus heutiger Sicht wichtigste Teil des Buches sind die beiden Kapitel über Romancharaktere. Anhand von Beispielen aus Werken von DEFOE, DICKENS, SCOTT und Jane AUSTEN entwickelt Forster hier die begriffliche Opposition von »flachen« und »runden« Charakteren (*flat* und *round character*), die bleibender Bestand der kritischen Terminologie wurde. Dabei geht es um die Unterscheidung zwischen berechenbaren zweidimensionalen Typenfiguren und unberechenbaren Individuen. Beide haben ihre Berechtigung, beide kommen in den Werken der wichtigsten Romanciers vor; Typencharaktere eignen sich besser für komische, runde Charaktere für tragische Konstellationen; in den meisten Romanen gibt es beide Arten. »*Ob es sich um einen runden Charakter handelt, ersieht man daran, ob er uns auf überzeugende Weise überraschen kann. Wenn er uns nie überrascht, ist er flach. Wenn er nicht überzeugt, ist er flach, tut aber so, als sei er rund. Ein runder Charakter trägt die Unkalkulierbarkeit des Lebens in sich – wohlgemerkt, die des Lebens auf Buchseiten.*«

Unterschiede und Affinitäten von Literatur und Leben, von realer und fiktiver Welt, realen und fiktiven Personen – das ist Forsters eigentliches Thema. Insofern ist das Buch auch ein Beitrag zur Realismusdebatte. Alle Kunstfertigkeit eines Autors kann nach Forsters Ansicht die Überzeugungskraft eines Romans nicht gewährleisten, wenn er den Leser nicht gefangennehmen, ihn nicht durch Illusion in den Bannkreis der Fiktion ziehen kann. Dieses persönliche Credo des Humanisten (daher die besondere Betonung des Innenlebens der Figuren, menschlicher Kontakte und moralischer Probleme) und des Romanciers (der mit dem Romanschreiben aufhörte, als er sich seiner Überzeugungskraft nicht mehr sicher war, weil die Zeitumstände ihn zwangen, homosexuelle Problemkonstellationen im heterosexuellen Gewand darzustellen) bestimmt den Gedankengang des Buches. Dabei dienen Forster (offen wie unausgesprochen) die von ARISTOTELES eingeführten Kategorien als Maßstab, allerdings weniger die in dessen *Poetik* entwickelten als die der *Rhetorik*: Einerseits weist er den von Aristotelikern vertretenen Primat des *Plot* zugunsten größerer Autonomie der Charakterentwicklung im Roman zurück (die *Poetik* des Aristoteles gilt eher für das Drama), andererseits hebt er die rhetorischen Zentralkategorien der Angemessenheit und Glaubwürdigkeit hervor. Die in der englischen Romantheorie eingebürgerte Unterscheidung von *romance* und *novel*, wobei *novel* stärkere mimetische Orientierung an der Alltagsrealität, *romance* größeren Gestaltungsspielraum bei der Einbeziehung übernatürlicher, phantastischer und parodistischer Elemente sowie des Innenlebens der Figuren bedeutet, ist bei Forster nicht explizit ausgeführt, doch gehören die Kapitel *Fantasy* und *Prophecy* in diesen Zusammenhang. Mythische Dimensionen und archetypische Symbolik schließen in Forsters Theorie und Praxis den empirischen Realismus genauer Sittenschilderungen nicht aus. Nicht *romance* oder *novel*, nicht D. H. LAWRENCE *oder* Jane Austen, sondern *romance* und *novel* in einer glaubwürdigen Kombination lautet Forsters Devise. H.Thi.

AUSGABEN: Ldn. 1927. – Ldn. 1958. – Ldn. 1963. – NY 1974 (in *Abinger Ed.*, Hg. C. Stallybrass, Bd. 12).

ÜBERSETZUNG: *Ansichten des Romans*, W. Schürenberg, Bln./Ffm. 1949; ern. Ffm. 1962 (BS).

LITERATUR: F. Stanzel, *Theorie des Erzählens*, Göttingen 1979.

HOWARDS END

(engl.; Ü: *Howards End*, auch *Wiedersehen in Howards End*). Roman von Edward Morgan FORSTER, erschienen 1910. – Das große Thema aller Romane Forsters, die Überwindung der Schranken zwischen Menschen unterschiedlicher Herkunft und Lebensart, wird in seinem vierten Roman am Beispiel zweier wesensmäßig gegensätzlicher Familien abgehandelt. Das Buch spielt im England jener Übergangszeit, als die viktorianische Epoche beendet war und Europa auf den Ersten Weltkrieg zutrieb. Im Motto »*Only connect*« drückt sich die Überzeugung des Humanisten Forster aus, daß der Kontakt von Mensch zu Mensch Gegensätze überbrücken kann.

In »Howards End«, dem in der Nähe Londons gelegenen Landhaus der Familie Wilcox, kommt es zu einer kurzen Romanze zwischen Paul, dem jüngsten Sohn des bei aller nüchternen Tatkraft traditionsbewußten Geschäftsmannes Henry Wilcox, und der zu Besuch weilenden Helen Schlegel, der intellektuellen, kultivierten Tochter eines deutschen Idealisten und einer Engländerin. (Zusammen mit ihrer Schwester Margaret verkörpert sie die Werte des Bloomsbury-Kreises um Leonard und Virginia WOOLF, dem auch Forster angehörte.) Schon nach einem Tag erkennen Paul und Helen, daß sie nicht zueinander passen. Doch die Wege der Wilcox' und Schlegels kreuzen sich fortan immer wieder. Nachdem die Familie Wilcox eine Stadtwohnung in der Nachbarschaft Helens und Margarets bezogen hat, entwickelt sich zwischen der liebenswürdigen, empfindsamen Mrs. Wilcox und der ihr geistig weit überlegenen Margaret eine Freundschaft. Als Mrs. Wilcox stirbt, verschweigen die Hinterbliebenen, daß sie ihr Besitztum »Howards End« Margaret vermachen wollte. Insbesondere den Kindern der Verstorbenen gelten die beiden Schlegels als Eindringlinge in ihren Familienkreis. Doch der verwitwete Henry Wilcox lernt Margaret näher kennen, findet Gefallen an ihrer ruhigen, vernünftigen Art, faßt eine tiefe, wenn auch ganz unromantische Zuneigung zu ihr und heiratet sie, obwohl nicht nur seine Kinder, sondern auch Helen Schlegel diese Ehe mißbilligen.

Zur Versteifung der feindseligen Haltung Helens trägt das Schicksal Leonard Basts, eines Schütz-

lings der Schlegels, bei, dessen wenig glückliche Versuche, sich weiterzubilden, um seinem armseligen Dasein als kleiner Bankangestellter zu entrinnen, das Verständnis der Schwestern gefunden haben. Durch einen etwas leichtfertigen Rat des sonst so nüchtern denkenden Henry Wilcox verliert Leonard seine Stellung. Als Helen daraufhin ihren Schwager für das Unglück des jungen Mannes verantwortlich machen will, stellt sich heraus, daß Basts plebejische Ehefrau vor Jahren ein Verhältnis mit Henry Wilcox hatte. Margaret, die sich feinfühlig auf die ihrem Wesen fremde Lebensauffassung ihres Mannes eingestellt hat, hält zu ihm. Zu einer ernsten Krise kommt es erst, als Helen, die sich aus übersteigertem Mitgefühl und mißverstandenem Idealismus Leonard hingegeben hat, von einem längeren Aufenthalt in Deutschland zurückkehrt. Die Tatsache, daß sie schwanger ist, empört vor allem Henry Wilcox und seinen Sohn Charles derart, daß sie Margarets Entschluß, mit der Schwester eine Nacht in »Howards End« zu verbringen, als eine Schändung des Besitzes der verstorbenen Mrs. Wilcox bezeichnen. Margaret riskiert, als sie ihren Mann auf den Widerspruch zwischen seinem einstigen Verhalten und der philiströsen Moral, die er jetzt vertritt, hinweist, das Scheitern ihrer Ehe. Die Schwestern begeben sich nach »Howards End«. Am nächsten Tag wird Leonard, der nicht weiß, daß er der Vater des Kindes ist, bei seinem Erscheinen im Landhaus von Charles Wilcox tätlich angegriffen und er stirbt an einem Herzschlag. Als Charles trotzdem zu einer längeren Gefängnisstrafe verurteilt wird, ist Henry Wilcox' Energie gebrochen. Weiser und menschlich aufgeschlossener geworden, versöhnt er sich mit Margaret, die auch Helen in »Howards End« aufnimmt, in das Haus, das sie immer geliebt hat und das, wie die erste Mrs. Wilcox es wollte, nun endgültig ihr gehört.
Die Vielschichtigkeit von Struktur und Symbolik dieses Romans machen es dem Leser nicht leicht, sich in dem »Gewirr« – wie Margaret es nennt – der Ereignisse und menschlichen Beziehungen zurechtzufinden, zumal der Stimmungsumschlag vom stellenweise fast komödienhaften Kammerspiel zum Melodram oft sehr abrupt erfolgt. Aber wie jedem Labyrinth ein raffiniertes Baumuster zugrunde liegt, so schält sich auch hier auf kunstvolle Weise die große Linie heraus – das allmähliche Einmünden aller anfangs so unvereinbar scheinenden Auffassungen in gegenseitiges Verstehen oder zumindest gegenseitige Achtung, wie Margaret Schlegel sie, im Gegensatz zu ihrer oft bis zur Hysterie unbeugsamen Schwester, von Anfang an praktiziert (auch wenn ihr dabei bisweilen eine gewisse intellektuelle Überheblichkeit und etwas Gouvernantenhaftes eigen ist). Den Gedanken von der Überwindung der Schranken (hier zwischen dem am »Außen« orientierten Leben der Wilcox' und dem am »Innen« orientierten der Schlegels) entwickelt der Autor, dessen eigene Stimme, verständnisvoll und mild ironisch, in der Erzählung immer zu vernehmen ist, vor allem dort überzeugend, wo er die Funktion seiner Figuren im großen symbolischen Zusammenhang erklärt und kommentiert. Seine vom Intellekt beherrschte Prosakunst bewährt sich nicht so sehr bei der Darstellung vordergründiger Ereignisse als beim Nachzeichnen von »Landschaften«, seien es die der menschlichen Seele, sei es die englische *country-side* im Früjahr und Sommer. Souverän verwendet Forster die Erzähltechnik der »erlebten Rede«, um die Gedanken und Emotionen seiner Figuren zu enthüllen, so etwa, wenn er schildert, was in den Köpfen verschiedener Personen beim Anhören einer Symphonie Beethovens vorgeht (eine brillante Satire auf die kulturellen Ambitionen und den Bildungsstand der damaligen englischen *middle-class*). – Howards End gilt neben *A Passage to India* als der bedeutendste Roman Forsters.

J.Dr.

AUSGABEN: Ldn. 1910. – NY 1941. – NY 1973 (in *Abinger Ed.*, Hg. C. Stallybrass, Bd. 4). – NY 1981. – NY 1985.

ÜBERSETZUNGEN: *Howards End*, W. E. Süskind, Hbg./Baden-Baden 1949. – Dass., ders., Ffm. 1958 (FiBü). – *Wiedersehen in Howards End*, E. Pölinger, Mchn. 1987.

LITERATUR: C. Hoy, *F.'s Metaphysical Novel* (in PMLA, 75, 1960, S. 126–136). – M. Bradbury, *E. M. F.'s »Howards End«* (in Critical Quarterly, 4, 1962, S. 229–241). – Th. Churchill, *Place and Personality in »Howards End«* (in Crit, 5, 1962, S. 61–73). – R. Kayser, *E. M. F.: Gedankliche Analyse seines Romans »Howards End« im Rahmen des Gesamtwerkes* (in NSp, 1962, S. 341–363). – M. Bradbury, *E. M. F. as Victorian and Modern: »Howards End« and »A Passage to India«* (in M. B., *Possibilities: Essays on the State of the Novel*, Ldn./NY 1973, S. 91–120). – P. Widdowson, *E. M. F.'s »Howards End«: Fiction as History*, Ldn. 1977. – P. Firchow, *Germany and Germanic Mythology in »Howards End«* (in CL, 33, 1981, S. 50–68). – P. Hughes, *Mothers and Mystics: An Aspect of »Howards End« and »A Passage to India«* (in *Modes of Interpretation. Fs. f. E. Leisi*, Hg. R. J. Watts u. U. Weidmann, Tübingen 1984, S. 129–136).

A PASSAGE TO INDIA

(engl.; *Ü: Auf der Suche nach Indien*). Roman von Edward Morgan FORSTER, erschienen 1924. – Anläßlich der Eröffnung des Suezkanals hatte Walt WHITMAN das Gedicht *A Passage to India* geschrieben, das optimistisch die Vision einer durch den technischen Fortschritt geeinten Welt entwirft; Forsters Roman liest sich wie ein ironischer, skeptischer Kommentar zu Whitmans Prophezeiung. Gleich zu Beginn des ersten Buchs, *Die Moschee*, diskutieren der indische Arzt Dr. Aziz und seine Freunde über die Frage, *»ob es möglich ist, mit einem Engländer befreundet zu sein«*, und die Antwort, die der Roman darauf gibt, ist ein vorsichtiges »Noch nicht«. Aziz auf der einen und drei Engländer auf der anderen Seite versuchen, die Abgründe, die zwischen westlich-britischer und indischer Art zu leben, zu denken und zu fühlen, liegen, zu überbrücken, doch von Anfang an schleichen sich kleine Mißverständnisse und Fehlinterpretationen ein. Mrs. Moore, Mutter des Kolonialbeamten Ronny Heaslop, und Miss Quested, die seine Frau werden soll, sind Neulinge in Chandrapore, einer kleinen Stadt am Ganges; sie teilen noch nicht die Vorurteile der englischen Kolonie, die alle Versuche aufgegeben hat, zu den Indern mehr als dienstliche Kontakte zu unterhalten. Bei einer zufälligen Begegnung in einer Moschee empfinden Aziz und Mrs. Moore spontane Sympathie füreinander. Die beiden Engländerinnen veranlassen daraufhin den lokalen Verwaltungschef Turton, die angesehenen Inder der Gegend zu einer Party einzuladen, die jedoch ein Mißerfolg wird, weil beide Seiten befangen sind und sich kein gemeinsamer Verhaltenskodex herausbilden kann. Ronny fühlt sich dadurch in seiner Überzeugung bestärkt, daß gesellschaftlicher Verkehr mit Indern unmöglich sei; die Engländer, so stellt er fest, seien nicht in Indien, um sich »*nett zu benehmen*«, sondern »*um Recht zu sprechen und den Frieden zu erhalten*«. Zu weiteren Begegnungen zwischen dem Moslem Aziz, dem Hindu-Freund Godbole und den Engländerinnen kommt es bei dem Lehrer Cryil Fielding, einem Außenseiter der englischen Kolonie, der sich mit Aziz anfreundet. Dieser lädt die Europäer zu einem Ausflug zu den berühmten Höhlen von Marabar ein. Spontan, in einem »*halb mystischen, halb sinnlichen Überschwang*« macht er diesen Vorschlag, mit dem er eigentlich nur seine Einladung zu einem Besuch in seinem (sehr bescheidenen) Heim auf möglichst höfliche Weise widerrufen will – eine Geste, die jedoch von den Engländerinnen ernst genommen wird.

Das zweite Buch, *Die Höhlen*, beschreibt den Ausflug, der mit einer Katastrophe endet: Aziz organisiert die Exkursion, teils mit Unbehagen, weil er fühlt, daß er damit »*den Geist der indischen Erde herausgefordert hat, der die Menschen in Kasten zu halten versucht*«, teils aber auch voller Stolz darauf, englische Gäste zu haben. Mrs. Moore besucht mit den Indern nur die erste Höhle, deren Akustik ihr ein mystisches Erlebnis vermittelt: Es ist, als löste sich alles Sprechen in ein Ur-Raunen auf, das sprachliche Unterschiede auslöscht, verbale Kommunikation aber unmöglich macht. Aziz, Adela Quested und ein Fremdenführer besuchen eine zweite Höhle, und nun konkretisiert sich Fieldings Vermutung, das indische »*Geheimnis*« sei nur ein »*Durcheinander*«, auf höchst seltsame Weise: Miss Quested behauptet, Aziz habe sich ihr in der Höhle unsittlich genähert, woraufhin sie geflochen sei; der indische Führer verschwindet spurlos, und Aziz, völlig gebrochen, in seiner Ehre zutiefst gekränkt, wird verhaftet. Fielding ist von seiner Unschuld überzeugt und macht sich alle Engländer zum Feind, als er offen für den Inder Partei ergreift; Miss Quested aber hat mit ihren Anschuldigungen etwas ausgelöst, auf das sie nicht gefaßt war. Während sie selbst, nach Überwindung ihres Schocks, ihre Auslegung des Vorfalls in Frage stellt, macht die englische Kolonie sie zur Heldin und Märtyrerin und verfällt in einen hysterischen Rassenhaß: »*Mitleid, Zorn und Heroismus erfüllten sie, aber die Fähigkeit, zwei und zwei zusammenzuzählen, war erloschen.*« Inzwischen hat Ronny seine Mutter, die seit jener Exkursion nur eine geheimnisvoll-unwirsche Verachtung für den Wirbel um Aziz und Miss Quested an den Tag gelegt hatte, auf ein Schiff nach England gebracht, auf dem sie kurz nach der Abreise stirbt. Im Prozeß widerruft Miss Quested plötzlich ihre Anschuldigung, worauf die Anklage zusammenbricht. Die Inder aber, überzeugt davon, daß Mrs. Moore zugunsten von Aziz ausgesagt hätte, machen die alte Dame spontan zur Halbgöttin eines Kults. In Gesprächen mit Fielding versucht Miss Quested zu klären, was wirklich in der Höhle geschah; sicher erscheint ihr nur, daß Aziz unschuldig ist, der Besuch der Höhlen verborgene Tiefen ihrer Seele angerührt hat und sie einer Halluzination erlegen ist. – Das letzte Buch, *Der Tempel*, zeigt Fielding, der inzwischen mit einer Tochter Mrs. Moores verheiratet ist, und Aziz auf einer neuen Stufe gegenseitigen Verstehens. Als sie sich zwei Jahre nach jenen Ereignissen am Hof eines Radschas wiedersehen, sind sie illusionsloser, weiser, vorsichtiger geworden und wissen, wo die Grenzen des Verständnisses liegen, jenseits derer die Wahrheit so unzugänglich wird wie der Dschungel. Gerade deshalb aber kann jeder von ihnen seinen Standpunkt behaupten, ohne dem anderen feind zu werden: »*Alle dummen Mißverständnisse waren aufgeklärt, aber in der Gesellschaft gab es keinen Ort, an dem sie sich treffen konnten.*« »*Wir existieren nicht in uns selbst, sondern so, wie wir von anderen wahrgenommen werden.*« Mit dieser Erkenntnis benennt Fielding eine Quelle der gegenseitigen Mißverständnisse: Beide Seiten haben jeweils ihre eigenen Maßstäbe angelegt und dadurch die komplexeren Seelenregungen ihres Gegenübers verfehlt. Zugleich ist damit das Erzählprinzip des Autors angedeutet, der sich im *style indirect libre* dem Bewußtsein jeweils einer der nach Rasse, Temperament, Religion und Nationalität so verschiedenen Romanfiguren anpaßt. Seine Sympathie gilt offenbar mehr den Indern als den in einem Netz von Vorurteilen und Verallgemeinerungen gefangenen Engländern, die mit geschultem Verstand, aber »*ungeschultem Herzen*« die Situation zu meistern versuchen; doch sieht er in ihrem von unreflektiertem *Middle-class*-Denken bestimmten Verhalten eher die komödienhaften Züge als die tragischen Konsequenzen. So gesehen unterscheidet sich dieser Roman Forsters nur durch den Schauplatz von dem fast zwanzig Jahre älteren *Where Angels Fear to Tread (Engel und Narren)*, in dem bourgeoise englische Verhaltensmuster mit einer italienischen Umgebung konfrontiert und in Frage gestellt werden. Doch hat *A Passage to India* zweifellos höheren Rang als die vorangegangenen Romane Forsters; das Buch zeichnet sich durch eine so subtile Erzählkunst, einen so stimmigen Symbolismus, eine so ausgewogene Sicht der menschlichen und eine so intime Kenntnis der indischen Verhältnisse aus, daß es zu den klassischen Werken der modernen englischen Literatur gehört. Nach vierzigjährigem Ringen war Forster, der zwischen *Howards End* und *A Passage to India* kein wichtiges Erzählwerk veröffentlichte, sein Meisterwerk gelungen. Mit Ausnahme des postum erschienenen *Maurice* (entstanden 1913, mehrfach revidiert, erschienen 1971) sollte auch kein weiterer Roman folgen. J.Dr.

AUSGABEN: Ldn. 1924. – NY 1924. – Ldn. 1942 (Everyman's Library). – NY 1946 (Penguin). – Harmondsworth 1957 (Penguin). – NY 1978 (in *Abinger Ed.*, Hg. O. Stallybrass, Bd. 6). – NY 1981. – Ldn. 1983 [Einl. M. Holroyd]. – NY 1985.

ÜBERSETZUNGEN: *Indien*, P. Fohr, Bln. 1932. – *Auf der Suche nach Indien*, W. v. Einsiedel, Ffm./Hbg. 1960 (FiBü).

DRAMATISIERUNG: S. Rama Rau, *A Passage to India* (Drama in 3 Akten; Urauff.: Oxford, 19. 1. 1960, Playhouse).

VERFILMUNG: Großbritannien 1984 (Regie: D. Lean).

LITERATUR: H. Maclean, *Structure of »A Passage to India«* (in Univ. of Toronto Quarterly, 22, 1953, S. 157–171). – G. O. Allen, *Structure, Symbol and Theme in E. M. F.'s »A Passage to India«* (in PMLA, 70, 1955, S. 934–954). – R. M. Cain, *Vision and Discovery in E. M. F.'s »A Passage to India«* (in *Twelve Original Essays on Great English Novels*, Hg. Ch. Shapiro, Detroit 1960, S. 253–275). – L. Dauner, *What Happened in the Cave? Reflections on »A Passage to India«* (in MFS, 7, 1961, S. 258–270). – G. H. Thomson, *Thematic Symbol in »A Passage to India«* (in TCL, 7, 1961, S. 51–63). – E. Horowitz, *The Communal Ritual and the Dying God in E. M. F.'s »A Passage to India«* (in Criticism, 6, 1964, S. 70–88). – G. Stebner, *E. M. F.: »A Passage to India«* (in *Der moderne englische Roman. Interpretationen*, Hg. H. Oppel, Bln. 1965, S. 135 bis 159). – J. D. Hunt, *Muddle and Mystery in »A Passage to India«* (in ELH, 33, 1966, S. 497–517). – K. Burke, *Social and Cosmic Mystery: »A Passage to India«* (in K. B., *Language as Symbolic Action: Essays on Life, Literature, and Method*, Berkeley/Los Angeles 1966, S. 223–239). – J. Colmer, *»A Passage to India«*, Ldn. 1967. – P. Moody, *A Critical Commentary on E. M. F.'s »A Passage to India«*, Ldn. 1968. – *»A Passage to India«: A Casebook*, Hg. M. Bradbury, Ldn. 1970. – *»A Passage to India«: A Collection of Critical Essays*, Hg. A. Rutherford, Englewood Cliffs/N.J. 1970. – J. P. Levine, *Creation and Criticism: »A Passage to India«*, Lincoln (Nebr.)/Ldn. 1971. – M. Bradbury, *E. M. F. as Victorian and Modern: »Howards End« and »A Passage to India«* (in M. B., *Possibilities: Essays on the State of the Novel*, Ldn./NY 1973, S. 91–120). – J. Meyers, *Fiction and the Colonial Experience*, Totowa (N.J.)/Ipswich 1973, S. 29–54. – E. Thumboo, *E. M. F.'s »A Passage to India«: From Cave to Court* (in Southern Review (Adelaide), 10, Juli 1977, S. 112–144). – R. J. Lewis, *E. M. F.'s »A Passage to India«*, NY 1979. – R. W. Noble, *»A Passage to India«: The Genesis of E. M. F.'s Novel* (in Encounter, 54, Februar 1980, S. 51–61). – P. Hughes, *Mothers and Mystics: An Aspect of »Howards End« and »A Passage to India«* (in *Modes of Interpretation. Fs f. E. Leisi*, Hg. R. J. Watts u. U. Weidmann, Tübingen 1984, S. 129–136). – *E. M. F.'s »A Passage to India«*, Hg. H. Bloom, Ldn. 1987.

A ROOM WITH A VIEW

(engl.; Ü: *Zimmer mit Aussicht*). Roman von E. M. FORSTER, erschienen 1908. – Bereits 1901, während seines ersten Italienaufenthalts, begann E. M. Forster mit der Niederschrift eines Romanentwurfs, dem er nach seiner Hauptfigur den Titel »Lucy« gab: Das satirische Porträt englischer Touristen in Italien blieb unvollendet. Auch der zweite Versuch (1903) führte nicht zum gewünschten Ergebnis, obwohl Forster sein ursprüngliches Manuskript vollständig umgearbeitet hatte. Erst 1907, nachdem er seine beiden Erstlingsromane veröffentlicht hatte, wandte er sich erneut dem Fragment zu und schloß es ein Jahr später unter dem Titel *A Room with a View* ab: Neben den Namen der Protagonisten erinnern nur noch einige Kapitelüberschriften und die Zweiteilung in eine Italien- und eine Englandhandlung an die Vorfassungen. Wie schon in *Where Angels Fear to Tread* wird auch hier das ungezwungene südländische Leben mit den beengenden Konventionen der englischen Mittelstandsgesellschaft konfrontiert.

Einen Mikrokosmos des von hierarchischem Standesdenken und strikten Verhaltensnormen geprägten England bildet die Pension Bertolini in Florenz, wo die attraktive Lucy mit ihrer altjüngferlichen Kusine Charlotte ihre Ferien verbringt. Das Domizil, von einer Britin geleitet und mit Bildern Kiplings und der Queen, den Galeonsfiguren des Viktorianismus, ausstaffiert, steht in ironischem Kontrast zu der florentinischen Lebensweise. Hier lernen die Kusinen den unkonventionellen Mr. Emerson kennen, der sich mit seinem schwermütigen Sohn George im selben Haus einquartiert hat. Als Charlotte ihrer Enttäuschung über die zum Hof hin gelegenen Zimmer Luft macht, schlagen die Emersons, denen Räume mit schöner Aussicht zugewiesen worden waren, spontan einen Tausch vor. Nach anfänglichem Zögern akzeptiert Charlotte das Angebot, obwohl sie darin, ebenso wie die übrigen Pensionsgäste, einen Verstoß gegen die gesellschaftlichen Regeln sieht. Sie ist bemüht, den Umgang mit den »unpassenden« Emersons fortan zu meiden, doch ihre Kusine ist zwischen ihrer Sympathie und dem Wunsch, sich den Erwartungen ihrer Umwelt gemäß zu verhalten, hin und her gerissen. An einem verregneten Nachmittag erstaunt Lucy ihre Zuhörer mit der leidenschaftlichen Interpretation einer Klaviersonate von Beethoven. Der Geistliche Mr. Beebe erkennt intuitiv das emotionale Potential der jungen Frau, das diese im Alltag jedoch nicht ausleben kann. Aufgewühlt durch ihr Spiel, entschließt sich Lucy zu einem Spaziergang. Auf der Piazza Signoria wird sie Zeugin einer tödlichen Messerstecherei; sie verliert das Bewußtsein und erwacht in den Armen George Emersons. Für Lucy, aber mehr noch für den jungen Mann, wird der Vorfall zu einem Initiationserlebnis: George, der bisher den Sinn seiner Existenz in Frage gestellt hatte, erkennt in der Konfrontation mit dem Tod eines anderen Menschen und unter dem Eindruck seiner beginnenden Leidenschaft den Wert des Lebens; auch Lucy fühlt sich zu George hingezogen, wagt jedoch nicht, sich ihr Begehren einzugestehen. Auffällig ist in diesem zentralen Kapitel die erotische Symbolik, die die Begegnung der jungen Leute vorbereitet: die Satyrfiguren am Brunnen, der Turm des Palazzo Vecchio, der Eingang zu einer Höhle. Das Romangeschehen erreicht seinen vorläufigen Höhepunkt, als George Lucy bei einem Ausflug leidenschaftlich küßt – eine Szene, die modellhaften Charakter annimmt: Die Figuren verlieren ihre Individualität und erscheinen als die archetypischen Liebenden; die Umgebung, eine blumenübersäte Wiese, repräsentiert einen idealisierten Frühling. Charlotte, die den Kuß beobachtet hatte, verspricht zwar zu schweigen, vertraut sich aber wenig später ihrer Freundin, der Schriftstellerin Eleonor Lavish, an. Gemeinsam verlassen die Kusinen Florenz, um in Rom mit Mrs. Vyse und ihrem Sohn Cecil, flüchtigen Bekannten der Familie, zusammenzutreffen.

Der zweite Teil des Romans beginnt mit dem Verlöbnis Lucys und Cecils; Schauplatz ist Windy Corner, Lucys Elternhaus in Surrey. Zufälle führen die Gäste der Pension Bertolini an diesem Ort erneut zusammen. Forster ignoriert dabei die Gesetze der Wahrscheinlichkeit, denn es geht ihm, wie in seinen anderen Werken, nicht um einen realistischen Handlungsablauf, sondern um die Veranschaulichung der inneren Motive seiner Charaktere. In dem kultivierten Snob Cecil wählt Lucy einen Partner, der zwar den gesellschaftlichen Anforderungen, nicht aber ihrer Leidenschaft gerecht wird. Cecil ist als Kontrastfigur zu George angelegt: Seine Unfähigkeit zur spontanen Gefühlsäußerung zeigt sich in dem – vom Autor ironisierend geschilderten – Versuch, Lucy zu küssen, der diese sehnsüchtig an George denken läßt. Der Charakterisierung der Gegensätze dienen auch die Vergleiche, die Lucy anstellt: Während der junge Emerson sie an einen römischen Heros erinnert, assoziiert sie Cecil mit einer gotischen Heiligenstatue – ein vernichtendes Urteil, bedenkt man Forsters radikale Ablehnung des Mittelalters. George verkörpert die vitale, lebensbejahende Kraft, Cecil das lebensfeindliche asketische Prinzip. Ausgerechnet Cecil ist es, der Lucy und George erneut zusammenbringt, indem er den Emersons ein leerstehendes Haus vermittelt. Bei einem gemeinsamen Treffen versucht Cecil, die Gäste mit einer trivialen Szene aus einem neuerschienenen Roman zu amüsieren; er kann nicht ahnen, daß es sich dabei um die kaum verschlüsselte Wiedergabe der Kußszene zwischen Lucy und George handelt, die Eleonor Lavish in ihrem jüngsten Werk verarbeitet hatte.

Diese Vorfälle und mehr noch ein Gespräch mit George, in dem dieser sie von Cecils Bindungsunfähigkeit überzeugt, bewegen Lucy, das Verlöbnis zu lösen. Zwar findet sie die Kraft zu diesem Schritt, doch fehlt ihr der Mut, sich gänzlich über die Konventionen hinwegzusetzen und sich für George zu entscheiden. Der bislang vorherrschende heiter-ironische Ton geht verloren, als sich Lucys Existenz zu verfinstern beginnt. Sie, für ein erfülltes, sinnvolles Dasein geschaffen, ist in Gefahr, ihr Leben zu ruinieren, indem sie sich unbewußt selbst täuscht und ihr Verlangen nach George leugnet. Der inneren Verdüsterung entspricht äußerlich der Wechsel der Jahreszeiten: Dem florentinischen Frühling wird das kalte englische Herbstwetter gegenübergestellt. Einzig Mr. Beebe ist mit der Entwicklung der Verhältnisse zufrieden: Als Anhänger des Zölibats begrüßt er Lucys Entscheidung, unverheiratet zu bleiben. Während der Geistliche im ersten Teil des Romans zu den positiven Gestalten zählte, verficht er nun das lebensfeindliche, asketische Prinzip. (Der scheinbar unmotivierte Wandel der Figur gab Anlaß zur Kritik, doch erklärt er sich teilweise aus Veränderungen gegenüber dem ursprünglichen Manuskript, in dem die homophile Neigung Beebes zu George deutlich wird.) Schließlich ist es der alte Emerson, der eine Wendung zum Guten herbeiführt. Durch ihn erkennt Lucy ihre Liebe zu George. Das Schlußkapitel zeigt das glückliche Ehepaar erneut in der Pension Bertolini: Wieder ist es Frühling geworden – der Kreis hat sich geschlossen.

Den heutigen Leser mögen die belehrenden Kommentare und die auffällige Schwarz-Weiß-Technik in der Charakterzeichnung stören. Die moralisierende Tendenz, die in allen Werken Forsters zu finden ist, gibt Aufschluß über seine literarischen Vorbilder, die weniger in der damaligen Avantgarde als unter den Romanciers des 19. Jh.s zu finden sind. Deutlich zeigt sich der Einfluß von George MEREDITH, deutlicher noch die Wirkung Samuel BUTLERS, dessen Gedanken in kaum veränderter Form in Sentenzen des alten Emerson begegnen, der ansonsten auch der Philosophie seines amerikanischen Namensvetters verpflichtet ist. Darüber hinaus wurzelt Forsters Menschenbild, seine Einsicht in die Notwendigkeit der Selbstverwirklichung, im Neuplatonismus. Auch der Romantiker SHELLEY beeinflußte Forsters Denken. Der Autor selbst stand seinem Werk skeptisch gegenüber. Besonders das forcierte Happy-End lehnte er im Rückblick ab. In einem 1958 erschienenen Essay mit dem Titel *A Room without a View*, in dem er das weitere Schicksal seiner »Helden« beschreibt, nimmt Forster der Romanze von Lucy und George ihren Glanz. Die erfolgreiche Filmfassung wurde 1987 mit drei Oscars ausgezeichnet. E.Ne.

Ausgaben: Ldn. 1908. – NY 1911. – Ldn. 1924. – Ldn. 1944. – NY 1960. – Harmondsworth 1961. – Ldn. 1977 (in *Abinger Ed.,* Hg. C. Stallybrass, Bd. 3).

Übersetzung: *Zimmer mit Aussicht. Eine Liebesgeschichte*, W. Peterich, Mchn. 1986.

Verfilmung: Großbritannien 1985 (Regie: J. Ivory).

Dramatisierung: Stephan Tait u. Kenneth Allot, *A Room with a View*, Ldn. 1951.

Literatur: L. Trilling, »*A Room with a View*« (in L. T., *E. M. F.*, Ldn. 1951, S. 85–97). – D. Shusterman, »*A Room with a View*«. *The Seizure of the Moment* (in D. S., *The Quest for Certitude in E. M. F.'s Fiction*, Ldn. 1965, S. 129–142). – J. Lucas, *Wagner and F.: Parsifal and »A Room with a View«* (in ELH, 33, 1966, S. 92–117). – N. Kelvin, »*A Room with a View*« (in N. K., *E. M. F.*, Ldn. 1967, S. 84–102). – J. Meyers, »*Vacant Heart and Hand and Eye«: The Homosexual Theme in »A Room with a View*« (in English Literature in Transition, 1880–1920, 13, 1970, S. 181–192). – R. Macaulay, »*A Room with a View*« (in R. M., *The Writings of E. M. F.*, Ldn. 1972, S. 78–97). – E. Heine, *The Significance of Structure in the Novels of E. M. F. and Virginia Woolf* (in English Literature in Transition, 1880–1920, 16, 1973, S. 289–306). – J. Colmer, *E. M. F.: The Personal Voice*, Ldn. 1975, S. 83–110. – J. Meyers, *Giotto and »A Room with a View«* (in J. M., *Painting and the Novel*, Manchester 1975, S. 38–45). – T. Brown, *E. Carpenter, F. and the Evolution of »A Room with a View«* (in English Literature in Transition, 1880–1920, 30, 1987).

WHERE ANGELS FEAR TO TREAD

(engl.; *Ü: Engel und Narren*). Roman von Edward Morgan Forster, erschienen 1905. – Bereits dieser – nach einem geflügelten Wort aus Popes *Essay on Criticism* (III, 66) betitelte – Erstlingsroman läßt das große Thema erkennen, das Forsters erzählerisches Werk leitmotivisch durchzieht: der Gegensatz zwischen »*inner*« und »*outer life*«, d. h. zwischen erfülltem Menschentum und der Scheinwelt gesellschaftlicher Konvention. Dieser Kontrast offenbart sich hier im Zusammentreffen von Menschen aus verschiedenen Kulturmilieus. Konfrontiert werden konventionsgeprägte Gestalten aus der oberen englischen Mittelklasse (für Forster die typischsten Vertreter englischer Mentalität) und die Welt südlicher Spontaneität und Vitalität mit ihrer ungebrochenen Beziehung zu Umwelt und Mitmenschen.

In der englischen Provinzstadt Sawston, einem »*freudlos dahinvegetierenden Ort voller heuchlerischer Spießer*« (er steht für das dem Autor seit seiner Schulzeit verhaßte Tonbridge), sieht die Familie Herriton ihr wohlgeordnetes Dasein unerwartet durch Ereignisse bedroht, die ihre starren Moralgrundsätze und Verhaltensklischees ins Wanken bringt. Die 33jährige, innerlich unausgereifte Lilia Herriton wird, zusammen mit ihrer Tochter Irma, seit dem Tod ihres Mannes von ihrer extrem konformistischen Schwiegermutter bevormundet. Um Lilia von »unpassenden« Heiratsplänen abzubringen, schickt man sie auf Vorschlag ihres Schwagers Philip in Begleitung ihrer sittenstrengen Freundin Caroline Abbott auf eine längere Italienreise. Doch bereits nach drei Monaten werden die Herritons von der Nachricht aufgeschreckt, daß sich Lilia in dem Landstädtchen Monteriano mit Gino Carella, dem 21jährigen Sohn eines Dentisten, verlobt hat. Philip wird ausgesandt, um die als unpassend empfundene Verbindung zu lösen, kehrt jedoch, da die beiden schon vor seiner Ankunft geheiratet haben, resigniert mit Caroline nach Sawston zurück. Lilias Ehe erweist sich bald als Fehlschlag: Die junge Frau sieht sich nach italienischer Sitte in strenger Unterordnung ans Haus gefesselt, während der ganz aus der südländischen Tradition lebende Gino seinen Vergnügungen nachgeht und bald auch seine Frau betrügt. Lilia, der es nicht gelingt, die Kluft zwischen den verschiedenen Lebensauffassungen aus eigener Kraft zu überbrücken, leidet darunter so tief, daß es für sie fast eine Erlösung ist, als sie bei der Geburt von Ginos Sohn stirbt. Um Gerede zu vermeiden, verschweigen die Herritons Irma die Existenz ihres kleinen Bruders – eine Lebenslüge, die fortan das Schicksal der Familie tragisch überschattet. Als durch zwei Postkarten Ginos an Irma die Wahrheit in Sawston bekannt wird, beschließt Caroline, die Lilias Heirat befürwortet, dies den Herritons jedoch nicht einzugestehen gewagt hat, in ihrer Gewissensnot, das Kind zu adoptieren. Erst jetzt entschließt sich Mrs. Herriton, um nicht »*weniger wohltätig als andere zu erscheinen*«, die Geschwister zusammenzuführen. Philip wird – diesmal gemeinsam mit seiner bigotten und verständnislosen Schwester Harriet – abermals nach Italien geschickt, um Gino zur Freigabe des Kindes zu veranlassen. In Monteriano begegnen die beiden Caroline, die ihren Plan aufgibt, als sie Ginos wahre Vaterliebe erkennt. Vergeblich sucht sie Philip auf ihre Seite zu ziehen. Nach ergebnislosen Verhandlungen mit Gino trifft er die für kurze Zeit verschwundene Harriet wieder, die das Baby entführt hat. Als die Kutsche, in der die drei zum Bahnhof fahren, mit dem Gefährt der ihnen vorausgeeilten Caroline zusammenstößt, wird Philip verletzt und das Baby getötet. Reuevoll gesteht Philip Gino seine Schuld; nach anfänglichem Streit werden beide echte Freunde. Caroline, die sich schon vorher zur Erkenntnis ihrer Schuld durchgerungen hat, gesteht Philip ihre Liebe zu Gino. Aber da sie beiden Männern wie eine unnahbare Göttin erscheint, bleibt ihre Sehnsucht unerfüllt. Erschüttert kehren die drei Reisenden nach England zurück: Harriet innerlich gebrochen und ausgebrannt, Philip und Caroline geläutert und zu einem sinnvolleren Leben bereit. Ihr Kontakt mit Monteriano – dem humanen Gegenpol des inhumanen Sawston – hat sie endgültig aus den geistig-moralischen Fesseln ihrer früheren Umwelt befreit.

Obwohl das Werk deutliche ironische Züge trägt, sich wiederholt bis in den Stil hinein unverkennbar spöttisch gibt und an sarkastischen Seitenhieben auf das englische Bürgertum nicht spart, geht seine Zielsetzung weit über bloße Satire oder Sozialkritik hinaus. Sein Zentralthema ist die Menschenliebe und ihre Bedeutung für das personelle Miteinander, dessen verschiedene Möglichkeiten in den diversen Aspekten der Figurenkonstellationen systematisch durchgespielt werden. Forster geht es um Bewußtmachung der Ironie eines Fortschritts, der erkauft wird durch Verkümmerung spontan zwischenmenschlicher Beziehungen und zwangsläufig zu Stumpfheit und Verhärtung der Herzen führt. Rettung erhofft er sich von einer organischen Verschmelzung beider Kulturkreise und der von ihnen geprägten Menschentypen. Wahres Menschentum ergibt sich erst aus der bewußten Synthese der gezeigten antithetischen Verhaltensweisen. Entsprechend sind die das Werk kennzeichnenden starken – aber nie in unkritische Schwarzweißmalerei ausartenden – Kontrastierungen (Heuchelei gegen Aufrichtigkeit; gesellschaftlicher Formalismus gegen natürliche Ungezwungenheit; reich und kultiviert gegen arm und erdverbunden; kalter Norden gegen warmen Süden u. ä.) in erster Linie als Aufruf zur Integration der positiven Aspekte beider Seinsweisen zu verstehen. In diesem Sinne ist auch Forsters anscheinende Verklärung des Trivialen und Apotheose des schlicht Menschlichen – sie erinnert an SHELLEY und ist wahrscheinlich dem Neuplatonismus verpflichtet – mehr als unreflektierte Zivilisationsflucht und billige Naturschwärmerei. Vielmehr zielt Forsters gesamte Tendenz und Symbolik stets auf den Typ des mythos- und geschichtsverwurzelten, alle Möglichkeiten des Daseins in sich aufnehmenden und bewußt entfaltenden Individuums ab. Diese Gehalte entwickelt Forster im Rahmen einer Erzähltechnik, die auf den ersten Blick konventionell und kunstlos erscheint, in Wirklichkeit aber von einem höchst anspruchsvollen Gestaltungsstreben getragen wird. Auf der Basis viktorianischer Erzählstrukturen ist das Werk sehr sorgfältig gebaut; kein Teil ist überflüssig, alles streng zielorientiert und getragen von einer straffen Ökonomie der Darstellungsmittel, deren Zusammenspiel in innerlich eng verwobenen und symbolgeladenen Szenen die sichere Hand des späteren Romantheoretikers verrät. Nicht ohne Interesse ist schließlich eine oft genannte literarhistorische Parallele: Das Hauptthema des Werks – seelische Heilung innerlich leblos gewordener Charaktere durch Absorption in ein vitalitätsbestimmtes, erlösendes Milieu – zeigt deutliche Anklänge an Henry JAMES' kurz zuvor erschienenen Roman *The Ambassadors*. Allerdings verzichtet Forster auf jegliche erzähltechnische Modernität: Er bedient sich weder der *Point of view*-Technik James' noch scheut er (wie die Mehrzahl »moderner« Romanciers) vor melodramatischen Effekten oder krassen Zufällen zurück. Solch »altmodisches« Erzählen kann er sich leisten, da es ihm wesentlich um die allgemein menschlichen Reaktionen seiner Akteure geht, die sich vor allem im Dialog offenbaren. Wichtiger als die Selbstbespieglung oder psychologische Esoterik sind ihm die Verhaltensweisen seiner Gestalten angesichts der klaren Herausforderung zur Verwirklichung jenes »inneren« Lebens, das die menschliche Existenz aus Schablonenhaftigkeit und gesellschaftlicher Verkrampfung zur mythischen Realität des wahrhaft Humanen erhebt. Da Forster diese Thematik mittels überzeugender Charaktere und Symbole in Sprache umsetzt, kann bereits sein erster Roman als »*kleines Meisterwerk*« gelten, als »*beschwingtes englisches Gegenstück*« (R. Fricker) zu Henry James' *Ambassadors*. W.Fü.

AUSGABEN: Edingurgh/Ldn. 1905; ⁴1959. – NY 1920. – Ldn. 1924. – Ldn. 1969. – NY 1975 (in *Abinger Ed.*, Hg. O. Stallybrass, Bd. 1). – NY 1986.

ÜBERSETZUNG: *Engel und Narren*, I. Tiedtge, Hbg. 1948.

LITERATUR: G. Stebner, *E. M. F. Ein Beitrag zur Einführung in sein Werk* (in NSp, N. F. 7, 1958, S. 449–461). – F. R. Karl u. M. Magalaner, *A Reader's Guide to Great Twentieth-Century Novels*, Ldn. 1959, S. 103–111. – S. P. Rosenbaum, *Towards a Literary History of ›Monteriano‹* (in TCL, 31, 1985, S. 180–198). – R. K. Simon, *E. M. F.'s Critique of Laughter and the Comic: The First Three Novels as Dialectic* (ebd., S. 199–220).

FRIEDRICH FORSTER

d.i. Waldfried Burggraf

* 11.8.1895 Bremen
† 1.3.1958 Bremen

ROBINSON SOLL NICHT STERBEN!

Stück in drei Akten von Friedrich FORSTER, Uraufführung: Leipzig, 17. 9. 1932, Altes Theater. – Das Stück spielt in London um das Jahr 1730. Daniel Defoe, der Verfasser des *Robinson Crusoe*, lebt verarmt und erblindet im Haus der Witwe Cantley. Sein Sohn Tom hat ihn durch sein liederliches Leben um sein gesamtes Vermögen gebracht. Nur die Witwe und deren vierzehnjährige Tochter Maud, Defoes »Geistchen«, nehmen sich des Alten an. Um sich Geld zu verschaffen, stiehlt Tom das Manuskript des *Robinson Crusoe*, das sein Vater wie einen Schatz gehütet hat. Maud faßt den Plan, zum König zu gehen, um dem verzweifelten Alten das Manuskript wieder zu verschaffen. Sie gewinnt für ihr

Vorhaben eine Robinson-Bande von fünf Jungen, die mit dem Schlachtruf »*Robinson soll nicht sterben!*« in einer Schenke über Tom herfallen und ihn gefesselt abführen. Ohne ihn zu erkennen, begegnet Maud dem König, der ihr und ihren Freunden zu einer Audienz verhilft. Die Kinder schleppen Tom vor den Monarchen und berichten ihm von der Not des alten, einst berühmten Defoe, dem auch der König freundschaftlich zugetan war. Auf Bitten der Kinder gibt der König Tom eine letzte Chance, indem er ihm soviel Geld schenkt, daß er das inzwischen veräußerte Manuskript wieder zurückkaufen und ein neues Leben anfangen kann. Schließlich besucht der König in Begleitung der Kinder den alten Defoe und erwirbt das Manuskript für die Krone. Als Gegenleistung dürfen der Dichter, Maud und ihre Mutter fortan auf Schloß Kidbroodge wohnen.

Mit der Schülertragödie *Der Graue* (1931) und mit dem Robinson-Stück – das u. a. auch den Beifall des betagten G. Hauptmann fand – gelang dem Autor der Durchbruch zu einem breiten Publikumserfolg. Die »*ganz schlichte Fabel*« des Stücks, das auch als Erzählung existiert, hebt die Alterstragik des vergessenen, kümmerlich sein Dasein fristenden Dichters ebenso ins Idyllisch-Gemüthafte wie die rührende Anhänglichkeit der Kinder für den Schöpfer ihres Idols. Durch diese sentimentale Überzeichnung wird die latente Sozialkritik der Handlung entschärft.   V.Ho.

Ausgaben: Lpzg. 1932. – Bln. 1940. – Mchn. 1949. – Wien/Mchn. 1955.

Bearbeitungen: Stg. 1954 (Erzählung; RUB). – Mchn. 1959.

Verfilmung: Deutschland 1956 (Regie: J. v. Baky).

Literatur: F. Mack, Rez. (in Leipziger Neueste Nachrichten, 19. 9. 1932). – G. Witkowski, Rez. (in LE, 35, 1932, S. 108). – Anon., Rez. (in Der Scheinwerfer, 6, 1932, H. 3/4, S. 9). – F. Michael, Rez. (in Die neue Literatur, 33, 1932, S. 532).

Georg Forster

* 27.11.1754 Danzig
† 10.1.1794 Paris

Literatur zum Autor:
F. Schlegel, *G. F.s Schriften* (in F. S., *Kritische Schriften*, Mchn. 1956). – K. Kersten, *D. Weltumsegler J. G. A. F., 1754–1794*, Bern 1957. – R. R. Wuthenow, *Vernunft u. Republik. Studien zu G. F.s Schriften*, Bad Homburg v. d. H. u. a. 1970. – T. P. Saine, *G. F.*, NY 1972. – G. Steiner, *G. F.*, Stg. 1977. – U. Enzensberger, *G. F., Weltumsegler u. Revolutionär. Ansichten von der Welt u. vom Glück der Menschheit*, Bln. 1979. – M. Bignami, *G. F., viaggiatore tra scienza e utopia sociale*, Roma 1982. – *G. F. in seiner Epoche*, Hg. G. Pickerodt, Bln. 1982. – D. Rasmussen, *Der Stil G. F.s Mit einem Anhang: G. F. u. Goethes »Hermann u. Dorothea«. Ein Versuch über gegenständliche Dichtung*, Bonn 1983.

ANSICHTEN VOM NIEDERRHEIN, VON BRABANT, FLANDERN, HOLLAND, ENGLAND UND FRANKREICH, IM APRIL, MAI UND JUNIUS 1790

Essayistische Reisebeschreibung in Briefen von Georg Forster; unvollendet: 1. und 2. Teil erschienen 1791, 3. Teil *(Notizen und Briefe aus England und Frankreich)* postum herausgegeben von Ludwig Ferdinand Huber 1794. – Das Werk beschreibt eine Reise, die Forster zusammen mit Alexander von Humboldt 1790 von Mainz aus unternahm. Die Vielfalt der sich aus diesem Anlaß ergebenden Themen bezeugt Wachheit und geübte Beobachtungsgabe des breit gebildeten geschulten Naturforschers und Weltreisenden: Neben Charakteristiken von Landschaften und Städten mit ihren Einwohnern stehen geologische Hypothesen; von Theatern, Bildergalerien und Naturalienkabinetten wird ebenso sachkundig berichtet wie von Landwirtschaft, Industrie und Handel. Trotzdem geht es dem Autor nicht um die Mitteilung von Fakten, sie sind nur Ansatzpunkte seiner Reflexionen und ästhetischen und politischen Erörterungen, die den Reisebericht zu einem kulturhistorischen und -kritischen Essay erweitern. Forsters Beurteilungen der Bilder, die er beim Besuch der Düsseldorfer Galerie sowie belgischer und niederländischer Sammlungen kennenlernte, verrät seine starke Befangenheit in der Tradition des Klassizismus; sie spricht namentlich aus der affektgeladenen Ablehnung Rubens' und der Niederländer. In allgemein ästhetischen Überlegungen tritt allerdings neben den Maßstab des Ideals der Begriff der Individualität, worin sich Forsters Schwanken zwischen der Ästhetik Winckelmanns und der Herders kundgibt; Einflüsse der Genieästhetik bestimmen die vielbeachteten Abschnitte über den Kölner Dom.

Unruhen in Aachen, Lüttich, Belgien und Holland, alle überschattet von der Französischen Revolution, konfrontieren Forster mit den »*Antinomien der Politik*« und zwingen ihn zwar nicht zu eindeutiger Stellungnahme, wohl aber zu gründlicher Orientierung. Als Aufklärer billigt er die Reformen Josephs II., als Liberaler verurteilt er ihre despotische Durchführung. Der spätere Jakobiner durchdenkt hier zum erstenmal die Problematik der Revolution und der Demokratie; Skeptizismus, Hoffnung auf »*Mäßigung*« und Furcht vor »*Gährung*« halten ihn noch von radikalen Forderungen ab; die Einsicht in die Notwendigkeit einer Umwälzung kündigt sich jedoch schon an. – Der eigentliche Reiz der *Ansichten* und die fesselnde Lebendigkeit des essayistischen Stils rühren daher, daß der Autor nicht abgeschlossene Gedanken vorträgt, sondern den Vorgang seines Nachdenkens gestaltet. Dieses bewegt sich meist auf Umwegen, oft bewußt zwischen Widersprüchen hin und her, ohne jedesmal zu eindeutig faßbaren Ergebnissen zu gelangen. Das Werk bietet kein festgefügtes Weltbild, es ist das Dokument einer Selbstverständigung in einer unruhigen Zeit. Die disparaten Gegenstände und Stilformen, die Fülle der äußeren Welterfahrung wie die Tiefe der Abstraktion, die Schilderung wie das Raisonnement werden durch die Briefform zu einer Einheit verbunden, in deren Zentrum die Subjektivität des seine Erlebnisse reflektierenden Autors steht. Die Briefform ist also nicht nur äußerliche Einkleidung. Forster verwendet die Briefe, die er von der Reise aus geschrieben hatte, und bewahrte durch alle Umformungen und Erweiterungen hindurch den leichten, den Leser unmittelbar ansprechenden Ton eines gepflegten Gesprächs, um dessentwillen er – nach dem Urteil Friedrich SCHLEGELs – den Ruhm eines Klassikers der deutschen Prosa verdient. Vorbilder für diese Form der essayistischen Reisebeschreibung konnte er höchstens in der englischen oder französischen Literatur finden. Das Werk wurde mit Lob und Zustimmung aufgenommen. Fand Forster auch keinen Nachfolger mit einer ebenso universalen Weite des Blicks und einem ebenso ansprechenden Stil, so konnte sich doch sein Reisegefährte Alexander von HUMBOLDT in seinen geographischen Schriften auf ihn als Lehrmeister berufen.   L.U.

AUSGABEN: Bln. 1791–1794, 3 Bde. – Halle 1893 (*Briefe und Tagebücher G. F.s von seiner Reise am Niederrhein 1790*, Hg. A. Leitzmann; Ergänzungen). – Bln. 1958 (in *Werke*, Hg. Dt. Akad. d. Wiss., 18 Bde., 1958 ff., 9, Bearb. G. Steiner); – Stg. 1965, Hg. L. Uhlig (RUB). – Ffm. 1969 (in *Werke*, Hg. G. Steiner, 4 Bde., 2).

LITERATUR: H. Peitsch, *G. F.s »Ansichten vom Niederrhein«. Zum Problem des Übergangs vom bürgerlichen Humanismus zum revolutionären Demokratismus*, Ffm./Bern 1978.

A VOYAGE ROUND THE WORLD, in His Britannic Majesty's Sloop, Resolution, commanded by Capt. James Cook, during the Years 1772, 3, 4 and 5

(engl.; *Reise um die Welt in Seiner Britischen Majestät Schaluppe »Resolution«, geführt von Kapitän James Cook, während der Jahre 1772 bis 1775*). Reisebeschreibung von Georg FORSTER, erschienen 1777, in der vom Autor selbst übertragenen deutschen Fassung 1778–1780. – Wie schon dem ausführlichen Titel der deutschen Ausgabe (vgl. Bibliogr. am Ende des Beitrags) zu entnehmen ist, dokumentiert Georg Forsters umfangreichste, zwischen Sommer 1776 und März 1777 entstandene Schrift James COOKs zweite Weltumsegelung der Jahre 1772–1775. Forster selbst nahm als Siebzehn- bis Zwanzigjähriger daran teil, und zwar als Begleiter seines Vaters Johann Reinhold Forster, der auf dieser Entdeckungsfahrt durch die Südsee die Aufgaben des Naturforschers wahrzunehmen hatte. Die trotz Krankheit erstaunlich kurze Zeit der Niederschrift erklärt sich aus Forsters Ehrgeiz, als erster einen Bericht über diese aufsehenerregende Fahrt zu veröffentlichen. Tatsächlich gelang es ihm, sein Buch sechs Wochen vor der von Cook selbst verfaßten offiziellen Dokumentation vorzulegen. Doch nicht wegen dieses zeitlichen Vorsprungs, sondern wegen der außerordentlichen literarischen Qualität wurde das ganz im Geiste eines aufgeklärten Humanismus gehaltene Buch bei den Zeitgenossen zu einem großen Erfolg. Christoph Martin WIELAND spart in seiner Beurteilung aus dem Jahre 1788 nicht mit Lob, wenn er schreibt: »*So weiß ich nicht, welches Gedicht, wennauch das Werk der reichsten und glänzendsten Einbildungskraft, uns so viel Vergnügen machen könnte als eine solche Reisebeschreibung; zumal wo das Neue und Wunderbare, das Erstaunliche und Schreckliche, das Schöne und Anmutige ... hier immer abwechselnd sich vereinigen, lebhafte Eindrücke auf uns zu machen und das Gemüt beständig in einer teilnehmenden Stimmung zu erhalten.*«

Forster geht es in seinem Reisebericht vornehmlich nicht darum, eine faktische Chronologie der Ereignisse zu geben, seine Absicht ist es vielmehr, »*die Natur des Menschen so viel möglich in mehreres Licht zu setzen und den Geist auf den Standpunkt zu erheben, aus welchem er einer ausgebreitetern Aussicht genießt*«. Ein Reisender müsse »*Rechtschaffenheit genug haben, einzelne Gegenstände richtig und in ihrem wahren Lichte zu beobachten, aber auch Scharfsinn genug, dieselben zu verbinden, allgemeine Folgerungen daraus zu ziehen, um dadurch sich und seinen Lesern den Weg zu neuen Entdeckungen und künftigen Untersuchungen zu bahnen*«. So liegt sein Hauptaugenmerk neben der Darstellung landeskundlicher Eigenarten und naturwissenschaftlicher Untersuchungen besonders auf der Beschreibung der Menschen, ihres Verhaltens und der sozialen Einrichtungen bei den Völkern, die er im Verlauf der Reise kennenlernt. Obwohl die Entdeckungsfahrt eigentlich ein ganz anderes Ziel verfolgte, nämlich den Gerüchten von einer Landmasse im Süden des Weltmeeres nachzugehen (der antarktische Kontinent wird jedoch trotz mehrerer Versuche und obwohl es Cook gelingt, 71 Grad 10' südlicher Breite zu erreichen, nicht entdeckt), ist die Bedeutung der Reise in der weiteren Erforschung der Südsee zu sehen, bei der mehrere Inseln und Inselgruppen, z. B. die von Menschen bewohnte Insel Neukaledonien entdeckt wurden. Dem Autor bot sich so die Gelegenheit, Gesellschaften zu beschreiben, die bis dahin von der europäischen Zivilisation fast oder gänzlich unberührt geblieben waren. Deutlich erkennbar ist Forsters Absicht, die eigentliche, d. h. unverfremdete »Natur« des Menschen zu erfassen. Doch ist er dabei nicht geleitet von der Idee des

»edlen Wilden«, der seit den Reisen BOUGAIN-VILLES und den Schriften ROUSSEAUS die Phantasie der europäischen Aufklärer erregt hat. Daß insbesondere seine Schilderung von der Insel Tahiti das Bild paradiesischer Unschuld und süßer Glückseligkeit zu bestätigen scheint, ist vor allem auf die Südseeromantik, die sich in weiten Teilen der europäischen Öffentlichkeit durchgesetzt hatte, zurückzuführen. Forster erweist sich vielmehr als scharfer und vorurteilsfreier Beobachter, der einerseits zwar mit unverkennbarer Sympathie die Menschen der Südsee schildert, andererseits aber desillusionierend eingesteht, nirgends eine Zivilisation gefunden zu haben, die »*doch eine gewisse frugale Gleichheit unter sich zu erhalten gewußt habe, dergestalt, daß alle Stände mehr oder minder, gleiche Kost, gleiche Vergnügungen, gleiche Arbeit und Ruhe mit einander gemein hätten*«. Darüber hinaus sieht er die Gefahren des einsetzenden Kolonialismus der europäischen Staaten und dessen zerstörerische Wirkung auf die Südseevölker heraufdämmern. »*Es ist würklich im Ernste zu wünschen, daß der Umgang der Europäer mit den Einwohnern der Süd-See-Inseln in Zeiten abgebrochen werden möge, ehe die verderbten Sitten der civilisirtern Völker diese unschuldigen Leute anstecken können, die hier in ihrer Unwissenheit und Einfalt so glücklich leben.*« In seinen Augen sollte das Ziel von Entdeckungsreisen der Erweiterung des Horizonts des europäischen Weltbildes, nicht aber der Ausdehnung des weißen Herrschaftsbereichs dienen.

Forster gibt sich in seiner Reisebeschreibung als reiner Beobachter, als Augenzeuge, fast nie als Handelnder. Dabei unterscheidet er genau zwischen selbst Gesehenem und Zugetragenem. Er hütet sich davor, Vermutungen oder auch Berichte anderer als Gewißheiten auszugeben. Trotzdem ist sein Buch keine trockene Bestandsaufnahme; vielmehr wechselt die Darstellungsweise beständig zwischen sachlicher Beschreibung, allgemeinen Reflexionen und episch-dramatischen Erzählformen, was die Lebendigkeit des umfangreichen Werks ausmacht. Darin ist die neue Qualität von Forsters Reisebeschreibung zu sehen; sie besteht nicht mehr in einer Aufzählung von Kuriositäten, indem sie das Beschriebene als das exotisch Fremde darstellt. Das Neue ist die philosophische Sichtweise, die auch das Phänomen des Reisens, die zivilisatorischen Veränderungen und bereits ansatzweise die wirtschaftlichen Aspekte des bevorstehenden Kolonialismus reflektiert. Somit verändert Forster die Prosaform der Reisebeschreibung in eine Richtung, die auf spätere Autoren und Weltreisende wie z. B. Alexander von HUMBOLDT und Adelbert von CHAMISSO hindeutet. B.Ku.

AUSGABEN: Ldn. 1777. – Bln./DDR 1968 (in *Werke*, Hg. Dt. Akad. d. Wiss., 18 Bde., 1958 ff., 1, Bearb. R. L. Kahn).

ÜBERSETZUNGEN: *Johann Reinhold Forster's [...] Reise um die Welt während den Jahren 1772 bis 1775 in dem von Seiner itztregierenden Großbrittanischen Majestät auf Entdeckungen ausgeschickten und durch den Capitain Cook geführten Schiffe the Resolution unternommen. Beschrieben und herausgegeben von dessen Sohn und Reisegefährten George Forster [...]. Vom Verfasser selbst aus dem Englischen übersetzt, mit dem Wesentlichsten aus des Capitain Cooks Tagebüchern und andern Zusätzen für den deutschen Leser vermehrt und durch Kupfer erläutert*, 2 Bde., Bln. 1778–1780. – *Reise um die Welt* (in *SS*, Hg. Therese Forster, 9 Bde., 1/2). – Dass., Bearb. G. Steiner (in *Werke*, Hg. Dt. Akad. d. Wiss., Bd. 2/3, Bln./DDR 1965/66). – Dass. (in *Werke*, Hg. G. Steiner, 4 Bde., Ffm. 1967–1970, 1). – Dass., Ffm. 1983 (Insel Tb).

LITERATUR: H. Reintjes, *Weltreise nach Deutschland. J. G. F.s Leben und Bedeutung*, Düsseldorf 1953. – K. Kersten, *Der Weltumsegler. J. G. F., 1754–1794*, Bern/Ffm. 1957. – M. E. Hoare, *The Contribution of Johann Reinhold and G. F. to the Literature of Cook's Second Voyage, 1772–1775*, Diss. Clayton, Victoria 1966. – R.-R. Wuthenow, *Reisen um die Welt* (in R.-R. W., *Vernunft und Republik. Studien zu G. F.s Schriften*, Bad Homburg v. d. H. 1970). – K. Wille, *G. F.s Tahiti-Bild. Utopie und Kritik* (in Doitsu Bungaku. Die Deutsche Literatur [Tokio], 47, 1971, S. 23–32). – R. P. Dawson, *G. F.'s »Reisen um die Welt«. A Travelogue in its 18th-century Context*, Diss. Univ. of Mich. 1973. – U. Japp, *Aufgeklärtes Europa und natürliche Südsee. G. F.s »Reise um die Welt«* (in *Zur Literatur der Spätaufklärung*, Hg. H. J. Piechotta, Ffm. 1976, S. 10–56; es). – E. Berg, *Zwischen den Welten. Über die Anthropologie der Aufklärung und ihr Verhältnis zur Entdeckungs-Reise und Welt-Erfahrung mit besonderem Blick auf das Werk G. F.s*, Bln. 1982. – W. Michel, *Exotische Fremde und regionale Fremde*, Tl. 1: *F.s »Reise um die Welt« und »Ansichten vom Niederrhein«* (in Jb. Deutsch als Fremdsprache 8, 1982, S. 39–58). – E. Schweweleit, *Mensch und Natur in G. F.s »Reise um die Welt«* (in *Philosophie und Natur. Beiträge zur Naturphilosophie der deutschen Klassik*, Weimar 1985, S. 124–136). – W. Lepenies, *G. F. als Anthropologe und Schriftsteller* (in W. L., *Autoren und Wissenschaftler im 18. Jh.*, Mchn. 1988, S. 121–153).

PAUL FORT

* 1.2.1872 Reims
† 20.4.1960 Montlhéry

CHRONIQUES DE FRANCE

(frz.; *Französische Chroniken*). Gesammelte historische Dramen von Paul FORT, deren bedeutendste zwischen 1922 und 1943 erschienen. – Obwohl vor allem als Lyriker erfolgreich (*Ballades Françaises*), war Fort seit seiner Gründung des Théâtre d'Art (1890), wo vor allem symbolistische Stücke aufgeführt wurden, mit dem Theater verbunden. Die *Chroniques* zeigen Episoden und Persönlichkeiten aus dem französischen Mittelalter und der Renaissance.

Im Zentrum der zunächst getrennt, 1943 aber gemeinsam unter dem Titel *Un jardinier du jardin de France (Ein Gärtner im Garten Frankreich)* 1943 veröffentlichten Dramen *Louis XI curieux homme (Ludwig XI., merkwürdiger Mensch;* Uraufführung 1922 im Odéon) und *Les compères du roi Louis (König Ludwigs Kumpane;* Théâtre Français 1927) steht die befremdende, aber hier mit Sympathie gezeichnete Gestalt Ludwigs XI. (reg. 1461-1483), die Fort schon in den *Ballades Françaises* intensiv beschäftigt hatte. Der König erscheint als bürgerlicher Maître Coquemouille im Kreis seiner Ratgeber bei einem Angelwettbewerb, dann am Hof seines väterlichen Freundes Philipp II. des Guten von Burgund, der von seinem Sohn Karl dem Kühnen bedrängt und manipuliert wird. Ludwigs Konflikt mit diesem bedenkenlosen und brutalen Widersacher erfährt einen vorläufigen Höhepunkt in der Festhaltung des Königs durch Karl in Peronne, womit das erste Stück endet. – Das zweite Stück beginnt mit der Freilassung des Königs unter demütigenden Bedingungen – seiner Anwesenheit bei der Liquidierung seiner Verbündeten und Helfer –, die er ohne erkennbare Gefühlsregung erfüllt. Wieder »zu Hause« in Plessis-les-Tours erlebt man den König im Kreis seiner politischen Ratgeber, des geadelten Barbiers Le Dain, des von Karl zu Ludwig übergelaufenen Diplomaten Commines, des Polizeichefs Tristan l'Ermite. Zu ihnen stößt der sinistre Bische, vormals Bandenführer im Dienste Ludwigs, zuletzt Henker in Rouen. Der verräterische Kardinal La Balue wird in einen der berüchtigten Käfige in Loches verbracht. Ein Festmahl zum Besuch des Königs René von Anjou artet zur Orgie aus, bei der der König einen Anfall erleidet und, wieder zu sich gekommen, die Tötung all derer anordnet, die ihn für tot gehalten hatten. Eine Beratung vor dem Käfig La Balues in Loches offenbart Verrat und Intrige selbst im engsten Vertrautenkreis. Im Schlußakt vollzieht sich der Untergang Karls des Kühnen in den winterlichen Sümpfen bei Nancy. Auch Ludwig stirbt in Anwesenheit seiner »Kumpane« und des Eremiten Franz von Paula in Plessis. In die Handlung verwoben ist eine unglückliche Liebesgeschichte um Marianne, die Tochter des Kommandanten von Peronne, Commines und Canard, den Knappen Ludwigs. – *Ysabeau* (Odéon 1925) spielt in der Regierungszeit des wahnsinnigen Karl VI. (reg. 1380-1422); der Konflikt zwischen Johann Ohne Furcht von Burgund und Ludwig von Orléans endet mit der Ermordung des letzteren unter Komplizenschaft der machtgierigen und moralisch bedenkenlosen Königin Ysabeau, einer Wittelsbacherin. – *L'or ou Une matinée de Philippe le Bel*, 1927 *(Das Gold oder Ein Vormittag im Leben Philipps des Schönen)*, zeigt die brutale und zugleich souveräne Politik Philipps (reg. 1285-1314), der, von Hofintrigen und Kirche bedrängt, skrupellos Unschuldige opfert; der Konflikt mit den Templern zeichnet sich ab. – *Ruggieri ou Les Fantômes*, 1927 *(Ruggieri oder Die Gespenster)*, hat den Wahnsinn Karls IX. nach der Bartholomäusnacht (1572) zum Gegenstand. – *Le camp du drap d'or*, 1926 *(Das Lager des Goldtuchs)*, schildert die Heirat Ludwigs XII. mit der jungen Marie, der Schwester Heinrichs VIII. von England (1514), und die undurchsichtigen Vorgänge, die zum Tod des Königs und zur Thronbesteigung Franz I. (1515) führen, schließlich, fünf Jahre danach, das Treffen Franz I. mit Heinrich VIII. im »Camp du drap d'or«. – *Guillaume le Bâtard ou La conquête d'Angleterre*, 1933 *(Wilhelm der Bastard oder Die Eroberung Englands)*, hat die Eroberung Englands durch Wilhelm den Eroberer zum Gegenstand. – Im Mittelpunkt von *L'assaut de Paris*, 1933 *(Der Angriff auf Paris)*, steht die gealterte Ysabeau, die, nach dem Vertrag von Troyes (1420) mit allen, auch ihrem Sohn Karl VII. zerfallen, von keiner der Parteien mehr ernst genommen im Kreis von Hofnarren und zweifelhaften Frauenzimmern auf dem Schloß Beauté dahinvegetiert; in den letzten Szenen erlebt sie das Anrücken der Truppen Jeanne d'Arcs auf Paris (7. 9. 1429) und sieht das Ende der Pucelle voraus.

Die *Chroniques* thematisieren die wechselhafte Geschichte der Herausbildung des französischen Nationalstaates und des zentralistischen Königtums in Mittelalter und Renaissance. Als Quellen dürften zeitgenössische Werke wie die Chronik Froissarts, die *Memoiren* Philippe de COMMYNES' (entstanden 1489-1498) und auch französische Historiker des 19. Jh.s gedient haben. Die historischen Schlüsselgestalten treten dem Leser in der vertrauten Gestalt ihrer anekdotischen »Legende« entgegen; die Kohärenz der als Einheit zu erfahrenden Geschichte Frankreichs wird durch Reminiszenzen, Hinweise auf bekannte spätere Entwicklungen (Weissagungen, Träume) oder durch die Einfügung später prominent gewordener Gestalten als unbedeutende jugendliche Nebenfiguren suggeriert. Die Hauptfiguren erscheinen als vornehmlich politische Gestalten, nicht wie in bisherigen Darstellungen in privatem Rahmen. – Freilich sucht man neben der frankozentrischen Perspektive vergeblich ein vertieftes Fragen nach Sinn und Ziel der Geschichte, nach der Relation von Mittel und Zweck etc., wie dies etwa in den historischen Stücken SHAKESPEARES, auf den sich Fort gelegentlich beruft, der Fall ist. Der schonungslosen und effektvollen Darstellung vordergründigen Machtstrebens fällt die Verdeutlichung weniger spektakulärer geschichtlicher Kräfte zum Opfer. Daneben ist für Forts Geschichtsdarstellung auch der sich selbst in den bedeutungsschwersten historischen Momenten manifestierende Einbruch des Banal-Kreatürlichen, vordergründig Menschlichen, des Drastischen und Populären kennzeichnend, das vor allem in den mittelalterlichen Szenen wesentlich zur Suggerierung des Zeitkolorits beiträgt. Das Volk, die Machtlosen und Schwachen relativieren oder bestätigen die Perspektive des Protagonisten oder präsentieren sich als jene eigentliche Substanz, die der auf der historischen Bühne im Vordergrund Agierende nur verkörpert oder vertritt. Unter den Charakteren dokumentieren vor allem zwei das Interesse Forts für spannungsreiche, exzentrische und rätselhafte Figuren: In Louis XI. begegnet man einer Mischung aus Feigheit, Ängstlichkeit, Aberglaube, kalter Entschlossenheit, mit jedem Mittel ans Ziel zu kommen, unberechenbarer Tücke, zynischer Gleichgültigkeit, aber auch spontaner Menschlichkeit, Bonhomie und gelegentlich kindlicher Vergnügtheit. Ysabeau, eine bedenkenlose, machtgierige, zynische Opportunistin, die nur für Momente menschlichere Züge gewinnt, erscheint schließlich als nur noch exzentrische Alte. Beide Gestalten finden ihr Pendant in einem entsprechend schillernden Vertrautenkreis. Sie suggerieren in ihrer brüsken Wechselhaftigkeit und ihren Widersprüchen den Geist ihrer Epoche.

Während das romantische Theater im Handlungsaufbau weitgehend noch dem klassischen Konzept gefolgt war, setzt sich die lockere, oft bilderbogenhafte Handlungskonstruktion der *Chroniques* deutlich davon ab. Die Sprache ist lebendig, oft witzig; die altertümliche, aber dem modernen Leser durchaus verständliche Diktion der Stücke um Ludwig XI. lehnt sich an das Französisch des 15. Jh.s (z. B. die *Memoiren* Commynes') an. Die *Chroniques de France* stehen in der Tradition des historischen Dramas, wie es sich in der Romantik (HUGO, VIGNY, DUMAS Père) herausgebildet und um die Jahrhundertwende in der Neoromantik E. ROSTANDS nochmals literarisch hochwertige Resultate erbracht hatte. Vorbild war daneben das Theater Shakespeares, vor allem die *Chronicle Plays* mit ihrer formalen Ungebundenheit und ihrer Betonung des politischen Interesses. Forts *Chroniques* sind als Versuch der Schaffung eines »nationalen Theaters« (L. Uhl) im engeren Sinn zu sehen. Ihre literarische Wirkung wie auch das Echo der Kritik waren aber gering. Neben dem neuen Theater (z. B. CLAUDEL) wirkten sie wohl epigonal und gedanklich zu anspruchslos. W.Kre.

AUSGABEN: Paris 1922 *(Louis XI Curieux Homme*, in *Ballades françaises*, Bd. 29). – Paris 1923 *(Les compères du roi Louis XI)*. Paris 1924 *(L'or ou Une matinée de Philippe le Bel)*. – Paris 1924 *(Ysabeau*, in La Petite Illustration/Théâtre, N.S., 8. 11. 1924). – Paris 1925 *(Ruggieri ou Les fantômes*, in Revue Bleue, S. 217–224). – Paris 1925 *(Le camp du drap d'or*, in MdF, S. 182 f.). – Paris 1926 *(Le camp du drap d'or)*. – Paris 1927 *(L'Or suivi de Ruggieri)*. – Paris 1933 *(La conquête d'Angleterre)*. – Paris 1933 *(L'Assaut de Paris*, in MdF, 846–849). – Paris 1943 *(Un jardinier du jardin de France: Louis XI curieux homme. Les compères du roi Louis*, in *Ballades françaises et Chroniques de France*, Bd. 8).

LITERATUR: G. A. Masson, *P. F.: son œuvre*, Paris 1922. – L. Uhl, *Un théâtre national en France. P. F. et les »Chroniques de France«* (in MdF, 198, 1927, S. 532–551). – R. Clauzel, *P. F.*, Paris 1929. – A. Mortier, *Quinze ans de théâtre 1917–1932*, Paris 1933. – G. Pillement, *Anthologie du théâtre français contemporain*, Bd. 3, Paris 1948. – *Hommage à P. F.*, Paris 1954. – P. Béarn, *P. F.*, Paris 1960; ern. 1970 [m. Bibliogr.]. – M. T. Donnay, *P. F. que j'ai connu*, Paris 1961. – R. Lalou, *Le théâtre en France depuis 1900*, Paris 1965. – M. Colesanti, *P. F.* (in *I Contemporanei, letteratura francese*, Hg. ders. u. L. de Nardis, Rom 1976, S. 51–62).

NICCOLÒ FORTEGUERRI

auch Niccolò Fortiguerra

* 6.11.1674 Pistoia
† 17.2.1735 Rom

IL RICCIARDETTO

(ital.; *Richardett*). Heroisch-komisches Epos in dreißig Gesängen von Niccolò FORTEGUERRI, postum erschienen 1738 unter dem gräzisierten Autorennamen Carteromaco. – Man hat vermutet, daß der Priester und ehemalige Kanonikus an der Peterskirche zu Rom selbst sein Epos aus Gründen der Selbstzensur niemals zum Druck befördert hätte, zumal bezeugt ist, daß er noch kurz vor seinem Tod eine beträchtliche Anzahl von Manuskripten, darunter auch Theaterstücke, in denen Zeitgenossen deutlich porträtiert waren, den Flammen übergeben ließ. Während so ein Teil seines Werks als verloren gilt, wurden auch weitere Werke Forteguerris erst wesentlich später veröffentlicht. Als unmittelbaren Anstoß zur Abfassung des *Ricciardetto* bezeichnete der Autor seine Beschäftigung mit PULCIS burleskem Epos *Il Morgante* (entstanden 1466–1470), das Forteguerri 1716 während eines Landaufenthalts seinen Freunden zur Kurzweil vortrug. So verdankt sich der *Ricciardetto* offenbar einer Wette, in der Forteguerri bestrebt war, es Pulci, aber auch ARIOSTO und BERNI gleichzutun, die denn auch bei der Gestaltung der burlesken Handlungsverwicklungen als Vorbild dienten.

Das Kernstück der Handlung bildet die Geschichte von Ricciardetto, der ein Pair Karls des Großen und der jüngste Sohn des Haimon von Dordogne ist. Ricciardetto hat den Sohn des Kaffernkönigs Scricca im Zweikampf getötet, der aus Rache dafür Paris belagert. Auf der Suche nach Orlando gelangt Ricciardetto nach Spanien, wo er dem inzwischen zum Christentum konvertierten heidnischen Riesen Ferragutto begegnet. Hier widerfahren ihm zahlreiche Abenteuer, wie Kämpfe mit Riesen und Mauren, Krankheit und Gefangenschaft. Wieder in Paris, verliebt er sich in die schöne Despina, die zufälligerweise die Tochter seines Erzfeindes Scricca ist. Auf der Suche nach ihr fällt er in die Gewalt von

Piraten, gelangt auf eine wunderbare Insel, wo er einer sonderbaren Geisterbeschwörung beiwohnt. Er findet und verliert Despina wiederholte Male und besteht weitere Abenteuer in exotischen Ländern, wo er vor allem gegen die verschiedensten Monstren kämpft und schließlich sogar zum Herrscher Äthiopiens ernannt wird. In einem Zweikampf besiegt er Scricca, der sich daraufhin zum Christentum bekehrt. Unterwegs begegnet Ricciardetto seinen Brüdern, die ihm seine Wahl zum König von Frankreich mitteilen. Nach verschiedenen neuerlichen Trennungen und Wiederbegegnungen mit Despina kehrt er schließlich nach Frankreich zurück, wo er feierlich in der Hauptstadt empfangen wird und sich endlich mit Despina vermählen kann. Jedoch erst nachdem er sich neuerlich verirrt hat und von einem Zauberer nach Paris zurückgebracht worden ist, kann er mit seiner Frau den Thron besteigen.

Das umfangreiche Werk ist reich an Nebenhandlungen, die an komischen Effekten nichts vermissen lassen. Neben dem Erzverräter Ganelon sind es hauptsächlich die Pairs von Frankreich, deren Abenteuer dargestellt werden. Doch auch die Geliebte Despina, die Rache für den Tod ihres Bruders schwört und sich nach anfänglichem Sträuben schließlich in den Titelhelden verliebt, ist von Forteguerri mit einem wildbewegten Schicksal bedacht worden. Auch hier fehlt es nicht an allerlei Entführungen, Gefangenschaften und Martern, denen zum Trotz die verfolgte Unschuld letztlich doch noch in die Arme Ricciardettos findet. Eine große Rolle spielt in diesem Werk die Zauberei: So wird Ricciardetto in eine Nachtigall und Despina in eine Tigerin verwandelt. Bekehrungsszenen, wunderbare Rettungen, gefährliche Situationen runden das Bild ab: So kämpft Rinaldo gegen Harpyen und Riesenkröten, während Ulivieros Schiff mitsamt der Besatzung von einem Wal verschluckt wird, dessen Inneres sich als ein wahrer Mikrokosmos präsentiert.

Mit seinen zahllosen Anspielungen auf die italienische Karlsepik, die in den Namen der Figuren und zahlreichen Situationen gegenwärtig ist, bildet der *Ricciardetto* den burlesken Abschluß dieser literarischen Tradition, wobei Forteguerri sich sicherlich zu Recht vor allem auf Pulci beruft, wenngleich das Werk inhaltlich eng an Ariostos *Orlando furioso* anknüpft, mit dem es sich stilistisch nicht messen kann und will. Dennoch ragt Forteguerri unter den späten Nachfolgern des *Orlando furioso* zum einen durch die Frische seiner Schilderung heraus, zum anderen durch den oft überdeutlichen Zeitbezug. Der Autor greift Mißstände seiner Epoche, vor allem gewisse Modeerscheinungen und besonders die Dekadenz des römischen Klerus an, dessen Heuchelei und Geldgier er in Gestalt der ägyptischen »Isismönche« bloßstellt. So konnten die bereits Forteguerris Zeitgenossen in den Figuren des Werks die Großen der Epoche satirisch gezeichnet wiedererkennen; ein Grund mehr für die langanhaltende Beliebtheit des *Ricciardetto* beim Publikum des 18. Jh.s. G.Wil.

Ausgaben: Paris [recte Venedig] 1738. – Venedig 1789 (Parnaso italiano, 43–45). – Mailand 1813–1815. – Mailand 1885. – Florenz 1951.

Übersetzungen: *Richardett*, Fr. Schmit [Schmid], 2 Bde., Liegnitz 1783/84 [Ausw. v. 8 Gesängen]. – Dass., C. C. Heise, Bln. 1808 [Ausw.]. – Dass., J. D. Gries, 3 Bde., Stg. 1831–1833.

Literatur: G. Procacci, *N. F. e la satira toscana de' suoi tempi*, Pistoia 1877. – F. Camici, *Notizia della vita e delle opere di N. F.*, Siena 1895. – C. Zacchetti, *Il »Ricciardetto« di N. F.*, 2 Bde., Melfi/Bari 1899. – F. Bernini, *Il »Ricciardetto« di N. F.*, Bologna 1900. – G. Natali, *Il settecento*, Bd. 2, Mailand 1964, S. 364–368.

FRANCO FORTINI

eig. Franco Lattes

* 10.9.1917 Florenz

DAS LYRISCHE WERK (ital.) von Franco Fortini.

Die durchgehende, untrennbare Verflechtung von ideologisch-politischer, literarkritischer, übersetzerischer und poetischer Tätigkeit macht Fortini zu einer schwierigen, einzigartigen, doch zugleich exemplarischen Figur des italienischen Geisteslebens der Nachkriegszeit. Wie seine polemisch-essayistischen Schriften begleiten und reflektieren seine Lyrikbände die Phasen der jüngsten Geschichte und gesellschaftlichen Auseinandersetzung. Fortini, der literarisch einen eigenen, persönlichen Weg abseits der Strömungen und Gruppierungen zu gehen wußte, wurde seit den fünfziger Jahren zu einem Bezugspunkt der kritischen marxistischen Linken. Gerade die wechselseitige Durchdringung der angeblich widerstreitenden und spannungsreich aufeinander bezogenen Komponenten seiner Aktivität setzte jedoch sein lyrisches Werk dem Vorwurf einerseits der kunstfremden und -feindlichen Abhängigkeit vom Ideologischen, andererseits der Irrelevanz ästhetischen Tuns für den revolutionären Klassenkampf aus. Erst allmählich verschaffte sich der Teil der Kritik Gehör, der zeigte, daß Fortinis Dichtung und seine politischen Überzeugungen einander bedingen und als Ausdruck gesellschaftlicher wie individueller Konflikte unserer Zeit zu sehen sind, deren Widersprüche sein Werk aufnimmt und widerspiegelt. Die Lyrik aus der Gesamtheit seines Schaffens zu isolieren bedeutet zwar, jener Einschätzung zu folgen, die darin letztlich den Kern, den gewichtigeren Bereich seiner Arbeit sieht, läuft aber andererseits Gefahr, der Dichtung, der Fortini selbst nur die spezifische Qualität eines Instruments (der Erkenntnis eher als der Veränderung der Realität) einräumt, eine unangemessen privilegierte Stellung zuzuschreiben.

Die erste Gedichtsammlung *Foglio di via*, 1946 (*Marschbefehl*), umfaßt zwischen 1938 und 1945 entstandene lyrische Texte, und zeigt noch Spuren des Hermetismus, der, vom jungen Fortini bereits abgelehnt, das literarische Leben in Florenz zur Zeit seiner schriftstellerischen Anfänge prägte und hier abseits von Haltung und Anliegen des gleichzeitigen Neorealismus polemisch überwunden wird. Die Erfahrung von Krieg, *resistenza* und unmittelbarer Nachkriegszeit im Zeichen radikaler poetischer und politischer Leidenschaft verändert die Wahrnehmung der Welt als – nunmehr – Ort erlebter und erlittener Geschichte. Ein sowohl religiös wie auch marxistisch gefärbter Utopismus trägt neben der Wut auf das Bestehende die Hoffnung einer möglichen Erlösung. 1959 stellt Fortini in dem Band *Poesia e errore (Poesie und Irrtum)* in chronologischer Folge fast alle Gedichte zusammen, die er von 1937 bis 1957 verfaßt hat. Während die spätere, thematisch gegliederte Ausgabe der Sammlung (1969) eine strenge Auswahl darstellt, zeichnet die erste getreu den biographisch und den allgemein geschichtlich zurückgelegten Weg nach, der sowohl ein Irren als einen Irrtum bedeutete. Mit diesem zum Teil gewollt »häßlichen«, nicht nach ästhetischen Gesichtspunkten komponierten Band bekennt sich der Autor zur Ambiguität der Hoffnung und zur eigenen »*integralen Politizität*« (P. V. Mengaldo); prophetisch wird jene Wahrheit thematisiert, die bereits der Titel implizit beschwört, wenn auch Dichtung »*nur genaues und ungehörtes Zeugnis*« geben kann.

Auch der Titel von *Una volta per sempre*, 1963 (*Einmal für immer*), vermittelt eine zweifache Bedeutung: sowohl als eine ein für allemal geleistete, lapidare Erklärung (und Erkenntnis) wie auch als Unwiederholbarkeit und Verantwortung des Erlebten und Geschehenen. Angesichts der veränderten Bedingungen neokapitalistischer Restauration und der Realität der Entfremdung drückt diese Sammlung Bitternis und Ohnmacht in einer sehr rationalen und konstruierten Lyrik aus, die auch eine bewußte Absage an das gleichzeitige sprachliche Experiment der *neoavanguardia* bedeutet. Das (verfremdende) Schreiben ist nur noch in eingefrorenen Formen, gewähltem Wortschatz und klassizistisch skandierter Metrik möglich; die »*erhabene bürgerliche*«, tote und dennoch mitteilungsfähige Sprache der Tradition dient dazu, den Kontrast zwischen Vergangenheit und Gegenwart hervorzuheben und auf eine negierte, aber nicht unmögliche Zukunft zu verweisen.

Grundlegende Bedeutung hatte für den gelehrten Dichter (und manchmal Nachdichter) Fortini seine große Erfahrung als Übersetzer aus französischer, deutscher und englischer Literatur: Nach P. Eluard und Proust übertrug er vor allem Brecht und später Goethes *Faust* und Miltons *Lycidas*. Die stark allegorisch und dialektisch geprägte Sammlung *Questo muro*, 1973 (*Diese Mauer*), ist wieder mehrdeutig betitelt: Die in vielfachem Sinn trennende Mauer kann auch Raum für die Mitteilungen aller bieten und Ziel der Auflehnung sein. Die konstante Kälte-, Starre- und Wintermetaphorik für das Heute, in das Dichtung als Aufmerksamkeit, Wache und Erwartung Eingang findet, wird nur selten mit Bildern der Leichtigkeit und der Sehnsucht nach Befreiung (wie in der zentralen *Poesia delle rose, – Rosengedicht*, aus *Una volta*) kontrastiert. Die Maske ironischer Reife (in der Sequenz *Il falso vecchio, – Der falsche Alte*) ermöglicht in der Gegenwart, bei manchmal manieristischer Anlehnung an klassische Formen, trotzdem einen Kern verbleibender Utopie.

Paesaggio con serpente, 1984 (*Landschaft mit Schlange*), nach einem Bild von Poussin, wird eröffnet von *L'ordine e il disordine (Ordnung und Unordnung)*, dem letzten (Prosa-)Gedicht aus der Lyriksammlung *Questo muro*, im Zeichen der Kontinuität und des Übergangs zwischen zwei historischen Abschnitten. Eine strenge Struktur vereinigt unterschiedliche Texte, die einerseits Historisches und Politisches auf der ständigen Suche nach Wahrheit registrieren und andererseits eine pessimistische Naturthematik anschlagen. Die immer luzidere und tragischere Auffassung der Realität verbindet sich mit tiefer Unruhe; ein tödliches Schicksal scheint gleichermaßen über Biographie, Geschichte und Natur zu walten. Die natürliche Welt, die Landschaft wird zum Ort des Todes, den die Geschichte hervorbringt. Das Bewußtsein dieser Negativität erlaubt es, den Widerspruch auszuhalten und auf künftiges Urteil zu verweisen – in der heiteren Verzweiflung dessen, der sich in der Gegenwart endgültig unbehaust und die Zukunft für sich selbst unerreichbar weiß, aber trotzdem an ihr festhält.

P.Ba.

Ausgaben: *Foglio di via e altri versi*, Turin 1946; ²1967. – *Poesia ed errore, 1937–1957*, Mailand 1959; ²1969. – *Una volta per sempre, 1958–1962*, Mailand 1963. – *Questo muro, 1962–1972*, Mailand 1973. – *Poesie scelte (1938–1973)*, Hg. P. V. Mengaldo, Mailand 1974. – *Una volta per sempre, Poesie 1938–1973*, Turin 1978. – *Paesaggio con serpente, Versi 1973–1983*, Turin 1984.

Übersetzung: *Poesie*, H. M. Enzensberger, Ffm. 1963 [ital.-dt.].

Literatur: A. Berardinelli, *F. F.*, Florenz 1973. – F. Fortini, *F. F.* (in F. F., *I poeti del Novecento*, Rom/Bari 1977, S. 167–170). – P. V. Mengaldo, *Poesia e ideologia di F.* (in *Novecento*, Hg. G. Grana, Mailand 1980, Bd. 9, S. 8687–8703). – G. Raboni, *F. F.* (ebd., S. 8668–8687). – *Per F. F.*, Hg. C. Fini, Padua 1980. – G. Gentile, *Materialien zu einer Edition der Lyrik F. F.s*, Köln 1982. – R. Luperini, *La lotta mentale: per un profilo di F. F.*, Rom 1986. – M. Zancan u. M. Gusso, *F. F.* (in Branca, 2, S. 261–268).

PIETRO FORTINI

* 1500 Siena
† 1562 Siena

LE GIORNATE DELLE NOVELLE DEI NOVIZI

(ital; *Die Tage der Neulingsnovellen*). Novellensammlung von Pietro FORTINI, unvollständig veröffentlicht 1796. – Das Werk des Dichters dürfte größtenteils um das Jahr 1555 entstanden sein. Da es einen wenig durchgefeilten Eindruck erweckte und zudem nicht abgeschlossen wurde (Fortini starb vor der endgültigen Fertigstellung), blieb es fast zweihundertfünfzig Jahre unbeachtet.
Wie den Lyrikern PETRARCAS *Canzoniere*, galt allen Novellisten der italienischen Renaisssance das *Decamerone* BOCCACCIOS als einziges, freilich nie erreichtes Vorbild. Auch Fortini, einer der weniger bedeutenden unter diesen Epigonen, wollte seinen Novellen durch einen »Rahmen« höheren Rang und Geschlossenheit verleihen, wobei er die schon beachtliche literarische Tradition allerdings nur um eine recht unbeholfene Imitation bereicherte. Die 81 Novellen selbst bezeugen immerhin ein vitales Erzähltalent. (Literarhistorisch werden üblicherweise zu den 49 der *Giornate* auch die 32 der Fortsetzung gezählt, die den Titel *Le piacevoli et amorose notti dei novizi – Die ergötzlichen und verliebten Nächte der Neulinge* – trägt.) Fortini greift, wie es durchaus üblich war, auf bereits bekannte Stoffe zurück und entwirft dabei ein von prallem Leben strotzendes, farbenfrohes Sittenbild der Gesellschaft Mittelitaliens um die Mitte des 16. Jh.s. Dabei ermangelt die Skala des Dichters der düsteren Töne, die in Boccaccios Sammlung und den *Novellen* BANDELLOS mit dem lockeren Treiben kontrastieren. So findet sich unter den Novellen Fortinis keine einzige, die tragisch endet, und nur selten die Andeutung einer tragikomischen Verwicklung.
Die Hinwendung des Renaissancemenschen zu einem mit Heiterkeit erfüllten, ganz diesseitigen Leben äußert sich in allerlei frivolen Liebeshändeln, bei deren Darstellung Boccaccios vielgerühmte Kunst der Umschreibung durch drastische Realistik ersetzt wird; sie findet einen Höhepunkt in der vierzehnten Novelle, wo ein Müller ungehobelten Bauernburschen die Schlafkammer seiner Frau öffnet. Natürlich haben nicht zuletzt Derbheit und Laszivität die Novellensammlung bekannt gemacht; literarhistorische Bedeutung kommt ihr des besonderen Ausdrucksmittels wegen zu, dessen der Verfasser sich bedient: Er verwendet für die ausschließlich in der Gegend um Siena spielenden Geschichten die ungemein lebendig wirkende *lingua parlata*, die Umgangssprache seiner Heimat. Jene Teile der *Giornate*, auf deren stilistische Ausfeilung Fortini keine große Mühe verwandte, gelten allerdings wohl nicht zu Unrecht als »*geschwätzig, kleinlich und klatschsüchtig*« (N. Sapegno). C.Bt.

AUSGABEN: Livorno 1796 (in *Novelle d'autori senesi*, Hg. G. Poggiali, Bd. 1; 8 Novellen). – Florenz 1888–1891, Hg. F. Orlando u. G. Baccini, 2 Bde. – Bologna 1967, 4 Bde. – Bologna 1968 *(Tre novelle inedite)*.

ÜBERSETZUNGEN: *Die acht Tage der Neulings-Novellen*, A. Semerau, 2 Bde., Mchn. 1913. – *Die acht Tage der Liebe*, ders., Mchn. 1965. – *Die Liebesschule*, ders., Hg. J. Wilkat, Mchn. 1968. – Dass., ders., Mchn. 1984 [Ausz.].

LITERATUR: J. Ulrich, *P. F., ein Beitrag zur Geschichte der ital. Novelle* (in Fs. zur 39. Philologenversammlung, dargeboten v. der Univ. Zürich, Zürich 1887, S. 61–90). – N. Sapegno, *Compendio di storia della letteratura italiana*, Bd. 2, Florenz 1942. – A. Mauriello, *Polemica sociale e conflitti municipali nella narrativa di P. F.* (in Filologia e letteratura, 17, 1977, S. 187–213). – B. Viscardi, *La »Cornice« fra innovazione e tradizione: P. F.* (in *Metamorfosi della novella*, Hg. G. Bárberi Squarotti, Foggia 1985, S. 91–108).

UGO FOSCOLO

eig. Niccolò Foscolo

* 6.2.1778 Sakinthos / Insel Zante
† 10.9.1827 Turnham Green bei London

LITERATUR ZUM AUTOR:
Bibliographien und Forschungsbericht:
A. Ottolini, *Bibliografia foscoliani*, Florenz 1921. – R. Frattarolo, *Studi foscoliani: Bibliografia della critica 1921-1952*, 2 Bde., Florenz 1954–1956. – W. Binni, *F. e la critica*, Florenz 1957.
Biographien:
C. Varese, *La vita interiore di U. F.*, Bologna 1941. – E. Mandruzzato, *F.*, Mailand 1978. – C. Cambon, *U. F., Poet of Exile*, Princeton/N.J. 1980. – P. Fasano, *Vita e testi: introduzione a una biografia foscoliano* (in RLI, 1980, Nr. 1/2, S. 161–178).
Gesamtdarstellungen und Studien:
M. Fubini, *U. F.*, Florenz 1928; ern. 1978. – C. Antona Traversa u. A. Ottolini, *U. F. Vita ed opere*, Mailand 1927. – C. F. Goffis, *Studi foscoliani*, Florenz 1942. – Ders., *Nuovi studi foscoliani*, Florenz 1958. – A. Frattini, *Il neoclassicismo e U. F.*, Bologna 1965. – G. Paparelli, *Storia della lirica foscoliana*, Neapel 1971; ²1976. – M. Scotti, *F. fra erudizione e poesia*, Rom 1973. – E. Noè Girardi, *Saggio sul F.*, Milazzo 1978. – *F. e la cultura bresciana del primo Ottocento*, Brescia 1979. – *F. e la cultura meridionale*, Hg. M. Santoro, Neapel 1980. – O. Macrì, *Il F. negli scrittori italiani del Novecento*, Ravenna 1980. – B. Rosada, *Rassegna foscoliana*

(1976–1979) (in Letter Italiane, 32, 1980, S. 364–399). – W. Binni, *U. F. storia e poesia*, Turin 1982. – L. Derla, *L'isola il velo l'ara*, Genua 1984. – M. Puppo, Art. *U. F.* (in Branca, 2, S. 268–275).

DEI SEPOLCRI

(ital.; *Von den Gräbern*). Dichtung in 295 freien Elfsilbern von Ugo FOSCOLO, erschienen 1807. – Das Werk – ursprünglich als Traktat in Versen geplant – entstand auf Anregung von Foscolos Freund Ippolito PINDEMONTE, dem Verfasser der *Cimiteri*, 1807 *(Die Friedhöfe)*. Tiefe Trauer und Hoffnungslosigkeit bemächtigt sich des Dichters am Grabe des 1799 in Mailand verstorbenen Giuseppe PARINI, mit dem er befreundet war und an den nun nicht einmal mehr ein Gedenkstein erinnert. Klagend fragt Foscolo, was aus der Totenverehrung früherer Zeiten geworden sei: Zwar möge die Grabstätte an sich bedeutungslos sein, die Erinnerung an die Toten aber müsse wachgehalten werden, damit diese weiterleben in den Taten der Lebenden und mitwirken an der Gestaltung einer neuen, besseren Zeit. Die alten Griechen ließen sich durch die Stimme ihrer großen Toten zum Freiheitskampf gegen die persischen Eindringlinge begeistern; auch Italien möge seiner toten Helden gedenken und sich von ihnen mahnen lassen, gegen Tyrannei und Knechtschaft aufzustehen und für ein freies, unabhängiges Vaterland zu kämpfen. Und wie das Land, so müsse auch seine Sprache, noch vom Französischen unterdrückt, befreit und zu neuer literarischer Größe erweckt werden.

Die klangvolle Würde der von Schmerz und Trauer erfüllten Verse verrät noch den Einfluß der englischen »Gräberpoesie« eines Edward YOUNG (*The Complaint, or Night Thoughts*, 1742–1745) oder Thomas GRAY (*Elegy Written in a Country Churchyard*, 1751). Doch Foscolo, glühender Patriot und leidenschaftlicher Gegner Napoleons, erweitert die Elegie zu einem Hymnus auf sein Vaterland und auf die Vaterlandsliebe der alten Völker. Obwohl – wie später in den *Ultime lettere di Jacopo Ortis* (1822) – die politische Tendenz deutlich spürbar wird, sind die *Sepolcri* keineswegs der politischen Gebrauchsliteratur zuzuordnen. CARDUCCI, der begeisterte Verfechter der klassizistischen Kunst, rühmt die Musikalität der Verse und die überzeugende Kraft der Bilder und sagt, Foscolo habe *»die einzige lyrische Poesie nach dem Vorbild Pindars in Italien«* geschaffen. Benedetto CROCE verweist auf Foscolos *»Integrität der Empfindung«*, die den Autor – ganz abgesehen von seiner *»erlesenen griechisch-lateinischen Bildung und seinem Schwärmen für antike Mythologie«* – zu einem Klassiker erhebe. DE SANCTIS bezeichnet den Dichter der *Sepolcri* in seiner Literaturgeschichte als *»die erste lyrische Stimme der neueren Literatur«*. KLL

AUSGABEN: Brescia 1807. – Florenz 1923 (in *Opere edite e postume*, Hg. F. S. Orlandini, 12 Bde., 9). – Mailand 1956 (in *Opere*, Hg. G. Bezzola, Bd. 1). – Florenz 1957 (in *Liriche scelte*, Hg. O. Antognoni). – Mailand 1962 (in *Opere*, Hg. M. Puppo). – Turin 1967, Hg. C. F. Goffis [krit.]. – Mailand 1968 (in *Opere*, Hg. E. Noè Girardi, 2 Bde.). – Mailand/Neapel 1974 (in *Opere*, Bd. 1, Hg. F. Gavazzeni).

ÜBERSETZUNGEN: *Von den Gräbern*, P. Heyse (in Magazin f. d. Lit. des Auslandes, Lpzg. 1880, Nr. 1/2). – Dass., E. Halter (in *Letzte Briefe des Jacopo Ortis*, Mchn. 1989; Anm. H. Helbling).

LITERATUR: A. Ugoletti, *Studi sui »Sepolcri« di U. F.*, Bologna 1888. – G. Manacorda, *Il neoclassicismo avanti U. F. e »I sepolcri«* (in *Studi foscoliani*, Bari 1921). – P. van Tieghem, *La poésie de la nuit et des tombeaux en Europe au 18e siècle*, Brüssel 1922. – A. Momigliano, *La poesia dei »Sepolcri«* (in Rivista d'Italia, 31, 1928). – M. Praz, *La carne, la morte e il diavolo nella letteratura romantica*, Turin 1942 (dt.: *Die schwarze Romantik*, Mchn. 1963). – A. Vallone, *Genesi e formazione letteraria dei »Sepolcri«*, Asti 1946. – A. M. Pucini, *Il senso della morte ne »I sepolcri« del F.*, Porziuncola 1958. – D. Bianchi, *Per la genesi de »I sepolcri« foscoliani* (in Bollettino della Società Pavese di Storia Patria, 61, 1961, S. 61–90). – S. Marotta, *La dialettica della vita e della morte nel carme dei »Sepolcri« di U. F.*, Catania 1963. – M. Scotti, *Il »De sepulchris Hebraeorum« di Johann Nicolai e »I sepolcri« del F.* (in GLI, 141, 1964, S. 492–547). – G. Getto, *La composizione dei »Sepolcri« del F.*, Florenz 1977. – O. Macrí, *Semantica e metrica dei »Sepolcri« del F.*, Rom 1978. – G. G. Amoretti, *Interpretazione simbolica dei »Sepolcri«* (in G. G. A., *Poesia e psicanalisi: F. e Leopardi*, Mailand 1979, S. 67–80). – F. Betti, *Primitivismo e morte nell'»Ortis« e nei »Sepolcri«. Note junghiana* (in Italianistica, 9, 1980, S. 491–495). – S. Gamberini, *Analisi dei »Sepolcri« foscoliani*, Messina/Florenz 1982.

LE GRAZIE

(ital.; *Die Grazien*). Unvollendet gebliebene lyrisch-philosophische Dichtung in reimlosen Versen von Ugo FOSCOLO, entstanden 1803–1822; bearbeitet von F. S. ORLANDINI, erstmals veröffentlicht 1848. – Angeregt von der marmornen »Graziengruppe« und von der »Venus« des venezianischen Bildhauers Antonio Canova (in der Dichtung wird dieser Künstler als der schlechthin vollkommene Diener der Schönheit gepriesen), beabsichtigt Foscolo, *»die Epoche der Menschlichkeit und der Bildung«* darzustellen, die das *»animalische Zeitalter«* der Barbarei abgelöst habe. So entwirft er eine großangelegte Geschichte der ethischen und künstlerischen Entwicklung des Menschen vom Altertum bis zur Renaissance. Das in drei Hymnen gegliederte Fragment von rund tausend Versen läßt die monumentale Konzeption erkennen.

Die erste Hymne feiert die Geburt der Göttinnen der Anmut, die von ihrer Mutter, der schaumgeborenen Venus, an Griechenlands Gestade geführt werden, damit sie dort die Menschen in den Künsten unterweisen, ihnen Trost spenden und ihre noch weitgehend barbarischen Sitten verfeinern. – Die zweite Hymne, in der symbolisch auf drei Damen der Florentiner Gesellschaft angespielt wird, die dem von den Frauen verwöhnten Dichter ihre Gunst geschenkt haben, verherrlicht das Wirken der Chariten in Italien, wo sie von Vesta, der römischen Göttermutter, gastlich aufgenommen werden. Die Frauen des Landes lernen von ihnen Tanz, Harfenspiel und die Dichtkunst kennen und gewinnen daraus eine ihnen vordem unbekannte Daseinsfreude. – Im dritten Teil schließlich, seinem Schwanengesang, beklagt Foscolo (wie schon in *Dei sepolcri*) die Kriege, durch die jene Göttinnen aus Italien vertrieben wurden. Auf der fernen Insel Atlantis, »*wo Tänze keusch,* / *Gesänge rein, und ohne Reif* / *die Blumen, die Wiesen immer grün und allzeit golddurchglänzt der Tag,* / *gestirnt und hell die Nächte sind*«, gewährt Pallas Athene ihnen Zuflucht. Dort weben Minervas Dienerinnen, die Parzen, Erato und Psyche, Flora und andere überirdische Wesen den Grazien aus den Vorzügen des Geistes und der reinen Schönheit einen Schleier, der sie vor Amors Nachstellungen bewahrt und in den gehüllt sie dereinst zu den Menschen zurückkehren sollen, um ihnen das Geschenk einer endgültigen, unverlierbaren Harmonie zu bringen.

Foscolo wollte »*eine Reihe von Bildern... die man in den schönen Künsten verwerten könnte*« in seiner Dichtung liefern, also gleichsam den Malern und Bildhauern »Modelle« zur Verfügung stellen. Diese unpoetische Absicht hinderte ihn immer wieder am Fortspinnen des Fadens und zwang ihn zu häufigen Unterbrechungen, um inzwischen organische Übergänge zwischen den wie in einer Galerie aneinandergereihten »Bildern« zu suchen. So ziselierte er an dieser »poetischen Kunstgeschichte« und »Ästhetik« zwanzig Jahre lang, ohne daß er sie zu vollenden vermochte. (Zahlreiche aufschlußreiche Textvarianten, Prosaskizzen und didaktische Kommentare sind noch nicht veröffentlicht.) Die Verse, in ihrer hohen Musikalität ohne Vorbild in der italienischen Dichtkunst, zeugen von Foscolos differenzierter, an HOMER und den griechischen Lyrikern und Bukolikern, aber auch an TACITUS und DANTE geschulter Formkunst. KLL

AUSGABEN: Florenz 1848, Hg. F. S. Orlandini. – Florenz 1923 (in *Opere edite e postume*, Hg. F. S. Orlandini, 12 Bde., 9). – Bari 1962 (in *Opere*, Hg. L. Baldacci). – Mailand 1962 (in *Opere*, Hg. M. Puppo). – Brescia 1974, Hg. S. Orlando. – Mailand/Neapel 1974 (in *Opere*, Bd. 1, Hg. F. Gavazzeni). – Florenz 1985 (in *Poesie e carmi*, Hg. F. Pagliai u. a.).

LITERATUR: M. Sterpa, *Le »Grazie« di U. F.*, Catania 1930. – G. Citanna, *La poesia di U. F.*, Bari ²1932. – B. Croce, *Poesia antica e moderna*, Bari 1941. – G. De Robertis, *Studi*, Florenz 1944, S. 114–135. – F. Pagliai, *I versi dei silvani nelle »Grazie« del F.* (in Studi di Filologia Italiana, 10, 1952, S. 145–412). – F. Pagliai, *Prima redazione (fiorentina) dell'inno alle »Grazie« di U. F.* (ebd. 19, 1961, S. 95–442). – L. Lonzi, *Le transizioni nelle »Grazie« del F.* (in Paragone, 16, 1963, 168, S. 23–43). – S. Marotta, *Nuovo studio sulle »Grazie« di U. F.*, Padua 1963. – E. Circeo, *Le »Grazie« del F.*, Neapel 1974. – A. Vallone, *Le »Grazie« nella storia della poesia foscoliana*, Neapel 1977.

ULTIME LETTERE DI JACOPO ORTIS

(ital.; *Letzte Briefe des Jacopo Ortis*). Briefroman in zwei Teilen von UGO FOSCOLO, erschienen 1802. – Beeinflußt von ROUSSEAU (*La Nouvelle Héloïse*; vgl. *Lettres de deux amans...*), dessen italianisierten Vornamen Jacopo er seinem Helden beilegte, und von GOETHE (*Die Leiden des jungen Werthers*), dem er im Januar 1802 ein Exemplar seines Werks zusandte, aber auch beeindruckt von dem Selbstmord eines Studenten namens Gerolamo Ortis aus Padua, hat der Dichter das Sujet dieses ersten wirklichen Romans der italienischen Literatur eingestandenermaßen »*ganz der Wirklichkeit entnommen*« – einer Wirklichkeit, die sowohl Foscolos Verbitterung über politische Entwicklungen, in die er als Vorkämpfer der Unabhängigkeit seines Landes verstrickt war, als auch die Enttäuschungen in einigen seiner zahlreichen Liebesaffären (vgl. *Le grazie*) dokumentiert. Eine 1796 begonnene, dann durch die Emigration nach Mailand unterbrochene Fassung, die der Verleger Jacopo Marsigli von einem gewissen Angelo SASSOLI ergänzen ließ, erschien in Bologna im Juni 1799, auf das vorangegangene Jahr datiert. Nachdem die Österreicher die Stadt besetzt hatten, wurden mehrere gleichfalls zurückdatierte, stark entstellte Ausgaben unter dem Titel *Vera storia di due amanti infelici* (*Wahre Geschichte zweier unglücklich Liebender*) nachgedruckt, von denen Foscolo sich offiziell distanzierte. Die autorisierte Ausgabe von 1802 überarbeitete der Dichter noch zweimal: Der Zürcher Ausgabe von 1816 folgte die Londoner von 1817, auf die sich neuere kritische Ausgaben berufen.

Nach dem Vertrag von Campoformio, durch den Venetien, Istrien und Dalmatien an die Donaumonarchie abgetreten wurden, zieht sich der junge Patriot Jacopo Ortis aus seiner Vaterstadt Venedig in die ländliche Stille der Euganeischen Hügel bei Padua zurück. Hier schreibt er, im Oktober 1797, den ersten seiner später von einem fiktiven Lorenzo Alderani herausgegebenen und durch Zwischentexte ergänzten Briefe, dessen Einleitungssatz eine klare Exposition darstellt: »*Das Opfer unseres Vaterlands ward vollbracht; alles ist verloren.*« Im selbstgewählten Exil lernt Jacopo die Tochter eines ebenfalls emigrierten venezianischen Aristokraten kennen, Teresa, die sich auf Wunsch ihres Vaters zu einer Verbindung mit dem vermögenden Odoardo bereit erklärt hat. Mit dem ersten und zugleich letzten Kuß, den Teresa ihrem Freund Jacopo gestattet, verbindet sie die entsagungsvolle Erklärung:

»Nie kann ich die Ihre werden!« (14. Mai 1798). Nach einer negativ verlaufenen Aussprache mit ihrem Vater reist Jacopo durch Norditalien und besucht Stätten, die ihn zwar an eine glorreiche Vergangenheit erinnern, aber gerade dadurch seine tiefe Trauer über den Verlust der Heimat wie der Geliebten nur noch verstärken. Von dem Selbstmord, der ihm immer wieder als einziger Ausweg erscheint (bereits der allererste Brief intoniert das Todesmotiv), hält ihn vorerst eine dreifache Illusion zurück: daß die Kunst der Vergangenheit eine formende Kraft auf die Zeitgenossen ausübe, daß der seiner Tradition sich bewußt werdende Italiener gegen die Fremdherrschaft aufbegehre, daß Teresa im letzten Augenblick ihren wahren Empfindungen gehorchen werde. Erst als diese letzte und zugleich tiefste Illusion zerbricht und die Nachricht von Teresas Vermählung eintrifft, hat das Leben für Jacopo endgültig jeden Sinn verloren: »Weder weiß ich, warum ich auf die Welt kam, noch wie oder was die Welt ist, noch was ich selbst mir bedeute.« Nach einem Abschiedsbesuch bei der Geliebten erdolcht sich der Verzweifelte, der damit die einzige heroische Tat vollbringt, die ihm die Verhältnisse zu gestatten scheinen.

Trotz der in seinem Brief an Goethe ausgesprochenen Erklärung Foskolos, den *Ultime lettere* habe »vielleicht Ihr ›Werther‹ das Dasein gegeben«, sind die nicht zu verkennenden Berührungspunkte weitgehend peripherer Art. Es dominiert vielmehr die politische Bewußtheit in der Verzweiflung über die nationale Schmach, so daß das private Motiv der Liebe zu Teresa fast inhomogen wirkt. In dem von STENDHAL als »schwerfällige Imitation des Werther« kritisierten Werk bestechen historische, kunstgeschichtliche, in bescheidenerem Maße auch landschaftliche Meditationen, die Garantie sind für die Originalität der *Ultime lettere* als Ausdruck des – de facto italienischen – romantischen Subjektivismus. Den ein negatives Verhältnis zu ihrer Gegenwart widerspiegelnden Illusionsbegriff eines VERRI, eines GENOVESI und BECCARIA verbindet der ausgeprägte Klassizist Foskolo mit den präromantischen Modeströmungen und den romantischen Einflüssen seiner Zeit, die er, auf die Kontemplation der Natur weitgehend verzichtend, in unerfüllbarer Sehnsucht nach heroischer Größe und im Leiden an der umständebedingten Realität zum schwärzesten Pessimismus, zum alles umfassenden Weltschmerz, zur geradezu existentialistisch zu nennenden Selbsthingabe verdichtet. »Mit dem Fuß in der Grube« stehend, schreibt Jacopo Ortis der Geliebten in seinem letzten Brief: »Es ist alles bereit. Allzu weit schon ist die Nacht vorgerückt. Lebe wohl. In Bälde wird uns das Nichts oder die einsichtslose Ewigkeit voneinander getrennt haben. Ja – ja!« Solche Passagen lassen emphatische Ausrufe und manche seufzerreiche Floskel vergessen; denn sie beziehen sich letztlich nicht auf einen in der Liebe zu kurz Gekommenen, sondern auf einen am Dasein selbst Gescheiterten, auf einen nicht nur zutiefst Enttäuschten, sondern zugleich ins Übermenschlich-Tragische gesteigerten Heroen. Kein Wunder, daß vor allem die Lektüre der *Ultime lettere* später den Freiheitskämpfer Giuseppe Mazzini zur politischen Tat anspornte und das endlich geeinte Italien Foskolos Gebeine 1871 in den Ruhmestempel der jungen Nation, die Kirche Santa Croce in Florenz, überführte. M.S.

AUSGABEN: o. O. 1802. – Zürich 1816. – Ldn. 1817. – Florenz 1923 (in *Opere edite e postume*, Hg. F. S. Orlandini, 12 Bde, 1). – Bari 1962 (in *Opere*, Hg. L. Baldacci). – Mailand 1963, Hg. A. Gustarelli. – Padua 1968, Hg. A. Balduino. – Mailand 1962 (in *Opere*, Hg. M. Puppo). – Mailand 1968 (in *Opere*, Hg. E. Noè Girardi, Bd. 1). – Mailand 1974, Hg. W. Binni. – Mailand/Neapel 1974 (in *Opere*, Bd. 1, Hg. F. Gavazzeni). – Turin 1977, Hg. C. Muscetta. – Mailand 1986, Hg. G. D. Bonino.

ÜBERSETZUNGEN: *Letzte Briefe*, H. Luden, Göttingen 1807. – Dass., J. K. v. Orelli, Zürich 1817. – *Letzte Briefe des J. Ortis*, F. Zschech, Lpzg. 1871. – *Die letzten Briefe des J. Ortis*, H. Luden, Weimar 1912. – *Letzte Briefe des Iacopo Ortis*, H. Luden, bearb. R. Erb, Lpzg. 1984. – *Letzte Briefe des J. Ortis*, F. Lautsch, Mchn. 1989 [Anm. H. Helbling].

LITERATUR: M. Fubini, *Ortis e Didimo, ricerche e interpretazioni foscoliane*, Mailand 1963. – G. Nicoletti, *Il metodo dell'»Ortis« e altri studi foscoliani*, Florenz 1978. – G. G. Amoretti, *Analisi dell'»Ortis«* (in G. G. A., *F. e Leopardi. Poesia e psicanalisi*, Mailand 1979, S. 31–66). – M. Pastore Stocchi, *Il delitto di »Iacopo Ortis«* (in GLI, 96, 1979, S. 72–97). – M. Trovato, *Le prime traduzioni francesi di »Iacopo Ortis«* (in RoNo, 20, 1979, 80, S. 231–234). – F. Betti, *Primitivismo e morte nell'»Ortis« e nei »Sepolcri«* (in Italianistica, 9, 1980, S. 491–495). – N. Jonard, *»Jacopo Ortis« et l'apologie du suicide* (in RLM, 33, 1980, S. 201–224). – A. Sozi Casanova, *F. autobiografico. Da »Ortis« a Didimo*, Mailand 1983.

MARKOS ANTONIOS FOSKOLOS

* 1./2. 3. 1597 (?) Kastro (heute Heraklion)
† 1662

FORTUNATOS

(ngriech.; *Fortunatos*). Kretische Verskomödie von Markos Antonios FOSKOLOS, entstanden vor 1655. – Wie in den meisten kretischen Komödien (vgl. etwa den *Katzurbos* von CHORTATSIS oder den *Stathis*) ist auch in *Fortunatos* die Handlung durchaus konventionell: Der junge Fortunatos liebt Petronella; deren Mutter zieht jedoch seinen Nebenbuhler, den alten Arzt Luras, wegen seines großen Vermögens als Bräutigam vor. Am Ende stellt sich heraus, daß Fortunatos der verschollene Sohn des Arztes ist: einer glücklichen Lösung steht nichts mehr im Wege.

Die Komik des Stückes beruht weniger auf der Handlung als auf den Charakteren: Vor allem der alte Arzt, der Kapitän Travarlas als Typ des *miles gloriosus* (vgl. PLAUTUS' gleichnamiges Stück) und der Lehrer, der seine Reden mit lateinischen und italienischen Ausdrücken spickt, sind – neben den Dienern und den Heiratsvermittlerinnen – bühnenwirksame Erscheinungen, deren drastisch-possenreißerische Sprache dem Stück sein eigentliches Gepräge gibt. Zu erwähnen sind auch die vier Zwischenakte *(intermedia)*, die das Parisurteil zum Gegenstand haben. – Vorbild der kretischen Komödien ist die italienische *commedia erudita* des 16. Jh.s, in der alle komischen Typen des *Fortunatos* zu finden sind. Daneben zeigt sich Foskolos aber auch von älteren kretischen Komödien, vor allem vom *Katzurbos* des Chortatsis, beeinflußt. Über Aufführungen der Zeit haben wir keine Nachrichten; in der Gegenwart ist das Stück zunächst 1962 in einer gründlich umgearbeiteten Fassung unter der Regie von S. Evangelatos von der Laiengruppe des »Attischen Theaters« und später (1984/1985) unter derselben Regie vom »Amphi-Theater«, jeweils in Athen, aufgeführt worden. 1976 wurde eine Aufführung in Birmingham gegeben. L.P.

AUSGABEN: Athen 1922, Hg. St. Xanthudidis – Iraklion 1980, Hg. u. Einl. A. L. Vincent.

LITERATUR: H. Labaste, *Une comédie crétoise inédite du 17e siècle* (in ByZ, 13, 1904, S. 389–397). – E. Kriaràs, *Imerologio tis megalis Ellados*, 1935. – L. Politis, *The Theatre in Crete during the Time of the Renaissance. The Modern Greek Theatre. A Concise History*, Athen 1957. – A. Embirikos, *La renaissance crétoise, 16e et 17e siècles*, Paris 1960. – L. Politis, Einl. (in G. Chortatsis, *Katzurbos, komodia*, Iraklion 1964). – M. Manussakas, *Kritikí vivliografia tu »Kritikú Theatru«*, Athen 1964 [fortgesetzt v. St. Kaklamanis in Eranistis, 17, 1981, S. 46–73].

MICHEL FOUCAULT

* 15.10.1926 Poitiers
† 25.6.1984 Paris

LITERATUR ZUM AUTOR:
Bibliographien:
M. Clark, *M. F.: An Annotated Bibliogr. Tool Kit for a New Age*, NY 1983.
Autobiographie:
M. F. *Une histoire de la vérité*, Paris 1985 (dt. *M. F. Eine Geschichte der Wahrheit*, Mchn. 1986).

Gesamtdarstellungen und Studien:
A. Guedez, *F.*, Paris 1972. – A. Kremer-Marietti, *F. et l'archéologie du savoir*, Paris 1974 (dt. Ffm. 1976). – Magazine littéraire, 101, 1975 [Sondernr.]. – L'Arc, 70, 1977 [Sondernr.]. – P. Veyne, *F. révolutionne l'histoire* (in P. V., *Comment on écrit l'histoire*, Paris ²1978, S. 203–242; dt. *Der Eisberg der Geschichte*, Bln. 1981). – V. Cotesta, *Linguaggio, Potere, Individuo. Saggio su M. F.*, Bari 1979. – W. Seitter, *Ein Denken im Forschen. Zum Unternehmen einer Analytik bei M. F.* (in PhJb, 87, 1980, S. 340–363). – A. Sheridan, *M. F. The Will to Truth*, Ldn. 1980. – Magazine littéraire, 207, 1984 [Sondernr.]. – H. L. Dreyfus u. P. Rabinow, *M. F. – Beyond Structuralism and Hermeneutics*, Brighton/Chicago 1982 (dt. *Jenseits von Strukturalismus u. Hermeneutik*, Ffm. 1987). – G. Gillan u. C. Lemmert, *M. F. Social Theory and Transgression*, NY 1982. – P. Major-Poetzl, *M. F.'s Archeology of Western Culture: Toward a New Science of History*, Chapel Hill 1983. – K. Racevskis, *M. F. and the Subversion of Intellect*, Ithaca 1983. – B. Waldenfels, *Die Positivität historischer Ordnungen und Diskurse (M. F.)*, (in B. W., *Phänomenologie in Frankreich*, Ffm. 1983, S. 313–335). – M. Cousins u. A. Hussain, *M. F.*, Ldn. 1985. – A. Megill, *Prophets of Extremity: Nietzsche, Heidegger, F., Derrida*, Berkeley 1985. – J. Rajchman, *M. F.: The Freedom of Philosophy*, NY 1985. – *Anschlüsse. Versuche nach M. F.*, Hg. W. Eßbach, Tübingen 1985. – W. Künzel, *F. liest Hegel*, Ffm. 1985. – B. Smart, *M. F.*, Ldn. 1985. – J. M. Auzias, *M. F.*, Lyon 1986. – M. Blanchot, *M. F., tel que je l'imagine*, Paris 1986 (dt. *M. F.*, Tübingen 1987). – Critique, 471/472, 1986 [Sondernr.]. – G. Deleuze, *F.*, Paris 1986 (dt. *F.*, Ffm. 1987). – Le débat, 41, 1986 [Sondernr.]. – C. Kammler, *M. F. Eine kritische Analyse seines Werkes*, Bonn 1986. – *F. A Critical Reader*, Hg. D. C. Hoy, Oxford/NY 1986. – R. Machado, *Ciencia e saber. A trajetoria da arquelogia de F.*, Rio de Janeiro ²1987. – Philosophy and Social Criticism, 12, 1987 [Sondernr.]. – U. Marti, *M. F.*, Mchn. 1988.

L'ARCHÉOLOGIE DU SAVOIR

(frz.; Ü: *Archäologie des Wissens*). Philosophisch-historiologische Abhandlung von Michel FOU-CAULT, erschienen 1969. – Nach einer Serie historiographischer Studien sucht Foucault die methodologischen Fragen zu klären, die sein bisher angewandtes Verfahren der »*Archäologie*« aufwirft. Angestrebt wird eine Integration der Dimensionen des »Anderen« (vgl. *Folie et déraison*) und des »Gleichen« (vgl. *Les mots et les choses*) in einer Geschichtsschreibung der Wissensbildung, die den übergreifenden Sinn der Einen Vernunft in der Geschichte zerschneidet, an dem sich der »*transzendentale Narzißmus*« der philosophischen Moderne orientiert habe. Als so verstandene Diagnose gelangt Foucaults historische »*Analytik*« zu der Feststellung,

»daß wir Differenzen sind, daß unsere Vernunft die Differenz der Diskurse ist, unsere Geschichte die Differenz der Zeiten, unser Ich die Differenz der Masken. Daß die Differenz, weit davon entfernt, vergessener und wiedererlangter Ursprung zu sein, jene Verstreuung (dispersion) ist, die wir sind und vollziehen«.

Dieser Feststellung trägt die Darstellung Rechnung, die um präzise Begrifflichkeit bemüht ist, aber nicht in linearer Argumentation fortschreitet, sondern die Kategorie der geschlossenen Form in der eigenen Textur auflöst. Foucaults Text ist als Raum der Überlagerung verschiedener intellektueller Ereignis-Serien konzipiert: In Betracht kommen die »Epistémologie« (G. BACHELARD, G. CANGUILHEM, M. SERRES), die serielle und Mentalitäts-Historie der nach der gleichnamigen geschichtswissenschaftlichen Zeitschrift so genannten »Annales-Schule« (L. FEBVRE, F. BRAUDEL), die MARX- und FREUD-Aktualisierungen von L. ALTHUSSER (vgl. *Lire le Capital*) und J. LACAN (vgl. *Écrits*) sowie die Differenzphilosophie im Zeichen NIETZSCHES (P. KLOSSOWSKI, G. DELEUZE). Foucault verabschiedet konsequent die Funktion der Autorschaft, da es heute darum gehe, im Schreiben Anonymität zu erringen, »*um kein Gesicht mehr zu haben*«.

Anders als in den Konzepten einer (von KANT so bezeichneten) »*philosophischen Archäologie*« beim späten Kant oder bei E. HUSSERL will Foucaults *arché-ologie* keine *arché*, keinen ursprünglichen Ausgangspunkt oder apriorischen Vernunftgrund aufdecken: »*Die Archäologie beschreibt die Diskurse als spezifizierte Praktiken im Element des Archivs.*« Damit ist nicht die Summe der in einer Kultur magazinierten Schriften gemeint, vielmehr geht es um die historischen Existenzbedingungen, die dafür verantwortlich sind, daß im »*Feld der diskursiven Ereignisse*«, d. h. aller sprachlichen Sequenzen, die in einem bestimmten Zeitraum tatsächlich formuliert wurden, »*eine bestimmte Aussage erschienen ist und keine andere an ihrer Stelle*«. Das »*Archiv*« umfaßt die Masse der »*gesagten Dinge*« (choses dites), denn Foucault geht davon aus, daß der »*Diskurs*« (*le discours*; von lat. *discursus*, d. h. Verkehr), kein Bindeglied zwischen Denken und Sprechen ist, sondern eine Materialität von eigener Konsistenz und Zeitlichkeit, die nach bestimmten Regeln hervorgebracht wird, und daß dieser Diskurs eine Gesamtheit von fabrizierten Objekten bildet, die in einer Kultur als Wertgrößen des Wissens in Umlauf gebracht und ebenso gehortet werden wie materielle und symbolische Güter.

Wie die traditionelle Ideengeschichte, interessiert sich auch Foucault für Disziplinen wie Medizin oder Biologie, doch zielt er auf eine vorbegriffliche Dimension der überlieferten Texte, in der Einheiten aufzuspüren seien, die zugleich unmerklicher und konstituierender seien als die herkömmlichen Einheitsbestimmungen (Autor, Werk, Buch usw.) der Hermeneutik. Foucaults Verfahren ist es, zwischen den Elementen eines Text-Korpus Beziehungsverhältnisse zu konstruieren, »*diskursive Relationen*«, die in keiner sinnstiftenden Subjektivität oder kollektiven Rationalität wurzeln, in ihrer Regelmäßigkeit aber den Fabrikationscharakter des Gesagten zu erkennen geben. Diese Relationen liegen »*an der Grenze des Diskurses*«, d. h., die als Praktiken zu behandelnden Diskurse können nur zusammengeschaltet mit einer Vielheit anderer materieller Praktiken »*systematisch die Gegenstände bilden, von denen sie sprechen*«. Darum kann das Denksystem einer »*diskursiven Formation*«, das sich in den Sprechakten aller in einem bestimmten Erkenntnisfeld sprechenden Individuen durchsetzt, als ein »*Ensemble von Aussagen, die dem gleichen Formationssystem angehören*«, definiert werden. Um die Fabrikationsregeln auch zuverlässig nach ihrer individuellen Besonderheit differenzieren zu können, wird im Anschluß an M. BLANCHOTS Logik der literarischen Produktion eine historische Analyse »*auf dem Niveau der Aussage*« entworfen, der »*Sprache in der Instanz ihrer Erscheinung und Seinsweise*«. Die »*Aussage*« (*énoncé*) ist aber kein Urteilssatz; vielmehr markiert sie die historische Grenze der Verständlichkeit von alltäglich vertrauten, praktischen Ausübungsbedingungen des Wissens, die den Sprechern aber nicht als Grenze bewußt ist. Als »*Existenzmodalität*« ›ist‹ die Aussage nur Leerstelle zwischen den Zeichen, sie läßt sich überhaupt nur als Vollzug einer »*Aussagefunktion*« sichtbar machen und beschreiben, worin das Sprechen/Schreiben Operationen vollzieht, durch die es sich wirkungsvoll ins Spiel zu bringen, im Kreis der jeweils vernünftig sagbaren Redearten zu situieren sucht, um nicht der Zurückweisung und Ausschließung zu verfallen. Anders als in der strukturalen Linguistik (R. JAKOBSON, E. BENVENISTE) bedeutet »*Diskurs*« für Foucault nicht mehr das Objekt der wissenschaftlichen Erforschung linguistischer Regelverkettungen, sondern ein »*Aussagespiel*« (*jeu énonciatif*), ein subtiles Kraftfeld von ineinander verschachtelten Trugbildern, das die Kohärenz der »*Gegenstandsbereiche*« des Wissens erzeugt. Der Diskurs bildet ein »*historisches Apriori*« aus, d. h., er legt die historische Grenze dessen fest, was jeweils an ganz bestimmten Erfahrungen gesagt und gedacht werden kann, deren zwingende Unbedingtheit in der Geschichtlichkeit der ihnen zugrundeliegenden Praktiken verankert ist. Die »*Ordnung des Diskurses*« stellt den Grenzfall einer geregelten Unordnung dar, in der das Regelwerk einer »*diskursiven Praxis*« mit der sich einspielenden und durch singuläre diskursive Ereignisse immer wieder ausgehöhlten Faktizität des Sprech-Tuns zusammenfällt. Innerhalb des von »*interdiskursiven Konfigurationen*« bevölkerten Feldes einer »*allgemeinen Geschichte*« mit ihren unterschiedlichen Wirklichkeits- und Zeitlichkeitstypen gilt Foucaults Aufmerksamkeit letztlich den geregelten Prozeduren, durch die ein Wissen in eine Wissenschaft mit Verifikations- und Kohärenznormen umgewandelt wird. Als »*glücklicher Positivist*«, der die scharf umgrenzte »*Positivität*« des Gesagten ins Auge faßt, um es in der eigenen Schreibpraktik einer »*réécriture*« zu zersetzen, situiert Foucault die »*Archäologie*« in einer »*allgemeinen Theorie der Produktionen*«, deren

Credo lautet, »daß ich beim Sprechen meinen Tod nicht banne, sondern daß ich ihn herstelle; oder vielmehr, daß ich jede Innerlichkeit in diesem Außen besetige, das gegen mein Leben so indifferent und so neutral ist, daß es zwischen meinem Leben und meinem Tod keinen Unterschied läßt«.

Zwei Schwierigkeiten kennzeichnen die Konstruktion der *Archäologie des Wissens*. In ihrem Anspruch, ein *»privilegiertes Milieu«* zu besetzen, nimmt die Beschreibung des »Archivs« eine ahistorische Position ein, die von der befehdeten metaphysischen Konzeption eines »absoluten Auges« nicht scharf unterscheidbar ist; außerdem bleibt das Verhältnis von Regelmäßigkeit und Regelverortung unklar; regelt die diskursive Praxis sich selbst, oder wird sie durch den politischen und ökonomischen Bereich der »nichtdiskursiven Praxis« reguliert? Foucault hat dem später Rechnung getragen, indem er den Archiv-Begriff aufgegeben und durch eine Logik der Strategien ersetzt hat (vgl. *Surveiller et punir*). Wirkung und Übertragbarkeit seiner Methode zeigen sich in einer Reihe eigenständiger Erprobungen in Frankreich (R. CASTEL, J. DONZELOT, F. EWALD), den USA (E. SAID, I. HACKING) und Deutschland (H. D. BAHR, F. KITTLER, W. SEITTER, W. ESSBACH). W.Mi.

AUSGABE: Paris 1969.

ÜBERSETZUNG: *Archäologie des Wissens*, U. Köppen, Ffm. 1973. – Dass., ders., Ffm. 1981 (stw).

LITERATUR: G. Deleuze, *Un nouvel archiviste* (in Critique, 274, 1970, S. 195–209). – E. Said, *Linguistics and the Archeology of Mind* (in Intern. Philosophical Quarterly, 11, 1971, S. 104 ff.). – D. Lecourt, *Pour une critique de l'épistémologie (Bachelard, Canguilhem, F.)*, Paris 1972, S. 98–133. – J. Culler, *Language and Knowledge* (in The Yale Review, 62, 1973, S. 290–296). – F. Russo, *L'Archéologie du savoir de M. F.* (in Archive de Philosophie, 36, 1973, S. 69–105). – E. Said, *An Ethics of Language* (in Diacritics, 4, 1974, S. 28–37). – J. Jara Garcia, *Die Archäologie des Wissens. M. F.s Theorie der Wissensbildung*, Diss. Mchn. 1975. – S. Valdinoci, *Les incertitudes de l'archéologie: archè et archive* (in Revue de metaphysique et de morale, 83, 1978, S. 73–101). – C. Honegger, *M. F. und die serielle Geschichte. Über die »Archäologie des Wissens«* (in Merkur, 36, 1982, S. 500–523). – J. van de Wiele, *L'histoire chez M. F. Le sens de l'archéologie* (in Revue philosophique du Louvain, 81, 1983, S. 601–633). – R. Brede, *Aussage und Discours. Untersuchungen zur Discours-Theorie bei M. F.*, Ffm. u. a. 1985.

FOLIE ET DÉRAISON. Histoire de la folie à l'âge classique

(frz.; *Ü: Wahnsinn und Gesellschaft. Eine Geschichte des Wahns im Zeitalter der Vernunft*). Wissensgeschichtlich-philosophische Untersuchung von Michel FOUCAULT, erschienen 1961. – Gestützt auf eine riesige Materialfülle, sucht der französische Historiker-Philosoph Foucault, der von 1970 bis zu seinem Tod Professor für die »Geschichte der Denksysteme« am Collège de France war, in dieser umfangreichen, 1955 bis 1958 geschriebenen Studie an seine frühe Arbeit *Maladie mentale et personnalité*, 1954 (dt. *Psychologie und Geisteskrankheit*, 1968) anzuknüpfen. Es geht Foucault darum, die phänomenologisch (L. BINSWANGER) erfaßten Binnenstrukturen des wahnsinnigen In-der-Welt-Seins und die darüber errichtete Begrifflichkeit (mit deren Hilfe in der modernen Psychopathologie und Psychiatrie die sog. Geisteskranken klassifiziert werden) auf ihre Weltdimension zu öffnen und zu zeigen, daß »der« Wahnsinn nur als kulturelles Phänomen existiert, das eine Geschichte hat. Ziel der auf einer Kritik der Humanwissenschaften beruhenden und antimetaphysisch akzentuierten Untersuchung ist es, gegen die überlieferte Auffassung der Philosophie als universeller Sinn- und Gesetzgebungsinstanz, »*im Lichte der großen nietzscheanischen Forschungen die Dialektik der Geschichte mit den unbeweglichen Strukturen der Tragik* [zu] *konfrontieren*« (vgl. F. NIETZSCHE, *Die Geburt der Tragödie; Zur Genealogie der Moral*).

Der Titel der um einige wichtige Passagen gekürzten deutschen Ausgabe wird dem Geist des französischen Textes allerdings ebensowenig gerecht wie dem Richtungssinn von Foucaults historischen Forschungen, deren gedankliche Spannweite bereits im Vorwort von 1960 in noch rudimentärer Form ausgemessen wird. Foucaults allgemeines Thema ist nicht die Gesellschaft, sondern der Wahr/Falsch-Diskurs der westlichen Kultur, d. h. die korrelative Entstehung von Erfahrungszonen, Erkenntnisgegenständen für ein mögliches Wissen und wahrheits- bzw. falschheitsfähigen Redearten (vgl. *L'Archéologie du savoir*). Dies begründet Foucaults Interesse an den Formen der »Macht-und-des-Wissens«, die nicht sein grundlegendes Problem, sondern nur den Ausgangspunkt bilden, von dem aus er so getreu wie möglich, im Zusammenhang eines genauen geschichtlichen Wissens, die variablen Konfigurationen der »*Beziehungen zwischen Subjektivität und Wahrheit*« in einer anti-cartesianischen Perspektive sichtbar zu machen versucht.

Seine Historie der Denksysteme geht von der Grundannahme aus, daß Denken die elementare Form der Handlung ist, die Menschen als erkenntnis- und lernfähige Lebewesen konstituiert und die sich insofern nicht allein in der Wissenschaft und Philosophie, sondern in allen anderen Wissens- und Lebensbereichen findet, also auch in Kliniken, Asylen und Gefängnissen. Foucault will die den historischen Akteuren nicht bewußten inneren Grenzen ihrer Evidenzsysteme des Wissens aufscheinen lassen. Diese Erhellung soll jedoch nicht im Stil eines wissenssoziologischen Kulturrelativismus stattfinden, sondern in der Art einer »*Geschichte der Grenzen*«, objektivierender Abgrenzungsgesten, »*mit denen eine Kultur etwas zurückweist, was für sie außerhalb liegt«*. Foucault sucht die Lebensführungen der okzidentalen Menschen, besonders der Neuzeit, an der Außenseite ihrer ex-zentrischen, zerbrechlichen Randständigkeit auf und untersucht, wie die Herausforderungen, die in den Grenzerfahrungen unserer Kultur mit dem Wahnsinn, aber auch mit Krankheit und Tod (vgl. *Naissance de la clinique*), mit der in Arbeit, Leben und Sprache wirksamen Endlichkeit der Menschen (vgl. *Les mots et les choses*), mit Verbrechen (vgl. *Surveiller et punir*) und Sexualität (vgl. *Histoire de la sexualité*) liegen, durch die Formierung erfahrungs- und lebensstrukturierender Herrschaftsgebilde aus wissensförmig-juridischen Praktiken beantwortet werden. Auf diese über einen integralen Zufallsfaktor laufenden und in kleinsten Konfrontationen sich einspielenden Lebensformen der Sinn-Effektuierung zielt Foucaults Unternehmen einer *»Geschichte der Wahrheitsspiele«*.

Darunter sind historische Regelwerke und Rahmenbedingungen für Wahr/Falsch-Zuordnungen zu verstehen, die weder wahr noch falsch sind. Indem diese Handlungsreihen die verschiebbare Grenze zwischen dem historisch Denkbaren und dem Undenkbaren ziehen, machen sie es überhaupt möglich, daß Menschen für andere und für sich selbst zu Objekten des Denkens werden können. Die Wahrheit ist für Foucault »von dieser Welt«, was nicht heißt, daß sie eine Lüge wäre, sondern daß der Wert, den man ihr zuschreibt, die Machtwirkungen, die man ihr verleiht sowie die moralische Verpflichtung, die Wahrheit über sich zu sagen und zu wissen, anders als bisher zu denken sind. All diese Aspekte, die die Besonderheit der westlichen Kultur ausmachen, gründen in der normsetzenden Aktivität von »nicht festgestellten« Lebewesen, die auf den historisch einmaligen Ausweg verfielen, mittels Wahrheitstechniken Bestimmungen für das zu schaffen, was in ihren Erfahrungen für wirklich gelten soll. Statt auf die Begründbarkeit des Wissens von Objekten, zielt die kritische Philosophie Foucaults auf praktische Bedingungen und Möglichkeiten der Umarbeitung von Subjekten, von uns selbst. Darum ist Foucaults Historik als eine Kritik der Gegenwart angelegt: Sie rückt die Probleme sozialer Ordnung, Unterordnung und Unordnung nicht mehr in eine geschichtsphilosophische Perspektive der »Versöhnung«, sondern sucht theoretisch wie politisch das Spiel des Möglichen und des Unmöglichen in den Rationalitäts- und Lebensformen der gegenwärtigen westlichen Welt neu zu verteilen.

So wird auch das kategoriale Gerüst der »Geschichte des Wahnsinns« von einer ungewöhnlichen Verklammerung aus historiographischen Forschungszielen (G. Canguilhem, G. Bataille) und philosophischen Ambitionen (M. Heidegger, M. Blanchot) gehalten. Es geht darum, eine *»Struktur«* (G. Dumézil) der neuzeitlichen Ablehnung bestimmter Reden, Gesten und Gestalten sichtbar zu machen und damit den Anspruch der europäischen Vernunft auf rationale Universalität *»zur Kenntlichkeit zu entstellen«*. Statt eine Ideengeschichte des psychiatrischen Wissens zu verfassen, ist deshalb die *»Archäologie dieses Schweigens«* der entwerteten Sprache des Wahnsinns zu schreiben, dem gleichsam das letzte Wort überlassen werden soll, um über den epidemischen Vernunft-Wahn zu berichten. Foucault zufolge wurden noch in der Renaissance dem Wahnsinn religiöse, mythische oder symbolische Bedeutungen zugesprochen, blieb die Sprache der Irren in ein kosmisches und moralisches Universum integriert. Im 17. Jh. entstand dann mit dem Frühkapitalismus eine auf Ratio gegründete Ordnung, in der die Arbeitsfähigkeit und die moralische Konformität des Verhaltens dominieren. Der *»homo mente captus«* begann seit dieser Zeit *»sich in die Probleme der Gemeinschaft zu verflechten«*, denn er wurde als bedrohlicher Störenfried zusammen *»mit den Geschlechtskranken, den Verkommenen, den Libertins, den Homosexuellen«* in Internierungshäuser eingesperrt und zum Schweigen gebracht. Das Zeitalter des klassischen Rationalismus war zugleich das der brutalen Unterdrückung all dessen, was als »Unvernunft« objektiviert wurde; nur wenige in Spitälern untergebrachte Irre fanden als Objekte medizinischen Wissens Beachtung.

Die Befreiung der angeketteten Irren zur Zeit der Französischen Revolution interpretiert Foucault aber weniger als Zeichen wachsender Humanität und Wissenschaftlichkeit, sondern als Effekt einer Verschiebung im diskursiven Gefüge, die die bis dahin getrennten Erfahrungsbereiche zur Deckung brachte: die *»Geburt des Asyls«* errichtete ein absolutes Schweigen der Vernünftigen gegenüber der Sprache des Deliriums. In dieser Bändigung seines Wahnsinns ist es dem modernen *»homo psychologicus«* möglich geworden, jenes Verhältnis des Subjekts zu sich und zu den anderen herzustellen, das man »Psychologie« nennt. Auch die Psychoanalyse, die den Austausch zwischen Vernunft und Unvernunft wieder aufgenommen hat, ist nach Foucault das Opfer eines genialen Kurzschlusses, da sie alle Strukturmerkmale des Asyls auf die Person des Arztes übertragen hat. Im Denken des 19. und bis ins 20. Jh. hinein herrschte ein *»anthropologischer Zirkel«*, in dem selbst der Verrückte nur die entfremdete Bestätigung der unverrückbaren Wahrheit des Menschen sei, der Foucault die Erwartung der Wiederkunft einer nicht mehr an den Menschen gebundenen, kosmischen Sprache des Wahnsinns, einer *»Poesie der Welt«* entgegensetzt.

Foucaults Untersuchung ist noch stark vom romantischen Motiv einer im Wahnsinn verborgenen ursprünglichen Erfahrung bestimmt, das er aber bald wieder aufgegeben hat. Die Resonanz auf Foucaults Analyse blieb nur kurze Zeit gering (R. Laing, D. Cooper). Im Verlauf der westlichen »Kulturrevolution« der sechziger Jahre wurde sie dann für viele Intellektuelle zum Kultbuch, stieß allerdings bei den etablierten Vertretern von Psychoanalyse und Psychiatrie auf scharfe Ablehnung. J. Derrida zeigte schon 1963 die Schwierigkeit auf, sich an den *»Nullpunkt«* (R. Barthes) der Trennung von Vernunft und Unvernunft versetzen und dennoch mit begrifflichen Mitteln Geschichte schreiben zu wollen. Später warfen M. GAUCHET und G. SWANN Foucault vor, ein falsches Bild gezeichnet zu haben, da die modernen Demokratien sich gerade durch die soziale Integration der Irren auszeichnen würden. Foucault behauptete nichts Gegenteiliges, wollte allerdings darlegen, daß auch eine kulturelle Grenzziehung, die über Integration und Kommunikation läuft, nicht ihren prätendierten Universalitätsanspruch erfüllt und von leeren Möglichkeitsräumen umgeben bleibt. Er nahm zuletzt eine wichtige Selbstkorrektur vor: Es gab gar keine einmalige, sondern nur eine immer erneute, vielfältige Gabelung der Vernunft, in der die irreduzible, durchaus analysierbare Andersheit der vermeintlich mit sich identischen Vernunft zum Vorschein kommt. W.Mi.

AUSGABEN: Paris 1961. – Paris 1972 (u. d. T. *Histoire de la folie à l'age classique*; m. neuem Vorw. u. 2 Anhängen). – Paris 1976.

ÜBERSETZUNG: *Wahnsinn und Gesellschaft. Eine Geschichte des Wahns im Zeitalter der Vernunft*, U. Köppen, Ffm. 1969. – Dass., ders., Ffm. 1973 (stw).

LITERATUR: R. Barthes, *Savoir et folie* (in Critique, 174, 1961, S. 915–922). – R. Mandrou, *Trois clefs pour comprendre la folie à l'époque classique* (in Annales, 4, 1962, S. 761–771). – J. Derrida, *Cogito et histoire de la folie* (in J. D., *L'Ecriture et la différence*, Paris 1967, S. 51–97; dt. *Die Schrift und die Differenz*, Ffm. 1972, S. 53–101). – M. Blanchot, *L'oubli, la déraison* (in *L'Entretien infini*, Paris 1969, S. 289–299). – K. Dörner, *Bürger und Irre*, Ffm. 1969. – M. Serres, *Géometrie de l'incommunicable: La Folie* (in M. S., *Hermes I: La Communication*, Paris 1969, S. 167–190). – M. Puder, *Der böse Blick des M. F.* (in NRs, 1972, Nr. 2). – J. Russ, *Histoire de la folie: F.*, Paris 1979. – M. Gauchet u. G. Swann, *La pratique de l'esprit humain. L'institution asilaire et la révolution démocratique*, Paris 1980. – G. Canguilhem, *Sur L'»Histoire de la folie« en tant qu'événement* (in Le Débat, 41, 1986, S. 37–40). – R. Castel, *Les aventures de la pratique* (ebd., S. 41–51). – P. Macherey, *Aux sources de l'»Histoire de la folie«: une rectification et ses limites* (in Critique, 471/472, 1986, S. 753–774). – W. Miklenitsch, *Die Arbeit der Macht an den Leben* (in P. Sloterdijks »Kritik der zynischen Vernunft«, Ffm. 1987, S. 229–251).

HISTOIRE DE LA SEXUALITÉ

(frz.; *Ü: Sexualität und Wahrheit*). Moral- und subjektgenealogische Untersuchungsreihe von Michel FOUCAULT, erschienen in drei Bänden 1976–1984: Bd. 1: *La volonté de savoir*, 1976 *(Der Wille zum Wissen)*; Bd. 2: *L'usage des plaisirs*, 1984 *(Der Gebrauch der Lüste)*; Bd. 3: *Le souci de soi*, 1984 *(Die Sorge um sich)*; die Publikation des unvollendet gebliebenen vierten Bandes *(Les aveux de la chair – Die Geständnisse des Fleisches)* ist in Vorbereitung. – Mit dieser ursprünglich auf sechs Bände angelegten Reihe schloß Foucault Mitte der siebziger Jahre an eine These an, die er bereits 1963 in einem Essay über G. BATAILLE formuliert hatte: daß die Menschen der westlichen Kultur im 19. und 20. Jh. die Sexualität nicht allmählich »befreit«, sondern als ein gesprochenes und beredtes Objekt hervorgebracht und zum ausgezeichneten Erfahrungsraum für die Suche nach der Wahrheit ihrer Existenz gemacht haben. Vor dem Hintergrund der neu entwickelten Machtanalytik (vgl. *Surveiller et punir*) macht sich Foucault an die historiographische Ausarbeitung seiner These, um eine »*Archäologie der Psychoanalyse*« zu leisten. Foucault verlängert die Kritik von G. DELEUZE und F. GUATTARI (vgl. *Capitalisme et schizophrénie I*), spitzt sie aber zu, denn er will die Psychoanalyse, die in der neuzeitlichen Geschichte der Verfahren zur Zusammenführung von Wahrheit und Geschlecht einen Höhepunkt darstelle, nicht einmal mehr als »Schizo-Analyse« retten, sondern abschütteln: »*Träumen müssen wir davon, daß man vielleicht eines Tages, in einer anderen Ökonomie der Körper und der Lüste, nicht mehr recht verstehen wird, wie es . . . gelingen konnte, uns der kargen Alleinherrschaft des Sexes zu unterwerfen.*«

Für die Geschichte der Sexualität seit dem 17. Jh. lehnt Foucault die Repressionshypothese (W. REICH, H. MARCUSE) ab, wonach der herrschende Diskurs der religiösen Institutionen, der pädagogischen Maßnahmen, der medizinischen Praktiken, der Wissenschaften und der Rechtspraxis den Sex unterdrückt hätten. Diese Absicht, war sie je vorhanden, wurde ihrerseits überwältigt von dem »*Willen zum Wissen*«, von dem Willen zur Macht auch im Intimbereich und vom Willen zur Lust. Die christliche Seelsorge machte es zur Pflicht, im Moralunterricht und im Beichtstuhl die sexuellen Aktivitäten ausführlich zu beschreiben; im 18. Jh. entstand ein politisches, ökonomisches, pädagogisches Interesse, vom Sex zu sprechen; im 19. Jh. ging es dem gelehrten Diskurs der »*Geständnis-Wissenxchaften*« (Medizin, Psychiatrie, Pädagogik) um die Etablierung einer *scientia sexualis*, der Terminus »Sexualität« und diverse Techniken, der Lust an der Wahrheit des Begehrens zu frönen, entstanden. Das bis heute herrschende »*Dispositiv der Sexualität*« – die Voraussetzungen für die Strategien der Macht, sich den Sex nutzbar zu machen – setzte sich durch. Schnittpunkt dieser Strategien ist die Familie, die auf diese Weise für die Sexualität Unterdrückungs- und Anreizmacht zugleich wurde. Doch fungiert sie nur als Schaltstelle eines neuen Machttypus, der seit der Mitte des 18. Jh.s die Lebensvorgänge wie Ressourcen verwaltet und ausschöpft: Die über Körperpolitiken und die Regulation der Bevölkerung funktionierende »*Bio-Macht*« steht nach Foucault am Anfang des modernen biologischen Rassenwahns.

Als Foucault nach achtjähriger Pause, 1984, kurz vor seinem Tod, Band II und III des Werkes veröffentlichte, stellte sich heraus, daß er sein ursprüngliches Programm geändert hatte. Er glaubte von der Beobachtung ausgehen zu können, daß die mit dem Christentum verbundene Idee einer Moral als Gehorsam gegenüber einem Regelkodex verschwindet oder schon verschwunden ist, daß aber die gegenkulturellen Protest- und (Selbst-)Befreiungsbewegungen der sechziger Jahre in eine Sackgasse geraten seien, aus der die Suche nach einer persönlichen Ethik hinausführen könne. Zugleich schien es ihm theoretisch immer schwieriger, die christliche Erfahrung des »Fleisches« zu analysieren, ohne der Herkunft der Begriffe des »Begehrens« und des »begehrenden Subjekts« nachzugehen. Das veranlaßte ihn zu seiner unerwarteten Hinwendung zur antiken »Problematisierung« der sexuellen Akte und Lüste, die unter bestimmten Bedingungen zum Gegenstand »moralischer Sorge und Beunruhigung« wurden. Bei deren Studium stieß Foucault auf eine Fülle vergessener kultureller Praktiken, mit deren Hilfe Menschen ihren Körper, ihre Befindlichkeit und ihre Lebensführung formieren und sich selbst gemäß unterschiedlichen Kriterien transformieren können: »Existenzkünste« oder »Techniken des Selbst«.

In *Der Gebrauch der Lüste* zeigt Foucault, wie die sexuelle Aktivität in der klassischen griechischen Kultur im 4. Jh. v. Chr. von den Philosophen (z. B. in PLATONS *Symposion*) und Ärzten problematisiert wurde, »*im Ausgang von Praktiken des Selbst, die die Kriterien einer Ästhetik der Existenz ins Spiel bringen*«. In *Die Sorge um sich* führt Foucault die entsprechenden griechischen und lateinischen Texte der beiden ersten Jahrhunderte unserer Zeitrechnung vor. *Die Geständnisse des Fleisches* handeln von der Herausbildung der christlichen Doktrin und Pastoral des Fleisches. Bei den herangezogenen Schriften handelt es sich vor allem um »praktische« Texte: Reden, Dialoge, Abhandlungen, Vorschriftensammlungen, Briefe usw., die Verhaltensregeln vorschlagen und als Operatoren der ethischen Selbstformierung dienten. Das Ergebnis: Schon für PLATON, ISOKRATES und ARISTOTELES sind die Sorge um den Körper und die Gesundheit, das Verhältnis zur Frau und zur Ehe, die Beziehung zu den Knaben Motive für die Ausbildung einer strengen Moral. Diese wird in den ersten nachchristlichen Jahrhunderten modifiziert und verfeinert zu einer von der »*Sorge um sich*« beherrschten Kunst der Existenz, die als natürlich und vernünftig gilt und auf den »*reinen Genuß seiner selbst*« zielt. Das Christentum knüpft zwar an diese Reflexion der Antike an, verändert jedoch die ethische Substanz des sexuellen Verhaltens durch die Auffassung vom Sündenfall und vom notwendigen Übel, das an sich und substantiell mit jeder sexuellen Aktivität verbunden ist. Daraus resultieren Gehorsam gegen Gottes Gebote, Reinigung der Seele vom Begehren, Selbstentsagung und das Ideal einer entsexualisierten und enterotisierten Nächstenliebe anstelle der vernünftigen Sorge um sich.

Man hat Foucaults spätem Denken eines Selbstbezugs, den er »*Ethik*« nennt, den Vorwurf gemacht, einem unpolitischen, gesellschaftsflüchtigen Individualismus Vorschub zu leisten. Überdies habe er mit seiner Bevorzugung philosophisch-medizinischer Texte ein falsches, auf eine schmale Oberschicht beschränktes Bild der antiken Verhältnisse gegeben. Beide Einwände beruhen auf gründlichen Mißverständnissen. Foucaults Analyse historischer Selbstpraktiken ist in keine Sozial- oder Ideengeschichte der sexuellen Verhaltensweisen eingebettet, sondern betreibt eine Geschichte des Begehrens als Geschichte der »Subjektwerdung« *(subjectivation)* der Menschen. Außerdem gibt es bei Foucault schon deshalb keinen Individualismus, weil seine beiden letzten Bücher eine Fragestellung weiterschreiben, die bereits in *Histoire de la folie* tonangebend war: wie über eine Grenzerfahrung ein Verhältnis des Selbst zu sich und des Selbst zu den Anderen entsteht, in das sich eine Gesamtheit politischer Kraftlinien einschreibt, die die Sorge um sich und um die anderen unablöslich verknüpft. W.Mi.

AUSGABEN: I Paris 1976, II u. III: Paris 1984.

ÜBERSETZUNG: *Sexualität und Wahrheit; I: Der Wille zum Wissen,* U. Raulf u. W. Seitter, Ffm. 1977 [m. Vorw. zur dt. Ausg.]; II: *Der Gebrauch der Lüste,* dies., Ffm. 1986; III: *Die Sorge um sich,* dies., Ffm. 1986.

LITERATUR: P. Ariès, *A propos de »La volonté de savoir«* (in L'Arc, 70, 1977, S. 27–32). – D. Wolton, *Qui veut savoir?* (in Esprit, 1977, Nr. 7/8, S. 36–47). – J. Baudrillard, *Oublier F.*, Paris 1977 (dt. *Oublier F.*, Mchn. 1978). – C. Honegger, *Überlegungen zu M. F.s Entwurf einer Geschichte der Sexualität,* Darmstadt 1981. – Ch. Taylor, *F. on Freedom and Truth* (in Political Theory, 1984, Nr. 12/2). – M. Daraki, *Le voyage en Grèce de M. F.* (in Esprit, 1985, Nr. 4, S. 55–83). – H. Joly, *Retour aux Grecs: Réflexions sur les »pratiques de soi« dans »L'Usage des plaisirs«* (in Le débat, 41, 1986, S. 100–120). – P. Pasquino, *La volonté de savoir* (in ebd., S. 93–99). – M. Vegetti, *F. et les Anciens* (in Crit., 471/72, 1986, S. 925–932). – W. Schmid, *Auf der Suche nach einer neuen Lebenskunst. M. F.s »Geschichte der Sexualität«* (in Merkur, 40, 1986, H. 8, S. 676–681). – Ders., *Die Geburt der Philosophie im Garten der Lüste. M. F.s Archäologie des platonischen Eros,* Ffm. 1987.

LES MOTS ET LES CHOSES. Une archéologie des sciences humaines

(frz.; Ü: *Die Ordnung der Dinge. Eine Archäologie der Humanwissenschaften*). Wissensgeschichtlich-philosophische Untersuchung von Michel FOUCAULT, erschienen 1966. – In dieser großangelegten Geschichtsstudie mit gegenwartsdiagnostischem Anspruch sucht Foucault diejenigen Evidenzsysteme des Wissens zu analysieren, die das Erscheinen einer anthropologisch-humanistischen

Grundstruktur des modernen europäischen Denkens ermöglicht haben: »*Seltsamerweise ist der Mensch, dessen Erkenntnis in naiven Augen als die älteste Frage seit Sokrates gilt, wahrscheinlich nichts anderes als ein bestimmter Riß in der Ordnung der Dinge ... eine junge Erfindung, eine Gestalt, die keine zwei Jahrhunderte zählt*«. Foucault folgt der von zwei tiefen Brüchen markierten Geschichte dieser Denksysteme von der Renaissance bis zum 19. Jh., um zu zeigen, wie sie für die Gelehrsamkeit einen gemeinsamen Ordnungsraum der Verteilung des Sagbaren und Nichtsagbaren organisiert haben, in dem allein sich die Gegenstandsbildung der aufeinander folgenden Wissen vom Lebewesen, den Phänomenen des Wirtschaftens und der Sprache entfalten konnte. Um diese »*Geschichte des Gleichen*« im Stil einer Ethnologie der eigenen Kultur von außen zu beschreiben, muß die vergleichende Lektüre gleichsam zwischen den lebensweltlichen Ordnungen einer Kultur und deren wissenschaftlicher und philosophischer Reflexion von einer »*mittleren Region*« ausgehen, in der die Grenzerfahrung der grundlosen Positivität eines »*Es gibt Ordnung*« angesiedelt ist. Angestrebt wird die Freilegung der »*Episteme*«, des allgemeinen erkenntnistheoretischen Feldes einer Kultur, das nach Foucault keiner fortschreitenden Vernunftentwicklung untersteht und in den Abhandlungen wenig bekannter Gelehrter oft deutlicher zutage trete als in sogenannten klassischen Texten.

Das Verhältnis der Wörter zu den Dingen und damit des Menschen zur Welt und zu sich selbst ist in der Renaissance gekennzeichnet durch »*Ähnlichkeit*« *(ressemblance)*. Dieser Auffassung entsprechen die Begriffspaare einer geschlossenen Welt: Mikrokosmos-Makrokosmos; ihr entsprechen Kategorien wie Vergöttlichung und Bildung, korrespondieren Haltungen wie Esoterik und Enzyklopädismus und literarische Formen wie Kommentar, Glosse und Kompilation. Den Übergang zum klassischen Zeitalter um die Mitte des 17. Jh.s markiert Don Quichotte, der noch von den Wörtern ausgeht, um zu den Dingen zu gelangen, aber dabei scheitert, weil die Wörter den Dingen nicht mehr ähneln. Wörter und Dinge trennen sich, die Ordnung aus Wörtern, von DESCARTES proklamiert (vgl. *Regulae ad directionem ingenii*), ersetzt die Interpretation der Wörter in der Renaissance. An die Stelle der Transparenz der Wörter tritt ihre Funktion als Element gelehrter Abhandlungen, des »*discours*«. Ihr System der »*Vorstellung*« *(représentation)* wird bestimmend für alle anderen Systeme. »*In diesem Sinne kann man sagen, daß für das klassische Denken die Systeme der Naturgeschichte und die Geld- und Handelstheorien unter den gleichen Bedingungen möglich werden wie die Sprache selbst.*«

Die Moderne, die sich am Ende des 18. Jh.s konstituiert, verwirft den Repräsentativ-Charakter der Wörter und ihre Ordnung der Dinge als oberflächlich. Die Ordnung gehört jetzt zu den Dingen selbst und zu ihrem inneren Gesetz, wobei dieses vor allem in seinem historischen Fluß gesehen wird. Das Sein trennt sich von der Vorstellung.

Sprache haben heißt nicht mehr, das Tableau der Dinge zu entfalten, sondern nur, die Methoden des Erkennens im allgemeinen auf einen spezifischen Gegenstandsbereich anzuwenden. Im Raum des Wissens öffnet sich eine dunkle, nicht-repräsentierbare Tiefendimension der Lebensprozesse, der Produktionsformen und des Sprachwandels, über der sich Biologie, Politische Ökonomie und Philologie errichten. Entscheidend aber ist, daß in dieser Zersprengung der Repräsentation eine »*Gestalt der Endlichkeit*« geboren wird, die bislang undenkbar geblieben war: »*Der ›Humanismus‹ der Renaissance, der ›Rationalismus‹ der klassischen Epoche haben dem Menschen in der Ordnung der Welt wohl einen privilegierten Platz geben können, sie haben jedoch den Menschen nicht denken können.*« Bis um 1800 war das endliche Phänomen Mensch als Negation eines Unendlichen gedacht worden. Erst die moderne Kultur kann nach Foucault »*den Menschen denken, weil sie das Endliche von ihm selbst ausgehend denkt*«. In KANTS Erkenntniskritik (vgl. *Kritik der reinen Vernunft*) kommt der Grundzug der neuen Episteme zutage, den Foucault in Anlehnung an M. HEIDEGGER »*Analytik der Endlichkeit*« nennt. Das Denken erlangt ein Bewußtsein seiner Grenzen und verzichtet auf ein dem Fluß der Zeit enthobenes absolutes Wissen; gleichzeitig tritt es mit der Frage »Was ist der Mensch?« ins Zeitalter der »Anthropologie« ein. Für Foucault ist der Mensch ein »*unterworfener Souverän*«, zugleich empirisches Objekt eines möglichen Wissens und ursprüngliches Konstitutionszentrum eines jeden möglichen Wissens. Das Denken des 19. und auch noch des 20. Jh.s wird dem Zwang unterworfen sein, die sich entfaltende oder zu schaffende Selbstaneignung eines universellen Subjekt-Objekts zu denken, das sich durch alle Entfremdung zu sich selbst emporarbeitet. Schützenhilfe erhält es von den neu entstehenden »Humanwissenschaften« (Psychologie, Soziologie, Literaturwissenschaft usw.), die allerdings Pseudowissenschaften sind, weil sie Erkenntnismodelle der Wissenschaften des Lebens, der Arbeit und der Sprache imitieren und deren Ergebnisse auf die Ebene des Repräsentierbaren heben, »*aber gemäß einer bewußt-unbewußten Dimension*«.

Um 1900 tritt eine Verschiebung der modernen Episteme ein: mit Ethnologie, Psychoanalyse und Systemlinguistik entstehen »Gegen-Wissenschaften«, die nicht aufhören, den Menschen »*kaputt*« zu machen«, weil sie nicht den Wesenskern der menschlichen Existenz aufdecken, sondern von der gelebten Erfahrung des Menschen verschiedene Systeme, Kombinatoriken und Strukturen. Zudem öffnet sich seit MALLARMÉ und im Umkreis des Surrealismus (A. ARTAUD, R. ROUSSEL, M. BLANCHOT) ein Erfahrungsraum der Sprache, in dem der Mensch »*nicht zum Zentrum seiner selbst gelangt, sondern zur Grenze dessen, was ihn einschließt: zu jenem Gebiet, wo der Tod weilt, wo das Denken erlischt, wo die Verheißung des Ursprungs unendlich sich zurückzieht*«. Dies erzwinge eine neue Kritik der Endlichkeit und Vernunft, die den Bezug auf das

Unendliche wie auf den Menschen preisgibt. Als erster habe NIETZSCHE (vgl. *Die fröhliche Wissenschaft*) diese »*Entwurzelung der Anthropologie*« zugunsten einer »*Heterologie*« (G. Bataille) versucht, da der Tod Gottes den »*Tod des Menschen*« in sich schließe.

Foucaults abschließende Feststellung, der Mensch sei im Begriff zu verschwinden »*wie am Meeressaum ein Gesicht im Sand*«, meint aber keineswegs, das gesellschaftliche Lebewesen Mensch werde durch eine globale Katastrophe vom Planeten verschwinden. Worum es geht, ist vielmehr eine neuerliche »*Veränderung in den fundamentalen Dispositionen des Wissens*«, die unsere Gegenwart kennzeichne und die für das dem 19. Jh. eigentümliche Selbstverständnis des Menschen als eines selbstbewußten, sich emanzipierenden Subjekts eine Grundlagenkrise heraufführe. Für die neue Vernunftkritik eines »*radikal philosophischen Denkens*«, dem Foucault eine Bresche schlagen will, sei diese Interpretation des Menschen ebenso zweifelhaft und ungewiß geworden wie es für Kant die vorkritische Metaphysik war. Auch die Humanwissenschaften seien deshalb gehalten, ihren Gegenstand zu wechseln und statt der Fiktion des »Menschen« das Geflecht determinierender Systeme zu erforschen, in dem neue, unvorhersehbare politische und moralische Haltungen entstehen würden.

Foucaults Buch, das rasch als Schlag gegen das phänomenologisch-marxistische Denken im Nachkriegs-Frankreich (J. P. SARTRE, M. MERLEAU-PONTRY) begriffen wurde, löste heftige Kontroversen aus. Offenkundig hatte Foucault zum damaligen Zeitpunkt die Seinsweise der Ordnung nur unzureichend bestimmt, was mehrere mißliche Konsequenzen hatte: Die Episteme war nicht scharf von alten Konzepten wie »Epochenganzheit« oder »Weltanschauung« zu unterscheiden; die Rede von einem »*événement fondamentale*« beim Übergang von einer Episteme zur anderen konnte Anklänge an die »Seinsgeschichte« des späten Heidegger wachrufen; entsprechend dazu hatte Foucault beim Studium der Wissensräume die Frage nach den Beziehungen zwischen den Wissen und den politisch-ökonomischen Strukturen völlig ausgeklammert. Antworten auf diese offenen Fragen hat er später (vgl. *L'Archéologie du savoir, Surveiller et punir*) zu geben gesucht. Im Rückblick scheint sein Buch das Auftauchen eines Diskurses anzuzeigen, den man heute »Poststrukturalismus« nennt. Wie fragwürdig solche Einordnungen auch sein mögen: es läßt sich schon heute behaupten, daß diese »*geniale Untersuchung*« (J. Habermas) Foucaults sicherlich zu den bedeutendsten philosophischen Publikationen in der zweiten Hälfte des 20. Jh.s gehört. W. Mi.

AUSGABE: Paris 1966.

ÜBERSETZUNG: *Die Ordnung der Dinge. Eine Archäologie der Humanwissenschaften*, U. Köppen, Ffm. 1971 [m. einem neuen Vorw.]. – Dass., ders., Ffm. 1977 (stw).

LITERATUR: G. Deleuze, *L'Homme, une existence douteuse* (in Le Nouvel Observateur, 1. 6. 1966, S. 32–34). – M. Amiot, *Le relativisme culturaliste de M. F.* (in Les temps modernes, 248, 1967, S. 1271–1298). – G. Canguilhem, *Mort de l'homme ou épuisement du cogito?* (in Critique, 242, 1967, S. 599–618). – M. de Certeau, *Les sciences humaines et la mort de L'Homme* (in Études, 326, 1967, S. 344–360). – J. Piaget, *Un structuralisme sans structures* (in J. P., *Le structuralisme*, Paris 1968; dt.: Freiburg i. B. 1973). – F. Wahl, *Y-a-t-il une épistémé structuraliste?* (in Qu'est-ce que le structuralisme?, Hg. F. Wahl, Paris 1968; dt. *Einführung in den Strukturalismus*, Ffm. 1973). – M. Serres, *Le retour de la nef* (in M. S., *Hermes I*, Paris 1969, S. 191–205). – J. Langlois, *M. F. et la mort de l'homme* (in Science et Esprit, 21, 1969, S. 209 bis 230). – G. Lebrun, *Kant et la fin de la métaphysique*, Paris 1970. – P. Sloterdijk, *M. F.s strukturale Theorie der Geschichte* (in PhJb, 79, 1972, S. 161–183). – G. S. Rousseau, *Whose Enlightenment? Not Man's: The Case of M. F.* (in ECS, 6, 1972/73, S. 238–256). – J. Miel, *Ideas or Epistemes: Hazard versus F.* (in YFS, 1973, Nr. 49, S. 231–245). – G. Huppert, *Divinatio et Eruditio: Thoughts on F.* (in History and Theory, 13, 1974, S. 191–207). – D. Leland, *On Reading and Writing the World: F.'s History of Thought* (in Clio, 4, 1975, S. 225–243). – V. Pratt, *F. and the History of Classification Theory* (in History and Philosophy of Science, 8, 1977, S. 163–171). – M. Frank, *Was ist Neostrukturalismus?*, Ffm. 1983, S. 135–215. – J. Habermas, *Der philosophische Diskurs der Moderne*, Ffm. 1985, S. 303–315. – G. Lebrun, *Note sur la phénoménologie dans »Les mots et les choses«* (in *M. F., philosophe*, Paris 1989).

NAISSANCE DE LA CLINIQUE. Une archéologie du regard médical

(frz.; Ü: *Die Geburt der Klinik. Eine Archäologie des ärztlichen Blicks*). Medizinhistorisch-erkenntniskritische Untersuchung von Michel FOUCAULT, erschienen 1963. – Foucault will die gängige Vorstellung auflösen, die Wissenschaftlichkeit der modernen Medizin habe sich an der Wende vom 18. zum 19. Jh. durch den Entschluß der Ärzte konstituiert, die als leere, abergläubische Spekulation erkannten Lehren der klassischen Medizin zu verwerfen, um sich auf die Beobachtung des Tatsächlichen zu beschränken. Er konzentriert sich in seiner Untersuchung ebenfalls auf dieses schmale Kapitel der Medizingeschichte (ca. 1770–1825), jedoch aus der Sicht einer »*archäologischen*« (vgl. *L'Archéologie du savoir*) Konstitutionsanalyse der Erfahrung. Zwar wird eingangs auch die Verflechtung neuer medizinischer Organisationsformen in die historisch-politischen Umwälzungen der Französischen Revolution beschrieben, den eigentlichen Gegenstand des Buches bildet jedoch nicht das spezialisierte institutionelle Milieu der »Kliniken«, sondern eine plötzliche Veränderung der ineinander verschränkten

Praktiken des Sehens und Sagens. Diese läßt ein neues Sichtbarkeitsraster entstehen und zieht andere Grenzlinien zwischen dem Sichtbaren und dem Unsichtbaren: Der Geist der modernen Medizin beruht nach Foucault »*auf einer Reorganisation jenes sichtbaren und unsichtbaren Raumes, der sich aufgetan hatte, als vor Jahrtausenden ein Blick beim Leiden der Menschen haltmachte*«.

Aus dem in die Natur, in die Gesellschaft, in das Schicksal oder den Gotteswillen eingebundenen Subjekt, das vom Arzt gefragt wird: »Was haben Sie?«, wird binnen weniger Jahrzehnte das isolierte, hospitalisierte Objekt, das moderne Individuum einer sich mehr und mehr konsolidierenden Medizin-Wissenschaft, deren Vertreter fragen: »Wo tut es weh?«, um die verdächtige Stelle dem Experiment zu unterwerfen und eine vorsichtige Diagnose zu wagen. Dem liegt eine Verschiebung auf der »*Ebene der fundamentalen Verräumlichung und Versprachlichung des Pathologischen*« zugrunde. An die Stelle einer repräsentierenden Sprache, die die Krankheit in ein Klassifizierungssystem einordnet und dem Blick vorausgeht, tritt eine registrierende Sprache, die dem Blick auf den kranken Organismus in einem empirischen Ordnungsraum nachfolgt. An die Stelle eines auf die Sichtbarkeit der äußeren Krankheitszeichen gerichteten Sehens tritt der mit dem Skalpell bewaffnete Tiefenblick einer anatomisch-pathologischen Medizin, die seit Xavier BICHAT (1771–1802), dem Begründer der pathologischen Histologie, in der Autopsie des Leichnams das Unsichtbare an die Oberfläche einer Sichtbarkeit hebt, die analysierbar ist, weil die Krankheit selbst eine Zerlegung und Auflösung des Organismus vornimmt: »*Von der Renaissance bis zum Ende des 18. Jh.s war das Wissen vom Leben im Zirkel des Lebens befangen, der in sich zurückläuft und sich selber spiegelt. Seit Bichat steht dieses Wissen neben dem Leben; es ist von ihm durch die unüberschreitbare Grenze des Todes getrennt. Der Tod ist der Spiegel, in dem das Wissen das Leben betrachtet.*« Indem Krankheit und Tod rationalisiert werden, entstehen die historischen Existenzbedingungen, das »*konkrete Apriori*« für die positive Medizin. Ihr Diskurs ist der erste wissenschaftliche Diskurs über das Individuum und verdrängt den Diskurs des kranken Subjekts. »*Ganz allgemein ist vielleicht die Erfahrung der Individualität in der modernen Kultur an die Erfahrung des Todes gebunden: von den geöffneten Leichen Bichats bis zum Menschen Freuds prägt ein hartnäckiger Bezug zum Tod dem Allgemeinen sein besonderes Gesicht auf und verleiht dem Wort eines jeden endlose Vernehmbarkeit.*« Darum ist die Medizin für Foucault die ausgeprägteste Gestalt der modernen Humanwissenschaften: Aus den negativen Erfahrungen, die der abendländische Mensch an sich selbst macht, bildet er einen Gegenstand möglichen Wissens, dessen philosophischer Status »*wesentlich vom medizinischen Denken bestimmt wird*«.

Foucault hat in der Neuauflage des Buches einige Passagen korrigiert, die noch Anleihen bei einer strukturalistischen Terminologie machten. Den Begriff des »*ärztlichen Blicks*« hat er später in Frage gestellt, da er noch dem phänomenologischen Vorrang des Wahrnehmens vor der Sprache verhaftet geblieben sei und die Illusion eines souverän blickenden Subjekts suggeriert habe. Weil nach Foucault heute eine neue, von der liberalen Medizin und der sie durchdringenden »*Krankheitspolitik*« entbundene Erfahrung von Leiden und Tod im Entstehen ist, ging er Anfang der siebziger Jahre zur Praxis über und beteiligte sich an der Gründung des »Groupe Information Santé« (G. I. S.) und an der Grundsatzerklärung *Medizin und Klassenkampf*. W. Mi.

AUSGABEN: Paris 1963 – Paris 1972.

ÜBERSETZUNG: *Die Geburt der Klinik. Eine Archäologie des ärztlichen Blicks*, W. Seitter, Mchn. 1973. – Dass., Ffm. u. a. 1976. – Dass., Ffm. 1987 (FiTb).

LITERATUR: F. Dagognet, *Archéologie ou histoire de la médecine?* (in Critique, 216, 1965, S. 436–447). – A. L. Aronson, *Medicine: History and Theory* (in The Yale Review, 63, 1974, S. 473–476). – *Les machines à guérir*, Hg. Institut de l'Environnement, Paris 1976. – J. Starobinski, *Gazing at Death* (in The N.Y. Review of Books, 22. 1. 1976, S. 18–22). – E. S. Casey, *The Place of Space in »The Birth of the Clinic«* (in The Journal of Medicine and Philosophy, 12/4, 1987, S. 351–356). – C. E. Scott, *The Power of Medicine, the Power of Ethics* (ebd., S. 335–350).

SURVEILLER ET PUNIR. Naissance de la prison

(frz.; Ü: *Überwachen und Strafen. Die Geburt des Gefängnisses*). Machtanalytische Untersuchung von Michel FOUCAULT, erschienen 1975. – Bereits in *Histoire de la folie* und *Naissance de la clinique* hatte Foucault das Problem der in den Wissensformen wirksamen politisch-ökonomischen Kräfteverhältnisse angesprochen, aber nicht eigens analysiert. Erst unter dem Eindruck der Protestbewegungen nach dem Mai 1968 hat sich diese Problematik für Foucault verdichtet. 1970 gründet er mit G. DELEUZE den »Groupe d'Information sur les Prisons« (G. I. P.), der im engsten Kontakt mit den Betroffenen die gesellschaftliche Sprachregelung hinsichtlich der geheimgehaltenen Welt der Gefängnisse zu brechen sucht. Davon ausgehend und im erneuten Rückgriff auf NIETZSCHE (vgl. dessen Arbeit *Zur Genealogie der Moral*) bestimmt Foucault das Politische als ein Geflecht minutiöser Rituale, die Erinnerungsspuren in die Körper und Dinge eingraben, um so die in *L'Archéologie du savoir* offengebliebene Frage zu beantworten, auf welche Weise sich die zwingende Kraft der Regelwerke diskursiver Praxis stabilisiert. Im Schnittpunkt dieser beiden Kraftlinien steht Foucaults genealogische Untersuchung vornehmlich des französischen Strafsystems, die ihr spezifisches Forschungsfeld als »*politische Anatomie*« definiert, als Analyse der »*Gesamtheit der materiellen Elemente und Techniken, welche als Waffen, Schaltstationen, Verbindungswege und Stützpunkte der Macht- und Wissensbeziehungen dienen, welche die menschlichen Körper besetzen und unterwerfen, indem sie aus ihnen Wissensobjekte machen*«.

Foucaults Thematisierung einer »*Mikrophysik der Macht*« zielt aber auf keine »Theorie« der Macht; ganz im Gegenteil versucht sie die vermeintliche Evidenz der neuzeitlichen Konzeption einer zentralen, konzentrisch von oben nach unten wirkenden, in den staatlichen Institutionen verkörperten Macht außer Kraft zu setzen. Foucault verwendet den Begriff »Macht« nur, um singuläre Kräfteverhältnisse benennen zu können, »*Machtbeziehungen*«, die tief in die Produktions- und Herrschaftsverhältnisse hineinreichen: »*Diese Beziehungen sind keine eindeutigen Relationen, vielmehr definieren sie zahllose Konfrontationspunkte und Unruheherde, in denen Konflikte, Kämpfe und zumindest vorübergehende Umkehrung der Machtverhältnisse drohen*«. Wie stellt sich angesichts dieses Konzepts die Metamorphose der Strafmethoden zwischen 1760 und 1840 dar? Die Bestrafungspraxis im Rechtssystem des Feudalismus war geprägt von einer Mischung aus notgedrungener Tolerierung einer endemischen Kriminalität mit exemplarischen, öffentlichen Folter- und Hinrichtungsritualen von ausgeklügelter Grausamkeit. An ihre Stelle tritt seit Ende des 18. Jh.s eine neue, auf die zu bessernde »Seele« des Verurteilten gerichtete Strafpraxis, das Zellengefängnis mit seinen nicht weniger ausgeklügelten Zeit- und Raumordnungen. Foucault sucht das strategische Kalkül, die technische Rationalität zu analysieren, die in dieser Strafreform zur Ausführung kommt. Er sieht ein unterirdisch funktionierendes System von Operationen am Werk, die seit dem 17. Jh. in Form disziplinierender Körpertechniken der Dressur und Abrichtung eine ganz neue »*Ökonomie der Macht*« freisetzten, die über eine »*minutiöse Beobachtung des Details und gleichzeitig eine politische Erfassung der kleinen Dinge*« die Ausnutzung der zur Arbeitskraft vereinheitlichten Antriebspotentiale ermöglichte. »*Die ›Aufklärung‹, welche die Freiheiten entdeckt hat, hat auch die Disziplinen erfunden.*«

Es liegt an diesen keineswegs bloß unterdrückenden, verbietenden, ausschließenden, sondern produktiven Verfahren der Machtfixierung, daß das Gefängnis, dessen offiziell »bessernde, resozialisierende« Funktion schon früh als Illusion erkannt wurde, dennoch weiterhin als unvermeidliche Notlösung erschien. Das Gefängnis ist nur ein außerordentliches Element innerhalb eines breitgefächerten »*Kerkersystems*«, das sich mit seinen Hilfstruppen von Richter-Professoren, Richter-Ärzten, Richter-Pädagogen, Richter-Sozialarbeitern humanisierend gibt. Foucault sieht darin eine Machtstrategie, die die Rechtsgesetze zugunsten normierender Mechanismen der Überwachung und Registrierung neutralisiert, in denen die »Humanwissenschaften« wurzeln und ein dieser »Normalisierungsmacht« angemessenes Wissen hervorbringen: »*Es handelt sich nicht um die Behauptung, die Humanwissenschaften seien aus dem Gefängnis hervorgegangen. Aber sie konnten sich nur formieren und die bekannten Umwälzungen in der Episteme auslösen, weil sie von einer spezifischen und neuen Spielart der Macht getragen waren.*«

Foucaults Bemerkung, die Wahl des Gefängnisses als moderner Strafanlage sei nicht verwunderlich, »*wenn das Gefängnis den Fabriken, den Schulen, den Kasernen, den Spitälern gleicht, die allesamt den Gefängnissen gleichen*«, darf nicht mißverstanden werden. Er hat keineswegs behaupten wollen, daß die moderne Gesellschaft ein einziges großes Gefängnis geworden wäre, vielmehr wollte er sagen, daß zu den technischen Erfindungen der Moderne im Bereich der Politik auch eine wohldurchdachte, vielseitig einsetzbare »*politische Technologie des Körpers*« gehört, die sich »*wirklich in jede Funktion (Erziehung, Heilung, Produktion, Bestrafung)*« integrieren kann. Foucault hat niemals »Macht« mit Disziplinierung gleichgesetzt: Die »Disziplinen« sind nur ein bestimmtes, scharf umgrenztes historisches Objekt möglicher Machtanalysen, das analysierbar geworden ist, weil wir nach Foucault heute gerade nicht mehr in einer Disziplinar-, sondern in einer »*Sicherheitsgesellschaft*« der offenen und fortwährenden Kontrollen leben. Zudem hat Foucault Ende der siebziger Jahre den Terminus »Macht« durch *gouvernement* (»Lenkung«) ersetzt, um das Problem der in jeder Machtform bewirkten Strukturierung des Handlungsfelds anderer zum Kernpunkt einer neuartigen politischen Philosophie zu machen. W. Mi.

AUSGABE: Paris 1975.

ÜBERSETZUNG: *Überwachen und Strafen. Die Geburt des Gefängnisses*, W. Seitter, Ffm. 1976.

LITERATUR: G. Deleuze, *Écrivain non: Un nouveau cartographe* (in Critique, 31, 1975, S. 1207–1227). – F. Ewald, *Anatomie et corps politique* (ebd., S. 1228–1265). – U. Raulf, *Das normale Leben. M. F.s Theorie der Normalisierungsmacht*, Diss. Marburg 1977. – H. Fink-Eitel, *M. F.s Analytik der Macht* (in *Austreibung des Geistes aus den Geisteswissenschaften*, Hg. F. A. Kittler, Paderborn 1980, S. 38–78). – C. Kammler u. G. Plumpe, *Wissen ist Macht. Über die theoretische Arbeit M. F.s* (in Philos. Rundschau, 1980, H. 3/4, S. 185–218). – K. Lichtblau, *Die Politik der Diskurse. Studien zur Politik- und Sozialphilosophie*, Diss. Bielefeld 1980. – *L'Impossible prison. Recherches sur le système pénitentiaire au XIX siècle*, Hg. M. Perrot, Paris 1980. – H. Becker, *Die Logik der Strategie. Eine Diskursanalyse der politischen Philosophie M. F.s*, Ffm. 1982. – H. Münkler u. P. Rippel, *Der Diskurs und die Macht* (in Pol. Vierteljahresschrift, 23, 1982, S. 115 ff.). – G. Schiwy, *Mikrophysik der Macht: M. F.*, (in G. S., *Poststrukturalismus und ›Neue Philosophen‹*, Reinbek 1985). – A. Honneth, *Kritik der Macht*, Ffm. 1985. – W. Seitter, *Menschenfas-

sungen. Studien zur Erkenntnispolitikwissenschaft, Mchn. 1985. – J. Donzelot, *Les mésaventures de la théorie. A propos de »Surveiller et punir« de M. F.* (in Le débat, 41, 1986, S. 52–62). – F. Ewald, *L'état providence*, Paris 1986.

FRIEDRICH DE LA MOTTE FOUQUÉ

* 12.2.1777 Brandenburg/Havel
† 23.1.1843 Berlin

LITERATUR ZUM AUTOR:
O. E. Schmidt, *F., Apel, Miltitz. Beiträge zur Geschichte der deutschen Romantik*, Lpzg. 1908. – A. Schmidt, *F. u. einige seiner Zeitgenossen*, Karlsruhe 1958; ern. Darmstadt 1960 (verb. u. beträchtlich verm.); zuletzt Zürich 1988 (Haffmans Tb). – H. Sembdner, *F.s unbekanntes Wirken für H. v. Kleist* (in H. S., *In Sachen Kleist*, Mchn. 1974, S. 206–226; ern. 1986). – F. R. Max, *Der »Wald der Welt«, das Werk F.s*, Bonn 1980 [zugl. Diss. Wuppertal]. – V. Klotz, *F. de la M.-F.* (in V. K., *Das europäische Kunstmärchen*, Stg. 1985, S. 162–173, 381 f.). – E. C. Seibicke, *F. Baron de La M.-F. Krise u. Verfall der Spätromantik im Spiegel seiner historisierenden Ritterromane*, Mchn. 1985 [zugl. Diss.]. – G. de Bruyn, *F. oder Warnendes Beispiel* (in G. d. B., *Frauendienst*, Halle, Lpzg. 1986, S. 263–271).

DER HELD DES NORDENS

Dramatisches Gedicht in drei Teilen von Friedrich de la Motte FOUQUÉ; der erste Teil, *Sigurd, der Schlangentödter. Ein Heldenspiel in sechs Abentheuern*, wurde bereits 1808 veröffentlicht; vermehrt um den zweiten und dritten Teil, *Sigurd's Rache. Ein Heldenspiel in sechs Abenteuern* und *Aslauga. Ein Heldenspiel in drei Abenteuern*, erschien das Werk 1810 als Trilogie unter dem Titel *Der Held des Nordens*. – Die drei Stücke sind die bedeutendste Frucht der jahrelangen Beschäftigung des Autors mit den nordischen Sagen, deren Tradition er in der Handlung und in den Personennamen seines Dramas folgt: Sigurd erschlägt auf der Gnitnahaide den Drachen Faffner und gewinnt den Nibelungenhort; danach durchreitet er die Waberlohe, erringt Brynhildur, muß aber von ihr erfahren, daß er »*vom Geschick für das Niflungen-Kind / Gudruna aufbewahrt*« ist. Am Hof Giukis schließt er Freundschaft mit dessen Söhnen Gunnar und Högne, heiratet ihre Schwester Gudruna (von seiner Verbindung mit Brynhildur weiß er nach einem »*Vergessenstrank*« nicht mehr), hilft Gunnar bei der Gewinnung Brynhildurs und wird schließlich, als Gudruna das Geheimnis seiner früheren Verbindung mit Brynhildur (an die er sich inzwischen wieder erin-

nert) und der Täuschung Brynhildurs bei der Werbung Gunnars ausgeplaudert hat, von Guttorm, dem dritten Sohn Giukis, umgebracht; zusammen mit Sigurds Leiche läßt Brynhildur sich verbrennen. – Im zweiten Teil heiratet Gudruna den Hunnen- und Sachsenkönig Atli, doch nicht, wie im Nibelungenlied, um sich einst an den Brüdern rächen zu können, sondern ebenfalls unter dem Einfluß eines Zaubertranks ihrer Mutter Grimhildur. Atli lädt die Brüder in sein Land ein; doch Gudruna verrät ihren Brüdern seinen heimtückischen Plan, sich in den Besitz des inzwischen an Gunnar übergegangenen Horts zu setzen. Als Atli Gunnar und Högne vernichtet hat und alle Niflungen beim Brand der Halle umgekommen sind, tötet sie ihre eigenen Kinder und setzt sie Atli als Speise vor. Schließlich wird Atli ermordet; Gudruna wählt den Freitod. Dieser Teil endet mit Dietereichs Klage und seinem Auftrag an einige Skalden, »*mit der Runenschrift ernsthaften Zügen / Aufzuzeichnen künft'gen Menschen diese Mähr'*«. – Der dritte Teil, *Aslauga*, zeigt das Geschick der Tochter Sigurds und Brynhildurs: Sie wächst bei Hirten als Ziegenhüterin auf, wird aber wegen ihrer Schönheit von König Ragnar Lodbrog von Dänemark geheiratet; doch erst als Ragnar, der von seinem Volk Spott erdulden mußte wegen der niedrigen Herkunft seiner Frau, von Aslaugas hoher Abstammung erfährt, erreicht sie mit ihm ein beständiges Glück, das am Ende in einem großen »*Gesang der Skalden*« verherrlicht wird.

Fouqué hatte mit dem Werk einen unmittelbaren Erfolg beim Publikum und erhielt reiches Lob auch von anderen Dichtern der Zeit. JEAN PAUL fand, er »*kleide die Elefantengerippe der Götterlehre aus Norden in lebendiges Fleisch, und die Kolossen schreiten und blicken*«; ähnlich enthusiastisch urteilten CHAMISSO, Th. KÖRNER und Rahel VARNHAGEN, und sogar F. v. SCHLEGEL erblickte »*in diesem vom Geiste Otlins beseelten ... Werke die nordische Dichtkunst in ihrer ganzen Herrlichkeit und Schöne*«. Die romantische Begeisterung für altdeutsche bzw. germanische Helden und Dichtungen dürfte auch durch die Hochstimmung der Freiheitskriege verstärkt worden sein (bezeichnenderweise ist allen drei Teilen des Werks ein Widmungsgedicht des deutschgesinnten und dem König von Preußen treu ergebenen Dichters an J. G. FICHTE vorangestellt, der im Winter 1807/09 in Berlin die *Reden an die deutsche Nation* gehalten hatte). Dem Urteil der Geschichte hat *Der Held des Nordens* nicht standhalten können. zwar ist an dem Werk, dessen Blankverse immer wieder von lyrischen Partien, von stabreimenden Liedern, Monologen und Skaldengesängen in den verschiedensten, virtuos gehandhabten Versmaßen unterbrochen werden, Fouqués »*sündliche Gewandtheit, die er im Versmachen hat*« (J. Grimm), die Vielfalt der Gedichtformen, die an TIECKS Dramensprache in *Leben und Tod der heiligen Genoveva* (1800) erinnert, zu rühmen; doch es entsteht keine dramatische Spannung, und die Charaktere sind weder psychologisch glaubhaft, noch besitzen sie die Unbedingtheit und Kraft der mythischen Helden alter Dichtungen. Schon Heinrich HEINE erkannte in der plumpen Undifferenziertheit der Dramenfiguren die größte Schwäche des Werks und bemerkte, Sigurd habe »*die Kraft von hundert Löwen und den Verstand zweier Esel*«. – Wichtiger als das Werk selbst ist seine Wirkung auf Richard WAGNER, der durch seinen mit Fouqué eng befreundeten Onkel Adolf Wagner schon früh auf den *Held des Nordens* aufmerksam gemacht wurde. Nicht nur im alliterierenden Versbau, sondern im ganzen Rhythmus der Sprache erscheint »*der große Tondichter der Nibelungentetralogie als Fouqués Schüler*« (O. E. Schmidt). J.Dr.

AUSGABEN: Bln. 1808 *(Sigurd, der Schlangentödter. Ein Heldenspiel in sechs Abentheuern)*. – Bln. 1810. – Halle 1841 (in *AW*, 3 Bde., 1; AlH). – Bln. o. J. [1908] (in *Werke*, Hg. W. Ziesemer, 3 Bde., 2).

LITERATUR: H. Hirsch, *F.s »Held des Nordens«. Seine Quellen u. seine Komposition*, Bln. 1910. – M. Kämmerer, *»Der Held des Nordens« von F. u. seine Stellung in der deutschen Literatur*, Diss. Rostock 1910. – E. Mayer, *Die Nibelungen bei F. u. Wagner*, Diss. Wien 1949.

UNDINE

Erzählung von Friedrich de la Motte FOUQUÉ, erschienen 1811. – Die *Undine* des heute fast vergessenen Fouqué, in zahllosen Auflagen erschienen und in alle Weltsprachen übersetzt, gehört zu den volkstümlichsten Kunstmärchen der Romantik. Im Nachwort zu seinen *Ausgewählten Werken* weist der Dichter auf die unmittelbare Quelle hin: PARACELSUS. Auf dem Umweg über seinen Lehrer A. W. v. SCHLEGEL war Fouqué auf NOVALIS gestoßen, der für die Romantiker die Wunderwelt Jakob BÖHMES entdeckt hatte. In den Schriften des schlesischen Mystikers fand Fouqué mancherlei Hinweise auf Paracelsus, bis ihm der Zufall dessen Werk über die Elementargeister in die Hände spielte: *Liber de nymphis, sylphis, Pygmaeis et Salamandris et de caeteris spiritibus*. Paracelsus' Elementargeister, unterschieden nach »Wasserleutten« (Nymphen, Undinen), »Bergleutten« (Pygmäen, Gnome), »Feuerleutten« (Vulkane, Salamander) und »Windleutten« (Sylphen, Silvestres), sind übernatürliche Wesen, weder ganz Natur noch Geist. Sie sind mit allen menschlichen Eigenschaften ausgestattet, aber es fehlt ihnen die menschliche Seele. Nur die Elementargeister des Wassers können menschliche Gestalt annehmen. Undine ist ein solches Wesen. Heiratet ein Wassergeist einen Menschen, gelangt er in den Besitz einer Seele; er verliert sie indessen wieder, wenn sein Gemahl ihn über Wasser beleidigt. Als Beweis führt Paracelsus die *Historie von der Nymphe im Stauffenberg* an.

In neunzehn kurzen Kapiteln erzählt Fouqué von der schicksalhaften Liebe des schönen Meerfräuleins Undine zu dem jungen Ritter Huldbrand von Ringstetten, den das Wüten der entfesselten Elemente zwingt, längere Zeit in der einsam gelegenen Fischerhütte am Ufer des Sees zu verweilen, wo die ungebärdige Undine bei alten Fischersleuten lebt. Der Ritter verliebt sich in die schöne Waise, die seltsame Beziehungen zu den Elementen unterhält. Die Elemente selbst, allen voran das Wasser, greifen in die Handlung aktiv ein, personifiziert in Geistern und Kobolden. Durch ihre Heirat weiß sich Undine endlich im Besitz einer menschlichen Seele, eine tiefe Wandlung geht in ihr vor: Aus dem launenhaften, ungebrochenen Naturgeschöpf wird eine liebende und leidende Frau. Die seelenlose, naiv-unschuldige Natur verwandelt sich in schuldhaft-leidendes Menschsein. In dieser Metamorphose vollzieht sich – entsprechend der romantischen Naturphilosophie – der Bruch zwischen Geist und Natur, der Sündenfall der unbewußten Natur in die bewußte menschliche Existenz. Der Preis für die Seele ist das irdische Leid, ihr Lohn die Unsterblichkeit. Undines Geschichte unter den Menschen wird zu einer Leidensgeschichte.

Nach der Hochzeitsnacht offenbart Undine ihrem Ritter die geheimnisvolle Welt der Elementargeister, der sie durch ihre Herkunft angehört. Das Walten der elementaren Mächte, verkörpert in dem polternden Wassergeist Kühleborn, Undines proteischem Oheim, greift immer wieder in die Geschicke des Paares ein. Die Natur wehrt sich dagegen, um den Preis menschlichen Leides auf eine höhere Daseinsstufe gehoben zu werden. Undines Glück scheint dauerhaft und tief, bis Bertalda in ihr Leben tritt, die böse Gegenspielerin, deren Reizen Huldbrand verfällt. Kühleborn kann das Schicksal der zerbrechlichen und reinen Undine nicht aufhalten, sie muß zugrunde gehen in einer unvollkommenen Welt des Leides, die zu lieben verlernt hat. Bei einer Donaufahrt zu dritt geschieht, was als Kernmotiv schon bei Paracelsus angelegt ist: Huldbrand beleidigt seine Gemahlin auf dem Wasser; Undine verschwindet in den seufzenden Fluten. Aber auch Huldbrand ereilt nach den Gesetzen der Elementargeister das Geschick, als er Bertalda heiraten will. Undine tritt ein letztes Mal auf, um den untreuen Geliebten in ihrer Umarmung zu ersticken.

Fouqué verlegt das Geschehen in ein historisch nicht fixierbares, phantastisches Mittelalter. Er erzählt im Ton von Märchen und Volksbüchern, betont schlicht und naiv. Bisweilen schleichen sich schon jene Manierismen in seine Prosa ein, die Fouqués spätere Werke so ungenießbar machen, klischeehafte Schwarzweißmalerei, stereotype Charakteristiken, allzu stimmungshafte Impressionen, Sentimentalität und handlungsfremde Reflexionen, die er bieder dem Leser mitteilt. Auch fehlt dem Märchen die tiefe mythische Weltschau anderer Märchen aus dem Kreis der Romantiker, von Novalis über TIECK bis zu E. T. A. HOFFMANN. – Dennoch fand GOETHE die *Undine* »allerliebst«, und seine Zeitgenossen nahmen sie begeistert auf. Willibald ALEXIS' Prophezeiung, daß die Erzählung an die klassischen Märchenbücher der Deutschen eingehen werde, hat sich erfüllt. Bald nach dem Erscheinen des Werks komponierte E. T. A. Hoffmann eine Undinen-Oper (1815) nach einem Szenarium von Fouqué. Ein weiteres Opernlibretto schrieb Fouqué für den Komponisten Christian Friedrich Johann Girschner. Ein Undinen-Ballett wurde 1836 in Berlin aufgeführt. Die bühnenwirksamste Bearbeitung aber blieb bis auf den heutigen Tag Albert Lortzings Oper *Undine*. Jean GIRAUDOUX schrieb 1939 ein dreiaktiges Schauspiel (vgl. *Ondine*) nach der berühmten Erzählung Fouqués.

M.Ke.

AUSGABEN: Bln. 1811 (in Die Jahreszeiten, Frühlingsh.). – Bln. 1811. – Halle 1841 (in *AW*, 12 Bde., 8; AlH). – Mchn. 1919 (Ill. H. Arndt; Phoebus-Bücher, 16). – Mchn. 1924. – Lpzg. 1930, Hg. A. Müller (DL, R. Romantik, Bd. 14/1). – Stg. 1975 (RUB). – Mchn. 1977 (in *Romantische Erzählungen*, Hg., Anm., Zeittafel, Bibliogr. u. Nachw. G. Schulz; ern. 1985). – Ffm. 1978, Hg. R.-R. Wuthenow (Insel Tb).

VERTONUNGEN: E. T. A. Hoffmann, *Undine* (Oper; Urauff.: Bln., 3. 8. 1816, Kgl. Schauspielhaus). – Ch. F. J. Girschner, *Undine* (Oper; Urauff.: Bln., 19. 5. 1830 [z. T.]; vollst. Auff.: Danzig, 21. 3. 1837). – H. Schmidt, *Undine* (Ballett; Urauff.: Bln. 1836, Kgl. Theater). – G. A. Lortzing, *Undine* (Oper; Urauff.: Magdeburg, 21. 4. 1845). – F. Ashton u. H. W. Henze, *Ondine* (Ballett; Urauff.: Ldn., 27. 10. 1958; Sadler's Wells).

LITERATUR: M. Koch, *F. u. J. Frh. v. Eichendorff*, Stg. 1894, S. 65 ff. – W. Pfeiffer, *Über F.s »Undine«. Nebst einem Anhang, enthaltend F.s Operndichtung »Undine«*, Heidelberg 1903. – O. Floeck, *Die Elementargeister bei F. u. anderen Dichtern der romantischen u. nachromantischen Zeit*, Bielitz/Heidelberg 1909. – H. v. Wolzogen, *E. Th. A. Hoffmanns u. F.s »Undine«* (in Der Wächter, 5, 1922, S. 263–265). – J. Haupt, *Elementargeister bei F.*, Lpzg. 1923. – L. Le Sage, *Die Einheit von F.s »Undine«. An Unpublished Essay in German by J. Giraudaux* (in RomR, 42, 1951). – D. B. Green, *Keats u. L. M. F.'s »Undine«* (in Delaware Notes, 27, 1954). – G. Dischner, *F. de la M.-F.: »Undine«* (in *Romane u. Erzählungen der dt. Romantik*, Hg. P. M. Lützeler, Stg. 1981, S. 264–284).

JOHN FOWLES

* 31.3.1926 Leigh-on-Sea / Essex

LITERATUR ZUM AUTOR:
Bibliographien:
K. M. Myers, *J. F.: An Annotated Bibliography, 1963–1976* (in Bulletin of Bibliography, 33, 1976, Nr. 4). – B. u. T. Olshen, *J. F.: A Reference Guide*, Boston 1980. – R. C. Dixon, *Criticism of J. F.: A Selected Checklist* (in MFS, 31, 1985, Nr. 1).
Gesamtdarstellungen und Studien:
R. Binns, *J. F.: Radical Romancer* (in Critical Quarterly, 15, 1973, S. 317–334). – W. J. Palmer, *The Fiction of J. F.*, Columbia/Mo. 1974. – P. Wolfe, *J. F.: Magus and Moralist*, Lewisburg/Pa. 1976: ²1979 [rev.]. – B. N. Olshen, *J. F.*, NY 1978. – R. Burden, *J. F., John Hawkes, Claude Simon: Problems of Self and Form in the Post-Modernist Novel*, Würzburg 1980. – R. Huffaker, *J. F.*, Boston 1980 (TEAS). – D. H. Walker, *Subversion of Narrative in the Work of André Gide and J. F.* (in Comparative Criticism, Hg. E. S. Shaffer, Cambridge 1980, S. 187–212). – Journal of Modern Literature, 8, 1980/81, Nr. 2 [Sondernr. *J. F.*]. – P. J. Conradi, *J. F.*, Ldn./NY 1982. – K. McSweeney, *Four Contemporary Novelists*, Montreal 1982. – R. Runyon, *F., Irving, Barthes: Canonical Variations on an Apocryphal Theme*, Columbus/Oh. 1982. – E. Pifer, *J. F.* (in DLB, Bd. 14, 1983, S. 309–336). – H. W. Fawkner, *The Timescapes of J. F.*, Ldn. 1984. – B. Woodcock, *Male Mythologies: J. F. and Masculinity*, Brighton/Totowa (N.J.) 1984. – W. Krull, *J. F.* (in KLFG, 6. Nlg., 1985). – MFS 31, 1985, Nr. 1 [Sondernr. *J. F.*]. – S. Loveday, *The Romances of J. F.*, Ldn. 1985. – H. Buchholz, *Die schöpferische Elite und ihre geistige Verantwortung*, Ffm./Bern 1986. – H. Zirker, *J. F.* (in *Der englische Roman der Gegenwart*, Hg. R. Imhof u. A. Maack, Tübingen 1987, S. 162–186).

THE COLLECTOR

(engl.; *Ü: Der Sammler*). Roman von John FOWLES, erschienen 1963. – Der erste veröffentlichte Roman von Fowles, der in Oxford Romanistik studierte, war nicht sein erster: Neben zahlreichen unveröffentlichten Manuskripten entstand auch *The Magus* (1965) vor *The Collector*. Der große Erfolg des Erstlings bei Kritikern und Lesern (und dann auch als Film) überraschte Fowles, denn schon in *The Collector* zeigt sich die Neigung zum erzähltechnischen Experiment, die Fowles zu einem der bedeutendsten postmodernen Erzähler machte. Die Geschehnisse des zweiteiligen Romans werden aus zwei verschiedenen Perspektiven erzählt: aus der Sicht des etwa fünfundzwanzigjährigen Ich-Erzählers Frederick Clegg und aus jener der zwanzigjährigen Kunststudentin Miranda Grey. Beide Protagonisten werden als Gefangene ihrer sozialen Lebensbedingungen dargestellt, aus denen sie sich letztlich nicht befreien können.
Clegg stammt aus einer englischen Kleinbürgerfamilie, durch deren Normen er geformt wurde. Früh verwaist, wurde er von seiner Tante in einer Umgebung aufgezogen, die ihn zum schäbig-gemeinen, prüden, gefühlskalten Menschen ohne eigene Identität machte. Er arbeitet als kleiner Verwaltungsan-

gestellter, sein einziges Hobby ist das Schmetterlingssammeln. Er hat keine Freunde, träumt aber von der hübschen Miranda, die in der Nähe wohnt, die er einst durch ein Fenster erblickt hatte und deren Leben er von diesem Zeitpunkt an ausspioniert. Als er eines Tages im Fußballtoto gewinnt, sieht er eine Möglichkeit, seinen Traum zu realisieren und Miranda zu besitzen. Er kauft ein altes, einsam gelegenes Haus in Sussex und bereitet es darauf vor, Miranda aufzunehmen, die er wie einen schönen Schmetterling seiner Kollektion einzuverleiben gedenkt. Er entführt das ahnungslose Mädchen, nachdem er es wie seine Schmetterlinge chloroformiert hat, und sperrt es in den vom Tageslicht abgeschirmten Keller seines Hauses. Die Interaktion zwischen Täter und Opfer, das mit Cleggs Traumgestalt wenig gemein hat, bestimmt den Rest des ersten Romanteils, der einige Tage vor Mirandas Tod infolge einer Lungenentzündung endet.

Der zweite Teil des Romans besteht aus Mirandas Tagebuch, das sie heimlich während ihrer achtwöchigen Gefangenschaft schrieb und in dem sie ihre Gedanken und ihr Leiden lebhaft darstellt. Auch Miranda, Tochter aus einer Familie des gehobenen Bürgertums, ist durch die überkommenen Vorstellungen ihrer Klasse geprägt. Ihre klischeehaften, konventionellen Ansichten über Liebe, Sexualität und die Beziehungen zwischen Mann und Frau ändern sich zwar im Lauf ihrer Gefangenschaft, wobei sich der jeweilige Bewußtseinsstand in ihren verschiedenen Befreiungsversuchen spiegelt. Aber so wie ihre immer durchdachteren Anstrengungen fehlschlagen, mißlingen auch ihre Versuche, sich von den verinnerlichten Konventionen zu lösen. Sie kann zwar Cleggs Ängste und Motive, vor allem sein Besitzstreben, scharfsinnig analysieren und zu der Einsicht gelangen, daß das Verhältnis der Geschlechter auch ein Machtkampf ist, letztlich verfestigen sich aber nur ihre erworbenen, teilweise arrogant wirkenden Ansichten. Ihr physischer Tod versinnbildlicht die Unfähigkeit, aus dem Gefängnis ihrer Wertvorstellungen auszubrechen. Dennoch sieht sie richtig, daß Clegg »*in Wahrheit der Gefangene ist, nämlich im Gefängnis seiner haßerfüllten, engen Welt.*« Auch er, der durch Miranda in mancher Hinsicht verunsichert wird, geht aus dem Lernprozeß schließlich mit verfestigten Anschauungen hervor. Im kurzen Schlußabschnitt, nach Mirandas Tod von Clegg erzählt, ist ihm klargeworden, daß er eine ihm unterlegene Frau finden sollte, weil er nur ihr seine Überzeugungen beibringen kann. Fowles bietet dem Leser durch Clegg vorübergehend zwei Schlüsse an, einen romantischen à la Romeo und Julia und einen deterministischen, doch am Ende schließt sich der Kreis: An einer Kreuzung erblickt Clegg ein Mädchen, das Miranda ähnlich sieht; es wird alles noch einmal geschehen.

In *The Aristos: A Self-Portrait in Ideas*, 1964 (rev. 1968; *Der Beste: Ein Ideen-Selbstporträt*), reagierte Fowles auf den großen Erfolg von *The Collector*, vor allem auf die Tatsache, daß viele Leser und Kritiker das Buch als Thriller mißverstanden. Wie in seinen späteren Romanen benutzt Fowles literarische Formen und Konventionen (hier die des Thrillers) als Vehikel für Ideen, in diesem Fall für die existentialistische Frage nach der inneren und äußeren Freiheit des Menschen. So schreibt er in *The Aristos*: »*All unsere ›freien‹ Entscheidungen sind vielleicht letztlich einer Prägung zuzuschreiben, über die wir keine Kontrolle haben. Wir leben in einer Gefängniszelle.*« A.Ja.-KLL

AUSGABEN: Boston 1963. – Ldn. 1963. – NY 1966. – Ldn./NY 1973. – NY 1975. – Ldn. 1986.

ÜBERSETZUNG: *Der Sammler*, M. Wolff, Bln. 1964. – Dass., dies., Ffm./Bln. 1968 (Ullst. Tb).

VERFILMUNG: USA 1965 (Regie: W. Wyler).

LITERATUR: S. Bagchee, »*The Collector*«: *The Paradoxical Imagination of J. F.* (in Journal of Modern Literature, 8, 1980/81, S. 219–234). – P. Nodelman, *J. F.'s Variations in* »*The Collector*« (in ConL, 28, 1987, S. 332–346).

THE EBONY TOWER

(engl.; Ü: *Der Ebenholzturm*). Erzählungssammlung von John FOWLES, erschienen 1974. – Die Erzählungen *The Ebony Tower (Der Ebenholzturm)*, *Eliduc* (die Prosaübersetzung eines Lais der MARIE DE FRANCE aus der zweiten Hälfte des 12. Jh.s, mit *A Personal Note*), *Poor Koko (Armer Koko)*, *The Enigma (Das Rätsel)* und *The Cloud (Die Wolke)* ergeben ein Thema mit Variationen (so auch der ursprünglich geplante Titel der Sammlung). »*Variationen sowohl über bestimmte Themen in meinen früheren Büchern als auch in der erzählerischen Darstellungstechnik*« (Fowles in *A Personal Note*). An den Leser ergeht also die Aufforderung, Themen und Erzählweisen aufzuspüren, die diesen Geschichten (mit *Eliduc* als Zentrum) und anderen Werken des Autors gemeinsam sind, sowie seine Aufmerksamkeit generell nicht nur dem Inhalt der Erzählungen, sondern auch dem literarischen Prozeß als solchem zu widmen. Gemeinsam ist den fünf Erzählungen vor allem das Motiv der *Queste*, der Suche nach der richtigen Gestaltung des Lebens. Das existentialistische Problem von Schein und Sein, Aufrichtigkeit und Unaufrichtigkeit, Wahrhaftigkeit und Trug wird in verschiedenen Abwandlungen dargestellt und besonders mit dem Thema der Kunst und ihrer Schöpfer sowie mit der bei Fowles regelmäßig wiederkehrenden Frage nach der Autonomie des Individuums verbunden. In der Titelerzählung, einer fast hundertseitigen Novelle, klingt das Thema bereits im Titel an. Der schwarze Ebenholzturm, Gegenbild zum positiv gesehenen Elfenbeinturm der wahren Kunst, versinnbildlicht das sterile Dasein des Kunstkritikers und Malers David Williams, der mit gesichertem Einkommen in einer angenehm unproblematischen Ehe lebt. Als er in die Bretagne fährt, um dort den alten, vitalen Maler Henry Breasley in dessen einsam gelegenem Landhaus aufzusuchen und zu interviewen, gerät sein geordnetes Leben in eine Krise. Breasleys selbstgewähltes Exil, das er mit zwei jungen Frauen teilt, verleiht ihm persönliche Unabhängigkeit, im Leben wie in der Kunst. Er attackiert die von Williams gepflegte abstrakte Malerei, die für ihn den Sieg der Technik über das Menschliche, d. h. über das Bewußtsein sozialer Verantwortlichkeit, symbolisiert, und ordnet sie dem Ebenholzturm zu. Am folgenden Tag kommen sich Williams und Diana, eine der beiden Frauen und selbst Malerin, in einem Gespräch über Breasleys Kunstauffassung näher. Vor die Entscheidung zwischen seiner Liebe zu Diana und dem Wagnis eines künstlerischen Neubeginns einerseits und der Sicherheit seines bürgerlichen Lebens und seiner risikolosen Kunstpraxis andererseits gestellt, bringt Williams nicht die Kraft zum Neuanfang auf. Wohl aber ist er sich des Zusammenhangs zwischen der Mittelmäßigkeit seiner Kunst und seines Lebens bewußt geworden. Mit diesem Bewußtsein kehrt er in seine alte Welt zurück.

Auch der etwa sechzig Jahre alte Ich-Erzähler von *Poor Koko* macht wie David Williams eine existentielle Erfahrung, die sein Leben und seine schöpferische Arbeit radikal in Frage stellt. Er hat sich aus London in ein einsames Landhaus in Dorset zurückgezogen, um eine kritische Biographie über den (von Fowles hochgeschätzten) viktorianischen Schriftsteller Thomas Love PEACOCK (1785 bis 1866) abzuschließen. Gleich in der ersten Nacht wird er von einem jungen Einbrecher überrascht (»Koko«, dessen wahrer Name unbekannt bleibt). Der marxistisch angehauchte Koko, der die bürgerlichen Eigentumsverhältnisse auf seine Weise korrigieren will, Joseph CONRAD gelesen hat und den Erzähler bei seiner »Arbeit« in lange Diskussionen verwickelt, kann seine Gedanken und Vorstellungen allerdings nur ungenügend artikulieren. Als der Erzähler dem Eindringling von seinem Peacock-Projekt berichtet, sich aber weigert, auch über Koko zu schreiben, verbrennt dieser vor den Augen des gefesselten Erzählers dessen gesamte Aufzeichnungen, die Arbeit von vier Jahren, und verschwindet, ohne je gefaßt zu werden. Nach langem Nachdenken über das Geschehen wird dem Erzähler Kokos Motiv klar: Koko (das Wort bezieht sich auf den japanischen Begriff für das rechte Verhalten des Vaters dem Sohn gegenüber) hat sich dafür gerächt, daß die Väter-Generation etwas besitzt, das der jungen fehlt, weil es ihr von den Vätern vorenthalten wurde: ein kulturelles Erbe und, verbunden damit, die Fähigkeit, Überzeugungen und Gefühle in Worte zu fassen. »*In Wahrheit wurde die ›Weigerung‹ meiner Generation verbrannt, eine Art Magie weiterzuvermitteln*«, nämlich die Macht des Wortes. Der Erzähler kann sein Manuskript rekonstruieren und seine Geschichte mit großer Sprachkunst dem Leser erzählen; Koko als Vertreter der jungen Generation hingegen bleibt auf hilflose Kommunikationsversuche und Diebstahl angewiesen.

Auch in der vierten Erzählung, *The Enigma*, geht es um einen geheimnisvollen, erklärungsbedürftigen Vorfall; wiederum steht das wahrhafte Leben im Gegensatz zum scheinbaren. John Marcus Fielding, ein wohlhabender Parlamentsabgeordneter, eine unauffällig lebende Stütze der Gesellschaft und der Wirtschaft, ist spurlos verschwunden. Der mit den Nachforschungen beauftragte Detektiv Jennings kommt allmählich zu der Erkenntnis, daß Fielding, wie die meisten Menschen seiner Klasse, nie sein wahres Selbst zeigte, sondern in einer Welt des Scheins lebte. In Gesprächen mit Isobel Dogson, der ehemaligen Freundin von Fieldings Sohn Peter, kristallisiert sich heraus, daß der Verschwundene offenbar die Hohlheit seines Lebens nicht länger ertragen konnte. Sein Verschwinden allein ist die außergewöhnliche Tat, die ihn in der Erinnerung seiner Mitmenschen wird fortleben lassen. Im Gegensatz zu den Konventionen der Detektiverzählung, auf die Isobel laufend Bezug nimmt, wird das Rätsel in der Realität nicht gelöst, wohl aber in der Imagination von Jennings und Isobel (ob Isobel Fieldings Komplizin war, bleibt offen). Jennings und Isobel verlieben sich ineinander und erfahren das Geheimnis vitaler Liebe. Nicht das Verschwinden von Fielding, der Wert darauf legte, spurlos zu verschwinden und der sich wohl in seinem eigenen Teich ertränkte, steht schließlich im Zentrum der Geschichte, sondern die Suchenden und die Suche. Das Geheimnis des Lebens und der Liebe wird zum Änigma des Titels. Die entscheidende Entwicklung geht dabei (wie oft bei Fowles) von einer intelligenten, unkonventionellen Frau aus, die Werte wie Glaubwürdigkeit und Echtheit verkörpert.

The Cloud, die letzte der Erzählungen, bestätigt die große Bandbreite von Fowles' Erzählkunst. Die ständig wechselnde Perspektive wie auch die Stimme des Erzählers erinnern an Virginia WOOLF. Wiederum spielt das Geschehen in Frankreich, über einer idyllischen Landschaft, die an Gemälde von Courbet erinnert, bildet sich eine drohende Gewitterwolke, die symbolisch auch auf menschliches Unheil vorausweist. Zwei englische Paare, Annabel Rogers und ihr Mann, der Schriftsteller Paul, mit ihren Töchtern Candida und Emma sowie der Filmproduzent Peter mit seiner Freundin Sally und seinem kleinen Sohn aus erster Ehe, versuchen jeweils auf ihre Weise, Annabels Schwester Catherine, die gerade ihren Mann durch Selbstmord verloren hat, aufzuheitern und ins Leben zurückzuführen. Es gelingt weder der in sich ruhenden Annabel noch der sensiblen, imaginativen kleinen Emma oder ihrer lauten Schwester Candida, geschweige denn der oberflächlich-törichten Sally oder dem Frauenhelden Peter, Catherines Lebenswillen neu zu entzünden. Nach einem Picknick bleibt Catherine allein und unbemerkt unter der dunklen Wolke zurück. Ihr Schicksal bleibt ungewiß, das Ende offen.

Eliduc, die textgetreue Prosaübersetzung des längsten Lais der Marie de France, fällt nur auf den ersten Blick aus dem Rahmen. Nicht zuletzt durch die programmatisch-interpretatorische Einführung des Autors *(A Personal Note)* erweist sich dieses mittelalterliche Lai als Herzstück der Sammlung, als Thema zu den Variationen der anderen Erzählungen. Auch in der Dreiecksbeziehung des Ritters Eliduc, seiner Gemahlin Guildeluec und seiner Geliebten Guilliadun stellt sich für Fowles die Frage nach dem wahren Leben, der wahren Liebe und der wahren Kunst. An Marie de France bewundert Fowles den Realitätssinn; in der Liebe zur wahrhaftigen Darstellung des Lebens unterschied sich die Dichterin von ihren männlichen Zeitgenossen. Durch ihre Dichtkunst wurde sie zum freien Menschen, der wie ihre weiblichen Protagonisten die Grenzen der Konvention überwand.

A.Ja.-KLL

AUSGABEN: Boston 1974. – Ldn. 1974. – NY 1975. – Vancouver/B.C. 1978.

ÜBERSETZUNG [nur der Titelgeschichte]: *Der Ebenholzturm*, E. Bornemann, Bln. 1975. – Dass., dies., Ffm./Bln. 1978 (Ullst. Tb). – Dass., dies., Bln./Weimar 1984.

LITERATUR: Th. Solotaroff, *J. F.'s Linear Art* (in NY Times Book Review, 10. 11. 1974, S. 2–3 u. 20). – C. B. Hiett, *»Eliduc« Revisited: J. F. and Marie de France* (in ESC, 3, 1977, S. 351–358). – W. Gauger, *J. F.: »The Ebony Tower«* (in *Engl. Literatur der Gegenwart, 1971–1975*, Hg. R. Lengeler, Düsseldorf 1977, S. 301–312). – K. MacSweeney, *J. F.'s Variations in »The Ebony Tower«* (in Journal of Modern Literature, 8, 1980/81, S. 303–324). – C. M. Barnum, *The Quest Motif in J. F.'s »The Ebony Tower«: Theme and Variations* (in Texas Studies in Literature and Language, 23, 1981, S. 138–157).

THE FRENCH LIEUTENANT'S WOMAN

(engl.; Ü: *Die Geliebte des französischen Leutnants*). Roman von John FOWLES, erschienen 1969. – In Fowles' bekanntestem, erfolgreichstem und wohl auch bestem Roman spiegelt sich die Belesenheit des Autors in besonderem Maße wider. Abgesehen von zahllosen literarischen Zitaten und Anspielungen gestaltet das Werk einen viktorianischen Roman nach, allerdings in ironisch-gebrochener Form. Dieser Kunstgriff erlaubt es dem Autor, die Hintergründe der weltanschaulichen Normen sowohl des viktorianischen als auch des modernen Zeitalters aufzudecken: *»Das gutbürgerliche Gewand wird dauernd linksgewendet, so daß die Nähte, die es zusammenhalten, bloßgelegt werden.«* (W. Wicht). Trotz dieser intellektuellen Ansprüche wurde das Werk ein Bestseller.

Der aus einer aristokratischen Familie stammende 32 Jahre alte Charles Smithson hat sich mit der hübschen Ernestina, der einzigen Tochter des neureichen Londoner Tuchhändlers Freeman, verlobt. Obzwar lebhaft und zu witzig-ironischen Bemerkungen fähig, in der Regel allerdings auf Kosten anderer, ist Ernestina ganz in den konventionellen Vorstellungen ihrer Zeit befangen. Der Roman schildert zu Beginn die schicksalhafte Begegnung des jungen Paares mit der mysteriösen Außenseiterin Sarah Woodruff auf der Mole der Kleinstadt Lyme Regis in Dorset, wo Ernestina einige Wochen bei ihrer Tante verbringt und von Charles besucht wird, der sich in dieser Gegend zudem seiner Liebhaberei, der Paläontologie, widmet. Von Sarah geht das Gerücht, daß sie die Geliebte eines schiffbrüchigen französischen Leutnants gewesen sei, den sie gesund gepflegt, der sie aber verlassen habe, worauf sie in tiefe Melancholie verfallen sei. Dieses für Viktorianer (der Roman spielt 1867) unverzeihliche Vergehen stempelt Sarah ein für alle mal ab: Man nennt sie fortan »die Geliebte des französischen Leutnants«. Die aus kleinbürgerlichen Verhältnissen stammende Sarah, die ein Unterkommen als Gesellschafterin bei der bigotten, bösartigen und demonstrativ philanthropischen Mrs. Poulteney gefunden hat, ist eine außergewöhnliche Frau. Intelligent und klug, ist sie sich der Dummheit und Arroganz ihrer Umwelt bewußt und sehnt sich nach einem Leben, in dem ihr Verlangen nach Selbständigkeit, Gerechtigkeit, Bildung und Schönheit befriedigt werden kann. Nach der ersten Begegnung trifft Charles sie auf einem ihrer langen Spaziergänge wieder. Er fühlt sich unwiderstehlich von ihr angezogen und weiß nicht mehr, für welche der beiden Frauen er sich entscheiden soll. Für viktorianische Verhältnisse unerhört, ergreift Sarah die Initiative und führt weitere Treffen mit Charles herbei. Sie gesteht ihm, daß sie auf ihn ihre ganze Hoffnung gesetzt habe, um aus den sie einschnürenden, unerträglichen Verhältnissen herauszukommen. Charles ist fasziniert, schreckt aber allen darwinistisch-aufklärerischen Gedanken zum Trotz, die er in langen Gesprächen mit Doktor Grogan, dem Arzt in Lyme Regis, diskutiert, vor dem entscheidenden Schritt zurück, der ihn seine Stellung in der Gesellschaft kosten würde.

Ins Wanken gerät Charles' bis dahin scheinbar so fest gegründete Welt, als sein Onkel, dessen beträchtliches Vermögen er zu erben gehofft hatte, eine jüngere Witwe heiratet. Mr. Freeman fordert daraufhin seinen zukünftigen Schwiegersohn auf, in sein Handelsgeschäft einzutreten. Der ist über das Ansinnen entsetzt, denn Berufstätigkeit verträgt sich nicht mit dem Status eines Gentleman. Auch Sarah Woodruff trifft soziales Unglück: Sie wird von Mrs. Poulteney fristlos entlassen, weil sie deren Anordnungen nicht befolgt hatte, und verläßt Lyme Regis. Charles heiratet Ernestina, und als seinem Onkel Zwillinge geboren werden, was gleichbedeutend mit dem Verlust seines Erbes ist, steigt Charles in das Geschäft von Mr. Freeman ein. Nach etwa zwei Dritteln (in Kapitel 44) erreicht der Roman einen ersten, ironischen Schlußpunkt. In spielerisch-auktorialer Manier (im Stile etwa von Henry FIELDING) greift der Erzähler ein und konstruiert ein Romanende im Sinne von poeti-

scher Gerechtigkeit, im Sinne auch viktorianischer Lesererwartungen: Die alle negativen viktorianischen Eigenschaften verkörpernde Mrs. Poulteney stirbt und kommt in die Hölle, die Liebenden werden glücklich vereint.
Bei dieser Burleske aber läßt es Fowles nicht bewenden. Er verlegt die Handlung wieder zurück an die Stelle, wo Charles die Wahl zwischen Ernestina und Sarah hatte. Nach dem Gespräch mit Mr. Freeman in London entschließt sich Charles, Sarah in Exeter aufzusuchen, wohin diese sich gewendet hatte. Dort kommt es zwischen beiden zu einer leidenschaftlichen sexuellen Vereinigung.
Charles erfährt, daß Sarah nie die Geliebte des französischen Leutnants gewesen war. Für Sarah bedeutet dieser Liebesakt das endgültige Verwerfen aller Konventionen. Sie hat sich damit bewußt zur Ausgestoßenen gemacht, um frei zu sein, ihr eigenes Leben unabhängig von den Normen der Gesellschaft zu gestalten. Charles' Diener Sam unterschlägt den Brief, in dem jener Sarah um ihre Hand hatte bitten wollen. Charles löst die Verlobung mit Ernestina und sucht verzweifelt und vergeblich nach der verschwundenen Sarah, bis er in Amerika erfährt, daß Sarah im Hause des präraffaelitischen Dichters und Malers Dante Gabriel ROSSETTI (1828–1882) lebt. »Die Präraffaeliten«, so hatte Fowles schon vorher in einem seiner zahlreichen Einschübe erläutert, »waren eine revolutionäre Kunstrichtung jener Zeit: Sie machten wenigstens den Versuch, Natur und Sexualität zu ihrem Recht kommen zu lassen«.
An diesem Punkt bietet Fowles erneut zwei Schlußvarianten an: In der ersten weigert sich eine in eigener künstlerischer Arbeit Befriedigung findende Sarah zunächst, Charles in die Ehe zu folgen. Nach der melodramatischen Enthüllung aber, daß Charles und sie eine gemeinsame Tochter haben, widerruft Sarah ihre erste Entscheidung. In der zweiten Variante erklärt sie, daß sie Charles nicht wie eine Ehefrau lieben könne. Charles verläßt das Haus, wiedergeboren, aber mit der Hilflosigkeit eines neugeborenen Kindes. Er muß noch einmal neu anfangen zu lernen, aber er hat auch ein winziges Quantum Selbstvertrauen gefunden, auf dem er sein weiteres Leben aufbauen kann.
Fowles spielt in den drei verschiedenen Romanenden mit den Erwartungen eines jeweils andersartigen Lesepublikums. Daß der erste Schluß nicht der »richtige« ist, wird schon durch seine Stellung im Roman und durch den ironischen Ton unterstrichen. Dem modernen Leser würde der zweite, »romantische« Ausgang der Liebesgeschichte zusagen. Der dritte Schluß aber ist der, den Fowles meint. Hier wird deutlich, daß es, anders als der Titel vermuten läßt, nicht um Sarah, sondern um Charles geht. Sarah hat den entscheidenden Schritt zur Emanzipation nicht getan, sie hat letztlich einen Kompromiß geschlossen, indem sie sich in die Obhut anderer Emanzipierter, der Präraffaeliten, begab. Charles dagegen nimmt das existentielle Wagnis des Lebens auf sich, unabhängig und frei von allen gesellschaftlichen Forderungen und Regeln.

Nur so, und das scheint Fowles' Botschaft zu sein, kann der Mensch zu sich selbst finden. Damit wird am Schluß des Romans auf die Aussage des dem Werk voranstehenden Mottos aus Karl MARX' *Zur Judenfrage* (1844) Bezug genommen: »*Alle Emanzipation ist Zurückführung der menschlichen Welt, der Verhältnisse, auf den Menschen selbst*«.
In diesem mehrfach preisgekrönten Roman, der inzwischen zum modernen Klassiker wurde, verabschiedet Fowles auch die viktorianische Vorstellung vom allwissenden, allmächtigen Autor. Er spielt in ironischer und parodistischer Weise sowohl mit den literarästhetischen wie auch mit den gesellschaftlichen Konventionen der im Wandel begriffenen Welt gegen Ende des 19. Jh.s. Indem er so beide Welten miteinander vergleicht, erhellt er sie gegenseitig. A.Ja.-KLL

AUSGABEN: Boston 1969. – Ldn. 1969. – NY 1970. – Franklin Center/Pa. 1977.

ÜBERSETZUNG: *Dies Herz für Liebe nicht gezähmt*, R. Federmann, Bln. 1970. – *Die Geliebte des französischen Leutnants*, ders., Ffm./Bln. 1974; zul. 1982 (Ullst. Tb). – Dass., ders., Bln./Weimar 1983.

VERFILMUNG: England 1981 (Regie: K. Reisz; Buch: H. Pinter).

LITERATUR: I. Watt, *A Traditional Victorian Novel? Yes, and Yet...* (in NY Times Book Review, 9. 11. 1969, S. 1; 74/75). – W. Allen, *The Achievement of J. F.* (in Encounter, 35, Aug. 1970, S. 64–67). – P. Brantlinger, I. Adams u. S. Rothblatt, *»The French Lieutenant's Woman«: A Discussion* (in Victorian Studies, 15, 1972, S. 339–356). – E. D. Rankin, *Cryptic Coloration in »The French Lieutenant's Woman«* (in Journal of Narrative Technique, 3, 1973, S. 193–207). – *Études sur »The French Lieutenant's Woman« de J. F.*, Hg. J. Chevalier, Caen 1977. – H. Pinter, *»The French Lieutenant's Woman«: A Screenplay*, Boston 1981 [Vorw. J. F.]. – J. V. Hagopian, *Bad Faith in »The French Lieutenant's Woman«* (in ConL, 23, 1982, S. 191–201). – L. Hutcheon, *Freedom Through Artifice: »The French Lieutenant's Woman«* (in L. H., *Narcissistic Narrative: The Metafictional Paradox*, NY/Ldn. 1984, S. 57–70). – W. Wicht, *J. F.' »Die Geliebte des französischen Leutnants«* (in WB, 10, 1986).

THE MAGUS

(engl.; Ü: *Der Magus*). Roman von John FOWLES, erschienen 1965, überarbeitete Version 1977. – Mit *The Magus*, entstanden als sein erster Romanversuch, hat sich Fowles ein ganzes Vierteljahrhundert beschäftigt. Seit 1952 arbeitete er immer wieder daran, und kurz nachdem die erste Version erschienen war, begann Fowles bereits mit einer erneuten Überarbeitung. – Das in drei Teile gegliederte Werk handelt von der Erziehung des jungen Nicholas Urfe durch den »Magier« Maurice Conchis. Nicholas durchläuft eine Art *Queste* vom kindischen Narren, der nichts über sich weiß, bis zum erwachsenen Mann, der sich selbst erkennt und erst dadurch Verständnis für seine Mitmenschen entwickeln kann.

Nach seinem Oxford-Studium nimmt Nicholas (wie Fowles selbst) eine Stelle als Englischlehrer an einer Privatschule auf der (fiktiven) griechischen Insel Phraxos an (verwandt mit dem griechischen Wort für Plan, Konzept). In London hatte er kurze Zeit mit der jungen Australierin Alison Kelly zusammengelebt. Die warmherzige und selbstlose Alison liebt Nicholas; für ihn ist sie jedoch nur sexuell attraktiv. Ihre tieferen Gefühle zu ihm ignoriert er. Der zweite Teil handelt von dem »Gott-Spiel« (*godgame*, ursprünglich auch der Untertitel des Romans), das Conchis, der wie Prospero in Shakespeares *The Tempest (Der Sturm)* die Insel beherrscht, mit Nicholas anstellt, indem er ihn in ein Labyrinth von Illusionen führt. Nicholas (und mit ihm der Leser) verliert bald die Orientierung, weiß nicht mehr, was Täuschung, was Wirklichkeit ist. Die Personen, mit denen er konfrontiert wird, wechseln ständig ihre Identität. Hinter jeder Frage, die er glaubt, beantwortet zu haben, steckt eine neue. Jede »Wahrheit«, die er meint, entdeckt zu haben, entpuppt sich als Täuschung. Der alle Fäden in Händen haltende Conchis inszeniert mit einer Gruppe von Schauspielern ein dramatisches, spannendes Drehbuch, auf dessen Höhepunkt Nicholas klar wird, daß alles dazu diente, ihn an jenen Punkt zu bringen, an dem er »*die absolute Freiheit der Entscheidung*« hat. – In Athen trifft Nicholas Alison wieder, aber er gibt ihr ein weiteres Mal den Laufpaß, da er sich in Lily, eine von Conchis' Schauspielerinnen verliebt hat. Nicholas ist nicht in der Lage, Alison als ein individuelles menschliches Wesen zu begreifen. Für ihn gibt es nur zwei Arten von Frauen, die im Drehbuch des Magus von Lily (Jungfrau) und Rose (Hure) verkörpert werden. Nicholas erfährt, daß Alison nach ihrer Begegnung in Athen Selbstmord begangen habe.

Im dritten Teil des Romans wird der junge Engländer von Conchis gleichsam an der langen Leine geführt. Er ist zwar nicht aus dem Machtbereich des Zauberers entlassen, aber doch weitgehend frei, über seine nächsten Schritte zu entscheiden. Nicholas versucht zunächst, Lily zu finden, um sie für ihre Täuschungsmanöver zu bestrafen, ein Zeichen dafür, daß sein Lernprozeß noch nicht abgeschlossen ist. Erst als er in der Lage ist, in der verlassenen und verwahrlosten Jo-Jo, einem halberwachsenen Mädchen aus Glasgow, und in seiner Wirtin Kemp, die das Leben einer heruntergekommenen Bohemienne führt, mit menschlichen Qualitäten ausgestattete Individuen zu erkennen, wird ihm erlaubt, Alison wiederzusehen, deren Tod ihm nur vorgetäuscht worden war. Nicholas' Erziehung ist beendet; sie bestand darin, ihn zu lehren, in verantwortungsvoller Weise menschlich zu handeln. Fowles läßt das Ende des Romans offen: Es wird sich erweisen, ob Nicholas' neue Fähigkeit ihn in die Lage versetzt, Liebe zu geben und zu empfangen.

Wie *The Collector*, dessentwegen Fowles die Arbeit an *The Magus* unterbrach, reflektiert der Roman auch das Verhältnis von Autor und Leser. Der Magier Conchis repräsentiert den allmächtigen Autor, dem der Leser – wie Nicholas – hilflos ausgeliefert ist. Je enger sich nun der Leser am Credo des Magiers/Autors von der existentiellen Bedeutung individueller Entscheidungsfreiheit orientiert, desto klarer wird ihm, daß er in diesem Text die Möglichkeit der Selbstbestimmung nicht hat. Fowles war sich dieser Paradoxie bewußt und versuchte deshalb in *The Collector*, besonders aber in *The French Lieutenant's Woman*, dem Leser größere Freiheit zu suggerieren, indem er ihm die Wahl zwischen verschiedenen Schlüssen und damit die Möglichkeit individueller Sinnstiftung ließ.

Der Verfilmung (1968) war kein großer Erfolg beschieden. Der Roman fand besonders bei jüngeren Lesern Interesse, vielleicht weil es sich, so Fowles, »*um einen Roman vom Erwachsenwerden handelt, geschrieben von einem retardierten Erwachsenen.*«

A.Ja.-KLL

AUSGABEN: Boston 1965. – Ldn. 1966. –Ldn. 1977 [rev.]. – Boston 1977. – NY 1979.

ÜBERSETZUNG: *Der Magus*, W. Schürenberg u. M. Kluger, Bln. 1969; ern. 1980. – Dass., dies., Ffm./Bln. 1980 (Ullst. Tb).

VERFILMUNG: England 1968 (Regie: G. Green; Buch: J. Fowles).

LITERATUR: M. Bradbury, *J. F.'s »The Magus«* (in *Sense and Sensibility in Twentieth-Century-Writing*, Hg. B. Weber, Carbondale/Ill. 1970, S. 26–38; ern. in *Possibilities: Essays on the State of the Novel*, Oxford 1973, S. 256–271). – R. Rubinstein, *Myth, Mystery, and Irony: J. F.'s »The Magus«* (in ConL, 16, 1975, S. 328–339). – A. Fleishman, *»The Magus« of the Wizard of the West* (in Journal of Modern Literature, 5, 1976, S. 297–314). – M. Boccia, ›*Visions and Revisions*‹: *J. F.'s New Version of »The Magus«* (in Journal of Modern Literature, 8, 1980/81, S. 235–246). – E. McDaniel, *»The Magus«: F.'s Tarot Quest* (ebd. S. 247–260).

AUGUSTÍN DE FOXÁ

* 28.2.1903 Madrid
† 30.6.1959 Madrid

MADRID, DE CORTE A CHECA

(span.; Ü: *Sturm über Madrid*). Roman von Augustín Conde de Foxá, erschienen 1938. – Dieses Buch eines spanischen Aristokraten eröffnet die lange, noch keineswegs abgeschlossene Reihe von Werken über den Spanischen Bürgerkrieg (1936 bis 1939), zu der neben zahlreichen spanischen auch nicht wenige Romane ausländischer Schriftsteller gehören. In seiner Anlage steht das Werk Foxás, das als erstes Buch eines dann nicht fortgesetzten Romanzyklus über das gegenwärtige Spanien geplant war, den *Episodios nacionales (Nationale Episoden)* von PÉREZ GALDÓS (1843–1920) nahe. Inhaltlich sind zwei Handlungsebenen zu unterscheiden, die fiktive der Fabel, in deren Mittelpunkt die mit autobiographischen Zügen des Autors ausgestattete Figur des José Félix steht, und die reale der geschichtlichen Ereignisse mit den Hauptakteuren der Zeit: Alcalá Zamora, Azaña, Gil Robles, José Antonio Primo de Rivera u. a. Der Roman zerfällt in drei Teile mit symbolischen Untertiteln und stilistisch unterschiedlich gefärbter erzählerischer Stimmung. In lyrischer Vergegenwärtigung beschwört der erste Teil *(Flores de lis – Lilienblüten)* die letzten Jahre der 1931 zu Ende gegangenen Monarchie. Gegenstand des zweiten Teils *(Himno de Riego – Riego-Hymne)* ist die Zeit der Zweiten Republik. Dieser Teil bildet das Kernstück des Buches und schildert nach der Euphorie des Anfangs, als der liberaldemokratische Traum eines freiheitlichen, sich selbst regierenden Spaniens endlich Wirklichkeit zu sein schien, den Zerfall der Republik in Parteien, Klüngel und separatistische Bewegungen. Der dritte Teil schließlich *(Hoz y martillo – Sichel und Hammer)* schildert den Ausbruch des Bürgerkriegs und die Herrschaft der von extremistischen Parteien errichteten Tscheka in Madrid. Ganz im Schatten dieser Ereignisse steht die eigentliche Romanhandlung: die Liebe zwischen Félix und Pilar sowie ihre und ihrer Familien politisch-ideologische Entwicklung und persönlichen Schicksale.

Literarisch ist das Buch des Grafen Foxá, das sich vor allem im zweiten und dritten Teil als sprachlich gekonnte, fesselnde Chronik einer dramatischen Tageswirklichkeit liest, von ungleichem Gewicht. Dem Dichterischen am nächsten ist der erste Teil mit einer Reihe stimmungsvoller, schwermütiger Episoden aus dem Untergang einer Welt der Ordnung, Würde und Zucht. Im zweiten und dritten Teil jedoch verfällt Foxá häufig in reine, politisch voreingenommene Reportage. Er bringt weder dem Bürgertum, das er ein republikanisches Narrenstück aufführen läßt, noch der breiten Masse des Volkes Verständnis entgegen. Der Ausbruch des Bürgerkriegs erscheint bei ihm wie ein tragischgrotesker Karneval, in dem das Volk in Befriedigung animalischer Triebe mordet, schändet, brandschatzt und raubt. Nur selten bricht in der Darstellung Foxás die Erkenntnis des schuldhaften Versagens der führenden Schichten durch, so etwa, wenn er in einer Szene voller Sarkasmus einen Herzog auf das Wohl des Gründers der CEDA, einer konservativ-katholischen Rechtspartei der Zweiten Republik, trinken läßt: »*Der alte Herzog trank auf Gil Robles, den Retter Spaniens und künftigen Verweser des Reichs. Dabei dachte er an seinen Groß-* *grundbesitz in Estremadura, der nun von keiner Agrarreform mehr bedroht war. Laut aber sagte er: Die Religion ist gerettet!*« (Die Agrarreform war durch Gil Robles verhindert bzw. rückgängig gemacht worden.) A.F.R.

AUSGABEN: Salamanca 1938 – Madrid ³1962. – Barcelona 1963 (in *Las mejores novelas contemporáneas*, Bd. 9, Hg. u. Einl. J. de Entrambasaguas). – Madrid 1963 (in *Obras completas*, Bd. 1, Hg. G. Fernández de la Mora). – Madrid 1971–1976 (in *Obras completas*, 3 Bde.). – Madrid 1973.

ÜBERSETZUNG: *Sturm über Madrid*, G. v. Uslar, Hbg. 1940.

LITERATUR: J. M. Martínez Cachero, *Novelistas españoles de hoy*, Oviedo 1945. – M. Goyanes Baquero, *La guerra española en nuestra novela* (in Ateneo, 3, 1952). – G. Gómez de la Serna, *España en sus episodios nacionales*, Madrid 1954, S. 132–152. – J. Villa Selma, *Tres ensayos sobre la literatura y nuestra guerra*, Madrid 1956. – J. I. Luca de Tena, *Augustín, Conde de Foxá* (in BRAE, 39, 1959, S. 365–377). – A. Duque, *Reivindicación del conde de Foxá. En torno de un libro de J. C. Mainer* (in Insula, 27, 1972, S. 11). – J. M. Martínez Cachero, *Cuatro novelas españolas »de« y »en« la guerra civil 1936–1939* (in BHi, 85, 1983, S. 281–298).

JOHN FOXE

* 1516 Boston / Lincolnshire
† 1587 London

BOOK OF MARTYRS

(engl.; *Buch der Märtyrer*). Der seit dem 18. Jh. gebräuchliche Obertitel für eine Anzahl von Prosawerken des John FOXE. – Die einzelnen Schriften haben Leben und Verfolgungen kirchlicher Reformatoren zum Inhalt. Der ehemals katholische, früh konvertierte Geistliche Foxe (zuvor Hauslehrer des 4. Duke of Norfolk, Thomas Howard, der 1572 für seinen katholischen Glauben das Schafott bestieg und Foxe auch über den Tod hinaus mit einem festen Jahreseinkommen versorgte) veröffentlichte das erste seiner Werke unter dem Titel *Commentarii rerum in ecclesia gestarum (Kommentare zu den Ereignissen innerhalb der Kirche)* im Jahre 1554 in Straßburg, nachdem er mit Richard Cox und John KNOX vor der katholischen Mary Tudor in das protestantische Europa hatte fliehen müssen.

Dieses Werk war, der humanistischen und geistlichen Tradition entsprechend, in Latein verfaßt und umspannte den Zeitraum von WICLIF (1320 bis 1384) bis SAVONAROLA (1452–1498). Eine weitere, über das Jahr 1500 hinausführende lateinische Ausgabe wurde unter dem Titel *Rerum in ecclesia gestarum ... commentarii* 1559 in Basel gedruckt. Nachdem er ein Jahr später zu einer Pfründe der Salisbury-Kathedrale nach England zurückgekehrt war, setzte sich Foxe mit dem bedeutenden Londoner Drucker John Day in Verbindung und brachte bei diesem 1563 die *Actes and Monuments of these Latter and Perillous Dayes (Akten und Aufzeichnungen über diese vergangenen gefahrvollen Tage)* heraus. Diese englische Folioausgabe von fast 2000 doppelspaltig bedruckten Seiten, eine Übersetzung der Basler Edition, hatte er durch neues Material erweitert, das seit seiner Rückkehr an ihn herangetragen worden war. – In seiner *Kirchengeschichte (Ecclesiastical History)* von 1570 griff Foxe schließlich bis in die Anfänge der Christenheit zurück, kürzte darin freilich die Schriften über die späteren Perioden. Stilabweichungen zeigen, daß Foxe bei dieser Bearbeitung von mehreren Mitarbeitern unterstützt wurde. Zu seinen Lebzeiten erschienen noch zwei weitere, wieder vermehrte Auflagen. Die erste (1563) und alle folgenden englischen Ausgaben des Werks, mit dem Foxe der protestantischen Sache Unterstützung und Propagandamaterial verschaffen wollte, hatten durchschlagenden Erfolg. Mit seinen ergreifend-schauerlichen Bildern und seiner detaillierten Wiedergabe der Verfolgungen unter Mary Tudor wurde es zur Lieblingslektüre weiter protestantischer Kreise, zu einem Ersatz für die beliebten katholischen Heiligen- und Märtyrergeschichten, zu einem Reservoir für den Bedarf an naiv-sensationeller Glaubensstimulanz. Komprimiert und modernisiert, nahm das *Book of Martyrs* noch lange nach Foxes Lebzeiten einen wichtigen Platz in den Sonntagsschulen und der häuslichen Glaubenssphäre puritanischer Familien ein. Foxe, der auf diese Weise zum protestantischen Erzpropagandisten geworden war, übte starken Einfluß auf die weitere Entwicklung des englischen Puritanismus aus.

Da in dem Werk weder Humor noch Toleranz zu finden sind, stärkte es jene Neigung zu Märtyrertum und Unduldsamkeit, die für die Puritaner charakteristisch wurde, und half, den Bruch zwischen ihnen und den Anglikanern herbeizuführen und zu vertiefen. Obwohl Foxe kein bedeutender Stilist war und seine historische Zuverlässigkeit für bestimmte Zeitabschnitte zweifelhaft erscheint, obwohl seine psychologischen Bemühungen naiv anmuten und seine starr einseitige Blickrichtung seine Schilderungen mancher guter Effekte beraubt, strahlt sein Werk doch eine Wirkung aus, wie sie nur eine leidenschaftliche Natur aus dem unmittelbaren Erleben schrecklicher Ereignisse heraus dem geschriebenen Wort verleihen kann. Außerdem verarbeitete Foxe in souveräner Weise dokumentarische und berichtete Details, wie sie in dieser Fülle für seine Epoche einmalig waren. M.W.

AUSGABEN: Straßburg 1554 (*Commentarii rerum in ecclesia gestarum, maximarumque, per totam Europam, persecutionum, a Vuiclevi temporibus ad hanc usque aetatem descriptio*; lat.). – Basel 1559–1563 (*Rerum in ecclesia ... commentarii*, 2 Tle.). – Ldn. 1563 (*Actes and Monuments of these Latter and Perillous Dayes, Touching Matters of the Church, Wherein are Comprehended and Described the Great Persecutions and Horrible Troubles that Have Bene Wrought and Practised by the Romishe Prelates, Speciallye in this Realme of England and Scotlande, from the Yeare of Our Lorde, a Thousande, unto The tyme Nowe Present. Gathered and Collected According to the True Copies and Wrytinges Certificatorie*). – Ldn. 1761 (*Book of Martyrs*). – Ldn. 1877 (*The Acts and Monuments of J. F.*, Hg. J. Pratt, 8 Bde.). – Ldn. 1931. – Ldn. 1954 [gekürzt]. – Grand Rapids/Mich. 1978, Hg. W. G. Berry. – Pittsburgh/Pa. 1981.

ÜBERSETZUNG: *Geschichte der Märtyrer*, J.D. Rupp, Cincinnati 1830.

LITERATUR: W. E. Bauer, *F.'s »Book of Martyrs«* (in Church History, 1934, 3). – R. Kapp, *Heilige u. Heiligenlegenden in England*, Halle 1934. – H. J. Cowell, *The »Four Chained Books«*, Ldn. 1938. – J. F. Mozley, *J. F. and His Book*, Ldn. 1940; Nachdr. 1970. – L. M. Oliver, *The 7th Edition of F.'s »Actes and Monuments«* (in Papers of the Bibliographical Society of America, 1942, 37). – Ders., *Single Page Imposition in F.'s »Actes and Monuments« 1570* (in Library, 1946, Ser. 5, 1). – W. Haller, *F. and the Puritan Revolution* (in *17th Century Studies*, Hg. R. F. Jones, Palo Alto 1951). – M. Murphy, *J. F.: Martyrologist and ›Editor‹ of Old English* (in ES, 49, 1968, S. 516–523). – V. N. Olsen, *J. F. and the Elizabethan Church*, Berkeley 1973. – B. Nelson, *The Relationship of C. Mather's »Magnalia Christi Americana« and F.'s »Book of Martyrs« within the Puritan Epic Tradition* (in Bull. of the West Virginia Association of College English Teachers, 3, 1976, S. 9–20). – S. Byman, *Ritualistic Acts and Impulsive Behavior: The Pattern of Tudor Martyrdom* (in American Historical Review, 83, 1978, S. 625–643). – W. W. Wooden, *Recent Studies in F.* (in English Literary Renaissance, 11, 1981, S. 224–232). – O. T. Hargrave, *Bloody Mary's Victims: The Iconography of J. F.'s »Book of Martyrs«* (in Historical Magazine of the Protestant Episcopal Church, 51, 1982, S. 7–21).

GIROLAMO FRACASTORO

* um 1478 Verona
† 8.8.1553 Incaffi bei Verona

LITERATUR ZUM AUTOR:
F. Barbarani, *G. F. e le sue opere*, Verona 1897. – F. Pellegrini, *G. F.*, Triest 1948. – N. Badaloni, *Il significato filosofico della discussione sulla salvezza in*

G. F. (in Logos, 1, 1969, S. 40–69). – C. Colombero, *Il problema del contagio nel pensiero medico-filosofico del Rinascimento italiano e la soluzione di F.* (in Atti della Accademia della Scienze di Torino, 113, 1979, S. 245–283). – E. Paruzzi, *Note e ricerche sugli »Homocentrica« di G. F.* (in Rinascimento, 25, 1985, S. 247–268).

NAUGERIUS, SIVE DE POETICA DIALOGUS

(nlat.; *Naugerius oder Dialog über die Poetik*). Traktat über die Dichtkunst von Girolamo FRACASTORO, erstmals 1555 – in den *Opera omnia* – im Druck erschienen. Der *Naugerius* entstand als erster von drei theoretischen Dialogen Fracastoros; ihm folgten *Turrius, sive de intellectione dialogus* und *Fracastorius, sive de anima dialogus*, die ebenfalls zum erstenmal 1555 abgedruckt wurden. – Fracastoro besuchte seit etwa 1495 die Universität Padua, die einzige Universität auf Venezianischem Gebiet. Hier wurde er 1501 Dozent für Logik und studierte Mathematik, Astronomie und Medizin. 1505 wurde er in Verona in die Zunft der Ärzte eingeschrieben. Während seiner Zeit in Padua fand er Anschluß an den Kreis der venezianischen Humanisten, denen er die meisten seiner Schriften widmete. Über die Vorarbeiten zu seinen Dialogen ist wenig bekannt, aber sie könnten sehr wohl schon in Fracastoros Zeit als Dozent in Padua konzipiert worden sein. Die vom Autor benannten Teilnehmer der Gespräche entstammen jenem Kreis von Humanisten, und der jeweilige Hauptredner wird im Titel des Dialogs geehrt.

In der Einführung zum *Naugerius*, die als Brief an Giambattista RAMUSIO gestaltet ist, beschreibt Fracastoro eine Gesellschaft im Garten seines Hauses als den Anlaß für dieses Gespräch. Anwesend sind seine gelehrten Freunde Andrea Navagero (der Naugerius des Titels), Giangiacomo Bardulone sowie Raimondo und Giambattista Della Torre; dieser Giambattista Della Torre ist übrigens der Hauptakteur im Dialog *Turrius*. Der Dialog selbst imitiert den Darstellungsstil CICEROS in *De oratore*, das heißt, ausführliche Monologe der Teilnehmer werden durch kurze und lebendige Diskussionen aufgelockert. Thematisch gliedert sich der *Naugerius* in drei Teile, die vom Textumfang her annähernd gleiches Gewicht erhalten. Im ersten Teil werden zeitgenössische Autoren und ihre Vorstellungen von der Poetik dargestellt und kritisiert, im zweiten entfaltet Navagero seine eigene Vorstellung von der Dichtkunst im Detail, und im letzten Teil wird der Wert der Poesie im allgemeinen, aber insbesondere einer Poesie nach Navageros Theorie behandelt.

Das Hauptanliegen Fracastoros scheint es zu sein, die unterschiedlichen Entwürfe von Poetik, sowohl jene seiner Zeitgenossen als auch die weitgehend auf ARISTOTELES beruhenden antiken Ansätze, zu einer einheitlichen Vorstellung zusammenzuführen. Eine solche Synthese muß allerdings mißlingen, da manche der Unterschiede prinzipieller Natur sind, also der Poesie gegensätzliche Funktionen zuschreiben. Aus heutiger Sicht ist jedoch dieser Versuch Fracastoros von besonderer Bedeutung, weil er durch die erwähnte Behandlung von zeitgenössischen Theoretikern eine bessere Einschätzung des Stellenwerts ihrer Schriften im historischen Kontext ermöglicht. Außerdem berührt seine Darstellung neben der »großen Theorie« auch den praktischen Stellenwert von Poesie im Kulturleben seiner Zeit.

Es geht ihm und seinen Zeitgenossen darum – und dies ist ein Thema, das den ganzen Dialog hindurch durchgehalten wird –, die Dichtkunst als ein eigenständiges geisteswissenschaftliches Fach neben etwa der Geschichtsschreibung und der Philosophie auszuweisen. Teilweise hat hier der *Naugerius* Berührungspunkte mit dem Dialog *Turrius*, in dem es um eine ähnliche Definition der Funktion der Philosophie geht. Der Kern von Navageros (und damit wohl auch Fracastoros) Definition der Poetik ist, daß jede beliebige Sache zum Gegenstand dichterischen Wirkens werden kann. Aber die besondere Funktion des Dichters ist es, »*sich einfach und angemessen in jeder Sache zu äußern*«. Den angemessenen Ausdruck eines Gegenstandes erstrebt er dabei gemeinsam mit Vertretern anderer Fächer, der einfache Ausdruck ist jedoch seine einzigartige Leistung, denn in anderen Fächern wird die Darstellung immer komplex sein müssen, um den besonderen Gesichtspunkten und Zielsetzungen des jeweiligen Faches gerecht zu werden. Die traditionelle Beschreibung von Poesie als das, was den Hörer (Leser) erfreut und zugleich belehrt, wird damit nicht einfach zurückgewiesen, sondern gleichsam in die Persönlichkeit des Dichters eingebunden, der sich in der ihm eigentümlichen Weise ausdrückt, um durch die damit erzielte Unmittelbarkeit und Lebendigkeit zu erfreuen und zu belehren. H.Sta.

AUSGABEN: Venedig 1555 (in *Opera omnia*, Bl. 153–164ᵛ). – Lyon 1584. – Venedig 1591. – Genf 1621. – Padua 1739 (in *Opera omnia*). – Urbana/Ill. 1924, Hg. M. W. Bundy (Faks. d. Ausg. 1555; m. engl. Übers.).

LITERATUR: G. Rossi, *F. in relazione all'aristotelismo e alle scienze nel rinascimento*, Pisa 1893. – A. Gandolfo, *Introduzione* (in G. F., *Il Navagero*, Bari 1947, S. 5–30; Biblioteca di cultura moderna, 421). – L. Brisca, *Il »Naugerius« di G. F.* (in Aevum, 24, 1950, S. 545–565). – *Fracastoro. Studi e memorie nel IV centenario*, Verona 1954. – A. M. Carini, *Il »Naugerius« del F. e le postille inedite del Tasso* (in Studi Tassiani, 5, 1955, S. 107–145; m. Ausg. des Originaltexts von G. F.). – B. Weinberg, *A History of Literary Criticsm in the Italian Renaissance*, Chicago 1961, Bd. 2, S. 725–729. – B. Hathaway, *The Age of Criticism. The Late Renaissance in Italy*, Ithaca/N.Y. 1962, S. 316–328. – D. Bigongiari, *G. F.* (in D. B., *Essays on Dante and Medieval Culture*, Florenz 1964). – R. Barilli, *La poetica di F.* (in Rivista di Estetica, 11, 1966).

SYPHILIDIS, SIVE MORBUS GALLICUS, LIBRI TRES

(nlat.; *Drei Bücher von der Syphilis oder der französischen Krankheit*). Epische Dichtung von Girolamo FRACASTORO, fertiggestellt 1526, Erstdruck 1530. – Dieses in drei Bücher gegliederte Gedicht begründete Fracastoros Ruhm in der Renaissance. Seine Zeitgenossen begrüßten ihn als den größten lateinischen Dichter ihrer Generation, der zurecht mit VERGIL verglichen werden könne. Das Gedicht erzielte mehr als hundert Auflagen im Original und sechs frühen Übersetzungen. Die Arbeit daran hatte Fracastoro 1510 aufgenommen; daraus erklären sich auch die Widmungen an Pietro BEMBO, den Sekretär von Papst Leo X. (Buch I) und an den Papst selbst (Buch II); die endgültige Bearbeitung hat Fracastoro allerdings erst 1526 abgeschlossen. In diese letzte Fassung sind viele, aber keineswegs alle, Korrektur- bzw. Verbesserungsvorschläge von Pietro Bembo eingearbeitet. Eine solche Arbeitsweise verdeutlicht in der Praxis, was in Fracastoros *Naugerius* auf theoretischer Ebene angesprochen ist, wenn Poesie als eine besondere Darstellungsform von *Wissen* definiert wird. Der Zugriff des Lesers oder Kritikers zielt in erster Linie auf das Argument in der Sache, nicht auf ein interpretatives Nachvollziehen der Absicht des Dichters.

Grundlegendes Thema des Lehrgedichts ist das medizinische Problem der Seuche, das Fracastoro hier als Dichter an der Syphilis aktuell und lebendig darstellt. 1546 hat er es dann als Mediziner nochmals in der Abhandlung *De contagionibus morbisque contagiosis, et eorum curatione (Von den Ansteckungen und ansteckenden Krankheiten, und von ihrer Behandlung)* generalisierend aufgegriffen. Im *Syphilidis* beschreibt er die epidemischen Folgewirkungen der Syphilis als lediglich mit denen der Pest in der Vergangenheit vergleichbar.

In mythologischer Verkleidung behandelt Fracastoro sehr detailliert die Symptome und den Verlauf der Krankheit (Buch I), ihre Behandlung mit Quecksilber und Abführmitteln sowie begleitende therapeutische Maßnahmen wie Sport und Jagd zum Abbau der schwermütigen Stimmung der Leidenden (Buch II) und die Behandlung mit Harzextrakten von Guajaka-Holz (Buch III). Die Herkunft von Guajacum aus der Neuen Welt, und wohl auch Vermutungen über die Einschleppung der Seuche selbst von dort, wurden Fracastoro zum Anlaß, im letzten Buch auch die Entdeckungsfahrten und die beiden Amerikas aufgrund zeitgenössischer Quellen gebührend zu würdigen. Der paradiesische Zustand, den die Entdecker vorfanden, ist in seiner Darstellung allerdings schon getrübt durch kolonisatorische Maßnahmen, und gegen die Übertragung europäischen »Verfalls« in diese Regionen ergreift Fracastoro Partei für die Indianer, die ihm als Inbegriff des natürlichen Menschen erscheinen. – Die medizinische Krankenbezeichnung »Syphilis« leitet sich vom Titel des Gedichts her. H. Sta.

AUSGABEN: Verona 1530. – Rom 1531. – Paris 1531. – Basel 1536. – Venedig 1555 (in *Opera omnia*). – Padua 1739 (in *Opera omnia*). – Florenz 1955, Hg. F. Winspeare [m. Einl.].

ÜBERSETZUNGEN: *Syphilis* (in P. A. Budik, *Leben u. Wirken der vorzüglichsten lateinischen Dichter des 15.–18. Jh.s*, Bd. 2, Wien 1828). – *Gedicht von der Syphilis oder von der Franzosenseuche*, H. Oppenheimer, Bln. 1902. – *Syphilidis*, E. A. Seckendorff, Kiel 1960.

LITERATUR: R. Massalongo, *G. F. e la rinascenza della medicina in Italia*, Venedig 1915. – L. Olschki, *Geschichte der neusprachlichen wissenschaftlichen Literatur*, Bd. 2, Heidelberg 1922. – L. Baumgarten u. J. F. Fulton, *A Bibliography of the Poem »Syphilis«*, New Haven 1935. – E. di Leo, *Scienza e umanesimo in G. F.*, Salerno 1935. – G. Fracastoro, *Trattato inedito in prosa sulla sifilide*, Hg. F. Pellegrini, Verona 1939. – W. H. Myer, *Syphilis and the Poetic Imagination* (in *Renaissance Papers*, Hg. A. H. Gilbert, Columbia 1955, S. 75–79). – L. Spitzer, *The Etymology of the Term ›Syphilis‹* (in Bulletin of the History of Medicine, 29, 1955, S. 269–273).

UMBERTO FRACCHIA

* 5.4.1889 Lucca
† 5.12.1930 Rom

ANGELA

(ital.; *Angela*). Roman von Umberto FRACCHIA, erschienen 1923. – Zìmolo, ein etwas exzentrischer, annähernd 70 Jahre alter Uhrmacher, haust ohne jeden Kontakt zu seinen Mitmenschen in einer düsteren Werkstatt zwischen Unmengen defekter Uhren. Nur Kinder können das Gemüt des menschenscheuen Alten aufheitern, und er wünscht sich nichts sehnlicher als einen eigenen Sohn. In seiner Einsamkeit fühlt sich Zìmolo den jungen Frauen verbunden, die gegenüber von seiner Werkstatt in der »casa rossa« (rotes Haus) als Prostituierte arbeiten und offensichtlich auf Kinder verzichten müssen. Zìmolo, der in den vierzig Jahren, in denen er die »casa rossa« beobachtet hat, nie über deren Schwelle trat, lernt eines Tages die Prostituierte Angela kennen, die einen kleinen Sohn hat. Er bietet ihr an, beide bei sich aufzunehmen, allerdings nur unter der Bedingung, daß sie ihm erlaubt, ihren Sohn zu adoptieren. Angela willigt um des Wohls ihres Kindes willen ein, ohne die Gründe des Alten genauer zu kennen. Das Leben des Uhrmachers, der seine Reparaturwerkstatt aufgibt, scheint sich grundlegend zu ändern. Mit der Zeit jedoch stellt er fest, daß er für Luli, seinen

Adoptivsohn, nur Antipathie und Mitleid empfindet, sein zunächst eher indifferentes Gefühl Angela gegenüber sich aber in eine tiefe Zuneigung verwandelt hat. Angela, die sich von Zìmolo ihrer Freiheit beraubt fühlt, haßt den Alten. Als dieser Luli in ein Erziehungsheim bringt, entfernt sie sich immer mehr von Zìmolo und verliebt sich in den jungen Arzt Emilio, der sich für eine revolutionäre Bewegung engagiert. Zìmolo fühlt sich wieder einsam und verlassen, gibt sich dem Selbstmitleid hin und entwickelt Emilio gegenüber eine bittere Eifersucht. In seiner Verzweiflung beschließt der Alte eines Tages, Luli wieder zu sich nach Hause zu holen. Unglücklicherweise verliert er das Kind jedoch auf dem Weg nach Hause aus den Augen und findet es nicht wieder. Resigniert kehrt Zìmolo, für den das Leben seinen Sinn verloren hat, selbst nicht mehr nach Hause zurück. Als Emilio dann in revolutionären Tumulten umkommt, ist Angelas Schicksal vorgezeichnet. Um ihren Unterhalt zu verdienen, kehrt sie in die »casa rossa« zurück.

Die Grundthematik des Romans ist die Einsamkeit des Menschen und sein Leiden in einer Welt voller Widersprüche. Diese existentielle Problematik erzeugt die düstere, hoffnungslose Grundstimmung des Romans. Die Entwicklung des Geschehens verläuft in einem vorgegebenen Rahmen negativer Bedingungen. Die handelnden Personen besitzen »lichtlose Seelen« (C. G. Goffis), haben weder zu sich selbst noch zu anderen Vertrauen und leben ohne Hoffnung auf eine bessere Zukunft. »Als Konsequenz daraus gibt es für sie nicht die Möglichkeit der Wahl zwischen Gut und Böse« (Goffis). Fracchia, der das Geschehen in einer namenlosen Stadt angesiedelt hat, die in ihrer Beschreibung zwar an Genua erinnert, aber für jede italienische Stadt zu Beginn der zwanziger Jahre stehen kann, liefert mit seinem Roman eine psychologische Studie des Lebensgefühls dieser Zeit in den Elendsquartieren der Städte. Fracchias Werk entstand in einer Zeit der Neuorientierung der italienischen Prosaliteratur, die mit dem autobiographischen Roman seines berühmteren Zeitgenossen G. PAPINI (1881 bis 1956) *Un uomo finito*, 1912 *(Ein erledigter Mensch)*, einsetzte und den Verlust der geistigen und ethischen Werte einer Kultur thematisierte.

KLL

AUSGABEN: Mailand 1923. – Mailand 1930. – Mailand/Verona 1949 (in *Romanzi e racconti*).

LITERATUR: J. Busoni, *U. F., favolista triste*, Florenz 1932. – P. Pancrazi, »*Angela*« *di U. F.*, Bari 1939. – F. Flora, *Il romanzesco di F.* (in F. F., *Scrittori italiani contemporanei*, Pisa 1952, S. 281–286). – E. de Michelis, *F. e il pastiche* (in E. de M., *Narratori anti-narratori*, Florenz 1952, S. 31–69). – F. Montanari, *Il segreto di F.* (in F. M., *La poesia come esperimento di cultura*, Rom 1981, S. 211–216). – *Atti del Convegno di U. F.*, Genua 1982. – C. F. Goffis, »*Angela*«. *Crisi ideale e stile* (in Italianistica, 11, 1982, S. 227–247). – Ders., *Struttura e tematica di »Angela«* (in RLI, 86, 1982, S. 401–428).

NAOMI FRÄNKEL

* 1920 Berlin

SCHAUL WE-JOHANNA

(hebr.; *Saul und Johanna*). Roman in drei Teilen von Naomi FRÄNKEL, erschienen 1956–1967. – Dieser breitangelegte Roman, das vielbeachtete Erstlingswerk der seit 1933 in Palästina (Israel) lebenden Schriftstellerin, schildert das Schicksal der Mitglieder einer alteingesessenen, mehr im Deutschtum als im Judentum verwurzelten Berliner jüdischen Familie. Nachdem sich der alte Levy, Gründer und Seniorchef einer Eisengießerei, auf seine Güter in Ostpreußen zurückgezogen hat, übernimmt sein Sohn Arthur die Leitung des Unternehmens. Es fügt sich, daß der Rechtsberater der Familie, der begabte Dr. Lasker, den bislang im Hause Levy als »undeutsch« verpönten Ideen des Zionismus huldigt. Ein junger Neffe von Dr. Lasker, Saul Goldstein, verbringt die Ferien mit den Kindern Arthurs und erweckt durch seine zionistischen Anschauungen ebenso wie durch seine Ausübung jüdisch-religiöser Bräuche und seine Kenntnis der hebräischen Sprache bei den Levy-Kindern Staunen und zugleich Bewunderung – vor allem bei Arthurs Tochter Johanna, die nun ihren Vater bedrängt, sie intensiver in jüdischer Religion unterrichten zu lassen. Dieser Anstoß aus dem Familienkreis sowie der in der nichtjüdischen Umwelt wachsende Antisemitismus bewirken, daß sich Arthur und sein fast dreißigjähriger Sohn Heinz wieder ihres Judentums bewußt werden und auch nichts gegen die Verbindung zwischen Saul und Johanna, die beide noch Kinder sind, einzuwenden haben. Zur gleichen Zeit etwa verliebt sich Edith, eine bildhübsche ältere Schwester Johannas, in einen christlichen Polizeioffizier, der sich später als Nazi entpuppt.

Die Autorin hütet sich glücklicherweise davor, von ihrem eigenen israelischen Standort aus die assimilatorischen bzw. zionistischen Tendenzen innerhalb der Familie in einer Art von Schwarzweißmalerei darzustellen und moralisch zu benoten. Vielmehr sind beide Tendenzen aus der Zeit und den Umständen heraus verständlich gemacht. Auf beiden Seiten finden sich menschliche Größe und menschliche Schwäche: Einerseits entbehrt die im Rückblick etwas komisch wirkende Deutschtümelei des Großvaters nicht der Tragik, andrerseits ist durchaus nicht jede der Gestalten des Romans, die als Zionisten auftreten, ein Ausbund an Tugend. So besteht der anscheinend so idealistisch gesinnte Dr. Lasker nicht die Bewährungsprobe seines Lebens: Er verliebt sich in Bella, eine Sekretärin der zionistischen Organisation, verschiebt aber die geplante Auswanderung nach Palästina so lange, bis die Geliebte ihn verläßt. Arthur bereut zu spät seine arrogante Haltung gegenüber seinen orthodoxen ostjüdischen Schwiegereltern; er lädt diese zu einer

Aussprache ein, aber sie kommen gerade noch rechtzeitig zu seinem Begräbnis. Der alte Levy begeht nach Hitlers Machtergreifung Selbstmord; Saul und Johanna wandern nach Palästina aus. Realistisch geschildert sind auch die Rahmenereignisse, wie der Generalstreik der Metallarbeiter und deren Straßendemonstrationen. Als realistisches Zeitgemälde erinnert der Roman zuweilen an DÖBLINS *Berlin Alexanderplatz*. Durch eine bunte Schar unterschiedlicher Gestalten wird die Handlung zu einer kleinen *Comédie humaine* erweitert; da finden sich z. B. Chaimowitz, der arme schrullige Privatlehrer, der Johanna das hebräische Alphabet beibringt, Dr. Schiller, ihr komisch-pathetischer Geographieprofessor im Lyzeum, ferner Sekretärinnen, Fabrikarbeiter und viele andere. L.Pr.

AUSGABE: Merchawia 1956–1967, 3 Bde.

LITERATUR: M. Waxman, *A History of Jewish Literature*, Bd. 5, NY/Ldn. 1960, S. 26–29. – G. Kressel, *Cyclopedia of Modern Hebrew Literature*, Bd. 2, Merchawia 1967, S. 688 f. [hebr.].

JANET FRAME

* 28.8.1924 Dunedin

LITERATUR ZUR AUTORIN:
P. Evans, *An Inward Sun. The Novels of J. F.*, Wellington 1971. – Ders., *J. F.*, Boston 1977 (TWAS). – *J. F.*, Hg. J. Delbaere, Århus 1978. – M. Dalziel, *J. F.*, Wellington 1980. – W. H. New, *The Frame Story World of J. F.* (in Essays on Canadian Writing, 1984, Nr. 29, S. 175–191).

OWLS DO CRY

(engl.; *Ü: Wenn Eulen schrein*). Roman von Janet FRAME (Neuseeland), erschienen 1957. – Der Titel dieses Werks, eines der bemerkenswertesten der modernen neuseeländischen Literatur, ist SHAKESPEARES *Sturm* entnommen und deutet auf die Düsterkeit der dargestellten Schicksale. Im Mittelpunkt der etwa zwei Jahrzehnte umspannenden Handlung stehen die Heimsuchungen der in Waimaru, einer neuseeländischen Kleinstadt, lebenden Familie des Eisenbahnarbeiters Bob Withers. Nach dem Verlust seiner Tochter Francie, die sich bei einem Brand tödliche Verletzungen zugezogen hat, obliegt dem Ehepaar Withers die Sorge für drei weitere Kinder, von denen zwei krank sind: Toby, der einzige Sohn, leidet an epileptischen Anfällen, und Daphnes Geisteszustand macht ihre Einweisung in eine Heil- und Pflegeanstalt erforderlich. Nur für Theresa, genannt »Chicks«, scheint ein normales Leben möglich, doch gerade sie wird, nachdem sie das Elternhaus verlassen und geheiratet hat, das Opfer einer Tragödie: Ihr Mann, von der Monotonie und Kleinbürgerlichkeit neuseeländischen Lebens zur Verzweiflung getrieben, ermordet sie und legt dann Hand an sich. – Im Verlauf der Jahre versucht sich Toby, dessen Zustand sich gebessert hat, in verschiedenen Berufen und verdient schließlich genug, um seine Eltern unterstützen zu können. Doch als das Mädchen, das er liebt, einen andern heiratet, erkrankt er von neuem, wird immer apathischer, beginnt herumzuvagabundieren und wird schließlich wegen Landstreicherei verhaftet. Seine Schwester Daphne ist nach einer Gehirnoperation in der Lage, sich als Schneiderin ihr Brot zu verdienen, während Bob Withers nach dem Tod seiner Frau in einem Altersheim dahinvegetiert.

Sprache und Erzähltechnik machen diese Chronik des Elends und der Hoffnungslosigkeit zu einem Werk von hohem künstlerischem Rang. Die poetische Objektivität der Autorin verhilft besonders den in der Nervenheilanstalt spielenden Szenen und der Schilderung von Daphnes Geisteszustand zu faszinierender Wirkung. Die Vorstellungswelt, in der das Mädchen lebt, wird mit der Realität kontrastiert, wie sie sich Bob und Toby Withers (die bei ihren Besuchen von Daphne nicht erkannt werden) darstellt. Die Wahnsinnsvisionen werden durchweg zu dem Verhalten, das Daphne bei klarem Bewußtsein an den Tag legt, in Beziehung gesetzt und beide Bewußtseinslagen wiederum zur objektiven Wirklichkeit. Auch die Verlebendigung der anderen Charaktere geschieht durch Perspektivenwechsel und durch Kontrastierung von Kindheitserinnerungen und Zukunftsträumen mit der desillusionierenden Gegenwart, wobei ein Koordinatensystem unaufdringlicher Symbole die Atmosphäre der äußeren und inneren Isoliertheit intensiviert. – Das Buch begründete den literarischen Ruhm der Autorin, den spätere Werke, etwa *Faces in the Water*, 1961 *(Gesichter im Wasser)*, festigten.
J.v.Ge.

AUSGABEN: Christchurch 1957. – NY 1960; Nachdr. 1982. – Ldn. 1985; Nachdr. 1987.

ÜBERSETZUNG: *Wenn Eulen schrein*, R. Malchow, Hbg. 1961.

LITERATUR: C. H. Gratton, Rez. (in NY Times Book Review, 31. 7. 1960, S. 22). – Anon., Rez. (in The New Yorker, 13. 8. 1960). – F. H. Bullock, Rez. (in NY Herald Tribune Book Review, 14. 8. 1960, S. 4). – E. M. Williamson, *J. F. New Zealand Writer* (in Northland, 23, 1963, S. 5–11).

TO THE IS-LAND. – AN ANGEL AT MY TABLE. – THE ENVOY FROM MIRROR CITY

(engl.; *Zu den Inseln. – Ein Engel an meinem Tisch. – Der Gesandte aus der Spiegelstadt*). Autobiographie von Janet FRAME (Neuseeland), erschienen 1982,

1984 bzw. 1985. – Für J. Frame, die seit ihrer Kurzgeschichtensammlung *The Lagoon: Stories* (1952; rev. Ausg. 1961) und Romanen wie *Owls Do Cry* (1957), *Faces in the Water* (1961), *Scented Gardens for the Blind* (1963) oder zuletzt *Living in the Maniototo*, 1979 (Ü: *Auf dem Maniototo*, 1986) vor allem die mentale Gefährdung des Individuums in einer nur sicher scheinenden Welt gestaltet hat, führen alle Träume »zurück zum Alptraumgarten« (*Intensive Care*, 1970); Schiffbruch, Orientierungslosigkeit, Kommunikationsverlust und Wahnsinn sind die bevorzugten Bilder und Themen, die sie mit einer zuweilen an J. JOYCES spielerische Virtuosität erinnernden Sprache gestaltet, um dabei den verborgenen Bedeutungen »am Rande des Alphabets« nachzuspüren. Die Übergänge zur Welt des Traums sind fließend, für Leser wie Romanfiguren: etwa den nach einem Autounfall für tot erklärten Godfrey Rainbird, dem offizielle Verlautbarungen und sprachliche Konventionen auf makabre Weise Individualität und Leben rauben, ehe er einen endgültigen »zweiten Tod« stirbt (*The Rainbirds*, 1968).

Während Frame etwa in *Daughter Buffalo* (1972) mit dem in New York lebenden neuseeländischen Schriftsteller Turnlung die aus dieser allgemeinen Weltsicht resultierende Problematik künstlerischer Kreativität auf eine Weise gestaltet, daß die biographischen Erfahrungen einfach »*verwendet, erfunden, miteinander kombiniert, umgeformt, verändert, ergänzt, reduziert*« (*The Envoy from Mirror City*) werden, versucht sie in der Autobiographie erstmals einen eher unverschlüsselten und daher auch leichter zugänglichen Blick auf ihr Ich. Dieser autobiographische Neuansatz resultiert aus der Erkenntnis, daß zwischen dem lebensweltlichen Ich und den in die Fiktion eingegangenen Rollen ein dialektischer Zusammenhang besteht. Für Frame ist das reale Ich der »*Arbeiter, Lastenträger, Auswählende, die Position Bestimmende, Glättende*«, oder, mit dem Titel des dritten Bandes der Autobiographie, der »*Gesandte*«, der vermittelt: zwischen der taghellen, aber trügerischen und mediokren Alltagsexistenz und der dunkleren Realität eines Lebens in der »*Spiegelstadt, wo alles, was ich gekannt oder gesehen oder geträumt habe, in das Licht einer anderen Welt getaucht ist*«. Das Konzept dieser an die liguistischen Regeln der Alltagssprache nicht gebundenen und nichttemporischen »*Freiheit der Imagination*« in der von den Bindungen der gesellschaftlichen Realität freien, der »*Sonne*« der Vernunft nicht ausgelieferten »*Spiegelstadt*« steht, wie neben den metaphorischen Kontrastpaaren auch der direkte Hinweis in *An Angel at my Table* zeigt, in der Tradition der Romantik: Frame zitiert, ihre eigene Position präzisierend, jene berühmte Passage am Ende des 13. Kapitels von S. T. COLERIDGES *Biographia Literaria*, wo die Wirkweise von »*primärer*« und »*sekundärer Imagination*« erläutert wird. Coleridge bestimmt an dieser Stelle, die Frame schon früh »*auswendig*« lernte, Imagination als eine vitale, organische und die menschliche Perzeption wesentlich bestimmende Fähigkeit, die er von der bloß aggregierenden »*fancy*« als einer Funktion des Erinnerungsvermögens abgrenzt. Frames Imaginationsbegriff, dem eben diese Differenzierung in das bloße Erinnern und die kreative Transformation vorgefundenen Erfahrungsmaterials zugrundeliegt, resultiert jedoch andererseits wesentlich auch aus einer individuellen, aus der Biographie verständlich werdenden Weltsicht eigener Art, deren Bedingungen in der kreativitätsfeindlichen neuseeländischen Gesellschaft der dreißiger und vierziger Jahre liegen.

In diesem Sinne hat Frame die drei Bände von Anfang an – wie es zu Beginn von *To the Is-Land* heißt, als Bericht über den Weg »*von der liquiden Dunkelheit*« pränataler Existenz durch den »*zweiten Ort der Luft und des Lichtes*« einer trügerischen Realität hin zum »*Dritten Ort, wo der Ausgangspunkt der Mythos*« ist, konzipiert. An anderer Stelle nennt sie diese drei Orte, temporal differenzierend, auch »*War-Land*«, »*Ist-Land*« (dies ein Wortspiel mit dem englischen Nomen »*Is-Land*«: in dieser orthographischen Form kann es »Insel« oder »Ist-Land« bedeuten) und Land der »*Hoffnungen und Träume der Zukunft*«.

Frame hat also keine bloß erinnernde, an realistischen Darstellungskonventionen orientierte Autobiographie schreiben wollen, sondern sich vielmehr durchgängig an dem zum Ende von *The Envoy from Mirror City* erläuterten Konzept der kreativen Imagination orientiert: dessen Gegenstand ist, wie sie betont, »*die unveränderbare menschliche Natur*«, die »*wahre Grundlage der Fiktion, die großen Ereignisse des Lebens und Sterbens eines jeden – das Wiederkehrende, die Verluste, das Erreichte ... die lange Verfolgung durch die Toten und die Flucht vor ihnen und ihren Gegenständen*«.

Konsequenterweise endet die Autobiographie mit dem Bericht von der Rückkehr der Autorin aus England nach Neuseeland und an ihren Geburtsort: nach den geistig-seelischen Erfahrungen in England jedoch nicht mehr in die provinzielle Atmosphäre eines die kreative Imagination zerstörenden Landes, sondern zu den individuellen Ursprüngen. Sie schlägt damit auf einer übergeordneten Ebene einen Kreis zurück zum Anfang des Werks, der zugleich Ausgangspunkt für die imaginative Rückkehr zu den eigenen Anfängen darstellt – zum Pränatalen, zur Familie, zur Welt der Kindheit, derer sie nur noch in fragmentarischen Erinnerungen habhaft werden kann; es ist dies auch eine Rückkehr zur ersten »*Leidenschaft für die Außenwelt*« der Töne und Farben, der Sprache und des in der frühen Lektüre realisierten Vergnügens an abenteuernder Bewegung und an der realitätstranszendierenden Fiktion. Insofern ist Dunedin – gleiches gilt für Auckland, London, Paris, Ibiza, Stationen des biographischen Weges – zugleich eine »*Spiegelstadt*«, eine »*city in my mind*«.

Trotz der realistischen Details – etwa bei der Beschreibung der Lebensbedingungen in dem von der Weltwirtschaftskrise heimgesuchten Neuseeland, des langen Aufenthaltes in psychiatrischen Kliniken oder in der Großstadt London – erhalten deshalb alle Orte, Ereignisse und Figuren eine verborgene mythische Dimension: »*im Licht der gewöhnlichen Sonne und des gewöhnlichen Tages hatte ich für die ›realen‹ Erfahrungen immer weniger Interesse... Je mehr ich als Schriftstellerin lebte, desto uninteressanter wurde mein Leben für das nach außen gerichtete Auge*«. Die »*Spiegelstadt blieb*«, wie sie anläßlich eines längeren Aufenthaltes in einem alten Haus in Suffolk sagt, der »*wahre, erwünschte Wohnort*«.

Nicht erinnernde Retrospektion ist deshalb das Ziel der drei Bände, sondern Beschreibung einer individuellen Selbstfindung, die für Janet Frame universelle Bedeutung hat. In diesem Sinne schildert etwa der zweite Band die Flucht der emotional und mental zunehmend isolierten jungen Janet in die Rolle der Schizophrenen (mit dem vorangestellten SHAKESPEARE-Motto aus *The Tempest* handelte es sich ihrerseits um »*some tricks of desperation*«), eine Rolle, die in diesem – nicht repräsentativen – Einzelfall auf bestürzende Weise von inkompetenten Psychiatern nicht durchschaut wird und zu Situationen indifferenter Inhumanität auf seiten der behandelnden Ärzte führt. Erst als Frank SARGESON als der »*Engel an meinem Tisch*« erscheint, der ihre individuelle Kreativität fördert und sie auf die Erfahrungsreise in die Welt – nach England – schickt, beginnt – dies Gegenstand des dritten Bandes – die Selbstfindung: das Sich-Lösen aus der Rolle der unheilbar Kranken (in diesem Falle mit Unterstützung der damals fortschrittlichen Psychiatrie in England), das Transzendieren der eingespielten Routinen, zwanghaften Anpassungsängste und Fremddefinitionen sprachlicher und sozialer Rollen: beeindruckend, wie sie nach der Begegnung mit einem amerikanischen Künstler auf Ibiza und einer weiteren Beziehung in den bergigen Regionen von Andorra (wie bei Max FRISCH ein gleichsam mythischer Ort des tötenden Rollenzwangs) schließlich den Weg der Selbstbestimmung als Mensch gehen kann. U.Bö.-S.S.

AUSGABEN: *To the Is-land*, NY 1982. – *An Angel at my Table*, Auckland/NY/Ldn. 1984. – *The Envoy from Mirror City*, Auckland/NY/Ldn. 1984.

LITERATUR: A. L. McLeod, Rez. von »*To the Is-Land*« (in World Literature Today, 57, 1983, S. 352). – E. Caffin, *Ways of Saying in Recent New Zealand Fiction* (in Journal of New Zealand Literature, No. 2, 1984, S. 7–14). – P. Evans, *J. F. and the Art of Life* (in Meanjin, No. 3, 1985, S. 375–390). – K. F. Stein, *The Dark Laughter of J. F.* (in Pacific Quarterly, 9/2, 1985, S. 41–47). – A. L. McLeod, Rez. von »*An Angel at my Table*« (in World Literature Today, 59, 1985, S. 488–489). – L. Jones, *The One Story, Two Ways of Telling, Three Perspectives: Recent New Zealand Literary Autobiography* (in Ariel, 16, 1985, S. 128–150). – A. L. McLeod, Rez. von »*The Envoy from Mirror City*« (in World Literature Today, 60, 1986, S. 523). – A. Calder, *The Closure of Sense: J. F., Language, and the Body* (in Antic Three [Auckland], Nov. 1987).

JOAQUIM JOSÉ DA FRANÇA JÚNIOR

* 18.3. oder 19.4.1838 Rio de Janeiro
† 27.9. oder 27.11.1890 Caldas / Minas Gerais

AS DOUTÔRAS

(portug.; *Die Doktorinnen*). Komödie in vier Akten von Joaquim José da FRANÇA JÚNIOR (Brasilien). Uraufführung: Rio de Janeiro, 27. 6. 1889, Recreio Dramático do Rio. – Artur AZEVEDO (1855–1908) bezeichnete seinen Freund und Lehrer França Júnior einmal als den ersten Nachfolger von Luis Carlos Martins PENA (1815–1848), dem Begründer der brasilianischen Sittenkomödie. Obwohl Azevedo mit dieser Behauptung eine Reihe früherer Komödiendichter übergeht, hat er insofern recht, als França Júnior zweifellos entscheidend zur Ausformung dieses für das brasilianische Theater charakteristischen Genres beigetragen hat. Der wesentliche Unterschied zwischen Pena und ihm besteht darin, daß Penas Einstellung von der Romantik geprägt war, während França Júnior die realistischen Züge der Satire betonte und selbst seine sympathischsten Gestalten in karikierender Absicht der Lächerlichkeit preisgab.

As doutôras, einst eines der beliebtesten Repertoirestücke des brasilianischen Theaters, ist eine Satire auf die Frauenrechtlerinnen im Brasilien des ausgehenden 19. Jh.s. Die beiden Heldinnen des Stücks, die Ärztin Luísa und die Rechtsanwältin Carlota, versuchen nach besten Kräften, es im Berufsleben den Männern gleichzutun. Die Pointen der Komödie ergeben sich aus der Rivalität zwischen Luísa und ihrem Mann, der gleichfalls Arzt ist, und aus der üppigen Rhetorik Carlotas, einer legitimen Nachfahrin der *Précieuses ridicules* und der *Femmes savantes* von MOLIÈRE. Auf diese Weise findet der Autor reichlich Gelegenheit, die Schlagworte von der neuen »wissenschaftlichen« Denkweise und vom »Ehevertrag« zu verulken. Luísa läßt sich in ihrer Emanzipationsleidenschaft zu dem Ausruf hinreißen: »*Die Liebe – immer diese ewige Liebe, die nur dazu da ist, die Frau zu erniedrigen, sie in eine Fortpflanzungsmaschine zu verwandeln*« – ein Satz, der für das kinderfreudige brasilianische Publikum jener Jahre von geradezu grotesker Komik gewesen sein muß. Indem der Autor die intellektuellen Überzeugungen der beiden Frauen mit ihren natürlichen, spontanen Reaktionen in Widerspruch geraten läßt, erreicht er, daß das, was er für gesunden Menschenverstand hält, über Ideen triumphiert, die seiner Meinung nach absurd sind: Luísa will sich von ihrem Mann trennen; als sie aber bemerkt, daß Carlota versucht, ihn zu verführen, erwacht in ihr der Besitzinstinkt. Die Lösung des Konflikts ist ganz im Sinne der Tradition: Luísa wird wieder zur braven Ehefrau, als sie ein Kind erwartet. Und auch Carlota, die bei den Parlamentswahlen kandidieren wollte, um den Frauen zur völligen Gleichberechtigung zu verhelfen, entdeckt in der Heirat das Heilmittel für ihre Unzufriedenheit und zieht sich aus dem öffentlichen Leben zurück.

Die Argumente für und gegen die Emanzipation werden hier ohne die Spitzfindigkeit formuliert, mit der die zeitgenössische erzählende Literatur Brasiliens diese Bewegung darstellte. Bewußt verzichtet der Autor auf anspruchsvollere Gedankengänge und psychologische Erwägungen zugunsten einer dynamischen Handlung und lebendiger, schlagfertiger Dialoge im Farcenstil. S.M.

AUSGABEN: Rio 1932. – Rio 1980 (in *O teatro*; Vorw. E. Cafezeiro).

LITERATUR: J. Galante de Sousa, *O teatro no Brasil*, Rio 1960. – S. Magaldi, *Panorama do teatro brasileiro*, São Paulo 1962, S. 130–140. – L. Martins, *Homens e livros*, São Paulo 1962. – Coutinho, 6, S. 19 f. – R. J. Barman, *Politics on Stage: The Late Brazilian Empire as Dramatized by F. Jr.* (in LBR, 13, 1976, Nr. 2, S. 244–260). – Moisés, 2, S. 574–578.

ANATOLE FRANCE

eig. Jacques-François Anatole Thibault
* 16.4.1844 Paris
† 12.10.1924 Gut La Béchellerie bei Saint-Cyr-sur-Loire

LITERATUR ZUM AUTOR:
Bibliographie:
J. Lion u. A. Martin, *Contributions bibliographiques sur A. F.*, NY 1974.
Zeitschriften:
Les cahiers franciens, Paris 1971 ff. – Le lys rouge. Bulletin publié par la Société Anatole France à Paris, Paris 1975 ff.
Gesamtdarstellungen und Studien:
P. Wiegler, *A. F.*, Mchn. 1920. – E. Seillière, *A. F., critique de son temps*, Paris 1934. – V. Giraud, *A. F.*, Paris 1935. – J. Suffel, *A. F.*, Paris 1946. – A. Vandegans, *A. F., les années de formation*, Paris 1954. – J. Sareil, *A. F. et Voltaire*, Genf/Paris 1961. – J. Marvaud, *A. F., écrivain français*, Paris 1962. – M. C. Bancquart, *A. F. polémiste*, Paris 1963. – C. Jefferson, *A. F. The Politics of Scepticism*, New Brunswick/N.J. 1965. – J. Levaillant, *Essai sur l'évolution intellectuelle d'A. F.*, Paris 1965. – D. Tylden-Wright, *A. F.*, Ldn. 1967. – R. Virtanen, *A. F.*, NY 1968. – D. Bresky, *The Art of A. F.*, Den Haag/Paris 1969. – M. Sachs, *A. F. The Short Stories*, Ldn. 1974. – M. C. Bancquart, *F., un sceptique passioné*, Paris 1984. – A. Gier, *Der Skeptiker im Gespräch mit dem Leser. Studien zum Werk von F. und zu seiner Rezeption in der französischen Presse 1879–1905*, Tübingen 1985.

CRAINQUEBILLE, SUIVI DE PUTOIS, RIQUET ET PLUSIEURS AUTRES RÉCITS PROFITABLES

(frz.; Ü: *Crainquebille und andere nützliche Erzählungen*). Erzählungsband von Anatole FRANCE, erschienen 1903. – Im Gesamtwerk des Autors, das u. a. mehr als hundert Erzählungen umfaßt, ragt dieser Band insofern hervor, als sich die Texte nicht länger mit einem zwar radikalen, aber niemals Stellung beziehenden Skeptizismus begnügen. Insbesondere die Titelnovelle *Crainquebille*, die France wenig später zu einem Theaterstück umarbeitete, bringt das sozialkritische Engagement des Autors zum Ausdruck. Crainquebille, ein alter Gemüsehändler vom Montmartre, gerät mit einem Polizisten in Streit, der ihn auffordert, seinen Gemüsekarren weiterzuschieben, um die Straße freizumachen. Es kommt zu einem Wortwechsel, der Polizist will ein Protokoll aufnehmen und behauptet, der alte Mann habe ihn im Amt beschimpft und beleidigt, indem er ihm den (damals üblichen) Fluch *Mort aux vaches!* (»Tod den Kühen!«) nachgerufen habe. Crainquebille wird verhaftet und zu einer Gefängnisstrafe verurteilt, obwohl ein Augenzeuge vor Gericht aussagt, daß sich der Polizist geirrt hätte. Der alte Mann ist völlig hilflos und kann sich nicht verteidigen. Nach zwei Wochen wird er aus dem Gefängnis entlassen und gerät in tiefes Elend, weil sich seine Kunden weigern, das Gemüse bei ihm, einem Zuchthäusler, zu kaufen. Er beginnt zu trinken und aus Verzweiflung ruft er eines Abends einem anderen Ordnungshüter den berüchtigten Fluch nach, in der Hoffnung, wieder ins Gefängnis gesteckt zu werden, um wenigsten etwas zu essen und ein Dach über dem Kopf zu haben. Doch diesmal wird er nicht bestraft, sondern nur aufgefordert, weiterzugehen. Der alte Mann verschwindet in der Nacht und es bleibt offen, ob er sich das Leben nimmt.

Andere Erzählungen dieses Bandes (darunter *Les juges intègres*; *Monsieur Thomas*; *Vol domestique*) ergreifen in ähnlicher Weise Partei für die sozial Benachteiligten, während die Rahmenerzählung *Putois* an einem bewußt absurd gewählten Beispiel veranschaulicht, wie gefährlich es sein kann, ein Produkt der Einbildungskraft für so wirklich zu halten, daß es schließlich Gestalt annimmt: Madame Bergeret erfindet in allen Einzelheiten einen Gärtner namens Putois als Ausrede für eine Verwandte, die sie nicht in ihrem Haus haben will. Bald redet die ganze Stadt von dieser Phantasiegestalt, alle wollen Putois gesehen haben, alle geben vor, genau zu wissen, wie er aussieht und welche Untugenden er hat, die Polizei sucht ihn sogar wegen eines Diebstahls, bis er dann tatsächlich auftaucht, was nicht nur Madame Bergeret erheblich in Schrecken versetzt. – In *Riquet* und *Pensées de Ri-*

quet geht es um die »Philosophie« eines kleinen Hundes, der den Umzug der Familie Bergeret in einem Köfferchen mitmacht und viel Zeit hat, über sich und seinen Herrn nachzudenken: Dabei stellt sich heraus, daß er sich als Zentrum der Welt versteht und – ähnlich wie sein Herr – alles, was für seine Existenz von Bedeutung ist, als gottgegeben ansieht. Diese geistreiche Geschichte ist ein treffliches Beispiel für die Leichtigkeit und treffsichere Knappheit des Erzählens, die France zu einem unverwechselbaren Stil entwickelte. B.We.-KLL

AUSGABEN: Paris 1901 (*L'affaire Crainquebille*). – Paris 1903. – Paris 1928 (in *Œuvres complètes ill.*, 25 Bde., 1925–1935, 14). – Lpzg./Bielefeld 1929 [m. Glossar]. – Paris 1953. – Paris 1973 (Poche).

ÜBERSETZUNGEN: *Crainquebille*, G. Savić, Lpzg./Bln. 1903. – Dass., G. v. Grootheest (in *Der fliegende Händler und mehrere andere nützliche Erzählungen*, Mchn. 1921; Neuaufl. Bln. 1950). – *Crainquebille und andere nützliche Erzählungen*, dies. (in *Ges. Schriften*, Bd. 2, Mchn. 1926). – Dass., F. Hardekopf, Zürich 1947. – *Der Fall Crainquebille*, G. v. Grootheest, Nürnberg 1951. – Dass., dies., Stg. 1962 (RUB). – Dass., G. Steinig, Lpzg. 1971. – Dass., R. Maurer, Zürich 1975 [Ill.]. – Dass., U. F. Müller, Mchn. 1977 (frz.-dt.; dtv).

DRAMATISIERUNG: *Crainquebille*, Paris 1903.

VERFILMUNG: *Crainquebille*, Frankreich 1923 (Regie: J. Feyder).

LITERATUR: J. Conrad, *Review of »Crainquebille«* (in Living Age, 242, 1904, S. 698–702). – M. Sachs, *A. F. The Short Stories*, Ldn. 1974.

LE CRIME DE SYLVESTRE BONNARD, MEMBRE DE L'INSTITUT

(frz.; Ü: *Die Schuld des Professors Bonnard*). Roman von Anatole FRANCE, erschienen 1881. – Dieser erste bedeutende Roman des Autors, der wohl schon in der 1879 in ›La Revue Alsacienne‹ erschienenen Novelle La Fée präfiguriert ist, kann als Ausdruck der sich 1877–1880 vollziehenden Distanzierung des Autors vom Naturalismus und dem Ausschließlichkeitsanspruch des sog. wissenschaftlichen Denkens verstanden werden, mag aber auch biographische Hintergründe haben (seine zwar materiell günstige, aber emotional unbefriedigende Situation nach seiner Verheiratung mit Valérie Guérin, nachdem eine andere Verbindung infolge des Widerstands der Eltern bzw. des mangelnden Durchsetzungsvermögens A. Frances nicht zustande gekommen war).

Der Inhalt des Romans, als Tagebuchbericht des alten Wissenschaftlers und Bibliophilen Sylvestre Bonnard dargeboten, ergibt sich in zwei Episoden. In der ersten, *La búche (Das Weihnachtsscheit)*, schickt Bonnard der im gleichen Hause mit ihrem Kind in einer Dachwohnung hausenden Witwe eines Kalenderverkäufers, von deren Armut er erfährt, zu Weihnachten die traditionelle *búche*. Jahre später erhält er von ihr, die er als nunmehrige Fürstin Trépof nicht wiedererkennt, ein kostbares langgesuchtes Manuskript in einer ausgehöhlten *búche* zum Geschenk. – In der zweiten Episode, *Jeanne Alexandre*, erkennt Bonnard in einem Waisenkind, das bei einer befreundeten Familie die Ferien verbringt, ehe es wieder ins Internat unter die Fuchtel des Vormunds und einer altjüngferlichen, gehässigen Erzieherin zurückkehren muß, die Enkelin seiner unvergessenen Jugendgeliebten Clémentine. Bonnard nimmt sich des Mädchens an, arrangiert seine Flucht aus dem Internat und entgeht den rechtlichen Konsequenzen, da der bisherige Vormund seinerseits aufgrund von Unregelmäßigkeiten das Weite sucht. Bonnard wird Vormund. Jeanne, die sich bald mit einem seiner Schüler verlobt, soll durch den Verkauf von Bonnards Bibliothek eine Mitgift erhalten. Bonnard bringt einige besonders wertvolle Stücke, von denen er sich nicht trennen kann, heimlich beiseite, was er als »Verbrechen« bezeichnet, »bestiehlt« er doch sein Mündel. Er lebt schließlich auf dem Lande, macht botanische »Entdeckungen«, die längst bekannt sind, und erlebt das Glück des jungen Paares, den Tod des ersten Kindes und das Aufkeimen neuen Glücks. Sylvestre Bonnards Lebenskreis schließt sich in Zufriedenheit.

Der Abstand zum realistisch-naturalistischen Romanparadigma und die Entwicklung einer subjektiveren, imaginationsbestimmten Romanform erhellt zunächst aus einer gewissen Freiheit der Handlungsführung, etwa in der Abfolge zweier inhaltlich kaum verbundener Hauptepisoden, der häufigen darstellerischen Betonung von Nebenepisoden oder Nebenfiguren, dem spielerischen Einfließen von Phantastischem (Erscheinung einer Fee) und dem Auftreten von handlungssteuernden Zufällen, schließlich auch der jeweils gänzlich unerwartet hervorbrechenden Spontaneität des sonst recht versponnenen Bücherwurms Bonnard, die er sich aber zusammen mit seiner Güte, einer fast kindlich anmutenden Naivität und einer ausgeprägten Fähigkeit zur Selbstrelativierung bewahrt hat, Merkmale, die ihn als handelnde Figur einer Determiniertheit im naturalistischen Sinn weitgehend entziehen. Daneben wird, durch die Tagebuchperspektive des Ich-Erzählers allgegenwärtig, der Humor zu einem Charakteristikum des Romans. Sich aus englischen Quellen wie STERNE, DICKENS und BULWER LYTTON (vgl. dessen Erzähler Pisistratus Caxton aus *The Caxtons*) speisend, aber auch aus CERVANTES' *Don Quijote*, wertet er in lächelndem Wohlwollen das Unbedeutende auf, begegnet der Beschränktheit mit Verständnis und reduziert aufgeblasene Größe. Sein Humor ist damit Ausdruck eines Denkens, das auf Toleranz und harmonische Ganzheit zielt. Humorvoll ironisch ist auch der Titel gemeint (»das Verbrechen«).

Le crime de Sylvestre Bonnard, dessen lächelnde Skepsis ein zwar illusionsloses, aber doch letztlich freundliches Bild der Existenz zeichnet, kann als Grundtypus für die nächstfolgenden Werke des Autors gesehen werden, die ihn variieren. Es gibt den Grundakkord seines Denkens, wenn sich auch Skepsis und Ironie später verschärfen werden, und wohl nicht zuletzt ein Bild Antole Frances selbst zwischen lächelnder Weisheit und Engagement, eine Haltung, die freilich auch als Attitüde oberflächlicher bürgerlicher Selbstzufriedenheit gedeutet und von den nachfolgenden Generationen kaum mehr als zeitgemäßt akzeptiert wurde. W.Kre.

AUSGABEN: Paris 1881. – Paris 1925 (in *Œuvres complètes ill.*, 25 Bde., 1925–1935, 2; ern. 1948). – Paris 1959. – Paris 1984 (in *Œuvres*, Hg. M. C. Bancquart; Pléiade). – Paris 1985 (in *Romans et contes*, 10 Bde., 2).

ÜBERSETZUNGEN: *Sylvester Bonnard u. seine Verbrechen. Roman in Tagebuchform*, E. Alsberg, Stg. 1885. – *Professor Bonnards Schuld*, J. Wahl u. F. Le Bourgeois, Lpzg. 1911; ern. 1957 (RUB). – *Die Schuld des Professor Bonnard*, dies. (in GS, Bd. 15, Mchn. 1924). – Dass., dies., Mchn. 1965 (GGT).

LITERATUR: H. Potez, *Les sources du »Crime de Sylvestre Bonnard«* (in MdF, 1. 3. 1910, S. 5–15). – A. E. Whitham, *The »Crime of Silvestre Bonnard«* (in London Quarterly Review, 127, 1917, S. 190–198). – G. Huard, *»Sylvestre Bonnard« et la Légende dorée* (in Les Trésors des Bibliothèques de France, 9, 1929, S. 25–40). – G. Gougenheim, *Une source du »Crime de Sylvestre Bonnard«* (in RHLF, 42, 1942, S. 435/436). – J. Pinchon, *Étude des variantes du »Crime de Sylvestre Bonnard«* (in Revue d'Histoire de la Philosophie et d'Histoire générale de la Civilisation, fasc. 44, 1946, S. 334 bis 361).–M. Spaziani, *L'ispirazione libresca e l'unità del »Crime de Sylvestre Bonnard«* (in *Studi sulla letteratura dell' ottocento in onore di P. P. Trompeo*, Neapel 1959, S. 402–416). – M. Z. Hafter, *»Le crime de Sylvestre Bonnard«, a Possible Source for »El amigo Manso«* (in Symposium, 17, 1963, S. 123 bis 129). – M. Maurin, *»Sylvestre Bonnard«, nature ou culture?* (in RSH, 34, 1969, S. 263–273). – H. Hatzfeld, *»Le crime de Sylvestre Bonnard«* (in H. H., *Initiation à l'explication de textes français*, Mchn. ³1969, S. 124–128). – M. Maurin, *De George Sand à »Sylvestre Bonnard«* (in RHLF, 71, 1971, S. 59–63). – J. Plumyène, *Cadavres exquis* (in Contrepoint, 26, 1978, S. 105–109).

LES DIEUX ONT SOIF

(frz.; *Ü: Die Götter dürsten*). Roman von Anatole FRANCE, erschienen 1912. – In diesem Roman knüpft der Autor an die Tradition des historischen Romans an, wie sie sich zu Beginn des 19. Jh.s herauszubilden begann. Als Historiker und Romancier geht es France hier um die sogenannte »histoire narrative«, d. h. um die Geschichtsschreibung als eine Kunst, die »*den Menschen und die menschlichen Leidenschaften*« darstellt. Der in szenische Tableaus gegliederte Revolutionsroman schildert die Zeit der Jakobinerherrschaft (1793–1794) und entwirft ein eindringliches Bild der politischen, künstlerischen und sozialen Situation jener Epoche.

Im Mittelpunkt des Geschehens steht der Maler Évariste Gamelin, ein Schüler von Jacques Louis David, der selbst Mitglied des Nationalkonvents war und als Künstler die Ästhetik der Französischen Revolution am wirkungsmächtigsten realisierte. Gamelin, ein mittelmäßiger Maler, macht als Politiker Karriere. Er wird zum Geschworenen des Revolutionstribunals ernannt; unerbittlich verurteilt er jeden zum Tode, der nicht nach den jakobinischen Tugendidealen lebt, während er andererseits von seiner Mutter als liebender und treusorgender Sohn charakterisiert wird. Auch seine Freundin Élodie Blaise, die Tochter eines einflußreichen, als opportunistisch bekannten Kunsthändlers, erlebt ihn als zärtlichen Liebhaber, mit dem sie sich – hin- und hergerissen zwischen Angst und Zuneigung – an der geheimnisvollen Verbindung von Lust und Grausamkeit berauscht. Als bedingungsloser Parteigänger Robespierres begibt sich Gamelin jeden Abend in die Versammlung der Jakobiner, die in der ehemaligen Dominikanerkapelle, Rue Saint-Honoré, stattfindet. Ausgehend von der symbolischen Bedeutung dieses Ortes – einst im Besitz der Dominikaner, die France als »*die geistigen Söhne des Großinquisitors der Häresie*« bezeichnet – wird der politische Fanatismus der Jakobiner, dieser »*eifernden Inquisitoren der Verbrechen gegen das Vaterland*«, unter dem Vorzeichen des »*fanatisme dévot*« dargestellt. In der Kapelle sind die religiösen Symbole durch die Devise »*Liberté, Égalité, Fraternité ou la Mort*« ersetzt, an die Stelle der Bibel ist die Erklärung der Menschenrechte getreten, die Funktion der Heiligenbilder übernehmen die Büsten der Revolutionshelden, wobei dem Bildnis von Jean Jacques Rousseau, dessen Tugendlehre France für die Ideologie der Jakobiner verantwortlich macht, die größte Verehrung entgegengebracht wird. Zur Bloßstellung des jakobinischen Fanatismus gehört auch die Gleichsetzung des Revolutionstribunals mit dem Inquisitionsgericht: Beiden geht es – aus der Sicht Frances – um die Bekämpfung jeglicher Abweichung von der »reinen« Lehre. Mit allen Mitteln kämpft Gamelin, der unter dem Einfluß Robespierres immer mehr Todesurteile fällt, an der Seite der Jakobiner gegen die übermächtigen Feinde der Republik.

Nachdem sich die Schreckensherrschaft am 9. Thermidor (28. Juli 1794) auch gegen Robespierre gerichtet hat, folgt ihm Gamelin einen Tag später auf die Guillotine. In der Rolle des skeptischen und distanzierten Beobachters kommentiert der ehemalige Finanzier des Ancien régime, Brotteaux des Ilettes, der wie nahezu alle Figuren des Romans ebenfalls auf dem Schafott endet, das Geschehen, nicht ohne dabei immer wieder den Bruch zwischen der Lebensweise vor 1789 und derjenigen unter der Jakobinerherrschaft zu thematisieren.

Unter dem Direktorium kehren dann zum Schluß des Romans Luxus und Korruption zurück; diejenigen, die sich jeder historischen Situation anzupassen verstehen und skrupellosen Opportunismus an den Tag legen, insbesondere Élodie, die alsbald einen neuen Liebhaber findet, stürzen sich ins Vergnügen und genießen den Gegensatz zur asketischen Strenge der Schreckensherrschaft.

Nach umfangreichen, fünf Jahrzehnte dauernden Vorstudien – in einem Almanach notierte er die politischen Ereignisse eines jeden Tages der Epoche – schrieb France den Roman außerordentlich rasch, aber mit großer stilistischer Sorgfalt nieder. Es ging ihm dabei auch um die Darlegung seiner eigenen Geschichtsauffassung und um den Nachweis, daß Geschichte mehr ist als nur politische Ereignisgeschichte. Dergestalt wird im Spiegel der Romanhandlung ein repräsentativer Ausschnitt der gesellschaftlichen Entwicklung beleuchtet und am Beispiel des aus dem Kleinbürgertum stammenden Malers Gamelin aufgezeigt, wie auch die moralischen und ästhetischen Auffassungen von der Dimension des Historischen durchdrungen sind. Der Roman gilt auch als eine geglückte Schilderung der geistigen Atmosphäre und der Sitten der Revolutionszeit. B.We.-KLL

AUSGABEN: Paris 1912. – Paris 1931 (in *Œuvres complètes ill.*, 25 Bde., 1925–1935, 20; ern. 1950). – Paris 1962. – Paris 1985. – Paris 1985 (in *Romans et contes*, 10 Bde., 4; Ill.). – Paris 1986.

ÜBERSETZUNGEN: *Die Götter dürsten*, F. v. Oppeln-Bronikowski, Mchn. 1912. – Dass., ders., Mchn. 1922 (in *GS*, Bd. 11). – Dass., ders., Ffm. 1959. – Dass., ders., Mchn. 1967 (dtv). – Dass., H. Kirmsse, Bln./Weimar 1984.

LITERATUR: A. Chaumeix, *A. F. et la Révolution* (in Débats, 1912, S. 1211 ff.). – R. Doumic, *Un roman sur la Révolution: »Les dieux ont soif«* (in RDM, 1912, S. 433–444). – L. Dimier, *»Les dieux ont soif«* (in Polybiblion, 77, 1913, S. 14–17). – C. Roy, *Sur »Les dieux ont soif«* (in C. R., *Descriptions critiques*, Paris 1958, Bd. 4, S. 234–240). – M.-C. Bancquart, *»Les dieux ont soif« et l'acceptation de la solitude* (in M.-C. B., *A. F., polémiste*, Paris 1962, S. 508–524). – J. Kuczyski, *F. und die große französische Revolution* (in WZBln, 14, 1965, S. 181–287; ern. in J. K., *Gestalten und Werke 2*, Bln./Weimar 1971, S. 419–435). – M. Kruse, *»Les dieux ont soif«* (in *Der französische Roman*, Hg. K. Heitmann, Düsseldorf 1975, Bd. 2, S. 60–80, 329–331). – J. Levaillant, *Trajets de la répresantation dans »Les dieux ont soif« de F.* (in *Sociocritique*, Hg. C. Duchet, Paris 1980, S. 98–110).

HISTOIRE CONTEMPORAINE

(frz.; *Ü: Die Romane der Gegenwart*). Vierbändiger Roman von Anatole FRANCE, erschienen 1897 bis 1901. – Im Gegensatz zu seinen früheren Werken, die das moderne Leben nur am Rande berühren, führt diese Gesellschaftssatire unmittelbar in das aktuelle Zeitgeschehen. – Bergeret, der Held des Romans, ein resigniert-melancholischer Skeptiker, ist Professor für lateinische Literatur an einer Provinzuniversität und, obwohl von umgänglicher Wesensart, ein scharfer und ironischer Beobachter seiner Umwelt, der philosophische Streitgespräche, ja, Diskussionen aller Art leidenschaftlich liebt und sich daher ständig in endlose Debatten einläßt. *»Nie hatte er Furcht vor Ideen, doch er war schüchtern vor den Menschen.«* Zu seinem Umgang gehören, außer seinen Kollegen, ein reicher Landedelmann, ein pensionierter General, ein Großindustrieller und der politisch sehr aktive Bürgermeister. Gelegentlich macht Bergeret einer schönen, klugen Frau den Hof. Am liebsten aber unternimmt er weite Spaziergänge *»unter den Ulmen am Wall«* (*L'orme du mail* lautet der Titel des ersten Bandes) mit dem alten Abbé Lantaigne. Da Bergerets versöhnliche Skepsis einem militanten Glauben bei dem Abbé begegnet, ergeben sich immer wieder heftige Kontroversen über kulturelle, soziale oder politische Fragen. Bei dieser Gelegenheit wird der Leser auch in die regionale Kirchenpolitik eingeführt und erfährt von den Ränken, die um die Neuwahl des Bischofs geschmiedet werden. Zwei Parteien bieten ihren ganzen Einfluß auf, um ihre Kandidaten durchzubringen: den herben, unbeugsamen Abbé Lantaigne und einen wendigen Professor der Rhetorik, Abbé Guitrel, der schließlich mit Hilfe dreier einflußreicher Frauen den Sieg davonträgt. Bergeret kommentiert diese für die Dritte Republik typischen Intrigen mit boshaftem Spott.

Der zweite Band (*Le mannequin d'osier*) schildert die familiären und beruflichen Erlebnisse des Professors; da er mit seinen oft unbequemen Ansichten nicht zurückhält, hat er sich den Universitätsrektor und den Dekan der Fakultät zu Feinden gemacht. Er flüchtet sich in seine wissenschaftliche Arbeit, wird jedoch durch die unverhüllte Verachtung, die ihm seine Frau, mit der er sich nicht mehr versteht, entgegenbringt, immer wieder abgelenkt. Als er sie eines Tages in flagranti mit seinem Lieblingsschüler ertappt, behandelt er sie nach anfänglichem Wutausbruch, der sich auf ihre – im Titel genannte – »Kleidergruppe« entlädt, wie Luft. Frau Bergeret zieht sich daraufhin mit zwei Töchtern zu ihrer Mutter zurück und überläßt ihm nur die älteste Tochter Pauline, die ihrem Vater ähnelt und sehr an ihm hängt.

Neben die Vertreter der Regierung, der Geistlichkeit und des Bürgertums, die sich im öffentlichen Leben der Provinzstadt hervortun, treten im dritten Band (*L'anneau d'améthyste*) Persönlichkeiten aus der Aristokratie und der Geschäftswelt. Paris steht ganz im Zeichen der Affäre Dreyfus, die Frankreich in zwei Lager teilt: die Liberalen und die Konservativen. Die Hochfinanz, die schon lange Zeit die Politik der Dritten Republik bestimmt hat, übernimmt schließlich auch offiziell die Regierung. Hauptthema des Romans sind nun nicht mehr in erster Linie die sozialen Probleme, sondern die Beziehungen zwischen dem Klerus und dem alten Adel auf der einen und der neuen triumphierenden Geldmacht auf der anderen Seite. Bergeret tritt mutig für eine Revision des Dreyfus-Prozesses ein. Zu Beginn des neuen Semesters wird ihm für sein verdienstvolles Wirken als Humanist und Philologe ein Preis verliehen, und er folgt einem Ruf an die Sorbonne.

Der vierte Band *(Monsieur Bergeret à Paris)* beschreibt die Eindrücke und Erfahrungen des Professors im Paris des Weltausstellungsjahrs 1900. France schildert das politische Klima während der ersten Monate des Ministeriums Waldeck-Rousseau und das Vorgehen der Rechtsparteien sowie der Monarchisten, die die Nachwirkungen der Dreyfus-Affäre zum Sturz der Republik ausnutzen wollen. Die eigentliche Handlung tritt immer mehr hinter politische Diskussionen, Reden und Polemiken zurück. Es werden überdies zwei längere Kapitel aus einer in der Sprache RABELAIS' geschriebenen, fingierten Chronik »Les Trublions« eingeschoben. Der Autor, der sich immer deutlicher mit seinem Helden Bergeret identifiziert, zieht abschließend ein Fazit, das recht pessimistisch klingt: »*Schwer ist es zu begreifen, daß vernünftige Menschen noch Hoffnung haben können, den Aufenthalt auf dieser kleinen Kugel, die sich unbeholfen um eine gelbe, schon halb erkaltete Sonne bewegt, erträglich zu gestalten. Das Leben ist an und für sich eine Katastrophe, eine unaufhörliche Katastrophe... Unser Vaterland besteht, wie die übrigen Länder, nur durch die Erneuerung seines Elends und seiner Fehler.*«

Anatole France zeigt sich in *Histoire contemporaine* als Gegner der Kirche, des Militärs und aller politisch und sozial reaktionären Kräfte. Er attackiert die Willkür der Justiz und kritisiert offen die Korruption und Torheiten der französischen Gesellschaft um die Jahrhundertwende. Weite Strecken des Romans, der sich zum Schluß in einzelne Episoden aufzulösen scheint, sind glänzende politische und satirische Essays über Themen der Zeit. – Obwohl der Autor stilistisch der Tradition verpflichtet ist, erinnert *Histoire contemporaine*, der Roman über die Gesellschaft der Dritten Republik, in seiner stark politischen Färbung an *Les Rougon-Macquart*, ZOLAS Romanzyklus über die Ära Napoleons III.   KLL

AUSGABEN: Paris 1897 *(L'orme du mail)*. – Paris 1897 *(Le mannequin d'osier)*. – Paris 1899 *(L'anneau d'améthyste)*. – Paris 1901 *(Monsieur Bergeret à Paris)*. – Paris 1927 (in *Œuvres complètes illustrées*, Hg. L. Carias u. G. Le Prat, 25 Bde., 1925–1935, 11 u. 12). – Paris 1949. – Paris 1965 ff. – Paris 1981.

ÜBERSETZUNG: *Die Romane der Gegenwart*, I. v. Guttry, 4 Bde., Mchn. 1920/21 (auch in *GS*, Bd. 4–7, Mchn. 1920/21; Bd. 4: *Die Ulme am Wall*; Bd. 5: *Die Probierpuppe*; Bd. 6: *Der Amethystring*; Bd. 7: *Professor Bergeret in Paris*).

LITERATUR: C. Delhorbe, *L'affaire Dreyfus et les écrivains français*, Paris 1932, S. 81–157. – D. L. Hamilton, *The Composition of A. F.'s »L'orme du mail«* (in MLN, 4, 1941, S. 245–252). – W. B. Fleischmann, *W. Cather's »The Professor's House« and A. F.'s »Le mannequin d'osier«* (in RoNo, 1, 1959/60, S. 92/93). – J. Beránková, *La satire de l'»Histoire contemporaine« de F.* (in Romanistica Pragensia, 3, 1963, S. 49–64). – M. C. Bancquart, *L'évolution de l'idée de république chez F. dans l'»Histoire contemporaine«* (in *L'Esprit républicain*, Hg. J. Viard, Paris 1972, S. 363–371). – M. Sachs, *The Present as Past. F.'s »Histoire contemporaine«* (in NCFS, 5, 1976/77, S. 117–128). – *L'adaptation télévisée d'»Histoire contemporaine« et la presse* (in Le lys rouge, 50, 1982, S. 148–154).

L'ÎLE DES PINGOUINS

(frz.; *Ü: Die Insel der Pinguine*). Roman von Anatole FRANCE, erschienen 1908. – In dieser historischen Satire stellt France ein negatives Bild der historischen Entwicklung vor und brandmarkt die menschliche Geschichte als ein Gewebe aus Verbrechen und Täuschungen. Das Gleichnis vom imaginären Land Alka nimmt mit seinen Ereignissen Bezug auf Frankreich, meint jedoch im Grunde die gesamte abendländische Gesellschaftsstruktur. Die Absicht dieser »moralischen Legende« verdeutlichen die Worte des pinguinischen Philosophen Jakob: »*Wenn sie ihre Handlungen also travestiert und dessen, was ihnen schmeichelt, entblößt sehen, wird das Urteilsvermögen der Pinguine besser sein, und sie werden vielleicht an Weisheit zunehmen.*«

In acht Büchern wird die Entwicklung des pinguinischen Volks skizziert. Das erste Buch, *Der Ursprung*, berichtet in der Art keltischer Legenden von dem Irrtum des hl. Maël, der durch wunderbare Fügung in einem Steintrog zu den Nordküsten des vereisten Ozeans gelangt und in seiner Kurzsichtigkeit Pinguinen, die er für Heiden hält, die Taufe erteilt. Im Paradies wird nach langer, als eine Konzilsparodie erkennbarer Diskussion, die France zum Anlaß nimmt, um die Spitzfindigkeit der Theologie zu kritisieren, beschlossen, die Pinguine in Menschen zu verwandeln und damit dem Taufakt Gültigkeit zu verleihen. Der hl. Maël transportiert die Insel Alka mit dem pinguinischen Volk an die Küste der Bretagne. Das zweite Buch, *Die alten Zeiten*, schildert die ersten kulturellen Unterweisungen des Heiligen, der jedoch nicht verhindern kann, daß auch der Teufel seine Hände im Spiel hat. Die Verleihung des Herzogtitels an einen Pinguin, der einen Schwächeren erschlug und dadurch dessen Acker erwarb, wird als Ursprung der Aristokratie und des bürgerlichen Rechts ausgegeben. »*Der Besitz hat als einzigen und ruhmreichen Ursprung die Kraft. Er entsteht und wächst durch die Kraft... Deshalb kann man mit Recht sagen, daß, wer besitzt, adlig ist.*« Mit der folgenden Episode wird die Glaubwürdigkeit von Heiligenlegenden in Zweifel gezogen: Orberose, die schlaue Konkubine des Räubers Kraken, gibt die in der Verkleidung eines Drachen durchgeführten Beutezüge ihres Mannes als eine christliche Drachenlegende aus; sie selbst erwirbt dabei den Titel der heiligen Patronin Alkas und ihr Sohn Drako die Königskrone der Drakoniden (Bourbonen). Das dritte Buch verfolgt die Entwicklung des punguinischen Volks in *Mittelalter und Renaissance* und enthält zwei ironische Abschnitte über die Literatur und Malerei. Das vierte Buch ist der *Neuzeit* gewidmet. In der Gestalt Trincos (Napoleon) porträtiert France den Typ des Eroberers schlechthin, der trotz aller *gloire* ein entvölkertes, elendes Pinguinien hinterläßt. Das Buch *Chatillon* bezieht sich auf die Ereignisse um General Boulanger. *Die Affäre der 80000 Heubündel* ist eine Persiflage der Affäre Dreyfus, in der France den Antisemitismus der ganzen christlichen Welt durch Spott zu verurteilen sucht. *Madame Cérès* veranschaulicht die Korruptheit und Intrigenwirtschaft der politischen Cliquen, der Hochfinanz und Verwaltung. »*Der Krieg war unvermeidlich geworden und die ganze Welt wurde von Blutströmen überflutet.*« Mit prophetischem Blick hat France den Ersten Weltkrieg vorausgeahnt. Das achte Buch, das statt in Kapitel bezeichnenderweise in Paragraphen eingeteilt ist, gibt eine nihilistische Vision der *Zukunft*: Vermassung infolge der Industrialisierung; Bildung einer kapitalistischen Gesellschaft mit der Herrschaft einiger Milliardäre, der »*Asketen des Reichtums*«; beabsichtigte Verdummung der Arbeiter zu Arbeitstieren. Nach der Zerstörung der riesigen Wolkenkratzerstadt durch Sprengstoffaktionen beginnt ein neues Leben im Urzustand, dessen Entwicklung abzusehen ist: die neuen Kulturen werden die alten Fehler haben.

In leichtem Plauderton, aber mit ätzender Ironie verspottet France die scheinbare Größe der Geschichte und beleuchtet zynisch ihre wahren Triebfedern, die folgerichtig zum Untergang führen müssen, ja diesen geradezu als Wohltat erscheinen lassen. *Die Insel der Pinguine* steht in der Tradition der großen Satiren und Utopien der Weltliteratur (RABELAIS' *L'isle sonnante*, SWIFT, WELLS). Der Autor nimmt in seiner satirischen Travestie der Geschichte auch formal die Gegenposition des positivistischen Historikers ein: Die Uneinheitlichkeit der fragmentarischen Aneinanderreihung verschiedener Episoden mit märchenhaftem, idyllischem oder allegorischem Einschlag, die willkürlichen Längen, Kürzungen und Ungenauigkeiten der Darstellung spotten aller Grundregeln der Geschichtsschreibung. Kennzeichnend für den karikaturistischen Stil dieses Romans sind seine grotesken Paradoxien und seine bildhafte Sprache. Die tiefe Skepsis gegenüber allen kulturellen Errungenschaften und das pessimistische Urteil über die menschliche Natur lassen die spätere Sympathie des Autors für den Kommunismus und die russische Revolution von 1917 voraussehen. KLL

AUSGABEN: Paris 1908; ern. 1947. – Paris 1929 (in *Œuvres complètes ill.*, 25 Bde., Paris 1925–1935, 18). – Paris 1961. – Paris 1980. – Paris 1985.

ÜBERSETZUNGEN: *Die Insel der Pinguine*, P. Wiegler, Mchn. 1909. – Dass., ders. (in *GS*, Bd. 10, Mchn. 1925). – Dass., ders., Bln. 1957. – Dass., ders. u. E. Werfel, Wien/Hbg. 1982. – Dass., B. Wildenhahn, Bln./Weimar 1985.

LITERATUR: R. Doumic, *A. F. chez les pingouins* (in RDM, 73, 1908, S. 446–453). – P. H. Muir, *First Edition of »L'île des pingouins«* (in American Book Collector, 10, 1960, S. 332 ff.).

LA RÉVOLTE DES ANGES

(frz.; Ü: *Der Aufruhr der Engel*). Roman von Anatole FRANCE, erschienen 1913. – Die detailliert beschriebene Privatbibliothek der katholisch-reaktionären Aristokratenfamilie d'Esparvieu in Paris ist der Ausgangspunkt jenes allegorischen Geschehens, das der Titel nennt. Arcade, der Schutzengel des ältesten Sohnes Maurice, betreibt mittels Lektüre einschlägiger Schriften der Theologie und Philosophie seine eigene Aufklärung; als er seinem bisherigen Herrn, dem tyrannischen Demiurgen Jaldabaoth – dem Gott der Juden und Christen – den Gehorsam aufsagt und sich, wie Myriaden anderer Engel vor ihm, Luzifer zugesellt, materialisiert er sich zugleich zu einem jungen Mann. Maurice und Arcade werden Freunde und nehmen an den bohemienhaften Zirkeln gefallener Engel teil, die in Menschengestalt in Paris leben und den Aufruhr wider Jaldabaoth planen. Es ereignet sich jedoch lediglich eine Schlägerei mit einigen Polizisten und Kleinbürgern, denn Luzifer stürmt nur in einem Traum die Himmelsburg des alten Demiurgen; als er erwacht, verzichtet er auf den Sturz Gottes.

Die Romanhandlung, die an Motive der Feengeschichten des 18. Jh.s anknüpft, bildet nur die Einkleidung für den langen Essay in der Mitte des Buches; er gibt in Form eines Berichts aus dem Mund des flötenspielenden Gärtners Nectaire einen Überblick über die Weltgeschichte, der sich ausdrücklich als Gegenstück zu den »*beschränkten und trübseligen*« geschichtstheologischen Vorträgen BOSSUETS verstanden wissen will. Dabei wird ein Geschichtsbild entworfen, das auf direkten Einfluß NIETZSCHES schließen läßt: Dionysos als mythisch-religiöses Ideal, das Christentum als Sklavenmoral (»*Der neue Aberglaube...steckte zunächst die...Sklaven an und machte rasende Fortschritte bei dem Mob der Städte*«), Luther als Retter der im Rom der Renaissance heidnisch gewordenen Kirche (»*Christus verdankt es diesem Kuttenträger, seinen Schiffbruch...aufgeschoben zu sehen*«), Napoleon als Beispiel des Übermenschen (»*Er machte sich ein Vergnügen daraus, daß er Hunderttausende von Zwergen gegeneinander stieß*«) u. dgl. Diese Auffassung vom »Wesen des Christentums« wird allerdings nie mit teutonischer Exaltiertheit, sondern stets mit gallisch-epikureischem Charme dargeboten. Da das erzählerische Element – wie auch im übrigen Werk des Autors – zugunsten satirischer Pointen zurücktritt, kann einigen Episoden (etwa dem Duell zwischen Maurice und Arcade) keine eindeutig bestimmbare Funktion innerhalb der Handlung zugeschrieben werden. Wie eine selbständige, mit dem allegorischen Hauptstrang nur äußerlich verbundene Geschichte mutet auch die brillante Charakternovelle vom bibliomanen Bibliothekar Sariette und dem Antiquar und Bilderfälscher Guinardin an. Anatole France kommt es in erster Linie auf seine mit spielerischem Ernst verkündete Weltanschauung an: *»Was nützt es, daß die Menschen Jaldabaoth nicht ... unterworfen sind, wenn ... sie nach seinem Ebenbild eifersüchtig, gewalttätig und habgierig, Feinde der Künste und der Schönheit sind; was nützt es ... wenn sie nicht auf ... ihre Freunde hören, die alle Wahrheit lehren, auf Dionysos, Apollon und die Musen!«* Die so versuchte Wiederbelebung der Antike im Rokokogewand am Vorabend des Ersten Weltkriegs macht *La révolte des anges* zum Paradestück eines anachronistischen Ästhetizismus. C. Bt.

AUSGABEN: Paris 1913 (u. d. T. *Les anges*, in Gil Blas, 20. 2.–19. 6. 1913). – Paris 1914; ern. 1952. – Paris 1930 (in *Œuvres complètes illustrées*, Hg. L. Carias u. G. Le Prat, 25 Bde., 1925–1935, 22; ern. 1950). – Paris 1980. – Paris 1986.

ÜBERSETZUNGEN: *Aufruhr der Engel*, R. Leonhard, Mchn. o. J. 1917. – *Der Aufruhr der Engel*, ders. (in GS, Bd. 12, Mchn. 1922). – Dass., ders., Bln. 1951. – Dass., ders., Mchn. 1967 (GGT). – Dass., H. Kirmsse, Bln./Weimar 1979. – Dass., A. Auer u. R. Leonhard, Wien/Hbg. 1981.

LITERATUR: H. Becker, *La prose rhythmée dans »La révolte des anges«* (in MdF, 1914, S. 320–325). – F. M. Colby, *Review of »La révolte des anges«* (in North American Review, 1914, S. 781–785). – Ch. Petit-Dutaillis, *À propos de »La révolte des anges«* (in Revue du Mois, 18, 1914, S. 85–99). – D. Schlumbohm, *»Der Aufstand der Engel«*, Diss. Hbg. 1966. – C. Bivernis, *F.s »La révolte des anges«* (in WZBln, 30, 1981, S. 689–697).

LA RÔTISSERIE DE LA REINE PÉDAUQUE

(frz.; Ü: *Die Bratküche zur Königin Pedauque*). Roman von Anatole FRANCE, erschienen 1893. – Der Autor tritt als fiktiver Herausgeber und ironischer Kommentator eines Manuskripts aus dem 18. Jh. auf, das den Untertitel trägt: *Leben und Meinungen des Herrn Abbé Hieronymus Coignard und von Jacques Menetrier, genannt Tournebroche* (Bratspießdreher), dem Sohn des Besitzers der »Bratküche zur Königin Pédauque« in Paris, verfaßt ist. Jacques berichtet aus seiner Kindheit in der väterlichen Bratküche, einem Treffpunkt wunderlicher Gestalten. Sein Lehrer im Lateinischen und den klassischen Autoren war der imposante Abbé Coignard, »Doktor der Theologie« und »Lizentiat der Künste«, der *»aus zu großer Liebe zu Wein und Weib die Ehre eingebüßt [hat], in langer Robe und viereckiger Mütze auf die Lehrkanzel eines Kollegs zu steigen«*. Eines Tages lädt der Alchimist und Magier Herr von Astarac Lehrer und Schüler auf sein Schloß ein, wo sie die Schriften des Panopolitaners Zozimos übersetzen sollen. Er unterweist sie in kabbalistischen Lehren und berichtet von seinem intimen Umgang mit Elementargeistern. Abbé Coignard begegnet dem Kabbalisten mit dem Spott des Voltairianers, und auch Jacques verliebt sich entgegen den Wünschen Herrn von Astaracs nicht in ein Salamanderweibchen, sondern in Jahel, die Nichte des finsteren Mosaïdes, der in Herrn von Astaracs Diensten den kabbalistischen Sinn der Bibel erforscht. Unerwarteter Rivale in der Gunst Jahels ist der Abbé Coignard; doch werden beide von Herrn von Anquetil ausgestochen, den sie bei einem wilden Gelage kennengelernt haben. Der Folgen dieses Zechgelages wegen gezwungen, vor der Pariser Polizei zu fliehen, schließen sie sich dem Liebespaar Jahel – Anquetil auf ihrer Flucht in Richtung Lyon an, aber schon bald werden sie von Astarac und dem eifersüchtigen Mosaïdes eingeholt. Abbé Coignard stirbt an einem geheimnisvollen Dolchstoß, dessen Urheber Jacques' Ansicht nach Mosaïdes ist, während Astarac in ihm die Rache der Sylphen sieht, deren Geheimnis Coignard unbedachterweise preisgegeben habe. Nach dem Tod seines Lehrers kehrt Jacques nach Paris zurück, erwirbt eine Buchhandlung und beginnt mit der Niederschrift seiner Erinnerungen.

Der humoristische Roman Anatole Frances steht in der Tradition zweier literarischer Gattungen: Mit den theoretischen Partien und dem Meister-Schüler-Verhältnis, dem typischen Kontrast zwischen der ironischen Distanz des Überlegenen und der Naivität und der mangelnden Ironie des Schülers, setzt er die Gattung des *conte philosophique* in der Art VOLTAIRES fort, während die burlesken Szenen an den komischen Roman eines SCARRON, LESAGE oder STERNE erinnern. Zugleich wird die libertinistische Literatur des 18. Jh.s vor allem in den erotischen Partien des Romans ironisiert. Auch der altertümelnde Stil Jacques' ahmt die Sprache des 18. Jh.s nach, so daß der Roman einen historisierenden Zug erhält. Doch wird in den extremen Positionen des Kabbalisten Astarac und des Rationalisten und Epikureers Coignard zugleich auch die geistige Spannweite des 18. Jh.s lebendig, das neben Deismus und Voltairianismus den Einfluß von Rosenkreuzern und Illuminaten, von Geheimbünden und Okkultismus kannte. Sprach sich France mit der lächerlichen Figur Astaracs indirekt gegen zeitgenössische okkulte Strömungen wie gegen die hermetische Isolierung einzelner Dichter (MALLARMÉ, BARRÈS) aus, so ist Abbé Coignard in mancher Hinsicht ein Double des Autors, dessen Hauptmerkmal sein »lächelnder Skeptizismus« war. In Coignard ist die geistige Weite eines Menschen verkörpert, *»der um seiner tiefen Weisheit willen alle menschlichen Schwächen verzeiht«*. France schrieb mit seinem Roman eines der heitersten Bücher der französischen Literatur. KLL

AUSGABEN: Paris 1893. – Paris 1911 [Ill. A. Leroux]. – Paris 1966. – Paris 1985 (in *Romans et contes*, 10 Bde., 5).

ÜBERSETZUNG: *Die Bratküche zur Königin Gänsefuß*, P. Wiegler, Mchn. 1907 [m. Einl.]. – *Die Bratküche zur Königin Pedauque*, ders., Mchn. 1967 (GGT).

VERTONUNG: Ch. G. Levade, *La rôtisserie de la reine Pédauque* (Uraufführung: Paris, 12. 1. 1920, Opéra-Comique).

LITERATUR: G. Pellissier, Rez. (in Revue Encyclopédique, 15. 5. 1893). – L. Carias, *Quelques sources d'A. F.* (in Grande Revue, 1912, Bd. 76, S. 725–738; 77, S. 51–69). – Ders., *Quelques nouvelles sources d'A. F.*, »*La rôtisserie de la reine Pédauque*« (in Grande Revue, Sept. 1923, S. 353–392). – E. D. Plickert, *Ironie, Humor und Komik in A. F.s Roman »La rôtisserie de la reine Pédauque«*, Diss. Bonn 1975.

THAÏS

(frz.; Ü: *Thais*). Roman von Anatole FRANCE, erschienen 1890. – Um die im Knabenalter scheu verehrte Schauspielerin und Kurtisane Thaïs zu bekehren, begibt sich Paphnuce, einst ungläubig und lasterhaft, nun aber der unerbittlichste Gottesdiener Oberägyptens, nach Alexandrien. Dort warnt ihn der Epikureer und frühere Studienfreund Nicias, der im Gespräch andeutet, einst Thaïs' Gunst besessen zu haben, vergeblich vor Venus' Rache. Paphnuce erlebt kurz darauf im Theater, wie Thaïs' Reize nach wie vor ganz Alexandrien bezaubern. Aus armen Verhältnissen stammend, als Kind zum Christentum bekehrt, doch bald auf den irdischeren Weg einer Prostituierten und Tänzerin getrieben, war Thaïs zur gefeierten, erfolgreich umworbenen Mimin aufgestiegen, ohne in der Liebe, in der Kunst, im Umgang mit Philosophen ihre Sehnsucht nach ewiger Jugend, nach dauerhaftem Glück stillen zu können. Nach einem Bankett, bei dem auf philosophisch-religiöse Gespräche eine vom stoischen Freitod eines Gastes überschattete Orgie folgt, gelingt es Paphnuce, Thaïs zur Weltflucht in ein Wüstenkloster zu bewegen. Er selbst jedoch findet, in seine Zelle zurückgekehrt, den einstigen Frieden nicht wieder: Der Gedanke an Thaïs verfolgt ihn.
Die Säule einer einsamen Tempelruine, auf deren Kapitell er sich zu strengster Kasteiung zurückzieht, wird rasch zum Mittelpunkt einer heilig-unheiligen, Pilger und Touristen anziehenden Stadt, die der Autor als Karikatur auf den Pilgerbetrieb in Lourdes konzipiert. Dem zunehmend von erotischen Visionen Bedrängten enthüllt schließlich eine satanische Stimme, daß alle Gedanken an Thaïs, ja selbst sein erfolgreicher Bekehrungsplan nichts als Perversionen einer vergeblich bekämpften, von der Eifersucht zusätzlich genährten irdischen Liebe waren. Nach weiteren Visionen in einer altägyptischen Grabstätte, die seinen Widerstand endgültig brechen, erfährt er auf einer Großversammlung von Mönchen, die Abschied nehmen vom todbereiten Mönchsvater Antonius, seine von Gott längst verfügte Verdammung, aber auch den bevorstehenden Tod der in Buße geheiligten Thaïs. Paphnuce jedoch erfaßt nur eins: Die qualvoll Geliebte stirbt, ohne daß er sie je besaß. Im Hof des Nonnenklosters, wohin er eilt, gibt sie denn auch, ohne in ihrer Entrückung Kenntnis zu nehmen von den Ausbrüchen einer verzweifelten, Gott und alles Überirdische verleugnenden Leidenschaft, den Geist auf.
Thaïs setzt Frances antiklerikale Polemik fort und erregte in einer Zeit des erstarkenden Katholizismus großes Aufsehen. Louis GALLET transponierte den Stoff in ein Opernlibretto. Die Literaturkritik wertete den Roman aufgrund der offenkundigen Verwendung mittelalterlicher Quellen (HROTSVIT VON GANDERSHEIM, JACOBUS DE VORAGINE u. a.), vor allem aber der schon von HUGO, GAUTIER, FLAUBERT u. a. gestalteten Liebesverstrickungen von Priestern und Mönchen zunächst als kurzlebiges Plagiat. In mancher Hinsicht zeichnete France auf dem Höhepunkt seiner Gefühle für Mme. de Caillavet 1888/89 in Paphnuces selbstverschuldetem erotischen Leidensweg die Etappen seiner eigenen, nach ungenutzter Jugend zu spät hereinbrechenden, durch frühere Bindungen der Geliebten scheinbar gestörten Leidenschaft nach. Die Neubelebung einer dekadent-epikureischen Spätantike, in selbstkritischer Distanz einem überheblich diesseitsfeindlichen Christentum weit überlegen, stand in der Tradition der literarischen »Parnasse«-Gruppe. France akzentuierte sie, wie in anderen Werken, durch seine an Ernest RENAN orientierte, gegenwartsbezogene Forderung eines vermenschlichten, ja sozialisierten Christentums ohne Sexualtabus, durch die Beschreibung zwielichtiger Kultstätten und politischer Machtgelüste, besonders aber durch seine an VOLTAIRE geschulte Ironie, die mit sparsamsten Stilmitteln jede Form von doktrinärem, zerstörerischem Rigorismus geißelt. T.H.

AUSGABEN: Paris 1890. – Paris 1925 (in *Œuvres complètes illustrées*, Hg. L. Carias u. G. Le Prat, 25 Bde., 1925–1935, 5). – Paris 1959 (zus. m. *La rôtisserie de la reine Pédauque*). – Paris 1960 (in *Œuvres complètes illustrées*, 1947 ff., 5). – Paris 1966. – Paris 1984 (in *Œuvres*, Hg. M.-C. Bancquart; Pléiade). – Paris 1985 (in *Romans et contes*, 10 Bde., 1).

ÜBERSETZUNG: *Thais*, F. Vogt, Mchn. 1910. – Dass., ders. (in GS, Bd. 1, Mchn. 1919).

VERTONUNG: J. Massenet, *Thais* (Libretto: L. Gallet; Oper; Urauff.: Paris, 16. 3. 1894, Opéra).

LITERATUR: O. R. Kuehne, *A Study of the »Thais« Legend*, Philadelphia 1922. – R. Gout, *A. F. et le théâtre de Hrotsvitha. Une source de »Thais«* (in

MdF, 229, 1931, S. 595–611). – L. B. Walton, *A Ms Fragment of »Thaïs«: Its Stylistic and Other Revelations* (in PMLA, 71, 1956, S. 910–921). – R. Laulan, *F. »Thaïs« et la vie des Stylites* (in RHLF, 65, 1965, S. 220–232). – K. Hartley, *A Spanish Source of F.'s »Thaïs«* (in AJFS, 3, 1966, S. 105–109). – H. Rikkonen, *Die zerstörerische Kraft des Christentums. F.s »Thaïs«* (in H. R., *Die Antike im historischen Roman des 19. Jh.s*, Helsinki 1978, S. 188–194). – W. Malinowski, *»Herodias« de Flaubert et »Thaïs« de F.* (in Studia Romanica Posnaniensia, 7, 1981, S. 29–38).

LA VIE DE JEANNE D'ARC

(frz.; Ü: *Das Leben der hl. Johanna*). Historisch-kritische Biographie von Anatole FRANCE, erschienen 1908. – Anatole France geht von den in ihrem Wert vorsichtig abgeschätzten Dokumenten (den Akten des Hexenprozesses von 1431, zeitgenössischen Chroniken, den Akten des Rehabilitationsprozesses von 1456 sowie allgemeinem Archivmaterial wie Briefen, Rechnungsbüchern usw.) aus und benutzt zu deren Interpretation auch ständig sein aus anderen Quellen gewonnenes Gesamtbild der Epoche, ihrer politischen, sozialen, moralischen und psychologischen Eigenart. Mit den Mitteln der historischen Einfühlung, der Dokumentation und rationalen Rekonstruktion wird so hinter der Legende – die Jeanne d'Arc schon für ihre Zeitgenossen war – die geschichtliche Person und ihr Schicksal, hinter der Wundergeschichte die *»Verknüpfung von Ursache und Wirkung«* sichtbar.

In ständiger Auseinandersetzung mit den Quellen, in der Form der fortlaufenden Erzählung und in einem einfachen, flüssigen Stil beschreibt Anatole France das Leben der *pucelle* in seinen wichtigsten Stationen (Kindheit, erstes Auftreten am Hof, Aufhebung der Belagerung von Orleans, Königskrönung in Reims, usw.) bis hinein in die unmittelbare Nachgeschichte, dem Auftreten ähnlicher Visionäre und Nachfolger wie der berühmten »Dame des Armoises«, die sich nur wenige Jahre später mit Zustimmung von Jeannes Familie als Jeanne d'Arc ausgab. Dabei gerät nicht nur das Bild der *pucelle* in ein ungewohntes Licht: Die Ereignisse von Orleans erweisen sich als weniger wunderbar, der Hundertjährige Krieg insgesamt als weniger heroisch und die Niederlage der Engländer als weniger unerwartet, als die nationale Legende es gemeinhin glauben läßt. Auch die Figuren im Hintergrund werden greifbar: erfahrene Armeeführer, die Jeannes Wirkung auf die Moral der Truppen sehr wohl abzuschätzen wußten, nicht ohne gleichzeitig eine solide Übermacht für den besten Garanten des Sieges zu halten; die Kleriker und Adligen des Kronrats, die Jeanne zu beeinflussen suchten oder zumindest die Nützlichkeit der Jungfrau zum Durchsetzen ihrer eigenen Ziele und der Königshauses recht wohl kannten. Die Legendenbildung um Jeanne d'Arc schließlich wird eingeordnet in ein spätmittelalterliches Bewußtsein, dem Prophetenund Prophetenglaube noch selbstverständliche Wirklichkeiten waren. Das Bild der Jungfrau, das dabei entsteht, möchte Anatole France ebenso weit abgerückt wissen von dem der laizistischen Freigeister seiner Zeit, die hinter der Legende nur bewußten Betrug und Lüge witterten, wie von dem des nationalistisch-katholischen Bürgertums. Für ihn ist Jeanne eine *hallucinée*, ein einfaches Mädchen, das *»von der Macht eines unbegriffenen Schicksals über sich hinausgedrängt«* wird und sich in seinem Verhalten einer ganzen »Familie« von Visionären ähnlicher psychischer Struktur einfügt. Anatole France nennt sie eine »Heilige«, eine »Mystikerin«, und in diesen Bezeichnungen schwingt keine Spur von Ironie mit, allerdings auch keine Anspielung auf das Walten eines Übernatürlichen: Im Anhang des Werks wird das Gutachten eines bekannten Psychiaters publiziert, der Jeannes Verhalten mit den Mitteln der Charcotschen Hysterieforschung zu interpretieren versucht. Diese Reduzierung des Wunders auf menschliches Maß degradiert keineswegs: Nie ist anders als mit Takt und Sympathie von den Gaben des ungewöhnlichen Mädchens und seinem außergewöhnlichen Schicksal, seiner Einfachheit, Frömmigkeit und Tapferkeit, seinem Opfermut die Rede. Die Einflüsse dieser Biographie reichen bis in George Bernard SHAWS *Saint-Joan* (1923).

Man hat das Werk in die Nachfolge von Ernest RENANS *Vie de Jésus* (1863) gestellt. Dieser Vergleich mag für die historisch-kritische Methode des in seiner Jugend durch Hippolyte TAINE und Renan geprägten Autors zutreffen, aber kaum für die dem Werk innewohnende kritische Absicht. Der Mythos der Jeanne d'Arc hatte zu Anatole Frances Zeit eine ganz spezifische Funktion: Als sich nach der Niederlage von 1870 übersteigerter Nationalismus mit einer Rückwendung des französischen Bürgertums zum Katholizismus verband, wurde Jeanne d'Arc zum Symbol dieses Nationalismus, zur *»Schutzheiligen der Offiziere und Unteroffiziere«* (A. France), zur Prophetin der Revanche. Gegen diese Mythisierung richtet sich – direkt und indirekt – seine Darstellung. Er, der im patriotischen Hochgefühl seiner Jugend den Beinamen »France« angenommen hatte, hatte sich in den neunziger Jahren (der Entstehungszeit der *Vie de Jeanne d'Arc*), besonders im Verlauf der Dreyfus-Affäre und unter dem Einfluß von Jean JAURÈS, dem Sozialismus zugewandt. So legt er Wert darauf, daß *»das Wort Vaterland (patrie) zur Zeit der Jungfrau nicht existierte«* und von einer französischen Nation keine Rede sein konnte; und so betont er, daß ein Nationalismus der *»unité nationale«* und *»intégrité du territoire«*, der sich an den Besitz von Grund und Boden binde, im industriellen Zeitalter mit seinen Klassengegensätzen einer neuen Art des Patriotismus und einer neuen internationalen Solidarität weichen müsse. Indem er Jeanne d'Arc entmythologisiert und in ihr ergreifenden Menschlichkeit zeigt, entzieht er sie der nationalen Ideologie. Die haßerfüllte Reaktion auf das Werk bewies, daß man ihn verstanden hatte.
R.W.

AUSGABEN: Paris 1908, 2 Bde. – Paris 1929 (in Œuvres complètes illustrées, Hg. L. Carias u. G. Le Prat, 25 Bde., 1925–1935, 15/16).

ÜBERSETZUNG: Das Leben der hl. Johanna, F. M. Zweig, Bln. 1926. – Dass., dies., Mchn. 1930. – Dass., dies., Nürnberg 1946.

LITERATUR: J. Bricourt, A. F.'s »Life of Joan of Arc« (in Catholic World, 88, 1908/09, S. 234–248; 341–355; 523–537). – Ders., Jeanne d'Arc d'après A. F., Paris 1909. – J. B. J. Ayroles, Les prétendue vie de Jeanne d'Arc d'A. F.. Monument de cynisme sectaire, Paris 1910. – L. Denis, La vérité sur Jeanne d'Arc. Refutations de théories d'A. F., Paris 1910. – P. H. Dunand, La »Vie de Jeanne d'Arc« d'A. F. et les documents, Paris 1918. – W. Grenzmann, Die Jungfrau von Orleans in der Dichtung, Bln. 1929. – E. Jeanne, L'image de la Pucelle d'Orléans dans la littérature française depuis Voltaire, Paris 1936. – W. Searle, The Saint and the Sceptics. Joan of Arc in the Work of Mark Twain, A. F. and Bernard Shaw, Detroit 1976.

FRANCESCO DA BARBERINO

eig. Francesco di Neri
* 1264 Barberino di Val d'Elsa
† 1348 Florenz

DEL REGGIMENTO E DE' COSTUMI DELLE DONNE

(ital.; Über die Erziehung und Sitten der Frauen). Lehrgedicht in Prosa und Versen von FRANCESCO DA BARBERINO, entstanden zwischen 1308 und 1319. – Das vom Autor als Traktat bezeichnete Werk gibt in zwanzig Kapiteln, die teils in lyrischen Versen, teils in Prosa abgefaßt sind, Regeln und Anleitungen für Sitten und Verhaltensweisen der Frauen, denen als Modell das provenzalische Hofleben und der Frauenkult der Troubadoure zugrundeliegt, den Francesco da Barberino während seines Aufenthalts in der Provence kennengelernt hatte. Wie dem einleitenden Textteil zu entnehmen ist, entsprach es seinem ursprünglichen Plan, in einem zweiten Werk dieser Art ebensolche Regeln für Männer zusammenzustellen.

In seiner Vorrede wendet er sich an die allegorischen Gestalten »Onestade«, die Ehrbarkeit, »Cortesia«, die Höflichkeit, »Industria«, den Fleiß, und »Eloquenzia«, die Beredsamkeit, die von »Madonna«, dem Inbegriff der absoluten Weisheit, darum gebeten werden, dem Autor Richtlinien für die sittliche Unterweisung der Frauen zu geben. Die einzelnen Kapital sind zunächst nach Lebensalter und dann nach sozialem Status unterteilt. Der Autor beginnt zunächst mit Verhaltensregeln für junge Mädchen im heiratsfähigen Alter, wobei er angemessene Tischsitten und Sprechweisen ebenso behandelt wie die Art zu tanzen und die Zurückhaltung beim Anlegen von Schmuck. Als höchste Tugend gelten ihm Freundlichkeit, Anmut, Keuschheit und Bescheidenheit, als größtes Laster die Eitelkeit. Danach gibt er Ratschläge für die verheiratete Frau, die jeden Tag ihres Lebens betreffen. In seinen Forderungen nach sittsamem Betragen in der Öffentlichkeit, Loyalität gegenüber dem Ehemann, sich in jeder Situation in Geduld und Tugend zu üben, zeigt sich das Idealbild der Troubadoure, das Francesco da Barberino auf die Sitten und die Gesellschaft seiner toskanischen Heimat überträgt. Obwohl die in reimlosen Versen abgefaßten Regeln mitunter einen allzu didaktischen Ton anschlagen, gewinnt das Werk durch die Lebensnähe der konkreten Ratschläge, von der richtigen Art zu lachen bis zu Ratschlägen in Liebesdingen, an Lebendigkeit.

Der Autor befaßt sich auch mit dem Witwenstand, der mit einfühlsamen Worten geschildert wird, sowie mit der Wiederverheiratung, für deren Fall er einer Frau rät, ihren ersten Mann nicht allzusehr zu loben. In einem Kapitel über das Klosterleben wendet sich Francesco da Barberino gegen Laienorden, in denen die Lebensbedingungen es den Nonnen nicht ermöglichen würden, nach dem Gebot der Keuschheit zu leben. Interessanter als die Aufzählung der Regeln und Gebote, die im Kloster zu beachten sind, ist eine das Kapitel abschließende Geschichte, die eine Begebenheit in einem spanischen Kloster erzählt. Wegen ihrer Länge und Struktur hat sie den Charakter einer Novelle. In dem spanischen Kloster wurden die häßlichen, wenn auch frommen Nonnen vertrieben und junge schöne Mädchen aufgenommen. Sodann verführten drei junge Edelleute im Auftrag des Teufels die jungen Nonnen, bis eines Tages alle schwanger waren, das Kloster von entrüsteten Bewohnern des nahe gelegenen Dorfes gestürmt wurde, die jungen Frauen gesteinigt und die alten Nonnen in ihr Kloster zurückgeführt wurden. Erzählungen dieser Art, die jeweils am Ende eines Kapitels die Weisheit der zuvor erläuterten Regeln, den Vorteil ihrer Befolgung und die negativen Konsequenzen ihrer Nichteinhaltung verdeutlichen, lockern den relativ strengen Regelkanon auf unterhaltsame Weise auf. Ab dem zehnten Kapitel wendet sich der Autor den unteren sozialen Schichten zu und gibt Richtlinien für die dienenden Berufe vor, für Zofen, Ammen und Dienerinnen. Er erteilt hier sogar Ratschläge für die Säuglingspflege, die Einhaltung von Stillzeiten usw. Der Autor stützt sich dabei auf die Erfahrungswerte von Expertinnen. Es schließen sich Regeln für die berufstätige Frau an. Der Autor nennt in diesem Zusammenhang die Putzmacherin, die Hühner- und Käsehändlerin, die Flechterin, die Weberin, die Müllerin und die Betreiberin einer Herberge. Mit seinem Anstandsbuch für Damen zeichnet Francesco da Barberino ein detailliertes Bild der sozialen Stellung der Frau im Mittelalter. Unverkennbar kommt seine hohe Achtung der Frau gegenüber, als der Statthalterin der guten Sitten, als Förderin edler und guter Taten, aber auch als unabhängig handelnder berufstätiger Partnerin, zum Ausdruck. D.De.

AUSGABEN: Rom 1815, Hg. G. Manzi. – Turin 1957, Hg. G. E. Sansone.

LITERATUR: A. Thomas, *F. da B. et la littérature provençale en Italie au moyen âge*, Paris 1882. – E. Gorra, *Studi di critica letteraria*, Bologna 1892. – A. Parducci, *Costumi ornati. Studi sugli insegnamenti di cortigiania medievale*, Bologna 1928. – R. Ortiz, *F. da B. e la letteratura didattica neolatina*, Rom 1948. – G. E. Sansone, *Per il testo del »Reggimento e costumi di donna« di F. da B.* (in GLI, 127, 1950, S. 129–163). – E. Vuolo, *Breve storia del »Reggimento«* (in Cultura Neolatina, 11, 1951, S. 95–129). – G. E. Sansone, *La prima redazione del »Reggimento di donna« di F. da B.* (in Filologia Romanza, 3, 1956, S. 371–435). – C. Battisti, *Osservazioni e correzioni ad una recente edizione del »Reggimento«*, Modena 1959 [vgl. auch G. E. Sansone in Belfagor, 13, 1958, S. 464–473]. – Ch. Franco, *L'allegoria nel »Reggimento e de'costumi delle donne« di F. Da B.* (in Italian Quarterly, 22, 1981, S. 5–15). – Ders., *Arte e poesia nel »Reggimento e de' costumi delle donne« di F. Da B.*, Ravenna 1982. – C. Margueron, Art. *F. Da B.* (in Branca, 2).

FRANCESCO D'ASSISI

Franz von Assisi, d.i. Giovanni Bernardone

* 1181/82 Assisi
† 3.10.1226 Assisi

IL CANTICO DELLE CREATURE

auch: *Laudes Domini de creaturis – Laudes creaturum – Cantico di frate sole* (ital.; *Der Gesang der Geschöpfe* bzw. *Sonnengesang*). Hymnus von FRANCESCO D'ASSISI, entstanden um 1224/25. – Der hl. Franziskus – in jungen Jahren ein gefeierter Troubadour und Wortführer einer ritterlichen Idealen und überschäumendem Lebensgenuß nachjagenden Jugend – erdachte den *Sonnengesang* in seinen letzten Lebensjahren, als er durch Stigmatisation und allzu lange praktizierte Askese geschwächt war. Dieser Hymnus ist Ausdruck einer im Evangelium begründeten Lebensfreude und des Einsseins mit der Schöpfung; vor allem aber ist er spontane Äußerung einer *»Liebe über alles menschliche Begreifen hinaus«*, die Franziskus – so berichtet TOMMASO DA CELANO – ergriff, wenn er den Namen Gottes nannte (*Vita prima*, 29).

Franz von Assisi war nicht unbeeinflußt von den Psalmen der Hebräer; er hat die Hymnen des *Alten Testaments* (z. B. *Psalm 148*, *Gesang der drei Jünglinge im Feuerofen* u. a.) häufig mit seinen Brüdern im Chor gebetet. So ist seine ostinate Strophen-Intonation *»Laudatu si mi signore«* (*»Gelobt sei du, mein Herr«*) auf zahlreiche liturgische Beispiele zurückzuführen. Im Gegensatz zu diesen Invokationen steht der Abschlußvers der ersten Strophe: *»E nullu homo ene dignu te mentovare.«* (*»Kein Mensch mag, dich zu nennen, würdig sein.«*) Dementsprechend preist er Gott in seinen Werken, den Unfaßbaren im Konkreten, den Schöpfer im Erschaffenen, das ihm durch Christus (als Sohn des Vaters und als Bruder aller Dinge *»auf Erden und im Himmel«*) Bruder und Schwester wird. Er preist Sonne, Mond, Wasser, Feuer und Erde und schließlich den *»Leibestod«*. Neben diesen Lobpreisungen (*laudes*) steht (Vers 23–26, 30–31) die »Seligpreisung« derer, die bedingungslos nach den Lehrsätzen Christi leben; verherrlichen doch auch sie in ihrem Vorbild den Schöpfer. Hier spricht der Ordensgründer, der bereits – ohne damit spekulativer Theologe sein zu wollen – in der *regula* (Ordensregel) das Evangelium für die Gesellschaft seiner Zeit interpretiert und damit für die römische Kirche des 13. Jh.s in der vielleicht entscheidendsten Krise ihrer Geschichte ein starkes Fundament geschaffen hat. Der Schlußvers enthält in gedrängter Form alles das, was Franz von Assisi als Fazit des Glaubens erkannt und in seiner Art beispiellos vorgelebt hat: *»... et serviteli cum grande humilitate.«* (*»... und dienet ihm mit großer Demut«*.)

Die rhythmische Prosa des *Sonnengesangs* (33 Verse, die von ihrer Anzahl her als Hinweis auf das Lebensalter Christi gedacht sein mögen, nach Art der Psalmen, unter Verwendung von Reimen und Assonanzen) gehört zu den allerersten dichterischen Gestaltungen der italienischen Sprache überhaupt. Ohne das Raffinement der sizilianischen Minnedichtung oder des Bologneser *dolce stil nuovo* klingen hier Töne an, die wenig später, im »Halleluja-Jahr« (1233) in dem von Franziskus religiös erweckten Umbrien ihr gewaltiges Echo finden. Es entstehen ähnliche Lauden als echte Volkslieder (wohl die schönsten, die je in Europa gesungen wurden) und werden bei den Flagellantenzügen nach 1260 mit der gleichen elementaren Gewalt zu Passionsliedern. Francesco d'Assisis Hymnus inspirierte DANTE, Francesco PETRARCA und Torquato TASSO sowie die gesamte Renaissance-Dichtung und die große rhapsodische Naturdichtung der folgenden Jahrhunderte bis über Walt WHITMAN hinaus. M.S.

AUSGABEN: Paris 1609 (in *Opuscula*). – Foligno 1882, Hg. A. Rossi. – Bologna 1887 (in *Laudi di S. Francesco*, Hg. E. Alvisi u. U. Brilli). – Rom 1908, Hg. N. D. Gal [m. Bibliogr.]. – Arezzo/Florenz 1921 (*Il »Cantico delle creature« nel vero metro*, Hg. L. Bracaloni in Studi Francescani, 7, S. 69–74; krit.). – Todi 1925 [Faks.]. – Mailand 1957 (in *Gli scritti*, Hg. V. Facchinetti). – Mailand 1967. – Turin 1973. – Turin 1982, Hg. E. Medi. – Turin 1982 (in *Gli Scritti*, Hg. M. D'Alatri).

ÜBERSETZUNGEN: *Die Lieder des hl. Franciscus von A.*, F. Schlosser u. E. Steinle, Ffm. 1842. – *Der Sonnengesang*, M. Lehrs, Dresden 1919; ⁸1951. – Dass., W. Meyer, Lpzg. 1921; ³1930. – Dass., R. Guardini (in R. G., *Spiegel und Gleichnis*, Mainz 1932). – Dass., F. Brentano, Hbg. 1946; ern. Stg. 1962. – Dass., J. Weinheber (in J. W., *Hier ist das Wort*, Salzburg 1947). – Dass., K. Esser u. L. Hardick (in *Franziskanische Quellenschriften*, Bd. 1, Werl ²1956; m. Einf. u. Glossar). – Dass., W. v. d. Steinen u. M. Kirschstein (in *Die Werke*, Hbg. 1958; m. Essay u. Bibliogr.; RKl). – Dass., A. Schönberger, Offenburg 1957; ern. 1966. – Dass., L. Signer, Zürich 1961; Mchn. 1961; ³1976 [veränd.]. – Dass., O. Karrer (in *Legenden u. Laude*, Zürich 1963; ⁶1986; veränd.). – In *Opuscula des Hl. F. v. A.*, K. Esser, Rom 1976. – *Der Sonnengesang*, W. v. d. Steinen u. M. Kirschstein (in *Die Werke*, Zürich 1979; detebe).

LITERATUR: P. Sabatier, *Vie de St-F. d'A.*, Paris 1893 (dt. Zürich ⁸1935). – H. Thode, *F. v. A. u. d. Anfänge der Kunst d. Renaissance in Italien*, Bln. 1885; ³1926. – F. C. Burcitt, *The Oldest Ms. of St. Francis' Writings* (in Revue Bénédictine, 34, 1922, S. 119–208). – V. Facchinetti, *S. F. d'A. nella storia, nella leggenda, nell'arte*, Rom 1926. – Ders., *S. F. d'A. Guida bibliografica*, Mailand 1928. – L. F. Benedetto, *Il »Cantico di frate sole«*, Florenz 1941. – R. Schneider, *Die Stunde d. hl. F. v. A.*, Kolmar 1943; Heidelberg ²1946. – V. Branca, *Il »Cantico di frate sole«*, Florenz 1950 [enth. auch den Text]. – S. Madia, *La fonte del »Cantico delle creature«*, Mailand 1953. – M. Bigaroni, *Il Cantico di Frate Sole*, Assisi 1956. – G. Getto, *Francesco d'Assisi e il »Cantico di frate sole«*, Turin 1956. – E. W. Platzeck, *Das Sonnenlied des hl. Franziskus von Assisi*, Mchn. 1957 ²1984 (überarb.). – G. Sabatelli, *Studi recenti sul »Cantico di frate sole«* (in Archivum Franciscanum Historicum, 51, 1958, S. 3–24). – G. Contini, *Un 'ipotesi sulle »Laudes creaturarum«* [1963] (in G. C., *Varianti e altra linguistica*, Turin 1970, S. 141–159). – E. Leclerc, *»Le cantique des Créatures« ou les symboles de l'union*, Paris 1970. – G. Pozzi, *Rileggendo il »Cantico di Frate Sole«* (in Messaggero serafico, 60, 1971, Nr. 8, S. 2–32). – E. N. Girardi, *Sull'unità del »Cantico di Frate Sole«* (in Italianistica, 1, 1972, S. 5–13). – L. Spitzer, *Nuove considerazioni sul »Cantico di Frate sole«* [1955] (in L. S., *Studi italiani*, Mailand 1976, S. 43–70). – S. F. Di Zenzo, *»Il cantico di Frate Sole« e la enamorata cortesia*, Neapel 1979. – A. Bernardini, *»Il cantico delle creature«*, Assisi 1982. – D. Sorrentini, *»Il cantico di frate Sole« o delle creature nella fortuna critico-letteraria*, Salerno 1982. – A. Oxilia, *»Il cantico di Frate Sole«*, Florenz 1984. – V. Branca, *Creature lodanti nel »Cantico« di San F.* (in *Letteratura e Filologia. Studi in onore di C.F. Goffis*, Foggia 1985, S. 13–26). – Ders., Art. *F. d'A.* (in Branca, 2, S. 275–281).

SEBASTIAN FRANCK

* 20.1.1499 Donauwörth
† 1542/43 Basel

LITERATUR ZUM AUTOR:
H. Kröner, *Studien zur geistesgeschichtl. Stellung S. F.s*, Breslau 1935. – W. E. Peuckert, *S. F. Ein deutscher Sucher*, Mchn. 1943. – H. Weigelt, *S. F. und die lutherische Reformation*, Gütersloh 1972.

CHRONICA, ZEYTBUOCH UND GESCHYCHT BIBEL

Historisches Werk von Sebastian FRANCK, erschienen 1531. – Diese Welt- und Kirchengeschichte schildert zunächst die Welt vor Christus, dann die Zeit der Kaiser und Päpste, weltliche Historien und geistliche Händel. Die Grundgedanken der reformatorischen Bewegung, die auf eine nationale, religiöse und soziale Umgestaltung zielten, werden durch Auszüge aus den Schriften des ERASMUS, der Reformatoren, der Täufer und »Ketzer« dargestellt. Dem Papsttum wird die Entstellung des Urchristentums zur Last gelegt, es selbst als eine Erscheinungsform des Antichrist erfaßt, aber auch LUTHERS Hartnäckigkeit in der Frage des Abendmahls wird getadelt. Die Lehren der Täufer sucht Franck zu widerlegen. Unbedingte Religionsfreiheit steht als Forderung hinter all diesen Ausführungen. Der Obrigkeit wird jedes Recht zur Verfolgung von sogenannten Irrgläubigen abgesprochen. – Die Wirkung, die diese »aufrührerische« Chronik hervorrief, kann nicht verwundern: Vor allem die Beschwerden des Erasmus veranlaßten den Straßburger Rat, Franck aus der Stadt auszuweisen und den Verkauf des Buches zu verbieten.

Für Franck ist das Reich Gottes durch Christus im Geist und im Herzen der Menschen begründet. Auch die *Bibel*, obwohl das Wort Gottes, gilt ihm als unvollkommenes Menschenwerk. Die Suche des Menschen nach Gott aber offenbart sich ihm am unmittelbarsten in der Geschichte. Er tritt für wirkliche Toleranz in allen Glaubensfragen ein. Der fromme, gottgläubige Heide gilt ihm ebenso viel wie irgendein Christ. Mit seiner Geschichtsschreibung will Franck zur Erkenntnis des Wesens Gottes beitragen und hat daher besonders solche Begebenheiten ausgewählt, die diesem Ziele dienen. – Seine Einsicht in das historische Werden geht über das Geschichtsdenken seiner Zeit weit hinaus. Gewiß wird man seine Chronik, wie seine Geschichtswerke überhaupt, unter dem Aspekt heutiger Geschichtswissenschaft als Kompilation bezeichnen, doch wohnt ihr so viel originaler Geist und selbständiges Denken inne, wie man es in jener Zeit sonst kaum findet. C.P.

AUSGABEN: Straßburg 1531, 3 Bde. – Ffm. [?] 1595, 3 Tle.

LITERATUR: K. Räber, *Studien zur Geschichtsbibel S. F.s*, Diss. Basel 1952. – S. L. Verheus, *Kroniek en Kerugma, en theol. studie over de Geschichtbibel van S. F. en de Maagdenburger Centurien*, Diss. Amsterdam 1958.

PARADOXA DUCENTA OCTOGINTA. Das ist CCLXXX Wunderred und gleichsam Rhäterschafft auß der H. Schrifft so vor allem flaisch ungläublich und unwar sind doch wider der gantzen welt wahn und achtung gewiß und war. Item aller in Got Philosophierenden Christen rechte Götliche Philosophei und Teütsche Theologei voller verborgner Wunderred und gehaimnuß den verstandt allerlay frag und gemayne stell der H. Schrifft betreffende Auch zur scherpffung des urthails überauß dienstlich entdeckt außgefürt und an den tag geben. Durch Sebastianum Francken von Wörd

Theologisch-religionsphilosophische Schrift von Sebastian FRANCK, erschienen 1534, in veränderter Fassung 1542. – Durch die Schärfe der Dialektik ist das Werk der prägnanteste Ausdruck der Gedankenwelt des von Mystik und Humanismus gleichermaßen geprägten, zum »linken Flügel der Reformation« gehörenden Verfassers. Der Titel lehnt sich an die für Francks Entwicklungsgang bedeutsamen, *Paradoxa* betitelten Heidelberger Disputationsthesen (1518) des noch der deutschen Mystik verpflichteten jungen LUTHER an. Mit seinen *Paradoxa*, denen als Motto *1. Kor.* 14, 37 und *1. Thess.* 5, 19–21 vorangestellt sind, legt Franck, wie bereits in der Vorrede zu seiner Übersetzung der lateinischen *Diallage* (1527) des Andreas ALTHAMER und in den späteren Werken *Die guldin Arch* (1538) und *Das verbüthschiert mit siben Sigeln verschlossen Buch* (1539), eine im Hinblick auf die biblische Offenbarungsurkunde entworfene, jedoch im umfassenderen Sinne einer Phänomenologie des Daseins zu verstehende Hermeneutik vor; die mystisch-spekulativen Erörterungen über Gottes Sein, das Verhältnis von Gott und Welt, Gott und Sünde, Freiheit und Notwendigkeit, über Christus, den Menschen und den Weg zum Heil sind auf die zentrale Frage nach dem rechten – der »Welt« verborgenen, darum paradoxen – Sinn der *Bibel* bezogen. Ein von neuplatonischen Denkstrukturen nicht unbeeinflußter Dualismus (»Buchstabe – Geist«; »Schein – Wesen«; »Fleisch – Geist«), zum Teil an paulinischen Antithesen (*2. Kor.* 3, 6) erhärtet, durchzieht Francks Argumentation, die darauf hinzielt, daß nur dem von der Wahrheit existentiell Betroffenen sich die jenseits des äußeren Scheins stehende, der Welt anstößige, weil unverständliche »*Wunderred[e]*« eröffnet.
Die äußere Schrift – »*on das liecht, leben und außlegung des gaists ein todter Büchstab und finstere latern*« – kann nur Wegweiser und Zeugnis des mit dem Bildnis Gottes (Gottebenbildlichkeit) identischen inneren Wortes sein. Entgegen den Objektivierungen (äußere Schriftautorität, Dogma) betont Franck – mit C. SCHWENCKFELD – die im Geist begründete Personalität des Glaubens: Allein um den »*inwo[h]nend Christus*« ist es ihm zu tun (Einfluß der Mystik TAULERS und des Werks *Eyn deutsch Theologia*). Dem im Geist selbst Sehenden und Erfahrenden wird der rechte, d. h. geistlich-symbolische Sinn der Schrift eröffnet; während für die »Welt« die Schrift ein verschlossenes Buch bleibt, erfaßt der geistliche Ausleger das hinter dem Sichtbaren, Figürlichen verborgene Unsichtbare und Wesentliche. Das »*buchstabische*« Verständnis der *Bibel* ist nach Franck nicht nur Ursache des Widereinander der »Sekten« und Richtungen, sondern grundsätzlich »*wider den Sinn der Schrift*«, die für Franck »*ein ewig Allegori*« darstellt.
Als Exponent der sogenannten radikalen Reformation geht es dem Autor, der vom Standpunkt eines überkonfessionellen mystischen Spiritualismus her urteilt, um ein jenseits der streitenden Richtungen stehendes, nicht sektiererisches »*onpartheiisch Christentumb*«. Auf die Integration des Menschen weist die – im Anschluß an *Eyn deutsch Theologia* – stark ausgeprägte Typologie »Adam – Christus« hin. In seinen sozialethischen Ausführungen berührt sich der Verfasser teilweise mit PARACELSUS und den Täufern.
Francks Stellung »*zwischen den Fronten des konfessionellen Zeitalters*« (F. Heer) rückt ihn in die Nähe des ERASMUS. Seine Gegnerschaft gegen konfessionelle Autarkie und lehrgesetzlichen Dogmatismus, sein Einsatz für Toleranz, Gewissensfreiheit und Frieden (*Kriegbüchlin des Friedes*, 1539), seine gegenüber den Autoritäten kritische Geisteshaltung, der ein gewisser Relativismus, ja Skeptizismus eignet, stellt ihn – mit anderen Vertretern des Humanismus und Spiritualismus – in die Reihe der Vorläufer der Moderne. »*In hundert Rinnsalen fließen*«, wie W. DILTHEY bemerkte, »*die Ideen Francks der modernen Zeit entgegen.*« Seine Schriften und Gedanken haben – bereits unmittelbar nach seinem Tod – in den Niederlanden eine große Resonanz gefunden und später auf V. WEIGEL, J. BOEHME und G. ARNOLD gewirkt. Franck ging es in seinem Suchen nach der unsichtbaren geistlichen Kirche – trotz seines Pessimismus gegenüber den geschichtlichen Ausprägungen der Religion – um eine echte (die spirituelle Wiedergeburt des Menschseins einschließende) Erneuerung der christlichen Religion im Geist. E.H.P.

AUSGABEN: Ulm 1534. – o. O. u. J. [Pforzheim 1542?]. – Pforzheim 1559. – Jena 1909, Hg. H. Ziegler [Einl. W. Lehmann]. – Bln. 1966, Hg. S. Wollgast (Phil. Studientexte).

LITERATUR: A. Hegler, *Geist u. Schrift bei S. F.*, Freiburg i. B. 1892. – A. E. Berger, *Deutsche Kunstprosa der Lutherzeit*, Lpzg. 1942 (in DL, R. Reformation, Bd. 7; m. Bibliogr.). – J. Lindeboom, *Een Franc-tireur der Reformatie. S. F.*, Arnheim 1952. – F. Heer, *Die dritte Kraft. Der europäische Humanismus zwischen den Fronten des konfessionellen Zeital-*

ters, Ffm. 1960. – H. Fast, *Der linke Flügel der Reformation*, Bremen 1962. – M. Barbers, *Toleranz bei S. F.*, Bonn 1964.

SPRICHWÖRTER. Schöne, Weise, Herrliche Clugreden unnd Hoffsprüch, Darinnen der alten unnd nachkommenen aller Nationen unnd Sprachen gröste vernunfft unnd klugheyt. Was auch zu ewiger unnd zeitlicher Weißheyt, Tugent, Zucht, Kunst, Haußhaltung unnd wesen dienet, gespürt unnd begriffen würt. Zusammentragen in ettlich Tausent, Inn lustig höflich Teutsch beküurzt, Beschriben unnd außgeleget

Sprichwortsammlung von Sebastian FRANCK, erschienen 1541. – Die große Sammlung Francks erschien bei Christian Egenolff, Frankfurt am Main. In demselben Verlag hatte Franck schon 1532 seine *Sibenthalbhundert Sprichwörter* anonym erscheinen lassen, die F. LATENDORF 1876 in einem getreuen Abdruck erstmalig zugänglich gemacht hat. Francks zweiteiliges Hauptwerk enthält fast 7000 Sprichwörter. Der erste Teil mit den Sprichwörtern der *»Griechen, Lateiner und Hebreer«* schöpft aus den *Adagia* (1500) des ERASMUS (Blatt 1–53b) und schließt dem lateinischen Sprichwort jeweils eine Übersetzung und sinnverwandte deutsche Sprichwörter an. Es folgen die lateinischen Sprichwörter des Juan Luis VIVES (54a–63b), SENECAS (63b–74a), des Johannes MURMELLIUS (74a–75b) und Heinrich BEBELS (75b–139b), jedesmal gefolgt von mehreren deutschen Sprichwortparallelen. Aus deutschem Sprachgebrauch stammen die Hofsprichwörter (139b–156b), während die Sprichwörter der *»Siben weisen in Grecia«* (156b bis 163a) wieder aus Erasmus übernommen sind.
Im Titel des zweiten Teils werden niederländische, holländische, brabantische und westfälische Sprichwörter angezeigt, die zum Teil aus den lateinisch-deutschen Sammlungen des Eberhard TAPPIUS (*Germanicorum adagiorum ... centuriae septem*, 1539) und des Antonius TUNNICIUS (*Proverbia communia*, 1513) entnommen und in *»gute Germanismos gewendt / mit hochteutschen Sprichwörtern verglichen und außgeleget«* sind.
Im Vorwort gibt Franck eine oft zitierte Definition des Sprichworts: *»By den alten ist unnd heyßt Sprichwort Ein kurtze, weise klugred, die summa eines gantzen handels«*; er schätzt die moralische Funktion des Sprichworts, in dem *»ein gantz predig begriffen ist«*. Francks Sammlung folgt in der Anordnung meist den vorgegebenen Quellen, gibt zuerst das lateinische Proverbium, dann eine knappe und treffende Übersetzung nebst den sinnverwandten deutschen Sprichwörtern und Redensarten; die anschließende Auslegung mit ihrer kräftigen Diktion hat den Klang der Volkssprache. Dazu ein Beispiel (II, 37b):
»Arbore deiecto, quivis colligit ligna.
Wer da ligt / uber den laufft alle welt hin.
Wann der hundt unden ligt / so beissen alle hund in jn.
Wann der baum felt / so klaubt jederman holtz.
. . . .
Wer da ligt / dem hilfft niemand auff.«
Die lange Auslegung im christlichen Sinne geht dann in sprichwörtliche Redensarten und volkläufige Sprichwörter über: *»Nimmer nutz, nimmer guts. Wo die stigel nider ist, da hupffen die hund all uber. Des hohen unnd reichen verschont iederman.«* Nicht alle Sprichwörter der Sammlung erfahren eine Auslegung, wie dies bei Erasmus und AGRICOLA (*Sybenhundert und Funfftzig Teütscher Sprichwörter*, 1534) die Regel war. Zuweilen wächst sich die Erklärung zu einem theologisch-moralischen Exkurs aus (z. B. II, 87b), der durch kleine Tierfabeln und kräftige Redensarten aufgelockert wird.
Francks Werk ist, außer in einer Bearbeitung im Schweizer Dialekt, nur einmal aufgelegt worden. Der Verleger Egenolff aber veröffentlichte 1548 eine Kompilation aus den Sammlungen von Agricola und Franck unter dem Titel *Sprichwörter, schöne, weise Klugreden*, die bis 1615 insgesamt 14 Auflagen erfuhr. Man hielt diese Ausgabe für einen echten Franck, bis 1862 C. SCHULZE den *»literarischen Freibeuter«* Egenolff entlarvte. M.Ha.

AUSGABEN: Ffm. 1541, 2 Tle. – Ffm. 1560. – Ffm./Lpzg. 1818 (in L. Wachler, *Philomathie, von Freunden der Wissenschaft*, Bd. 1; Ausz.).

LITERATUR: C. Schulze, *Joh. Agricola u. S. F. u. ihre Plagiatoren* (in ASSL, 32, 1862, S. 153–160). – F. Latendorf, *S. F.s erste namenlose Sprichwörtersammlung vom Jahre 1532*, Poesneck 1876. – K. Pusch, *Über F.s Sprichwörtersammlung vom Jahr 1541*, Hildburghausen 1894. – R. Kommoss, *S. F. u. Erasmus von Rotterdam*, Bln. 1934; ern. Nendeln/Liechtenstein 1967. – D. Rieber, *S. F.* (in Bibliothèque d'Humanisme et Renaissance, 21, 1959, S. 190–204). – J. Lefevre, *S. F. et l'idée de tolérance* (in EG, 14, 1959, S. 227–335). – Ph. L. Kintner, *S. F. An American Library Finding-List* (in ARG, 55, 1964, S. 48–55). – F. Seiler, *Deutsche Sprichwörterkunde*, Mchn. 1967 [Nachdr. von 1922]. – U. Meisser, *Die Sprichwörtersammlung S. F.s von 1541*, Amsterdam 1974. – G. Bebermeyer, *Sprichwort* (in RL², 4, S. 132–151).

AUGUST HERMANN FRANCKE

* 22.3.1663 Lübeck
† 8.3.1727 Halle / Saale

ÖFFENTLICHES ZEUGNIS VOM WERK, WORT UND DIENST GOTTES

Theologische Schriften von August Hermann FRANCKE, erschienen 1702. – Das für den Hallschen Pietismus repräsentative Werk besteht aus drei Teilen, die der im Titel angedeuteten Gliederung entsprechen und teils bereits früher herausgegebene, teils bis dahin unveröffentlichte Schriften Franckes umfassen. Der erste Teil enthält Abhandlungen zur Geschichte, Organisation und Erziehungsmethode der Franckeschen Stiftungen, u. a. *Die Fußstapfen des noch lebenden und waltenden liebreichen und getreuen Gottes*, der zweite Teil Schriften zum Bibelstudium, u. a. *Christus der Kern heiliger Schrift* und *Observationes biblicae*, der dritte Teil Traktate zur Lebensführung, u. a. *Timotheus zum Fürbilde allen Theologiae studiosis dargestellet*, und zur kirchlichen Gemeindereform, u. a. *Das Glauchische Gedenkbüchlein*, Vorreden und Ansprachen. Die in den Erstausgaben einzelner Schriften enthaltenen Polemiken hat Francke im *Öffentlichen Zeugnis* weggelassen.

Das Grundthema dieser Abhandlungen ist der im eigenen Erleben begründete Aufruf zur Bekehrung. Obwohl der Bekehrungsprozeß ein zutiefst innerliches Geschehen ist, bleibt er kein isolierter seelischer Vorgang. Er birgt vielmehr eine gewaltige Dynamik in sich, die den ganzen Menschen erfaßt und sich in einer realistischen, weltzugewandten Aktivität »*zur Ehre Gottes und zum Nutzen des Nächsten*« manifestiert. Diesem Zweck sollen Erziehung und Wissenschaft, wirtschaftliche Unternehmungen, personalpolitische Entscheidungen und weltweite Beziehungen dienen. – In der lutherischen Orthodoxie sieht Francke eine Depravation echten Christentums. Unter Berufung auf LUTHER fordert er die Konzentration theologischer Arbeit auf die *Bibel*, an der Theologie und Bekenntnis zu prüfen sind. Seine Sprache ist weithin durch den biblischen Wortschatz geprägt. Als Zweck des Bibelstudiums bezeichnet er die Frömmigkeit. Wissenschaft und Frömmigkeit verhalten sich wie Schale und Kern zueinander. An die Stelle eines intellektualistischen Verständnisses der Rechtfertigung tritt die subjektive Applikation des Heils im Affekt und im praktischen Handeln. Glaube und Liebe gehören zusammen. Gute Werke sind sichtbare Kennzeichen echten Glaubens, durch den sich die »*Kinder Gottes*« von den »*Kindern der Welt*« unterscheiden. Eine neutrale Sphäre sogenannter Mitteldinge gibt es nicht.

Die geistesgeschichtlichen Voraussetzungen der Gedankenwelt Franckes sind mannigfaltiger Art. Unter der Einwirkung der Mystik Johann ARNDTS und des Miguel de MOLINOS, der von kalvinistischen Ideen geprägten puritanischen Erbauungsliteratur, der Schriften Luthers und der lutherischen Reformtheologen des 17. Jh.s, der universalen Reformideen des J. A. COMENIUS, H. W. LUDOLFS u. a., insbesondere aber unter dem Einfluß der Theologie Ph. J. SPENERS ist es zu einer Umwandlung des überkommenen lutherischen Lehrguts und zu einer eigenständigen Neugestaltung evangelischen Denkens gekommen. E.Pe.

AUSGABEN: Halle 1702. – *Werke in Auswahl*, Hg. E. Peschke, Bielefeld 1968. – *Streitschriften*, Hg. ders., Bln. 1981.

LITERATUR: G. Kramer, *A. H. F.*, 2 Bde., Halle 1880–1882. – A. Ritschl, *Geschichte des Pietismus*, Bd. 2, Bonn 1884, S. 385 ff. – E. Hirsch, *Geschichte der neuern evangelischen Theologie*, Bd. 2, Gütersloh 1951, S. 155 ff. – E. Beyreuther, *A. H. F. Zeuge des lebendigen Gottes*, Marburg 1956; Bln. ²1960. – K. Aland, *Kirchengeschichtliche Entwürfe. Alte Kirche, Reformation u. Luthertum, Pietismus u. Erweckungsbewegung*, Gütersloh 1960, S. 543 ff. – E. Peschke, *Studien zur Theologie A. H. F.s*, 2 Bde., Bln. 1964–1966. – Ders., *Bekehrung und Reform. Ansatz und Wurzeln der Theologie A. H. F.s*, Bielefeld 1977.

LOUISE VON FRANÇOIS

* 27.6.1817 Herzberg/Elster
† 25.9.1893 Weißenfels

LITERATUR ZUR AUTORIN:
E. Schroeter, *L. v. F., die Stufenjahre der Dichterin*, Weißenfels 1917. – H. Enz, *L. v. F.*, Zürich 1918. – H. Hoßfeld, *Zur Kunst der Erzählung bei L. v. F.*, Diss. Jena 1922. – S. Meinecke, *L. v. F., die dichterischen u. menschlichen Probleme in ihren Erzählungen*, Diss. Hbg. 1948. – T. Urech, *L. v. F., Versuch einer künstlerischen Würdigung*, Diss. Zürich 1955. – E. Wendel, *Frauengestalten u. Frauenprobleme bei L. v. F.*, Diss. Wien 1960. – H. Motekat, *Die Akte L. v. F.*, Bln./Weimar 1963. – T. C. Fox, *L. v. F.: between »Frauenzimmer« and »A room for one's own«*, Diss. Yale Univ. 1983.

FRAU ERDMUTHENS ZWILLINGSSÖHNE

Roman von Louise von FRANÇOIS, erschienen 1872. – Der in der Napoleonischen Zeit spielende Roman erzählt die Geschichte der ungleichen Zwillingsbrüder Herrmann und Raul, Söhne des Barons von Roc, eines sächsischen Dragonerleutnants französischer Abstammung. Der ungestüme, nach dem Vater geratene Raul fühlt sich zum Soldaten geboren und jubelt auf, als Sachsen dem Rheinbund beitritt und seine Einheit Seite an Seite mit den Truppen Napoleons kämpfen darf. Den bedächtigeren Herrmann dagegen zieht es zur Geisteswissenschaft; während des Studiums schließt er sich Freiheitskämpfern an. Nur die gemeinsame Liebe zur Mutter, Frau Erdmuthe, verhindert, daß es, nachdem der Vater für Preußen gefallen ist, zwischen dem französisch empfindenden Raul und dem seiner Wesensart nach deutschen Herrmann zu offener Feindschaft kommt. Erst als Raul, aus dem Rußlandfeldzug heimgekehrt, die Abwesenheit des Bruders ausnutzt, um dessen Verlobte für sich zu gewinnen, sind die Familienbande zerrissen. In der Schlacht bei Dennewitz (6. 9. 1813) stehen sich Frau Erdmuthens Söhne als Feinde gegenüber. Zu spät erkennt Raul, daß nicht er, sondern Herrmann für eine gerechte Sache kämpft. Getroffen sinkt er vor seinem Bruder nieder. Man bringt ihn in das nahe gelegene Haus der Mutter, wo er, versöhnt mit den Seinen, stirbt.

Ebenso wie in dem vorangegangenen, mit Recht erfolgreichsten Roman der Louise von François, *Die letzte Reckenburgerin* (1871), wird hier das Schicksal der Personen ganz von der Zeitgeschichte bestimmt; es gibt also nicht nur den illustrativen Hintergrund ab. Die politische Konstellation spiegelt sich – etwas allzu deutlich konstruiert – in den gegensätzlichen patriotischen Gefühlen der Brüder, zwischen denen das von beiden umworbene Mädchen Liska steht, das, gewiß nicht zufällig, als eine polnische Waise eingeführt wird. Chronist der an dramatischen Höhepunkten reichen Familiengeschichte ist der Hausgeistliche, einst der Kindheitsgefährte der Mutter und noch immer ihr stiller Verehrer. Er vertritt auch die weniger vom preußischen Geist als vom Liberalismus geprägten weltanschaulichen Grundsätze der einer Hugenottenfamilie entstammenden Verfasserin. Sie schließt ihr Werk mit einer ethischen Forderung: der Überwindung des »*vandalischen und eigentlich antideutschen*« Völkerhasses und aller Disharmonie unter den Menschen durch die Liebe. KLL

AUSGABEN: Bln. 1872 (in Dt. Romanztg. 9). – Bln. 1873, 2 Bde. – Lpzg. 1911. – Lpzg. 1918 (in *GW*, 5 Bde., 2). – Zürich 1954 [Vorw. E. Staiger].

LITERATUR: E. Staiger, *L. v. F. und ihr Roman »Frau Erdmuthens Zwillingssöhne«* (in NSRs, 21, Juni 1954).

DIE LETZTE RECKENBURGERIN

Roman von Louise von FRANÇOIS, entstanden 1865, erschienen 1870 in der ›Deutschen Romanzeitung‹. – Zeitgeschichtlicher Hintergrund des Gesellschaftsromans sind die Jahre zwischen der Französischen Revolution und der Befreiungskriegen. Die Handlung setzt ein in den Niederlanden: August Müller, in den Kämpfen gegen Napoleon zum Invaliden geworden, sucht das Rätsel seiner Herkunft zu lösen. Da er sich für den Sohn der Hardine von Reckenburg hält, zieht er mit seiner Tochter zum Stammsitz des Adelsgeschlechts und fordert von der Schloßherrin Unterstützung. Obwohl diese ihn zunächst zurückweist, hilft sie später zur Verwunderung ihrer Umgebung dem erkrankten Müller. – Hier wechselt die Erzählperspektive; in den Memoiren der Titelheldin wird die Vorgeschichte aufgerollt. Das sächsische Edelfräulein Hardine von Reckenburg wächst zusammen mit der lebensfrohen, aber auch oberflächlichen Wirtstochter Dorothee Müller auf. Die Freundin verlobt sich mit dem ehrgeizigen Autodidakten Faber, der aber bald eine längere Reise unternimmt, um sich beruflich fortzubilden. Hardine unterstützt tatkräftig die achtzigjährige Gräfin von Rekkenburg, ihre standesbewußte vermögende Patin, allgemein die »schwarze Gräfin« genannt, die den Besitz dem Prinzen August, einem Sohn ihres geschiedenen Mannes aus dessen zweiter Ehe, zugedacht hat. Als der Prinz ein Liebesverhältnis mit Dorothee beginnt, entsagt Hardine ihrer heimlichen Leidenschaft zu ihm. – Sie steht der Freundin bei, als diese das Kind des inzwischen in der Schlacht bei Valmy gefallenen Prinzen zur Welt bringt. Der Junge kommt unter dem Namen August Müller in ein Waisenheim und wird später Soldat. Als Faber zurückkehrt und Dorothee heiratet, leidet Hardine unter dem Geheimnis, das sie mit der Freundin teilt. Sie ist nach dem Tode der Patin Erbin des von ihr mustergültig verwalteten Besitzes geworden. Ihre Absicht, einen verwitweten Grafen zu heiraten, wird durch die überraschende Ankunft August Müllers auf dem Schloß durchkreuzt. Als der Invalide kurze Zeit nach seiner von Wahnvorstellungen gequälten Mutter Dorothee stirbt, verspricht die Reckenburgerin ihm, für seine Tochter zu sorgen. – Durch eine *Einschaltung des Herausgebers* erfährt der Leser, wie sich das Leben auf dem Schloß ändert, da die Liebe zu dem Kind August Müllers Hardines erstarrte Gefühle löst. Im letzten Kapitel werden die Aufzeichnungen der Titelheldin wieder aufgenommen: Die letzte Reckenburgerin vererbt den einst von der »schwarzen Gräfin« streng aristokratisch regierten Besitz ihrer bürgerlichen Pflegetochter.

Gustav FREYTAGS begeisterte Kritik machte die Zeitgenossen auf den Roman aufmerksam, der auch noch eine Generation später seine Leser – und vor allem Leserinnen – fand. In manchem von den seit Walter SCOTT gepflegten historisierenden Romanen beeinflußt, prägen *Die letzte Reckenburgerin* doch ganz spezifische Züge der nachklassisch-bürgerlichen Epoche. Die Historie soll den Menschen in seiner Spannung zur Umwelt zeigen – verpflichtend bleibt jedoch das Sittengesetz der klassischen Zeit, das dem von außen bedrohten oder enttäuschten einzelnen den Weg in die Innerlichkeit beläßt. Die Reckenburgerin geht ihn unsentimental in »*Recht und Ehren*«; ihr bürgerliches Ethos macht sie zum Typus der entschlossenen, durch den Verzicht auf Glückserfüllung geprägten Frau und damit zur großmütigen Gegenspielerin der reizvollen, gefühlsbestimmten und schwankenden Dorothee – eine Figurenkonstellation, die sich in den Romanen und Novellen der François immer wieder findet: »*Mit einer Schematik, der die Spannung von aristokratischer Gesellschaft hier, verbürgerlichter Innerlichkeit und tatkräftiger Willenszucht dort zugrunde liegt, stellte Louise von François die Leichtherzigen, denen das Glück zufällt, die sich aber in Irrtum, Schuld, Verblendung und Haltlosigkeit verstricken, jenen gegenüber, die spröder, reizloser, ernster ihr Leben aus dem Ethos von Gesinnung und Gewissen führen, sich unter Entsagungen läutern*« (Martini). Der Roman gewinnt seinen Reiz durch die Neigung der Schriftstellerin zum psychologisch vertieften Porträt, zur stimmungshaltigen Episode, zum Wechsel der Erzähl- und Zeitperspektiven, zum leicht historisierenden Berichtstil und zum intimen, humorvoll getönten Plauderton, der den Leser intensiv ins Romangeschehen einbeziehen soll – Vorzüge, die allerdings durch ein Übermaß an Nebenhandlungen und an klischeehaft gezeichneten Kontrasten selten ganz rein zur Geltung kommen. H.Gai.

AUSGABEN: Bln. 1870 (in Dt. Romanztg., 7, Bd. 4). – Bln. 1871, 2 Bde. – Lpzg. 1918 (in *GW*, 5 Bde., 1). – Köln 1956.

LITERATUR: G. Freytag, Rez. (in G. F., *Vermischte Aufsätze*, Bd. 1, Lpzg. 1901, S. 139–147). – G. Lehmann, *L. v. F. Ihr Roman »Die letzte Reckenburgerin« als Ausdruck ihrer Persönlichkeit*, Diss. Greifswald 1919. – F. Martini, *Deutsche Literatur im bürgerlichen Realismus, 1848–1898*, Stg. ²1964, S. 454–457.

DAVID FRANCO MENDES

David Chofschi
* 17.8.1713 Amsterdam
† 10.10.1792 Amsterdam

GEMUL ATHALIA

(hebr.; *Athalias Strafe*). Drama in drei Akten von David FRANCO MENDES, erschienen 1770. – Das Drama, das nie zur Aufführung gelangte, behandelt den Aufstand des Hohenpriesters Jojada gegen Athalia, die Witwe König Jorams von Juda, Tochter des Königs Ahab von Israel und der Isebel. Im Mittelpunkt der Handlung stehen die Ereignisse, über die die *Bibel* im *2. Königsbuch* berichtet: Athalia hat nach dem Tode ihres Sohnes, des Königs Ahasja von Juda, ihre Enkelkinder ermorden lassen, um selbst die Herrschaft zu ergreifen und den Königsthron zu besteigen. Doch ihre Schwägerin, die Gemahlin des Hohenpriesters, hat Ahasjas jungen Sohn Joas gerettet und ihn sechs Jahre lang versteckt gehalten. Nun ruft Jojada die Priester und das Volk zum Treueid für den jungen Prinzen aus dem Hause David und rechtmäßigen Thronerben auf. Es kommt zum Volksaufstand, in dessen Verlauf Athalia getötet wird.
Wie der Autor darlegt, verfaßte er dies Stück aus zwei Gründen: Erstens, weil seine sephardischen Landsleute (d. h. die aus Spanien und Portugal stammenden Juden) in Amsterdam zuwenig die hebräische Sprache pflegten und – wie übrigens auch er selbst – meist spanisch, portugiesisch, französisch oder holländisch schrieben, und zweitens, weil sie die den gleichen biblischen Stoff behandelnden Dramen *Athalie* von Jean RACINE und *Gioas regge die Giudà (Joas, König von Juda)* von Pietro METASTASIO bewunderten, obwohl in beiden Werken das jüdische Kolorit nicht genügend gewahrt war.
Franco Mendes schuf mit seinem Stück, das historische Vorgänge in glaubwürdiger Weise zur Darstellung bringt, ein Novum in der hebräischen Literatur, denn diese kannte neben Mysterienspielen an eigentlichen Dramen bis dahin nur Komödien und allegorische Schäferspiele. Von den drei Einheiten verzichtete er auf die des Orts zugunsten einer realistischen Darstellung der Ereignisse. Kleidung und Verhalten der auftretenden Personen schildert er – ebenso wie die Räumlichkeiten – aufgrund der biblischen und nachbiblischen Quellen, wobei ihm allerdings einige Anachronismen unterlaufen sind. Die Dialoge haben die damals im hebräischen Drama in Italien übliche Form: elf- und siebensilbige Verse mit gelegentlichen Reimen. Ab und zu sind kanzonettenartige Gesangspartien im Melodramenstil eingelegt. Das quantitative Metrum der Verse ist nach Art des Moses Chajim LUZZATTO etwas gelockert. Aber in Aufbau, Charakter und Art ist Franco Mendes' *Gemul Athalia* völlig unabhängig von den Dramen Lazzattos. Dagegen finden sich mehrere Spuren, die auf Racine und Metastasio deuten, was jedoch im Hinblick auf die polemische Absicht des Autors, der das Stück seinen Ursprung verdankt, durchaus verständlich ist. Zudem nehmen Übersetzungsspuren nicht wunder bei einem Schriftsteller, der von Haus aus Übersetzer war und später Metastasios Drama *Betulia liberata* unter dem Titel *Teschuat Jisrael bijdej Jehudith (Israels Errettung durch Judith)* ins Hebräische übertrug, um auf diese Weise den Stoff des apokryphen *Judith-Buchs* dem jüdischen Leser nahezubringen.
Gemul Athalia erfreute sich als Lesedrama großer Beliebtheit und wurde mehrmals gedruckt. In Deutschland waren Franco Mendes' Kollegen in der jüdischen Aufklärungsbewegung (Haskala) allerdings überrascht, daß der Amsterdamer nicht im gleichen Maß wie sie selbst auf streng puristischem Bibelhebräisch bestand, sondern unbefangen auch die neueren Sprachschichten des Hebräischen benützte. Franz DELITZSCH äußerte sich in seiner *Geschichte der jüdischen Poesie* (1836) sehr lobend über das Stück. P.N.

AUSGABEN: Amsterdam 1770. – Wien 1800. – Warschau 1860. – Bln. 1934 (in *Mivchar ha-schira ha-ivrit be-Italia*, Hg. J. Schirmann; Ausw.).

LITERATUR: D. R. Montezinos, *De werken van D. F. M.* (in Joodsch Letterkundige Bijdragen, 1867, Nr. 3/4, 6–8). – S. R. van Praag, *Een Hebreeuwse bewerking van »Athalie«* (in Neoph, 13, 1928). – M. Waxman, *A History of Jewish Literature*, Bd. 3, NY/Ldn. 1936, S. 132 ff.; ²1960. – J. Melkman, *D. F. M., a Hebrew Poet*, Diss. Amsterdam 1951. – J. Schirmann, *D. F. M.* (in Behinot, 6, 1954, S. 44–52).

ANDREAS FRANGIAS

*1921

I KANGELOPORTA

(ngriech.; *Das Gittertor*). Roman von Andreas FRANGIAS, erschienen 1962. – Das breitangelegte Werk des Journalisten und Romanciers Frangias behandelt die Sackgassen, die Beklemmungen und die Ängste einer ganzen Generation der Nachkriegszeit in Griechenland. Innerhalb und außerhalb des kleinen Wohnhofes in einem Armenviertel von Athen offenbart sich der »Mikrokosmos« der fünfziger Jahre.

Der Roman beginnt mit dem Jahr 1954. Der Krieg mit seinen katastrophalen Folgen ist vorbei, doch das Leben gewinnt für die Menschen nur allmählich wieder festere Konturen. Kaum sind die Wunden des letzten Weltkriegs notdürftig verheilt, flüstert man von der Möglichkeit einer neuen Auseinandersetzung. Für Athen und seine Bewohner gehört dies zur Realität, ebenso wie die langsame Normalisierung der Lebensverhältnisse. Nicht so für Angelos, die Hauptfigur des Romans. Er ist seit sieben Jahren ein Flüchtling, nachdem er in den Auseinandersetzungen des Bürgerkrieges (1946 bis 1949) in Abwesenheit verurteilt worden ist. Seine so anders geartete Sichtweise teilt seine Geliebte, Ismini, die beharrlich in all diesen Jahren auf seine Rückkehr wartet und nicht einmal weiß, wo er sich versteckt. Ebenso denkt sein Vater, ein pensionierter Richter; er sieht seine künftige Lebensaufgabe darin, die Unschuld des Sohnes mit neuen – im Grunde nicht gewichtigen – Dokumenten zu beweisen: »*Damit die Gerechtigkeit leuchtet...*«

Diese Personen sind die Protagonisten des Romans. Darüber hinaus rekonstruiert Frangias das gemeinsame Schicksal einer Generation, die ihre Pubertät während des Krieges und der deutschen Besatzung Griechenlands erlebte. Menschen »wie Du und Ich«, die nach einer Zeit der Leiden, der Aufopferung und der Träume sich in dem unerbittlichen Alltag der ärmlichen, lauten Viertel Athens wiederfinden. Dort trifft man Eftichis, der seine Familie im Krieg mit gestohlenen Brotlaiben ernährte; jetzt träumt er von seinem gesellschaftlichen Aufstieg und verdingt sich als Kleinganove in allerlei dubiosen Jobs – ebenso wie Antonis, der in der Résistance mitgekämpft hatte und nun ein unermüdlicher »wandernder« Händler ist, der mehr sich selbst als seine potentiellen Kunden von seinen Fähigkeiten überzeugen kann. In einer schlichten, unbefangenen (fast »journalistischen«) Sprache schildert Frangias detailliert den Werdegang seiner Figuren und beleuchtet mit psychologischem Gespür ihre Reaktionen. Seine Menschen wirken nie wie erdachte Kreaturen, sondern sie sind lebendig in ihren Widersprüchen. Wenn z. B. Antonis demonstrativ eine verfaulte Fleischkonserve ißt, um einen Kunden vom Wert seines Sortiments zu überzeugen, oder aber Angelos einen Fluchttunnel gräbt, obwohl er sein Versteck einfach durch eine Tür verlassen könnte, unterstreicht dies – jenseits der grotesken Dramatik dieser Szenen – auch die Lebensechtheit des vom Autor gestalteten Zeitbildes.

Der von der Kritik wegen seiner Suggestivkraft gelobte Roman gehört mittlerweile zur Schullektüre in Griechenland. Die detaillierte Schilderung des Athener Arbeiter-Milieus dient dem Autor nicht nur zur Beschwörung einer Zeit des Umbruchs, sondern als Hintergrund, vor dem er die inneren Wandlungen seiner Protagonisten deutlich macht. Der »künstlerische Wert« des Romans – schrieb der griechische Literat M. Kumandareas – »*ist mit dem Alltag und den Träumen der Menschen in ihrem Daseinskampf verwoben*«.

P. P.

AUSGABE: Athen 1962; [13]1986.

LITERATUR: A. Kotzias, Rez. (in Mesimvrini, 15. 2. 1963). – Ders., *Metapolemiki pesografi* (in Tachidromos, 24. 5. 1974). – M. Kumandareas, *Simiosis sta plesia tis »Kangeloportas«* (in Lexi, 28, 1983, S. 828–829). – Ph. Drakontaidis, *Dio apopsis: Ja ton emfilio ke ton A. F.* (ebd., S. 830–832). – A. Frangias, Interview (in Anti, 307, 1985, S. 46–49). – L. Politis, *Die Geschichte der neueren griechischen Literatur*, Köln 1984.

ANNE FRANK

*12.6.1929 Frankfurt / Main
† März 1945 KZ Bergen-Belsen

HET ACHTERHUIS. Dagboekbrieven 12 Juni 1942 – 1 Aug. 1944

(ndl.; Ü: *Das Tagebuch der Anne Frank. 12. Juni 1942 – 1. August 1944*). Aufzeichnungen von Anne FRANK, erschienen 1947. – Im Juni 1942, zwei Jahre nach dem Einmarsch der deutschen Truppen in Holland, beschloß der 1933 von Frankfurt nach Amsterdam emigrierte jüdische Fabrikant und Kaufmann Otto Frank, mit seiner Familie »unterzutauchen«, um der Verschleppung in ein Konzentrationslager zu entgehen. Zu dem Anwesen Prinsengracht 263, dem schmalen Kontor- und Lagerhaus der Gewürz- und Konservierungsmittelhandlung, aus der Frank im Jahr zuvor pro forma ausgeschieden war und deren offizielle Leitung ein langjähriger Mitarbeiter übernommen hatte, gehörte ein Hinterhaus, dessen Dachgeschoß für die nächsten fünfundzwanzig Monate acht Menschen beherbergen sollte: Otto und Edith Frank mit ihren Töchtern Margot und Anne, das Ehepaar van Daan mit seinem Sohn Peter und den Zahnarzt Dr. Dussel. Die einzigen Mitwisser, Franks vertrauenswürdigste Angestellte, versorgten die Versteckten. Kurz zuvor, zu ihrem dreizehnten Geburtstag, hatte Anne vom Vater ein Tagebuch geschenkt bekommen und sogleich begonnen, ihre Eindrücke vom aufregenden Alltag der Besatzungszeit darin aufzuzeichnen. In Form von Briefen an eine erdachte Freundin Kitty berichtet sie zunächst von den letzten Tagen in der Freiheit, deren bevorstehendes Ende ihr nicht bewußt ist, und dann vom Leben im Hinterhaus-Versteck.

»Es ist, als wäre die Erde verwandelt!« beginnt sie ihre Beschreibung des heimlichen »Umzugs« und der Einrichtung in dem engen Schlupfwinkel. Hin und her gerissen zwischen Selbstvertrauen und Zweifeln, zwischen kindlicher Freude am Unsinn und der drängenden sexuellen Neugier der Backfischzeit, zwischen melancholischen Träumereien und den Erfahrungen einer alptraumhaft beklemmenden Realität, wird Anne immer empfänglicher für die psychologischen Probleme der »Onderduikers«. Je länger die Abgeschlossenheit im Hinterhaus dauert, desto intensiver scheint die Erlebnisfähigkeit des Mädchens zu werden, desto schärfer aber auch ihr Blick für das immer nervösere Verhalten ihrer Leidensgefährten, das sie oft rückhaltlos kritisiert. Mit den durchlittenen Ängsten wächst deutlich ihr schriftstellerisches Talent, nimmt ihre Reife zu – und ihre Zuversicht. Sie erkennt die läuternde Kraft des Schicksals, das den *»zur Zimmerhölle«* Verdammten (A. Goes) aufgeladen ist, und wenn sie sich auch die Frage stellt: *»Wer hat zugelassen, daß wir so schrecklich leiden?«*, glaubt sie dennoch fest daran, *»daß die Menschen in ihrem tiefsten Innern gut sind«.*

Gegen Ende des zweiten Jahres im Hinterhaus geben die Nachrichten von den Erfolgen der Alliierten den Franks neue trügerische Hoffnung. Am 1. August 1944 schreibt Anne dann ihren letzten Brief an Kitty ins Tagebuch. Drei Tage später dringt die Gestapo in das Versteck ein und transportiert die Bewohner ab. Kurz danach finden Franks treue Helferinnen in der Not, Miep (Gies) und Elli (van Wijk-Voskuijl) im verwüsteten Schlafzimmer des Ehepaars Frank Annes Tagebücher sowie zahlreiche von ihr beschriebene lose Blätter über den Boden verstreut und sammeln sie auf. *»Ich werde alles sicher aufbewahren für Anne, bis sie zurückkommt«*, schließt Miep GIES ihren für die Werkgeschichte der Tagebücher außerordentlich wichtigen Bericht über die Auffindung der Manuskripte (in *Anne Frank Remembered*, 1987 – *Meine Zeit mit Anne Frank*). Als Otto Frank, der einzige Überlebende seiner Familie, nach Kriegsende zurückkehrte (seine Frau starb in Auschwitz, Margot und Anne fielen kurz vor Kriegsende in Bergen-Belsen dem Hunger und dem Typhus zum Opfer), übergab ihm Miep Gies Annes Aufzeichnungen. Zu ihrer Veröffentlichung entschloß sich Frank erst nach langem Drängen von Schicksalsgenossen. Anne Frank ist in der ganzen Welt zur Symbolgestalt der Leiden ihres Volkes unter dem Terror des NS-Regimes geworden. Eine schwache, junge Stimme wurde zur Stimme von Millionen gemordeter Kinder und beschämt die Überlebenden. Einer von Annes Briefen an Kitty enthält die Frage: *»Wird es nicht Jahre nach dem Krieg ... unglaublich erscheinen, wenn wir erzählen, wie wir Juden hier gelebt, gesprochen, gegessen haben?«* Ernst SCHNABEL, der dem kurzen Leben der Anne Frank einfühlsam nachgegangen ist (*Anne Frank. Spur eines Kindes*, 1958), hat diesen Worten die Frage entgegengehalten: *»Ist es nicht unglaublicher, daß ... sie das Kind umbrachten, während wir lebten und sprachen und aßen, das Kind und sechs von den sieben Menschen, die mit ihm versteckt waren, und dazu noch sechs Millionen andere, und wir wußten es, aber schwiegen dazu, oder wußten es und glaubten nicht, was wir wußten, und jetzt leben und essen und sprechen wir weiter?«*

Das *Tagebuch* wurde in ca. dreißig Sprachen übersetzt, in mehr als zwanzig Millionen Exemplaren verbreitet, in der Bühnenfassung von F. GOODRICH und A. HACKETT weltweit szenisch aufgeführt und mehrmals verfilmt. Ferner erschienen neben dem *Tagebuch* entstandene kleine Erzählungen, Märchen und Betrachtungen in dem Band *Verhalen rondom het Achterhuis*, 1960 *(Geschichten und Ereignisse aus dem Hinterhaus)*. – Das Haus Prinsengracht 263 ist seit 1957 eine von der Anne Frank Stiftung unterhaltene Gedenkstätte.

Nicht zuletzt, um die von antisemitischen und nazistischen Kreisen immer wieder vorgebrachte Behauptung, daß es sich bei Anne Franks *Tagebuch* um eine Fälschung handle, ein für allemal zu widerlegen, veröffentlichte das Niederländische Staatliche Institut für Kriegsdokumentation 1986 eine vollständige textkritische Ausgabe der drei Fassungen des *Tagebuchs*: die unvollständig erhaltene Erstfassung (a), die von Anne im Hinblick auf eine spätere Publikation neugefaßte, chronologisch lückenhafte Version (b) sowie die von Otto Frank aus beiden Manuskripten zusammengestellte und dabei – vor allem aus Pietätsgründen – stellenweise gekürzte Buchfassung (c), die vor dem Druck noch sprachlich behutsam redigiert wurde. – Die der textkritischen Ausgabe beigefügten Gutachten und Ergebnisberichte einer umfassenden kriminaltechnischen Untersuchung der Manuskripte (Papier, Tinte, Handschrift etc.) lassen an der Verfasserschaft von Anne Frank keinerlei Zweifel. G.Wo.

AUSGABEN: Amsterdam 1947; [58]1979. – Den Haag/Amsterdam 1986, Hg. D. Barnouw (*De dagboeken van A. F.*; textkrit. Ausg. m. Komm.).

ÜBERSETZUNGEN: *Das Tagebuch der Anne Frank*, A. Schütz, Heidelberg 1950; [12]1981 [Vorw. A. Goes]. – Dass., dies., Ffm. 1955; [64]1987 (FiBü). – *Die Tagebücher der Anne Frank*, M. Pressler, Ffm. 1988 [textkrit. Ausg. m. Komm.].

DRAMATISIERUNG: F. Goodrich u. A. Hackett (Urauff.: NY, 5. 10. 1955, Cort Theater; dt.spr. Erstauff.: Basel 1957; dt. Buchausg. Ffm. 1958).

VERFILMUNGEN: *The Diary of Anne Frank*, USA 1959 (Regie: G. Stevens). – Großbritannien 1987 (Regie: G. Davies).

LITERATUR: K. H. Bachmann, *Die Botschaft der A. F.* (in Die Anregung, 9, 1957, Beil. Nr. 10, S. 149/150). – K. Greshoff, *Het dagboek van A. F.* (in Kroniek van Kunst en Kultur, 1957). – E. Kogon, *Ansprache z. Gedenkfeier i. d. Paulskirche am Geburtstag A. F.s – 12. 6. 1957* (in FH, 12, 1957, Nr. 7, S. 469–473). – W. Freitag, *Requiem für ein Kind* (in Die Kulturwarte, 3, 1957/58, H. 2, S. 28–30). – E. Schnabel, *A. F. Spur eines Kindes*, Ffm. 1958 (FiBü; ern. 1981, FiTb). – H. F. Pommer, *The Legend and Art of A. F.* (in Judaism, 9, 1960, S. 37–46). – *A. F. 1929–1979*, Hg. A. F. Stichting, Amsterdam 1979. – *A. in't voorbijgaan*, Hg. D. Houwaart, Amsterdam 1982. – R. Faurisson, *Is the Diary of A. F. genuine?*, Torrance/Calif. 1985 [zuerst in Journal of Historical Review, Sommer 1982]. – *A. F. in the World 1929–1945 / De wereld van A. F.*, Hg. A. F. Stichting, Amsterdam 1985. – M. Gies, *A. F. Remembered*, NY 1987 (dt.: *Meine Zeit mit A. F.*, Bern/Mchn. 1987).

BRUNO FRANK

* 13.6.1887 Stuttgart
† 20.6.1945 Beverly Hills/Calif.

LITERATUR ZUM AUTOR:
H. v. Hofe, *German Literature in Exile. B. F.* (in GQ, 18, 1954, S. 86 bis 92). – Th. Mann, *In memoriam B. F.* (in NRs, 56/57, 1945/46, S. 110 bis 112). – R. Grimm, *B. F., Gentlemanschriftsteller* (in Views and Reviews of Modern German Literature, Hg. K. S. Weimar, Mchn. 1974, S. 121–132). – Ders., *Vom sozialen Widerstand gegen die Völkischen. Ein Nachtrag zum Thema ›Ritter, Tod u. Teufel‹* (in Ideologiekritik. Studien zur Lit., Essays II, Bern/Ffm. 1975, S. 73–84). – V. Sease, *B. F.* (in Dt. Exillit. seit 1933, Bd. 1, Tl. 1, Hg. J. M. Spalek u. J. Strelka, Bern/Mchn. 1976, S. 352–370). – W. C.-A. Hoyt, *Conflict in Change: A Study of the Prose-Fiction of B. F.*, Diss. Rutgers Univ., New Jersey 1978. – M. Gregor-Dellin, *B. F. Gentleman der Lit.* (in M. G.-D. Im Zeitalter Kafkas, Mchn./Zürich 1979, S. 62–85).

CERVANTES

Roman von Bruno FRANK, erschienen 1934. – Der Roman erzählt das abenteuerliche Leben des Dichters des *Don Quijote*. Miguel de Cervantes Saavedra (1547–1616), Sohn armer Eltern, kommt nach seinem Studium in Madrid 1569 als Sprachlehrer des Kardinals Aquaviva nach Rom. Doch sieht er sich in der Hoffnung, im Dienst der Kirche sein Glück zu machen, bald ebenso getäuscht wie in der Liebe zu einer Venezianerin und wird Soldat. In der Seeschlacht von Lepanto, die mit dem Sieg der christlichen Flotte über die Türken endet, zeichnet er sich aus und verliert die linke Hand. Dennoch dauert es lange, bis Cervantes Empfehlungsbriefe des Oberbefehlshabers Don Juan d'Austria erhält, mit denen er am Hofe in Madrid eine Stellung zu finden hofft. Auf der Überfahrt nach Spanien wird sein Schiff von Piraten gekapert. Während der fünfjährigen Gefangenschaft in Algier organisiert Cervantes kollektive Ausbruchsversuche, die jedoch alle scheitern. Schließlich kauft ihn der Orden der Trinitarier frei. Erfolge aber bleiben ihm weiterhin versagt. Lepanto ist längst vergessen. Den Plan, ein in der Gefangenschaft geschriebenes Schauspiel aufführen zu lassen, gibt er auf in der Einsicht, daß sein Märtyrer-Drama dem veränderten Theaterstil nicht mehr entspricht. Von König Philipp II. wird der lästige Veteran mit einem Kurierauftrag abgespeist. In Madrid sucht Cervantes erneut – vergeblich – Kontakt zum Theater, das von den Stücken Lope de Vegas beherrscht wird. Er lebt mit einer Schauspielerin, schreibt einen der gängigen Schäferromane, der ihm kaum etwas einbringt, und wird nach der Geburt eines Kindes von der Geliebten verlassen. Resignierend heiratet er eine Frau aus einem Dorfe in der Mancha, verläßt sie aber schon nach wenigen Jahren, abgestoßen von der Traumwelt vergilbter Ritterromane, in der sie lebt, und von ihrer Familie, die in ihm nur den abgetakelten Soldaten, Abenteurer und gescheiterten Literaten sieht. Um leben zu können, wird Cervantes Proviantkommissar für die Flotte. Er lernt das Land, das Volk und dessen Not kennen, gerät in Konflikte mit sich selbst und mit der Kirche, die ihn wegen der Konfiszierung kirchlicher Vorräte exkommuniziert. Unter dem Verdacht, Gelder veruntreut zu haben, wird er schließlich in Sevilla in Haft genommen. Hier beginnt Cervantes, sechzigjährig, den *Don Quijote* zu schreiben, in dem er seine eigenen Erfahrungen und die praktische Vernunft des Volkes konfrontiert mit der Phantasiewelt der weitverbreiteten Ritterromane, den Hirngespinsten und Illusionen einer längst vergangenen Zeit. Bruno Franks Cervantes fragt sich, ob »man hinter seinem Hidalgo den Geist Spaniens erkennen [werde], der großmütig blind hinter Gewesenem her war, während ringsum die Welt zu neuer Wirklichkeit aufwachte?« Zwar soll man über seinen Ritter von der traurigen Gestalt lachen, doch er schreibt »nicht einfach ein lustiges Buch«: Am Schluß wird er den »winzigen Schlüssel« für die komische Geschichte nennen, das »Zauberwort gut«.

Bruno Frank orientiert sich an den wenigen überlieferten Fakten von Cervantes' Leben. Die Wahrscheinlichkeit der fiktiven Details begründet er durch überzeugende psychologische Zeichnung des Helden. Die geschichtliche Realität, dargestellt in der Gestalt Philipps II. und seines vergeblichen Kampfes gegen den Zerfall der spanischen Weltmacht, wird in Kurzkapiteln ständig in die Biographie eingeblendet, so daß der Leser die historischen, für Cervantes nicht durchschaubaren Bedingungen des individuellen Scheiterns im Fortgang der Handlung erkennen kann. Der Roman, in sicherem Realismus mit den Mitteln einfühlender Psychologie (u. a. erlebte Rede) erzählt, ist damit mehr als historisch-biographische Kolportage: Er ist Verdichtung einer Zeit weltgeschichtlichen Übergangs in einem individuellen Schicksal, das eingebettet ist in knappe Schilderungen der politischen, religiösen und sozialen Veränderungen zu Beginn des kapitalistischen Zeitalters. Er gehört in die Reihe der bedeutenden historischen Romane, mit denen die emigrierten deutschen Schriftsteller auf den Faschismus reagierten. Er ist nicht nur »*Sinnbild der Bewahrung innerer Freiheit in Elend und Sklaverei*« (I. Ruttmann), sondern vor allem eine Auseinandersetzung mit den 1933 zerstörten bürgerlich-humanistischen Illusionen. Die Identifizierung mit der Gestalt des Cervantes zeigt die Hinwendung des individualistisch orientierten bürgerlichen Schriftstellers zum Volk, dem Humanität nicht Donquichotterie bedeutet, sondern reale geschichtliche Aufgabe. M.Gl.

AUSGABEN: Amsterdam 1934. – Bln. 1951. – Hbg. 1952 (rororo). – Bln. 1957 (in *AW*; Einl. Th. Mann). – Bln. 1978 [Nachbemerkgn. K. Hermsdorf; Anh. m. Texten von K. Mann, E. Toller, K. Schmückle]. – Mchn. 1982 (Knaur Tb).

LITERATUR: J. Bab, Rez. (in C. V. Zeitung. Blätter für Deutschtum u. Judentum, 13, 1934, Nr. 54). – M. Heidicke, Rez. (in Sonntag, 1951, Nr. 31). – G. Lukács. *Der Kampf zwischen Liberalismus und Demokratie im Spiegel des historischen Romans der deutschen Antifaschisten* (in G. L., *Essays über Realismus*, Bln. 1948, S. 88–127).

POLITISCHE NOVELLE

Erzählung von Bruno FRANK, erschienen 1928. – Die kleine Erzählung kreist um das problematische politisch-kulturelle Verhältnis zwischen Frankreich und Deutschland in der Übergangsphase zwischen den beiden Weltkriegen und vor dem Hintergrund des drohend sich ankündigenden Faschismus, zugleich um die mögliche Einheit Europas, an der zu arbeiten nicht aufgegeben werden dürfe, »*nur weil die Söhne Karls des Großen sich damals benommen haben wie Dummköpfe*«.

Der etwa vierzigjährige Jurist Carl Ferdinand Carmer, ein ehemaliger Reichsminister, verbringt mit seinem Sekretär Dr. Erlanger einen kurzen Urlaub in der süditalienischen Hafenstadt Ravello, in Erwartung eines Regierungsumsturzes und einer Kabinettsumbildung (die ihm wahrscheinlich wieder ein Ministeramt eintragen wird) und in widerspruchsvoller Distanz zu jenem »*geplagten, dunstigen Reich im Norden, in Krämpfen sich wehrend gegen Asien, das herandrang mit schneidender Heilslehre, und gegen das friedenlos Kolossale von jenseits des Ozeans*«. Angeekelt vom militanten Schauspiel einer faschistischen Kundgebung mit Mussolini als Redner, kommt er einer privaten Verabredung mit dem französischen Außenminister Achille Dorval – einen geistvoll-heiteren Voltairianer, dessen reales Vorbild Aristide Briand ist – in Cannes um so bereitwilliger nach, als er dessen Bemühungen um die Heilung der »*entsetzlich klaffenden, brandigen Wunde an der Flanke Europas*« in seiner eigenen politischen Karriere aufzunehmen und fortzusetzen hofft. Er verkürzt sich die durch eine Autopanne des Ministers verursachte Wartezeit durch einen Besuch im Spielkasino, wo vor dem sterbensmatten »*alten Reichtum der Erde*«, den Großkapitalisten mit ihrem penetranten Snobismus, eine junge Negertänzerin den »*ungeheuerlich schamlosen, hohnlachend gewaltigen Triumph des Schwarzen Geschlechts*« demonstriert. Ein langes Gespräch der beiden Politiker, um die Möglichkeit eines versöhnten Europa als Bollwerk gegen den Westen mit seiner »*Unbekümmertheit*« und seinem »*Gold*« und den Osten mit seiner »*ungeheuren Woge kollektivistischer Uniformität*« kreisend, setzt sich am folgenden Tag in einer Autofahrt entlang der Côte d'Azur fort. Carmer, nach herzlichem Abschied von Dorval allein in Marseille, empfängt die Nachricht vom Sturz der deutschen Regierung und stimmt telegraphisch dem Angebot zur Übernahme des Außenministeriums zu. Ziellos durch die Straßen der Stadt schlendernd, jenes »*Vorhofs der Hölle oder doch dem von Afrika, dem Ausguß von vier Erdteilen*«, wird er, als er halb unbewußt einem burnusverhüllten Araber ins Bordellviertel folgt und den Lockungen einer madegassischen Negerin erliegt, von einem jungen Weißen aus dem sozialen Abschaum der Stadt seines Geldes wegen ermordet – von einem »*Splitter der furchtbaren Waffe, mit der Europa seinen Selbstmord beging*«. Als letztes Zeichen einer bedrohten, dennoch zukunftsträchtigen Welt grüßt den Sterbenden die hoch über der Stadt aufragende Kirche Notre Dame de la Garde, ein »*Abschiedswink, ein blitzender Silbergriff, die Verheißung*«.

Der überraschende Schluß, dessen Motivation gleichwohl sehr bewußt kalkuliert wirkt, beruht auf der in der ganzen, durchaus realistischen Erzählung durchgehaltenen Symbolik des Dualismus disparater Lebenswelten – der des alten, müden, zu keiner Einheit zwischen West und Ost findenden Europa einerseits und der des jungen, exotisch drängenden Afrika andererseits. Bei seinem Erscheinen nahezu erfolglos, wurde das Werk von Thomas MANN in einem größeren Essay (*Politische Novelle*, 1930) gegen seine Kritiker energisch verteidigt. Über den Schluß der Erzählung schrieb Mann: »*Man darf das unübertrefflich nennen. Schreckhaft wirklich, als Schilderung eines tödlichen individuellen Abenteuers ist es gegeben und doch getaucht in die erhöhende Symbolik der Verführung und des Unterganges, der tiefen Gefährdung des Edlen selbst, des Deutschtums, des Europäertums.*« KLL

AUSGABEN: Bln. 1928. – Stg. 1956 (Nachw. E. Ackerknecht; RUB). – Hbg. 1957 (in *AW*; Einl. Th. Mann). – Ffm. 1982 (Einl. Th. Mann).

LITERATUR: F. Rostosky, Rez. (in Die schöne Literatur, 29, 1928, S. 243). – M. Rychner, Rez. (in NSRs, 21, 1928, S. 321). – Th. Mann, *Forderung des Tages*, Bln. 1930, S. 225–242 (auch in Th. M., *Altes u. Neues*, Ffm. 1953, S. 532–548). – A. Polgar, *Neu belebtes Meisterwerk. Zu B. F.s »Politischer Novelle«* (in A. P., *Kleine Schriften*, Bd. 4, Reinbek 1984, S. 133–136).

STURM IM WASSERGLAS

Komödie in drei Akten von Bruno FRANK, Uraufführung: Dresden, 29. 8. 1930, Schauspielhaus. – Einen »Sturm im Wasserglas« entfachte der Münchner Stadtrat, als er 1928 gegen den Willen der empörten und heftig protestierenden Bürgerschaft die Erhöhung der Hundesteuer durchsetzen wollte – ein Ereignis, von dem sich Bruno Frank sogleich zu seinem erfolgreichsten Bühnenstück inspirieren ließ. Seine Hundekomödie, eine Theatersatire gegen die bornierte Engstirnigkeit der Bürokratie, kolportiert mit realistischer Verve die politischen Ränkespiele in einer nicht näher bezeichneten süddeutschen Stadt. Natürlich stehen die Folgen – der sprichwörtliche Titel legt dies nahe – in einem reziproken Verhältnis zum geringfügigen Anlaß.

Der ebenso ehrgeizige wie kaltherzige Dr. Thoss, kurz vor den Kommunalwahlen der aussichtsreichste Bürgermeisterkandidat, hat im Stadtrat aus fiskalischen Gründen eine drastische Erhöhung der Hundesteuer durchgesetzt. Dieser Beschluß bringt Kreszentia Vogl in arge Bedrängnis, denn die urwüchsige Blumenfrau kann seit zwei Monaten für ihren vierbeinigen Freund Tonerl die Hundesteuer nicht mehr bezahlen. Thoss, der ein Exempel zu statuieren gedenkt, läßt den treuherzigen Hund beim Magistratsdiener Pfaffenzeller arretieren, wo er auf seine amtlich beschlossene Exekution wartet. Persönliche Interventionen Frau Vogls im Hause des Stadtrats nützen nichts. Da schaltet sich der idealistische, mit einem unbeugsamen Gerechtigkeitssinn ausgestattete Journalist Burdach in die Affäre ein und entlarvt in einem schonungslosen Artikel der »Abendpost« das brutale Gebaren des Bürgermeisterkandidaten: Dr. Thoss' Ehe mit der schönen Viktoria zerbricht, seine politische Karriere versandet im höhnischen Gelächter der Öffentlichkeit, die seine Wahlversammlungen durch ohrenbetäubendes Hundegebell sprengt. Der in Viktoria verliebte Burdach seinerseits fliegt aus der Redaktion der »Abendpost«, deren Herausgeber ein Freund von Dr. Thoss ist, welcher wiederum die Treue von seines Freundes Frau einer unerträglichen Belastungsprobe ausgesetzt hat. Die Hauptfiguren treffen sich vor Gericht wieder, wo an demselben Tag die Scheidungstermine anberaumt sind und Burdach auf seine Aburteilung wartet, weil er gewaltsam den Hund Tonerl aus amtlichem Gewahrsam entführt hat. Eine milde Strafe für den menschen- und tierfreundlichen, aber leider uneinsichtigen Sünder beendet die juristische Farce. Frau Vogl zieht mit Tonerl und beträchtlichen Spendengeldern ab. Burdach enteilt mit der geschiedenen Viktoria. Niemand nimmt mehr die Ausführungen des Staatsanwalts ernst, der die Ursachen für den Sturm im Wasserglas dem armen Tonerl aufbürdet: »*Für einen Hund! Und zwar für ein ganz besonders wertloses, schäbiges, aus allen Rassen zusammengestoppeltes Exemplar.*«

Franks bühnenwirksamer Realismus gedeiht auf dem Nährboden bayerischer Volkstheatertradition, die burlesken Genreszenen erinnern bisweilen an Ludwig THOMA und Karl VALENTIN. Nachhaltige Wirkungen löst der Zusammenprall von offizieller Scheinmoral und bodenständiger Handgreiflichkeit aus. Die Komödie lebt im wesentlichen vom drastischen Lokalkolorit und dem vom Dialekt geprägten Wortwitz. Das Thema der politischen Moral aus der Vogel- bzw. Hundeperspektive zu vertiefen, hat Frank versäumt, obgleich ein tragikomischer Hauch zu spüren ist, wenn die Bürger einem Hund jene humane Gesinnung entgegenbringen, die sie ihren Mitmenschen allzuoft versagen.
M. Ke.

AUSGABEN: Mchn. 1930. – Hbg. 1957 (in *AW*; Einl. Th. Mann). – Bln. 1977 [Bühnenms.].

VERFILMUNGEN: Österreich 1930/31 (Regie: G. Jacoby). – *Storm in a Teacup*, England 1937 (Regie: V. Saville, I. Dalrympie). – Deutschland 1966 (Regie: J. v. Baky).

TAGE DES KÖNIGS

Erzählungen von Bruno FRANK, erschienen 1924. – In der Vorrede zu dem lose verknüpften Kurzzyklus, dessen drei Teile bei anekdotischem Grundmuster klassische Novellenstruktur zeigen, stellt der Autor eine Analogie zwischen den *»Helden der Historie«* und den *»Werken der Dichter«* her: Diese wirkten in der Regel nur auf einen Teil der Menschen, während die große Literatur jedem etwas biete. Entsprechend habe der Titelheld des Frankschen Werkes, der zu den *»größten Toten«* zähle und *»die reizvollste Figur der ganzen neueren Geschichte«* sei, allen ein Vermächtnis hinterlassen: *»An Friedrichs Furchtlosigkeit, seiner Härte gegen sich selbst, seinem unbeugsamen Sinn mag eine Jugend erstarken; sein Vermögen, unermeßliche Arbeit und kulturelles Bedürfnis zu verbinden, predigt den reifen Jahren; mit seiner phrasenlosen Wahrhaftigkeit, seinem schauerlichen Klarblick, seiner großartigen Resignation ergreift er die wissenden Alten«* – womit Inhalt und Aufbau der *Tage des Königs* im groben vorgezeichnet sind. Vor allem ist es Frank, bedenkt man den Erscheinungstermin seines Buches kurz nach dem Ersten Weltkrieg, um die Vorbildhaftigkeit der von Friedrich dem Großen verkörperten »Einheit von Humanität, Geist und Stärke« für alle Völker, und das eigene am meisten, zu tun. Er, der »Europäer mit Liebe und Kummer« (Golo Mann), warnt ausdrücklich vor der Simplifikation, das Bild des Monarchen für chauvinistische Zwecke zu mißbrauchen, und sucht dieser Gefahr seinerseits durch die umfassende, nicht beschönigende Porträtierung der komplizierten und widersprüchlichen Gestalt entgegenzuwirken.

Im Mittelpunkt der ersten Erzählung, *Der Großkanzler*, steht das Rechtsmotiv. Sie führt den greisen König als Staatsmann und Reformer vor, der um einer langfristigen politischen Perspektive willen vor Rechtsbeugung nicht zurückschreckt. Aus Sympathie für den kleinen Mann, den er nichtsdestoweniger zugleich verachtet, kassiert der Souverän in der Klagesache des Müllers Arnold gegen den Frankfurter Grafen Schmettau das sachlich nicht ungerechte Urteil seiner obersten Richter und läßt sie verhaften. Er braucht insbesondere einen Anlaß für die Neubesetzung des Großkanzlerpostens, um sein weitschauendes Projekt preußischen Landrechts durchführen zu können. Der prunkvolle Protest-Korso der aufgebrachten Berliner Gesellschaft vor den Fenstern des Schlosses, der andererseits für die Toleranz Friedrichs aufschlußreich ist, kontrastiert scharf mit der einsamen Figur des melancholisch-mitleidig zuschauenden Herrschers im abgerissenen Rock. – Dem bereits hier anklingenden Motiv des königlichen Sonderlings geht die von der Wehmut des Alters überdeckte Episode *Die Narbe* weiter nach. Den Abschiedsbesuch seines letzten Freundes, des hochbetagten Lordmarschalls Keith, benutzt Friedrich – ausgehend von einem peinlichen, von seinen Wiener Gegnern provozierten Vorfall mit dem österreichischen Gesandten – dazu, sich erstmals einem anderen zu eröffnen. Er deckt die wahren biographischen Hintergründe der in jenem *Jahrhundert der Erotik*« an den Höfen Europas über ihn kursierenden Gerüchte auf. Dabei tritt das erschütternde Schicksal eines ehedem lebensfrohen und liebesdurstigen Menschen zutage, der, Opfer seiner Ärzte, niemals die Gunst einer Frau erringen konnte und aus Verzweiflung und Selbstbestätigungsdrang sogar den Ruf eines *»Sodomsbruders«* anstrebte. »*Die Narbe an meinem Leib war der Stachel meiner Tage. Ich denke manchmal, daß sie schuld war an meinen Kriegen.*« Die erzählerische Pointe besteht darin, daß der Vereinsamte sich einem Schlafenden anvertraut hat.

In der dritten Geschichte schließlich, *Alkmene*, bettet Frank mit der für ihn charakteristischen Spannung ein banales Ereignis, das aber vor dem Hintergrund der menschlichen Isolation Friedrichs Bedeutung gewinnt, in militärisch-strategische Zusammenhänge ein. Auf der schlesischen Manöverreise, an der die Attachés der Großmächte teilnehmen, gilt die Hauptsorge des Königs bei all seinem dienstlichen Engagement seiner todkranken Lieblingshündin Alkmene. Durch Sonderkuriere läßt er sich täglich über das Befinden des italienischen Windspiels, das für den Misanthropen die wahre Natur repräsentiert und das »Gleichnis« des ihm zeitlebens unbekannt gebliebenen Südens ist, unterrichten und löst mit seiner Geheimniskrämerei weltweite politische Spekulationen und Besorgnisse aus. Das Stilprinzip der Gegensätzlichkeit der Erzählung wird betont durch die verständnisvolle Konfrontation des eigensinnigen und despotischen Preußenherrschers mit dem jugendlich-unbefangenen General des amerikanischen Freiheitskrieges, Lafayette, die zusammen mit den pazifistischen Implikationen der Gesamtschilderung als Versöhnungsgeste des ehemaligen Flandernkämpfers und frankophilen Schriftstellers interpretiert werden kann. In Franks *Politischer Novelle* will die dichterische Gegenüberstellung Dorvals (Briand) mit Carmer (Stresemann), dessen Namensvetter bereits in den *Tagen des Königs* als fortschrittlicher Staatsmann begegnet, ebenfalls der deutsch-französischen Verständigung dienen.

Frank hat nach Ausweis der Vorrede zu seinem Zyklus erkannt, daß der von ihm verehrte Friedrich II. schon zu Lebzeiten ein Mythos geworden war; er weiß, daß manches der Überlieferung schon damals der fürs Volk bestimmten »Heldensage« angehörte. Seiner Grundintention gemäß will er daher »*nur erinnern*«. Unversehens aber – Tribut an den Zeitgeist wider Willen? – gerät ihm die *vie romancée* des Königs trotz allem transparenten Realismus und der psychologischen Stimmigkeit zu einem neuen, wenngleich minder naiven Mythos. Die *Tage des Königs* bleiben indes, nicht zuletzt dank ihrer klaren, unpathetischen Sprache, die »*kleinen, kultivierten Meisterleistungen historischer Belletristik*«, als die sie Golo MANN in einem Gedenken an den Freund seines Vaters gekennzeichnet hat. K.Hab.

AUSGABEN: Bln. 1924. – Hbg. 1957 (in *AW*, Einl. Th. Mann). – Mchn. 1975; Hg., Nachw. M. Gregor-Dellin (Einf. Th. Mann; ern. Ffm. 1976).

LITERATUR: G. Mann, *Zum 20. Todestag B. F.s* (in NRs, 1965, S. 533–535).

LEONHARD FRANK

* 4.9.1882 Würzburg
† 18.8.1961 München

LITERATUR ZUM AUTOR:
G. Schröder, *Die Darstellung der bürgerlichen Gesellschaft im Werk L. F.s.*, Diss. Potsdam 1957. – R. Grimm, *Zum Stil des Erzählers L. F. mit einem Anhang über F.s Verhältnis zur Mundart* (in Jb. f. fränkische Landesforschung, 21, 1961, S. 165–195). – J. de Rouck, *L. F. Liebe zur Menschheit in seinem Leben u. Werk*, Diss. Gent 1961. – C. Frank u. H. Jobst, *L F.*, Mchn. 1962. – M. Glaubrecht, *Studien zum Frühwerk L. F.s*, Bonn

1965. – K. Kim, *L. F.s Werke*, Ffm. 1967. – T. C. Mathey, *Das Sozialkritische in den Werken L. F.s*, Diss. Univ. of Southern California 1968. – E. H. Samorajczyk, *A Bibliography of L. F.'s Major Works*, Diss. Univ. of Southern California 1974. – *L. F. Auswahlbibliographie zum 100. Geburtstag*, Bearb. M. Rost, R. Geist, Lpzg. 1981. – C. Frank, *Sagen, was noch zu sagen ist. Mein Leben mit L. F.*, Mchn. 1982.

KARL UND ANNA

Erzählung von Leonhard FRANK, erschienen 1926. – Zu dem Werk, das dem Autor – neben dem Roman *Die Räuberbande* (1914) – den größten Erfolg brachte, wurde Frank durch eine Zeitungsnotiz angeregt, die von einem Soldaten berichtete, der bei seiner Rückkehr aus dem Krieg feststellen mußte, daß seine Frau inzwischen einen anderen liebt – ein Schicksal, das nicht nur in den Jahren nach dem Ersten Weltkrieg manchen Heimkehrer erwartete. Während der jahrelangen Kriegsgefangenschaft in der sibirischen Steppe erzählt der Soldat Richard seinem unverheirateten Kameraden Karl, bedrängt von Sehnsucht und Heimweh, von seiner Frau Anna; er erzählt so ausführlich und ins einzelne gehend, daß Karl sich in das Traumbild Annas verliebt. Durch Zufall ein halbes Jahr früher entlassen als Richard, gibt er sich zu Hause bei Anna, die geglaubt hatte, Richard sei tot, als ihren Mann aus. Zwar merkt sie, daß er – wenngleich er ihm sehr ähnlich sieht – nicht Richard ist, doch verwirrt er sie durch seine Kenntnisse intimster wie trivialster Details aus ihrem früheren »gemeinsamen« Leben so sehr, daß sie sich ihm schließlich hingibt. In dem Maße, in dem Karl und Anna einander allmählich wirklich zu lieben beginnen, wird jedoch für beide die Frage nach seiner Identität unwesentlich. Als dann eines Tages doch ein Brief von Richard kommt, gesteht Karl den anfänglichen Betrug; beide aber sind nun entschlossen, zusammenzubleiben. Als Richard heimkehrt, hat ihre neue Liebe ein solches Eigengewicht und Eigenrecht bekommen, daß Anna, die Karls Kind erwartet, Richard zurückweisen muß: »*Ich kann nur noch mit ihm sein... Ich kann's nicht anders mehr.*« Richard bricht zusammen, unfähig, sich an Karl zu rächen, wie er es zunächst gewollt hatte. Karl und Anna aber verlassen wortlos die Wohnung und gehen fort: »*Sie sprachen nicht, sie dachten nicht. Sie gingen im unerforschlichen Geheimnis, zu trennen nur noch durch den Tod.*«
Mit äußerstem Takt, dabei überaus intensiv und mit hervorragendem psychologischem Gespür für die Nuancen einer wachsenden Liebe schildert Frank die Verwirrung der Gefühle Annas und Karls, die schließlich einer bedingungslosen, tiefen Neigung weicht, bis die beiden »*wie ein Urmenschenpaar*« (C. Hohoff) sich miteinander verbunden fühlen. In der Sprache klingt expressionistisches Pathos nach, doch meidet der Dichter die wilden Übersteigerungen. Der oft pathetisch-lapidare Ton steht in einem distanzierenden Gegensatz zur genauen Darstellung des einfachen, fast proletarischen Milieus, in dem die Handlung spielt. In dieser Welt der Mietskasernen, Hinterhöfe und Wohnküchen ereignet sich manche ähnliche Familientragödie, die aus der Situation des im Kriege kämpfenden Mannes und der einsamen Frau erwachsen ist, ein Konflikt, der die zivile Kehrseite des Kriegsgeschehens zeigt. – Die vom Dichter selbst erarbeitete Bühnenfassung, 1929 uraufgeführt, wurde – vor allem in der berühmt gewordenen Berliner Inszenierung von Leopold Jessner – ein ebenso großer Erfolg wie die Erzählung.   J.Dr.

AUSGABEN: Bln. 1926 (in Vossische Ztg., 11. 6.–19. 6.). – Bln. 1927. – Mchn. 1952. – Bln. 1957 (in *GW*, 6 Bde., 6; ³1962). – Lpzg. 1960 (Vorw. H. Mayer; RUB). – Stg. 1965 (Vorw. H. Vormweg; RUB).

DRAMATISIERUNG: L. Frank, *Karl und Anna, Schauspiel in vier Akten* (Urauff.: Mchn., 16. 1. 1929, Residenztheater).

VERFILMUNGEN: *Heimkehr*, Deutschland 1928 (Regie: J. May). – *Desire Me*, USA 1947 (Regie: A. Hornblow Jr.).

LITERATUR: A. Paquet, Rez. (in Die Literarische Welt, 3, 1927, H. 38, S. 6). – R. Geck, Rez. (in Die Literatur, 31, 1929, S. 348). – R. Petsch, *Novelle u. Drama – Bei Gelegenheit von L. F.s »Karl und Anna«* (in Der Kreis, 6, 1929, S. 572–581). – M. Reich-Ranicki, *Ein exemplarischer Novellist* (in Neue deutsche Literatur, 5, 1957, H. 5, S. 119–126).

LINKS WO DAS HERZ IST

Roman von Leonhard FRANK, erschienen 1952. – Leonhard Frank hat seine Autobiographie in der Form eines Romans geschrieben. Der Autor ist identisch mit dem Helden des Romans, durchbricht aber das biographische Schema dadurch, daß er aus allwissend-objektiver Perspektive auch vom Helden Nichterlebtes erzählt, Personen und Ereignisse dichterisch überhöht oder verschlüsselt und einzelnen Episoden eine geschlossene novellistische Form gibt. Wenn so auch die Fiktion häufig die Nachprüfung biographischer und zeitgeschichtlicher Fakten erschwert, beschreibt der Roman doch im großen und ganzen getreu »*das Leben eines kämpfenden deutschen Romanschriftstellers in der geschichtlich stürmischen ersten Hälfte des zwanzigsten Jahrhunderts*«. Frank schildert seine Herkunft aus einer Würzburger Arbeiterfamilie, Not und Demütigungen in Schule und Lehre und den schwierigen Prozeß der Selbstfindung, der den dreiundzwanzigjährigen Schlosser zunächst in die Münchner Boheme – seine »Universität« – führt (um 1905). Dem Versuch, hier als Maler Anerkennung zu finden, folgt eine Zeit harter schriftstellerischer Arbeit in Berlin (seit ca. 1910), in der sich

Frank mit dem Roman *Die Räuberbande* (1914) und der Novelle *Die Ursache* (1915) freischreibt von den »psychischen Ungeheuern« seiner Jugend. Mit einem Schlag berühmt geworden (Fontane-Preis 1914), geht er 1915 in seine erste Emigration, um von der Schweiz aus mit pazifistischen, von vehement revolutionärem und anarchistischem Geist erfüllten Novellen gegen den Krieg zu kämpfen. Sie erschienen seit 1916 in René SCHICKELES Zeitschrift ›Die weißen Blätter‹ und 1918 unter dem herausfordernden Titel *Der Mensch ist gut* als Buch. Sie sollen wesentlich zum Ausbruch der Revolution in Deutschland beigetragen haben (Kleist-Preis 1920). Frank berichtet von seiner Arbeit an dem sozialistischen Roman *Der Bürger* (1924) und von seinen literarischen Erfolgen mit der Novelle *Karl und Anna* (1927), deren Dramatisierung (1929) und dem Roman *Das Ochsenfurter Männerquartett* (1927), die sich auch niederschlugen in seiner Wahl zum Mitglied der Preußischen Akademie der Künste, Sektion Dichtkunst (1929).

Sein Roman vermittelt den Glanz des literarischen und künstlerischen Lebens in der Weimarer Republik, in der die Menschen trotz Inflation und Arbeitslosigkeit, die Frank in dem Roman *Von drei Millionen drei* (1932) literarisch behandelt hat, freier atmeten als im Wilhelminischen Reich. Allerdings reflektiert er nicht seine politische Resignation, die an den erotizistischen Werken dieser Zeit ablesbar ist und zu einer Abkehr von der sozialen Problematik seines Frühwerks führte. Ursache des dann nahezu völligen Zerfalls der schöpferischen Kraft ist Franks zweite Emigration, die von 1933 bis 1950 dauerte. Der 1934 wegen seiner pazifistischen Novellen aus Deutschland ausgebürgerte Schriftsteller schildert eindringlich die Stationen des lebensbedrohenden Exils (Schweiz – Frankreich – USA), aber auch den Schock bei der Rückkehr in das zerstörte Deutschland, in dem Vierkants (Franks) Bücher verbrannt und vergessen sind und in dem er nicht hoffen kann, als Antifaschist verstanden und als Schriftsteller wieder anerkannt zu werden. Dennoch schließt der Roman mit dem Glauben an eine neue Generation und an die Kraft der Liebe, der Frank sein Werk ebenso intensiv gewidmet hat wie sozialen und politischen Fragen, und mit dem Bekenntnis zu einem gefühlsmäßig fundierten Sozialismus, das dem Buch den zum geflügelten Wort gewordenen Titel gab.

Trotz der wenig glücklichen Romanform ist Franks Buch *Links wo das Herz ist* ein bedeutendes literarisches Selbstzeugnis. Seine einzelnen Episoden vergegenwärtigen Atmosphäre und Gestalten der Boheme vor dem Ersten Weltkrieg, Stimmungen, Hoffnungen und Niederlagen der literarischen Linken in Revolution, Weimarer Republik, Emigration und Nachkriegsdeutschland, und sie geben zugleich Einblick in die Denk- und Fühlweise Franks und in seine schriftstellerische Werkstatt. Mit diesem Roman gelang ihm sowohl in der Komposition – Konfrontation und Reihung geschlossener optisch-sinnlicher Episoden, die im Erleben eines Helden miteinander verbunden sind – als auch in der einfachen und bildsicheren Sprache der Anschluß an sein literarhistorisch relevantes, autobiographisch bestimmtes Frühwerk. M.Gl.

AUSGABEN: Mchn. 1952. – Bln. 1957 (in *GW*, 6 Bde., 5). – Mchn. 1962. – Mchn. 1967. – Ffm. 1976. – Mchn. 1982 (dtv).

DER MENSCH IST GUT

Novellenzyklus von Leonhard FRANK, erschienen 1917. – Die fünf unter diesem Titel zusammengefaßten Novellen wollen nicht als Kunstwerk, sondern als *»aufwühlendes, direkt wirkendes Manifest gegen den Kriegsgeist«* (L. Frank) verstanden sein. Fünfmal geschieht es – paradigmatisch für Millionen ähnlicher Fälle –, daß Menschen vom Schicksal des Krieges getroffen und vom Leid überwältigt werden, das dann an seinem tiefsten Punkt eine Umkehr hervorbringt, den Aufruf zu Frieden und Brüderlichkeit erzwingt, bis am Ende in einem riesigen Demonstrationszug die Menschheit, durchglüht von der Vision eines friedlichen und humanen Leben die »Revolution der Liebe« ausruft.

Der Vater, ein fleißiger Oberkellner, hat den einziggeliebten Sohn »auf dem Felde der Ehre« verloren, die Welt bricht für ihn zusammen. Er erkennt, daß nicht nur kriegsdurstige Politiker, sondern daß jeder für den Krieg verantwortlich ist. Schon indem er seinen Sohn mit Bleisoldaten und Kanönchen spielen ließ, ist er schuldig geworden, hat den Geist vergiftet und die Liebe verschüttet. Er wird zum Sprecher der Revolution, von ihm geht der Funke des neuen Geistes auf die anderen über *(Der Vater)*. – Die Kriegswitwe verschüttet ihr Leid ein halbes Jahr lang hinter den eingelernten Phrasen: »*auf dem Felde der Ehre gefallen*« – »*fürs Vaterland*« – »*für heilige Güter*« – »*es geht noch zwei Millionen Frauen ebenso wie mir*«, bis die Worte des Kellners die Phrasen vernichten und sie schutzlos ihrem Schmerz ausgeliefert ist. Sie wird zum eifrigsten Prediger gegen den Krieg, klagt ihre verblüfften Mitmenschen der Schuld an und bewegt auch sie zur Umkehr der Gesinnung *(Die Kriegswitwe)*. – Die Mutter, die es kaum noch erträgt, mit der Angst um das ungewisse Schicksal ihres Sohnes zu leben, baut sich immer wieder die Illusion von seiner glücklichen Heimkehr auf. Die amtliche Nachricht von seinem Tod beantwortet sie mit einem ohrenbetäubenden Schrei, in dem sich alle angesammelte Qual entlädt. Der Schrei jagt durch die Straßen und Städte, vorbei an singenden Soldaten, an Kasernen, an leidenden Menschen, durch die Gemeinde in der Kirche und vereinigt alle mit dem großen Zug derer, die dem Geist des Krieges abgeschworen haben und im Glauben an den einst gemarterten Sohn und Revolutionär Jesus Christus die Güte des Menschen demonstrieren wollen *(Die Mutter)*. – Zwei Selbstmörder, die Braut eines Gefallenen und ein Philosoph, erwachen gleichzeitig im Leichenschauhaus aus ihren Gasvergiftungen und erkennen in ihrem wiederkehrenden Lebenswillen, daß nicht der Selbstmord, sondern die Liebe das Leid des Krieges überwindet *(Das Brautpaar)*. – Die letzte Novelle schließlich führt durch die finstersten Greuel des Krieges, das primitive Feldlazarett, die grauenvollsten Verstümmelungen und Schmerzen, Wahnsinn und Tod, zurück zum Ausgangspunkt der Revolution, die nun alle Menschen umfaßt, die Mechanismen des Krieges ausschaltet, die Fabriken leert, die Züge anhält. Der Stabsarzt, der tagelang bis zur völligen Erschöpfung Arme und Beine abgesägt hat, ist an einem Punkt angekommen, von dem aus es für ihn nur noch die radikale Umkehr gibt. Er führt nun in dem großen Zug der Revolution die Krüppel, die Blinden, Lahmen, Arm- und Beinlosen an *(Die Kriegskrüppel)*. In diesen Erzählungen, die bei ihrem Erscheinen in Deutschland sogleich verboten wurden, geht es nicht allein um die Schilderung der Scheußlichkeiten des Krieges, sondern um ihr Gegenbild, das in den eindringlichen Reden des Kellners und in den Briefen des Sohnes beschworen wird, um den »guten Menschen«, den es kraft der Liebe und Versöhnung bloß zu wecken und an die Herrschaft zu bringen gilt. Am Ende des Zyklus steht der Name Liebknechts, des neuen Führers der Revolution. Damit ist der unmittelbare Aufruf zur pazifistischen Revolution, zur Abkehr vom völkermordenden Kriegsgeist schon 1917 deutlich ausgesprochen. Kurt PINTHUS nannte in einer Rezension 1918/19 Franks Novellen »*das leidenschaftlichste Buch gegen den Krieg, das die Weltliteratur aufweist*«. – Frank arbeitet in seinem Manifest (er wurde dafür 1920 mit dem Kleistpreis ausgezeichnet) mit allen stilistischen und rhetorischen Mitteln der frühexpressionistischen Prosa: Ausrufe, elliptische Satzkonstruktionen, kunstvolle Wortwiederholungen, Stakkato-Rhythmus, krasse Vergleiche, grotesk vergrößerte, plakatartige Detailausschnitte, die an Bilder George Grosz' erinnern. Der Verfasser, der sich nach 1925 von seinem frühen Stil abkehrte und auch völlig andere Stoffe bearbeitete, hat den Text für die Ausgabe seiner Gesammelten Werke im Aufbau-Verlag 1957 korrigiert und will diese späte Fassung als endgültig angesehen wissen. Durch die Korrekturen, Streichungen und Glättungen ist der expressionistische Charakter der Sprache stark gedämpft, die Syntax »normalisiert«, starke Bilder sind getilgt. H.Hä.

AUSGABEN: *Der Kellner* (in Die weißen Blätter, 3, 1916, S. 149–159; Vorabdr.). – *Die Kriegswitwe* (ebd., S. 191–226; 4, 1917, S. 191–226; Vorabdr.). – *Das Brautpaar* (u. d. T. *Das Liebespaar*, in Zeit-Echo, 3, 1917, H. 4, S. 24–41; Vorabdr.). – Zürich/Lpzg. 1917. – Potsdam 1919. – Hannover 1953. – Bln. 1957 (in *GW*, 6 Bde., 6). – Mchn. 1964. – Würzburg 1983.

LITERATUR: Anon., Rez. (in Die literarische Gesellschaft, 4, 1918, S. 68–70). – Anon., Rez. (in Zs. für Bücherfreunde, N. F. 10, 1918, Beibl., S. 539). – R. Kayser, *Der politische Dichter L. F.* (in Das Junge Deutschland, 1, 1918, S. 301–303). – O. M. Fontana, »*Der Mensch ist gut*« (in Die Waage, 21, 1918, Nr. 11, S. 174–176). – K. Pinthus, »*Der Mensch ist gut*« (in Zs. für Bücherfreunde, 10, 1918/19, Sp. 39/40). – R. Horn, *Das Dritte – L. F. »Der Mensch ist gut*« (in Der Bibliothekar, 11, 1919, S. 1266/1267). – M. Corssen, *L. F. »Der Mensch ist gut*« (in Die Frau, 27, 1920, S. 55–57). – K. E. Jezek, *L. F. »Der Mensch ist gut*« (in Buch und Bücherei, Sept. 1952).

DAS OCHSENFURTER MÄNNERQUARTETT

Roman von Leonhard FRANK, erschienen 1927. – Die Würzburger Lausbuben aus Leonhard Franks *Räuberbande* (1914) sind Erwachsene geworden. Die wirtschaftliche Lage hat sie, die alle zu einigem Wohlstand, zum eigenen Geschäft oder zur guten Anstellung und damit zu bürgerlichem Ansehen gekommen waren, wieder arm und arbeitslos gemacht. Sie erinnern sich ihrer Räuberbandenjugend und kommen auf den abenteuerlichen Gedanken, ein Gesangsquartett zu gründen und daraus Kapital zu schlagen. Aber noch ehe sie, am Ende des Romans, mit unbezahlten Fräcken im Dorfgasthof zu Ochsenfurt bei Würzburg erfolgreich debütieren, scheint sich das Schicksal zu wenden: Des einen Erbtante stirbt endlich, der andere bekommt seine verpfändete Gastwirtschaft wieder und wird von dem Verdacht des Mordes an einem reichen Geldleiher freigesprochen, dessen Tod eine ganze Kriminalgeschichte für sich ausmacht, ein dritter hat endlich eine begüterte Witwe ergattert. Einen Kontrast zur Sorge und Existenzangst der Väter bilden die Lausbübereien und ausgeklügelten Frechheiten ihrer Kinder. Zwei davon erleben ihre erste Liebe, die bald durch einen Dritten, einen reiferen Bewerber, gefährdet wird. Das in Trivialromanen bewährte Dreiecksschema – der schüchterne, unerfahrene Jugendfreund (Thomas Kletterer), das aparte frühreife Mädchen (Hanna Lux), der interessante geistvolle Mann (Augenarzt Dr. Huf) – löst sich am Ende wieder auf: Der sensible Arzt, Typ des etwas lebensuntüchtigen Außenseiters, verliert nach einem Anfangserfolg bald seine Wirkung auf Hanna, die an den Ufern des Mains eine nächtliche Romanze mit Thomas erlebt. Während die verzweifelte Suche der Erwachsenen nach Geldquellen, ihr Kummer und ihre Enttäuschungen aus humorvoller Distanz vergegenwärtigt sind, ist die Liebesgeschichte mit sentimentalem Engagement dargestellt und sowohl in der klischierten Personenzeichnung wie in Handlung und Stil an den Rand des Kitschs geraten. Hier unterlaufen dem Autor immer wieder preziöse, verstiegene Metaphern, die das Komische streifen *(»Er ließ Hanna das Tal seines Innern betreten, wo in noch paradiesischem Vertrauen das Schmalwild äste, das die Existenz des Jägers noch nicht ahnt.«)*. Im Gegensatz zum Frühwerk ist hier der Zeitbezug lediglich als atmosphärischer Hintergrund gegenwärtig. Frank bemüht sich vor allem um ein kräftiges Lokalkolorit: Zahlreiche, durch charakteristische Details anschaulich gezeichnete Typen aus dem Kleinbürgertum beleben die enge Szenerie der Provinzstadt, die sozialen Verhältnisse in einer wirtschaftlichen Krisensituation bringen die Handlung in Gang und schaffen Spannungsmomente. Die Hoffnung auf eine bessere Zukunft gründet sich weniger auf eine allgemeine Veränderung gesamtgesellschaftlicher Verhältnisse als auf die Individualethik der Ehrbarkeit, Tüchtigkeit und des zähen Lebenswillens. H.Hä.

AUSGABEN: Lpzg. 1927. – Mchn. 1951. – Bln. 1957 (in *GW*, 6 Bde., 1). – Bergisch Gladbach 1983.

LITERATUR: S. Bing, *L. F.s Bekehrung. Zu seinem Roman »Das Ochsenfurter Männerquartett«* (in Frankfurter Ztg., 6. 11. 1927). – A. Eggebrecht, *L. F.s neuer Roman: »Das Ochsenfurter Männerquartett«* (in Die Literarische Welt, 3, 1927, Nr. 44, S. 5). – E. Ackerknecht, *»Das Ochsenfurter Männerquartett«* (in Bücherei u. Bildungspflege, 8, 1928, S. 52). – E. Zak, *Die Liebe zur Jugend – L. F.s »Räuberbande« und »Das Ochsenfurter Männerquartett«* (in Sonntag, Bln. 1952, Nr. 52, S. 4). – G. Caspar, *Über drei Romane L. F.s »Die Räuberbande«, »Das Ochsenfurter Männerquartett«, »Von drei Millionen Drei«* (in Aufbau, 10, 1954, S. 905–911). – C. Emmrich, *Problematik u. Gestaltung der Würzburger Trilogie L. F.s*, Diss. Jena 1956.

DIE RÄUBERBANDE

Roman von Leonhard FRANK, erschienen 1914. – Franks erster und zugleich bekanntester Roman, der ihm schon 1914 den Fontane-Preis einbrachte, scheint auf den ersten Blick ein Jugendbuch zu sein. Die Helden, zwölf Lehrjungen aus Würzburg, eifern Karl MAYs todesmutigen und großherzigen Gestalten nach, nennen sich Winnetou, Falkenauge, Rote Wolke, Oldshatterhand, Kriechende Schlange u. s. w. Sie träumen vom »Wilden Westen« und ihren glänzenden Heldentaten, wenn sie erst Würzburg mitsamt den verhaßten Lehrern, Meistern und Vätern in Schutt und Asche gelegt haben, mit gestohlenem Boot nach Hamburg und gekapertem Segelschiff nach Amerika gelangt sind. Aber vorerst noch ärgern sie die Bürger ihrer Stadt, treiben böse Späße, gehen auf Raubzüge aus, u. a. in die traubenschweren königlichen Weinberge, und sammeln ihre Beute im »Zimmer«, einer versteckten Höhle unter der Würzburger Festung. Dort vollziehen sie ihre Ritualien und bauen die Requisiten ihrer Träume auf: einen Revolver unter Glassturz, zwölf Paar selbstgenäher Rindsledersandalen, die täglich mit Schweinefett eingerieben werden, *»damit sie nicht knarrten, wenn man in der Prärie die Rothaut beschleiche«*, schließlich alle verfügbare Räuberliteratur in Fortsetzungsheftchen und das »Hausbuch der Bande«, SCHILLERS *Räuber*. Der Feind der Bande ist die kleinbürgerliche Erwachsenenwelt Würzburgs, die bigotte Mutter, der mit scheußlichem Raffinement strafende Lehrer (Herr Mager), die verständnislosen Väter, die ausbeuterischen Lehrherren, schließlich das ärmliche Milieu überhaupt. Aber die Räuber werden älter, lernen aus, sie verdienen eigenes Geld, die Mädchen, das Publikum überhaupt gewinnen ihr Interesse, der Traum vom »Wilden Westen« wird nebelhaft, wird schließlich parodiert und fallengelassen. Die Jungen treten genau in die Welt ein, gegen die sie sich auflehnten: Der eine wird stutzerhaft, der andere zum genießerisch tötenden Metzger im Schlachthaus; sie alle werden eitel und angeberisch und suchen, wie die Väter, ihren Profit zu machen. – Einen anderen Weg wählen nur Winnetou, der Aufsässigste zunächst, der sich der Kirche zuwendet und ins Kloster eintritt, und der eigentliche Held des Romans, mindestens im zweiten Teil, der kleine, stotternde, sensible und begabteste unter den Räubern, Oldshatterhand (Michael Vierkant). Ihm allein ist es wirklich ernst mit dem »Wilden Westen«, mit dem Ausbruch aus der kleinbürgerlichen Enge. Er geht fort von Würzburg, schlägt sich durch mit Gelegenheitsarbeiten, entdeckt sein Künstlertalent und folgt ihm. Seiner Begabung steht zunächst technisches Ungeschick, seiner empfindsamen und begeisterungsfähigen Natur die Niederträchtigkeit der Welt im Wege. Eine Kollegenintrige bringt ihn in München schuldlos vor Gericht. Er nimmt sich aus Verzweiflung mit dem alten Räuberrevolver das Leben – einen Tag vor dem Freispruch und vor der Auszeichnung eines seiner Bilder.

Mit diesem Selbstmord muß auch das pädagogische Engagement des »Fremden« enden, eines älteren Freundes von Oldshatterhand, der, dem jungen Künstler von der Erscheinung her ähnlich, aber reifer und erfahrener, seinen Fortgang bestimmt und ihm immer wieder Lebensmöglichkeiten eröffnet hat. Dieser »Fremde«, im Rahmen des ganz realistisch und unkompliziert erzählten Romans ein Fremdkörper, stellt sozusagen den dem Leben gewachsenen Oldshatterhand und damit zugleich ein Selbstporträt des Autors dar. Denn die Heimatstadt Würzburg, die Schlosserwerkstatt, die Entdeckung des künstlerischen Talents, der Weggang nach München und die Versuche als bildender Künstler sind wichtige Stationen in Leonhard Franks eigener Jugend. Die erzählten Ereignisse werden zugleich überhöht durch die Reflexionen des nun Erwachsenen, Reflexionen über das Verhältnis zwischen Herkunft, Milieu, individuellem Lebenswillen und Künstlertum. In Franks Einschätzung des Milieus wirken Gedanken des Münchner Psychoanalytikers Otto Groß nach. Obwohl der dominierende Einfluß kleinbürgerlicher Enge im Einzelschicksal erkannt wird, ist ein besonderer sozialkritischer Affekt noch nicht zu bemerken. – Gattungsmäßig steht *Die Räuberbande* in der Tradition des Entwicklungsromans, aber der Gang des Helden wird nicht unter dem Aspekt der

Kontinuität und des organischen Wachstums gesehen, sondern ist aufgegliedert in eigenwertige, nur durch die Chronologie und die Hauptfiguren verknüpfte Episoden.

Der außerordentlich lebendige und treffsichere Stil dieses Romans, etwa in der Zeichnung von Münchner Boheme-Gestalten aus dem Blickwinkel der Räuber (Frank bemühte sich, so zu schreiben, *»daß der Leser sehe und höre, was er lese, dann nämlich müsse er glauben, was er lese«*), die stark von der Umgangssprache und dem Dialekt geprägte Prosa galten zeitgenössischen Rezensenten (etwa Max Brod und Otto Flake) als höchst modern. Inzwischen hat das Werk eine hohe Auflagenzahl erreicht und ist in viele Fremdsprachen übersetzt. In den Romanen *Das Ochsenfurter Männerquartett* (1927) und *Von drei Millionen Drei* (1932) hat Frank die Lebensläufe einiger Räuber weitergeführt und ihr Verhalten während der Inflation und der großen Arbeitslosigkeit gezeichnet. H.Hä.

AUSGABEN: Mchn./Bln. 1914. – Lpzg. 1931. – Mchn. 1951. – Hbg. 1953 (rororo). – Bln. 1957 (in *GW*, 6 Bde., 1). – Lpzg. 1957 (RUB). – Mchn. 1963 (Kindler Tb). – Bln. 1980 [Einf. R. Christ]. – Bergisch Gladbach 1983.

VERFILMUNG: Deutschland 1928 (Regie: H. Behrendt).

LITERATUR: M. Brod, *»Die Räuberbande«* (in LE, 16, 1913/14, Sp. 1578/1579). – O. Flake, *»Räuberbande«* (in NRs, 26, 1915, S. 427–429). – K. Pinthus, *L. F.: »Die Räuberbande« – »Die Ursache«* (in Zs. f. Bücherfreunde, 8, 1916/17, Sp. 410–412). – E. Zak, *Die Liebe zur Jugend – L. F.s »Räuberbande« u. »Das Ochsenfurter Männerquartett«* (in Sonntag, Bln. 1952, Nr. 52, S. 4). – G. Caspar, *Über drei Romane L. F.s »Die Räuberbande«, »Das Ochsenfurter Männerquartett«, »Von drei Millionen Drei«* (in Aufbau, 10, 1954, S. 905–911). – C. Emmrich, *Problematik u. Gestaltung der Würzburger Trilogie L. F.s*, Diss. Jena 1956. – M. Gregor-Dellin, *Weinberge, Kasematten. Über L. F.s »Die Räuberbande«* (in FAZ, 4. 10. 1985).

SEMËN LJUDWIGOVIČ FRANK

* 29.1.1877 Moskau
† 10.12.1950 London

PREDMET ZNANIJA. Ob osnovach i predelach otvlečënnago znanija

(russ.; *Der Gegenstand der Erkenntnis. Grundlagen und Grenzen der abstrakten Erkenntnis*). Philosophische Abhandlung von Semën L. FRANK, erschienen 1915. – Der hermeneutische Horizont, dem die Philosophie Franks entstammt, ist eine Synthese der russischen (KIREEVSKIJ, CHOMJAKOV, SOLOV'ËV) und der abendländisch-neuplatonischen Philosophietradition (PLOTIN, NICOLAUS VON CUES) mit zeitgenössischen Richtungen (REHMKE, HUSSERL, LOSSKIJ). Dieses ontologisch ausgerichtete Denken steht in Gegensatz zu der bis zum Ersten Weltkrieg vorherrschenden erkenntnistheoretischen Philosophie, die Frank zuerst kennengelernt hatte. Seine philosophische Entwicklung vom theoretischen Marxismus über den Neukantianismus zum Idealrealismus zeigt deutlich den Übergang von einer theoretisch-logischen Gedankenausrichtung zu einer seinsoffenen Philosophie. *Predmet znanija* stellt den Endpunkt dieser Entwicklung dar, die später keine Veränderung mehr erfährt, sondern nur eine Vertiefung.

Der erste Teil der Abhandlung *(Znanie i bytie – Erkenntnis und Sein)* geht von der Grundüberzeugung aus, daß ein autarkes, in sich geschlossenes Erkenntnissystem nur im Rahmen einer fundamentalen Ontologie möglich ist. Als Muster des Erkenntnismonismus gelten BERKELEYS *»Esse est percipi«* und KANTS *»Außer unserer Erkenntnis haben wir nichts, womit wir unsere Erkenntnis vergleichen könnten«*. Probleme wie die Transzendenz des Objekts der Erkenntnis und deren Diskursivcharakter lassen sich von diesem Denkansatz her nur schwer erklären. Frank versucht diese Problematik, die der Idealismus verschleiert und der naive Realismus einfach hinnimmt, durch eine Analyse des Erkenntnisvorgangs, d. h. des Urteilsmechanismus, festzustellen und aufzuklären. Im Urteil wird ein Subjekt A mit dem Prädikat B verbunden, was aber nach Franks Auffassung nur möglich ist aufgrund der Existenz eines darunterliegenden, unbekannten und undefinierten Bereiches X, aus dem die zu definierenden Inhalte eruiert werden. Die allgemeine Formel für ein Urteil muß dann so lauten: AX ist B. Eben dieses X ist es, in das die Erkenntnis einzudringen sucht. Im Gegensatz zur Marburger Schule (NATORP), die es als dem Bewußtsein immanent zu deuten versucht, beschreibt der Autor dieses X als transzendent und zeigt in einer einleuchtenden Untersuchung, daß wirklich immanent nur das *Hier* und *Jetzt* sein kann. So betrachtet schrumpft das Immanente auf ein Minimum zusammen und bildet nur die mathematische Grenzlinie zwischen Vergangenheit und Zukunft. Der immanente Seinspunkt wird dementsprechend erst auf dem Hintergrund eines zeitumspannenden, transzendent vorhandenen Ganzen möglich und erklärbar, um dessen Existenz der Mensch, ohne es zu kennen, weiß. Dieses Wissen nennt Frank in Anlehnung an Sokrates und Nicolaus von Cues *»wissendes Nichtwissen«* oder *»docta ignorantia«*. Das Wissen um das Unendliche, Unbekannte, das jeder begrifflichen Erkenntnis vorausgeht, wird einerseits durch ein *»Haben«* dieser Unendlichkeit ermöglicht. Der menschliche Geist befindet sich in einem primären ontischen Zusammenhang mit dem Sein, der jeder sekundären Erkenntnisrelation vorausgeht.

Nach diesem Seinsaufweis untersucht Frank im zweiten Teil *(Intuicija vseedinstva i otvlečënnoe znanie – Die Intuition der All-Einheit und die abstrakte Erkenntnis)* die Problematik der Beziehung des erkennenden Subjekts zu den Inhalten des Seins. Ein *Haben* des Seins kann die *Erkenntnis* des Seins nicht ersetzen. Die normale menschliche Erkenntnis ist die begriffliche Erkenntnis, deren Hauptcharakteristikum sich im Mechanismus des Schlußfolgerns offenbart. Als Hauptinstrument der abstrakten Erkenntnisweise werden die Begriffe benützt, zu deren Wesen es gehört, *überindividuell* und *ideell* zu sein. Dieser Idealität lassen sich *Außerzeitlichkeit* und *Determiniertheit* zuordnen. Gerade aus diesem Sachverhalt heraus entsteht das Problem, ob mit in sich abgeschlossenen, wohldefinierten Begriffen eine fortlaufende Erkenntnisreihe aufgebaut werden kann. Diese Problematik, die dem Bewegungsproblem des ZENON analog ist, läßt sich nur durch die Forderung einer tieferliegenden, metalogischen und noch nicht differenzierten Einheit a/b lösen, aus der als potentieller Grundlage A und B erst entstehen. Die begriffliche, schlußfolgernde Erkenntnis setzt also eine primäre, intuitiv erfaßte Einheit bereits voraus. Diese primäre, unendliche Einheit, die Frank mit Solov'ëv eine All-Einheit nennt, ist eine Einheit, an deren intuitivem Erfaßtwerden die begriffliche Erkenntnis sich erst orientiert.

Im dritten Teil *(Konkretnoe vseedinstvo i živoe znanie – Die konkrete All-Einheit und das lebendige Wissen)* untersucht Frank, ergänzend und abschließend, den Zeit- und Zahlbegriff. Aus dieser Analyse heraus interpretiert er Sein weder als Zeit noch als reine Zeitlosigkeit, sondern als *Transtemporalität*, als überzeitliche Einheit von Zeit und Zeitlosigkeit. Dieser kosmischen All-Einheit, die den Bereich des Idealen und Realen umspannt, die eine lebendige Einheit von Werden und Ewigkeit bildet, kann eine begriffliche, alles in zeitlose Begriffe verkürzende Erkenntnisweise nicht gerecht werden. In Anwendung eines Begriffs, den schon Kireevskij verwendet, bezeichnet Frank das einzig adäquate Seinswissen als ein »er-lebendes« Wissen *(živoe znanie)*, da Sein letztlich selber Wissen und Leben ist.

Die Abhandlung enthält mithin zwei grundsätzliche Themenkreise. Zum einen versucht sie die gegenständliche Natur der Erkenntnis aufzuzeigen, das Unbekannte als den eigentlichen Gegenstand der Erkenntnis zu fordern und es als transzendent und evident zu interpretieren, schließlich Erkenntnissubjekt und Erkenntnisobjekt zu einer unmittelbaren Seinseinheit zu verschmelzen. Das Motiv Franks, im Gegensatz zu Kritizismus und Idealismus das transzendente Sein als solches aufzuweisen, trifft sich mit dem Anliegen der modernen Ontologie (HARTMANN, HEIDEGGER). In seinem zweiten Hauptwerk *(Nepostižimoe*, 1939 – *Das Unbegreifliche)* wird das in *Predmet znanija* aufgewiesene Sein zum Gegenstand einer großangelegten Seinsphilosophie.

Zum anderen beschreibt die Abhandlung das Sein als auch seinem Inhalt nach unmittelbar zugänglich, unabhängig von jedem äußeren Seinszugang, innerhalb eines lebendigen, existentiellen Erlebens, das nicht irrational ist, sondern ein lebendiges Wissen. Das Anliegen des Autors – direkter Seinskontakt und Überwindung des Rationalismus – findet Parallelen in Vergangenheit (PASCAL, JACOBI, BAADER, SCHELLING) und Gegenwart (Lebensphilosophie, Existenzphilosophie, hermeneutische Philosophie). R.Glä.

AUSGABEN: Petrograd 1915 (Zapiski Istorikofilologičeskago fakul'teta Imperatorskago Petrogradskago Universiteta, Bd. 126). – Ldn. 1974, Hg. D. Tschiževskij.

ÜBERSETZUNG: *Erkenntnis und Sein* (in Logos, Tübingen, 19, 1928, S. 165–195; 20, 1929, S. 231–261; dt. Zusammenfassg.).

LITERATUR: D. Tschiževskij, *Hegel bei den Slaven*, Reichenberg 1934; Darmstadt ²1961. – J. Delesalle, *L'affirmation de l'être et la connaissance intuitive* (in Revue de Philosophie, 38, 1938, S. 38–70). – V. V. Zen'kovskij, *Istorija russkoj filosofii*, Bd. 2, Paris 1950. – N. O. Losskij, *History of Russian Philosophy*, NY 1951. – *Sbornik pamjati S. L. F.*, Hg. V. V. Zen'kovskij; Mchn. 1954. – L. Gančikov, *F. S. L.* (in *Enciclopedia filosofica*, Bd. 2, Florenz ²1967). – G. L. Kline, *F. S. L.* (in The Encyclopedia of Philosophy, Bd. 3, Ldn./NY 1967). – E. Barabanov, *F. S. L.* (in *Filosofskaja enciklopedija*, Bd. 5, Moskau 1970). – D. Tschiževskij, »*Predmet znanija*« (in S. L. F., *Predmet znanija*, Ldn. 1974, S. 1–6).

FRANKÉTIENNE

eig. Frank Étienne
* 1936 Saint Marc

DÉZAFI

(kreol.; *Hahnenkampf/Herausforderung*). Roman von FRANKÉTIENNE (Haiti), erschienen 1975. – Seit der Publikation von *Dézafi* beschäftigt sich die intellektuelle Öffentlichkeit Haitis unaufhörlich mit diesem Roman, der schon aufgrund dieser kaum meßbaren Wirkung ohne Einschränkung als das wichtigste Werk der neueren haitianischen Literatur angesehen werden kann. Dies ergibt sich zunächst aus seiner symbolischen Rolle innerhalb des haitianischen Sprachenkampfes: Wohl waren seit den ersten Bemühungen um eine offizielle Anerkennung der kreolischen Sprache in Haiti in den fünfziger Jahren immer wieder literarische Werke in kreolischer Sprache erschienen, doch waren es entweder »kleinere« Genres (vor allem Gedichte) oder Dramen, die durch ihren Aufführungscharakter den vornehmlich oralen Charakter des Kreolischen zu bestätigen schienen. *Dézafi* hingegen war das erste größere Prosawerk, das nicht nur als Kunstwerk anerkannt zu werden beanspruchte, sondern in dem der Autor die konnotativen Qualitäten des an Doppelbedeutungen reichen haitianischen Kreolisch produktiv einsetzte. Frankétienne beschränkte sich durch die Setzung sprachlicher wie inhaltlicher Grenzen auf das schmale haitianische Lesepublikum; er selbst lieferte zwar 1979 eine französische »Übersetzung« *(Les affres d'un défi)* nach, doch die relativ geringe Resonanz dieser Nachdichtung bestätigte seinen schon früher geäußerten Verdacht, daß das Werk aus sprachlichen Gründen eigentlich unübersetzbar sei.

Die eigentliche Handlung ist einfach: Der Hauptstrang erzählt die Geschichte des Voodoo-Priesters Sintil, der über eine große Truppe von »Zombies« verfügt, das heißt über Menschen, die durch ein Gift in einen todesähnlichen Zustand vesetzt, nach der Beerdigung von dem Zauberer wieder exhumiert, durch ein Gegengift wiederbelebt werden und dann in willenloser Apathie für ihren neuen Herrn arbeiten. Solange sie kein Salz erhalten, bleiben sie Schattenwesen ohne Erinnerung; ein einziges Salzkorn (das im Roman zum Symbol des Lebens wird) gibt ihnen jedoch die Handlungsfreiheit zurück. Sultana, die Tochter Sintils, verliebt sich in einen der Zombies und gibt ihm in letzter Verzweiflung gesalzene Suppe zu essen. Der Wiedererwachte wird nun zum Führer eines rasenden Aufstandes der Zombies, dem sich die Bauern der Umgebung anschließen und der die bisherigen Machthaber hinwegfegt.

Der politische Bezug der Geschichte zur jahrzehntelangen Diktatur der seit 1957 herrschenden Familie der Duvaliers ist deutlich, und das Bild der »Zombies« wurde in der Folge auch von anderen haitianischen Autoren (vgl. René Depestre) im gleichen Sinn verwendet. Diese Vieldeutigkeit wird bereits im Titel angesprochen: Ein »Dézafi« ist ein Fest mit Hahnenkämpfen, zugleich aber auch eine große Volksbewegung und letztlich im allgemeinen Sinn eine Herausforderung (*Dézafi pa janm fini*«, das heißt »endet nie«). Der Hahnenkampf selbst mit dem Bild des blutüberströmten und rasenden Kampfhahns, aber auch der Rauschzustand der Zuschauer und die Rache der Zombies als blutiges »Dézafi« sind einige Motive, die – immer wieder aufgegriffen – über die Geschichte selbst hinausweisen. Das gleiche geschieht in den verschiedenen Nebenhandlungen, in denen andere, für Haiti typische Formen des Zombie-Zustands aufgezeigt werden; so in der Geschichte des Mädchens Rita, das von seinen Eltern im Kindesalter als Dienstbotin in die Stadt gegeben wird und die Quälereien ihres Herrn in dumpfer Apathie hinnimmt, oder in der Geschichte Gastons, der hofft, durch Glücksspiel und Schatzsuche seine Misere zu überwinden.

Dézafi ist ein formal sehr streng durchgestaltetes und auch für Haitianer schwer lesbares Werk, was angesichts des Vorurteils gegenüber dem Kreolischen – das vielfach als zu leichtgewichtiges literarisches Medium gilt – von Bedeutung ist. Die sprachliche und kompositorische Technik – das von ihm »Spiralismus« genannte ständig wiederholte und variierte Aufgreifen bestimmter Motive – hatte Frankétienne bereits in früheren französisch geschriebenen Werken (vor allem in *Ultravocal*, 1972) entwickelt. Die kreolische Sprache kommt diesem literarischen Verfahren in besonderem Maß entgegen, da sie unbeschränkte Möglichkeiten zur Neubildung mittels Variation – Zusammensetzung mit anderen Worten oder Endungen – bietet; die variierte Wiederholung erlaubt zum einen ein unmerkliches Eindringen in magisch besetzte Bereiche, zum anderen bietet sie Bilder seltener Eindringlichkeit, so z. B. über die Armut: »*Mizé maké-nou lan tout kò / mizé poté-nou lan tèt / mizé monté sou nou / mizé pilonnin nou*« (»*Das Elend brandmarkt unseren Körper / das Elend steigt uns in den Kopf / das Elend steigt in uns auf* [bereits Besessenheit anzeigende Voodoo-Sprache] / *das Elend zerstampft uns*«). Frankétienne hat diese auf formale Experimente ausgerichtete Form der Prosa aufgegeben und sich in der Folge ganz dem kreolischen Theater (*Pélin-Tét*, 1976; *Trou-Forban*, 1977; *Kasélézo*, 1985) zugewandt, um sein Publikum zu vergrößern und damit seine politische Wirkung zu steigern. Trotz seiner die Zweideutigkeit des Kreolischen bewußt ausspielenden Vorsicht geriet er mehrfach in politische Schwierigkeiten, konnte sich aber immer wieder dank seines öffentlichen Ansehens als Schriftsteller retten. In der kurzlebigen Regierung Manigat, die nach dem Sturz der Duvaliers gebildet wurde, übernahm er die Funktion eines Kulturministers, mußte aber nach dem Militärputsch von 1988 dieses Amt aufgeben und in den Untergrund gehen. U.F.

Ausgaben: Port-au-Prince 1975. – Port-au-Prince 1979 (*Les affres d'un défi*; frz.).

Literatur: U. Fleischmann, *Entrevue avec F. sur son roman »Dézafi«* (in Dérives, 7, Montreal 1977, S. 17–27). – M. Laroche, *»Dézafi« de F.* (in L'Espace créole, 2, 1977, S. 107–111). – Ders., *L'image comme écho*, Montreal 1978, S. 165 ff. – Ders., *La littérature haitienne*, Ottawa 1981. – U. Fleischmann, *Le créole en voie de devenir une langue littéraire* (in Littératures et langues dialectales françaises, Hg. D. Kremer u. H. J. Niederehe, Hbg. 1981, S. 247–264). – L.-F. Hoffmann, *Le roman haitien. Idéologie et structure*, Sherbrooke 1982. – L.-F. Prudent, *La langue créole aux Antilles et en Guayane* (in Les Temps Modernes, 1983, Nr. 441/442, S. 2072 bis 2089). – H. Bouraoui, *L'œuvre romanesque de F.: nouveau tournant de la littérature haitienne* (in Mot pur mot: Littératures haïtiennes, 1, 1983, S. 11–18). – M. Dominique, *Questionner »Dézafi«* (in Conjection, 1969, 1986, S. 27–38). – U. Fleischmann, *Das Französisch-Kreolische in der Karibik*, Tübingen 1986, S. 271 ff.

PHILIPP FRANKFURTER

* um 1486
† um 1511

DES PFAFFEN GESCHICHT UND HISTORI VOM KALENBERG

Schwanksammlung in Reimpaaren von Philipp FRANKFURTER, entstanden etwa 1460/70, zuerst erschienen 1472/73. – Der Frankfurter, der sich im drittletzten seines 2180 Verse zählenden Werks selbst nennt, stammte seiner Sprache nach aus Niederösterreich oder Wien, zumindest aber war er dort lange ansässig. Liturgische Spezialkenntnisse verraten eine gewisse theologische Bildung.
Der Held des Schwankzyklus ist der Pfarrer vom Kahlenbergdorf, der als Student der Theologie Herzog Otto einen Fisch schenken will, vom Türhüter jedoch so lange am Eintreten gehindert wird, bis er ihm die Hälfte der Belohnung verspricht. Der Eingelassene erbittet sich von dem über die Gabe hocherfreuten Fürsten listig Prügel und wird zum Pfarrer der Kirche am Fuße des Kahlenbergs gemacht. – Auf diesen Einleitungsschwank folgen vier Possen, in deren Mittelpunkt die Bauern des Kahlenbergdorfs stehen, die von ihrem Pfarrer genarrt werden. Die sich anschließende dreiteilige Schwankgruppe spielt im klerikalen Bereich: Auf drei Episoden, an denen ein Amtsbruder beteiligt ist, folgen drei Streiche des Pfarrers in Passau. Nach einem Besuch der Herzogin und einer Reise nach Wien vertauscht der Pfarrer noch die Hengste der Hofherren mit Stuten, ersetzt er bei der Prozession die fehlende Fahne durch eine Hose und weidet im Meßgewand Vieh, ehe er am Ende nach Prigglitz übersiedelt.
Die höfische, bäuerliche und klerikale Sphäre sind durch die Gestalt des Pfarrers miteinander verbunden. Er vereint die beiden ursprünglich voneinander getrennten Schwankzyklen, deren erster den Hofnarren – oft in der Gestalt des studentischen Vaganten – zum Mittelpunkt hat, deren zweiter, noch dem 14. Jh. zugehörig, sich um die Gestalt des schlauen Pfarrers gruppiert, der die tölpelhaften Bauern seines Dorfes narrt. Der »Pfaff vom Kahlenberg« ist Landgeistlicher und privilegierter höfischer Spaßmacher zugleich, der sich geschickt unterordnet, doch seinen Vorteil genießt – sei es seinen persönlichen oder den der Kirche. Die klerikalen Schwänke, in denen bei allen drei Kirchenmännern ein intimes Verhältnis zur Frau zutage tritt, leben von logischen Spitzfindigkeiten und drastischer Erotik.
Der auf schriftlicher und mündlicher Überlieferung beruhenden Schwanksammlung, die ein Hofleben mit volkstümlichen Formen voraussetzt, liegt Geschichtliches zugrunde. Herzog Otto der Fröhliche starb 1339, seine Gemahlin Elisabeth 1330. Das historische Vorbild des Pfarrers ist ein Adliger namens Gundacker von Thernberg. – Das Werk sagte aufgrund seiner lebendigen Sprache nicht nur breiteren, stoffhungrigen Volksschichten zu, sondern fand auch Leser in Universitätskreisen. Von Norddeutschland aus griff die in vielen Drukken verbreitete Sammlung über nach den Niederlanden (Prosaauflösung um 1510) und England (um 1520). A.Hd.

AUSGABEN: Augsburg o. J. [1472/73; Fragm.]. – o. O. [Wolfenbüttel/Dresden] 1620 (in *Narrenbuch*, Hg. F. H. v. d. Hagen; Nachdr. Halle 1811). – Bln./Stg. o. J. [1884/85] (in *Narrenbuch*, Hg. F. Bobertag; DNL, 11; Fassg. B; Nachdr. Darmstadt 1965). – Bln. 1890 (*Die Kahlenberger. Zur Geschichte des Hofnarren*, Hg. F. W. Ebelling). – Halle 1905 (*Die Geschichte des Pfaffen vom Kalenberg. Heidelberg 1490*, Hg. K. Schorbach; Seltene Drucke in Nachbildungen, 5). – Halle 1906 (*Die Geschichte des Pfarrers vom Kalenberg*, Hg. V. Dollmayr).

LITERATUR: K. F. Flögel, *Geschichte der Hofnarren*, Lpzg. 1789. – C. Meyer, *Zwei Ausgaben der »Geschichte des Pfarrers vom Kalenberg«*, Bln. 1892. – Th. Chalupa, *Zur Geschichte des »Pfarrers vom Kalenberg«* (in ZfÖG, 66, 1915, S. 7–14). – H. Maschek, *»Die Geschichte des Pfarrers vom Kalenberg«* (in ZfdA, 73, 1936, S. 33–46). – E. Schröder, *»Pfarrer vom Kalenberg« und »Neithart Fuchs«* (ebd., S. 49–55). – H. Maschek (in VL, 3, Sp. 872–875). – H. Rupprich, *Das Wiener Schrifttum des ausgehenden MAs*, Wien 1954 (SWAW, phil.hist. Kl., 228, 5, S. 84–88). – H. Rosenfeld, *Ph. F.* (in NDB, 5, 1961, S. 351). – H. Rupprich, *Zwei österreichische Schwankbücher. »Die Geschichte des Pfarrers vom Kalenberg«. »Neithart Fuchs«* (in *Sprachkunst als Weltgestaltung. Fs. für H. Seidler*, Hg. A. Haslinger, Salzburg/Mchn. 1966, S. 299 bis 316). – F. Schanze, *Unbekannte Lieddrucke u. eine erschlossene Ausg. des »Pfaffen von Kalenberg« aus der Druckerei von M. Schürers Erben in Straßburg* (in Arch. f. d. Geschichte des Buchwesens, 23, 1982, S. 1430–1436).

BENJAMIN FRANKLIN

* 17.1.1706 Boston
† 17.4.1790 Philadelphia

LITERATUR ZUM AUTOR:
Bibliographien:
P. L. Ford, *F. Bibliography: A List of Books Written by, or Relating to B. F.*, NY 1886; ern. 1968. – M. Buxbaum, *B. F. 1721–1906: A Reference Guide*, Boston 1983.
Forschungsberichte:
J. A. L. Lemay, *F. and the »Autobiography«: An Essay on Recent Scholarship* (in ECS, 1, 1967,

S. 185–211). – B. I. Granger, *B. F.* (in *Fifteen American Authors Before 1900*, Hg. R. A. Rees u. E. N. Harbert, Madison ²1984, S. 250–280).
Biographien:
J. Parton, *Life and Times of B. F.*, 2 Bde., NY 1864; ern. 1971. – C. van Doren, *B. F.*, NY 1938; ern. 1968. – Th. Fleming, *The Man Who Dared the Lightning*, NY 1971. – C. A. Lopez u. E. Herbert, *The Private F.: The Man and His Family*, NY 1975. – R. W. Clark, *B. F.*, Ldn. 1983. – W. S. Randall, *A Little Revenge: B. F. and His Son*, Boston 1984. – E. Wright, *F. of Philadelphia*, Cambridge/Mass. 1986.
Gesamtdarstellungen und Studien:
D. H. Lawrence, *B. F.* (in D. H. L., *Studies in Classic American Literature*, NY 1923, S. 9–21). – C. L. Becker, *B. F.*, Ithaca/NY 1946 (– *Dictionary of American Biography*, Bd. 6, NY 1931, S. 585–598). – Ch. E. Jorgenson u. F. L. Mott, *Introduction* (in *B. F.: Representative Selections*, Hg. dies., NY 1936; ern. 1962, S. XIII–CXLI). – *B. F.'s Letters to the Press*, Hg. V. W. Crane, Chapel Hill, 1950. – *B. F.: His Contribution to the American Tradition*, Hg. I. B. Cohen, Indianapolis 1953. – A. O. Aldridge, *F. and His French Contemporaries*, NY 1957. – R. H. Newcomb, *The Sources of B. F.'s Sayings of Poor Richard*, Diss. Univ. of Maryland 1957. – R. Miles, *The American Image of B. F.* (in American Quarterly, 7, 1957, S. 117–143). – F. X. Davy, *B. F. Satirist*, Diss. Columbia Univ./N.Y. – M. Hall, *B. F. and Polly Baker: The History of a Literary Deception*, Chapel Hill 1960 – R. E. Amacher, *B. F.*, NY 1962 (TUSAS). – Th. Hornberger, *B. F.*, Minneapolis 1962. – Ch. C. Sellers, *B. F. in Portraiture*, New Haven 1962. – B. I. Granger, *B. F.: An American Man of Letters*, Ithaca/N.Y. 1964; ern. 1987. – N. T. Clasby, *F.'s Style: Irony and the Comic*, Diss. Univ. of Wisconsin 1966. – C. A. Lopez, *Mon Cher Papa: F. and the Ladies of Paris*, New Haven 1966. – A. O. Aldridge, *B. F. and Nature's God*, Durham/N.C. 1967. – G. Stourzh, *B. F. and American Foreign Policy*, Chicago ²1969. – J. A. L. Lemay, *B. F.* (in *Major Writers of Early American Literature*, Hg. E. Emerson, Madison 1972, S. 205–243). – J. A. Sappenfield, *A Sweet Instruction: F.'s Journalism as a Literary Apprenticeship*, Carbondale/Ill. 1973. – M. Buxbaum, *B. F. and the Zealous Presbyterians*, University Park/Pa. 1975. – H. Dippel, *Die Theorie der bürgerlichen Gesellschaft bei B. F.* (in HZ, 220, 1975, S. 568–618). – *The Oldest Revolutionary: Essays on B. F.*, Hg. J. A. L. Lemay, Philadelphia 1976. – A. B. Tourtellot, *B. F.: The Shaping of Genius: The Boston Years*, NY 1977. – W. Blair u. H. Hill, *A Harmonious Human Multitude* (in W. B. u. H. H., *America's Humor: From Poor Richard to Doonesbury*, NY 1978, S. 53–91). – R. Wild, *Prometheus-Franklin: Die Gestalt B. F.s in der deutschen Literatur des 18. Jh.s* (in Amerikastudien, 23, 1978, S. 30–39). – *B. F.: A Collection of Critical Essays*, Hg. B. M. Barbour, Englewood Cliffs/N.J. 1979. – *Meet Dr. Franklin*, Hg. R. N. Lokken, Philadelphia 1981. – M. R. Breitwieser, *Cotton Mather and B. F.*, Cambridge 1984. – Ch. Looby, *Phonetics and Politics: F.'s Alphabet as a Political Design* (in ECS, 18, 1984, S. 1–34). – M. Pütz, *Max Webers und F. Kürnbergers Auseinandersetzung mit B. F.* (in Amerikastudien, 29, 1984, S. 297–310). – J. A. L. Lemay, *The Canon of B. F., 1722–1776: New Attributions and Reconsiderations*, Newark/Del. 1986.

MEMOIRS OF THE LIFE AND WRITINGS OF BENJAMIN FRANKLIN

(amer.; *Lebenserinnerungen Benjamin Franklins*). Autobiographie von Benjamin FRANKLIN, unvollständige, unautorisierte französische Erstausgabe 1791; erste englische Ausgabe des Originalmanuskripts (unvollständig und bearbeitet) 1817/18; erste vollständige amerikanische Ausgabe 1868 unter dem Titel *The Life of Benjamin Franklin.* – Die unvollendete Lebensbeschreibung Franklins, der als Sohn eines Bostoner Kerzenmachers geboren und zu einem der »Gründerväter« und berühmtesten Staatsmänner seiner Nation wurde, ist eine Erfolgsgeschichte par excellence, eines der aufschlußreichsten Dokumente über Leben und Gesinnung im kolonialen Amerika und in der jungen Republik, ein Zeugnis der Vielseitigkeit, des Gemeinsinns, der praktischen Lebensweisheit und des originellen Geistes ihres Verfassers.

Der erste und berühmteste Teil des Werks entstand 1771 während Franklins Aufenthalt in England als Vertreter der amerikanischen Kolonien. In Form eines »autobiographischen Briefes« an den Sohn William begonnen (die Brieffiktion gerät dabei schnell in Vergessenheit), behandelt der Eingangsteil in loser Aneinanderreihung von Anekdoten und Episoden die Knabenjahre und die Zeit des Aufstiegs zum angesehenen Bürger Philadelphias. Schon als fünfzehnjähriger Setzerlehrling redigiert Franklin die von seinem Bruder James gedruckte Zeitung ›New England Courant‹, in der Kritik an der englischen Kolonialpolitik geübt wird, und verfaßt eigene Essays im Stil des ›Spectator‹. Als es zwischen ihm und James zu Zwistigkeiten kommt, bricht er seinen Lehrlingsvertrag und geht nach Philadelphia, wo er ebenfalls in einer Druckerei Anstellung findet. 1725/26 arbeitet er als Setzer in London. Nach der Heimkehr macht er sich in Philadelphia, wo er bald selbst eine Druckerei besitzt, einen Namen, und zwar zunächst durch die Veröffentlichung philosophischer und politischer Abhandlungen, dann durch die Gründung des sogenannten Junto-Clubs, dessen Hauptdiskussionsthemen *morals, politics* und *natural philosophy* sind und dessen Mitglieder sich vor allem die Verbesserung des Erziehungswesens und anderer städtischer Institutionen zur Aufgabe machen. Franklin macht sich insbesondere um die Errichtung der ersten öffentlichen Bibliothek, die Gründung der Philosophischen Gesellschaft und der Akademie (später Universität von Pennsylvanien) sowie um den Aufbau von Feuerwehr und Polizei verdient.

1732 beginnt er mit der Herausgabe des Kalenderjahrbuchs ›Poor Richard's Almanack‹ mit seiner unterhaltsamen Mischung von Wetter- und Geschichtsdaten, Lebensweisheit und Humor, das in den folgenden drei Jahrzehnten zum Hausbuch der Siedler wird. Mit 42 Jahren kann er sich als wohlhabender Bürger vom Druckereigeschäft zurückziehen, sich seinen naturwissenschaftlichen Experimenten und Erfindungen (Blitzableiter, Kondensator usw.) widmen und sich noch aktiver für das Wohl der Stadt einsetzen.

Erst 1784 nahm Franklin, inzwischen Gesandter der unabhängigen Vereinigten Staaten in Paris, die Arbeit an den Memoiren wieder auf, die er jetzt nicht mehr für den Sohn, sondern in aufklärerischer Absicht als Erfahrungsbericht eines zu Ansehen und Wohlstand gelangten Selfmademan, als Kompendium moralischer Prinzipien und praktischer Lebensregeln aufzeichnete. Besonders das eingelagerte Tagebuch mit guten Vorsätzen und Tugendbilanzen wurde Generationen amerikanischer Jungen zur Nachahmung empfohlen, forderte aber auch den Spott Mark TWAINS und D. H. LAWRENCES heraus.

Im dritten Teil, den er 1788 als Präsident (Gouverneur) des Staates Pennsylvania begann, kommt er dem Interesse der Öffentlichkeit an seiner Entwicklung zum weltberühmten Staatsmann und Wissenschaftler, zum nationalen Symbol Amerikas entgegen. Er berichtet von seinen Aktivitäten in den letzten Jahrzehnten vor der Loslösung der Kolonien vom Mutterland, in denen er zwar ein Sprachrohr seiner Landsleute im Kampf gegen Ungerechtigkeiten der britischen Kolonialpolitik war, aber friedlich zu vermitteln suchte. Die wenigen Seiten des geplanten vierten Teils schrieb er vermutlich kurz vor seinem Tod.

In seiner *Autobiographie*, die als das erste »klassische« Werk der amerikanischen Literatur gilt, weit über die USA hinaus Verbreitung fand (zu ihren Bewunderern zählte auch GOETHE) und zahllosen realistischen Lebensbeschreibungen als Vorbild diente, ging es Franklin nach eigener Aussage nicht darum, eine »Lebensbeichte« abzulegen, sondern seine eigenen Erfahrungen und seinen gemäßigt puritanischen Tugend- und Glückseligkeitsbegriff zum Nutzen der Mit- und Nachwelt darzulegen. Mit der ihm eigenen Selbstironie erklärt er sogar, er habe seine Memoiren nicht zuletzt zur Befriedigung seiner Eitelkeit geschrieben und stellt dann die Überlegung an, ob man Gott nicht auch für solche Eitelkeit danken müsse, da sie den Menschen oft zu guten Taten ansporne, ja ihn nicht selten über sich selbst hinauswachsen lasse. Franklins wirklichkeitsbezogenem Denken und Philosophieren entspricht sein klarer, allgemeinverständlicher Stil. Seine große Belesenheit, die in zahlreichen Zitaten zum Ausdruck kommt, verführt ihn nie zu rhetorischen Floskeln. Der oft schrullige Humor, der konstante ironische Unterton und die Vorliebe des Verfassers für lapidare, häufig epigrammatische Formulierungen machen den besonderen sprachlichen Reiz des Werks aus. KLL

AUSGABEN: Paris 1791 (*Mémoires de la vie privée de B. F.*; Übers. aus dem engl. Ms.; unvollst.). – Ldn. 1793 (*The Private Life of... B. F.*; aus dem Frz.). – Ldn. 1817/18 (*Memoirs of the Life and Writings of B. F.*; v. Orig.Ms.; erw. v. W. T. Franklin). – Philadelphia 1868 (*The Life of B. F.*; nach d. Orig.Ms.) – Berkeley 1949, Hg. M. Farrand [synopt. Ausg.]. – New Haven/Ldn. 1964 (*The Autobiography*, Hg. L. W. Labaree u. a.). – Knoxville 1981, Hg. J. A. Lemay u. P. M. Zall (*The Autobiography of B. F.: A Genetic Text*). – NY 1981, Hg. R. J. Wilson – NY 1982, Hg. P. Shaw (*The Autobiography and Other Writings*). – Harmondsworth 1986, Hg. K. Silverman (*The Autobiography of B. F.*). – NY/Ldn. 1986. Hg. J. A. Lemay u. P. M. Zall (*B. F.'s Autobiography: An Authoritative Text*).

ÜBERSETZUNGEN: *Jugendjahre*, G. A. Bürger, Bln. 1792. – *B. F.s kleine Schriften – nebst seinem Leben*, G. Schatz, Weimar 1794. – *Leben u. Schriften*, A. Brinzer, Kiel 1829. – *Sein Leben von ihm selbst beschrieben*, B. Auerbach, Bln. 1876. – *Autobiographie* F. Kapp, Bearb. E. Habersack, Bln. 1954, Hg. u. Nachw. P. de Mendelsohn. – *B. F.: Autobiographie*, B. Auerbach, Hg. R. Dornbacher, Ffm. 1975. – Dass., ders., Hg. H. Förster, Mchn. 1983. – *B. F.: Lebenserinnerungen*, B. Auerbach u. F. Kapp, Bearb. G. Krieger, Hg. M. Pütz, Mchn. 1983.

LITERATUR: M. Farrand, *Self-Portraiture: The Autobiography* (in Journal of the Franklin Institute, 233, 1942, S. 1–16; rev. in Meet Dr. Franklin, Hg. R. N. Lokken, Philadelphia 1981, S. 1–18). – H. Galinsky, *B. F. im Spiegel der Einleitung zur »Autobiography«: Eine Textinterpretation* (in NSp. 6, 1957, S. 201–217). – F. H. Link, *Schlüsselbegriffe in der Autobiographie B. F.s* (in DVLG, 35, 1961, S. 399–415). – D. Levin *The »Autobiography of B. F.: The Puritan Experimenter in Life and Art* (in Yale Review, 53, 1964, S. 258–275). – R. F. Sayre, *The Examined Self: B. F., Henry Adams, Henry James*, Princeton 1964, S. 3–43. – J. F. Lynen, *The Choice of a Single Point of View: Edwards and F.* (in J. F. L., *The Design of the Present*, New Haven 1969, S. 87–152). – R. L. Ketcham, *B. F., »Autobiography«* (in *Landmarks of American Writing*, Hg. H. Cohen, Washington D.C. 1970, S. 21 bis 32). – J. Griffith, *The Rhetoric of F.'s Autobiography* (in Criticism, 13, 1971, S. 77–94). – A. B. England, *Some Thematic Patterns in F.'s »Autobiography«* (in ECS, 5, 1972, S. 421–430). – R. F. Kushen, *Three Earliest Lives of B. F., 1790–1793: The »Autobiography« and Its Continuations* (in EAL, 9, 1974, S. 39–52). – Dies., *B. F., Oedipus, and the Price of Submission* (in Literature and Psychology, 25, 1975, S. 147–157). – D. M. Larson, *F. on the Nature of Man and the Possibility of Virtue* (in EAL, 10, 1975, S. 111–120). – P. M. Zall, *The Manuscript and Early Texts of F.'s »Autobiography«* (in Huntington Library Quarterly, 39, 1976, S. 375–384). – H. C. Dawson, *F.'s »Memoirs« in 1784: The Design of the »Autobiography«, Parts I and II* (in EAL, 12, 1977/78, S. 286–293). – N. S.

Fiering, *B. F. and the Way to Virtue* (in American Quarterly 30, 1978, S. 199–223). – H. C. Dawson, *Fathers and Sons: F.'s »Memoirs« as Myth and Metaphor* (in EAL, 14, 1979/80, S. 269–292). – R. Schmidt von Bardeleben, *Studien zur amerikanischen Autobiographie: B. F. and Mark Twain*, Mchn. 1981. – Ph. D. Beidler, *The ›Author‹ of F.'s »Autobiography«* (in EAL, 16, 1981/82, S. 257 bis 269). – D. Seed, *Projecting the Self: An Approach to F.'s »Autobiography«* (in Études Anglaises, 36, 1983, S. 385–400). – Ch. Looby, *»The Affairs of the Revolution Occasion'd the Interruption«: Writing, Revolution, Deferral, and Conciliation in F.'s »Autobiography«* (in American Quarterly, 38, 1986, S. 72–96). – J. Fichtelberg, *The Complex Image: Text and Reader in »The Autobiography of B. F.«* (in EAL, 23, 1988, S. 202–210).

THE WAY TO WEALTH

(amer.; *Der Weg zum Reichtum*). Essay von Benjamin FRANKLIN, erschienen 1758 in ›Poor Richard's Almanack‹. – Franklins ›Poor Richard's Almanack‹ erschien jährlich von 1733 bis 1758 in Philadelphia. Mit diesem erfolgreichsten und besten amerikanischen Almanach wurde Franklin populär; ihm verdankte er die finanziellen Mittel für seine vielseitigen Interessen. Ehe er 1758 den Almanach verkaufte, der dann noch bis 1796 erschien, veröffentlichte Franklin unter dem Pseudonym Richard Saunders hier seine eigenen Beiträge, die die üblichen Kalendersparten (von der Astronomie bis zur praktischen Information) ergänzten; hier versprühte er Humor und Lebensweisheit, und hier fand der zeitgenössische Amerikaner, für den ›Poor Richard‹ bald ein fester Begriff war, Sprichwörter und Maximen, die ihm bei seiner Lebensbewältigung behilflich sein sollten.

Am bekanntesten ist *The Way to Wealth* geworden, eine Art Vorwort zu dem letzten von Franklin selbst verlegten Almanach. Hier predigt er – ähnlich wie in seiner Autobiographie – die bürgerlichen Tugenden der Sparsamkeit *(frugality)*, des Fleißes *(industry)* und der Anpassungsfähigkeit *(prudence)*, indem er Dutzende volkstümlich anmutender Sprichwörter *(»wie Poor Richard zu sagen pflegt«)* aneinanderreiht. In diesem Essay hält ein Father Abraham der bei einer Auktion versammelten Menschenmenge, die sich über die hohen Steuern beklagt, vor, daß die meisten Steuern nicht vom Staat, sondern von der eigenen Faulheit *(idleness)*, dem eigenen Stolz *(pride)* und der eigenen Dummheit *(folly)* erhoben würden. Die Verschwendung von Zeit, Geld, Erfahrung und Vernunft wird überzeugend demonstriert, als sich die Menge, alle Mahnungen in den Wind schlagend, auf die für sie völlig unnützen und überflüssigen Auktionsgüter (englisch: *goods*, die in Wirklichkeit *evil*, d. h. schlecht, sind) stürzt. – Franklins Aphorismen sind zwar keine eigene Erfindung, doch hat er sie mit literarischem Geschick und mittels fiktiver Charaktere und einer eigenen Atmosphäre anschaulich und lebendig gemacht sowie schärfer pointiert. So ist eine eigenständige Mischung entstanden: Ratschlag in allen Lebenslagen, Philosophie, gesunde Skepsis, rustikaler Charme, raffinierte Weltläufigkeit – eine Mischung, die Franklin als Prototyp des aufklärerischen Yankee, des Selfmademann, zeigt. Sein gesunder Menschenverstand, seine robuste bürgerliche Moral, sein pragmatisches Zielbewußtsein verkörpern Ideale und Werte, die sich seit nun zweihundert Jahren mit »dem« Amerikaner verbinden.

Nicht nur das Amerikabild Europas wurde weitgehend durch Franklin und seinen ›Poor Richard's Almanack‹ bestimmt, sondern auch die weitverbreitete amerikanische Ratgeber-Literatur à la Dale CARNEGIE (*How to Win Friends and Influence People*, 1936). Vor allem aber gilt Franklin mit seinen politischen Satiren, charmanten Bagatellen, mit Lügengeschichten *(hoaxes)* und besonders mit seinem ›Poor Richard‹ als der erste amerikanische Humorist von Rang. Er hat vieles mit Mark TWAIN gemein, der hundert Jahre später in ähnlich burlesker, humoristischer Form die amerikanischen Tugenden, das amerikanische Image verkündete, allerdings (wie bereits Franklin) diese auch satirisierte, etwa in *A Connecticut Yankee in King Arthur's Court* (1889). Es ist auch kein Zufall, daß Max WEBER in seiner epochemachenden Arbeit über die Zusammenhänge zwischen dem Frühkapitalismus und den puritanischen Tugenden des Fleißes, der Sparsamkeit und des ökonomischen Individualismus (*Die protestantische Ethik und der Geist des Kapitalismus*, 1905) Franklin als eine Hauptquelle für seine Theorien benutzte. K.J.P.-KLL

AUSGABEN: Philadelphia 1758 (in Poor Richard's Almanack). – Boston 1760 [1. Einzelausg. u. d. T. *Father Abraham's Speech*]. – Ldn. 1814. – Ldn. 1850. – Evanston/Ill. 1922. – NY 1930 [m. Essay v. Ph. Russell]. – Boston 1940 *(Father Abraham's Speech)*. – Boston 1963 (dass.; Faks. v. 1758). – New Haven 1963 (in *Papers*, Hg. L. W. Labaree u. a., Bd. 7). – Harmondsworth 1986 (in *The Autobiography and Other Writings*, Hg. K. Silverman).

ÜBERSETZUNGEN: *Sicherer Weg zu einer festen moralischen Gesundheit zu gelangen und sich darin lebenslang zu erhalten*, anon., Wien 1811. – *Der arme Richard oder die Kunst reich zu werden. Ein Beitrag zur Lebensweisheit für alle Stände*, G. Helferich, Erlangen 1852. – *Der Weg zum Reichthum*, anon., Hg. R. L. Stab, Bln. 1891.

LITERATUR: C. W. Miller, *F.'s »Poor Richard's Almanacks«: Their Printing and Publication* (in Studies in Bibliography, 14, 1961, S. 97–115). – R. Newcomb, *»Poor Richard« and the English Epigram* (in PQ, 40, 1961, S. 270–280). – E. J. Gallagher, *The Rhetorical Strategy of B. F.'s »Way to Wealth«* (in ECS, 6, 1973, S. 475–485). – P. Sullivan, *B. F., the Inveterate (and Crafty) Public Instructor: Instruction at Two Levels in »The Way to Wealth«* (in EAL, 21, 1986/87, S. 248–259).

STELLA MARIA SARAH MILES FRANKLIN

* 14.10.1879 Talbingo bei Tumut
† 19.9.1954 Sydney

LITERATUR ZUR AUTORIN:
M. Barnard, *M. F.* (in Meanjin, 14, 1955, S. 469–487). – R. Mathew, *M. F.*, Melbourne 1963. – M. Barnard, *M. F.*, NY/Melbourne 1967 (TWAS). – V. Coleman, *Her Unknown (Brilliant) Career: M. F. in America*, Ldn. 1981.

MY BRILLIANT CAREER

(engl.; *Meine glänzende Laufbahn*). Roman von Stella Maria Sarah Miles FRANKLIN (Australien), erschienen 1901. – Miles Franklin schrieb ihren Erstlingsroman im Alter von sechzehn Jahren innerhalb weniger Wochen. Nachdem mehrere australische Verleger das Buch abgelehnt hatten, wurde es in Edinburgh veröffentlicht. – Über den Erlebnischarakter des Romans mit dem selbstironischen Titel gehen die Meinungen erheblich auseinander. Es liegt nahe, in der frühreifen, phantasievollen Hauptgestalt Sybilla die aus einer Familie von Pionieren und Herdenbesitzern stammende Autorin selber zu sehen und den Roman als ihr erweitertes Jungmädchen-Tagebuch, als ein Ventil für ihre aufgestauten und verwirrten Gefühle, als einen Ausbruch aus den sie einengenden Verhältnissen zu verstehen. Allerdings hat Miles Franklin selbst das Werk, das sie in Konflikt mit ihrer streng über die Unantastbarkeit der Privatsphäre wachenden Familie brachte, schließlich zurückgezogen, weil die törichte Buchstäblichkeit, mit der man es als ihre vermeintliche Autobiographie ausschlachtete, sie irritierte. In seinem militanten Feminismus, seiner ambivalenten Einstellung zur Liebe, seiner Mischung von Romantik und Realismus ist der Roman jedoch zweifellos stark von ihrer Persönlichkeit geprägt. Inhaltlich und stilistisch ist darin fast das gesamte spätere Werk der Autorin im Keim enthalten.

My Brilliant Career gibt sich als die Aufzeichnungen der jungen Sybilla Penelope, die als robustes *enfant terrible* in einer malerisch-wilden Gegend von Neusüdwales aufwächst. Ihr jovial gastfreundlicher Vater, »Dick« Melvyn, gibt, durch Unrast und unrealistische Projekte verleitet, sein stattliches Gut auf, um sein Glück als Viehmakler zu versuchen, ist aber nicht gerieben genug, um zu reüssieren, und verfällt dem Alkohol, der seinen Niedergang besiegelt. Die sensitive Sybilla leidet unter dem harten, eintönigen Leben auf der elenden Meierei in Possum Gully, aus dem eine Einladung ihrer Großmutter sie vorübergehend erlöst und in ein komfortables und kultiviertes Milieu versetzt. Das häßliche junge Entlein findet respektable Verehrer, unter ihnen der junge Gutsbesitzer Harold Beecham. Doch obwohl Sybilla verspricht, heimlich seinen Ring zu tragen, bleibt ihre Einstellung zu Harold seltsam spröde und zwiespältig. Erst als der reiche Märchenprinz sein Vermögen einbüßt und in die Welt hinauszieht, ist das warmherzige Mädchen bereit, ihm ein bindendes Versprechen zu geben. Dann verdunkelt sich plötzlich auch Sybillas Leben: Sie soll auf Betreiben der Mutter die Geborgenheit ihrer kulturellen Oase verlassen und bei der kinderreichen Familie M'Swats, gutmütigen, aber verwahrlosten, ungebildeten und materialistisch eingestellten Leuten, als Hauslehrerin arbeiten, um ein Darlehen zu verzinsen, das M'Swat ihrem Vater gewährt hatte. Diese verhaßte Aufgabe treibt sie in eine seelische Krise. Nach einer gefährlichen Krankheit muß Sybilla als eine an ihrer Mission Gescheiterte zu ihrer durch entbehrungsreiche Jahre verhärteten Mutter nach Possum Gully zurückkehren. Eines Tages kommt der durch ein Legat schwerreich gewordene Harold innerlich gereift zurück und bittet sie um ihre Hand. Sie aber, die sich durch ihr Anderssein zu stolzer Einsamkeit verurteilt fühlt, bringt es nicht über sich, die Ambivalenz ihrer Empfindungen für Harold zu ignorieren. Ihre hohe Auffassung von der Ehe und ihre unbedingte Ehrlichkeit sich selbst gegenüber verbieten ihr, sich durch eine Heirat mit ihm aus Stagnation und Armut zu retten. Das Buch klingt mit einem pathetisch-patriotischen Anruf an die im Ringen mit der wilden Natur sich bewährenden Männer und die opferwilligen, arbeitsamen Frauen Australiens aus.

Mit Sybilla ist der Autorin die beachtliche psychologische Studie einer bis zur Paradoxie widersprüchlichen Heranwachsenden gelungen: undamenhaft, aber ungemein feminin, unkonventionell, kratzbürstig, rauhbeinig, fast zynisch, aber zugleich liebefähig, erwartungsvoll, zartfühlend, selbstkritisch, grüblerisch – ein junges Mädchen mit viel *common sense*, aber mit einer verwundbaren, schönheitsdurstigen Seele. Daneben verblassen die anderen Gestalten, nicht zuletzt der etwas bombastische, unwahrscheinlich tugendhafte Harold, zur Staffage. – *My Brilliant Career* wurde von begeisterten Zeitgenossen wie dem Kritiker A. G. STEPHENS als »durch und durch australisch« empfunden und stellt wohl tatsächlich den ersten in der Mentalität echt australischen Roman dar. In diesem Buch, das ein getreueres, weniger stilisiertes Bild des ländlichen Lebens jener Zeit entwirft als etwa die Werke Henry LAWSONS (der sich warm für Miles Franklins Roman einsetzte) oder Joseph FURPHYS, entlädt sich ein geradezu maskuliner Tatendrang in leidenschaftlich demokratischer Heimatliebe, in intellektueller Auflehnung gegen das Außenseitertum des Künstlers in einer ihm nicht kongenialen Zivilisation, gegen gesellschaftliche Konventionen und gegen die Versklavung der Frau in einer von Männern dominierten Welt. Den Roman als Dokument gärender Unreife zu deuten liegt schon deshalb nahe, weil dieser thematische Aspekt sich auch im Darstellerischen spiegelt: in der Kunstlosigkeit und Unausgeglichenheit, in dem trotz würziger Kolloquialismen gespreizten und verstaubten Stil. Wenn der ehemals so zündende Roman noch heute mehr als historisches Interesse weckt, so ist das der psychologisch überzeugenden Selbstenthüllung der Heldin, dem natürlichen Charme und der gefühlsmäßigen Ehrlichkeit des Buchs zuzuschreiben. Mit allen seinen Schwächen ist es das wohl originellste und menschlichste Werk einer Autorin, deren Stärke im Bereich des schöpferisch bewältigten Autobiographischen lag.

J.H.T.

AUSGABEN: Edinburgh/Ldn. 1901 [Vorw. H. Lawson]. – Sydney 1965. – Sydney 1979. – Ldn. u. a. 1980; Nachdr. 1982. – NY 1980.

LITERATUR: Rez. (in Australian, 7. 5. 1966, S. 9). – Rez. (in The Age, 13. 8. 1966, S. 24). – *Gender, Politics, and Fiction: Twentieth Century Australian Women's Novels*, Hg. C. Ferrier, St. Lucia 1985, S. 22–43; 44–58.

UP THE COUNTRY. A Tale of the Early Australian Squattocracy

(engl.; *Landeinwärts. Eine Erzählung über die frühe australische »Squattokratie«*). Roman von Stella Maria Sarah Miles FRANKLIN (Australien), unter dem Pseudonym »Brent of Bin Bin« 1928 erschienen. – Das Werk ist der erste von fünf Romanen, die stofflich den Zeitraum von ca. 1830–1930 umfassen und zwischen 1928 und 1956 (nicht in thematischer Abfolge) veröffentlicht wurden. *Up the Country* und *Ten Creeks Run* (1930), die Ereignisse bis 1869 bzw. 1895 schildern, stellen die folgenden Bände, *Back to Bool Bool* (1931), *Cockatoos* (1954) und *Gentlemen at Gyang Gyang* (1956) in den Schatten. Die Frage nach dem wahren Verfasser der in Australien wie in England findenden Werke löste lebhafte Spekulationen aus, aber erst nach dem Tod Miles Franklins bestätigte sich die verschiedentlich geäußerte Vermutung, daß sie es war, die sich hinter dem wie ein Squattername klingenden Pseudonym »Brent of Bin Bin« verborgen hatte. Offenbar hatte sie, nachdem sie mit ihrem Erstlingswerk (vgl. *My Brilliant Career*) ihre Familie schockiert hatte, in der Anonymität neue Freiheit und Vitalität gewonnen.

In ihrer Chronik mehrerer Familien aus dem gleichen Siedlungsraum entwirft die Autorin ein ungemein breites und farbenreiches Bild des ländlichen Lebens im Monarodistrikt im Südosten von Neusüdwales. Sie schildert die in fast magischer Geborgenheit in sich kreisende Welt der Siedler, deren durch eng verflochtene Verwandtschaftsbeziehungen verstärktes Gemeinschaftsgefühl sie ebenso trefflich charakterisiert wie ihre sozialen Vorurteile und ihren satten Besitzerstolz. Sie berichtet von gesellschaftlichen und wirtschaftlichen Erfolgen und Rückschlägen und von den vielerlei – von Überschwemmungen bis zum »Bushranger«-Unwesen reichenden – Heimsuchungen, die den in zäher Arbeit erworbenen Wohlstand immer wieder bedrohen. Die inhaltliche Fülle des von Figuren wimmelnden Buches, das mit einer Hochwasserkatastrophe am Yarrabongo-Fluß und den Vorbereitungen zur Hochzeit Rachel Mazeres und Simon Labosseers beginnt und mit dem Tod des alten Pioniers Mazere ausklingt, entzieht sich der Zusammenfassung. Interesse und Sympathien der Autorin konzentrieren sich vor allem auf Bert Pool, Sohn eines ehemaligen Sträflings und – als Verkörperung aller Buschmann- und Siedlertugenden – Idol der Jugend. Aber auch ihren Helden verschont die Frauenrechtlerin Franklin nicht mit ihrer Ironie: Der draufgängerische Herzensbrecher entpuppt sich als wortkarger und zaudernder Liebhaber. Lange durch die hoffnungslose Neigung zu seiner Schwägerin Rachel gehemmt, verlobt er sich schließlich mit ihrer Schwester Emily, die ihn seit Jahren liebt, kurz vor der Hochzeit aber tödlich verunglückt. Bei seiner späten Werbung um die einst von ihm abgewiesene Jessie M'Eachern und um die inzwischen verwitwete Rachel muß der einst Vielumschwärmte Körbe einstecken. Erst in *Ten Creeks Run* schließt »Onkel Bert« als abgeklärter Sechziger eine glückliche Ehe mit der blutjungen Milly Stanton.

Miles Franklin unternimmt keinen Versuch, den Erzählfluß in eine straffe Struktur zu zwingen. Sie bedient sich vielmehr einer episodischen Technik, wobei sie von jeweils einem unvermittelt einsetzenden und zahlreiche Personen an einem Ort vereinenden Ereignis ausgeht, dann allen seinen Verästelungen folgt und damit ein Spiegelbild des Lebens vermittelt (vgl. Vorwort der Ausgabe von 1951, S. VIII). Das Werk wird getragen von der visuellen Präzision der beschreibenden Abschnitte und den unerschöpflich sprudelnden Gesprächen der Romanfiguren, deren natürlicher Plauderton den Leser für viele stilistische Unebenheiten und prätentiöse Formulierungen entschädigen muß. In diesem die Pioniertugenden aus der »guten alten Zeit« (verkörpert etwa in der hilfsbereiten matriarchalischen Mrs. Mazere) verherrlichenden Roman ist, ebenso wie in den weiteren Bänden, die das Schwinden des Goldenen Zeitalters verfolgen, das Hauptthema Franklins der sich durch Generationen wiederholende Zyklus der menschlichen Existenz. Ihr zunächst aus Alltagstrivialitäten zusammengesetzes Bild erlangt erst durch die zeitliche Distanz und die Macht der verklärenden Erinnerung epische Größe. Der Wassertod der jungen Emily enthüllt jäh die Verwundbarkeit des idyllischen Glücks und die dunkleren Seiten des vergänglichkeitsbewußten Weltbilds der Autorin, die im Verlauf der Romanserie noch stärker hervortreten. Daß spätere Generationen Emilys Schönheit zur Legende stilisieren, ist bezeichnend für Franklins Erzählhaltung, die das Detail realistisch erfaßt, die Vergangenheit aber mit einem romantischen Schleier überzieht. Die »Brent of Bin Bin«-Romane als *»geniale Leistung«* (R. Mathew) zu werten bedeutet eine krasse Überschätzung dieser vor allem durch ihre authentische Szenerie fortlebenden

Bücher. Das frischeste, heiterste und nuancenreichste unter ihnen, *Up the Country*, durch seine Wirklichkeitsnähe und sein verhaltenes Ethos etwa KINGSLEYS *Recollections of Geoffrey Hamlyn* überlegen, beweist jedoch, daß Miles Franklin als Chronistin des australischen *station life* keinen ernsthaften Rivalen hat. J.H.T.

AUSGABEN: Edinburgh 1928. – Sydney 1951. – Sydney 1966. – NY 1987.

LITERATUR: N. Palmer, *More about Brent of Bin Bin* (in Illustrated Tasmanian Mail, 18. 6. 1930, S. 4). – A. Ashworth, *Brent of Bin Bin* (in Southerly, 12, 1951, S. 196–202). – N. Muir, *M. F. Confesses* (in Sydney Morning Herald, 16. 7. 1966).

IVAN FRANKO

* 27.8.1856 Nahujevyči bei Drohobyč
† 28.5.1916 Lemberg

LITERATUR ZUM AUTOR:
M. Voznjak: *Žyttja i značennja I. F.*, Lemberg 1913. – O. Dej, *I. F. i narodna tvorčist'*, Kiew 1955. – J. Biloštan, *Dramaturhija I. F.*, Kiew 1956. – M. Voznjak, *I. F. Biohrafičnyj narys*, Kiew 1956. – *I. F. Statti i materialy*, 17 Bde., Lemberg 1948–1970. – *Ukrajins'ki pys'mennyky. Bio-Bibliohrafičnyj slovnyk*, Bd. 3, Kiew 1963, S. 330–562. – *I. F. Dokumenty i materialy 1856–1965*, Kiew 1966. – O. Bilec'kyj, *Chudožnja proza I. F.* (in O. B., *Zibrannja prac'*, 5 Bde., 2, Kiew 1965, S. 412–461). – I. Bas, *Chudožnja proza I. F.*, Kiew 1965. – N. Wacyk, *I. F. his Thoughts and Struggles*, NY 1975. – *I. F. Bibliohrafičnyj pokažčyk 1956–1984*, Kiew 1987.

DAS LYRISCHE WERK (ukr.) von Ivan FRANKO.
Neben T. ŠEVČENKO und L. UKRAJINKA gehört Ivan Franko zum großen Dreigestirn der ukrainischen Literatur. Er wurde in eine Zeit hineingeboren, in der die westukrainische Bevölkerung, die im österreichisch-ungarischen Staatsverband lebte, gerade die erste Phase einer nationalen Wiedergeburt hinter sich hatte und sich der »ruthenische« Geist einer monarchietreuen und fortschrittsfeindlichen Untertanengemeinschaft ausbreitete. Unter dem Einfluß des bedeutenden ostukrainischen Publizisten und Gelehrten Mychajlo DRAHOMANIV (1841–1895), der das zaristische Rußland aus politischen Gründen verlassen hatte und in Genf, später in Sofia lebte, engangierte sich Franko noch in jungen Jahren für die soziale Befreiung und Aufklärung ukrainischer Bauernmassen. Dabei knüpfte er Verbindungen zu deutschen, polnischen und österreichischen Sozialisten, was ihm allerdings drei Haftstrafen einbrachte und seine wissenschaftliche Karriere verhinderte (Franko war in Wien promoviert worden und hatte sich in Lemberg als Literaturhistoriker habilitiert).

Frankos dichterisches Werk, das vier große Gedichtsammlungen, etliche Poeme und Verserzählungen umfaßt, spiegelt seine schöpferische Entwicklung vom heroischen Geist im Dienste des Volkes bis zum Stadium des Abgeklärtseins und der philosophischen Ruhe eines wahren Humanisten. In der ersten Schaffensperiode vertrat Franko die Meinung, daß die Lyrik das wirkliche Leben darzustellen und dem Gemeinwohl zu dienen habe. Diese Einstellung findet am deutlichsten ihren Ausdruck in dem programmatischen Gedicht *Kamenjari (Die Steinbrecher)*, einer Hymne auf revolutionären Geist und Opferbereitschaft: *».... Doch wir sind der Freiheit Knechte, / Steinbrecher, die den Weg des Fortschritts freigemacht.«*

Frankos erster Gedichtband *Z veršyn i nyzyn*, 1887 *(Aus Höhen und Tiefen)*, umfaßt Werke aus etwa zehn Jahren, darunter die Verserzählung *Pans'ki žarty (Gutsherrnscherze)*, in denen er am Beispiel eines Vorkarpatendorfs die schwere Lage der Bauern vor der Aufhebung der Fron (1848) schildert, insbesondere eines griechisch-katholischen Pfarrers und seiner Pfarrgemeinde, die von einem Gutsherrn gepeinigt werden. Ferner enthält der Band Sonette, die Frankos Tage in der Haft schildern und bittere Gedanken über die Ungerechtigkeit des Schicksals zum Ausdruck bringen. Frankos zweite Lyriksammlung *Zivjale lystja*, 1896 *(Verwelktes Laub)*, die sowohl gesellschaftspolitische als auch persönliche Themen behandelt, ist von Resignation und Enttäuschung gekennzeichnet. Aus dem Jahr 1897 stammt eine Sammlung didaktischer Lyrik, *Mij Izmarahd – Mein Smaragd*, die sich auf mittelalterliche Gleichnisse, Legenden und alte literarische Motive stützt, diese jedoch in Frankos Gegenwart projiziert. Diese Gedichte, die überwiegend die entscheidenden Werte des menschlichen Lebens wie Freundschaft, Treue und Menschlichkeit zum Thema haben, zeichnen sich durch großen Genrereichtum aus. Im Band *Iz dniv žurby*, 1900 *(Aus Sorgentagen)*, dominieren erneut melancholisch-traurige Töne, die sowohl dem Schicksal des ukrainischen Volkes als auch Frankos eigenem Los gelten. Erst im Gedichtband *Semper tiro* (1906) werden Gelassenheit und innere Ruhe spürbar. Einen sehr wichtigen Platz nehmen in diesem Werk die Poeme ein: 1889 verfaßte Franko *Smert' Kajina (Kains Tod)*, in dem Kain nach einer langen und qualvollen Wanderung zur Erkenntnis gelangt, daß nicht Haß und Neid, sondern die Liebe zu anderen Menschen unser Leben bestimmen muß. – Eine andere Figur, die Franko immer wieder beschäftigte, war der ukrainische Polemiker Ivan VYŠENS'KYJ (16. Jh.), der den orthodoxen Glauben gegen den militanten Katholizismus verteidigt und gegen das soziale Unrecht in den ukrainischen Gebieten des polnisch-litauischen Staatsverbandes gekämpft hatte. 1900 widmete Franko Vyšens'kyj, den er auch in einer Monographie porträtierte, ein bedeutendes Poem, in dem er allerdings nur dessen letzte Lebensphase behandelte. Als Athosmönch war Vyšens'kyj gerade im Begriff, sich für den Rest seiner Tage in eine Klause zurückzuziehen, als eine Delegation aus der Ukraine eintraf und ihn bat, zurückzukehren, um den väterlichen Glauben mit zu verteidigen. Eindrucksvoll und überzeugend schildert Franko den inneren Kampf des leidenschaftlichen Humanisten, dessen Pflichtbewußtsein ihn mahnt, seinem Volk beizustehen, während der Asket in ihm danach verlangt, die Seele zu vervollkommnen. Das Poem weist eine deutliche Parallele zu *Huttens letzte Tage* von C. F. MEYER auf, einem Werk, das Franko ins Ukrainische übersetzte. – Frankos abgeklärte Auffassung von der Rolle des Volksführers kommt im Poem *Mojsej*, 1905 *(Moses)*, am deutlichsten zum Ausdruck. Frankos Interpreten sahen es oft als eine Projektion seiner eigenen gesellschaftspolitischen Rolle im Leben des westlichen Galizien an. Das als Meisterwerk geltende Poem spiegelt die dreistufige Entwicklung in Frankos dichterischem Schaffen wider: vom revolutionären Heroismus über Resignation und Klage bis zum wiedergewonnenen Gleichgewicht. Somit ist *Moses* ein Poem, in dem der Glaube an den Sinn allen Mühens und Strebens seinen Ausdruck findet.

1890 begann Franko, an einer ukrainischen Version des niederländischen Versepos *Reineke Fuchs* zu arbeiten, die im gleichen Jahr unter dem Titel *Lys Mykyta (Der Fuchs Mykyta)* erschien. In leichtem, der Volksdichtung entliehenen Kolomyjka-Versmaß verfaßt, ist das Epos gleichzeitig eine humorvolle Schilderung des kontrastreichen ukrainischen Landlebens. Bald folgte eine ganze Reihe von weiteren Verserzählungen, die, ebenfalls für Jugendliche bestimmt, nach arabischen und europäischen Motiven verfaßt waren. – Von großer Bedeutung für die ukrainische Literatur waren Frankos Übersetzungen griechischer und römischer Klassiker, deutscher und skandinavischer mittelalterlicher Literatur sowie Übertragungen von DANTE, SHAKESPEARE, GOETHE, PUŠKIN, LERMONTOV, MICKIEWICZ, Jan NERUDA, HEINE u. v. a. – Als Herausgeber der bedeutenden Lemberger Zeitschrift ›Literaturno-naukovyj visnyk‹, in der auch ostukrainische Autoren ihre Werke veröffentlichten, nachdem in der Zentralukraine der Druck ukrainischer Bücher aufgrund eines zaristischen *Ukaz* verboten war, hat Franko schließlich viele literarische Talente gefördert. A.H.H.

AUSGABEN: *Z veršyn i nyzyn*, Lemberg 1887; erw. 1893. – *Zvjale lystja*, Lemberg 1896. – *Iz dniv žurby*, Lemberg 1900. – *Semper tiro*, Lemberg 1906. – *Tvory*, 50 Bde., 1–4, Kiew 1976–1986.

ÜBERSETZUNGEN: *Ich sehe ohne Grenzen die Felder liegen. Dichtungen*, E. Weinert, Bln. 1951. – Ausw. in *Die ukrainische Lyrik 1840–1940*, H. Koch, Wiesbaden 1955.

LITERATUR: A. Muzyčka, *Šljachy poetyčnoji tvorčosty I. F.*, Char'kov 1927. – M. Zerov, *F.-poet* (in *Do džerel*, Lemberg/Krakau 1943, S. 117–148). – O. Moroz, *Do genezy i džerel »Moho izmarahdu« I. F.* (in *I. F. Statti i meterjaly*, Bd. 1, Lemberg 1948, S. 125–152). – A. Kaspruk, *Filosofs'ki poemy I. F.*, Kiew 1965.

BORYSLAV SMIJET'SJA

(ukr.; *Boryslav lacht*). Roman von Ivan FRANKO, erschienen 1881/82. – Der erfolgreiche Roman schildert die Anfänge der Erschließung der galizischen Ölgebiete gegen Ende des 19. Jh.s. Er spielt teils in den westukrainischen Städten Drohobyč und Boryslav, teils in Wien. In zwei parallel verlaufenden Handlungssträngen wird das Milieu der galizischen Ölarbeiter mit der Welt der meist ausländischen Unternehmer konfrontiert. Zusammen mit dem belgischen Erfinder van Hecht und dem Chemiker Scheffel haben die Industriellen Leon Hammerschlag und Hermann Goldkrämer eine »Erdwachsexploitations-Compagnie« gegründet, die den Profit der Unternehmer durch die Beherrschung vor allem der russischen Absatzmärkte sichern soll. Die Kinder der Industriellen, Gottlieb Goldkrämer und Fanny Hammerschlag, zwischen denen eine Liebesbeziehung besteht, billigen zwar die Praktiken ihrer Väter nicht, ihr Protest bleibt jedoch weitgehend unpolitisch und überschreitet kaum die Grenzen eines Generationenkonflikts. Bei der Grundsteinlegung für das neue Haus Leon Hammerschlags in Drohobyč verunglückt der Maurer Benedjo Synycja. Nach seiner Genesung sucht er Arbeit in Boryslav, wo neue Ölvorkommen erschlossen werden sollen. Zusammen mit anderen Ölarbeitern setzt er sich gegen die katastrophalen und immer unerträglicher werdenden Arbeits- und Lohnverhältnisse zur Wehr. Die Arbeiter gründen einen Selbstschutz als Vorläufer einer Gewerkschaftsbewegung, der einen ersten, allerdings erfolglosen Streik organisiert.

Der Roman bietet Einblick in die Probleme der heterogenen ethnischen Gruppen der Westukraine (Ukrainer, Polen, Juden). Er ist in einem DICKENS, Anatole FRANCE und ČECHOV verpflichteten, eher konventionell realistischen Stil geschrieben. In thematischer Hinsicht aber begründet er, als Teil eines Zyklus, der außerdem noch die Romane *Boa constrictor* 1878 *(Boa Constrictor)*, und *Navernenyj hrišnyk*, 1890 *(Der bekehrte Sünder)*, umfaßt, eine neue Richtung der sozialkritischen ukrainischen Prosa, die hier zum erstenmal die beginnende Industrialisierung in den Mittelpunkt eines literarischen Geschehens stellt. B.O.K.

AUSGABEN: Kiew 1881/82 (in *Svit*, 1881, Nr. 1–12; 1882, Nr. 1–9). – Lemberg 1922. – Charkov 1928. – Charkov 1932. – Kiew 1948. – Kiew 1951 (in *Tvory*, Hg. O. Kornijčuk u. a., 20 Bde., 1950–1956, 5). – Kiew 1952. – Kiew 1953. – Kiew/Užhorod 1957.

LITERATUR: I. G. Bulašenko, *Povist' I. F. »Boryslav smijet'sja«* (in Učeni zapysky, Bd. 74, Trudy filol. fak., Bd. 4, 1956, S. 31–36). – V. M. Čornokozova, *Pokaz u povisti I. F. »Boryslav smijet'sja« zaroždennja počuttja proletars'koho kolektyvizmu* (in *I. F. [Dopovidi i povidomlenyja]*, vyp. 5 [Vinnyc'kyj ped. instytut], 1956, S. 71–78). – A. A. Burjačok, *Iz sposterežen' nad slovotvorom u povisti I. F. »Boryslav smijet'sja«* (in Naukovi zapyska instytuta movoznavsta AN URSR, Bd. 15, 1959, S. 78–92). – F. Bilec'kyj, *Žanrova charakterystyka povisti »Boryslav smijet'sja«* (in Ukrajinska mova i literatura v školi, 1968, 6, S. 15–19). – S. Bysykalo, *Chudožne bahatstvo povisti »Boryslav smijet'sja«* (in Ukrajins'ke literaturoznavstvo, 1975, 23, S. 15–19). – D. Nalyvajko, *»Boryslav smijet'sja« I. F. v porivnjal'ho-typolohičnomy aspekti* (in D. N., *I. F. majster slova i dosl. lit.*, Kiew 1981, S. 332–362).

MOJSEJ

(ukr.; *Moses*). Poem von Ivan FRANKO, erschienen 1905. – Das Poem über den Führer des Volkes Israel stellt eine Antwort des Autors, eines engagierten Verfechters der sozialen und nationalen Befreiung der Ukraine, auf die Revolution von 1905 dar. Doch trotz seiner Anspielungen auf die aktuellen Ereignisse ist das Werk nicht ausschließlich Ausdruck eines zeitbedingten Engagements, sondern gleichzeitig eine Neuinterpretation von Moses' Auszug aus Ägypten. Das Poem schließt so eng an die biblische Vorlage an, daß seine übertragene Bedeutung verdeckt und erst mit Hilfe eines historisch-kritischen Kommentars zu erschließen ist.
Moses, der *»alles, was er im Leben hatte, hingab für eine Idee«*, erscheint in dem Poem als Prototyp des bürgerlichen Intelligenzlers im zaristischen Rußland, des Volkstümlers *(narodnik)*, der bedeutenden Anteil an der Schaffung eines revolutionären Bewußtseins im russischen Volk hatte. Moses' Schwäche, die ihn das Gelobte Land – die demokratische Gesellschaft – nicht erreichen läßt, besteht in seinen grüblerischen Zweifeln an der Richtigkeit seines Ziels. Diese Zweifel sind personifiziert durch den Dämon Azazel, der Moses zeitweilig von Jehova abzubringen vermag. Er besinnt sich zwar wieder auf seine Mission, muß aber die Momente des Zweifelns mit dem Leben bezahlen. Aus Moses' Schwanken schlagen die Demagogen Datan und Aaron – gemeint sind die Sozialrevolutionäre und Anarchisten – Kapital: Sie petschen das Volk auf und verleiten es zu unüberlegten Handlungen, die ihm nichts als Rückschläge bringen. Moses' Schicksal ist das der von der Masse zunächst verkannten großen geschichtlichen Persönlichkeit, die den Auftrag verspürt, dem Volk den Weg zur Freiheit zu weisen, deren Ideen aber erst nach ihrem Tod zur vollen Entfaltung kommen. Das von Moses begonnene Werk der Befreiung wird von der jungen Generation unter der Führung Josuas weitergeführt. Mit diesem Gedanken verleiht Franko seiner Überzeugung Ausdruck, daß von ihrer Mission zutiefst überzeugte, zielbewußte demokratische Führer kommen werden, um die Demagogen Datan und Aaron zu vernichten und das Volk von seiner unsteten Suche nach Freiheit zu erlösen. Aus dem Poem, das zu den besten Werken Frankos zählt, spricht der unbeirrbare Glaube des Autors an den revolutionären und demokratischen Elan seines Volks: *»Ich glaube an die Kraft des Geistes und an die Wiedergeburt deines Aufstands.«* W.Sch.-KLL

AUSGABEN: Lemberg 1905. – Kiew 1953 (in *Tvory*, 20 Bde., 12). – NY 1959 (in *Tvory*, 20 Bde., 1956–1960, 14). – Kiew 1964 (in *Poezii*, Hg. A. Kaspruka, 2 Bde., 2).

LITERATUR: Ja. Jarema, *»Mojsej«. Poema I. F. Krytyčna studija*, Ternopil' 1912. – Ju. Š. Kobelec'kyj, *Poemy I. F.* (in Molodyj bil'šovyk, 1939, Nr. 11/12, S. 175–188). – A. Kaspruk, *Filosofs'ki poemy I. F.*, Kiew 1965. – A. Skoc', *Žanrovi osoblyvosti filosofs'kych poem I. F. (na materiali »Smert'Kajina« i »Mojsej«)* (in Ukrajins'ke literaturoznavstvo, 1966, 1, S. 103–111). – A. Kaspruk, *Ukrajins'ka poema kincja XIX – počatky XX st.*, Kiew 1973, S. 159–239.

UKRADENE ŠČASTJA

(ukr.; *Das gestohlene Glück*). Drama in fünf Akten von Ivan FRANKO, erschienen 1894. – Das Stück – es zählt zu den hervorragenden literarischen Werken seiner Zeit – bildet den Höhepunkt im dramatischen Schaffen Frankos. Als Vorlage diente dem Autor, der auch als Ethnograph tätig war, ein wahrscheinlich im 19. Jh. entstandenes und 1878 aufgezeichnetes Volkslied aus der Karpatengegend: *Pisnja pro šandarja (Lied vom Gendarmen)*, mit dem sich der Dichter in seiner Abhandlung *Žinoča nevolja v rus'kych pisnjach narodnych*, 1883 *(Die Unfreiheit der Frau in den ruthenischen Volksliedern)*, befaßt hatte. Der erste Titel des Stücks – *Žandarm (Der Gendarm)* – wurde aus Zensurrücksichten geändert.
Das Handlungsschema des Volkslieds geht unverändert in das Stück ein: Aus Habgier verweigern Annas Brüder ihrer Schwester das Erbteil und trennen sie von ihrem Liebsten Mychajlo, dem Sohn einer armen Witwe. Da sie fürchten, Mychajlo könne um Annas Erbe kämpfen, drängen sie ihn aus dem Dorf. Widerrechtlich wird er mit Hilfe des Bürgermeisters zu langjährigem Militärdienst gezwungen. Dann fälschen sie die Nachricht von seinem Tod, und Anna muß den Knecht Mykola heiraten. Das Ehepaar zieht in ein fremdes Dorf. Hier taucht eines Tages Mychajlo auf, der es inzwischen zum Gendarm gebracht hat. Erbittert über das erlittene Unrecht, nutzt er seine Machtstellung im Dorf aus, bringt bedenkenlos Annas Mann wegen Mordverdachts in Gefängnis und wirbt nochmals um die junge Frau. Anna weist ihn zuerst zurück und will das Treuegelöbnis halten, Mychajlo kann sie aber schließlich doch noch gewinnen. Voller Haß gegen

die Umwelt, die ihnen ihr Glück gestohlen hat, mißachten sie den strengen Moralkodex des Dorfes. Als Mykola heimkehrt, vermag er nicht gegen die beiden vorzugehen, da auch er den früheren Betrug an Anna und Mychajlo verurteilt. Er bittet sie nur, seine Familienehre nicht zu beflecken. Da Mychajlo und Anna ihn trotzdem lächerlich machen, erschlägt Mykola den Nebenbuhler mit dem Beil. Der sterbende Mychajlo bereut, Mykolas Leben zerstört zu haben, und nimmt vor Zeugen alle Schuld auf sich. Er ermahnt Anna, zu ihrem Mann zurückzukehren.

Die soziale Bedingtheit im Handeln der Personen, die reich differenziert sind, wird im Drama deutlicher als im Volkslied aufgedeckt. Der Bodenhunger beherrscht die Gefühle der Menschen und führt zum moralischen Niedergang ihrer patriarchalischen bäuerlichen Welt. *Ukradene sčastja*, das bis heute einen festen Platz im Repertoire des ukrainischen Theaters hat, spiegelt in ästhetisch überzeugender Manier die Lebensverhältnisse der westukrainischen Bauern im 19. Jh. A.H.H.

AUSGABEN: Zorja 1894. – NY 1960 (in *Tvory*, 20 Bde., 1956–1960, 17).

LITERATUR: P. Markuševs'kyj, *»Ukradene sčastja« I. F. sered tvoriv svitivoji dramaturhiji podibnoji tematyky* (in Ukrajins'ke literaturoznavstvo, 1978, 30, S. 35–41). – A. Polotaj, *Do istoriji tekstu i vydannja dramy I. F. »Ukradene sčastja«* (in Pytannja tekstolohiji: *I. F.*, Kiew 1983, S. 107–141). – V. Rud', *Pryncyp »poetyčnoji spravedlyvosty« ta jojo vyjav u drami I. F. »Ukradene sčastja«* (in Radjans'ke Lit-vo, 1986, 5, S. 37–44).

KARL EMIL FRANZOS

* 25.10.1848 Czortków / Galizien
† 18.1.1904 Berlin

DER POJAZ. Eine Geschichte aus dem Osten

Roman von Karl Emil FRANZOS, entstanden 1893, erschienen 1905. – Das Verhältnis jüdischer Schriftsteller zu ihrer Herkunft kann weitgehend als Reaktion auf die Haltung ihrer nichtjüdischen Umwelt verstanden werden. Im komplexen Spannungsfeld der Vorurteile, zwischen den Polen Antisemitismus und Philosemitismus, spiegelt sich die Gebrochenheit dieses Verhältnisses, in dem sich ein Jahrtausende umfassendes Geschichtsbewußtsein und der Stolz des »auserwählten Volkes« mit der Kritik an erstarrten orthodoxen Traditionen und der Selbstverleugnung des Konvertiten verbinden. Gerade an den Werken einst aktueller, jedoch in Vergessenheit geratener Autoren wie Franzos, heute nur noch als Herausgeber der Werke Georg BÜCHNERS bekannt, wird diese Problematik besonders eindringlich sichtbar.

Der autobiographische Roman, den Franzos bereits 1893 vollendet hatte, doch aus persönlichen Gründen, vor allem aber angesichts des herrschenden, mit der Idee des »Völkischen« pseudotheoretisch fundierten Antisemitismus, nicht veröffentlichen wollte und konnte, hat das ambivalente Selbstverständnis des jüdischen Intellektuellen zum Thema. Es ist der Entwicklungs- und Erziehungsroman eines jungen Mannes, dessen geistige und künstlerische Ambitionen von einer geradezu grotesk strenggläubigen und allen Neuerungen feindselig begegnenden Umwelt unerbittlich unterdrückt werden. – Sender (Alexander) Glatteis, der bei seiner Pflegemutter Rosele Kurländer im Mauthaus von Barnow (Galizien) eine liebevoll umhegte Kindheit verbracht hat, gerät schon in der Schule mit seiner orthodoxen Umwelt in Konflikt. Der »Pojaz« (Bajazzo), wie man Sender wegen seiner possenreißerischen Streiche nennt, brennt durch und beginnt ein unstetes Wanderleben. Wie für die Helden des klassischen Bildungsromans (GOETHES *Wilhelm Meister*; MORITZ' *Anton Reiser*) wird auch für Sender die Begegnung mit dem Theater zum entscheidenden Erlebnis. Der Direktor der Czernowitzer Bühne legt Sender das Studium der deutschen Literatur nahe, dem er sich mit Eifer hingibt; zugleich verstößt er damit aber gegen die strengen Regeln seiner chassidischen Glaubensbrüder, denen schon die Kenntnis nichthebräischer Schriftzeichen als schwere Sünde gilt. Wechselvolle Schicksale nach seiner Rückkehr in die Heimat – gescheiterte Heiratspläne, Einberufung zum Militärdienst, schwere Krankheit, unerwarteter Lotteriegewinn – veranlassen ihn erneut, einem Ruf an das Czernowitzer Theater zu folgen. Abermals vereiteln widrige Umstände dieses Vorhaben – die tröstlichen kollegialen Worte des Lemberger Schauspielers Bogumil Dawison markieren Höhepunkt und Scheitern von Senders »theatralischer Sendung«. Resignation ist die Grundstimmung seiner letzten Lebensjahre, die er in seiner galizischen Heimat verbringt.

Franzos hat das Scheitern des Romanhelden als unerbittlichen Determinationsmechanismus dargestellt: Sender ist ein »Zerrissener«, der in der Ordnungswelt des jüdischen Glaubens Fuß fassen möchte, von seinem verlotterten und vagabundierenden Vater Mendele Glatteis, dem *»König der Schnorrer«*, aber erblich vorbelastet ist. Über diese, als autobiographische Projektion zu verstehende Zerrissenheit aber dominiert Franzos' Optimismus, der sich gegen die Widerstände und Verfolgungen einer judenfeindlichen Umwelt behauptet und *»an den Sieg des Ideals glaubt, das er im Herzen trägt, an den Triumph der Aufklärung, an den endlichen Einzug des ›Königs der Ehren‹ in die Mauer des Ghetto«* (L. Geiger). M.Schm.

AUSGABEN: Stg. 1905. – Königstein/Ts. 1979 [Nachw. J. Hermand].

LITERATUR: L. Geiger, *K. E. F.* (in L. G., *Die deutsche Literatur und die Juden*, Bln. 1910, S. 250 bis 304). – P. Schkilniak, *Galizien bei K. E. F.*, Diss. Innsbruck 1946. – R. M. Thurber, *The Cultural Thought of K. E. F.*, Diss. Univ. of Michigan 1954. – A. Malychy, *Das Ukrainertum in den Dichtungen von K. E. F.*, Diss. Univ. of Cincinnati 1961. – M. L. Martin, *K. E. F. His Views on Jewry as Reflected in His Writings on the Ghetto*, Diss. Univ. of Wisconsin 1968. – J. Hermand, *K. E. F.: Der Pojaz (1905)* (in J. H., *Unbequeme Lit.*, Heidelberg 1971, S. 107-127). – E. Schwarz u. R. A. Berman, *K. E. F.: »Der Pojaz«. Aufklärung, Assimilation u. ihre realistischen Grenzen* (in *Romane u. Erzählungen des bürgerlichen Realismus*, Hg. H. Denkler, Stg. 1980, S. 378–392). – Dies., *Am dt. Wesen soll die Welt genesen? K. E. F.: »Der Pojaz« (1905)* (in E. Schwarz, *Dichtung, Kritik, Geschichte*, Göttingen 1983, S. 48–68). – F. M. Sommer, *»Halb-Asien«: German Nationalism and the Eastern European Works of K. E. F.*, Diss. Univ. of Wisconsin-Madison 1983. – D. Kessler, *Ich bin vielleicht kein genügend moderner Mensch. Notizen zu K. E. F. (1848–1904)*, Mchn. 1984.

NAIM FRASHËRI

* 25.5.1846 Frashër
† 20.10.1900 Istanbul

LITERATUR ZUM AUTOR:
M. Kokojka, *N. F.*, Sofia 1901. – Z. Xholi, *N. F. Jeta dhe idetë*, Tirana 1962. – H. Kaleshi, *Veprat turqisht dhe persisht të N. F.* (in *Gjurmime albanologjike*, 1970, S. 143–153). – *Numër kushtuar 125-vjetorit të lindjes së N. F.* (in *Studime filologjike* 8, 1971, H. 2; Sondernr.). – Dh. Shuteriqi, *N. F. (Jeta dhe vepra)*, Tirana 1982.

BAGËTI E BUJQËSI

(alb.; *Viehzucht und Landbau*). Epos von Naim FRASHËRI, erschienen 1886. – Die aus 454 trochäischen Oktonaren bestehende Dichtung ist in toskischer (südalbanischer) Mundart geschrieben, enthält aber auch Einsprengsel aus anderen albanischen Dialekten. Der Dichter schildert darin die Tätigkeit der Hirten und Bauern Albaniens und preist die Naturschönheiten seines Heimatlandes, von dem er durch seinen Dienst als türkischer Staatsbeamter ferngehalten wird. Das Epos beginnt mit einem schwärmerischen Anruf an das Vaterland; dann sind etwa 200 Verse dem Leben des albanischen Hirten und etwa ebensoviele dem des Landwirts gewidmet; in den letzten zwanzig Versen dankt der Autor dem Weltschöpfer und bittet ihn, Albanien besonders gnädig zu sein.

Meist beschreibt Naim Frashëri zugleich mit den Landschaften seiner Heimat auch die Erinnerungen, die ihn damit verbinden. Wiederholungen scheut er dabei ebensowenig wie den sprunghaften Wechsel von einem Gegenstand zum anderen. Die Darstellung wird häufig von eingeschobenen Gesprächen des Dichters mit seinem Land und dessen vielfältigen Naturerscheinungen unterbrochen. Zuweilen verfällt der Autor in einen lehrhaften Ton, wobei er seinen Landsleuten väterliche Ratschläge erteilt und ihnen gelegentlich auch herzhafte Gardinenpredigten hält. Überhaupt kommt es ihm offenbar weniger auf die Naturschilderung an als vielmehr darauf, den Rahmen zu schaffen für einen von echtem Patriotismus getragenen Hymnus auf sein Vaterland, das ihm, dem von Heimweh Geplagten, aus der Ferne wie in ein verklärendes Licht getaucht erscheint. – Sowohl der Form als auch dem Inhalt nach steht *Bagëti e bujqësi* etwa in der Mitte zwischen Volks- und Kunstdichtung. Von letzterer hat der Dichter das der albanischen Volkspoesie fremde Versmaß übernommen, an dem es liegen mag, daß Wort- und Versakzent nicht immer zusammenpassen. Zuweilen macht sich auch das Fehlen einer gedanklichen Linie bemerkbar, die geeignet wäre, die oft sehr anschaulichen Bilder und treffenden Bemerkungen miteinander zu verbinden. Einige phantastische Übertreibungen mögen auf die glühende Heimat- und Vaterlandsliebe des Dichters zurückzuführen sein. Jedenfalls gehört das Epos – trotz einiger Schwächen – zu dem Besten, was Naim Frashëri geschaffen hat; *Bagëti e bujqësi* nimmt daher auch mit vollem Recht einen hervorragenden Platz in der albanischen Literatur ein. Auf die albanische Dichtergeneration vor der Unabhängigkeitserklärung (1912) hat das Werk einen nachhaltigen Einfluß ausgeübt.
E.Vl.

AUSGABEN: Bukarest 1886. – Tirana 1956.

ÜBERSETZUNGEN: *I pascoli e i campi*, L. Pompilij, Spoleto 1941 [ital.]. – M. Lambertz (in *Lehrgang des Albanischen*, Tl. 3: *Grammatik der albanischen Sprache*, Halle 1959, S. 246/247; Ausz.).

LITERATUR: N. Ressuli, *N. F. poeti i mirësisë* (in *Shpirti Shqiptar*, 1954, 1, S. 9–14; 2, S. 32–35; 1955, 3, S. 37/38; 4, S. 29–32). – D. S. Shutëriqi, *Histori e letërsisë shqipe*, Tirana [2]1958, S. 153–156. – G. Gradilone, *Tecnica, motivi e poesia nella »Bagëti e bujqësi«* (in *Shëjzat*, 2, Rom 1958, S. 254–264).

ISTORI E SKËNDERBEUT

(alb.; *Geschichte Skanderbegs*). Epos von Naim FRASHËRI, erschienen 1898. – Das Werk besteht aus 22 Gesängen mit insgesamt 11 500 Achtsilbern, dem Versmaß der Volksepik, in toskischer (südalbanischer) Mundart. Der Autor beschreibt in epischer Breite den albanischen Freiheitskampf gegen die Türken im 15. Jh. Im Mittelpunkt steht die Gestalt des Georg Kastriota, dessen Vater Johann, der Burgherr von Kruja, die Oberhoheit des Sultans anerkennen und seine Söhne als Geiseln an den Hof von Adrianopel senden muß. Georg bewährt sich unter dem Namen Skanderbeg im Dienst des Osmanischen Reichs und erringt das Vertrauen seines Herrschers. Aber nach dem Tod seines Vaters und der Ermordung seiner Brüder verläßt er während des Ungarnfeldzugs das türkische Heer und flieht in seine Heimat Albanien; von dort aus übernimmt er die Führung des Freiheitskampfes. Gegen ihn entsandte türkische Heere scheitern bei dem Versuch, die Festung Kruja zu erobern. Erst als Skanderbeg stirbt, bricht der Aufstand zusammen. Gemeinsam mit der Gemahlin und dem Sohn des toten Helden verlassen die Anführer der Erhebung die Heimat und fliehen nach Italien.

Das Epos folgt in den Grundzügen den historischen Tatsachen, enthält aber daneben viel Phantastisches und Legendäres. Es war wohl auch nicht die Absicht des Dichters, ein genaues Abbild der geschichtlichen Ereignisse zu geben, vielmehr wollte er in seinen Landsleuten die Erinnerung an den Geist des heroischen Zeitalters ihrer nationalen Geschichte wachrufen. Das ganze Werk ist von glühendem Patriotismus und tiefer Liebe zur Heimat, die der Dichter hatte verlassen müssen, durchdrungen. In der Gestalt des Nationalhelden, des christlichen Kämpfers gegen die Herrschaft der muslimischen Türken, erblickte der Autor – obwohl er selbst Anhänger des Islam war – die Verkörperung des Albanertums. *Istori e Skënderbeut* gilt als Hauptwerk Naim Frashëris; es ist auch heute noch in Albanien außerordentlich volkstümlich und hat auf die jüngere albanische Literatur (besonders auf Gjergj FISHTA) einen bedeutenden Einfluß ausgeübt. P.B.

AUSGABEN: Bukarest 1898. – Tirana 1953.

LITERATUR: G. Schiro, *Storia della letteratura albanese*, Mailand 1959, S. 122–125. – S. Spasse, *Poema e N. Frashërit »Histori e Skënderbeut«* (in Nëndori, 1954, Nr. 4, S. 115–130). – *Historia e letërsisë shqiptare*, Tirana 1983, S. 176–232.

JAMES GEORGE FRAZER

* 1.1.1854 Glasgow
† 7.5.1941 Cambridge

THE GOLDEN BOUGH. A Study in Comparative Religion

(engl.; Ü: *Der Goldene Zweig. Das Geheimnis von Glauben und Sitten der Völker*). Ethnologisch-soziologisch-religionsgeschichtliches Werk von James George FRAZER, erschienen 1890 in zwei Bänden, bis 1936 auf dreizehn Bände erweitert. – Die Schrift ist eine jener monumentalen, strenggenommen vorwissenschaftlichen Kompilationen, die auf die zeitgenössische Meinungsbildung und die Ausprägung einer ganz neuen Forschungsrichtung einen kaum abzuschätzenden stimulierenden Einfluß ausgeübt haben. Mit dem für das 19. Jh. so charakteristischen positivistischen Elan, der sich auch in der Fragestellung von DARWINS *On the Origin of Species by Means of Natural Selection*, 1859 (*Über den Ursprung der Arten durch natürliche Zuchtwahl*), oder von Ernest RENANS *Vie de Jésus*, 1863 (*Leben Jesu*), findet, ging der schottische Anthropologe Frazer an die Sammlung und Auswertung eines breitgestreuten empirischen Materials, das er dann mit der schriftstellerischen Gewandtheit des umfassend gebildeten Gelehrten – er war ursprünglich klassischer Philologe – systematisierte und zu einer selbständigen Analyse des rituellen und tabuverhafteten menschlichen Verhaltens in der antiken Welt und den »primitiven« Kulturen der Vergangenheit und Gegenwart verarbeitete. Dabei wird unausgesprochen die Absicht des Verfassers spürbar, durch eine »Entmythologisierung« mythologischer wie auch aus der anthropologischen Literatur belegbarer Verhaltensformen die magischen und die religiösen Praktiken auf den gleichen Ursprung zurückzuführen, um derart die Behauptung vieler seiner Zeitgenossen zu erhärten, der Glaube an transzendente Phänomene sei überholt, die Welt immanent erklärbar. Diese Absicht wird noch deutlicher erkennbar im neuen Untertitel der zwischen 1907 und 1915 erschienenen zwölfbändigen Ausgabe des Werkes: *A Study in Magic and Religion (Eine Studie magischen und religiösen Verhaltens)*. Bald darauf weitete Frazer sein im Grund nicht anders konzipiertes, bereits 1887 erschienenes Buch *Totemism* ebenfalls aus (*Totemism and Exogamy*, 5 Bde., 1910–1937). Ihm war inzwischen die günstige Aufnahme seiner Thesen und seiner Methodik bewußt geworden, die mit der geradezu populären zweibändigen Kurzfassung des *Golden Bough* von 1922 ihren Höhepunkt erreichte.

Zum Ausgangspunkt seiner weitläufigen Entwicklungsgeschichte der Mythen und Motive des antiken, mittelalterlichen und modernen Volksglaubens, die zu einer Geschichte der Urreligionen wurde, machte Frazer die Überlieferung von den römischen Priesterkönigen, die als Inkarnation der Gottheit und Verkörperung des Baumgeistes galten und deren Nachfolge nur antreten konnte, wer einen Zweig vom heiligen Baum im Hain der Nemi brach und dann den Priester erschlug – ein Amt, das flüchtigen Sklaven vorbehalten war. Frazer versuchte, eine – von der Forschung inzwischen widerlegte – Parallele zwischen dieser Überlieferung und dem im sechsten Buch der *Aeneis* beschriebenen Abstieg des Helden in die Unterwelt zu ziehen, der zuvor einen »*goldenen Zweig*« brechen mußte. – Nach und nach schwoll diese Untersuchung zum vielbändigen Kompendium an, in dem die vielen

Kulturen gemeinsamen Züge von Tötungsriten, Opferfeuern, Karnevalssitten, Fruchtbarkeitszaubern oder »*Sündenbock-orientiertem*« Verhalten zusammen mit den Zwangshandlungen oder Tabus, die ihnen – zwischen Eismeer und Polynesien – zugeordnet wurden, ihren Platz fanden.

Zu der Überzeugung, daß Magie und Religion ursprünglich Ersatzkonzepte für fehlendes Tatsachenwissen gewesen sind, waren bereits viele Denker und Wissenschaftler gerade des 19. Jh.s gelangt. Hier schloß Frazer an unmittelbare Vorläufer, etwa Herbert SPENCER und Friedrich M. MÜLLER, an; auch der französische Soziologe Émile DURKHEIM arbeitete gleichzeitig über das Inzesttabu, das sowohl er wie Frazer eng mit primitiven religiösen Vorstellungen in Verbindung brachten. Frazers Verdienst liegt in erster Linie in der mühevollen Kleinarbeit, die er auf die Auswertung aller erreichbaren klassischen Quellen, sämtlicher Sagenbücher und einer Unzahl von Reiseberichten aus abgelegenen Teilen der Erde verwandte. Auch frühere Kompilationen wie die von Richard ANDREE, Adolf BASTIAN und Wilhelm MANNHARDT nahm er zu Hilfe; die Werke von Historikern von Rang wie PLUTARCH oder George BANCROFT galten ihm ebenso viel wie die Aufzeichnungen von Provinzarchivaren. – Sein Werk, das in den meisten Einzelheiten inzwischen ebenso überholt ist wie seine These von der evolutionären Präzedenz der Magie vor der Religion, beeindruckt noch heute durch die »unwissenschaftliche« Unmittelbarkeit seines Stils. Frazers Hauptverdienst ist der Nachweis, daß zwischen den von ihm untersuchten, zeitlich und räumlich geschiedenen ethnischen Gruppen hinsichtlich magisch-religiöser Vorstellungen überraschende Parallelen und entwicklungsgeschichtliche Beziehungen bestehen.

Es ist gesagt worden (Gaster), Frazer habe für das Verständnis gesellschaftlicher und kultureller Kollektivphänomene das geleistet, was FREUD für das Verständnis des durch sein Unterbewußtsein geprägten Individuums tat, weil Frazer im *Golden Bough* die Analogien zwischen den Vorstellungen und Handlungen der »Primitiven« und den im »kollektiven Unbewußten« wurzelnden, noch heute gültigen Sitten und Institutionen aufzeigt (C. G. Jung). So blieb nicht aus, daß sein Werk für Religionssoziologen und Anthropologen – Lucien LÉVY-BRUHL, Bronislaw MALINOWSKI, Ruth BENEDICT, Margaret MEAD – zur Fundgrube und zum unentbehrlichen, wenn auch kritisch benutzten Handwerkszeug wurde; in gleichem Maß galt dies für vergleichende Literarhistoriker, die auf die Ähnlichkeit bestimmter Fabeln in Werken und Überlieferungen aus unterschiedlichsten Kulturbereichen und -stufen aufmerksam wurden, und vor allem auch für Schriftsteller des 20. Jh.s, die – wie etwa T. S. ELIOT in *The Waste Land* (1922) – unmittelbar Bezug auf den *Golden Bough* nahmen oder – wie O'NEILL, WAUGH, BELLOW und nicht zuletzt die Trivialliteratur – ihre Stoffe durch die Einbeziehung religiös-magischer Rituale bereicherten.   R.G.

AUSGABEN: Ldn. 1890, 2 Bde. – Ldn. 1900, 3 Bde. – Ldn. 1906 (*Adonis. Attis. Osiris. Studies in the History of Oriental Religion:* d. i. später Tl. 4 von *The Golden Bough*). – Ldn. 1907–1915 (*The Golden Bough. A Study in Magic and Religion*, 12 Bde.). – Ldn. 1935 (dass.). – Ldn. 1936 (*Aftermath. A Supplement to »The Golden Bough«*). – NY 1959 (*The New Golden Bough. A New Abridgment of the Classic Work*, Hg. Th. Gaster; ern. 1964). – New Hyde Park/N.Y. 1961 (*Adonis. Attis. Osiris. Studies in the History of Oriental Religion*).

ÜBERSETZUNG: *Der Goldene Zweig. Das Geheimnis von Glauben u. Sitten der Völker*, H. v. Bauer, Lpzg. 1928 [gek.].

LITERATUR: Th. Bestermann, *A Bibliography of Sir J. G. F.*, Ldn. 1934. – T. Parsons, *The Structure of Social Action. A Study of Social Theory with Special Reference to a Group of Recent European Writers*, NY/Ldn. 1937. – R. A. Downie, *J. G. F., the Portrait of a Scholar*, NY 1941. – J. P. Bishop, »*Golden Bough*« (in J. P. B., *The Collected Essays,* Hg. E. Wilson, NY 1948, S. 23–36). – B. Malinowski, *On Sir J. G. F.* (in B. M., *Sex, Culture, and Myth*, Ldn. 1963, S. 268–282). – H. Weisinger, *The Branch That Grew Full Straight* (in H. W., *The Agony and the Triumph*, East Lansing/Mich., 1964, S. 118–133). – R. A. Downie, *F. and the »Golden Bough«*, Ldn. 1970. – J. B. Vickery, *The Literary Impact of »The Golden Bough«*, Princeton/N.J. 1973.

FREDEGARIUS SCHOLASTICUS

1. Hälfte 7. Jh.

CHRONICON

(mlat.; *Chronik*). »*Das einzige größere Geschichtswerk aus dem 7. Jh.*« (Manitius). Der Verfasser ist der Überlieferung zufolge FREDEGARIUS SCHOLASTICUS, doch hat man Anfang dieses Jahrhunderts erkannt, daß die vier Bücher der *Fredegar-Chronik* von zwei oder drei Autoren zwischen 613 und 658 aufgezeichnet wurden. Das Werk, das in barbarischem Latein geschrieben ist, stellt teils eine unkritische Kompilation aus älteren Quellen, teils eine objektive Zeitgeschichte der Merowinger bis zum Jahr 643 dar (ein wesentliches Indiz für die Datierung). – Der Inhalt ist ziemlich bunt zusammengewürfelt. Seine Hauptstücke sind: eine Aufzählung der jüdischen Könige; ein Verzeichnis der Päpste; Auszüge aus den verlorenen *Gesta Theoderici regis* (*Taten des Königs Theoderich*), aus der *Historia Francorum* des GREGOR VON TOURS und aus burgundischen Annalen; Auszüge aus der Biographie COLUMBANS (von JONAS), des irischen Wanderpredigers und Dichters; Annalen der Frankenkönige. Im ganzen zeigt die *Fredegar-Chronik*, »mit wie geringen Mitteln in der Geschichtsschreibung während des 7. Jh.s auch hochstehende Leute sich begnügten« (Manitius). Als die *Chronik* unter Pippins Onkel Childebrand und dessen Sohn Nibelung bis ins Jahr 768 fortgesetzt wurde, ist die Qualität sprachlich und historiographisch allerdings noch weiter abgesunken. J.Sch.

AUSGABEN: Ingolstadt 1602 (*Collectio historica chronographica*, in H. Canisius, *Lectiones antiquae*, Bd. 2). – Bln. 1888 (*Fredegari et aliorum Chronica. Vitae sanctorum*, Hg. B. Krusch, in MGH, script. Merov. 2; Nachdr. Hannover 1984).

ÜBERSETZUNG: *Die Chronik Fredegars u. der Frankenkönige, die Lebensbeschreibungen des Abtes Columban, der Bischöfe Arnulf, Leodegar und Eligius, der Königin Balthilde (583–768)*, O. Abel, Bln. 1849; ern. Essen 1985.

LITERATUR: B. Krusch, *Die Chronicae des sog. F.* (in NA, 7, 1982, S. 247–351; 421–516). – O. Haag, *Die Latinität F.s.* (in RF, 10, 1899, S. 835–932). – G. Schnürer, *Die Verfasser der sog. F.-Chronik*, Freiburg i. B. 1900. – Manitius, 1, S. 223–227. – M. Baudot, *La question du Ps.-F.* (in MA, 38, 1928, S. 129–170). – S. Hellmann, *Das F.-Problem* in HVj, 29, 1934, S. 129–170). – W. Wattenbach u. W. Levison, *Deutschlands Geschichtsquellen im Mittelalter. Vorzeit und Karolinger*, H. 1, Weimar 1952, S. 109–114 [m. Bibliogr.].

HAROLD FREDERIC

* 19.8.1856 Utica / N.Y.
† 19.10.1898 Henley-on-Thames / England

THE DAMNATION OF THERON WARE

(amer.; *Die Verdammnis des Theron Ware*). Roman von Harold FREDERIC, erschienen 1896. – An die *local color*-Tradition anknüpfend, schildert Frederic in seinem bekanntesten und besten Roman den Charakterverfall eines jungen Methodistenpfarrers, der gegen Ende des 19. Jh.s in einer Kleinstadt im Staat New York lebt. Theron Ware, der schriftstellerische Ambitionen hat, ist zu seiner Enttäuschung in diesen vorwiegend von irischen Katholiken bewohnten Ort versetzt worden, wo seine Predigten die frömmelnde, engstirnige protestantische Gemeinde schockieren. Er kommt in engere Verbindung mit einer Gruppe von Katholiken, die ihm in ihrer gedanklichen Unabhängigkeit weit voraus sind. Fasziniert von ihrer weltmännischen Bildung und Aufgeschlossenheit, weicht der naive Pfarrer langsam von seinem eigenen Glauben ab.

Er beginnt, alles, was bisher zu seinem Leben gehört hat, auch seine Frau, zu verachten, und verliebt sich in die temperamentvolle Organistin Celia Madden, die Tochter eines reichen irischen Einwanderers, wobei er versucht, ihre – teilweise noch unausgegorenen – Ideale zu den seinen zu machen. Aber dazu fehlen ihm sowohl die intellektuellen Voraussetzungen als auch der feste Rückhalt, den ihr die römische Kirche gibt. Zur Selbsterkenntnis gelangt er erst, als Celia ihn zurückstößt und erklärt, daß sie und ihre Freunde (Hochwürden Forbes, den Ware intimer Beziehungen zu Celia verdächtigt hatte, und der Agnostiker Dr. Ledsmar) entsetzt darüber seien, daß er gerade die Eigenschaften, die sie an ihm geschätzt hatten – seine Unschuld und seine Charakterfestigkeit – verloren habe. Theron wird krank, tritt von seinem Amt zurück und geht nach der Genesung mit seiner Frau als Beauftragter einer Maklerfirma in den Westen.

Bei seinem Erscheinen erregte der Roman in Amerika Aufsehen, weil er einen protestantischen Pfarrer als Dilettanten darstellte. Die Geschichte der Selbsttäuschung Theron Wares war ferner eine Attacke gegen die gefährliche Pseudomoral und den Pseudoidealismus Amerikas. Daß der Autor, einer der profiliertesten amerikanischen Journalisten seiner Zeit, auch als Schriftsteller immer zutiefst engagiert blieb, beweist auch *The Damnation of Theron Ware*, der letzte Roman, der zu seinen Lebzeiten erschien und der ihm endlich die zeitlebens ersehnte finanzielle Unabhängigkeit brachte. Was die literarische Qualität anbelangt, so ist ihm weder vorher noch danach ein Werk von ähnlicher stilistischer Durchformung und sprachlicher Präzision gelungen. Der Roman, der zunächst in London erschien und in englischen Ausgaben den Titel *Illumination (Erleuchtung)* trägt, gilt heute als einer der wichtigsten amerikanischen Romane des späten 19. Jh.s. Er bereitete Stephen CRANE (mit dem Frederic in England befreundet war), Frank NORRIS und Theodore DREISER den Weg. B.F.-KLL

AUSGABEN: Ldn. 1896 (*Illumination*). – Chicago 1896. – Lpzg. 1896 (*Illumination, or The Damnation of Theron Ware*, in *Works*, 2 Bde., 1). – NY 1924 [Einl. R. M. Lovett]. – NY 1960 [Einl. J. H. Raleigh]. – Lincoln 1985, Hg. C. Dodge u. S. Garner. – Harmondsworth 1986.

LITERATUR: E. Carter, *Howells and the Age of Realism*, Philadelphia 1954, S. 239–245. – J. H. Raleigh, »*The Damnation of Theron Ware*« (in AL, 30, 1958, S. 210–227). – T. F. O'Donnell u. H. C. Franchere, *H. F.*, NY 1961 (TUSAS). – G. W. Johnson, *H. F.'s Young Goodman Ware: The Ambiguities of Realistic Romance* (in MFS, 8, 1962/63, S. 361–374). – L. Ziff, *The American 1890's*, NY 1966, S. 206–228. – A. Briggs, *The Novels of H. F.*, Ithaca/N.Y. 1969. – S. Garner, *H. F.*, Minneapolis 1969. – A. F. Stein, *Evasions of an American Adam: Structure and Theme in »The Damnation of Theron Ware«* (in American Literary Realism, 5, 1972, S. 23–36). – T. F. O'Donnell u. a., *A Bibliography of Writings by and about H. F.*, Boston 1975. – R. H. Woodward, *H. F.* (in DLB, 12, 1982, S. 173–183).

ALEKSANDER FREDRO

* 20.6.1793 Surochów bei Przemyśl
† 17.7.1876 Lemberg

LITERATUR ZUM AUTOR:
S. Tarnowski, *Komedie A. hr. F.* (in S. T., *Rozprawy i sprawozdania*, Bd. 2, Krakau 1896). – F. Łagowski, *O komediach A. F.*, Warschau 1901. – F. Günther, *F. jako poeta narodowy*, Warschau 1914. – I. Chrzanowski, *O komediach A. F.*, Krakau 1917. – E. Kucharski, *F. a komedia obca*, Krakau 1921. – Ders., *A. F. Życiorys literacki*, Lemberg/u. a. 1926. – A. Stefanini, *Pessimismo ed ottimismo fredriano*, Rom 1930. – H. Barycz, *Sąd nad twórczością sceniczną A. F.*, (in Pamiętnik Literacki, 1951, H. 1). – V. Mika, *Der polnische Molière oder der Vater des polnischen Lustspiels* (in Theater der Zeit, 1954, H. 10). – S. Pigoń, *Spuścizna literacka A. F.*, Krakau 1954. – Ders., *W pracowni A. F.*, Warschau 1956. – J. Kleiner, *O Krasickim i o F. Dziesięć rozpraw*, Breslau 1956. – H. B. Segel, *Twórczość F. i rozwój komedii europejskiej* (in Pamiętnik Teatralny, 7, 1958, Nr. 2; Sondernr.). – M. Swoboda, *Dalecy potomkowie antycznych pasożytów w komediach A. F.* (in Zeszyty nauk Univ. M. Kopernika, Thorn 1960). – S. Dąbrowski u. R. Górski, *F. na scenie*, Warschau 1963. – B. Lasocka, *O F., Dwadzieścia lat badań* (in Pamiętnik Tetralny, 1964, H. 3). – T. Sivert, *A. F.*, Warschau [2]1965. – K. Wyka, *A. F.*, Warschau 1968. – S. Kołaczkowski, *Osobowość i postawa poetycka F.* (in S. K., *Pisma wybrane*, Bd. 1, Warschau 1968). – J. Zaleski, *Język A. F.*, 2 Bde., Breslau 1969–1975. – *F. i Fredrusie*, Hg. B. Zakrzewski, Breslau 1974. – K. Wyka, *A. F.* (in *Literatura Krajowa w okresie romantyzmu 1831–1863*, Bd. 1, Krakau 1975, S. 399–447 [m. Bibliogr.]). – A. Milska, *A. F.* (in A. M., *Pisarze polscy. Wybór sylwetek*, Warschau 1975, S. 195–199). – B. Zakrzewski, *F. z paradyzu. Studia i szkice*, Breslau 1976. – J. M. Rymkiewicz, *A. F. jest w złym humorze*, Warschau 1977. – K. Poklewska, *A. F.*, Warschau 1977. – M. Inglot, *Komedie A. F. Literatura i teatr*, Breslau 1978. – C. Kłak, *Etiudy prozatorskie A. F.* (in Rocznik Komisji Historycznoliterackiej, 16, 1979, S. 3–20). – M. Ursel, *Bajkopisarstwo A. F.*, Breslau 1980. – W. Natanson, *Sekrety fredrowskie*, Warschau 1981. – C. Miłosz, *Geschichte der polnischen Literatur*, Köln 1981, S. 206–209. – K. Wyka, *A. F.* (in *Literatura polska. Przewodnik encyklopedyczny*, Bd. 1, Warschau 1984, S. 276–278).

MĄŻ I ŻONA

(poln.; *Mann und Frau*). Komödie in drei Akten von Aleksander FREDRO, Uraufführung: Lemberg 1822. – Der sittliche Niedergang des polnischen Adels wurde Anfang des 19. Jh.s zum zentralen Thema der Dramatik, weil diese ganze Gesellschaftsklasse mit reaktionärer Heftigkeit gegen die wirtschaftliche und soziale Entwicklung der beginnenden bürgerlichen Epoche opponierte, indem sie – und sei es in völliger Isolation – ihren nach ausländischen Mustern gebildeten Lebensstil weiter aufrechtzuerhalten suchte. Fredro, der von einem traditionsbewußten, patriotischen Standpunkt die Entartung der heimischen Sitten mit wachsender Unruhe registrierte, antwortete mit scharfer Satire und bissiger Ironie auf diese Erscheinungen.
Im Mittelpunkt der Komödie stehen die Liebesaffären des Grafen Wacław und seiner Gattin Elwira. Elwira, die sich in der Ehe vernachlässigt fühlt, sucht Trost in den Armen Alfreds, eines pfiffigen Charmeurs, der Wacławs uneingeschränktes Vertrauen besitzt. Doch obwohl er seine Beziehung zu Elwira raffiniert zu tarnen versteht, erhält Justysia, Elwiras Kammerzofe, die alle Vorgänge im Haus zu ihren Gunsten ausnutzt, davon Kenntnis. Sie rächt sich an Alfred, der auch mit ihr ein Liebesverhältnis unterhält, indem sie Elwira ihre Beziehungen zu Alfred preisgibt. Von Elwira zur Rede gestellt, verstrickt sich Alfred in Widersprüche, die den Beweis liefern, daß Justysia nicht die einzige ist, mit der er Elwira betrügt. Zu einem offenen Bruch kommt es jedoch nicht. Nach ihrer Auseinandersetzung mit Alfred verläßt Elwira das Haus. Als sie nach kurzer Zeit überraschend zurückkehrt, findet sie Justysia in den Armen ihres Gemahls Wacław und hält ihm triumphierend eine Moralpredigt. Doch wendet sich unverhofft das Blatt: Beim heftigen Gestikulieren verliert sie einige an sie gerichtete Liebesbriefe, die Wacław in die Hände fallen. Damit ist der Gerechtigkeit Genüge getan, der Höhepunkt der Komödie erreicht. Das Ehepaar versöhnt sich in einem Gespräch unter vier Augen, die Zofe Justysia muß gehen, ebenso Alfred, der ungetreue Hausfreund – nicht ohne die Aussicht, eines nahen Tages in Freundschaft wieder zurückzukehren.
Die Thematik des gesellschaftlichen Sittenverfalls, die dieser Verskomödie wie auch den anderen Bühnenstücken Fredros zugrunde liegt, wurde von den polnischen Lustspielautoren jener Zeit – etwa von Wojciech BOGUSŁAWSKI (1757–1829) und Fryderyk SKARBEK (1792–1866) – gern aufgegriffen. Doch übertrifft Fredros *Mąż i żona* die anderen zeitgenössischen Komödien durch ihren witzigen Dialog und bühnenwirksamen Aufbau. Die Komposition des Stücks zeichnet sich aus durch die virtuose Verflechtung der verschiedenen Liebesintrigen, die jeden der Beteiligten zum betrogenen Betrüger werden läßt. Einige Szenen zeigen mit besonderer Deutlichkeit die kunstvoll entwickelte Situationskomik des Stücks – z. B. wenn Justysia zwischen ihren beiden Liebhabern laviert oder wenn

der betrogene Graf Wacław dem Liebhaber seiner Frau vertrauensvoll die Kunst des Betrügens erklärt. Der Einfluß vor allem MOLIÈRES, des Lieblingsautors von Fredro, ist unverkennbar. M.D.

AUSGABEN: Lemberg, 1822. – Warschau 1955 (in *Pisma wszystkie*, Hg. S. Pigoń, 15 Bde., 1955 bis 1980, 1; krit.; Einl. K. Wyka).

ÜBERSETZUNG: *Mann und Frau*, V. Mika, Bln. 1955.

LITERATUR: E. Kucharski, *Źródła i podniety niektórych pomysłów i wątków fredrowskich* (in Pamiętnik Literacki, 1921, S. 83–95). – Z. Reutt-Witkowska, *Dokoła źródła »Męża i żony«* (ebd., S. 127–134). – Z. Leśnodorski, *»Mąż i żona« jako dalszy ciąg »Ślubów panieńskich«* (in Listy z teatru, 1947, Nr. 15). – St. Dąbrowski, *»Mąż i żona« na scenach polskich* (in Program Państwowego Teatru Polskiego, Warschau 1949/50). – B. Korzeniewski, *Komedia omyłek krytycznych* (ebd.). – T. Boy-Żeleński, *Obrachunki fredrowskie* (in T. B.-Ż., *Pisma*, Bd. 5, Warschau 1956).

ŚLUBY PANIEŃSKIE czyli Magnetyzm serca

(poln.; *Mädchenschwüre oder Magnetismus des Herzens*). Komödie in fünf Akten von Aleksander FREDRO, Uraufführung: Lemberg, 15. 2. 1833. – Gustaw ist seit einigen Tagen Gast im Hause der Frau Dobrójska und soll nach dem Plan sowohl seines Onkels Radost wie auch seiner Gastgeberin deren Tochter Aniela heiraten. Doch der soeben erst aus Warschau Zurückgekehrte verstimmt alle durch sein hochmütiges und taktloses Verhalten. Von seinem allzu nachsichtigen Onkel zur Rede gestellt, gelobt er Besserung, doch erscheinen seine Aussichten gering, da Aniela und ihre Base Klara unter dem Einfluß sentimentaler Liebesromane allen Männern abgeschworen haben. Der weinerliche Nachbar Albin, der sich schon seit zwei Jahren vergeblich um Klaras Hand bemüht, ist bereits Opfer dieses Schwurs geworden. Nun verliebt sich aber Gustaw tatsächlich in Aniela und beschließt, seine Chancen durch eine unschuldige Intrige zu verbessern. Er gewinnt Vertrauen, Freundschaft und Hilfe der Geliebten, indem er ihr gesteht, daß er ein Mädchen namens Aniela liebe, das zu heiraten ihm Radost verbiete. Überdies wolle sein Onkel Klara heimführen. In das Geheimnis eingeweiht, drängt Klara die Freundin zur Ehe mit Gustaw, will aber selbst ihren Schwur auf alle Fälle erfüllen. Um der Ehe mit Radost zu entgehen, erklärt sie sich bereit, ins Kloster einzutreten, ja sogar – Albin zu heiraten. Die Situation beginnt sich zu klären, als sich Aniela und Gustaw gegenseitig ihre Liebe gestehen. Wahrheitsgemäß weist Radost alle Heiratsabsichten von sich und führt Klara und Albin als zweites Brautpaar zusammen.

Die in gereimten Acht-, Elf- und Dreizehnsilbern gesetzte Verskomödie des Autors, der, französischen Vorbildern (MOLIÈRE) verpflichtet, für das polnische Lustspiel eine ähnliche Bedeutung hat wie GOLDONI für das italienische, wurde sechs Jahre nach der in ungereimten Dreizehnsilbern gehaltenen Erstfassung (1827) unter neuem Titel zur Aufführung freigegeben. Daß der Autor darin MICKIEWICZS romantische Darstellung der Liebe parodieren, daß er dem Helden des vierten Teils der *Dziady*, 1823 *(Totenfeier)*, in Albin ein lebensuntüchtiges Pendant zur Seite, in Gustaw einen Antipoden gegenüberstellen wollte, ist von polnischen Literaturkritikern mit ebenso guten Gründen behauptet (KLEINER) wie verworfen worden (WYKA u. a.). Der Autor selbst steht unbestritten außerhalb jeder literarischen Strömung. Er, der während seines langen Lebens die polnische Aufklärung, die Romantik und auch noch die Anfänge des Realismus erlebte, ließ für sich nur *»die Schule der Welt, die praktischste, abwechslungsreichste und zugleich verlockendste von allen Schulen, in denen wir Erfahrung sammeln sollen«* gelten (*Trzy po trzy*, 1844–1846 – *Faseleien*). So ließ er auch die Helden seines Werkes alle Erfahrungen machen, die ihm richtig oder wichtig erschienen.

Die Verskomödie weist zahlreiche romantische Züge auf. Romantisch ist die ideale Liebe zwischen Gustaw und Aniela, ideal als Begegnung zweier Menschen, denen keine Gefahren drohen und die keinerlei Hindernisse überwinden müssen, ideal aber auch als Auswirkung des zu Beginn des 19. Jhs. modischen, vom Autor in den Titel aufgenommenen *»animalen Magnetismus«* des Franz Anton MESMER. Romantisch ist überdies der Schwur der beiden Mädchen. Fredro schildert den Widerstreit zwischen Pfiffigkeit und Querköpfigkeit, zwischen Liebe und Konvention als Augenzeuge und Standesgenosse. Viele Züge der Komödie sind autobiographisch, insbesondere erinnert vieles an den Kampf, den der Autor selbst um seine Frau ausgefochten hat. Er verkündet hier sein persönliches Ideal der Ehe. Eben diese Aktualität, die lebensecht nachempfundenen Charaktere, der Humor und die Situationskomik, schließlich die Leichtigkeit und Prägnanz der Sprache haben dazu beigetragen, daß die Komödie auch nach mehr als einem Jahrhundert nichts von ihrer Anziehungskraft verloren hat. O.Ob.

AUSGABEN: Lemberg 1834 (in *Komedie*, 5 Bde., 1826–1838, 4). – Warschau 1880 (in *Dzieła*, 13 Bde., 4). – Lemberg 1897 (in *Dzieła*, Hg. H. Biegeleisen, 5 Bde., 4). – Lemberg 1926 (in *Pisma wszystkie*, Hg. E. Kucharski, 6 Bde., 1926/27, 3). – Warschau 1948. – Warschau 1954 (in *Pięć komedii*) – Warschau 1956 (in *Pisma wszystkie*, 15 Bde., 1955–1980, 4; krit.). – Warschau 1958, ⁵1964. – Lodz 1980.

ÜBERSETZUNGEN: *Mädchengelübde*, A. Päumann, Krakau o. J. [um 1860]. – *Mädchenschwüre*, V. Mika, Bln. 1955 [Bühnenms.]. – Dass., ders., Bln. 1959.

LITERATUR: W. Pol, *Teatr i A. F.* (in Kwartalnik Naukowy, 1835, Bd. 1, S. 347-362). - W. Gostomski, *Arcydzieło komedii polskiej. Studium literackie* (in Ateneum, 1, 1889, H. 2, S. 278-302). - J. Kleiner, *»Śluby panieńskie« i »Zemsta« jako komedie antyromantyczne* (in Tygodnik Ilustrowany, 1918, Nr. 15). - Z. Sikorski, *Śluby panieńskie A. F.*, Warschau 1927. - K. Wyka, Einl. zu A. Fredro, *Pisma wszystkie*, Bd. 1, Warschau 1955, S. 7-142. - T. Boy-Żeleński, *Obrachunki fredrowskie* (in T. B.-Ż., *Pisma*, Bd. 5, Warschau 1956). - B. Kielski, *»Śluby panieńskie« jako ogniwo w rozwoju »komedii miłości« - Molière, Marivaux, F., Musset* (in Pamiętnik Literacki, 1957, H. 3, S. 7-60). - K. Czajkowska, *»Śluby panieńskie« w oczach współczesnych* (in A. F., *Śluby panieńskie*, Warschau 1960). - W. Achremowiczowa, *»Śluby panieńskie« A. F.*, Warschau 1964. - L. Jabłonkówna, *Imprimatur z zaświatów*, (in Teatr, 1968, Nr. 15). - A. Grodnicki, *»Śluby« młodzieńcze* (in Życie Warszawy, 1969, Nr. 16). - A. W. Kral, *»Śluby« czyli młodość*, (in Teatr, 1969, Nr. 4).

ZEMSTA

(poln.; *Die Rache*). Komödie in vier Akten von Aleksander FREDRO, Uraufführung: Lemberg, 17. 2. 1834. - Im Mittelpunkt der bühnenwirksamen Verskomödie, die zum ständigen Repertoire des polnischen Theaters gehört, steht das in der polnischen Literatur des 19. Jh. verbreitete, aus dem Leben der *szlachta* (Adel) gegriffene Motiv des Grenzstreits zweier Adelsfamilien. Die Gegenspieler der sich befehdenden Parteien sind der Mundschenk Raptusiewicz (Brausekopf) und der Aktuar Milczek (der Schweiger). Raptusiewicz fühlt sich in seinem idyllisch dahinfließenden Leben durch die von Milczek veranlaßten Bauarbeiten an der Grenzmauer des Schlosses, das er zur Hälfte bewohnt, bedroht und zu einem »*Eulendasein*« gezwungen. Er beauftragt sein Faktotum, den als Hausnarren vorgestellten Papkin, den Gegner mit allen Mitteln von seinem Vorhaben abzubringen. Dem feigen Prahlhans gelingt es, Wacław, den Sohn des feindlichen Nachbarn, als Geisel gefangenzunehmen. Wacław gibt sich nach vertraulichem Dialog mit Papkin als Milczeks Kommissar aus und erreicht damit sein Ziel, im Hause des Mundschenks dessen Nichte Klara nahe zu sein, mit der ihn seit langem eine heimliche Liebschaft verbindet. Von den zerstrittenen Parteien gleichermaßen abgelehnt, kommt die Verbindung durch die Rachsucht des Mundschenks zustande. Ursache seines Rachedurstes ist die Podstolina, die Witwe eines Truchseß. Dem Mundschenk zugetan, sucht sie die Verbindung zu lösen, als sie in Wacław ihren früheren Geliebten erkennt. Auf der anderen Seite sucht Milczek den Sohn zur Heirat mit der Podstolina zu bewegen. Um die Pläne des Gegners zu vereiteln und selbst die Podstolina nicht zu verlieren, zwingt der Mundschenk Klara zur - ersehnten - Ehe mit Wacław, der am Ende auch Milczek seinen Segen gibt. Mit der Versöhnung der Väter schließt das Stück.

Der Ausgang der konventionellen, doch geschickt komponierten Typen- und Charakterkomödie, die den Einfluß von Klassizismus und Aufklärung, das Vorbild der französischen (MOLIÈRE, MUSSET) und italienischen Komödie (GOLDONI) verrät, erinnert an die Schlußszene von MICKIEWICZ' zur gleichen Zeit entstandenem *Pan Tadeusz*, 1834 *(Herr Tadeusz)*. Wie dieser bringt Fredros Komödie Stärken und Schwächen des polnischen Nationalcharakters prägnant und plastisch zum Ausdruck, doch fehlen ihr die politischen und sozialen Akzente des Epos. Wirkung und Bedeutung des Stücks beruhen wie in anderen Komödien des Autors - *Pan Geldhab*, 1821 *(Herr Geldhab), Pan Jowialski*, 1832 *(Herr Jowialski), Śluby panieńskie*, 1833 *(Mädchenschwüre)* - auf der reichen, satirisch vorgestellten Typengalerie. Die einfache, klare Sprache des Stücks greift zur individuellen Charakteristik auf die Umgangssprache zurück. M.D.

AUSGABEN: Lemberg 1834. - Lemberg 1838 (in *Komedie*, 5 Bde., 5). - Warschau 1898 (in *Komedie*, 13 Bde., 2). - Lemberg 1926/27 (in *Pisma wszystkie*, Dział I: *Komedie*, Hg. E. Kucharski, 6 Bde., 4). - Warschau 1954 (in *Pięć komedii*). - Warschau 1955-1980 (in *Pisma wszystkie*, Abt. I: *Komedie*, Hg. S. Pigoń, 15 Bde., 6). - Breslau 1956. - Warschau 1962. - Breslau 1981.

ÜBERSETZUNGEN: *Die Rache*, anon., Lemberg 1897. - *Die Rache des Verschmähten*, V. Mika, Bln. 1955 [Bühnenms.].

LITERATUR: H. Biegeleisen, *Pierwszy rzut komedii F. »Zemsta«* (in Echo Muzyczne, Teatr. i Artyst., 1892, Nr. 20). - E. Kucharski, *Geneza »Zemsty«* (in Biblioteka Warszawska, Bd. 2, Warschau 1909; separat Stanisławów 1910). - J. S. Panaś, *W sprawie genezy »Zemsty«* (in Czas, 1909, Nr. 252). - I. Chrzanowski, *»Zemsta« F. jako komedia tradycyjna* (in Rok Polski, 1917, Nr. 7/8). - J. Kleiner, *»Śluby panieńskie« i »Zemsta« jako komedia antyromantyczne* (in Tygodnik Ilustr., 1918, Nr. 15). - Ders., *Commedia dell'arte w »Zemście« a spór o datowanie akcji* (in Tygodnik Powszechny, 1952, Nr. 14). - Ders., *Realizm fredrowski czy apologia szlachty?* (ebd., 1952, Nr. 39). - W. Borowy, *Akcja »Zemsty«* (in *Ze studiów nad F.*, Krakau 1921). - A. Grzymała-Siedlecki, *Trzy mury graniczne w »Zemście« F.* (in Myśl Narodowa, 1926, Nr. 1-3). - B. Jeż, *»Zemsta« A. F.*, Warschau 1927. - E. Marwicki, *A. F. »Zemsta«*, Lodz 1932. - W. Sauter, *A. F. »Zemsta«*, Posen 1939. - T. Peiper, *Gra rytmów w »Zemście«* (in Teatr 1949, Nr. 6 S. 13-19). - K. Wyka, *Ideowe i artystyczne koncepcje »Zemsty«* (in Teatr, 1951, Nr. 4/5). - S. Pigoń, *Z pracowni literackiej A. F. Rozwój pomysłu »Zemsty«* (in Pamiętnik Literacki, 44, 1953, H. 3/4; Warschau 1954). - Ders., *Spuścizna literacka A. F.*, Warschau 1954. - J. Gruda, *Spór o »Zemstę«. Z doświadczeń warsztatu reżysera*, Warschau 1964. - M. Inglot, *Uwagi o cza-*

sie akcji »Zemsty« F. i rodowodzie literackim postaci Papkina (in Acta Universitatis Wratislaviensis, Nr. 40; Prace Literackie, Bd. 7, Breslau 1965, S. 5–19). – H. Wiśniewska, *Indywidualizacja języka w »Zemście« F.* (in Polonistyka, 1969, Nr. 3). – J. Krzyżanowski, *Paradoksy i zagadki arcydzieła F.* (in Ruch literacki, 1970, H. 6). – Z. Jasińska, *F. znów bawi* (in Tygodnik Powszechny, 1971, Nr. 8).

MARY ELEANOR WILKINS FREEMAN

* 31.10.1852 Randolph / Mass.
† 13.3.1930 Metuchen / N.J.

A NEW ENGLAND NUN

(amer.; *Eine Nonne in Neuengland*). Kurzgeschichte von Mary Eleanor Wilkins FREEMAN, erschienen 1891. – Dies ist die Titelgeschichte eines Erzählungsbandes, der zusammen mit dem vier Jahre vorher publizierten Band *A Humble Romance and Other Stories* die Autorin als die neben Sarah Orne JEWETT bedeutendste Vertreterin der *Local-color*-Schule in Neuengland etablierte. In diesen frühen Veröffentlichungen finden sich ihre besten Leistungen – straff aufgebaute, atmosphärisch dichte Kurzgeschichten vornehmlich über Mädchen und Frauen aus ländlichen Gegenden. Es sind Porträts, in denen sie eigentümliche, oft ans Groteske grenzende Züge des Lokalcharakters wie die stolze Selbstgenügsamkeit und die Neigung zu Abkapselung auf ganz unpathetische Art vom Einzelmenschen her verständlich macht und in denen sie (im Gegensatz zu anderen zeitgenössischen Regionalschriftstellern) dem Lokalkolorit nicht in erster Linie durch mundartliche Dialoge gerecht zu werden versucht.

In *A New England Nun* schildert sie einen Tag im Leben der Louisa Ellis, die seit fünfzehn Jahren mit dem Farmer Joe Dagget verlobt ist. Vierzehn davon hat er in Australien verbracht, um sich ein Vermögen zu erarbeiten, und nun, da er sein Ziel erreicht hat, ist er heimgekehrt. Mit der gleichen Selbstverständlichkeit, mit der Louisa ihm treu geblieben ist, bereitet Joe die Hochzeit mit ihr vor. Doch in den vergangenen Jahren hat sich Louisa, die inzwischen Mutter und Bruder verloren hat, daran gewöhnt, allein zu leben, umgeben von dem ererbten Hausrat, den sie ebenso liebt und pflegt wie ihren Kanarienvogel und ihren altersschwachen Hund, beschäftigt mit Lesen, Nähen und dem Destillieren aromatischer Essenzen. *»Louisa hatte einen Pfad eingeschlagen, der sanft unter einem stillen, klaren Himmel dahinführte, zugleich aber so gerade, so ohne jede Abweichung verlief, daß er erst an ihrem Grab enden würde, und der so schmal war, daß niemand neben ihr gehen konnte.«* Der Gedanke an ihr künftiges Leben in Joes großem Farmhaus beunruhigt sie; aber entschlossen, ihr Versprechen zu halten, näht sie ihr Brautkleid. Nach einem der täglichen kurzen Besuche Joes wird sie auf einem einsamen nächtlichen Spaziergang Zeuge eines Gesprächs zwischen ihm und dem jungen Mädchen, das seine kranke Mutter pflegt. Die Erkenntnis, daß die beiden einander ohne jede Hoffnung lieben, öffnet Louisa den Weg, den sie aus Pflichtgefühl nicht gehen wollte. Am nächsten Abend erklärt sie dem Bräutigam, sie habe eingesehen, daß sie nach all den Jahren ihr Leben nicht mehr ändern könne, und zärtlicher als je zuvor nehmen die beiden Abschied voneinander. Dankbar und mit heiterer Gelassenheit sieht Louisa den immer gleichen Tagen entgegen, die *»aufgereiht wie die Perlen eines Rosenkranzes«* vor ihr liegen. G.Ba.

AUSGABEN: NY 1891. – Ldn. 1891. – NY/Ldn. 1920 [Einl. F. L. Pattee]. – Lpzg. 1912 [EL]. – NY/Ldn. 1927 (in *The Best Stories*, Hg. u. Einl. H. W. Lanier). – NY 1972 (in *The Wind in the Rose Bush & Other Stories of the Supernatural*). – Chicago 1986 (in dass., Hg. A. Bendixen).

LITERATUR: B. C. Williams, *M. E. W. F.* (in B. C. W., *Our Short Story Writers*, NY 1922, S. 160–181). – E. Foster, *M. E. W. F.*, NY 1956, S. 91–109. – H. Hirsch, *Subdued Meaning in »A New England Nun«* (in Studies in Short Fiction, 2, 1966, S. 124–136). – A. Warren, *M. E. W.* (in A. W., *The New England Conscience*, Ann Arbor/Mich. 1966, S. 157–169). – P. D. Westbrook, *M. W. F.*, NY 1967 (TUSAS). – L. S. Boren, *M. W. F.* (in DLB, 12, 1982, S. 183–191). – M. Pryse, *An Uncloistered »New England Nun«* (in Studies in Short Fiction, 20, 1983, S. 289–295). – L. B. Glasser, *›She is the One You Call Sister‹: Discovering M. W. F.* (in *Between Women*, Hg. C. Ascher u. a., Boston 1984, S. 187–211).

ANTONIO PHILEREMO FREGOSO

* um 1455 Carrara
† nach 1532

DIALOGO DE FORTUNA

(ital.; *Gespräch über Fortuna*). Philosophischer Traktat in Dialogform von Antonio Phileremo FREGOSO, entstanden um 1500, erschienen 1507. – In Form eines Gesprächs dreier Freunde – A. Ph. Fregoso, Curzio Lancino und Bartolomeo Simoneta – entwickelt der Verfasser in 16 Kapiteln seine Gedanken zu einem auch bei Autoren wie Poggio BRACCIOLINI, N. MACHIAVELLI, F. GUICCIARDINI und ARIOST zentralen Thema, nämlich der Rolle und des Einflusses von Fortuna im Leben des Menschen und resümiert gleichermaßen die Diskussion um Fortuna an der Wende vom 15. zum 16. Jh. Lancino, Simoneta und die in den Text eingearbeitete Verfasserfigur, Antonio Phileremo Fregoso, treffen sich an einem mit allen Kennzeichen des *locus amoenus* versehenen Ort, um in der Nähe einer Quelle das Problem der Fortuna unter verschiedenen Gesichtspunkten zu diskutieren. Ausgangspunkt ist die persönliche Erfahrung Fregosos, der sich seit dem Tod des Vaters von Fortuna verfolgt fühlt. Diese biographischen Erörterungen über Fortuna werden mit Betrachtungen unterschiedlichster Art verwoben. Schließlich kommt es zu einer Diskussion über bestimmte zeitgenössisch relevante philosophische Modelle von Fortuna bzw. über Verhaltensweisen angesichts der permanent in Rechnung zu stellenden Macht Fortunas. So ist in den Ausführungen Simonetas unschwer der Stoizismus wie er in BOETHIUS' *De consolatione philosophiae* um 523 *(vom Trost der Philosphie)* oder in PETRARCAS *Secretum* (entstanden 1342/43) im Zusammenhang der Auseinandersetzung mit dem Problem der Fortuna entwickelt wurde, zu erkennen. Lancino hingegen trägt eine numerische Theorie der Fortuna vor, wie sie insbesondere am Mailänder Hof durch LEONARDO DA VINCI formuliert wurde.

Kaum hat Lancino seine Ausführungen beendet, entsteigt der Quelle die allegorische Gestalt der Verità (Wahrheit) und erbietet sich, die drei Gesprächspartner zum Palast Fortunas zu geleiten, um ihrer leibhaftig ansichtig zu werden. Der Weg zu Fortuna wird in einem wohl insbesondere an Brunetto LATINI und DANTE geschulten Verfahren als allegorische Reise beschrieben, wobei Fregoso allerdings die sich bereits bei Dante abzeichnende Tendenz fortsetzt, Allegorie, Mythologie, Zeitgeschehen und persönliche Erfahrung ineinanderzuarbeiten. Im Verlauf dieser Reise gelangen die Freunde nach einem Aufenthalt bei Contentezza (Zufriedenheit) zu Fama (Ruhm) und haben dort Gelegenheit, den auf einem Berg gelegenen Palast Fortunas zu sehen und die Massen zu beobachten, die sich zu ihm hinaufquälen, um sich auf unterschiedliche Weise Einlaß zu verschaffen. Besonders hervorgehoben wird in dieser Schar der Mailänder Kondottiere Ludovico Sforza, einer der glanzvollsten Herrscher der Renaissance, an dem Wohlwollen und hilfloses Ausgeliefertsein als zwei Seiten ein und derselben Fortuna aufgezeigt werden. Schließlich erkennen die Beobachter, daß nahezu alle Bewohner des Reichs von Fortuna anstelle des eigenen Kopfes einen Tierkopf tragen und unter der strengen Bewachung von Nemesis leben. Selten sind jene, die Gunst oder Unbill Fortunas mit Mäßigung zu ertragen wissen und sich daher noch ihres menschlichen Antlitzes erfreuen.

Fregoso stellt somit von neuem die Frage nach dem Zusammenhang von Autonomie und Schicksalsunterworfenheit des Menschen, von *dignitas* und *miseria hominis*. Er beantwortet diese Frage, indem er die beiden am Schluß des Traktats thematisierten Konzepte von humanistischem Streben nach Ruhm (Fama) und aristotelischer Mäßigung zu einer Auffassung von praktischer Tugend verbindet, deren Wert sich an ihrem *»Beitrag für den Nutzen aller Bürger«* (L. B. ALBERTI, *De iciarchia*) bemißt. Besondere Beachtung verdient auch die Art und Weise, in der in Fregosos Traktat das Problem der Wahrheitsfindung behandelt wird. Die neuplatonische Ausgestaltung der allegorischen Figur der Wahrheit und das Motiv der Quelle, das in diesem Zusammenhang Verwendung findet, legen zwar eine Konzeption einer sich der Verfügungsgewalt des Menschen entziehenden Wahrheit nahe; von Anfang an jedoch wird deutlich, daß sich Wahrheit immer nur als in der Konstitution begriffen erkennen läßt: *»e ragionando insieme, chi sia Fortuna troveremo indizio«* (*durch gemeinsames Überlegen wollen wir Fortuna ergründen«*; Kap. III). Fortuna ist so gesehen das Iudizio über ein Ereignis, nicht das Ereignis selbst (Kap. VII).

Fregosos Abhandlung über Fortuna ist der breit angelegte Versuch einer Entmythologisierung, die die Verantwortung des Menschen gegenüber antiken und mittelalterlichen Fortuna-Vorstellungen aufzuwerten versucht. Nicht zuletzt deshalb wohl hat ihm Ariost durch die Aufnahme in seine Galerie berühmter Zeitgenossen im 46. Gesang des *Orlando Furioso* ein Denkmal gesetzt. H.Kil.

AUSGABEN: Mailand 1507. – Mailand 1519. – Venedig 1521. – Bologna 1976 (in *Opere*, Hg. u. Einl. Giorgio Dilemmi).

LITERATUR: G. M. Mazzuchelli, *Notizie intorno alla vita ed alle opere di A. Ph. F.* (in *Raccolto di opuscoli scientifici e filologici*, Hg. A. Calogerà, Bd. 48, Venedig 1753, S. 79–112). – E. Ripetti, *Di Antonietto Campofregoso signore di Carrara* (in Antologia: giornale di scienze, lettere ed arti, 5, 1822, S. 177–193). – M. Santoro, *Il »Dialogo di Fortuna« di A. Ph. F.* (in M. S., *Fortuna, ragione e prudenza nella civiltà letteraria del Cinquecento*, Neapel 1967, S. 313–358).

FREIDANK

* Ende 12.Jh.
† 1233 (?) Kaisheim bei Donauwörth

BESCHEIDENHEIT

(mhd.; etwa: *Bescheidwissen*). Spruchgedichtsammlung aus dem 1. Drittel des 13. Jh.s von FREIDANK. – Über den Verfasser, der im einleitenden Vorspruch der Mehrzahl der handschriftlichen Überlieferungen genannt wird, ist wenig bekannt. Seine Reimsprache läßt darauf schließen, daß er aus dem staufischen Herzogtum Schwaben stammte, eine Spruchgruppe verweist auf seine Teilnahme am Kreuzzug Kaiser Friedrichs II. (1228/1229), eine andere auf einen Aufenthalt in Rom. In den Jahrbüchern des Zisterzienserstifts Kaisheim *(Annales Caesariensis)* findet sich 1233 die Todeseintragung *»Fridancus magister moritur«.* Die Bezeichnungen Freidanks als *magister, meister* oder *vagus* lassen auf einen (evtl. fahrenden) Gelehrten schließen, der weder dem Adel, noch dem Klerus angehörte, sondern einen zwischenständischen Status hatte.

Die *Bescheidenheit* gehört zu den meistüberlieferten Werken des Mittelhochdeutschen. Die zahlreichen Handschriften, in denen die Freidank-Sprüche mehr oder weniger vollständig überliefert sind, reichen vom späten 13. Jh. (Heidelberger Handschrift) bis tief ins 16. Jh. (Bearbeitung von S. BRANT). Auch Übersetzungen ins Lateinische für Schule und Wissenschaft bezeugen die weitverbreitete Rezeption der *Bescheidenheit* und den *»überzeitlichen Gebrauchswert«,* den Freidank *»für mittelalterliches Denken«* (Neumann) besaß. Ganz im Sinne der Spruchdichtung, die im Gegensatz zum idealisierenden höfischen Minnesang als »Gebrauchslyrik« in Erscheinung tritt, besteht die *Bescheidenheit* aus Lebensweisheiten und Erfahrungssätzen, die sich auf die alltägliche, außerhöfische Wirklichkeit beziehen. Die meist paarweise gereimten Sprüche beginnen mit einer ausführlichen Betrachtung der göttlichen Dinge und der Aufforderung: *»Gote dienen âne wanc/deist aller wîsheit anevanc«.* Denn die trügerische Welt wird zunehmend schlechter *(»Was tuot diu werlt gemeine gar?/si altet, boeset; nemt es war«)* und, ausgehend vom biblischen Sündenfall *(»Von hôchvart was der êrste val,/der von himele viel ze tal.«),* widmet sich Freidank in den folgenden Spruchgruppen den menschlichen Lastern, vom Hochmut über Zorn, Neid, Haß, Lüge und Betrug bis hin zu *»trunkenheit«, »vraz«* und *»huor«. »Uns ist leider allen nôt/ nâch sünden, die uns got verbôt«,* so lautet die nüchterne Erkenntnis Freidanks, die er seinen Sprüchen zugrundelegt. Obwohl sein Menschenbild von der grundsätzlichen Sündhaftigkeit der Menschen und der Hinfälligkeit des irdischen Daseins bestimmt ist *(»Wirn haben niht gewisses mê/wan den tot, daz tuot mir wê.«),* steht er, anders als die spätmittelalterliche Lehrdichtung, der Welt und den irdischen Bestrebungen keineswegs ablehnend gegenüber. Gleichsam als *»Führer durch die Welt zu Gott«* (Bezzenberger) zeigt Freidank in seinen Sprüchen pragmatisch und nüchtern, daß Gottes Wille sich mit den Erfordernissen des irdischen Lebens durchaus verbinden läßt. *»Nicht ein Vers in der ganzen Sammlung zeugt für eine grundsätzliche Unvereinbarkeit zwischen den ernst genommenen praktischen Notwendigkeiten des irdischen Lebens einerseits und den Heilsforderungen des christlichen Glaubens andererseits«* (Eifler). So toleriert er beispielsweise auch das Streben nach Reichtum: *»Man sol nâch guote werben, als nieman müge ersterben, unt sol ez dann ze rehte geben/als nieman sül ein wochen leben.«* (Man soll nach Gütern streben, als lebte man ewig, und soll sie dann ausgeben, als lebte man nur eine Woche

lang). Irdische Notwendigkeit und die Erlangung des göttlichen Heils lassen sich durch *»bescheidenheit«* (*»d. i. weisheit und lebensklugheit«,* Bezzenberger) und *»mâze«* (*»ein natürliches und, weil von Gott kommend, gutes Lebensgesetz«,* Eifler) erreichen: *»Got hât allen dingen gegeben/die mâze, wie si sulen leben.«* Doch um das Leben mit der sittlichen und der göttlichen Ordnung in Einklang zu bringen, ist neben dem rechten Glauben und der Kenntnis von der Welt vor allem Selbsterkenntnis notwendig: *»Got hêrre gip mir, daz ich dich/müeze erkennen unde mich«,* so leitet Freidank die Fürbitte für die gesamte Menschheit ein, mit der die *Bescheidenheit* endet.

Freidanks Erfahrungssprüche, die von allgemeinen Weisheiten *(»Swer zwêne wege welle gân/, der muoz lange schenkel hân«)* bis hin zu detaillierten praktischen Lebensregeln *(»Swer âne hunger ezzen sol, dem wirt mit spîse selten wol«)* reichen, vermitteln ein wirklichkeitsnahes Bild des Lebens im 13. Jh., *»ein Stück Durchschnittsreligion, Durchschnittsmoral, Durchschnittswesen«* (Neumann). Aus diesem Grunde wurde Freidank zu einem viel rezipierten Autor, *»dessen Reiz gerade in seiner ›Verwendbarkeit‹ gelegen haben mag«* (Jäger). Neben der Betrachtung der unterschiedlichen gesellschaftlichen Stände *(»Got hât driu leben geschaffen:/gebûre, ritter unde pfaffen;«)* setzte sich Freidank in den Spruchgruppen über seine Erfahrungen in Rom und *Akers,* dem syrischen Akkon, auch abwägend mit den Gegenmächten Papst und Kaiser auseinander. Die Frage nach der ursprünglichen Anordnung der Sprüche, die insbesondere die Forschung im 19. Jh. beschäftigte, ist bis heute nicht geklärt. Während Wilhelm GRIMM (er hegte die *»liebenswürdig-wunderliche Annahme«,* Freidank sei ein Deckname WALTHERS VON DER VOGELWEIDE; Neumann) die Bescheidenheit als planvoll ausgearbeitetes, zusammenhängendes Gedicht ansah, waren andere der Meinung, es sei lediglich ein Sammelwerk von Sprüchen und Sprichwörtern und *»in keinem Sinn ein einheitliches Werk«* (H. Paul), Freidank dementsprechend *»im grunde wenig mehr als ein sammler, ein sammler, ordner und überarbeiter von sprichwörtern, die vor ihm zum theil schon in gebundener deutscher rede vorhanden waren«* (F. Pfeiffer).

Die Vorstellung vom geistigen Eigentum (vgl. die Einleitung zu THOMASINS Lehrgedicht *Der welsche Gast,* 1215/1216) war dem Mittelalter fremd, und so bezog sich Freidank neben persönlichen Erfahrungen auf jene Quellen, die ihm als mittelalterlichem Gelehrten geläufig waren. Neben der Bibel nach den Texten der Vulgata lehnte er sich an die religiösen Schriften der Kirchenväter (AUGUSTINUS, HIERONYMUS, BERNHARD VON CLAIRVAUX) an und schöpfte ebenso aus der antiken Literatur (Fabeln des AESOP) wie aus den Werken seiner Zeitgenossen (HARTMANN VON AUE, THOMASIN VON ZIRCLAERE u. a.). *»Walther individualisiert, Freidank generalisiert«,* mit dieser Unterscheidung verwies BEZZENBERGER bereits 1872 auf den grundlegenden, in älteren literaturwissenschaftlichen Arbeiten meist übersehenen Unterschied zwischen der pragmatisch orientierten, volkstümlichen Spruchdichtung und dem ästhetisch gestalteten höfischen Minnesang, der auch in Fragen der literarischen Wertung einen anderen Maßstab erfordert. S.Ri.

AUSGABEN: Augsburg 1508 u. ö., letzte Aufl. 1583 (*Der Freydanck*, Bearb. S. Brant). – Bln. 1785 (in Slg. dt. Gedichte a. d. 12., 13. u. 14. Jh., Hg. C. H. Myller, Bd. 2). – Göttingen 1834 (*Vridankes Bescheidenheit*, Hg. W. Grimm; 1. krit. Ausg.). – Göttingen ²1860 (*Freidank*, Hg. ders.). – Stg. 1867 (*Freidanks Bescheidenheit*, Hg. K. Simrock; nhd.). – Halle 1872 (*Fridankes Bescheidenheit*, Hg. H. E. Bezzenberger). – Lpzg. 1878 (*Freidank's Bescheidenheit*, Hg. K. Pannier; nhd.; RUB). – Aalen 1962 [Nachdr. d. Ausg. v. 1872].

LITERATUR: F. Pfeiffer, *Drei Untersuchungen zur deutschen Literaturgeschichte*, 1855. – W. Grimm, *Kleinere Schriften IV*, 1887, S. 1–124. – P. Schlesinger, *Ein Beitrag zur Lösung der Frage nach der ursprünglichen Anordnung von F.s »Bescheidenheit«*, Bln. 1894. – H. Paul, *Über die ursprüngliche Anordnung von F.s »Bescheidenheit«* (in SBAW, 1899). – H. Gumbel, *Brants »Narrenschiff« u. F.s »Bescheidenheit«* (in Beitr. z. Geistes- und Kulturgesch. d. Oberrheinlande, Ffm. 1938, S. 24–39). – S. Singer, *F.s »Bescheidenheit«* (in *Sprichwörter des MA*, Bd. 2 u. 3, Bern 1946/47). – A. Leitzmann, *Studien zu F.s. »Bescheidenheit«*, Bln. 1950. – W. Spiewok, *F.* (in WB, 11, 1965, S. 212–242). L. Seiffert, *Wortfeldtheorie u. Strukturalismus. Studien zum Sprachgebrauch F.s*, Stg. u. a. 1968. – G. Eifler, *Die ethischen Anschauungen in F.s Bescheidenheit*, Tübingen 1969. – F. Neumann, *F.* (in VL², Sp. 897 bis 903). – B. Jäger, *»Durch reimen gute lere geben«. Untersuchungen zu Überlieferung u. Rezeption F.s im Spätmittelalter*, Göppingen 1978. – J. Goheen, *Societas humana in F.s »Bescheidenheit«* (in Euph, 77, 1983, S. 95–111).

FERDINAND FREILIGRATH

* 17.6.1810 Detmold
† 18.3.1876 Cannstatt

LITERATUR ZUM AUTOR:
A. Volbert, *F. als politischer Dichter*, o. O. 1907. – F. Mehring, *Sozialistische Lyrik. Herwegh, F., Heine* (in Arch. f. d. Gesch. d. Sozialismus u. d. Arbeiterbewegung, 4, 1914, S. 211 ff.). – *F. am Scheideweg. Briefe, Polemiken, Dokumente*, Bln. 1948. – H. Eulenberg, *F. F.*, Bln. 1948. – K. Hekele, *Studien zum dichter. Werk F. F.s*, Diss. Wien 1948. – *F. F. als dt. Achtundvierziger u.*
westfäl. Dichter, Hg. E. Kittel, Lemgo 1960. – B. Kaiser, *Die Akten F. F. u. G. Herwegh*, Weimar 1963. – H. Leber, *F., Herwegh, Weerth*, Lpzg. 1973. – *F. F. 1876–1976*, Hg. J. Ruland u. P. Schoenwaldt, Remagen-Rolandseck 1976. – *F. F. – ein Dichter des 19. Jh.s*, Hg. K.-A. Hellfaier, Detmold 1976. – *Die Bibliothek F. F.s*, Hg. ders., Detmold 1976. – W. E. Hartkopf, *F. F. Ein Forschungsbericht*, Diss. Düsseldorf 1977. – K. Nellner, *F. F. Hss. u. Drucke von Werken u. Briefen aus der F.-Sammlung der Lippischen Landesbibliothek*, Detmold 1985. – E. Fleischhack, *F.-Bibliogr.* (in Grabbe-Jb., 5, 1986, S. 198–201).

DAS LYRISCHE WERK von Ferdinand FREILIGRATH.
Die Entwicklung der Lyrik Freiligraths läßt sich in drei aufeinanderfolgende Perioden gliedern: Er beginnt mit Anleihen beim literarischen Exotismus, mit seiner »Wüsten- und Löwenpoesie«; darauf folgt die Phase der politisch-revolutionären Dichtungen, die sich um das Jahr 1848 konzentrieren und seiner radikaldemokratischen Gesinnung verpflichtet sind; schließlich schwenkt er mit seinem Spätwerk auf die nationalpatriotische Zeitstimmung ein, die in der Reichsgründung von 1871 ihre geschichtliche Erfüllung sah. In jedem Stadium ist Freiligraths Lyrik ein Kommentar zur Zeit und bleibt deshalb abhängig von der historischen Entwicklung, auf die sie reagiert. Seine Dichtungen lassen sich wie Dialoge mit dem Zeitgeist und dem Zeitgeschehen lesen. Sie sind Zeugnisse seiner persönlichen Stellungnahme, der durch betontes Engagement und zuweilen durch Pathos Nachdruck verliehen wird.
Der Exotismus in den frühen Gedichten ist bei Freiligrath weniger als ein Zeichen von Zivilisationskritik zu bewerten oder der Wirkung ROUSSEAUS zuzuschreiben; er ist vielmehr die Verwendung neuartiger Stoffe, neuer Klang- und Sprachbilder, also die Entdeckung neuer Ausdrucksmöglichkeiten (*»das Vermeidenwollen des alltäglichen Geklingels hundert und aber hundert Mal wiederholter Reime«*). Als antizivilisatorische Fluchtbewegung oder Bekenntnis zum Kosmopolitismus war der Exotismus in der französischen und englischen Romantik aufgekommen. Victor HUGOS Orientpoesie (*Orientales*, 1828) ist für Freiligrath wegweisend geworden; er hatte einige Gedichte aus Hugos Sammlung übersetzt.
Farbigkeit, Wildheit, starke Kontraste, eine berauschende Bildhaftigkeit, heidnisches Lebensgefühl, Weltimmanenz und Daseinsfreude, Wollust und Grausamkeit kennzeichnen den Exotismus, fern jeder religiösen oder metaphysischen Orientierung. Freiligrath weist allerdings nicht die Kühnheit der französischen oder englischen Vorbilder auf. Seine Gedichte sind imaginäre Erfahrungen des Fernen, Fremden, des ganz anderen; sie spüren dem Reiz des Unbekannten nach, reisen ins Weite und schwärmen von einem freien Leben. Fremdwort- und Eigennamenhäufungen – besonders in den

Reimen – sind ebenso typisch wie die Überfülle der Metaphern und die Langzeilen der Verse. Form und Stoff riefen den Eindruck des Neuen und Interessanten hervor, was besonders das Publikum der Restaurationszeit reizte, weil es die Begrenzungen der Biedermeierwelt hinter sich ließ. Reiseliteratur und ethnographische Berichte, die der Phantasie einen Fluchtweg ins Unzensierte schufen, gehörten zur Modeliteratur der Zeit. Nach dem Verfall der Innerlichkeit richtete man sich am Äußeren, Gegenständlichen und Realen aus: Die Ferne wurde zur idealen Wunschlandschaft und das tropische Abenteuer für schicksalslose Existenzen zur imaginären Wunscherfüllung. Der Wunschcharakter zeigt sich deutlich in dem Gedicht *Wär' ich im Bann von Mekkas Toren* (1836). »*Wär' ich im Bann von Mekkas Toren, / Wär' ich auf Yemens glühndem Sand, / Wär' ich am Sinai geboren, / Dann führt' ein Schwert wohl diese Hand.*« Mit satirischem Zeitbezug schließt *Der Scheik am Sinai* (1830); einen grausamen, wollüstigen Liebestod behandelt *Die seidne Schnur* und die Abenteuer in der Einsamkeit der Wüste *Mirage*. Zur Wüstenpoesie sind außerdem zu rechnen: *Ammonium, Gesicht des Reisenden, Ein Lied Memnons*. War der Orient bei GOETHE und RÜCKERT noch eine geistige Landschaft der Weisheit, so wird er jetzt zum Schauplatz eines bunten Spektakels der Sinne und der Tagträume. Später versuchte Freiligrath, seinen frühen Gedichten einen kritischen Anstrich zu geben; sie seien als eine »*Opposition gegen die zahme Dichtung wie gegen die zahme Sozietät*« (Brief v. 9. 7. 1852) geschrieben worden.

Freiligrath hatte zwischen 1832 und 1836 als Kontorist und Kaufmannsgehilfe in einem Amsterdamer Handelshaus gearbeitet und sich in dieser Zeit mit exotischen Phantasien über seine persönliche Misere hinweggetröstet (*Die Auswanderer*, 1832). 1835 hatte er den *Löwenritt* (»*Wüstenkönig ist der Löwe ...*«) – das Gedicht hat exemplarischen Charakter für Freiligraths Exotismus – in dem von A. CHAMISSO und G. SCHWAB herausgegebenen *Deutschen Musenalmanach* veröffentlicht. 1838 war dann die erste Sammlung seiner *Gedichte* bei Cotta erschienen und hatte sofort großes Aufsehen erregt; bis 1845 erreichte diese Gedichtsammlung acht Auflagen.

Daß Freiligrath sich zum oppositionellen Radikaldemokraten und zum Barrikadensänger entwickeln wird, davon ist zu Beginn der vierziger Jahre noch nichts zu ahnen, hatte er sich doch entschieden in Gegensatz zu den Jungdeutschen und ihrer politisch-emanzipatorischen Literatur gebracht und selbst der HEINE-Denunziation eines Wolfgang MENZEL nicht widersprochen. Freiligrath löste mit seinem Gedicht *Aus Spanien* (1841) eine heftige Kontroverse aus, verursacht durch die Verse »*Der Dichter steht auf einer höhern Warte, / Als auf den Zinnen der Partei*«, die auf eine Stelle im Kapitel *Eingeschaltetes* in GOETHES *West-östlichem Divan* rekurrieren. Der für die Literatur beanspruchten Überparteilichkeit hat Georg HERWEGH mit seinem Gedicht *Die Partei* sofort scharf widersprochen: »*Partei! Partei! Wer sollte sie nicht nehmen, / Die noch die Mutter aller Siege war! / Wie mag ein Dichter solch ein Wort verfemen, / Ein Wort, das alles Herrliche gebar? / Nur offen wie ein Mann: für oder wider? / Und die Parole: Sklave oder frei? / Selbst Götter stiegen vom Olymp hernieder / Und kämpften auf der Zinne der Partei!*«

An seinen Freund Buchner schrieb der Autor damals: »*Herweghs Gedicht ist schön und hat mich gefreut. Ich werde in kurzer Zeit eine Antwort fertig haben. ... Mein keckes Wort gereut mich nicht. Es hat eingeschlagen und gezündet. ... Ich will bloß die Rechte der Poesie wahren: es wäre doch grauenvoll, wenn wir einzig politische Gedichte machen dürften!*« Und in einem Brief vom 1. 3. 1842 bemerkte er gegenüber Ch. Matzerath: »*Das Reich der Poesie ist nicht von dieser Welt, sie soll im Himmel sein und nicht auf der Erde, und wenn sie auf der Erde ist, so soll sie mindestens zum Himmel deuten.*«

Die Kontroverse war damit noch nicht beendet. Freiligrath antwortete Herwegh im Januar 1843 mit einer satirischen Epistel *Ein Brief*, in der er Herwegh der Eitelkeit, der Renommiersucht und des Opportunismus zeiht: »*Die Freiheit kann verzeihn! / Bring' ein die alten Ehren, / Mit Liedern bring' sie ein! / Der Dichtung Goldstandarte, / Laß wehn sie doppelt reich: – / Poet, wetz' aus die Scharte, / Wetz' aus den Schwabenstreich!*« Herwegh wiederum prangerte im *Duett der Pensionierten* Freiligrath zusammen mit GEIBEL an, da beide vom preußischen König Friedrich Wilhelm IV. eine Pension, eine Art Ehrensold, angenommen hatten (Freiligrath verzichtete 1844 auf diesen Sold, den er nun als »*Maulkorb*« betrachtete).

Die in der Kontroverse mit Herwegh bezogenen Positionen verloren in der folgenden Zeit für Freiligrath ihre Gültigkeit. Die Bekanntschaft mit dem verfolgten Liberalen HOFFMANN VON FALLERSLEBEN, die Entwicklung des öffentlichen Lebens, die Eingriffe der Pressezensur (1843 waren zwei seiner Gedichte verboten worden) und die Enttäuschung über Friedrich Wilhelm IV., der mit liberalen Versprechungen angetreten war, politisierten seine literarischen Anschauungen. Seine Devise hieß jetzt: »*Mit dem Volke soll der Dichter gehen*« (*Guten Morgen*, 1844), in Abwandlung eines SCHILLER-Zitats aus der *Jungfrau von Orleans* (»*Drum soll der Sänger mit dem König gehen ...*«).

Resultat der Annäherung an liberale Ideen ist der sehr heterogen wirkende Gedichtband *Ein Glaubensbekenntnis* (1844). Im Vorwort zu diesen »*Zeitgedichten*« bekennt er sich »*offen und entschieden zur Opposition*«: »*Fest und unerschüttert trete ich auf die Seite derer, die mit Stirn und Brust der Reaktion sich entgegenstemmen! Kein Leben mehr für mich ohne Freiheit! Wie die Lose dieses Büchleins und meine eigenen auch fallen mögen – solange der Druck währt, unter dem ich mein Vaterland seufzen sehe, wird mein Herz bluten und sich empören, sollen mein Mund und mein Arm nicht müde werden, zur Erringung besserer Tage nach Kräften das Ihrige mitzuwirken! Dazu helfe mir, nächst Gott, das Vertrauen meines Volkes! Mein Gesicht ist der Zukunft zugewandt!*«

Aus Angst vor Verfolgung floh Freiligrath im Frühjahr 1844 nach Belgien ins Exil. In Brüssel traf er auf den Emigranten Karl MARX, der den Dichter für seine sozialrevolutionären Ansichten gewann. Auch in der Schweiz, der weiteren Station seines Exils (1845), beschäftigte sich Freiligrath mit politischen Ideen und ihrer Umsetzung in die Praxis. Er hielt die Zeit für eine Revolution in Deutschland gekommen und setzte auf den Klassenkampf und das Proletariat. Allerdings waren seine Vorstellungen mehr von Begeisterung und Sozialromantik als von analytischer Schärfe und strategischem Bewußtsein geprägt. Niederschlag fanden seine Ansichten in den sechs *Ça ira!*-Gedichten (1846), die von den Freunden Marx und ENGELS wegen ihrer politischen Naivität getadelt wurden. Besonders wichtig ist das Gedicht *Von unten auf!*, in dem die traditionelle Staatsschiff-Allegorie mit sozialistischen Ideen besetzt wird und der Maschinist als Prototyp des Proletariers die treibende gesellschaftliche Kraft verkörpert. In der Schweiz entstand 1846 auch sein *Requiescat*, mit dem er für die soziale Emanzipation des Künstlers eintrat.

Aus materiellen Gründen (*»ich kann und will nicht von der Poesie leben«*) ging Freiligrath 1846 als Kaufmann nach England, kehrte im Mai 1848 zurück und nahm in Düsseldorf aktiv an der Revolution teil: Er wurde Mitglied in den Bund der Kommunisten, Ende des Jahres Mitarbeiter der ›Neuen Rheinischen Zeitung‹ in Köln. Er versteht sich jetzt als *»Trompeter der Revolution«*. Seine wirkungsvollsten Revolutionsgedichte stammen aus dieser Zeit, allen voran das Gedicht an die Märzgefallenen, *Die Toten an die Lebenden*, eine eindringliche politische Kampfansage, die Freiligrath einen Prozeß wegen »Aufreizung zum Umsturz« einbrachte. Weiter sind zu nennen: *Trotz alledem!*, *Reveille*, *Blum* und das *Abschiedswort der Neuen Rheinischen Zeitung*. Vorher, im Londoner Exil, waren bereits entstanden: *Im Hochland fiel der erste Schuß*, *Die Republik*, *Schwarz-Rot-Gold*, *Berlin* – Gedichte zur Ausbreitung des republikanischen Gedankens.

Mit der Niederlage der Revolution erlosch auch Freiligraths revolutionäre Begeisterung; 1849 redigierte er eine Sammlung seiner unpolitischen Gedichte, *Zwischen den Garben*. Nach erneuter Emigration nach England (1851–1868) stimmte er nach seiner Amnestierung und Rückkehr nach Deutschland in den Chor der Kriegsbegeisterung ein und feierte die nationale Einheit, wie sie 1871 nach dem Sieg über Frankreich proklamiert wurde, in patriotischen Gedichten (*Hurra, Germania!*, *Die Trompete von Gravelotte*). Bedeutender sind Freiligraths Übersetzungen französischer, englischer und italienischer Literatur aus dieser Zeit, vor allem seine Übertragungen von Werken Victor Hugos und – erstmals in deutscher Sprache – Walt WHITMANS.

H.Ba.

AUSGABEN: *Gedichte*, Stg./Tübingen 1838; [8]1845 [verm.]. – *Ein Glaubensbekenntnis*, Mainz 1844. – *Neuere politische und soziale Gedichte*, 2 Bde., Düsseldorf 1849/51. – *Zwischen den Garben*, Stg. 1849. – *Neue Gedichte*, Stg. 1877. – *Nachgelassenes*, Stg. 1883. – Lpzg. 1907 (in *SW*, Hg. L. Schröder, 10 Bde., 2–9). – Bln. u. a. 1909 (in *Werke*, Hg. J. Schwering, 6 Bde., 1–3; ern. Hildesheim/NY 1974). – Lpzg./Wien 1912 (in *Werke*, Hg. P. Zaunert, 2 Bde.; krit.). – Stg. 1964 u. ö. (in *Gedichte*, Hg. D. Bode; RUB).

LITERATUR: P. Seibert, »*Wir sind die Kraft!« Anmerkungen zu F. F.s Gedicht »Von unten auf!«* (in *Gedichte u. Interpretationen*, Bd. 4, Stg. 1983, S. 273–285). – W. Freund, *» . . . ein Schrei voll Schmerz«. F. F.s »Trompete von Gravelotte«* (in Grabbe-Jb., 5, 1986, S. 73–82). – R. Sareika, »*Trotz alledem!« F. F.s Dichtung zwischen Innerlichkeit u. Engagement* (in Grabbe-Jb. 5, 1986, S. 165–168).

ÇA IRA!

Gedichtzyklus von Ferdinand FREILIGRATH, erschienen 1846. – Freiligrath hatte sich in der Schweizer Emigration zu der Überzeugung durchgerungen, daß die deutschen Verhältnisse nur noch durch eine proletarische Revolution entscheidend verbessert werden könnten: Die sechs Gedichte dieses Zyklus (entstanden zwischen September 1845 und Februar 1846 in Hottingen bei Zürich) gehen daher über die Forderungen der Französischen Revolution – an eines ihrer Lieder knüpft der Titel an – hinaus: Aus ihnen tönt schon die Stimme des Klassenkampfs.

Alle sechs Gedichte sind Vorboten der heraufziehenden Revolution: *Vor der Fahrt* preist das freie Amerika, das Land der Zukunft (*»wo sich selber Hirt ist die Herde«*); dorthin steuert das Schiff der Revolution. – Der *Eispalast* der russischen Kaiserin schmilzt im Frühjahr. Die Newa vertritt in einer politischen Parabel der Freiheit: »*Den Winterfrost der Tyrannei stolz vom Genicke schüttelt sie / Und schlingt hinab, den lang sie trug, den Eispalast der Despotie!«* – Auch das nächste Gedicht ist eine Parabel: *Von unten auf* schildert eine Rheinfahrt des Königs von Preußen; der »Proletariermaschinist« fühlt die Zeit noch nicht gekommen für den Ausbruch des Feuers aus den Kesseln. (Die zeitgenössische Kritik nahm das Gedicht wörtlich; es ist aber nicht nur eine Aufforderung zum Königsmord, sondern der Ruf nach einer Umwälzung »von unten auf«, sobald die Zeit für den Umsturz reif ist: *»Wir sind die Kraft! Wir hämmern jung das alte morsche Ding, den Staat / Die wir von Gottes Zorne sind bis jetzt das Proletariat!«*) *Wie man's macht* und *Freie Presse* sollen die Taktik der Revolution demonstrieren: Erstürmung des Zeughauses und Bewaffnung der Bürgerschaft (zwei Jahre später, im März 1848, realisierte sich Freiligraths Voraussicht in Berlin); die wahrhaft freie Presse ersetzt die Waffe der Kritik durch die Kritik der Waffen (wie es MARX 1843 formuliert hat); Kugeln aus Lettern: *»Das ist Revolution!«* – *Springer*, der Epilog des Dichters, vergleicht die revolutionären Flüchtlinge mit der Figur des Spiels, *»dem Schach der Freien wi-*

der die Despoten«. Trotzig schließt Freiligrath den Zyklus: *»Kein Zug des Schicksals setzt mich matt: – / Matt werden kann ja nur der König!«*
Freiligraths politische Freunde MARX und ENGELS waren mit diesen Revolutionsgedichten nicht einverstanden. Sie warfen ihm Philisterei und Ahnungslosigkeit vor: *»Man muß gestehen, nirgends machen sich Revolutionen mit größerer Heiterkeit und Ungezwungenheit als im Kopf unseres Freiligrath.«* – Der sprachliche Ausdruck, den Freiligrath seiner Begeisterung für die Revolution gibt, wirkt hier trotz des spürbaren Ernstes seiner Rhetorik noch etwas gekünstelt. Die Gedichte bedeuten zwar schon einen Fortschritt gegenüber den Zeitgedichten *Ein Glaubensbekenntnis* (1844), stehen aber noch nicht auf der Höhe der späteren Revolutionsdichtung, mit der Freiligrath dann zum *»Trompeter der Revolution«* wurde. R.Ra.

AUSGABEN: Herisau 1846. – Lpzg. 1907 (in *SW*, Hg. L. Schröder, 10 Bde., 5). – Bln. u. a. 1910 (in *Werke*, Hg. J. Schwering, 6 Bde., 2); ern. Hildesheim / NY 1974. – Lpzg./Wien 1912 (in *Werke*, Hg. P. Zaunert, 2 Bde., 1; krit.).

MARILYN FRENCH

* 21.11.1929 New York

THE WOMEN'S ROOM

(amer.; *Ü: Frauen*). Roman von Marilyn FRENCH, erschienen 1977. – Der überaus umfangreiche Roman ist zu Recht als *»kollektive Biographie einer großen Gruppe amerikanischer Frauen«* (A. Tyler) charakterisiert worden. Einheitsstiftendes Moment dieser episch breit angelegten Revue von sechzehn Frauenbiographien, bzw. der Präsentation zentraler Erfahrungen verschiedener Frauen, ist Mira. Das Gerüst des Romans bilden entscheidende Abschnitte im Leben Miras – ihre Sozialisation als Mädchen, High-School- und College-Zeit, Ehe und spätere Scheidung, Studium in Harvard und schließlich Tätigkeit als Literaturdozentin an einer Universität in der Provinz. Diese Vita dient als Folie, vor der ein Panorama amerikanischer Frauenschicksale am Ende des 20. Jh.s entworfen wird. Das Ende des Romans macht deutlich, daß Mira und ihr gereiftes *alter ego*, die auktoriale Erzählerin, identisch und Parallelen zur Biographie von Marilyn French kaum zu übersehen sind. *Frauen* ist indessen kein einfacher Ich-Roman: die Erzählstrategie – so konventionell wie originell – zielt bewußt auf Unterbrechung und Relativierung der Handlung durch die auktorialen Kommentare. Immer wieder spricht die Erzählerin den Leser direkt an, immer wieder durchbrechen Reflexion und Kommentar den Erzählfluß und fordern zur Stellungnahme heraus.

Das Buch umfaßt sechs Abschnitte. Der erste Abschnitt zeigt Mira im Alter von 38 Jahren, als sie nach dem Scheitern der Ehe mit Norman ihr abgebrochenes Studium an der Harvard Universität wieder aufnimmt. In Rückblenden werden entscheidende Stationen der Kindheit und Jugend geschildert. Die Erzählerin, nun selbst Dozentin, *»will alles aufschreiben, will so weit wie nötig in die Vergangenheit zurückgehen und versuchen, einen Sinn darin zu finden«*. Dabei werden besonders all jene Einschränkungen registriert, die Mira in ihrer starr am weiblichen Rollenstereotyp orientierten Erziehung erfuhr. So ist es auch konsequent, daß Mira nach der Heirat das eigene Studium abbricht, um Normans Medizinstudium durch Aushilfearbeiten zu finanzieren.

Die beiden folgenden Abschnitte schildern die Ehe und allmähliche Entfremdung zischen Mira und Norman, Geburt, Versorgung und Erziehung zweier Söhne durch Mira sowie das typische Milieu des amerikanischen Suburbs; Freundschaften unter Frauen, Intrigen und Affären, Alltagsklatsch und Parties: Stets erleben sich die Frauen als Opfer der Männer. Von ihnen abhängig sind sie alle, ganz gleich, ob den Männern eine Karriere gelingt oder nicht. Zwar hat Mira selbst einem eigenständigen Leben entsagt, muß aber schließlich erkennen, daß sie wie ihre Freundinnen und Leidensgenossinnen gescheitert ist, als Norman die Scheidung einreicht. Der vierte und fünfte Abschnitt des Romans werden vom Leben auf dem Campus von Harvard geprägt. Während zuvor in epischer Form Benachteiligung, Demütigung und Ausbeutung der Frau im amerikanischen Vorstadtmilieu der fünfziger und sechziger Jahre ins Zentrum rückten – ähnlich der kritischen Sozialreportage *The Femine Mystique*, 1963 *(Der Weiblichkeitswahn)*, von Betty FRIEDAN – steht nun die Unmöglichkeit, dauerhafte und symmetrische Beziehungen zwischen den Geschlechtern herzustellen und zu leben im Vordergrund; dies ist auch das zentrale Thema in Frenchs zweitem Roman *The Bleeding Heart*, 1980 *(Das blutende Herz)*. Auch Mira muß das noch einmal schmerzlich erfahren, als ihre zunächst glückliche Partnerschaft mit Ben scheitert. Als nämlich Ben eine Stelle in Afrika angeboten wird, ist er ganz sicher, daß Mira das eigene Dissertationsprojekt aufgeben und ihn begleiten wird.

Obwohl die Politisierung durch den Vietnamkrieg Einhelligkeit unter den Intellektuellen bewirkt hat, d. h. obwohl man gemeinsam mit den Männern die Ablehnung der offiziellen US-Politik vertritt, müssen Mira und ihre Freundinnen einsehen, daß sie ihren eigenen feministischen Standpunkt finden und sich konsequent gegen das dominierende Patriarchat wenden müssen. Sehr pointiert wird das von Val, einer Freundin Miras, formuliert, wenn sie sagt: *»Warum haben wir einen solchen Haß auf Harvard? Warum widern uns die meisten Studenten so an – wir hassen die politische, ökonomische Struktur von Harvard, und damit die des Landes überhaupt –*

ebensosehr wie der SDS sie haßt ... Das Ärgerliche ist nicht die Militanz dieser Leute, sondern die Tatsache, daß sie dieselben beschissenen Wertmaßstäbe haben wie die Leute, die sie vernichten wollen. Sie sind patriarchalisch wie die katholische Kirche, wie Harvard, wie General Motors und die Regierung der Vereinigten Staaten. Wir rebellieren gegen das Establishment; denn wir rebellieren gegen männliche Vorherrschaft, männliche Macht, männliche Strukturen.«
Im Fall von Val endet dieser Weg tragisch, weil sie erschossen wird, als sie sich nach den Demütigungen, die sie nach der Vergewaltigung ihrer Tochter erleben muß, einer Frauengruppe anschließt, die eine zu Unrecht wegen Totschlags verurteilte schwarze Frau – sie hatte sich gegen einen Vergewaltiger verteidigt – befreien will.
Im letzten und kürzesten Abschnitt, einer Art Epilog, wird die Ausgangsposition der Erzählerin, der inzwischen 43jährigen Mira, wieder aufgenommen. Melancholisch und einsam wandert sie am Strand von Maine entlang und ist hoffnungsfroh und verzweifelt zugleich: »*Ich habe alle Türen in meinem Kopf geöffnet. Ich habe alle Poren meines Körpers geöffnet. Aber nur die Flut rollt heran.*«
Die Reaktion der Kritik auf diesen weitaus erfolgreichsten »Frauenroman« der achtziger Jahre war zwiespältig. Vorgeworfen wurde der Autorin vor allem der durchgängig feministische Standpunkt, »*ein monströses Frauenbuch*« (M. Frisé), in dem die Männer nur als Schemen und Bösewichte auftreten. Andererseits hat man das Exemplarische des Romans als »*kollektiver Biographie*« hervorgehoben und das Buch als »*Meilenstein der Frauenliteratur*« (N. Robertson) gerühmt.   F.W.P.

AUSGABEN: NY 1977. – NY 1978. – Ldn. 1987.

ÜBERSETZUNG: *Frauen*, B. Duden, Reinbek 1978. – Dass., dies., Reinbek 1982 [340. Tsd. 1987].

LITERATUR: N. Robertson, Rez. (in New York Times, 4. 10. 1977). – A. Tyler, Rez. (in New York Times Book Review, 16. 10. 1977). – M. Frisé, Rez. (in FAZ, 21. 11. 1978). – M. Reinhart, Rez. (in Die Zeit, 9. 3. 1979). – L. W. Wagner, *The French Definition* (in The Arizona Quarterly, 38, 1982, S. 293–302).

PHILIP MORIN FRENEAU

* 2.1.1752 New York
† 18.12.1832 Middletown Point / N.J.

DAS LYRISCHE WERK (amer.) von Philip Morin FRENEAU.
Freneaus umfangreiches lyrisches Werk spiegelt die inneren Gegensätze eines Radikaldemokraten und Schöngeistes wider, der die politisch bedingten Konflikte einer nach Unabhängigkeit strebenden Kolonie oft parteiisch kommentierte. Die zunächst konträr erscheinenden Facetten seines Werkes ergeben ein homogeneres Bild, wenn man sie in Relation setzt zu seinem ungewöhnlichen Leben und zur Genese der Vereinigten Staaten.
Als Sohn einer begüterten und kultivierten Hugenottenfamilie genoß Freneau zunächst die Vorzüge des Wohlstands: Privatlehrer bereiteten ihn auf den Besuch des College of New Jersey vor (heute die Universität Princeton), wo er u. a. mit dem späteren Romancier Henry H. BRACKENRIDGE Freundschaft schloß. Während des Studiums beschäftigte sich Freneau mit Theologie, machte sich mit den Klassikern vertraut (HOMER, VERGIL, HORAZ) und entwickelte eine lebenslange Vorliebe für die englische Literatur (SHAKESPEARE, die Satiriker DRYDEN, SWIFT und POPE und die Vorromantiker GRAY und GOLDSMITH). Geprägt wurde er aber auch durch die politische Atmosphäre an seinem College, dessen »American Whig Society« – wie ähnliche Clubs an anderen Universitäten – sich am Vorabend der Revolution zum Zentrum der Agitation gegen die englische Monarchie entwickelte. Schon als Student schrieb Freneau seine Verse als *poète engagé* gegen England und für Amerika. Zu Beginn des Unabhängigkeitskrieges entzog er sich jedoch überraschend den revolutionären Wirren, arbeitete auf einer karibischen Insel und wurde Seefahrer, Reisender und Freibeuter. 1780 wurde er mehrere Wochen als Gefangener auf dem britischen Schiff »Scorpion« so brutal behandelt, daß er sich bis an sein Lebensende weigerte, britische Produkte zu benutzen. Seine bitteren Erfahrungen schildert er in den heroischen Reimpaaren der drei Gesänge von *The British Prison Ship*, 1781 (*Das britische Gefangenenschiff*). Nach dem Krieg schrieb er als Parteigänger Jeffersons für die Republikaner Gazettenlyrik und bekämpfte als Zeitungsredakteur und -herausgeber die liberal-konservativen Föderalisten und deren Wortführer Alexander HAMILTON. Bereits während der Französischen Revolution wirkte Freneaus radikaler Ton in einem konservativ gestimmten Amerika extremistisch. Er zog sich nach 1800 auf sein Familiengut in New Jersey zurück, das er, in Armut geraten, auch durch weitere Fahrten als Schiffskapitän nicht retten konnte. Im Krieg gegen England (1812–1815) flackerten sein Patriotismus und Englandhaß in zahlreichen Versen nochmals auf. 1815 erschien die letzte Sammlung seiner teilweise revidierten Gedichte.
Amerika ist dominierendes Thema und Motiv in Freneaus Lyrik. Es ist für ihn zugleich das Gelobte Land, das Asyl für die Unterdrückten Europas und die Konkretisierung geschichtstheoretischer Ideen, die im revolutionären Protestantismus, im Deismus und in der Aufklärung gründen und auch von Thomas PAINE vertreten wurden. Als Student verfaßt Freneau 1771 mit Brackenridge eine Blankversode. In diesem Gedicht feiern drei Sprecher in alternierenden hymnischen Reden Amerika im Sinne des Titels *The Rising Glory of America* (*Der wach-*

sende Ruhm Amerikas) mit pathetischem Patriotismus als das neue Jerusalem, in dem sich nach der Vertreibung der tyrannischen Briten alle Menschheitsträume erfüllen werden. Das Werk enthält bereits Grundelemente, welche die späteren Gedichte Freneaus immer dann bestimmten, wenn er als poetischer Propagandist für die amerikanische Unabhängigkeit eintrat: pastorale und biblische Formen und Sequenzen treten neben polemische Invektiven, wobei die dem patriotischen Grundton immanente Geschichtsphilosophie erkennen läßt, daß sich Freneau Amerika sowohl im millenaristischen Sinne seiner puritanischen Vorläufer als auch im Sinne der radikalen Freiheitsideen der Aufklärung verpflichtet fühlt. Nachdem er 1775 im Stil der liturgischen Litanei wiederum die englische Tyrannei angeprangert hatte *(A Political Litany)*, konnte er die Unabhängigkeit 1778 endlich in pathetischen Zweizeilern feiern *(America Independent)*. Im propagandistischen *On the Emigration to America and Peopling the Western Country...* (1785; *Über die Auswanderung nach Amerika und die Besiedlung des Westens*) preist er die Schönheit, Weite und Freiheit der Neuen Welt, bringt aber auch den aufklärerischen Wunsch nach Selbstbestimmung *aller* Rassen zum Ausdruck. Dieses Gedicht zeigt exemplarisch die Schwächen und Stärken seiner didaktischen Lyrik: Einerseits beruht sie größtenteils auf einer moralisch wertenden manichäischen Dramaturgie, die in der Gegenüberstellung von England und Amerika die Klischees der Tyrannendenunziation und des Freiheitspathos nicht zu überwinden vermag; andererseits läßt sich z. B. im Glauben an ein zukünftiges idyllisches Utopia in Amerika typisch Amerikanisches (der »amerikanische Traum«) erkennen, das später z. B. von WHITMAN aufgegriffen wurde.

Als patriotischer Republikaner blieb sich Freneau bis in sein Spätwerk treu: 1793, während Amerika seine Revolution im Prozeß der Restauration zu ritualisieren und damit zu verdrängen begann, erinnerte Freneau seine Landsleute zum vierten Jahrestag der Erstürmung der Bastille in einer feierlichen Ode an das Erbe und den Auftrag der Amerikanischen und Französischen Revolution; und als Thomas Paine 1809 starb – verbittert und vergessen, wie Freneau sterben sollte –, war es Freneau, der ihm in schlichten Strophen ein lyrisches Denkmal setzte.

Freneaus Problembewußtsein kommt sogar in seiner in viele Anthologien aufgenommenen Naturlyrik zum Ausdruck. Bereits in *On the Emigration to America* wird die amerikanische Idylle durch die Sklaverei und die Verdrängung der Indianer gestört, Probleme, die ihn mehrfach beschäftigten. Beeindruckt von der indianischen Kultur und Mentalität, poetisiert er unter Anlehnung an die pastorale Grabes- und Todeslyrik seiner Zeit (vgl. Edward YOUNG und Thomas GRAY) die Sterberiten der Indianer in *The Indian Burying Ground (Der Indianerfriedhof)* und *The Dying Indian* (1788; *Der sterbende Indianer*). Kulturkritisch schildert er in den vierzeiligen Kreuzreimen der Gedichte *The Indian Student* und *The Indian Convert* (1809; *Der indianische Bekehrte*), wie die Indianer, enttäuscht von der europäischen Kultur, sich wieder ihren eigenen Mythen zuwenden. Den Indianerhäuptling Tammany läßt er schließlich den Untergang seines Volkes, aber auch späteres Unheil für die Einwanderer weissagen *(The Prophecy of King Tammany*, 1809; *Die Prophezeiung des Königs Tammany)*. Die Sklaverei verurteilte er in den anklagenden jambischen Zweizeilern, die sich an einen Plantagenbesitzer in der Karibik richten und das Dasein der dortigen Afrikaner als Hölle bezeichnen *(To Sir Toby*, 1786), sowie in *The Beauties of Santa Cruz*, 1786 *(Die Naturschönheit von Santa Cruz)*, in dem die tropische Schönheit der Insel den Sprecher keineswegs das grausame Schicksal der Sklaven vergessen läßt. Freneau schrieb auf dieser Insel einige seiner formal und ästhetisch überzeugendsten Werke (siehe auch *The Jamaica Funeral – Die Beerdigung von Jamaika –* und *The House of Night – Das Haus der Finsternis)*, konnte aber auch als Vorromantiker sein revolutionäres Wesen nicht verleugnen. So bezeichnet er die Pracht der karibischen Natur in *The Beauties of Santa Cruz*, während er sich an den Krieg in der Heimat erinnert, als Selbsttäuschung und sieht im üppigen tropischen Wachstum den britischen Despotismus symbolisiert. Wenn er mit deistischem Gedankengut die Schönheit des Irdischen in der Natur Amerikas besingt, verweist er zugleich auf die Vergänglichkeit (z. B. *The Wild Honey Suckle*, 1786 – *Das Geißblatt)*. In seinem allegorischen *The House of Night* (1779; später mehrfach revidiert) läßt er den Tod, wenn auch nur im Traum, in einer amerikanischen Landschaft des Grauens sterben. Die 73 Vierzeiler dieses in der Tradition der Nacht- und Grabeslyrik stehenden Gedichtes gehören zu Freneaus ambitioniertesten Werken, die auf die Romantiker in England und Amerika einwirkten (z. B. E. A. POE). Einflußreich (z. B. für EMERSON, BRYANT, SCOTT und CAMPBELL) waren auch seine Verse über die Indianer und das unvollendete Epos *The Pictures of Columbus* (1788; *Die Bilder von Columbus)*, das in 18 verschiedenartigen Szenen und einer Vielfalt von Formen und Stilarten das Schicksal eines großen Einsamen zeichnet.

Freneau war nicht nur der aufgeklärte und parteiische Lyriker der Revolution und der Wegbereiter der Romantik, sondern auch ein bissiger Satiriker. In den von Swift und Pope popularisierten Formen prangerte er amerikanische Mißstände an (so. z. B. das auf eigener Erfahrung als Lehrer beruhende *The Miserable Life of a Pedagogue*, 1772 – *Das elende Leben eines Pädagogen)*, machte sich über Modetorheiten lustig und attackierte seine politischen Gegner wie auch seine literarischen Konkurrenten, die konservativen »Connecticut Wits« (u. a. John TRUMBULL, Timothy DWIGHT, Joel BARLOW und Richard ALSOP), mit spitzer Feder. Formal der klassizistischen Lyrik Englands verhaftet, hatte er neue und amerikanische Inhalte zu bieten. Er konnte sich sentimental-pathetisch für die amerikanische Idee der Freiheit begeistern, war aber auch kritisch gegenüber unreflektierten Traditionen und neuen Tendenzen. Freneau wollte nie »Dichter« im traditionellen Sinne sein. Er schrieb (zumeist in Gazetten) für das Volk, nicht für die Intellektuellen in den Salons. Die Formen und Appellstrukturen seiner didaktischen Propaganda- und Gebrauchslyrik mußte er deshalb so bemessen, daß sie von seinem Publikum verstanden wurden. Daher rekurrierte er auf den bekannten Code der Lyrik seiner Zeit mit all seinen Konventionalitäten. Gemessen an BLAKE und WORDSWORTH, denen es um dichterische Sprach- und Codeerweiterung ging, mag es Freneau an Subtilität in der sprachlichen Gestaltung mangeln, doch in Anbetracht seiner Kommunikationssituation in einer kolonialen und provinziellen Gesellschaft bleibt seine Lyrik ein bedeutender und kulturell interessanter Beitrag zur frühen amerikanischen Dichtung.

Die Rezeption seines Werkes hat einen Verlauf genommen, der zunächst mehr von der historischen Wertung der politischen Führer der Revolutionszeit bestimmt wurde. Zwar vereinnahmten die Nationalisten, die nach einem »amerikanischen« Poeten suchten, Freneau schon sehr früh (daher seine Ehrentitel »Vater der amerikanischen Lyrik« und »Dichter der Revolution«), sein Ruf litt jedoch bis ins 20. Jh. darunter, daß WASHINGTON, ADAMS und HAMILTON, die Freneau wiederholt angriff (Washington bezeichnete ihn deshalb als »Schurken«), in der Geschichtsschreibung lange als Lichtgestalten galten, denen die angeblichen Intrigen Jeffersons schadeten. Mit der Relativierung des Geschichtsbildes dieser Personen setzte auch eine Neubewertung Freneaus ein, dessen Lyrik die Literarhistoriker nun allerdings aufspalteten in politische Gesinnungsverse und romantische Naturlyrik. Das verstärkte Interesse der sogenannten »68er Generation« an soziopolitischen Zusammenhängen hat nach 1970 in Amerika und Europa zu einer integrativen Interpretation geführt, die Freneaus Lyrik als kritischen Kommentar über das öffentliche Leben einer werdenden Nation im Zeitalter der Aufklärung versteht. P. Wag.

AUSGABEN: *The Poems of Philip Freneau*, Philadelphia 1786 [Faks. Nachdr. Delmar/N.Y. 1975]. – *The Miscellaneous Works of Mr. Philip Freneau*, Philadelphia 1788 [Faks.-Nachdr. Delmar/N.Y. 1975]. – *Poems Written Between the Years 1768 & 1794*, Monmouth/N.J. 1795 [Faks. Nachdr. Delmar/N.Y. 1976]. – *Poems Written and Published During the American Revolutionary War ... With Translations from the Ancients, and Other Pieces Not Heretofore in Print*, 2 Bde., Philadelphia 1809. – *A Collection of Poems ... Written Between the Year 1797 and the Present Time*, 2 Bde. NY 1815. – *The Poems of Philip Freneau*, Hg. F. L. Pattee, 3 Bde. Princeton 1902–1907. – *The Last Poems of Philip Freneau*, Hg. L. Leary, New Brunswick/N.J. 1946.

LITERATUR: H. H. Clark, *The Literary Influences of P. F.* (in StPh, 22, 1925, S. 1–33). – L. Leary, *That Rascal F.*, New Brunswick/N.J. 1941. – N. F. Adkins, *P. F. and the Cosmic Enigma: the Religious and Philosophical Speculations of an American Poet*, NY 1949. – J. Axelrad, *P. F.: Champion of Democracy*, Austin 1967. – P. M. Marsh, *P. F. Poet and Journalist*, Minneapolis 1967. – Ders., *The Works of P. F.: A Critical Study*, Metuchen/N.J. 1968. – R. Haas, *P. F. als Lyriker der amerikanischen Revolution* (in ders., *Amerikanische Literaturgeschichte*, Heidelberg 1972, Bd. 1, S. 165–173). – M. W. Bowden, *P. F.*, Boston 1976 (TUSAS). – R. C. Vitzthum, *Land and Sea: The Lyric Poetry of P. F.*, Minneapolis 1978. – M. Christadler, *P. F.: »On the Anniversary of the Storming of the Bastille ...«* (in *Amerikanische Lyrik. Perspektiven und Interpretationen*, Hg. R. Haas, Bln. 1987, S. 155–177).

GUSTAV FRENSSEN

* 19.10.1863 Barlt/Holstein
† 11.4.1945 Barlt

LITERATUR ZUM AUTOR:
A. Droege, *Die Technik in G. F.s Romanen*, Diss. Greifswald 1915. – W. Alberts, *G. F. Ein Dichter unserer Zeit*, Bln. 1922. – F. X. Braun, *Kulturelle Ziele im Werk G. F.s*, Diss. Univ. of Michigan 1939/40. – A. Schmidt, *Ein unerledigter Fall. Zum 100. Geburtstage von G. F.* (in A. S., *Die Ritter vom Geiste. Von vergessenen Kollegen*, Karlsruhe 1965, S. 90–166). – P. S. Adams, *The vision of Germany's Rebirth in the Novels of G. F., G. v. Opmteda and J. Wassermann*, Diss. Univ. of British Columbia, Canada, 1973. – O. Jordan, *G.-F.-Bibliogr.*, Bohmstedt 1978. – K. Uhde, *G. F.s Werdegang bis zum 1. Weltkrieg: eine krit.-monographische Studie zur Entstehung völkischer Lit.*, Diss. Mchn. 1984.

HILLIGENLEI

Roman von Gustav FRENSSEN, erschienen 1905. – »*Und nun, meine Seele, mühselige, mutige, erzähle von einem, der unruhvoll, hoffnungsvoll das Heilige suchte.*« In diesem hohen Ton, mit einer an HOMERS Musenanrufe und KLOPSTOCKS Anrufung der Dichterseele erinnernden Selbstanrede beginnt der Autor seinen Roman vom Werdegang einer Gruppe von Menschen aus der kleinen Nordseestadt Hilligenlei, deren Name einer alten Tradition zufolge »heiliges Land« bedeuten soll. Unter den Hauptgestalten des Buches gehört das besondere Interesse und die Liebe des Erzählers dem grüblerischen Arbeitersohn Kai Jans, der von Jugend auf ein »heiliges Land« sucht und später die heilige Wahrheit des richtigen Glaubens. Etwa gleichzeitig mit ihm werden in Hilligenlei und dem benachbarten Freestedt die Lehrerskinder Anna, Heinke und Piet Boje geboren, außerdem Pe Ontjes Lau und

Tjark Dusenschön. Über eine Zeitraum von etwa dreißig Jahren hin verfolgt der Erzähler nun die miteinander verknüpften Lebensläufe dieser Kinder. Schon früh zeigen sich ihre Eigenheiten und Charaktere, früh auch beginnen die Freundschaften und Gruppierungen, die sich dann ins Erwachsenenleben hinein fortsetzen: Pe Ontjes ist herrischen und verschlossenen Wesens und »*stark in der Faust*«, sein Freund Kai nachdenklich und empfindlich gegen die Bosheit der Menschen, Piet tüchtig und strebsam, Tjark »*stark im Weinen*«, weichlich und zugleich eingebildet, Anna stolz und hochfahrend und »*von heißem Blut*«. Ihre Wege führen sie in die Welt hinaus und wieder nach Hilligenlei zurück: Pe Ontjes wird ein guter Steuermann und später Kaufmann in Hilligenlei; Kai und Piet gehen auch zur See und kommen glücklich zurück, nachdem sie auf einen »*Seelenverkäufer*« geraten sind – Kai allerdings mit einer verkrüppelten Hand und der Erkenntnis, daß nirgends auf der Erde ein »heiliges Land« existiert; er macht nachträglich das Abitur und beginnt ein Theologiestudium. Auch Piet taugt nicht zum Seemann, wird aber ein tüchtiger Schiffsbauinspektor. Als Pe Ontjes Lau längst Kaufmann in Hilligenlei geworden ist und seine Anna Boje bekommen hat, der er schon als Junge fast drohend nachgerufen hatte, er werde sie heiraten, taucht Tjark als reicher Mann auf, blendet durch seine scheinbar solide Art die Hilligenleier mit der Aussicht auf Arbeit und Reichtum, erweist sich dann aber als Schwindler und wird aus dem Dorf gejagt. Als letzte, deren Probleme sich noch lösen müssen, bleiben Kai Jans und Heinke Boje übrig; Kai lebt in Berlin, ringt mit sozialen und religiösen Problemen und findet erst zu sich selbst, als Heinke ihn dazu ermuntern kann, sein Buch über das Leben Jesu zu verfassen, eine »*moderne Synoptik der ersten drei Evangelien*« (A. Schmidt), die gegen Ende des Romans als *Das Leben des Heilands, nach deutschen Forschungen dargestellt: die Grundlage deutscher Wiedergeburt* vollständig dargeboten wird. Vom Kirchenglauben und dessen starrer Dogmatik sich lösend, hat er sein eigenes Verständnis Jesu als eines »hohen Menschen« erarbeitet – dessen Bild durch die Lehren von der »*Dreieinigkeit und dem Sündenfall, dem ewigen Gotteslohn und der Stellvertretung durch sein Blut und die Auferstehung*« nur verunstaltet werde – und hat darin endlich sein gesuchtes »*heiliges Land*« der Wahrheit gefunden; doch als er sich danach Heinke erklärt, ist sie schon verlobt; Kai stirbt nach einer längeren Afrikareise bei der Rückkunft in Hamburg: »*Was sollen wir nun noch sagen?... In sein offenes Grab fiel ein warmer Mairegen. Neues Korn sprießt auf. Und Menschen werden wachsen, die sich in Grübeln und Taten um die höchsten Dinge der Menschheit Mühe geben.*«
Der Roman hatte einen enormen Erfolg beim Publikum; schon ein Jahr nach dem Erscheinen waren 120 000 Exemplare verkauft. Das Pathos des Buches, die klischeehafte Sprache und die prätentiöse Tiefsinnigkeit vieler oft in biblischem Redeton gehaltenen Passagen wirken aber heute eher abstoßend; das Buch ist durchaus der Trivialliteratur zuzurechnen. »*Bewahre! Was für hohe Menschen wohnen in dem kleinen Haus*« – dieser Satz ist bezeichnend für den Stil des Romans, dessen Gestalten einander oft wortlos und tiefbewegt in die treuen blauen Augen sehen, »*heiße Angst*« und »*wilde Not*« leiden müssen, in dem die Frauen »*heiß aufweinen*« und die Männer entweder ausgemachte Duckmäuser oder edel, tüchtig und wortkarg sind und, wenn sie sprechen, nur Knorrig-Entschiedenes »*mit klarer Stimme*« äußern. Doch nicht nur für die sprachlichen Mängel ist der Leser inzwischen wohl hellhöriger geworden als das für derlei »*Gartenlaubenlesefutter*« (A. Schmidt) aufgeschlossene Publikum der Wilhelminischen Zeit, auch die Lösung der religiösen Probleme, mit denen Kai ringt, erscheint heute zweideutig; von der »*deutschen Wissenschaft*«, deren Ergebnis Kais unorthodoxe Leben-Jesu-Darstellung ist, die wohl Frenssens eigenem Denken entspricht (er legte 1903 aus Gewissensgründen sein Amt als Pastor nieder), führt ein gerader Weg zu seinem Buch *Der Glaube der Nordmark* (1936), in dem er die Lehren des Christentums als »*sinnlose, zum Teil häßliche und untermenschliche Gedankengebilde*« und die römische Kirche als »*Fremdkörper im deutschen Wesen*« bezeichnete und statt dessen das Lob des »*Völkischen*« und des »*deutschen Wesens und Weltgefühls*« sang. Die Anfänge dieser Glorifizierung des deutschen bzw. norddeutschen Menschenschlages finden sich schon in *Hilligenlei*, einer völlig humorlos und ohne jede kritische Distanz erzählten Geschichte von »*edlen*« und »*starken*« Menschen, »*denen von Kind an ein Verwundern in den Augen steht, welche während einer frischen Jugend das dunkle Empfinden haben, daß sie etwas Tüchtiges erleben und erwirken wollen, und welche dann auch mit hellem Mut ins Leben hineingehen*«.

J.Dr.

AUSGABEN: Bln. 1905. – Bln. 1940. – Bln. 1943 (in *GW*, 6 Bde., 4).

LITERATUR: G. Frenssen, *Schlußwort zu »Hilligenlei«*, Bln. 1906. – A. Kuder, *Die Christusfigur bei Hauptmann, Rosegger u. F.*, Diss. Wien 1950.

JÖRN UHL

Roman von Gustav FRENSSEN, erschienen 1901. – Das Buch erzählt die Geschichte von Jörn Uhl, dem nachgeborenen Sohn eines grobschlächtigen holsteinischen Bauern und seiner sensiblen Frau, der, von seinen Brüdern und dem Vater vernachlässigt, als einsames Kind aufwächst. Der Vater und die beiden älteren Brüder wirtschaften das Anwesen herunter, da sie sich mehr um Kartenspiel und Alkohol als um Pflügen und Säen kümmern. Die Gleichgültigkeit seines Vaters bringt Jörn um die Möglichkeit, das Gymnasium zu besuchen; er müht sich nun als einziger, den Hof vor dem Ruin zu bewahren. Als seine erste Liebe keine Erfüllung findet, verhärtet sich Jörn innerlich immer mehr und wird fast zum Sonderling. Doch im Krieg 1870/71 erweist er sich als tüchtiger Kanonier. Er kehrt zurück und übernimmt nach einem Schlaganfall des Vaters und nach Abfindung der liederlichen Brüder den schwer verschuldeten Besitz. Zusammen mit seiner treuen alten Großmagd, die seit dem Tod der Mutter im Kindbett an ihm Mutterstelle vertritt, führt er nun das Regiment mit Zuversicht, die ihn auch dann nicht verläßt, als die Schwester mit ihrem Liebhaber nach Amerika flieht und ein Bruder Selbstmord begeht. Doch bald nach seiner Heirat trifft ihn neues Unglück: Seine Frau stirbt im Kindbett, eine Mäuseplage vernichtet die Weizenernte. Da fängt Jörns Charakter an, »brüchig zu werden«. Eine letzte Katastrophe jedoch bringt zugleich auch eine Wende in seinem Leben: Ein Brand vernichtet den Hof, und plötzlich fühlt sich Jörn seltsam frei. Unter dem Einfluß eines Onkels und seiner nie vergessenen und jetzt wiedergetroffenen Jugendliebe Lisbeth Junker studiert er Deich- und Kanalbau und die Landvermesserei: Am Ende ist er doch der Landvogt, der er schon als Kind hatte werden wollen. Der vierschrötige und wortkarge Mann, der »zwischen Sorgen und Särgen hindurch mußte«, ist zum Schluß dennoch glücklich geworden, weil er immer »demütig war und Vertrauen hatte«.

Als Pastor in Dithmarschen hatte Frenssen oft mit ansehen müssen, wie Bauern ihren Hof vertranken und verspielten; seine Empörung hierüber spricht noch aus den Flüchen, mit denen Jörn Uhl seinen Vater bedenkt. Doch wird dieses moralische Motiv überlagert von der tiefsinnigen Geschwätzigkeit des Erzählers; sie und die Vielzahl an Episoden, an Erzählungen von und über Nebenfiguren, an grüblerischen Gesprächen Jörns mit Pastoren und Freunden zerdehnen den Handlungsablauf des Romans. Frenssen erzählt zwar von einem »harten Menschenschlag« mit »zusammengepreßten Lippen«, benutzt auch ständig plattdeutschen Dialekt, erlegt sich aber selbst wenig sprachliche Disziplin auf. Dennoch hatte das Buch wegen seiner engen Beziehung zur holsteinischen Landschaft mit ihren Föhrenwäldern und Torfmooren und wegen seines volkstümlich formulierten »hohen, sittlichen Geistes« (W. Alberts) einen außerordentlichen Erfolg, der nur noch durch Frenssens nächsten Roman, *Hilligenlei* (1905), übertroffen wurde.   J.Dr.

Ausgaben: Bln. 1901. – Bln. 1943 (in *GW*, 6 Bde., 3). – Spich 1958. – St. Peter-Ording 1982.

Literatur: G. Bäumer, *Der Dichter des »Jörn Uhl«* (in Die Frau, 10, 1903, S. 39–47). – H. Heuberger, *Die Agrarfrage bei Roseggers »Jakob der Letzte« u. »Erdsegen«, F.s »Jörn Uhl« u. Polenz' »Büttnerbauer«*, Diss. Wien 1949. – U.-K. Ketelsen, *Lit. in der Industrialisierungskrise der Jahrhundertwende. Eine hist. Analyse der Erzählkonzeption von G. F.s Roman »Jörn Uhl«* (in Jb. der Raabe-Gesellschaft, 1984, S. 173–197).

SIGMUND FREUD

* 6.5.1856 Freiberg / Mähren (heute Příbor)
† 23.9.1939 London

Literatur zum Autor:
Bibliographie:
I. Meyer-Palmedo, *S. F. – Konkordanz und Gesamtbibliographie*, Ffm. 1975; ³1980 [korr.].
Biographien:
O. Mannoni, *F. par lui-même*, Paris 1968 (dt. *S. F. in Selbstzeugnissen u. Bilddokumenten*, Reinbek 1971 u. ö.; m. Bibliogr.; rm). – *S. F. Sein Leben in Bildern u. Texten*, Hg. E. Freud u. a., Ffm. ²1977 [korr.]; ern. 1985. – S. Bernfeld u. S. Cassirer-Bernfeld, *Bausteine der F.-Biographik*, Hg. u. Übers. I. Grubrich-Simitis, Ffm. 1981 [aus dem Engl.]. – B. Kratz, *F.s Ehrgeiz – seine Lehrer u. Vorbilder. Eine psycho-biograph. u. tiefenhermeneut. Studie*, Essen 1987. – P. Roazen, *F. and his Followers*, NY 1974 (dt. *S. F. u. sein Kreis*, Bergisch-Gladbach 1976; ern. Herrsching 1987). – P. Gay, *F. A Life for Our Time*, NY u. a. 1988.
Gesamtdarstellungen und Studien:
E. Jones, *S. F. Life and Work*, 2 Bde. Ldn. 1954 u. 1957 (dt. *Das Leben u. Werk von S. F.*, 3 Bde., Stg. 1960–1962; ern. Mchn. 1984; dtv). – H. Marcuse, *Eros and Civilization. A Philosophical Inquiry into F.*, Boston 1955 (dt. *Eros u. Kultur*, Stg. 1957; *Triebstruktur u. Gesellschaft*, Ffm. 1965 u. ö.). – L. Binswanger, *Erinnerungen an S. F.*, Bern 1956; E. Fromm, *S. F.'s Mission*, Ldn. 1959 (dt. *S. F.s Sendung, Persönlichkeit, geschichtlicher Standort u. Wirkung*, Ffm./Berlin 1961; ern. u. d. T. *S. F.s Psychoanalyse, Größe u. Grenzen*, Mchn. ⁴1986). – L. Marcuse, *S. F. Sein Bild vom Menschen*, Hbg. 1958; ern. Mchn. 1964. – G. Bally, *Einführung in die Psychoanalyse S. F.s*, Reinbek 1961. – R. Fine, *F. A Critical Re-Evaluation of His Theories*, NY 1962. – R. Fine, *The Development of F.s Thought*, NY 1973 [m. Bibliogr.]. – E. Wiesenhütter, *F. u. seine Kritiker*, Darmstadt 1974 (EdF). – *F. u. die Folgen*, Hg. D. Eicke, 2 Bde., Zürich 1976/77 (in *Die Psychologie des 20. Jh.s*, 16 Bde., Zürich 1976–1981, 2 u. 3). – R. W. Clark, *F. The Man and the Cause*, NY 1980 (dt. *S. F.*, Ffm. 1981; m. Bibliogr.). – *F. A Collection of Critical Essays*, Hg. P. Meisel, Englewood Cliffs/N.J. 1981. – H. B. Lewis, *F. and Modern Psychology*, 2 Bde., NY u. a. 1981 u. 1983. – A. Schöpf, *S. F.*, Mchn. 1982. – B. Bettelheim, *F. and Man's Soul*, NY 1983 (dt. *F. u. die Seele des Menschen*, Mchn. 1986). – R. Bocock, *S. F.*, Chichester u. a. 1983. – J.-P. Sartre, *Le scénario F.*, Paris 1984. – *S. F.*, Hg. H. Bloom, NY 1985. – M. Jahoda, *F. u. das Dilemma der Psychologie*, Ffm. 1985. – H. M. Lohmann, *F. zur Einführung*, Hbg. 1986. – T. J. Ellinger, *S. F. u. die akademische Psychologie*, Weinheim 1986. – *F. Appraisals and Reappraisals*, Hg. P. E. Stepansky, Hillsdale/N.J., Bd. 1–3,

1986–1988. – Th. Köhler, *Das Werk S. F.s*, Bd. 1, Ffm. 1987. – *S. F. Leben Werk u. Wirkung*, Hg. D. Eicke, 4 Bde., Weinheim 1989.

DAS ICH UND DAS ES

Theoretisch-spekulative Schrift von Sigmund FREUD, erschienen 1923. – Neben dem Aufsatz *Jenseits des Lustprinzips* (1920) gehört dieses Werk Freuds zu den von ihm selbst »metapsychologisch« genannten Spätschriften, in denen er eine systematische Synthese von Einzelannahmen und Begriffen der Psychoanalyse versucht. In Fortsetzung von Gedankengängen, die er in *Jenseits des Lustprinzips* entwickelt hatte, worin er dem »*Lustprinzip*« den Begriff des »*Todestriebs*« als einer zweiten seelischen Grundtriebkraft zuordnete, nimmt er hier den Begriff des »Es«, der von dem Analytiker Georg GRODDECK von NIETZSCHE entlehnt und sozusagen umgeprägt worden war, in das System struktureller Annahmen über die menschliche Psyche auf, welche der Psychoanalyse zugrunde liegen.

Die Schrift beginnt mit einer Skizze der psychoanalytischen Theorie des psychischen Apparates des Individuums. Danach ist das »Ich« hauptsächlich die Instanz, die die Wahrnehmung der Außenwelt und das Bewußtsein organisiert bzw. in sich trägt; wie »*ein Reiter, der die überlegene Kraft des Pferdes zügeln soll*«, sitzt dieses Ich dem von Trieben erfüllten, »*dunkelsten und unzugänglichsten Bereich der menschlichen Person*«, dem Es, auf und versucht, »*den Einfluß der Außenwelt auf das Es und seine Absichten zur Geltung zu bringen, ist bestrebt, das Realitätsprinzip an die Stelle des Lustprinzips zu setzen, welches im Es uneingeschränkt regiert. Die Wahrnehmung spielt für das Ich die Rolle, welche im Es dem Trieb zufällt. Das Ich repräsentiert, was man Vernunft und Besonnenheit nennen kann, im Gegensatz zum Es, welches die Leidenschaften enthält.*« Dem Ich seinerseits übergeordnet ist das »Über-Ich«; diesen Begriff bzw. diese psychische Instanz hatte Freud schon in den Arbeiten *Zur Einführung des Narzißmus* (1914) und *Massenpsychologie und Ich-Analyse* (1921) eingeführt. Das Über-Ich ist der Träger aller »höheren« Werte bzw. aller mit der Setzung und Einhaltung von Werten beauftragter Funktionen und Fähigkeiten des Individuums, wie Moral, Gewissen, Pflicht, Schuldgefühl usw.; ontogenetisch, in der psychischen Entwicklung des Menschen, wird es aufgebaut aus frühen, in den Einzelvorgängen sehr komplizierten, individuell und nach Geschlechtern unterschiedlichen »Identifizierungen« mit Gestalt und Rolle des Vaters und der Mutter – z. T. als »*Agenturen*« (Theodor W. ADORNO) gesellschaftlicher Normen – in der Phase des »*Ödipus-Komplexes*«, dessen »Erbe« es ist. Die Gliederung des seelischen Apparates in ein Es, ein Ich und ein Über-Ich ist allerdings wesentlich komplizierter und die Dynamik ihres Verhältnisses zueinander außerordentlich verwickelt; so sind zum Beispiel Freud zufolge nicht nur – wie eine populäre Gleichsetzung inzwischen behauptet – die Vorgänge und Inhalte des Es unbewußt (wenn auch in einer Psychoanalyse wieder ins Bewußtsein zu bringen), sondern auch ein wichtiger Teil des Ich ist unbewußt, und die Grenzen des Ich zum Es sind fließend, ja, das Ich selbst ist nur ein »*modifizierter Anteil*« des Es. – In den letzten beiden Kapiteln der Schrift werden diese neuen Begriffe und Einsichten in Beziehung gebracht zu der Lehre von den zwei Grundtrieben, dem »Lebenstrieb« oder Eros und dem »Todestrieb« oder Destruktionstrieb. Nach der Erörterung möglicher Erklärungen für bestimmte Vorgänge bei der »*Sublimierung*«, der Verschiebung und Desexualisierung erotischer Triebkraft, kennzeichnet Freud schließlich noch einmal die prekäre Situation des Ich, das nach drei Seiten zugleich kämpfen bzw. die Ansprüche von Umwelt, Über-Ich und Es koordinieren muß.

Die Bedeutung von *Das Ich und das Es* liegt vor allem in der darin geleisteten Vervollständigung der psychoanalytischen Theorie und Terminologie in Richtung auf das sogenannte »*Strukturmodell*« des psychischen Apparates, welches das frühere »*Topographische Modell*« der Psyche (mit der Einteilung psychischer Inhalte und Funktionen in die Systeme Bewußt/Vorbewußt und Unbewußt) ablöste; Freud erläutert ausführlich und mit der für seinen wissenschaftlichen Darstellungsstil kennzeichnenden Umsicht die Gründe, die ihn zu seiner Neuformulierung älterer Annahmen und zu jener neuen Konzeption des psychischen Apparates veranlaßten, welche er später nur noch geringfügig modifizierte und schließlich auch in der 1938 geschriebenen, unvollendet gebliebenen kurzen Gesamtdarstellung der psychoanalytischen Grundannahmen, dem *Abriß der Psychoanalyse*, beibehielt. Bei aller Fortentwicklung und Nuancierung Freudscher Annahmen durch die spätere psychoanalytische Forschung ist doch das »Strukturmodell« der Psyche eine der Konstanten im Begriffssystem der Psychoanalyse bis heute geblieben. J.Dr.

AUSGABEN: Lpzg. 1923. – Wien 1925 (in *GS*, Hg. A. Freud u. a., 12 Bde., 1924–1934, 6). – Ldn. 1940 (in *GW*, Hg. dies., 17 Bde., 1940–1950, 13; ern. Ffm. 1966). – Ffm. 1975 (in *Studienausgabe*, Hg. A. Mitscherlich u. a., 10 Bde., 3).

LITERATUR: S. Langhans, *Der Beitrag S. F.s zur Entwicklungspsychologie*, Diss. Mchn. 1955. – S. Drews u. K. Brecht, *Psychoanalytische Ich-Psychologie. Grundlagen und Entwicklung*, Ffm. 1975. – G. Endrass, *Zur Geschichte und Systematik von Qualität und Quantität in F.s Metapsychologie*, Basel 1975. – B. Nitzschke, *Zur Herkunft des »Es«: F., Groddeck, Nietzsche–Schopenhauer u. E. v. Hartmann* (in Psyche, 37, 1983, H. 9, S. 769–804). – Ders., *Zur Herkunft des »Es« (II). Einsprüche gegen die Fortschreibung einer Legende* (ebd., 39, 1985, H. 12, S. 1102–1132). – J. Kerz, *Das Wiedergefundene »Es«* (ebd., H. 2, S. 101–124). – H. Gehle, *Wunsch und Wirklichkeit. Blochs Philosophie des Noch-Nicht-Bewußten und F.s Theorie des Unbewußten*, Ffm. 1986.

JENSEITS DES LUSTPRINZIPS

Schrift von Sigmund FREUD, erschienen 1920. – Das Werk gehört neben den Aufsätzen *Massenpsychologie und Ich-Analyse* (1921) und *Das Ich und das Es* (1923) zu dem vom Verfasser selbst »metapsychologisch« und »spekulativ« genannten Spätschriften Freuds, in denen er eine Synthese von Einzelannahmen und Begriffen der Psychoanalyse versucht, indem er theoretische Konsequenzen aus der Beobachtung bestimmter psychischer Phänomene zieht. Die Bedeutung der Schrift für die psychoanalytische Theorie liegt vor allem in der Einführung des Begriffs bzw. der Annahme eines »*Todestriebs*« im Seelenleben, der komplementär zum Sexualtrieb (Eros) wirkt.

Zur Annahme eines solchen Todestriebs sieht sich Freud veranlaßt aufgrund der – ihrerseits wieder hypothetischen, aber in der analytischen Empirie gut abgesicherten – Feststellung, daß zwar »*der Ablauf der seelischen Vorgänge automatisch durch das Lustprinzip reguliert wird, das heißt, wir glauben, daß er jedesmal durch eine unlustvolle Spannung angeregt wird und dann eine solche Richtung einschlägt, daß sein Endergebnis mit einer Herabsetzung dieser Spannung, also mit einer Vermeidung von Unlust oder Erzeugung von Lust zusammenfällt*«, daß aber die Herrschaft des Lustprinzips im Seelenleben nicht ausschließlich durch das Realitätsprinzip und durch bestimmte innerseelische Konflikte eingeschränkt ist. Vielmehr zeige die Beobachtung des Phänomens des »*Wiederholungszwanges*« bei Unfallneurotikern, bei durch traumatischen Schock geschädigten Menschen, bei manchen Spielen von Kindern und bei neurotischen Patienten während der psychoanalytischen Behandlung, daß es einen psychischen Zwang zur immer erneuten Ausführung bestimmter Handlungen und zum Wiederholen unlustbetonter Erlebnisse gibt, einen Zwang, der »*sich über das Lustprinzip hinaussetzt*«, der also unlustvolle, destruktive und schmerzhafte Phantasien, Träume und Handlungen auslöst. Freud schließt daraus auf eine seelische Schicht, auf eine Grundtriebkraft, die vor der Antithese Lust-Unlust zu liegen scheint und die er als Todestrieb bezeichnet. Zwar gilt ihm ein Trieb allgemein als »*ein dem belebten Organischen innewohnender Drang zur Wiederherstellung eines früheren Zustandes*«; er spricht von der »*konservativen Natur*« des Lebenden und der Triebe, die sich nur unter dauernden äußeren Reizen höherentwickelt und differenziert haben, ohne diese äußere Reizung aber zu einem Ausgangszustand der Ruhe, des Toten, des Anorganischen zurückkehren möchte: »*... so können wir nur sagen: Das Ziel alles Lebens ist der Tod, und zurückgreifend: Das Leblose war früher da als das Lebende.*« Doch der Todestrieb ist sozusagen der Inbegriff jenes Strebens im Seelenleben nach »*Herabsetzung, Konstanterhaltung, Aufhebung der inneren Reizspannung*«. Allerdings tritt dieses »*Nirwana-Prinzip*« (Freud übernimmt den Ausdruck von Barbara Low) nie isoliert auf, sondern amalgamiert mit dem Lustprinzip (das ihm »*geradezu im Dienst der Todestriebe zu stehen*« scheint) und in komplizierter Verschränkung mit den Lebens- und Sexualtrieben, die ja »*zur Lebensfortsetzung drängen*«; die Sexualtriebe sind »*die eigentlichen Lebenstriebe; dadurch, daß sie der Absicht der anderen Triebe, welche durch die Funktion zum Tode führt, entgegenwirken, deutet sich ein Gegensatz zwischen ihnen und den übrigen an ... Die eine Triebgruppe stürmt nach vorwärts, um das Endziel des Lebens möglichst bald zu erreichen, die andere schnellt an einer gewissen Stelle dieses Weges zurück, um ihn von einem bestimmten Punkt an nochmals zu machen und so die Dauer des Weges zu verlängern.*«

Freuds sehr komplexe, abstrakte und durch naturwissenschaftliche und entwicklungsgeschichtliche Überlegungen noch weiter komplizierte Ausführungen in *Jenseits des Lustprinzips* gehören zu den schwierigsten Passagen seines Werks. Er betont selbst den spekulativ-hypothetischen Charakter seiner Annahmen und Darlegungen wie auch seine Bereitschaft, seine Theorie zu revidieren, falls ihn die Forschung zu einer Modifikation seiner Trieblehre zwinge. Die Publikation der Schrift hatte seinerzeit selbst unter den Anhängern der Psychoanalyse eine wahre Schockwirkung ausgelöst, da man die Trieblehre fest gesichert glaubte. Freud aber ließ sich durch die Ablehnung nicht beirren: vielmehr schien sich ihm mit fortschreitendem Alter die Wahrheit seines Gedankengangs nur zu bestätigen. Er kam in andern Spätschriften, zuletzt in dem erst nach seinem Tode veröffentlichen, unvollendet gebliebenen *Abriß der Psychoanalyse* (entstanden 1938) immer wieder auf den Todestrieb zurück.

J.Dr.

AUSGABEN: Lpzg./Wien 1920. – Ldn. 1940 (in *GW*, Hg. dies., 17 Bde., 1940–1950, 13; ern. Ffm. 1966). – Ffm. 1975 (in *Studienausgabe*, Hg. A. Mitscherlich u. a., 10 Bde., 3).

LITERATUR: S. Bernfeld u. S. Feitelberg, *Der Entropie-Satz u. der sogenannte Todestrieb* (in Imago, 16, 1930, 2, S. 187–206). – P. Federn, *Wirklichkeit u. Wandlungen des Todestriebes*, Wien 1931 (Almanach der Psychoanalyse, 1). – J. Vuillemin, *Essai sur la signification de la mort*, Paris 1948. – I. A. Caruso, *Bemerkungen über den sogenannten Todestrieb* (in Schweizer Archiv für Neurologie u. Psychologie, 70, 1952, S. 249–258). – R. Brun, *Über F.s Hypothese vom Todestrieb* (in Psyche, 7, 1953, H. 2, S. 81–111; m. Bibliogr.). – H. P. Kraemer, *Die Deutung von Trieb und Lust bei S. F. in ihrer antiidealistischen Bedeutung*, Mchn. 1974.

DER MANN MOSES UND DIE MONOTHEISTISCHE RELIGION. Drei Abhandlungen

Religionspsychologische Schrift von Sigmund FREUD, erschienen 1939. – Die frühe Psychoanalyse, die von Freud und der ersten Generation seiner Schüler – darunter vor allem Ernest JONES, Otto

RANK und Theodor REIK – geprägt war, hat, da sie sich vorwiegend als Es-Psychologie verstand, besonders intensiv in Mythen, Sagen und Märchen Bestätigungen für ihre Hypothesen gesucht. Zwangsläufig kamen dabei auch Religionssysteme als Ergebnisse kollektiver unbewußter Phantasien in ihr Blickfeld. So hat FEUERBACHS berühmte These – *»Der Mensch macht die Religion«* – bei E. Jones eine bedeutende Vertiefung erfahren, wenn dieser schreibt: »*Das religiöse Leben stellt eine ins Kosmische projizierte Dramatisierung der Gefühle, der Angst und der Sehnsucht dar, die aus der Beziehung des Kindes zu seinen Eltern entstehen.*« Von Anfang an hat auch Freud keine Zweifel daran gelassen, daß *»die religiösen Phänomene nur nach dem Muster der uns vertrauten neurotischen Symptome des Individuums zu verstehen sind, als Wiederkehren von längst vergessenen, bedeutsamen Vorgängen in der Urgeschichte der menschlichen Familie«*.

In seiner letzten Schrift wendet Freud diese allgemeine Erkenntnis auf einen konkreten Fall an. Er versucht, den Nachweis zu führen, daß und in welchem Maße an der Entstehung des jüdischen Monotheismus und des Bildes seines »Stifters« Mechanismen projektiver Mythenbildung beteiligt sind. – Die Arbeit setzt ein mit einer Rekonstruktion, die sich auf eine der bedeutendsten Schriften Otto Ranks stützt, auf den *Mythus von der Geburt des Helden* (1909). Rank hatte aus zahlreichen Heldenmythen des indoeuropäischen Kulturkreises eine »Durchschnittssage« entwickelt, der zufolge das unbewußte Antriebsmotiv der mythischen »Heldentaten« die Vaterüberwindung (Vatertötung) des Sohnes ist, der, in der Regel königlicher Herkunft, als Säugling ausgesetzt wird und bei armen Pflegeeltern aufwächst, nach langen Irrfahrten seine leiblichen Eltern wiederfindet und sich an ihnen rächt. Aus der umgekehrten Anlage des Moses-Mythos – das Kind armer jüdischer Eltern wächst am ägyptischen Königshof auf – schließt Freud, daß Moses in Wirklichkeit Ägypter war, Anhänger oder hoher Würdenträger des Pharaos Amenhotep IV.; dessen neueingeführten monotheistischen Sonnenkult habe er übernommen und den jüdischen Randstämmen aufgedrängt, bevor er mit ihnen, möglicherweise als politischer Emigrant, den Wüstenzug unternahm. Der abstrakte, bilderlose Sonnekult ägyptischen Ursprungs hat sich – Freud zufolge – wenig später mit dem Jahve-Kult der midianitischen Stämme vermischt. Der jüdische Monotheismus ist also eine Kompromißbildung aus zwei Strömungen, die trotz einer jahrhundertelangen Textredaktion in den heiligen Schriften noch Spuren hinterlassen haben. – Freud glaubt, gestützt auf Andeutungen in den Quellen (vor allem bei den Propheten) und zeitgenössischer Hypothese (so E. SELLIN), als gesichert annehmen zu können, daß dieser ägyptische Moses – noch vor der Vermischung seines Kults mit der Jahve-Religion – von den gegen sein strenges Regiment aufbegehrenden Juden ermordet worden ist. Dieser Mord wurde verdrängt, kam aber nach einer jahrhundertelangen »Latenzzeit« wieder zum Vorschein, wobei *»die Reue um den Mord an Moses den Antrieb zur Wunschphantasie vom Messias gab, der wiederkommen und seinem Volk die Erlösung und die versprochene Weltherrschaft bringen sollte«*. Die weitere Ausbildung des mythischen Systems hat dann das Christentum übernommen, vor allem PAULUS aus Tarsus.

Freud hat in seine Konstruktion zahlreiche Momente aus seiner frühen Schrift *Totem und Tabu* (1912) eingehen lassen: Dort hatte er das spekulative Modell einer vorgeschichtlichen »Urhorde« entworfen, deren Brüderclan sich gegen einen übermächtigen »Urvater« auflehnt, ihn tötet und die Erinnerung an diese Tat in den Totemmahlzeiten aufbewahrt, an die – nach Freud – noch das christliche Abendmahl gemahnt. Der Totemismus bildet eine Vorstufe zum Polytheismus mit seinen Göttern in Menschengestalt. In der Weiterentwicklung zum Monotheismus und Universalismus hin spiegelt sich die imperialistische ägyptische Pharaonenherrschaft. Auf das frühe Bild jenes *einen* Gottes projizierten dann die Juden alle die Züge, die sie dem Überbringer des Monotheismus, Moses, zusprachen, wenn sie ihn »*eifervoll, streng und unerbittlich*« nannten. Dem »Mann« Moses wird von Freud der Rang einer großen Führergestalt zuerkannt, weil er sich als »Ich-Ideal« dem jüdischen Volk einprägte und ihm den Glauben gab, es sei dazu auserwählt, die Hoffnungen des großen Vatergottes zu tragen.

Freuds Religionspsychologie, die ansatzweise bereits in *Die Zukunft einer Illusion* (1927) vorlag, behandelt religiöse Systeme als symbolische Produktionen, die auf ihre »archaische Erbschaft« hin zu befragen sind. Die aus der individuellen neurotischen Symptombildung abgeleitete »Menschheitsneurose« wirkt ihrerseits individualpsychologisch nach: »*Unterzieht man das prähistorische und ethnologische Material ... einer psychoanalytischen Bearbeitung, so stellt sich ein unerwartet präzises Ergebnis heraus: daß Gottvater dereinst leibhaftig auf Erden gewandelt und als Häuptling der Urmenschenhorde seine Herrschermacht gebraucht hat, bis ihn seine Söhne im Vereine erschlugen ... Daß aber auch die späteren Religionen von demselben Inhalt erfüllt und bemüht sind, einerseits die Spuren jenes Verbrechens zu verwischen und es zu sühnen, indem sie andere Lösungen für den Kampf zwischen Vater und Söhnen einsetzen, andererseits aber nicht umhin können, die Beseitigung des Vaters von neuem zu wiederholen. Dabei läßt sich auch im Mythus der Nachhall jenes die ganze Menschheitsentwicklung riesengroß überschreitenden Ereignisses erkennen.*« KLL

AUSGABEN: Amsterdam 1939. – Ldn. 1950 (in *GW*, Hg. A. Freud u. a., 17 Bde., 1940–1950, 16; ern. Ffm. 1961). – Ffm. 1964 u. ö. (BS). – Ffm. 1974 (in *Studienausgabe*, Hg. A. Mitscherlich u. a., 10 Bde., 9).

LITERATUR: A. Guirdham, *Christ and F. A Study of Religious Experience and Observance*, Ldn. 1959 [Vorw. L. Durrell]. – J. Scharfenberg, *S. F. u. seine*

Religionskritik als Herausforderung für den christlichen Glauben, Göttingen 1968. – K. Birk, *S. F. u. die Religion*, Münsterschwarzach 1970. – Ch. Link, *Theologische Perspektiven nach Marx u. F.*, Stg. 1971. – *Jesus u. F.*, Hg. H. Zahrnt, Mchn. 1972. – G. Gagey, *F. et le christianisme*, Paris 1982. – N. R. Goldenberg, *The End of God*, Ottawa 1982. – J. Jeremias, *Die Theorie der Projektion im religionskritischen Denken S. F.s u. E. Fromms*, Oldenburg 1983. – A. Gautier, *F.s Beitrag zur Religionspsychologie*, Zürich 1985. – H. Küng, *F. u. die Zukunft der Religion*, Mchn. 1987. – P. C. Vitz, *S. F.'s Christian Unconscious*, NY u. a. 1988.

TOTEM UND TABU. Einige Übereinstimmungen im Seelenleben der Wilden und der Neurotiker

Völkerpsychologisches Werk von Sigmund FREUD, entstanden 1910–1913, erschienen 1912/13 in der Zeitschrift ›Imago‹. – Die Schrift stellt den Versuch dar, *»Gesichtspunkte und Ergebnisse der Psychoanalyse auf ungeklärte Probleme der Völkerpsychologie anzuwenden«*. Freud knüpft dabei an die zeitgenössische ethnologische Literatur, vor allem an die Arbeiten von J. G. FRAZER sowie Hypothesen von Ch. DARWIN und J. J. ATKINSON über die Urhorde und von R. SMITH über die »Totemmahlzeit« an. Ausgehend von der Formel, daß die Ontogenese eine verkürzte Rekapitulation der Bildungsgeschichte der Menschengattung darstellt, projiziert Freud nicht nur infantile Konflikte (den Ödipuskomplex) auf den dunklen Horizont der menschlichen Frühgeschichte, sondern führt auch durch Psychoanalyse bekannt gewordene neurotische Abwehrtechniken wie Codewörter in den sonst rätselhaften Kontext der Institutionen »wilder« Völker ein. So interpretiert Freud etwa das Tier-Totem, auf das die australischen Stämme ihre Abkunft zurückführen, unter Rückgriff auf infantile Tierphobien, bei denen die auf den Vater gerichtete (ödipale) Aggression auf ein ihn vertretendes Tier projiziert wird (Freud, FERENCZI), als kollektive Verarbeitungsform der geschichtskonstitutiven *»befreienden Untat«* des (Ur-)Vatermords und kann so Totemismus und Inzesttabu (Exogamie-Gebot) mühelos in Einklang bringen. Freud unterstellt dabei eine *»Massenpsyche ... in welcher sich die seelischen Vorgänge vollziehen wie im Seelenleben eines einzelnen«*.

»Menschen, von denen wir glauben, daß sie den Primitiven noch sehr nahe stehen«, wie die Ureinwohner Australiens, repräsentieren *»eine gut erhaltene Vorstufe unserer eigenen Entwicklung«*. Auch die Neurotiker sind, Freuds Einsicht zufolge, Menschen, die durch sogenannte »Fixierung« in ihrer (psychosexuellen) Entwicklung partiell zurückgeblieben sind und archaische (icheinschränkende) Abwehrtechniken verwenden. Verhaltensformen von Neurotikern und »Primitiven« lassen sich demnach vergleichen und erlauben Rückschlüsse auf die (stets reproduzierte) frühe Bildungsgeschichte der Gattung. Die durch die Kombination von Totemismus und Exogamie-Gebot charakterisierte soziale Organisation der australischen Stämme scheint vor allem der Verhütung inzestuöser Geschlechtsbeziehungen zu dienen. Hier findet Freud, was er im Unbewußten seiner Patienten als den Kernkomplex der Neurosen dingfest gemacht hatte: »*...das vom Inzestverlangen beherrschte Verhältnis zu den Eltern*«.

Die ebenfalls aus der Neurosenpsychologie bekannten Berührungsängste (Tabus) der Zwangskranken betreffen meist *»Genußfähigkeit, Bewegungs- und Verkehrsfreiheit«*. Ihren zwanghaften Charakter verdanken sie der Stärke der unterdrückten Triebregungen. Freud bringt die Traditionslosigkeit der wilden Stämme mit ihren Vermeidungsritualen in Zusammenhang. – Im schwer zu verleugnenden Befriedigungsgefühl, das sich nach Todesfällen bei den Hinterbliebenen einstellt, äußert sich die aggressive Komponente ihrer (ambivalenten) Gefühlsbindung. Darum ist der Tote für das unbewußte Denken ein Ermordeter. Die auf ihn projizierte Feindseligkeit schuf die ersten »Dämonen«. Der Animismus als früheste Weltanschauung der Menschheit entspricht der Entwicklungsphase des infantilen primären Narzißmus. *»Das Prinzip, welches die Magie, die Technik der animistischen Denkweise regiert, ist das der ›Allmacht der Gedanken‹«*. – Die »just-so-story« von der »Urhorde« geht davon aus, daß der übermächtige Ur-Vater die Söhne in Exogamie oder Homosexualität (deren desexualisierte Libido nach Freud den sozialen Zusammenhalt – die Massenbildung – stiftet) zwang. Der Brüderaufstand gipfelte in Vatermord und Vaterfraß. *»Die Totemmahlzeit ... wäre die Wiederholung und die Gedenkfeier dieser denkwürdigen, verbrecherischen Tat, mit welcher so vieles seinen Anfang nahm, die sozialen Organisationen, die sittlichen Einschränkungen und die Religion.«* Die durch Identifizierung bestätigte Bindung an den (Ur-)Vater löste dann Reue- und Schuldgefühle in den Verwaisten aus. Die in »*nachträglichem Gehorsam*« vollzogene Einsetzung der Vatergottheiten wandelte die vaterlose Brüder-Gesellschaft in die patriarchalisch geordnete um. Schöpferisches Schuldbewußtsein wurde zum Motor progressiven Triebverzichts – der Entwicklung von Kultur.

Freuds in *Totem und Tabu* vorgeschlagene Deutungen von Institutionen der australischen Ureinwohner sind von der Ethnologie nicht akzeptiert worden. Kontrovers blieb vor allem die von Freud unterstellte Universalität des Ödipuskomplexes. Andererseits sind Kulturanthropologen wie Bronislaw MALINOWSKI, Margaret MEAD und Ruth BENEDICT in ihrer Fragestellung von Freud stark beeinflußt. H.Da.

AUSGABEN: Wien 1912/13 (in Imago, 1/2). – Wien 1913. – Wien 1924 (in *GS*, Hg. A. Freud u. a., 12 Bde., 1924–1934, 10). – Ldn. 1940 (in *GW*, Hg. dies., 17 Bde., 1940–1950, 9; ern. Ffm. 1968). – Ffm. 1974 (in *Studienausgabe*, Hg. A. Mitscherlich u. a., 10 Bde., 9).

LITERATUR: B. Malinowski, *The Family among the Australian Aborigines*, Ldn. 1913. – W. Reich, *Der Einbruch der Sexualmoral. Zur Geschichte der Sexualen Ökonomie*, Kopenhagen ²1935. – B. Malinowski, *Mutterrechtliche Familie u. Ödipus-Komplex* (in *Eine wissenschaftliche Theorie der Kultur*, Zürich 1949). – G. Roheim, *Psychoanalysis and Anthropology*, NY 1950. – W. L. Barre, *The Influence of Freud on Anthropology* (in American Imago, 15, 1958, S. 275–328). – B. Malinowski, *Geschlecht und Verdrängung in primitiven Gesellschaften*, Hbg. 1962. – P. Parin u. F. Morgenthaler, *Die Weißen denken zuviel – Psychoanalytische Untersuchungen bei den Dogon in Westafrika*, Zürich 1963. – A. Parsons, *Is the Oedipus Complex Universal? The Jones-Malinowski Debate Revisited* (in *The Psychoanalytical Study of Society*, Hg. W. Muensterberger u. S. Axelrad, Bd. 3, NY 1964, S. 278–328). – C. Lévi-Strauss, *Das Ende des Totemismus*, Ffm. 1965. – E. E. Evans-Pritchard, *Theorien über primitive Religionen*, Ffm. 1968. – T. Parsons, *Das Inzesttabu u. seine Beziehung zur Sozialstruktur u. Sozialisation des Kindes* (in T. P., *Sozialstruktur u. Persönlichkeit*, Ffm. 1968). – K. Abraham, *Traum u. Mythus. Eine Studie zur Völkerpsychologie* (in K. A., *Psychoanalytische Studien zur Charakterbildung u. andere Schriften*, Ffm. 1969). – P. L. Rudnytsky, *F. and Oedipus*, NY 1987.

DIE TRAUMDEUTUNG

Grundlegung der analytischen Psychologie von Sigmund FREUD, erschienen 1900. – Seit der Mitte der achtziger Jahre war Freud mit dem Problem der Hysterie-Therapie beschäftigt. Eine erste Frucht dieser Bemühungen waren die gemeinsam mit Josef BREUER publizierten *Studien über Hysterie* (1895). Nachdem Freud das kathartische Verfahren der *»talking cure«* (Anna O.) durch Verzicht auf hypnotische Praktiken zur *»Technik des freien Einfalls«* umgebildet hatte, die vom Patienten lediglich fordert, seinen Assoziationen freien Lauf zu lassen und auch peinliche Gedanken mitzuteilen (»psychoanalytische Grundregel«), ergab sich ein zunächst unlösbares Problem. Die Psycho-Analyse führte regelmäßig auf inzestuöse Verführungsszenen in der frühen Kindheit der Patienten, Traumen, die die Disposition zur späteren neurotischen Erkrankung schufen. Seine These von der *»sexuellen Ätiologie der Neurosen«* sah Freud in dem Augenblick gefährdet, als sich die infantilen Traumen (biographisch) als »bloße« Phantasien erwiesen. Erst die Entdeckung der infantilen (»polymorphperversen«) Sexualität ergab die Lösung des Rätsels der Herkunft der Inzestphantasien aller seiner Patienten. Die affektive Erschütterung durch den Tod seines Vaters (1897) war für Freud Anlaß, eine systematische Selbstanalyse zur Bewältigung seiner Arbeitsstörungen vorzunehmen. Der »Grundregel« folgend, hatten die Neurose-Patienten immer wieder Träume in den Analysestunden erzählt, die Freud wie andere psychische Produkte therapeutisch verwerten lernte. Die Analyse eigener Träume führte ihn (1895) zum Verständnis des Traumes als einer Wunscherfüllung (vgl. Kap. 2 der *Traumdeutung*) und enthüllte ihm die strukturelle Analogie von Traum und neurotischem Symptom. Konzeption und Niederschrift der *Traumdeutung* erfolgten in den Jahren 1897–1899 gleichlaufend mit Freuds Selbstanalyse; etwa 200 Träume, davon 50 eigene, dienten ihm als analytisches Material. »Mit den objektiv gewonnenen Kenntnissen aus der Neurosentherapie« ausgerüstet, wurde Freud sich zum wichtigsten Patienten. Die neue Wissenschaft erhielt von da her ihren eigentümlichen, zwischen Erklären und Verstehen oszillierenden Charakter. Ihre Funktion ist es, leidende Individuen, die an den eigenen, unter äußerem Zwang und innerer Not ausgebildeten Abwehrstrukturen zu ersticken drohen, therapeutisch anzuleiten, sich durch methodische Anamnese die biographische Genesis dieser Abwehrmechanismen anzueignen, dadurch den Zwang zur Verdrängung aufzuheben und die Symptome zum Erlöschen zu bringen. Die Geschichte von Freuds Selbstanalyse mittels der Träume ist (samt dem ersten Entwurf einer Traumtheorie) in dem Briefwechsel mit Wilhelm FLIESS *(Aus den Anfängen der Psychoanalyse)* festgehalten. Am Ende war das Problem der Neurosen-Ätiologie gelöst, Freud von seinen Arbeitsstörungen befreit und der Grundriß der neuen Psychologie (Kap. 7) entworfen, jene *»Erwägungen über den Aufbau des seelischen Apparats«*, die sich ergaben, da *»man durch die Traumdeutung wie durch eine Fensterlücke in das Innere desselben einen Blick werfen kann«*.

Die Unverständlichkeit der erinnerten Träume (des *»manifesten Trauminhalts«*), an der die vor Freud entstandenen Traumtheorien gescheitert waren (Kap. 1), begreift Freud als verhüllenden *»unwesentlichen Schein«*, als psychologisch notwendiges, falsches Bewußtsein, als Produkt von Zensur, Fälschung und Stilisierung. Läßt man um die Sinnfragmente des manifesten Trauminhalts freie Assoziationen sich kristallisieren, so enthüllt sich nicht nur die ursprüngliche Bedeutung der Traumelemente, sondern zugleich (Kap. 4 und 6) die Arbeitsweise der psychologischen Zensur (die Abwehrtechniken der Verschiebung, Isolierung, Verkehrung ins Gegenteil etc.). Die Traumdeutung macht die Traumarbeit rückgängig und rekonstruiert detektivisch aus den deformierten Sinnfragmenten des manifesten Textes, sie Stück für Stück rückübersetzend, das Original: die *»latenten Traumgedanken«*. Traumanlaß sind häufig die »Tagesreste«, all das, was vom Tagesleben erübrigt, nicht zu Ende gebracht, beiseite geschoben wurde. Zwischen ihnen und dem, womit Menschen lebensgeschichtlich nicht fertig geworden sind, dem Verdrängten, den unbefriedigten wilden Begierden der Kindheit, die im Unbewußten nicht sterben können, besteht geheime Affinität. Unter den Bedingungen des Schlafzustandes, wenn die Gefahr eines Durchbruchs ins Bewußtsein und zur Motilität (durch Lähmung) ausgeschaltet ist, heften sich die alten Triebwünsche (als Traumquellen) an die Tagesreste – die Störer des Schlafs – und erzeugen im Träumenden Wunschbilder ungehemmter Triebbefriedigung (Kap. 5). Zwischen Vorbewußtem (Bewußtseinsfähigem) und Unbewußtem (Verdrängtem) aber waltet auch im Schlafzustand die »Zensur«. Darum ist der Traum »*die (verkleidete) Erfüllung eines (unterdrückten, verdrängten) Wunsches*« (Kap. 3). Halluzinierte Wunscherfüllung soll der drohenden Störung des Schlafs durch die Tagesreste entgegenwirken. Die Wünsche selbst freilich bleiben unbekannt – im Erwachen sind nur wenige Bruchstücke einer bis zur Unkenntlichkeit entstellten, in Bilderschrift abgefaßten, phantastischen Geschichte zu erraffen. Der verdrängte Wunsch, »*das Abgewehrte ist immer die Sexualität*«. Im Unbewußten überlebt der Ur-Wunsch nach Wiedervereinigung mit dem ersten geliebten Objekt, nach Beseitigung der störenden Konkurrenten, nach Aufhebung der Versagung: die Ödipusphantasie. Inzestuöse Sexualbefriedigung, das in allen Kulturen Verbotene und Verpönte, ist zum Inbegriff eines vorenthaltenen Glücks, verlockender Natur geworden, von der sich die Individuen, die Geschichte der Menschengattung rekapitulierend, im Fortgang der Kulturarbeit durch wachsenden Verdrängungsaufwand stets weiter entfernen. Steht der Tag im Zeichen von Unlust und Verdrängung, so arbeiten in den Traumnächten die Individuen aller Gesellschaften an kompensatorischer Regression. Als Fata Morgana, phantastische Gegenwart, ersteht in ihrer Psyche die antizipierte Versöhnung von Eros und Kultur. »*Indem uns der Traum einen Wunsch als erfüllt vorstellt, führt er uns allerdings in die Zukunft: aber diese vom Träumer für gegenwärtig genommene Zukunft ist durch den unzerstörbaren Wunsch zum Ebenbild jener Vergangenheit gestaltet.*«

Die Rezeption und Weiterbildung des von Freud entwickelten Deutungsverfahrens und seiner Lehre von den psychischen Instanzen vollzog sich, da die Psychoanalyse als häretische Disziplin bekämpft und verachtet wurde, nur mit großen Verzögerungen und häufig auf indirekten Wegen. Gegenwärtig läßt sich sagen, daß Freuds Lehre auf die Psychotherapie, die psychosomatische Medizin, die Sexualwissenschaft und die Schizophrenieforschung bestimmenden Einfluß ausgeübt hat. Im Bereich der Soziologie hat eine produktive Rezeption erst begonnen; die Psychoanalyse gewinnt hier in steigendem Maße Bedeutung für das Selbstverständnis der Sozialwissenschaften (Hermeneutik, Ideologiekritik) und ihre Hauptprobleme (Sozialisationsforschung, Theorie der Gesellschaft, Geschichtsphilosophie). Auf Literatur, Malerei und Film des 20. Jh.s hat die Psychoanalyse durch Vermittlung des Surrealismus eingewirkt: Die Autoren entdeckten die unbewußte Dimension ihrer selbst und ihrer Gestalten; ihr Publikum lernte im gleichen Maße, künstlerisch gestaltete Produktionen des Unbewußten ästhetisch zu würdigen, wie sie selbst sich der schöpferischen »*Regression im Dienste des Ichs*« bewußt zu bedienen lernten.

H.Da.

AUSGABEN: Lpzg./Wien 1900. – Wien, 1925 (*GS*, Hg. A. Freud u. a., 12 Bde., 1924–1934, 2. u. 3.). – Ldn. 1942 (in *GW*, Hg. dies., 17 Bde., 1940–1950, 2. u. 3.; ern. Ffm. 1968). – Ffm. 1972 (in *Studienausgabe*, Hg. A. Mitscherlich u. a., 10 Bde., 2).

LITERATUR: E. Kris, *New Contributions to the Study of F.'s »The Interpretation of Dreams«: A Critical Essay* (in Journal of the American Psychoanalytical Assoc., 2, 1954). – E. Bloch, *Das Prinzip Hoffnung*, Bd. 1, Bln. 1953. – J. Habermas, *Erkenntnis u. Interesse*, Ffm. 1968. – J. v. Scheidt, *Der unbekannte F. Neue Interpretationen seiner Träume durch E. H. Erikson u. a.*, Hg., Einl. D. Dörr, Mchn. 1974. – M. Krüll, *F. u. sein Vater. Die Entstehung der Psychoanalyse u. F.s ungelöste Vaterbindung*, Mchn. 1982. – A. Grinstein, *F.'s Rules of Dream Interpretation*, NY 1983. – C. Landry, *Ein Vergleich der Theorien von F. u. Jung anhand der Traumdeutung*, Mchn. 1984. – H. Gehle, *Wunsch u. Wirklichkeit. Blochs Philosophie des Noch-Nicht-Bewußten u. F.s Theorie des Unbewußten*, Ffm. 1986. – F. S., *Briefe an W. Fließ: 1887–1904*, Ffm. 1986. – *S. F.'s Interpretation of Dreams*, Hg., Einl. H. Bloom, NY 1987. – L. M. Porter, *The Interpretation of Dreams. F.s Theories Revisited*, Boston 1987.

DAS UNBEHAGEN IN DER KULTUR

Gesellschaftstheoretische Schrift von Sigmund FREUD, erschienen 1930. – Das Werk gehört mit *Die Zukunft einer Illusion* (1927) und *Der Mann Moses und die monotheistische Religion* (entstanden 1934) zu den religionspsychologisch orientierten, kulturtheoretischen Arbeiten Freuds. Der Psychoanalytiker Wilhelm REICH hat mitgeteilt, daß Freuds Argumente in *Das Unbehagen* zum Teil in der Auseinandersetzung mit Reichs These über das Verhältnis von »Natur« und »Kultur« ausgebildet worden sind. Freud sah hinter Reichs Kombinationsversuch von dialektischem Materialimus und Psychoanalyse die Gefahr einer dogmatischen Bindung der neuen Wissenschaft an den zur Staatsreligion umgebildeten »Sowjetmarxismus«. Dem marxistischen Kommunismus unterstellte Freud, von der Voraussetzung eines »guten« Menschen auszugehen. Dagegen richtet sich seine antiutopisch-skeptische Argumentation, die zu dem aufklärerischen Optimismus, wie er ihn in *Die Zukunft einer Illusion* vertreten hatte, einen merkwürdigen Kontrast bildet.

Auf die Frage, was die Menschen vom Leben fordern, gibt Freud die Antwort: »*Es ist, wie man merkt, einfach das Programm des Lustprinzips, das den Lebenszweck setzt.*« Dieses Programm liegt aber »*im Hader mit der ganzen Welt*«, wonach verständlich wird, »*daß ganz allgemein die Aufgabe der Leidvermeidung die der Lustgewinnung in den Hintergrund drängt*«. Unter den verfügbaren Glückstechniken nennt Freud zunächst die privaten: den stoischen Rückzug von der Außenwelt, die Einnahme von Rauschmitteln, die Flucht in die neurotische Krankheit oder den »*verzweifelten Auflehnungsversuch der Psychose*«, dann die Zwischenform der (nur wenigen möglichen) Triebsublimierung, schließlich die sozialen: die Beteiligung an der kollektiven Arbeit der Naturbeherrschung und die phantasierte Befriedigung im Kunstgenuß oder in der Religion (d. h. der kollektiven, wahnhaften Umbildung der Realität, die denen, die daran partizipieren, die Privatreligion »Neurose« erspart). Im Lichte seiner in *Jenseits des Lustprinzips* (1920) entwickelten (dritten) Triebtheorie erklärt Freud die Aggressionsneigung als »*ursprüngliche, selbständige Triebanlage des Menschen*« zum unlösbaren Hauptproblem der Vergesellschaftung: »*Die Schicksalsfrage der Menschenart scheint mir zu sein, ob und in welchem Maße es ihrer Kulturentwicklung gelingen wird, der Störung des Zusammenlebens durch den menschlichen Aggressionstrieb Herr zu werden ... Daher ... das Aufgebot von Methoden, die die Menschen zu Identifizierungen und zielgehemmten Liebesbeziehungen antreiben sollen, daher die Einschränkung des Sexuallebens.*« Der »Todestrieb«, der die Rückkehr des Lebens in den anorganischen Zustand anstrebt, erscheint einmal im Dienste des »Eros« zwecks Herrschaft über die Natur nach außen gewendet, zum anderen verleiht er der als Gewissensinstanz (Über-Ich) verinnerlichten Autorität ihre Macht. Das Schuldgefühl der Menschheit wurde beim Urvatermord erworben, erneuert sich in jeder ödipalen Konstellation und treibt die Kulturentwicklung voran. Je mehr Menschen der »*innere erotische Antrieb*« der Kultur zu einer libidinös gebundenen Masse vereint, desto stärker wird das Schuldgefühl, das in ihnen auf verdrängte Aggressionswünsche reagiert.

Herbert MARCUSE hat in *Eros and Civilization* (1955) versucht, Freuds vage Hoffnung auf eine neuerliche Anstrengung des »Eros«, die aus diesem Dilemma herausführen könnte, mit den Mitteln der (historisierten) Freudschen Theorie zu explizieren: Der Todestrieb zieht seine Macht aus der Negativität der gegenwärtigen Einrichtung des gesellschaftlichen Lebens. An der Schwelle zur Überflußproduktion zeichnet sich aber die Möglichkeit ab, historisch obsolet gewordene Sexualeinschränkungen rückgängig zu machen und neue Legierungen von Eros und Thanatos auszubilden – eine Kultur zu schaffen, die aus der Lust stammt. H.Da.

AUSGABEN: Wien, 1930. – Wien 1934 (in *GS*, Hg. A. Freud u. a., 12 Bde., 1924–1934, 12). – Ldn. 1948 (in *GW*, Hg. dies., 17 Bde., 1940–1950, 14; ern. Ffm. 1963). – Ffm. 1974 (in *Studienausgabe*, Hg. A. Mitscherlich u. a., 10 Bde., 9).

LITERATUR: W. Reich, *Charakteranalyse*, Wien 1933. – O. Fenichel, *Zur Kritik des Todestriebes* (in Imago, 21, 1936). – N. O. Brown, *Zukunft im Zeichen des Eros*, Pfullingen 1962. – A. Mitscherlich, *Auf dem Weg zur vaterlosen Gesellschaft*, Mchn. 1963. – *Reich Speaks of F.*, Hg. M. Higgins u. Ch. M. Raphael, NY 1967. – H. Marcuse u. a., *Aggression u. Anpassung in der Industriegesellschaft*, Ffm. 1968. – *Bis hierher und nicht weiter. Ist die menschliche Aggression unbefriedbar?*, Hg. A. Mitscherlich, Mchn. 1968. – A. Mitscherlich, *Die Idee des Friedens u. die menschliche Aggressivität*, Ffm. 1969. – M. A. Kalin, *The Utopian Flight from Unhappiness. F. against Marx on Social Progress*, Chicago 1974. – R. Bocock, *F. and Modern Society. An Outline and Analysis of F.s Sociology*, Sunbury-on-Thames 1976 [m. Bibliogr.] – G. Yiannis, *F. and Society*, Ldn. u. a. 1983. – J. B. Abramson, *Liberation and its Limits. The Moral and Political Thought of F.*, NY 1984.

DER WITZ UND SEINE BEZIEHUNG ZUM UNBEWUSSTEN

Untersuchung der psychosozialen Funktionen des Witzes, der Komik und des Humors von Sigmund FREUD, erschienen 1905 zusammen mit den *Drei Abhandlungen zur Sexualtheorie* und dem »*Fall Dora*« *(Bruchstück einer Hysterie-Analyse)*. – Wie das Werk *Zur Psychopathologie des Alltagslebens* ist das Buch über den Witz »*direkt ein Seitensprung von der Traumdeutung her*«. Angeregt durch Arbeiten von Theodor LIPPS, untersucht Freud zunächst in einem *Analytischen Teil* Technik und Tendenzen von Witzen, die das Geheimnis ihrer Wirkung nicht ohne weiteres preisgeben. In Wortgebilden wie »*famillionär*« (nach Freuds Deutung des Mischgebildes: »so familiär, wie es ein Millionär zustande bringt«) liegt der Witz im Ausdruck. Die Leistung der »*Verdichtung*«, der Vereinigung der Gegensätze in einem kleinsten gemeinsamen Dritten erzeugt den witzigen Effekt. »*Verdichtung*« ist aber die aus der *Traumdeutung* bekannte Haupttechnik der »*Traumarbeit*«, die die latenten Traumgedanken unter Zensurdruck in die Bilderschrift des manifesten Trauminhalts übersetzt. Von den Wortwitzen unterscheidet Freud die Verschiebungswitze, deren Witz vom wörtlichen Ausdruck unabhängig ist und am Gedankengang hängt. »*Wenn wir unseren seelischen Apparat gerade nicht zur Erfüllung einer der unentbehrlichen Befriedigungen brauchen, lassen wir ihn selbst auf Lust arbeiten, suchen wir Lust aus seiner eigenen Tätigkeit zu ziehen*«, bemerkt Freud zum Motiv des »harmlosen« Witzes. Er steht zum tendenziösen Witz im Verhältnis des Traumerregers zu den Traumquellen, der Vorlust zur Endlust. Der tendenziöse Witz dient der »*Auflehnung gegen den Denk- und Realitätszwang*«: »*Die Vernunft – das kritische Urteil – die Unterdrückung, dies sind die Mächte, die er der Reihe nach bekämpft.*« Als obszöner, aggressiver, zynischer oder skeptischer Witz will er »*Einschränkungen umgehen und unzugänglich gewordene Lustquellen eröffnen*«, so wie sich die Zote (die aus Sexuellem wie Exkrementellem noch unterschiedslos Lust zu ziehen weiß) als aggressiver Verführungsversuch an das widerstrebende Weib richtet. Im *Synthetischen Teil* und im *Theoretischen Teil* vergleicht Freud den Witz mit dem Traum. Die Traumbildung steht im Dienst der Unlustersparung: Um das Erwachen zu verhüten, stellt sie Wünsche als erfüllt dar, macht sie aber zugleich unkenntlich. Was im Traum vermummt daherkommt, tritt im Witz offen zutage. Er dient dem Lusterwerb, der periodischen Entlastung vom Verdrängungsaufwand. Halten sich unterdrückte Tendenz und Abwehr im Normalfall die Waage, so gibt die witzige Vorlust durch spielerische Aufhebung von Verdrängungen den Ausschlag zur Entbindung neuer, großer Lust. »*Die dem Witze eigentümliche und ihm allein zukommende Technik besteht aber in seinem Verfahren, die Anwendung dieser lustbereitenden Mittel gegen den Einspruch der Kritik sicherzustellen, welcher die Lust aufheben würde.*« Die Zensurinstanz wird überrumpelt und bestochen: Der Witz hat Einfallscharakter, ein vorbewußter Gedanke wird für einen Augenblick unbewußter Bearbeitung überlassen, d. h., es vollzieht sich eine (spielerische) Regression auf den infantilen Typus der Denkarbeit. (Ernst KRIS hat später solche »*Regression im Dienste des Ichs*« als die Quelle aller künstlerischen Produktion erkannt.) Die intellektuelle Raffinesse des Witzes steigert sich, je privilegierter die soziale Lage, je kultivierter das Lebensmilieu des Witzhörer ist.

Die psychischen Energien, die sich im Lachen lustvoll entladen, entstammen der Erleichterung des schon bestehenden und der Ersparung an erst noch aufzubietendem Hemmungsaufwand. Freuds Resümee aus dem Vergleich von Witz, Komik und Humor lautet: »*Die Lust des Witzes schien uns aus erspartem* Hemmungsaufwand *hervorzugehen, die der Komik aus erspartem* Vorstellungs-(Besetzungs)-*aufwand, und die des Humors aus erspartem* Gefühlsaufwand ... *Die Euphorie, welche wir auf diesen Wegen zu erreichen streben, ist nichts anderes als* ... *die Stimmung unserer Kindheit, in der wir das Komische nicht kannten, des Witzes nicht fähig waren und den Humor nicht brauchten, um uns im Leben glücklich zu fühlen.*« H.Da.

AUSGABEN: Wien 1905. – Wien 1925 (in *GS*, Hg. A. Freud u. a., 12 Bde., 1924–1934, 9). – Ldn. 1940 (in *GW*, Hg. dies., 17 Bde., 1940–1950, 6; ern. Ffm. 1969). – Ffm. 1970 (in *Studienausgabe*, Hg. A. Mitscherlich u. a., 10 Bde., 4).

LITERATUR: E. Kris, *Psychoanalytic Explorations in Art*, NY 1952. – A. Hauser, *Bemerkungen zur psychologischen Methode: Psychoanalyse u. Kunst* (in *Philosophie der Kunstgeschichte*, Mchn. 1958). – S. Ferenczi, *Lachen* (in *Bausteine zur Psychoanalyse*, Bd. 4, Bern 1964). – H. Sachs, *Der Witz* (in *Psychoanalyse u. Kultur*, Hg. H. Meng, Mchn. 1965).

DIE ZUKUNFT EINER ILLUSION

Religionskritische Schrift von Sigmund FREUD, erschienen 1927. – Im Zentrum von Freuds Beiträgen zur Gesellschaftstheorie (bzw. Geschichtsphilosophie), die er unter dem Namen einer »Kulturtheorie« vorlegte, steht – ähnlich wie in den soziologischen Theorien Émile DURKHEIMS und Max WEBERS – das Problem der Religion. Auf die Entschlüsselung »primitiver« Institutionen mit Hilfe der psychoanalytisch gewonnenen Einsicht in typische Kindheitskonflikte, nach Ausbildung des »*wissenschaftlichen Mythos*« vom Brüderaufstand und Urvatermord (vgl. *Totem und Tabu*), folgte die Grundlegung einer psychoanalytischen Sozialpsychologie (*Massenpsychologie und Ich-Analyse*, 1921). Die religionspsychologisch orientierte Kulturtheorie wird vollendet in *Die Zukunft einer Illusion* (1927) und *Das Unbehagen in der Kultur* (1929), denen sich 1934 die Studie *Der Mann Moses und die monotheistische Religion* anschließt.

Die Zukunft einer Illusion nimmt unter Freuds Arbeiten eine Sonderstellung ein, weil hier (in den ersten beiden Kapiteln) statt des sonst bei Freud (auch in der »Kulturtheorie«) üblichen biologisch-materialistischen Ansatzes ein historisch-materialistischer gewählt wird – vermutlich eine Auswirkung der Diskussionen mit marxistisch orientierten Psychoanalytikern wie S. BERNFELD und W. REICH: Die menschliche Kultur – »*und ich verschmähe es, Kultur und Zivilisation zu trennen*« – besteht einmal in Institutionen zur Beherrschung der äußeren Natur, zum anderen in solchen, die die Beziehungen der Menschen untereinander regeln (marxistisch gesprochen: Produktivkräfte und Produktionsverhältnisse). Zur Dialektik der »*beiden Richtungen der Kultur*« bemerkt Freud: Sie »*sind nicht unabhängig voneinander, erstens, weil die gegenseitigen Beziehungen der Menschen durch das Maß der Triebbefriedigung, das die vorhandenen Güter ermöglichen, tiefgreifend beeinflußt werden, zweitens, weil der einzelne Mensch selbst zu einem anderen in die Beziehung eines Gutes treten kann, insofern dieser seine Arbeitskraft benützt oder ihn zum Sexualobjekt nimmt, drittens aber, weil jeder einzelne virtuell ein Feind der Kultur ist, die doch ein allgemeinmenschliches Interesse sein soll*«. Soweit die von Individuen und sozialen Klassen erpreßten Verzichtleistungen nicht durch materielle Kompensationen aufgewogen werden, wird es zum funktionalen Imperativ jedes sozialen Systems, Institutionen auszubilden, die die antikulturellen Tendenzen der Individuen durch sozial verbindliche, psychologisch wirksame, illusionäre Befriedigungen kompensieren. Damit ist die Hauptfunktion der Religion für den Zusammenhalt von auf Ungleichheit und Herrschaft basierenden Klassengesellschaften umschrieben. Die »*Identifizierung der Unterdrückten mit der sie beherrschenden und ausbeutenden Klasse*« im Namen des gemeinsamen »Kulturideals«, die Ersatzbefriedigungen, die die Kunst für die ältesten Kulturverzichte bereitstellt, und – als »bedeutsamstes Stück« – die religiösen Illusionen bilden das »psychische Inventar« der Kultur. Die Religion, die Freud neurosenpsychologisch als gattungsgeschichtliches Pendant zur Zwangsneurose charakterisiert, bietet imaginäre »*Erfüllungen der ältesten, stärksten, dringendsten Wünsche der Menschheit*«, befriedigt ihre aus perennierender Hilflosigkeit geborene Vatersehnsucht.

Freuds Analyse geht in einen Dialog über, in dem er auf Einwände eines Gegenaufklärers antwortet, der die rationale Analyse der Quellen der religiösen Illusion fürchtet, da sie zum Zusammenbruch der bestehenden Kultur führen könne. Freuds These ist, *»daß es eine größere Gefahr für die Kultur bedeutet, wenn man ihr gegenwärtiges Verhältnis zur Religion aufrecht hält, als wenn man es löst«.* Er beruft sich auf die Religionskritik seiner »großen Vorgänger« der aufklärerischen Tradition, FEUERBACH, MARX, NIETZSCHE, der er *»bloß ... etwas psychologische Begründung hinzugefügt«* habe: Durch den unaufhaltsamen Fortschritt des realitätsmächtigen, wissenschaftlichen Denkens werden die Illusionen des religiösen Glaubens fortschreitend untergraben – mit ihnen zugleich aber die »Kulturvorschriften«, soweit sie am Gottesglauben festgemacht sind. Freud plädiert für eine rein rationale Begründung sozial zugemuteter Entbehrungen, für die Reduktion aller Verzicht-Legitimationen auf ihren vernünftigen Kern: den jeweils erreichten Stand der Naturbeherrschung. *»Daß es bei dieser Umarbeitung nicht beim Verzicht auf die feierliche Verklärung der kulturellen Vorschriften bleiben wird, daß eine Revision derselben für viele die Aufhebung zur Folge haben muß, ist vorauszusehen, aber kaum zu bedauern. Die uns gestellte Aufgabe der Versöhnung der Menschen mit der Kultur wird auf diesem Wege weitgehend gelöst werden.«* H.Da.

AUSGABEN: Wien 1927. – Wien 1928 (in *GS*, Hg. A. Freud u. a., 12 Bde., 1924–1935, 11). – Ldn. 1948 (in *GW*, Hg. dies., 17 Bde., 1940–1950, 14; ern. Ffm. 1968). – Ffm. 1974 (in *Studienausgabe*, Hg. A. Mitscherlich u. a., 10 Bde., 9).

LITERATUR: Th. Reik, *Probleme der Religionspsychologie*, Tl. 1: *Das Ritual*, Wien 1919. – Ders., *Der eigene u. der fremde Gott*, Wien 1920. – E. Jones, *Zur Psychoanalyse der christlichen Religion*, Lpzg. 1928; ern. Ffm. 1970. – H. A. Weser, *S. F.s u. L. Feuerbachs Religionskritik*, Bottrop 1936. – H. Racker, *On F.'s Position towards Religion* (in American Imago, 13, 1956). – S. Freud u. O. Pfister, *Briefe 1909–1939*, Hg. E. L. Freud u. H. Meng, Ffm. 1963. – E. Fromm, *Die Entwicklung des Christusdogmas* (in E. F., *Das Christusdogma u. andere Essays*, Mchn. 1965). – J. Habermas, *Erkenntnis u. Interesse*, Ffm. 1968. – J. Scharfenberg, *S. F. u. seine Religionskritik als Herausforderung für den christlichen Glauben*, Göttingen 1968.

ZUR PSYCHOPATHOLOGIE DES ALLTAGSLEBENS. Über Vergessen, Versprechen, Vergreifen, Aberglaube und Irrtum

Eine von Sigmund FREUD, in den Jahren 1898 bis 1901 veröffentlichte, bis zur zehnten Auflage (1924) ständig vermehrte Sammlung psychoanalytischer Deutungen sogenannter »Fehlhandlungen«. – Nachdem Freud unter Anwendung der aus der Neurosentherapie gewonnenen Einsichten in der *Traumdeutung* zu »*Erwägungen über den Aufbau des seelischen Apparats*« gekommen war – dem Grundriß seiner neuen Psychologie –, lockte es ihn, das neue detektivische Verfahren an weiteren, in den Grenzen der »Normalität« gelegenen Äußerungen des Unbewußten zu erproben, seine Theorie an neuem Material zu bewähren. *»Diese Schrift ... will nur durch eine Häufung von Beispielen den Weg für die notwendige Annahme* unbewußter und doch wirksamer *seelischer Vorgänge ebnen und vermeidet alle theoretischen Erwägungen über die Natur dieses Unbewußten«.* Sie ist, da jedermann mit dem Ausgangsmaterial vertraut ist, und wegen der Evidenz der analytischen Auflösungen, zur bekanntesten unter Freuds Arbeiten geworden.

Wie in der *Traumdeutung* (der Traum von »Irmas Injektion«) geht Freud auch hier von einem selbsterlebten Beispiel aus: Vergessen und Ersetzung des Namens »Signorelli«. Aus den folgenden Einzelanalysen erwachsen Theorie und Typologie der Fehlleistungen. Freud vermutet *»Sinn und Absicht hinter den kleinen Funktionsstörungen des täglichen Lebens Gesunder«.* Es gibt keinen Zufall im Psychischen; was nicht bewußt motiviert ist, empfängt seine Motivierung aus dem Unbewußten. Die psychoanalytische Deutung sucht jederlei Fehlleistung »als wohlmotiviert und durch dem Bewußtsein unbekannte Motive determiniert« zu erweisen. Schon die Analyse der zeitweiligen Unfähigkeit, sich des Namens Signorelli zu erinnern, ergibt, daß der Name, bzw. ein Teil des Namens, eine dem Fehlleistenden nicht bewußte assoziative Beziehung zu unbewußtem Gedankenmaterial hat, das als Verpöntes nicht erinnert werden soll. Wie bei der Umwandlung der latenten Traumgedanken in den manifesten Trauminhalt vollzieht sich eine unbewußte psychologische Arbeit, deren Resultate Kompromißbildungen (Symptome) sind, die sowohl im Dienste unbewußter Strebungen als auch der Zensur (Abwehr) stehen; dem entspricht in diesem Fall die Bildung des Ersatznamens. *»Egoistische, eifersüchtige, feindselige Gefühle und Impulse«,* darunter mannigfache sexuelle Störungen, *»auf denen der Druck der moralischen Erziehung lastet«,* bringen sich mittels der Fehlleistungen zur Geltung. Sie sind Boten aus dem Unbewußten, dem *»Reich der Unlogik«,* der Widerspruchslosigkeit, des Lustprinzips. Dem entspricht der Modus ihres Sich-zur-Geltung-Bringens, aber auch die archaische Form der Abwehr, die, um Unlust zu vermeiden, die Wahrnehmung der inneren Realität fälscht und die Störung des realitätsgerechten Funktionierens von Ichleistungen in Kauf nimmt. *»Unter den Motiven dieser Störungen leuchtet die Absicht hervor, die Erweckung von Unlust durch Erinnern zu vermeiden.«* H.Da.

AUSGABEN: Bln. 1901 (in Monatsschrift f. Psychiatrie u. Neurologie, 10, Nr. 1/2). – Bln. 1904. – Wien 1924 (in *GS*, Hg. A. Freud u. a., 12 Bde., 1924–1934, 4). – Ldn. 1941 (in *GW*, Hg. dies., 17 Bde., 1940–1950, 4; ern. Ffm. 1969). – Ffm. 1977 (FiTb).

LITERATUR: L. Jekels, *Fehlleistungen im täglichen Leben* (in *Psychoanalyse u. Kultur*, Hg. H. Meng, Mchn. 1965).

ALEXANDER MORITZ FREY

* 29.3.1881 München
† 24.1.1957 Zürich

HÖLLE UND HIMMEL

Roman von Alexander Moritz FREY, erschienen 1945. – Der Autor, in der Weimarer Zeit Feuilletonist in den wichtigsten Zeitungen der Republik und bekanntgeworden durch seinen Antikriegsroman *Die Pflasterkästen* (1929), in dem er seine Erlebnisse als Soldat im Ersten Weltkrieg verarbeitete, emigrierte 1933 über Österreich in die Schweiz, wo er völlig in Vergessenheit geriet. »*Schriftsteller unter Ausschluß der Öffentlichkeit*«, so kennzeichnete Frey seine Situation, in der er nur durch Unterstützung von Kollegen, allen voran Thomas MANN, überleben konnte. Frey war kein »linker« Autor, aber Antimilitarist (»*Ich will, will, will die Wahrheit sagen – ich will sagen: Militär und Krieg sind die albernste, schamloseste, dümmste Gemeinheit von der Welt*«, so das Fazit in *Die Pflasterkästen*), und er hatte während des Ersten Weltkriegs im selben Regiment wie Hitler gekämpft – H. A. WALTER sieht darin den Hauptimpuls für seine Emigration: »*Daß Hitler Krieg wolle: auf Grund seiner im Krieg erworbenen Kenntnis des Mannes war das für Frey schon klar, als der ›Führer‹ sogar in München, an der ersten Stätte seines Wirkens, nur als Lokalkuriosum fungierte...*«
Vermutlich noch vor Beginn des Zweiten Weltkriegs entstand der Roman *Hölle und Himmel*, ein Porträt der Stadt Salzburg vor dem Einmarsch der deutschen Wehrmacht und eine mitunter grotesk anmutende Studie über das Verhalten des Bürgers, der vor der drohenden Gefahr den Rückzug ins Private antritt, alles verdrängend, was diese scheinbare Idylle gefährdet. »*Ja*«, gesteht die Hauptfigur des Romans, der Fabrikant Wegwart, einmal, »*ja, wenn ich will, weiß ich wohl, wie es steht.*« Wenn er will, weiß er um die Pläne des nationalsozialistischen Deutschlands, aber er will es nicht wissen. Mit Glück nämlich hat er das Gemälde »Die Versuchung des heiligen Antonius« erstanden, das der Schule des spätmittelalterlichen Malers Hieronymus Bosch zugerechnet wird; unaufhaltsam gerät er in den Bann dieses Gemäldes, dessen surreale, alptraumhafte Spukgestalten ihn in ihrem gespenstischen Treiben mehr beschäftigen als der reale Spuk der Gegenwart. Die Restauration des Bildes, die Erhaltung seiner Traumwelt, wird für Wegwart zum Hauptanliegen, während um ihn herum die Besorgnis über die politische Entwicklung wächst, während die deutschen Emigranten den Schikanen der Politischen Polizei ausgesetzt sind. Nur in belanglos wirkenden Episoden, wie insgesamt die Zeitgeschichte nur beiläufig ins Blickfeld rückt, deutet der Autor an, wie den Anfängen zu wehren sei; als in Wegwarts Garten eine Katze mit ihren Jungen aufgestört wird, setzt sich das Tier wütend zur Wehr: »*Die Natur zwang das Tier in solch tollkühne Abwehr. Und die Schlacht konnte nur begonnen werden, ehe sie begann, konnte bloß dadurch gewonnen werden, daß sie überhaupt nicht begann... Die Entscheidung wurde vorweggenommen durch vehemente Drohung mit einer Attacke von äußerster Entschlossenheit.*« Von einer solchen Entschlossenheit ist in der Stadt Salzburg nichts zu spüren. Und der Fabrikant Wegwart erwacht aus seiner Traumwelt auch nur, weil ihm das Bild gestohlen wird und sein Haus in Flammen aufgeht. Er schmuggelt einen deutschen Freund, der von der Auslieferung bedroht ist, über die tschechische Grenze, in eine vorläufige Sicherheit. Die Versuchung des Bürgers, er hat sich ihr entzogen.
Nichts anderes als der Geist der Appeasement-Zeit mit ihren Verdrängungen, Hoffnungen und Illusionen steht im Mittelpunkt dieses Romans, der Zeitgeschichte und mittelalterliche Apokalypse, bürgerliche Lebensproblematik und Kunstsehnsucht miteinander verschmilzt, ohne daß das »*luftig leichte Geschehen unter Bedeutungsschwere*« (H. A. Walter) zusammenbricht, darin den Romanen eines Lion FEUCHTWANGER vergleichbar. Alexander M. Frey, von Carl von OSSIETZKY einst als »*Meisterzeichner von Nachtstücken und Traumgesichten*« gepriesen, ist bis heute zu Unrecht vergessen; erst in jüngster Zeit wurden einzelne Werke wieder neu aufgelegt, neben *Die Pflasterkästen* auch sein Romandebüt *Solnemann der Unsichtbare* (1914) und die Tiergeschichte *Birl, die kühne Katze* (1945), seine übrigen Werke – die 1934 von Bruno FRANK und Heinrich MANN in einem von Klaus MANN initiierten Wettbewerb preisgekrönte Novelle *Das Mädchen mordet*, der Roman *Spuk auf Isolar Rossa* (1945) oder die Novelle *Hotel Aquarium* (1948) sind nur antiquarisch erhältlich, der Antikriegsroman *Der Gefallene steht auf* ist bisher unveröffentlicht. M.Pr.

AUSGABEN: Zürich 1945. – Hildesheim 1984 (mit einem Nachwort von H. A. Walter).

GILBERTO DE MELO FREYRE

* 15.3.1900 Recife / Pernambuco
† 18.7.1987 Recife

LITERATUR ZUM AUTOR:
O. M. Carpeaux, *Pequena bibliografia critica da literatura brasileira*, Rio ⁴1967, S. 413–415.

Biographien:
D. de Melo Menezes, *G. F.*, Rio 1944. – N. Pereira, *G. F. visto de perto*, Recife 1986.
Gesamtdarstellungen und Studien:
M. B. de Albuquerque, *Linguagem de G. F.*, o. O. 1954; ern. Recife 1981. – G. Amado u. a., *G. F., sua ciência, sua filosofia, sua arte. Ensaios sôbre o autor de »Casa grande e senzala« e sua influéncia na moderna cultura do Brasil*, Rio 1962. – J. J. Gonçalves, *G. F.: o sociólogo e teorizador do luso-tropicalismo* (in Bol. da Acad. Internacional da Cultura Portuguesa, Lissabon 1967, Nr. 3, S. 49–72). – A. Quintas, *G. F. e a historiografia brasileira* (in Revista de História, São Paulo 1970, Nr. 83, S. 189–194). – *G. F. na Universidade de Brasília, conferéncias*, Brasília 1981. – M. Accioly u. a., *Expressão literária em G. F.*, Recife 1981. – E. Coutinho, *A imaginação do real. Uma leitura da ficção de G. F.*, Rio 1983 [m. Bibliogr.].

CASA GRANDE E SENZALA. Formação da família brasileira sob o regime de economia patriarcal

(port.; Ü: *Herrenhaus und Sklavenhütte. Ein Bild der brasilianischen Gesellschaft*). Anthropologische Abhandlung von Gilberto de Melo Freyre (Brasilien), erschienen 1933. – Aufgrund seiner nicht eindeutig bestimmbaren Gattung wie auch wegen seiner Rezeption und Bedeutung innerhalb der brasilianischen Literaturgeschichte kommt diesem Werk Freyres eine eigentümliche, in der lateinamerikanischen Literatur jedoch nicht ungewöhnliche Rolle zu. Wie viele der lateinamerikanischen Autoren jener Zeit – man denke an D. F. Sarmiento (1811–1888), J. C. Mariátegui (1894–1930) oder den Haitianer J. Roumain (1907–1944) – ist Freyre von seiner Ausbildung her Soziologe und Anthropologe. Dennoch ist sein umfangreiches Werk nicht allein wissenschaftlich zu verstehen, sondern ist einer lateinamerikanischen Essayistik zuzuordnen, deren Anliegen es ist, die Gesellschaftsentwicklung des Kontinents auch unter Einbeziehung subjektiven Erlebens zu deuten und zu bewerten. *Casa grande e senzala* ist ein charakteristisches Beispiel für die hieraus folgende Vermischung von Dokumentation und Fiktion, von wissenschaftlicher und poetischer Schreibweise, obgleich das Werk in seiner ersten, unpublizierten Fassung eine von dem Anthropologen Franz Boas betreute Dissertation für eine nordamerikanische Universität war. Auf diesen ursprünglichen Text verweisen noch die langatmigen, meist in die Anmerkungen verbannten Auseinandersetzungen mit zum Teil heute unbekannten Reiseschriftstellern, Naturwissenschaftlern und Rassentheoretikern, aus denen deutlich wird, gegen welche Tradition Freyre anschreibt: gegen den Positivismus des ausgehenden 19. Jh.s, mit dem unter Berufung auf Milieu- und Klimatheorien die Vermischung der Rassen als Erbübel angeprangert wird. Freyre bemüht sich daher nicht nur, die verschiedenen Etappen der brasilianischen Siedlungsgeschichte – die Unterwerfung und Assimilierung der Indianer und den massenhaften Import afrikanischer Sklaven – nachzuzeichnen, sondern vor allem die Vermischung selbst, die eine neue und eigenständige Gesellschaft hervorgebracht hat, als einen im biologischen und kulturellen Sinne positiven Vorgang zu deuten. Der gelegentlich ins Absurde ausufernde wissenschaftliche Kampf gegen die Vorurteile wird in letzter Instanz immer erst dann gewonnen (aber auch aufgehoben), wenn der Autor auf persönliche und kollektive Erfahrungen zurückgreift. Die sinnliche Evozierung des Geschmacks der als indianisches Erbe verstandenen brasilianischen Küche oder der Schönheit der schwarzen Frauen von Bahia überlagert die Verfahrensweise und vermittelt nun auf einer poetischen Ebene das, was für die Brasilianer seiner Zeit das Neue und Befreiende dieses Werkes ausmachte: die lustvolle Bejahung einer brasilianischen Identität. Für Freyre, der sich in der Folge auch im Genre des Romans versucht hat (so in der »Seminovela« *Dona Sinhá e o filho Padre*, 1964 – *Dona Sinha und der Priestersohn*), sind damit die Grenzen der Wissenschaft weit überschritten. Er selbst stuft sein Werk als einen »roman vrai« im Sinne Prousts ein, durch den er sich zum erlebenden und beschreibenden Subjekt seiner »Geschichte« macht. Unter diesem Aspekt ist das Werk auch für die Weiterentwicklung der regionalistischen Literatur des Nordostens (José Lins do Rêgo, Graciliano Ramos, Jorge Amado) wichtig geworden.

Diese Zusammenhänge erklären, warum *Casa grande e senzala* noch heute für die Brasilianer einen hohen symbolischen Wert hat, obgleich es wissenschaftlich wie ideologisch heftig kritisiert wird. Zum einen ist nicht zu übersehen, daß Freyre mit seiner Aufwertung des schwarzen Brasilianers nur nachvollzieht, was Jahrzehnte vor ihm bereits Nina Rodriguez und Silvio Romero begonnen hatten. Auf der anderen Seite wirft man aus der heutigen Perspektive Freyre »Machismus« und Traditionalismus vor (vgl. D. Ribeiro, C. G. Mota). In der Tat verkürzt sich das Kolonialisierungskonzept Freyres auf das Moment der Inbesitznahme des Landes und seiner Frauen durch die Portugiesen, die nun als *»zügellose Zuchthengste«* (*»garanhões desbragados«*) die Rassenmischung Brasiliens hervorbringen. Die sexuelle Rolle der indianischen und afrikanischen Männer wie auch der portugiesischen Frau wird mit eigentümlichen Argumenten wegdiskutiert. Gerade an diesen Ausgrenzungen wird deutlich, wie der »roman vrai« vor allem die Perspektive der traditionalistischen Männergesellschaft des brasilianischen Nordostens übernimmt. Bedenklicher noch wurde Freyres auch in den späteren Werken nicht weiterentwickelter politischer Ansatz, den er aus seinem Vermischungskonzept ableitet: Die angeborene Toleranz der Portugiesen und Brasilianer garantiere eine *»prästabilierte Harmonie«*, durch die alle rassischen und sozialen Gegensätze des Landes immer wieder eingeebnet würden. Freyre wurde mit dieser These zum Begründer und Kronzeugen der Ideologie des »*Luso-Tropicalismo*«, deren Argumentation sich auch der faschistische Diktator António de Oliveira Salazar (1889 bis 1970) bedient hatte, um die Aufrechterhaltung des portugiesischen Kolonialreiches zu rechtfertigen.   U.F.

AUSGABEN: Rio 1933; ²¹1981. – Rio 1983.

ÜBERSETZUNG: *Herrenhaus und Sklavenhütte. Ein Bild der brasilianischen Gesellschaft*, L. Graf v. Schönfeldt, Köln/Bln. 1965; ²1983. – Dass., ders., Stg. 1983.

DRAMATISIERUNG: J. C. Cavalcanti, *Casa-grande e senzala*, Rio 1970.

LITERATUR: A. Arinos de Melo Franco, *Espelho de três faces*, São Paulo 1937, S. 160–172. – W. Martins, *Interpretações*, Rio 1946, S. 299–315. – Ciência & Trópico, 2, Recife 1974, Nr. 2 [Sondernr.]. – F. A. Albuquerque Mourão, *A contribuição de G. F. em »Casa grande e senzala« para o estudo da sociedade brasileira: o papel da cultura africana* (in Revista des História, São Paulo 1976, Nr. 105, S. 121–146). – C. G. Mota, *Ideologia da cultura brasileira (1933-1974)*, São Paulo 1978. – G. de Macedo, *»Casa grande e senzala«, obra didáctica?*, Rio 1979 [m. Komm. v. G. F.]. – D. Ribeiro, *Uma introdução a »Casa grande e senzala«* (in D. R., *Ensaios insólitos*, Porto Alegre 1979, S. 63–107; dt. in D. R., *Unterentwicklung, Kultur u. Zivilisation. Ungewöhnliche Versuche*, Ffm. 1980, S. 95–174; cs). – L. Lipp, *Elite intelectual e debate político nos anos 30*, Rio 1980. – W. Roth, *Zum Verhältnis von Kulturideologie u. Literaturwiss. in Brasilien* (in IR, 12, 1980). – E. N. da Fonseca, *Um livro completa meio século*, Recife 1984. – M. A. de Aguiar Medeiros, *O elógio da denominação: relendo »Casa grande e senzala«*, Rio 1984. – *»Casa grande e senzala« e a crítica brasileira de 1933 a 1944*, Hg. E. N. da Fonseca, Recife 1985. – R. Ortiz, *Cultura brasileira e identidade nacional*, São Paulo 1985. – U. Fleischmann, *Die Lust am Brasilianischen – Anthropologie u. Literatur bei G. F. und Darcy Ribeiro* (in Iberoamericana, 25/26, 1985, S. 65–80).

MANIFESTO REGIONALISTA DE 1926

(portug.; *Regionalistisches Manifest von 1926*). Anläßlich des von Gilberto de Melo FREYRE (Brasilien) organisierten »Congresso regionalista do Nordeste« (Regionalistischer Kongreß des Nordostens) in Recife 1926 von ihm verfaßtes und vorgetragenes Manifest, erschienen 1952. – Der Kongreß und das Manifest sind als regionalistische Reaktion auf die »Semana de Arte Moderna« (Woche der modernen Kunst) von São Paulo im Februar 1922 und die brasilianische Bewegung des Modernismus (vgl. *Manifesto da poesia Pau-Brasil*, 1924 – *Manifest der Brasilholz-Dichtung* von Oswald de ANDRADE) zu verstehen. Freyre hebt in seiner Programmschrift die kulturelle Bedeutung des Nordostens für eine gesamtbrasilianische Kultur und die Entwicklung und Bewahrung eines brasilianischen Selbstbewußtseins hervor. Regionale Werte und Traditionen sowie die Intaktheit des regionalen ökologischen Systems (in den Bereichen Urbanistik, Architektur, Flora, Fauna, Ernährung, Volkskunst) vor allem in der Vergangenheit werden gegen die ausländische, besonders die europäische und nordamerikanische Überfremdung beschworen, ohne allerdings einem Separatismus oder Provinzialismus zu verfallen. Aus der Idee eines organischen Zusammenwirkens der verschiedenen brasilianischen Regionen und der Kritik des technokratischen Nebeneinanders der brasilianischen Bundesstaaten entspringt die Aufforderung zur Schaffung weiterer regionalistischer Bewegungen und zur Neuordnung des Landes gemäß seinen historisch und ökologisch gewachsenen Regionen. Mit seiner Argumentation gelang es Freyre in Recife, Vertreter gegensätzlicher politischer Richtungen zusammenzuführen. Der ökologisch-kulturelle Grundtenor (klimagerechte Stadtarchitektur, Anwendung der traditionellen Lehmbauweise) gibt dem Text eine überraschende Aktualität, wenn auch die Ausführlichkeit, mit der auf der Bedeutung der Küchenkultur und besonders der Süßspeisen der Region bestanden wird, den Kritikern eine Distanzierung und Diskreditierung sehr leicht machte.
Der Einfluß des Manifests auf die literarische Intelligenz des Nordostens war beträchtlich. José Américo de ALMEIDAS Roman *A Bagaceira*, 1928 *(Die Zuckermühlhalde)*, der erste bedeutende Roman der Literatur des Nordostens im 20. Jh., sowie das gesamte literarische Schaffen José Lins do RÊGOS, v. a. sein sechsbändiger *Ciclo da cana de açúcar*, 1932–1943 *(Zuckerrohrzyklus)*, sind ein Zeugnis davon.   H.Ni.

AUSGABEN: Recife 1952; ⁴1967. – Rio 1955. – Recife 1976 [Einl. M. Diégues Jr.].

LITERATUR: G. Mendonça Teles, *Vanguarda europeia e modernismo brasileira*, Petrópolis ³1976.

NORDESTE. Aspectos da influência da canna sobre a vida e a paizagem do Nordeste do Brasil

(portug.; *Nordosten. Aspekte des Einflusses des Zuckerrohrs auf das Leben und die Landschaft des brasilianischen Nordostens*). Ökologische Studie von Gilberto de Melo FREYRE (Brasilien), erschienen 1937. – Nach *Casa grande e senzala*, 1933 *(Herrenhaus und Sklavenhütte)*, dem Hauptwerk des Autors, und *Sobrados e mucambos. Decadência do patriarcado rural e desenvolvimento urbano*, 1936 *(Das Land in der Stadt. Die Entwicklung der urbanen Gesellschaft Brasiliens)*, ist *Nordeste* eine impressionistische Gesamtschau des Nordostens der Zuckerrohrplantagen. Es ist der Teil der Region, der von der Konfrontation und Vermischung europäischer (bes.

portugiesischer Einwanderer) und afrikanischer (schwarzer Sklaven) Kulturtraditionen bestimmt ist. Die Studie hebt sich bewußt ab von dem ersten großen Werk über den brasilianischen Nordosten, Euclides da CUNHAS *Os sertões* (1902), das den Nordosten der ariden Zone, des Buschwaldes, in dem die Einwanderer sich vorwiegend mit indianischer Bevölkerung vermischten, thematisiert. Die sechs Kapitel des Buches, *Das Zuckerrohr und die Erde, Das Zuckerrohr und das Wasser, Das Zuckerrohr und der Wald, Das Zuckerrohr und die Tiere, Das Zuckerrohr und der Mensch* (zwei Kapitel), beschreiben das ökologische System, das dem Zuckerrohranbau zugrunde liegt und in das der Mensch gleichzeitig im Lauf seiner Entwicklung verändernd und zerstörend eingriff. Sowohl der ehemalige wirtschaftliche und kulturelle Reichtum des Nordostens als auch sein in der zweiten Hälfte des 19. Jh.s einsetzender Verfall (bedingt auch durch die Abschaffung der Sklaverei) sind unmittelbar mit der Einführung, der Ausweitung und schließlich der Industrialisierung der Zuckergewinnung verknüpft. Freyre stellt hier ökologische und soziologische Zusammenhänge her, die die Grundlage für die Romane des Nordostens (bes. von José Lins do RÊGO, Graciliano RAMOS und Jorge AMADO) bilden. – Die in der Studie beschriebenen ökologischen und sozialen Folgen des Zuckerrohranbaus (Zerstörung der Umwelt, Verarmung der Flora und Fauna, soziale Verelendung) sind von der Entwicklung der letzten Jahre nur verstärkt worden, in denen das »Alkohol-Programm« der brasilianischen Regierung (die teilweise Substituierung von Benzin durch aus Zuckerrohr gewonnenen biologischen Alkohol) zu einer weiteren Intensivierung der Monokultur im Nordosten führte. H.Ni.

AUSGABEN: Rio 1937. – Rio ²1951 [rev. u. erw.]; ⁴1967.

ÜBERSETZUNG: *Terres du sucre*, J. Orecchioni, Paris 1956 [frz.].

GUSTAV FREYTAG

* 13.7.1816 Kreuzburg / Schlesien
† 30.4.1895 Wiesbaden

LITERATUR ZUM AUTOR:
Bibliographie und Forschungsbericht:
P. Klemenz, *G. F.* (in Der Oberschlesier, 18, 1936). – H. Schwitzgebel, *40 Jahre G.-F.-Forschung u. -Literatur* (in G.-F.-Blätter, 27/28, 1983/1984, S. 7–19) [m. Bibliogr.].
Zeitschrift:
G.-F.-Blätter: Mitteilungen der dt. G.-F.-Gesellschaft u. des G.-F.-Archivs, 1954 ff.

Biographie:
F. Seiler, *G. F.*, Lpzg. 1898. – H. Lindau, *G. F.*, Lpzg. 1907. – H. Zuchold, *G. F.: Ein Buch von dt. Leben u. Wirken*, Breslau 1926. – R. Leppla, *G. F.: Leben u. Werk*, Nürnberg 1969.
Gesamtdarstellungen und Studien:
O. Mayrhofer, *G. F. u. d. Junge Deutschland*, Marburg 1907; ern. NY/Ldn. 1968. – G. Schridde, *G. F.s Kultur- u. Geschichtspsychologie*, Diss. Lpzg. 1910. – O. Damann, *G. F. u. d. Konstitutionalismus*, Diss. Freiburg i. B. 1916. – H. Preuß, *Volk u. Nation im Werk G. F.s*, Diss. Ffm. 1950. – W. Bußmann, *G. F.: Maßstäbe seiner Zeitkritik* (in AfKg, 34, 1951/52, S. 261–287). – L. Löwenthal, *G. F.: Der bürgerliche Materialismus* (in L. L., *Erzählkunst u. Gesellschaft*, Neuwied/Bln. 1971, S. 120–136). – M. Kienzle, *Der Erfolgsroman. Zur Kritik seiner poetischen Ökonomie bei G. F. u. E. Marlitt*, Stg. 1975. – G. Büchler-Hauschild, *Erzählte Arbeit: G. F. u. die soziale Prosa des Vor- und Nachmärz*, Paderborn u. a. 1987.

DIE AHNEN

Sechsteiliger Romanzyklus von GUSTAV FREYTAG, erschienen 1872–1880 unter den Titeln: *Ingo und Ingabran* (2 Teile, 1872), *Das Nest der Zaunkönige* (1873), *Die Brüder vom deutschen Hause* (1874), *Markus König* (1876), *Die Geschwister* (2 Teile, 1878) sowie *Aus einer kleinen Stadt* (2 Teile, 1880). – Freytag, nach 1848 zusammen mit Julian SCHMIDT Redakteur der großdeutsch und liberal orientierten Zeitschrift ›Die Grenzboten‹ in Leipzig, war mit den Romanen *Soll und Haben* und *Die verlorene Handschrift* zu einem der populärsten Autoren des deutschen Bürgertums geworden, dessen Welt er in diesen Werken – und darin korrigiert er die Wirklichkeit – im Sinne eines poetischen Realismus, einer ideal-sittlichen Entwicklung darstellt. Mit der Reichsgründung sah Freytag seine nationalliberalen Hoffnungen nur bedingt erfüllt, auch wenn er nachträglich in seinen *Erinnerungen aus meinem Leben* (1887) diese Zeit verklärt. Das Kaisertum, und nicht zufällig endet Freytags Zyklus mit dem Jahr 1848, empfand er eher als Gefahr für das von ihm propagierte Selbstbewußtsein des Bürgertums, das sich für ihn stets mehr durch Eigenverantwortung und ständische Gesinnung denn durch staatliche Repräsentation begründete. Daher schwingt in seiner Hinwendung zum historischen Roman auch eine Spur politischer Resignation mit, obgleich er aus der Vergegenwärtigung der nationalen Geschichte zugleich eine positive Beeinflussung seiner Zeitgenossen, vor allem der Jugend, erhoffte: »*Gerade jetzt, wo die Politik unter den Interessen der Nation obenan steht, soll der Dichter das Recht des schönen Schaffens mit Selbstgefühl und treu gegen seine Kunst vor seinem Geschlecht geltend machen*«, vermerkte Freytag 1867, und spätestens seit dieser Zeit bestand auch der Plan zu den *Ahnen*, auch wenn Freytag später das Erlebnis des Deutsch-Französischen Krieges 1870/71 als Anlaß anführte. Die Arbeit an den sechs Bänden, in denen er die Geschichte des deutschen Volkes von der spätrömischen Zeit des 4. Jh.s bis in das Jahr 1848 am Beispiel eines Geschlechts nachzuzeichnen sucht, gestaltete sich für den Autor, wie seine Briefe bekunden, als quälend. Freytag mußte in dieser Zeit private Schicksalsschläge, wie den Tod seiner Frau, hinnehmen. Beim Schreiben gestaltete sich vor allem die Verbindung von historischer Treue und Fiktion als schwierig. Bereits 1872 klagte er, die Arbeit komme ihm »*wie Gummi*« vor; Zweifel am Erfolg blieben bis zum Abschluß des Zyklus, erwiesen sich jedoch als unbegründet.

Der erste Band, *Ingo und Ingabran*, spielt im 4. Jh. n. Chr. Der vandalische Königssohn Ingo findet nach einer Schlacht gegen die Römer (357) Gastfreundschaft bei dem thüringischen Fürsten Answald. Als er vergeblich um dessen Tochter anhält, raubt er sie, kommt aber schließlich zusammen mit seiner Frau im Kampf gegen die Thüringer um. Lediglich sein Sohn überlebt und wird zum Ahnherr eines neuen thüringischen Geschlechts, wozu auch Ingabran gehört, der sich im 8. Jh. zum Christentum bekehrt und zusammen mit dem hl. Bonifatius in Friesland ums Leben kommt.

Im frühen 11. Jh. ist der zweite Band, *Das Nest der Zaunkönige*, angesiedelt; Immo, wiederum ein Nachfahre Ingos, unterstützt Heinrich II. im Kampf um die deutsche Königskrone und haust schließlich nach vielen Heldentaten mit seinen sechs Brüdern auf der Mühlburg in der Nähe von Erfurt. Ihr Nachfahre Ivo nimmt mit seinem Vetter Meginhard im dritten Band *Die Brüder vom deutschen Hause* am fünften Kreuzzug 1228/29 teil; nach seiner Rückkehr schließt sich Ivo mit seiner Frau Friderun den Rittern des Deutschen Ordens an und wird »*Burgmann von Thorn*«, der Gründung des Ordens an der Weichsel. Erst in diesem Band gewinnt der nationale Themenkomplex an Gewicht und findet in *Markus König* seine weitere Ausgestaltung. Der Kaufmann Markus König – erstmals läßt Freytag nun eine dezidiert bürgerliche Figur auftreten – hilft dem Deutschordensmeister Albrecht von Brandenburg gegen den polnischen König; als sich Albrecht diesem unterstellt, kehrt Markus in die thüringische Heimat seiner Vorväter zurück, nicht ohne in Wittenberg mit Martin Luther zusammenzutreffen, der ihn in seinem Haß auf die Polen korrigiert, indem er ihn lehrt, die Menschen ohne Ansehen ihrer Nationalität zu beurteilen. Als überzeugter Lutheraner stirbt Markus.

Wie schon der erste Band des Zyklus, zerfällt auch der fünfte *(Die Geschwister)* in zwei Teile. Während des Dreißigjährigen Krieges stehen die Geschwister Bernhard und Regine König fest zueinander; als nach Kriegsende Bernhard und seine der Hexerei angeklagte Frau Judith ums Leben kommen, nimmt sich Regine ihres Sohnes an – ein Verhalten, das sich ein Jahrhundert später wiederholt, als der Pfarrer Friedrich König die Familie seines Bruders August aufnimmt, der als sächsischer Offizier in der Schlacht von Kesselsdorf (1745) gegen die Preußen fällt. War es in *Markus König* neben den Polen der Katholizismus, der äußerst negativ gezeichnet wurde, so erfährt nun der sächsische Absolutismus dieselbe Bewertung, während Preußen als staatliches Vorbild um so mehr hervortritt, je mehr der Zyklus sich der Gegenwart nähert. Allerdings reicht er nicht bis in die Zeit der Reichsgründung 1871 hinauf, sondern lediglich, im letzten Band *Die kleine Stadt*, bis in das Revolutionsjahr 1848. Der Arzt Dr. Ernst König läßt sich 1805 in einer kleinen Stadt in Schlesien nieder. Nach den Napoleonischen Befreiungskriegen (1813) kann er Henriette, die Tochter eines Landpfarrers ehelichen; ihr Sohn Viktor kehrt nach Thüringen zurück und entdeckt während der Kämpfe der Märzrevolution 1848 seine Berufung zum politischen Schriftsteller.

Der Zyklus *Die Ahnen* war erneut ein großer Erfolg für Freytag, obgleich das Leserinteresse sich vor allem auf die ersten Bände konzentrierte und mit dem zunehmenden Zeitbezug der letzten Bände für einige Kritiker bereits erkennbar wird, daß sich Freytag als Schriftsteller überlebt hat. Tatsächlich publizierte der Autor nach *Die kleine Stadt* kein literarisches Werk mehr. Die Kritik hatte sich anfangs dem Werk gegenüber sehr positiv geäußert, die atmosphärische Gestaltungskraft des Autors in seinen historischen Tableaus gerühmt, die von Liebesgeschichten und Machtkämpfen durchzogen und gerahmt werden, dann aber die Wiederholungen in den Charakterzeichnungen und leitmotivischen Strukturierungen der einzelnen Bände kritisiert. Auch Fontane, der Freytags *Soll und Haben* einst gerühmt hatte, äußerte sich immer wieder negativ und notierte 1881 über *Die kleine Stadt* in seinem Tagebuch: »*Alles ist ausgeklügelt und dient einem doktrinären Zweck.*« Dennoch blieb der Zyklus bis in die Zeit nach dem Ersten Weltkrieg eine beliebte Lektüre des bürgerlichen Lesepublikums in Deutschland. M.Pr.

Ausgaben: Lpzg. 1872–1880, 6 Bde. – Lpzg 1887 (in *GW*, 22 Bde., 1886–1888, S. 8–13). – Lpzg. 1926 (in *GW*, Hg. H. M. Elster, 12 Bde., S. 6–8). – Lpzg. 1926, 2 Bde. – Mchn. 1953.

Literatur: A. Posern, *Der altertümelnde Stil in d. ersten drei Bänden der »Ahnen«*, Diss. Greifswald 1913. – F. Deppe, *Naturgefühl in F.s »Ahnen«*, Diss. Greifswald 1915. – C. Holz, *Flucht aus d. Wirklichkeit: »Die Ahnen« von G. F. Untersuchungen zum realistischen historischen Roman der Gründerzeit 1872–1880*, Ffm./Bern 1983. – Ders., *»... wird's die Maus aus dem Berge sein«: G. F. zur Entstehung seiner »Ahnen«* (in G.-F.-Blätter, 27/28, 1983/84, S. 22–28).

BILDER AUS DER DEUTSCHEN VERGANGENHEIT

Kulturgeschichtliches Werk in fünf Teilen von Gustav Freytag, erschienen 1859–1867. – Im ersten Teil dieses Werks *(Aus dem Mittelalter)* behandelt

Freytag in elf Bildern die Völkerwanderung und deren Vorgeschichte bis zurück zu den ersten griechischen und römischen Berichten über die Germanen sowie das Fränkische Reich mit Karl dem Großen und das Deutsche Reich bis zum Ende der Staufer (1254), ohne jedoch eine chronologisch lückenlose Darstellung zu geben. Dabei interessieren ihn die politischen Ereignisse der germanisch-deutschen Geschichte ebenso wie allgemeine kulturgeschichtliche Erscheinungen, etwa das Städtewesen zur Zeit der Merowinger, das Klosterleben des 10. Jh.s oder der Minnedienst um 1200. Die Breite der Betrachtung, die Staats- und Kirchen-, Rechts- und Wirtschafts-, Kunst- und Literaturgeschichte umfaßt, kennzeichnet das Gesamtwerk. – Der zweite Teil (*Vom Mittelalter zur Neuzeit*, 13 Bilder) reicht bis etwa 1500. Freytag schildert hier den Zerfall des Deutschen Reichs in Territorialgewalten, den Aufstieg der Habsburger und die deutsche Ostkolonisation. Eingeflochten sind Betrachtungen über Themen wie die Stellung der Frau, die Anfänge des Landsknechtswesens und die fahrenden Leute (Sänger, Scholaren, Bettler usw.). – Im Zentrum des dritten Teils (*Aus dem Jahrhundert der Reformation*, 11 Bilder) steht die ohne die Erfindung des Buchdrucks (*»die größte aller neuen Erfindungen«*) undenkbare Wirkung Martin Luthers; für den Lutheraner Freytag ist er der *»Reformator der deutschen Katholiken gerado so sehr wie der Protestanten«*. Mehrere »Bilder« zeigen die soziale Struktur des 16. Jh.s, die wachsende Bedeutung des Bürgertums. Eine spezielle Studie widmet Freytag einem so hintergründigen Thema wie dem der Rolle des Teufels im deutschen Geistes- und Seelenleben. – Im vierten Teil (*Aus dem Jahrhundert des großen Krieges*, 13 Bilder) wird der Dreißigjährige Krieg im wesentlichen kulturgeschichtlich behandelt; dabei weist der Autor auf die Wirksamkeit der gerade jetzt entstehenden Zeitungen hin, während er die zweite Hälfte des 17. Jh.s vornehmlich auf Veränderungen im gesellschaftlichen Gefüge hin untersucht. – Der fünfte Teil (*Aus neuer Zeit*, 10 Bilder) ist vorwiegend geistesgeschichtlich orientiert. Freytag charakterisiert den Pietismus und die Aufklärung, die Naturwissenschaften und den Liberalismus. Die Darstellung führt bis zu den Ereignissen des Revolutionsjahres 1848.

In den *Bildern aus der deutschen Vergangenheit*, die teilweise auf Schilderungen in der Leipziger Zeitschrift ›Die Grenzboten‹ zurückgehen, will Freytag vor allem die Wechselwirkungen zwischen Individuum und Gesellschaft aufzeigen. Seine grundlegende These lautet: Der Mensch war im Mittelalter *»viel unfreier und gebundener«* in die Gemeinschaft eingegliedert (das *»Fremdartige«* des Mittelalters) als in der Neuzeit; die *»Volksseele«*, worunter Freytag – ebenso wie die deutsche Philosophie von Herder bis W. v. Humboldt – jene *»höhere geistige Persönlichkeit«* versteht, die im Unterschied zur *»Seele des einzelnen«* die *»ganze Sprache«* und das *»gesamte sittliche Empfinden«* des Volkes in sich vereinigt, war eine von Grund auf andere. Freytag versucht in seinen *Bildern* seine geschichtsphilosophische Überzeugung, wonach *»Gott sich in Geschichte und Natur für uns reicher, höher, größer offenbart als in irgendeinem konfessionellen Dogma«*, wie er 1865 an Albrecht von Stosch schreibt, populär zu gestalten. Die Geschichte als Lehrmeisterin und Führerin der deutschen Nation ist die These dieses in seiner Zeit überaus erfolgreichen Werkes, mit dem Freytag nicht nur an das im 19. Jh. gängige idealistische Bild von der Geschichte anschließt, sondern auch den nationalen Hoffnungen der Zeit ihre tiefere Legitimation zu verleihen sucht; eine Hoffnung, die sich für den nationalliberalen Freytag mit dem von ihm stets negativ beurteilten Reichskanzler Bismarck nicht uneingeschränkt erfüllte.

A.Ge.-KLL

AUSGABEN: Lpzg. 1859, 2 Tle. in 1 Bd. – Lpzg. 1862 *(Neue Bilder aus dem Leben des deutschen Volkes)*. – Lpzg. ^{5}1867, 4 Bde. [nochmals vermehrt]. – Lpzg. 1888 (in *GW*, 22 Bde., 1886–1888, S. 17–21). – Lpzg. 1924/25 [illustr. Ausg., Hg. G. A. E. Bogeng, 5 Bde. in 6 Bdn.; Einl. u. Anm. G. v. Below u. E. Brandenburg]. – Lpzg. 1926 (in *GW*, Hg. H. M. Elster, 12 Bde., S. 9–12). – Bln. 1927, Hg. L. Heinemann, 2 Bde. – Mchn. 1978, Hg. H. Pleticha, 3 Bde.

LITERATUR: F. Kunkel, *Studien an G. F.s »Bilder aus der dt. Vergangenheit«*, Aschaffenburg 1926.

DIE JOURNALISTEN

Lustspiel in vier Akten von Gustav FREYTAG, Uraufführung: Breslau, 8. 12. 1852. – In einer Provinzhauptstadt erscheinen zwei Zeitungen, der konservative »Coriolan« und die liberale »Union«. Die Redakteure der liberalen Zeitung sind der gewandte und witzige Vollblutjournalist Dr. Bolz und Professor Oldendorf, der in erster Linie politische Ziele verfolgt: Er will Abgeordneter werden, ein Ehrgeiz, aus dem ihm persönliche Schwierigkeiten erwachsen. Denn der Oberst a. D. Berg, um dessen Tochter Ida er wirbt, glaubt zu bemerken, daß Oldendorfs Charakter sich zu seinem Nachteil verändert hat, seit er als Journalist arbeitet. Diese Spannungen wissen die Konservativen auszunutzen, indem sie durch den Gutsbesitzer von Senden den einflußreichen Oberst dazu bringen, sich als Kandidat für ihre Partei aufstellen zu lassen. Prompt gelingt dem findigen Bolz ein noch wirksamerer Gegenschlag: Auf einem von den Konservativen zur Werbung zugkräftiger Parteigänger inszenierten Fest kann er den Weinhändler Piepenbrink in das Lager der Liberalen herüberziehen. Damit sind die Konservativen um einen ihrer aussichtsreichsten Wahlmänner gebracht, und tatsächlich erringt am Wahltag die liberale Partei einen knappen Sieg. Doch der unterlegene Berg denkt nun um so schlechter von Oldendorf, und Ida scheint ein Opfer der Politik zu werden. Da greift ihre Freundin Adelheid von Runeck, eine reiche Gutsbesitzerin, ein, die ihre Jugendliebe zu Bolz noch nicht vergessen hat und mit Unwillen sieht, daß die beiden Redakteure im Begriff sind, ihr Lebensglück um ihres politischen Engagements willen aufs Spiel zu setzen. Als Oldendorf von ihr erfährt, daß der Besitzer der »Union« die Zeitung verkaufen will und konservativen Kaufangeboten sein Ohr leiht, gibt er den Journalistenberuf auf. Sofort verzeiht ihm der Oberst; zwischen Ida und Oldendorf gibt es kein Hindernis mehr. Auch Adelheid gelangt ans Ziel ihrer Wünsche: Sie hat im stillen selbst die »Union« erworben und dem Redakteur Bolz überschrieben, der bei der turbulenten Eröffnung dieser Tatsachen nicht ansteht, seine beruflichen und persönlichen Interessen in einem sofort erhörten Heiratsantrag zu vereinen.

Der liberale Publizist Freytag, 1848 bis 1870 Redakteur der Leipziger Zeitschrift ›Die Grenzboten‹, konnte das Thema aus intimer Milieukenntnis mit einem Realismus behandeln, wie man ihn so ausgeprägt in seinen anderen, bürgerlicher Sittenmoral das Wort redenden Stücken vergeblich sucht. Obwohl er in der Gestalt des jüdischen Journalisten Schmock das komische, menschlich gewinnende Porträt eines völlig unparteiischen Virtuosen der Zeitgeschichte entwirft, der für alle und in alle Richtungen schreibt, läßt Freytag in den *Journalisten* keinen Zweifel daran, wem seine Sympathien in der Zeit des beginnenden Parteienwesens gehören. Bolz – der Name erinnert an das Pseudonym »Boz«, das Charles DICKENS, Freytags großes Vorbild, in seinen Anfängen benutzte – vertritt Anschauungen, wie sie für den deutschen Liberalismus des 19. Jh.s typisch sind. Im Einklang mit seiner 1863 (in *Technik des Dramas*) formulierten Dramentheorie, derzufolge ein dramatisches Geschehen nie von einer tragischen Grundsituation, sondern immer nur von einzelnen tatkräftigen Charakteren bestimmt werden kann, bemüht sich Freytag um individuelle Gestaltung der Personen. Das Stück war nach dem Lustspiel *Die Brautfahrt* (1841) und den Schauspielen *Die Valentine* (1846) sowie *Graf Waldemar* (1847) Freytags erster und einziger großer Bühnenerfolg; sein letztes Stück, das Römerdrama *Die Fabier* (1859), akzentuiert, wenn auch in historischer Verkleidung, wohl am stärksten die zeitgenössischen Konflikte zwischen Adel und Bürgertum. Es fand keinen Anklang beim Publikum. A.Ge.-KLL

AUSGABEN: Lpzg. 1854; [14]1898. – Lpzg. 1887 (in *GW*, 22 Bde., 1886–1888, 3). – Göttingen 1966, Hg. H. Kreissig [Faks]. – Stg. 1977 (Nachw. B. Goldmann; RUB).

LITERATUR: G. Droescher, *G. F. in seinen Lustspielen*, Diss. Bln. 1919. – Ch. Barth, *G. F.s »Journalisten«. Versuch einer Monographie*, Diss. Mchn. 1950. – G. W. Freytag, *Eine unbekannte Szene aus G. F.s Lustspiel »Die Journalisten«* (in G.-F.-Blätter, 7, 1960, S. 2–3). – M. u. K. Fleischer, *G. F.s »Journalisten«* (ebd., 10, 1964, S. 23–25). – W. Kappler, *Die »eigentliche Uraufführung« der »Journalisten«* (in ebd., 17/18, 1973/74, S. 38–42). – B. Beaton, *G. F.s »Journalisten«: Eine ›politische‹ Komödie d. Revolutionszeit* (in ZfdPh, 105, 1986, S. 516–543). – W. Stauch von Quitzow, *Ein Lustspiel der Versöhnung: G. F.s »Journalisten« u. ihr komödiengeschichtl. Standort* (in NZZ, 14. 3. 1986).

SOLL UND HABEN

Roman in drei Bänden von Gustav FREYTAG, erschienen 1855. – Exemplarisch erfüllt Freytags berühmter Kaufmannsroman ein Postulat des zeitgenössischen Literaturkritikers Julian SCHMIDT, das als Motto dem Buch vorangestellt ist: »*Der Roman soll das deutsche Volk da suchen, wo es in seiner Tüchtigkeit zu finden ist, nämlich bei seiner Arbeit.*« Von der Prämisse ausgehend, daß sein Roman »*wahr nach den Gesetzen des Lebens und der Dichtkunst erfunden und doch niemals zufälligen Ereignissen der Wirklichkeit nachgeschrieben*« sei, entwirft Freytag einen imposanten Querschnitt durch das soziale, politische und gesellschaftliche Leben seiner Epoche, der als historisches Dokument größeres Interesse verdient, als es ihm die Literaturkritik entgegenbringen kann. Denn diese »*erste Blüte des modernen Realismus*« (Fontane) steht weit hinter seinen englischen Vorbildern SCOTT und DICKENS zurück und knüpft an die Form des jungdeutschen Zeitromans an, ohne sie mit neuen Impulsen zu bereichern.

Freytag vergegenwärtigt die Typologie des zeitgenössischen deutschen Bürgertums am individuellen Werdegang zweier gegensätzlich charakterisierter junger Männer aus dem schlesischen Ostrau. Der kleine Beamtensohn Anton Wohlfahrt und der arme Judensohn Veitel Itzig beginnen gleichzeitig in Breslau eine Lehre; beider Lebenslinien treffen und überschneiden sich an markanten Knotenpunkten der Handlung. Schon früh zum Kaufmann bestimmt, tritt Anton in das angesehene Handelshaus T. O. Schröter ein, wo Tüchtigkeit, Fleiß und eherne Grundsätze ebenso florieren wie die weltweiten Geschäfte und wo der Lehrling bald erfährt, was das arbeitende Bürgertum zum ersten Stand im Staat prädestiniert, nämlich, »*daß die freie Arbeit allein das Leben der Völker groß und sicher und dauerhaft macht*«. Dieses Arbeitsethos und eine gründliche Ausbildung bahnen Anton den Weg zu bürgerlichem Glück und Ansehen. Sein aus antisemitischer Gesinnung klischeehaft gezeichnetes Gegenbild Veitel Itzig hingegen, ohne Moral und Ideale, besessen von Habgier und Ehrgeiz, beginnt seinen verhängnisvollen Werdegang bei dem reichen Makler und Spekulanten Hirsch Ehrenthal. Nach erfolgreichen Anfängen richtet der intelligente Jude seine Karriere selbst zugrunde. – Auf den Gütern des Freiherrn von Rothensattel begegnen sich die beiden wieder; denn auch Antons Schicksal hat eine Wendung genommen. Der begüterte Herr von Fink ist als Volontär in die Firma Schröter eingetreten und macht Anton mit dem aller Existenzsorgen baren Lebensstil der Aristokratie vertraut. Er vermittelt dem jungen Kaufmann die Bekanntschaft der feurigen Leonore von Rothensattel, die auf den Besitzungen ihres Vaters lebt. Aber dessen Reichtum entpuppt sich als mühsam aufrechterhaltener Schein. Des Freiherrn Versuch, *»sein Eigentum innerhalb der großen Flut der Kapitalien isolieren zu wollen«*, bringt die trügerische Standesfassade zum Einsturz. Dubiose Spekulationen mit den zwielichtigen Betrügern Itzig und Ehrenthal ruinieren seine Familie und seinen Besitz. Anton verläßt seine Firma und übernimmt die schwere Aufgabe, die freiherrlichen Güter zu liquidieren. Mit dem restlichen Vermögen versucht er, dem Freiherrn in Polen eine neue Existenz aufzubauen; es gelingt ihm sogar, den Betrug der Spekulanten aufzudecken und wiedergutzumachen. Während der unglückselige Veitel zugrunde geht, bahnt sich für den anständigen Anton eine neue Entscheidung an, die die Weichen für sein späteres Lebensglück stellt. Seine aufopferungsvolle Arbeit hat den starren Standesdünkel des Freiherrn nicht brechen können: Nicht der bürgerliche Kaufmann Wohlfahrt darf Leonore heiraten, sondern der aus Amerika zurückgekehrte Herr von Fink. Anton zeigt sich der harten Prüfung gewachsen und kehrt an den Ort zurück, der seinen Charakter endgültig geformt hat. Als Teilhaber der Firma Schröter eröffnet er an der Seite seiner Gemahlin Sabine, der Schwester seines einstigen Lehrherrn, ein neues »Soll und Haben«-Konto.

Drei sich am Scheitelpunkt der Handlung kreuzende »Dramen« werden in ein episches Korsett gezwängt: die Tragödie des Aristokraten, das bürgerliche Schauspiel des Kaufmanns und die Tragödie des Juden. Der klischeehaft hergestellte Zusammenhang zwischen Adel, Bürgertum und Juden einerseits und moralischen Kategorien wie Frivolität, Tugend und Habgier andererseits mißrät allerdings in diesem biedermeierlich verklärten Monumentalgemälde bürgerlicher Rechtschaffenheit zur Schwarzweißmalerei. Er ist zum einen Ausdruck bürgerlichen Selbstbewußtseins gegenüber dem Adel – worauf bereits das vorangestellte Motto verweist, das die Arbeit als ethisch motiviertes Verhalten faßt und darin realistisch-idealisierend zu gestalten sucht –, zum anderen der Versuch, einen deutschen Nationalcharakter zu kultivieren, der zur Demonstration seiner Überlegenheit ein negatives Gegenüber in Gestalt des Judentums benötigt. Obgleich die Rolle der Juden im Roman sich damit aus dramaturgischen Gründen ableiten läßt und Freytag aus ökonomischen Überlegungen auf antisemitische Vorurteile des Publikums spekuliert haben mag (er selbst hielt sich als Journalist mit diesbezüglichen Äußerungen zurück), so hatte schon Fontane die judenfeindliche Tendenz des Werks negativ vermerkt (*»Wohin soll das führen?«*). Die von R. W. FASSBINDER geplante Verfilmung des Romans scheiterte aus diesem Grund, und auch die Forschung stimmt heute darin überein, *»daß der Roman bei vielen Lesern antislawisch-imperialistische und antisemitische Denkweisen zumindest unterstützt und gerechtfertigt, Vorurteile und Klischees bestärkt hat.«* (H. Steinecke). Ähnlich erfolgreich wie der Roman *Soll und Haben*, durch den Freytag zu einem der bekanntesten und renommiertesten Autoren des späten 19. Jh.s wurde, waren auch die Romane *Die verlorene Handschrift* und *Die Ahnen*.

KLL

AUSGABEN: Lpzg. 1855, 3 Bde. – Lpzg 1887 (in *GW*, 22 Bde., 1886–1888, 4/5). – Lpzg. 1926 (in *GW*, Hg. H. M. Elster, 12 Bde., 2). – Mchn./Zürich 1957; ern. 1958. – Klagenfurt 1961; ern. 1963. – Mchn. 1977 [Nachw. H. Mayer, Textred. M. Hasenbein]. – Dass., Mchn. 1978 (dtv). – Salzburg 1983.

VERFILMUNG: Deutschland 1924 (Regie: C. Wilhelm).

LITERATUR: R. W. Leonhardt, *»Soll und Haben«* u. *»David Copperfield«: Ein Vergleich ihres Aufbaus als Beitrag z. Formfrage d. Romans*, Diss. Bonn 1950. – F. Martini, *Deutsche Literatur im bürgerlichen Realismus, 1848–1898*, Stg. 1962. – P. H. Hubrich, *G. F.s »Deutsche Ideologie« in »Soll und Haben«*, Kronberg 1974 (zugl. Diss. Konstanz 1974). – J. Améry, *Schlecht klingt das Lied vom braven Mann: Anläßlich d. Neuauflage von G. F.s »Soll und Haben«* (in NRs, 89, 1978, S. 84–93). – M. Schneider, *Geschichte als Gestalt: Formen d. Wirklichkeit u. Wirklichkeit d. Form in G. F.s Roman »Soll und Haben«*, Stg. 1980. – H. Steinecke, *G. F.: »Soll und Haben« (1855), Weltbild u. Wirkung eines deutschen Bestsellers* (in *Romane u. Erzählungen d. bürgerlichen Realismus: Neue Interpretationen*, Hg. H. Denkler, Stg. 1980, S. 138–152). – M. H. Gelber, *Aspects of Literary Antisemitism: Ch. Dickens' »Oliver Twist« and G. F.'s »Soll und Haben«*, Diss. Yale Univ. 1980. – M. Schneider, *Apologie d. Bürgers: Zur Problematik von Rassismus u. Antisemitismus in G. F.s Roman »Soll und Haben«* (in Jb. d. dt. Schiller-Ges., 25, 1981, S. 384–413). – R. W. Fassbinder, *Gehabtes Sollen, gesolltes Haben: Über G. F.s Roman »Soll und Haben« u. die verhinderte Fernsehverfilmung* (in R. W. F., *Filme befreien den Kopf*, Ffm. 1984). – K. Wirschem, *Die Suche d. bürgerlichen Individuums nach seiner Bestimmung*, Ffm./Bern 1986 [zugl. Diss. Marburg 1985]. – M. Pazi, *Wie gleicht man auch ethisch Soll u. Haben aus?* (in ZfdPh, 106, 1987, S. 198–218).

DIE VERLORENE HANDSCHRIFT

Roman von Gustav FREYTAG, erschienen 1864. – Der anhaltende Erfolg seines Kaufmannsromans *Soll und Haben* blieb dem nationalliberalen Journalisten und borussomanen Historiker Gustav Freytag auch mit dem Gelehrtenroman *Die verlorene Handschrift* treu, der in einer Abwandlung des alten Themas das deutsche Volk nicht mehr bei der Arbeit sucht, sondern dort, wo seine geistige Physiognomie zu finden ist, nämlich bei den Exponenten des Bildungsbürgertums.

Der Philosophieprofessor Werner stößt zufällig auf Hinweise zu einer alten, bislang unbekannten Tacitushandschrift, deren Spuren er bis auf ein ländliches Schloß verfolgt, wo er zwar nicht die gesuchte Handschrift, dafür aber seine Lebensgefährtin Ilse findet. Der Vater des melancholischen Erbprinzen, ein despotischer Duodezfürst, lockt den Professor aus der mitteldeutschen Universitätsstadt mit dem Versprechen in seine Residenz, ihm bei der Suche nach der Handschrift jede Art von Unterstützung zu gewähren; in Wirklichkeit hat er es auf die Gemahlin abgesehen. Für die aus ihrer rustikalen Lebensordnung gerissene Ilse – ein Thema, das schon AUERBACH behandelt hat (*Frau Professorin*, 1846) – gestaltet sich das Leben in städtisch-höfischen Kreisen zu einem Problem, für das der Professor indes keine Augen hat. Werner, der neue Spuren gefunden zu haben glaubt, ignoriert ihre Bitte, sie aus der Residenz fortzubringen, und setzt damit sein Lebensglück unbedenklich aufs Spiel. Eine vom Fürsten geschickt inszenierte Fälschung lockt ihn auf eine verkehrte Fährte. Endlich befreit Herr Hummel, der ehemalige Hausherr, die arg bedrängte Ilse vor den fürstlichen Nachstellungen. Nachdem die Fälschung des Magisters Knips aufgedeckt ist, findet Werner in einer Höhle neben seiner Gattin auch die Einbanddeckel der gesuchten Handschrift – der Text selbst bleibt unauffindbar.

Auch in seinem zweiten Roman folgt Freytag den Tendenzen des »bürgerlichen Realismus« mit seinen sozialen, politischen und gesellschaftlichen Zeit- und Wirklichkeitsaspekten, die er mit den Ergebnissen seiner kulturhistorischen Studien zu einem abenteuerlich bewegten Bildungsroman verschmilzt. Ungeachtet auffallender substantieller Schwächen wie des epiponalen Erzählstils bewährt sich sein handwerkliches Geschick in einer raffiniert verschlungenen Handlungsführung. Typische und stark typisierte Exponenten verschiedener Gesellschaftsschichten bewegen sich auf dem breitangelegten sozialen Fundament: Duodezfürsten, Gelehrte, Fabrikanten, Kleinbürger und Bauern, und wie in kaum einem anderen literarischen Werk des Autors formuliert er hier seine Kritik am Herrschaftsanspruch des Adels und seiner Intrigen, wie ihm auch in Gestalt des Magisters Knips eine erste Skizze des beflissen-opportunistischen Untertanen gelingt. Auch in der Zeichnung des Bildungsbürgertums gewährt der Roman sozialgeschichtlich interessante Einblicke in die Zeit des Neoabsolutismus: »*Besser noch gelang ihm, in der ›Verlorenen Handschrift‹ die gelehrte Klasse der Zeit zu schildern, wie ihre philosophische Bildung abstirbt in philologischer Wortklauberei; wie der faustische Drang abschäumt in eine ehrbare, steifleinene und dabei komisch hochnäsigee Philistergesinnung*« (F. Mehring). M.Ke.

AUSGABEN: Lpzg. 1864, 3 Tle.; ⁴1865. – Lpzg. 1887 (in *GW*, 22 Bde., 1886–1888, 6/7). – Lpzg. 1926 (in *GW*, Hg. H. M. Elster, 12 Bde., 4/5). – Postdam 1942, 2 Bde. – Mchn. 1955.

LITERATUR: P. Ulrich, *G. F.s Romantechnik*, Marburg 1907; Nachdr. NY/Ldn. 1968. – G. Schridde, *G. F.s Kultur- u. Geschichtsphilosophie*, Lpzg. 1910. – R. Wicke *G. F.s Romane »Soll und Haben« u. »Die verlorene Handschrift«. Ein Beitrag zur Geschichte des Gesellschaftsromans im 19. Jh.*, Diss. Würzburg 1949.

FEDERIGO FREZZI

* um 1346 Foligno
† Mai 1416 Konstanz

IL QUADRIREGIO DEL DECURSO DELLA VITA UMANA

(ital.; *Die vier Reiche des Ablaufs des Menschenlebens*, auch: *Buch der Reiche* oder: *Gedicht von den vier Reichen*). Allegorische Dichtung in 74 Gesängen in Terzinen von Federigo FREZZI, entstanden um 1394–1403; Erstdruck 1481. – In Anlehnung an DANTES *Divina Commedia*, aber auch an PETRARCA, BOCCACCIO und andere Dichter des italienischen Trecento – nicht zuletzt an Nachahmer des französischen Rosenromans wie etwa TOMMASO DI SALUZZO – oder an Vertreter der wissenschaftlichen Dichtung (z. B. CECCO D'ASCOLI, 1269–1327) beschreibt der als Dominikaner der geistlichen Moralpredigt verpflichtete Dichter in Ichform eine allegorische Wanderung. Sie führt durch die vier »Weltreiche« der Liebe, des Satans, der Laster und der Tugenden.

Unter dem etwas inkonsequenten Geleit Amors lernt er die ihn unmittelbar umgebende Welt mit den Augen der Liebe kennen, indem er Bekanntschaft mit mehreren Nymphen macht, die immer wieder entschwinden. Die Nymphen, die jewels dem symbolischen Einflußbereich einer bestimmten Göttin der klassischen Mythologie angehören, erläutern ihm verschiedene naturwissenschaftliche und moralische Standpunkte, bis er die Erkenntnis gewinnt, daß eine Welt des Scheins und Trugs, wie er sie erlebt, nicht die Wahrheit vermitteln kann, die es sich für den Weisen doch zu ergründen ziemt. Nun ist er frei, das Geleit des weltlichen Amor durch dasjenige der Minerva, der Göttin der Vernunft, zu ersetzen. An ihrer Seite erforscht er nun den Bereich Satans, der aus der Hölle, dem Limbus, einem der antiken Überlieferung nachempfundenen Hades, und dem Reich der Fortuna, die die weltlichen Schicksale regiert, besteht sowie den Bereich der sieben Todsünden, der durch eine große Anzahl von historischen Exempla illustriert wird. Der Wanderer jedoch durchschaut diese satanischen Reiche als Abbilder der materiellen Welt und entzieht sich ihrer Macht durch Hinwendung zur Demut. Schließlich erreicht er das Reich der sieben Tugenden, wo ihm die alttestamentlichen

Propheten Enoch und Elias die Kardinaltugenden erläutern und der Apostel Paulus ihm die theologischen Tugenden und die kirchlichen Dogmen unterbreitet, bis der Wanderer endlich im dritten Himmel Gott inmitten seiner Engel erblickt. Kurz darauf muß er jedoch, da seine Seele noch vom Körper beschwert ist, zur Erde zurückkehren, wo er sich nun für den Rest seines Lebens des Offenbarten mit Sehnsucht erinnern kann.

Das Gedicht wirkt keineswegs einheitlich: Der erste Teil, das Buch vom Reiche Amors, unterscheidet sich in Aufbau und Vielfalt der behandelten Themen und der mannigfaltigen Darstellung verschiedener Unterreiche (in denen die Göttinnen Diana, Venus, Minerva und Ceres herrschen) erheblich von den drei weiteren Teilen des Werks. Im Gegensatz zu diesen, die religiöse Themen behandeln, wirkt der erste, profane Teil wie eine Enzyklopädie all dessen, was dem Autor als für seine Zeit wissenswert erschien. Er schließt mit einem Kapitel des Lobes auf die Stadt Foligno und ihr Herrscherhaus, das der Familie Trinci, aus der Frezzis Gönner Ugolino Trinci stammte. Das Werk ist reich an aktuellen und gelehrten Anspielungen: Der Autor nennt – entsprechend seinem Vorbild Dante – antike Heroen, Weise, Ritter, Dichter, Gelehrte, Philosophen, Kirchenväter, Märtyrer sowie Vertreter der zeitgenössischen Geschichte (Cola di Rienzo, Barnabò Visconti).

Trotz seiner zum Teil kunstlosen Sprache und der recht leblosen Darstellungen fand das Werk eine beachtliche handschriftliche Verbreitung und wurde früh, teilweise reich illustriert, gedruckt. Durch die Präsenz des Nachwirkens spätmittelalterlicher Allegorie im Gefolge des *Rosenromans* sowie scholastischer und dantesker Kosmologie, welche durch die von Petrarca und Boccaccio eingeleitete Antikerezeption des beginnenden italienischen Humanismus bereichert werden, stellt der *Quadriregio* ein interessantes Dokument einer Übergangsepoche der italienischen Dichtung dar. M.G.D.

Ausgaben: Perugia 1481. – Mailand 1488. – Bologna 1494. – Florenz o. J. [um 1494]. – Venedig 1501. – Florenz 1508. – Venedig 1511. – Foligno 1725, 2 Bde. – Venedig 1839. – Bari 1914, Hg. E. Filippini (vgl. Korr. v. Zabaghin in GLI, 145, 1968, S. 162/163; Scrittori d'Italia).

Literatur: M. Faloci-Pulignani, *Le arti e le lettere alla corte dei Trinci di Foligno* (in GLI, 2, 1883, S. 34 ff.). – E. Filippini, *La materia del Quadriregio*, Menaggio 1905. – Ders., *Varietà frezziane*, Udine 1912. – L. F. Benedetto, *Il »Roman de la rose« e la letteratura italiana*, Halle 1910. – G. Rotondi, *F. F., la vita e le opere*, Todi 1921. – E. Filippini, *Studi frezziani*, Foligno 1922. – N. Sapegno, *F. F.* (in N. S., *Il trecento*), Mailand 1934; ³1966, S. 133/134). – L. Russo, *Storia della letteratura italiana*. Florenz 1957, Bd. 1, S. 441. – N. Sapegno, *Storia letteraria del trecento*, Mailand/Neapel 1963, S. 176/177.

HERIBERTO FRÍAS

* 1870 Querétaro
† 1925 Tizapán

TOMÓCHICH

(span.; *Tomóchich*). Roman von Heriberto Frías (Mexiko), erschienen 1894. – Dieser bereits 1892 in der Zeitung ›El Demócrata‹ veröffentlichte Roman berichtet von dem Aufstand des Dorfes Tomóchich im Staat Chihuahua im Norden von Mexiko. Aufgerufen durch die Visionen einer Mitbürgerin erheben sich die Dorfbewohner unter der Führung des Häuptlings der Trahumara-Indianer, Cruz Chávez, gegen die eiserne Herrschaft des Diktators Porfirio Díaz (reg. 1877–1910) und die Maßlosigkeit des Großgrundbesitzes der Familie Peralta, die nahezu fünf Millionen Hektar Land ihr eigen nennt. Der Roman erzählt ferner von der Strafexpedition, die die Regierung entsendet, dem furchtbaren Marsch schlecht ausgerüsteter, ausgehungerter Soldaten durch die gespenstische Trostlosigkeit der nordmexikanischen Landschaft, einem Marsch durch Hitze und Kälte, auf dem die Soldaten, notdürftig versorgt von ihren Frauen, die den Zug, schwere Körbe mit Lebensmitteln und Wasser schleppend, begleiten, außer den Härten des Klimas und einer drakonischen Militärdisziplin, der Verachtung der Bevölkerung für die Schergen des Diktators ausgesetzt sind. Das Buch berichtet schließlich von der Ausrottung der Indianer, deren Dorf nach heldenhafter Verteidigung in Schutt und Asche liegt, von der Niedermetzelung der wenigen Überlebenden im Hof des einzigen erhalten gebliebenen Hauses, in dem die ruhmlosen Sieger ihre Siegesorgien feiern.

Heriberto Frías, der persönlich an der Strafexpedition teilnahm, schildert bis auf die Dialoge und einige frei erfundene Szenen nur Tatsachen. Und wie ein Tatsachenbericht liest sich sein Roman auch, nähert sich aber gerade dadurch einer sehr ursprünglichen epischen Aussageweise. Von den stereotypen Verfahrensweisen des Realismus abweichend, geht Frías neue Wege der Darstellung, die durch Kargheit, Natürlichkeit, Prägnanz, Verzicht auf kunstvollen Aufbau, durch einen lakonischen, kraftvollen, mit der Anmut und Anschaulichkeit der Volkssprache durchsetzten Dialog gekennzeichnet sind. Neu sind in seinem Roman auch die tiefen Einblicke in die Psyche des Indianers und in die des anonymen Soldaten, der in Erfüllung befohlener Pflicht für eine Sache, die er nicht durchschaut, und für Ideale, die er nicht begreift, sein Leben opfert. Frías durchbricht den realistischen *costumbrismo* seiner Zeit in Richtung auf das politische Engagement und wird dadurch zum Vorläufer des sogenannten »Romans der mexikanischen Revolution«, der durch Mariano Azuela (1873–1952; vgl. *Los de abajo*) eingeleitet werden sollte.

Trotz dieses avantgardistischen Charakters geriet *Tomóchich* nach kurzer Popularität in Vergessenheit. Schuld daran ist die Verfolgung des Werks durch die Justizbehörden. Die schonungslose Aufdeckung der Mißstände eines Regimes, das sich nach außen hin als paternalistische, Ordnung, Ruhe und Fortschritt gewährleistende Herrschaftsform gab, führte zum Verbot der Zeitung ›El Demócrata‹ durch die Zensurbehörde, zur Verurteilung der verantwortlichen Redakteure zu Gefängnisstrafen und zum Ausschluß des Verfassers aus der Armee wegen Verrats militärischer Geheimnisse. A.F.R.

AUSGABEN: Mexiko 1892 (in El Demócrata). – Rio Grande City 1894. – Mexiko 1960. – Mexico 1968 [Vorw. J. W. Brown].

LITERATUR: R. Ayala Echávarri, *H. F., novelista revolucionario de antes de la Revolución* (in Revista de la Facultad de Humanidades, Potosí, 1, 1959, S. 117-150). – D. López Peimbert, *»Tomóchic«*, Diss. Mexiko 1963. – J. W. Brown, *The Life and Works of H. F.*, Diss. Univ. of Indiana 1967 (vgl. Diss. Abstracts, 28, 1967/68, S. 2237A). – R. Thiercelin-Mejías, *»Tomóchic«, novela naturalista?* (in *Romanisme, réalisme, naturalisme en Espagne et en Amérique Latine*, Lille 1978, S. 157–168). – J. Sommers, *Literatura e historía: las contradicciones ideológicas de la ficción indigenista* (in Revista de crítica literaria latinoamericana, 5, 1979, S. 9–39).

JOSEF VÁCLAV FRIČ

* 5.9.1829 Prag
† 14.10.1890 Prag

LITERATUR ZUM AUTOR:
J. Neruda, *J. V. F.* (in Humoristické listy, 22. 7. 1887; ern. in J. N., *Podobizny*, Bd. 3, Prag 1954). – J. Vrchlický, *Odkaz J. V. F.*, Prag 1898. – J. Karásek, *Literární profil J. V. F.* (in Literární rozhledy, 1929/30). – F. X. Šalda, *Několik myšlenek na téma básník a politika* (in Šaldův zápisník, 1933–34). – F. Strejček, *Radikál F.* (in F. S., *Naši bojovníci pérem*, Prag 1948). – K. Kosík u. R. Grebeníčková, *J. V. F. a ruští revoluční demokraté*, Prag/Moskau 1953. – K. Kosík, *Místo a význam radikálních demokratů v dějinách pokrokové české politiky* (in K. K., *Čeští radikální demokraté*, Prag 1953). – *J. V. F. a demokratické proudy v české politice a kultuře*, Prag 1956. – M. Pohorský, *Vývoj F. politické poezie* (in Česká literatura, 1954; ern. in M. P., *Portréty a problémy*, Prag 1974). – K. Kosík, *Česká radikální demokracie*, Prag 1958. – R. Khel, *J. V. F.* (in Čtenář, 1969). – Z. Urban, *Neznámý J. V. F.* (in Tvorba, 1974, Nr. 37).

PAMĚTI

(tschech.; *Erinnerungen*). Memoiren von Josef Václav FRIČ, erschienen 1884–1887. – Als Sohn eines Prager Advokaten, in dessen Salon sich die intellektuelle Elite der Stadt traf, war Frič Anhänger einer radikaldemokratischen Politik und aktiver Teilnehmer der Revolution von 1848, danach Häftling österreichischer Gefängnisse und politischer Emigrant. Zwanzig Jahre lang reiste er als Schriftsteller, Journalist, Organisator und politischer Agitator durch Europa und traf mit vielen bedeutenden Persönlichkeiten seiner Zeit zusammen. Als romantischer Individualist von der Bedeutung seiner Mission überzeugt, führte er stets Tagebuch und sammelte Dokumente aller Art. 1858 begann er in London seine Memoiren zu ordnen. Die systematische Überarbeitung des Materials begann jedoch erst, nachdem er 1879 endgültig nach Prag zurückgekehrt war. Aktueller Anlaß für die Veröffentlichung seiner Erinnerungen war der damals einsetzende Streit über die Ziele der tschechischen Politik sowie der Umstand, daß man die Tätigkeit und Ansichten der radikalen Demokraten oft verzerrt darstellte und ihnen die Schuld für viele politische Mißerfolge anlastete. Die *Paměti* sollten authentischer Bericht über die radikaldemokratischen Aktivitäten und Rechtfertigung ihres Standpunkts in einem sein. Als Vorbild dienten Frič Aleksandr I. GERCENS (Herzens) Memoiren *Byloe i dumy*, 1854 ff. *(Erlebtes und Gedachtes)*.

Den als einzigen publizierten Teil nannte Frič *Do třiceti let (Bis zu meinem 30. Lebensjahr)*. Die geplanten weiteren Teile *Dvacet let v cizině (Zwanzig Jahre in der Fremde)* und *Návrat do vlasti (Rückkehr in die Heimat)* wurden nicht mehr geschrieben. Die Erinnerungen umfassen neben der geistigen Entwicklung und den äußeren Ereignissen im Leben des Autors die kulturelle und politische Atmosphäre Prags in den vierziger Jahren des 19. Jh.s. Sie stellen die bedeutenden und vergessenen Persönlichkeiten jener Zeit vor, zeichnen die revolutionären Ereignisse von 1848 nach, die Erlebnisse des Autors während der Gefängnishaft, das Prag der fünfziger Jahre unter der absolutistischen Herrschaft des Wiener Innenministers Bach, insbesondere die Aktivität der jungen Leute, die dem Polizeiregime die Stirn boten. Die Memoiren enden 1859, mit dem Jahr der Emigration Fričs. – Der dokumentarische Wert der *Paměti* ist stellenweise begrenzt durch das lückenhafte Gedächtnis des Autors, durch seine subjektiven Interpretationen oder die Überschätzung seiner eigenen Bedeutung. Ihr literarischer Wert beruht vor allem auf der Fähigkeit Fričs, die Zeitatmosphäre durch kennzeichnende Details einzufangen und Porträts offizieller Persönlichkeiten zu geben, die deren Charakter und alltägliches Gesicht offenbaren. M.O.

AUSGABEN: Prag 1884–1887 [in Einzelheften]. – Prag 1886/87, 4 Bde. – Prag 1939, Hg. u. Ausw. H. Traub [m. Komm.]. – Prag 1957–1963, Hg. Hg. K. Cvejn, 3 Bde. [krit.].

LITERATUR: K. Tůma, Rez. (in Rozhledy literární, 1886–1887). – F. Hořický, Rez. (in Hlas národa, 6. 1. u. 17. 7. 1888). – J. Heidler, *Kritika »Pamětí« J. V. F.* (in Český časopis historický, 1913, Nr. 1). – H. Traub, *Slovo o hodnotě »Pamětí« F.* (in Naše doba, 1913, Nr. 5). – *J. V. F. v dopisech a denících*, Hg. K. Cvejn, Prag 1955. – J. Vlček, *Obrodné slovesné snahy doby F.* (in J. V., *Z dějin české literatury*, Prag 1960).

JAN FRIDEGÅRD

* 14.6.1897 Enköpings-Näs
† 8.9.1968 Uppsala

LARS HÅRD

(schwed.; *Ü: Ich, Lars Hård*). Romantrilogie von Jan FRIDEGÅRD, erschienen 1942; die Einzelbände erschienen 1935/36 unter den Titeln *Jag Lars Hård (Ich, Lars Hård), Tack för himlastegen (Dank für die Himmelsleiter)* und *Barmhärtighet (Barmherzigkeit)*; zwei weitere Bände, die das Schicksal der Titelgestalt behandeln, *Här är min hand (Hier ist meine Hand)* und *Lars Hård går vidare (Lars Hård geht weiter)* folgten 1942 und 1951. – Die Veröffentlichung des ersten Bands der Trilogie löste in der schwedischen Kritik eine heftige Debatte aus. In konservativen Kreisen wegen seiner *»brutalen Zynismen«* als *»widerwärtigstes Buch der letzten Jahre«* (›Nya Dagligt Allehanda‹) verurteilt, wurde der Roman in den Reihen der Arbeiterschriftsteller und der ihnen nahestehenden Kritiker als von wahrem Ethos getragenes Werk eines subtil realistischen Schriftstellers begrüßt.
Die Fabel des ersten Bands, in dem zahlreiche autobiographische Motive verarbeitet sind, ist fast banal: Lars Hård, ein begabter Landarbeitersohn, träumt von seiner höheren Bestimmung, lebt von der Gnade seiner Eltern, verführt dieses und jenes Mädchen, bis er schließlich, als er sich weigert, für das Kind einer Dirne zu zahlen, zu Zwangsarbeit verurteilt wird und seine Heimat verläßt. – Auch im zweiten Band hat der Autor viel Selbsterlebtes festgehalten. Wegen eines mehr oder weniger unbedachten Mordversuchs kommt Lars Hård ins Zuchthaus und muß dort alle Rücksichtslosigkeit der Welt gegenüber dem Hilflosen erfahren. Entlassen, wird er in Stockholm mit der Demütigung und der Not konfrontiert, die er als Arbeitsloser zu erleiden hat. – Im dritten Band folgt der inzwischen bescheiden gewordene Lars den Bitten seiner krebskranken Mutter und kehrt auf den elterlichen Hof zurück. Allmählich erkennt er jetzt, daß der Sinn seines Daseins in der verantwortlichen Tat am Nächsten besteht. Lars, *»Sohn des Verbrechens, des Gefängnisses, der Unruhe«*, erfährt schließlich eine *»voraussetzungslose Freude«* – sie war *»wie eine wilde Blume auf dem Misthaufen meines Elends in mir gewachsen, und eine unbekannte Sonne glänzte ganz von fern auf ihr«*.
Dieses Ende mutet fast weich an, ihm fehlt der Tenor des Zynismus, der in diesem Roman auch die zartesten Episoden noch distanziert nüchtern verfremdet, jedoch ist der häufig erhobene Vorwurf der Sentimentalität nicht gerechtfertigt. Die sarkastische Härte des Lars Hård (deutsch »Hart«) ist nichts anderes als die Reaktion eines überfeinerten Bewußtseins auf die verlogene Konventionalität und Enge seiner Umgebung. Solange er seiner Umwelt in Haßliebe gegenübersteht und mit sich selbst nicht versöhnt ist, kann er auch die Reinheit und die Weite der ihn zu allen Zeiten überwältigenden Natur nur ironisch begreifen: Die Bezauberung, die von der spröden Klarheit der Naturschilderung ausgeht, wird vom Dichter immer wieder zerstört, bis Lars am Ende, versöhnt mit der Umwelt und befreit von den Forderungen und Träumen seines Ichs, in ungebrochenen Bildern zu reden vermag. – Mit der Kargheit seiner Sprache, die Gröbstes und Zartes in sachlich expressiver Kraft klar und lebendig erfaßt, bewältigte Fridegård die Erfahrung einer öden Welt bitteren menschlichen Elends.   B.M.D.

AUSGABEN: Stockholm 1935 *(Jag Lars Hård)*. – Stockholm 1936 *(Tack för himlastegen)*. – Stockholm 1936 *(Barmhärtighet)*. – Stockholm 1942 *(Lars Hård*, Gesamtausg. d. Trilogie). – Stockholm 1942 *(Här är min hand)*. – Stockholm 1951 *(Lars Hård går vidare)*. – Stockholm 1986 *(Lars Hård*, Gesamtausg. d. Trilogie).

ÜBERSETZUNG: *Ich, Lars Hård*, W. Hennig, Bln./DDR 1972.

LITERATUR: K. Jaensson, *»Lars Hård«* (in K. J., *Essayer*, Stockholm 1946, S. 79–115). – A. Lundkvist und L. Forssell, *J. F.*, Stockholm 1949. – A. Häggqvist, *Blandat sällskap*, Stockholm 1954, S. 123 ff.). – S. Kindlundh, *»Lars Hård«, världen och evigheten* (in Svensk litteraturtidskrift, 1970, Nr. 4, S. 13–24). – P. Graves, *J. F.: »Lars Hård«*, Hull 1977. – E. Schön, *J. F. Proletärdiktaren och folkkulturen*, Stockholm 1978.

FOLKE FRIDELL

* 1.10.1904 Lagan / Småland
† 12.8.1985 Ljungby

DÖD MANS HAND

(schwed.; *Ü: Eines toten Mannes Hand*). Roman von Folke FRIDELL, erschienen 1946. – Folke Fridell gab in den vierziger Jahren der sogenannten

Proletarierliteratur der schwedischen Autodidakten einen neuen Impuls; bis dahin hatte das soziale Engagement der häufig autobiographischen Romane dieser Art dem Schicksal der Landarbeiter gegolten, nun wurde zum erstenmal die Problematik des Fabrikproletariats zur Sprache gebracht. Der Schauplatz der Auseinandersetzung eines Individualisten mit dem Vermessungsprozeß in der industriellen Gesellschaft ist eine dichtbevölkerte Kleinstadt in Västergötland; den engeren Rahmen der Handlung bilden die bedrückend häßlichen Hallen einer Textilfabrik, in der Fridell selbst dreißig Jahre gearbeitet hatte. Dem jungen Textilarbeiter David Blohm verschafft nur der Vortäuschung einer Krankheit vorübergehend die Freiheit, sich auf sein Menschsein zu besinnen. Er beginnt ein Buch über sein Leben zu schreiben. Doch der Weg, den er einschlägt, ist nur ein Ausweg, eine Flucht zu sich selbst, er kann die Menschenwürde nicht retten. David Blohm muß sich schließlich wieder den leblosen Apparaten beugen. Das pessimistische Fazit des Romans: Der Versuch eines einzelnen, der Herrschaft der Maschine zu entkommen, um sein Selbst zu bewahren, ist zum Scheitern verurteilt. Die unerbittliche Schärfe, mit der Fridell nach der Würde des einzelnen in einer bis ins letzte organisierten Arbeitswelt fragt, und seine klare, an Jan Fridegårds Stil geschulte Sprache sicherten dem Roman breite Anerkennung. B.M.D.

Ausgaben: Stockholm 1946. – Stockholm 1976.

Übersetzung: *Eines toten Mannes Hand*, W. Entrich, Hbg. 1949.

Literatur: I. Levin, *Fabriksarbetaren som ville vara med och dela och bestämma. Studiehandledning*, Stockholm 1970. – F. Fridell, *När jag skrev »Död mans hand«* (in Frihetlig socialistik tidskrift, 1973, Nr. 5, S. 30–32). – R. Blom, *F. F. Proletärförfattare. En studie i F. F.s författarskap fram till omkring 1950*, Diss. Stockholm 1978. – O. Lagercrantz, *Från Aeneas till Ahlin. Kritik 1951–1975*, Stockholm 1978, S. 60–65. – J. E. Bornlid, *Den nya tiden. F. F., »Död mans hand«* (in B. Ahlmo-Nilsson, *Inte bara kampsång*, Lund 1979.

Höfen der Umgebung durch den ungewöhnlich lang anhaltenden Winter das Viehfutter zu Ende gegangen ist und die für die Menschen lebensnotwendigen Tiere verhungern müssen, hat der alte Brandur noch altes Heu übrig, das er sorgsam hütet. Der große Heuhaufen ist ihm zu einem Symbol der Sicherheit geworden: Solange das Heu da ist, werden er und sein Vieh keine Not leiden; aber wahrscheinlich wird er es wegen seiner anderen Vorräte diesen Winter gar nicht mehr brauchen. Täglich geht der fast Erblindete vor die Tür, um sich seines Schatzes zu vergewissern. Dem Elend seiner Nachbarn steht er völlig gleichgültig gegenüber; sie sollen selber für sich sorgen. Es ist daher nicht verwunderlich, daß sein Schwiegersohn auf die Bitte, ihm Heu für die hungernde Gemeinde zu verkaufen, eine eisige Absage erhält. Auch die Tochter stößt auf die gleiche störrische Haltung ihres Vaters und muß unverrichteter Dinge wieder heimreiten. Aber ihre letzten Worte, sie und ihr Mann könnten das harte Leben in der Heimat nicht mehr ertragen und wollten deshalb auswandern, bringen den Alten zur Besinnung. Nach langem innerem Kampf überwindet er seinen Eigennutz und beschließt, sich von seinem ängstlich gehorteten Schatz zu trennen.

Die schlichte Erzählung ist ein charakteristisches Beispiel der isländischen Literatur, die ihre Themen seit jeher zum großen Teil aus dem bäuerlichen Leben gegriffen hat. Friðjónsson, der selbst auf dem Lande aufgewachsen ist, vermittelt in *Gamla heyið* einen Begriff von dem entbehrungsreichen Dasein der Inselbewohner, die damals den Naturgewalten völlig ausgeliefert waren. Ohne sentimental zu werden, gelingt es dem Autor, die innere Wandlung der Protagonisten überzeugend darzustellen. Die herbe, kühle Sprache und die Gestalt des verbissenen, starrköpfigen Greises erinnern an die alten Isländersagas. B.D.

Ausgaben: Reykjavik 1915 (in *Tólf sögur*). – Reykjavik 1949 (in *Ritsafn*, Bd. 1; Einl. S. Einarsson).

Literatur: Þ. Guðmundsson, *G. F. Ævi hans og störf*, Reykjavik 1950.

Guðmundur Friðjónsson

* 24.10.1869 Sílalækur í Aðaldal / Südisland
† 24.6.1944 Húsavík

GAMLA HEYIÐ

(isl.; *Das alte Heu*). Kurzgeschichte von Guðmundur Friðjónsson, erschienen 1915. – Die Erzählung hat eine Episode aus dem Leben eines alten isländischen Bauern zum Inhalt. – Während auf allen

Erich Fried

* 6.5.1921 Wien
† 22.11.1988 Baden-Baden

Literatur zum Autor:
J. P. Wallmann, *E. F.* (in Ders., *Argumente. Informationen u. Meinungen zur deutschen Literatur der Gegenwart*, Mühlacker 1968, S. 161–169). – W. Hinderer, *Sprache u. Methode:*

Bemerkungen zur politischen Lyrik der sechziger Jahre. Enzensberger, Grass, F. (in *Revolte u. Experiment. Die Literatur der 60er Jahre in Ost u. West*, Hg. W. Paulsen, Heidelberg 1972, S. 98–143). – J. Wertheimer, *E. F.* (in *Die deutsche Lyrik 1945–1975*, Hg. K. Weissenberger, Düsseldorf 1981, S. 344–352). – V. Kaukoreit, *E. F. im Londoner Exil* (in die horen, 1984, H. 134, S. 59–72). – H. Kesting, *E. F.* (in KLG, 21. Nlg., 1985). – *E. F.*, Hg. H. L. Arnold, Mchn. 1986 (Text + Kritik). – *E. F. Gespräche u. Kritiken*, Hg. R. Wolff, Bonn 1986. – *E. F. Von der Nachfolge dieses jungen Mannes, der nie mehr alt wird*, Hg. V. Kaukoreit, Darmstadt 1988.

DAS LYRISCHE WERK von Erich Fried. Eine handschriftliche Widmung in Erich Frieds erstem Gedichtband steht programmatisch für sein gesamtes dichterisches Werk: »*Kunst und Menschlichkeit / helfen viel überwinden – / vielleicht.. / London. 1944*«. Dies keineswegs von Zweifeln freie Vertrauen auf Humanität und Kunst charakterisiert sowohl Frieds radikalen Moralismus als auch sein Verständnis von Literatur als Waffe gegen politische Indifferenz und gegen Unrecht.
Nach dem Einmarsch deutscher Truppen in Wien hatte der jüdische Gymnasiast eine Widerstandsgruppe organisiert; nach dem Tod seines Vaters in Folge eines Gestapo-Verhörs verließ Erich Fried Österreich; nach seiner Ankunft im Londoner Exil begann er zu schreiben. Zeitgleich mit ersten literarischen Versuchen und beginnender Kulturarbeit gründete er die »Emigrantenjugend«; es gelang ihm, insgesamt 73 Verfolgten aus Österreich das Leben zu retten – dichterisches Schaffen und politisches Engagement waren von Anfang untrennbar ineinander verflochten. Fried hatte sich in England dem »Young Austria in Great Britain« angeschlossen, einer kommunistischen Widerstandsorganisation, deren Zeitschriften ›Young Austria‹ und ›Zeitspiegel‹ im Frühjahr 1941 erste Prosaskizzen und Gedichte des knapp Zwanzigjährigen veröffentlichten; kurz darauf erschien in einer Lyrikanthologie, neben anderen Gedichten Frieds, *Jugend* – ein glühendes Bekenntnis zur Menschenliebe, die allerdings zugleich zum politischen Kampf gegen Unterdrückung verpflichte.
Politische Lyrik führte ihn während der sogenannten Wirtschaftswunderjahre aufbegehrende Jugendliche und Intellektuelle zu (*und VIETNAM und*, 1966), seine *Liebesgedichte* (1979) wurden ein Bestseller; in 45 als Verfasser oder Mitverfasser veröffentlichten Lyrikbänden zeigte Erich Fried das Individuelle im gesellschaftlichen Kontext, das Politische an dessen individuellen Konsequenzen – er schrieb von sich, ohne privat zu werden, er umbrach eine Agenturmeldung in Verse, und man hört beim Lesen seine Stimme, in der bei jedem Sachargument persönliche Betroffenheit spürbar blieb.
Zeitlebens machte es der im Londoner Exil Verbliebene politisch Andersdenkenden unter seinen Kritikern leicht, ihn persönlich (einen »*Verzweiflungsneurotiker*« nannte ihn Theo Sommer) oder literarisch zu diffamieren: »*Doch sollte man nicht übersehen, daß ihm zusammen mit vielen mißratenen oder sogar peinlichen Gedichten hier und da auch solche glückten, die auf ihre Art vollkommen sind – und der Rang eines Lyrikers richtet sich immer nach seinen besten Arbeiten*« (M. Reich-Ranicki, 1982). Dies änderte sich erst nach Frieds Tod; nun gehörte er »*zu den bedeutendsten deutschsprachigen Lyrikern nach 1945*« (M. Reich-Ranicki, 1988). Nachdem der provokante Dichter endgültig verstummt war, befand die Kritik, er habe das von Gottfried Benn gesetzte Soll von sechs bis acht vollendeten Gedichten erfüllt. Allgemein anerkannt wurde nun, daß der Verstorbene durch semantische, syntaktische und phonetische Verfremdung – durch Sprachspiele als Denkanstoß – der politischen Lyrik Deutschlands neue Formen gegeben hatte: »*Aber seht die Behafteten / und ihre verwaffneten Verwacher / und was die Gerichte bezapfen / vor die man sie stellt / Seht euch diese Verweisbefahren an / die Haftverfehle / und Bestöße gegen das Grundrecht / die Bedrehungen und ausweichenden Verscheide / dann die Hauptbehandlungen / und die begnügten Verrichterstatter / und zuletzt die Beurteilten / und die vergnadigten Kronzeugen*« (Verstandsaufnahme aus dem Band *Die bunten Getüme*)
Erich Frieds Ängste, seine Leidenschaftlichkeit und Liebe, Empörung und Zorn fanden stets auch literarisch Ausdruck. Offen bekannte er: »*Je mehr man über das Leben eines Dichters weiß, desto mehr weiß man auch über seine Gedichte.*« Von Fried war bekannt, daß er durch die Nationalsozialisten Familie und Heimat verloren hatte, daß er bereits als Schüler gegen Polizeiwillkür, Rassismus und Militarismus Widerstand geleistet hatte, daß er sich zeitlebens zur radikalen Linken zählte, Freunde und Frauen hingebungsvoll schätzen und lieben konnte und daß er aus seinen Ängsten vor Einsamkeit, Alter und Tod keinen Hehl machte, sondern sie schreibend zu bewältigen suchte. Seit *und VIETNAM und* (»*Die Zeile des Jahrzehnts*« nannte M. Walser diesen Titel) nahm Frieds Leserschaft beständig zu. Sein Protest gegen den Krieg in Vietnam, seine Kritik an Israels Politik (»*Als ihr verfolgt wurdet / war ich einer von euch / Wie kann ich das bleiben / wenn ihr Verfolger seid?*«), sein Eintreten für eine humane Behandlung politischer Gefangener in der Bundesrepublik sowie seine öffentlichen Stellungnahmen gegen Willkürmaßnahmen von Staatsanwaltschaft und Polizei provozierten Pressekampagnen gegen ihn, Zensur einiger seiner Gedichte und Strafprozesse – »*Wo die Welt des Günter Grass ihre Grenzen hat und die Einsicht auch unserer anderen Kaiserwilhelmgedächtniskirchturmpolitiker endet, beginnt die Wahrnehmungszone der Gedichte von Erich Fried*« (P. Rühmkorf).
Unter dem Titel *Befreiung von der Flucht* veröffentlichte Fried 1968 *Gedichte und Gegengedichte*, so der Untertitel des Buches, um sich durch aktuelle Gegenentwürfe mit eigenen Arbeiten der Jahre 1946 bis 1957 (*Gedichte*, 1958) auseinanderzuset-

zen und diese, ohne Unzeitgemäßes »*unterschlagen*« oder verwerfen zu wollen, der Gegenwart von Autor und Gesellschaft anzunähern. In einem erläuternden Vorwort nannte er Teile seines Frühwerks »›*versponnen*‹« und »›*unengagiert*‹«, dies wiederum griff die Kritik auf: »*Frieds frühe Lyrik huldigte noch einem neuromantischen Traditionalismus vorwiegend angelsächsischer Prägung*« (H. Kesting). Soweit sich diese Feststellung auch auf Aussage und politische Tendenz früher Fried-Gedichte bezieht, ist sie falsch. Er selbst hatte 1958 jedoch festgestellt, dichterisch von G. M. HOPKINS, W. OWEN und E. E. CUMMINGS beeinflußt worden zu sein; von weitaus stärkerem literarischen Einfluß waren zu jener Zeit jedoch, wie Fried später einräumte: »*außer der Bibel Theodor Kramer, Bertolt Brecht, Arthur Rimbaud, Joseph Kalmer und Berthold Viertel*«. Obwohl er Kalmer als seinen eigentlichen lyrischen Lehrmeister bezeichnet hat, scheinen Theodor KRAMERS (1897–1958) »*Land- und Stadtschaftsgedichte*« in ihrem Einfluß auf frühe Buchpublikationen Frieds (etwa in den Anthologien *Die Vertriebenen*, 1941, *Zwischen gestern und morgen*, 1942, und *Mut*, 1943) vom Autor selbst unterschätzt worden zu sein; immerhin verehrte er Kramer, zu dessen üppigem Lyrikschaffen er als junger Mann kritisch Stellung nehmen durfte, als wohl einzigen »*sozialistischen Heimatdichter*« deutscher Sprache. Seine eigenen Verse jener Jahre empfand Fried rückblickend hingegen als formal zu konventionell und weitgehend der Stimmungslyrik zugehörig.

Der ersten selbständigen Buchveröffentlichung *Deutschland* (1944) folgte *Oesterreich* (1945): »*Obwohl ich in jener Zeit schon mit Ablautreimen und ernsthaften Wortspielen als poetischen Strukturelementen zu experimentieren begonnen hatte, wagte ich noch nicht, etwas von diesen Versuchen zu veröffentlichen.*« Eine Ausnahme bildete *Es muss sein*, die Auseinandersetzung des Londoner Exilanten mit Luftangriffen auf Wien. Mögen auch »*Stimmungsgedichte*« und konventionelle Formgebung (zunächst in der Zeitschrift ›Neue Auslese‹, später im ›Merkur‹ und den ›Akzenten‹ veröffentlicht) in Frieds Lyrik der Jahre 1941 bis 1962/63 überwiegen, so zeichnete sich Anfang der sechziger Jahre Neues ab: neben Gedichtzyklen (*Reich der Steine*, 1963, und *Überlegungen*, 1964) entstanden seit 1962 erste Verse gegen den Vietnamkrieg.

Nicht der Tendenz, wohl aber der Form nach, markieren seine *Warngedichte* (1964) eine deutliche Zäsur: seit 1941 veröffentlichte Fried sowohl Liebesgedichte als auch politische Lyrik, nun erst hatte er den ihrer Radikalität entsprechenden Ton gefunden: »*Der orchestrische Rhythmus, das Grundmaß, wird überwiegend vom freien Vers bestimmt; er findet seinen strophischen Ausdruck in stark abgewandelten Odenmustern. Die akzentuelle oder sprachliche Gliederung (Schwere der Silben im Satz, Sprechgruppen, steigernder und fallender Rhythmus) orientiert sich an dem, was in der mittelhochdeutschen Dichtung als* ›*sagen*‹ *bezeichnet wird und das Vortragen, das Sprechen des Textes meint. . . . Aus freien (ungleichen) Strophen entwickeln sich Spruch, Epigramm, Rätsel und Fabel, Legende und Legendenhaftes, Lied und Liedhaftes, Ballade und Balladeskes*« (B. Jentzsch). Erich Fried suchte politische Wahrheit an sprachlicher Unwahrheit und gezielten Lügen, besonders der Massenmedien als Sprachrohr der Politik, aufzudecken. Seine meist reimlosen Verse berichteten Kommentare und kommentierten Berichte; häufig stellte er ihnen eine Widmung oder ein Motto voran und belegte verwendete Zitate durch Anmerkung, Quellenhinweis oder Dokumentation. Etwaige Irrtümer seinerseits korrigierte er öffentlich. Fried sezierte in seinen Gedichten Statements und Schlagzeilen, indem er das Original kontrapunktierte, collagierte, travestierte oder, etwa im Fall einer Zeitungsannonce der Berliner Polizeipräsidenten, die Vorlage lediglich durch die Brechung der Zeilen veränderte: »*Der Polizeipräsident / in Berlin sucht: / Schäferhundrüden. / . . . / mit und ohne / Ahnentafel. / Voraussetzungen: einwandfreies Wesen / rücksichtslose Schärfe (Tiermarkt/Ankauf aus Unter Nebenfeinden)*. Um politische wie poetische Wahrheiten ringend, konzentrierte sich Fried ganz auf das Medium Sprache, wobei Silbentausch, ungewohnte Reihungen und Wortneuschöpfungen ihn in Berührung zur konkreten Poesie brachten.

Trotz Helmut HEISSENBÜTTELS Feststellung »*Ich bin überzeugt, daß Erich Frieds Werk zum Dauerhaftesten gehört, das diese Zeit hervorgebracht hat*«, müssen seine lyrischen Texte zum Teil so verstanden werden, wie sie ihr Autor bereits 1941 bezeichnet hat: als »*Zeitgedichte*« und somit als poetische Reaktion auf eine konkrete historische Gegebenheit. Wortwitz, Gedanken- und Sprachspiel machen viele dieser Zeitgedichte »*dauerhaft*«; ohne »*Gegengedichte*« bald schon »*unzeitgemäß*« ist hingegen jene Lyrik Frieds, die, häufig auf Kosten von Bildhaftigkeit und Metaphorik, vom Autor immer wieder als Möglichkeit genutzt wurde, um auf aktuelle Ereignisse spontan zu reagieren. Auch in dieser Hinsicht ist Fried ganz Schüler seines noch immer verkannten Kollegen und Landsmanns Theodor Kramer.

Zu den herausragenden Gedicht- und Auswahlbänden Erich Frieds gehören neben der von Bernd JENTZSCH herausgegebenen Sammlung *Fall ins Wort* (1985) die Bände *Höre Israel!* (1974), *So kam ich unter die Deutschen* (1977), *Die bunten Getüme* (1977), vor allem aber das 1978 mit dem »Internationalen Verlegerpreis« ausgezeichnete lyrische Resümee *100 Gedichte ohne Vaterland*. Wesentlichster Band aus dem Spätwerk ist das im Verlag Klaus Wagenbach erschienene Quartheft *Es ist was es ist* (1983). Die Rede aus Anlaß des ihm 1983 verliehenen Bremer Literaturpreises schloß der Übersetzer, Prosaist, Essayist und Dramatiker Fried mit dem Bekenntnis, Schriftsteller zu sein sei weder eine rein literarische noch eine rein politische oder gar parteipolitische Tätigkeit – Schriftsteller zu sein bedeute »*– wie jede künstlerische Tätigkeit – der Widerstand gegen Entfremdung, gegen Abstumpfung, gegen Fühllosigkeit für das, was wir einander tun, und* *gegen Gedankenlosigkeit, auch im eigenen Kreis, auch bei uns selbst.«* Charakteristisch für Frieds lyrisches Werk sind Sentiment und Dialektik, ist die seit Heinrich HEINE in der deutschen Literatur kaum mehr gekannte Einheit von Intellektualität, Moralismus und Melancholie. M.B.

AUSGABEN: *Deutschland*, Ldn. 1944. – *Oesterreich*, Zürich 1946 [recte: 1945]. – *Gedichte*, Hbg. 1958. – *Reich der Steine*, Hbg. 1963. – *Überlegungen*, Mchn. 1964. – *Warngedichte*, Mchn. 1964. – *und VIETNAM und*, Bln. 1966. – *Anfechtungen*, Bln. 1967. – *Befreiung von der Flucht. Gedichte u. Gegengedichte*, Hbg./Düsseldorf 1968. – *Zeitfragen*, Mchn. 1968. – *Die Beine der größeren Lügen*, Bln. 1969. – *Poesiealbum 22*, Bln./DDR 1969. – *Unter Nebenfeinden*, Bln. 1970. – *Aufforderung zur Unruhe*, Mchn. 1972. – *Die Freiheit den Mund aufzumachen*, Bln. 1972. – *Gegengift*, Bln. 1974. – *Höre, Israel!*, Hbg. 1974. – *Kampf ohne Engel*, Bln./DDR 1976. – *Die Beine der größeren Lügen/Unter Nebenfeinden/Gegengift*, Bln. 1976. – *Die bunten Getüme*, Bln. 1977. – *So kam ich unter die Deutschen*, Hbg. 1977. – *100 Gedichte ohne Vaterland*, Bln. 1978. – *Liebesgedichte*, Bln. 1979. – *Lebenschatten*, Bln. 1981. – *Zur Zeit und zur Unzeit*, Köln 1981. – *Das Nahe suchen*, Bln. 1982. – *Angst und Trost*, Ffm. 1983. – *Es ist was es ist*, Bln. 1983. – *Zeit, die sich auch in Gedichten spiegelt*, Bremen 1983. – *Beunruhigungen*, Bln. 1984. – *Kalender für den Frieden 1985*, Köln 1984. – *Und nicht taub und stumpf werden*, Dorsten 1984. – *Zeitfragen und Überlegungen*, Bln. 1984. – *Fall ins Wort*, Hg. B. Jentzsch, Ffm. 1985. – *In die Sinne einradiert*, Köln 1985. – *Um Klarheit*, Bln. 1985. – *Von Bis nach Seit*, Wien 1985. – *Frühe Gedichte*, Düsseldorf 1986.
(Mitverf.) *Die da reden gegen Vernichtung*, Wien 1986. – *Wächst das Rettende auch?*, Köln 1986. – *Gegen das Vergessen*, Köln 1987. – *Nicht verdrängen nicht gewöhnen*, Wien 1987. – *Vorübungen für Wunder*, Bln. 1987. – *Am Rande unserer Lebenszeit*, Bln. 1987. – *Unverwundenes*, Bln. 1988.

LITERATUR: H. Hartung, *Lyrik als Warnung u. Erkenntnis* (in kürbiskern, 1966, H. 3, S. 182–187). – H.-J. Schmitt, *Dichten gegen die Poesie. Interpretation des Gedichtes »Euphorie« von E. F.* (in FAZ, 27. 4. 1966). – K. H. Bohrer, *Befreiung von der Flucht? E. F.s »Gedichte und Gegengedichte«* (in FAZ, 27. 7. 1968). – H. Rochelt, *E. F.* (in Literatur und Kritik, 3, 1968, S. 618–621). – A. v. Bormann, *Was bleibt, geht stiften. Neue Gedichte von E. F.* (in FRs, 21. 5. 1973). – Ch. Schultz-Gerstein, *Aus Liebe zum Gegenteil. Über E. F.* (in Der Spiegel, 9. 4. 1979). – A. v. Bormann, *E. F.: »100 Gedichte ohne Vaterland«* (in Deutsche Bücher, 1980, H. 1, S. 23–25). – H. Heißenbüttel, *Gruß für E. F.* (in Der Freibeuter, 7, 1981, S. 2–4). – G. Lindemann, *Ohne Verzweiflung müßten wir alle verzweifeln* (ebd., S. 5–19). – M. Reich-Ranicki, *Die Leiden des Dichters E. F.* (in FAZ, 23. 1. 1982). – W. Große, *E. F., »Neue Naturdichtung«* (in Deutsche Gegenwartslyrik, Hg. P. Bekes u. a., Mchn. 1982, S. 86 bis 99). – M. Zeller, *Im Zeichen des ewigen Juden* (in M. Z., Gedichte haben Zeit, Stg. 1982, S. 153 bis 196). – A. v. Bormann, *Mit fast schon sehenden Augen. E. F.s ironische Dialektik* (in Die Zeit, 13. 4. 1984). – B. v. Matt, *Selbstdenker zwischen den Fronten* (in NZZ, 9. 10. 1987). – M. Reich-Ranicki, *Ein deutscher Dichter* (in FAZ, 24. 11. 1988).

und VIETNAM und. Einundvierzig Gedichte

Gedichtband von Erich FRIED, entstanden 1962 bis 1966, erschienen 1966. – Mit den Gedichten dieses »Quartheftes« aus dem Berliner Wagenbach Verlag knüpfte Erich Fried an die politische Lyrik der zwanziger Jahre und des Exils an. Die programmatischen Verszeilen *»Vietnam ist Deutschland / sein Schicksal ist unser Schicksal« (Gleichheit Brüderlichkeit)* kündeten vom damals bevorstehenden Ende der Restaurationslyrik. Angesichts täglich neuer Nachrichten von Massenmorden an Zivilisten, von Flächenbombardements und Folter sollten, so Fried, Schriftsteller und Leser Stellung beziehen. Die Zeiten der für Denken und Dichtung der fünfziger Jahre charakteristischen Anthologie *Ergriffenes Dasein*, herausgegeben von Hans Egon HOLTHUSEN und Friedhelm KEMP, schienen endgültig vorbei zu sein: Die Ergriffenheit dichterischer Existenz hatte dem Engagement aus schriftstellerischer Verantwortung zu weichen. Die neuerliche Politisierung der Literatur begann mit der 1964 erschienenen Anthologie *Gegen den Tod*; diesem Protest gegen Atombombe und nukleares Wettrüsten folgten 1966 *Vietnam!* von Peter WEISS, wenig später *und VIETNAM und* von Erich Fried, schließlich, im Februar 1968, die Anthologie *gegen den tod in vietnam*, ebenfalls mit Versen Frieds. Für ihn, der schon mit seinen ersten Gedichten in *Die Vertriebenen* (London 1941) Partei ergriffen hatte, war politisches Engagement selbstverständlich, für das westdeutsche Lesepublikum der sechziger Jahre hingegen war jede Form schriftstellerischer Parteilichkeit provokant und abstoßend. Sowohl Peter Weiss als auch Fried wurden wegen ihrer Stellungnahmen gegen den Krieg in Vietnam von der Literaturkritik heftig attackiert. Weiss wurde aufgrund seiner *Ästhetik des Widerstands* später »rehabilitiert«, Fried blieb der Makel des Agitations-Lyrikers. Bis zu seinem Tod schrieb er gegen Opportunismus und geistige Trägheit: *»Anpassung // Gestern fing ich an / sprechen zu lernen / Heute lerne ich schweigen / Morgen höre ich / zu lernen auf.«*

und VIETNAM und verbindet Friedsches Gedanken- und Wortspiel mit BRECHTscher Dialektik und Didaktik. Umdenken lehren und mittels Sprache einsichtig machen, daß der Krieg in Fernost nichts Exotisches ist, sondern ein Unrecht darstellt, das mit deutscher Politik und Geschichte direkt zu tun hat *(42 Schulkinder)*, war nur *ein* Anliegen von Erich Frieds Gedichtband. Bereits der Titel *und VIETNAM und* sollte zeigen, daß der Völkermord in Südostasien lediglich einer von zahlreichen weltweiten kriegerischen Konflikten war, die an Grausamkeit den wenige Jahre zurückliegenden Weltkrieg noch übertrafen. Zwar erwähnt Fried in einem der Gedichte bewußt auch den Ungarn-Aufstand von 1956 *(»Ich habe gesprochen / gegen russische Panzer in Ungarn / Soll ich heute schweigen?«)*, doch läßt er keinen Zweifel daran, daß für ihn die USA und ihre anmaßende Haltung als Garant von Gerechtigkeit und Weltfrieden, im Vergleich zur UdSSR, der weitaus gefährlichere Aggressor waren *(Pressekonferenz LBJ, Frühjahr 1966; Messung eines Staatsoberhauptes; Neue Rangordnung; Im Pentagon)*. Lyrik war für Fried politische Waffe; *und VIETNAM und* enthält daher nahezu ausschließlich Zeitgedichte, von denen beinahe alle den tagesaktuellen Bezug eingebüßt haben, kaum eines aber an aktueller Brisanz verloren hat. Auch Ende der achtziger Jahre sind Grundzüge amerikanischer Außenpolitik durch Frieds *Greuelmärchen* treffend charakterisiert *(»Der Menschenfresser frißt keinen / der nicht sein Feind ist / Wen er fressen will / den macht er sich erst zum Feind«)*.

Erich Fried stellte 1966 mit *und VIETNAM und* die Frage nach der Schuld des Einzelnen *(Falls es vorübergeht)*, die Frage nach politischer Moral *(Gezieltes Spielzeug)* und immer wieder die Frage nach sprachlicher Vermittlung historischen Geschehens. Erst die ungenügende, oftmals auch bewußt falsche Information der Weltöffentlichkeit zwang nach seiner Ansicht den Schriftsteller zur Stellungnahme, vor allem aber zur sprachlichen Analyse gezielter Desinformation und zur öffentlichen Anklage sogenannten Heldentums: *»Beim Nachdenken über Vorbilder // Die uns vorleben wollen / wie leicht / das Sterben ist / Wenn sie uns vorsterben wollten / wie leicht / wäre das Leben«*. Der Schriftsteller sollte mit seiner Sprache das erhellen, was in offiziellen Nachrichten bewußt im Dunkeln gehalten wurde. Selten mißlangen Frieds provokante Sprach- und Gedankenspiele wie etwa in seinem Gedicht *Logik*.

Vorangestellt ist dem Band *und VIETNAM und* eine Skizze der Republik Vietnam, am Ende des Bandes verzeichnet eine umfangreiche Chronik die leidvolle Geschichte des Landes. Unter Verwendung von direkt oder indirekt wiedergegebenen Zitaten, zum Teil auch als Anmerkungen zu Gedichten, suchte Fried den Dialog mit seinen Lesern. Diskussionsgrundlage war die literarische Montage politischer Fakten und historischer Dokumente. Zur Tradition politischer Lyrik der Weimarer Republik traten somit Elemente der Anfang der sechziger Jahre aufkommenden Dokumentarliteratur, wie sie vor allem in Theaterstücken von Rolf HOCHHUTH, Heinar KIPPHARDT und Peter Weiss Eingang fanden. M.B.

AUSGABE: Bln. 1966 u. ö.

LITERATUR: P. Rühmkorf, Rez. (in Der Spiegel, 24. 4. 1967). – P. Härtling, *Kann man über Vietnam Gedichte schreiben?* (in Der Monat, 1967, H. 224, S. 57). – U. Hahn, *Die Vietnamgedichte E. F.s* (in U. H., *Literatur in Aktion*, Wiesbaden 1978, S. 36).

BETTY FRIEDAN

* 4.2.1921 Peoria / Ill.

THE FEMININE MYSTIQUE

(amer.; Ü: *Der Weiblichkeitswahn oder Die Selbstbefreiung der Frau*). Kulturkritischer Essay und Sozialreportage von Betty FRIEDAN, erschienen 1963. – Ausgangspunkt für die Autorin war die Intuition, daß es für amerikanische Frauen »*ein Problem ohne Namen*, jenes vage undefinierbare Verlangen nach ›etwas mehr‹ als Geschirrspülen, Bügeln, Bestrafen und Loben der Kinder« gebe und »daß daran, wie sich Amerikanerinnen heute ihr Leben einrichten, irgendetwas grundverkehrt« sei und »eine merkwürdige Diskrepanz zwischen der erlebten Wirklichkeit und der Vorstellung, der wir zu genügen versuchten«, bestehe. Die Vorstellung, unter der fast alle Amerikanerinnen damals, Anfang der fünfziger und sechziger Jahre, litten, war der »Weiblichkeitswahn« *(feminine mystique)*, eine Rollenzuschreibung und normative Vorstellung, die von Frauen verlangte, daß es ihre Bestimmung sei, früh zu heiraten, Kinder zu gebären, zu versorgen und zu erziehen, ein angenehmes Zuhause zu bieten und zugleich attraktive Sexualpartnerin des Mannes zu sein. Friedan dokumentiert dies mit zahlreichen Aussagen befragter Frauen.

Folgen dieses Weiblichkeitswahns und Symptome des »Problems ohne Namen« seien neurotisches Verhalten, Depressionen, »Hausfrauenmüdigkeit« und das Ansteigen der Suizidrate und der Scheidungsziffern. Zudem zeigten sich bei Kindern und Jugendlichen Lustlosigkeit und mangelndes Engagement in der Schule, bei Jugendlichen außerdem ein Desinteresse für politische Fragen sowie ein erhöhtes Auftreten von Schizophrenie und Kriminalität. Dafür seien die »symbiotische Liebe« und Überbemutterung *(overprotection)* durch die in den »*Käfig ihrer Rolle gesperrten Mutter*« mitverantwortlich.

Produziert und gestützt werde das Rollenstereotyp besonders durch die Berufung auf S. FREUD und die Freud-Nachfolge in der amerikanischen Psychologie (»Penisneid«, »Anatomie ist Schicksal«) sowie durch die in der Soziologie herrschende Schule des Funktionalismus (M. MEAD u. a.): »*Indem der Funktionalismus dem generischen Begriff ›Rolle der Frau‹ einen absoluten und einen bigotten Wert verlieh, versetzte er die Amerikanerinnen in eine Art Dornröschenschlaf*«; durch Schule und Universität, in denen eine »*sexusgeleitete Erziehung*« sich besonders darauf konzentriere, Frauen auf ihre spätere Rolle als Mutter und Ehefrau vorzubereiten; durch die Frauenzeitschriften, in denen ausschließlich passive und auf ihre weibliche Rolle fixierte positive Heldinnen figurierten und anspruchsvolle politische und andere Sachthemen systematisch ausgeschlossen würden; schließlich durch die Werbeindustrie, die das Weiblichkeitsstereotyp festige und verstärke, da dies den Umsatzinteressen am besten diene.

Zur Lösung dieser Probleme, die zugleich eine Verbesserung der unbefriedigenden Lebenssituation der Frauen bedeuten soll, schlägt die Autorin einen »neuen Lebensplan für Frauen« vor: »Zuerst einmal muß eine Frau unmißverständlich ›Nein‹ zum Hausfrauenleitbild sagen. Das heißt natürlich nicht, daß sie sich von ihrem Mann scheiden lassen, die Kinder verlassen und ihr Zuhause aufgeben soll. Sie braucht sich nicht zwischen Ehe und Beruf zu entscheiden; das war die Fehlentscheidung des Weiblichkeitswahns. In Wirklichkeit ist es nicht so schwierig, Ehe und Mutterschaft mit Karriere oder Beruf zu kombinieren. Dazu bedarf es nur eines neuen Lebensplans, der auf das ganze Leben der Frau bezogen sein muß«; außerdem sei die »sexus-geleitete Erziehung« und Bildung zu modifizieren; schließlich sei »ein nationales Erziehungsprogramm für Frauen in der Art der Kriegsteilnehmergesetze nötig, wenn Frauen ihre Ausbildung entweder fortsetzen oder wiederaufnehmen möchten«.

Wenn auch die in erster Linie individualpsychologisch motivierte Lösung, die Betty Friedan für die Situation der Frau vorschlägt, zu Recht kritisiert worden ist (S. F. Fava), so kann die katalytische Wirkung des Buches besonders für die in den sechziger Jahren sich formierende Frauenbewegung – an der Gründung und den Aktivitäten der wichtigsten amerikanischen Gruppierung NOW (National Organisation of Women) hatte Friedan maßgeblichen Anteil – kaum überschätzt werden.

Da man den Weiblichkeitswahn bisweilen als Angriff auf die Familie und als Ablehnung der traditionellen Bestimmungen der Frauenrolle mißverstanden hat, betonte die Autorin in The Second Stage, 1981 (Der zweite Schritt), daß die Familie als existentieller Wert und die traditionellen weiblichen Rollenmerkmale nicht grundsätzlich abzulehnen seien, sondern in einem aufgeklärten, partnerschaftlich zwischen den Geschlechtern auszuhandelnden Lebensentwurf integriert werden müssen.

F.W.P.

Ausgaben: NY 1963; ²⁰1983. – Harmondsworth 1965 (Penguin; Nachdr. 1982).

Übersetzungen: Der Weiblichkeitswahn oder Die Mystifizierung der Frau, M. Carroux, Reinbek 1966. – Dass., dies., Reinbek 1970 (leicht gek.; m. einem zusätzl. Kapitel v. A. Giachi; rororo). – Der Weiblichkeitswahn oder die Selbstbefreiung der Frau, dies., Reinbek ²1970; ¹³1984 (dass.; ab ⁸1975 erw.; m. neuem Vorw. u. Epilog; rororo).

Literatur: S. F. Fava, Rez. (in American Sociological Review, 28, Dez. 1963). – Anon., Rez. (in TLS, 31. 5. 1963). – P. G. Gottlieb, My Side – Interview with B.F. (in Working Woman, 7, Feb. 1982, S. 130–132). – M. French, The Emancipation of B.F. (in Esquire, 100, Dez. 1983, S. 510–514).

Egon Friedell

* 21.1.1878 Wien
† 16.3.1938 Wien

KULTURGESCHICHTE DER NEUZEIT.
Die Krisis der europäischen Seele von der Schwarzen Pest bis zum Weltkrieg

Kulturhistorisches Werk von Egon Friedell, erschienen 1927–1932, beschlagnahmt 1937. – Der erste Band behandelt Renaissance und Reformation, der zweite Barock, Rokoko, Aufklärung und die Französische Revolution, der dritte Romantik, Liberalismus, Imperialismus und Impressionismus. In dem in mehr als zehnjähriger Arbeit entstandenen, erst in der Nachkriegszeit bekannt, ja fast populär gewordenen monumentalen Werk zeichnet Friedell als erklärter Dilettant im Sinne Goethes mit beträchtlicher Skepsis gegenüber herkömmlichen Betrachtungsweisen ein originelles, geist- und lebensprühendes Porträt, »eine seelische Kostümgeschichte« des Europa der letzten fünf Jahrhunderte. Über die Grundprinzipien seiner essayistisch-anekdotischen Darstellung hat sich der Verfasser einleitend in programmatischen Thesen geäußert. Er betont den künstlerischen und moralischen, aber antiwissenschaftlichen Charakter seiner bewußt parteiischen und provokatorischen Geschichtsschreibung, die als einzige Möglichkeit, in die historische Kausalität einzudringen, den Weg des Künstlers, das schöpferische Erlebnis, gelten läßt.

Friedell, der die Mittel der wissenschaftlichen Historiographie nicht nur verschmähte, sondern sehr sarkastisch schmähte, besaß ein ausgeprägtes historisches Einfühlungsvermögen, das er vor allem in jenen Bereichen bewies, die sich dem Zugriff des Fachgelehrten entziehen, weil sie kaum quellenmäßig zu belegen sind. Bemerkenswert sind seine Fähigkeit, frappierende Parallelen zwischen anscheinend weit auseinanderliegenden Epochen zu ziehen, und die große Vitalität, mit der er jeden Stoff zu veranschaulichen und zu aktualisieren verstand. Nicht nur jene Neigung, in den Porträts der von ihm kongenial verstandenen Geister sich selbst zu spiegeln, sondern auch sein Selbstverständnis spricht aus der Charakterisierung Rankes, den er als einen großen Denker bezeichnet, weil er »nicht neue ›Tatsachen‹ entdeckte, sondern neue Zusammenhänge, die er mit genialer Schöpferkraft aus sich heraus projizierte, konstruierte, gestaltete, kraft einer inneren Vision, die ihm keine noch so umfassende und tiefdringende Quellenkenntnis und keine noch so scharfsinnige und unbestechliche Quellenkritik liefern konnte«.

Zu den Vorzügen des Werks gehört seine Sprache. Auch wenn man nicht bereit ist, mit Thomas Mann in Friedell einen der größten deutschen Stilisten zu sehen, wird man seine einprägsame, farbige, nie um plastische Formulierungen verlegene Diktion rühmen müssen. Friedell beweist eine imponierende Fülle von Kenntnissen auf allen Gebieten der von ihm begrifflich denkbar weit gefaßten und stets aus katholischer Sicht betrachteten Kulturgeschichte – von den einzelnen Zweigen des Wirtschaftslebens, dem der Autor den untersten Rang in der Hierarchie menschlicher Betätigung zuweist, über die Ausstrahlungskreise von Staat und Kirche (die als »Handelnde« ebenfalls noch unbeachtlich erschienen), über die »Denkenden« der Wissenschaft und Technik bis zum Gipfel seiner Pyramide: Kunst, Philosophie und Religion. – Die fatale Schwäche – und zugleich eine der wesentlichen Stärken – des Werks liegt in Friedells ausgeprägt elitären, antidemokratischen Vorurteilen, seiner hochgradigen Heldenverehrung, seiner Freude an schockierenden, überspitzten Thesen, denen er in ungehemmter Subjektivität und unduldsamer Selbstsicherheit freien Lauf läßt: Schwäche, weil er damit sein Buch als Informationsquelle gänzlich und als Orientierungshilfe weitgehend disqualifiziert; Stärke freilich, weil sein Werk hiermit den Charakter einer unablässig durch Originalität stimulierenden essayistischen Provokation von erheblichem intellektuellem Niveau gewinnt. KLL

AUSGABEN: Mchn. 1927–1932, 3 Bde.; ern. 1947/48. – Mchn. 1954, 3 Bde. – Mchn. 1960; ern. 1965. – Mchn. 1961; ⁶1986 (dtv).

LITERATUR: A. Polgar, *Der große Dilettant. Zu E. F.s »Kulturgeschichte der Neuzeit«. Der Mann u. das Werk* (in Der Monat, 2, 1949/50, S. 410–419). – H. v. Sbrik, *Geist u. Geschichte vom deutschen Humanismus bis zur Gegenwart*, Bd. 2, Mchn. 1951, S. 335. – H. Spiel, *E. F.* (in H. S., *Welt im Widerschein, Essays*, Mchn. 1960, S. 255–263). – W. Kiaulehn, *Die Gesichter E. F.'s* (in *Der Aquädukt 1963*, Mchn. 1963, S. 148–161). – P. Haage, *Der Partylöwe, der nur Bücher fraß. E. F. u. sein Kreis*, Düsseldorf 1971. – *Der junge F., Dokumente zur Ausbildung zum genialen Dilettanten*, Hg. K. P. Dencker, Mchn. 1977. – G. M. Patterson, *The Misunderstood Clown. E. F. and His Vienna*, Ann Arbor/Ldn. 1980 [m. Bibliogr.].

JOHANN KONRAD FRIEDERICH

* 5.12.1789 Frankfurt/Main
† 1.5.1858 Le Havre

VIERZIG JAHRE AUS DEM LEBEN EINES TOTEN. Hinterlassene Papiere eines französisch-deutschen Offiziers

Lebenserinnerungen von Johann Konrad FRIEDERICH, anonym erschienen 1848/49. – Als der Autor, Sohn eines angesehenen Frankfurter Kaufmanns, mit fünfzehn Jahren Schauspieler werden wollte, waren die Eltern froh, ihn statt dessen in einem französischen Fremdenregiment unterzubringen. In Diensten Napoleons und Murats kämpfte er in Kalabrien und Spanien, auf Capri und Korfu gegen Engländer, Briganten und Insurgenten, zettelte in Genua, Rom und Neapel allerlei verwickelte Liebeshändel an und fand immer wieder Gelegenheit, sich als Sänger, Komponist und Theaterleiter hervorzutun. Er übersetzte Stücke SCHILLERS, KOTZEBUES und ZSCHOKKES ins Italienische und arrangierte die erste Aufführung von Mozarts *Don Giovanni* in Italien. Als Napoleon 1809 den Papst Pius VII. gefangennehmen ließ, war Friedrich dabei, und mit Pauline Borghese, der Schwester des Kaisers, will er intime Beziehungen unterhalten haben. 1815 trat er in das preußische Heer ein, das er 1819 nach zweimal sechs Monaten Festungshaft wieder verließ, um sich in Frankfurt, Köln, Mainz, Mannheim und Stuttgart einer intensiven publizistischen Tätigkeit zu widmen. Nebenher verfaßte er eine erfolgreiche *Geschichte Unserer Zeit* in dreißig Bänden (mit zahlreichen Steindrucken, Kupfern und 21 Beiheften), übersetzte François GUIZOTS (1787–1874) *Geschichte der englischen Revolution* und veröffentlichte bis 1840 weitere allgemeinverständliche geographische und historische Werke enzyklopädischen Anspruchs und Ausmaßes. Als Verleger in seiner Vaterstadt in finanzielle Schwierigkeiten geraten, begab Friedrich sich 1842 nach Paris und verbrachte den Rest seines Lebens seit 1847, weiterhin schreibend und Projekte schmiedend, in Le Havre, wo er auch gestorben ist.

Zwei der zahlreichen Veröffentlichungen Friedrichs haben ihn überlebt: die satirisch-utopischen *Dämonischen Reisen in alle Welt* (Tübingen 1847) und die *Vierzig Jahre aus dem Leben eines Toten*, samt der bald hernach erschienenen Fortsetzung *Noch fünfzehn Jahre* (das unvollendete Manuskript der *Letzten zehn Jahre* ist mit dem gesamten Nachlaß verschollen). Wie eine seinerzeit ungedruckt gebliebene Einleitung erkennen läßt, hatte Friedrich die mit Hilfe seiner Tagebücher verfertigten Memoiren als die hinterlassenen Denkschriften eines »langjährigen Kriegs- und Friedensgefährten« (eines »jovialen wilden Lebemannes«) ausgeben wollen. Daß er es darin mit der historischen Treue nicht allzu genau nimmt, wäre aus dem ursprünglichen Obertitel *Wahrheit und Dichtung* unzweideutig hervorgegangen. Dennoch überwiegt wohl die Wahrheit, wenn auch nicht überall in den Daten und Fakten, so doch in der Grundstimmung, in der Lebendigkeit der Darstellung und im zeitgeschichtlichen Kolorit.

Man hat Friederich gelegentlich, zu Unrecht wohl, mit CASANOVA verglichen (an den er übrigens auch als Autor nicht heranreicht). Er war jedoch weniger ein Abenteurer und Glücksritter als vielmehr ein militärischer Draufgänger und oft unbesonnener Schwerenöter, dem Temperament nach offensichtlich ein »Komödiant« und in der zweiten Hälfte seines Lebens ein wendiger, findiger Schriftsteller und Übersetzer, Redakteur und Kompilator. Wie Casanova zum Ancien régime, so paßt er in die rauhere Napoleonische Ära und die des bürgerlichen Liberalismus. Friedrichs Schilderungen seiner Liebesabenteuer fehlt durchaus Casanovas Individualisierungskraft und dessen Fähigkeit zur erotischen Selbstverzauberung; er bleibt in diesem Bereich mehr ein liebenswürdig-wackerer Allweltsgenießer und Renommist. F.Ke.

AUSGABEN: Tübingen 1848/49, 3 Bde. – Tübingen 1854 (*1830–1845. Noch fünfzehn Jahre aus dem Leben eines Toten*, 3 Bde.). – Paris 1858 (*Casanova's Nachfolger oder Abenteuer, Liebschaften und Erlebnisse eines galanten Offiziers*, 4 Bde.). – Bln. 1915 (*Vierzig Jahre aus dem Leben eines Toten*, bearb. v. U. Rauscher, 3 Bde.; ⁵1916). – Mchn. 1920–1923 (*Der Glückssoldat, Wahrheit und Dichtung oder Vierzig Jahre und noch fünfzehn Jahre aus dem Leben eines Toten*, Hg. u. Einl. A. Semerau, 4 Bde.; gek.). – Lpzg., Weimar 1978, 3 Bde., Hg., Einl. F. Berger.

LITERATUR: F. C. Ebrard u. L. Liebmann, *J. K. F., Ein vergessener Schriftsteller*, Ffm. 1918 [m. Bibliogr.]. – Th. Klaiber, *Die deutsche Selbstbiographie*, Stg. 1921, S. 155–157. – Th. Heuss, *J. K. F. aus Frankfurt* (in Th. H., *Schattenbeschwörung*, Tübingen 1960, S. 135–144). – H. Cysarz, *J. K. F. Der Verf. des »Vierzig Jahre aus dem Leben eines Toten« u. seine lit.gesch. Stellung* (in Jb. d. Wiener Goethe-Vereins, 73, 1969, S. 5–17).

FRIEDRICH II. VON HOHENSTAUFEN

* 26.12.1194 Iesi bei Ancona
† 13.12.1250 Castel Fiorentino / Apulien

DE ARTE VENANDI CUM AVIBUS

(mlat.; *Über die Kunst, mit Vögeln zu jagen*). Ornithologische Abhandlung, insbesondere über die Falkenhaltung und die Beizjagd von Kaiser FRIEDRICH II. VON HOHENSTAUFEN. Dies ist die älteste Schrift im lateinischen Westen, in der ein Autor bemüht ist, sich bei der Beschreibung eines Gegenstandes ausschließlich auf seine persönliche Erfahrung und eigene Experimente zu stützen. Friedrich II. war dabei so erfolgreich, daß seine Studie bis ins 18. Jh. als maßgebliches Handbuch der Falknerei genutzt wurde.
Neben seinen umfassenden politischen Funktionen und Belastungen hatte Friedrich II. zeitlebens ein intensives Interesse an den philosophisch-naturwissenschaftlichen Fragestellungen und Entwicklungen seiner Zeit entfaltet. Und mit seinem *Falkenbuch* wurde er zum einzigen mittelalterlichen Herrscher, der sich selbst ein unvergängliches literarisches Denkmal geschaffen hat. Schon ein zeitgenössischer Chronist, dessen Werk unter dem Namen NIKOLAUS DE JAMSILLA überliefert wurde, schrieb über den Kaiser und sein Buch voller Bewunderung: »*Als ein Mann von ungewöhnlich gründlichen intellektuellen Fähigkeiten, die er insbesondere der Erforschung der Natur widmete, verfaßte der Kaiser ein Buch von den Gewohnheiten und der Pflege der Vögel, das deutlich aufzeigte, welch eine gründliche Studie er von dem Gegenstand gemacht hatte.*« Dies ist eines jener seltenen fachlichen Urteile, die über die Jahrhunderte nichts an Geltung eingebüßt haben.
Der Kaiser hatte mit der Niederschrift des Manuskripts vor 1236 begonnen und nach Vollendung des Werkes eine illuminierte Prachthandschrift für seine eigene Sammlung anfertigen lassen; das Original wurde während der Belagerung von Parma, am 18. Februar 1248, eine Beute der Gegner des Kaisers und ist seitdem verschollen. Von Friedrichs Sohn, König Manfred, wurden die ersten beiden Bücher aus Vorarbeiten Friedrichs zwischen 1258 und 1266 rekonstruiert und ebenfalls mit Miniaturen versehen herausgegeben. Diese Handschrift befindet sich seit 1623 unter den Schätzen der Vatikanischen Bibliothek und wurde 1969 im Faksimile-Druck vorgelegt; das Manuskript war 1594 im Besitz des Humanisten Joachim II. CAMERARIUS in Nürnberg und gelangte später in die Schloßbibliothek zu Heidelberg (Palatina), wo es 1622 der Katholischen Liga unter der Führung des Feldmarschalls Graf von Tilly zur Beute fiel. Herzog Maximilian I. von Bayern schenkte es mit vielen anderen wertvollen Büchern der Palatina Papst Gregor XV. Das erste Buch des Bandes ist mit etwa fünfhundert Abbildungen von achtzig verschiedenen Vogelarten ausgestattet, die die klassifizierende Beschreibung wirkungsvoll ergänzen und so detailgetreu sind, daß sie von gefangenen oder getöteten Tieren abgenommen sein müssen. Die Darstellungen befassen sich mit dem Nist- und Brutverhalten der behandelten Vogelarten, ihrem Flug sowie ihrer Nahrungssuche. Alle Vögel des ersten Buches, zumeist Beutetiere für die Jagdfalken, sind in ihrer natürlichen Umgebung – ohne Bezug auf den Menschen – gezeichnet, während im zweiten Buch, das sich mit der Beschaffung, der Pflege und dem Training verschiedener Falkenarten befaßt, auf allen 160 Miniaturen auch Menschen, die Falkner, gemeinsam mit den Raubvögeln in ihren spezifischen Funktionen als Pfleger, Trainer, Jäger usw. erscheinen.
Schon vom Beginn des 14. Jh.s ist eine altfranzösische Übersetzung des Falkenbuches bekannt. In einer weiteren Gruppe von Handschriften umfaßt der Text sechs Bücher, wobei die Bücher drei bis sechs weitere Details zur Arbeit mit Falken nachtragen: Hilfsmittel, mit denen man Falken beibringt, zum Menschen zurückzukehren (drittes Buch), die Kranichjagd mit dem Gerfalken (viertes Buch), die Reiherbeize mit dem Sakerfalken (fünftes Buch) und die Jagd auf Wasservögel mit dem Wanderfalken (sechstes Buch). Während die altfranzösischen

Fassungen Miniaturen enthalten, sind die sechs Bücher umfassenden Handschriften nicht bebildert; letztere dürften jedoch auf eine Manuskripttradition zurückgehen, die älter als König Manfreds Redaktion ist.

Das Werk Friedrichs II. bildet einen Markstein in der Entfaltung der Erfahrungswissenschaften im lateinischen Westen. Zwar greift er antike Klassifizierungen – etwa jene, die er in den Werken des ARISTOTELES vorfindet – auf, aber in der Behandlung seines Gegenstandes ist er frei und selbstbewußt genug, um solche Vorlagen nicht nur durch seine eigenen Beobachtungen zu vervollständigen, sondern sie auch aufgrund seiner Erfahrung richtigzustellen. Sein Zeugnis, daß es selbst den großen Autoritäten der Antike manchmal an konkreter Erfahrung mangelte, ermutigte mehr und mehr Denker nach ihm, überliefertes Wissen auf seinen Wahrheits- und Realitätsgehalt zu überprüfen.

H.Sta.

AUSGABEN: Augsburg 1596. – Lpzg. 1942, Hg. C. A. Willemsen. – Graz 1969, Hg. ders. [Faks. d. Codex Palatina Lat. 1071 d. vatikanischen Bibl.].

ÜBERSETZUNGEN: *Bücher von der Kunst zu Beitzen*, J. E. Pacius, Onolsbach 1756. – *Bücher von der Natur der Vögel und der Falknerei*, H. Schöpffer, Bln. 1896. – *Über die Kunst mit Vögeln zu jagen*, D. Odenthal u. A. Willemsen, 3 Bde., Ffm. 1964.

LITERATUR: J. Pichon, *Du traité de fauconnerie composé par l'Empereur Frédéric II, de ses manuscrits, de ses éditions et traductions* (in Bulletin du Bibliophile, 16, 1864, S. 885–900). – C. H. Haskins, *Studies in Mediaeval Science*, Cambridge/Mass. 1927. – Ders., *The Latin Literature of Sport* (in Speculum, 2, 1927, S. 235–252). – C. Nissen, *Die illustrierten Vogelbücher. Ihre Geschichte und Bibliographie*, Stg. 1953, S. 26/27; 114. – E. Kantorowicz, *Kaiser F. d. Zweite*, Düsseldorf [2]1963; Stg. [6]1986. – C. A. Willemsen, *Das Falkenbuch Kaiser F.s II.*, Graz 1973. – K. Ipser, *Kaiser F. d. Zweite*, Berg 1977. – R. Manselli, *La corte di Federico II e Michele Scoto* (in *L'averroismo in Italia*, Rom 1979, S. 63–80; Atti dei convegni Lincei, 40). – F. Solmsen, *The Emperor Frederic the Second on the Limits of Aristotle's Autopsy and Empirical Knowledge* (in Herm, 107, 1979, S. 380–382).

FRIEDRICH II. VON PREUSSEN

* 24.1.1712 Berlin
† 17.8.1786 Potsdam

LITERATUR ZUM AUTOR:
R. Augstein, *Preußens Friedrich u. die Deutschen*, Ffm. 1968; erw. Ffm. 1981 (FiTb). –
G. Holmsten, *Friedrich II. in Selbstzeugnissen u. Bilddokumenten*, Reinbek 1969 u. ö. (rm). – H. Karrer, *Die Gestalt Friedrichs des Großen in der dt. Literatur d. 20. Jh.s*, Zürich 1973. – *Friedrich d. Gr.*, Ffm. 1973; [4]1974. – I. Mittenzwei, *Friedrich II. von Preußen*, Köln 1980; [3]1983. – Th. Schieder, *Friedrich d. Gr. Ein König der Widersprüche*, Bln. 1983; ern. 1986. – *Friedrich II., König von Preußen, u. die dt. Literatur d. 18. Jh.s: Texte u. Dokumente*, Hg. H. Steinmetz, Stg. 1985 (RUB). – A. Callede-Spaethe, *Friedrichs des Zweiten geistige Welt* (in Nouveau Cahiers d'Allemand, 4, 1986, S. 279–296). – W. Treue, *Preußens großer König. Leben und Werke Friedrichs des Großen*, Freiburg i. B./Würzburg 1986. – *Friedrich d. Gr. in seiner Zeit*, Hg. O. Hauser, Köln u. a. 1987. – P. Baumgart, *Fridericiana. Neue Literatur aus Anlaß des zweihundertsten Todestages König F.s II. von Preußen* (in HZ, 245, 1987).

ANTIMACHIAVEL OU ESSAI DE CRITIQUE SUR »LE PRINCE« DE MACHIAVEL

(frz.; *Antimachiavell oder Kritischer Versuch über den »Fürsten« des Machiavell*). Staatstheoretische Schrift von König FRIEDRICH II. VON PREUSSEN, anonym in einer Bearbeitung von VOLTAIRE erschienen 1740. – »*Machiavel sagt, daß eine desinteressierte Macht, die sich inmitten ehrgeiziger Mächte befinde, sicher schließlich zugrunde gehen würde. Ich bin darüber betrübt, aber ich bin zu dem Geständnis verpflichtet, daß Machiavel recht hat.*« Diese Bemerkung Friedrichs in seinem *Politischen Testament* (1752) ist kein Widerruf des dreizehn Jahre vorher Gesagten, doch enthüllt sie sein zwiespältiges Verhältnis zum Schöpfer der neuzeitlichen Idee der Staatsräson. Der *Antimachiavel* ist die theoretische Verteidigung dessen, was er später in der Praxis gezwungen war zu verletzen, die Verteidigung der human-aufklärerischen Ideen einer tugendhaften, maßvollen, auf Wohlfahrt der Untertanen, auf Frieden und Gerechtigkeit bedachten Staatsführung, wie er sie bei MARC AUREL, MONTESQUIEU, SAINT-PIERRE, FÉNELON und VOLTAIRE kennen und schätzen gelernt hatte. In seinen nach dem *Antimachiavel* erschienenen Werken, dem *Avant-propos* zur *Histoire de mon temps* (1746), in den *Geständnissen* (1742/43) und in den beiden *Politischen Testamenten* (1752 und 1768) bekennt er sich dann auch schuldig, zugunsten eines straff geordneten, im materiellen Aufschwung begriffenen Staatswesens vielfach die humanen Spielregeln verletzt zu haben, zu denen er sich also noch ganz im Sinn des *Antimachiavel* bekennt. Aber auch dort hatte er schon zu beweisen versucht, daß die Staatsräson so vernünftig sei, daß sich das Humanitätsideal mühelos mit ihr vertragen könne, ja müsse. Das Widersprüchliche im Staatsdenken Friedrichs liegt also nicht allein im Auseinanderklaffen von Theorie und Praxis, sondern im *Antimachiavel* selbst schon begründet.

Friedrich kannte nur den *Principe*, und sein aufklärerisches Ethos entzündete sich vor allem am 18. Kapitel, in dem MACHIAVELLI dem Herrscher Heuchelei, Betrug, Vertragsbruch usw. empfiehlt. Die weitaus sanfteren *Discorsi* las er nicht und übersah daher, daß, ebenso wie für ihn, auch für Machiavelli das Verhältnis von Politik und Moral nicht in zwei Gegensätze zerfiel, sondern in die beiden Hälften einer Gleichung, die durch die Absolutsetzung der Staatsräson miteinander verbunden waren. Machiavelli hatte nicht, wie Friedrich glaubte, dem Staatsmann zu einem unmoralischen Handeln geraten, sondern nur dazu, die Mittel zu ergreifen, die der Zweck erforderte. Die Gemeinsamkeit dieser Grundanschauung ist Friedrich paradoxerweise nicht klar gewesen. Begriffe wie Tugend, Interesse, Notwendigkeit, Nutzen, Legitimität, Eroberung, Freiheit, Menschlichkeit usw. füllten sich für den aufklärerisch-universal denkenden Kronprinzen, der nichts von der Fortdauer der Dynastie und alles vom Staat und vom Staatsvolk hielt, mit einem humaneren Begriffsinhalt als für den aus einem ungezähmten, von den Medici vorgelebten Vitalismus heraus mehr denkenden als handelnden Renaissancediplomaten, für den das Interesse des Fürsten noch zusammenging mit dem des Staates und dessen »virtù« sich so leicht einspannen ließ für die von Friedrich später so verabscheuten unsauberen Herrschermethoden. Friedrichs Tugend war es (und in diesem Postulat und seiner Begründung, nicht in der sehr mangelhaften historisch-kritischen Auseinandersetzung mit Machiavelli liegt die Bedeutung seiner Schrift), »erster Diener seines Staates« zu sein, ja seine Untertanen als seine Herren zu betrachten. Darauf zielte auch die Staatsräson, wie er sie verstand. Sie förderte und erhielt den Machtstaat, der aber nicht zum Selbstzweck erstarren, sondern alles, was die Aufklärung beibrachte, Recht, Toleranz, Wohlfahrt, Erziehung, Kultur und Fortschritt, einbeziehen sollte. So jedenfalls sahen die Absichten des Kronprinzen aus. W.v.S.

AUSGABEN: Den Haag 1740 (*Antimachiavel ou Essai de critique sur »Le Prince« de Machiavel, publié par M. de Voltaire*, anon.; Bearb. v. Voltaire; »Van Durensche Ausg.«). – Den Haag 1741 (*Examen du »Prince« de Machiavel, avec des notes historiques et politiques*; anon.; 2. Fassg. d. unpubl. Urschrift Friedrichs II.; m. frz. Übers. des *»Principe«*). – Bln. 1848 (in *Œuvres de Frédéric le Grand*, Hg. J. E. D. Preuss, 31. Bde., 1846–1857, 8). – Bln. 1912 (in *Die Werke Fr. d. Gr.*, Hg. G. B. Volz, 10 Bde., 1912–1914; in 7: »Van Durensche Ausg.« u. Ausg. v. 1741). – Genf 1958 (in *Studies on Voltaire and the Eighteenth Century*, 5 Bde., Hg. W. T. Bestermann).

ÜBERSETZUNGEN: *Anti-Machiavel oder Prüfung d. Regeln Niccolo Machiavells. Von d. Regierungskunst eines Fürsten. Mit histor. u. polit. Anmerkungen*, anon., Ffm./Lpzg. 1741. – *Der Antimachiavell*, F. v. Oppeln-Bronikowski (in N. Machiavelli, *Der Fürstenspiegel*, Jena 1912 u. ö.).

LITERATUR: H. v. Treitschke, *Das polit. Königthum des »Anti-Machiavell«*, Bln. 1887. – C. Bénoit, *Le Machiavélisme et l'»Antimachiavel«*, Paris 1915. – E. Madsack, *Der »Anti-Machiavel«*, Bln. 1920. – D. Nieske, *Anschauungen Fr. d. Gr. über d. Verhältnis zw. Politik u. Moral*, Diss. Münster 1923. – K. v. Galéra, *Voltaire u. d. »Anti-Machiavel« Fr. d. Gr.*, Halle 1926. – A. Bernay, *Fr. d. Gr., Entwicklungsgesch. e. Staatsmannes*, Tübingen 1934. – A. Cherel, *La pensée de Machiavel en France*, Paris 1935. – W. Mönch, *Voltaire u. Fr. d. Gr. D. Drama e. denkwürd. Freundsch.*, Stg. 1943. – H. Rheinfelder, *Machiavelli und der »Anti-Machiavel« Fr. d. Gr.* (in *Münchner Univ.-Woche an der Sorbonne*, Mchn.-Gräfelfing 1956). – W. Hubatsch, *Das Probl. d. Staatsraison bei Fr. d. Gr.*, Göttingen 1956. – F. Meinecke, *Die Idee d. Staatsraison in d. neueren Gesch.*, Mchn. ²1960.

DE LA LITTÉRATURE ALLEMANDE.
Des défauts qu'on peut lui réprocher; quelles en sont les causes; et par quels moyens on peut les corriger

(frz. u. dt.; *Über die deutsche Literatur, die Mängel, die man ihr vorwerfen kann, die Ursachen derselben und die Mittel, sie zu verbessern*). Schrift von FRIEDRICH II. VON PREUSSEN, erschienen 1780. – An diesem Traktat eines über seinen Gegenstand nur ungenügend informierten Staatsmanns sind Entstehungs- und Wirkungsgeschichte, Motive und Tendenzen bemerkenswerter als der Inhalt, den der Titel verspricht. Die Ausbeute war schon für den, der nur ein bißchen besser Bescheid wußte als Friedrich, äußerst mager: Sie entspricht dem Wissensstand des Königs aus den fünfziger Jahren, als er eine Erwiderung auf Baron BIELEFELDS *Progrès des allemands...*, 1752 (*Apologie der Deutschen*), verfaßte. Diese Erwiderung ist die entscheidende, dreißig Jahre später nicht wesentlich erweiterte Vorstufe zu *De la littérature allemande*. Friedrich lobt die Fabeln von GESSNER und GELLERT, die Gedichte von HALLER und CANITZ, den *Postzug* von AYRENHOFF, die *Deutsche Geschichte* von MASCOW und andere nebensächliche Produkte, mit denen verglichen die Stücke von SHAKESPEARE »lächerliche Farcen« seien. Ein Jahr vor LESSINGS Tod, als der Sturm und Drang bereits verebbt ist, KLOPSTOCK, WIELAND, HERDER, GOETHE und SCHILLER am Anfang oder auf dem Höhepunkt ihrer Karriere stehen, fällt kein Wort über diese deutschen Autoren, erwähnt werden nur Goethe und sein *Götz*, der aber negativ kritisiert wird. Treuherzig-naiv und noch absurder als die Gottschedschen, mit denen sie die Pedanterie gemeinsam haben, sind Friedrichs Vorschläge zur Sprachreform, etwa: Parenthesen und harte Konsonanten zu vermeiden und um des Wohllauts willen »sagen« in »*sagena*«, »geben« in »*gebena*« und »nehmen« in »*nehmena*« umzuformen. Dies alles, und dazu der Ruf nach Prägnanz und Kürze, nach Regelhaftigkeit und Logik, nach Analyse und Objektivität, kam aus dem mathematischen Geist der Aufklärung. Aus ihm sollen sich, nach Friedrichs Meinung, neue, zweckmäßige Methoden entwickeln, sollen Schulen und Universitäten erblühen, die Fakultäten sich auf Wesentliches und Aktuelles besinnen, damit das rückständige Volk mit seiner »halbbarbarischen Sprache« gar bald die erste Geige im europäischen Konzert zu spielen fähig sei. Der Nützlichkeitsstandpunkt des Aufklärers verbindet sich mit dem Machtanspruch des Staatsmanns: Staat und Geistesblüte bedingen einander, und zwar so, daß der Geist den Staat zu stützen habe. Vom französischen Klassizismus aber erhält das harte Bildungsideal des eisernen Praktikers jenen Zusatz an Anmut und Verfeinerung, die der geschmackssichere Ästhet schon in der griechischen Sprache zu erkennen glaubt: Er, der Patriot, der voll Neid und Bewunderung die goldenen Zeitalter des Perikles und Alexander, Cicero und Augustus, unter den Medici und unter Ludwig XIV. vorbildlich wiedererstehen sieht, sehnt die Wiedergeburt der schönen Künste und Wissenschaften, eines Homer, Epikur, Vergil, Tacitus, eines Galilei, Leibniz, Spinoza und vieler anderer herbei, weil er sich von solchen Geistern Humanität, Fortschritt und Gemeinnutzen erhofft. VOLTAIRE steht hinter dem Prediger von Tugend, guten Sitten, Geschmack und Niveau, hinter dem *»uneingeweihten Literaten«* (Gundolf), doch höchst eingeweihten Staatsmann. Die Ursachen des geistigen Tiefstandes liegen für Friedrich im Kriege, und in dem Abscheu vor dem Dreißigjährigen Krieg und seinen kulturhemmenden theologischen Streitereien zittert die Erregung über den Siebenjährigen Krieg nach, der Deutschland in keiner besseren kulturellen Verfassung zurückgelassen hat: *»Die Musen verlangen ruhige Zufluchtsorte; sie fliehen die Gegenden, wo die Verwirrung herrscht und alles zerstört wird.«* Die Blüte, die Friedrich nicht ohne Koketterie und Selbstgefälligkeit empfiehlt und prophezeit, doch nicht mehr erleben sollte, entfaltete sich, wenn auch nicht wie der besorgte Landesvater in seinem Alterswerk erhofft hatte, in einer Zeit ohne Verwirrung und Zerstörung. Die kritischen, protestierenden Stellungnahmen der geistigen Elite deutscher Zunge ließen Friedrich ungerührt. Er hatte sein Thema verfehlt, aber seine Kritiker von damals und heute verfehlen das ihre, wenn sie diese Aussagen zur deutschen Literatur isolieren von den höchst komplexen Motiven und Tendenzen des Aufklärers, Staatsmannes und Pädagogen. W.v.S.

AUSGABEN: Bln. 1780. – Bln. 1846–1857 (in *Œuvres de Frédéric le Grand*, Hg. J. E. D. Preuss, 31 Bde.). – Bln. ²1902, Hg. L. Geiger (m. d. Übers. v. C. W. v. Dohm; Dt. Literaturdenkmale des 18. u. 19. Jh.s, 16). – Hbg. 1969, Hg. Ch. Gutknecht u. P. Kerner [frz.-dt.; m. Bibliogr.]. – Ffm. 1986 (in *Schriften u. Briefe*, Hg. J. Mittenzwei).

ÜBERSETZUNGEN: *Über die deutsche Literatur, die Mängel, die man ihr vorwerfen kann, die Ursachen derselben und die Mittel, sie zu verbessern*, C. W. v. Dohm, Bln. 1780. – *Über die deutsche Literatur*, H. Simon, Lpzg. 1886 (RUB; enth. die Gegenschrift von Justus Möser, *Über deutsche Sprache und Literatur*). – Dass., F. v. Oppeln-Bronikowski (in *Die Werke*, Hg. G. B. Volz, 10 Bde., Bln. 1912–1914).

LITERATUR: H. Droysen, *Histoire de la dissertation »De la littérature allemande«*, Progr. Bln. 1908. – E. Kästner, *Die Erwiderungen auf F. d. G. Schrift »Über die deutsche Literatur«*, Diss. Lpzg. 1925. – F. Gundolf, *F. d. G. Schrift über die deutsche Literatur*, Zürich 1947. – W. Neubert, *Friedrich II. u. die Literatur der Deutschen* (in Neue deutsche Literatur, 27, 1979, S. 84–94). – V. A. Tumins, *Catherine II, Frederick II and Gustav III: Three Enlightened Monarchs and Their Impact on Literature* (in Studies on Voltaire and the Eighteenth Century, 190, 1980, S. 350–356). – Th. Höhle, *Der König u. der Jakobiner: J. M. Afsprungs ›1748–1808‹ Polemik gegen König Friedrichs II. Schrift »De la littérature allemande«* (in Hallesche Studien zur Wirkung von Sprache u. Literatur, 7, 1983, S. 4–18). – B. Spies, *Zur vorklassischen Theorie einer Nationalliteratur u. der Auseinandersetzung um Friedrichs II. Schrift »De la littérature allemande«* (in Literatur für Leser, 1986, S. 1–16).

FRIEDRICH VON HAUSEN

* um 1171
† 6.5.1190 bei Philomelion (heute Akşehir / Anatolien)

LITERATUR ZUM AUTOR:
F. Grimme, *Geschichte der Minnesinger*, 1897. – K. H. May, *Stammsitz, Rechtsnachfolger und Erben des Minnesängers F. v. H. († 1190)* (in Hessisches Jb. für Landesgesch., 2, 1952, S. 16–23). – H. J. Rieckenberg, *Leben und Stand des Minnesängers F. v. H.* (in AfKg, 43, 1961, S. 163–176). – N. Wagner, *Zum Wohnsitz des F. v. H.* (in ZfdA, 1975, S. 126–130). – A. Holtorf, *F. v. H. und das Trierer Schisma von 1183–1189. Zu MF 47, 9* (in Rheinische Vierteljahresschrift, 40, 1976, S. 72–102).

DIE LIEDER (mhd.) von FRIEDRICH VON HAUSEN.
Insgesamt sind 55 Liedstrophen von Friedrich von Hausen erhalten (Minnesangs Frühling = MF 42, 1–55, 1). Abgesehen von den Strophen MF 54, 10–55, 1, die ausschließlich anonym in der Weimarer Liederhandschrift vorkommen, und »*Wol ir, si ist ein saelic wîp, / . . .* « (MF 54, 1), die zusätzlich noch in der Berner Liederhandschrift angeführt ist,

sind alle in der Heidelberger Liederhandschrift überliefert. 36 Strophen sind zusätzlich noch in der Weingartner Liederhandschrift erhalten. Über ihre chronologische Anordnung herrscht keine völlige Übereinstimmung zwischen den ersten Herausgebern von MF, Karl Lachmann und Moritz Haupt, sowie späteren Herausgebern. In eine gänzlich davon abweichende Reihenfolge brachte sie Hennig Brinkmann 1952 in seiner Anthologie *Liebeslieder der deutschen Frühe in zeitlicher Folge*.

Mit Friedrich von Hausen und HEINRICH VON VELDEKE beginnt im deutschsprachigen Raum der sog. hohe Minnesang. Friedrich von Hausen ist der wichtigste Vertreter des rheinischen Minnesangs, in dessen Zentrum der staufische Königs- und Kaiserhof Friedrich Barbarossas sowie Heinrichs VI. standen. Heinrich hatte in seiner Jugend selbst als Minnesänger gewirkt. Friedrichs Einfluß war so mächtig, daß sich eine regelrechte Hausen-Schule bildete, mit Kaiser Heinrich, BERNGER VON HORHEIM, BLIGGER VON STEINACH, ULRICH VON GUTENBURG und OTTO VON BOTENLAUBEN als bedeutendsten Zeitgenossen.

Friedrich von Hausen empfing wichtige inhaltliche und formale Anregungen von den provenzalischen Troubadours und den nordfranzösischen Trouvères, deren Werke er allerdings nicht sklavisch nachahmte, sondern mit Heimischem und Eigenem verband. Der Minnesang ist nun nicht mehr Erfahrungs-, sondern Ideendichtung, was sich bei Friedrich besonders in sehr sparsamer Verwendung von Bildern zeigt. Eine erfüllende Liebesgemeinschaft, wie sie noch im donauländischen Minnesang (KÜRENBERGER, DIETMAR VON AIST, MEINLOH VON SEVELINGEN und die Burggrafen von Regensburg und Riedenburg) besungen wurde, ist nun nicht mehr möglich. Die *frouwe* steht unerreichbar hoch und wird demütig verehrt. Ihrer Unzugänglichkeit entspricht, daß sie gesellschaftlich meist weit über dem Sänger steht und als Frau eines anderen gebunden ist. Schon ein Blick, ein Gruß, ein Lächeln bedeuten für den Ritter eine Auszeichnung. Ihre Namenlosigkeit ist Ausdruck dafür, daß es sich um kein irdisches Weib handelt, sondern um eine Idealgestalt, deren Verehrung eine sittlich erhebende Wirkung auf den Ritter ausübt. Gerade die Erfolglosigkeit und die Beständigkeit der Minne erhöhen ihren Wert.

Das gesamte Liedschaffen Friedrichs von Hausen, in dem es immer wieder um die Fremdheit zwischen Mann und Frau geht, hat Günther Schweikle eingeteilt in *Werbelieder in der Heimat*, *Werbelieder aus der Ferne* und *Kreuzzugslieder*. Die Gesellschaft, der die *frouwe* durch ihre Anwesenheit die festliche Weihe verleiht und die der Sänger akzeptieren muß, wird ausgedrückt durch den ganzen höfischen Motivvorrat der *huote* (Aufpasser), der *merkaere* (Tadler), der *vinde* (Feinde) und *nídere* (Neider). Da aber nicht nur sie, sondern die Umworbene selbst der Grund für die Fremdheit ist, würde Friedrich in »*An der genáden al mín vroide stát,* /...« sogar das Eingreifen der *huote* begrüßen, weil es ihm, dem Minnedame kein Zeichen ihrer Huld gibt, schon ein Beweis für das Gelingen seines Minnedienstes wäre. In »*Ich lobe got der síner güete,* /...« lobt er einerseits die *huote*, weil sie seine Dame gegen die Annäherung anderer Männer abschirmt: »*Noch bezzer ist, daz man si hüete,* / *danne ieglicher sínen willen* / *spraeche.*« Andererseits beklagt er ihr Wirken, weil sie ihr seine treue Liebe verleiden könnte. In diesem Hin-und-her-gerissen-Sein zeigt sich die ganze Zwiespältigkeit seiner Gefühle. Die grausame Härte der Minneherrin ist die Ursache dafür, daß der Ritter sogar die von ihm stets angestrebte *máze* vergißt und in dem Lied »*Wáfena, wie hat mich minne gelázen*« den Wunsch äußert, der personifizierten Minne ihr »*krumbez ouge*« auszustechen.

Da die Wirklichkeit keine Erfüllung schenken kann, flieht Friedrich in die Freiheit des Geistes. Er ist stolz und glücklich darüber, daß weder die Hartherzigkeit der Gesellschaft noch der Minnedame selbst ihn daran hindern können, seiner *frouwe* im Geiste nahe zu sein, selbst wenn ihn auf seinen zahlreichen Reisen und auf dem Kreuzzug große Entfernungen von ihr trennen. Er überlegt, was er seiner Dame sagen würde, wenn er ihr nahe wäre: »*Ich denke underwílen,* / *ob ich ir náher waere,* / *waz ich ir wolte sagen.*« Diese innere Freiheit ermöglicht es ihm, immer mit ihr, der er in seinem Herzen eine Klause schafft (»*Mín herze muoz ir klúse sín,* /...«), vereint zu sein. Wenn er in der Fremde weilt, bedeutet die Frau ihm die Heimat. Früher, als er noch zu Hause war, glaubte er schon, Kummer durch sie zu erleiden, nun aber leidet er dreimal mehr: »*Mir was dá heime wé* / *und hie wol drístunt mé.*«

Bereits im Minnedienst und Minneleid der hohen Minne findet sich ein asketischer Zug, der in der Kreuzzugslyrik noch überhöht wird. Die härteste Probe muß die Minne bestehen, wenn der Ritter bereit ist, den Tod für seine religiöse Überzeugung zu leiden und auf Kreuzfahrt zu gehen. Wie schwer es Friedrich wird, die richtige Wahl zwischen Frauendienst und Gottesdienst zu finden, zeigt sich in seinem bekanntesten Kreuzlied (»*Mín herze und mín líp diu wellent scheiden,* /...«), wenn Herz und Mensch sich trennen wollen. Das Herz hat sich eine Geliebte erwählt und will nicht von ihr scheiden, auch dann nicht, wenn der Ritter zum Kreuzzug aufbricht. Neben den Strophen, die einen Verzicht auf die Frauenminne zugunsten der Gottesminne fordern (»*Mit grózen sorgen hát mín líp* / *gerungen alle síne zít*« und »*Si waenent dem tóde entrinnen sín, die gote erliegent síne vart.*«) – »*nu wil ich dienen dem, der lónen kan*« –, gibt es solche, die einen Ausgleich zwischen beiden finden, indem sie die Frauenminne der Gottesminne unterordnen, »*den wil ich iemer vor in allen haben* / *und in dá nách ein holdez herze tragen.*« Bei dem Lied »*Mín herze den gelouben hát,* / *solt [...] iemer man belíben sín* /...« scheint es sich um das letzte zu handeln, das uns von Friedrich von Hausen erhalten ist. Er sandte es wohl aus der Ferne den Frauen zu Hause am Rhein und warnte sie vor den Männern, die sich um der Minne willen nicht auf Kreuzfahrt begeben haben. Solche Minne könne ihrer Ehre nur schaden.

Der provenzalische Einfluß zeigt sich besonders stark im Formalen. Es kam nun nicht mehr so sehr darauf an, was man sagte, sondern daß man dem Wohlbekannten eine möglichst kostbare Form verlieh. Der Paarreim, ehedem der häufigste Reim, wird von Kreuzreim und umarmendem Reim verdrängt. Neben dem nach wie vor häufigsten Versmaß, dem Viertakter, treten nun zwei- drei-, fünf-, ja bis zu achttaktige Verse auf. Die Ruhelosigkeit des Geistes kommt besonders gut in dreisilbigen Daktylen zum Ausdruck (»*Wâfenâ, wie hat mich minne gelâzen!* / ...«). Die Kanzone, eine für besonders rein gehaltene ein- oder mehrstrophige Liedform, überwiegt nun, wobei ein Reimband oder auch mehrere Auf- und Abgesang miteinander verbindet und reiche Variationsmöglichkeiten bietet (»*Dô ich von der guoten schiet / und ich ir niht ensprach,* / ...«, »*Ich lobe got der sîner güete,* / ...«, »*Ich denke underwîlen, / ob ich ir nâher waere,* / ...« und »*Wol ir, si ist ein saelic wîp,* / ...«), die noch durch die Verwendung von grammatischen Reimen (wie *güete : gemüete : hüete – huote : muote : guoten*) erweitert werden. In diesem Strophenbau, der das Detail der Einheit unterordnet, spiegelt sich das Verhältnis des Individuums zur Gesellschaft. Dem introvertierten Gedankenstil und dem freischwebenden Geist genügt die alte Langzeile nicht mehr, die in der Lage war, prägnante Erfahrungssätze aufzunehmen. Friedrich verwendet als erster das Enjambement. Er setzt seinen Gedanken durch das Zeilenende keine Schranken, vielmehr läßt er seine Sätze über mehrere kürzere Zeilen ohne anzuhalten hinweglaufen, wie z. B. in: »*Diu süezen wort [...] habent mir getân, / diu ir die besten algemeine / sprechent, daz ich nien kan / gedenken wan an si alterseine.*« Der Flucht des Dichters aus der unbefriedigenden Wirklichkeit in das Reich des Möglichen entspricht in der Syntax die häufige Verwendung komplizierter Satzgebilde. Ihre Grundform ist der Eventualsatz, beispielhaft verwirklicht in »*Gelebt ich noch die lieben zît,* / ...«, wo der Ritter in der Fremde darüber nachdenkt, wie glücklich er zu Hause am Rhein sein könnte, und in einer anderen Strophe »*Ich denke underwîlen,* / ...«, in der er sich ausmalt, wie es ihm ginge, wenn er sich nie so hoher Minne unterworfen hätte. Einmal fragt er sich, was das ist, das die Welt ›minne‹ nennt und das ihm so viel Schmerz zufügt. In einem komplizierten Eventualsatz gibt er sich dann selbst die Antwort: »*Getorste ich ez jehen, daz ich ez hête gesehen, / dâ von mir ist geschehen alsô vil herzesêre, / sô wolt ich dar an gelouben iemer mêre.*« Seine ganze Kunst, mit verschiedenen Satzformen zu spielen, zeigt Friedrich von Hausen in dem Lied »*Mir ist daz herze wunt*«: temporalen Satzbau, eventualen, kausalen, gegensätzlichen und eine rhetorische Frage.

Friedrich von Hausen verwendet aber nicht nur Anregungen, die aus dem provenzalischen und altfranzösischen Minnesang stammen. Er greift auch Themen und Formen aus der heimischen Minnelyrik auf. In dem einzigen Wechsel Friedrichs, »*Dô ich von der guoten schiet*«, verbindet er die alte, rein deutsche zweistrophige Form mit dem neuen Inhalt der Fremdheit zwischen Mann und Frau, die durch die *huote* repräsentiert wird. Seine Einstellung zu dieser Instanz, die verhindert, daß der Ritter beim Abschied noch mit seiner Dame sprechen kann, hat sich nun aber zu völliger Ablehnung gewandelt. Nur der Hörer erfährt, daß die Dame sich der *huote* widersetzt, die sich zwischen sie und ihren Ritter drängen will. Der romanische Einfluß zeigt sich auch in der Form dieses Liedes, in seinen kurzen Zeilen und Enjambements. Auch in seinen beiden einstrophigen Liedern »*In mînem troume ich sach* / ...« und »*Si waenent dem tôde entrunnen sîn,* / ...« knüpft Friedrich von Hausen an die heimische Tradition an. In dem ersteren kommt noch die sonst im hohen Minnesang gemiedene epische Situation hinzu. Doch auch in diesen beiden Liedern läßt sich das Neue nicht übersehen: In dem einen ist es die Unmöglichkeit der unmittelbaren Begegnung von Mann und Frau und in dem anderen die Kreuzzugsthematik.

Die Minnesangsstrophen sind nicht in erster Linie Gedichte, wie man heute, da ihre Melodien verloren sind, glauben könnte, sondern Lieder. Erst im Zusammenspiel von Text und Weise verwirklicht sich die Form des mittelalterlichen Liedes, die als Ton bezeichnet wird. Die 55 Strophen Friedrichs von Hausen lassen sich nach ihrer Form und Melodie in 17 Töne untergliedern. Obwohl keine seiner Melodien erhalten ist, kann man durch Vergleich mit überlieferten provenzalischen Melodien Kontrafakturen feststellen (so z. B. bei »*Sî darf mich des zîhen niet,* / ...«), die gesichert sind, und solche, die als wahrscheinlich gelten (z. B. »*Diu süezen wort [...] haben mir getân,* / ...«).

Friedrichs Dichtung hat das Erscheinungsbild des deutschen Minnesangs so entscheidend geprägt, daß sich sein Einfluß noch bis zu WALTHER VON DER VOGELWEIDE feststellen läßt. A. V.

AUSGABEN: Zürich 1758–1759 (in *Sammlung von Minnesingern aus dem schwäbischen Zeitpuncte*, 2 Bde., Hg. J. J. Bodmer u. J. J. Breitinger). – Lpzg. 1857 (in *Des Minnesangs Frühling*, Hg. K. Lachmann u. M. Haupt; ern. Lpzg. 1940, Hg. C. v. Kraus). – Lpzg. 1864 (in *Deutsche Liederdichter des 12. bis 14. Jh.s*, Hg. K. Bartsch; ern. Bln. [4]1901, besorgt v. W. Golther; unveränd. Nachdr. Darmstadt 1966). – Bern 1946 (in *Minnesang vom Kürenberger bis Wolfram. Altdeutsche Übungstexte 4*, Hg. M. Wehrli). – Lpzg. 1948 (in *Aus Minnesangs Frühling*, Hg. C. v. Kraus). – Düsseldorf 1952 (in *Liebeslyrik der deutschen Frühe in zeitlicher Folge*, Hg. H. Brinkmann). – Oxford 1967 (in *Poets of the Minnesang*, Hg. O. Sayce). – Göppingen 1971 (in *Die große Heidelberger Manessische Liederhs. in Abb.*, Hg. U. Müller). – Mchn. 1978 (*Gedichte von den Anfängen bis 1300*, Hg. W. Höver u. E. Kiepe, in: *Epochen der deutschen Lyrik 1*). – Tübingen [2]1979 (in *Kreuzzugsdichtung*, Hg. U. Müller). – Stg. [3]1982 (in *Des Minnesangs Frühling*, Bearb. H. Moser u. H. Tervooren, Bd. 1; rev.). – Ffm. 1983 (in *Minnesang. Mit Übertr. u. Anm.*, Hg. H. Brackert, FiTb).

ÜBERSETZUNGEN: *Minnelieder aus dem schwäbischen Zeitalter*, L. Tieck, Bln. 1803; Nachdr. Hildesheim 1966. – *Lieder der Minnesinger*, K. Simrock, Elberfeld 1857. – *Minnesang. Freie Nachdichtungen*, W. v. Scholz, Mchn. 1917. – *Liedsang aus deutscher Frühe*, W. Fischer, Stg. 1939, ²1955. – *Deutscher Minnesang (1150–1300)*, K. E. Meurer, Stg. 1954, ²1974. – *Deutsche Lyrik des MAs*, M. Wehrli, Zürich 1955; ²1962; ⁶1984 [rev.]. – *Lieder*, Hg. G. Schweikle, Stg. 1984 (mhd./nhd.; RUB).

LITERATUR: K. Müllenhoff, *Zu F. v. H.* (in ZfdA, 14, 1869, S. 133–143). – H. Brinkmann, *F. v. H.*, Bad Oeynhausen 1948. – F. Maurer, *Zu den Liedern F.s v. H.* (in NphM, 53, 1952, S. 149–170; auch in: F. M., *Dichtung u. Sprache d. MAs*, Bern/Mchn. ²1971, S. 80–94). – H. Deuser u. K. Rybka, *Kreuzzugs- und Minnelyrik. Interpretationen zu F. v. H. und Hartmann v. Aue* (WW, 21, 1971, 402–411). – U. Müller, *F. v. H. u. der ›sumer von Triere‹ (MF 47, 38)* (in ZfdPh, 90, 1971, S. 107–115; Sonderh.). – D. G. Mowatt, *Friderich von Húsen. Introduction, Text, Commentary and Glossary*, Cambridge 1971. – H. Bekker, *F. v. H.: ›Lichte ein unwiser man verwüete‹* (in Seminar, 8, 1972, S. 147–159). – Ders., *F. v. H.: ›Ich muoz von schulden sîn unfrô‹* (in FS f. W. Nordmeyer, 1973, S. 24–45). – G. Schweikle in *VL 2*, Sp. 935–947. – De Boor, Bd. 2, Mchn. ¹⁰1979. – O. Sayce, *The Medieval German Lyric 1150–1300: The Development of Its Items and Forms in Their European Context*, Oxford 1982.

BRIAN FRIEL

* 9. 1. 1929 Omagh / Nordirland

LITERATUR ZUM AUTOR:
D. E. S. Maxwell, *B. F.*, Lewisburgh/Pa. 1973. – R. Kearny, *Language Play: B. F. and Ireland's Verbal Theatre* (in Studies, 72, 1983, S. 20–56). – A. Liwergant, *Der irische Dramatiker B. F.* (in Kunst u. Literatur, 31, 1983, S. 523–530). – U. Dantanus, *B. F.*, Göteborg 1985.

THE FREEDOM OF THE CITY

(engl.; Ü: *Die Freiheit der Stadt*). Stück in zwei Akten von Brian FRIEL, Uraufführung: Dublin, 20. 2. 1973, Abbey Theatre; deutsche Erstaufführung: Wiesbaden, 12. 2. 1975, Staatstheater. – Neun Jahre nach *Philadelphia, Here I Come!*, seinem ersten großen Erfolgsstück, dem fünf weitere, eher unpolitische Arbeiten für das Theater folgten, stellte Friel sich in *The Freedom of the City* der Herausforderung, die aktuelle politische Problematik Nordirlands künstlerisch zu verarbeiten. Als auslösendes Ereignis kann der sogenannte Blutsonntag von Derry (30. 1. 1972) gelten, als während einer Bürgerrechtsdemonstration 13 Zivilisten von britischen Truppen erschossen wurden. Doch Friel setzt die Handlung des Stücks in einigen elementaren Punkten davon ab; er reduziert die Zahl der Erschossenen auf drei, und er datiert das Geschehen auf den 10. 2. 1970.

Vor Tränengas und Gummigeschossen, mit denen die Polizei eine Kundgebung gewaltsam auflöst, flüchten drei der Teilnehmer in einen zufällig offenen Hauseingang und finden sich unversehens im Rathaus, im Empfangssaal des Bürgermeisters, wieder. Während sie sich miteinander bekannt machen, die Ausstattung des Saals bewundern, seine Einrichtungen spielerisch benutzen und über ihre Lage beratschlagen, entsteht draußen rasch das Gerücht, das Rathaus sei von 50 bewaffneten Terroristen besetzt, woraufhin die Behörden eine ganze Armee von Truppen, Panzerwagen usw. auffahren lassen. Nachdem der kommandierende General zweimal zur Aufgabe aufgefordert hat, kommen die drei mit erhobenen Händen heraus und werden brutal niedergeschossen.

Dieser Handlungskern wird nicht einfach chronologisch entfaltet, sondern von seinem katastrophalen Ende her aufgerollt, nämlich den drei Leichen, die gleich am Beginn des Stücks gezeigt werden. Zugleich werden in einer Technik der simultanen Szenenverschachtelung die Interpretationen des Geschehens durch verschiedene gesellschaftliche Instanzen vorgeführt: Ein Untersuchungsrichter befragt Zeugen und Experten und gelangt zu dem für den Zuschauer ungeheuerlichen Ergebnis, daß die Behörden völlig korrekt gehandelt hätten. Fragwürdige Verlautbarungen der Armee werden von sensationslüsternen Reportern weiter aufgebauscht; sehr rasch kursiert eine Ballade, die die drei unbewaffneten Opfer als nationale Freiheitshelden verherrlicht. Ein Priester, der zweimal zur Totenmesse für die drei einlädt, bezeichnet sie einmal als Freiheitskämpfer, das zweite Mal als Opfer kommunistischer Machenschaften. Ein Soziologe doziert über die drei als Repräsentanten der überall auf der Welt vorfindlichen Subkultur der Armut. – All diesen Verzerrungen und Abstraktionen setzt die Darstellung der drei ins Rathaus Geflüchteten so etwas wie der eigentliche Wahrheit entgegen. Es sind einfach drei ganz unterschiedlich geprägte Einzelmenschen. Michael, 22, derzeit arbeitslos, aber voller Zuversicht, glaubt an die friedliche Reform in Nordirland; er mahnt im Rathaus zu korrektem Benehmen und ergibt sich den Polizeikräften in der Überzeugung, man werde ihn nur wegen einer Ordnungswidrigkeit zur Rechenschaft ziehen. Skinner, 21, ohne Angehörige oder Aussicht auf Arbeit, benutzt den unverhofften Besuch im Rathaus zu einer symbolischen Herausforderung der Mächtigen, indem er die Rechte eines Gastes in Anspruch nimmt und eine Ratssitzung fingiert, in der er sich über die Gleichgültigkeit des Stadtregiments gegenüber den 14 Prozent Arbeitslosen mockiert; aus seinem Mißtrauen heraus weiß er am Schluß genau, welch hohen Preis er für das Abenteuer im Rathaus zahlen muß. Lily, 43, Frau eines lungenkranken Mannes und Mutter von elf Kindern, von denen eines mongoloid ist, erscheint als einfache, doch schwierigen Verhältnissen gewachsene Frau, bis sie zuletzt enthüllt, daß ihr politisches Engagement eigentlich nur ein Versuch ist, der Verzweiflung über das kranke Kind zu entrinnen; im Augenblick des Todes erkennt sie voller Trauer, daß das Leben vorbeigegangen ist, ohne ihr je einen tieferen Sinn offenbart zu haben.

Insgesamt zeigt das Stück, wie die drei Toten von den beteiligten Gruppen für ihre jeweiligen Zwecke ausgebeutet werden, wie jede Seite die Wirklichkeit gemäß dem eigenen ideologischen Bedürfnis zurechtstutzt. Diesem inhumanen Aspekt des gesellschaftlichen Konflikts setzt Friel die Hinwendung zum Einzelmenschen und das Erbarmen mit dessen je eigenem Schicksal entgegen, unter bewußtem Verzicht auf ein Patentrezept zur Lösung der sozialen Probleme. Gewiß ist Friels Kritik an der protestantischen, auf englische Unterstützung angewiesenen Obrigkeit besonders scharf; aber er verschont nicht die katholische, nationalirische Seite in ihrer ideologischen Enge. Dies dürfte übrigens der Grund für den Mißerfolg des Stücks in New York gewesen sein, das andererseits von mehreren Kritikern als Friels bis dahin bedeutendste Leistung eingeschätzt wird. E.Gr.

AUSGABE: Ldn. 1974.

ÜBERSETZUNG: *Die Freiheit der Stadt*, H. H. Vollmer, 1975 [Rollenbuch]. – *Ehrenbürger*, ders. (in *Stücke*, Bln./DDR 1977).

LITERATUR: M. McGowan, *Truth, Politics and the Individual: »The Freedom of the City« and the Northern Ireland Conflict* (in LWU, 12, 1979, S. 287 bis 301).

PHILADELPHIA, HERE I COME!

(engl.; Ü: *Ich komme, Philadelphia!*). Stück in drei Episoden von Brian FRIEL, Uraufführung: Dublin, 28. 9. 1964, Gaiety Theatre; deutsche Erstaufführung: Ulm, 13. 10. 1967, Ulmer Theater. – Brian Friel gilt als derzeit wohl bedeutendster anglo-irischer Dramatiker, dessen Bühnenstücke (bisher sind vierzehn im Druck erschienen) typisch irische Stoffe und Themen in oft herausfordernd unkonventioneller Sichtweise darstellen und dabei auch formal immer wieder eigene Wege gehen. Als Katholik in Nordirland geboren, wurde Friel zunächst Lehrer und schrieb nebenbei Kurzgeschichten, dann auch Hörspiele und Theaterstücke. Mit dem Drama *The Enemy Within* (1962) fand er erstmals in Irland größere Beachtung, und mit *Philadelphia, Here I Come!* gelang 1964 der Durchbruch zu internationalem Erfolg. Wichtige weitere Stationen in Friels künstlerischer Entwicklung sind *The Freedom of the City* (1973), erstmals ein Stück aus aktuellem politischem Anlaß, nämlich dem brutalen Tod harmloser Demonstranten in Derry, und *Translations* (1980).

In *Philadelphia, Here I Come!* geht es um eines der klassischen Themen der jüngeren irischen Geschichte, die Auswanderung. Gareth O'Donnell, 25jähriger Gehilfe im Dorfladen seines Vaters, nimmt am Vorabend seiner Abreise nach Philadelphia, wohin seine kinderlose Tante ihn eingeladen hat, Abschied von Angehörigen und Freunden. Die scheinbar so guten Gründe für seinen Entschluß, die Aussicht auf mehr Wohlstand, Freiheit und Selbsterfüllung, werden jedoch Zug um Zug relativiert, bis er schließlich selbst nicht mehr weiß, warum er überhaupt reisen soll. Die eher trivial verlaufenden letzten Begegnungen mit einem alten Lehrer, den Fußballfreunden, der früheren Freundin (die einen anderen, reicheren Mann geheiratet hat), dem Vater und der Haushälterin machen Gareth seine Gefühlsbindungen an die Heimat bewußt. Sein Aufbruchs-Optimismus wird auch dadurch fragwürdig, daß er sich seine amerikanische Zukunft in romantischen Filmrollen vorstellt, gemäß den Klischees vom schnellen Geld, von Cowboy-Heldentaten, von später aber um so vollkommenerer Liebe. Einen Höhepunkt stellt sein Versuch dar, mit dem in Gewohnheit erstarrten alten Vater so spontan und persönlich zu sprechen, daß für einen Augenblick jeder etwas von den geheimen Nöten und der fast verschütteten Liebe des anderen verspürt. – Das auffälligste Merkmal der Darstellungstechnik in Friels Stück ist die »Spaltung« der Gestalt Gareths in eine »öffentliche« und eine »private« Rolle. Der »private« Gareth wird von den anderen Personen auf der Bühne nicht wahrgenommen und tritt nur in Gareths Dialogen mit sich selbst hervor. Das ermöglicht eine unmittelbare Dramatisierung seines inneren Zwiespalts, wobei der »private« Gareth radikal, aber mit viel spöttischer Ironie, die Hohlheiten und Schwächen seiner »öffentlichen« Selbstdarstellung entlarvt und auf Anerkennung seiner wahren Empfindungen besteht. Vor allem erlaubt es diese Technik, im individuellen und zugleich sehr irischen Dasein Gareths die Einsamkeit des modernen Menschen zu zeigen, dem die volle mitmenschliche Kommunikation kaum je gelingt. E.Gr.

AUSGABE: Ldn. 1965.

ÜBERSETZUNGEN: *Philadelphia, ich bin da!*, E. Schnack, Zürich 1965 [Rollenbuch]. – Dass., dies. (in *Stücke*, Bln./DDR 1977). – *Ich komme, Philadelphia*, E. Walch, Bln./DDR 1981 [Rollenbuch].

VERFILMUNG: USA 1975 (Regie: J. Quested).

LITERATUR: R. Küsgen, *B. F.:»Philadelphia, Here I Come!«* (in *Das englische Drama der Gegenwart: Interpretationen*, Hg. H. Oppel, Bln., 1976, S. 95 bis 106).

TRANSLATIONS

(engl.; *Ü: Sprachstörungen*). Stück in drei Akten von Brian FRIEL, Uraufführung: Derry, 23. 9. 1980. – Als *Translations* uraufgeführt wurde, war Friel längst als einer der bedeutendsten Autoren des gegenwärtigen irischen Theaters etabliert; seit 1962 war er mit 14 Stücken hervorgetreten. In den um 1980 entstandenen Theaterarbeiten ist eine neue Nachdenklichkeit bemerkbar, ein philosophisches Interesse an den Problemen der Sprache, der Kommunikation, des Verhältnisses von Sprache und Wirklichkeit. So geht Friel in *Faith Healer* (1979) der Möglichkeit des Heilens von Krankheiten durch bloßes »Besprechen« nach, und in *The Communication Cord* (1982) behandelt er den vergeblichen Versuch, durch Wiederbelebung der gälischen Sprache die verlorene alte irische Kultur zu restituieren. Auch in *Translations* weist bereits der Titel auf eine sprachliche Thematik hin.

Friel siedelt das Stück im tiefen 19. Jh. in einer einfachen Dorfschule in Donegal an, die zugleich als Wohnhaus des Schulmeisters dient. Die Muttersprache der Leute ist noch das alte Gälisch (das der Autor allerdings durch Englisch repräsentiert), und die Unterrichtsgegenstände reichen vom Sprechenlernen einer geistig zurückgebliebenen Schülerin bis zu Latein und Griechisch. In diese Idylle kommt Bewegung durch die Ankunft eines englischen Militärkommandos zur modernen Landesvermessung; nach langjährigem Aufenthalt in Dublin ist Owen, der jüngere Lehrerssohn, als Dolmetscher der Engländer heimgekehrt. Zu seinen Aufgaben gehört insbesondere die Übersetzung und Modernisierung aller Orts- und Flurnamen für die neue Landkarte. Obwohl die Arbeit zunächst gut vorankommt und der englische Leutnant Yolland und das Dorfmädchen Maire sich sogar ineinander verlieben, bildet sich sofort eine Untergrundbewegung, deren Anschläge immer bedrohlicher werden, bis schließlich Yolland verschwunden (vermutlich tot) ist, das Lager der Engländer brennt und im Gegenzug ultimativ die Tötung allen Viehs und die Zerstörung aller Häuser angedroht wird. Am Ende ereignet sich indessen nicht die Katastrophe, sondern es kündigt sich eine ungewisse, unheilvolle Zukunft an; Hugh, der Schulmeister, zitiert den Anfang von VERGILS *Aeneis* und evoziert damit eine Analogie zum Untergang Karthagos und dem Aufstieg Roms.

Die eigentliche Aussage des Stücks erschließt sich jedoch erst aus einem reichen Geflecht von im Dialog eingebetteten Motiven, Bildern, Symbolen. Ein häufig wiederkehrendes Grundmuster ist der scheinbare Aufbau von Positionen einer konventionellen irischen Ideologie, die im weiteren Verlauf jedoch in Frage gestellt werden. So erscheint das von Tradition und Kultur gesättigte, wenn auch materiell dürftige Dorfleben zunächst ganz positiv, während die Engländer als rücksichtslose Kolonisten dastehen; aber dann beginnt der Engländer Yolland, sich rückhaltlos auf das irische Leben einzulassen, und doch wird gerade das erste Opfer des militanten Widerstandes, während an verschiedenen Dorfbewohnern die Unmöglichkeit demonstriert wird, auf der Basis des Althergebrachten weiterzuleben. Das »Übersetzen« in einem metaphorischen Sinn erweist sich so auf vielfältige Weise als ein Strukturprinzip des Stücks. Doch auch beim Übersetzen im eigentlichen Sinn zeigt sich das erwähnte Grundmuster: Die hochgebildete Fähigkeit, vom alltäglichen Diskurs jederzeit ins Lateinische überzugehen und umgekehrt, erweist sich als eine für die Gegenwartsprobleme nutzlose Kunst; der oft vergebliche Versuch, die alten Orts- und Flurnamen unter Erhaltung ihres ursprünglichen Sinnes ins Englische zu übersetzen, macht deutlich, daß der alte Sinn längst versunken, d. h. für das gegenwärtige und zukünftige Leben irrelevant geworden sein kann. Am Schluß verspricht Hugh dem Mädchen Maire, sie in Englisch zu unterrichten, um ihr unter den herrschenden Verhältnissen bessere Lebenschancen zu ermöglichen – eine entschiedene Provokation Friels gegenüber dem Programm der Restauration der alten gälischen Sprache und Kultur in der heutigen Republik Irland.   E.Gr.

AUSGABE: Ldn. 1981.

ÜBERSETZUNG: *Sprachstörungen*, E. Welch, Bln./DDR 1982 [Bühnenms.].

LITERATUR: S. Heaney, Rez. (in TLS, 24. 10. 1980).

FRITZ RUDOLF FRIES

* 19.5.1935 Bilbao

ALEXANDERS NEUE WELTEN. Ein akademischer Kolportageroman aus Berlin

Roman von Fritz Rudolf FRIES, erschienen 1982. – Dieser Roman des in der Bundesrepublik vor allem durch seinen Erstling *Der Weg nach Oobliadooh* (1966) bekannt gewordenen DDR-Autors greift auf phantastisch-verzwickte Weise noch einmal die Geschichte zweier, nunmehr in die Jahre gekommener Freunde auf: Der Literarhistoriker Dr. Alexander Retard, fiktiver Autor des Buches, ist Mitarbeiter an der Sektion Aufklärung der Akademie; er versucht, das Leben seines verschollenen Freundes, des Dolmetschers Ole Knut Berlinguer, zu rekonstruieren, der auf dem Flug zu Kulturtagen in Cuba mitsamt der DDR-Delegation verschwunden ist. Der aus Erinnerungen, Gesprächen, Tonbandprotokollen und monologhaften Telefonaten zusammengesetzte Romanentwurf wird ergänzt durch »*Anmerkungen zum Hausgebrauch*« (»*Apokryphes aus Dr. Retards Zettelkasten*«) und der »*Überset-*

zung *fremdsprachlicher Textstellen*«; diese sollen dem Leser durch den Dschungel literarischer Anspielungen und polyglotter Redewendungen hindurchhelfen, die der durch seine Herkunft in zwei Sprach- und Kulturwelten sich heimisch fühlende Autor Fries – er arbeitet auch als Übersetzer spanischer und lateinamerikanischer Literatur – seinen bibliomanen Helden in den Mund legt.

Die Dokumentation beginnt mit dem »*Roman einer Entführung*«: Das Flugzeug mit Berlinguer und seinen Landsleuten an Bord ist auf dem Flug nach Havanna von Palästinensern oder Libanesen – so leicht läßt sich das nicht feststellen – umdirigiert worden in ein unbekanntes afrikanisches Land namens Alémmo. Von dort erhält Retard auf mysteriösem Wege ein Paket mit Tonbandkassetten, auf denen ihm Berlinguer ein mit Reflexionen durchsetztes Protokoll der Entführung zuspielt. Dieses Material ergänzt Retard mit eigenen Erinnerungen, vor allem an die verschiedenen amourösen Abenteuer seines Freundes. Dem multilingualen Berlinguer nämlich – in Dänemark geboren, aber spanischer Herkunft und in Prag aufgewachsen –, war zum einen »*die Unabhängigkeit der Bewegung*« wichtig, zum anderen war er fast besessen von der »*Liebe der Frauen*«, denn: »*Hinter jeder dieser Frauen stand für Berlinguer eine andere Möglichkeit zu leben*«. Dagegen führt der mit der Literatur des 18. Jh.s und vor allem der französischen Aufklärung beschäftigte Hugenottensprößling Retard als Familienvater ein äußerlich abenteuerloses Leben. Zwar ist er ein »*spurenleser von profession*«, seine Erkundungen finden aber fast ausschließlich im Geiste statt. Er bleibt ein »*Zuspätgekommener*«, der auch in seinen physischen Bewegungsmöglichkeiten auf Krücken angewiesen ist. Berlinguers Verschwinden ist nun für Retard der Auslöser, die zwei Lebenshaltungen kritisch ineinander zu spiegeln, wobei Berlinguers vielfältige Erfahrungen ihm schließlich »neue Welten« eröffnen bis hin zu einer Affäre mit dessen gerade aktueller Geliebten. Die letzte Nachricht von Berlinguer kommt aus einem ehemaligen Bordell in Alémmo, in dem die ganze Delegation untergebracht wird, während Retard, unter zunehmender Schlaflosigkeit leidend und von wirren Traumvisionen geplagt, in einem Sanatorium Zuflucht sucht, bevor er die Arbeit an den Berlinguer-Papieren fortsetzen kann. Die Aufzeichnungen enden mit drei – jeweils verschiedenen Frauen gewidmeten – literarischen Erzählungen Retards.

Der Untertitel des Romans, dessen »*akademische Kolportage*« im Sinne einer höchst anspruchsvollen Verbreitung von Gerüchten oder Nachrichten zu verstehen ist, verweist auf die angestrebte Verbindung von Unterhaltung und Belehrung. Der Roman spielt im Berlin der DDR, Ende der siebziger Jahre, aber er bezieht sich formal und inhaltlich auf CERVANTES' nachgelassenes Werk *Die Mühen und Leiden des Persiles und der Sigismunda* (1617), nach Fries' Auffassung eines der »*vergnüglichsten*« Reise- und Abenteuerbücher der Weltliteratur. Daneben ist er auch beeinflußt von Julio CORTÁZARS Roman *Rayuela*, 1963 (*Das Hüpfspiel*), den Fries übersetzt hat und der das alte Thema eines Wanderers zwischen zwei Welten aufgreift. In mehrschichtigen Erzähl- und Zeitebenen entwirft Fries die Irrfahrten eines modernen Don Juan; ähnlich wie JEAN PAUL mit Albano und Roquairol im *Titan* (1800–1803) oder mit Siebenkäs und Leibgeber, entwickelt Fries mit Retard Berlinguers Alter ego: Während sich Berlinguer auf Reisen in den Makrokosmos der Außenwelt begibt, reist Retard, körperlich behindert, in den Mikrokomos der geistigen Innenwelten. Durch die angehängten Erzählungen Retards wird der Machismo Berlinguers noch einmal kritisch reflektiert, den dieser bereits selbst entlarvt hatte als das alte Verlangen nach »*identifikation, was sonst hätte ich in meinen verhältnissen zum weibe gesucht, die andere Gangart, die zu etwas verborgenem führt in einem selbst*«. In der Manier von Arno SCHMIDT schwelgt Fries in europäischem Bildungsgut und verknüpft es assoziativ zu vieldeutigen Anspielungen, die manchen Leser schließlich mehr verwirren als faszinieren mögen. Daher wurde diesem Roman auch vorgehalten, »hinter beziehungsvollen Zitaten« verschwinde das, »*wofür sie in Bewegung gesetzt oder dem sie als Paravant ursprünglich gedient hatten*« (Schütte). Dem steht entgegen, daß Fries keinen Wert darauf legt, ein Identifikationsangebot oder eine Moral zu vermitteln, sondern den Leser zur phantasievoll-produktiven Eigenleistung, zu einer »*Spiegelpassion*« verführen will.

C.Kn.

AUSGABEN: Bln./Weimar 1982; Ffm. 1983.

LITERATUR: S. Brandt, Rez. (in FAZ, 11. 10. 1983). – W. Schütte, Rez. (in FRs, 12. 10. 1983). – W. M. Lüdke, Rez. (in Die Zeit, 14. 10. 1983). – G. Lindemann, Rez. (in SZ, 26./27. 11. 1983). – W. F. Schoeller, Rez. (in Lesezeichen, Herbst 1983). – R. Hübsch, Rez. (in Basler Zeitung, 19. 1. 1984). – W. Boehlich, Rez. (in Stg. Ztg., 14. 4. 1984). – H. Böttiger, *Rausch im Niemandsland* (in Die Zeit, 15. 7. 1988).

DAS LUFT-SCHIFF. Biografische Nachlässe zu den Fantasien meines Großvaters

Roman von Fritz Rudolf FRIES, erschienen 1974. – Der zweite, diesmal auch in der DDR veröffentlichte Roman des – in der Bundesrepublik für sein Erstlingswerk *Der Weg nach Oobliadooh* hochgelobten – Autors schildert den Entwurf einer Biographie über den Erfinder und Phantasten Franz Xaver Stannebein, rekonstruiert aus einigen wenigen »Nachlässen« und den Erinnerungen seiner Tochter Polonia, unter der Anleitung ihres Sohnes, des Erzählers, und unter den kritischen Augen der Enkel. Dazu trifft die Familie sich abends in der Fernsehdiele, einem Ort, wo Wirklichkeit und Phantasie aufeinandertreffen und die Betrachtungsweisen dreier Generationen zur Diskussion kommen.

Die Fakten sind schnell zusammengetragen: Stannebein, früh verwaist, bricht die von seinem Pflegevater gewünschte Druckerlehre ab, da ihn die kleinbürgerliche Enge bedrückt und er sich mehr von den Pionieren der Luftfahrt angezogen fühlt. Einmal in die Fragen der Flugtechnik eingeweiht, ist er besessen von der Idee, ein Luftschiff zu entwickeln, mit dessen Hilfe sich die Menschen von ihren jetzigen Drangsalen befreien und in bessere Zonen entschweben könnten. Zunächst geht Stannebein nach Spanien, wo er sich als Vertreter für deutsche Werkzeugmaschinen etabliert und eine Familie gründet. Alles Geld dient ihm aber nur dazu, seinen Traum vom Fliegen weiterzuverfolgen und am Ende des Ersten Weltkriegs nach Deutschland zurückzukehren, um Auftraggeber für seine Pläne zu finden. Nach einigen Fehlschlägen versinkt er immer mehr in realitätsferne Traumvorstellungen, aus denen ihn schließlich sein von der Familie und den besorgten Geschäftspartnern ausgesandter Sekretär und Freund Sorigueta herausholt. Dieser vermittelt Anfang der dreißiger Jahre den Kontakt zu deutsch-nationalen Industriellen, die allerdings nur scheinbar an Stannebeins Luftschiff-Erfindung interessiert sind, und ihn lediglich mit dem Geld für den Bau einer Landepiste nach Spanien zurückschicken. Auch der Beginn des Spanischen Bürgerkriegs öffnet Stannebein nicht die Augen dafür, daß sein Rollfeld den deutschen Militärs als Landeplatz dienen soll. Erst als Sorigueta, der längst auf seiten der Republikaner kämpft, in einer Arena gefangengehalten wird, rafft Stannebein sich zu seiner ersten wirklichen Tat auf und befreit ihn mit Hilfe eines selbstkonstruierten Mörsers – denn Sorigueta besitzt die Schlüssel zu dem Tresor mit den Luftschiffplänen.

Der wieder stark autobiographisch gefärbte Roman stellt nur zum Teil die Lebensbeschreibung eines »*anachronistischen Erfinders und Eigenbrötlers*« dar; vor allem ist es der Prozeß der Vergangenheitsfindung, der hier reflektiert wird. Während der Erzähler sich weitschweifig der Komplexität der Wirklichkeit nähert und Realität und Phantasie im Leben des Großvaters gleichberechtigt miteinander verbinden will (»*Fantasie ist für mich zunächst die andere Seite der Realität, die sich einem abgenutzt hat.*«), pochen die etwas altklugen Enkel auf die Darstellung des gesellschaftlichen Hintergrunds und fragen nach dem politischen Bewußtsein. Zwar erweisen sich Stannebeins Weltabgewandtheit und die naive Vorstellung, »*eine fliegende Menschheit hebe sich hinweg von ihren irdischen Nöten*«, letztendlich als fatal, dennoch dienen sie dem Erzähler als Beispiel für einen Selbstverwirklichungsanspruch, der trotz gesellschaftlicher Sanktionen an den Möglichkeiten festhält, die ihm seine Freiheitsträume ausmalen. (In dem nach einem Drehbuch von Fries entstandenen weiterführenden Film kommt Stannebein in eine Irrenanstalt). Sein »Korrektiv« Sorigueta, der Sancho Pansa des Romans, der erd- und realitätsverbunden die Verhältnisse ändern möchte, handelt politisch; von ihm wird Stannebein – in Umkehrung des Herr-Knecht-Verhältnisses – immer abhängiger, ohne sich dessen bewußt zu sein.

Die Figur des skurrilen Weltveränderers hat ihre Vorbilder in Cervantes' *Don Quijote* ebenso wie in Jean Pauls *Des Luftschiffers Giannozzo Seebuch*. Stannebein, der als Narr, Hochstapler und Schelm den Roman durchstreift, steht zwar in der pikaresken Tradition, besitzt allerdings nicht die »*List des kleinen Mannes*«, die ihn überall durchkommen ließe. Und da er die alte Welt nicht durchschaut, kann er auch keine wirklich neue entwerfen; seine Phantasien bleiben zwangsläufig »Papier-Schiffe«.

Der Roman fand sowohl in der Bundesrepublik als auch in der DDR eine bessere Aufnahme als die Erzählungsbände *Der Fernsehkrieg* (1969) und *Seestücke* (1973), die die von westlicher Seite gesetzten Erwartungen auf stilistisch virtuose oder inhaltlich opponente Prosa nicht erfüllt hatten. In dem neuen Buch fanden nun die subjektiv-suchende Schreibweise und die Fabulierlust des Autors, »*die sich nicht gleich ausweisen muß durch ein Wofür? Wohin?*« (v. Schirnding), besondere Beachtung.

C.Kn.

Ausgaben: Rostock 1974; Ffm. 1974.

Verfilmung: DDR 1982 (Regie: Rainer Simon)

Literatur: G. Blöcker, Rez. (in FAZ, 4. 1. 1975). – J. Wallmann, Rez. (in Darmstädter Echo, 10. 1. 1975). – F. J. Raddatz, Rez. (in Die Zeit, 7. 2. 1975). – A. v. Schirnding, Rez. (in SZ, 22. 2. 1975). – W. F. Schoeller, Rez. (in FRs, 8. 3. 1975). – W. Liersch, Rez. (in Neue Deutsche Literatur 1975, H. 7, S. 127–131). – H. Plavius, Rez. (in Deutsche Volkszeitung, 21. 8. 1975). – F. Albrecht, *Zur Schaffensentwicklung von F. R. F.* (in WB, 1979, H. 3, S. 64–92).

VERLEGUNG EINES MITTLEREN REICHES

Roman von Fritz Rudolf Fries, erschienen 1984. – Dieser utopische Roman wurde von Fries bereits 1967 begonnen und bis auf das Schlußkapitel auch in dieser Zeit fertiggestellt. Daß er sich nach so vielen Jahren doch noch zu einer Veröffentlichung entschloß, hängt nach Fries vor allem mit dem Thema des Buches, der atomaren Bedrohung der Menschheit, zusammen, das nach wie vor nichts von seiner Aktualität eingebüßt habe.

Die von einem fiktiven Herausgeber, einem »*Nachfahr in späterer Zeit*«, aufgefundenen und »*mit oberster Druckgenehmigung*« in »*Sonnenstadt im Jahre des Heils 07*« veröffentlichten tagebuchartigen Aufzeichnungen schildern die Ereignisse nach einem atomaren Krieg. Ein von der Zerstörung verschont gebliebenes Dorf wird von den »*Kwan-yins*«, Soldaten aus dem »*Reich der Mitte*« besetzt. Es fehlt an Nahrungsmitteln und Elektrizität, vor allem aber verändert sich das Klima radikal, und tropische Pflanzen beginnen, alles zu überwuchern. Die neuen

Herren werden von dem Chronisten, der sich schon früher mit ihrer Sprache und Kultur beschäftigt hatte, und von dem alten Gelehrten und Maler Remann-Zi, der merkwürdig vertraut mit ihnen ist, begrüßt. Obwohl es auch zu Erschießungen gekommen ist, herrscht größtenteils eine seltsame Atmosphäre der Ruhe und Kontemplation. Unter dem Doppelemblem von »*Glück und Ehesegen*« streben die »*Kwan-yins*« eine »*poetisch regierte Welt*« an. Aber die Bevölkerung ist irritiert darüber, daß kein neuer Staatsapparat aufgebaut wird. Gerüchte, es gebe vor den Grenzen der besetzten Enklave ein angeblich strahlenverseuchtes Gebiet »Zinsendorf«, in dem man reich und frei leben könne, lassen den Widerstand gegen die Fremden wachsen. Ein paramilitärischer Sportverein trainiert für den »*kleinen Krieg*«, die Fußpflegerin Frau B., eine »*Metaphysikerin der Zeit*«, versammelt in ihrer Wohnung alle Unzufriedenen, bis sie schließlich als Mitwisserin an einem Kindsmord verhaftet wird. Um die Bevölkerung zu beruhigen, wird der Besuch des Botschafters aus dem »*Reich der Mitte*« angekündigt; es ist aber nur der verkleidete Remann-Zi, der auf einem Esel in den Ort hineinreitet und alle hungernden Bewohner zu einer »Speisung« einlädt. Schließlich will der neue Ortskommandant doch noch ein Programm zum »*Aufbau einer Volkskommune*« entwerfen lassen, doch da kommt es zu einer ungeheuren Brandkatastrophe und die Chronik bricht ab.

Der Chronist, der sich als ein »*Opfer des alten Systems*« betrachtet, da er vor Jahren »*aus der Akademie entfernt*« wurde, hält trotz Sympathie für die durch »*Vernunft, Klarheit des Denkens, aber auch eine weltfremde Abstraktheit*« charakterisierten »Kwan-yins« Distanz zu ihnen. Im Gegensatz zu Remann-Zi, der seine Gelehrtenstube verläßt, um Bürgermeister zu werden, sieht der Chronist mit Sorge die Fehler der Vergangenheit sich wiederholen, sobald die Zukunft »*administriert*« wird.

Fries versteht »*Literatur als Geschichtsschreibung*«, allerdings nicht in systematischer Vorgehensweise, sondern als eine von der »*subjektiven Ehrlichkeit des Autors*« geprägte Chronik. Deshalb durchbricht er die Stringenz der Erzählung und schafft so inhaltlich und formal einen Sog der Bewegung: Der Chronist notiert mit – teils unfreiwilliger – Ironie die Ereignisse, die der fiktive Herausgeber skeptisch in Frage stellt; dessen verschlüsselter Name »*Alpha 19-05-35*« verweist wiederum auf Fries' Geburtsdatum, womit sich der Autor schließlich selbst ins Spiel bringt, um so die Urheberschaft der Aufzeichnungen vollkommen ins Dunkel zu hüllen. Mit dieser vielschichtigen Erzählstruktur stellt Fries die unterschiedlichen Aussagen von Autor, Herausgeber und Chronist gegeneinander und relativiert sie somit, d. h. er entwickelt ein Verfahren der permanenten Kritik, das auch den anarchischen Grundgedanken der permanenten Revolution darstellt. Die sarkastische Überlegung des Chronisten, der »*Gedanke an eine ständige Revolution*« habe vielleicht nur »*den Egoismus aller durch eine eigene Variante bereichert*«, weist Fries schließlich als Meister des literarischen Vexierspiels aus. Mit seiner bisher letzten Romanveröffentlichung hat er sowohl ein ironisch-utopisches als auch allegorisch-zeitbezogenes Buch geschrieben, dessen Parallelen zu A. SCHMIDTS *Kaff auch Mare Crisium* (1960) nicht zu übersehen sind. C.Kn.

AUSGABEN: Bln./Weimar 1984; Ffm. 1984.

LITERATUR: J. Engler, *Fantasie und Geschichte. Gespräch mit F. R. F.* (in F. R. F., *Bemerkungen anhand eines Fundes oder das Mädchen in der Flasche. Texte zur Literatur*, Mchn./Zürich 1988, S. 196–202). – W. Schütte, Rez. (in FRs, 20. 10. 1984). – A. Krättli, Rez. (in NZZ, 24. 12. 1984). – U. Wittstock, Rez. (in FAZ, 12. 1. 1985). – J. P. Wallmann, Rez. (in Der Tagesspiegel, 13. 1. 1985). – H. Heißenbüttel, Rez. (in SZ, 28. 3. 1985). – W. Liersch, Rez. (in Neue Deutsche Literatur, 1985, H. 3, S. 135–138).

DER WEG NACH OOBLIADOOH

Roman von Fritz Rudolf FRIES, erschienen 1966. – Dieser bereits 1961 begonnene erste Roman des in Spanien geborenen, aber schon als Kind (1942) mit seinen Eltern nach Deutschland zurückgekehrten DDR-Autors konnte bis heute nur in der Bundesrepublik erscheinen. Die Geschichte zweier Freunde, die »*aus dem persönlichen Umkreis ausbrechen*« wollen, um auf dem Weg zu dem imaginären Ort *Oobliadooh* das zu finden, »*was man nicht hat*«, und deren Titel sich auf einen Song von Dizzie Gillespie bezieht *(I knew a wonderful princess in the land of Oobliadooh)*, spielt im Dresden, Leipzig und Berlin der Jahre 1957/58. Auch wenn der Schreibprozeß Fries zur Selbstorientierung dienen sollte, warnte der Autor gleichwohl davor, die sich anbietenden autobiographischen Bezüge überzubewerten (»*Weder der eine noch der andere. Sondern Möglichkeiten...*«).

Die Freunde Arlecq und Paasch, Arbeit, Ehe und Kind festgelegt zu werden, verbringen zusammen eine letzte unbeschwerte Zeit, frei von Verantwortung und ganz ihren Sehnsüchten nachhängend. Arlecq, »*der nicht ruht, nach Fernen zu schweifen, bis Gott ihn mit Blindheit schlägt*«, ist Dolmetscher und Übersetzer klassischer spanischer Literatur. Paasch, eine »*eher prosaische Natur*«, der Musik und dem Alkohol verfallen, wird nach wiederholtem Examen Zahnarzt. Beide flüchten aus der alltäglichen »*Banalität des Gegenwärtigen*« in eine von Jazz, Rausch und Erotik bestimmte Traumwelt. In der Schwüle des Sommers trifft Arlecq auf Isabel, die exotisch-faszinierende Exil-Spanierin, mit der er in eine zeitentrückte Liebe versinkt, ohne diese, als »*Südliches Vorspiel*« überschriebene Idylle vor dem Eindringen der Realität und damit vor ihrer Zerstörung bewahren zu können; schließlich verläßt ihn Isabel. Paasch, dessen wenig geliebte Freundin ein Kind von ihm erwartet, flüchtet sich in die »*männliche Kunst*« der Musik, das einzige, was noch Harmonie verspricht. Auf seinen nächtlichen Streifzügen trifft er Gott, den stadtbekannten Insassen einer Irrenanstalt, der die Verlorenheit der Freunde erkennt und sie in seine Welt hineinziehen möchte. Zunächst aber probieren sie die »*Flucht in den Hintergrund*« erfundener Geschichten und fremder Biographien, denn »*das nichtgelebte Leben wäre am Ende das ergiebigste*«. Nachdem Paasch zur Ehe genötigt und ein gemeinsamer Freund wegen des Verteilens von Flugblättern verhaftet worden ist, sehen sie als Ausweg aus der Welt der Spießer und Bürokraten den Gang nach West-Berlin, wo »*Träume Wirklichkeit*« werden in Gestalt eines Jazz-Konzerts und zensurfreier Buchlektüre. Aber auch da können sie – inzwischen ent-individualisiert als A. und P. – ihre Sehnsucht nach dem Unverwechselbaren nicht verwirklichen (»*Persil bleibt Persil*«), so daß sie schließlich in die DDR zurückkehren. Dort erzählen sie, um einer Bestrafung wegen Republikflucht zu entgehen, eine wilde Entführungsgeschichte, tauschen, als Folge einer Verwechslung ihrer Photos in der Zeitung, ihre Identitäten und landen schließlich, vollkommen betrunken, in der Irrenanstalt, »*wogegen sie eigentlich nichts einzuwenden hatten*«. Schließlich gelingt es aber Arlecq, der seine »*monologische Situation*« und die damit verbundene Gefahr der Vereinsamung schon lange erkannt hat, sich mit Hilfe seiner neuen Freundin Anne auf den Weg in eine realitätsbezogene Zukunft zu machen. Von dem vorläufig noch in der Anstalt zurückbleibenden Paasch und der durch ihn symbolisierten Lebenshaltung verabschiedet Arlecq sich mit dem Versprechen: »*Ich denke deiner*«.

Der Roman ist ein Gegenstück zu der in den sechziger Jahren verbreiteten »Ankunftsliteratur« der DDR und weist in seiner Gegenüberstellung der Prinzipien Anpassung und Individualität der »Neue Subjektivität« der siebziger Jahre voraus. Fries, der im Leipzig von H. MAYER, W. KRAUSS und E. BLOCH studiert hat, wählte in bewußtem Gegensatz zu G. LUKACS als Ausgangspunkt seines Schreibens die »*subjektive Ehrlichkeit ... und nicht die Widerspiegelung einer Gesellschaftsordnung im Aufbruch*«. Er beschreibt die Situation junger Intellektueller in der DDR, die auf der Suche nach der ihnen gemäßen Lebensform in die Opposition des Müßiggangs und des Genusses ausweichen. Die formale Gliederung des Buches in drei immer kürzer werdende Teile entspricht den drei Möglichkeiten einer Flucht aus der Realität und damit dem Versuch, sich gegenüber einer als bedrückend empfundenen Wirklichkeit zu behaupten: einmal in der Phantasie, dann als Flucht nach außen (in den Westen) und schließlich als Flucht nach innen (in die Irrenanstalt). *Oobliadooh* ist dabei Chiffre für im Tagtraum entworfene neue Lebensmöglichkeiten, ebenso wie die Nebenfiguren des Romans bestimmte, für die Freunde allerdings nicht nachvollziehbare Formen des Rückzugs verkörpern.

Das dem Roman vorangestellte Motto stammt von JEAN PAUL (*Des Luftschiffers Giannozzo Seebuch*), an dessen Figuren Fries besonders die utopischen »*Höhenflüge*« schätzt und die Beschreibung ihrer »*inneren Landschaften*«. Daneben zeigt er sich beeinflußt vom klassischen spanischen Schelmenroman (CERVANTES), dessen »*unreflektierter Sinnlichkeit der Erzählweise*« sein erstes Buch verpflichtet ist, und an dessen Figuren ihn vor allem der Widerspruchsgeist interessiert, »*der aus einem Unbehagen entsteht, aus Auflehnung gegen die Dienerrolle, eine Auflehnung, die ständig vom Selbsterhaltungstrieb durchkreuzt wird.*« Diese mitunter clowneske Auflehnung und eine damit verbundene ironische Weltsicht bestimmen deshalb auch Fries' Romangestalten, deren Namen auf die *commedia dell'arte* verweisen (Arlecq als Arlecchino oder Harlekin und Paasch als Pasquariello).

Fries' Roman stieß in der Bundesrepublik auf um so größere Beachtung, als er sich zum einen durch die Wahl des Themas vorschnell zur ideologischen Auseinandersetzung mit der DDR vereinnahmen ließ, indem er allzu oberflächlich als eine Abrechnung mit einem »*totalitären System*« (Bartsch) betrachtet wurde; zum anderen aber auch, da er formal und inhaltlich mit den Normen des sozialistischen Realismus brach und sich deutlich von westlichen Erzähltraditionen beeinflußt zeigte (PROUST, JOYCE, KAFKA). C.Kn.

AUSGABEN: Ffm. 1966; ebd. 1975.

LITERATUR: D. Segebrecht, Rez. (in FAZ, 23. 4. 1966). – G. Bartsch, Rez. (in Christ u. Welt, 2. 9. 1966). – R. Sanders, Rez. (in Die Zeit, 11. 11. 1966). – G. Wohmann, Rez. (in NRs, 1966, H. 4, S. 492–494). – B. Einhorn, *Der Roman in der DDR 1949–1969*, Kronberg/Ts. 1978, S. 479–507. – B. Greiner, »*Sentimentaler Stoff und fantastische Form*«: *Zur Erneuerung frühromantischer Tradition im Roman der DDR* (in *DDR-Roman und Literaturgesellschaft*, Hg. J. Hoogeveen u. G. Labroisse, Amsterdam 1981, S. 282–301).

MAX FRISCH

* 15.5.1911 Zürich

LITERATUR ZUM AUTOR:
Bibliographien:
Über M. F. II, Hg. W. Schmitz, Ffm. 1976, S. 453–534. – J. H. Petersen, *M. F.*, Stg. 1978.
Gesamtdarstellungen und Studien:
H. Bänziger, *F. u. Dürrenmatt*, Bern 1960; ⁶1971. – H. Mayer, *Dürrenmatt u. F. Anmerkungen*, Pfullingen 1963. – M. Wintsch-Spiess, *Zum Problem der Identität im Werk M. F.s*, Zürich 1965. – H. Karasek, *M. F.*, Velber 1966; ern. Mchn. 1976 (dtv). – E. Stäuble, *M. F. Gedankliche Grundzüge in seinen Werken*, Basel 1967. – U. Weisstein, *M. F.*, NY 1967. – M. Jurgensen,

M. F. Die Dramen, Bern 1968. – A. Weise, *Untersuchungen zur Thematik u. Struktur der Dramen von M. F.*, Göppingen 1969. – *Über M. F.*, Hg. Th. Beckermann, Ffm. 1971 (es). – D. F. Merrifield, *Das Bild der Frau bei M. F.*, Freiburg 1971. – *M. F. – Beiträge zur Wirkungsgeschichte*, Hg. A. Schau, Freiburg 1971. – M. Durzak, *Dürrenmatt, F., Weiss. Deutsches Drama der Gegenwart zwischen Kritik u. Utopie*, Stg. 1972. – M. Jurgensen, *M. F. Die Romane*, Bern 1972. – H. Geisser, *Die Entstehung von M. F.s Dramaturgie der Permutation*, Bern 1973. – H. Steinmetz, *M. F.: Tagebuch, Drama, Roman*, Göttingen 1973. – M. Biedermann, *Das politische Theater von M. F.*, Lampertheim 1974. – A. Schnetzler-Suter, *M. F. Dramaturgische Fragen*, Bern 1974. – H. Bänzinger, *Zwischen Protest und Traditionsbewußtsein. Arbeiten zum Werk u. zur gesellschaftlichen Stellung M. F.s*, Bern 1975. – M. Werner, *Bilder des Endgültigen, Entwürfe des Möglichen. Zum Werk von M. F.*, Bern 1975. – E. M. Dahms, *Zeit u. Zeiterlebnis in den Werken M. F.s. Bedeutung u. technische Darstellung*, Bln./NY 1976. – T. Hanhart, *M. F.: Zufall, Rolle u. literarische Form. Untersuchungen zu seinem neueren Werk*, Kronberg/Ts. 1976. – G. Lusser-Mertelsmann, *M. F. Die Identitätsproblematik in seinem Werk aus psychoanalytischer Sicht*, Stg. 1976. – G. Ullrich, *Identität u. Rolle. Probleme des Erzählens bei Johnson, F. u. Fichte*, Stg. 1977. – *F. Kritik-Thesen-Analysen*, Hg. M. Jurgensen, Bern 1977. – *M. F. Aspekte seines Prosawerks*, Hg. G. P. Knapp, Bern 1978. – J. H. Petersen, *M. F.*, Stg. 1978 (Slg. Metzler). – F. Hoffmann, *Der Kitsch bei M. F.: Vorgeformte Realitätsvokabeln. Eine Kitschtopographie*, Bad Honnef 1979. – *M. F. Aspekte des Bühnenwerks*, Hg. G. P. Knapp, Bern 1979. – M. E. Schuchmann, *Der Autor als Zeitgenosse. Gesellschaftliche Aspekte in M. F.s Werk*, Ffm. 1979. – K. Schuhmacher, *»Weil es geschehen ist«. Untersuchungen zu M. F.s Poetik der Geschichte*, Königstein/Ts. 1979. – *»Begegnung«. Fs. für M. F. zum siebzigsten Geburtstag*, Ffm. 1981. – H. J. Lüthi, *M. F. »Du sollst dir kein Bildnis machen«*, Mchn. 1981 (UTB). – A. Stephan, *M. F.* (in KLG, 11. Nlg. 1982). – V. Hage, *M. F. Mit Selbstzeugnissen u. Bilddokumenten dargestellt*, Reinbek 1983 (rm). – A. Stephan, *M. F.*, Mchn. 1983. – W. Schwenke, *Lesen u. Schreiben: M. F. – eine produktionsästhetische Auseinandersetzung mit seinem Werk*, Ffm. 1983. – *M. F.*, Hg. H. L. Arnold, ³1983 (Text + Kritik). – B. Jacques-Bosch, *Kritik u. Melancholie im Werk M. F.s: Zur Entwicklung einer für die Schweizer Literatur typischen Dichotomie*, Bern u. a. 1984. – W. Schmitz, *M. F. Das Spätwerk (1962–1982)*, Tübingen 1985. – Ders., *M. F.: Das Werk (1931–1961). Studien zu Tradition u. Traditionsverarbeitung*, Bern u. a. 1985. – M. Butler, *The Plays of M. F.*, NY 1985. – J. Ellerbrock, *Identität u. Rechtfertigung: M. F.s Romane unter besonderer Berücksichtigung des theologischen Aspekts*, Ffm. 1985

ALS DER KRIEG ZU ENDE WAR

Schauspiel in drei Akten von Max FRISCH, erschienen 1949, Uraufführung: Zürich, 8. 1. 1949, Schauspielhaus (Regie: K. Horwitz); deutsche Erstaufführung: Baden-Baden, 31. 3. 1950. – Das Stück, das zwischen Frühjahr 1945 und Herbst 1946 im zerstörten Berlin spielt, beruht auf einer tatsächlichen Begebenheit, die Frisch auch in seinem *Tagebuch 1946–1949* notierte. Agnes, Ehefrau eines deutschen Offiziers, wird die Geliebte des einquartierten russischen Obersten Stepan, zunächst, um den im Keller verborgenen Ehemann zu schützen, später jedoch aus Zuneigung. Als ihr Mann, der 1943 an den Vernichtungsaktionen im Warschauer Ghetto beteiligt war, unversehens vor dem Obersten erscheint, fühlt sich der Russe, der von der Anwesenheit des Gatten keine Ahnung hatte, von seiner Geliebten verraten und verläßt sprachlos, »wie ein verwundetes Tier«, das Haus. Frisch hatte für das Stück ursprünglich den Titel *Ihr Morgen ist die Finsternis* vorgesehen, später überschrieb er es mit *Judith*; BRECHT hatte ihn 1948 in einem Brief darauf aufmerksam gemacht, daß die Handlung auch als Umkehrung der biblischen Erzählung von Judith und Holofernes gelesen werden könnte. Dieser Aspekt stand jedoch nicht im Mittelpunkt von Frischs Interesse, dem es um das »ungeheure Paradoxon« ging, wie er im *Tagebuch 1946–1949* festhielt, daß Agnes und der russische Offizier sich gerade deshalb näher kommen und ihre gegenseitigen Vorurteile überwinden, weil sie die Sprache des anderen nicht verstehen und sich deshalb kein »*Bildnis*« voneinander machen können. Diese Thematik ging in der ersten Fassung des Stücks unter, da Frisch die Handlung nach der Trennung von Agnes und Stepan in einem dritten Akt fortführt. Agnes, bekümmert über den Fortgang des Geliebten, begeht schließlich Selbstmord, da ihr Mann keine persönlichen Konsequenzen aus den Kriegsverbrechen zieht, sondern scheinbar unbelastet fortlebt. Frisch strich den gesamten dritten Akt, als er den Text 1962 in die Ausgabe der *Stücke* aufnahm.

Das Stück blieb auf der Bühne ohne Erfolg, bereits 1948 hatte Brecht in seinem Brief an den Autor angemahnt, er habe damit »*dem Theater als einer Institution erheblich weniger zugemutet..., als es von früheren Stückeschreibern Ihrer Begabung geschah*« und damit einer sich ausbreitenden Tendenz keinen Widerstand geleistet, »*die ein tieferes und vor allem ein allgemeineres Verständnis der gesellschaftlichen Vorgänge nicht wünscht*«. KLL

AUSGABEN: Basel 1949. – Ffm. 1972 (in *Stücke*, 1). – Ffm. 1976 (in *GW in zeitlicher Folge*, Hg. H. Mayer unter Mitw. v. W. Schmitz, 7 Bde., 2); ern. 1986 (st).

LITERATUR: W. Weber, Rez. (in NZZ, 10. 1. 1949). – E. Brock-Sulzer, Rez. (in Schweizer Monatshefte, 28, 1948/49, S. 728–730). – W. A. Peters, Rez. (in Die Zeit, 6. 4. 1950). – Ders., *F. nach* siebzehn Jahren. Wiederbegegnung mit »Als der Krieg zu Ende war« (in FAZ, 18. 5. 1965). – J. H. Petersen, *M. F.*, Stg. 1978, S. 67–69. – W. Schmitz, *M. F.: das Werk (1931–1961)*, Bern u. a. 1985.

ANDORRA

Stück in zwölf Bildern von Max FRISCH, nach einer ersten Notiz im Jahre 1946, einer längeren Prosafassung im *Tagebuch 1946–1949* und fünfmaliger Umarbeitung 1961 erschienen; Uraufführung: Zürich, 2. 11. 1961, Schauspielhaus. – Wie Millard LAMPELL in seinem Schauspiel *Die Mauer* greift Frisch in *Andorra* den Antisemitismus an; während jedoch Lampell sich auf eine Dokumentation des Schicksals der Juden im Warschauer Ghetto beschränkt, versucht Frisch, seinen Zeitgenossen die Judenfrage im Rahmen einer modellhaften Situation vor Augen zu führen: der des Outsiders, der sich einer in Ressentiments erstarrten Gesellschaft gegenüber sieht. Das Problem des gesellschaftlichen Vorurteils ergibt sich aus einer vorgestellten politischen Situation; dem »weißen« Andorra droht die Aggression der »Schwarzen«. In diesem Andorra, das nichts zu tun hat mit dem Kleinstaat dieses Namens, wird dem jungen Andri aufgrund des Gerüchts, sein Pflegevater, der Lehrer Can, habe ihn als Judenkind vor dem Zugriff der »Schwarzen« gerettet und aufgezogen, das Schandmal der Andersartigkeit aufgeprägt (in Wirklichkeit ist er Cans unehelicher Sohn). Der Tischler, sein Lehrherr, wirft ihm Fehler vor, die offensichtlich ein anderer begangen hat: Der Bürger unterdrückt die Wahrheit. Der Soldat, ähnlich dem Tambourmajor aus BÜCHNERS *Woyzeck*, mißhandelt den Jungen: Die Gewalt erschlägt das Recht. Der Arzt beleidigt ihn aus borniertem Eitelkeit: Klischeedenken verstellt die Einsicht. Der Pater, eine dem Staatsanwalt in Frischs Roman *Stiller* verwandte Figur, hält Andri das Kierkegaard-Wort: »*Du mußt dich selber annehmen*«, entgegen, vermag ihm aber nicht zu helfen, da auch er sich an ein falsches Bild hält. Von einer Mauer des Vorurteils umgeben, klammert sich Andri an seine Liebe zu Barblin, der ehelichen Tochter seines Pflegevaters. Als ihm die Hand des Mädchens verweigert wird – da sie ja in Wirklichkeit seine Halbschwester ist –, bildet Andri eben jene Eigenschaften aus, die seine Umgebung ihm unablässig einzuhämmern versucht. Der Wahn seiner Umwelt wird zum Wunschbild seiner Existenz: »*Ich will anders sein.*« So ist das Verhängnis unausweichlich: In der großen Judenschau nach dem Einmarsch der »Schwarzen« wird er zur Liquidation abgeführt, der Vater erhängt sich, Barblin weißelt mit irrer Gebärde die Stadt und »*euch alle*« und starrt auf die zurückgebliebenen Schuhe Andris, vergeblich hoffend, daß ihr Bruder heimkehren werde.
Frisch durchbricht das Illusionstheater, indem er die Schuldigen zwischen den einzelnen Bildern in den Zeugenstand treten, die Ereignisse in der Rückschau erörtern und alle, außer dem Pater, sich für nicht schuldig erklären oder die Achseln zucken läßt. Das Stück erweckt den Eindruck, als gehe es Frisch weniger um eine Bewältigung des Judenproblems unserer jüngsten Vergangenheit, das – seiner massenmörderischen »Endlösung« entkleidet – lediglich in einer Form von allgemeinem Antisemitismus als sozialem Vorurteil behandelt wird. Judenproblem und Identitätsproblem werden auf eine verwirrende Weise vermengt; Andri ist kein Jude, sondern wird dafür gehalten, weshalb gegen das Stück auch der Vorwurf der antisemitischen Tendenz (TORBERG) oder der historischen Verharmlosung, der Flucht ins Unverbindliche erhoben wurde. Denn es hat den Anschein, als ob der Autor, der – wie er im *Tagebuch 1946–1949* berichtet – durch das Bibelwort: »*Du sollst dir kein Bildnis machen*« zu dem Stück angeregt wurde, die mit den Juden verbundenen Vorurteile wie Geldgier und Hartherzigkeit als einem Urbild zugehörig akzeptieren könnte. Der politische Rahmen mit seinem konkreten Zeitbezug verstellt die Absicht der modellhaften massenpsychologischen Studie, die das Ressentiment aus der Ideologie und die Ideologie aus einem Mangel an Leitbildern ableitet, und verdrängt die ursprünglich aufgeworfene Frage der Abhängigkeit des einzelnen vom Bild seiner Umgebung – ein Grundproblem seit PIRANDELLO – und der Suche des Menschen nach seiner Identität. Nicht die Aufarbeitung der Judenverfolgung durch die Nationalsozialisten erstrebte Frisch mit diesem Stück, vielmehr die Beschäftigung damit suchte er in den restaurativen Zeiten der fünfziger Jahre auszulösen; das Stück sei, so meinte Frisch, »*für viele Zuschauer doch, wenn auch ein Anfängerkurs, aber doch ein Kurs gewesen in der Beschäftigung mit dem Phänomen Vorurteil – Massenvorurteil – das hat doch wohl schon ein gewisses Bewußtsein geschärft.*«

W.F.S.-KLL

AUSGABEN: Ffm. 1961. – Ffm. 1962 (in *Stücke*, 2). – Ffm. 1963 (BS). – Ffm. 1975 (st). – Ffm. 1976 (in *GW in zeitlicher Folge*, Hg. H. Mayer unter Mitw. von W. Schmitz, 7 Bde., 4); Ffm. 1986 (st).

LITERATUR: F. Torberg, *Ein furchtbares Mißverständnis. Notizen zur Zürcher Uraufführung des Schauspiels »Andorra« von M. F.* (in Das Forum (Wien) 1961, S. 455–456). – K. A. Horst, *»Andorra« mit anderen Augen* (in Merkur, 16, 1962, S. 396–399). – R. Liebermann, *»Andorra« in New York* (in NZZ, 16. 3. 1963). – R. Eckart, *M. F.: »Andorra«. Interpretation*, Mchn. 1965. – P. C. Plett, *Dokumente zu M. F.s »Andorra«*, Stg. 1972. – S. Heidenreich, *Andorra. Biedermann u. die Brandstifter*, Hollfeld 1974. – *M. F. »Andorra« / »Wilhelm Tell«. Materialien, Kommentare*, Hg. W. Frühwald u. W. Schmitz, Mchn. 1977. – *Materialien zu M. F.s »Andorra«*, Hg. E. Wendt u. W. Schmitz, Ffm. 1978 (es). – G. u. M. Knapp, *M. F. »Andorra«*, Ffm. 1980. – *F.s »Andorra«*, Hg. E. Wendt u. W. Schmitz, Ffm. 1984 (st).

BIEDERMANN UND DIE BRANDSTIFTER. Ein Lehrstück ohne Lehre

Schauspiel von Max FRISCH, Uraufführung: Zürich 29. 3. 1958 (zusammen mit dem Einakter *Die große Wut des Philipp Hotz*); deutsche Erstaufführung: Frankfurt am Main 28. 9. 1958 (Uraufführung des Nachspiels). Die Fabel zu dem Stück notierte Frisch bereits 1948 im *Tagebuch 1946-1949*, im März 1953 wurde es als Hörspiel *Herr Biedermann und die Brandstifter* im Bayerischen Rundfunk gesendet. – Der Haarwasserfabrikant Jakob Biedermann sitzt in seinem Wohnzimmer und kommentiert mit Empörung neue Zeitungsmeldungen von Feuersbrünsten und Brandstiftungen. Lästiger Besuch dringt in sein Heim: Der Ringer Josef Schmitz, ein Mensch von triefender Sentimentalität und höhnischer Verschlagenheit, bittet um Obdach auf dem feuergefährlichen Speicher. Biedermann sträubt sich, erliegt aber der Schmeichelei, mit der Schmitz seine Spießermentalität, seinen Egoismus, sein Mißtrauen, sein schlechtes Gewissen und sein Sicherheitsdenken geschickt zu manipulieren weiß. Selbst als der Mitverschworene des Vagabunden, der Kellner Eisenring, sich auf dem Dachboden einnistet, als Benzinfässer herangerollt, Zündschnüre angeschlossen und Zündkapseln geputzt werden, kommt Biedermann nicht zur Einsicht; zum Handeln aber ist es ohnehin schon zu spät.

Das einfach gebaute Stück bleibt vieldeutig und erlaubte Interpretationen, mit denen der Autor anscheinend selbst nicht gerechnet hatte. Das Züricher Premierenpublikum fühlte sich vor kommunistischer Infiltration gewarnt (schließlich steht die Fabel im *Tagebuch 1946-1949* im Kontext von Frischs Bemerkungen zum kommunistischen Umsturz in der Tschechoslowakei 1948), in der Bundesrepublik deutete man daraufhin das Stück nach Hinweisen des Autors, der für die deutsche Erstaufführung ein *Nachspiel* verfaßt hatte, eher als Parabel auf die faschistische Machtübernahme 1933. Noch in der Hörspielfassung hatte Frisch vermerkt, es handle sich *»um die Darstellung eines durchschnittlichen Bürgers, der ein etwas schlechtes Gewissen hat ... und der ein gutes haben möchte, ohne irgend etwas zu verändern«*. Der Autor erscheint in der Hörspielversion selbst als »Verfasser«, der das Verhalten Biedermanns kommentiert; seine Rolle übernimmt im Schauspiel der »Chor der Feuerwehrleute«. Im antiken Versmaß verfolgt er parodierend pathetisch die Entwicklung der Dinge, warnt Biedermann, verhält sich aber ebenso passiv wie dieser vor der drohenden Gefahr. Nur in seinen eigenen geschäftlichen Angelegenheiten zeigt sich Biedermann als kalter, nüchterner Rechner; seinen langjährigen Mitarbeiter Knechtling hat er zum Selbstmord getrieben, skrupellos weist er dessen Witwe ab, während ihn umgekehrt im Falle der Brandstifter sein Konformismus dazu bringt, sich bei den Verbrechern anzubiedern. Er selbst bietet ihnen die Streichhölzer an, und noch im Angesicht des Feuers, das aus den benachbarten Häusern schlägt, tröstet er sich mit der Hoffnung, daß es nicht wahr sei: *»Blinder als blind ist der Ängstliche, / Zitternd vor Hoffnung, es sei nicht das Böse / Freundlich empfängt er's, / Wehrlos, ach, müde der Angst, / Hoffend das Beste ... / Bis es zu spät ist.«*

Das bei den meisten Aufführungen gestrichene *Nachspiel* des Jahres 1958 zeigt die Familie Biedermann nach dem Brand in der Hölle. Schmitz und Eisenring entpuppen sich als Teufel auf der Jagd nach den Großen der Welt. Aber nur die Kleinen werden gefangen. Also streikt die Hölle, und die verbrannte Stadt ersteht neu in Chrom und Nickel. Es bleibt alles beim alten – *»ein Lehrstück ohne Lehre«*, dessen formale Nähe zum Lehrstücktypus BRECHTS unverkennbar ist. Jegliche politische Konkretisierung allerdings bleibt ausgespart, vielmehr wird mit den Erwartungen des Publikums gespielt, werden absurde Formmittel ebenso eingesetzt wie literarische Parodien, darunter eine auf GOETHES *Faust*; das Stück erwies sich als erster großer Erfolg des Autors auf den deutschsprachigen Bühnen. KLL

AUSGABEN: Hbg. 1955 (in *Hörwerke der Zeit*, Bd. 2; Hörspielfassg.). – Ffm. 1958 (ab 14. Aufl. ohne *Nachspiel*; es). – Ffm. 1976 (in *GW in zeitlicher Folge*, Hg. H. Mayer unter Mitw. v. W. Schmitz, 7 Bde., 4); ern. Ffm. 1986 (st).

VERFILMUNG: Bundesrepublik 1967 (TV; Regie: R. Wolffhardt).

LITERATUR: D. Herms, *M. F., »Biedermann u. die Brandstifter«* (in *Das deutsche Drama vom Expressionismus bis zur Gegenwart. Interpretationen*, Hg. M. Brauneck, Bamberg 1970). – *M. F., »Biedermann u. die Brandstifter«. Erl. u. Dokumente*, Stg. 1975 (RUB). – *Materialien zu M. F., »Biedermann u. die Brandstifter«*, Hg. W. Schmitz, Ffm. 1979 (st). – G. Jordan, *M. F.: »Biedermann u. die Brandstifter«*, Ffm. 1980. – R. u. R. Meurer, *M. F., »Biedermann u. die Brandstifter«. Interpretation*, Mchn. 1983. – Th. Rosebrock, *Erl. zu M. F.s »Andorra«, »Biedermann u. die Brandstifter«*, Hollfeld [10]1984. – R. Kästler, *Erl. zu M. F. »Biedermann u. die Brandstifter«: Nachspiel zu »Biedermann u. die Brandstifter«*, Hollfeld 1987.

BLAUBART

Erzählung von Max FRISCH, erschienen 1982. – Ebenso wie im Drama *Triptychon* und der Erzählung *Der Mensch erscheint im Holozän* ist auch in dieser in reduzierter Prosa gestalteten Kriminalerzählung *»eine Atmosphäre von Endzeitlichkeit, Gewesensein, von Rückzug aus Beziehungen, aus Gemeinschaft im weitesten Sinn, ein Absehen von jeglicher Zukunftsausrichtung«* (B. v. Matt) unübersehbar. Thema der auch durch das *Blaubart*-Märchen von Charles PERRAULT und die *Blaubart*-Erzählung von Anatole FRANCE angeregten Geschichte, die *»einmal mehr um den fragwürdigen Anspruch eines*

Menschen auf Wahrheit« (A. Stephan) kreist, ist weniger die Aufklärung eines Verbrechens als vielmehr der erfolglose Versuch der Selbstfindung eines rettungslos in existentielle Schuld verstrickten möglichen Täters. Dem Autor geht es *»um die Frage von Schuld – Unschuld in einem Fall, wo die Schuld nicht belegbar ist durch die Tat«.*

Der 54jährige Mediziner Felix Schaad, ein sechsmal geschiedener, mit dem Namen *»Ritter Blaubart«* versehener alternder Don Juan, wird des Mordes an einer seiner ehemaligen Frauen verdächtigt. An einem Samstagnachmittag wurde die auch als Prostituierte arbeitende Rosalinde Zogg mittels einer Damenbinde und einer von Schaads Herrenkrawatten in ihrer Zürcher Wohnung erdrosselt. Der Angeklagte wird zwar vom Gericht aus Mangel an Beweisen freigesprochen, doch in seinem Bewußtsein setzt sich das Verhör weiter fort (*»Freispruch mangels Beweis – Wie lebt einer damit? Ich bin vierundfünfzig«*). Seine sonstigen Beschäftigungen wie Billardspielen, Kino, Reisen, Wandern oder Trinken vermögen Schaad nur selten von seiner Selbstsuche abzulenken (*»Seit meinem vierzehnten Lebensjahr habe ich nicht das Gefühl, unschuldig zu sein, das ist richtig, obschon ich andererseits nicht sagen kann, wo ich mich an jenem Samstagnachmittag aufgehalten habe«*). Schaad drängt es zu verstehen, was es mit seinem Leben auf sich hatte, er will *»die Wahrheit und nichts als die Wahrheit«* über sich und seine Schuld erfahren. Der Prozeß setzt sich in der Erinnerung des nun von Freunden und Patienten gemiedenen Protagonisten fort, ja er beginnt erst eigentlich, weil jetzt auch Personen in den Zeugenstand treten, die der Staatsanwalt nicht befragt hatte. *»Die Erzählung ist das dialogische Protokoll dieses inneren Gerichtsverfahrens«* (W. Schmitz). Doch die den größten Teil des Buches einnehmenden Aussagen von insgesamt 61 Zeugen, darunter alle noch lebenden Frauen Schaads, machen ihm und dem Leser deutlich, daß nun einmal *»kein gemeinsames Gedächtnis«* existiert, welches Aufklärung und Identität herstellen könnte. Auch Träume und Kindheitserlebnisse, *»unsere verjährten Bubenspiele in der Kiesgrube«*, verändern sich im Prozeß des Erinnerns. Die Briefe und Tagebücher des schuldigunschuldigen Doktor Schaad tragen zur Wahrheitsfindung ebensowenig bei wie die Aussagen bereits Verstorbener – Klarheit ist nicht zu erlangen. Zuletzt hört der Sich-selbst-Verdächtige die Stimmen seiner toten Eltern und fühlt sich mit dem vorwurfsvollen Schweigen des Opfers konfrontiert. Schritt für Schritt gerät er in eine *»aussichtslose Lage«.* Schaad fährt schließlich seinen Wagen an einen Baum und liegt am Ende hilflos und stumm im Krankenhaus. Seine siebte Frau hat ihn verlassen, niemand nimmt ihm sein Geständnis ab, weil inzwischen ein Mörder gefunden wurde, und selbst der beabsichtigte Tod tritt nicht ein. *»Sie haben Schmerzen«,* lautet der letzte Satz des anonymen Erzählers, *»und das ist zugleich das Urteil über Felix Schaad, eine weitere Inkarnation der spielerischen Imagination in ihrem hoffnungslosen Kampf gegen Sprache und Welt«* (W. Schmitz).

Vieles an diesem *»existenziellen Krimi«* (A. Stephan), besonders das durch häufige Rollen- und Perspektivenwechsel inszenierte Vexierspiel um den Protagonisten sowie mehrere knappe Stilzitate, erinnert an frühere Prosatexte des Autors wie etwa *Stiller* oder *Montauk*. Ähnlich wie dort stehen auch in *Blaubart* Themen wie Selbstverlust und Identitätsfindung, Verstrickung in nicht mehr zu korrigierende Schuld sowie die männliche Unfähigkeit zu »wirklicher« Liebe im Vordergrund. Von der Kritik wurde die Erzählung meist als das schwächste Buch innerhalb des Spätwerks von Max Frisch bezeichnet. K.Hü.

AUSGABEN: Ffm. 1982. – Ffm. 1985 (Drehbuch, st). – Ffm. 1986 (in *GW in zeitlicher Folge*, Hg. H. Mayer unter Mitw. v. W. Schmitz, 7 Bde., 7); ern. Ffm. 1986 (st).

HÖRSPIEL: BRD 1982 (R: Ernst Wendt).

VERFILMUNG: BRD 1985 (Regie: K. Zanussi).

LITERATUR: M. Reich-Ranicki, Rez. (in FAZ, 3. 4. 1982). – J. Kaiser, Rez. (in SZ, 1. 4. 1982). – R. Baumgart, Rez. (in Der Spiegel, 19. 4. 1982). – H. Mayer, Rez. (in Die Zeit, 23. 4. 1982). – B. v. Matt, *Endzeitfiguren* (in NZZ, 10. 5. 1986).

DIE CHINESISCHE MAUER

Eine Farce von Max FRISCH, erschienen 1947; Uraufführung: Zürich, 19. 10. 1946, Schauspielhaus (Neufassung: 1955; deutsche Erstaufführung: Berlin 1955, Theater am Kurfürstendamm). – Das Werk ist ein moralisches Thesenstück gegen die Diktatur der Dummheit und Unmenschlichkeit, geschrieben in Form einer kabarettistischen Parodie. Ort der Handlung: diese Bühne, oder : unser Bewußtsein. Zeit der Handlung: heute abend (*»Also in einem Zeitalter, wo der Bau von Chinesischen Mauern, versteht sich, eine Farce ist«*). Kernhandlung: Eine arme, chinesische Mutter kommt mit ihrem stummen Sohn in die Residenz des Ersten Erhabenen Kaisers, Tsin Sche Hwang Ti, genannt »Der Himmelssohn«, eines Tyrannen schlimmster Art. Das Volk ist voll gärenden Unwillens, aber dumpf und benommen. Ein Name ist in aller Munde, der des Aufwieglers Min Ko, *»der sich die Stimme des Volkes nennt«* und nach dem gefahndet wird. Der Kaiser hat unzählige Siege über die »Barbaren« errungen und weiß nicht mehr, wie er seine Macht noch weiter festigen soll, da es nichts mehr zu siegen gibt. Also beschließt er, die Große Mauer bauen zu lassen. Er ist entzückt von dem Vorschlag des Prinzen Wu Tsiang, billige Arbeitskräfte für dieses im Volk unbeliebte Projekt zu rekrutieren, indem er alle, die sich öffentlich gegen den Plan aussprechen, zu Zwangsarbeitern macht. Der Prinz hat vergeblich (als achter Bewerber) versucht, die Gunst der Prinzessin Mee Lan zu erringen: Ihr ist an einem Mann, der nichts anderes tut, als sinnlose Siege zu erfechten, nicht gelegen. Daraufhin erobert der Prinz »*irgendeine Provinz*«, lehnt das Friedensangebot des Gegners in einer aussichtslosen Situation ab, kämpft bis zum letzten seiner dreißigtausend Mann und erscheint als strahlender Sieger – selbstverständlich unverletzt und, nach Meinung des Kaisers, als geborener General – in Nanking, um – vergeblich – den versprochenen Lohn, die Hand der Prinzessin, zu fordern. Der Kaiser hat inzwischen bei einer Fahrt durch die Straßen unter dem jubelnden Volk einen Menschen erblickt, der stumpf und stumm vor sich hinblickt. Er hält ihn für den berüchtigten Min Ko und läßt ihn verhaften. Aber diese »Stimme des Volkes« ist niemand anders als der stumme Sohn jener chinesischen Mutter. In einer paradoxen Gerichtsverhandlung kann er ebenso wenig aussagen wie während der grausamen Folterung. Schließlich gibt sich der »Heutige«, ein Intellektueller, der selbst mitspielt und zugleich das Bühnengeschehen aus der Gegenwartsperspektive kommentiert, als die »Stimme des Volkes« zu erkennen, hält eine scharfe Anklagerede gegen das System und wird jubelnd beklatscht. Er, der als Hofnarr nach dem Motto »*Der Mann, der die Unschuld verteidigt vor dem Herrscher unseres Reiches, war von jeher ein Narr*« für den Stummen eintrat, bekommt eine goldene Kette und einen Kuß von Cleopatra, einer der zahlreichen historischen Figuren, die in dem Stück auftreten. Der enttäuschte Prinz dringt an der Spitze von Aufständischen ein und will den Kaiser verhaften. Der »Heutige« tritt ihm scharf entgegen, da er in ihm einen Demagogen sieht. Eine Auseinandersetzung mit der Mutter, die glücklich ist, ihren Sohn wiederzuhaben, beweist, daß das Volk unbelehrbar ist: Sie ist zum Entsetzen des »Heutigen« stolz darauf, daß ihr Sohn ein »*wichtiger Mann*« geworden ist. – Die von den Aufständischen geschändete Mee Lan bleibt zum Schluß mit dem ohnmächtigen »Heutigen« allein auf der Bühne und sagt ihm, den sie liebt: »*Nun bist du der Stumme.*« Neben dieser (zweiten) Fassung aus dem Jahre 1955 entstand eine in Hamburg 1965 aufgeführte dritte Fassung sowie eine vierte, die 1972 am Théâtre National de l'Odéon in Paris gezeigt wurde (Untertitel: *Eine Farce. Version für Paris*) und in die Werkausgaben einging.

Frisch selbst charakterisierte das Stück als »*Parodie auf unser Bewußtsein*«; historische Zusammenhänge und Räume werden aufgelöst, ein desillusionierendes Spiel entfaltet sich, in dem, zeitgemäß kostümiert, Napoleon und Kolumbus, Pilatus und Philipp von Spanien, Brutus und Don Juan auftreten, nachdem am Anfang ausgiebig aus SHAKESPEARES *Romeo und Julia* zitiert wird. Wie in den übrigen frühen Stücken betont Frisch auch hier den Spielcharakter des Dargestellten, das damit zugleich verfremdet erscheint. Weder soll die Wirklichkeit imitiert noch die Einfühlung des Zuschauers herbeigeführt werden. In seinen theoretischen Texten aus den späten vierziger und frühen fünfziger Jahren hat Frisch immer wieder das traditionelle »*Imitiertheater*« abgelehnt, darin an die Theaterkonzeption BRECHTs sich anlehnend, ohne dessen Sicherheit in den inhaltlichen Thesen folgen zu können; die Absonderlichkeiten und Absurditäten einer Welt, die am Rande ihrer Zerstörung sich befindet und worüber keine kollektive Beunruhigung stattfindet, notiert Frisch auch in *Die chinesische Mauer* (»*Die Sintflut ist herstellbar. Technisch kein Problem... Entscheiden wir uns aber: Es soll die Menschheit geben! so heißt das: Eure Art Geschichte zu machen, kommt heute nicht mehr in Betracht.*«), gegenüber allen formelhaften Lösungen aber bewahrt er sich stets eine aufklärerische Skepsis, wie er auch in seinem *Tagebuch 1946-1949* festhält: »*Als Stückeschreiber hielte ich meine Aufgabe für durchaus erfüllt, wenn es in einem Stück jemals gelänge, eine Frage dermaßen zu stellen, daß die Zuschauer von dieser Stunde an ohne eine Antwort nicht mehr leben können...*«

W.P.-KLL

AUSGABEN: Basel 1947. – Ffm. 1962 (in *Stücke*, 2 Bde., 1). – Ffm. 1964 (es). – Ffm. 1972 (4. Fassg.: *Die Chinesische Mauer. Eine Farce. Version für Paris*). – Ffm. 1976 (in *GW in zeitlicher Folge*, Hg. H. Mayer unter Mitw. W. Schmitz, 7 Bde., 2); ern. Ffm. 1986 (st).

LITERATUR: K. A. Horst, *Zur »Chinesischen Mauer«* (in Merkur, 8, 1954, S. 593–596). – M. F., *Zur »Chinesischen Mauer«* (in Akzente, 2, 1955, S. 386–396). – W. Ziskoven, *M. F., »Die chinesische Mauer«* (in *Zur Interpretation des modernen Dramas. Brecht, Dürrenmatt, F.*, Hg. R. Geißler, Ffm. 1960, S. 126–144). – W. Jacobi, *M. F., »Die chinesische Mauer«. Die Beziehung zwischen Sinngehalt u. Form. Ein Beitrag zum Formproblem des modernen Dramas* (in Der Deutschunterricht, 13, 1961, H. 4, S. 93–108). – G. Kaiser, *M. F.s Farce »Die chinesische Mauer«* (in *Über M. F.*, Hg. Th. Beckermann, Ffm. 1971, S. 116–136). – G. Waldmann, *Das Verhängnis der Geschichtlichkeit. M. F.: »Die chinesische Mauer«* (in WW, 18, 1968, S. 264–271; ern. in *Über M. F. II*, Hg. W. Schmitz, Ffm. 1976, S. 207–219). – C. de Groot, *Zeitgestaltung im Drama M. F.s. Die Vergegenwärtigungstechnik in »Santa Cruz«, »Die Chinesische Mauer« u. »Biographie«*, Amsterdam 1977. – E. Neis, *Erläuterungen zu M. F.: »Die chinesische Mauer«*, Hollfeld ³1986.

DON JUAN ODER DIE LIEBE ZUR GEOMETRIE

Komödie in fünf Akten von Max FRISCH, Uraufführung: Zürich, 5. 5. 1953, Schauspielhaus; gleichzeitig Berlin, Schiller-Theater. Überarbeitung 1961, in der das Intermezzo nach dem III. Akt sowie eine Passage im Kommentar des Bischofs über die Aufführung des *Don Juan* von Gabriel TÉLLEZ (1571–1648) in Sevilla gestrichen wurden. – In dieser geistreichen Parodie ist – gleichsam in einer ironischen Umkehrung der Legende – Don Juan kein Liebender und Frauenjäger, sondern ein narzißhafter Gejagter, ein etwas zynischer Melancholiker, dem es weniger um Wollust als um die Offenbarung »*eines Geistes, der stimmt*«, zu tun ist, der daher die »*männliche Geometrie*« liebt und vor den falschen Gefühlen flieht, die sich für ihn immer dort einstellen, wo ein Verhältnis zur Gewohnheit wird. Frisch sieht in ihm weder einen Beau noch einen Herkules, sondern einen Intellektuellen, »*wenn auch von gutem Wuchs und ohne alles Brillenhafte*«, der »*ganz andere Ziele kennt als die Frau und die Frau von vornherein als Episode einsetzt – mit dem Ergebnis freilich, daß die Episode schließlich sein ganzes Leben verschlingt*«.

Don Juan, Mathematiker und Offizier, der sich bisher wenig aus den Frauen machte, soll gegen seinen Willen mit Donna Anna, Tochter des Komturs Don Gonzales und der Donna Elvira, verheiratet werden. Der Hochzeit geht ein Maskenball voraus; Juan, der seinen Freund Rodrigo vergeblich bittet, ihm zur Flucht zu verhelfen, hat im Park nachts die Gunst einer Unbekannten errungen. Als am Tage darauf die Trauung durch Pater Diego vollzogen werden soll, entdecken Donna Anna und Don Juan einer im andern die Partner jener nächtlichen Begegnung. Während Anna selig ist, weigert sich Juan, der nur im Augenblick der Liebe, nicht ihre Dauer für möglich hält, etwas zu geloben, was niemand halten kann. Seine Flucht, die ihn in die Schlafzimmer von Donna Elvira und Rodrigos Braut führt, verschafft ihm nur neue Beweise für die Vertauschbarkeit der Frauen. Doch als er Anna plötzlich noch einmal vor sich zu sehen glaubt, schwindet angesichts ihrer Bereitschaft den gewissenlosen Abenteurer zu lieben, als den er sich schonungslos schildert, vorübergehend sein bitterer Zynismus, doch nur, um mit verdoppelter Stärke zurückzukehren, als diese Anna, die er nun sogar zu heiraten bereit wäre, sich als die Hure Miranda enthüllt, die wirkliche Anna aber tot aus dem Teich geborgen wird. Auch die Nachricht vom Selbstmord Rodrigos und vom Tode seines tief getroffenen Vaters vermag ihn nur einen Augenblick zu erschüttern. Er nimmt die Herausforderung des Himmels an: »*Wir wollen doch sehen, wer von uns beiden, der Himmel oder ich, den andern zum Gespötte macht.*« – Nach Jahren eines frevelhaften Lebens erkennt der inzwischen Dreiunddreißigjährige, daß es gar keine Herausforderung und kein Gericht gibt, auf das er insgeheim immer gewartet hat: »*Meine Frevel haben mich bloß berühmt gemacht.*« Der ihn verfolgenden Abenteuer und der finanziellen Sorgen überdrüssig, beschließt er, mit seinem Diener Leporello die Legende von der Höllenfahrt des Frevlers als seine eigene Höllenfahrt in Szene zu setzen, und erbittet vom Bischof von Cordoba als Gegenleistung für diesen der Kirche erwiesenen Dienst eine Klosterzelle, in der er »*vom Weibe verschont, still und zufrieden*« mit seiner Geometrie leben könne. Bei einem Gastmahl, zu dem er zahlreiche der von ihm verlassenen Frauen geladen hat, soll, gespielt von der Bordellmutter Celestina, der einst von ihm erstochene Komtur erscheinen und ihn unter Blitz und Schwefeldampf zur Hölle fahren lassen. Der Plan droht zu mißlingen; denn der angebliche Bischof erweist sich als rachedurstiger Ehemann einer Schönen und entlarvt den Betrug – doch die Augenzeugen sind nicht davon abzubringen, an den Schwindel zu glauben. Resigniert läßt Don Juan sich von der reichen Herzogin von Ronda heiraten, die einst die Hure Miranda war. Sie liebt ihn, weil ihn einmal »*ein Schach, das Spiel mit dem Geist, unwiderstehlicher lockte als das Weib*«, und verspricht ihm, daß niemand in ihrem Schloß ihn bei seiner Geometrie stören werde. Er lebt hinfort in einem goldenen Gefängnis, und als sie ihm mitteilt, daß sie ein Kind von ihm erwartet, hat das Geschlecht ihm »*die letzte Schlinge um den Hals*« geworfen. Im Theater von Sevilla spielt man indessen das Spektakel von der Höllenfahrt des Don Juan: »*Was bleibt dem Theater andres übrig? Wahrheit läßt sich nicht zeigen, sondern nur erfinden.*«

Das Stück bezieht seine Komik nicht nur daraus, daß Frischs Don Juan als Verführter, nicht als Verführer erscheint und somit dem herkömmlichen Bild dieser Figur widerspricht, sondern auch daraus, daß er in diesem Stück geradezu in eine ihm verhaßte Rolle gezwungen wird. Er ist nicht der unmittelbar reagierende, sinnlich-ungebrochene Held, sondern mit dem Makel der Intellektualität behaftet, gebrochen und raisonnierend, statt der Liebe zu den Frauen der »*Liebe zur Geometrie*« verfallen, wobei der Autor nicht nur sein Spiel mit der literarischen Tradition betreibt: »*Frisch benutzt den Don Juan-Stoff, um das für ihn typische Problem von Identität und Rolle zu gestalten.*« (H. Gnüg). Der Versuch, Don Juan als »*Werdenden zu entwickeln*«, gelingt, wie Frisch selbst zum Stück bemerkt, nur »*um den Preis, daß es kein wirklicher Don Juan mehr ist, sondern ein Mensch, der (aus diesen oder jenen Gründen) in die Rolle eines Don Juan kommt.*« KLL

AUSGABEN: Bln./Ffm. 1953. – Ffm.1963 (es). – Ffm. 1964 (in *Stücke*, 2 Bde., 2). – Ffm. 1976 (in *GW in zeitlicher Folge*, Hg. H. Mayer unter Mitw. v. W. Schmitz, 7 Bde., 3); ern. Ffm. 1986 (st).

LITERATUR: H. Franz, *Der Intellektuelle in M. F.s »Don Juan« u. »Homo Faber«* (in ZfdPh, 90, 1971, S. 555–563; ern. in *Über M.F. II*, Hg. W. Schmitz, Ffm. 1976, S. 234–244). – H.G. Rötzer, *F.s »Don Juan«. Zur Tradition eines Mythos* (in arcadia, 10, 1975, S. 243–259). – H. Gnüg, *Das Ende eines Mythos: M.F.s »Don Juan oder Liebe zur Geometrie«* (in *Über M.F. II*, Hg. W. Schmitz, Ffm. 1976, S. 220–233). – P. Horn, *Zu M.F.s »Don Juan oder Die Liebe zur Geometrie«* (in *F. Kritik-Thesen-Analysen. Beiträge zum 65. Geburtstag*, Hg. M. Jurgensen, Bern 1977, S. 121 bis 144). – K. Richter, *Schwierigkeiten mit der Liebe zur Geometrie. Theatralische Fiktion u. Geschichtlichkeit in einer Komödie M.F.s* (in *Lerngegenstand: Literatur*, Hg. E. Schaefer, Göttingen 1977, S. 40–58). – J. Werner, *Ein trauriger Held. Vorgeschichte u. thematische Einheit von M.F.s »Don Juan oder Die Liebe zur Geometrie«* (in Sprachkunst, 1977, H.1, S. 41–58). – *Die deutsche Komödie*, Hg. W. Hinck,

Düsseldorf 1977, S. 305–323. – P. Beyersdorf u. a., *Erl. zu M. F. »Don Juan...«*, Hollfeld 1978. – P. Bayersdorf u. a., *Erläuterungen zu M. F.s »Don Juan oder Die Liebe zur Geometrie«*, Hollfeld 1978. – *Materialien zu F.s »Don Juan«*, Hg. W. Schmitz, Ffm. 1985 (st).

GRAF ÖDERLAND. Eine Moritat in zwölf Bildern

Schauspiel von Max FRISCH. Eine erste Skizze wurde im *Tagebuch 1946–1949* veröffentlicht; Uraufführung der ersten Bühnenfassung: Zürich, 10. 2. 1951, Schauspielhaus; für die deutsche Erstaufführung (Frankfurt/Main, 4. 2. 1956, Städtische Bühnen) wurde das Stück neu bearbeitet; diese Fassung blieb unveröffentlicht. Eine dritte und endgültige Fassung wurde in Berlin, 25. 9. 1961, Schillertheater, uraufgeführt. – Totale Bürokratisierung, erstarrte Konventionen und eine sinnentleerte, lebensfeindliche bürgerliche Ordnung zwingen das Individuum, wenn es Anspruch auf eine Existenz in freier Willensentscheidung erhebt, zu gewalttätiger Rebellion.

Ein Bankkassierer, der jahrzehntelang seinen Beruf gewissenhaft ausübte, hat ohne ersichtlichen Grund einen ihm Unbekannten mit der Axt erschlagen. Das Stück beginnt am Vorabend des Mordprozesses. Der Staatsanwalt, aufgestört durch den unerklärlichen Fall, spürt, daß er zeitlebens Gefangener einer sterilen Bürokratie war, und empfindet nun plötzlich Verständnis für die unbegreifliche Tat, die in ihm Sehnsucht nach einem »wirklichen«, d. h. freien, Leben weckt; er sieht sich deshalb außerstande, den Mörder – wie es seine Pflicht wäre – anzuklagen. Während Dr. Hahn, der Verteidiger des Kassierers, vergeblich nach einem Motiv für die Tat sucht, trifft die Nachricht vom spurlosen Verschwinden des Staatsanwalts ein. Auf der Flucht durch einen abgelegenen, verschneiten Wald findet dieser in einer Köhlerhütte Unterschlupf. Die Köhlerstochter Inge singt die Ballade vom Grafen Öderland, der mit der Axt in der Hand mordend durch das Land zieht. Der Staatsanwalt, dem Gewaltanwendung als letztes Mittel zum Ausbruch aus der verwalteten Bürgerlichkeit erscheint, identifiziert sich mit der Sagengestalt, ergreift die Axt des Köhlers und flieht mit Inge, die wie er die Öde und Langeweile des Lebens verabscheut. Beider Ziel ist die imaginäre Insel Santorin, wo es noch echtes und freies Leben gibt. Als drei Zöllner ihren Grenzübertritt verhindern wollen, erschlägt Öderland sie. Auf der Insel gründet er eine Widerstandsbewegung von Unzufriedenen. Inzwischen hat sich auch im ganzen Land die Nachricht von dem mordenden Grafen rasch verbreitet. Überall sammeln sich nun Rebellen, die der bestehenden Ordnung den Kampf ansagen und sich unter dem Zeichen der Axt um den zunächst widerstrebenden Öderland scharen. In den Kanälen unter der Stadt bereiten sie die Revolution vor. Der Innenminister, die Gewalt der Axt fürchtend, begnadigt den Bankkassierer, den er für den Urheber der Bewegung hält. Öderland dringt schließlich in die Residenz ein und schlägt den versammelten Regierungsvertretern eine Gewaltenteilung vor. Als sein Vorschlag auf Ablehnung stößt, ist er gezwungen, die Macht ganz zu übernehmen, wenn er nicht als Mörder hingerichtet werden will. Nun fordert der Präsident ihn auf, eine neue Regierung zu bilden. Plötzlich erkennt Öderland, daß er abermals Gefangener der staatlichen Ordnung geworden ist: *»Wer, um frei zu sein, die Macht stürzt, übernimmt das Gegenteil der Freiheit, die Macht...«* Bevor er die Residenz beziehen soll, erwacht er in der Nacht und glaubt, alles sei nur ein Traum gewesen.

Der Stoff hat den Autor mehrere Jahre beschäftigt. Durch allzu aktuelle Interpretationen, die u. a. in Öderland eine Hitler-Parodie erkennen wollten, enttäuscht, sperrte Frisch seine »Moritat« vorübergehend für alle Bühnen und schrieb mehrere Fassungen, die sich in der Hauptsache durch das Ende unterscheiden. In der Fassung von 1951 begeht Öderland Selbstmord, in der zweiten Fassung gibt er sich den Mitrevolutionären als Verräter zu erkennen und entläßt den Zuschauer mit der Erwartung, er werde erschossen; die dritte Fassung schließlich besitzt einen offenen Schluß. Eine Szenensynopse der drei Fassungen findet sich im Anhang des 3. Bandes der siebenbändigen Ausgabe der *Gesammelten Werke*. – Die einzelnen Szenen reihen sich lose aneinander unter formaler und inhaltlicher Anlehnung an die Lehrstücke BRECHTS, mit dem Frisch seit 1948 in engem persönlichen Kontakt stand. In gewissem Sinn ist der *Öderland* ein Lehrstück über die Unmöglichkeit, Macht und Freiheit in eine menschenwürdige Harmonie zu bringen. Es zeigt die Wiederkehr des Gleichen, die anscheinend unaufhebbare Zwangslage zur Herrschaft gelangter Revolutionäre, erneut das Staatsgefüge durch Normen binden und die Freiheit des Individuums durch Bürokratisierung beschneiden zu müssen. An die Macht gekommen, erkennt Öderland resigniert: *»Das Leben ist ein Spuk, langsam begreife ich es – Wiederholung, das ist es, und wenn man durch die Wände geht, das ist der Fluch, das ist die Grenze, da hilft keine Axt dagegen. Wiederholung!«* Frisch selbst sagt anläßlich der Uraufführung der dritten Fassung über Öderland: *»Ich hüte mich zu sagen, wer dieser Graf Öderland ist, der mit der Axt in der Ledermappe alles erreicht, und zwar traumleicht für ihn, blutig nur für die Welt. Alles, nur nicht das Leben, alles an Macht, nur nicht die Freiheit, das ist mein Graf Öderland.«* I.F.W.

AUSGABEN: Bln./Ffm. 1951. – Ffm. 1962 (in *Spectaculum*, Bd. 4; endgültige Fassg.; enth. auch K. Schmid, *Notizen zu »Graf Öderland« anläßlich der Uraufführung der ersten Fassg. 1951*). – Ffm. 1962 (in *Stücke*, 2 Bde., 1; endgültige Fassg.). – Ffm. 1963 (es). – Ffm. 1976 (in *GW in zeitlicher Folge*, Hg. H. Mayer unter Mitw. v. W. Schmitz, 7 Bde., 3); ern. Ffm. 1986 (st). – Vgl. M. F., *Tagebuch 1946–1949*, Bln./Ffm. 1950, S. 73–113; ern. 1963 [erster Entwurf].

LITERATUR: F. Dürrenmatt, *Eine Vision u. ihr dramatisches Schicksal* (in Die Weltwoche, 16. 2. 1951; ern. in *Über M. F.*, Hg. Th. Beckermann, Ffm. 1971, S. 110–112). – J. R. v. Salis, *Zu M. F.s »Graf Öderland«* (in J. R. v. S., *Schwierige Schweiz*, 1966, S. 144–148). – G. Knapp, *Angelpunkt »Öderland«. Über die Bedeutung eines dramaturgischen Fehlschlags für das Bühnenwerk F.s* (in *M. F.: Aspekte eines Bühnenwerks*, Hg. ders., Bern 1979). – W. Schmitz, *M. F.: das Werk (1931–1961)*, Bern u. a. 1985.

HOMO FABER. Ein Bericht

Roman von Max FRISCH, erschienen 1957. – Der Titel des Buchs charakterisiert bereits den Haupthelden und Ich-Erzähler des »Berichts«: Walter Faber ist der Typ eines rationalitätsgläubigen, diesseitsorientierten modernen Menschen, dessen technologisch-mathematisches Weltverständnis ihn blind macht für die Erkenntnis, daß das Leben mit all seinen Unwägbarkeiten und schicksalhaften Zufällen sich den Gesetzen der Logik entzieht. Die Tragik von Fabers eigenem Leben, die sich in wenigen Monaten des Jahres 1957 erfüllt, besteht gerade darin, daß er, der den Glauben an schicksalhafte, irrationale Fügungen im menschlichen Dasein als *»Mystifikation«* und *»Spintisiererei«* verwirft, das Opfer unkalkulierbarer Zufälle wird.

Aus den Aufzeichnungen, die er auf einem Flug nach Caracas und kurz vor seiner Operation in einem Athener Krankenhaus niederschreibt und die von seinem vergangenen Leben, den entscheidenden Ereignissen der letzten Monate und schließlich Tage berichten, geht hervor, daß er in den dreißiger Jahren, als Assistent an der Züricher Technischen Hochschule, eine Halbjüdin, die Münchner Kunststudentin Hanna Landsberg, liebte. Als die politische Situation für Hanna bedrohlich wurde, beschloß er, das Mädchen, das ein Kind von ihm erwartete, zu heiraten: Gleichzeitig jedoch nahm er ein glänzendes berufliches Angebot nach Bagdad an. Durch seine Kälte verletzt, lehnte Hanna schließlich die Heirat ab, und beide beschlossen, das Kind solle nicht zur Welt kommen. 1936 verließ Faber seine Freundin. Zwanzig Jahre später erfährt der inzwischen fünfzigjährige Unesco-Ingenieur, daß Hanna, nach der er nie mehr geforscht und die er für tot gehalten hatte, als Archivarin in Athen lebt und eine Tochter hat, und auf einer Schiffsreise nach Europa begegnet er einem Mädchen, seiner eigenen Tochter Sabeth, die er nicht erkennt – sie trägt den Nachnamen Piper –, die ihn aber mit ihrem *»Hanna-Mädchen-Gesicht«* an seine frühere Geliebte erinnert. Er begleitet die zwanzigjährige Studentin auf ihrer Heimreise durch Italien nach Griechenland, schläft mit ihr und will sie heiraten, obgleich er inzwischen erfahren hat, daß sie die Tochter von Hanna ist, die, nachdem er sie verlassen hatte, ihren gemeinsamen Freund Joachim geheiratet hat: »*Ich rechnete im stillen pausenlos, bis die Rechnung aufging, wie ich sie wollte: Sie konnte nur das Kind von Joachim sein! Wie ich's rechnete, weiß ich nicht; ich legte mir die Daten zurecht, bis die Rechnung wirklich stimmte, die Rechnung als solche.*« In Athen bestätigt ihm Hanna, was er im Grund längst schon wußte, sich aber nicht eingestehen wollte: Sabeth ist sein Kind, das Hanna 1936 nicht hatte abtreiben lassen. Zu Fabers Inzest kommt hinzu, daß die ahnungslose Tochter durch eine Verkettung unglückseliger Umstände, an denen aber Faber nicht ganz schuldlos ist, verunglückt. Kurz vor seinem Tode – Faber ahnt, daß die Operation in Athen die Diagnose eines unheilbaren Magenkrebses ergeben wird – muß er erkennen, daß er das Leben seiner Tochter, sein eigenes Glück und das der Mutter vernichtet hat, ohne es zu wissen: »*Was ist denn meine Schuld?*«

Faber, der alles, was nicht berechenbar ist, als bedeutungslos denunziert, der Stimmungen, Liebe, Religion, Kunst nicht kennt, nicht wahrhaben will oder nur »wissenschaftlich« erklärt und abtut, muß erfahren, daß seine technologische Weltorientierung nicht ausreicht, um menschlicher Schuld und schicksalhaftem Verhängnis zu entgehen. Nach dem Tod Sabeths ahnt er, der moderne Ödipus, daß er schuldig geworden ist; jedoch bleibt ihm unverständlich, was Hanna, die ihn einst »homo faber« nannte, mit der Äußerung meint, daß alles kein zufälliger Irrtum gewesen sei, sondern ein Irrtum, der zu ihm gehöre wie sein Beruf, wie sein ganzes Leben: »*Du behandelst das Leben nicht als Gestalt, sondern als bloße Addition, daher kein Verhältnis zur Zeit, weil kein Verhältnis zum Tod.*« – Mit der Form des tagebuchartigen »Berichts«, der einerseits das Erzählte dokumentarisch zu verbürgen scheint, andererseits die Subjektivität des Tagebuchschreibers zur Geltung kommen läßt, verwendet Frisch wie bereits in dem Roman *Stiller* (1956) ein Kunstmittel, das schon durch seine eigene Dialektik die »wahren« Aufzeichnungen Fabers als Zeugnis für seine Selbsttäuschung offenbart: In der »genauen« Rekonstruktion der Vorgänge und den vorbehaltlosen, scheinbar nichts verschweigenden Aufzeichnungen reprodziert er nur sein – unwissentlich – falsches Bild der Wirklichkeit; seinem absoluten starren Glauben an die Welt als einer einwandfrei aufgehenden Gleichung muß die Hintergründigkeit und Unerforschlichkeit des Lebens ein Rätsel, mindestens aber ein Ärgernis bleiben. Das Werk, dessen Handlung sich in Grundrissen schon in einer vom Autor in seinem *Tagebuch* (1950) erzählten *Kalendergeschichte* von 1946 findet und dessen autobiographisches Moment Frisch in *Montauk* mitteilt, hatte zwar großen Erfolg beim Publikum, erreicht aber nicht den Rang des auch sprachlich sehr viel differenzierteren *Stiller*: Fast kann man sagen, daß in *Homo Faber* das *fabula docet*, die tiefere Bedeutung überdeutlich und gelegentlich zu aufdringlich zutage tritt.   S.P.-KLL

AUSGABEN: Ffm.1957. – Ffm. 1966. – Ffm. 1976 (in *GW in zeitlicher Folge*, Hg. H. Mayer unter Mitw. v. W. Schmitz, 7 Bde., 4); ern. Ffm. 1986 (st).

LITERATUR: E. Stäuble, *M. F. Ein Schweizer Dichter der Gegenwart. Versuch einer Gesamtdarstellung seines Werkes*, Amriswil ⁴1971. – H. Geulen, *M. F.s »Homo Faber«. Studien u. Interpretationen*, Bln. 1965. – H. Bänzinger, *F. u. Dürrenmatt*, Bern ⁵1967. – E. Neis, *Erl. zu M. F. Stiller. Homo Faber. Gantenbein*, Hollfeld ⁴1975. – S. Heidenreich, *M. F. Homo Faber. Untersuchungen zum Roman*, Hollfeld 1977. – C. Hoffmann, *M. F.s Roman »Homo Faber«, betrachtet unter theologischem Aspekt*, Ffm. 1978. – D. Kiernan, *Existentiale Themen bei M. F. Die Existentialphilosophie M. Heideggers in den Romanen Stiller, Homo Faber u. Mein Name sei Gantenbein*, Bln./NY 1978. – W. Loukopoulos, *M. F.: Homo Faber. Eine Motivanalyse. H. v. Kleist: Der Zweikampf. Die Stellung des Subjekts*, Stg. 1978. – *F.s Homo Faber*, Hg. W. Schmitz, Ffm. 1983 (st). – E. Neis, *M. F., »Homo Faber«. Eine Einf. in den modernen Roman*, Hollfeld 1984. – M. Knapp, *M. F., »Homo Faber«*, Ffm. 1987.

MEIN NAME SEI GANTENBEIN

Roman von Max FRISCH, erschienen 1964. – Der Konjunktiv im Titel verweist auf die erzählerische Grundintention, alle im Roman vorgetragenen Geschichten und Episoden allein als fiktive Vergegenwärtigungen eines vergangenen Geschehens, als Sinnbilder der Erkenntnis gelten zu lassen: Wirklichkeit entziehe sich dem unmittelbaren Zugriff der Sprache, sie könne allenfalls in der Pluralität fingierter Möglichkeiten experimentell zur Erscheinung gebracht werden. Darum heißt die Ausgangsposition des Romans: »*Ein Mann hat eine Erfahrung gemacht, jetzt sucht er die Geschichte dazu.*« Er fragt sich angesichts des verlassenen Wohnzimmers, in dem seine Ehe gescheitert ist: »*Was ist wirklich geschehen?*«, ist sich jedoch bewußt, daß eine Antwort nicht in der faktischen Rekonstruktion des Vergangenen, sondern bestenfalls an dessen Spiegelung mit Hilfe von Fiktionen zu erhalten ist, die der Erzähler wiederholt durch die Formel »*Ich stelle mir vor*« kennzeichnet.

Wie schon in den Romanen *Die Schwierigen, Stiller* und *Homo Faber* kommt auch *Gantenbein* dem Eheproblem eine dominierende Stellung zu. Keines dieser Werke läßt sich jedoch unter den Begriff »Eheroman« subsumieren. Vielmehr wird die Ehe zum Modellfall zwischenmenschlicher Beziehung, an dem sich die Diskrepanz von faktischer und erlebter Wirklichkeit sinnfällig demonstrieren läßt. Eifersucht, die Gantenbeins Ehe zerstört, offenbart diese Diskrepanz. Sie ist Ausdruck der »*Kluft zwischen Welt und Wahn*«, der Blindheit des Ichs gegenüber der Welt. Diese objektive Konstellation wird im Roman thematisiert. Gantenbein, sehend und sogar sehr genau beobachtend wie der Erzähler, für den er in der hypothetischen Rekonstruktion des Geschehenen eintritt, spielt einen Blinden. Zweifel, ob die Gantenbein-Rolle letzten Endes geeignet ist, die eigentliche Erfahrung widerzuspiegeln, veranlassen den Erzähler, das Problem vorübergehend an anderen Personifikationen seines Ichs zu überprüfen. Doch scheinen ihm schließlich die Daseinsentwürfe eines Architekten Svoboda und eines Kunsthistorikers Enderlin noch weniger geeignet, die ursprüngliche Erfahrung sinnfällig zu vermitteln. Zwar dient es dem Bewußtwerdungsprozeß des Erzählers, wenn er die Beziehungen beider Personen zu Lila, der weiblichen Zentralfigur, darstellt, dennoch unterbricht er das Spiel der Möglichkeiten zugunsten der Titelgestalt: »*Mein Name sei Gantenbein (Aber endgültig).*« – In Gantenbein versucht das reflektierende Ich einen Halt zu finden – »*Jedes Ich, das sich ausspricht, ist eine Rolle*«; und Gantenbein erweist sich – nicht zuletzt in erzähltechnischer Hinsicht – als nahezu ideale Gestalt. Der scheinbar Blinde wird zum genauesten Augenzeugen seiner Umwelt, die vor ihm ihr schlechtes Rollenspiel meint aufgeben zu dürfen. So zeitigt seine Position notwendig kultur- und zivilisationskritische Einsichten, die sich indessen nicht zur großen Entlarvung und Anklage der Gesellschaft zusammenschließen. Ihr Wert liegt darin, daß sie dem Ich zum Bewußtsein seiner selbst verhelfen. Um dieses Erzähler-Ich, sich selbst nicht oder nur in Rollen sehen kann, kreisen noch die entlegensten Teile des Romans, in der Erzähler abschließend mit einem lakonischen Satz – »*Leben gefällt mir*« – die unabsehbare Variabilität des wirklichen Lebens gegen das gesichts- und geschichtslose Dasein des nur Faktischen verteidigt.

Der spielerische Rollenwechsel – »*Ich probiere Geschichten an wie Kleider*« – wird möglich dank einer Sprache, die eher entwirft als schildert, vermeintlich sichere Aussagen ironisch relativiert und den suggestiven Identifikationsgestus vermeidet. Frisch skizziert, notiert, häuft Materialien in locker gereihten Sätzen und Saltzgliedern. Er zwingt sie so wenig in moderierten epischen Fluß, wie er das Widerstrebende und Widersprüchliche der »Geschichten« kaschiert. Um Raum für das Spiel mit den verschiedenen Variationen jener zentralen Erfahrung zu bekommen, preßt Frisch den Erzählstoff nicht mehr in ein festes Raum-Zeit-Schema. Kausale und zeitliche Sukzession sind aufgegeben, so daß eine »Handlung« im herkömmlichen Sinn nicht mehr zustande kommt, zweifellos ein Indiz dafür, wie sehr sich Frisch von den vorhergegangenen Romanen *Stiller* und *Homo Faber* erzähltechnisch entfernt hat. Im Zusammenhang mit seiner Bühnenarbeit führte Frisch die Überlegungen zur Erzähltechnik weiter, die er in *Mein Name sei Gantenbein* erprobt hatte. In seiner Rede bei der Verleihung des Schillerpreises 1965, aber auch in Essays (*Anmerkung zu »Biografie«*, 1967; *In eigener Sache*, 1968) setzt er gegen die herkömmliche, sich kausal entwickelnde Dramaturgie von Texten eine Dramaturgie des Zufalls, der »Permutation«: Das Leben, so äußert Frisch 1965, »*summiert sich aus Handlungen, die oft zufällig sind, und es hätte immer auch anders sein können, es gibt keine Handlung und Unterlassung, die für die Zukunft nicht Varianten zuließe*«. Will Kunst eine Äußerung über Lebensverhältnisse und -zustände sein, so darf der Zufall, und in seinem Stück *Biografie: Ein Spiel* (1967, 2. Fassg. 1968) versuchte Frisch diese Überlegungen auf das Theater zu übertragen, nicht als »dramaturgischer Makel« eliminiert werden.

C.P.S.-W.We.

AUSGABEN: Ffm. 1964. – Ffm. 1975 (st). – Ffm. 1976 (in *GW in zeitlicher Folge*, Hg. H. Mayer unter Mitw. v. W. Schmitz, 7 Bde., 5); ern. Ffm. 1986 (st).

LITERATUR: W. R. Marchand, *M. F. »Mein Name sei Gantenbein«* (in ZfdPh, 4, 1968, S. 510–535). – M. Kraft, *Studien zur Thematik von M. F.s Roman »Mein Name sei Gantenbein«*, Bern 1969. – E. Neis, *Erl. zu M. F. »Stiller«, »Homo Faber«, »Gantenbein«*, Hollfeld ⁴1975. – P. F. Botheroyd, *Ich u. er. First and Third Person. Self-Reference and Problems of Identity in Three Contemporary German-Language Novels*, Den Haag/Paris 1976. – M. Butler, *The Novels of M. F.*, Ldn. 1976. – H. Gockel, *M. F. »Gantenbein«. Das offen-artistische Erzählen*, Bonn 1976. – S. Heidenreich, *»Mein Name sei Gantenbein«. »Montauk«. »Stiller«. Untersuchungen u. Anmerkungen*, Hollfeld 1976. – D. Kiernan, *Existentiale Themen bei M. F. Die Existentialphilosophie M. Heideggers in den Romanen Stiller, Homo Faber u. Mein Name sei Gantenbein*, Bln./NY 1976.

DER MENSCH ERSCHEINT IM HOLOZÄN

Erzählung von MAX FRISCH, erschienen 1979. – Die bereits in den frühen siebziger Jahren konzipierte und in enger thematischer Beziehung zum Drama *Triptychon* stehende Erzählung gestaltet in karger, extrem verdichteter Prosa die Erfahrung von Alter, nachlassender Schaffenskraft und Tod im Angesicht einer dem Individuum gegenüber vollkommen gleichgültigen Natur, die den Anspruch der Menschen auf Ordnung, Lebenssinn und Perspektive als lächerlich und hoffnungslos erscheinen läßt. Die Erzählung, »ein eigentlicher Jetztzeit-Roman, ein Endzeit-Roman, ein Roman über den Verlust individueller Selbstbestimmung«, darf als charakteristisch für den Altersstil des Schweizer Autors verstanden werden und markiert gewiß »einen Kulminationspunkt in Frischs Schaffen überhaupt« (B. v. Matt).

Der 73jährige Herr Geiser lebt seit dem Tod seiner Frau Elsbeth allein im Valle Onsernone im schweizerischen Tessin, wo auch Max Frisch ein Haus besitzt. »*Die Frage, warum Herr Geiser, Bürger von Basel, sich in diesem Tal niedergelassen hat, ist müßig: Herr Geiser hat es getan*«. Die selbstgewählte Isolation in seinem nicht weit von einem Dorf gelegenen Haus – etwaige, nur vage beschriebene Besucher reisen rasch weiter oder werden nicht eingelassen – wird zu einem Aufenthalt ohne Rückkehr, als ein durch ein gewaltiges Sommergewitter ausgelöster Erdrutsch das abgelegene Tal von der Außenwelt abschneidet. Die sonst spektakuläre Berglandschaft versinkt in einem zumindest Herrn Geiser an den Untergang der Welt gemahnenden Regen (»*Niemand rechnet mit Sintflut*«). Der Strom fällt aus, und somit sind die alltagspraktischen Annehmlichkeiten der Zivilisation (Boiler, Kochplatte, Kühlschrank, Tiefkühltruhe, Fernseher) nicht mehr zu nutzen. Herr Geiser, der an sich Zeichen geistiger Hinfälligkeit wahrnimmt (»*Schlimm wäre der Verlust des Gedächtnisses*«, »*Ohne Gedächtnis kein Wissen*«, »*Wissen beruhigt*«), heftet Belege menschlichen Wissens in Form einer Zitatensammlung aus Handbüchern und Lexika aus seiner Bibliothek an die Wand (Lexikonartikel, Zeichnungen und Zettel sind im Buch typographisch hervorgehoben) und versucht auf diese Weise, »*die Spuren menschlichen Daseins zu sichern*« (W. Schmitz). Seine Zettel-Kollektion jedoch wird durch einen Luftzug durcheinandergewirbelt zu einem »*Wirrwarr, das keinen Sinn gibt*«. Der Protagonist, »*innerlich abgestorben wie in der Vorhölle*« (B. v. Matt), versucht in einer großen physischen Anstrengung, sein Ende abzuwenden und das Tal in Richtung Italien zu verlassen. Von der letztendlichen Vergeblichkeit seines Tuns immer mehr überzeugt, bricht er den Ausbruchsversuch vorzeitig ab (»*Was soll Herr Geiser in Basel!*«). Das Ende von Herrn Geisers »*Rückzugsgefecht*« (A. Stephan) scheint unausweichlich, und das Zeitalter des Holozän (Lexikon: »*die erdgeschichtl. Gegenwart spielt sich im Holozän ab*«) präsentiert sich als eine für den einzelnen unübersehbar lange und für die Erde selbst episodenhaft kurze Epoche (»*Was heißt Holozän! Die Natur braucht keine Namen. Das weiß Herr Geiser. Die Gesteine brauchen sein Gedächtnis nicht*«). Am Ende der Erzählung erscheint der vom Schlag getroffene Herr Geiser »*wie nicht gewesen*« (B. v. Matt). Im Schlußbild triumphiert das »*Unbewußtsein der Natur, des Geschichtslos-Ewigen, des Unmenschlichen*« (W. Schmitz).

Die Geschichte des in der Schöpfung verlorenen und für diese vollkommen unerheblichen, Gedächtnis und Wissen am Rande des Todes verlierenden Herrn Geiser darf als poetisch verschlüsseltes Meta-Zeichen für die prinzipiell hoffnungslose Situation des postmodernen »Endzeit-Menschen« im Angesicht der irdische Zeit- und Raumvorstellungen hinter sich lassenden Unermeßlichkeit des Kosmos verstanden werden. »*Herr Geiser sieht keinen Unterschied zwischen seinem privaten Ende und dem Ende der Menschheit*« (A. Stephan). Variationen und Möglichkeitsdenken, geschweige denn irgendwelche Erlösungshoffnungen, verbieten sich in einer poetischen Welt, in der schon die Kommunikation kein Problem mehr ist, da sie in dieser Ein-Personen-Erzählung nur noch als bruchstückhafter Bewußtseinsmonolog eines alternden Mannes vorkommt. Der Rückzug aus Zeit und Welt, der Verzicht auf Gemeinschaft und das Absehen von jeglicher Zukunftsausrichtung, wie in dieser Erzählung ebenso wie in *Triptychon* und in Max Frischs Publizistik aus den späten siebziger Jahren unübersehbar sind, stehen in gewissem Widerspruch zum politisch-literarischen Selbstverständnis des vordem durchaus zeitkritisch-engagierten Autors, dessen eher resignatives Spätwerk auf manche dem Existentialismus nahestehende Position des frühen Frisch zurückverweist. K.Hü.

AUSGABEN: Ffm. 1979. – Ffm. 1981 (st). – Bln./DDR 1980 (in *Erzählende Prosa 1939–1979*). – Ffm. 1986 (in *GW in zeitlicher Folge*, Hg. H. Mayer unter Mitw. v. W. Schmitz, 7 Bde., 7); ern. Ffm. 1986 (st).

LITERATUR: R. M. Goetz, *Alter ohne Revolte* (in Merkur, 33, 1979, H. 9, S. 914–918). – R. Hartung, *Vom abgeschiedenen Leben* (in NRs, 90, 1979, S. 455–458). – G. Bauer-Pickar, *»Es wird nie eine Pagode«* (in Seminar 1983, Nr. 1, S. 33–56). – B. v. Matt, *Endzeitfiguren* (in NZZ, 10. 5. 1986). – K. Rossbacher, *Lesevorgänge. Zu M. F.s Erzählung »Der Mensch erscheint im Holozän«* (in *Zeitgenossenschaft*, Hg. P. M. Lützeler, Ffm. 1987, S. 252 bis 265).

MONTAUK

Autobiographische Erzählung von Max FRISCH, erschienen 1975. – Mit diesem ersten der seinem Spätwerk zugerechneten Werke zieht Max Frisch eine seine eigene Person radikal preisgebende kritische Bilanz. Demnach lassen sich Frischs *»Bekenntnisse unter Kunstzwang«* (A. Krättli) zunächst als eine schonungslose öffentliche Beichte ihres Autors verstehen, bei der insbesondere sein *»Life as a Man«* im Hinblick auf den Prozeß des Alterns im Vordergrund steht. Neben den Beziehungen Frischs zu seiner jüdischen Braut Käte und zu seiner zweiten Frau Marianne kommt auch sein Verhältnis zu Ingeborg BACHMANN einschließlich einiger Anmerkungen zu deren Hörspiel *Der gute Gott von Manhattan* zur Sprache. *Montauk* ist zugleich ein vieldimensionales Erinnerungsbuch, in dem sich diverse Themen und Motive aus früheren Werken Frischs (*Stiller, Mein Name sei Gantenbein, Homo Faber*) strukturell verdichten und das vor allem Frischs schriftstellerisches Werk *»als Selbsttäuschung des Autors«* (M. Jurgensen) zum Thema macht. Darüber hinaus kann der erzähltechnisch äußerst kompliziert gestaltete Text, in dem die Grenzen zwischen literarischer Fiktion, Tagebuch, Dokument und unmittelbarem Erleben aufgehoben zu sein scheinen, als poetologische Studie über die Möglichkeiten des Erzählens überhaupt und damit über den Zusammenhang von Leben, Schreiben und Erinnern aufgefaßt werden (*»Ich möchte erzählen können, ohne irgend etwas dabei zu erfinden. Eine einfältige Erzähler-Position«*).

Dem Prosatext programmatisch vorangestellt ist das MONTAIGNE-Zitat *»Dies ist ein aufrichtiges Buch, Leser... Denn ich bin es, den ich darstelle... So bin ich selbst, Leser, der einzige Inhalt meines Buches«*. Der darin angedeutete Vorsatz, endlich einmal ungeschminkt aufrichtig sein zu wollen (*»Ich habe mir mein Leben verschwiegen. Ich habe irgendeine Öffentlichkeit bedient mit Geschichten«*), wird im Verlauf der Erzählung problematisiert (*»Dies ist ein aufrichtiges Buch, Leser. Und was verschweigt es und warum?«*) und im Endeffekt sowohl erfüllt als auch gebrochen. Vordergründig handelt die Erzählung von einem Wochenende, das ein alternder Schriftsteller namens Max mit der 31jährigen Amerikanerin Lynn, an die ihn keine tiefere Empfindung bindet, im Mai des Jahres 1974 am Strand des Ortes Montauk auf Long Island verbringt. *»Sein Flug ist für Dienstag gebucht«*. Doch das durchaus nicht spektakulär verlaufende Liebesabenteuer bekommt durch die ausführlichen Assoziationen und Reflexionen des Erzählers eine ins Existentielle geweitete Dimension. Weniger die durch häufige fremdsprachliche Textsegmente verfremdeten Gegenwartsereignisse als vielmehr die intensiven Erinnerungen an sein stets problematisches Verhältnis zu Frauen, an seinen Männlichkeitswahn und seine Schuldverstrickung, an seine Leere (*»Er weiß, daß er langweilig ist«*) und seine Unzulänglichkeiten (*»Meine Fehler wird man hier finden«*), an die sein Lebensschicksal prägende Zeit mit dem Zürcher Jugendfreund W., an seine frühere Tätigkeit als Architekt, an die lebenslange Angst vor Versagen und Verstummen, an Figuren und Szenen aus literarischen Werken und an die Schwierigkeiten mit der Rolle des berühmten Schriftstellers bestimmen das Textgeschehen. Die *»dünne Gegenwart«* wird der literarisierten Wahrnehmung des oft nur im Zitat lebenden Erzählers nebensächlich im Vergleich zu seiner erinnerten Vergangenheit und zu seinem Wissen, daß er dem Tode näher kommt (*»Es mehren sich die Toten als Freundeskreis«*). *»Indem er die Geschichten rekapituliert, die ihm mit anderen verknüpfen, gewinnt sein gegenwärtiges Selbst die Dimension des Gewesen-Seins. Indem er die Vergangenheit wiederholt, verliert er die Gegenwart: Déja vu«* (W. Schmitz). Die unmittelbare Erfahrung der Gegenwart und der gleichzeitige Versuch, diese festzuhalten und damit bereits zu bearbeiten, also die auch erzähltechnisch (grammatischer Wechsel von Ich und Er) reflektierte Aufspaltung des Ich in ein erlebendes und ein registrierendes (*»Leben ist langweilig, ich mache Erfahrungen nur noch, wenn ich schreibe«*), führen zu ernsten Identitäts- und Authentizitätszweifeln. *»Das Ich ist nur in seinem Einerseits-Andererseits, in seinem Sowohl-als-Auch zureichend zu fassen«* (J. H. Petersen). *Montauk* ist nicht nur Liebesgeschichte und autobiographischer Schlüsselroman, sondern vor allem auch *»ein Buch über die Schwierigkeiten, Leben zu beschreiben und Literatur zu leben«* (A. Stephan). Die Trennung von Lynn als Konsequenz der Verdammung eines Schuld und Ängste produzierenden *»Life as a Man«* steht am Ende des Textes. *»Bestand haben in diesem Buch eigentlich nur die negativen Einsichten: die Unsicherheit als Mensch und Autor; die Angst vor Rolle und Bildnis; das Unvermögen, einen Ausgleich zwischen Bindungslosigkeit und Geborgenheit zu finden; das Mißtrauen gegenüber den politischen Parolen«* (A. Stephan).

Die am Beginn einer gewissen literarischen *»Reprivatisierung«* (A. Stephan) des Schweizer Autors stehende Erzählung erteilt dem unmittelbaren politischen Engagement des Schriftstellers eine deutliche Absage (*»Politik kümmert mich überhaupt nicht«*, *»Ich schreibe für mich«*). Wie schon zuvor wird der Mann und das von ihm repräsentierte Weltverständnis verurteilt, *»erstmals aber der utopische Anspruch, vor dem er versagt, als möglicher Gegenstand von Dichtung angesprochen«* (W. Schmitz). Insgesamt stellt die Erzählung *»ein höchst bemerkenswertes Beispiel für den Versuch dar, Autobiographie als Poesie zur Geltung zu bringen«*, und in gewisser Weise ist sie auch *»ein dichtungsontologisches Novum«* (J. H. Petersen). K.Hü.

AUSGABEN: Ffm. 1975. – Ffm. 1976 (in *GW in zeitlicher Folge*, Hg. H. Mayer unter Mitw. v. W. Schmitz, 7 Bde., 6); ern. Ffm. 1986 (st). – Ffm. 1978 (BS). – Bln./DDR 1980 (in *Erzählende Prosa 1939–1979*). – Ffm. 1981 (st).

LITERATUR: A. Krättli, *Leben im Zitat. M. F.s »Montauk«* (in Schweizer Monatshefte, 55, 1975, S. 653–656; ern. in *Über M. F. II*, Hg. W. Schmitz, Ffm. 1976, S. 428–434). – H. Schwab-Felisch, *M. F.s Konfessionen* (in Merkur, 29, 1975, S. 1179–1183). – R. Hartung, *»Schreibend unter Kunstzwang«. Zu der autobiographischen Erzählung »Montauk« v. M. F.* (in Neue Rundschau, 86, 1975, S. 713–717, ern. in *Über M. F. II*, Hg. W. Schmitz, Ffm. 1976, S. 435–442). – H. Mayer, *»Die Geheimnisse jedweden Mannes«* (in *Über M. F. II*, Hg. W. Schmitz, Ffm. 1976, S. 443–447). – G. v. Hofe, *Zauber ohne Zukunft. Zur autobiographischen Korrektur in M. F.s Erzählung »Montauk«* (in Euph., 70, 1976, S. 374–397). – U. Johnson, *Zu »Montauk«* (in *Über M. F. II*, Hg. W. Schmitz, Ffm. 1976, S. 448 ff.). – M. Jurgensen, *M. F. Die Romane*, Bern 1976, S. 262–270. – G. Knapp, *Noch einmal: Das Spiel mit der Identität. Zu M. F.s »Montauk«* (in *M. F. Aspekte des Prosawerks*, Hg. ders., Bern 1978, S. 285–307). – K. Müller-Salget, *M. F.s »Montauk« – eine Erzählung?* (in ZfdPh, 1978, S. 108–120; Sonderh.). – W. Stauffacher, *Die strukturale Funktion fremdsprachlicher Elemente in M. F.s »Montauk«* (in Études de Lettres, 1981, Nr. 4, S. 39–48). – W. Schmitz, *M. F. Das Spätwerk (1962–1982)*, Tübingen 1985.

NUN SINGEN SIE WIEDER.
Versuch eines Requiems

Versuch eines Requiems von Max FRISCH, Uraufführung: Zürich, 29. 3. 1945, Schauspielhaus. – In seinen frühen, zeitkritischen Stücken setzt sich Frisch mit dem Faschismus, dem Krieg und seinen Folgen auseinander. *Nun singen sie wieder*, das erste aufgeführte Theaterstück des Autors, wurde insbesondere in Deutschland heftig diskutiert. Frisch hat in seinem *Tagebuch 1946–1949* von dieser Diskussion berichtet; sie zeigt, wie schwer es für das betroffene Publikum war, sich der unabweisbaren Schuldfrage zu stellen.

Nicht verdrängen läßt sich für Karl die Erinnerung an eine Massenerschießung von Geiseln, die er auf Befehl seines Vorgesetzten Herbert durchführen mußte. Die 21 Geiseln hatten bei ihrer Exekution gesungen; Karl verliert diesen Gesang nicht mehr aus seinen Ohren. Während sich Herbert mit ästhetischen Bildungsschwärmereien über das Geschehen hinwegtäuscht, weigert sich Karl, auch den Popen zu erschießen, der die erschossenen Geiseln begraben mußte, und desertiert. – Zu Hause ist die ästhetisch verbrämte, auf Kompromissen mit dem jeweiligen System beruhende Welt von Karls Vater, dem Lehrer Herberts, in den Bombenangriffen zusammengebrochen. Für ihn sind die Feinde Satane, seitdem seine Frau bei einem Bombenangriff verschüttet wurde. – Satane sind auch die Deutschen aus der Sicht des Funkers einer gegnerischen Bomberbesatzung – nicht zuletzt deshalb, weil sie, wie Herbert, ein Doppelleben von Grausamkeit und schönem Schein führen. Die Mannschaft des Bombers wartet im Kasino beim Schachspiel auf den Einsatzbefehl, wobei sich die Inhumanität des Kriegs auch auf dieser Seite zeigt. – Karl hat sich inzwischen nach Hause durchgeschlagen; verzweifelt darüber, daß ihm sein Vater keine Antwort auf die für ihn unausweichliche Frage nach Verantwortung und Schuld geben kann, nimmt er sich das Leben; Maria, seine Frau, stürzt sich mit dem Kind in die Feuerhölle des Luftangriffs. – Sein Vater, der endlich einzusehen beginnt, daß auch auf deutscher Seite satanische Kräfte am Werk sind, wird denunziert und verhaftet.

Während im ersten Teil der Schauplatz dreimal wechselt, bleibt er im zweiten Teil unverändert, wird aber zugleich durch eigentümlich enthüllende Gespräche wie durch symbolische Gesten dem Leben allmählich entrückt. Man hört die Geiseln wieder singen, sie sitzen beim Totenmahl, der hingerichtete Pope sorgt für Brot, das Kind bringt im Krug Wein für die abgeschossenen Mitglieder der Bombermannschaft, auch Karl und Maria erscheinen. Die Toten sprechen von ihrem Leben, den versäumten Möglichkeiten, der Schuld und den Opfern. Während die Verbindung ins Totenreich offen ist, wie die eingeblendete Hinrichtung von Karls Vater zeigt, können die Toten die oberflächliche Selbstberuhigung der Hinterbliebenen nicht zerstören. Sie werden nicht gehört; ihr Tod war vergeblich.

Die Zweiteilung des Stücks erzeugt einen scharfen, aber beziehungsreichen Kontrast: Dem aus verschiedenen Perspektiven gesehenen Kriegsgeschehen ist die Welt der Toten gegenübergestellt, die in den letzten beiden Bildern in einer dramatischen Steigerung mit der Welt der Lebenden konfrontiert wird. Sosehr die symbolhaften Bauteile des zweiten Teils, die in verschiedenen Vorformen schon im ersten Teil erscheinen, tatsächlich einen Raum der Ruhe und des Friedens über dem ungeheuren Geschehen schaffen, sosehr erscheint das

Stück andererseits als das Gegenteil eines quietistischen »Requiems«. Durch die Objektivität der Sicht, die sich im Wechsel der Perspektiven zeigt, wird auch dem Zuschauer die Möglichkeit genommen, sich ein ästhetisches Alibi zu verschaffen: »*Kümmere sich jeder um seine eigene Schuld.*« Allerdings soll das Stück bewußtes Spiel bleiben; realistische Kulissen sind nicht erwünscht, »*denn es muß der Eindruck eines Spieles durchaus bewahrt bleiben, so daß keiner es am wirklichen Geschehen vergleichen wird, das ungeheuer ist*«. Der Einwand, daß auf das Geschehen der Nazizeit keine Antwort in Form von Dichtung möglich sei, entspringt der von Frisch vehement abgelehnten Prämisse, daß Kunst Leben, das heißt übernommene Verantwortung und konkrete Entscheidung sei. Die Kunst kann beides nur vorbereiten und fordern, und sie tut dies in der Sicht von Frisch paradoxerweise um so mehr, je mehr sie im Bereich des distanzierten modellhaften Spiels bleibt. Aber die durch parabelhafte und symbolische Züge erreichte Distanz wird hier nicht nur durch die Unzulänglichkeit der sprachlichen Mittel, durch romantische Klischees und statische Kontrastwirkungen gestört, sondern zugleich durch das vereinfachte Bewältigungsmodell, das in anderen Zeitstücken, etwa in Martin WALSERS *Der Schwarze Schwan* oder auch in Frischs späteren Werken, differenzierter entfaltet wird. V.Ho.

AUSGABEN: Basel 1946. – Ffm. 1961 [zus. m. *Santa Cruz*]. – Ffm.1962 (in *Stücke*, 2 Bde., 1).– Ffm. 1966 (in *Frühe Stücke*; es). – Ffm. 1976 (in *GW in zeitlicher Folge*, Hg. H. Mayer unter Mitw. v. W. Schmitz, 7 Bde., 2); ern. Ffm. 1986 (st).

LITERATUR: J. Peschel, »*Nun singen sie wieder*«. *Theaterstück von M.F.* (in DRs, 71, 1948, S. 164f.). – W. Ziskoven, *M.F.*: »*Nun singen sie wieder*« (in *Zur Interpretation des modernen Dramas. Brecht, Dürrenmatt, F.*, Hg. R. Geißler, Ffm. 1960; ern. in *M.F. – Beiträge zur Wirkungsgeschichte*, Hg. A. Schau, Freiburg i. B. 1971, S. 198–210). – F. J. Schröder, *Das Drama M.F.s* (in G. Neumann u. a., *Dürrenmatt, F., Weiss. Drei Entwürfe zum Drama der Gegenwart*, Mchn. 1969, S. 61–113). – J. H. Petersen, *M.F.*, Stg. 1978, S. 62f. – W. Schmitz, *M.F.: das Werk (1931–1961)*, Bern u. a. 1985.

STILLER

Roman von Max FRISCH, erschienen 1954. – »*Ich bin nicht Stiller*« – mit diesem Satz beginnt Frischs erster bedeutender Roman. Aus dem darin enthaltenen Widerspruch entwickeln sich Handlung und Grundproblematik: der Kampf eines Menschen um seine subjektive und gegen seine objektive Identität; das Werk entstand fast gleichzeitig mit dem Schauspiel *Don Juan oder die Liebe zur Geometrie* sowie mit dem Hörspiel *Rip van Winkle*.
Ein Mann namens Jim Larkin White, angeblich Amerikaner, wird beim Grenzübertritt in die Schweiz festgenommen und verdächtigt, mit dem seit sieben Jahren verschollenen und in eine mysteriöse Agentenaffäre verwickelten Bildhauer Ludwig Anatol Stiller identisch zu sein. Seine Aufzeichnungen während der Untersuchungshaft – sie sollen seine objektive Identität klären helfen – bilden den tagebuchartigen Hauptteil des Romans. Aus einzelnen Aussagen bildet sich allmählich eine Charakteristik des verschollenen Bildhauers: »*Er will nicht er selbst sein ... Er leidet an der klassischen Minderwertigkeitsangst aus übertriebener Anforderung an sich selbst ... Er flieht das Hier-und-Jetzt zumindest innerlich.*« Er scheitert als Bildhauer wie schon vor ihm Reinhart in Frischs Roman *J'adore ce qui me brûle oder Die Schwierigen* (1943), und er versagt als Freiwilliger im Spanischen Bürgerkrieg. Seine größte, den Roman bestimmende »Bewährungsprobe«, die Ehe mit Julika, mißlingt bei dem Versuch, Julika aus ihrer kühlen Verschlossenheit herauszuführen, ihr Wesen »*zu deuten und auszusprechen*«. In der Hoffnung, ein neues Leben beginnen zu können, flieht Stiller nach Amerika. Sein Abenteuerleben, gespiegelt in den Geschichten Whites, mündet in einen Selbstmordversuch: die Peripetie in Stillers Leben. Er ergreift die Möglichkeit, noch einmal neu anzufangen und »*kein anderes Leben zu suchen als dieses, das er nicht von sich werfen kann*«. Nach seiner Rückkehr in die Heimat und während der Untersuchungshaft erweist sich diese Hoffnung jedoch als trügerische Illusion. Die Last der Beweise und ein gerichtlicher Beschluß zwingen »White« schließlich, seine objektive Identität mit dem Verschollenen zu akzeptieren, obwohl er subjektiv ein Gewandelter ist. – Im *Nachwort*, dem zweiten Teil des Romans, wird aus der Perspektive des Staatsanwalts Stillers weiterer Weg geschildert. Er zieht mit Julika in ein verlassenes Bauernhaus am Genfer See und arbeitet dort als einfacher Töpfer. Alles wiederholt sich nun. Noch einmal versucht er, Julika zu »erlösen«, wieder scheitert er. Erst als es zu spät ist und Julika an einem Lungenleiden stirbt, ist er bereit, seine Unzulänglichkeit und damit sich selbst anzunehmen. Stiller lebt fortan ein einsames Leben.
Das Ringen des Protagonisten um seine Identität nimmt im Roman eine alle anderen Probleme weit überragende Stellung ein. Was diese Identität der Person subjektiv gefährdet, ist die neurotische Sehnsucht nach einem anderen Ich, nach einem erfüllteren Leben. Sie bestimmt im Zusammenhang mit dem Identitätsproblem das gesamte Werk Frischs. Seine Helden leiden an der begrenzten Alltagswirklichkeit, in der sie sich in eine Rolle gedrängt fühlen, die sie daran hindert, sie selbst zu sein. Sie sehnen sich in ihre Jugend zurück oder nach Traumorten wie Santa Cruz (*Santa Cruz*, 1947), einem geographisch nicht lokalisierbaren Peking (*Bin oder Die Reise nach Peking*, 1945) oder der Insel Santorin (*Graf Öderland*, 1951) und proben neue Lebensmuster wie Gantenbein (*Mein Name sei Gantenbein*, 1964) oder Kürmann (*Biografie*, 1968). Diese anfänglich positiv bewertete Sehnsucht – »*Die Sehnsucht ist unser Bestes*« (*Bin*) –

führt zur Identitätskrise in *Stiller*, die schon im Kierkegaard-Motto des Romans anklingt: *»Sieh, darum ist es so schwer, sich selbst zu wählen, weil in dieser Wahl die absolute Isolation mit der tiefsten Kontinuität identisch ist, weil durch sie jede Möglichkeit, etwas anderes zu werden, vielmehr sich in etwas anderes umzudichten, unbedingt ausgeschlossen wird.«* Stillers Flucht aus seinem verfehlten Leben und sein Versuch, als Gewandelter zurückzukehren, um ein neues Leben zu führen, können nicht die Identität mit sich selbst bewirken. Er wollte das Unmögliche, weil er in der Erfüllung des Möglichen versagt hatte.

Erzähltechnisch entsprechen den beiden Ichs (Stiller/White) zwei Zeitebenen (Vergangenheit und Gegenwart), deren ständige Überlagerung die Simultaneität aller Lebensabschnitte suggeriert. In der komplexen Vielfalt der Sprach- und Erzählformen zeichnet sich Frischs Erzählproblem ab: *»Ich habe keine Sprache für die Wirklichkeit.«* Die insistierende Reflexion dieser Aporie und ihre Integration im Romanganzen spiegeln auf höherer Ebene die Grundproblematik des an seiner frustrierten Sehnsucht nach Selbstverwirklichung leidenden Romanhelden, ohne sie jedoch einer bequemen Lösung zuzuführen. C.P.S.

AUSGABEN: Ffm. 1954; ern. 1969. – Ffm. 1973 (st). – Ffm. 1976 (inb *GW in zeitlicher Folge*, Hg. H. Mayer unter Mitw. v. W. Schmitz, 7 Bde., 3); ern. Ffm. 1986 (st).

LITERATUR: K.-H. Braun, *Die epische Technik in M. F.s Roman »Stiller«*, Diss. Ffm. 1959. – H. Mayer, *Dürrenmatt u. F. Anmerkungen*, Pfullingen 1965, S. 38–54. – M. Wintsch-Spiess, *Zum Problem der Identität im Werk M. F.s*, Zürich 1965. – F. Dürrenmatt, *»Stiller«. Roman von M. F. Fragment einer Kritik* (in F. D., *Theater-Schriften u. Reden*, Hg. E. Brock-Sulzer, Zürich 1966, S. 261-271). – W. Zimmermann, *M. F.: »Stiller«* (in W. Z., *Deutsche Prosadichtungen unseres Jh.s*, Bd. 2, Düsseldorf 1969. – P. F. Botheroyd, *Ich u. er. First and Third Person Self-Reference and Problems of Identity in Three Contemporary German-Language Novels*, Den Haag/Paris 1976. – S. Heidenreich, *Mein Name sei Gantenbein. Montauk. Stiller. Untersuchungen u. Anmerkungen*, Hollfeld 1976. – M. Butler, *The Novels of M. F.*, Ldn. 1976. – T. Poser, *M. F.: »Stiller«. Interpretation*, Mchn. 1977. – D. Kiernan, *Existentiale Themen bei M. F. Die Existentialphilosophie M. Heideggers in »Stiller«, »Homo Faber« u. »Mein Name sei Gantenbein«*, Bln./NY 1978. – *Materialien zu M. F. »Stiller«*, Hg. W. Schmitz, 2 Bde., Ffm. 1978 (st). – *F.s »Stiller«*, Hg. ders., Ffm. 1986 (st). – R. Kästler, *Erl. zu M. F.s »Stiller«*, Hollfeld 1987.

TAGEBUCH 1966–1971

Tagebuchnotizen von Max FRISCH, erschienen 1972. – Die Veröffentlichung eines aus fiktionalen, biographischen und dokumentarischen Texten komponierten Tagebuchs aus den kulturell und politisch besonders bewegten Jahren von 1966 bis 1971 weist zurück auf das *Tagebuch 1946–1949*. Frischs Diarium, das in zwei Fassungen vorliegt, steht jedoch vor allem in engem Zusammenhang mit seinem Spätwerk *(Montauk, Triptychon, Der Mensch erscheint im Holozän, Blaubart)*, als dessen Keimzelle es zunehmend erkannt wird. Während in den frühen siebziger Jahren im Kontext von Frischs zeitkritischer Publizistik vor allem die unmittelbar politischen Aussagen des neuen Tagebuchs auf breites Interesse stießen, wird im Zuge von Frischs *»Weiterverarbeitung der Themen, in der sich Gesellschaftskritik nochmals neu an menschlichen Existenzgrundlagen orientiert«* (H. Helbling) dessen literarische Bedeutung immer deutlicher. *»Die Möglichkeit der Welt-Erfassung durch Literatur in ihrer zeitgenössischen Spannweite vom Dokumentarismus bis zum Artistisch-Fiktiven wird in diesem Tagebuch experimentell überprüft«* (W. Schmitz).

Der vom Autor schon früher formulierte humanistische Anspruch auf moralisch verantwortbares Menschsein und dessen Konsequenzen – jede Lebensordnung permanent zu überprüfen, kritisch zu sein und zugleich der Authentizität seiner Gefühle zu vergewissern – kann als durchgängig wahrnehmbare Grundmelodie des Tagebuchs bezeichnet werden. Frischs *»Selbstgespräch des sozialen Ich«* (M. Jurgensen) kreist immer wieder um *»die Fundamental-Frage des Verhältnisses von Politik und Moral«* (P. Wapnewski). Die ebenfalls zentralen Reflexionen über Altern und Sterben kommen etwa in den Abschnitten *»Vereinigung Freitod«* und *»Notizen zu einem Handbuch für Mitglieder«* oder in literarischen Geschichten wie *»Der Goldschmied«, »Skizze«* und *»Skizze eines Unglücks (II)«* zum Ausdruck. Wie zum Teil bereits im *Tagebuch 1946–1949* finden sich Texte zur Poetik (*»Vom Schreiben in Ich-Form«*), erzählerische Passagen (*»Kabusch«, »Glück«*), Erinnerungen (B. BRECHT) und Porträts (G. GRASS, U. JOHNSON), den Leser zu selbständigem Denken provozierende Fragebögen (*»Ist die Ehe für Sie noch ein Problem?«, »Wissen Sie in der Regel, was Sie hoffen?«, »Halten Sie sich für einen guten Freund?«*), Verhöre zum Thema Politik und Gewalt, Reiseskizzen (USA, Sowjetunion), Nachträge zu früheren Werken (*Rip van Winkle*), Berichte, Anekdoten und halbdokumentarische Passagen, die sich mit politischen Tagesfragen beschäftigen. Hier geht es zum einen um schweizerische Probleme (Auseinandersetzungen um das Zürcher »Globus«-Kaufhaus, Waffengeschäfte, Ausländerpolitik), vor allem aber um die Proteste gegen die in Griechenland herrschende Militärjunta, um die Zerschlagung des Prager Frühlings sowie um den Vietnamkrieg und die gesellschaftlichen Zustände in den Vereinigten Staaten. Zum Komplex der politisch-literarischen Texte gehört im weiteren Sinne auch das Prosastück *Wilhelm Tell für die Schule*, das der Autor wegen seines Umfangs aus dem Tagebuch-Manuskript herauslöste und 1971 als eigenständiges Buch veröffentlichte.

Das zweite Tagebuch Max Frischs, das einer ausgeklügelten *»tektonischen Strategie«* (J. H. Petersen) zu folgen scheint, gliedert sich nicht nur nach Jahreskapiteln oder nach wechselnden Schrifttypen, sondern auch inhaltlich nach Themenkomplexen, die schon durch äußere rezeptionssteuernde Merkmale als zusammengehörig ausgewiesen werden. Neben der Wiedergabe dokumentarischer Texte wie Interviews, Zeitungsmeldungen, Reden oder Statistiken stehen deutlich als literarische Fiktion erkennbare Skizzen sowie Passagen, in denen der Autor im klassischen Sinne des Tagebuchs eigene Meinungen, persönliche Erlebnisse und individuelle Erfahrungen skizzenhaft notiert. Die ontischen Unterschiede zwischen Faktum, Fiktion und Eigenerlebnis werden allerdings zu minimalisieren gesucht. *»Das soziale Ich konzipiert eine Tagebuch-Rolle, deren Grundformel nur lauten kann: Max Frisch zum Beispiel«* (M. Jurgensen).   K.Hü.

AUSGABEN: Ffm. 1972. – Ffm. 1979 (st). – Ffm. ²1976 (in *GW in zeitlicher Folge*, Hg. H. Mayer unter Mitw. v. W. Schmitz, Ffm. 1976, 7 Bde., 6); ern. Ffm. 1986 (st).

LITERATUR: M. Boveri, *Tagebuch 1966–1971* (in NRs, 1972, Nr. 3, S. 540–548). – H. Helbling, *Was bleibt, ist die Unruhe* (in NZZ, 29. 4. 1973). – H. Steinmetz, *M. F. Tagebuch. Drama. Roman*, Göttingen 1973. – R. Kieser, *M. F. Das literarische Tagebuch*, Frauenfeld 1975. – H. Bänziger, *Zwischen Protest u. Traditionsbewußtsein*, Bern 1975, S. 94–107. – K. Schimanski, *Ernst genommene Zeitgenossenschaft – subjektiv gespiegelt* (in *Über M. F. II*, Hg. W. Schmitz, Ffm. 1976, S. 385 bis 397). – P. Wapnewski, *Tua res* (in *Über M. F. II*, Hg. W. Schmitz, Ffm. 1976, S. 375–384). – M. Jurgensen, *M. F. Die Romane*, Bern 1976 (1972), S. 245–261. – E. Pulver, *Mut zur Unsicherheit* (in *F. Kritik-Thesen-Analysen*, Hg. M. Jurgensen, Bern 1977, S. 27–54). – D. de Vin, *M. F.s Tagebücher*, Köln 1977. – H. F. Schafroth, *Bruchstücke einer großen Fiktion* (in *M. F.*, ³1975 [erw.], S. 58–68; Text + Kritik, H. 47/48). – G. Scholz-Petri, *M. F. Zur Funktion von Natur u. Politik in seinen Tagebüchern*, Darmstadt 1980.

TAGEBUCH 1946–1949

Aufzeichnungen von Max FRISCH, erschienen 1950. – Max Frischs Reisen durch das vom Krieg gezeichnete Europa – die wichtigsten Stationen sind Frankfurt, München, Berlin, Prag, Warschau, Wien und Mailand – sind der biographische Hintergrund und äußere Anlaß des Tagebuchs, das die Grenzen eines Reisetagebuchs weit überschreitet. Die private Sphäre des Diaristen tritt ganz zurück zugunsten eines locker verbundenen Mosaiks von Reflexionen über Politik, Literatur, Theater und von Erinnerungen an Begegnungen wie beispielsweise mit BRECHT und WILDER; hinzu kommen Aperçus und literarische Skizzen, die persönlich Erlebtes zum Erzählstoff umwandeln und es so über seine augenblicksbezogene Gültigkeit hinausheben. Frischs *Tagebuch* gehört somit zu dem seit Beginn des 20. Jh.s immer mehr in den Vordergrund rückenden Typ des von der privaten Aussage abgehenden literarischen Tagebuchs als einer Werkstatt künstlerischer Ideen mit deutlichem Öffentlichkeitsanspruch. – Ansätze dazu finden sich bereits in den Aufzeichnungen *Blätter aus dem Brotsack. Tagebuch eines Kanoniers. Geschrieben im Grenzdienst 1939* und dem *Tagebuch mit Marion* (1947). Hier wird Frischs tiefere Beziehung zu dieser Gattung erkennbar, die dann in *Stiller* (1954) und *Homo Faber* (1957) zum konstituierenden Strukturmerkmal der Romanform wird.

Die enge Verbindung von Tagebuch und literarischem Werk, die – ähnlich wie bei KIERKEGAARD – das Tagebuch zur Präfiguration schriftstellerischer Ideen werden läßt, macht diese *Notizen* zu einem wichtigen Dokument, das Einblick in die Arbeitsweise des Schriftstellers gewährt. Wie in KAFKAS *Tagebüchern* ist ein Teil der Werke Frischs bereits hier vorgeformt: Man erkennt die Urfassung des *Graf Öderland*, den Stoff zu *Biedermann und die Brandstifter* und zu *Andorra* sowie Ansätze zu *Nun singen sie wieder*, *Don Juan*, *Stiller*, *Homo Faber* und *Mein Name sei Gantenbein*; ebenso erörtert Frisch Probleme, die im Zentrum seines gesamten späteren Werks stehen: die in *Andorra*, *Stiller* und *Don Juan* thematisierte Flucht vor der Determination durch die Vorurteile der Anderen, komprimiert zur abgewandelten biblischen Formel »Du sollst dir kein Bildnis machen«, der für Frischs Erzählhaltung bestimmende Zeitbegriff (Zeit als *»bloßer Behelf für unsere Vorstellung, die in ein Nacheinander zerlegt, was wesentlich eine Allgegenwart ist«*), oder das im Mittelpunkt von *Mein Name sei Gantenbein* stehende Problem der Kommunikation des persönlich Erlebten, die Gestaltung der Wirklichkeit: *»Jedes Erlebnis bleibt im Grunde unsäglich, solange wir hoffen, es ausdrücken zu können mit dem wirklichen Beispiel, das uns betroffen hat. Ausdrücken kann mich nur das Beispiel, das mir so ferne ist wie dem Zuhörer: nämlich das erfundene!«*

Frisch, der sein »Schreibrecht« nicht *»in seiner Person«*, sondern *»nur in seiner Zeitgenossenschaft«* und in *»seiner besonderen Lage als Verschonter, der außerhalb der nationalen Lager steht«* begründet sieht, schrieb sein *Tagebuch* aus einer Perspektive, die bestimmt ist von dem Willen, das aufmerksam registrierte Zeitgeschehen ebenso wie das persönlich Erfahrene mit größter subjektiver Offenheit und kritischer Einsicht menschlich erfahrbar zu machen.   C.P.S.

AUSGABEN: Ffm. 1950. – Ffm. 1958. – Ffm. 1970 (BS). – Ffm. 1976 (in *GW in zeitlicher Folge*, Hg. H. Mayer unter Mitw. v. W. Schmitz, 7 Bde., 2); ern. Ffm. 1986 (st).

LITERATUR: R. Kieser, *M. F. Das lit. Tagebuch*, Frauenfeld 1975. – *M. F.*, Hg. H. L. Arnold, Mchn. 1975 (Text + Kritik). – D. de Vin, *M. F.s*

Tagebücher. Studien ... im Rahmen des bisherigen Gesamtwerks (1932 bis 1975), Köln 1977. – A. Kurczaba, *Gombrowicz and F. Aspects of the Literary Diary*, Bonn 1980. – G. Scholz-Petri, *M. F. Zur Funktion von Natur u. Politik in seinen Tagebüchern*, Darmstadt 1980.

TRIPTYCHON

Stück in drei szenischen Bildern von Max FRISCH, Uraufführung (in der französ. Übers. von H. Bergerot): Lausanne, 9.10. 1979, Centre Dramatique; deutsche Erstaufführung: Wien, 1. 2. 1981, Akademietheater. – Das 1976/77 geschriebene, 1978 erschienene und später mehrfach umgearbeitete Theaterstück steht in engem Zusammenhang mit der Erzählung *Der Mensch erscheint im Holozän* (1979) und führt thematisch eine der seit dem frühen Roman *Jürg Reinhart* (1934) sichtbaren Grundlinien im Gesamtwerk des Schweizer Autors weiter, nämlich die der intellektuellen und literarischen Beschäftigung mit dem Tod. »Frisch führt den Gedanken der permanenten Veränderung des Daseins an ein Ende, indem er das »Phänomen, daß keine Erwartung mehr da ist« (Frisch), als das eigentlich Tödliche auffaßt und den Tod als Inbegriff der Unveränderbarkeit in den Mittelpunkt seines Stückes rückt« (J. H. Petersen). Das nach Art jener dreiteiligen, Triptychon genannten Altarbilder aufgebaute Stück bietet darüber hinaus »eine Art Katalog jener Themen und Probleme, mit denen Frisch sich seit mehreren Jahrzehnten befaßt« (A. Stephan). Den Inhalt seiner in drei ungleich langen und relativ statischen, im Diesseits und auch im Jenseits spielenden Bildern vorgeführten »*Totengespräche*« (H. Mayer) beschreibt der Autor so: »*Das Erste: unsere gesellschaftliche Verlegenheit beim Ableben eines Menschen. – Das Zweite: Die Toten unter sich, ihre langsam versiegenden Gespräche am Styx, wo es die Ewigkeit des Gewesenen, aber keine Erwartung gibt. – Das Dritte: der Lebende in der unlösbaren Beziehung zum toten Partner, der, was immer der Lebende tut, nicht umzudenken vermag.*«

Das erste Bild präsentiert eine Trauergemeinde, die sich im Haus der Witwe des »*alten Proll*« in nichtssagenden Alltagsfloskeln und verlegenem Schweigen ergeht, bei Speis und Trank im Garten zusammensteht, dem jungen Pastor lauscht und den ebenso konventionellen wie melancholischen Monolog der trauernden Witwe mehr oder weniger überhört. Wie früher im Leben redet diese auf ihren Mann ein und repetiert damit das »*Bildnis*«, das sie sich von ihm gemacht hat. Das zentrale zweite Bild versammelt die Vor- und Nachverstorbenen des toten Proll im Hades. Gezeigt wird, daß die Toten nur das früher gelebte Leben bei angehaltener Zeit ewig weiterführen (»*Es geschieht nichts, was nicht schon geschehen ist*«), also weder sich selbst noch ihr äußeres Leben nachträglich zu verändern imstande sind (»*Es ist grauenvoll, die Toten lernen nichts dazu*«). Der Flötenspieler scheitert mit seinen Übungen stets an der gleichen Sequenz, der alte Proll angelt ständig und erfolglos im Styx, der Clochard zitiert ohne Unterlaß »Hamlet«, und der Funker durchlebt immer wieder den Absturz seines Flugzeugs. »*Langsam weiß man es, es kommt nichts mehr dazu.*« Im dritten Bild spricht der Intellektuelle Roger mit seiner vor Jahren an Krebs verstorbenen Frau Francine – hier klingt das Motiv von Orpheus und Euridyke an. Roger versucht, die ihn nicht loslassende Abschiedsszene nach dem Scheitern ihrer damaligen Liebe zu wiederholen und dabei zu variieren. Er muß indes erkennen, daß die Tote nicht mehr umdenken kann: Francine sagt ausschließlich das, was sie schon zu Lebzeiten gesagt hatte. »*Während Roger die Geschichte mit Francine ändern, ihr Verhältnis im nachhinein erneuern möchte ...*, vermag Francine nur immer die Vergangenheit zu reproduzieren« (J. H. Petersen). Da sie zudem nicht eine »reale« Tote zu sein scheint, sondern eher die in der Erinnerung des überlebenden Roger im Laufe der Jahr neu modellierte Francine, wird die »*verblichene Liebe*« zwischen ihnen nun ein zweites Mal durchlebt. Monologe, längere Pausen, Wiederholungen, Paraphrasen und Selbstzitate, die geometrisch angeordnete Leere der Bühne und die statische Choreographie der Figuren sollen verdeutlichen, daß angesichts des Todes eines Menschen absolut nichts mehr zu verändern ist und nur mehr wenig zu sagen bleibt. Durch die sparsame sprachliche Gestaltung und die karge dramatische Form des Stückes – beides mag an Samuel Becketts *Warten auf Godot* erinnern – soll diese Grundeinsicht zusätzlich pointiert und unabweisbar zum Ausdruck gebracht werden.

Frischs weitgehend dialogisch aufgebaute Szenen von Liebe und Tod – und vom frühen Tod der Liebe im Leben selbst –, die das menschliche Leben unter dem Aspekt seiner Unveränderbarkeit darstellen, schließen sich zu einem unsentimental-nüchternen, dennoch zugleich auch melancholisch-traurigen, weniger durch Handlung als vielmehr durch intellektuelle Spannung getragenen »*Endzeittext*« (A. Stephan) zusammen, dessen Grundgedanken und poetische Bilder existentialistischen Philosophemen nahezustehen scheinen. Konsequent wird die Endgültigkeit menschlichen Handelns vor Augen geführt, wenn auch »*immer im Hinblick auf die verlorene Chance, die ehemals existierte: die Chance, das Leben zu korrigieren*« (J. H. Petersen). K.Hü.

AUSGABEN: Ffm. 1978. – Ffm.1980 (in *Spectaculum*, 33, S. 9–52). – Ffm. 1981 (BS). – Bln./DDR 1981 (in *Stücke*, Bd. 2). – Ffm. 1986 (in *GW in zeitlicher Folge*, Hg. H.Mayer unter Mitw. v. W. Schmitz, 7 Bde., 7). – Ffm. 1986 (in dass., Hg. dies., 12 Bde., 12; st).

HÖRSPIEL: BRD 1979 (Bearb. W. Adler; Regie: J. Becker).

LITERATUR: H. Karasek, *Liebe u. Tod – Szenen vom Tod der Liebe* (in Theater heute, 1978, H. 6, S. 52–55). – P. v. Matt, *M. Fs. mehrfache Hades-*

fahrten (in NRs, 1978, Nr. 4, S. 599–605). – M. Butler, *Reflections of Mortality* (in GLL, 1979, Nr. 1, S. 66–74). – P. v. Becker, *Die Wahrheit, die Rettung im letzten Bild* (in Theater heute, 1981, Nr. 3, S. 16 ff.). – W. Schiltknecht, *Notes sur Triptyque* (in Études de Lettres, 1981, H. 4, S. 25–38). – G. Bauer-Pickar, *Hades revisited* (in GQ, 1986, Nr. 1, S. 52–64). – H. Mayer, *Selbstbefragung* (in NZZ, 10. 5. 1986).

PHILIPP NICODEMUS FRISCHLIN

* 22.9.1547 Erzingen bei Balingen
† 29.9.1590 Festung Hohenurach

LITERATUR ZUM AUTOR:
D. F. Strauß, *Leben u. Schriften des Dichters u. Philologen N. F.*, Ffm. 1856. – G. Roethe, *F. als Dramatiker*, Bln. 1912. – R. Fink, *Studien zu den Dramen des N. F.*, Diss. Lpzg. 1922. – E. Neumeyer, *N. F. als Dramatiker*, Diss. Rostock 1924. – G. Bebermeyer, *Tübinger Dichterhumanisten*, Tübingen 1927. – J. A. Kohl, *N. F. Die Ständesatire in seinem Werk*, Diss. Mainz 1967. – S. M. Wheelis, *Publish and Perish. On the Martyrdom of P. N. F.* (in Neoph, 58, 1974, S. 41–51).

FRAU WENDELGARD. Ein New Comedi oder Spil, ausz glaubwürdigen Historien gezogen

Schauspiel in fünf Akten von Nicodemus FRISCHLIN, Uraufführung: Stuttgart, 1. 3. 1579, am Hof. – Der schwäbische Humanist Frischlin, ein hochbegabter Altersgenosse FISCHARTS, war zu seiner Zeit vor allem als Verfasser lateinischer Schulkomödien (*Iulius redivivus* u. a.) und lateinischer Dramen biblischen Inhalts (*Rebecca, Susanna* u. a.) bekannt. *Frau Wendelgard* ist sein einziges erhaltenes Stück in deutscher Sprache, da die Bearbeitung des »Graf von Gleichen«-Stoffs und das Lustspiel *Der Weingärtner* verlorengegangen sind. Frischlin entfernte sich in zweifacher Hinsicht vom Muster des protestantischen Schuldramas: einmal, indem er sein Stück deutsch schrieb – vermutlich ein Zugeständnis an die des Lateinischen unkundigen Hofleute –, zum andern, indem er das herkömmliche Handlungsschema durch komische Episoden auflockerte und den hochgesinnten Protagonisten derb-realistisch gezeichnete Charaktere aus den niederen Ständen gegenüberstellte. Der Tradition verhaftet blieb hingegen die belehrende Haupthandlung: Gräfin Wendelgard trauert um ihren Gatten, den Grafen Ulrich, der im Kampf gegen die Ungarn gefallen sein soll; sie hat sich in ein Kloster zurückgezogen. Vier Jahre sind seitdem verflossen, da kehrt plötzlich der Totgeglaubte zurück. Als sich die Gräfin zur jährlichen Trauermesse einfindet, tritt der Graf ihr als Bettler verkleidet in den Weg und gibt sich schließlich, weil ihn die Diener wegen seiner »Aufdringlichkeit« schlagen, zu erkennen. Der weise Bischof Salomon weigert sich zunächst, die Verbindung der Gatten erneut zu segnen, entbindet aber schließlich doch Wendelgard von ihrem Gelübde. Die Tugenden der Gattentreue, der Vaterlandsliebe und des Gottvertrauens finden ihren verdienten Lohn. – Ein Prolog führt in das Spielgeschehen ein, in einem Epilog wird die moralische Lehre gezogen, »*es würd vielleicht beßer stehn mit der zertrennten Religion*«, wenn es mehr Tugend und Verständigkeit in der Welt gäbe.
Frischlins Stärke liegt offensichtlich in der karikaturistisch zugespitzten Zeichnung der Nebenfiguren: Bettler, die die irdischen Freuden mehr lieben als Tugend und Seligkeit und die, in fürstlicher Pose, ihre Kinder mit den Bettlerrevieren zwischen Straßburg und Konstanz, Basel und Zürich belehnen; oder die gräfliche Dienerschaft, die den Schwarm der zudringlichen und gerissenen Vagabunden endlich in die Flucht schlägt. Die Komik dieser grell pittoresken Szenen ist so kräftig, daß die didaktisch-erbauliche Absicht des Schauspiels ins Hintertreffen gerät und der Zusammenhalt des Ganzen gefährdet ist.
Entwicklungsgeschichtlich bedeutsam ist das Stück wegen seiner »*Ansätze zu einer Problematik der Ehe ... der Bemühung, Spannungen und Gegensätze psychologisch verständlich zu machen und die Konflikte zu lösen*« (R. Newald). In der Neigung des theatererfahrenen Autors, das farbige Beiwerk auf Kosten der klassisch strengen Handlungseinheit wuchern zu lassen, deutet sich das neue Lebensgefühl, die neue künstlerische Anschauung des Barockzeitalters an. Das Stück war so bühnenwirksam, daß es bis 1690 immer wieder aufgeführt wurde. W.F.S.

AUSGABEN: Tübingen 1580. – Ffm. 1589 (*Fraw Wendelgard, ein new Comedi oder Spil, ausz glaubwürdigen Historien gezogen, von Fraw Wendelgard, Keyser Henrichs, desz Ersten, ausz Sachssen Tochter, und Jhrem Ehegemahel, Graff Ulrich von Buchhorn, Herrn im Lintzgew, am Bodensee: Was sich anno 915, und anno 1919. Mit ihnen zugetragen. Nützlich und kurtzweylig zu lesen*). – Stg. 1857, Hg. D. F. Strauß (BLV, 41); ern. Darmstadt 1969. – Stg. 1908, Hg. A. Kuhn u. E. Wiedmann. – Freiburg i. B. 1912, Hg. P. Rothweiler [m. Einl.; Diss.].

IULIUS REDIVIVUS

(nlat.; *Der auferstandene Julius*). Possenhafte Zeitkomödie von Nikodemus FRISCHLIN, begonnen 1572, Uraufführung: 1582 und 1583 in Tübingen; umgearbeitet erschienen 1585, in demselben Jahr in einer Bearbeitung von MEISSNER am Hofe in Stuttgart aufgeführt. – Diese Komödie hatte den weitaus größten Erfolg unter allen Stücken des Dichters. Voll Stolz weist Frischlin hier auf die glanzvollen Leistungen und die ruhmvolle Vergangenheit seines deutschen Vaterlandes hin und stellt sie dem kulturellen Verfall in den romanischen Ländern gegenüber.

Die Einkleidung, die der humanistische Professor der Poesie diesem Vorwurf gab, mutet ganz aristophanisch an. Der Seelenführer Merkur holt Caesar und Cicero aus der Unterwelt, um sie bei einer Reise die deutschen Lande kennenlernen zu lassen. Nach dem Prolog Merkurs treten die beiden altrömischen Staatsmänner auf und singen das Lob der schönen und fleißigen Städte, die sie bisher gesehen haben. In dem in glänzender Rüstung erscheinenden germanischen Heerführer Hermann, der die militärische Tüchtigkeit Deutschlands repräsentiert, glauben sie den Himmelsgott Iuppiter zu erkennen. Voll Staunen lassen sie sich von ihm über die Erfindung des Schießpulvers erzählen. Während Caesar sich mit Hermann zur Besichtigung eines Zeughauses aufmacht, trifft Cicero mit Eobanus Hessus zusammen, dem lateinisch dichtenden Repräsentanten deutscher Geisteskultur (er lebte von 1488 bis 1550). Die eleganten lateinischen Verse des Deutschen versetzen Cicero in helles Entzücken; sein besonderes Interesse aber erregte das Verfahren der Papierherstellung und die Erfindung des Buchdrucks. Während sie gemeinsam eine Druckerei besuchen, kehren Caesar und Hermann zurück; ihr Gespräch über das deutsche Kaisertum wird von einem Händler aus Savoyen unterbrochen, einem traurigen Exempel der Schwächen des Nachbarvolks. Nicht anders ergeht es Cicero und Eobanus: In ihre angeregte Unterhaltung über die deutsche Gelehrsamkeit platzt ein italienischer Kaminfeger hinein. Mit großem Schmerz müssen die Römer vernehmen, in welch schauerliches Kauderwelsch sich ihre klassisch schöne Sprache verwandelt hat. Am Ende des dritten Akts brechen Caesar und Cicero auf, um der deutschen Akademie einen Besuch abzustatten. Der Schluß – den beiden komischen Figuren ist noch je ein kurzer Akt gewidmet – ist reine Posse.

Das Stück verdankt seinen Reiz vor allem der lebendigen Darstellung der Personen und einer Fülle komischer Einfälle. Andererseits zeigt es einmal mehr, daß dramatische Komposition Frischlins Stärke nicht war; störend wirkt insbesondere, daß die beiden Hauptfiguren mit dem dritten Akt verschwinden. Auch die breit ausgeführten heiteren Nebenepisoden tragen nicht gerade zur Einheit des Aufbaus bei; doch sie entschädigen dafür durch ihre Frische und ihren Witz. Diese Elemente dürften dem Stück auch seinen großen Erfolg gesichert haben. Schon 1585 wurde es von Jacob FRISCHLIN ins Deutsche übersetzt. BISMARCK bekannte, die patriotische Gesinnung des *Iulius redivivus* habe in ihm die Vaterlandsliebe geweckt. M.Ze.

AUSGABEN: Speyer 1585. – o. O. 1587 (in *Operum poeticorum pars scienica*, Hg. B. Jobin). – Bln. 1912, Hg. W. Janell [m. Einl. u. Bibliogr.].

ÜBERSETZUNGEN: *J. et M. T. Cicero redivivus, das ist Wie Julius Caesar der erst Römisch Kayser un aller streybarist Kriegsheldt … wider auff Erden Kompt mit Marco Tullio Cicerone …*, J. Frischlin, Speyer 1585. – *Commedia Julius Redivivus aus N. F. von Deutschlands Auffnemben und lob, der wider lebendig gemacht Kaiser Julius*, J. Ayrer, Nürnberg 1618 [Bearb.]. – *Julius Redivivus*, J. Frischlin u. R. E. Schade, Stg. 1983 (RUB).

LITERATUR: F. Gundelfinger, *Caesar in der deutschen Litteratur*, Diss. Bln. 1903, S. 38–42. – B. A. Müller, *Straßburger Lokalkolorit in F.s »Julius redivivus« von 1585* (in ASSL, 135, 1916, S. 1–10). – G. Haupt, *Friedrich Hermann Flayders »Moria redivivus« und die bedeutendsten Vertreter des lateinischen Schuldramas im 16. und 17. Jh.*, Diss. Tübingen 1929. – S. M. Wheelis, *N. F.s »Julius Redivivus« and its Reflections on the Past* (in Studies in the Renaissance, 20, 1973, S. 106–117). – J. Ridé, *Der Nationalgedanke im »Julius redivivus« von N. F.* (in Daphnis, 9, 1980, S. 719–741). – R. E. Schade, *N. F. u. d. Stuttgarter Hof. Zur Aufführung von »Julius redivivus« (1585)* (in *Europ. Hofkultur im 16. u. 17. Jh.*, Hg. A. Buck u. a., Hbg. 1981, Bd. 2, S. 335–344).

PHASMA

(nlat.-dt.; *Die Erscheinung*). Komödie von Nicodemus FRISCHLIN, aufgeführt in Tübingen 1580. – Als der berühmte Dichter und Humanist Frischlin bereits mit den Theologen Württembergs in Schwierigkeiten geraten war, führte er am Hof in Tübingen zur Fastnacht 1580 diese satirische Komödie auf, die den Reformator LUTHER verherrlicht. In einer losen Szenenfolge treten die Vertreter der verschiedenen Sekten des Luthertums auf und werden von Luther und Brenz widerlegt. Dabei werden nicht nur die Schwärmer und Wiedertäufer – die Anhänger Carlstadts und Schwenckfelds – verdammt, sondern auch die freieren Vorstellungen Zwinglis und Calvins vom Abendmahl und von der Person Christi. Die Häupter des tridentinischen Konzils, Papst Pius IV., Kardinal Campegius und Bischof Hosius, werden von Christus selbst und von den Aposteln Petrus und Paulus verurteilt und dem Teufel übergeben, der sich auch die Häupter der verschiedenen lutherischen Sekten holt. Luther und Brenz hingegen werden in den Himmel aufgenommen. Auf den Teufel bezieht sich der aus MENANDER entlehnte Titel: Die Sektierer stützen ihre Ansichten mit dem Hinweis auf himmlische Traumgesichte, die in Wirklichkeit Teufelserscheinungen sind.

Während der Autor seine anderen Dramen selbst zum Druck beförderte, ließ er diese Komödie wegen der scharfen und intoleranten Polemik nicht erscheinen; sie wurde erst nach seinem Tod 1592 herausgegeben. Die Komposition des Stücks erscheint recht merkwürdig und uneinheitlich. Das Werk wird eröffnet durch einen lateinischen Prolog und schließt mit einem deutschen Epilog. Vor jedem der fünf Akte steht eine Inhaltsangabe in deutschen Reimen, »der Frauen und Mägdlein, wie auch anderer des Lateins unkundiger Personen wegen«. Jedem Akt folgt ein lateinischer Chorgesang; nur nach dem letzten wird deutsch gesungen. Außerdem ist in den letzten Akt »der Ergötzlichkeit wegen« eine deutsche Szene eingefügt, in der die Mutter Gottes schwere Klage über die katholische Religion führt. Doch trotz dieser etwas befremdlichen Sprachmischung scheint Frischlin mit dieser Zeitsatire den Geschmack seiner Epoche getroffen zu haben.

M.Ze.

AUSGABEN: Straßburg 1592. – Gera 1608.

ÜBERSETZUNGEN: *Phasma, das ist, ein newe, geistliche, nachgehndig Comoedia und Gesicht von mancherley Ketzereyen, sampt deroselben Anfenger und Erzketzern* ..., M. A. Glasern, Greifswald 1593. – Dass., J. Bertesius, Lpzg. 1606.

LITERATUR: A. Elschenbroich, *Imitatio u. Disputatio in N. F.s Religionskomödie Phasma* (in *Stadt, Schule, Universität, Buchwesen u. d. dt. Lit. im 17. Jh.*, Hg. A. Schöne, Mchn. 1976, S. 335–370).

REBECCA

(nlat.; *Rebekka*). Komödie biblischen Inhalts von Nicodemus FRISCHLIN, aufgeführt am 1. Januar 1576 am Tübinger Hof. – Für seine erste Komödie griff der Tübinger Dichter und Professor der Poetik den bekannten Stoff aus der *Genesis* auf: Der Erzvater Abraham sendet den Knecht Eleazar auf Brautsuche für seinen Sohn Isaak, damit sich dieser seine Frau nicht bei den umwohnenden, gottlosen Stämmen suche; Eleazar gewinnt für ihn die schöne, standesgemäße Rebekka als Schwiegertochter. Die Wahl des Stoffes steht in Zusammenhang mit der Hochzeit von Frischlins herzoglichem Gebieter Ludwig: Wie Abraham Wert auf eine gläubige Frau für seinen Sohn legt, so ist auch – das betont der Dichter in zwei poetischen Episteln – die Wahl des Herzogs auf keine katholische oder kalvinistische Frau gefallen.
Das Interessanteste an dem Stück sind, wie oft bei Frischlin, die komischen Nebenszenen, die kaum in Zusammenhang mit der Haupthandlung stehen: So wird dem gesitteten, anständigen Isaak sein roher und wilder Bruder Ismael gegenübergestellt, dem der Sinn nur nach Jagd und Saufen steht; seine Spießgesellen sind der Jäger Chamus, der, wo es irgend geht, die Bauern quält, sowie der maßlose Schmarotzer Gastrodes. Zwischen die komischen Szenen streut der Dichter ernste Ermahnungen, die die Roheit des zeitgenössischen Adels anprangern. Trotz solcher Polemik fand das Stück aber allgemeinen Beifall und wurde am Württemberger Hof zweimal aufgeführt. Sehr bald entstanden Übertragungen ins Deutsche, damit die des Lateins unkundige Bürgerschaft sich nicht nur mit den – zu diesem Stück verlorengegangenen – deutschen Inhaltsangaben des Dichters begnügen mußte. Sechs Übersetzungen und Bearbeitungen sind bekannt: Die erste dürfte Jacobus FRISCHLIN, der Bruder des Dichters, 1588 gemacht haben, die letzte stammt aus dem Jahr 1616. Dazwischen entstand zu Liegnitz die besonders bekannt gewordene deutsche Bearbeitung des *poeta laureatus* Andreas CALAGIUS (1599).

M.Ze.

AUSGABE: Straßburg 1587 (in *Operum poeticorum pars scenica*).

ÜBERSETZUNGEN: *Zwo schöne Geistliche Comoedien, Rebecca und Susanna*, J. Frischlin, Ffm. 1589. – *Rebecca*, J. C. Merck, Ulm 1616.

LITERATUR: J. G. Boeckh, *Gastrodes. Ein Beitr. zu S. Schweigers Ein newe Reyßbeschreibung u. zu N. F.s Rebecca* (in Wiss. Ztschr. Halle, 10, 1961, S. 951–957).

BARBARA FRISCHMUTH

* 5.7.1941 Altaussee / Steiermark

LITERATUR ZUR AUTORIN:
D. G. Daviau, *Neuere Entwicklungen in der modernen österreichischen Prosa: Die Werke von B. F.* (in Modern Austrian Literature, 13, 1980, Sonderh., S. 177–216). – U. Kindl, *B. F.* (in *Neue Literatur der Frauen*, Hg. H. Puknus, Mchn. 1980, S. 144–148). – J.-H. Sauter, *B. F.* (in Ders., *Interviews mit Schriftstellern*, Lpzg./Weimar 1982, S. 235–249). – W. Schwarz, *B. F. – Rebellion u. Rückkehr* (in *Studien zur österreichischen Erzählliteratur der Gegenwart*, Hg. H. Zeman, Amsterdam 1982, S. 229–253). – D. Schuckmann, *B. F. – österreichische Erzählerin von Rang* (in WB, 30, 1984, S. 954–970). – U. Janetzki, *B. F.* (in KLG, 18. Nlg., 1984).

DIE MYSTIFIKATIONEN DER SOPHIE SILBER

Erster Band eines nach der Hauptgestalt auch »Sternwieser-Trilogie« genannten Romanzyklus von Barbara FRISCHMUTH, erschienen 1976. Der zweite Band, *Amy oder die Metamorphose*, erschien 1978, der dritte Band, *Kai und die Liebe zu den Modellen*, folgte 1979. – Die Autorin gehört, wie E. JELINEK, M. SCHARANG, W. BAUER oder P. HANDKE der 1973 entstandenen »Grazer Autorenversammlung« an. Neben Kinderbüchern (*Der Pluderich*, 1969; *Polsterer*, 1970; *Ida – und Ob*, 1972) veröffentlichte sie zunächst autobiographisch gefärbte Erzählungen und Romane (*Die Klosterschule*,

1968; *Rückkehr zum vorläufigen Ausgangspunkt*, 1973; *Das Verschwinden des Schattens in der Sonne*, 1973; *Haschen nach Wind*, 1974), in denen sich zunehmend die Fragen nach den Möglichkeiten verändernden Verhaltens und der Stellung der Frau in der Gesellschaft der Gegenwart ankündigen, Themenbereiche, die im Mittelpunkt der *Sternwieser-Trilogie* stehen.

In einem kleinen Ort im steirischen Salzkammergut, so beginnt der erste Band der Trilogie, *Die Mystifikationen der Sophie Silber*, versammeln sich Feen, Geister und Elfen aus aller Welt, um Maßnahmen gegen die zunehmende Bedrohung ihrer Existenz durch die »Enterischen«, die Menschen, zu beraten. Als einzige Sterbliche nimmt die Schauspielerin Sophie Silber, geb. von Weitersleben, auf Einladung der Fee Amaryllis Sternwieser an dem Treffen teil. Dieses Geschehen bildet die Rahmenhandlung, in die zwei weitere Handlungsstränge verwoben sind: Sophies wiederkehrende Erinnerungen an ihre Kindheit und Jugend, die sie in dem steirischen Ort verbracht hat, sowie die Schilderung der Vergangenheit Amaryllis Sternwiesers, neben der Titelfigur die zweite Protagonistin des Romans, die von allen Geistwesen die engste Verbindung zu der Welt der Menschen hält. Ohne die wahre Identität ihrer Gastgeber erkennen und sich die Vorgänge letztlich erklären zu können, wird Sophie Silber schließlich Zeugin des Beschlusses der Geister, die Verwandlung in eine andere Existenzform vorzunehmen. Sie wollen sich unter die Menschen mischen, beobachten und vielleicht auch – Anklänge an die Turmgesellschaft in GOETHES *Wilhelm Meister* – Einfluß im Hinblick auf eine positive Veränderung nehmen. Sich der Vorgänge nurmehr undeutlich wie an einen Traum erinnernd, reist Sophie ab, verändert insofern, als sie sich nun zu einem neuen, seßhaften Leben entschließt.

Zu Beginn des zweiten Bandes, *Amy oder die Metamorphose*, erwacht die Fee Amaryllis Sternwieser als Amy Stern in dem herzkranken Körper einer Medizinstudentin, der durch die Verwandlung gesundet. Zunächst in einem Zustand völliger Erinnerungslosigkeit, findet sich Amy mit traumwandlerischer Sicherheit in das fremde »irdische« Leben, nunmehr ihr eigenes, und lernt die Umstände und Menschen kennen, die dieses Leben bestimmen: die Arbeit als Kellnerin in einem Café und dessen Stammgäste, mit denen sie sich anfreundet. Immer wieder zieht es sie in den nächtlichen Park, in dem versponnene Gestalten leben, die an das schillernde Kaleidoskop der Geisterwesen aus den *Mystifikationen der Sophie Silber* erinnern. Auch Sophie Silber tritt wieder auf, als ältere Schauspielerin, die nun eine gewisse, freilich resignativ geprägte Festigkeit in ihrem Leben gewonnen hat. Durch die Liebe zu Klemens, Sophie Silbers Sohn, in die Amy ihre unbestimmten Sehnsüchte legt, wird der Park als Ort der träumerischen Phantasie zunehmend unbedeutender, sie wendet sich ihrer Realität zu. Als sie Tagebücher aus ihrer Mädchenzeit findet, erwacht ihr Interesse für das Schreiben. Altmann, ein etwas geheimnisvoller älterer Herr (ein weiterer menschgewordener Geist, der »Alpenkönig«, der sie bereits als Fee umworben hatte) unterstützt sie in dem stärker werdenden Wunsch, Schriftstellerin zu werden. Eines seiner Feste arrangiert er eigens zu dem Zweck, ihren Namen bekanntzumachen. Dieses Fest ist gleichsam ein erneutes Treffen der Geister in ihrer neuen Existenzform, an dem auch ein junger engagierter Zeitkritiker namens Herwater teilnimmt, der unschwer als der Geist des Wassers, in den Amy als Fee heimlich verliebt war, zu erkennen ist. Während sich die anderen ihrer Vergangenheit durchaus bewußt sind, tauchen in Amy nur kurze Momente der Erinnerung auf; sie ist bereits völlig in ihr »irdisches« Leben eingebunden. In ihrer Rolle gleicht sie so mitunter der unwissenden Sophie Silber im ersten Band der Trilogie. Amy stellt sich jedoch den Problemen ihres Lebens und nimmt die Herausforderungen an. Sie wird schwanger und lehnt Altmanns Angebot ab, ihr bei der Karriere als Schriftstellerin behilflich zu sein. Sie will ihr Kind, gegebenenfalls auch ohne die Unterstützung von Klemens, aufziehen und unabhängig als Schriftstellerin arbeiten.

Im Mittelpunkt des dritten Bandes, *Kai und die Liebe zu den Modellen*, steht wiederum Amy; sie schildert aus der Ich-Perspektive die Sorgen und Nöte ihres Alltags als berufstätige und alleinerziehende Mutter. Mit ihrem Sohn Kai lebt sie in einer kleinen Wohnung; die Beziehung zu Klemens ist – wie im vorhergehenden Band bereits deutlich geworden – problematisch, da sich die Widersprüche zwischen Eigenständigkeitsstreben und Anpassungsnotwendigkeit für beide als kaum lösbar darstellen und schließlich zur Trennung führen. In einem zweiten Erzählstrang werden die Erlebnisse des Jungen mit seinem Kindermädchen und seinen türkischen Spielkameraden im Park beschrieben. Auch hier erscheinen wunderlich anmutende, etwas verschrobene Gestalten, die an die bekannten Geistwesen erinnern. Sie versuchen zusammen mit den Kindern, die starren Verhaltensweisen der Menschen aufzubrechen und so das Verständnis für Andersdenkende und sogenannte Außenseiter zu fördern. Der Roman endet mit der erneuten Annäherung Amys an den idealistischen Herwater, der die Hoffnung auf positive Einflußnahme und Veränderung nicht aufgibt.

Wie alle Werke der Autorin (etwa auch die später erschienenen Arbeiten *Die Frau im Mond*, 1982 und *Traumgrenze*, 1983) ist die *Sternwieser-Trilogie* durch die Verarbeitung autobiographischer Elemente geprägt. Allerdings geht es nicht nur um die Aufarbeitung eigenen Erlebens, sondern um die Darstellung des allgemeinen Themas der weiblichen Selbstfindung. Durch die Verknüpfung von Traum, Phantasiewelt und Alltagsrealität, das Wechselspiel von Erinnern und Vergessen und die Reflexionen der Hauptfiguren wird die Problematik der Standortbestimmung nachvollziehbar veranschaulicht. Die Konflikte zwischen ihren Sehnsüchten, Ansprüchen an sich selbst sowie an den Partner einerseits und der Realität andererseits, unter denen die Protagonistinnen leiden, werden als durch Erziehung und gesellschaftliche Verhaltensnormen geprägt deutlich, die es zu überwinden gilt, um eine neue Selbstgewißheit zu erlangen. Zwar sind die drei Bände nicht etwa als feministische Entwicklungsromane im engen Sinne zu verstehen, jedoch geht es in jedem um die Entwicklung der weiblichen Hauptfiguren. Sophie festigt ihr Leben insofern, als sie seßhaft wird und sich um die lange vernachlässigte Beziehung zu ihrem Sohn bemüht. Sie findet ihre Nachfolgerin in Amy Stern, auf die sie ihre Hoffnung auf ein unabhängiges und doch in einer festen Partnerschaft eingebundenes Leben überträgt: »*Amy Stern, Amy Stern ... du hast die wesentlich besseren Chancen, dich zu wehren.*« Es zeigt sich jedoch, daß Amys Probleme diejenigen Sophies wiederholen. Amy versucht, unabhängig zu leben und doch auch die Sehnsucht nach einer harmonischen und engen Beziehung zu einem Partner zu verwirklichen, was ihr jedoch nicht gelingt, da sie – wie der männliche Teil – keinerlei Abstriche von ihren eigenen Ansprüchen zu machen bereit ist. Diesen Konflikt läßt die Autorin ungelöst, wenn auch in der Hinwendung Amys zu Herwater sich die Hoffnung andeutet, daß die Vereinbarkeit von Selbständigkeit und Partnerschaft doch möglich sein kann.

In der Vermischung von Wirklichkeit und Phantasiewelt bezieht die Autorin die Traditionen der österreichischen Volksdichtung und des Zaubermärchens (Ferdinand RAIMUND) ein, ebenso orientalische Märchenelemente und – wie sie selbst erwähnt – Figuren und Vorstellungen aus den phantastischen Geschichten des angloschottischen Dichters George MACDONALD (1824–1905). Auch Erkenntnisse der Psychoanalyse hat die Autorin verarbeitet, vor allem in den *Mystifikationen der Sophie Silber* (etwa in der ausschließlich von Frauen getragenen Familiengeschichte der von Weiersleben oder in dem ambivalenten Verhältnis Sophie Silbers zu ihrem Vater).

Während im ersten Band der Triologie noch Phantasiewelt und Realität ineinanderfließen und Gegenwart und Vergangenheit sich vielfach überschneiden, wird bereits im zweiten Band die Wendung zur Realität des alltäglichen Lebens deutlich, wenn auch noch vermischt mit phantastischen Elementen. Im dritten Band schließlich stellt die Autorin das Alltagsleben in seiner ganzen Banalität dar, mit der sich die Protagonistin auseinanderzusetzen hat. Dabei geht es ihr jedoch nicht um die Darstellung fertiger Anweisungen zur Veränderung der widrigen persönlichen und gesellschaftlichen Zustände, sondern um die Erarbeitung und das Ausprobieren von Verhaltens- und Denkweisen, die über die eingefahrenen Muster hinausgehen und eine ursprünglichere Gefühls- und Phantasiewelt, wie sie etwa den Kindern noch eigen ist, miteinbeziehen. »*Vielleicht sind doch unter all den Möglichkeiten, sich durchzufretten, besonders erträgliche im Gegensatz zu den anderen, von denen sich ohnehin rasch herausstellt, daß sie unerträglich sind. Es würde uns kaum erspart bleiben, uns immer wieder zu ändern, auf eine Lebensweise hin, die wir erst erfinden müssen, und ich hoffe nur, daß wir durchhalten und nicht aufgeben, bevor wir sie gefunden haben.*«

A.Kr.-KLL

AUSGABEN: *Die Mystifikationen der Sophie Silber:* Salzburg 1976. – Mchn. 1979 (dtv). – Mchn. 1980 (dtv). – *Amy oder die Metamorphose:* Salzburg 1978. – Mchn. 1980 (dtv). – *Kai und die Liebe zu den Modellen:* Salzburg 1979. – Mchn. 1981 (dtv).

LITERATUR: H. Graf, Rez. (in FAZ, 14. 9. 1976). – D. Jost, Rez. (in NZZ, 16. 9. 1976). – R. Stumm, Rez. (in Die Zeit, 17. 12. 1976). – H. Schödel, Rez. (in SZ, 15./16. 4. 1978). – G. Ueding, Rez. (in FAZ, 19. 5. 1978). – Ch. Melchinger, Rez. (in Die Zeit, 16. 11. 1979). – H. Graf, Rez. (in FAZ, 4. 1. 1980). – I. Meidinger-Geise, *Kai und die Liebe zu den Modellen* (in Literatur und Kritik, 1980, H. 145, S. 315 f.).

WALTER HELMUT FRITZ

* 26.8.1929 Karlsruhe

DAS LYRISCHE WERK von Walter Helmut Fritz.

»*Das Gedicht hält etwas offen. Es ermöglicht Erkenntnis, die auf keine andere Weise zu gewinnen ist. Das Wenigerwerden der Bedürfnisse; die Tatsache, daß man manches, was ganz einfach ist, nicht schafft, anderes, was ganz schwierig ist, im Traum findet; ... Beispiele für Dinge, Vorgänge, Erfahrungen, die zum Gedicht führen. Dabei kann uns klar werden, daß nichts so bleiben muß, wie es ist, ... daß also die Bedingungen, unter denen wir leben, sich ändern und daß vor allem wir selbst andere sein können.*« Diese Sätze, veröffentlicht 1984 im *Gespräch über Gedichte*, charakterisieren den poetologischen Standort des Autors Walter Helmut Fritz. Für ihn ermöglicht das Gedicht eine neue Sicht auf die Dinge und Erlebnisse des Alltags; es schafft damit Erkenntnis und ebnet den Weg für mögliche Veränderung des Einzelnen wie der Gesellschaft. Das umfangreiche Œuvre – neben den mehr als 15 Gedichtbänden publizierte Fritz Übersetzungen moderner französischer Lyrik, vier Romane (*Abweichung*, 1965; *Die Verwechslung*, 1970; *Die Beschaffenheit solcher Tage*, 1972; *Bevor uns Hören und Sehen vergeht*, 1975) und einige Bände mit Prosatexten (*Umwege*, 1964; *Zwischenbemerkungen*, 1964; *Cornelias Traum und andere Aufzeichnungen*, 1985), daneben Essays und Arbeiten über Literatur – beruht daher immer auf alltäglicher Erfahrung und ihrer präzisen Wahrnehmung.

Der 1929 in Karlsruhe geborene Schriftsteller hatte zunächst in Heidelberg Literatur und Philosophie studiert, bevor er in seiner Heimatstadt Lehrer, später Dozent an der Technischen Hochschule wurde. 1983 übernahm Fritz, der mittlerweile als freier Schriftsteller lebt, eine Poetik-Dozentur an der Universität Mainz. Mit seinem ersten Gedichtband *Achtsam sein* trat der Autor 1956 an die Öffentlichkeit. Er steht darin ganz in der Tradition der Natur- und Landschaftslyrik, die Nähe zu deutschen Lyrikern dieser Richtung, zu Karl Krolow, der das Vorwort zu dem Band verfaßte, aber auch zu Heinz Piontek und zum frühen Günther Eich ist deutlich nachvollziehbar. Auch wenn Fritz selbst diese frühe Lyrik in seine *Gesammelten Gedichte (1979)* nicht aufnahm, so ist doch ein Grundelement der späteren Lyrik bereits vorhanden: Landschaft bleibt bis in die neuesten Bände wesentliches Thema dieses Autors, der Ton allerdings verändert sich sehr.

In der frühen lyrischen Produktion Fritz' ist Natur zum einen in Stimmungsbildern und Momentaufnahmen präsent. Zum anderen wird sie dichterisches Medium, in dem sich existentielle Fragen – nach Vergänglichkeit und Tod, nach Hoffnung auf Frieden, nach dem Weg des Lebens und dem Wohin – verdichten lassen: *»An diesem Tag treibt Schnee. / Wenn die Zäune zugeweht sind / und der Holzstapel, / wirst du die Jahre über die hügeligen Felder/ entschwinden sehen./ / Die Räderspur folgt der Unruhe,/ die die Straße heraufkommt./ ... / In deinem Rücken/ schließt der Wind die Tür./ Wohin willst du gehen?«* (*An diesem Tag*). Die Vorliebe für das Landschaftsbild als Momentaufnahme oder Detailausschnitt bleibt in Fritz' Werk konstant, ebenso dessen existenzielle Akzentuierung. Die Sprache der Gedichte jedoch wird reduzierter, nüchterner. Gleichzeitig rückt ein neues Bewußtsein für die Natur thematisch in den Vordergrund: *»Wieder hat man in der Stadt,/ um Parkplätze zu schaffen,/ Platanen gefällt/ ... Inzwischen ist es fast/ zu einem Verbrechen geworden,/ nicht über Bäume zu sprechen ...«* (*Bäume*). Der Bedrohung der Natur durch den Menschen wird die Vorstellung vom Menschen als Teil der Natur entgegengehalten: *»Als Stein sind wir da,/ als Blaualge und Lungenfisch,/ ... erzeugen aus uns/ Geschöpfe derselben Art,/ merken, daß unsere Existenz/ beschränkt ist ... und sind doch hier,/ tun unsere Arbeit,/ begegnen uns,/ schreiben so etwas auf«* (*Und sind doch hier*).

Fritz stellt der biologischen Beschränkung des Wesens Mensch lakonisch den Alltag des Menschen, seine sozialen und intellektuellen Fähigkeiten entgegen. Dem Schreiben kommt dabei eine besondere Bedeutung zu: Es protokolliert die Spannung zwischen dem unaufhaltbaren Ablaufen der Zeit und dem gelebten Augenblick, ist Ausdruck der *Zuverlässigkeit der Unruhe*, so der Titel eines Gedichtbandes (1966), die zu neuer Erkenntnis führt. *»Es ist die ›Zuverlässigkeit der Unruhe‹, die ihm als paradoxes Fixum erscheint, und der Leser kann in der Abfolge der Gedichte den Wechsel von Zweifel, Vergewissern und Bestätigung wahrnehmen. Dieser Prozeß findet allein in der Poesie statt, außerliterarische Sensationen fehlen bei diesem Autor völlig«* (Hartung).

Neben Naturlyrik sind Liebesgedichte und Gedichte zu Persönlichkeiten der bildenden Kunst und Philosophie ein immer wiederkehrendes Element in Fritz' Werk. Mit einem ersten Zyklus von Liebesgedichten erreichte der Autor in seinem dritten Gedichtband *Veränderte Jahre (1963)* größere Resonanz in der Öffentlichkeit. Seither bilden diese Liebeszyklen einen festen Bestandteil im Werk des Autors. Ihnen läßt sich eine konstante inhaltliche Funktion zuordnen: Sie alle wenden sich an ein Gegenüber, das die Ungesichertheit des Lebens erträglich macht. *»Ich finde dich wieder,/ wie du diese von Lichtwirbeln/ grüne Frühe/ in Händen hältst.// Wir wollen uns ein Haus/ in die Ankunft des Tags bauen,/ in dem der Schrecken der Jahre/ zu einem Flüstern gerinnt«* (*Liebesgedichte 1958–62, VII*). Die Lichtmetapher spielt in vielen dieser Gedichte eine herausragende Rolle, wenn auch die Bilder der späteren Texte zurückgenommener, unauffälliger erscheinen: *»Es kommt die Helligkeit/ in deiner Gegenwart/ wieder zu Wort.// Vielleicht/ ist es doch möglich/ ein verständliches Leben«* (*Liebesgedichte 1963–66, IX*). Das in diesen Liebesgedichten angesprochene »Du« bleibt Gegenpol einer bedrohlichen Realität, die Fritz seinem direkter benennt: *»Auch während die Ozeane abkühlen und die/ mit Gletschern bedeckte Fläche wächst,/ weil die Sonnenaktivität schwankt/ oder die Erdachse schlingert/ ... gibst du mir manchmal,/ was auch du nicht hast:/ diesen Augenblick Ruhe«* (*Was auch du nicht hast, XIV*).

Vermitteltes, indirektes Sprechen dagegen bestimmt die Personengedichte. Die Persönlichkeiten dienen dabei als Maske, die *»alle Möglichkeiten der Identifikation wie der Abgrenzung«* (Hartung) erlaubt. Deutlich zeigt sich in diesen Texten, wie sehr es dem Autor auf das Unspektakuläre, Alltägliche ankommt: *»Meist hatte er Schwierigkeiten/ mit der Beschaffung des Marmors./ ... Von der Kunst/ sprach er selten ...«* heißt es in seinem Gedicht zu Michelangelo. In den Gedichten auf Personen, *»Chiffrierungen der eigenen Existenz«* (Hartung), schafft sich Fritz die Möglichkeit, philosophische, aber auch poetologische Reflexionen in seiner Lyrik zu vermitteln: *»... schließt seine Kästen,/ während er noch spricht,/ den Geist der Kürze/ erwähnt, den er liebt,/ schönes fremdartiges Geschenk«* (*Der Bouquinist*).

Den unspektakulären Themen entspricht in dieser Lyrik das lakonische Sprechen, die Tendenz zur Auslassung, zum Andeuten und Verschweigen. Damit wendet sich Fritz gegen eine nichtssagende Sprache: *»Die Phrasen/ galoppieren durch das Land,/ als gäbe es keine Bangigkeit mehr./ Man kann nur versuchen,/ manchmal ein paar Worte zu sagen,/ damit es für Augenblicke/ wieder still wird«* (*Die Phrasen*). Fritz' Lyrik fällt auf durch die *»Unauffälligkeit der Diktion«* (Krolow), ist aber, obwohl sie auf den ersten Blick oft alltäglich – als in Sprache gefaßte Natur oder Realität – wirkt, meist hochartifiziell. Dem Autor gelingt in seinen Gedichten eine *»Distanz im literarischen Ausdruck«* (Krolow), die paradoxerweise die Nähe zu den Gegenständen der Texte erst herstellt, um die es Fritz geht: *»Gib den*

Dingen das Wort« heißt ein Text aus dem Band *Immer einfacher, immer schwieriger (1987)*. Nicht deren äußere Erscheinung ist wesentlich, sondern das, was in und hinter den Dingen steckt, ihre Geschichte, Vergangenheit und Zukunft: *»Bring die Spiegelungen von dem,/ was war und was sein wird,/ ... merkwürdige/ Speise, bring sie herbei,/ noch einmal zur Sprache« (Atemzüge)*. Hier wird der für das Gesamtwerk des Autors wichtige Einfluß der französischen Literatur besonders spürbar, vor allem der Lyrik Jean FOLLAINS, dessen Texte Fritz 1962 ins Deutsche übertrug: *»Die nackte Schönheit jedes Dings wiederfinden«* lautet das Motto dieses Bandes. Ebenso deutlich bezieht sich Fritz auf Francis PONGE und dessen Buch *Le parti pris des choses (Im Namen der Dinge*, 1942), jedoch nicht nur auf dessen großes Thema, die *»einfachen Dinge«,* sondern auch auf Ponges literarische Form: das Prosagedicht.

In seinen Texten experimentiert der Autor mit verschiedenen Möglichkeiten der lyrischen Rede: Gedichte, Prosagedichte und lyrische Prosa stehen nebeneinander, sind aber keineswegs ununterscheidbar. Fritz selbst differenziert in seinem Vortrag *Möglichkeiten des Prosagedichts* Lyrik und Prosagedicht anhand einiger Beispiele der französischen Literatur: Das Prosagedicht ermögliche ein Mehr an Reflexion, ohne das Lyrische eines Textes zu stören. *»Im Prosagedicht kann man ... einen Schritt weiter gehen. Gedanklichkeit als Erscheinungsform des Sinnenhaften, als Vorgang innerhalb der Imagination kann im Prosagedicht unter Umständen ungefährdeter zu ihrem Recht kommen.«* Seit dem 1969 erschienenen Band *Bemerkungen zu einer Gegend,* der als einziger ausschließlich Prosagedichte enthält, gehören diese zum festen Bestandteil der Publikationen des Autors. Fritz' frühe Prosagedichte bestehen teilweise nur aus Fragen und sind oft syntaktisch ungewöhnlicher und in der Bildsprache mutiger als die Versgedichte. In den neueren Prosagedichten überwiegt, trotz mancher kühnen Metaphern, ein sachlicher, fast berichtender Sprachduktus: *»Kannst du mir sagen, wo Gustaf ist? ... Leben und Tod nannte er Feste, leidenschaftliche Versunkenheiten. Dazwischen: Verzicht auf Atem. Es fiel ihm zuweilen schwer, andere Augen zu verlassen.«* Walter Helmut Fritz' lyrisches Werk zeigt eine deutliche Entwicklung. Der Autor löst die deutsche naturlyrische Tradition, in der er ursprünglich stand, hinter sich – zunächst durch eine Hinwendung zur französischen Literatur. Gleichzeitig bricht zunehmend ein Irritationsverhältnis zur Gesellschaft hervor, das in den späteren Texten immer expliziter benannt wird. Allerdings bleiben Fritz' Texte immer offen, werden nie programmatisch, es sei denn in dem Sinne, daß sie grundsätzlich Skepsis gegenüber vermeintlich feststehenden Wahrheiten zur Sprache bringen, sogar dann, wenn es um das Material der Dichtung, die Sprache selbst geht: *»Bewegliche Lettern, Nachbildungen zuerst/ der von Schreibern verwendeten Zeichen/ ... Werkzeuge der Freiheit/ der Unfreiheit?« (Werkzeuge der Freiheit).*

D.R.M.

AUSGABEN: *Achtsam sein*. Gedichte, Biel 1956. – *Bild + Zeichen*. Gedichte, Hbg. 1958. – *Veränderte Jahre*. Gedichte, Stg. 1963. – *Gedichte* (Auswahl), Darmstadt 1964. – *Treibholz*. Gedichte, Darmstadt 1964. – *Grenzland*. Gedichte, Darmstadt 1964. – *Die Zuverlässigkeit der Unruhe*. Neue Gedichte, Hbg. 1966. – *Teilstrecken*. Gedichte, Karlsruhe 1971. – *Aus der Nähe. Gedichte 1967–1971*, Hbg. 1972. – *Kein Alibi*. Gedichte, Duisburg 1975. – *Schwierige Überfahrt*. Gedichte, Hbg. 1976. – *Sehnsucht*. Gedichte und Prosagedichte, Hbg. 1978. – *Gesammelte Gedichte*, Hbg. 1979 (ern. Bln. u. a. 1981; Ullst. Tb). – *Auch jetzt und morgen*. Gedichte, Pfaffenweiler 1979. – *Wunschtraum-Alptraum. Gedichte und Prosagedichte 1979–1981*, Hbg. 1981 (ern. Mchn. 1983; Heyne Tb). – *Werkzeuge der Freiheit*. Gedichte, Hbg. 1983. – *Wie nie zuvor*. Gedichte, Pfaffenweiler 1986. – *Immer einfacher, immer schwieriger. Gedichte und Prosagedichte 1983–1986*, Hbg. 1987.

ÜBERSETZUNGEN: Jean Follain, *Gedichte*. Französisch und deutsch, Ebenhausen 1962. – René Menard, *Entre deux pierres*, Darmstadt 1964. – Philippe Jaccottet, *Gedichte*, Darmstadt 1964. – Alain Bosquet, *J'écrirai ce poème*, Darmstadt 1965. – Claude Vigée, *Gedichte*, Ffm. 1968.

SCHALLPLATTE: *W. H. F. liest aus eigenen Werken*, Karlsruhe 1978.

LITERATUR: W. Wondratschek, *Bewegliche Spur im Sichtbaren. Zur Lyrik von W. H. F.* (in *Lyrik I,* Hg. H. L. Arnold (Text + Kritik), Mchn. 1965, S. 9–12). – G. Just, *Von der Lyrik zur Prosa: W. H. F.* (in G. J., *Reflexionen. Zur deutschen Lit. der sechziger Jahre*, Pfullingen 1972, S. 33–38). – H. Piontek, *Poesie ohne Aufwand. Zum Gedicht von W. H. F.* (in NDH, 1969, H. 22, S. 100–108). – H. Hartung, *Die Zuverlässigkeit der Poesie. Zu den »Gesammelten Gedichten« von W. H. F.* (in NRs, 1979, H. 4, S. 616–621; ern. in H. H., *Deutsche Lyrik seit 1965*, Mchn. 1985, S. 616–621). – W. Hönes, *W. H. F.* (in KLG, 21. Nlg., 1985).

LEO FROBENIUS

* 29.6.1873 Berlin
† 9.8.1938 Biganzolo / Verbania am Lago Maggiore

PAIDEUMA. Umrisse einer Kultur und Seelenlehre

Kulturphilosophisches Werk von Leo FROBENIUS, erschienen 1921. – In dieser Abhandlung führt der Autor Gedanken früherer Arbeiten fort, so vor allem die der *Naturwissenschaftlichen Kulturlehre*

(1899). Er faßt darin Kulturen als selbständige Organismen auf, die nicht von Menschen geschaffen oder getragen werden, sondern diese »*durchleben*«. Nach dieser morphologischen Betrachtungsweise besitzt jede Kultur eine Seele, deren äußere Merkmale die einzelnen Kulturgüter sind. Diese Seele, aber auch die Kultur als Einheit, wird von Frobenius »Paideuma« genannt, wobei er dem griechischen Begriff eine erweiterte Bedeutung gibt.

Jede einzelne Kultur durchläuft gesetzmäßig mehrere Altersstufen, in denen sie durch bestimmte *»Stufen des Geistes«* geprägt wird. Analog dem Leben der Menschen spricht Frobenius von einem Kindesalter, in dem das Dämonische und das Ergriffenwerden zu Schöpfungen führt, von einem durch Ideale bestimmten Jünglingsalter, vom Mannesalter mit seiner mechanistischen Welt der Tatsachen und vom Greisenalter, das Reife und Ausklang bringt. Er zieht damit eine Parallele zwischen dem *»Paideuma des Individuums«* und dem *»Paideuma der Völker«*. Aber nicht nur die einzelnen Kulturen durchlaufen diese Lebensfolge, sondern auch die Kulturgeschichte als Ganzes sowie die einzelnen angenommenen Entwicklungsstadien. Und Frobenius glaubt in Anlehnung an die Evolutionisten, die *»Reihenfolge der paideumatischen Urentwicklung«* feststellen zu können.

Eng mit den Vorstellungen vom Paideuma hängt der Gedanke zusammen, einzelne Kulturgüter seien nicht aus der Frage nach dem Nutzen entstanden, sondern seien Ausdruck einer Ergriffenheit oder eines Erlebnisses, und erst in der Anwendung habe man die Zweckmäßigkeit erkannt. Frobenius steht in seinen Vorstellungen über das Werden und Vergehen von Kulturen O. Spengler (vgl. *Der Untergang des Abendlandes*, 1918–1922) sehr nahe, der ebenfalls Kulturen als Organismen betrachtet und in ihren typischen Elementen einen Ausdruck ihrer Seele sieht. Der Afrikaforscher Frobenius wirft ihm aber vor, daß er in seiner Morphologie der Weltgeschichte die schriftlosen Völker nicht berücksichtigt habe und daß ihm deshalb eine Phase in der Entwicklung der Menschheit verborgen bleibe: die *»Geburt des Dämonischen«*. – Hat sich Frobenius' Gedanke, Kulturen seien organische Ganzheiten, als fruchtbar erwiesen, so stieß sein Versuch, die gesamte Kulturgeschichte unter diesem Aspekt zu deuten, auf Ablehnung. Sein *»entindividualisierter Kulturbegriff«* (C. A. Schmitz) wird heute weitgehend abgelehnt. H.Gan.

Ausgaben: Mchn. 1921. – Düsseldorf ³1953.

Literatur: *L. F. Ein Lebenswerk aus der Zeit der Kulturwende*, Lpzg. 1933. – A. E. Jensen, *L. F., Leben u. Werk* (in Paideuma. Mitt. zur Kulturkunde, 1, 1938, S. 45–58). – Ders., *Bemerkungen zur kulturmorphologischen Betrachtungsweise* (in Studium Generale, 7, 1954, S. 143–151). – C. A. Schmitz, *Vorw. des Hg.s* (in Paideuma. Mitt. zur Kulturkunde, 12, 1966, S. 3–5). – *Symposium L. F. Perspectives des études africaines contemporaines*, Hg. E. Haberland, Köln/Mchn. 1974.

FRIEDRICH WILHELM AUGUST FRÖBEL

* 21.4.1782 Oberweißbach / Thüringen
† 21.6.1852 Marienthal bei Liebenstein / Thüringen

DIE MENSCHENERZIEHUNG

Pädagogisches Werk von Friedrich Fröbel, erschienen 1826. – Der Verfasser entwirft in dieser Abhandlung seine Vorstellungen von einem idealen Menschenbild und den zu dessen Verwirklichung erforderlichen praktisch pädagogischen Grundsätzen. In den anthropologischen Passagen, in denen er den Menschen durch die ihm innewohnende Göttlichkeit bestimmt sein läßt, ist Fröbel von Kant, Hegel und besonders Schelling beeinflußt. Seine pädagogischen Gedanken zeichnen sich durch Originalität, Einfühlungsvermögen und Kühnheit aus.

Grundsätzlich soll Erziehung den Menschen zu einer klaren Erkenntnis seines Wesens und seiner endgültigen Bestimmung führen, die dann erfüllt wäre, wenn es ihm gelänge, das ihm innewohnende Göttliche in seinem eigenen Dasein zu spiegeln und darzustellen. Die dazu geeigneten erzieherischen Methoden, die Fröbel vorschlägt, sind insgesamt durch die Betonung der jugendlichen Eigentätigkeit und Freiheit gekennzeichnet. So soll Erziehung in der frühkindlichen Phase auf Pflege, Duldung und Schutz beruhen, nicht aber auf Zwang und Vorschriften – Mitteln, die nur dazu angetan sind, das spontane Verhalten des Kindes verkümmern zu lassen und ihm die bloße Nachahmung wesensmäßig fremder Vorbilder anzugewöhnen. Das Kind versucht zunächst, seine noch gestaltlose Innerlichkeit zu artikulieren: ein Prozeß, der sich vornehmlich mit Hilfe des Wortes vollzieht. Neben der Sprache nennt Fröbel in diesem Zusammenhang das Spiel, dessen Bedeutung für das frühkindliche Leben er außerordentlich hoch ansetzt, darin Pestalozzi und Rousseau übertreffend. Spiel wird hier nicht ausschließlich final als Grundlegung späterer technischer oder moralischer Qualitäten betrachtet, vielmehr begreift das Kind erstmals im Erleben des Spiels die Welt als Ganzes und innerhalb dieser Harmonie sich selbst als bedeutungsvollen Teil, Partner, ja Mitträger des Ganzen. – In der folgenden Periode, von Fröbel »Knabenstufe« genannt, kehrt sich das ursprüngliche Verhältnis von Innen- und Außenwelt um. Suchte das Kind zunächst sich selbst auszudrücken, so nimmt es jetzt die Umwelt in sich auf – es lernt. An die Stelle von Wortsuche und Spiel tritt Unterricht, welcher die Außenwelt in ihrer Faktizität und Gesetzlichkeit vorstellt. – Den Hauptteil seines Werks verwendet der Autor auf die nun folgende »Schülerstufe« und die mit ihr einsetzende systematische Schulerziehung. Die Schule soll dem Schüler *»Wesen und inneres Leben der Dinge und sei-*

ner selbst« vorstellen. Kennenlernen der Fakten und Transzendieren des Sachverhalts, der Doppelaspekt von Einzelheit und umgreifender Ganzheit, haben den schulischen Unterricht zu bestimmen. Im einzelnen werden Religion, Naturwissenschaft und Mathematik, Lesen, Sprach- und Kunstunterricht gefordert.

Fröbels pädagogische Anregungen, zumal seine Darstellung der kindlichen Phase, haben ihre Bedeutung bis in die Gegenwart nicht verloren. – Zur Publikation eines zweiten Bandes, der die *Menschenerziehung* abschließen sollte, ist es nicht mehr gekommen. J.T.

AUSGABEN: Lpzg. 1826. – Lpzg. 1926, Hg. H. Zimmermann (m. Einl.; RUB). – Godesberg 1951 (in *AS*, Hg. E. Hoffmann, 2 Bde., 2; Stg. ⁴1982).

LITERATUR: *Fs. zum F.-Gedenkjahr* (in Blätter des Pestalozzi-Fröbel-Vereins, 3, 1952, 3/4). – O. F. Bollnow, *Die Pädagogik der deutschen Romantik von Arndt bis F.*, Stg. o. J. – H. Holstein, *Bildungsweg u. Bildungsgeschehen. Der Bildungsprozeß bei Kant, Herbart u. F.*, Ratingen 1965. – H. Heiland, *Die Symbolwelt F. F.s. Ein Beitrag zur Symbolgeschichte*, Heidelberg 1967 [m. Bibliogr.]. – Ders., *Lit. u. Trends in der F.-Forschung*, Weinheim 1972. – R. B. Downs, *F. F.*, Boston 1978. – H. Heiland, *F. F. in Selbstzeugnissen und Bilddokumenten*, Reinbek 1982 (rm). – Ders., *F. u. die Nachwelt. Studien zur Wirkungsgeschichte F. F.s*, Bad Heilbronn 1982. – Ders., *F.-Forschung*, Darmstadt 1983 (EdF). – E. Denner, *Das Problem der Orthodoxie der F.-Nachfolge*, Diss. Erlangen-Nürnberg 1983. – Dies., *Das F.-verständnis der F.ianer. Studien zur F.-Rezeption im 19. Jh.*, Bad Heilbronn 1988. – L. Heller, *F. F., die zahlenmystischen Wurzeln der Spieltheorie*, Ffm. u. a. 1988 (zugl. Diss. Tübingen 1986).

GUSTAF FRÖDING

* 22.8.1860 Alster / Värmland
† 8.2.1911 Stockholm

DAS LYRISCHE WERK (schwed.) von Gustaf FRÖDING.
Bis weit in die Mitte dieses Jahrhunderts hinein hatte Gustaf Fröding den Rang des unbestritten bedeutendsten Lyrikers seines Landes inne. Sein Einfluß nicht nur auf die moderne Lyrik seiner eigenen Heimat, sondern ebenso auf die der anderen nordischen Länder ist kaum zu überschätzen: Viele seiner Gedichte sind in die wichtigsten Kultursprachen übersetzt worden. Seine Rezeption in Deutschland beschränkt sich auf die Zeit von ca. 1910 bis in die Mitte der dreißiger Jahre, als die deutschen Übersetzungen seiner Gedichte erschienen: RILKE hat ein Gedicht von ihm übertragen *(Narkissos)*, GEORGE hat ihn gekannt und bewundert. Heute dürfte er dem breiteren Publikum außerhalb Skandinaviens unbekannt sein. Laut Henry H. H. REMAK gehört er jedoch zu jenen Autoren, die es noch für die Weltliteratur zu entdecken gilt.

Frödings früheste Lyrikversuche fallen in die Zeit von ca. 1885 bis 1891; seinen persönlichen Durchbruch als Dichter hatte er 1889 während eines Sanatoriumsaufenthalts in Görlitz (Schlesien). Hier entstand auch der auf Deutsch geschriebene Gedichtzyklus *Lieder der Langeweile*. Diese zu Frödings Lebzeiten unveröffentlicht gebliebenen HEINE-Parodien, die von der bisherigen Forschung kaum beachtet wurden, schildern das Leben im Görlitzer Sanatorium; mit ihrem skurrilen, ins Groteske spielenden burlesken Ton dürften sie in der zeitgenössischen deutschen Lyrik kaum ihresgleichen gehabt haben und verweisen vielmehr über die Jahrhundertwende hinaus auf das Werk Christian MORGENSTERNS: »*Und wäre ich nicht der Schwede,/ich wünschte, ich wäre der Hauptmann,/er singt und er lacht und er jauchzet,/er ist ein Glücklicher, glaubt man.//Nicht ihm mit Seufzen und Klagen/die selige Ruhe beraubt man/– er ist die Oase der Wüste,/ich wollte, ich wäre der Hauptmann.*«

Das eigentliche Debüt hatte Fröding 1891, dem Durchbruchsjahr der schwedischen Neuromantik der neunziger Jahre *(nittital)*, mit seiner ersten Gedichtsammlung *Guitarr och dragharmonika (Gitarre und Ziehharmonika)*, die von der Kritik fast einhellig mit Emphase begrüßt wurde. Der führende konservative Literaturkritiker der Zeit. C. D. af WIRSÉN, hielt den Namen des Dichters gar für ein Pseudonym, hinter dem sich ein schon bekannter Schriftsteller verbergen sollte (›Post- och Inrikes Tidningar‹, 27. 5. 1891). 1894 folgte die zweite Sammlung *Nya dikter (Neue Gedichte)*, die ein ähnlich positives Echo fand, und 1895 bzw. 1897 erschienen die beiden Teile der Lyrik und Prosa enthaltenden, in värmländischer Mundart verfaßten *Räggler å paschaser* (etwa: *Vertellekes und Dönekes*). Bereits im Jahre 1896, als *Stänk och flikar (Spritzer und Zipfel)* erschien, galt Fröding, trotz der überwiegend verständnislosen Kritiken, die dieser Gedichtband erhielt, als bedeutendster schwedischer Lyriker der Gegenwart.

Die Lyrik Frödings aus dieser Zeit, explizit orientiert an der deutschen und englischsprachigen Poesie vor allem aus der Periode von Klassik bis zur Nachromantik (GOETHE, HEINE, LENAU, BURNS, BYRON und POE), ist überwiegend einer Ästhetik des poetischen Realismus verpflichtet, womit sie im Gegensatz zum Programm der unmittelbar vorhergehenden Epoche des Naturalismus steht (schwed.: *det moderna genombrottet; åttital*); der Ruf des Dichters gründete sich über seinen Tod hinaus lange Zeit allein auf diese Gedichte. In formaler Hinsicht vollendete Verse, die, einmal von äußerster Schlichtheit, ein anderes Mal in ausgelassenen Tanzrhythmen, die klanglichen Valeurs der Sprache bis zum äußersten auszunutzen vermögen, lassen diese Poesie als einen Höhepunkt der traditionellen, an Reim und Metrum orientierten schwedischen Lyrik erscheinen: »*Klar låg himlen över viken,/solen stekte hett,/och vid Haga ringde Hagas/gälla vällingklocka ett./Brunnskogs kyrka stod och lyste/som en bondbrud, grann och ny./Över björkarne vid Berga/som ett hattflor på en herrgårdsfröken/svävade en sky.*« (»*Klar lag der Himmel über der Bucht, die Sonne brannte heiß, und in Haga läutete Hagas schrille Vesperglocke eins. Brunnskogs Kirche stand und leuchtete wie eine Bauernbraut, hübsch und neu. Über den Birken bei Berga schwebte eine Wolke wie ein Hutflor eines Herrenhoffräuleins.*« – *Vackert väder – Schönes Wetter*). Oft als Pastiches intendiert, die von Frödings Kunst zeugen, sich in jeder Stilart heimisch zu fühlen, stellen seine Gedichte intertextuelle Bezüge von der deutschen und englischsprachigen Lyrik über die Literatur des nordischen Mittelalters bis hin zu der der Antike und der *Bibel* her (*En hög visa – Ein Hohes Lied; Ur Anabasis – Aus der Anabasis; Ur Kung Eriks visor – Aus König Eriks Liedern; Ur Friederike Brions visor – Aus Friederike Brions Liedern* u. a.).

In ihrer Thematik schwankt Frödings Poesie zwischen einer poetischen Verklärung der Wirklichkeit, radikalem Protest gegen die Sinnlosigkeit der Welt sowie einem sozialkritischen und moralreformerischen Engagement. Verklärend wirkt im Grunde schon die Idealisierung des Lebens zu einem Fest, von dem das lyrische Ich stets ausgeschlossen bleibt (*En ghasel – Ein Ghasel; Fredlös – Geächtet* u. a.), insbesondere aber die humorvolle, von Empathie und Mitleid geprägte Darstellungsweise, deren Funktion es ist, »*alles Disharmonische, Verkehrte und Elende ... in einem großen, allumfassenden, allverzeihenden, halb schwermütigen, doch mitfühlenden Lachen aufzulösen*«, wie es in dem Aufsatz *Om humor (Über Humor)* heißt (*En fattig munk från Skara – Ein alter Mönch aus Skara; Ett gammalt bergtroll – Ein alter Bergtroll; »Skalden Wennerbom« – »Der Dichter Wennerbom«* u. a.). Und verklärend wirkt schließlich auch die muntere Heiterkeit vieler volkstümlicher Gedichte mit Motiven aus seiner Heimatprovinz Värmland, die Fröding lange Zeit als Ort einer gleichsam natürlichen Lebensfreude betrachtete (*Skogsrån – Die Waldfrau; Tre trallande jäntor – Drei trällernde Mädchen; Det var dans bort i vägen – Es war Tanz drunten am Wege; Våran prost – Unser Probst* u. a.). Neben solchen Gedichten stehen jedoch manchmal unvermittelt andere, welche die Absurdität der Welt entweder mit einer heimlichen Freude am satirisch Grotesken und Skurrilen offenlegen (*Sådant är livet – So ist das Leben; Korperal Storm – Korporal Storm; Skrömt – Spuk*) oder aber sich bitter über diese beklagen (*Världens gång – Der Lauf der Welt; Infruset – Eingefroren; En strandvisa – Ein Strandlied; Stänk och flikar*). Sozialkritik und moralreformerisches Engagement äußern sich in Gedichten wie *Den gamla goda tiden (Die gute alte Zeit), En morgondröm (Ein Morgentraum), Sagan om Gral (Die Sage vom Gral)* oder *Eros' vrede (Eros' Zorn)*, die zum Teil utopische Gegenbilder zur bestehenden Welt entwerfen (vgl. *Stänk och flikar*).

Mit der Sammlung *Gralstänk*, 1898 (*Gralsspritzer*), wird der poetische Realismus vorübergehend aufgegeben. Diese Gedichte mit ihrer »holprigen Form«, die an GOETHES *Sprüche in Reimen* erinnern, wie Fröding im Vorwort meint, und ihrem oft fragmentarisch anmutenden Charakter, enthalten Reflexionen, die fast monoman um das Problem von Gut und Böse und die Theodizeefrage kreisen und theosophische Einflüsse erkennen lassen (*Gralstänk I–XXV; Gud? I–VI – Gott?; Levnadsfärden – Der Lebensweg*). Der Band, der den virtuosen Wohlklang der vorhergehenden Sammlungen mit Absicht fast völlig preisgegeben hat, erhielt denn auch vorwiegend mitleidige Kritiken, die in ihm eher das Zeugnis einer fortschreitenden Geisteskrankheit Frödings erblicken wollten als eigenständige Kunst. Dieses Urteil, das sich noch in vielen Literaturgeschichten findet, hatte bis in die Mitte des 20. Jh.s hinein allgemeinen Bestand und konnte erst unter dem Eindruck modernistischer Poesie revidiert werden, als einer deren Vorläufer *Gralstänk* heute betrachtet werden muß, obwohl eine genaue literaturwissenschaftliche Untersuchung der Gedichte immer noch aussteht.

1910 wurde der Band *Efterskörd (Nachlese)* von R. G. BERG in Zusammenarbeit mit dem Dichter herausgegeben, der neben vorher unveröffentlichten Jugendgedichten vor allem den Zyklus *Mattoidens sånger (Gesänge des Mattoiden; mattoide = ital. »halbverrückt«, »überspannt«, »Narr«)* mit dem Unterzyklus *Nedanförmänskliga visor (etwa: Untermenschliche Lieder)* enthält: dessen Gedichte versuchen, das Wesen auch unbelebter Dinge auszudrücken und sind als neuerliche Fortführung der Gralsphilosophie anzusehen (vgl. *Stänk och flikar*). Auch sie weisen mit ihrer »Oberflächenästhetik« auf Formen einer Poesie voraus, die sich erst in der zweiten Hälfte des 20. Jh.s durchgesetzt hat, wie z. B. *Gråbergssång (Felsberggesang)*, das vorwiegend aus einsilbigen Versen besteht und konkretistische Züge trägt: »*Stå/grå,/stå/grå,/stå/grå,/ stå/grå,/stå/grå-å-å-å./Så är gråbergs gråa sång/lå-å-å-å-å-å-ång.*« (»*Grau stehen, grau stehen, grau stehen, grau stehen. gra-u-u-u stehen. So geht der graue Gesang des Felsberges, la-a-a-a-a-a-a-ang.*«)

Der nachgelassene Band *Reconvalescentia* (1913) enthält Gedichte und Fragmente aus den allerletzten Lebensjahren des Dichters; er wurde von der Kritik noch einmal »*mit wirklicher Wärme*« (R. G. Berg) aufgenommen. Hier ist Fröding wenigstens teilweise wieder zum poetischen Realismus zurückgekehrt, auch wenn die vorher errungenen ästhetischen Freiheiten nicht mehr aufgegeben werden. Die Gedichte dieser Sammlung zeugen von einer schließlich gewonnenen relativen Ruhe nach den seelischen Spannungen, die in den Jahren zuvor seine Lyrik bestimmt hatten (*Ghaselens makt – Die Macht des Ghasels; Växtliv – Gewächsleben; Magister Blasius*).

Mit seinem Kampf um den rechten Lebensweg ebenso wie um den rechten Weg in der Dichtung, seiner unermüdlichen Suche nach dem adäquaten Ausdruck und seinen ständigen Experimenten mit der lyrischen Form, kann Fröding zumindest in einem Teil seiner späten Dichtung als »*Modernist vor dem Modernismus*« (H. Olsson) betrachtet werden. Obwohl er in der schwedischen Neuromantik, dem »nittital«, wurzelt, zu deren bedeutendsten Vertretern er gehört, läßt er an innovatorischer Kraft zeitgenössische Lyriker wie HEIDENSTAM, LEVERTIN oder KARLFELDT hinter sich. Seine Poesie steht zwischen den Epochen: sie kündigt eine neue Art von Lyrik an, ohne diese schon voll und ganz verwirklichen zu können, und ist insofern ein typisches Kind des Fin de siècle als einer Zeit von »*Ende und Neubeginn*« (W. Rasch). L.Rü.

AUSGABEN: *Guitarr och dragharmonika*, Stockholm 1891. – *Nya dikter*, Stockholm 1894. – *Räggler å paschaser*, Stockholm 1895. – *Stänk och flikar*, Stockholm 1896. – *Räggler å paschaser, boka numra två*, Stockholm 1897. – *Nytt och gammalt*, Stockholm 1897. – *Gralstänk*, Stockholm 1898. – *Samlade dikter*, Stockholm 1901. – *Efterskörd*, Stockholm 1910. – *Reconvalescentia*, Stockholm 1913. – *Samlade skrifter*, Hg. R. G. Berg, Stockholm 1918–1922, 16 Bde. – *Återkomsten och andra okända dikter*, Stockholm 1964 [Ausw. G. Michanek]. – *Samlade dikter*, Stockholm 1984.

ÜBERSETZUNGEN: in *Schwedische Lyrik*, H. v. Gumppenberg, Mchn. 1903. – *Gedichte*, O. Badke, Lpzg./Stockholm 1913. – *Wärmländische Lieder und andere Gedichte*, E. Nörrenberg, Lpzg. 1923. – *Ausgewählte Gedichte*, H. Nüchtern, Bln. u. a. 1936 – *Gedichte*, Th. v. Trotta, Bln. 1936.

VERTONUNGEN: Liedkompositionen von Jean Sibelius. Nils Afzelius u. a.

LITERATUR: R. G. Berg, *Frödingsstudier*, Stockholm 1920. – O. Holmberg, *F.s mystik*, Stockholm 1920. – J. Landquist, *G. F. Hans levnad och verk*, Stockholm 1927. – A. Munthe, *F.s sociala diktning*, Stockholm 1929. – G. Krumm, *G. F.s Verbindungen mit der dt. Literatur*, Greifswald 1934. – N. Svanberg, *Verner von Heidenstam och G. F. Två kapitel om nittitalets stil*, Stockholm/Kopenhagen 1934. – S. Sjöholm, *Övermänniskotanken i G. F.s diktning*, Göteborg 1940. – H. Olsson, *F. Ett diktarporträtt*, Stockholm 1950. – J. Landquist, *G. F. En biografi*, Stockholm 1956. – E. Lindbäck, *G. F. Temperamentsstudie och diktanalys*, Stockholm 1957. – *Värmland förr och n, u 58*, 1960 [Sondernr. G. F.]. – O. Lagercrantz, *Mannen från Jupiter* (in O. L., *Svenska lyriker*, Stockholm 1961, S. 51–65). – H. Olsson, *Vinlövsraka och hagtornskrans. En bok om F.*, Stockholm 1970. – E. Lindbäck, *G. F. i tiden* (in *Om F.*, Hg. I. Rosenblad, Karlstad 1976, S. 96–139). – *G. F.s bibliografi*, Hg. I. Rosenblad u. J. Szczepanski, 2 Bde., Karlstad 1978–1984. – I. Algulin, *G. F. – mellan romantik och modernism*

(in *Nittitalsförfattare i åttitalsperspektiv*, Hg. Th. Althén u. V. Edström, Malmö 1986, S. 27 bis 73).

STÄNK OCH FLIKAR

(schwed.; *Spritzer und Zipfel*). Gedichtsammlung von Gustaf FRÖDING, erschienen 1896. – Der Band *Stänk och flikar* ist Frödings dritte hochsprachliche Gedichtsammlung und gilt allgemein als seine bedeutendste. Das Buch sorgte für einen der größten Skandale der jüngeren schwedischen Literaturgeschichte, als es kurz nach Erscheinen beschlagnahmt und sein Verfasser wegen Verstoßes gegen das Gesetz der Druckfreiheit vor Gericht gestellt wurde. Gründe waren der Zyklus *En morgondröm (Ein Morgentraum)*, der in seinem fünften Stück den Geschlechtsakt darstellt, sowie die blasphemischen Gedichte *Herran steg över Korasan (Der Herr schritt über Korasan hin)* und *I Daphne (In Daphne)*, die sich in wüsten Beschimpfungen Gottes ergehen. Der Prozeß endete zwar mit dem Freispruch Frödings und führte nach einer zunächst eintretenden Verschärfung der staatlichen Sanktionen später zu einer liberalen Gesetzesreform, doch galt der Dichter seither als Geisteskranker.

Die Schilderung des Geschlechtsaktes in *En morgondröm* hat ihre Ursache in dem im Anschluß an die schwere seelische Krise des Jahres 1894 gewonnenen Entschluß Frödings, »*einen wirklichen Schlag*« gegen die herrschende Sexualmoral zu führen und »*die Reinheit und Schönheit im Nackten bei Mann und Frau*« darzustellen, wie es in einem Brief von November 1894 heißt. Fröding selbst war mit dem Ergebnis aus ästhetischen Gründen nicht zufrieden, und in der Tat wirkt das fünfte Stück des Zyklus aufgrund seiner überladenen vitalistischen Metaphorik, die den Akt jeder Sinnlichkeit beraubt, aus heutiger Sicht kaum überzeugend. Das Gedicht ist indes nur einer von mehreren Versuchen, utopische Gegenbilder zur bestehenden Moral zu entwerfen, die die zweite Hälfte von *Stänk och flikar* bestimmen. Diese Versuche werden geprägt durch die sogenannte »Gralsphilosophie«, die für Frödings weitere poetische Entwicklung von entscheidender Bedeutung sein sollte und die ihren unmittelbaren Niederschlag in der Sammlung *Gralstänk (Gralsspritzer)* und dem Zyklus *Nedanförmänskliga visor* (etwa: *Untermenschliche Lieder*) findet (vgl. *Das lyrische Werk*). Sie muß im Zusammenhang mit den vitalistischen Strömungen des Fin de siècle gesehen werden und läßt den Einfluß NIETZSCHES erkennen. Dieser Lehre zufolge, die an Frödings Humortheorie anschließt, ist kein Ding, sei es belebt oder unbelebt, seiner Natur nach schlecht oder häßlich, sondern kann als Teil eines übergeordneten Ganzen aufgefaßt werden, als dessen Symbol der heilige Gral fungiert; wer ihn findet, bringt der Welt ihre verlorengegangene Einheit zurück, auf die der Titel der Sammlung und deren gleichnamiges Einleitungsgedicht verweisen. Die Überwindung der herrschenden Moral ordnet sich somit einer die gesamte Thematik von *Stänk och flikar* beherrschenden Suche nach dieser Einheit unter. Der Bogen spannt sich von der schonungslosen Abrechnung des Ich mit sich selbst und dem Eingeständnis seines Scheiterns *(Flickan i ögat – Das Mädchen im Auge; Men – Aber; Fredlös – Geächtet; Torborg, Marquis de Moi-même)* über die Trauer über das verlorene Paradies der Kindheit *(Strövtåg i hembygden – Streifzüge in der Heimat; Ett gammalt förmak – Ein altes Gemach)* bis hin zu den »arischen Freudengedichten« *En morgondröm* und *Gudarne dansa (Die Götter tanzen)*. Die Themen und Motive wiederholen sich dabei wie in einem Rondo, bis der Band mit den Visionen vom zukünftigen Reich des Heils endet *(Drömmar i Hades – Träume im Hades; Aningar – Ahnungen; En flik av framtiden – Ein Zipfel von der Zukunft)*.

In formaler Hinsicht zeigt sich der Dichter in *Stänk och flikar* auf dem Höhepunkt seiner, einer Ästhetik des poetischen Realismus verpflichteten Kunst. Der Rhythmus seiner Verse orientiert sich hier immer stärker an der Flüssigkeit der Umgangssprache, deren Diktion aber zugunsten eines »hohen Stils« durch kühne Metaphern und erlesene Bilder durchbrochen wird: »*Det borde varit stjärnor att smycka ditt änne/som länkar och spänne/och stråldiadem om ditt hår,/där silverljusa skira och svagtgyllne bleka/små strimmor sågos leka/likt strimmor, dem ett norrsken i kvällrymden sår.*« (»Es hätten Sterne sein sollen, deine Stirn zu schmücken,/wie Ketten und Spangen/und Strahlendiademe in deinem Haar,/wo man silberhelle zarte und schwachgoldne/bleiche Streifen spielen sah,/wie Streifen, die ein Nordlicht in den Abendraum sät.«) L.Rü.

AUSGABEN: Stockholm 1896. – Vgl. Ausgaben zu *Das lyrische Werk*.

ÜBERSETZUNGEN: vgl. *Das lyrische Werk*.

LITERATUR: G. Michanek, *En morgondröm. Studier kring F.s ariska dikt*, Stockholm 1962.

JEAN FROISSART

* um 1337 Valenciennes / Hennegau
† um 1410 Chimay

CRONIQUES DE FRANCE, D'ANGLETERRE, D'ESCOCE, D'ESPAIGNE, DE BRETAIGNE, DE GASCONGNE, DE FLANDRES, ET LIEUX CIRCUNUOISINS

(frz.; *Chronik von Frankreich, England, Schottland, Spanien, der Bretagne, der Gascogne, Flandern und den umliegenden Gegenden*). Geschichtswerk von Jean FROISSART, entstanden zwischen 1373 und 1400. Das Werk umfaßt vier Bände: der erste, der über die Zeit von 1325 bis 1378 berichtet, folgt auf weiten Strecken der älteren Chronik von JEAN LE BEL; der zweite, dritte und vierte (unvollendete) Band, die jeweils einen wesentlich kürzeren Zeitabschnitt behandeln (1378–1385; 1385–1388; 1388–1400), entstanden fast gleichzeitig mit den berichteten Geschehnissen: Es ist die Zeit des Hundertjährigen Krieges zwischen England und Frankreich, eine Zeit der glanzvollsten Entfaltung, aber auch des beginnenden Niederganges ritterlicher Kultur. Die damaligen Ereignisse wurden beeinflußt von den vielen kleinen Herzogtümern und Grafschaften, die jeweils für kurze Zeit, durch das Kriegsglück begünstigt, tonangebend im kulturellen Leben waren. Froissart lebte als Geistlicher und Chronist nacheinander an allen wichtigen Höfen, auch am englischen und spanischen. Er schrieb stets unter dem Einfluß der Umwelt, in der er sich gerade befand: so entstand z. B. der dritte Band am Hofe Gastons von Foix, der vierte an dem Albrechts von Bayern.

Dennoch zeigt sein Werk keine politische Parteinahme; Froissart hatte es verhältnismäßig leicht, da sein Frankreich ja keine Nation, sondern ein Gebilde aus autonomen Kleinstaaten war. Es ging ihm vor allem um die Schilderung ritterlicher Taten und um die Charakterisierung großer Helden, die es seiner Meinung nach auf allen Seiten gab. Seine Berichte sind lebendig, bunt, anekdotisch und haben wenig gemein mit den trockenen Chroniken seiner Zeitgenossen; die Akteure in diesem Kriegsspiel, das dem Chronisten sichtlich Freude macht, kommen immer wieder selbst zu Wort, denn er kannte die meisten persönlich. Er ist nicht der Typ des Archivars, sondern er reist den Ereignissen nach, um in seiner nie zu befriedigenden Neugier noch zu erhaschen, was wirklich geschah, bevor es durch neue Ereignisse in Vergessenheit gerät. Seine breite Kenntnis des Gegenwartsgeschehens gibt ihm die Möglichkeit, Pro und Kontra, Recht und Unrecht, Wahrheit und Übertreibung voneinander zu scheiden; das macht seine Chronik zu einem wesentlichen Dokument französischer Geschichte dieses Zeitabschnittes. Froissart ist ein mitreißender Erzähler, der allerdings nur das bunte Treiben der Ritter an den Höfen und auf den jeweiligen Kriegsschauplätzen schildert, nicht aber das alltägliche Leben des kleinen Mannes, den eigentlichen Hintergrund für das höfische Leben des 14. Jh.s. So enthält seine Chronik einen nicht nur zeitlich, sondern vor allem sozial begrenzten Ausschnitt aus der Geschichte, zu deren Darstellung ihn pädagogische Überlegungen bestimmt haben. In seinem Prolog fordert er alle jungen Männer auf, das schon zu einem Mythos gewordene Ideal mittelalterlichen Rittertums wieder zum Leben zu erwecken. KLL

AUSGABEN: Paris 1495, 4 Bde. – Paris 1835 (*Les chroniques*, Hg. J. A. C. Buchon, 3 Bde.). – Brüssel 1867–1877, Hg. K. de Lettenhove, 26 Bde. (Nachdr. Osnabrück 1967). – Paris 1869–1976,

Hg. Société de l'Histoire de France [bisher 15 Bde.]. – Genf 1972 (*Premier livre des Chroniques publié d'après le manuscrit de Rome*, Hg. G. T. Diller; krit.; TLF).

ÜBERSETZUNG: *Die Bürger von Calais*, U. F. Müller, Ebenhausen bei Mchn. 1975 (Ausw.).

LITERATUR: F. G. Welter, *Über die Sprache F.s*, Essen 1889. – M. Darmesteter. *F.*, Paris 1894. – M. Wilmotte, *J. F.*, Brüssel 1942. – S. G. Nichols jr., *Discourse in F.'s »Chroniques«* (in Speculum, 39, 1964, S. 279-287). – G. T. Diller, *La dernière rédaction du premier livre des »Chroniques« de F.* (in MA, 76, 1970, S. 91-125). – P. F. Ainsworth, *Style indirect et peinture des personnages chez F.* (in Rom., 93, 1972, S. 498-522). – P. J. Archambault, *F. and the Ockhamist Movement* (in Symposium, 1974, S. 197-211). – J. Picoche, *Le vocabulaire psychologique dans les »Chroniques« de F.*, 2 Bde., Paris 1976 u. 1984. – *F. Historian*, Hg. J. N. Palmer, Totowa 1981. – G. Jäger, *Aspekte des Krieges und der Chevalerie im 14. Jh. in Frankreich*, Bern/Ffm. 1981. – G. T. Diller, *Attitudes chevaleresques et réalités politiques chez F.*, Genf 1984. – P. Ainsworth, *Du berceau à la bière* (in *Dies illa. Death in the Middle Ages*, Hg. J. H. M. Taylor, Liverpool 1984, S. 125–152).

MÉLIADOR

auch: *Méliador, le chevalier du soleil* (afrz.; *Méliador*). Unvollendeter Artusroman in über 31 000 Versen von Jean FROISSART, entstanden kurz nach 1365, überarbeitet vor 1383. – Ereignisse aus Froissarts Biographie, vor allem seine Tätigkeit im Dienste des als »zweiter König Artus« apostrophierten englischen Herrschers Eduard III. und der damit verbundene Aufenthalt des großen Chronisten am englischen Hof scheinen sich unmittelbar darin niedergeschlagen zu haben. Die Erzählung setzt zu Beginn von Artus' Herrschaft ein; die profilierten Helden der klassischen Artusepik werden infolge dessen zwar erwähnt, spielen indes eine untergeordnete Rolle.

Der Ritter Camel verliebt sich in Hermondine, die einzige Tochter des Königs Hermond von Schottland. Hermondine will seine Liebe nicht erwidern, da sie erfahren hat, daß Camel unter Somnambulismus leidet. So bemächtigt sich Camel ihres Onkels Loth, um sie durch Erpressung umzustimmen. Auf den Rat von Loths Schwester Florée, in deren Obhut sich Hermondine befand, erbittet diese fünfzehn Tage Bedenkzeit, in denen sie die Heiratsangebote von drei Königs- und zwei Herzogssöhnen entgegennimmt. Schließlich verkündet sie, daß sie den Ritter heiraten werde, der in einer fünfjährigen Queste sich das größte Ansehen am Artushof erwirbt. Erfolgsgewiß läßt Camel den gefangenen König Loth frei. An Pfingsten veranstaltet Artus in Carlion in Hoffest, bei dem der junge Herzogssohn Méliador aus Cornwall zum Ritter geschlagen wird und sich im Turnier hervortut. Zu diesem Fest erscheinen sechs Ritter in Begleitung eines Herolds, der einen Schild mit Hermondines Protrait trägt, und verkünden den Beginn der Abenteuersuche, die über die Brautwerbungen entscheiden soll: Die ritterlichen Konkurrenten unterwerfen sich dem Urteil einer Jury, die zur Hälfte aus Artusrittern und Leuten des Königs Hermond besteht. Méliador beschließt, sich an der Abenteuersuche zu beteiligen und macht sich, zu Hermondines Ehre in Blau mit einer goldenen Sonne auf dem Wappenschild gerüstet, auf den Weg, um eine Reihe typischer Ritterabenteuer zu bestehen. So gelangt er nach Carmelin, wo Camel auf Hermondines Geheiß das Land gegen alle fahrenden Ritter verteidigen soll. Inzwischen schickt Méliador alle Ritter, die er besiegt, zum Artushof, wo sie von seinen Taten berichten. Neben Camel und Méliador sind zahlreiche Ritter in die Abenteuersuche verwickelt. So werden nun unter anderem die Taten des normannischen Ritters Agamanor und des italienischen Helden Gratien erzählt. Letzterer befreit Florée aus der Gewalt des Ritters Bégot, der sich zuvor vergebens mit Méliador gemessen hat. Auf einen Hinweis Florées hin duelliert sich Gratien mit Camel, wird aber zum Leidwesen Florées besiegt. So läßt Hermondine Camel schließlich auf das seit langem angekündigte Turnier von La Garde ziehen, da sie hofft, daß der unerwünschte Freier dort von einem besseren Ritter besiegt werde. Bei dem Turnier, zu dem über zweihundert Ritter erscheinen und das unter Überwachung der arthurischen Jury steht, tut sich Méliador so hervor, daß Florée ihn heimlich zum Gegner von Camel auswählt. Zugleich erweckt die Intrigantin in Camel das Bedürfnis, sich mit Agamanor zu messen. Bei einem von Florée arrangierten Zweikampf wird Camel von Méliador, der selbst schwer verwundet ist, getötet. Als Méliador wieder genesen ist, unterstützt er die schutzlose reiche Erbin von Montrose, in deren Dienst er eine Reihe von Kämpfen besteht. Bei einem ursprünglich eigens für Méliador arrangierten Turnier in Tarbonne, der Vaterstadt Méliadors, wird Agamanor als bester Ritter ausgezeichnet und verliebt sich unsterblich in Phénoée, Méliadors Schwester. (Méliador hat sich unterdes nach Schottland begeben, um, als Juwelier verkleidet, seine nach wie vor unbekannte Geliebte für einen Moment von Angesicht zu Angesicht zu erblicken.) Nach einem weiteren glanzvollen Turnier in Signandon kann sich Agamanor Zutritt bei Phénoée verschaffen, indem er sich als Maler ausgibt und eine Bilderserie um den »Roten Ritter«, als welcher er von Turnier zu Turnier zog, für die heimlich Angebetete malt. Nach weiteren Verwicklungen kann er ihr endlich seine Liebe gestehen. Es schließen sich eine Reihe von Abenteuern Méliadors an, die den Helden nach Irland führen, dessen ritterliche Kultur der Autor an mehr als einer Stelle deutlich negativ charakterisiert. Hier kämpft er gegen Dagor, den besten irischen Ritter, den er zusammen mit Sagremor, dem jungen Sohn des unhöfischen Königs Sicamont, an Artus' Hof nach Carlion schickt. In einem weiteren Intermezzo werden nun deren Erlebnisse und ihre Einführung in die höfische Kultur dargestellt. (Hier tritt der immer wieder von der Forschung betonte »Propagandacharakter« des Werkes zugunsten der englischen Monarchie wohl am deutlichsten zutage.) Sagremor macht als erster irischer Ritter seine Erfahrungen mit der höfischen Minne, was zu gelegentlichen Mißverständnissen führt, da er mit der weitgehend indirekten Form der Brautwerbung um die geliebte Sebille anfängliche Schwierigkeiten hat. Inzwischen ist in Irland nach Sicamonts Tod Bondigal zum neuen König gewählt worden, da man Sagremor für tot hält, dessen weitere Abenteuer sich anschließen. (Da das Manuskript des Romans unvollendet überliefert ist, kann hier nur vermutet werden, daß Sagremor nach weiteren Kämpfen den Thron von Irland und die Hand von Sebille erlangt). Méliador kann nach dem letzten Turnier und einem grandiosen Schlußkampf mit Agamanor in Roxburgh endlich Hermondine als Frau heimführen, während Agamanor und Phénonée – genauso wie eine Reihe weiterer Figuren – ebenfalls ein Paar werden.

Die ineinander verschlungenen Handlungsstränge löst Froissart nach all diesen Kämpfen in verblüffend einfacher Weise nach einem »Rezept«, das offensichtlich eine ad infinitum multiplizierte Handlungsstruktur des Artusversromans darstellt. Gerade diese Vervielfältigung der gleichartigen Liebes- und Ritterhandlungen scheint ebenso auf eine deutliche Anlehnung an den arthurischen Prosaroman hinzudeuten wie die Verwendung des *entrelacement*, der Parallelführung und planvollen Verknüpfung mehrerer an sich unabhängiger Erzählfäden. Die Integration von lyrischen Einlagen, die, wie vermutet wurde, erst in der späteren Redaktion eingefügt wurden, weist zurück auf den 150 Jahre älteren *Tristan en prose*. Daneben spricht auch der gewaltige Umfang des Werkes, zumal die auf bald 2500 Verse ausgedehnte Exposition, in der die Vorgeschichte der sich anschließenden Brautwerbequeste beschrieben ist, für eine Anlehnung an die Formgesetze des Prosaromans, dessen tragisches Weltgefühl Froissart indes nicht übernimmt. Narrative Details, wie die Beschreibung von Rüstungen, Wappen, aber auch die berühmt gewordenen Szenen, die Agamanors Malerei schildern, weisen *Méliador* als besonders artifizielles Werk aus, mit dem die Artusversgattung in Frankreich ausklingt.
G.Wil.

AUSGABE: Paris 1895–1899, Hg. A. Longnon, 3 Bde. (SATF).

LITERATUR: A. Micha, *Miscellaneous French Romances in Verse* (in *Arthurian Literature in the Middle Ages*, Hg. R. S. Loomis, Oxford 1959, S. 391/92). – A. H. Diverres, *The Geography of Britain in F.'s »Méliador«* (in *Mélanges E. Vinaver*, Manchester 1965, S. 97–112). – Ders., *F.'s »Méliador« and Edward III's Policy towards Scotland* (in *Mélanges R. Lejeune*, Gembloux 1969, Bd. 2, S. 1399–1409). – Ders., *The Irish Adventures in F.'s »Méliador«* (in *Mélanges J. Frappier*, Genf 1970, Bd. 1, S. 2351–251). – P. F. Dembowski, *La position de F. poète dans l'histoire littéraire, bilan provisoire* (in TLL, 15, 1978, S. 141–143). – A. H. Diverres, *Les aventure galloises dans le »Méliador« de F.* (in MR, 30, 1980, S. 63–67). – M. Zink, *Les toiles d'Agamanor et les fresques de Lancelot* (in Littérature, 10, 1980, S. 43–61). – Ders., *F. et la nuit du chasseur* (in Poétique, 41, 1980, S. 60–77). – B. Schmolke-Hasselmann, *Der arthurische Versroman von Chrestien bis F.*, Tübingen 1980. – R. Deschaux, *Le monde arthurien dans le »Méliador« de F.* (in MR, 30, 1980, S. 63–67). – L. Harf-Lancner, *La chasse au blanc cerf dans le »Méliador« de F. et le mythe d'Actéon* (ebd., 1980, S. 143–152). – D. Kelly, *Imagination in the Writings of F.* (in FMLS, 16, 1980, S. 155–176). – J. Lods, *Amour de regard et amour de renommé dans le »Méliador« de F.* (in Bull. Bibliographique de la Société Arthurienne, 32, 1980, S. 231–249). – Dies., *Les poésies de Wenceslas et le »Méliador« de F.* (in *Mélanges C. Foulon*, Rennes 1980, Bd. 1, S. 205–216). – P. Dembowski, *F. and his »Méliador«*, Lexington 1983. – B. Schmolke-Hasselmann, *Ausklang der altfranzösischen Artusepik: »Escanor« und »Méliador«* (in *Spätmittelalterliche Artusliteratur*, Hg. K. H. Göller, Paderborn 1984, S. 41–52).

EUGÈNE FROMENTIN

* 24.10.1820 La Rochelle
† 27.8.1876 Saint-Maurice bei La Rochelle

DOMINIQUE

(frz.; *Dominique*). Roman von Eugène FROMENTIN, erschienen 1862. – Der Autor, ein Zeitgenosse von FLAUBERT und BAUDELAIRE, fand das Thema seines Hauptwerkes in eigenen Jugenderlebnissen. Die Handlung – die Geschichte einer unglücklichen Liebe – spielt im nachrevolutionären Paris. Melancholie der Entsagung, die Erinnerung an ein unwiederbringliches, leidvolles Glück, auf das zugunsten des seelischen Gleichgewichts verzichtet wurde, bestimmen den Ton des Romans. – Dominique de Bray verbrachte seine Kindheit als Waise auf dem gleichen Landgut seiner Eltern, wo er nun als Bürgermeister seines Heimatdorfes zusammen mit seiner Familie lebt und eines Abends in seinem Zimmer, dem »Raum der Erinnerung«, einem Freund – dem fiktiven Verfasser des Romans – das Rätsel seines Wesens offenbart, indem er ihm die Geschichte seiner Jugend erzählt. Aus Bildungsgründen war der junge Dominique früh in ein Provinzstädtchen in der Nähe von Paris verpflanzt worden. Hier hatte er sich mit Olivier d'Orsel befreundet, dessen plötzlicher Tod ihn nun nach langen Jahren des Schweigens dazu verleitet, seine Erinnerungen preiszugeben. Olivier stammte wie Dominique aus gutem Haus. Madeleine und Julie, Oliviers Kusinen, standen zunächst am Rande dieser Knabenfreundschaft. Madeleine, älter als Dominique, heiratete, bevor dieser wußte, daß es die Liebe zu ihr war, die ihn hatte zum Dichter werden lassen. In Paris finden sich die beiden wieder, Dominique als Student, Madeleine als Mme. de Nièvres. Dominiques Liebe erwacht von neuem, als er erfährt, daß seine Freundin in der Ehe nicht glücklich geworden ist. Ein gemeinsamer Aufenthalt auf dem Lande führt zur Entscheidung. Madeleine erfährt von Dominiques Liebe, fühlt sich schuldig und will ihm helfen. Ihr Mitleid verwandelt sich rasch in Zuneigung. Vor der Gefahr, die Ehe der geliebten Frau, ihre Unschuld und die Reinheit seiner eigenen Gefühle zu zerstören, flüchtet Dominique in den Verzicht auf eine Verwirklichung seiner Jugendträume. Damit endet der Bericht.

Fromentins Roman wird in der Regel nicht dem zeitgenössischen Realismus, sondern dem *roman idéaliste* zugeordnet (HUYSMANS, LÉON BLOY u. a.). Romantisch ist die subjektive Erzählperspektive; die Behandlung des Themas steht dagegen der französischen Klassik näher. Der Verzicht auf die Leidenschaft erfolgt ähnlich wie in *La princesse de Clèves* von Mme. de LA FAYETTE zugunsten von Ehre und Pflicht. Fromentins Buch wirkt daher völlig unzeitgemäß; der in derselben Epoche spielende Roman *L'éducation sentimentale* (1869) von FLAUBERT z. B. gibt ein weit zutreffenderes Bild der Liebe im damaligen Frankreich. Fromentin ging es jedoch gar nicht um ein realistisches Bild der Gesellschaft seiner Zeit, sondern um die Darstellung eines privaten Schicksals, einer daraus organisch sich ergebenden und eben deshalb überzeugenden Moral. Er wollte zeigen, »*daß seelisches Gleichgewicht eine der wenigen möglichen Formen des Glücks ist; daß es um die Welt erheblich besser stünde, wenn der Mensch die Gelegenheit wahrnähme, sich selbst und seine Grenzen zu erkennen*«. C.H.

AUSGABEN: Paris 1862 (in RDM, 15. 4.–15. 5.). – Paris 1863. – Paris 1876 [rev. Ausg.]. – Paris 1937 (in *Œuvres complètes*, Hg. L. Conard. – Paris 1960 [Einl. u. Anm. E. Henriot]. – Paris 1966, Hg. B. Wright (krit.; STFM). – Paris 1967 (GF). – Paris 1971 (Folio). – Paris 1984 (in *Œuvres complètes*, Hg. G. Sagnes; Pléiade).

ÜBERSETZUNGEN: *Dominique*, A. Mannheimer, Innsbruck 1949. – *Dominique. Die Geschichte einer Liebe*, G. Grote, Mchn. 1952. – *Dominique*, L. Wolde, Mchn. 1966. – Dass., F. v. Hardekopf, Zürich 1967. – Dass., W. Günther, Weimar 1971.

LITERATUR: R. de Traz, »*Dominique« ou L'honneur bourgeois* (in Écrits Nouveaux, 8./9., 1922, S. 13–21). – L. Daudet, *A propos de »Dominique«. Les faux chefs-d'œuvre* (in Action Française, 8. 9. 1926). – E. Henriot, »*Dominique*« (in RDM, 1. 10. 1936, S. 572–592). – Y. le Hir, *Un aspect de la sensibilité de F. dans »Dominique«* (in MdF, 331, 1957, S. 286–292). – J. Vier, *Pour l'étude du »Dominique«*, Paris 1958. – K. Wais, *Die Existenz als Thema in F.s »Dominique«* (in ZfrzSp, 66, 1956, S. 202–222, u. in K. W., *Französische Marksteine*, Bln. 1958, S. 223–244). – G. J. Greshoff, *F.'s »D.«, an Analysis* (in EIC, 11, 1961, S. 164–189). – A. R. Evans, *The Literary Art of F. A Study in Style and Motif*, Baltimore/Ldn. 1964. – C. Mauriac, *F. »Dominique«* (in C. M. , *De la littérature à l'alittérature*, Paris 1969, S. 333–342). – C. Herzfeld, »*Dominique« de F.*, Paris 1971. – M. Lehtonen, *Essai sur »Dominique« de F.*, Helsinki 1972. – R. Barthes, *Nouveaux essais critiques: Le degré zéro de l'écriture*, Paris 1972, S. 156–169. – E. Marcos, *F. et l'Afrique*, Montreal 1973. – *F. A Bibliography*, Ldn. 1973. – A. Hoog, *Dominique, le cruel* (in A. H., *Le temps du lecteur ou l'agent secret*, Paris 1975, S. 173–188). – »*Dominique«, la fin du romantisme* (in Romantisme, 23, 1979; Beiträge mehrerer Autoren). – G. Sagnes, *Les formes du regard dans »Dominique«* (in *Colloque E. F.*, Lille 1979, S. 89–111). – R. Lethbridge, *F.s »Dominique« and the Art of Reflexion* (in EFL, 16, 1979, S. 43–61). – C. Dimić, »*Dominique« de F. dans la perspective du Biedermeier* (in RZL, 5, 1981, S. 19–38). – E. Mickel, *E. F.*, Boston 1981 (TWAS). – G. D. Martin, *The Ambiguity of F.s »Dominique«* (in MLR, 77, 1982, S. 38–50). – B. Pingaud, *La trace et le repos* (in B. P., *L'expérience romanesque*, Paris 1983, S. 97 bis 118).

ERICH FROMM

* 23.3.1900 Frankfurt/Main
† 18.3.1980 Muralto / Tessin

LITERATUR ZUM AUTOR:
G. B. Hammond, *Man in Estrangement. A Comparison of the Thought of P. Tillich and E. F.*, Nashville/Tenn. 1965. – A. M. Caligiuri, *The Concept of Freedom in the Writings of E. F.*, Diss. Rom 1966. – D. Pawlow, *E. F. und die Marxistische Philosophie des Menschen* (in *Die philosophische Lehre von K. Marx und ihre aktuelle Bedeutung*, Hg. D. Berger u. a., Bln./DDR 1968, S. 170–178; Kongreßakten). – R. Wiegand, *Psychoanalyse und Gesellschaft bei E. F.* (in Psychologische Menschenkenntnis, 6, 1969/70, S. 257–278). – *In the Name of Life. Essays in Honour of E. F.*, Hg. B. Landis u. E. S. Tauber, NY 1971. – D. Hausdorff, *E. F.*, NY 1972. – U. Eßbach-Kreuzer, *Die Theorie des Sozialcharakters in den Arbeiten von E. F.* (in Zs. für psychosomatische Medizin, 18, 1972, S. 171-191). – R. Wiegand, *Gesellschaft und Charakter. Soziologische Implikationen der Neopsychoanalyse*, Mchn. 1973, S. 29–52. –

B. Reimann, *Psychoanalyse und Gesellschaftsstruktur*, Darmstadt 1973, S. 93–113. – M. Jay, *Dialektische Phantasie. Die Gesch. der Frankfurter Schule u. des Instituts f. Sozialforschung*, Ffm. 1976, S. 113–142. – R. Funk, *Mut zum Menschen. E. F.s Denken und Werk, seine humanistische Religion und Ethik*, Stg. 1978. – *E. F. Materialien zu seinem Werk*, Hg. A. Reif, Wien 1978, S. 215–275. – G. P. Knapp, *E. F.*, Bln. 1982. – R. Funk, *E. F.*, Hbg. 1983. – R. Wiggershaus, *Die Frankfurter Schule. Geschichte – Theoretische Entwicklung – Politische Bedeutung*, Mchn. 1986; ern. 1988 (dtv).

MAN FOR HIMSELF. An Inquiry into the Psychology of Ethics

(amer.; Ü: *Psychoanalyse und Ethik*). Psychoanalytisch-philosophische Schrift von Erich Fromm, erschienen 1947. – Der Titel des Buchs muß im Sinne einer der zentralen Überzeugungen des Autors verstanden werden: »*Die wichtigste Lebensaufgabe des Menschen besteht darin, seinem eigenen Wesen zum Durchbruch zu verhelfen und das zu werden, was er potentiell ist.*« Ausgehend von der psychoanalytischen Theorie Sigmund Freuds und von seinen eigenen Erfahrungen als Analytiker entwirft Fromm ein Bild der Möglichkeiten des Menschen, der Verhaltensweisen, Einstellungen und Charakterzüge der voll entwickelten und entfalteten Person, die als «gesund» und «gut» bezeichnet werden kann. Die enge Verknüpfung dieser beiden Eigenschaften ist so zu verstehen, daß nach den Einsichten der Psychoanalyse der in seiner Entfaltung gehemmte, zur Triebunterdrückung gezwungene, mit neurotischen Konflikten beladene Mensch, der mit sich selbst nicht in Einklang steht, auch zu »positiven« zwischenmenschlichen Erfahrungen und Beziehungen, zu Liebe, Arbeit, Fürsorglichkeit und Produktivität unfähig ist und daher in besonderer Weise zur Ausbildung destruktiver und pathologischer Charakterzüge neigt.

Fromm versucht, einen Schritt über Freud hinauszugehen, indem er die Psychoanalyse nicht nur zur Kritik von ethischen Normen und kulturellen Werten benutzt, sondern das Modell eines ideal und harmonisch entwickelten, nur seinem autonomen Gewissen unterworfenen Menschen aufstellt. An diesem Modell soll sich dann eine »humanistische Ethik« orientieren, deren Voraussetzung ist, »*daß der Mensch Selbstzweck sein kann*«; dieser Ethik stellt Fromm die bisherige »*autoritäre Ethik*« gegenüber, die den Menschen als unfähig zu selbständiger Erkenntnis von Gut und Böse betrachtet und ihm daher autoritär die Normen seines Verhaltens diktiert. »Gut« und »Böse« werden definiert anhand des Wissens von den besten, produktivsten und glückbringendsten menschlichen Entfaltungsmöglichkeiten: »*Gut bedeutet im Sinne der humanistischen Ethik Bejahung des Lebens, Entfaltung der menschlichen Möglichkeiten. Tugend heißt, sich der eigenen Existenz gegenüber verantwortlich zu fühlen. Das Böse führt zur Lähmung der menschlichen Kräfte; Laster ist Verantwortungslosigkeit sich selbst gegenüber.*«

Zur Verdeutlichung des Gemeinten stellt Fromm ausführlich »nicht-produktive« Lebensorientierungen und Charaktertypen dar, die das Ergebnis krankhafter Triebentwicklungen sind. Zugleich versucht er, Begriffe wie Selbstsucht, Selbstliebe, Selbstinteresse, die ja in der christlichen Ethik negativ bewertet werden, zu modifizieren und aufzuwerten; das ist insofern konsequent, als nach psychoanalytischer Einsicht nur der harmonische, ausgeglichene Mensch fähig ist, fruchtbare menschliche Beziehungen einzugehen. Diese Dialektik von Glück und Gesundheit des einzelnen und Harmonie der Gesellschaft, die einzig durch solche produktive, entfaltete Menschen zu einer würdigen und freien Gesellschaft werden könnte, bildet das Grundthema des Buches.

Zwar weist Fromm an einigen Stellen auf die geringen Möglichkeiten hin, die die gegenwärtige Gesellschaft der umfassenden Entfaltung des Menschen biete; dabei hat er allerdings meist nur die faschistischen und kommunistischen Diktaturen im Auge. Die Kritik an dem Werk wies dann aber mit Nachdruck darauf hin, daß das von Fromm als »positiv« beschriebene menschliche Verhalten weitgehend auf Anpassung an ohnehin herrschende gesellschaftliche Normen und für verbindlich erklärte Lebens- und Arbeitsideale hinauslaufe. Herbert Marcuse wirft in seiner Kritik des Neo-Freudianismus, dem Fromm ebenso wie H. S. Sullivan und Karen Horney angehört, dem Autor vor, er habe »*die Tiefendimension des Konflikts zwischen dem einzelnen und seiner Gesellschaft, zwischen der Triebstruktur und dem Bereich des Bewußtseins verflacht*« und übersehe, daß die geforderte »*produktive Verwirklichung der Persönlichkeit*« gar nicht geleistet werden könne in einer Gesellschaft, die Fromm selbst in seinen früheren Schriften als »*völlig ›entfremdet‹ und von den Konsum-Beziehungen des Marktes beherrscht darstellte*«. J.Dr.

Ausgaben: NY 1947. – Ldn. 1949; ³1956.

Übersetzungen: *Psychoanalyse und Ethik*, P. Stapf, Bearb. J. Mühsam, Stg./Konstanz 1954. – *Psychoanalyse und Ethik. Bausteine zu einer humanistischen Charakterologie*, Stg. 1982. – Mchn ²1986 [überarb. R. Funk]. – Mchn. 1989 (in *GA*, Hg. ders., 10 Bde., 2).

Literatur: Anon., Rez. (in Mind, 60, 1951, S. 296–298). – H. Marcuse, *Triebstruktur u. Gesellschaft*, Ffm. 1965 (BS).

TO HAVE OR TO BE?

(amer.; Ü: *Haben oder Sein. Die seelischen Grundlagen einer neuen Gesellschaft*). Sozialpsychologisches Hauptwerk von Erich Fromm, erschienen 1976. – Die Spätschrift des einflußreichsten und bekanntesten Psychoanalytikers in Amerika, dessen Denken vor allem durch den jüdischen Glauben, die Psychoanalyse Sigmund FREUDS und die Schriften von Karl MARX geprägt ist, bildet eine Synthese von Ergebnissen sozialpsychologischer Forschung und humanistischer Religion und Ethik. – Der Titel der deutschen Ausgabe, der auf die nahezu gleichlautenden Schriften des französischen Philosophen Gabriel MARCEL, Être et avoir, 1935 *(Sein und Haben)*, und des Schweizer Psychosomatikers Balthasar STAEHELIN *Haben und Sein*, verweist, vereinfacht jedoch Fromms dialektische Perspektive, denn es geht ihm nicht allein um die *»seelischen Grundlagen einer neuen Gesellschaft«*, das wäre reiner Psychologismus, sondern ebenso um die gesellschaftlich-politischen Voraussetzungen charakterlicher Veränderungen. Der Gebrauch der Begriffe »Haben« und »Sein« entstammt der Nomenklatur der Kapitalismuskritik, wie sie Marx in den *Pariser Manuskripten* von 1844 geübt hatte. Fromm sucht für die Unterscheidung, die hinter der Marxschen Relation von Mehr-Haben und Weniger-Sein steht, mit Hilfe seiner sozialpsychologischen Methode eine empirische Basis. Die Analyse führt zu den Existenzweisen von Haben und Sein als den fundamentalen Arten der Erfahrung, deren jeweilige Dominanz die Unterschiede zwischen den Charakteren von Individuen und den verschiedenen Typen des Gesellschafts-Charakters bestimmen. Der Begriff des Charakters als der wesentliche Begriff der Analyse Fromms bezeichnet jenen konstitutiven Teil der Persönlichkeit, der im Gegensatz zu den angeborenen psychischen Qualitäten erworben und geprägt ist, gleichwohl aber die relativ konstante Form darstellt, in welcher die menschliche Energie im Assimilierungs- und Sozialisationsprozeß geleitet wird. Der Grund für den Universalitätsanspruch der Haben–Sein-Alternative beruht auf Fromms Begriff des Charakters, der nach seiner Ansicht die *»Ganzheit des Menschen mit all seinen Möglichkeiten und Begrenzungen empirisch greifbar wird«* und in dem das Dispositionsfeld für menschliches Denken, Fühlen und Handeln des Individuums wie gesellschaftlicher Institutionen idealtypisch rekonstruiert ist.

Der Haben-Modus menschlicher Existenz wird durch den Begriff des Privateigentums definiert. Der Besitz konstituiert die Identität der Person, deren Verhältnis zur Umwelt als Subjekt-Objekt-Relation bestimmt ist. Im Begriff des Besitzes, wie ihn Fromm definiert, geht es jedoch nicht um materielle Güter, sondern um die Struktur emotionalen Verhaltens, das auch in seiner Kompensationsform, der Askese, zum Ausdruck kommen kann. Demgegenüber wird der Existenzmodus des Seins, der auf Erlebnis und Erfahrung beruht, durch freies, produktives Tätigsein bestimmt. Das Subjekt bleibt Akteur und Zentrum der Existenz, insofern *»ich und mein Tätigsein und das Ergebnis meines Tätigseins eins sind.«* Als Einsicht in die Realität des Selbst ist die Existenzweise des Seins daneben auch einem Leben bloßen Scheins entgegengesetzt. Beide Alternativen charakterlicher Grundhaltungen sind in Form von Tendenzen im Menschen gleichzeitig vorhanden, für die Ausprägung der dominanten Möglichkeit geben Gesellschaftsstrukturen sowie deren Normen und Wertvorstellungen den Ausschlag. Das Ergebnis der Interaktion von individueller psychischer und sozioökonomischer Struktur ist der Gesellschafts-Charakter als *»Kern der Charakterstruktur, die die meisten Mitglieder einer Kultur gemeinsam haben«*. Kennzeichnend für die gegenwärtige Gesellschaftsstruktur ist nach Fromm der in Fortführung von Freuds Bewußtseinskritik und der Theorie des Analcharakters entwickelte »Marketing-Charakter«, dessen Entfremdung das eigene Selbst erfaßt und der sich daher als *»Ware und zugleich Verkäufer dieser Ware«* empfindet. Gegen diese Grundorientierung der Charakterstruktur, deren einzige beständige Qualität in der Unbeständigkeit jeder Art von Bezogenheit besteht, wendet sich Fromms Kritik, die er als Anliegen aller wahrhaften Humanisten einfordert.

Die Bedeutung von Fromms Werk liegt vor allem darin, daß aufgrund des brillanten, jedoch eher feuilletonistischen Stils die Diskussion der Problematik des Verhältnisses von Individuum und Gesellschaft einer breiten Öffentlichkeit zugänglich gemacht wurde, wenngleich es wegen des Verzichts auf systematische Strenge für eine wissenschaftliche Erörterung von geringerer Bedeutung war. Fromms Anliegen und die selbst gewählte Bezeichnung für sein Werk ist die eines *»Plädoyers für eine humanistische Wissenschaft vom Menschen«* als möglicher Alternative zur Katastrophe, zum kräftezehrenden Mißbehagen des einzelnen und zu einer verheerenden sozioökonomischen Entwicklung der ganzen Welt. Die Vision eines *»neuen Menschen«*, der sich dem christlichen Menschenbild wie dem humanistischen Ethos verpflichtet fühlt, ist der *»reale Ausgangspunkt«* des Unternehmens, aus einer Situation, in der *»eine gesunde Wirtschaft nur um den Preis kranker Menschen möglich ist«*, einen Ausweg zu finden. Das Fazit liegt in Fromms Bekenntnis: *»Mut zum Menschen«*. G.Cs.

AUSGABEN: NY 1976.

ÜBERSETZUNG: *Haben oder Sein. Die seelischen Grundlagen einer neuen Gesellschaft*, B. Stein, Stg. 1977. – Dass., dies., Stg. 1979 [Bearb. R. Funk]. – Dass., dies., Mchn. [17]1988 (dtv). – Mchn. 1989 (in *GA*, Hg. R. Funk, 10 Bde., 2).

LITERATUR: A. M. Caligiuri, *The Concept of Freedom in the Writings of E. F.*, Diss. Rom 1966. – D. Pawlow, *E. F. u. die Marxistische Philosophie des Menschen* (in *Die philosophische Lehre von Karl Marx und ihre aktuelle Bedeutung*, Hg. D. Berger u. a., Bln. 1968, S. 170–178). – R. Wiegand, *Psychoanalyse und Gesellschaft bei E. F.* (in Psychologische Menschenkenntnis, 6, 1970, S. 257–278). – B. Landis u. E. S. Tauber, *On E. F.* (in *In the Name of Life. Essays in Honour of E. F.*, Hg. B. Landis u. E. S. Tauber, NY 1971, S. 1–11). – U. Eßbach-Kreuzer, *Die Theorie des Sozialcharakters in den Arbeiten von E. F.* (in Zeitschrift für psychosomatische Medizin, 18, 1972, S. 171–191). – R. Wiegand, *Gesellschaft und Charakter. Soziologische Implikationen der Neopsychoanalyse*, Mchn. 1973, S. 29–52. – B. Reimann, *Psychoanalyse und Gesellschaftsstruktur*, Darmstadt 1973, S. 93–113. – R. Funk, *Mut zum Menschen. E. F.s Denken u. Werk, seine humanistische Religion und Ethik*, Stg. 1978. – *E. F. Materialien zu seinem Werk*, Hg. A. Reif, Wien 1978, S. 215–275. – G. P. Knapp, *E. F.*, Bln. 1982. – R. Funk, *E. F.*, Hbg. 1983.

ROBERT LEE FROST

* 26.3.1874 San Francisco
† 29.1.1963 Boston

LITERATUR ZUM AUTOR:
R. F.: A Collection of Critical Essays, Hg. J. M. Cox, Englewood Cliffs/N.J. 1962. – L. Thompson, *R. F.: The Early Years 1874–1915*, NY 1966. – L. Thomson, *R. F.: The Years of Triumph 1915–1938*, NY 1970. – E. Isaacs, *An Introduction to R. F.*, NY 1962; Nachdr. 1972. – D. J. Greiner, *R. F.: The Poet and His Critics*, Chicago 1974. – P. van Egmont, *The Critical Reception of R. F.*, Boston 1974. – *F.: Centennial Essays*, Hg. J. L. Tharpe, Jackson/Miss. 1974. – F. u. M. L. Lentricchia, *R. F.: A Bibliography, 1913–1974*, Metuchen/N.Y. 1976. – L. Thompson u. R. H. Winnick, *R. F.: The Later Years 1938–1963*, NY 1976. – *F.: Centennial Essays II*, Hg. J. L. Tharpe, Jackson/Miss. 1976. – *F.: Centennial Essays III*, Hg. J. L. Tharpe, Jackson/Miss. 1978. – J. L. Potter, *R. F. Handbook*, University Park/Penn. 1980. – Ph. L. Gerber, *R. F.*, Boston 1966 [rev. Ausg. 1982]. – *Critical Essays on R. F.*, Hg. Ph. L. Gerber, Boston 1982.

DAS LYRISCHE WERK (amer.) von Robert Lee FROST.
Frost, in San Francisco geboren, aber seit 1885 in Neuengland u. a. als Farmer und Lehrer lebend, veröffentlichte – nach dem privat gedruckten Bändchen *Twilight* (1894) und Publikationen in Zeitschriften – seinen ersten Gedichtband erst während eines Englandaufenthaltes, als er bereits fast vierzig Jahre alt war. Und obwohl E. POUND, stolz auf eine weitere »Amur'kn« (amerikanische) Entdeckung, eine Rezension in der für die Propagierung des Imagismus wichtigen Zeitschrift ›Poetry‹ (Chicago) veröffentlichte, ging der von Pound als »*ehrlicher Autor*« bezeichnete Frost (»*Er wird weder Konzessionen machen noch etwas vortäuschen*«) auch mit der zweiten Gedichtsammlung *North of Boston* (1914), wegen deren er bereits bei seiner Rückkehr nach Amerika 1915 als Lyriker ersten Ranges anerkannt wurde, seine eigenen Wege.

Zwar nannte E. THOMAS den zweiten Lyrikband »*eines der revolutionärsten Bücher der modernen Zeiten*«; aber der LONGFELLOW so sehr bewundernde Frost muß wohl doch eher als Traditionalist bezeichnet werden: Seine Betonung des spezifisch Amerikanischen, sein Gefühl der innigen Verbundenheit mit dem Universum, die Akzentuierung der kreativen Intuition und die Wertschätzung individuellen Selbstvertrauens sind als das Erbe des 19. Jh.s bezeichnet worden (P. L. GERBER). Gemessen an den Innovationen T. S. ELIOTS, E. POUNDS oder E. E. CUMMINGS' blieb Frost tatsächlich ein eher orthodoxer Lyriker jenseits modischer Trends und Schulen, von denen er sich immer distanzierte. Insbesondere sein lyrischer Konservativismus, der mit einer thematischen Selbstbeschränkung, unter Ausschluß der eigentlich modernen Bewußtseinsproblematik eines Eliot oder Pound, einhergeht, ist wohl auch der Grund für das seit der Rückkehr in die Heimat (1915) stetig gewachsene öffentliche Ansehen. So erhielt er immerhin für fast die Hälfte seiner Gedichtbände einen Pulitzer-Preis: für *New Hampshire* (1924), *Collected Poems* (1930), *A Further Range* (1936) und *A Witness Tree* (1943); hinzu kamen zahlreiche Ehrungen durch amerikanische und europäische Universitäten oder durch den amerikanischen Senat zum 85. Geburtstag, schließlich die Ehre, bei der Amtseinführung von Präsident John F. Kennedy am 20. 1. 1961 sein Gedicht *The Gift Outright* vortragen zu können.

Trotz Frosts Abneigung, im Zusammenhang diskursiv über die eigene Dichtungsauffassung zu sprechen, lassen sich einige für das Verständnis seiner Lyrik zentrale Positionen benennen. Entscheidend waren für ihn immer die Fragen nach der Genese von Dichtung und der Funktion poetischer Kreativität angesichts eines die menschliche Existenz bestimmenden fundamentalen Gegensatzes zwischen dem Chaos der Natur und der humanen Fähigkeit der Formgebung. Frost hat dabei stets das Intuitive und Organische des Schaffensprozesses hervorgehoben. So heißt es in dem seit der Erstausgabe von 1939 den *Collected Poems* vorangestellten Vorwort *The Figure a Poem Makes*: Die Gestalt des Gedichts »*beginnt im Entzücken und endet in Weisheit*«; anderswo spricht Frost ebenso vage von einem »*Kloß im Hals, einem Unrechtsgefühl, Heimweh, Liebesschmerz*« als Keimen poetischer Kreativität. Wesentlich ist dann freilich der spezifisch formgebende Prozeß, der in einer wesentlich die Aussage eines Gedichts betreffenden »*Klärung der Existenz*« enden muß, nicht ganz jener »*von Sekten oder Kulten*« vergleichbar, aber doch ähnlich sinnvoll als »*momentaner Halt gegen die Unordnung*«. Die Natur vollende nicht, sei »*chaotisch. Der Mensch muß vollenden, und das tut er, wenn er einen Garten anlegt, eine Mauer baut oder ein Gedicht schreibt. Das ist Kunst.*« Dichterische Formgebung ist dabei ein alle Textebenen betreffender Prozeß gestalteten Erkennens, Sich-klar-Werdens; und er sollte – so sagt Frost in Analogie zum sportlichen Wettstreit – mit einem Sieg enden.

Wenn Formgebung wesentlich auf gehaltliche Klärung zielt, dann muß Frost konsequenterweise die bei POE oder SWINBURNE zu findende Gleichsetzung von Musik und Dichtung ablehnen. Der Klang der Verse brauche, so betont Frost, die Hilfe »von Kontext, Bedeutung, Thema«. Zwar steht er den Imagisten mit ihrer Forderung nach Konkretheit und Genauigkeit nahe, hat die »griechische« Technik der Synekdoche (»die Philosophie des Teils für das Ganze«) bewundert, aber die »sehende« nicht so hoch wie die »hörende Imagination« eingeschätzt. Formgebung bedeutet deshalb für Frost das Aufspüren des jeweils individuellen, das rein Denotative übersteigenden »Klangs des Sinns«, d. h. sowohl der adäquaten metrisch-rhythmischen Gestalt als auch der (einfachen oder ausgeweiteten) sinnsetzenden Metapher.

Frost, der die Verwendung des Freien Verses mit dem Tennisspielen ohne Netz verglich, bedient sich in seinen Gedichten in der Regel des jambischen Versmaßes, das für ihn das natürliche Metrum der englischen Sprache ist. Am häufigsten findet man den jambischen Pentameter (teilweise reimend, teilweise als Blankvers), zuweilen auch zwei-, drei- oder vierhebige Verse (zur Erzielung von humoristischen Effekten häufig mit Reimbindung). Wesentlich ist dabei die der Thematik angepaßte rhythmische Variabilität: Frost will sprachlichen Äußerungen eine dramatische Qualität verleihen, d. h., er will sie jenseits einer artifiziellen literarischen Sprechweise dem Kolloquialen annähern. Anregungen hat Frost bei WORDSWORTH (»the real language of man«), EMERSON (Monadnoc), DICKINSON und den zeitgenössischen englischen »Georgian Poets« erhalten, mit denen er nach 1912 zusammentraf. Diese Qualität des ungezwungen Kolloquialen – Frost bezeichnet es etwa 1915 als sein Ziel, »den genauen Bedeutungsklang der menschlichen Sprache in literarischer Form wiederzugeben« – zeigt sich besonders deutlich in den dramatischen Gedichten, die neben den kürzeren lyrischen Versen eine besondere Rolle in seinem Gesamtwerk spielen.

So schildert er etwa in *The Mountain* narrativ-dialogisch die Begegnung zwischen dem eher meditativen Icherzähler, einem Wanderer, und einem arbeitenden Bauern: Beide Männer, die in diesem Gespräch über den aus dem Hintergrund heraus die Landschaft überschattenden Berg implizite eine ganze Lebensphilosophie artikulieren, erscheinen gerade durch die variable Verwendung des nicht strikt eingehaltenen jambischen Pentameters, durch die besondere Wortanordnung, die Pausen, die subtil angedeutete Intonation wie zwei distinkte Charaktere. Frost bedient sich aber weder hier noch in den übrigen Gedichten dieser Art des genauen Neuengland-Dialekts, sondern rekurriert auf eine gemeinamerikanische Umgangssprache, und so vermitteln seine Gedichte den Eindruck des Zufälligen oder Spontanen, der aus der dramatischen Situation hervorgeht, wie etwa in einem »dramatischen Monolog« BROWNINGS ähnelnden Gedicht *A Servant to Servants*: Auch hier handelt es sich um die Begegnung zwischen einem in diesem Falle nur zuhörenden Fremden, der aber durch dramatisch in den Sprachfluß eingefügte Details hinreichend charakterisiert wird, und einer alten Frau, die ihre Küchenarbeit unterbricht, um dem anderen – Frost verwendet wieder den teilweise unregelmäßigen jambischen Pentameter mit ganz natürlich über das Versende ausgreifenden Sätzen – von sich zu erzählen.

In beiden Gedichten präsentiert Frost Menschen, die isoliert und einsam sind, die sich aber auch in ihrer Eigenart und Lebensphilosophie mitteilen. Die dichterische Formgebung, der Klang und Sinn umgreifende kreative Prozeß, ist für Frost dabei ein Akt der »Klärung« der menschlichen Existenz, der wesentlich der Metapher bedarf. Der Frostschen Lebensphilosophie liegen dabei drei Einsichten zugrunde: die in die Bedeutung menschlicher Unabhängigkeit und Selbstbestimmung (Frost hat DEFOES *Robinson Crusoe* und THOREAUS *Walden* als seine Lieblingsbücher bezeichnet), die konträre Feststellung einer immer wieder zu konstatierenden Abhängigkeit eines Menschen vom anderen und schließlich der aus einem solchen Paradox resultierende Skeptizismus (E. Isaacs). Wenn Frost auch mit seiner Akzentuierung der metaphorischen und symbolischen Qualitäten von Dichtung Emerson nahesteht und seine Metaphern und Symbole vornehmlich aus dem Bereich der Natur nimmt, fehlt ihm doch der transzendentalistische Glaube an die aus der Einheit der Natur folgende Möglichkeit sprachlicher Analogiesetzungen. Frosts Gedichte sind vielmehr vom Bewußtsein der Spannung, der Existenz des Antithetischen und des Paradoxen geprägt. Wenngleich er das »*Sprechen in Parabeln, in Andeutungen, in Indirektionen*« wie E. Dickinson für das Merkmal des Poetischen schlechthin hält, drängen sich die sinnsetzenden Symbole doch nicht auf. Sie gehen vielmehr ganz natürlich aus den grundlegenden Situationen hervor, wie etwa in einem seiner bekanntesten Gedichten, *Mending Wall*: Zwei Farmer gehen – dies ein alter Brauch – die Feldmauern ab, um sie auszubessern; aus der detailintensiven Darstellung des gemeinsamen Handelns erwächst organisch die Reflexion über Traditionsbedingungen, den Sinn von Abgrenzungen und Ausgrenzungen, so daß die Mauer zu einem im Lebenszusammenhang verwurzelten und daher vertrauten Symbol wird wie der Berg in *The Mountain* oder Schnee und Wald in *Stopping by Woods on a Snowy Evening*. Die genaue Bedeutung des Symbols bleibt trotzdem offen, weil Frost etwa in *Mending Wall* die Spannung zwischen dem Satz »*Something there is that doesn't love a wall*« und dem epigrammatischen »*Good fences make good neighbours*« aufrechterhält, während etwa in *Gathering Leaves* oder *After Apple Picking* die Doppelsinnigkeit von Sammeln und Ernten deutlich wird, ohne daß Frost sich auf einen einzigen Sinnaspekt festlegen würde. Konkretheit der Erfahrungssituation, unmerkliches Überlagern durch Symbolisches bei gleichzeitiger Offenheit: das sind Merkmale der Dichtung Frosts, die sich auf gleiche Weise in den Texten der frühen wie der späten Sammlungen – *In the Clearing* erschien 1962 kurz vor dem Tod des Dichters – zeigen. Trotz der zivilisatorischen Veränderungen in Amerika zwischen dem Anfang des Jahrhunderts und den fünfziger oder sechziger Jahren hat sich Frost nie etwa der Urbanisierung des Landes zugewendet. L. TRILLING hat seine Lyrik deshalb als »ländlich, dem großstädtischen Bewußtsein fremd« bezeichnet; Frost selbst wollte sich allerdings nicht als Regionalisten, sondern als »realmist« (realm = Königreich, Reich) verstanden wissen. Auch wenn er sich auf Regionales beschränkt, stellt er immer noch das Individuum in Relation zum Universum dar: das Individuum in seiner Isolation *(On the Heart's Beginning to Cloud the Mind)*, mit dem gleichzeitigen Bedürfnis nach Gemeinschaft *(Telephone)*, mit der Furcht vor der Aggressivität des anderen *(A Hundred Collars)*, aber auch in der Gemeinsamkeit des Handelns *(The Tuft of Flowers)*. Der Mensch hat für Frost die Möglichkeit der Wahl zwischen Alternativen *(The Road not Taken)*, aber die Annahme des Gegebenen ist eine seiner Grundpositionen *(Acceptance)*; sie scheint zuweilen an Gefühllosigkeit zu grenzen, wie in *Out, Out-*, wo man nach dem Tod des Jungen, der sich die Hand abgesägt hat, schnell zu den Alltagsgeschäften zurückkehrt: ». . . da sie / Nicht der Tote waren . . .« Ein Gedicht wie dieses widerlegt aber auch das lange Zeit populäre Bild vom zufriedenen »farmer-poet« Frost; andere Gedichte wie *Home-Burial* (Schmerz der jungen Frau über den Tod des Kindes), *A Servant to Servants* (Schicksal des irre gewordenen Onkels) oder *The Hill Wife* (Furcht vor dem nicht Definierbaren) zeigen ebenfalls einen auch die dunklen Seiten der Existenz darstellenden Autor.

Allerdings obsiegt immer wieder das Gefühl der notwendigen Hinnahme des Gegebenen, und diese Haltung erklärt dann wohl auch Frosts Abneigung gegen die besonders nach 1930 geforderte Politisierung der Dichtung: Der Dichter sei kein Führer, sondern »ein Nachfolgender«; Lyrik zum »Träger von Klagen gegen den nicht-utopischen Staat« zu machen, halte er für falsch. Trotzdem kann sich auch Frost nicht ganz der Politisierung der Zeit verschließen. So unterhalten sich etwa in *Build Soil* mit dem Untertitel »*A Political Pastoral*« (1932) der verarmte Farmer-Schäfer Meliboeus und der Dichter Tityrus angesichts der landwirtschaftlichen Krise und des New Deal über die Frage, auf welche Weise der Mensch den Boden nutzen solle. Frost, der seinen Dichter als philosophisch-politischen Ratgeber konzipiert, sieht im marktwirtschaftlichen Mehrwertprinzip nicht nur den Grund für die Auslaugung des »blassen und metallischen« Bodens, sondern auch eines unnatürlichen Zustands kollektivistischer »Nicht-Separatheit« von Menschen, die er im Bilde der universalen Kugel als eigentlich »abgerundet«-separate Wesen darstellt; die individuell-moralische »*Ein-Mann-Revolution*« erfordert deshalb, daß der Farmer – der als einziger rechtmäßig Boden »besitzen« darf – nach dem Emersonschen Prinzip der »*self-reliance*« für sich produziert und erst mit den Überschüssen des dann restaurierten Bodens einen »*late start to market*« macht. Auch die seit den dreißiger Jahren verstärkt zu findenden Satiren basieren auf Frosts Lebensphilosophie, die zwar eine engagierte, politisch-operative Dichtung ablehnen muß, aber doch zu bestimmten Problemen Stellung bezieht: etwa zur verwissenschaftlichten Landbearbeitung *(Bursting Rapture)*, zur Atombombe *(U. S. 1946 King's X)* oder zur Bürokratie *(Departmental)*. Trotz des Witzes dieser Gedichte, der dem virtuos gehandhabten Reim und Metrum zuzuschreiben ist, sind die bedeutendsten Texte des sich 1955 einen »*radikalen Konservativen*« nennenden Frost jene, in denen er direkt von Mensch und Natur spricht. U.Bö.

AUSGABEN: *Selected Poems*, Einl. C. D. Lewis, Harmondsworth 1955. – *Selected Poems*, Hg. R. Graves, NY 1963. – *The Poetry of R. F.*, Hg. E. C. Lathem, NY 1969 [grundlegende Ausg.]. – *Poetry and Prose*, Hg. E. C. Lathem u. L. Thompson, NY 1972. – *You Come Too. Favorite Poems of Young Readers*, NY 1975. – *R. F.: A Tribute to the Source* [Gedichte von R. F., Begleittext D. Bradley, Photogr. D. Jones], NY 1979. – *R. F. on Writing*, Hg. G. Moore, NY 1986.

SCHALLPLATTEN: *R. F. Reading His Own Poems*, Library of Congress Recording Laboratory, 1953. – *R. F. Reading*, Caedmon, 1956. – *R. F. Reads from His Own Works*, Carillon Records, 1961.

VERTONUNGEN: R. Thompson, *Frostiana* (1959/1965). – Zu weiteren Vertonungen: P. Rattalino, *R. F.* (in *The New Grove Dictionary of American Music*, Hg. H. W. Hitchcock u. S. Sadie, Bd. 2, Ldn. 1986, S. 173/74).

ÜBERSETZUNGEN: *Gesammelte Gedichte*, A. Bernus u. a., Mannheim 1952. – *Gedichte englisch-deutsch*, P. Celan, Hg. E. Hesse, Ebenhausen 1963. – *In Liebe lag ich mit der Welt im Streit*, K. H. Berger u. Helmut Heinrich, Hg. G. Gentsch, Bln./DDR 1973. – *Überfließendes Leben*, A. Sperling-Botteron, Baden/Schweiz 1976.

LITERATUR: J. F. Lynen, *The Pastoral Art of R. F.*, New Haven 1960. – G. W. Nitchie, *Human Values in the Poetry of R. F.*, Durham/N.C. 1960. – J. R. Doyle, *Poetry of R. F.*, NY 1962. – R. Squires, *The Major Themes of R. F.*, Ann Arbor 1963. – R. A. Brower, *The Poetry of R. F.*, NY 1963. – E. Barry, *R. F.*, NY 1973. – J. C. Kemp, *R. F. and New England*, Princeton 1979. – F. Lentricchia, *R. F.: Modern Poetics and the Landscape*, Durham/N.C. 1975. – R. Poirier, *R. F.: The Work of Knowing*, NY 1977. – *R. F.: Studies of the Poetry*, Hg. K. G. Harris, Boston, 1979. – D. Hall, *R. F.: Contours of Belief*, Athens/Ohio, 1984. – R. Wakefield, *R. F. and the Opposing Lights of the Hour*, NY 1985. – *R. F.*, Hg. H. Bloom, Philadelphia 1986. – J. Kjørven, *R. F.s Emergent Design: The Truth of the Self In-Between and Unbelief*, Oslo 1987.

CHRISTOPHER FRY

eig. Christopher Hammond Harris
* 18.12.1907 Bristol

LITERATUR ZUM AUTOR:

Bibliographie:
B. L. Schear u. E. G. Prater, *A Bibliography on C. F.* (in TDR, 4, 1960, H. 3, S. 88–98).

Gesamtdarstellungen und Studien:
D. Stanford, *C. F.*, Ldn. 1951; ern. 1971 [m. Bibliogr.]. – R. Stamm, *C. F. and the Revolt against Realism in Modern English Drama* (in Anglia, 72, 1954, S. 78–109). – H. Koziol, *Die Dramen C. F.'s* (in NSp, N. F. 54, 1955, S. 1–14). – K.-H. Rösler, *Die Versdramen C. F.s, gedeutet aus ihrem metaphorischen Stil*, Diss. Marburg 1955. – O. Mandel, *Themes in the Drama of C. F.* (in Études Anglaises, 10, 1957, S. 335–349). – K. Otten, *Die Überwindung des Realismus im modernen engl. Drama* (in NSp, N. F. 59, 1960, S. 265–278). – H. Itschert, *Studien zur Dramaturgie des ›Religious Festival Play‹ bei C. F.*, Tübingen 1963. – R. Fricker, *Das moderne engl. Drama*, Göttingen 1964; erw. 1974, S. 97–109. – R. Stamm, *Der jahreszeitliche Dramenzyklus von C. F.* (in R. S., *Zwischen Vision u. Wirklichkeit*, Mchn./Bern 1964, S. 187–201). – E. L. Roy, *C. F.*, Carbondale/Ill. 1969. – A. Geraths, *C. F.* (in *Engl. Literatur der Gegenwart in Einzeldarstellungen*, Hg. H. W. Drescher, Stg. 1970, S. 344–376). – S. M. Wiersma, *C. F.: A Critical Essay*, Grand Rapids/Mich. 1970. – J. Woodfield, *The Whole Significance of Unity: A Study of Thematic Structure in the Plays of C. F.*, Diss. Univ. of British Columbia 1971 (vgl. Diss. Abstracts, 32, 1971, S. 7016A). – W. Senn, *Die Gedankenwelt in den Dramen C. F.s* (in NZZ, 5. 8. 1973). – I. B. Djobadze, *Toward a Definition of Poetic Theatre: Studies on G. Lorca, M. Frisch and C. F.*, Diss. Univ. of California/Los Angeles 1978 (vgl. Diss. Abstracts, 39, 1978, S. 2917/18A). – D. F. Gillespie, *Language as Life: C. F.'s Early Plays* (in MD, 21, 1978, S. 287–296). – W. M. Fulks, *The Seasonal Comedies of C. F. (»The Lady's not for Burning«, »Venus Observed«, »The Dark is Light Enough«, and »A Yard of Sun«)*, Diss. Univ. of Toronto 1979 (vgl. Diss. Abstracts, 40, 1980, S. 6270/71A). – H. M. Schnelling, *C. F.s ›Seasonal Comedies‹: Funktional-strukturalistische Untersuchungen zur Kritik der thematischen Konzeption der ›Jahreszeiten‹*, Ffm./Bern 1981. – W. Rulewicz, *C. F.: In Search of Poetic Generalization* (in Kwartalnik Neofilologiczny, 27, 1980, S. 165–181). – A. Williamson, *C. F.* (in DLB, 13, 1982, S. 185–192). – S. M. Wiersma, *More Than the Ear Discovers: God in the Plays of C. F.*, Chicago 1983. – W.-D. Weise, *C. F.* (in KLFG, 6. Nlg., 1985).

THE DARK IS LIGHT ENOUGH.
A Winter Comedy

(engl.; *Ü: Das Dunkel ist Licht genug*). Schauspiel von Christopher FRY, Uraufführung: London, 30. 4. 1954, Aldwych Theatre; deutsche Erstaufführung: Berlin, April 1955, Schloßpark-Theater. – Im Winter des Jahres 1848, während der ungarischen Rebellion gegen die österreichische Monarchie, rettet die Gräfin Rosmarin Ostenberg einen Deserteur der Aufständischen-Armee, Richard Gettner, den ersten Mann ihrer Tochter Gelda, und verbirgt ihn trotz des Protestes ihrer Familie und gerade anwesender Freunde in ihrem Landhaus. So wird das Haus unmittelbar in das kriegerische Geschehen einbezogen. Der ungarische Oberst Janik fordert die Auslieferung des Deserteurs; da sie ihm von der Gräfin verweigert wird, läßt er den österreichischen Grafen Zichy, Geldas zweiten Mann, den ihm der Zufall in die Hände gespielt hat, als Geisel mitführen. Im weiteren Verlauf der militärischen Ereignisse wird das Haus zum Quartier der Aufständischen. Doch mit deren Niederlage verkehrt sich die Situation: Jetzt wird der ungarische Oberst von den Österreichern verfolgt, und die todkranke Gräfin gewährt ihm Asyl. Gettner, der sich von Rosmarin geliebt glaubt, erfährt aus ihrem Mund, daß er sich täuschte; doch deutet sie, ehe sie stirbt, an, daß sie wohl lernen könnte, ihn zu lieben. Er, der bisher nicht den Mut aufgebracht hat, sich seinen ungarischen Verfolgern zu stellen und damit Rosmarin, ihre Familie und ihre Gäste vor Repressalien zu bewahren, liefert sich jetzt freiwillig den Siegern aus, wohl wissend, daß sie ihn als ehemaligen Offizier der Rebellenarmee erschießen werden. So vereint ihn der Tod mit der Frau, die er sein Leben lang bewundert und geliebt hat.

In dem konfliktreichen Geschehen des Stücks bildet die Gräfin den ruhenden Pol und zugleich ein Ausstrahlungszentrum ordnender, klärender Energien. Ihre innere Unabhängigkeit, ihre Wahrhaftigkeit und undogmatische Humanität sprechen, allen nationalen, gesellschaftlichen und moralischen Konventionen zum Trotz, im anderen das Allgemeinmenschliche an und bringen so in jedem, der mit ihr in Berührung kommt, Kräfte der Selbsterkenntnis und der Liebe zur Entfaltung. Was anfangs als verworrenes Knäuel undurchschaubarer Bezüge erschien, ordnet sich zur klaren Kontur einer Schicksalskonstellation, deren Ursprung und Ziel jedoch Geheimnis bleiben.

Die Symbolik des Dramas, das in Frys Jahreszeitenzyklus den Winter verkörpert, ist eigenwillig und nicht leicht auf einen logischen Nenner zu bringen. Die schwebende Unbestimmtheit der Aussagen, die weniger ein rational schlüssiges Gedankensystem enthüllen als vielmehr das lebendige Ineinanderspielen individueller emotionaler Kräfte, kaum bewußter Handlungsantriebe und aufleuchtender Erkenntnisse sichtbar machen, ist vom Autor beabsichtigt: »*Mir gefällt diese Sprache, die voller Ja-Nein und Nein-Ja ist, voll von Dingen, die gewesen sind, doch noch nicht waren*«, sagt Gettner.

So sind auch die Dialoge, obwohl mit Gedanken befrachtet, nicht nur Gespräche über ethische oder philosophische Themen: Sie treiben die Handlung unauffällig, aber sicher den dramatischen Wendepunkten zu. Frys Sprache ist poetisch, verzichtet jedoch auf die blühende, mutwillige Metaphorik, mit der sein den Frühling verkörperndes Stück *The Lady's Not for Burning*, 1948 *(Die Dame ist nicht fürs Feuer)*, und das Herbststück *Venus Observed*, 1950 *(Venus im Licht)*, Publikum und Kritik entzückt hatten.

Das lange erwartete abschließende Drama des Jahreszeitenzyklus, das Sommerstück *A Yard in the Sun*, 1970 (dt. 1971, *Ein Hof voll Sonne*), ist kurz nach dem Zweiten Weltkrieg in Italien (Siena) angesiedelt. Die Konzentration der dramatischen Handlung inmitten eines lebhaften folkloristischen Panoramas und die kraftvolle, gebändigte Verssprache belegen einen dauerhaften Stilwandel des vielseitigen Autors nach dem poetischen Überschwang der Jahre 1946 bis 1951.   J.v.Ge.-KLL

AUSGABEN: Ldn. 1954. – NY 1957. – Ldn. 1971 (in *Plays*).

ÜBERSETZUNG: *Das Dunkel ist Licht genug*, R. Schnorr, Ffm. 1955. – Dass., ders. (in *Theatrum mundi. Englische und irische Dramen*, Ffm. 1960).

LITERATUR: (*Das moderne englische Drama*, Hg. H. O., Bln. 1963, S. 303–316). – S. M. Wiersma, *C. F.'s Definition of the Complete Pacifist in »The Dark is Light Enough«* (in Ariel, 6, Calgary 1975, S. 3–28).

THE FIRSTBORN

(engl.; Ü: *Der Erstgeborene*). Religiöses Versdrama in drei Akten von Christopher FRY, erschienen 1946; Uraufführung: Edinburgh, 6. 9. 1948, Gateway Theatre; deutsche Erstaufführung: Recklinghausen 1952 (Ruhrfestspiele). – Dieses im selben Jahr wie *The Lady's Not for Burning* erstaufgeführte religiös-historische Drama fällt zwar dramatischer aus als die meisten Stücke Frys, wird aber ganz von der Hauptfigur Moses und dessen innerem Dilemma beherrscht. Das Stück spielt um das Jahr 1200 v. Chr. in Ägypten und hat die Gefangenschaft der Juden unter den Pharaonen zum Gegenstand. Moses, der hier unter anderem als kluger Feldherr dargestellt wird, ist nach langer Abwesenheit zurückgekehrt und wird von Pharao Seti II. aufgefordert, ihm gegen die eindringenden Libyer Hilfe zu leisten. Er fühlt sich Ägypten, wo er in seiner Kindheit gut behandelt wurde, tief verpflichtet, doch die Leiden der Juden unter Setis Herrschaft erinnern ihn daran, daß er einer der Ihren ist. Sein innerer Zwiespalt verschärft sich, als Setis Sohn und Nachfolger Ramses ihm Hoffnungen auf eine humanere Behandlung der Juden macht. Ägypten wird von Plagen heimgesucht, die Libyer erringen Sieg auf Sieg, und an den Grenzen kommt es zu Aufständen. Seti dankt zugunsten seines Sohnes ab, und als dieser stirbt, ist Moses von seiner Gewissensnot befreit und kann sein Volk aus der Sklaverei herausführen.

Ramses, der im Titel genannte »Erstgeborene«, repräsentiert, wie der Autor in seinem Vorwort ausführt, »*Lauterkeit, Stärke und Würde auf seiten des Gegners, Tugenden, die zwar nichts an der Berechtigung und der Notwendigkeit von Moses' Anliegen ändern, die aber zwischen die Wege der Menschen und die Gottes ein eindringliches Fragezeichen setzen*«. Das Stück soll also eine zugleich religiöse und politische Allegorie sein. Eines seiner tragenden Motive ist der Zusammenprall entgegengesetzter Auffassungen von »Gut« und »Böse«. Für den Pharao Seti zum Beispiel sind die Leiden der Juden notwendig und gerechtfertigt, da sie die Macht und Schönheit Ägyptens fördern.

Wie alle Dramen Frys verdankte auch dieses (das ursprünglich vor der Abtei von Tewkesbury aufgeführt werden sollte) seinen Erfolg weniger der zwar in historisches Dekor gehüllten, in Wahrheit aber zeitlosen Problemstellung als der kunstvollen Sprachpoesie, die in den Jahren nach dem Zweiten Weltkrieg dem realistisch geprägten englischen Theater vorübergehend neue Dimensionen öffnete. Mit wachsendem zeitlichem Abstand tritt jedoch hinter Bildmagie und Versmusik gedankliche Unklarheit hervor, die damit zusammenhängt, daß Fry allzu viele Themen berührt und rasch wieder fallenläßt.   J.v.Ge.-KLL

AUSGABEN: Ldn. 1946. – Ldn. 1952 [rev.]. – Ldn. 1958. – Ldn. 1960 (in *Three Plays*).

ÜBERSETZUNG: *Der Erstgeborene*, H. Feist, Ffm. 1952.

THE LADY'S NOT FOR BURNING

(engl.; Ü: *Die Dame ist nicht fürs Feuer*). Verskomödie in drei Akten von Christopher FRY, Uraufführung: London, 10. 3. 1948, Arts Theatre; deutsche Erstaufführung: Berlin 1950, Schloßpark-Theater. – Dem Frühling als Sinnbild des über den Tod triumphierenden, sich verjüngenden Lebens widmet Fry das erste seiner vier Jahreszeitenstücke, dem er *Venus Observed*, 1950 *(Venus im Licht)*, *The Dark is Light Enough*, 1954 *(Das Dunkel ist Licht genug)*, und *A Yard of Sun*, 1970 *(Ein Hof voll Sonne)*, als Paraphrasen herbstlicher, winterlicher und sommerlicher Stimmungen folgen ließ. – Der Autor versieht den Schauplatz, einen kleinen englischen Marktflecken, zwar mit mittelalterlichem Dekor, beugt aber schon durch die unbestimmte Zeitangabe »*1400, mehr oder weniger, oder auch ganz genau*« der Vermutung vor, es handle sich in dieser ernsthaften Komödie um historische Themen und Sachverhalte. Er betont vielmehr die überzeitlichen Aspekte des menschlichen Daseins und hält den Mächten des Todes und der Verzweiflung die versöhnende Kraft der Liebe entgegen.

Der Soldat Thomas Mendip, der, nachdem er *»sieben Jahr lang den Menschen die Rippen brechend durch Flandern flaniert«* ist, den Krieg im besonderen und das Leben im allgemeinen satt hat, beschließt, sich aufhängen zu lassen, muß aber feststellen, daß die Behörden nicht ohne weiteres bereit sind, ihn ins Jenseits zu befördern. Um bürokratischer Pedanterie Genüge zu tun, gesteht er Bürgermeister Tyson und Richter Tappercoom zwei Morde, die er gar nicht begangen hat. Sein Pech, daß die von einem fanatischen Mob beeinflußte Obrigkeit glaubt, der alte Lumpensammler Skipps, den er getötet haben will, sei von Jennet Jourdemayne, einem der Hexerei bezichtigten jungen Mädchen, in einen Hund verwandelt worden! Am liebsten würde er mit Jennet tauschen, die sich vor dem Scheiterhaufen fürchtet, weil sie das Leben bejaht. Je leidenschaftlicher sie jedoch ihre Unschuld beteuert, desto hartnäckiger glaubt man an ihre Schuld, je heftiger sich Mendip schuldig spricht und auf seiner Hinrichtung besteht, desto sicherer hält man ihn für einen harmlosen, misanthropischen Narren. Es fruchtet auch nichts, daß er an den gleichen Aberglauben appelliert, der Jennet verketzert, und daß er sich als der Teufel persönlich ausgibt. Die Liebe zu Jennet leitet seine Bekehrung ein, noch bevor der alte Skipps, beschwipst und kreuzfidel, den Verdacht aus der Welt schafft, er sei tot bzw. ein verzauberter Hund. Von neuem Lebensmut erfüllt, stehlen sich der Soldat und das Mädchen im Morgengrauen aus dem Ort. – Die Liebe ist auch das Thema der schwankhaften Nebenhandlung, in der die Neffen des Bürgermeisters, Humphrey und Nicholas Devize, sich wegen der lieblichen Alizon Eliot in die Haare geraten und dann verblüfft feststellen, daß das Mädchen mit dem sympathischen Amtsschreiber Richard durchgebrannt ist.

Sehnsucht nach dem Tod und Sehnsucht nach dem Leben sind die beiden extremen Haltungen, die in diesem Stück auf dem Hintergrund christlicher Weltanschauung ins Lot gebracht werden. So vielfältig Themen wie Schuld, Sünde, Glaube und Gerechtigkeit anklingen – Fry verkündet in erster Linie eine ästhetische Botschaft: die Botschaft von der Unbedingtheit der reinen, allem Zeitlichen entrückten Sprache. Er verwendet die Bildersprache SHAKESPEARES und der Elisabethaner, als sei sie so aktuell wie eh und je, und ignoriert bewußt die in der zeitgenössischen Literatur weitverbreitete Sprachskepsis *(»Und Liebe spannt ihr lichtes Zelt inmitten von Sonn und Mond.«* – *»Gott bewahre Euch, mein Hellespont zu werden.«)*. KLL

AUSGABEN: Ldn. 1949. – Ldn. 1958. – NY 1960. – Ldn. 1969 (in *Plays*). – Ldn. 1973. – Ldn. 1977.

ÜBERSETZUNGEN: *Die Dame ist nicht fürs Feuer*, H. Feist, Ffm. 1950. – Dass., ders. u. R. Schnorr, Ffm. 1981; ern. 1986 (FiTb).

LITERATUR: G. Urang, *The Climate Is the Comedy. A Study of C. F.'s »The Lady's Not for Burning«* (in *Christian Scholar*, 46, 1963, S. 61–86). – S. M. Wiersma, *Spring and Apocalypse, Law and Prophets: A Reading of C. F.'s »The Lady's not for Burning«* (in MD, 14, 1971, S. 432–447).

A PHOENIX TOO FREQUENT

(engl.; Ü: *Ein Phoenix zuviel*). Verskomödie in einem Akt von Christopher FRY, Uraufführung: London, 25. 4. 1946, Mercury Theatre; deutsche Erstaufführung: Berlin, 19. 9. 1951, Schloßparktheater. – Nach den religiösen Spielen *The Boy with a Cart* (1938) und *The Firstborn* (1946) ist dies die erste Komödie des Autors, der sich neben T. S. ELIOT um die Wiederbelebung des Versdramas verdient gemacht hat. Wie er in den Essays *Poetry in the Theatre* (1953) und *Why Verse?* (1955) schreibt, bedeutet der Gebrauch des Verses für ihn eine Abwendung von der unpoetischen Prosa der »realistischen« Gesellschaftsstücke eines Noel COWARD oder Terence RATTIGAN, die nur die »Oberflächenrealität« darstellen könnten, während es ihm um die höhere und eigentliche Realität des Daseins gehe, um *»die vertiefte Erkenntnis dessen, was zum Leben und was zum Tod führt«*.

In *A Phoenix too Frequent* gestaltet Fry die aus dem *Satyricon* des PETRONIUS stammende drastische Episode der Witwe von Ephesus, die ihrem Gatten freiwillig in den Tod folgen will, sich dann aber in seiner Gruft von einem Soldaten zu neuem Liebesglück verführen läßt; schließlich willigt sie sogar ein, anstelle eines der Gehenkten, der während der Abwesenheit des Soldaten gestohlen wurde, den Leichnam ihres eigenen Mannes aufknüpfen zu lassen, um ihren neuen Geliebten vor Bestrafung zu bewahren. Fry stützt sich bei der Dramatisierung dieses in der Weltliteratur oft behandelten Stoffes auf Jeremy TAYLORS Version in der Predigt *The Rule and Exercises of Holy Dying* (1651). Während Petronius mit dieser Episode den Versuch, erotische Leidenschaft durch platonische Liebe zu ersetzen, ironisiert, dient sie dem Geistlichen Taylor als Exemplum für die Notwendigkeit, den goldenen Mittelweg einzuschlagen, den die Protagonistin verfehlt. Fry schließlich feiert in seiner Heldin, der er den Lebenskraft symbolisierenden Namen Dynamene gibt, den *»ekstatischen Triumph des Willens zum Leben über die Instinkte der Selbstzerstörung«* (E. Roy). Ihre schwärmerische Todessehnsucht wird durch die naive Sinnlichkeit und natürliche Skepsis ihrer treuen Dienerin Doto von Anfang an in Frage gestellt und in einer Sommernacht vom Leben selbst besiegt. Die Wandlung der tugendhaften Witwe ist ein positiver Vorgang, denn ihr Ideal der Liebe über den Tod hinaus wird im Verlauf des Stücks als Folge ihres Schuldgefühls gegenüber dem alles andere als virilen Gatten Virilius aufgedeckt. Der Verstorbene steht für die alte Welt der Vernunft und der Paragraphen, der Dynamenes neuer Geliebter Tegeus wegen seines Wachvergehens beinah zum Opfer fällt. Doch die von ihm aus ihrem Todeswillen Befreite wird zur Retterin ihres Retters – der Tod somit zur Voraussetzung des Lebens (R. Fricker). Von hier aus erschließt sich auch die Phönix-Metapher des Titels (ein MARTIAL-Zitat in der Übersetzung Robert BURTONS) als Symbol der Wiedergeburt des Lebens aus dem Tod. – Das Biologische trifft sich hier, wie überall bei Fry, mit dem Religiösen: Christliche Bezüge finden sich nicht nur im Titel (der Phönix verweist ja auch auf Christus), sondern ebenso in der im Morgengrauen des dritten Tags nach der Grablegung spielenden Szene, in der sich die Handlung erfüllt. Diese Ostersymbolik wird von Anfang an durch den Kontrast von Nacht und Tag, Dunkel und Licht, Tod und Leben leitmotivisch unterstrichen.

Vor dem tragischen Hintergrund des Todes, in der Gruft des verstorbenen Gatten, entfaltet sich das komödiantische Spiel um die Liebe, das vor allem aus dem Wortwitz lebt, aus der ironischen Kontrastierung verschiedener Sprachebenen (Dynamene – Doto, Doto – Tegeus) und der burlesken Verwendung antipathetischer Gegensätze. Frys locker gefügter Blankvers ist flexibel genug, solche Umschwünge und Kontraste in sich aufzunehmen, wobei der virtuose Einsatz poetischer Klangmittel (Binnenreim, Alliteration, Assonanz) und die reiche Metaphorik ihn vor dem Abgleiten in Prosa bewahren. M.Pf.

AUSGABEN: Ldn. 1946. – Ldn. 1955. – Ldn./NY 1959 [Ill. R. Searle]. – Mchn. 1968, Hg. u. Anm. P. Kämmer. – Ldn. 1969 (in *Plays*). – Ldn. 1973. – Ldn. 1977.

ÜBERSETZUNG: *Ein Phönix zuviel*, H. Feist u. H. Königsgarten, Ffm. 1954 (zus. m. *Über das zeitgenössische Theater*).

LITERATUR: T. Dotzenradt, *C. F.: »A Phoenix too Frequent«. Versuch einer Deutung des Titels* (in NSp, N. F. 55, 1956, S. 475–479). – S. M. Wiersma, *F.'s »A Phoenix too Frequent«* (in Explicator, 37, 1978). – J. Woodfield, ›*The Figure of Dance*‹: *C. F.'s »A Phoenix too Frequent«* (in Ariel, 9, Calgary 1978).

A SLEEP OF PRISONERS

(engl.; Ü: *Ein Schlaf Gefangener*). Religiöses Festspiel in metrisch freien Versen von Christopher Fry, Uraufführung: Oxford, 23. 4. 1951, University Church; deutsche Erstaufführung: Berlin 1951, Schloßpark-Theater. – Nach *The Boy with a Cart* (1938) und *Thor with Angels* (1948) ist dies das dritte und erfolgreichste religiöse Festspiel des Autors. Auch hier verweisen die Aufführung in einem Kirchenraum, die Entscheidung für den Vers und die Absicht, christliches Heilsgeschehen in der realen Welt der Zuschauer »nachzuvollziehen«, auf T. S. ELIOTS *Murder in the Cathedral* (1935) als Vorbild. Wie Eliot versuchte Fry eine Erneuerung des religiösen Festspiels aus der Tradition mittelalterlicher Mysterienspiele. Diese Bestrebungen wurden vor allem durch die »Religious Drama Society« und die »Pilgrim Players« gefördert. – Das Spiel gestaltet »*eine Episode, die sich in einer Kirche zuträgt und darum auch in einer Kirche gespielt werden kann*« (Fry). Der Autor aktualisiert dabei einen Vorfall aus dem englischen Bürgerkrieg: 1649 wurde die Kirche von Burford/Oxfordshire von Cromwells Truppen als Gefangenenlager benutzt. Während eines nicht näher bestimmten modernen Kriegs sind vier Soldaten als Kriegsgefangene in einer Kirche eingeschlossen. Diese reale Situation wird zum Ausgangspunkt eines Traumspiels, wobei Fry eine höchst komplexe Dramaturgie einsetzt: »*Jeder der vier Männer wird durch die Schlafgedanken der anderen gesehen, und jeder spricht in seinem eigenen Traum so, wie er im innersten Herzen ist, und nicht als der, für den er selbst sich hält.*«

Im Vorspiel entlädt sich die aufgestaute Spannung der Eingeschlossenen in einem tätlichen Angriff des unduldsamen David King auf den sich pazifistisch gebärdenden und seine geistige Überlegenheit ironisch ausspielenden Peter Able. Dieser Zwischenfall, der dank der Intervention des älteren, leiderfahrenen Tim Meadows und des um Ordnung besorgten Korporals Joe Adams nicht mit einem Mord endet, wird in den folgenden Traumszenen in alttestamentliches Geschehen umgesetzt. In der Rolle Gottes träumt Meadows den Brudermord Kains, wobei ihm King als Kain und Able als Abel erscheinen. Im zweiten Traum projiziert David King das eben Erlebte in die Szene von Absaloms Aufruhr, die er aus der Perspektive des Vaters und Königs David erlebt und in der er Able die Rolle Absaloms und Adams die Rolle Joabs, der auf Davids Befehl den Verräter tötet, zuordnet. Peter erlebt sich in seinem Traum als Isaak, der von Abraham (David King) geopfert wird, während Meadows als Eseltreiber und Adams als Engel fungieren. Zeigen bereits diese Traumsequenzen, daß der Autor die psychologischen und moralischen Parallelen zwischen den realen und den geträumten Personen sichtbar machen will und daß er das eigentliche Thema des Spiels, den Kampf zwischen dem Göttlichen und der Sünde, im Sinn einer Überwindung des Bösen durch das Gute gestaltet, so wird dies im vierten – kollektiv geträumten – Traum noch deutlicher. Adams, King und Able als die Jünglinge im Feuerofen und Meadows als göttlich inspirierter Prophet finden mittels »Geduld«, »Liebe« und »Aufrichtigkeit« den Weg aus Schuld und Sünde. Die Erkenntnis, daß das Gute »wehrlos«, aber dennoch »*unzerstörbar*« ist, bestimmt auch den hoffnungsvollen Ton des Nachspiels.

Dieser dramatische Nachvollzug der christlich interpretierten Menschheitsgeschichte vom ersten Mord bis zum Atomkrieg (Feuerofen) setzt ein Publikum voraus, das den gelegentlich verschlüsselten biblischen Anspielungen und der oft esoterischen Metaphorik zu folgen vermag. Überzeugend gelungen ist dem Autor die dramatische Verknüpfung der beiden Spielebenen, der im Sprachlichen die virtuose Mischung von Soldatenjargon und der Bibelsprache nachempfundener Ausdrucksweise entspricht. M.Pf.

AUSGABEN: Ldn. 1951. – Ldn. 1959. – Ldn. 1960 (in *Three plays*). – Ffm. ⁴1967, Hg. u. Anm. K. Schrey. – Ldn. 1971 (in *Plays*).

ÜBERSETZUNG: *Ein Schlaf Gefangener*, H. Feist, Ffm. 1952.

LITERATUR: J. Fergusson, *C. F.'s »A Sleep of Prisoners«* (in English, 10, 1954, S. 42–47). – K. Spael, *Wandlungen der Wirklichkeit im Traumspiel »A Sleep of Prisoners« von C. F.* (in NSp, N. F. 57, 1958, S. 415–429; 461–475). – S. Turck, *An Interpretation of C. F.'s »A Sleep of Prisoners«*, Ffm./Bln. 1966. – J. Gurney, *C. F.: »A Sleep of Prisoners« – Growth, or Confusion of Vision?* (in Agenda, 18/19, 1981, S. 120–125).

VENUS OBSERVED

(engl.; *Ü: Venus im Licht*). Verskomödie in drei Akten von Christopher FRY, Uraufführung: London, 18. 1. 1950, St. James's Theatre; deutsche Erstaufführung: Berlin, 12. 4. 1951, Schloßpark-Theater. – In der kurzen Einführung *Venus Considered: Notes in Preface to a Comedy* weist Fry darauf hin, daß dieses Drama als Teil eines jahreszeitlichen Zyklus von vier Komödien konzipiert ist: *»Die Jahreszeit von ›Venus‹ ist der Herbst, der Schauplatz ein Haus, das zu zerfallen beginnt, und die Personen sind meist mittleren Alters.«* Die Reihe dieser Jahreszeitenstücke – Frys Bezeichnung *comedy of mood* ist in Analogie zu dem Begriff *comedy of manners* formuliert – wurde durch die Sommernachtskomödie *A Phoenix too Frequent* (1946) vorbereitet, mit *The Lady's Not for Burning* (1948) und *The Dark Is Light Enough* (1954) fortgesetzt und mit *A Yard of Sun* (1970) abgeschlossen (Frühling, Winter, Sommer).

Wie oft bei Fry entfalten sich auch hier die Geschehnisse nach dem bewußt dem Boulevardtheater angeglichenen Handlungsschema eines Dreiecksverhältnisses. Der alternde Herzog von Altair (der Züge des Prospero aus SHAKESPEARES *The Tempest* trägt – und eine Paraderolle für Sir Laurence Olivier war) lädt am Tag vor Allerheiligen drei seiner früheren Geliebten zu sich, unter denen sein Sohn Edgar für ihn die Ehegefährtin auswählen soll, mit der er seinen Lebensabend teilen will. Schauplatz dieses Paris-Urteils ist das als Sternwarte eingerichtete Schlafgemach Altairs, einst Ort amouröser Abenteuer, jetzt Zuflucht des dem Leben abgewandten und der Astronomie huldigenden Herzogs. (Hieraus erklärt sich die astronomische Metapher des Titels, der gleichzeitig auf Thomas OTWAYS Tragödie *Venice Preserv'd*, 1682, anspielt.) Als nach der Sonnenfinsternis, die Altair als Vorwand für die Einladung der drei Frauen gedient hat, die Welt wieder in Licht getaucht ist, erscheint plötzlich Perpetua, die Tochter des herzoglichen Verwalters. Fasziniert von der jugendlichen Schönheit und dem Charme der aus Amerika heimgekehrten Revolutionärin, reicht der Herzog ihr spontan den Apfel, den sie jedoch, in einer instinktiven Geste der Abwehr, mit einem wohlgezielten Schuß zerschmettert. – Altairs Werbung um Perpetua und sein Verzicht zugunsten Edgars stehen im Mittelpunkt des zweiten und dritten Akts. Symbolisch sinnfällige Situationen verdeutlichen, daß die Liebe des Herzogs zu dem jungen Mädchen im Widerspruch zu jener natürlichen Ordnung steht, die Fry durch Einbeziehung naturhafter Vorgänge – Verklärung und Verfall der herbstlichen Parklandschaft, astronomische Konstellationen, jahreszeitliche Volksbräuche, Rhythmus des Tagesablaufs vom Morgen zur Nacht – immer wieder vergegenwärtigt. Bei einem Wettbewerb mit Pfeil und Bogen schießt Edgar, der bisher immer im Schatten seines eleganten, liebenswürdigen Vaters stand, aus dem Hintergrund über ihn hinweg ins Schwarze. Außerdem geht die Sternwarte, in der der Herzog bei einem abendlichen Treffen Perpetuas Liebe zu gewinnen hofft, in Flammen auf. Wie in der antiken Komödie triumphieren die Lebensansprüche der jungen Liebenden über die der älteren Generation, deren Hoffnung auf einen neuen Liebesfrühling hier jedoch nicht erst durch ausgeklügelte Intrigen zunichte gemacht werden muß: Altair erkennt selbst die Unvereinbarkeit seiner Liebe zu Perpetua mit dem natürlichen Rhythmus des Lebens und kehrt schließlich in weiser, von sanfter Melancholie und Resignation überschatteter Abgeklärtheit zu seiner einstigen Geliebten Rosabel Fleming zurück, die ihn durch ihren Brandanschlag auf das Observatorium aus dem Bann lebensfeindlicher Astronomie und illusionärer Liebe befreit hat.

Die Atmosphäre milder Reife teilt sich auch aus dem gedämpften Parlando der Dialoge und Monologe mit. Hier nähern sich die metrisch frei variierten Blankverse gelegentlich einer kunstvoll rhythmisierten Prosa. Zwischen diesem der jeweiligen dramatischen Situation bzw. dem Charakter der Figuren entsprechenden Sprachstil und dem lyrischen Gesamtstil des Dramas, den das bewußte Spiel mit kontrastierenden Sprachebenen, Anklängen an englische Dichtung früherer Perioden und mythologischen Bezügen kennzeichnet, ergibt sich eine nuancenreich-reizvolle Spannung. Allerdings werden Frys sprachliche Artistik und Virtuosität häufig zum Selbstzweck – eine Tendenz, die sich auch auf die dramatische Struktur (mangelnde Integration von Nebenhandlungen und Seitenmotiven) auswirkt. M.Pf.

AUSGABEN: Ldn. 1950. – NY 1953. – Ldn. 1957. – Ldn. 1970 (in *Plays*).

ÜBERSETZUNG: *Venus im Licht*, H. Feist, Ffm. 1951. – Dass., ders., Ffm./Hbg. 1957 (FiBü).

LITERATUR: W. Erzgräber, *Zur Liebesthematik in C. F.s Komödie »Venus Observed«* (in NSp, 10, 1961, S. 57–74). – Ders., *C. F.: »Venus Observed«* (in *Das moderne englische Drama*, Hg. H. Oppel, Bln. 1963, S. 242–266).

NORBERT FRÝD

* 21.4.1913 České Budějovice
† 18.3.1976 Prag

LITERATUR ZUM AUTOR:
F. Buriánek, *Nad dílem N. F.* (in Host do domu, 1958). – Ders., *Krátké jubilejní zastavení* (in Literární noviny, 1963, Nr. 16). – Š. Vlašín, *Romanopisec N. F..* (in Tvorba, 1975, Nr. 17). – M. Pohorský, *Za N. F.* (in Literární mesíčník, 5, 1976, Nr. 6, S. 25–29). – F. Buriánek, *Ohlédnutí*, Prag 1978, S. 58–67. – V. Menclová, *N. F.*, Prag 1981. – Š. Vlašin u. a., *Literatur der ČSSR*, Bln. 1985, S. 303–316, 657 f.

KRABICE ŽIVÝCH

(tschech.; *Ü: Kartei der Lebenden*). Roman von Nobert FRÝD, erschienen 1956. – Im Mittelpunkt des weitgehend autobiographischen Romans steht der aus Prag stammende jüdische Intellektuelle Zdeněk Roubiček, der im Jahre 1944 im Zustand seelischer und körperlicher Erschöpfung von Auschwitz, wo er seine Frau verlor, in das Arbeitslager Gigling 3 bei Dachau überführt wird. *»Es war ihnen gelungen, ein Ding aus ihm zu machen, das man zu Tausenden in Waggons verladen und wieder ausladen, in der Welt umherfahren, vorwärts stoßen, anschreien, hungern lassen und schlagen kann.«* Auch im neuen Lager, einer *»Insel von Morast«*, wird die Atmosphäre vergiftet von der Rivalität zwischen den politischen Häftlingen und den von den Nazis mit Funktionärsposten betrauten Berufsverbrechern. Erich Frosch, ein wegen Schwarzhandels verurteilter ehemaliger Schlachter, führt die Lagerstatistik; Zdeněk wird sein Gehilfe, betraut mit der Aufgabe, die *»Kartei der Lebenden«* und die *»Kartei der Toten«* zu verwalten, Dokumente, die unbestechlich den reibungslos funktionierenden Ablauf der Vernichtungsmaschinerie registrieren. Einer kommunistischen Widerstandsgruppe, mit der Zdeněk Kontakt aufnimmt, ohne sich schon zu ihren Zielen zu bekennen, gelingt es, ein Massaker zu verhindern, das der Kommandant Kopitz zu inszenieren trachtet, nachdem der Lagerfriseur, ein polnischer Jude, dem *»verläßlichen«* Deutschen Paule in einem epileptischen Anfall die Kehle durchschnitten hat.
In das später in ein Häftlingslazarett umgewandelte Lager wird Jiří, Zdeněks schwerkranker Bruder, eingeliefert. Er überzeugt in letzten Gesprächen vor seinem Tod Zdeněk von der Richtigkeit der kommunistischen Ideologie und überträgt ihm die eigene Lebensaufgabe, den Kampf gegen den Faschismus, der im Lager von Angehörigen der verschiedensten Nationen, dem Griechen Fredo, dem Spanier Diego, dem Deutschen Wolfi, dem Polen Bronek und dem Tschechen Honza, organisiert und ausgefochten wird.

Die Sachlichkeit der Berichterstattung verdient hohes Lob, da sie gleichermaßen vermeidet, die Opfer zu heroisieren wie ihre Peiniger zu verteufeln; den Handlangern des faschistischen Machtapparats eignet kein Zug dämonischer Scheingröße, sie erscheinen vielmehr als armselige, in ihrer Menschlichkeit verkümmerte Kreaturen. J.V.

AUSGABEN: Prag 1956. – Prag ⁶1961 [Nachw. F. Buriánek].

ÜBERSETZUNG: *Kartei der Lebenden*, I. Glasberg, Bln./Wien 1959–1961; ²1962.

LITERATUR: F. Buriánek, Rez. (in Literární noviny, 1956, Nr. 40). – A. Jelínek, Rez. (in Rudé právo, 6. 9. 1956). – J. Korbařová, *Pokusný metodický materiál proi práci s knihou »Krabice živých«*, Prag 1956. – F. Buriánek, *Velký umělecký přinos* (in Tvorba, 22, 1957, Nr. 3, S. 13). – J. Valja, Rez. (in Hlas revoluce, 1956, Nr. 11). – J. Moločkovskij, *Připomenutí a varování* (in Nova doba, 1957, Nr. 8, S. 29–31). – M. Ivanov, *Zamyšlení nad »Krabicí živých«* (in Hlas revoluce, 1958, Nr. 7, S. 5). – A. Haman, *O tak zvané ›druhé vlně‹ válečné prózy v naší současné literatuře* (in Česká literatura, 9, 1961, Nr. 4, S. 513 bis 520).

DIKO SLAVOV FUČEDŽIEV

* 16.7.1928 Gramatikovo

REKATA

(bulg.; *Ü: Schatten über dem Fluß*). Roman von Diko S. FUČEDŽIEV, erschienen 1974. – Nach Erzählungen und Novellen wie *Nebeto na Veleka*, 1961 *(Der Himmel über der Veleka)*, und *Văzdušnite mostove*, 1970 *(Die Luftbrücken)*, veröffentlichte Fučedžiev mit *Rekata* seinen ersten Roman, der wegen des aktuellen Themas und seiner originellen literarischen Verwirklichung sofort große Beachtung fand.
Der Aufbau des Romans basiert nicht auf einer in Zeit und Raum durchlaufenden Handlung, sondern zerfällt in drei Erzählebenen. Im Mittelpunkt des Geschehens steht der namenlose *»Fluß«*, der auf Grund der geographischen Beschreibungen wie der erkennbaren autobiographischen Züge als die Veleka identifiziert werden kann, ein kleiner Fluß im landschaftlich reizvollen Strandža-Gebirge in der südöstlichsten Gegend Bulgariens. Die Beschreibung des sich durch die Jahreszeiten und die wechselnde Landschaft windenden Flusses gehört wegen ihrer lyrischen Stimmung, der sprachlichen Realisierung und der Subjektivität der Erzählperspektive zu den kunstvollsten Naturschilderungen in der bulgarischen Prosa.

Die Subtilität der Beschreibung findet ihren erzählerischen Gegenpol in der Bodenständigkeit des Geschehens: An diesem Fluß wird eine Erzaufbereitungsanlage errichtet, die das Leben des Flusses bedroht: »*Diese Flotationsfabrik wird täglich mehr als fünfhundert Tonnen Erz verarbeiten. Bekanntlich ist ein großer Teil davon zermahlener Stein, der in Form eines breiigen Schlammes aus der Fabrik läuft und sich irgendwohin ergießen muß. Er wird in den Fluß einmünden. Wenn man nicht Maßnahmen zu seiner Neutralisierung ergreift, wird dieser Schlamm den Fluß verschmutzen, ihn vergiften, das ganze Flußbett bedecken und die Fische vernichten. Mehr noch, kein Lebewesen wird in ihm zurückbleiben; es wird ein toter Fluß sein.*«

Einen weiteren Handlungsstrang bildet die Geschichte eines ebenfalls namentlich nicht genannten »*Dorfes*«, verfolgt von seiner Entstehung über die Jahrhunderte der osmanischen Fremdherrschaft, die Aufstandsbewegungen und die Befreiung im 19. Jahrhundert, die kapitalistische Entwicklung und das faschistische Regime bis zur Gegenwart. Die Chronik des Dorfes steht stellvertretend für die Geschichte Bulgariens; sie ist ein Plädoyer für die Bewahrung des Volkstums und des kulturellen Erbes.

»*Der Fluß*« und »*das Dorf*« versinnbildlichen die dahinfließende Zeit, aber auch das Fortbestehen bulgarischen Geistes. An dem Zwiespalt zwischen ökologischen Gefahren und der Bewahrung heimatlicher Tradition einerseits und dem technischen Fortschritt und wirtschaftlichen Wachstum andererseits droht Slav Grašev, ein für den Fabrikbau verantwortlicher Parteisekretär, zu zerbrechen. Er steht zwischen zwei Widersachern, dem Bergwerksdirektor Atanas Belički, der zynisch und ohne moralische Bedenken die Aufbereitungsanlage befürwortet und verteidigt *(»Wir werden dieses Gebiet zivilisieren, das sonst zum Vegetieren verdammt ist«)*, und dem Förster Kosta Medarov, einem der Natur aufs engste verbundenen Gegner des bloßen Fortschrittsdenkens.

Der Autor verfällt weder in eine Schwarzweißmalerei, noch macht er sich zum Anwalt einer modischen Öko-Bewegung. Vieles wird nur angedeutet und in philosophisch-moralische Überlegungen überhöht. Im Hinblick auf die Einstellung zur Natur und die literarisch qualitätvollen Naturschilderungen steht Fučedžiev, den das Motiv des Flusses durch sein Gesamtwerk begleitet, seinen Dichterkollegen Nikolaj CHAJTOV und Jordan RADIČKOV am nächsten.   D.Ku.

AUSGABE: Sofia 1974; ²1977.

ÜBERSETZUNG: *Schatten über dem Fluß*, E. Hartmann, Bln./DDR 1978.

LITERATUR: Anon., *D. F. »Der Fluß«* (in Am bulgarischen Horizont, 1976, Nr. 25, S. 8 f.). – Sv. Igov, *Nostalgična oduchotvorenost i nravstven stoicizăm. Prozata na D. F.* (in Septemvri, 31, 1978, 7, S. 213–221). – N. Panteleeva, *Izmerenijata na săv-* *remennata duševnost. D. F. na 50 g.* (in Plamăk, 22, 1978, 7, S. 113–118). – L. Veleva, *Romanist na celeustremenata misăl* (in Septemvri, 32, 1979, 4, S. 215–221). – Sw. Igow, *D. F.* (in *Literatur Bulgariens. 1944–1980*, Hg. D. Witschew u. a., Bln. 1981, S. 480–487 u. 590). – E. Bayer u. D. Endler, *D. F.* (in E. B. u. D. E., *Bulgarische Literatur im Überblick*, Lpzg. 1983, S. 343–345). – St. Vlachov-Micov, *D. F. Certi kăm nezavăršen portret* (in Septemvri, 30, 1986, 4, S. 72–85).

GÜNTER BRUNO FUCHS

* 3.7.1928 Berlin
† 19.4.1977 Berlin

LITERATUR ZUM AUTOR:
Hanser Bulletin zu G. B. F.., Mchn. 1970. – *Katalog zur Ausstellung G. B. F.*, Hg. L. Klünner, Bln. 1977. – G. Bollenbeck, *G. B. F.* (in KLG, 4. Nlg., 1979). – Th. Propp, *Ordnung muß sein, sprach der Anarchist: die Reise zum Dichter G. B. F. und zurück*, Lüneburg 1985.

DAS LYRISCHE WERK von Günter Bruno FUCHS.

Die Lyrik des früh verstorbenen Autors ist nach dem Ende einer ersten, sich an traditionellen Formen der Naturlyrik und des individuellen Empfindens sowie an religiösen Motiven orientierenden Phase (*Zigeunertrommel*, 1956) durch weitgehende thematische und formale Kontinuität gekennzeichnet, wobei sich indes zeitig der Bruch mit einer genuin bürgerlichen Literaturauffassung abzeichnet. Fuchs greift traditionelle Ausdrucksmöglichkeiten auf, ohne sich mit dem konventionell Vorgebahnten zufriedenzugeben. Zwar lehnen sich auch in dem 1957 erschienenen Band *Nach der Haussuchung* viele Wendungen an die biblisch-christliche Bildwelt an (»*der Löwe spielte mit dem Lamm*«; »*Babels Konterfei*«; »*Folter des Sebastian*«), doch fließen darüber hinaus typische Elemente der expressionistischen Lyrik ein, lakonische Sentenzen und ein zuweilen an BRECHT erinnernder Tonfall. Neben regelmäßigen, auch gereimten Metren und Strophenformen erscheinen reimlose Madrigale, *vers communs*, und Langzeilen, deren strophische und versmäßige Gliederung sich – mit dem Effekt einer teilweise sehr melodiösen Struktur – am Sinn- und Sprechrhythmus orientiert. Im Vergleich mit vielen zeitgenössischen Lyrikern fällt bei Fuchs der sparsame Gebrauch von Metaphern aus dem Bereich der Natur auf. Seine Poetik hat einen urbanen Charakter. Sie ignoriert die Natur jedoch nicht: Mit wenigen Ausnahmen (etwa in *Madrigal*) steht das Naturvokabular in Beziehung zur Stadtlandschaft als dem Lebensraum eines oft ärmlichen, aber keineswegs innerlich verarmten Alltags, in dem die Phantasie, die kindliche Unschuld und der Freiheitsdrang des Individuums sich oftmals gegen Übergriffe, Unduldsamkeit, Herrschsucht, aber auch verblendete Untertanengesinnung zur Wehr setzen müssen (und wie bereits der Titel der Sammlung, *Nach der Haussuchung*, anzeigt, häufiger vergebens). Programmatisch umreißen einige Zeilen aus dem *Portrait eines Freundes* das Weltverhältnis des Dichters und legen Zeugnis ab von einem wichtigen thematischen Grundzug seiner Lyrik: *»Zugvogellied, sein Glockenspiel / vom heimatlosen Sohn, / bekennt das ungenannte Ziel / der Kinderprozession, // die seine Fahrt begleiten wird, / ... / die singend vor ihm wandert als sein Hirt, / der singend übers Wasser geht.«* Einerseits charakterisiert sie das starke – und seit W. Borchert in der deutschen Literatur fest verankerte – Gefühl der Heimatlosigkeit nach dem Ende der *Regenbogenzeit*, in den Zerstörungen, die die nazistischen *Vogelfänger* (*»sie haben Babels Konterfei / in unsre Hände tätowiert«*, heißt es in *Nekrolog*) und der Krieg angerichtet haben, andererseits die Hoffnung darauf, daß die Kinder der ebenso gewaltsamen wie irren Sprache der offiziellen Geschichte nicht zum Opfer fallen und womöglich hierin gar zum Leitstern werden könnten. Doch eher als Gewißheit steht hinter dieser *»Flaschenpost für Nachgeborene«* (M. Gregor-Dellin) die Möglichkeit eines utopischen Traums von einer besseren Welt und der Appell zur Solidarität mit den Schwächsten und Schuldlosen: *»Ich habe den Blüten gesagt, sie mögen dich schmücken. / ... / Ich habe den Menschen gesagt, sie mögen dich lieben. / Es wird dir einer begegnen, der hat mich gehört«* (aus *Für ein Kind*).

Obschon bereits in den frühen Arbeiten die Kritik an gesellschaftlich bedingten negativen Lebensumständen einen wichtigen Themenkreis bestimmt, setzen die folgenden Veröffentlichungen – *Pennergesang* (1965), *Blätter eines Hof-Poeten* (1967) und schließlich die nachgelassene *Erinnerung an Naumburg* (1978) – hierin noch entschiedenere Akzente. Gewisse, der Rezeption hinderliche Irritationen verursachte der Titel der Sammlung *Pennergesang*: Wohl lassen sich die darunter – nicht einmal mehrheitlich – vertretenen Berber- und Kneipenpoeme als harmlose Apologie einer randständigen Lebensform lesen, doch besteht ihre Bedeutung vor allem darin, subjektive Perspektive des dichterischen Erfahrungsraums zu sein. *»Untauglich für den Windkanal«* (K. Wagenbach), erprobt die Sprache dieser Gedichte Elemente überlieferter Kleinformen (Märchen, Fabel, Parabel). Sie schlüpft in das Kleid einer verspielt-gewitzten Kindersprache und greift vielfach auf Volksliedzeilen und Abzählreime zurück. Mit einer Art Collagetechnik werden in kritisch-polemischer Absicht Versatzstücke der Warenwelt, des Werbeidioms und politischer Slogans von Wohlfahrtsstaat und »law and order« verfremdend nebeneinander montiert und als degenerierte, verfälschende Sprachen ihrer Normalität entkleidet. Der häufig anzutreffende burleske Ton (wie er sich schon in Ingeborg Bachmanns *Harlem*, bei Günter Eich oder auch H. C. Artmann findet) mischt sich mit elegischen Passagen und oft schockartig aufblitzenden, gänzlich unmetaphorischen Feststellungen (*»Auf welche List muß unsereins verfallen. Auf welchen / Frohsinn, erquickend und labend«*).

Formalen Merkmalen wie dem unkomplizierten Satzbau und der parataktischen Reihung entspricht auf der thematisch-inhaltlichen Seite das Verfahren, dem Leser keine moralische Botschaft aufzudrängen. Fuchs vermeidet plakative Muster geläufiger Sozialkritik, welche eher, wie alles »Offizielle«, der Kritik unterzogen werden. Vermeintlich unpolitischen Eskapaden in eine quasi-surreale Welt phantastischer Bilder steht die Einsicht gegenüber, daß die übliche Trennung von Politik und Kunst (respektive privater Existenz) nicht anzuerkennen und selbst schon als (schlechte) Politik zu entlarven sei. Für viele Gedichte (*Reisezeit; Herbstwerbung; Vor den Zeugnissen; Schönes Automatengedicht*) sind Übergriffe der öffentlichen – politischen, polizeilichen oder wirtschaftlichen – Ordnung auf den Alltag der kleinen Leute der thematische Anlaß. Sehr sensibel wird in ihnen der Zusammenhang zwischen den großen Ereignissen und der alltäglichen Erfahrung registriert, ohne daß einseitig das Ideal eines stillen Glücks im Winkel propagiert würde. Hausbesitzer, Schützenkönige, Generäle und dem Reinlichkeitswahn verfallene Hausfrauen gehen ein unheilvolles Bündnis ein. Die Anstrengungen, die dafür unternommen werden, *»daß jedermann / bei uns vom Boden essen kann«* (*Hausfrauen-Nachmittag*), gehören zu den – von Fuchs in seiner aufschlußreichen Selbstinterpretation zu *Geschichtenerzählen* namhaft gemachten – *»gewohnheitsmäßigen Handlungen«*, die *»beste Aussichten für Militärs bieten«*. In einer Hommage an Gončarovs *Oblomow* droht ihnen das *»Faultier im Zoo:* ›*Märsche und Reiterkolonnen mögen sich also begatten. / Wer mich besiegen will, stolpert über mein Gähnen.*‹«

Wie in *Pennergesang* spiegeln sich in dem 1967 erschienenen Band *Blätter eines Hof-Poeten* die besonderen Umstände Berlins, politische und soziale Spannungen in der ummauerten Stadt, ihre Wagenburgmentalität, aber auch Spuren der sich formierenden studentischen Proteste und der Diskussionen um die Notstandsgesetze, den Vietnamkrieg, die Vergangenheitsbewältigung (*»... Schwarzes Konfetti / streuen, wenn / der Kanzler / unten / vorbeifährt?«*). Formal sind die Gedichte zumeist sehr durchgebildet. So ist *Eulenspiegels Neujahrsrede* eine nahtlose, unkommentierte sprachliche Collage aus Behörden- und Werbedeutsch, eine Technik, die in mehreren Gedichten der Nachlaßsammlung *Erinnerung an Naumburg* noch perfektioniert wird. An die semantischen Vexierkonstruktionen Jandls gemahnt die Zeile *»Die Ordnung ist falsch gekleidet. Alles in Orden«* (aus *Rechtsfragen des Alltags*). In der *Anfrage des Gryphius* entspricht dem Titel die barocke Stilisierung (orientiert an Gedichten wie *Der Wechsel menschlicher Sachen* von Quirinus Kuhlmann, von dem

Fuchs eine Auswahl mit einer Holzschnittserie edierte). Zu den reifsten Arbeiten des Lyrikers gehört zweifellos das – titelgebende – Ensemble von 21 (berlinischen) Dialektgedichten, die *Blätter eines Hof-Poeten.* Fuchs gelingt darin die schwierige Einheit von dialektaler Sprachform und thematischem Vorwurf: »*Jestern / kam eena klingeln / von Tür zu / Tür. Hat nuscht / jesagt. Kein // Ton. Hat so schräg / sein Kopf / jehalten, war / still. Hat nuscht / jesagt, // als wenn der / von jestern / war / und nur mal / rinnkieken wollte, / wies sich so / lebt« (Gestern).* Die Kritik sieht Vorbilder hierfür in Adolf GLASBRENNER und Kurt TUCHOLSKY, sowie eine kongeniale Verwandtschaft mit dem Österreicher H. C. ARTMANN: »*Es ist so artistisch wie nur je moderne Lyrik, so aufrüttelnd wie nur je ein lyrisches Pamphlet«* (Grimm). Anders als Artmann hat Fuchs jedoch – unverdienterweise – nie ein breiteres Echo gefunden. Dafür ist teilweise Ratlosigkeit gegenüber Zügen einer unverkennbar plebejischen Anakreontik verantwortlich; negativ wurde aber oft auch die nachlassende Spannung in einer Neigung zum bloßen Kalauern vermerkt. P.Koh.

AUSGABEN: *Zigeunertrommel. Gedichte und Holzschnitte,* Halle 1956. – *Nach der Haussuchung. Gedichte und Holzschnitte,* Stierstadt/Ts. 1957; ern. Düsseldorf 1978. – *Brevier eines Degenschluckers. Gedichte, Prosa, Holzschnitte,* Mchn. 1960. – *Trinkermeditationen. Gedichte und Zeilen,* Neuwied 1962. – *Pennergesang. Gedichte und Chansons,* Mchn. 1965. – *Blätter: eines Hof-Poeten & andere Gedichte«,* Mchn. 1965. – *Blätter eines Hof-Poeten & andere Gedichte,* Mchn. 1967. – *Handbuch für Einwohner. Prosagedichte,* Mchn. 1970. – *Gesammelte Fibelgeschichten und letzte Gedichte,* Mchn. 1978.

LITERATUR: K. D. Schlüer/G. B. F., *Geschichtenerzählen. Interpretationen* (in *Doppelinterpretationen,* Hg. H. Domin, Ffm. 1966, S. 269–275). – F. C. Delius, *Von Bier nach Schnaps* (in Sprache im technischen Zeitalter, 1966, H. 1, S. 133–135). – H. J. Heise, Rez. (in Die Tat, 8. 7. 1967). – Ch. Gebert, Rez. (in FRs, 30. 7. 1970). – H. Mader, Rez. (in FAZ, 11. 4. 1970). – K. Wagenbach, *Solidarisch mit dem Leser* (in Der Spiegel, 1971, Nr. 48). – H. Hartung, *Und trinkt zehn Liter Himmelsbier. Zum Tod von G. B. F.* (in FAZ, 22. 4. 1977). – M. Krüger, *Person aus Poesie* (in SZ, 21. 4. 1977). – W. Höllerer, *G. B. F.s Gegenwelt* (in Sprache im technischen Zeitalter, 1977, H. 62, S. 128 f.). – G. Bisinger, *Krümelnehmer oder die Labilität im Detail, die aufs Ganze geht* (in Sprache im technischen Zeitalter, 1977, H. 62, S. 133–135). – P. Mosler, Rez. (in FAZ, 17. 10. 1978). – J. P. Wallmann, Rez. (in Tagesspiegel, 22. 10. 1978). – K. Krolow, *Sommerlied von der großen Stadt* (in *Frankfurter Anthologie,* Hg. M. Reich-Ranicki, Bd. 4, Ffm. 1979, S. 205–209). – R. Grimm, *Genrebild mit Hintergrund. Berlinerisch um 1967* (in *Gedichte u. Interpretationen,* Hg. W. Hinck, Bd. 6, Stg. 1983, S. 198–207). – M. Gregor-Dellin, *Flaschenpost für Nachgeborene* (in *Frankfurter Anthologie,* Hg. M. Reich-Ranicki, Bd. 10, Ffm. 1986).

JULIUS FUČÍK

* 23.2.1903 Prag
† 8.9.1943 Gefängnis in Berlin-Plötzensee

LITERATUR ZUM AUTOR:
Bibliographie:
J. F. *Bibliografie,* Vorw. Z. Novák, Prag 1954.
Gesamtdarstellungen und Studien:
K. Konrád, *J. F.* (in Kvart, 1945/46). –
J. Mukařovský u. L. Štoll, *Kultura v boji za mír,* Prag 1951. – *J. F., hrdina naší doby,* Hg. J. Kalaš, Prag 1953. – M. Grygar, *F. pojetí typizace v české literatuře* (in Česká literatura, 1953). –
J. Janáčková, *J. F. a česká jazyková kultura* (in Naše řeč, 1953). – M. Jelínek, *Stylistické mistrovství J. F.* (in Slovo a slovesnost, 1953). – *Národní hrdina J. F.,* Prag 1960. – T. Vanovskaja, *J. F.,* Leningrad 1960. – G. Fučíková, *Vzpomínky na J. F.,* Prag 1961. – Dies., *Život J. F.,* Prag 1971. – *J. F. und die Gegenwart,* Hg. O. Bureš u. a., Prag 1973. –
J. Hájek, *J. F. jako umělecký kritik* (in Tvorba, 1973). – L. Hlaváček, *J. F. a jeho příspěvek k estetickému myšlení* (in Estetika, 1973). –
H. Hrzalová, *J. F.,* Prag 1973. – *Fučíkovské symposium* [Beiträge] (in Tvorba, 1978, Nr. 44/45). – *Živý odkaz J. F.,* Hg. S. Vlašín u. a., Prag 1983.

REPORTÁŽ PSANÁ NA OPRÁTCE

(tschech.; *Ü: Reportage unter dem Strang geschrieben*). Aufzeichnungen von Julius FUČÍK, erschienen 1945. – Der kommunistische Journalist und Publizist Fučík, der sich in der Vorkriegs-Tschechoslowakei mit seinen geistreichen, engagierten Aufsätzen über Literatur und Theater, mit politischen Artikeln, Polemiken sowie mit Reportagebänden über sein Heimatland und die Sowjetunion einen Namen gemacht hatte, wurde 1942 von den Nazis eingekerkert und im September 1943 in Berlin-Plötzensee hingerichtet. Seine letzte »Reportage«, die er heimlich im Prager Gestapo-Gefängnis Pankrác schrieb, wurde von dem mit ihm sympathisierenden Aufseher A. Kolínský Blatt für Blatt aus der Haftanstalt geschmuggelt und nach Kriegsende von Fučíks Witwe, Gusta FUČÍKOVÁ, herausgegeben. Im Vorwort erwähnt die Herausgeberin, sie habe die beschriebenen und numerierten Blätter von verschiedenen Leuten erhalten, bei denen sie versteckt waren.

Fučíks *Reportage,* die sich auf der Grenze zwischen authentischem Bericht und literarischem Werk bewegt, beginnt mit der Schilderung seiner mehr oder weniger zufälligen Verhaftung. Nach dem anschließenden brutalen Verhör ringt der schwer Mißhandelte mit dem Tode, Nach und nach wird der Leser in das Leben des Kerkers eingeführt und mit den anderen Gefangenen bekannt gemacht. Die Beschreibung des sog. Raums 400, einer Art Wartesaal für jene, die zum Verhör geführt werden, enthält Betrachtungen über mögliche Verräter und Spekulationen über die Verhaftung von Mitkämpfern. Die Schilderung der augenblicklichen Situation wird stellenweise durch Reflexionen über den 1. Mai in Prag und Moskau, über die Widerstandsbewegung, ihren Sinn und ihre Organisation, unterbrochen. Zwei kurze Kapitel, überschrieben *Postavy a figurky (Gestalten und Figuren)*, enthalten Porträts von Mitkämpfern, Häftlingen und Aufsehern. Bei der Beschreibung mancher Gestapo-Leute bemüht sich Fučík, die Motive für ihr grausames, gewalttätiges Vorgehen aufzudecken. Häufig werden das Kerkerdasein mit seiner Perspektive des Todes und die alltägliche Realität der Welt draußen parallel betrachtet, wodurch selbstverständliche Dinge, eine übervolle Straßenbahn oder die Anlagen und Straßen der Stadt, schärfer gesehen werden und eine besondere Bedeutung erhalten. Hierher gehört auch die Episode mit dem Untersuchungsbeamten Böhm, der Fučík in einen der schönsten Teile Prags führt, um ihm, einem Menschen, der verschiedene Formen der physischen Folter überlebte, die Schönheit der Welt zu zeigen, die auch ohne ihn weiterbestehen wird.

Die faktische Authentizität der Schilderung – sie war und ist noch umstrittener Gegenstand der Diskussion – erscheint in der *Reportage* in den Hintergrund gedrängt durch die wirksame Gestaltung menschlicher Unbeugsamkeit, Stärke und Freiheitssehnsucht. Andererseits kommt dem Authentischen eine besondere Bedeutung zu, da es ein unmittelbares Erleben suggeriert. Besonders in den Jahren nach dem Krieg ging von dem Buch, das eine ungeheure Popularität erlangte, eine starke emotionale Wirkung aus. Die Einfachheit und Leichtigkeit seines Stils trug zu seiner Verbreitung bei. Die Gestalt Julius Fučíks wurde, vor allem in den sozialistischen Ländern, zu einem Symbol des Widerstands gegen den Faschismus. M.Pro.

AUSGABEN: Prag 1945. – Prag 25·1960 [Nachw. G. Fučíková u. L. Štoll]. – Prag 26·1962.

ÜBERSETZUNG: *Reportage unter dem Strang geschrieben*, F. Rausch, Wien 1946; 2·1947. – Dass., ders., Bln. 3·1952; ern. 1961. – Dass., F. P. Künzel, Ffm. 1976.

DRAMATISIERUNG: J. Honzl, *Reportáž psaná na oprátce* (Urauff.: Prag, 2. 5. 1946, Nationaltheater).

VERTONUNG: I. Vyhnálek, *Reportáž psaná na oprátce* (Fernsehoper; Urauff.: Prag, Juni 1961).

VERFILMUNG: ČSSR 1961 (Regie: J. Balík).

LITERATUR: V. Běhounek, *Mrtvý svědčí a žaluje* (in Práce, 30. 10. 1945). – J. Polák, »*Reportáž*«, *nejsilnější z nových českých knih* (in Lidová kultura, 1945). – J. Weil, *F. poslední reportáž* (in Kulturní politika, 1, 1945/46, S. 8). – J. B. Čapek, »*Reportáž psaná na oprátce*« (in Naše doba, 52, 1946). – M. Grygar, *F. umělecké reportáže* (in Česká literatura, 6, 1958, S. 366 ff.). – J. Hora, *Zrození reportáže* (in *Milenec života*, Pilsen 1962). – V. Macura, *Poetika titulu v překladech* »*Reportáže psané na oprátce*« (in Česká literatura, 1974).

ULRICH FÜETRER

* um 1420 Landshut
† zwischen 1492 und 1502 München

BUCH DER ABENTEUER

Epenzyklus von Ulrich FÜETRER, entstanden zwischen 1473 und 1478 im Auftrag des Herzogs Albrecht IV. von Bayern. – Füetrer kompilierte in seiner ungefähr 41 500 Verse umfassenden Sammlung die zu seiner Zeit beliebtesten epischen Stoffe. Er verwendete dabei höfische Versepen oder in Prosa aufgelöste Fassungen dieser Dichtungen als Vorlagen. Füetrers Sammlung enthält hauptsächlich Rittergeschichten des Artussagenkreises. ALBRECHTS VON SCHARFENBERG *Jüngerer Titurel* diente als Rahmen, in den Füetrer die verschiedenen mittelhochdeutschen Epen einbaute. Das *Buch der Abenteuer* umfaßt in kürzender Bearbeitung u. a. den *Parzival* WOLFRAMS VON ESCHENBACH, *Iwein* von HARTMANN VON AUE, den *Meleranz* des PLEIER, *Seifrid de Ardemont* von Albrecht von Scharfenberg sowie den anonym überlieferten *Lohengrin*. – Mehrere mittelhochdeutsche Epen verschiedener Dichter sind ausschließlich in Füetrers Fassung überliefert, etwa *Merlin* und *Poytislier*, die beide Albrecht von Scharfenberg zugeschrieben werden. So besteht der Wert von Füetrers Kompilation hauptsächlich in der Stoffsammlung: Der poetische Zauber der Vorlagen fiel in seiner Bearbeitung der Freude an abenteuerlichen Geschichten zum Opfer. Selbständiges Attribut sind lediglich die Gespräche mit allegorischen Figuren (wie Frau Minne und Frau Abenteuer), die Füetrer einfügt. In stilistischer Hinsicht ahmt er den *Jüngeren Titurel* nach, der damals für ein Werk Wolframs von Eschenbach gehalten wurde: Er verwendet die Titurelstrophe. Dabei ergeben sich bei ihm allerdings oft Diskrepanzen zwischen der Vers- und der natürlichen Wortbetonung. A.Sch.

AUSGABEN: (Teildr.): *Merlin u. Seifrid de Ardemont*, Hg. F. Panzer, Stg./Tübingen, 1902 (BLV, 227). – *Poytislier aus dem Buch der Abenteuer*, Hg. F. Weber, Tübingen 1960 (Altdt. Textbibl., 52). –

Persibein, Hg. R. Munz, Tübingen 1964 (Altdt. Textbibl., 62). – *Die Gralepen in U. F.s Bearbeitung*, Hg. K. Nyholm, Bln. 1964. – Mchn. 1968 (*Der Trojanerkrieg*, Hg., Einl. E. G. Fichtner; krit.). – Tübingen 1960 (*Poytislier*, Hg. F. Weber). – Tübingen 1964 (*Persibein*, Hg. R. Munz).

LITERATUR: P. Hamburger, *Untersuchungen ü. U. F.s Dichtungen von dem Gral u. d. Tafelrunde*, Straßburg 1882. – F. Probst, *Die Quelle des »Poitislier« und »Flordemar« in U. F.s »Buch der Abenteuer«*, Diss. Heidelberg 1921. – J. Boyd, *U. F.s »Parzival«*, Oxford 1939. – H.-G. Maak, *U. F.s Gamoreth u. Tschionatulander. Studien zur Sprache des Abenteuerbuches*, Diss. Wien 1964. – H. Rosenfeld, *Der Münchner Maler u. Dichter U. F. in seiner Zeit u. sein Name* (in Oberbayer. Arch., 48, 1968, S. 128 bis 140). – C. Wiedemann, *U. F.s Bearbeitung des Iwein Hartmanns v. Aue in erzählerischer u. sprachl.-stilist. Hinsicht*, Diss. Innsbruck 1975. – H. Thoelen, *Die Erstellung eines Wörterbuchs zu U. F.s Buch der Abenteuer. – Arbeitsbericht* (in *Maschinelle Verarbeitung altdt. Texte*, Hg. W. Lenders, H. Moser, Bd. 2, Bln. 1978, S. 197–200). – R. Voss, *Gattungstradition u. Variation. Zur weltanschaulichen u. ästhet. Problematik des »Persibein« in U. F.s Bearbeitung* (in *Artusrittertum im späten MA*, Hg. F. Wolfzettel, Gießen 1984).

FRANZ FÜHMANN

* 15.1.1922 Rochlitz / Riesengebirge
† 8.7.1984 Berlin / DDR

LITERATUR ZUM AUTOR:
M. Reich-Ranicki, *Deutsche Lit. in West und Ost*, Mchn. 1963, S. 422–433. – A. Große, *Vom Werden des Menschen. Zum Werk F. F.s* (in WB, 1971, H. 1, S. 54–78; H. 4, S. 71–101). – F. J. Raddatz, *Märchen-Irrationalität. F. F.* (in F. J. R., *Traditionen u. Tendenzen. Materialien zur Literatur der DDR*, Ffm. 1972, S. 311–316; st). – H. J. Bernhard, *Meermotiv u. Menschenbild. Bemerkungen zu Lyrik u. Prosa F. F.s* (in Neue deutsche Literatur, 1972, H. 1, S. 37–55). – H. J. Bernhard, *F. F.* (in *Lit. der Deutschen Demokratischen Republik. Einzeldarstellungen*, Hg. H. J. Geerdts u. a., Bd. 1, Bln./DDR 1976, S. 279–296). – E. Mannack, *»Wie könnte ich je sagen, ich hätte meine Vergangenheit bewältigt«. - Beobachtungen zu F. F.s Dichtungen* (in Jb. zur Lit. der DDR, Bd. 3, Bonn 1983, S. 19–33). – Ch. Wolf, *F. F. Gedenkrede* (in FRs, 29. 9. 1984; ern. in Freibeuter, H. 21, 1984, S. 1–6). – *F. F. Wandlung, Wahrheit, Würde, Aufsätze u. Gespräche 1964–1981*, Darmstadt/Neuwied 1985 (Slg. Luchterhand). – W. Jung, *F. F.* (in KLG, 28. Nlg., 1988).

DAS LYRISCHE WERK von Franz FÜHMANN. Fühmann, dessen lyrisches Werk in den fünfziger Jahren erschien, zählte zu den wichtigsten jungen DDR-Lyrikern der Nachkriegszeit. Während des Dritten Reichs hatte der Autor als überzeugter Nationalsozialist erste Gedichte veröffentlicht, 1942 in der Zeitschrift ›Das Gedicht. Blätter für die Dichtung‹, 1944 in ›Das Reich‹; in sowjetischer Kriegsgefangenschaft wandelt sich Fühmann zum Marxisten Stalinscher Prägung. In den fünfziger Jahren erschienen drei Gedichtbände (*Die Nelke Nikos*, 1953; *Die Fahrt nach Stalingrad*, 1953; *Aber die Schöpfung soll dauern*, 1957), denen die Auswahlbände *Die Richtung der Märchen* (1962) sowie *Gedichte und Nachdichtungen* (1978) folgten.

Was Fühmann in seinem späten Essay *Der Sturz des Engels* am Beispiel seines Umgangs mit dem Werk des expressionistischen, in der DDR lange Zeit als »Formalist« verpönten Dichters Georg TRAKL nachzuvollziehen suchte, die Tabus, Hoffnungen und Verdrängungen, mit denen der Aufbruch in den Sozialismus belastet ist – all dies dokumentieren seine frühen Gedichtbände auf naiv-bewußtlose Weise. Schon in *Die Nelke Nikos* wird deutlich, wie sehr das Bedürfnis nach Orientierung, nach einem Neuanfang wieder in jenes »*völlig duale Weltbild*« (*Der Sturz des Engels*) mündet, dessen Simplifizierungen und Analogismen man eben entkommen zu sein glaubte. Mit dem Aufbau der DDR beginnt für Fühmann ein historischer Aufbruch; vor allem Naturmetaphern vergegenwärtigen den Bruch zwischen Vergangenheit und Gegenwart; statt »*Nacht*« und »*Frost*«, statt der »*Zeit der Wölfe*« herrscht nun »*Frühling*«, ein »*Morgen ohne Abend*«. Die Gedichte, die in ihrem Pathos an J. R. BECHER erinnern, entstanden zumeist aus aktuellem Anlaß, zu den Maifeiern des Jahres 1952, zu den Weltjugendfestspielen in Ostberlin 1951, zur Kollektivierung der Landwirtschaft oder zum politischen Zeitgeschehen. Der thematisierte gesellschaftliche Umwandlungsprozeß findet jedoch keine Entsprechung in Fühmanns lyrischer Ausdrucksweise. Der deklamatorische Stil (»*Quellen der Freude speisen die Welt*«) wirkt rückblickend ebenso anachronistisch wie die Kennzeichnung der politischen Gegner des »*rosigen Reigens*« als »*Aasgeier*«, »*Ottern*« oder »*Ratten*«. Die Loslösung vom Jargon der NS-Zeit gelingt nicht sofort, Vokabeln wie »*Lebensraum*« oder »*Born*« erscheinen, und in einem Gedicht zum 1. Mai 1952 schreibt Fühmann: »*daß wir sein werden / in Deutschland wie dieser Maitag / unaufhaltsam, und nicht zu zerstücken, / nicht zu töten, nicht zu vernichten*«. Der Autor distanzierte sich später indirekt von diesen Texten, als er sie nicht in seinen Sammelband *Gedichte und Nachdichtungen* (1978) aufnahm.

Im Mai 1953 reiste Fühmann mit einer Delegation des DDR-Schriftstellerverbandes in die Sowjetunion; ein Besuch Stalingrads gab den Anstoß für das zwölfteilige, lyrisch-epische Poem *Die Fahrt nach Stalingrad*, in dem Fühmann erstmals das für sein Schaffen zentrale Thema der Vergangenheitsbewältigung aufgriff. In einer Rückblende durchlebt der Autor nochmals Kriegs- und Gefangenenzeit in der Sowjetunion: »*die Gefangenschaft / wird zum Beginn der Freiheit; und die Niederlage / wird Sieg für unser Volk, und wo wir Ende wähnten, beginnt das Neue, führt das Leben aufwärts, / und Stalingrad wird Wende und Errettung, wird Durchgang / in einen lichten Tag* . . .«. Das Poem fand den ungeteilten Beifall der DDR-Kritik; kritischer äußerten sich der Lyriker G. Maurer und der Autor selbst: »Man schrieb sich da wirklich etwas vom Herzen; es war ein Überschwang der Mitteilung, und der holte auch Überschwengliches mit hinein, Ungekonntes, Ungeformtes, ungenügend Artikuliertes, ja zum Teil auch etwas, das ins Kitschige streifte, und zwar immer dort, wo es ins Private ging.«

Vor dem Hintergrund der Anti-Stalin-Rede Chruščevs auf dem XX. Parteitag der KPdSU entstand der Band *Aber die Schöpfung soll dauern* (1957), der bis auf vier Gedichte in den Auswahlband *Die Richtung der Märchen* (1962) einging; deutlicher als in den vorangegangenen Bänden zeigt sich darin Führmanns mittlerweile ambivalente Haltung zur Entwicklung in den sozialistischen Staaten. Zwar ist der Sozialismus die Voraussetzung für eine menschliche Gesellschaft, zwar fand die Unmenschlichkeit in der Zeit des Nationalsozialismus ihre extremste Ausformung *(Der Nibelunge Not; Im Museum von Lidice; Zu drei Bildern Carl Hofers)*, weshalb Führmann jede Gefährdung des sozialistischen Weges heftig kritisiert, so etwa in seinem Gedicht *Die Demagogen*, in dem er sich auf den Ungarn-Aufstand 1956 und die dadurch ausgelöste Verhaftung der Gruppe um Wolfgang Harich in der DDR bezieht *(». . . mit Geläute kommen / Maskierte, ein kleiner Zug, / mit Sprüchen, schönen, frommen, / . . . / Das ist der Demagogen / Schar, die sich vorm Volke verneigt.*«); zugleich aber gibt er in anderen Gedichten *(Auf dem alten Friedhof)* zu erkennen, daß der einlinige, bruchlose Weg, wie er ihn in den Anfangsjahren seiner marxistischen Wandlung erträumt hatte, obsolet geworden ist. Damit jedoch gerät Führmanns eigentliches literarisches Konzept ins Gleiten, wie es programmatisch im Titel des Bandes *Die Richtung der Märchen* (»*Die Richtung der Märchen: tiefer, immer / zum Grunde zu, irdischer, näher der Wurzel der Dinge, / ins Wesen.*«) festgehalten ist. Bereits sein erster Gedichtband enthielt Märchengedichte, darunter das Gedicht *Märchen* (»*Plötzlich stehst du am Grunde / der Dinge. Wie einfach sie sind!*«) und den fünfteiligen Zyklus *Schneewittchen*. Sie waren der Grund dafür, daß M. Reich-Ranicki etwa in seiner Kritik der Führmannschen Lyrik (»*HJ-Gedichte mit FDJ-Vorzeichen*«) festhalten konnte: »*Es waren ehrliche Verse, aus denen Trauer, Schuldbewußtsein und Klage sprachen.*« Führmann deutet die Märchen in aktueller Weise, als Widerspiegelung des Klassenkampfs. Die Ausbeuter, zumeist Herrin und Königin, werden am Schluß von den Ausgebeuteten – Volk, Magd oder Knecht – besiegt; märchenhafte Siege, die Führmann auch in seiner Gegenwart sich vollziehen sah; Märchen erschienen bei ihm »*als große Metapher für diese Wirklichkeit* (G. Laschen), bis die politische Entwicklung der späten fünfziger Jahre einen Ernüchterungsprozeß einleitete. Rückblickend konstatierte Führmann: »*In dieser Zeit zerschliß meine lyrische Konzeption endgültig. Meine poetische Konzeption hatte geheißen: die Märchen gehen in Erfüllung.*« Neben den Märchen sind es die Kindergedichte, in denen Führmann Gegenwelten aufbaut. Der Anspruch der sozialistischen Gesellschaft, dem Individuum die Entfaltung seiner Anlagen und Fähigkeiten zu ermöglichen, findet in Führmanns Lyrik ihren Widerhall in seinen Kindergedichten *(Das Kind entdeckt den Garten; Kinderkarren; Die Kinder am Strand)*; hier kann das Subjekt seine Sinne voll entfalten, ist die Arbeit schöpferisches Spiel. Die Übertragung der Kinderwelt in die der Erwachsenen aber ist vertagt, wie auch die Märchen nicht wahrgeworden sind.

Führmanns Lyrik ist repräsentativ für die Entwicklung der DDR-Literatur in den fünfziger Jahren; die selbst gewählten und die kulturpolitisch vorgegebenen ästhetischen Muster sind ungeeignet, den Anspruch einzulösen, das Vergangene aufzuarbeiten und das Gegenwärtige kritisch-kommentierend zu begleiten. Von 1958 an wandte sich Führmann daher der Prosa zu, und vor allem in seinen – zumeist als Kinderbücher konzipierten – Bearbeitungen mythischer Texte *(Das Nibelungenlied*, 1971; *Prometheus. Die Titanenschlacht*, 1974) scheint das Märchenmotiv seiner Lyrik wieder auf; Gedichte verfaßte Führmann nicht mehr, jedoch übertrug er die Werke zahlreicher bedeutender ungarischer und tschechischer Autoren (M. Radnóti, F. Halas, M. Füst, A. József, V. Nezval, G. Hajnal, V. Holan) ins Deutsche. C.M.S.-KLL

Ausgaben: *Die Nelke Nikos*, Bln. 1953. – *Die Fahrt nach Stalingrad. Eine Dichtung*, Bln. 1953. – *Aber die Schöpfung soll dauern*, Bln. 1957. – *Die Richtung der Märchen*, Bln. 1962. – *Gedichte und Nachdichtungen*, Rostock 1978.

Literatur: G. Maurer, *Die Lyriker F. F. und Hanns Cibulka* (in G. M., *Der Dichter u. seine Zeit*, Bln./DDR 1956, S. 125–146). – K. Mickel, *Von der Richtung der Märchen* (in Neue deutsche Literatur, 1962, H. 11, S. 116–120). – G. Maurer, *Näher der Wurzel der Dinge. Das Märchenmotiv bei F. F.* (in Neue deutsche Literatur, 1964, H. 12, S. 111–127). – M. Reich-Ranicki, *Der treue Diener seiner Herren. F. F.* (in M. R.-R., *Deutsche Literatur in Ost u. West*, Mchn. 1963, S. 422–433). – W. Hartinger, *Gestalt u. Wertung einer Generation im lyrischen Zyklus* (in WB, 1970, H. 1, S. 129 bis 162). – G. Laschen, *Angewandtes Märchen u. elegische Miniatur. Zur Lyrik F. F.s und Hanns Cibulkas* (in G. L., *Lyrik in der DDR. Anmerkungen zur Sprachverfassung des modernen Gedichts*, Ffm. 1971, S. 74–87). – Ders., *Von der Richtung der Märchen. 2 Notate zum Werk F. F.s* (in Amsterdamer Beiträge zur neueren Germanistik, 7, 1978, S. 297–300). – H. Lohr, *Vom Märchen zum Mythos. Zum Werk von F. F.* (in WB 18, 1982, H. 1).

DAS JUDENAUTO. Vierzehn Tage aus zwei Jahrzehnten

Erzählungen von Franz FÜHMANN, erschienen 1962. – Die vierzehn Erzählungen des Bandes entstanden zwischen 1959 und 1961 und markieren jeweils einen entscheidenden Tag der deutschen Geschichte im Zeitraum von 1929 bis 1949, von der Weltwirtschaftskrise über die Ereignisse des Zweiten Weltkriegs bis hin zur Gründung der DDR. Erzählt wird aus der Perspektive eines Menschen des Jahrgangs 1922. Der Autor betont in seinem Nachwort, daß hier nicht Momente einer Autobiographie im Vordergrund stehen, aber unverkennbar ist dennoch der Bezug der Erzählungen zu seinem Leben. Fühmann kehrte 1947 aus sowjetischer Kriegsgefangenschaft zurück, dokumentierte vor dem Hintergrund des sogenannten »Bitterfelder Weges« die Arbeitswelt der DDR (*Kabelkran und Blauer Peter*, 1961), aber beherrschendes Thema seiner Werke – er publizierte zunächst Gedichtbände (*Die Fahrt nach Stalingrad*, 1953; *Die Nelke Nikos*, 1953) und Novellen (*Stürzende Schatten*, 1959) – blieb die Beschäftigung mit dem Nationalsozialismus, von dem er selbst als Jugendlicher fasziniert war, die Reflexion über Voraussetzungen und Folgen dieses Denkens, das sich auch dann noch im Bewußtsein der Menschen festsetzte, wenn es offensichtlich durch die Wirklichkeit dementiert worden war.

Die Titelgeschichte *Das Judenauto. 1929, Weltwirtschaftskrise* spielt im Sudetenland und imaginiert aus der Perspektive eines Kindes den herrschenden Antisemitismus jener Jahre. Im Heimatdorf des neunjährigen Erzählers wird die alte Legende von den Juden erzählt, die zu rituellen Zwecken Christenkinder töten; ein gelbes Auto mit »*vier schwarzen mörderischen Juden*«, so heißt es, fahre abends durch die Gegend, um Mädchen einzufangen, zu schlachten und aus ihrem Blut »*Zauberbrot*« zu backen. Das Gerücht beschäftigt die vorpubertäre Phantasie des Jungen so stark, daß er sich tatsächlich verfolgt glaubt, als er eines Tages zwischen den Feldern ein Auto sieht. Es fährt hinter ihm her und nur durch schnelle Flucht, so glaubt er, rettet er sein Leben. Am nächsten Tag schildert er das Erlebnis in der Schule, erzählt von »*vier Juden, die blutige Messer schwangen*« und sucht damit vor allem einer Mitschülerin zu imponieren. Sein Bericht wird von den Klassenkameraden, ja selbst vom Lehrer mit bewunderndem Grauen aufgenommen, bis eben jene Mitschülerin klarstellt, daß das Auto ihrem zu Besuch weilenden Onkel gehört, der den Jungen nur nach dem Weg fragen wollte. Der Schüler sieht sich gedemütigt und bloßgestellt. Um sein Selbstwertgefühl zu retten, greift er zu einem Mittel, das sich seit Jahrhunderten bewährt hat; er projiziert sein Versagen auf die Juden insgesamt: Gäbe es sie nicht, wäre ihm das alles nicht passiert.

In der Erzählung *Die Verteidigung der Reichenberger Turnhalle. September 1938, vor der Münchener Konferenz* schließt sich der nunmehr Sechzehnjährige einer Gruppe jugendlicher NS-Anhänger an, nachdem der reichsdeutsche Rundfunk eine vermeintliche, gegen die Deutschen gerichtete Pogromstimmung in dem sudetendeutschen Grenzgebiet zu antitschechischer Propagandahetze benutzt hat. Zwar ist vom täglich gemeldeten »*Blutterror des tschechisch-jüdisch-marxistischen Mordgesindels an der friedlichen sudetendeutschen Bevölkerung*« in Reichenberg nichts zu sehen, doch glauben die Jugendlichen gern, daß dergleichen in anderen Städten an der Tagesordnung sei. Ihre Stunde der Bewährung sehen sie gekommen, als das Gerücht aufkommt, die Tschechen planten einen Anschlag auf die örtliche Turnhalle. Einen Tag lang, in dem ihre aggressive Begeisterung zu Langeweile zerrinnt, halten die Jugendlichen die Turnhalle besetzt, bis wohlmeinende tschechische Polizei sie mit Hinweis auf die Sperrstunde nach Hause schickt. Am nächsten Tag hören sie im Deutschlandsender, daß in Reichenberg harmlose Schulkinder von Polizisten überfallen worden seien. Die Jugendlichen sitzen am Radio, »*und wußten, daß jedes Wort erlogen war, und hörten dennoch leuchtenden Auges*« – sie sind begeistert von der Goebbelsschen Propaganda.

Die Ernüchterung kommt erst später, während des Kriegs (*Jedem sein Stalingrad. Januar 1943, Schlacht vor Stalingrad*) und der sowjetischen Gefangenschaft (*Regentag im Kaukasus. 21. April 1946, Vereinigungsparteitag der KPD und SPD*); der Besuch einer sowjetischen Antifa-Schule bewirkt schließlich den scheinbar mühelosen und unvermittelten Aufbau eines neuen Lebensziels: An die Stelle des Nationalsozialismus tritt der Glaube an den Kommunismus. Sein Weg als entlassener Kriegsgefangener führt den Erzähler daher ohne Zögern in die DDR (*Zum erstenmal: Deutschland. 7. Oktober 1949, Gründung der Deutschen Demokratischen Republik*), wobei diese letzte Erzählung sich stilistisch von den übrigen Texten des Bandes abhebt. Die selbstironische Erzählhaltung ist aufgegeben »*zugunsten einer Haltung absoluter Übereinstimmung zwischen dem Individuum und der von ihr zur Lebenssphäre gewählten Gesellschaft*«. In seinem späten Werk *Der Sturz des Engels* hat Fühmann seine schnelle, kritiklose Begeisterung für den neuen Staat und die herrschende Ideologie mit distanziertem Blick geschildert, in dem für die Schweizer Ausgabe von *Das Judenauto* verfaßten Nachwort notierte er bereits 1968: »*Mir widerstrebt es, im Nachhinein zu ändern. So habe ich es nun einmal geschrieben und ›so‹ ist es ja schließlich nun auch einmal gewesen.*« G.Wi.

AUSGABEN: Bln./Weimar 1962. – Zürich 1968. – Rostock 1979.

LITERATUR: H. Poschmann, *Stationen vom Gestern ins Heute* (in Neue deutsche Literatur, 1963, H. 9). – H. Klinker, Rez. (in Sonntagsblatt, 13. 10. 1968). – W. Werth, Rez. (in Die Zeit, 1. 11. 1968). – B. Skriver, Rez. (in FAZ, 12. 11. 1968). – H. L. Arnold, Rez. (in FRs, 8. 4. 1969). – K. Franke, *Der Bürger lebt* (in FH, 1969, H. 7).

DER STURZ DES ENGELS. Erfahrungen mit Dichtung

Essay von Franz FÜHMANN, erschienen 1982. – Ursprünglich als Nachwort zu einer TRAKL-Ausgabe des Leipziger Reclam-Verlags geplant, wuchs sich Fühmanns Essay über die Dichtung Georg Trakls (1887–1914) zu einer autobiographisch geprägten Reflexion über die Wirkung und auch die Legitimität von Literatur aus, die in ihren Formen und Inhalten dem herkömmlichen Ideal des »Guten, Wahren, Schönen« diametral entgegengesetzt ist und deren Erfahrungsgehalte sich scheinbar in Zerstörung und Depression erschöpfen; die DDR-Ausgabe des Essays trägt den treffenderen Titel *Vor Feuerschlünden. Erfahrung mit Georg Trakls Gedicht.* In die Annäherung an die Verse des österreichischen Lyrikers flicht Fühmann nicht nur die Stationen seiner eigenen Biographie mit ein, sondern auch seine Abrechnung mit den literaturpolitischen Doktrinen der DDR in der Nachkriegszeit.

»*Poesie*«, so hält Fühmann fest, »*ist die andere Art der Wirklichkeit, die vorwegnehmende, und es ist das Verhängnis des poetischen Bildes, daß es sich einmal realisiert.*« Unter diesem Vorzeichen liest er 1945, wenige Tage vor der deutschen Kapitulation, erstmals Trakls Gedichte, im Beisein seines Vaters, der, wie sich bei dieser Gelegenheit herausstellt, ein Kriegskamerad des Lyrikers im Ersten Weltkrieg war. Der überzeugte Nationalsozialist Fühmann gerät schließlich in russische Gefangenschaft, der »*Engel der Deutschen, Michael*«, ist endgültig gefallen; in einem Arbeitslager im Kaukasus besucht er einen Kursus über den Historischen und Dialektischen Materialismus, in dem er eine neue Sinnstiftung der zukünftig zu schaffenden Welt erkennt und den er als umfassendes und für ihn auch rettendes Erklärungsmuster aufnimmt; die Reduktion von Geschichte und Gesellschaft auf soziale Determinierungen, die Universalisierung pseudo-dialektischer Gesetzmäßigkeiten, die in Wirklichkeit alle Phänomene in ein »*duales Koordinationssystem*« zwängte, war für die ehemaligen Wehrmachtsoldaten gerade deshalb nachvollziehbar, weil dieser Schematismus die Negativfolie jener »*Weltsicht*« war, »*die ehedem unser Denken beherrschte, doch es gab sich als der völlige Bruch mit dem Alten, und der einzig mögliche Bruch noch dazu.*«

Fühmanns Erinnerungen durchziehen seine Reflexionen zu Trakls Gedichten, in denen er, wie er im Verweis auf RILKE bemerkt, nicht Gefühle, sondern Erfahrungen festgehalten sieht – »*Zeugnis eines unlebbaren Lebens*«, dessen Schattenseiten und Qualen sich der abgeschlossenen Begrifflichkeit des Dialektischen Materialismus nicht zu fügen vermögen. Wiederum ist es für Fühmann die Erfahrung mit Trakls Gedichten, die ihn am offiziösen Umgang mit dem literarischen Erbe in der DDR letztlich zweifeln ließ. Der Verpflichtung von Literatur auf den proletarischen Klassenstandpunkt, dem Verdikt gegen »Formalismus« und »Dekadenz«, wie es in der Sowjetunion Aleksandr FADEEV, in Ungarn fast gleichlautend, wenn auch aus anderen Begründungszusammenhängen kommend, Georg LUKÁCS propagierten, fiel auch das Werk Trakls zum Opfer: »*... es genügte festzustellen, daß sie, diese Dekadenz, laut einem ihrer eifernsten Bekämpfer, die ›sozial Entwurzelten und Gescheiterten, das Absonderliche und Häßliche, das Kranke und Untypische‹ zum Gegenstand nahm, gar zum Helden machte und ihr ›ein erhebender, der Zukunft zugewandter Inhalt fehlte‹. – Ein Todesurteil.*« Erst nachdem in den sechziger Jahren in der DDR die Werke KAFKAS gedruckt wurden, konnte Fühmann 1975 eine Auswahlausgabe der Gedichte Trakls edieren. Von einem Nachwort, wie es für ihn als Herausgeber Usus gewesen wäre, nahm er jedoch Abstand, zu sehr stand er noch mit seinem Urteil im Bann des einstigen Verdikts: »*Ich hätte Trakls Leben der Nachsicht empfohlen und sein Werk auf eine Linie zur sozialistischen Literatur hin zu bringen versucht ...*« Von dieser Befangenheit hat Fühmann sich sieben Jahre später befreit, und obgleich das Werk und die Person Trakls im Zentrum seines Essays stehen, obgleich er, wie er betont, nicht seine Biographie, sondern seine »*Erfahrung mit Trakls Gedicht*« festhält, gewinnt dieser Text seine Lebendigkeit und sein Engagement aus dem Nachvollzug eines persönlichen Emanzipationsprozesses, der stets auch eine politische Dimension besitzt. Gerade die Überzeugung für die sozialistische Sache war es, die Fühmann seine Zweifel an kulturpolitischen Leitlinien unterdrücken ließ, wie es umgekehrt sein gewandeltes Verständnis vom Sozialismus ihm ermöglichte, die Individualität seiner Erfahrungen wie jener, von denen Trakls Gedichte leben, zu akzeptieren. Insofern ist dieser Text auch vor dem Hintergrund der sich verstärkenden Tendenz in der neueren DDR-Literatur zu sehen, zunehmend jene Tabus aufzubrechen, die seit der Epoche Stalins die innen- und kulturpolitische Situation der sozialistischen Staaten geprägt haben. G.Wi.

AUSGABEN: Rostock 1982 (u. d. T. *Vor Feuerschlünden. Erfahrungen mit Georg Trakls Gedicht*). – Hbg. 1982. – Wiesbaden 1982 (u. d. T. *Gedanken zu Georg Trakls Gedicht* als Ergänzungsband zu G. Trakl, *Der Wahrheit nachsinnen – Viel Schmerz*, Hg. F. F.). – Mchn. 1985 (dtv).

LITERATUR: W. F. Schoeller, Rez. (in SZ, 19./20. 5. 1982). – D. Jost, Rez. (in NZZ, 9. 6. 1982). – P. Demetz, Rez. (in FAZ, 31. 7. 1982). – V. Riedl, *Gedanken zu F.s Trakl-Essay* (in SuF 1983, H. 1, S. 221–227). – H.-G. Werner, *F. F.: »Vor Feuerschlünden«* (in WB 1983, H. 1, S. 81–85). – J. Schönert, *F. F.: »Der Sturz des Engels«* (in Arbitrium, 1986, H. 1, S. 95–101).

ZWEIUNDZWANZIG TAGE ODER DIE HÄLFTE DES LEBENS

Reisetagebuch von Franz FÜHMANN, erschienen 1973. – Der Autor, vom ungarischen PEN-Club nach Budapest eingeladen, führt Tagebuch über seinen dreiwöchigen Aufenthalt in Ungarn. Was als kurzweiliges Notat von Reiseimpressionen gedacht war, als »*irgendwas Loses, Buntes, nicht einmal auf Ungarn beschränkt, ein bißchen erweitertes Tagebuch*«, weitet sich für Fühmann unter dem Eindruck des weltoffenen Budapester Lebensstils und der liberalen geistigen Atmosphäre in den intellektuellen Kreisen der Stadt jedoch unerwartet zu einer persönlichen Bestandsaufnahme aus: launige Impressionen aus dem Alltag, Beobachtungen auf der Straße und in Markthallen, in Restaurants und im Hotel, Gespräche mit Freunden und Schriftstellerkollegen, Reflexionen über Sprache und Literatur, Aufzeichnungen über Träume verbinden sich mit Rückblenden auf die eigene Vergangenheit, auf die Wandlungen der eigenen Person.

Fühmanns Werk war, sieht man von seinen Kinder- und Märchenbüchern sowie seinen Nacherzählungen mythologischer Stoffe (*Das hölzerne Pferd*, 1968; *Das Nibelungenlied. Neu erzählt*, 1971) ab, stets mit den persönlichen Erfahrungen des Faschismus und des Kriegs verknüpft: »*Meine Generation*«, so hält er in den *Zweiundzwanzig Tagen* fest, »*ist über Auschwitz zum Sozialismus gekommen. Alles Nachdenken über unsere Wandlung muß vor der Gaskammer anfangen, genau da.*« Für den sozialistischen Autor Fühmann erscheint es nachträglich unwahrscheinlich, daß er als Jugendlicher allen Ausprägungen des Nationalsozialismus kritiklos gegenübergestanden habe, und er sucht zu ergründen, ob er damals nicht doch Entsetzen empfand, sich vielleicht sogar Impulse zum Widerstande in ihm regten. Aber er erinnert sich lediglich an eine Episode aus jener Zeit in einem Wiener Kino, als das Publikum schallend über Bilder jüdischer Konzentrationshäftlinge lacht, denen der Kommentator unterstellt, sie würden erstmals in ihrem Leben arbeiten und sich deshalb so langsam bewegen; nur der junge Fühmann sitzt stumm dazwischen, zu offensichtlich ist, daß die Menschen auf der Leinwand am Verhungern sind. Umgekehrt aber gesteht sich der Autor ein – und seine Aufzeichnungen gewinnen zunehmend an Bekenntnischarakter –, daß er wie die Mehrzahl seiner Generation ein junger Nationalsozialist war, der auch in Auschwitz vor den Gaskammern funktioniert und dies, wie alle anderen auch, als »*meine Pflicht*« bezeichnet hätte: »*Nicht das ist der Faschismus, daß irgendwo ein Rauch nach Menschenfleisch riecht, sondern daß die Vergaser auswechselbar sind.*« Es ist die Suche nach der Wandlung der eigenen Person, die Fühmann in diesem Text – nicht ohne eine Erkenntnis Johannes R. Bechers (»*Das Gegenteil eines Fehlers ist wieder ein Fehler.*«) zu zitieren – zu fixieren sucht: »*Die neue Gesellschaftsordnung war zu Auschwitz das Andere; über die Gaskammer bin ich zu ihr gekommen und hatte es als den Vollzug meiner Wandlung angesehen, mich ihr mit ausgelöschtem Willen als Werkzeug zur Verfügung zu stellen...*« Diese Wandlung wird während des Aufenthalts in Budapest, unter dem Eindruck des hier deutlich spürbaren Nonkonformismus zunehmend als Prozeß, nicht als Zustand erkannt: »*Vom Verständnis des Sozialismus als einer Gemeinschaft, in der die freie Entwicklung eines jeden die Vorbedingung der freien Entwicklung aller ist, war ich so weit wie je entfernt. Das aber konnte nicht das Ende, es konnte erst der Anfang der Entwicklung sein.*«

Den Aufenthalt in Ungarn versteht Fühmann als Einschnitt in, wie er es optimistisch betitelt, der »*Hälfte des Lebens*«; er ist fünfzig Jahre alt, elf Jahre später stirbt er. Die »Hälfte des Lebens« aber ist es tatsächlich im Sinne der inneren Zeit, von der das Tagebuch vornehmlich handelt; die Aufzeichnungen schließen mit der Frage: »*Anfangen? Oder: Aufhören?*« Der sich hier ankündigende Akt der Selbstbefreiung, der kritischen Bestandsaufnahme auch der eigenen Position im Kulturbetrieb der DDR – und Fühmann gehört 1976 zu den Mitunterzeichnern des Protestbriefes gegen die Ausbürgerung von Wolf Biermann – findet seine Einlösung in Fühmanns großem Essay *Der Sturz des Engels* (1982). G.Wi.

Ausgaben: Rostock 1973. – Ffm. 1973. – Ffm. 1978 (st).

Literatur: P. W. Jansen, Rez. (in FAZ, 27. 11. 1973). – F. J. Raddatz, Rez. (in SZ, 6. 12. 1973). – H. Hartung, *F. F.: 22 Tage oder Die Hälfte des Lebens* (in NDH 1974, H. 1, S. 173–177). – H. J. Bernhard, *Über den Grund des Schreibens* (in Neue deutsche Literatur, 1974, H. 1, S. 121–128). – K. Jarmatz, *F.s Tagebuch und Bilanz* (in SuF 1974, H. 5, S. 1076–1081). – K. Franke, *Zweierlei Reflexion* (in FH 1974, H. 8). – M. Hahn, *F. F.: »Zweiundzwanzig Tage...«* (in WB, 1974, H. 10).

Carlos Fuentes

* 11.11.1928 Mexico City

Literatur zum Autor: M. Durán, *Tríptico Mexicano. Juan Rulfo, C. F., Salvador, Elizondo*, Mexiko 1973. – L. Befumo Boschi u. E. Calabrese, *Nostalgia del futuro en la obra de C. F.*, Buenos Aires 1974. – O. Paz, *Die Maske und die Transparenz (Über C. F.)* (in *Materialien zur lateinamerikanischen Gegenwartsliteratur*, Hg. M. Strausfeld, Ffm. 1976, S. 223–232; st). – *Simposio C. F. Actas*, Hg. J. J. Lévy u. J. Loveluck, Univ. of South Carolina 1978. – H. Zech, *C. F.* (in Eitel, S. 406–417). – G. B. Durán, *The Archetypes of C. F. From Witch to Androgyne*, Hamden/Conn. 1980. – *C. F.: A Critical View*, Hg. R. Brody u. C. Rossman, Austin/Tex. 1982. – W. B. Farias, *C. F.*, NY 1983. – Dies., *The Return of the Past. Chiasmus in the Texts of C. F.* (in World Literature Today, 57, 1983, H. 4, S. 578–584). – M. E. Filer, *Los mitos indígenas en la obra de C. F.* (in RI, 1984, Nr. 127).

LA CABEZA DE LA HIDRA

(span.; *Ü: Das Haupt der Hydra*). Roman von Carlos FUENTES (Mexiko), erschienen 1978. – Nach der Bearbeitung historischer Sujets in seinem aufsehenerregenden Roman *Terra Nostra* (1975) hat sich Fuentes wieder der mexikanischen Gegenwart zugewandt. *Das Haupt der Hydra* ist ein spannender und verwicklungsreicher Thriller um Geheimdienste und Agenten, Öl- und Machtinteressen von Mexikanern, Arabern und Israelis.

Félix Maldonado ist Beamter im Ministerium für Industrieförderung in der mexikanischen Hauptstadt. Sein geordnetes, gesichertes Leben nimmt im ersten Teil des Buches *(Sein eigener Gast)* eine entscheidende Wende. Ein dubioser Staatssekretär seines Ministeriums kündigt ihm an, Félix Maldonado, oder vielmehr sein Name, solle für ein Verbrechen mißbraucht werden. Am nächsten Tag nimmt Félix an einer Preisverleihung im Nationalpalast teil. Zur erwarteten Begrüßung durch den Präsidenten der Republik kommt es jedoch nicht. – Im zweiten Teil *(Der mexikanische Agent)* erwacht Félix in einem Krankenzimmer aus seiner Ohnmacht und stellt fest, daß eine Reihe von Gesichtsoperationen an ihm vorgenommen worden sind. Vom Staatssekretär erfährt er, Félix Maldonado habe aufgehört zu existieren. Nach dem Versuch, den Präsidenten zu erschießen, sei dieser festgenommen und dann auf der Flucht erschossen worden. Auch das Begräbnis habe bereits stattgefunden. Félix, der sich nun nach dem spanischen Maler Diego Velázquez nennt, kann aus der Klinik fliehen. Als er von der Ermordung seiner langjährigen Freundin Sara Klein, einer deutschstämmigen Jüdin und vehementen Kritikerin Israels erfährt, verhärtet sich sein Verdacht, in die Aktivitäten ausländischer Geheimdienste verwickelt zu sein. – Maldonado/Velázquez nimmt nunmehr Kontakt zu einer mexikanischen Geheimorganisation auf. Damit beginnt die *Operation Guadalupe* – so der Titel des dritten Teils –, die den »mexikanischen Agenten« nach Texas führt, wo er die Spur eines Ringes verfolgt, dessen Stein über einen speziellen Code Auskunft über die Lage der mexikanischen Ölvorkommen gibt. In Houston, dem Umschlagplatz für Öl und Petrodollars, erhält Félix Einblick in die wirtschaftlichen Hintergründe der verschiedenen geheimdienstlichen Machenschaften, in die er hineingeraten ist. Angesichts der permanenten Krise im Nahen Osten ist mexikanisches Öl zu einem entscheidenden Faktor geworden, auf den die Nationen beider Lager, Araber wie Israelis beziehungsweise die USA, Einfluß zu nehmen suchen.

Im vierten Teil *(Der Krieg mit der Hydra)* werden einige Zusammenhänge aufgeklärt. Schien der Roman zunächst traditionell auktorial erzählt, so erfährt man nun, daß es sich um Maldonados eigene, fragmentarische Erzählung handelt, aufgezeichnet und kommentiert vom Leiter der mexikanischen Geheimorganisation. Dieser arbeitet als Tripelagent »Trevor«/»Mann«/»Timon von Athen« gleichzeitig für Araber, Israelis und die CIA und nutzt seine Positionen für die Interessen Mexikos. Bei ihm scheinen alle Fäden dieses dichten Spionagenetzes zusammenzulaufen. Am Ende, nach der Aufklärung einiger Verwicklungen und ihrer Hintergründe, steht Félix/Diego dieser vielköpfigen Hydra als »*gelassener Wahnsinniger*« gegenüber. Gemäß dem Motto, das dem Buch vorangestellt ist und in verschiedener Bedeutung wiederkehrt – »*Ein abgetrenntes Haupt läßt tausend neu entspringen*« –, endet der Roman mit einem neuen Anfang. Während Diego Velázquez bei einer Gesprächsrunde im Nationalpalast die Begrüßung durch den Präsidenten erwartet, erteilt der ebenfalls anwesende Staatssekretär seinen Agenten geheime Instruktionen. Damit endet der Roman.

Was diesen Thriller besonders auszeichnet, ist die dichte Verknüpfung von nationaler und persönlicher Geschichte, die Fuentes bereits in seinem Roman *La muerte de Artemio Cruz*, 1962 *(Der Tod des Artemio Cruz)*, meisterhaft vorgeführt hat. Letztlich sind Felix und die anderen Figuren des Romans mit all ihren persönlichen Interessen und Leidenschaften in Geschehnisse verstrickt, die von privaten Schicksalen so unabhängig scheinen. E.G.R.

AUSGABEN: Mexiko 1978. – Barcelona 1979.

ÜBERSETZUNG: *Das Haupt der Hydra*, M. Bamberg, Stg. 1983. – Dass., dies., Mchn. 1985 (Knaur Tb).

LITERATUR: L. Pérez Blanco, »*La cabeza de la hidra*« *de C. F., novela-ensayo de estructura circular* (in CA, 1980, Nr. 221, S. 205–222). – G. Feijóo, *Notas sobre »La cabeza de la hidra«* (in RI, 46, 1980, S. 217–222). – L. A. Gyurko, *Self and Double in F.'s »La cabeza de la hidra«* (in Ibero-Amerikanisches Archiv, 7, 1981, S. 239–264). – M. E. Davis, *The Twins in the Looking Glass: C. F.'s »Cabeza de la hidra«* (in Hispania, 65, Cincinnati 1982, S. 371 bis 376). – Ph. Koldewyn, »*La cabeza de la hidra«: Residuos del colonialismo* (in Mester, 11, 1982, S. 47–56). – F. García Núñez, *La imposibilidad del libre albedrío en »La cabeza de la hidra«, de C. F.* (in CA, 1984, Nr. 252, S. 227–234).

GRINGO VIEJO

(span.; *Ü: Der alte Gringo*). Roman von Carlos FUENTES (Mexiko), erschienen 1985. – Während Fuentes in seinem frühen Meisterwerk *La muerte de Artemio Cruz* (1962) das Thema der mexikanischen Revolution mit dem Lebenslauf eines jungen Revolutionärs quasi von innen behandelt, nähert sich der Autor diesem Thema nun von außen, aus der Sicht eines nordamerikanischen »Gringos«. Reale Vorlage für die Titelfigur des Romans ist, wie der Autor in einer Nachbemerkung erläutert, der amerikanische »*Schriftsteller, Misanthrop und Journalist*« Ambrose BIERCE, der im November 1913 einundsiebzigjährig nach Mexiko einreiste und dort spurlos verschwand. Er kam nach Mexiko, um zu sterben, lautet Fuentes' Interpretation der Biographie des Mannes, dem der Satz zugeschrieben wird: »*Ein Gringo in Mexiko zu sein – das ist Euthanasie.*«

Nach dem Überschreiten der mexikanischen Grenze – einer geographischen, wie auch einer »inneren« Grenze – reitet der alte Gringo auf einer weißen Stute durch die Provinz Chihuahua im Norden Mexikos, um sich den Truppen Pancho Villas anzuschließen und heldenhaft in den Revolutionskämpfen zu Tode zu kommen. Bald stößt der lebensmüde Held zu einem kleinen Trupp von Guerilleros. Unter der Führung ihres selbsternannten Generals Tomás Arroyo zerstören sie die Besitzungen einer inzwischen geflüchteten reichen Familie. Der Mestize Arroyo, selbst Analphabet, aber Hüter alter indianischer Grundbesitzdokumente, nimmt damit Rache für all die Demütigungen, die er einst als Knecht der Familie und unehelicher Sohn des Gutsbesitzers erleiden mußte. Die Anwesenheit der nordamerikanischen Gouvernante Harriet Winslow aus Washington, D.C., in die sich der alte Gringo verliebt, und ihre Liebesbeziehung zu Arroyo erschüttern die Todessehnsucht des »*verbitterten Zynikers*«. Er überdenkt noch einmal sein privates und berufliches Scheitern, Erinnerungen und Empfindungen, die er hinter sich lassen wollte. Die Gefühle und Leidenschaften, die diesem problematischen Dreiecksverhältnis entspringen – Harriet und Arroyo sind dem Gringo fast wie Tochter und Sohn –, bestimmen immer mehr die Motive der Handelnden und den Lauf der Ereignisse. Der Gringo stirbt schließlich nicht einen heldenhaften Tod im Gefecht, sondern wird von Arroyo durch mehrere Schüsse in den Rücken getötet, als er die alten Besitzurkunden – Arroyos »Seele« – verbrennt. Harriet Winslow rächt sich nun für ihre Zurückweisung durch Arroyo, indem sie die Leiche des alten Gringo als die ihres in Kuba vermißten oder desertierten Vaters ausgibt und von Pancho Villa, dem legendären Führer der Revolutionäre, seine Überführung in die Vereinigten Staaten verlangt. So findet der alte Gringo einen zweiten, ehrenhaften Tod durch ein Erschießungskommando Pancho Villas. Villa läßt die Legende verbreiten, der Gringo sei im tapferen Kampf gegen die *federales*, die Regierungstruppen, gefallen. Arroyo wird wegen seines eigenmächtigen Handelns von Villa erschossen. Am Ende ist Harriet wieder allein mit ihren Gedanken in Washington, wo sie den Gringo als ihren Vater begraben läßt. Damit kehrt auch die Erzählung, die als Erinnerung Harriets an die Ereignisse in Mexiko präsentiert wird, an ihren Ausgangspunkt zurück.

Fuentes zeichnet in diesem Roman ein kritisches Bild von Mexiko und der mexikanischen Revolution, für die der Gringo im Roman eine »*Zukunft ... der Gewalt, der Unterdrückung, des Hochmuts, der Gleichgültigkeit*« vorhersagt. Auch das Thema der Korrumpierung der Revolutionshelden, die Fuentes schon am Beispiel des Artemio Cruz gezeigt hat, findet in *Gringo Viejo* seinen Widerhall. General Tomás Arroyo könne der Korruption nur entgehen, heißt es im Text, indem er jung sterbe. In *Gringo Viejo* wird aber auch der Versuch einer Annäherung zweier so gegensätzlicher Kulturen wie der des zukunftsorientierten Nordamerika und der Mexikos unternommen, das mit »*störrischer Entschlossenheit*« daran festhalte, »*nie etwas anderes zu sein als immer das gleiche alte, elende und wüste Land*«. Im Roman scheitert diese Begegnung zunächst. Doch nach ihrer Rückkehr erklärt Harriet Winslow vor der amerikanischen Presse hoffnungsvoll, es käme nicht darauf an, Mexiko für Demokratie und Fortschritt zu »retten«, sondern darauf, zu »*lernen, mit Mexiko zu leben*«. E.G.R.

AUSGABE: Mexiko 1985.

ÜBERSETZUNG: *Der alte Gringo*, M. Bamberg, Stg. 1986.

LITERATUR: L. Bradley Salamon, Rez. (in LALR, 15, 1987, Nr. 29, S. 219–231). – M. Roda Becher, Rez. (in Merkur, 8, 1987, S. 698–701). – Rez. (in Der Spiegel, 5. 1. 1987).

LA MUERTE DE ARTEMIO CRUZ

(span.; Ü: *Der Tod des Artemio Cruz*, auch: *Nichts als das Leben*). Roman von Carlos FUENTES (Mexiko), erschienen 1962. – Auf dem Sterbebett läßt der einundsiebzigjährige Artemio Cruz, ein millionenschwerer mexikanischer Großgrundbesitzer, Geschäftsmann, Abgeordneter und Zeitungskönig, sein ereignisreiches Leben an sich vorüberziehen. Dabei entwickelt er eine Art Existenzphilosophie, die trotz seiner persönlichen Erfolge in einer zutiefst pessimistischen, ja nihilistischen Auffassung gipfelt, wie sie auch in dem Vers eines mexikanischen Volkslieds zum Ausdruck kommt, der dem Roman als Motto vorangestellt ist: »*Nichts hat den Wert des Lebens: Das Leben hat keinen Wert.*« Schon als Jüngling gerät Artemio Cruz, der als illegitimer Sohn eines Weißen und einer Indianerin in ärmlicher Umgebung aufgewachsen ist, in die Wirren der mexikanischen Revolution. Zu Beginn ein begeisterter Kämpfer für die soziale Neuordnung, verliert er den Glauben an das Gute im Menschen, als Regina, seine erste Geliebte, ein armes, leidenschaftliches Mädchen, von einer gegnerischen Bande als Verräterin gehenkt wird. Als Gefangener des berüchtigten Bandenführers General Pancho Villa entrinnt er mit knapper Not der Erschießung. In der Todeszelle läßt er den Sohn eines reichen Großgrundbesitzers, Gonzalo, zurück, dem er den idealistischen Glauben an die Revolution nicht auszureden vermag. Die sinnlose Hinrichtung dieses edlen Menschen gehört zu den Ereignissen, die Artemio Cruz bis zu seinem Tod verfolgen. Nach der Revolution, die er mit Glück und Geschick auf der richtigen Seite übersteht und an der er sich wie viele andere bereichert, heiratet er Gonzalos stolze Schwester Catalina, die ihn für den Tod ihres Bruders verantwortlich macht und sich in ihrer Ehe dafür rächt. Artemio, der immer wieder versucht, seine Frau für sich zu gewinnen, sieht sich nach und nach aus dem Haus gedrängt. Sein Sohn Lorenzo stirbt im Spanischen Bürgerkrieg, seine Tochter, die kalte, zurückhaltende Teresa, steht ganz auf seiten der Mutter. Artemio sucht Trost bei Laura, der Frau eines Freundes, und hält später, sozusagen als »Statussymbol«, das junge Mädchen Lilia aus.

Diese Lebensgeschichte bietet sich dem Leser nicht als eine chronologische Folge von Bildern und Ereignissen dar, sondern schält sich langsam aus den scheinbar unzusammenhängenden Erinnerungen des Sterbenden heraus. Der sprunghafte Wechsel von Bildern aus der Vergangenheit und Empfindungen der durch den nahen Tod bedrückenden Gegenwart, von Erinnerungen an die früheste Kindheit und Gedanken über den Sinn des Lebens und das Sein nach dem Tod beschwört eindringlich eine Atmosphäre des Fiebers und des Deliriums. Diesem Wechsel der zeitlichen Ebenen entspricht der Wechsel der Erzählperspektive: Seiner Vergangenheit erinnert sich Artemio Cruz in der dritten Person, über seine gegenwärtigen Empfindungen, die um ihn versammelten Menschen, über Leben und Tod gibt er sich entweder in der ersten Person Rechenschaft, oder er spricht darüber zu sich selbst in der zweiten. Kennzeichnend für den Stil des Romans sind ferner die häufigen Wortwiederholungen, die auf dramatische Weise die Hartnäckigkeit der gedanklichen Bemühung des Sterbenden bei schon beginnendem Nachlassen der Geisteskräfte veranschaulichen: *»Ich bin das, ich bin das: ich bin dieser alte Mann, dessen Gesicht von mehreren großen Glasscherben gespiegelt wird: ich bin dies Auge, ich bin dies Auge: dies Auge, vom Aderngeflecht jahrelangen Zornes durchzogen, eines alten und vergessenen, doch stets gegenwärtigen Zornes, ich bin dies Auge, grün und geschwollen zwischen seinen Lidern, Augenlidern, fettglänzenden Augenlidern...«* – Inhaltlich und formal ist *La muerte de Artemio Cruz* das bedeutende Werk eines Autors, der eigene künstlerische Wege geht, ohne seine Vorbilder, JOYCE, FAULKNER und DOS PASSOS, zu verleugnen, und der mexikanisches Schicksal und mexikanisches Lebensgefühl auf überzeugende Weise gestaltet. F.I.

AUSGABEN: Mexiko 1962; ²1965. – Madrid 1971 [Vorw. J. Donoso]. – Barcelona 1972. – Mexiko 1974 (in *Obras completas*, Bd. 1).

ÜBERSETZUNGEN: *Nichts als das Leben*, Ch. Wegen, Stg. 1964. – *Der Tod des Artemio Cruz*, dies., Bln./DDR 1966. – *Nichts als das Leben*, dies., Ffm. 1969. – Dass., dies., Ffm. 1976 (st).

LITERATUR: E. Guillermo u. J. A. Hernández, *»La muerte de Artemio Cruz« de C. F.* (in E. G. u. J. A. H., *Quince novelas hispanoamericanas*, Long Island/NY 1971, S. 157–162). – J. Loveluck, *Intención y forma en »La muerte de Artemio Cruz«* (in *Homenaje a C. F.*, Hg. H. Giacoman, NY 1971, S. 209–228). – N. Osorio, *Un aspecto de la estructura de »La muerte de Artemio Cruz«* (in N. O., *Nueva narrativa hispanoamericana*, Bd. 1, o. O. 1971, S. 81–94). – L. Befumo u. E. T. Calabrese, *Acercamiento analítico a »La muerte de Artemio Cruz« de C. F.*, Univ. Católica de Mar del Plata 1972. – G. W. Petersen, *Punto de vista y tiempo en »La muerte de Artemio Cruz« de C. F.* (in REH, 6, 1972, S. 85–95). – K. Meyer-Minnemann, *»La muerte de Artemio Cruz«: tiempo cíclico e historia del México moderno* (in *Simposio C. F. Actas*, Hg. J. J. Lévi u. J. Loveluck, Univ. of South Carolina 1978, S. 87–98). – J. H. Sinnigen, *El desarrollo combinado y desigual y »La muerte de Artemio Cruz«* (in CHA, 1983, Nr. 196, S. 697–707). – L. S. Glaze, *La distorsión temporal y las técnicas cinematográficas en »La muerte de Artemio Cruz«* (in Hispamérica, 1985, Nr. 40, S. 115–120).

LA REGIÓN MÁS TRANSPARENTE

(span.; *Ü: Landschaft in klarem Licht*). Roman von Carlos FUENTES (Mexiko), erschienen 1958. – Der Titel dieses ersten Romans des mexikanischen Autors ist ironisch gemeint; er greift das Adjektiv auf, mit dem Alexander von HUMBOLDT (1769–1859) begeistert die reine, klare Luft der Stadt Mexiko charakterisierte. Die Atmosphäre der heutigen Stadt beschreibt Ixca Cienfuegos, die zentrale Figur des Romans, im ersten Abschnitt des Werks so: *»Hundestadt, Hungerstadt, Prachtstadt, Stadt des Aussatzes und des verbissenen Zorns. Weißglühender Kaktus. Flügelloser Adler. Schlange aus Sternen. Hierher hat's uns verschlagen. Was sollen wir machen – hier, wo das Licht am klarsten ist.«*

Der Roman ist in drei Teilen, gleichsam in Sonatenform komponiert. Grundthema ist die Frage: Was ist aus der Revolution geworden, die »*einmal identisch war mit der geistigen Kraft, die Mexiko aus sich selber schöpfte, und mit den Bestrebungen der Arbeiterschaft«*? Mit dieser Frage tritt das Werk in die von M. AZUELA (1873–1952) begründete Tradition des »Romans der mexikanischen Revolution« (vgl. *Los de abajo*, 1915). In der Antwort, nicht in der Art der Veranschaulichung, stimmt Fuentes mit anderen Autoren überein: *»Eine neue Bourgeoisie, eine Kaste ohne Tradition, ohne Geschmack und ohne Talent«* ist entstanden, deren Selbstzufriedenheit und Konformismus die Ideale der Revolution ihres Inhalts beraubt und verraten haben.

Zeitlicher Fixpunkt des Romangeschehens ist der September des Jahres 1951. Von hier aus wendet sich der Blick des Erzählers immer wieder zurück in die letzten Jahre der Diktatur Porfirio Díaz' (reg. 1877–1880 bzw. 1884–1911) und die Zeit der Revolution. Dabei kommt es zu keiner chronologischen Darstellung der politischen, sozialen und kulturellen Entwicklung. Die Ereignisse werden vielmehr in kleine und kleinste Einheiten segmentiert und erhalten Übersicht und Zusammenhang nur durch die ständige Gegenwart der Stadt Mexiko als Schauplatz. Die meisten Abschnitte des Buches tragen als Überschrift die Namen der jeweiligen Hauptperson. Aus der bruchstückhaften, streiflichtartigen Aufzeichnung ihrer Handlungen, Begegnungen, Wege und Umstände entsteht eine »*großartige Kulturreportage*« (L. Pollmann), das »*erste moderne Porträt der Stadt Mexiko*«, wie der mexikanische Philosoph und Dichter Octavio PAZ meint. Durch Ixca Cienfuegos, eine mythische, die Rolle des »*Gewissens der Stadt*« (Paz) einnehmende Figur, erhalten die verschiedenen Einzelschicksale allgemeine Bedeutung. In der Durchleuchtung der historischen Schichten, die in der Stadt Mexiko gleichzeitig nebeneinander bestehen, verkörpert Ixca Cienfuegos das zwar verschüttete und entwertete, aber dennoch lebendige präkolumbische, autochthone Erbe Mexikos.

Das Thema der mexikanischen Revolution, mit dem sich Fuentes auch in späteren Romanen und Erzählungen immer wieder beschäftigt hat, bedeutet für ihn auch die Frage nach der Identität Mexikos. Sein Porträt der Stadt spiegelt die Zerrissenheit ihrer sozialen Schichten wider. Während das zumeist in größter Armut lebende Volk, dessen Darstellung im Roman allzu klischeehaft bleibt, in seinem Glauben und seinen Gebräuchen am indianischen Kulturerbe festhält, orientiert sich die alte Aristokratie und die neue Bourgeoisie ganz an Europa und den USA. In der Darstellung des korrupten, skrupellosen Bürgertums in all seinen Exzessen entfaltet der Roman seine größte Schärfe und Brillanz. Vor allem aber ist *La región más transparente* als mexikanisches Gegenstück zu dem berühmten Roman von J. DOS PASSOS (vgl. *Manhattan Transfer*, 1925) zu sehen. Auch bei Fuentes findet man jene Montagetechnik, die Straßenszenen, Episoden aus Kneipen oder Luxuscafés, aus Veranstaltungen und Festen aller Art, zufällig aufgefangene Gespräche, Schlagertexte, Zeitungsmeldungen, Klatsch, Geschichte und Geschichten in kritischer Absicht zusammenträgt und zu aufschlußreichen Bildern gestaltet. Sein Roman ist zu einer der ersten, entscheidenden Manifestationen der »zornigen jungen Männer« Mexikos geworden. A.F.R.-KLL

AUSGABEN: Mexiko 1958. – Mexiko 1969; ²1972 [erw.]. – Mexiko 1974 (in *Obras completas*, Bd. 1). – Madrid 1982, Hg. G. García-Gutiérrez (Cátedra).

ÜBERSETZUNG: *Landschaft in klarem Licht*, M. Bamberg, Stg. 1974. – Dass., dies., Mchn. 1981 (dtv).

LITERATUR: R. K. Crispin, *The Artistic Unity of »La región más transparente«* (in KRQ, 16, 1969, S. 277–287). – D. W. Foster, *»La región más transparente« and the Limits of Prophetic Art* (in Hispania, 56, 1973, S. 35–42). – G. Sánchez Reyes, *C. F. y »La región más transparente«*, Univ. de Puerto Rico/Barcelona 1975. – L. A. Gyurko, *Abortive Idealism and the Mask in F.' »La región más transparente«* (in Revue des langues vivantes, 42, 1976, S. 278–296). – S. Lozano, *Fragmentación musical en la novela »La región más transparente« de C. F.* (in CA, 38, 1979, S. 214–233).

TERRA NOSTRA

(span.; Ü: *Terra Nostra*). Roman von Carlos FUENTES (Mexiko), erschienen 1975. – Mit *Terra Nostra*, diesem vom Anspruch und Umfang her monumentalen Roman, hat Fuentes ein Werk geschaffen, das von dem immensen historischen Wissen und der Belesenheit des Autors zeugt und damit jeden Leser herausfordert. *Terra Nostra* gehört zu jenen »*Werken der Gründung*«, die der mexikanische Philosoph und Schriftsteller Octavio PAZ sich für die Länder Lateinamerikas wünscht.

Der Roman hat keine eigentliche Haupthandlung. Es verlaufen vielmehr mehrere Handlungsstränge nebeneinander, die fragmentarisiert kapitelweise oder auch nur über Abschnitte von Kapiteln hinweg erzählt werden. Nur aus der Verknüpfung der einzelnen Facetten, die dem Leser überlassen bleibt, ergibt sich ein halbwegs vollständiges Gesamtbild der Handlungen. Der Roman experimentiert zudem mit einer Fülle narrativer Verfahren. Es treten eine Vielzahl von Erzählern auf, die sich oft als Nacherzähler der Berichte anderer herausstellen. Somit entsteht eine irritierende Folge von eingeschobenen oder verschachtelten Erzählungen. Schließlich gibt es einen Chronisten, der das Romangeschehen aufzeichnet. Es ist dies der spanische Dichter Miguel de CERVANTES, Autor des *Don Quijote*, der im Roman »don Miguel« heißt. Seine »*ungebetene Phantasie*« durchkreuzt immer wieder die redlichen Absichten eines getreuen Chronisten. Der Roman ist in drei Hauptabschnitte gegliedert. Der erste Teil, *Die Alte Welt*, bezieht sich, mit Ausnahme des ersten Kapitels, auf das Spanien des 16. Jh.s, den Hof des Habsburgers Philipp II. *Die Neue Welt* hat die erträumte Entdeckung Amerikas durch einen Schiffbrüchigen zum Gegenstand. Dabei fließen in die Beschreibung der Neuen Welt jenseits des Ozeans indianische Mythen und Passagen aus Conquista-Chroniken ein. In *Die Andere Welt* werden Handlungssequenzen des ersten Teils weitergeführt und einige mysteriöse Zusammenhänge aufgedeckt. Mit dem letzten Kapitel kehrt der Roman zurück an seinen Ausgangspunkt; das Paris der letzten Tage des Jahres 1999.

Das Geschehen kreist um drei junge Männer, die schiffbrüchig an einem spanischen Strand aufgefunden werden. Die mit einem Kreuz auf dem Rücken und sechs Zehen an jedem Fuß Gezeichneten sind außereheliche Söhne von Philipp dem Schönen, dem Vater Philipps II., die zu verschiedenen Zeiten an verschiedenen Schauplätzen präsent sind und sich im Escorial begegnen. In dieses düstere Palast-Mausoleum hat sich der Regent Señor don Felipe zu Gebet und Meditation zurückgezogen. In seine Regierungszeit fallen in *Terra Nostra*, abweichend von der real-historischen Chronologie, die Errichtung des Escorial, der Aufstand der *comuneros* und die erste Seefahrt in die Neue Welt. Felipe II. selbst vereint Züge verschiedener Herrscher der Habsburger-Dynastie in einer Person. Die mittelalterlich-scholastisch geprägte Weltsicht des Señor kennt nur eine Macht und eine Wahrheit. Erste demokratische Tendenzen erstickt er durch die Niederschlagung des Aufstandes der kastilischen Städte im Keim. Gemäß den Beschlüssen des Konzils von Trient läßt er Andersgläubige erbarmungslos durch die Inquisition verfolgen. Außerdem weigert er sich, die Existenz einer neuen, bisher unentdeckten Welt anzuerkennen und zieht »*einen grollenden Vorhang vor die Wirklichkeit*«, wie es im Roman heißt.

Eine Opposition zur starren, mittelalterlichen Geisteshaltung des Señor bilden vor allem die literarischen Gestalten, die in *Terra Nostra* als »Anleihe« aus anderen Werken auftreten. Sie verkörpern den Glauben an die Möglichkeit einer Welt ohne Unterdrückung, ohne Verbote und ohne Götter, an ein zukünftiges Goldenes Zeitalter. Dafür stehen etwa die drei Gestalten der klassischen spanischen Literatur: Don Quijote, Don Juan und die Kupplerin Celestina. Die Werke, aus denen sie stammen, werden in *Terra Nostra* einer gewissen »Umdichtung« unterzogen, die es erlaubt, daß die Figuren sich begegnen, sich verwandeln oder mehrere Visionen ihres Schicksals vorführen können.

Terra Nostra ist kein historischer Roman im üblichen Sinne. Fuentes hat hier, wie in den meisten seiner Bücher, ein für die Gegenwart entscheidendes Kapitel der Geschichte durchforscht. In *Terra Nostra* wird ein für Lateinamerika relevantes Kapitel spanischer Geschichte aus lateinamerikanischer Sicht neu- bzw. umgeschrieben. Die zentrale These des hier dargestellten Geschichtsbildes hat der Autor an anderer Stelle so formuliert: »*Es ist das Schicksal Lateinamerikas, daß es nicht von einem demokratischen, sondern von einem tyrannischen Spanien erobert wurde*« (Interview mit J. A. Friedl Zapata). Das Aufeinanderprallen von Alter und Neuer Welt ergibt keine fruchtbare Synthese. Die Neue Welt, von einigen Figuren im Rom auch als Utopie, als wirklich neue Welt gedacht, erscheint vielmehr als bloße Fortsetzung der Tyrannei Spaniens in einer »Nueva España«. – Geschichte wird in *Terra Nostra* nicht verstanden als chronologische Abfolge einzelner Ereignisse, sondern als Wiederholung, als Wiederkehr von immer gleichen Prinzipien. Der Wunsch des Chronisten don Miguel, der die Geschichte aufschreiben will, »*damit sie sich nicht wiederholt*«, ist auch Fuentes' Anliegen. Darüber hinaus wird in *Terra Nostra* der Versuch unternommen, neben den tatsächlichen historischen Fakten auch die nicht realisierten Möglichkeiten aufzuzeigen, die der Geschichte einen anderen Verlauf hätten geben können. Die Länder Lateinamerikas, so darf man Fuentes verstehen, müssen sich vom Joch ihrer Vergangenheit, das zu einem gewichtigen Teil ihr spanisches Erbe ist, befreien, um einen neuen, eigenen Weg gehen zu können. In *Terra Nostra* formuliert eine Figur die Frage und Sorge, die nicht nur diesen lateinamerikanischen Autor bewegt, so: »*Werden diese Länder die zweite Gelegenheit bekommen, die ihnen die erste Geschichte verweigert?*« E.G.R.

AUSGABEN: Mexiko 1975. – Barcelona 1975.

ÜBERSETZUNG: *Terra Nostra*, M. Bamberg, Stg. 1979. – Dass., dies., Mchn. 1982 (dtv).

LITERATUR: J. M. Oviedo, *F.: Sinfonía del Nuevo Mundo* (in Hispamérica, 1977, Nr. 16, S. 19–32). – J. Goytisolo, »*Terra Nostra*« (in J. G., *Disidencias*, Barcelona 1978, S. 221–256). – J. A. Friedl Zapata, *C. F. Die Gewalt kam aus Europa* (Interview in SZ, 17./18. 11. 1979). – S. F. Levine, *The Lesson of the »Quijote« in the Works of C. F. and Juan Goytisolo* (in Journal of Spanish Studies Twentieth Century, 7, 1979, S. 173–185). – K. Garscha, *C. F., »Terra Nostra«* (in Iberoamericana, 10, 1980, S. 70–76). – Z. Gertel, *Semiótica, historia y ficción en »Terra Nostra«* (in RI, 47, 1981, Nr. 116/17, S. 63–72). – R. González Echevarría, »*Terra Nostra«: Teoría y práctica* (ebd., S. 289–298). – L. A. Gyurko, *Novel into Essay: F.' »Terra Nostra« as Generator of »Cervantes o la crítica«* (in Mester, 11, 1983, S. 16–35). – A. B. González, »*La novela totalizadora«: Pynchon's »Gravity's Rainbow« and F.' »Terra Nostra«*, Diss. Univ. of South Carolina 1983 (vgl. Diss. Abstracts, 44, 1984, S. 3057A–3058A). – J. P. Mroczkowska, *Geografía simbólica en »Terra Nostra«, de C. F.* (in RI, 51, 1985, Nr. 130/31, S. 261–271).

FÜRUZAN

eig. Füruzan Selçuk
* 29.10.1935 Istanbul

PARASIZ YATILI

(ntürk.; *Freiplatz im Schülerheim*). Erzählungen von FÜRUZAN, erschienen 1971. – Das Erstlingswerk der Prosaistin Füruzan versammelt Erzählungen, die man der feministischen Frauenliteratur zurechnen kann. Das Buch wurde 1972 mit dem Sait-Faik-Erzählungspreis ausgezeichnet und legte so den Grundstein zum anhaltenden Erfolg der Autorin.

Der Band enthält zwölf Erzählungen, deren erste drei als Reflexionen über das Thema Einsamkeit aufgefaßt werden können. *Sabah eskimişliğin (Der gealterte Morgen)* und *Özgürlük atları (Die Pferde der Freiheit)* sind Monologe einer Frau über eine ihr entfremdete Umwelt, *Münip Bey'in günlüğü (Das Tagebuch Münip Beys)* die Aufzeichnungen eines Beamten, der in der Stadt Muş einen Winter verbringt und dabei innerlich vereinsamt. Die übrigen neun Erzählungen berichten von Frauen oder Mädchen, ihrem Leben und ihren Gefühlen.

Füruzan erzählt dabei stets aus der Sicht der Frauen, läßt sie als Betroffene in erlebter Rede oder innerem Monolog Stellung nehmen. Durch das, was sie diese Frauen erleben und berichten läßt, beschreibt die Autorin nicht nur Realität, sondern übt meist indirekt, aber deutlich auch Sozialkritik. So erzählen die Titelgeschichte *Parasız yatılı* und *İskele parklarında (In den Parks an der Anlegestelle)* von armen Witwen mit ihren Töchtern, *Taşralı (Provinzler)* und *Piyano çalabilmek (Klavierspielen können)*, oder auch in *Nehir (Der Fluß)* geht es um die Gegensätze zwischen städtisch-westlicher und traditioneller Lebensweise, in *Yaz geldi (Der Sommer ist gekommen)* um das Leben verwahrloster Kinder in Istanbul. *Su ustası Miraç (Der Wassermeister Miraç)* ist der an die Erzählung *Nehir* anschließende Monolog einer Frau, die, aus ärmsten Verhältnissen kommend, einen Großgrundbesitzer geheiratet hat und ihr Dorf wie ihre Familie mit harter Hand regierte. Zugleich ist es die Geschichte ihrer Mutterliebe zu einem Sohn, der zum radikalen Linken wurde, und dessen anderen Lebensentwurf zu akzeptieren sie langsam lernt. *Edirne'nin köprüleri (Die Brücken von Edirne)* erzählt aus der Sicht der Stieftochter einer Familie, die aus Bulgarien nach Istanbul kam, vom Leben in der Stadt, von den Anpassungsschwierigkeiten der Großmutter und der Eltern, und von der freudigen Überraschung, als es während eines Opferfestes gelingt, mit einem Paar, das aus dem gleichen Heimatdorf stammt, alte Lieder, Erinnerungen und Tänze wieder lebendig werden zu lassen. *Haraç (Kopfsteuer)* ist der Lebensbericht der Servet Hanım, die während des Ersten Weltkriegs in einer Villa am Bosporus abgegeben wurde. Dort wuchs sie auf, lebte als Dienerin, wurde vom Hausherrn sexuell mißbraucht. Als der alte Lebensstil verfällt, die Besitzer wegziehen, bleibt sie allein in der Villa zurück, bis sich ein Käufer für das Haus findet. An den heruntergekommenen Anwalt der Familie verheiratet, beendet sie ihr Leben in Armut.

Füruzan gebraucht in ihren Erzählungen eine einfache, bewußt kunstlose Sprache. Durch die Anwendung moderner Erzähltechniken wie den inneren Monolog gelingt es ihr, die beobachtete Realität aus der Perspektive der jeweils dargestellten Frauen zu beschreiben. Zugleich wählt sie Situationen und Personenkonstellationen, die wohl typisch sein mögen, aber dennoch nicht schematisch wirken, da ihre Lösung oder Überwindung nach den subjektiven Maßstäben und Möglichkeiten der handelnden Personen versucht wird. Ihnen, die stellvertretend für die Benachteiligten unter den türkischen Frauen gesehen werden, will das Buch eine Stimme sein. C.K.N.

AUSGABEN: Istanbul 1971; ⁶1982. – Istanbul 1986.

ÜBERSETZUNG: *Der Konak*, A. Uzunoğlu-Ocherbauer (in F., *Frau ohne Schleier*, Mchn. 1981; dtv; Übers. d. Erz. *Haraç*).

LITERATUR: A. Binyazar, *Edebiyatın işlevi ve F.* (in Türk dili, 24, 1971, H. 235, S. 48–53). – İ. Yalçın, *F.' ın öyküleri* (in Soyut, 1972, S. 48, S. 69–75). – M. Doğan, *F. olayı* (in Yeni dergi, 8, 1972, H. 92,

S. 233–239). – Ders., *F.'da tip geliştirimi* (ebd., H. 97, S. 183–187). – N. Gürgünsoy, Rez. (in Varlık, 40, 1973, H. 784). – B. Necatigil, *Edebiyatımızda isimler sözlüğü*, Istanbul 1985, S. 144/145.

MILÁN FÜST

eig. Milán Fürst

* 17.7.1888 Budapest
† 27.7.1967 Budapest

LITERATUR ZUM AUTOR:
L. Kardos, *F. M.* (in L. K., *Vázlatok, esszék, kritikák*, Budapest 1959, S. 331–338). – S. Kozocsa, *F. M. irodalmi munkássága* (in Magyar Műhely, 1967, Nr. 23/24, S. 89–92). – Gy. Somlyó, *M. F., Poet* (in New Hungarian Quarterly, 1968, Nr. 31, S. 164–167). – T. Déry, *Portrait de M. F.* (in The Hungarian P. E. N., 1969, S. 1–18). – Gy. Somlyó, *F. M.*, Budapest 1969. – I. Hermann, *Az avantgard múzsa, F. M.* (in I. H., *Szent Iván éjjelén*, Budapest 1969, S. 237–254). – T. Ungvári, *F. M.-ról* (in T. U., *Ikarus fiai*, Budapest 1970, S. 349–365). – I. Bori, *Az avantgarde apostolai: F. M. és Kassák Lajos*, Újvidék 1971. – I. Fónagy, *Öregség – dallamfejtés*, Budapest 1974. – B. Abody, *Emlékezetem pályája. Töredékek F. M.ról* (in Kortárs, 1976, Nr. 10, S. 1622–1632). – B. Oltyán, *A F. M.-i modell-regény*, Szeged 1979. – L. Büky, *A metaforát kifejező állapothatározók F. M. költői nyelvében* (in *A magyar nyelv grammatikája*, Budapest 1980, S. 259–266). – E. Illés. *F. M.* (in E. I., *Mestereim, barátaim, szerelmeim*, Bd. 2, Budapest 1983, S. 570–572). – I. Kis-Pintér, *A semmi hőse. F. M. költői világképe*, Budapest 1983. – A. Gyergyai, *F. M.* (in A. Gy., *Védelem az esszé ügyében*, Budapest 1984).

DAS LYRISCHE WERK (ung.) von Milán FÜST.
Der als Schöpfer des modernen *vers libre* in der ungarischen Dichtung geltende Milán Füst entwickelte bei gleichzeitiger Bewahrung und Neuinterpretation der lyrischen Traditionen eine moderne dichterische Sprache, die in ihrer Neuartigkeit nur der Avantgarde-Dichtung seines Zeitgenossen Lajos KASSÁK (1887–1967) vergleichbar ist. Im Rückgriff auf das literarische Erbe der *Bibel* und der griechischen Antike behält Füst in seinen freien Rhythmen ganz bewußt die Intonation der ältesten Gattungen (Chorgesang, Ode, Elegie), einen gleichsam archaischen dichterischen Gestus bei. In der älteren ungarischen Literatur galt ihm Dániel BERZSENYI (1776–1836) als der vorbildhafte Meister. Die Form des freien Verses bedeutete für Füst

keineswegs Ungebundenheit; sie folgt bei ihm vielmehr einem »inneren Metrum«, dem Pulsschlag schöpferischer Erregung, und wogt in langen, teilweise mit klassischen Versmaßen durchsetzten Zeilen. Füst hat die relativ wenigen Gedichte, die er während seines langen Lebens schrieb, häufig überarbeitet, neu gefaßt und mit nahezu pedantischer Sorgfalt ausgefeilt. Während seines Schaffens gab es lange Perioden, in denen er als Lyriker gänzlich verstummte. Er wird daher von der ungarischen Literaturgeschichte auch eher als Romancier und Dramatiker, ja sogar als Essayist und Philosoph in Evidenz gehalten. Neben seinen Gedichten gilt der 1942 erschienene, in viele Fremdsprachen übersetzte Roman *A feleségem története (Die Geschichte meiner Frau)*, ein großangelegtes Epos der Eifersucht, als sein bedeutendstes Werk. Seine Übertragungen fremdsprachiger Literatur ins Ungarische trugen im übrigen dazu bei, die europäische Literatur, Lyrik und Dramenliteratur in Ungarn stärker bekannt zu machen.

Die Eigentümlichkeit seiner Poetik, die Besonderheit seines literarischen Strebens erklären, weshalb sein Lebenswerk nur schwer die gebührende Anerkennung fand. Mitbegründer des ›Nyugat‹ (›Westen‹), der bedeutendsten ungarischen Literaturzeitschrift der ersten Hälfte des 20. Jh.s und neben Endre ADY beliebteste Zielscheibe für das Gespött der zeitgenössischen konservativen Presse, geriet Füst seit den zwanziger Jahren selbst im Kreis der ›Nyugat‹-Dichter zunehmend in Isolation und fand zwischen den beiden Weltkriegen keinen Verleger für seine Werke. In einem weit fortschrittlicheren Sinne als bei seinen Zeitgenossen des ›Nyugat‹-Kreises zeigte Füsts Dichtkunst eine Affinität zu den moderneren Richtungen der europäischen Literatur und fand daher erst bei den nachfolgenden Generationen ungarischer Lyriker Resonanz. In ihrem einzigartigen, unverwechselbaren Wert inzwischen sowohl von der Fachkritik als auch einem exklusiven Publikum von Liebhabern des Besonderen, Aristokratischen, ausgesucht Artistischen voll anerkannt, ist Füsts Lyrik bis heute Breitenwirkung und wirkliche Popularität versagt geblieben.

Füst begann seine literarische Laufbahn beim ›Nyugat‹, fand jedoch erst mit seinem eigenständigen Debüt, dem Gedichtband *Változtatnod nem lehet*, 1913 *(Du kannst es nicht ändern)*, stärkere Beachtung. Was hieran schon den Zeitgenossen und Dichterfreunden – darunter Frigyes KARINTHY (1887–1938) – auffiel, waren Füsts Suche nach dem Absoluten, seine ins Kosmische ausgeweitete Vision, die »objektive Trauer«, das Ethos seiner tragischen Grundhaltung.

In Füsts Dichtung, seiner meditativ-philosophischen Gedankenlyrik ist die Erfahrung von Vergänglichkeit, Altern und Verfall das beherrschende, immer wiederkehrende Motiv. Schon die frühesten Arbeiten, die Gedichte des ersten Bandes, thematisieren die nichtige Zwangsläufigkeit menschlichen Verderbens, nicht selten – inspiriert von Bibelstellen und Psalmen – in direkter, hadernder Zwiesprache mit dem Schöpfergott *(Halottak éneke – Gesang der Toten; Egy egyiptomi sírkövön – Auf einem ägyptischen Grabstein)*. Frappierend zeitlos, offenbaren Füsts Verse keinerlei Bezug zur Entstehungszeit oder zur alltäglichen Lebenswelt. Füst schuf eine objektive Lyrik, der – beispiellos in der älteren ungarischen Literatur – jegliches genrehafte Element fehlt. Häufig hinter einer Maske verborgen, spricht das lyrische Ich hier viel verhüllter, wesentlich indirekter als in der gesamten vorausgegangenen ungarischen Dichtung, und doch mit einer ungeheuren Subjektivität der Vision, des Affekts, des Gestus. Eine Interpretation dieser Verse ist von vornherein nur auf metaphorischer Ebene möglich. Die eigentümliche Vermengung von Elementen der gehoben-feierlichen und der Alltagssprache führt in Füsts Dichtung an mancher Stelle auch zu grotesker Wirkung, doch steigern die großangelegten Bogen seiner emphatischen Lyrik, ihr wogender Strom und kosmischer Atem auch das Grotesk-Ironische in eine tragisch-dramatische Dimension.

Im Formalen an modernste Bestrebungen anknüpfend, ist Füsts Lyrik gleichwohl von einer auf klassisches Altertum und Mittelalter gerichteten Antikisierung gekennzeichnet. Das visionär beschworene Mittelalter ist eine der Welten, die für die Masken des Dichters notwendig und geeignet sind. Die Welt seiner Lyrik ist historisch und zugleich zeitlos. Wesentlich ist dabei die parabelartige Vergegenwärtigung. Die geschichtsträchtig-mythische Atmosphäre, das beispielhafte Vorbild der Generationen, die das Menschenschicksal bereits durchlebt haben, verleihen der dichterischen Aussage Allgemeingültigkeit.

Erst zwei Jahrzehnte nach Erscheinen des ersten Bandes folgte unter dem Titel *Válogatott versei*, 1934 *(Ausgewählte Gedichte)*, ein weiterer, in zwei Zyklen *(Alte Gedichte* und *Neue Verse)* unterteilter Lyrikband, für den Füst unter seinen älteren Gedichten eine strenge Auswahl getroffen hatte. Ihre Fassung hat er auch später noch mehrfach geändert und verbessert. Nach 1934, in den letzten drei Jahrzehnten seines Lebens, schrieb Füst nur mehr ein rundes Dutzend neuer Gedichte.

Vergänglichkeit ist das Leitmotiv des Gedichts *Ha csontjaimat meg kelletik adni*, 1933 *(Ist dereinst zu erstatten mein Gebein)*, das schon im Titel – einem Zitat – auf den lyrischen Ahnen János ARANY (1817–1882) verweist. Der feierliche, altertümlich-biblische Tenor der Arany-Zeile entspricht dem prophetischen Pathos dieses typischen Füst-Gedichts über das zentrale Thema dieses Lyrikers: den Tod, das »nicht ersehnte letzte Ziel«. Die Gedichte der dreißiger Jahre lassen erkennen, wie ausgereift Füsts Lyrik von allem Anfang an war: Höchstens in der Form zunehmend schlichter und abgeklärter, ändert sie kaum ihre Themen und Aussagen. Wie einige der früheren Verse, so z. B. *Őszi sötétség (Herbstdüsternisse)*, ist auch *A tél*, 1934 *(Winter)*, eine Vision des Letzten Gerichts. »Winter« steht für den Zustand der Welt, deren Ende nicht mit Feuersbrunst und Flammenschein hereinbricht, sondern mit Staubregen und Steinhagel, die alles in düsterem Grau begraben: das würdige Ende - so Füst - einer sich mehr und mehr verfinsternden Welt. In den langen psalmodierenden Versen, die mit einem charakteristisch monumentalen Bild anheben, stellt der Sprecher der universalen Zerstörung die individuellen Werte seiner persönlichen Vergangenheit entgegen, zeigt er - ein bitteres Memento - sein eigenes Leben auf.

Füsts meistzitiertes, bekanntestes Gedicht *Az öregség (Das Alter)* ist 1947 entstanden und berichtet mit ergreifender Intensität und Glaubwürdigkeit vom Widersinn des Verfalls, den Unbegreiflichkeiten des Alterns, dem bitteren Zorn der Greise. Schon in der wundervoll schlichten Invokation: »*Wo seid ihr, o meine Augen, die für so gesegnet ihr hieltet ein Antlitz?*« (»*Hől vagytok ó szemeim, kik oly ádottnak véltettek egy arcot?*«), eine Elegie von unverwechselbar Füstschem Tenor, wechselt das Gedicht am Ende ins Kosmische über und läßt selbst eine »gnadenlose Gottheit« die unabänderlichen Leiden der Alten beweinen. Gegen Ende der vierziger Jahre erlangte Füsts Dichtung zum letztenmal ihre volle Leuchtkraft. In innigen Worten gibt er der Liebe zu seiner Gattin würdigen Ausdruck (*Végrendelet feleségemnek - Testament für meine Frau*) und beschwört in schmerzlicher Nostalgie die Gefährten seiner Jugend (*Emlékezetül - Zum Gedenken*). In leidvollen Elegien nimmt er Abschied von der Dichtkunst, dann schließlich auch vom Leben (*Búcsú mesterségemtől - Abschied von meinem Handwerk; Egy hellenista arab költő búcsúverse - Abschiedslied eines hellenistisch-arabischen Dichters*).

Obwohl Milán Füst im allgemeinen dem Kreis der Dichter des ›Nyugat‹ zugerechnet wird, ist seine Lyrik in der ungarischen Literatur des 20. Jh.s ein singuläres Phänomen. Impressionismus und Symbolismus des ›Nyugat‹ standen ihm letztlich so fern, wie ihm das Sendungsbewußtsein der Kassákschen Avantgarde fremd blieb. Zugleich übte er jedoch mit seiner Revolutionierung des Metrums auf die jungen Dichter der zwanziger Jahre, wie Gyula ILLYÉS (1902-1983), Miklós RADNÓTI (1909-1944) und Sándor WEÖRES (1913-1989), sowie die nachfolgenden Generationen ungarischer Lyriker nachhaltigen Einfluß aus. A.P.

AUSGABEN: *Változtatnod nem lehet*, Budapest 1913. - *Válogatott versei*, Budapest 1934. - *Összes versei*, Budapest 1958; ³1978. - *Válogatott művei*, Budapest 1979.

ÜBERSETZUNG: *Herbstdüsternisse*, Nachdichtung F. Fühmann, Übers. P. Kárpáti, Lpzg. 1974 (Ausw.; Nachw. M. Kalász; RUB).

VERTONUNG: F. Farkas, *Szokolay Sándor művei*.

LITERATUR: I. Keszi, *A sziget ostroma*, Budapest 1948. - D. Kosztolányi, *Írók, festők, tudósok*, Budapest 1958. - I. Fónagy, *F. M.: »Öregség«*, Budapest 1967. - Gy. Rónay, *Die neue ungarische Lyrik*, Mchn. 1967. - J. Bányai, *F. M. »versírása«*, Ujvidék 1973. - L. Büky, *A fekete szó F. M. lírájában*, Budapest 1977. - G. Angyalosi, *A lélek lehetőségei*, Budapest 1986.

ÁDVENT

(ung.; *Advent*). Roman von Milán FÜST, erschienen 1923. - Füsts Thema ist das Ausgesetztsein des Menschen in ein Leben der Todesangst, in ein Leben, das das Grauen sucht und im Grauen höchste Steigerung erfährt. Dieses Thema führt er in einer in das 17. Jh. nach England verlegten Handlung durch: als Katholik allein unter Protestanten, von ihnen verfolgt und seines Glaubensbruders und besten Freundes beraubt, flieht ein junger Mann die todbringende Gefahr und sucht sie zugleich. Um dem Gerichtspräsidenten, der seinen Freund zum Tod verurteilte, von Angesicht zu Angesicht zu begegnen, nimmt er an einem Abendmahl teil, das von protestantischen Spitzeln überwacht wird. Die Begegnung weckt in ihm eine seltsame Zuneigung, eine Art kindlicher Liebe zu dem Richter, der über Leben und Tod entscheidet. Die Liebe, geboren aus Angst und Schwäche, bewirkt jedoch das Wunder: als ein irischer Rebell vor dem Richter steht, erwirkt der junge Katholik die Begnadigung des Gefangenen - der gefürchtete Richter spricht den Angeklagten frei, und der junge Mann erkennt, daß Angst, Schwäche und Todesfurcht zum Leben gehören, ja, daß die Todesfurcht erst die Kräfte des Lebens weckt: »*... mein Herr ... Du bist zu uns gekommen, im Advent uns zu besuchen, uns, die wir an Dich glauben, und Du hast uns gesegnet ... Und daß Du auch mich als schwachen Menschen geschaffen hast - gesegnet sei Deine Hand!*«

Füst gehört jener ungarischen Schriftstellergeneration an, die menschliche Seele in ewigen Kampf mit der Welt verstrickt sieht. Das Leben, glaubt er, sei in die pure Materie gebannt, deren Atome einen vernichtenden Krieg gegen die Seele führen; von der Erde jedoch vermag sich die Seele nicht zu trennen. Diese Problematik fordert notwendig eine stark skeptizistische und düstere Darstellungsweise, die ebenso abstößt wie fasziniert. M.K.

AUSGABEN: Budapest 1923 [Ill. Derkovits Gy.]. - Budapest 1958 (in *Kis regények*, 2 Bde.). - Budapest 1971. - Budapest 1976.

LITERATUR: F. Karinthy (in Nyugat, 1923). - A. Schöpflin, *A magyar irodalom története a XX. században*, Budapest 1937. - Gy. Rónay, *A regény és az élet*, Budapest 1947, S. 341-345. - Cs. Sík, *Ítélet és Ádvent között* (in Cs. S., *A Parthenon lovain innen és túl*, Budapest 1979, S. 43-57).

A FELESÉGEM TÖRTÉNETE

(ung.; *Ü: Die Geschichte meiner Frau*). Roman von Milán FÜST, erschienen 1942. - Der dreiundfünfzigjährige holländische Schiffskapitän Jakob Störr hat sich vom Berufsleben völlig zurückgezogen; er beschäftigt sich mit der Niederschrift seiner Lebenserinnerungen und nebenher mit chemischen Experimenten. Bei seinen Versuchen entdeckt er, daß aus zwei Flüssigkeiten, die er zusammengießt, ein Gemisch entsteht, das alles gefrieren läßt, womit es in Berührung kommt. Damit hat er zugleich eine Formel für sein Zusammenleben mit seiner Frau Lizzy gefunden.

Kapitän Störr, ein Koloß von Mann und schwerfällig auch in seinem Denken, war der zierlichen, kapriziösen Französin Lizzy zum erstenmal auf der Insel Menorca begegnet, wo sie inmitten des dort hausenden Flüchtlings-, Emigranten- und Spionagegesindels ein recht undurchsichtiges Leben führte. Da sie dem Kapitän gefiel, zog er mit ihr nach Paris und heiratete sie kurzentschlossen. Obwohl er sich über die eheliche Treue der Frauen im allgemeinen und der Kapitänsfrauen im besonderen keine Illusionen macht, bringt ihn doch die – allem Anschein nach unwiderlegbare – Tatsache, daß ihn seine Frau schon in den ersten Ehemonaten mit einem windigen Italiener betrügt, ganz erheblich aus der Fassung. Zudem wird ihm jetzt in aller Deutlichkeit bewußt, daß er sich von Lizzy nie mehr trennen könnte. So hütet er sich auch davor, sie zur Rede zu stellen, da ihr – mögliches – Eingeständnis eines Ehebruchs notwendig zur Scheidung führen würde. Damit aber hat das Martyrium des Kapitäns seinen Anfang genommen.

Besessen von der Zwangsvorstellung, daß seine Frau unentwegt neue Liebschaften anknüpft, die sie vor ihm unter einem undurchdringlichen Lügengewebe verbirgt, überwacht er von nun an jede ihrer Handlungen, auch die geringfügigste, und gibt schließlich sogar seinen Beruf auf, um ständig in ihrer Nähe zu sein. In dieser Hölle der Eifersucht und des peinigenden Verlangens, hinter das Geheimnis eines anderen Menschen zu kommen und ihn nur ein einziges Mal so zu sehen, wie er »in Wirklichkeit« ist, gibt es zwar Zeiten überschäumenden Liebesglücks, doch folgen ihnen stets die Erstarrung und die Qualen einer mörderischen Haßliebe. Lizzy ist es schließlich, die diesem Zustand ein Ende bereitet, indem sie mit einem heruntergekommenen französischen Adligen nach Spanien durchbrennt. Jakob Störr aber geht nach Südamerika. Er erwirbt dort ein Vermögen und kehrt nach Jahren als reicher Mann nach Paris zurück. An einem strahlend schönen Sonntagmorgen glaubt er, Lizzy in einer Frau erkannt zu haben, die er für den Bruchteil einer Sekunde von einem fahrenden Bus aus gesehen hat. Den spontan gefaßten Entschluß, Paris sofort zu verlassen, vermag er jedoch nicht auszuführen. In der – uneingestandenen – Hoffnung, seine Frau wiederzusehen, setzt er sich mit einer ihrer früheren Freundinnen in Verbindung. Von ihr erfährt er, daß Lizzy schon vor Jahren in Barcelona gestorben ist – und jetzt kommt die Erleuchtung über den Kapitän, daß er bis an das Ende seiner Tage an die »Einzige« gekettet bleiben wird, die schon in ihm zum Teil seiner selbst geworden ist: »*Ich glaube fest und mit aller Zuversicht, daß sie eines Tages bei sonnenhellem Wetter wieder irgendwo auftauchen wird ... Ich wette meine Seele, so wird es sein. Wozu sonst noch leben? Ich warte nur noch darauf, und so lange ich lebe, werde ich darauf warten. Das gelobe ich. Wem? Ich weiß es nicht.*«

Die Erinnerungen Jakob Störrs an diese Frau schließen sich nicht zu einem fertigen, eindeutigen Bild zusammen. Stets erheben sich neue, immer verwickeltere Fragen: War Lizzy ihm treu, oder hat sie ihn betrogen? Hat sie ihn aus Liebe verlassen, weil sie die Unmöglichkeit eines weiteren Zusammenlebens erkannte? Hat sie ihn bestohlen und das Geld ihren Liebhabern gegeben, oder brauchte sie es für ihre Tochter? Aber – hatte sie überhaupt eine Tochter? Die Fragen können nicht mehr beantwortet werden: »*Ich mag die Sache wälzen, soviel ich will, bis in die Tiefe und voll und ganz erleben kann ich sie nicht – das Leben ist unerlebbar, wir berühren anscheinend nur seine Oberfläche, nur den Schaum.*«

Indem Füst alle Charaktere nur skizziert, sie also nicht fest umgrenzt, schafft er sich einen immensen Spielraum für die abenteuerlichsten psychologischen Experimente mit seinen Figuren, ohne daß diese dadurch unglaubhaft würden. Bewußt hält sich Füst der ungarischen Romantradition fern und orientiert sich in der Wahl des Stoffes wie auch in der Problemstellung an der westeuropäischen Literatur. So verweist beispielsweise die chemische Grundformel, die zum Symbol menschlichen Verhaltens wird, auf *Die Wahlverwandtschaften* GOETHES; eine Maskenballszene, in der der Kapitän mit rotem Bart und Dreizack als Neptun verkleidet erscheint, spielt auf den zweiten Teil des *Faust* an. Seine Suche in allen Weltteilen nach einer Frau, richtiger, nach *dem* Weib, ist die Suche nach Senta, die ihn erlösen könnte (er selbst nennt sich »*einen verdrehten Holländer*«). Nicht erst hier wird deutlich, daß die *Geschichte meiner Frau* keineswegs nur »*eine Epopöe der Eifersucht*« ist, wie die zeitgenössische ungarische Kritik annimmt. Schon die Frage nach der Identität des Individuums öffnet andere Aspekte: Füsts Kapitän Störr ringt mit dieser Problematik ebenso wie später Max FRISCHS Stiller (*Stiller*, 1954). »*Einfach losfahren*«, überlegt der Kapitän, »*keinem Menschen etwas sagen. Sogar meinen Namen leugnen, als hätte ich überhaupt nicht gelebt. Dann würde niemand wissen, ob ich noch auf der Welt sei ... kein Mensch wird von mir verlangen, morgen derselbe zu sein, der ich gestern gewesen bin.*«

M.Sz.-KLL

AUSGABEN: Budapest 1942. – Budapest 1957. – Budapest 1970 [Nachw. Gy. Rónay]. – Budapest 1975. – Budapest 1979 (in *Válogatott művei*).

ÜBERSETZUNG: *Die Geschichte meiner Frau*, M. v. Schüching, Hbg. 1962; ern. Budapest/Bln. 1973; ⁴1983.

LITERATUR: F. Sieburg, *Fast mit Tränen* (in FAZ, 26. 1. 1963). – K. Stromberg, *Eine tödliche Narretei* (in Deutsche Zeitung, 9. 2. 1963). – R. Tüngel, *Die Tragödie eines Eifersüchtigen* (in Christ und

Welt, 8. 3. 1963). – G. Wohmann, *Blasser Othello* (in FH, 1964, 1). – B. Noel (in Magyar Műhely, 1967, Nr. 23/24, S. 79/80). – I. Kis-Pinter, *F. K.: A feleségem története* (in I. K.-P., *Helyzetjelentés*, Budapest 1979, S. 331–374). – P. Bálint, *Átok és áldás* (in Alföld, 36, 1985, Nr. 6, S. 54–65). – G. Angyalosi, *Narrativitás és valószerűség* (in Új Írás, 1985, Nr. 7).

ATHOL FUGARD

* 11.6.1932 Middelburg

LITERATUR ZUM AUTOR:
A. F., Hg. S. Gray, Johannesburg 1982. – *A. F., Notebooks 1960–1977*, Hg. M. Benson, Ldn. 1983. – D. Walder, *A. F.*, Ldn. 1984. – R. Vandenbroucke, *Truths the Hand Can Touch: The Theatre of A. F.*, NY 1985. – M. Seidenspinner, *Exploring the Labyrinth: A. F.'s Approach to South African Drama*, Essen 1986. – Dies., *A. F.* (in KLFG, 15. Nlg., 1988).

THE ISLAND

(engl.; Ü: *Die Insel*). Drama in vier Szenen von Athol FUGARD (Südafrika), Uraufführung: Kapstadt, 2. 7. 1973, The Space; deutsche Erstaufführung: Würzburg, 2. 5. 1976, Kammerspiele. – Das Drama entstand als *workshop*-Produktion bei Fugards Theaterarbeit mit den schwarzen Schauspielern John Kani und Winston Ntshona und gehört mit *Sizwe Bansi Is Dead* (1972) und *Statements after an Arrest under the Immorality Act* (1972) zur Trilogie der *Statement Plays*. Mit der »Insel« ist Robben Island, die berüchtigte Gefängnisinsel für politische Gefangene vor der südafrikanischen Küste bei Kapstadt gemeint.
Schauplatz der Handlung ist die spärliche Zelle zweier schwarzer Häftlinge, John und Winston. Nach dem sinnlosen Umschichten von Sandhaufen (als pantomimische Eröffnung des Stücks) versorgen die beiden ihre Wunden, die ihnen der Aufseher zugefügt hat. Dann beginnen sie die Proben für ein Theaterstück, nämlich eine eigene Version von SOPHOKLES' *Antigone*, die sie an einem bunten Abend für das Gefängnispersonal aufführen wollen. Dabei treten die Gegensätze zwischen den beiden Charakteren zutage: John ist dynamisch und clever, Winston wirkt eher schwerfällig und naiv; ihm, der Antigone spielen soll, geht das Verständnis für theatralische Illusion völlig ab, und er weigert sich, die Rolle einer Frau zu übernehmen. Trotz dieser Differenzen sind die beiden einander solidarisch verbunden. Als John erfährt, daß er vorzeitig entlassen werden soll, freut sich Winston zunächst mit ihm und malt ihm voller Begeisterung die Rückkehr zu seiner Familie und zu seinen Freunden aus. Allmählich erkennt Winston aber, daß er als lebenslänglicher Häftling keine Zukunft hat.
In der letzten Szene geben John und Winston ihre Vorstellung von dem Verhör und der Verurteilung Antigones durch Kreon. Hier werden thematische Parallelen offenkundig zwischen der Situation der Häftlinge und der Antigones, die das Gebot der Humanität über das Gesetz stellt und damit Verrat am Staat begeht. Wie Antigone wird Winston gleichsam bei lebendigem Leib eingemauert, weil seine politischen Ideale vom Staat als Verrat angesehen werden.
Die Parallelisierung der antiken Dramenhandlung mit der Handlung des Stücks und der außerliterarische Bezug zur politischen Realität Südafrikas stärken die Aussage des Protests, die *The Island* zum vielleicht »politischsten« von Fugards Theaterstücken macht. Darüber hinaus ist es ein packendes Drama, das nur spärliche Mittel einsetzt und bei der Zeichnung einer desperaten Situation starke Eindrücke beim Zuschauer hervorruft. Selbst ein gewisses Maß an Komik ist durch die Eingliederung von Spielelementen gewährleistet. Darin – wie auch in der Anlage der Handlungsstruktur und der Figurenkonstellation – erinnert es von ferne an *En attendant Godot* (1953) von Samuel BECKETT, dessen überragenden Einfluß auf sein Dramenschaffen Fugard mehrfach anerkannt hat.   W.H.

AUSGABEN: Oxford 1974 (in *Statements: Three Plays*).

ÜBERSETZUNG: *Die Insel*, E. Walch (in A. F., *Aussagen*, Ffm. 1979).

LITERATUR: J. D. Raymer, *Eight Recent Plays by South African Dramatist A. F.*, Diss. Ohio Univ. 1975 (vgl. Diss. Abstracts, 37, 1976/1977, S. 5105A). – E. Wendt (in Theater heute, 1975, H. 2, S. 39). – E. Durbach, *Sophocles in South Africa: A. F.'s »The Island«* (in Comparative Drama, 18, 1984, S. 252–264).

»MASTER HAROLD« ... AND THE BOYS

(engl.; Ü: *»Master Harold« ... und die Boys*). Drama in einem Akt von Athol FUGARD (Südafrika), Uraufführung: New Haven, 9. 3. 1982, Yale Repertory Theatre; deutsche Erstaufführung: Rostock, 10. 7. 1983, Kunsthalle. – Dieses Drama hat einen besonders starken autobiographischen Bezug. Zugrunde liegt ihm die Beziehung zwischen Fugard und einem väterlichen Freund seiner Jugendzeit, dem schwarzen Diener der Familie. Für Fugard bedeutete das Schreiben des Stücks – wegen der darin dargestellten Schmähung des Schwarzen – eine Art Vergangenheitsbewältigung; angesichts der Rassentrennung in Südafrika hat es gleichzeitig einen politischen und universellen Bezug.

Schauplatz des Drei-Personen-Stücks ist eine Teestube in der südafrikanischen Stadt Port Elizabeth. Mit »Master Harold« ist Hally, ein 17jähriger weißer Junge, gemeint. In der von seiner Mutter geführten Teestube arbeiten zwei Schwarze, Sam und Willie, als Kellner. Als Hally von der Schule kommt, üben sie gerade für ein Tanzturnier. Sie lassen Hallys altkluge Belehrungen über sich ergehen und nehmen an seinen Problemen, nämlich seinen Hausaufgaben und seinem Kummer mit seinen Eltern, Anteil. Im Rückblick vollziehen die drei die Entwicklung ihrer langjährigen Beziehung nach. Besonders mit Sam, dem »intellektuelleren« und sprachlich gewandteren der beiden, verbindet Hally ein inniges Verhältnis. Sam hatte Hally einst einen Drachen gebaut, um den Jungen abzulenken, als er sich für seinen Vater, einen Krüppel und Trinker, schämen mußte. Der Drachen wird zum Symbol der Freundschaft zwischen Sam und Hally. Um Hally bei der Suche nach Material für einen Aufsatz zu helfen, spielen die beiden Schwarzen ihm vor, wie es auf einem Tanzturnier zugeht. Sam und Hally entwickeln die Metapher des Turniertanzes, bei dem niemand angerempelt wird, zum Bild einer Gesellschaftsutopie weiter. Durch die Anrufe seiner Eltern wird Hally jäh aus seinen glücklichen Erinnerungen und Gedankenspielen gerissen. Haßliebe prägt das Verhältnis zu seinem Vater, und Hally ist darüber verärgert, daß der aus dem Krankenhaus entlassene Vater die Familie wieder tyrannisiert. Sam will Hally davor bewahren, daß er respektlos von seinem Vater redet. Da wendet sich Hally aus blinder Wut und Frustration gegen Sam, den väterlichen Freund. Er bespuckt und demütigt ihn. Schließlich verlangt er von dem Schwarzen, daß sie ihm von nun an mit der gebührlichen Distanz begegnen, wie es Hallys Eltern und die Gesellschaft eigentlich erwarten.

Das Stück wirkt auf mehreren Ebenen: Zum einen verarbeitet es ein archetypisch-universelles Motiv (Vater-Sohn-Beziehung), zum anderen zeigt es beispielhaft, wie menschliche Beziehungen durch gesellschaftliche Konventionen (Apartheid) zerstört werden. Unter diesem Aspekt läßt sich das Drama auch als politische Allegorie auf die aktuelle Situation in Südafrika bezüglich des Zusammenlebens der verschiedenen Rassen lesen. Die Verquickung der verschiedenen Bedeutungs- und Bezugsebenen ist jedoch sehr subtil und unaufdringlich gestaltet. Der ausgewogene Humor und die Eingliederung verschiedener Spielelemente (Tanz) erklären den Erfolg beim Publikum. W.H.

AUSGABEN: NY 1982. – Oxford 1983. – NY 1984.

ÜBERSETZUNG: »*Master Harold*« ... *und die Boys*, J. van Dyck (in Theater heute, 1984, H. 8, S. 34–43 u. in A. F., »*Master Harold*« ... *und die Boys/Botschaft von Aloen*, Ffm. 1984).

LITERATUR: R. Klett (in Theater heute, 1982, H. 9, S. 17–19). – M. Gussow, *A. F.* (in New Yorker, 20. 12. 1982, S. 47–94). – G. Olivier, *Notes on F.'s* »*Master Harold*« *at the Yale Rep* (in Standpunte, 162, Dez. 1982, S. 9–14). – R. M. Post, *Victims in the Writing of A. F.* (in Ariel, 16, Juli 1985).

SIZWE BANSI IS DEAD

(engl.; *Ü: Sizwe Bansi ist tot*). Drama in einem Akt von Athol FUGARD (Südafrika), Uraufführung: Kapstadt, 8. 10. 1972, The Space; deutsche Erstaufführung: Schwerin, 27. 3. 1976, Mecklenburgisches Staatstheater. – Dieses Stück, das zusammen mit *The Island* (1972) und *Statements after an Arrest under the Immorality Act* (1972) Fugards »politische« Trilogie bildet, ist unmittelbar auf die Apartheidsproblematik bezogen und ging aus seiner Regiearbeit mit den schwarzen Schauspielern John Kani und Winston Ntshona hervor. Der enge Bezug zur Realität ist damit in mehrfacher Weise gegeben und verleiht dem Stück außerordentliche Authentizität. Das Drama handelt von der einschneidenden Diskriminierung der schwarzen Bevölkerung Südafrikas durch rigorose Paßgesetze und ihrer Isolierung in bestimmten Stadtbezirken *(townships)* und Regionen *(homelands)*.

Den Ort der Handlung und den äußeren Rahmen stellt ein Fotoatelier dar, in das ein schwarzer Arbeiter, der sich Robert Zwelinzima nennt, eintritt, um sich von dem Fotografen Styles porträtieren zu lassen. Der Augenblick der Aufnahme wird zum Ausgangspunkt für die Vergegenwärtigung der Vorgeschichte: Robert, der eigentlich Sizwe Bansi heißt, hat diesen neuen Namen annehmen müssen, weil er mit den Paßgesetzen in Konflikt geraten ist. Er kann weder eine Aufenthaltsgenehmigung noch eine Erlaubnis zur Arbeitssuche in seinem Paß nachweisen. Zudem hat er einen Meldetermin in seiner Heimatsiedlung versäumt. Als Sizwe und sein Freund Buntu die Leiche eines schwarzen Mannes finden, bietet sich eine Lösung an. Buntu nimmt den Paß des toten Robert Zwelinzima an sich und vertauscht die Bilder in dessen und in Sizwes Paß. Sizwe weigert sich zunächst, seinen Namen und damit seine Identität aufzugeben. Letztlich kann Buntu ihn doch von den Vorteilen überzeugen, die sich ergeben, wenn man das System durch den Wechsel des Namens und die Übernahme eines fremden Passes überlistet.

Formal ist das Stück durch eine ausgeklügelte Rahmenstruktur gekennzeichnet. Besonders eindrucksvoll ist auch die Grundidee vom Spiel mit dem Identitätsaustausch gestaltet. Auf eine für Fugard charakteristische Weise werden die soziale Anklage und der direkte politische Appell (Aufruf zu Selbsthilfe der Schwarzen) mit einer universellen Thematik (Identitätsproblem) verbunden. Insgesamt ist es in seiner Ausstrahlung ein optimistisches Stück. Dieser Eindruck wird auch verstärkt durch den warmen Humor und das Gefühl von Solidarität, das es verbreitet. W.H.

AUSGABEN: Oxford 1974 (in *Statements: Three Plays*).

ÜBERSETZUNG: *Sizwe Bansi ist tot*, E. Walch (in Theater heute, 1977, H. 3, S. 43–50 u. in A. F., *Aussagen*, Ffm. 1979).

LITERATUR: J. D. Raymer, *Eight Recent Plays by South African Dramatist A. F.*, Diss. Ohio Univ. 1975 (vgl. Diss. Abstracts, 37, 1976/77, S. 5105A). – E. Wendt (in Theater heute, 1975, H. 2, S. 39). – Chr. Müller (ebd., 1977, H. 3, S. 37–43). – P. O'Sheel, *A. F.'s »Poor Theatre«* (in Journal of Commonwealth Literature, 12, April 1978, S. 67–77). – H. Seymour, *»Sizwe Bansi Is Dead«: A Study of Artistic Ambivalence* (in Race and Class, 21, 1980, S. 273–289).

STATEMENTS AFTER AN ARREST UNDER THE IMMORALITY ACT

(engl.; *Ü: Aussagen nach einer Verhaftung auf Grund des Gesetzes gegen Unsittlichkeit*). Drama in einem Akt von Athol FUGARD (Südafrika), Uraufführung: Kapstadt, 25. 3. 1972, The Space; überarbeitete Version: London, 22. 1. 1974, The Royal Court; deutsche Erstaufführung: Düsseldorf, 30. 11. 1975, Schauspielhaus. – Als Teil der Trilogie der *Statement Plays* – zusammen mit *Sizwe Bansi Is Dead* (1972) und *The Island* (1972) – zeigt das Stück anhand einer beispielhaften Situation die Auswirkungen der Apartheid auf das alltägliche Leben in Südafrika. Hintergrund in diesem besonderen Fall sind die Gesetze gegen Unsittlichkeit und Mischehen, die sexuelle Beziehungen zwischen Weißen und Nichtweißen verbieten.

Eine weiße Frau, Frieda Joubert, Bibliothekarin in einer Kleinstadt, und Erroll Philander, ein farbiger Lehrer aus einer Siedlung für Mischlinge, haben miteinander eine illegale intime Beziehung begonnen. Sie sind nackt auf dem Boden im Nebenzimmer der Bibliothek zu sehen. In ihrem Dialog werden der falsche Stolz und das Minderwertigkeitsgefühl des Farbigen gegenüber der weißen Frau deutlich. Die Rassenschranken reichen selbst in den intimsten Bereich: Die beiden Liebenden verstricken sich in einem Gewirr von gegenseitigen Schuldzuweisungen und Vorwürfen der Feigheit. Als sie sich wieder einander nähern wollen, gerinnt die Szene zu einer Aufnahme des Polizeifotografen. Im zweiten, weniger realistischen Teil verliest ein Polizeibeamter seinen Bericht und die Zeugenaussage einer Nachbarin, die zu der Verhaftung des Liebespaares geführt hatte. In das Verlesen des Polizeiberichtes sind kurze, blitzlichtartig erhellte Szenen eingeblendet, die alptraumhaft Friedas und Errolls Gedanken und Gefühle im Augenblick der Entdeckung zeigen. Ebenso werden damit Teile des späteren Verhörs und die Rekonstruktion der Geschichte der Liebesbeziehung verknüpft.

Fugard gelingt es hier mit minimalen theatralischen Mitteln, ein eindrucksvolles Stück über die Vergänglichkeit menschlicher Beziehungen zu gestalten. Obwohl es auf einer grausamen Realität basiert, transzendiert das Stück den aktuellen politischen Bezugsrahmen, um besonders am Ende in eine eher lyrisch zu nennende Erkundung des Themas Liebe, Tod und Einsamkeit zu münden.

W.H.

AUSGABEN: Oxford 1974 (in *Statements: Three Plays*).

ÜBERSETZUNG: *Aussagen nach einer Verhaftung auf Grund des Gesetzes gegen Unsittlichkeit*, J. van Dyck (in Theater heute, 1976, H. 1, S. 47–52 u. in A. F., *Aussagen*, Ffm. 1979).

LITERATUR: J. D. Raymer, *Eight Recent Plays by South African Dramatist A. F.*, Diss. Ohio Univ. 1975 (vgl. Diss. Abstracts, 37, 1976/1977, S. 5105A). – E. Wendt (in Theater heute, 1975, H. 2, S. 39). – G. Jäger (ebd., 1976, H. 1, S. 43–46).

TSOTSI

(engl.; *Ü: Tsotsi*). Roman von Athol FUGARD (Südafrika), erschienen 1980. – Der bisher einzige Roman des südafrikanischen Dramatikers entstand schon um 1960–1962. Er schildert die psychologische Entwicklung eines jungen Schwarzen aus einem Zustand unreflektierten Daseins und brutaler Selbstbehauptung zu Identitätsfindung und verantwortungsvollem Handeln aus Mitleid.

»Tsotsi«, der Name des Protagonisten, ist gleichzeitig eine Bezeichnung für jugendliche Gangster. Als Anführer einer solchen Bande, die in den schwarzen Slums vor den Toren Johannesburgs ihr Unwesen treibt, tritt Tsotsi auf. Zu Beginn seiner Entwicklung ist er eine namen- und geschichtslose Existenz, die lediglich in dem Ritual von Gewalt und Mord Sinn erfahren und gegen die Leere des Lebens ankämpfen kann. Als Boston, ein Mitglied der Bande, mit seinen Fragen an Tsotsis Innenleben rührt, wird er von diesem schwer mißhandelt. Durch Zufall gerät Tsotsi eines Nachts in den Besitz eines Schuhkartons, in dem ein schwarzes Baby liegt. Er versorgt es und verstößt es nicht, weil es erste Erinnerungen an seine Vergangenheit geweckt hat. Als er dann einem beinlosen Krüppel nachstellt, um ihn auszurauben und vielleicht zu töten, fühlt er zum ersten Mal Mitleid mit seinem Opfer. Er läßt von ihm ab, da er erkannt hat, daß sein Leben nicht unbedingt vorbestimmt ist, sondern auch Wahl- und Handlungsfreiheit zuläßt. Die Erinnerungen an seine Mutter, die einst bei einer Polizeirazzia abgeholt wurde und den zehnjährigen Sohn unversorgt zurücklassen mußte, werden immer deutlicher, als Tsotsi eine junge Frau, Miriam, zwingt, »sein« Baby zu stillen und zu pflegen. In einem Gespräch mit dem immer noch halb bewußtlosen Boston versucht Tsotsi, die Bedeutung und Ursache für seinen innerlichen Wandel herauszufinden, der durch die aufkommenden Erinnerungen und die Suche danach ausgelöst wurde. Schließlich akzeptiert er seinen Namen und seine

Identität als David Mandodo. Er stirbt, als er das Baby, das er in einer Siedlungsruine versteckt hält, vor den Bulldozern des Räumungskommandos retten will.

Die Entwicklung Tsotsis wird geschildert als Übergang von einer existentialistisch-nihilistischen Position in ein humanistisch-christliches Bewußtsein. Der Roman wird zur Beschreibung einer Seelenreise vom Unbewußten zum Bewußten und ist von einer überdeutlichen, zuweilen aufdringlichen Lichtsymbolik (Hell-Dunkel-Gegensätze) gekennzeichnet. Dagegen gelingt es Fugard, bei der Wahl der allwissenden Erzählsituation die Vorgänge aus dem Bewußtsein Tsotsis als einer nicht nur intellektuell, sondern auch sprachlich sehr begrenzten Perspektive angemessen darzustellen und erhellende Passagen mit Erinnerungen Tsotsis einzublenden. Durch die Konzentration der Handlung auf wenige Tage erzählter Zeit und die knappen, aber äußerst realistischen Detailschilderungen des Milieus wird der Roman zu einem spannenden »Psychothriller« mit starker Ausstrahlung. W.H.

AUSGABEN: Johannesburg 1980. – Ldn. 1980. – NY 1980. – Harmondsworth 1983.

ÜBERSETZUNG: *Tsotsi*, K. H. Hansen, Stg. 1982.

LITERATUR: D. Hogg, *Unpublished Fugard Novel* (in Contrast, 12, 1978, S. 60–78). – S. Gray, *The Coming into Print of A. F.'s ›Tsotsi‹* (in Journal of Commonwealth Literature, 16, Aug. 1981, S. 56–63). – R.M. Post, *Journey Toward Light: A. F.'s »Tsotsi«* (in CLA, 26, 1983, S. 415–422). – D. Cohen, *Beneath the Underworld: A. F.'s »Tsotsi«* (in WLWE, 23, 1984, S. 273–284).

FUJIWARA NO NAGAKIYO

* 13./14.Jh.

FUBOKU-SHŌ

auch: *Fuboku wakashō* oder *wakashū* (jap.; *Sonnenbaum-Sammlung*, d. h. *Sammlung aus Japan*). Lyrik-Anthologie, bestehend aus 17 350 Kurzgedichten, kompiliert von FUJIWARA NO NAGAKIYO um 1310. – Die thematische Gliederung in die Zyklen *Frühling, Sommer, Herbst, Winter* und *Vermischtes* wird durch detaillierte sachliche Unterteilung weiter differenziert. Die Gedichte stammen aus der Zeit zwischen dem 8. und dem 13. Jh. Ausgewählt wurden hauptsächlich solche, die lediglich in privaten Sammlungen und in Manuskripten von Dichterwettstreiten vorhanden waren und nicht in die amtlich veranstalteten großen Anthologien aufgenommen wurden. Für den Philologen liegt der besondere Wert des *Fuboku-shō* darin, daß es Gedichte aus dem *Manyōshū* (kurz nach 759 abgeschlossen) in Silbenschrift wiedergibt: Diese ermöglichen einen Einblick in die zeitgenössische Lesung und Rekonstruktion der altertümlichen Lyrik, die unter Verwendung teils phonetisch, teils semantisch gesetzter chinesischer Ideogramme niedergeschrieben ist. Ferner dient das *Fuboku-shō* dort, wo es nicht die einzige Quelle darstellt, zur Ergänzung und Korrektur mangelhaft überlieferter anderer Anthologien. Da die Auswahl für amtliche Anthologien nach strengen Normen getroffen wurde, fehlen in ihnen lyrische Außenseiter. Gedichte von SAIGYŌ (1118–1190), in die Ainu-Wörter eingestreut sind, hat das *Fuboku-shō* ebenso bewahrt wie die unkonventionellen Gefühlsdarstellungen eines MINAMOTO NO TOSHIYORI (1055–1129), vielleicht weil Fujiwara no Nagakiyo »*unter den Literaten seiner Zeit der Repräsentant der Neuerer war und als ersten Schritt zur literarischen Revolution diese Kompilation vollendete*« (Kamiya Y.). W.N.

AUSGABEN: 1665. – Tokio 1906 (*Kokusho-kankōkai*-Ausg.). – Tokio 1934 (*Kokka-taikei*-Ausg.).

LITERATUR: Okada M., »*Fuboku wakashō*« *shiken* (in Kokugo-kokubun no kenkyū, 1928, Nr. 10). – Hamaguchi H., »*Fuboku wakashō*« *seiritsu kō* (in Kokugo kokubun 1950, Nr. 12). – Fukuda H., *Rufubon* »*Fubokushō*« *no honbun hihan* (in Seijō bungei, 1964, Nr. 6; 1965, Nr. 3).

FUJIWARA NO NAGAKO

11./12.Jh.

SANUKI NO SUKE NO NIKKI

auch: *Sanuki tenji nikki* oder *Horikawa-in no nikki* (jap.; *Tagebuch der Sanuki no suke*, d. h. der stellvertretenden Leiterin der Behörde für die aufwartenden Hofdamen [*suke*] von Sanuki). Aufzeichnungen von FUJIWARA NO NAGAKO, Tochter des Dichters und zeitweiligen Gouverneurs von Sanuki, FUJIWARA NO AKITSUNA (1029–1103), entstanden 1109/10. – Die Lebensdaten der Autorin sind nicht bekannt, sie soll aber bei der Abfassung ihres Journals in den Dreißigern gewesen sein. Das ursprünglich wohl aus drei Büchern bestehende Werk ist zwar in seiner erhaltenen Form nur in zwei Teile oder gar nicht gegliedert, dürfte aber dennoch vollständig sein. – Geschildert sind die Ereignisse der Jahre 1107/08, d. h. der Tod des Horikawa-tennō (1079–1107; 73. Kaiser, reg. 1087–1107), den die Verfasserin während seiner kurzen Krankheit voller Hingabe pflegte, und der zeremonielle Regierungsantritt des damals fünfjährigen folgenden Kaisers Toba (1103–1156; 74. Tenno, reg. 1108–1123). Den Text, der inhaltlich und stilistisch einfach, aber reich an Hinweisen auf höfisches Zeremoniell ist, durchziehen Traurigkeit und Schwermut. Könnte man das *Sarashina-nikki* als das Werk bezeichnen, das den Traum für die japanische Literatur entdeckte, so das *Sanuki no suke no nikki* als das, welches den Tod literarisch einführte (Fujimura). H.A.D.

AUSGABEN: Tokio 1939, Hg. Tamai K. (Iwanami bunko, 2150). – Tokio 1959 (Gunsho-ruiju, 322). – Tokio 1976 [m. Index u. Bibliogr.].

ÜBERSETZUNG: *The Emperor Horikawa Diary, Sanuki no Suke nikki*, J. Brewster, Honolulu 1977 [m. Anm. u. Bibliogr.; engl.].

LITERATUR: Tamai K., »*Sanuki no suke no nikki*« *tsūshaku*, Tokio 1936. – *Nihon bungaku-shi*, Hg. Hisamatsu S., Bd. 2, Tokio 1955, S. 498–502. – Ders. u. a., *Heian joryū nikki bungaku* (in Kokubungaku kaishaku to kanshō, 26, 1961, Nr. 2, S. 1–128). – Kakinomoto S., »*Sanuki no suke no nikki*« *oboegaki* (in Kaishaku, 11, 1965, Nr. 1, S. 1 ff.).

FUJIWARA NO SADAIE

Teika
* 1162 Kioto
† 20.8. od. 26.9.1241 bei Kioto

MAIGETSUSHŌ

auch: *Teika-kyō shōsoku* oder *Waka teikin* (jap.; *Allmonatliches Kompendium*, auch: *Mitteilungen der Exzellenz Teika* oder *Häusliche Unterweisung im Kurzgedicht*). Poetik in Briefform von FUJIWARA NO SADAIE, entstanden 1219. – Der Adressat des zwar kleinen, doch gewichtigen und vielseitigen Briefwerks ist umstritten; spätere Quellen nennen FUJIWARA NO IEYOSHI (1192–1264). Teika, gleich seinem Vater FUJIWARA NO TOSHINARI (Shunzei, 1114–1204) *poeta laureatus* und allgemein anerkannte Autorität auf literarischem Gebiet, behandelt in den einzelnen Episteln des *Maigetsushō* etwa zehn mehr oder weniger deutlich voneinander geschiedene didaktische Gegenstände. Zunächst empfiehlt er dem Adressaten, der ihm allmonatlich Gedichte zur Korrektur übersendet, die Betrachtung der bisherigen, rund vierhundert Jahre umspannenden Anthologien, beginnend mit dem *Manyōshū*, damit »*Ihr die sich wandelnde Gestalt in Euch aufnehmt*«. Doch sei nicht alles als Stilvorbild geeignet, unerreichbar sei besonders der Ton des *Manyōshū*, zum mindesten für den Anfänger; im Stadium der Reife müsse man ihn jedoch von Grund auf »begriffen« haben. Vulgäres und Schreckenerregendes hat der Dichter zu meiden. Im zweiten Abschnitt widmet sich Teika der herkömmlichen Zehnteilung der Kurzgedichtstile und Darstellungsweisen; er bezeichnet als die vier »Grundformen« *(moto no sugata)* den »Stil mysteriöser Stille« *(yūgen-yō)*, den »Stil, wie er sein soll« *(koto shikarubeki yō)*, den »prachtvollen« *(rei)* und schließlich den »herzhaften« oder »gefühlsstarken« Stil *(ushin-yō)*. Danach mag sich der Anfänger in weiteren sechs Stilen versuchen, die folgende Qualitäten aufweisen: Erhabenheit, unmittelbare Anschauung, Ergötzliches, Pointierung *(uissetsu)* und »geisterbändigende Kraft« *(rakki)*. »*Unter diesen zehn Stilen verkörpert keiner besser als der Ushin-Stil das Wesen des Gedichts*«, wenngleich gerade dieser schwer zu meistern ist, da er sich erst nach innerer Läuterung erreichen lasse. Der nächste Abschnitt warnt vor Oberflächlichkeit und hebt noch einmal die überragende Bedeutung des *Ushin*-Stils hervor. Sodann befaßt sich Teika mit dem Problem der Wortwahl: Was ist vorzuziehen – was zu verwerfen? Er unterscheidet »*starke, schwache, erhabene und zierliche Worte*«. Innerhalb eines Gedichts dürfe die Kategorie nicht gewechselt werden. Es gibt weder »schlechte« noch »gute« Wörter, ihre Zusammenstellung allein entscheidet. Das Sprachliche soll nicht überbetont werden, »Blüte« (Form, Ausdruck) und »Frucht« (Gehalt, Inhalt) müssen sich die Waage halten, wenn man den (goldenen) »Mittelweg« des Gedichts einschlagen will. Nach einer Aufzählung der Repräsentanten verschiedener lyrischer Strömungen kommt die Rede auf das »Verwerten alter Gedichte« *(honkadori)*, eine Technik des variierten Zitats. Die scheinbar leichteste Form des *honkadori*, die Abwandlung eines bestimmten Motivs – Teika erwähnt die »Kirschblüte« –, bleibe aber dem Meister vorbehalten; dem Neuling wird empfohlen, etwa aus einem Frühlingsgedicht ein Herbst- oder Wintergedicht zu komponieren oder ein Liebesgedicht in ein Jahreszeitengedicht zu verwandeln. Dabei möge man sich auf die Übernahme »*zweier wesentlicher Ausdrücke beschränken und diese auf Ober- und Unterstrophe des Kurzgedichts verteilen*«. Auf der gleichen Ebene liegt die sodann von Teika beschriebene Prozedur: das »Themen-Aufteilen« *(dai wo wakachi)*, d. h., bestimmte Motive, vor allem zusammengesetzte, etwa aus vier chinesischen Schriftzeichen bestehende Themen *(musubidai)*, sind aufzulösen und über die Verse zu »verteilen«. Auch auf jene der chinesischen Poesie adäquate, frühzeitig nach Japan importierte Liste der lautlich orientierten »Gedichtkrankheiten« verweist Teika, ohne ihnen besonderes Gewicht zuzumessen, denn »*wenn ein Gedicht nicht unter einer angeborenen Krankheit leidet, ist jegliche [andere] Krankheit unerheblich. Und wenn ein schlechtes Gedicht überdies eine Krankheit hat, so ist auch das unerheblich.*« Lediglich die Wiederholung auffälliger Wendungen, und seien es auch nur zwei, drei Silben, sei zu vermeiden, wie »*man auch nicht merken lassen soll, daß man gewisse [ungewöhnliche] Ausdrücke liebt*«. Im folgenden Brief kommt der Verfasser wiederum auf die »zehn Stile« zurück

und empfiehlt, sich den rechten, der eigenen Begabung angemessenen Stil zu wählen. Nach Beherrschung eines Stiles dürfe man aber die übrigen nicht gänzlich außer acht lassen, sondern möge sich auf der Grundlage des einen den anderen zuwenden und ein Ideal anstreben, das *»über das Ich hinausgeht«*. Weitere Themen sind: Voreingenommenheit bei der Gedichtbeurteilung (*»Man urteilt nach dem Ruf eines Dichters«*, nicht nach der Qualität des Werks); Verwendung von Motiven und Ausdrücken der chinesischen Poesie, vor allem von Po Chü-i (Teika selbst hat Übertragungen vorgenommen und begrüßt maßvolle Aneignung chinesischen Gedankenguts); Inspiration und *»Denkarbeit«* (*»Wenn man ohne Unterlaß nachsinnt, dann verwirrt sich der Charakter und es verkümmert das Herz«*); Vorschriften für die Dichterversammlung.
W.N.

AUSGABEN: Tokio 1702 (in *Kogo shimpishō*). – Tokio 1819 (in *Gunsho ruijū*). – Tokio 1956 (Nihon kagaku taikei, 3). – Tokio 1961 (Nihon koten bungaku taikei, 65). – Tokio 1971.

LITERATUR: Ishida Y., *Fujiwara Teika no kenkyū*, Tokio 1957. – O. Benl, *Die Entwicklung der japanischen Poetik bis zum 16. Jh.*, Hbg. 1951, S. 74–84. – Fukuda H., *Teika gisho no seiritsu to »Maigetsushō« sono ta no shingi ni tsuite* (in *Chūsei wakashi no kenkyū*, Tokio 1972). – R. H. Brower, *Fujiwara Teika's »Maigetsushō«* (in Monumenta Nipponica, 40, 1985, S. 399–425; m. engl. Übers.).

MEIGETSUKI

auch: *Shōkōki* (jap.: *Aufzeichnungen unter dem Vollmond*, auch: *Aufzeichnungen im strahlenden Glanz*). Auch unter weiteren Titeln bekanntes Tagebuch des Aristokraten FUJIWARA NO SADAIE, berichtet über Ereignisse aus dem Zeitraum von 1180 bis 1235; es fehlen jedoch Einträge aus den Jahren 1182–1187, 1189/90 und 1193–1195. Auch sonst ist der Bericht lückenhaft. – Der chinesisch geschriebene Text, dessen ursprünglicher Umfang auf mehr als 100 Faszikel geschätzt wird, ist in einer authentischen Handschrift und zahlreichen Abschriften überliefert. Er gibt detailliert Auskunft über das Leben des als Dichter hochberühmten Autors (vgl. *Maigetsushō*). Er spricht von seinem Gesundheitszustand, seinen Interessen, vor allem seinem poetischen Schaffen, aber auch von wirtschaftlichen und häuslichen Angelegenheiten. Ferner berichtet er über seine Kontakte zum Kaiserhaus und zum Hochadel sowie über die Ereignisse am Hof und in der Gesellschaft. Durch diese Vielzahl von Themen stellen die Aufzeichnungen eine Quelle ersten Ranges zum schöngeistigen und kulturellen wie zum politischen Leben der spätesten Heian- und frühen Kamakura-Zeit dar; der Chronik des frühen Kamakura-Shōgunats, *Azuma kagami*, diente das *Meigetsuki* auch als eine ihrer Quellen. Die für die Geschichte der Dichtkunst relevanten Teile des Tagebuchs hat ICHIJŌ KANEYOSHI (Kanera, 1402–1482) in einem Auszug zusammengefaßt.
W.N.

AUSGABEN: Tokio 1911; ²1970; Hg. Kokusho kankōkai. – Tokio 1924; ³1958 (*Meigetsuki shōshutsu*; Zoku Gunsho ruijū, 470; enth. nur das Material zum »Kurzgedicht«).

LITERATUR: Tsuji H., *Fujiwara Teika »Meigetsuki« no kenkū*, Tokio 1977.

FUJIWARA NO TAMETSUNE

12. Jh.

IMA-KAGAMI

auch: *Ko-kagami, Shoku-Yotsugi, Shin-Yotsugi, Tsukumogami no monogatari* (jap.; *Spiegel der Gegenwart*). Zur Kategorie der historischen Erzählungen (*rekishi monogatari*) gehörende Chronik der privaten Geschichtsschreibung (vgl. *Nihon-shoki*); sie bildet zusammen mit dem *Ō-kagami*, *Mizu-kagami* und *Masu-kagami* die Gruppe der *Shi-kagami (Vier Spiegel)*. – Als Autoren vermutete man bis vor wenigen Jahren NAKAYAMA TADACHIKA (1131–1195) oder MINAMOTO NO MICHICHIKA (1149–1202); heute gilt die Verfasserschaft des FUJIWARA NO TAMETSUNE als nahezu gesichert. Die Niederschrift dürfte 1170 abgeschlossen worden sein; mit diesem Jahr endet der Bericht, der, an den *Ō-kagami (Großer Spiegel)* anschließend, über die Jahre 1025–1170, von Kaiser Go-Ichijō bis Kaiser Takakura, handelt.
Die zehn Bücher der Chronik sind in drei Abteilungen gegliedert: 1. drei Bücher Kaiserbiographien; 2. drei Bücher Fujiwara-Biographien, ein Buch Biographien der Murakami-Genji, ein Buch Prinzenbiographien; 3. zwei Bücher Ergänzungen (darunter auch Literaturkritisches). In der Form dieser Biographien werden die historischen Ereignisse des dargestellten Zeitraums aufgerollt. Dabei dient als Rahmen, wie schon im *Ō-kagami*, die Konversation einiger Reisender. An der Unterhaltung ist unter anderen auch Ayame, die Enkelin des aus dem *Ō-kagami* bekannten Erzählers Yotsugi, beteiligt. Hieran, wie am Aufbau des Werks, wird die Absicht deutlich, die Tradition des *Großen Spiegels* fortzusetzen. Allerdings erscheinen die Sprecher im *Ima-kagami* bis zur Leblosigkeit stilisiert; ebenso fehlt der kräftige Stil des Vorbilds. Dennoch fesselt die geschickte Aneinanderreihung interessanter Anekdoten, was den *Ima-kagami* – auch stilistisch - vorteilhaft von dem trockenen *Mizu-kagami* unterscheidet. Wie im *Eiga monogatari* tragen einzelne Kapitel Überschriften wie *Wolkenbrunnen, Frühlingsbeginn* usw. – Der *Spiegel der Ge-*

genwart hat sowohl literarhistorisch als auch historisch wenig Beachtung gefunden; das ist zumindest angesichts seines hohen geschichtlichen Quellenwertes ungerechtfertigt. H.A.D.

AUSGABEN: Tokio 1650. – Tokio 1929 ff. (Shintei zōho Kokushi taikei, 21).

LITERATUR: Sekine M., »*Ima-kagami*« *shōchū*, Tokio 1897. – Ders., »*Ima-kagami*« *shinchū*, Tokio 1927. – Yamaguchi K., »*Ima-kagami*« *sakusha kō* (in Kokugo to kokubungaku, 1952). – »*Ima-kagami*« (in *Nihon bungakushi*, Hg. Hisamatsu S., Bd. 3, Tokio 1957, S. 96–100). – Matsumura H., *Kanazawa-bunko-hon* »*Ima-kagami*« *ni tsuite* (in Kanazawa-bunko kenkyū, 1961, 7). – Ders., *Rekishimonogatari*, Tokio 1961.

FUKAZAWA SHICHIRŌ

* 29.1.1914 Isawa-machi / Yamanashi
† 18.8.1987 Shobu-machi

NARAYAMABUSHI KŌ

(jap.; Ü: *Schwierigkeiten beim Verständnis der Narayama-Lieder*). Erzählung von FUKAZAWA Shichirō, erschienen 1956. – Fukazawas Erstlingswerk basiert auf der Überlieferung, daß in früheren Zeiten die armen japanischen Bauern alte Leute, die überflüssige Esser geworden waren, im Gebirge aussetzten *(ubasute)*. Schauplatz von Fukazawas »mittellanger Erzählung« *(chūhen shōsetsu)* ist ein winziges Bergdorf, dessen vom Hunger diktierte soziale Gesetze in volkstümlichen Versen, den Narayama-Liedern, ihren Ausdruck gefunden haben.
Erzählt wird die Geschichte der neunundsechzigjährigen Orin, für die es nun bald Zeit wird, ihre »Wallfahrt« zum Narayama anzutreten, dem Berg, auf dem sie ihren Tod erwarten muß. Der schreckliche Sinn des Euphemismus bleibt dem Leser zunächst verborgen, er wird durch verschiedene Episoden, deren leitendes Ordnungsprinzip die *Narayama*-Lieder sind, erst nach und nach an die unbarmherzigen Überlebensstrategien des Ortes herangeführt. So ist beispielsweise die Rede davon, das Kind der jüngsten Schwiegertochter gleich nach der Geburt in eine Schlucht zu werfen, ein Vorschlag, der auch von der Schwangeren begrüßt wird. Orin selbst, die noch kräftige Zähne hat und so nach den Vorstellungen der anderen Dorfbewohner für ihr Alter ungehörige Mengen an Nahrung zu sich nehmen könnte, schämt sich dessen so sehr, daß sie sich mit einem Stein die Zähne ausschlägt.
Ungeachtet dieser Inhalte ist Fukazawas Werk wegen seiner lakonischen, unsentimentalen Sprache und der Strukturierung der Geschichte durch die archaisierenden Verse keine sozialkritische Erzählung, sondern eher eine Fabel, ein Gleichnis von der Natur des Menschen. Zwar gehen die grausamen Regeln des Dorfes auf das Fehlen existentieller Grundvoraussetzungen und den daraus folgenden Kampf ums Dasein zurück, doch ist es Fukazawa nicht um darwinistische Auslesevorstellungen, Naturgesetze o. ä. zu tun. Sein Anknüpfungspunkt ist das Schicksal des Menschen, das bestimmten Traditionen seines gesellschaftlichen Zusammenhangs – hier verkörpert durch die *Narayama*-Lieder – ausgeliefert ist. Seinen Figuren bleibt die Wahl zwischen der Selbstverleugnung Orins und der vergeblichen Auflehnung des alten Mata-yan, der versucht, sich gegen seine Aussetzung zu wehren. Orin stirbt im Gebirge, von frischgefallenem Schnee bedeckt, während Mata-yan von seinem Sohn in eine Schlucht gestürzt und buchstäblich ein Fraß der Raben wird. Gut und böse, weiß und schwarz (vgl. die Motive Schnee und Raben) sind in dieser Welt gleichbedeutend mit Anpassung an die Gesetze der Gemeinschaft oder Verstoß gegen sie.
Narayamabushi kō war eine literarische Sensation und erhielt den »Chūō kōron sha«-Preis für Nachwuchsschriftsteller. Fukazawa, der selbst aus einer armen Bergregion in Zentraljapan stammt und als Autodidakt bezeichnet werden kann, gewann nach dem Erscheinen von *Narayamabushi kō* die Unterstützung zahlreicher Berühmtheiten der japanischen Literaturszene, darunter TANIZAKI und MISHIMA. Mit seiner Geschichte dringt Fukazawa zum Urgrund des japanischen Gesellschaftsbewußtseins durch, dessen Moral in der bedingungslosen Opferbereitschaft des einzelnen für die Bedürfnisse der Gemeinschaft besteht. Damit traf er den Nerv einer auch heute noch in Japan geführten Diskussion. U.Gr.

AUSGABEN: Tokio 1956. – Tokio 1968.

ÜBERSETZUNG: *Schwierigkeiten beim Verständnis der Narayama-Lieder*, K. Reinhold, Bern 1981.

LITERATUR: S. Linhart, *Das Problem der alten Menschen in der japanischen Gegenwartsliteratur – eine soziologische Betrachtung* (in Nachrichten d. Ges. für Natur- u. Völkerkunde Ostasiens, 115, 1974, S. 35–44).

LADISLAV FUKS

* 24.5.1923 Prag

LITERATUR ZUM AUTOR:
M. Pohorský, *Variace na F. struně* (in Plamen, 9, 1967, Nr. 2, S. 21–26). – Ders., *Úzkostlivé sny L. F.* (in Česká literatura, 20, 1972, Nr. 2, S. 151–166).

– F. Buriánek, *Ohlédnutí,* Prag 1978. – Š. Vlašin, *Ve škole života,* Prag 1980, S. 147 bis 154. – M. Blahynka u. a., *Čeští spisovatelé 20. století,* Prag 1985, S. 142–146. – Š. Vlašin u. a., *Literatur der ČSSR,* Bln. 1985, S. 386–400, 663 f.

PAN THEODOR MUNDSTOCK

(tschech.; *Ü: Herr Theodor Mundstock*). Roman von Ladislav Fuks, erschienen 1963. – Der Autor, Kunsthistoriker von Beruf, legt mit diesem Buch seinen sehr erfolgreichen ersten Roman vor. Er behandelt sein Thema – die Judenverfolgungen in der Zeit der deutschen Okkupation – aus einer ungewöhnlichen, subjektiven Perspektive.

Herr Theodor Mundstock, ein gutmütiger Junggeselle in mittleren Jahren, lebt als kleiner Beamter in Prag. Er ist Jude. Gegen das triumphierende Böse, das auch sein Leben bedroht, kämpft er nicht, sondern versucht, sich ihm anzupassen und es so zu überlisten. Zur Verwirklichung dieser Theorie des Überlebens entwickelt er eine Art von Trainingsmethode, indem er sich übt, Erniedrigungen, Entbehrungen, Schläge und die voraussichtlichen Leiden des Konzentrationslagers zu ertragen. Er atmet sogar Gas ein, um einen Vorgeschmack des ihm zugedachten Todes zu bekommen, sucht aber gleichzeitig nach Lücken im tödlichen Netz der Verfolgung. Nach wochenlangem systematischem Training flößt Mundstock die Einberufung zum Deportationstransport keine Furcht mehr ein. Die Absurdität und groteske Tragik des Romans erreicht ihren Gipfelpunkt, als der Held, seelisch gefaßt und nicht ganz ohne Hoffnung, zu überleben, auf dem Sammelplatz von einem deutschen Militärlastwagen überfahren wird. Schwer verletzt, vermag er sich noch gerade bewußt zu werden, daß sein System irgendwo versagt hat: »*Ihm wird schwarz vor Augen, eine urgewaltige Kraft reißt ihm den Koffer aus der Hand und da erkennt er: er war in eine furchtbare Falle geraten ... Gott, was ist passiert, zuckt es ihm durch den Sinn, was haben wir getan, wir konnten uns doch nicht auf alles vorbereiten ... Vermutlich habe ich mich schrecklich geirrt ...*«

In der reichen antifaschistischen Literatur der Tschechoslowakei markiert dieses Buch eine besondere Tendenz. Der Autor verallgemeinert seine Anklage so weit, daß sie auf jede inhumane gesellschaftliche Maschinerie zielt. Der kategorische Imperativ aus dem *Talmud* »*Die Welt muß auf Liebe aufgebaut sein*«, mit dem der Roman ausklingt, entspricht dieser Verallgemeinerung. Fuks forscht nach den seelischen Ursachen jener Umstände, die zum Ausverkauf aller menschlichen Werte durch den Nazismus führten. Er sieht sie in der Ohnmacht des einzelnen, der hilflos und unschuldig den gesellschaftlichen Mächten ausgeliefert ist, auf die er keinen Einfluß besitzt. Im Unterschied zu Arnošt Lustig, mit dessen Novellen *Noc a naděje,* 1957 (*Nacht und Hoffnung*), und *Démanty noci,* 1958 (*Diamanten der Nacht*), man dieses Werk am ehesten vergleichen kann, beschäftigt sich Fuks nicht mit den äußeren Aspekten des Lebens im Ghetto und ihrer Wirkung auf den heranwachsenden Menschen. Während Lustig sich einer meist saloppen Umgangssprache bedient, läßt sich in *Pan Theodor Mundstock* eine Beziehung zu F. Kafkas visionärem Stil finden.
R.I.-KLL

Ausgabe: Prag 1963. – Prag ²1969.

Übersetzung: *Herr Theodor Mundstock,* J. Hahn, Mchn. 1964. – Dass., ders., Bln. 1966.

Literatur: Z. Kožmín, *K problematice stylového principu prózy* (in Impuls, 1, 1966, Nr. 2, S. 89–93). – F. Všetička, *Dualita pana Theodora Mundstocka* (in Česká literatura, 21, 1973, S. 262–270).

FUKUZAWA YUKICHI

* 12.12.1834 Osaka
† 3.2.1901 Tokio

FUKUŌ JIDEN

(jap.; *Ü: Fukuzawa Yukichi. Eine autobiographische Lebensschilderung*). Autobiographie von Fukuzawa Yukichi, erschienen 1899. – Fukuzawa diktierte seine Lebensbeschreibung einem Sekretär im Jahre 1898 und veröffentlichte die nur wenig überarbeitete Fassung zunächst in seiner Zeitung ›Jiji shimpō‹. Heute gilt das Werk nicht nur als Klassiker der japanischen autobiographischen Literatur, der sich auszeichnet durch die freimütige Beschreibung und Analyse persönlicher Erfahrungen, sondern auch als ein hervorragendes Beispiel japanischer Literatur der Neuzeit. Es bildet den Schlußpunkt in Fukuzawas umfangreichem publizistischem Schaffen. Der Pädagoge und Aufklärer schildert darin die Stationen seines ereignisreichen Lebens, gleichzeitig legt er seine Einsichten und Ideen dar.

Schon bei der Beschreibung der Kindheit als Sohn eines niedrigrangigen Samurai wird deutlich, welch entschiedener Gegner des überkommenen Feudalsystems Fukuzawa ist. Er nimmt keine der bestehenden Regelungen des Zusammenlebens als gegeben hin, sondern beweist bereits als Kind einen kühl abwägenden Verstand und den Mut, die eigene Überzeugung zu vertreten. Um der Enge und Rückständigkeit seines Heimatortes zu entkommen, geht Fukuzawa als Neunzehnjähriger nach Nagasaki, der einzigen Stadt Japans, in der sich damals einige wenige Ausländer aufhalten durften. Der junge Fukuzawa lernt dort, holländische Texte zu lesen und beschäftigt sich mit »Geschützkunde«, die mit der Bedrohung durch amerikanische Kriegsschiffe aktuell geworden war. Infolge einer gegen ihn gerichteten Intrige muß

Fukuzawa die Stadt wieder verlassen. Er schildert diese Episode und die sich daran anschließende Reise nach Ōsaka in einer charakteristischen Mischung von Humor, entwaffnender Offenheit und scharfer Beobachtungsgabe, die sich durch das ganze Werk zieht.

In Ōsaka wird der Autor Schüler des Arztes Ogata Kōan und verbringt drei Jahre in dessen Heimschule, die junge Männer aus ganz Japan mit den »westlichen Wissenschaften« vertraut machte. Fukuzawa erinnert sich dabei vor allem an die derben Späße der Studenten, bei denen er oft tonangebend war, und an die Lebensumstände im Ōsaka jener Zeit; er beschreibt aber auch die unstillbare Wißbegier, mit der alles Neue von den Schülern Ogatas geradezu aufgesogen wurde, das Studium »ohne Ziel für die Zukunft« – ausschließlich betrieben mit dem Ehrgeiz, sich seltene und schwierige Kenntnisse anzueignen. Als Fukuzawa an den Hof seines Clans in Edo berufen wird, um die anderen Samurai dort Holländisch zu lehren, muß er schon bald erfahren, daß er mit den im benachbarten Yokohama ansässigen Ausländern nur auf Englisch verkehren kann und ihm seine intensiv betriebenen Holländisch-Studien kaum nützen. So beginnt er entschlossen damit, sich selbst Englisch beizubringen. Diese Englischkenntnisse kommen ihm auch tatsächlich bereits kurz darauf zugute: Als Mitglied der ersten japanischen Gesandtschaft reist Fukuzawa 1860 nach Amerika, und im Jahre 1862 begleitet er eine Delegation als Dolmetscher auf einer ausgedehnten Europareise. Der junge Mann nutzt beide Aufenthalte zu intensiven Studien der Gesellschaft, der Politik und Wirtschaft der betreffenden Länder. Um so größer ist seine Ernüchterung, als er nach seiner Rückkehr feststellen muß, daß sich die Ressentiments gegenüber Fremdem zu einem veritablen Ausländerhaß entwickelt haben und er es nicht wagen kann, seine Meinung frei zu äußern, geschweige denn die im Westen gesammelten Erfahrungen praktisch zu verwerten. Statt dessen zieht sich der Gelehrte für mehrere Jahre fast völlig zurück und beschäftigt sich ausschließlich mit Übersetzungen und dem Verfassen von Schriften, die wenige Zeit später mit überwältigendem Erfolg veröffentlicht werden sollten. Während sich die innen- und außenpolitische Lage immer mehr zuspitzt, beobachtet Fukuzawa die Situation mit großer Zurückhaltung und spricht seine Überzeugung, daß das Land endgültig geöffnet werden müsse, nur gegenüber engsten Vertrauten aus.

Erst im Verlauf seiner zweiten Amerikareise 1867 wird er unvorsichtig und läßt sich auf erregte Diskussionen über die Zukunft Japans ein, die dann auch tatsächlich eine vorübergehende Suspension vom Dienst als Regierungsdolmetscher nach sich ziehen. In der Folgezeit verhält sich Fukuzawa wieder strikt unparteiisch und kümmert sich während der bürgerkriegsähnlichen Auseinandersetzungen um die Regierungsgewalt ausschließlich um seine neugegründete Schule, die auch nach der Restauration 1868 für Jahre die einzige Lehranstalt bleibt, an der »abendländische Wissenschaften« unterrichtet werden. Hier bemüht sich der Pädagoge mit wachsendem Erfolg, seine eigenen Prinzipien – nämlich Unabhängigkeit und die Betonung der Vernunft ohne Zugeständnisse an althergebrachte Denkweisen – an die Schüler weiterzugeben. Er berichtet von seinem temperamentvollen Einsatz für die Gleichheit aller Bürger und seinem ausgeprägten Gerechtigkeitssinn, der ihn nicht selten in lebensgefährliche Situationen bringt. Aber er bleibt immer konsequent und verschafft sich mit dieser Haltung letztendlich Respekt und das Ansehen, das Grundlage war für sein erfolgreiches Wirken als Aufklärer und Verfechter der Menschenrechte nach westlichem Vorbild.

Die Tatsache, daß Fukuzawa seine Autobiographie diktierte und nicht sorgfältig konstruierend niederschrieb, ist wohl ein Grund für ihren großen Unterhaltungswert. Er verfaßte zwar auch seine theoretischen Schriften – wie etwa die in immensen Auflagen verkauften Werke *Seiyō jijō*, 1866 *(Die Situation im Westen)*, und *Gakumon no susume*, 1872–1876 *(Ermunterung zum Studium)* – bewußt in schlichtem, leicht verständlichem Stil, aber lediglich in der Autobiographie mit ihren spontanen Äußerungen, der Ironie und dem unbestechlichen Urteil, spiegelt sich die ganze Persönlichkeit Fukuzawas wider. Gleichzeitig stellt das Werk ein zeitgeschichtliches Dokument dar, mit dem der Weg Japans vom Ende des Shogunats bis zur Meiji-Zeit, vom mittelalterlichen Feudalstaat zum modernen Land, nachzuvollziehen ist. M.D.T.

AUSGABEN: Tokio 1899. – Tokio 1978.

ÜBERSETZUNG: *Fukuzawa Yukichi. Eine autobiographische Lebensschilderung*, G. Linzbichler, Tokio 1971.

LITERATUR: M. Tomita, *Fukuō jiden* (in *Sekai kyōyō zenshū*, Bd. 28, Tokio 1963). – M. Ara, *Fukuō jiden* (in *Sekai no ningen-zō*, Bd. 14, Tokio 1964). – C. Blacker, *The Japanese Enlightenment: A Study of the Writings of F. Y.*, Cambridge 1964. – Dies., Foreword (in *The Autobiography of Y. F.*, Übers. E. Kiyooka, Columbia 1966). – S. Tōyama, *F. Y.*, Tokio 1970. – M. Hirota, *F. Y.*, Tokio 1976.

ARTHUR NUTHALL FULA

* 15.5.1908 London
† 17.5.1966 Johannesburg

JÔHANNIE GIET DIE BEELD

(afrs.; Ü: *Im goldenen Labyrinth. Erzählung aus Johannesburg*). Roman von Arthur Nuthall FULA, erschienen 1954. – Der Titel des Werks (wörtlich: *Jo-*

hannesburg prägt das Bild) deutet bereits den Inhalt an: Das Leben in Johannesburg ist Verlockung und Untergang für viele Südafrikaner, die aus den Bantu-Reservaten in die städtischen »Wohngebiete für Eingeborene« bei den Gold- und Diamantminen kommen. Die Goldstadt prägt das Leben der Wanderarbeiter für immer.
Fula ist Christ, und er schreibt sein Buch, um die rettende Kraft der christlichen Lehre darzutun: Zwei junge Männer vom Stamm der Shangaan kommen auf Arbeitssuche nach Johannesburg und verlieren sich in dem *»goldenen Labyrinth«* der Großstadt. Doch während der eine Stammessitten und Christentum vergißt, geht der andere aus den zahllosen Versuchungen – vor allem Tanz, Kino und Alkohol – als sittlich und religiös gefestigter Mensch siegreich hervor. Die christliche Religion erscheint hier geradezu als Bewahrerin der Stammestraditionen – eine kühne und sicherlich nur begrenzt gültige Darstellung. Das Werk kann als Musterbeispiel einer von Missionaren inspirierten und wohl auch gelenkten »Zöglingsliteratur« gelten. Es zeigt nur die Aspekte des Afrikanertums, die in das Konzept der weißen Herren passen; von der wahren Situation der Afrikaner, von Polizeiterror, Rechtlosigkeit, ausbeuterischen Löhnen ist nicht die Rede. – Die Bedeutung des Romans liegt vor allem darin, daß er das erste in Afrikaans, der Sprache der Buren, geschriebene Werk eines Bantu-Schriftstellers ist. J.H.J.

AUSGABE: Johannesburg 1954.

ÜBERSETZUNG: *Im goldenen Labyrinth. Erzählung aus Johannesburg*, E. Schwab, Basel/Stg. 1956.

LITERATUR: R. Antonissen, *'n Wending in die realisme* (in R. A., *Die afrikaanse letterkunde van aanvang tot heden*, Kapstad ²1960). – Art. *E.* (in *Standard Encyclopaedia of Southern Africa*, Bd. 5, Kapstad 1972).

LUDWIG FULDA

* 15.7.1862 Frankfurt/Main
† 30.3.1939 Berlin

LITERATUR ZUM AUTOR:
A. Klaar, *L. F. Leben u. Lebenswerk*, Stg./Bln. 1922. – F. Martini, *L. F.* (in NDB, Bd. 5, S. 727 f.). – B. Gajek, *Theater als Gebrauchskunst. Überlegungen zu den Bühnenstücken L. F.s (1862–1939)* (in *Gebrauchsliteratur, Interferenz, Kontrastivität*, Hg. B. Gajek u. E. Wedel, Regensburg 1981, S. 143–172). – *L. F. Briefwechsel 1882–1939. Zeugnisse des literarischen Lebens in Deutschland*, Hg. B. Gajek u. W. v. Ungern-Sternberg, 2 Bde., Ffm. 1988.

DES ESELS SCHATTEN

»Lustspiel in drei Aufzügen mit freier Anlehnung an Wielands ›Abderiten‹« von Ludwig FULDA, Uraufführung: Mannheim, 14. 1. 1922, Nationaltheater. – Der heute weitgehend vergessene Autor, 1939 von den Nationalsozialisten in den Selbstmord getrieben, war im wilhelminischen Deutschland, aber auch noch in der Weimarer Republik populär durch seine Lustspiele, machte sich aber auch als Übersetzer einen Namen; so übertrug er SHAKESPEARES *Sonette*, IBSENS *Peer Gynt* und auch Werke von MOLIÈRE und BEAUMARCHAIS ins Deutsche. Vorlage für *Des Esels Schatten* war die entsprechende Episode aus dem 4. Buch von Ch. M. WIELANDS *Geschichte der Abderiten* (1781).
Wie bei Wieland mietet in Fuldas Lustspiel der Arzt Struthion das Tier des Eseltreibers Anthrax und gerät mit diesem in Streit, als er sich im Schatten des Esels ausruhen will, Anthrax für diese Annehmlichkeit aber weitere Bezahlung fordert. Darauf bildet sich um Anthrax und seinen Anwalt Kinesias die »Partei der Esel«, die Esel und Schatten als getrennt zu mietende Dinge betrachten, während sich um Struthion und Physignatos die »Partei der Schatten« sammelt, deren Anhänger den Schatten als zum Esel gehörig ansehen. Der Oberpriester Agenor, der seine Kundschaft an Struthion verloren hat, schließt sich Anthrax an; Struthion dagegen gewinnt die Unterstützung des Aphrodite-Priesters Theopomp. Der Archon (Bürgermeister) Onolaos sagt, von Anthrax' Frau Gorgo überredet, diesem seine Unterstützung zu; zugleich steht der Archon unter dem Einfluß seiner Frau Leukippe, die ihrem Liebhaber Struthion Hilfe durch ihren Mann verspricht. Nachdem Struthion den ersten Prozeß gewinnt, muß Onolaos, von beiden Seiten unter Druck, im Streitfall erneut entscheiden; in der Verhandlung gibt er beiden Klägern recht und wird daraufhin von den wütenden Anwälten abgesetzt. Sie fordern sein Amt für sich und lassen den Philosophen Demokrit, der als einziger eine Parteinahme verweigert, ins Gefängnis werfen. In der Zwischenzeit zieht der makedonische König Kassander, den beide Parteien heimlich zu Hilfe gerufen hatten, kampflos in die Stadt ein und annektiert sie. Während Demokrit in Wielands Prozeßdarstellung am Rande bleibt, integriert Fulda ihn, den lächelnden Philosophen, durch eine Liaison mit der Tänzerin Iris in die Handlung. Er rächt sich an den Abderiten, die zwar über Iris Empörung heucheln, ihr aber zugleich Anträge machen, indem er ihnen ein angebliches Wunder mit einer Spatzenfeder verrät; die Feder, wenn sie einer schlafenden Frau aufs Herz gelegt werde, lasse diese ihre Treue oder Untreue bekennen. Bei dieser Tugendprobe wird Leukippe, die Frau des Archon, von diesem und ihren Liebhabern Theopomp und Struthion belauscht, während sie sich schlafend stellt und unter dem angeblichen Einfluß der Feder ihre Liebe zu ihrem Mann bekennt.
Letztlich geht der Stoff zurück auf die nur fragmentarisch erhaltene Komödie *Des Esels Schatten*

des altgriechischen Dichters ARCHIPPOS und fand in der Literatur im Motiv der Schattenlosigkeit, so in A. v. CHAMISSOS Erzählung *Peter Schlemihls wundersame Geschichte* (1814), weitere Variationen.

Die aktualisierenden Bezüge, in denen Wielands Erfahrungen in Biberach und Mannheim wiederkehren, erleichterten von jeher eine Neuaufnahme des Stoffes. So verlegte August von KOTZEBUE in seiner einaktigen Posse *Des Esels Schatten, oder: Der Prozeß in Krähwinkel* (1810) die Handlung in die eigene Gegenwart einer deutschen Kleinstadt und schwächte damit Wielands Kritik, die durch ihre Indirektheit wirkt; Fulda jedoch bleibt beim bildungsbürgerlichen Bild der Antike, das er seiner Zeitkritik dienstbar macht. Während Wieland den Eselprozeß benutzte, um vor allem die Abderitische Justiz lächerlich zu machen, lenkt Fulda die Aufmerksamkeit auf den Parteienstreit, der zur Annektierung der Stadt durch Kassander führt, wie sie bei Wieland nicht vorkommt. Fulda selbst schrieb an den dänischen Historiker und Politiker Georg BRANDES am 29. 5. 1926, er habe die Parteien des Prozesses als *ein Symbol der blinden Parteiwut* verstanden. Dieses 1922 bei der Aufführung durchaus brisante Thema wird sowohl durch die Einbettung in den klassischen Stoff als auch die strenge Form – Fulda schrieb das Stück in Blankversen – verdeckt. Daher hat Alfred DÖBLIN in seiner Kritik der Berliner Aufführung diese Umakzentuierung zwar vermerkt, aber mit dem Hinweis verurteilt, Fuldas unbestrittene Routine verhindere, daß dieses Thema in seiner Tragweite erkannt werde. Der bei Fulda angedeutete politische Schaden wird bei Friedrich DÜRRENMATT in seinem Hörspiel *Der Prozeß um des Esels Schatten* (1951) zu einer Kritik des ideologischen Fanatismus gesteigert, weil die parteigebundene Feuerwehr sich weigert, die von den Gegnern angesteckte Stadt zu löschen. G.Rö.

AUSGABE: Stg./Bln. 1921.

LITERATUR: A. Döblin, Rez. (in Prager Tagblatt, 1. 6. 1922; ern. in ders., *Ein Kerl muß eine Meinung haben. Berichte u. Kritiken 1921–1924*, Freiburg i. B. ²1977, S. 85–88). – B. Gajek, *Die Abderiten sind unter uns. Zur Neuinszenierung von L. F.s Lustspiel »Des Esels Schatten« im Frankfurter Theater am Turm* (in Schweizer Monatshefte, 1967, S. 511–513). – G. v. Wilpert, *Der verlorene Schatten. Varianten eines literarischen Motivs*, Stg. 1978.

DER SEERÄUBER

Lustspiel in vier Aufzügen von Ludwig FULDA, Uraufführung: Wien, 17. 1. 1912, Burgtheater. – Das Stück spielt in einer kleinen Landstadt Andalusiens im 17. Jh. Das Ehepaar Manuela und Pedro Vargas lebt dort behäbig im Kreis der Nachbarn, so daß Manuela aus Überdruß an der Ehe in die Traumwelt ihrer Ritter- und Heldenromane flüchtet. Als der Gaukler Serafin mit seinen Gehilfen Trillo und Torribio in die Stadt kommt, erkennt Torribio in Pedro sofort den Korsaren Estornudo wieder und wird auch von diesem erkannt. Pedro, dick und kurzatmig geworden, erkauft Torribios Schweigen, indem er ihn zum Verwalter seines Gutes macht. Unmittelbar danach ertappt er Manuela, die aus dem Haus der leichtfertigen Witwe Isabel Galvez kommt, von der sie ihre Romane ausleiht; nachdem er verächtlich Isabel abgefertigt hat, wird er von Manuela in eine Aussprache über ihre Ehe gezogen, weist aber ihre Wünsche nach Abwechslung zurück.

Um mehr Zuschauer anzulocken, beschließt Serafin am nächsten Tag, sich für Estornudo auszugeben, der verkleidet eine neue Piratenmannschaft werbe; das Gerücht verbreitet sich über Isabel und Manuelas Dienstmädchen Lisarda, so daß die Leute am gleichen Tag das Theater stürmen. Während Pedro seinen Nachmittagsschlaf hält, treffen sich Manuela und Serafin in der benachbarten Laube; Manuela empfängt den angeblichen Korsaren mit phantastisch ausgeschmückten Erzählungen seines Piratenlebens, die Serafin übertreibend fortsetzt. Verräterische Versprecher, die auf seine Gauklerexistenz deuten, überhört Manuela; beim Abschiedskuß werden sie von Isabel beobachtet. Als Pedro am nächsten Morgen mit Torribio auf sein Gut abgereist ist, wo er zwei neugekaufte Rappen unterstellen will, empfängt Manuela Serafin. Seine Andeutungen eines harten Lebens bezieht Manuela auf sein Piratendasein; zudem heuchelt Serafin Leidenschaft, weil er von Manuela Geld will. Diese bietet ihm ihre Mitgift und will mit ihm fliehen, als sie vom Alkalden, dem Bürgermeister, gestört werden, so daß Serafin sich in ihr Ehebett verstecken muß. Isabel hat das Rendezvous verraten und auch Pedro einen Boten nachgeschickt; mühsam kann Manuela die Durchsuchung des Zimmers hinausschieben, bis Pedro kommt. Als der Alkalde erzählt, daß die Spur Estornudos zu seinem Haus führt, glaubt Pedro sich zunächst entdeckt, merkt aber bald, daß ein anderer gemeint ist, und wirft den Alkalden aus dem Haus. Inzwischen entflieht Serafin über ein vor dem Fenster gespanntes Wäscheseil, während Manuela ihren Besitz einpackt, angeblich, um ihn in Sicherheit zu bringen. Pedro will ihr die Existenz des Korsaren ausreden, um nicht von ihm entdeckt zu werden, aber sie nimmt das als weiteren Beweis seiner Spießigkeit und erzählt von ihrer Liebe zu dem Korsaren. Pedro braust auf, entdeckt den am Wäscheseil hängenden Serafin und will von ihm ein Geständnis erpressen. Als er aus Atemnot fast zusammenbricht, entkommen Serafin und Manuela, die ihren Mann einschließen.

Auf dem Landgut sind Lisarda und Trillo schon eingetroffen, ihnen folgen Manuela und Serafin mit dem Gauklerkarren. Serafin ruft, Pedros Stimme nachahmend, nach den zwei Rappen, muß aber zusehen, wie Trillo und Lisarda auf ihnen fliehen. Inzwischen kommt Pedro-Estornudo an und erklärt seine wahre Identität, wird aber ausgelacht, bis er das Brandeisen ausgraben läßt, mit dem er

Torribio einst als seinen Mitpiraten gezeichnet hat. Ein Suchtrupp des ebenfalls eintreffenden Corregidor bringt die Fliehenden zurück; darauf gesteht Serafin seinen Betrug, den Pedro grob auftrumpfend der gedemütigten Manuela vor Augen hält. Der Corregidor verurteilt Pedro für seine Verbrechen als Pirat zum Kriegsdienst und befiehlt die Ehe zwischen Manuela und Serafin, der – zum Schrecken Manuelas – ehrbar und seßhaft werden will.

Fulda verzichtet bei seinem Stück, das mit dem Gegensatz von Schein und Sein ein erprobtes Komödienschema ausspielt, nicht auf Szenen, in denen »sich die Darstellung hart an das Possenhafte wagt«, wie Paul HEYSE in einem Brief vom 29. 1. 1912 kommentierte. Bei seiner Uraufführung fand das Lustspiel zurückhaltende Aufnahme, auch die Kritik lehnte es entschieden ab, vor allem wegen des unbefriedigenden Schlusses. 1948 diente das Stück als Vorlage für ein Musical, zu dem Cole PORTER die Musik schrieb und das mit Gene Kelly und Judy Garland in den Hauptrollen verfilmt wurde, wie auch bereits vor dem Zweiten Weltkrieg mehrere Bühnenstücke Fuldas als Vorlage für Kinofilme dienten (*Das verlorene Paradies*, 1917; *Der Dummkopf*, 1921; *Die Zwillingsschwester*, 1925; *Die Durchgängerin*, 1928; sowie *Fräulein Frau*, 1934).

G.Rö.

AUSGABE: Stg./Bln. 1912.

VERFILMUNGEN: *The Pirate*, USA 1948 (Regie: V. Minnelli).

LITERATUR: A. Polgar, *Der neue F.* (in Schaubühne, 8, 1912, Nr. 1, S. 121–123). – H. Walden, *Seeräubergeschichten* (in Der Sturm, 2, 1911/12, S. 79).

DER TALISMAN

»Dramatisches Märchen« in vier Aufzügen von Ludwig FULDA, Uraufführung: Berlin, 4. 2. 1893, Deutsches Theater. – Das 1892 entstandene Stück, vor dessen erfolgreicher Uraufführung die Zensur die Verse: »*Herr, kann dich das im Ernst erbosen? / Du bleibst ein König – auch in Unterhosen*« beanstandete, geht auf Hans Christian ANDERSENS Märchen *Des Königs neue Kleider* zurück. Schauplatz der Handlung ist Zypern, wo der junge König Astolf herrscht. Als ihn Maddalena, die Tochter des Adligen Diomed, verschmäht, nimmt er beiden den Grafentitel und erhebt den Korbflechter Habakuk und dessen Tochter Rita in diesen Stand. Seine Höflinge, allen voran der Feldherr Berengar, bestärken den König in seinem selbstherrlichen Auftreten, während er selbst an der Loyalität seiner Umgebung zweifelt. Gewißheit verspricht ihm der Schneider Omar, der behauptet, dank eines magischen Talismans dem König ein Zauberkleid weben zu können, das für die dem Herrscher schlecht Gesinnten unsichtbar sei und sie daher verraten werde. Der König nimmt Omars Dienst an, und als dieser sein Kleid den Höflingen zeigt, müssen diese vorgeben, etwas zu sehen. Nur Berengar, der den Sturz des Königs plant, will Omar als Schwindler entlarven; dieser aber weiß um Berengars ehemalige Intrige gegen den treuen Feldherrn Gandolin und erpreßt Berengar damit, so daß auch dieser behauptet, Omars Kleid erkennen zu können. Der König beschließt daraufhin, das Kleid beim Krönungsjubiläum zu tragen, jenem Tag, an dem auch Berengar seinen Putsch unternehmen will, wozu er sich der Mithilfe des entmachteten Diomed versichert. Der Jubiläumszug des Königs setzt sich in Bewegung, die Zuschauer nehmen die Farce hin, nur die zur Gräfin erhobene Rita ruft aus: »*Der König hat ja gar nichts an.*« Der König läßt sie und Omar, der nun den Schwindel enthüllt, verhaften, worauf im Volk Tumult ausbricht. Während sich Omar und Rita in der Haft ihre Liebe gestehen und Diomed beim König die Umsturzpläne enthüllt, wird Berengar auf Betreiben Maddalenas erstochen. Durch den Tod dieses Höflings finden sich König und Volk versöhnt, zumal Astolf seine Fehler einsieht; als äußeres Zeichen seines Wandels wirbt er um Maddalena und macht Diomed und Omar, der sich als Sohn des alten Gandolin zu erkennen gibt, zu seinen Beratern.

Zwei Änderungen nahm Fulda gegenüber seiner Vorlage von Andersen vor. Wo sich bei Andersen zwei gerissene Schneider durch die Arbeit an dem Kleid bereichern, ist bei Fulda der vorgebliche Schneider Omar ein Sohn des in der Verbannung gestorbenen Feldherrn Gandolin. Zugleich treibt die um den Feldherrn Berengar sich bildende Hofkamarilla die Handlung voran, ein Motiv, das bei Andersen ebenfalls fehlt.

Gegen das Stück, eine märchenhafte Satire auf den überlebten Staatsabsolutismus in Deutschland und Österreich, erhob sich in beiden Ländern Widerstand von offizieller Seite; der Direktor des Wiener Burgtheaters, Max Burckhard, setzte es auf Betreiben des Kaiserhofes von den Proben ab, und erst nach einem von Fulda angestrengten Prozeß konnte es im März 1893 am Deutschen Volkstheater gespielt werden. Zu einem zweiten Eklat um den *Talisman* kam es Ende 1893, als Fulda dafür den Schillerpreis erhalten sollte. Kaiser Wilhelm II. lehnte dies ab, wie er 1896 und 1899 auch die Entscheidung für Gerhart HAUPTMANN boykottierte. Für Fuldas Kritik am herrschenden System mit den Mitteln des Märchens gibt es zeitnahe Parallelen, so Maximilian HARDENS *König Phaeton* (1892) oder Fritz MAUTHNERS *Narr und König* (1914, aufgrund des Kriegsbeginns nicht veröffentlicht); allerdings überraschte Fuldas Stück zu seiner Zeit, da der Autor davor mit zwei naturalistischen Schauspielen (*Das verlorene Paradies*, 1890; *Die Sklavin*, 1891) großen Erfolg hatte. Mit dem *Talisman* eröffnet er die Tradition der neuromantischen Märchendichtung, die sich in *Königskinder* (1895) von Ernst ROSMER (d. i. Elsa Bernstein, 1866–1949) und *Die versunkene Glocke* (1897) von Hauptmann fortsetzte.

G.Rö.-KLL

AUSGABE: Stg./Bln. 1892.

LITERATUR: K. Kraus, *Die Unterhosen. Ein Censurstückchen in 2 Aufzügen* (in Die Gesellschaft, 9, 1893, S. 1609–1612). – F. Mamroth, *L. F. »Der Talisman«* (in F. M. *Frankfurter Theaterchronik 1889-1907*, Bd. 1, Bln. 1908, S. 148–150). – W. v. Ungern-Sternberg, *Zur Geschichte des Volksschillerpreises (1902-1918)* (in Börsenbl. f. d. Dt. Buchhandel, Beil. Buchhandelsgeschichte, 1987, Nr. 3).

FABIUS CLAUDIUS FULGENTIUS AUS RUSPE

* 467 Telepte / Nordafrika
† 1.1.532 Ruspe

LITERATUR ZUM AUTOR:
O. Friebel, *F.*, Paderborn 1911. – G. G. Lapeyre, *Saint Fulgence de Ruspe*, Paris 1929. – B. Nisters, *Die Christologie des hl. F. von Ruspe*, Diss. Münster 1930. – F. di Sciascio, *Fulgentio di Ruspe*, Rom 1941. – H. J. Diesner, *F. von Ruspe als Theologe u. Kirchenpolitiker*, Stg. 1966.

CONTRA ARIANOS LIBER UNUS

(lat. Patr.; *Ein Buch gegen die Arianer*). Streit- und Verteidigungsschrift von FABIUS CLAUDIUS FULGENTIUS aus Ruspe. – Der Autor, ein afrikanischer Theologe, seit 507 Bischof von Ruspe, wurde unter dem arianischen König Thrasamund (reg. 496–523) nach Sardinien verbannt (erst um 515 durfte er wieder zurückkehren). Aus diesem Anlaß mußte er sich mit zehn Einwänden des Königs gegen den seit dem Konzil von Nicäa (324) als orthodox geltenden athanasianischen Glauben auseinandersetzen. Er tat dies sachlich und ohne überflüssige Polemik. Freilich gibt er in keiner der strittigen Fragen nach. Immer wieder betont er die Einheit der göttlichen Substanz. Gottvater und Gottsohn sind nicht der Substanz, sondern der Person nach unterschieden (Zentralbegriff: *proprietas personarum* – Wesenseigentümlichkeit der Personen); die Substanz ist ein und dieselbe. »*Aber was der Vater ist, ist auch der Sohn, weil vom Gott Gott, vom Vollkommenen der Vollkommene, vom Unermeßlichen der Unermeßliche, vom Allmächtigen der Allmächtige, vom ewigen Vater der mit-ewige Sohn geboren ist.*« Die Bezeichnungen »Vater« und »Sohn« sind nur verschiedene Namen für das spezifische Verhältnis dieser beiden Personen miteinander, Namen, die die Natur des Zeugenden und Gezeugten nicht trennen, sondern vielmehr bekräftigen, daß es sich um eine Einheit handelt. – Die Beweisführung des Fulgentius ist klar und schlüssig. Man spürt, daß er von AUGUSTINUS gelernt hat.   A.Ku.

AUSGABEN: Hagenau 1520, Hg. W. Pirkheimer u. J. Cochlaeus. – Paris 1684. – Venedig 1742, Hg. L. Mangeant; Nachdr. in ML, 65.

LITERATUR: H. Brewer, *Das sogenannte Athanasische Glaubensbekenntnis*, Paderborn 1909. – J. Stiglmayr, *Das Quicumque von F.* (in Zs. für kathol. Theologie, 49, 1925, S. 341–357). – *Fulgenzio di Ruspe, Salmo contro i vandali ariani*, Hg. A. Isola, Turin 1983.

DE FIDE AD PETRUM

(lat. Patr.; *Über den Glauben, an Petrus*). Kurzer Abriß des katholischen Glaubens von FABIUS CLAUDIUS FULGENTIUS aus Ruspe; im Mittelalter allgemein AUGUSTINUS zugeschrieben, zum Teil auch noch unter dessen Namen gedruckt. – Der nicht näher bekannte Bittsteller Petrus wollte nach Jerusalem reisen und wandte sich an Bischof Fulgentius um einer Darlegung der katholischen Glaubenssätze, damit er keine häretischen Gedanken in sich aufnehme. Gern erfüllte ihm der Bischof, ein unentwegter Kämpfer gegen den Arianismus und den gallischen Semipelagianismus, den Wunsch, die wahre Lehre gegen verschiedene Irrlehren zu verteidigen.
In knapper und klarer Form behandelt Fulgentius die wichtigsten Lehrsätze. Ausführlich legt er gegen die arianische Häresie die wahre Lehre der Dreifaltigkeit dar: die Wesensgleichheit Jesu Christi mit seinem Vater und die Einheit der Gottheit trotz der Dreiheit der Personen. Das ganze Werk schließt sich eng an Augustin an, besonders in der Lehre von der Gnade. Sicher bedingte diese große Abhängigkeit die spätere Zuschreibung an jenen. Am Schluß faßt Fulgentius die Dogmatik in vierzig Regeln zusammen.
Von den vielen Schriften, in denen der Autor die Häresien bekämpft, ist dieses nur wenige Seiten umfassende Kompendium die bekannteste und beliebteste geworden, weil es in einer für Laien verständlichen Weise die katholischen Glaubenssätze in Abgrenzung gegen die Irrlehren darlegt.   M.L.

AUSGABEN: o. O. 1473 (Aurelius Augustinus, *De fide ad Petrum diaconum liber*). – Paris 1684. – ML, 65 [Abdr. der Ausg. Paris 1684]. – Innsbruck 1895, Hg. H. Hurtig.

ÜBERSETZUNG: *Vom Glauben an Petrus oder Regel des wahren Glaubens*, L. Kozelka, Mchn. 1934 (BKV, R. 2, 9).

LITERATUR: G. Krüger, *Ferrandus u. F.* (in *Harnack-Ehrung. Beiträge zur Kirchengeschichte*, Lpzg. 1921, S. 219–231). – M. Schmaus, *Die Trinitätslehre des F. von R.*, Reichenberg 1930. – A. Grillmeier, *Patristische Vorbilder frühscholastischer Systematik. Zugleich ein Beitrag zur Geschichte des Augustinismus* (in Studia Patristica, 6, 1962, S. 390–408).

CHARLES H. FULLER

* 5.3.1939 Philadelphia

A SOLDIER'S PLAY

(amer.; *Soldatenstück*). Schauspiel in zwei Akten von Charles FULLER, Uraufführung: New York, 10. 11. 1981, Theatre Four. – Charles Fuller ist neben August WILSON der erfolgreichste schwarzamerikanische Dramatiker der achtziger Jahre. Beide bemühen sich in ihren Bühnenstücken um die objektive Darstellung des Rassenkonflikts und der Erfahrungen der Schwarzen in den USA. Sie distanzieren sich von den militant-revolutionären Vertretern des *Black Theater*, deren Wortführer Amiri BARAKA (= LeRoi JONES) sie deshalb heftig kritisierte. Beide erhielten den Pulitzer-Preis – Fuller als zweiter schwarzer Dramatiker nach Charles GORDONE *(No Place to Be Somebody*, 1970) für sein experimentelles Kriminalstück *A Soldier's Play* im Jahr 1982.

Schauplatz der Handlung ist die Militärkaserne Fort Neal/Louisiana während des Zweiten Weltkriegs. Das Stück beginnt mit einer Mordszene: Der schwarze Sergeant Waters wird von einem Unbekannten mit zwei Pistolenschüssen getötet. Dieses Verbrechen sorgt für Unruhe in der Kaserne, in der fast ausnahmslos schwarze Soldaten stationiert sind. Da es sich nicht um den ersten Gewaltakt dieser Art handelt und deshalb der Verdacht sofort auf den Ku-Klux-Klan und somit auf die Bewohner der nahen Stadt fällt, werden Sicherheitsmaßnahmen getroffen, um Vergeltungsschläge der Schwarzen zu verhindern. Während ranghohe Offiziere den Fall schnell – und ungeklärt – zu den Akten legen wollen, ist der weiße Captain Taylor an der Aufklärung des Verbrechens interessiert. Taylor, der sich trotz tiefsitzender Vorbehalte gegen Farbige um persönliche Liberalität bemüht, ist jedoch unangenehm überrascht, als der selbstbewußte und ranggleiche schwarze Militärpolizist Davenport als Ermittlungsleiter eintrifft. Er befürchtet, Davenport habe keine Chance, den – vermutlich weißen – Täter in der schwarzenfeindlichen Südstaatengegend zu fassen. Auch irritiert ihn der Anblick eines Farbigen in Offiziersuniform.

Im Verlauf von Davenports Untersuchungen stellt sich heraus, daß außer zwei weißen Offizieren auch mehrere schwarze Soldaten aus Waters' Kompanie, die unter dem Kommando des Sergeanten ein erfolgreiches Baseball-Team bildeten, dringend tatverdächtig sind. Denn Waters hatte aufgrund seines widersprüchlichen und teilweise aggressiven Verhaltens seinen Untergebenen gegenüber viele Feinde in den eigenen Reihen. Ebenso wichtig wie die Ermittlung des Täters wird daher die Klärung der Persönlichkeit des Opfers. Die Rekonstruktion der Vergangenheit erfolgt in diesem analytischen Drama nach Art einer Gerichtsverhandlung in einer Serie von Verhören.

Die Aussagen der Befragten, deren Erinnerungen in Simultantechnik auf der Bühne dargestellt werden, ergeben ein komplexes Charakterbild des Ermordeten. Sergeant Waters war von dem grundlegend positiven, aber fehlgeleiteten missionarischen Eifer beseelt, das negative Bild der Schwarzen in der amerikanischen Gesellschaft zu verbessern und für zukünftige Generationen eine solide Ausgangsbasis zu schaffen: »*Nichts haben ist keine Ausrede dafür, nichts zu erreichen.*« Um dieser Ziele willen schien es ihm unerläßlich, daß seine Generation sich (auch beim bevorstehenden Einsatz gegen die Nazis) vor den Augen der Weißen bewähre. Er war zuversichtlich, daß durch äußerste Disziplin und großen Pflichteifer, durch absolute Anpassung an die vorhandenen gesellschaftlichen Normen, durch Ausschöpfen aller Bildungsmöglichkeiten und durch widerstandsfähiges Selbstbewußtsein die Gleichberechtigung erreicht werden könne. In seinem militärischen Wirkungskreis ging er rigoros gegen alle schwarzen Rekruten vor, die durch Disziplinlosigkeit das Vorurteil vom dummen und faulen »Nigger« verfestigten. Den ungebildeten, desinteressierten Baseball-Star C. J. Memphis brachte Waters mittels einer Intrige ins Gefängnis, um in nahezu faschistischer Manier »unwertes Leben« auszuschalten. Als aber der freiheitsliebende Memphis Selbstmord beging, erkannte Waters, daß sein Ziel nicht mehr die angewandten Mittel rechtfertigt. Er begann zu trinken und konfrontierte zwei weiße Offiziere auf respektlose Weise mit seinem zerstörten, von »weißen« Werten geprägten Weltbild und mit seinem Selbsthaß. Kurz nach diesem Zwischenfall wurde er erschossen. Als sein Mörder wird aber schließlich der Rekrut Peterson entlarvt, der ironischerweise in vielerlei Hinsicht Waters' Idealbild des aufrechten, kämpferischen Schwarzen entspricht. Peterson, dem die unmenschlichen Prinzipien des Sergeanten verhaßt waren, rächte den Tod des unschuldigen Naturburschen Memphis.

Der Reiz dieses Stücks, das inhaltliche Parallelen zu Hermann MELVILLES Novelle *Billy Budd* und formale zu Arthur MILLERS analytischem Bewußtseinsdrama *After the Fall* (1964) aufweist, liegt in der allmählichen Aufhellung der Charaktere und ihrer Beziehungen zueinander, sowohl auf der Ebene der dargestellten Erinnerungsszenen als auch in der gegenwärtigen Ermittlungssituation. Mehrere Streitgespräche zwischen den Vernehmungsleitern Davenport und Taylor lenken den Blick über den aktuellen Kriminalfall hinaus auf das grundlegende Problem der Rassendiskriminierung. Der stockende Informationsfluß verleitet die Zuschauer ebenso wie die beiden Offiziere dazu, aus erkennbaren Tatmotiven vorschnelle Schlüsse zu ziehen. Anders als die großen Detektive der Weltliteratur (Sherlock Holmes, Auguste Dupin), die aufgrund ihrer erstaunlichen analytischen Fähigkeiten den Leser stets durch prägnant-logische Schlußfolgerungen verblüffen, neigen Fullers »Detektive« zu – durchaus logischen – Fehleinschätzungen, die aus tief verwurzelten Stereotypen und Vorurteilen resultieren. Das wichtige Überraschungsmoment bildet nicht die Entlarvung des wenig verdächtigen Mörders, sondern die wiederholte Aufdeckung der Unzulänglichkeit stereotyper Analysekriterien. Die genaue und umfassende Erforschung der Fakten aber erhellt ein komplexes System aus Ursachen und Wirkungen, in dem das übergeordnete Problem der Rassendiskriminierung nicht auf einfache Weise gelöst werden kann. Ganz im Sinne von BRECHTS epischem Theater ist deshalb der »Gang der Handlung« wichtiger als der »Ausgang«.

Mit der Aufdeckung des »*Kainsmordes*« erringt Davenport, der stellenweise auch als epischer Kommentator fungiert, einerseits einen Pyrrhussieg: Die Vorgänge, die »*Männern mit größeren Herzen*« kein Menschenleben wert gewesen wären, werden als der »*übliche Schlamassel unter Schwarzen*« eingestuft. Andererseits aber gewinnt Davenport schließlich den Respekt Captain Taylors. K.G.

AUSGABEN: NY 1981. – NY 1982.

VERFILMUNG: USA 1984 (Regie: N. Jewison).

LITERATUR: A. Baraka (= LeRoi Jones), *The Descent of Charlie F. into Pulitzerland and the Need for African-American Institutions* (in Black American Lit. Forum, 17, 1983, S. 51–54). – E. Harriott, *Images of America: Four Contemporary Playwrights*, Diss. State Univ. of N.Y. 1983, S. 153–206. – F. White, *Pushing Beyond the Pulitzer* (in Ebony, 38, 1983, S. 116–118). – E. W. Githii, *Ch. H. F., Jr.* (in DLB, Bd. 38, 1985, S. 104–109). – L. K. Hughes u. H. Faulkner, *The Role of Detection in »A Soldier's Play«* (in Clues, 7, 1986, S. 83–97). – W. W. Demastes, *Ch. F. and »A Soldier's Play«: Attacking Prejudice, Challenging Form* (in Studies in American Drama, 1945 – Present, 2, 1987, S. 43–56).

HENRY BLAKE FULLER

* 9.1.1857 Chicago
† 28.7.1929 Chicago

THE CLIFF-DWELLERS

(amer.; *Die Klippenbewohner*). Roman von Henry Blake FULLER, erschienen 1893. – »Cliff-Dwellers« werden in den USA die Bewohner der vorgeschichtlichen Wohnstätten im Gebiet des Colorado-Canyons genannt. Fuller überträgt diese Bezeichnung auf die Menschen in den Wolkenkratzern seiner Heimatstadt Chicago. Erbarmungslos verurteilt er in dem Roman (der bei seinem Erscheinen großes Aufsehen erregte) die brutale Welt dieser modernen »Höhlenbewohner«, die in ihrer Sucht nach materiellem Erfolg rücksichtslos von dem Recht des Stärkeren Gebrauch machen und sich darin nicht von den primitiven Stämmen unterscheiden, auf die sie herabblicken.

Der Bankier Erastus Brainard, ein skrupelloser Selfmademan, tyrannisiert seine Untergebenen ebenso wie die eigene Familie. Als seine Tochter Mary opponiert und einen Tunichtgut heiratet, bricht er mit ihr. Seinen Sohn Marcus vernachlässigt er so sehr, daß der verbitterte junge Mann bald in schlechte Gesellschaft gerät. Hingegen läßt er seinem Sohn Burt, der sein Nachfolger in der Firma werden soll, eine sorgfältige Erziehung angedeihen. Als der aus Neuengland stammende George Ogden in der Bank zu arbeiten beginnt, entspinnt sich eine zarte Liebe zwischen ihm und Abbie, Brainards anderer Tochter. Doch George fühlt sich vom Charakter ihres Vaters so abgestoßen, daß er die Beziehung zu ihr abbricht und die ehrgeizige Jessie Bradley heiratet. Diese kennt nur ein Ziel: Sie will eine ähnlich einflußreiche gesellschaftliche Stellung erringen wie die verwöhnte Millionärsfrau Cecilia Ingles. Jessies Extravaganzen treiben ihren Mann dazu, Geld zu unterschlagen. Der hartherzige Brainard lehnt den von der Mutter Ogdens angebotenen Schadenersatz ab: Er will George, dessen Frau und Kind inzwischen gestorben sind, der Polizei übergeben, um ihn dafür büßen zu lassen, daß er sich einst von Abbie abgewandt hat. Ehe es jedoch dazu kommt, verwundet Marcus seinen Vater in einem erbitterten Streit tödlich und begeht Selbstmord. George und Abbie heiraten und sind entschlossen, ihr gemeinsames zukünftiges Leben nicht mehr von Geld- und Prestigesucht zerstören zu lassen.

Obwohl der Autor die Gestalt der Cecilia Ingles erst am Schluß des Romans persönlich auftreten läßt, ist sie die dominierende Kraft, der Inbegriff jener skrupellos ausbeutenden Schicht, die Fuller bloßstellen will. Seine Darstellung der Mißstände in der modernen Industriegesellschaft zeigt Ansätze zu einer Sozialkritik, wie sie danach in den Werken von NORRIS, DREISER und DOS PASSOS geübt wurde. R.B.

AUSGABEN: NY 1893. – NY 1981.

LITERATUR: B. F. Swan, *A Bibliography of H. B. F.*, New Haven 1930. – C. M. Griffin, *H. B. F., A Critical Biography*, Philadelphia 1939. – B. Duffey, *The Chicago Renaissance in American Letters: A Critical History*, East Lansing/Mich. 1954, S. 27–50. – P. Rosenblatt, *The Image of Civilization in the Novels of H. B. F.*, Diss. Columbia Univ. 1960. – K. Jackson, *An Evolution of the New Chicago from the Old: A Study of H. B. F.'s Chicago Novels*, Diss. Univ. of Pennsylvania 1961. – J. Pilkington *H. B. F.*, NY 1970 (TUSAS). – B. Bowron, *H. B. F. of Chicago*, Westport/Conn. 1974. – K. Scambray, *The Romance in Decline: Realism in H. B. F.'s »The Cliff-Dwellers«* (in North Dakota Quarterly, 46, 1978, Nr. 2, S. 19–28). – J. Pilkington, *H. B. F.* (in DLB, 12, 1982, S. 191–202).

ANTOINE FURETIÈRE

* 28.12.1619 Paris
† 14.5.1688 Paris

LE ROMAN BOURGEOIS, ouvrage comique

(frz.; *Der Bürger-Roman, ein komisches Werk*). Roman von Antoine FURETIÈRE, erschienen 1666. – Dieser einzige Roman des aus einer alten Pariser Bürgerfamilie stammenden Autors gehört der realistischen Literaturströmung des 17. Jh.s an. Gewisse inhaltliche Gemeinsamkeiten mit BOILEAUS *Dialogue des héros de roman* (um 1666), einigen Komödien MOLIÈRES und RACINES *Plaideurs* (1668) lassen das Verhältnis wechselseitiger, freundschaftlicher Anregung erkennen, in dem Furetière mit seinen berühmteren Zeitgenossen stand. Hinsichtlich des Genres schließt er sich an die komischen und satirischen Romane von SOREL und SCARRON an, auf dessen »Komödianten-Roman« (*Le roman comique*) der Titel hindeutet. *Le roman bourgeois* ist aber vor allem ein »Anti-Roman«, der mit der Ästhetik und Gesellschaftsauffassung des damals herrschenden Romantyps abrechnet: des pastoralen und heroisch-galanten Romans von D'URFÉ bis Mademoiselle de SCUDÉRY. Diese Anti-Haltung deutet sich bereits im Titel an; sie wird außerdem in den Vorreden zum ersten und zweiten Teil und in vielen Erzähler-Zwischenreden betont. Anders als in den heroisch-galanten Romanen sind die »Helden« der Erzählung keine Prinzen und Eroberer, sondern einfache Pariser Bürger; nicht die Liebe bildet das Hauptmotiv ihrer Handlungen, auch »*alle anderen Leidenschaften, die den bürgerlichen Geist beschäftigen, können hier bei Gelegenheit ihren Platz finden*« (Vorwort zum zweiten Teil), z. B. Geldgier, Prozeßsucht, Geiz oder gesellschaftlicher Ehrgeiz. Die Darstellung der Bürgerwelt bedingt eine andere Darbietungsform als im heroisch-galanten Roman, der dem Epos nacheifert. Die Einheit der Handlung, das Vorherrschen eines Protagonisten werden als künstlich und als der dargestellten Welt ungemäß verworfen.

Der *Roman bourgeois* besteht aus zwei Teilen, die außer der Tatsache, daß in beiden bestimmte Ausschnitte des Pariser Bürgertums gezeigt werden, kaum etwas miteinander gemein haben; auch diese zwei Teile zerfallen wiederum in zwei oder drei nur lose verbundene Handlungsstränge: Javotte, die sympathisch-naive Tochter eines ebenso rabulistischen wie spießigen Anwalts namens Vollichon, wird von zahlreichen Bewerbern umschwärmt. Unter ihnen befindet sich ein gimpelhafter junger Jurist, Nicodème, der schließlich das Vertrauen der Familie gewinnt. An dieser Stelle des Romans wird die Geschichte von Lucrèce eingeschoben, die einen Marquis einzufangen versucht, von ihm aber bald verlassen wird. Da die Verbindung nicht ohne Folgen geblieben ist, bemüht sie sich, eiligst unter die Haube zu kommen. Listig, doch erfolglos versucht sie, mit Hilfe des Anwalts Villeflatin ein schriftliches Heiratsversprechen Nicodèmes, das ihr der junge Mann in einer übermütigen Laune gab, zu ihren Gunsten auszunutzen. Sie schadet damit dem Ruf Nicodèmes, der darauf von den Eltern Javottes als Schwiegersohn abgelehnt wird. Javotte wird nun in die preziöse Gesellschaft eingeführt, läßt sich durch Romanlektüre den Kopf verdrehen und hat mit Pancrace galante Liebeserlebnisse im Stil von Astrée und Céladon. Als sie den geizigen und erfolglosen Advokaten Jean Bedout (der später in die Heirat mit Lucrèce einwilligt) als Ehemann schlichtweg zurückweist, wird sie von den Eltern zur Strafe in ein Kloster geschickt, doch bald von Pancrace befreit und entführt. Der zweite Teil ist – in bewußter Parodie der Liebesromane – eine »Haßgeschichte«. Die Hauptpersonen sind ein älterer, verbitterter Literat namens Charroselles (Anagramm von Charles Sorel, der hier sehr ungerecht karikiert wird), eine prozessierfreudige alte Jungfer und ein Richter von abgründiger Häßlichkeit und Ignoranz.

Der *Roman bourgeois* ist einer der ersten Versuche, bürgerliche Verhältnisse in Romanform darzustellen. Seine Neuartigkeit erstreckt sich in gleicher Weise auf die Form wie auf den Inhalt. Nicht nur die Handlungen und Personen werden an der Alltagswirklichkeit gemessen, sondern auch der Erzähler und sein Verhältnis zur dargestellten Welt. Konsequent fingiert Furetière den Verfasser einer »*sehr wahren und sehr aufrichtigen Erzählung*«, der nur berichtet, was ihm durch mündliche oder schriftliche Zeugnisse verbürgt ist. Über das Innenleben seiner Gestalten kann er keine Auskunft geben, da er, wie er gleich zu Anfang sagt, ihnen »*nicht den Puls gefühlt*« hat. Der Roman wird so zu einem Protokoll, in dem Dialogszenen mit »Dokumenten« verschiedener Art – Briefen, Katalogen, Gerichtsurteilen – montiert werden. Zwischendurch führt der Erzähler einen ständigen Dialog mit dem hypothetischen Leser, dessen romaneske Erwartungen er zu enttäuschen vorgibt. So entsteht eine geschlossene Fiktion, eine Welt, die Erzähler, Leser und Romanpersonen in sich vereint. Hierin, wie auch in der meisterhaften Differenzierung und Mischung verschiedener beruflich und sozial bedingter Sprachebenen, bekundet sich der eigentliche ästhetische Rang des Romans, der bei der Mitwelt auf Gleichgültigkeit und Ablehnung stieß und auch in neuerer Zeit zu Unrecht nur als sittengeschichtliches Dokument gewürdigt wurde. Erst neuerdings beginnt man im *Roman bourgeois* einen Vorläufer des modernen Experimentalromans zu erkennen. G.Go.

AUSGABEN: Paris 1666. – Paris 1854, Hg. E. Fournier. – Paris 1883. – Paris 1955, Hg. G. Mongrédien. – Paris 1958 (in *Romanciers du 17e siècle*, Hg. A. Adam; Pléiade). – Paris 1977 (Folio).

ÜBERSETZUNG: *Unsere biederen Stadtleut*, E. Meyer, Lpzg. 1905.

LITERATUR: M. Nicolet, *La condition de l'homme de lettres auf 17e siècle à travers l'œuvre de deux contemporains: Ch. Sorel et A. F.* (in RHLF, 53, 1903, S. 369–393). – D.-F. Dallas, *Le roman français de 1660 à 1680*, Paris 1932. – H. Fischer, *A. F. (1619–1688), ein französischer Literat des 17. Jh.s. Versuch eines Beitrags zur Wesenskunde des französischen Menschen*, Bln. 1937 [m. Bibliogr.]. – E. E. Williams, *F. and Wycherley, »Le roman bourgeois« in Restoration Comedy* (in MLN, 53, 1938, S. 98–104). – W. E. Strickland, *Social and Literary Satire in F.'s »Roman bourgeois«* (in FR, 27, 1953/54, S. 182–192). – F. Gégou, *A. F., Abbé de Chalivoy ou La chute d'un immortel*, Paris 1962 [m. Bibliogr.]. – B. Morawe, *Der Erzähler in den ›Romans comiques‹* (in Neoph, 47, 1963, S. 187–197). – W. Leiner, *Begriff und Wesen des Anti-Romans in Frankreich* (in ZfrzSp, 74, 1964, S. 97–129). – G. Goebel, *Zur Erzähltechnik in den ›Histoires comiques‹ des 17. Jh.s (Sorel - F.)*, Diss. Bln. 1965. – G. di Girolamo, *»Le roman bourgeois« dans la critique* (in Cultura francese, 16, Bari 1969, S. 248–256). – J. P. Dens, *Technique de satire dans »Le roman bourgeois« de F.* (in PFSCL, 4/5, 1976, S. 101–115). – M. Laugaa, *Pour une poétique de la négation* (in RSH, 41, 1976, S. 525–533). – J. Chevalier u. a., *Fiches signalétiques des études consacrées au »Roman bourgeois« de F.* (in OCrit, 1, 1976, S. 85–111). – U. Döring, *La réception critique du »Roman bourgeois« au 19e siècle* (ebd., 2, 1977, S. 99–115). – K. Wine, *F. »Roman bourgeois«* (in EsCr, 19, 1979, S. 50–63). – J. Nagle, *F. entre la magistrature et les bénéfices. Autour du livre second du »Roman bourgeois«* (in DSS, 32, 1980, S. 293–305). – J. A. G. Tans, *Un Sterne français. F. et la fonction du »Roman bourgeois«* (ebd., S. 279–292). – F. Garavini, *Il discorso ›realiste‹. »Roman comique« e »Roman bourgeois«* (in F. G., *La casa dei giochi*, Turin 1980, S. 248–303). – P. Stewart, *»Le roman bourgeois«* (P. S., *Rereadings*, Birmingham/Ala. 1984, S. 33–49). – A. Fuchs, *»Le roman bourgeois«* (in *Hommage à J. Richer*, Paris 1985, S. 181–190). – U. Döring, *De l'autorité à l'autonomie. »Le roman bourgeois«, roman pédagogique* (in *Les Contes de Perrault. La contestation et sa limite. F.*, Hg. M. Bareau u. a., Paris u. a. 1987, S. 401–424). – M. Vialet, *»Le roman bourgeois«, écriture de l'incohérence* (ebd., S. 373–388).

DMITRIJ ANDREEVIČ FURMANOV

* 7.11.1891 Sereda
† 15.3.1926 Moskau

LITERATUR ZUM AUTOR:
O F.; sbornik statej, Moskau 1931. – G. Struve, *Soviet Russian Literature*, Ldn. 1935. – E. Naumov, *D. A. F.*, Moskau 1951. – J. Rühle, *Literatur und Revolution*, Köln/Bln. 1960. – G. Porębina, *Twórczość D. F. w literaturoznastwie radzieckim. Z zagadnień rozwoju metodologii badań historycznoliterackich*, Kattowitz 1978.

ČAPAEV

(russ.; *Ü: Tschapajew*). Roman von Dmitrij A. FURMANOV, erschienen 1923. – Furmanov, ehemaliger Polit-Kommissar in der Čapaev-Division, versucht in seinem Roman, den der Literaturkritiker ČUŽAK der Faktographie *(literatura fakta)* zuordnet, die Biographie des legendenumwobenen revolutionären Volkshelden Čapaev zu schreiben. Die Handlung setzt sich in der Hauptsache aus einer Folge pathetisch (aber historisch unverfälscht) geschilderter Kämpfe der roten Čapaev-Division gegen die weißen Konterrevolutionäre zusammen und deckt sich chronologisch mit den in Heeresberichten genannten Operationen des Armeeführers. Das Buch endet mit dem Tod des *»unbesiegbaren«* Čapaev (er wird beim Durchschwimmen eines Flusses erschossen), dessen Aufstieg vom Hütejungen und Gaukler zum Volkshelden der Autor darauf zurückführt, daß ihn die *»Verhältnisse geformt«* hatten und der *»Personenkreis, aus dem er hervorgegangen war«*, emporgetragen hatte. Daß der Autor seine Frage *»soll ich Čapaev tatsächlich mit all seinen Fehlern und Schwächen, mit seinem ganzen menschlichen Eingeweide zeigen«* positiv beantworten konnte, beweist, wie fern die junge sowjetische Literatur noch der idealisierenden Heldenverehrung war. So konnte das Bild eines zwar tollkühnen und aus dem Volk kommenden, aber unberechenbaren, im Grunde unpolitischen Einzelgängers überliefert werden, der sich letztlich aus eigener, bäuerlich vitaler Kraft hochgearbeitet hatte und dem die Partei – in Gestalt des moralisierenden, über seinen erzieherischen Aufgaben verzweifelnden Kommissars Klyčkov (sprich Furmanov) – kaum einen ihrer Grundsätze aufzuzwingen vermochte. Čapaev ist also, wie er uns hier begegnet, keine *»Gestalt der Phantasie«* eines schreibenden Polit-Kommissars. Und das Buch einen »Roman« zu nennen, verbietet eben diese gewollte Phantasielosigkeit; Furmanov beschränkt sich auf die Rolle eines Berichterstatters biographischer Fakten, politischer und militärischer Ereignisse. Er gibt darüber hinaus authentisch Diskussionsreden wieder, zitiert Briefe, Tagebuchaufzeichnungen und Lageberichte, ja er fügt sogar Liedertexte und die Inhaltsangabe eines an der Front entstandenen und dort gespielten Theaterstücks ein.

Zu Recht konnte Čužak, der führende Theoretiker des LEF (Linke Literaturfront), das Buch neben den historischen Romanen TYNJANOVS als Beispiel für die von ihm geforderte *literatura fakta* hervorheben: »*Wir brauchen nicht auf Tolstoj zu warten, denn wir haben unsere eigenen Epen. Unsere Epen sind die Zeitungen.*« An einen Jahresband ausgewählter sowjetischer Tageszeitungen erinnert denn auch Furmanovs Faktographie. M.Gru.

AUSGABEN: Moskau 1923. – Moskau 1960 (in *Sobr. soč.*, Hg. A. G. Dement'ev u. a., 4 Bde., 1960/61, 1).

ÜBERSETZUNGEN: *Tschapajew*, E. Schiemann, Zürich 1934. – Dass., R. Willnow, Mchn. 1978. – Dass., ders., Bln. 1978.

VERFILMUNG: SU 1934 (Regie: G. u. S. Vasil'ev).

LITERATUR: A. Makarenko, »*Čapaev*« *F.*, Moskau 1937, S. 10–11 u. S. 104 ff. – P. M. Morolev, *K tvorč. istorii »Čapaeva«* (in Učenn. zapiski Irkutsk. pedag. instit., 12, 1956, S. 89–111). – P. I. Stepanov, *K istorii sozdanija romana »Čapaev«* (in Izvestija Krymsk. pedag. instit., 23, 1956, S. 201–216). – A. N. Šišmareva, *Nekotorye materialy k tvorč. istorii romana »Čapaev«* (in Trudy Leningr. bibliotečn. instit., 2, 1957, S. 213–224). – H.-P. Schneider, *Dokument und Romanform als Problem in D. A. F.'s Romanen »Č.« und »Mjatež«*, Ffm. 1977. – Vl. Karpov, *Geroičeskaja pesn'* (in Literaturnaja gazeta, 30. 3. 1983, S. 2).

NIKOLA JORDANOV FURNADŽIEV

* 27.5.1903 Pazardžik
† 26.1.1968 Sofia

LITERATUR ZUM AUTOR:
G. Canev, *N. F. Lit.-krit. očerk*, Sofia 1963. – M. Caneva, *N. F.* (in M. C., Petima poeti, Sofia 1974). – *Asen Razcvetnikov, Angel Karalijčev i N. F. v spomenite na săvremennicite si*, Sofia 1976. – G. Canev, *N. F.* (in *Istorija na bălg. literatura*, Bd. 4, Sofia 1976, S. 164–199). – Ch. Balabanova, *Poetičeska obraznost i novatorstvo. Nezval, Esenin, F.* (in Ezik i literatura, 1977, 3). – Z. Petrov, *N. F.* (in Z. P., *Izbrano*, Sofia 1978, S. 68–125). – P. Zarev, *N. F.* (in P. Z., *Panorama na bălgarskata literatura*, Bd. 3, Sofia 1978, S. 337–367). – R. Likova, *N. F.* (in R. L., *Istorija na bălgarskata literatura – poeti na 20-te godini*, Sofia 1979, S. 130–183). – T. Žečev, *N. F. 1903–1968* (in *Beležiti Bălgari*, Bd. 7, Sofia 1982, S. 301–310). – E. Dimitrova, *Stilăt na F.* (in Lit. misăl, 1982, 7, S. 27–51). – P. Zarev, *N. F.* (in Septemvri, 1983, 5, S. 224–245). – M. Ovčarova, *Begli štrichi kăm edno prijatelstvo* (ebd., 11, S. 281–287).

PROLETEN VJATĂR

(bulg.; *Frühlingswind*). Gedichtzyklus von Nikola J. FURNADŽIEV, erschienen 1924. – Heute nehmen sich die zwanziger Jahre wie das »Goldene Zeitalter« der bulgarischen Lyrik aus, in dem es ihr (mit der durch die historische Situation der Balkanländer bedingten »Verspätung«) gelang, eigene, gewachsene Ausdrucksformen mit denen der modernen europäischen Literaturströmungen zu verbinden. Furnadžiev, BAGRJANA und RAZCVETNIKOV bildeten jenen Kreis, der die bulgarische Dichtung nach dem Symbolismus zu neuen Höhen führte. Ist Furnadžievs Dichtersprache auch teilweise noch der symbolistischen Diktion eines JAVOROV und DEBELJANOV verhaftet, deutet doch der sozialrevolutionäre Inhalt seines Werks bereits auf den politischen Themenkreis der proletarischen Schriftsteller voraus.

Erst einundzwanzigjährig, spiegelt der Verfasser in einem Zyklus von zwölf Gedichten (von ungleicher Verslänge und Metrik, aber gleichbleibend vierzeiligem Strophenbau mit Kreuzreim) die hektischen politischen Ereignisse des kommunistischen Aufstands vom September 1923 wider. Plumpe politische Agitation und banale Deklaration vermeidend, umkleidet er die blutige Erinnerung an Schmerz und Tod und zugleich die Hoffnung auf Freude und Auferstehung mit reichen lyrischen Stilmitteln und unpathetischer Metaphorik. Nur noch mit Bagrjanas Poesie sind die Vitalität, Dynamik und das Temperament zu vergleichen, die den meist vier- bis fünfstrophigen Gedichten in *Proleten vjatăr* innewohnen.

Vom »*unaufhaltsamen Lauf der Welt*« erfaßt, besingt der Dichter die blutig-tödliche Schönheit der bulgarischen Landschaft – die Naturelemente Wind, Sonne und Erde in ihrer triumphalen Urgewalt beschwörend. Dramatisch gehen Natur und Umweltereignisse eine Synthese ein: »*Dort, wo die Dörfer niederbrannten, singen nun die Galgen, / der Wind stöhnt über die verödeten Felder. / Reiter nähern sich, und die Gebärerin Erde weint, / Weinen mit Singen vermischend, und da ist der Tod.*« Die Schrecken und Leiden des Septemberpogroms feiern eine grausame »*Hochzeit*«, verherrlichen den »*fröhlichen Tod*«. Gegensätze verlieren ihre Geltung: »*Alles ist grausam und fröhlich*«: »*die weite Ebene singt und erstirbt*« (*Konnici – Die Reiter*). Bereits die Titel der einzelnen Gedichte deuten die jeweilige Stimmung an: von *Gibel* (*Untergang*), *Vălci* (*Wölfe*), *Măka* (*Qual*), *Užas* (*Schrecken*) usw. bis *Svatba* (*Hochzeit*), wo die Kontraste zu einem einzigen Inferno verschmelzen.

Die expressionistische Ausdrucksskala realisiert sich vor allem durch den aufgewühlten, doch musikalischen Rhythmus und eine kontrastreiche, synästhetische und häufig alogische Metaphorik. Assoziativ charakterisierende Adjektiva – am häufigsten »flammend«, »blutig« und Synonyma – erhöhen den emotionalen Gehalt der Bilder, die in ihrer romantisch-realistischen Evokationskraft nicht bei apokalyptischen Schreckensszenen stehenbleiben, sondern das eigentliche Ziel des Zyklus – eine Apotheose des Lebens (man vgl. den optimistischen Titel des Zyklus) – verdeutlichen. – Mit seinem dichterischen Werk – außer *Proleten vjatăr* vor allem *Dăga*, 1929 (*Regenbogen*) – hat Furnadžiev für die bulgarische Literatur den gleichen ideengehaltlichen Beitrag geleistet wie ESENIN, der junge PA-

STERNAK und teilweise CHLEBNIKOV für die frühsowjetische Lyrik, die auf den bulgarischen Dichter einen starken Einfluß ausübte. D.Ku.

AUSGABEN: Sofia 1924. – Sofia 1959 (in *Izbrani stichotvorenija*). – Plovdiv 1981. – Sofia 1983 (in *Săčinenija*, Hg. G. Canev u. Ch. Raděvski, Bd. 2).

LITERATUR: L. Stojanov, *»Proleten vjatăr«* (in Chiperion, 1925, 4, S. 12–15). – Ž. Avdžiev, *Părvite otraženija na Septemvrijskoto văstanie v literaturnija pečat* (in Izv. na Inst. za bălg. literatura, Sofia, 2, 1954, S. 133–149). – R. Likova, *Za njakoi osobenosti na bălg. poezija, 1923–1944*, Sofia 1962, S. 71–90. – E. Sugarev, *Chudožestvenoto novatorstvo na N. F. v »Proleten vjatăr«. 80 g. ot roždenieto mu* (in Lit. misăl, 1983, 5, S. 3–18).

JOSEPH FURPHY

* 26.9.1843 Yarra Glen
† 13.9.1912 Claremont

SUCH IS LIFE. Being Certain Extracts from the Diary of Tom Collins

(engl.; *So ist das Leben. Auszüge aus Tom Collins' Tagebuch*). Roman von Joseph FURPHY (Australien), erschienen 1903. – Furphys Hauptwerk verdankte seine Veröffentlichung dem Spürsinn und persönlichen Einsatz A. G. Stephens', eines Feuilleton-Redakteurs des ›Bulletin‹. Trotz dieser einflußreichen Protektion blieb das Werk, von dessen Manuskript der Autor bei der drastischen Kürzung zwei weitere vollständige, in Buchform erst postum publizierte Romane abtrennte (*Rigby's Romance*, 1921, ungekürzt 1946; *The Buln-Buln and the Brolga*, 1948), weithin unbekannt; in den ersten zwölf Jahren wurden nur 250 Exemplare abgesetzt. Erst allmählich erkannte man die Bedeutung des Buches, mit dem Furphy schließlich dem ihm komplementären Henry LAWSON den Rang des »australischen Nationaldichters« ablief. Diese in manchen Punkten über das Ziel hinausschießende Aufwertung des zunächst anspruchslos anmutenden Buches hat in der Kritik zu einer bemerkenswerten Verschiebung der Akzente geführt: vom Eindruck kunstloser Unförmigkeit zu dem ingeniöser Subtilität; vom realistisch autobiographischen Regional- und Pionierroman des Riverinadistrikts (Neusüdwales) zu einem am pastoralen Nomadentum entwickelten »Modell« des Lebens. Begriff man früher den Roman des als »parteiisch« und »aggressiv australisch« geltenden Autors vor allem als ein sozialistisch-klassenkämpferisches Manifest, als den erwachenden Protest der Besitzlosen, so verzichtet man heute lieber darauf, ihn auf eine These oder ein einsträngiges Thema festzulegen, und sieht die von Furphy behandelten Probleme – z. B. Verantwortung, Gerechtigkeit, Alternativen des Handelns, Willkür des Schicksals und der Natur – als Einzelaspekte seines zentralen Anliegens, die verwirrende Totalität des Lebens zu evozieren. Auch der sich pedantisch-allwissend gebärdende Chronist Tom Collins, ein gutmütiger kleiner Beamter, kann nicht einfach als Furphys Sprachrohr gelten; denn auch er, der in seiner Beschränktheit etwa die wahren Zusammenhänge der Geschichte der durch einen Unfall verunstalteten Molly Cooper und ihres untreuen, später reuigen Liebhabers Warrigal Alf nicht durchschaut, ist aus einer distanzierenden, seine lehrhaften Exkurse relativierenden Perspektive gesehen und erscheint so als Anti-Held, als deutend mißdeutender und verunklärender Erzähler.
Der oft als manieriert bemängelte Stil Furphys besitzt dramatische Funktionalität und Charakterisierungskraft; der reizvolle Kontrast zwischen Collins' gewundener, mit angelesenem Wissen paradierender Diktion und der derb-farbigen Ausdrucksweise der *bullockies* (Ochsenkarren-Fuhrleute) vertieft die Komik des Romans, dessen Humor man bisweilen mit dem STERNES oder Mark TWAINS verglichen hat. Der Begriff der Ironie gibt den Schlüssel zum tieferen Verständnis von *Such Is Life*, denn dank Furphys avantgardistisch anmutendem, überlegenem Einsatz des Ironischen werden Romantheorie, Welt- und Menschenbild, Thematik und Struktur mit gedanklicher und künstlerischer Konsequenz zur Deckung gebracht. Die willkürlich wirkende Auswahl des Erzählten (das sich der abstrahierenden Zusammenfassung entzieht) – herausgegriffene, bewußt heterogene Tagebucheintragungen Collins' aus den Jahren 1883/1884 – ist in Wirklichkeit Camouflage. Durch die scheinbar diffuse Handlungsführung erreicht Furphy, was keine konventionell erzählte, mit einer Fülle an naturalistischen Details ausgestattete Fabel so überzeugend leisten könnte: eine ironische Vision des Lebens in seiner rätselhaften Unberechenbarkeit und Ambivalenz. Die karikierende Kritik des »belesenen Buschmannes« Furphy an der verfälschenden Künstlichkeit und Lebensferne der »romantischen« Erzählkunst in der Art von KINGSLEYS *Geoffrey Hamlyn* verdankt ihre Wirksamkeit der unorthodoxen Form seines Anti-Romans, jener Form, die allein für Furphy die Komplexität des Lebens – so und nicht als platter Fatalismus ist der Titel zu verstehen – wahrheitsgetreu zu spiegeln vermag.
Das gewichtige literarische Erbe englischer Provenienz, das in diesem betont australischen Buch von Hunderten von Shakespeare- und Bibelzitaten bis zu den nicht nur parodistischen Anleihen beim melodramatischen viktorianischen Roman reicht, unterstreicht die Vielschichtigkeit des kühn experimentellen Werks. Zeitbeständiger als seine Modernität, die zu manchen schiefen weltliterarischen Vergleichen Anlaß gegeben hat, werden Furphys schöpferische Phantasie und humorvolle Menschlichkeit bleiben. J.H.T.

AUSGABEN: Sydney 1903. – Melbourne 1917. – Ldn. 1937 [gek.]. – Ldn./Sydney 1944. – Chicago 1948 [m. Anm.]. – Sydney 1956. – Penrith 1968 [Einl. J. Barnes]. – St. Lucia 1981 (in *J. F.*, Hg. J. Barnes). – Ldn. 1986.

LITERATUR: J. Furphy, *A Review of »Such Is Life«* (in Bulletin, 30. 7. 1903). – M. Franklin u. K. Baker, *J. F. The Legend of a Man and His Book*, Sydney 1944. – W. Stone, *J. F. An Annotated Bibliography*, Cremorne 1955. – J. Barnes, *The Structure of J. F.'s »Such Is Life«* (in Meanjin, 15, 1956, S. 374–389). – A. A. Phillips, *The Craftsmanship of F.* (in A. A. P., *The Australian Tradition*, Melbourne 1958, S. 33–49). – J. Schulz, *Geschichte der Australischen Literatur*, Mchn. 1960, S. 45–49. – H. M. Green, *A History of Australian Literature*, Bd. 1, Sydney 1961, S. 609–633. – F. H. Mares, *»Such Is Life«* (in Australian Quarterly, 34, 1962, S. 62–71). – B. Kiernan, *The Form of »Such Is Life«* (in Quadrant, 6, 1962, S. 19–27). – C. Wallace-Crabbe, *J. F., Realist* (in Australian Literary Criticism, Hg. G. Johnston, Melbourne 1962, S. 139–147). – B. Kiernan, *Society and Nature in »Such Is Life«* (in Australian Literary Studies, 1, 1963, S. 75–88). – J. Barnes, *J. F.*, Melbourne/ Ldn. 1963. – C. Hamer, *The Christian Philosophy of J. F.* (in Meanjin, 23, 1964, S. 142–153). – B. Kiernan, *The Comic Vision of »Such Is Life«* (ebd., S. 132–141). – G. A. Wilkes, *The Australian Image in Literature: »Such Is Life« Reconsidered* (in The Teaching of English, 6, 1965, S. 5–16). – R. McDougall, *Australia Felix: J. F. and Patrick White*, Canberra 1966. – K. A. McKenzie, *J. F., Jacobean* (in Australian Literary Studies, 2, 1966, S. 266–277). – N. Lebedewa, *F. Criticism since 1955* (in Australian Literary Studies, 3, 1967, S. 149/150). – J. Barnes, *J. F.*, Melbourne 1967; ern. 1979 [rev.]. – N. Knight, *F. and Romance: »Such Is Life« Reconsidered* (in Southerly, 29, 1969, S. 243–255). – J. K. Ewers, *No Ivied Walls* (in Westerly, 4, 1969, S. 60–68).

FURUI YOSHIKICHI

* 1937 Tokio

YŌKO

(jap.; *Yōko*). Roman von FURUI Yoshikichi, erschienen 1970. – Das Werk, mit dem der Autor im folgenden Jahr den renommierten Akutagawa-Preis gewann, war zunächst in der Zeitschrift ›Bungei‹ veröffentlicht worden; die Buchausgabe folgte dann 1971 zusammen mit der Erzählung *Tsumagomi*.
Oberflächlich betrachtet, handelt es sich um eine alltägliche Liebesgeschichte zwischen dem jungen Bergsteiger S. und der Titelheldin Yōko, die er am Ende einer Tour im Talgrund trifft, wo sie allein und in Gedanken versunken sitzt. Im Laufe mehrerer Begegnungen erkennt S. die psychischen Verformungen von Yōko, die von verschiedenen Zwangsvorstellungen wie Höhenangst, Klaustrophobie und Platzangst gequält wird. Die entstehende Liebesbeziehung wirkt nur einseitig: während Yōko eine wirkliche Entwicklung durchmacht, bleibt für den Mann nur die Rolle als »Katalysator«, der verändernd, aber selbst unverändert einwirkt, während Yōko, in ihrer Welt abgeschlossen und nur mit sich selbst beschäftigt, keine Reifung bei ihm bewirkt. Yōkos »Entwicklung« führt aber nicht zu einer Gesundung, sondern zur Annahme ihrer psychischen Gestimmtheit, zur Abkehr von der von der Gesellschaft verordneten Normalität, in der Erzählung von ihrer älteren Schwester verkörpert, die – nach außen hin »normal« und Yōko als verrückt abtuend, in Wirklichkeit auch psychisch gestört mit Wiederholungszwang und krankhaftem Ordnungssinn – für ihre jüngere Schwester kein Vorbild ist. Yōko flüchtet nicht in die Krankheit, sondern ahnt in ihrer Zukunft – im Krankenhaus – die Rettung und Selbstverwirklichung: *»Oh, wie wunderschön, jetzt hat mein Leben seinen Höhepunkt erreicht!«*
Furuis Erzählweise erscheint auf den ersten Blick einsträngig und unkompliziert. Die sprachliche Erfassung der einzelnen Szenen ist jedoch von großer Delikatesse und Dichte. Stets ist – wie in seinen Erzählungen generell – eine untrennbare Einheit in der Entwicklung der menschlichen und zwischenmenschlichen Belange und der genauesten Schilderung und Erfassung der Umgebung der handelnden Personen zu beobachten. Diese Diktion ist für die japanische Erzählprosa mit ihrer vorherrschenden Dialogzentriertheit eher untypisch, charakteristisch aber für die von der Kritik so apostrophierte *»introvertierte Generation« (naikō sedai)*, die sich seit den siebziger Jahren zunehmend von den großen, aktuellen gesellschaftlichen und politischen Problemen ab- und der eigenen Gefühlswelt zuwandte. Furuis Stil verrät den engen Kontakt des studierten Germanisten mit den Werken der Autoren wie KAFKA, MUSIL und besonders H. BROCH. Die Werke des letzteren, die Furui ins Japanische übersetzte, bildeten den eigentlichen Anstoß und die bleibende Herausforderung für die eigene schriftstellerische Arbeit und Karriere. Der H. Broch zugeschriebene »magische Realismus« wäre denn auch eine vereinfachte, aber zutreffende Charakterisierung seiner Schreibweise.
Furuis Rückbesinnung auf das Spirituelle, Mythische – auch in der japanischen Tradition – das sich in der Zeit der totalen Modernisierung und Verstädterung Japans Raum zu verschaffen sucht, ist in fast allen seinen Erzählungen als Thema gegenwärtig und macht die Faszination seiner Erzählweise und Weltsicht aus. E.My.

AUSGABEN: 1970 (in der Zs. ›Bungei‹). – Tokio 1971; zul. 1986 (*Shōwa bungaku zenshū*, Bd. 23).

LITERATUR: Karatani Kōjin, *Tozasareta nekkyō – Furui Yoshikichi ron* (in *Ifu suru ningen*, Tokio 1972). – Kawamura Jirō, *Shudai wo motomeru hensō* (in Bungei, April 1971). – *Wedlock* [Übers. von Tsumagomi] (in *Contemporary Japanese Literature*, NY 1977). – *Ehebande* [*Tsumagomi*, dt.], 1981.

GERTRUD FUSSENEGGER

eig. Gertrud Dietz
* 8.5.1912 Pilsen

LITERATUR ZUR AUTORIN:
C. E. Winkler, *Die Erzählkunst G. F.s*, Diss. Wien 1972. – K. Adel, *Wolkensäule u. Feuersäule* (in Vierteljahresschr. vom Adalbert-Stifter-Inst. des Landes Oberösterreich, 1980, H. 3/4, S. 176–210; m. Bibliogr.). – L. Hagestedt, *G. F.* (in KLG, 22. Nlg., 1986).

DAS LYRISCHE WERK von Gertrud FUSSENEGGER.
Fusseneggers Lyrik macht nur einen kleinen Teil ihres vorwiegend epischen Schaffens aus. Von den bislang drei veröffentlichten Gedichtbänden wurde lediglich der zweite, *Widerstand gegen Wetterhähne* (1974), in größerem Umfang rezipiert. In den *Notizen* zu diesem Band hat die Autorin ihre grundsätzliche Auffassung von Lyrik ausgesprochen: »*Ich habe eine Abneigung dagegen, den poetologischen Terminus Gedicht vorschnell anzuwenden. Für mich ist ein ›Gedicht‹ nur ein gelungenes Gedicht. Ihrer gibt es nicht viele.*« Als Konsequenz solcher Skepsis führt sie an gleicher Stelle die Bezeichnung »*lyrisches Kürzel*« ein, »*denn lange Erfahrungen mit komplizierten Tatbeständen sind hier jeweils in wenige Zeilen eingekürzt*«. Diese Auffassung vom Gedicht als Extrakt langer Erfahrungen ist nicht nur eine mögliche Erklärung für den schmalen Umfang ihres lyrischen Werks, sondern eröffnet auch den Zugang zu dessen inhaltlicher Seite: Von den frühesten Gedichten an steht an zentraler Stelle das Bemühen um Erfassung subjektiver Gemüts- und Seelenzustände auf der Basis eines fest verankerten, konservativ-christlichen Weltbilds. Diese Haltung wendet sich später unter dem Eindruck bedrängender politischer Ereignisse und gesellschaftlicher Wandlungen kritisch nach außen. Auf den psychologischen Impuls ihres poetischen Schaffens, der in engem Zusammenhang mit der romantischen Lyrik-Tradition steht, hat Fussenegger selbst in einem Essay (1975) hingewiesen: »*Im Werk objektiviert sich die verworrene Problematik des seelischen Haushalts – und erreicht Sublimation – vielleicht sogar Katharsis.*« (*Sprache zwischen Tradition und Abenteuer*).

1955 erschien Fusseneggers erster Gedichtband *Iris und Muschelmund* (in einer begrenzten Auflage von 200 Exemplaren). Leitmotivisch für den Band sind die Verse des bereits 1929 entstandenen Gedichts *Erfüllung*: »*So blüht das Leben aus dem Traum der Toten. / Sieh! aus der tiefsten Regungen Geflecht / erhebt sich Gott, sichtbar in den Geboten.*« Immer wieder wird in diesen Gedichten die Welt des Traums beschworen und ihr eine zweifache Bedeutung zugewiesen. Zum einen ist sie letztes Refugium einer unbelasteten, von menschlicher Schuld und Verantwortung freien Sphäre, zum anderen wird sie zum Ort der Zuflucht und der Begegnung mit Gott nach dem Verlust eines allgemein anerkannten, religiös fundierten Weltbilds (*Traum, Tag des Friedens*). Der *Sonettenkranz 1944* entwickelt diesen Kerngedanken aus persönlichstem Anliegen heraus. »*Traum ist das Brot, von dem ich mich ernähre*« heißt der erste Vers dieses Zyklus von 15 Sonetten, der stark von der romantischen Lyrik eines NOVALIS und C. BRENTANO beeinflußt ist. Vorherrschend ist eine dunkle Metaphorik; die Worte Nacht, Einsamkeit, Schatten und Tod bestimmen den atmosphärischen Gehalt. Das Gottes-Erlebnis erscheint als vollkommen subjektiver, irrational-mythischer Vorgang, dem Bereich des Sprachlichen schon entzogen, im Bewußtsein verlorener Gemeinschaft: »*Er war's, der uns verband, genau und rein, / in zwei Geschaffenen dasselbe Wesen.*« Das Gedicht *Die Erde und der Kentaur* bringt die zentrale Metapher des Buches: der »*Muschelmund*«, der nur noch als »*versteinter*« vorgestellt werden kann; er wird zum Symbol für das verlorengegangene, intuitiv-weibliche Wissen um den »*ewigen Ursprung*«. Von diesem Bild ausgehend, gelangt die Lyrikerin zu einer symbolisch verschlüsselten Kritik an der Gegenwart des Nationalsozialismus, die solche »*Versteinung*« zuließ (vgl. auch *Menschheit*; *Maulbronn 1939*). Der Kentaur ist dabei Sinnbild verfehlten männlichen Machtstrebens, da er sich von den bergenden weiblichen Kräften der »*Iris*« gelöst hat. In einigen Gedichten des Bandes, den besten, erreicht Fussenegger eine eigenständige Bildlichkeit, aus der persönliche Betroffenheit spricht. Schwächer sind jene Gedichte, in denen ein eher leichter Ton gesucht wird (*Ein Lied*; *Und es war…*); sie geraten schnell ins Vordergründige und Unverbindliche.

Während bei den Gedichten des Bandes *Iris und Muschelmund* nur ein kleiner Kreis von Lesern Zugang fand, wurden die Gedichte des Bandes *Widerstand gegen Wetterhähne* (1974) von einer größeren Leserschaft mit Aufmerksamkeit angenommen. In dieser Sammlung wird die Thematik des ersten Lyrikbandes fortgeführt, ergänzt und erweitert. Formale Vielfalt herrscht vor; das zeitkritische Element tritt in den Vordergrund, verbunden mit einer jetzt versachlichten, vom romantischen Duktus befreiten Bildsprache. Das Spektrum reicht von kleinen lyrischen Porträts (*Frau in südlichem Café*) und Momentaufnahmen (*Amerikaner am Münchner Fasching 49*) bis zu größeren Formen der Reflexionslyrik (*Sprache*; *Ver Sacrum*; *Verkündigung*).

Religiöses wird unverschlüsselt ausgesprochen: »*Gott heißt das Wort, / Wort heißt der Gott, / der Gesetze erläßt, / alles Dasein / schichtet, einpaßt / Ränder beschneidet.*« *(Sprache).* Mehrere Gedichte beziehen sich unmittelbar auf biblische Texte *(Der erste Mensch; Adam mit dem Apfel).* Die psychologische Selbsterforschung wird jetzt fortgesetzt im Rahmen einer Metaphorik archaischen, teilweise auch surrealistischen Charakters *(Aschermittwoch; Lauschender; Urlaubstag).* Zeitkritische Motive äußern sich einerseits in pessimistischen Gesamtansichten der Gegenwart *(Wir steigen niemals; Wer bist du),* andererseits in engagierten Stellungnahmen zu bestimmten aktuellen Problemen *(Wohlfahrt; Fristenlösung).* In *Im Zorn* wendet sich die Autorin gegen »*Paarung nach allen Seiten*«, einem Thema, das sie später auch in einem Essay *(Uns hebt die Welle. Liebe, Sex und Literatur,* 1984) behandelt hat. Vor allem bei den konservativen Rezensenten fand diese Lyrik in den siebziger Jahren Zustimmung, obgleich sich die Autorin nicht parteipolitisch vereinnahmen ließ; 1983 lehnte sie den Konrad-Adenauer-Preis der Deutschland-Stiftung ab.

Fusseneggers letzter Gedichtband, *Gegenruf* (1986), schließt thematisch an den vorangegangenen Band an (15 Gedichte wurden direkt übernommen), wobei sich das zeitkritische Anliegen verschärft. Das Interesse konzentriert sich jetzt auch auf konkrete Erscheinungen der Alltagswelt, in denen sich die Fragwürdigkeit bestimmter, in der Regel unhinterfragt gültiger gesellschaftlicher Verhaltensweisen spiegelt *(Der kleine Nachbar; Die Spottdrossel; Zwei Impressionen).* Die zunehmende Distanz zwischen den Generationen wird beklagt und die Intoleranz der Jugend angemahnt *(Familiengespräch; Dialektik, Familiär).* Nachhaltig wirken jene Gedichte, die als unmittelbare Reflexe auf vorherrschende Zeitströmungen zu lesen sind *(Kassandra; An einer Grenze; Herz).* Der sich steigernde Zwang zu gesellschaftlicher Anpassung wird mit lapidarer Fassungslosigkeit registriert: »*Ich soll / nicht beten, / dafür nachbeten.*« *(Harlekinade).* Angesichts einer immer weiter um sich greifenden Zerstörung natürlicher Lebensbedingungen, die auch im Sprachbewußtsein ihre Spuren hinterläßt *(Sprache; Das Wort),* bleibt nur noch der resignative Rückzug auf elementarste Bereiche der Selbstvergewisserung. So ist der »*Herzschlag Leben*« etwa in der Höhle einer ans Ohr gehaltenen Hand *(Du aber, du ...)* oder in der letzten Gewißheit persönlichen Glaubens *(Mein Glaube; Etwas wie ein Gebet; Selbstgespräch)* noch unmittelbar zu spüren.

Die Autorin nimmt in der neueren deutschen Lyrik eine Außenseiterposition ein. Ihr Werk nimmt Ansätze von Alltagslyrik, von »neuer Subjektivität« der siebziger Jahre und politischer Lyrik auf, ohne sich mit einer dieser Tendenzen zutreffend charakterisieren zu lassen. Die Besonderheit der Lyrik Gertrud Fusseneggers ist dort zu suchen, wo sie vor dem Hintergrund konservativ-christlichen Denkens zur modernen Sprechweise kritisch-engagierter Subjektivität gelangt. K.H.G.

AUSGABEN: Wien 1955 *(Iris und Muschelmund,* Hg. Wiener Bibliophile-Gesellschaft). – Stg. 1974 *(Widerstand gegen Wetterhähne. Lyrische Kürzel und andere Texte).* – Salzburg 1986 *(Gegenruf).*

LITERATUR: M. Vogel, Rez. (in Tages-Anzeiger, Zürich, 5. 5. 1975). – K. Krolow, Rez. (in Stuttgarter Ztg., 6. 5. 1977). – F. Kienecker, *G.F.: »Lauschender«* (in F. K., *Es sind noch Lieder zu singen ... Beispiele moderner christlicher Lyrik,* Essen 1978, S. 116–121).

DAS VERSCHÜTTETE ANTLITZ

Roman von Gertrud FUSSENEGGER, erschienen 1957. – In einer großangelegten epischen Trilogie versucht die österreichische Erzählerin den Weg des böhmischen Landes, aus dem sie selbst stammt, durch die Jahrhunderte darzustellen: *Die Brüder von Lasawa* (1948), *Das Haus der dunklen Krüge* (1951) und *Das verschüttete Antlitz,* ein Schicksalsroman vor historischem Hintergrund, der bis an die Schwelle der Gegenwart reicht. Für die 1962 erschienene Taschenbuch-Ausgabe wurde der Roman gekürzt.

Zwei Figuren stehen im Brennpunkt der Handlung, die zeitlich die Epoche zwischen den beiden tschechischen Republiken umgreift: Viktorin Zemann, der sich nach einer trüben Jugend in einem Dorf des deutsch-tschechischen Grenzlandes als Arzt niedergelassen hat, und Elisabeth Jering, die ganz in der Nähe an der Seite ihres Gatten und ihrer Kinder ein glückliches Familienleben führt. Viktorins Ehe ist heillos zerrüttet, seine Praxis verödet, er selbst gerät immer mehr in den Sog eines dunklen Schicksals. Gewaltsam unterdrückt in ihm die Leidenschaft für Elisabeth, die Jugendfreundin seiner Frau. Als seine lange verschollene Schwester ermordet aufgefunden wird, gerät der Arzt in Verdacht. Obwohl sich seine Unschuld zweifelsfrei herausstellt und er bald aus der Untersuchungshaft entlassen wird, meiden ihn die Dorfbewohner; auch seine Frau hat ihn verlassen. Verzweifelt wartet er in seiner Praxis: »*Nicht er wollte zu den Menschen gehen, sie sollten zu ihm kommen. Die seiner Hilfe bedurften, sollten zu ihm kommen, ihn zurückbringen in die Gemeinschaft.*« Plötzlich lockt die Aura des Unheimlichen einen Strom sensationslüsterner Besucher in die Praxis des dubiosen Arztes, der immer mehr verwildert und verroht, bis das Trübe zu seinem einzigen Lebenselement wird. Die letzte, alles beendende Katastrophe ist die Rückkehr seiner Frau: In einem Akt der Selbstbefreiung ertränkt er sie wie eine Katze und stellt sich freiwillig der Polizei. Nach Verbüßung einer siebenjährigen Zuchthausstrafe findet der Heimkehrende die Welt durch Terror und Krieg verwandelt. Nachdem die Tyrannis der Unmenschlichkeit endlich gebrochen war, verhilft Viktorin Elisabeth und später auch ihrem Gatten zur Flucht nach Deutschland. In einer rettenden Tat findet er den lange verschütteten Lebenssinn: »*Das Land zerschlug sein eigenes Gesicht.*

Es ist nicht wieder hergestellt. Es ist nicht wieder herzustellen. Aber da und dort, immer gräbt sich das Menschenantlitz aus der Verschüttung hervor.«
In grobrealistischen, holzschnittartigen Konturen zeichnet die Dichterin die unwirtlichen Landschaften Nordböhmens, in denen elementare menschliche Leidenschaften aufeinanderprallen – Katastrophen signalisierend, die der Roman in vieldeutigen Spiegelungen und Brechungen darstellt. Gertrud Fusseneggers Erzählstil ist stark emotional gefärbt; vereinzelt krasse bis drastische Naturalismen und lyrisch flache Symbolzeichen lockern die über weite Passagen hin allzu glatte und klischeehafte Metaphernsprache auf.

Gertrud Fusseneggers Spätwerk, das neben dem *Lebensbericht Ein Spiegelbild mit Feuersäule* (1979) sowie Erzählungen und Essays auch den von der Kritik sehr ablehnend aufgefaßten Roman *Die Pulvermühle* (1968) umfaßt, ist von der christlichen Weltanschauung der Autorin geprägt. M.Ke.

AUSGABEN: Stg. 1957. – Mchn. 1962 (dtv). – Stg. u. a. o. J. (1980; zus. m. *Die Pulvermühle*).

LITERATUR: K. A. Horst, Rez. (in SZ, 8. 6. 1957). – P. Hühnerfeld, Rez. (in Die Zeit, 22. 8. 1957). – W. Lennig, *Ein Roman aus Böhmen* (in NDH, 4, 1957, H. 10, S. 654 f.). – R. Rostocker, *Das verschüttete Geschichtsbild* (in Panorama, 1959, H. 1, S. 10).

NUMA-DENIS FUSTEL DE COULANGES

* 18.3.1830 Paris
† 12.9.1889 Massy

LA CITÉ ANTIQUE, étude sur le culte, le droit, les institutions de la Grèce et de Rome

(frz.; *Der antike Stadtstaat. Studie über Kultur, Recht und Einrichtungen Griechenlands und Roms*). Sozialgeschichtliches Werk in fünf Büchern von Numa-Denis FUSTEL DE COULANGES, erschienen 1864. – Der Autor versucht hier aufzuzeigen, daß in der Antike sowohl die Organisation der Familie als auch die öffentlichen Institutionen denselben Ursprung hatten, nämlich die Religion. Im ersten Buch *(Antiques croyances)* referiert er eine der frühesten Formen des religiösen Ritus, den Totenkult: Nach antikem Glauben übten die Verstorbenen noch immer eine große Macht auf die lebenden Familienmitglieder aus; das führte dazu, daß der für das Gemeinwesen zentrale Totenkult die Verbindung zwischen den Toten und den Lebenden aufrechterhielt und den Zusammenhalt der Familie sicherte. Dem Autor zufolge nahmen am Totenkult nur die Männer teil. Das zweite Buch rekonstruiert die Familienstruktur der Antike: Die Kulturgesetze sicherten z. B. das Erbfolgerecht und institutionalisierten die Gesetze des Patriarchats (der *pater* ist der Priester), aus dem der Autor die Legitimation der nach seinen Erkenntnissen bereits in der Antike religiös begründeten und unauflösbaren Ehe ableitet sowie die Regelung der *»Adoption«*, der Verdammung von Ehebruch und Ehelosigkeit und sogar die Verstoßung der Unfruchtbaren. Auch die Frage des Grundbesitzes war eine Angelegenheit des »Glaubens«: ursprünglich betrachtete man nur den als unverletzlich geltenden *»Totenakker«*, dessen Grenzen heilig waren, als Grundbesitz. Das dritte Buch handelt vom Zusammenschluß einzelner Familien und Sippen, aus dem das Gemeinwesen bzw. der *»antike Stadtstaat«* hervorging. Auf dieser Organisationsstufe verlagerte sich der gemeinsame Kult auf die Vergöttlichung einer Person, die gleichzeitig alle weltliche Macht auf sich vereinigte. Während der Totenkult fortbestand, ging mit dieser Reduktion der Anbetung auf eine Person die Entfaltung einer viel komplexeren Naturreligion einher. Auch die Naturgottheiten gehörten ursprünglich zur Familie; allmählich differenzierten sich dann Gottheiten heraus, die in den Allgemeinbesitz übergingen und dergestalt Beziehungen zwischen den Menschen herstellten, die über die der Familie hinausgingen. Die zunehmende Vereinheitlichung des Glaubens entsprach dem Bedürfnis der *civitas*, eine Religion zu haben, die die für alle geltenden Gesetze heiligte. Wie früher auf die Familie, so blieb auch dieser Kult ausschließlich auf die *civitas* beschränkt; Fremde und Verbannte waren davon ausgeschlossen. Das gesamte öffentliche Leben, die Politik und die Rechtsprechung unterlagen den Gesetzen des Kultes und sollten verhindern, daß sich die Vorstellung einer *»individuellen Freiheit«* des Menschen herausbildete. Im vierten Buch erörtert der Autor die Ursachen des Zerfalls dieser Gesellschaftsordnung und lenkt die Aufmerksamkeit auf die griechische Philosophie, die das Gesetz mit dem Begriff der Vernunft und nicht länger mit dem Willen der Götter begründet habe. Darüber hinaus führt er die ökonomische Entwicklung an, die in Form von Gewerbe und Tauschhandel neue Elemente in das Gemeinwesen brachte, eine Öffnung nach außen hervorrief, die Geschlossenheit und Einheitlichkeit sprengte und durch die Möglichkeit der Bereicherung die Standesunterschiede teilweise relativierte. Mit dem römischen Imperium bildete sich schließlich eine Staatsform heraus, in der die einzelnen Teile des Gemeinwesens dem allgemeinverpflichtenden Gesetz untergeordnet wurden. Das Christentum habe schließlich die überkommenen Gottesvorstellungen und das damit einhergehende innerweltlich-theokratische Autoritätsprinzip beseitigt.

Ansatzweise erinnert dieses Werk an die Thesen von Giambattista VICO (1668–1744), doch insgesamt ist es geprägt von den Fragestellungen des um die Mitte des 19. Jh.s vorherrschenden Historismus, so daß sein Interesse neben der allgemein anerkannten sozialgeschichtlichen Darstellung des antiken Stadtstaates vor allem in seinem wissenschaftsgeschichtlichen Aspekt liegt. B.We.-KLL

AUSGABEN: Paris 1864. – Paris 1959. – Paris 1984.

ÜBERSETZUNGEN: *Der antike Staat. Studie über Kultur, Recht und Einrichtungen Griechenlands und Roms*, P. Weiß, Lpzg./Bln. 1907. – Dass, ders. (Bearb. I. M. Krefft), Stg. 1981.

LITERATUR: H. Taine, »*La cité antique*« *de F. de C.* (in Journal des Débats, 1864). – E. Fournier, dass. (in Revue Bleue, 1865, S. 617–621). – F. Liebrecht, »*La cité antique*« *von F. de C.* (in GGA 1865, S. 841–880). – C. Jullian, *Le cinquantenaire de la* »*Cité antique*« (in Revue de Paris, 1, 1916, S. 852–865). – C. Anglès, *Un grand historien français: F. de C.*, 1932. – J. Herrick, *The Historical Thought of F. de C.*, Washington 1954. – A. Galatello-Adamo, *L'antico e il positivo. Per un commento a N.-D. F. de C.*, Neapel 1981.

FUTABATEI SHIMEI

d. i. Hasegawa Tatsunosuke
* 28.2. oder 4.4.1864 Edo (heute Tokio)
† 10.5.1909 Golf von Bengalen

UKIGUMO

(jap.; *Schwebende Wolken*). Roman von FUTABATEI SHIMEI, erschienen in drei Teilen 1887–1889. – Die ersten Bände seines Erstlings mochte der unbekannte, seines Erfolges unsichere Autor nicht unter seinem Schriftstellernamen allein publizieren; so nannte er auf dem Titelblatt des ersten Bandes seinen damals bereits anerkannten Freund TSUBOUCHI SHŌYŌ (1859–1935) als Mitverfasser, auf dem Umschlag und im Kolophon sogar nur ihn allein, obwohl Tsubouchi ihm nach eigener Angabe im Vorwort lediglich beratend assistiert hatte. Die Öffentlichkeit ließ sich täuschen, und vielfach wurde die Urheberschaft Futabatei Shimeis auch dann noch bezweifelt, als der dritte Teil unter dem Namen des wirklichen Verfassers erschien.
Der Roman gewährt Einblick in einen Lebensabschnitt des jungen, stillen Utsumi Bunzō, der in Beruf und Leben gescheitert ist – gescheitert im Sinne bürgerlicher Wertvorstellungen: Arm, aber begabt und strebsam, scheint er als Beamter Karriere zu machen, wird aber schon mit 23 Jahren entlassen; ebenso erfolglos und unerfüllt bleibt seine Liebe zu seiner Kusine Osei, der zwar auch er nicht gleichgültig ist, die er jedoch durch Ungeschick und Unentschiedenheit abstößt. Eine Lösung bietet der Roman nicht. Der seelengute, aber unschlüssige und schwierige Held verharrt in einer Passivität, die das Bild der »schwebenden Wolken« andeutet. Die drei Teile des Romans, die den Weg in diese Sackgasse beschreiben, sind nach eigener Bekundung des Autors verschiedenen Mustern und Vorbildern verpflichtet. Teil 1, der um 1878 einsetzt und nicht nur die Exposition bringt, sondern auch schon die Konfliktsituation entwickelt (ein als Kontrastfigur zu Bunzō gezeichneter Nebenbuhler um die Liebe der Osei tritt auf), soll demnach Anleihen bei Exponenten der Edo-Literatur gemacht haben: SHIKITEI SAMBA (1776–1822), der große humoristische Realist, die billige Unterhaltungsliteratur der sog. *Hachimonjiya-mono* (d. h. Erzeugnisse des Verlages Hachimonjiya in Kioto vor und nach 1700) und schließlich der epigonale, von CHIKAMATSU, UEDA AKINARI und BAKIN beeinflußte Kenner und Verehrer der Tokugawa-Literatur AEBA KŌSON (1855–1922) werden hier von Futabatei Shimei genannt. Bei den folgenden Teilen, die sich weniger auf die Darstellung des äußeren Geschehens als auf die Sichtbarmachung seelischer Vorgänge konzentrieren, standen die russischen Romanciers GONČAROV und DOSTOEVSKIJ Pate.
Futabatei, ein fruchtbarer Übersetzer russischer Literatur, verdankt wohl hauptsächlich seiner Beziehung zu Gončarov die Vorliebe für den »überflüssigen Menschen«, dessen Typus auch in seinen späteren Romanen *Sono omokage*, 1906 *(Ihre Gestalt)* und *Heibon*, 1907 *(Alltägliches)* verkörpert wird. Diese Übereinstimmung »*ist aus der Seelenlage zu erklären, die Futabatei mit vielen Russen gemein hat, und darauf beruht wohl auch seine tiefe Sympathie und sein großes Verständnis für die russische Literatur*« (B. Lewin). – *Ukigumo* wurde ein bedeutender Erfolg, nicht nur durch die vordem kaum erreichte Zeitbezogenheit und Wirklichkeitsnähe seiner Figuren (so steht Osei als »moderne«, emanzipierte, europäisierte Japanerin ihrer traditionsbewußten Mutter gegenüber), sondern ebenso durch den in Teil 2 und 3 angewandten *gembunitchi-tai*, den Stil der Synthese von gesprochener und geschriebener Sprache, der zwar bereits vor Futabatei entwickelt, aber erst durch *Ukigumo* zu einer anerkannten und normsetzenden Neuerung wurde. W.N.

AUSGABEN: Tokio 1887–1889, 3 Bde; Faks. 1968. – Tokio 1928 (in Gendai Nihon bungaku zenshū, 10). – Tokio 1938 (in *F. S. zenshū*). – Tokio 1964/65 (in *F. S. zenshū*, 9 Bde.).

ÜBERSETZUNG: M. G. Ryan, *Japan's First Modern Novel: Ukigumo of Futabatei Shimei*, NY 1967 [m. Komm; engl.].

VERFILMUNG: Japan 1955 (Regie: M. Naruse).

LITERATUR: B. Lewin, *F. S. in seinen Beziehungen zur russischen Literatur*, Hbg. 1955 (Mitteilungen der OAG, 38). – Karaki J., »*Ukigumo*« *to sono jidai* (in Kindai Nihon bungaku no tenkai, Tokio 1939). – Nakamura M., *F. S.*, Tokio 1953. – Matsuda M., »*Ukigumo*« *ni tsuite* (in Bungaku, Febr. 1959). –

Ōtani F., *»Ukigumo« to Roshia bungaku* (in Tenri daigaku gakuhō, Jan. 1960). – Seki Y., *»Ukigumo« no hassō* (in Rikkyō daigaku Nihon bungaku, Juni 1961).

Meḥmed Fużūlī

* zwischen 1480 und 1490 Najaf (?)
† 1556 Najaf (?)

Literatur zum Autor:
Bibliographien:
M. Cunbur, *Fuzulí hakkında bir bibliyografya denemesi*, Istanbul 1956. – A. Chalafov u. G. Arasly, *Muchammed Fizuli. Kratkij bibliografičeskij ukazatel'*, Baku 1958. – C. Öztelli, *Fużūlī bibliyografyası'na yeni katmalar* (in Türk dili, 8, H. 90, 1959, S. 333–336).
Biographien:
C. Özulus, *Fuzuli*, Niğde 1948. – A. Karahan, F., Istanbul 1949. – A. Bombaci, *The place and date of birth of Fużūlī* (in *Iran and Islam. In Memory of the Late Vl. Minorsky*, Hg. C. E. Bosworth, Edinburgh 1971, S. 91–105). – H. İpekten, *Fuzulí*, Ankara 1973. – C. Kudret, *Fuzuli*, Istanbul 1985. – A. Özkırımlı, Art. *Fuzuli* (in A. Ö., *Türk edebiyatı ansiklopedisi*, Bd. 2, Istanbul 1987, S. 513–517).
Studien und Gesamtdarstellungen:
J. v. Hammer-Purgstall, *Geschichte der Osmanischen Dichtkunst*, Bd. 2, Pest 1837, S. 293–306 [m. Übers. einzelner Gaselen]. – E. J. W. Gibb, *A History of Ottoman Poetry*, Bd. 3, Ldn. 1904, S. 70–107. – H. Mazıoğlu, *Fuzulí – Háfiz*, Ankara 1956. – Z. Korkmaz u. S. Olcay, *Fuzulí'nin dili hakkında notlar*, Ankara 1956. – A. Karahan, *Fuzuli, poète en trois langues* (in Studia Islamica, 2, 1959, S. 93–111). – A. Bombaci, *Storia della letteratura turca*, Mailand ²1962, S. 217–231. – E. Ė. Bertel's, *Nizami i Fizuli*, Moskau 1962. – F. Taeschner, *Die Osmanische Literatur* (in HO, 1/5, 1, S. 250–335). – W. Björkman, *Die klassisch-osmanische Literatur* (in PhTF, 2, 1964, S. 427–457). – C. Yener, *Fuzulí'nin dünyası*, Istanbul 1966. – H. Demirel, *Fuzuli as an Adviser* (in Doğu dilleri, 1971, H. 2i, S. 127–142). – H. Bicari, *Fuzulinin allegorik eserleri* (in *Studia Turcica*, Budapest 1971, S. 61–72). – İ. Dakukî, *Fuzulí'nin eserlerinde Irak folklorundan örnekler* (in *1. Milletlerarası Türk Folklor Kongresi bildirileri*, Bd. 1, Ankara 1976, S. 97–108). – V. Mämmädov, *Füzulinin musiqi dünjasy*, Baku 1977. – C. Yener, *Fuzuli*, Istanbul 1977. – N. Babajev, *Füzulinin bir bejti haggynda* (in Azärbajğan, 1979, H. 2, S. 204–207). – A. Gallotta, *Lo sciismo di Fużūlī* (in Annali della Facolta di Scienze Politiche, 9, 1982/83,

S. 403–412). – S. Älijev, *Füzulinin poetikasy*, Baku 1986. – N. Gäfärov, *Fuzulidän Vagifä gädär. Polemik gejdlär* (in Azärbajğan, 1988, H. 6, S. 176–180). – N. D. Gejušov, *Simbol ljubvi u Džalaladdina Rumi i Muchammeda Fizuli* (in Sovetskaja Tjurkologija, 1988, H. 2, S. 51–62).

DĪVĀN-I FUŻŪLĪ

(osm.-türk. und aser.; *Diwan des Fużūlī*). Das lyrische Werk des Dichters Meḥmed Fużūlī ist in je einem arabischen, persischen und türkischen Diwan gesammelt, vom letzteren sind über zwanzig Ausgaben erschienen. – Fużūlī, türkischer Abstammung, aber in Bagdad beheimatet und schiitisch orientiert, wird ebenso von der aserbaidschanischen wie von der osmanisch-türkischen Literatur als ihr größter Dichter gefeiert (so etwa noch 1947 von dem Literarhistoriker Köprülü). Die auch im Westen verbreitete, hauptsächlich auf Gibb zurückgehende Sicht, in der Fużūlī als leidenschaftlicher »Poet des Herzens« und als der große Dichter des mystischen Eros erscheint, hat erstmals A. Gölpınarlı (1948) ins Wanken gebracht; ihm folgt A. Bombaci in seiner *Storia della letteratura turca* (1956).
Das neue Bild zeigt – zumindest in Fużūlīs Diwan – eine innerlich schon ganz dem Diesseits zugewandte Dichtung, in der Mystik, platonische Liebe und Weltschmerz großenteils nur noch Stilmanier sind. Seine rund 300 Gaselen verlassen nie den Rahmen der Konvention, nach der sich die mystisch-erotische Lyrik als endlose Klage um eine *per definitionem* unglückliche Liebe präsentiert (Bombaci); wie jedoch der mystische Bezug immer deutlicher von der aufkommenden osmanischen Realistik durchlöchert wird, so scheint schließlich in vielen Gedichten das Thema Liebe überhaupt nur noch Deckmantel für rein höfische Anliegen zu sein. Fużūlī hat sich neben anderen persischen und türkischen Dichtern besonders Navā'ī zum Vorbild genommen. Obwohl er viel weniger Originalität besitzt als dieser, übertrifft er ihn und die späteren an Eleganz der Formen und melodischer Suggestion, ein Meister des blumigen Stils mit seinen unzähligen Wortspielen und Bildern. Allerdings ist nur in wenigen Gaselen der Einklang von natürlichem Sprachbau und raffiniertem Ausdruck durchweg geglückt. In Widerspruch zum »ätherischen« Charakter der Liebeslyrik Fużūlīs stehen, wie Gölpınarlı nachweist, zahlreiche derb-komische Ausdrücke. U. W.

Ausgaben: Bulak 1838/39. – Istanbul 1874 (in *Kulliyyāt*). – Istanbul 1948, Hg. A. Gölpınarlı [krit. m. Einf.]. – Istanbul 1950, Hg. A. N. Tarlan [krit.]. – Istanbul 1985, Hg. A. Gölpınarlı [Teilausg.]. – Ankara 1986, Hg. H. Mazıoğlu [Teilausg.].

Übersetzung: In *Das türkische Liederbuch*, H. Bethge, Bln. 1913; ²1922 [Ausw.].

LITERATUR: Ja. S. Miščyk, *Ob odnoj rukopisi divana Fizuli* (in *Tjurkologičeskie issledovanija*, Moskau/Leningrad 1963, S. 233–236). – H. Ayan, *Fuzûlî divanının Mardin yazması* (in Edebiyat Fakültesi Araştırma dergisi, Erzerum, 12, H. 1, 1980, S. 65–68). – N. Tarlan, *Fuzûlî divanı şerhi*, 3 Bde., Ankara 1985.

ḤADĪQATU 'S-SUʿADĀ

auch: *Ḥadīqat as-suʿadā* (aser.; *Der Garten der Seligen*). Prosawerk mit Verseinlagen von Meḥmed FUŻŪLĪ. – Die *Ḥadīqatu 's-suʿadā* ist eine Nachdichtung der *Roudat o'š-šohadā (Der Garten der Märtyrer)* von Kamāl o'd-Dīn Ḥosain WĀʿEZ, KĀŠEFI, übertrifft jedoch ihr persisches Vorbild beträchtlich. In zehn Kapiteln und einem Schlußwort erzählt der Autor die Geschichte der koranischen Propheten von den Zeiten der Erzväter bis zum Auseinanderbrechen der Tradition unter den vier »rechtgeleiteten« ersten Kalifen; dieser Vorgang, der das eigentliche Thema des Werks bildet, wird aus schiitischer Sicht dargestellt. – Spätestens seit dem Tod des Propheten Mohammed (632) gab es im Islam eine Šīʿat ʿAlī, eine Partei des ʿAlī. Sie verfocht zunächst das politische Ziel, Mohammeds Schwiegersohn und Vetter ʿAlī zum ersten Nachfolger *(ḫalīfa)* einzusetzen; als dies mißlang, kamen mehr und mehr auch religiöse Differenzen – vor allem der Streit um die richtige Fassung und Auslegung des *Korans* – ins Spiel. Die Unzufriedenheit mit dem dritten Kalifen ʿUtmān aus der Sippe Umayya und seiner Familienpolitik entlud sich 656 in einem Aufstand, durch den ʿUtmān ums Leben kam. Jetzt konnte ʿAlī die Nachfolge antreten. Da er sich aber nicht von den Kalifenmördern distanzierte, schlug die Stimmung bald zugunsten der Umayyaden um. Als ʿAlī sich vorübergehend einem Schiedsgericht unterwarf, verlor er gerade seine fanatischsten Anhänger. Einer von diesen ermordete ihn 661 in der Moschee in Kufa.
Schon 660 hatte sich der Statthalter von Syrien, der Umayyade Muʿāwiya, zum Gegenkalifen ausrufen lassen. ʿAlīs Sohn Ḥasan verzichtete auf die Herrschaft. Sein zweiter Sohn Ḥusain jedoch verweigerte beim Tod Muʿāwiyas (680) dessen Sohn Yazīd die Huldigung. Mit wenigen Gefolgsleuten begab er sich nach dem Irak, fand aber dort nicht die erhoffte Unterstützung, sondern wurde von Yazīds Truppen eingeschlossen und nach kurzem Kampf erschlagen. Die Schlacht von Kerbela, deren Schilderung den Höhepunkt der *Ḥadīqatu 's-suʿadā* bildet, war zunächst politisch bedeutungslos, sie besiegelte indessen endgültig das islamische Schisma und förderte die religiöse Sonderentwicklung in der *šīʿa*, der »Partei«. Die überragende Bedeutung, die der Märtyrertod Ḥusains für die Schiiten gewann, führte unter anderem zu einer Wiederaufnahme des christlichen Passionsmotivs, für das es im Leben Mohammeds keine Entsprechung gab und das damit im offiziellen Islam fehlte. Kerbela wurde zum heiligsten Wallfahrtsort, und hier entwickelte sich – ähnlich dem abendländischen Mysterienspiel – ein echtes Passionsspiel *(taʿziya)*.
Für den Bericht über das Ereignis von Kerbela und seine Vorgeschichte verwendeten die Schiiten im Irak, in Aserbaidschan und Iran eine besondere literarische Gattung, die sich formal aus der altarabischen *martiya* (Totenklage) herleiten läßt. Als eine solche *martiya* (türk. *mersiye*) wird auch Fuzūlīs *Garten der Seligen* bis in unsere Zeit bei den alljährlichen Aufführungen rezitiert. Nachdrücklicher als andere Werke des Dichters, der von Muslimen aller Richtungen gefeiert wird, wendet sich dieses an seine Glaubensbrüder im engeren Sinn; bei den Bektaši und anderen stark schiitisch orientierten Derwischorden im sunnitisch regierten Osmanenreich galt es jahrhundertelang geradezu als heiliges Buch. Seine große Wirkung verdankt es nicht nur dem spürbaren Engagement des Autors (er starb selbst in Kerbela und erreichte so das Wunschziel vieler Schiiten, an der Seite Ḥusains begraben zu werden), sondern auch der für Fuzūlī charakteristischen Form der Reimprosa, die das Werk für den mündlichen (gesprochenen oder gesungenen) Vortrag besonders geeignet machte. Von seiner Beliebtheit zeugen über hundert bekanntgewordene Abschriften und eine Reihe von Druckausgaben.
B.At.-KLL

AUSGABEN: Bulak 1837/38. – Istanbul 1879. – Istanbul 1884/85. – Istanbul o. J. [um 1970] (*Saadete erenlerin veya Kerbelâ şehitlerinin bahçesi*, Hg. M. F. Gürtünca; ntürk.). – Istanbul 1979 (*Ermişlerin bahçesi, Kerbelâ şehitlerinin destanı*, Hg. M. F. Gürtünca; ntürk.). – Istanbul 1981 (*Saadete ermişlerin bahçesi*, Hg. S. Güngör; ntürk.). – Ankara 1986 (*Erenler bahçesi. Hadîkatü's-sü'edâ*, Bd. 1, Hg. S. Bayoğlu; ntürk.).

LITERATUR: A. Gasymov, *Paleografičeskie i orfografičeskie osobennosti rukopisej proizvedenij M. Fizuli »Chadikat-us-suada«*, Baku 1976.

LEYLĀ VE MEĞNŪN

(osm.-türk./aser.; *Leylā und Meğnun*). Knapp 4000 Verspaare unfassendes Mesnevî (Dichtung in Doppelversen aus paarweise reimenden Halbversen) von Meḥmed FUŻŪLĪ. – Die vermutlich einen historischen Kern enthaltende Liebesgeschichte von Lailā und Mağnūn – hinter dem Beinamen »Mağnūn« (»der Wahnsinnige«) verbirgt sich nach Ansicht der meisten arabischen Literarhistoriker der Dichter QAIS ibn Mulawwaḥ AL-AMIRI († zwischen 690 u. 700) mit seinen Gaselen an Lailā bint Mahdī ibn Saʿd al-Amiriya –, deren arabische Prosafassungen im Lauf des 9. Jh.s feste Form angenommen hatten und die ihre erste dichterisch-epische Gestalt 1188 durch den Perser NEẒĀMĪ erhielt, taucht im 12. Jh. auch in der Urduliteratur auf. Im 15. Jh. erscheint der Stoff gleichzeitig in tschagataisch-, aserbeidschanisch- und anatolisch-türkischen Versionen und wird in der Folgezeit von rund dreißig türkischen Dichtern bearbeitet, die im allgemeinen dem Vorbild Neẓāmīs folgen (vgl. *Laili o Maǧnun*). Unter ihnen zeichnen sich besonders ʿAlī Šīr Navāʾī (vgl. *Laylā u Maǧnūn*) und Fużūlī durch ihre Originalität aus. Während Navāʾīs Bearbeitung vor allem für die osttürkischen Dichter maßgebend wurde, gilt Fużūlīs Werk in Aserbeidschan und der Türkei als unübertroffen. Wie groß seine Wirkung war, zeigt auch die Tatsache, daß sich in vielen Fassungen des türkischen Volksromans von Leylā und Meǧnūn – der den Stoff aus der Kunstdichtung übernommen hat – ganze Passagen aus seinem Mesnevī wiederfinden. Fużūlīs Meisterwerk entstand höchstwahrscheinlich auf Anregung seiner osmanischen Zeitgenossen Hayālī (d. i. Mehmed, auch Bekār Memi genannt, † 1556) und Yaḥyā (genannt Dukaginzāde oder Tašlığalı, † um 1582), die Sultan Süleyman den Prächtigen 1534 auf seinem Feldzug nach Bagdad begleiteten und dort mit Fużūlī zusammentrafen.

Die Handlung folgt in den Hauptzügen dem traditionellen Schema, doch hält sich Fużūlī unter seinen persischen Vorbildern weniger an Neẓāmī als an seinen älteren Zeitgenossen Hātifī, der 1512 ein gleichnamiges Epos verfaßte. – Qays ist der Sohn eines Stammesfürsten. In der Schule verliebt er sich in seine Mitschülerin Leylā, die ihm ebenfalls ihre Zuneigung zeigt. Als aber diese Liebe allzu offenkundig wird, muß Leylā auf Geheiß ihrer Familie die Schule verlassen. Qays ist darüber so betrübt, daß er in die Wüste flieht. Wegen seiner heftigen und übermäßigen Leidenschaft wird er »Meǧnūn« (»der Wahnsinnige«) genannt; sein wirklicher Name gerät in Vergessenheit. In der Hoffnung, ihn zu heilen, will sein Vater ihn mit Leylā verheiraten, aber deren Familie lehnt ab. Meǧnūns Zustand verschlimmert sich von Tag zu Tag; Ermahnungen, Gebete und Gelübde fruchten nichts. Man versucht ein letztes Mittel und bringt ihn zur Kaaba. Aber Meǧnūn fleht Gott nur an, er möge seine Leiden noch vermehren. Schließlich zieht er sich völlig in die Einsamkeit zurück und lebt in der Wüste unter Vögeln und Gazellen. Leylā, die ebensolche Qualen leidet, wird inzwischen mit einem ehrenwerten Mann namens Ibn Salām verheiratet; aber da sie ganz von Meǧnūn erfüllt ist, verweigert sie die eheliche Gemeinschaft, und Ibn Salām stirbt an seiner unerfüllten Liebe zu ihr.

Von dieser Geschichte erfährt der Held Navfal, und aus Mitgefühl mit Meǧnūn eröffnet er den Kampf gegen Leylās Sippe, um sie für Meǧnūn zu erobern. Doch er kann den Krieg nicht gewinnen, denn Meǧnūn betet für seine Niederlage. – Unterdessen ist auch Leylā in die Wüste gezogen, um Meǧnūn zu suchen, und sie treffen zusammen. Aber Meǧnūn in seiner Verzückung fürchtet sich vor einer »Verstofflichung« seiner Liebe und zieht es vor, an seinem Traumgebilde festzuhalten, anstatt die wirkliche Leylā zu besitzen. Sosehr Leylā seinen Wunsch nach einer unirdischen Liebe versteht, sowenig kann sie die Trennung länger ertragen; sie erkrankt und stirbt. An ihrem Grab sinkt Meǧnūn tot zusammen. So werden die Liebenden in Ewigkeit vereint sein.

Was hier beschrieben wird, ist jene völlig vom Stofflichen losgelöste himmlische Liebe, die die islamischen Mystiker die *»wahre Liebe«* nennen. Den Schwerpunkt von Fużūlīs Interpretation bildet folgerichtig die Weigerung Meǧnūns, sich körperlich mit Leylā zu vereinigen. Er findet die Geliebte in seinem eigenen Gewissen, in einer absoluten, selbstlosen, platonischen Liebe, die der Autor mit einer dem tragischen Thema angemessenen Sensibilität und künstlerischen Meisterschaft darstellt, mit der ihm eigenen »schwierigen Leichtigkeit« *(sehl-i mümteniʿ)*, die den Eindruck scheinbarer Mühelosigkeit erweckt. Die Sprache ist für den Zeitgeschmack verhältnismäßig einfach; eingestreute Gaselen lockern den Text auf und geben dem Autor Gelegenheit zu selbständigerem Ausdruck. So ist es Fużūlī in *Leylā ve Meǧnūn* überzeugender als in anderen Werken gelungen, seine ästhetischen Neigungen mit seinen philosophisch-mystischen Denkkategorien zu einer harmonischen Einheit zu verbinden. B.At.

AUSGABEN: o. O. 1848. – o. O. 1874. – o. O. 1890. – Istanbul 1924, Hg. Köprülüzade Mehmed Fuad. – Istanbul 1956, Hg. N. H. Onan [krit.]. – Istanbul 1959 [m. engl. Übers.]. – Ankara 1972, A. Nesin; ern. 1980 [ntürk.]. – Istanbul 1977, M. F. Gürtünca [ntürk.]. – Baku 1977 [aser.].

ÜBERSETZUNG: *Des türkischen Dichters Fużūlī Poëm »Laylá-Meǧnún« und die gereimte Erzählung »Benk u Báde« (Haşiş und Wein) nach dem Druck Istanbul 1328*, N. H. Lugal u. O. Reşer [d. i. Rescher], Istanbul 1943.

LITERATUR: A. N. Tarlan, *İslâm edebiyatında »Leylâ ve Mecnun« mesnevisi*, Diss. Istanbul 1922. – Ali Canip (Yöntem), *»Leyla ve Mecnun«*, Istanbul 1927. – A. Karahan, *F.'nin »Leyla ve Mecnun« mesnevisi* (in Hamle Mecmuası, 1940, Nr. 4). – A. Bombaci, *Il poema turco »Leilà e Mejnun« di F.* (in Oriente Moderno, 23, 1943, S. 337–356). – A. Ateş, Art. *»Leylá ile Mecnun«* (in *İslâm Ansiklopedisi*, Bd. 7, Istanbul 1955, S. 49–55). – C. Öztelli, *Fuzuli' nin en eski »Leylá ve Mecnún« mesnevísi* (in Türk dili, 32, H. 287, 1975, S. 429 ff.). – H. Demirel, *The Love Story of Leyl͞a and Majnun* (in Doğu dilleri, 1975, H. 2ii, S. 191–202). – S. K. Karaalioğlu, *Leylá ile Mecnun* (in S. K. A., *Türk edebiyatı tarihi*, Bd. 1, Istanbul 1980, S. 202 ff.). – S. Äliev, *Füzulinin Lejlisi* (in Azärbajǧan, 1985, H.12, S. 171–176).